中国社会科学院创新工程学术出版资助项目

国家社科基金重大特别委托项目

西南边疆历史与现状综合研究项目·档案文献系列

中国社会科学院创新工程学术出版资助项目

国家社科基金重大特别委托项目
西南边疆历史与现状综合研究项目 · 档案文献系列

法国档案中的
清末中法（中越边界）
划界史料选编

（上　卷）

张宁　孙小迎　李燕宁／编

社会科学文献出版社
SOCIAL SCIENCES ACADEMIC PRESS (CHINA)

“西南边疆历史与现状综合研究项目·档案文献系列”编委会

名誉主任 江蓝生

主　　任 马大正

副 主 任 晋保平

成　　员（按姓氏笔画排序）

马大正　方　铁　方素梅　吕余生
刘晖春　刘楠来　江蓝生　孙宏开
李世愉　李国强　李斌城　杨　群
宋月华　张振鹍　周建新　贺圣达
晋保平

中国广西社会科学院东南亚研究所藏
法国档案中的清末中法（中越边界）
划界史料选编
课　题　组

课题主持人　张　宁　广西社会科学院东南亚研究所副研究员

成　　　员　孙小迎　广西社会科学院东南亚研究所研究员

李燕宁　广西社会科学院文史研究所副译审

总　　序

“西南边疆历史与现状综合研究项目”（以下简称“西南边疆项目”）为国家社科基金重大特别委托项目，由全国哲学社会科学规划办公室委托中国社会科学院科研局组织管理。“西南边疆项目”设“西南边疆历史与现状综合研究项目·研究系列”和“西南边疆历史与现状综合研究项目·档案文献系列”（以下简称“西南边疆档案文献系列”），对课题中优秀者分别列入上述系列予以出版。

档案文献是学术研究赖以进行、得以深化的基础，研究工作如无包括档案文献在内的资料的支撑就如无源之水，如无新资料的发现和补充，学术研究想要有所创新也将可遇而不可求。因此，包括档案文献在内的新资料的系统发掘与整理，实乃深化研究的第一要务。诚如当代著名历史学家戴逸教授所言：“编史要务，首在采集史料，广搜确证，以为依据，必借此史料，乃能窥见历史陈迹。故史料为历史研究之基础，研究者必须积累大量史料，勤于梳理，善于分析，去粗取精，去伪存真，由此及彼，由表及里，进行科学之抽象，上升为理性之认识，才能洞察过去，认识历史规律。史料之于历史研究，犹如水之于鱼，空气之于鸟，水涸则鱼逝，气盈则鸟飞。历史科学之辉煌殿堂必须岿然耸立于丰富、确凿、可靠之史料基础上，不能构建于虚无缥缈之中。”

西南边疆研究课题涵盖面很广，其中包括从古至今历代政府对西南边疆治理、西南区域地方史与民族史等内容，也包括西南边疆地区与内地、与境外区域的政治、经济、文化关系史研究，还涉及古代中国疆域理论、中国边疆学等研究领域，同时与当代西南边疆面临的理论和实践问题密切相关。面对如此众多的研究内容，而西南边疆有关的档案文献尚存在多与散，疏于整理的现状，收集整理任务十分繁重。“西南边疆项目”专家委员会在项目启动之始即决定着手组织对云南、广西两省区民国时期的档案进行整理，同时又对云南、广西历代文献进行有选择的整理、汇编，以及口述史料的收集，形成了一批具有较高学术质量的档案文献资料整理成果，并成为“西南边疆档案文献系列”的选题。我们期待“西南边疆档案文献系列”成果的面世，能为西南边疆学术研究深化提供新的、有价值的第一手资料。

自二〇〇八年正式启动以来，中国社会科学院党组高度重视“西南边疆项目”的组织工作，中国社会科学院原副院长、“西南边疆项目”领导小组组长江蓝生同志对项目的有序开展一直给予悉心指导。项目实施过程中，还得到中共中央宣传部、全国哲学社会科学规划办公室、云南省委宣传部、广西壮族自治区党委宣传部、云南省哲学社会科学规划办公室、广西壮族自治区哲学社会科学规划办公室，以及云南、广西两省区档案局（馆）、高校和科研机构领导、专家学者的大力支持与参与，在此一并深表敬意和谢意。

“西南边疆档案文献系列”由社会科学文献出版社出版，社会科学文献出版社领导对社会科学研究事业的大力支持，编辑人员严谨求实的工作作风，一贯为学人称道，值此“西南边疆档案文献系列”付梓面世之际，谨致以由衷的谢意。

“西南边疆档案文献系列”编委会

二〇一三年五月

目　　录

·上　卷·

Ⅰ. 中越边界·法国外交部档案资料

·中　卷·

·下　卷·

Ⅱ. 中越边界·法国国家档案馆海外部档案资料

导　论

《广西社会科学院东南亚研究所藏·法国档案中的清末中法（中越边界）划界史料选编》属于2008年度“国家社科基金重大特别委托项目”之“西南边疆历史与现状综合研究项目”。

课题设立之初衷——填平补齐既有史料，相互印证，相得益彰。

一　法国档案及其价值[①]

为了让读者更好地了解这些档案及其价值，请允许我以恭敬之心引用中国社会科学院中国边疆史地研究中心吕一燃老师为广西社会科学院东南亚研究所萧德浩老师和黄铮老师主编、1993年12月由社会科学文献出版社出版的《中越边界历史资料选编》所撰写的序言来加以阐述。

“国家边界史是一门有重要学术价值和使用价值的学科。边界的观念，产生于氏族、部落社会。国家的边界，则是随着国家的产生而产生的。自从国家出现以后，国与国之间也就出现了国界问题。在历史上，以强凌弱，利用各种借口，采用战争手段，兼并别国领土以扩展本国疆界的事例，不管是在奴隶制时代，还是在封建制时代或资本主义时代，都是举不胜举的。此外，也有由于边界河流改道或界碑年久湮没等自然因素而导致边界争端或武装冲突的。所以，研究国家的形成、发展和变化，研究国家边界的历史和现状，总结历史经验教训，寻找消弭边界争端、公平合理解决边界问题的途径，这不仅有重要的学术意义，同时也有重要的现实意义。”

“中越边界形成于宋代越南成为独立自主的国家之后。在此之前，越南北部曾是中国封建王朝统治下的郡县。在近代，中国与越南命运颇有相似之处，两国同样受到西方资本主义国家的侵略，中国沦为半封建半殖民地社会，越南沦为法国的殖民地。1885年中法战争之后，清政府曾先后被迫同法国签订了《越南条款》《续议界务专条》《广东越南第一图界约》《广东越南第二图界约》《桂越界约》《滇越界约》等一系列有关中越边界

① 导论中引用部分均出自吕一燃老师为《中越边界历史资料选编》写的序言。

的条约。现在的中越边界，就是根据这些条约划定的。”

“中国幅员辽阔，有十多个邻国，有漫长的边界线。近代以来，中国边境遭到了列强的蚕食鲸吞，边界线发生了频繁的变动，有待研究的问题很多。但是由于边界研究涉及国家领土主权，涉及中国与邻国的关系，是政治性较强的敏感问题，所以在过去一段相当长的时间里，我国学术界和出版界几乎把它视为禁区，遇到边界问题，往往采取绕道走的办法，认为多一事不如少一事，以免引起麻烦。这样，有关边界历史论著，自然也就屈指可数了。”

“为了国家民族的利益，为了学术的发展和繁荣，在人们对边界问题研究望而生畏的时候”，广西社会科学院一些研究人员就开始了中越边界史研究，中越边界沿革史专家萧德浩老师和中越关系史专家黄铮老师“毅然而然确定了《中越边界沿革史》这一研究课题”。从20世纪80年代初起，他们在国内广泛搜集中越边界资料，同时派人到法国，在法国国家档案馆和法国外交部档案馆的帮助下，搜集了约300万字的法文档案资料。课题组对这些档案资料进行翻译筛选，“经过十多年的不懈努力，第一阶段的研究成果，洋洋一百多万字的《中越边界历史资料选编》，终于奉献在读者的面前”。

《中越边界历史资料选编》有两个主要特点。一是系统性，“按照历史发展顺序和分类编排相结合的办法，比较系统地反映了从古代到近代的中越边界史事”。另一个是“比以往出版的同类资料全面。中越边界历史涉及中国、越南和法国，一部中越边界历史资料，必须包括中、越、法三方面的有关文献，才算比较完备，才能反映当时的历史全貌。《中越边界历史资料选编》是做到了这一点的。它除了为研究者提供比较充分的中国文献资料外，还提供了大量的越南和法国的文献资料。特别值得指出的是，书中收入法国外交部档案馆和法国国家档案馆海外部收藏的中法勘界委员会会议记录、中法勘界官员来往文件、法国官员与法国政府有关部门来往函电等法国档案资料，都是首次译成中文公诸于世的。这些档案资料的翻译出版，填补了这方面的空缺，对人们全面了解近代中越边界的谈判经过、法国政府内部的态度和边界勘定情况，都有重要的参考价值”。

黄国安、萧德浩和杨立冰三位老师编、1988年11月由广西人民出版社出版的《近代中越关系史资料选编》，萧德浩和吴国强两位老师编、1990年1月由广西人民出版社出版的《邓承修勘界资料汇编》也都分别将其中一些法国档案史料收入，但数量都不多。而一百多万字的《中越边界历史资料选编》则收入了约30万字的法国档案史料，这些第一手史料是这部资料集的最大亮点和特色，并构成其独一无二的价值。吕一燃老师认为，在那几年里，中越边界研究“虽然发表过一些文章，出版过一些资料，但规模如此宏大而结构自成体系的资料专集，却从来未曾有过，所以特别值得重视”。

二　重新选编档案之心结

《中越边界历史资料选编》“如此大型的边界资料的编辑出版”，当时，“在我国尚属首次”，收入其中的这部分首次被翻译成中文的法国档案资料，引起了学术界尤其是研究中越边界史的专家学者的极大关注。这些资料不仅为我国中越边界史的研究注入了新的资源，更使当时我国在中越边界史研究中法国资料缺乏的状况得到了极大的改善。但是，由于收入其中的法国档案资料只是一部分，难以满足不同研究者的需求，所以，在该书出版之后相当长的一段时期里，不断有研究者通过电话和信件咨询，表示渴望查阅这些档案资料。得知难以在限定的地点和有限的时间里对数百万字的档案进行所需要的资料筛选后，大多数人只能遗憾地放下。有不甘心者来实地查阅，遗憾的是，面对数百万字的法文档案和已翻译成中文的译文资料，查阅的条件和手段都令来者心有余而力不足。为此，我曾经向萧德浩老师提出：为什么不将这些档案资料全部编辑出版呢？其中原因不得而知。我至今记得萧德浩老师无奈的神情。

随着时间的推移，这些档案资料渐渐淡出人们的研究视野。近些年，国际形势的变化又激起了人们对边界研究的关注。边界历史资料特别是这种档案资料对边界研究的作用和意义不言而喻，其独特的价值是其他任何资料所无法比拟的。正因为如此，《中越边界历史资料选编》在仍然起着极具价值史料作用的同时，其中的未选入部分却让研究者常常苦于资料不足。这些未选入的或许正是自己所求，如果是的话，那就是踏破铁鞋无觅处，得来本可全不费工夫的啊；如果不是所求，就可以从此放下，再往别处探究；或许亦可以彼所无证明此所有。在这些长时间放置的故纸堆里为这类出处核实所需付出的时间、精力和辛劳自不待说，令人遗憾而无奈的是纸质档案中用鹅毛笔书写的一些文字和描绘的一些草图已经或者正在随着光阴流逝而漫漶莫识。

如果将这些档案资料编辑成册，就可以在更大范围内让更多的研究者更好地加以使用。然而，由于种种原因，收藏者一直无法为研究者提供使用这些档案资料的便利条件。

时间和际遇让我先后亲历这些境况，当“2008 年度国家社科基金重大特别委托项目”将《法国档案中的清末中法（中越边界）划界史料选编》列入“西南边疆历史与现状综合研究项目”时，将这些档案资料比较完整地整理出版也就水到渠成了。

三　几点说明

广西社会科学院东南亚研究所藏《法国档案中的清末中法（中越边界）划界史料选编》收入了法国外交部档案馆和法国国家档案馆海外部收藏的部分中越边界档案，共100 多万字。最初设想的题目中没有“选编”两字，因为我一直以来的想法就是将所藏的全部档案完整地出版。但是，由于有些字迹因“光阴流逝而漫漶莫识”，只能进行选编。将从 16 卷档案里选出的内容分别根据其原来的卷名及编号作为一个自然章节，共 16 个自然章节。这 16 个自然章节分别是第 60 卷、第 64 卷、第 66 卷（陈耐秋翻译，张永平校对）；第 77 卷（陈耐秋、宛杰翻译，张永平校对）；第 62 卷、第 63 卷、第 65 卷、

第67卷、第70卷、第76卷、第93卷、印支新藏692卷、印支新藏693卷、F155第4～6盒、F155第11～12盒（张永平翻译，陈耐秋校对）；F155第2～3盒（张永平、张宁翻译，陈耐秋校对）。每个自然章节力求以其内容和形式的原貌呈现：函电、文件、报告、日记、笔录、清单、布告、草图等，本《选编》概不进行再次编排，不进行篇幅取舍，不进行段落删节，不进行文字改动，包括原作者、译者及《中越边界历史资料选编》编者的一些译法和注释。原因主要有以下几个方面。

第一，档案资料最核心的价值在于其“原始”性，而在年代久远的历史资料中，琐碎的东西也许很有价值。这些法国档案资料内容丰富，记录详细，为研究者从不同角度研究这段历史提供了许多“琐碎的东西”——鲜活的历史细节。在无法求全的条件下，对这些档案资料进行“卷及其中的篇选”，较之“篇或其中的节选”，似能更大程度地将法国档案原始状态中的细节及其所形成的点、线、面呈现给研究者。西方有谚语：丢失一颗马掌钉，就丢失一只马蹄铁；丢失一只马蹄铁，就折损一匹战马；折损一匹战马，信就送不出去；信送不出去，就输掉一场战争。档案资料的字里行间有多少颗研究者需要的“马掌钉”呢？每颗“马掌钉”原来都在哪只“马蹄”上呢？尽可能保持档案资料的原始内容和形式，是对记录者和研究者的一种尊重。

第二，研究者无不希望在研究过程中得到的任何档案资料的内容和出处都是原始而完整的，哪怕只是一句话或一个字。如：“借给悲幽先生界图”（中越边界・法国外交部档案资料第64卷，《海防来信第105号》，1887年7月22日）。这则一句话电文，在档案资料原始而完整的情境里应该是最具研究和实证价值的，而与档案内外的其他资料相互印证，则有可能为甲所弃却恰恰为乙所求，或反之。置身于记录者与研究者之间的编者，就像对话双方之间的译者，应该在翻译的过程中隐没自己，让对话双方感觉像在无障碍地直接交流。一个尽可能完整的档案资料的原始记录状态，犹如一片没设路标的原始森林，无论从何处进入，从何处出来，每位行者都会有一份自己的收获。

第三，译者在翻译档案资料中的一些词句时，除了使用约定俗成翻译法以外，还会有一些自己习惯的表达法。例如：勘界委员会和界务委员会、勘界主任和界务总办等。保留档案资料译稿中不同译者对同一词句不引起歧义的多种表达方式较为通达，这样，研究者在使用这些档案资料的时候，可以按照惯例用词。一些模糊的草图和少数内容相同但译法有异，却因原文佚失或字迹不清而无法进行核校的函电，如：第60卷原件第430～431页和原件第435～443页的“浦理燮致法来西讷函”，虽然无法直接使用，却可以为研究者提供信息出处。

第四，时代变迁以及不同民族或个人对同一个地名的不同发音和注音，以及书写造成的地名变异、演变和变更是边界史研究者最常遇到的问题，有时却也是解决问题之“刃”。如：原名一种写法有多个译名，例如：“Phong Tho”就有“封土”“风土”“丰梭”“丰寿”“丰收”等译法，或原名有多种写法却只有一个译名，例如：“Paksi”“Pac

Si”“Pack - Si”“Pa - Xi”“Bac Xi”都译为“北市”等。

第五，划界是一项大工程，不仅表现在实际操作层面上的“大”，还涉及边界国家的政治、经济、历史、文化、外交、军事等各个方面。档案中作为附件重复出现在法国政府部门之间和法国政府官员之间来往函电中的那些函电、文件和报告等，不应该将其视为简单的重复而删除。哪些函电、文件和报告不断被使用？哪些函电、文件和报告被作为附件寄送给哪些部门和官员？这些部门和官员对这些函电、文件和报告里提到的人物或事件持什么态度？他们之间何时、如何、以什么方式达成了怎样的结果？历史过程错综复杂的某些细节不就是由这些记录下来的来来往往勾勒出来的吗？

现举例如下。

“陆军部长根据戈可当先生的意见，顷间已致电可尔西将军，命其派人护送法方界务委员会经谅山至中国边界，请设法使此行及早实现，并向可尔西将军解释其中巨大的政治意义。”（《中越边界・法国外交部档案资料》第60卷《法来西讷致浦理燮电》，巴黎，1885年12月2日）；

“批复：部长主张划界。能否与海军部商量分担经费。”（《中越边界・法国外交部档案资料》第76卷，外交部保护领地办公室，巴黎，1887年11月16日）；

“我完全赞同您对这个问题的看法。因此我准备不顾总督的反对意见，通过电报向他下达相应的指示。如果您愿意把您对将肩负这一使命人员的选择的看法告诉我，我们就可以马上共同商议，以便定界工作得以进行到底，不再出现延误。根据您的要求，我同意通过印度支那的预算来承担划界的费用。……”（《中越边界・法国外交部档案资料》第76卷，《海军殖民地部部长致外长函》，巴黎，1887年12月25日）；

“目前的划界活动会引起严重的纠纷，我再次敬请您注意这方面的危险。我只为提醒起见，才提起我们不能承受的开支和这一作业活动将给一项已经很复杂的工作带来的难题。”（《中越边界・法国外交部档案资料》第76卷，《印度支那总督致海军部长密电》，西贡，1887年12月29日）；

“征求贝干意见后，请即刻电告，重开中国—东京边界划界是否可能和有必要。”（《中越边界・法国国家档案馆海外部档案资料》F155第4~6盒，《海军部致西贡印度支那总督电》，巴黎，1888年10月8日）；

“部长令我在征求您的意见后，即刻电告他重开中国—东京边界划界是否可能和有必要。务必指明必须的人员和开支。请急电复我。”（《中越边界・法国国家档案馆海外部档案资料》F155第4~6盒，《印度支那总督致河内总司令》，西贡，1988年10月9日）。

本书对《中越边界历史资料选编》中已收入的部分，在整篇、段落或句子后面用括号标明了其在该书中的页码，其中，对在整篇中只选入某个或几个段落或句子的部分用不同字体进行区别。

档案资料的整理、校对和编辑是一项劳力、劳心和劳神的工作，需要静心、耐心和用心，每一份编辑成册的档案资料都凝聚了许多人的支持、心血和付出。感谢国家社科基金重大特别委托项目之“西南边疆历史与现状综合研究项目”的立项资助，让我们得偿所愿，得以将这些尘封已久的档案资料出版，使更大范围内更多的研究者对其更好地加以使用成为可能。感谢“中越边界沿革史”课题组的前辈和同仁们，他们不畏时艰、勇于创新的努力，成就了独具价值的《中越边界历史资料选编》，也为继续深入研究这些档案资料和本课题的设立创造了必要的条件。感谢我的同事们和亲友们在本课题进行中给予的热忱帮助。感谢本书的责任编辑宋淑洁女士和马续辉先生，他们克勤敬业，让这些年代久远的法国历史档案中文译本终得面世。

课题主持人：张宁

2015 年 7 月 15 日

凡　例

一、所辑档案资料是广西社会科学院东南亚研究所藏的非全档复印件。

二、所辑档案资料按照原卷号的顺序排列。内文及附件末的页码标注“原件第 × 页”为原件编码，“自编号 × ×”和“P. × ×”为“中越边界沿革史”课题组所加的编码。有的文件原来有编号，照原样标出。

三、内文标题大多沿用原件标题，少数沿用译者或《中越边界历史资料选编》编者依原意或内容酌拟的标题。标题上的官衔、职称多有简化。原件无发文人、收文人姓名者、无日期者，沿用译者或《中越边界历史资料选编》编者考证加拟、作注说明的姓名和日期。文末的客套语如“请接收我崇高的敬意及衷心的问候”、公文程式如“经过查对无误”等，译者或《中越边界历史资料选编》编者已予删节者，不一一作注。

四、选编申报课题时沿用了“中越边界沿革史”课题组的“中越边界”一词，故保留了其中一些“中越”“越南”的译法。需要说明的是，档案中与之相对应的法文是“中安”“安南”。

五、档案资料中的外国人名、地名、舰名等，原则上沿用中国史学会主编的中国近代史丛刊《中法战争》中的译名。《中法战争》中有两种或两种以上译名的，选用常见或译音较合理的一种，新出现的人名、地名参照一些外国人名、地名辞典译出，力求与近代史上常用的译名一致。资料中涉及的越南及中国人名、地名，保留译者的原有译法，尽量加括号注明原文，或照录原文。

六、档案资料中的错、漏、重复等情况，一概照录。句子下的着重号及句子中的其他符号和括号注文如（×年、×万）、（?）、（原文如此），都是原档内容。

七、档案资料中模糊不清、难以辨认的字迹，以□或……表示。

八、注释分为四种：“原注”是原档案所有；“译注”为翻译者所注；“《中越边界历史资料选编》编者注”为《中越边界沿革史》课题组编辑《中越边界历史资料选编》时所注；“编者注”为本书编辑时所注。

Ⅰ
中越边界·法国外交部档案资料

第六十卷

西埃费尔（Siefert）致法来西讷函

阿尼埃尔（Asnières），1885年7月10日

部长先生：

今天上午我们在外交部会晤后，我荣幸地听候您的差遣，随时准备对最近的天津条约中的安南－中国边界进行更改。贵部为此而开始的第一期工程完成以后，我认为前去顺化朝廷的存档检取补充性真本地图和文献不仅大有裨益，而且对于在中方界务委员会数月以后来到时，我们能在熟知底细的情况下行动，也是必不可少的。在实施对柬埔寨的保护权时，我们犯了有损于我们利益的重大错误，那就是承认暹罗对去年还属于柬埔寨的六个省，主要是吴哥省与马德望省的主权，以致对中国人的觊觎不得不防，他们比暹罗人要可怕得多。

我认为，这次边界更改不仅与历史地理资料相吻合，而且符合我们今后的战略需要，为办好此事，有必要研究一下安南政府与定居在边界地区的半独立部落的历史关系，以便找出新的关系，由我们来与这些部落将这层关系维系和保持下去，这对我们十分有利。如果说，这些属于台阶性质，作为中国与邻近各部落之间的缓冲带的地区长期以来得以存在，那么，定居在那里的毛南族（les Moïs）、苗族（les Muongs）、松族（les Thos）也许可以构成我们用于对付中国渗透的最好屏障，中国的渗透使东京三角洲的和平勤劳的居民时受骚扰。

一旦对我的任命公布，我将听从您的命令，以筹组界务委员会，选择人员并拟订出具体而详细的计划。

（原件第8页）

西埃费尔致法来西讷函

阿尼埃尔，1885年7月15日

部长先生：

现将非同凡响的几名法国人的姓名附上，他们早已在现场从事东京地区地图的绘制工作。除堵布益（Dupuis）对红河上游熟悉以外，我还知道拉巴特尔（Labartre）先生，他是铁路工程师，是一个严谨而又具有宝贵的技术知识的人才。而马戈（Magot）先生，系我的一位朋友，早在1879年，我曾把他的几部关于东京的著作寄给西特雷（Sittré）先生。这些著作与我的数部拙著一样都刊载在《实证哲学》上。目前，他正在日本，执行半官方性质的任务。我认为把这两个人的名字补入我与安南历史兼地理学家张永记（Truong Vinh ky）的名下，就能组成一个受公众重视的勘界委员会民事核心组织。两名工兵官员早已在东京进行三角测量，故应是这一核心组织的当然增补人员；或许您的同事，法兰西研究院的获奖者，也可能指派两名参谋部地图的原合作绘制人。

两名绘图员、一名摄影师可组成一个欧洲人辅助班子。至于当地勤杂人员，可在西贡与河内方便地找到。

我通过堵布益得到有关老街（Laokay）地区和明江（Claire）及黑水河（Noire）两流域的一切资料，以利于在与我们有关的部分地带展开工作，当然，目前起用堵布益是不明智的。

高平（Caobang）与谅山（Langson）均位于中国水域中，您可以命人研究一下用这两块地来交换北海（Pakhoï）或澎湖列岛（Pescadores）是否合算。如果能这样，我们在东京以东的防线就会因此而大大简化。部长先生，您可以想见，虽然作为您的特派员我可以做意义更为重大的工作，然而，我还是严肃认真地对待我这份勘界委员的职责的。安南一年中的黄金季节始于10月，而选举届时即将举行，那时必须进行最后决断，以便您为此了解个中情形。我能及早动身至关重要，因为我几乎只有9月一个月用于探听情况。然而，您知道，自从上星期以来，我已完全受您差遣。

（原件第10页）

甘伯龙致法来西讷函

巴黎，1885年7月□日发

部长先生，亲爱的同事：

您本月（7月）22日来函收悉，兹特复函如下：

我已电令东京司令将军，命他指定一名高级军官（军阶至多为中校），参加勘测中国与东京边界的勘界委员会。

一俟可尔西将军把这一高级军官的名字相告，我即转告于您。

又及：我请求您注意选定一个勘界委员会的会合与出发点。选择一个易于进入而且能够便于工程开始的中国地点将避免许多麻烦。我觉得北海符合上述条件。

（原件第12页）

法海军与殖民地部长致法外长法来西讷函

巴黎，1885 年 7 月 28 日

部长先生，亲爱的同事：

您本月（7 月）11 日与 22 日两次来信均要求，把海军陆战队上尉特里尼泰·施尔曼（Trinité Schillemans）作为法国驻北京公使团武官增补入内，作为该使团正式人员，同时作为对这一任命的准备，他应先被指派为中国与东京勘界委员会中的海军代表。

我荣幸地奉告：武官人员的配备纯属陆军部之事，故选派军官至北京一事不属本部经管。

因此，您向我表达的愿望我无法满足。另外，我荣幸地奉告，我已指派海军陆战队上尉卜义内代表本部加入勘界委员会。我已遵嘱把这位军官从我的参谋部临时调出，他具备各种理想条件，可在该使团中做有益工作。

（原件第 13 页）

甘伯龙致法来西讷函

巴黎，1885 年 8 月 10 日

部长先生，亲爱的同事：

作为我 7 月 25 日第 340 号信函的补充，我荣幸地奉告，所选定的加入中国与东京勘界委员会的高级军官乃东京驻军参谋部狄塞尔少校先生。

（原件第 15 页）

法来西讷致甘伯龙函

巴黎，1885 年 8 月 11 日

部长先生，亲爱的同事：

本月 10 日承蒙见告，得知您已指派狄塞尔少校加入中国与东京勘界委员会，由于这一人选的确定，该委员会已正式组成。今随函附上奉召参与勘界委员会各项工程的代表名单一份，请阅。

1885 年混合勘界委员会法方勘界委员会名单

浦理燮：界务主任

师克勤：外交部代表

狄塞尔少校：陆军部代表

卜义内上尉：海军部代表

巴利埃：候补成员

倪思医生：秘书

（原件第 16 页）

（该篇收入《中越边界历史资料选编》第 486～487 页）

法来西讷致浦理燮函

巴黎，1885 年 8 月 15 日

先生：

共和国政府已指派您主持 6 月 9 日在天津签署之条约中所规定成立的勘界委员会法方委员会事务，与此同时，政府还设法为您提供了一批合作者的协助，这些合作者以前均潜心做过有关研究而且都有专长，思想准备充分，在技术方面为您完成任务提供了方便。此外，本部准备在您临行前向您提供我们所掌握，而您觉得值得参考的各种文献。这样，您原来需踏勘的某些地区准确资料不足问题可因此而得到解决，我相信，您的工程筹备情况，必将尽可能做到圆满与完善。

您即将与中国政府代表一起参与界务委员会的工作，我因对该委员会将通过何种决议无法预料，故不能预先确定一个寻求勘查办法的范围，进而使您的主动性与积极性受到局限。

然而，我仍然觉得有必要提醒您，除了研究欧洲或亚洲版的地图或是考察当地地形可以向您提供情况而外，您还可以在注册簿和安南政府的纳税人名册中找到一些判断的因素。

我无须再进一步强调您在与您的中国同僚的交往中所应该采取的精神状态，天朝政府极为重视勘界工程的迅速恢复，从而得出精确的边界以便在双方各自占据的属地问题上及早消除两国政府间发生争执与冲突的因素，对于这一点，我们也并不忽视。因此，您应该用您的态度来竭力使您的中国同僚相信法国政府的这一意向。此外，两国政府在保留权利对双方代表未能达成一致意见的问题作最终裁决的同时，已预先商定避免在这方面出现严重的纠纷和节外生枝现象。这一条可使您在不放弃您应该遵命采取的和解姿态的前提下，不论中国勘界委员会提出什么异议，您均应强调和坚持我们必需的全部权利。您只要指出，您只是按请示信行事即可避免使中国代表对您的要求产生恼恨之虞。我无须对您过分强调您即可知道您严格按这些指示办事所具有的意义，无论是在具有战略意义的阵地的取得，还是商务贸易地点或重要通道的选取，抑或在某段领土的占据（这种占据表面上似乎对我们无关紧要，但对中国却会产生我们所不能估价的利益）上，您遵令行事都有至关重大的意义。我们确实不应该忽视和约的签订，除了勘界以外，还让我们有机会解决许多重大问题，而这些问题的解决使您承担的事业朝有利于我们的方向发展。其中商务贸易方面的利益极大。因此，如果我们从上述各方面仔细衡量后所采取的行动使我们有可能向中国进行某种领土让步，其目的或是为照顾它的自尊心，或是为满足它的政治利益，这样，也许在我们驻北京的全权特使负责进行的谈判中将从中国政府那里获得这些贸易方面的利益。我完全信赖您的洞察力和决断力可以在今后进行的勘界工作中保证我们大体上都能得到您所认为可能和应该得到的各种利益，当然不能提不合理的过分要求，从而影响勘界委员会工程的正常进行。然而，我重申一遍，万一您认为合理的要求遭到中国委员们的反对，那么您只要向您的中国同僚援引6月9日条约的条款，让各自的政府直接协商解决双方代表所无法达成一致协议的争执点，进而就使您轻而易举地避免了任何严重的争端。这样，您最后仍然能坚持我们的要求并把可供交换的因素交给共和国政府掌握，让它今后在找机会与北京朝廷进行互让了结时以对自己方便和最为有利的方式随意加以利用。这也就是说，一方面您要坚持合理要求，丝毫不能放松；另一方面您应该字斟句酌地仔细考虑提出这些要求的措辞，以使政府在最后决定时不受任何牵制和约束，而且为其在进行它所认为合适的让步时留下种种行动的自由。您为这种互让了结所留下的余地越广，您就越能满足共和国政府对您的期望。

以上所述即是对于您受委任务的宗旨以及完成这一任务的条件所持的总体设想，今后我将就我们的经济利益专门发一规定以补充这些指示。

（原件第18～22页）

法来西讷致浦理燮函

您只要参照今年6月9日条约第5款即可发现中国与东京之间的贸易应该通过某些在今后需加以确定的地点来完成，这些地点的选择与数目将与两国间的贸易方向和贸易额大小有关。

“总之，这些地点中有两处应定在中国边界上，其一在老街以上，另一处在谅山以北；法国商人均可在此居住，应得利益，应遵章程均与通商各口无异。”

如何选定这些地点应属旨在解决东京与中国南方各省之间贸易关系与睦邻友好关系的一项专门条约的谈判内容。然而，既然上述有关地点应选定在中国边界上，那么，在勘界委员会的工作与戈可当先生所负之贸易使团的工作之间，应就这一问题存在一种谈判中不容忽视的联系。当您注意力集中到6月9日条约第5款第二段所提地点的方向上时，您应该与戈可当先生相商，并考虑到选定这段上述地点附近的边界而不选择那段边界会有利于还是有损于贸易利益的实际情况。

此外，共和国政府认为，这些地点不仅应作为贸易与转口交易的场所，而且法国人应有权在那里建立工业设施。因此，待选的地点应该尽可能具备有利于开设工厂或作坊的条件，而这一因素在必要时应该对您划定边界走向时所持的主导性意见起着一定影响。

我亦致函戈可当先生，告以相同的看法，俾其在适当时刻与您就这一问题达成一致意见。

（原件第23～25页）

对于向浦理燮下达之指示的附言

巴黎，1885年9月19日

在未向您明确您的使命给您造成的在（东京）占领军总司令、现又兼任政府驻顺化总公使面前的地位以前，我不想让您离开法国。虽然您并不直接隶属可尔西将军领导，然而，您大概不难理解，为完成您受委领导的勘界作业，您应注意在有关安南与东京事务的一切问题上尽量听取我国驻顺化朝廷代表的意见。您还应把你们的工程进展准确地向他通报，而且，原则上，凡是您认为在作业过程中会影响两国局势的种种事件，您都应如实地向他反映，您办事讲究分寸以及您的责任感都促使我把您当作最佳人选，由此，我也确信您会特别注意与可尔西将军保持和睦融洽、相互信赖的关系，我认为这是顺利完成您的使命所必不可少的条件。万一您虽想竭力避免，然而在您与总公使之间仍然出现了分歧，您必须立即向我请示，但同时不得采取任何措施来对共和国政府的决定猜度摸底以致使您与他达到发生矛盾的程度。

（原件第26页）

法来西讷致海军部长加里贝与陆军部长甘伯龙函

巴黎，1885年8月18日

海军少将，将军先生，亲爱的同事：

随函奉寄分别致海军陆战队上尉卜义内先生与第35步兵团营长狄塞尔先生的一份信函，请一阅。信中我把一项决议的副本分别转寄给两位军官，根据该决定，他们分别作为海军与殖民地部和陆军部代表参加根据6月9日法中之间在天津签署的条约第3款之规定而成立的勘界委员会的工作。该两名军官应于11月9日准时抵达河内。

（原件第27页）

法来西讷致浦理燮函

巴黎，1885年8月18日

先生：

我荣幸地向您奉告：根据我之提议，共和国总统先生于本月14日通过一项决议，任命您担任根据今年6月在天津签订的法中条约之规定而成立的勘界委员会法方界务委员会主任之职，现随信附上该决定的副本，请查收。您从这一决定中可以看到，政府对您的劳绩给予高度重视，我也完全相信您在完成这一任务时将尽心尽力，以不辜负政府的重托。

您以这一资格可享受每月4000法郎的津贴。我要求您做好准备，务必在11月9日与界务委员会其他成员一起抵达河内。

（原件第28页）

法来西讷致倪思函

巴黎，1885年8月18日

先生：

我荣幸地向您奉告：根据我之提议，共和国总统先生已在本月14日的一项决议（现将该决议副本随函附上）中指定您代表外交部以法方勘界委员身份参加根据6月9日在天津签订的法中条约规定成立的勘界委员会各项工作。

您凭此资格，可领取每月2500法郎的津贴，由本部基金中开支，此外，您还可额外领得一笔相当于一个月的这种津贴的钱款（2500法郎）。务请做好准备，以便在11月9日抵达河内。

（按：倪思系法国海军一级军医，法中勘界委员会法方勘界委员）

（原件第29页）

法来西讷致狄塞尔与卜义内函

巴黎，1885 年 8 月 18 日

两位先生：

我荣幸地向你们奉告：根据我之提议，共和国总统先生已通过一项决议（随函附上该决议副本），已指派你们分别代表陆军部（狄塞尔少校）及海军与殖民地部（卜义内上尉）参加根据 6 月 9 日在天津签订的法中条约之规定而成立的勘界委员会各项工作。

务请做好一切准备，以便在 11 月 9 日按期抵达河内。

（原件第 30 页）

法来西讷致二等领事师克勤函

巴黎，1885 年 8 月 18 日

先生：

我荣幸地向您奉告：根据我之提议，共和国总统先生已通过一项决议（随函附上决议副本），已指派您代表外交部参加根据 6 月 9 日在天津签订的法中条约之规定而成立的勘界委员会各项工程。

您除了领取拨往广州领事馆的原来之一半薪金外，还可享受 1458.33 法郎的月贴，另加一个月的特别津贴 2500 法郎。

务请做好各项准备，以便在 11 月 9 日按期抵达河内。

（原件第 31 页）

法来西讷致海军与殖民地部长加里贝函

巴黎，1885 年 8 月 19 日

海军上将先生，亲爱的同事：

您在 8 月 14 日对我的要求作答的复函中见告，您同意指派海军一级军医倪思先生作为外交部代表之一参加东京 – 中国勘界委员会的各项工作。

随函附上一信，请转交倪思先生，信中我已通知这位官员，他可凭此资格，领取 2500 法郎的月贴，费用由本部基金开支；另外，他还可得到相当于一个月津贴的一笔款项，即2500法郎。倪思先生将自1885年9月1日起作为上述勘界委员会的一名成员，务须于11月9日按期抵达河内。

（原件第32页）

浦理燮致法来西纳函

巴黎，1885年9月10日

部长先生：

大家知道，而在远东与当地土人对话的实践也使我深深懂得，在与东方商人谈判时有一名出色的译员从旁协助何其重要。然而，我从多种渠道获悉，我们虽然在东京能雇到一大批安南语翻译，但很难找到一名既懂法语又通汉语的人。即使偶尔找到一名，在比较有限的范围内他能否顶用还有待实践来检验。

然而，目前，由您委我担任主任的勘界委员会有机会在巴黎雇得一名华人译员，他的协助势将对我们大有裨益。

李约瑟（Joseph Li）乃南京基督教徒，也是我们的传教士的学生，曾在1865年至1868年间在海军上将罗兹的旗舰——三桅战舰“女战士”号（la Guerrière）上当过差，后又出任上海法租界巡捕房翻译（1880年），旋又受雇于李梅（Lemaire）先生，而在法国驻上海领事馆中当差。在他担任上述职务期间，他使海军上将和我的同僚都感到满意。最后，他调至远东舰队参谋部属下任职，在此期间，他以其聪明睿智、真才实学、兢兢业业、热情诚恳以及举止端庄有方而博得了孤拔提督的关怀和注意。随信附上的孤拔提督的参谋长、海军上将梅格雷（Maigret）的证明书抄件就是明证。

部长先生，若蒙您愿意依我之所请，调遣该名助理人员至勘界委员会，则不胜感激。该员具备其他任何人所不具备的优点，即：有多家法国机关出具证明，担保其具有上述这种恪尽职守、忠实可靠的素质。

李在“巴雅”号上时，在参谋部进餐，还领取300法郎的月贴；月贴350法郎加上150法郎的伙食津贴大致与李约瑟当时的条件相等，因为勘界委员会及其辅助人员在今后对边界的测绘和勘定的野外作业中，势将遇到食物供应的巨大困难。

附件：远东舰队司令、海军少将证明书（原件第40页）

华人译员李约瑟自1884年7月至战争结束，曾在远东舰队总参谋部属下当差。

在他效力于法国的一年间，表现了尽心竭力的效忠精神。

他被迫把家眷留在中国，因而势将在物质利益方面遭受损害，由此可知，李翻译处境之艰难非常人可比。

我还代表舰队司令孤拔提督表达心意，孤拔提督是对李翻译倍加欣赏的人。

在“巴雅”号所参与的一切战事中，李约瑟均在场。

特此证明

参谋长梅格雷（Maigret）

1885 年 6 月 12 日于“巴雅”号上

（原件第 38 ~ 39 页）

法来西讷致甘伯龙函

1885 年 9 月 19 日

将军先生，亲爱的同事：

随函附奉我在东京勘界委员会主任临行前发给他的指示全文，作为密件供您参阅。

您从这一指示中可以发现，我在提请浦理燮先生注意与自己受委任务有关的问题以后，还觉得有必要替他确定一条与可尔西将军相处中所应遵循的行动准则。虽然勘界主任并不直接隶属于我国总公使管辖，然而我仍然提醒他，我全力主张他对我国驻顺化朝廷代表的意见须倍加重视。万一浦理燮的努力无效，他们之间仍然发生了意见分歧，则浦理燮不应该采取任何有可能对政府决定进行片面预测的措施，而应立即向我请示。

我高兴地认为，依靠这些指示和我国各部代表在各方面掌握分寸，将不会出现使勘界工作受到妨碍的令人不快的误会。

您在 8 月 22 日来信中表示希望授予政府驻安南公使以与 6 月 23 日法令中授予□□代表的那种权力一样广泛之权力，我已满足了这一要求，为此我深感欣慰。

想必您一定觉得有必要把我发给浦理燮先生的指示用密件转发给可尔西将军。

承蒙您同时能提醒可尔西将军注意，在可能范围内为勘界委员会提供帮助，并调拨给它足够的翻译人员和一批确保其安全和作业任务顺利完成所必不可少的护卫队员和物资，则不胜感激。

（原件第 42 ~ 43 页）

法外交部长办公室致浦理燮复函

1885 年 9 月 19 日

我认为将中国基督教徒李补入法方勘界委员会将会招来诸多不便。该译员虽曾在一艘海轮上为孤拔提督效过大力，然而，如果他每天与中国显要人物接触，他处事时难道还能完全独立思考，不受任何约束并能尽忠效力吗？

再者，勘界委员会经费开支已极浩大，而且又有一名出色的中国通师克勤先生作为勘界委员，更何况它还可以向可尔西将军借调当地的译员，因此，何必又增添一笔不必要的开支？

儒勒·普莱尔贝特（Jules Plerbette）
1885年9月16日于巴黎

（原件第44页）

法来西讷致浦理燮函

巴黎，1885年9月21日

先生：

您在本月10日致我一函，申述了各种理由，说明在东京勘界委员会法方勘界委员会补充一名精通法中两国语言的译员极其必要。在信中您还向我说明，目前已在巴黎并在孤拔提督参谋部当过差（此亦是其来巴黎以前最后的效力场所）的中国天主教徒李约瑟可以到法方勘界委员会效力。

我完全同意促使本部安排李一个您所想赐予的那种职务的理由。然而，如果说，这位译员能如梅格雷司令在信中介绍的那样，曾在我方舰船上给予远东舰队各军官予协助，那么，他在勘界委员会所处条件已截然不同，情况也很可能大不一样。

如果他每天与帝国要员们接触，他处事时难道能完全独立思考，不受约束并能尽心竭力效忠于我们吗？

再者，我觉得并无必要在我方勘界委员会业已浩大的工程开支中再添上一笔经费；另外，在法方勘界委员会中，还有一名出色的中国通——师克勤先生，您如觉有必要，还可以向可尔西将军借调其所属的当地翻译。我认为这些理由非常充足，您亦当会估计其意义。有鉴于此，我认为无法满足您的要求。

（原件第45～46页）

法来西讷致浦理燮函

1885年9月23日

先生：

您在本月21日来函中，要求我向您指定您须与中方勘界委员会相会的地点，对此，您只需询问我国驻北京公使团或法国政府驻安南总公使即可得知。我只能提请您注意，您一抵东京，即应与中国人取得联系，并就勘界作业如何进行与他们达成谅解，还需遵照勘界委员会例行手续与他们共同作业。

为避免引起误会，值此机会，我应该提请您注意，您所受命的任务，不具备任何政治性质，而且勘界委员会并不直接受辖于政府驻安南总公使馆，也不属我国驻北京使团领导。因为您所领导的勘界委员会只限于根据对您所发的指令而规定的种种不同条件，进行主要属技术性的勘定，其结果有待于两个有关国家政府来鉴定。

因此，您当明白，无论是成批或个别，应命来到您处工作的合作者都知晓共和国政府的观点乃利害攸关的事，我委托您把政府的指示，按向您传达的内容，原原本本地通知他们；而法方勘界委员会全体委员认真领会指示精神，以利于完成各自的任务亦至关重要。

（原件第 47 ~ 48 页）

甘伯龙致法来西讷函

巴黎，1885 年 10 月 3 日

部长先生，亲爱的同事：

我荣幸地向您奉告，据 9 月 24 日决议，狄塞尔少校已晋升为中校军衔。该高级军官将继续参加中国与东京勘界委员会法方勘界委员会工作。

（原件第 50 页）

法来西讷致甘伯龙函

巴黎，1885 年 10 月 27 日

我亲爱的将军：

今日上午我会见了中国署理钦差，他完全赞同我们的主张，即让双方勘界委员们会聚于北海（Pakhoï），并留在中国边界。您若尚未致电，请致电可尔西将军通知此事。

陈季同（Tcheng-Ki-Tong）坚持要求您指派一名武官至中国，不知您是否已确定人选。

（原件第 52 页）

法来西讷致甘伯龙函

巴黎，1885 年 10 月 30 日

共和国驻华公使先生于 9 月 2 日来函向我报告，帝国政府已派周德润与邓承修及其他多名官员为代表至东京勘界委员会工作。

巴德诺先生的报告及其附件中有关中国勘界委员个性的翔实材料，我觉得您对此一定很感兴趣，故特将此文件抄件寄上，请一阅。

（原件第 53 页）

法来西讷致甘伯龙函

巴黎，1885 年 10 月 31 日

为满足您向我表示的愿望，我荣幸地附上我本月 26 日的电报抄件，请阅。我在该电中向我国驻中国全权公使提出，必须采取我认为必要采取的各种措施以确保负责勘定我们在东京边界的勘界委员会的正常工作和安全。

我将此件转给您后，您将因此而做到心中基本有数，该如何答复可尔西将军来电。您寄来之可尔西将军电报已悉，现随信退还。

还应补充说明的是，因为李鸿章已知照我国公使，中国勘界委员会已兵分两路前往边界，故我认为有必要向中国政府指出，我觉得这种做法有不少缺陷。没有任何因素妨碍勘界委员会在北海会聚。已经出发的两路人马只需返回他们的出发地，并在那里商讨他们的做法。我已请戈可当先生就这点向李鸿章提出交涉。

（原件第 54 页）

浦理燮致法来西讷电

河内，1885 年 11 月 6 日上午 7 时 35 分

卜义内上尉、倪思医生与我于前日抵达此间。

可尔西将军向我转交了数份电报，他在电报中把保护勘界委员会进行勘界工作的责任推卸得一干二净，同时就巴黎的下列答复请令：“外交部与中国署理公使一致认为把勘界委员会的勘界接头地点移到北海是有利的。随后可顺着边界在中方领土上进

行分头作业”。

另一方面，师克勤先生10月18日自广州来信，向可尔西将军通报说，两位中国勘界委员及其随员最近（13日）分别动身前往曼耗（Mang-hao）与龙州（Long-Tcheou）。前往龙州的那名委员打算约50天以后才到达目的地。

在这种情况下，我觉得无法遵照您的指示与这些委员们取得联系并就今后共同作业的进程问题进行会商。

（原件第55页）

法来西讷致浦理燮电

巴黎，1885年11月6日

请直接与在北京的戈可当先生相商，他负责与总理衙门交涉关于勘界委员会行进路线问题。眼下暂请留在河内。

（原件第56页）

关于勘界委员会前三份函电的下落说明

问：部长是否保存着浦理燮先生第1、2、3号函电？

答：部长并无这三份函电，在外交部办公室，外交部政治司与贸易司中均未登录这三份函电，因此，完全有理由推测上述函件尚未到达外交部。

巴黎，1886年1月25日

（原件第57页）

浦理燮致法来西讷电

第4号文　河内，1885年11月6日

部长先生：

我在本月6日致您的电报中曾向您通报，卜义内先生、倪思先生和我三人于3日晚抵达此间。除德朗达先生乘商船与我们相会于目的地以外，我们三人均在一艘驶往海防去接海军准将李于聂（Rieunier）的炮艇上各自找到了一个座位；李于聂准将系受海军部长所委，前去东京驻军司令将军处完成一项特殊使命。

我对可尔西将军的热忱欢迎深表高兴。在我们行将登岸时，他派了一名传令副官来邀我及我的两位同事在当晚前往他的寓所用餐，他甚至亲切到请我个人在我们逗留河内的全部时间内一直与他同桌共餐，不必见外。对此，我十分感谢。当然，这种感激之情也只限于最初24小时内的宾主礼仪范围内。

在为我们觅得正式住所以前，他下令在内务主任西尔韦斯特家里为我准备了一个房间，为倪思与卜义内先生腾出了城里军官用房间。此外，还专门为我们三人各调拨了一名勤务兵。

由于我在西贡受到下交趾支那代总督贝干（Bégins）将军的接待并不使我感到满意，因此，我对可尔西的这种厚待特别感激。因为，虽然贝干从新加坡领事馆得知我们到达的消息，仍然放弃了据我后来得知的在这种场合下应尽的传统礼节来接待我。更有甚者，我在打听了何时他觉得方便可以接待我们后，遂立即率我的同事前往拜谒，但贝干甚至不派一名副官或传令官来对我回访。

尽管我明白，对于我可能遭到的某些军官自认为可以对文职官员随意摆出的傲然不恭的态度不能过分计较，然而我仍然认为应把贝干将军连起码的礼节都不尽的过分做法向您汇报，求得您公正的裁决。

在我们到达时，我们的同事狄塞尔中校先生与可尔西将军的副官同时前来迎接。凡是能为我们帮忙的地方，狄塞尔中校总是全力以赴为我们张罗。另外，在很大程度上，多亏他考虑周到，才发出了必要的命令和措施，解决了我们的安顿问题。因为在河内，离开了军方的协助是无法找到宿地的。

我们到达后的第二天，我第一件考虑的事是前往司令将军处拜谒，他在24小时内也亲自来回访。我们遂逐一拜访了参谋长瓦尔纳少将，远征军团第一师师长雅蒙，第二旅旅长为尼（Munier）准将，总军需官巴拉蒂埃（Baratier），海军准将李于聂（Rieunier），海军分舰队司令、海军上校德·博蒙（de Beaumont），内务主任西尔韦斯特（Silvestre，也是我的临时东道主），驻河内公使帕罗先生（Pareau）以及工兵司令默齐耶（Meusier）上校。

以上各员都及时对这次拜谒进行了回访，或派人通知将立即前来回访。

除了尽到应尽的礼仪而外，我希望自己能设法与这些先生们保持最融洽的关系。

至于尼格里（Négrier）将军，我们经过此间时，正值他在特遣队执行任务，但我准备一有机会即与他联络。

（原件第58~60页）

浦理燮致法来西讷函

河内，1885年11月7日

部长先生：

在我与可尔西将军初次会晤时，他就立刻对我说，他不大清楚我们来河内有什么作为；不过，他又说，我们完全可以在这里较长时间地待命。其原因是：虽然他奉到巴黎来电（此电已转我阅读），指明北海乃法方勘界委员会与中国代表的会合地，但没得到师克勤先生转来的关于这些代表已动身前往曼耗与龙州的消息，进而使人有理由担心，至少三个月以内，双方代表相会几乎是不可能的。

我即借此机会向他提出建议：在这种情况下为简便易行，最好是他为我们提供到离曼耗或离龙州最近便的一个地点——或是老街（Lao-Kai）或是谅山（Langson）去的条件。

于是他向我声称，为护送我们去老街，应重建一支目前已被击毁的特种帆船队，在船上配备战斗武器并装上食品和弹药，在这种枯水季节，应动用苦力来拉牵，并在长达两三个月的旅程中派一支至少有800人组成的护卫队在两岸护航，不过，在今年5月底，有一批官吏衔命向刘永福（Lu-Vin-Phuoc）传达总理衙门之令，但却挨了枪击，随员中有一人被杀，另一人受轻伤，而我们虽经护航，也难保不在帆船上遭受类似的枪击。

“至于考虑送我们到谅山的问题”他对我说，“那就更不必作这种打算了”。他必须拥有3600人的最低员额，并动用数千名苦力，这样才能为我们组织护卫队，也能侦察路径，确保通讯联络和后勤供应并占据一个战略阵地。总而言之，由于他手头兵力有限，他断然拒绝承担护送我们去边界任何地点的责任，认为此举很可能影响我们的安全。他坚持这样的观点：只有在中国地界作业，我们的任务才能完成，“因为”他说，“在中国地界，我们置身于我们的同僚——中国官吏的保护之下，比边界这边安全得多，这样可大大减少事故袭击的可能性”。将军又补充道，他的计划只打算在眼下占据三角洲地区，并在自兴化（Hong-Hoa）至谅山府（Phu-Lang-Son）经山西（Sontay）、河内与北宁（Bac-Ninh）的地段内半周建立一条阵线并在该阵线前方，仅守住宣光（Tuyen-Quang）与太原（Tayn-Guyen）两地作为分哨所，他只向那里派遣几个东京土著步兵团驻守。他打算首先要继续对防线这边的三角洲下游地区进行平定，经常派出一批机动特遣队，负责追捕与惩罚叛军，并依靠分遣队来进行巡逻。他相信，只要有坚持不懈的精神，致力于这样做，则至多在三年时间内，就可以使这一部分地区社会秩序彻底安定。在此以后，才能考虑逐步向前推进的问题。

因为我既非军人，又非专家，在初次见面时我无权说我有战略方面的主见，将军关于护送我们去谅山或老街的种种假设与他向我津津乐道的计划（不管其真假如何）一样，都不能作为我考虑的内容。

然而，部长先生，我仍然需要将这一点向您汇报，因为我觉得至今依然在安南与东京普遍存在的反对我们行使保护权的叛乱状况似乎给可尔西将军提出的拒不帮助勘界委员会作业的论点提出了一种说得过去的假象，但这种论点却并不因此具有无可争议的价值。

我倾向于认为，根据我在西贡和在归仁（Qui-Nhone）、沱瀼［（Tourane）即今岘港 Da Nang——编者注］、海防（Haï-Phong）与河内（Hanoï）的所见所闻，目前的局势比司令将军所承认的还要混乱：我在此甚至可以这样说，这种局面将比以往任何时候，甚至比与中国发生战衅时还要糟糕。

无论如何，目前看来已确凿无疑的是，单是在安南的平定（Binh-Dinh）省已有将近 25000 人被杀，其中一部分是基督教徒，其余的都是因为不愿与叛军合作共事而受诛。而这种屠杀几乎是在法国的炮口下、而且是在法国军舰面前发生的，但法国军舰因奉命不受攻击决不开火，故面对这般屠杀也只有坐视不管，否则很可能使受害者承担与我们有牵连或被怀疑与我们有牵连的罪名，进而使百姓遭到连累。

有几点可以肯定，那就是：在我们从海防至河内的旅程中，河水中依然漂流着一批批尸体，不过据说，其数量比往日少，这些人亦是被叛军所杀，地点就在三角洲内，也有在我们的阵地之外。此外，还可以肯定，在这一行程中，他们每天向我军汽艇射击；在我们抵达后的次日，叛军们在号角声中，在齐射火力（火力网明显地一直伸至此间）的配合下，放火烧毁了巴岁（Batang）附近的一座村庄，离河内仅三四千米；再者，若冒险稍稍走出我们的岗哨以外，就有可能在途中被杀，最近一名几内亚上尉和一名商人在北宁（Bac-Dinh）和海防近郊的遭遇就是如此；最后，上述两地至河内与山西（Sontay）之间可自由来往的途径只有河道。

人们还说，从红河两岸派出的机动特遣队在走近一些村庄时只看到人去村空的荒凉景象，于是，他们就将村庄付之一炬。最近的几次远征只不过是为了捞取晋升和受勋的资本，两三个月来在医院未见过一名因赴战场而负伤的人，但与此同时却有 3000 多人死亡，其中一部分死于霍乱，大部分却是因中暑和劳累致死；有人还肯定地说，朱阿夫兵团士兵及阿尔及利亚步兵散布在内地各处以镇压海盗劫掠，但因人数过多，甚至百姓们安分守己的地区也有分布，这将成为我们的障碍，而各省知府曾主动提出，只要我们同意在每一州调拨给他们 200 多土著步兵组成的一个兵团（由两名法国军官统帅），则他们就承担起恢复社会秩序的责任，但这种提议未经采纳。

最后，我感觉最明显的是，在这里，凡仍属于海军管辖的一切都是受到轻视的，海军陆战队对此有特殊的体会，虽然海军陆战队军官曾在前几次战役中贡献卓著，但如今，他们发现被人弃之一旁，处于无足轻重的地位（其唯一原因是他们不属于正规军），或者是被迫率领其部队退守至边远地带与安南各省。

总之，我知道，这里有不少人倾向于从上述一系列事实中得出这样的结论：单纯的军人政权已证明对平定、特别是对治理这一地区是无能为力的，然而最初，这一带的居民对我们又何其热情相迎；只有以一名功绩卓著，周围的人有口皆碑，因而能以充分的全权肩负最高领导责任的总督为首的民事政权才能安抚百姓和重新赢得民心，进而补救一切。然而，要做到这一点的前提是选拔一名细致入微、有远见卓识、毫无成见、果敢坚定，同时又体察百姓疾苦的人担任总督。

然而，人们不禁要问，提出这样的方案是否为时过早，而且这样做是否有点心血来潮而不是经过深思熟虑。

无论如何，不管对上述的事实、论点、断言和结论应如何判断，是觉得它们多少有点道理，还是不大靠得住，有一点是肯定的，即既然有据可依，总司令兼总公使对让我们穿过这一地区直达边界一事就会一直犹豫观望。

然而，我必须补充说明的是，他的参谋长瓦尔内（Warnet）将军在我面前露出了一句口风，说明他并不赞成总司令所持的无法护送我们去谅山的观点，不过，我当时不可能让他就这一问题进一步说明自己的观点。

在我看来，其他军官对这一问题的看法与瓦尔内将军相同，特别是我们的同事狄塞尔中校，他好像曾主动提出愿意担负率一营人马前往远征的重任。最后，我又获悉，尼格里将军也曾肯定地说过，他若奉到命令，一定负责把我们护送到南关隘（la Porte de Chine）。因此，事实绝非毫无可行之处，而是完全行得通，也无须冒极大的风险。

然而，这并不等于说，在整个边界里程中，他们能够一直护送我们，也并不等于说，派一支人数不多的护卫队护送我们至边界是考虑周到、审慎缜密的做法，同时，在一个有一部分是无人居住，又无人力物力可资依靠的陌生地区也不能确保我们拥有交通和后勤供应的种种手段，这些都是确凿的事实。

部长先生，有鉴于可尔西将军提出的观点和主张极其明确，我只有如实向您和戈可当先生汇报并请示，戈可当先生曾要我说明事实，我已回电一份，其内容与我在本月6日向您所发之电大致相似。

根据您在同日致我电报中所发的命令（此电于今日到达），我最近与戈可当先生重新取得了联系。

我现在只有遵照您的指示等待共和国驻北京公使的活动结果了。

又及：有一事我不能不通知您：在午餐时，可尔西将军向我透露，由于处于戒严状态，所以在没有接阅电报和信函内容的情况下，他有权不准寄发函电，甚至我寄发的亦在他禁寄之列。此外，他可以行使权力，在必要时，拆阅信函。

我也愉快地回答他道，他的一名副官是出色的密码译者［即普帕尔（Poupard）上尉］，听说有一目十行的惊人技巧，任何密码电报都能迅速破译并读出，因此，司令将军当然可以通过这种办法随心所欲地侵犯我的通信权，方便地阅读我的电报及信件；我只要相信，他不是不知道保持这种绝对权力最可靠的办法是应该怎样最低限度地使用这种权力，那么我就可以猜测他不会用上述办法来使用这种权力的。

此外，在另一次会晤中，将军还向我暗示道，如果我愿意迁就，决不写任何有违他的观点的任何东西，那么，我的事业将一帆风顺；反之，我只能引火烧身，自食其果。

我当即回答道，无论在什么情况下，凡是与我的任务有关的事，我已奉命尽量与他取得一致意见，而这也是我的迫切愿望。

然而这种小小的恐吓性尝试并未给我造成深刻的影响，我仍然把我认为有必要向外交部汇报的事告知本部以使您——部长先生能判断勘界委员会工程一开始即可能面临的被延误的原因，无论这种原因是表面的还是实际的，您都能做到心中有底。

我这样做，完全相信您能体察我在司令将军兼总公使先生面前处境的艰难。

波里也将军、参哺将军、波尼逮波德上校以及佩尔诺（Pernod）上校等即将回法国，只要如我所料（但我没有看到过他们），他们的判断与我的一致，并在一系列重要问题上能恰如其分地对我的判断进行补充，则他们的回国必将促成上述结果的取得。

又及二：师克勤先生今晚已抵达此间，他认为已自海防发出一份电报，但并未寄达我处，我原准备他明天到达，因此，仓促间未能亲自或派人前去码头迎接。

他自己（或是在狄塞尔中校的引见下）前往可尔西将军处拜谒，此时正值我外出晚餐，他拜谒完毕即至我寓所等候我回家。

他说自己身体不佳，患有痢疾已有两月，并持有香港英国医生的诊断书，以利于倪思医生的治疗。

虽然他说过这次旅行使他的身体状况有所好转，但是有理由预见到，由于东京的气候不利于痢疾治疗的痊愈，长期在那里逗留必将使他无法工作，而由于他汉语知识丰富，正当我们很需要他为我们效力时，他很可能力不从心，无法上班。

（原件第61～69页）

法来西讷致加里贝与甘伯龙函

巴黎，1885年11月9日

海军上将先生，将军先生，亲爱的同事：

承担与中国代表会同勘察东京边界的勘界主任向我通报了两国勘界委员的会晤存在困难一事。我已电请浦理燮先生暂留河内并直接与戈可当先生相商，戈可当负责在北京与总理衙门妥商以就混合勘界委员会的路线问题取得一致意见。我把这些情况转告你们以作为我以前数次信函内容的补充。

（原件第70页）

法来西讷致加里贝与甘伯龙函

巴黎，1885 年 11 月 10 日

海军上将先生，将军先生，亲爱的同事：

共和国驻北京公使在 9 月 15 日的一份来函中向我通报了总理衙门成员，负责两广勘界事务的邓承修钦差大人即将动身的消息，并同时向我报告了这位中国高级官员为抵达目的地所采取的步骤。

现将巴德诺先生的报告（内有上述情况的详尽说明）抄件随函附寄，以供参考。

（原件第 71 页）

甘伯龙致法来西讷函

巴黎，1885 年 11 月 11 日

部长先生，亲爱的同事：

您 11 月 10 日来函给我转来了共和国驻北京公使 9 月 15 日一份报告的抄件，内容涉及负责中国与东京勘界工程的那位帝国钦差的安排。

对此，我深表感谢，但我也荣幸地相告，在可尔西将军迄今的来电中，没有任何内容可以使人推测法国公使已通知了东京部队总司令，关于您在 10 月 26 日电报指示中要求以北海（Pakhoï）为两国界务委员的会晤地点一事已有下文。

我得到的关于勘界委员会的唯一消息是：以浦理燮先生为首的法方勘界委员会一行已于 11 月 1 日抵达下龙湾。

（原件第 72 页）

浦理燮致法来西讷函

河内，1885 年 11 月 14 日

部长先生：

我荣幸地随信附上法中勘界委员会法方勘界委员会于本月 9 日举行的第一次会议纪要，会议目的是按 1885 年 8 月 14 日决议规定的日期正式成立勘界委员会并确认到达河内这一事实。

部长先生，您从中可以发现，我觉得在这次会议上应该提出临时委托德朗达先生担任我们这种纯属内部性质的会议秘书。德朗达先生是您在9月5日盖有商务与领事处印戳的来函中命他前来我处当差的。

除了我提出的用以说明我的建议正确并且在纪要中业已载入的理由外，我还有一个更重要的理由略而不提，那就是，倪思医生虽说自称已准备担任这种按年龄而排理应由他承担的秘书之职，然而，在一次私下会晤中，他承认，他以前没有经过这方面的预先锻炼，既无经验，也无职业方面的传统，因此尽管他无疑有良好的愿望，仍担心不能圆满完成任务。

德朗达先生总是愿意接受额外的工作负担，我觉得他相当出色地完成了此次任务，因而我有理由希望您能同意对他的选拔。

然而，我应该提请您注意，若无外交部的专门决定，则无法让他担任法中勘界委员会法方勘界委员会历次会议的秘书，因为大家一致同意的规定，不同意外人随便列席这种委员会的历次会议，除非以翻译的身份参加。当然，法令明文规定加入勘界委员会的人不在此限。

然而，一方面法方勘界委员会成员目前因巴利埃（Pallu de la Barrière）先生辞职已从6名减至5名（其中包括界务主任），而本来，巴利埃的候补委员职衔可以使他担任秘书一职；另一方面，不论是界务主任也好，陆军部与海军部代表也好，或是具有某种专业知识的人也好，我们每个人都必须各司其职，专心注视勘界委员会需要处理的各种棘手问题的讨论。因此，法方勘界委员会的任何委员都不能毫无妨碍地主动捉笔，整理会议纪要。

因此，部长先生，我只能请您考虑，是否需要明令指派德朗达先生担任勘界委员会秘书一职（适当增加已发给他的，但从他的生活条件特殊来看又显得不足的津贴），或是任命一名新的候补委员以接替已辞职的勘界委员进而充实勘界委员会。

请允许我补充说明一点，即若要任命新的候补委员，上海工部局候补顾问铁波先生亟盼参加勘界委员会，哪怕是其待遇略低于巴利埃先生他也心甘情愿，我觉得他集许多宝贵的品质于一身，有丰富的经验，他的协助对我们极为有用。

（原件第73～76页）

法中勘界委员会法方界务委员会第1号会议记录

1885年11月9日会议

法中勘界委员会法方界务委员会于今日（1885年11月9日）下午3时在拨给界务主任浦理燮先生的住所举行会议。出席者：浦理燮、师克勤、狄塞尔、卜义内、倪思。

浦理燮先生说明，本次会议的目的是根据 1885 年 8 月 14 日法令所规定的日期正式组成界务委员会，故对于外交部长先生给予殊荣，指定他主持这次与同事们相聚的会议而感到高兴。这些同事们对技术潜心研究，而且都有专长，这使他坚信，依靠他们的帮助，他必能有效而圆满地完成勘界任务。

他深信，他的同事们也都尽心竭力地辅佐他在即将开展的作业中卓有成效地取得进展。因此，他要唤起和调动每个人的智慧和个人能动性以帮助他研究出一套在他们看来能最有效地促成其受委任务取得成功的方法和途径。最后，他恳请他们相信，他最迫切的愿望就是在相互信赖和完全融洽的基础上建立他们需要维持的日常关系，而且他还声明，只有说明了从现在起他把自己视为正在与他们一起组成一个由忠实于法兰西利益的共同感情所紧密维系的一种家庭后，他才能较正确地表达自己的思想。

浦理燮先生又说，在他看来师克勤先生是必要时担任副主任的当然人选。由于巴利埃先生于本月 1 日离职而去，勘界委员人数也由 6 人降至 5 人。原来可把秘书之职交由他行使，因他是候补委员之故，而今他既然离职，也只得作罢。有鉴于此，他认为也许有必要尽量节省每个委员必须用于勘界工程方面的时间。在这种情况下，他考虑外交部已同意调拨给他用作私人秘书的德朗达先生能否暂时担任界务委员会历次会议的纪要整理与拟写任务。

因此，只要界务委员对此并不觉得不便，则浦理燮先生建议采取这一措施，但明确的保留条件是德朗达先生只为捉笔记录才列席会议，并无任何权利参与讨论。

于是，就任用某个实际并非勘界委员会成员的人作为委员会秘书一事是否有传统或先例问题展开了短暂的讨论。主任认为有此传统和先例，并指出，他给部门的报告和公函通常均由德朗达先生抄写，该员因此得以了解勘界委员会各项工程的结果，但仍可视为能严守职业秘密的人。

于是这一提议得到了采纳，德朗达先生亦被临时指定为历次会议纪要的整理和拟写人，但决不参加会上的任何讨论。

接着，主任把 1885 年 6 月 19 日法中条约文本递交办公室，并向同事们通报了法来西讷向他发出的指示，并把他从外交部收到的地图及文献以及他从其他渠道得来的图册拿出供同事们使用。

在简短叙述了一番形势后（这种形势暂时使人无法预测究竟在何时可与中国界务委员们联系），浦理燮告诉大家，他已就此事向巴黎请示并向列位委员先生出示了外交部长致他的一份电报，电报中部长要求他就此事直接与共和国驻北京公使商议，因为公使负责与总理衙门交涉，解决勘界委员会的行进路线问题；另外，主任还说，这份电报发令让他暂留河内。

最后，他告诉他的同僚，他已按照上述意思立即致电戈可当先生，要求得到他的指示，并向他说明列位界务委员已做好一切准备，亟盼有事可做，然而现在却只能等待法国驻北京公使的活动结果。

狄塞尔先生要求知道，在研究必须在大会上讨论的问题时，属于每位勘界委员畅所欲言的动议权究竟可达到何种程度。

浦理燮先生答称，据他看来，这种动议权是完全而充分的，并请他的同事们相信，若他们能毫无保留地把自己的感受和看法提出并把各人认为应该说出的种种意见一一表达出来，则他不胜感激。

狄塞尔先生于是提议，把界务委员会工作计划的研究以及确保这项计划实施的具体方法的审查列入下次会议的议事日程。

师克勤先生则提请大家注意，目前没有任何事能妨碍界务委员会研究切实可行的途径与办法，但不应形成任何可能导致对法中两国政府达成协议后形成的决议预先进行判断的决定。

界务主任对这种看法十分赞成，狄塞尔先生的提议也被一致通过。下次会议定于明日（11 月 10 日）下午 3 时举行，议程已如上述。

会议于当天下午 5 时 30 分结束。

签名：师克勤、狄塞尔、卜义内、倪思、浦理燮

（原件第 76 ~ 79 页）

浦理燮致法来西讷私人函

河内，1885 年 11 月 14 日

部长先生：

我在另一份报告中已向您禀报过，法中勘界委员会法方勘界委员会于本月 9 日首次开会讨论成立事宜，按 1885 年 8 月 14 日决议所规定的日期正式成立委员会并确认按决议规定日期抵达河内。

我觉得在这次会议上应该提出临时委托德朗达先生担任我们这种纯属内部性质的会议秘书。德朗达先生是您在 9 月 5 日盖有商务与领事（人事）处印戳的一份来函中命他前来我处当差的。除了我提出用于说明我的建议之正确，并且在纪要中（该纪要的抄件我已转呈于您，详见政治司远东与保护国事务处第 6 号报告）业已载入的理由外，我还有一个更重要的理由略而不提，那就是，倪思医生虽说自称已准备担任这种按年龄而排理应由他承担的秘书之职，然而，在一次私下会晤中，他承认，他以前没有经过这方面的预先锻炼，既无经验，也无职业方面的传统，因此，尽管他无疑有良好的愿望，仍担心不能圆满完成任务。

德朗达先生总是愿意接受额外的工作负担，我觉得他相当出色地完成了此项任务，因而我有理由希望您能同意对他的选拔。

不过，我应该提请您注意，若无外交部的专门决定，无法让他担任法中勘界委员会法方勘界委员会历次会议的秘书，因为大家一致同意的规定中不同意外人随便列席这种委员会的历次会议，除非以翻译的身份参加，当然法令明文规定加入勘界委员会的人不在此限。

然而，一方面法方勘界委员因巴利埃先生辞职而从 6 名减至 5 名（其中包括勘界主任），而本来巴利埃的候补委员职衔可使他担任秘书职务；另一方面，不论是勘界主任也好，陆军部与海军部代表也好，或是有某种专业知识的人也好，我们每个人都必须各司其职，专心注意勘界委员需要处理的各种棘手问题的讨论。因此，法方勘界委员会任何委员都不能毫无妨碍地主动捉笔整理会议纪要。

因此，部长先生，我只能请您考虑，是否需要明令指派德朗达先生担任委员会秘书一职（适当增加已发给他的但从他的特殊生活条件来看又显得不足的津贴），或是任命一名新的候补委员接替已辞职的勘界委员进而充实勘界委员会。

请允许我补充说明一点，即若要任命新的候补委员，上海工部局候补顾问铁波先生亟盼参加勘界委员会，哪怕是其待遇比巴利埃先生略低他也心甘情愿，我觉得他集许多宝贵的品质于一身，有丰富的经验，他的协助对我们极为有用。

又及，11 月 16 日：在邮件寄发时我因故无法把早已准备好寄给贸易与领事司以及致政治司的报告抄件寄发。我觉得从现在起仍应做好准备，以在下次邮件寄发时发出。

（原件第 80～82 页）

浦理燮致法来西讷电

河内，1885 年 11 月 16 日上午 9 时 35 分发

我收到了戈可当转来的总理衙门关于北海一地的答复，我遂把此事转告可尔西将军，并问他，目前是否能护送我方勘界委员会至边陲之一：老街或南关隘，此两地乃离曼耗或龙州（两名帝国钦差正分别前往那里）最近的地点。他断然答复：“眼下他无法护送我们去边界任何地点。”

由于中国钦差事先未与我们协商即离开，加之我们又无法前往边界，这样，在对勘界有利的季节里，我们什么正事都办不成。

（原件第 83 页）

浦理燮致法来西讷函

第7号文　河内，1885年11月18日

部长先生：

以下消息从本月10日起在河内广为流传，而且我已从可靠方面证实。

看到法军在近期内绝不可能占领谅山，该地区的百姓苦于海盗的勒索，已自己武装起来追剿海盗。

这一消息使我觉得两位将军和一位高级军官的看法具有更加重大的意义，我曾在本月7日的一份报告中提到过，这两位将军和那位高级军官与总司令将军的看法恰恰相反，他们认为护送勘界委员会到这一边陲地点决非没有可能。

此后，我又获悉，这一意见得到了许多其他人士的广泛赞同，其中我只想重点提一下民事与政治处主任西尔韦斯特先生，特别是波尼逮波德上校，他在这方面仍然具有相当的权威。

这自然是使我们与广西中国钦差邓承修在其到达龙州后立刻与之相会的最迅速的办法。

基于这种观点，我一收到戈可当先生本月15日来电（其内容系转达总理衙门对其关于两国勘界委员会在北海相会的询问的答复），就觉得应该通知可尔西将军，并提出，自我们到来以后，形势是否已朝着有利的方面发展，以致他已有可能考虑护送我们去谅山的问题。

正如我在次日向您禀告的那样，将军只是回答我“眼下他无法护送我们到边界的任何地点”。

为进一步补充这份电报的内容，我还需向您禀报那天晚上我与可尔西先生的一段漫长的对话。

虽然他性情暴躁，绝不同意我与他会谈的要求，哪怕是普通的闲聊方式，话题可与东京的军事局势有关或无关，他都不情愿。但那天晚上，我仍然通过婉转的语气，把他引入了这个话题。我抓紧时机向他说明，谅山与我们的前哨阵地——同松（Dangson）与屯梅（Than-Moi）之间的距离仅为40千米，而谅山至南关隘（la Porte de Chine）距离仅15千米左右。我不明白，何以穿过这样的短程，需要把困难考虑得如此严重以致不部署像我们最初晤面时他所向我提到的那种兵力，就不易克服这种难处。

他最初还是故态复萌，怒气冲冲地说我多管闲事，接着，看我相当冷静，毫无愠色，于是也平静下来，变得通点人情，甚至肯屈尊与我心平气和地讨论问题。

以下是那次谈话的抄录，这一抄录即使不算在形式上，至少在基本内容上是正确的，谈话内容包括可尔西本人对我所说的，也有骑兵司令欧格讷（O'connor）的插话，因为他也参加了这次交谈。

“如果问题只是把你们护送到南关隘，然后就留你们在那里，由你们自行设法解决一切，那么要把你们送到那里当然也并非没有可能。

“但问题并非如此，一旦到达那里，还必须在整个边界行程中派人护送你们，亦即是在荒无人烟、无依无靠的不毛之地一直伴送你们，因此，必须为你们和你们的护卫队提供一切必需品。而除了那条通往南关隘的官道（这条官道目前的情况也极糟糕，只能用人背的方式才能运输）外，没有任何其他通道，而只有一片林海，必须依靠工兵连为你们开辟道路才能通过其间，但这样，你们每天也只能前进数千米。

“在屯梅（Than-Moï）与谅山之间，去年一年就死去6000多名苦力，这还不包括双方损失的战士在内。在边界那边数千米地段内都布满了草草掩埋、露出地面的尸体，这是滋生瘟疫的发源地，东京出现的霍乱，其源盖出自此。至少必须经过两年的种植，这一带环境才能净化。此外，在谅山那边，恶性疟疾蔓延其间。因此，在那里，每隔一段路程都要设置流动救护站以接纳和治疗病人，更不要说会有人员死亡，而且死亡数量必将很大。”

“车队、补给、流动救护站，这就是严重困难所在，这也就是为什么给您800名护卫队就必须调出三倍于此数的人马的原因。在我们的屯梅与谅山前哨，迄今只驻有土著步兵，他们只以大米、少量食盐与咸鱼为生，也就是说，我们供养得起。可是对于你们，对于你们的护卫队和卫生救护队就另当别论了。

“在一站路程中，两名当地苦力只能共扛30千克东西，而他们每日食物就需要2千克，因此，至少每隔五天就需为他们补给食品，以便使他们能扛20千克的有效载荷。请想想，这将是多大的数字并需付出多少经费！此外，我们都清楚地知道，在土著人中，有多少人在跟随远征队中丧生。即使每日每个苦力付给一皮阿斯特的酬金，如今也找不到心甘情愿步行前往谅山及边界的人；要是采用强迫征丁的办法，他们每夜就大批出逃，而把要他们扛的东西丢在现场。

“只要你们的作业持续多月，就要估计这一层。你们自己也可以想象开支之浩大：这可不是几十万法郎的问题，而是高达数百万法郎的巨额数字，这还不包括疾病给军队造成的人员消耗。”

将军特别强调手下统帅的精壮士兵为数有限，因此，他又补充道，他从中应为我们派出的员额超出了限度。

“我需要这些人来完成其他更紧急的任务。要是上面能拨给我一个第三师，那还马马虎虎！但是目前，我手下没有一个师长不叫唤兵员短缺！我从哪里再去要到人？

“这就是为什么我拒不护送你们到边界任何地点的原因，也是为什么我认为勘界工程至少目前无法从东京在我的军队保护下由我承担责任来进行的原因。

“再过两年，这一地区平定工作已大功告成，也许可以考虑这一点。但在目前，这完全是异想天开！

“今年6月9日条约在第一款与第三款中所包含的条文是在未向东京军事当局询问这些条文是否切实可行的情况下写入的。只要对这一地区有所了解，就会相信回答一定是否定的，现在我们无法确保这些条款的执行又何足为怪呢?”

会晤就是在一片责难声中结束的。

从将军的最后一句话也许可以推断出，他的内心究竟被什么感情支配着：第一款中有关边界治安的条款实际上是使他最感烦恼的。而勘界作业一旦进行，这一条文将立即付诸实施，而这是他要竭力躲避的，这是因为在没有办法有效地主宰边境地区情况下，他认为确实无法切实执行条款，或者是因为，正如别人所说的那样，他宁愿坐视目前的状况继续下去，因为我得在此顺便提一下，此间有人指控他不少事情：有人说他只不过是对自己职守无所用心和一无所知的一介武夫，对这种人来说，除了军队以外，什么国家民族都无足轻重，并说他只把东京看成是一块军事领地，第二个阿尔及利亚，他的手下得宠的军官和他自己可以在此猎取名利，哪怕是通过每年拼命捞油水，使自己的俸禄有可观的积余来达到目的也在所不顾；有人则指责他性情暴躁、好发脾气，蛮横专断，像个脾气捉摸不透、反复无常的老者那样，有种种离奇古怪的念头，特别是怕别人摸清他的一举一动；他抓住周围的人不放，一切为自己打算，在这种停滞不动的环境中折腾，结果一事无成，而自以为这样来回奔忙就一切进展顺利了。

不管怎样，我不禁对自己最近听到的这些论点的似是而非性感到震惊，同时也要考虑，那些认为可能护送我们去谅山的将军、高级军官及其他不同阶层人物是否从我刚才复述的各个方面考虑了这一问题。

一些内心的私愤、出自个人的盘算和不可告人的想法，或者至少是偏颇的对立情绪足以使人们，甚至有一定真才实学的人讲出即使不算轻率，至少也是没有仔细考虑，而只是以普通聊天方式的那种论点，如果真的要他们对自己的表态负直接责任，他们也许会收回这种论调的。

然而，这些考虑在我头脑中产生的无把握感只不过是短暂的一刹那。

其实，我最后还是觉得有必要认为在各种意见中都有夸张的成分，我在这些主张中曾一度迷惑不定过，因此，虽然把我们护送到南关隘并非像某些人断言的那样容易，然而从南关隘（la Porte de Chine）派人在整个边界行程中护送我们也不应成为像有人所说的具有那么多的巨大困难的事情。

在这种情况下，我相信，不在总理衙门面前暴露我们在东京无法处处受到尊重的虚空状态是一个威望体面问题，因此，我最后认为主要考虑到这最后一点，即使从取得精神效果来看，也不应该放松我们的努力，以使我方界务委员会得以在离龙州最近的地点，亦即谅山或南关隘与中方勘界委员相聚。

（原件第84～90页）

浦理燮致法来西讷函

第8号文　河内，1885年11月18日

部长先生：

勘界委员会于本月10日再次开会，现随函附上第二次会议纪要一份（附件A）以作为上次同类性质寄件的续篇。

我们暂时把极其复杂的议事日程的第一部分略过不提，在这次会议上只研究我们究竟应补充什么样的辅助人员才能确保我们的工程顺利进展。

我在一封信中（其抄件随函奉于后）把关于测绘官员和当地翻译问题的讨论结果知照了可尔西将军，关于这一点，我们认为他应该协助我们。在收到这份信函以后和在书面答复我以前，他向我口头保证说，他将拨出手头拥有的一切人力物力供我调用。

然而我早就从小小的细节上注意到，他并不始终记住自己的承诺，而据我最近获悉，他今日上午动身前往顺化（Hué）时，严厉斥责了我们的同事狄塞尔中校，说他提出了法方勘界委员会在辅助人员问题上所一致通过的议案，因此，他这次若是又言行不一，我也毫不足奇。

我设想这些议案一定会得到司令将军的热情赞同，因为议案是由一位陆军部的代表提出的，现在看来我的这一设想是错误的，我感到不无遗憾。

我有理由担心，从这样的开端来看，既然我们竟敢私下召开会议并共同商议出一套促成我们的任务圆满结束的办法，进而为让他照管勘界委员会造成理由，那么可尔西将军这位一向喜欢在业余时间悠闲自在的人，很快将对我们产生厌恶。

无论如何有一点我们不会弄错，那就是，仅仅是因为我们来到这里，在自由度不太大的条件下我们对这一带的情况形成个人的意见，我的同事和我早就在他眼里，即使不算是令人讨厌的目击者，也成了不受欢迎的人。

最后，这也是最严重的，那就是，由于他从根本上反对勘界在边界这边进行，因此，我可以预料，他要千方百计来阻挠至少要想延误我们受委的任务，而这一任务，无论如何他希望委托给他的亲信军官，因为他认为，这种任务在这里只能委托给军队并按照军队的利益来进行。

我担心，关于我们有求于他的各方面，他往往会隐瞒他业已奉到的这方面的命令，对实在推卸不掉的事，他才出面帮助我们。

这就是我忧心忡忡之处，但我竭力避免表现出来。然而如果事情一旦发生，那么，部长先生，我将遵照钧命，立即向您汇报。

在本函结尾时，我不能不专门提请您注意勘界委员会提出的愿望，考虑这一愿望的权限已不在可尔西将军手里，而是只在您手里，由您裁决而定。

勘界委员一致表示希望增调一名职业译员的充分理由已载明在所附的会议纪要中。恳请您参看我画有横线、记有这些理由的段落为感。

（原件第 91 ~94 页）

第 8 号文附件 A

法中勘界委员会法方代表团第 2 号会议记录

1885 年 11 月 10 日会议，于河内

本次会议于下午 3 时开始。

首先宣读了上次的会议纪要并加以通过。

界务主任首先请狄塞尔先生解释一下，他如何理解在前一天由他提出的作为本次会议议程的问题，亦即："研究界务委员会的规划并审查确保其执行的具体办法。"

狄塞尔先生对此理解为审查界务委员会打算在其工程进展中所采纳的行事方法并以技术角度探索出完成该委员会受委的任务所必需的手段和办法。

他说，这种审查和探索对于界务委员会来说是必不可少的，这样可使该委员会一旦要投入施工时不致陷于措手不及的境地。不论作业的出发点在边界这边或那边的任何地点都必须准备必要的人力和工具。因为要对某一范围进行测绘后才能判断地界并确定选择某种边界线的理由，此外，在一个陌生的地区，应为界务委员会配备至少能通过坐标来进行测量某些地理位置的手段。否则会使测绘工程失去任何价值和精度。

基于这一想法，狄塞尔先生认为，需要请求为界务委员会提供：（1）在东京驻军中选出的至少另两名军官，一名专司测绘工程，另一名能娴熟地操纵天文观察仪；（2）一批这些军官所需的仪器，即两架精密时计、一座经纬仪、一台计数器等。

狄塞尔还认为，要取得全景图或断面图，有必要在那些有绘图经验的军官中挑选一人。另外，他还觉得界务委员会在没有人数众多的护卫队及随员以及庞大的苦力队的伴送下不能行进，同时还应有一名军医在必要时为众人治疗。

浦理燮先生说，看到狄塞尔先生提出的观点与他多次用各种机会就上述几点提出的见解不谋而合，他感到非常高兴。因此，他对于这位先发言者的意见表示完全赞成。

于是，界务委员会一致通过了这些建议，并委托界务主任在适当时候向有关人士反映并说动他以期这些议案有应得的结果。

狄塞尔先生又提出，界务委员会若无两名当地翻译的协助则无法开展工作，一名系安南语译员，另一名为汉语译员，此外，还需一名中国秀才与一名安南秀才的帮助。

倪思先生则认为，师克勤先生能力高超，完全可以信赖，可以委托他确定译员的名额与素质。

师克勤先生答称，他今后将全力以赴协助界务委员会。他说，至于他自己，他会讲一口中国官话，然而却不会讲土话，因为中国方言随各省和各地而异，南腔北调，大不相同。他又说，当需要监督和核查那些作为译员和非官方参谋来为中方代表充当笔译的海关官员如何完成任务时，或者需要审查法中界务委员会每次会议纪要译成的两种语言文本时，他的专门知识当能发挥作用。

他提请大家注意，这种细致的工作只能依靠一名文人的帮助才能很快开展起来。与狄塞尔先生一样，师克勤先生也认为，为了与界务委员会即将与之接触的安南本地人和华人沟通，不论是在界务委员会整个行程中，还是在边界各地，两名译员是不能或缺的，一名讲法语和本地方言，另一名讲法语与安南语，最好还能操汉语，另外，还需要两名文人。

狄塞尔先生发表见解说，界务委员会需要一名专职译员的协助，以防师克勤先生因病或其他原因而无法工作。

界务主任说，他对前一位发言者的意见表示完全赞同，哪怕是在这一条理由上也是如此。这一理由即是，由于某种原因师克勤先生无法协助我们工作时，界务委员会势将陷于极度的窘境，而且在一定程度上还得完全听凭中国界务委员会所带译员的摆布。

界务委员会一致承认这些提议与意见有重大价值，因此觉得在执行任务中确有必要得到下列人员的帮助：（1）一名本地的汉语译员；（2）一名中国秀才；（3）一名本地的安南语译员；（4）一名安南秀才。

除了师克勤先生因持保留态度而弃权外，界务委员会表示希望得到一名能在必要时接替师克勤先生的专职译员的帮助。

狄塞尔先生最后建议，向总司令员（即法驻东京部队总司令——译者注）提出要求，为界务委员会调拨一名士官，负责监管界务委员会所带之器材设备与苦力。

这项建议也得到了采纳，而向有关人士反映并说动实施这些提案一事则委托界务主任办理。

根据卜义内先生之提议，下一个问题即界务委员会须采取的工作方法问题列入下次会议议程。下次会议定于1885年11月16日（星期一）下午3时举行。

会议于5时15分结束。

（出席者姓名略——译者注）

与原文无误

主任：浦理燮（签名）

（原件第94～97页）

第 8 号文附件 B

浦理燮致可尔西函

河内，1885 年 11 月 15 日发

将军：

我知道，我应该把我们的工程进展知照您。因此，我荣幸地奉告，界务委员会于本月 9 日举行首次会议，已遵照 1885 年 8 月 14 日决议所规定的日期着手组建。

委员会于次日又举行了第二次会议，会上，考虑到勘界作业即将在边界这边或那边开始，界务委员会关心地提出一个关于辅助人员最低名额的合理主张，因增添这些人员对完成勘界委员会的任务是不可或缺的。

将军，随信附上的这次会议纪要的节录将使您了解讨论的结果。

我在向您通报的同时，还坚定地相信，我们决不会失去您善意的协助，界务委员会的事业早已得到了东京驻军兵团所拥有的人力物力的帮助。因此，我受全体同仁之托向您请求，在您认为方便的时候，发出必要的命令，以便界务委员会在适当时刻能增补到必不可少的军官及本地籍译员等辅助人员。

（原件第 98 页）

浦理燮致法来西讷电

河内，1885 年 11 月 19 日上午 10 时 30 分发

我与可尔西将军始终维持着友好的个人关系，但他在动身前往顺化后却派人正式通知我，如果我们在河内的逗留期须延至 12 月 1 日，则自那天起，他将向我们收回在我们抵达时借拨给我们的军官住所（当时因无法在此间找到栖身之所，故暂借军官住所居住）。

由于目前仍不能找到寓所，故我与我的同仁们向您请求，准许我们立即到香港等候您的命令，那里至少可住进一家旅馆。我们在东京已得不到任何信息，因而，除非将军让步，并且虽然他已打定主意要阻挠勘界工作，最后仍然不得不执行一项正式命令，即把我们护送到南关隘（la Porte de Chine）和边界（据几名高级将领说，此举切实可行，他们的意见看来不无道理），否则，延长在东京的逗留期势将使我们在各方面陷于窘境。

（原件第 99 页）

浦理燮致法来西讷函

河内，1885 年 11 月 19 日

部长先生：

我与总司令将军始终保持良好的个人关系。然而我虽然注意投桃报李，对他向我表示的尊重我亦以非常谦恭的态度报答，然而，我认为，我早已看出他的这种尊重完全是他表示的一种普通礼仪，只不过用来掩饰他的对于法中勘界委员会法方界务委员会所怀的某种不良用心。

我是在根据他的参谋部军官指示，致函一份于他时才有机会得到这一方面的初步迹象的，我写信给他的目的是希望获准得到一批在我们向他拜谒时，我们没有开口提出要求，他即主动答应调拨给我们的一批补充军马场马匹。

但在复我的信函中，他表示无法答应我们的要求，即准许我们得到这批马匹，而深以为憾，其口实是当前马匹匮乏。我对他当初的一片好意仍表感谢，然而数天后，骑兵司令竟当着我的面对他说，还存有足够的军官坐骑。

然而，我对此事并不在意，而且我从接近将军的人士处了解到，将军喜怒无常，往往一时心血来潮，并无明确的动因和理由，即骤然对某些人特别青睐，而对另一些人则白眼相加，因此，无怪乎此间人们把这句话传成东京军中尽人皆知的口头禅：“某某是人见人厌。”

不管是隐埋在心底还是掩饰不住而形之于色，司令将军对界务委员会的隐秘感情最近已暴露在光天化日之下，任何人都看得很清楚。

我昨日收到一信（现将其抄件附上，请一阅），此信是在可尔西将军动身前往顺化后由人交来的（据说，参谋长瓦尔内将军曾劝阻司令将军，不要命人给我写此信，但并无效果，于是他拒不在信上签字）。信中要我们在 12 月 1 日搬出在我们到达时借拨给我们的简朴的军官公寓，并要我们在同一天把调拨给我们的勤务兵打发回各兵营。凡此种种的借口都是“因为需要”，据我所知，这种需要完全是他杜撰的，因为无论在城市中还是在租界，都还有富余的军官住房，否则，为避免引起误会，一定会从第一天起，就预先通知我们。而如果真的没有住房就不会给一位名叫普莱的画家兼《图片世界》杂志记者留出房间并调拨勤务兵，这进一步说明他有意要伤害我们的不良用心。

除了这种做法的失礼之处外，此信几乎相当于在住房问题上的一纸逐客令。

在像河内这样的城市里，当地居民每户均住在自己的茅舍中，除了几座或在租界以内或在城内的隶属政府的套房以外，只有六七座西式洋楼，现在均由督造者住着，6 个人没有军方的协助是难以骤然间找到栖身之处的。

在这种猝不及防的尴尬状态面前，我不得不用电报向您请示，要求到香港等待您最新命令，在那里，我们至少不至于像在这里那样到了山穷水尽、走投无路的地步，我们

可以暂寓在一家旅馆里。

我还需补充说明的是，如果我们再度延长在东京的逗留期，只能加剧我们目前面临的局面，因为我们在这里对外界一无所知。有朝一日我们不能再装聋作哑，对自己已成了远征军团部分军官愚弄对象而不能视而不见时，局面将愈加难处。这些军官们之所以要愚弄我们，有的是因为对卜义内上尉心怀不可告人的妒意，有的是不知道迄今阻碍我们投入野外作业的种种障碍。这些军官对我们待在这里无所事事都无动于衷。我们前不久已受到了将军的嘲弄，这些军官们将来也不乏笑料来对我们进行类似的揶揄。

（原件第 100 ~ 102 页）

第 9 号文附件

东京远征军总司令致浦理燮函

河内，1885 年 10 月 18 日

主任先生：

在你们初到河内时，考虑到您与各位界务委员在此间短期逗留中居住会发生困难，故我尽我所能来满足你们的需要。我甚至拒不答应为某些军官提供住宿（其实他们是有权住宿的）并要一些军官腾出房间，我还为你们调去了几名士兵作为传令兵。然而我采取这些措施来帮助你们只能在极短时间内才能站得住脚。若界务委员会要延长在河内的逗留期，则到 12 月 1 日，我不得不请你们把临时调拨的勤务兵退回他们各自所属的部队，并把我有幸提供给你们的住房交还给卫戍司令。此乃不得已之举，我对此深表遗憾。

至 12 月 1 日，务请把勤务兵退还其所属部队并把临时借用给你们的住所腾出为感。

（原件第 103 页）

浦理燮致法来西讷函

河内，1885 年 11 月 20 日

部长先生：

即使是在打得赢的情况下，可尔西将军及其参谋部也绝不会立即将他们指挥的战事结果公之于众，然而我最近从间接但又可靠的渠道获悉，我军的一支特遣队前几天不发一枪一弹就进驻安平府（Phu-An-Binh），那是明江（la Rivière Claire）［在德微理亚先生回忆录中所附的地图内称为泸江（Loi-Gian）］的左侧支流桥江（Song-Chao）沿岸的一个地方。

这一战事的重要意义在于以安平府为起点的一条公路将便于我们前往红河（le fleuve Rouge）旁的托阁（Thac-Cac）大急流。

若托阁大急流亦被我们占领，则连同我们已占据的兴化（Hang-Hoa）阵地在内，共有两座阵地掌握在我们手中，从而可以使我们轻易而迅速地占领目前尚在叛军手中，而我们迄今还未能北上占据的旬关（Tuan-Guan）哨所。

从勘界角度看，在托阁大急流附近建立一个前沿哨所，即可从红河旁扫清通往老街（Lao-Kay）公路的障碍。

（原件第 104～105 页）

浦理燮致法来西讷函

河内，1885 年 11 月 21 日发

部长先生：

我从昨日上午自海防抵河内的法国邮件中，什么也没有收到，既无公文，也无信函和报刊。即使不是外交部，至少我家中总会给我来信，不可能两者都杳无音讯。

我前曾向您禀报过（在我本月 7 日第 5 号盖有政治处印戳的报告附言中）关于可尔西将军给我作的数次讲话的情况，从这点出发，我有理由担心，我的通信秘密未能一贯地得到尊重和保护，有时信件被拆阅后大概被全部或部分销毁。但是如今，我更有理由认为，这应归因于在收取大批邮包时所发生的某种意外事故，因为每艘邮轮都是把寄给远征兵团的邮件卸在海防，而取邮包则在一片混乱状态中进行（我曾目睹过这种状况），因为没有专职人员取邮，各军团和各舰艇的文书及负责军邮的下级军官都在其中插上一手。

据多位人士对我说，这类事故在这里是司空见惯的，他们也曾遇到过寄给他们的信件收不到的情况，这些信件由于失落在某地，而永远到不了他们之手。卜义内与倪思先生有多封信函也差一点发生这类事故，这些信件在分发后 12 小时才到达他们之手。在此之前，已在本城中传递了一圈。

一俟我们在边境某一地点开展野外作业后又将发生什么情况呢？寄给我或寄给同事们的公文或信函又将发生什么不幸遭遇呢？

因此，部长先生，务请恩准拨给界务委员会一个外交部专用邮袋，即使尺寸不大也无关紧要，并请准许让我们的亲属用此邮袋把信件寄给我们：这是您对我们的一个特别照顾，我们都会感激万分；而且考虑到界务委员会当前处境，您会认为这样做是正确的，我希望如此。

（原件第 106～107 页）

法来西讷致浦理燮函

河内，1885 年 11 月 21 日下午 4 时发

我刚才已请戈可当先生提出坚决要求：若无法让中国委员们退至将作为勘界作业起点的海滨城市，则帝国政府应同意立即派出一批替补委员，他们可与法方界务委员一起开始界务委员会的勘界工程，当然这一工程还须等中国的正式委员们会聚后报请他们审核。我请您在 12 月 1 日以前等候戈可当先生的活动结果。如果 12 月 1 日您还未奉到相反的命令，您可按您向我提出的要求径直前往香港。

（原件第 108 页）

法驻远东商务贸易代办致法来西讷函

河内，1885 年 11 月 22 日发

部长先生：

您的机构的代表性在中国与东京界务委员会中没有得到体现，为此目的，我请您指定巴埃尔（Barrière）先生辞职，使该委员会中的副委员一职暂时空缺。我完全可以胜任这一职务，因为您曾委以我任务，对法国贸易在远东所可能经过的道路及所能遇到的出口市场进行勘察，为此需要研究一些资料，因而我有机会了解大部分广西边界，边界的含义迄今尚很含糊。在这边，即东京地界有丰富的矿床，如煤、锑、辰砂，还有八角茴香树，这些都会使我们的邻居发上大财。

一些山口和通道，从前通行最方便的贸易之路均标在某些由我们的竞争对手英国人或海关署所测绘并在其杰出的税务司赫政先生监督下绘制出来的地图上。

最后，中国所留下的份额相当大，而且由于其地理位置和布局，人口的密度以及拥有开发转让的垄断权等，它可以施加压力以致人们不能不对事情审慎考虑。然而，商务贸易不想引起各方冲突，而且正设法缓和中国人时刻不忘要在这方面下功夫的激烈竞争。

如果您同意我刚才在您面前阐述并请您关注的这种思路，那么您必将认为有必要对法国的出口贸易表示某种关怀，如蒙不弃，能把我自认为能不负重托而顺利完成的任务相委，则不胜感激。

（原件第 109 ~ 110 页）

浦理爕致法来西讷函

第 11 号文　河内，1885 年 11 月 25 日发

部长先生：

我前几次已把界务委员会的会议纪要寄发，现将本月 16 日纪要副本寄上，以使其前后衔接，不致中断。

我觉得，外交部接读这类纪要的兴趣大概不高。然而，同事们坚持要求制定一个关于会议的内部章程，尽管我有想法，然而他们要求如此强烈，以致我若不赞成他们的主张，处境就极为不妙。但是，这种章程不应该让界务主任被迫承担一项义务，即在任何情况下，只应唯同事们的意见是从。这时卜义内先生帮了我的大忙，他设法让大家采纳一项议案，即在确保我拥有主任应有的决定性一票的同时，若多数票所通过的决议对我来说将会造成种种妨碍，仍保留我在自行负责的前提下的行动自由权。

诚然，委员的人数已确定为三人（其中包括界务主任），只要三人全体到场，讨论即算有效：尽管我倾向于认为，出于尽量不蹉跎光阴的良好动机而做出的这次措施基本上不大站得住脚，我仍然同意了多数人的意见，因为既然我的一票算作两票，那么出现赞成与反对票对等情况时，我所赞成的意见将起决定作用；而如果我有理由认为，某项决议需要三人以上到场并有他们的意见才能做出时，我仍然可以保留使会议推迟举行成为不可避免的权利。

最后，为了内部需要，并考虑到主任因故不能视事，大家一致认为有必要选定师克勤先生担任副主任，我在第一次会议上就把师克勤介绍给他的同事，并指定他在必要时作为我的当然代理人。

（原件第 114 ~ 115 页）

第 11 号文附件

会议记录（第 3 号）

1885 年 11 月 16 日会议，于河内

出席者：浦理爕、师克勤、狄塞尔、卜义内、倪思

会议于下午 3 时开始。

卜义内先生首先发言，他要求界务委员会确定表示商讨结果的方式。每位成员是否只能发表一些普通的意见还是可以表决？在表决方式中，是以多数票为准来通过一项决

议还是由主任在征求各人意见后保留采纳在他看来最为适当的意见之权？如果是后者，每位委员所应承担的是什么样的责任？卜义内先生最后要求制定一个章程，把这些细则确定下来。

在界务委员会各个委员进行长时间交换意见后，卜义内先生最后提议，界务委员会的各项决议将按多数票做出，但出于对主任的尊重，他的一票顶两票，然而当主任觉得有必要自己承担责任，对事情做不同处理时，则界务委员会的决议不应该束缚主任的行动自由。

界务委员会在经过讨论后采纳了卜义内先生的提议，并在以下各点达成一致意见。

决议应凭多数票通过，然而界务主任的一票算两票，同时承认其可以有权否决已通过的决议，但责任自负。在赞成与反对票对等的情况下，可重新投票，若这次表决还不能作为定论，则以主任赞成的那种意见为准。

卜义内先生接着问，要进行商讨并通过有效决议，至少要有几名委员到场？他主要是考虑到万一有一名或多名委员因病或其他原因而不能前来参加会议的情况。他认为，只要有三名委员到场即可。主任却认为，既然有一名以上的委员可能缺席，则在勘界问题上就很难表态。

由于有这一意见分歧，对问题进行了讨论，接着付诸表决。多数票赞成卜义内先生的提议，于是主任服从大家的意见。大家遂一致同意，只要有三人出席——其中包括主任或副主任，就可以通过决议。

狄塞尔先生提请大家注意，虽然 8 月 14 日的命令没有正式授予任何一名界务委员以副主任的职衔，但因内部需要并考虑到主任因故不能视事，则仍然有必要指定一名候补主任。狄塞尔先生提到，在界务委员会首次会议上，主任曾把师克勤先生介绍给列位同事并把他指定为在必要时行使副主任职务的当然人选。因此，他发表意见说，界务委员会也许有必要接受这一意见并把它写入正在起草中的内部章程。

这一提议得到大多数赞成而通过，师克勤先生回避，未参加投票。于是决定，若浦理燮先生因故不能视事，则由师克勤先生行使副主任之职，必要时代替主任，以界务委员会名义与大清帝国界务委员进行通讯联系。

此外，还一致确认，按同一理由，在副主任所主持的各次会议中，他的一票算作两票。但是，另一方面又规定，只有在主任万不得已而无法对界务委员会工作实行领导时才须由别人替代，否则，只有主任才有权对在他未到会时表决通过而须由副主任向他汇报的各项决议拍板定案。

师克勤先生认为，界务委员会应编造一本清册，把它目前拥有的以及今后可能取得的文献地图一一登记在案。这种归档办法可供代表们查考，方便他们的研究并在今后的工作进程中为他们提供有效的帮助。

主任赞同师克勤先生的观点，并补充道，如果每位代表对各人拥有的文献也列表记载以供其同事使用，则亦有所裨益。这样可以把各人的清单汇总，订成一本专门的册簿。

师克勤先生与界务主任的这些提案并未遭到任何人反对，于是被一致通过。

因再无问题提到议程上讨论，于是界务委员会决定休会，下次会议何时举行待会商后再决。

会议于5时30分结束。

（出席者签名名单略——译者注）

（原件第116～119页）

甘伯龙致法来西讷函

巴黎，1885年11月27日发

部长先生，亲爱的同事：

您11月25日关于中国与东京界务委员会的来函收悉，特此奉告。

为答复您在该函结尾所提出的要求，我特复函相告：我已向可尔西将军发去一电，现将电文抄件附寄于后，请阅。

附：甘伯龙致可尔西电（原文121页）

（巴黎，1885年11月26日电）您曾对浦理燮先生说，若界务委员会各位委员在河内的逗留期须延长至12月1日以后，则您觉得必须收回供他们住宿用的房舍。

为此，法来西讷先生已准许浦理燮先生在12月1日以后率团前往香港，若您不改变已的决定的话。但我方代表不能在插有外国旗的地界上等待与中国政府就两国代表的会聚地点而进行谈判的最后结果。

因此，您应立即收回成命，并采取一切必要的措施以便使法方界务委员会能留在河内待命。

（原件第120页）

法来西讷致浦理燮电

巴黎，1885年11月28日晚8时15分发

戈可当先生不久将会就您和您的同事与中国委员们的会聚地点以及你们为此应走的路线给您发来指示，在未接到这一指示以前，不要离开河内。

（原件第122页）

浦理燮致法来西讷函

第12号文　河内，1885年11月30日发

部长先生：

我在11月18日第8号报告中向您附寄了一份界务委员会在河内举行第二次会议的纪要副本，我还在信中附上了一份11月16日寄给可尔西将军的信函抄件，信中我还向将军附寄了关于界务委员会配置辅助人员以及在必要时必须为它提供的观测仪器以便在深知底细的情况下进行勘界的这一会议纪要的摘录。由于至本月28日尚未接到对这一信函的答复，因此，我应同事们理直气壮之要求又致函可尔西将军（随函附寄该函抄件，详见附件Ⅰ），请他告诉我们对我们的请求拟进行的答复。

部长先生，您参照我今日发出的第12号报告中所附寄的那份会议纪要全文即可发现，此信只不过是界务委员会11月25日举行的第四次会议上讨论后决定的那些内容的重复。

这次，可尔西先生对我这两封信都进行了答复，然而，复信只不过以信函回执形式拟写，而且措辞也敷衍搪塞，虽然字里行间彬彬有礼，但仍然掩盖不了含糊其辞的实质（参见附件Ⅱ）。特别是最后一句话，蕴含的意义使我担心在信誓旦旦的后面，隐藏着纯属敷衍推诿的手段，而且将军竭力避免在目前用明确的语言表态，以便在适当时刻为自己找到口实来随心所欲地办事留下退路。

无法从他那里得到明确的答复的另一大麻烦是使我们把握不定究竟是否应该求助于电讯途径请外交部设法向我们提供必要的人力和物力进而不致使我们最后陷于措手不及之境。

我曾偶然与戈可当先生谈到这一问题，但我不知道他是否也认为有必要操这份心，因此，部长先生，我只能提请界务委员会已竭尽全力以免向可尔西先生事先提出了请求后，仍然从他那里调不到测绘官员、文人与汉语－安南语译员等辅助人员，以致最后界务委员会既不能在现场有效地作业，也不能在必经路线上与须与之打交道的当地人和中国人进行通话，进而受到事先考虑不周的责备。

（原件第123～124页）

第12号文附件Ⅰ

浦理燮致可尔西函

河内，1885年11月28日发

将军先生：

我在本月16日的一份信函中曾将一份会议纪要的摘录寄给您。那次会议上，由我担

任主任的法方界务委员会就已考虑提出意见和表示自己的一些看法，事关辅助人员的补充，因为无论它今后奉到什么命令或需要它在边界哪一边作业，若要顺利完成自己的使命，补充这些人员对它来说是不可或缺的。

为补充此函言犹未尽之处，我摘录了我们在本月25日的部分纪要并立刻把与以上问题相关的那一段落随此信附寄给您。

我和我的同事们对职责毫不懈怠，都认为，应未雨绸缪以避免行事时自己陷于措手不及的窘境，因此，将军先生，恳请您在可能范围内使我能根据您认为在辅助人员与观测仪器问题上所应有的适当决定来组建界务委员会。

（原件第125页）

第12号文附件Ⅱ

可尔西致浦理燮函

河内，1885年11月28日发

主任先生：

您11月16日与28日寄来的两份信函以及所附的会议（第2次与第4次会议）纪要摘录均已收到，特此奉告。

我目前正进行的地方秩序的平定消耗了我全部兵力。然而，请您放心，我对您正在完成的任务将不遗余力地给予协助。

一俟您工程开始，只要不影响军事部署，凡是我能调出的各种人力物力都将最大限度地供您调用。

（原件第126页）

甘伯龙致法来西讷函

巴黎，1885年11月30日发

部长先生，亲爱的同事：

为补充11月27日第11号密件中所述内容，今特去函将我昨日收到的可尔西将军来电抄件附奉于后，请一阅。

“遵照您的命令，浦理燮先生及其同事将继续住在原先调拨给他们的住宅中。”

（原件第127页）

法来西讷致甘伯龙函

1885 年 12 月 1 日发

将军先生，亲爱的同事：

我曾在本月 10 日与 25 日先后向您奉上一函，现随函附奉法国驻广州领事一份信函的摘录以作为上两次的补充。信中向我知照，周钦差已离开广州，率随员前往云南边界。

您从中可以看出，师克勤先生提请政府对东京边境省份高级当局的态度予以注意，他们对我们是否怀有诚意似乎值得怀疑。

（原件第 128 页）

法来西讷致甘伯龙函

（紧急密件）　巴黎，1885 年 12 月 1 日发

亲爱的同事：

浦理燮先生要求经谅山去龙州已有多时。我觉得眼下的一份电报是定论性的。浦理燮先生并非冒险人物，若非他确有把握认为这次旅行可以在不冒重大风险的情况下进行，否则他不会坚持要求这样做。我还要补充的是，我今日与中国公使的会晤终于使我相信，如果我们继续拒不执行某种行事方式，则我们在我们的邻国面前的处境将极其困难，而且难以自圆其说，因为中国的代表们发现我们有抵触情绪后，就巴不得也推翻前言，不执行那种行事方式。

因此，我与戈可当一致认为，必须毫不犹豫地派遣我们的界务委员前往中国边界。我特去函请您电令可尔西将军，准许浦理燮先生及其同事前往谅山，并派出一支适当的护卫队护送。

浦理燮先生提到，旅行受到种种限制，不大容易进行，但您也许认为以不把这一点告诉将军为宜，以免影响他们的相互关系。

（原件第 129 页）

浦理燮致法来西讷函

河内，1885 年 12 月 1 日发

部长先生：

我最近已提请戈可当先生注意一个问题，如果我没有说错，这一问题也许应该成为

与中国政府达成某种特殊性谅解的内容。

不论今后规定我们前往龙州与广西的中国钦差相会的路径是什么，我设想，只要有可能，立即先研究在边境地区的北部山坡选点以执行6月9日条约第五款条文，由此开始我们的勘界工程，这是至关重要的。

我与我的同事们都认为（我的同事专门研究过边境地图），必须对谅山、龙州与室溪一带的安南国境或中国国境的主要部分的山岳与河流布局有一个正确的了解才能将这一地点选定下来，而最有可能成立的假设是，我们所应选择的最佳点应是上述后两个地点之一。

除了这一首要的考虑因素以外，还必须注意到，一般而论，不论要勘定哪些地点，若不轮番前往边界两侧实地勘测，则勘界是无法有效地进行的。而任何其他办法只能得出近似的估计，其结果极不正确。

有鉴于此，人们不能不考虑到，两国界务委员会是否有必要轮番并且如此频繁地离开各自的护卫队，时而进入这边疆界，时而进入那边疆界呢？因为边境的分界线虽然并未截然分明地划定，然而其原则基础仍然是老的传统和双方的默契，缔约双方认为可以以此来作为对某段分水岭或者某些山坡临时行使权力的依据。

如果回答是肯定的，必然会引起两大异议：每当要离开护卫队——不论中国卫队还是法国卫队——时，人们是否有十二分把握知道应前往哪一地点才能再在那里与自己的卫队相会呢？即使会聚地点能确定下来，是否敢肯定在那里能及时找到与自己分手的卫队呢？

因此，一切似乎都表明，上述这种办法，即使双方都同意采纳，而且也不会使两国政府轮流承担过去的责任进而冒极大的风险，但仍然会招来严重麻烦。决不应该忘记，整个边境已成为天朝歹徒与逃兵常年盘踞的巢穴，政治状况相当混乱，因此，应该被视为中国地界的这一带，连官吏们自己的安全也难得到保障。

在这种状况下，唯一可行的办法也许应该是双方商定，界务委员会的两个小组一旦会聚后应该继续结伴而行，而且还应该有权在各自护卫队的陪同下在边界两侧某一确定的范围内自由行动。

然而，为避免节外生枝，如我以上所述，必须预先达成一种谅解，确定一个范围使双方的这一活动领域都包括进去以便使两国政府在协商一致的前提下，向各有关当局发出专门的和切合形势的命令，使界务委员会得以在上述当局各自所辖的地段内工作。

另外，部长先生，我已致函戈可当先生，一方面，我希望给您寄一份与寄给他的那份一样的报告，所提内容也相同；另一方面，我认为，我应该把这些想法也呈报他，并且只要这些想法在他看来并无不当之处，我还要提请他考虑从现在起所应采取的做法。因为我认为，如果在我看来问题值得深究，那么只有共和国驻中国公使才有责任致电巴黎请示。

同时，我还补充道，凡是有人认为必须在最短时间内占领谅山一类的战略地，则我刚才就此所述及的观点就是对这种意见的一种支持。因为从谅山出发，可以向西朝室溪进发，室溪离谅山仅一天路程；也可以由此向东朝海滨方向前进，凡是界务委员会作业需要而必须让中国委员们觉察到我们确实在有效地行使权力的地方，都可以由谅山前往。

我在致戈可当信中也不忘提到，我认为，也只有以这样的代价，我们也许还可能利用剩下的一段美好季节把我们的作业范围拓展起来，并把应作为定论性勘界的基地的基准点确定下来，这一基地范围可自室溪与西江（Si-Kiang）及漓江的汇流点开始，或若有可能，可从云南与广西省边境直达安南与广东省接壤处，最后由此直达海滨。

如果今年能得到这一成果，则界务委员会有充分理由感到庆幸。不过这仅仅是一项计划，能否付诸实施，还要看界务委员会能否及时大量地得到人力财力的帮助，另一方面还要决定于中国界务委员们对此是否表示同意。

至于边境西部的勘界，我愈是研究其中所存在的困难，就愈觉得要在与云南省接壤的整个安南边境进行勘界是否切实可行还是值得怀疑的。根据我所收集到的资料看，至多只能把勘界作业向老街以南和以北推进一小段距离，且这一带无数的天然屏障挡住了人们自老街至高平方向的去路，使人无法从老街向北走出几十千米之外，从高平向西南也无法超越这段距离。

无论如何，今年决不能指望前去老街：季节不容许这样做，因为水位太低，再者，交通工具与时间也不够，据可尔西将军与海军司令博蒙（Beaumont）先生的看法，组织一次占领这一地区所必不可少的远征后，才能考虑把界务委员会护送到那里，但这项远征的筹组工作至少需要6个月。

（原件第130～134页）

法来西讷致戈可当电

巴黎，1885年12月2日上午11时30分发

我已把您的电报转交给甘伯龙，他将向可尔西将军电达指示，要求其派兵护送浦理爕及其同事们经谅山至中国边界。

（原件第135页）

法来西讷致浦理爕电

巴黎，1885年12月2日上午11时30分发

陆军部长根据戈可当先生的意见，顷间已致电可尔西将军，命其派人护送法方界务

委员会经谅山至中国边界，请设法使此行及早实现，并向可尔西将军解释其中巨大的政治意义。

（原件第 136 页）

浦理燮致法来西讷电

河内，1885 年 12 月 2 日发

我在与戈可当先生电商中曾说明，自河内经广州至龙州，约需 50 天路程，而经谅山至龙州，仅需两周至 20 天。针对中国态度而言，后一条路径是唯一体面的路径，而且并非走不通。

从我掌握的秘密消息中可知，若有必要，占领谅山的特遣队将立即准备就绪，可尔西将军亦准备前往，但要到 1 月方能成行。

从现在起就护送我们前往谅山的那道正式命令将结束这种有计划的延宕局面，进而使勘界问题在精神与物质上朝前迈了一大步。然而，若有关方面不紧急发令，则界务委员们也许会在交通工具和作业所需的人力物力方面陷于困境。

（原件第 137 页）

浦理燮致法来西讷函

第 14 号文　河内，1885 年 12 月 2 日发

部长先生：

我于 11 月 28 日晚收到了戈可当先生的如下来电：“中国不接受我们提出的请其额外增派钦差的建议。它提议在龙州相会，邓似已奉命在那里等您。”

我在次日晨立即致了一份复电，其抄件如下：“自河内至龙州，若经广州，则约需 50 天；若经谅山，仅需两周至 20 天。就中国态度而言，后一条路径是唯一体面的路径，而且并非走不通。从我掌握的秘密消息中可知，若有必要，占领谅山的特遣队将立即准备就绪。司令将军亦准备前往，但要到 1 月方能成行。从现在起就护送我们前往谅山的那道正式命令将结束这种有计划的延宕局面，进而使勘界问题在精神和物质上朝前迈了一大步。然而，若有关方面不及时调拨运输工具和作业用的人力物力，则界务委员会势将陷于困境。务请根据以上判断向巴黎施加影响。”

我只能在这些电报基础上补充一些细节性情况，当然作补充时基本上参照上月 7 日与 17 日第 5 号与第 7 号的两份报告。

可尔西将军于18日离开河内后，并未如他自称的那样，要前往顺化，而只不过护送他的那位要回法国的儿子前往海防甚或前往下龙湾。离开此间三日后他回来了，但于当天晚上又朝南定方向出发前去巡回视察。

在他离开这里期间，我利用我奉到的命令，即允许我在可能时前往香港以设法了解在参谋部各处别人对此行（香港）有何看法。

于是我知道瓦尔内将军对此表示遗憾。基于这第一手重要情况，我十分清楚地获悉，参谋长将军并不同意司令将军关于护送我们前往边界有困难的看法，两个多月以来，参谋长将军一直在设法说服可尔西将军，让他相信此举是可行的，并对他说，此乃唯一明智的做法；此外，我还知道，瓦尔内将军虽然尚未取得如他所愿的解决方案，但至少已在最近使司令将军的既定方针有所动摇，并使他同意，无论如何要设法占领谅山，根据所收集到的情报，在那里无须担心会遇到顽强的抵抗；同时，我还得知，可尔西将军虽然承认这种军事扬威的意义，但据说，又考虑到政治因素而动摇，因而准备到1月中才把这一提案付诸实施；然而，瓦尔内将军对于最终能做到使这一期限缩短仍不绝望，另外，他长期以来已命人仔细研究财源问题和占领谅山省的计划，因此，只要一切预先准备就绪，那么一旦通过派遣的决定，则组成特遣队就只需要几天时间，这样，即使瓦尔内将军自认为成功在望时，我们离开河内前往香港的不利因素在他看来就会使为朝谅山进发而付出的种种努力付诸东流。

由这些消息中可以得出这样的结论，我只有进一步明确肯定我们离开河内的意图，以便为瓦尔内将军提供一种论据，促使（可尔西将军）立即采纳开往谅山的建议，舍此别无其他良策。为此，我与我的同事们商量以后，即致函（此函抄件随信附呈于后，见附件A）瓦尔内将军，请他转交一信（参见附件B）给总司令将军，这封信好就好在把界务委员会万一真要离开河内前往香港时将会处于何种境遇之下的问题叙述清楚。

我这封信被立即用电报传至南定要塞司令处，但在南定，已送不到可尔西将军手中，因为当时他已由那里出发前往河内。然而，他到星期五（27日）才抵达河内，因为生了一个痈，而不得不在卧室内休息到那一天。在他回来后的当晚，我即前往拜谒，但未能晤见，第三天，我又没有得到他的接见，因而无法把戈可当先生的上述电报转达。

但是，得悉我来访目的后，他的一名副官11月30日代表他向我要这份电报，我把电文向他作了口头传达，并请他告诉将军，我刚才还收到您在28日签发的那份电报。

我派人每天打听可尔西将军的消息，今天才得知他的情况有所好转。我还没有能看到他，因此，不知道这两份电报对他的部署到底有什么影响，但根据本报告所附的一份信函（参见附件C），我比以往任何时候都确信，唯有一道正式命令才能改变他的决策。

然而这几天，又有人说他情绪很坏，一份电报引起他的不快有甚于痈疽所造成的痛苦，电文中，陆军部长似乎不同意将拨给界务委员们住宿的房舍收回，允许我们继续住下去。

陆军部长这种不同意收回房舍的主张使可尔西将军大为恼火，然而他丝毫不形诸于色，您从他为此而致我的29日信函抄件即可看出（附件D），这封信写得无懈可击。

然而，从将军执拗的性格和暴躁的脾气中我完全敢肯定，他这次自讨没趣并不能因此而改变内心对界务委员会的恶感。

对此，已无法可想，除非他有朝一日能相信外交部对他这种无端的怨恨所造成的后果能设法弥补。

（原件第138～141页）

第14号文附件A

浦理燮致瓦尔内将军函

河内，1885年11月26日发

将军先生：

由于我不知道可尔西将军目前的行踪，并猜想您随时会了解他的去向，故我不揣冒昧，请您将随信附上的那封信及时转达于他。

我要补充说明的是，由于此信是急件，请在命人预先编好密码后即向总司令将军电达。当然，您若能以他的名义给我以答复，就不必多此一举了。

（原件第142页）

第14号文附件B

浦理燮致可尔西函

河内，1885年11月26日发

将军先生：

根据师克勤先生提议，法方界务委员会的全体委员昨日（25日）一致同意把下列内容向您转告，我作为这一决议的普通传达人，只能根据载入会议纪要的内容复述一遍："界务委员会已奉到外交部长的命令，若从现在起至12月1日止未奉到新的指示，则它将前往香港。在临走前，界务委员会请司令将军相告，据您看来，谅山公路能否及时开通以使界务委员会不致要临时远离而影响其工程开工。中国界务委员会出现在龙州表明河内至谅山的公路乃界务委员们相聚的捷径，故它不想在不恰当的时刻过分远离（河内）。”

将军先生，若蒙在12月1日以前能把您所认为的应对此函进行的答复相告，以便我转告我的同事，则不胜感激。

（原件第143页）

第14号文附件C

可尔西致浦理燮函

河内，1885年12月29日发

主任先生：

我无法答复您以安南－中国界务委员会的名义向我写来的信函中所提的要求。

我荣幸地向您奉告：我眼下无法预料河内至龙州的公路何时才能充分安全可靠，足可使界务委员会经此路前往与中国界务委员们相会。

（原件第144页）

第14号文附件D

可尔西致浦理燮函

主任先生：

我荣幸地向您奉告，陆军部长于11月26日来电要我将河内城中的一批房屋继续供界务委员们住宿。

我已发令，使您及其他界务委员们目前占用的住房继续供你们使用。

（原件第145页）

浦理燮致法来西讷电

河内，1885年12月3日下午5时30分发

我刚从可尔西将军处回来。他以霍乱、平定地方的需要、等待接替部队等为借口，故不论我怎么说，他仍然断然声明，目前他无法安全可靠地护送界务委员会至边界。

实际上，我觉得他执意不想露出改变主意的样子，并且坚持要把时间拖下去。

我们的会晤使我确信，正如我猜想的那样，他正研究一项进军谅山的方案以便在1月中旬前后前往那里，但不想在此以前动身。这样，到2月份我们才能被护送到谅山，那时季节已过晚，无法再有效地施工了。

（原件第146页）

法来西讷致浦理燮电

巴黎，1885年12月4日下午5时10分发

甘伯龙将军最近再次坚持要求可尔西将军在本月20日前护送你们至中国边界，您的论点未被提到，以免造成您与可尔西将军之间的不睦，我对您的提议表示感谢。

浦理燮致法来西讷函

第15号文　河内，1885年12月4日发

部长先生：

昨日上午，我收到了您在本月2日致我的如下电文：

“依戈可当之提请，陆军部长最近已电令可尔西将军，命他派人护送界务委员会经谅山至中国边界。务请设法能及早成行，并向可尔西将军解释其中巨大的政治意义。”

在前一天得悉可尔西先生病情好转后，我即派人询问能否接见我，在得到他肯定的答复后，我即前往拜谒。

我还不知道有谁能像他那样难以与之交谈，我也从未与这样的对话者打过交道。

他总是以怒气冲冲的情绪激动地讲话，难得能冷静地倾听对方说完，常常随心所欲地打断您，您刚一开口，他就根据您说的最初几句话而臆断您的意图是什么，随即进行反驳，根本不想听您讲完下文。您必须听他滔滔不绝地讲下去，找机会用迂回曲折的办法使话题回到您想谈的问题上，接着又得忍气吞声地再让他打断。特别要注意不要让他的天性暴躁的脾气发作，而由于他平时惯于对别人颐指气使，专横跋扈，因而几乎听不得半点反对意见。

不过他对我一如既往，会见时彬彬有礼。然而会晤一开始，我发现，他果然不出我之所料，当时就准备发作（我知道这是他的痼疾），虽然他还没有达到对我大动肝火的地步。于是，我竭力克制自己，不要因为自己的某一句话分量较重而使他怒不可遏。

在向他转达了电报内容后，我又补充道，请他允许我提请他注意，有鉴于总理衙门

的态度以及在法国一定的社会阶层中出现反对我们在安南维护保护权的倾向，因此，我们的旅行必须及早成行。他立刻打断我："我刚刚查询了作为我们之间关系准则的指示，"他高傲地说，"才从中深知应该是我向您提出意见；而我从中并未发现，我要接受界务主任的训示来作为我的行动准则。"

"将军，"我答道，"您不能不承认，在我与您的相互关系中，我总是遵循发给我的指示中所作的规定，您难道不能相信，当我向您谈及涌上我心头的种种想法时，我根本没有想到要向您作什么训示?"

于是他变得心平气和了，较为冷静而礼貌地说："我承认，您在我俩迄今为止的交往中一直注意分寸，而我相信，我自己对您也表示了礼仪上应有的尊重。至于您的电报，我早就了解其中的内容。我决不同意其中的要求，您可以委托其他任何人办理此事，但只要我在这里一天，您就休想逼我做我所不愿做的事。在我奉命前来东京时早已说定，我是唯一对局势拍板定案的人。戈可当对问题可以发表看法，那是他的自由，但他不了解个中的难处。我对军事行动负有全部责任，并进行全权领导。因为现在缔结的条约，其条款是难以执行的，我不想让自己的士兵去送死，自己也不想再打别人在谅山打过的那种败仗。我向您重申一遍，在眼下，我决不会护送你们前往任何边界地带!"

当我说道，当前的局势看来已大不相同，我方的那支五六万人的军队已不复存在，海盗和刘永福的残部很可能与盘踞和隐藏在高平地界的中国歹徒及散兵游勇纠合在一起等种种情形时，他突然发话道："您对此一无所知，只有我知道东京事情的底细，用不着您来多管。我知道您急于要完成这一使命。但是您要从中国方面入手，我在三个月以前早就指出：戈可当先生只需坚持要求中国界务委员们回到北海，你们即可由北海出发沿边界勘察。"

我请他注意，能否按这一方案并不取决于共和国驻北京公使的意愿。

"那当然，"他答道，"然而，也只需耐心等候在这里的局势发生变化。我为自己制定了一份逐步平定和占领地方的计划，而且已声明不想改变初衷，不愿食言自肥，我首先得把手头拥有的兵力用于地方平定，然后再视情况决定下一步的做法。戈可当先生把龙州作为界务委员会的会聚地并认为你们可以经东京前往龙州，他只是单方面从对界务委员会方便出发并根据您的说法来考虑的。我则要考虑正在谅山一带肆虐的霍乱病和我拥有的兵力减员过多，须待援军到达方能定夺的具体情况。我把这一切都对您说了，然而，您不愿意相信。"

我请他相信，凡是他对我说的，我都在致巴黎和北京的报告中作了复述，无一遗漏，而且我还特别记下了他在上月15日对我隐约透露的关于向谅山进军的难处。

"这很好，然而您内心并不相信，而且对张三李四，任何人想讲什么您也许都愿意听和记!"

"说实在的，"我微笑着回答，"我可以向您坦率地讲，将军，我不大清楚自己轻信过什么，每当我要做出什么主张时，我总认为要付诸实现必然要多方面听取意见。然而，同时我可以向您保证，我在这里几乎不认识任何人，因此，我是通过间接渠道才获悉，从谅山传来的某种消息往往成了本城以及军官们会议的话题，这种消息所引起的议论似乎都使我们对于您能改变自己原先的指示和通往谅山之路能向我们打开存有希望。”

他想打断我。“请原谅，将军，”我对他说，“既然我始终注意毕恭毕敬地倾听您的讲话，那么作为礼尚往来，亦请您让我把话讲完。”

于是他客气地请求原谅，我才得以继续讲下去。尽管他装作记不起来，我仍然提请他不要忘记，在我首次前往登门造访时，在关于谅山公路的问题上，他的论点与今天讲的不一样，只不过讲了一番话后，他又补充道，如果他奉到正式命令，要求向我们开放此路，他就会遵命照办，并在必要时亲自送我们到那里。

“我明白，”我又说，“直到如今您仍然坚持认为这是一件难办的事并且会改变您的军事行动方案。然而其中利害关系极大。也许，6 月 9 日条约中包含着令人遗憾的条款，然而现在已无法再对它作变动，而法国也不能为中国提供指控我们不守诺言的口实。为避免占领谅山时造成人员伤亡，请您承担起责任，不要让我们遭到比谈判破裂甚或重开战衅所造成的损失更为惨重的损失。将军，我知道您办事稳妥，决不轻举妄动，坚信在您指引下的谅山进军一定会使您再次取得成功，所以我决不相信会发生上述情况。”

他站起来，并在办公室内静静地踱起了方步。我以为已使他有所动摇，改变自己的主张，哪知他突然在我面前停了下来，“我的答复早已向巴黎发出！”他说道。

为知道详情，我佯装认为他递了辞呈，故亲切地回答：“将军，请允许我对您说，要是我们奉命前往谅山，不是您而改由其他人护送，那将会是多大的憾事！”

“啊！您想错了！我只是答复道，所提的要求眼下无法实现。”他答道。

“那么，”我对他说，“您叫我怎样电告外交部？这哪能算是谈妥了呢？”

“这样吧，您就说，或者您觉得合适的话可以说，我已向您声明，霍乱病和平定地方的需要缠住了我的全部人马，无法分身，因而要安全可靠地护送界务委员会至边界是万万做不到的。如果这是您个人的主张，那就再说明，我想争取时间，并正在研究一项计划，以便在 6 至 7 周内行动！”

我当场把他的答复记了下来。我在记录时，他又说：“我决不打无把握之仗，我不能在一场冒险中身败名裂，也不能让界务委员们挨枪打！”

我愉快地感谢他的关心，并向他声明，从我们接受所委任务那天起，我和我的同事们已打算应付各种事态并作好了各种准备，但决不想无所事事，即使在眼下，有他护送，也不大有可能发生任何不测。

“我完全相信，”他说，“你们会觉得在你们执行任务时，挨上一颗子弹，就等于在你们的考绩表上添了一朵红花。不过我也不想让你们挨上这一枪，这一枪带来的后果是可悲的，然而对于要求撤出东京的人来说，这一枪也许会使他们时来运转。”

说到这里，我客气地向他道别。

回到我的住处，部长先生，我即向您发了下列电报：

“我刚从可尔西将军处告辞出来，他以霍乱、平定地方需要以及要等待替补的援军为借口，不管我如何费尽唇舌，他仍坚持说，在目前，要安全可靠地护送界务委员会去边界是绝对办不到的。

“实际上，他执意要做出不想改变主意的样子，并想把时间拖下去。

“我们的会晤使我确信，正如我之所料，他在研究一项进军谅山的方案以便在 1 月中旬前后赶往那里，但在此以前决不会动身。这样，我们要到 2 月份才能被护送到那里，也就是说，到那时，季节已晚，无法再有效地施工了。”

（原件第 148 ~ 154 页）

浦理燮致戈可当函

河内，1885 年 12 月 4 日发

公使先生：

昨日上午我接到外交部如下电报：

（巴黎，1885 年 12 月 4 日电）“根据戈可当先生的提议，陆军部长最近已致电可尔西将军，嘱他派人护送界务委员会经谅山至中国边界。务请做好准备以便及早成行，同时向可尔西将军解释其中至关重要的政治意义。”

在前一天得悉可尔西先生病情好转后，我即派人询问能否接见我，在得到他肯定的答复后，我即前往拜谒。

……（此处省略的内容与《浦理燮致法来西讷函　第 15 号文 河内，1885 年 12 月 4 日发　原件第 148 ~ 154 页》相同——编者注）

当我说道，当前的局势看来已大不相同，我方的那支五六万人的军队已不复存在，海盗和刘永福的残部很可能与盘踞和隐藏在高平地界的中国歹徒及散兵游勇纠合在一起等种种情形时，他突然发话道：“您对此一无所知，只有我知道东京事情的底细，用不着您来多管。*您要管的是勘界问题*。我知道您急于要完成这一使命。但是您要从中国方面入手，我在三个月以前早就指出：戈可当先生只需坚持要求中国界务委员们回到北海，你们即可由北海出发沿边界勘察。”（楷体句是与《浦理燮致法来西讷函　第 15 号文河内，1885 年 12 月 4 日发　原件第 148 ~ 154 页》相同段落多出的一句话——编者注）

……（此处省略的内容与《浦理燮致法来西讷函　第 15 号文 河内，1885 年 12 月 4

日发　原件第 148 ~ 154 页》相同——编者注）

回到我的住处，我即向您发了以下电报：

“在接到陆军部长向他发出的要求他护送我们去谅山的命令后，总司令仍对我的话充耳不闻，而坚持以各种借口向巴黎声明并对之进行答复，说目前要安全可靠地做到这一点绝对不可能。

从我刚才与他就此事的会晤中可以确信，正如我所料，他正在研究一项进军谅山的方案以便 1 月中旬前后赶往那里，但决不会在此以前动身。这样，我们要到 2 月份才能被护送到那里，也就是说，那时季节已晚，无法再有效地工作。实际上，我觉得他执意要做出铁了心决不改变主意的样子，并想把时间拖延下去。”

（原件第 156 ~ 162 页）

甘伯龙致法来西讷电

1885 年 12 月 4 日发

亲爱的同事：

随信附寄我致可尔西将军的两份电报，内容系涉及浦理燮先生的。我在电文中再次希望，路面交通与各项计划都应有利于界务委员会的旅行。

（原件第 163 页）

甘伯龙致可尔西电

巴黎，1885 年 12 月 2 日发

您的第 120 号电报拟得令人费解，好像有意不让人破译似的。请严格遵命办事。

中国驻巴黎大使和我国驻北京代办向外交部提出强烈交涉，要求法方界务委员前往龙州迎接已在那里的中方界务委员。让双方界务委员及早会晤含有重大政治因素。关于浦理燮先生动身前往谅山以及配给他的护卫队（其员额决不应该相当于一个纵队的兵力）问题，请与他本人商妥为盼。

请把您准备做出的部署向我汇报。

我刚接到您第 12 号函电，它并不改变本电的任何内容。我向您重申一遍，应调遣一个护卫队让其尽早出发，而不是一个纵队。

（原件第 164 页）

甘伯龙致可尔西电

巴黎，1885 年 12 月 4 日 12 时 30 分发

我向您重申一遍，界务委员会应在 12 月 20 日前动身前往谅山，随行的是一支护卫队而不是一支纵队。如果使这次旅行带有作战性质，则恐会造成麻烦。此事至关重大，请把出发的确定日期电告我，以便我们知照北京。

（原件第 165 页）

浦理燮致法来西讷函

第 16 号文　河内，1885 年 12 月 5 日

部长先生：

我荣幸地随函附寄法方界务委员会第四次会议纪要抄件，请一阅。在这次会议上，讨论了 4 个不同的议题。

其中一个议题，我觉得涉及一份明确的报告，即我 11 月 30 日才向您寄发的第 12 号报告（指可尔西将军关于辅助人员的答复）。关于第二个问题，我认为已在 12 月 2 日的第 14 号报告中也向您进行了汇报（总参谋部问题及界务委员会拟出发前往香港问题、可尔西将军所发的信函）。

现在我仅需报告另外两大问题所涉及的内容。其中之一系谈及您同意批准我们去香港一事以及我们为在 12 月 1 日前若未奉到相反命令，应如何利用这一准许权而制订的计划。

师克勤先生在表态赞同请求准许去香港后，又因在香港逗留会招来许多麻烦而改变了主意。卜义内先生知道这些情况，坚持要详细陈述他所认为（倪思医生与我也都这么认为）的界务委员会出发前往与东京相近的这一城市的理由。我对卜义内先生就这一问题所谈的意见以及全文写入会议纪要的内容并无任何看法需要补充。至于狄塞尔先生所提出的第四点，我觉得完全不合时宜。他提出，从现在起即与中方代表们直接接触。我竭力反对考虑这一提议，认为在眼下，只有戈可当先生受权与总理衙门商定界务委员会的路线问题，而我们无权受理任何提议，因而不应做出任何妨碍共和国驻北京公使各项活动的事来，因为我们不知道中国政府是否会利用我们任何一点行动，采取这样那样的手段来从中渔利。

我只能随函附寄这份纪要来禀告我据以提出这一主张的详尽论据。我认为，只要对别人有几分合理的尊重感，那么我们就要考虑这一主张。最后，这一主张终被采纳。

不过，我敢料定，诸如此类的讨论议题对外交部来说也许是兴味索然的。

（原件第 166～167 页）

第 16 号文附件

东京界务委员会法方界务委员会第 4 号会议记录

1885 年 11 月 25 日会议，于河内

出席者：浦理燮（界务主任）、师克勤、狄塞尔、卜义内、倪思

会议于 3 时开始。

会上宣读并通过了上次会议的纪要。

界务主任传达了：（1）本月 19 日他发往巴黎、请求准予率同事前往香港待命的电报，因此间已不准我们再住；（2）外交部长的电复：自即日起至 12 月 1 日若未奉相反的命令，则准予界务委员会前往香港。

卜义内先生请求发言，他说道：

“一星期前，主任在与其同僚商谈后决定向本部发一电报，要求准许界务委员会前往香港，当时的形势如下：

“远征军团总司令将军在我们初到河内第一次前往拜谒时已曾声明，除非有正式命令，否则他不会护送我们去谅山。在谈及向他转达的总理衙门对戈可当先生要求在北海会聚的照会所进行的答复时，将军又答道，他目前决不想护送我们至边界的任何地点。

“他为此向我们的主任列举了许多军事上的原因，这当然是我们无法判断的，对此，主任只有请示外交部，后来也就照此办理了。

“由于我们无法出发前往谅山，也不能经由此道与前往龙州的中国界务委员们会晤，并且也不知道何时，在什么时刻军方会觉得有可能为我们执行任务提供方便，故我们留在河内的理由何在，我们不得而知。我们有理由担心，如果长期拖下去，则我们就难以到达边界，特别是一想到我们受委的、总司令将军也不能随时有可能给予全力支持的使命时，更感到若旷日持久地拖延下去，必将为前往边界一事造成麻烦。单从这一方面考虑，就有必要暂时离开河内。

“难道我们继续在原地踏步，进而在无意中给人以软弱无能的把柄能对界务委员会有好处吗？我们难道不应该设法走动一下，或是按照北京所指的路径与中方界务委员们会合，或是我们自己从中摸索出一套合适的策略，以便在远征兵团能够在适当时刻向我们开放谅山通道以前付诸实施。

“这种暂离河内的好处是：可以使军方不必操心，而军方又认为我们操这份心为时过

早。军方只需决断何时他才能帮助我们，而不必再为我们在河内的住宿问题操心了。这当然是件小事，然而对界务委员会来说却关系重大。可尔西将军在我们初到时曾热情地乐意为我们安排住宿，但本月 18 日就以种种业务上的理由为口实告诉我们，如果我们的逗留期需要延长至 12 月 1 日以后，就要请我们从那天起，把宿舍交给本城的参谋部，这将使界务委员会陷入万分为难的窘境，而且由于缺乏一个可供开会的地方，使它甚至难以把会开成。

“在这种情况下，我们得为外交部在东京附近选定一个地点，以便远征军团总司令确信，我们在收到电报，得知有可能开始经由东京地界执行我们的使命时，能在短期内抵达河内，从而使受季节局限的勘界工程不致被延误，同时，这一地点又与中国地界毗邻，这样，只要我们到达那里，就正遇上法国驻中国公使与中方的谈判，可与之遥相呼应，在帝国政府面前，肯定我们要与帝国界务委员们相聚的愿望，并能及早与他们一起开展工作。

“香港与东京及中国均甚靠近，看来是理想的地点。选定这一中国城市的好处是今后无须考虑我们的工程走向。如果军方因形势变化而能向我们顺利地提供经由谅山公路的便利条件，则我们准备用不到 6 天的时间跋涉行军。反之，若前往谅山的困难依然存在，我们也许能与中国界务委员们或候补委员们相商，从北海或白龙尾出发开始我们的工作，至少要在我们的作业方式问题上与他们取得一致意见，进而通过预备会议奠定勘界的基础。

“此外香港还有另一大优点，就是它使我们靠近远东分舰队，万一我们不能以谅山作为工作基地或是不能从北海开始沿边界作业，那么我们还可以借助于东京军方所拥有的手段或是依靠远东分舰队的协助来解决沿海岛屿问题。

“这就是促使我们请求准予界务委员会临时前往香港的理由。

“自从界务主任把申请转给外交部以来，局势是否发生了变化？对此我不得而知；但据我所知，军方根本没有向界务主任透露过它在此期间有帮助我们的使命的新可能。

“如果发生了这种情况，只要把我们奉到的准许我们暂离河内的命令以及奉到他认为有可能护送我们至边界的指示后我们将立刻返回东京的决定转告可尔西将军，就足可使他把判断告诉我们，如果他认为这种做法合适的话。

“他的回答必然是护送我们前往。然而，如果他的意见措辞完全离谱，以致我们有理由担心我们的勘界工作无法在合适的季节完成，而且法国驻中国公使不能按照外交部的意图解决我们与中国界务委员或候补界务委员的会晤问题，也无法确定我们工程的起点，那么，我认为香港也许能成为界务委员会等待对此形成决议的最理想地点。

“以上是我的一些浅见，请界务主任和同事们予以考虑。

“在发表这些意见时，我也与在座诸位有同样的愿望，即从目前待在原地不动的状态摆脱出来而尽量设法利用余下的一段良好季节。”

师克勤先生对他的这位海军部代表的同事所说的离开河内赴香港的某些优点并不完全赞同。他认为应该把讨论时间推迟，直至界务委员会能够最后通过决议为止。既然谅山之路一旦开通，河内是一个可以与中国界务委员会及早接头的理想地点，那么，在作出决议以前，难道不应当问问总司令将军，在他看来，最近一个时期，局势是否有相当变化，因而界务委员会当会逢到良机，见到谅山之路及时对它开通以便在良好季节着手开始勘界。

师克勤先生为此建议界务委员会请其主任在最近期间向可尔西将军发出一项请求，其答复可决定界务委员会今后所应遵循的行动方针。

卜义内先生结合自己刚才发言中对局势进行的估价，也完全赞同师克勤先生的建议，并提请大家注意他的主张与别人殊途同归，目的完全一样，因为这些主张都是为了使总司令在我们开赴香港前把他的意图相告。因此，他补充道，如果师克勤先生的意见能获得一致赞同，就有必要把他提出的其他问题推迟到以后讨论，但如果界务委员会在 12 月 1 日以前从法国驻北京公使团处或从司令处得到新的消息则不在此限。

界务委员会原则上同意师克勤先生的提议，在对致可尔西将军信函的形式问题讨论一阵之后，就采用了以下行文：

“界务委员会奉外交部长之命，若从现在起至 12 月 1 日未奉新的指示，则将前往香港。在动身以前，务请司令将军将下述情形相告：据他认为，谅山公路是否会及时开通，以致界务委员会若暂时离开河内将会影响其工程的开展。中方界务委员会在龙州的出现表明，河内至谅山的路径乃界务委员们相聚的近道，而法方界务委员会也不想在不适当时刻远离此间。”

界务委员会把卜义内先生关于推迟研究其提出的赞成前往香港的各种理由的声明记录在案备查。

狄塞尔先生则询问，是否需要从现在起设法与中国界务委员们接触，或是通过信使致函龙州，或是经广州发电给中方界务委员。他说这些接触与交往只能是纯礼节性的，以免对两国之间存在的悬而未决问题有任何承诺。他认为，这只是单纯的接触而已。

界务主任答称，他认为目前无任何理由与中国委员们交往，不论这种交往属何种性质。当然驻北京公使团与外交部明令授权进行接触的情况除外。

他提醒道，自从他到达河内后，可尔西将军向他同时转达了：（1）一份陆军部的电报，说明外交部长与中国驻巴黎代办达成一项协议，一致承认选择北海为界务委员会接头地点的方便之处；（2）师克勤先生的信函一份，通报了帝国钦差已于 10 月 21 日离开广州前往龙州与曼耗。界务主任指出，在这些相悖的资料面前，他只能把当前的局势电告巴黎。于是，外交部长随即请他与戈可当先生直接相商，因外交部最近刚把解决界务委员会路线问题的任务委托给他。浦理燮补充道，这样，他就无权再与中国界务委员们直接洽谈了，来自巴黎与北京的电报表明，两国政府间早就进行过活动，并交换过意见以解决路径问题。

在这种情况下，主任认为他无法提出某种创议而不遭抨击，哪怕是建议与中国界务委员们进行纯礼仪性的交往也不允许，因为目前无法预料，总理衙门是否会在某一方面从中渔利进而对法国驻北京公使不利，而界务委员会的任务是等待公使的指挥而决不做出有碍于他参加的谈判的任何事来。

浦理燮最后说道，如果多数界务委员赞成狄塞尔先生的议案，则他认为有必要将与帝国钦差直接交涉是否适当的问题用电报向有关人士请示。

师克勤先生则认为，不论与帝国钦差接触的意义如何重大，除了礼仪性交往以外，其他的任何交涉都将使共和国驻北京的代表所进行的谈判受到妨碍。他又说，即使在万不得已时要寄发一份礼仪函件，也极难起草，因为界务委员会目前的处境极为微妙和特殊，因此，他认为最好不要轻举妄动。

卜义内先生虽然考虑与中国界务委员会接触有一定的好处，但同时又不信赖界务主任的经验和师克勤先生在中国事务方面的能力，因此也赞同界务主任的意见。

倪思先生也赞成主任的意见。

于是在多数赞成的情况下通过决议，目前没有必要与中国界务委员交往，而必须等待法国驻北京公使团发来指示后才能通过这类决议，该公使团目前正在受理这一问题。

倪思先生问界务主任，他是否收到了可尔西将军对他去信的答复，界务主任去信是要求调拨界务委员会所需要的辅助人员和观测仪器。在得到否定回答后，倪思医生以必须预先知道界务委员会是否能得到在工程开始以后它所需要的人力物力为依据，认为有必要请可尔西将军对界务委员会提出的辅助人员及器材设备的要求拟作何种打算回函相告，因为界务主任以前亦曾代表界务委员会提请他注意这一点。

这一意见得到了界务委员会一致通过，于是与会者委托界务主任就这一问题与司令将军接洽。

至此，界务委员会已无议题可以讨论，遂决定下次会议待商议后再确定召开日期。

会议于5时3刻结束。

师克勤、狄塞尔、卜义内、倪思、浦理燮（签名）

（原件第167~177页）

浦理燮致法来西讷函

第17号文　河内，1885年12月5日

部长先生：

据我所知，安南政府的户籍簿以及纳税人名册可以为界务委员会提供勘界工程所需之珍贵的判断性根据。在我到达后的头几天与可尔西将军有幸举行的会谈中，他曾对我说过，这些文献在7月份发生的顺化事件中已被大火焚毁。

然而这类文献的损毁使难以估价的核实手段丧失殆尽，但它们集中在首都。实际上，他们的副本价值并未因此而失去，这些户籍簿以及纳税人名册仍掌握在各省的安南大员和官吏手中，以用作征税的根据。我最近已就此事提请司令将军兼总公使予以关注，请他发出他认为适当的命令以便让本地的大员和官吏把与广西及广东毗邻的东京各省的这类文献的原件或至少把抄件寄他，以供界务委员会使用。

另一方面，我又参照了原法国驻安南公使黎那（Rheinard）先生向我的一位同事提供的资料，并借此机会向可尔西将军指出，在我们驻顺化公使团的档案中，也许存有重要著作，这些财赋方面的文献在著作中均有摘要与梗概。

同时，我又请他注意，为了有效地查阅户籍簿和纳税人名册，或是核实这一消息来源所得的信息，界务委员会必须能求助于这类文献中所涉及的安南各级地方官吏。这些官员们当场进行的指点对于使我们的调查研究结果具备准确性并对于弥补我们掌握的其残缺不全已尽人皆知的地图的缺陷都是必不可少的。

因此，我向将军表达了这样的希望（他大概认为这种希望并无不当之处），即在适当时刻向上述官员下达指示，命他们前来帮助我们并在完成这部分任务中尽量满足我们的要求。我还说，这些指示的严格执行往往会因为几个府或县的官员外出而受到妨碍，这一点不得不防。因此，我请他研究一下，为弥补这些官员外出所带来的妨碍，是否需要向各省下达指示，预先采取措施以便在任何情况下界务委员会能得到对要踏勘的地区了如指掌的专门人士、文人与官员们的协助。

部长先生，现将可尔西将军对这一信函的复函抄件附寄于后，请查阅。

这一答复虽然无懈可击，然而却没有给我带来达成某项成果的希望，因为虽然我一方面相信将军对我提出的关于他的部署是积极的这种保证确凿无误；另一方面我也知道我还可以指望西尔韦斯特先生对我的热忱诚恳的协助。然而，我也得承认，强人之所难，要别人提供他所没有的东西是办不到的。但是，我还须补充一点，在我向可尔西将军说明了情况以后，他即据此答应我，在他最近到达顺化后，就将把使团中能找到的有关东京捐税摊派情况的文献寄我。

（原件第 177 ~ 180 页）

第 17 号文附件

可尔西致浦理燮函

（原文无日期）

主任先生：

我荣幸地通知您，根据您 12 月 1 日来函中所表示的愿望，我已向民事与政治部主任下了命令，要求把属于东京边境各省的文献都寄达您手。

您可就此事与西尔韦斯特先生商谈，在他的存档里有黎那先生的著作抄本，这些著作也可供您使用。

至于要求我支持您向边境毗邻地区各官员争取协助一事，主任先生，您不是不知道，我们除了经由谅山公路以外，从未取道其他途径到过与广西毗邻的各省。我们对那里发生的情况一无所知。

谅山巡抚现在屯梅，他已不能官复原职，若界务委员会深入东京的这一地界时他可陪同前往。

（原件第 180 页）

浦理燮致法来西讷电

河内，1885 年 12 月 6 日下午 4 时 50 分发

我们打算在本月 10 日（星期四）动身，以便在 20 日前后到达谅山，20 至 25 日抵达南关隘。我已将此事发电通知广西省的中国官员，电报系一式两份发出：一份经广州发往龙州，另一份经屯梅发出。我从可尔西将军处获悉，一位从龙州派来的中国官员于昨日抵达屯梅。

（原件第 181 页）

法来西讷致浦理燮电

巴黎，1885 年 12 月 7 日下午 3 时 50 分发

我高兴地获悉，你们即将出发赴谅山与龙州。为了不给旅途增添麻烦，我请您把可尔西将军调给您的人员及器械设备精简到最低限度。请把您的活动与行踪随时通知戈可当先生。

（原件第 182 页）

法来西讷致甘伯龙函

巴黎，1885 年 12 月 7 日发

部长先生：

我方界务委员会拟于本月 10 日出发前往谅山，再由那里前往龙州与广西的中国界务委员会相会。我借此机会，向您表示感谢，因为正当我认为以让我方委员经广州在中国境内旅行为宜时，您热情地致电北京，对此，请接受我的谢意。

（原件第 183 页）

浦理燮致戈可当函

河内，1885 年 12 月 7 日发

公使先生：

您本月 4 日签发的电报已于 5 日晚收到，特此奉告。此日上午，我又收到巴黎方面的如下电文，现转录如下：

“（巴黎 1885 年 12 月 4 日电）陆军部长最近已再次向可尔西将军提出，要求其在本月 20 日以前，派人护送你们前往中国边界。您陈述的理由未被援引，以免引起您与可尔西将军间的不睦。我感谢您的倡议。”

我当即前去可尔西将军处造访，事先将我登门拜谒一事通知了他。他当时显然是在盛怒之中。我刚一进门，他就冲着我说：“我刚才得知，一位由帝国钦差自龙州派来的中国都司已到了我们设在屯梅的前哨地带，他来的目的是打听法方界务委员会的行踪。此事使我下决心派人护送你们至谅山。你们后天可率一支 200 人的护卫队出发，我已下令让人盛情款待在屯梅的中国都司直至你们抵达为止，同时让他陪同你们继续前行。”

我后来才知道（但当时却不知情），这位中国军官与界务委员会毫无关系，他只不过受广西巡抚所遣前来河内采购药品而已。

我即答复将军道，我不想对中国都司的到来会产生何种决定性效果作什么深究，我所着眼的是他们作好安排以便派人护送我们。

“我昨晚收到戈可当先生的一份电报，”我又说，“通知我，他已把我们即将经谅山前往边境一事知照中国政府，并请它为法方界务委员会与邓承修之间为确定会晤日期而进行的电讯来往提供方便，还请他进行必要的安排以便动身前往。然而从现在起至后天，期限委实太仓促了些。”

他立即打断我说，他刚才已奉命要在本月 20 日前派人护送我们至边界。既然别人不想考虑他提出的异议，他也只有服从这些指示。他还说，因此，他已向要随我们一起行军的护卫队长发了命令，最后又说，我们来河内已有一个月，我们有充裕的时间准备出发。

我不得不提请他注意，要是我们这一个月来对我们最后应遵循的行动方针并非一无所知，那么我们确实早已做好准备。然而，根据这一决定做出以前发来的指示，即使我们经谅山而行，我们仍需作好思想准备，让一支纵队打头站，他们至少要比我们早一星期出发。而立即动身并与一支200人的普通护卫队出发，这对我们来说太突然了，我们没有思想准备。因此，我们需要有必不可少的时间从事最后准备，补充给养，增添仆役，采购新的旅行箱（我们原有的旅行箱被法国邮船公司不知遗忘在何处了，但他还使我们存有指望，即我们总有一天会收到的）。为办好这一切，我想有三天的休整时间是完全必需的，因此我们拟于星期四准备就绪，动身前往边界。

他于是声称，若我们要到20日以后才可抵达谅山，那么责任不在他而在我们。他还算起了要经过几个站，按照他的算法，我们至少需12天才能到达谅山，他还把谅山至屯梅间40千米的行程算为4天时间。接着，当我朝挂在他办公室的地图瞥了一眼以便了解所要走过的旅程时，他原来憋在心里的怒火终于爆发了，他大发雷霆，说什么我对他缺乏尊重，并说我为了寻衅，也许想检查他采取的部署和措施，而对此，只有他一人才有判断权，如此等等。

我费了不少口舌才使他平静下来，并提醒他，他所设想的我的用意与我一贯对他表示的礼貌与尊重毫无共同之处。对此，他以前自己也承认，而如果他现在矢口否认这一点，或者指责界务委员会干扰了他为派人护送我们至边界而制定的计划，那就与他的正直与公正形象格格不入了。

正如在那些性格暴躁的人身上常见的那样，他的暴怒刹那间又变成溢于言表的温和与可亲。于是他抱怨起他处境的艰难，说上面把什么事都交给他负责，但对他个人意见又置之不理，而且他也不能指望他的一些已被批准的提案在今后不会被修改，议会因政治需要而主意瞬息万变，使他深受其害；以前他要和那些要求他撤出前哨地带而只限于占领红河下游三角洲地区的指令相抗争，而今，人家又强迫他越过他为自己确定的边缘地点而并不等待他所认为的进行此举的成熟时机的到来。

我全神贯注地倾听他的谈话。最后他透露道，发令只以一支普通的护卫队护送我们去谅山而不首先调拨一支行进中的强大特遣队来占领边境会引起严重后果，然而他也只能严格按他奉到的新命令办事；但是，如果万一界务委员会遭到枪击，则也许会面临着这样的情况：法国的公众舆论又会越来越倾向于撤出东京。

我觉得他内心深处是想知道，风险颇多的前景是否会动摇我们的决心，于是，我回答道，我相信绝不会发生诸如此类的事，然而，如果他确信他原来的计划得以迅速执行从而使我们能在1月的头几天到达谅山，那么，我觉得推迟10天至两周动身谅不致有大碍，如果他要为此打电报，我准备与他配合这样做，但是，不论发生什么情况，我仍然准备星期四动身。

他又沉思了片刻，然后说道，对于奉到的命令，他没有什么可以争执的，但是要是我觉得有必要，可以为此而发一电报，不过不能把他牵连入内。

我察觉到这是个圈套，于是就向他正式提出，既然并非与他协商一致这样做，而只是我个人单方面的主意，则我这样提出的议案将无丝毫价值，而且还会招来麻烦，好像我不愿立即动身似的，因此，我们只能坚持按他原定的主意办。

他又向我保证道，即使在这样的条件下，他将采取各种防范措施以免我们遭到什么严重事件的袭击：三四百名土著步兵将在尼村与我们的200名法国兵相会合，除此以外，他还将拨给我们一支30人的骑兵分队以用作侦察兵，而且他还会派人跟在我们后面以便在发生事故时可以接应我们。

我向他表示感谢，并对于他竟然设想我会对他有失恭敬一事表示遗憾。他叫我不要耿耿于怀，这一切都是一时的气话。于是，我们双方客气地道别。

我立即召集全体界务委员开会，把形势与星期四动身的必要性告知我的同事们，此事得到了一致的同意。我为此致函将军以免引起误会，我还向您和外交部发了下列电报：

"我们定于星期四（本月10日）动身，20日前后可到达谅山，20至25日到达南关隘，为将此事相告，我向邓发了一份措辞极其有礼的电报，该电报一式两份，寄往龙州。一份经广州前往，一份经屯梅送达，从可尔西将军处我获悉，一名从龙州派出的中国军官已于昨日抵达屯梅。"

又及：奉司令将军之命，民事与政治部主任西尔韦斯特先生（他一直对我热情备至）负责组织人力根据原文，翻译和誊写当地官员所掌握的北方边境地区户籍簿和纳税人名册，并尽快把这一切寄往谅山。

同时，多亏参谋长瓦尔内将军，在他热忱的协助和善意的关心以及经常进行的干预下（我对此感激不尽），我终于得到他们同意，增派两名测绘官员给我们，而可尔西将军一开始只同意派遣一名，仅一名是不敷需要的。

（原件第184～189页）

浦理燮致法来西讷函

第18号文　河内，1885年12月7日发

部长先生：

您本月4日发来的电报已于6日到达我处，我当即前去可尔西将军处造访，事先将我登门拜谒一事通知了他。他当时显然是在盛怒之中。……

……（此处省略内容与《浦理燮致戈可当函　河内，1885年12月7日发　原件第184～189页》相同——编者注）

同时，多亏参谋长瓦尔内将军，在他热忱的协助和善意的关心以及经常进行的干预下（我对此感激不尽），我终于得到他们同意，增派两名测绘官员给我们，而可尔西将军一开始只同意派遣一名，仅一名是不敷需要的。

这两名官员除了搞一些普通的略图以外，其他什么都不会做。由于没有给他们配备必要的仪器，如精密时计、经纬仪等，他们的工作势必失去任何科学价值。说实在的，应该有一支正式的测绘队跟随我们一起勘测，以便得出完全准确的数据。然而正如您从我已附寄给您的 11 月 10 日我们界务委员会的一次会议纪要中可以看出，我们在会上曾研究了人员和辅助设备问题，我们也只是要求一些必不可少的东西。

部长先生，我们可以对您说，我们完全遵照您前天来电中的规定办事。

遵照这份电报，除将军愿意调拨给我们的以外，我们没有再提出任何其他要求。

但是，译员方面的问题显得很突出，亟待解决。尽管西尔韦斯特具有善良的愿望，也只能找到一名能多少讲点法语的安南译员和一名安南文人；而汉语方面，我们既无译员，也无文人。因此，我们缺少必备的条件。值得担心的是，我们的工作进程将因此而受到影响，不过我们将竭尽全力，加以办好。

最倒霉的是，我有理由担心，师克勤先生有一天会离开我们。我今天已向您电告，他到达此间后就感到身体违和，但是他又说，空气的变化对他有明显好处，今后他将继续获益。我现在才获悉，他一方面准备行装，另一方面又在考虑他是否会力不从心，但他却没有向我倾心交谈。我们很可能将完全依赖中国界务委员们所带的翻译。这里无法找到人代他当翻译，这使我下决心提请您考虑派另一名“中国通”去龙州是否已成刻不容缓之事。

带我们去尼村的炮舰尚未驶抵此间，这使我们的出发时间耽误了 12 至 24 小时。

我昨天还问了可尔西将军，界务委员会究竟应在几点向他辞行。他声称，他今天早晨自己也要动身，并说我们大家都公务繁忙，他对我们的意图表示心领，并把访晤看成已进行过（辞行）了。但此后他根本未走。

此外，在我们逗留河内的一个月中，他举行过盛大宴会，但未邀我们中的任何人参加。

这一切足可看出他器量之小，而且很能说明问题，由此完全可以看穿他的用心，但我佯装不知。

（原件第 190 ~ 196 页）

甘伯龙致法来西讷函

巴黎，1885 年 12 月 8 日发

现将我发给可尔西将军电报的抄件寄上，请一阅。

对您要求浦理燮先生尽可能降低其要求的做法，我深表感激。

（原件第 197 页）

附件

甘伯龙致可尔西函

巴黎，1885 年 12 月 7 日发

我高兴地获悉浦理燮先生所率领的界务委员会能够动身，而我们与中国的关系不允许让浦理燮等人的出发再耽搁下去。命令是正式发下的，您的责任也就完全卸脱了。如果我答应了您向我提出的请求（这一请求我已看作无效），则情况就大不一样。

您既已开始了您的战事，就继续开展下去，但要善始善终。

我没有接到第 123 号函的复写稿。对我在第 123（乙）文中所读到的内容，我深表赞同。虽然有传染病蔓延，您仍决定不让部队止步。但应再次叮嘱尼格里，他应爱惜自己的士兵。

（原件第 198 页）

浦理燮致法来西讷电

河内，1885 年 12 月 9 日下午 4 时发

师克勤先生在抵达此间时早已感到不适，但仍说，变换空气对他的健康状况有好处，他就这样与我们同行。但我最近获悉，他虽然并未对我说心里话，然而仍担心自己力不从心，万一他不能视事或要离开我们，我们势将听凭中国界务委员身边的翻译摆布。这里找不到人接替他当翻译，我请您考虑是否需要立即指派另一名“中国通”前往龙州。

（原件第 199 页）

浦理燮致法来西讷函

第 19 号文　河内，1885 年 12 月 9 日发

部长先生：

我认为应把我离开河内时致戈可当的一份信函抄件转寄于您，请查阅。

（原件第 200 页）

第 19 号文附件

浦理燮致戈可当函

河内，1885 年 12 月 9 日

公使先生：

虽然出发前的最后准备太匆忙，然而我仍需将一套办法呈您审阅。这是我从可靠来源获得新消息后受到启发而想出的。

如果帝国广西省的钦差们遵照他们已收到的指示和今后仍将奉到的命令行事，不再制造无谓的障碍，而同意在目前大致地划定一下室溪与离谅山 12 至 15 千米的某一需要勘定的地点之间的那段边界，则只要双方都有良好的愿望并迅速行动，则这一初步的作业可望于 1 月底前后结束。

若总理衙门也同意这样办，则就可能在老街一侧以同样方法动手勘界。

为取得这一效果，必须迅速与中国政府达成一项协议，以便在 1 月的头几天内就预先发出几道坚决的命令（如您建议的关于谅山的命令），进而促使他们采取必要的措施。

我最近获得的准信与人们以前向我谈及和断言的，进而和我最近在信中向您写的内容完全相反，这一准信是根据并不轻率地进行的计算而并非小道的消息、在深知底细的情况下得出的。从这一准信中可知 2 月份可以抵达老街，到那时，河水将比以往这个时期高。如果一切准备就绪，我们就能在将近 20 天内到达那里。

如果谅山一侧的边界在 1 月底能勘测完毕，我们就可立即返回此间，在此只停歇五六天以便进行整顿。然后，最迟到 2 月 10 日即可动身，3 月 1 日抵达老街。

在老街与高平一段，不必指望可以全面勘界，然而，只要云南省的帝国钦差接到与发给广西省的帝国钦差的指示相同的谕旨，则就可以像在谅山一侧一样，选定符合 6 月 9 日条约第五款所定条件的一个地点，同时也只限于勘测老街以北及老街西南 20 来千米的一段边界，这是唯一切实可行的勘界范围，这一工程的开始阶段可以在 3 月末确定下来，若有必要，则尽管恶劣季节已开始，可延至 4 月中旬确定。

等这些初步基础奠定且广西及云南省一侧的两个基准点选定后，则就可以视情况许可而把注意力转向现场或以传统的地理图线为依据进行勘测，边界走向线的剩余部分可以委托一个由测绘官员组成的混合小组完成。这些官员的工作可在今后交由一个专门委员会研究，其结论可呈报两国政府最后核准。

这一计划的最后部分根据您认为值得推荐的设想而作了一定的修改，若您认为在有关今年要在谅山与老街一带进行的作业问题上值得考虑这一计划，则务请您在可能范围内提供实施这项计划的方便。

因此，我只限于把这一函电的抄件转寄巴黎，并请您考虑是否有必要向外交部电达此函的核心内容，如果不及时电达，外交部得悉过晚，就难以从现在起至 1 月份发出坚决的命令，而这种命令是为派遣我们至老街准备条件所必不可少的。

（原件第 201～203 页）

卜义内上尉致海军部长函

河内，1885 年 12 月 9 日发

海军上将：

我荣幸地奉告，12 月 6 日，司令将军已奉命要派人将我们护送至中国边界，由此我们将朝龙州方向进发，以便平安无事地在 12 月 20 至 25 日之间抵达那里。这一成果是浦理燮创议下得出的。

倪思医生与我竭力支持我们主任的决心。两名测绘官员陪同我们前往，他们是海军陆战队的博南（Bonin）中尉与第二十三步兵团的韦尔内（Vernet）中尉。界务委员会能有我的伙伴博南补充入内是一大幸事，他是一名朝气蓬勃精力充沛的军官。值得担心的是师克勤先生，他可能与我们中道而别，因他 6 个月来一直患慢性痢疾。

界务委员会明日将登上“茂隆号”［舰长系絮尔日（Surgy）］炮舰。我还不知护卫队的员额究竟多少，然而绝不会超过 400 人，这支护卫队由薛威埃司令统率。

又及：如果几天后我们抵达了谅山，海军部将可以断言此事应归功于我及倪思医生，而提出的论点乃界务委员会所根本无法驳倒的。在这一问题上，我完全不计较个人得失。但我要在此声明，在向陌生道路上摸索时，当出现犹豫不决、首鼠两端倾向的关键时刻，我们始终赞成向前推进。

海军上将，请原谅一个年轻人所表达的自尊心，如果他在界务委员会中有辱海军部代表的荣誉，则他决不会因有这种自尊心而感到自豪。

（原件第 204～205 页）

法来西讷致甘伯龙函

巴黎，1885 年 12 月 10 日

将军先生，亲爱的同事：

我于本月 1 日奉上一函，向您说明，必须立即采取必要的措施以使东京界务委员会法方界务委员能前往中国边界，此事与我们利益至关重大，不容再拖；另外，我又请您用电报向可尔西将军发出一令，以准许浦理燮先生及其同事的谅山之行得以实现。

我最近收到我方界务主任的一份电报，现随信附上，请一阅。此电向我禀报，他近期内将前往南关隘并打算在本月 20 至 25 日抵达那里。

（原件第 206 页）

陆军部长甘伯龙致外交部长法来西讷函

巴黎，1885 年 12 月 16 日

部长先生，亲爱的同事：

今将可尔西将军 12 月 14 日的一份电报抄件附奉于后，以作为我前数封信函的补充。该电全文如下：

“浦理燮使团已抵达尼村（Lam），它于今日离开该村，400 名护卫队和 1500 名搬运工随同前往。克雷定中校拟率 350 人的一支后备军和一个火炮连驻守屯梅。他负责在可能范围内确保浦理燮护卫队的后勤供应并设法给予救援。另有一支护卫队驻在北宁，随时准备应付突发性复杂情况。”

（原件第 207 页）

浦理燮致法来西讷电

屯梅，1885 年 12 月 20 日上午 8 时发

法国国旗重又升起，但使我及同事感到伤心的是，没有任何盛典，好像是有意不让张扬似的［在谅山就是如此，我们于今晚（12 月 18 日）经过艰难困苦的行军后抵达这里］。这次重新占领说明界务委员会的创议是正确的，但荣誉归于外交部。我立刻想到要与在龙州的中国界务委员直接取得联系，但他们对我本月 6 日一式两份（一经广州，一经谅山）寄发的首件信函，至今尚未作复。我的同事们与我精诚协作，我对此深表高兴。借此机会，我请您给予他们以应有的关注。师克勤先生身体已见好转，他是我们中唯一未被授勋的人。狄塞尔上校被授骑士勋位以来至今仍未见晋升，至于卜义内上尉，他的军阶与他目前的工作性质相比，规格过低。

保尔・倪思医生虽然目前不提任何要求，但他的功绩亦不亚于戴尔马（Delemma）。

我感谢您派来一名候补委员充入界务委员会。

（原件第 208 ~ 209 页）

浦理燮致法来西讷函

第20号文　谅山，1885年12月20日发

部长先生：

我在本月6日与7日分别致您一电一函，向您禀报，我们定于10日自河内出发至谅山。

我们的旅行自河内开始，直达尼村，途经红河、邦布运河（le Canal des Bambous）、太平河（le Thaï-Binh）及陆南江，搭乘的舰艇是“茂隆号”（le Moulun）炮舰，舰长为德·絮尔日（de Surgy）。副参谋长克雷定中校沿途护送我们以防不测。“雅关号”（le Jacquin）炮艇紧驶在后，舰上搭载着1050名苦力，以供运送行李和装运护卫队辎重之用。

我们于12日下午3时在尼村登岸，负责为我们这支纵队引路的薛威埃司令已在那里迎候。苦力队组织就绪后，我们即骑马前往船头（7千米路程）。

13日一天用于准备和安排第二天的出发事宜。

我们于14日上午7时离开船头。随我们前往的有：

一个轻骑兵队…………30人

第二分遣队一个营……50人

合计：80人

东京土著步兵一个连……125人

第二十三步兵团一个连…227人

一个炮兵排（两门火炮）…40人

总计：472人，外加1050名苦力。全纵队自船头至普锦（Pho-Cam），全程约计18千米，历时7小时，公路的路况极差，沿途共经5站，14日晚至15日晨即在普锦露营。

次日晨7时由普锦出发，经7个小时在恶劣路面上的行军，途中停歇五站，终于抵达离普锦17千米的同松。

我们在同松的野战医院过了一夜，并补入了130人的一支援军，随队而行，援军由东京土著步兵团一个连组成，从而使我们的兵员达到602人。我们于16日8时从同松出发，穿过高丘（Deo-Quao）山口，再由这一山口的山冈顺着一个极陡的坡度徒步而下，同时拉着马缰朝屯梅方向走去，历经4小时，途经两站，终于在中午抵达屯梅，全程为11千米。位于谅山河谷中的屯梅［或称富梅（Phu-Moï）］是朝谅山方向我军各前沿哨所中的最后一站，位于东乃山脚下。东乃山悬崖遍布，巉岩栱立，自东北至东南，沿河谷构成了一道30至35千米长的真正屏障，起点为屯梅下游5千米处，终点在北黎以外。伸展在这道天然屏障后面的是一个县，境内多山，一位蜚声于东京、名叫丐昆（Caï-

Quinh）的绿林首领在那里建立了一个作战指挥中心，并占山为王，自成一家。他很可能在我纵队前往谅山的行军途中从左翼来设法骚扰我们。

克雷定中校在屯梅与我们相别，他并在那里截留了我们在同松获得的第二十三步兵连的115人以及炮兵排的40人以供固守这一哨所之用。他奉命留驻这里，以从我们纵队后面守护路面，并在我们受到攻击的情况下前来支援。

17日晨7时，我们率领经过减员为447人的护卫队，从屯梅出发，冒着28°C的高温，经过在谅江河谷9小时的艰难行军后停歇下来，然而所有路程仅18千米，歇息地点在Cut山口脚下（Cut为谅江河谷的分水岭），并在稻田间露营过夜。

次日（18日）晨，我们自6时起即开始攀登Cut山口的坡路：我们离谅山还有27千米，但薛威埃司令盼望在当晚抵达谅山。在山区度过的这一天异常艰苦，中间仅作了数次10分钟的小憩和大休了一小时。多数路段均乱石遍地，而且要涉水过河的地方不少于11处。

我们终于在当晚5时抵达谅山，虽然筋疲力尽，然而，想到界务委员会这一创举已促使法国军队重新占据这一如此重要的战略据点，则感到无限欣慰。

您从我前次信函和法方界务委员会的会议纪要中可以知晓，自从我们抵达河内以后，我们从对勘界极端反感的可尔西将军处发现，他对我们的既定方针是：除非奉到正式命令，迫于无奈，他才引导我们至边界，否则他绝对不干。不管怎样，他总要借口静候他所认为的重占谅山的适宜时机，并声称应等待至他能部署好在他心目中重占谅山所必不可少的兵力时才能带领我们至边界，从而尽量把此事旷日持久地拖延下去。

将军这样夸大其事，使我怀疑他提出的种种论点可能言过其实。我于是私下向瓦尔内将军打听。我从他那里和狄塞尔上校处分别获悉，在参谋部，大家早已研究过进军谅山的问题，并一致认为，根据远征兵团现有的人力物力条件，向谅山进发是切实可行的。卜义内及倪思先生则从波尼逮波德先生处打听了讯息。当我们确信采用这一路线可以使工程及早开始后，我们就毫不懈怠和疏忽，从而使出发时间尽快到来。

我们的努力得到了外交部和共和国驻北京公使的支持。我们之所以能够克服人为的各种障碍而能抵达南关隘，靠的就是他们的帮助。因此，如我前曾荣幸地向您电告的那样，外交部完全可以有重占谅山的全功。如果付出必要的努力，使这种占领长期保持下去，则在今后，必将产生可喜的效果，更不用说在目前重占谅山能确保我们勘界工作顺利开始的那种积极因素了。

政府认为，后一种结果能够取得，其政治意义至关重大，这使我觉得，我可以要求您对我的同事们向我提供的协助表示赞赏和重视。师克勤先生6个多月来身体违和，但他在随队前进中却表现出了堪受嘉奖的非凡毅力，为帮助我们与中国界务委员取得联系，他顾不得考虑这样做是否会严重影响自己的身体健康。部长先生谅必会想到，他虽然早已获得了荣誉勋团骑士级十字勋章，然而他又是我们当中唯一尚未受（外交部）勋位的人，尽管他与卜义内和倪思先生相比，在军阶、年龄与资历等方面都占有优势。

狄塞尔上校由于在瓦尔内将军指挥的参谋部任职的特殊地位，凡事不得不多加审慎。但为了共同目标，他可没有少做贡献。他掌握分寸，随机应变，千方百计作好军事部署以促使我们成功。由于他在受任界务委员会职衔后已晋升为中校，不久以后，大概将授予他的四级十字荣誉勋章是他能获得的唯一褒奖。

卜义内与倪思两位先生在行动和发表观点方面可以无拘无束些，他们与我一样看出了可尔西将军夸大其词的言论是故意制造和蓄谋已久的。同时他们又一贯恪尽职守，忠诚不渝。此外，他们的一片热忱帮助了我坚持不懈地朝共同目标努力，这也是取得成功的要素。遗憾的是，我不能为倪思医生请任何功劳，他已对我说过，在今后相当一段时间内，他不能取得某种犒赏，因此，我只能提出，他在本部的关怀下已取得了几个新的职衔。然而，请允许我为卜义内先生坚持请功，要求把他按行政编制登记入册，并请予以晋升为少校军衔。您对这位军官的功绩早就可以看出，他所表现的热情中包含着透彻的识别力和判断力，他以具备种种无可争辩的素质而声誉卓著。与最近给狄塞尔上校先生的晋升相比，他的级别与他在界务委员会中的地位以及他所适于担任的业务并不相称，为了对付中国的界务委员，我认为，立即提拔这位海军部的代表显然具有相当重大的意义，因为天朝的代表们把他们的法国同僚的个人地位看得很重，对于低级军官，他们是不大放在眼里的。

最后，德朗达先生工作勤奋，服务周到，并能始终如一地保持稳定的情绪和耐心，与我们一起分担了各种艰难困苦和辛劳疲累，但对此我未能给予应有的公正评价，故应感到自责。

在我们最近经过的 100 千米的行程中，百姓们除种植稻谷外，别无其他栽培技术。只能开发和利用山谷的低陷部位以及一些平原，因为那里易于大面积灌溉。他们常年受到贪婪的统治者的敲诈勒索，因此，只要做到能勉强苦度时日就歇工不干。目前，部分稻田仍然荒芜未耕，战争迫使百姓们离乡背井，外出求生，许多村庄被中国散兵游勇以及海盗们所毁，然而，只要社会恢复和平与安宁，大米仍能获得丰产。另外，在山冈及山脉的斜坡上都长满了茂密的野草，这些高高的草丛一直伸达山顶，甚至在最近刚放过火的地方，野草也极为繁茂，由此可见土地肥沃之一斑。如果能引入适合于土壤性质的各种作物，则土地的此种显而易见的肥沃性有朝一日定将变成难以估量的富足之源。虽然目前卫生状况确实亟待改进，但是，随着这一广阔的处女地的逐渐开垦，这种状态将有所改变，这一地带土壤散发的腐败气息主要是土壤生产力未被利用所致。

至于谅山平原，则是地广人众，而且耕种面积也不算小的地区。在平原入口处和山谷斜坡（山脚下即伸展着这块平原）处，隐约显出一座四边形的巨大城市，上面砖砌的炮台工事也未得到妥善维护；城郭与构筑在东南部的内堡经由一条堤道而贯通。

按狄塞尔与卜义内先生的说法，这座城楼在军事上对我们毫无价值，然而可以把它铲平，利用筑城的砖块在内堡中建起一座军营，也只有这座内堡才有点利用价值，它可用作廉价的一座小小的防营的基座。要占领谅山，两三个东京土著步兵连绰绰有余，条件是在前方14千米处的同登——即通往室溪的公路与通往谅山及3千米外的南关隘公路筑起一座拦截性炮台，派50来名士兵驻守，同时再在通往室溪与高平的公路沿线构筑坚固设防的小型哨所来掩护自己。

谅山以及俯瞰该城的山梁分支届时就会变成东京东北边境的一道名副其实的屏障。谓予不信，只要顺道察看一下在谅山与屯梅之间（途经Cut）成梯形排列着一连串坚固的阵地即可知晓，在战争期间，中国人还在这些阵地上遍筑防御工事。这是一批战场工事，其布局速度之快足可说明天朝兵每次翻土作业时动作之敏捷。对这些野战工事，我们当然不能指望将其转变成固定的防御工事，然而凡是踏勘过这一地区的人都认为，要找比其余各地都易于防守的一个或数个地点来完全确保我们的交通畅行无阻是轻而易举的事，万一东京重新受到入侵，这些地点可以拦截公路，使逐步防御变得易于实现，同时又具有另一种优点，那就是也许能使被战争破坏殆尽的这一地区的人口重新繁衍起来。

因此，可尔西将军出于某种原因，决定一俟界务委员会勘界作业竣工后即再度放弃谅山，实系一件憾事。

（原件第210~217页）

法来西讷致甘伯龙函

巴黎，1885年12月21日发

将军先生，亲爱的同事：

顷间我收到东京勘界委员会主任的来电，内称他已于本月18日抵达谅山，如浦理燮先生早些时候所曾告诉我的那样，整个纵队的行军终于顺利完成。现将该电抄件附寄于后，请查阅。

（原件第218页）

浦理燮致法来西讷函

第21号文　谅山，1885年12月21日发

部长先生：

我12日在尼村登岸时，收到了共和国驻北京公使的一份电报，内称，根据总理衙门的一份照会可知，邓钦差不在龙州迎候我们，而准备在获悉我们的到达日期后，即出关

（即由此至南关隘这段距离内）迎接。戈可当还说，他已把我们计划抵达谅山的日期通知了总理衙门。

经仔细考虑，我认为，这份电报一方面说明，中国政府像以前一样，提出龙州作为会晤地点，大概是存有希望，以为我们无法直接从谅山到达那里，因而必须要求经广州并溯河而上才能抵达，本来漫长的旅程，有可能因两广总督为我们设置种种障碍受到耽误而拖得更久，这样，就会使我们到达日期大受延误，于是总理衙门就可利用这一点来拖延商约谈判的进行或者达到其他目的；另一方面，见我们下决心经谅山前往龙州，而且在24或25日可以抵达目的地的情况下，帝国钦差觉得待在龙州等候已无利可图，于是就设法前来迎接我们，其目的不过是在以礼相待的幌子下掩盖其尽量把我们远远地挡在中国境外的既定方针。

有一个初步迹象把我引入这条思路，因为我获悉，在邓钦差对师克勤先生进行的一次访问——这是前者对后者广州拜会的回访——中曾对我的同事说，他收到了总理衙门的一份来电，电中对于东京边界的混乱状态会导致商约谈判缓议一事深表忧虑。

您从本报告下文中不难看出，自从我们进入谅山以来，各方面都证实了我的这种观点。

统率帝国广西部队的苏元春提督的军中有一名军官在离谅山1千米的驱驴村等候我们抵达谅山城。我们甫到该城，他即前来看我并对我说，他的提督命他前来询问我们何时准备与邓钦差大人接触。我答称，我们在星期日（6日）就已从河内通过电报和委托可尔西将军转交的方式致一正式照会于邓，表示了这种意图。电报是经广州拍发的，而函件则由可尔西将军转交给一位驻在屯梅的中国军官，让他寄往龙州。部长先生，现将该照会附寄于后，请一阅。但我们尚未收到对该照会的答复。

于是，我提请我的对话者注意，既然他并未捎来中国界务委员们的任何信件，我只能请他转告龙州，为避免任何误会，我们等待着对我们照会的那份回执。我同时交给他一封信，让他转交收信人。此信系师克勤先生致赫政先生的非官方函件，内容系把形势向赫政通报，并请他就这一局势与中国界务委员会晤谈。接着，为更加可靠起见，我们把这一信函的复写件交给专门信使送去。

同日（12月19日），薛威埃司令告诉我，他打算于次日前往侦察，直达同登为止。同登乃百姓常去的重集，而且又是谅山至室溪与谅山至南关隘两条公路的交会点，也就是说，他能走到哪里就侦察到哪里。

师克勤先生的健康状况要求他做一些体力所能支持的锻炼。于是，他表示希望以普通旅游者的身份陪同薛威埃前往。对此，我并未觉得有任何不便。

次日晚，薛威埃司令回来后告诉我，他发现在同登有大批中国士兵，其中多数均荷枪实弹，另有一个低级官吏正忙于在那里采购大米，以备中国军营食用，同时还在为帝国钦差、广西巡抚与苏元春提督准备行辕。在发现这位官员在东京领土上的举动与在征服的地区中征服者的举动一模一样，于是薛威埃司令问他有何资格这样做，这位官员只拿出指挥杖作答，这一指挥杖是代表帝国政府行使权力的象征。

薛威埃司令当即告诉他，在我们行使保护权的领土上出现武装部队并有外国官员的活动是不合法的，因而请他率领驻在那里的士兵回到边界那边去，这一点并未遇到任何阻难，此后，薛威埃即前往南关隘。虽然，他注意让其护卫队殿后，但最初，他与师克勤先生都被拒于关隘之外，于是，他提出求见守备。守备得悉后即命令放他入内并以礼相待。他即向这位守备——陈副将作了一番必要描述，并对刚才发生在同登的事也作了必要的说明，还通知他，当天将在同登设置一哨所，并命哨所守军的队长对任何带枪进入东京领土的中国士兵解除武装，责令其返回，并把枪械送还至南关。陈副将最初试图反驳，说他认为可以把同登视作为一种中立地带，但他没有再找其他理由坚持，而只不过随机应变地答复道，这一要求站不住脚，因而不能接受，因为在这一方面事先还没有达成任何协议。

最后，薛威埃先生告诉我，中国人早已开始重建被尼格里将军毁坏的南关隘，他还觉得他们已把南关隘前伸了500来米。但此事尚待证实。然而不管怎样，他们已在边界两侧筑起了一系列防御工事。

这些具体细节与师克勤先生告诉我的情节相吻合，他还向我通报说，陈副将在晤谈中提到，他已奉到命令，除携带交给帝国钦差们的信函的信使外，不准其他人进入中国境内。

这些消息都使我直觉地想到，帝国钦差、广西巡抚与苏元春提督都准备入主同登。此外，我总觉得，既然军方在进行一番侦察后在一个比谅山更靠近南关隘的地方建立了一个哨所，那么，我们的任务就是前往那里，以尽可能地靠近边境并与中国委员们接近。

我立即召集狄塞尔、卜义内与倪思先生一起商议。我与师克勤先生把这些消息告诉了他们，他们所得到的印象与我的看法一致。因此，在进行了短暂的商讨以后，我们一致同意，从第二天起应小心翼翼地出发前往同登等候帝国钦差，并在必要时向他们表示，我们愿意从中调停，以避免因为在离南关隘仅3千米远的这一地点设置了法国哨所而发生令人痛心的冲突。

在与狄塞尔上校商定以后，我遂问薛威埃司令，他能否在当天护送我们去同登。他答称，他打算在上午6时派出由当弗雷维尔上尉所率之土著步兵连至那里，然后即可让我们率苦力、扛载着我们的私人行装并且随同我们的24名非洲轻骑兵仪仗队一起前往，此事就这样说定。

今日上午，梁（Liang）参将第二次拜会了我们，这给我们增加了一些新的猜测内容，也似乎对我们做出的决定以及做出这一决定的理由及时进行了解释，说明这一决定及其理由是站得住脚的。

一开始，他就告诉我们，我们的函件已由他的将军原原本本地转交邓大人。接着，这位中国军官又说，他还获悉，帝国钦差们要是尚未动身，至少也即将动身前来边界。为了证明他的说法，同时也似乎是为了作为在我们面前执行其使命的凭据，他出示了一道刚刚奉到的苏将军命令，命令中还包括邓大人本月18日致苏将军的信函抄件。

这最近一份从龙州发出的信函开头是这样写的："您送来的那份法文信函已译出，我已接阅。"然而，邓又请苏将军通过梁参将请求可尔西将军向我们打听我们抵达谅山的日期，"望将此日期见告以便我们先期越过中国边界并确定一个有利于我们商谈的地点。"

至于梁参将在前一天（12月20日）奉到苏将军的命令，则是要求这位军官提供邓所要求的信息并让他请我在谅山多等四五天，在那里不必担心发生任何不测，最后，苏将军请我当即致一公函于列位界务委员。

部长先生，这就是我们今天下午出发前往同登（我们计划于下午5时抵达那里）驻定前发生的一系列情况。为了使之与今后发生的事连贯起来，我认为，详细叙述事情的原委并非无关紧要。

我还要向您禀告的是，可能是因为旅途疲劳或其他原因，我们抵达谅山后，在健康方面都不同程度地受到影响。

虽然自船头至屯梅，护卫队中有5人患了霍乱，还有数人得了间歇热疟，但在前一阶段，我的同事与我的健康状况仍然较好，师克勤先生的身体状况也曾有所改善。可是今天我们不敢这样说，师克勤先生已感不适，倪思先生得了黄疸性间歇热，狄塞尔与卜义内两位先生亦患了轻度胃热，德朗达先生则得了轻度支气管炎，我也于昨日开始感染痢疾，幸亏病情不重。然而，我们意识到不能推迟前往同登的日期，因此都希望气候的变化能对各人恶劣的身体状况起有利作用。

（原件第219~226页）

第21号文附件

河内，1885年12月6日发

界务委员会法方界务委员会奉告帝国政府界务委员会，它将于近期自河内出发。

法方各界务委员拟于20日前后抵达谅山并于本月20至25日期间前往门隘（Cua-Aï）。

他们借此机会，向列位帝国钦差大人致意，并希望自即日起与钦差们进行联系。

（原件第227页）

浦理燮致法来西讷电

屯梅，1885 年 12 月 24 日下午 1 时 15 分发

我们于 12 月 21 日抵达离南关隘 3 千米远的同登，中国委员们让人转告我们，他们即将抵达该地。考虑到具体情况和在远东通行的惯例，我和我的同事们都认为，应该在他们逗留于我方境内期间，为中国委员们及其随员提供食宿。您是否同意这笔食宿开支，请见告为感。

（原件第 228 页）

浦理燮致法来西讷函

第 22 号文　同登，1885 年 12 月 24 日发

部长先生：

在我自谅山发出的第 20 号报告的结尾部分曾设法将卜义内先生和狄塞尔先生在我们交谈中对我说的关于占领谅山具有较大的战略意义等情况的谈话梗概禀报于您。

狄塞尔先生不辞辛苦，就这一问题起草了一份详细说明并转交给我，我认为有必要将这一说明转呈外交部，它对问题阐述得比我自己根据几次随便交谈所能整理出的摘要详尽和准确得多。

因此，随信附上该说明抄件，请一阅。

（原件第 229 页）

第 22 号文附件

关于谅山的说明（1885 年 12 月 24 日）

只有在充分了解谅山要塞与东部中方边界之间的地区以及能与谅江沿岸遍布岩石的山脊之西部河谷相通的西部地区之后，才能将谅山的军事地位完全确定下来。

然而，界务委员会已对这一地界踏勘过一遍，而且我也对之从军事角度进行了详细研究，故可以提出一个比较正确的大体意见。从南关隘及附近的边界地区入侵三角洲边界线的公路有以下数条：

（1）由龙州经同登、谅山、屯梅、北黎与朗甲至浪张府与桥坝（Dapeau）的官道。

（2）由龙州经同登、谅山、Bac-Viai、卫街（Phovi）与官丘（Deo-Guan）山口至船头的公路。

我各路纵队即是经由这些公路在进击中直捣板布（Bang-Bo）的，中国大批民众亦系经过这些道路跟在我们后面向红河三角洲进发。

谅山要塞却将他们完全挡住了。值得注意的是，对于一支军队来说，即使不算不可能，至少也极难避开和绕过该要塞。

因为在淇江（谅山河）与谅江之间，可以发现一个直伸至船头与朗甲的山区，中间有陡峭险峻的沟壑相隔，而且地形坎坷不平，自北至南或自南至北只有西部一条官道和东部一条卫街—同松—官丘的公路贯通其间。我不知道其他的横向道路，亦即是，由东至西，除经由高丘（Deo-Guao）从同松通向屯梅的道路而外的其他通道。

这是一道六七十千米的关隘，是真正的天然屏障，谅山是北方要塞，船头与郎甲是通往三角洲地区的出口。

如果把这座关隘让出不加占领，则无异是在近期内将其交给中国人，他们惯于入侵我们未到之处并在那里建立起统治。如果将其视为中立区，则势将听任中国在扩张中加以兼并，为匪众提供一个天然巢穴，他们将从这里出发，常年骚扰三角洲地带。

只有占领谅山才能在平时制止这些骚扰和危险。在战时，这一要塞可把守下游地区的入口，制止中国人入侵，为我们留出一块理想的防守地带，并在敌人先于我们做好准备时，为我们提供必要的备战时间和把各种人力物力资源投入使用的充分时间。

由于公路的修筑，给养困难势将消除，再者，这一地区资源丰富，它为南关隘的中国军营提供了大部分给养。

在广西一侧，中国人向东京移动是经由谅山与室溪进行的。

室溪控制着龙州至高平、龙州至室溪以及龙州至那条顺着淇江多岩的山脊西侧坡度而伸展，至今已成为金头目（Caï-King）巢穴的鲜为人知地区的通道。中国的散兵游勇正是经由室溪前往扩充安南海匪徒众们的队伍并给予最强的实力和抵抗能力的。

因此，占领室溪所带来的必然后果是占领谅山。这一地区的平定工作目前正在顺利进行。但要完全实现平定，我认为需要在同林的中间哨所驻扎半个东京土著步兵连，在同登驻半个连，在谅山驻 1 个半连。总之，只要一个东京土著步兵营即可，他们的衣食之源完全依靠当地供应，而不需要任何给养。在室溪、同林与同登，部队可以驻扎在碉堡或筑有工事的哨所中。

谅山的地形最宜用于防守。最简便的办法是固筑城楼内堡，改建两三个控制淇江上下游和那条官道隘路的小堡垒。河流紧绕着敌人方面的全套工事系统，构成最难以克服的一道障碍。

总之，从战略观点和从维护红河三角洲安宁考虑，我觉得有必要占据谅山—室溪一线。如果我从执行 6 月 9 日条约各条款来考虑，那么就必然会认为，不占据这一线，就无法维持边界的秩序（第一款），也无法在条件充足的情况下在边界附近设置我们的代表（第五款）。

狄塞尔中校（签字）
1885年12月24日于同登

（该篇收入《中越边界历史资料选编》第701～703页）

（原件第230～233页）

法陆军部长甘伯龙致外交部长法来西讷函

巴黎，1885年12月25日正午发

致同登浦理燮：

我准予您之所提，为中方界务委员会在我方境内逗留期间提供食宿，然而，在办事得体的同时，务必牢记厉行节约的原则，这是政府比以往任何时候都重视和切实规定的行动准则。

（原件第235页）

浦理燮致法来西讷函

第23号文　同登，1885年12月26日发

部长先生：

我在本月7日第18号报告的“附言”中曾向您禀报过，根据5日您来电中的指示，在辅助人员方面，除了可尔西将军同意向我提供的以外，我没有向他作更多的要求。

我必须补充的是，在最后一刻，亦即我们出发的当天，他们设法以数量补质量，给我们增添了一名所谓的中国秀才，能讲安南语与汉语，以及两名安南秀才，一为谅山省人，另一名系高平省人，他们视这些秀才为能够向我们提供该地区有用情报的人。

然而，遗憾的是，我们很快就发现，我们从这三名所谓的辅助人员那里，什么也问不出来，我最近向负责为我们提供这些人员的河内民事处处长西尔韦斯特先生递交了一份有关这些人员的报告，现将报告抄件附上，它将就此事向您解释清楚。我还为此同时致电可尔西将军，请他为我们提供有效的帮助，至少把参谋部的那名译员临时借调给

我们。

另外，师克勤先生由于健康状况不佳，无法单独完成烦琐的口译任务，因而辅助人员的缺乏就往往让我们陷于百般困境之中，而且使我们在中国界务委员面前的境地也极其尴尬。其中的王委员早就向我们露出惊异之状，他奇怪法方界务委员会何以只有一名懂汉语的成员可以依靠，而此人又是界务委员，我们身边却不带专职译员。他们方面的译员却有三名，一名中国人，曾在巴黎学过法语；一名英国人，即赫政先生，还有一名美国人哈珀（Happez）先生，但我们不必指望他们会协助我们。

我们也没有真正属于秀才的文人，而大凡对亚洲语言稍有概念的人都知道并且承认，对于来华的欧洲人来说，一位中国文人的协助是必不可少的，他可帮助您书写会意文字，核对难懂的文件，使混合委员会的会谈纪要一类的文件表达确切。

因此，界务委员会的工作势将长期受到妨碍和牵制。我只能将这种状况下我们所面临的处境向您报告。我拟求助于我国驻广州领事，以设法在可能情况下荐来一名称职的中国文人，费用由外交部负担，因为现在已不能指望在河内找到这种人才。

然而，实际上，为使我们的勘界作业得以继续进行，除师克勤先生——如他能继续充当我们的成员的话——和海士先生——他大概须在 2 月中旬才能到达——以外，若有可能，我们还需要：（1）一名专职的称职译员，他不应该是界务委员；（2）一名能参与起草往来频繁的各种信函的随员。目前，这副重担压在我一人身上，因德朗达先生虽然服务中热情能干，而且热忱尽职，但他要应付把电报寄发、抄写、编码和译码，将文件分类，整理各式必需的登记账册以及拟写各种会议纪要等事，凡此种种，现已使他不堪重负。

部长先生，如果您考虑到我们在这里的各方面，特别是工作方面所处的极端困难的物质条件，那么，您一定承认，本部人员中极少有这样不幸的遭遇，而且这几乎是人道问题，因而希望为我们至少提供一切必要的帮助进而便于我们完成这项艰巨的任务。我们目前的处境是：住在关不严的破屋中，地上并未铺地板，而只是夯得极其粗劣的泥土，屋中潮湿，犹如在地窖中一样；即使不是在同一天中，至少也是随时随刻都有温差，而且往往有 18 °C 之差，屋中仅有一扇矮而窄的门，光线极差，因而即使在正午，屋中仍很阴暗，以致我们要么在露天中用被子裹身写字，要么双眼在劣质蜡烛的微光下日夜苦熬。舍此两者，无其他选择。

我虽然尽力把这种困苦的处境看得粗略和轻淡一些，然而，部长先生，我仍然不得不承认，这种困苦已超过了我的想象力，而且即使我能保养好自己的身体，使之足以承受缺衣少食和艰难困苦的生活，我仍然需要您考虑我从有利于完成我所受托的任务出发而不得不向您提出的增添人员的要求，进而使我的负担有所减轻。

（原件第 236～239 页）

第 23 号文附件

浦理燮致河内民事与政治处主任西尔韦斯特函

主任先生：

随侍我们身边的本地与中国译员毫无能力，根本无法为我们效劳。

他们都是鸦片瘾君子，因而上午什么也不能干，其他时间内能做的事也极有限。

黄广安法文水平不高，听不懂别人让他说的，也无法清楚地译出别人的回答。他还有一大毛病，就是在与当地百姓讲话时，总喜欢以威胁性口吻来吓唬他们，使他们噤若寒蝉。为此我们还不得不随时提醒他，他也确实表示接受，但时隔不久，即故态复萌。

我不知道识汉字的安南人杨文纪广（Duong-Van-Ki-Kouang）是否能为我们出一段时间的力。不管怎样，一位会讲法语的译员完全可以在我们与他之间充当得力的传话人，而纪广的作用也仅此而已。纪广有一次还出乖露丑，以致狄塞尔上校失去对他的信任。他还雇了一个名叫胡（Ho-Hang-Kainh）的人为他当差，据说，此人曾在河内两次被判刑入狱，并被逐出情报处。此人形迹相当可疑，以致上校只好把他打发走，并请薛威埃司令把他遣返河内，让他随一列辎重车队一起回去，但他到达驱驴（Kylux）时就中途逃之夭夭，光这一点就可证实他的可疑之处。除他以外，纪广还有一名仆人，也是藏头露尾，令人生疑。

派给我们的那名中国文人兼译员法利逊（Lo-Li-Soun）原是准备用来把安南语译成汉语的，但此人简直不值一提，他的业务水平本来就很低下，加上那名法语—安南语译员素质极差，使情况更加严重，他简直毫无利用价值。确切地说，他根本不算什么文人，甚至说话时也不注意措辞：当着师克勤与狄塞尔先生的面，他竟然用汉语中“番酋”一词来称呼他们。在与中国委员及其随员的往来与接触中，此人不能用，否则他会给我们带来奇耻大辱并会被引为笑柄。

至于两名安南文人武会镇（Vo-Huu-Try）（他是谅山人，不是高平人）与高平的武阮其（Vo-Nghio-Qui），也许今后能从他们那里套出一点消息，然而，据我所知，迄今他们除了增加我们的累赘外，别无他用。

另外，师克勤先生在行军途中，情况似有好转，然而近两天来，他的健康状况又有所恶化。我曾致电巴黎，把他的身体状况所引起我的不安相告，因而，巴黎曾通知我，准备增派一位语言学者作为候补界务委员，那就是海士先生。然而，他如在 20 日前从马赛出发，也得在 1 月底前到河内，抵达此间须在 2 月 10 日或 15 日。

因此，我最近致电可尔西将军，请他为我们调来一名真正懂法语与汉语的翻译——巴迪埃尔先生或其他任何人，哪怕是临时借调也可。

（原件第 240 ~ 241 页）

浦理爕致法来西讷函

第 24 号文　同登，1885 年 12 月 26 日发

部长先生：

我们于 21 日下午抵达此间，大家都不同程度地感到不适，但经过三四天的休养生息都已复原，唯师克勤先生身体受到较大影响。

在踏进同登之时，我们已经看出，薛威埃司令与师克勤先生在前一天下午向我们报告的情况并无任何虚言。一个法国哨所的构筑已使中国士兵撤离。然而各主要房屋门口均张贴大幅红色告示，以帝国政府名义将房屋调拨给一大批常驻的中国文武官员，这其实就是占据。

我们在途中遇到了我们在之前两天由谅山派往龙州的一名信使。他带来了赫政先生给师克勤先生的一封信，他还说："据赫政先生说，对于我们 12 月 6 日的正式照会，邓在接到后立即发了回执，委托苏将军转交。赫政先生还转告道，其中一名界务委员将于当天（12 月 21 日）从龙州出发前往边界，其余两名将在后一天出发。"

我知道，由于某种特殊原因，邓大人坚持对我向他发出的（我们）由河内动身的通知不直接作复，因而我对此亦无须介意。

22 日，南关隘守备陈副将前来我处看望。他通知我，王之春委员将于次日抵达，其他两位——邓承修与李兴锐则将于第三天来到。

我急忙告诉这位军官，我们对能在同登与帝国钦差们相聚感到高兴，我们将在那里为他们准备宿地；为此目的，我们把在我们来此以前已选作为他们行辕的住所仍然拨给他们居住，同样，把当时选定的大庙仍作为会议厅之用，而且我们还准备设法把他们的随员安置在其余空闲的房屋中。

陈副将问我，帝国钦差能否带他们的护卫队一起来同登，我答称，若我们自己想到南关隘以北去时能以互惠对等原则相待，则法国军方对此大概并未觉得有难办之处。我还说，在这个问题上，在我看来是容易与我们的中国同事们商妥的。

次日（23 日）下午，师克勤与狄塞尔先生前去拜会了王氏，对他的到来表示欢迎。他也彬彬有礼地接待了他们，主动重提赫政先生信中对我方 6 日正式照会进行的解释，并说，如果我们未接到答复，责任在苏将军方面。还提到了护卫队问题。然而除了说应等邓大人来到后再行禀告外，并未作任何结论，同时还表示希望在近期内见到我。

他果然于 24 日前来拜访我们，我们也尽了地主之谊来接待他。他对我们说，邓刚才到达，但在离南关隘约四五千米的幕府（Mafou）营休憩。他又重提护卫队问题，说此事异常棘手，困难极多，因为中国兵不像我们的士兵那样纪律严明，因而若他们在中国领土上与外国兵发生接触，则难保不发生问题，这样，也可能发生各种不幸的事件，这是

值得担忧的。再者，帝国钦差也无法做主敢于对此事下一决定。他又暗示道，如果把任何对等问题搁置不提，那么，对他及他的同寅来说，就难以放弃自己的护卫队。我回答他道，我对他的那种忧虑并不以为然，中国士兵唯他们统帅的意志是从，他们在和平时期往往希望与他们的同行和睦相处，亲密往来。前几天护送我的同事们的我方护卫队受到镇守南关隘士兵的欢迎就是明证。最后，要是我们之间无法解决这一问题，可递交至北京解决，在这一问题未解决以前，法国军方一定会迅速为在我方境内的帝国钦差们提供一支仪仗队。

接着，王又非正式告诉我，邓大人打算带广西巡抚前来参加界务委员会谈判。我猜想，他谈此事的目的无非是为了摸摸底细，因而我只不过反驳道，我迄今尚未接到通知，说这位巡抚应加入界务委员会。而且据我所知，任命钦差大臣的上谕中只字未提此等事情（可尔西将军曾在河内转给了我由巴德诺先生寄来的上谕全文与译文）。王佯装吃惊，并说，他将把此事通知邓大人。

邓大人在次日寄我一份信函，现将译文附寄于后，请一阅。该信用的是大红信笺，据说，官吏们若只想写非正式信函，就用这种信笺。

信的第一部分含糊不清，以致师克勤先生与我都认为，他一定要装作并未收到我 12 月 6 日函件的样子，这使我在复信中（现将复信抄件也一并附上，请一阅）又向他就同一问题重新解释一遍。然而，根据赫政先生在当天晚上对我所进行的解释，邓好像极其谨慎地提到戈可当先生的一份电报，我当时还不知道有此一电，因为该电至今日（26 日）才到达我手，电文内容如下：

“（天津 12 月 23 日电）总督请我让您在谅山等待帝国界务委员会，他们大概已于昨日越过边界线。”

邓对不能捷足先登来到同登以便使自己及其随员在那里安顿下来而感到极端不安，因而，在这封电报中，大概想用含蓄隐晦的手法来了解是戈可当先生没有应承李鸿章的请求还是法方界务委员会没有考虑这一请求。

因此我打算在以后回访王大人时才告诉帝国钦差，这份电报是在我离开谅山 5 天后才到达我手中的。

至于这位高级委员上述信的第二部分，部长先生，您想必也能看出，除了我曾经采取的那种办法外，没有其他方法可以加以答复，因此，我只有立刻抓紧时间致戈可当先生，以向他揭发帝国钦差们打算对上谕向他们发出的让他们与巡抚及两广总督商议的要求所进行的随心所欲的解释，并且向戈可当先生说明难处之所在，那就是在法中界务委员会内部将会潜入有关各省的官吏，而他也知道，这些官吏对我们怀有敌对情绪。

我还得补充说明，邓仍然渺无踪影，师克勤、卜义内与倪思诸先生曾在昨日前去造访并代我向他致意，但他们在南关隘未能晤见他，后来在那里得悉，原来他一直在幕府营。

然而，更为重要的是，中国人并不满足于通过重建南关隘以及构筑一系列长达 15～20 千米的东北防御工事而随心所欲地开始勘界，而且据说还打算在与同登至室溪的公路相平行的边界线其他地方构筑相同的防御体系。谷县（Huyen-Coc）仙会（Tien Hoï）乡乡长前天来我处呈交了一份禀帖，陈述该乡 4 个村庄已被中国官军所占领，然而他们是安南人，而且要求今后仍然继续当安南人。从谅山省按察使或巡抚处所得的消息可知，那显（Na-Hyen）、那马社（Na-Macha）、那老（Na-Lao）与那拂（Na-Phot）4 村实际上已被中国官军侵占达 6 至 8 天，他们在那里挖掘了战壕，并筑起了篱笆，而且他们的首领强迫 4 村村长为他提供东京土著民防军，让他们草草穿上中国官军服装，以将其部队员额从 150 人增加至 300 人。最后，他采取利诱和威胁（以威胁为主）兼施的手段让当地百姓选择中国人的统治。

我牢记下该乡乡长的申诉以备时机到来时使用。

从这些消息中可以得出这样的结论：帝国钦差们确实是为了在此间及四郊取得充分的行动自由，才一定要赶在我们之前来到同登并通过李鸿章与戈可当先生，请我们在谅山等候，其心情相当迫切以致越过了边界线，然而，现在显然对自己计划的破产感到恼恨不已。

从以上所述，我可以推断李鸿章施展两面手法，其目的不外乎是欺骗我们，一方面可能是秉承总理衙门意图（因为他仰仗总理衙门），即拖延商约的签订，这是他顽固的传统性孤立政策决定了他对执行 6 月 9 日条约中关于开放陆上边界向法国通商的条文有抵触情绪；另一方面，他之所以耍弄此等手腕是为了迎合两广总督和巡抚以及列位帝国钦差的意图，即争取时间，想出办法以便侵占东京领土进而按自己意愿，用构筑防御工事的办法来对各要塞进行事实上的勘定，从而使我们面临既成事实，这种既成事实无论在哪一方面都具有举足轻重的影响。

因此，我认为，我们不仅要有耐心，而且还应对各级官吏的善意十分警惕，要学会对他们存有戒心，这是与东方人打交道所几乎时刻不能忘记的。

至于南关隘构筑的中国重要工事以及帝国政府按其惯例还想构筑的用于封锁边界其余关隘的炮台，在我看来，都向我们表明，我们自己今后要采取什么行动来对付。

从狄塞尔上校起草的那份关于战略问题的说明（我在本月 24 日第 22 号文中已转寄给您）中可知，凡是能在紧靠边界附近构筑拦截性堡垒及碉堡的地点（如同登、同林及室溪）都一一载明。这些堡垒工事将确保我们维护在东京的权力，它们将使安南人对我们的保护有信任感，它们还将向天朝表明我们决不出让任何东京省份的坚定意志。

要占领谅山、同登、同林及室溪并与屯梅沟通，一个营，或至多 6 个东京土著步兵连大概足以应付，但这些士兵应该不靠外地补给，而只靠当地物产为生。

当然要做到这步并非我们力所不能，而且无论对于平定三角洲地区还是确保边境安全——边界的上述各地点控制和看守着各条出口——都具有重大意义。这种办法确实值得我们注意，它完全适合于在今后避免使我们陷于困境，并有助于使我们能得到法国在东京及中国海域内付出牺牲后所应得到的利益。

这一地区也值得我们花费一番心血：谅山平原土地肥沃，种作甚丰，从该城直至同登以及在室溪一侧的河谷地带甚为富庶。

这至少是我从薛威埃司令致狄塞尔上校的信中所读到的关于室溪的情况，薛威埃在23日出发前往侦察，并在25日抵达那里。此后，便认为有必要在那里驻定。

这位机灵、坚毅和审慎的军官善于用极微的人力物力资源办较大的事，已经兵不血刃地开进室溪。据他来信说，大约有200名士兵在其首领何侃辛（Ha-Kan-Sinh）的率领下，在法国分遣队到来前不久即撤离室溪。当地百姓看到法国部队到来后表示出欣喜之状。薛威埃司令发现在淇江畔有一金矿，何侃辛曾用原始方法开采过，但他觉得最令人瞩目的是该乡之肥沃，他说："此乡构成一个直径约4千米、遍布村庄与稻田的广阔柄斗。"

（原件第242～250页）

第24号文附件

邓承修致浦理燮非正式函件

敬启者：

在本大臣与列位同寅抵达龙州后（即本月初二），本大臣曾致电总理衙门，请其让法国公使戈可当先生致电贵大臣，将贵大臣到达日期见告，以便我等越过镇南关并与贵大臣等相聚。然迄今本大臣尚未收到足资确定日期以便您我相聚的信函。

本大臣曾预先相告贵大臣，李巡抚已奉旨选派与我等共商广西边界事宜，故他将随本大臣一起参与商讨此事。

（原件第251页）

浦理燮致邓承修的复函

同登，1885年12月25日发

阁下：

您今日发来的信函已悉，特此来函奉告，不敢稍有懈怠。戈可当先生曾于本月（12

月）4日来电相告，他最近已知照帝国政府，法方界务委员会将于近期内抵达谅山，同时他亦请总理衙门为您我来往函电以确定我们相会日期提供电讯传递的方便，同时为法方界务委员会进入中国境内而采取必要的措施。

在接到这份电报后，我即在本月6日主动致一正式照会于阁下，现将该照会第二副本随函附上，请阅。

该照会系通过两条途径寄给阁下的：

（1）通过河内致广州的电报。我驻广州领事通知我，他已将其转交两广总督大人，由他转达于您；

（2）通过陆上交通并经由驻东京总司令将军转交。

在我抵达谅山时，我并未收到对这一正式照会的复照。然而，我高兴地在那里间接获悉，中方界务委员会已准备自龙州前往南关隘。

昨日，我又欣喜地从王大人处得悉，阁下亦于同日顺利抵达。我想借此机会知照阁下，我与我的同事们准备接受您所认为合适的时日以便我们进行首次会晤。

关于您通知我的李巡抚参加法中界务委员会商讨事，我觉得应该向您说明，我并未接得通知，说李巡抚理应参加讨论。在这种情况下，总督与巡抚大人们参与讨论一事只有等我接得有关此事的新指示后才能被法方界务委员会认为合乎手续。

阁下当不会怀疑，在上述保留条件下，我与我的同僚们对能奉命与李巡抚大人亲善相处表示庆幸。

（原件第252～253页）

浦理爕致克拉韦（Clavay）电

屯梅，1885年12月28日晚6时发

师克勤先生健康状况令人担心，务请电告法兰亭先生，请他经河内来此与我们相见。

（原件第254页）

法兰亭致外交部电

香港，1885年12月31日上午9时55分发

巴黎，31日晨6时40分收到

来电悉，我目前正作准备以便立即动身。

（原件第255页）

浦理燮致法外交部电

屯梅，1885年12月31日下午4时发

巴黎，1886年1月2日晨3时30分收到

邓委员已于24日抵达南关隘，他现打算让广西巡抚与他一起参加界务委员会的各项会议，我只好请他注意，这位高级官员尚未任命为界务委员，而如果从帝国任命的上谕中得出结论即帝国钦差们须特别与两广总督与广东广西的巡抚们商量，那么也并不等于说，总督与巡抚们应参加我们的商谈。我还立即向戈可当先生通报了中国省级官吏闯入界务委员会所造成的种种不便，因为他也知道他们（对我们）怀有敌对情绪。同日，我又通知了在这一问题上已向我作过暗示的邓，关于我们首次会晤的日期和时间可由他定夺，我们悉听其安排。然而今日（29日）我尚未得到答复，而昨日王委员告诉我，他与他的同寅不想住在同登（他们最初打算在那里驻定并与我们开谈），因为我们在那里缺乏足够的兵力，他们认为安全不能保障。在此之前，我曾到这些先生们驻定的南关隘拜访了王，算是对他先行来访的回访。他还向我指出，在离同登大约60法里*处有大批盗匪徒众，这些匪徒很可能侵犯我们。尽管我就我所知向他作了回答，他仍然不准备改变自己的主意，而且还提到，打算让人在东京地界南关隘防营附近建造一座茅舍。军事局势就成了帝国钦差们旷日持久地把我们的预备性工程拖延下去而不开始的一个口实，而这种口实的提出听来也不无道理。我已迅速将此事通知了可尔西将军。明天他将会接到本电中言犹未尽的内容。

（原件第256～257页）

*1法里≈4千米——译者注

浦理燮致法外交部电（续昨）

屯梅，1885年12月31日晚6时50分发

巴黎，1886年1月1日9时30分收到*

我觉得王对于发生在我方境内的事了如指掌，因此，中国官吏们有能力使用散兵游勇的力量来支持各省官吏们在勘界方面的观点也不足为奇了。王似乎并不明白在边界两侧竖立界碑的必要性，无论从有利于勘界作业还是从选择商埠来说，这种做法都是必要的。然而，他对此却显得毫不焦急。他还透露出提议同登作为商埠的想法，这就意味着要我们把这一从各方面看都极其重要的安南地点转让出去，这是绝对不能接受的。

薛威埃司令自29日起已占领室溪，从他得到的消息可知，一名匪首率其手下200人在法国军队到来时逃之夭夭，并已进入中国地界。

师克勤先生的病曾一度发作而且令人不安，但现已好转，他希望能够稍候，因此，目前不需调法兰亭先生来此。

（原件第 258 ~259 页）

* 巴黎先收到续电，第一部分晚收到，不知为何，但原文如此——译者注

法来西讷致浦理燮函

巴黎，1885 年 12 月 31 日发

先生：

我荣幸地向您证实，我在 12 月 30 日的一份电报中向您通知了对法兰亭先生的任命，并拟以他接替因健康状况不佳而被迫返回欧洲的师克勤先生。

法兰亭先生接到电报通知后，当会立刻赶来屯梅与法中界务委员们相见。

（原件第 260 页）

狄隆致法外交部电

海防，1886 年 1 月 2 日上午 10 时 45 分发

在让中方界务委员会意识到应对海士先生的死亡向我们表示痛惜并接待了全体中方界务委员会首次来访以后，我们与他们一起做了预备性安排，而本来已变得严重的局面在我们个人关系方面并未因此而更加复杂化。

（原件第 261 页）

浦理燮致法外交部电

屯梅，1886 年 1 月 2 日上午 8 时发

我得悉可尔西将军最近已命令放弃室溪，理由是事态发展严重。我及时把此事向您通报以卸去我的干系。

师克勤先生对我说，他愿意仍能够留下，我于是主动致电法兰亭先生，嘱他若无新的通知，不必离开原地。

（原件第 262 页）

浦理燮致法外交部电

屯梅，1886 年 1 月 2 日下午 1 时 05 分发

自从我军进占室溪以后，我们的处境一直较为顺利，在我们四郊边境线上秩序安定，然而，如果真如我所担心的那样，按总司令的意图，以所谓军事需要为口实而在我们的勘界工程完成前就停止对这一地点维持必不可少的占领，则上述局面就会遭到破坏，而勘界工程亦将严重受阻。我在这一问题上只能起到间接作用，因而很可能不大有效。

（原件第 263 页）

甘伯龙致法来西讷函

巴黎，1886 年 1 月 2 日发

亲爱的同事：

我发了一电给可尔西将军以核实撤出室溪一事，我还立即将此事告知您。

（原件第 264 页）

甘伯龙致法来西讷函

巴黎，1886 年 1 月 2 日发

兹随函附上 1 月 2 日上午 8 时收到的东京驻军司令将军来电的抄件一份，请查阅。

此致

外交部长先生

陆军部长甘伯龙谨启

（原件第 265 页）

可尔西致法陆军部长甘伯龙电

河内，1886 年 1 月 1 日下午 4 时 55 分发

巴黎，1886 年 1 月 2 日上午 8 时收到

顷间我收到界务委员主任* 12 月 31 日发来的电报，电文如下：

“在我们到达同登以前，中国人已拨出一座庙宇作为界务委员会的会场。我们仍维持原议，不作他用。昨日，在一次私下交谈中，王委员对我说，他与他的同寅并不想住在同登，除非他们有大批护卫队保护。他们原准备入驻同登并在那里召开会议，因为我们没有一支充实的部队可以确保安全。他暗示，在离同登约 60 法里的地方有大批匪众，并有可能袭击我们。我无须对此事进行争论就认为，把谈话内容向您报告并把中国人用旷日持久地拖延预备性工程开工的口实知照于您乃我们义不容辞之职。”

另外，我又接得一消息，谓薛威埃司令已率一个东京土著步兵连占领室溪。徒众的首领何家宁（Ha-Ka-Ninh）撤出室溪后，已在中国当局的准许下，于 27 日率领徒众并携带武器退往边界线外约 3 小时路程的一座村庄。

只要有任何机会，我们均应加以利用，因此，我派出足够的援军前往谅山，使中方界务委员会不会因此而找到口实，说我们软弱无能。

（原件第 266 页）

＊即界务委员会法方界务主任浦理燮——译者注

可尔西致巴黎甘伯龙电

河内，1886 年 1 月 3 日上午 9 时 30 分发

遵照您的命令，我已准备经海上从 Varéla 岬（Cap Varéla）朝平顺河（le Binh-Thuan）派出分遣队。但是我觉得第一阵地是比较理想的，请参看地图。

我已指派克雷定中校担任界务委员会护卫队司令一职，该委员会今晨来电要求增援。除种种不测情况以外，我已发出各项命令以确保安全。

我已出发前往顺化，那里久已需要我到场，我拟在 4 月份向您递呈一份有关东京与安南民事与军事政府的完整方案。我将带巴拉蒂埃军需官一同前往，我希望能任命他为民事与军事管理处总督察。瓦尔内将军将给您带去一份有限占领军团的详情报告。巴拉蒂埃军需官的工作是不可或缺的。

（原件第 267 页）

可尔西致法陆军部长甘伯龙电

第 143 号　河内，1 月 3 日下午 1 时 20 分发

（对于答复您 158 号电的第 140 号复电的补充）

不仅室溪依然有军队占领，而且我已发出各项命令以使这一地点以及直至屯梅为止的各中间点兵力均得到加强。这些措施将始终保持有效，直至界务委员会撤走为止。

所用的兵力包括：第二十三团一个千人营，两个东京土著步兵连，一个非洲轻装兵师，200 名苦力。

我已派施密茨（Schmitz）去沱瀼，他在那里将与他的兄弟相会，其兄将出发回法国，因其肺结核病情已相当严重。

隆巴尔（Lombard）少校及两名海军中尉因病而被遣返回国，现需一名经精心挑选的舰长以统带“阿杜尔”号（Adour）舰并兼任 Kouang Point 地方的海军司令。该哨所极为重要。

（原件第 268 页）

可尔西致法陆军部长电

第 144 号　河内，1886 年 1 月 3 日晚 9 时发

从中国方面传来的消息似乎肯定地说，中国界务委员们在没有大批武装力量护卫的情况下害怕离开自己的首府。

散兵游勇的首领率领一批自愿入伍的士兵已驻定在谅山以西的东京地界。

我还应通知您的是，占领室溪乃冒险之举，对该地区的任何进攻都可能造成极为恶劣的后果。

在这种形势下，我放弃了去顺化旅行的打算。

（原件第 269 页）

法来西讷致浦理燮电

巴黎，1886 年 1 月 4 日上午 6 时 40 分发

可尔西将军来电说，据来自中国方面的消息称，帝国钦差们在没有大批武装力量护卫的情况下，不敢离开自己的作业基地。

若这一消息确切，我们从自身利益出发承担起确保界务委员会勘界工程安全之职不无裨益。其他类似占领室溪等措施很可能会带来重大妨碍（然而，现在还谈不上放弃室溪）。

照我看来，主要是应该以正规的会议纪要形式确认：界务委员会系应中方委员之所请，在目前，暂不在现场进行勘界；在工程能万无一失地在绝对安全条件下恢复以前，界务委员会也许可以按手头的界图和文献进行勘界。若发生这种情况，我请您抓住有利时机，促成这一方法的采取。既然法国政府执行《天津条约》第九款的诚意已经由法方界务委员会所进行的前往龙州的旅行得到充分的证明，则上述方法在我看来足以维护法国利益。

（原件第 270 页）

法来西讷致甘伯龙函

巴黎，1886 年 1 月 4 日发

亲爱的将军：

根据法布里（Fabri）将军在向我递交可尔西将军第 142、143 与 144 号来电时代表你们方面向我表达的观点，我最近向浦理燮先生发了一电，我认为有必要将该电抄件寄您一阅。

（原件第 271 页）

浦理燮致法来西讷电

屯梅，1886 年 1 月 5 日下午 2 时 50 分发

我高兴地禀告您，可尔西将军对自己所发的命令已作了全面修正。

占领室溪维持不变，并已采取相应措施以改变局面。

（原件第 272 页）

浦理燮致法来西讷电

屯梅，1886 年 1 月 9 日下午 1 时 05 分发

正当我们认为可以就我们的第一次会议商定妥当时，我们竟不能与帝国钦差就共同推进勘界的手续问题达成一致意见。他们只想按以前与列强签订条约时那种一成不变的办法去做，而且拒不同意轮流主持会议。他们声称并无必要整理每次会议的纪要，并说，只要一份达成一致意见后的结论性的文件就够了。

我已请我们的公使戈可当先生与李鸿章协商，妥善解决此事。因我遵照戈可当先生的意见，已应李鸿章之坚决请求，在广西巡抚问题上进行了让步。

（原件第 273 页）

浦理燮致法来西讷函

第25号文　同登，1886年1月9日发

部长先生：

我们与中国界务委员们的关系仍处于初步阶段。他们不在乎时间：与他们在一起，要善于耐心周旋。礼节性拜访反复进行过多次，如果我们并不希望为争取时间而坚定地迈出头几步，那么这种互访还会旷日持久地继续下去。

自第二位委员李兴锐到来后，倪思与卜义内两先生即前往看望并代表我向他致意，同样，师克勤与狄塞尔先生曾对他们的同僚王也这样做过，我在12月28日还回访了王。有一点我不能略而不提，那就是，在谈话中王无意中露出的一句话向我暴露了中国界务委员会早就蓄谋赶在我们之前抵达此间驻定下来。它的意图是向我们提议以同登作为商埠，以此来作为执行6月9日条约第5款的适当步骤！

同登这一地点从各方面看均甚重要，帝国钦差就这样装出从此以后把它视为中国领土的一部分（其实，该地无可争议地属安南所有），从而真以为自己有可能向我们建议，以互让了结为由，承认他们对同登的控制权。

至于邓承修大人（“大人”二字直译，应为“大人物”，实即“阁下”之谓也），我已决定亲自先去拜谒，然而，只有到本月3、4日，我才能与他个人接触，前几天，他身体不适，或者说，自称身体不适。

我曾在去年12月26日第24号报告中提到的一大难题在这期间业已解决，那就是邓曾向我提到过的要带广西巡抚一起参加界务委员会的历次会议。我一开始就注意到，关于任命帝国钦差的上谕中命令他们应与两广总督与巡抚相商，但这并不等于说，总督与巡抚被任命为界务委员并有权参加我们的谈判。如果同意这种随心所欲的解释，那么我认为就会招来极大的麻烦，即会使我们处于须同时当面应付数名帝国钦差以及一名两广总督的代表。而大家知道，总督对法国是怀有敌对情绪的。然而，李鸿章中堂已转请戈可当先生通知我，帝国政府的意图就在于让总督与巡抚参加委员会的各次会议，有鉴于此，尽管出现难处（那就是很可能在我们当中闯入一位省级当局的代表），我仍然不得不放弃原来的看法以免徒劳无益地耽误我们的开工。因此，我即通知邓大人，关于广西巡抚李秉衡有资格参加我们会议一事，我刚刚才接得通知，而且我也为法方界务委员会受命与这位高级官员保持关系而感到庆幸。

最近10天的经验使我可以料到，与钦差们商谈将何其艰难。因为据戈可当先生最近来电，除邓以外，其他人均不习惯于与外国人交往，连李鸿章本人也承认，他担心这些钦差们会有什么荒唐的言行。在谢绝了我们向他们提出的，为他们来同登与我们一起住定而安排其住房的建议后，他们提出在南关隘军营附近命人建造一座茅屋以供开会之用，但茅屋建址应在东京地界，此事要求预先达成一项协议。我终于使他们同意，我们的会议可以轮流在南关与同登举行，我还认为，前天已做到让他们决定首次会晤的日期，地点则由他们选定。然而，正如我本月7日的一份电报中向您禀报的那样，他们又立即在我们作业进行的程序问题上找到一个借口以便拖延。

在与赫政先生预先商议一番后，法方界务委员会就这一问题制订了一个决议草案，并且非正式地交给了赫政先生。这一草案毫无官方价值，只适用于预先友好地解决那些在第一次全会上要讨论的问题，当然这些问题也可能会使这一草案成为一纸空文。某些条款是有意识地进行了让步或进行了修改，便于达成一项协议。

只承担一定的勘测任务的界务委员会，其各项决议须用请示信呈外交部审定（这是从您给我的指示中得出的结论），然而，帝国钦差们把界务委员会的这一职能与那些奉有全权可以缔结某项协议的外交官的职能混为一谈，因此，他们说，他们只能按照与列强在签订条约的谈判中那种一成不变的做法来行事。他们拒不同意轮流主持会议，声称不需要每次会议都整理一个纪要，并说只要在双方达成协议后整理成一份结论性文件即可。

虽然我们觉得由帝国高级钦差与法方界务主任轮流担任主席是组成一个有着一定凝聚力的混合委员会所必不可少之举，然而，若有必要我们还是准备接受帝国钦差们的否决案，他们对此办法表示反对，而且即使在开会时也宁愿采用两个界务委员会同时并存的做法。然而，正如我昨日电报中所向您禀明的那样，他们甚至不愿理解把每次会议整理成纪要以使讨论过程次序分明，有始有终，落笔为据，结果得以记载并对会上发生的事以及哪些问题在会上讨论，哪些问题在会上得到解决，哪些暂缓解决都一一记载下来等做法的意义。因此我还必须仰仗共和国驻北京公使的居间调停并请他设法与李鸿章协商解决一切事宜。我希望能立即得到答复。

然而有一点我们与中国委员们达成了一项协议，那就是双方各自派仪仗队的问题。

可尔西将军在我出发前往河内前，曾口头允诺派全副武装的仪仗队轮番护送两国委员至法方与中方境内。

帝国钦差最初看来无论如何也不想让我们进入中国境内，但经过多次交涉，最后好像领悟到，如果只察看边界一侧，则勘界工作无法进行。不管怎样，他们最后总算同意并说定，凡是需要赶往现场时，各自的护卫队（其员额应共同协商确定）或护卫队的分遣队将分别可以自由出入边界两侧。当然界务委员会及其护卫队各自进入对方境内的权力也只有需要他们亲临现场执行勘界任务时才能给予。

就在此时，我于昨日收到了您在本月5日签发的电报，我已于昨日上午复电，电文如下：

“您本月5日的两份电报均已收悉。我无法明白可尔西将军来电的内容。我觉得，他所提到的关于中国的消息，与我以前曾转达于他并在12月29日一份电报中转告过您的消息出于同一来源。

“至于室溪，我确信，他曾发过一个撤出该城的命令，但接着又收回成命，因为室溪与谅山一起构成了中国人从广西境内向东京流动的两个地点。而如果放弃室溪，势必会给散兵游勇提供一个天然的巢穴，这些徒众可以成群结队从这里前往红河三角洲骚扰。

“不管怎样，维持对室溪的占领将使我们能够体面而有效地勘定广西边境一侧全部最重要的地段。至于东北边境的其余部分，遵照您的新指示来按图勘界要省去许多麻烦。然而我们首先还必须与帝国钦差召开会议，了解他们的意图，让他们来此，而我们却须持谨慎态度，并坚持严格执行条约第 3 款的原则。因为不这样，他们也许会对我们的提议持反对态度。”

为进一步说明这份电报，随信附上我 12 月 29 日与 31 日致可尔西将军的电报抄件，请一阅（见附件 A 与 B）。

在我看来，司令将军对我谈起的从中方得的消息，其来源就是 29 日那份述及王钦差与我谈话内容的电报。

由于昨日在回电中无法进一步阐明我的思想，我当时认为，以不过分强调可尔西将军先生在促使您发出一电的那份函电所要达到的目的为宜。然而，部长先生，我仍然不由自主地注意到，为了把王的话转说成中国方面传来的消息，将军用含糊其辞的手法来表达，因而最初读来使我简直有点不知所云。

迄今我还不知道帝国钦差们是否打算选择这一地点而不想选择那一地点作为勘定大约 400 千米的一段边界线的“作战基地”，也不知道他们是否懂得这一军事术语的大致含义。然而，对于可尔西将军想借用这些钦差害怕离开自己的“作战基地”的恐惧心理，以他们的意见为由来说明他觉得现场勘界不可能办到的判断确凿有据，我是毫不为奇的；同时对于他以此为根据，说明他所声称和主张的，即勘界时需要的兵力比他所能提供和维持的兵力多，因而正如在 12 月 30 日他所做的那样，最后发出了一道放弃室溪并把部队撤往谅山的命令（接着又于 1 月 1 日收回）等言行也并不感到意外。

由此我才理解，总司令先生所用的含糊其辞的笔法，其用意无非是强调一场我所不能承认的谈话意义，进而加以利用，而这场谈话当时只是（我认为以前也只能是）王委员所耍的一个计谋，目的是引起我们对自身安全的恐惧，或者是给帝国界务委员会最后拒不愿来同登驻定造成一种口实。

至于为确保界务委员会的安全而必然要承担的开支当然是免不了的，但是对这种开支的数额不能过分夸大，也不能对其所带来的好处加以否认，只要人们稍感到有这种需要的话。总之这一带社会秩序安定，而界务委员会在谅山的旅行以及委员会在同登的逗留使法国对该地区的占领范围必然要有所扩大，证据是：只要调遣 500 名兵丁就能够占领自谅山直伸至室溪的方圆 70 千米的地区，那里的百姓为能不发一枪一弹即可从散兵游勇首领何侃辛的肆虐下解脱出来而感到庆幸。这 500 名兵丁与总司令将军对我所说的 3500 名之数相去何其之远，当时，他在河内拒不同意将我们护送到边界！人们可以发现，也许正是他以前的这种判断与现实之间的差距才是构成他发出这份电报的动机。

由于我以上所述的种种理由，他对于执行6月9日条约基本上持反对态度，而且处心积虑、不惜一切地要使有限占领计划占上风，因此他必须矢口否认明显的事实而为这一计划辩解，并且暗示，只要界务委员们出现在边界，就会使军事部署超越远征兵团人力物力资源的承受能力。

目前，我们四周人数如此之少，但处境却极佳，这恰恰证明，由于现在无须将中国挂在心头，我们可以随心所欲地主宰东京的这片至关重要的土地了。这是一种对付那些偏见与政治热情的一种抑制性论点，因为偏见和热情忽视法国的根本利益，奉行放弃东京的政策（即使部分东京也不应弃之不顾）而没有充分考虑到，如果放弃东京，不仅会使我们在远东所留下的威望与影响毁于一旦，而且还会给贸易销路带来令人抱憾无穷的不可弥补的损失，与此同时，所造成的后果比我们为达到最初预定，而英国人也在追求的目标——打开通往中国内地的贸易之门——而在最近所付出的必不可少的牺牲还要严重和惨痛，因为虽然有种种阻力，但欧洲人渗入中国内地为时已有50年，而今后必然仍将继续以上升趋势维持这种渗透，因而我们最近的牺牲是必要的。

我曾利用拟写上一份报告的机会向您禀告过，根据业务高超的军官们的意见（我这里并不单指狄塞尔上校与卜义内上尉的看法），要使我们花不多的代价而能控制整个谅山与室溪地区，同时又不必派出补给经费往往极其昂贵的法军分遣队，只要一个营或者至多6个连的土著步兵即可，他们所消耗的本地财力也极有限。然而，我也许尚未充分强调的一点是，再也没有其他办法比占领这一地区更能有力地促进对三角洲地区的平定了。

有许多事情都是在情理之中，不必是专家才可以领会。只要对边境西北认真研究一番即可知道（我在昨日复电中似曾指出过），中国人朝东京方向的一切行动，既是贸易活动，又是逐步蚕食性活动，都是经由谅山和室溪进行的。放弃这一地区，或者不加占领而听任其成为中立区，那么所带来的后果，不只是因土著居民的消灭而使人口减少——海盗与中国散兵游勇窜犯、骚扰并掳掠数百名妇女儿童前往中国贩卖已使这一带人口锐减——而且还让人口逐渐稀少的这一地区预先就成了中国人扩张的对象，同时还为被中国驱逐出境的歹徒以及匪众提供了一个天然的巢穴，他们在那里不断扩充壮大以便随时出来窜犯三角洲地区，而谅山与室溪却真正成了进入这一三角洲的两把房门钥匙。

然而我在12月31日确切地获悉可尔西将军在前一天即发令撤出室溪一事后感到忧心忡忡倒并非是由于深切地意识到上述这些因素。如果在对我所在的地区进行考察后得出的总看法与我所受使命的特殊目标息息相关，那么，我认为应把这些看法呈报外交部，虽然如此，我从未想到自己在与军事当局交往中，胆敢把自己置身于不属于界务委员会直接利益的其他立场上来处理事务：我随信附呈的信件（见附件C）中经过再三推敲的措辞就是明证。但是，从勘界工程角度看，关于放弃室溪所造成的全部恶劣影响，我都竭力在可尔西将军面前再三强调过。

因此，我感到无限欣慰的是，一俟我得到确凿消息后，我即能在本月 3 日的一份电报中向您禀报：12 月 29 日至 1 月 1 日的几天中可尔西将军从原来发出撤出室溪的命令转而改发维持对室溪占领的命令之变化。

部长先生，至于您 1 月 5 日来电的下半部分所包含的观点和新指示，我已作了答复，现在再无其他内容可以补充。

从我上述解释中可以得知，所谓广西边界最重要的一段就是室溪与谅山段。我的同事和我一致认为，即使帝国钦差同意，而且事实上也可能行得通，我们也不能过分醉心于对那段 70 千米左右的地段实行现场勘测，因这段边界从位于室溪西北、高平河朝龙州方向流往中国的入境点起一直伸至南关隘以东的谅山附近。至于广西边界的其余地段，我在昨日电报中已说，若帝国钦差向我们提议或者我们能让他们接受的话，那么，遵照您的新指示，只进行按图勘界的办法要省却许多麻烦。

在结束本报告时，部长先生，请允许我向您请求，对于法方界务委员会所处的极端艰难的境地充分予以考虑，该委员会不仅要警惕帝国钦差的精明机灵和中国有关省份官员们的险恶用心，它还面临着其他方面的重重困难。为战胜这些困难，并在可能范围内得出比较满意的结果，它需要取得某种信任，而且还应得到较大的自由度，这种自由度是指选择有利于实现预定目标的方法和时机，以及实施有可能对我临离巴黎前您给我的指示或是您刚刚在本月 5 日来电中对我下达的指示进行补充和修改的那些新指示等方面的便宜行事权力。

（原件第 274 ~ 283 页）

第 25 号文附件 A

浦理燮致河内驻军司令可尔西电

同登，1885 年 12 月 29 日

我们抵达同登前，中国人已在一座庙宇中作好布置以作为法中界务委员会的会场。我们对调拨这座庙宇作为会场的安排未予更动。昨日，在一场私下交谈中，王委员对我说，他与他的同事们都不想住在同登（他们原先打算进驻和入驻同登并主持召开我们的会议），除非有一支人数众多的护卫队随侍左右，因为我们没有充足的兵力驻在那里以保障他们的安全。他暗示在离同登约 60 法里处有大批匪徒存在，他们很可能侵犯我们。我无须对此事作任何判断就认为应该把这一谈话内容向您通报，并将中国界务委员们利用这一口实以便长期拖延我们开工前的筹备工程这一情况禀报于您。

（原件第 284 页）

第 25 号文附件 B

浦理燮致河内驻军司令可尔西电

同登，1885 年 12 月 31 日

对室溪的占领产生了极佳的效果，而且提高了法方界务委员会在中国人眼里的地位。从我们的工程看，我认为应该向您指出，保存这一哨所对界务委员会具有较高的价值。如果这一哨所一旦被放弃，则中国委员们内心就瞧不起我们的战斗力，我曾在本月 29 日致您的电文中说过，他们巴不得以他们口口声声所说的兵力不足作为拖延的理由。

（原件第 285 页）

第 25 号文附件 C

浦理燮致可尔西函

同登，1886 年 1 月 1 日

将军先生：

我在去年 12 月 31 日就有幸向您奉告，对室溪的侦察曾经多么有力地充实了我们的地位，而撤出这一哨所又将会使法方界务委员会在中国人面前出现怎样一种心虚胆怯的精神状态。

我觉得这一问题相当重大，因而我必须用通信方式向您叙述。自从我们与帝国钦差初次会晤以来我所见到的以及从他们口中听到的都使我相信，我们的到来在极大程度上妨碍了他们的计划。他们以为我们在边界上兵力空虚，对此他们存有较大的指望，故其目的是要亲眼核实一下这种空虚的状况，以便利用这一点把符合他们要求的办法强加给我们或是达到其他目的。

我们来到同登的第一个效果就是大大改变了他们原有的观点。而对室溪的侦察又进一步补充了这一令人满意的成果，同时又使我们的中国同僚再无借口来拖延我们的工程，并使他们没有充分的理由拒不承认我们的行动力量至少与他们不相上下。

他们对领土的要求最初几乎毫不掩饰，而今，这种要求以小心翼翼的保留态度隐藏了起来。

将军先生，您亦已知道，我奉到的指示要求法方界务委员会必须保卫事实上业已存在至今的那条边界线不受任何侵犯，以便为法国政府在今后留下互让了结的基础。我们将竭尽全力以完成给我们规定的任务。然而，毋庸讳言，若无您的协助，那么，我们的满腔热情和一片忠心就会一无所获。在我们到达这里的同时和以后，军方采取的部署已给我们的中国同僚留下了对我们有利的印象，并使他们认为我们的行动办法会取得成功，而且认识到，东京政府会有力地支持我们。但如果我们无法在他们的头脑中维持这种印象和想法，那么，帝国钦差们恐怕会故态复萌，并会对最初流露过的要求旧话重提，进而使我们的任务变得颇为棘手。

我以上提到的这种印象于我们的利益极有帮助，这种印象无疑应完全归功于军方。为了使这种印象得以维持下去，法方界务委员会还需求助于军方。我认为，只要使事情继续保持我们初来时的状态，亦即是，只要始终占领室溪与谅山即可（至少在谈判进程中应该如此）。

对于您所拥有的军力是否足以让界务委员会坚持强硬的立场，我不敢妄加猜测。我只是想让您注意在这种条件下占领室溪本身所具有的极大价值。我认为，随着这种价值所引发的各种军事行动的不同，它可以促使我们的工程迅速竣工，也可以使这一工程中途夭折，进而造成种种后果。

（原件第 286～287 页）

法来西讷致浦理燮电

巴黎，1886 年 1 月 10 日上午 11 时 35 分发

我要求不要为礼节问题而与中国委员们发生争执。您目前在亚洲，不是在欧洲，应该尊重东方人的习俗，不必再坚持要将我们国内提倡的行政手续应臻于完善的做法引进东方。总之，应把一切枝节问题搁过不提而尽力争取解决实质问题。在目前，就是商讨具体的勘界工作。

（原件第 288 页）

浦理燮致法来西讷函

同登，1886 年 1 月 10 日发

部长先生：

数量相当可观的大米每天正源源不断地由此及近邻各地流往南关隘。中国军方就这样轻而易举而又经济实惠地把它布置在广西边界上的部队所需之给养调拨而去。

因此，谅山地区的百姓能够从中国境内购买在那里买得到的东西也是理所当然的事。然而，所发生的情况恰恰相反，中国人拒绝让任何人（不论是法国人还是土著人）

由此进入他们的地界：前天就有一位安南人想前往龙州，但被人拦住，最后被迫中道而返。

我把这一情况通报了可尔西将军，同时，请他注意，有朝一日可尔西将军发现需要让目前大批涌往中国的米粮倒流回谅山以为其本身的军队提供给养时，则利用贸易条约草案的条款尚未规定由陆上边界输出产品的条件之机，临时禁止出口也许不无裨益。

我同时向司令将军通报了中国人对安南领土的侵犯，听说他们已更改了南关隘的关址，并把部分炮台构筑到同登一侧、在军事上对他们完全有利但又纯属东京的地界，最后还把整片安南村落并入他们的防线以内并在百姓中强行征募民团。

然而，我虽然确信，从这些消息中可以断言中国人早就在我们到来前即不受控制、随心所欲地对边界进行勘测，而在这种作业中，他们仍集中主要力量保卫自己的领土，但我还不应忘记补充这一点：即我们面临的是一种既成事实，对此难以作任何更改。

我恳请可尔西将军在得悉上述消息后能向我赐教由此得出的高见，并能向我发出一些他认为有必要向法方界务委员会下达的指示，无论是一般性的还是某些特定的指示，法方界务委员会均愿尽力着重考虑。

（原件第 289 ~ 291 页）

浦理燮致法来西讷电

屯梅，1886 年 1 月 12 日下午 6 时 20 分发

看来中国界务委员无须遵守国际会议中普遍遵循的惯例，我们只能按照他们的习惯办事，即商讨时并不整理任何纪要，而只记载双方达成协议的各点。

我虽已奉命在这种条件下与帝国钦差们开谈，但我仍然要声明，我对这种违反常规的做法及由此而可能产生的一切后果概不负责。

（原件第 292 页）

法来西讷致浦理燮电

巴黎，1886 年 1 月 13 日 5 时 45 分发

［致屯梅（Than Moi）浦理燮］我并不同意您本月 12 日晚 11 时的来电。对于不属于应由您承担的责任，您不必如此郑重其事地来电推卸，更何况您奉到的指示，足资证明您不负此责，务请尽您之所能，切实执行这些指示，而不要对委您完成的技术任务过

高地估计其难度，这才是您的本责。

（原件第 293 页）

浦理燮致法来西纳电

屯梅，1886 年 1 月 13 日下午 6 时发

法中勘界委员会首次会谈于今日在同登举行。

（原件第 294 页）

浦理燮致法来西纳电

屯梅，1886 年 1 月 18 日下午 5 时发

您 13 日来电悉。若果真如您也许所设想的那样，我是在接到您 10 日致我，而至 13 日才收到的电报后，又冒昧地用被您指责的我的那份电报来进行辩解，那么，即使受到您多次训斥，我也心悦诚服。但实际上并无此事。那份电报是在 11 日下午 2 时从此间发出的。我们离屯梅有一天半的山路行程，而电报员又是在屯梅记下电报转发时日的。

（原件第 295 页）

法海军与殖民地部部长致法内阁总理兼外交部长法来西纳函

巴黎，1886 年 1 月 18 日发

内阁总理先生，亲爱的同事：

我接到您本月 12 日来信，知东京勘界委员会法方主任甫到河内，即向您报告了他受到海军与军方的热情接待。

然而，浦理燮又特别强调指出，在他途经西贡时交趾支那代理总督对他所持的态度。

在感谢您这一来函的同时，我荣幸地通知您，我已要求贝干（Bégin）将军就此事进行极详尽的解释。

（原件第 296 页）

浦理燮致法来西讷电

同松，1886 年 1 月 23 日晚 7 时发

同登，1886 年 1 月 22 日寄

外交部 1 月 24 日下午 1 时 30 分收到

中国勘界委员们似乎因气候关系而希望迅速解决。在这一消息基础上，法方界务委员会想补充说明一点情况：他目前正逐步遵循由戈可当先生向您转达并呈请您核准的那种见解去办，这一见解系指谅山、室溪及其富庶的河谷地区极其重要，不容轻视。

如果放弃这一区域，我们实际上将被逐出上三角洲并无法执行条约第一款第一节，因为在谅山、室溪线以南，系一山区，人烟稀少，并无公路相通，因而构成了一条无法据守和难以运输给养和不易守卫的边境，我们认为，作为技术委员，我们应义不容辞地呈请您考虑这些意见。

（原件第 297 页）

浦理燮致法来西讷电

同松，1886 年 1 月 23 日上午 8 时发

在已举行的几次会谈中，邓提督说，他目前只打算商讨广西边界问题，广东边界留待以后再议。这使我想到（戈可当先生大概也会这样电告您的），中国目前的要求还只是个开端，而我获悉中国界务委员的意图是要求把自海滨经先安（Tyen Hyen），然后再由此朝谅山西北走向一线作为广东边界线。这一非官方消息来源相当可靠，而且我觉得其意义至关重大，故应立即向您转达，以便使您对中国的要求有明确的了解，这些要求是基于这样的构想，即用领土转让原则来取代按条约规定进行目前的勘界工程的同时，酌情进行细节性界址更改的原则。我还得追补一句，同登周围的居民表示希望继续当安南人。

（原件第 298 页）

浦理燮致法来西讷函

同登，1886 年 1 月 23 日发

部长先生：

我在本月 9 日盖有政治处印戳的第 25 号报告中，结合我 7 日电报，向您禀报了我因

希望早日解决当时耽误我们与中国勘界委员们第一次会商的手续与格式方面的纠葛，故请求戈可当先生给予大力协助，并亟盼他能作复。

您5日来电（此间8日收到）中有一段谈到要以规定格式的纪要为凭的问题，这使我明确了这样一种见解，即中国勘界委员会也必须遵循写出我们双方每次会谈的会谈纪要的惯例。

因此，我没有料到会从戈可当先生的1月9日发自天津、我10日在此间收到的一份私人函电中获悉，在与中国人会谈中，惯例是围坐在铺有地毯的桌子四周（而不是站在地毯周围）亲切交谈一阵，既无主持人，也不作会议记录，只是双方互下君子协定，在若干最后达成协议的问题上相互证明一下即成，而且大家也不会想到要改变这种惯例。

我接到这一通知后不禁大为惊讶，因为正是在师克勤先生说动下，我们（狄塞尔、卜义内、倪思先生及我）才在帝国勘界委员会面前再三坚持，以后又求助于我驻天津公使，以便让一种各国通用，因而，我们认为理所当然地也比任何其他方式更可取的一种手续程序得到采用。我们之中唯一的这位中国通怎么会坚持要将自己个人的意见凌驾于在他看来很适合于与帝国勘界委员进行会谈的一种方式之上，并竟然对中国普遍接受的那些惯例却绝口不向我们提起呢？

师克勤先生在我向他问及此事时答称，既然这不是外交谈判，而是委员会的勘界工程，因而他认为总理衙门当能认定有必要采用一种可以将我们历次商讨内容录下进而可确定其成果的唯一手续程序。我们的同事又说，如果没有凭据在手，我们势必会眼睁睁看着中国勘界委员们出尔反尔，随时改变自己已经发表的声明或者对前面业已解决的问题重又推翻，并再次提出质疑而无可奈何；这样，我们永远休想达成协议，而如果没有把他们改变主意的各种证据掌握在手，那么，万一遇到类似于福禄诺司令与李鸿章谈判后发生的事态那样的情况，我们恐怕会被外交部视为应与中国人共同承担有关责任。

正是基于这种看法（我认为是站得住脚的），我才于1月11日从此间寄至屯梅、再由屯梅拍发的一份电报中向您汇报，法方勘界委员会是在何种条件下不得不与中国勘界委员会进行谈判的。

如果事先收到您的电报，给我规定了该遵循的行动准则，那么我就不会这样做了。然而这份本月11日签发的电报，至13日才到达我手。

在30年的职业生涯中，我从未丧失自己的责任感。部长先生，您竟然认为我对您有失应有的谦恭，真使我倍感难过，以致我不能不想到用上述说明来补充我在本月17日匆忙中给您寄发的电报内容。

（原件第299～301页）

法来西讷致浦理燮电

巴黎，1886 年 1 月 24 日下午 5 时 45 分发

现将我已向戈可当发的电文抄件转告于您，作为对您本月 23 日下午 7 时来电的答复。(以下附该电全文) (原文无该电内容——译者注)

该电向您说明，我一刻也没有想到要商谈中国勘界委员们提出的要求，必须做到能让他们真诚地履行 6 月 9 日条约，否则就中止勘界委员会的工程并同时把中止勘界的责任推给他们。请就此点与戈可当先生协商后取得一致。

（原件第 302 页）

浦理燮致法来西讷函

同登，1886 年 1 月 24 日发

内阁总理先生：

我于本月 12 日曾致您一电，禀告勘界委员会于同日在同登举行了首次会议。

在这第一次会谈中，帝国勘界委员要求把谅山划入新的中国边界之内，然后才能着手进行某种勘界作业。

这一提案充分证实了他们以前的种种行为所引发我的预见，并证明我们从中得出的结论之正确，即赶在他们之前抵达同登至关重要。

法方勘界委员会一方面认为帝国勘界委员会的要求不能接受，同时也想更明确了解他们打算把心目中的新边界怎样制定走向，因此，我们带着明确的保留条件要求他们用书面形式阐述他们的提案以便使我们能够答复，但这决不意味着我们方面无论在事实上还是原则上表示同意或提出任何保证。

他们先表示同意，但在次日又改变原来的赞同态度，表示希望立即进行第二轮会谈。

在这第二轮会谈中，他们要求收回自己的议案说明并加以补充。这份说明使我们更确切地了解了他们的意图：这些意图已开始转化为正式的领土转让要求，即把经谅山以南、高平西南直至云南边界一线以内的这部分领土让与他们。然而我有理由这样预言，他们的意图不止于此。“要是你们同意，”邓大人对我们说，“我们先谈广西边界：已指定另一个勘界委员会负责云南边境的勘界事宜，至于广东勘界，容以后再办。”

我推敲这些话，认为从中看出了某种迹象：目前的要求只是一曲前奏，如被接受，

则就为广东边界上提出其他要求开辟了一条蹊径。这种预见最近已被接近邓的某位人物不慎失言而证实，这一失言吐露了一种真情：中国勘界委员会在广东方面的目标是划定一条界线，东起海滨经先安而向那阳，再由此朝谅山西南走向，并在此与另一界线逐渐相接，在这条界线内，他们目前打算把高平及高平城东北部全境直至云南边境的全部领土都划入其间。

不管怎样，帝国钦差们用于为自己提案解释的论点经不起审查，其主要根据是对条约第三款狡猾但又站不住脚的解释，按照这种解释，他们把经他们提出的领土转让说成是本着两国的共同利益而必须进行的界址更改。

我们的答复是根据条约本身和我奉到的指示预先拟订的。因此，我们竭力向他们说明，他们的要求已不只是一般的细节性界址更改，因而超出了技术性的勘界委员会的职权范围。

尽管我们的论点是根据条约本身推出的，因而非常坚定，但帝国钦差们在本月 17 日第三轮会谈中又坚持维持自己的要求，并且拒绝了我们的提案，即按条约第三款顺序先行勘界，然后在边界上设立界石，并把领土转让问题呈请两国政府商讨，如果双方政府觉得这样做合适的话。

最后，他们终于认定有必要立即请示，并各自等待答复后再行勘界，并且不无理由地认为，只要双方尚未就勘界基础达成一致意见，则这样的勘界也是徒劳的。

至于我用以批驳帝国钦差的详细理由，部长先生，请允许我援引随函附呈的各项纪要抄件（附件 A、B、C），由于没有正式记录，这些纪要是法方界务委员会每次会后立即注意追记的。虽然由于这些纪要是在未经协商一致的原则下起草并且未经双方审核而成，因而其价值也甚有限，但我们认为它们仍不失其实用性。

这些纪要是根据倪思医生与德朗达先生（我认为德朗达可以担任助理文书之职，因为中国委员们也把两名外籍秘书带到勘界委员会来记录）两人同时记录的内容整理而成，因此，无论如何有一定价值，那就是：它的起草过程是极其缜密而周详的。同时我以为这样认定也是正确的：这些纪要不仅较为正确地表达了头三轮会谈的谈话内容，而且是在因两国语言特征差异而经常出现障碍，从而使译员的良好主观愿望难以实现，同时又是在译员只有其中一种语言的厚实功底，而仅靠他们兢兢业业的工作精神进行翻译的情况下尽可能准确地记录下来的。

把这些报告迅速过目一遍后可以发现，它们反映了帝国钦差们争执的手段；他们多么善于应用细枝末节以便从这些准确无误的文件中找出其中未能写进的东西；在明显的事实面前，他们又是何等自信而毫不动摇地进行争执；他们对明文规定的条例所应承担的义务的理解方法与我们的看法相去又何等之远；“遵守条约”一语在他们看来已空洞无物到何种程度；他们又是何等不厌其烦地重复着同一种说法，避开直接而带结论性的论点，试图使自己的对话者没有耐心再继续讨论下去；对于他们喋喋不休的老调重弹又必须用多大的耐心才能倾听下去；最后，他们那种坚定不移的既定方针又是如何代替了他们的逻辑推理，并且他们又是怎样以此来对付人们想用说理的方法来最后做到说服他们的原定方针啊！

17日晚，第三轮会谈上我们一致约定，双方请示各自的政府来加以裁决，会后，我立即利用李鸿章给戈可当先生使用中国电报局的方便机会，与法方勘界委员会成员协商后给在天津的我国公使发了一份电报。

在电报中，我请求戈可当，如果他无法从李鸿章那里取得同意以改变帝国钦差们的态度，那么就请他为我转达下述函电："中国委员们要求把谅山以南、高平西南直至云南边境一线以内的那块领土转让他们后方能投入某种勘界作业。这一议案有损安南的完整性，因而并非细节性的界址更改，它违背了条约第二款与第三款，其目的在于通过随意解释推翻第二、三款的精确条文。经过三轮会谈，尽管我们根据条约本身提出了坚定明确的论点，中国委员们仍然坚持他们的要求。我们的工程因此即将中断。在向您请示的同时，有必要把我们的意见向您禀报。在边界上筑起的防营只有依靠谅山与室溪河谷地区的物质供应才得以生存下去，因此，主要是出于军事需要才使中国人提出自己的要求。然而，据陆军与海军的代表称，从军事上看，要维持三角洲地区的安定并有利于对它的防守，保存谅山—室溪一线至关重要。中国的散兵游勇正是经过这两地前去扩充三角洲地区徒众的队伍。有鉴于这些理由，狄塞尔与卜义内两位先生认为，防守现有边界的兵力不应超过谅山以南地区的兵力。

"我们一致同意这样的观点，并一致认为，对于三角洲地区来说，谅山与室溪仍是房屋大门的两把钥匙。尽管此事关系到是否遵循条约办事的原则问题，因而至关重大，但如果政府仍然认为有必要进行转让，那么，界务委员会认为，能转让的部分只能限于室溪与高平以北沿广西边界的那块狭长地带。我们认为坚持严守这一范围乃义不容辞之职。"

我认为，这种通过戈可当先生居间转达的方法，其优点在于能使您在出现纠纷的同时，也知道他试图采取避免这种纠纷的步骤有可能取得的成效。

继这第一份电报之后，我又发出下列电报。

（同登，1886年1月18日电）"我认为必须对我昨日电报进行如下补充：（1）中国界务委员们把他们要求的领土转让说成是本着两国的共同利益以确保今后和平的细节性界址更改，并将其视为对中国向法国出让原先对安南各种权利的补偿；（2）他们拒绝了我向他们提出的建议即根据条约的第三款所规定的顺序，先进行勘界，然后在现行边界上设立界碑，同时将领土出让问题交给两国政府商讨，如果他们觉得这样做合适的话；因为领土问题已超出了作为纯技术性的勘界委员会的职权范围之外；（3）他们终于认定必须请示，同时，各自取得答复后再进行某种勘界，还认为，只要双方未就勘界基础达成一致协议，即使勘界也是徒劳。"

（同登，2 月 20 日电）（原文如此，可能是 1 月 20 日之误——译者注）“我获悉可尔西将军已回法国，其职务由瓦尔内将军接替。我完全可以希望瓦尔内将军能在谅山—室溪边界线的重要性问题上与我们意见一致。不管怎样，我与他早已建立的关系具有相当牢固的基础，这就使我满怀信心地指望从他那里得到全力协助。经过仔细思考并从邓在我们第二轮会谈中所用的一种辞令来看，我认为他目前的对广西边界上的领土要求仅是今后对广东与云南边界类似的领土要求的一个前奏，这并不使我感到意外。”

（同登，1 月 21 日电）“对我最近一份电报的补充——界务委员会完全相信，出让谅山将使军队感到难受。”

星期五（本月 22 日）上午，我收到戈可当先生的下述电报：“您来电已悉。我立即往访总督。经过两小时会晤，我终于说服李鸿章：（1）让他立即电告邓，根据和约，边界线应经过谅山以北；（2）致电总理衙门，以在可能范围内防止朝廷准邓之所奏。我已将这些消息报告外交部并转达了您的电报。我希望您能立即恢复工程。我与您都一样担心，现已来不及考虑云南界务了。”

部长先生，我知道您受理了这一问题，遂在同一天，先后向您发了两份电报作为情况的补充，这两份电报也发到了天津，电文如下：

（同登，1 月 22 日电）“中国界务委员们似乎因气候关系而盼迅速解决。在这一消息基础上，法方界务委员会想补充说明一点情况：它目前正逐步遵循戈可当先生向您转达并请您核准的那种见解去办，这一见解系指谅山、室溪及其富庶的河谷地区极其重要，不容忽视。

“如果放弃这一区域，我们实际上将被逐出三角洲并无法执行条约第一款第一节，因为在谅山—室溪线以南，系一山区，人烟稀少，并无公路相通，因而构成了一条无法据守和难以运输给养且又不易守卫的边境。我们认为，作为技术委员，我们应义不容辞地呈请您考虑这些意见。”

（同登，1 月 22 日电）“在已举行的几次会谈中，邓说他目前只打算商讨广西边界问题，广东边界留待以后再议。这使我感到（戈可当先生大概也会这样电告您的），中国目前的要求还只是个开端，而我获悉中国界务委员的意图是要求把自海滨经先安然后再由此朝谅山西北走向一线作为广东边界线。这一非官方消息来源相当可靠，而且我觉得其意义至关重大，故应立即向您转达，以便使您对中国的要求有明确的了解。这些要求是基于这样的构想，即用领土转让原则来取代按条约规定进行目前的勘界工程的同时，酌情实行细节性界址更改的原则。我还得补追一句，同登四周的居民表示希望继续当安南人。”

此外，最近我又把去年 11 月堵布益先生在河内给我提供的一条消息转告了我国驻中国公使，对这条消息，我当时疑信参半，然而它却与中国界务委员们的态度相吻合，进而使我记起了它，于是我不得不深长思之，而且尽管我现在仍不敢相信它的可靠性，但也不得不考虑应该将其转告。

由于我对此犹豫不定，故我只限于利用中国电报局向我提供的方便，把这一消息转告了戈可当先生，由他来定夺是否值得将其转呈于您，认为要是情况相反，则只要通过邮电局让您知晓我发往天津的电文就已完全足够了。

现将该电抄录如下：

“（同登，1月24日电）堵布益先生在河内对我说：据我收集到的情报，中国政府在英国的策动下将提出自老街以东某地开始朝高平走向并由此再朝海滨延伸这一线作为边界：中国政府不愿在帝国领土上修建铁路，因为它觉得在国内修铁路乃有害无益之举，但它并不拒绝在属国领土修筑铁道，英国人打算利用这一铁道线把云南以及老街、高平、室溪矿区的通商贸易之路绕开东京而改道，这样，一方面他们可以通过八莫（Bhamo）进入中国南部，同时又可从我们这里掠夺我们向东京进发所打算获得的未来商务贸易利益。帝国钦差们提出的要求为这一消息提供了几分真实性，而以前我觉得它是荒诞不经、子虚乌有的。至于这条消息是否值得电达巴黎则请您裁决。”我对以上这些消息没有添加任何意见。

我还注意把这一情况通报了可尔西（应为瓦尔内之笔误——编者注）将军：我今后还将以同样礼仪对待代理总司令，而且对他更为信赖，因为正如我已向您报告过的那样，瓦尔内将军不仅对我个人热忱相待，而且对法方界务委员会受委的任务成功与否深表关怀。

我高兴地注意到，根据我来东京后所得的印象，瓦尔内将军的性格、经验、工作习惯和他的学问都使此间人们加强了信心。他办事得体，而且对当地情况熟悉，这都使琨玻先生——如果任命该议员为总公使的消息确实的话——得到难得的协作。

又及（1月25日）我刚刚收到戈可当先生的如下电报：

“（天津，1886年1月24日电）法来西讷先生希望条约无论在字面还是在内容上都应该切实得到贯彻。他与你们一样认为，若邓坚持自己的要求，则你们的工程应该中止。邓不得不接受上司要求按和约办事。我希望谈判能立即恢复，现在已谈不上放弃领土问题——对此请见告为盼——部分困难来自在中国广为流传的一种观点，即法国正准备撤出全部或部分东京地界。务请尽力对这种根据报刊文章（中国人过高估计了这些文章的价值）而形成的见解加以澄清为要。”

法方界务委员会感到庆幸的是接到了一份照会，可以使其意愿和希望完全得到满足。

邓致函于我，建议我们重新会聚一次，如果我也像他一样奉到了指示的话。我将立刻知照于他，说明我们随时准备听候帝国界务委员会安排，以举行第四轮会谈。

（原件第303~313页）

法中勘界委员会法方界务委员会所录的会议记录（第1号）

1886年1月12日会议记录

根据1885年6月9日在天津订立的法中条约第三款而成立的法中勘界委员会于今日（1886年1月12日）下午2时半在同登（东京谅山省）举行会谈，会谈地址在为此而专门布置的大庙中。

出席者：

（法方）：浦理燮（界务主任），师克勤、狄塞尔、卜义内、倪思（界务委员）

（中方）：邓承修（钦差大臣），王之春、李兴锐（副钦差），李秉衡（广西署理巡抚）

在列强与中国所达成的条约谈判中，并无把每次会议集体整理成会谈纪要的成例，于是双方界务委员会的秘书做好准备，各自进行必要的记录。

法方界务委员中最年轻者——倪思医生担任法方界务委员会秘书，由界务委员会主任的秘书德朗达先生协助其工作。大家注意到双方各自均收到法兰西共和国总统与中国皇帝陛下的明令及谕旨，这些明令和谕旨要求两国界务委员会成员均应参加勘界委员会工程。

邓大人提出，他没有接得有关巴利埃先生辞职的通知，但却注意到他没有出席会议。

法方界务委员会主任答称，据他推测，通知大概已发到总理衙门，说明该委员拟由海士先生接替，主任还打算一俟海士先生到达，即把他介绍给帝国界务委员会。

邓大人声称，他无意对这一问题进行深究。

浦理燮先生请邓大人表态，帝国界务委员会是否同意与法方界务委员会共同正式会商法中勘界委员会受委的各项问题。

邓大人的回答是肯定的，并问，应由谁——他还是法方界务委员会主任首先发言。

浦理燮答称，既然帝国界务委员会同意前来同登参加第一轮会谈，则应把选择权让给帝国界务委员会。

邓大人表示感谢，于是便说了以下一番话："虽然安南王国自古隶属于中华帝国，而中国军队已攻占谅山，然而中国皇帝陛下仍决定从两国利益考虑，缔结和约，消弭战祸，停止流血并与法国友好相处。因此中法两国界务委员应本着存在于两国政府间的和衷友好之精神办事。帝国军队执行条约，当着法国军队之面撤退并撤出了他们所占领的各个地点。然而，在去年6月9日签订出让安南给法国的条约时，缔约双方的意图是照顾两国关于威望体面的感情。若列位法国界务委员阁下愿意在勘界实践中遵循这一意图办事，则中国对签订6月9日条约并无遗憾。而现在，法中勘界委员会即是根据这一条约成立的。"

浦理燮先生答称，法方界务委员会对能在今天与帝国界务委员会相聚，首次共商即将共同进行的勘界事务而感到高兴。

“我与我的同事们相信，”他说，“我们的帝国界务委员会各位同僚一定与我们一样，本着使东京和中国的勘界任务顺利竣工的迫切愿望，按去年 6 月天津条约第三款行事。因此，我们愿意相信，我们双方都本着相互协商及平等相待的精神，致力于寻求完成贵我两国政府委我们完成的任务。

“我们奉命来此执行 1885 年 6 月 9 日条约第三款：法方界务委员会已准备进行其预定的各项界务作业。”

邓大人说，他完全理解中文本第三款内容，但他要求法方界务委员会能够解释一下它是如何理解法文本内容的，以便了解双方对该款的含义理解是否完全一致。

浦理燮先生宣读了第三款，并说，在他看来，唯一的办法只有亲自到现场勘测边界并设立界碑——必要的细节性更改当属例外——后才能确切理解该款。

邓大人边命人翻译法文本，边亲自对照中文本比较，发现两种文本基本一致，唯法文本的“rectification de détail”（细节性更改）在中文本中系“稍有改正”。“然而，”他补充道，“为根据条约设立界碑，首先应确定边界线；而条约上也说，现在之界可以改正以期两国共同有益。因此首先必须研究对边界应作何种更改。”浦理燮先生指出，双方承认两种文本一致，因而他并不认为可以接受像邓大人刚才所进行的那番解释。条约上并未说一定要改正界址，而是说必要时可以对边界作细节性改正。

浦理燮先生认为界务委员会无须重新划定边界，至多在双方达成协议，都认为有必要交换数座村庄或数块土地对两国均有益的情况下作一些细节性改正。

邓大人坚持认为，在条约上有规定，可以对边界改正。条约中还包括，为两国共同利益应永远防止在两国之间未来发生战祸的可能性。“至于条约中所说的边界改正一语，”他说，“我们不只是理解为像把小山冈或小块土地并入此方或彼方边界以内的微小改正，这里所说的改正是指赋予东京这个广袤的地区以边界。在条约上只说东京现在之界，而并未说中国之界。”

浦理燮先生指出，由于一个国家的边界线同时又是邻国的边界，因而谈到东京边界时就不能不涉及中国边界。如果细节性更改仅是以单方面牺牲东京利益来进行，那么何来两国共同利益？

邓大人：“中国政府为确保两国间和平而签署了条约，它已把整个安南让与法国。如果贵国政府愿意维持友好关系，它就不能侵犯中国边界。”

浦理燮希望，为避免任何误会，帝国钦差们都能够注意到，他决不想侵犯帝国领土，而只是谈到了根据两国共同利益进行细节性更改所必需的几小块土地的交换。

邓大人表示，安南的出让使法国利益得到了满足，既然法国对安南有保护权，它就不能只限于细节性问题的考虑。因此，条约中所说的“改正”一语应理解为只涉及局部利益而不是重大利益的领土修改。

广西巡抚李秉衡："如果预先考虑到决不能进行界址更改，则在条约中早已明文规定。然而恰恰相反，条约中规定应进行界址更改。"

邓大人："法国通过占据自古以来为中国属国的安南而获利甚大，但中国却受到损失。这就是我们争议的出发点。"

浦理燮先生认为，法中勘界委员会前往现场是为执行条约，而并非商讨或更改条约。"我们已经一致承认第三款的法文本与中文本是一致的：由于我们只负责该款的执行，我认为应该避免讨论任何只具一般性的问题，而应在第三款的基础上拟订出双方均可考虑的确切提案。因此我请邓大人及其帝国同僚提出他们打算提出的议案。"

邓大人声明，他只打算提出为共同利益而可被双方接受的议案。

浦理燮先生答称，法方界务委员会除亟盼达成与主宰两国政府现有关系的友好情谊相一致的结果外，并无其他更迫切的愿望。

邓大人："我们要提出的议案几乎始终与两国利益一致，然而如果我们必须向你们提出某一仅涉及中方利益的议案，则务请亦能加以研究以便判断这一议案是否符合公平合理之原则并能给我们以答复。"

浦理燮："法方界务委员会也与帝国界务委员会一样一直盼望着能在公平合理的范围内表现出和解通融的精神。"

邓大人："法国现在拥有了整个安南。若我们现在把谅山确定为中国边界线，则谅山以南的肥沃地区将悉数被法国所占据；而谅山以北地区则既穷困又贫瘠；我们要求得到这片土地才是公平合理的。"

浦理燮先生答称，条约中根本未提及这类问题。此外，谅山以北地区贫瘠之说大可值得争议一番，相反，某些地段的物产相当富饶。此外，我们也可用中国对要求占据贫瘠之地的兴趣不大作为反对的理由：但这不是法国界务委员会所着眼的观点。谅山并非边界点，而界务委员会所关心的是边界问题。

邓大人："说起谅山，我们就要谈到边界。当安南从属于中国时，我们无须在这里划定边界；而今既然安南已属法国，我们就需要划定一条界线。条约在众多的安南与中国互市的商埠中指定谅山以北一处和老街以北另一处为商埠；这表明，按条约本身规定，凡谅山以北的整个地区均为中国所有。"

浦理燮先生拒不接受这种解释。"谅山以北"一语是一既含糊又不确切的单纯的地理用语。此外，法方界务委员会不能照着帝国全权公使阁下们所走的路走下去。在条约中只涉及无关紧要的可能的界址更改，而不是要求归还部分东京领土。条约的内容是这样：法方界务委员会的使命就是不折不扣地按条约内容执行，而不是通过解释来修改条约。若邓及其同僚想要全文提出书面议案，法方界务委员会出于礼仪，认为不应该拒不接阅该议案，也不应该拒不进行明确答复，但它答应以上做法的条件很明确，那就是它同意接阅此件以便作答并不意味着它愿意承担事实或原则上的承诺，对于这一明确条件，帝国界务委员会应该在提出议案的信件中给予证明。

翻译们无法把浦理燮先生的这一想法明白晓畅地译出，以致帝国钦差们也听不懂其含义。

浦理燮对自己所述反复讲了多遍以求其想法能够正确译出。经过多次翻译仍不见效后，赫政先生请求把话写在纸上以便他晚上译出并将意思给帝国钦差们讲解。为避免误会，界务主任的声明写在一张纸上交给了赫政先生以作为他的笔记。

邓大人考虑到时间已晚，建议闭会。狄塞尔先生请求事先提一点自己的看法。“谅山只不过是一个地点，因此不能定成边界线，”他说，“既然列位帝国钦差提出这一地点，他们对整个边界体系应该有一个通盘计划。”因此，他要求将这一边界体系写入他们的来信中。

邓及其同僚同意用书面形式提出议案并询问定于何日举行第二轮会谈。

浦理燮先生声明，法方界务委员会愿意听从帝国界务委员会安排，前往南关隘举行第二轮会谈，日期和时刻可由列位钦差定夺。邓大人说，由于关于议案的信函和复函往来需要时间，故他眼下无法确定第二轮会谈的日期，但他将作书面通知。

浦理燮先生答称，邓大人的通知到达后就有必要召开会议，除非有重大变故，否则法方界务委员会将静候通知而不作留难。

会议于4时半结束。

本纪要整理后，经法方界务委员们传阅并于公元1886年1月13日在同登签署。

A. 浦理燮、F. 师克勤、J. 狄塞尔、A. 卜义内、P. 倪思医生（签字）

本抄件与原件一致
1886年1月21日于同登
秘书：保罗·倪思医生
副秘书：德朗达
界务主任：浦理燮

（原件第313～321页）

（该篇与第65卷已收入《中越边界历史资料选编》第774～779页篇内容相同）

法中勘界委员会法方界务委员会所录的会议记录（第2号）

1886年1月14日会议记录

根据帝国界务委员会通知，并遵照上次会议结束时的协议，法中勘定中国与东京边界委员会于今日（1886 年 1 月 14 日）下午 1 时在南关隘邓大人用作接待室的营帐中开会议事。

出席者：

（法方）浦理燮（界务主任），师克勤、狄塞尔、卜义内、倪思（界务委员）

（中方）邓承修（帝国钦差），王之春、李兴锐（副钦差），李秉衡（广西署理巡抚）

邓大人担心在上次会议上大家并未理解他的想法，因而询问由李翻译对他的想法作一概述是否方便。

浦理燮先生答称，法方界务委员会已完全理解邓大人的议案，它只向邓大人提议用书面形式提出议案以便它也用书面形式作答，阐明法方界务委员会何以不同意帝国界务委员会对条约第三款的解释。

邓大人认为，最好能做到使自己确信其意图已完全被人理解后再写出书面议案；另外，他对这一问题言犹未尽，尚须作进一步说明。

浦理燮先生："我们早就认为大概就为此类原因帝国界务委员会今日召我们来此：因此，我们抓紧时间赶到南关隘。"

邓大人坚持要求会议一开始即行回顾上次会议的谈话内容，以便核实自己之所说是否被人确切理解。

浦理燮先生："我们认为已明白无误地理解，然而我们仍愿意重听一遍。"

帝国界务委员会的李翻译打开手中笔记开始朗读上次会议上所述内容的节略。"邓在同登会议上说过，"他说，"界务委员会的职责乃是划定东京现在边界，而并非中国的古老疆界，即使根据条约各款内容，这也是符合两国共同利益的。然而，法方界务委员会主任却声称要改正中国疆界。"

浦理燮先生发言指出，他谈话中从未有这层意思，他说过勘界委员会的任务并不是改正重大的边界线，而是在必要时对边界任何一侧稍作细节性改正，但这种改正须在双方都一致认为是符合共同利益的情形下进行。

李翻译继续用以下措辞宣读其整理的节略："邓大人从未提出对谅山以南的东京诸省的领土要求，这些肥沃的省份法国完全有理由加以保存；中国所要求的是谅山以北的那部分领土：法国从中得不到任何好处，因此它可以毫不吝惜地放弃这些地段而无损于它的利益。帝国界务委员会在条约各段中主要依据是有以下规定的一条：将被选作商埠的中国两处地方之一位于谅山以北。"

狄塞尔上校发言并指出，为了反映在上次会议上发言内容的确切观点，所读的节略至少应该提到法方界务委员会主任所进行的答复和提出的异议，以便了解这些答复与异议是如何译出的。

李翻译答称他并未奉到命令要这样做。

浦理燮先生："在这种情况下，要判断这种朗读是否有效和了解这样做究竟出于何种目的均甚困难。"

邓大人答称，对首次会议的辩论作一概括至关重要，而他的翻译所宣读的笔记只不过用来核实一下大家对已谈内容是否完全同意而已。

浦理燮："法方界务委员会不会同意这种推断：即听了这次宣读后，它就要承担任何义务。这种笔记事先既未交换传阅，也未在协商一致的原则下审核，因此只不过是单方面的笔记而已，有鉴于此，法方勘界委员会不能认为阅读这种笔记就等于赋予它以因没有真正纪要而可以取而代之的必要价值。为此，我们看不出继续宣读这种笔记有什么实用价值。法方界务委员会与中方界务委员会一样，都在 1 月 12 日会议上各自命人作了笔记。难道在中方界务委员们看来，宣读了这些笔记，就使它们具有了必然价值吗？中国通行的惯例是不能相互核对各自的笔记，从而使它们完全吻合，我们正是考虑到这一因素，所以尽管在原则上不同意邓大人的议案，但我们仍出于礼貌，有保留地向帝国界务委员会提出，要求它书面拟出议案并在其中详细阐述以便我们能进行答复。"

邓大人辩驳道，他之所以未能如法方界务委员之所请，书面拟出议案，是因为他担心法方界务委员们对他在首次会议上所谈内容没有充分理解。

浦理燮先生提醒道，邓大人在会议一开始就援引新论点来证明自己的议案。他补充道，法方界务委员会一方面坚持自己提出的保留条件，同时又并不拒绝听取这种新论点的陈述，但它又希望了解有关议案本身的补充细节，这些具体内容理应以书面形式转给法方。

狄塞尔先生坚持认为有必要确切了解邓大人究竟想把谅山划入边界的哪条走向线内。

浦理燮先生则要求邓大人实践自己的诺言，详尽地阐述。

邓大人："若你们同意，我们先谈广西边界，已指派另一个界务委员会专门处理云南边界。我们以后再来讨论广东边界问题。"

浦理燮先生则坚持指出，目前不应当探讨勘界问题，而只是要了解中方究竟想怎样勘定边界。

邓大人拿起一支铅笔，边讲边在一张白纸上画出一些地点。"我们在上次会议上已经指出谅山为一边界点，但狄塞尔先生却要求我们谈谈我们准备把谅山划入的那条边界线的整个走向。帝国界务委员会要求将下列地点划入广西省［他列举了多处地点的中文名称：谅山（Leang Chon）、艽葑（Kion-Fong）、高平（Cao-Ping）、牧马（Mou-Ma）与保乐（Pao-Lo）］。"但中文地名与安南地名存在差异：法方界务委员会所掌握的地图中没有任何一张标有汉名，初一看来，从以上陈述中不可能识别出除谅山（Lang Son）、高平（Cao Bang）与高葑［（Cao-Phong）即艽葑］以外的其他地名来，而艽葑又是称作为室溪的居民点的主要城镇。根据邓大人在摊在他面前的那张纸上所划的界线，浦理燮、师克勤与狄塞尔先生（只有他们三位才看得见邓所划的这条界线）认为，这条界线大概应经过谅山以南、高平西南进而直达云南边界。“边界线似应经过以上各地，”邓大人补充道，“上述诸地都位于谅山以外，正确地构成了广西边界，（注：邓大人之意大概是指这些地点构成了广西省的天然边界）再者，所述各地都位于贫瘠而人烟稀少地区。”

浦理燮先生说，根据邓大人用铅笔画在纸上的那条界线，他认为已知道了大概情形，但为确切掌握起见，他要求，能否在地图上把这些地点向他指明。

邓大人说，中方界务委员会现在没有掌握可以据以指明这些地点的地图。

于是，浦理燮先生又以与前次相同的措辞复述了一遍他过去的要求，即请中方界务委员会用公函拟出议案并附上一份地图，或者至少附上列有邓大人所掌握的各处地点的局部地理走向线。

在与帝国其他界务委员商议以后，邓大人答称，只要双方尚未就边界改正原则本身达成协议，则他这一问题就不能作为公函的内容。因此，他们只能限于以非官方形式寄我们一份信函，将邓大人所举的地点复述一遍。至于地图或走向线，只有等双方达成一致意见，商定了新的边界线以后，他们才能命绘图员来绘出地图。

浦理燮先生在与其他同僚商议一番后遂答称，法方界务委员会所要求的书面函件已失去其实用价值，其原因是这一函件不具备官方性，也不附有地理走向线。他又说，法方界务委员会关于原则问题的意见早已明确，而且只要列位勘界委员同意，他随时准备立即将这一意见相告。

邓大人同意后，浦理燮回答：“请诸位相信，要是此事只关系到放弃我个人所属的某一东西，我很乐意向帝国界务委员会表示我诚挚的愿望，即满足它的要求。可惜的是，它向我们要求的并不属于我们私人所有，因此，有充足的理由来制止我们就一项我们恰恰必须拒不接受其基本精神的议案的宗旨与它进行实质性的讨论。

“列位清楚地知道，一项条约就是一份文书，两国政府面临一种双方都希望结束的特定局面后，必须以这一文书为依据来结束过去并按照确切而正式的条文来解决当前和未来的局面。

“由于任何条约都对缔约双方起约束作用，因此，缔约国应努力把它希望载入条约中的一切内容清楚地记载入内。如果其中一方对某些领土有要求或者要求某种赔偿，则它必须提出正式申请，然后双方对问题进行讨论；若双方最终达成谅解，则应在条约中明确载入，所出让的领土范围和界线是什么，或是规定的赔偿数究竟是多少。但是，只要某项规定并未载入条约中，则在条约签署和批准后再不能将这项规定补入其中，这一问题只有等签订新条约后才能解决。然而，法中勘界委员会并不负有签订新约的使命，而只是要设法单纯地执行去年 6 月 9 日条约第三款。因此，只有这第三款才应对我们今后的行动起支配作用；我们正是严格遵循第三款规定才致力于巩固两国之间的和平与友谊。第三款不仅对我们今后的行动起支配作用，而且还指明，我们应怎样行事并以何种顺序行事。实际上第三款最初就已写明：界务委员会应亲赴现场，勘定现在边界。所谓勘定边界，也就是察看这是怎样一条界线，了解它目前的状态，而并非划定一条新界。第三款接着写道：‘他们将在需要处设置界碑等’。因此，我们首先应去勘测，然后再设置界石，接着，作为与安设界石的义务密切相关的必然后果，就是讨论可能有必要，而并非必须根据两国的共同利益在东京的现在边界上进行界址更改；最后还要考虑到如果双方界务委员不能就某一项或多项界址更改方案达成协议，则又该如何处理。我们均受条约各项条文的约束，我们只能通过放弃或交换边界任一侧的一小块土地来进行界址更改。”

邓大人：“要实行任何交换是永远行不通的，因为第三款只谈及东京的界址更改而并未涉及中国的疆界改正。”

浦理燮先生提出异议道，要说到一方的界址改正必然要涉及另一方，因为既然疆界是并行存在的，因而不可能修改一条而不影响另一条的原有状态。

邓大人：“您说过您不能擅作主张，自行其是，而必须确切地服从条约规定。我们处境与您完全相同，因而不能随便地进行让步。我们来此的目的也是为执行6月9日条约第三款而不是签订新约。我与您一样都希望全面地执行第三款，然而在条约中‘以期两国共同有益’一句不能适用于如您所理解的那种细小改正，中国已把安南王国割让给了法国。”

浦理燮：“实际上，安南属于安南，中国并未把它送给法国：我们只不过在那里行使单纯的保护权，这是得到中国承认的，因为他认为承认这一点符合两国共同利益。”

邓大人：“只有等我们经协商一致，赋予东京一条新的经过改正的边界后你们的保护权才能有效地行使至东京边境。”

浦理燮：“条约中并未提及此事。我只能提醒列位帝国委员大人，在两大国缔约时，他们一定会把他们需要在条约中阐明的东西列入条约之中。如果中国曾要求领土转让，且经双方同意，那么条约中应载明这一土地转让的具体内容。我们不能强令条约说明它未说明的东西，条约中并未谈到新的边界。”

卜义内先生说，自从1885年6月9日条约签订之日起，法国的保护权在法律上就已存在，然而事实上，在尚未划界的那些地点确需等到边界勘定以后才能行使保护权；就是为此才有必要及早踏勘边界以认定我们的确切活动范围在何处，条约赋予我们的保护权究竟可行使到哪些地点。

（注：在座的翻译中似乎无人能向帝国钦差们解释并使他们明白卜义内发言中与众不同的新论点）

邓大人：“从前，在安南受中国保护时，我们不需要什么边界，当然更谈不上边界改正了。今天的情况之所以不同是因为有法国保护权存在：界址更改对我们来说是不可或缺的。”

李大人：“您说不必改正边界，那么在第三款中何以明确规定界址更改可以进行？”

浦理燮："我们完全承认界址更改是可以进行的，然而这指的是细节性更改，我们拒不同意的是这可能意味着帝国钦差们所要求的那种实际的领土转让。"

李巡抚："我们所要求的与你们所剩下的相比，是一个既贫又窄小的地区。"

李兴锐大人："从前，全安南均处于我们的保护之下，现在是在你们保护之下，我们要求的地区与安南其余地区相比无足轻重。我们不想因同时将一切丧失殆尽而抱憾无穷。"

浦理燮先生："条约是在双方完全了解事实情况下签署和批准的，因此很难理解忠实地逐条贯彻执行这一条约会给人造成何种遗憾。

"条约正文本身证明，它正是在我刚刚所讲的条件下签订的。第一款中这样说道，法兰西共和国总统与中国皇帝陛下决定签订一符合两国共同利益之新约，为此，双方全权约议订是如下各款。

"由此可知，这些条款早已被双方认定完全系符合两国共同利益而必须订定之款，因而无须对之作任何增减。

"某一条约各款总是相互证实相互阐明的，经仔细审阅 6 月 9 日条约各款后，不能不承认，当时根本未赋予本身已明白无误的第三款以列位钦差们所赋予的含义。

"因此，从第一款中可知，在与中华帝国毗邻的安南各省负责恢复和维持秩序的法国军队在任何情况下决不能闯过东京与中国的分界线。显然，'分界'两字的意义指明了边界早已存在，而若在以下各款中涉及的内容是需要移动这一边界线，则就会写明'即将划定的分界线'。

"最后，我无须过多的复述了，第三款中并未说，改正东京的现在界线是不可或缺之举，它只提到了为两国共同利益，也许可以有必要对边界进行改正，即使同意李翻译的说法，即中文文本中所载系'将可以'而并非'也许可以'，则其词义差别也并不大：因为无论是'将可以'还是'也许可以'，其后都有'有必要'一语，这表明两者都表示考虑到一种可能性，而并非规定了一种必要性。

"我们并不否认，细节性更改或许可能有必要进行，我们不同意的是，这种可能的细节性更改超出了单纯的更改范围，最后竟然达到转化为把某一段领土疆域转让与人的程度。"

李兴锐大人："既然法方界务委员会打算公平合理地行事，那么与法国所业已得到的相比，帝国界务委员会所要求的乃一隅之地，因此把这弹丸之地转让我们系公平合理之举。"

浦理燮先生："安南政府大概不会同意它的这块领土乃一隅之地的说法。"

邓大人："如果是因为你们有对安南的保护权，而不愿说该地区的这块领土乃一隅之地，那么我们认为我们对这部分地域的领土要求不会使这一地区陷于贫困状态，因为该地域是荒无人烟的穷乡僻壤，而且保乐又被海盗所盘踞。"

（注：保乐在我们地图上未载入，邓大人在这里所指的地点，按赫政先生所说，可能位于云南边境一侧）

李秉衡巡抚："对于幅员如此辽阔的中华帝国而言，放弃对安南的保护权实乃无关大局。然而，你们不同意根据共同利益和公平合理原则而进行界址更改，则我们将因签订了这一和约而深以为憾。"

浦理燮先生："法方界务委员会只能坚持我已经就此事阐述的观点。中国政府已在完全了解事实的基础上签署了本约，这一外交文书的序言证明，双方旨在确保和平和维护共同利益而一致达成的各项条件均已在条约中载明在案。

"正如我前已讲过的那样，该条约旨在对现在边界进行改正的证据是条约第二款所言：'法国士兵不能越过目前的分界线，而不是今后的分界线。'

"这一边界已存在数百年，在中国、法国及安南地图上均有划定。"

邓大人说，我们无须探讨第三款以外的其他条款。

浦理燮："我们并不拒绝小范围的边界改正，但为此首先就必须勘认边界。现在谈不上领土转让，要是当初愿意作些微的领土转让，也应在条约中有所载明。"

邓大人："我们看不出勘测边界与设立界石对两国有何利益。"

浦理燮先生："利益对于两国完全一致：这就是双方都可通过勘界来确切了解真正属于自己的部分、它的司法权限的实施范围和终止地在何处，这是避免今后发生纠纷、维持友好睦邻关系进而为和平建立牢固基础的好办法。只有勘界才能使条约第一款得以执行。"

李兴锐大人："条约第三款谈到了边界改正问题，因此，我们要求进行一次更改，而且我们只要求贫困而并不肥沃之地，既然你们要讲公正，我们则要求你们公正地行事。"

浦理燮："我只能坚持我就这一问题业已阐明的观点。诚然，第三款谈到了界址更改，然而它所指的是细节性更改，而且是在考虑到也许有必要这样做的情况下所进行的更改：其中并未说一定要进行一次更改。如果将整个边界勘定而不作一次更改，则条约仍应被视为充分全面地执行了。"

狄塞尔上校盼望了解列位帝国钦差赋予"细节性更改"，或是他们所希望说的"稍作改正"一语的含义到底是什么。他向他们举了纯属假设性的一个例子。"假如我们认为两国的利益就是要使边界线经过谅山以北，因而提出这样的要求，那么列位阁下认为我们的议案只在于要求单纯的细节性更改，还是将其视为一种领土转让要求？"

李兴锐大人："条约上只提到东京的边界，而并未涉及中国边界。"

王大人："假定两国邻接的房屋原先由一家居住，以后其中一间让给一外来户所住，这时，难道不应当进行新的安排和布置，并关闭沟通两屋的出入口和在院中筑起栅栏吗？同样，目前在我们的关卡哨所与边界之间也需要一块用作分界线的空间。"

邓大人说，这对于中国是关系到国家威望体面的问题。

浦理燮坚持认为，如果情况如此，那么当时一定会在条约中载入一项与这种观点明显一致的条文。至于列位想从第三款中推出的论点，经仔细研究在拟定此款所遵循的下列顺序后，仍是毫无价值的。只是在提到了“凡在需要之处皆应设置界碑”以后，全权大臣们才立即又在条约中载入一项有关细节性界址更改的可能性的条文，从而指明，他们的意图是，这两项作业即设立界碑和改正界址是相辅相成、紧密相连的。

浦理燮先生继续说，我们应该遵循这一条款为我们的作业所规定的顺序。

“因此，我向列位阁下建议到现场勘测现在边界，亦即认定按照惯例和历史沿革所形成的边界究在何处。然后，我们再考虑选择设置界石的位置，这些界石将用于显著标出分界线。如果在关于选择界碑位置问题上，有一方界务委员会认为需要根据两国的共同利益而进行某种细节性更改，则我们将力争就这些细节性更改达成一致意见，否则，我们将向上请示。

“我仍乐意希望，在经过更全面的考虑以后，帝国界务委员会愿意承认，这是遵照条约办事的唯一办法。”

最后，考虑到时间不早，而且从南关至同登需走较长的路程，故浦理燮建议闭会，并提议在第三天（1 月 16 日星期六）下午 1 时在同登再次会商，若天气条件允许的话。

这一动议得到了采纳，会议于下午 5 时结束。

本纪要起草后经法方界务委员们传阅，并于 1886 年 1 月 15 日在同登签署。

A. 浦理燮、F. 师克勤、J. 狄塞尔、A. 卜义内、P. 倪思医生（签字）

本抄件与原件一致
秘书：保罗·倪思
副秘书：德朗达
界务主任：浦理燮
1886 年 1 月 22 日于同登

（原件第 321 ~ 336 页）

（该篇与第 65 卷已收入《中越边界历史资料选编》第 780 ~ 789 页篇内容相同）

法中勘界委员会法方界务委员会所录的会议记录（第 3 号）

1886 年 1 月 17 日会议记录

出席者：

（法方）浦理燮（界务主任），师克勤、狄塞尔、卜义内、倪思（界务委员）

（中方）邓承修（帝国钦差），王之春（副钦差），李秉衡（广西署理巡抚）

本次会议原定 1 月 16 日举行，但因天气恶劣，故依中国界务委员会之所请，延至今日（1 月 17 日，星期日）下午 1 时半举行。

邓大人通知法方界务委员会，李兴锐大人因健康欠佳，故未能前来赴会。

浦理燮先生说，获悉李兴锐大人政躬违和，他深表遗憾，然后说了以下一番话："法方界务委员会对于帝国钦差们在前两次会议上所提议案的意见依然未变。我们坚持认为，这一议案不能作为法中勘界委员会商讨的基本原则，该议案超出了委员会的权限。因此，我们听候帝国同僚们的安排，以求按照条约第三款所规定的基本原则进行勘界。"

邓大人："我们各自来此是为了执行天津条约，而条约上明确规定将进行细节性更改。我们所谈的更改只不过是细节性更改。在我们所指定的整段新界范围中，谅山实际上是离现在边界最远的地点。"

狄塞尔先生提醒道，这大概不是谅山，而是高平。

邓大人："现在的边界构成一条不合理的界线，对中国利益而言，有必要加以修正，而我们所提的界线要合理得多。"

浦理燮："我们亟盼与我们的帝国同僚达成谅解：我们曾经愉快地向他们证明这一诚意，有条件地听取他们的提议并设法从条约本身所引出的各项论点来说服他们，试图使他们相信，他们这一议案与第三款各项内容不合，我们不能作进一步行动而又不越过我们奉到的指令界限。我们只奉命赶赴现场，其目的只是为了勘定目前的边界，在那里设置界石，并在必要时进行细节性的少量更改。总之，如果我们同意了帝国界务委员会的议案，就会违反 6 月 9 日条约第二款第一节规定，而根据该条约，中国答应无论在目前还是在今后，都必须遵守法国与安南之间直接达成的各项条约、协议与约定。而截至天津条约签订之日为止，即至去年 6 月 9 日，共和国政府根据法国与安南 1884 年 6 月 5 日签订的条约第十五款，答应今后必须承担确保安南王国领土完整的义务为时已一年有余。因此，如果我们如你们所请，准备出让部分安南领土给中国，那么，我们将对安南背信弃义，而中国也违背了自己在天津条约第二款中的承诺。"

邓大人："当法国与安南签约时，中国政府并未介入此事。"

浦理燮："自从它同意将第二款写入天津条约之日起，中国政府已对此事完全表示了同意。"

师克勤解释道："尊重一项条约，就是按该条约行事，而绝不做任何有违此约的事。"

邓大人："要是这样，那么连细节性界址更改也不可能，因为按照你们援引的条约，且为了切实地加以执行，根本不能触动任何一块安南领土于分毫。"

浦理燮："这又把解释条约的严肃性过分夸大了，对一个地区的边界进行细节性更改并不会有损于它的完整性：如果将这只茶杯的彩花边缘去掉，它仍不失为一只完整的茶杯；若茶杯上打出一个碎口因而容量有所减少，则杯子就不成其为完整的杯子了。

“要是两国的共同利益成为主宰我们今后有可能要实施的细节性界址更改的原则标准，安南就没有理由因此而抱怨叫屈。”

邓大人：“您说任何细节性更改应是为了两国的共同利益，然而，我们要求的微小更改对安南丝毫无害，因为这种更改只涉及一块既贫瘠又人烟稀少的地区，而这种微小修改对中国却是有利的：我们需要在我们的关隘之外有一小块不属于你们的地区。”

王大人：“如果我们的国境正好以南关隘为界，那么我们现在也许就身处异域了；这一围栏太窄小，不足以保护我们。”

浦理燮：“条约保证了两国间今后的和平与安宁。”

王大人：“法国已在条约上提出更改东京界址的承诺，而若今日他又拒不同意进行更改，则他就食言自肥，而且不是公平合理办事。”

浦理燮：“法国没有允诺要出让安南的部分领土，在条约的任何条文中都未提及此事。条约本身就确定了我们该如何公平合理地办事，‘公平合理’一语应由我们来讲，我们根本没有拒不执行条约中的规定。另外，考虑到两国界务委员可能就某一界址更改出现分歧，第三款中提到，在这种情况下，他们应各请示本国政府。因此，我们认为你们向我们要求的已不止是一种细节性更改了，这是地道的领土转让。我们无法就这一点达成协议，在这点上我认为已无讨论之余地：因此只有向上请示。”

邓大人：“您对我们说，您没有充分的权力可以擅自答应我们提出的要求，我们也没有充分权力可以按其他原则基础商讨，因为我们向你们要求的只不过是一种细节性更改。你们说，你们只希望依法办事，然而请想想，从前整个安南是我们这座房屋的栅栏，隔开了我们的边界，保卫着我们的大门，而今我们只要求一段小小的栅栏。”

王大人：“条约中的‘细节性更改’一语，意指你们应该出让给我们一小部分，如果你们要一股脑儿留给自己，这就不该算作公平合理地办事。”

浦理燮：“我只能重复一遍，公平与否不是我们该下的断语：条约早就明确断定缔约者所认为公平合理的东西。如果条约的谈判者当时认为部分东京领土转让给中国乃公平合理之举，则他们早就对此进行规定并在条约中注明这部分领土是哪些，它到底指的是什么。总之，我们认为，我们的工程进展办法只有一种，那就是我们早就向你们提出的那种，即根据去年 6 月 9 日条约第三款规定，勘测现在边界，并在边界上设置界石。”

李巡抚与王大人试图解释道，如果说，“frontière”（边界）一字在法文中只有一种含义，那么在汉语中则不同，在中文中用“边界”两字来表达“frontière”这一字，两字连用并不妨碍每字各有特定的含义：“边”相当于（法文中的）“côté”，意指“在边界旁边”，“界”则与（法文中的）“limite”对应，意指“边界本身”。他们通过这种既微妙又难以捉摸的推断分析得出这样的结论：条约中所指的是对东京一侧的边界线进行更改，而没有指现在的边界，这条边界线早已确定，因而不需要再勘。

浦理燮先生答称，没有理由可以说明条约的中文本证明了其他含义，甚或其含义超出了法文本：两种文本均经过两国全权大臣签署，签署前他们一定核实了两种语言在意义上的统一性，并确信两种文本完全一致。

法方界务主任又竭力再次用例子解释，按一般惯例，细节性更改意指什么，勘定边界后所赋予两邻国以符合第三款所说的共同利益概念的好处又是什么。然后，他重又提及法国提出的确保安南王国完整性的承诺以及中国提出的尊重这一承诺的保证。"你们应该承认，"他对帝国钦差们这样说道，"若人们答应了为某人保管某样东西，则就不应该再为第三者随意支配这件东西。"

邓大人："只有条约第三款才能作为我们的行动准则，但其中并未提及这种承诺。"

浦理燮："一份条约的各项条文都是互有关联的，下文解释上文，同时上文又说明下文。法方界务委员会有理由根据第二款第一段来证明第三款的含义并不是帝国界务委员会所想特别强调的那种意义。勘测边界，及在需要的各处设立界碑（当然，若有必要进行细节性界址更改则属例外），这就是该条款所规定的全部内容，该款的拟文并未造成任何误解。"

卜义内先生："另外，只有前往勘测了边界后才能知道那一地区是否真如帝国钦差所设想的，并多次断定的那样贫瘠。因此，重要的是从勘测这块土地开始。"

邓大人的话题又转到浦理燮上述所谓不能把自己答应为某人保管的某物为了第三者而随意支配一语上来。"同样也不能向两人都提出承诺，把一件东西答应给两人。"他说，"但是，你们已经把谅山以北的那部分给了我们。"

浦理燮："这可是一种随心所欲的说法。你们根本无法向我们说明在条约中有任何这样的规定。"

邓大人："我们在条约中看到'改正'两字，这可不是我们发明了这一条文，因此，我们有权利加以利用。你们认为这是指可能进行的小范围的改正，而我们却理解为那是指应该进行的一种改正。你们觉得我们要求的地界太大，我们却觉得与安南王国相比，这简直无足轻重。我们的议案是与条约相符的。"

赫政先生作为邓大人意见的表达人，作了这样的概括："总之难点就在于此：邓大人认为在第三款中，汉字'改正'两字的意思要比'细节性更改'的范围广，他认为，要求划出那条由他向你们指定的边界线仍然是执行条约之举。"

浦理燮："遗憾的是，我们不能同意这样的解释。"

邓大人："您说过，要是您能做主，您乐意向我们出让我们所要求的东西，然而，您没有充分的权力；我们也一样，我们为无法让步而深感为憾，然而我们觉得第三款正文中容许有比你们所理解的更大的界址更改。"

浦理燮："我请邓大人不要修改我所用过的措辞进而得出我发言中所没有的那种含义。我记得曾出于礼貌而这样说过，如果所涉及的东西是我个人所有，那么，我将很高兴地向我们的帝国同僚们表示，我愿意让给他们；然而这绝不是说，如果我做得了主，我乐意出让他们向我们要求的东西。”

邓大人：“我相信，只要您愿意，您就可以满足我们的愿望。”

浦理燮：“邓大人对此完全误解了，不论我对不能取悦于帝国界务委员会而如何深感歉意，我们仍然绝不能这样做。”

邓大人对不能达成谅解也深表惋惜。

浦理燮：“条约中规定了在类似这样的情况下该怎么办，同时要求两国政府负责议决它们的界务委员们无法达成协议的界址更改。因此，任何可能阻拦界务委员会勘界工程进程的节外生枝的现象已预先被排除。

“因此，我代表法方界务委员会提出如下建议：（1）按条约办事，同时将我们之间存有分歧的问题诉诸各自的政府，听候他们裁定；（2）虽然分歧问题暂先搁置不议听候以后解决，但我们仍应根据第三款所指定的作业顺序开始我们的工程，即勘测现有边界，考察应该设置界碑的地点，以及研究也许有可能需进行的细节性更改。我们坚决要求明白无误地证实此事，即我们建议不折不扣地执行条约。”

李巡抚询问，要是两国界务委员会的使命只是赶赴现场，勘测边界和设置界石，那么又何必在此开会议事。

浦理燮先生：“我想，我们聚集在此开会是因为需要研究我们的工程应如何进行，我们的作业首先应朝哪一方向推进，我们打算何时并如何开始这些作业。”

李巡抚与王大人：“我们可以请示各自的政府。然而在前往勘界和设置界碑之前，首先应就我们理解的边界究竟是什么一事达成协议，在不知道边界在何处以前，我们不能前去勘测。”

浦理燮：“只要未通过其他决定，那么边界总是位于它一贯所存在的地方，对此，不能存有什么怀疑。”

师克勤先生要求发言，接着他进行了如下陈述：“邓大人想提出一个业经法方界务委员会仔细研究、我们双方亦曾交换过论点的议案。经过三次会议以后，我们没有得出切实的解决方案。法方界务委员会首先要求帝国钦差们用书面形式阐述他们的提案。然而帝国界务委员会希望不用书面提出。法方界务主任又提出一种议案，即按照条约中遵循的顺序完成我们的使命，亦即是先行勘界，然后设置界碑，接着考虑认为有必要的细节性界址更改。这一议案也没有被列位大人接受。为了摆脱这种局面，浦理燮先生提议请示贵我两国政府，它们是唯一有权修改条约的机构。”

“要是帝国钦差承认有必要将这一问题提请两国政府裁决，”浦理燮提议道，“为避免浪费时间，在得到双方所要求的新指示以前应前往现场勘测东京与中国的现有边界。”

邓大人：“我们是来勘测经改正的边界，因此必须先修改边界，然后前往勘测。既然我们无法达成协议，则必须等待我们两国政府的决定后才能进一步行动。”

浦理燮：“我的议案是出于担心这样的观望等待只能白白浪费时间而提出的。鉴于季节已晚，要是果如我之所料，两国政府仍只能坚持条约原来正确而清楚的条文而不作更动，则这样浪费光阴岂不可惜。”

邓大人认为中国政府不可能对条约进行与帝国界务委员会不同的解释。

浦理燮请邓大人无论如何要确认法国界务委员会已建议按条约指定顺序来执行第三款的事实。

邓大人对此表示确认，然而他又补充道，现在不能前往勘测边界，因为双方对“边界”一语的含义尚未达成一致意见。

卜义内指出，界务委员会正如它组成的情况那样，主要是一个技术性委员会；也许正因如此，我们才为有广西巡抚加入我们的行列而感到高兴，他的协助对我们勘察两侧边界中的一侧提供方便不无裨益。而一个技术性的委员会所要关心的，只不过是如何进行察看、测绘地形图，并在这种情况下勘测边界而并非转让领土。

邓大人说，他为能随各位法国界务委员一同前往边界而感到高兴，但这只能在更改界址问题解决后才能做到。

浦理燮询问邓大人是否同意为更明确起见，把双方必须请示的问题的主要观点书面拟定出来。邓大人答称，他随时准备这样做，但目前无法做明确的答复，因为还须就此事与今天缺席的李兴锐大人商议。

浦理燮提出异议道，法方界务委员会不想因迟迟不作请示而可能受到责备。

邓大人认为，经过业已举行的三轮会谈，两国界务委员会对存在于双方之间的分歧点已相当明确，故无须再用书面形式承认有这些分歧点。

浦理燮先生最后下结论道，现在只有立刻向各自的政府请示。

这一结论得到了双方的赞同，界务委员会暂时休会，何日复会，则应待双方界务主任今后经协商一致，考虑成熟后再确定日期。会议于下午4时结束。

本纪要整理后经法方界务委员们传阅，并于公元1886年1月18日在同登签署。

A. 浦理燮、F. 师克勤、J. 狄塞尔、A. 卜义内、P. 倪思医生（签字）

本抄件与原件一致
秘书：保罗·倪思医生
副秘书：德朗达
界务主任：浦理燮
1886年1月23日于同登

（原件第336～347页）

（该篇与第65卷已收入《中越边界历史资料选编》第789～797页篇内容相同）

法来西讷致法国海军与殖民地部长奥勃（Aube）海军上将函

巴黎，1886 年 1 月 25 日发

海军上校先生，亲爱的同事：

关于帕尔比·德·拉巴雷埃尔（Palbu de la Barrière）先生以东京界务委员的身份在前往河内途中，在法国邮船公司的邮轮“白河”（le Peiho）号上的犯罪事实，您亟盼知道，别人向您呈报的对此人的指控有何下文。

我确实收到过分别于 1885 年 10 月 16 日与 22 日发出的两封来函，其抄件已由□□先生转寄于您，而去年 12 月 15 日我即复照于他，说明根据 10 月 29 日决定，帕尔比·德·拉巴雷埃尔已不再担任勘界委员之职，因而已不再以任何职衔隶属我部人员。

（原件第 348 页）

法陆军部长致内阁总理兼外交部长函

巴黎，1886 年 1 月 21 日发

内阁总理先生，亲爱的同事：

我于本月 20 日收到东京军团代理司令尼格里将军的一份电报，现将该电抄件寄您一阅：(河内，1886 年 1 月 19 日电）浦理燮来电：“由于中方委员们的过分要求，我们双方最后商定，分别请示两国政府，我们的工程就此暂时中断。”

谅山四郊一片安宁，在谅山以西发现有数名中国徒众，但已受到监视。

（原件第 349 页）

浦理燮致法外交部长电

谅山，1886 年 1 月 31 日下午 2 时发

外交部 2 月 1 日下午 4 时 10 分收到

在本月 28 日举行的会商中，帝国界务委员们一方面声称和我们一样都愿意执行条约，并同意降低自己的要求，但另一方面却继续坚持必须在相当广的范围内实行界址更改的观点。为了保留一条相互谅解的途径，我们建议双方各派一名委员组成两人的非正式使团，通过详细研究现在的边界图来寻求一项切实可行的解决方案。然而，由中方界

务委员会派出的赫政先生却在与狄塞尔少校的两次会晤中说，帝国界务委员们至少要求淇江一线，他们对此不会放弃；他们也许至多放弃原先的淇江以北及以东的领土要求，因此，局面仍没有明显改变。我已通知了戈可当先生，并告诉他，如果他的活动不能奏效，我已考虑了必须把您曾命我拟写的那份申明递交出去，我还预先向他寄发了该申明的摘要，以后还要向您转交一份。直至您命我发出此项申明以前，我将抓紧一切可能出现的机会，以求达成一项谅解。

（原件第 350～351 页）

浦理燮致法来西讷函

谅山，1886 年 2 月 2 日下午 6 时 30 分发

外交部 2 月 3 日上午 10 时 40 分收到

赫政先生非正式通知我，中国委员们最后明确要求先安至淇江源头一线、淇江水域本身直至室溪，再由室溪至云南边界。这是一条把室溪与高平让给中国的边界线。这是他们最初所要求的领土范围，只不过少了一个谅山城。赫政先生现正等待着北京的消息。他要求本月 7 日前任何会议均暂缓召开。考虑到中国春节，我亦已应诺。

（该篇收入《中越边界历史资料选编》第 703～704 页）

（原件第 351 页）

浦理燮致法来西讷电

谅山，1886 年 2 月 2 日晚 11 时 15 分发

以下是罗列一系列事实后，那份申明初稿的核心内容：“因此，法方界务委员会遗憾地注意到，帝国钦差们反复地提出那种既不能接受又在字面与内容上均明显违背去年 6 月 9 日条约的要求，其结果是使继续谈判毫无实效，不能成功而只能使本条约第三款推迟执行。

“因此，本申明签发人告知帝国界务委员会，在这种情况下，根据他奉到的指示，他被迫中止法方界务委员会在与中国广西省与广东省接壤的那段边界的勘测工程。

“他还对‘改正’［原文此处为 interprété（被解释）与前后文不符，疑是‘rectification’（改正）之误——译者注］一词牵强的解释提出异议，并对导致这次工程中止的要求也表示反对，因此，停工的责任决不在法方界务委员会，而应完全充分地由帝国界务委员会承担。”

我能否补充一句："本申明签发人仍然存有以在字面和内容上切实执行条约为基础的和衷协商的希望和意愿？"

（原件第 352 页）

法来西讷致浦理燮电

巴黎，1886 年 2 月 3 日晚 7 时发

对您的申明初稿我不尽满意，我请您以下列拟文取代之：

"中国界务委员们的提案已越出了根据 6 月 9 日条约第三款所成立的勘界委员会的权限，因为，根据该条约，界务委员会只有一项任务，就是勘测边界和在凡是需要设置界碑的地方设置界碑以使边界更形明确。万一双方界务委员就界石设置问题或是在为对两国共同有利而对东京现在边界线也许有必要进行的细节性更改问题上无法达成协议，则应请示本国政府。这后一点在这里更是不可或缺的，因为分歧不仅限于细节性界址更改，而且涉及无论在字面或内容上都违背和约的一种引证。

"因此，法方界务委员会声明，遵照上述第三款规定，必须请示本国政府并在它们表示以前暂停勘界工程。

"为达成一项决议，务请中方界务委员用书面形式拟定其提案为盼。"

我认为上述拟文切合当前情势。尽管如此，您仍应等候戈可当先生发您指示后才使用上述拟文，因为我亦给他寄去一份相同的初稿。

（原件第 353～354 页）

浦理燮致法来西讷电

同登，1886 年 2 月 3 日发

谅山，2 月 3 日转

河内，2 月 5 日上午 8 时 05 分正式拍发

外交部 2 月 5 日下午 3 时收到

法国将放弃东京的谣言不久前传至此间，并已为人们所深信不疑。

原先极有可能为我们提供信息的当地百姓和官员的诚意受到了抑制：他们担心，若中国人重新像我们来到以前那样控制了这一地区的局面，则自己就会受到牵连。中国勘界委员们将因此而更加大胆地提出自己的要求。我也即为此而向您指出这一事实。如果我们的勘界工程在近期内暂停以后，我们的军队又撤出室溪与同登，则我们将在这一地

区丧失民心，如发生这种情况，则勘界工程亦势难恢复。不永久性地占领这一地区，则无异于把它转让给中国，这种危险亦势将对三角洲地区的安全造成威胁，我亦已把此电转达瓦尔内将军。

（原件第 355 ~ 356 页）

浦理燮致法来西讷电

同登，1886 年 2 月 5 日发

内阁总理先生：

自我们从河内动身以来，我们一直处于恶劣气候和极端艰苦的物质条件的折磨之中，我的健康状况也因此而大受影响。

除了我最易得的风湿性关节炎因有害于健康的室内潮气和室外气温的共同作用而使疼痛更为加剧外，近三周来，我还患了严重的失眠症，每日清晨又伴有剧烈的前心区疼痛，以致我不得不请倪思医生诊断。附寄的那份信函说明了诊断结果，从中可以看出，我极有可能有患肝病之虞，故在炎热季节无法安然无恙地留在东京。

虽然承您厚爱，来电问我是否愿意担任界务主任之职，而此职仅为几个月之事，我仍对您委我完成的事业怀有浓厚的兴趣，因此依然亟盼能鞠躬尽瘁，全力以赴地加以完成。

然而，即使界务委员会的工程不因中国的过分要求而暂缓，无论如何它也一定会因季节恶劣而中断，因而在 10 月份以前无法恢复。

在这种情况下，尽管我对海上远航无丝毫好感，我仍然恳请您能发电准我在 4 月份返回法国。

（原件第 356 ~ 357 页）

法来西讷致陆军部长多尔朗格（Dorlangue）将军函

巴黎，1886 年 2 月 6 日发

将军先生，亲爱的同事：

东京勘界委员会主任最近致我一电，内称，法国军队撤出这一地区的谣言最近已广为流传，浦理燮先生来电向我指出了这些谣言对他受委的任务带来的影响。

现将这份电报抄件及时寄您，俾您参考。

（原件第 358 页）

浦理燮致法来西讷电

同登，1886 年 2 月 6 日发

谅山，2 月 7 日晨 7 时 50 分拍发

海士先生已安抵此间。我仍等待着您对我 2 月 1 日电报中向您呈上的申明核心内容而发的指令。一俟我接到这些指令，我将提议召开一次会议。若一切果如我所担心的那样，中方界务委员会仍然坚持己见，则会后我将把该申明递交。为递交这份申明，我也需要有您的指示为依据。这样，法方界务委员会行事也有指示可循。我认为最好是立刻离开同登前往谅山，在那里，或是等待中方可能发来的信函（若果能如此的话），或是等候您的决定性指示。

（原件第 359 页）

浦理燮致法来西讷函

同登，1886 年 2 月 7 日发

内阁总理先生：

我在 1 月 24 日的一份报告中最后曾说，我拟建议中方界务委员举行第四轮会谈。

此会谈于 27 日举行，但结果却是否定的。

部长先生，您从法方界务委员会所整理、现作为此信附件附上的会议纪要抄件（附件 A）中即可知道，根据邓钦差在会议一开始所持的态度来看，我们本以为，我们的会议即将朝令人满意的方向发展。然而这种幻想瞬间即逝，邓大人仍不改其初衷，不久即故我依旧。

对于他提出的说法，即戈可当先生业已与李鸿章就互让了结达成完全协议一事我不敢信以为真：这种说法完全与我国驻中国公使给我所发的通知相悖。

为避免旧调重弹并陷于一无所获的空谈之中，我想给帝国界务委员们在他们一心只打算揣测我们方面的意图时以一定的思考时间，并为他们找到台阶、放弃原来的要求进而保全自己面子提供方便，我提出了这样的主张，即最好是把我们在讨论时曾想尽种种办法一心要找到一种与形势相符的作业计划而终不可得的问题暂付阙如；此外，我还预先与狄塞尔先生商定，让他向他们提出，由双方各派一名代表，让这两人根据地图对现在边界的大致走向线共同进行一次研究以便寻求一种切实的解决方案，但这种纯属非官方性的研究只是一种准备工作，决不能构成对双方界务委员会的任何约束，它们有从这种研究中各取所需的自由权。

帝国钦差们询问，我们是否同意派赫政先生作为此行的代表，在我们作了肯定的答复后，他们即提出，若他们经商定后同意我们的建议，将于次日派赫政先生至同登。此事就这样说定。

会谈回来后，我在同登发现了1月24日签发的一份电报，电报中您把致戈可当先生的一份函电抄件转我，而我国驻中国公使却只转给了我该电的一些要点。

在向您禀告第四轮会谈结束以前，我决定等待为避免会谈彻底破裂而进行的尝试所能收到的效果。

赫政先生果于次日前来同登，与由我专门派出的代表狄塞尔先生举行了第一轮会晤，两天后，又举行了第二轮，然而，他把原定对现在边界大致走向线的研究计划搁过一边，而宁愿开门见山，陈述帝国钦差们大概准备把他们原先的要求降低到何种程度。

您从所附的狄塞尔报告抄件（附件B与C）中即可看出，帝国钦差原来的提案与赫政先生所提的方案之间的差别只在于后者只留给了我们一个谅山城。

经过两天的会晤，局面基本上仍与往昔相同，其间的差别甚微，于是，我放弃了今后单靠我们努力而使局面改观的希望。

我把此事告知了戈可当先生，并于1月31日用如下电报禀告于您：

"在本月28日举行的会商中，帝国界务委员们一方面声称与我们一样都愿意执行条约，并同意降低自己的要求，但另一方面却继续坚持必须在相当广的范围内实行界址更改的观点。为了保留一条相互谅解的途径，我们建议双方各派一名委员组成两人的非正式使团，通过详细研究现在的边界图来寻求一项切实可行的解决方案。然而，由中方勘界委员会派出的赫政先生却在与狄塞尔少校的两次会晤中说，帝国界务委员们至少要求淇江一线，他们对此不会放弃；他们也许至多放弃原先的淇江以北及以东的领土要求，因此，局面仍未明显改变。我已通知了戈可当先生，并告诉他，如果他的活动不能奏效，我已考虑必须把您曾命我拟写的那份声明递交出去，我还预先向他寄发了该申明的摘要，以后还向您转交一份。直至您命我发出此项申明以前，我将抓紧一切可能出现的机会，以求达成一项谅解。"

2月1日，赫政先生与狄塞尔重又举行了一轮会晤，狄塞尔给我的报告（附件B）证实了我的估计。要了解中国界务委员们所认为的细节性界址更改是什么，只要注意一下他们要求我们转让的领土面积为14000平方千米，亦即相当于萨瓦省、安省与杜省三省面积之总和即可见一斑了。

这种要求范围之广和帝国钦差们坚持反复提出此种要求之顽固性再也不容我相信，今后继续再与他们谈判会有什么实效了。

然而，我决不想，也不应该匆忙行事，我同意推迟至本月7日以后再提出举行另一轮会谈，这也是依赫政先生之所求。他希望自己业已主动向北京发出了足可对事情今后进程有积极影响的一些电报。

除了中国春节（2 月 4 日）而不容我有别的选择以外，我还打算利用这一段延缓期，以便使我能够在采取相应措施以后，再发出勘界工程暂停进行的通知，当然这种通知也是在停工一事已势在必行才会发出。

部长先生，就是在此种条件下，我在 2 月 1 日先后向您发出了：

（1）下述电报：

“赫政先生非正式通知我，中国委员们最后明确要求先安至淇江源头一线，淇江水域本身直至室溪，再由室溪至云南边界。这是一条把室溪与高平让给中国的边界线。这是他们最初要求的领土范围，只不过少了一个谅山城。赫政先生现正等待着北京的消息，他要求本月 7 日前任何会议暂缓召开。考虑到中国春节，我也应诺了。”

（2）您要求向您呈报的申明初稿的核心内容（其全文附呈于后，请参见附件 E）。后来，我又于 2 月 4 日收到戈可当先生的下述电报：

“总理衙门对我的申明复我一函，该复函最后这样写道：‘中国边界无论如何应该（为使我们双方都按条约办事）划定在谅山与老街两地附近各点，在那里将可设置关税哨卡。我们的中堂亦亟盼界务委员会的商谈能及早结束。我们已通知中国勘界委员应该考虑如何按条约办事。但另一方面，我们也请公使阁下告诉浦理燮先生，应该与邓友好协商，并且最好不要再持顽固坚持其见解的态度。’

“我决不会给您出如此不妥的主意。”

5 日，我在致戈可当的复电中说明他的电报已收悉，同时还说，我现在单等您——部长先生的最后命令，以便递交我的申明后率全体界务委员撤离。

最后，我于昨日致您一电，现抄录如下：

“（同登，2 月 6 日电）海士先生已安抵此间。我仍等待着您对我 2 月 1 日电报中向您呈上的申明核心内容而发的指令。一俟我接到这些指令，我将提议召开一次会议。若一切果如我所担心的那样，中方界务委员会仍然坚持己见，则在会后我将把该申明递交。为递交这份申明，我也需要有您的指示为依据。这样，法方界务委员会行事也有指示可循。我认为最好是立刻离开同登前往谅山，在那里，或是等待中方可能发来的信函（若果能如此的话），或是等候您的决定性指示。

浦理燮敬启”

又及：我正要将此信封口时，却收到了戈可当先生的一份函电，他要我听候他的通知后再递交那份申明。

我请他告诉我，万一巴黎直接发来要我行动的命令，我是否仍要考虑他的这一要求，抑或应该把只从他那里接到的递交申明的通知作为定论性的通知。

我相信，只要共和国驻中国公使对他在总理衙门的活动仍然抱有成功的希望，我就不能过分谨小慎微。因此，我将认真地按他的嘱咐行事。但若巴黎与天津同时发给我的指示中有显著明确的相悖之处，则我就要请示本部。

（原件第 360 ~ 366 页）

附件 A

法中勘界委员会法方界务委员会所录之会议纪要（第 4 号）

会议于 1886 年 1 月 27 日下午 1 时 30 分在南关隘举行。

出席者：

(法方)：浦理燮（界务主任），师克勤、狄塞尔、倪思（界务委员）

(中方)：邓承修（钦差大臣），王之春、李兴锐（副钦差），李秉衡（广西署理巡抚）

法方界务主任表达了对卜义内因临时有事未能参加会议的歉意。

邓大人请法方主任先发言。法方主任声明，他对自己在前几次会议上的发言没有要补充和修改之处。根据他奉到的巴黎指示和戈可当从天津发来的函电，浦理燮先生认为，曾出现在两国界务委员之间，后来又经双方协议交由法中两国政府处理的难点现已消除，从而可使法中勘界委员会得以根据去年 6 月 9 日条约的明文规定来实施勘界工程。他希望邓大人大概也奉到了有关指示，可在相同的基础上达成一种谅解。邓大人想到两国政府间已达成协议，感到相当高兴。他奉到指示命他按照条约在界址更改以后再划定边界。因此，他请法方界务委员会提出一项建议，并陈述他们准备如何执行条约第三款。

浦理燮："我们的意图是始终一贯的，即按条约办事，也要求你们这样做。如果你们同意，我们先共同勘测边界，亦即认定何处为现在的边界，然后再在必要之地设置界石以使边界线明显清晰，若有必要，再乘选择界石设置点之际，我们可以本着对两国有利的精神，进行细节性界址更改。据我们所知，报刊上某些毫无价值的文章，可能已在中国引起人们的揣测，认为法国政府不打算全面占领东京，因而它也可能同意对现有的边界状态作明显的修改。然而，我奉命宣告，再没有比这种揣测更无根据的了；此外，法国政府一贯的宗旨是希望在字面和内容上不折不扣地贯彻天津条约。"

邓大人："我们盼望了解法方界务委员会准备提出的、在我们勘界工程进程中所要遵行的规划，同时还想知道，法方是否认为有必要前往边界勘测。"

浦理燮："我们可以从我们现在所在的地点开始，由此循着边界继续前行，并在重要地点设置界碑，例如在有'门'或关隘、公路处竖设界石。如果对界约所提的'稍作细节性改正'中有某处改正出现分歧，则双方都应认明这种分歧究竟是什么，并暂缓解决，将分歧移送两国政府裁定，但勘界作业却并不因此而停顿，这就是法方界务委员会认为应该遵循的勘界方法，当然，帝国界务委员会若有更佳方案则不在此限。"

邓大人："与其前往现场勘测每一地点，不如简单行事，划定一天然界线（如山脉或河流）。在这种情况下，就无须再设置界石。我们今天即可开始勘定南关一侧的边界。"

浦理燮："先了解一下帝国界务委员会打算大体上如何办理也不无裨益。他的意见是否认为只要按界图勘测而无须预先观察和认定界碑应安设在何处？"

邓大人："我们应从某一确定的地点出发；然而，在那里立即设置界石，还是等候双方就某段边界线达成协议后再行设置，两者究竟以哪种方法更为妥当？我认为最好是先依界图勘界。"

浦理燮："也许可以从图上先了解到须办的事以及勘界作业规划的大致走向线。然而，条约上载明我们必须设置界碑，因此，我认为，至少应先设置几块界石以作为我们勘界工程的起点。"

邓大人询问界石应安设在何处。

浦理燮先生解释道，按惯例，应在被公认为边界线的一些地点，按一定距离设置界碑，若双方认为合适，则应在界碑对应的两面分别镌刻该碑石所标国界的两个有关国家的一个国名。

李巡抚与王大人："您刚才提到评论东京问题的报刊文章。务必请你们相信，我们对这种文章毫不重视，同样，我们也相信你们对刊载在中国报纸上的这类文章也并不在意。我们所关心的只是奉我们的政府的指示办事。"

邓大人："我们接到李中堂的一份电报，内称，他已和戈可当先生达成协议。即使法方界务委员会与中方界务委员会尚不能达成谅解，但李中堂盼望两国政府能保持一致，他已请戈可当先生致电法方界务主任，让与我们大面积领土；他亦已致电中方界务委员会进行较大的让步。既然两国政府愿意友好相处，我们亟盼两国界务委员会亦能达成谅解。"

浦理燮先生："外交部长自巴黎给我来电，嘱我们坚持按条约办事，戈可当先生给我的通知亦是如此。"

李巡抚："在与戈可当先生商妥以后，李中堂遂敦促中方界务委员会对自己的要求稍加降低，我们过去要求一片较广的领土，而今我们向你们索要的领土范围稍小。"

浦理燮："即使戈可当先生出于和解通融的意向，可能说过（但我觉得这不可能，而且难以使人接受，因为他没有向我们谈起过），我们也许可以进行某些领土出让，然而我与我的同事们仍要听从共和国政府的命令，命令中正式要求我们坚持按条约办事。"

邓大人："中国界务委员会坚持按条约办事，从未有过违约之意。条约上载明'改正'一词，这种改正虽然可大可小，但却必须进行。中方界务委员会纵然有满腔诚意，但不能放弃其要求。"

浦理燮："法方界务委员会从未想过要指控帝国界务委员会违反条约。我们始终认为，我们之间只存在一点误会。然而，戈可当先生给我来电说，放弃领土似不可能办到。我认为，目前最好把我们前三次会议上所议的内容略而不谈，而只限于寻求一项能够符合当前形势需要的作业办法。如你们同意，我请狄塞尔先生代表法方界务委员会发言，提出有关这方面的建议。”

邓大人：“我并不认为我们在议论与形势无关之事，因为我是根据条约谈事。”

狄塞尔：“法方界务委员会历来了解列位大人愿意执行条约。我们之间只存在释义方面的分歧点，主要表现在如何理解‘细节性更改’一语。尽管我们向本国政府请求的指示与我们奉到的指示似乎有相悖之处，然而，这种判断与理解方面的分歧依然存在。

“如果双方界务委员会各派出一名委员，委派这两名代表共同研究勘界与边界改正问题，也许比双方界务委员会继续开会商讨问题更容易达成谅解：两名代表看着地图就能确切了解边界线方面的各自意图。”

邓大人说，他并不认为自己受到李中堂对他所发通知的约束，法方界务主任也不会受到戈可当先生对他的电告的约束；但是，既然中方委员们同意降低自己的要求，则法方界务委员会亦应进行某些让步。

浦理燮：“我们只能按我国政府命令行事。虽然与列位帝国钦差一样，我们也注重情谊，然而，我们只能按条约内容办事。”

邓大人：“我们也愿意执行条约。在条约中，我们发现有‘改正’一语，因此，无论是小改或大改，改正总得进行。根据条约，边界线应该经过谅山以北。这表明，这种改正是大改，而不是限于几小块土地。”

浦理燮：“我们过去未能谈妥的问题是个原则问题。经我们请示后奉到的指示都是为了让我们达成谅解而拟订的。我奉到的指示是明确的，它不容许我就同一主题再次商讨。”

王大人：“改正是绝对必需的。”

狄塞尔：“若你们同意，我要求重新研究刚才我有幸提请考虑而尚未得到答复的那个提议。我过去提过，现在仍然要向帝国界务委员会提议，由它派出一名委员与法方界务委员会派出的委员一起，根据我们掌握的地图与平面图，来核查现在边界的大致走向线，以便探索出一种切实的解决办法。这纯粹是一种初步核查，而决不能构成对双方界务委员会的一种约束。”

李兴锐大人发表了长篇讲话，李翻译却只译出了以下一段话：“狄塞尔先生讲得完全在理，我们同意他的看法；与其先去设置界石，还不如先将一份地图摊在面前，双方商议并达成谅解。法国外交部长坚持严格执行条约乃明智之举。然而条约中有‘改正’一语，因此必须进行界址更改。”

师克勤先生：“我们从未声明不应进行界址更改，但是我们不能借修改界址为名，而同意实际的领土转让。”

狄塞尔：“我们可以按照条约精神进行界址更改，对此，我们从未拒绝过。”

李大人又对“改正”一语的含义重新论述了一遍。

邓大人：“与法方界务主任一样，我亦奉到了命我按条约办事的指示。我要求更改界址，但我并不认为自己违背了这些指示。”

浦理燮：“关于这一点，我们已想尽了各种方法来进行探讨，甚或还超越了我们的能力之外，但仍不能奏效。我认为最好就狄塞尔先生所提的提案进行探讨以便了解帝国界务委员会是否同意。”

李巡抚提出反对，其理由是只能得到一小段边界图。

浦理燮：“我想帝国界务委员会大概拥有中华帝国的一幅大地舆图吧。”

邓大人说，眼下手头只有一张小地图。

狄塞尔：“按照我们手头有的概貌图，我们还是能够划定大致的边界走向线，并就主要地点达成协议。另外，我们也不应该否认，没有地图，我们将一事无成。”

帝国钦差们经过商量后，李翻译出面表示，狄塞尔先生的议案已得到赞同，接着又改口道，他刚才说错了，并说，李巡抚表示帝国界务委员会还需要商议后再用信函形式进行答复。

李翻译低声与邓大人交谈了几句以后，邓询问道，若帝国界务委员会表示同意，法方界务委员会是否同意接受派赫政先生代替帝国的一名钦差与法方代表进行磋商而不表示为难。邓大人又补充道：“因为这纯系非正式的核查，赫政先生又懂法文，单凭这一点，这样的核查也要方便得多。”

在征求了他的法国同僚意见后，浦理燮先生答道，既然邓大人是从非官方着眼点出发提出这一要求，则法方界务委员会始终愿意接受任何有利于达成谅解的办法，故对帝国界务委员会派赫政先生为代表与一名法方界务委员商谈一事并未感到有任何不便之处。

因此，双方说定，若经过进一步充分商议后，帝国钦差们赞同狄塞尔先生的提案，则赫政先生当于明日前往同登作为帝国界务委员会代表与专门为此而派出的那名法方界务委员一起，共同进行所提议的研究。

本次会议于下午 3 时 30 分结束。

本纪要整理后经法方界务委员们传阅，并于 1886 年 1 月 28 日在同登签署。

A. 浦理燮、F. 师克勤、J. 狄塞尔、A. 卜义内、P. 倪思医生（签字）

本抄件与原件一致
界务主任：浦理燮
秘书：P. 倪思
副秘书：德朗达
1886 年 1 月 29 日于同登

（原件第 366 ~ 376 页）

（该篇与第 65 卷已收入《中越边界历史资料选编》第 797 ~ 802 页篇内容相同）

附件 B

狄塞尔致浦理燮报告抄件

同登，1886 年 1 月 28 日发

主任先生：

我荣幸地向您禀报，赫政先生已于今日下午 2 时抵达同登，以便与我一起为勘界工程寻求一个共识。赫政先生开始便向我说明，帝国钦差先要求淇江一线，然后是从淇江源头至现在边界的极东点的一直线，最后是以高平河流往中国的入境点为起点，经保乐向云南边界走向的这样一条直线。“淇江是一条天然界线，”他说，“而且又流入中国。”我请赫政先生注意，边界中由天然界线标明的仅属一小部分，除此以外，则为一条理论界线，无法确定。如果帝国钦差们原则上要求注入中国的各河的流域，那么我们则要求黑水河（沱江）、红河与明江等流入东京的各河之流域区，这样，我们就会得到云南省的大部；再者，我们并无权力来研究这些问题。我们的任务早已明白规定：勘测边界并安置界石。在从事这些作业的同时，若有必要，则就细节性界址更改达成协议。我们随时准备进行这种工作。

赫政先生向我指出，帝国钦差系特旨任命的，若他们无法令总理衙门满意地完成受委的使命，则将遭不测之祸。勘界费时极长，并有不少困难。我答称，要勘测的边界早已形成一条天然界线。从白龙尾起，这条界线把白龙尾至先安段的东京湾沿海各小块盆地分开；在淇江源头，该线又顺着淇江与广州河谷坡间的分水岭前伸，直至室溪附近，因此，若帝国界务委员们提出要求，我们也不反对共同按图勘界；但明确保留谅山与室溪之间的那部分地区暂不勘定。然而，不管怎样，最好的办法是在现场勘界。我还补充道，法方界务委员会怀着一片诚意，希望和解通融，同意按条约各项规定来进行任何合理的细节性界址更改，然而不能商讨任何有可能导致条约上并未规定的领土转让的那种勘界。

赫政先生最后说，据他看来，帝国钦差们不想改变他们的要求。我也对他说，法方界务委员会现在不会，将来也不会背离条约行事。如果中国人提出，对在白龙尾附近和高平以北的界址进行修改，则我个人愿意按照条约精神来加以研究，并盼望能促进一项协议的达成；但是在这部分土地以外，我并未发现中国坚持其要求能有什么效果，这种要求的必然结果只能是中止我们的勘界工程。

赫政先生与我告别时说，如果帝国钦差们的意向是需要再会晤一次，则他将另行通知我。

狄塞尔（签字）

（原件第 376 ~ 378 页）

附件 C

狄塞尔致浦理燮报告抄件

同登，1886 年 1 月 31 日发

主任先生：

我荣幸地相告，赫政先生已于昨日（本月 30 日）前来同登与我会商有关勘界问题。

一开始，他即告诉我，帝国界务委员们仍然要求自淇江源头至高平河流往中国的入境点为止的淇江水域。我只是回答他，这种要求仍然会导致条约上未规定的领土转让，而且研究这一要求已超出了我们的职能范围。“更何况，”我又补充道，“如果我们能够表示接受，并且真的加以接受，则我们再也无法从谅山到室溪了。原因是，这样一来，现有的那条唯一的公路就划入中国境内。”赫政先生承认这种看法的正确性，然而当他得知室溪（汉语中称为“高葑”）在淇江左岸时深表诧异。

“在我看来，”他说，“勘定同登至室溪段的边界也许能达成一致意见，具体勘法如下：自同登河水流直至该村，然后是谅山至室溪的公路直达同林（即该公路沿同登河走向的必经之地），从同林起，即为淇江水域本身。公路完全留在东京境内，只要这条公路沿河右岸走向，则该段公路即可作为边界线划定。”

我答称，也许可以考虑这一方案，条件是帝国钦差们同意把中国边界移至下栋（Hadong），以使淇江与高平河的汇流点划归东京。赫政先生只是指出，他并未受有权力可以把只由他自己提出的方案确定下来，因而就不再坚持己见。他临走前告诉我，他以后还会来同登与我相见。

（原件第 378 ~ 379 页）

附件 D

狄塞尔致浦理燮报告抄件

同登，1886 年 2 月 2 日发

主任先生：

我荣幸地向您报告，赫政先生昨日把帝国钦差们最后的提案带来同登。我认为有必要在他口授下录出，以下是我逐字重抄的提案全文：

“邓要求淇江水域一线，从淇江源头至室溪（高葑），从室溪开始，则为一直线通往云南边境，其中包括高葑、牧马、高平、Tiesch-Chang 与保乐，上述各地均留在中国境内。邓对南部边界尚未决定，因为若双方对上述议案表示同意后，才可谈及这部分领土。

“李巡抚与王同意邓的意见。他们补充道，在南方一带及海滨，边界线应直达先安。”

我向赫政先生指出，除了不包括谅山外，这些议案与原先向我们提出的议案一样。在这以后，我问他，这些议案是否确实属于最后定论。赫政先生给了我肯定的答复。我驳斥道，在这种情况下，继续把谈判进行下去似属无益。

赫政先生在与我告别以前，要求把我们与帝国钦差的首次会晤延至2月6日以后，其口实是他已发了非正式函电至北京，这些函电具有一定的价值。

我觉得这一期限并不妨碍我们的计划，我遂答应他，将竭尽全力，使您同意他的要求。

（原件第380～381页）

附件E

申明书初稿

1886年2月7日

法中勘界委员会法方界务委员会在与列位帝国钦差会谈期间，一贯表示愿意执行去年6月9日法中两国之间的和平友好条约的第三款之规定。

它建议按该款中所指定的顺序开展勘界工程，并声明，随时准备与帝国界务委员会共同勘定东京现有边界，以便在边界上安设界碑，并为两国共同利益而着手可能需要的界址更改。

帝国界务委员会所追求的是另一个目标，即争取把一定范围内的领土让与中国。

谈判一开始，帝国钦差大臣邓承修大人发表意见，认为把部分领土让与中国就是关于“对东京现在边界稍有改正”的那一条款的必然结果；在第二轮会谈中，他还建议把谅山以南、高平以北直达云南边界一线作为广西边界。

这是要用大片的领土转让原则来取代细节性界址更改的原则。这样，该议案就超越了纯技术性勘界委员会的职权范围。

法方界务委员会提醒注意之处也就在此，他还声明，他不能同意与第三款内容如此格格不入的要求。

这些关键性论点不仅取自该款的上下文，而且取自条约的引言及第二、三款，但对这些论点，帝国界务委员会仍是以坚持己见作答。虽然法方界务委员会觉得并无必要就勘界应遵循的原则进行请示，因为这些原则在条约上业已确定，但他诚恳地盼望避免使勘界工程一开始就受到阻碍，因而希望只要把问题请示本国政府来裁定，则争端即可解决。

然而结果却并不如意：在今年1月第四轮会谈中，帝国钦差再次断定，条约各款内容包含进行大范围界址更改的必要性，因而只同意降低自己的最初要求：与之相反，法方界务委员会只能坚定不移地执行条约总原则。

然而，法方界务委员会还希望千方百计地促成协议的达成，因而向帝国勘界委员会提出双方各派一名代表成立一个非官方性的二人小组，共同根据地图来研究现在边界的大致走向线以便探索出一个切实可行的解决方案。

然而，作为帝国钦差派出的专使赫政先生在与狄塞尔先生的数次会晤中说，帝国界务委员会最后正式要求自先安至淇江源头一线、直达室溪的淇江水域以及自室溪至云南边境一线——该线把室溪与高平划归中国。

法中界务委员会于今日在同登举行第五次会谈，邓承修大人证实了赫政先生对狄塞尔先生的非正式提案，并声明这就是帝国界务委员会开始提出的有效勘界作业的先决条件。

因此，法国界务委员会遗憾地指出，列位帝国钦差们反复提出那种既令人不能接受又显然违背去年6月9日条约字面与内容的要求，其结果只能使继续谈判一无所获，并必然会推迟对条约第三款的执行。

因此，本申明书签发人荣幸地奉告帝国界务委员会，他获准被迫并奉命中止法方界务委员会在与中国广西省及与广东省接壤的边境上的勘界工程。

此外，他还对“改正”一语的牵强解释以及导致这次勘界工程中止的种种要求提出异议，这次中止勘界的责任决不在法方界务委员会方面，而完全彻底地应由列位帝国钦差承担。

然而，本申明签发人仍然对以从字面到内容执行条约为原则的和衷协商、相互通融怀有希望和向往。他再次向邓大人致以崇高的敬意。

（原件第382～385页）

浦理燮致法来西讷函

同登，1886年2月7日

内阁总理先生：

最近几天，在离通往室溪的公路不远、与同登的直线距离为4～5千米的凭祥小城，展开了一场与海盗的战斗。但可通行的小径蜿蜒曲折，故步行抵达那里历时达4小时之久。

几天以来，我们的护卫队长薛威埃少校收到的报告中都指出，在这一带有一股海盗存在，他们盘踞在由分布于谅山、同登与室溪之间的石灰岩构成的一个山洞中。1月29

日，第二十三兵团的一个分遣队，共100来人，于凌晨4时从同登出发，以便在当地向导的帮助下，侦察被这些海盗们所占领的阵地，并把他们从那里逐走。这一山洞位于半山腰上，山洞中层复一层，重重叠叠，每层都由海盗占据着，这样，给进占设置了重重困难。然而，我们的士兵终于抵达了这一山洞，洞口由几座茅屋掩蔽，分遣队队长下令把茅屋放火焚烧。一位年轻的少尉尼戈（Nigot）先生身先士卒，命人取来一把梯子架在岩壁上，他第一个向上攀登，试图从一个高层钻入洞中，但立即在大腿上中了一弹，分遣队长遂命人将其抢出并抬至枪械射程之外。由于奉命要爱惜自己的士卒，故他只不过对准洞口扫了一阵齐射火力，接着便召回士兵并率队撤出。

这一次武力的示威虽然并未完全成功，但却迫使海盗们撤出现场。

一名由薛威埃少校派出的探子前往监视他们的行踪，并看到他们带着两名伤员退往中国境内。探子查看了小洞，发现一名海盗尸体，随后便立即把海盗进入中国境内的情况报告了军方，并带回了那些逃跑的海盗留在现场的一批文件。这些文件由薛威埃少校转往军方，它们确证了下列情况：

（1）一位姓梁的中国军官的将领在法方界务委员会来到以前为同登的镇守使，被派往屯梅，而且被法国界务委员会在驱驴（Kylux）遇到的军官也许就是他。

（2）在遇有海盗威胁时，各安南乡长便向中国官吏求援，而中国官吏往往应他们所求而给予保护。

（3）安南各乡乡长奉命为苏（Sou）将军的部队筹集粮食，若这些粮食不能按期运到，则同登的中国守将就会对乡长们以关押和杖刑相威胁。

（4）一名中国官军将领曾率一支匪徒与我们相抗。

（5）某些安南官员与匪首联合起来对付法国人。

因此，我们完全确信，在谅山、同登与室溪哨所设置以前，广西省官员无视天津条约规定，依然在这部分安南边境地带以封建领主自居并继续对那里的居民及各乡乡长、县官州官等施加恐吓性权威。过去如此，现在的情形仍需引起重视。

我们从当前的事实中，还获得了这样的证据：中国只有在知道我们也永远驻定在这里后，才甘心放弃对这一地区的各种意图并安分守己地据守在边界一侧。他们在这一带统治时间确实很长，所到之处当地人也对他们心悦诚服，因此，一俟有机会可以自由进入这里后，他们会无视条约的明文规定，而决不轻易放弃重返这一地区的企图。

使他们尊重我国疆界的唯一办法是我们亲自占领这些边境地点，这也是双方争执最激烈的地点。并不需要在那里部署重兵镇守：只要有分遣队在那里出现就足可显示我们的权力进而使中国人要想侵犯它时必须有所顾忌。就这样，自从我们进占同登后，他们已避免在我们的领土上露面。相反，要是军方突然从最远的边境地区撤出驻军，并如可尔西将军在1月初几乎要做的那样，发出把军队集结在谅山或屯梅的命令，那么，几乎必然会发生这样的情况，中国人先是有所顾忌，以后逐渐发展成肆无忌惮地重新前来这一带进驻并主宰这一地区。

我敢于作这样的补充：即使法方界务委员会将勘界任务顺利完成并争取让帝国界务委员们充分全面地承认法国保护政府拥有保持东京边界完整性的权力后，若撤走我们的部队仍将导致同样的恶果。

正是基于这些考虑，我在1月的头几天里，曾坚持认为必须占领谅山、同登与室溪。也正是出于同一想法，我于本月3日向您发了一电。在这份电报中，我尽量简要地向您禀明了，倘或在界务委员会撤离以后放弃谅山、同登、室溪一线会造成麻烦，不论界务委员会的撤离是因为最后决定中止勘界工程所致，还是因为恶劣季节将临，因而绝不可能考虑继续在此逗留。

安南人中早已普遍散布着这样的舆论：法国人即将从全部或部分东京领土上撤走，这种舆论使安南人日益疏远我们，至少使他们在对前途表示忧虑的同时，持极其审慎的态度。这样，不仅使界务委员会，而且使军事当局本身丧失了在其他条件下，本来几乎可以到处从他们许多人那里得到的协助。

在这种环境下，弃守极远的边境地区的哨所必然会使我们的势力立即丧失，并永远失去当地百姓对我们的信任，他们随即义无反顾地转到了中国人的一边。

帝国钦差对议会辩论中他们所关心的问题以及东京的精神状态了如指掌，因此，他们明白，过早地解决勘界问题将会束缚他们今后的手脚，他们宁愿等候发生一些事态，而我们的自愿撤退当然会使法国界务委员会初到谅山与同登时的局面得以恢复，最后，他们坚持索要的那块地区当然就会因形势所迫而重归他们掌握。我认为，这是促使我们的中国同僚把谈判旷日持久地拖下去的原因之一。

然而，继我们撤出以后，若又把军队召回，就正中了中国的下怀，这正符合他们贪婪的欲望，越是这样，我越认为，这不仅对于勘界工程的恢复，而且对于法国在东京的全面利益都是极其危险的。

我坦率地承认，我没有资格承担保卫这些利益的任务，我也无权对代理总司令将军说，在我看来，组建谅山至室溪一线的军事机构势在必行，这样，可以封锁通向红河三角洲的主要路径，同时，还应该在这一线建立一支活跃的治安队伍以监视经常前来扩充海盗队伍的那些散兵游勇和中国歹徒的行动，也许还能挫败广西官员的各种活动。但是，什么也阻止不了我提请军方注意，我们必须用行动来显示我们占领这一地区的明确意愿，并有必要驳斥那些已在安南人中找到市场的错误论点，同时，还必须让帝国钦差明白，如果他们把希望寄托在勘界工程夭折后我们的撤走给他们带来的良机上，那是他们打错了算盘。

这就是我把3日向您奉发的一份电报转给瓦尔内将军的目的，在前一天，我曾为此而向他发了一函。

我的部署获得了成功，这使我完全如愿以偿。将军在本月6日致我的电文中告诉我，为了明确肯定我们的权利和意愿，他将发令，立即着手研究对谅山，然后对同登、同林、室溪一线的严密布防事宜。

我高兴地注意到，我的观点与军事当局的看法完全不谋而合。我在从河内发出的信函中曾向您禀告，瓦尔内将军为促成我受委完成的使命，而给予了几多的关注，在他身上，我发现了多么明智的见解多么良好的秉性。

部长先生，我今天仍要利用这一新的机会对您说，我多么高兴地意识到（我现在也确实这样认为）界务委员会可以依靠代理总司令将军尽心竭力的协助来促成自己任务的完成；而且我还兴奋地觉得，我与将军的关系是建立在相互信赖的基础上：我对他满怀敬意，他对我关怀备至。

（原件第 386 ~ 391 页）

法来西讷致浦理燮电

巴黎，1886 年 2 月 8 日正午发

我于本月 3 日寄您及戈可当先生的一份声明全文，拟由您递交中国界务委员。我还告知戈可当先生，由他为您确定递交的时间。一俟您接到这种指示并把您的声明递交以后，您应即按您提出的方案返回谅山，并在那里等待新的指示或中国界务委员们可能发来的公函。

（原件第 392 页）

法陆军部长致法来西讷函

巴黎，1886 年 2 月 10 日发，11 日 7 时到

内阁总理，亲爱的同事：

您在 2 月 6 日一份公函中，将 2 月 3 日法国东京勘界委员会主任浦理燮的一份电报抄件寄给了我，以作为一个消息向我通报。

这份电报证实，最近在东京广为流传的法国放弃该地区的谣言已明显地在那里取得了市场，进而在边界区域内抑制了本地官员对勘界委员会的一片诚意。

浦理燮又说，我国军队万一放弃同登与室溪，势必会使我们在这一地区的民心丧尽。

为使您能够让勘界委员会放下心来，我立刻复函相告，驻扎在室溪与同登的各分遣队决不会被召回。今天，我又向您发了一电，电文中附有关于据守上述有关地点兵力的

详情的抄件。

（原件第 393 页）

法外交部政治司尼扎尔（Nisard）所作的记录

巴黎，1886 年 2 月 11 日

奉部长办公室命令，已将上海 1886 年 2 月 8 日 1 时 30 分发出的电报抄件转达陆军部，该电文开头是这样拟写的："由于采用了威胁性语言……使我对帝国政府所采取的立场大为强硬。戈可当（签字）"

（原件第 394 页）

法来西讷致陆军部长函

1886 年 2 月 13 日发

将军先生，亲爱的同事：

我于 2 月 6 日向您奉寄浦理燮先生 3 日来电抄件一份，该电中，东京勘界委员会主任表示对我们准备进驻室溪与同登两地的军队撤走一事深感担心。

您在寄给我关于据守上述有关地点兵力详情的同时，又来函相告，驻扎在室溪与同登的各分遣队决不会被召回，对这一通知，我深表感谢。我立即把这一消息转告了浦理燮先生，他对军事当局的这一部署一定会感到兴奋。

（原件第 395 页）

法陆军部长致法来西讷函

巴黎，1886 年 2 月 13 日

部长先生，亲爱的同事：

今将东京驻军司令可尔西将军 1886 年 1 月 3 日来函节录如下："我对勘界委员会的作业给予无微不至的关怀，以促成它竣工。浦理燮使团遵照并迎合政府的意愿，于 12 月 18 日来到谅山驻定。当时，护卫队由两个东京土著步兵连（共计 300 人）及第 23 步兵团的半个连（共计 125 人）以及配有 33 把军刀的骑兵小分队组成。我在屯梅留驻了第 23 团的半个连（共计 125 人）及一个炮兵排（50 人）。1200 名苦力及在各哨所收集到的数匹骡子组成一个辎重队。

“此后，浦理燮先生希望军队占领室溪，而他的职能也迫使我考虑到勘界的特殊性而尊重他的行动计划，因而不得不重行派兵增援。

“1 月 5 日，部队的分布情况如下：

“室溪——一个半连；中间岗哨——半个连；同登（勘界委员会总部）——两个连、一个骑兵分队；谅山基点——第一后备队：一个半连、一个炮兵排；屯梅的总后备队——两个连、两个炮兵排。

“我还派出第二个骑兵分队前往接济第一个分队；这已不仅是一支护卫队而已，而是一支阵容相当强大的保卫勘界委员会的特遣队。我在电报中向您表示我不想把部队驻扎在离我们的活动中心如此遥远的地方。但我并不抱幻想，我预感到我的观点不会被采纳。这样做，必将给 4 月 1 日部队减员制造障碍。到那时，您一定会接到我的汇报，告诉您，这样的远征给有限占领所造成的后果。

“您现在应该相信，您只能召回比政府坚持采用我的计划所定的数字要低的兵员回法国。其后果是极其严重的，因为工兵部队无法为员额超过 11000 人的一支部队提供必需的住宿设备。分散的部队将毫无凝聚力，夏天势必遭到频频的袭击。划入前哨地带与主要保留地之间的各地，海盗与匪徒的势力必将重新猖獗起来。远征时代不会结束，人们又将重新丧失信心。在法国，对这块殖民地的命运将出现不耐烦和气馁。政府势将与反对派斗争；他们也会振振有词地提出弹劾，东京的命运又将重新作为争论的主题。”

顺致崇高的敬意

（原件第 396 ~ 398 页）

浦理燮致法来西讷函

第 29 号文　同登，1886 年 2 月 16 日发

内阁总理先生：

我在本月 7 日有幸向您寄发最近的一份报告时，勘界委员会的工程似乎即将中止。

一俟我接到戈可当先生通知，正式核准我向帝国界务委员们递交那份申明（其核心内容我已寄您过目）后，我只要了解一下该申明是否完全符合从您 1 月 24 日来电中我猜测到的那种意图即可。

在我寄出函件后几个小时，我又收到了您本月 3 日来电，我立即着手寄发与来电中所附拟文相符的声明。

次日（2 月 8 日）赫政先生来到同登与狄塞尔恢复谈判，而这类谈判因前几次会晤一无所获而似乎濒临绝境。部长先生，您从本函附件（附件 A）——狄塞尔先生的报告抄件中可知，赫政先生所带来的提案与前几份议案的差别仅在于这次提案同意把高平与那阳让给东京。狄塞尔先生拒绝就这些基本原则进行任何讨论。赫政先生于是以其私人名义，提议在谅山与同登之间，与两地等距处划一边界点，但不损及中国对北至室溪、泽昌（Tsé-Tchang）与保乐，南至先安的领土要求。狄塞尔先生针对这一绝对不能接受的提案，也提出了另一个方案，即不在谅山与同登之间，而是在同登与南关之间勘定一个边界点，然后由此出发，顺着现在边界，依次在现场查勘条约规定范围内可能进行的界址更改地。赫政先生只能答应将这一方案递交帝国界务委员会审阅。

10 日上午，我接到戈可当先生如下电文：

“（天津 2 月 8 日电）在经过一场力辩之后，我终于促使他们颁发一道上谕，要求邓对现在边界进行勘测，然后再办理界址更改。

“赫政将前往您处建议于 13 日召开一次会议，我认为以接受为宜。如果，正如我意料中的那样，邓放弃了他的要求，则您可开始勘界。若情况相反，则只有把申明递交后立即撤离。”

同日下午，赫政先生与狄塞尔先生举行了新一轮会晤，与前几次一样，这次会晤亦未能收到任何效果。

如同所附抄件（附件 B）中解释的那样，赫政先生声称，中国委员们坚持 8 日所提出的要求，但放弃了对室溪的意图。然后，正如戈可当先生所告知我的那样，他建议于 13 日在同登举行一次正式会议，此议终于被采纳。

自 1 月 24 日以来两名特使之间举行了五轮会晤，但一无所获，接着，我们便于 13 日参加了这次会议。然而我们没有让人损害自己的权利。我们现在要做的，只是观察一番邓大人在收到经戈可当努力而向他颁发的上谕后所采取的态度。

正如随信所附的会谈纪要抄件（见附件 C）所指明的那样（该纪要可以说是会谈的速记记录汇报），我费了不少唇舌才使帝国钦差们承认他们奉到了上谕。邓大人最初仍是旧话重提，谈到了以前通过赫政先生转递给我们的那些提案，但并不坚持要求将其纳入考虑范围。

从他们对上谕只字不提即可看出，在帝国钦差们的眼里，这道上谕没有像我们所设想的那种强制性。当我听到邓声明，他无法按所奉上谕（他自己也承认奉到了此谕）前往踏勘边界时，我不胜惊讶。我只有对向他电达的那份上谕的形式和内容作一番猜测而已。尽管如此，他仍断然拒绝前往现场勘测全部或部分现在边界，而且似乎对这种拒绝的后果也并不那么害怕。

这种镇定自若的态度（会谈纪要中已证明了这一点）实在是我们始料所不及的。面临这种态度，法方界务委员会坚持要求确认这次看来已无法挽回的破裂的原因，以便将责任推给有关人员，因而执意要再次提出按照条约内容和上谕命令前往边界勘测的原方案。邓大人承认，这确系勘界委员会的任务，而且法方界务委员会也有理由要求着手完成这一任务，然而他又认为目前答应我们提案中的要求尚无可能。此外，他又拒不提出缓办议案，尽管根据他的态度，理应由他提出这种议案。

虽然他被迫在发言中表示要考虑奉到的上谕，不过又说他无法切实加以执行，据此，他本想以法方界务委员会提出缓办要求为借口来搪塞本国政府。

我不仅不向他提供脱身之计，反而尽力把辩论引向使他们根本无法推卸责任的路上展开。要是我不同时通过一种与条约精神和您的指示相一致的钳制战术而设法避免把这场争论引上一条使我们最后注定要走向失败的道路上去，那么我并不认为已为自己和法方界务委员会的前进道路扫清了障碍。

副钦差李兴锐说，他打算根据地图来核查在哪些地方需要界址更改。他这样一提，无意中泄漏了他的中国同僚希望求助于这种方法以避免亲自前往边界的秘密心理。

我利用向我提供的这种机会，可以遵照您 1 月 5 日来电指示精神办事，于是我声明，若向法方界务委员会提出按图勘界的议案，它原则上不会拒绝，如果我们觉得按此办理全部或是部分边界地段的界务切实可行，则我们也同意通知帝国钦差。

邓开始时这样回答：他觉得如果提案总是留下这样一个尾巴，即需要考虑动身前往勘察某一部分边界，那么，提出这样的议案亦无必要。

至于按图勘界，他仍然明确坚持要求先进行界址更改的商讨，然后再进行此项作业，在某种意义上，两项作业已经相互混淆，不分彼此。

这就是帝国界务委员会口口声声所谓理解勘界概念的唯一方法；也许帝国钦差这样做是私下感到高兴的，他们乐意把 6 月 9 日的第三款所载的主要关于界址更改的条文视为已为中国政府提供了脱身之计，无法通过实际验看现在边界来确证法国对维护东京完整性拥有的权利，但这只是他们暗中表示高兴，而没有公开说出口来。他们从未表示过，我们对该地区整个领域的保护权在他们看来已成为既成事实，若要重新加以考虑只有看法国对此的同意程度并按照它所认为的适度来更改。既然他们连这一点都没有表示，那就更谈不上愿意按条约明文指出的那样，为两国共同利益而接受交换领土的可能性。

正如邓在首轮会谈一开始就暗示的那样，在帝国界务委员会心目中，甚至也许在总理衙门看来，为两国的共同利益计，中国放弃安南与东京宗主权并出让于法国当然需要以大片界址更改作为补偿。

我认为，按帝国界务委员们所需要的形式接受他们的议案，则很可能使他们坚信自己始终形诸言表的观念。然而，若不向他们提供一个折中方案就拒绝其议案，则就意味着谈判破裂。因此，在没有到万不得已时，贸然递交中止勘界的声明，从各方面看，不仅毫无作用，并且相当有害。所以，我一方面声明，如果帝国界务委员会对议案加入种种它所说的保留条件，则我不能接受；另一方面又请帝国钦差们把他们准备向我们要求的界址更改究竟在哪几处进行作为情况通报我们。邓不仅再次拒绝了我的这一请求，反而表示希望知道法国准备出让给中国的领土的最远界限究竟在何处。这是又一次想把职责颠倒，而且要求把从法国方面说只能视为自愿和有条件承诺之举作为中国的权利来看待。任何谅解似乎已毫无可能，我只能从帝国界务委员会所采取的对策中看到以下两个方面的拒绝：（1）拒不同意遵照条约和最近帝国上谕精神前往现场勘界；（2）拒不接受我们提出的在我们能够接受的条件下考虑按图勘测这一边界的要求。然而，我虽然毫不忘记自己肩负之使命不足挂齿，但我仍然担心撤走界务委员会所可能造成的后果。这种撤离必将构成在解释我们各自的权利和义务上发生观念分歧的决定性因素，以致我不能不从中看到中国政府实际部署中的一个不安迹象。我认为，实际上，虽然有种种违背事实的表象，但帝国钦差们还是反映了北京朝廷的隐秘观念和已经拿定的主意。

正是基于这种考虑，所以在邓突然声明，他认为新的会谈已属不可能因而一切都似乎陷于破裂状态时，我又把他刚才向我提出，而我又避而不直接答复的一个问题重新提了出来，这个问题就是：我们是否同意从那时起 3 天内在王大人与一名法方代表之间再举行一次非正式会晤，我对这一要求已表示同意。

虽然李翻译竭力说服邓大人不要对他的提案再行表态，但双方对我表态同意之事已达成一致意见。紧接着，帝国界务委员会向我们告辞，进而结束了历时近 4 个小时的一次会议。

我将这次会谈的情况于 14 日用电报奉告了戈可当先生，应我之所求，我国驻北京公使将会把此电精神转达于您。以下是该电全文：

（同登，1886 年 2 月 14 日电）致天津法国公使："在昨日的会议上，邓说由于天气恶劣、热病、海盗和地形崎岖不平，故目前无法按上谕所令进行勘界，因而必须将这一作业缓至 10 月份再办。我们已提出立即开始勘界，并把这一工程尽量推向前进，还建议若困难一经出现，应共同商讨解决。邓说，既然这项工程在本季节无法完成，就不应开展，还说，他们不想动身，只有等到 10 月，目前的界务委员或其他钦差大员才能前往勘界。然而，他并不愿意提出缓办要求，而设法让我们提出，并让我们提议按图勘界。我又将以前的建议再次提出，我还补充道，若邓提议按图勘界，我们准备考虑。他要求我们先同意立即更改界址，不言而喻，这种更改乃大范围更改。由于我们不同意，他即说要举行新的一轮会谈已属无益，这就等于会谈破裂。我们怀着和解通融的最后一线希望，同意在王与一位法方界务委员之间进行一次非正式会晤，于是局面得以恢复。然而，这不过是一番拖延而已，中方界务委员显然希望撤走。若王仍然要求，即使是按图勘界，也应等到相当于某种领土转让的界址更改以后再定，那么他无异于向我提供了机会，我将把巴黎的申明递交出去，并同时指出，（他们）无视上谕而拒不前往现场勘界。否则，要是这项申明已不符合当前形势，则我指望通过以邓因季节提前和眼下出现的各种具体困难而拒不同意勘界为依据提出一项声明，能够证明，这种拒绝导致了勘界工程的中断，从而把责任推到帝国勘界委员会方面，同时听凭两国政府在今后经协商一致而把这一中止期限确定下来。

请提出您的高见，王将于后天来到。请将此电精神转达巴黎。”

（原件第 398 ~496 页）

1886 年 2 月 16 日第 29 号文附件 A

狄塞尔致浦理燮报告

同登，1886 年 2 月 9 日发

主任先生：

我荣幸地向您奉告，赫政先生于昨日（8 日）前来看我，以便恢复自上次会晤后我一直以为已告终结的会谈。他向我声明，帝国钦差已放弃了高平，在他们新的设想中，边界应从先安开始，伸至淇江源头，然后顺着该河直至室溪附近，再由此划一线，把高平划归东京，Ti-Eschang 与保乐划归中国。中国界务委员们认为那阳在淇江右岸，故对其不作考虑，然而先安与室溪应留在中国境内。“高平以北及先安四周一带均住有众多的中国居民，”他说，“百姓们都呈递了请愿书，要求归中国管辖。室溪百姓也表示了同样的意愿。”

我答称，“我认为我们的中国同僚对我们所负使命的性质以及我们的职权范围领会得并不比过去深刻多少；我们来到这里是为了勘测边界，必要时对边界作一些细节性修改，而不是前来勘定一条新界。”“我们知道，”我又说，“在边界沿线确实住有许多中国人。云南与广西官员长期以来习惯于把他们想遣送出去的歹徒流放来此。也有实业人士和商人来此开发当地资源。另外，条约也解决了这些移殖民所面临的处境问题，这表明谈判者从未想到要把这些移殖民之地并入中国版图。至于百姓意愿，从法方界务委员会所收到的证据来看，他们那种愿望似乎与您所说的并不相同。”

“帝国钦差们坚持他们对‘细节性界址更改’一语的理解，”赫政接着说，“还坚持其在他们看来根据解释完全站得住脚的议案。在高平以北，由于地方海盗肆虐，故即使不算不可能，至少也是难以进入的。先安与现在边界之间的地区相当贫困，没有任何价值。因此，你们可以在对东京毫无不利影响的情况下，同意提出的对上述几个地点的界址更改。”

关于高平，我提请赫政先生注意，海盗们并不如他所设想的那样可怕，他们中大部分是在中国纠集而成的。只要事情保持原来状态不变，不论边界如何更动，海盗会始终存在。但如果中国与安南双方官员切实在边界上执行巡逻和治安，则海盗肃清有日。

至于先安一带，维持现状对东京来说并非毫无价值。沿海无数岛屿和小海湾已成了中国海盗们随意栖身的巢穴，他们前来掳掠东京各河口的妇女和儿童，抢劫和击毁过往商船。这些海盗与上述河口离得越远，其危害性就愈小，因而被抓获的可能性也就愈大。此外，最好让利害关系最大的地区组织力量对沿海实行警戒。于是赫政先生以个人名义发表看法，说要是从现在起，我们同意在谅山至同登的公路上与两地等距处确定一个边界点，则他认为这种让步有助于纠纷的解决。

“您所说的‘纠纷的解决’是指什么？”我当即问道，“您是否指帝国钦差愿意放弃对现在边界的任何其他改正？”“绝非此意，”赫政先生答称，“我们仍然需要北至室溪、Tiesch-Chang 与保乐，南至先安的领土。”

我向他指出，局面依然如故，再者，在没有了解中国界务委员们对其他各处的意图以前，我决不能建议我的同僚对某一孤立的地点进行承诺。此外，放弃同登，就会隔断谅山与室溪的交通。个中的利害关系，军事家不会加以忽视的。赫政先生重申他刚才所说纯系代表个人。他还说，帝国界务委员会也绝不会提出这类方案，但是，至少在他看来，若这种方案由我们主动提出，则帝国界务委员会也不至拒绝。

“当然，”我回答道，“我们怀有最真诚的和解通融精神，而且始终在进行这方面的表示；而您自己也承认，如果我们撇开我们的同僚越俎代庖，提出一个超越我们的权力而为我们所不能接受，但在帝国界务委员们看来又这么不够的议案，则我们就会失去分寸。如果您觉得要求已经提尽，则最好应向我们的委托者声明，我们把他们向我们交代的问题原封不动地交还给他们，而且应由他们来加以考虑。

“然而，在我们分手以前，我仍然愿意最后一次表示我们想达成一项协议的愿望。要是您同意首先在南关与同登之间勘定一个边界点，并把它视为一个起点，然后顺着现在边界，逐一研究根据条约规定尺度所可能进行的界址更改地点，则我也会对您说，这一最初达成的谅解可能会消除各种纠纷。实际上，我们一定会以最真诚的态度来考虑你们的要求，而且只要对您我双方所代表的利益并无严重危害，则我们随时准备加以接受。法方界务主任授权我说这番话，我也敢于这样说，我们其余各位同僚对他的做法也会表示同意的。如果我们可以做主，则我们的做法就不一样。我们知道，中国人已在安南境内构筑了一批工事，部分村庄实际上已被兼并。你们是否想让我们就这些地点对你们严加追究？我完全有理由对您说，我们的诚意是显而易见的，而如果中国委员们也怀有同样的诚意，则他们应该接受这样一项合理的议案。万一他们表示接受，务请及时转告我为感，以便我能将这一议案提交我的同僚们研究。若他们表态同意，则我将负责提出。”

赫政先生在与我分手时答应把这一提案转呈帝国界务委员会，一有结果即通知我。

狄塞尔（签字）

（该篇已收入《中越边界历史资料选编》第 704 ~ 706 页）

（原件第 407 ~ 410 页）

1886 年 2 月 16 日第 29 号文附件 B

狄塞尔致浦理燮报告

同登，1886 年 2 月 11 日

主任先生：

我荣幸地向您奉告，赫政先生于昨日（10 日）与我进行了第四轮会晤。

他没有向我提出任何新建议。他只对我说，中国委员们只希望把边界移至同登，这一村庄应留在他们边界线以内，他们拟放弃室溪，但接着他们又要求以高平河作为边界线。我提醒他，如果这样，原则纠纷依然存在。若失去同登，则室溪至谅山的交通就被断绝。同登是附近村民们经常光顾的集市，不能把自古以来全地区安南百姓常来光顾的集市贸易中心划入中国境内。

于是，赫政先生请我注意勘界中将会出现的困难。他又暗示帝国钦差们对这些困难深表担心，并且对需要耗费于勘界作业的时间表示忧虑，因而，也许有必要寻找一下他们在一开始所采取的那种态度的原因。

我对他说，我们方面随时准备执行条约。我也承认客观困难，但这些困难并非不能克服，此外，只要中国界务委员会根据他们所掌握的当地情况向我们提出异议，我们即可以在协商一致的原则下加以解决。如果他们要求我们只在现场勘测部分边界，而把其余部分按地图及其他文献勘测，我就不相信法方界务委员会就会拒不考虑。

“要是我们在行动时协商一致，相互信任，”我补充道，“则 5 至 6 周后，我们的工程即使不能完全结束，至少会取得极大进展；但现在不能忽视恶劣季节已迫近这一现实，眼下任何无益的拖延只能给今后造成种种遗憾。”

赫政先生请我向您提议，召集中方界务委员开一次全体会议。我问他对帝国钦差们最合适的时日是什么。他提出本月 13 日（星期六）下午 1 时半至 2 时。

狄塞尔（签字）

（原件第 411～412 页）

1886 年 2 月 16 日第 29 号文附件 C

法中勘界委员会法方界务委员会所录的会议记录（第 5 号）

1886 年 2 月 13 日同登会议记录

出席者：

(法方)：浦理燮（界务主任），狄塞尔、卜义内、倪思（界务委员），海士（副代表）。

(中方)：邓承修（帝国钦差），王之春、李兴锐（副钦差），李巡抚政躬违和而告病。

浦理燮先生请邓大人发言。

邓大人："我们曾派赫政先生与狄塞尔上校共同探索一项谅解的基础，但未能达成。我们都一致认为必须及早达成一项解决方案，因此，我们要求你们在这次会议上把你们需要向我们建议的方案阐述清楚。"

浦理燮先生："赫政先生请我们与中方界务委员会召开一次会议，我们当然认为列位大人已有议案向我们提出，因此，我请邓大人发言。"

邓大人："我没有什么特别的话要说。我只是想与你们一起寻求一项把事情及早并妥善解决的办法而已。"

浦理燮："问题看来很简单：如果列位大人坚持要求大范围的界址更改，则局面势难再前进一步。狄塞尔先生在答复赫政先生的提案时说，我们将坚持按条约的第三款办事。现在局面依然如故，我们不能超越这项原则。因此，我们愿意希望列位大人放弃违背条约的要求并同意前往勘定现在边界。"

邓大人："我们一贯主张要执行条约，而今，在谈到要打算前往勘界时，法方界务主任究竟是愿意将勘界与更改界址同时办理，还是想先勘测广西直至云南的整段边界后，再改界址？"

浦理燮："在回答这一问题以前，我首先想了解一下我们对于'必须勘测现在边界'这一原则能否取得一致意见。"

邓大人："边界勘测难度极大，更何况勘界费时较久，眼下，你们能有多少时间用于勘界？"

浦理燮："我们准备把全部必需时间投入，以完成我们的使命。"

邓大人："季节已大大提前，现有边界难以勘测，因此，中方界务委员会想征求你们的高见。"

浦理燮："在至少6个星期中，季节对勘界还是有利的。我们还是尽我们之所能出发勘界，直至季节恶劣到不能不停工为止。除非列位大人有更佳的方案向我们提出，否则我们认为上述办法是切实可行的。"

邓大人："在一年的这种季节，气候早已转坏；雨水使地面路滑难行，而广西边界则位于难以进入的山区。界务主任与我不得不亲自前往轿马不能送我们前去的地方，届时我们将被迫爬至山巅，这看来是办不到的。"

浦理燮："我们将尽力前往。贵我两国政府派两个界务委员会来此，若最后一事无成毕竟是件憾事。凡是轿马可达之处，列位大人乘轿，我们骑马前往；有朝一日我们发现季节实在恶劣无法向前施工时，即暂时停工缓办。”

李兴锐大人：“您问帝国界务委员会是否有什么议案向你们提出，我们早已向你们递交过议案，现在可以再重申一遍：当我们通过赫政先生向你们要求出让高平以北地区时，我们清楚地知道，那是一片贫瘠的山区，难以看守，因此不必前往现场勘测这一地区。如果我们把这一提案搁过一边暂时不议，而同意执行命我们前往勘界的上谕，则我们将面临许多困难：首先我们无法切实执行规定我们实行界址更改的那份条约。另外，广西省的边界全程约有两千里：它顺着难以进入的山地走向，那里的路面极端难走，而且瘴疠之气遍地，大家极有可能死于热病。再者，在我们途经龙州时，西部地区的许多百姓纷纷前来请求我们把他们所在的地区划归中华帝国管辖，如果我们前往他们住地时别有所图，则我们将因不能满足他们的要求而陷于万分为难之境，我们在那里甚至会寸步难行，他们的不满情绪也许会转化为敌意。此外，整个西部地区均受盗匪肆虐，从这方面考虑，我们还会有丢命的危险。这就是妨碍我们前进的困难。你们对此也不会不与我们作同样的考虑。除非你们提出克服这些困难的办法，否则，由于你们向我们提出的议案难以实行，而赫政先生代表我们提出的方案又被你们拒绝，这样，我们就没有任何办法可想。”

浦理燮先生：“我不知道自己是否完全明白了李大人方才所说的含义。请允许我核实一下我所领会的意思：由于我们无法达成谅解，因而朝廷颁下一道上谕，命诸位大人前往勘界。”

李大人：“并不完全如此。我首先说，如果我们立即前往勘测现界，我们就无法切实执行那份明文规定必须进行界址更改的条约。”

浦理燮先生：“我们不能重新开始探讨‘界址更改’一语的含义。我们还是把更改界址的问题缓议为妥，我恳请列位大人能向我们提出明确无误的议案。”

李兴锐大人：“你们希望先勘界，然后再就需要进行的界址更改一事协商以取得一致意见，然而，你们没有向我们指明任何便于完成这一任务的方法，务请赐教一项办法。如果你们与我们一样，都想不出切实可行的办法现在就来完成这一工程，则还是将它延至10月底前后金秋季节再办为妥。目前，我们可以根据地图研究在哪几处应该进行界址更改，到10月，我们即可前往现场加以勘测。”

狄塞尔先生：“刚才提出了两个明确的议案：按图勘界，并把工程延至10月再办。”

赫政先生解释道，李大人知道勘测现界存在着不可克服的困难，因而希望双方能达成协议，按图指定一条河流或其他明显的分界线，便于在勘界时走遍其全程，这是一项使工程简单易行的办法。

狄塞尔先生提问道，帝国界务委员会是否就条约规定的原则与法方界务委员会取得了一致意见，这一原则就是：前往勘测边界，在边界上设置界石，然后根据两国的共同利益进行必要的细节性界址更改。“如果这一原则得到认可，”他说，“我们可以再议你们对我们谈到的困难并共同研究克服的办法。”

李兴锐大人：“我们并不拒绝勘界，然而我们已说过，勘界有着不可克服的困难。”

狄塞尔先生：“这些困难我们可在以后谈，我们是否能够首先就上述原则达成协议？”

李大人与邓大人先后都说：“是否可以请你们谈谈你们认为怎样才能克服我们所说的困难。”

狄塞尔先生：“在处理某项事务所可能出现的困难以前，必须对这项事务究系什么有明确的概念。你们是否和我们一样都承认有必要前往边界？这就是我们恳请你们回答的问题。”

邓大人：“我们很想知道你们认为怎样才能克服这些困难，然后我们再回答你们的问题。如果你们向我们提不出任何切实可行的办法去克服勘界作业的困难，我们就不能立即表示同意前往勘界。”

从这一答复中可以看出，邓大人似乎并未确切领会法方界务委员会所提的问题，浦理燮先生于是请赫政先生协助向其解释清楚。

于是邓大人便说他已完全听懂了问题的含义，他还说：“从原则上说，狄塞尔先生完全言之有理，但在实际上，我们将会遇到重重困难。”

浦理燮先生：“邓大人的答复并未向我们确切说明我们是否就我们今后应怎么做达成一致意见。如果大家对基本点尚无明确的概念，当然就谈不上探讨途径和办法或者商议需要考虑的种种困难了。”

邓大人：“我们不能否认我们首先应该勘界，然后再更改界址。”（赫政先生解释道，邓大人所说的“我们不能否认”一语，意指他对原则表示承认。）

浦理燮：“那么我们已就这第一点达成一致意见。”

邓大人：“然而季节已大大提前，我当请求我皇陛下准予将工程缓至明年再办。因为我们确实发现今年要办任何事情都会面临巨大困难，另外，我也想听听诸位对此的高见。”

狄塞尔：“从李大人的发言及其以后的讲话中可以看出，列位帝国钦差希望按图勘界。李大人发言的含义是否确系如此？”

李大人：“就是如此，我们打算按图指定一条两国界务委员会都能接受并可在以后前往勘测的边界。”

狄塞尔：“那么你们要求按图更改界址？”

李大人：“我们按图要办的并非是界址更改，而只是划定一条我们准备在秋后前往现场勘测的边界线。”

狄塞尔：“你们所想谈的到底是怎样一条边界线？是指现界还是经你们提出修改后新划定的界线？若是前者，我们可以达成谅解；若是后者，我们又面临着相同的原则困难，这些困难曾迫使我们拒绝了帝国界务委员会所提之各种议案。”

李大人：“然而我们找不到其他办法，如果你们认为不能预先就界址更改问题达成协议，那么就无法可想了。”

狄塞尔：“我们从未说过不能进行界址更改，但眼下却谈不上这一问题。”

邓大人：“我们承认我们首先应勘测现界，然而由于前往边界存在种种困难，故我们打算按图勘界并同时在图上进行必要的界址更改。”

狄塞尔：“赫政先生提出的最新方案是这样的：他对我说，准备通过一条从先安出发，顺着淇江走向直至室溪，然后从室溪抵达高平河，再沿此河而上的边界线，把室溪与高平划入东京。”

邓大人：“这一议案被法方界务委员会拒绝后，我们再无其他议案可提。若能排除我们列举的困难，则我们随时准备前往勘界。”

浦理燮：“列位的议案之所以未被法方界务委员会所采纳，是因为它不符合条约的精神。而我奉到的指示，命我不能违背该条约的精神。因此，最好是先把迄今构成我们之间分歧的因素搁过一边，而暂时只限于根据第三款和我们两国政府的指令，首先实行勘界。等勘界作业完成以后，我们再来探讨需完成的界址更改。这是我们所能提出的唯一议案。列位提出前往现场有诸多困难，以此作为反对的理由，但这些困难并不存在于我们能够勘测的整个边界线全程中，至少在某些比较容易进入的地段是如此。至于那些无法到现场勘测的边界地段，我们仍然可以按图研究。”

邓大人：“为了严格遵旨办事，我们必须前往勘测全部边界点。如果我们决定必须前往现场，我们只能到边界各处全部勘测一遍，而不能只限于某几处地点。如果我们双方都认为这些困难无法克服，那么我们目前就不必前往现场。”

浦理燮：“法方界务委员会随时准备前往边界各处勘测，你们向我们摆出的困难在我们看来并非不可克服，我们早已预先对之进行了考虑。在我们抵达同登以前，也像一般人并未深入察看，只是单凭想象一样，觉得难度相当大，但现在我们能就近仔细察看，因而看法就不一样了。我并不觉得在南关以东及南关以西等地能妨碍我们勘测。只要天气条件及适宜的地形允许，我们就应一直把工程继续开展下去。我重申，至少应该先把具体工程开展起来，否则，若不先行开始实地勘测就分道扬镳，那是令人遗憾的。”

邓大人：“我总觉得今年季节提前得极早，因而无法开始这项工程。最好是缓至秋后。我觉得这项作业危险性太大，因而我不惜受到本国政府的切责也不愿意再冒生命危险。”

浦理燮：“邓大人把困难过分夸大了。要勘定一条边界，不必要爬山，也无须走遍边界线所经过的各地点。对边界两侧踏勘一遍，就可以对地形有确切的认识，可以进入的地点总是有的，由此可以命人对难以进入之地画出一幅详细的地形测绘图。

“另外，全体勘界委员并非时时要出现在所需勘测的地点，我们有时只要参看两名代表的勘测结果。然而，我们毕竟是责任攸关，即使认为无法完成，仍应竭尽绵力争取之。

“我们还是利用仅有的6周时间，而不要被那些表面严重，实则并非如此的困难所吓住。”

邓大人：“法方界务主任言之有理，我作为一位中国大员，当然首先要履行职责；然而，因恶劣季节临近，我们目前无法结束勘界，因此，现在开始勘界意义不大，不值得大家为此而牺牲性命。您说过，无须双方全体界务委员都亲自前往各地勘测，要勘测某些难以接近的地点，只需各方派一两名界务委员前往，但我们不同意这种观点。中国政府已命我们勘测边界，因而双方界务主任亲自前往边界各处是绝对必需的。”

狄塞尔：“你们是否想到过，从现在起到10月这段时间，地形困难将有所变化，届时气温也会变得适宜?”

邓大人：“是的，到10月份，地面不会被雨水淋得泥泞。再说，我也不能违忤本国政府的旨意，除非从现在起到那时，另有钦差任命，否则我将履行条约。”

狄塞尔：“摆在我们面前的有两个议案：法方界务主任的议案是利用我们剩下的几星期的晴朗天气开始执行条约；邓大人的意见则是把一切施工作业延至10月再办。”

邓大人：“帝国界务委员会并未提出后一条议案，我们任何议案都未提出：我们只是提请大家注意，勘界工程最好毕其功于一役。”

浦理燮：“既然您与我们都同意应该勘界，那么让我们勘测我们能够勘测的部分边界地段吧。即使我们最后证实了你们所提的困难，我们至少也应表示我们的勘界诚意，这样缓至10月份再办也就合乎情理了。”

邓大人：“您承认我们的工程无法在今年结束，或者说几乎无法结束。既然如此，那么等我们有充裕的时间再把这项工程妥善完成吧。”

浦理燮：“我们今年完成的工作量也将使明年相应的工作任务有所减少。”

邓大人：“勘界工作只能在气候适宜的季节完成。”

浦理燮：“情况就是这样：我们建议立即前往勘界，而列位大人却提议缓至秋后再办。”

邓大人：“你们自己也承认今年无法完成这项工作。全体中方界务委员身体已都不同程度地感到不适，法方界务主任本人贵体也欠佳，如果你们一旦在途中病倒，那将如何是好?”

浦理燮先生对邓大人的关心表示感谢：“然而，”他又说，“我自己觉得有力量能立即投入这项工作：万一我得了重病，我的同事中无论如何总有人——比如狄塞尔先生——届时会接替我。”

邓大人：“这是办不到的，您绝对离不开，同样，要是我万一病倒，界务委员会也只能中止勘界工程。”

浦理燮：“总之，列位大人提出种种困难，归根结底是要求缓办。”

邓大人：“我们并未提议缓办，我们只不过提出，从两国利益考虑，以这样做为宜，然而我们并未提出缓办建议。”

浦理燮：“我们则向你们建议立即开工并执行条约与上谕。两者必居其一，你们到底是要求缓办，还是同意立即开工？”

李大人：“要是你们同意在勘界以后立即进行界址更改，则我们愿意按照你们的建议，勘定南关与同登附近部分边界。”

浦理燮：“界址更改只能在整条边界上进行，而不能在部分边界地段实施，这是我们预定的工作步骤。因此，请问列位大人是否愿意与我们一起前往勘测一部分或几部分边界。”

经过商议后，帝国钦差们通过李翻译答复道，他们宁愿冒杀头的风险也不想现在就前往现场勘界。

邓大人又说：“如果你们同意，我们可以先按图勘界，条件是在勘界后必须立即进行界址更改。”

狄塞尔：“如果列位大人正式提出，我们可以同意研究按图勘界的议案。”

赫政先生说，如果法方界务委员会放弃其前往边界勘测的打算，则邓大人求之不得。

狄塞尔先生：“如果列位要求我们这样做，我们再研究在什么样的尺度中，我们能够接受。议案应由希望达到某种目的的人来提出。我们实在不能取你们而代之，向我们自己提出你们方面的议案。”

邓大人：“由于帝命不敢违忤，我无法担当擅自提出按图勘界的干系，因为上谕命我前往勘界。”

王与邓：“赫政先生早已把我们的多种议案向你们提过，然而你们却一概拒绝。现在应该是你们向我们说明，在界址更改问题上，究竟你们能获准向我们作何种尺度的让步。”

狄塞尔：“我们之所以拒绝你们的议案是因为它们已超越了我们的职权范围，你们向我们提出的要求越出了条约的规定。”

邓大人：“我们很难不这样做。不作界址更改，我们连按图勘界都无法进行。”

狄塞尔：“只有对现场进行勘测后才能进行界址更改。只有到了边界现场才能研究到底在哪些地点进行界址更改才对两国共同有益。”

邓大人：“我们就这一问题的讨论，历时已近一月，但仍然无法取得一致意见。我必须遗憾地指出，法方界务委员会对我们的全部议案都表示拒绝，甚至对关于按图更改界址的议案也一样拒之于千里之外，这对我们是过分苛刻了。然而，既然你们对我们谈了打算尊重某一新的议案，我想知道尊意是否赞成我们派另一名代表——王大人取代赫政先生前往同登，带去一个新的协商方案。”

狄塞尔先生指出，法方界务委员会已表现出极大的礼让和最通融的精神听取了帝国界务委员会向它提出的各项界址更改要求。“因此，我们并不认为应该受到谴责，说我们对列位大人过分苛刻。我们是条约的严格执行者，我们并不认为自己有权向你们进行所要求的让步。”

赫政先生说，邓大人的想法没有被译述清楚。邓大人意指，实际上他已说过，他的所有的提议均遭到拒绝，对这种做法，他个人觉得太苛刻了。

浦理燮：“你们自己也宣称，帝国政府的一道上谕命（你们）在进行任何其他作业以前，应先开始勘界。双方界务委员会都受到这一规定的约束，这也是条约本身的规定。我们可在以后再商讨要进行的界址更改事宜。因此，我再次向你们建议，从现在起就开始进行我们的工程并把它推进到时间允许我们的地段为止。如果列位大人因他们所强调的困难而想向我们建议按图勘界，我们也不拒绝考虑这一议案，并亦不拒绝通知帝国界务委员会，我们是否认为有可能对全部或某些边界地段采用这种勘测方法。勘界后接着将进行界址更改。”

王大人建议先按图实行界址更改，然后前往现场。

浦理燮：“条约中载明应先勘界，如果列位大人想按图勘界，而且又向我们做了这种提议，那么我们无法自己来提出这种议案了。

“总之，在三个不同方案中进行选择应该引起我们的注意：究竟是按照条约和新的上谕规定，采纳法方界务委员会的建议勘测现界，还是把现行的作业延至10月再办，或是按图勘定全部或部分边界？

“我们请列位大人考虑对第一方案作出决定，或是提出关于其余两个解决方案的建议，这一建议将更方便于他们。但是我们请我们的帝国同僚把他们的决定在下次会议上告诉我们。至于界址更改问题，我们将在勘界以后再议，这种勘界也可以按图进行，也可以前往现场；或者部分在现场，部分按图进行。”

邓大人：“既然你们处心积虑要先在现场勘测部分边界，然后再进行某种界址更改，那么就无须再开新的会议，因为我们不能同意在今年前往现场勘界。”

浦理燮：“我是否该把这一声明视作帝国界务委员拒不作出任何决定的表示？”

邓大人答称，他需要与他的帝国同僚商议后再通知是否有必要再聚会一次。

浦理燮先生要求确切知道是否能再开谈一次。

邓大人声明道，关于到现场进行全部或部分勘界问题，今年看来无法实现，因此，他只能答应按图勘界，条件是必须在勘界后立即进行界址更改。

浦理燮先生：“为了再次向你们表示我们希望与你们达成一项协议的诚意和意愿，我们接受邓大人向我们提出的派王大人代替赫政先生与狄塞尔再商议一次的建议。两名代表将共同商讨应采用何种办法才能作为我们勘界工程的切实可行的决定性基础。”

这一动议得到了采纳。狄塞尔先生说，他随时准备前往南关，如果王大人向他进行这种提议的话。

最后决定，王大人于2月16日（星期二）前往同登与狄塞尔先生面晤一次。

本次会议于5时30分结束。

本纪要整理后，经法方界务委员们传阅并于1886年2月14日在同登签署。

A. 浦理燮、J. 狄塞尔、A. 卜义内、P. 倪思医生、海士（签字）

本抄件与原件一致
界务委员会主任：浦理燮
秘书：P. 倪思
副秘书：德朗达
1886年2月16日于同登

（原件第413～429页）

（该篇与第65卷已收入《中越边界历史资料选编》第802～813页篇内容相同）

浦理燮致法来西讷函

谅山，1886年2月17日下午2时15分发

中国界务委员会似乎在经过考虑后倾向于提出按图勘界的建议，并只限于提出下列要求，这些要求也可被视为细节性界址更改：在海宁与白龙尾之间的地界似乎已勘定：边界线由海宁出发，顺着现在界线直至与谅山平行的高地，由此开始，边界线沿……向前移约1500米，其定向与现界平行，直达淇江流往中国的入境点。由同登出发，该界线又绕个急弯，把同登划入中国版图。由淇江流往中国的入境点开始，边界线将顺着现界直至云南边境。在云南边境附近的保乐村将划归中国，我们手头并无任何有关该村的资料。这一按图原则性勘定的边界只有等在下一季节标置石界后才能做最后定论。在此以前，一切仍维持原状。我们还不能认真指望这些条件会正式向我们提出，然而，如有必要，我们也可视这些条件为可以接受，而且对按这些基本原则达成的结果表示满意：我们唯一觉得遗憾的是出让同登，这是当地农村百姓常年赶集的市场，也许我们可以通过牺牲下龙河沿岸的边界线上的一条带状地界来保存同登。然而我担心中国人坚持要求同登心切，不同意这样的交换。但是，我仍然必须向您明确表示任何按图勘界的做法会带有一定的偶然性，因为我们缺少资料。我目前正等待您的命令。

（原件第430～431页）

法来西讷致浦理燮电

1886 年 2 月 17 日发

先生：

我已悉数收到您自第 4 号至第 17 号各份函件（第 4 号与第 17 号均包括在内），然而，您的第 1、2、3 号各函似乎并未收到，因此，务请您将上述各函的副本寄我为感。同时，我亟盼知道这些函件是在什么状况下未能送达收信人之手的，因而也请您对此做一调查。

我高兴地获悉，自您抵达河内并被迫在那里逗留相当长的时间当中，您已竭尽全力，设法与东京政府的总公使维持极其亲切的关系，并与我们的军事与民政当局建立了相当融洽的感情，这对您完成自己的使命极其有利。对于您坚持要派出界务委员会前往它受命勘测的边境的做法我也深表赞同。您亦明白，由于我们的延误，我们的威信大受影响，而中国也将把此种延误即使不看作无能，至少也视为一种软弱可欺。事态证明，为反对你们动身而提出的种种异议并无根据，你们终于按预定计划顺利地抵达龙州，并与你们的中国同僚进行了接触。妨碍勘界委员会工程开工的种种障碍业已消除，我们敢于希望这一共同事业将会积极稳妥地开展下去。我并不过分在意政治性障碍，在谈判中，这些障碍必将会消除。我与您来往的函电中已充分确定了对付与去年 6 月 9 日条约字面与内容背道而驰的种种要求所应采取的行事方针。在这一点上，您无须担心，放弃边界附近某些尚由我军守卫的地段会使您的任务复杂化。我已从陆军部处取得了保证，占领室溪与同登的分遣队将坚守在那里，布朗热（Boulanger）将军给我寄来了关于这一区域军事力量详细组成情况的报告，以解除这方面的任何顾虑。随信附上上述信函的抄件，其中包括这些指示。正是坚持了共和国政府在一开始采取的既坚定又灵活的态度，我们才赢得了最多的机会，得以使北京政府及其代表们认真实施双方的承诺，就我们这方面而言，我们决定切实加以履行。

（原件第 432 ~ 433 页）

法来西讷致浦理燮电

巴黎，1886 年 2 月 19 日晚 7 时 30 分发

让中国委员们向您正式提出您所预料中的议案。如果他们确实提了出来，那么就明确告诉他们，您并不认为你们的政府会同意出让同登。提醒他们，界务委员会的任务是勘察和确定边界，而并非进行有关领土交换或转让的谈判。因此，界务委员会能够提出

的领土更改只限于沿边部分的交换，但也应从两国共同利益出发，而不能因此使两国各自的现状有重大变化。出让同登并不具备这种性质，您必须听取提议后就立即向我请示。

（原件第434～435页）

浦理燮致法来西讷函

第30号文　同登，1886年2月20日发

内阁总理先生：

按照13日会谈达成的协议，由帝国界务委员会提议的新一轮非官方会晤于2月16日（星期二）在同登举行。狄塞尔上校的助理为法方界务委员会代表海士先生，王大人的随员系赫政先生及李翻译。在经过长时间晤谈（其纪要参见狄塞尔先生所附之报告，即附件Ⅰ）后，王终于表示愿意提出按图勘界的建议，而且其要求只限于我已向您发出的以下电报中所述的内容：

（同登，2月17日电）“中国界务委员们似乎在经过一番考虑以后已倾向于提出按图勘界的建议，而且只限于作下述要求，这些要求可视为细节性界址更改：海宁与白龙尾之间的地界系中国领土，边界线从海宁出发，沿现界直至谅山纬度附近，由此，边界线再与现界平行向东京领土前伸1500米左右，直达淇江流往中国的入境点。在同登附近，该界线又绕一急弯，把同登划入中国境内。由淇江流往中国的入境点始，边界线又顺着现界直达云南省边境。位于这一边境附近的保乐村（我们对此村并不掌握任何资料）将归中国所有。这一原则上按图进行的勘界只有等在下一季节切实竖立界碑后才能有所定论。在此之前，一切仍维持原状。我们还不能认真指望这些条件能正式向我们提出。然而如有必要，我们也可视这些条件为可以接受，而且可对按这些基本原则达成的结果表示满意。我们唯一的憾事是放弃同登，同登乃这一地区安南农民常年赶集的市场，也许我们可以通过牺牲高平河沿岸边界线上的一条带状地界来保存同登。然而我担心中国人非常看重同登，故不同意这种交换。我正等待着您的命令。”

在16日这次会晤以后又举行另一次亦属非正式会晤，日期为18日。中方参加者有王之春与李兴锐大人，另有助理赫政先生以及李翻译，我方则为狄塞尔及海士，随信附上狄塞尔致我的有关这次会晤的报告（附件Ⅱ），请一阅。

在这第二轮会晤中，李兴锐大人大概觉得自己并不受他的同僚王之春前面一番话的约束，试图再次重谈帝国界务委员会最初对先安盆地，特别是对高平以北一带的领土要求。

这一要求一经提出立即被否决，但它却使狄塞尔上校有机会预感到也许有可能引导帝国界务委员会最好就在同登提出对高平河以外边界附近的一块带状地段的领土要求。

然而，正如我之所料，中国人不打算进行这样的互让了结。他们最后宁愿选择王在前一天非正式提到的那个议案，但言明保留这样的权利：16 日会晤后，须在向总理衙门请示并在奉到指示后再另行告知最后提案。狄塞尔先生于是坚持要求达成这样的协议：若在这些原则基础上举行新的会谈，则在达成谅解时应该整理一份正式的会谈纪要以认可其正式性，另一方面，这种协议只有在边界线上真正竖起界碑，各个边界点经过更改后才正式有效，在这一手续办完以前，一切均维持原状。

帝国钦差保证道，无须担心从他们那里出现有关这方面的任何困难。

此时，谈话议题转向在广西边境开放商埠问题。在本月 11 日的一份电报中，戈可当先生通知我，在分手以前，至少把应开放的商埠确定下来，这具有重大的价值。

我国驻北京公使早已在一份电报（此电我于 12 月 13 日在船头收到）中指出，他认为，及早与我们的中国同僚把此事确定对于他自己所进行的谈判至关重大。然而，在谈判初出现的障碍迄今仍不允许我对戈可当先生的这种恳切要求予以考虑。

16 日会晤以后，即使不算有十分把握，至少也有可能开始出现达成谅解的基础，于是，我不得不思考，界务委员会是否应该如戈可当先生之所愿，越俎代庖，进行商务条约的谈判以寻求并确定各通商地点。

为做到在这方面心里有底，我参阅了您的指示。于是我确信，您的指示中并未命我与中国委员们商谈确定商埠问题，而只能与戈可当先生商议，并考虑采用哪条边界线可能促进商务利益，而哪条边界线则会危害贸易利益。我与我的法国同事们都觉得，勘界委员会既然不能勘测边界的中国一边，那么就无法对商埠问题提出有根据的建议，它只能根据残缺不全的地图，单凭猜测来判断需要做出的选择。

法方界务委员会虽然竭诚希望促成戈可当先生的谈判，但仍然不敢贸然给我国驻中国公使做出一些说明，对于这些说明，他也许相当重视，尽管我们提出种种限制和保留，请他务必注意不要轻信我们所提供的数据和资料。此外，我有一种预感，相信帝国界务委员会对这一问题一定会拒不接受讨论。

我发给戈可当先生的数份电报的摘录确切地阐述了根据我们理解的形势概况，所录电文如下。

（同登，2 月 17 日电）"至于商埠问题，我们只能根据残缺不全的地图，单凭猜测来判断需要做出的选择。在广西，我们只能隐约看出，有两处地方，因其地理位置有利而似乎有可能提供令人满意的种种优惠，但是我们对此并未掌握任何资料。一处是思陵州，好像位于谅山以东的边界线附近，与一条流入广州河（即西江——译者注）支流的河流濒临；另一处是龙州，但不在边界沿线。如果这后一大城镇不能开放，也许应该要求下栋（Ha dong）为商埠，该城大概位于龙州与边界之间，在淇江与高平河的汇流点，淇、高两河系两条商务贸易航运动脉，其河水汇合后流入广州河。我相信中国人的意图是在已被转让的领土上选择商业点，而不是在中国本土境内。您可利用您的影响，通过李鸿章，从总理衙门处取得这一决定，这比我们设法让这批谨小慎微、畏首畏尾的帝国同僚们做出此项决定容易得多。”

然而，我仍然觉得有必要探测一下帝国界务委员们的意向。如果王并不声称帝国界务委员会无权受理此事进而断然拒绝我们的提议，则狄塞尔先生即可受权与他就下列事项谈判：（1）关于在广西边界开2至3个通商地点；（2）在高平河与淇江的中国段直至并包括它们的汇流点在内的全面航运自由。

不出我之所料，王与李兴锐都声明决不应受理该两大问题，他们认为这些问题属商业谈判范畴，只有李中堂与戈可当先生才有资格商讨。我方代表只能将这一断然声明记录备案。

在与他的对话者分手以前，狄塞尔要求再次把这些会谈的结果确定下来以免引起误会。此外，他又要求将此事商定，即帝国界务委员会不在正式建议中再加入新的商讨内容，进而改变需要谈判的界址更改性质，以致使这一建议在一开始便陷于无法讨论的僵局。

法方代表在得到保证，事情将这样进行后，即向他们的中国同僚告辞。

我在2月19日致戈可当先生的一份电报中向他汇报了这次会晤的结果，他依我之所求，把电文主要内容转达于您，现将该电全文恭录如下。

（同登，2月19日电）“昨日与中国界务委员举行了新的非正式会晤，最后双方同意，今后研究和商讨的内容仅限于我向您陈述过的那个议题。”

“另有一些补充和附加性细节：必要时，可以将前移1500米的范围减少以使我们至少在边界与淇江或边界与同登至室溪的公路之间留下必不可少的500米边缘地带。中国人还主动向我们提出，在同登下游整修一条公路与室溪公路相接，并答应，如果法国政府希望如此，中国政府保证在同登与室溪之间的界址更改全程中不修筑任何工事炮台，条件是相互做出这种保证。即使通过互让了结，也不可能通过另一种界址更改方案来取代同登，也无法让他们向我们出让淇江与高平河的汇流点与这两条河进入中国的流入点之间的那一小块三角地带。此外，帝国界务委员们昨天声明，他们决不应过问商埠的问题：同登（我一开始即这样预料）与高平附近的牧马是他们为此而早就看中的两个地点。如果法国政府准备接受，我们可以使中国的过分要求缩减十分之九，然而，也只有在商务条约中才能寻求与我们的让步相对等的内容。因此，您必须利用这一形势以谋求商务利益，主要应把两个地点——下栋与思陵州（这是前天我向您提及的广西省的城镇）确定下来，也许还能要求对第三地——比下栋更靠北做出决定——这第三地今后可能是在云南境内的新蛮耗。最后，也是最重要的一点是，在淇江与高平河在中国境内的水域，直至并包括该两河的汇流点上充分的航行自由权。如果中国人早知道您不会同意把同登辟作商埠，那么也许他们会更容易通融，在这点上做出妥协。请把此电要旨转达巴黎为盼。我现在正在待命以确知我是否应该并在何时以何种方式做出结论。”

2 月 17 日，我把经过第一轮非正式会晤所应该出现的那种局面电告了瓦尔内将军。

将军在次日回电如下。

“让中国涉足淇江河谷的办法是不可取的，故应尽力加以抛弃。我只见作为界址更改而出让的东西，但并未见到我们所得到的东西。我反对做出诸如此类的互让了结，这是个骗局：淇江河谷直至室溪以下均属东京所有。这是打开通往高平与丐京（Caï Kinh）的门户，进而把中国人引进太原（Thay-Nguyen）的办法。我请求您，与其接受这种界址更改方案，倒不如使谈判破裂。”

2 月 19 日，我把这份电报的概要电告了戈可当先生，并请他转告您。我是以何种形式并以何种评论将瓦尔内将军先生如此明确的意见转达给我国公使的（将军的地位及其个人的分量足以使其表达的意见具有特殊的权威性），请看下文。

（同登，2 月 19 日电）“瓦尔内将军认为，我们所收到的议案是不足取的，他认为这些方案无异是在向中国人开放入侵之路。我们认为将军所提出的危险在此地并不十分明显，而且我们觉得在经过界址更改以后，走向线经过修改的边界并不比现界薄弱多少。拒绝中国人的建议，在我们几个人看来，是徒然地去冒把勘界问题公开化的风险而一无所获，不必希望眼下乘我军驻扎在东京北部之机达成一项更为有利的协议了。请转告巴黎。”

专此

布达

浦理燮敬启

又及：（2 月 22 日）在即将把此信封口寄出之际。我又收到您本月 19 日签发的来电。

由于我们没有提出任何承诺，所以我执行该电中所发的指示就毫无妨碍。

然而，我猜想中国界务委员们已不准备向我们提出由王负责非正式提出的那些议案，因为他们最后无法从我们这里取得表示接受这些方案的承诺。这样，他们很可能宣布重开谈判已属无益，因而会突然撤离而不让我们掌握任何足资证明他们提出了最后议案的文件。我的唯一策略是在做出必要的修改后把中止勘界的声明递交给他们。

此外，王还让赫政先生致函狄塞尔先生，要求今日下午再与他相见一次。我将根据情况见机行事，尽可能使事情朝最有利的方向发展，但绝不忽视您的指示。

（原件第 435～443 页）

1886 年 2 月 20 日第 30 号文附件 I

狄塞尔致浦理燮函

同登，1886 年 2 月 17 日发

主任先生：

王大人于本月 16 日前来同登。现将我们这次会晤的细节与结果向您作如下汇报：

我依王大人之请首先发言。在回顾了帝国钦差曾表示要求按图勘界的意图以及邓大人等以前曾强调以天然界线为界具有不少方便之处等事实后，我提请王大人注意，从海宁附近的海滨直至淇江流往中国的入境点止的这段现界基本上是循着先安盆地与淇江流域的分水岭以及北方与东方的对应山坡走向。

在淇江流往中国的入境点以外，边界由各关隘的遗址清晰地表明。

王大人承认，以上所述确实无误。他还问我有什么界址更改方案向他提出，我答称“没有”。于是，王大人详细阐述了由赫政先生提出的以前的一系列要求。听他说来，边界线应先从先安出发，上溯至淇江源头，顺着这条河流水域再抵达保乐，并沿着高平河向云南边界走向。为解释这些要求而提出的理由是这一带贫困，在现界附近地区住着大批中国官吏、文人、实业界人士或商人，如果他们被迫住在异域并将自己的祖茔亦留在外邦，对他们来说将造成极其痛苦的处境；帝国钦差面对内心不满的百姓们那种敌对情绪，就难以在这一地区竖设界碑。

我答称，王大人完全知晓，我们的使命只限于勘测现界并在必要时做出细节性界址更改，而并非其他；这种界址更改绝不会是领土转让；另外，条约的谈判者早已规定了对中国移殖民所应执行的政策，他们的处境不会改变；最后，百姓对我们表达的又是另一种不同的意愿，但勘界委员会对此无须过问和介意。

王大人建议撇开一般性问题，而开始就他所要求的同登归于中国问题达成协议。我没有同意这一建议。

李翻译于是问我，我能否允许他以个人名义提出一项能达成协议的建议。他说，照他看来，如果能将海宁作为出发点，然后沿边界直至云南，前伸一条数里宽的狭长地带，把同登与保乐划入其内，他认为这样也许能使双方达成一致意见。

可惜的是，保乐在我们的任何一份地图中都未注明，因此，我不得不向我的对话者询问这一村镇的确切位置。赫政先生与李翻译向我肯定地说，这一村镇不是位于边界线上，就是在边界附近，并且紧靠云南与广西边境。

然而，在不弄清李翻译所要求的前移宽度情况下，我拒绝全面移动边界。于是，李翻译这次说得精确了，他要求前伸 4 里（约 1600 米），且仅限于自峙马关至淇江流往中国的入境点。

我告诉他，在这种情况下，若所要求的变更能视为一种细节性界址更改，则在下列条件下我可以立即把这种关于更改的提议呈交法方界务委员会主任先生及我的同僚们研究：（1）王大人代替李翻译出面提出这一建议；（2）帝国钦差同时应同意把淇江与高平河的汇流点转让给东京。

李翻译答称，这后一个条件实际上使继续谈判毫无收获。

然而，我仍请他把由他主动提出的这一建议原封不动地说给王大人听。

王大人听完后说，中国愿意保证在被出让的边界前移的领土上不修筑工事，但法国亦不能在紧靠边界线附近一带构筑工事；另外，他可以把下列议案提交同僚们审查：海宁以及东部领土留在中国境内，自峙马关直至淇江入境点一段前伸 1500 米地带（同登与保乐包括在内）归中国所有；现界的其余部分保持不变。

我提请他注意，谅山至室溪的公路，中间有同登相隔，在同登以北某些地点，无论是这条公路还是淇江水流，都与提议的边界线靠得很近。

王大人于是同意由中国负责更改绕过同登的界址，并始终使新的边界线与谅山至室溪的公路或是淇江至少保持 500 米的距离。

万一双方界务委员会在上述议案或其他提案的基础上达成协议，则必须说定，对现界的更改只有等在现场竖立界碑后方能作为定论，在此以前，一切仍维持原状。

王大人要求在 18 日再会晤一次，我答道，这一天我将前往南关。说至此，我们遂道别。

（原件第 444 ~ 447 页）

1886 年 2 月 20 日第 30 号文附件 II

狄塞尔致浦理燮函

同登，1886 年 2 月 19 日发

主任先生：

我于昨日（本月 18 日）前往南关，随员为我们的同事海士先生。

王和李兴锐两位钦差大臣接待了我们，并与我们进行了晤谈。

李兴锐大人依然坚持中国方面所提出的争论，他再次陈述了以前的要求，没有增加新的论点。

我们费了相当长的时间才得以使他重新接受上次会晤后得出的那条建议。

李大人似乎对高平省边境附近的下栋（Ha Dong）进行界址更改相当重视。我主动向他提出研究他所要求的界址更改，条件是同登不列入考虑之中。但在这两者当中，他仍决定选择同登，因而，我们显然要对付在2月16日会晤中李翻译主动提出的界址更改方案。

然而，从李钦差坚持要对下栋（Ha Dong）以北进行界址更改的毫不动摇的态度来看，法国政府也许可以由此找到新的交换手段以取得商务贸易的优惠。

总之，两位帝国钦差声明，他们将等待关于下述明白无误议案的指示：

海宁及东部领土仍归中国，从峙马关直至淇江流往中国的入境点之间边界前移1500米，方向与现界平行，因前伸绕一急弯，故同登划入其内。

在云南省附近一带的保乐村归中国所有，现界的其余部分不作更动。

对这一边界的更动只有等在现场真正竖设界碑后才能作为定论，在此以前，一切均应维持原状。

如果能达成一项协议，则应以正式纪要录出以资证实。

我们已向中国界务委员们指出，在关于前面一系列问题的分歧点上已商谈多次，至今仍不能统一，故不宜重开谈判，同时也向他们说明，在下次全体会议上严格坚持上述提案的好处。

我试图把问题引向淇江与高平河汇流点转让一事上来，但毫无结果。我在话中还暗示，如果在帝国钦差们连最起码的补偿都不肯点头的情况下，我们即同意对向中国转让领土一事进行商讨，那么，就不可能说服我的同事们，这必将引起争论。王与李两位大人答道，他们可以出让一些商业贸易的优惠条件作为交换。我答道，这些优惠条件应是：（1）转让上述汇流点，或至少允许我们自由通航，直达该汇流点；（2）在广西边界上确定三个商埠。

他们答称，转让是不可能的，其余问题则与中国界务委员会毫不相干，而应由李中堂负责处理。

他们暗示，一开始，他们就瞩目于同登与牧马，并视该两地为商埠（牧马在高平附近）。

我们商定，帝国钦差一俟奉到所期待的指示后，即通知我们会聚商谈，此后我们便道别。

（原件第448～450页）

法来西讷致浦理燮电

巴黎，1886年2月24日晚9时发

从戈可当来电中似乎可以看出，您已把同登转让给中国人，他们将把其变为开放性城镇，我不能理解与我的指示完全背道而驰的这种让步，因此，对此，我无论如何要表示反对。

（原件第 451 页）

浦理燮致法来西讷函

同登，1886 年 2 月 26 日下午 2 时 15 分发

今日，在会议一开始，狄塞尔少校冷静地谈了李鸿章竟然把他从未做过的关于出让同登的承诺说成是他做出的，这使他感到难以忍受。中国界务委员会想尽量回避，不作正面答复，声称这事无关紧要。为了消除任何误解，狄塞尔少校请求赫政先生作证，后者虽然感到有点为难，但还是坦率地承认，那项所谓的承诺并无其事。正如 22 日寄往巴黎的狄塞尔报告可以使人信赖一样，我无须证明，即可断定，狄塞尔少校（我对他清醒而审慎的头脑给予高度评价）不会有出格和轻率的言行。接着，我请中国人提出一个议案，作为最近几天非正式会晤的结论，于是他们又重新把原来的要求提了一遍，亦即出让先安、淇江水域、室溪、高平及高平河。这样，我只能向他们递交了一份中止勘界的声明，我所做的就是这一点。

谅山高级司令官通知我们，无法为我们在那里安排住宿，于是，我们只能在同登等待中国人可能做出的答复以及在我们接不到中国人任何答复或是他们自行撤离的情况下，您给我们发来的关于我们今后应该如何行动的命令。

（原件第 452 页）

第六十二卷

云南边界勘界委员会法国代表团成员狄塞尔中校给外交部长的汇报

老街，1886 年 11 月 8 日

除了高平省、谅山省和广安（Quang Yen）省的一部分外，整个东京就由红河流域构成。常常被当作一条独立的河流的太平河（le Thaï-Binh），可以被看成是这条大河的一个分支，通过卡洛河（Song Calo）、天德江（des Rapides），竹河（des Bambous）等诸水道流入这条大河。

在广南府（Quang-Nan-Phu，云南省一个同名府的府治）附近，这个大流域的东部界线是自北向南，在保乐（Bao-Lac）附近进入东京，在太原（Thaï-Nguyen）、高平（Cao-Bang）和七溪（That Khé，又名室溪——译者注）之间呈一大曲线，接着往东北伸展，直到谅山。

从谅山起，它的边界线突然弯往东南，紧顺淇江（Song-Ki-Kung）延伸，直到那个分隔这条河的其中一个源头和先安（Tien-Yen）河的山口，然后顺着先安河的西岸。

这个分水岭以东的诸水流入西江（Si-Kiang，广州河）或东京湾沿岸诸水流域。

自老挝起，云南边界一直伸展到它在保乐北面遇到的这个分水界。其中部为红河穿过，在该河东西两侧的展距约有 50 古里（约 200 千米——译者注）。

流经这条边界的诸大河流都发源于云南境内，走向为自北往南或自北往南再往东，全在兴化（Hong-Hoa）和山西（Sontay）之间的北河（Bac Hat）-越池（Viet-Try）汇合。非常奇怪的是，流经或发源于这条长 100 古里（约 400 千米——译者注）的边界线的河流必从北河前经过。可以说，后面这个地方是一个扇柄，其上部的开度包括了云南边界。

现在就让我们从地形、行政、政治和军事的角度来研究这条边界沿线的区域。

一

从老挝起，较重要的河流分别是：

（1）南龙河（Song-nam-Luong）。它发源于莱州［Laï-Chau（Muong-Lai 芒莱）］和奠边府（Dien-Bien-Phu）之间，一时将东京和老挝分隔开，接着往西南流去，注入湄公河。

（2）马江（Song-Ma）。它发源于巡教（Tuan-Giao-Chan）附近，与黑水河平行流向东南，与黑水河相距五六日的路程，在清化（Than-Hoa）省进入安南。

（3）黑水河（la Rivière Noire）。它发源于云南，从中国的他郎（Talang）专区西面几千米处流过，与红河平行地往东南，穿过蛮人地区的山人居住区，深入安南，直到兴化（Hong-Hoa）以南60千米处，在它要经过清化（Than-Hoa）界时被耸立的大山突然阻挡，于是复往北，在兴化下游流入红河。

确切地说，这是蛮人的河。装载29至30担（2吨）货物的舢板可以在该河中国边界的下游部分畅行。“亨利·李维业”型炮艇（吃水0.9米）曾开抵该河往南拐的大拐弯处，如果河床不是布满着众多的岩石，航道太窄无法通过，这些炮艇很可能可以再往前开。

在过界处，黑水河还维持一段平均80至100米的宽度。该河动态随季节而变。在三四月内，水位最低。夏季，水位上升，河水常常泛滥。河上无桥，过河要坐舢板或木筏。居住在沿河两岸的蛮人常常使用竹编的箩筐船，或挖空的树干。

由于黑水河靠近马江，特别是一直深入到清化附近，所以使它显得特别重要。这实际上是连接安南和云南最短最方便的通道。分隔它和马江的地峡的宽度不超过50千米。可以相信，存在着某条可以用于航运的河流的一条支流经过这个地峡。

这一地势使得黑水河具有了从西面不仅绕过红河，而且有整个三角洲的特点。尊室说（Tuyet）首先坚持要维持他与云南的交通线，因为他的武器弹药和最好的士兵都是来自云南，所以他可以利用他的交通线。在松马河（Song-Ma）牢固地站稳脚跟之后，他组织了对黑水河的占领及其防卫。1886年6月初，他逆该河而上，一直到了莱州［Laï-Chau（Muong-Laï）］。在那，他一直保持在他在兴化的拥护者们进行行动的范围内，与他的和云南总督的朋友、莱州的首领进行了共同的商讨，高枕无忧地筹备组织了他的队伍、建立了他的哨所、准备好了总的行动部署。这些行动也许目前开始具体化了。

峨河（Song-Nga）和马门（Ma-Moun）河是左岸的两条最重要的支流。第一条发源于云南，流经孟喇（Muong-La），巴当（Pac-Tang），在莱州［Laï-Chau（Muong-Laï 芒莱）］下游流抵汇合处。不大不小的舢板（15人或1吨）在孟喇至莱州之间往来航行，靠着峨河（Song-Nga）的一条支流南伦（Nam Lum）河，封土（Phong-Tho）也可以通过水路与莱州联系，因为这条支流流过封土要塞的附近。峨河（Song Nga）上有激流险滩，最险处在巴当附近。

发源于太原［（Thaï-Nguyen）Chau du Chien-Tan］北部的那门（Na-Moun）河，可通水舢板。它在孝寨（Hieu Traï）附近注入黑水河。

（4）红河。一直到锦溪（Cam Khé），该河都在一个深山谷中延伸。这个巨大的峡谷起自蛮耗（Mang-Hao）北面，很可能还更远。在锦溪下游，该河在三角洲尽情流淌，使三角洲扩大，不断地使它变得肥沃，并在三角洲冲出大量的小河溪，这些小河都是天然的通道。

在旱季（10 月至 3 月），吃水不超过 0.7 米的炮艇可以沿该河一直上溯到宣光（Thuan-Quan）上游 30 千米处。该哨所往上的河床布满了十分危险的礁石。水流交替地冲往两侧，航道常常很狭窄，变成仅仅适于“云南”型帆船通行。这种帆船的主要特点是龙骨是长型，船身薄，桅杆高。

这种类型的船只适于暂时的航行。从河内逆行至老街的航行时间，很难确定，可以是 25 或 30 天，可以是 3 个月。

1886 年 8 月 19 日事件以后，佩尔蒂埃司令在河内奉命立即开赴老街。他十分努力，但在 10 月 1 日才抵达目的地。如果当时急需援兵抵抗中国人可能对我们发动的进攻，会发生什么后果呢？

宣光和老街间的急流险滩很多，一个接着一个。帆船仅靠自己的能力，不能驶过那些最急的险滩。当下游河段的帆船数目多时，或当帆船结队航行时，各船船员互相帮助，帆船一艘跟一艘地上去。过了急流险滩，帆船保持沿着陡峭的河岸行驶，防备驾驶操作不当造成的后果，也是为了让纤夫能拉住纤绳。不幸的是，河岸既高又陡，长着杂草荆棘或树木，不能靠近河岸。由于没有纤道，纤夫们如果可以就被迫在水中走，为了与急流斗争，就得耗尽全力，灰心丧气之后，一碰到机会就逃跑。在两岸漂泊的小船，被用一根系挂在一棵树上的缆绳拉着，每天最多走 3 到 6 千米，除非遇上有利的微风和满帆。在途中，除了我们的军哨之外，不能期望有什么援助，附近地区差不多没有人烟。

以上就是目前作为航道的红河的状况。这是自然状况。将来肯定可以改善这种状况；如果想把这条商业通道摆到赋予它的地位上，那么这是一项要从事的工作。不论在这个意义上取得的结果怎么样，但航行所需的时间仍将是很长的。老街（Lao-Kay）甚至将不是终点。开放通商的港口也许将在上游，近蛮耗（Mang-Hao）；这样，航行的时间将增加几乎一倍。

货物运到老街后，一般就被卸下，装到其他比较小（载货 60 到 70 担，而非 250 担——一担重 70 千克——原注）的，吃水较浅的帆船上。这些小型的帆船更适合于老街和蛮耗这一段河的航行。

在雨季（4 月到 11 月——原注），河水的水位保持较高的水平。最高水位达到三至四米。河水涨得很快，但退得也很快。这主要是由于该河的上段很长一段狭窄，河两侧的夹壁相距很近，很斜。可以说暴雨是马上就倾入主要山谷。如果短时间内不接着下另一场暴雨，那么水退就像水涨一样快。在所有的支流也可以看到同样的现象。不过这些支流的水道并不大。早上涉水过河处的水深 25 到 30 厘米，中午或傍晚就是 2 到 3 米深的湍流了。在老街与中国的河口（Ho-Keou）工事之间流入红河的南西（Nam-Si）河是唯一的例外。它源出云南，它与红河汇合处的河床有 80 到 100 米宽，小舢板可以沿南西河上行 20 千米左右。流入该河的北市（Bac-Chi）河乃自老街起往东的东京和中国之间的边界线。

（5）齐江（Son Chaï），明江右岸的一条支流，两河在府端（Phu-Doan）汇合。该河发源于重要的矿产地都龙（Tulong）（又名聚隆——译者注）附近。它在右侧接纳 Ngoc Nyen 河，后面这条河平行于边界地流到猛塘（Muong-Kuong）附近，然后往南流去。

水位低时，齐江在陆安州（Luc-An-Chau）上游一日行程的一段开始可以通航，它易受迅猛的洪水影响。Ngoc Nyen 河在雨季也变成了一条宽 80 米、水深 2 米的急流。

（6）明江［la Rivière-Claire（汉语叫盘龙河，Pan-Long-Ho）］，它的称谓常常变化不一。它流经开化府（Kai-Hoa-Phu）城，并将该城包围在它的其中的一个河口里，然后往东南方向流，在天生桥（Tien-Cheng-Tchiao）穿过边界，流到河阳（Hoyan），接着偏南一直到北河（Bac-Hat）－越池（Viet-Try），在那与红河交汇。从大棉（Daï-Mien）起的地方可以通航。大棉在河阳（Hoyan）上游一日路程之处。吃水 0.8 到 0.9 米的炮艇几乎在任何时候可以溯河而上，直到宣光附近。不过在该河的航行是相当困难的，不是由于水深不够，而是因为有时航道很窄。

明江接纳其右侧流来的昆河（Song Cong）。昆河的源头与齐江（Song Chaï）的源头相距很近，在都龙境内。在其左侧，明江接纳一条较大的支流，棉江（Mien Giang），由天棉（Tien-Mien）和大棉（Day-Mien）构成。这些河流自云南流往东京，在河阳（Hoyan）附近汇合。

（7）普梅河（Pou-Mei-Ho）。它源于广南（Guang-Nan，中国云南省的一个府），流经广西，然后经保禄（Bat-Lac）县境过东京，在宣光附近注入明江，这段叫绵江（Long-Gam）；据中方委员们说，它在中国的那段可能对水运没有什么重要性。在东京这段是否也一样呢？关于这方面，没有得到任何情报。

以上列举的这些大河流域是倒转的自然线。可以将它们分作两组：1）直接从红河分流，流到北河（Bac-Hat）的河流；2）从明江分流，先朝宣光汇合，接着朝府端（Phu-Doan）汇合，最后朝北河汇合的河流。这一梗概充分说明，从战略角度看，万一中国方面发动一次进攻战，北河－越池的地位是重要的。

二

同样这些河流，它们在东京的上游部分的共同走向都是东南向。这一几乎固定的平行性必然使得该地区山岳形态的特点更为突出。在这两个往同一个方向伸展的流域之间，显然有一条分水界。但这条界线在哪里呢？哪些是这条界线的顶峰，高度是多少呢？这些问题只能在对实地进行勘察后才能解答。现在，我们不得不依据口头情报、安南人的地图和中国人的书籍。这三类资料一致认为，包括南面永绥（Vin Thuy）、宣光、保河

（Bat-Ha）和山萝州（Son La-Chau）和北面的广南（Guang-Nan）、开化（Kaï-Hoa）、蒙自（Mont-Zen）、蛮耗（Mang-Hao）和他郎（Ta-Lang）在内的这片地区都是连绵不绝的山。这些山的山坡和山顶都长着高高的野草或是不可进入的森林。有时在这片山区发现一些与平原的居民联系很少的苗人（Méos）或蛮人（Mangs）的家族或部落种的稻子。这些山民放火烧掉野草，开发森林，就地种下稻子，收获过三四次之后，就抛弃已贫瘠的土地，去向另一个山坡要更多的产量。

所有的河谷，即使大河流的河谷，都狭窄弯曲，高深，却适合于年年定期耕种。乍一看，还以为是一群错综交叠的山冈或孤立的小山脉，没有共同的联系，没有构成规律，裂缝纵横交错。平坦部分或只起伏不平部分很少，而且面积也很小。

在红河与明江之间，我们的各路队伍曾有机会在北市（Bac-Xi）附近的谷犹（Coc Do）穿过分水界。据报告，峰界的海拔高度估计为2000米。另外听说封土（Phong-Tho）区年年降雪。山梁分支在离开主要山脉后，又弯回平行同一个主山脉的方向延伸。站在最高点会在视野里看到一条条的小河谷。这些河谷通常平行于大河谷，互相间被一直绵延到分水界的山冈所隔，真正的缺口即为水道。中国的地理书都对这些山着墨很多，但乃泛泛而谈，毫无条理。不过书中说到，在马白关（Mapei-Kouan）和明江间消失的老军山（Lao-Quan-Son）成链形往北延伸，长约100古里（约400千米——译者注）；书中还提到，大棉（Day-Mien）和普梅河（Pou-Mei-Ho）之间的马山（Ma Son）山区难以通行。从这些书提供的全部资料可知，整个这片地区起伏很大，难以通行。

三

道路虽然很多，但从作为交通线来看，都不足取。曾走过这些路的人知道这一点。当地人也许惯于走直线，森林、山冲、石块、群山、河流，都不会使他们生畏。他们穿过这些障碍时踏出一条20到30厘米宽的小路，而这就满足他们的需要了。如果他们偶尔遇到一排岩石，他们就凿出台阶，不考虑人工改善通道。小径常常在悬崖边上延伸。在这些地方，一把十字镐就足以使这些小径不能通行。中国人就曾使用这些办法阻止商人队伍自开化（Kaï-Hoa）下老街（Lao-Kay），迫使他们把货运到河口（Ho-Kéou）去。

在人口比较稠密的河谷，一切都得到稍好些的维护。地方当局使用杂役队。相反，在水稻区，就再也没有小径的踪迹。一丁点的土地都被利用起来。稻田被20厘米宽的用来蓄水的田埂分隔成一块块。这些田埂同时也作为道路。当地的马、云南的驴和水牛惯于走这样的路，所以被用来运输，与役夫一样。不过役夫招雇不易，因为该地区人烟不稠密，他们不喜欢做挑担这门差事。目前，当地人全都联合起来阻挠我们各分队的运动。组织一支稍微强一点的队伍费时不少，会很快变得很迟钝，特别是如果这支队伍拥有许多欧洲人时。最后一点，夏季炎热，疾病、溪河突发的洪水使行军变得即使并非不可能，也会十分艰难。

不过，认为居民们也受这种交通不便之苦的观点，可能是一个错误。水道弥补了一切不足。所有的集市一般都在河流的附近，从各地几乎都可以坐舢板或小舟到达集市。这些集市定期开市。这是真正的聚会场所，商谈生意，进行买卖。人们通过水路从越远的地方来，就越经常光顾这些集市。

如上所述，穿过山冈和森林的小径众多。在一个从未经历过太平的地区只能是这样了。抢劫、邻里的争吵、运动的兴盛已渐渐使老百姓为自己准备了避难所或逃跑的路。鉴于同样的理由，强盗们自己也不得不作准备。法国的占领行动开始在这里将会遇到很大的困难，但随着地形的勘察和测绘完毕，这些困难将消失。

人们往来最多的陆路以及最大的居民中心很少在大河两岸。迄今为止，所有大河几乎都是黑旗军或其他强盗的领地，他们以抢劫掠夺为生，既不尊重财产，也不尊重个人。百姓只好躲进山里，远离水上强盗的涉足范围，不然就要替他们服役，为他们收获，面临许多的危险。由于这些原因，宣光（Thuan-Quan）和老街（Lao-Kay）之间的红河两岸仍然是荒芜的。

各大河不论两岸有没有路，仍然是天然的入侵路线。顺流而下时，这些大河能在既快又方便的最佳条件下确保粮食和补给的运输。必要时，这些大河可以被利用于部队的运输，作用很大。

上述列举的一般特点是所有的陆路所具有的，现在只说说它们中主要的，即在永绥（Vin Thuy）－保河（Bao Ha）－山萝州（Son La Chau）一线以北、经过边界线或与边界线并行的道路。

黑水河与红河之间的通道

（1）他郎到山萝州的路。该路沿着黑水河左岸一直到穆腊（Mu La），在富方（Phu Phang）——戈尔果纳指出该处在边界附近——过到右岸，沿着该河向前延伸，与河相距很近，通到莱州（芒莱）后，继续往南，经过巡教州（Tuan-Giao-Chau）首府和顺州（Tuan Chau）首府，一直到山萝（Son-La）。

富方到莱州——5 天路程。

莱州到山萝——6 天路程。

（2）蛮耗及其附近到山萝州：这条路经过临安（Lin-Ngan）府的大市场、距边界一日路程的孟喇（Muong La），在板冷（Ban Leng）和海伦（Hai Lung）之间穿过边界，继续延伸，分别经过巴当（Pac Tang）、大坪（Ta Phing）（采矿中心）、莱州要塞（那寻）（Na Tum）、南马（Nam Ma）圩和山萝州对面的孝寨（Hien-Traï），沿着峨河（Song-Nga）和黑水河［（la Rivière）Noire 左岸］延伸。孟喇有一条岔路通往封土（Phong-Tho）。

（3）蛮耗到孝寨和保河。这条路在旺坡田（Vuong Bo Dien）和黄奠（Hoang Dien）之间进入东京，经过封土，与红河和黑水河平行往南，通过三洋（Tam Duong）、平陆

（Binh Lu）、三雀（Tam Tuoc）和太原（Thaï-Nguyen）。太原有一条岔路往西，经过那门（Na-Moun）河谷到孝寨；另一条岔路则往东，经良贵（Luong Qui）到保河。

黄奠到封土：2 天的路程。

封土到太原：6 天的路程。

太原到孝寨：5 天的路程。

太原到保河：4 天的路程。

（4）蛮耗经红河右岸到保河。这条大路经过云南和东京的界河龙膊（Long-Po）河，然后沿着红河延伸，有时就在河岸，有时距该河四五千米。

龙膊经班马（Ban Mat）、北社（Bac Xat）到老街（Lao-Kay）：4 天路程。

老街经武老（Vu Lao）到保河（Bao-Ha）：6 天路程。

龙膊有一条路通往河左岸的富禄（Phu lu）。走这条岔路，用 4 天就可以从老街走到保河。从富禄起，就沿左岸走。

黑水河与红河之间平行于边界的路

（1）莱州（芒莱）经封土（Phong-Tho）到龙膊河汇合处和北社（Bat-Xac）。

莱州到封土 5 天路程，途经正怒（Chinh-Nua）、大□（Ta-Th…）、巴当（Pac-Tang）和巴保（Pa-Pao）。

封土到龙膊河汇合处 5 天路程，途经芬义（Phien Ngai）、尼堤（Ni-Ti）和巴街（Ba-Cai）。

封土到北□（Bat-…）3 天路程，途经吴福（Ngo Phuoc）。这条小路通常是在中国征募来的各部队走和中国各路强盗到红河要给养时走。

（2）南马（Nam-ma）墟到老街，途经莱山要塞、猛康（Muong-Khan）、三洋、平陆、三雀：8 天路程。

红河与明江之间的通道

（1）蛮耗到老街和保河，沿红河左岸。从老街起直到普禄（Phu Lu），这条小路在河的东面，深入内地达 10 至 12 千米。很难走。莫西翁（Maussion）上校 1886 年（3 月）曾取此路去老街。

（2）开化（Kai-Hoa）到马白关（Ma-Pei-Kouan）、都龙（Tu-Long）、河阳（Ho-Yan）和永绥（Vinh-Thuy）。这是主要的入侵路线。钦差大臣邓（承修）说他亲自走过这条路，开化到马白关用了一天，马白关到河阳用了 3 天。在都龙分出一条路直往永绥，途经昆河（Song-Cong）河谷，十分难走。

平行的路：

①开化到蛮耗，途经蒙自（Muong-Zen），全在云南境内。似乎商人常走这条路。

②开化到老街，途经八寨（Pat-Chai）、猛康（Muong-Kuong）和那占（Na-Chien）。骡队走要六七天。那占有一岔路通往普禄。想避开老街的驮畜队选择普禄为装卸码头，

所以取这条岔路。

③老街到都龙和河阳，途经那占。

这条路是（勘界）委员会雇佣的一名芒人（Muong）翻译发现的。

第一站：老街到那占，步行8小时。

第二站：那占到角山（Kuo Chan），步行7小时。

第三站：角山到南伦（Nam Len），步行8小时。

第四站：南伦到广音（Quang Am），步行6小时。

第五站：广音到罗吁（La Hu），步行4小时。

第六站：罗吁到三马铺（Sam Ma Pho），步行5小时。

第七和第八站：三马铺到都龙。

④保河（Bao-Ha）到永绥（Vinh-Thuy），途经陆安州（Luc-An-Chau）。

法国的一位名叫Yacle的批发商先生曾走过这条路。走完这段路用了6天。

第一站：保河到普阳（Pho Rang）（或过阳）（Co Yang），25千米。

第二站：普阳到阳山松（Duong Son Song），14千米。

第三站：阳山松到金夹沙（King-Kia-Sa），17千米。

第四站：金夹沙到陆安州，11千米。

第五站：陆安州到北坡（Bac Pha），8千米。

第六站：北坡到永绥，25千米。

陆安州卫戍司令曾指出，普阳附近齐江边的各条路在往齐江河谷方向时终止，分别往东西延伸。在都龙，情况也一样。这一比较似乎看出，齐江（Son-Chaï）和昆河（Song-Cong）的上河流域很难走，即使当地人也很少走。

从明江和普梅河间进入的路

开化府到河阳和永绥。这条路开始在明江左岸，与河保持一定的距离，在河阳才与明江汇合，到最后这个地方的路程，可能要走五六天。

平行的路

河阳经大棉到保乐［Bat Lac，又叫文中（Van Trung）］。据一些情报说，要走4天，另一些情报说要走6天；经过第定（Dé-Dinh）。这个地区仍然鲜为人知；汉文书籍中没有提到这个地区；各村名和方位以及各河流，在安南各地图上都不一致。法国代表团没能派出一位资深密探去察看。

四

东京与云南接壤的地区是：①兴化（Hang-Hua）省，老挝到猛康［Muong-Kuong（又名猛糠——译者注）］；②宣光省，猛糠到广西。

兴化省。该省分为两个明显不同的部分。第一部分往黑水河（la Rivière Noire）、省会的南面、西面形成一个大圆弧。该大圆弧在旬关（Tuan Quan）拐往红河，过红河，往东到宣光和山西（Son-Say）交界处；第二部分包括这个大圆弧以外的部分，在黑水河和红河两岸。

至于兴化附近和一直到旬关，还可以看到道地的安南人，他们的风俗习惯、政治组织和行政组织是纯安南人的；该省其余的部分（第二部分）的居民全是芒人（les Muongs）和苗人（les Méos）。这是山民（les Chans）区。

安南历任国王都对该地区课以重税，但却从未征服过该地区。所有的地理书籍和其他的官方文件都把该地区与安南王国的所有其他属地相提并论，但是其主权只是通过征税，才在该地区实际上显示出来。各村社交税的固定时期才会看到安南官员出现。而且这对他们个人来说并不是总没有生命危险。

为更有效地吞并而尝试的努力都以失败告终，百姓们成功地维护了他们几乎完全的自治权。

一直到 Can Hung 统治时期（1765），有 23 州，每个州构成一个区域，各由一位世袭的首领统治。首领一声令下，所有的身强力壮的男人就拿起武器。平时，每个村提供一定数量的民勇，由首领供养，而他们的家人和他们的村人则耕种他们的稻田。首领将文武职衔（文官为数极少）授予有关官员，但职务仍然可随意解除。不过各村都参与他们村长或乡长的选择。一般情况下，村长或乡长由同一家族选出。这是没有联合体、有一个专制政体的瑞士村社的缩影。

不过 Can Hung 的一个将军由于成功地平息了一次暴动，有一段时间曾率兵驻扎在各州，强迫各世袭首领接受对他们权利的限制条款。

禁止他们争夺土地，禁止他们互相宣战，一切政治必须交由安南当局裁决。

任职的首领必须由安南授职，强制使用安南的官印和历法；最后，死刑只能由兴化省当局来宣判。

这些写在声明上的改革在停止武力监督后，部分立即成了一纸空文。

内部的战争持续不断。各派根据眼前的利益，倚仗安南的权势，或求援于琅勃拉邦国王，或求援于中国。这正是云南总督频频干预边界纠纷的原因，这些干预使得这位总督变成了一个令人侧目而视、侧耳而听的邻居。他并不使用宗主权，他常常是为了找一些吞并领土的借口、巩固他的势力而出面干涉。

Can Hung 年间发生的叛乱过后，绥府（Tuy phu）、黄吟（Huang Nham）、栋村（Tong Lang）、俭山（Kiem Chan）、丽顺（Le Thuan）、合沛（Hop Phei）和莱州这 7 个都在红河以西的县被强行划归临安（Lin-Ngan）府。从此以后，尽管顺化朝廷一再提出抗议，但除了莱州还向安南交纳捐税之外，其他的一直留在云南治下。然而值得注意的是：大清帝国代表团仍然对莱州的一大部分及其首府提出主权要求。

同一次叛乱之后不久，封土［Phong-Tho（前新，Chien Tan）］区的一位区长发动了一场反头人及其儿子们的战争，并宣布归顺中国。封土马上就被载入临安府志，取名勐左（Meng Tso）。今天大清帝国勘界大臣们就是根据这次不合法的记载对该区提出主权要求的。

这样，老挝诸王在同一时期占据了马南州（Ma Nam Chau）。诸猛（Muongs）大省的23个区就这样减少到16个。绍治（Thieu-Try，1840－1847）年间进行的领土整顿的结果是将其中的3个并入它们相邻的州（Chau）。目前，仅有13个州（Chau），其州（Chau）名如下：

莱州（Laï-Chau）、巡教州（Tuan-Giao-Chau）、屋州（Maison-Chau）、奠边州（Nien-Bien -Chau）、顺州（Tuan-Chau）、扶安州（Phuyen-Chau）、前新（ChienTan）、山萝州（Son-La-Chau）、木州（Moc-Chau）、水尾（Thuy-Vy）、文磐州（Van-Ban-Chau）、梅州（Maï-Chau）、琼海州（Quin Hai Chau）。

前8个接近云南是出于自身的利害关系，而且云南又是它们的吸引重心，其余的因其位置关系而被引向兴化（Hong-Hoa）、南定（Nam-Dinh）、清化（Thanh-Hoa）省。

在刚过去的法中战争期间，云南总督曾试图武装这些州以反对我们，向它们做了无数的承诺。当时控制着老街（水尾，Thuy-Vy）的刘永福早已卷入其中。奠边府（Nien-Bien -Phu）和莱州相继卷入。后者的头领得到的奖赏是被授予芒人（les Muongs）区的游击的头衔，他现在把受封的这个头衔写在军旗上。和约缔结后，仗着岑宫保（Tien-Com-Pao）的优隆宠眷，他还曾想使赋予他的权力变成实权。他通过其统辖奠边府的岳父而成了该地区的主人，这样他已统治了巡教州、顺州和山萝州，他安插其亲属或亲信当这几州的州长。由于效忠于前安南王的王业，他现在正以武力或欺骗的手段力图把所有的芒人召集在自己的麾下，并煽动他们反对我们。中国军队遣散时仍留在东京的2500名官军或散兵游勇，几乎都为他所豢养。因为他可以不断地得到从红河沿岸地区获得的新兵的加入和增援，所以这就是一个更为严重的问题了。

已开始了两个月的莱州行动今天已真相昭然。老街被困在一个几千米的范围内；大批匪股占据着三洋（Tam-Duong）、封土（Phong-Tho）、蒙莱（Muong-Lai）、巡教、顺州、山萝县和香坪（Huong-Binh）。前新四处受攻。如果统辖该县的县官支持不住，那整个地区就将起来反我们；老街与三角洲之间的交通线将被切断，而这样又会延续相当长的时间。

幸好这位县官（莱州州官的宿敌）坚决捍卫我们的事业和他自己的事业。红河上游的高级指挥官（东京第一土著兵团司令佩尔蒂埃）明白支持他的重要性，并为此采取了一些措施。

根据得到的材料，8个边境州（Chau）的男女人口可能不超过16000人。可以从军的男子的人数约四五千。这些估计可能太低了。

比安南人更壮更大的芒人（les Muongs）也更干净、更灵巧。他们身着当地做的蓝棉布服，戴着黑头帕，这种服饰甚至使他们有一个漂亮的外表。他们健步如飞，身材匀称，使人想到我们的轻步兵。经过组织和训练，他们很可能胜过东京土著步兵。

中国人带了大批步枪到他们占据着的各县，一部分是快射步枪（据说为10%）。而这位县官的民团只有我们给他们的活塞步枪。河口和红河上可以自由进行武器买卖，因此推想起来，一直到安南境的所有土著人不久就将备有好枪支。

芒人种稻、玉米、棉花、靛蓝，养有很多家禽牲口。前新县特别得到上天的宠爱，已给老街送去了一些水牛，给我们各分队提供除了面包和酒以外的各种必需品。封土小平原被认为是富裕区。

除了芒人外，生活在山坡、开发森林来种稻的还有几个部落的苗人（旧苗子）。

这就是毗邻边界的清化省的行政、政治和军事状况。保护国的军队驻扎在红河沿岸的老街、三洋、普禄（Phu-Lu）、保河（Bao-Ha）、尼村（Lam）和旬关（Thuan-Quan），有几支分队开始进入前新。

宣光省与云南边界接壤的部分的行政区划照理和东京其余地方是相同的；但事实上，顺化朝廷的作用已逐步削弱，在中国官员日益扩大的势力之下会完全丧失。

1728年在明江右岸划定的边界在左岸就从未正规地确定下来。只有纳税人名册能告诉我们，哪个村子是安南的。各材料本身都很不明确。由于各村以村长名字命名，而村长任任更迭，所以过了一段时间，就必须重新确认。

安南人已渐渐被中国移民挤往南方。后者把他们的邻居看成是他们的庶民，所以不管（对方）是否愿意，就在各村住下来，将最肥沃的良田占为已有，不管合法的所有者；而合法的所有者被剥夺了赖以生存的田产后，只好去寻找另一个避难所和另一个家园。

华人的这种扩张行动并非今日才有。现已扩张到了河阳（Ho Yan）。驻扎在明江沿岸的黄旗军和在红河沿岸的黑旗军一样，促进了这一扩张运动的迅猛发展。他们中的一些人定居下来，从事农业和开矿，另一些则继续拦路抢劫。新来的移民按各自的兴趣，进行两类中的任一类生计。因为安南人几乎已近消失，所以这个地区只遇见一些华人地主或华人劳工和华人强盗。这些强盗并没中断与他们国家的联系，他们等待时机返回祖国。云南地方当局只要觉得他们十分听话，就决不追究他们的往事。

各股匪形成了这个运动的先锋队。他们比那些最初抱着定居想法抵达的人先一步。从老挝到广西，我们的各分遣队到处都在自己的前方遇到他们。在有些地方，他们是一种障碍，在另一些地方，他们是一种威胁。在整个边界沿线，中国人以武力阻止我们的行动，由于他们的武装力量在云南得到各方面支援（至少道义支援）和一个永不关闭的庇护所，因而这支武装力量就更为可怕。

目前，我们所有最边远的哨所分别在明江河畔的永水（Vinh-Thuy）和齐江（Son-Chaï）河畔的陆安州（Luc-An-Chau）。在它们前面一两日行程之处，叛乱分子设置了一道防线，截断了与北方的交通联系。我们的密使无一人能越过这道防线。另外，大清帝国的勘界大臣们可以随心所欲地前往河阳，在越境立放界石、随意不受监督地划分云南的新边界，也许筹划曾阻碍过实地勘界的那种办法。我们之间的讨论已经暴露了他们的秘密目的，那就是使我们离开明江变得可以通航的那个地方，将（云贵）总督的政治和军事裁判管辖区推进到同一个地方。

由于这个问题直接涉及我们在明江沿线的部署，所以问题就留到以后再解决了。在重新讨论这个问题之前，我们的各分队最好能走遍该地区并使我们在该地区的势力明确化。

还没有一支分队进入河阳和保乐［Bao-Lac（文中，Van-Trung)］之间的这个地区，据说该地盛产各种物产。居民们从不负重，肩膀和手上都无厚茧。这一优势使他们受到一定的重视。

居民中心点很多，但都很小。许多点只有四五间板房，像明江沿岸的那些。

开化（Kai-Hoa）似乎是贸易点，买卖活动集中在这进行。有人把交易地点放在蒙自(Mont Zen)，因为它以特别卫生而著称。根据这些人的看法，开化至多只不过是一个人来人往的热闹之地，从老街或明江去云南的商队的一个宿营地。一个在开化待过半年的欧洲人证实那里没有任何一种商业活动存在。

无论如何，假定要重新占领一直到边界的区域，就有必要对今后决心在这片区域作为移民留下来的中国人做出一个决定。他们以后仅局限于老老实实地使用条约规定的、有利于他们的权利？或他们将依然受云南官员和他们边界另一侧的同胞的秘密影响？如果他们不受他人操纵，可以自作主张，也许他们很快就明白，由于他们爱好买卖，他们在三角洲做生意大可获益，因为三角洲比开化和广南（Guang-Nan）这些贫困的山区更宽广。因此时间和该民族的才华可能足以使他们能不费劲地解决问题。不过只有每个人都感觉到我们的势力时，才会产生这种局面。

从老挝到广西，黑水河（la Rivière Noire)、红河和明江的两岸，气候对身体不利。在这些地方的东京人和欧洲人患热病，又称“森林”病，常伴发恶性疟疾。发病主要在夏季。许多虽未患急性热病的人也会渐渐地浑身无力，很快就脸无血色。1886 年 5 月和 6 月，拥有一支外籍兵团一队和两连东京土著兵的贝尔岗（Bercand）少校的特遣队，在保河和黑水河之间行军一个月之后，几乎人人都病了。在老街，7、8、9 月期间，休息不长的时间，可以说个个都病了。

三角洲的居民害怕上溯红河；他们害怕气候的有害影响和水不卫生。从另一角度看，气候炎热期间，我们的各警卫队应停止一切行动，除非迫不得已的需要。

五

老挝在红河之间，云南与东京接壤的是普洱府（Pou-Eul）和临安府（Lin-Ngan)。

边境上就有 6 个于 Can Hung 年间从安南夺去的州（Chau）。六州的区域称为关郎（Quan Lang），隶属于建水（Kiem Thuy）县。中方官员们在那里的权力是很不牢固的。随着我们往西推进到普洱府，他们的权力就微乎其微了。居住在那里的芒人、老人和苗人诸部落享有相当大的独立性。他们是该地区真正的主人。（中方）官员们只是在其中的一派求援，只是当他们认为可望个人有利可图时，才干预纠纷。实际上，云南方向的边境地区就在这些部落的支配下，中国在它以后想确保贸易安全时，可能会制服这些部落。

在开化府情况就不一样了。这个中国府在红河东面与东京接壤。在那里（云贵）总督和官员们的号令谁也不敢不听从。边界上布满严密的军哨。发生的所有不合法的行为、向商人非法征收通行税，常常是得到姑息的事，甚至是得到鼓励的事。

再往东，在开化府和广西之间，是广南府，这个府更穷，人口更少。根据官方地理志记载，这可能是一片峰峦叠起的山区，众多的高峰为云雾笼罩。发源于这个山区的主要河流是西江［Si Kiang（广州河 Rivière de Canton）］和普梅河（Pou-Mei-Ho）。

在 Pitze，即在该府与广西交界处，西江可通航。西江通到广州，顺水而下需 15 天，沿途引入了无数的河流，这些河流不仅给西江贡献了它们的水，而且给它带来了一些帆船或舢板在其广大流域汇集的物产。

普梅河从广南府府治的西面和南面流经广南。在云南境内，这是一条急流，本身并无多少价值。

广南人口包括华人和土著人［（猡猡人、苗子）Lolos；Mia Szo］。各民族还未融合在一起。不过这里和其他各处一样，华人迅速发达。他们是来种田的，但以他们的记忆和管家的才能，很快就控制了当地人。后者相反渐渐地采用天朝人的习俗，身着天朝人的服饰，常常进天朝人开的学堂，参加天朝人的科举考试，吸取这种传统的精神，而中国就是通过这种精神使其历次征服者驯化于它的习俗。

云南这些地区的气候不比老街的气候好。要说有区别，那这个区别可能倒有利于东京。据说溯红河北上，越往上走，所患的疾病和热病就越严重。蛮耗（Mang-Hao）对于华人和欧洲人一样有危险。商贩将许多货运到那里，货仓设在蒙自（Mont-Zen）东面 25 千米的山里。

华人身材中等，伶俐，健壮，体质好。他们生活俭朴，主要热衷于赌博和吸鸦片。我们的河口和红河邻居有些是各省来的。但大多数是来自刘永福（Lieou-Vinh-Phuoc）的故乡广西。反黄旗军和我们的斗争使他们经受了锻炼。他们保持了坚决的精神，甚至是勇敢的精神，这很快就会发现。有好的指挥，经过严格的训练，他们可以出一支强过东京人的优秀部队，能胜任当地的战争，机动性很强，可以不靠车船队和役夫而维持生存。这也许只是一个钱的问题。

已同意返回中国的刘永福的拥护者们已分成了两个阵营，一些人加入了（广西）省的军队，另一些人则定居在红河右岸沿线。

前者已在一名叫 Lam Thong Ling 的将军率领下又回到河口和蛮耗之间。这位将军是我们的敌人黎来山（Le Lai Chan）的女婿，黎自己因热衷于反对我们而闻名。

第二批人今日正利用他们的自由谋私利。他们拥有枪支作为谋生的工具，在拦路抢劫的活动中总是准备追逐出价最高的人。

一直到蛮耗，红河都是敌视我们的策源地，是匪盗招兵和补给的中心，是前黑旗军的思想占优势、将来要从事海盗事业的新一代代表成长的一所学校。只要这种状况持续下去，我们就要在一场双方力量悬殊的斗争中疲惫不堪，平定活动进展就缓慢。在中国将在和平中一直获益时，我们则要长久地被武力阻挠。云南总督有足够的权力确保和约的正确执行。他愿不愿意使用这一权力呢？他过去的所为、人们对他的崇高敬意、他在最近所持的态度让人感到担心，怕他不阻止制造混乱的人，只以一个认真的、谋求私利的旁观者注视这些人的一举一动。

六

中国士兵的装备日益改善。活塞步枪相继被快射步枪所取代。在一个属于同一个单位的有 20 或 30 人的小组中，拥有在欧洲或美洲曾用过的各种型号步枪：斯尼德（Snider）、雷明顿（Remington）、毛瑟（Mauser）等。士兵们一点也不爱护武器；大炮及其附属装备已被铁锈损失。武器品种多了，但却引起弹药供应上的极大不便。和平时期有没有军火库？很难说。军需品似乎偶尔供应一点。带着步枪的士兵配备着大砍刀，中国人习惯使用这种大刀。它用于进攻面对面的近敌，打赢时把对手的脑袋砍下来。

弹药放在一条腰带上。

正规军的军衣是一件长袖、垂至髋部的长上装。这种长上衣无衣领，脖子上和两侧扣纽扣。这种军衣是棉布做的，按照不同省份的兵员，有蓝色、红色或黄色。在胸部和背部，绣有两个圆圈，以便写上士兵所属的部队番号，或士兵所跟随的大人物的名字。裤子就是所有中国人穿的那种，深蓝色，小腿部用护腿套套紧。

每个士兵每年领两套衣服，每月领 5 皮阿斯特（Piastre）。他用这笔月薪负担他的生活费用。当他没有按时领到这笔薪金时，就动武或开小差。

每个单位的军官不是直接地管士兵。常有到场的人数远超过实际人数的情况。

士兵们一脱去上衣，就和所有的中国人一样，因为他们的裤子与一般人没有差别。因此他们愿意时可以方便地变成平民百姓。

在寒冷的季节，服装不换，内衣的件数仅按各人之意而定。

有些材料似乎说云南军队没有骑兵和炮兵。可以肯定的是，河口的其中一个大炮垒的大炮在需要时，会由步兵操纵。

据说实弹练习几乎没有进行过。有个欧洲人在上述的炮垒待了3个月，没有见到一次操练。不过9月份发生在老街周围的各次战斗中，法国军官已看到中国人灵巧地组成横列，8人或10人一组聚合在一个掩蔽所后，进行齐射或自由射击。各部有寻找掩蔽所的明显倾向。当他们想守几天阵地时，如果没有掩体，他们就会巧妙地建造一个（带壕沟和土堤的竹篱）。各州（Chau）这样筑堑保护的据点很多。

没有炮兵不说明中国人没有大炮。他们极有可能将大炮存放在边境要塞或内地的要塞里，因而各作战单位在和平时期不使用。不过还是有人教大炮的操纵和使用的，因为我们已获知，两位法国逃兵在（中国）正规军中担任了炮兵教官的职务。此外，因目前道路的状况，炮群特别是大口径炮在战场上也好，在被围困的要塞也好，都将不会长时期出现。

老街对面有堡垒保护的河口兵营，据说目前只拥有两门从炮口装弹的大炮，和规格为16毫米的旧榴弹炮很相似。对这点抱有幻想也许是危险的。而这只是一个开端。

云南军队有没有一些鞑靼人部队的特遣队呢？尽管没有准确地向我们提供过情况，但我们认为不会有。一位曾在河口军营服役、醉心于买卖更甚于军务、名叫苏文堂（Cho Van Tang）的营长曾宣称这支军队包括边境各部（即分布在各地哨所的60到70个营，每营400人）和内地各部，他不能估计内地部队的人数。

400人的编制人数是军队组织的基本单位。与我们和平时期部队的营对等的是营兵（Yen Ping）。

主要的军事中心可能是河口、蛮耗和开化。后面这两个要塞可能各有一个旅长。

营兵招募的只是自愿入伍的人。担任军官的流浪汉或穷人从不缺少。军饷和住所是难得的好处，这些好处引起的需求比流动资产包含更多。

战时也采取同样的办法。1884～1985年，采用这个办法就组成并保持了所能武装并投到边界的兵员了。

动员的办法似乎很简单。和平部队的营兵原则上应该满足。一宣战，他们就要集中到所选择一个战线点，尾随其后的是：①财力允许组织的其他部队；②派往边界来的其他省份的部队。

实际上事情可能更复杂。和平时期，编制人数差很多；弹药库和军服库，如果有的话，也在省会或为此选定的一个要塞；如果粮食供应尚未准备，还须将大量的大米集中到确定的某个地方；由于道远且路艰难，集结运动要花很长的时间。这一切表明，云南军队不适于进攻；和平时的部队组织投入战场之前起码要准备一个月，其他省的新编部队或分遣队上到前线起码要两个月。

中国人生来就有倾向于防御的思想。他们在北京方向修筑长城；他们在边界上正致力于修筑防御工事以封锁各个山隘和道路。

他们的官方书籍中，每一页都可看出，他们对某个拦住敌人可能会利用进入内地的不设防通道的地点很重视。

迄今为止，监视这类通道的任务是交给一些军事哨所，这些哨所有时有几人看守，有时有一至几个营看守。应该预料他们的人数会增加，他们的抵抗力量会加强。与法国的直接接触曾是，今后很长一段时间仍将是御前谋事们关心的问题。

钦差大臣周（周德润）寄来一幅很旧的军事哨所分布图，复件内附（本件后并未见此图——译者注）。

开化是红河与明江之间的防御内堡。该城有带炮楼的一道围墙保护，明江环绕它，形成一条壕沟。

广南扮演着同样的角色，不过普梅河及其支流很小。

边界线上最大的哨所在河口和马白关。

河口和老街被南西（Nam-Si）河分开，该河以上及红河左岸、老街上游的层层山峰都有工事。最远的工事是南坳（Nan-Hau）工事，离河的汇合处约 12 千米。在河口附近，已有 7 个工事控制着南西河和红河；另外一些在构筑中。

我们曾进去过的其中最大的一个工事有如下的障碍：竹栅栏；两米宽、1.3 米深的壕沟；第二道竹栅栏；第二道壕沟；1 米高的土墙及第三道竹栅栏。

在里面，靠着防线的是士兵住的竹棚屋（简陋的大房子）。最后在中间，是指挥官和军士的住所。

垒道很窄，工事的直径不超过 50 米。建筑物基本上是易燃的。只要几发炮弹就足以在里面造成火灾，使该哨所守不住，使它变成火海。该工事拥有两门通过炮口装弹的大炮。

其他的工事好像是同样的类型。从这个意义上讲，只有一个例外，内部的竹栅栏由一堵约 3 米高的土墙所代替。它们中还没有哪一个有大炮。

守军的人数变化很大。（勘界）委员会在老街停留期间，最大的估计数为 1500 到 2000 人。现在，或是为了节省开支，或是由于其他的原因，有一大批正规军士兵可能受遣散、有了完全的行动自由了。守军确实像被大大的减员了。中国人生性多疑和他们在他们周围对我们进行的严密监视，使我们无法核实所说的减员是否与该地区出现大量的土匪有关。

马白关控制着自开化下到老街或明江的各条路；据说这个地方被牢牢地占据着。

边界上的其他哨所或是些按河口的工事结构构筑的兵营，或是些有 15 个左右士兵守卫的哨所。

七

尽管目前中国没有给它部队编制和使它赋有进攻能力，但是也许以后战争再次爆发时，它会力求进入东京。现已看到，由一些中国军官指挥的非正规部队知道策划他们的行动，以进攻我们的各个哨所，并赶走我们的哨兵队。上面列举的入侵路线将来也许要发挥某种作用。

清军在云南的作战基地显然将是蛮耗—蒙自—开化—广南这条线。

集结蛮耗可以以下几处为目标：①经过封土（Phong-Tho）的黑水河，这一条线绕过红河，或通到三角洲心脏，或到安南；②保河和更往南的地区，经过封土、平陆（Binh-Lu）、良归（Luong-Qui），这条线绕过老街和红河上游；③老街，经过红河及其两侧的道路。

集结开化将可以或往老街，或往河阳明江。都龙（Tu-Long）在这两条线之中。

最后，集结广南可以或绕过我们的明江防御工事，或我们可能在那里布防的常备部队，直至宣光。

按照中国人的观点，不再提黑水河，因为它情况特殊，我们会认为明江这条线是有利可图的。这是最短的，它直接通到北河—越池。占领了这个地方，就有将三角洲和红河中上游地区隔开的作用。

1885 年曾取此道去宣光。如果中国人人数众多，可以利用所有向他们开启的道路，这个假想很有可能，那么我们方面就应该在每一个方向阻止他们，或在部署十分周密的一些中心要塞附近调兵遣将。在相反的情况下，或者由于缺少足够的办法，防线就必然要后撤，远离边界。

然而在目前，由于我们的目的只是该地区的平定和开放红河通商，所以我们只好坚持进行一场真正的斗争，这场斗争与我们可能对中国的战争差别不大。因此，目前的形势迫使我们在边境进行军事安排，否则就放弃我们谋求的利益。

按照这样的看法，封土这个红河与黑水河之间一切交通线的连接点，是一个必不可少的据点，蛮耗和开化各道汇集的老街也是一个被控制的哨所，马白关南面的重要产矿中心都龙控制着老街通往河阳的各条大路以及齐江（Son-Chai）和昆河（Song-Cong）的上游流域。最后，河阳直接扼住明江。在这条河与广西之间的这片地区，还很不了解，不能以几个依据指出要占领的哨所。

封土、老街、都龙和河阳只有一些难走的小路相通。必须马上改善这些小路，使它们变成部队随时可以走的大路。这个网络的中心老街，应该予以整修。该城堡位于河口各炮垒（相距 100 米至 600 米不等，互相可见各自的各个角落）的脚下，中国人的各工事以后有好武装时，就很难防守了。与三角洲的联系是通过红河进行的。这条交通线很靠不住，走完要费很长时间，经受种种磨难。应在它两岸的每一侧修筑一条可以作为纤道和我们部队出行路况好的大路。

最后，仍指和平时期，这些措施也许由一个机动治安情报处来完成，该部门由每个哨所组建。关于权限问题，该部门的任务是阻止无合法证件的中国人在东京往来，其下级成员可以从乡勇里要。

八

关于定界本身，只有三个问题与军事指挥部直接有关。第一个问题是关于封土。中方委员们根据一百多年前一位安南乡长呈递的一份归顺云南的文书，对这个区域提出主权要求。另一方面，安南现在有明确的权利。为了说明与这个争议地有关的军事利益，已拟了一份说明（附录一）。两国代表团未能取得一致意见，因此这个问题就留待以后解决。

第二个问题和河阳附近的明江水道有关。我们的所有文件都告诉我们，边界横穿明江，然后几乎是立即离开，往东北方向延伸。

中国人认为分界线是沿着水道的中线一直到距河阳一天路程处。他们的要求（但不正当）的目的是将他们的驻扎机构和军事哨所一直移到开始通航的地点。战争中这是一个难得的优势，对我们的守军则是一个近距离的威胁。以后进行实地勘察后将做出决定。

第三个问题涉及中方委员们的一个要求，他们要将河阳和老街之间，一个估计有1000多平方千米面积的区域归为己有。

要求者最后承认天朝在这片土地上没有权利。他们只是提出这样的理由，即这个区域是1728年由中国无偿地让给安南的；这一恩赏从法国建立保护制度的时候起就已失去存在的意义了。

他们服从和约，所以只向法国代表团提出一个归还的要求。

同意这一要求势必将把老街通到明江的各条路交出，将老街与河阳的联系完全切断，把都龙和齐江、昆河的上游流域给予中国。

研究我们的军事利益后看出的这些弊端，在抄件内附（附录二）的说明中已作了陈述。

（原件第378页）

附件1

关于封土的说明

老街，1886年9月

从各县（les Chaus）组成的整个地区目前的形势看，封土区域非常重要。莱州县令忠诚于甚至是卖身投靠中国，另一方面他还是法国事业的公开敌人。他或通过武力，或通过阴谋诡计，成功地确立了他对莱州县、巡教县、顺州和山萝县的统治，他拥有奠边府，由他的岳父治理。

他所依靠的基本力量是他豢养的、在红河沿线招雇的前黑旗军的旧部。确已发现，红河左岸的各村为刘永福旧部占住。这些士兵不从事任何劳动，随时枪弹在身准备去获取意外的不义之财。然而，如果封土区域向莱州关闭，这位县令就会与中国隔开。他以后就只能通过峨河（Song-Nga）右岸找到与云南的联系了。就是说要经过一个荒野、鲜为人知、天朝的权力不牢靠，而且远离军火库及红河新兵村的地区。

因此，占领封土可以具有迫使莱州无外援，便于军事部门以后也许在这一侧谋求解决办法的立竿见影的作用。

各县治（les Chaus）是安南叛匪与中国之间的会合点。封土是各县与云南间真正的桥梁。截断这座桥梁也就是将尊室说（Tuyet）与他在红河左岸有点隐藏性质的同盟者隔开。

另一方面，如果我们假定该地区已平定，那么我们将不难发现，地处所有交通线枢纽的封土可以有效地监视着边界和峨河。也许只需要在黑水河处设置另一个哨所，就可以确保这部分边界的治安了。

总之，封土扼守着所有从红河上游通往老挝的道路。

从各方面看，要保留这块安南似乎拥有牢固权力的区域需要我们重视和警惕。

（原件 407 页）

附件 2

关于中国人要求的边界更改

老街，1886 年 10 月

大清帝国委员们要求的边界更改的结果可能是将边界一直移到大赌咒河（le Grand Toucheou-Ho），就是说往南移约 35 千米。他们为了借以作为自己要求的根据而绘制的这份地图，只能在实地进行一次勘察后才能判断其正确与否。进行这次勘察目前不可能，所以法国代表们只能坚持自己的材料。可是从这些材料看，齐江和昆河这两条均发源于都龙附近的河流的走向，几乎呈南北走向。因此，中国人的大赌咒河的走向不可能像他们画在地图上的那样为东西向。该河可能至多是昆河或齐江的一条支流。安南方面的文件根本未提到此河。

因此，如果我们承认中国人的这份地图正确，我们就应该指出：①云南边界一直下到赌咒河这一段从东绕过老街，使该哨所失去与河阳的一切直接联系，将老街通到明江上游的所有道路给了中国；②单是占有都龙就确保中国进入并控制昆河和齐江流域。更不用说还有都龙的煤矿，据安南人说，其资源确实丰富。这两条河一条流到宣光的上游，一条流到宣光的下游。这两条河的流域可能是入侵的通路；③中国人扎营在明江畔、距河阳圩一天路程的清水（Than Thuy），就可以在明江变得可以通航的地方建立一个作战和补给基地，就可以集中到我们各哨所能力所及的、在上次战争中进攻宣光已用过的一条入侵线，也许就可以在我们部队集结之前通过这条路线行动。

从这三方面看，仅从军事角度考虑，我们认为把中国要求得到的这个区域让给它，可能会带来些明显的弊端。

大清帝国委员们坚持不懈地努力要使我们接受明江中线为边界线这一事实，也证明所说的这个区域对他们并非无关紧要。

（原件第408页）

（未见内附的各地图——译者注）

狄隆给外长的信

河内，1886年12月16日

部长先生：

谨寄上我到河内后有机会与代理总驻扎官先生通信的抄件，作为关于中国提出主权要求、而又属于兴化省的一部分的封土领土的问题的补充材料：

（1）韦安先生的信，将为尼将军的请示转告我，我的复信。

（2）韦安先生的信，将兴化巡抚对我们所谓把封土县让给中国表示抗议一事转告我，我对这封信的另一封复信。

（原件第411页）

附件1

法兰西共和国驻安南、东京代理总驻扎官韦安给勘界委员会主任的信

河内，1886年12月6日

主任先生：

谨将师长将军关于部队要在老街地区实施各种行动的第38号信的抄件转给您。

阅后，请您将您在边界附近地区计划进行的行动的看法告诉我，将不胜感激。

（原件第412页）

附件 2

指挥占领师的为尼将军给安南、东京总驻扎官的信

河内，1886 年 12 月 2 日

总驻扎官先生：

勘界委员会在老街停留期间，承蒙您给我转来一些来自这个委员会的材料，特别是一些边界图。我们占有，但中方代表提出异议的各区域都标在这些图中了。

为了避免在某一时期会使我们的勘界委员置于一个微妙的处境的一切外交纠纷，我已指示第一军区的指挥官不要派他的部队进入有公开争议的区域，不过同时要求他督促我们的盟友芒人（Muongs），特别是前新（Chien Tan）的州官，重新占领他们以前的家产，而中国正想抢去给受其保护的人。

但是，从最近刚从老街返回来的勘界委员会好几名成员向我口头提出的情况看，我们的部队不在天朝谈判代表的要求面前止步很有必要，完全有必要一直推进到安南的旧界。因为土著人拥有有关旧界走向的确凿材料。在据此要佩尔蒂埃少校先生向下指示前，请您将您对这个问题的决定告诉我。而且可以理解到，所进行的行动根本不可能预见到外交的解决办法，这种办法可以以后起作用。

签名：为尼

（原件第 413 页）

附件 3

勘界委员会主任狄隆给代理总驻扎官韦安的信

河内，1886 年 12 月 8 日

师长将军听了勘界委员会的好几名成员口头提供的情况后，准备派他的部队到兴化省一些边境最远的，中国提出了主权要求，而实际上属于安南的地方去。您在要求您做出的决定前，想就此事请教我，因此我就向您提供我的看法。

如果我没搞错，这涉及封土县。因为占领了该县就有很大的好处。不过我认为最好只先让前新的州官重新占领这个县。根据为尼将军先生已经下达的命令，如果形势需要，第一军区的指挥官拥有的兵力允许，但愿他获许将我们的活动一直扩大到这个县。在我们自己进入该地之前，我们这样将更好地知道我们敌人的特点、人数和兵力，我们将不放弃我

们的任何权利。最后，我们要尽可能避免国际纠纷，特别是我们要在适当的时候将我们的干预说成是根本没有预料以后要起作用的外交解决办法，而且说成我们防备海盗涌入我们领土的必要。实际上对我们来说，将永远谈不上越过中国边界。从我们方面来说，一切将限于在一个掌握更多的情况以前，或确切地说在两国政府达成相反的协议之前属于我们是合理的地区里履行我们的保护义务。而且封土方面的纠纷是无法避免的，除非我们在那里表现得我们宽容。在那，如果希望条约第三条追求的划界在现场或根据地图进行，而法方委员又不受害于新的伏击或不受无法辩护的要求的摆布，军事行动应该先于外交行动。

总驻扎官先生，您在我以前的诸信中看到了许多的有关资料，这些资料证明我向您呈报的这个意见，当然就最后决定而言，我无权涉及。因为，最后的决定有军事和政治方面的成分，我觉得它超出了我的使命。在向您陈述我们的需要，在向您请求给予支持时，就我来说，由于没有外长阁下的特别指示，对此我只是想把我的观点告诉您，同时，我是这么认为，也是把勘界委员会全体成员的观点告诉您。

（原件第 414 页）

附件 4

法国驻山西驻扎官给河内高级驻扎官的信

山西，1886 年 12 月 8 日

高级驻扎官先生：

谨将兴化巡抚关于目前的谈判后我们将把迄今为止属于安南王国一部分的一块领土让给中国表示抗议的一份抗议书寄给您。对其是否可靠我不作任何保证，不过其结果您一定会认为是合理的。

此外，这份抗议书表明很有必要有力地支持前新（Chien Tan）现任知州，他是唯一保卫红河右岸自中国边境一直到兴化这一片地区的人员。

这一方针已成为我前曾向你奉上和呈递的信件和报告的内容。

签名：古安

即刻将抗议书转给勘界委员会主任狄隆先生。

签名：韦安

（原件第 416 页）

附件 5

兴化巡抚的抗议书

1886 年 11 月 23 日

兴化巡抚谨告于山西驻扎官先生，藩官 Diĕn Jioan 与中国云南岑宫保*有联系。他可能会当面揭露前新州向法国人效劳。岑宫保大人对前新州十分恼火，因而任命了 Diĕn Jioan 为前新知州，并命人拨给他夺取封土、三洋（Tam Duong）和平陆（Binh-Lu）所需的武器。法国军队 11 月 6 日占领了平陆，正准备也夺取三洋和封土时，老街的指挥官表示反对，理由是前新州的封土村和朱莱（Chau Lai）属于云南领土。

前新州知州认为，失去其州的一个村庄（封土）是一件很严重的事情，请求我将情况告诉您和敝省的军事当局。

*总督——原注。

（原件第 417 页）

附件 6

勘界委员会主任狄隆给河内代理总驻扎官韦安的信

河内，1886 年 12 月 15 日

总驻扎官先生：

谨随信将兴化省巡抚关于封土领土的抗议书和山西（Son-Tay）驻扎官的信寄还给您，两份书信均系您转寄给我的。

从这份抗议书看，似乎我们已把封土乡让给了中国。然而根本不是那么回事。完全相反，我们已明确地拒绝了中国人的要求。关于这一点，由于他们和我们之间发生了意见分歧，还没有根据条约第三条规定的条件、并像 10 月 19 日的一个特别会议纪要确定的那样进行勘界，勘界工程将等到条件允许时再进行。

不仅旧的状况没有被我们改变，而且我们认为中国过去没有、今天仍然没有对封土的任何权利。此外，我将我们认为这个乡不容置疑地属于安南、把它让给中国极为不利的理由向外交部和总驻扎官处作了陈述。我专门寄去关于这个问题的两个说明，您在您的档案室会找得到其抄件。

此外，上述的抗议书证实了我的看法，表明，如果让出封土以避免争执，必然会达不到目的。因为想避免这方面的争执，又必然会在那一方面使争执重演，而且一样严重。

这一让步既损害安南的权利，也会损害一个土著首领的权利，而他在云南边境附近作为我们的盟友对我们来说是必要的。因此上述的这位州官在领土出让以后必然认为，尽管我们在条约中保证维护安南的领土完整，我们与中国达成的协议是以牺牲他为代价的。他一定对此深感恼恨。当落入中国之手的封土可能成为一个危及我们在上游的殖民地，他仍会忠于我们吗？

总驻扎官先生，您一定会从保护政府的角度判断这个形势。如果我的想法无误，您必将把您的有关资料附在我们的有关资料里，使外长先生——最后决定应由他做出——能拒绝中国对封土提出的主权要求。

签名：狄隆

（原件第418页）

第六十三卷

狄隆致法外长电

海防，1887年1月13日10时35分发

外交部1月14日8时收到

中方勘界委员在类似于老街28日的会议纪要的一份会谈纪要中曾保证，先谈界务，然后再考虑他们的边界更改要求。翌日，他们又想打乱界务的这一次序。我们必须维持这一次序，于是他们对具体的问题提出了一些歪理，以便放弃履行他们的保证。我们行动的唯一办法就是提出我们有必要到实地去。这是会谈纪要规定的一个可能措施。而且我军的声势亦使我们可以在有利的时机采取这样一个措施。我曾给河内发了电报。还未接到答复，就接到了要立即大量裁军的命令。为了阻止业已开始进行的撤军行动，我复去电。我亦给北京发去电报，以便据报不久将要入侵的势众的中国匪徒确实到东京来时，各省当局对中国政府承担责任会由此受到牵连。我正等待答复。从我上面提及的要求和歪理中可以看到，中国人极想夺取白龙尾（le cap Pak Lung）和芒街（Monkai）之间的那块安南飞地。海士先生被杀及对这一问题进行研究后，我们一致认为，维持我们对这片区域的权利具有头等重要的物质利益和精神利益。请务必将此通知恭思当先生，因为中方勘界委员必将让人去向他求情。而我们公使馆的支持会有益于我们。如果它对它应该给予我们的支持犹豫不决，那么将使形势复杂化，致使我们将来失去在这里准确地划定一条可以绘于地图上的边界线的几乎全部的希望。

（原件第13页）

法外长致海防狄隆电（第2号）

巴黎，1887年1月14日5时30分发

您的第二号电报已收到。按您告诉我的意思，我给恭思当先生发了一封电报。我本

人亦向您指出过白龙飞地的重要性。您应坚决维护我们对该地的权利。

（原件第 15 页）

狄隆致法外长电

海防，1887 年 1 月 23 日 5 时 35 分发

外交部 1 月 24 日 9 时 30 分收到

关于江坪与白龙，我们想尽了一切办法去说服中方勘界委员，但都毫不奏效，甚至通过妥协的办法，也未能说服他们承认我们的权利。他们的策略在于让飞地维持一种对法国来说充满危险的形势，以便今后利用一切有利的时机来反击我们，迫使我们做出重大的牺牲。他们就是想以此使我们丧失信心，在行动上强迫我们，因为他们从 11 月事件①证明可行的思想中受到启发。这些至少是我们所有的人确信不疑的。既然提出了要到实地去，这些委员们又找不去的借口，但表面上却又装成已整装待发的样子。此外，他们还声称，因为实地还没有天然的或人工划的边界线，所以实地之行毫无意义；他们将单方前往，而只同意与我方会几次面。他们一致进行抵制，并且提出飞地归属这一先决问题，还要不顾我方军事占领及我方现在占有这一事实去解决这个问题。他们暗示说中国人要闹事，匪徒要发起进攻，并想提前推卸对此要负的责任。然而我们以为，除了我方的不同意见外，如果我们可与他们以一种可以接受的方式解决行动的具体问题，那么关键的问题就在于走出去。不论如何，以我们在飞地还拥有的兵力，可以出发，虽有危险，但并不冒失。

请您必要时务必干预，让中方勘界委员接到正式命令，以便由于我们的妥协——就像我们已做出过的一样——而为他们提供了方便的对飞地的勘界马上得到确定。我亦请求您尽可能以直接或间接的方式与中国政府协商，保证我们实地勘察不致失败。

法国代表团在继续其特殊使命的同时，经过多方的寻找，终于找到了海士先生的尸体。他的尸体就在附近的中国境内，仅剩一个离体的脑袋了。有死亡证明、医学鉴定、验明身份的埋葬证，这一切全由驻扎官负责办理。我将为选择临时的坟墓尽责，但是鉴于凶杀情况、当时死者肩负的使命的重要性及其性质、他无限的忠诚，难道不应该将他的遗骸送归他的家族进而在法国享受应有的荣誉吗？难道不该将刚在中国领土上发现他尸体的事通知中国政府，并为此要其做出解释吗？我只能发电报请您好好地高度重视上述情况。

（该篇收入《中越边界历史资料选编》第 667 ~ 669 页）

（原件第 16 页）

① 11 月事件：指 1886 年 11 月 27 日海宁城被越南义民及游勇攻破，海士被杀的事。

法外长致海防狄隆电（第3号）

巴黎，1887年1月24日11时20分发

同意您第二号电报提到的行动办法。我电告韦安与您保持联系，采取最合适的措施，保证你们的安全。

您行事要十分小心，在关于我们的权利问题上，不要做任何让步，这是重要的一点。还要设法说服你们的中国同事陪着你们，因为有他们在场，对于你们来说就可能成为一种我们有权要求得到的保证，而且您最好等待时机，使恭思当先生有时间继续活动。他的活动也许会促使中国政府向其勘界委员下达一些更有利于我们建议的指示。

有关海士先生的遗体的处理问题，因其家人尚未表示任何要求，我们不必自作聪明。而且有必要考虑一下，您建议的措施是否会产生一种令人十分难以忍受的印象。

（原件第20页）

法外长致海防狄隆电（第4号）

巴黎，1887年1月26日10时30分发

您知道，根据1885年6月9日条约和去年4月25日商约规定，中国的两个地点应开放通商，一个在谅山北，一个在老街北面。请把您认为最有利的两个地点告诉我。

（原件第21页）

狄隆致法外长函

外交部政治司·远东及保护国办公室·第50号

芒街，1887年1月26日

部长先生：

我们与中方勘界委员会的会谈或与其代表的会晤几乎每日一次。有关的会谈纪要还未全部写好，故未能乘此邮轮一次邮出。我只能寄上最先几次的会谈纪要，共有5份。这5份紧接我去年12月29日信中附给您的那些会谈纪要。

（原件第38页）

附件1

法中勘界委员会法国代表团整理的会谈纪要

1887年1月3日会晤

参加人员：

法方：狄塞尔中校、卜义内少校、倪思医生（法国代表团成员）

中方：王之春、李兴锐（中国代表团成员），赫政先生及翻译李周天作陪

（注：法国代表团在这之前举行了一次会议，狄隆先生在这次会上对这次会谈可能发生的情况概述了其看法，并马上获得了赞同。）

狄塞尔中校应邀首先发言。他问中方勘界委员，他们对两国代表团共同工作的方式有什么意见要发表。

中方勘界委员回复说，他们对此还没有任何成熟的意见可提。

于是，中校建议按在云南段采取的办法，先将边界分成数段，然后逐一研究，分段工作。

因中方勘界委员同意这一建议，所以中校要求他们带一份边界的地图来。中方委员声称此时还不能拿地图出来，不过他们认为先进行广东边界，后进行广西边界的勘定是合理的。他们问，法方代表是否打算到实地去。

中校："两位阁下有没有据图划界的权力？"

中方委员："总理衙门给我们来了一函，说狄隆先生去电要求我们像在云南段一样采取据图定界的办法。总理衙门答应狄隆先生的要求，已授权我们这样做了。"

中校："狄隆团长先生并未要求据图定界。在云南，迫于形势只好这样做，而且两国代表团还得请示各自的政府，以获取必要的同意，这样太花时间了。

"只是考虑到这种障碍，出于慎重，并为了避免浪费时间，狄隆先生才指出两国代表团事先具有必要的权限是便利的。"

中方委员声明说他们无论如何也不会到实地去。他们说："既然是狄隆先生提出据图定界，总理衙门又接受了这一提议，那么我们就应该遵循这种办法。"

中校坚持说狄隆先生没有提出据图定界的建议，狄隆先生只不过是要求给双方代表团赋予这种方便，委员会保留处理其工作的自主权。即使在云南，双方亦商定，如果某些地方据地图不能取得一致的意见，就应该到现场去实地勘察。

中方委员："总理衙门在信中对我们说，你们要求根据地图来定界，总理衙门也同意了，现在你们却意欲部分据图定界，部分到实地定界。没有请示总理衙门，我们不能同意这种办法。"

中校："首先，我们应该十分清楚我们彼此期望什么。和你们一样，我们十分希望界

务工作迅速完成，为此我们力求同意据图定界，但要是这样行不通时，我们就像在云南段一样，应决定一起到有争议的地点去。”

中方委员：“我们亦希望界务工作进展快些，我们不试图给你们制造麻烦。在云南，定界工作虽比两广的定界工作开始得晚，但进行得迅速，已告结束了。就让我们像在云南一样做吧。”

中校：“在云南，双方在一份会谈纪要中一致同意确定，如果能取得一致意见，就按地图定界，万一不能取得一致意见，或者地图出入太大，就到现场去。”

中方委员要求把这份会谈纪要转给他们看。

中校：“其内容我刚才已告诉你们了。所以我不能要求团长先生把会谈纪要的文本拿给你们看，除非诸位阁下有可能事先承认此会谈纪要为我们工作的基本原则。”

中方委员：“如果我们确实要采取在云南的办法，我们可以预先保证接受你们的建议。”

中校建议明天召开全体委员会议，在这次会议上将把两国代表团在云南签署的会谈纪要交中方委员们传阅。

中方委员宁可双方根据在云南确定的同一条件交换信件。

中校：“然而我们自己并不完全认为受到我们在云南采用的办法的约束，也不必完全采用同样的方式。因为实际情况有时会影响行动的方式。”

中方委员重新提起交换信件的方案，并声明说，如果双方同意据图定界，就可以按这种方式定界，出现不一致的情况时，就应到现场去。

中校不同意交换公函的办法，而采取在云南采用的同样方式，用会谈纪要的方式代之。

这一方案获得通过，中方委员表示邓阁下将不会反对，于是以下五点留待商定：

1. 自大海到峙马隘口（la Porte de Chi-Ma）的这部分边界线将分成两段。

2. 第一段包括整个广东省。

3. 第二段包括广西、广东两省交界处到峙马隘这部分。

4. 余下的边界的划分待以后进行。

5. 制定一份与 8 月 28 日在云南订立的会谈纪要相同的纪要作为委员会工作的基本原则。

于是中校提议立即研究第一段。他问中方委员，广东和广西两省交界处是否有一个明显的地点可作为第一段朝西北向的端点。

中方委员回答说有一座山叫十万大山（Che-Ouan-Chan），但是两省之间无大城市。

中校问，两省交界处附近有无一座叫博琅［Pak-Lan（Pak-Tran）］的城市。

中方委员不知道这个地点。

中校说，在近海的地方，龙门湾（la Baie de Long-Moon）可能是边界的起点。

中方委员说，由于手头没有准确的地图，所以他们什么也不可能知道。

中校请列位中方委员按他们的想法指出近海处的边界的起点和两广交界附近的终点。王（之春）阁下在这个地区行使司法大权，不会不知道这些具体情况。

中方委员声明说，他们目前无地图，因而无可奉告。他们的地形测量官目前正忙于绘图，十来天后他们就可以向我们出示他们的地图了。而在这期间，如果我们给他们看我们的地图，他们不会拒绝研究。

再次被问到龙门时，王阁下说近海附近有一个叫 Lou Mên 的哨所，是一名协台的寓所，但它不在边界上。

由于没有地图，并且鉴于中方委员十分持重，大家只好决定先交换一份类似云南的那份会谈纪要的一份纪要，把对边界的研究留到下轮会谈。赫政先生和李翻译明天将到芒街（Mon-Kay）来取这份会谈纪要的文本。

会谈期间，李阁下接到一封中文信，接着交给王阁下。分手时，李阁下要求单独与我们谈谈，并要仆、佣人离开会厅。接着他才说，昨天，边界附近，一个叫思勒（Sze-Lac）的中国村庄遭到法军的攻击，属中方委员专用的一所房子被炮弹摧毁。

中校回复说，他不知道此事。若此事属实，那就再次说明尽快对勘界问题达成协议的重要性。此外，如果匪帮往来于东京与中国不再那么容易，这种事就不会发生了。我军只要未看到中国当局拒绝庇护匪帮或禁止匪帮通过，他们就认为追逐的匪帮仍在安南境内。

中方委员问，出于两国代表团共同工作的考虑，能否把对海盗的战争推迟到定界之后。

狄塞尔中校强调指出，并不是法国人制造了这种局势；一些大多来自中国的海盗占领了芒街，杀害了我们其中的一位同事。显然并非他导致纷争，因为他随身只带着 10 名卫士。因此纷争的责任不在我们。另外，军方是唯一有权判定行动的目的是否在于把情况通知他人。

中方委员答复说，他们也希望替我们死去的同事报仇，王阁下已让下达明令，严查可能已逃到中国去的那些凶手。他们接着说他们已张贴布告，要求居民们保持平静。最后他们恳求中校负责通知法国军事部门，以使类似思勒这样的事件不再发生。

中校再次说明，法军事部门已下令要尊重中国领土；虽然下达了这些命令并采取了预防措施，当海盗团伙未受中国当局方面的任何阻挡而逃到中国境内时，稍一疏忽就很难不追赶到中国边界一侧。最后中校同意通知军事部门，思勒是中国的。

中方委员表示非常感谢。并说这是他们请求中校给予的一个完全非正式的帮忙，因为这事与勘界委员会无直接关系。由于两国代表团之间存在着良好关系，他们才有勇气提出这一请求。

（该篇收入《中越边界历史资料选编》第 518 ~ 522 页）

（原件第 39 页）

附件 2

法中勘界委员会法国代表团整理的会谈纪要

芒街，1887 年 1 月 6 日

参加人员：

法方：狄隆、狄塞尔、卜义内、倪思

中方：邓承修、王之春、李兴锐

德朗达先生、波安先生，两名中方秘书以及赫政先生和中方代表团翻译李氏也列席了会谈。

根据双方代表团在一次预备会议上达成的一份预备协议，恢复两广边界勘界工作的会谈纪要，在核对法、中文本之后，交两国勘界委员签字。

该会谈纪要内容如下：

“法中两国代表团在恢复两广边界勘界工作时，拥有必要时据图定界的充分权限，并一致约定如下几条。

第一条——两广尚未勘定的那段边界的勘定通过地图对照来进行。

第二条——对于可以达成协议的地点，两国代表团制定并签署会谈纪要及地图，就如同勘界是在现场进行的一样。

第三条——对于按上述办法无法取得一致意见的地点，两国代表团则亲赴现场勘定边界。

如果在边界遇到障碍，暂时不能进行实地勘定，用对比地图的办法又不能取得一致的意见的各处边界，双方代表团团长则彼此请示各自的政府，由两国政府就今后恢复界务的时间、方式进行协商。

本纪要用法、中文各抄两份，各代表团分执每种文本各一份。

至于条约提到的界址的细节更改问题，待两广边界的勘察工作结束后再行讨论。

芒街（Moncaï），1887 年 1 月 6 日（光绪十二年十二月十三日）

签字结束后，法方代表团团长用法语讲话，也是为了让其同僚知道他讲话的内容，因为他们无翻译，而中方代表团有两名翻译。

他建议立即开始界务工作，其步骤刚获确定。“目前，”他说，“问题只不过在于澄清一个具体问题：哪条是两国的共同边界线？关于这个问题，法中两国勘界委员以信誉为本，要排除所有与探索真相无关的成见，同时他们真诚的意图将为他们使命的完成提供方便。”他进而指出：“小组委员会业已同意将边界分成数段，其中一段包括整个广东边界，并从广东界开始。这种在老街时就采用的办法看来是完全合理的。”

邓阁下提醒说，这次与他去年在南关隘（la Porte de Nan-Kouan）时的最初打算相反，他之所以同意先勘察边界，然后再研究界址的更改问题，是因为双方去年毕竟已商妥这样办了。另外，他同意刚才说的话，并要求法国代表团出示其地图，以便让大家研究。

狄隆："我们等会儿就拿出我们的地图，同时我们亦请你们拿出你们的地图。但在讨论细节之前，我们能否对今天确定的这段边界的走向先大体上交换一下意见。比如说，你们认为边界东起于何处，西止于何处？两地之间的大致方向是什么？"

邓："靠海附近是江坪（Kông-Pin），我们一直听说它是中国的。"

狄隆："很好。但江坪（Kong-Pin）并不靠海。请阁下更确切地指出贵国东面边界的起点。"

（注意：在法国代表团成员举行的前一次会议上，已决定在讨论之前要摸清中国人的意图。）

邓："没有看到贵方的地图，难于商量。"

狄隆："阁下说的是。既然此时谈到贵国的边界走向，那么就请让我们看看贵方的地图吧，好让我们了解。"

几经犹豫，中方勘界委员终于拿出他们其中的一份地图。在邓阁下应请求指出地图上的边界线，只是指出大致的边界时，他用手指先指到白龙尾的端点，接着指着海，在几个岛屿下面的海域划了一个曲线，然后指着分隔芒街、东兴的那条河的入海口；自此河口起，他手指继续顺着该河及流到东兴西北的那条河，接着顺着后面这条河的一条支流，最后在一个中文叫峒中（Tong-Tchong）的地方停下来。他说："这就是我知道的现存的边界，我刚刚划的这条线的北面是中国，南面是安南。"

狄隆："很好。我们现在知道阁下对于我刚才谈到的那个具体问题的看法。经过周密细致的研究，我方的看法完全不同。这将从给贵方看的这份草图中得出结论。从这份地图上，边界东起于龙门（Long-Men）对面处，然后经过江坪和 Tang Song 的北面，但在竹山的南面，最后西至白龙。此线以北为中国领土，以南为安南领土。"

（注意：法国代表团成员在他们举行的前一次会上，亦做出决定，要是中国人的要求看起来不诚恳，那么一开始就提出对白龙尾和龙门之间的领土要求，但以后经过协商亦可以放弃。在这种情况下，安南的权利未得明确的确立亦可接受，这种可能性的实现使法国代表团有利于在中国人讨价还价时，不放弃自己的利益。）

中方勘界委员相互传看这份草图，交头接耳，窃窃私语，也不说为什么，就称"这是根本不能接受的"。

邓阁下（低声地对其翻译说）："告诉狄隆先生，不要讲一套，做又另一套，换句话说，不要声明说共同追求的唯一目标是了解其真相后，现又把这样一份草图拿给我们看。"

狄隆（装着没听明白）："我们之间的分歧不小，但是对此没有必要担心，因为我们的工作才开始，如果我们对这份地图无法取得一致的意见，总有在现场取得一致意见的希望。开始存在再多的不同意见，以后会渐渐消失的。误会肯定出在这些不同的意见中，因为中安地名的差异本身就会助长误会。我建议阁下派翻译李先生和一名中方勘界委员会的成员或李翻译独自去找狄塞尔先生。他们会弄清需要弄清的问题真相，有助于我们双方观点的接近。然后我们再一起举行正式会谈，留待讨论的问题将在这次新的正式会谈中首先摆出来，我们就可以进行比今天更有效的讨论了。”

邓（大声地对其翻译说）：“告诉狄隆先生，他不要相信这些无稽之谈……”

狄隆先生等翻译译完，也对翻译说，但这时是生气地说：“请告诉阁下，他给我提的建议真有心了，但我可不需要这些建议，既已蒙敝国政府信任，我这个法国代表团团长的头衔就是证明，我还是知道一点我要做的事，我应听谁的指示，对此不必邓阁下指教，我本人原来就很敬重阁下，我从未想过要对他进行从某种意义上说的教训。”

李翻译犹豫了一下不敢翻译，但最后还是决定翻译。

接着是一阵沉默，在沉默的气氛中，中方委员们显得很尴尬。

邓阁下慢条斯理地对翻译说：“告诉狄隆先生，我刚才说的话并没有任何不信任他的意思。这是对他没有任何个人成见的说明：我听说有一个安南人企图要求扩大该县的县境，他本人希望被任命为该县的官员，因此他提供了一些可以导致错误的情报。我唯一的愿望就是消除分歧的根源。”

（注意：这一捏造实在太卑鄙了。因为法国代表团所在的区域完全没有任何事情会提供这种捏造的机会。）

中国翻译有点发愣，前言不搭后语，狄隆先生作答才使他恢复常态：

“我完全理解阁下刚才说的话，根据应主宰我们相互关系的友好谅解的精神，我只记下他说的第一句话。既然阁下否认对我有不信任的意思，我以后就将此事看成是过去的事了。”

中方委员们异口同声地重复说，他们根本没有不信任狄隆先生的意思。

会谈结束分手时，双方商定，因已提出了建议，下次会谈之前，明天一早，李翻译就去找狄塞尔中校。

（该篇收入《中越边界历史资料选编》第523～526页）

（原件第45页）

附件3

法中勘界委员会法国代表团整理的会谈纪要

1887年1月7日的会晤

1887年1月7日中午，法方代表团成员狄塞尔中校、卜义内少校和中方勘界委员的代表赫政先生和翻译李周天在芒街会晤。

本次会晤的目的，就如1月6日正式会谈商定的那样，就应该是通过对照两国代表团的地图，为达成广东界走向的协议准备材料。

前一天委员们就已看到了两国代表团的分歧。法方委员提出的边界起自芒街东面、竹山（Tchouk San）与白龙尾之间的安南飞地以北，到龙门湾东界的端点；而中方勘界委员则打算自竹山起定界，以一条起自竹山到白龙尾、其间将安南飞地和沿海岛屿包括在内的虚构线作为边界线。

因此，1月7日的准备会议似乎说定了要针对这一明显的分歧。

对各方地图进行对照，对汉名及法名进行对照后，赫政先生和李先生认为两国代表团同意接受芒街河作为芒街和竹山之间的界线，但又声明他们无权提供中国对飞地有要求的证据，但邓阁下又打算在正式会议上宣布。他们认为今天的会晤早已结束了，因为李兴锐阁下已知道这次会晤只不过是共同明确地名而已。

狄塞尔中校提醒说，关于本次会晤的目的，法国代表团的打算并非如此。他已注意到赫政先生与李先生的说法，这是因为中方代表团原来有误会。

后来双方约定，先请示两国代表团团长，如果他们没有最好的方案提出，大家就于1月8日下午2时在东兴举行正式会谈，讨论这个问题。

还未深入讨论有关飞地问题，李翻译就出人意料地指出，有争议的这个区域是中国的，帝国政府从未放弃这个区域，但是由于边境局势动乱不安，所以其子民才得以与安南人进行有利于后者的土地交易，在这些交易之后，东京的官员也许就在飞地进行征税，但是这些行动根本没有削弱天朝对这个有争议地区的王权。

这次会晤结束后，李翻译趁狄塞尔中校与赫政先生交谈之机，对卜义内少校说，中国代表团对法方勘界委员在勘界中如此严格感到意外；在中国，中方勘界委员们曾被告知，法国代表团是通情达理的，最后，法国一些高级人士（李翻译不愿点名道姓）曾一再说过，法国不会寸土必争地去争夺边界。

卜义内少校回答说，法国政府的本真意愿是大家认可：勘界委员会因为具有技术性质，所以目前只应勘察边界，不能责怪委员会不够通融。

（该篇收入《中越边界历史资料选编》第527~528页）

（原件第50页）

附件4

法中勘界委员会法国代表团整理的会谈纪要

1887年1月10日的东兴会议

出席会谈的人员：

法方：狄隆、狄塞尔、卜义内、倪思

中方：邓承修、王之春、李兴锐

一名秘书、赫政先生和李作为中方代表团的译员的身份亦参加了这次会谈。

委员会的老成员们首先打开话题，他们一起回忆起他们去年的工作。在讨论问题之前，狄隆先生指出，去年工作的可贵之处证明双方过去的关系很融洽。大家对此一致同意。他的话题接着就回到上次正式会议上关于广东界两个走向存在的分歧，表示希望李翻译与狄塞尔中校经过数轮非正式的会谈之后，这个分歧变小了。最后，他请诸位阁下就目前出现的这个问题提出解决的办法。

（注意：法国代表团认为有必要在可能时让双方重复李翻译当时以半秘密的形式对狄塞尔中校说的。）

邓（有点意外）："贵方接受通融的办法，还是一如既往地坚持起码的权利的办法，即会谈纪要的办法？我倒更愿采用第一种，这对于大家都比较合适。但必要时我也不惜采用另一种办法。"

狄隆："阁下指出这一区别是指什么？我不知道我没参加过的数次会晤的所有细节。我担心仍然存在着某种误会。首先，我想了解阁下的想法。"

接着李翻译与中方委员进行密谈。李翻译问中方委员，他是否要把他对狄塞尔中校说过的话重复一遍，中方委员对此商议一番。邓阁下没有准确领会狄隆先生的意思，就欲表态，而李阁下更流露出怀疑的神情。"是的"，邓听到坐在他旁边的王氏向他低声说出这个词后终于作了回答。"只大概地重复就行了"，李兴锐马上接着说。"明白了。"李翻译低声说，于是假装好好地、同时又尽可能含糊地重复说过的话。由此狄隆先生和他你问我答、我问你答。从问答中可以看出：①中方勘界委员仍然坚持有关边界更改的要求（见1月8日的会谈纪要）；②他们想得到受到更改界址的这个区域并以这个名义来掩盖其对边界更改的要求；③他们对虚构的土地做出让步，对实际的土地提出要求，表示只要边界同时按他们的意见确定下来，就准备按法国代表团的主张勘界。

李翻译最后说："这个有争议的地区以后以何种方式归于我方，我们对此并不在乎，重要的是该地区归我们。贵方给予，我方接受。不然我们就要求收回。"

狄隆："自己的产业不能给予别人，也不能要求得到。"

李翻译："如蒙贵方若有其事般赠送，我方将不胜感激。"

狄隆："这纯粹是贵方的幻想！如果我们把贵方的东兴城作为礼物送给贵方，贵方难道会感激我们吗？"

邓："那么说，阁下拒绝和解的办法了？"

狄隆："我什么都不拒绝。是阁下自己提出问题的方式使我们无法回答。"

李翻译："那么阁下甚至都不愿意将对边界更改的研究与勘界同时进行了？"

狄隆："我们不能更改未知的边界。将来总得先对边界更改的内容达成协议。"

李翻译（犹豫了一下）：“这倒不假。”

狄隆：“您知道，你们为颠倒会议纪要确定的次序所做的努力突出说明了这一次序的必要性，除此之外，达到你们的目的是没有任何合理的办法的。”

邓：“我们永远不会以江坪不是中国的领土作为谈判的出发点。”

狄隆：“因此不应随心所欲地干，而是要在这方面公正地确认一个具体的地点。不论我们主张如何去做，如果我们盲目行动，我们就要为此承担责任。相反，我们要完全承认事实的真相，不要承担盲目行动所致的责任。这是一种不以我们的意志为转移而已经存在的状况，并非我们任何人所制造，谁都得承认这种状况。刚才贵方用和解和会谈纪要的方式来对比是错误的。因为，我们在勘界和研究界址的更改时，都不想放弃通融的精神。我们在这些工作中应一视同仁，十分仔细才是。贵方对我们的信任和贵方在勘界方面的开阔眼界，从界址更改上看，将是贵方取得成功的最好机会。因为你们越表现出急于好好地勘界，敝国政府就更加准备马上与贵国政府议约。我不会骗你们，我讲的是心里话。因此，这一原则不须立即执行，我方不用做明确保证，然而并不因此说不重要。”

邓：“我们的权利是无可置疑的。”

狄隆：“这不是应指导我们共同工作的精神。如果你们拒绝做任何新的说明，那么互换证据之前做出的决定是不能接受的。”

邓：“我不是这个意思……”

狄隆：“是吗？那就让我们彼此研究我们的证据吧。”

邓：“好吧。谁先开始看？请阁下先看吧。”

狄隆（笑着）说：“显然我们不能两人同时谈。既然此时涉及贵方的证据，还是请贵方先把证据拿出来吧。”

邓阁下（让人拿来分省通志，指着其中的一张地图）：“我们的证据有两类，一类来自政府，比如这个；另一类不胜枚举，来自民众，比如房地产的购买。”

翻译（把这张地图递给法方委员们）：“这份图绘得不好，上面写有过时的话‘蛮夷’，请诸位对此别介意。我想这本通志是道光十三年编撰的。”

狄隆：“这是何处？”

翻译（看着汉字）：“我不清楚。”

狄隆：“你们能不能把这本通志借给我一阅，我明日归还你们。”

邓（严肃地）：“它属国家所有，我只不过是保管者，不能从我这拿走。但谁都可以买到它。”

（注意：要得到这本通志十分困难，对外国人就更不用说了。然而法国驻广州领事还是弄到了。狄隆先生已向他索要这本通志，可能随时随刻就会收到，但不让邓阁下知道。）

狄隆：“我不会强求，但我至少总可以得到这张地图的复制件吧。”

翻译："这个，可以！我自己可以替您办。"

狄隆："你们还有政府的其他证据或者民众的其他证据吗？"

邓："这一件本身就十分具有说服力，也许我们不必提供其他的证据了。不过，必要时我们还是要提供其他证据的。"

狄隆："我建议阁下明天让阁下的翻译和赫政先生去找狄塞尔中校，把所有的证据都带上。"

狄塞尔中校："如果这样，我希望李翻译和赫政先生有权把中方代表团的所有证据拿给我看，对我的意见做出反应，讨论我提供的所有证据。不然我们以后要进行的会谈仍将一无所获。不过由于其他的因素，除了正式会谈，除了法中勘界全体委员，又不能做出任何决定。"

中方委员交头接耳地嘀咕了一阵，犹豫了一下，同意按狄塞尔中校要求的条件，接受刚提出的建议，并说他们希望尽快结束勘界工作。

接下来，从某种意义上说，是一种私人的交谈。在这期间，李翻译说王阁下昨天晚上获授一枚中国勋章，法国全体成员对这一消息的反应极为冷淡。

（该篇收入《中越边界历史资料选编》第528～532页）

（原件第52页）

附件5

法中勘界委员会法国代表团整理的会谈纪要

1887年1月14日东兴会议

出席会谈的人员：

法方：狄隆、狄塞尔、卜义内、倪思

中方：邓承修、王之春、李兴锐

一名中方秘书、赫政先生和李氏以中方代表团译员的身份也参加了会议。

进行习惯上的寒暄之后，狄隆先生开始谈到工作问题，问中方委员，李翻译和赫政先生与狄塞尔中校和卜义内少校的最后一次会晤是否并不像他所希望的那样，已为据图定界的工作扫平道路。

邓阁下用疑惑或者怀疑的口气作答，也问法国代表团是否还没有安南地图出示。

狄隆："我们有各种各样的地图，等会儿我们开始讨论这些地图的技术问题时，我就请中校发言。但在这之前，我要将我对贵方在最近这次会议上使用、以贵方权威的官方通志为依据的那个论据的意见告诉贵方。我返回住所后，在该通志里发现一段文字，从这段文字的说明看，江坪是安南的。这里有一份该文的抄件。阁下从这段汉字中就可看到，贴浪江这条河经过安南境的江坪村，然后注入大海。对这几个汉字‘流抵安南江坪村入海’只能这样理解。因此对于我们来说，我不强调有关的这个问题有两个理由：①你们自己亦承认了，你们的地图绘得不好；②这份地图的附文就是在你们提到的同一个地方也与地图截然相反。难道不是可以肯定江坪（Kon-P'ing）与江坪村（Kon-Ping-Tsoueun）这两个名字同指一个地方，第一个在地图上，第二个在文字里吗?”

邓（讥笑地）：“虽可能指同一个地方，但阁下十分精通中国文学，可以自己更正对这段文字的理解。它根本不是表示江坪村在安南境内。”

狄隆（冷冷地）：“我不想与一名像阁下这样的中国翰林学士争辩一段中文的意思。对于我来说，这样做看来不仅乏味而且并无益处。不过还是请允许我坚持对真实性的理解，对此我不怀疑。”

邓：“在我方的官方通志里，我们知道东兴—芒街河（la Rivière Tong-Hin-Monkay）是流入大海的。假若这条河流到安南境，我方的通志就不会这样说了。”

狄隆：“我既不明白这一论据有什么效力，也不明白它与目前引起讨论的问题有什么关系。总之，你们只拿出一份你们自认有缺陷的地图，此外，也未从你们的官方通志中提出一段明确指出江坪不是安南的文字说明。”

邓：“阁下说我们的地图错误百出，那么你们难道不相信外国的地图吗?”

狄隆：“无法回答这样笼统地提出的一个问题。地图有种种，有好有坏。还应该了解你们提到的那些，以便能鉴别其价值。”

邓（狡黠地）：“我们给你们看些法国出的地图如何?”

狄隆：“一视同仁。这些地图乍看起来似乎只有官方出版的地图才具有权威性，其余有待仔细研究。”

邓（满意的）：“瞧!”

他把一份法文地图展放在桌子上。这份地图的中国、东京边界线标在芒街，即江坪（Kon-Pinh）、白龙尾等的西面。

卜义内少校（笑了）：“我知道这份地图。它是一家报社发表的，但并不是为了解决我们正在讨论的这个地方的边界问题，当时法国还无人关心这个问题。它一点都不是正式的，因而完全没有权威性。当然出版人认为它无大的地理意图，而且这份地图出版时，我们对该地区很不了解的事实可以说明这一点。该图本身有很多的错误。”

狄隆：“既然我们正在进行技术问题的讨论，我就让卜义内先生或者中校发言吧，如果他们愿意的话。”

狄塞尔中校：“阁下经常对我们说，你们的边界从没有勘定过，我们应共同去仔细勘测它。可是，你们拿出来的这个地图的绘制者会确切地知道边界的一切详细情况吗?”

邓：“我们并未说我们无确定的边界，只是说把安南人看作附庸和朋友，所以从未费心要明确地确定。”

中校：“那么叫人怎么能相信绘图者本人从未到过该地区而绘制的一张大致的地图呢？条约签定时已有的各份地图，如果早就被认为已足够了，那么就没有必要规定到现场去勘察了。”

邓：“我们原本无意要把这份法文地图拿给你们看，因为大清一统志已够用了，它给我们提供了证据，我们拿给你们看另外的证据，只是当作证据的补充。”

中校：“就从这份法国人绘的地图上，你们已看到上面标有中安的历史边界线。你们愿不愿以此线为基础呢？我们同意。”

邓：“这只不过是一条旧界线，我们现在要仔细勘测的是现在的边界线。你们愿不愿承认我们的《大清一统志》？”

中校：“我既不应一概接受它，也不应拒绝它，它与其他资料一样，也是一份需要研究的资料。”

邓：“对于我们来说，我们的《大清一统志》是最权威的。”

中校：“你们给我们提供的证明还只是一些论点。我们要给你们看一份最近在实地绘制的地图。”

他拿出波安先生绘制的地图。(中方委员扫了一眼，装成毫不在意的样子看了看。)

李翻译：“在我们的会谈纪要中，我们说过我们要拿所有的地图来进行对比。但是我们也说过，我们将同意把居民的证词作为证据。”

中校：“随你们的便。我们不拒绝任何种类的证据，但以互惠为条件。”

李兴锐阁下：“我们也派了绘图员到实地去，他们已肯定了我们的观点。”

中校：“我们也有纳税人名册和其他顺化朝廷提供的官方文件作为证据。我们十分清楚江坪区域的华人多于安南人，但这根本不能证明这个区域就是中国的。”

中校拿出顺化朝廷的一份文件，广安省的纳税人名册，名册的每个地区都盖有官印。

邓：“这份文件是手写的，我们想看到印刷的那份。”

中校：“这是不承认上有官印、我们声明它正确无误的文件的正当理由吗？你们肯定不会认为我们改动了这份文件吧。而且就如你们看到的那样，并不仅仅江坪是安南的，一直到龙门湾的整片地区都是安南的。《大清一统志》和《安南一统志》都证明这一点。”

大家看着《大清一统志》的一段摘录（法驻广州领事寄来的抄件）。

邓：“可这也不过是一份抄件，我们想看到印刷的文字。”

中校：“你们有原书，你们从书中去找吧。另一个证据：官员一直都由安南任命，哪些人是中国在该地区的官员和代表呢？安南的司法权一直都存在。14 年来，是同一个区长（茶古区）管理江坪。”

邓：“该地区的文人一直都是到中国去应考，应是中国人说了算。”

中校：“这个地区的中国侨民也许要到中国去应考升官，但这不是说明这个地区是中国的一个理由。中国人怎么能说了算呢?”

李翻译:“并非因为该地区主要由华人居住我们才对其提出主权要求，这并非出于利益方面的考虑，而是因为该地区属于我们。”

中校:“这并不是一个理由。我们可以给你们提供的一个新的证据是，不久以前，中国当局因想在江坪附近设置一个兵营，只因为法国地方当局的一次指责，就马上撤回其军队。”

李兴锐:“中国指挥官姓甚名谁?”

中校:“姓名与此事无任何联系。这是最近发生的一件事，你们要核实也不难。”

邓:“这件事不能证明什么，因为在不少地方，我地方当局出于和解的考虑，同时也是为了避免引起冲突，才应法国政府的请求撤回军队的。”

狄隆(对中校):“您认为证据讨论无法再谈时，请告诉我您何时愿让我讲话。”

中校(对狄隆):“就现在吧，因为时间不早了，中方委员已执意要阻挠这次讨论取得成功。”

狄隆(对中方委员们):“只要涉及的是技术问题，我就没有插嘴，但下面是我对今天所说的看法。在你们自己削弱了你们为了自己的利益而提出的证据的权威性后，你们又夸大了被你们无根据地认为是我方的证据的重要性。因为你们承认，从地理上看，你们的《大清一统志》里的那张地图没有什么价值，而且书中的文字说明与地图又大相径庭。在勘云南界期间，我们已发现此书的地图与文字说明有这类矛盾。你们是否承认，这部书在贵国本来就取决于某个人，取决于你们大清国的任何一个人，取决于贵国无数子民中随意找来的一名中国人?是否承认中国的一位无名小卒以其对地理的胡言乱语就可以损害贵国的领土完整?承不承认，由于不知道先来的人，公共财产的存在会受影响而不利于你们呢?我方已把广安省的纳税人名册拿出来给你们看过了。在这本名册中，江坪用它的安南名 Luong Tri(译为龙治或良智——编者注)。我们是以古今众所周知的该地区的所有官员均是安南人这一事实为依据的。此外，我们还给你们提供了一份在十分公正的情况下刚在实地绘制好的地图。”

邓:“我并没有说我方官方书籍中的这份地图有错误，只是说不详细，许多中国地名根本没有标在上面。你们未用任何安南出的地图来与我方的地图进行对比，尤其没有用任何一份像我们的这样一份印在一本官方书籍中地图。”

狄隆:“全部的理由，开会前双方彼此都已反复说明了。为此狄塞尔中校才拿出其中的几份证据，我自己亦只概括今日的讨论。可是阁下能说你们既无比例刻度，又无方向标志的这份地图可以是一份地理证据吗?即使不算它的一些遗漏，亦可指出它许多不准确的地方。目前，有一份错误百出的地图与根本没有地图没有任何大的区别。不过，我们既不缺安南出的地图，也不缺法国出的地图，这点你们是知道的。只是没有时间再徒然地重新去从头讨论。而且你们亦提出了你们尚未拿出来的一些证据，你们根本没有回答我们拿出来的证据，比如说从有安南官员存在这一事实得出的结论……”

李翻译：“我们拿出《大清一统志》已够了，而且我们坚持以它为准。”

狄隆：“可是你们第一次拿出你们的正式地图时，你们用我们的语言主动说它很差。”

李翻译：“不是绘得不好，而是不详细。”

狄隆：“我知道用对比地图这个办法最后是不能取得一致意见的了。你们有什么解决办法可以提出来的没有？如果还没有另外一个办法，我倒有一个。请你们先谈吧。”

邓：“还是请你们先说吧。”

狄隆：“我的解决办法已指出来了，就是会谈纪要指出的办法，到现场去。”

邓：“我们也是这样想的。”

狄隆：“那么我们就走吧。”

邓：“走哪条路？”

狄隆：“沿着边界走。”

邓：“哪条边界。”

狄隆：“我们占据着的、你们对我们提出异议的那个地区的边界。”

邓：“这不是我们要走的道，因为我们的边界经过海。因此首先应入海，或者让我们通过对照地图达成谅解。”

狄隆：“我更愿意根据地图来划界，我就此提出的有条件的要求可以证明这一点，我提的要求始终是有条件的。之所以要沿着边界到实地去，那是因为根据地图定界的试图刚告失败。”

邓：“我们只能通过海沿着自东兴河口到白龙尾这条边界线走。”

狄隆：“这是拒绝到实地去的表现，我们只好记住。”

邓：“不，是你们拒绝，你们不想勘察我们的边界。”

狄隆：“我们不要颠倒身份。有一个争议区，此时为我方占据着。你们说我们应该离开此地，这才是我们应一起去的。如果我们对该地无权占有，我们随后就由表及里，就是说先踏勘我们的领土，然后踏勘你们的领土。”

邓：“可我们坚信江坪是中国的领土。”

狄隆：“可我们亦坚信它属于安南。因此让我们先到江坪去，到你们无凭无据想要我们放弃的江坪去。”

邓：“那么你们是想到中国境内去走一走，因为你们认为这个地区是属于中国的，是不是？”

狄隆：“什么？你们想单方面去勘定江坪界，不要我们参加吗？”

邓：“可是你们想强迫我们接受你们的路线吗？”

狄隆：“不。”（询问其同事们后）“如果问题仅在于路线，我们可以从一条道路去，比如从我们提出的这条路线去，回来走另一条，你们提出的这条。我们在同一个范围内走完我们打算保住、你们提出主权要求的这个边境地区。”

邓：“可是实地踏勘将给我们提供什么新证据呢？”

狄隆：“我们实地就会看到。”

邓：“好吧。既然要到实地去，我们就要电告广州，让派战船和大批卫兵给我们。我们一起去还是分头去？”

狄隆：“像去年一样，就是说一起走。”

邓：“我们想分头走，只是每晚到抵达的地点会面。”

狄隆：“我们希望两国代表团在路上不要分开。”

李兴锐：“两国代表团团长也要出发吗？去年并不这样。”

狄隆：“邓阁下知道该怎么做。至于我，不可能走完全程。在云南时，沿红河上到龙膊（Long-Bo）河口有危险。在广东边界可能还有危险。我不想让我的同僚独自处于危险中，因为我有幸为法方代表团团长，我将此作为我的职责。”

邓：“我要求会议延期召开。”

狄隆：“我们明天再接着开吧。因为你们想先争取获得同意更改界址而后我们再勘界的企图，已使我们损失了很多时间了。”

邓阁下坚持把会议推迟到后天下午2时召开。

（该篇收入《中越边界历史资料选编》第532～539页）

（原件第56页）

狄隆函（政治司第54号）附件

法中勘界委员会法国代表团整理的会议纪要

1月16日东兴会议

出席会议的人员：

法方：团长狄隆，代表团成员狄塞尔、卜义内、倪思

中方：邓承修、王之春、李兴锐

狄隆先生提醒说，法国勘界委员那天之所以虽有私事也来参加一次工作会议，是为了证实他们遵守已许下的诺言。李兴锐阁下和其他中方勘界委员马上抱歉说由于是礼拜天，忘了是会晤的日子。

狄隆说：“要进行谈判的人之间的关系有礼有节时，总是对问题产生好的影响，对共同利益，即使最重大利益的讨论总能在心平气和之下进行。”

李阁下和中方勘界委员表达了同样的想法，申明了其和解的愿望。

狄隆说："正是在双方彼此在广西界已经得到启发的这种意图的支配下，现在应该谈到实地去的问题。"

李："说的是。你们打算怎么去？"

狄隆说："就像去年到实地去时定下的先例一样。"

邓："情况不同将难以采用前例。那时是去一个平静人稀的地区，今天却不一样。这次，两国代表团应分头行动，保护自己的准则就是各顾各。"

李："去年有时在中国境内走，有时在安南境内走。根据情况，总是很容易确认，以前是法国代表团或是中国代表团负责共同的保护工作，因为卫队是联合的。这里的地方界定得很糟。"

狄隆："论据已自相矛盾了。因为，要使每个代表团能分头走，必须能区分两国的领土。去年情况也没有如此明确，因为在进行勘界，而不是已勘好了，确切地说主要是要弄清边界。"

邓："我们的风俗习惯与你们的不同。在我们那，比如说，有时黎民百姓在官员来时会挡道拦轿呈状。在这种情况下，我们从不敢对他们使用暴力。因此让我们按我们各自的方式去行动吧。"

狄隆："阁下这是什么意思？难道不应通过勘界委员们的斡旋、而通过民众的斡旋来勘界吗？难道官员们能忍受不合理的压力吗？"

邓："都不是。我是说民众有理时，我们不应抵制他们。"

狄隆："谁说他们有理还是没理，尤其在这样一种问题上？难道这只是对中国人表态？"

邓："这类示威将是自然的，不足为奇。想想看，有那么多人受到失去其财产或国籍的威胁。"

狄隆："他们在这一取舍中微不足道。东京有多少中国人拥有自己的房地产，而这些房地产仍然是中国人的？可是你们的论据的出发点总是毫无根据地肯定我们所否认的。你们就等着我们共同对实地的勘察结果好了。就像阁下刚才说的那样，你们认为越不易彼此区分两国领土，你们就可能认为在这个地区行动就越不合理，就像你们对你们的物权毫不怀疑似的，那你们为什么要强迫我们接受你们的风俗习惯和一些过分婉转的方式去衡量你们的同胞呢？"

邓："因为在实地无界碑，所以应好好地听听居民的言辞。不过，他们来者人数将如此势众，以至我们不便于在一起。"

狄隆："你们的国民太文明了，我不怀疑你们对任何一个中国人的影响，你们可以对他们说：'勘界问题已通过缔约获得了解决。它涉及两国。目前主要是确认一个具体地点。对这个确认问题，你们是第一当事人，'正如您所说的那样，'如果权利给予你们的话。此后唯一要注意的只是实际情况了。谁想去面见勘界委员都可以去，不过得尊重点，任何人不得胡作非为。'至于我们这一方，我向阁下保证，骚扰并不可怕，此外你们过高估计困难了。我们的其中一个绘图官已走遍了这个地区，而且除了与一些特殊原因有关的攻击事件外，他到处都找到打听情况的便利。"

邓："我们的卫兵太多，我们一起走时，会发生新的纠纷。"

狄隆："不会。你们的士兵应该纪律严明，在这方面我们可以保证我方的。"

邓："总之我们的要求只是采用云南时建立的先例。"

狄隆："在云南时，根本没有建立类似的先例，当时我们原则上从未承认勘界应分头进行。去龙膊河（Long-Po）时之所以这样，是因为那次条件特别，坐小船走水路，路线明确。当时根据达成的协议，叶大臣可以说要保持在目力所及的范围内。实际上他完全没有这样。因为，即使在这些特别情况之下，也早就规定中方代表团的各绘图官要与我们一起走。从这次旅行中所取得的经验可以表明，我们一起行动更合乎要求。当时土匪们从两国代表团表面上看分开走这一事实，看出双方不和的蛛丝马迹，所以胆子就变得更大了。因此，路上我们受到的攻击是来自河口（Ho-Keou）的一些中国人。"

李（生气地，对邓）："不要放过这点，反驳他。"

邓（对李）："此时对我们来说，主要不是讨论云南事件。"（对狄隆，他对这一小插曲似乎不感兴趣）："阁下刚才提到的这件事说明那时你们的卫兵不足，可现在已时过境迁了。"

狄隆（生气地）："不对！我们的卫兵绰绰有余，因为我们自然相信诸条约。那时我们只能预料到来自贵方的危险。"

邓（狡黠地）："分头走对你们又有什么关系呢？按你们目前的兵力，你们没有什么可担心的。"

狄隆："当然，特别是如果中国当局遵守条约，同时阻止其境内的土匪过到我方境内的话。但这也许就否认了我们坚持要一起行动的思想，把一起行动说成是我们过分考虑我们个人的安危。两国在它们边界上的真正利益，就是在边界上联合和表现出联合反抢劫。"

邓："不过我们不能接受你们的全部条件，必须找一种适合于两国代表团的行动办法。阁下说的这个办法不适合我们。"

狄隆："我只有反驳这个论点，坚持目前与我们各自的职责有关的一些事实真相。这不是委员会存在着二元性，而是一元性。一元性是分成两方的委员会的组成原则。我们双方彼此都不再是完整的。那么，如果我们双方不同时到现场去，怎么在现场做出结论、达成协议呢？走的路线不同，又怎么能划出同样的一条界线呢？"

邓："我们将各自从自己的一侧到各个确定的地点去汇合。"

狄隆："那就希望这些地点互相间不要离得太远了。关于这些地点，也许双方可以商量一下。"

邓："实地勘界不会有任何结果，因为现场没有任何天然的或者人为定的边界线，没有任何界碑和地形的起伏可以让我们发现我们要去寻找的边界。”

狄隆：“签署条约时，事情就是这样。不过条约是要求现场定界的，否认条约通过其确定的办法达到目的的极大可能性，只不过是以它难以实行为借口而逃避诺言罢了。这样一种办法根本就是为了能更好地抗命而谴责我们两国政府的作为。”

邓：“现场勘界引起如此众多的困难，而且成功的可能性又如此之渺茫，看来最好采用另一种解决办法。”

狄隆：“如果这是你们的看法，就请提出某个可以接受的办法吧，我们准备进行研究。”

邓：“我们根本不拒绝遵守我们签过字的会谈纪要，而是相反。因此，根本不应由我方提出新的方案。不过，我们也准备抱着更好地谅解的意愿去研究你们的方案。”

狄隆：“阁下知道，实地定界并非我很喜欢的办法。我提出可以的话允许据图定界的要求就是证明。再看看我们是否真的就不能在这商量了。我知道争执源出何处。那就是你们不能承认你们的《大清一统志》有一点错误，但你们也不需要表示。因为，问题并不在于要把双方签字的所有原因写到会谈纪要中去。在老街时，也没有提出这类原因。然而，当时另一批中方勘界委员亲口对我们说过，《大清一统志》的某些地方是不正确的。”

邓：“到实地去，或据图定界都行，我们就用你们愿意的办法吧。要是我们互相都抱着更好地谅解的意图去寻找一个解决的办法，就会找到。”

狄隆：“要求和解的一切方案总由我方提出可能是不合理的。不过，既然时间紧迫，我就再提出一个方案吧。李（翻译）先生非正式对狄塞尔中校所说的话，我觉得倒提供了和解的基本原则。”

李（似乎大惑不解）：“阁下指什么？”

狄隆：“指先生对狄塞尔中校所说过的话中的想法。”

李先生含糊不清地重复了一下他向狄塞尔中校提出的更改边界的其中的一个要求。

狄隆：“好了。既然大家不能彼此统一意见，让我们到实地去吧！”

李、邓：“完全有道理！我们根本没有拒绝。”

赫政：“能不能先把问题分成几点，看哪点可以取得一致意见，哪些不能。”

狄隆：“我不反对。相反，困难一旦缩小了范围，就比全部更易解决。就请赫政先生和李（翻译）先生明早到我那去吧。我将很高兴与他俩寻找可以在这种方式下行得通的办法。然后我们将重新在双方会谈中讨论。一件事越重大，就越不可草草解决。”

李（不高兴地）：“我吗？我就不去了。”

邓、王、李阁下：“那赫政先生明天上午九点半就去找狄隆先生吧。我们将在下午两点进行正式会谈。”

（原件第106页）

狄隆致法外长函

外交部政治司·第51号　芒街，1887年1月27日

部长先生：

谨随函寄上我刚与海宁行政官德过先生交换的信件的抄件作为情报提供。

我原请他为飞地原居民的归顺提供方便，因为这些居民可以向我们提供有利于勘界的补充证据。您也知道，他每天得到的新情报与我们已得到的有关中国当局要在我们抵达之前搞阴谋的情报相符。

我亦荣幸地寄上：①德过先生1886年10月4日写给法驻广安副驻扎官的一封信的摘要；②他1月14日给我的一封信的抄件；③麦马韩中尉给普塞司令的一封信的抄件。这些就作为对形势作一回顾的材料吧。

（原件第66页）

狄隆函（政治司第51号）附件1

海宁行政哨官德过致狄隆函

江坪（Cong-Pinh），1887年1月23日

团长先生：

谨将我获取到的情报向您汇报。

首先，我很难与居民取得联系，因为他们十分害怕，根本不敢露面。不过，我听说不少居民常常于夜间潜回他们的住处。有人甚至发现了一份告示，可惜我未能得到，因为它被撕掉了。那是一些中国批发商写给法国人的一份请愿书（未署名）。他们要求归顺，要求得到回归故里的许可。

我也立即让人张贴一些告示。

此外，我自己由曾叫回过几名居民的那名官员陪着。那几名居民回来时是犹豫过的。

现在我已接受了29人（有华人，有安南人）的归顺。邦长终于在今天让人告诉我，他想明天来表示归顺。我想他是真心实意地想归顺，不过我想他是非常害怕的。我转告他说我等着他，但不可耽搁。

我要陆续把所有来的人登记下来。我想勘界后，就得要求规定的土地划分了。我让每个人签字。他们对我作的声明与我们所知道的完全吻合。

他们向我指出煽动该地区造反的中国官员的姓名。稍后一点您就会看到这些用汉字

登记的名字了。所有来找我的华人、安南人都对我说，飞地区域自古以来都属于安南管辖，但是我刚提到的那些中国官员通过威胁和允诺的办法说服许多安南人起来造反。其他人由于害怕也只好服从了。实际上前来的人中间，我认出了好几个以前到我这里干活以抵养路税的人。显然，如果他们以前在中国，就不会来了。此外，尽管最近剃了头，但他们还只讲安南话。

尽管我在芒街迫切地需要理智，但我认为，团长先生，我完全应该留在这里一段时间。我刚才还得到通知，有一些要人要来归顺。我一定要所有的人在他们对我们作的声明上签字。

因为没有人会接近我们，所以我有必要暂时离开兵营。我已在离兵营有 1800 米的一座庙住下。我让人将该庙布置一番，已具有防守的功能。我首先在军事部门遇到了点困难，他们想让我留在兵营里。现在一切都再好不过了。不过我想杜森尼中校最好能给驻江坪部的指挥官先生下一道指示，让我在执行公务中有绝对的行动自由。

（原件第 67 页）

狄隆函（政治司第 51 号）附件 2

狄隆致江坪德过函

芒街，1887 年 1 月 25 日

主事先生：

我荣幸地奉告，您 1 月 23 日的来信已收到了，并想马上消除我们之间关于您的江坪之行似乎存在的误会。

我对您为了便利于勘界界务十分乐意进行这一次旅行的成功很感兴趣，但我却从未想过请您违背军事部门和它给您提出的谨慎的建议。

如果您这样做，我也和军事部门一样，不能承担事件发生的责任。

杜森尼中校向我保证，他将尽最大的努力为我们完成任务提供方便。我相信，您与军事部门之间会容易达成谅解，如果你们双方也尽力同意这样的话。

此外，我根本不会插手您的公务，因为知道您已收到高级驻扎官的指示。

在前面说的这些事中，就像我刚开始说过的，我唯一的意图是消除，或更确切地说是防止产生误会。

（原件第 69 页）

狄隆函（政治司第51号）附件3

德过致法国驻广安副驻扎官函摘录

万宁（Van-Ninh），1886年10月4日

驻扎官先生：

我荣幸地向您报告，中国人在长山（Trang-San）［茶古（Traco）区］布置了一所兵营，他们正在江坪（Cong-Pinh），人数不过百。他们还派了一支上百人的援兵到东湖（Teng Hon）。我大致上可以肯定，如果我们不到芒街并占领之，他们就要到那里去。他们想把他们的边界往外推到Kébao。我想只要坚持不让，还可以行动而不会导致冲突的。

但是常留一艘巡洋舰在这是有必要的。我甚至要求这样的军舰在沿海的航行路线由我来定。“鲁汀”号走后，中国人马上就回来了。

白龙（Paklung）是最重要的一个战略地点。它控制着北海（Pakhoï）和所有广西和广州的河道与海上的交通线。

中国人肯定是想拥有这些交通线，我很希望勘界委员会能加以反对。

……

海盗昨晚竟敢在距汽船抛锚地200米远的地方劫持了一些孩童，有一名安南人被他们用刀砍断了手。

我亦认为您想暂缓木材、竹子的订购和暂缓在海宁招募苦力是十分及时的。在中国人煽动边民反对我们，答应免去那些声明支持他们的人的一切捐税时，这点是至关重要的。

……

我昨天去过茶古。我就是在那里得知该信中说到的大部分情报的。我将另作报告补充这些情报。报告将通过定期邮轮寄给您。

（原件第70页）

狄隆函（政治司第51号）附件4

德过致狄隆函

1887年1月14日

团长先生：

谨寄上我去年10月为说服东兴的那位中国官员把中国军队撤离飞地给这名官员的一封信的准确的意译文。翌日这名官员转复我，（中国）军队是误入越境的。他们要为到东兴的几位要员充当卫队。我记得他的答复很有礼节。他最后指出，他希望看到我们已

有的友好关系继续向前发展，他要派人通知军队应回到中国境内。两天后，我确实得知他们已满足了我的要求。

我自己当时也想踏遍飞地的每个角落。

10月20日，我进入江坪，受到热烈欢迎。所有的中越显贵都前来向我致意（邦长未来）。

当天，我到长山村去了。以前我得到特别的报告，说该村受到中国人的严重危害。他们使用了威胁和利诱的手段。

我遭到身着中国官军服装的中国人的枪击，相距不到200米。我获悉这确实是来自附近军哨的中国士兵。返回芒街时，我给那位中国官员写去第二封信，对我受到攻击事作了简单的叙述。我十分抱怨，并要求对这些官兵的那位指挥官施以警戒性的惩罚。到了第三天我才接到回信。信里附有这位官员的名片，但未署只字片语，亦未有印章。他完全否认官兵插手了长山事件，并肯定我可能是遇到了一些身着官军服装的海盗，大家不知为什么。但正如我说的，我知道我在长山遇到的是来自附近一个哨卡的中国士兵。

团长先生，这就是您要求我告知的对事件的陈述。

（原件第72页）

狄隆函（政治司第51号）

（德过1887年1月4*日函附件）德过致东兴中国官员

1886年10月

受法兰西总驻扎官委托管理海宁、先安的法国高官获知，有一些中国士兵越过边境，驻扎在安南境内的江坪（Cong-Phinh）城附近。

法国高官要人问中国高官，这些士兵为何在安南这个区域。他们必须立即返回中国，因为如果他们在两天后不离开，就要通知法国政府，法国政府将会考虑该怎么处理。

（原件第74页）

* “4”紧贴粗黑的分页中线，疑“14”中的“1”被遮没——编者注

狄隆函（政治司第51号）

河桧哨所指挥官、轻步兵第十一营麦马韩中尉致指挥海防第二连的上尉先生函

河桧（Ha Koï），1886年10月4日

上尉先生：

正如您从我最近给您寄去的一封信中所了解到的一样，我同时也通知了地区指挥官，

由两艘大的护卫舰和两艘巨型帆船组成的一支中国小舰队开到保护国领海的白龙尾处停泊。这支舰队在海防派出的鲁汀号和纳戈纳号开抵前的几天开走了。广州总督派来的两名高级官员乘这支舰队在这上了岸。他们目前正在该地区周游，并告众人，说勘界委员们马上就要到了，同时向居民保证说先安（Tien-Yen）以东的地区必然要归还中国。他们为了这一目标大肆宣传，甚至强迫所有还居住在这些乡村的安南人穿上汉人服装。他们还煽动居民反对我们，并向他们描述所谓法国士兵犯下的种种暴行的离奇的故事。我从一些中国大商人的无稽之谈中才最终知道，广州总督为何要如此坚持得到先安、河桧和海宁。其实这三个地方不论以商业观点看，还是以军事观点看，都毫不重要。只是先安因为是谅山道的出口处，才勉强算得上有点重要性。不过这点重要性也微不足道，因为这条路走的人很少，太难走，所以人们从未真正考虑使用它。中国人对这一整个地区提出主权要求，而其目的只不过是想得到白龙尾（Cap Paklung）而已。

如果这个地方的边界仍然这样，那么我们的注意力就应该重点放在白龙尾（Cap Paklung）上，中国人对它的估价完全不同于我们对它的估价。因为除了在一个无沙洲的很理想的停泊处这方面有真正的、可惜少得可怜的好处之外，几乎就这些了，如果在白龙尾建个码头，那它就会毁掉北海。

广西省的所有河道都是顺着河桧北面的山脉，大部分流到白龙（Paklung）河。这条河同时又是芒街和河桧地区内河网的起点。

许多食物就是从内地运到这个地点，因为这有两个好处，去北海的路程近多了；只需缴付我们海关确定的关税，而不像目前的情况，在到达装货码头前，要受到所过地区一大批小官小吏的定期勒索。

似乎这就是广州总督所担心的问题，好像他对先安和其他地方的领土要求的目的，只不过是保护北海和北海可观的贸易。

东兴（Tong-Hin，芒街对岸）要塞的那位中国官员此时正在大量采购大米和谷物。他将附近农村的收成全购下，由人用帆船和舢板运给他。最近他让人散布谣言，说他已得到新的援兵，这是不准确的。但这个谣言却使他得以令人相信，与法国将要再度开战。我不明白其用意何在。尽管我们进行了说明，可居民们还是深信冲突要再度爆发。某种不安气氛笼罩着这个地区。

我接到指挥二旅的将军的命令，要我接到允许往海宁方向侦察的前信后，也不要到海宁。收到第二封信时，我已带着60人，勘察了这个方向的一小部分边界。正如我所料想的那样，居民们并不因为见到一支法军而激动。东兴的那位中国官员好像不安起来了。我抵达的晚上，他给我寄来他的名片。此外在我的前任路过芒街时他也送了我的前任一张名片，我亦寄我的名片给他。几小时之后，他给我带了一封长信。信中说，根据条约规定，不可过境。我马上回信说，我在安南境内；我也好，任何一个法国人也好，都十分清楚条约的规定，不会越过边界。我甚至补充指出，最好中方士卒也应这样。因为正如我在前一次报告中向您汇报的那样，他们经常到芒街来，芒街居民则经常抱怨他们进行屠杀、抢劫和其他强盗行径。

河桧的总形势被我上面对您说的谣言搅乱了。该地区主要的南毫（Nam Hao）匪帮还在通往谅山的山路上。附近未发现其他的匪伙。我想 Cao Ba 的中国人一直还没到这来。本哨所目及范围内经过的帆船和舢板仍受监视，但尚未采取任何真正的措施。

邮船离开时，我得知芒街附近东京境内的长山出现了一个中国兵营。我把情况通知了该地区的指挥官。因接到不要再到这个方向去的命令，所以什么也不能做。

（原件第 75 页）

狄隆致法外长函

外交部政治司第 53 号　芒街，1887 年 1 月 27 日

部长先生：

在等我能给您转去有关安南飞地（江坪和白龙尾）的其他材料期间，谨随函寄上整理好的如下抄件：

1. 杜森尼给我的有关材料。
2. Rieunier 海军将军的一封信的摘要和普里莫杰号舰长提供的情报。
3. 比加尔司令的说明。

（原件第 88 页）

狄隆函（外交部政治司第 53 号）附件 1

有关安南飞地白龙的资料——杜森尼中校提供

白龙飞地位于北纬 21°30′至 21°39′、东经 105°43′至 105°55′之间。

西部地区，或叫江坪（Comp-Phienh）地区

地形

飞地西部自西南的长山村到东面的 Bat Vong 河，被分成两个截然不同的地区，一个低平，一个多山。

由冲积层形成的低平部分包括岛屿和陆地。

陆地部分是一块2至3千米宽的狭长地带，与在西南为其界的海岸平行。东北方向到由群山组成的高地边上止。这块狭长的地带总的方向是东北、西南走向。有人居住，有耕地。山脊的方向亦是东北、西南走向。山区无人开垦，无人居住。

飞地的西部被那寿（Na tho）河，又名东平（Tong Phienh）河所分割。此河源出中国，自东北往西南方向流，经过山区，自西北流往东南，流到低平部分后，径直流往东去。这条河水受海潮影响。据向导说，航海的大帆船可以一直上航到江坪。

居住地、岛屿——Mé Shon和Dam bat岛有人居住，开有耕地。Mé Shon的居民是安南人和天主教徒。他们不害怕我们，甚至敢来找我们。Dam bat的居民几乎全部都是中国人。他们在特遣队到时离开他们的住地。这个岛计有房舍百间，分成五个小村落，房舍均连成片。

那寿河右岸——从西南出发，在陆上会经过长山村。该村很富有，离边界1.5千米。中国籍的居民的房舍有四五十间。Mé Muong小村计有房舍十数间，居民为中国人。

江坪（Conp-Phienh或称Giang-Binh）乃一小城，拥有180到200间房舍，500到600居民。小城为竹篱围绕着。江坪是该地区的圩场所在地，居民为中国人。

江坪的南面和东面有很多村落。南面最大的是Dam Sat村和Fhan Phong村。居民几乎全是中国人。

东面有长寿（Trang Tho）、新间（Tan Gian）、怀江（Houan Giang）、松探（Song Tham）、仙探（Tien Tham）和贵民（Qué Minh）诸村。沿着那寿河右岸往上走，就会遇到Dong Boa村，距江坪3千米。

松探村是安南人居住的村。其余各村几乎全为中国人居住。每村计有40至50间房舍。

这个地区相当富，耕地得到很好的利用。在那可看到水稻、蔬菜，红薯特别多。可能还有大量的家畜（水牛）和一些山羊。

那寿河左岸——自边界顺着那寿河而下，可看到几座农庄和Som Ben Song［汉语叫农平江（Non-Binh-Cong）］、Ba Naï和高峒（Khao Dong）这三个小村落。后两个靠海。这些村的居民也是中国来的，地上的作物与右岸种植的一样。

边界——中国与飞地的界线起自长山（安南领土）附近的海岸到三北［Tom Bak（汉语叫Som Back）］河口，三北村归中国。接着顺着一个谷底，经过一些小山山峰，走向是东北偏北。在那寿河上游，距江坪3.5千米处穿过此河，Sui Lac村（左岸）和文海村［Van Haï（右岸）］归中国。接着最后界线经过Min-Nam-Duan山、Nui-Thuc-Hi山和Kung-Mô-Bac山之北，Song Phong村划在安南境内。

交通线

1. 与海岸平行的几条路

一条平行于海岸、从三北（Tom-Back）村通出的路自长山通往高峒（Kao-Dong），其间经过江坪，在怀江渡口［Ben-Do-Hoan-Giang（低潮时可通行）］穿过那寿河。许多路横穿过这条路。在 Ba Naï 和高峒之间，这条路消失，只成了一条小径，穿过红树林，涨潮时不能通行。另有一条小路解决这一困难。这条小路起自那寿河口，经过小山带后到达高峒。这条小路好走，唯一的困难是涨潮时经过高峒的一个水坝有点困难。

2. 通到边界的几条路

有一条路从长山出发，往北去，通到 Sui Lac 对面、边界线过那寿河处，并还继续往中国延伸。这条路是中国人修筑的，曾为他们的军队所用。飞地的哨所可看到这条路。有一条路从 Dam Cat 出发，通到江坪后分成两条：一条分道顺那寿河右岸往上，这条分道好走，走的人多；另一条分道在江坪西面穿过那寿河（低潮时可通过），通到 Song Phong，并经过 Cap Long 到中国，这是一条山路，难走。有一条小路从 Ba Naï 出发，往北延伸 4 千米，然后与另一条通向边界东北并往江坪西南去的路相交。这条小路很好走，走的人也很多。从高峒出发就可遇到这条路。特遣队从高峒返回江坪时曾取此道。

海岸——西部海岸低，边上有红树，沙滩往海湾里纵深延展。

据向导说，帆船可以沿着一条航道一直上行到江坪。涅夫号抛锚处有一条航道通到 Bat Vong 河口。涅夫号抛锚处还有另一条航道通到 Dam Cat 登陆点。

蝮蛇号抛锚处的航道通到长山登陆点。

所有的炮艇和帆船都可以通过这条航道驶近海岸，但只能在涨潮时利用。海军在这些航道设置了航标。

东部地区或叫白龙半岛地区

飞地东部地区包括白龙半岛，西到 Bat-Vong 河，和 Oanh Xuan 小海湾，北到两个由小山丘连在一起的高峰，东到一个走向为北、西北和南、东南绵延的山脉和海。

半岛的大体方向是东北偏北、南、西南，长度为 17 千米，土质为石灰质。这个地区土地贫瘠，人烟稀少。

山岳——东部地区的山岳形态体系的支脉是作为半岛东部界的山脉的分支。这些分支互相平行，与半岛走向一样，自东北偏北往南、西南延伸。它们开始的海拔高度为 300 到 350 米，延伸到海岸时消失山形。这些山梁分支为荒山，遍地杂草。

水文地理——半岛上的主要水道发源于边境附近，与山梁分支并行。Bat Vong 河的左岸分支 Cut 河和 Vaï Louc 河与主河一样，受海潮的影响。潮水可一直上到 Vaï Louc。河岸或为峭壁，或为淤泥形成。

Song Cuot 河（Ngoï Song Cuot）发源于边界附近（在中国?），流过的河谷有 500 到 700 米宽，是半岛最好的耕作区。

Po Ho Sui 与 Ngoï Song Cuot 平行，但它的流域窄，荒芜一片。

再往南，有几条小溪，有往东流的，有往西流的。

潮水一直上到这些水道汇合处 800 米处。过了此处，水流缓慢，水量很大。

海岸——西岸不高，岸边有红树，落潮时可见海滩。沿着海岸有几个多岩石的岛状地带，树林茂密，但无人居住。

涨潮时渔船都驶到诸河入海口躲避。

半岛的南面到白龙尾的悬岩止。

船只的停泊地在白龙尾西北方 3 千米处，可避东北风。

东岸比西岸高，岸为峭壁。边上有三个岛：Bac-Xu-Cong、Tien-Nhi-Thon 和 Xaï-Hinh-Tai Xa。据当地人说，最后这两个岛属于中国。他们说可能无人居住。岛与岛之间有一条深水航道。这些岛的方位还未能测定。

居民地——飞地的东部区，没有可称得上是村庄的连片的房舍，只有一些居民点（20 个左右），每个居民点计有 5 到 10 间房舍，10 至 30 名居民，Song Cuote 居民点是最大的，有 30 间房舍，100 到 120 名居民。

Sa-Cot 村落由于有一个保护它的堡垒，所以才显得大一点。这个小堡垒是水泥建筑，为一个边长 30 米见方的棱垒。这是一名住在距 Sa-Cot 有 4 日路程的 Kham chau 村（中国）的中国富人的财产。这个堡垒已被特遣队拆毁了。居民全是华人，他们从事农业和渔业，全部进行海盗活动。Sa-Cot 堡垒曾作为他们的庇护所。它已被特遣队拆毁了。

特遣队靠近时，居民全部逃之夭夭了。

这个地区土地很贫瘠，只有各个谷地可作为耕地，种有一些水稻、红薯和蔬菜。

居民几乎已将他们所有的牲口都带走了。

这个地区仅有一点树木（枞树）。

边界——半岛北面的边界经过两座高山的山峰，到 Ngoï-Song-Cuot 源头附近后，沿着作为半岛东部界限的山脉的山脊南下，将 Xa-Tan 村，又名茶山（Tra-Son）村和 Don Tioi 村留给中国，Ma-Ho-Hang 白陵和 Khé tien 村则在安南境内，边界就从 Khé tien 附近通到海岸。

交通线——有一条路从高峒通出，穿过 Bat-Vong 河（此河不能通航，因为河口沙滩相阻，很难通过），经过半岛上最大的几个居民点（Sa-Cot、Song-Cuot、Khat Khêt、Vang-Xong、Tai-Chut-Sang、Van-Khé、Xan-Tan、Vong-Cong 和白龙尾）通到白龙尾。这条道好走，什么时候都可以走。

半岛的南部，很多小路连接通到沿海的那条大路，通往东北，部分通到 Khé Tien 村南面的大山峰。自这点起，这条路通到海边，很多人走。

从 Song Cuot 有两条路通往中国。一条经过 Vaï-Louc，另一条经过 Taï-Dziong-Ti，通到茶山（中国）。两条路都很好走。

总的情况——前来迎接特遣队的 Mé-Shon 的居民说，约在一个半月前，中国人攻击了江坪附近的安南村落（Song Tam）。这个村落的居民只好逃走。这情报可能是要人相信中国人想把飞地的所有安南人赶走。

我们占据飞地看来不会受争议，因为特遣队的所有向导（芒街或 SouK-San 传教士住地附近地区的居民）曾明确指出过边界线，主要是西部边界线。在东部，在白龙尾村抓来并数次充当向导的一些中国人也十分明确地指出过安南领土和中国领土。Tam-Back 和茶山（又名 Xa-Xan）这两个中国村的村长两次为勘察团充当向导，他们向领导这两次勘察的军官指明属于我们的领土。

负责情报的中尉：伊利吉布尔

（原件第 89 页）

狄隆函（政治司第 53 号）附件 2 之 1

李于聂（Rieunier）将军致狄隆函的摘要

1887 年 1 月 16 日

给您寄去我的船只在九头岛（les Iles Gow-Tow）、白龙和至北海的路（经过我们的飞地）上取得的情报。

在反法战争中，这条路曾起过作用，它比从东绕过十万大山更方便。将来占有了飞地，只要筑上个堡垒，就会有效地阻止中国人的行动，他们就会被迫从东面取道十万大山。

此外，这个区域可能住着抢劫成性的山民，他们痛恨中国人，将来我们也许可以和他们重新建立联系。

给养亦通过龙门（Long-Moun）河这条水路。龙门河比地图上标的还往上。以前很容易到达龙门，即中国军队的给养供应地。

战时，如果拥有白龙和附近最好、唯一可接纳大船的白龙锚地，这条路很容易被监视和被截断。

（原件第 95 页）

狄隆函（政治司第 53 号）附件 2 之 2

普里莫杰号提供的情报

九头（Gow-Tow）群岛上土地贫瘠，干旱，人烟稀少。居民生活在水深火热之中，还常常受到选择西岛作为巢穴的海盗的压迫。去年 2 月广州派出的远征军把他们从海盗的魔爪下解救出来。这支远征军由四艘炮舰组成，炮舰牵着帆船。约载着上千人的登陆部队。那时，帆船和小船已被毁掉，现在在群岛上几乎找不到一只船。居民很少从事捕鱼，他们的人数约在 500 人左右。

他们曾受到普里莫杰号和分舰队其他的船只的访问，所以对我们的到来似乎很高兴，十分欢迎我们的占领。九头群岛的岛长说，每年年底，群岛要向广安进贡约 40 法郎。

大海与十万大山之间的沿海部分是东京的其中一个主要部分。保卫我们飞地上的这条通道，我们在将来平定活动中，必然会每次讨伐获成功。中国必将被迫从十万大山的北面入侵。居民、不屈服的海盗会阻止他们的行动，有机会时会是我们十分有力的补充力量。

北海到龙门有两天的路，龙门到谅山要走 8 天。中国人很挑剔，战争期间走这条路的部队夜间不能行军。从龙门起，这条路顺着海岸经过东经 105°直到 Chan-Tien-An，北上 40（千米）直到谅山。波里也将军曾考虑过利用此道往北运粮。事态的发展使他不能实施这项计划。

龙门河好像往上流到谅山方向，比地图标的位置更往上。战争期间的物资可能从这条方便的通道运送。在任何情况下，龙门都是一个要保卫的重要地点。

北海的电报通到龙门、钦州，通过整个海南，通过广州和香港与总线连接。

（原件第 96 页）

狄隆函（政治司第 53 号）附件 3

临时派到勘界委员会工作的海军中校比加尔关于东京东岸防卫的情况说明

细看东京湾地图上涂山（Doson）半岛到白龙尾岬角一带，就可发现，几乎在整个海岸线，即广安（Quang-Yen）到芒街，陆地与大海被一排断断续续、大小不一的岛屿和无数小岛隔开。这片岛群西起于吉婆岛（Cac-Ba），东到 Sieng-Mui 岛。在这一群岛带的前面，九头群岛单枪匹马前伸，就像是一个外海上的前哨阵地。

可以这样说，这排群岛又自然分成不同的两部分，可从其外貌和与其组成的各个岛有关的位置十分明显地区别开来。

在吉婆岛到 Ko-Kaï-Moun 航道的这部分，即西部，是些花岗岩质的巨型岩石，或孤立，或以各种形式混杂在一起，千姿百态，构成了世界上最壮丽生动的一个画面。在这一堆火山爆发（?）形成的山峰的中间，出现两种空白地带：下龙湾（Baie d'along）和筷子龙（Fat-Li-Long）湾。很多巨轮也可以通行的深水航道通到这两个小海湾。这种航道很多，很容易进入这两个海湾，因此使它们失去了军事方面的价值，大大地减少了它们为我们军舰提供的躲避恶劣天气的好处。

除了下龙湾和筷子龙湾外，有必要提到 Banoum 港和 Tsiong Moun 港，它们给大型船只提供优良的锚地，只是这两个港缺少第一流的质量，其出海口相当宽。

在东部，自 Ko-Kaï-Moun 到槟榔岩，大小岛屿形状更长，坡度较缓，并且由于植被覆盖，呈现出与西部群岛完全不同的外貌。岛屿与陆地之间留下一个沙洲密布的宽敞的锚地。在这个大锚地里还有位于先安河口的锚地和位于河桧（Ha Koï）的河桧锚地，以及芒街河口的槟榔锚地。这个大锚地的整个岸边有一些适合帆船或舢板卸货的地点。在最近的事件中，中国人曾利用这些地点，将军队和军火运到先安上岸，然后通过连接先安和谅山的大路到达谅山。1883 年底，当法国军舰把在东京湾的巡航区域确定第一步一直到白龙尾，第二步直到北海时，天朝人只好被迫相继把其增援部队的登陆地点转移到白龙尾的东面，接着转移到雷州半岛沿岸。这些援兵到安南飞地白龙尾北面的那梭（Naso）兵营，接着从这个兵营出发，取穿过这个飞地通到界河左岸、芒街对面的中国东兴（Tong-Hin）哨所的这条路。然后沿着经过河桧（Ha Koï）的沿海的路到先安。由于先安哨所的建成，他们不能走这条路，就从东兴（Tong-Hin）往西北，沿东京界走一条与这条海岸路平行的路到先安至谅山的这条路。

尽管这样，对先安的占据和我军舰的巡航，还是未能阻止我们的敌人数次在芒街到先安之间这段东京海岸入侵，我军舰主要监视群岛外面的远海，而且只能是断断续续地进行。

众所周知，东京湾上的群岛自古以来就是海盗的巢穴。我们刚刚知道，中国官兵尽其所能，利用了大小岛屿构成的这一迷津，使发给其在谅山部队的援兵、军火和补给尽可能靠近先安上岸。先安、河桧军哨的设立和芒街军哨的新设，已有效地帮助了对海盗的镇压，可以肯定，太平无事的时代，它们将完全可以确保海岸的安全。但是，由于这些哨所的兵力单薄，哨所间相距又远，尤其是它们位于岛带之后，看不到远海，所以在与中国进行一定程度上的公开冲突时，它们肯定不能起到防止安南领土遭受突袭的作用，因为不能阻止土匪和（中国）军队在整个敌人可达的海岸上岸。然而经验已经证明，登陆总是一项困难而棘手的活动，当要在远离军舰保护、在一个海岸低平的地方用小船来登陆而遭到顽强的抵抗时，就有失败的可能。因此，要挫败一次登陆的企图，最重要的一点就是占据可以很容易监视敌人和看得见其一举一动的地点，使海岸免遭突然袭击。

占领这些群岛的作用，显然是确保海防直到芒街之间的这带海岸的安全，但是这一措施可能会被认为是行不通的，因为它需要在荒无人烟、寸草不生的岛屿上建立无数的哨所，而这些荒岛与海岸之间的联系只能通过大海，互相间总不能进行快速的支援。因此，我们只能采取经从地图上研究后既合理又行得通的解决办法。

群岛带西受涂山半岛控制，东受白龙尾岬角控制，大海方向受九头群岛控制，因此在这三个地方应建立我们的观察哨，以监视敌人海军的举动。它们中最重要的显然是白龙尾，它将是我们在龙门和北海方向的前哨。

白龙尾岬角的南端有数个裸露的山峰，最高的几个高达90米。在这些山峰中可以毫不费劲地找到一个建立哨所的位置：在这个位置即使军舰不在也易于防守，而又可以有效地监视北海附近地区直到九头群岛附近和 Sieng Nui 岛以西的群岛一带。尽管 Ouenh Xuan 港湾不能避免北风吹袭，尽管海上刮大风而受影响，但它在整个范围内都是所有帆船最保险的避风处，一个长约3000米、宽约800米的深海沟是所有巨轮难逢的锚地。此外，Ouenh Xuan 港湾还是东京湾海岸唯一一个可完全看得到大海的港口，具有建立有一定规模的海军设施所必需的一切条件。

从前面的因素可以清楚地看到，白龙尾的这个军哨如果经常得到海军分舰队舰只的支持，就会有效地促成海盗的消灭，有了舰队的支持，它将在防止东京海岸受到攻击中发挥决定性的作用，同时它将成为对附近天朝海岸具有威胁的重要地点。过多地强调白龙尾岬角的军事重要性可能是无用的，我们必须占领这个位置以及九头群岛，以保证占有东京海岸，保证对海防港的防卫。可以准确地说，白龙尾乃东京湾的东部要冲。

从这一说明得出的结论是，把白龙尾岬角让给中国人，可能是一个十分危险的措施，其后果将是十分有害的，因为在白龙尾的西面不会找到一个可以与岬角的地势相媲美的位置了，它与东京湾上的群岛相比位置更佳，又是这条海岸具有唯一一个可接纳大船的港口的地方。

比加尔

芒街，1887年1月26日

（该篇收入《中越边界历史资料选编》第1135~1137页）

（原件第98页）

狄隆致法外长函

外交部政治司第55号　芒街，1887年1月28日

部长先生：

兹随函附上有关去年11月份事件的七份文件。这些文件几乎全是对我们在这里所搜集到的所有情报的说明。

这些材料证明广东省当局在进攻前或进攻时参与了反对我们的活动，以及他们为此多少可算是公开地与“天地会”的信徒们结盟。他们的阴谋是想秘密地占有飞地以阻挠

划界。因此，这些阴谋是响应据说是两广总督的意图：占领驱驴［Kilua（谅山墟）］、先安和白龙尾之间的这片区域。这些阴谋符合据说也是两广总督的这个计划，即想千方百计否认我们自由占领中国居民占绝对多数的边界沿线各点的权利。

这些材料记录下的几起事件的严重性是明显的：攻打芒街的匪帮是在中国境内招募的；他们在中国的东兴（Tong Hin）兵营领武器；有两位军官参加了抢劫；中国官军用军号发起进攻信号；中国官军与进攻者同流合污等。

我所处的环境使得我几乎没有时间写信，我今日之所以仅写这几行字，是因为我以后会给您寄去一份有关所提事件的详细报告，也是为了在这期间让您迅速知道我们在这里了解到的情况。

（原件第 112 页）

狄隆函（政治司第 35 号）附件 1

格朗皮埃尔神甫 1887 年 1 月 10 日新收集到的情报

11 月 23 日，海士先生住所受攻击之前的三四天，有数股匪徒就已开始从中国境内进入越境芒街。

该地流传着令人十分不安的谣言，这些传闻亦传到海士先生的耳里。但他因想到有王大臣在，相信诸条款的作用，所以不愿相信从中国流入的一些匪徒会攻击他。

从那梭来的中国人下到江坪（Kompinh）、长山（Transon），经过中国的 Thiompac（Chompac）村、Nam Moc 山、罗浮（Lofao）村，并自罗浮村下到与芒街对面的东兴街，在东兴面对中国的那道大门领受武器。

在这些中国匪徒对要塞发动攻击后的第三天，芒街及其附近各村的居民才加入这些攻击者的行列。

这些匪徒由四位匪首指挥，其中三个数月前曾住在安南境内。他们在安南的治下没有合法的身份。但杜百合（Tou Bak Ha）例外，他是府里的帮办，专门负责海上的治安，这一职务使他得以公开从事海盗活动。他们均加入了“天地会”组织，并享有很大的权力。

他们回到中国境内约两个月，招兵买马。这四名匪首是苏高腊（So Cao La），他原住在中国境内？唐志（Tang Tchi），住在芒街东面步行约需一个半小时的来猪（Lai-Tchu）村；文道奇（Von Tao Ki），与前者是近邻；杜百合（Tou Bac Ha）住在顺宁（波观）［Suan-Ninh（Po Kuan）］村，该村在海士先生被袭的渡口附近。现在还可看见杜百合这位杀害海士先生的凶手戴着他（海士）的帽子在中国境内闲逛。

如果当地的居民没有与中国人联合，那么就有理由相信攻打城堡就不会成功。在10月份那几名中国官员来到白龙（Paklung）之前（见前份报告），这个地区是平静的。这几位中国官员到这个地区煽风点火，威吓一些人，又对另一些人许愿发赏，劝这些人声明自己乃华人。可是安南当局却恰好选在这个时候要该地居民服劳役，令居民们不堪忍受。由于这一巧合，安南当局的行为受到怀疑。特别是广安的官布强迫居民服苦役，居民们不可能真心实意地去服役。海宁行政哨官德过获知，这些劳役非（上面）要求的，而是经略后来强求增加的，同时居民还被迫到海宁堡垒内服劳役，修筑工事。

作为府的建制不几年的海宁（Haïninh）府，其前身为万宁（Vanninh）州，目前由一名府尹管理，包括四个区或总：Ha Moun 区、Pat Chou（Batsan）区、万宁（芒街……）区、海宁区（茶古、飞地、蝮蛇号抛锚的那个岛）。

这整个地区的居民有中国人、安南人和混血人（明乡人）。安南族人只占居民的四分之一。不过江坪附近和长山附近的飞地居民也好，芒街附近的居民也好，都的确臣服安南政府，遵守安南政府的法律。数周之前，他们还将钱上缴官府，抵偿官府强令的劳役，并且准备去服广安官布强令的十分繁重的劳役。

自古以来，即使当整个海宁地区十分顺从安南时，河桧地区的起义也是此起彼伏，连续不断。居民拒绝向安南当局纳税、服劳役。河桧人听到攻打芒街要塞，急忙去增援海盗。

三个月前，一些中国官员来到后（见前一份报告），当飞地的华族居民受到他们的威逼利诱而被拉拢时，所有的安南族居民则被剪去他们的头发，只留下长辫，他们还被迫让中国当局在他们的财产证书上盖印。拒绝履行这些手续者被迫移居他方，他们大多数逃到茶古附近定居，其原有土地被中国当局重新划分。整个地区的居民声明为中国人后，公开说在相当长的时间里，他们是安南人的奴隶，以后他们就是主人了，轮到安南人做他们的奴仆了。

这个地区的中国人主要从事商业和大面积种植业，安南人主要是些渔民，只在房前屋后有些小块耕地。中国人通过暴力占有了可耕地。

飞地的居民可能有三五千人（只会多于这个数而不会少于这个数）。

江坪可能和芒街一般大，但可能建得没有那么好。这个城市作为圩更重要，但主要是由于此地有数条大路通往四面八方。

所有这些边境村庄目前均敌视我们，村民们白天离开他们的村子，逃到中国境内，晚上返回。

在某些地方，交通不保险，即使在大白天。因此经过位于茶古和芒街约半途中的莫寨（Mo tsai）村时，不会太平无事。

从河桧或从北海来的货运帆船取竹山（Tchouk San）航道，经过茶古前面，然后沿着流到离芒街不远的旧海关附近出海的小河到芒街。

至于北海（Pakhoï）到芒街的陆地通道，见内附草图。

一个惯于跑路的信使走北海（Pakhoï）到芒街这条路要4天，而一支带着辎重的大部队或一位官员走这段路则需6至8天。北海到安山（Anchan）的大路很好走，诸条小道亦畅通。但安山到芒街一段，必须走一些山中小径。

也许只能问问尚在我们控制下的安南当局，我们才有某种可能了解11月23日至27日的事件发生前它与中国当局的关系如何。海士先生在住所受攻击的当天，住在该地仅3个星期的知府便逃到茶古去，现仍待在那里。该地区的数名该总和里统已表示归顺中国人了。

以下事实有助于证明中国当局主动参与了这些事件或至少充当了同谋：

两个月来，我们上面提到的那四名官员在中国招募了一些匪徒。

他们在整个地区都公开说他们要驱赶或杀死所有的法国人以及所有拥护法国人的安南人和不愿接受中国统治的安南人。

公开的目标其实就是占领属于安南的这个地区，以便以后能对法方勘界委员会占有它提出异议。

飞地归顺中国人的所有安南人都受到设在那梭的中国当局的奖赏。

这些自10月21日起开始自中国进入芒街境的匪徒抵达后，该城的安南当局及绅士们马上派人去问东兴的中国当局，他们对这些匪徒应采取什么态度。得到的答复是，这些匪徒不会冲进他们的住宅为难他们。攻击的第三、第四天，即25、26日，占据了安南境各村的所有中国人和几个中国村庄的中国人，主要是Tchong Pak、罗浮、那农（Nal-Nong）等村，都来支援从中国来的匪徒。

在几晚的进攻里，特别是在最后两个晚上的进攻中，有人看见身着军服的中国官军，轻步兵和民勇都证实了这一点。

在26日和27日之间的晚上，进攻者的攻势十分凶猛。这个晚上的进攻信号是由东兴的中国兵营的号手发出的。也是在这些日子里，东兴构筑了一些小炮垒。

攻击波安先生的那些匪徒主要由长山（Tran Son）人和江坪人和一些中国官军混合组成。

格朗皮埃尔神甫在攻击发生的前数日，看到从这个方向开来一些中国官军。他们公开说要同时分别攻打法国人，不让他们相互支持。

城堡被占、海士先生遇害后，中国人曾说过王阁下马上就到了那梭找邓阁下，后者可能冷待了他。

广西宗座代牧主教富于道大人平常住在上思州（Chang-Sze Chao），目前在开云（Kuai Yun），但他不在时，可以去找他的代理主教雷诺神甫，此人早已与海士先生建立了联系。

他可以找到一些怕受连累而间接与我们进行过联系的密探，他们可以提供关于过去的事和目前正在发生的事的宝贵情报。

格朗皮埃尔神甫主动答应派一位信使去找雷诺神甫，他本人也认识几位已转信天主教的老海盗。他们（在重赏之下）有可能被当作密探使用。

（原件第 114 页）

附件 2

竹山（中国广州）法国传教士格朗皮埃尔神甫给芒街营长普塞先生的一封信的摘录

茶古，1886 年 12 月 23 日

营长先生：

12 月 19 日，您给我来了一封短函，要求我提供某些情报。我 20 日白天才接到此信。我原本更想马上去向您表示敬意，要不是我有病在身，我可能在没有接到您的短函之前就已去打扰您了。

我爱我的祖国和自己的同胞。自东京战争爆发后，这一情怀就成了我几乎所有活动的动机。

目前我住在茶古一位安南信徒的家里，我与他联系需要一位翻译帮助，因为我猜想，也许在某个时候我可以提供某些帮助，而住在我的中国竹山教区里，与我的同胞联系可能会更困难。

内附这份草图，我想将使您对迄今仍属海宁府管辖的这个地区的状态及轮廓有充分的印象。除了茶古外，这个地区很容易为人走遍，或在涨潮时，或在退潮时。因为低潮时人可以涉水走过任何一个渡口，或者可以利用渡船。

进入茶古更困难些，但是，如果没有运送部队到那里登陆的必要，用一些像罗格先生的“阿涅”号这样的船，可以轻易地将军队及其辎重一直运到海宁城堡附近。因为这些平底船很好停放，甚至还可以装运大炮。

海宁府以前只不过是一个一级县，叫万宁。

它包括 4 个区：

1. 阿门（Ah Moun）区（Damka，河桧等）
2. Patchong 区（Paklan，Nalcuong 附近）
3. 万宁区（Tjien-Lan，Tjun Nin，Sai Ngnon Pu Nui Drong 和 Fouk Kenn）
4. 海宁区（茶古，该总驻地，Tsiang Moui，Mé Cheun，Kong Pigne）

您想了解的主要是后两个区。我对后两个区的些许经历可使我得以自认为有大致的了解。

我在地图上用红笔圈着独为中国人居住的所有村庄；有中国人和安南人混居的村庄，

我用蓝笔打圈；最后，独为安南人居住的村庄，则用蓝点做标志。一目了然，是中国人控制着海宁附近地区。正是这一点，说明中国匪徒在攻打海宁时轻易得手的原因。因为这片安南领土的所有中国人在进攻后的两三天，与他们从中国来的同胞联合起来，他们早就答应过他们的同胞，有机会就必定出手相助。此外，招募这些在 11 月 27 日上午残酷屠杀我们同胞的匪徒的那些匪首就是从安南的这部分地区出发的。率领中国匪徒的四名匪首是苏高腊（So Kao Lok）、文道奇（Von Tao-Ki）、唐志达（Tang Tchic Tat）和杜百合（Tou Bak Ha）。后三人至少曾长驻在安南的这部分土地上，他们属“天地会”会员。“天地会”一直是中国人手中的一个得力工具。

到安南这个地区的天朝人几乎全都属于这个组织。他们强迫大多数安南人听从他们的，后者为了过上安稳的日子，只好站在他们一边。因此，将来所有的中国人从这片地区消失后，我们多半就可以确保这个地区忠于我们的事业了，因为那时安南人与我们的敌人勾结更困难。迄今为止，除了河桧、潭河（Dam-Ha）的中国人外，越境内的所有中国人的确已真正地服从于安南政府的法律。他们交税，像其他公民一样承担劳役，而他们组织“天地会”的目的仅仅是为了能够尽快地挣脱他们的民族潜意识使他们视其为终极奴役的精神枷锁。勘界事给他们提供了这样的机会，中方官员来鼓励他们摆脱安南的束缚，以便能领到天朝有意要赏给他们的银圆和尊严。

至于那些也受中国人侵扰的贫困的安南人，他们以后会忠诚于我们事业的，但愿我们的政府部门也好，安南官员的政府也好，都不要使他们难以忍受。因为他们在这里远离安南当局，会受到极深的有害影响。还必须让他们能够相信我们以后是强大的。在近来发生的事件期间，几乎所有的人都被迫逃亡，以避免落入中国人的手中。只有白龙尾附近的飞地安南人（教徒除外）没有逃走他乡，他们为了生存，给现在占领他们家园的中国人付了钱，而且只好梳着中国人的发型。

居住在茶古、芒街和竹山（居民为中国人）之间的绝大多数居民都从事种植业。中国人把渔业让给安南人去干。至于他们的宗教信仰问题，他们只信仰其祖先和他们侍奉的鬼神。平时他们是为了他们祖先和鬼神赋予他们的物质利益才利用这种信仰，目前他们则是为了知道法国人是否要做他们的主人，或为了知道他们以后能否把法国人赶跑等才去请教祖先鬼神。但是，在他们家中不可触摸女性。他们对我们的一切憎恨主要在这一点，即西洋人在这个问题上以不管有无他人在场过于自由而出名。有罪的法国人就厄运临头，因为他们完全是孤立无援的。报复行为不会拖延片刻。至于他们的防卫措施，他们只有环绕房舍的可怜的篱笆以及危险时各村互相间应给予的支援了，主要的办法就是逃跑。旗帜、长矛、短枪是每个村庄都拥有的武器，而且数量很多。只有两个地方可以见到一些所谓的要塞。一个在 Tai Ngao 桥附近，靠近 Sai Ngon 的 Ki Long，这里有裸露带刺的竹篱，组成要塞。但是房舍和那排竹篱好像最近已被邻近的居民烧掉了。

另一个在 Mon Tsay，中国的 Lak Lam 村对面。这个小竹垒建在一座山的山顶。平时它由一定数量的武装人员据守，他们在附近抢劫路过的安南人的钱财。

现简单说明一下这张安南飞地草图：这个飞地，我说过，和 Tsiang Mouï 岛一样，由茶古的该总管辖。这名该总管四名里统：Tsiang Mouï 里统、茶古里统、Mecheun 里统和 Kong Pigne 里统。Mecheun 包括两个村，Kong Pigne 包括 16 个。它们是：

1. Tchong Chao，居民全是安南人，大多数是基督徒，教堂及村子已被毁。

2. Son Sam，居民全是安南人，和上一个村子的情况一样，已逃到茶古。

3. Tcha Pung，居民为越、华人。

4. Tam Kat，同上。

5. Kouai Min，居民全是华人。

6. Ngoc Pa，同上。

7. Long Liang，同上。

8. San Tsin，同上。

9. Kay Pong，同上。

10. Tsong San，同上。

11. Tschong Fong，同上。

勘界委员会的波安先生受过以上这两个村的袭击。

12. Kao Tong，同上。

13. Pau Kaï，同上。

14. Chac Kok，同上。

15. Pak Mong，同上。

16. 那龙，同上。

居住在这个安南飞地各地的其他中国人，如白龙尾的中国人，他们不属于这些区划的居民，不用服劳役，每年交一锭银圆税给里统。这个飞地的所有中国人都是我们公开的敌人，和其他所有的中国人一样，只是后者表现得更敌视罢了。然而，不知到何处去找避难地的安南人只好付赎金，留起中国式的辫子。

我刚接到如下的消息，我自然还未能予以核实。我的一位 12 月 16 日在那梭（Na-So）讲授教理的人告诉我：有十来名中国官员、大量的士兵不允许任何人通行，似乎是在不停地招募志愿者。另一位讲授教理的人 12 月 21 日给我来信说：“东兴有 4000 名中国兵，约 20 名中国官员。这些官员声称只待有利时机一到即与法国人开仗。河桧及其附近的中国人约 8 千至 1 万（8000～1000，原文如此，似为 10000 之笔误——编者注）人不日之内可能就会以非正规军的身份来协助这些官员。”这个月 15 日到他给我写信的 21 日，可能每天都有大量的子弹、火药、武器等运到东兴，其附近好像构筑了几个小炮垒。

这一切的用意就是中国人以后要利用我们对他们的温和态度来更有效地煽动民众反对我们，甚至使他们以为由于他们对我们大吹大擂，我们害怕他们了。因为只要我们与他们面对面，他们就没有这样的一点可能了。在我们以后撤退时，他们就重新既怕又狂地扑向我们要构筑的所有据点。好像是这一整个事件的幕后策划者的广州总督不是承认马上会打败的人。他会千方百计地要达到他提出的占领驱驴（Kilua）直至先安地区的目标，或起码要我们放弃安南飞地和白龙尾，而保住它们是重要的。

（原件第119页）

狄隆致法外长函（政治司第56号）

芒街，1887年1月29日

部长先生：

参照我1月21日电，兹随函寄上我们过一阵子要与中国勘界大臣签订的协议的抄件。

由于时间关系，我不能在投寄本文件时按我所想进行一些补充说明，不过我至少要通过下一班邮轮去函作补充说明。

附件：

协议草案

北市（Paxi）到竹山的中安边界，已通过对照地图达成协议。这两个地点之间的界线是自北市流往芒街、东兴这条河的中线和自芒街、东兴到竹山对面入海的这条河的中线。

从竹山至白龙尾（Cap Paklung）这片有争议的地区，根本没有对照地图达成协议，该问题将交由两国政府裁决。在等待两国政府就广东省与安南之间的这片有争议的地区进行答复期间，因法国在这个地区已派驻兵和文职官员，双方一致同意维持现状。中国对此不再提出任何疑问。两国代表团将绘制地图一份，明确勾绘出这片受争议地区的轮廓。

如果广东省与安南边界还有其他争议，两国代表团彼此不能达成谅解的地区，则请示本国政府。在未获各自政府答复之前，将不在这些地区进行任何新的占领活动，或派兵，或派文官进驻。

上述协议将由两国代表团通知本国政府。

（原件第136页）

法中勘界委员会法国代表团整理的会议纪要

1887年1月18日东兴会议

参加会议人员

法方：法国代表团团长狄隆先生，代表团成员狄塞尔先生、卜义内先生、倪思先生

中方：邓承修先生、王之春先生、李兴锐先生

参加会议的还有一名中国秘书，赫政先生和李先生。

平常就谨小慎微的中方勘界大臣此时更为谨慎。双方进行习惯上的寒暄时，态度冷淡。

李先生（翻译）：“我受三位阁下之托，首先声明我从未向狄塞尔中校提出过有条件地承认安南对江坪的权利等事。”（白龙半岛的一半就在这块飞地的一部分里）“我要补充说明的是，我的建议是非正式的，绝不可当真，以此为据。”

狄隆先生：“这里谈到两件有关个人的事，只有第二件涉及我。如果中校不反对的话，我让他答复第一件事。”

中校（对李翻译礼貌地说）：“对于您的声明，我所能说的，我亦十分愿意说，就是承认我们之间曾有过一次误会，但是我为了避免这一误会已竭尽全力了。因为我把您的书面建议给您看过，您随后亦表示同意。后来我交给狄隆先生的就是这段用铅笔写下的建议的原文。此外，我们也未滥用过您的建议。狄隆先生亦只提到他可以做到的，这亦是为了和解。”

卜义内少校证实中校刚说过的话不错。

李翻译承认中校记下过他的建议，并给他看过，但是他仍执意重复说他并没有承认我们对江坪的权利等项，我们不该正式利用他非正式说过的话。

狄隆先生（断然地）：“中校已承认了存在一次误会，并没有明确地要把这一责任归咎于您，而自己推卸责任。这样说明还不足以让您满意。这样吧，我就作进一步的说明吧。在我们为防止发生误会而采取种种预防措施后，只有您承担这一责任。因为是您自己没有听明白，是您还没有十分清楚就肯定我们给您看的东西确定无疑了。但您的指责是不对的，这就是我为何只在一次非正式的谈话中提到您的建议的原因。我当时给您看的那页纸的上方写有这几个字：非正式建议。我强调了这些字。赫政先生在此可以证明。”（赫政先生从一开始就好像很不愉快，他低声地并用手势承认了这件事，同时要坐在他身边的李先生不要说话）“现在说得不少了，我们大家不要纠缠个人的问题而影响大事的解决。”

李先生目瞪口呆，接着转向邓阁下，尽其所能，把刚才发生的一切概括地告诉了他。而此时狄隆先生和赫政先生在交换各自对上述意见的看法。

狄隆（对李）：“考虑到您本人，同时亦想承认您经常给我们充当译员的辛劳，我刚刚坚持以法文为准，现在我根本不管您的中译文。但我已说了应该说的话，这样我更愿不介入而不愿讨论。此外，所有的误会很容易由于语言的差异而出现。在这点上我们是宽容的，根本没有想过不照顾您本人而把您的言语记录在案。同时，如果谈话用汉语进行，我也有出错的可能。”

李先生（显得更满意）：“我希望我在非正式会议上所说的一切均被看成是完全无

效的。”

狄隆先生：“随您的便吧。”（对中方大臣）：“最后一次我们全体在一起时，说好把困难分开解决，以减少异议。后来赫政先生来拜访我，法国代表团又接待了邓阁下的来访。邓阁下在未征求其同事的意见前不愿做出任何保证。现在事情怎么样了？”

李阁下：“我们是邓阁下的合作者，我们有我们磋商的权利。因此征求我们的意见是完全正常的事。虽这样说，邓阁下仍有必要的主动权，而且我们总是同意他的主张的，由于双方都有通融之意愿，所以对于最后达成谅解根本不应丧失信心。不过困难那么大，似乎无法解决。”

狄隆先生：“我看你们之间和法国代表团成员之间一样，彼此以礼相待，只要你们希望达成谅解，那么就极有可能，或者起码可以做到。不论我们的分歧多大，只要我们双方共同努力，我们的建议就会有可能融合为一。重要的在于双方要充分地相互理解，以后你们更清楚我们的想法后，你们就更加觉得我们的想法是可以接受的。”

李阁下：“你们有你们的理由，我们不会冒昧地说你们的理由不对。不过我们也有我们的理由，而且认为是正确的。其间只有分量和相对重要的区别，这只不过是多少的问题。”

狄隆先生：“看到你们部分正确地看待我们的事业，我很高兴。至于我们一方，虽然我们不能接受你们的理由，但是我们却是认真对待的，这从我们多次进行讨论的事实可以得到证明，因为这是我们表示对你们尊敬才这样的。”

李阁下：“请你们提出个建议吧。”

狄隆先生：“既然您愿意，那就提一个建议吧。可以说这个建议只是赫政先生表露的思想的发挥罢了。他说：‘让我们把困难分成几点以减少争议。’我进而指出：‘减少争议后，就消除争议。’广西到竹山这段边界容易取得一致的意见。不易取得一致意见的是自竹山到龙门这段。这样吧，为了表明我们的和解愿望，如果你们承认我们对竹山（不包括竹山）和白龙尾（含白龙尾）之间的飞地的主权，我们将放弃对白龙尾东面自白陵（汉语叫白坟）直到龙门整个地区的主权要求。”

邓阁下：“但这是您昨日向我提出，而我不能接受的建议。”

李阁下：“你们不顾我们，要我们接受不能达成协议的一些条件。”

狄隆先生：“不顾你们？……那么说你们的态度和我们的态度一样通融了。还是你们提一点建议吧。”

邓阁下：“按这一原则无法取得一致的意见，《大清一统志》证明这整个地区是属于我们的。”

狄隆先生：“没有必要一再重复同样的理由了。既然这件事具有国际性质，我想只强迫接受一个国家的证据而排除另一个国家的证据，像你们所做的那样，是不恰当的。而且刚才你们不是承认我们的证据的真实性了吗？有关的这个协议调和了一切。”

邓阁下："对我们来说，《大清一统志》可以作为证明。"

狄隆先生："没完没了地谈看来总是徒劳的。我最后的决定还是这样：有条件地放弃我们对你们知道的那个地区的主权要求。你们问我的几位同事这是不是也是他们的意见。"

狄塞尔中校、卜义内少校、倪思医生："确实是。"

邓阁下："我们并不说你们的证据站不住脚，但我们的证据是确凿的。"

狄隆先生："只有你们吹嘘你们的证据，而我们不证明我们证据的价值，但你们多少应与我们一起证明。"

李阁下："最好先不理这一段边界，从另一处开始。"

狄隆先生："早已决定我们从广东界开始，因此我坚持不改变决定。请你们相信，我们永远也不会同意让出江坪等地。"

邓阁下："那我们永远也达不成协议。"

狄隆先生："这里既出现了分歧，为何不愿随我们到现场去呢？"

邓阁下："我们已做好到实地去的准备。"

狄隆先生："你们事先声明这样毫无用处，这实际上不是在拒绝吗？"

接着是在上次会谈中说过的话。已写在上次会谈的记录里了。由此引起如下的讨论：

狄隆先生："你们想事先推卸掉在可能是来自中国的匪徒犯下的侵略罪行中要承担的一切责任吗？"

邓、李阁下："只要边界根本尚未确定，就不可能知道他们来自哪国领土。"

狄隆先生："相反，你们承认我们受到来自中国的匪徒侵犯时你们国家负有责任这一原则；对于这一点，你们实际上仅对具体地点不明确作保留吗？"

邓、李阁下："我们惩罚土匪，因此我们的领土上没有很多的土匪。难道你们不知道我们最近处决了不少强盗吗？但是危险来自他方：你们的士兵和请愿的人群将暴发的冲突。"

狄隆先生："如果匪帮从我们提出主权要求的这片领土的另一侧陆路来，具体的地点是很容易弄清楚的。为了防止你们谈到的冲突发生，只要采取一个好的办法就行了。这是两个我们可以首先彼此商量的问题。"

王阁下（对邓阁下）："对一个有争议的区域，我们既不能为明确责任，也不能为行使权利取得一致意见的。"

邓阁下："自您向赫政先生说了有关我们可能负有的可能的责任后，我不能在未接到敝国政府的指示之前出发。"

狄隆先生（生气地）："我没有向赫政先生说过任何与条约不相符的话，他在这里可以证明。我只是对他说起过来自中国的土匪的攻击情况。您把一些我没说过的话说成是我瞒着您说的了。你们不能强调这点而又没有理由不到实地去勘察或拖延勘察。"

邓阁下："您说过你们要将所有对法国代表团的攻击归咎于我们。"

狄隆先生："我说过，中国应该阻止匪徒从其境内进入我们的领土；如果它仍然不这样做，我们就不会容忍了。这千真万确。我从未说过，我境内的黎民百姓犯下的罪行虽非贵方的罪责，也要你们承担责任。"

邓阁下："因为边界仍未定下来。"

狄隆先生："因此，请你们暂时将我们提出了主权要求的这个区域的边界看成是边界吧。"

邓阁下："昨天，您建议我说，对于有争议的这部分，请示我们两国政府，对于可能的部分，达成协议。"

狄隆先生："如果有此必要的话，是要请示的，但在对实地进行勘察之后……除非你们同意确定的一直到将白龙尾一分为二的山脉的界线。这样的话，对于剩下的部分，我们就会同意马上请示两国政府。这样，争论的范围至少会大为减小。"

邓阁下："这个提议亦不能接受。"

狄隆先生："尽管我们竭尽全力以求达成友好的谅解，但我们应该看到，贵方未有任何和解的表示。"

邓阁下："有，因为我们是同意到现场去的。"

狄隆先生："那么我们就去吧。但是我也不瞒您说，我要通知敝国，外出期间，你们迫使我将勘界委员会一分为二；在这之前，你们想从形式上简单行事，同时声称通过所谈的唯一办法即通过现场勘察的办法，无法履行条约。"

接着是一场冷淡无味的谈话。赫政先生在这场谈话中试图根据通过对照地图的办法进行部分定界的基础重新达成协议。重新讨论之事改在次日进行。

（该篇收入《中越边界历史资料选编》第609～615页）

（原件第151页）

1887年1月20日芒街会谈

参加会议人员

法方：法国代表团团长狄隆先生，代表团成员狄塞尔先生、卜义内先生、倪思先生

中方：邓承修先生、王之春先生、李兴锐先生

参加会议的还有一名中国秘书，赫政先生和李先生

狄隆先生问中方勘界大臣，前天至今他们已做出什么决定了。

邓阁下："您告别我们时对我们说，由于事态严重，您认为在做出结论之前，你们之间应该进行一下磋商。我猜你们已商量好了，希望您乐意地让我们知道这次商量的结

果吧。”

狄隆先生：“这不假。但正如我后来补充说明的那样，由于相同的理由，也希望你们能这样做。难道你们感到无此必要吗？”

邓阁下：“请吧，你们先说吧。”

狄隆先生（笑道）：“你们总是谦让我，我要向你们还礼。”

邓、李阁下：“光阴流逝，可我们尚未取得任何结果，我们的农历年行将过去了。为了取得一点进展，至少我们可以先对一部分边界，即广西界到竹山一段，取得一致意见吧。这一段有希望可以迅速解决。然后，可能的话，我们将把广西巡抚请来，因为确定他的省界必须有他的协助，我们也要立即完成这一段的勘定。”

狄隆先生：“我们是求之不得。让我们开始进行工作吧。你们的地图带来了没有？”

李翻译：“其中一幅过几天才能绘好，我们派到现场去的绘图员尚未返回。在这期间，如果你们愿意的话，就让我们看看，用你们的地图能否解决问题。”

狄塞尔中校把法国代表团的所有地图都展开，作说明，答复对这些地图进行解释的要求。

总的说来，江坪和北市之间的边界线取得了一致的意见。这条边界线沿着从芒街、东兴之间经过、流往这两个城市东面和西面去的这条河的中线。在东面，过了竹山，是有争议的地区；在西面，过了北市，双方出示的地图不一致之处十分明显。

接下来是有关技术问题的谈话。谈话结束时，双方表示希望，既然中国的绘图员很快就返回来了，那中方勘界大臣翘首以待的补充材料会将谅解推进一步。

双方对已取得的结果互相祝贺并记之于档。这一结果适用于约 50 千米的一段距离。

狄隆先生：“现在重要的一点是对那个争议区，即现场勘察做出决定。”

李阁下提出，在进行该地勘察工作之前，先立一包括几条的草约，以便安排工作步骤。他说：“各代表团可以各写各的，然后看有没有办法合二为一。”

法方勘界大臣们自然同意了，但对某些意见有所保留。其间，会议继续进行。

狄隆先生：“我们先一般地交换我们的看法。这将是使工作取得进展的最佳办法。在整个工作中，对于各项原则必须要有某种共同点才能对执行各项原则取得一致的意见。时光如流水，让我们谨小慎微地避免导致失败的因素产生吧。”

李阁下：“最好是先将我们各自的计划写出来，因为我们三个星期来仅进行一些毫无用处的空谈。”

狄隆先生：“现在我只要求大体上确定方位，以避免在可以或不可以进行对照上产生误会。”

李阁下：“这里我的理解是这样：通过我们提出主权要求的边境着手，分头踏勘，约你们会面，按时间情况和其他情况确定或者更改会面时间。”

狄隆先生：“相反，根据我们的证据，争议的焦点在江坪。在这点上取得一致意见，余下的亦将取得一致意见。用这种方式开始才适合。应该说干就干。”

王阁下（对邓阁下）：“大年初一，我们不能马上出发。”

狄隆先生：“我也想过在我的信中使用这个词，但是你们的习俗亦不可不考虑。延期太久无异于中断我们的工作。你们也许不会迫使我们中断工作吧？今天让我们决定先从江坪入手吧，然后我们就确定出发日期。”

李阁下：“江坪不在两国代表团彼此提出主权要求的那些边境的任何一处，因此我们没有必要到那里去。”

狄隆先生：“江坪可以说是争议的起因。对于你们也好，对于我们也好，在那里证明权利最有用。”

接着是关于这个问题及走哪条路线出发的讨论。由于没有取得一致意见的另一种可能性，双方同意进行一次环程旅行，要相继走完提出主权要求的两个边境。每个代表团要求从自己的边境开始，对此既无明确的要求，也无确切的结论。

赫政先生一再说，从定界角度看，实地勘察肯定不会取得任何结果，李翻译亦附和。

李翻译：“定界期间，诸位阁下可能一定会同意把有争议的那个区域看作是安南的，只要你们同意随后放弃这个区域。”

狄隆先生：“不说这个。不论怎么说，是我们占据着这个区域。难道你们想以定界为由，先把我们赶离这个地方吗？”

赫政先生：“中方勘界大臣只是想说，在定界期间，这块有争议的区域应该被看作中立区的。”

狄隆先生：“就是说，在目前情况下，看成是经掠夺所获的区域了！在我们外出踏勘期间，必须维持必要的秩序和维护对该地区负有责任的地区当局！”

李翻译：“既然边界尚未勘定，在新的命令下达之前，该区域必须是中立的。”

狄隆先生：“如果我们对你们的钦州提出异议，你们同意将钦州作为中立区吗？那时你们会对我们说，除非有相反的证明，否则我们还是在我们家里，因此我们不会同意以定界合理或不可避免的开端为由，放弃这个地区，即便是暂时的。现在，对我们来说，情况也是一样的。因为这涉及我们占据并治理着的一个地区。你们不能要求说，既然证明你们权利的工作尚未进行，所以我们要求改变现状；我们要缩小我们的权限或我们文武官员的职权；我们或多或少要解散一下我们自己的权力机关。而我们只不过要求给你们定界提供方便。我们准备采取一个妥协的办法，此办法只不过含有暂时承认我们权利的意思，而非最终承认。”

邓阁下：“勘界期间，该地区应由我们双方军队同时占领。不这样，我们就可能根本没有进行必要调查的自由，尤其有大量可搜集的证据。”

李阁下：“你说这个地区目前属于你们所有，因为你们的军队占据着，有官员治理，但是，我们把我们的军队从那里撤走，只不过是为了防止一场冲突，它仍然隶属于钦州县。所以我们这样定吧，中国对这个争议区有权，法国亦有权。”

王阁下（对邓阁下）：“法国军队占领江坪只是法国代表团到这里以后的事。”

狄隆先生：“对我来说，没有必要再重复了，只维持我已说过的就够了。因为，为了使你们的活动有一切可望的便利，我们会尽量通融的。我们原则上不会承认在有争议的这片区域里，中国与保护国有同等的地位。在法军来到之前，这个地区早就由安南和法国官员治理了。其他的不说，仅芒街副领事在我军占领之前就在江坪、长山和白龙尾所在的这片区域行使权力了。我们作为外人，在已建立了正常秩序的情况下，怎么能不顾自己而搞乱秩序，以求你们事先声明不可实现的实地勘察呢？我宁愿将你们给我们去现场制造困难的事通知我的政府，等待它的指示。”

李阁下：“我们要各自写协议方案，我们将这样去努力就有关的具体问题达成协议。”

狄隆先生：“我们以后总会尽力的。另外，还会有几个重要的具体问题要解决。比如说，我们以后要商妥有关卫队的几个事项。我们根本无意不让你们拥有卫队。”

李阁下：“我们希望的不仅仅是卫队的权力问题，而是这个地区应暂时宣布为中立区。”

狄隆先生：“我已进行了回答了。你们打算带什么样的卫队呢？”

邓阁下（问过李、王阁下后）：“至少600名士兵和众多苦力，不包括战船。”

狄隆先生：“明日复会吧。我暂且总结如下：出于和解的考虑，我们同意请示我们两国政府，而不是马上就到实地勘察，这是希望有利于维持我们的现状，而非他意。”

卜义内司令以另一种措辞重述了这一建议。应赫政先生的建议，狄塞尔中校将这条建议写到了那些似乎也可以为两国代表团接受的建议里。这些建议是：

北市到竹山的中安边界，已通过对照地图取得了一致意见。这两地之间的边界线沿着自北市流到芒街、东兴的这条河的中线和自芒街、东兴流到竹山对面的海里的这条河的中线。

自竹山（中国领土）到白龙尾这片争议区，通过对照地图无法统一意见，将把此问题提交两国政府定夺。

在等待两国政府就广东省与安南间的这个争议区进行答复以前，因法国已有军队和文官驻在这个区域，所以双方一致同意维持现状。中国对此将不提出任何异议。两国代表团将绘制一幅地图，此图要明确表明这个引起争议的区域的形状。

如果在广东省和安南的边境上尚有其他有争议的区域，对这些区域，两国代表团彼此又不能统一意见，那就请示两国政府。两国政府进行答复前，彼此将不进行新的军事占领和派驻文官。

两国代表团将把这个协议内容通知两国权力机关。

李阁下：“这份字据没有用。我们不会派兵到那里去，因为那里有你们的军队。现状将维持下去，所以没有必要就此作任何规定。明天让我们尽力就北市往西一直到广西界的这段边界统一意见吧。”

（原件第 157 页）

1887 年 1 月 23 日东兴会议

参加会议人员

法方：法国代表团团长狄隆先生，代表团成员狄塞尔先生、卜义内先生、倪思先生

中方：邓承修先生、王之春先生、李兴锐先生

参加会议的还有一名中方秘书、赫政先生、李先生。

狄隆先生：“要是你们愿意的话，我们要把止于北市的界线延伸到广西界以东最后这个地点，尽力使就竹山以西和广西界以东之间的边界走向达成的协议完善化。不过我们没有必要坚持上述这一点。要是我们认为不能马上得出结论，最好延期。付出的努力也不会阻碍我们采取的万分火急的步骤，即在你们要求的条件下维持现状的办法。你们不是已同意这一意见吗？……因为这里涉及技术上的讨论，我还是让狄塞尔中校来说。”

大家把诸地图铺展在桌面上。

李阁下：“因为我们的绘图员尚未回来，所以我们目前有关北市到广西界的资料仅限到 Li-Hu-Naï。”

狄塞尔中校：“即使在一直上溯到那以前，我也不能了解你们的路线。因为边界线不顺沿博琅河的那条支流，而恰是这条河本身。”

邓阁下：“我们让边界线通过这条支流，因而通过 Li Hu Naï，这不是偶然的。根据我们拥有的资料，我们的草图是正确的。而且它与我们的《大清一统志》的说明亦相符。让我们看看你们的材料吧。也许它们将可以有助于统一意见。这样的话，我们就可以马上达成协议了。”

狄塞尔中校指出他的说法不正确，并为此出示了两幅安南方面的地图和两幅中方的地图、一幅艾罗纳中尉绘制的测量图和广安省的纳税人名册。均显示博琅河沿河各处属该省管辖。

中方三位大臣只好以他们《大清一统志》的一段文字说明反驳这些证据。而法方几位大臣则认为，他们歪曲了《大清一统志》上这段文字的意思。关于这点，问题在于这段文字所占有的地位。大家一致认为，这段文字十分清楚地表明了“安南边界”。它包括了好多个竖着书写的汉字。这条边界线在这条支流之上，但平行于博琅河。

狄塞尔中校：“我发现你们不考虑我方证据的一致性，只限于你们对从《大清一统志》中找出来的一段文字含义的草率肯定。我向你们出示各种安、中、法的新绘旧绘的

地图是徒劳的了。这些地图有些是来自顺化、广安，另一些则是根据当地居民的证词在这里绘制的。你们仅拿出这些证据放到我们面前。”

邓阁下：“我们将在下次会议上向你们提供其他的证据。”

狄塞尔中校指出，如果 Catong 河与博琅河的合流处是安南的话，那么中方勘界大臣的证明则依然是无意义的。他在强调上述问题的同时补充道：“然而，那是驻在该地的法国部队和绘图员以及各国亚洲人在实地勘察后，认为是属于安南的一个地方。这一切都证明各旧图是准确的。”

邓阁下不否认这一事实，但补充说，因为这个地区的居民几乎全是中国人，所以不会是安南的领土。

狄塞尔中校以另一种方式一一重复其观点并予以阐明。

邓阁下：“如果我们能考证你们要求作为边界的河流与《大清一统志》认为是边界的河流是同一条，我们就会同意。我认为重要的是，我们定的界线符合我们《大清一统志》的说法。我不能违背它。”

狄塞尔中校：“也许最好的办法是从北市与博琅之间的这片区域开始，以便渐渐求得谅解。这条自北市往北、而博琅又位于其左岸的河流，显然是作为边界线的那条。今日提出这个问题很好解决。我们随后将恢复博琅到广西界的勘定工作。”

李翻译：“最好再等两三天，让我们可以得到我们的补充材料。或许，（犹豫地）我还可以提出一个解决办法。我发现在你们的地图上，博琅河的两条支流一条在另一条的上面，均在同一侧。如果你们想对我们说，最北、距北市最远、位于博琅的那条是我们官方地图上标的、其下有‘安南界’字样的那条支流，那么中方勘界大臣们也许会同意你们绘的直到那里或直到博琅的界线。但要是那样，你们也应该随后采用从最后这个地点出发往西南方向去的这条线为边界线。”

李翻译将他刚才用法语说的话译成汉语转述给邓阁下。

狄塞尔中校对向他证明自博琅起边界的确顺着上述方向虽未拒绝，但他不明白可能是针对一个具体地点的一种妥协，于是自己要求进一步解释。这种盲目地主动求得和解的姿态后来立刻又被他本人收回。

狄隆先生（对邓阁下）：“讨论延长下去没有实际作用。下面是我认为从中所表现出来的问题。您提出了两个原则：一个是以《大清一统志》为依据，另一个是当对它的内容有疑问时，各区域的国籍则取决于其居民的国籍。不过我们认为，由于定界乃国与国之间的事，所以这第一个原则就太独断太绝对了。如果我们为了自己的利益，以越、法的官方文件强于中国的文件为由而占据这些地区，你们也不会同意。那时你们就会答复我们说，我们想强迫你们接受我们的地图，而不按 1 月 6 日草约所希望的与你们的地图进行对照，会说条约并没有规定仅以谈判一方的文件作为勘界的依据，而应以事实为依据。至于第二个原则，我们应该研究的是土地的国籍问题，而非其居民的国籍问题。不然许多外国有很多华人，如香港，照此推理就可能是中国的。对于这个具体的问题，毫无疑问，这些汉字都写在两条河的附近，有关的汉字与它们中的绝大多数相似。而且它们都出现在最小的河流上面，因此它们甚至以这种方式表明，安南边界在这条河的上面，东面到博琅河，这些字就写在这条河流的旁边。总之，您的理由只不过是用你们的不完善的地图和它粗劣的画技来说明。协议草案也一样。李先生只有一时强调过这个草案，他对这同一幅地图是否有比例尺标和正确的方向标想也未想过。这样一个不全面、不准确的证据能有什么资格来反驳我们成堆的证据呢？"

邓阁下："占据这样一个没有价值、人烟稀少的区域于你们有什么用呢？对以上问题，你们难道表现得很通融吗？"

狄隆先生："这是另外一个问题，以后再讨论。目前先谈具体问题。"

李阁下要求推迟讨论。

狄隆先生："我们来看看剩下的问题吧，就是维持现状的问题。你们接受的唯一条件，即我们可以满足你们的愿望，是否马上请示两国政府？"

邓阁下："大概是这样，但只要你们稍稍修改文字内容即可。"

狄隆先生："也许我们对此会取得一致意见的。我们也是巴不得这样。"

李翻译用汉语宣读这段译文，指出要求改动之处：①竹山后删去"中国领土"几字；②用"双方不同意"几字代替"因无法取得一致意见"，用"为法军所占的领土"代替"由保护国军队及其当局自由占领的领土"。

赫政先生解释说，中方勘界诸大臣亦想按此意要补充一条："有争议尚未被占（均一般地说）的诸处不可受侵略。"

狄隆先生（经详细讨论之后）："我们不要求现在就最终承认我们的权利，而只是暂时承认。因为协议不能根据各原则达成，没有更好的办法了，只要这一承认在实行中在各事实上表现出来，我们就满足了。我们大家的目的是什么，或者这个目的至少应是怎么样的呢？就是在一段必要的时间内避免一切冲突的发生，使两国政府能够表态。如果要造成的局面本质上无助于最高权力机关共同决定消除和避免纠纷，那么这样的局面就没有存在的理由了。不过，要达到这个目的的办法就是消除一切误会，你们所要求的一切更改只会使问题复杂化。"

李翻译："我们不能同意你们的军队和文官自由占领这个区域，除非我们亦有同样的权利。"

狄隆先生："说得一点不错。那就说到这里为止吧……到实地去。我们双方的态度是明确的。因为不能解决争端，我们要如何更改措辞呢？你们不再请求我们将争论转交给最高权力机关，而要求使争论严重化，不利于我方。您谈到这个权利，是希望我把它移交给你们，因为你们目前没有这个权利。命令的概念包含有排他性。你们的军队和权力机关不可能是我们的。我们的军队和权力机关几乎遍布这个争议区，原则上把这个争议区视为他们事实上统治着的。”

接下来是两国勘界委员之间和代表团各成员之间进行的一种漫谈。

狄隆先生（对邓阁下）：“要是问题仅在于找到一种能向我们确保维持现状而又不触及你们国家的敏感点的话，我们很愿意根据这种形式一起去寻找，仅此而已。只要它无害于实质，你们会觉得我们处事是随和的。”

邓阁下：“我们尽可能按你们的愿望去做，不过因为我们并不代表本土当局，我们不能侵犯他人的权利。这件事只不过是一个地方条例，超出我们的权力范围。即使是暂时的，也轮不到我们去确定这方面的形势。”

狄隆先生：“对不起！我们并没有做过类似的事，因为尽管我们对此有愿望，但你们却既没有通过对照地图的办法，也没有通过我们提出的妥协办法以及我们要求去实地勘察的办法与我们协商。立即请示两国政府的主意并非我们的主意。你们原想强调这一主意以及我们目前讨论的目的，就是说对维持现状事先达成谅解的必要性，这只不过是困难造成的结果，而你们就是把我们置于这一困境中的。至于你们无权缔结临时协议的问题，如果这一理由成立，那是自己强加于自己的。这样的话，你们事实上不能进行任何有效的活动，而只会出错。无资格建立一个新的活动秩序是一回事，无资格按已确立的活动秩序发挥作用又是另一回事。我愿相信，你们的权力大不到可以改变形势，但是，即使这样，我觉得你们也难以获许低估这一形势。如果定界可行，那么这一形势就应受到重视。因为，你们声明过一切实地勘察都是无用的。因此，在维持这种局面和你们完成使命之间，存在着一种自手段到目的的必然联系。而且和你们一样，我也无权破坏现状。缩小我们对该地的军事占领和行政占领非我之责，更不用说要让出它了。我亦不能中止这一占领所产生的必然影响，它使指挥权和行政权的二重性、保护国和中国同时至高无上在我们所在的这个地区不能存在。”

赫政先生：“可你们的草约方案的意思几乎依然如故，只不过是形式不同而已。”

狄隆先生：“我已说过，在这一方面，我们会永远心甘情愿地表示我们的和解意愿的。因此，我们的约文未含有任何令中国人理所当然地表示不安的内容。我们在草约中只是明确地提出我们占领这一事实与其本身和维持现状之间存在的联系。执行这一原则的必然结果，即禁止中国在一个服从我们权力的地区行使它的权力，只以含蓄的方式写在约文里。我们没有，也没有想过写进任何在中方勘界大臣看来有挫伤其民族威望的东西。因为我们的权利本身是专属我们的，所以要肯定我们的权利并维持我们的权利，我们有绝对的必要条件就满意了。再说一遍，我们的目的只是消除纠纷，避免中国与保护国，它的士兵或它的行政官员与我们之间的冲突。”

李翻译转身向着中方三位勘界大臣，向他们重复并解释内容与形式的这一区别。这一区别是抱着实际利益和照顾个人的目的做出的。

邓阁下：“从事情发展到这一地步来看，不可能达成谅解。”

狄隆先生："我们不能让别人对我们文武占领专权抱有怀疑。"

李翻译："但是在等待两国政府答复期间，该地区必须是中立的。"

狄隆先生："我们根本不是这样理解这个问题。我们认为，在看到相反的证据或接到相反的命令之前，这个地区非我莫属。"

邓阁下要求容他先致电两广总督。

狄隆先生："这是你们的事，与我们毫无关系，没有必要和我们说。"

接着是一次有关法军和法机关何时占领该地区的谈话。谈话迫使狄隆先生重提因我们在长山受到攻击，海宁副领事或是比加尔司令在他来到之前向东兴中国官吏所提的抗议。他出示他俩与后者的来往信函。就这些信函的意义问题，继续进行讨论。在这种情况下，因中方勘界大臣强调中国人的答复不明确，他们佯言在答复中没有看到任何结论性的东西，于是狄隆先生通过比较那封无可置疑地肯定我们对飞地的权利的法文信，对这封信发表了看法。

邓阁下："对草约方案无法取得一致意见。唯一的办法就是到实地去。已浪费很多时间了。"

狄隆先生："这样最好。何时出发？"

赫政先生："这将毫无用处。"

狄隆先生："你们的日程打算如何安排？我们马上出发，如果你们愿意，明天怎么样？"

邓阁下："我们应先对提出的计划统一意见。"

狄隆先生："就照去年的办法吧，就是说同时出行。"

邓阁下："照在云南时的办法吧，就是说分头走。"

狄隆先生："你们不知道云南时的实际情况。我要直言不讳地说说那种暗杀行为。"

他又一次谈到一些中国人如何在法国代表团出发的同时离开河口，在到龙膊河的路上等着法国代表团；代表团如何在路上受到袭击，中了精心设置的枪击埋伏；两名法军军官如何在伏击中丧命，此外丧命的还有外籍军团的士兵和东京土著部队的士兵。

邓阁下："你们早就想通过对照地图的办法来定界，我们已同意了。现在你们想通过到实地去的办法来定界。从我们接到的命令看，贵方的这一变化势必导致一个相应的变化，而我奉到的命令是你们的第一个要求引起的。故我须先电告北京。"

狄隆先生："我答应过，在这个问题上，不论怎么说，你们在有三个条文的草约上已签过字了，我们只有服从它了。根据这个草约规定，按地图达成协议的尝试失败后，再考虑实地勘察，不过要在把问题上送两国政府之前进行。"

邓、李阁下："我们并不拒绝马上赶赴实地，但是地方情况与在广西时并不一样，所以我们不能采取去年的那种办法。考虑到实地勘察有困难，情况复杂，再且我们关系良好，所以我们是希望我们大家避免这一切的。但是，你们想在我们的协议草案中写进我们不能接受的一些话。不过你们想做的一切，我们不可能全都接受。”

狄隆先生纠正了这一说法，总结会议上讨论的内容，坚决要求立即定下出发的日期。

中方勘界大臣反对选在临近中国新年的时间出发。

狄塞尔中校提议对协议草案稍作改动，改动处用汉语写下。

关于翻译的讨论。

邓阁下：“我们已补充了你们所要求的，而你们总想改。”

狄隆先生：“不对！我们按原则办事，从未经常改动。在这点上我们不会让步。”

李阁下：“但只要定界尚未进行，争议区界仍是有变化的。”

狄隆先生“因此，必须在协议中附上一幅地图。”

邓阁下要求会议推迟。

狄隆要求饭后复会。

邓阁下：“明早赫政先生去拜访您。”

狄隆先生：“他有谈判权吗？”

李阁下：“他将负责协助协议的达成。”

散会。

（该篇收入《中越边界历史资料选编》第615~623页）

（原件第163页）

1887年1月27日芒街会议

参加会议人员

法方：法国代表团团长狄隆先生，代表团成员狄塞尔先生、卜义内先生、倪思先生

中方：邓承修先生、王之春先生、李兴锐先生

参加会议的还有一名中方秘书、赫政先生和李先生。

狄隆先生以要求提供关于上次会谈之后的问题现状的材料而进入议题。

邓阁下：“如果只取决于我们，接受你们的协议草案就不再会遇到困难了，但我们还没有征得两广总督的同意。”

狄隆先生：“你们的反对意见只在于必须获得他的同意上。这样你们的反对提出了一个原则性问题，你们十分清楚其重要性了。我们能同意让我们的勘界结果依赖于一个不在场的人吗？不能，我们无法影响他。他不在这里听我们的会谈，我们不能说服他。几乎可以说中国代表团人数不全，或者换句话说，根本还没有正式组成。那为何让我们到这来。如果你们支持这种观点，我们只有提出抗议并离开，就如两广总督和你们想做的一样。”

邓阁下：“可这乃是在讨论一个领土问题。”

狄隆先生："难道这个问题比领土的存在利益明确受到关联的定界问题更重要吗？然而，迄今为止，我们相信你们是有权处理这个问题的。现在应该恭候两广总督抵达东兴。"

邓阁下："我们与你们只有寻找一个谅解的办法。让我们只在口头上而不是书面上商定纪要的内容吧。"

狄隆先生："这可使我们的目的落空了。我们的目的是根据目前的现实暂时决定形势。"

邓阁下："我们马上请示我们各自的政府吧。"

狄隆先生："我们两国政府理所当然地会责怪我们将我们的工作上推给他们，可这项工作是他们亲自委托给我们去做的。只有当我们之间事先要达成的必然的谅解的尝试无望而迫不得已的情况下，才能去请示我们各自的政府。你们把实地勘察工作搞得复杂化，使这项工作无法进行。因此，在这之前请示，就有必要达成一项临时性协议，这项协议至少要向我们进一步肯定我们在现状中享受到的利益。必须迅速消除冲突的根源，所以不能等着两国政府的答复。"

李阁下："困难不再来自我方，而来自两广总督。我们一起想办法绕过这些困难吧。我们在纪要中确定了我们的工作步骤。纪要指出，先通过对照地图的办法寻求谅解，然后通过实地勘察的办法。这只是指若分歧无法消除时，双方应请示各自的政府之后。不过我提出以下建议：要是有可能的话，我们对飞地以外、过了北市的剩下的广东边界通过对比地图来完成协议吧。待我们界务工作的第一段告完，再将我们之间无法解决的所有问题交给上面定夺。最好不要冒险把这项工作分割成几个部分。至于新立的草约，在一切多变未定之际，我们不能完全接受。至于实地勘察，这的确毫无作用。"

邓阁下发现中国代表团忘了把地图带来，很不高兴。

因无地图，狄隆先生同意李先生的意见，进行新的尝试。

重又讨论维持现状问题。

邓阁下一面重复他说过的话，一面对不能达成协议表示遗憾，并问法国代表团是否还有另外的方案要提。

狄隆先生："对于纪要的改动，你们最后的看法怎么样？"（未获答复）"你们至少也应同意我要提出的和解办法吧？"（一时无人说话）"但是应该结束这种情况了。既然你们感到为难，我有办法使你们摆脱困境。不过，这一次，如果你们很好地领会我的观点，你们再拒绝就令人不可思议了。将困难一分为二：我们提出主权要求的这个区域是竹山到龙门这片，考虑我们的利益，竹山到白龙尾并含白龙尾的这片，你们就明确表示维持现状吧，以维护我们的利益；从白龙尾到龙门，我们不采用这一办法。这样你们为了自尊心就可以用一种令人愉快的方式去说明事实，说你们已说服我们暂时放弃我们的领土要求，你们则暂时承认我们的权利。"

李阁下："我们要看地图才明白。"

狄塞尔中校展开地图给中国三位勘界大臣看，指出图中争议区两部分的界线。这条线自白陵（坟墓）经过山脊到白龙尾东北的海湾。

李阁下："不过你们对白龙尾到龙门的领土要求已放弃，这已是既成事实了。"

狄隆先生："根本无此事！关于这个问题，我们只提出了一个和解的建议。因为我们一直坚持这个建议，所以此建议实际上以前是、现在基本上依然是有条件的。我们也只是在考虑到万一你们最终承认我们自竹山到白龙尾这片地区的权利时才提出这个建议的。现在我们将这个建议列入我们这份临时协议的条文里。我们就用这种方法在这项协议中表示大为减少最初就应该由我们独自文武占领的地区的面积。实际上还做了更大的让步。"

李翻译（狡黠地）："自白龙到龙门，你们的地位完全不同于竹山到白龙尾。就这片区域的第一部分而言，你们是没有任何权利的，因此你们的建议并不是针对某个很重要的问题。"

狄隆先生："现在不是讨论这些问题的时候。狄塞尔中校已说了，考虑到我们在这片区域里第二部分中的权利，我仅注意到你们思想中存在的区别，亦仅坚持我们对第一部分拥有权利的事实。"

邓、李阁下："相反的是，我们从您的建议中看不到有任何消除我们纠纷的希望！我们就别说了。"

双方复看草约内容，重新进行讨论。李翻译要求在草约中不提争议区的地图，但无人赞同。

中方勘界大臣重提他们的建议：完成对整个广东界的研究后，再根据某种意见对飞地得出结论。

狄隆先生概括了双方的观点，并强调指出中方大员们提到的有关两广总督的理由的危险性。他进而指出，如果勘界委员会在工作中需要得到它一位不在场的成员的同意才行，那就无法工作了。

正在此时，法驻中国、日本海的海军分舰队总司令李于聂（Rieunier）将军来到。他路过芒街，趁几位中方勘界大臣在，来向他们致意，并与他们交换地图。他坐在法国勘界委员们的中间，对中方大臣们说：①他见到了他们中央政府的最高领导人，其中有皇帝的父亲、李鸿章和总理衙门的大臣们。他觉得他们对法国的态度温和。②对于到处听说把一些相反的态度归咎于两广总督，获悉在飞地问题上出现了没完没了的困难相当震惊。③他不明白，为什么中国不按条约规定，对它的边界进行监视，阻止匪徒从其境内进到我们的领土。④如果法国代表团受到了新的攻击，两广总督为此负有责任时，他会毫不迟疑地立即在其舰只可以抵达的广东各地进行报复活动。

邓阁下支吾搪塞地答复他，同时以其使命的特殊性为由，指出这些事非他所管。

狄隆先生用汉语重述业经李翻译译过的将军的话，着重强调这些话中所包含着的个人情谊的意思。

（该篇收入《中越边界历史资料选编》第623～627页）

（原件第172页）

1887年1月28日东兴会议

参加会议人员

法方：法国代表团团长狄隆先生，代表团成员狄塞尔先生、义内先生、倪思先生

中方：邓承修先生、李兴锐先生

参加会议的还有一位中方秘书、赫政先生和李先生。

两位中方勘界大臣说明王阁下不来开会的原因：他身体欠佳卧床休息了。

狄隆先生问两位中方大臣，他们想从何处着手讨论，从根据纪要达成的协议，还是从完成广东定界的问题上着手。

邓阁下："随便……从纪要上开始如何？"

双方表示希望意见一致。

邓阁下："我们要求你们加进去的第四条对我们来说十分重要。这条规定在其他各有争议的地区采取对我们今天讨论的这个地区所采用的措施，即维持现状。没有比这更合适的了，不是吗？"

狄隆先生："一开始我就没有看到这里有什么不可以接受的东西，恰恰相反，一劳永逸地解决各争议地区的临时地位问题，也许于两国都有利。不过，你们的这个条款太空泛了点，我们不能马上对它发表看法。我担心的是，如果这样，就越权了，我的权限根本不允许我抽象地、根据条例包揽一切。我首先要请示巴黎，这无疑等于把一件虽急需解决、但业已拖延很久的事情又推迟解决。如果你们愿意，就让我们对诸事一一予以研究吧。这样，我们就很有可能对这些事依次采取所提的措施，但要在深知底细的情况下。"

邓阁下："好吧。我们就在广东界采用这一办法吧，因为我们研究过这段边界了。"

在获得同事的赞同后，狄隆先生接受了经过这样改动的条款。

接着对约文进行最后一次讨论。李翻译想要把文中与争议区图的说明有关的"明确"一词删去。狄隆先生和法国其余的勘界大员坚持用，同时对在共同的目的应该是防止一切误会的事实中提出这样的要求表示惊讶。他们说："因此，首先应该不容许对这个地区有任何含糊其辞的表示。"

进行了几个细节的改动，如以"官员"代替"当局"，之后，纪要正文就按如下方式用两种文字确定下来了：

北市到竹山之间的中安边界，已同意通过对照地图来确定。两点之间，界线顺着由

北市流往芒街、东兴这条河的中线和由芒街、东兴流到竹山对面入海的河流的中线。

竹山到白龙尾之间的这片争议区，通过对照地图根本无法统一意见，此事将交由两国政府定夺。

在等待两国政府就广东省和安南之间这个有争议地区的问题进行答复之前，因法国在该地区派驻了军队和文职官员，因此双方一致同意维持现状，中国对此不提任何异议。两国代表团将绘制一幅真实反映争议区的地图。

如果在广东省和安南的边境上还有其他有争议的地区，两国代表团彼此又无法统一意见，就请示各自政府，在接到答复之前，不在这些地区进行新的文武占领活动。

两国代表团将把以上达成协议的内容通知各自的政府。

两国代表团同意交换约文复本。

在复写约文期间，谈话气氛热烈，双方都为也许会对在最后的勘界中巩固良好关系产生可喜作用的结果感到高兴。

邓阁下："我们现在所做的，总而言之，只不过是暂时的，而非最后的。我们之所以这样处理事情，只是为了请示两国政府，为了两国政府有必要的时间进行答复。"

狄隆先生："我们也正是这样想的。"

邓阁下："何时签字？"

狄隆先生："或现在或明天，随你们便。"

邓阁下："我们可以今天就签字。"

双方均指出最好等王阁下到场再签。

邓阁下："王阁下明天肯定病好了。我们将与他到芒街去。事情不是商妥了吗？现在不应再想进行什么改动了，不然你们又会给我们制造新的困难了。"

狄隆先生："这个协议是全面的了。"

双方趁还有点时间，按地图研究北市到广东界的广东边界线。

狄塞尔中校和李翻译对此互相重新作说明。

后者要求还是等王阁下到会时再说，王阁下是地方官，对中国领土了如指掌。

双方抱着良好的希望，互赠良言作别。

（该篇收入《中越边界历史资料选编》第627～629页）

（原件第177页）

1887年2月6日芒街会议

参加会议人员

法方：法国代表团团长狄隆先生，代表团成员狄塞尔先生、卜义内先生和倪思先生

中方：王之春先生

参加会议的还有一名中方秘书、赫政先生和李先生。

（按：赫政先生5日曾和李翻译与几名中方绘图员到芒街来，以约定召开一次正式会议，签订纪要，亦是为了事先与法方几名绘图员就地图制作工作进行协商。法方绘图员已将争议区地图交给了他们的同行。这是法国代表团履行协议第三条而下令绘制的地图，包括了白龙尾。翌日，邓阁下来函要求安排王阁下与法方勘界委员的本次会晤，他指定王阁下来对照地图，别无他意。狄隆先生先是答复说恭候他的来访，如果访问同时另有其他目的；如果不是的话，绘图员就足以胜任这项工作了。王阁下立即借故忘记了星期天休息这一惯例，请求原谅，并要把他的访问推迟到第二天。狄隆先生回告说，既然这样，还不如当天接待他。以上即本次会议的背景情况。）

谈话始于一些与议题无关的事。王阁下不急于进入议题，狄隆先生也不想带这个头，所以谈话比平时大多数场合要拖得久一点。

王阁下抵达时正逢城堡里在试一种霍基克斯炮，他借此机会开玩笑地说，芒街有炮，东兴不会无炮。他补充道，最近在东兴的守神节上，由于某种原因，所以禁止使用该城的大炮来鸣放礼炮。大炮不是很容易移动的，炮口已对着芒街了。这些与其说是玩笑，还不如说是笨伯说的话，似乎无关紧要，故不值得记下备忘。

王阁下终于决定开始讨论议题了，说他是为了对照地图来的。他叫手下带来了其中的一幅小比例地图。他补充说："可不是中方代表团打算附在纪要上的那幅，那幅要依照法方绘图员绘制的那幅复制，这是另一幅，可以满足讨论之需。"他继而说："你们知道，中国舰队每年要来白龙尾两次。这是执行圣旨。换句话说，这对我们乃是一件神圣的任务。我们给你们看过的一篇文章证明了这一点。因此从这点看出，有关的这个区域确属于中国。鉴于这一理由，我们认为白龙尾不应被画在争议区地图里。这就是我来与你们讨论的事。"

狄隆先生（生硬冷淡地）："我不明白。您知道我们已讨论过这一点，后来又取得了一致的意见。对于双方来说，应该履行我们的诺言。"

王阁下："对于纪要，意见是统一的，对于争议区地图，则不然。我们在白龙尾设有军哨，我们的舰队每年定期到白龙尾，所以它不能算在争议区里。"

狄隆先生："这我就更糊涂了。纪要提到这幅地图，两者乃一个问题。"

王阁下："纪要并未说白龙尾是一个有争议的区域。"

狄隆先生："同一份协议的各个部分存在必然的联系。后者的意思与前者的意思并非随意被割断的，要根据上下文来理解您所指的这一段。"

狄塞尔中校："我们一直都说，我们的领土要求一直扩至龙门湾，即过了白龙尾。就后者来说，很容易排除误会的可能性的。"

王阁下："我们原先只想在纪要中写上这几个字：'江坪地区'。你们觉得说得太含糊了，想以这几个字取而代之：'自竹山到白龙尾'。如果从这几字中你们的意思是指白龙尾位于争议区里，那竹山自然也是这样了。但是对此，你们定另有用意了。”

狄隆先生：“达成协议以前的讨论细节已不是重要的了。我根本不想去研究那些细节。下面是主要的两点：①一开始我们就明确地表示了我们对白龙尾的领土要求。我们边界草图（不算其他无数的证据了）即是证明，这是我们在第一次会谈中出示的那幅，它还是造成了我们意见分歧的原因；②我们在约文中对这个区域之所以仅仅含糊地提到，那是因为我们对它的主权要求是鲜明的，那是因为要避免在同一约文中对它产生误会而采取的办法十分好。纪要谈到的这幅地图的标志是以我们的法、中、安三方的资料为依据的，一开始就几次拿给你们看过。我们讨论的话题都是围绕着这个问题：我们是否要提及你们很了解其大致情况的这幅地图。并非围绕你们现在对此图想进行的重大改动的问题。我曾向您提过，考虑到现状，将争议区分成两半。我说，一方是白龙尾，维持我们文武占领的现状，另一方是另一半，不包括白龙尾，这样就确定了地区上的差别。”

王阁下：“确实说过这些话，但是我们从未接受过这一建议。”

狄隆先生：“提出过这一建议就证明了我们确实提出过领土要求，也证明了你们在协议达成之前承认了我们的这些要求。至于这一建议遭贵方拒绝一事，要是我们将此与纪要和纪要的全文联系在一起的话，它亦仅仅证明我们的临时占领权扩大到龙门。关于我们对一直到龙门的这片争议区的权利，我再说一遍，纪要中没有作任何限制。你们在这一点上得到的唯一保证，而且也是最好的保证，就是我们的诚意。”

王阁下：“按您提到的建议来看，你们的划分线，经过白陵，即经过白龙尾的北部，不适用于白龙尾。”

狄隆先生：“它从白龙尾到海，将争论区纵向分开，把白龙尾留在西边，即在要维持我们占领现状的区域里。请再看看这幅地图吧。”

王阁下：“我们只能同意显然是中国领土的白龙尾和江坪不写入协议中。”

狄隆先生：“谈到争议区，我们可从未将白龙尾与江坪分开。你们意思相反的论据本身基于事实的证明，即基于你们针对我们确定你们的所谓所有权的需要。在我们的第一次正式会谈开始之前，为何要凭借你们的证据、你们海军的习惯和执行圣旨，如你们在李翻译与狄塞尔中校的历次会晤时通过李所做的那样呢？因为我们那时想要白龙尾。后来我们想要它，现在还想要它。”

狄塞尔中校：“这是一个具体事实，你们承不承认是你们的事，但你们不能否认。难道我们不是想过要得到这个区域吗？难道我们现在不想要了吗？我们何时中止了这个念头？从你们的地图看，你们让你们的边界线经过你们所想的地方。难道我们在我们的地图上就没有同样的权力吗？我们不是几次向你们说明了我们草图依据的理由吗？”

王阁下：“我们全部接受，要是你们承认白龙尾不在争论区内。我们从未说过白龙尾有一天会属于你们，你们亦从未这样说过。”

法国代表团全体成员出现了不耐烦、要抗议的兆头。

狄塞尔中校（克制地）：“我们不是反复说过我们的领土权一直到龙门吗？”

王阁下：“在你们这幅争议区地图中，你们的边界线横过白龙尾，经过山脊。你们是用红线这样标划的。”

狄塞尔中校否认此说。

大家核看这幅原图。李翻译说，中方勘界大臣们也许是把波安先生走的那条线路当作法国的边界线了。王阁下得知这一说明后，好像张皇失措了。因为他知道，他唯一的借口就只能是承认自己粗心了，把一条道路的走向当成一条边界线了。

双方以新的方式或同样的话彼此重复各自的理由。卜义内少校指出这一事实：我们的领土要求直到龙门，由此更证明对白龙尾的要求千真万确。

王阁下：“我们是每年春季派舰队到白龙尾。我们在近日之内不能派舰来是不能接受的。暂时维持你们的占领等于反对我们派舰队来。因此，即便是暂时，我们也不能接受你们的界线。”

狄隆先生：“这就不关我们的事了。此乃已提出来的原则，而不是将来如何执行它，是一个实际问题，不是它实际上可能产生的结果。不是在达成协议的第二天就可以以任何理由改变的。”

王阁下：“对于争议区，我们不可能同意你们的这条界线。”

法国三位大员又露出了不耐烦的迹象。

狄隆先生：“这是你最后的主意吗？要是这样，我感到遗憾，不得不以另外的方式去看待问题了。”

王阁下：“对，我就是这么决定的。”

狄隆先生：“那好吧。关于这些，已没有什么可怀疑的了。但这可是无法理解的。我庆幸中国代表团的其他成员没有来持这种说法，我对您持这样的观点深感遗憾。”

王阁下：“我与我的同事是意见一致的。我们期望与法国代表团和睦相处，可是两广总督的一封电令完全禁止我们将白龙尾放在争议区里。”

狄隆先生：“事情可就严重了。我请求你具体说说你们的确切理由是什么。”

王阁下：“我们不知道你们将白龙尾也算在争议区里。我们是在昨天看了你们的地图后才知道的。但两广总督电示我们，要我们不应接受，因为白龙尾显然在中国境内。只要你们愿意，我们可以再召开一次正式会议，使我的同事可以再对你们说这件事。”

狄隆先生：“那么是因为两广总督的决定你们才这样做的了？”

王阁下：（想了一下）：“我们不能说是因为他的决定，因为很久以来我们就有证据证明我们对白龙尾是拥有主权的，我们的舰队定期巡航，我们设有军哨。”

狄隆先生：“什么！……您的第一个理由不是两广总督的那份电令吗？”

李翻译（疑虑地）：“不是！”

狄隆先生：“您刚才不是说了吗？”

李翻译："这份电报是其中一个原因，但非主要原因。"

狄隆先生："另一个原因是白龙尾确乃中国所有，是否这样，无关紧要，这不成为问题。问题仅在于我们就纪要问题进行会晤期间，双方是否一致同意把白龙尾算在争议区里。"

王阁下："我们当时不知道你们把它算在争议区里。"

狄隆先生："正式会议上，当着法国代表团四名成员所说的话就等于是一份文件。在我们日复一日所作的会谈纪要里，这些话我们都记录在案，可当时并未预料到这些突变。我们的政府会认为：对您来说，阁下，您对您政府负有的个人的责任甚少会受到牵连。因为，在您提问题所用的措辞中，为何没有明确表示要维持现状，以利于你们设立军哨，就像我们考虑到我们的文武占领所表示的那样？为何在决定你们的所谓有限地承认我们的权力、缩小我们提出了异议的区域的面积之前，你们表示准备签字呢？"

卜义内少校："在接受纪要后，纪要约文在你们手上长达 10 天之久，你们到今天才提出这样一个不同的意见。"

王阁下："只要纪要尚未签字，我们就可以不受约束地不把它视为确定不变的。"

狄隆先生："在最近一次会议上，邓阁下对我说：'这已商定了，不应再想改动了，好吗？'我们答复他说：'好的。'"

王阁下："我们想改的是地图，而非纪要。"

狄隆先生："我说得够多的了。要是我再说下去，我就会变得难以抑制自己了。"

王阁下（受李翻译挑唆）："我不愿听这种话。"

狄隆先生："与您的所作所为相比，这种话是合适的。您的所为等于是一句令人厌烦的谎言。我决不妥协。"

王阁下（仍受李翻译挑唆）："我就走。"

他的手下马上去找轿夫，但他自己并不急着动身，相反仍留在座上，主动提议为狄隆先生及其他法国勘界委员干杯。

他说："我姓王，与法国代表团打交道已有三年了，你们随便问哪一个看，我是否想把事情搞糟。相反，我一直努力消除纠纷。我本想调解事情，可您说起有气。最好召开一次全会。"

狄隆先生沉默不语，保持冷静。

王起身后，穿过庙墙时，握着他的手用一种虽已缓和，但仍带情绪的语气说："不过，并非一切都完了。还要开会的，要安排安排。"

狄隆（仍冷淡地）："您知道您要做的事，不过要恢复我们的良好关系，必须改变态度。"

（该篇收入《中越边界历史资料选编》第 629～635 页）

（原件第 180 页）

1887年2月10日芒街会议

参加会议人员

法方：团长狄隆先生，成员狄塞尔先生和倪思先生

中方：邓承修先生、王之春先生、李兴锐先生

参加会议的还有一名中方秘书、赫政先生和李先生。

到会时，中方三位勘界大臣发现卜义内少校不在场感到意外，礼貌地问起他。狄隆先生回答说少校奉法国代表团之命去找法驻安南、东京总领事去了，只不过是一次往返河内、芒街的旅行，别无他意。

自上次会议后已与法国代表团再无直接或间接联系的王阁下，显得很尴尬，不过他来访这一件事表示他并不怀有恶意，狄隆先生及其同僚对他仍以礼相待，似乎什么也没有发生过。

邓阁下："首先我要告诉诸位，总理衙门责备我把白龙尾算在争议区里，因为事实上白龙尾自古以来就是中国的领土。此外我奉总理衙门的命令告诉你们，它有一幅法国海军部七年前绘制的地图。从这幅地图看，白龙尾就是中国的。近日，我十分担心，这种心情你们永远也想象不到。我最低限度的要求，是希望你们帮我摆脱困境。"

狄隆先生（以一种善意的揶揄语气）："我认为，也许最好的办法是掌握您的这件事情的缘由：证明您有理，充当您的律师。我乐意这样做，因为您是有理的。实际上没有什么比这一举动更明智的。大家可能是误解其意了。我只知有一点不经一辩。您已把白龙尾算在争议区里了。您在这点上所犯的错误正是由于总理衙门责备的方式造成的。因为它没有想过要结束白龙尾的现状，其理由是这是中国的领土，它没有明确承认仍然维持现状的江坪的安南国籍。此外别无他法帮助您了。因为我接到的命令与您接到的命令大相径庭。只要您不提贵国政府，我就闭口不提这些命令。但是我也接到明令，要我捍卫我们对白龙尾的权利。至于法国海军部的那幅地图，我只知其中的一幅，即我海军部今日仍然使用的、唯一可靠的那幅，它是于1883年绘制的。很早以前我就拿给赫政先生看过，昨天我还让人拿给李先生看过：白龙尾在安南境内。"

李翻译讲了几句令人费解的话。

狄隆先生："也许您没有把实情向总理衙门作充分说明。这样的话，您唯一可行的办法就是将事情原原本本地向它说明，同时提请它注意：我们的临时协议确定了一种具体的局面，不损害实质的东西。争议的事——唯一特别之处——是明显的。"

李翻译："我们已按此意打去了电报，但没用。"

邓、李阁下："我们已这么说了，但说服不了总理衙门。而且江坪与白龙尾不同，那里没有驻兵，没有任何必要派驻军队；而白龙尾这里，我海军舰队每年必来两次。对于

海盗攻击，龙门军官负责对付。你们对于竹山的归属根本不怀疑，也根本没有想过要把它算在争议区里，而白龙尾与竹山是一样的。对于白龙尾，北京认为没有必要去定界。”

狄隆先生：“如果争执没有其他的原因，那已经解决了。但它与两个错误有关：一个是翻译上的，另一个是理解上的。第一，我明白您的理由：您说怎么能接受一条数百年来众所周知的边界会尚未确定呢？我们也是这样想的。从两方面来看，这个问题是以其抽象和独立的面目出现的。所以照这看来，表述不当。但问题出在哪里呢？出在中文文字里和另外的地方。那里使用的是方块字。相反，法文仅对主文定性。在这里，关于争议对象的这个概念不再是不可捉摸的了，它只是针对我们各自的观点不统一这一点。关于边界，双方只有肯定，而疑点只在我们相互的矛盾中。现在在我们之间，而且由于我们的缘故，根据我们各自的见解，这条自古以来确定的边界现在又旧事重提了，并由我们，根据我们各方的意见重新予以确定。如果中文与法文意思更相吻合，那么表面上的障碍，即来自表面上的障碍，会自己消失。以上是有关疑问的问题。至于剩下的一个问题，也是很容易答复的。在我们的协议中，这只是一个原则，而在你们关于舰队的理论里，这只是这个原则的结果。就像是法律和它的执行问题，或者换句话说，这是两种不同的事情。提出来的这个原则禁止贵国军舰进入白龙尾吗？我们根本没有谈到这个具体情况。如果这样，由他人对这些表态。我们何时迫不得已表过态？把估计海域局势和关于贵国舰队的事交由最高当局去处理吧。”

李翻译：“最好马上就原则的执行问题进行协商。”

邓阁下：“您关于汉字‘未定界’的解释和以‘争议界’代之的建议表达了您的和解之意，但是将不能阻止总理衙门坚持要派军舰到白龙尾去，坚持要维护我们对白龙尾的权利。白龙尾对你们那么重要吗？那只不过是一块狭窄荒芜之地。你们完全可以放弃它的。”

狄隆先生（笑笑）：“我很想放弃它，但首先要声明我无此权力。因此您知道我即便这样做，也毫无用处。”

邓阁下：“对我们来说，困难很大。请予考虑。”

狄隆先生：“对我们来说，没有一件事是只是单纯的困难问题，而是绝对不可能的问题。我们的立场是明确的。在原则问题上，我们不会让步，在执行问题上，我们会予以通融。”

邓、李阁下：“如果我们当面向你们证实我们的权利，你们负不负责将此转告贵国政府呢？”

狄隆先生：“毫无疑问会转告的。请示两国政府就是这样做的。我们会说，这是我们的理由，那是他们的理由，请定夺吧。”

李阁下：“但是关于这一点，就是将白龙尾排除在争议区之外，这就是我们请求你们向贵国政府请示的一点。”

狄隆先生：“正如你们迄今为止提出的理由一样，你们的这个理由不会让我获得批准，我已对你说过了，我也接到不许我这样做的命令。”

李阁下：“我们双方各自情况不大一样。对于我们来说，下的赌注乃国土，而对你们来说，只不过是一块外国的土地。你们已把全安南都占了，即便从你们的正常想法看，你们为什么不能放弃这一小块土地呢？”

狄隆先生：“就我们肩负的使命来讲，一切事情都是条约带来的。从这点看，这些情况大同小异。条约规定了我们双方应负的同样义务，即研究边界，就是说研究这一块土地的真实情况，并确定边界。此外，两国政府可以彼此要求进行更动。在这个时候，请您对主管权力机关保留这样的论点。”

邓阁下：“我们强烈希望谅解，但是，从我们这方面来说，问题的解决是很困难的，而对你们来说就不会是这样。”

狄隆先生：“我要坚持我们所说的话：只要你们未向我们证明你们的权利，只要我们仍相信我们的权利，那么对于原则问题，就不让步。对于其他问题，很好办。您就根据这种方式提出你们的建议吧。我们只想听听你们的建议。”

李阁下：“你们不是也有建议要提吗？”

狄隆先生：“没有，不过对我刚提到的问题，我极望能取得一致的意见。”

李阁下：“这似乎是不可能的，因为这样要求推翻原则。”

狄隆先生：“那么，的确不可能了。我们可是谈了几个小时的废话了。”

邓阁下：“把争议区分作两部分吧。西面照顾法国，维持现状；东面则照顾中国。西面，我是指江坪，东面则指白龙尾。”

狄隆先生：“在半岛的上面，自西往东划出一条线，向白陵方面，此线经过山脊通到海湾。此线以南与其他地方一样，维持现状，不过这是短期的状态，只是为了等待两国政府为此达成专门的协议。依我的提议，对于这个地区，今后达成的协议应该不仅仅针对决定性的问题即所有权问题，而且也应针对临时性问题即维持现状问题。出于和解的愿望，我还可以接受。您愿不愿意？”

李阁下：“关于以上这些，总理衙门已指示我们与你们商量，因此不再可能依靠它了。”

狄隆先生：“那么，就让我们在我们之间解决吧。这再好不过了。”

中国三位勘界大臣进行了磋商，没有发表新的观点。

狄塞尔中校强调指出，既然仅限于自向本国政府请示之日起维持现状，对他们来说维持现状就没有什么困难了。

李翻译：“但是，即使在这种条件下我们也没有获准这样做。”

狄塞尔中校：“然而贵国政府十分清楚，勘界委员会由两国代表团组成，其中的一个不可能把自己的意愿强加于另一个；如果双方意见分歧，唯一要做的就是向最高当局请示。”

狄隆先生再次解释说，他的建议不是仅有一个方案，而是有两个。第一个与所有权问题有关，涉及整个争议区；第二个与维持现状问题有关，以一种不同的方式适用于江坪和白龙尾。

李翻译重复说，中国代表团不能再把这样的建议转告总理衙门。

狄隆先生：“这样做情况可是有利于你们，因为这对于你们，是在为你们开辟的道路上取得的第一个让步。你们唯有说明事实真相：首先是维持白龙尾的现状，争议即告消除，不再是自现在直到达成专门协议才可告消除。这对中国代表团可是难逢的好处。”

李翻译：“阁下们接到指示，要求你们更改协议。”

狄隆先生：“可是我们根本没有完全拒绝改动协议，我们同意改动一点。”

李翻译：“一点还不够。对于现状问题，几位阁下要求将争议区平分为二，西面照顾法国，维持现状，东面则照顾中国。”

狄隆先生：“不能这样。我无权下令我军撤退，撤出他们所占的地区。”

李翻译：“我们也无权让我军撤出白龙尾。”

狄隆先生：“我们已向你们表示，愿意暂时放弃对包括白龙尾和龙门湾在内的这片地区的一切占领权。”

狄塞尔中校：“您指什么军队？我各分队数次过白龙尾都没有看到你们的一个士兵、一个军哨。”

邓阁下：“你们能否找到另一个达成协议的基础？”

狄塞尔中校：“我们提出的这个，我们认为是最好的了。”

李翻译：“中国代表团看不到有一点妥协的可能性。请提一个吧。”

狄隆先生：“好吧，但还是同一个。”

李翻译重复一分为二的建议，并将建议稍微改成：“双方彼此同意不派一兵一卒到东部。”

狄隆先生：“这等于将此地拱手让给游勇、歹徒、海盗。维持事情的现状，就维持或规定现状和其他问题请示两国政府不是更好吗？”

李翻译（低声与邓阁下交换过意见之后）：“所以，对此不能达成协议已是定数了。现在，对于逃到我国境内的这个地区的居民，你们打算怎么对待呢？”

狄隆先生：“这件事我无权过问，这是边境当局负责的事，与我毫不相干。不过，既然您问我，我就不会无动于衷。我只是不明白，为何今日提出此事，而非昨天或等到明天？我们大家的工作是勘界。先处理这件事，然后再友好地谈其他的事。”

李翻译：“可是对勘界不能统一意见，而另一件事也相当紧迫。”

为此，会谈又用一点时间来重谈说过的话。

狄隆先生（对邓阁下）：“我将把你们的要求转告总领事，但对这一点不作其他保证。这是我目前所能做的一切了。而且我心甘情愿同意去做。”

邓阁下：“我的麻烦事到了无以复加的地步，一方面由于同意了有关白龙尾的协议受到了总理衙门的指责，另一方面又应逃亡者的央求，他们中大多数是安分守己的人。”

李翻译：“你们想利用这件新的事情作为在另一件事情取得成功的行动办法吗？”

狄隆先生：“为什么不呢？你们应有权这样做，但我们则全面考虑。我刚才说了，不论怎样，我要让总领事注意这个新的问题。”

邓阁下：“不错。而且您给我的复函措辞优美。您在复函中表示同情不幸者。可对于勘界问题，您实在找不到使我们一致同意的办法了吗？”

狄隆先生：“我已提了我的方案。如果你们愿意，等到明天再交换我们对以上这些问题的最后决定吧。”

李翻译：“几位大人想要马上了结这些事。”

狄隆先生：“我看今天没办法了结了。”

王阁下：“贵军已驻扎在江坪，考虑到贵军占领这一事实，我们同意江坪维持现状。但是，要为我们考虑，争议区的另一半亦应一视同仁。”

狄塞尔中校（在进行新的努力尝试说服后）：“从你们的说法中起码可以看出，你们已经把一直到江坪的边界看作是由我们双方确定了的了。”

李阁下：“即使对于江坪来说，我们亦奉到指示：拒绝接受维持你们的现状。”

邓阁下：“能否在纪要中补上这一条：白龙尾是这样一块土地，中国很久以来在这里设有一个军哨，定期派舰队到这来；不能说它的边界一点都还没有确定。后一句正是刚才提到中文时已同意的那句。现在你们不能拒绝，这句会使我们意见一致的。”

狄隆先生只是笑了笑。

李阁下：“目前，你们在白龙尾无驻军，你们又怎么能仅为自己着想而要求维持那里的现状呢？”

狄塞尔中校：“请原谅我插句话。海上我们有舰队，陆上我们有诸登陆连。”

邓阁下：“在纪要中只加入这句话吧：白龙尾是一块这样的土地，中国自古以来就派舰队前去，有鉴于此，不能照顾法国在那维持现状。”

狄隆先生：“请想想我的建议吧。您会发现，我的方案与你们的要求几乎无差别，且又合情合理。”

几位中方大臣一再说，对于维持现状一事，其他地方，他们会通融，但对于白龙尾，如果法国、保护国或者安南进行了文武占领，即使维持现状自向本国政府请示之日起，他们也不能接受。他们坚决要求把白龙尾排除在争议区之外，并将这句话加在纪要里：“不能说白龙尾属于尚未定界的地区。”

狄隆先生（对邓阁下）：“为了使你们满意，我将尽力而为，除非失职越权。”

会议推迟到第二天继续进行。

(该篇收入《中越边界历史资料选编》第635~643页)

(原件第215页)

1887年2月11日东兴会议

参加会议人员

法方：法国代表团团长狄隆先生，成员狄塞尔中校、倪思先生

中方：邓承修先生、王之春先生、李兴锐先生

参加会议的还有一名中方秘书、赫政先生和李先生。

(按：快到开会地点时，法方大臣接到一位信使的通知，中方其中的两位大臣前来迎接他们，以确保民众保持平静。法方大臣果然看见王、李阁下二人站在陡峭的河岸上。他们身后有一群陌生人紧挨习惯上排成人墙的士兵，这次士兵人数比以往更多。人群中是一张张阴沉的面孔。他们好像是原飞地居民，即请愿的华人。

在开会的地点，桌子上的果盘之间置有一些风信子作为装饰物。其中放在法方大臣旁的一株乃人造的，花好似新开放的一样。)

邓阁下问事情进行得怎么样了。

狄隆先生（笑了笑）：“有一天您对我们说，风信子在新年的第一天就开花乃好兆头。今天你们把这株放在我们的旁边。我知道贵方的盛意。你们想过向我们提出好的办法，原来留在本次会议上。就是说你们一开始就要接受我们的建议。”

双方彼此开玩笑。

狄隆先生：“我们越想越相信，我们之间争论的一切都在一些普通的误会上。你们自己想时有没有这种看法？”

邓阁下：“我们已向你们摆过我们的困难：要相信能消除它们，你们必须要找到将白龙尾排除在你们符合维持现状的占领区以外的办法。”

狄隆先生：“绝对必要时，这些就会出现，而这仅指我们1月28日协议而言。你们现在知道，我是打开天窗说亮话，既不先进行讨价还价的尝试，也不先施诡计，不然我的看法就会被掩盖起来。我现在要对您说的是，我们决定在可能的范围内满足你们的要求。”

邓阁下（疑惑地）：“请说下去！”

狄隆先生：“这有两个办法。在谈到第二个稍逊的办法之前，我再次请您注意第一个，我昨天向您提出的那个。你们不可能不明白你们自向本国政府发出请示信之日起接受这个办法对你们的好处。这个办法使你们有理由答复总理衙门，说你们已取得了一些胜利，并还可以暂时避免发生冲突的一切可能性。”

邓阁下：“请说说另一个办法。今日与昨天一样，这个办法是不够的。”

狄隆先生：“那好吧。另一个办法就是如你们的希望那样，排除白龙尾……不过不是排除在争议区之外，而是排除在确定维持现状的地区外。不瞒你们说，这个办法的不足之处在于不能避免发生冲突的一切可能性。它使我们有行动的自由，但无须你们的同意。在协议里不再提本身一直存在、我们将使用的我们的占领权。你们也保留你们的要求，我们不过问你们这方面的计划。分歧将出在两个问题上：临时和最终。我们各自的政府要进行协商以了解现状，采取措施，直至建立新的秩序。当然，一切只针对白龙尾而言，但也无损于我们对其余地区保持谅解。”

接着三位中方大臣进行讨论。

狄隆先生：“如果你们还犹豫不决，说明你们是还不明白。那就只有全部向上请示：临时占领和最终占领。我们之间的分歧在于两点，我们要从两点证明分歧的存在。这就是你们所要求、我们允许的办法。”

邓阁下：“不可能再请示总理衙门了，因为它指示我们决定。”

会议接着又转回一些说过的内容上。

赫政先生：“最好把手头上的地图拿出来讨论，把困难分几个部分。”

狄塞尔中校把他拿的地图铺展开。

狄隆先生：“白龙尾东端到龙门，照顾中国，维持现状；白龙尾半身，即半岛，维持现状与否，意见分歧；西边，照顾法国，维持现状。这就是我最后的提议了。”

李翻译：“我们不能接受。”

狄塞尔中校：“有分歧存在，你们甚至不能请示你们的政府，你们把我们当成什么人了？那么是因为你们想强迫我们同意你们的看法了。”

邓阁下：“此事的内情是这样的，对于白龙尾不能容许怀疑。它是中国的。这方面的证据很多。承认那里根本没有定界，肯定会遭到责备。”

狄隆先生：“在你们看来，没有什么更合理的了。你们不能怀疑白龙尾属于中国，而我们也不能怀疑其属于安南。对于你们，白龙尾的边界已确定了，对于我们也一样。这是怎么回事呢？对此，不容许有一件不明确的事，而宣布一件相反的事。我们彼此都要说：白龙尾是属于我们的。两国代表团就无法干其他事了。而对于两国政府，情况则不同。他们从总体上看问题。是看全貌的，是自由的。一切都使人相信，他们彼此都会有一些谅解的理由，而我们的责任在这点上是有分歧的。”

邓阁下：“对于江坪，问题好解决，因为我们在那没有军队，而对于中国海军每年来两次的白龙尾，问题就难解决了。把白龙尾算在争议区里，就等于改变我们的法律。”

狄隆先生：“还有误会。你们自认为是别人要求你们怀疑，而他们自己则只想从你们口中得到肯定。让我们彼此肯定自己的权力吧。没有更简单的了。怎么强迫智者与善者呢？”

赫政先生：“我仍认为，最好的办法是回到地图上来。要是你们愿意，让我们看着这幅地图来重新研究刚才的提案吧：争议区西部分维持现状，意见一致；对于第三部分，即自江坪起的第三部分，存在分歧。”

狄塞尔中校：“不错。只要明确这些，尤其是‘自江坪起’这几个字。”（对此，他重复了法国代表团在最近这次会议上表述过的观点。）

邓阁下：“我们没有要求改变协议上的附图，只是要求加进这样一条到协议里：白龙尾将继续由中国海军监视；不能说它的边界根本还没有确定。你们认为我昨天给你们的这个提案如何？它不是可以解决一切问题吗？”

狄隆先生：“您十分清楚！……它唯一不足之处是太啰唆了。本来只需三个法文字说白龙尾是中国的，而您却用了20个。这些就是你们以协调我们双方的观点为由，要求我们签字的原因了。”

狄塞尔中校：“只有肯定自己的权力，让这个问题留下。”

李翻译：“最好把全部问题同时向上请示，即江坪、白龙尾、现状问题和所有权问题。”

狄隆先生：“正如我所了解到的，我们之间的立场是这样的：对于江坪，中方代表团说：‘可以怀疑，双方有证据’；对于白龙尾，相反，中方代表团说：‘绝对肯定，中国所有，界已定’。说得太绝对了！我们让你们持这种说法，同时我们亦持我们的说法。至于维持现状问题，分歧只在白龙尾。在那里，在临时的和最终的问题上，完全有分歧。大家都看到了，一切都明摆出来了。据此，存在两个现状，一个在白龙尾西，照顾我们；另一个在东，照顾你们。”

李翻译：“法国是不是仍将保留派兵到白龙尾去的权利呢？”

狄隆先生：“对这个问题，大家最好就闭口不说算了。”

李阁下：“我们不能对白龙尾属于中国抱有怀疑，我们也不能强迫你们说你们不肯定它属于安南。我十分清楚。但白龙尾实际上是中国的。这是一小块荒芜且无价值可言的土地，我们只要求你们在这点让步以示和解，只要求你们在一个于你们微不足道的地方这样做。”

邓阁下：“这事解决后，就再不难解决余下的事了。在广西界上就将一切顺利、快速。”

狄塞尔中校画了一张争议区图，分成三部分，附上他根据狄隆先生所说的意思写的提议。

大家分手时，这份提议留给中方大臣思考。

后者中的一位，王阁下送法国代表团通过仍静静地滞留于衙门前的人群。

法方大臣们刚走，身后的这群人就吵吵嚷嚷地哀求王阁下。

（原件第223页）

狄隆函（政治司第57号）附件

附件1

邓承修致狄隆函

1887年2月7日

本月15日（公历2月7日）我接到一道圣旨，内有“不应有兵，不应在尚未定界的地区张贴布告”。总理衙门也接到指示，就这件事与恭思当先生口头协商。后者也已同意将此电告你们。

我相信阁下同意（法兰西共和国驻华公使的）意见，你们为了让民众安心，为了永固良好的关系，会撤兵的。我要求和您谈的另一个问题是：

因贵军现占了江坪，因张贴并发表了（与此事有关的）布告和声明，春季已无望播种，良民已失其家产。成百上千的人来到我的官邸诉苦申冤。我无能为力（做必做的事）。我料想此事您早有耳闻。您一定会同情这些苦难深重的人，您将会找到解决此事的办法，而且我将从您的复函中马上知道这一办法。我最大的愿望就是这样。此致。

附件2

狄隆复邓承修2月7日函

芒街，1887年2月7日

阁下：

依您所愿，我即刻回告，您今日来函业已收到。

您通知我的法兰西共和国驻华公使的电报，我尚未接到。因此，我正等待此电以回答您提出的问题，您不会感到奇怪吧。这份电报似乎应与您提的问题有关。

不过，自现在起，我可以明确地告诉您，我军撤退与否，我根本无权决定。

迄今为止，我还不知道江坪居民交给你们的请愿书的内容，因为我印象中您还从未向我提起过。但是虽然没有接到贵方传来的一点音讯，我对无辜者的不幸已表示同情。他们可能是受别人所害。我已说了，我希望为此地的平定提供方便。

不过，您将民众受苦的责任归咎于我军的占领以及与此可能有关的措施。因此，我认为应提醒您注意，您这是颠倒黑白了。有关的局势是11月份的事件造成的，事件的责任应完全由广东边界当局承担，他们当时根本未在边界实施条约规定的监督以阻止匪徒自中国进入东京。他们以前搞的阴谋在这就不说了。

如果您认为这的确涉及江坪居民的命运，为何使你们的行动带上指责我们的性质呢？如果你们还有心要巩固两国间的良好关系，为何仍这么做？

拯救您谈到的这些不幸者的最佳办法，本应是促进勘界工作的进程。这是我唯一还能向您提出的建议，因为您说您还未找到任何办法，要求我协助您。

不过，尽管我们做了努力，但勘界工作却无故受阻近两个月之久。现在提出进行与其无关的讨论，不是促进这项工作，在我们为了在最后这份协议书上签字白等了10天之后，更不应讨论。

最后，请相信，为了江坪居民，我们不需要任何建议去讨好他们。对于这一点，只要我们合情合理地把江坪看成是安南的，从此可以有资格获得保护国的接济就行了。

我很可能很快就会接到指示，但在接到我国政府相反的命令以前，我们把维持我方文武占领的现状视为我们双方上月28日就争议区问题所达成的临时协议的结果。

最后我觉得应提请您注意这一点，以免有误会。

又及：我不了解贵函所提到的布告内容。但我要打听这方面的事。

（原件第188页）

附件3

狄隆致邓承修函

1887年2月9日

阁下：

参看我们2月7日的通信，我现荣幸地通知您，昨天我接到安南、东京总驻扎官的一封电报，他是接到法兰西共和国驻华公使的一封电报后给我发来此电的。如果我一点没搞错的话，这就是您向我提到的恭思当先生要给我发的电报了。

直接从北京发来的电报，我还一直没有接到。

总领事的这封电报部分与您本月7日信中提到的声明有关，最近我还毫不知情。

为此，我马上给总驻扎官复了电。

至于我们，我对您没有尽早向我谈及这份声明感到遗憾。

（原件第191页）

狄隆致外长函（政治司第58号）

附件1

告示

鉴于中国居民在最近这次导致一名使节死亡的暴动中的所作所为，又鉴于这些居民不服从保护国关于护照费、居住费、税务等的法律及命令，本海宁行政哨官、领事馆主事决定：

一，驱逐所有居住在白龙尾和先安之间的东京领土上的中国人及中国侨民，没收其财产。

二，所有不立即遵从本决定的人将被宣布为叛匪，立即交予军事部门处置。

三，今后想在上述地区定居的中国人应遵守天津条约的规定，即持有护照、办理注册手续，缴纳保护国规定的各项税费。

四，所有要返回该地区而又不服从这些规定者，将受流放或砍头的惩罚。

德过

1886年12月17日　芒街

附件2

河内高级驻扎官Vial先生访问芒街时给海宁副驻扎官的指示

芒街，1886年12月24日

要是没有发生新的纠纷，应尽量保护民房，免遭破坏。劝说房主回家住，并给他们规定一个期限，期限一过，他们的财产就被没收。那些领导了谋杀事件和芒街及其附近最近的抢劫行径者不可饶恕，严加缉拿，其财产予以扣押，用来赔偿受害者。

一些可疑并有影响的人要求返回家园过平静的生活时，应缴纳一笔保证金，金额按财产多少而定。他们在一年时间里行为规范，保证金就还给本人。

对于涉及地区治安所采取的重大措施，领事先生应通知军队司令官先生，以便两个部门统一意见。

附件 3

高级驻扎官致芒街副驻扎官电

派人张贴译成中文的告示，宣布在逃的华人在半月之内未返则没收其财产。

（原件第 195 页）

附件 4

声明

因华人助匪抵芒街，法兰西共和国驻安南、东京总驻扎官先生决定将对他们采取严厉的措施。

不许任何罪犯返回本地区。对于在逃然并未助匪者，准许返回。

海宁、先安行政哨官先生甚至可以归还其部分财产。

为了确保这些人忠于法国人，他们要向法国民政部门缴付一笔款，款额依其财产数定。

但是他们须在 15 日的限期内到驻扎官邸（在 Chau Dinh）来报到。过期才来就为时太晚了，驻扎官邸就会没收其财产，将其财产赠给忠诚者。自今日起 15 日内未返者，将可能被流放或处死刑。

华人交给驻扎官邸的保证金，一年后将归还给行为规矩者。

德过

1887 年 1 月 2 日　广安

附件 5（两份电文摘要）

总领事致狄隆电

河内，1887 年 2 月 5 日

总理衙门抱怨我军占领江坪和 Houng Cu。它要求撤销可能张贴在这两处的一份声明。请通过电报向我提供情况，并告诉我是否有中国人占了白龙区域。恭思当等着我的答复。

狄隆致总领事电

芒街，1887 年 2 月 8 日

包括江坪和白龙尾的这块飞地虽然明显是安南的，但中国却对它提出主权要求。安南的司法权在飞地一直得到执行。我们向来有、现在仍然有占领权和管辖权。放弃这些权利就是屈服于中国的不正当要求，就等于接受一个会有严重后果的要求。首先为中国代表团接受的维持现状直到两国政府做出决定为止这一办法，我们认为是唯一合理的解决办法。

今早我通过邮船给你寄去了两份保护国民政部门张贴在飞地的声明，我原不知道有这份声明。对其形式及内容，我都不想负责。

我军自江坪三过白龙尾，未发现有一个中国文官和中国军哨。这个地区人烟稀少，如果说目前飞地或白龙尾有些中国人，那是最近才有的，是广东边境当局暗施诡计造成的。

（该篇收入《中越边界历史资料选编》第 669 ~ 670 页）

（原件第 188 页）

狄隆致法外长电（复本第 9 号）

海防，1887 年 2 月 12 日 9 时 50 分

外交部，13 日凌晨 2 时收到

中方几位勘界大员不承认我们的临时协议适用于白龙尾，理由是白龙尾从未算在争议区里。后来他们说这个协议不能适用于白龙尾，因为他们由于接受了白龙尾也属争议地一事受到总理衙门的责备。提出的两个理由互相矛盾。同时他们还说，由于白龙尾具有中国国籍，所以不能将它放在争议区里。他们肯定这个地区是中国的。实际上，他们也好，（两广）总督也好，总理衙门也好，都是想把白龙尾从我们手中夺走。因此，中方勘界大臣不想下决心忠实地履行他们的诺言，而想维持一个孕育国际冲突的局面。在此期间，黑旗军、被流放者和食不果腹的饿汉正在广东边境当局的秘密怂恿下作入侵的准备。在这严重关头，我们总要尽力而为，既要稳重，又要坚定不移，而获得最后胜利的保证是，我们双方得到巴黎、北京、河内坚定一致的支持。

（原件第 198 页）

狄隆致法外长电（复耑第10号）

海防，1887年2月19日8时49分

外交部，19日下午3时10分收到

邓又反驳，拒绝在我们1月28日的协议上签字，其新的理由是他无权做出决定，这是我的主意。我回答他说，他的话非随随便便说出来的；因此，我才根据他与我们达成的一致意见向上进行了汇报；两国政府会判定他迟迟不签字的责任能否推卸；而这一协议根本不是说只有我们才有权维持文武占领。邓是在谈到江坪，即不包括白龙尾的那部分飞地时才这么给我来信的。江坪的情况更坏。至于白龙尾，他告诉我，他因把白龙尾放在我们的协议里而受到总理衙门的责备。鉴于最近的事态，我回答他说，我们会为此同意排除白龙尾，但不损害我们对它的权利：所有权和占领权。这些权利的存在与维持根本不取决于他同不同意。这就是要通融。他当时试图要我们接受一些不合理的要求，比如承认中国对白龙尾的占领、放弃我们对白龙尾的领土要求、要我们对白龙尾坚持用含糊的话，这当然是徒劳的。他最后的来函只是我们拒绝在和解方式上采取不当措施的结果。

（该篇或段收入《中越边界历史资料选编》第669页）

（原件第203页）

狄隆致法外长电

海防，1887年2月19日8时45分

外交部，19日下午6时收到

由于总理衙门有令，邓不再想等待两国政府达成协议了，但要求我们马上放弃他断然认为是中国领土的白龙尾和江坪的主权要求。从他新采取的态度看，他正在寻找使勘界工作马上中止甚至停止的理由，给我们制造一种隐含着政治冲突或匪徒袭击危险的局势。2月8日，他给我们转来一份上谕，上谕说未勘之地不应有驻军，也不应有告示。后来，他常常使用的一个中间人私下对我说，一位不负责界务的高官自北京发来电报说：“对于白龙尾，中国宁愿打仗也不愿放弃。”

为了把其他事先放过一边，他坚持要我们撤军，收回保护国的一些布告，采取利于因11月事件而逃走或被逐的华人的措施。他透露说，对此有任何怀疑都可能产生严重后果。我们则表示，任何精神上的压力都不能阻止我们坚持我们的权利。我们认为，我们对与勘界无关的一切问题都无权讨论，但有权拒绝不合理的指责或错误的解释，只抱着保护的目的考虑华人的命运。如果他愿意，在分歧未消除期间，我们只求继续慢慢地进行我们其他的工作。

同时，我们认为可能有必要扩大和延长我们的占领，不是缩小或缩短。总领事馆为此已尽了力，但是我们目前的困难一部分仍然来自我们根本没有去占领白龙尾的表示。他们以后看到我们越强大，就越不敢从空谈进入行动。在这里，还难于预料下一步的事态，因为问题的关键在于中国人不怀好意和敌对的态度。

（该篇收入《中越边界历史资料选编》第670页）

（原件第205页）

狄隆函（保护领地第60号）附件1

邓承修致狄隆函

（1887年2月19日）

复函——我谨通知您，您2月15日（公历2月17日）来函已收到。

据我所知，在两国间的国际事务中，按理应以签名来确定协议是否有效，没有签字的协议就没有存在的意义。

白龙尾是中国一个海上哨所的军事汇集地。这件事关系到军队。不能把它与江坪相比。因此把它变成争议区是会引起纠纷的。

如果像开始时可以预先把白龙尾列在中国领土里，不对中国的军事组织造成什么损害，那我就可以请示签字。

我只抱着友好的意愿，与你们的意愿是一样的。因此在我们讨论实地勘界这个问题时，我亦希望避免纠纷，请示我们各自政府的主意就是这样来的。

现在您来函对我说，实地勘界后必须达成协议，您还把没有这样做的责任推给我。这与我们历次会谈中所说的不一致。如果您不怕困难，希望采取这一办法，我就准备采取这一办法，使勘界不拖延，准备为这一目标与您商量。

总之，光绪十一年四月（1885年6月9日）新订条约的第三条规定，如果双方不能达成协议，则应请示各自政府。同样，光绪十二年十二月十三日（1887年1月6日）我们达成的会谈纪要第三条言明，对于通过对比地图不能达成协议的各处，两国代表团则亲赴实地去勘察定界；如果边界有障碍，不能前去时，双方则请示各自的政府。这些条款没有一条谈到要缔结协议，要签字，要绘图。

既然目前我们的分歧出在协议和对照地图这两点上，那么我只有坚持履行上述条约的规定。我在给北京的一份电报中已详细地说明了目前的行动办法。如果您同意我的看

法，您就按上述条约规定致电法国政府说明情况，或者还可让总理衙门和公使先生接到命令进行协商，以解决问题。

在此期间，让我们立即勘定北市以西的边界。我唯一的希望就是看到两国间的良好关系巩固，看到我们目前的分歧消除。这样我们就将有效地避免（口头或书面上的）争论了。

请您考虑，并将您的决定告诉我，这是我非常希望的。

（该篇收入《中越边界历史资料选编》第670~672页）

（原件第229页）

狄隆函（保护领地第60号）附件2

狄隆致邓承修函

芒街，1887年2月21日

阁下：

您19日复我17日复函的函已收到。

您说没有签字的协约是没有意义的。我迫不及待地想要谈明事情的真相，不过关于这一点，我们意见的分歧关键在于特殊情况下如何执行原则。那这是指什么呢？不是指你们拒绝签字，而是指你们已提出、我们已接受的协议。这份文件已于1月28日写好了，双方同意。我只需重提我给您的复函中关于这个问题提及的细节就行了。您不会不承认这些细节是真实的吧。

对于白龙尾，我十分了解您的意思。

1. 分歧在于你们认为它重要，它对你们海军有利。这些问题都与我们首先应该澄清的这个问题无关，这个问题的唯一目的就是勘界不考虑它某部分有什么重要性。

2. 2月7日，您断然肯定江坪是中国的，但又不同意拿白龙尾和它进行任何比较。这可能使人担心，在追求真理的过程中，您会不知不觉地被想为自己国家取得一块宝地的愿望所支配而不可自主。

3. 你们在想把白龙尾排除在争议区之外、拒绝我们的不同意见时，就背离了我们共同使命的目标。分歧存在，而你们不等两国政府就此统一意见，就根本不履行条约第三条规定，将分歧变成政治论战。如果因你们反驳这一论点，我们想强迫你们接受我们的观点，不想请你们证明你们与我们的分歧，不满足于暂时维持现状，不想依靠最高权力，而想以违背你们意愿的方式去最终解决争端，你们觉得怎么样呢？

另，您回到我们1月28日的协议，给我提出一个附带条件的建议，此建议含有你们想迫使我们接受的解决问题的办法。或者白龙尾属于中国，这样我们就无意夺走它；或者白龙尾属于安南，这样的话，你们对我们也应采取同样的态度。我们肩负的使命是研究边界，而非交换边界。为何你们给我们的这一好处似乎是与我们承认你们要求恢复的一项权利交换呢？这个问题的两种解决办法本身不能互相驳倒对方，按你们的建议就不能调和这两种办法。

对于贵函提到认为我所说的与我们历次会议中任何一次会谈中所说的不一致的这一段，您可能误会了我的意思。我从未否认过你们显出做好了去实地的准备这件事。但我深信，您自己以后也根本不会否认这一事实：你们坚持你们想为此采取的措施。这些办法可行吗？我不能不认为恰恰相反。必要时，我们历次会谈的记录会有助于对这个问题做出判断。现在您仍表示准备出发以尽快勘界。您原先断然声称赴实地无用，可是这能达到你们提出的目标吗？不过请允许我提醒您，您曾反复数次向我们作了这一声明。

此外，对于您剩下的理论，我只有参看我前次复函的内容，同时要冒昧地提请您注意，你们要在我们两国政府就此达成谅解以前，不顾我们为了纠正这一做法而一直说的话，把白龙尾排除在争议区之外的要求，是导致我们共同工作最近延误的主要原因。而你们同意我们文武占领并不是原因，因为按您本驳函看，只涉及一个地方，由于你们受到总理衙门的指责，我们已同意放弃这个地方。

最后，我坚信，我们以前所提的方案是通融的、合理的，是可以解决一切困难的。

在等待这些困难解决的同时，我只求继续进行我们在北市以西的定界工作，我对能这样与你们意见一致感到高兴。

（原件第231页）

狄隆致法外长函（政治司第61号）附件

附件1

邓承修致狄隆函

1887年2月14日

复函——您1887年2月7日给我的公函业已收悉。

江坪在中国境内。《大清一统志》证明这一点。华人曾来向中国官员申诉请愿。

我之所以向您提起这些失去家产的良民的痛苦，那是为了恢复公众平静，表示我的好意。

至于去年芒街一些强盗制造的骚乱，是发生在安南境内。调查表明，骚乱的罪犯不来自中国。

至于你们想暂时武装占领这个地区而从已达成的一份协议中找出的理由，这份协议的主意都是您的，我对此无权。因此，我认为不能签字。

既然您同情华人，不想损害两国间的良好关系，因此，我恳请您首先考虑停止武装占领江坪、收回所有声明的办法，以便让良民放心。我已几次就这个问题照会您了，我想你们要表现出对不幸者宽宏大量就全在于你们自己。

（原件第236页）

附件2

狄隆致邓承修函

芒街，1887年2月17日

阁下：

在您对我2月7日的复函的驳函中，您又提到您同一天向我提出的要求。这样您给我提供机会提醒您不要忘记，我亲口对您说过我对这些办法无权实行：撤军、解决逃离越境的华人问题。

我要大致上补充说明一下，我亦无权处理与勘界定界无关的所有问题。确切地说，这就是我没有对您说起我抵达这里以前的好几件事的原因所在。

我之所以向您说起来自中国的土匪参加了11月份的谋杀这件事，那是由于你们迫使我不得不这样做。因为你们当时把民众不幸的责任归咎于我方的军事占领。因您今日的看法好像不同了，所以我就不强调这些了。

抱着这种观点，我仅就关于“芒街强盗”问题提请您注意，中国当局的行政权或司法权根本就没有扩大到东京境内，有关发生在你们国内的事，你们也许缺少准确的情报。因此可以肯定，您提到的那些强盗并不全是这个城市的人。

我现在就来谈谈贵函提到的与我们勘界的共同工作有关的这一节。

您说江坪是中国的，并提出了两个理由，称其为不容置辩的。

您这种肯定的说法被我上述的2月7日函的说法驳倒了，因此由于存在分歧，必须把这件事提交给我们各自的政府。如果您很愿意的话，只有依图来明确江坪的归属了。我们将把双方有争议的这条界线画到地图里，即有待确定的界线。这是很久以来我就向您提出过的要求。

您向我陈述这些理由的方式是根本不要我讨论这些理由。怎么调和这种方式和中国代表团一直都承认的我们权利的作用呢？我们向你们出示过很多迫使我们不得不声明江坪是安南的佐证。

至于您的两个论据，一个来自你们的《大清一统志》，另一个来自华人向官员申诉这一事实，法国代表团从中不能看到有任何说服力的地方。不要进行什么笔战了，就请允许我问问您，仅凭你们对一张中国地图的说明就足以定界了吗？如果这样，勘界委员会的作用就难以令人明白了。同时请允许我提醒您注意附于你们《一统志》内的文字和有关居民所处的特殊环境。仅凭向他们所在地的边境当局提出的申诉就可以改变他们所在地的国籍吗？

至于您拒绝在我们 1 月 28 日的协议上签字一事，我只有记录下来，但对如下的意见作保留：

1. 那天您表示准备签字，而且您提出要签字。双方明确表示同意。交换了两种文字的文本，讲了这样的话："不再更改"，您说："不再更改"，我们应和。

2. 在正式场合，当着众多证人面达成的口头协议本身继续有效。由我们两国政府去断定是否由于您拒绝签字就可以废除该协议。

3. 你们一做了保证，我就告诉了主管人，他认为我在我们的文武占领问题上同意你们的意见，因为我有权这样做。

从以上几点得出什么结论呢？你们为促成今日有我军存在的这种局面尽了一份力。

对此再说几句。我向你们提出建议时，如果你们同意按一些可行条件到实地去勘界，如果你们当时不声明这样的勘界完全无用，那可能根本没有必要确定现状，这样我们可能就会向我们各自的政府说明，把这件事上送之前，我们为谅解已用尽了一切办法。但是，因为情况不是这样，所以必须确定现状以防止有可能导致冲突的一种局势延续到两国政府做出决定时。

两国代表团是在这一原则上取得一致意见的。这一点已在讨论我们双方的草案时表现出来了。讨论产生了一份约文，我们在约文中都尽量考虑到彼此的愿望。今天说的这个主意全是我的主意对吗？您承认了这一主意是正确的，因为它本质上会有助于通过暂时维持已确立的现状，不损害实质问题而防止一切纠纷的产生，因此您可能是一直有功劳的。这一主意也表明我是非常希望保证维持良好关系的。但是，不管这个主意的起源如何，它可是得到你们同意的。谁能相信你们是被迫接受的呢？协议产生了，所以别人以后难以理解，你们既有权立约，为何你们又自认为无权签字认可它呢？

最后，您好像认为，我们的占领权依我看来，只基于这份协议。

因有必要，还请允许我消除这个差错。一切都在于看看安南是否由于定界消失了，看看是否仅凭贵方的一道声明就可以改变该国一部分领土的国籍。这种情况可能是与法国代表团的讨论权和诸条约的思想相悖的。东京领土就如我们现在知道的这个样子、就像近代的样子，就像它在我们看来直到有相反的证明或相反的决定仍应不变的形状，我们在这个领土上反对强盗的正当权利仍然是完全的。

我们认为，在定界之前，我们在江坪和芒街有这个权利。

接到您的驳函我十分吃惊。最近只涉及白龙尾。您说您由于把它算在争议区里而受了指责。考虑到这一点，我们已向你们表示把白龙尾排除在我们1月28日的协议外，不涉及我们对它的主权要求，但仅仅是为了确定现状。并没有任何迹象能使我们预感到你们关于江坪，这个你们对其被占领已不再提出异议的区域的权限声明。

为了完成我的使命，我只有一个目标，即找到真正的边界线，而您的目标，如果您和我一样想维护良好关系的话，自然也是一样的。

至于您向我谈到的那些华人，我亦荣幸地告诉过您，我已于10日将您的口头要求转告安南、东京总驻扎官了。这样表示了我的善意后，我认为最好将此事交给权力机关去办理。

（原件第237页）

狄隆致法外长函（第62号）附件

附件1

芒街中国边境民政当局和军事当局王、李阁下致狄隆函

1887年2月28日

位于中国钦州县和东京边界的地区乃一个地势起伏大、难以进人、平时很难防守的山区，森林遮天蔽日。边境居民最近已逃到（边境）附近的各个角落，他们人数有两三万。如果他们失去了春耕的机会，那么他们就无望活下去，这样肯定就有动乱。动乱一起，钦州县也好，东京也好，今后就会有巨大的灾难。

由于最近思勒地区抢劫事件层出不穷，尽管进行了大量的逮捕和随之而采取的严厉措施，但这些习惯不能消除。实在担心强盗与游勇结伙制造动乱。这样就会带来灾难性的后果。这样的情况不允许我们不派兵到思勒去，并把军队部署在固定哨所里，让他们

遏制游勇，保护黎民百姓。

因此我们应给您写上此函，目的是让您知道我们运兵到思勒地区驻扎的原因。

（原件第 246 页）

附件 2

狄隆复函

芒街，1887 年 2 月 28 日

二位阁下：

刚收到二位今天联名写给我的信。二位阁下在信中向我说明了派兵到思勒［Sze-Lac（Sze-Lo）］地区驻扎的原因。

最后这一说法有点含糊，但是为了避免对目前服从我文武占领制度的这个地区的界限有任何含糊之处，我什么也没有忽视，同时为此向与我们有正常联系的唯一的权威人士即中国代表团成员请教。我只有提请记住：需要时要便于明确责任，并不必花更大的气力。

根据你们来信的内容看，你们希望在服从你们法律的地区，即中国领土上避免发生动乱的危险。

要这样解决这个问题，对于能有助于在贵境维持秩序的措施，我只会感到高兴。我主管机关在我境离思勒不远处亦已采取了一个措施。你们也将会高兴地看到，这个措施亦是为了同一目标的。两个措施协同进行对于维持公共平静只能产生最佳效果。我希望，这将有助于保证 1885 年条约第一条得到履行。请你们放心，我们一定会履行反对可能藏在你们县境附近、想通过你们县的强盗的责任的。而且，目前据我所知，一个强盗也没有。我军各分队数次经过这个地区，并未发现，这里的强盗可能再也不会发现了，除非有从贵侧过来的。

但是，你们说，强盗正在结伙，如果没有你们目前的努力，就要担心一些游勇与他们联合在一起了。因此，请允许我提请你们注意我们在这一点上也肩负着的任务的重要性。实际上你们也有责任阻止他们威胁我们的入侵。

如果入侵发生，且有老兵参加，事情就更加严重了。按这种猜测，谁也不会理解军队这些提前解散的举动，因此，这是给反对我们的强盗提供武装的方便！对于我来说，我只能把你们谈及的对于东京可能有的大灾大难归咎于你们，至少怪你们对我们缺乏远见。

此外，我到芒街只是为了一项特殊的工作，从此我避免更深入地去理解贵函的实质。

剩下的，我只需向敝国政府汇报我所知的目前局势的真正原因就行了。

（原件第248页）

狄隆致法外长电（复本第15号）

海防，1887年3月2日18时40分

外交部3日3时收到

我希望从悲幽先生处得到有关您的电报中关于白龙尾现状的补充材料。自21日下午两点我们有些部队被运往白龙尾东南端的固定哨所，正在安扎。这些不包括我们的军舰、海军的登陆、以前各分队的（航行）经过。

恭思当先生问起我这里的形势如何，问我是否希望迅速解决问题，我就给他发去这封电文：

“在芒街和去年工作终点的Kima之间以西，距离约150千米。在这段距离内，如果我们能在这里得出结论，有120千米似乎在很近的时间内极有可能达成协议，另30千米，达成协议遇到更多的困难：芒街以东直到Tiout San（9000米），我们意见一致，飞地问题仍悬而未决。”

（原件第251页）

狄隆致法外长电（复本第14号）

海防，1887年3月2日晚9时

外交部3日晚7时收到

在将13号电提到的诸会议记录寄给悲幽先生的同时，我给他去了一封电报，电文如下：

“我深信这些会议记录将使您明白，我们虽从未退让，但在可能的范围内总是通融的。我们认为，如果我们坚持住，中国人要正式表示不同意，也只不过是提出无实际效果的抗议和空泛的要求而已。而我方一切道义上的举动目前如不会导致局势十分缓和，将来就会致使形势十分紧张。至于土匪一直有可能发动的进攻，不出意外的话，我们是可以应付的。至于他们海军的活动，他们根本不是想从活动本身，而是想通过其结果来得出结论，说明白龙尾的国籍和我们讨论涉及的其他各争议地的所属。实际上，我们的会议暂时中断了。从现在起最近这段时间在东兴复会是不谨慎的。我们在那目睹了示威活动，其结果将来有一天会超出同意这样的中方勘界大臣们的目的。但继续在我们这进行共同工作并没有受到任何阻挠。目前卜义内上尉与中国代表团的雇员正在我们这非正式地准备这项工作。我们就是这样根据诸图对西面继续进行定界，同时等待别处悬而未决的争端消除。邓可能想前往广西，如果情况不是这样，我们为了我们的工作可能会求之不得，但是从这一走，可能要减少我们的人数，此时分散我们的力量会是有害无益的。

请转告狄塞尔司令，我不主张分割白龙尾。”

由于使用中国的电报必须要有所保留并进行更改，为此我按同样的意思给恭思当先生也去了一封电报。

（原件第 252 页）

狄隆致法外长电

海防，1887 年 3 月 4 日下午 2 时 30 分

外交部 5 日上午 10 时收到

我已收到 2 月 19 日第 8 号电。邓来电要求将各争议地的定界事放在北京由总理衙门和恭思当先生进行。他要求我仿照他的做法。我不置可否。当时一方面担心他毫不客气地逃避责任，另一方面害怕由于我们没有充分获利的可能，我提反对意见会延迟事情的最终解决。从最后这方面来看，所有事情都处在同样的水平上。从第一点看来，中国代表团的离开将是那些所谓的匪帮进攻我们的前兆，这个可能性变得越来越大了。能不能使他们留下来，直到要在北京继续进行的定界结束或至少直到新的命令下达呢？如果这样，准备离开的邓的要求也许会产生好的影响。他的要求可能会促使总理衙门担保中国代表团离开后的边境安宁。即使这样，延长我们在这里的停留时间不也是不合适的吗？我们提议不顾私事留下来。我亦建议在我们剩下的工作即将结束时派卜义内司令去北京，因为我认为恭思当身边有我们中的一人补充这些情报是很有利的。

（原件第 254 页）

狄隆致法外长电

海防，1887 年 3 月 4 日下午 2 时 35 分

外交部 4 日下午 6 时 30 分收到

中国人不断地辩解。当巴黎、河内和北京通知我们确认现状时，对于江坪，他们坚

持要我军撤退的要求。接着，他们昨天又给我们来信，以防止对他们军队在我们近邻调动产生误会为由，同时援引一些事实。而这些事实本质上主要是需要我方采取相反的措施的。他们提到边界两侧极有可能发生动乱，并说有两三万（大夸大了）被驱逐者可能在强盗、原逃兵或被遣的士兵的支援下打回来。

我们在承认有受到攻击——杜森尼部可以对付——的极大可能性的同时，仍将会发现中国权力机关的一举一动只不过是些不高明的阴谋活动，其目的是恐吓我们，引起震动，强迫人民反对我们。

我已作了适当的答复以应可能出现的责任确定之需。我亦将此通知了恭思当先生。

（原件第256页）

法外长致海防狄隆电（第11号）

巴黎，1887年3月6日上午11时50分

您的第16、17号电已收到。我已致电恭思当先生，要他坚持要求中方代表团与你们留在边界，直到北京达成完全谅解为止。

我亦请他抗议中国人破坏现状的活动，这是您第16号电告诉我的。他应声明我们不允许大清帝国军队有任何可能削弱我们地位的调动。

（原件第257页）

狄隆致法外长电（复市第17号）

海防，1887年3月9日晚9时

外交部10日下午2时30分

3月7日我电告恭思当先生，前期工作进展顺利，我还说：自邓最近来那封信和我复信之后，两国代表团之间再也没提起白龙尾。可是两名官吏（一文一武）刚就这个问题致函杜森尼中校和副驻扎官。他们反对布设哨所，而哨所的布设是在接到巴黎要求停止我军的一切行动的电令之前的2月21日进行的。

他们还声称——根据当时情况这是没有根据的——有一些中国雇员和士兵遭到杀害。为何我各部队经过时他们缄默不言，在对于维持现状（其实际条件2月21日以前还完全有利于我们）达成协议之后才出现这个带情绪的抗议呢？据我近日得到的情报看，我们即将看到爆发一场已秘密准备好了的行动。这条不会令我们措手不及的消息几乎没有使我们感到不安。但是，如果总理衙门没处理这个问题，（两广）总督最后就要制造纠纷了，我们正在竭力防止。

（原件第 259 页）

狄隆致外长函（政治司第 63 号）附件

附件 1

海宁行政哨官、副领事致狄隆函

万宁，1887 年 3 月 9 日

团长先生：

您不会不知道，大清帝国当局来了两封信陈述了最近事件后被赶离飞地和芒街地区的华人的悲惨境地以及应让他们恢复活计的必要性。

我曾请示过全权公使、总领事先生，他昨天电示我只答复第二封信。您不会忘记，第一封信主要是论述飞地所有权和占领飞地问题的。

根据悲幽先生的指示，我应告知王将军和钦州县令，“总领事先生想表明他对已逃走、因害怕还不敢接受他保护的飞地和芒街地区的居民宽宏大量，允许上述居民返回家园，重操旧业，但是他们必须服从我们认为边境的平静和安全必需的治安措施。除了那些煽动领导叛乱的匪首外，所有愿忠实遵从这些规定的人都将可以和东京居民一样受到同样的保护。所有不利用这一恩泽的逃亡者在一段时间后，将被认为已决定永远离开东京。总领事保留研究在这种情况下如何处置他们财产的恰当办法的权利。”

悲幽先生给我下达指示的同时，要求我先征求您的意见再执行。因此，团长先生，请尽快将您对此是否同意的意见告诉我，不胜感激。

（原件第 262 页）

附件 2

狄隆致海宁行政哨官、副领事函

芒街，1887 年 3 月 9 日

我刚收到您今天为了遵照总领事的指示和征求我的意见给我的来信。

我对于悲幽先生这样信任感到十分感动，请您代我向他致谢。我自然要十分热心地与他合作。

这个问题，即华人返回的问题，与这个地区的未来有很大的关系。我们目前困难的增减，取决于这个问题的解决与否。既然我被指定陈述我的看法，那么坦率陈述我观点还有一个理由。在陈述我的观点以前，我认为应该征求我同事们的意见。

下面是我擅自提出的几点。

（1）不寄那封原准备寄发的信。我认为，与总领事的目的相反，收信人会把这看成是满足他们的要求，同时他们会肆无忌惮地觉得这封信很不全面。这封信会成为他们继续干涉我们事务的借口。它会成为他们与您之间一次艰难讨价还价的出发点。

（2）不要到处采取同一办法。因为一个地方与另一个地方的情况差异很大。因此必须区分清楚。比如说在芒街，总的来看，中国批发商的过错就是在11月事件中几乎只起了消极的作用。原来并没有犯其他过错的剩下的居民后来就加入了进攻者的行列。这里，形势要求我们对一些特殊情况进行一定研究，要求我们对个别情况进行处理。这里，勘界委员会也很持重，不许被驱逐者立即返回。不然，必然会发生特殊的危险和特殊的纠纷，我们勘界工作的成果会为此受到牵连。对于芒街，从今以后，最好要相当仔细地制定赦免条例，并推迟赦免；Tang Son 的全体居民犯了种种反对我们的罪行，这是众所周知的了。他们朝保护国政府的官员、负责海宁行政事务的主事开枪。他们很久以前就已与来自中国的土匪结盟了，全都参加了导致海士先生可悲死亡的谋杀罪行。因此必须表现得严厉，必须给予决定性的惩罚。在河桧和 Dam Ka 这两个前奴隶交易场、海盗的巢穴，由于属于后者这些性质的原因，情况也一样。这个地区的华人是入侵者，他们强行取代土地的合法主人安南人已有20多年了。既然他们是外来的，就仍让他们在外面不是更好吗？在江坪则相反，我用此名称不是仅指分散在山里的数间茅草屋，而是想指主要在飞地里的16个部分。江坪的真正有罪的人数很少，而穷人的数目却相当大。在中国领土附近，远离我们活动中心的地方，他们很难有效地抵制制造政治混乱的坏人的影响和威胁。他们返回来也许对我们是有用的，会使我们得到有关一块区域的安南国籍的补充证据，而对于这个区域，我们的观点受到十分无理、强烈的反对。对于他们要表现得宽宏大量，这非常迫切。不然他们就将失去他们的春收作物。他们的贫穷将迫使他们掉过头来反对我们，由此产生的麻烦将会被认为是由于我们缺少远见造成的。至于几乎无人居住、但主要是一些海盗常常涉足的白龙半岛，从某些方面来看，问题不再有同样的重要性，但是讨论过的好处还是大的，一切都取决于前居民返回可能对我们有什么用处。如果他们对未来做出了认真的保证，那么我认为就大局已定了。

（3）让人根据这些指示精神发表一份声明，但不要提及白龙尾。我会赞成这份声明由安南主管机关来写，该机关自然会按芒街副领事的命令来写。

（4）不折不扣地把这份声明的摘要（但不要在里面以我们自己的名义表态）寄给那几位给你们来了几封信的中国官员，让他们在他们辖地公开这份声明摘要，如果他们愿意；通过法兰西驻华公使帮助把这份声明交给他们，就是说通过总理衙门来进行，后者在声明中也附上其指示。一切都应当运用电报进行。同时在您的辖区张贴这份声明，您自己使用您拥有的一切办法，使这份声明让有关的人都知道。

（5）把安南主管机关的所在地迁到江坪去，并在那里设立一个民团哨。

（6）我们在飞地的部队要按兵不动，直到这些华人在合乎要求的条件下返回为止。关于这一点，我将直接给总领事先生写信。

以上是我根据自己所了解的情况发表的看法。

我还需稍补充一下，实际上，但不作保证，提出的措施完全符合我的看法。

最后，提醒注意，中国当局在他们的信中根本只字未提利于前芒街居民的事，他们之所以表现出关心江坪的前居民，那主要是为了他们提出领土要求的需要，说这些可能不是多余的。

总之，如您所了解的那样，定界事是我权限范围内唯一的事，因此我只能私下把我的看法告诉总领事先生。

（原件第264页）

狄隆致法外长函（外交部政治司，第63号之2）

芒街，1887年3月10日

部长先生：

通过标有第45、50、54、56和59号的五封信，我有幸将我们与中国代表团会谈的共十六份会谈记录的复本寄给了您。通过第57、60和61号三封信，我还有幸将我接到的三份中国勘界大臣（邓）的来信及我的三份复信的复本寄给了您。

这些不同的文件信函现在全部汇总成一，提前了解了细节后可以一看就明白。

勘界事务自1886年12月25日到1887年3月10日分五个阶段进行。这五个阶段是：（1）开始谈判；（2）讨论证据；（3）原地或赴现场解决问题的一切尝试失败；（4）达成与确定现状有关的谅解；（5）两广总督间接干涉、种种插曲、政治纠纷。

这一切表明在发生对立，我们的中国同事与我们之间的对立依然存在。一般来讲对立的方式还是有礼貌的，但对立在加剧。它们暴露出对立的动机，也可以说是必然性。我们与他们之间目的相反：他们打定的主意是扩大边界，而我们则是决定维持不动。在使用的办法上也是一样：他们依靠不合逻辑的办法，我们则依靠合乎逻辑的办法，他们食言，我们则相反。

总之，我们看来有决定性作用的条约的权威性，在他们眼里就没有。

（该段收入《中越边界历史资料选编》第553～554页）

一

那时可能误认为我们权限的性质是要邓、王阁下对过去的事做出解释。第一，他为何未赴约，而他对于约会表示出强烈的要求；第二，土匪在他的辖区和芒街之间经过时，他为何无动于衷。而且我们那时是想避免发生新的冲突的一切危险。然而，由于我们建立了正式关系而可说是奉给我们的一块土地，我们认为是不应该接受的。因此，我给狄塞尔中校和卜义内司令的信是与他们（王、李阁下）取得谅解后写的，他们宣读和让人宣读了此信。此信正得到形势的检验，我们为海士先生的死深感悲痛，我们不会忘记使他惨遭不幸的事件。因此即使我们关心职业的尊严更甚于关心胜利，但是事件的后果在这一方面应该只能是有利于我们的。在我们的战场上，严厉的谴责是不可怕的。事情马上就证明了这一点。在开始互访时，要互相主动接近的优先权这个令人厌恶的问题没有提出来，中方代表团团长从我们的态度就看出他解决这个问题时要照顾我们的利益，他的帮办们同样一点就明：他们应该特别尊重我们，我们不能让他们蔑视我们。于是他们全都向我们表示慰问。对重要问题仍有必要保持沉默，而且有不同的原因，各方都一样。但是，这种开始的方式突显了两国勘界大员所面临的不言而喻的形势特点，使他们可以着手进行余下的工作，好像没发生过任何事似的。面对着可疑的中方官员，必须要做些努力我们才能有效地、体面地进行工作。

1月6日，我们抵达还不到半个月，就签订了我们恢复工作的协议。该协议确定了工作的顺序：对照地图、到现场、请示各自政府、提出更改。它亦确立了几个原则：到现场和向上请示可是附带条件的，更改要求只应在对整个边界进行勘察之后才提出来。我们不能更高兴了。只要回忆去年的情况，在云南也好，在广西也好，就可以自己说服自己了。于是在数周数月的时间里，法国代表团只好竭尽全力，以求得到它今日才一下子轻易有把握得到的东西，即中国人推迟提出他们的更改要求。原则上只是要通过对照地图找到真正的边界，因此，可望取得的结果差不多有了保证。也许我们的研究根本还没有结束，但我们一定有办法完成。我们远未涉及我们的任务，因此我们就想不考虑那么远，只有个大概的准确性就行了。在对一些微不足道的地区仍存在分歧的情况下，比如飞地，分歧就特别要我们到现场去，我们成功的可能性一点没有减小：因为我们的兵力足以使赴现场的旅行可以进行。同时，所有的亚洲要人不喜欢投身到充满于己不利的事业中，中国官员们可能必须先经历这些，然后再求助于他们的政府，这样就增加了我们在固定地点讨论期间认为他们讲理的希望，其前景已出现在我们的面前。在他们看来，我们为了我们事业的需要，不会提出更多的要求。正如我刚说的那样，一切进行得十分顺利。

至少表面是如此，突然一件意外的事使我们对这些表面现象警惕起来。中国人在勘察前以一种新的方式重新决定要求更改，这次仅要求他们一开始就想强加的东西，但把我们如此合理的拒绝视为缺少和解之意。当按部就班、遵照确定的原则时，他们颠倒次序，推翻原则。他们突然阻碍我们的工作，在我们之间投入一个不和的元素。实际上，他们先放弃了他们签字的价值，然后对于诺言的价值也马上放弃了。一切都可从对 1 月 7 日协议的意见中得出结论。这些意见近似于题为“中国非正式建议”的 8 日和 9 日的两份文件的内容。

中国人想干什么呢？按他们的说法，他们的要求是相当低的。（1）广西西端的保乐地区。据我们掌握的资料，它长为 30 法古里（约 120 千米），宽为 20 法古里（80 千米）。通过一幅相当有表现力的它的资源图片看，我们称之为“米仓”；（2）广西另一个地方，南关与同登之间这片地方的一半，如果仅指其实际距离，那可算不了什么，可是如果这事关系到朝一个具有重要战略地位的目的地前进，那就不是什么小事了；（3）这个地方的另一半和同登本身。不过关于这一点，由于没有很大的可能性，由于他们十分顽固，所以他们只需向我们政府重提这个问题就行了；（4）广东边界另一端，自“陵墓”直到岬角将整个白龙尾半岛分割为二的山脉的东面山坡。还不包括这条山梁线和龙门湾之间的这个地区。至于龙门，他们是夺取而不是要求。

至于飞地本身，即竹山（不含在内）到白龙尾半岛（含在内）这个区域，他们不承认我们的权利，同时向我们提出一个有条件的让步，这个让步取决于我们把其余的让出。

表达一种缺少公式、缺少逻辑的思想和理解这种思想一样难。当对话者是一个用法语表达意思、讲我们的话又讲得不好的中国人，就更是这样了。因为需要时他随时就找到理由。要解释出现在 1 月 18 日协议上的一个细节并不要费更多的气力。如果说为了将讨论保持在于双方都有利的道路上，我们接受了我暗示的假设，那也是因为中校的谨慎才预先使这一俯就有利于我们的。他在通过书面明确了他听到的话后，就把写下的念给李翻译听。后者对经过核对的文字同意附后就成为既成的事实了。因此，尽管我们没有参加这次会晤，我们怎能对所说的这些话抱有任何的怀疑呢？我们怎么会为上述的这个假设担心呢？即便有误会，我们自己也不用承担责任！

在我们达成协议到因中国人协议逐渐被毁期间，他们突然改变主意的理由亦暴露在光天化日之下了。他们不惜任何代价想得到飞地，自认为以公正的方式就根本没有任何理由得到它。因此他们试图对我们施加精神上的压力，试图进行不可告人的交易。各种重要的事情一时又使我不得不作一回顾。

1 月 6 日以前，两国勘界大员们可以说还根本没有各自表态。他们只是一起确定了他们工作的出发点，而事先没有考虑到这个出发点对于一方变得不方便，对于另一方渐渐变得方便。那天，他们之间爆发了争论，什么话都来了。由于一次令人难以置信的疏忽，我们不能够充分证实工作的出发点，后来王阁下趁机否认了。

此附争议区草图一幅（附件 1），即目前勘界的插曲涉及的那个地区的草图。这幅图将邓阁下那时根据他的地图用手画的草图和我们根据另一张草图画给他的草图并置在一起。这样它将两条说法相反的边界放在一起对照：一条是法国代表团认定的边界，它从龙门附近起，经过白龙（Pack Lung）半岛北面和江坪地区北面，然后往下到竹山南面；另一条是中国代表团认定的边界，它从白龙尾（Cap Pack Lung）端起，在沿海岛屿的南面画一条虚构的曲线，然后通到西面另一条曲线的同一基点。但都没有谈到细节。这两条线之间，我们认为属于安南，他们认为属于中国，因此证明我们的分歧就出自这里，从这看到我们分歧的范围。分歧针对龙门到竹山、包括江坪地区和白龙半岛这整个区域。

面对明显的分歧，大清帝国勘界大员们先装成满不在乎的样子，继而持一种咄咄逼人的说法。他们的失言一时使得我不得不进行反驳。大家彼此都让对方预感自己强装糊涂，我们不能让在这些征兆下开始的讨论很快就具有斗争的特点。

二

我们一方，讨论证据主要由我为此而专门委派的狄塞尔中校和卜义内少校负责，中方则由李翻译和赫政先生负责。在正式会议中，大家多少避免重复以前说过的事。因此在我们的各协议中，他们提供的关于目前这个问题的材料，有明显的或一望而知的缺陷，我要迅速弥补它们。

哪些是双方利用的主要证据呢？先简单提一提中方代表团的证据以便更正，然后提提我们的证据以便肯定。

大清帝国勘界大员首先强调《大清一统志》的价值。

这本书是出于政治目的写的，声称对一个外国而言应以此书为证，这等于说可以为自己制造证据。从地理方面看，这本书有很多明显的错误。比如说，它里面的图标的一些河流没有出海口；另外一些起止标在不同的两页，互不相接；还有一些从各个方向穿过石山高地。像在海南岛一样，他们不顾事实，也将海南岛绘成一个群岛的样子。书中满是迷信和幼稚的思想。它有时不管地形准不准确，把地形画成动物的形状，这块土地就取动物之名称了。同时，它称，在龙门的一条河里，有些大鱼变成龙；在另一条名为红河的河里，河水的颜色是变成龙的这些鱼在小石块中受伤流血所致。激流将这些鱼猛地往小石块推，于是它们就被夹在石块中了。在每页中都可以发现如此可笑的传说。这些传说使人认为，手中的这本书不是一本科学专著，而是一本寓言书或神话书。

该书有很多矛盾的地方。它的文字和它的地图常常是大相径庭。对于同一个地方，相隔几页出现在不同的地图上，其方向、距离、地形就有很大的不同。这个地方在这幅地图上是个岛屿，在那幅地图上则是陆地上的一个地点；而此时，就同一基点而言，即在西面 15 或 20 古里（60 千米或 80 千米——译者注）之处。前面这些充分说明该书的准确程度是很不可靠的，原则上绝不能听信中国人的说法。据他们说，该书唯一的不足就是不够详细。

随后，大清帝国勘界大臣们以一幅地图（复件内附，见附件）来反驳我们。

这幅地图所特有的一切错误特别表明这幅图是毫无价值的。比如说，白龙尾在图里被画成一个岛屿，而它只是个半岛；同样的情况，“Pang Shen”被放在白龙尾西北面，而实际上它在白龙尾东北方 Pang Shen（那竜）河左岸，距该河河口还很远。同样的情况还有，罗浮被画成是一个在东兴南面的岛屿，而它是在东兴东北方的陆地上。

在这幅图里，安南与中国的边界只标西部的，不标南部的，南部的“蛮地”两字是唯一可能与边界有关的东西。这两个字好像是偶然写下的，只出现在一个地点。可是这是怎么回事呢？这是对南部的中国边界确定江坪和白龙的位置。在这幅图上也好，在实地上也好，这些地区位于邓阁下想据该图说明使其边界从西开始的这个地方的东南方。然而，既然从这个地方到东面的边界没有标出，所以没有任何证据证明它的方向是往东南斜而不是往东北斜。因此，中国人为了将江坪和白龙放在他们的版图中而想强迫我们接受的边界只不过是一条随意的和虚构的边界。虽然南部边界没有标在这幅地图上，但是它却是实实在在的，这从下文引用的文字可以看出，它由一些哨卡作标志，如罗浮卡、思勒卡、Pang－Shen－Su。中国人之所以没有将这条边界标在他们这幅陈旧的地图上，可能是因为对于边界不明确这一点，可以更好地有利于他们的计划。他们想将来有一天夺取十分妨碍他们的安南飞地，他们要渐渐缩小其面积。此外，像目前一样，他们那时也不急于行动，今昔的利益不一样了。昔日，这个地区为海盗所占，它远离人口稠密的中心，难于治理。

大清帝国勘界大臣们以公认的原则提出他们的《大清一统志》和他们的专门地图具有绝对的权威性，这一切都是从理论上或实际上，打着普遍原则和特殊原则的名义提出来的，然后从有利于他们的前提出发，引用了李翻译交给狄塞尔中校的一个注解的内容。李氏把这个注解当作《廉州府志》（道光十二年版，即 1832 年版）的一段来说明。

中国人声称，根据这个注解的内容看，龙门到白龙尾，包括白龙半岛在内的这片区域是属于他们的。然而，该注解的文字也好，根据可以从文字得出的逻辑推理也好，它未含有任何佐证可支持他们的论点。相反，它证明，嘉庆的一道律例里，仅提中国海军的海上行动和领海，没有提到在陆上的任何主权事。此外，该注解还证明，有关的这个利益在提出的问题中，是很广泛的；由于提出的主权要求是基于这个原则，因此就更应拒绝这些要求了。它最后还证明，白龙半岛不是中国人的权力所通行的区域。

其实该注解表明，在嘉庆十六年（1810 和 1811 年），一道律例规定中国龙门和海南当局分别按当年的不同时期监视海上，并确定从事这一任务的各帆船的汇合地点。按这一道律例，中国帆船要于阴历五月十日（6 月 7 日）和十一月十日（12 月至 1 月）在白龙旁汇合。随后注解有一段标有这样的标题：“内海和外海诸区”。这一段从这一批注开始：内外海界的表示法适用于中国的海域的各个部分藩属。说“内”在这里指中国，“外”指蛮邦，可能是不准确的。因为有了这个批注，这一段就以岛上或陆地上的中国地名，而不是经纬交叉的点作为基础来指定界限。至于白龙尾，它在“外界”字头之下，有一个且仅有一个汉字的新写的批注，其意是“在外海”。该注解的结尾段标题为：Yao Kon 军事区规定。内容如下：“钦州县廉州兵营以东，是三寨（San Trai）和白龙尾海域，属于您部下龙门武将的辖区。”

然而在现行的规定中，白龙半岛只像一个穴点似的作为帆船汇合的地点出现。这些帆船主要是在龙门的东南方巡航，应是在海上相遇。就白龙来说，这个规定的唯一目的是在海上确定一个汇合点，这没有任何与其国籍有关的意思。在这个注解里，为什么“外海”两字与白龙的名字联在一起？中国人在他们的这幅地图上，把白龙当作一个岛，而这就导致他们对往南延伸的大海和他们假设往北去的航道做一种识别。因此，他们感到需要规定白龙区域本身不包括在它紧靠的海域里。顺便说一下，在他们的地图中，关于由一条山脉构成的白龙半岛的这个严重错误，无助于证明这个地区属于他们。另外，中国人由于以前与外国没有交往，没有具备国际法的任何基本知识，至少没有具备类似于我们的国际法的基础知识，所以对领海的面积的构想与我们的构想不一样。他们要确定他们权力范围的海域的唯一标准，就是以方便他们作为标准。因此他们在东京湾进行众多的侵犯行动。有数次的侵犯证明是由于该注解的术语导致的。如发生在龙门西南方的侵犯，这个方向最远处，白龙附近处也发生了侵犯。接受这个海岸的国籍的改变可能是扩大领海的这种方式导致的观点，就等于把我们置于这样的境地：别人随意无限制地向我们提出主权要求，起码扩展到下龙湾尽头、到广安、到 Cac Ba。以前中国人在海上进行侵犯活动没有遇到困难，因为他们的邻国是他们的附属。安南不是一个海上强国，显得不在乎自己对海的权利，对于它的封建君主中国人在其领海的活动并不关注，只要它在陆上的主权没有受到牵连就行了。现在诸条约使安南摆脱了附属于中国的附庸地位，因此在这方面改变了形势。

最后，从这个注解的内容可以看出，龙门官员混淆了海岸两个相距很远、名字几乎一样的两个地点，两个名字拼写一样，即白龙（Pack Lung）和白龙尾（Pack Long Wei）。前者在廉州兵营东面，显然是位于北海东面、中国人确实建有一个炮台的地方；后者在同一兵营的西面，显然是属于安南的白龙尾（Cap Pack Lung）。

目前，白龙附近的海上治安由一名万胜（Vang Cheng）的小官和另一名级别较高、住在 Tonk Hen 的官员负责执行。为了出海巡逻，他们不得不等潮水涨到使他们的帆船可以离开河道。由于缺水，船只半个月就有四五天被困在河里。如果白龙尾（Cap Pack Long）是中国的话，中国权力机关必然会在那里设立海上治安哨所，该哨所就会真正有效地在海上行使权力；而 Tong Hen 或 Pang Cheng 的这些哨所的位置只能更难于达到设立时要达到的目的。

（该段收入《中越边界历史资料选编》第 554 ~ 558 页）

李翻译以这注解为据提出了一连串的论点，中校将其列表交给我。我根据他们的材料获得一些情报，并且询问了当地的权威人士和绅士。我的答复将围绕一些众所周知的事实，但在这之前，为了更清楚，我要解释江坪（Kong - Pinh）指何处。江坪，广东话读作 Kong Ping，官话读作 Kiang Pin，隶属于良知（Luong - Tri）乡，是组成飞地的两个乡中的一个，比另一个大得多。这是一个为华人和安南人合居的圩。它对于良知的地位和芒街对于海宁的地位一样。实际上，江坪只不过是飞地里的一个小地方，但是由于大量华人涌入该处经商，所以中方官员听到提起江坪时，就以名字来指代整个飞地了。相反，安南人是以良知这个名字来指代整个地区。说了这些，我现在就回到上述论点上来。

A，江坪居民到钦州去考秀才。

任何不在中国境内的中国居民，只要他到他想去的府里注册，就可以去会考。许多定居在香港、西贡等地的华人到广州去考试。但自古以来，这种事对于安南飞地的华人居民来说只有过一次。

B，中国钦州官员对江坪居民行使司法权。

一百多年来，在毗连中国的这块安南领土上，公职都是由江坪一个安南家族世代相传的。即 Poun 家族。在这个领土还只是万宁（Wan - Ning）县境的时代，这个家族就出了两名知县，万宁变成海宁府的时候，出了一名知府。它最后一个拥有 Pan - Pan 头衔的后代于 1886 年 12 月份由于充当法国的情报人员被杀死碎尸了。他是在陪同波安先生到白龙尾（Cap Pack Lung）进行地形测量的徒步旅行后不久被害的。一百多年前，是另一户江坪的安南家庭出了一位万宁知县。从这些事实可以看出，一个多世纪以来，江坪是安南的。为了治理一个安南地区，从未选用过中国官员。同样地，不可能由中国钦州权力机关对安南地区的江坪行使司法权。因为从未听说过钦州知县到江坪来处理任何性质的一件事情。我对下面这个论点的答复将有助于证明这个论点是错误的。

C，江坪区域每年向它所隶属的思勒区区长缴纳税金 40 银两。李翻译不知道是否安南人也一样要缴纳。

如果中国人今年缴纳了一笔款，那就是说数个月以来，我们一点也不知道。但直到最近的事件发生前，飞地的居民，或安南人，或华人，或商人，或农民，全都要向他们所在各村的安南村长缴纳广安省纳税人名册上规定的税金。原则上任何人都不能免除。在飞地，只有两类居民，不分华人和安南人，即服劳役的一类和仅缴纳个人税额的一类。

临时定居在飞地的人，像江坪的商人和白龙半岛上的居民，他们不用服劳役，但是每年要缴纳一笔钱给各村长。后者将钱上缴给府。我们手中有广安省的纳税人名册，它表明组成飞地的两个乡，良知和 Mi Chan，每年向安南缴纳税。该名册上载的纳税人确实很少，但是了解安南人习惯的人就知道，这一点也不奇怪。税是按人头支付，所以纳税人为了减少要付的税额，互相包庇，不报那么多人数。此外，在这个问题上，中国代表团只肯定中国人有此举。如果有此事，那也是最近的。这一阴谋是最新进行的。中国人由于害怕缴纳一笔钱给思勒区区长，这并不奇怪，但这笔每年一缴的税金却只在今年才开始缴纳给中国。

D，江坪写的不动产出售合同在钦州注册。

杜森尼部经过该地时，在白龙半岛西北方向的安南 Chac Kok 炮台里，发现了一些新旧的财产证和其他官方文件。从这些文件可以看出，有关位于飞地里的一些不动产的文件都在安南的海宁府登记，没有看到一份是在中国的钦州府登记的。这里是这些文件中的一份书面的完整复制品（附件）：Cam Kat 分区隶属于海宁县宁海区的良知乡。嗣德三十六年（1882）十月十日。除了由于时间、地点引致的不同合同以外，所有这些合同都是按照安南的法律订立的，都表明飞地隶属于海宁。其中有一份证书是 Yest Tao 元年二月十八日（1□64 或 1704 或 1644）的。它是这么开始的：Hai Tong 府 Man Tchao 县 On Luong 乡 Kao Tong 村 ×××居民。然而以前良知名为攸隆（Du Luong），Man Tchao 和 Hai Tong 是广安附近的两个旧行政区的名字，后来这两个区被取消，由海宁行政区取代。从这可以看出，在很久以前，飞地地区就已隶属安南，而非中国。不动产出售合同证并不是在钦州登记。

将杜森尼部队找到的这两份文件进行对照，就可以知道中国人怎么会向我们提出对于飞地安南国籍的这些反对意见了（见附件 1），其国籍从 1885 年算起（Srng-ts-an yun 被选为 Hong Kran 这种相当于乡村警察的职务，但更重要）。Tam Ka 这个小村属于海宁府万宁县宁海区良知乡管，是个选举站。下面是第二次选举，在 1886 年十二月（中国历）。同一个人当选。作为钦州府思勒区“Tam Kat On Luong”的乡代表。这里总是同一个 Tam Kat，但这次带有很具特色的细小差别。良知乡以前叫 On Luong，失去了它的自治权，与这个 Tam Kat 分区组成了一个整体，只附上自己的旧名，这个整体突然隶属于中国钦州府治下的中国思勒区。为什么这一国籍的改变在时间上发生在海宁府突然出现暴乱的同一时间呢？这就证明了我有机会在上文所指出的那些论点了。1886 年 10 月份，一名边界军事部门的中国高级官员冯氏派了一些部下到江坪活动。他们将该地区最富有的华越财主们召集起来，要他们将其房产证送到钦州去登记。同意其要求者几天后被授予中国的勋章。这一新的形式属于中国当局采取的一系列措施之一，目的是自构一个对飞地有表面上的权利，并使法国代表团产生疑惑如果它没有准备好进行反击。在我诸信的附件里，已有关于这些官员这些阴谋活动的情报了。部长先生，我将通过一份特别报告补全这些情报。

我来提提我们自己的论据吧。

讨论涉及的这个地区由三个不同的部分组成：夹在龙门与白龙相之间的 Win On；白龙（含）与竹山（不含）之间的安南飞地本身；自东兴芒街河口到广西边界的这一部分。

我们从把我们的边界一直移到龙门湾对面着手。既然中国人利用他们《大清一统志》的权威性，我们先介绍该书一些附于其他证据里的片断，它们证明我们的要求是合理的。

在《大清一统志·广东》第 124 卷第 47 和 48 页，我们发现复本内附的这张地图，在龙门的下面，此图上有下面这个注释：“龙门地区地处边境。它只一侧毗连中国，与安南相接，南部为商船常常抵达之所。因此这是一个要监视、要研究的重要地方。”我们不能放过这些文字，不能不提醒注意这一节文字！因此，根据这节文字，龙门确实是中国海岸在安南方向的尽头地点。

在第 122 卷第 7 页上，也有这一说法：“龙门东接合浦县、西连安南。”

在同一卷的第 20 页，还有这一说法：“龙门诸河分成两支：东支流经 Nga Sau 和 Oui Loui Liang 伸入合浦县；西支流经 Tchong Lan 和 Tchao Tan 一直到安南国的 Win On 县。”

还是同一卷，在第 6 页上，我们看到这一句：“Be Yu Sek 海关……在安南钦州县西 160 里。”

现在我们来看看《安南通志》提供的材料。我们看到这些材料与中国通志的材料一致；表明在道光十二年即中国这本通志编好刊印的同一时间，龙门和白龙之间的这片区域实际上隶属于 Win On 县，就是说它归顺安南。根据安南材料，那时 Win On 县属于广安省，下辖 6 个区 33 个乡。现在仍是这片南至 Pang Shen，位于上面提到名字的两个地点之间的地区，名叫 Win Ba La，或用 6 区 33 乡的名字。

（该段收入《中越边界历史资料选编》第 558 ~ 559 页）

为了证实中越两国的通志，我们还可用像这些地方完整保留下来的很有说服力的地方传说。在这点，它是以很准确的一些记忆材料为根据的。现任良知区区长（他的一个祖先 100 多年前曾在 Wanh Minh 县任职）肯定以前在他家里看到过一些安南国地图，在这些地图里，Win On 是在安南王国的统治之下。20 多年前，在无数的强盗的一次入侵中，这些地图就不见了。强盗火烧、抢劫了良知乡的大部分地区。这些强盗每年从位于广东和广西之间的一个地区（Fong Wang Liang）来，当时只是路过。不应把他们与那些留在白龙尾与龙门之间的其他强盗混淆。

有一段时间，由于有利于黎朝的起义运动造成的困境和在下交趾对我们的态度遭到的反对，安南王既不能在其王国边远的地区使自己的权力得到尊重，甚至在中国这个帝国的邻近地区也不能使自己的权力得到尊重。而中国侵略的本性很强烈。近在这个时期，24 年前，安南的 Win On 县就受到中国人的侵犯，为首的是兄弟俩，Kilong 和 Kignouk。当海宁知府接到报告后，主动发起对他们的讨伐，委派最近的区长去执行。这位区长被中国人的态度吓怕了，不战而退。中国人将他坐骑的尾巴给砍断，这对于亚洲人可是重要的细节。在这次挫折之后，海宁知府率领上千名从地方民团中征募的士兵亲赴现场。海匪及时接到情报后，求助于中国权力机关，并获增援，到 San Kiok 等知府，他当时正要经过白龙半岛。海宁知府也接到情报，知道敌人的这一行动，于是就改变计划，改往 Pang Shen 河去。Kilong 和 Kignouk 弟兄及时地逃到山里，再迟一步就要被包围了，他们在山里吹响号角，将一些中国人重新集合在他们身边。安南知府也刚遭失败，北风将其船队吹得七零八散，他认为命运在捉弄他，匆匆返回海宁。他的后退使叛乱分子得到鼓舞，他们去向中国钦州当局控告他，该当局又将诉状转给安南广安巡抚。到这时还一点不知道中国人的这些入侵活动，在左右为难之中面对着这一战事失败的既成事实的顺化朝廷只好将海宁知府的官职给撤掉。

这些事件说明，自白龙到龙门的 Win On 地区——Kilong 和 Kignouk 这两个叛匪匪首在钦州官员的支持下还在这个地区作威作福——事实上并没有正式同意过脱离安南。从这也许可以看出，我们对它的权利不易被表现，但这一疑问不在于权利存在的本身这一事实，不能取消我们的权利。

一开始我们就想今后有条件地放弃我们对这些地区的要求，但是我们仍然认为提出这些要求是合理的、有必要的。确定这一规定是否已充分照顾了中国，要知道，这一点并非我们分内要解决的问题。情况的困难可以使我们有望得到一个现成的妥协原则。应该将我们权利的自然起点保留在白龙尾以外，以便在需要时不必退到白龙尾以内。不过，原则一经提出，最好不要到实地进行讨论，在那里，新近事件的后果可能为争议提供口实。

后来我们减少了对第二段边界的讨论，我们开始是致力于与中国人对这段边界达成谅解的。

为了概述讨论情况，我在这里还要以从中国代表团的通志中抽出的一些文字去反驳中方代表团的所谓证据。

如果根据这本通志，就像我们刚发现的那样，我们的权利一直到龙门都得到很有力的证明，那么我们对江坪和白龙半岛这两个并没有被以 Kilong 和 Kignouk 为首的匪徒长期实际占领的地方拥有的权利也会得到有力证明。因此我们可能丧失了我们对后者的权利——反事实的假设——就由中国人去检验它吧。还有另外一些引文更与飞地本身有关。

首先是江坪：

×××日协议提到的《大清一统志》的那段文字在第 110 卷的第 20 页上，很有结论性质：“Tip Long 江在钦州西 240 里处流出，发源于十万大山，往南流，直到安南的江坪村，并注入大海。”

下面是第 122 卷第 4 页的第 2 段：“思勒堡垒距 Pang Cheng 90 里，距罗浮 20 里。中国政府令构筑了 Ho Tchao 炮台后，认为这个炮垒距 Hot Chéou 府太远，太难补给，因为必须经过安南境，于是下令构筑思勒和 Tsong Pao 可以互相保护的小炮台。这两个炮台位于安南的江坪附近。”在这些句子里，既双重证明了江坪的安南国籍，又承认了有一个安南飞地。

《大清一统志》同卷第 4 页另有几段节录：

“那隆炮台在那梭东面，相距 10 多里，安南边界从那里开始。”

“Pang Cheng 哨在与安南相连的 Chilo 区域。”

“中国正德（Tzun Tak）元年，边界附近驻扎的一名安南军官在 Pang Cheng 越过边界。”

至于白龙，广东通志的文字里根本没有提到。在通志第 110 卷第 21 页发现这样一节文字：“Pac tin Wei 在龙门西的海中，在去安南的航道上。”可能中国人把这个地方当作是白龙尾了，但 Pac Ting Wei 不是白龙尾（Pac Long Wei）。这一名称的差异使他们在这个问题上丧失了有利于他们的可能的论据。而且大清勘界大员们避免了利用这一节。要谈这些，我必须一丝不苟才行。他们的通志的文字里一点没有提到白龙半岛，不是证明与他们所说的正相反吗？白龙出现在他们地图里，可不再是一回事。因为在这一点上，不应忘记，它成了一个岛，就是说和许多外国岛屿一样。

我们再回到安南资料上。

安南当局通过保护国的官员给我们提供了：①广安省府、县、区、乡的人名单；②广安省的纳税人名册；③该地区的数幅地图。前一个材料是关于飞地区域安南人或中国人数、耕地面积、产品种类、缴纳给国库的税额的详细情况。从这些一目了然的材料可以看出，位于这个地区的所有村庄隶属于海宁府万宁县茶古或曰 Winh -Haï 区。包括白龙在内的这个飞地包括两个乡政府：良知（江坪）乡政府和米山（Mishan）乡政府。良知乡分成 16 个分区。各房屋自成一体，互不相连。不构成所谓一个片的居住群均属良知乡管辖，他们虽不用缴税或不用服劳役，但他们仍得缴付杂税，其名为“炭火费”，如 Win On 居民，直到最近，他们还上缴了树脂。上缴这些杂税的目的主要就是证明他们隶属于上述的这个乡。除了两三个这类小村落外，白龙半岛无人居住，或者说只是一个海盗的巢穴。因此安南的书籍中关于这些村落的东西甚少，但在杜森尼中校找到的材料中，有些与这个半岛上的一些村子有关。根据这些材料，它们一定属于良知乡管辖。比如其中的一份说，Chak Kok 小村隶属于良知乡　安南纪元嗣德年　月　日。

东京经略阁下通过总领事转来给我们的一幅地图把白龙尾和江坪划在安南境内。随图的文件上有下面这几段内容：（1）1610 号函。广安省东至一座连接中国钦州、名叫白龙尾（Pak long wei）的一座高山。（2）海宁前知府函。它提到海宁府的群山中有一座与中国海连接的山“白龙尾”（Cap Packlung）。（3）Kui Tyoc 致总领事的照会：“8，根据安南 Tjun Lan 地理志，从竹山前过，就到良知河，该河流到良知村和良知圩。也在良知附近的米山（Michan）亦属安南领土。白龙尾在海宁城堡的东面，与中国钦州县境接壤。海宁省地理志说，白龙尾隶属该府，但边界弯弯曲曲，到白龙止；因此，要准确知道边界线经过何处，须向当地人打听。此外，在我们自己看到的一本中国的地理志中，我们发现中国 Yi Sek 炮台在钦州西面 160 里，距 Win On 区 20 里。Win On 区是黎朝时代设置的，它属广安省的治下。”

（该段收入《中越边界历史资料选编》第 559 ~ 561 页）

让我们看看法方的材料。

从法方的材料中我们看到，经略谈到的要知道白龙尾东面的边界须依靠当地人的办法业已使用了。下面事实上是杜森尼中校给我的信中说的话：“我们占有飞地似乎不会受到非议，因为我部雇用的所有向导都明确指出边界主要在西部。在西部，一些在白龙尾被抓并数次充当向导的中国人亦十分明确地指明安南领土和中国领土……有两次过界的侦察是由 Tchong Pak 和 Tsa San 的中国村村长带路的，他俩向这两支侦察队的军官们指出过属于我们的领土。”

最后，因为我们已向当地人打听过这些情况，所以我们勘界委员会的其中一个绘图官波安先生就从白龙尾出发，走遍了整个飞地。他到居民家中去搜集资料，他按这些资料画了他那幅地图标的边界线。此外，白龙尾的中国居民对他说，他们在安南生活。从这点看，此乃一个驳不倒的证据。因为波安先生事先没有任何材料，没有一本书，他是根据居民们说的话。

大家知道法国海军部的那幅地图，即 1883 年的那幅：只要回忆起它就行了。

现在简单说说各地天主教传教团提供的有助于证明飞地安南国籍的证据。

在安南飞地江坪附近，有一个基督教区，200 多年来，它由教府设在与中国钦州县接壤的安南省省会的海阳的西班牙传教团行圣事。相反，与飞地接壤的中国领土竹山的教区则由广州代牧副本堂神甫区的巴黎外方传教徒主持圣事，快有 40 年的时间了。它以前是由他们的前任，广东省的澳门葡萄牙传教徒来主持圣事。另外，上述的西班牙传教团就像它以前的做法一样，在白龙尾到龙门的这片地区传教，即在前 Win On 地区传教。这也有助于证明，这个地区是安南的，它目前的事实上的国籍是否是中国的，还一点不能确定。

有几件与上述情况完全相符的事实。

在中国官员来到飞地制造混乱和恐怖，并强迫该地区居民表示是中国人或迫使他们选择做坏事之前，飞地各乡的乡府和绅士，甚至江坪圩的绅士，自然去找海宁知府打听有关通过茶古区区长治理的所有问题。当德过先生将海宁副领事馆馆址确定在芒街时，他接待了飞地权威人士和绅士们的来访，他们给他带来礼物，证明他们对于受到法国的保护感到满意，这是东方人下属对上司的习惯。

1886 年 11 月事件之后，德过先生到了飞地，1 月 21 日良知乡的居民来向他呈交了一份请愿书，他 1 月 23 日的下面这封信简介了其内容。

“来找我的所有中国人和安南人都向我表示，这个地区一直都隶属安南，但是我刚才提到的那些中国官员威逼利诱，说动了许多安南人起来造反。其他人由于害怕遵从了。实际上，在前来的人中，我认出好几人以前曾到我住处服劳役抵养路捐。显然，他们如果是在中国，就不可能来了。此外，尽管他们新近剃光了头，但他们只说安南话……”1887 年 2 月 3 日的信，“中国官员为了迫使居民们声明赞成他们，让大批家庭迁移了，并特别让人扣留妇女儿童作为人质。”

我不详述比加尔司令与主事德过先生之间的来往信件的内容了，因为 1 月 10 日的协议已充分地提到了。我现仅寄去内附的这些附件。

去年，俄国人因想研究中国海岸，请求北京允许他们随其船队到沿海的任何一个地方去，不只限于开放的港口。要实现他们的研究计划，预先得到这一许可对他们是必要的。因为中国人十分注意禁止中国未向外商开放的沿海各地带被外船光顾。然而，一些法国战舰最近八九年来常常到白龙进行水文地理工程作业，在白龙半岛（Pack Long）上建筑一些同名防御点，与海盗相遇时就在陆上进行海上治安行动，其中有1879年的Ducouédic号，属于交趾支那海军分舰队的Bouragne号。如果白龙尾不被看成是安南的一个区域，两广总督必然会将中国领土上有法国人之事通知北京朝廷了。根本不是那样，中国人十分清楚白龙尾的安南国籍这一事实，所以1882年法中公开宣战之前，两艘在白龙停泊的中国军舰看到法舰时马上起锚逃走，这两艘法舰是“伏尔达号”和“鲁汀号”。这两艘法舰往白龙附近航行，中国军舰以为被追踪了，立即从一条不使用的航道驶向大海。

最后，反对我们所使用的讨论方式引起了利于我们的一系列推测，这些推测也证实了已如此说明、本身如此有说服力的证据。

在谈判的最初阶段，我们知道李翻译向狄塞尔中校提出有条件地让出江坪和半个白龙半岛。中校和卜义内司令的证明以及李翻译对一开始宣读他的建议表示无异议都证实了这件事。这件事本身是不容置议的。事实上，没有任何理由能容许所有者对其权利的证明，而不容许所有者的要求，如果大清帝国的勘界大臣相信其权利，可以说他们就决不会在让人接受之前会想法出卖这些权利了。此外，中国领土的完整是皇帝本人也不能触及的事，所以如果他们深信让步针对的区域是其领土的一部分的话，他们就决不会敢于提出交换。

在有关第一阶段的诸会谈记录中，我们还看到其他同样的详情，这些详情还是可说明问题的。

李翻译说：“这个有争议的区域如何归还给我们，对我们并没有什么关系。”如果中国人的着眼点在于他们的权利，他们就根本不会单单去关心他们的好处。他补充道：“他们给，我们接。不然我们就要提出要求。对你们的礼物我们会表示感谢的，就像它是真正的一样。”按同样的设想，他们既不会请求我们宽宏大量，也不会允许对他们要求的合理性持模棱两可的态度或更确切地说有什么实际上的背道而驰。

邓阁下几乎就不激起个人的争吵，不使用威胁办法让我们接受他所谓的“和解办法”。如果不是因为我们受限于权利问题，如果不是因为这个问题对于他来说仍然无力解决，他怎么会如此焦急呢？

他拒绝把中国的官版地理志借给我看。他就是引用该书的权威性依据来反对我们的。他对于这点的内心想法只是太露骨了，因为我们知道此书的价值如何，也知道他使用该书论据的价值如何。

在谈判进行的第二阶段中，我们看着他拒绝明确地说明一段中文，对于一幅法方地图中一个讨论的地方，他无端指责我们，他声称这个地方是我们的，尽管我们并未在那。好像面对一位外国人，他就是要坚持自己的中国问题研究的次等论点，坚持张三李四的地理准确无误的论点。

在与后来的阶段有关的所有会议记录中，我们将会发现，中国人在权利问题上，暴露了与他们肯定和否认的绝对性互斥的想法。1 月 18 日，他们说：“在我们各自的理由中只不过是一个分量和有关价值的问题，其间只不过是或多或少的事。”27 日，他们补充道：“从白龙尾到龙门，我们的处境与在竹山到白龙尾完全不一样。就这第一部分区域来讲，你们没有任何权利，因此你们的提议不是针对某个很重要的问题。”没有极其坦诚的自责，他们是不会在第一种情况下对其事业的价值表现出更多的质疑，也不会在第二种情况下更婉转地承认竹山到白龙尾的这片区域属于我们。

我们还将看到，对江坪和白龙尾断然提出主权要求之后，他们在这两地之间确立的种种区别，对他们同样事与愿违。

但我又重回到迄今为止所涉及的事，即通过对照地图定界的企图。然而，邓阁下对于进行这种企图采取这样的方式，以至于有必要考虑他表面上如此严肃，他是否不是开玩笑吧。不管怎么样，他的两幅地图，一幅中方的，另一幅法方的，都因无价值才不惹人注目，竟是他用来反驳我们成堆论据的主要武器。不论如何，由于他自己没有一幅在实地绘制的地形图，他所有用来反驳我们军官技术工作的中方材料，就是一幅地图，而在图上，要勘察的边界甚至还没有画出来，受到争议的这个区域由半岛变成了一个岛屿。

总之，大清帝国勘界大臣们没有出示过任何凭证，不断地回避讨论我们的证据。

（原件第 274 页）

狄隆致法外长电（复本，第 19 号）

海防，1887 年 3 月 16 日 9 时 40 分发

外交部 3 月 17 日凌晨 1 时收到

3 月 14 日拟

新的情报有助于向我证明在这里与中国人讨论问题的重要性以及白龙尾和江坪的重要性。我与悲幽先生就妥协的问题交换了意见，但我不知您的意见如何。总之我对他说，我认为必须坚持不让，为了协调一切，只要提出在不损害白龙尾的安南国籍的情况下维持原来与中国船舰年度巡航有关的处理办法就行了，而且这些处理办法是在安南领土东至龙门对面，因此过了白龙尾的一个时代采取的。

在我们仍然进展顺利的勘界工作结束前，邓不想签署任何东西。

（原件第 303 页）

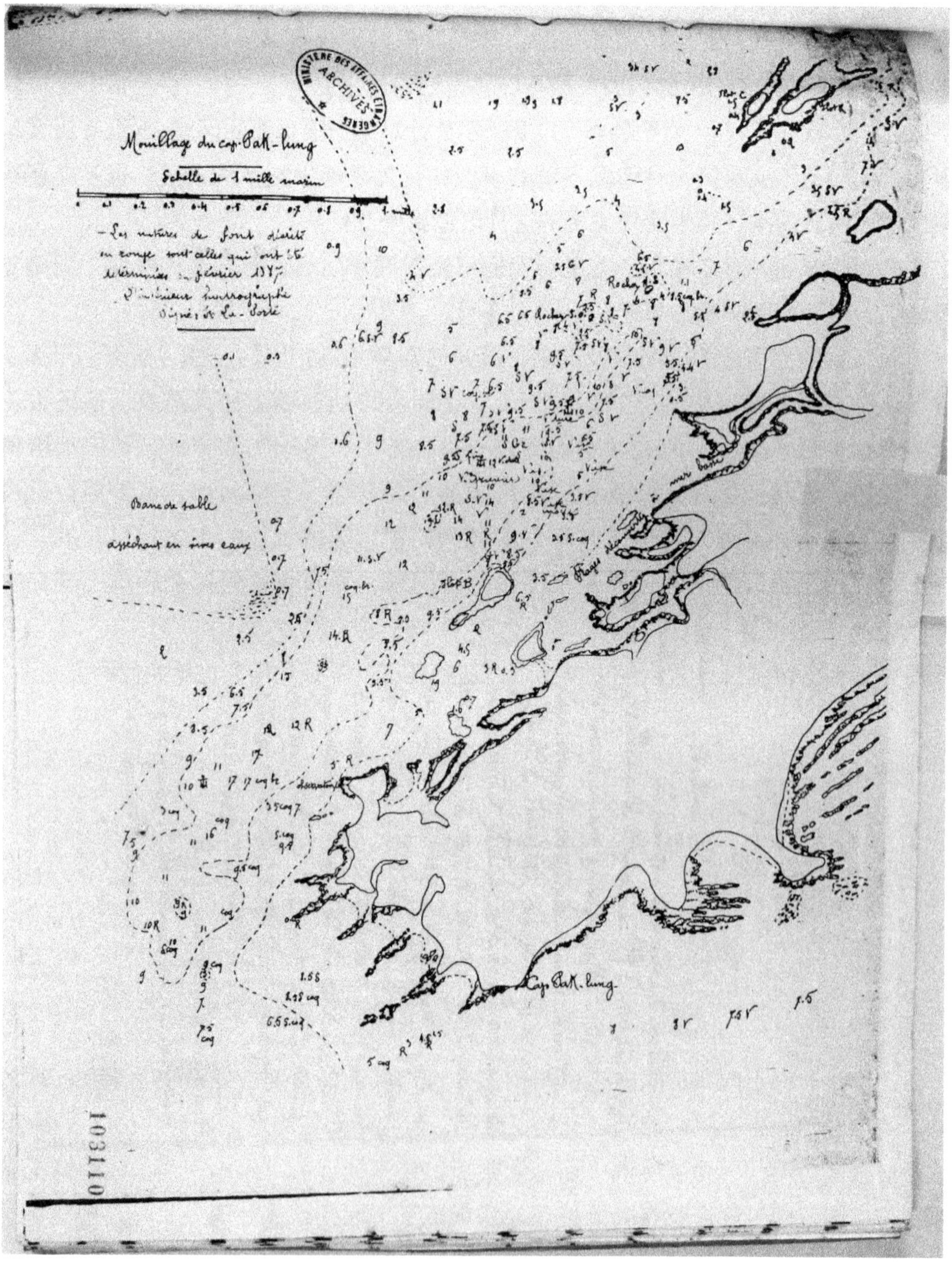

Mouillage du cap Pak-lung

Echelle de 1 mille marin

Banc de sable asséchant en basses eaux

Cap Pak-lung

MINISTÈRE DES AFFAIRES ÉTRANGÈRES ARCHIVES

103110

图 1

狄隆致法外长电（复市，第20号）

海防，1887年3月16日晚9时40分发

外交部3月17日中午12时30分收到

3月14日拟

恐怕在我第19号电中我没有充分解释清楚。提到的原处理办法，我认为是建立在对领海面积的夸大上。这一原则可能预兆着危险的后果。我想建议维持这些办法不是一般地说，而是专指白龙尾而言。白龙尾只是在这些处理办法中被作为中国海军每季会面的基地。因此这是妥协了。可是邓将江坪和白龙尾事情搞得如此之糟，我认为只有满足总理衙门的自尊心了，就像我已谈过的那种满足一样。

昨日收到您第12号电，卜义内上尉即刻动身。

（原件第304页）

狄隆致法外长函

第64号　芒街，1887年3月18日

部长先生：

我急着对我昨日给您的第21号电补充几个详情。

首先下面（附件1）是我刚给法兰西共和国驻华公使先生的另一封电报的复本。这封电报中已有一些有关我们最近与大清帝国勘界大臣会谈的结果的补充情报。

经两国代表团为此推选出来的代表，一方是卜义内司令，另一方是李翻译和赫政先生，他们进行数次讨论之后，根据我们的草图几乎已达成了一个非正式的协议。它和自云南一直到飞地（不包括飞地）的边界的确定有关，但与广东接壤的某个区域不包括在内。这个区域在海宁西北面，快到广西界。

邓阁下坚持先讨论所说的这个区域，然后才同意讨论其余部分，而我相反，竭力要先让他们批准上述协议，冲突留到最后解决。我的双重目标是确保最重要地点的定界，替恭思当先生准备一个对另一个问题进行妥协的基础。对于最后这点，以前所进行的会谈没有给我留下迫使中国人放弃其要求的任何希望。

每当提到内附略图中的这个地区时，中国代表团就固执地对它提出主权要求。我们同样也不停地强调我们对它的权利。由于谁也不想在讨论的次序上让步，所以我们的工作仍然暂停不动。而且会议结束时，卜义内司令就要乘船赴北京。对于他一直以来如此积极地参加的谈判而言，结束时有他在场是最好不过的。就是在这种情况下，邓阁下才

最后在讨论的优先权上获得好处。

于是仗着手头的证据，我很明确地肯定这个地区是安南的。为此我出示了东京代理经略的一封信，这是由总领事馆给我们转来的。

面对着这种态度，李翻译以大清帝国勘界大臣的名义发言，同时向我们提出了两个建议：①按下面指出的办法缩小中国人提出要求的领土面积；②对于剩下的，要以法国代表团的草图为依据立即做出决定。

我们不能同意中国对这个地区的一部分有权力，也不能同意它以我们接受其要求作为它履行其对我们的义务的条件。这就是我的答复。

在大清帝国勘界大臣们共同商议后，李翻译就改变了讨论内容。他说："我们就不要谈权利问题了吧，而谈谈相互关系吧。如果你们严格要求在广东得到你们应得到的，那么我们也只好在勘定广西界时按同样的意图行事。我们刚才的提议是从另一种愿望中得到启发的。我们接受你们的草图是宽容的。既然我们不亲赴实地，为了有可能完成我们的任务，有必要这样。我们有些特殊的困难，你们不知道。我们在对另一个地方获得满足时才能在一个地方为你们的利益克服这些特殊的困难。如果我们不立即做出决定，那么距此还有几天路程之遥的广西巡抚——我们知道其态度——就会亲自干预对他的省的定界。他将会很细致，工作的进展必将为此被延误。"

没有必要再详细谈细节了，会议记录将予以补充。

也没有必要说我们没有提到这一论证的价值。但是至少事情以一种使我们显得更灵活的面目——如果我们认为它与其总的利益相符的话——出现在我们的面前。

然而，要使得中国人承认我们在这一地区的权利，我们必须炫耀武力；要想有效，措施就得超过我们在别处采取的那个措施的规模，那个措施的规模也很大。其实我们在飞地迅速采取主动已使得广东边境当局措手不及，使他们来不及随意制造反对我们的形势。我们各分队发现我们的敌人撤出了飞地，当随后有必要规定维持现状时，我们的军事占领已成既成事实了。关于这一点，中国人可能会比我们抢先了一步：通过其土匪和部队。定期派往这个方向去的一些密使给我们带回来的有关消息，与中方官员们的态度令我们猜测到的情况完全相符。这些官员早已下令在博琅与峒中之间开辟一条路，当还没有任何情报来证明安南主权的存在，显示保护国政府的实际作用时，他们已在行使他们的权利了。在这种情况下，怎么能不冒冲突的特别危险而做必须做的事呢？

不算目前送我们的绘图军官到现场去可能需要的人数众多的卫队，不算目前供给的困难，这个措施可能不会有什么实际作用。我对于权利问题的看法没有任何疑问，一切没有大清帝国勘界委员参加的调查必将被他们放弃。另外，我们为了与他们一道踏勘飞地而试图与他们达成谅解目前已告失败这个事实，完全使我预见到我为了引诱他们和我一道可能还要进行的尝试的结果了。

中国人常常不顾一切地提出对所涉及的这个地区的主权要求，也许有某种利益因素，或者也许是有某种自尊心的因素而这样做，但我们过去没抓住这些因素，现在仍然一样。对于这个地区，我们的资料极少，而我们通过寻找得到的那些资料又不能向我们展示其有利的一面。而且，这是一个多山、人烟稀少、安南人极少涉足、让给了海匪的地区。我们觉得其战略上和商业上的重要性不大，起码还不足以让我们再进行一场战争，像已为江坪和白龙进行的那场战争。

按向我们提出的要求的条件，我们失去了博琅的附近地方，但我们保住了峒中，因此，我们一直为自己准备了一个进入广西的通道。峒中在先安河畔，是一个比博琅更重要，或者说比博琅更有意义的商埠。从那通往广西的所有道路都是比较好的。博琅河流急水浅，只能通舢板。

在这里我们表现灵活通融并不轻率，因为我们一开始就有条件地放弃了我们对白龙尾（不含）到龙门湾这片区域的主权要求，后来，我们在有关白龙半岛东部确定现状的问题上进行了一些妥协。我们当时以一条自“陵墓”到白龙尾端、顺着山脊的想象线将整个半岛分成两部分。此外，在对抗他们反抗我们之前，我们已向中国人作了所有这些让步。

在这里，有关的精神上的利益与在飞地里的不再是同样的，因为两国代表团彼此根本还没有分别表态，两者之间的冲突根本没有公开宣布，已进行的一些军队的活动或者已经进行的堡垒的构筑根本还没有对友好解决问题形成一种障碍。

大清帝国勘界大臣们给我们造成的障碍就其性质来看，不能由我们求助于恭思当先生就近向总理衙门施加影响而马上被消除。总理衙门既然得到其勘界大臣给予的这个地区是中国的保证，就不会给他们下达明确命令，让我们把这个地区得到手，必然只会向这里下达些不充分的指示。这些都是令人遗憾的耽搁的原因，在耽搁期间，有可能发生新的纠纷。

对于广西，中国人接受我们的线路图，放弃他们长期用来反抗我们的各种要求。因此恭思当先生还有数个妥协原则，如果这些妥协要针对领土交换的话。不论中国人对提到的这个地区给予的关注怎样，但在他们看来，它远不如广西某些地方，特别是保乐引起他们的关注。他们很明确地对我们说，他们还有另外明确的更改要求。因此这是他们自己不言明地确认的好处：在广西立即承认我们对于迄今为止主权一直受到争议的所有区域的权利。

必须从我们权利的存在和我们权利更改的范围来看待这件事。然而，这个权利，我们在云南已行使过了，我们并没有因此受到反对。如果考虑在广西先受到争议的区域的面积和重要性，那么提到的这个地区的面积和重要性是微不足道的。如果考虑维持不变的边界线，那么移动的整条边界线也一样微不足道。

反复重申的指示要我们必须尽快完成我们当时还负责的那部分的定界。

在建议迅速定界的同时，我们还被劝告要通融。这个建议是我们离开老街时给我寄来的，后来我们到河内时，我又接到这个建议。这个建议是泛指，可以说有一个例外，但仅仅白龙尾是例外，换句话说，飞地不属建议所指之列。

然而我当时感到为难，我征求我同事们的意见。得到他们热情的同意后，我就报告随后结果。卜义内司令立即对根据已有条件结束工作的益处，对根据我们的特殊情况执行我们接到的泛泛的命令发表了意见。倪思医生只是担心在要追求的主要目标上会失望才犹豫不决，即迅速完成定界这个目标。当中国代表团表示立即在诸图和诸协议上签字时，他的疑虑消除了。我在这之前已用尽了要利用的一连串的意见，因为我觉得被剥夺了狄塞尔中校以前很有用的合作。如果我予以拒绝，在我接到各方的意见向我表明旧有的困难尽管不可避免，但也已是十分令人为难的时候，在法国代表团由于目前对它的其中两个成员采取的措施要被压缩到最简单的组织时，我就有可能要与扩大的困难进行斗争了。

自此以后，部长先生，鉴于中国人提出问题的新方式，他们最初的要求的变化，通过说服途径要取得希望的结果不可能，提出主权要求的地区的重要性微不足道，给予迅速结束我们的勘界工作的关注，因此我和我的同事们一样，认为我接到的指示要求我不必贪大求全，以致鸡飞蛋打。于是我让出一部分中国人提出主权要求的区域，换回的好处是我们的线路图在剩下的部分得到采用。我将这件事看成是属于条约规定的部分更改的范畴，是从总体上看问题。在很了解详情的条件下，我承担了做出这一决定的责任。

我们双方很快就在一式两份的协议和有关的一幅四份的地图上签了字，协议复本随函附上（附件3）。

内附第二幅草图（附件2）：被更改的区域和最先被提出主权要求的地区。两部分用AB线分隔开。

要拟订条约协议、完成各已定地图，只有一项具体的工作要做了，但是这项工作本身需要好几天时间，因为会议已延续了6个小时。

部长先生，我唯一还要做的就是很快要向您作这些说明了。

又：在做出决定前我为何犹豫不决呢？当时要做出的决定突然出现在我的脑际，就像它可能出现在所有不完全了解真相的人的眼前一样，就是说从纯理论的立场来看，不考虑整个事情产生的时机。但是，问题不在于理论上。我眼前有另外的事实。卜义内司令的马上出发立即使我想到形势的实际需要条件。做出决定已刻不容缓，可在最有利的条件下我又不能包揽一切。

我高兴地补充说明，法兰西共和国驻华公使甚至在接到我的说明之前，因为仅复了上述的我的18日电，向我致以“热烈的祝贺”。他在北京得到些与我得到的相似的报道性的资料，因为我可以大部分地将他的证明归因于他对形势的了解，所以我自然更重视他的证明。

（原件第 307 页）

狄隆致法外长函（第 64 号）附件 3

1887 年 3 月 16 日，法中联合勘界委员会签字如下的成员，对中国和东京自广东省竹山（中国境），主要是整个广西界直到云南的边界线，通过对照地图，已取得一致的意见。

因此，双方已绘制了一幅地图来解释这一协议。各会议纪要将据此图来编写，各定本地图将据此图来确定。

签字：狄隆、卜义内、倪思

（原件第 315 页）

狄隆致法外长电（复本，第 21 号）

竹山（Bambous），1887 年 3 月 19 日 12 时 30 分发

外交部 3 月 19 日下午 3 时收到

3 月 16 日拟

我们刚刚与中国代表团签署了一项简单的协议，该协议确认对整个广东和广西界意见一致，但江坪和白龙除外，这里没有提到这两地。协议文字后附一幅地图。还需要几天的具体工作来根据这样达成的协议拟写各会谈纪要和绘制定本地图。

这个协议针对尚未定界的部分，即一段 400 多千米长的新的边界线。它是以法国代表团的线路图为基础完成的，但对于一段约 40 千米长的边界，我们则接受中国代表团的线路图。关于最后这一点，我们不得不进行了一个细小的更改。不然，从今往后很长一段时间，就不可能定界。

（原则第 316 页）

狄隆致法外长电（复本，第 22 号）

芒街，1887 年 3 月 29 日下午 7 时发

外交部，31 日上午 11 时 30 分收到

这是第 21 号。

我们刚刚在各定本文件地图、会谈纪要上签了字。

邓向我表示，在定界已告结束的那段边界，他要向我提些更改要求。我仅听听他的提议，并向您转达。

今天，我们第一次提出了岛屿问题，而在此之前，我们有意避谈这个问题。

谈判已在顺利进行之中。

（原件第 319 页）

第六十四卷

东京与中国勘界委员会法方代表团

政治处

保护国地区管理科　第 67 号文

狄隆致法外交部长弗卢朗（Flourens）函

芒街，1887 年 4 月 3 日发

部长先生：

我在 1 月 27 日奉上第 53 号函，一并随函转呈一份东京东部海滨地区的说明抄件，此乃海军中校比加尔（Bugard）先生交给我的。

现在，我又收到这位高级军官的一份有关白龙尾岬角的补充说明，我亦立即随此函附奉于后，请查阅（附件 1）。比加尔先生现在海防，但即将动身赴法国。

借此机会，我还向您寄出杜森尼上校（译者按：原文此处为“colonel”，系“上校”之意，但按前文，杜森尼应为中校，故此处存疑）致我的一封信函抄件，内容系关于这块飞地其余部分［江坪、长山（Trangson）］险要的军事地位。

随此函附奉于后的还有格朗皮埃尔神甫先生向我提供的有关该地区贸易地位的资料综述。

今后，在其他业务活动中，凡有能补充我的第 X 号报告内容者，我一定及时呈报，但在此以前，上述附件估计亦能使该报告所缺内容得到部分补充。

恭祝

钧安

C. 狄隆敬启

（原件第 9 页）

狄隆第67号公函附件1

关于白龙尾港口的补充说明

（起草人：东京勘界委员会属员、海军中校比加尔先生）

我在1887年1月26日曾起草一份有关东京湾防务问题的说明，为对此作一补充，并使勘界委员会对白龙尾（Cap Pack Lung）岬角有尽可能明确的概念，似有必要继起草上述说明后，在有关万春（Oanh-Xuan）湾情况中，加入下列注解以供进一步参考。

我在上次说明中已阐述过，万春湾（参见第3729号图）的绝大部分面积均布满沙洲，帆船在其间能随时找到安全可靠的避风处，在南部，有一海沟与岬角平行伸展，可供特大吨位的超级海轮锚泊。然而，值得注意的是，海轮在这一海沟中的停泊位置却有相当的讲究。

白龙尾岬角的大致走向是南南西至北北东，整个海湾在北部下陷得极深。因此，当东北风开始阵阵吹起时，在这大片不避海风的水面上，出现波涛起伏的层层涌浪，也就不足为奇了。由于在大潮汛期，作为航道凹陷处的海沟深水部位的潮水汹涌，故若船舶锚泊在这一航道的某些部位，而那里的多礁海底又难以保证其安全，那么，如出现上述气候和潮汐，则它的船舷就会受风吹而搁浅，或者是，其船尾因随浪回转而受风。当这种对海轮的锚泊稳定性不利的条件出现在整个岬角区域时，万春湾就只是一个徒有虚名的劣等海港而已。所幸目前的情况已大为改观。

经助理工程师拉波尔特（Laporte）先生为首的水文勘测队在2月份的一番测量探明（参见所附之草图），该海沟中可靠的锚地范围是：北以东北和西南岩礁为界，南则与B岛相接。

那里的锚泊稳定性一般尚好，然而，该锚地的北部更佳，究其原因，在于那里的海底几乎只是一片泥浆，而南部，越接近B岛，则所见到的沙砾含量就越大。此外，“普里穆盖”号（le Primauguet）舰长、海军中校韦农（Venon）先生在该巡洋舰停泊于这一锚地多日后证实，东北与西南两处的岩礁无形中构成了一种防波堤，可防来自该海湾深处的海浪；再者，这些岩礁以及B岛（见所附略图）又是一座天然屏障，各自起到了使退潮或涨潮潮水改向或显著减轻其强度的有益作用。同时，以往的经验又告诉我们，只要偏航距离不超出东北礁与B岛所构成的走向线以西300米开外，并与该线始终保持600米距离，则吃水极深的巨轮亦能在这部分海湾泽面找到一个躲避海浪和潮涌的庇护地，足可使它们在东北风的强大威力下安然无恙。

现在，似有必要将这一锚地的位置确定下来，其方法是根据略图将测定锚朝东北方向自500米远处转抛至600米处，从而使其置于（图上）有红色标记的该锚位置。

实航经验中的观测记录与测定结果相符，从而可断定，在万春湾确实存在可供巨型战舰停泊的深水港口。除这一情况业已探明以外，另一事实也不容忽视，那就是：这一港口易于防守，而且该岬角是一个布局理想的监视公海的瞭望哨所。

若再回首参看上次（1 月 26 日）说明中所阐述的观点，则可以确认，这一岬角由于其优良的内港，集中了一切必要条件，使其在狗头岛哨所的协助下，成为保卫东京地区东海岸的要地。白龙尾岬角是这一海湾——自鸿基湾直至中国廉州（Lien-Chau）半岛——唯一适合于建立一块海上重要领地的场所。中国人之所以如此热衷于占有这一岬角，而对保护国政府在这块安南领土上无可争辩的拥有权又断然地拒不承认，其源盖出于此。

比加尔（签字）

（原文第 10 ~ 12 页）

狄隆第 67 号公函附件 3

白龙尾重要的贸易地位

白龙尾有可能成为一个巨大的集市贸易中心，已被认定在将来的某一天要取代北海（Pak-Hoy）集市。

在一年的相当长时间内，有一两千艘渔船沿钦州湾与东京湾海岸驶过。这些渔船有时往往需要在墟集附近找一港湾避风雨，因此，在以往的一段岁月里，可以看到在（位于九头岛的）亚婆万（A-Po-Wan）或阁巴江（la Cac-Ba）锚地有数百艘帆船云集其间。随渔船前来锚泊的还有大批商船，它们在此可以补充大米、食盐、修补材料等物品。白龙尾一带昔日原是海盗的肆虐之地，驶近则会遭不测之祸；而今，那里的海盗已被剿灭，因此，它大概早已以绝对优势取代了上述两个锚地，因为这两个港口近四五年来已变得一片空寂。此外，白龙尾势将成为各种商品的货栈，而这些商品从前往往是由帆船运抵芒街、河桧等地的。那时，船舶必须驶经那里并虚度一个月的光阴以等待潮汛挟带着它们进出海港。

江坪（Kong-Pinh）集市与广东及广西两地均有贸易往来，从而也促进了白龙尾贸易市场的繁荣，北海运往广西的商品可由这里转口输往内地；同样，自云南或广西南下的货物亦往往由此转往北海。

由江坪出发的航船穿过广西至北海的航路时，几乎需垂直拐弯。

阴历每隔 3 天，即 3、6、9、13、16、19、23 等日，数十艘，有时多达数百艘航船自南宁府、上思州（Chong-Sze-Tchao）、梅公（Maï Kong）、那堪（Na-Kan）、滩冷（Tai-Louk）、罗浮（Louk-Ouk）、灵山安（Ling-San-Yen）等地驶来江坪，船上所载商品有可供制作衣料、缆索、渔网等用的大麻或苎麻，还有鸦片以及食糖、大米、广西土著衣料、蘑菇（木耳）、八角茴香等物；来自防城方向的船舶则载有小猪甚至黄牛等牲口。亦不时可见各种冷杉木筏自广西边界、驮龙（Fou Long）等地顺流而下来到白龙尾后面。这些航船满载食盐、咸鱼、海带（一种可供制作糨糊用的海藻）、干果（龙眼）、干虾、海参及其他干鱼等货物经钦州（Kam-Tchao）、灵山（Ling-San）等地北上至南宁府。食盐运销至云南省附近的百色（Po-Se），英国人现正设法在那里兴建一座领事馆。食盐运抵百色后，则一枚铜钱只能换取与之等重的食盐。

白龙尾港口拥有优良的锚地可供帆船停泊，而经由内河航道与江坪、芒街等地的交通联系也很方便。

对自海防驶往香港的海轮来说，此乃一天然锚地。北海势将被白龙尾所取代。

（原件第 13 ~ 14 页）

狄隆第 67 号公函附件 2

杜森尼中校致芒街（中安）勘界委员会主任先生函

芒街，1887 年 3 月 11 日发

主任先生：

承蒙厚爱，来函见问关于江尾（Cong-Phiène）、长山（Trang-San）两地的军事地位，现复如下：

江尾、长山俯瞰着：

一，南流江（le Song-Na-Thon）重要贸易通道；

二，一条具有重大战略地位的公路，此公路在战争期间曾被中国人使用多次，且绕过十万大山，它就是自思勒（Szé-Lac）经长山至松柏（Som-Pak）的公路。

我以为，在那里坚守大有必要。

布礼

杜森尼（签名）

（原件第 15 页）

东京与中国勘界委员会
法方代表团
保护国管理科　第68号文

狄隆致外交部长弗卢朗函

芒街，1887年4月5日发

部长先生：

随信附呈勘界纪要和地图抄件一卷，请查阅。上述文件及地图均于3月29日经双方界务委员会签署，共计地图4份，纪要5件。

在地图抄件上，我已命人加上说明，阐述中方代表团在疆界勘定后不久即非正式提出的修改要求。

这一要求的宗旨无非是想无偿取得我们曾为之经过一番激烈争执的领土转让权，总计面积达1705平方千米。

此外，法方勘界委员会倪思（Neis）医生曾致我一函，谈及最近的一系列勘界筹备工程，现将该信抄件亦一并附呈于后，请阅。

恭祝

钧安

狄隆敬启

又及：随最近一次广西与广东的勘界工程地图与纪要一起附上的，还有去年在广西所绘的勘界图中两份地图抄件，此抄件系根据中国界务委员会的地图绘制的，其上我亦说明了中国界务委员会通过非正式途径提出的修改的要求。

（原件第16～17页）

东京与中国勘界委员会
法方代表团
保护国管理科　第69号文

狄隆致巴黎法外交部长函

芒街，1887年4月5日发

部长先生：

3月29日勘界以后，我曾致中国钦差两份信函，谈及有关争执地界事，随函还附去地图一批，即：一、飞地之地图；二、白龙尾至龙门（Long-Men）湾区域内的略图一份。现将上述两信及地图抄件附呈于后，请查阅。
顺致崇高的敬意

狄隆敬启

（原件第 28 页）（此处原件缺第 18～27 页——译者注）

狄隆第 69 号函附件 1

（法方）勘界委员会主任狄隆致钦差大臣邓阁下函

芒街，1887 年 3 月 31 日发

今向贵大臣寄去地图一份，此系贵大臣拒不承认而我们却始终对之维持着完整的拥有权的安南部分领土图。

贵大臣接阅后便知，此图与我们曾向贵大臣出示的地图无异。

狄隆敬启

（原件第 29 页）

狄隆第 69 号函附件 2

芒街，1887 年 3 月 31 日发

兹寄去自白龙尾半岛至龙门湾一段之领土地图一份，请收阅。自与贵大臣谈判之初起，本大臣即要求将该段领土让与我方，而后，我们只是有条件地放弃了这一领土要求。贵大臣接阅后便知，该图与我们前曾向贵大臣出示的地图无异。

狄隆（签字）谨启

（原件第 30 页）

安南与中国勘界委员会

法方代表团

保护国管理科　第70号文

狄隆致巴黎法外交部长函

芒街，1887年4月8日

部长先生：

根据我3月30日第66号函所奉告之内容，今特再去函附上我就北市（Pa-Xi）至峒中（Tong-Tchong）段划界问题与中国钦差大臣来往信函的抄件，以作为补充参考资料。

我觉得，似有必要让中国界务委员会正式承认，这一地段的划界过程所包含的妥协性以及法方代表团向中方所表现出的和解精神。

恭祝

钧安

C. 狄隆敬启

（原件第31页）

狄隆第70号函附件

东京与中国勘界委员会法方主任狄隆致邓钦差函抄件

芒街，1887年3月31日

法方代表团是如何接受中方界务委员会所提出的北市至峒中段界线的，其间的经过谅贵大臣亦不至忘却。法方代表坚持认为它有权要求以博琅河（la Rivière de Pack Lan）中心线直至博琅的地段为界，亦正是在声明自己拥有这一权利后，它才接受中方提出的界线的。“现在，我们似不宜多谈什么权利，”当时贵大臣说道，“还是和衷商办为好吧。”此后，法方代表团才正式认可了上述界线。接着，贵大臣亦情不自禁地承认我方代表团的和解精神。

但这一切只不过是口说而已，贵大臣想必与我一样，都希望在我们的公文中能落笔为据。

C. 狄隆谨启（签字）

（该篇收入《中越边界历史资料选编》第681~682页）

（原件第32~33页）

邓钦差的复函

阴历三月初九（公历 1887 年 4 月 2 日）

贵大臣本月初七（3 月 31 日）关于北市至峒中段在何种情形下划界的来函已悉。

关于该段边境的划界问题，起初，本大臣坚持以我掌握的官方地志和地图作为认定（边界）和划分（疆土）的依据；此后，贵大臣则力主以贵国所修撰之安南资料作为划界依据，而且多次坚持以自己那种与我的见解截然相反的主张。此后，在阴历二月二十二日（公历 3 月 17 日）贵我双方举行的一次会议上，我的划界提案终于被接受。此乃贵大臣出于加强两国良好关系的考虑，并本着和衷商办的意愿，才得出这一成果。我对此尤感欣慰。

收到贵大臣上述公函后，我亦应致本函作复。

（原件第 33 页）

安南与中国勘界委员会

法方代表团

保护国管理科　第 71 号文

狄隆致巴黎法外交部长函

芒街，1887 年 4 月 9 日发

部长先生：

随函附奉我最近与广东巡抚就九头岛（Iles Gow-Tow）事相互来往的函电抄件，以资参考。其中首份函电乃广东巡抚向我所发。

恭祝

钧安

C. 狄隆敬启

（原件第 34 页）

狄隆第 71 号函附件

广东巡抚吴大澂（Ou-Ta-Tchang）致法勘界委员会主任狄隆先生函

广州，1887 年 4 月 1 日发

自与贵大臣相别，至今已届十又四月，别后殊堪想念。近悉勘界事宜行将结束。不知何日得以与贵大臣重逢。本大臣自抚广东，已历一月，事务繁多。然吾坚信贵大臣亦未尝将吾忘却也。

（原件第 35 页）

狄隆的复函

芒街，1887 年 4 月 1 日发

喜得贵大臣消息，实乃一大快事，因我对与贵大臣的一段交往留有美好的记忆。希望贵大臣经满洲里（Mandchourie）长途之行回穗后福体康健，并亟盼有机会能与贵大臣重逢。

广东巡抚吴大澂中丞致法方勘界委员会主任狄隆函

广州，1887 年 4 月 1 日发

我在本抚署存案中发现，狗头山（即九头山）及亚婆万（意即婆母湾）位于中国所属之海域内，并直伸至钦州县西南，向为海盗贼众藏匿之地。同治九年，前两广总督瑞麟曾派兵剿办。安南国王亦呈上一函，内称："下国原无此等山脉，现派工部参知阮文邃（Joan-Si-Souei）等官员前往广安省之白藤江及南蒲（Gnan-Pou）等候中国海轮及战舰。"由此可知，九头山及亚婆湾从前并非属安南境界。此证现存于两广督署档案内。广东省疆界系属本大臣辖权之内。虽属区区之小岛，然而我亦不能放弃。务请贵大臣与钦差大臣妥善协商，俾上列诸岛归于中国所属。至要至要。

狄隆复函

芒街，1887 年 4 月 1 日发

一，九头山的确切位置是在通过安南领土极远点之经线以西，而对这一极远点我国早已拥有公认之权利。而今，承认我们对这块陆地拥有权利，则就更应该承认我们对这些岛屿拥有权利。

二，虽然同治九年安南国王曾致函两广总督，称彼国原无名为"九头山"之任何岛屿，然而，这绝不是说，此话的含义系否认自己对九头岛拥有权利。查上述各岛，在安南语中均不称"九头山"，而叫"扚山东"（Show-Shan-Tong）与"扚山西"（Show-Shan-Si）。地名上的这种差别完全可能引起误会，进而构成悬而未决的争端的主要原因。

三，安南国王所委任的东京经略最近书面确认，扚山西与扚山东隶属安南。若安南国王以前确实曾否认对这些岛屿拥有权利，则这位经略大概亦不会作此声明。

四，上述有关诸岛均属尧封县（Yao-Fong-Shien）管辖，尧封县比海宁府更为靠西。岛上居民每岁均向该县纳赋，且一贯如此。此亦系正式查明的事实。

五，安南地图与册籍对上述诸岛为安南所属一事亦并未存有任何疑点。

六，自（法国）与安南签订 1874 年条约以来，法国舰队即对安南滨海地区行使海上治安权，从而也使它在 1884 年条约签署以前即可对九头岛行使此权，而在 1884 年条约以后则更有理由这样做。去年初，该舰队已要求享有专属权。

七，去年初，中国舰队前来扬威，并一直驶至河桧附近，河桧系划入安南境内的地域，而我们对该地域拥有的权利最近已得到认可。中国舰队当时亦曾向九头岛显示过威力，但这并不意味着上列诸岛比河桧更有理由隶属中国舰队管辖。

我无法承认九头岛隶属中国版图，因而不能依从贵大臣的要求，对此我实感遗憾。我亦请贵大臣与钦差妥善协商以使安南对这些岛屿的权利能得到确认。

中国与东京勘界委员会
法方代表团政治处
保护国管理科　第 72 号文

狄隆致巴黎法外交部长弗卢朗（Flourens）函

芒街，1887 年 4 月 20 日发

部长先生：

上月（3 月）29 日我曾向您电禀，继陆上边界勘定后，我又与（中国）钦差大臣开始会谈岛屿的划界问题。当时我还提到，岛屿的划界之所以推迟到那时，是我们方面有意安排的，但当时表面上看来，似乎早已在顺利进行。

我们采取此种步骤的原因是，我们当时确信，在让别人承认我们对九头岛拥有权利时，必将会面临我们争取对那块飞地享有权利时所遭到的那种困难。此后，我们就觉得有必要将这些岛屿和附近大陆的关系说成是依附和主体的关系。

为何要持这种态度呢？因为广东守土官员懂得九头岛对东京战略地位之重要，故在去年就对这些岛屿进行了类似于对江坪（Kong-Ping）及白龙尾两地所进行的那种侵扰。在 1886 年内，官吏们曾搭乘龙门军方的帆船前来侵犯这块飞地并使用恫吓手段迫使其归附中国，接着，便公然宣称他们要求占有远及广兰（Guang-Lan）即下龙湾入口处海湾的各岛屿。与此同时，王道台（以后又当了界务委员）竟在九头岛人口最密的一处地点设置了市镇。该地在安南地图中称为“祥化里”（Siang-Houa-Li），而在外国地图中称为“白沙沥”（Sha-Pack-Van）。汉语中称为“九头山”。这些具体问题绝非无足轻重，因为在我们非常关注而迄今仍涉足不多的地区，同一地点的名目差异往往会引起概念上的混淆，从而给中国人以可乘之隙。然而，“祥化里”上的居民均为华人。数月以前，两广总督曾先派一队帆船至该地进行了试探，接着便派出他手下的几艘炮舰前去。这些炮舰在那里的扬威活动甫一结束，即在岛上登陆。此时，我国战舰即与之发生遭遇。此后，法国政府便就此事向北京提出抗议。但这后一件事，我并未接得正式消息，只是隐约听到传闻而已。当时，我们有可能需要的有关这些岛屿的文件均被安南与东京湾分舰队司令移交给了海士先生。但我们这位不幸的同事由于行色匆匆，不及誊写成抄件，而交给他的文件原件又在 11 月事件中丢失一空。

在最近一次东京战役中，中国不顾我战舰的巡航而多次派出部队向岛上登陆，由此一端，亦可知其对九头岛战略价值之重视。士兵登陆后即静候适当时机以便经阁巴江或鸿基进入红河三角洲。自中国与我们发生冲突之日起，它即设法占领这群岛屿以便在那里抢占应对今后的各种变故所必不可少的有利形势。一艘自海南（Hai Nan）海峡或北海海峡驶往海防的船舶，必要时可以在九头岛上找得一方便的隐蔽处。

自古以来，海盗们亦很重视九头岛对自己这一营生所具的战略地位，并把这里作为他们的主要窝巢之一。他们在那里占据着由中国驶往安南的各类帆船的必经之道，因而可在整个东京湾横行无忌。

中国人亟盼占有这些岛屿，当然有其自己的动机。而在我们看来，这些岛屿自身的地位亦说明了设法加以据守将具有明显的好处，其间的理由亦很充分。除此以外，根据法国勘界代表团所获消息，还存在其他理由促使勘界委员会义不容辞地坚持安南对该岛拥有各种权利。在东京滨海地带和东京湾我们所占据的各地中——从中国国境直至海防附近的大片地区内，可供我们对大海实施有效监视的地点却不多。从芒街、河桧、先安、鸿基、广安等地我们均无法看清海上所发生的事态，而且上述地点与海上的交通联系也很困难。下龙湾港口亦是如此，那里布满了由这一海湾各岛所形成的迂回曲折的迷津。在战时，若遇上灵活机变之敌，这些迷津很可能将我们置于险境。从这方面看，具备各种理想的有利条件的据点仅限于东北的白龙尾岛，西南的涂山（Doson）半岛和中间的九头岛。九头岛的气候条件亦很优越：海风可以毫无遮拦地长驱直入，那里常年可以吹到阵阵清风。久居东京的侨民曾向我表示，他们对在这些岛屿上迄今未建一座疗养院深表诧异。那里土地之肥沃也实属罕见。在饥荒年份，芒街一带的居民纷纷前往上述岛屿寻求生计。那里盛产甘薯，其量之丰富使他们分文不掏即可坐享其成。岛上土地适宜蔬菜种植以及苎麻等夏布原料作物和靛蓝植物等的栽培。煤田的开发必将使今后的鸿基出现一次殖民高潮，但鸿基本身资源有限，无法保证其食品供应。然而，食品可从九头岛运抵鸿基，目前，两地间已建立起帆船及驳船联系，而且交通极其方便。英国人中讲求实际的有识之士对这一地区也存有希望，且早就谋算在这些岛屿上占一席之地。直至最近几年，仍有几百艘捕鱼帆船一年两度在这里聚集，销售或交换鱼类。我海军某些将领曾作过汇报，内容与上述情况似乎有一定出入，但他们当时所处的条件不利，无法摸清这一地区在卫生、农业和贸易诸方面所具备的优势。他们在这一带逗留时间极短，几乎不能深入岛内进行登陆考察，而且他们雇佣的翻译素质极差。再者，他们看到的往往是一见外国人就躲的土著人。而且，他们经常是在岛上因剿灭海盗而被洗劫一空后才抵达那里的。如果我们对这一海岬的权利早被承认，则我们在要求认可对九头岛的权利时就会省却许多麻烦。中国人之要求拥有这些岛屿是想更加充分证明他们对离中国更近的这一海岬所提的领土要求的合法性，并且还存有希望，一旦他们所提的其他要求落空后，则可从这里得到补偿。占有九头岛后，他们等于进入了我们国境，加上两广总督好战成性，他们一定念念不忘在这块下龙湾的紧邻地区设置大批机构。其实，是这一海峡的归属问题在一定程度上促使中国人在最近一直纠缠于九头岛的归属问题。现在我们至少做到了使人承认我们对这些岛屿对面的那部分陆地拥有权利。然而，当初何不先解决海岬问题，然后再这样做呢?

大陆的勘界工程结束以后，情况曾一度出现转机，我当即抓紧这一时机与邓钦差一起，用笼统的措辞，议订出以下原则：沿海地区的归属早已确认，则与之邻近各岛的归属应是这一业已结束的勘界工程的必然结果。这一简短的说明是我提出的，并且是在界图签署后立即写入，然后我再设午宴招待中国各界务委员，这一注释当时亦曾备受赞扬。邓钦差起初对此亟表赞同，亦并未提出任何异议。然而在第三天，当双方探讨细节问题时，九头岛的名字理所当然地被提了出来，但中国界务委员们当即持保留态度。一场争论便从此开始，并一直延续至今。

中国人在这种情况下所持的顽固态度明白无遗地告诉我们，如果当初我们拒不同意修改北市至峒中一段的疆界，则目前对广东广西边界的勘定工程也将一事无成。要是我过早地涉及上述各岛问题，其结果亦是如此。陆上勘界工程顺利结束后，我们对中国界务委员们的故意延宕拖拉也就并不过分在意了。

然而，部长先生，我不无遗憾地向您禀告，在整个勘界过程中，从我们抵达芒街之日起直至目前为止，中方界务委员会在两广总督的指使下，决意千方百计要向我们争得尽可能多的领土。他们对这一目标的孜孜以求已经达到了不顾是非曲直的程度，否则就无法确切理解，在某些方面我们何以多次遇到重重障碍和纠葛，而在这些方面，直言不讳地对我们的权利提出怀疑是不可思议的。

4 月 9 日，我曾将新任广东巡抚直接寄我的两份关于九头岛的函电抄件以及我对此的复电抄件一并附呈于您，现随此函再将我与邓钦差就同一问题相互来往的信函抄件附寄于后，以作补充资料。

部长先生，在新寄上的这宗信函中，您可以发现我上文所述的那种既定方针的佐证。其中援引的一些驳我的论点无非是为了掩盖这种既定方针而已。

试想，口头上承认九头岛归我们所有，而又不愿意落笔为据；要求对一份纪要文本进行修改而获得同意并做出修改后，却又拒不签署，世上还有比此更不近情理的事吗？钦差大臣的目的无非是想将属于我国的九头岛卖给我们，这也是他坚持要看看在签署以前是否还有修改希望的原因所在。他为此事曾致我一函，我当即寄一份这些岛屿的划界纪要以作答，纪要上早已载明，在经过长期磋商以后，双方达成了一致协议。在以后的任何信件中，他再也没有否认我提请他注意的上述事实。他对此只字不提，就意味着已经默认。由于事关一份正式而确切的文本，故无论他如何缺乏诚意（这也是意料之中的），我仍然对他说，尽管他拒不签字，我依然认为这些岛屿的临时疆界已经勘定。这实际上已经取得了成果。

我在答复中之所以采取这种口吻，可从这宗通信所处的具体情况中得到解释。最初，这一问题是口头商定的。此后，钦差即旧事重提，并以书面形式相继提出。一开始，他只谈到修改条文，似乎在我们之间从未涉及这些岛屿的划界问题。

部长先生，您接读这宗信函时，对他在争执中闪烁其词的语气也许会感到愕然。然而，从他立论之缺乏根据来看，您大概也觉得不足为怪了。

我则利用钦差大臣为达到修改条文目的而表现出的急迫之情，顺理成章地尽可能把话题引到正式解决岛屿的归属问题上来。正如我前已指出的那样，这方面的形势已大为改观。现在是，中国界务委员会单方面急于要完成勘界事宜。当时边境上的治安情况却需要钦差大臣们延长在东兴的逗留期。在了解到中国界务委员会在这些岛屿勘界过程中的所作所为以后，将谈判拖延下去也就无甚妨害了。

除了上述一宗信函抄件以外，随信另行附上恭思当先生与我之间来往函电的抄件，请查阅。在当时的环境下，法兰西共和国公使像在任何其他场合一样，给予了我最有力的支持。此后，我们完全有信心在中国界务委员会向我们展开的顽固抗争中取得全胜。

从我 4 月 16 日发出最后一份复电以后，邓钦差就杳无音讯。他大概感到处境不妙，有鉴于他以前的行为，我认为有理由进一步推测，他大有可能玩弄各种权术，渲染自己这种主张的意义，以此来蒙骗总理衙门。

由于抄件中发生差错，邓钦差与我之间就飞地问题相互来往的最后一次信函不慎被收进了本函所附的卷宗内。我拟在以后写一专函说明此事。暂时只需作如下禀告：为便于目前正在北京商讨的各项措施的执行，我首先要求中方界务委员会与我共同绘制有争议的国境图。最后，总算说定，他在收到我们的测绘图后旋即把他的寄我。就是在这一点上，他的行动与自己的承诺背道而驰。

关于界址的更改问题，我将留待今后与您商讨。然而，我觉得有必要将邓钦差向我们惯用的某些伎俩的影响向您禀报。他当时指出，我们这方面并未做出特别的承诺，但中方界务委员会在其非正式要求中，竟然诡称它有去年我方某一委员对他们许下的所谓诺言为凭。它在这方面的论证完全黑白颠倒，而其立论又缺乏根据，由此可见，中方界务委员会已到了何等厚颜放肆的地步。

总之，我认为，尽管中国界务委员拒不签署，但从现在起可以说，这些岛屿问题，我们对九头岛权利的被承认问题已基本解决。
恭祝
钧安

C. 狄隆敬启

又及：我曾致电总公使，谓我正与中国人谈判九头岛问题，因此，若那里能飘起法国国旗，那是再好不过的事。他立即派出“雄狮”号前去。现将福尔（Fort）舰长后来寄我的一份报告亦随函附上，作为补充资料。

狄隆

（原件第 38 ~46 页）

狄隆第 72 号函附件 1

钦差大臣邓阁下与法勘界委员会主任狄隆先生关于九头岛问题来往函件

邓钦差函件

东兴，1887 年 4 月 9 日发

根据光绪十一年四月（公历 1885 年 6 月）天津条约第三款之规定，两国官员应前往现场辨认中国与东京间之疆界，且现存的东京疆界须作微小的更改。

浦里燮先生在去年二月初七（公历 1886 年 3 月 12 日）的一份公函中称：关于更改界址事，显然须待广西边境全面办定后再行商谈。此问题在条约中已有明文规定。此事亦不存在任何疑问。

而今，在两广边界上中国与东京间疆界勘定工程早已施行。界图及纪要亦已签署，故此事已告结束。

但何日才能就条约中所述之界址更改事进行会谈尚不得而知。本大臣等候贵大臣作复，并盼能及早赐复。

特此知照。

狄隆致邓钦差的复函

芒街，1887年4月11日发

在过完复活节后，我立刻对贵大臣前日下午来函作复。

以下是两国界务委员会关于这群岛屿的口头勘界协议的纪要内容：

两国界务委员会一致决定：巴黎所在子午线以西东经（汉语称为北南线）105°43′，经茶古（Tri-Co）岛东角的东京湾内的各岛屿均属安南。

中方界务委员要求，在该子午线（北南线）以东各岛屿统归中国。法方界务委员会声明，由于江坪及其他地点的勘界工程尚未完成，故此问题应由法兰西共和国公使与总理衙门在北京会商解决。此点亦系经与中方界务委员会商定后达成的一致意见。

特此记录

1887年4月8日于芒街

此条内容并非我在3月31日致贵大臣函件中所提议之内容，但考虑到贵大臣曾向我表示，希望这样起草，我最后亦表示同意。若蒙来函，以书面形式证实贵大臣对此条约表示同意，则不胜感激。此后，我当在贵大臣认为方便之日往见贵大臣，以便共商界址更改事宜。

贵大臣当会注意到，我想以此来表示我的和解精神，因为，若我执意坚持我的前任1886年3月21日函件中所述立场和1887年1月6日勘界工程恢复后我们纪要中的有关内容行事，则我应该等两广边界真正勘定后才同意谈判界址的更改问题。

浦理燮先生在前所提到的日期给贵大臣去函的行文是这样写的："至于条约中所提到的细节更改，则须等两广边界辨认结束后再行商谈。"

然而，如果您愿意，我准备在此耐心等待，以期在北京解决有争议的地界问题。亦即等两广边界勘定工程结束后再谈界址更改问题。

除非我国政府另有相反的命令，否则，这就是我应遵循的行动准则。

邓钦差对狄隆的复函

东兴，1887年4月12日发

贵大臣三月十八日（公历4月12日）寄我的照会已悉，我仔细阅读了全文。

按条约规定，中国与东京的疆界一经认定，则除了进行一定订正外，已别无其他议题可以讨论。若贵大臣不能迅速加以了结，我亦不欲让贵大臣担心在重大事务中犯错误。就有关各岛屿的会谈纪要问题，贵大臣在照会中有这样一段内容：一是说我在向贵大臣复函中曾保证要按纪要办事；二是贵大臣问及是否可以确定日期以便开始会谈界址修改事宜。现特复照如下：

一是对这些岛屿的勘界书我难以签署；二是疆界事务似不应再拖而不决。贵大臣现既有和解之意，我亦应以行动表示我与贵大臣两相心照之情。

贵大臣能否在明日午后二时许前来东兴（与我等）会商，务祈见复为盼。

此复

狄隆致邓钦差复函

芒街，1887 年 4 月 12 日发

昨日下午有人将贵大臣公函交来时，适逢我外出，但今晨即刻作复。

据我所知，关于我们可能商讨的议题，条约中并无任何硬性规定。条约中绝无规定，禁止我们商讨岛屿的勘界问题。因此，对此点贵大臣最初亦并未向我提出原则性反对意见，而是从一开始即向我索取我们对某些疆域主权的凭证，我当即如数提供。我要求对这些岛屿进行勘界，只是想按条约精神行事而已。

您担心办事过分仓促而犯错误完全是情理中事，但是，我决不想突然取消岛屿的勘界工作。因此，我曾表示愿意耐心地在此等候，直至任何您认为适当的时候再来勘定这些岛屿的归属。我维持自己的权益，但决不想加以扩张。在我这方面从未发生过出于与此相反的心志的任何障碍。我完全相信，经深思熟虑后，您大概不会感到签署界约还有什么为难，更何况这是您早就在口头同意过的。而经过贵我双方的一段共事以后，我也不会从其他角度去理解您约我今日在东兴会面之举。因此，我决定如约往见贵大臣。万一我误解了阁下的意图，则务必请即刻设法见告为盼。若果真如此，则我当然不会前去践约，相反，我希望我们宜先行通信以求得相互理解。

邓钦差的复照

东兴，1887 年 4 月 13 日

按照天津条约，只需勘定中国与东京之疆界，该条约的此点精神已明白无疑。在疆界勘测完毕以及全部会议记录和地图签署后，即应商讨界址更改事，此亦系条约之规定。贵大臣对此谅亦完全知晓。

至于岛屿一事，我起初亦想持通融之志，并希望迅速了结此事，以加深（两国间）友好关系。为此，我将此事（与另一事）相提并论，并提议此事与界址更改事应同时完成。

而今，在双方达成协议后，贵大臣竟对修改界址事略而不提，而只想就岛屿问题会谈。这完全无视我的通融与和解态度。

我系办理勘界事宜者，故我决不想使事情陷于僵局并蓄意制造障碍。

如贵大臣执意按自己的说法行事，即所谓应先勘定岛屿归属问题，则事情势将遇到困难，届时贵大臣须承担后果。

我相信，贵大臣当具有与我相同之心情，因而也不想担此声名（使事情陷于僵局之声名）。

我希望贵大臣寻求一项互谅互让的解决办法。此乃我的愿望，亦系我应向贵大臣进行的答复。

狄隆致邓钦差的复函

芒街，1887 年 4 月 13 日发

本日惠书收悉，特此奉告。同时，我亦即刻作复，即使先作简短说明想亦无妨。我不会在此事上感到困窘，因为这一问题我们已辩论多日，我对自己的行事方针并无丝毫的怀疑。贵大臣从我答复之迅速中当会发现，消除贵我双方之间的误会，从而排除不利于解决目前纠纷的一切障碍，乃我义不容辞之责。

贵大臣坚持从狭隘方面去理解天津条约中有关我们双方会谈宗旨的含义，这势必会使我们之间造成一种特殊性质的分歧，它已发展为政治性的，因而也就越出了我们技术权限范围。因此，我只能将此情况向我国政府汇报，并请其就我们共同关心之点对天津条约进行解释。贵大臣想必亦认为应该这样做：关于这一问题，贵我双方只能静候有关当局相互协商，达成协议。

贵大臣再三强调，有权提及界址更正事，这有可能使人认为，似乎我曾与您争执过这种权利。我认为有必要提醒贵大臣，我远没有这样做，相反，在这方面，我已将自己的和解精神发挥到最大限度。只要我认为，根据 4 月 8 日我们的会谈纪要精神，有争议的边界问题可期待得到解决，则我亦同意在勘界工程结束以前举行有关谈判。

由此可知，我是采取和解通融的态度的。问题必须一个一个地解决，要不是贵大臣想在界址更改问题上看我的态度如何，然后再决定自己在岛屿划界问题上的行事方针，何以一定要将岛屿问题与界址更改问题联系在一起？不过，这并不是将问题联系在一起解决，而是颠倒了两者的次序。我对未能看到贵大臣在这方面的和解姿态而深以为憾。

我早已考虑过贵大臣的界址更改要求，在最后一次会议上，贵大臣从我向阁下出示的界图上当可对此确信无疑。那次会议上，我先向贵大臣出示界图后，贵大臣才签署岛屿勘界纪要，其目的是要在同一会议上解决两大问题，当然还是按次序分步解决。由此一点足可看出，贵大臣本人是如何无视我的和解诚意的。

我的和解诚意还表现在其他方面，特别是在北市至峒中段的勘界工程中。对于贵大臣向我推卸责任的问题，我觉得不必争执不休。然而，我却不能不补充一句：我对自己的声名毫不担心。这一声名，既然已被贵大臣拿去摆弄，那么，我认为它亦决不取决于贵大臣个人评价的好恶。

我坚持要等岛屿的勘界工程结束后再答复您的界址修改要求，这是完全合理的；但是，我又同意在江坪与白龙尾问题最终解决前会谈界址修改事，这也是我友好的表示。可是，我发现，以上两点竟然得不到多少人承认，这不能不使我感到痛心。

邓钦差致狄隆的复照

东兴，1887 年 4 月 14 日发

贵大臣三月二十日（4 月 13 日）照会收悉，特此奉告。我详细拜读了该函。

我本希望通过和解通融途径迅速了结岛屿勘界事宜。此事在贵我双方内部本可以得到解决。

然而，接读照会，知贵大臣已向贵国政府请示，则我这方面也只能立即发一详尽电报向朝廷请旨，以免延误时日。

此复

附件

邓钦差致狄隆复照

东兴，1887 年 4 月 14 日发

贵大臣三月初一（3 月 31 日）两份照会及两份附图均已收悉，我亦仔细拜读了该函，详知一切。

江坪与白龙尾［良智（Luong-Tri）与白龙尾半岛］均为中国界，此点已明白无疑，中国将一如既往，维持其对该领土之一切事务。

贵大臣附图中某些村名与本大臣所据界图上之村名不符。

目前正值北京开谈期间，故贵我双方均无须就此事争辩。

我立即复照贵大臣，望贵大臣知悉。

此复

（该篇收入《中越边界历史资料选编》第 1140 页）

狄隆致邓钦差复照

芒街，1887 年 4 月 15 日发

贵大臣本月 14 日对我 3 月 31 日复照已悉。该两份复照均涉及法国界务委员会一开始即通过不同途径提出主权要求的那部分领土。

至于良智与白龙尾半岛，贵我双方曾商定，贵大臣在收到我的界图后应即把您的界图寄我。然而，贵大臣现在仅对我说，我方图上之村名与贵方图上之村名有不符之处。我期待着贵大臣能践约将所允之界图寄我。届时各种情况将一目了然；若贵大臣能较早将村名不一致情况相告，则问题也许早已得到澄清。然而，我方界图一月份已交贵大臣过目，贵大臣却迟至今日才首次提及此事。但此事亦不能单凭我们自己来核实，因为贵方唯一向我方出示的那份界图系贵国官方地志，其上的白龙半岛注明系一个岛屿。该界图上并未给出任何细节，亦未注有任何村名。

贵大臣说："中国将一如既往，维持其对该领土之一切事务。"贵大臣用如此含糊之措辞不知意指什么？我现在仅持保留态度，但可能随时要求您对我的问题无条件地进行答复。

我保持缄默的唯一动机是不想点穿贵大臣掩盖着的内心想法。贵大臣所言极是，我们目前不必就江坪与白龙尾问题进行争辩。然而，贵大臣若要挑起新的论战，使我不得不出而应战，则我亦不会再持上述态度了。

狄隆致邓钦差照会

芒街，1887 年 4 月 16 日发

贵大臣本月 14 日对我 12 日照会的复照已悉，特此奉告。两份照会均系涉及岛屿的勘定事宜。"此事在贵我双方内部本可以得到解决"，我亦作如是观。双方在这一点上的一致看法表明，纠葛本身并不表现在原则问题上。要是贵大臣当初不执意要求在岛屿划界以前解决界址更改事，则这种纠葛本来早已冰消瓦解。要是天津条约果真束缚了贵大臣，使您无法表态，那么当初贵大臣又何以能一开始即在口头上有所表示呢？同样，何以只要我预先对贵大臣的界址更改要求表示自己的看法，则贵大臣又有权签署呢？如果说，贵大臣的签署举足轻重，那么，贵大臣的其他行动亦非无足轻重。贵大臣从未将中国的任何一部分领土给予安南。贵大臣以前所采取的行动足可认定在北南线以西经茶古岛东角的东京湾内各岛屿为安南境。在（岛屿）划界中要解决什么问题？当然要弄清具体事实。这一问题上的真相与其他任何因素无关。

因此，在悬而未决的争端解决以前，我毫不犹豫地认为，既然我们已共同商定出一项纪要，则这些岛屿的疆界已经暂时勘定。

您认为应该将这一问题推迟解决，其理由我不敢苟同。您在这方面的行事方针与我的截然相反，您毫不考虑我的和解与通融之意。只要谈到岛屿问题，您就对我的立即了结此事的愿望漠然置之。既然如此，在更改界址问题上，我也并不怕冒犯贵大臣。然而，通过以往的一番经历，我深知，我有权，而且自认为有责任持更为审慎的态度。此外，我总觉得，您提出种种要求的用意并不在具体的界址更改问题上。因此，我目前打算征求法兰西共和国驻中国公使的意见后再对贵大臣要求中可能包含的真实内容进行适当的答复，而且须待贵大臣正式提出后再行作复。

（原件第 46 ~ 54 页）

法国驻中国公使先生与法方界务主任狄隆先生就九头岛问题的来往函电

狄隆致法国驻北京公使电

1887 年 4 月 9 日发

我迫切需要得到您的支持，以制服邓的对抗。邓居然在了解了我对于他的修改界址要求所持的观点后再签署那份岛屿的勘界纪要，而此份纪要的内容，我与他之间早已在口头上达成协议。界址更改问题只有待上述纪要签署以后才能商讨，而决不能按他的要求行事，使他如愿以偿。这样做大有必要。务请让总理衙门向他发出一电，饬其将口头上早表同意的问题先行签署。只此一点足可使我们得到他们曾与我激烈争执过的九头岛，这些岛屿对我们来说价值确实不小，这也可以使我在界址更改问题上得到必不可少的自由度，以解释我对他们提出的要求即将进行的答复，从多种因素考虑，您的及时过问似有必要。

（该篇收入《中越边界历史资料选编》第 1143 ~ 1144 页）

附件

狄隆致恭思当电

1887 年 4 月 12 日发

我 4 月 9 日发出的第 17 号函电至今未见答复。

邓坚持要先行开谈解决界址更改事，然后再签署他早已在口头上同意过的岛屿勘界纪要，否则拒不签字。在坚持了这一态度以后，他又发电报请旨。

我完全有理由相信，他请旨的目的无非是要求准其拒绝签字，也许，他还想请假，准其立即动身离开边境，同时将我们亟盼了结的岛屿问题，甚至界址更改问题均束之高阁。在后一问题上，我目前的态度是决不先作任何承诺（此亦是我应尽的责任），这使他担心，他的要求将会一无所获。挫败他的这一阴谋不仅至关重要，而且刻不容缓。

邓认为，天津条约仅涉及陆上疆界的勘定，他提出的问题核心大概亦在于此，其目的无非是想更巧妙地欺骗别人，以逃避其道义上的责任，因为签署承认他的口头承诺是他义不容辞之责。条约的文本不仅未排除岛屿勘界工程的必要性，因为这一工程与条约的宗旨吻合，而且在发生上述事态后，邓的论点是不能接受的。他最初与我争执九头岛的归属，继而又挑唆新任广东巡抚出面向我发来电文与我相争，由此引起了一场旷日持久的争论。最后总算起草了一项纪要并得到口头认可，在此种情况下，怎能容忍邓再提出原则性问题。

至于他的离去，从多方面重要因素来看，最好是让北京来旨，使他的撤离与否取决于我是否撤离。

(该篇收入《中越边界历史资料选编》第 1145 页)

恭思当致狄隆电

1887 年 4 月 13 日发

总理衙门并未收到邓钦差任何函件。总署听我说起后才知他拒不签署，现它正犹豫不定，我认为它大概会去电要他进行解释，在接得其答复前，它不会轻易下令让他签署这项纪要的。您可对邓说，他所要求的界址更改并非细节性更改，因此，在未征求我的意见以前，您不能表态。当然，这种意见很可能与您向我提的建议不谋而合。

狄隆致恭思当电

1887 年 4 月 15 日发

复电已悉。这份复电大概与我第 18 号电交错而过。

我遵嘱立刻照办，并与您一样，希望所用之计能有良好的收效。

已提出的界址更改要求涉及 1700 平方千米面积的地域，然而，这些要求至今仍是经非官方途径提出的。

邓也许将设法离开此间，其口实是界址更改问题可在北京进行。即使我认为应该采纳您的意见，但对他的这一着似乎也不得不防，因此，必须坚持这一主张：根据天津条约，界址更改问题应该首先在两国界务委员间商讨。您认为，在这方面，您是否有进行调解之可能？请予考虑。

就我个人而言，我也希望及早离开，然而，我总觉得，不让中方界务委员借口离开这里至关重要。

恭思当致狄隆电

1887 年 4 月 16 日发

我 13 日已对您 18 日电作了答复。与您意料的相反，邓至少迄今尚未像您所说的那样来电请旨。

总理衙门前日已向他发电，要求他对造成你们之间分歧的症结进行解释，但尚未得到回复。

您是否已将第 17 号电文中所提的结论性文件寄我，请电告为盼。这些文件对我的谈判是不可或缺的。我获悉，总理衙门亦在等邓寄来同一批文件：这些文件是怎样发走的？一应文件是何时寄发的？

只要您留在边界，邓亦当会留在边境不走，这是早已说妥的。

狄隆致恭思当电

1887 年 4 月 18 日发

9 日，我派博安先生携带有关的结论性文件去河内，并请总公使先生一一誊写成抄件以便及时寄您。这是最好的办法。我手下人员不仅人数不足，而且均有病在身。在上述文件上注明了中国人非正式提出的界址更改要求。同一天，我还向您直接寄发了一批其他文件。

据谣传，今后有可能再度发生袭击事件，特别是中方界务委员会撤走以后。在这块飞地的一应问题解决后，我认为最好用安抚性告示晓谕百姓。这样，似可防止滋扰事件，亦有助于边境的平定。

在我离开此间以前，我大概还须发出照会，要求他们将盘踞在我们附近中国境内的白恰（Bac-Ka）引渡至我境，并将 11 月抢去的枪支及其他物品归还（这些东西现存放在对方境内），同时，我还须通报盗匪正准备过境的情况。这一切详情是否需立即向您汇报？

我在致邓的函件中说，在修改界址一事上，我将按您的意见办，并告诉他，在那份纪要（我曾对您谈起过此项纪要）业已拟就的情况下，各岛屿疆界已可认定为暂时勘定。根据该纪要，凡在经过茶古岛角之北南线以西的东京湾内各岛屿归于安南。至于此线以东的划界问题，须留待飞地最终解决后再在北京会商。

（原件 54～58 页）

狄隆第 72 号附件 2

“雄狮”号舰长福尔（Fort）致
东京湾分舰队司令、海军上校先生的一份报告抄件

海防，1887 年 4 月 16 日发于该舰上

司令：

我荣幸地向您报告，“雄狮”号奉您之命从槟榔河（l'Aréquier）驶往海防途中，曾

在九头岛停靠，并在那一带水域度过了 4 月 11、12 日两天。

为取得您命我收集以供界务主任备用的资料，我勘察了岛群中两个最大的岛屿——群兰山（Choum-Lan-San）与白沙沥岛上各地。

我曾在那里进行了调查，提出了一系列问题并得到了答复。但在禀告经我调查后的这些答复以前，我认为有必要将下述情况相告：原先我的种种论断并非都具有十二分的把握，这些论断中确有部分是正确的；如岛上居民的国籍确与我的论断相符；但其他方面，如贸易往来、中国战船的定期巡逻等，我得到的答复却与之不尽相符。于是，我只得多方询问，并从得到的各种答复中推断出一些大概情况。以下是我认为确凿无疑的事实：

九头岛上的居民均为华人，他们的服饰、习俗、所操语言等均可充分证明这一点。

我还确信，这里的居民一直向广安省的安南当局定期纳税。我希望，有人能在该省公使馆收集这一论点的确切证据，这一论点对于东京要求拥有九头岛的主权至关重大。

以下情况我虽自认为确切无误，但仍有待核实：

九头岛上几座小村落群仅有一名首领，每个居民点有一名绅士代行首领之职。居民从未向广东省中国官员交纳过杂税。

中国战船并未来此进行过定期巡查；然而 1883 年与 1885 年前后，天朝的炮舰曾先后两次驶来九头岛。第一次巡查时，这些舰船似乎曾掳掠过白沙沥岛屿上的茅舍并将岛上居民劫往广东。

九头岛主要与广州保持贸易往来，广州的帆船将布匹运到这批岛屿上，换取那里的甘薯及干鱼。

总之，在将上述情况进行对照并对它们的真实性认真考虑以后，即可有把握认为九头岛系东京领土，但目前由中国人居住着。然而也不妨向他们一问，中国炮舰以何名义前来九头岛锚泊，它们折磨岛上居民的目的何在？

由于被我询问的人没有对此进行解释，也许可以这样假设：中国人想乘此机会惩罚那些曾对其本国商船犯下罪行的海盗。

如果人们想到，这批岛屿由于其地理位置而曾被东京湾沿岸盗匪据为作战基地，那么上述这种解释看来很可能并非毫无根据。

福尔敬具

（原件第 58 ~ 59 页）

东京与中国勘界委员会

法方代表团

保护国管理科　第 73 号文

狄隆致法国外交部长弗卢朗函

芒街，1887 年 4 月 21 日发

部长先生：

兹将我刚收到的海宁副公使的一份来函及其附件随函附寄于后（见本函附件 1），以作为该飞地属安南所有的一项补充证据。考虑到恭思当先生若能及时收到这些函件中所提及的情况或许有所裨益，我曾让人请悲幽（Bihouad）先生将其中要点电达恭思当。我觉得以不直接寄发为宜，因为总理衙门认为，我在江坪与白龙尾问题上所曾起过的作用使得我本人为了证明我们对有争议地段的权利还要再提出的证据的权威性显得无力。

借此机会，我亦把海宁副公使的另一封来函附寄于后（见附件 2），此信中所谈的一种情况是我在 3 月 2 日寄您的第 17 号电文中提及的要求将两国勘界委员会暂留边境的多种原因之一。在我向您发出此份函电时，从各种渠道传来流言，说是中国匪众准备等邓钦差离开东兴后立即越境。本函附上的告示即可说明官吏们自己对这些流言亦深表关切。正当法中两国界务委员会准备撤离、亦即在我们的界图及纪要签署前后的日子里，这些告示就立即张贴在离我们不远的中国境内。须等江坪与白龙尾问题正式解决以后，这方面的形势才会大有改善。

我相信，迄今这一带的社会治安之所以未受破坏，是与杜森尼上校的努力分不开的。这位高级军官不断派人在当地侦察，并积极巧妙地构筑起大批防御工事；他统率的军队英姿勃勃，加上这位标准军人在这一带威名赫赫，凡此种种都足以慑服中国人。盗匪们懂得，与他较量，他们是难以达到目的的。

恭祝

钧安

狄隆敬启

又及：随此函另行附寄杜森尼上校的两份信函（附件 4 与 5）以资参考。在一封信中，他告诉我，在我方境内遇到的一群盗匪中，有 10 名中国军官；另一封信则提到，4 月 5 日，有人从中国地界向我们的一支侦察队开火。中国官员则矢口否认有股匪越界以及其他类似行为发生，他们对此种行径采取了漫不经心的态度，只此一点，即可认为他们对此事应承担责任。再者，他们抵赖时口气之断然使我认为，既然我们知道了上述种种行为，那么，切加以注意大概不无裨益。然而，有鉴于我的使命的特殊性，我并未向邓钦差谈及此事。

C. 狄隆

（原件 60 ~ 62 页）

狄隆第 73 号函附件 1

东京与安南保护国

海宁省副公使　第 7 号文

法国驻海宁副公使贝拉布尔（Belhabre）致芒街法方勘界委员会主任狄隆函

海宁，1887 年 4 月 18 日发

主任先生：

我在最近视察良智（Luong-Tri）州时，接览了这一地区居民绅士的两份禀帖，我认为有必要将其抄件寄您一阅。其中一份兼有归顺书性质，江坪一带的绅士们在此份禀帖中承认自己是安南国王陛下的臣民并愿臣服于他的圣威。

这些绅士们因过去没有承认安南王圣威而深表忏悔。这份禀帖的含义业经多人口头证实，且命人笔录证词亦并不费事。其中心意思已明白无疑：虽然江坪的百姓并未承认安南王的圣威，但他们承认以前一直臣服于这一威德。需要补充的是，我觉得，在我询问的百姓中，无一人对这一问题表示怀疑。此种意向由于中国官吏们不遗余力地想加以改变以适合其需要而显得更加引人瞩目。因此，去年 11 月，官吏黄福［音译（Hoang Phu）］命人在江坪城墙上贴出告示，我读后才知，此告示内容系禁止当地居民砍伐树木，并晓谕百姓，这一地域系中华帝国所有。但这些权术并未得逞，良智的民意亦未改变。我还十分欣喜地发现，在百姓中毫不掩饰地表现出一种愿意臣服安南王国的情感。

我认为必须向您转达的第二份文件是关于 11 月事件的一份证词，询问中确凿无疑地证实了那次袭击芒街、且其同伙中还有杀害海士先生及其伙伴的凶手的这股匪徒系来自中国地界，其主要首领仍然是那个黄福，即我在上文提到的城墙告示的炮制者。

总之，主任先生，我前往良智州视察了一遭，同时还参阅了大量资料，在此基础上我当时就确信，这块地域过去一直属安南境界。在巡视期间收到了两份禀帖以后，我的这一信念就变得不可动摇了。在那里，我还获得了充分证据，有把握认为，在我们看来已无可置辩的权利在这些百姓眼里也是确凿无疑的，而这些百姓，帝国政府却声明是自己的子民。

另外，我不无遗憾地得到证实，尽管中国官员百般抵赖，11 月杀人凶手们均在中国界内并已被招入军队，这已是毋庸置疑的事实。现在，事实已很清楚，他们的首领就是中国官吏。

主任先生，我认为应该把这些情况向您转告，因我觉得它们或许能在您目前所承担的事业中起某种作用，同时我亦亟盼为这一事业稍尽绵薄。

布礼

贝拉布尔谨启

（原件第 62～63 页）

狄隆第 73 号函附件 1

我们，法兰西共和国驻安南与东京代表、副公使弗拉丹·贝拉布尔（Fradin Belhabre）以及其他人等，传讯了良智村的里长及一班士绅，以下是他们的正式声明：

他们承认自己是安南国王陛下的忠诚子民，并听命于陛下的圣威和全权大臣兼总公使的号令；他们对自己曾离乡出走和不承认国王的圣威与全权大臣的权力而表示忏悔。凡今后良智村村民发生骚乱，则他们愿意承担经济责任并由个人出面承担干系；若骚乱来自村外而他们不及时通报上司，则亦愿负相同之责任。

他们承认自己有义务按规定日期每周一次前往良智哨所司令先生处汇报确切情况。

良智村民中，若有参与去年 11 月事件者，一经查出，则将由他们负责押送至海宁省副公使处。

在上述条件下，良智村绅民人等获准领回自己的财物，总公使将对他们实行与对东京全体居民一样的保护。

凡参加过 11 月事件者不得享受这一优待。

1887 年 4 月 13 日记于良智

陈子英记　　役目陈贵隆记

帮长李子元记　前里长龚文勉记

役目范光仁记　团长黄文为记

乡长侯光瑞记　役目刘辉泰记

里长潘文俊记　前里长李正和记

兹证明以上用汉字签署的人名即是以下各人的姓名（用拉丁字母拼音）：Pham-Quang-Nhon、Hâu Quang-Thoai、Pham-Van-Tuâń、Tsaû-Qui-Long、Van-Miêng、Hoang Van Vi、Leiu Huy-Thoài、Ly-Chanh-Hoa、Ly-Tré-Nguyen 及 Tsau-Ta-Ant。

证明人：法国驻海宁省副公使贝拉布尔、海宁府禀边（Bang-Bien）阮廷璀

此抄件与原件一致

法国驻海宁副公使贝拉布尔

（原件第 64 ~65 页）

狄隆第 73 号文附件 1A（译文）

根据帮长李子元（Ly Tri-Ngugen）、良智村里长潘文俊（Pham-Van-Tuan）该村绅士陈子英（Tsan-Tui-ant）及范光仁（Haû-Guang-Thai）等人口头禀告，经整理详情如下：

去年阴历十月（公历 1886 年 11 月），正当我全村百姓安居乐业之时，一股来自思勒的匪众，共计有六七百人之多，在中国官吏黄福万（Hoang-Phu-Van）及其弟的统率下，与长山（Tsuong-Son）村村民李晋宁（Ly-Tan-Ninh）、李晋安（Ly-Tan-An），春宁（Xuan Ninh）村的一股盗匪首领白恰（Bac-Kha），万春（Vang-Xuan）社匪首白新（Ba-Tan）和春阑（Xuan-Lang）社匪首白莱（Ba-Lai）以及中国盗匪苏喜维（Tô-Chi-Dui）、黄道古（Hoang Dao-Co）、高洛（Cao-Luc）与黄智（Hoang Tré）等人（上述数人来历不明）通同勾结前来袭击法国军队。上述匪首在与法国人战斗以后又率领匪众于同年十一月（公历 1886 年 12 月）初七日晚前来我村，将名叫潘会儒（Pham-Huy-Nho）的禀边和名叫潘万贤（Pham-Van-Hiên）的百户（Ba-Hô）及其儿子抓走并斩首，接着又将我等的财产洗劫一空。次日（初八日），上述股匪前往长山北营，我等及全村村民惊恐万状，只得逃出村外以免被他们捕获。

翻译：正式译员汉（Haip）

签字：李子元押、潘文俊押、陈子英押、范光仁押

此抄件与原件一致

法国驻海宁副公使贝拉布尔

（原件第 66 页）

狄隆第 73 号函附件 2

东京与安南保护国

海宁副公使第 6 号文

法国驻海宁副公使贝拉布尔致芒街法方勘界委员会主任狄隆函

海宁，1887 年 3 月 31 日发

主任先生：

我觉得应把一名窃取庄稼的中国小偷的供词转告您。这名小偷是昨日在芒街对岸，通往河桧方向的路上被我手下密探抓获的。据这名加入白恰匪帮的窃贼供称，王道台最近大概曾将一千块印有汉字的方布（我手头现有一块样布留存）交给这位匪首，让其分发给由他招募的一批散兵游勇作为识别的标记，白恰招募这批散勇的目的是想在法方界务委员会撤离后袭击芒街。

目前，白恰统率的部众在东兴部署 300 名，而在周围地区部署 700 名。

当然，这些消息很可能是这名俘虏为屈求饶命而不惜捏造口供，信口乱编的无稽之谈，然而，无论如何我亦必须将此情况相告并同时转告全权大臣总公使先生。

顺致崇高的敬礼

贝拉布尔谨启

又及：从这位中国人身上截获的标记与中国官军胸甲上的标志酷似，上写下列字样：东兴、廉东（Lien Dong）。

（原件第 67 页）

狄隆第 73 号函附件 3

1887 年 3 月 26 日在东兴所抄得的告示译文：

钦州府知府李为布告事：

目前海宁秩序混乱，边境百姓纷纷迁居各处：凡有散兵游勇，敢于冒充良民混入百姓中滋事生非和抢劫掳掠者，本府官军定率民团予以围剿，捉拿归案后处以极刑，以儆效尤。地方绅士应密切监管，凡有抗命者，应立即将其绑缚，并押至本府明正典刑。

钦州、廉州府提督、道台王

根据所订协议，法中双方已划定疆界。各自归属之领土亦已勘定。两国勘界大臣仍留于边境地区，手下均派有兵丁随侍左右，以防有人肇事，散兵游勇着即迅速离去，违者立即处死。望各地严密戒备，自行组织力量护卫。百姓亦毋须自相惊扰。

（原件第 68 页）

狄隆第 73 号函附件 4

（东京与安南占领师第二旅第 826 号文）

辖区司令杜森尼中校致勘界委员会主任先生函

芒街，1887 年 4 月 6 日发

主任先生：

我荣幸地向您禀告：4 月 5 日上午，从中方河岸向正沿着界河右岸巡逻的法方侦察队开来四枪。

致

礼

杜森尼

（原件第 68 页）

狄隆第 73 号函附件 5

（东京与安南占领师第二旅第 825 号文）

辖区司令杜森尼中校致勘界委员会主任先生函

芒街，1887 年 4 月 6 日发

主任先生：

兹随函附上第十一轻步兵营营长的报告一份以供参考。报告中提及，4 月 1 日在洞漠（Tont Moi）袭击由麦克马洪（Macmahon）中尉率领的一支侦察队的股匪中，有 10 名身穿军装的军官。

顺致崇高的敬礼

杜森尼

（原件第 70 页）

狄隆第73号函附件5A

第十一轻步兵营代理营长佩兰（Perin）上尉致芒街辖区司令中校先生函

芒街，1887年4月6日发

中校钧鉴：

兹将麦克马洪中尉关于4月1日奉您之命在洞漠（Tont-Moï）侦察期间所发生事件的报告内容向您作一汇报。

麦克马洪中尉先生于清晨5时自河桧出发，将所率之纵队分成两组，一组由热内弗里耶少尉统带，其任务是由东插入村庄或村口，另一组由麦克马洪本人率领，须走过一段较长的路程，然后进入西侧地域。

麦克马洪所率之小组在对守卫洞漠西村界的中国人进行突袭并杀死了五六名守军后，即冲入该村主要街道，发现此街无人占据，旋即与热内弗里耶所率之另一组士兵会合。

热内弗里耶小组奉麦克马洪中尉先生之命，攻克位于村口以西的一座山丘。他们遭到了一支叛军和与之联合的村庄守军（兵力约200人之多）齐射火力的攻击，但仍奋力向前，终于完成了任务。

接着，全纵队又穿过一座两边布满岩石而顶部四周又长满茂密森林的隘道。少顷，纵队的正面、一个侧翼及后卫均又受到一阵密集火力的攻击。第四连轻步兵巴桑中弹，右臂被打断，一名东京土著步兵的左膝亦被枪弹击中。

麦克马洪中尉的任务仅是执行侦察，意识到在当时的处境下，不可能在给敌人以重创的同时，自己却不再遭受损失，遂认为应撤退为宜。由此可以推断，曾与麦克马洪较量过的那股匪徒至今仍可能盘踞在洞漠或其附近地区。麦克马洪中尉先生还报告说，在叛军行列中，混有十来名中国官军，服装上缀有天朝兵军服特有的红月亮标志，并备有速射步枪。

另外，从遗留在战场上的各种武器中，我们还认出一支机尾击发式步枪，这大概是在去年11月事件中从芒街公使馆中抢去的赃物。

佩兰

（原件第71～72页）

勘界委员会政治处

保护国管理科第 75 号文

狄隆致法外交部长函

芒街，1887 年 5 月 3 日发

部长先生：

我前曾转呈杜森尼中校先生致我的两份信函抄件，信中列举了不少确凿的事实以证明中国官军所作所为之可恶，我们有理由指控他们。

今再向您转呈这位中校（此处原文为“Colonel”，但据前文所述，仍应译为“中校”——译者注）的一份公函，涉及 4 月 26 日晚至 27 日晨发生在那块飞地的突袭事件。另外，我亦收到了海宁副公使致我的一函，其中所述系同一事件，现将该信的节录亦随函附奉于后，请查阅。

我将最近发生的这一事件立刻转告了法兰西共和国驻华公使先生，俾其作为指控中国官员对股匪从其国境越入我方境内一事漠然置之的证据。

恭祝

钧安

C. 狄隆敬启

（原件第 74 页）

狄隆第 75 号函附件 1

东京与安南占领师第二旅第 427 号文

芒街辖区司令杜森尼中校致（芒街）法方勘界委员会主任狄隆函

芒街，1887 年 4 月 28 日发

主任先生：

我荣幸地将长山（Trang-Son）驻军司令、营长先生 4 月 27 日寄我的一份信函内容转告于您，该函全文如下：

“26 日晚至 27 日凌晨，这一部分飞地的宁静已首次受到破坏。午夜 12 时 30 分前后，从那沙河（Song-Na-Tho）左岸的陇贡（Long-Goï）村（此系江坪汉沟对岸的棚屋群）方向传来一阵枪声。

根据收集到的情报可知，40 名中国官军，其中 20 人备有步枪和短刀，已包围了上述棚屋群，抢走了三头水牛或黄牛，将一名八岁儿童击成重伤，那个孩子的父母还把她带来营房让我查看。据孩子的母亲说，这支部队已撤往中国防营处。”
顺致崇高的敬意

杜森尼谨启

（原件第 75 页）

狄隆 1887 年 5 月 3 日第 75 号函附件 2

法国驻海宁副公使致勘界委员会主任函（摘录）

万宁，1887 年 4 月 28 日发

……

我借此机会，将 26 日晚至 27 日凌晨的夜间发生在江坪城郊的一次事变相告。

据长山哨所司令说，中国人共计 40 人，另据良知（Luong Tri）知州所说，人数为 10 名，他们袭击了陇贡（Long-Goi）村的一所房屋，抢走三头水牛并将一名儿童击成致命伤。皮农（Pinon）司令先生则说，这些盗匪均是中国人，有人看到他们朝中国防营方向逃去。知州的报告并未提及上述第一点，该报告只证实，强徒们朝中国地界逃去。值得担心的是，这类袭击相隔一段时间还会卷土重来，长山村的老住户、那来与思勤的非正规军正试图说服飞地的百姓与我们疏远，向他们摆出的理由是我们无力保护他们。基于此种考虑，并为了防止这方面的任何不测，杜森尼中校与我商议后，在最近致函皮农司令，请他在江坪四周组织一套白天的侦察网和夜间的伏击网，其性质与曾在此间建立过且见效迅速而显著的伏击网相似。

（原件第 76 页）

狄隆第 76 号函（芒街发）

建议授予卜义内荣誉军团十字勋章。

（原件第 78 页）

勘界委员会政治处

保护国管理科　第 77 号文

狄隆致法外交部长函

芒街，1887 年 5 月 4 日发

部长先生：

在得到来自海防的增援以后，杜森尼中校已于日前离开芒街前往东京 - 中国交界处附近的海宁与先安两区进行侦察。其实，这项措施最好在北市与峒中勘界以前即行采取，以便适时掌握这一地区更为全面的消息，并使我们有可能核实我们的密探提供的情报。然而，当时的情况不允许这样做。3 月 5 日，总公使主动发来下述电报："（密）有鉴于勘界委员会即将转移，我认为必须通知您，我们只有调用芒街辖区各哨所的全部兵力方能勉强为您配备一个护卫队。但这一点在边界最后勘定前恐无法做到。"最后一句话显然是指飞地的勘界问题。这一问题目前仍悬而未决，而且只有等勘界工程结束后才能最后解决。即使他不发如此断然拒绝的电报，我也不会主动提出他急于提防的那种要求。因为我当时清楚地知道，哪怕是向这里派遣极其有限的援兵也会遇到不可克服的困难。人们从我 1 月 10 日被迫向代理总公使发出的一份电文中亦可看出这一点。电文如下："请转告为尼将军和孟西耶（Mensier）将军，正当我们亟须他们现有的兵力对我们进行道义上的支持以取得勘界的圆满成功时，撤出部分兵员不啻是对我们的突然袭击。他们很晚才将这一措施通知我，致使我觉得猝不及防。现在，我只有请您将这一措施的执行期稍加推迟，如果它有待进一步补充和修改的话。在我们与中国人正进行谈判的情况下，杜森尼中校的撤离对我们所要追求的目标来说，将会产生追悔莫及的后果。若有可能，务请将驻在此间的兵力暂留数日为感。"在担心留驻芒街及飞地一带现有的兵力随时有可能削减时，怎能再要求派出一个纵队前往上述地区以外的地方去？一切均可从形势的剧变中找到解释：冬天，一场叛乱席卷新和（Tan-Hoa）地区，现在终于平息下来。在当时，广东守土官员也特别热衷于和我们争夺那块有争议的领土。此后，由于我们对总理衙门展开了外交活动并在大部分边界问题上达成了一致意见，这场争夺才有所缓和。部长先生，在边界勘定以后，部队开始调动，而在此以前却基本上按兵不动，其间的显著对照本身，我认为用得上"解释"这一字眼。

借此机会，我向您附呈我最近与海宁副公使先生相互来往的一宗信函以及随后我发给法兰西共和国驻中国公使先生的一份电报抄件，请查阅。一个名叫黄福万的人正准备在杜森尼中校即将行动的地区兴建一座碉堡。我认为，他就是一名匪首，正试图在我们的领土上驻扎。对这一地区进行深入侦察似能产生良好效果。因为现在似应测绘出这一地区的地形图，并真正建立起迄今仍徒有虚名的权力机构。
恭祝
　　钧安

C. 狄隆敬启

（原件第79～81页）

狄隆第77号函附件1
安南与东京保护国
海防公使馆、海宁副公使馆　第20号文

法国驻海宁副公使致法中勘界委员会法方界务主任狄隆函

海宁，1887年4月28日发

主任先生：

杜森尼中校适才知照我，根据他收到的先安哨所司令先生的一份报告，以武将黄福万（Hoang-Phu-Van）为首的一批中国人正设法在建延（Kiên-Duyên）乡境内修筑一座炮台。

该乡一直属安南境，海宁官府至今仍将其视为在本府司法权限之内。但中国人却要求该乡归他们所有，认为在划界谈判中，该地早已让给了他们。承蒙杜森尼中校见爱而让我编绘的这一部分疆界图中，似乎确实标明了这一界址修改处。

然而，我仍然希望您能将确切情况见告，若蒙俯允，不胜感激。

贝拉布尔谨启

（原件第82页）

法方勘界委员会主任狄隆致海宁副驻扎官函

芒街，1887年4月28日

副驻扎官先生：

本日惠书收悉，现立即作复，不敢稍有怠慢。来函问及关于东京－中国边境旧界的建延（Kiên-Duyên）乡划界结果，您在信中说起，海宁府知府仍视该乡为本府司法权限之内，而中国人则认为该乡已让给他们，故应归他们所有。您还提到以黄福万（Hoang-Phu-Van）为首的一批中国人正在那里筹建炮台。

对有关问题，我无法在此详谈，我已将详情向巴黎、海防及北京作了汇报。现将来函中所涉及的几个问题作简要介绍：

一、新勘定的疆界协议并未将建延乡全乡划归中国，而仅将峒中以东的极小部分归入中国版图。

二、现在我觉得海宁府知府的说法比过去肯定得多，因为1月份，在狄塞尔上校再三追问之下，他始终未能正确而有把握地说出旧界的走向。当时，正拟前往据守先安哨所的安南官员亦在这里，但他也不能圆满答复狄塞尔上校的提问。

三、若要了解中国人是否入侵了建延乡的安南属地，则必须摸清他们拟建的炮台的确切位置。然后只要询问一番中国人占领地带的土著居民，该地离随函附上的一份界约的节录部分所标出的疆界线相距多少即可。

四、我有理由认为，那位名叫黄福万的人并非中国官员，而是一名匪首，也就是这块飞地多次涉及的人物。然而，我还不敢保证这是确凿的事实。

就我这方面而言，我从未允许中国人在立界以前占领这块划定的地域。

（该篇收入《中越边界历史资料选编》第564～565页）

（原件第83～85页）

狄隆第77号函附件3

海宁副公使致芒街勘界委员会法方主任狄隆函

万宁，1887年4月28日发

主任先生：

承蒙您对建延问题作了说明，我深表感谢。最近，我已请求杜森尼中校先生向先安哨所司令先生进一步探询情况，这样，我们也可望在不久以后正确了解中国人构筑炮台的确切位置。然而，那很可能不是正规官军，而只是至今仍盘踞在这一带的大批散兵游勇所为。至于黄福万，从我接到的大量有关证词中都一致认定他有武将称号，但这一称号也许是他自封的，他不一定是正途出身。然而，根据昨天三位中国人所说，大概就是这位首领在去年11月将一群官兵带到芒街，以充实白恰匪帮的实力。

（原件第85页）

狄隆第77号函附件4

狄隆致法兰西共和国驻中国公使先生电

（原文无发电日期——译者注）

海宁副公使致我一函，内称一个名叫黄福万的武将正在建延乡修筑一座炮台。信中还说，安南当局仍视这一地界为其司法权限以内的辖境，而中国人则认为这一地域已让给他们因而要求拥有权。务请参阅我第15号电。该电中谈到了我们也已同意中国界务委员提出的那条边界走向线，对这一边界线所在之地我们亦同意进行界址更改。

其实，最近所定的界约只将该乡的一部分划归中国版图。

为避免造成错觉和防止发生误会，目前最好的办法是请广东省官员暂不占领这块新地界，等定界工程正式结束后再行进驻。虽然中国钦差与我们之间没有谈起过任何有关内容，但其后我们亦从未允许中国人与界约背道而驰，而且只要外交部一天不批准法国界务委员会与中国人之间达成的这一结果，我们也一天不把这一结果视为定论。我与邓之间目前的关系以及他行事的总体方针都无法使我再存与他达成谅解的任何希望。若您能在可能范围内与总理衙门达成谅解，我当不胜感激。在4月2日的一份来照（该照会抄件已向您寄出，目前正在途中）中，他自己亦承认我们在划定这一部分疆界中表现出了通融精神，这一情况大概会有助于您在北京的谈判。

杜森尼中校将立即赶赴该地。(机密)

今天，他来信向我谈及，26日晚至27日晨夜里，大约有40名中国官军对长山一带的飞地进行了突袭，随后即退回中国防营。

（原件第86～87页）

勘界委员会政治处

保护国管理科　第78号文

狄隆致法外交部长函

芒街，1887年5月6日发

部长先生：

为进一步补充我在前几份函件以及最近4月21日信函中所提供的情况，今随函再将海宁副公使先生致我的4份信件附寄于后，请查阅。
恭祝
　　钧安

C. 狄隆敬启

（原件第88页）

狄隆第78号函附件1
安南与东京保护国驻海宁副公使馆第18号文

法国驻海宁副公使致法中勘界委员会法方主任狄隆函

海宁，1887年4月23日发

主任先生：

河门（Hamon）乡乡长与潭河（Tam-Ha）（一名潭下——译者注）村里正昨日将一名被捕的中国人押解至我处，这名中国人是在最近对潭河村的一次袭击中手持枪械被人活捉的。

根据我从这名俘虏口中所得的供词可知，这次袭击的发动者来自广西，计约70人。但俘虏又竭力为自己辩解，说并未参与那次袭击。我认为有必要将此情况相告。
顺致崇高的敬礼

贝拉布尔谨启

（原件第89页）

狄隆第78号函附件2
驻海宁副公使馆第21号文

法国驻海宁副公使致法中勘界委员会法方主任狄隆函

海宁，1887年5月2日发

主任先生：

春阑（Xuan-Lang）与宁阳（Ninh-Duong）两村（皆属万宁乡）的中国绅士于昨日

应召前往集会，此次集会系我请海宁官府通知他们的。根据全权大臣、总公使先生的指示（此指示我前曾向您奉告过），我知照他们，我同意让以这些绅士为代表的两座村庄的居民返回安南境，条件是他们必须服从我认为有必要对他们采取的治安措施。接着，我又让他们签字画押，具结担保，内容与我以前要飞地绅士们所声明的相似。他们在这份甘结中保证维持好社会秩序，并在必要时向我们报告有价值的消息，否则，情愿承担经济责任并个人出面担当干系。再者，他们还对11月事件作了禀告，我觉得此项禀告尚有一定意义，故认为有必要将其抄件附奉于后，请阅。

致

礼

贝拉布尔谨启

（原件第90页）

狄隆第78号函附件2（2）

公元1887年4月30日，我们——法国驻海宁副公使弗拉丹·德·贝拉布尔及其他人等传讯了隶属于万宁乡管辖的春阑与宁阳两社的中国绅士，计有蒙贵（Mông-Gui）、何森观（Ha-Tu-quang）、莫德凤（Mac-Duc-Phung）及黄德信（Hoang-Duc-Tinh）等人，以下是他们的声明：

去年11月，一群匪徒前来攻打这一地区及芒街城，他们逼近这里时，我们均纷纷逃离。这股匪徒系来自中国地界并同时在多个地点越过边界，匪徒中混有一批中国官军，但他们均注意将原来的号衣脱去后再攻打芒街。主要首领是安南人白恰（Ba-Kha）和中国人柯禄（Câú-Luc），但此两人亦听命于中国官吏黄福万，由他指挥众匪行动。在攻打芒街以前，中国钦差及黄福万曾从边界对面派来多名中国密探。他们鼓动中国百姓，要他们等中国军队前来攻打芒街时立即前去接应。我们当时未向法国官府报告，对此我们深表忏悔，然而当时我们也不相信这些威胁会真实可靠。今后，我们将以身家性命担保，一定如实将我们得悉的情况向你们报告。袭击芒街的股匪约有千人之多，他们得手后即返回中国地界，部分从河桧，部分经东兴返国。在整个袭击期间，黄福万一直守在东兴，并从那里向派至前线指挥部的两个兄弟发号施令。

以上声明经笔录宣读后，有关人员确认无误并画押如下：

弗拉丹·德·贝拉布尔　　蒙贵记

莫德凤记　　何森观记

黄德信记

兹证明左列以汉字签署的名字即为（按拉丁字母拼音）：Hoang-Duc-Tinh、Hoang-Tu-Quang，Mac-Duc-Phung 及 Mong-Qui

法国副公使弗拉丹·德·贝拉布尔

海宁府知府陶德典记

（原件第 91 页）

狄隆第 78 号函附件 3

法国驻海宁副公使馆干事致芒街勘界委员会法方主任函

海宁，1887 年 5 月 4 日发

主任先生：

兹将我昨日下午收到的海宁副公使来电一份转达于您，请查阅。电文如下："今日我接受了马双（Maté）、谅溪（Lang Khé）与立那（Lap-Na）三地绅士的归顺书。其余各村将于明日送来。绝大部分百姓均已返家，现在中国境内者亦将返回家园。我今日还取得了极其重要的证词。各地士绅均指控王道台是 11 月事件的策动者，并断定黄福万及其他首领均唯他的命令是从。"

海宁副公使先生在电文结尾告诉我，他打算今日离开河桧与杜森尼纵队相会。

顺致崇高敬意

□□（原文不清——译者注）

（原件第 92 页）

狄隆第 78 号函附件 4

安南与东京保护国海宁副公使馆　第 22 号文

法国驻海宁副公使馆干事致勘界委员会法方主任狄隆函

海宁，1887 年 5 月 4 日发

主任先生：

兹将下列事件奉告：昨日下午二时许，我们一位民防队员（名叫韦万信［Vi-Van-Ting)］的妻子黄氏红（Huong Thi Hong）在 Nuits-Ruong 附近、离界河不远的田野中寻捡花生时，被河对岸来的几名携带武器的中国人劫走并被立即转送到了东兴。

这位妇女的父亲和妹妹，在中国人即将追上他们并准备活捉时，终于逃脱。他们旋即来到副公使馆报案。

又及：顷间我又获悉，这位名叫黄氏红的妇女已补押解至 Rung □（原文此处有一字未印出——译者注）的捕厅（le Fan-Chau）（即治安官吏）署中囚禁，目前仍未获释。

（原件第 93 页）

勘界委员会政治处

保护国管理科　第 79 号文

狄隆致外交部长函

芒街，1887 年 5 月 7 日发

部长先生：

今将自上班法国邮政船开离后至今，我与钦差大臣间来往的一宗函件随此信附呈于后，请查阅。单从这宗信函即可看出，我们与我们的中国同僚间目前的关系究竟如何。

至于邓钦差最近发我的一份照会的目的——这份照会是对最近守卫白龙尾（le Cap）的那艘战舰的指控——截至目前，我有理由认为，那就是中国广东省的守土官吏为了向我们寻衅而发的，而且其中所谈的情节亦是他们为了对付我们而利用各种文件捏造的，意在对总理衙门施加影响进而使中国方面的要求得到满足。我听说，中国谈判大臣想得到其帆船在我国领海中的自由航行权，但他们又担心我们反对，于是就怂恿自己的官吏提出种种要求。还有一种可能是，信中所提的那种指控只不过是要达到上述目的而采取的一种间接手段。说到底，我们的战舰只是在那里进行了一次实弹演习，而舰长随后便将情况报告了杜森尼中校，但我们在芒街从未听说过有帆船被击沉和 12 名中国人被杀的消息。

为哨所食用需要，我们也确实征调过几头黄牛，但军事当局一定是命人向牛主付清了牛价才了结的。

海宁副公使最初在接到钦州知县的照会后曾前来征求我的意见，问应如何作答。现将两国守土官员间来往的一宗函件一并附呈于后，作为补充资料。

为更加谨慎起见，我尚未将我 5 月 6 日的答复寄给钦差。我已派人私下往白龙（Pak Lung）打探消息，等得到确凿信息后再行定夺。

恭祝

钧安

C. 狄隆敬启

（原件第 94 页）

狄隆第 79 号函附件 1

邓钦差与法方界务主任狄隆先生来往照会抄件

邓钦差致法方界务主任狄隆照会

芒街，1887 年 4 月 30 日发

我已及时收到贵大臣的正式照会。贵大臣提到，界址更改须推迟至江坪段疆界在北京核实并勘定后再行考虑各等因。

目下天气炎热，山间疫病开始猖獗，疾病日见增多，在此种情形下实难久等。因此，本着通融互让精神，重谈界址更改事以便真诚地了结勘界事宜实为势在必行。

有鉴于此，特照会贵大臣，务请予以考虑，并祈赐复。为此照会。

狄隆致邓钦差的复照

芒街，1887 年 4 月 30 日发

贵大臣来照业已收悉。

我决不想拖延时日，将界址更正的谈判推迟至在北京解决完毕飞地问题后再行考虑，而是只待贵大臣在贵我双方共同拟定的岛屿问题会谈纪要上签字后，即随时准备就贵大臣由非官方途径提出的要求进行答复。同时，我还曾向贵大臣表示，您对此问题不像在其他任何问题上那样，一俟我表现出和解精神后您即予以考虑，而是不大重视，对此我深以为憾。

如今，贵大臣又只谈界址更正事，而对上述纪要的签署却绝口不提。关于贵大臣方面掌握的争议地界图，亦即贵大臣应与我交换之界图，您亦讳莫如深。

请贵大臣相信，法方界务委员会与贵方界务委员会一样，因在此旷日持久地逗留而不胜其苦。然而，既然情况不以其意志为转移而非要拖延不可，那么法方界务委员会亦下决心奉陪到底。

贵大臣的照会使我不得不致电法兰西共和国驻北京公使先生，目前，我正等待他的答复，因此，须待收到他复电后方可补充本照会内容。

邓钦差致法方勘界委员会主任照会

1887年5月4日发

近接钦州知县来文称，在琼州镇（Tchen-Tchou-Toueun）一带停泊之法国兵轮击沉张姓华人所有的商船两艘，并击毙平民12人，为此已激起普遍之民愤。知县来文请本大臣示下。

贵我两国始终致力于加强敦睦亲善之关系，防止事端亦至关重大。虽然贵大臣与本大臣均不负带兵之职，然本大臣当时甫抵东兴，即严饬当地地方与军事官员，密切监督军队与百姓，不得滋事生非。本大臣如此做法乃是以维护两国友好关系为重，并一切从大局着想。而今贵国兵轮竟击沉我商船两艘，并击毙商人数名。本大臣以为，此等做法，绝不符合贵国政府之初衷。虽然贵大臣并不负军事指挥之责，然对当前发生之事端岂能坐视？现在百姓情绪激愤，由此而造成边界问题复杂化也不无可能。

本大臣以为有必要将此事照会贵大臣，俾贵大臣以贵我两国间现存之亲善关系为重，命人对此事认真查办，防止类似事端发生，并严禁对百姓和客商肆意蹂躏。此乃本大臣之心愿也。为此照会。

狄隆致邓钦差复照

芒街，1887年5月6日发

贵大臣本月4日照会已悉。照会中，贵大臣要求我对钦州知县向贵大臣报告并请求示下的事件“认真”查办。照会中所提乃指我国的一艘兵轮可能击沉了两艘中国民船，并击毙了12名中国商人。贵大臣还提到，百姓情绪激愤，由此也可能使边界问题复杂化各等语。贵大臣还称，您甫抵东兴，即发令防止任何骚乱之产生，并相信，虽然我与贵大臣一样，均不负任何军事责任，但我在此种情形下，亦将与贵大臣一样，致力于维护或加强两国间的亲善关系。贵大臣或许尚不知晓，钦州知县早已向海宁副公使提出交涉，要求查办此事，而海宁副公使亦已立即答应调查。否则，贵大臣当会觉得，再次提出别人已经答应照办的要求实属多此一举，因而不仅不会来照重申这项要求，反而会注意到我们早已考虑了贵大臣在这一问题上的愿望。令人遗憾的是，钦州知县最初曾为此事请贵大臣示下，但他却没有将交涉结果转告贵大臣。

他对事情的经过以及进行调查的必要性等方面，似乎存在着基本概念含糊不清的问题。他对事件发生的日期以及出事的经过情况均略而不提。同样，出事地点的名称他也没有提及。他只用了“琼州镇一带之法国兵轮”或“白龙尾海面”这样的含糊字样。在致贵大臣的禀报中，他用的是第一句，而在致（海宁）副公使的信件中却用了上述第二句。难道在他的禀告中没有失实与自相矛盾之处吗？

他对如何实事求是地看待事物和怎样协助人们澄清事实真相等问题上不是毫不在乎吗？他的这些疏忽使人不能不对他的判断表示怀疑。他很可能出了差错。因此，在他向我们进行的所谓指控中，有两点贵大臣自己似乎也略而不谈。他的控告内容有三点，而贵大臣照会中却只谈了一点。他还提到了农民的耕牛被抢以及中国船工受欺凌这种司空见惯的指控。但贵大臣与他不同，照会中对此并未提及。这是该份禀报值得怀疑的又一理由，但该禀报却被贵大臣援引作为上述照会内容的根据！

这位知县在对贵大臣向我提到的那件事做出论断时唯一拿出的证据是一个名叫张炳禹（Tchang-Pin-Y）的人的那段叙述。此人我并不认识，但很可能也是怀有不可告人的目的才提出指控的。无论如何，我很难解释何以知县只听了诉讼各方中的一面之词就能做出判断。被告方面亦有自己的申诉权。除非感情用事胜过了秉公办事，否则不会否认这种权利。

至于贵大臣，您只听了地方官吏的种种断言就急忙下结论，认为事情已确凿无疑。由此亦可见，公案中凭证之权威性与重要性。贵大臣还含沙射影地说，我们也许须承担道义上的责任，从这点上看，贵大臣的结论与那位知县的结论无异，所不同者，在三点指控中，贵大臣只提了一点。这种论调出自贵大臣之口就更加显得严重，因此我不能不表示反对。我认为，贵大臣所持的论调将会助长那些滋事生非者的气焰，那些人当然要千方百计来指控我们为自己洗刷，而且他们唯恐找不到借口来为自己开脱已犯或想犯的罪责。此外，在边界问题（此亦贵大臣所竭力希望解决的问题）上，中国官员未履行对我们的义务，这是任何口实也不能为之解释的，特别是这次事件，竟被如此别出心裁地用来指控法国人，其不足为信已一目了然。更何况，我在此重申一遍，此事一经提出，副公使当即就答应进行调查。

您抵达东兴的一项显著政绩是下达种种命令（这些命令贵大臣也是首次告诉我），然而，我仍然不无遗憾地指出，这些命令后来并未执行：多起事件足资证明这一点，这些事件我亦已及时向本国政府进行了汇报。它们足可使我有理由来驳斥对我们的指控，而且还使我有机会能以无懈可击的行动准则来回击对我们进行的指责，同时，也使我有可能向贵大臣指出，我们这里的实际情况决不会与你们的良苦用心相吻合。然而，若通过此种途径来解决，我生恐会越出我那完全特殊的权限范围。如果贵大臣以为我们之间还可用协商一致的办法来杜绝发生各种事端的因素，那么我很希望与贵大臣进行一次开诚布公的交谈以解释个中原因。

最后，贵大臣谅也知晓，对于您提出的查办要求，我的答复是肯定的。此事自不待言，因为如果钦州知县并未提出且海宁公使亦不表欢迎，则我当将这一要求转达有关人士。在当前状况下，贵大臣谅必认为此事最好先由贵我两国地方官员处理，即使是从他们已有的行动考虑和从给予他们应有的尊重来看，亦应如此。要是我没有猜错，那么贵大臣谅必也会同意这种看法，因为副公使对知县答复得非常得体。但从这一答复中也可看出，这一事端似乎应该汇报上级机关裁处。我们决不想掩盖事实真相，而只希望事情有个水落石出，或是有利于原告，或是使他们陷于被动。

（原件第 96 ~ 102 页）

狄隆第 79 号函附件 2

高州（Cao-Chau）、廉州（Lien-Chau）、雷州（Loi-Chau）、罗（定）州（La-Chau）汛池总哨、提督冯（Vuòng），钦州府知府李咨文

1887 年 5 月 1 日

今有商人张炳禹（Tchang-Pin-Y）前来本衙本营投诉，称其有两艘满载糠麸的海船在白龙尾海面航行时，遭贵国一艘兵轮炮轰后沉没，船上 12 名船夫均落水溺毙。

白龙尾营区军方（把总）亦寄来一禀告，内称在其所辖营区内之百姓，凡驾驶商船航行时，几乎必遭停泊于琼州镇（Tchum-Tchou-Toueum）海面之贵国兵轮击沉。禀告中还称，由于春阑（Chung Lang）军区司令不闻不问，农民之耕牛往往被抢，百姓怒火中烧，恨心不已，由此而引起骚乱亦不无可能云云。

夫商农为国家之本，国中若无商农两业将不堪设想。因此，条约中明文规定，两国之商贾及平民将受到双方之相互保护。再者，总理衙门与贵国公使恭思当先生现正会同商讨白龙尾问题，以求公平合理之解决。此乃双方静候妥善处理办法之新契机。当此时节却出现民船被击沉等事……

现在，可虑者是商民与农民的忿恨与不满势将引发一场骚乱，不仅会妨碍两国对边界的监守，而且将危及两国之贸易关系。贵国政府获悉此事后，当亦不致感到嘉悦。

本府与本营觉得应将此事知照贵公使，此亦为拟写本文之理由。我们希望贵公使能将此事告知贵国海军当局，俾其进行调查并对肇事者严加惩处。击沉民船一事违背军纪之任何条例。往日，并未发生过这类违纪情事，因此，今后在任何情况下各方应更严格遵守军纪条例，俾百姓不再心怀仇恨进而发生骚乱。这样才符合两国间亲善关系之现状和安定民心之愿望。

最后，恳祈贵公使将处理结果即刻赐复为感。

此抄件与原件一致

法国驻海宁副公使馆干事□□（原文不清——译者注）

（原件第 102 页）

狄隆第 79 号函附件 3

法国驻海宁副公使致高州、廉州、雷州、罗（定）州总哨、提督冯，钦州府知府李的复照

海宁，1887 年 5 月 2 日发

5 月 1 日照会收悉，现即刻将下列事项相告：我将对照会中提出的事件进行调查并在必要时向上级机关请求。应该补充的是，在我个人所得消息中，并未提及促使贵大臣等发出上述照会的任何事件。

另外，我在此不揣冒昧，提请贵大臣等注意，起初曾有人向贵大臣等呈递过类似的状子，声称我军士兵欺凌贵国士兵，而贵大臣等谅必记得，经过了解，才认定这种起诉毫无事实根据。今后我将随时去函奉告本函中言犹未尽之一切事宜。

顺致崇高的敬意

此抄件与原件一致

驻海宁副公使馆干事□□（原文不清——译者注）

1887 年 5 月 4 日于海宁

（原件第 104 页）

勘界委员会政治处

保护国管理科　第 81 号文

狄隆致法外交部长函

芒街，1887 年 5 月 19 日发

部长先生：

兹将我顷间收到的海宁副公使的一份函件及两份附件的抄件附呈于后，供参考。

从这些凭证中所得的情况与我从其他渠道所得的情报完全一致，说明确有一批乔装打扮的中国士兵参与了11月暗杀事件，上述消息我已向您作过禀告。

恭祝

钧安

C. 狄隆敬启

（原件第111页）

狄隆5月19日第81号函附件1

法国驻海宁副公使致中安勘界委员会法方主任狄隆函

海宁，1887年5月18日发

主任先生：

随函附寄两份文件的抄件，请查阅。我个人觉得，这两份文件似能对您有一定意义。

顺致崇高的敬意

贝拉布尔谨启

（原件第112页）

狄隆第81号函附件2

公元1887年5月3日，我们——法国驻海宁副公使威廉·弗拉丹·德·贝拉布尔及其他人等传讯了谅溪村里长及绅士陈文仕（Tsan-Van-Si）、阮文永（Nguyen-Van-Vinh）与廖永成（Lieu-Vinh-Thinh）三人。以下是他们的声明：

去年11月，我们都逃出本村，因为一批匪徒从中国地界前来，同时攻打芒街与河桧两地。白恰与柯禄，一为安南人，一为中国人，两人指挥攻打芒街，而河桧居民潭雷（Tai-Loï）则负责攻打河桧，为此，潭雷前往先安以便在那里与中国首领陈珥（Tsan-Nhi）相会，陈再把中国士兵带给潭；潭还与其他中国首领林大（Lâm-Dai）与钟友（Tsuong Huú）接头，他们长期以来即在狗头岛（Cuú-Dau）集结了大批部队。在这些股匪中，混有一批中国官军，但在攻城时，他们都注意脱下自己的号衣以免被人认出。至于上述首领，他们亦听命于中国武将黄福万以及王道台，王道台自始至终在指挥他们的行动。

以上声明经笔录并宣读后，有关人员均确认无误并与我们一起画押于河桧。

年月日已如上述。

弗拉丹·德·贝拉布尔（签字）

廖永成、阮文永、陈文仕

（原件第 113 页）

狄隆 1887 年 5 月 19 日第 81 号函附件 3

公元 1887 年 5 月 16 日，法国驻海宁副公使（威廉）·弗拉丹·贝拉布尔及其他人等传讯了万春社所属的春寿（Xuan-Tho）村绅士陈志兴（Tsan-Chi-Hưng），以下是他的声明：去年 11 月，我逃出了村外，因得悉来自中国境内的股匪即将攻打芒街，我惊恐万状，十分害怕。这些匪徒均由白恰、柯禄及中国武将黄福万指挥。

广东省的王道台当时正在东兴任（中国）东京勘界委员，但在那天夜里，他却派出一批中国官军，增援攻打芒街的盗匪，这是这一带居民家喻户晓的事实。

以上声明经笔录并宣读后，本人确认无误，并与我们一起画押于海宁（芒街）。

年月日已在上注明。

弗拉丹·德·贝拉布尔（签字）

陈志兴点指

（原件第 114 页）

勘界委员会政治处

保护国管理科　第 82 号文

狄隆致法外交部长函

芒街，1887 年 5 月 19 日发

部长先生：

我参阅了 5 月 7 日致您的第 79 号函后，觉得必须将情况作若干补充，遂立刻向您转寄白龙尾哨所司令致长山哨所司令的一份关于中国人提出申诉的电文抄件，请查阅。此信系由芒街卫戍司令转给我的。此后，他对我说，“巴斯瓦尔”号曾于 4 月 26 日在白龙尾以南进行过舰炮实弹演习，但该舰舰长的声明与白龙尾哨所司令的声明是一致的。

十多天以前，我曾向钦差大臣寄一复照，其全文我亦已附呈在本月7日致您的信中，但钦差并未反驳。

另将我就此事寄海宁副公使的一份信函抄件随此信一并附上，请一阅。

恭祝

钧安

狄隆敬启

（原件第115页）

狄隆第82号函附件1

白龙尾哨所司令致长山哨所司令公文函电

5月7日晚9时发，第111号电，字数124

我认为，关于商船被炮击的申诉纯系捏造。帆船与商人均已安全返回，圩集每日开放，并受到严格监管。

至于法国军队，则始终留驻在指定境界以内。并未发生任何抢劫行径，且那里的耕牛为数极少。近日所购耕牛是我亲自监督进行的，且丝毫不存在任何强迫，款项亦当我之面付讫。

我一开始就备有杜森尼中校发给的地图。

现在，锚地已无船舶停港。“巴斯瓦尔”号护卫舰已于4月30日起航前往海防补给食物，在它拔碇前并无诉状中所说事情发生。

（原件第117页）

狄隆第82号函[*]附件2

狄隆致驻海防副公使馆干事函

芒街，1887年5月10日发

在参阅了您与我之间就中国人提出申诉事而相互来往的一宗信函后，我随此函再将本日收到的法兰西共和国驻中国公使的一份电报及我刚刚经由中国电讯系统给他的答复抄件一并附寄于您，请一阅。

您从电文中可知：我前曾说过，与我们进行交涉的这批中国人一面在这里要求进行调查，一面又一定将此事上呈北京，而今果然被我言中。

在他们觉得理亏时，其策略是不顾事实，肆无忌惮地进行攻击。如果我们处于逆境之中而当着他们之面又不表示接受，则斗争形势最后势必朝不利于我们的方面转变。我们极有可能正遭受其他许多方面的诬陷，但我们迄今尚不知晓详情，因而也无从驳斥，这种诬陷已经上达帝国政府，从而很可能将其蒙骗。接着，新闻界有朝一日也会不自觉地加以传播。这是需要对这次诬陷进行揭穿并要求澄清事实以主持公道的另一大理由。

若蒙您能将上述文件交给总公使先生，并同时将我的看法转告，则不胜感激。我之所以不直接这样做，是为了简化联系手续。一开始，弗拉丹·德·贝拉布尔先生曾为如何进行钦州知县咨文中所要求的答复而前来征求我的意见，我们遂决定一致行动。由于第一批材料已由您寄往河内，因此，我认为，现在亦以求助于您为宜。

一俟中国人要求的调查得到明确的结果后，即请见告为盼。

（原件第118~119页）注

* 此处原文为“84”号，疑是“82”号之误——译者注

勘界委员会政治处

保护国管理科　第83号文

狄隆致法外交部长函

芒街，1887年5月19日

部长先生：

兹随函将自我抵达（此间）之日起至今我与法国驻北京公使团之间相互来往的函电抄件（附件1与2）附呈于后，供参阅。承蒙中国电报局热情周到地提供方便，我与使团的电讯联系才得以保持，但这也是恭思当先生以总理衙门的名义让他们对我予以照顾的。

恭祝

钧安

狄隆敬启

（该篇收入《中越边界历史资料选编》第672页）

（原件第120页）

狄隆 1887 年 5 月 19 日第 83 号函

附件 1

恭思当致狄隆电

1887 年 1 月 19 日

1 月 13 日 1 号电文悉。我当遵嘱照办。今后务请正确无误地将情况相告，以免发生任何误会。

我认为，鉴于总理衙门的对抗态度，必须在边界问题上采取强硬措施。我已将情况通报巴黎。看来我找不到任何办法来对付（两广）总督，中国政府认为这位总督是一名强手，比我们厉害得多。但只要让他遭受一次失败，则离他垮台之日当为期不远。我们不知是否能挫败他一次？

1887 年 2 月 6 日电

4 日来电悉。对您提出的情况我都记录在案。您提到的被我军占领的有争议地界是指哪里？若是指江坪与黄平竹（Hoang Binh-Tru），则邓似尚未谈到您所设想的那种情况。中国人是否已占领了白龙尾或其他有争议地段？

1887 年 2 月 12 日电

您 2、4、5、6 号各电均悉。我将在北京全力支持您；此外，我收到的外交部指示也使我相信，巴黎亦将会如此行事。

1887 年 2 月 23 日

您的勘界工程进展到何种程度？您是否想及早了结？

1887 年 2 月 27 日电

第 8 号来电悉。但该电并未对我 24 日电作复。务请电告下述情况：1、广东省边界上的某些地点是否已经勘定？若已勘定，则均系何地？2、除白龙尾以外，您认为其余各处是否均能顺利达成协议？您能否通过对照界图的办法来勘定两广的全部疆界？我亟须您对这些问题进行明确答复。总理衙门坚持白龙尾为中国地界。

1887 年 2 月 28 日电

总理衙门最近已致电邓，要求他们抓紧时间与你们迅速会商，勘定无重大阻难之一切处所。凡属有争议之地界则暂行搁置，留待你们的工程完毕后在北京解决，俾使你们的勘界事宜迅速了结。我已将总理衙门的这一决定禀告外交部，因此，务请与邓一起，尽量加快你们的工程进程，对此，总理衙门与我商定后亦向邓发出同样指示。我与总理衙门达成的一致意见是：维持过去他们答应过我的那种边界现状。邓是否对总理衙门指示遵照执行，望见告为盼。

（该段收入《中越边界历史资料选编》第 672 页）

1887 年 3 月 3 日发，6 日到

第 10 号来电悉。我已告知总理衙门，他当即向我保证，边界现状一定会得到维持，且其电令亦将被严格遵行。他又说，邓大概已于昨日与您举行了会晤，并将遵照他奉到的、我在 2 月 28 日函电中已向您奉告的命令办理界务。

此间双方已完全达成协议，但必须提防（两广）总督个人的行动。一遇紧急情况，务请立即将您与邓会办的勘界工程告我，必要时，我可请人再次向他致电。

1887 年 3 月 6 日电，7 日到

第 11 号来电悉。总理衙门要求我出让江坪与黄竹两地，换取一定的补偿。因此，他亦不与我争执我们对这块地域的权利。这样，我就不明白，您何以要重提这一问题，除非是为了使问题进一步明确化。关于白龙尾问题，您可不必再费心计。而应力争加快勘界工程的进度。您可对邓说，我已将总理衙门和我之间达成的协议知照于您，您还可告诉他，您愿意与他一起及时采取一切必要措施以执行所奉到的命令并尽快了结此事。总理衙门根据邓的一份函电推测，您大概于上星期三与他进行了一次会晤。会晤结果如何？您是否与钦差大臣经过会商并一致同意按总理衙门和我们的共同意图办事？务祈见告为盼。

（该段收入《中越边界历史资料选编》第 672 ~ 673 页）

1887 年 3 月 8 日发，9 日到

我乐意接受根据您的推荐，由部长派来我处的卜义内少校的协助。我已致电巴黎，请这位军官立刻前来北京。务请让他接到部长调令后立即准备动身。卜义内先生以本月底携带一应界图与其他文件抵达北京为宜。总理衙门通知我，根据邓的一份电文，王道台大概早已使你们安下心来，它又说，两位界务委员今天定能彼此谈妥，使勘界工程速了速结。我对总理衙门的良好意愿表示相信，但我请您注意，无论如何必须严密防范，提高警惕。

1887 年 3 月 13 日发，14 日到

总理衙门对于您 8 日函电中向我提及的抗议一事一无所知。是我把此事转告了总署并把钦州官员向总公使提出的申诉亦知照了它。总理衙门随即向我保证，它早已正式发令，要求防止发生任何事端，它将重申这类命令，并肯定说，边界现状不会受到破坏。依我看，各种纠纷和留难均起自两广总督；我觉得总理衙门的诚意是显而易见的。不管怎样，我们的军队均应在原地驻防不动，杜森尼中校亦应始终保持高度戒备状态。我对他镇定自若和早作思想准备以防万一从而不致使自己措手不及的态度表示满意。稍有骚乱举动即请电告。

1887 年 3 月 14 日电，15 日到

总理衙门将邓的一份函电转达给我。函电内称，2 月 18 日，几艘法国军舰把一批安南人送上白龙尾并将他们安顿下来以便长期定居，同时，将中国百姓和一座哨所的士兵驱逐出岛并杀死了 4 名百姓。邓还说，来自江坪的 400 兵丁已在咸沙山（Hien-Cha-San）

高丘上筑起炮台。我以总驻扎官的一份电报为依据，据理力驳了邓电文中的那种说法。邓钦差的论点中是否有什么根据？务请告我为盼。

至于炮台，因为修筑一定的防御工事系在我的意料之中，而且我对此也深表满意，故我对总理衙门说，这些工事无关紧要，而且两广总督的敌视态度迫使我们非采取各种防范措施不可。尽管邓的来电使总理衙门稍感不安，但它仍持和善姿态。它亟盼勘界工程迅速完成，请您亦在可能范围内加快速度。若中国界务委员从中有意拖延，即请见告为盼。

（该段收入《中越边界历史资料选编》第673页）

无发电日期，3月22日到

我在盼望着您的来电，您杳无音讯使我深感不安。究竟发生了什么事？务请立刻见告。若有可能，亦请来电相告，您以何种理由为根据，说明我们对白龙尾拥有主权。卜义内先生是否已出发？

1887年3月发，23日到（原电此处无具体发电日期——译者注）

15日函电悉。热烈祝贺。

1887年4月13日发，15日到

总理衙门没有收到邓钦差的任何公文函电。只是我转告后他们才得知他已表示拒绝。他们目前正游移不定，我认为，他们在得到邓的解释（他们得悉后，大概会去电要求他解释的）以前，不会发令让他签署界务纪要的。目前，您似应对邓说，由于他要求的界址更改并非细节性更改，故您在未征求我的意见以前不能表态。

总理衙门最后亦将会征询我的意见，届时我将要求先行签署然后再告以我的意见，而我的意见亦只能是您向我提出的那种主张。

1887年4月16日

我13日答复了您第18号函电。出乎您的意料，邓至少迄今尚未如您所说来电请旨。总理衙门前日致电邓，要求他对您所说的那种纠纷进行解释，但至今尚未收到他的回电。您是否已将17号电文中提到的各项已成定论的文件抄件寄出，务请电告为盼。这些文件对于我今后的谈判是不可或缺的。我知道总理衙门亦在等候邓向它寄去这些文件：这类文件是怎样寄走的？何时寄发的？现已说定，只要您留在边境一天，邓亦将在那里留驻一天。

北京1887年5月9日发，10日到

总理衙门通知我：据传，4月25日，一艘在白龙尾巡航的法国舰船击沉了两艘中国船，击毙10人，另有数头耕牛在中国地界被我军士兵抢走。据总署说，上述事件已激起白龙尾附近一带百姓的愤慨，务请将以上一应事端相告为盼。我已将您第21号函电中提及的事转告总理衙门。

北京1887年5月10日发，5月14日到

我接得我国驻广州领事的如下来电：“您能否请狄隆先生向格朗皮埃尔先生下令，让

他立即前往海防接受指示。”务请向这位先生电达一令为感，亦请转告格朗皮埃尔先生，政府对他向我们所作的重大贡献是完全清楚的，并请代我向他亲切致意。

（原件第 121 ~126 页）

狄隆 1887 年 5 月 19 日第 83 号函

附件 2

狄隆致恭思当电

第 1 号：由于中国钦差大臣苛刻而不近情理的要求，广东边界各地的勘界工程可能须由我们来承担，而且此事已迫在眉睫，以便及时利用我军实力在那里的短暂集结。当然我们也可以无须这样做，但唯一可逃避这种情势的办法是请求派兵集结。然而，现在盛传在中国正组织大批土匪来对付我们，这批强徒都是骁勇善战而且武器精良。我已将此事告知总公使以便让保护国政府在军事上及时采取防范措施。此外，我也有一点愚见，现提出请酌情予以考虑：

如中国边境官员不按条约规定对边界实施警戒，则必须敦请中国政府对他们施加压力，让他们对政府承担个人责任，因为关于上述股匪越界进入我国境内一事，尚无充足的证据足以用来对付他们。我们对于中国钦差们所玩弄的花招，他们的两面手法以及他们不可告人的打算是心中有数的，这就促使我提请您注意，谨防他们在向您提供消息时弄虚作假。他们迟早要让有关方面向我们发出违背我们行动方针的指示，并设法散布流言蜚语，使人们对我们发生怀疑。

您能否请人将我向您发出的一宗函件经由直通芒街的中国电讯系统而转达您处？此事是在戈可当与李鸿章商定后经浦理燮办理的，在目前的情况下，我希望这种要求不由我直接提出。

（该段收入《中越边界历史资料选编》第 673 ~674 页）

第 2 号（1887 年 1 月 30 日）：28 日，（我）与邓达成原则性协议：将飞地问题提请两国政府决定。同时，维持我们所要求的边界现状，从而听凭我们实行军事与民事占领。29 日，两广总督来电表示反对，这样，原来已与我们商妥的邓立即将这一争端上交总理衙门处理。在这种情况下，支持邓已属刻不容缓。赫政先生已为此致电其兄弟。

1 号电悉。除非中国官军入侵，否则我们目前即有可能击退我国境内的股匪，然而，我又不知道，我们是否已获准进中国境内出击一次，亦不知我们是否有充足的兵力。海军上将李于聂（Rieunier）大概已准备在遭到新袭击时这样做。为此，最好能让他奉到有关的正式指示。我已致电巴黎。

（该段收入《中越边界历史资料选编》第674页）

第3号（芒街，1887年2月4日发）：28日一次正式谈判中口头达成的那项纪要规定，在我们的军队和官员早已经占有争议地界的情况下，暂时维护那里的边界现状；此外，为了消除歧义，还规定另附一张界图于该份纪要上。这一纪要制定的原则中暗含这样的结论：中国不能与我们争相占领这一地界或听任股匪进入此境。这是避免冲突和排除困难的良策。请注意，只有在下述情况下才可支持邓反对两广总督，即：邓确已谈到上述意思或是本着这种想法，他已笼统提出要求，希望授予其能表示和解通融立场的全权。我听说北京的答复将在一周后到达。若我们能同时收到您的情报和您的看法则将大有裨益。感谢您为实现电讯联系而提供的帮助。

第4号（1887年2月5日）：昨日我们得知总理衙门已来答复并表示赞同：我们所担心的是这一答复的措辞并不坚决，不足以对付两广总督。不管怎样，他们已同意在星期一签署我们的那份纪要草案，这似乎是善意的表示。

第5号（1887年2月9日）：我们提出的疆界经过江坪以北和整个白龙尾，按此疆界，江坪与那块飞地一起都应划归我们。此界线直伸至龙门湾。最初，我们表示愿意放弃白龙尾以东、我们的主权尚未广泛得到肯定的地区，以换取他们承认我们对那块飞地及白龙尾的主权，而该两处是主要的争议地区。邓已同意的边界现状就适用于这块领土的全境（参见第3号电）。他很可能否认，但我们坚持此点。

在两广总督表示反对以后（见第2号电），邓向我转达了一条上谕，内称在争议地界不应屯兵，亦不应张贴布告，并饬总理衙门将此项内容向您转达。邓还说，您已同意就此问题致我一电，他还要求我撤出军队，并把那一带最近发生的动乱和灾祸归咎于我们最近对江坪的占领。我随即进行驳斥，并反控广东省守土官员听任匪徒在11月事件中随意出入边境。此外，我还说明，1月21日口头达成的维持边界现状的协议包含有我们对该地区实行军事与民事占领之意，此协议仍然有效。

这道上谕的可虑之处是，邓并未如实将情况转达总理衙门。我认为，现在至关重要的是，必须查明邓在奏稿中所费的心计和它的实际内容，以便找出他在其中可能略而不提的方面，然后再判断这道上谕是否在完全掌握底细的情况下拟出的。

若这道上谕的效果只不过是制止中国军队与官员进驻飞地和白龙尾，则也未尝不失为一道好的谕旨。但它无权使一个地区摆脱其保护国政府的司法权限，哪怕是临时性的权宜之计也不可能，因这一地区一直是附属于这一保护国政府的，我们的军队目前驻扎在江坪，我国舰船停泊在白龙尾。我们的特遣队曾先后三次穿过整个有争议地界，而途中未见任何卡哨和官吏。要是现在已设有卡哨和派驻官吏，那是违犯上述协议的。

放弃我们的权利无异于将那片地区奉送给盗匪贼众，并助长了敌人的气焰，他们早就想把我们从这块显然属安南所有的地区赶走；放弃我们的权利亦将会使我们在这里打一次精神上的败仗，进而严重危及勘界工程的前途。我们一致认为，暂时维持我们对这地区的占领并让人下令尊重我们的临时疆界是完全必要的。

总公使曾来电谈及两张布告事，其一是发布的一道驱逐令，其二是关于有条件地遣返中国人。我这才了解了详情并把布告寄给了他。法方界务委员对这些措施完全蒙在鼓里。

（该段收入《中越边界历史资料选编》第674～676页）

第6号（1887年2月10日）：钦差大臣们否认我们的临时协议适用于白龙尾，其口实是白龙尾从未列入双方有争议的地界。此后，他们又说，上述协议之不适用于白龙尾是由于他们因在这一问题上承认了有争议这一事实而受到总理衙门的切责之故。所提出的两种理由显然是自相悖逆的。同时，他们还说，白龙尾海岬归中国所有，因而不能将其划入协议所适用的地界内，但他们认为江坪包括在这一地界内，可同时又断言该地系中国界。实际上，他们也好，两广总督和总理衙门也好，都无非想从我们手里将白龙尾夺走，于是，钦差大臣们宁愿维持严重的国际争端局势也不想忠实履行自己的诺言。在此期间，黑旗军、充军罪犯和成群饥民在广东守土官员的暗中挑唆下，已蠢蠢欲动，随时准备大举入侵。在这种严峻的局势下，我们一直尽量取沉着和克制态度，并只能寄希望于巴黎、北京与河内，若他们能坚定一致地支持我们，则最后胜利是不难取得的。

（该段收入《中越边界历史资料选编》第676页）

第7号（1887年2月12日）：作为我们的最后一次妥协，我们表示同意不把白龙尾本土划入关于维持现状的协议所适用的地界内，从而使现存的分歧只限于白龙尾；无论是主权问题，还是现状维持问题，这种分歧均应留待两国政府达成决议后解决。从我方境内逃出的中国人在东兴钦差大臣面前请愿。这类请愿在一定程度上也是有人组织和策划的，意在对我们施加压力并作为向总理衙门禀报的一个论据。

第8号（1887年2月24日）：今托悲幽（Bihourd）先生将我们与中国人谈判纪要以及我们与他们相互来往的信函抄件一宗转寄给您，请阅。从这宗文件中，您一定可以看出，我们在始终保持坚定立场的前提下，一直在可能范围内持通融和解之态。我们觉得，只要我们坚决顶住，则中国人在公开分歧方面只限于进行一些空洞的抗议和要求；而如果我们在精神上一有示弱的表现，则未来的局势即会加剧，而当前的气氛却并不会出现重大缓和，至于始终存在着的匪众袭击的可能性，除猝不及防的情况以外，我们均有能力对付。关于他们舰队的活动，我们的争论焦点不在于这些舰队活动本身，而在于他们想从中取得预期的后果进而获得白龙尾及其他有争议地界的主权。其实，我们的谈判已暂时休会。从现在起至今后相当时间内，似不宜再在东兴重开谈判。那里，他们已请我们当了几次请愿示威的目击者，这种请愿的后果总有一天会超出对之持纵容态度的钦差大臣们原定的目标；但尽管如此，我们一起会办的勘界工程却仍将照常进行，目前，卜义内少校与中国界务委员会的成员正在共同筹备这项工程。我们将按界图继续向西勘界，此后再逐步消除其他各处的困难和纠纷。邓可能亟盼移向广西，要是不出现目前这种情况，我们真是求之不得，因这样也有利于我们的事业。可是，眼下，种种特殊原因使我们无法这样做。我们的事情在北京进展到何种程度了？若我能更确切地了解中国人与您交谈的内容，则对于哪几方面有必要向您汇报，我就会更加清楚。

第9号（1887年2月27日）：在西部，芒街与海先（Haitien）或称洗马之间（Chima，洗马乃去年勘界工程进展之终点）相距约150千米，这段距离内，我们可以在此间商定，其中120千米似可在近期内达成协议，其余30千米，则颇多周折。在芒街以东直至竹山（Tschouk San）（9千米）我们已达成协议，而飞地问题仍悬而未决。

第10号（1887年3月1日），邓接二连三地进行刁难。正当巴黎、河内与北京三方都已通知我们，认可这一边界现状时，他们又就江坪问题提出要求，坚持要让我军撤出。此后，他们又借口避免因他们的军队在我军驻地活动而引起误会，写信向我列举了一系列事实，而这些事实本身却是需要我们采取对抗措施的。其实，他们谈的是边界两侧隐伏着骚乱大祸，并暗示有二三万被逐流民（此乃夸大其词）将在大批盗匪和散兵游勇的支持下强行返回家园。我们姑且承认这类袭击有其可能（但杜森尼中校早就严阵以待，足可对付），然而，从中国当局的这些手法中，只能觉察到他们在玩弄权术，其目的无非是借此对我们进行恫吓，向总理衙门施加影响并逼迫我们让步。我已就将来究竟须由谁承担责任一事作了答复，并同时向巴黎汇报了情况。

第11号（1887年3月3日）：我对您23日来电的第9号复电已预先满足了您27日来电中希望了解情况的要求。由于纪要与界图中的任何协定均未开始核实，故我也不可能进行更明确的答复了。中国界务委员会迄今仍只同意在最后一总签署。因此，芒街两侧长约50千米的边境虽早已正式勘定，但这也仅是口头协议而已。关于江坪，对我们在该地权利的认定实际上成了一桩讨价还价的交易——而且是由他们开价，其真实意图还在于白龙尾的主权。从您来电看，此事的障碍似乎已经排除。事实是否确是如此，因而我们无须再旧事重提了？请来电见告为盼。要是他们一开始在原则问题上就同意达成协议，则界图上的这块地域的归属早就商定了。

关于白龙尾，我将把我们的原始凭证寄您，从这一份通论中，您能得到各种必需的补充资料。除非您提出相反的意见，否则我们在此间就不再提及此事。

至于我第9号电文中提到的30千米边界问题，我们拟等一名密探回来后再作计较，他在一周后将返抵此间。

自高平至云南的某个地段，也许难以让他们确定边界走向，这一地段他们早就要求更改界址，最后，亦必然划入未定界而暂行保留。

经过以上解释后，若问题的解决只取决于我们方面，则我们可以通过对照界图来勘定两广的全部边界。

遵照您的要求和巴黎的指示，我们将尽快继续开展此项工作，但由于时间紧迫或是经常需要流动，故工作分段进度报告也许不能及时寄您。有鉴于我们执行的技术职能并

针对目前的边界现实，我们仍须做到（勘界）基本精确，这种义务在您我看来也许依然是必不可少的，因而就不可能由我们擅自通过交换意见和互谅互让的办法来勘定疆界。我们这方所取的这种态度仍将与以前一样，成为严格办事的范例，同时也会为您的使命提供方便。即使在这种条件下，我们仍亟盼提前竣工。邓尚未通知我，他是否真正打算按总理衙门的指示办事。

（该段收入《中越边界历史资料选编》第676～677页）

第12号（1887年3月7日）：您6日来电悉。这次会晤与上次卜义内少校、赫政先生同他们的翻译之间的晤谈相似。所不同者，这次有我参加，然而不是与邓，而是和中国界方委员王会谈。在边界现状、江坪与白龙尾问题上，他缄口不言，但对于勘界问题，他却比较理智，希望尽快结束。我们的做法相同。然后，双方着手进行准备工程，现在进展顺利，并可望因此而使全部界约一举得到签署。从我就江坪问题提出的请求以及您的答复中可看出，我们已取得了完全一致的看法。今后我只需设法让他们将这段地界在界图上确定，而把权利问题暂时搁置不提，这样做也可应付您谈判中的实际需要或作为您的不时之需。最后还是等我在其他方面得到他们的签署后再作打算。

关于他们修改界址的书面要求（见第11号电文）中提出的补偿方案，我内心的推断早已和您的相同，但与此同时，他们又突然宣布他们所要求的那段地域是一个独立地区。

我等到他们进行官方宣布后才将此事呈报于您，并同时向您提供他们那种出尔反尔的轻率之举的证据。现在起，这一情报可能对您有所裨益。

自上次邓发来照会和我答复他以后，双方界务委员再也没有谈到白龙尾问题。但最近有两位官吏（地方文官与武将）致函杜森尼中校与副公使。他们对2月21日设置哨所一事（此系收到巴黎来电，命令我们停止部队的任何活动以前所为）提出了抗议。他们还声称（其说法与事实不符）有一批中国职员或士兵被杀（参见我第3与第5号电）。在我们的特遣队开过时，他们并无反应，但事过后，强烈的抗议接踵而至，而且是在双方就边界现状达成协议，而其实际条文在2月21日前已对我们有利后，他们才不断提出这些抗议，这究竟是为什么？

根据我们所得消息，一场暗中早已策划停当的袭击即将临头。这一意料之中的消息并未给我们造成多少不安。若总理衙门不加整肃，则（两广）总督将立刻横生枝节，这是需要着意防范的。

第13号（1887年3月14日）：卜义内少校定于15或16日由此首途北京。他对您乐意接受外交部的推荐而深感荣幸，我相信，您有他这样的人随侍左右一定感到满意。直到昨日晚间我们才收到巴黎方面8日发出的电报。我们随时都会举行一次很可能相当重要的谈判，参加此项谈判意义极大。顷间有人把您13日来电交我，接读电文才知，您的支持对我们实在大有裨益。多谢费心。

致驻北京公使第14号（1887年3月16日发）：兹对您14日来电答复如下：被送往

白龙尾的唯一的一批安南人是受我们雇佣的苦力。那一带荒无人烟，既见不到任何中国兵，也不见有中国哨卡，没有任何人被杀，邓提供的消息纯属捏造。这些消息只能证明，在我们与他于 1 月 28 日达成了关于维持现状的协议（维持这种现状当时应该说对我们大为有利）后，两广总督硬说，这种边界现状是维护了他的权益。为此，他向那里派去了一批武将和一批士兵，但这些人仅对我们远远地窥探一番，还没有等到别人看清他们，就立刻逃之夭夭。这一切都不过是广东省官吏耍弄的一种权术，用来蒙骗总理衙门，您对此早已一目了然。若总理衙门能做到不偏不倚，秉公办事——从您来电中我相信这一点——则一切将迎刃而解，虽然此间他们还在和我们寻衅。

我不知邓所说的来自江坪的 400 兵丁意指什么。无论如何这些消息系属讹传。我亦不知他所说的咸沙山（Hun-Cha-Shan）炮台意指什么。我在第 12 号函电中曾对您提及，中国官吏曾致函杜森尼中校与我国副公使，信函中，他们给该地另取了一个名称即沙浦横江（Sac-Poucheng Kiang）。我认为，他们是有意把水搅浑，使事情复杂化。您来电中所提的防御工事只修筑在白龙尾。我们刚才举行了会谈，明日我再去电相告。

第 15 号（3 月 17 日发）：以下是我电告巴黎的内容："我们刚才与中国界务委员会签署了一项简单的纪要，确认了广东与广西整个边界的一致意见，但江坪与白龙尾两地除外，该两地已暂行搁置，不予讨论。这份纪要附有界图一份。

根据双方达成的这种谅解来起草详细纪要与绘制界图，尚需若干具体工作日才能完成。

这份协议涉及过去从未勘定的那部分疆界，亦即划定了一条长达 400 多千米的新界线。这一界约是根据法方界务委员提出的界线拟定的，唯其中约有 40 千米的界线是中国界务委员会提出，被我们所接受的。在这后一点上，我们同意作细节修改，否则，今后长时期内就无法再继续勘界。"

您从我之后提供的情况中可以发现，我当时既无法按我原先曾尝试的那样将部分问题保留，而同时又如我原来所预期的那样以优惠条件迅速了结其余各项。

我在第 11、12 号两份函电中所提及的那段地域，经过这次完成的部分勘界工程后，已划入安南地界。根据我们获得的资料可知，这一地域长达 20 法里，宽 30 法里，全境到处是一片茫茫稻田，故有"稻米之海"的美名，这就是保乐（Bao Lo）。中国人对这块地区看得很重，将来一定会要求您出让。将这一地区勘定为我国疆界，是出于在其他地方我已同意了的界址更改工程而考虑的。最好能让总理衙门致电邓，要求他抱积极态度，尽快确认昨日所取得的谈判成果，因为我已表示了通融和解之态；同时应让他对照界图，按我以前向他指明的界图上所在位置勘定江坪与白龙尾疆界，从而使您可以在北京解决权利问题或是友好协议的问题，至于有关领土的范围，从此应不再存有任何疑问。

第 16 号（1887 年 3 月 23 日）复电。我 17 日曾发您一电。卜义内少校 16 日携带一份供佐证用的长篇报告和大批文件出发。

中国地理书载明，安南国境一直伸至龙门，由此一点可以断定白龙尾亦划入其内，此虽没有明说，但那是不言而喻的。直至近20年来，情况亦一直如此。以后，白龙尾与龙门之间的地区被中国海盗占领；就这样，单就事实而言，这片地区不属于安南地界了。然而，没有任何事情动摇过我们对自白龙尾开始（包括白龙尾）的整个国境的权利。真正的中国疆界过去是，现在仍然是由一排哨所警戒线作标志的，而那块飞地及白龙尾却位于该警戒线以外。

白龙尾海岬是那块飞地主要社区的属地。既然此社区属安南管辖一事业经证实，则白龙尾海岬亦是如此。

以下所述是关于白龙尾的专门情况：

一，正面证据：一支由顺化朝廷派出的王族过去一直收取白龙尾海岬寥寥无几的居民交付的杂税。在11月事件中，这支王族的末代后裔被中国人碎尸万段。此事有中国或安南籍向导当场作证，这些向导曾在11月和1月分别为波安（Bohin）先生和杜森尼纵队的地形勘测带过路。在芒街收集到的消息亦与以上说法相符。其他证据有：这一带对此事家喻户晓；安南的官方地图、经略的书面证词；近年来我海军在此对治安的维持、法国海军部地图。

二，反面证据：中国人推论中的种种漏洞。他们的地志中，多山的白龙尾半岛被画成一个岛屿，地图所附的文字说明中对白龙尾只字未提，因此，他们所据以反对我们的这种地志的权威性原则上是不能承认的。他们向我们出示的专门地图错误百出，而且都是重大错误，图上连南部疆界都没有标志。他们还从北京海军条例（1811年）中推出种种极其错误的论断，而这种论断对我们来说可能十分有害。

三，推定：中国人在江坪（白龙尾所属的社区的中国名称）问题上与在白龙尾问题上一样，匆匆提出要求后，终于在北京认可了我们对江坪的权利。钦差大臣们的说法前后不一和自相矛盾，使中国人无法再用精神压力和权术来对付我们。（此处原文有一两字不清——译者）

我所说的海岬，并不单指那块海角，而是囊括整个白龙尾半岛。

在电文中难以将一切解释清楚。

我再寄您两份地图和一份安南文献，此系卜义内少校临行前忘却的。

第17号（3月29日）：以下是我致巴黎的电文：我们刚才签署了包括界图与纪要在内的正式约文。

邓对我说，关于已勘定的那部分疆界，他要求我作一定修改。我对他的建议只是听听而已，并未表态，但须向您转告。

迄今一直有意搁置起来不予讨论的岛屿问题今天首次被提出商讨。此事进展顺利，解决在望。

第17号（乙）（1887年4月9日发）：我很需要您的支持以制服邓的对抗。邓定要了解了我对他的界址更改要求的态度后，才肯签署那份我与他早就达成口头协议的岛屿界约。我们的做法应与他的要求针锋相对，即只有先签署上述界约后才能商讨界址更改事，这是完全必要的。务请让总理衙门电令其先签署他早已口头上提出的承诺。这样，就足以使我们获得他们曾与我们激烈相争、而对我们又至关重要的九头岛。这也可使我今后在界址更改问题上对别人已提出的要求进行答复时，有较大的主动权。从多方面看，您出面过问此事确实十分必要。

第 18 号（1887 年 4 月 12 日）：我 9 日发出的第 17 号电文尚未得到答复。邓坚持在开会谈判界址更改事以前，拒不签署他早已口头上接受的岛屿勘界约文，此后，他即去电请旨。我有理由担心他此举的目的是要求认可其拒不签署的做法。也许他还能获准立即撤离，将我们亟盼了结的岛屿问题，甚至界址更改问题均一概弃之不顾。关于后一问题，我目前的态度，亦即我的责任是事先不作任何承诺，这使他感到成功无望。挫败他的这些阴谋至关重要而且刻不容缓。

按邓的说法，那份条约只规定了陆地疆界的勘定事宜。这也许就是他阐述问题的依据，以便蒙骗别人，推卸其应以签署来认可其口头承诺的道义责任。然而，不仅条约的约文并未排除岛屿的勘定事宜——因为此事亦符合条约精神——而且在发生了种种事态后，邓的论据亦不能成立。他先是与我争论九头岛的归属，然后又怂恿新任广东巡抚来电向我提出同样问题。以后，经长时间争执才拟定了那份勘界纪要并在口头上作了认可。我们怎能再容许邓提出又一个原则性问题。

至于他的撤离，从多种重大因素考虑，最好能做到，让人从北京下令，使他的撤离取决于我的撤离。

第 19 号（1887 年 4 月 15 日）：您的复电收悉，此电大概与我的 18 号电文交错而过。

我将立刻遵嘱办事，并与您一样，希望所应用的策略得以奏效。

所提出的界址更改要求一共涉及 1700 平方千米的面积，然此种要求仍只是通过非正式途径提出的。

邓也许会借口界址更改问题可在北京商定而设法撤离。现在似应防止他来这一着，故必须坚持认为，根据条约规定，界址更改问题应首先在两国委员间讨论，即使我认为，您的意见是我必须接受的，但我仍认为应坚持此种看法。我请您考虑，在这方面，您是否能进行某些调解。

就我个人而言，我亟盼尽早撤离，然而我认为，将中方界务委员会暂留此间极其必要。

第 20 号文（1887 年 4 月 18 日发）：9 日，我派波安先生携一应已有定论的有关文件去河内并请总公使先生立即将其誊抄一遍以便及时寄您。这是最好的办法。我在此间的人员不仅人数不足，而且均有疾病缠身。在上述文件上注明了中国人非正式提出的界址更改要求。同一天，我还向您直接寄发了一批其他文件。

据传言，今后有可能再度发生袭击事件，特别是中方界务委员会撤走以后。在这块飞地的一应问题解决后，我认为最好用安抚性告示将结果公之于众。这样，似可防止滋扰事件，亦有助于边陲的平定。

在我离开此间以前，我大概还须发出照会，要求他们将盘踞在我们附近中国界内的白恰引渡至我境，并将 11 月抢去的枪支及其他物品归还（这些东西现存放在对方境内），同时还须通报盗匪准备过境的情况。这一切详情，是否须立即向您汇报？

我在致邓的函件中说，在修改界址一事上，我将按您的意见办，并告诉他，在那份纪要（我曾对您谈过此项纪要）业已拟就的情况下，各岛屿的疆界已可视为暂时勘定。根据该纪要，凡经过茶古岛角之北南线以西的东京湾内各岛屿均属安南界。至于该线以东的划界问题，须留待飞地问题最终解决后再在北京会商。

第 21 号（芒街，1887 年 5 月□日）：海宁副公使致我一函，内称一个名叫黄福万的中国武将准备在建延（Kien Duyen）乡构筑一座炮台。他又说，安南官员认为该地界仍在他们的司法管辖权以内，而中国人则提出要求，认为这一地区已让予他们。务请参看我第 15 号函电。该电文内容系指我们已愿意对我们曾表示同意的中国界务委员提出的边界走向线上的一个地段进行更改。

实际上，根据最近的勘界结果，上述区乡仅有一部分划归中国版图。为避免在当前造成混乱和防止发生任何误会，最好请广东省官员在立界工程结束前暂不进占其新的地界。中国钦差大臣与我们并未就此事有过任何接触，但我们在行动上从未允许他们按相反方面行事，也没有同意他们可将法方界务委员会与他们达成的结果，在经外交部批准以前就认为已成定局。我与邓目前的关系以及他的行事方针都无法使我指望与他达成谅解。您若能与总理衙门商定，则我将感激不尽。邓在 4 月 2 日的一份公函（此函的抄件已寄您，目前正在途中）中承认，我们在上述有关部分疆界的勘定中表现了和解与通融的精神，这一情况或许能有助于您在北京的谈判。

杜森尼中校将立刻赶往该地。（密）

他今天又来函说，4 月 26 日晚至 27 日晨夜里，40 来名中国官军在长山所在的飞地中发动了一次突然袭击，随后即逃入中国防营。

第 22 号（芒街，1887 年 5 月 10 日），中国守土官员曾致我一函，邓亦向我来函，都声称有两艘帆船被我白龙尾巡逻舰击沉，并有 12 名中国人被该舰击毙。这些申诉中隐约包含着在边界上实行报复或横生枝节的威胁。从迄今所得的消息看，这些申诉仍然缺乏根据。我们驻白龙尾及长山哨所司令已提出抗议。因此，我认为，此乃他们所施行的最后伎俩，目的是对正在北京举行的谈判施加影响。中国人要求进行调查，但一俟调查结果证实上述消息确凿无误后，您大概亦认为，他们用此种手段对我们进行诬陷显然怀有政治目的，因而觉得，（我方）提出惩办肇事者的要求也并不失当。长山哨所司令昨日在杜森尼中校外出时来电说，思勒（Sze-Lac）官军在夜里曾向安南村落开枪，他还对我说，早晚会发生一场冲突。而（中国人）进行指控之如此肆无忌惮也实在令人气愤。我随即复函于他，嘱他在可能范围内做好防范各种冲突的准备。然而如中国人还不收敛，则只要再发生一次变故就可以使形势严重恶化。

正在草拟本电文时，我接得您 9 日来电，对该电文我已作了答复。我之所以未能早些通知您，是因为据中国委员们说，他们的电报线路已告中断。

此间的中国人显然在与我们寻衅，以推迟问题的解决或使之复杂化。他们编造的耕牛被抢的故事是荒诞不经的，而且我可向您保证，我军士兵从未侵犯过中国境界。

第 23 号（芒街，1887 年 5 月 14 日）：我立即请当事人动身，那人当即照办。虽然，我对这一切不无遗憾，然为了遵嘱而行，故也顾不得了。我很高兴地向他转达了您的简短颂语，这些他也当之无愧，但他听后仍深受感动。

这块飞地的老住户在返回家园时已签押了一些文书，有助于证明我们的权利。其他一批文件我最近亦已秘密地誊写出副本，它们亦可作为佐证，说明官吏们自己也不大相信他们要求的合法性，于是便着意强调白龙尾海岬以及整个飞地的重要意义。一心祝愿您谈判成功。

（原件第 127 ~ 142 页）

勘界委员会政治处

保护国管理科　第 84 号文

狄隆致法外交部长函

芒街，1887 年 5 月 19 日发

部长先生：

兹随此函将长山哨所司令 5 月 8 日致海宁副公使的电报抄件以及此后我致副公使馆干事的一份信函抄件附呈于后，供参考。

上述电报中提到的事变迄今未再发生，因此，我认为，皮农司令所提的冲突，估计不会发生。

恭祝

钧安

C. 狄隆敬启

（原件第 143 页）

狄隆 84 号函附件 1

皮农司令致海宁副公使公文函电

5 月 8 日晚 7 时 10 分发，

长山发海宁，第 127 号，字数 70

我已查实，夜间向安南村落开枪，均是中国官军之所为。由于有那沙河（Song Natho）相隔，故无法使充足的伏兵保持常备不断。

请将情况转告狄隆先生，因为总有一天我与思勤（Sui-Lac）官军之间会爆发一场冲突。

（原件第 144 页）

狄隆 1887 年 5 月 19 日第 84 号函附件 2

狄隆致海宁副公使函

芒街，1887 年 5 月 9 日发

珀蒂（Petit）上尉已将您从长山收到的一应文件交于我，我亦于近期仔细将其读完。我觉得，皮农司令不仅夸大了局势的严重性，而且还认定了他所谈的那种不可避免的冲突与中国人最近的申诉之间有必然联系。他一面说："……大家都向我保证说，这一地区现在和将来都能保持安定，因为我们驻防在此。"一面又就所谓帆船被击沉一事说："如果迄今为止，我考虑到目前正就主权有争议的地界进行谈判，而认为应当始终避免用武力作为对大规模侵犯我方边境的中国官军的一种制服手段，那么也许就别无良策来对付如此明显的背信弃义行为。"

因此，务请去电向他说明，您已将上述文件交于我，并请转告他，我恳切希望他在收到杜森尼中校相反的命令以前，务必采取克制态度，不要实行他所说的那种制服手段，而且他所提的理由并不充分，不足以让他在上级领导表态以前先发制人。

以上系我的一些浅见，既然有人向我征询看法，我认为应该坦率地提出。

（原件第 145 页）

勘界委员会政治处

保护国管理科　第85号文

狄隆致外交部长函

芒街，1887年5月20日

部长先生：

局势的严重性需要我经常派人打探芒街附近中国地界所流传的消息，由此，我往往能获得一些起草人和收件人自己所不愿向我透露的文件。其中就有向邓钦差呈递的两份禀帖以及他的答复。我在5月10日第63号文中似乎已向您转呈了上述文件，然而，考虑到当时或许有所遗漏，故今将其中一份的法译文（附件1）以及与此同类的称为“诉状”的文书一并随函附呈，请查阅。

这两份文书仍然包藏着一种祸心，矛头指向我们，以阻挠勘界工程的顺利进行或使之陷于失败。现在，勘界工程既然已近尾声，这些文件初一看来似乎已失去其意义，然而时时追忆及此，会使我们注意到起草文件的指导思想值得怀疑，而这种思想在今后相当长时间内仍将在这一带留有余波。再者，这些文件又突出地说明了这一工程的种种实际困难，虽然由于法方界务委员会从中调停，勘界工程在最近终于完工。然而，今后人们大概不会单从是否尽善尽美的理论角度来公正地评价勘界工程的结果。最后，这两份文书通篇都是谎言，其厚颜和放肆已到了非加以驳斥不可的程度。

这些文书因对我保密，故不像其他文件那样，我可以设法证明其真实性。我掌握的这份抄件并不完整，在某些细节方面可能失真。然而，从该抄件送达我手的具体环境来看，我仍然认为它基本属实。此外，该抄件虽然并非专门向我透露事实真相，可是，它提供的情况与我从全面掌握的局势中得到的情况却不谋而合。

我不知道，这两份文书的署名者所代表的人数究竟有多少。但签署者似乎是为一万、二万乃至八万人请命。然而他们好像也难以证明自己的委托权。我觉得，这些请命者带头起闹的事态，其声势远没有那样浩大。一言以蔽之，那就是一批滋事者对相当数量的百姓施加了压力。然而，我认为，这一事态的严重性在于它在一定场合下将百姓煽动了起来，而且有一批中国官吏在幕后进行策动。

我拟通过下一邮件再详述此事，并转呈一批其他秘密文件，它们的价值不亚于上述两件，然其内容尚未翻译完毕。

狄隆敬启

（原件第146页）

狄隆第85号文件附件1

从安南边境逃出的流民致列位钦差大臣的禀帖及邓的答复

1887年3月3日送达

东兴五峒[①]绅士致邓钦差、冯道台、李道台、冯镇台及钦州（Ham-Tchao）县王知县禀帖：

生夏蔓福（Ha-Man-Fou）[②]及东兴五峒士绅前来向各宪禀诉。

自法人侵占边境地界后，百姓已无立锥之地，被迫迁往他乡。现特前来恳求各宪为民等作主，救民等于水火之中。

注：①与②五峒为罗浮、河州、思勒、澌凛及古森。我们不知夏蔓福先生及五峒绅耆为何递呈这一涉及芒街、河桧等地的禀帖，亦不知他们何以不说五峒名称——原注

生等世代居此耕读，且累世相传，均知江坪、长山、白龙尾、芒街、河桧、潭河、新安各地直至分茅岭铜柱构成五峒。

安南系中华藩篱，两国不分彼此，故安南可在中华议叙职员，且其士子亦可入钦州学籍以应试。

近来，法人自安南入，侵占芒街、河桧等地。

海匪滋扰，加之法人入侵，使地方无一日之宁，生等不得已而离乡背井，陷毫无生计之大劫难中。而今法人又进占江坪、长山、白龙尾[①]等地，东兴五峒已无一地属我界。江坪百姓，男女老幼达万人以上流离失所，无家可归。对此惨绝人寰之浩劫，闻者无不心伤。

各大宪前来议界，自必为国筹国定疆。

注：①：值得注意的是，他们已确认了我军1月份起对白龙尾的进占——原注

生等为情势所迫，前来泣禀，是亦为唯一之良策，故直达行辕叩首，恳请列宪倾听我等之哀诉，务求大人设法使芒街、河桧等地悉数归还生等并将其划归中华，俾生等能重返家园。

务必不能将此一带出让于人，江坪、白龙尾不能不属我中华地界[②]。

此事至关重大，故来辕投此禀帖。

注：②：有一类似证据后，可不必再索求其他。

江坪、长山、万尾三地士绅呈邓钦差、冯镇台、李知县禀帖（原文第151~152页）（此文原文已载《中法战争》第七卷，故不收录——译者注）

邓钦差的复函

尔等来禀云，法官蒂月波（Tai Yut-Po）传示并诡称江坪一带已经归越，且对地方百姓肆意蹂躏，老弱病残不堪其荼毒，万分无奈之下，纷纷逃窜。

尔等前来呼吁，请求准予回乡，情词哀迫，催人泪下。然此事自去年至今已开会十余次，其间争辩亦历无数。

本月初六（2月29日）上午10时，本部堂已向朝廷拜发一奏，请旨遵行。本大臣对尔等苦况虽心伤不已，然实感无力折服洋人而愧对父老。若修能筹善策，则定不遗余力为尔等谋福。

我已命地方官立即照会法官，并拟电奏朝廷，将尔等禀帖亦一并附陈。尔等亦宜静候朝廷圣裁，而不得滋生是非。

此复

正月初八日（1月31日）

（原件第148～153页）

狄隆（第85号）附件2

芒街、江坪、万尾、二囊、白龙尾、春栏、石夹、山脚、东岸、西岸、大角山、荔枝山、河桧、潭河、万妥等地共计户2万，丁8万，今上述一带，田园庐墓均已悉数为法人强占，致使我辈有田不能耕种，有园不能栽植，有屋不能居住，有墓不能祭祀，无论长幼，唯有一死而已，因我辈之一线生计均已断绝。我辈中因饥饿难忍暗回故居取食者即遭法军枪毙，人数约有二三百之众。死者暴尸于野，未得掩埋，生者无衣无食，饥寒交迫。民等犹如饮鸩之人，咬牙切齿，五内俱焚。民等仍向官府泣诉，恳求诛罚暴虐无道，倚仗武力占我乡土之法人，以为民等报仇。然钦差大人答曰，彼仅有勘界之责而决无开衅交战之权。民等辗转筹思，实无善策可解此难：既不能以兵戎相见，又无上告泣诉之地，不得已，只能挽地方绅耆指点，开列十大诉状于后，伏乞地方文武奏达朝廷，派兵救民脱险。同时民等亦将所遭之祸广为传布，俾我等受害情事，其间是非曲直亦得以尽人皆知。

兹开列十大诉状于后：

一，芒街濒海，舟楫可泊于此；江坪乃内河航行要地，若法人侵占芒、江两地，则沿海200里地迄今与外界所保持之交往将全断绝，近二万百姓亦将无以谋生。

二，芒街、江坪一带，近两万块可供耕作之田园系华人所有，华人均持有官文凭书，足资证明其合法业主身份。而今竟因勘界，使两百余年来日趋繁荣之地无故被人侵吞，世代祖茔突遭废弃，我列祖列宗之灵悲泣于地下，民等苟且偷生者亦唯有哀叹而已。此为诉状之二。

三，沿海开出之盐场，方圆约20里，其围内则为我边民重大出息之源，其围外则归安南人所有。今法人在此立足后，唯教民才能获渔盐之利，且囊括出息而不纳税赋分毫。此其为诉状三。

四，芒街依山临海，在此辟设一大市场并建一关税哨卡已刻不容缓，若法人在此立足，则此间悉如港澳等地，彼等亦必用海轮将种种洋货输入并堆栈入库，不法奸商纷至沓来，将洋货转运入华境各地市场倾销。高、廉、罗三州之收益势将被彼等侵吞，且易如探囊。届时，不独府库空虚、商业破产，而三州百姓，亦将陷生计无着、衣食无源之境。此其为诉状四。

五，自法人驻防芒街与江坪后，即劫夺村民之财物施于教民，并授其枪械使之荼毒华人。原中国之散兵游勇在进退无路之下遂至各处藏匿，伺机袭击法人。若战衅一开，则必殃及各村安分守已的百姓。此其为诉状五。

六，自法越交战以来至于今，芒街与江坪始终为华人所属：华人安分经商，从不参与战事，由此可知，该地界实乃中华之地界。今法人侵越直达边陲，致使我中华地界亦遭其蚕食。且观其情势，法人欲壑难填，江、芒一带必遭其荼毒，如此则后患无穷。此其为诉状六。

七，夫粤省之港澳两处今已为洋人所占，然昔日亦系海中蛮荒之地，并无业主；洋人来彼地驻足后，亦未侵占百姓地产财物。今法人以勘界为由，占领边境之中国地界，并立足于位置最为优越之地段，非法侵占我忠厚村民之田园庐墓，使其蒙受莫大损害。法人于我国我民，均可谓罪责难逃，此亦其一大恶，故为诉状七。

八，法人自与安南人交战至今，虽狡诈奸猾，然先败于刘永福公，近又败于提督冯军门，两人在钦州均有产业，然均遭法人忌恨。法人阴怀毒计，据芒街、夺江坪后，即在此驻屯重兵，因彼等已知此两地乃战略重镇，由此不独可制止散兵游勇之进犯，且亦可轻易人我华境。若一旦彼等报复计划得逞，则上述两将固有遭不测之虞，我中国大地亦均遭其肆虐。此其为诉状八。

九，法人有海战之优势，若界务委员出让与陆上某地亦并无大碍；然若勘界委员将海上重镇让于法人，情势则大不相同，因钦州地面辽阔，此种做法势将危及其安全，后果不堪设想。若彼等从海上侵扰钦州，则陆上亦无从解救；而如高、廉、雷三州同时受内外夹攻，则三地亦无自卫。诚所谓“星星之火遂成燎原”，“牵一发而动全身”也。此谓诉状九。

十，凡洋人建筑之教堂被毁，则须赔偿其所受之损失；若有洋人被杀，则应偿付赔款，否则洋人势必要求按条约办事，以武力相胁，索要其权益。今法人无故驱逐与杀戮华民并抢其财物，对彼等在我大清国犯下之罪恶，岂无惩治之条款耶？百姓遭彼等之侵害，岂无按条款要求其赔偿之权耶？此其为诉状十。

生等钦州百姓时刻萦怀地方利益，是以草拟上列诉状。

（该篇收入《中越边界历史资料选编》第677～680页）

（第154～159页）

勘界委员会政治处

保护国管理科　第86号文

狄隆致法外交部长函

芒街，1887年5月20日发

部长先生：

4月8日，我收到总公使下列电文："为尼将军要求大幅度裁减芒街与长山驻军，此事有无可能，若可能，则应以何时为宜？务请见告为盼。"5月6日，我又收到他一份电报："'巴斯瓦尔'号舰长要求准其与中国海分舰队汇合。若该舰无须再驻泊白龙尾，务请来电见告，以便我及时命其驶离。"

兹将我为此而复他之信函抄件随信转呈于后，以资参考。

另将我4月9日就同一问题致他的复电抄件及10日我致海宁副公使的信函抄件一并附呈，请查阅。

恭祝

钧安

C. 狄隆敬启

（原件第160～161页）

狄隆第86号函附件1

狄隆致河内总公使函（摘录）

芒街，1887年4月11日发

……我们对飞地的权利已属定论。我相信，若中国政府见我们坚持此点，终将加以承认。然而若发生相反情况和因其他种种理由，它亦可能与我们继续相争。因此，若不立即向北京电达此讯，则此间不能大幅度裁减现有兵力。另外，目前正值法国使团与总理衙门就飞地问题即将开会议决之时，故兵力似亦不能过分裁减。我们对此深表歉意。

（原件第 162 页）

狄隆致河内总公使函

芒街，1887 年 5 月 8 日发

昨日接6日来电，您询问，白龙尾海岬何时才不需“巴斯瓦尔”号继续驻泊。该舰舰长要求准其与中国海分舰队会合，您亦似乎亟盼准其驶离。

您的此种心情我完全理解。然而我认为，裁减我们现有的白龙尾兵力完全违背当前局势。

中国人最近向我们提出抗议，措辞咄咄逼人。由此我们觉得，无论如何，今后一切事端将在所难免，因此我们不能不有所准备。这份我完全有理由认为毫无根据的抗议，最初是以书面形式写给我驻海宁副公使，接着又送至我处。现在，您对有关事实，大概亦已掌握：副公使一定将他与钦州知县来往函件抄送于您，我亦让武荣（Vouillont）先生请副公使将我与（邓）钦差之来往照会抄件转送您一阅。我处人手奇缺，无法派人直接将此宗抄件专程送达，务祈见谅。同时，务请将有关事项告恭思当先生知悉为感。

不能裁减驻白龙尾兵力的另一理由是飞地问题现正在北京会商。若此项兵力骤减，必将在北京产生不利影响。

一旦局势发生转变，我一定及时相告。

（原件第 163 页）

狄隆第 86 号函附件 2

狄隆致河内总公使电文抄件

芒街，1887 年 4 月 9 日发

对 4 月 8 日来电的复电。您来电询问，是否可在飞地问题最终解决以前即行大幅度削减驻军兵力，我不无抱歉地奉告，飞地问题已开始讨论。

（原件第 164 页）

狄隆致海宁副公使信函抄件

芒街，1887年4月10日发

4月10日惠函收悉，特此奉告。兹就来函所询提出以下浅见。

若事情仅涉及法方界务委员会，则我认为，大幅度骤减芒街与长山驻军兵力并无妨碍。我们的勘界工程已近尾声，故我们个人均打消了顾虑，加之保护国政府所承担的任务本来已非常艰难，我们也希望不再加重其负担。

然而，若事关法中两国政府间悬而未决的飞地问题，则又当别论。这一问题现正在北京解决。我本不必主动提出建议，即使这些建议与问题的妥善解决有关。然而，既然您来信相问，则我认为应明确回答：现在起立即裁减上述驻军将是一大憾事。此说并非专指芒街与江坪两地而言，恰恰相反，而是指在整个中国边境一带应维持现有兵力。

我觉得，在中国人认真妥善地撤回以前，维持这支兵力仍然是完全必要的。

（原件第164～165页）

海军与殖民地部部长致外交部长函

巴黎，1887年5月21日发

部长先生，亲爱的同事：

今随信附寄我远东分舰队总司令、海军准将4月12日的一封来函（第13号），请查阅。此函另附有“蝮蛇”号舰长的一份报告和中国边境附近东京湾滨海地带的一份地图，现一并寄上，供参阅。

您接阅上述函件即知，来尔海军准将发表的意见认为，在我们对白龙尾飞地的拥有权问题上，似以不过分坚持为善策。

从我们与中国人睦邻相处的观点看，放弃这种权利也许会有所得益，对此我亦并不否认，然而，在处理此事时，我们仍应取十分审慎的态度。

白龙尾锚地系一头等海军基地，而在附近海域，我们至今尚未拥有可供战舰安全可靠地停泊的任何良港。

顺致崇高的敬意

（原件第166页）

勘界委员会政治处
保护国管理科　第 87 号文

狄隆致外交部长函

芒街，1887 年 5 月 28 日发

部长先生：

1886 年 5 月 24 日，在自河内前往海防途中，我在轮船上遇见一位素不相识的外国传教士团神甫，他身穿中国服装。结识后，他说："您是去老街的吧，啊哟！现在有大批匪徒正从白鸽（PaKoi）去那里攻打你们呢。"

（原件第 167 页）

（原文缺第 168～178 页——译者注）

勘界委员会政治处
保护国管理科　第 88 号文

狄隆致法外交部长函

芒街，1887 年 5 月 30 日发

部长先生：

随信将两份新得的秘密文件译文附呈于后，请查阅。文件中蕴含着中国官员在勘界前和勘界初所策划的阴谋。我拟在以后再对其内容作进一步说明。

C. 狄隆敬启

（原件第 179 页）

狄隆第 88 号函附件 1

冯督办公函

光绪十三年正月十三日贵部电达邓钦差致我等公函多件，内述：法兵驻屯于江坪、黄竹、石角、勾冬、白龙尾等地。各该地居民纷纷外逃，必须严密监视以防上述一带发生争端；对法人以驱逐散兵游勇为由逐渐蚕食我边界领土事亦当有所虑及，并应在边陲置戍设障等情。

在上述公函中，邓嘱我召集四队兵弁，配以枪械，令其身穿“萃”字号衣，并选派良将精兵至龙门，旋即分散至钦州边境要地驻屯，同时命各部管带均应听从王道台号令。我从邓公来函中知悉，“镇涛”“安澜”“执中”三舰已奉到命令，前往海口（欧洲舰船停泊地、海南岛港口西边港口）作运送兵弁登陆之准备。方道台另有一军受其节制。

阁下亦来电相告云，对边界严加防范至关重要，故四队“萃”字军与最近配备枪械之琼州知县辖下一军即应一并交由冯军门与方道台节制。原在琼州（海南首府）防营之营哨管带，凡已有衔领饷者，在钦州队中仍保留原职不变。同日，又接阁下来电云，“镇涛”炮舰在完成其自廉州至琼州航程后，应即泊往海口准备接纳兵弁；“安澜”舰应驶经琼州，前往海口锚泊，准备接纳兵弁；一俟兵弁登舰后，上述两舰旋即经龙门驶往钦州。

上述电文均已知悉。有鉴于法人目前已占据江坪及其他各地，其意图尚难逆料，吾遂立刻执行由阁下转来之令：配兵弁以枪械后，即派其镇守钦州地界以保国土。得悉第四队管带刘倅、保林已准备先其他队伍而行，并可前往接受王道台之令以守边陲，故吾即命刘倅为其统率之左翼第四“萃”字军备办粮饷与弹药，后即开赴海口，从海口搭船经龙门去钦州，旋即占领各要冲以保卫钦州地面。刘应按王道台之令布置其部下，其所部各军应密切注视，加意防范。我已命其严明部下军纪，沿途不得以任何口实逗留。一俟其到任后应即来函禀报一切，并向吾请示。

二月十一日（公历3月5日）

（原件第181页）

狄隆第88号函附件2

在飞地发现的东兴一秀才陈谦光致佐（Tso）先生（飞地一居民）信函

阁下两次惠书几在同时奉悉，今特来函相复。店伙冯（Vuong）某已抵此办理更换官契事宜。阁下应将须更改业主姓名之一应契约寄至彼处，由彼携往钦州盖以官印。上月二十日，其余各村均已将各式凭契交彼更改，彼即携至钦州县署办理：计约二百份，均已签署并盖上官印。上月二十八日，彼携带经批复的官文凭书回那梭交还业主，各该业主均心满意足。白龙尾一带百姓自行将凭书携至钦州县署办理更改手续。李□□（原文此处有两字未印出——译者注）等多人均各得一两纹银酬金后返家。芒街民人多数亦将契约文书送至钦州县署更改。您处尚无人敢办此事，亦不敢立即前往更改买卖文书。各委员现正加紧办理文书契约盖印一事，其中自有难以告人之隐衷，然并非出于和解之意当可推测。督抚已命钦州知府及两名委员迅速妥善办完文书契约事宜。若我等延宕犹豫，势将受责。

邓钦差拟于本月中前来踏勘边境。督抚已电令钦州知府先期赶赴东兴为界务委员督造行辕与寓所。三十日，知府至那梭，初一日抵达东兴，初三日又经那梭返抵钦州。目下，那梭与东兴两地均已开始营造界务委员住所。营建费用均由府衙开支，然知府已将一应督造事宜交州衙办理。吾奉知府及委员之命特来相告，务请立即将阁下所在之区官书凭契收集齐全，于五、六两日命人携至钦州，或交我处，与早已交来之其余凭书一并转交钦州府署盖以官印：稍迟则恐受责罚。

现防城县尹（Wan）委员及陶（Tsoû）委员均已抵达竹山（Tsa-San）与山脚等地以勘察情势，并拟派兵丁与战船前来守卫黄竹、白龙、万尾等地。两委员已要求竹山（Tchouk-San）哨所派兵守护长山各处并制止蛮民前往。我方官宪拟在与洋人发生勘界争议时，即要求江坪之归属权。上述一切做法，其目的皆在于此。各官宪亦将提出进占远至分茅岭为止之其余疆土。望贵处官员大力玉成此事，俾上司以凭证为据提出要求。

别附苏汝成（So-Ni-Cheng）致阁下信函一封，彼拟出资捐一官衔，此事值得一办。彼不日将赴广州，若彼确有心于此，当会预付半数款项，至少应出十两定银。此人现在那梭，阁下不妨前去与其接洽或致函相问。‘

为此即颂

如意

陈谦光（印）

（原件第 183 页）

勘界委员会政治处

保护国管理科　第 89 号文

狄隆致外交部长函

芒街，1887 年 5 月 30 日

部长先生：

兹随信附上各式文件的抄件一宗，必要时您可作为对我 66 号信函所述问题（即我们已作的细节性界址更正）的补充参考资料。

C. 狄隆敬启

又及：附件一览表

附件1：杜森尼中校函件一份（横模5月18日发）

附件2：狄隆先生致杜森尼中校函（5月25日发）及其附注

附件3：狄隆先生致海宁副公使函（5月25日发）

附件4：海宁副公使复函（5月27日发）

附件5：狄隆先生致杜森尼中校电（5月26日发）

附件6：总公使致狄隆先生函（5月25日发）

附件7：狄隆先生致总公使函（5月30日发）

附件8：狄隆先生5月30日函附件

（原件第187页）

狄隆1887年5月30日第89号函

附件1

杜森尼中校致勘界委员会法方主任函

横模，1887年5月18日发

主任先生：

特遣队已于昨日（5月17日）上午抵达横模（汉语名称为“峒中”），特此奉告。当地乡长、里正及绅士一齐前来相迎，我以为他们总能就界务委员会一号界约中提及的地点向我提供一些有关情况，结果使我大失所望，他们对岭怀（Laïnh-Hoai）、普劳（Pu Lao）、板兴（Pan Heng）、分茅岭等地名一无所知。

上述界约中所说的那阳（Na Dzuong）大概就是安州（An-Chau）特遣队1886年11月所巡查过的地方，它位于横模西北，距横模至少有10天路程。

横模（或称峒中）处在数条公路的交叉点上，我现在才完全理解中国界务委员会何以要求对该地更正界址。

此乃盗匪们自那□（原文此处有一字未印出——译者注）南下至安州与东潮（Dong Trien）地区的必经之路。被蓬塞（Poncet）少校所率的特遣队在1886年11月逐出Viloai的那股匪徒就是经过横模返回中国的。

目前，横模周围已无任何盗匪贼众，离北岗隘（Ba-Cong-Ai）两小时之路程之北岩（Bac-Nham）乃中国一大重要村镇，现驻有400名官军。

气候酷热；行军极度艰难。

（该篇收入《中越边界历史资料选编》第682页）

（原件第188页）

附件2

狄隆致杜森尼中校复函

芒街，1887年5月25日

我即将怀着喜悦之情与您重逢并与您商谈经您踏勘过的地区的各项事宜。在此之前，特随此函附奉一份我在存档中找出的说明抄件，请一阅。此份说明所列的情况在促使我们下决心采纳新疆界方面起了一定作用。您接读后自会明白，若您返程时改换路线，则几乎并无好处。

我们在一次军事侦察中曾备有一份行进路线图，图上横模并未标出汉名“峒中”，故我们当时亦不知该地另有此名，也无人将此事相告。然而中中（Tsong Tsong）并非峒中，亦非中峒，我倾向于认为，横模与中峒（Tchong Tong）之间并未出现过混淆，而且当时在横模，大家对界图或界约上所标的中峒或峒中附近各地的大部分其他地名均并不知晓。

正是担心发生差错，我们在这些文献上标出的名称不多。在亚洲人所撰的有关这一带的地志中，概念模糊不清，当时即以此种概念按界图并凭手头资料进行勘界，当然就无法对我方特遣队尚未踏勘过的地点绘出精确的地形图册。因此，在立界工程进行后，整个勘界工作才可宣告正式完成。

我当初以为，您的特遣队的任务仅是肃清前来先安与先安至芒街各路一带的匪众。若我预料到您因形势需要而不得不沿边界线前进，则我也许会前来接应，或从界务委员会中派出一人到您处。我以为，让中国界务委员会与我们同时采取行动并不难，因为它现在已没有理由像从前那样拒不同意这样做了。

我觉得，我们的勘界工程远未可算作定论。我在两周前曾致电说明，若认为可行，则有必要对新划定的疆界做出修改。

至于八庄（Ba Tang）乡，新界将其一部分划入（中方）界内，一部分划归我们。

仓卒草成此复，免您久等。

一、峒中较建延（Kin Yen）小，正如芒街小于万宁，江坪小于良智（谅指）（Luong Tchi，良智为与该社区最大的村庄相邻的中国圩集）一样。

二、峒中在安南境建延县内，此乃经下骨隘（Chac-Quam-Aï）小道与广西互市以及经横贯白龙尾之公路与广东互市的极远点。

三、海宁知府与广安巡抚间的陆上联系经横贯广布（Quang-Bo）与先安两县的公路进行。先安与海宁间，分别有一条雨季和旱季专用的公路相通。但对欧洲特遣队来说，雨季时，两条公路皆无法通行。若气候条件适宜于部队行军（即在旱季），则近道就是经潭河（Dam Ha）、大莱（Dai-Lai）、立马马都（Lap-Ma-Ma-Tou）、柯戴（Kot Doai）、柯东（Kot Dong）各村之路，然而此路对当地土著来说，亦需走三天。若是在雨季，即人们因条件所迫而不得不绕道而行时，则可绕同寿（Tong Tho）村折东，过板烈（Pen Léou）、立关（Lac Quam）、滩散（Tang-San）、建延各村，最后转向东南，经芒山（Mong San）、下西（Cha Tay）、蒲散（Pon San）、朱莱（Choui Loi）、黄芒（Wang Mong）、白鸽（Pack Ngam）与富安（Fouk Yen）各村即可，当地土人走此路亦需7天。雨季时，一支配有架桥兵和野战设备的纵队，必要时可走上述第二条路线。第一条路线也许历时更久，沿途的障碍亦不少。

四、上述第一条路线的一半路程须经北仑（Packlan）河，而到峒中附近的菊莅（Chong Lay），则道路突然变窄，在北仑（Packlan）河支流的嘉隆（Kalong）河尽头，则皆是崇山峻岭，由此一直伸向峒中。一路上有天然屏障可防股匪侵犯，而且沿途皆蛮人［巴尼（Pagni）人］所居，他们对中国人极端仇视，故在峒中与北市均可轻而易举地将土匪擒获。峒中乃先安县与海宁县交界处，要监视峒中与广西的边界，则需到隶属先安的哨所进行。同样，到海宁境内的哨所，则可监视马鞍山（Ma-On-San）方向的广东边界，马鞍山乃上述山脉的起点与流往北市（Paxi）的北仑（Packlan）河支流的发源地。

（该篇收入《中越边界历史资料选编》第682~684页）

（原件第189~192页）

附件3

狄隆致海宁代理副公使函

芒街，1887年5月25日发

代理副公使先生：

随函附寄说明一份，内有从多种渠道得到的，种种业已记录在案的消息。这份说明系我对您昨日转来的杜森尼中校先生那份电报的答复，您阅毕后务请寄还为盼。

这些消息是否与您处从土著人或从海宁副公使馆驻地的安南官吏们那里所了解的情况相符？若能见告，不胜感激。

（原件第193页）

附件 4

法国驻海宁副公使馆干事致芒街法方界务委员会主任函

海宁，1887 年 5 月 27 日发

主任先生：

您昨日转来的一份说明业已收悉，今随此函奉还，请查收。我从海宁府知府与先安州知州处所得的有关建安乡的消息与贵处了解的情况完全一致，特此奉告。

然而，在雨季，即使土著人，大概也无法走您随函说明的第三项中提及的第一条路线（即自同寿村出发，直至富安）。他们宁愿取道第二条路线。

在这一带，股匪能轻而易举地进入东京的唯一通道位于嘉隆河尽头之马鞍山。这里确实有一支山脉直向西伸展，由于山里的居民纯系蛮人——巴尼人［安南人称之为岱依人（Thanh-Y）］，他们对中国人心怀敌意，故试图入侵东京的股匪想越过此山也就难于上青天了。

致礼

□□（原文不清——译者注）谨启

（原件第 194 页）

附件 5

狄隆致杜森尼中校电

芒街，1887 年 5 月 26 日发

18 日函悉。1886 年 11 月的那支特遣队巡查过的那阳（Na Dzuong），在由中国人和我们共同签署的那份原始界图上，位于同仆（Dong-But）东南，通往那马隘的公路旁。然而，1 号界约上的那阳却并不在那里，而是一座属先安县管辖的安南村落，而《大清一统志》中则将其认定为中国地界板吞（Pan-Toueun）的边境。板吞在中国富庶（Fou-Sse）县东南 200 里处（富庶属中国广西省太平府）。

在中国峒中（Tong-Tchong）西北，有一白鸽村（Pac-Ngam）。至于横模，无论其中国名称叫什么，始终属安南地界。

我拟在今后去函对这些原始情况进行补正。

昨日我已致您一函，答复您上次来电。

（原件第 195 页）

附件 6

驻安南与东京总公使致勘界委员会主任函

河内，1887 年 5 月 25 日

主任先生：

占领师司令、准将先生问我，位于先安河上游的八庄（Battang）、建延与同文内（Dong-Van-Noï）三地是否在划界以后转让给了中国。

界务委员会绘制的地图中未标明上述三座村庄，但在广安省的纳税人名册中却注有该三座村名。

我因缺乏精确资料，故无法答复占领师司令、准将先生的要求，但我认为可以将有关信息转告芒街军区司令，若您能向他传达这些情况，则不胜感激。

（原件第 196 页）

附件 7

狄隆致总公使函

芒街，1887 年 5 月 30 日

顷接您 5 月 25 日来函，要我把占领师司令、准将先生需要的关于八庄、建延与同文内三地的情况转告芒街军区司令。

我明日将在此间接待杜森尼中校，一俟其返程后我当立刻满足您的愿望。

现先以寥寥数语，概括性地答复来函所询内容。

如果我没有记错（而且还翻查了登记本记录），我曾于 3 月底将我致外交部长先生的一封有关北市至峒中段划界情况的信函及时转给了您。上述信函抄件附有两份略图，一份是中国所要求的领土，另一份是我们以更改界址为由出让的领土：上述一应文件大概早已收进您的档案。我目前手头已不再存有这些文件，且测绘军官均已撤走，我已无法再向他们索要。但我亦将它们寄给了公使馆和公使团，必要时，在那里仍能设法找到。

从第一份略图中可看出，界址更改地域基本上包括博琅、嘉隆河以及位于两河在西北方向汇流点的一支山脉构成的三角地带。这样，界址更改范围并不遍及八庄乡全乡，而是包括该乡的大部分地域，至多还有小部分建延乡地域划入这一范围。同样，界址更改并不涉及同文社。然而，因为许多文件我并未保留在手，即使查阅了我的笔记，对此我仍然不敢说有十二分把握。

上述有关地点之所以未在您的界图上标出，是因为当时根本无法确定它们的具体位置。我们的任何侦察队从未到过这一三角地区，任何安南文献也无法补充地形测量资料中的不足部分。本地绘制的地图又互不一致，标定村庄时对于方位和距离也毫不在乎。海宁府官吏未能向我们提供任何确切资料，除在我们勘界期间外，他们对那些地方几乎不屑一顾。当时，我们为了解确切情况，不得不向那里派出大批密探。

您从所附的节录中可以看出，广安省的纳税人名册只开列了该省一个微乎其微的居民人数、耕地面积及所征税率数。这类名册中列出的数据也可能有所隐瞒，然而我们掌握的全部信息业已证明，在当前情况下，这一地域的分量确实微不足道。

那里虽属安南地界，但居民几乎是清一色的中国人，而且虽然名义上属海宁府知府司法权限之内，实际上为三不管地带。

昨日，我私下得到证实，当时与中国钦差大臣们在这部分疆界问题上采取和衷商办的姿态是恰当的，如果不持这种态度，则无论是广西还是广东，这部分疆界今后长时期内将无法勘定，而且以后一俟界务工程恢复，有多处地点我们将很可能与中国发生冲突。这两省巡抚原来早已商定，一面要迫使我军各部无限期地驻定在这块飞地中，一面又抢在我们之前，捷足先登我们尚未涉足的其余有争议地区或他们的垂涎之地。上述计划实际早已拟定，只是由于北市至峒中段界址更改后，中国钦差大臣们如愿以偿，他们的界务总办才宣布疆界业已勘定，这一计划也就未付诸实施。我承认，要是我洞悉了个中情形，就不会取和解通融之态了。然而，我当时不明就里，因而问题现在也得以解决，这就特别对我们有利。不过，要是接阅了我前几封信的内容后，那么，对我以上种种所述也就毫不足奇了。

中国股匪越境所走的两条公路的两头都可以派兵轻而易举地守住，因为八庄乡出让给我们以后，两条公路的起讫点已被我们控制，而八庄乡从商务贸易上看，不会有多少收益。这样，我们监守关卡也更加方便，进而可以制止东京对华出口中的走私现象。上述公路起讫点间，皆有一支难以逾越的山脉作为天然屏障。

当然，我们决非因这些有利条件而更正了界址，但在我们因其他各种原因而基本决定这样行事后，这些条件基本上促成了这一决策，即同意更改界址。

我利用答复来函的机会，向您提供这些情况以作补充材料。

（原件第 186～201 页）

附件 8

八庄总

一、北岩社（Bắc-Yiam-Xã）

田地　50 亩 1 分

人口　25

现金（串钱）税　28 贯 7 钱 7 元（dông）

实物（大米）税　12 斛（hoc）33 碗 5 合 5 尺

二、古弘社（Cô ˜ Hoang Xã）

田地　18 亩 4 分

人口　13

现金（串钱）税　13 贯 1 钱 46 元（dông）

实物（大米）税　4 斛 28 碗（bat）6 合

三、弘蒙社（Hoang-Mông-Xã）

田地　38 亩 4 分

人口　19

现金（串钱）税　25 贯 1 钱 47 元

实物（大米）税　9 斛 33 碗 7 钱 6 尺

四、上赖社（Thuong-Lai-Xã）

田地　25 亩 3 分

人口　14

现金（串钱）税　17 贯 6 钱 18 元

实物（大米）税　6 斛 19 碗 8 钱

五、绥来社（Tuy-Lai-Xã）

田地　32 亩 6 分

人口　20

现金税（串钱）　26 贯 5 元（dông）

实物税（大米）　8 斛 14 碗

六、栗山社（Lât-sŏn-Xã）

田地　26 亩 8 分

人口　16

现金税（串钱）　15 贯 7 钱 57 元

实物税（大米）　6 斛 34 碗 6 尺

七、雾溪社（Vu-khê-xã）

可耕地　2亩3分

人口　15

现金税　15贯6钱

八、蒙山社（Mông-Sǒn xã）

人口　14

备注：　1亩=48公亩94公厘　401.6

1斛=76公升225

贯为串钱绳索，5至7文钱为1安南元

（原件第202页）

狄隆90号函

狄隆致外交部长函

芒街，1887年6月6日发

部长先生：

随信附呈我6月3、4两日致安南与东京总公使先生信函抄件两份，请查阅。该两信函均谈及我在上月（5月）30日第88号各函中所提到的两份秘密文件。

上班邮船开离时，情况不允许我将当时向您转寄的该两份文件的译文亲自核对一遍，看是否确切。以后我作了核实，故特去函请您将上次寄上之译文作废，代之以附在我致总公使信函抄件后面的两篇新译文（附件1乙及附件2乙）。

C. 狄隆敬启

（原件第204页）

狄隆第90号函附件1

狄隆致安南与东京总公使函

芒街，1887年6月3日发

最近，我收到别人交来的在11月事件前的一封中国人信件，此信是在飞地一座被人废弃的房屋中找到的，写信人系东兴的一位中国秀才，收信人则是这一带的安南绅耆之一。虽然我并不认识信中涉及的一应人物，然而我认为该信所述内容是真实可靠的。如果单以此信的真实可靠性来认定中国当局在勘界前策划的种种阴谋显然是不充分的，然而除此信以外，我们还掌握了大量有关证据，此信只作为这些佐证的补充。

该信中所述乃他们策划的一个圈套，即把某些所有权状改头换面以备与我们争执时使用，此中的原因可从当前的背景中找到。该信的大体意思是白龙尾与先安间（上述两地包括在内）的整片安南地域必须更改其各种所有权状，违者须受惩处，其目的无非是使人相信，所有权状所涉及的一切不动产均属中国所有。从新凭单中可以看出，江坪（良智）不划归海宁府万宁县的茶古社，而属钦州直隶州思勒乡所有。在白龙尾半岛上定居的人受到了表彰和奖励：他们参与了这一骗局，故得到了一两纹银的赏金。白龙尾过去一直属良智社所辖，对良智社进行蚕食和吞并的种种尝试也必然要波及该社以下的辖区。

该信所述的另一项内容是在万春湾（白龙湾）四周筹建一套军事设施。总公使先生，您想必还记得，我们在该海岬设置临时哨所期间，中国人竟谎称我们杀死了他们多名士兵。数天前才被任命的一位所谓白龙尾武将（其任命目的显然是为了实现上述计划）为此还起草了一份禀报。如果当时我们不迅即占据飞地和白龙尾，则中国人在这方面绝不甘居人后，一定会抢在我们前面行事。接着，我们就会发现他们早已完成对这一带的军事与民事占领。除非我们与中国官军或官员发生冲突，否则就休想提出我们的权利要求。只是由于保护国政府及时迅速采取措施并坚持不渝地贯彻执行，我们才得以维护了自己的事业，所面临的危险仅是股匪方面随时可能发动的进攻，但这种危险毕竟并不严重。

凡尚未由我军进驻，而中国又对之垂涎的广东与广西的边境地区的局势均是如此。为此，我们如果不立即加以占领（此事在当时无法实现），也必须迅速勘定其疆界。以后事态的发展又使我们的任务变得更加复杂，这种情况越明显，我越是认为当时在大事方针上坚持原则而不求在细枝末节上寻求尽善尽美的做法是恰当的。

[狄隆第90号附件1（乙）与附件2（乙）与第88号文附件1与2雷同，故从略——译者注]

（原件第205页）

狄隆第90号文附件2

狄隆致安南与东京总公使函

芒街，1887年6月4日发

兹随函附上另一份秘密文件的译文，以供参考。此件亦系最近接到，且我认为其真实性也毋庸置疑。此系统率广东省西部地区中国军队的督办致两广总督公函的抄件。

冯将军禀报，他已接到根据邓钦差提议由广州发来的指示，并已奉命进行了各项军事部署。信中所述乃指在我军进占飞地以后中国军队的一次调动，其口实是守卫与该飞地紧邻的中国边境地带，亦即钦州县一带。由该文件中可得到两项（原文为“两”，但此处疑是“三”字之误——译者注）重要情报：一、中国官吏内部，决无人将白龙尾半岛和该飞地的其余部分视为中国所有；二、面临我军对飞地军事占领这一既成事实，广东省官员们尽管大肆喧嚷，作种种舆论准备并试图吓倒我们，但从来只打算在必要时采取一些防御措施来对付我们；三、占据白龙尾岬角给我们带来许多好处，其中之一是可以在我们与近邻发生战衅时，使他们受到很大的牵制。

一、若官吏们认定飞地与白龙尾海岬均系中国领土，而不是单纯地指控我们有越界企图，则他们会众口一词地指责我们已经采取的行动。

二、广东边境勘界工作恢复进行时适逢海南岛发生叛乱，两件事的不期而遇自然促成了杜森尼纵队被迅速派往飞地，从而使中国军队无法抢在我们之前占领江坪与白龙尾。毫无疑问，两广总督并不等待北京发来谕旨即会主动设法酿成事端，结果当然会挑起帝国政府对我们的不满，进而来对付我们，这方面的一系列事件暴露了他的策略中不可告人的目的。虽然无法赶在我们之前捷足先登，但他置军事与财政窘境于不顾，不惜一切代价，派出一支援军赶赴紧邻我们的地区构成对我们的威胁。所谓“必须随时对付来自法方进攻的危险”云云，纯系他与邓钦差协商后借以达到其目的而提出的口实。至于想把我们从已被我军占领的阵地赶出，则除了面临物质上的困难以外，他要这样做，也就不能不公开参与国际性战衅：为此，没有采取攻势者当全盘皆赢。他们派出上述援军一事表明，尽管在我们这部分边陲地区表面一片平静，但是决不过早地从这一带撤出武装力量对我们来说又何其重要。除地方民团和钦州县所统辖的兵弁外，来自海南的2000兵丁也被股匪们视为在形势需要时可随时取用的一支后备力量。若是我们过早地削减兵力，则这种情势必然会发生。前黑旗军首领刘永福当时正在钦州伺机而动。

三、企图在边界上屯兵和我们对峙的两广总督，由于我们占领了白龙尾，故除了龙门以外，再无其他地方可供其兵丁登陆。但只要看一下海图便知，想靠近龙门又何其困难。那里到处布满了沙滩和悬岩，同时，水流亦很湍急。战舰溯流而上，至龙门后几乎无法继续北上；若想由龙门再到飞地以北，则只有换乘帆船，且抵达钟兰（Tchong Lan）后也不能继续行驶。我军的占领切断了作为他们运输大动脉的两条公路。第一条公路从钟兰出发经中国防城后，横贯白龙尾半岛以北，深入东京，穿越江坪与长山，然后折回中国的冲卜（Tchonk Pak），转经罗浮（Lofao）直达东兴。第二条公路经中国防城后，亦从钟兰出发，折向中国那梭（Na-So）后分岔，其一条岔道穿山越岭经罗浮达东兴，另一条则需经飞地的河道自那梭（Na-So）至江坪，在飞地境内，通常需乘小船继续行驶，经中国竹山后再沿界河北上直至东兴。我们所得的任何新信息和新资料都表明，我们占领飞地与白龙尾后，中国人在与我们开战时将会受到束缚。众所周知，在最近几次战衅中，我军战舰不得不在白龙尾海岬前巡航以阻挠敌人选择路径。在白龙尾前亦即在九头岛和北海及虎腰（Ho Yao）两自由港附近，我们可以毫不费力地监视某一敌国在东京湾中的行动，迫使它将登陆地点转往远离我们的其他处所。此信中再要作详尽阐述显然并不恰当，然而，综上所述，足可看出本函所附的那份公函引人瞩目的关键内容是：中国人目前只剩下一条路径，但相当难走，而且必须穿过自钦州经那梭，越崇山峻岭直至东兴的那一片人烟稀少之地。

（原件第 211～213 页）

勘界委员会政治处

保护国管理科　　第 91 号文

狄隆致外交部长函

芒街，1887 年 6 月 6 日发

部长先生：

法兰亭先生在其在海宁（芒街）的短暂逗留期间，曾在一份来函中对我说，安南当局过去一直视我们已作了界址更改的地界为其司法权限管辖范围之内。我向法兰亭先生表示：作为一个当局，最初连自己的行政区划在何处都无法告诉我们，而今却下如此坚定的断语，这不能不令人感到惊讶。上述有关信函的抄件附呈在我上月（5 月）4 日第 77 号函件中。实际上，上述行政区划边界当时是由勘界委员会刚刚公布的。

在与总公使先生及杜森尼中校先生相互通信以后（这宗信函的抄件我在第 89 号函中已附寄于您），我又设法获取了一些有关已出让地域的那个乡的乡长情况，亦即负责征税和摊派杂差的地方政府官长的情况。为此，我曾致函海宁副公使馆。副公使馆立即询问了安南地方官吏，并像以前一样，通过他们了解了一些情况。海宁府知府当时被催告须作详细禀报，但他最初既说不出该乡乡长的名字，又不知道他的住所。后来，在我们的坚持下，他颇感窘迫，而且为不了解自己所辖地区的情况而万分羞赧，于是，便派出一批脚力，携带致当地士绅的信件前往询问。这样才证实了勘界委员会对有关地界业已得出的勘测结果。那里历届乡长均是从中国人中遴选，人事经多次更迭，而安南当局却蒙在鼓里；当中国官吏公开干预该乡事务时，安南官吏连中国人入侵之事都一无所知，更谈不上起而抵抗。随此信附上的有我就此事致海宁副公使馆干事的信件和他的答复。

海宁知府最初之所以坚定声明，出让的地界系安南所属，只不过想在一位不久前才抵达那里而且明确表示只想小住数天后即行动身的外国人面前掩饰自己的无知而已。法兰亭先生对那里的情况完全陌生，而且只逗留极短时间，故无法核实土著官吏们的说法。

然而在当时，勘界委员会毫不怀疑八庄乡系安南所属，因为委员会在更改界址时自己也作了这番宣告。而今，我之所以提出海宁官吏们从前的愚昧无知，是想更明确地表示，尽管法兰亭先生信中提到（安南官吏们）装腔作势地做了声明，但出让那部分地界仍然是无关宏旨的。

C. 狄隆敬具

（原件第 217～219 页）

狄隆第 91 号文附件 1

狄隆致驻海宁代理副公使信函抄件

芒街，1887 年 6 月 2 日发

务请代我转问海宁府安南官吏（知府）以下事项：八庄乡乡长姓甚名谁，是中国人还是安南人，他是何日选出的，最近一次在此间露面系在何时。

我想了解上述情况是希望补充关于最近一次界址更改事宜的记录。界址更改区包括构成八庄乡的几组房屋群，其范围自嘉隆河与北仑河汇流处直伸至西北的群山会合处，这一山地自我方境内的马鞍山开始绵延，直向峒中伸展。

（原件第 220 页）

狄隆第 91 号文附件 2

法国驻海宁副公使馆干事致芒街勘界委员会法方主任函

海宁，1887 年 6 月 2 日发

主任先生：

本日来函收悉，特此奉告。即使此函昨日收到，我也难以作复，因为迄今为止，我还得不到八庄乡乡长的任何信息，此人尚未在公使馆露过面，海宁府知府连他的名字也一无所知。但这位官员曾向北岩（Băc-Niam）村一村民打探过我希望了解的各种情况，昨日他收到这位村民的来信，我现在立即致函相告，不敢稍有耽搁。在 11 月事件以前，八庄乡有一名乡长，系华人，名叫陆天水（Luc Thien Thuy），住在北岩（Bac-Naim）村。此后，一个名叫黄立福（Hoàng-Làp-Phù）的土族（Thô）首领取那位华人乡长而代之，黄立福是中国官吏黄福万的亲戚。据说，黄福万已设法除掉了那位前任乡长，原因是他不仅不听他的指挥，还在去年9月往见海宁省安南官吏。

顺致崇高的敬意

□□（原文不清——译者注）谨启

（原件第221页）

勘界委员会政治处

保护国管理科　第92号文

狄隆致法外交部长函

芒街，1887年6月11日发

部长先生：

本月6日，我曾奉上第91号函，参阅此函后特立刻再奉一函，并随函附奉我顷间收到的驻海宁副公使馆干事的另一封信（信中另有附件），以作为关于界址业已更改的那部分领土的补充资料。

副公使馆所进行的任何新的核查都证实了勘界委员会所掌握的种种情况，从而促使委员会同意做出这一无足轻重的更改。

安南当局对这块主要由海盗盘踞、境内只有零落可数几座小村的地界也仅维持徒具虚名的司法权限。要使这种司法权限切实有效，就必须与先我们之前就在这地区行使统治权的广东与广西两省官吏开一战衅，进而采取一些迄今安南当局本身一直并不在意的措施。但这些措施最后将为别人提供机会，随时可以心怀叵测地为我们制造更多的麻烦，开一战衅而下如此大的赌注，这是得不偿失的。

狄隆敬具

（原件第222～223页）

狄隆第91号文附件

驻海宁副公使馆干事致勘界委员会主任狄隆函

海宁，1887年6月7日发

我于6月2日曾奉上第12号函，向您禀报了有关八庄乡土著官员的一些情况，为进一步补充该信内容，今特去函并将海宁府知府今晚向我发来的一份信函译文的抄件一并随信附奉，请一阅。在信中，这位官员又就同一问题向我提供了一些补充材料，它们或许会对您有所裨益。

布礼

又及：对附上的信件译文似应作以下几点说明：

八庄乡内的八座村庄完全是由一片茅屋群构成的小村落，其中只有一座村庄被视为大村，那就是北岩村。

被称为土人与猛（Mang）人的村民系中国籍土著人，山中的安南族人情况亦如此。

如果说，八庄乡村民曾经效忠过安南官吏，那也是陈年旧事了。

最后，在最近我与海宁府知府就八庄乡一事进行的晤谈中，他向我保证，该乡居民一直都是海盗肆虐的对象。

译文：海宁府知府致副公使馆干事先生函

干事先生：

您本日来函要求提供有关八庄乡的补充资料，特别是关于乡民的构成以及是否仍效忠于安南官吏或者说，乡民是否确未受到中国官吏的影响等情，您还想了解，若外国人前往该乡将会受到何种待遇。现特复函作如下解释：

八庄乡共有八村，其中蒙山、上赖、栗山及绥来四村村民主要是土族与猛族，华人极少；其余四村即北岩、弘蒙、古弘与雾溪，由华人、安南山民或土族各族人杂居。

该乡乡民从前曾效忠于安南官吏，接受他们的治理并听从其命令。但早在11月事件以前，没有任何社区官员到过海宁府。我曾试图从我处［灵黎（Linh-Lê）］派出民防队员，向八庄乡乡长及各村村长转达命令，让他们前来此间。然而，两名民防队员回来后对我说，前任乡长黄立福命人将他们逮捕并关押入狱，还命人用藤条把他们抽打一顿，所幸他们最后终于成功逃脱并安然返回。

同庆二年闰四月十六日

（公历1887年6月7日）

（原件第224~225页）

勘界委员会政治处

保护国管理科　第94号文

狄隆致外交部长函

芒街，1887年6月13日发

部长先生：

随函附呈驻海宁副公使馆干事寄我的一份信函，请一阅。我曾向这位干事询问过，指控法国当局给天主教教民以特权一事——这一指控系我曾向您转寄的一份秘密文件的内容——是否多少有点根据。您从附呈的答复中可以知道，这种指控纯属谎言。

恭祝

钧安

狄隆敬启

（原件226页）

狄隆第94号文附件

法国驻海宁副公使馆干事致芒街勘界委员会法方主任函

海宁，1887年6月13日发

主任先生：

您曾转寄我一份钦州文人与百姓拟写的抗议信，从该信第五段中我发现如下字样："法人驻屯于芒街与江坪后，即劫夺村民之财物施于教民，并授其枪械使之荼毒中华。"

主任先生，无需我在此饶舌，您谅必与我一样知晓，这些荒谬的指责毫无根据。无论如何，我可以向您断言，该区教民没有分得任何土地，也无人发给他们任何枪械。只有海宁府民防队中的教民才持有枪械（他们所指的大概就是这些教民），但他们属茶古社与春□（原文此处有一字未印出——译者注）社管辖，而且被编成一支正规军，由法国士官统带。

布礼

□□谨启（原文不清——译者注）

（原件第227页）

勘界委员会政治处

保护国管理科　第95号文

狄隆致法外交部长函

芒街，1887年6月13日发

部长先生：

我在5月30日第89号函中，曾向您转呈了我当时刚刚与总公使先生就修改界址的地域一事而相互来往的一宗信函抄件。

为对这一情况作进一步补充，今随函再附呈我最近就此事寄总公使先生的信函抄件（含附件）一份，请查阅。

C. 狄隆敬具

（原件第228页）

狄隆第95号文附件1

狄隆致总公使函

芒街，1887年6月2日发

随信附上我刚才致杜森尼中校的一份信函抄件，以作为我5月30日信函内容的补充。在致杜森尼信中，我遵嘱将北市至峒中段的勘界情况转告了他。

此信内容连同我前一封复信大概足可向您说明，我们同意以更改界址为由出让的地域界线在何处。由于该地区的地图不作详细标明，故我在转告您所询情况时不得不局限于作大致介绍，然而这些情况至少使人不再怀疑新界与旧界相差无几。既然这些新的说明具有一定价值，那么，总公使先生，我对于因自己延长了在此的逗留期而能向您提供这些新情况感到荣幸。

虽然有关地域一度曾确实属安南所有，但这也只限于那块飞地。虽然我们始终坚持我们对这块领土的权利，但中国也一直要求取得这块领土。这些都是您业已了解的事实。

中国人一面像往常一样固执地坚持其对这块领土的要求，一面又把注意力更多地集中到占据江坪、白龙尾海岬以及沿海各岛上去。我曾于5月15日随函附奉一份密件，您谅必亦已从中看出这一点。此件中有如下一段：“法人有海战之优势，若界务委员出让陆上某地亦并无大碍；然若勘界委员会将海上重镇让于法人，情形则大不相同，此种做法必将危及我方安全，后果不堪设想。”中国人对这块飞地虎视眈眈的证据不胜枚举，我的总结报告今后将加以概括。

然而，虽经我们多方努力，最后仍不得不对界址做些微的修改，其原因盖出于当时特别严重的局势。我之所以说“些微”二字，因为根据我们手头掌握的文献分析和从我们所收集的多种资料中均可一目了然地看出：旧界与新界之间的那片地区的军事与战略价值实在微乎其微。至于我上文提到的严重局势中，有几次已发展到需要重新布置兵力的程度，而如果在已占据的阵地上继续按兵不动，势必大受损失，有几次则是迫使我们进行这样的抉择：要么领一败局，要么冒险与中国开战。我前已来信谈及过此事，故大概不必再对此赘述了。

这次界址更改也可能不作定论，因此我主动提醒北京，若它认为适当，最好对这一问题略持审慎态度。我之所以为此事发过电报，是因为万一局势有所改善，则就有可能取消那种我们当时原来不想采取（虽然实际上并无多大妨碍），但为避免事态复杂化和使勘界工程得以竣工又不得不采取的那种措施。

（原件第 229～231 页）

狄隆第 95 号文附件 1（乙）

狄隆致杜森尼中校函抄件

芒街，1887 年 6 月 1 日发

亲爱的中校：

驻安南与东京总公使先生 5 月 25 日来函说，若位于先安河上游的八庄、建阳与同文内三地经划界后已让给了中国，则他要我向您转告。

现随信附上我赶写的一封致他的函件抄件，您接阅此复函后对情况当亦大致有数，下文我想再补充说明一点。

界址被更改的那部分领土并非在先安河上游，而是在与先安河上游相对的地区内，中间相隔一个多山的高原，东面则以北仑河为界。

我曾向您表示过，愿意补充对您来函来电所进行的答复，现借此机会，了却我的这一夙愿。

横模为建阳乡一社区，在我 5 月 26 日电文中所提及的那份原始界图中，被标于先安河流域的多条公路的交叉口，在峒中西南约 10 千米远处。（中国）钦差过去和现在都切望占为己有，因此，亟有必要在当地勘察一番，以确定该地对我们来说是否有保留价值。

1886 年 11 月 18 日，一位曾经与海士先生有过交往的广西传教士这样写道：“在北仑河畔，大家正忙于接待中国钦差，为此还专门开辟了一条相当宽阔的公路，直通华人土语叫作峒中，而在安南语中却不详其名称的墟集。据说，此墟集位于一条直通先安的河流附近。”

这一情况对我们来说是进行一系列勘测和研究的线索，经过这番勘测和研究，终于使我们与中国人就这一地点达成了协议，接览一号界图对此也就一目了然。但根据我方密探所得情报和我的笔记中记录综合而绘制的多份略图，都将这一地点标在北岩隘（Pac-Ngam-Ai）以北和沙岩隘（Chac-Ngam-Ai）以西。

至于一号界约上所载的与我方边境接壤的中国各村镇名称，我从您5月23日的来电中得知，安南官吏对此一无所知。由此似乎可以证明，在您曾经逗留过的建阳乡，我们没有向他们出让任何领土。

布礼

狄隆（签字）

又及：我方一号界图上用于确定新界的方位标位于峒中老村（或墟集）以北三里处。后来很可能又作了较大的变动，此类事情在邻近社区的地域常有发生，而现在，则可能转移到了横模地界内。

如果我没有判断错误，则我认为这就是安南人在您面前也把横模称为中国名字“峒中”的原因。

另一种情况也有可能，即就土著人知道的情况，他们已认为八庄乡位于先安河上游地区，他们持这种看法的原因是先安河与北仑河在他们看来只不过是同一条河而已，有多份安南地图也是这样标注的。因为两河的源头确实相距很近，而且据许多土著人报告，两河发源于同一山脉，但各自又从相对的山坡流下。

（原件第232～234页）

勘界委员会政治处

保护国管理科　第96号文

狄隆致法外交部长函

芒街，1887年6月□日

部长先生：

鉴于我即将离开此间，我认为对1886年11月事件稍加回顾似有必要，然后再来综述我在我的一位同事——海士先生曾因我们的敌手背信弃义而光荣献身的地方逗留数月所得的考察结果。

我向您奉寄的各种文件本身即能作为下文的佐证，而无须再采用其他方式一一提及。我还想借此机会，冒昧地将两广边境与云南边境勘界过程中发生的重大事件作一对照。

我上文提到的第一宗事件发生在芒街，而当时我们因故留在老街而分身乏术，您大概还记得，由于在整个红河上游地区局势突然复杂化，故在最后一刻我们得知在我们回程途中已有伏兵设下并等候着我们，而且还了解到军事当局为我们动身而煞费苦心的为难处境。这些在不同地点同时策划的阴谋是否存在着一定的联系呢？也许在将来还有不少秘密会被披露出来。目前，只要说明一下几桩看来相互雷同，而其本质又神秘莫测，需要一定时间才能弄清的事件都发生在同一时期即可见其端倪了。虽然我们对这些事件的内在联系尚未弄个水落石出，然而芒街事件的真相却已大白。

两广总督的方针是要在法国投票表决拨款议案的当口为我们在东京制造种种障碍和麻烦进而迫使我们放弃这一地区。一直追溯到 1886 年 9 月为止的广东官员们策划的种种阴谋，其根源皆出于此，我在去年 12 月 19 日的一份公函中亦向您提到过此事。

由龙门海军当局设法调入飞地境内的官吏当时曾表示他们的意图在于进占白龙尾与先安之间的地段，他们还说，准备在那里向守卫该地区的海宁、河桧与先安哨所同时发起进攻。这一事实足可证实我驻广州领事于今年 1 月 15 日向我们转达的一份情报，这份情报是这样写的：“一位消息灵通人士对我说，芒街的暗杀事件是在去年 10 月由张之洞（两广总督）、刘永福（前黑旗军首领）与邓承修（勘界委员会中方主任）共同决定的。”

中国官吏的觊觎之地常遭到抢劫掳掠，因此，在那里，保护国的建立，亦即一个强权政府的设置也就会遭到反对。法国人的到来制止了在河桧、潭河等地盛行的贩卖妇女和儿童的行径，同时也干扰了在海宁府拥有大批会员的天地会的活动，海宁府天地会中，华人入会者甚众，而该会的宗旨就是以此为幌子进行海盗活动并借以逃避惩罚。这一组织初创于中国，且是秘密结社，以后又传播到有华侨聚居的外国城镇，它始终想以自己首领的势力来代替地方政府官员的势力。在天地会会员中存在着一种同舟共济、利害一致的关系，无人敢对他们中任何一员进行复仇，生怕会招致其同伙全体一致的报复。多数人入会是为了保障自己的安全。

河桧—潭河的百姓以及天地会成员对中国官吏来说，自然就成了他们潜入该地进行骚扰进而实施自己计划的现成工具。于是，他们之间达成默契，作了分工：一方公开出面，另一方则在一旁坐以观变。这就是股匪得以从边境潜入和在芒街刺杀事件以前和其间在东兴分发枪支弹药的真正原因。这也是他们后来对我们以尽人皆知的事实为依据提出的论断也竟敢矢口否认的原因所在。没有来自中国的华人从中协助和官吏对他们的纵容，11 月事件本来是不会发生的。

只要人们对芒街伏击事件的特点稍加留意，自然就会联想起龙膊（le Long Po）河的伏击事件。在这两次事件中，至少是中国各省地方官吏漫不经心的态度才使中国股匪得以轻而易举地与安南叛匪纠合在一起，进而使进攻法方界务委员会之举能够得手。

尽管我们作了多方努力，8 月 19 日和 11 月 27 日以后，我们都无法在现场勘定边界。在前一种情况下，种种意外的障碍以及与老街交通联系的缓慢使必需的援兵无法及时赶到；后一种情况则是中国钦差大臣表面虚与委蛇，实则拒不合作的态度使一切无法进行。于是，勘界工程只能根据两国政府达成的协议按界图进行，这样才使工程进度大大加快，而如果这项工程再延宕下去，势必会使我们面临比过去更为严重的困难。以后，被中国所垂涎的那片领土亦必将由其管理和进占，除非我们在不同地区布开我们的军队的同时，抢在他们以前行动。

不论他们采取了何种措施想来吓倒我们，而且这些措施不幸已带来了过多的无可弥补的损失，但勘界结果毕竟使中国人原先所存的希望化为乌有。在我们抵达老街以前，他们早就命人在昭晋州（le Chien-Tau）的丰梭立下界碑，并通过文告，要求自龙膊河入口处至老挝境内的红河右岸的大片领土归其所有。他们还命人将一名苗族首领——他是我们在那里不可或缺的盟友——从这块当时鲜为人知的区域赶走。对于他们的这些活动，我们当然要进行勘查，勘查后使我们决心维护安南的无可争辩的权利，于是，上述地区在数月以后即成了我军立下辉煌战功的战场，直至那里的边界勘定，我们的影响以及我们那位盟友的势力得到牢固确立为止。同样，中国钦差大臣也在我们尚未占领、而与云南省接壤的东京另一地点立下界石。这样，他们企图把北起马白关（Ma-Pac-Kouan）、南至大赌咒河方圆 1000 多千米的领土占为己有。他们在这点上是寸土不让。但此后，他们终于仍承认我们在该地域中的权利，只不过以更改界址为由要求取得这块领土。我在 1886 年 11 月第 29 号函件中向巴黎转达了这一要求，但附上了我相反的意见。最后，他们又提出，要求广西与云南附近的富庶地区保乐（Bao Lac）归其所有，然而经过长时间的争执，他们终于也承认了我们对保乐的权利。我不准备在此作全面阐述，而只是略提一下他们的重大失败何在。在失望之余，唯一使他们得到满足的是我曾向您汇报过的在边界上作了微小的更动。

至于我们的敌手目前盯得更紧的江坪与白龙尾两飞地，虽然他们曾千方百计策划种种罪恶偷袭活动来对付我们以便加以猎取，但现在已被我们合法占领，对他们的喧嚣叫嚷和没完没了地捏造谎言，我们亦可以不予理会。我从一封中国来信中得知，保护国政府这一强硬的态度有利于维护我们在东京四周的威信。

我觉得，我目前的唯一职责是确保别人垂涎已久而我们早就在维护的权利永远不被侵吞。这样，我们还可以在维护上述权益的同时维护巨大的物质利益。

我认为，还必须要求引渡白恰（Ba-Ka），白恰乃天地会一首领，又是去年骚乱活动中的主要肇事者，如今却仍在与芒街相对的东兴城内逍遥法外，而中国官吏对此却视若无睹。

邮车发车在即，今日已无法谈及立界问题以及其他原来打算涉及的问题。

（原件第 236～242 页）

勘界委员会政治处

保护国管理科　第 97 号文

狄隆致外交部长函

芒街，1887 年 6 月 13 日发

部长先生：

您 2 月 18 日来电，命我应与法兰西共和国驻中国公使先生以及驻安南与东京总公使先生保持经常性联系。事又凑巧，我适才收到恭思当函件一份，当即随此信附呈于您，请查阅。您从此信中可知，对您的指示我从未违忤。

悲幽先生也对我向他定期告知我们的工作进程一事深表满意。

C. 狄隆敬启

（原件第 243 页）

狄隆第 97 号文附件

恭思当致狄隆函

北京，1887 年 5 月 13 日发

主任先生：

3 月 4 日、18 日与 29 日所来各函均已收悉，其中的附件亦同时收到。对您信中提供的情况深表感激，这些情况对我目前正在进行的谈判将大有裨益。您按时向我告知你们的工作进程，对此我深表欢迎。

顺致崇高的敬意

恭思当谨启

（原件第 244 页）

法外交部长致狄隆函

巴黎，1887 年 6 月 17 日发

狄隆君：

从您最近的一宗报告中获悉，你们自 3 月以后即已完成了你们的工程，这样，除目前正作为我国驻北京公使与总理衙门谈判内容的白龙尾飞地尚待勘定边界外，你们的勘界作业已全部完工。值此政府委托你们的任务竣工之际，对你们如此出色完成一项艰苦卓绝的任务，我谨向你们表示我的满意和嘉悦之情。你们那种百折不回、坚持不懈、不畏疲劳的精神以及你们理解中国政策方面的宝贵经验终于使本来很可能会引起我们与中国之间一场严重争端的这项作业迅速完成。你们在谈判中所贯彻的和解通融之精神促成了双方界务委员会达成谅解，加速了协议的缔结，从而为我驻北京公使受委进行的将领级别之间的谈判提供了方便。我对您所采取的程序，特别是您所得的结果表示赞赏。此外，欣悉您的副手们工作卓著，足堪赞扬，我亦将在可能范围内考虑您对他们的举荐。

（原件第 245 页）

狄隆致法外交部长电

芒街，6 月 20 日发

海防，1887 年 6 月 23 日上午 7 时转发

巴黎，23 日上午 10 时到

中国钦差因健康原因撤离，一切事宜即将在北京最终解决。我认为我在此间的任务已了，务请向河内发去指示，我将在 27 日（星期一）抵达该城拜谒悲幽先生。现仅有保尔·倪思（Paul Neyss）医生作为界务委员与我朝夕相处，他亦提出相同要求。

（原件第 246 页）

勘界委员会政治处

保护国管理科　第 98 号文

狄隆致法外交部长函

芒街，1887 年 6 月 25 日发

部长先生：

兹随信附奉我近期与恭思当先生来往的函电抄件一份，请阅。

在我听取了法兰西共和国驻中国公使先生的意见并同意他要我在芒街逗留一段时间的要求以后，要是他又改变初衷，认为我还须继续在芒街逗留，我亦认为必须在明日出发前往河内接受您发来的指示。

我现在撤离芒街的形势已与 3 月底时的局势不同，那时我曾向您转报了一些情况，这些情况使中国钦差大臣们奉命与我一起留驻边陲。如果我当时离开了芒街，那么，我

也可能让人认为（我离开此间所造成的其他不良后果不算在内）我全然不顾勘界事务的接续问题，因为这势必会使在北京取得圆满结局增加困难。如今，从公使团传来的最新消息说明，凡有争议的问题均已完全解决。此外，我的中国同僚离开这里后，使我无法与他联系。最后，若遇意外情况非我回去不可，则必要时我还可以返回芒街。以上所述是我前往河内的初步理由。

狄隆敬启

（原件第 247 ~ 248 页）

狄隆第 98 号文附件（函电）

（原电无日期）法国驻中国公使致东兴狄隆电（有线电报）：邓钦差要求赴钦州，总理衙门在将此事通知我以后即已准其前往。为避免因他撤离而引起误会，特来电通知。勘界委员会的工作业已口头通过并将在最近换约签字。因此，我对钦差的要求提不出任何异议，因他留在边境已无必要。

狄隆致法国驻北京公使恭思当电（芒街，6 月 13 日发）：您无发报日期的电文业已收悉。我们延长在此的逗留期乃是做出了个人的牺牲的，而且若仍有必要，我们随时准备留在此间。然而邓既已离开这里，我们难道仍需留下？走比留不是更好些吗？尊意若何，盼速告为感。

恭思当致狄隆电（东兴，6 月 19 日上午 10 时 55 分到）：本月 24 日前后，我们将签订一份界约，确定边界走向并解决有争议地界问题。一俟该界约签署后，我再向您电告。我认为，此后已无任何理由需要您留在芒街。

狄隆致法驻北京公使恭思当电（芒街，1887 年 6 月 19 日发）：邓今日来函称，他拟前往钦州待命，并提到界址更改事，此事在此之前纯属非官方途径提出，而今却已成为正式的官方要求了。这些要求均标出在我前曾通过悲幽先生转寄于您的界图上。其中的一项要求关系到我们早已修正的那段疆界走向线附近的领土主权，在这块领土上有属于我们所有的横模（在峒中以南）。在杜森尼纵队回来后，我才得知这一地点的地位极其重要。在此是否还有必要详细阐述上述要求？根据您最近来电的中心含义，我们亟盼获悉您能够维护我们对飞地以及对白龙尾半岛至少达半数面积的权利。万尾（Wan-Mie）与梅山（Mi Chan）两岛系飞地的组成部分，此点务请牢记勿忘。

我适才收到您首份来电，就我们的大概行期进行了答复。

狄隆致法驻北京公使恭思当电（芒街，1887 年 6 月 20 日发）：除非另有通知，否则我们拟于星期日晨离开芒街。

（原件第 249～250 页）

勘界委员会政治处
保护国管理科　第 99 号文

狄隆致外交部长函

芒街，1887 年 6 月 25 日发

部长先生：

在我临行之际，我认为似有必要向杜森尼中校去函致谢，感谢他派芒街辖区各部队对界务委员会施以的道义上的支援。现将我致他的这份信函抄寄于后，请阅。

我原希望今日将杜森尼中校在对先安上游进行了军事侦察以后命人绘制的一份界图描印件随函附寄于您，因为他曾对我说过，他拟寄我一份他们的勘测工程图，但看来此项工程至今尚未完成。

在勘界委员会未予介入的情况下组成的这支纵队，不幸曾因天雨而受阻，但仍然取得了实际效果，即断定了我们对那些具有重要战略地位的地点拥有权利，中国钦差对此也给予了承认，虽然他们仍以修改界址为由要求拥有这些地域的主权。

我动身在即，无法就此事向您详述。

C. 狄隆敬启

又及：顷间我收到杜森尼中校的地图。我大致一看，唯一值得注意之点是，新界直线走向是从北市朝峒中伸展，杜森尼纵队曾在此区域范围以外行动。此外，位于先安上游（杜森尼的纵队即在此进行了勘察）的重镇横模无可置疑仍归我们所有。

（原件第 251～252 页）

狄隆第 99 号文附件

狄隆致杜森尼中校函抄件

芒街，1887 年 6 月 21 日发

亲爱的中校：

根据我最近与恭思当先生来往的一宗函电，我完全有理由相信，我可于星期日上午撤离此间，一切问题将留待在北京最终解决。

在离开芒街以前，我时刻萦怀在心的是要向您反复表达我的谢意，感谢您在与我截然不同的业务范围内给予法方界务委员会以道义上的支持。在我执行任务期间，我多次有机会发现，你们在边界上出现所产生的可喜效果。这些效果的影响所及已远远超出芒街辖区范围，请允许我再补充一句，这些效果无疑表明，您确实是这一带可以控制局势的人。

在您我分别以前，我不能不对您表示谢意，感谢您在勘界委员会全体委员表示希望为去年 11 月 27 日谋杀事件的被害者建一纪念碑后，及时提出倡议以满足他们这一愿望。

您使他们的英灵齐集在一起，使大众对他们的英勇无畏与爱国主义精神有凭吊之地，同时，您对这些与您分操不同职业、但均已为国捐躯的公仆一视同仁，表达了应有的尊重。您的这种感情表现在对海士先生及其卫士或不幸的战友所给予的优隆待遇上，在这一方面您想得面面俱到，细致入微，甚至还吩咐在埋葬他们遗骨的墓地作了装饰。

借此机会，务请代我向您属下各军官转达我的谢忱，他们在您的事业中与您密切配合，并在我们逗留边境的几个月内对界务委员会始终表现了亲切热忱的盛意。

在我们的近旁有中国军队驻扎的情况下，以及在我们最近度过的十分困难的处境下却能普遍遇到您属下的士兵的友好态度，这不能不使我对他们整肃的军纪留下美好的回忆，同时，对他们在东京各方面所表现的尽职尽责的精神，我也不能不表示钦佩。

至于您深表关注的勘界事务，我对无法向您告知最终结果而深以为憾，这一成果当在本周内依靠我国驻北京使团的努力而取得。虽然我们现在还无法估计这一成果在有关问题上所能带来的益处，然而无论如何，我们对自己能为法国竭尽全力效忠一项正义事业而深感欣喜。

（原件第 253～254 页）

勘界委员会政治处
保护国管理科　第 100 号文

狄隆致外交部长函

河内，1887 年 7 月 5 日发

部长先生：

我当然亟盼勘界委员会全体委员都像我不久前一样得到褒奖。保尔·倪思先生是我尚未请求给予授勋和晋升的唯一委员。而今我不揣冒昧，向您推荐，请求授予他荣誉军团十字勋章。

随信附上他的一般简历和参加勘界工作以来的详细工作经历表一份，请一阅。

在整个勘界过程中，无论在龙膊河事件（即 1886 年 8 月 19 日，他表现出色）还是去年在老街抱病期间，他曾多次出生入死，甘冒生命危险。

当形势需要他留下与我单独相伴时，他不顾仍在发烧的病体尽心竭力，接替其他各同事，绘制了界图并起草了界约。当时，我总以为他无力继续与我一起留守工作，但他仍然以加倍的毅力完成了自己的任务。

在我们逗留芒街期行将结束时，我们四周的霍乱病却猖獗起来。他遂协助百忙中的驻地医生并按时前去支援，从未爽约，直至我们撤离、疫情已开始缓解为止。

窃以为，上述数例足可使我的给予其褒奖的提议可望获得成功。1887 年白藤江（le Bach-Thuan）事件后，驻安南公使埃莫米耶（Aymommier）上尉被授予四级荣誉勋位，虽然自 1885 年，即自从他的暹罗和柬埔寨之行以后，他仅有骑士级勋位。同样，因在奥戈韦河（l'Ogoué）（刚果）进行了勘查而在 1882 年前后获得骑士级勋位的巴莱（Ballay）医生，当时还仅是助理军医，但到刚果河勘界委员会工程完成后，他即被授予四级荣誉勋位。

恭祝

钧安

狄隆敬启

（原件第 255～256 页）

狄隆第 100 号文附件

倪思履历表

姓名：保尔·马里·倪思（Neis-Paul-Marie）。

出生日期：1852 年 2 月 28 日。

1870 年 9 月 12 日，战争期间志愿参军，后于 1871 年 4 月作为海军炮兵中士退伍。

1871 年 11 月入布雷斯特海军军医学校服务。

1873 年 11 月受任海军助理军医。

1876 年 11 月任二级军医。

1879 年 11 月任一级军医。

共计服役军龄为 16 年半，其中 9 年系在海上和殖民地度过。

1880 年至 1881 年，受交趾支那总督之委，负责勘测该殖民地东部与北部疆界，在此期间，他从北交趾支那出发直至平顺省，发现了同奈（le Donnai）河源头并与独立的苗（Mois）族各部落结成了友好关系。

上述勘测成果在下列文献中均有记载：《1881 年与 1882 年交趾支那之游及勘察》、1882 年《巴黎地理学会志》《巴黎贸易地理学会志》与《人类学会志》等。

在上述勘探以后，他即被提名授予荣誉军团十字勋章并被授予柬埔寨骑士团骑士勋位；1880 年 9 月（有一数字未印出一编者注），他衔教育部之命，再度离开法国前往上寮执行一项使命。

在执行此使命过程中（此使命直至 1884 年 7 月才告结束），他考察了琅勃拉邦的北部与东部。在他游历期间，法国、安南与中国之间突开战衅，使他的处境困难重重，进而迫使他打消了从上寮转至东京的计划。

他游历了掸邦（les pays Shan）和暹罗国的大部地区，穿越了柬埔寨，除记下旅游录（多数内容是闻所未闻的）以外，他还带回了一批他所踏勘过的地区的科学考察见闻和政治与商务资料。

其游记载于 1885 年《环游世界》杂志，旅游见闻及各种书信录则刊登在《巴黎地理学会志》和其他学术团体刊物上。这次旅游回来后，倪思医生于 1884 年 12 月被授予荣誉勋团骑士勋章和法国文化教育荣誉勋章。数星期后，巴黎地理学会授予其金质奖章，法国科学院在审阅了他的旅游录和各种见闻录后，授予他盖理诺·德拉邦德（Guérinaux de la Bande）奖金（这种奖金每两年颁给为祖国及科学做出最大贡献的法国旅行家）。

在自己的科学考察报告定稿以前，他又接受外交部长指派，参加东京疆界勘定委员会工作并于 1885 年 9 月 20 日由法国出发。

他于 1885 年 12 月抵达边境。勘界委员会主任浦理燮先生在为委员会其他成员提名表彰的电报中补充道："至于倪思医生，虽然他表示目下一无所求，但他仍取得了外交部所授予的各种新职称。"

翌年夏，在与达吕（Daru）少校结伴进行的对老街的侦察中，他的表现使他得到了外交部长的来信表彰。

在狄塞尔上校与卜义内少校撤离后，他单独留下，在狄隆先生的领导下完成勘界事宜并与中国委员协作绘制了正式界图。

他是界务委员中自始至终配合他人完成了全境勘界工程的唯一人员（其间，除因病休息三个月外，从未缺勤）。

（原件 257～258 页）

勘界委员会政治处

保护国管理科　第 101 号文

狄隆致外交部长函

河内，1887 年 7 月 10 日发

部长先生：

上月（6 月）28 日我抵达此间后，总公使即转我一份电报，电文中，恭思当先生向他概括地叙述了勘界工程与商务条约两方面的共同成果。直至那时为止，我一直坚持不懈地进行了激烈抗争，以保住包括白龙尾在内的整块飞地。但此后，我不再提出任何与既成事实相反的意见。我认为，既然有关方面已经达成一致意见，我若再坚持原来的态度，则不仅不能达到目的，还会超越我的职责范围。当然，我对出让土地一事情不自禁地表示遗憾，然而，摆在我面前的是一个总体解决方案，我对此已无能为力，而且这一方案的各项具体细节的意义只能与全局性意义相比较后才能加以衡量。此后，《海防信使报》7 月 7 日在一篇短文中，对宗主国政府进行了温和的批评，同时对我驻中国使团和勘界委员会也赞扬了一番。我当即认为必须致函该报编辑，然而一则我并不认识这位编辑，二则我不知道此种做法是否恰当，于是便将这一答复交由一位经验丰富而又正直善良的人审阅。此人看过后，考虑到种种与该报有关的因素，劝我什么也不必再寄。兹将上述短文以及我起草准备寄发的答复一并附呈于后，请参阅。

虽然这块飞地及白龙尾海岬最后终于出让给了中国，但是，（任何消息灵通人士都认为）我们在这些地域中的临时驻扎无疑是有其重大价值的。这种驻扎是合法和必要的，并且有它的实用性，而经验又表明，在最近数月中，我们留驻那一带绝没有危及我们与中国的睦邻相处。

其一，合法性：我们过去的拥有权将永远被人所肯定。我在 3 月 10 日致您的第 65 号函以及后来在 3 月 23 日致恭思当先生的电报中已将我们的权利作了概括。同月 6 日，我驻北京公使曾致我一电，电文如下："总理衙门要求我出让江坪与黄竹，条件是给予我们补偿。它对我们拥有这块领土的权利一事也未提出异议。"也许这种并不明说的对我方要求之合理性的承认仅适用于该飞地的一部分，但对于另一部分飞地，亦即对于白龙尾海岬，我们的要求也完全正当，虽然另有人顽固坚持，这些要求当时较难维护。既然在当时的条件下，我们已行使了上述所有权，那么，今后也永远不再可能对我们提出责难，否则将是不公正的。实际上，据我所知，在法方界务委员会提出暂时占领白龙尾半岛的要求以前数星期，这块领土早已划入杜森尼中校的活动范围以内，而当时中国并未提出异议。

对白龙尾的临时占领是经过钦差们当我们面表示同意后才实行的。但一位中国钦差以后又否认此事，其原因是中方界务委员会受到了非议，而既然有这种非议，就必然意味着当初中方界务委员会对此事是首肯过的。我曾在 2 月 17 日致邓钦差的照会中提到了这种非难，邓也竭力避免与我争执有否受过非难一事，因为这事是他的同僚和他本人告诉我们的。

其二，必要性：中国人曾经进行过多方面活动，这些活动的首要意图是想将这一地区占为己有。由此可知，只要我们拒不放弃这一地域的权利，那么，我们要维护这一权益，他们在道义上是缺乏根据来加以阻拦的。以后，他们又进行其他各种活动：试图对当地居民进行恫吓，让股匪越境攻打芒街和河桧，暗杀海士先生及其卫士，含沙射影地进行威胁，动辄寻衅……凡此种种都足可证明，对我们所属地区暂时先行占领已刻不容缓。我们今天可以自愿出让我们的权益，但我们当时决不能任凭别人通过制造谎言和借助暴力手段来侵占。最初，对谈判的进程亟难预料，然而后来两广总督千方百计想占领这一地区，散兵游勇们也要入侵该地。既然这样，又何能将中国士兵及官吏赶出而不冒发生国际争端的重大危险？除非想让 11 月暗杀悲剧重演一幕，否则怎能在勘界工程进行期间听任股匪横行无忌呢？

其三，实用性：我们捷足先登，抢在他们前面进占，至少可使我们掌握一个交换筹码以换取其他优惠待遇，否则，连这个交换筹码也可能从我们手中失去。在后一种情况下，对我们的权利作基本肯定也于我们有利。诚然，若非保护国政府的部分军队暂驻于飞地一定时间，则此事也难以办到。然而，在这方面付出的牺牲大概不会大于在我们邻近一带进行某些军事侦察所可能招致的牺牲，而这类军事侦察又决非法方勘界委员会所需要的。

中国人的仇外心理通常是一触即发的。因此，若遇到几个外国人或孤立无助的几群洋人，他们就会立即将威吓转化为行动。然而，各外国在他们眼中还有相当的威望，因而，只要它们有充分理由，站得住脚，那么，上述现象也毫不足惧。因此，充其量，中国人对外国只可能限于使用一些恐吓手段。这正是我们当时所处的境况。由此可见，大胆迎击来自两广总督的进攻决非轻率之举。因而虽然发生过一些轻微的摩擦，而且当时局势也异常紧张，然而，我们在事实上始终对这一地区维持着临时性占领直至于今，而且并未发生横生枝节等严重事态。基于这一想法，当中国钦差与钦州守土官员以隐晦曲折的威胁性言辞照会于我时，我毫不犹豫地予以答复，措辞之强硬，在不明真相的人看来，甚至有些过分。

我相信，即将返任的总公使在命我军撤离飞地与白龙尾海岬的同时，一定会声明保留我国对这些领土的权利，以防最近在北京签订的那份条约万一不被批准时有所作用。我认为与其一下子将军队撤离干净而不留任何余地，倒不如像上述那样撤军更有利些。这样，我们可以向他们表明，我们的撤离是有条件并且是自愿的。不过，今后必须使这种撤离在中国与安南百姓眼中保持这种双重性质，这样，也就应该使人知道，领土的让与是通过友好协商途径解决的，而且以换取其他方面的优惠为条件。今后有机会时，我亦打算这样向悲幽先生进言。

此间某些人对飞地重要性的评价似乎已突然转变。这使我觉得，企图再次付出努力来守住这块地域已成泡影，由此，我认为应及早撤出，但要特别注意做到在边境百姓眼中，我们是体面地撤走的。

C. 狄隆敬启

（原件第259～263页）

狄隆第101号文附件

狄隆致《海防信使报》编辑函

河内，1887年7月9日发

编辑先生：

贵报7月7日一期的镶边短文的上端刊出了我的名字。该文不仅以猜疑的形式刊出，而且文中的判断也有错误，窃以为有必要加以更正。

有鉴于我的官方身份，我只能持审慎态度，因而对此事不能直接干预，然而文中字里行间流露出的亲切之情使我相信，你们一定能考虑我的意愿，妥善恰当地自行解决，而不露丝毫痕迹，使人猜疑到我已去函说明。

我可以向您保证，勘界委员会自始至终都得到有关方面的有力支持。在勘界工程期间，同时进行了军事行动，这本身足以说明我以上所述绝非虚言。勘界委员会虽竭尽全力而结果又未能尽如人意，但这决不能责怪“巴黎”未将东京利益放在心上。

最终的解决方案虽然没有直接向我转达，然而我知道，其中包括了出让某些领土后换得的优惠。再者，中国人最后亦远未达到他们原定的目标。

我觉得，对某一问题应该从其全局考虑，而不能只看到它的局部细节。关于它的结局，也必须考虑到在某些方面人们的看法也会有不少分歧之处。

不管怎样，我奉到的各项指示均不容我怀疑，宗主国政府始终坚定不渝地保卫了东京的利益，甚至在和解通融方面也作了考虑。

狄隆谨启

附：《海防信使报》短文

狄隆先生：

勘界委员会一行在结束其各项工程后已于日前返回河内。他们所遭受的重重困难和所冒的各种风险亦尽人皆知。

虽然某些结果并非如我们所愿，但这既不能指责各位勘界委员，也不能非难我驻北京的代表。前者已全力以赴，后者则表现了足智多谋的才略。

然而许多问题均系由巴黎直接决定，而我国政府所关心的头等大事是德国问题，亟盼在欧洲保持随意采取行动的优势，这样，也许就未能抽出相当的精力来考虑保卫东京利益。

东京如此遥远，以致在法国，人们几乎已完全将其忘却，最后弃之不顾。

勘界委员会主任狄隆先生即将返回法国，最近已被任命为二等全权公使。这是他辛勤努力应得的奖励。

（原件第 264 页）

狄隆致外交部长电

河内，1887 年 7 月 12 日下午 6 时发

巴黎，7 月 14 日晚 10 时 30 分到

总公使亦认为我们的使命业已完成。恭思当先生也极有可能同意这种意见。我们若再延长在此间的逗留期，势必错过下班邮车。如您有指令召我回法国，务请电达海防，我们将前往那里待命。

狄隆

（原件第 266 页）

狄隆致外交部长电

海防，1887 年 7 月 18 日 9 时 15 分发

巴黎，7 月 18 日 6 时 30 分到

我一面在此继续恭候指示，一面派倪思医生去香港。若我们回国，务请准予走“加拿大太平洋”新航线。

狄隆

（原件第 267 页）

勘界委员会政治处

保护国管理科　第 102 号文

狄隆致外交部长函

海防，1887 年 7 月 22 日发

部长先生：

考虑到即将走“加拿大太平洋”新航线，我觉得有必要将勘界委员会一应档案直接寄您，为此，必须求助于法国邮电管理系统的照应。

我已把一应档案（清单另开，附寄于后）装在一只锌木复质结构的箱中。另将邮电局收据一纸随信附寄，请查收。

（原件第 268 页）

狄隆第 102 号文附件 1

今收到东京勘界委员会主任狄隆先生寄巴黎外交部长先生阁下的箱子一只。

此据

邮政局长□□（原文不清——译者注）

1887 年 7 月 26 日于海防

（原件第 269 页）

狄隆第 102 号文附件 2

勘界委员会档案清单

双方界务委员会来往函件

一，信封一件，内装中国钦差致狄隆先生信函

二，信封一件，内装中国钦差致浦理燮先生信函

三，浦理燮先生与中国广西界务委员会通信记录本一

四，内载中国云南界务委员会来函的记录本一

五，记录本一（内载浦理燮先生任界务主任期间与中国界务委员会交往中的一应文件）

六，狄隆先生任界务主任期间，与中国云南与广西界务委员来往信函一号登录本一

七，内载法方界务委员会一应界约的记录本一：共分两部分：浦理燮先生任主任期间和狄隆先生任主任期间

外交部

八，外交部来函记录本一

九，浦理燮先生与外交部通信记录本一

十，二号登录本一：内载狄隆先生与外交部来往函件

法国驻中国公使团

十一，三号登录本一，内载狄隆先生与法国驻中国公使团来往函件

十二，公使团来函记录本

十三，浦里燮任主任期间寄公使团信函记录本

东京民事当局

十四，狄隆先生任主任期间海宁副公使馆来函记录本一

十五，狄隆先生任主任期间老街副公使馆来函记录本一

十六，浦理燮先生任主任期间与民事当局通信记录本一

东京驻军总司令、总公使

十七，浦理燮先生致总司令与总公使信函记录本一

十八，浦理燮先生收到的总司令与总公使来函记录本一

十九，狄隆先生收到的总公使来函记录本

二十，狄隆先生致总公使信函登录本一

东京驻军总司令（军事当局）

(四号登录本)

二十一，浦理燮先生致东京军方信函记录本一

二十二，浦理燮先生收到的东京军方来函记录本一

二十三，狄隆先生与东京军方来往函件登录本

杂务通信

二十四，浦理燮先生杂务通信记录本一（来往函件）

二十五，狄隆先生收到的杂务信函记录本一

二十六，狄隆先生寄发的杂务信函登录本一

(五号登录本)

文献

二十七，各种条约与文献的正文记录本一（未装订成册）

函电

二十八，1885 年 10 月 28 日起至 1887 年 7 月 22 日止收发函电登录本五册（包括浦

理燮先生任职期间及狄隆先生任期内函电第六、七、八、九、十号登录本）

二十八（乙），浦理燮与狄隆两先生任期内函件登录本一（第十一号）

二十九，信封一件，内装有关两广勘界事宜的资料以及海士先生所进行的上述勘界工程

三十，信封一件，内装有关芒街属何国所有的地方资料（飞地部分包括在内）以及自北市至峒中段疆界更正记录（中方文献）

三十一，信封一件，内有关于老街、谅山、高平、室溪及宗寿（Chong-Tho）等地的各种文献

三十二，信封一件，内装勘界委员会在芒街逗留期间发生的各项事件的资料

三十三，信封一件，内装通信密码（两种用于编码，两种用于译码）

三十四，文件包一个，内装各种业务费用证明单据（账本、收据、申报单等）

三十五，公章一颗

三十六，德微理亚有关中安边境状况的著述手稿一本

C. 狄隆

1887 年 7 月 20 日于海防

（原件第 270～272 页）

勘界委员会政治处

保护国管理科　第 104 号文

狄隆致外交部长函

海防，1887 年 7 月 22 日发

部长先生：

去年 5 月我接任勘界委员会主任一职时，狄隆狄塞尔中校先生交给我三份关于我的前任任职期间完成的部分勘界工作的原始凭证。狄塞尔将这些文件保存在手头，作为范例，以便在不久以后与新的中国钦差交往中出示，以利于让人接受早已在广西应用过的行文体裁。

在浦理燮先生主持界务委员会期间签署的其余原始文件亦已寄达我处，我认为现在亦有必要向您寄去其中的以下各件：

一，哀牢关（Porte de Ai-Loa）与哀洛关（Porte de Ai-Ro）之间的边境地域图

二与三，关于该地图，亦即关于该部分边境地域的界约之法中两种文字文本。

恭祝

钧安

C. 狄隆敬启

（原文第 274 页）

海防来信第 105 号文

1887 年 7 月 22 日

借给悲幽先生界图。

（原文第 275 页）

勘界委员会政治处

保护国管理科　第 106 号文

狄隆致外交部长函

海防，1887 年 7 月 23 日

部长先生：

您从我 7 月 10 日第 101 号函中可知，我在得悉北京取得的谈判结果后，立即担起责任，尽力避免再卷入在最近期间为保住白龙尾与那块飞地而一直坚持不懈地进行的那种斗争。我不仅不想在东京对既成事实施加任何不利影响，相反，我对此事总的看法可从我打算对《海防信使报》作复一事中可见一斑（此复信我已转寄于您）。在我从河内回来后，该报主编即来看望。我当即对他说，按照我们的规定，未经外交部同意，我们对一切均无可奉告，我也不能向他透露任何有关信息，从他当时来访的情势看，他取得这些信息是要公诸报端。接着，他谈起，一位名叫莱昂・斯特劳斯的驻北京记者寄给他一篇稿件，他愿意在付排以前将稿件转我一阅。次日，我遂让人把原稿退还给他，并请他不要刊用。然而，斯特劳斯先生的信结果仍在《海防信使报》上刊出，现随函附上该期报纸，请一阅。现在请允许我简要地向您陈述一下我对该文的看法。

其一，“恭思当先生牺牲了白龙尾而换取各种让步”，这位驻北京记者写道，“但是，我敢肯定，他虽然口头上大声疾呼我们拥有种种权利，内心却并不相信实有其事，我认为我的看法并没有错”。我认为，作者的这一论断恰恰下错了。如果我驻中国公使坚持某一方面的看法是为了换取另一方面的让步，那也许确实不妥，然而若因撰写此文而给中国人留下些微话柄，说法国代表利欲熏心，已发展到不惜编造假话来骗人的程度，那就可悲了。在占领飞地的驻军中，不少人一想起自己竟卷入了如此荒唐的事业，势将发生哗变；另有一批人则会说，我们连对维护自己的权利都缺乏信心，这种权利岂有不丧失之理。事实真相是，“白龙尾飞地”之归属我们，不但是既成事实，而且又理所当然。虽然最后考虑到其他方面的利益，我们还是主动放弃了这些权利。在这方面，我们现在确实毫不心虚胆怯，而是理直气壮；可是从另一方面说，即从我们那种不切实际的要求看，则又当别论。

其二，“从黄树皮至云南省的一段地域”，记者又写道，“已归中国，这约等于 600 平方千米的面积。至于丰梭（Phong-Tho），面积为 1600 平方千米，已属东京版图，总之，在有争议的地界，我们捞到了一笔，岂止是捞了一笔，而且可以说是扩大了将近 1000 千米的领土。”我对这种错误的估计也感到愕然。因为，一方面，1886 年 11 月 14 日我向外交部寄发了关于周钦差提出的界址更改要求的一应文件，其中有一份是寄给我的，照会的开头这样拟写（暗指那份把黄树皮领土划归我们的界图）：“法中两国勘界委员会早经和衷协商，勘定东京与云南疆界。”这些文件中也包括我的复照，其结尾的拟文是这样的“此事（指更改界址）已在我的职权范围之外，故无能为力。”11 月 14 日（同一天），在第 30 号文中，我又向我部转寄了一份关于云南省勘界事务全过程的综述报告。此报告系由狄塞尔上校交我，现抄录其中两段备考：“如前所述，周在进行任何其他活动以前，已放弃了重议自马白关至大赌咒河一段领土（即黄树皮境）归属中国的要求。然而，他没有放弃以更改界址为由重议此事的要求。但这关系到 1000 多平方千米的面积。界务主任（狄隆先生）指出，这一要求不能列入界务委员会有权研究的范畴，它的目标是要别人真正地转让领土，而不是更改界址。法方界务委员会无权受理此事。周终于觉得这些说法言之成理，遂同意起草一份书面申请，但不带任何索要性质。然而他坚持要求狄隆先生将此申请转交法国政府，并附上狄隆本人表示同意的倾向性意见。法方界务主任断然拒绝支持其申请（但同意将上述申请书转交）……周提出的界址更改申请并未得到法方界务委员会的任何承诺。法国政府对这一申请拥有完全充分的行动自由”。从以上引文以及我去年的全部通信中能说明什么呢？它说明，从黄树皮至云南省整个地域均归属于我们，而且得到中国钦差大臣的认可。因此，我们未受任何力量所迫而将其转让给中国。至于我不在北京期间，无法进行驳斥时，周在那里究竟说了些什么，我不得而知。然而，我以上所提到的书面凭据本身足可说明事实真相。另一方面，周拒不承认我们对丰梭（Phong-Tho）的领土权并不妨碍这些权利的存在。我们撤离老街后，佩尔蒂埃少校率领的纵队即在那里卓有成效地行使了这些权利，从随函附呈的对该纵队的嘉奖令即可看出这一点。现在有人说，我们扩张了领土，得到了实惠，是因为我们让出了别人早就认可的部分土地来换取他们对非法与我们相争的那部分土地的承认。说这种话时，无非是忘却了后一点正是法方界务委员会去年历尽艰辛才正式得到的成果；另外，持这种说法的人还提出了这样的论点，用酬报的办法来赎取本属自己的财产也有利可图。这其实就是斯特劳斯先生的逻辑，这种逻辑的依据是两块有关地域的比较。我对别人无论在书面或口头上，对勘界问题进行的种种飞短流长的攻击毫不介意，对报刊的私人通信也并不看重。然而，尽管我的使命已接近尾声，我在维护我们对“白龙尾飞地”的权利方面的忠诚可鉴，对我荣任主任的勘界委员会尽职尽责，因此，既然有人撰写此文，对我们过去提出的要求是否合法表示怀疑，那么我不能不在您面前据理力驳，并且不能不澄清事实真相，从而使那种企图对我以往努力取得的成就一笔抹杀的口实失去市场。

最近在北京通过协商解决所得的方案包括不少实惠（如蒙自城开放通商）和累累硕果［如承认我们对丰梭（Phong-Tho）与莱州（Lai Chau）的权利］。我对详情不甚了了，然而这足可证明莱昂·斯特劳斯先生无须用这些论点来解释最近所完成的一切。

至此，如果我对“白龙尾飞地”旧事重提，似已有越权之嫌。但在对这块领土表示惋惜之余，我只想说明，勘界委员会对当时的重重困难感受至深，因此，对有关方面在行事时不得不将这些困难考虑入内的隐衷当然会表示理解。

狄隆敬具

（原件第 276～281 页）

狄隆第 106 号文附件 1

北京来信

商务专条

我来到北京已两月有余，我意识到和中国人打交道必须生就一套泡蘑菇的本领，能与他们耐心周旋。法国公使前天终于结束了应已故的琨玻（Paul Bert）先生之所请而进行的谈判，得到了前任总公使渴望得到、新任总公使也孜孜以求的满意结果。

然而，要达到这一预期的目标，需要付出多少辛劳和精力！

诸位大概知道了新的专条中所包含的基本条款。我现在可以向大家作些电报中未能进行的说明。

经与恭思当先生协商，中国政府决定在两处地方予以开放，即广西的龙州与云南的蒙自，这点诸君大概早已知悉。除此以外，法国驻中国公使还获得了开放曼耗的承诺。我们认为，选定了这三个地点，我们应该心满意足和大喜过望，因为在戈可当协议中，原来只确定开放两处。

最初，中国人提议镇南关以及老街对面称作河口的只有四间破房的小村作为开放地点，遭到了法国公使的拒绝，但他们仍然寸步不让。只是在不久前，中国政府才作了让步，将上列城市向我们开放，这将为我国商界开辟一个产品畅销的市场并为它们提供巨额的贸易业务。

中国政府亦推迟了中国领事的任命期，现已商定，一俟两国政府达成协议，同意在河内和海防分别驻中国领事，则在云南与广西省城亦可驻法国领事。

中国的鸦片亦允许进口东京，出口关税可低于普通税率三分之一。最后，恭思当先生争得了最惠国的一项正式条款以及其他一些优惠待遇。

以上所述就是本周签订的补充专条的提要。这一专条对过去和现在都称作戈可当条约的那份专约作了大刀阔斧的修改，因为戈可当条约受到了东京商会与总公使的严厉谴责，后者还把它说成是祸国殃民之约。

我们并不能顾名思义，认为目前的这一专约就是对过去所订的那份协议进行补充，而应该视为完满地取代了由一位经验不足的代表仓促签成并已酿成恶果的那份专约。这位代表竟然没有想到事前应征询总公使的意见，而且把河内与海防商会的意愿也置之脑后，这种现象实在令人费解。

东京的勘界工程当然也已结束，关于有争议地段的种种困难现在已一概得到解决。

东京的边境今后将划定在离芒街 9 千米处。九头岛以及经茶古岛东端的子午线以西各岛屿均划归安南所有。凡在该子午线以东各岛以及那片飞地均承认为中国版图。云南省黄树皮的部分地域已归中国，这约等于 600 平方千米的面积。至于丰梭（Phong Tho）面积为 1600 平方千米，已属东京版图。

总之，在有争议的地界，我们捞到了一笔，岂止是捞了一笔，而且可以说是扩大了将近 1000 平方千米的领土。

在东京，开始时大家一定会对将白龙尾飞地让与中国一事感到几分愕然。我确信，法国公使团从未坚信过安南对白龙尾海岬主权要求的合法性。派往那里的驻军本可以用威慑力量来促成一项协议的签订，这项协议我认为必将有利于东京。然而既然 300 年以前的明代地图以及此后的各种地图都标明白龙尾飞地是中国领土，又怎能指望安南对白龙尾拥有主权会有据可查呢?

我们的一些法国地图将边境划在芒街。可加拉德克先生绘制的地图（在和约谈判期间，这种地图已分发给国会议员，人手一份），明白无误地将东京的北部边境划在芒街。

当时恭思当先生大概亟难与总理衙门谈判白龙尾的所有权问题。

我一到北京，即与法国公使进行了初步会晤，有一次我与他谈起了白龙尾飞地问题。他一口断定我们对飞地的权利毋庸置辩，他当时说法之肯定使我不禁对他的断言是否属实也疑信参半。恭思当先生已把白龙尾作为赌注，以换取其他方面的让步。我敢肯定，他虽然口头上大声疾呼我们拥有种种权利，内心却决不相信实有其事，我认为我的这种看法并没有错。

无论如何，我们与中国的全部纠纷至此已一笔勾销，我们的边境亦已划定。由此可以断想，只要采取一定的防范措施使芒街不受股匪的窜犯，则东京终将与中国和平经商并能跨入一个安宁繁荣的新时代。

莱昂·斯特劳斯

（原件第 281 ~ 282 页）

狄隆第 106 号文附件 2

第一〇〇师嘉奖令

1887 年 1 月 25 日，第一东京土著步兵团营长、第一军区司令佩尔蒂埃率一支阵容强大的纵队离开老街前往丰寿（Phong-Tho）与建新（Chien-Tan），以将长期以来进占那里的中国股匪驱逐。

经过在地势起伏不平的山地艰难行军后，佩尔蒂埃司令终于在 2 月 1 日占领丰寿。中国人在我纵队逼近时，撤离了他们构筑在这一阵地周围的许多工事而退往马江，他们依靠我们的敌人——莱州知州（Tri-Chau）的部队而强行占领马江。

佩尔蒂埃司令当即派出东京土著步兵第一团奥利弗（Olive）上尉率一支小纵队经山滔（Son Tao）前往北新（Bac-Tam），而另一支分队由同团的思贝尔（Hum Bert）中尉率领，直接奔赴该地。

敌人在山滔与长寨（Trong-Trai）两地遭奥利弗上尉的打击，后又经广西山口的一场激战，终于被击溃。他们匆忙撤出北新，我军遂于 2 月 15 日占领该地。在此期间，另一支由第一东京土著步兵团布多内（Boudonnet）上尉率领的机动纵队向那三（Na-Tam）进发，经在古延山（Ko-Yé-Son）一场相当激烈的交锋后，终于在 2 月 13 日驻定那里。我们的盟友——建新知州所管地界亦清剿完毕，惊魂未定的中国人四处溃逃。

该纵队于 3 月 12 至 14 日返回保河（Bao-Ha），在此以前，他们踏遍并勘测了红河与黑河上游的整片地区。

该师师长高兴地注意到，在这几场长期而艰难的战役中，各部队包括炮兵、朱阿夫团及东京土著步兵团都争相表现了高昂的战斗激情与勇气。

师长对下列人员特加褒奖：第一东京土著步兵团上尉奥利弗先生，以锐不可当之势率队自丰寿前往北新，而且其巧妙灵活的战略部署确保了 2 月 14 日广西之役的胜利。

该团的布多内上尉果敢机智地统率了那三纵队。

该团中尉法布雷·德·蒂伊特（Fabret de Tuite），在1月7日攻取苗兴（Muong-Hung）炮台中表现杰出，以后，又于2月14日出色地在广西省的山口指挥了一场迂回战，从而决定了中国人的退却。

第二朱阿夫兵团的拉贝（Labet）中士率数名士兵于2月13日在古延山，手持刺刀，坚定地冲向敌人，从而将敌驱逐。

最后，师长特别对佩尔蒂埃司令表示嘉悦，因为他两年多来在一个陌生地区始终坚持在第一线，经历种种几乎不可克服的困难，以令人啧啧称赞的巧妙战术，统率了这支丰寿特遣队。

为此，师长决定在这位军官的考绩表上记载如下评语：

“该员于1886年受任红河上游军区司令之职，在黑旗军入侵该区时，统统全军，历时八个月之久，表现出了不同凡响的军事素质，从中国人的桎梏下解放了大片领土，从而为法兰西在远东的事业立下了赫赫战功。”

本军令将分发给上述军人，人手一份。

为尼

（原件第282页）

勘界委员会政治处

保护国管理科　第107号文

狄隆致外交部长函

海防，1887年7月26日发

部长先生：

顷间，我收到总公使向我转来的搭乘“加拿大太平洋”航线的核准书，但为时已晚。更兼我目前尚在海防，无法赶上由香港起航的最近一次航班（7月29日开航）。有鉴于此，我拟改变路线，不再等下班客轮的开航（该轮须待8月19日才能将我搭载回国）。明日我即搭轮去香港，抵该地后我再决定行止：是赶搭不列颠·哥伦比亚与普吉湾轮船公司所经办的加拿大太平洋铁道线（此线承办旧金山至穆地港运输业务，每周一次），还是放弃您所核准的经其他途径返回法国的办法而改乘法国邮车回国，上述两线孰利孰弊，须到时再定。

狄隆敬启

（原件第284页）

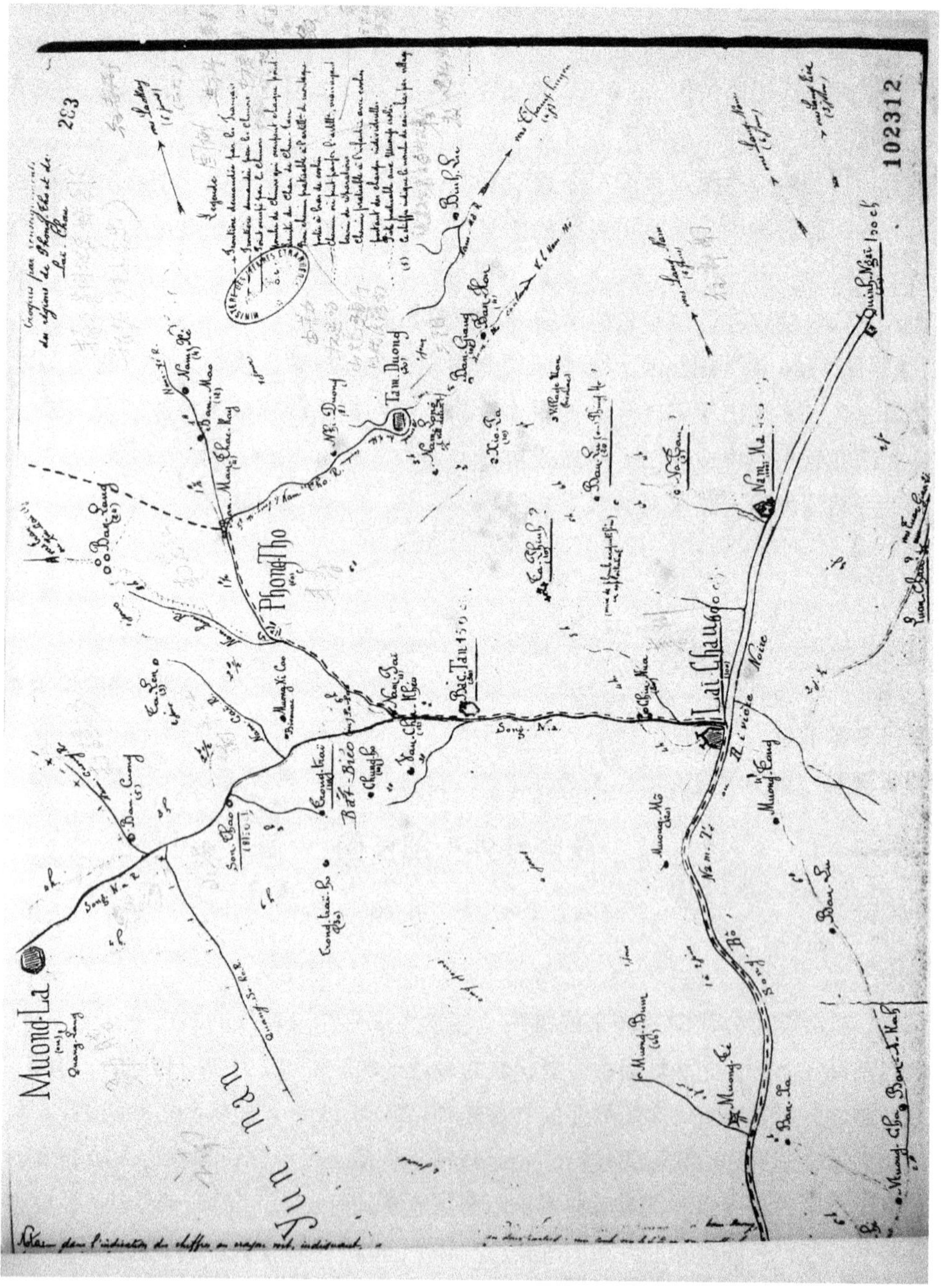

图 2

外交部长致狄隆函

1887年4月29日发

您3月28日来函中提到，指派格朗·皮埃尔神父冒一切风险前去广东省乃万分重要，故觉得有必要提出这一方案。我对您的想法也亟表支持，但我觉得，既然我已应恭思当先生之所请，于日前发出指示，似不能再收回成命。（以下一段字迹潦草难辨，故从略——译者注）

（原件第285页）

狄隆致法外交部长电

香港，1887年8月4日晚11时35分发

巴黎，8月5日上午8时到

倪思医生已搭“加拿大”号离此，我于今日乘“邮船公司”轮船出发。

狄隆

（原件第286页）

附　录

说明（原文仅片断——译者注）

我们已要求译电局与电报局进行解释，何以海防的电报号码与日期不相符合。

外交部收文本上的记载与副本上的登录内容完全一致。

上述差错的原因大概应追究至保管人或通讯员。

若以上第一种假设成立，则狄隆先生大概因种种隐情而在第“五、六、四”三份电报上标上号码后，即把电报扣住，至所标号码相对应的日期过后再发。也可能因狄隆先生所委托的勘界委员会人员工作疏忽，耽误了向海防电报局的备案时间（备案时日与电报本身填写时日一致）。按第二种假设，电报中继局人员或因工作马虎，或是投递误时以后为了掩盖错情，遂更改了原电的日期。

若不致电狄隆，询问上述何种假设成立，则很难下断语，究竟是第一种还是第二种解释与事实相符。

（原件第288页）

勘界工程小结

法方界务委员会沿红河长途航行后，于 1886 年 6 月 20 日在老街舍舟登陆。当月 10 日，中国钦差们即已获悉我们抵达老街的大概日期（有一两天的出入），他们的行辕驻在开化府，此乃中国一府所在地，有一条相当平坦的道路与老街相接。贩货的骡子商队来往于两地之间，费时需六至七天。可以预期，两国勘界委员会大致在同时抵达南西（Nam-Thi）河两岸，一方在老街，另一方在河口，勘界委员会即可及时建立。

然而事情并未像预期的那样进展。德・莫西翁（Maussion）上校，在我们抵达后无法向我们提供任何有关帝国政府界务委员会的确切消息，而当时有人还发现，该国界务委员会仍驻在开化。勘界委员会主任当即致函周钦差，但周时隔很久才答复。说是唐、岑两钦差即将出发，他本人也随后即到，并与云贵总督同行。然而复函中并未提到确切日期。时光逐日蹉跎，我们心中始终无数。我们的中国同僚耽误了时日，很可能产生不良后果，无论从季节看，还是从我们提出的有关广西省的承诺考虑都是如此。狄隆先生遂请示共和国驻北京公使。

直至 7 月，唐与岑才抵达河口。周亦随后赶到。总督留在后面，但已离目的地不远，据说是因为中途病倒，只得暂停旅行。勘界委员会第一次正式会议于 7 月 23 日举行，亦即我们抵达老街一个多月以后。

当时，在旬关（Thuan-Guan）以北沿红河一带社会秩序似乎相当安定。在左岸，先是老街四郊，瓜府（Gua-Phu）［即府宁（Pho-Nyen）］与新安（Sin-Yen）各乡均承认莫西翁上校的权威，听命于他的意志。瓜府向东伸展直达齐山（Son-Chaï）高地，新安沿中国边界一直伸向孟康（Muong-Kuong），进入河安（Hoyan）与明江附近（离两地约三四天路程）。

在右岸，一批人数不多的小分队已探明了在老街以北，沿红河的一段 30 千米左右的路程，途中未遇任何障碍。贝尔康少校经由昭晋州直达黑河的贤泽（Hien Trai）附近并在该河以西击溃了匪众。大概须深入至丰梭（Phong-Tho）与莱州［Laï-Chau（猛赖，Muong Laï）］才能遇到真正有组织地对付我们的队伍，他们或是从刘永福黑旗军旧部中招募而来，或是从中国散兵游勇中募得。

由于上述种种有利条件，昭晋州知州与山罗（Sou-Le）州知州以及应召而来老街的周围各村村长能向我们提供第一手边界情报，协助我们补全地图并用各种证据帮我们绘定红河与黑河之间以及其他地域的界图。我们从他们那里获得了各种信息，有的是关于历代掌故，也有的是关于当前局势，还有的是一些具体细节，对于我们与中国钦差谈判也大有用处。

此外，既然周让我们暂时休会，我们何不在可能范围内及时加以利用。为此，我们的测绘官员受命前往老街以东边界，克服了无路可通和地势险恶等难以想象的困难，绘成了近 50 千米路程的地形图。一位名叫黄万立（Hoang-Van-Lap）的苗族译员，颇有绘图才能，于是被派往河安（Ho Yan），同行者还有一名熟识路途的向导，可惜经过四天行程，发现各条公路旁均布有叛军，遂被迫撤退。

老街驻军计有外籍军团一个连及东京土著步兵一个连，这支部队的健康状况不佳，外籍军团 110 名员额中，只有 30 多人能够行军；东京土著步兵中可以列队作战的士兵有 120 至 130 名，但其中有相当一部分是最近新编的，既无觉悟，又未经过训练。此外，在恶劣季节行军无异于让这一小支驻军受折磨。再者，本城无苦力来源，不依靠红河三角洲是难以雇到的。有鉴于上述种种因素，我们无法进行范围稍广的行动。军方认为，可以将我们护送到龙膊河，但不能再送得更远了。迫于形势，我们的实地勘界活动只限于红河上的龙膊河汇流点。向东也只能到孟康四郊，离老街约 50 千米。当时的局势已迫使我们派遣代表团至老街，考虑到这一点，我们遂决定应该说服中国钦差从勘定红河边界工程入手。

然而，我们当时并非没有想到，勘定从龙膊河至孟康一段的疆界，与我们曾付出的辛勤劳动相比，其收效委实微乎其微。既然北京来电，允许我们对中国勘界委员会持友好姿态，我们难道不能基于这一点设法采取其他办法吗？一俟我们认为时机成熟，我们就从上述观点出发采取相应的行动。

这就是 7 月 23 日——勘界委员会成立之日我们总的处境。这首次聚会，双方界务委员会交换了意见，结果虽然多少投下了一点令人不安的阴影，但给人的印象颇佳。可是在这以后的日子里，分歧开始出现，但双方随即就工程进展问题达成一致意见：首先勘测直至龙膊河为止的红河地段，然后再勘定老街以东边界，勘定的界线应尽可能长一些。但是，周及其同僚断然拒绝与我们同行，还不肯前来东京地界，也不同意在必要时让我们取道云南。我们一切旨在使勘界委员会发挥作用和威信的努力，以及为改变钦差们在施工方法问题上的一些至少可以说是古怪的念头而做出的尝试都一无所获。于是，我们不得不在勘测直至龙膊河为止的红河地段问题上接受一项折中方案，其代价只不过是得到中国方面同意，让其勘界官员在这项作业中与我们协同工作。

在这几轮谈判中，周也谈到了界址修改问题，他说，他的委任状中有命他首先必须提出要求，将马白关以南直至大赌咒河（流经黄树皮村）的一块地界（1000 多平方千米面积）并入云南云云。

这块地域已于 1728 年前后由中华帝国无偿出让给安南，其目的是对安南君主臣服于帝国朝廷并敬重这一朝廷的补偿。而今，各邻国之间的情况已有根本变化，1728 年的那份约议已经失效。因此，帝国钦差当然须执行本朝廷的旨令，并且在研究边界问题以前一定要争得那块土地，使之并入云南。

我们不能接受这类要求，6 月 9 日条约第三款只字未提 18 世纪初存在的那条边界，该条约只适用于签署时所存在的那条疆界，而现场勘测以前，对该边界不能作任何更动。

此外，我们通过研究安南历史得知，周所提出的论点实际上站不住脚，在1728年约文中只提及了在马白关出让40里的土地（约16千米），而安南使者所出具的正式收据却刻印在帝国的《开化府志》中。周最初十分顽固，然而，我们不仅拥有权利而且理直气壮，于是，他的顽固态度只得转化为通融和退让。最后，他不再对勘测现有边界进行留难，而且同意先行勘测再决定如何研究更改界址。

基本原则达成一致意见后，就只需按协议前往龙膊河即可。

达吕少校与倪思医生受命代表法方界务委员会开展此项作业，岑钦差亦受其同僚所委，完成这一共同使命。

没有任何迹象可以令人怀疑这一地区的情况已经改变。另外，难道敢设想，中国人如此坚持要求勘定疆界，并声称这一工作是一切悬而未决问题的关键，就真的意味着会全力以赴，为作业提供方便吗？然而，在发令动工以前，军方认为，以派一批可靠的密探直达龙膊河探明情况为宜。

最初，拟走陆路行进，但应有25名外籍军团士兵和50名东京土著步兵保护。食物可由帆船经水路随队护送，但在最后一刻，这种部署显得有欠周详，因为河水暴涨，帆船无法跟上特遣队，势必远落在大队后面。这样，后勤供应无法保障，加之天气酷热，病号必然剧增，苦力缺乏而且又难以寻觅。

于是决定找一条从各方面看更恰当的内河航道行进。

达吕少校与倪思先生于8月13日出发，五艘帆船搭载食物及50多名护卫队起航。从龙膊河回来的密探捎来了佳音。以后，他们又作为向导，随军出发了。

岑钦差于前一天即离开河口。那一时期连日大雨，河水猛涨，帆船行驶极端艰难。8月15日晚，这一小支部队停靠在中方河岸的马苏附近过夜。但刚一靠岸，就见两小股中国官军，每股有20人之多，手执武器赶到。他们的首领声称，法国帆船无权在河的这一岸停泊，而应停靠在安南岸界。达吕少校立即提醒他们，与中国钦差达成的协议中并没有这种规定，若他们无其他理由可提，则他不准备改泊他处。这些小官立即赔笑解释，说是他们刚才之所以说这番话，目的是让我们防患于未然，免遭经云南而来的海盗袭击。

这一夜平安而过。法国帆船次日继续行驶，并于8月18日锚泊于中国的大村庄——仙峰（Tien-Phong）附近。岑钦差的官船只是略一露面，不等我们靠近，即向前驶去。中国测绘官员，本应与我们的测绘人员同行，但从一开始，他们即与我们保持相当的距离，使我们的纵队无法靠近。

仙峰的百姓对我们极不欢迎，地方当局甚至禁止下属向法国人提供篮子、舢板以及他们所需要的其他物品。他们亦要求我方帆船撤至安南河岸。傍晚，大家发现一批小船渡过河流，向位于仙峰上游附近的一座东京村庄——北沙村运去50来名士兵，他们戴着绿色或红色头巾，其穿着打扮与黑旗军平时的着装无异。在仙峰的每座房屋中均可发现步枪或其他武器，该村四周土地一片荒芜，并未开垦，这可说明，当地村民并不依靠农业为生。

8月19日晨9时，在离仙峰不远处，我们的帆船所处位置在三条相继涌来的急流上游，急流间距相隔不到100米。根据惯有的经验，为首的那艘帆船奉命停泊在第一条急流的上游，并派出船上的苦力去支援其他航行结构不甚理想的船舶上的船员。它很快锚泊在离船队其余船舶400米的地方，靠在一个小海岬后面，当排枪向它开火时，这一海岬成了它的掩蔽地。转瞬间，此船着火了。达吕少校带数名士兵纵身跳入水中。正当他发现自己无法营救前方时，却受到沿河射来的排枪火力的袭击，火力线拉得相当长，足可包抄船队的末尾。我们从专门有关此事的详细报告中得知，在这次历尽艰难的退却中，大家付出了何等坚强的毅力，而且退却中又多么沉着镇定，井然有序啊！8月19日晚6时，我们的小分遣队返回老街。

这一不幸的事件使我们更加坚信自己的看法：在现场是无法开展任何工作的。

这一不幸事件所发生的背景应该特别引起我们的重视，因为从这些背景中可以看出，中国官员在此事上即便不算是不打自招的同谋者，至少也负有重大的责任。

就在周顽固拒绝与我们取同一路线结伴而行时，他的同僚岑在一次私人会晤中又明白声称，帝国代表团不想与我们共担风险。不久以后，我们又得知，周在获悉对付我们的种种手段的同时，大概已被告知，若他与法国界务代表合作，则他本人也难免受罚。但以上所述并不指8月份的那次专程旅行，而是指全面的勘界活动。

8月19日进行过偷袭的那支部队或匪徒，善于占据最有利的地形。然而，如果他们无法从来自河口的消息中确切得知我们的一切动向，那么他们也无法正确无误地做到这一点。

在那些袭击中，我们发现了一批戴绿色或红色头巾的人，他们的体貌特征与前一天从仙峰来的在我们眼皮底下明目张胆地渡河的人一模一样。

这次进攻是在中国的仙峰村对面策划的，筹划地点毫无人力物力之源。由此可以推测，当地百姓与地方官吏对各项准备工作都了如指掌。他们坚持要我们的帆船退回安南河岸一事甚至可证明他们实际上是串通一气的。

岑钦差于18日经过袭击者选定的阵地时却没有受到任何留难和干扰。

中国测量官员于18日晚列队经过埋伏地点，他们与埋伏人员进行了谈判，听说还挨了一两枪。他们遂驻屯在上游两三千米处，但根本没有想到要通报法方代表，其实，双方代表团有一条沿河流左岸伸展的优质土路相联。上述测绘官员中，一位名叫石（She）或苏（Shu）的人当着全体勘界委员会成员的面，复述并肯定了这一具体细节。

从以上一系列事实可知，帝国钦差们事先得到通知，在全面勘测时我们将遭到不测，在河口策划的那个阴谋是对付我们的。而统辖沿河两岸的总督及当地官吏并未设法加以制止，甚至没有通知我们。此外，仙峰一带的官吏及测绘官员苏的态度就让人感到，8

月19日的突袭具有伏击性质。

在这次事件以后，形势显然依旧，据有人报告，定居在边界四周的百姓和盘踞在那里的股匪执意要千方百计阻挠勘界工程的进行。苏口（原文有一字不清——译者注）乡转而反对我们，那新（Na-Chien）村里正是其中主要官员。全村有60余名兵丁是在云南地界招募、配备武器和装备的。据说，云贵总督对此事即使不算是积极配合，至少是默许的。府宁（Pho-Nyen）及老街上游、红河左岸的周围各村都竞相效仿。大家还谈到有一批散兵游勇已前去投奔股匪，这些匪徒逼近老街，在河右岸，离上游的一城镇5千米处驻定下来，并帮助河左岸活动的安江（Song-Yen）与府宁一带的人。新建的电报局，线路天天被切断，电线被偷走，电杆亦被砍倒。我们在郎巡（Long-Toum）与谷达（Coc-Ta）的哨所遭到了大批人马的袭击；两艘盐船在离老街4千米处被劫，人们把那里团团围住，而且包围圈缩得很小。哨所的驻军兵力薄弱，无法突围。于是，必须采取应急措施，亦即使老街免遭突袭，因而应赶紧努力构筑工事，并要求凡能调遣的几乎全部人力前来协助，密切注意土匪方面的动静，而且还须观察河口方面的动向，因那里的居民原是黑旗军旧部，早已明确表态，他们对我们持坚决反对的立场。据我们所得消息，法国界务委员会已成为他们主攻的目标，他们还悬赏通缉界务委员和法国军官，并口出狂言，扬言一定要将法方界务委员拦住，永不让他们再回河内。中国炮台还射来两颗枪弹，落到了城楼平台中间，以后事态发展的结果证明，这些传言或事实并非无稽之谈，亦非毫无意义。

在最紧急的工程完工以后，卫戍司令即着手清除该城近郊的敌人。以后，他们又袭击了我们一次，其目的是想用手掷火箭烧毁我军驻在河右岸的哨所各茅屋，每天晚上，可见到从离老街1500米远的河岸上一座庙宇中发出的灯光信号，与河口遥相呼应，在北面山坡上还燃起一堆熊熊大火。晚9时整，一支20来人的部队从河口出发，前来焚烧与城墙相接的一座房屋，杀死了1名中国人，同时使其余4人受伤，接着便渡过南西河到河口。以后有人报告，说这支部队是由原刘永福的一名幕僚统带的。

数支小型分遣队从老街出发，在红河两岸扫荡，把股匪驱逐出境。在这些土匪中，我们见到的只有中国人，被我军杀死者亦系中国人。有一名伤员，被送往河口，在那里得到收容并接受各方面治疗。还有两名中国人（其中一人是头目）在操纵庙宇的灯光信号时遭到突袭，经过一场顽抗后终于被活捉。

正当军方尽其有限的力量试图应付各种急需时，法方界务委员会应该打定什么主意呢？在现场，勘界已无可能，任何测量人员或密探都休想走出老街前往现场勘测：邻近各村的里正或绅士已不愿再应召而来。法方界务委员会手头有的只是几份界图，因此，我们只能是：或者根据这些文件工作，或者立即撤退，但一事无成，因为援军须待相当长时间以后才能到达。上述两种方案中，第一方案从各方面看似乎较为有利，于是我们在周提出动议时，趁势请帝国政府界务委员会采取界图对比法研究勘界问题。

我们手头关于红河与老挝之间的材料是完整的，昭晋州知州、山罗州知州为我们提供了有关边界、周围各地以及本地区历史的种种详尽的具体细节。

红河以东直至广西省，特别是明江以东，我们极难找到一个有力的谈判根据。我们没有取得宣光省的纳税人名册，安南界图上既无比例尺，也无地域范围，上面所列的地名没有多少具体价值，因为这些地名往往与我们地图上所标名称不符，而且在某些部位，地名随里正的更换而改变。在这种情况下，我们所担心的，并非是与总的边界走向误差过大，而是怕犯具体细节性的错误。

然而，帝国界务委员却声称，它拥有一套全面正确的文献。他们说，在他们逗留开化期间，已派人踏勘了整个边界并测绘了边界图。唐钦差还亲自赴河安专门踏勘了明江水域。

他说，他向我们出示的边界线系经过详细勘察的现场测绘结果，也是向当地居民问询后得出的综合结论。在他看来，这一论据是天衣无缝的，我们当时似乎只能诺诺称是，因为我们提不出任何证据，我们没有亲见，而别人却是亲眼目睹。

可是，实际上，我们并不这样看。我们对情况是心中有数的，可以拿出无可辩驳的论据证明，周与唐所勘定的界线在某些地域是不正确的，实际上，再能干的测绘人员也不能在如此短促的期限内测定这样广阔的地界。此外，向我们出示的界图严重失实，经仔细研究，就能逐一寻出其中的错误。我们一开始就认为，从中国的界图上，看不出有比我们自己掌握的论据更充足的依据了。

如上所述，我们在老街已无法补齐或核对我们的文献。为此，我们必须求助于永绥（Vin-Thuy）与禄安州两地的卫戍司令，他们一个驻在明江畔，另一个驻在齐山（le Son-Chaï）边。当时，原在河内的海士先生受命与经略一起出差，前往查阅档案及纳税人名册，并随时准备向法方界务委员会发电，一俟该委员会通知他，要他提供有关各地点的情况时，即可立刻电告。

永绥与禄安州两地的卫戍司令及时向我们提供了有价值的信息，这种精神令人钦佩。他们应我们之所求而向边境派出的密探在走了一两天路程后，又返回原地。途中，他们曾与一帮中国股匪发生遭遇，这些匪徒把持了山间通道，而中国人却看守着山谷要道。这批密探还遇到了一道严密的封锁线，隔截了与边界的任何联系。

老街的封锁，邻近各乡的暴动及边界沿线所实行的严密监视，这一切难道只能归因于偶然性吗？唐钦差自开化前往河安，一路毫不担惊受怕，沿途非常顺利，这又作何解释呢？据此，即可推断，帝国界务委员会蓄谋已久，企图阻止下列工作：（1）卓有成效的勘测；（2）从陆路交通、农业、贸易、政治诸方面对这一地区的研究；（3）对法国军事当局极有价值的地形测量。最后，该界务委员会一方面迫使我们只能依靠界图工作，另一方面又故意造成一种局面，他们可望从中渔利。在他们看来，这个盘算一本万利，殊不知，这与李鸿章所宣布的良好初衷毫无共同之处。

我们关于对照界图进行勘界的首轮谈判即是在上述条件下开始的。载有原则性规定的那份界约系于8月28日由双方签订并得到双方认可，然而，只有经双方政府批准后方能生效，这一条约后来经相当时间后才得到批准。以后，由于与北京的通讯联系缓慢，法方界务委员会只得延长在老街的逗留期，直至10月15日止。但若觉得工程的进程无法得出有益的结果时，它保留随时撤离的权利。

云南边界分成五段：

第一段自龙膊河与红河汇流点起直至孟康或老街止。

第二段自孟康至明江东北的高马白村。

第三段自高马白村直至普梅河（Pou-Mei-Ho）。

第四段自普梅河至广西。

第五段包括红河以西、龙膊河汇流点与老挝之间的区域。

第一段　起自龙膊河，至谷方村止。边界线一为自红河中心线直至南西（Nam-Si）河汇流点；二为南西河的支流坝结河（le Bac-Chi）。自谷方至孟康的边界线均为高地，这部分疆界划得很精确。若帝国钦差们不要求将红河、南西河与坝结河的整个河床划归中国，则协议当能迅速达成。但他们为了证明自己论点的正确，竟援引了以前的捕鱼、开设客栈以及治安等权利。他们还表示可提供证据。我们也断言可拿出自己的证据。至最后一轮谈判当天，他们终于接受了我们的界线，其口实是为了和解通融，而实际是因为他们拿不出像样的证据为他们辩解。

第二段　按中国钦差或测绘官吏勘测结果，边界线应自孟康开始，到达小赌咒河，沿此河向南3里直至马白关，从那里，边界线向东取漫冲（Man-Xung）中心线再沿明江走向直至北保（Bac-Bao），由此再北上直达高马白。

据我们掌握，此段地域有几种情况：（1）根据安南史可知，中安界务委员会于1728年勘定的国界线就在赌咒河，马白关附近即立有两块界碑，镌刻此事；（2）按安南界图，边界线应横穿明江，无论如何，它只能沿明江伸展一段极短的行程；（3）按帝国云南地志，天生桥应为中国与东京交界处。这一地志还载有其他许多边境城镇，有在云南地界的，亦有在东京地界。

帝国界务委员会测绘官员的游移不定态度以及他们不能自圆其说的解释都使我们坚信，他们在现场并未做过认真的勘测。尽管我们反复要求，始终看不到他们的原始略图。狄隆先生能够明确断定其含义的汉文本，在唐钦差看来，却可以随心所欲地加以解释。我们的界务主任曾建议周亲自前往明江，但遭到了拒绝，周还不愿与我方界务主任及另一名界务委员经云南地界同行。承认中国在明江流域具有自河安起约一日的步行路程的主权，那么也就是允许它在明江通航处驻屯，并同意它在那里筹建一个作战基地，进而威胁明江水域以及红河自老街至宣光段的地域。因此，问题本身具有相当重要的现实意义。我们的天朝同僚如此顽固坚持其原来的打算，亦可说明他们对此看得很重，认为有利可图。

我们首先成功地把边界线移至赌咒河中心线。周和唐放弃了这方面的打算，并同意在界约上不标任何有可能标出与赌咒河边界线不同的另一种疆界线的任何村名。这一措施采取后，就可以使我们在今后万一赌咒河并未标在地图的确切位置上时，避免遇到节外生枝的复杂问题。

接着周终于放弃了漫冲河水域的主权并接受了我们提出的方案，据此方案，边境线应在南歪河（le Nam-Huong）附近与漫冲河脱离，然后向北北东延伸至明江上的天生桥止。

从天生桥开始，两方意见不合，而且最初看来显得毫无通融余地，双方各执一词，都认为明江水域应归自己所有。我们遂设法补足自己的资料，河内为我们寄来了一批新的界图。周力图证明在漫冲河汇流点有一座由云南士兵占据的军事哨所，名曰下藤桥（Ha Dang Kiau），这是中国决不愿意放弃的。在帝国地志中确实记载着这一哨所。在经过多轮长时间谈判以后，他终于同意以天生桥上游明江中心线四至五千米（见图）的行程为两国分界线，然后该界线与明江脱离，转而北上，同时将他们原来向我们声明隶属于他们的各村寨以及芭蕉（Ba-Tien）岭划归东京。

我们就这样一直抵达牧羊河（Mou-Yang-Ho），法方界务委员会建议继续向该河以东划界，同时向北直划至高马白。法方界务委员企图通过这种办法明确表示自己的和解姿态，这也是一项有利于云南省的妥协方案，因为我们所维持的那条分界线要比它应处的实际位置更靠近明江水域一些。

周与唐什么也听不进去。在 10 至 12 千米范围内，协议无法达成，于是决定将该部分地域暂行保留，待以后由边界官吏或两国政府委派的代表现场勘定。

关于此次勘界，有一点必须指出：明江左岸的安南百姓人数正日渐减少，由于华人移入，定居在各村寨，占据了良田沃土，进而安居在这一地区，这样，安南人就逐渐被撵走。在这些定居在这块土地上的移民四周，出没着一批批土匪，他们有的是在云南省招来的，有的则是原来的黄旗军，甚至是一批新地主落草为寇。时机来临，这些人就勾结在一起，来破坏勘界工作，或者至少使勘界事务按云南官吏的意图进行。我方代表也许能得到一些信息，但这些消息始终受某种与我方利益背道而驰的利害关系所制约。因此，只有通过足以使大家敬服我们的强大军队来预先强行占领，才能进行勘界作业。

第三段　自高马白至普梅河，边界从未真正划定过。中国典籍的记载也极为有限。然而，我们的界图却为我们指明了确切的方位标。据我们文献所载，扒子寨（Pei-Zen-Tai）、庸卡（Pho-Cas）、统勤（Thon-Lo）、马江（Ma-Giang）、百的（Bac-Dich）、底定（De-Dinh）等地，均位于边境线附近。以上地点，按双方所接受的边界线依次排列，就能使疆界永保平安。

第四段　按帝国钦差的说法，根据实地勘测结果，边界线应在大约 35 千米的范围内沿普梅河中心线走向，然后折向东，最后在离普梅河数里远处和云南与广西边界相接。

我们最关心的头等大事是划好这后一条界线，唐在离普梅河约 2 千米处划定此界，自南至北与该河平行。

但我们声明：(1) 无论按中国官方书籍描印出的地图还是安南地图，边界线均转往普梅河以东；(2) 云南边境线横穿普梅河支流者赖河（le Tcho-Lai）后，再与广西省边境相接。

这些论点虽亦有其根据，即广安府的官方地志，但却遭到唐钦差的强烈抨击，他向我们断定说，者赖河系自广西省流入东京。为在中国广西界务委员面前搪塞过去，我们终于与他们说定，将这一断语写入界约中才算作罢。周又说，他将致函邓把此事相告。

普梅河问题始终悬而未决。我们测定了界图上的各种距离后，建议平分那块有争议的地域以作为一种妥协办法，并主动提出一条按此意图划定的界线。经过数次艰难的谈判，这条界线总算大体上被勉强接受。使我们感到不快的是，我们经常发现我们的中国同僚对我们的和解精神以及我们提案的豁达大度性并不领情。他们总是一次又一次地在具体细节上进行刁难，以致每当我们认为即将大功告成时却又功败垂成。

唐改变初衷，收回他原先的声明，并承认，广西与云南两省在普梅河以东地域尚未明确划定。他提议，勘界至普梅河的沙头（Sa-Tou）以及该河以东的瑶人寨（Jao-Yen-Tchai）为止。

我们接受这一提议，条件是这一议案必须载入界约中，以便使邓及其勘测广西边界的同僚们亦都获悉此事。

第五段　从一开始，关于自红河（龙膊河汇流点）至老挝的一段边界，就出现了严重分歧。后来，当专门研究这段边界时，分歧再度产生，其严重性不亚于开始时。中国人以丰梭［Phong-Tho（Hung-So）］与莱州（即猛赖 Muong-Lai）两地已载入临安（Lin-Nam）府官方地志为由，并声称这些县份的土著首领归顺中国已有百年之久，故要求丰梭全乡以及莱州府城和该州大部分土地划归中国。

另一方面，顺化、河内、兴化等地的存档却表明上述领土均系安南所有。当地百姓及地方官吏均有凭书在手，足资向我们提供证词，他们坚定地断言，丰梭与莱州两地从未脱离过安南，始终归其所有。

界务委员会主任已向河内总公使先生寄去一份说明，概括了上述证词的要点。另有一份关于丰梭战略地位的说明亦已寄去。这一地域实际上是从老街上游的红河段通往黑河的各条公路的交会点：在云贵总督的权威没有得到独立部族承认的一部分地区，它是一座监守云南边境的门户。它同时也是归顺尊室说[①]的各州与云南省（尊室说企图依仗

① 尊室说，越南阮朝王室成员，1885 年 7 月在顺化发动起义，号称“文绅”勤王，后逃到越北山区建立反法斗争的基地。

该省作为后方）之间的一条纽带。

放弃丰梭，等于引火烧身，让自己不断遭受绵延不绝的战祸。我们所剩下的那条狭长地带，因系在该乡与红河之间伸展，故势将成为成群结队的叛匪前往中国或自中国出境的必经之道。除上述因素外，保住丰梭的另一个原因是安南早已对它拥有各种权利，对这种权利，我们压根儿没有权利放弃。莱州（猛莱）因其位于黑河（沱江）与马江（Song-Na）的拐角处，故地位亦相当重要。然而，我们认为值得一提的主要意义却是属另一种范畴。该州州官卖身投靠云贵总督，对他曲意奉承，他是我们的主要劲敌。他通过软硬兼施的手段或家族血缘关系，轻而易举地将顺州（Tuan-Chau）、山罗州、陆安州（Lu An Chau）、遵教州（Tuan-Giao-Chau）及宁平府等州府官吏置于自己的麾下。要不是昭晋州知州相抗，他早已把这一地区变成自己的一统天下，并策动全区来反对我们。在这种情况下，他势必变成云贵总督安插在我们身边的一个工具，并成为尊室说与总督之间的接头人，而且这是经过我们同意的，但又不会不构成对我们的危害。

在对这一地域进行最后决定时，先摸清形势也许不无好处。

军方曾想对叛乱中心的丰梭发动一次战斗。然而，中国已攫取了领土权，而目前在这一问题上我们又没有把握，面对这些事实，难道还觉得发生冲突的理由不够吗？难道不应当着意防范以应付这种随时可能发生的变故吗？关于这一点，我们早已提请总公使注意了。

总之，我们满怀信心地说，云南省的勘界工程在克服了种种困难以后已圆满完成。为了弄清真相和保卫我们的利益，我们不遗余力地工作。我们认为已如愿以偿，同时又不背离和解精神，也只有这种精神才能使我们最终得到某种成果。但是，关于帝国钦差，我们却不能这么说，因为我们一开始即向他们作了友好的表示，但却从未从他们那里找到丝毫善意诚恳的回报。

界石　我们只能按界图勘界，而且无法前往现场勘测，这样也就不能再执行条约第三款关于安置界石的那段内容。然而，法国界务代表团一方面承认应让有关国家政府在以后再行设法采取专门措施，另一方面又建议双方共同商定在边界上的某些地点设置界碑后再分道扬镳。帝国界务委员会同意了我方提出的第一部分建议，但希望把整个问题留给以后派出的代表解决。两国界务委员会主任都为此相互有公文往来。

界址更正　据说，周在采取任何其他行动以前，已放弃了为中国再次提出自马白关至大赌咒河一段的领土要求。但他没有放弃以界址更改为由的领土要求，这关系到1000多平方千米的面积，我方主任提请大家注意，这一要求无法列入界务委员会有权研究的范畴，因为这项要求的目的是要取得真正的领土转让，而并非什么界址更改，因此，法方界务代表团无权解决。

周最后对这些理由表示理解。他同意起草一项书面要求，但决不带领土要求性质，不过他坚持要狄隆先生向法国政府转达这一要求，同时附上狄隆本人赞同的意见。法方界务主任当即表示拒绝支持（但同意转交不附任何意见的这份单纯请求）。

从寄往外交部及总公使的一批界图与说明中可以看出帝国钦差所要求的领土转让具有何种分量。实际上，这种要求是没有根据的，因为1728年勘界后安南使节所出的收据只适用于马白关附近40里（16千米）的土地；大赌咒河边界（此边界是否确实存在，我们表示怀疑）的选定，完全是为了等我方采纳后，使云贵总督占领明江水域直至河安附近地带一事成为无可挽回的定局。

这一要求在法律上也站不住脚，因为1885年6月9日条约并未考虑到1728年的疆界，而只是考虑了签约时所存在的边界线。

从军事上看，这一领土转让要求必将招来众多严重的弊病，一份专门说明书对上述弊病都一一作了概述。

由此可见，这一问题对于两国都至关重大，而周提出这一问题时远未从东京与中国双方的共同利益考虑。法国政府可能从其他利害关系来考虑问题，看来有必要根据应付出的代价来打定主意。

有人曾多次指出，面临建立在南西（Nam-Si）河桩顶处的中国炮台居高临下的威胁，老街阵地难以守住。然而保护国政府必须守住这一哨所，其目的是为了行使税收权并监守河流上游。占据老街上游、红河与南西河之间的岬角将为我们驻守这一带打下牢固的基础，迄今我们尚未拥有这一基础。

也许，我们能使中国人通过交换途径在这方面进行让步，而这种让步对我们来说可能具有难以估量的意义。然而，有鉴于领土主权问题已沸沸扬扬，传遍全中国，故亟难寄希望于互让了结。

不管怎样，周提出的界址更正要求并未得到法国界务代表团的任何承诺，因此，法国政府对这一要求拥有完全充分的行动自由权。

10月19日在老街，双方举行了换约仪式（包括界约及略图签署）。两天前，我们自河口得到信息，于是就警觉起来，以对付沿河下游所策划的阴谋。这些信息后来日渐得到证实。中国人原先准备与我们同行，后来竟拒不动身。有人还探明第一次伏击的策划地点是在离老街半天水路的行程处，其他伏击则是在更下游处筹划的，这些断言都是正确的。一言以蔽之，这是为了在8月19日事件后对法国界务代表团进行威胁。该事件以后，怎能料到河口就是发动反对我们的一切袭击尝试的始发点？这种情况发生在帝国钦差眼皮底下，而且又是紧靠云贵总督行辕附近，这就更加令人诧异，对这种特别费解的现象应作何解释？

1886年6月14日，我们在北河（Bao-Ha）遇到了贝尔康少校所率的一支纵队，他们最近刚完成向黑河方面的行动。少校说，在历次战斗中被俘人员均供称，岑宫保①

① 注：岑宫保即岑毓英，岑时任云贵总督，清王朝封其为太子少保，故人称其为岑宫保。

（云贵总督）保证了匪众的枪支弹药的供应。

州官（昭晋州知州）亦持相同的论点，他还揭发了战争期间及战争以后莱州知州与云贵总督之间的关系。

据州官报告，5、6、10人不等的叛军小分队经常出没在丰梭与白沙（Bac-Xat）的道路上，前去中国寻找枪支和弹药。6月份，午覆（Ngo-Phuoc）村（该村位于道路旁）里正来信报告，有两支200名中国人组成的队伍经过，一支去丰梭，另一支则朝偏南方向遁去。

7月份，在莱州以南、山罗州附近攻打昭晋州的中国首领的一个儿子在河口出现，被人认出，他在那里招募了一批兵丁。

知州本人也在8月份设法在该村招募了15名兵丁。并购买了一批枪支弹药。

再者，尽管在全中国明令禁止买卖武器，但步枪、左轮手枪以及枪弹仍在公开出售。

总督声称，丰梭与莱州隶属中国。为何他又听任丰梭继续成为股匪的主要活动中心？要是果真如咸寨（Hien Trai）人所说，尊室说已于1886年6月溯黑河而上前往莱州，那么总督不是应该拒之于国门之外，不让其进入这块所谓的中国领土吗？

其次，假定在总督看来，这些县份的归属未定，那么，1886年6月，他又以何种权利公布与张贴告示，言明丰梭归云南所属呢？他派员前往莱州与丰梭，竖立界碑，并命人请安南的一批知州协助完成这项作业，又是出于何种理由呢？

他当时大概不是不知道，勘定边界及设置界石纯属根据1885年6月9日条约第三款而设置的勘界委员会的任务。

他无视有关明江的条文，因为1886年4月一批军官奉他之命前往河安并在新绥（Tan-Thuy）河沿岸的安南旷野竖立界石。这些界石目前依然存在，上刻“云南地界始于此”字样。帝国钦差不敢认定此种胆大妄为之举乃合法行为，故均认为这样竖立的界碑并无任何实际意义。

正当中国使者在丰梭、莱州与河安等地畅行无阻时，我们的密探却到处碰壁，一座座哨所围成封锁线拦住其去路，安江与府宁两知府直到那时一直忠于我们，后来听说在总督的策动下反戈相向，对付我们了。法国界务委员8月19日在一座中国村庄对面受到攻击，而地方官吏及河口土匪对此都一清二楚，前者急于要看我们落入圈套，后者则把我们的行动报告给袭击者。周与唐始终拒不和我们同行，不愿和我们共担风险，且自己平安地撤回了开化，但他们都按照8月19日以后在河口布置好的计划，为法国代表设置障碍。

一群在河口组织好的暴徒前来老街，烧毁了一座房屋，杀了一批人后，旋即退往河口躲避。总督接得此事的报告后，对事情的性质佯作不知，只答称，根据条约规定，确保中国边境安宁不受任何侵犯乃法国人应尽之责。

上述种种事实似乎足资证明，（云贵）总督的敌对情绪以及他的卑劣行为。

我们认为可以这样说，他要么属于没有权威，要么视而不见或通同作恶。这些假设最终的结论是一样的，只要他在其位，谋其政，则两国间的宁静与和平必将受到威胁。

在谈判之初，出于礼貌，我们经常相互问安，周答称他将立刻赶来与我们相见并前来签署。最后，他却道出真言，岑宫保决不会露面。我们只限于把事实提出而不去追究其动机。这里地处偏僻，可能对他监视和指挥上述事件更为有利。他们既然已成功地把我们从边境赶走，难道在海宁就不会发生相同的事吗？

（该篇收入《中越边界历史资料选编》第912～930页）

（原件第289～312页）

原文无篇名，亦无笺头，此题目为译者所加——译者注

云南勘界委员会（原件第313页）

外交部部长办公室 关于东京边境勘界委员会作业纪要

1886年8月，达吕（Daru）少校与倪思医生（两人均系界务委员）前往勘测老街上游的东京与云南边境。同行者有中尉衔测绘官员皮诺（Pineau）先生与埃龙（Hairon）先生，以及由20名外籍军官及30名东京土著步兵组成的一支卫队，卫队长为海军陆战兵中尉热尔（Geil）先生和后备役少尉亨利先生。

勘察队于8月13日出发，他们分乘五艘帆船沿红河溯流而上。19日，第一艘帆船突遭袭击，最后被截获烧毁。其余船只前后左右均遭攻击，遂被迫撤退。热尔与亨利先生被杀，第一艘帆船上的全体士兵亦悉数遇难。

1886年11月初，法国界务委员会一行在完成云南边境的勘界工程以后，即拟前往广西边境进行第二期作业。在界务委员会由老街赴河内途中，界务委员海士先生应北京的紧急要求，受命前去迎接中国邓钦差。他的随行者仅有一小支卫队。

在等候了近一个月以后，海士先生终于与邓取得了联系。当海宁事件发生时，他早已在测绘中尉波安（Bohin）先生协助下开展了某些作业准备。

11月24日夜至25日，海士先生在芒街突遭一群叛匪袭击，据波安先生说，叛军中混有中国官军。狄隆先生估计，这帮匪徒约有3000人之众。此后，海士先生避入海宁城中，一直坚守到11月27日上午8时。此时弹药即将告罄，他试图突围，前往河桧（Ackoï），然而却遭杀害，同时被杀的有两位法国文职人员，5名轻步兵及10名安南军人。

就是在这一事件以后，海军上将雷伊尼耶（Réunier）才奉命率其部分舰队前往白龙尾，法军的兵力亦集中攻打海宁与芒街，于12月14日攻克芒街。

中国装模作样地说，因勘界地区不安全而要召回其勘界委员后，法国政府却建议总理衙门按界图勘界，12月22日，这一建议终于被接受。

部长办公室武官 G. 于埃（Hué）

1887 年 1 月 21 日

（原件第 358 ~ 359 页）

向保护国管理处主任所发的说明

1887 年 3 月 3 日

法中勘界委员会的两组电报的日期与号码经发现有不一致之处，保护国管理处方面即要求勘界委员会主任进行核对。

狄隆先生为此而提出的解释恢复了上述两组电报相互吻合的本来面貌，然而也暴露出我所注明的我方代表拍发日期与电报上端所注日期之间并不相符，其范围长达 14 日之久。由此可得出结论，电报上端注明的日期只不过是海防电报局所捏造的寄发日期，但从事情本身看，这些差错并不重要。

狄隆先生所注明的拍发日期与电报上所登录的日期之间有差别，说明从位于内地的哨所派出的信使抵达最近的电报局所需经过的行程可随当地各种因素而变化，从而可导致日期与序号不相一致。

在这种情况下，若认为有必要了解法国勘界委员会拍发电报的确切日期，则必须请狄隆先生每次在离某电报站较远的地方起草电文时，应在报头和电文中均注明日期。

（原件第 360 页）

中国与东京疆界勘定情况

未定界	已定界
自东京西境至龙膊 ——丰寿(Phong-Tho)与莱州为争议地界 自牛羊河沿岸的某地直至高马白村 该两地之间为争议地界	自龙膊至牛羊河沿岸某地，离牛羊河与明江汇流点的一千米半 自高马白至广西边界
自云南广西两省交界处至比尼(Bi-Nhi)关 自洗马关至博琅(Pak Lan)，广西省东界	自比尼(Bi-Nhi)关至洗马关
自广东省边界之博琅(Pak Lan)至北市 自竹山至白龙尾(Pak-Long)半岛以东之东京湾沿岸某地——此为争议界	自北市至竹山

注：法方勘界委员会所要求的地界直伸至龙门。

1887 年 5 月 12 日

（原件第 361 页）

转往海军与殖民地部的有关白龙尾文件清单

狄隆先生致外交部长函第48号（附件1份）
同上函件　第58号（附件5份）
同上函件　第59号（附件2份）
同上函件　第60号（附件2份）
同上函件　第61号（附件2份）
同上函件　第63号（附件3份）
同上函件　第63（乙）号（附件1份）
同上函件　第64号
同上函件　第67号（附件3份）
同上函件　第68号（附件8份）
同上函件　第69号（附件4份）
上述卷宗已收悉

T·□□（原文不清——译者注）

（原件第362页）

关于勘界委员会工程情况的综述

（1887年6月26日发自上海的第78号电提供）

（原文第364～367页系“中法界务专条”，汉文载于《中法战争》第七册第432页，故不收录——译者注）

（原件第363页）

东京—中国勘界说明

1885年6月9日所订天津条约向中国提出规定，法国拥有它业已获得的对安南与东京的各种权利。根据所附商务专约，尚须制定商务贸易问题的有关规定。但按条约第三款规定，东京与中国之边界应由一专门委员会勘定并设置界石，该委员会将根据双方利益从事公认的细节性界址更改，而且还应根据有关政府的请求，进行更为重要的界址更正。

正当法国驻北京全权公使戈可当致力于签订首项商务专约并于1886年4月25日签署该约时，法国界务委员会则于1885年底乘船抵达东京，并于1886年1月初在同登与中国两广勘界委员会取得联系。

此时，我军已先期驻扎在三角洲一带，虽然最近经多次远征疲惫不堪，而且还感染了霍乱病，但各部队在刚刚完成淇江一线（自谅山至室溪）的勘测任务后，又前往红河，溯河而上直向老街进发，于1886年8月的头几天抵达老街。

会谈一开始，双方界务委员会均发现他们对各自身负使命的性质与目的有着截然不同的看法。因为中国人在以更改界址为由取得辽阔的安南领土转让前，拒不承认现有的历史疆界。法国人却要求严格执行1885年6月9日条约第三款，并希望在承认现有疆界的基础上开谈，哪怕是勘测途中在具体细节方面对界址进行更改亦可接受，然后将更改界址或转让土地的更高要求提交本国政府审批。

若一开始即以更正界址为由，把两广实际疆界与沿海自先安经谅山、高平及保乐以南直达云南一线之间的整片地区转让给中国，仍然于事无补。

在戈可当先生的威胁性压力下，加之李鸿章表示赞同和衷协商并施加了影响，总理衙门终于决定结束争端，命令中方界务主任邓放弃原先的要求而完全承认现有疆界。

然而邓仍然顽固地拒不服从命令。但法方勘界委员会主任浦理燮却根据在海宁找到的界图在11月头几天与广东广西界务委员会合作勘界，并在最短期内勘定东京中国边界上多处重要地点。法国希望巩固在东京的地位，并得到渴望已久的在云南及两广附近的一切贸易优惠，提出修改1886年4月25日商务专条，并要求立即开放在与其印度支那属地相邻的中国各省内部的一切贸易市场，和它通商。但中国坚持，只要东京与中国边境一天不圆满地结束勘界工程，则它就一天不同意改变现状。

在这种情况下，法国勘界委员会唯一关心的事是立刻撤离老街并及早抵达海宁，因为界务委员之一的海士先生已先期抵达那里，并衔命筹备勘界工程和安定中方界务委员会人心，要他们耐心等待。然而在红河上游谷地海盗出没之所，军事局势极为严重，以致法方界务委员面临随后即将遭受袭击的威胁，于是被迫延期动身，直至11月19日才出发。抵达河内后，他们即获悉一起凶杀案，他们的同事海士先生不久前（11月27日）已在这次凶杀事件中遇害。他们遂立刻动身前往海宁，帝国军队已集结在那里，我们前往那里的目的是准备□□战斗（此处有两字不清——译者注）并向中国表明（它企图推卸最近历次事件的责任），法国始终有能力让人尊重其权利。

1887年1月2日，法中两国界务委员会议结了一项原则，作为勘定广东广西永久性边界的基础，这一原则与达成的勘定云南边界的原则相仿。然而13日，中国人却食言自肥，要求先转让白龙尾飞地后再作研究，与此同时，大批土匪又以入侵有争议地界和占据有争议地区相威胁。为了提醒中国遵守条约，我们只能令我军在白龙尾海岬登陆，驻定并坚固设防，进而由我们占领该地区，通过此等方式来支持我驻北京公使的强硬抗议。

尽管总理衙门啧有烦言，但（边界）现状总算得以维持，谈判在2月份亦终于开始。3月29日，双方举行了界图与界约签署仪式，事关广东与广西两省400多千米边界线的勘定。但是，江坪与白龙尾这一有争议的飞地领土，却作为未定界而保留。

这样，东京与中国边界自黑河至海域一段实际已经按界图勘定。两国界务委员会同时还解决了东京湾中狗头岛等岛屿问题（这些岛屿已归法国所得），随后即相互分手，直至今后的某一天（这一天为期一定不远），两国委员会需要在现场，而不再按界图进行实地会同勘测（即在永久性边界竖立界碑）时为止。在法中两国界务委员会克服各种困难而承认了安南与云南、广西及广东三省的历史边界后，巴黎与北京间亦进行直接谈判，其目的在于对东京与中国永久性勘界以及修改1886年4月25日商务专条等有关问题上同时达成谅解。勘界委员会还专门临时派出卜义内委员去北京。1887年4月17日，我驻华公使恭思当先生，在卜义内少校先生的协助下，就中国政府所要求的界址更改问题举行了第一轮谈判，界址更改的交换条件是法国应得到经济实惠，主要是向法国开放广西省的龙州城和云南省的蒙自。1887年6月26日，恭思当先生与总理衙门签订了一系列文件，一劳永逸地解决了东京—中国边界问题以及修改1886年4月26日商约问题。这些文件包括：一，商务专约的补充专约十款；二，总理衙门信函一份，涉及关于任命驻东京的中国领事条款问题；三，中安边境界址更正纪要一份。

至于这条边界，法国向中国出让了白龙尾飞地及黄树皮地界［都龙（Tulong）矿区］，但黄树皮本身例外。然而法国保留那片有争议地界——丰寿（Phong-Tho）与莱州；至于保乐地区，则更不言而喻，对该地区，中国没有再重申其要求。

安南与中国的接壤范围自白龙尾起至黑河上游止，长达1200至1300千米，边界的大致形状如同一个圆弧，向北凸起，东西走向范围在东经101°～106°，南北范围在北纬22°以上。安南的广安、谅山、高平、宣光与兴化各省分别与中国的广东、广西与云南三省相接。它们之间各自的边境线近两百年来并不完全固定，也从未用科学方法认真勘定过，因此，目前仍属未定界。

为此，1885年6月9日天津和约所接受的历次疆界（细节性更改除外）以及1887年6月29日签署的商务条约补充专条所规定的永久性疆界均未得到原则性承认，也未测定，当然更谈不上在现场竖立界碑。技术委员会是根据中国与安南两国的地图文献、根据政府的旧地图、根据按法国远征军团测绘处所收集的资料而绘制的一系列略图、根据多种中国出版物以及在东京内地所觅得的纳税人名册等资料才勾勒出了边界的大致走向，其意义不言而喻，但必须立即抓紧抓好立界工作，使这一走向线完整无缺，符合要求并切实可行。

在这种情况下，再加上在这崇山峻岭之地，到处是茂密的大片森林，而且荒无人烟，部分地区依然是未经开发的蛮荒之地，甚至可以说鲜为人知，因此，现在就从具体角度来探讨，转让领土和拒绝别人其他要求这两项行动的绝对价值未免显得幼稚可笑。然而，

1887 年 6 月 26 日已对 1885 年 6 月 9 日条约所默认的那条边界线作了修改，因此，做到大致心中有数却是可能的。

（原件第 369 ~ 373 页）

递交预算委员会的东京勘界（1886 ~ 1887 年）说明

1887 年 11 月

根据 1885 年 6 月 9 日与中国缔结的条约第三款，法中两国政府各派出官员组成东京勘界委员会，着手进行了勘界工作。浦理燮先生率代表团于 1885 年底抵达河内。

我国代表承担的首批任务是与中国界务委员会在南关隘（Porte de Chine）附近会商广西边境的勘界问题。当时，我们刚刚重新占领谅山不久，整个地区并未直接处在我军哨所的控制之下，因此，土匪与叛匪在那一带肆虐作恶，横行无忌，自河内至谅山的路途似乎非常难走，当时的总公使兼占领军总司令也就不敢下决心让代表团在无良好护卫条件下动身赴谅山。尽管这些不利条件使人不无忧虑，但浦理燮先生终于在 1886 年初平安抵达同登并与中国界务委员会主任邓进行了接触。

中国人挑起了种种事端，但由于我驻北京公使戈可当先生态度坚定，这些争端才得以解决，此后，勘界委员会于 1886 年 4 月 17 日签署了关于勘定广西边界长达 120 千米的地图与界约，11 月初拟在海宁开始广东边境的勘界工程。4 月 24 日法国代表团回到河内，准备沿红河而上，着手勘定云南边界。然而，就在此时，浦理燮先生身体违和，离任返法，代表团团长一职改由驻顺化高级公使狄隆先生接任。我方界务委员于 1886 年 5 月底离开河内，6 月 21 日抵达老街，然而他们直到 7 月底才与中方委员接触。众所周知，我军在 4 月初才首次占领老街城，因此，这一地区远未具备界务委员会开展工作所必需的安全保障。8 月 19 日，代表团在安南与云南接壤处沿红河溯流而上时，作为先头部队的护卫队突遭袭击，遂被迫撤退。这一事件，不仅使我们对中国人提高了警觉，而且也使我们预见到了将会在现场遇到各种困难，于是我们决定同意按界图勘界。10 月 19 日，两国界务委员会签署了红河至广西段部分边界的界约。然而，尚有数处地点保留未予勘定：因为关于黄树皮（明江右岸）、丰寿（Phong-Tho）与莱州（红河与黑河之间）的归属问题，以后也未能达成协议。法方代表团亟盼立刻结束这一地区的作业以便按原先所定，于 11 月初赴海宁践约。海士先生奉命先行，赶在代表团抵达前与邓在广东边境取得联系。然而，那一带社会秩序混乱，直至 11 月 15 日代表团一行才出发。及至抵达河内，法方界务代表团才获悉海士先生于 11 月 27 日在海宁遭袭击并被杀害。中国人急忙想推卸这一悲惨事件的一切责任。在此种情况下，我们总觉得，不管怎样，确保勘界代表团在今后进行作业中的安全十分必要，因而须向海宁派出重兵。

然而，1887 年 1 月，中国人断定他们对白龙尾海岬的飞地拥有主权，与此同时，大批匪徒又扬言要入侵有争议地界。于是，当时驻北京的公使恭思当先生向中国政府提出了措辞强硬的抗议，与此同时，我军各部队奉命占领那块飞地并在那里筑垒设防。当时，维持原状对我们有利，因此我们表示同意接受，并愿意在 2 月以内进行关于飞地的谈判。3 月 29 日，界务委员会签署了关于广东广西两省的界约，长达 400 千米以上，但对白龙尾之归属明确表示保留；接着，东京湾内狗头岛等法国既得的各岛屿问题亦得到解决，我们如愿以偿。双方界务委员会认为他们的任务业已了结，遂各自分手。在此期间，恭思当先生就白龙尾飞地问题在北京开始的谈判（这一谈判也涉及我们与中国永远解决通商贸易的关系问题）一直进行着，6 月 26 日，终于达成了一项协议，根据该协议，我们一方面把白龙尾飞地及黄树皮地域（明江）转让给中国，但黄树皮本身除外；另一方面，我们又保住了丰寿与莱州有争议的地段，保乐地区更是不言而喻，中国对此亦不再存有奢望。此外，由于与中国缔结了商约附加条款，我们确实得到了大量实惠。广西龙州与云南蒙自两城将开放与我们通商，并将接纳我国领事。

边界问题这样迅速解决似乎已经显示出了它的良好效果，最近从河内发来的报告中提到了几件事，亦都说明中国边境官吏乐意建立两国间的睦邻友好关系。

（原件 375～378 页）

第六十五卷

2月26日至3月3日被再次派到 Na Zuong 去的密使们提供的情报总的情况

密使们第一次去后回来报告的地形情况与第二次去后回来报告的情况大同小异，只有如下一些小改动。Lang Con Bat 村（梅府附近）也叫金龙。芬关（Phien Quan）村（Dong But 附近）也叫芬顷（Phien Khoanh）。被叫做 Con Tong 的村子在第一条线路上，实际上叫东禄（Dong Loc）。

在 Dong But，密使们见到了区长（韦梅清）。他对他们说他要在3日白天来向法国人表示归顺。他告诉他们，中国人已走了一段时间了，但他已无法告诉他们具体的时间。Dong But 村村长也已返回他的村子。中国人在 Dong But 周围的山上构筑了16个炮台。这些炮台全都在环绕该村的高山上，就像谅山的炮台环绕着要塞一样。它们都是用土筑的，但仍完好无损。不过，除了唯一一个还有十多个完好的小屋的炮台之外，其余的既无帐篷也无木棚了。

在 Na Zuong，密使们已忘了其名的该村的村长和 Dong But 村村长一样，也返回他的村子。中国人在 Na Zuong 周围的山上筑了9个炮台，其中一个就在位于山谷里的集市附近。和在 Dong But 的那些炮台一样，这些土筑炮台仍然完好无损，但它们已被遗弃了，既无草屋，也无帐篷。

密使们一直深入到东关，又名班桑，区长（许胜林）的常驻地。他也已回到他的区。不过这名官员不愿相信他们，因为他们身上没有证件。他告诉他们，东关到谅山距离很远，法国人到 Na Zuong 时，他就向他们表示归顺。Na Zuong 到东关约有5至6千米。

中国人在班桑或曰东关建有5个炮台，这些炮台离村很近，两个在大路的右边的高地上，另外三个建在平野的稻田间。这些炮台和 Dong But 和 Na Zuong 的炮台一样，完好无损。

沿途看到，侬人只有一部分居民返回，土人几乎全都返回原处了。东关的居民在区长南下谅山后，也将南下。

最后，密使们没有报告任何 Na Zuong 以远的情况。

1885 年 3 月 3 日

（原件第 5 页）

梁春瑄提供的关于 Luang Chau（龙州）道路的情报

谅山批发商梁春瑄约于三年前，用了两天时间走完谅山到 Luang Chau 这段路。日出动身，日落宿店，其间在约于半途中的平旺（Binh Vuong）村住宿。不过他认为携货的商人和负重的苦力只能用三天才能走完这段路程。

穿过南关（Porte de Chine）和位于 Kéo Ba Nay 山脉中间的南关（Nam-Quan）村后，就见到约有 40 间房舍的哧沙（Bo-Sa）村。大路穿过 Kéo Ba Nay 各峡谷时，常常很窄，有时经过树林。

过了哧沙后，就是幕府（Mac Phu）村，这个村有十数间房舍，是个驿站。该地区有不少稻田。

从幕府再走约 6 个小时，就见到位于一个有点山的地区的巴碍（Ba Ngay）村。该村有房舍十数座，为稻田环绕。

距谅山还有一整天路程之处，就是凭祥县（州），和骑驴（Kiluc）村一样大，有砖房。进行旅行时这里还没有炮台和防御工事。凭祥是一个相当重要的集市中心。

距凭祥 6 个小时行程处是章星（Chuong Sing）村（有十数座房子的集市）。

从章星既可以乘小船取水路，也可走陆路到 Luang Chau。从章星村（Chuong Sinh）穿过淇江后，大路就通到板挑（Bang Khieu）小村（只有两三座房子的小集子），淇江在路之北，森林在路之左。经过这条小河没有什么一成不变的工具，只有根据季节和日子使用小渡船，渡船数两艘到 10、15 艘不等。

从板挑起，大路穿过一个地势略有起伏的少山地区后，又在位于 Luang Chau 的房屋不多的布松（Bo Song）村与淇江相遇。要乘渡船过河。季节不同，渡船数目相差亦很大。

Luang Chau（县）距河有 150 到 200 米远，它是一个大镇（比北宁大一倍半），位于河谷上，但像谅山一样，周围是山环绕。在进行这次旅行时，该镇还未筑有围墙，但山上有些炮台和人数不多的中国守军。

过了 Kéo Ba Nay 之后，大路总的来说是好走的，有两三米宽。淇江是例外，要三次经过它，很多溪流在板挑和章星与布松（Bo-Song）之间将路切断，但都很容易涉水而过。除了凭祥的山为石山外，其余的大多为丘陵，圆顶。

除了这些情报之外，叫做梁春瑄的人还提供了有关 Luang Chau 目前形势以及中国军队组成的详细情况。

中国人可能已在 Luang Chau 和广西总督（疑为两广总督——译者注）府所在地 Yen Kin（越语为 Bac Kin，很可能是广州）之间架设了一条电报线，可能开始运行了。他们可能想把这条线路一直延伸到谅山来。

目前这个地区可能有 34000 中国人，分布如下：

Luang Chau（龙州）：10000 名中国人，由广西巡抚潘指挥。

Luang Chau：5000 名中国人，由提督冯子材指挥。

Luang Chau：400 名中国人，由王 Thoic Co 指挥。他是中国军队的巡带。

Dŭ Thong：3000 名中国人，由总兵（上尉）王孝祺指挥。

Dŭ Thong：2000 名中国人，由总兵冯指挥。

凭祥：5000 名中国人，由第二提督苏元春指挥。

后者有一些部属被派到谅山省的知礼和文渊与万顺（Van Tuan）之间的安化。

凭祥：5000 名中国人，由统领杨氏指挥。

Tŭ Lang：4000 名中国人，由补正（相当于巡按的职务）王德榜指挥。

官员潘鼎新（补正）原指挥谅山要垒，在我们抵达时，逃回龙州去了。

Tŭ Lang 在中国边境上，它封锁着自 Na Zuong 直上中国的这条路。

Dŭ Thong 又名保林或油隘（Ai-Dau），在中国国境上，封锁着自同登起经过山区通到龙州去的十分难走的山路，官道在其左面。

1885 年 3 月 6 日

（原件第 6 页）

云蒙区长 1885 年 3 月 7 日提供的情报

2 月 28 日，有 300 名配备快枪的中国人，一匹马，无旗无号，自 Dong But 开往云蒙，在云蒙停留两小时后，前往 Tu Doan 区的支马（Che Ma），并带走了 40 名妇女，两匹马，两头水牛，一头猪。返回时，他们在距云蒙两千米处的谷坡（Coc Bi）村烧了 20 座房舍。其中 4 名被掳的妇女 3 月 3 日逃离支马，回到云蒙。

2 月 28 日，在离开云蒙前，这 300 名中国人的统帅杜贵（Tu Qui）通知该区区长，给一大笔钱就还回这些妇女。从谅山经梅法（Mai Pha）到云蒙，和云蒙到支马的距离一样远，步行要走 6 到 8 个小时，要从淇江可以涉水的地方经过该河。从谅山经驴（Ki-Luc）和 Dong But 到支马，要走一整天的时间，即从日出到日落。Dong But 在谅山到支马的半途中。支马有一个炮台防卫，靠近大片森林，在中国门户（Porte de Chine）即关隘附近。然而边界上还没有任何建筑物。大路有一米多宽，是中国人修筑的，自东京到中国经过一连串的小土丘。取这条道进中国经过的第一个城市就是太平府，它与驱驴一般大，距边境有一日的路程，在一条于龙州注入淇江的河畔上。从支马到边界有一条比淇江小的河流，一个可涉水过河的地方，水很浅。从边境到太平府这个地区，到处是些小土山，左右两边有茂密的森林，没有大的河流，但溪流众多，过溪有桥。太平府有中国重兵守护（这个情报是最近区长得到的）。从太平府到龙州，河流适合小船通航。云蒙区长是用舢板从龙州出发去接他两个月前到太平府找到的货物。

（原件第 8 页）

派到凭祥去的密使们提供的情报

（3 月 6 日至 3 月 11 日）

两名于 3 月 6 日被派到凭祥的密使被分别提问后，提供了如下关于道路和中国人的阵地的情报。

他们于 3 月 7 日傍晚近 6 时从谅山出发，半夜抵达板布，并住下。第二天，3 月 8 日早上将近 8 时，他们离开板布，傍晚 4 至 5 时之间抵达府幕（很可能是上篇所说的幕府）。

翌日，3 月 9 日早上 8 至 9 时之间，他们离开府幕，晚上近 8 时到达凭祥。

3 月 10 日早上 8 至 9 时之间，他们离开凭祥，第三天凌晨到达板布。

3 月 11 日早上近 5 时离开板布，最后于傍晚近 7 时回到谅山。

根据这些行程的天数，无法估计路程的距离，因为密使们在各村停留、到达山区，当他们认为在一直要走的这条路上可能遇到中国人而躲藏起来时，要花去很多时间。

在同登和南关（Porte de Chine）之间，两位密使没有遇到中国人，被毁的工事没有筑好，关门已被永远毁掉。他们看到路旁有许许多多还没有搬走的中国人的尸体。

（1）关隘到板布

根据这两名密使所说，关隘到板布的距离和关隘到同登的距离差不多。

大路够宽够好的，左右两侧不近山。有一条小河，很容易涉水过去。大路右边有两个还不知名的小村子。

板布是一个有一排竹篱环绕的大村庄。中国人在板布周围的山冈上构筑了一些和驱驴那里一样大的炮台。这些炮台数约有 7 个，按如下方式分布，4 个在路的右侧（东面的山上），3 个在路的左侧（西面的山上）。这些炮台目前全为中国军队占据，他们在上面设有帐篷和旗帜。这些炮台有的已配备了大炮，它们（据两位密使称，看到大炮被拖上附近的山冈）可能按如下方式分布：

两门在右侧的第一个炮台。

一门在右侧的最末一个炮台。

两门在左侧的第一个炮台。

这些炮台间距很近，距板布也很近，环绕着板布。

两位密使经过时，中国人什么活也不干。

从关隘到板布，两位密使只看到沿路的炮台。过了隘门后，他们发现南关（Nam-Quan）村里有 11 名全副武装的中国人在走动。

（2）板布到府幕

两位密使在板布打听去凭祥的路时得知，大路上有一条分道通到 Cua Giao（很可能是前面情报所提到的油隘）。在距板布约两千米处，他们果然发现有一条约一米宽的路通往东去。这条好像新近修过的路的路面覆盖着从山脚运来的红土，还没有人踏过。两位密使在这条路什么也没有看见，不能提供有关 Cua Giao 的任何情况。

板布到府幕这条道既好又宽。它在稻田间伸展，左右是不高的山，不经过河溪，从两个小村子（密使们不知它们的名字）旁经过。这两个小村建在路的右边。两位密使估计板布到府幕的距离相当于谅山到同登的距离。

府幕是一个像驱驴地一样大的大村子。村内有一个土筑、约 150 米见方，带有一道高约 2 米、厚 1.5 米的土护墙的小堡垒。护墙即府宅围墙。这个小堡垒配备有 4 门中国老炮。

占据府幕的中国军队的人数约有 1000 人，一部分住在小堡垒，另一部分住在村里的房舍里。他们没有构筑工事，和在板布的一样，不干任何事。

路上，两位密使没有发现炮台或中国人。

（3）府幕到凭祥

道路经过山区，大多沿着山坡延伸，几乎是没完没了的上坡下坡，其宽度不过 1.5 米。它穿过两条四五米宽、水深 0.3 到 0.4 米的小河。可涉水而过的地方，底部是沙子和小卵石。

凭祥是一个比驱驴大的小城。其形大概算是长方形，有一道 2.5 米高、1 米厚的土墙环绕，开有两个门。按两位密使估计，山谷两侧山梁相距似乎不超过 600 至 700 米。山谷里有些稻田，有 5 个小村庄，3 个在大路右侧的山脚（朝东），两个在大路左侧的山脚（朝西）。最后这两个村与凭祥为一条四五米宽、可涉水而过的小河所隔。此河与路并行。

中国人占据着凭祥，他们部分住在城里，部分住在他们在凭祥周围的山上构筑的工事里。这些与板布的一般大的工事有 7 个，4 个在右侧（东）的山上，3 个在左侧（西）的山上。它们布满了帐篷和战旗。两位密使不能肯定它们是否装备有大炮。

他们问过的一位居民对他们说，凭祥有兵 40 营（连），每营 400 人。但他问他们要干什么，他们为何问这些情况，他们含糊其辞地回答，不想更深入地再问下去。因为害怕引起怀疑，他们不敢继续打听龙州方面的事。

与在板布和府幕一样，中国军队好像什么也不干。

在府幕到凭祥的路上，两位密使没有发现任何炮台，没有碰上中国人，只在凭祥附近看到约百来匹骡马。他们估计凭祥和府幕间的距离与谅山到府幕间的距离一样远，府幕可能就在半道上。

返途走同一条路，未遇麻烦。

（原件第 9 页）

德微里亚先生 1885 年 5 月 30 日论文的第 3 号附件

按：可作为东京方面中国南部边界定线标杆的某些地方名单。

引　言

后面表册中的地方，《大清一统志》认为是处在安南边界边上或是中国到安南的通道。至于与它们任何一个有关的情况，请看《中越边界说明——索引 K 页》附件 2。

《大清一统志》指出的出现在耶稣会会士诸地图（见《中越边界说明》的那幅附图 I 和各分区图）的地名下划着重线。

《大清一统志》未提到，而耶稣会会士诸图标出的地方用括号括起。

中国南部边界

广东省

廉州府　贴浪江左岸

钦州县

（罗浮峒山）

（南绿水河右岸）

那苏隘

稔均隘

那隆隘

分茅岭

广西省

太平府

思州县　（辨相隘）

淰梯隘

思陵州　那河隘

辨强隘

上石州　由隘，亦叫荔竹根

下石州	
宁明州	那肖隘
	板立隘
	东门隘
	扣山隘
	罗隘
	板却隘
	板会隘
	板龙隘
	板漂隘
凭祥州	南关，中国人叫镇南关，安南人叫镇西关
	四口隘（Tsih-Keouaï）
	岜口隘
龙州县	秀岭
	平南关，亦叫平而关
	曳村隘
	敢村隘
	贳宜隘
	水口关
	合石关
	武德隘
	苛村隘
	陇久隘
	俸村隘
	斗奥隘
	唵咘隘
	拱村隘
	那苗隘
	把乜隘
	暖寨隘
上下冻州	拱天岭
	萸化隘
	咘局隘
安平州	多烈隘

	广西省
镇安府	
下雷州	(湓梯隘)
	湖润寨军站在越境北面 25 里处
	穿岩隘
归顺州	岭卫山
	峨漕隘
	岂　村
	频峒隘
	屯　隘
	叓骈隘
	(Ko Pa 村)
	荣劳隘
	上勾隘
小镇安州	平孟隘
	剥湓隘
	剥勘隘
	云南省
开化府	耸翠山
	老君山
	马白关
	牛羊菁隘
	乌期河左岸（Pa Cha Fan）
临安府	
	交冈山
	笼阴山
	薄喇寨，距安南边境 5 里
	勒古薄地界
	猛撒菁隘
	哑得白菁隘
	清水河左岸

（原件第 12 页）

致总领事、法中勘界委员会法国代表团团长浦理燮先生函

巴黎，1885 年 8 月 18 日

先生：

我谨通知您，根据我的提议于本月 14 日公布，副本内附的一项命令，共和国总统先生任命您去履行依去年 6 月 9 日法中双方在天津缔结的条约规定成立的勘界委员会的法国代表团团长一职。

从这一决定您将看到政府对您的公务是十分重视的。我相信您将努力去完成这一使命，以证明政府的信任。

以这样的身份，您将每月享受 4000 法郎的津贴，您还将额外得到一笔收入，相当于一个月的津贴，即 4000 法郎，作为补贴。

请您做好准备，以便与组成代表团的成员 11 月 9 日到河内去。

奉部长命令并为部长代签
全权公使、政务处处长

附件：

根据外交部长的提议，法兰西共和国总统决定：

一，法中 1885 年 6 月 9 日于天津缔结的条约第三条规定成立的勘界委员会，法方代表团组成成员如下：

团长：总领事布尔西埃·浦理燮先生。

成员：……

二，法国代表团将于 11 月 9 日开赴河内。

三，外交部长奉命执行本决定。

1885 年 8 月 14 日
签字：茹费理
会签：法来西纳
作副本用
全权公使、政务处处长

（原件第 17 页）

浦理燮致海军殖民部长函

日内瓦，1885 年 9 月 1 日

部长先生：

您不会不知道，共和国总统根据外交部长的提议，已俯允将法中勘界委员会法国代表团团长之职委任于我。

在我赴东京之际，请允许我请求您同意海军舰只帮我把我家人在我赴任期间寄给我的包裹捎带给我，或送到西贡，或送到东京。

我只在很有限的范围内利用这样给我的方便，根本不必担心我会滥用。

如果您认为可以考虑我的请求，恳求您让人告诉我，包裹何时可以寄到土伦或布雷斯特，给何人收。

另：我明日就去巴黎，要待 8 天。我在巴黎的地址：伊利什邦斯街多瑙河饭店。

（原件第 22 页）

法驻华公使巴德诺致法驻安南总领事、东京远征军总司令可尔西将军函（第 11 号）

北京，1885 年 9 月 1 日

将军：

遵照外交部的指示，我于 8 月 22 日给中国政府去了一函（抄件内附），把负责勘定东京北部边界的联合委员会的法方成员已任命的消息作了通知。总理衙门的答复我刚接到，我亦转给您。它在复函中通知我，两名中国高级官员周德润和邓承修已接到朝廷的命令，一人赴云南，另一人赴广西，事先与两省的总督和巡抚磋商，就地处理边界问题。

周德润原为总理衙门成员，目前在北京；邓承修是 6 月 9 日条约的签字人之一，属于总理衙门的人，最近获假到广州去了。好几名代表要在他们的工作中充当他们的助手。特别有因参加了中国军队围攻宣光而享有一定声誉的文官唐景崧；另一名是李兴锐，他当了数年上海机器制造局总办。

我打算等到适当的时候再把我能搜集到的、可能会使您感兴趣的关于中国代表团的补充情况告诉您。

（原件第 23 页）

1885 年 9 月 1 日法驻华公使函附件

法驻华公使巴德诺先生致庆亲王殿下及总理衙门诸大臣的信

殿下并诸位阁下：

根据 6 月 9 日条约第 3 条规定，将组成联合委员会负责勘察中国与东京边界并进行准确定界。现敝国政府已将法国代表的人员名单通知了我，并要我转告你们。

这份名单包括如下姓名：布尔西埃·浦理燮先生，外交部原副司长，任团长；师克勤先生，法驻广州领事；倪思先生，因其在安南的游历而闻名；狄塞尔中校先生；海军陆战队上尉卜义内先生；帕吕·德拉·巴利埃先生，候补成员。

法国代表将于 11 月 9 日到河内去。他们将在河内听候中国代表的安排。殿下及诸位阁下，大清帝国政府一任命中国代表，如蒙诸位马上将其名单通知我，将不胜感激。这样便于我通知敝国政府以及我们在东京的军事机关。

巴德诺

1885 年 8 月 22 日，北京

（该篇收入《中越边界历史资料选编》第 489 ~ 490 页）

（原件第 25 页）

1885 年 9 月 1 日法驻华公使函附件

总理衙门致巴德诺函（译文）

光绪十一年七月廿一日（1885 年 8 月 30 日）

公函

我们于光绪十一年七月十三日（1885 年 8 月 22 日）收到阁下来函。阁下在这份公函中将贵国任命的勘界大臣名单寄给我们。同时，阁下要求我们将中国代表的姓名告知您。

七月廿日（1885 年 8 月 29 日），本衙门为此专门具奏皇上，当天就下达这道谕旨：

命侍读学士周德润①即刻从邮路赴云南，与岑毓英②、张凯嵩③一道处理中越边界定

① 1884 年为总理衙门大臣——原注

② 云南巡抚、云贵总督——原注

③ 云南巡抚——原注

界问题。

命在京的五个附院之一的五品候补主事、吏部二等候补主事唐景崧①、江苏省候补道台叶廷眷②充任周德润帮办。令他们与周德润的随员共同从邮路出发。

钦此

同日下达的第二道谕旨：

命礼部主事邓承修③即刻从邮路赴广西与张之洞④、倪文尉⑤和李秉衡⑥共同处理中越边界定界的有关事宜。

命广东省粮道王之春⑦和直隶候补道台李兴锐⑧充任邓承修帮办。令他们与邓承修的随员共同从邮路出发。

钦此

谨将这两道谕旨转告阁下知道，请周知。

译文无误

公使馆第一翻译微席叶

（该篇收入《中越边界历史资料选编》第490~491页）

（原件第26页）

浦理燮致外交部长函（第4号）

巴黎，1885年9月10日

部长先生：

大家知道，而且我从事译员的实践特别使我知道，与东方人谈判有一名好译员参加是非常重要的。然而我从可靠的消息中获知，我们在东京有一大批讲越语的翻译，但好像很难遇到一个既通晓法语、又通晓汉语（口语和书面语）的人。可能会偶然找到这样的人，但总得在多少有点有限制的范围内检验，这样才可能寄望于他。

然而，目前为勘界委员会确保得到一名翻译服务的机会出现了。这名翻译的合作似

① 指挥中国军队围攻宣光的文官，在东京作战有功，获谕旨嘉奖——原注

② 同日皇上召见，京报载的一道命令命军机处记下此事——原注

③ 广东人，总理衙门大臣，1885年6月9日法中条约的受托者之一——原注

④ 两广总督——原注

⑤ 广东巡抚——原注

⑥ 广西巡抚（署理）——原注

⑦ 就次要的大事负责与外国驻广州领事的联系——原注

⑧ 曾任上海机械制造局总办（1882~1883）——原注

乎十分有利于勘界委员会。

江苏省基督教徒、我们传教士的弟子约瑟福·季（Zi）自1865年到1868年在挂着罗斯将军旗号的“女战士号”（Guerrière）快速护卫舰供职3年，后来以第一翻译的身份受雇于上海法国租界保安警察部队（1880年），接着到同一城市总领事馆供职，听命于李梅先生（1884年）。将军和我的同僚十分满意。最后供职于远东分舰队参谋部，他能够以他的聪明才智、冷静沉着、小心谨慎、满腔热情、行为端正博得孤拔将军亲切关心，将军的参谋长海军上校梅格雷先生的证明书证明这一点。

部长先生，如果您俯允我的要求，给您愿意委托我为团长的代表团派一名助手，我将不胜感谢。这名助手至少比其他人更有优势：能够提供类似的来自法国各权力机关的一组有利的证明来证明其忠心耿耿。

季在“巴雅号”时从事参谋工作，而且每月领300法郎。如果您认为有必要把他派到勘界委员会去，我就冒昧提议您每月给他350法郎和150法郎的伙食补贴。

（原件第30页）

法驻华公使馆　第14号

巴德诺将军致可尔西将军函

北京，1885年9月15日

将军：

我昨日接待了总理衙门成员、负责广西广东边界勘定的钦差大臣邓承修阁下的来访。应于今日离开北京的这位官员来向我辞别，告知我他要动身赴广州，他认为要到10月5日才可抵达。正如我已对你说过的，他领受的指示要求他应与广西署理巡抚李秉衡共同商讨定界问题。他的打算是从广州乘船去梧州，然后想从梧州走陆路去龙州。他估计他最后这段行程可能不少于50天。我提醒他说，从各种可能性来看，他从东京去会更快到达龙州；往后对他来说最简便的也许莫过于乘船赴河内了。他在河内与法国委员会接洽将是有利的。我劝告他说，不论怎么样，只有在与师克勤先生——他也要参加定界工作——谈过后才下定决心。他答应我，他一到广州就与师克勤联系。也许最好是这名中国钦命大臣事先用电报与法国大臣们商量后才确定他的路线，即使是要确定两国代表团应会面的地点及会面的日期。我按此意写信给师克勤先生，请他在这点上给邓承修阁下提供斡旋。

除了谕旨任命的中国大臣之外，邓的代表团还有两名从海关部门借来的外籍官员。其中一个是总税务司的兄弟赫政先生。根据总理衙门给我提供的材料看，他主要充任翻译。赫政先生的法语确实说得相当流利。他在海关任税务司之职。

布尔西埃·浦理燮先生一到东京，如蒙您马上将本函包含的消息转告他，不胜感谢。

（原件第 32 页）

财会经费管理处致外交部长函（第 5 号）

巴黎，1885 年 9 月 18 日

部长先生：

我得到证实，作为法中边界勘界委员会法方代表团团长，不仅公务所需的费用该由我负责预付，而且代表团全体成员在边界的旅费也由我负责预付。

部长先生，如蒙告知是否确要这样做，我将不胜感谢。因为，不仅要我进行这样的垫款，而且我觉得必须要接到明确的命令。我可能需要在这个问题上得到确切的消息，以便我与我的代理人就多少有点高的信用证的数目取得一致意见，我作为他在东京的客户，他应让我持有信用证。

不过，我希望您能好好地研究一下，我摆脱这一重负、这一义务的重大责任，让东京总司令和总驻扎官动用军需处拥有的资金来负责代表团的整个旅费，是否更不可取、不可能。

皮阿斯特现金和铜钱是东京内地唯一流通的两种硬币，作为货币也太笨重了。为了应付要考虑的支出，我手头应有的数额就成了我要带着和我一起旅行的一个名副其实的钱柜了。不过，据我认为知道的情况，代表团可能被规定只带几名东京土著兵作为卫队。另一方面，常常得到报刊肯定的边界各处有海盗集团和黑旗军这一事实，使人有这样的猜想：在边界安全不可能永远是绝对的。在这样的条件下，上述的钱柜就很有可能出现意外；由于某次事件，要承担因损失或被迫抛弃所造成的后果，对于团长可能是倒霉的事情。

另外，我趁此机会还要提醒您注意，部长先生，如果您允许的话，即我出发前，有必要知道开给我执行使命期间的公务费和特别开支的大概数目会是多少。您赏脸交给我的这一使命有风险，但是请您相信，为了让部里满意，为了尽我最大的努力去完成这一使命，我将不惜我的一切。

（原件第 42 页）

（从内容上看，此信的作者是浦理燮——译者注）

政治司远东和保护国处致外交部长函（第6号）

日内瓦，1885年9月21日

部长先生：

我的同事，其中的一名代表向我透露，他在陆军部听说，法国代表团到了河内之后要前往北海去与中国代表会合。

因为没有接到部里对这个问题的任何指示，因此我谨恳请您告诉我，我抵达河内时，可能已与大清帝国政府共同就这个问题通过的决定，是否由共和国驻北京公使馆或我们的总驻扎官通知我。

（原件第44页）

处长致浦理燮函

巴黎，1885年9月21日

先生：

您本月10日来信向我陈述了您认为给勘定东京边界的法国代表团增添一名既精通法语又精通汉语的翻译是合乎要求的理由。您同时向我描述了最后曾附属于孤拔将军参谋部、现在巴黎的中国基督徒约瑟夫·季可能给予代表团的帮助。

我乐意地承认可以推荐季让我部挑选作为您想指定他担任的工作的条件。但是，这名翻译如果在我们的舰只上给予我们远东舰队的军官提供了梅格雷司令的介绍证明的帮助，那么在他可能在勘界委员会里这种完全不同的条件下，情况很可能就不一样了。每天与大清帝国的高官联系，季能否仍将保持完全不受束缚、保持独立思考和保持可望的忠诚呢？

另外，我认为增加我们代表团已经不菲的工作费用没有什么必要。而且，代表团中有一名优秀的中国通——师克勤先生。您可以有权就地给他添加可尔西将军参谋部里的翻译。这些理由使我不能满足您的要求。我深信您一定会去衡量这些理由的正误。

（原件第45页）

法中边界勘界委员会法国代表团会议纪要第1号

1885年11月9日会议

法中边界勘界委员会法国代表团于今天，1885年11月9日下午3时，在河内分给团长浦理燮先生居住的房间开会。

出席会议人员：浦理燮、师克勤、狄塞尔、卜义内、倪思

浦理燮先生说明本次会议的目的是使代表团在1885年8月14日的决定确定的时间成立。他对外交部长指定他主持召集合作者开会的这一荣誉感到高兴。合作者们的专长和特殊才能使他坚信，在他们的合作下，将可能十分有效、十分有利地出色完成勘界工作。

他深深地信服，他的同事们亦都将愿意支持他为了有效地掌握要从事的活动的进展所要作的努力。因此，他要求他们人人都发挥自己的聪明才智和积极主动性，帮助他研究他们认为可能十分有效地有助于他们肩负的使命取得成功的方式方法。最后，他恳请他们相信，他最强烈的愿望就是按照相互信任、开诚公布的原则建立他们应保持的日常关系。他声明，从现在起他自认为与他们组成了一种被献身于法兰西的利益的共同感情紧密结合在一起的家庭，才能更好地表达他在这点上的思想。

浦理燮先生补充道，如有必要，他认为师克勤先生自然被任命为代理副团长之职。本来可能让帕吕・德拉・巴利埃先生以候补委员的身份担任代表团秘书职务的，他本月1日已辞职离去。有鉴于委员人数从6名减少到5名，浦理燮先生认为，也许必须尽可能少地浪费他们人人都将需要的用于委员会工作的时间。在这种条件下，他考虑能否让外事处同意让他支配的秘书德朗达先生临时代理委员会会议的会谈记录整理工作的秘书之职。

因此，只要代表团成员稍微觉得没有什么妨害，浦理燮先生就可能建议采用这一安排，但明确的条件是德朗达先生参加会议只是执笔，不必参加任何讨论。

有没有可以把实际不是一个委员会成员的某个人当做委员会秘书的传统和先例？对这个问题，展开了短时间的讨论。团长认为有，而且提醒大家注意，他给部里的报告和函电一般都交由德朗达先生去寄，后者通过这种方式可以有机会知道代表团工作的结果，因此他应该被认为是提供了严守职业秘密所要求的一切保证的。

于是这一建议被采纳了。德朗达先生被指定临时担任会议的会谈记录整理工作的秘书职务，他不参加任何讨论。

接着，团长把1885年6月19日的法中条约的约本放在办公桌上，将法来西纳先生给他下达的指示告诉他的同事们，把他从部里得到和从其他渠道得到的地图和资料交给他们使用。

浦理燮先生对于目前不可能预料何时将与中方代表联系的情况作了简短的说明后，宣布他已请示了巴黎，并把外交部长要求他就此直接与负责和总理衙门安排委员会路线的共和国驻北京公使共同商议的电报告诉了代表先生们，说这份电报还命令他们暂时留在河内。

最后他告诉他的同事们，他按指示已马上给戈可当先生打了一封电报，请他指示，

并详细说明代表团全体成员已做好了一切准备，很想干些事，但只有等法国驻北京公使的参与发挥作用。

狄塞尔先生要求确切地知道关于每个委员在研究需要在会议上讨论的问题时的主动程度。

浦理燮先生答复说，他认为这一主动性只能是完全充分的，并请他的同事们相信，如果他们在表达他们的感想和看法时，与表达他们每一个人认为应该要表达的所有意见时一样毫无保留，他一定会非常感谢他们。

于是狄塞尔先生提议将“研究委员会计划和研究能确保计划执行的具体办法”作为下次会议的议题。

师克勤先生提醒说，目前实际上并没有任何事情阻挠代表团对可以利用的方法和途径进行研究，但却保留采取可以预断到将从法中两国政府的协议产生的决定的一切决定。

团长完全同意这一看法。狄塞尔先生的这一提议得到一致的采纳。下次会议定于次日，即 11 月 10 日下午 3 时举行，议题如上所述。

下午 5 时 30 分散会。

签名：师克勤、倪思、卜义内、狄塞尔

（原件第 68 页）

会议纪要第 2 号

1885 年 11 月 10 日会议于河内举行

出席会议人员：浦理燮（团长）、师克勤、狄塞尔、卜义内、倪思

会议于下午 3 时开始。

上次会议的纪要传阅并获通过。

团长请狄塞尔先生说明，他如何理解他昨日提出作为本次会议议题的问题，即“研究委员会计划和研究能确保计划执行的具体办法”。

狄塞尔先生这种说法的意思是指对代表团在其工作的进程中和对完成其肩负的使命必需的技术方面的具体措施的探讨中打算采取的行动办法的研究。

他说，为了使代表团在着手工作的时机到来时不致措手不及，进行这一研究和探讨是必不可少的。不论行动的出发点在边界的哪一侧，必须重视让大家有思想的准备，准备必需的设备。因为必须制作有一定尺寸的测量图，以便能识别地形、判断有可能导致对边界线的某种选择的因素。此外，在一个还不熟悉的地方，似乎必须使代表团有办法至少根据坐标大致确定某些地方的地理位置。不这样做，就可能使将要进行的地理测量

工作失去意义和准确性。

按这种想法，狄塞尔先生认为有必要请求军事权力机关让代表团动用：①至少两名从东京部队中挑选出来的军官，一名是地形测量工作的专家，另一名对使用天文观测仪器十分熟练；②这些军官可能需要的工具，即两块精密时计，□□□□、一个经纬仪、一个流速计等。

此外，狄塞尔先生还认为，为了获得全景和剖面图，其中的一名军官应从有制图经验或有摄影经验的人中挑选；委员会只有在一队卫兵、人数相当多的随从人员的相随下，并带着一大队苦力时才能上路，也还应带上一名军医，需要时负责这一队人数众多的队伍的医疗工作。

浦理燮先生表示他感到满意，同时指出，狄塞尔先生发表的意见证明了他自己以前有机会就这些不同的问题数次表明的看法。因此，他只能完全同意先发言者的建议。

委员会一致同意采纳这些建议，并请团长及时考虑去拜访主管人，使他对这些建议的结果有所了解。

狄塞尔先生接着提醒注意，代表团没有两名当地翻译，一译越语、一译汉语，以及一名中国文人和一名安南文人的协助，就不能起作用。

倪思先生指出，对于翻译人数的选择和翻译素质的选择，可以信赖师克勤先生的才能。

师克勤先生答复说，他今后一定积极地协助代表团的工作。

至于他个人，师克勤先生讲中国官话，但讲通俗语言就不能让人明白自己的意思，中国不同的方言因省、地有异。他接着说，当要注意和监督以作为口译员和非正式顾问增添到中国代表中去的海关官员担任笔译的方式，或者当有必要核对法中委员会每次会议后要用两种文字誊写的会议纪要是否相符时，专门的知识就派上用场了。他指出，并且这项性质十分微妙的工作只能在一名文人的帮助之下才可进行。和狄塞尔先生的看法一样，师克勤先生主张，为了与安南中国当地人联系，因为代表团在其旅行期间或在边界的各个地方都会有接触，所以不能少于两名当地翻译，一名讲法语和当地方言，另一名讲法语和安南语，可能的话还讲汉语，两名文人亦不可免去。

狄塞尔先生认为，考虑到师克勤先生因病或其他原因不能分身，有一名职业翻译当助手对代表团是有用处的。

团长说，他只能完全同意先发言者的意见，即使仅仅因为这一理由，代表团将陷入十分严重的困境，可以说完全处于作为中国代表助手的翻译的支配下，如果师克勤因某种原因突然缺少合作的话。

代表团一致承认这些建议的重要价值和观点，认为它的确需要在工作中得到以下人员的协助：一名讲安南语的当地翻译，一名讲汉语的文人，一名讲安南语的当地翻译，一名安南文人。

除了师克勤先生出于慎重不想表态外，其他代表都表示愿意得到一名可以在必要时代替师克勤先生的职业翻译的协助。

最后，狄塞尔先生建议要求总司令给代表团派一名士官，负责看管代表团的器械和随行的苦力。

这一建议亦得到通过，按这个建议要对主管人进行的拜访活动与前面的建议一样，由团长负责。

根据卜义内先生的提议，下面这个问题："委员会要采取的工作方式"作为定于1885年11月16日星期一下午3时召开的下次会议的议题。

5时45分散会。

签名：师克勤、卜义内、倪思、狄塞尔

（原件第71页）

会议纪要第3号

1885年11月16日会议于河内举行

出席会议人员：浦理燮（团长）、师克勤、狄塞尔、卜义内、倪思

会议于下午3时开始举行。

上次会议的会议纪要被宣读后获通过。

卜义内先生发言。他要求代表团自己确定它表示其讨论结果的办法。每个成员只发表意见还是要表决？按表决办法，不是以多数票来决定结果吗？团长在集中了每个人的意见后不是保留有采取他认为最恰当的观点的权力吗？在最后这种情况下，每个成员自己的责任怎么样呢？

卜义内先生最后要求确立明确这些不同问题的一个内部条例。

在代表团各成员进行长时间地交换意见之后，卜义内先生最后提出代表团的决议要根据多数票得出，出于尊重，就规定团长的票起双票的作用，而且当团长认为应该负起不同意他人的意见而自作决定的责任时，代表团的决定决不约束团长的行动自由。

在进行商议后，代表团同意卜义内的建议，对于以下各点取得了一致意见：

决议将须获多数票通过，团长的一票顶两票，同时承认他有权否决已获同意的决议，但自己负责。赞成票数与反对票数相等时，就重新表决。如果这一检验无结果，就以团长赞成的观点为胜。

接着卜义内先生问，最少要有多少个成员到场才能使商议和决议有效。他主要是针对有一名或数名成员因健康原因或其他原因不能出席会议的这种情况。在他看来，有三人应该够了。相反，团长认为如果有一名以上的代表缺席，就很难决定一些有关定界的

问题。

由于在这点上出现了意见分歧，这个问题引起争议，于是付诸表决。因大多数赞同卜义内的建议，团长就转而赞成大家的意见。因此有三名成员，包括团长或者副团长，通过的决定即有效这一意见为大家接受了。

于是狄塞尔先生指出，尽管 8 月 14 日的决定没有正式地将副团长之职授予任何一个委员，但是，为了分清内部的等级并考虑到团长有事不能分身，仍然有必要指定一名代理人。狄塞尔先生提醒说，在代表团举行的第一次会议上，团长是把师克勤先生当成必要时必然被指定代理副团长之职的人物向他的同事们介绍的。他认为也许最好代表团接受这一看法，并将这一看法写在它正在制定的内部条例中。

这一建议获得大多数人通过。师克勤先生没有参加表决。因此决定，师克勤先生将在浦理燮先生因故不在场时代行副团长之职，需要时他甚至可以在有必要以代表团的名义与大清帝国的钦差大臣们联系时，代替团长的职务。

另外还确定，同样，在副团长主持的会议中，他的一票顶两票，但另一方面还规定，除了团长不能继续领导定界工作、只能让人代替的这种情况以外，对于他不在时通过的决议的执行事宜，副团长应向他请示，由他最后定夺。

师克勤先生认为委员会应该有一本登记簿，用于登记代表团目前拥有的或以后可能得到的地图和资料。这一归档方便两国代表团的研究，有利于帮助他们工作的完成，而且两国代表团还可以参考。

团长同意师克勤先生的意见，补充说，最好每个代表也应主动将自己拥有的资料造一份表，让其同事使用。此外，可以将这些表装订成一本特殊的册子。

师克勤先生和团长的这些建议没有引起任何反对，获得一致通过。

因再无议题，代表团将下次会议推迟召开，复会日期以后再定，等候通知。

5 时 30 分散会。

签名：师克勤、狄塞尔、卜义内、倪思

（原件第 73 页）

会议纪要第 4 号

1885 年 11 月 25 日会议于河内召开

出席会议人员：浦理燮（团长）、师克勤、狄塞尔、卜义内、倪思

会议纪要第 3 号宣读后获通过。

团长拿出两封电报传阅：①本月 19 日的一封电报。他通过这封电报请示巴黎方面允许他与他的同事到香港去等待今后的指示，因为这里不能居住；②部里的复电。部里准

允法国代表团到香港去，如果从现在起到 12 月 1 日它还没有接到相反命令的话。

卜义内先生要求发言，他的发言如下：

“8 天前，团长与其同事们谈过后决定代代表团给他的处里去电，要求允许到香港去，当时的情况如下：

“第一次，远征军总司令将军在我一到就主动去拜访他时曾对我们说，他不会送我们到谅山去，除非有明确的命令。

“接着，在看了总理衙门答复戈可当先生关于在北海会合的要求的复信后，可尔西将军再次答复说，目前他不会送我们到边境的任何一个地方去，对此他向我们的团长陈述了一些军事方面的理由，而我们自然没有估计到，因此团长只好向外事处请示，这已做了。

“我们不能上路去谅山，不能从这条路去与正往龙州来的中国代表会晤，不知道我们进行工作的可能性何时出现在指挥部里，那么我们留在河内的理由是什么呢？我们不时想起我们肩负的使命，而总司令不会像我们希望的那样很快就提供他的合作时，担心我们停留时间延长最后会变得骑虎难下，这是有道理的。仅从这一点看，因而就有必要随时离开河内。委员会还要按兵不动，同时表示无可奈何，这样有益吗？在等待远征军可以必要时给我们开放通往谅山去的大路的时期到来，为了使我们能够通过北京方面碰巧指定的这条路去与中方勘界大臣们会合，为了使我们能够自己研究哪些办法可能行得通，我们不应该力求自己转移吗？

“这一转移有利于免除部队指挥部认为为时过早的对我们的一切担心。它仍然在判断它们何时能帮助我们，此外它已不用关心我们在河内的住所，这虽然肯定是小事一桩，但对于委员会来说就变成了一件大事。可尔西将军曾十分盛情地主动表示在我们抵达时安置我们，但本月 18 日却告诉我们，如果我们的停留时间要延长到 12 月 1 日，他要求我们搬到城防参谋部去住，提出这是出于公务的原因。这使得委员会十分为难，甚至由于没有一个可以进行商议的房间而使得委员会开会都有困难。

“在这样的条件下，我们应该选择一个东京附近的地点告诉处里，以便远征军总司令可尔西将军确信，我们接到电令说可以通过东京领土开始我们的工作后，在很短的时间内就要到达河内。这样就可避免受季节限制的一些行动出现任何延误，同时由于距中国领土很近，我们到了这个地方就与法国驻华公使进行的谈判吻合，对于大清帝国政府，只要我们到了此地就表明我们愿意与他们的勘界大臣碰头，我们愿意尽快与他们的勘界大臣们一起工作。

“香港因接近东京和中国，因此它看来是个理想的地方。

“选择这个城市的好处是丝毫不预断我们今后工作的方向。如果由于总司令使我们所处的形势发生变化而出现的便利使我们有幸走谅山这条大路，我们就准备 6 天之内走到那里。如果相反，去谅山的困难依然存在，我们可以与中方代表或候补成员一道尽力从北海或白龙尾出发，开始我们的工作，或至少我们可以尽力与他们就我们实施的方式取得一致意见，尽力通过预备会议提出定界原则。

“再说香港还有另外一个好处：它使我们更接近远东海军分舰队，而且万一我们不能以谅山作为基地行动，或者通过北海到边界时，我们还有可能力图或依靠东京指挥部拥有的工具，或在远东海军分舰队的帮助下解决沿海岛屿问题。

“就是这些因素促使我们为代表团要求暂时允许到香港去。

“自代表团团长的要求转给部里后，形势变了吗？我不知道。据我所知，团长从指挥部那根本就没有预感到，它在这期间可以找到支持我们任务的新的可能。

“如果突然有了这种可能，只需通知可尔西将军，我们已获许暂时离开河内，我们决定在他一向我们指出有送我们到边境去的可能性时就返回东京，这样就可以使他能够在他认为恰当时让我们知道他的预见。

“他的答复必定会引导我们的行动。然而，如果他预料的期限还远，使得他担心我们的行动在好的季节不能进行，另外，如果法国驻华公使根本没有成功地按照外交部的意见安排我们与中方勘界大臣或候补大臣们的会面，没有成功地确定我们工作的起点，那么我认为香港是代表团可以最有利地等待可能就此通过的决定的地方。

“以上就是我荣幸地请代表团团长及我的同事们研究的意见。

“我发表这些意见是抱着我们大家共有的摆脱我们无所事事，尽可能充分地利用好的季节的愿望。”

对于卜义内先生认为去香港的计划有好处中的几点，师克勤先生不完全同意他的同事海军代表的意见，但认为应该将讨论推迟到代表团要通过最后决定时。然而，在通过这一决定之前，因为当去谅山的路开放时河内是我们可以最快靠近中国代表团的地点，所以最好问总司令，根据他的估计，在最近这段时间里，形势是否会完全改变，使代表团仍有有利的时机看到通往谅山去的大路及时开放，使它可以在好的季节开始工作。

因此，师克勤先生提议代表团请其团长在最短的时间内向可尔西将军送去按此意提出的要求，结果将确定代表团要遵循的行动准则。

卜义内先生表示完全赞同师克勤先生的建议，同时援引他刚才作的情况报告里表示的意见。他指出，他的意见完全是针对同一目的的，因为这些意见也有助于使总司令能够在代表团出发去香港之前说明他的意图。他进而指出，因此，如果师克勤先生的这个建议获得一致的同意，那就有必要将对他强调的其他意见的研究推迟到以后的一个时间进行，除非代表团于 12 月 1 日前接到或是法国驻北京公使馆，或是总司令的新的通知可能使形势发生了变化。

代表团原则上同意师克勤先生的建议。对于有必要给可尔西将军的通知要用什么形式进行讨论之后，代表团通过如下的草稿：

“代表团已得到外交部长的许可去香港，如果从现在起到 12 月 1 日它没有接到新的指示的话。在走之前，它谨请求总司令先生告诉它，根据他的估计，通往谅山的路是否会及时开放，使代表团的暂时离开妨碍开工。中方勘界大臣们在龙州就表示河内到谅山去的这条路是去会合中方勘界大臣要走的最短的路线了。代表团不想在不适当的时候远离。”

代表团将卜义内先生关于推迟研究他对去香港所作陈述的意见备了案。

于是狄塞尔先生问，现在就力图与中国代表们取得联系，或给他们写一封信让密使送到龙州去给他们，或通过广州给他们发电报，这样是否合适。他说，与他们联系的性质可能只是纯礼节性的，丝毫不提两国政府悬而未决的问题。在他看来这只不过是一种简单的接触。

团长答道，他认为目前还不能以任何名义开始与中国代表团进行任何性质的联系，除非得到驻北京公使馆和外事处的特别许可。

他提醒说，他一到河内，可尔西将军就交给他一封电报和一封信。电报是陆军部长发来的，他指出外交部长和中国驻巴黎代办一致同意选择北海作为勘界委员会会面的地点的好处；信是师克勤写来的，他通知说大清帝国的勘界大臣于10月21日已离开广州去龙州和蛮耗。面对着这些互相矛盾的材料，他只好将情况发电报告诉巴黎。最后，外交部长马上要求他直接与戈可当先生商量，因为部里刚委托他与总理衙门安排委员会的路线。

浦理燮先生接着说，就因此他已被削去了直接与中方勘界大臣联系的权力。后来巴黎来的电报和北京来的电报（代表团知道了）表明，为了解决路线问题，两国政府采取了一些措施，互相提了些建议。

在这样的条件下，团长认为，自作主张就难免冒受责备之险，即使是主动与中方勘界大臣进行纯礼节性的联系，即使是不可能预料总理衙门是否会不试图当着法国驻北京公使的面采取这样或那样的手段从中捞到好处。代表团的责任就是等待法国驻北京公使的指示，不做任何会使其进行的谈判受阻的事情。

浦理燮最后说，他认为只有将要及时与中方大臣们直接联系的问题通过电报提交给主管人，如果代表团的大多数人同意狄塞尔先生的建议的话。

师克勤先生认为，不论伴随着与大清帝国代表建立联系而带来的好处有多大，但是不是纯礼节性手段的任何联系目前都极有可能妨碍法兰西共和国代表在北京进行的谈判。他进一步指出，必要时可能寄出的一封纯礼节性的信，由于代表团目前的特殊处境，可能会很难写。因此他觉得最好不要冒险进行错误的行动。

卜义内先生佩服团长先生的老练，佩服师克勤先生在中国事务方面的才能，同时认为有必要与中方勘界大臣们进行联系。因此，他支持团长的观点。

倪思先生的意见也与团长的一致。

因此，根据大多数的意见，决定目前没有必要与中方勘界大臣们联系，在通过这种决定之前，应该等待法国驻北京公使馆的指示，因为公使馆已受理了这个问题。

倪思先生问团长，他就有关代表团必需的辅助人员和观测仪器问题给可尔西将军的信是否已有回音。

得到团长的否定回答后，倪思先生根据代表团要提前关心知道它是否可以指望它需要的一切工具在工作突然开始时由它使用这一必要性，认为有必要请可尔西将军主动告诉他对于辅助人员和器械的要求有什么看法。团长先生早就以代表团的名义要他注意这一要求了。

代表团一致同意这种看法，委托团长按这种意见去问总司令将军。

因已再无议题，代表团下次会议召开时间待定，等候通知。

会议 5 时 45 分结束。

签名：师克勤、狄塞尔、卜义内、倪思

（原件第 75 页）

浦理燮致法驻北京公使戈可当函

（第 2 号）　河内，1885 年 11 月 12 日

公使先生：

公使馆的同行人员也许和我一样，已经看到了，部里为了确保我与您通讯的秘密交给我的密码表是很不合规定、很不充分的。它不仅很难将该地区的地名翻译出来，而且在表里还找不到一些特别应该有的名字，如可尔西将军这个名字之类的和所有必需的字，如“定界”，以及其他必须由音节组成的字，这使得电报费变得非常高。

师克勤先生通知我，他手头有一个密码表，巴德诺先生曾让人拍摄了好几份。这个使用很方便的密码表有一个附录，登载有各种汉语语音。

我冒昧地提请您注意，如果您可能有其中一份这样的密码表，只要稍有机会给我寄来，你就主动给我寄来，我觉得有好处。

也许我们电报的秘密甚至得不到确保，因为另一方面我曾荣幸地写信告诉过您那种可能性。有了那种可能，我们庆幸在这里可以看到我们的来往电报，但对于国库来说，这样至少要花费惊人的传递费。

（原件第 83 页）

浦理燮致法外交部长函

河内　1885 年 11 月 17 日

部长先生：

我从消息灵通人士处得到证实的下面这个消息本月 10 日就在河内传开了。知道法军

最近根本不会去占领谅山，于是备受海盗蹂躏的该地区的居民已武装起来，自己去驱逐海盗。

我认为这条消息使我在本月7日的报告中向您提到的两位将军和那位高官的观点更显得重要，与总司令的观点相反，权且认为根本不是不能送代表团到边界的这个地方去。

而且我后来还获悉，这一看法也得到了其他大多数人的同意，其中我仅说出民政处处长西尔维斯特，特别是波尼逮波德上校。后者不失为这方面的一个权威。

因此，这可能是我们能在代表广西的中国代表邓承修抵达龙州后马上与他接触的最快的办法。

本月15日我接到戈可当先生通过电报转来的总理衙门答复他关于勘界委员们在北海会面的要求的复函时，就是根据这一印象我认为应该将此通知可尔西将军，并问他我到以后情况是否没有充分变得有利，使他能考虑将我们送到谅山。

正如我曾荣幸地于翌日用电报告诉您的一样，将军仅仅回告说目前他不会送我们到边境的任何一个地方去。

为了补充这封电报，我只有向您汇报我当晚与可尔西先生进行的长谈的情况。

（原件第91页）

浦理燮致戈可当函（第4号）

河内，1885年11月18日

公使先生：

本月12日和16日，我曾荣幸地相继给您发去两份电报。

您知道，我几乎不指望以我的密码来保证我与公使馆联系的秘密，所以我更愿利用一次机会通过法国驻香港领事把这其中的第一份电报发出给您。

下面是该电电文：

“根据谅山方面来的消息，根据具体可靠的估计，不是不能去谅山，这可是唯一迅速的解决问题的办法，确实合适。必须让可尔西将军接到明确命令，不管愿不愿意，要强迫执行。”

第一份电报交给这里的电报局发，内容如下：

“我已将您本月14日的电报内容通知了总司令，并问他目前是否打算派人把我们代表团送到边境一个距每一个大清帝国的勘界大臣去的地点最近的地方去。他断然回告我说：‘他目前不会送我们到边境的任何一个地方去’。我将此通知了外交部。

“您必定会接到我周五通过香港发给您的电报，但我今天对其中提及的估计的重要性有怀疑。我将用信向您作说明。”

因此，我还要向您提供已说过的说明。本月 11 日我已详细地向您报告了接到的谅山的消息。我认为这些消息使我向您提到过的两位将军和那位高官的观点更显重要。权且不同意将军的观点，认为可以送我们到南关隘去。

另外，我当时刚获知这一看法也得到其他大多数人的同意，我仅提民政处处长西尔维斯特先生和波尼逮波德上校就够了。特别是后者，他不失为这方面的一位权威。

就是由于对这些一致的估计的感受，我于 12 日晚起草了这两封电报的第一份，只是在上个星期天我对此才产生怀疑。下面说明原因。

我白天将您本月 14 日的电报内容告诉了可尔西将军后，只接到我 16 日告诉您的那个答复，于是我于晚上重看了一遍。虽然他很容易动怒，但他根本不同意……（此处数行字不清楚——译者注）由于谨慎的措辞，我成功地把他引到这个问题，趁此对他说，谅山和我们的同松以及屯梅两个前哨的距离不过 40 千米，谅山到南关隘的距离不过 15 千米，我不能理解为什么经过这样短的路程要考虑一些很大的困难，竟使他认为不能克服，除非要动用军队，就如他在我们第一次会晤时向我提及的那样。

根据他的习惯，他先是生气，认为我不该多管闲事，看到我镇定沉着，于是平静下来，变得通情达理了，最后屈尊平静地谈论这个问题。

……（此处数行字不清——译者注）“然而不能容许把你们送到南关隘去，如果只要把你们送到那并靠你们自己的人力留你们在那的话。这不是问题，但是因为一到那，还必须派人在整个边界护送你们，就是说这是在一个人烟稀少、荒芜贫瘠的地区。因此在这样一个地区我们得给你们和卫队运去必需品。可是，到南关隘去的大官道失修十分严重，只能用人背肩挑运输，附近没有任何一条交通线，却有一些森林，工兵连要穿过这些森林为你们开路，这样每天只能使你们可以前进几千米。

“在屯梅和谅山之间，去年双方死去的苦力有 6000 多人，还不包括死去的战斗人员。在这一侧，有数千米布满了刚被掩埋、几乎与地面齐平的尸体，是真正的传染瘟疫的发源地，肯定与东京霍乱的发生有关，至少要两个年头的种植才会被净化。而且在谅山那边的森林里，恶性疟疾盛行。因此每隔一段距离就得设立一个临时医院以收容病人治病，就不说要丧失人员，会丧失很多人的。

“运输、给养、医院，这正是困难的所在。这就得给你们 800 人的护送队，要动用三次同样多的人数。在我们的屯梅和谅山前哨，到目前为止，我们只有一些土著步兵，吃大米，需一点盐和咸鱼，就是说供应不足。但是对于你们，对于你们的卫队，对于临时医院，情况就完全不一样了。

“两名当地苦力每站总共只负 30 千克，他们的日粮需消耗两千克。因此，每隔五天就要给他们供应粮食，以使他们能够负重 20 千克。想想看将要多少数目，花销多大吧！而且大家都十分清楚，当地人中有多少随同出征的人丧生。即使每个苦力每天给一皮阿斯特，今天也找不到心甘情愿地同意步行到谅山和边境去的人。如果被征用，他们也会每晚逃跑相当一批人，将担的东西就地扔掉。

“只要你们的活动稍稍持续几个月，而必须要料到，你们对于巨大的花销就会有所了解。不是数十万法郎，而是数百万法郎这个数，还不算部队人员的病号的花销。”

将军强调他掌握的生力军人数很少，并补充说他为了我们而应抽出的兵力超出限度。他说：“我需要他们用于其他更紧迫的工作。除非再给我派来第三个师。但是，目前我的每个师长都抱怨我们的兵力不足。我去哪里要人？这就是我为何拒绝送你们到边境任何一个地方、为何我认为定界目前至少不能在我们军队保护下、由我负责在东京进行的原因。两年后，该地区的平定已成既成事实时，也许可以考虑这件事，但是目前考虑实是荒唐。6 月 9 日条约的第一和第三条有一些规定，这些规定被写到条约里，并没有问东京的军事权力机关，这些规定能否执行。只要熟悉这个地区就会相信，答复是否定的。如果现在我们不能确保执行这些规定，有什么奇怪呢？”

会晤以对这些的指责而结束。

从将军的最后这句话，也许可以推断他受驱使的内心想法是什么样的。第一款的关于边界治安的条文，实际上最令他操心。划界进行，这一条文变得马上要执行了。我认为这是他最希望避免的，也许他的确认为不能保证执行这一条文，因为没有办法有效地控制边界地区；也许像人们说的，他更愿看到现状持续下去，因为也许——顺便说一说——他在这里受到许多指责。……（此处有数行字不清——译者注）一些人只以为东京是一种军事独占区，第二个阿尔及利亚，他的战无不胜的军官们和他可以得到荣誉和利益，甚至每年有比他们薪水多得多的大笔积蓄。其他人易怒、粗暴，……（此处有数字不清——译者注）特别害怕他的行径的蛛丝马迹有时会使事情真相大白。另外还有一些使自己周围的一切固定下来，全归自己，在静止中毫无作为地坐立不安，因为来去无定，以为一切都进行得很顺利。

不管怎么样，我不禁对我当时刚听到的论据的似是而非大为吃惊，因而自问原来认为可以带我们去谅山的各种人，将军、校官和其他人是否已认真地从各个方面研究了我刚提出的这个问题。

人与人之间不公开的对抗、某些打算、谋求私利的内心的盘算，至少执拗反对的现象，有时足以导致一些甚至优秀的人即使不是轻率地，起码是没有仔细予以考虑，以纯闲谈的方式发表一些言论，如果他们要对发表的言论负直接的个人责任，他们也许会被自己的言论吓倒。

公使先生，我匆匆向您提到的疑虑就是产生于这些考虑，认为我作为官员的道德和公正无私使我感到对此有责任，而且估计我 16 日直接发出的电报也许和 13 日从这转由香港发出的 12 日电报您会同时收到。

然而如果我的估计有错，万一您在收到我的第二封电报之前，已按我第一封电报的意思向部里请求帮忙，我也不会太遗憾。经过研究，我终于想到有必要充分注意我有时感到莫名其妙的一些观点的过分之处。因此，如果不可能像某些人证实的那样容易带我们到南关隘去，那么让人在整个边界护送我们也不应是像人们认为中的那样是一件充满如此多也如此大的困难的事情。

在这样的条件下，我深信有一个尊严的问题，不要让总理衙门看出我们为在东京到处受尊重所作的努力有些无可奈何。最后我认为，特别由于最后这种考虑，从要取得的精神作用上看，最好他们要进行必要的努力，使我们代表团能在距龙州最近的边界地方即谅山或南关隘与中方委员们会合。

（原件第 92 页）

浦理燮致可尔西函

河内，1885 年 11 月 26 日

将军：

根据师克勤先生的建议，东京边界勘界委员会法国代表团全体成员在他们于本月 25 日召开的会议上主张，应该将如下消息通知您，而我作为所作决定的纯粹的传话人，仅根据写入会议纪要中的原文如实转告：

“代表团已得到外交部长的许可去香港，如果从现在起到 12 月 1 日还没有接到新的指示的话。在走之前，它谨请求总司令先生告诉它，根据他的估计，通往谅山的路是否会及时开放，使代表团的暂时离开妨碍开工。中方勘界大臣们在龙州就表示河内到谅山去的这条路是去会合中方勘界大臣要走的最短的路线了。代表团不想在不适当的时候远离。”

将军，如果可能的话，在 12 月 1 日之前如蒙让我把您认为这份通知允许的答复通知代表团成员，将不胜感谢。

（原件第 104 页）

浦理燮致法外长法来西纳函（第 10 号）

河内　1885 年 11 月 20 日

部长先生：

虽然可尔西将军和他的参谋部即使取得成功时也装成决不让人知道他们指挥的军事行动的成败的样子，但是我刚从间接但十分可靠的渠道获知，我们部队的一支特遣队最近轻而易举地就在明江（德微里亚先生论文附图里标为泸江）左岸支流 Song Chao 河畔的安平府扎下了营盘。

这次行动的重要性在于获得了一条从安平府通出的路，它将便于我们前往红河上的Thoc-Cac大急流。

占领了最后这个地方，就可以控制两个阵地，这两个阵地与我们占有的兴化阵地将使我们能迅速轻易地占领宣光堡，它目前在叛匪手中，我们还不能通过它北上。

从划界活动方面看，在Thoc Coc大急流附近建立法国前哨也将有利于使通过红河至老街的通道畅通无阻。

（原件第111页）

浦理燮致戈可当函

河内，1885年12月2日

公使先生：

我前晚收到您本月27日电，您在电报中主动把总理衙门拒绝了您给它转去的任命中方候补勘界大臣的建议后提出的在龙州会合的建议转告了我。

翌日早上我马上就回复了此电。复电内容如下：

“从河内经广州去龙州，约需50日，从谅山过，15到20日。面对中国的态度，唯一体面的这后一条路线不是无法通行的。秘密的情报使我预感到，如果愿意的话，去占领谅山的纵队马上就可准备好；总司令打算时机成熟就去谅山，但要到1月份。只有现在就下达一道正式命令要求送我们到谅山去，才有可能结束这一预料中的拖延，才能使划界问题从精神上和物质上得到迅速的解决。但是代表团很可能要因此在运输和行动办法的便利上受到阻碍，如果不急切提供方便的话。请根据这些判断使您想起的办法在巴黎活动。”

我只能对这份电报补充一些详细情况，实际上是援引我本月17日和18日的第1号和第4号报告。

可尔西将军18日离开河内后并不像他透露的那样去顺化，而是送他返法的儿子一直到了海防或下龙湾。离开三天后返回这里，当晚又到南定附近去巡视了。

在他离开期间，我利用我可以和我的同事们去香港的许可权，力图去了解参谋部各处室对他离开怎么看。这样我知道瓦尔内将军看到这件事这样进行只会感到遗憾。从第一个已知条件出发，我确切地获知，参谋长（即瓦尔内）不同意总司令关于送我们到边境去有困难的观点，两个多月来一直尽力说服可尔西将军相信这件事的可能性，同时提醒他这样做是唯一明智之举；瓦尔内将军虽然还没有成功地取得符合其愿望的解决办法，但是至少在最近已动摇了总司令的决定，使他承认有必要考虑占领谅山，因为据得到的情报，好像不必担心在谅山会遇到强大的抵抗；可尔西先生原则上承认这一示威的作用，据说因此由于政治方面的担心而退让，只想在1月中旬才答复这个建议；然而瓦尔内将军还没有对消除这个期限失去信心；不管怎么样，他很久以来已让人仔细地研究道路和交通工具问题和占领谅山省的计划，因而所有小部队已提前预备好了，一旦决定出发，组成特遣队只需几天的时间；因此我们出发去香港的不合时宜的一面在他看来，就是使为了开赴谅山而进行的一切努力在他自认为即将取得成功时付诸东流。

我从这些情况得出结论，我们甚至只能更明确证明我们离开河内的意图，以便向瓦尔内将军再提供一个理由，考虑使他的进军的建议马上得到采纳。

为此，我在与我的同事们商量之后，写信（抄件内附，附件A）给瓦尔内将军，请他主动将一封信（附件B）交给总司令。我认为这封信有利于证实代表团万一真的去了香港，那是在什么样的条件下离开河内的。

我的这封信马上被用电报转告南定城防司令，但没有碰上可尔西将军，他已在返回河内的途中了。实际上他是27日星期五到河内的，好像长了痈，只得待在房间里。星期五晚上我徒劳无益地去拜访他，没能受到很好的接待，没能将您27日的电报内容告诉他。

（此段字迹不清——译者注）

迄今为止我不知道这一双重的通知对他的安排将会产生什么样的影响。但是根据抄件内附的这封信看，我比任何时候都更相信只有一道正式的命令可以改变其决定。

此外，有人声称他情绪十分不好，再加上他身上长痈不适，一份电报可能使他气恼。□□□（字迹不清——译者注）因不同意收回拨给代表团成员的住所，可能在这份电报中指示继续让我们享用这些住所。

如果可尔西先生确实被这一指责触怒的话，不管怎么说并没有让其愤怒表现出来。正如您可以通过他昨日就这个问题给我的十分得体的信的抄件（附件D）所能看到的。

然而，鉴于将军刻板的性格和易怒的性情，可以肯定他□□□（此处字迹模糊——编者注）这件不如意的事并不能改变他内心对于代表团的看法。

对此，已无法可施除非他终将认识到外事处总会设法对这些无理的不满所造成的后果采取补救措施。

而且从这点上看，我有理由从现在起就要关心一个重要的问题。对于这个问题我不能从总司令那里得到一个明确而准确的答复，尽管我们显然有必要知道他的想法，以便在必要并合适时考虑要尝试的事，使我们不致在最后措手不及。

下面就是涉及的事。

代表团在其前期的一次会议上，主要研究代表团为了保证其工作的顺利进行而有必要增补的军事辅助人员是怎么样的。

在抄件内附（附件F和f'）的这封信里，我在本月16日就已将我们有关我们认为他应保证向我们提供的绘图官和当地翻译的讨论结果告诉了他。

在接到这封信后，他口头上向我保证说他将把他可能拥有的一切人力物力让我们使用，然后才书面答复我。

但是，关于一些细节，由于已注意到他不会总记住他许过的诺言，如果在这个新的机会中，对他翌日早上强烈指责我们的同事狄塞尔中校提出了代表团一致同意的关于辅助人员问题的建议说的话不起作用，我就更不会吃惊了。

因而我遗憾地发现，我猜想这些建议可能会由于是陆军部的代表唯一主动提出来的而更有可能顺利地得到总司令的接受，我错了。

还是在本月28日，由于我16日的信还没得到任何答复，在我的同事们十分合理的恳求下，我只好给将军转去我们本月25日会议的会议纪要的一份摘要作为备忘信，指望他主动告诉我们他打算对我们要求（附件G和g'）的答复。

这次他决定通知我收到了我的两封信，但却含糊其辞，用词的绝对礼貌无法掩饰实质上的含糊（附件H）。特别是最后一句话有保留，使我担心在表面上的保证十分令人满意，而实际上是一种十足的拖延手段。这种办法使他避免今天就要明确表态，同时使他在时机到来时可以随意找理由只做他认为合适的事。

部长先生，如果您同意这些我认为理由很充分的意见，我非常希望您认为能助我们一臂之力，并通过电报提醒部里注意这一必要性：要考虑到如果不保证代表团不缺少绘图官、中安文人和翻译这些必需的辅助人员的话，代表团既不能在实地有效地工作，也不能与土著人和中国人合作。代表团在它的旅程中要与当地人和中国人打交道。

对于交给代表团看的安南政府的户籍簿和纳税人名册也一样。正如我接到的指示向我指出的那样，我们应该从这些材料中找到宝贵的判断依据。

我首先要关心的就是将情况告诉可尔西将军，但他却让我吃了个闭门羹，称这些户籍簿和纳税人名册在顺化事件中被烧毁了。

想到这一答复时，我认为这样被毁的只能是户籍簿和纳税人名册的原本，安南各省政府应该有复本，因此我们应该能要求得到抄本。

Puginier阁下和民政处主任西尔维斯特先生使我更坚信这一看法。因此我要重新与总司令谈这个问题，这次书面谈。但我几乎不敢指望这次新的活动的结果，所以对此还是那样，我坚信只有您的协助和部里的直接影响作为激发可尔西先生诚意的兴奋剂对我有帮助。可尔西先生也许要向我一再提出诚意的保证，而我却不能完全相信这些保证是有效的作用导致的。

（原件第129页）

（文中所提到的附件原件均未发现——译者注）

可尔西将军致浦理燮函

河内，1885 年 12 月 2 日

团长先生：

兹通知您，根据您在 12 月 1 日信里表达的愿望，我已命民政事务处处长将关于东京各边境省的资料交给你们。

请就此事与西尔维斯特先生商量，黎那先生的著作复本就在他保管的档案里。它们亦将交你们使用。

我能够向边境附近地区的安南权力机关要求支援的问题，团长先生，您不会不知道，我们从来都是通过去谅山的这条大路深入到与广西相邻的边境省份的。对于正在发生的事，我们一无所知。

谅山巡抚在屯梅，不能复职。他将陪同委员会到东京这一部分区域。

（原件第 135 页）

浦理燮致戈可当函（第 44 号）

河内，1885 年 12 月 5 日

公使先生：

我接到的指示告诉我，安南政府的户籍簿和纳税人名册可以提供给代表团作为其划界工作的宝贵的判断材料。

在我抵达后最初几天里有幸与可尔西将军的一次会晤中，他曾告诉我，这些档案在七月事件中被顺化发生的一场大火烧毁了。

这种集中在首都的档案被毁虽然使人们失去了极其珍贵的核对手段，但不可能使这些户籍和纳税人名册的复本完全失去价值。安南各省当局和官员肯定应该有这些复本，作为征税的凭据。

所以，我刚刚提请总司令兼总驻扎官注意这一点，并恳请他下达他认为合适的命令，要求地方当局和地方官员把与毗连广西、广东的东京各省有关的档案原本，至少是副本给他送来，以便交代表团使用。

另一方面，参照一名前法国驻安南驻扎官黎那先生以前向我的一名同事提供的线索，我及时向可尔西先生指出我们驻顺化公使馆的档案室很可能有一部巨著，这些财政方面的全部档案都已扼要地概括在内。

同时，我请他注意，或是为了有效地查阅上述的户籍簿和纳税人名册，或是为了核对要从这一材料来源提出的情报的准确价值，代表团必须能求助于这些档案材料所提及的安南各地方当局。因为这些当局在现场提供的说明将是使我们的调查结果具有准确性、使我们手头拥有但谁都知道是极其残缺不全的地图得到弥补所必不可少的。

因此，我对将军说，他也许认为合适时给上述的当局下达指示是恰当的，向他们提出他们应做的要求，像我们在这一段工作中可能希望的那样，充分帮助我们。我进而指出，应该预料到，严格执行这些指示有时有可能因知府或知县不在而受阻碍。我请他研究，为了防止由于这些人不在而可能带来的不便，是否有必要建议各省当局提前采取措施，以保证代表团在任何情况下得到对要经过的地区了如指掌的专门官员、文人和官员的协助。

又：公使先生，随函附上可尔西将军答复这一信的抄件。

这封复信不会引起任何批评，但根本没有给我留下取得结果的希望。因为，虽然一方面我在这种情况下完全相信将军向我作的采取有力措施的保证，虽然另一方面我知道我可以指望西尔维斯特先生最热情的协助，但我要承认，他们自己没有的，将很难向我提供。不过我要补充说明，根据我向他口头转达的指示，可尔西将军答应我，他一到顺化就把在公使馆找到的关于东京分摊的税的材料寄给我。

（原件第 145 页）

浦理燮致可尔西函（第 46 号）

河内，1885 年 12 月 6 日

将军：

谨此通知，我与我的同事们准备本月 10 日离开河内去边境。

11 月 28 日您来信告诉我，当我们工作开始的时候，您可以舍弃而无害于军事行动的一切人力物力将充分由我们代表团调用。我冒昧地请您不要忘了我们曾荣幸地向您提出的关于增加绘图官、翻译或文人这些辅助人员的要求，因为辅助人员的协助对于我们使命的完成是必不可少的。

此外，如果可能的话，您愿将内附的这封代表团致大清帝国勘界大臣的信派人送给您今早告诉我要到屯梅来的那名中国军官，让他考虑送去龙州，将不胜感谢。

又：和我以前预料的相反，我有理由认为您表示打算让我们使用的 300 名苦力足以用来搬运代表团的行李。

（原件第 148 页）

可尔西致浦理燮函（急件）（第19号）

河内，1885年12月7日

团长先生：

借复您12月6日信之机，谨通知您，我参谋部地形测量处的维尔聂中尉先生被派去与委员会一道工作。这名军官已接到本月10日从河内出发的命令。

我将及时把一名安南语翻译的名字和一名汉语翻译的名字告诉您。他们一被民政事务处处长先生任命，即受你们调遣。

根据您坦率地向我表达的愿望，我将把您给中国代表团成员邓阁下的信派人送去给屯梅卫戍司令。我要他把这封信交给目前到屯梅来的中国上尉，请后者把信送到龙州去。

（原件第156页）

浦理燮致戈可当函（第49号）

河内，1885年12月9日

公使先生：

虽然我进行出发前的最后准备的时间极紧，但我还是马上要把我从可靠来源得到的新消息启发我想起的一个办法向您呈报。

如果负责广西段的大清帝国勘界大臣们按他们以后还要接到的指示或命令，不准备作无谓纠缠，暂时仅大致上划定七溪和谅山东北方12到15千米远的一个要划定的地点之间的这段边界，那么这一段工作只要双方抱着诚意并抓紧进行，1月底前后就可以结束了。

如果总理衙门也愿意这样做，那么老街方向就有可能采用同样的办法进行。

要取得这一结果，必须与中国政府迅速达成协议，以便能够让它1月初就向这里提前下达像您促使下达的关于谅山的命令一样的明确命令，以便大家马上采取必要的措施。

与我以前所说、迄今为止得到肯定的、因而与我最近写信告诉您的情况完全相反，根据不是草率得出，而是在深知底细的情况下进行的估计和确定的情报，我刚刚得到确信，2月份可以去老街，因为目前的河水水位比以前同期为高，而且是前所未见的。如果提前做好一切准备，我们用大约20天的时间就可以到达那里。

因此，如果1月底我们结束谅山附近的划界工作，我们就可以马上返回这里，只停留五六天进行整顿，最迟2月10日出发，3月1日就到老街了。

无论如何不应考虑老街与高平之间的没有把握的划界。但是只要负责云南段的大清帝国勘界大臣接到的指示与负责广西段的中方勘界大臣接到的指示一样，那么就可以像在谅山附近那样，选定一个符合6月9日条约规定的条件的地点。若仅限于划定老街以北和老街西南各20千米左右的边界的话，就可以在3月底前后将这项工程部署停当，如果需要，也可以在4月中前后作好部署，届时恶劣天气来到也在所不顾。

这些初步的基础一经奠定，加上广西方向和云南方向的这两个基准点确定后，随着情况的不同，或在现场定界，或通过习惯的地理界线定界，剩下的边界走向的确定可以由双方地形测量军官组成的一个联合委员会去进行。这些军官的工作以后由一个专门的委员会审查，其结论将提交给两国政府最后批准。

如果您觉得根据您认为以后可行的程度而在最后部分作了一定更改的这一计划，至少在有关今年谅山附近和老街附近要进行的勘界活动方面值得重视的话，那么您就应该负责考虑为计划的实施提供方便，如果可以实施的话。

因此，我只将该信的抄件送巴黎。请您定夺是否有必要将其内容电告本部，不然本部要很久才知道，就不能在1月份敦促向这里下达明确的命令，而这样的命令是使我们提前准备好发往老街的资料所必不可少的。

（原件第157页）

特别命令第50号

兹任命指挥非洲轻步兵第二营的营长塞尔维尔先生为东京与中国边界的勘界委员会成员的护卫队的司令。

鉴于塞尔维尔司令先生肩负的使命，军事上他有绝对的权力。

除了在可能的范围内尊重代表团团长的要求并为他的使命提供方便外，队伍前进或撤退、停止和驻扎的时间是否合适，各支队的组合及宿营地的选择等，他是唯一的裁决者。

塞尔维尔司令先生要经常将其行动向总司令派到屯梅的军官汇报。

东京部队总司令可尔西将军
1885年12月9日于河内总司令部

（原件第159页）

南关（Cua-Aï-Nam-Quan）以东的广西边境情况

谅山官道沿途经过同登、南关（Porte de Chine）、板布至谅山，这是众所周知的。

已经掌握情况的大小道路是：

①同登到南关 Rau，5 千米，小路宽 0.5 米。同登河水齐踝时可涉水而过。接着可沿着边林村行进。边界距此村 1200 米。在这段边界竖有一排 40～50 米的围桩。

整个边境种有大茴香树。制作茴香油的任何人每制作日要缴纳三吊钱的税。承租者负责征税，他要缴纳一大笔钱给谅山的官员。

②驱驴（Ky-Lua）到南关 Loa，27 千米，小路宽 0.5 米。小道经过巴朗（Ba Rang）、班移（Ban Day）、罗育（La Doc）和罗颜（La Nhan）。最后这个村子距边界 6 千米。边界的标志是一排长达 70～80 米的围桩。南关 Rau 和南关 Loa 之间是些高 200 米、树木繁茂的土山。这个地区富饶，居民为土人和猛人。

侬人所操的语言和土人讲的话大致一样，但他们并不定居，生活流动性很大。他们身着宽袖的短服，头发剃去一半，像安南人一样戴头巾。

③驱驴到南关 Na-Ra。驱驴到班贡，24 千米，班贡到边界 16 千米，共 40 千米。小道宽 0.5 米，全程几乎没有多少起伏，道的两侧有很多处长有浓密的荆棘。边界的标志是一排围桩。

④从谅山沿着淇江河谷往上直到派岭（Phai Sam），33 千米。离开淇江河谷到派岭 16 千米处，是南关都龙，在该条边界上有 60 米到 80 米长的围桩。

在这条通道和上述通道之间是茅山（Mau Son）大高原。大山里有优质建筑木材，用来建造庙宇。人们将木头扎成木排投入淇江，就可以送到谅山。在派岭（Psaï-dam）地区和茅山（Mau-son）还有不少竹林。

谅山通往派岭的路面完好，宽 0.7 米。途中没有高山，行人可以涉过从茅山流来的所有小河。

这条路从山脚经过，一片稻田平原将该路与淇江分开，这片平原有的地方宽达 3 千米。

茅山高原的居民是猛人，他们有一名部落首领，他住在南志（Nam Chi）。班光（Ban Quang）乡长无法号令他。

猛人耕种糯稻，他们称他们的作物与安南人耕种的不一样，他们不必缴税。

他们憎恨汉人，汉人在该地区一出现，他们就将其赶走。他们有梭镖、长矛、点火枪。他们在驱驴购买火药和硫黄。

男人肤色黄，女人肤色白些。她们身着短上衣、裙和长裤。女人结婚后就在头发上涂上一种发浆，把头发弄平。头发盘在头上。发髻像一副安南的马鞍高高隆起。妇女每隔两三年洗一次头发，梳头后，应时在头上插一大朵茶花，然后过节。男人戴头巾，多配偶。

南关的左边，往七溪方向，边界无标志。这样，位于同登石山中的陆牛（Loc Ngnu）村不交任何税。当谅山官员要它交税时，它声称它在中国；反之，若中国官员向它征税，它即声称属谅山所辖。

黎贡德

1885年12月9日于河内

（原件第160页）

可尔西致浦理燮函（第25号）

河内，1885年12月10日

团长先生：

谨此通知，奉命在尼村载运勘界委员会成员的“茂隆号”将于今天下午4时起航。

请将这一安排通知委员会诸位先生，以便他们能在适当时带他们的行李和马匹登上这艘炮舰。

要在尼村装载供委员会使用的苦力的“雅干号”将与“茂隆号”同时起航。

（原件第162页）

外交部长致浦理燮函（第54号）

巴黎，1885年12月15日

先生：

您本月9日的电报使我有理由担心，师克勤先生由于健康状况不能继续长期主动参加法中勘界委员会的工作，为此我已决定让法国驻上海总领事馆翻译，目前休假在巴黎的海士（Haïtcé）先生作为候补成员增加到这个委员会中去。我刚要求这名官员立即出发去龙州。您曾要求我尽快把你们需要的翻译派到那里去。

海士先生的经历使我有理由认为这名官员将给委员会提供有益的帮助。

（原件第163页）

波安中尉关于他奉命去找南关中国军事指挥官的情况报告

同登，1885年12月22日

我早上7时50分出发，8时25分到达南关。我上了岸，将两名护卫骑兵留下，进入中国兵营。

我接到通知后，等了一刻钟才等到这位中国官员的到达。后者让我坐下，会谈开始。

我向他转达了同登法国指挥官的问候。

接着我向他提出了内附照会允许的要求：

对于第二号问题，他答复我说，中国代表团 17 日（公历 12 月 22 日）离开龙州，20 日（公历 12 月 24 日）到同登（文渊）。该代表团由六名大臣组成，两名欧洲人，四名中国人。代表团及其随同人员将包括四五十人。中国代表团到达后，南关的指挥官将函告法国代表团。

同登庙已被南关的中国指挥官选为两个代表团开会的地点。我已提醒他，既然中国代表成为保护国政府的客人，那么法国指挥官将负责所有这些细节。

对于第三号问题，首先他理解为法国代表们及其卫队只是想到南关的中国兵营去。我更正他的猜想，并对他说，法国代表团及其由 20 名骑兵组成的卫队想去迎接中国大臣们，以表示礼貌，但是到边界那边的龙州路上去。他回告我，这样的话，他没有接到命令让他放法国代表团和它的卫队通过。

于是我问请示和得到指示需要多少时间。他说要□（字迹不清——译者注）天。

我提醒他说期限太长了，也许可以派一个密使去，缩短期限。他回答说他去请示并请求下达这一命令，他说有了这一命令，法国代表团明晚就会得到答复了。

我问今晚（12 月 22）是否能给予答复，他说不能。这一期限是绝对需要的。

我问他是否能肯定有命令保证法国代表团及其卫队得到尊重，他回答说根本不必担心。

我提醒他注意，万一被拒绝，我们方面也不能让中方代表团及其卫队进入保护国领土，在这种情况下我们把这看成是保护和考虑这个代表团安全的一种责任。他说，好吧，代表团、随行人员和卫队要增加多少人。我说它共包括 30、35 或 40 人。

接着他问我，双方相会时，□□（字迹不清——译者注）。我回告说，如果他的士兵不自己惹麻烦，就根本不会有类似的情况发生。

最后他对我说，如果法国人需要大米，同登没有，他们可以提供。

我感谢他的亲切接待，请他允许我告辞，因为我已完成了我的使命。于是他坚决要我留下来与他共餐。

我再次向他表示感谢，并答复他说我不能留下，因为法国军事指挥官在等待对要求与问题的答复，但是如果我有机会再来，我将很高兴地接受他的邀请，如果他本人到我们兵营来，我亲自接待他。

于是我起身告辞，他送我。在他住所到南关的半途，我感谢他，请他留步。他坚持说要送我到中国领土边境关口。

9 时 35 分。10 时 5 分我回到同登。

以上这些就是在这次会晤中这名中国南关指挥官与我之间交换的要求与答复，按顺序，不添减。

由于充任翻译的那名中国人完全不懂我们的语言，所以要求与答复的传达十分困难。

（原件第181页）

浦理燮致谅山军事指挥官塞尔维尔函（第51号）

同登，1885年12月22日

司令：

从中国门户（Porte de Chine）的中国军事指挥官校官今天给我们提供的情况看，目前既不会让护送法国代表团的卫队，也不会让代表团本身进入中国领土。对方最多只让代表团去参观中国兵营，但不越过边界。

我认为应该告诉您此事，使军事机关能够考虑它认为合适的措施，因为中国代表团很有可能想带着其武装卫队进入我们的领土。

（原件183页）

通往七溪之路

非洲营1885年12月23日的侦察

1. 地区的自然环境——通往七溪之路穿过一个面貌没有变化的地区。从那个距东林两千米、可以涉水而过的浅滩起，这条路实际上是顺着淇江的狭窄河谷延伸。这条小路的大半段路程是沿着陡峭的河岸走。河岸的高度在10到80米不等。

淇江河谷树林茂密，有些地方覆盖着长长的野草。右边的谷坡一直到距东林18千米处的Coùn Tie村，是同登石灰岩高地的延伸，一些峰尖高近100米。这条石灰岩高地不是由绵延不绝的群山组成，这完全是一座座孤立的山尖，互相间为一些约50米高的小丘隔开，小丘上长着很多树木。这些石山在Coùn Tie附近就突然消失，这时右侧谷坡一直到禄山（Lou Son）可涉水而过的地方，都是由一些小丘组成。小丘时而树林茂密，时而覆盖着长长的野草。自东林起，左谷坡由连续不断的山丘组成，其高度在接近七溪平原时增高。在Déo Kot可以涉水而过的地方，其中一座山峰的高度约达400米。再往远一些，距河3到4千米处，有一支山脉，它的一些山峰的高度超过600米。自东林开始的这个谷坡全都是茂密的树林。很多万丈深谷都不大，将这一谷坡的水引入淇江，使步行艰难而缓慢。谷底虽很窄，但却布满了稻田。大多数村子显得富裕，人口众多。棚屋的周围可以看到很多的水牛。在 Déo Kat 炮台附近，小路第二次穿过淇江，一条用树干凿成的小渡船和一个竹排就是渡河的工具，十分缓慢。一个可涉水而过的地方（水深 0.6 米）在下游约百米处，其宽度为 200 米左右。

过了这个可涉水过河处以后，路就沿着右岸走了。周围景色依然一样，没有变化：山丘树林茂密，覆盖着长长的野草，路沿着陡峭的河岸走，深沟细谷很多。在班岩（Bang Nham）（距 Déo Kat 步行三刻钟）分水岭，河谷变宽。一望无际的田野中出现了许多村庄。左岸似乎没有那么多耕地，村庄数好像增加了。这是大山脉的所为，它使地势乃至河流变形。

路在图山（Tou Son）第三次穿过淇江。江面在这里有 200 米宽，似乎很深。几条小船和多个竹排使过河的速度比 Déo Kat 那个渡口稍快。渡口下游（字迹不清——译者注）有一处可涉水过河，水深约 0.8 米。这时又到了左岸。在登岸处的上方，可以看到一个小小的金矿，是 Ha Kant Sinh 的士兵最近开采的。走出一个小细谷，就进入七溪大平原了。平原宽 12 千米以上，村庄密布。在稻田中步行一个小时后，就到白溪（Back Khé）河可涉水过去的地方（水深 0.3 米，河面宽 80 米）。这条河从高平省流来，在图山下游两千米处注入淇江。龙州的帆船溯两河航行后就可以到达高丰墟，它就在白溪河可涉水过去的地点的对岸，紧挨着河。

七溪由四个小村合并组成，其中三个互相邻接：高丰、关木（Quang Moc）、Ba □□（字迹不清——编者注）。

去年被 Ha Kant Sinh 处死的前安南知府的第四座宅邸距高丰墟约 800 米。

最后这个地方是平原上最重要的中心，又是各条大道的交叉点。法国的哨所原设在知府的村庄，一道土护墙、一排竹篱，又有五六排栅栏的加固、一条宽大的壕沟，使这个村庄变成了一个不可攻克的阵地。白溪河从南面流过，加固了这一侧。此外，靠近这条河，即使在被围时，也保证守军有饮用必需的水。

道路——从高丰通出的路有五条：

1. 高平道
2. 经 Ky Tuong 往下冻州的中国道
3. 往龙州去的中国道
4. 万关道
5. 谅山道

一，中国道——这条路通往下冻州（中国县），在南关（Ky-Tuong）过界。这一关口到高丰步行要三个小时，到下冻州要走一整天。大路离开七溪平原后进入一个狭谷，狭谷六七千米长。到了下湄（Ha-Mé）村后就离开山区，进入一片平原。平原有四个村庄，无数的稻田。下湄有一条大路通往高平。下湄平原北面的山是石灰岩，与同登的石灰岩相似。下湄村到南关（Ky Tuong），有四到五千米。经过下湄村的那条小河发源于南关，注入白溪河。据安南人说，Ky-Tuong 关有几名中国士兵把守。

二，高平道——高平道与中国道的外貌一样。它经过法国哨所，在狭谷以东进入山区，使 Ky Tuong 路有了通道。这条路一直到距离高丰 13 千米处均已查明。它沿着一个很窄的隘谷走，隘谷的谷底有一条小河。它交替从左坡到右坡。狭谷谷底有很多树木。对于这条路，一名安南向导提供了如下的情况："距高丰 20 千米处，可见边波（Bien Bo）村（10 间棚屋）。接着大路通到 Khouin Nyon 村，该村位于一条叫 Kéo Cey 小河的河畔，已被烧毁。Kéo Cey 在法国哨所上游处注入白溪河。离 Khouin Nyon 村 5 千米，就是 Loùn Phi，也已被烧毁，接下去是□□村（3 间棚屋），在高平省界上。"

据向导所言，高平到高丰步行约需三天。经过高平的这条河，Ban Gian，也经过下冻州。

三、通往龙州的中国道——这条道走的人很少，因为很难走。从这条路去龙州，需要三四天。经过如下几个村庄：关木、谷佛（Cock Phat）No-P□□、那福（Na Phûek）、扣名（Khan Denh）和妍庙（Nghien Den）。后者距高丰有一日的路程。

四、万关道——这条道往东南东方向延伸。这条路过了白溪河可涉水过河的地方后随即就到 Ba□□村。距高丰 5 千米处，是 La□村，已被烧毁。经过两个山口后，就进入万漠（Van Mich）河谷。（万漠有棚屋 15 间，距□□25 千米）。这条河在万漠急拐往西南，最后在班岩炮台附近注入淇江。大路不经过这条河谷，一直往东南走，经过距万漠 18 千米的北罗（Bac La）。北罗离位于淇江左岸、Déo Kat 炮台附近的 Suoï Con 村 7 千米。北罗到万关，安南人说步行要一天半，万关到龙州，步行要两个整天。

五、谅山经东林至同登道，——这条路与河相随。

（原件第 185 页）

浦理爕致法驻谅山驻扎官（第 52 号）

同登，1885 年 12 月 25 日

驻扎官先生：

谨寄上仙会区长的一份抗议书。从这份抗议书中看到，仙会的四五个居民村被中国官军占领了，而它们被认为仍然是安南的村庄。

好像中国人搞了些栅栏，将一些安南的小片领土也围起来了。

如果您认为合适的话，请您将这个问题告诉谅山候官，要求他向您提供可以提醒勘界委员会的一切情况。

（原件第 192 页）

浦理燮致法外交部长法来西讷函（第61号）

（政治司·第23号）　　同登，1885年12月26日

部长先生：

我在我本月7日的第18号报告的附言中曾荣幸地禀告您，根据您5日电报中提出的劝告，在辅助人员问题上，我没有向可尔西将军提出任何要求，只是在他愿意提供给我使用的范围内提出要求。我要补充的是，最后，我出发的当天，他力图以数量代替质量，给我们增添一名讲安南语和汉语的所谓中国文人和两名安南文人，一名是谅山省人，另一名是高平省人。他认为他们可以向我们提供关于该地区的有用情报。

可惜我们很快就发觉，我们可以说没有任何情况要从这三位所谓的辅助人员口中获得，正如我就此刚寄给河内民政处处长西尔维斯特先生的一份报告的这份内附抄件向您说明的一样。西尔维斯特先生曾负责向我们提供情况。我同时给可尔西将军去电，请他给我们提供有效的帮助，至少暂时给我们派参谋部办公室的翻译来。

师克勤先生因身体健康状况，而且他不能独自履行口译工作的各种职责，因此缺少这种辅助人员每时每刻都给我们造成无数的麻烦，而且我们面对中方大臣们处于一种很不踏实的状态。他们中的王氏看到法国代表团只有一名成员而且还是大臣懂汉语，已感到惊奇。我们没有一名翻译。而他们的翻译有三名，一名中国人，他在巴黎学的法语，一名英国人赫政先生和一名美国人哈巴安德先生，但不应指望他们能向我们提供协助。□□□□□□（以下句子不全，无法译出——译者注）

但是实际上，为了我们的工作连续进行下去，只要可以，除了师克勤先生（如果他可以还是我们中的一位）和可能2月中到这里的海士先生以外，我们代表团必须有①一名优秀的职业翻译，他不是代表团成员。②一名可以参加各种各样、连续不断的书信起草工作的专员。这些工作的重担目前全落在我个人的肩上了，因为德朗达先生虽然精通业务、有热情、尽力尽心，但应付信电发送、抄写，电报译成密码和把密码电报译出来，案卷归档，必要的记载的整理和他目前负担过重的会议纪要的起草等工作，虽然能够，但十分吃力。

部长先生，如果您愿重视我们这里各方面，尤其是工作方面的十分艰苦的条件，我敢希望，您一定会承认，部里很少有官员造化那么坏，尽量给我们艰巨的任务提供方便，至少给我们提供一切必要的帮助，这几乎是事关人道主义的问题了。我们住在漏风的破房里，地面没有地板，只有不结实的地面，潮湿如地下室；没有任何取暖设备，室内的温度即使在同一天随时都会上升或下降18摄氏度；光线差，只有一个低矮的窄门，大中午它将黯淡的光线留在这个地方，因此只好或选择裹着被子到外面去写，或选择不论白天晚上就着蜡烛昏暗的光线煎熬眼神。

我之所以要尽力将这种处境的惨状看得如此严重，部长先生，我不得不承认这些惨

状超出我所能想象的一切，即使我能保护好身体去承受艰苦的条件和痛苦，但我需要我的负担因为我肩负的使命的完成而不得不向您提出的要求得到重视而有所减轻。

（原件第 208 页）

浦理燮致河内民政处处长西尔维斯特函

同登，1885 年 12 月 27 日

处长先生：

陪同我们的当地翻译和汉人翻译完全不能胜任，不能给我们任何帮助。

他们都抽大烟，上午他们什么用处也没有，剩下的时间也做不了什么事。

阮兴安法语水平有限，不能很准确地理解要他说的话，或者不能准确地翻译别人回答他的话。而且他还有不足的地方，当他要当地人说话时，是以一种令他们害怕发懵的语气。对此要时时向他提出批评，他虽然接受批评，但不久这个毛病又犯。

我不知道这名懂得汉字的安南文人 Dŭong Van Ki Quang 在以后某个时候是否会使自己成为有用的人。总之，也许和那名说法语的翻译知道的一样，只配充任他与我们之间的中间人。另外，Ki Quang 干了一件蠢事，要狄塞尔中校尊重他。他用了一个叫何兴庆（Ho Hang Kainh）的人在他的手下工作。这位何氏好像在河内两次被判刑，接着被赶出情报部门。这个人好像很可疑，中校就把他打发走了，并请塞尔维尔少校把他送回河内，但在到驱驴时他逃跑了。这点本身就证明了所有的怀疑。此外，Ki Quang 身边带有另一个举止可疑的仆人。

作为文人和翻译被派给我们将越文译成中文的中国人罗利孙（Lo Li Soun）比估计的还要差，由于那名法越语翻译不胜任而使他的不胜任程度加重了，因此几乎不能使用他。而且从真正的字义上说他根本就不是文人，甚至不知道用习惯的用语表达自己的意思。他当着师克勤先生和狄塞尔先生的面，在谈及他们的时，使用了一个汉语字眼，意思是“野蛮的头子”。在与中方勘界大臣们或他们的随员联系时，我们不能使用他。对于我们来说，他是一个厚颜无耻、令人可笑的小人。

至于两名安南文人武有智（他是谅山人，而不是高平人）和高平人武尧贵（Vō Nghio Qŭi），也许以后能从他们那得到些情报。但迄今为止，据我所知，他们只能增加我们的负担，现在也一样。

然而，师克勤先生的身体状况在旅行期间好像有所好转后，近两天来又趋于恶化了。在离开河内之前，我就把他的身体状况使我产生的担忧电告了巴黎，巴黎通知我派了另一名语言学家海士先生来，作为代表团的候补成员。可是，他20日从马赛出发，1月底不能抵达河内，2月10日或15日到不了这里。

因此，我刚发电报给总司令，请他火速派真正懂法语和汉语的一名翻译，巴都埃尔先生或其他一位来，即使是临时的也好。

请将此函转交给瓦尔内将军。

（原件第211页）

杜布来致浦理燮函（第26号）

谅山，1885年12月26日

团长先生：

根据您的愿望，我带着文人和翻译去找谅山官按，以便从他那得到关于仙会区和目前那里发生的事情的情况。

官按告诉我，他也接到一份与您收到的那份一样的抗议书。他还补充了如下情况：申诉人的职衔是该总，名叫王梅贞，隶属谷县。四个村：那号（Na Hyeû）、那庙河（Na Mouha）、那捞（Na Laô）、那佛（Na Phot），6或8天前被中国官军侵略。中国官军在村子里挖了壕沟，立有栅栏。这些军队人不多，每个村驻扎有30人左右。但他们的首领——我既不知其头衔，也不知其姓名，强迫各村村长向他提供民勇，他好歹将他们装备成正规军，这可能使部队总人数达到近300人。这名军官的许愿起了作用，特别是进行威胁，迫使居民选择中国的统治。但是，官按补充说，这里的居民是安南人，仍想做安南人。

我向他提出了一个问题后，他作为答复地对我说，近一百年来，一些中国人来到这个区经商并太平地定居下来，娶安南妇女为妻，在这里扎下根。

最后，他要求我向法国勘界代表团说情，使这些村庄的居民仍做安南人。

（原件第214页）

法兰西共和国驻华公使馆·第1号

戈可当致浦理燮函（51号）

天津，1885年12月29日

团长先生：

您的数封电报包括第5号均收到无误。您愿意将立即执行您的任务的可能性和您在河内所遇到的特殊困难等情况告诉我，我表示感谢。从您的电报中我已知道你们所处的环境。您诸函中的说明使我更坚信我得出的看法，为了您的自尊心和共和国政府的尊严，协助了您摆脱一种不适当的无所事事状态，我对此感到高兴。

你们现在在边境了，我希望你们能立即开始你们的工作。正如我发电报告诉您的那样，广西和云南被指定作为商埠的地方在雨季到来之前确定下来，很有必要。指定这些地方很可能在你们到达的地区不会遇到大的困难，但是我还不能知道你们要怎么样前往云南。据总督告诉我，勘界钦差大臣周（德润）正在开化等候你们。这个问题只有当你们与邓（承修）在确定你们工作顺序上达成协议，你们认为其期限很有可能时，才有可能解决。

（原件第220页）

法兰西共和国驻华公使馆·第2号

戈可当致浦理燮函

天津，1885年12月29日

团长先生：

谨随函寄去微席叶先生准备的一项成果，我认为对于您领导的工作可能很有用处。正如您将看到的那样，这是位于广西、东京边界上的口、隘、中国军哨的一览表，标有到距它们最近的安南村庄的距离。

微席叶先生希望能很快对云南边界进行类似的研究，我会很快将结果告诉您。

（原件第222页）

浦理燮致可尔西函（第65号）

同登，1886年1月1日

将军先生：

我在去年12月31日的电报中荣幸地向您陈述了对七溪的侦察，使我们的地位得到了极大的加强，而放弃这一哨所又将使（法国）代表团在中国人面前的锐气受到何等的挫伤。

我认为这个问题很重要，所以我认为应该函告您。我所见的一切，我们首次与大清帝国勘界大臣们会面后他们给我们的一切印象使我深信，我们的到达极大地妨碍了他们的计划，他们猜想我们在边境所能显示的力量薄弱，因此他们的目的是更好地观察我们的这种虚弱性，并加以利用，以便或强迫我们接受符合他们要求的划界方案，或为了另外目的。

我们在同登的第一个作用就是极大地改变了他们看问题的方式。对七溪进行的侦察充实了这一可喜的结果，使我们的中国同事们没有借口推迟我们的工作，没有充足的理由拒绝承认我们的武力至少与他们的武力一样强大。

起初他们提出的领土要求几乎是赤裸裸的，今天则十分谨慎地掩盖起来了。正如您所知道的，将军先生，我接到的指示要求代表团必须防止迄今为止实际上已存在的边界线受到任何侵犯，以便使法国政府今后有互让了结的种种条件。

我们将尽一切努力去履行这一已向我们指定的任务。但是，我不能不承认，没有您的合作，我们的热情和我们的忠诚也有可能毫无结果。陪同或护送我们来此的军力部署已在我们的中国同事心目中产生有利于我们的印象了，并使他们知道我们的战斗力是充足的，也使他们知道东京政府愿意作我们的坚强后盾，但是如果我们无法使这种印象在他们心中长期维持下去，那么大清帝国勘界大臣们恐怕要重新采取一开始所表现出来的态度并重新提出他们在领土方面的初衷，因而我们的工作就会变得困难重重。

我刚刚暗示的，曾对我们的利益十分有利的印象自然完全归功于军事当局。为了保持这种印象，代表团应该依靠这一当局。我认为，维持我们刚抵达这里时的现状，即占领七溪、谅山和同登，只要谈判在进行至少就应该这样，做到这点也就够了。

我不敢判断您掌握的军事力量是否可以或不可以使代表团保持已经拥有的最有利的地位。我仅提请您注意在这些情况下占领七溪本身所具有的最高利益。我想这个利益，随着它将引起的军事行动的大小，可以或导致我们工作的迅速结束，或造成流产。

（原件第 227 页）

浦理燮致谅山塞尔维尔少校（第 66 号）

同登，1886 年 1 月 2 日

少校先生：

根据东京部队总司令的指示，离开谅山后由我决定必须朝中国方向继续的进军，而护送我们的事则由您负责。

根据这一安排，既然代表团已离开了谅山，我认为应该通知您，根据种种可能性，我们在同登的停留时期还将延长一段时间。

我谨将此通知您，使您能采取一些您认为合适的、符合您接到的指示的安全措施。

（原件 233 页）

同登卫戍司令致浦理燮函

同登，1886 年 1 月 2 日

团长先生：

谨将我今天上午与大清帝国勘界大臣王（之春）和李（兴锐）的谈话内容向您汇报。在这次会谈中，我陈述了我决定给赫政先生的短函的原因。得知此情之后，两位阁下认为应该请求我们再往后推迟我们计划对南关（Nan-Kouan）的参观。

王、李阁下首先感谢我为了同他们进行一次要我作解释的友好谈话不怕耽误工作。他们对我说："我们对于你们派一支威武的卫队来迎接我们的这种无微不至的关怀当时感到不安，现在仍然感到不安。因为我们首先关心的是严格遵守在我们国家受到如此多人遵守的礼节法则，所以我们想过要以我们受到的同样的敬意来回报我们的法国同事们，可是，既然你们使我们在你们访问南关时不能派出这样一支军队去迎接你们，我们将怎么办呢?"

我回答说，法国代表团不会忘记赏识阁下们所表达的感想，但是大清帝国勘界大臣们很可能没有领会我给赫政先生的短函。在这封短函中我强调了预先就两国代表团带的卫队可分别到两国相邻领土的事达成协议的必要性。

在他们提出一些反对意见之后，特别是李大臣，他特别强调说代表团不是在东京领土上，因为边界还要划定，我终于说服王、李阁下承认有关两国代表团的仪仗队有权通过两边相邻领土的互惠原则。

整个会晤进行得很有礼有节，其间供应了一顿丰美的小吃。但是我排除了这样的印象：因为大清帝国勘界大臣们希望能够操纵定界工作使我们没有机会进入中国，他们对于双方代表团的卫队往来边界两侧的互惠问题不那么容易进行让步。

（原件第 234 页）

浦理燮致同登卫戍司令（第 67 号）

同登，1886 年 1 月 3 日

上尉先生：

谨通告，我离开河内之前，东京部队总司令先生向我表示同意护送大清帝国勘界大臣的仪仗队和护送法国勘界大臣的仪仗队武装来往于东京领土和中国领土之间。

总司令向狄塞尔中校也表示了同样的意见。

昨天，1886 年 1 月 2 日，法中两国代表团已口头上同意双方仪仗队武装来往于双方领土的相互自由的原则。我们的中国同事们想向我们表示礼貌，已向我们表示愿意在我们有意到南关隘口（Porte de Chine de Nan-Guan）去回访他们的时候，派出他们的仪仗队来接我们，把我们从这里护送到南关隘口。

因此，我紧急通知您，下午近1时，将有一支从中国南关隘来的仪仗队全副武装到达，请您向您的诸哨所下达必要的通知，让这支仪仗队不受各哨所的阻挡，能完成其使命。

今后将就这些仪仗队的人数达成一项协议，另外，仪仗队不会由很多人组成，而是有限的。

（原件第236页）

浦理燮致河内可尔西函（第70号）

同登，1886年1月4日

将军：

谨此通知您，外交部长先生刚来电报通知我，已任命海士先生为代表团的候补成员，代替辞职的帕吕·德拉·巴利埃先生。

海士先生已乘坐去年12月20日的邮轮离开马赛。因此本月下旬他可以到达海防。

这名候补勘界大臣能在最短的时间内与我们会合是刻不容缓的。恳求您主动采取措施，下达您认为必要的命令，为他提供一切方便。

（原件第240页）

浦理燮致邓承修函（第72号）

同登，1886年1月4日

阁下：

您去年12月30日给我的来信，已如期收到。

我们规划的、昨天和今天业已进行了的提前互访以及等我就有关广西巡抚阁下参加我们商议一事打定主意的必要性，迫使我推迟我的这封复函。

李秉衡阁下参加我们勘界工作的资格，我刚刚接到通知，在将情由匆匆通知您的同时，我对于法国代表团这样被要求与这位高官保持的联系，只会感到庆幸。

此外，我们，我的法国同事们和我本人，完全同意联合委员会的会议在同登和南关轮流举行的建议。我们出于礼貌，认为应让阁下及阁下的大清帝国的同事们选择这两个开会地点中的一个作为我们第一次会议的召开地点。

最后，因为第一次会议的召开未受到任何反对，因为阁下请我为这次会议指定时间，因此我荣幸地向您建议这次会议定于 1886 年 1 月 6 日，后天，星期三，下午两点，或在同登，或在南关召开。

在结束本函前，我要特别感谢您乐意将我给戈可当先生的诸封电报代为转发天津。

（原件第 241 页）

浦理燮致法驻谅山驻扎官塞尔维尔函（第 69 号）

同登，1886 年 1 月 4 日

少校先生：

谨通知您，同登军事当局不能向代表团提供与该地有关的情报以外的有用情报。

另外，在河内就已交由代表团使用的谅山文人只知道三四个都不毗连边界的地区的情况。在这种情况下，我们很难集中能很好地确定东京领土权的必要材料。

因此，如果您可以的话，请您让谅山按查派一个很了解该省边境的文人或官员给代表团。

我们已得知现在谅山的帮办很了解该省及边境。

（原件第 242 页）

浦理燮致谅山卫戍司令函（第 71 号）

同登，1886 年 1 月 5 日

司令先生：

谨通知您，同登的中国居民从其普遍的态度和行动上都显出敌视法国人。

几天前，师克勤先生被迫动用暴力以便能买到鱼，因为一名中国人阻挠卖者出售。

今天早上，在集市里，另一名中国人紧紧跟着这位勘界大臣，并禁止商贩向这名法国人出售他们的货物。他对这些指责报以嘲笑，还须采用暴力来摆脱他。

一名替法国人服务的男仆由于不小心打碎了一个玻璃手镯，他马上主动提出愿意赔偿。尽管他表示愿意，但是目击者们几乎都准备打他一顿。须把他从他们的手里救出来。

这些事情已向同登卫戍司令先生作了汇报，但我认为应该也向您报告，以便您能采取或指示您认为合适的措施。

（原件第 247 页）

淇江的适航性——高丰到东林

对于苦力运输队来说，陆路太远太难走了，因此最好利用船只顺淇江而下给七溪哨所供应必需品。这一问题今日差不多已获解决了，因为有一安南人刚从水路抵达东林。他从图山出发，用了4天时间，穿过淇江众多的激流险阻。他声称并甚至肯定说顺水返回图山和溯白溪河而上直到法国哨所只需两天时间。他的小船可载12人。除去四名划船必需的安南人，可以用同样重的粮食代替6至8人的重量。因此他的船可载五六百千克（最多）。不用船，可以用三四只独木舟组成一支运输队，这样就可以保证50名欧洲人和七溪卫队150名东京人20天的粮食了。因此，每月只需两三次就可以完全满足哨所卫队所需的粮食了。此外，这名安南人主动表示原意把船队从东林走水路带到高丰去。那么苦力们可以把粮食运到东林去，这段路很好走。这一行动可以毫无困难地进行。

有一条顺着同登石山走的小路，沿此路走可以避免涉水经过众多的河溪（安南人的情报）。涉水经过众多的河溪就会延长同登到东林的时间。没有必要更清楚地强调淇江的适航性对于给七溪哨所供应粮食军需所具有的好处了，这样就可少用苦力，节省时间，节省钱了。

船队将可以溯江而上，直至高丰；白溪河水深有0.3至0.4米。淇江与该河汇合后转向西，流入中国，距七溪有一日的路程。

维哥特少尉

1886年1月5日于谅山

（原件第254页）

浦理爕致海防尼格里函（第73号）

同登，1886年1月8日

将军先生：

谨通知您，因为代表团非常需要一名好的华人翻译，所以我请我们驻广州领事给我们派一名来，他可能马上就要到达海防了。

如果没有什么妨碍的话，请您下达必要的命令，使他能尽可能快地从海防来到尼村（Dam），或用来往于两地的小邮艇，或用其他船把他送来。

我考虑到事情紧急，认为应该直接向您提出这一请求。此事我已通知东京部队总司令。

（原件第267页）

浦理燮致驻华公使戈可当函（第81号）

同登，1886年1月9日

公使先生：

正如您所知道的，我们与中方勘界大臣的联系还处于准备阶段。他们并不在乎时间。与他们打交道，必须善于耐心周旋。

礼仪性的互访已拖得很久了，如果我们并不为争取时间而决定先迈出第一步，则这种互访还将旷日持久地拖延下去。

第三位勘界大臣李兴锐一到达，倪思先生和卜义内先生就去拜访他，给他带去我的致意，和师克勤先生与狄塞尔先生对待他的同事王（之春）一样。我12月28日去回访了后者。

我不该忘记说这件事：在交谈中，后者不慎说出来的一句话使我了解到中国代表团打算在我们之前先驻定在这里的真实目的。其用意就是向我们提出将同登作为符合6月9日条约第5条款执行内容的通商点。

中方勘界大臣们这样故意把这个从各方面看都重要的地方认定为从今以后属于中国的领土（而它毫无疑问是安南的），进而很可能是想给自己留下这一可能性：建议我们承认他们对它的拥有，作为妥协条件。

至于邓承修——我决定我自己先去拜访他，直到本月3、4日我才与他进行了私人联系。在这之前他身体欠佳，或者这是他自己所说。

正如我本月3日发电报告诉您的一样，我去拜访他之前，我曾设法通知他，关于广西巡抚李秉衡参加我们会议的资格，我刚接到通知，我对于代表团这样奉命与这位高官保持联系，只感荣幸。我们将要经常对广州总督的这位代表出现在大清帝国勘界大臣们的身旁而感到遗憾。(我们）曾以去年8月30日的谕旨中他并未实际被任命为勘界大臣这一点为由提出异议，然而提出这一异议的结果却是使他以一道特旨被正式任命为勘界大臣，既然如此，我当然只有尽可能有礼貌地容忍此事。

而且这十多天的经历已使我可以预料到与大清帝国勘界大臣们商谈将是十分困难的。在拒绝接受给他们准备住所，使他们到同登来与我们住在一起的建议后，他们提出在南关口（Porte de Chine）中国兵营附近让人搭一个茅舍作开会之用。但因这是在东京领土上，需要事先商妥。我最后终于让他们同意我们的会议将在南关（Nan-Quan）和同登轮流举行。前天，我以为终于使他们决定确定我们第一次会议的日期，因为我已提出，地点由他们选择。但是，正如我荣幸地通知您的一样，由于我们在作业过程中要采取的方法问题上有分歧，因而事情又再次拖延下来。

我就这方面于本月6日和7日给您发去的电报已说得很清楚，在这里我就不再赘述。

不过我不无吃惊地发现，给我增添的唯一一个知道中国人习惯的代表坚持强调要注意在与中国人交往所应采取的方式上注意听取他个人的意见，但他这样坚持的结果竟然发展到在促使我们向大清帝国代表团提出一个由于是为世界各国普遍接受，因而我认为应是唯一合理的方法之前，对于有关中国通行的惯例，他却未向我吐露片言只语，这不能不使我感到吃惊。

我们与大清帝国勘界大臣唯一已取得一致的意见，还是关于各自的仪仗队之事。

在我离开河内之前，可尔西将军对于护送两国勘界大臣的这些武装仪仗队交替来往于中法领土一事，口头上表示同意。

经过数轮谈判之后，大清帝国勘界代表们，最先好像准备根本不让我们进入中国，现在好像终于意识到划界仅看边界的一侧是不能进行的。总之，他们已同意，而且双方已谈妥，每次要到现场去时，各自的仪仗队（人数由双方一致确定）或这些仪仗队的小分队互相可以来往于边界两侧。勘界大臣们和他们的卫队互相经过双方的领土的这一权利仅指在进行勘界工作时需要行动的情况下才有效，这已清楚地谈妥了。

（原件第 269 页）

浦理燮致外交部长函（第 76 号）

政治司·第 25 号　同登，1886 年 1 月 9 日

部长先生：

我们与中方勘界大臣们的联系还处于初步阶段。他们对时间并不在乎，与他们来往必须善于耐心周旋。

礼节性的互访已拖得很久了，如果我们希望争取时间又不决定迈出第一步，则这种互访还将拖下去。

第三位勘界大臣李兴锐一到达，倪思先生和卜义内先生就去拜会他，并给他带去我的问候，就像师克勤先生和狄塞尔先生对待他的同事王（之春）一样。去年 12 月 28 日到我去回拜了后者。我不应忘记讲讲这一件事：后者在交谈中不慎说出来的一句话使我了解到中国代表团打算在我们之前到这里驻下所抱的目的何在。其目的是向我们提出把同登作为符合执行 6 月 9 日条约第 5 款诸条内容的通商地点。

大清帝国勘界大臣们这样装成把这一个从各方面看都重要的地方看成是从今以后属于中国领土（而它毫无疑问是安南的）时，他们想为自己留下这样一种可能性：向我们提出承认他们拥有此地的建议，作为互让了结的条件。

至于邓承修大人（即阁下之意），我已决定亲自先去拜访他，只是到本月 3、4 日我才与他进行了个人联系。他在这之前身体欠佳，或者自称是这样。

我在我去年 12 月 26 日的第 24 号报告中业已提到的一个主要困难在这期间已解决了。这个困难来自邓向我表示要带广西巡抚来参加委员会的会议的意图。正如我首先就已提请他注意的那样，任命大清帝国勘界委员的决定其实是指示与两广总督和两广各省巡抚商量，但不能据此就认为后者已被任命为勘界委员，就有权参加我们的会谈了。我认为容许这一曲解就会导致严重的后果，使我们既要对付大清帝国勘界大臣们，同时又要对付两广总督的一名代表，而众所周知两广总督的态度是敌视法国的。

但是大学士李鸿章已请戈可当先生通知我，大清帝国政府的意图一直就是让总督和省巡抚参加勘界委员会会议的，因此，虽然省当局的一名代表骤然加入勘界委员会将在我们中制造麻烦，我也只好不再坚持我的观点，以便不使我们的工作有无谓地被推迟进行的可能。因此，我告诉邓大人，关于广西巡抚李秉衡参加我们会议的资格，我刚接到通知，我对于法国代表团这样被要求与这名大员进行接触只感荣幸。

此外，最近这十数天的经历还使我预见到，与一些据戈可当先生最近电告我所言不习惯与外国人交往，连李鸿章自己也承认他担心会反复无常的勘界大臣商谈将是十分艰难的，当然邓不在此列。在拒绝接受为他们准备住所使其能到同登来与我们住在一起的建议之后，他们提议在南关口中国兵营附近让人搭一个茅舍作开会之用，但这是在东京领土上，可能需要预先达成协议。最后我终于让他们同意我们的会议将在南关和同登轮流举行，前天我让他们自行选择开会地点，这样我以为终于使他们决心确定我们第一次会议的时间了。可是，正如我在本月 7 日的电报中告诉您的那样，在我们工作步骤要遵循的程序问题上，他们马上又找到了一个新的拖延借口。

在事先与赫政先生交谈过后，法国代表团对这方面制定了一个要采取的决议的方案。方案是私下交给赫政先生的。该方案没有任何正式的东西，它仅仅要用于提前友好地解决准备留到第一次全会但会使全会无结果的那些问题。而且方案的某些条文是为了方便达成一项协议故意留作删除或更改之用的。

不过，大清帝国勘界委员们混淆了一个负责进行受请示信支配的纯粹对事实确认——如同根据我接到的指示后所应照办的一样——的勘界委员会的职责和一名拥有缔结条约全权的外交官的职责，他们说他们只想像在讨论与列强缔结条约时一成不变地所做的那样行事。他们拒绝承认有一个主席职位，即使是轮流担任的，他们也不予承认，还声明每次会议制定会议纪要没有必要，认为达成协议后有一个最后的正本就够了。

尽管我们认为由大清帝国的高级勘界大臣和法国代表团团长轮流行使主席职务的安排是组成一个具有某些一致性的真正的联合委员会所必不可少的，但我们在紧要关头已容许大清帝国勘界大臣否决这一建议。他们讨厌这一办法，更愿意即使在开会时两个代表团平起平坐。但是，正如我在电报中向您指出的那样，他们甚至不想明白制定每次会议的会议纪要是使讨论有步骤地继续进行、保存会议的记录、确定讨论的结果、了解所发生过的事、了解哪些问题是在会议上讨论过、已解决或尚待解决必不可少的一环。因此我只好求助于共和国驻北京公使戈可当先生这个调停人，请他看看他是否可以与李鸿章一道进行调解。我希望很快就有答复。

然而有一点我们已与中方大臣们达成协议，是有关各自的仪仗队的问题。

在我离开河内之前，对于这些全副武装护送两国勘界委员的仪仗队交替来往于法中领土一事，可尔西将军口头上向我表示同意。

经过数轮谈判之后，大清帝国的代表起先好像是准备不论在任何理由下决不让我们进入中国，现在好像终于意识到仅看边界一侧划界就不能进行。总之，他们已同意，而且已谈妥了，每次要到现场去时，各自的仪仗队（人数由双方商定）或这些卫队的小分队可以自由地在边界两侧进入对方境内。当然，勘界大臣们和他们的卫队互相往来于双方领土只限于为了划界工作必须转移的这种情况。

就在这时，我昨晚接到您本月5日给我的电报，昨天上午我复了此电。复电内容如下：

“我接到您5日的两封电报。我不明白可尔西将军电报针对的目的。他谈到的中国方面的消息，我认为是来源于我转告他、12月29日电报也转告了您的那些消息。

“至于七溪，我完全肯定他下达的、但随后又撤销了的关于撤离该城的命令。这个城市与谅山形成两个地点，广西一侧的中国人就是通过这两个地方涌往东京的，放弃这两个地方就会给散兵游勇提供一个天然的庇护所，这些军队会从这个庇护地出来，到三角洲时时骚扰我们。

“不论怎么样，通过维持对七溪的占领，我们就可以名正言顺并切实有效地划定广西边界最重要的部分。至于东北边界剩下的部分，根据您新下达的指示，从纸上划界没有那么多麻烦。但是我们首先要与大清帝国勘界大臣们讨论过，知道他们的意图，使其暴露出来，同时我们持谨慎的态度，坚持严格遵守条约第三条的基本原则。因为，如果采取另一种办法，他们也许就会反对我们的建议，持相反的建议。”

现谨随函寄上我12月29日和31日给可尔西先生的两封电报的抄件（附件A和附件B）以证明这封电报。

29日的那封电报含有大清帝国勘界大臣王（之春）对我讲的话。我认为总司令讲到的中国的消息就是来源于这封电报。

因昨天通过电报答复您时不能详述我的想法，我想最好不去强调可尔西将军电报所指的目的，他的这封电报已引出了您的电报，部长先生。

但是，我不禁发现，为了将王氏的话变成来源于中国的消息，将军用很含糊的语言表达这些话，我在刚开始看时几乎不明其意。

我还不知道大清帝国勘界大臣们是否已打算选择这个或那个地点作为关于一段约400千米的边界定界的“行动”基地，甚至也不知道他们是否确切知道这一军事用语的公认含义。但是，可尔西将军往往会说这些勘界大臣害怕远离他们的行动基地，而曾一度要利用他们的意见来强调他有理由认为定界实际上不可能；他有理由肯定并确信定界需要的兵力很多，他不能提供或供养那么多；他有理由，就像他 12 月 29 日所做的那样，下达后又在 1 月 1 日撤销放弃七溪和将所有兵力撤回谅山的命令，这些都是我意料之中的事。

这样，我只能认为总司令为了利用一次可能不存在的谈话所使用的说法的形式，同时赋予这次谈话我不能承认是他所认为的意义。而我认为王氏的这一谈话只不过是一个阴谋，或用于引起我们担忧，或作为一种理由来掩饰大清帝国勘界大臣们最后拒绝到同登来和我们住在一起的做法。

至于确保委员会的安全而带来的负担，这当然是不可避免的，但是不该夸大其数量，也不该否认其利益。只要稍微愿意，从负担中会带来利益。

我们周围几乎没有什么人，我们在这里目前所处的这种非常好的形势相反表明，既然今天不必再考虑中国，只要有志于成为东京非常重要的这一部分地区的主人，就可成为这一地区的主人。我认为，这正是一个与各种成见和政治偏见相反的遏制性理由。这些成见和偏见无视法兰西的根本利益，甚至继续鼓吹部分地放弃东京，没有充分考虑这一放弃不仅会造成我们仅存的威信和在远东的影响荡然无存，以及我们以后肯定会抱憾的商业销售市场无法挽回地丧失殆尽，而且还会导致与我们为了达到最初为自己确立（和英国人也在追求的）的目标最近付出的必要牺牲，与打开一条进入中国内地的商业通道永远不能相比的更昂贵、损失更惨重的后果。而欧洲人在中国的渗透活动尽管受到各种各样的抵制，但近 30 年来已是步步升级，必然要继续升级。

在前一份报告中，我已有机会这样写道，根据最有资格的一些军官的看法（我不想仅仅指狄塞尔中校和卜义内上尉），只需要一营或至多六个连的花很少费用以当地财政收入就可度日的当地步兵，不需要生活必需品供应总是花费巨大的法军小分队，就可以使我们继续留在谅山和七溪地区，而且保持有利地位。

但是，也许我没有充分坚持的一点，就是没有什么比占领这个地区能更有效地促成三角洲的平定了。

有一些常识性的问题不需要成为专家才能知道。对边界西北部进行仔细的研究，就可以相信，正如我在昨天的复电中认为应该指出的那样，广西一侧的中国人都是通过谅山和七溪涌入东京的，这些涌入既是商业性的也是逐渐侵略性的。放弃这个地区，或不去占领这个地区，让它变成一种中立区的状态，其后果不仅仅是由于当地人口被消灭而致使人口减少。海盗和中国散兵游勇的历次入侵已经十分明显地导致了人口的减少，因为他们成百成百地掳走妇女儿童，拐到中国去贩卖。这也是提前听任逐渐变成荒无人烟的该地区成为中国扩张的对象，这是给被逐出中国的歹徒和不断组队突然侵入三角洲的匪徒提供了天然的庇护所。就三角洲来说，谅山和七溪确切地说是房子的两个门户。

然而，并不是由于这一不可动摇的自信，我在12月30日十分肯定地获悉可尔西将军已于头天下达了撤出七溪的命令时才表现出严重不安的。我虽然认为在将我对我所在的这个地区进行研究后产生的一般想法与我身负使命的特殊目标有联系时应向部里汇报，但我从未想过让自己——内附抄件的这封信（附件C）的十分有分寸的措辞就是证明——在与军事指挥部的联系中使自己不考虑勘界委员会工作的直接利益而考虑其他问题。然而，从勘界工作方面看，放弃七溪会有十分有害的影响，对此我已努力向可尔西将军强调了。

因此，我感到十分满意的是：我一得知可尔西将军12月29日到1月1日之间关于撤离继而维持对七溪的占领的命令就能于本月3日用电报把突然出现的变化情况通知您。

关于您1月5日电报第二部分包含的看法和新的指示，部长先生，我对于我所回答的没有多少补充。从我上面提出的理由可知，所谓广西边界最重要的那段是与谅山和七溪邻接的那部分。我的几位同事和我本人，一致认为，我们不能过于致力于现场划定（万一大清帝国勘界大臣们也想这样，只要可以这样做）从七溪西北高平河往龙州方向入中国境之处直到南关口（Porte de Chine de Nan-Guan）东谅山附近约70千米长的边界。至于广西边界其余部分，仅是按图划界的麻烦没有那么多，根据您新的指示，如果大清帝国勘界大臣向我们提出这样做，或者如果我们可以让他们接受这一做法，就这样做。

在结束本报告之前，部长先生，请允许我恳求您重视法国代表团所处的十分艰难的地位。它不仅需要提防大清帝国勘界大臣们的各种花招和中国省当局的恶意，它还要与无数的困难作斗争：为了战胜困难，为了可能时取得稍微令人满意的成果，它需要得到信任，需要得到充分的自由去选择有利于达到目的、有利于执行新的指示——这些新指示也许会补充或更改您在我离开巴黎之前让人转告我的指示或是您刚在本月5日的电报中向我下达的指示——的办法和时机。

（原件第273页）

浦理燮致天津法驻华公使戈可当（私人密信）

同登，1886年1月9日

公使先生：

我昨晚接到一份巴黎发来的电报。内容如下：

巴黎，1月5日

“可尔西将军根据从中国得到的情报发电报告诉我，大清帝国勘界大臣由于没有足够的军队，害怕远离他们的活动基地。如果这一消息可靠的话，我们认为我们负责勘界委员会工作的安全是有必要的。和占领七溪（并不是放弃）一样的所有措施实际上会造成一些严重的麻烦。

“我认为，重要的是，如果从一份会议纪要发现，勘界委员会只是应中方代表的要求目前不继续其工作是合乎法律手续的。在其工作能在绝对安全的条件下重新进行之前，也许可以根据它有使用权的各地图和资料进行纸上划界。

“我恳求您，如果发生这种情况，就抓住有利时机采用这方法。特别是自从法国政府要履行天津条约第三款的诚意通过法国代表们为去龙州进行的旅行完全表现出来后，我认为这个办法足以维护我们的利益。”

对于可尔西先生的这一诡计，我马上发电报向法来西纳先生作了简要的说明，我今天以一份详细报告补充。

我会珍视您知道该报告内容这件事的，虽然这个报告与公使馆没有直接关系。因此，公使先生，请允许我仅抄写其内容转告您。内容如下：

（见浦理燮致外交部长函，第 76 号，政治司 · 第 25 号——译者注）

我乐于希望您将重视这些需要通过私人密信的形式告知的理由。我恳求您，先生、亲爱的公使，接受我崇高敬意。

（原件第 283 页）

可尔西致浦理燮函（第 39 号）

东京部队参谋部编号 · 64　河内，1886 年 1 月 9 日

团长先生：

刚接到您 1 月 1 日给我的信。

我高兴地获悉，大清帝国勘界大臣的态度和要求已改变。虽然这些勘界大臣在法国代表团之前到了边界附近的地方，但是，我认为他们迟迟不肯向我们充分表现出要正式与我们会谈的诚意。

您肯定不会怀疑您已完全得到军事当局的协助。我不得不指责了塞尔维尔少校对七溪的行动，对此我甚感遗憾。但是这次行动不应在没有我的命令之下，在我未考虑其产生的军事后果的情况下进行。在这种情况下，塞尔维尔少校就超出了代表团卫队司令的职权范围了。他甚至在代表团到了大清帝国勘界大臣所在的附近地方时，还分散其兵力而不集中在代表团附近。这样，就有可能危害局势。

不管怎么样，既然已占领了七溪，我只能维持这一占领，我已及时采取必要的措施以应对各种可能发生的事。

我已指示我的副参谋长前赴谅山。

这名高级军官，每当代表团要从一个地方到另一个地方时，将听从贵方的一切要求。他将时时处处保证代表团的安全，在代表团与大清帝国勘界大臣们交往时向其展示必要的军威；只要有必要，并在最好的条件下，将部队维持在所占领的各地；阻止中国人对我们领土的一切侵犯活动；当大清帝国勘界大臣们或法国代表团成员需要从一方领土到另一方领土时，保证在军事上遵守完全的互惠。

（原件第289页）

法驻广州领事法兰亭致浦理燮函

第45号　广州，1886年1月10日

团长先生：

我到达香港后才接到您给我的几次电报。在这些电报中，您要求我推迟离开广州。

我之所以这样急于去与你们会合，是因为部里电令我立即离开广州经河内去屯梅，因为几年前我曾有幸在外交部主任杜加先生家里被引见给您，我没有忘记您给我的令人喜悦的欢迎，所以我就更急于去执行这命令。

在因无法把我浅薄的中国文学知识以及我的热情和忠诚有幸乐意地交您使用而遗憾的同时，我很高兴地看到我的同事师克勤先生已完全恢复健康，可以继续我原要代替他的使命了。

1月18日我一回到广州，就忙于为代表团找一名符合要求的文人。

事情很难办，因为中国官话讲得好又熟悉公务的文人在广州不多；另外，因为不能向他们保证一个长期的职位，所以他们拒绝出门。

不过我还是找到了一位秀才，名叫孙祥派（Tsiang Pai Shuon），他曾受雇于廉州府（钦州）。他官话讲得很好，有一把漂亮的胡子，现在处理日常事务。

然而，我不敢在没有将他提出的出发条件电告您之前就将他立即送去给您。

他要求立一份合同，每月50块钱，他保证至少干6个月，对于他的旅费，和一名佣人一样，往返付资。6个月期满，如果不再长期要他，就返回。而且，如果您希望，他保证干上两年。

此外，他要求预付两个月的薪水，将其一半的薪水转发给其家属，即每月25元。有病时，他要求得到代表团大夫的医治。

在立签合同之前，我等候您的电复。

（原件第296页）

浦理燮致外交部长函（第78号）

外交部政治司·第26号　同登，1886年1月11日

部长先生：

每天都有大量的大米被从这里和附近地方运往中国南关隘（Porte de Chine de Nan-Guan）。中国军事当局就这样轻而易举地实现了其维持在广西边境的部队所需的粮食供应。

因此，在中国境内获取可以得到的物产的权利，谅山地区居民也是有的，这好像是合乎情理的。然而，实际上正相反。中国人反对法国人或当地人从这里到他们境内去。而且就在昨天，一名想到龙州去的安南人被抓住，被迫返回。

我将这一情况向可尔西将军作了汇报，并请他注意：如果法国军事指挥部想看到大量的目前流到中国去的粮食回流到谅山供应其自己的部队，也许利用还在拟定中的商约诸款还没有规定东京产品从陆路出口的条件来暂时禁止大米的出口是合适的。

我一开始就向总司令指出中国人侵犯安南领土的罪行。中国人好像已更换了南关（Porte de Nan-Guan）哨所的位置，在同登附近一个从军事上对他们十分有利的、然而属于东京的地方构筑了一部分防御工事，最后将一部分安南村庄全部划入他们的防线内，并在村民中强征民勇。

但是，我看到从这些消息中得出这样的结论，中国人早在我们到达之前就在没有监督、仅根据他们的便利在进行实际上的定界了，在这一行动中他们主要是致力于确保捍卫他们的领土。因此，我已注意另外考虑到我们将面临着既成的事实，我们将很难对此进行更改。

然而我还是请求将军将他对上述情况的看法告诉我，请他或一般地、或在几个具体问题上给我下达他认为有必要让法国代表团知道的指示。如果可能的话，法国代表团将力求强调他提醒我们注意的问题。

（原件第298页）

可尔西致浦理燮函（第40号）

东京部队参谋部·第133号　河内，1886年1月11日

团长先生：

您本月4日来信通知我，海士先生被任命为委员会候补成员，代替辞职的帕吕·德拉·巴利埃先生。

您在通知我这名候补委员将于本月底到达海防时，要求我下达命令，以便为他提供交通工具，方便他尽快重返他的岗位。

下面是我为此进行的安排：

海士先生一到海防，马上给他一名勤务兵，指挥第二师的将军先生将在第一时间从水路把他送到尼村。他将在尼村得到克雷定中校送的两匹马，从陆路出发去与代表团会合。我委托克雷定中校在这方面采取一切必要的措施。

此外，如果海士先生没有骑装，指挥第二旅的将军将在海防给他，在海防他将会比在屯梅或其他地方更容易得到。

（原件第 301 页）

法中边界勘界委员会
法国代表团整理的第 1 号会议纪要

1886 年 1 月 12 日会议

根据 1885 年 6 月 9 日法国与中国在天津缔结的条约第三条款建立的法中勘界委员会，今天，1886 年 1 月 12 日下午 2 时 30 分在同登（东京，谅山省）一个为此而专门布置的庙里召开会议。

出席会议人员：

法方：法国代表团团长浦理燮，成员师克勤、狄塞尔、卜义内、倪思

中方：钦差大臣邓承修，帮办大臣王之春、李兴锐，广西署理巡抚李秉衡

已确认，双方分别接到法兰西共和国总统和中国皇帝陛下的决定通知。根据决定，两国代表团成员被指定参加勘界委员会的工作。

不过邓阁下指出他发现巴利埃先生不在场，他并没有接到巴利埃先生辞职的通知。

团长答复说，他料想由海士先生接替这名助理代表的情况也许已通知总理衙门了，他打算等到适当的时候把海士先生介绍给大清帝国代表团。

邓阁下声明无意强调这一点。

因各国与中国之间所达成的诸条约的谈判期间并无制定每次会议的联合会议纪要的成例，所以双方代表团各自的秘书准备好各自作必要的记录。

法国最年轻的勘界委员倪思医生代理法国代表团秘书之职，团长秘书德朗达先生协助。

浦理燮先生请邓阁下晓示，大清帝国代表团是否同意法国代表团的意见，开始正式谈判法中委员会奉命处理的问题。

邓阁下作了肯定的回答，并问是他还是法国代表团团长应先发言。

浦理燮先生回答说，既然大清帝国代表团已乐意到同登来参加第一次会议，他只能让大清帝国的钦差大臣选择。

邓阁下表示感谢，说了这番话："虽然安南王国自古以来从属中华帝国，虽然帝国军队夺取了谅山，但中国皇帝陛下已决定为了两国的利益议和，以消弭战祸，结束流血，与法国结成友谊。因此中法双方的勘界大臣们应该以两国政府倡导的友好一致的意见行动。根据条约，大清帝国的军队在法国军队到来时已从其占领的各地后撤。但是，谈判国双方在缔结去年 6 月 9 日这个把安南给了法国的条约时，意图是照顾两国各自的自尊感情。如果在实施定界工作时，列位法国代表打算按这些意图进行，中国将不必为缔结 6 月 9 日的条约而感到遗憾。根据这一条约，法中委员会目前业已组成。"

浦理燮先生回答说："法国代表团对今天在要共同进行的工作开始而召开的会议上与中国代表团会集在一起而感到很高兴。"

他说："我们，我的同事和我本人，都相信，我们的列位大清帝国勘界同事和我们都迫切希望根据去年 6 月 9 日天津条约第三款出色地完成东京和中国之间边界的定界工作。因此，我们乐于相信，我们双方彼此的一切努力都将是本着融洽公平的精神来寻求完成本国政府赋予我们的使命的最佳办法。我们被派到这里来履行 1885 年 6 月 9 日条约的第三款，法国代表团准备进行该条款规定的工作。"

邓阁下说他十分清楚第三款的中文内容，但他要求法国代表团说明如何理解法文约文，以便了解对于这一条的含义双方意见是否完全统一。

浦理燮先生宣读第三款，并指出他认为该条款只能有一种理解方式，这种方式就是先去现场勘察边界，除了有必要进行细节更改处外，就立界碑。

邓阁下在让人将法约文翻译并自己拿来与中约文对照后发现，两种约文除了法文是"细节更改"，中文是"小修改"不同外，其他均是完全一致的。但是，他接着说，要按条约所说的那样，置界碑首先必须定下边界，可是条约说为了两国共同的利益，可能有必要更改目前的边界。因此首先应该研究哪些是有必要进行的更改。

浦理燮先生在看到大家已承认两种约文一致后说，他认为不能同意像邓阁下刚才提到的这种说明。条约没有说必须更改边界，而是说，如果有必要，可以进行一些细小的更改。

浦理燮先生认为，委员会不必重划东京边界，但至多在两国代表团一致同意为了共同利益有必要如交换几个村庄或几小块地时，要对边界进行某些细小的更改。

邓阁下强调指出，条约规定边界可以有更动。出于共同的利益，条约包含考虑两国的共同利益而明确地预防将来两国发生战争的一切可能性的条款。"对于条约中所指的边界'更改'一词，"他说，"我们认为不单是指诸如一些小山或小块地方划归边界这侧或那侧而引起的那种小的更动，还是指给东京这片辽阔的地区划定一些边界，条约提到的是目前的东京边界，但未提到中国的边界。"

浦理燮提醒说，因为一个国家的边界线同时又是邻国的边界线，因此不能只提东京的边界而不提中国的边界。如果只以牺牲东京来进行一些细小的更改，那么两国的共同利益又从何谈起呢？

邓阁下："中国政府是为了确保两国的和平而议约的。它把整个安南国都给了法国。如果贵国希望维持友好关系，它就不能侵犯中国边境。"

浦理燮先生希望，为了避免一切误会，请大清帝国勘界大臣先生们注意，他根本就没有提到侵犯大清帝国领土一事，而只是提到出于共同的利益而进行的细小的更改所可能造成的小块土地的交换。

邓阁下认为，放弃安南是为了满足法国的利益，既然法国保护整个安南，它就不能计较细节；因此，对于条约中出现的"更改"一词，应该理解为属于局部利益的领土更改，而非大部分利益的更改。

广西巡抚李秉衡认为，如果曾考虑过根本不必进行更改，条约中就会明确地写上了。相反，条约规定有必要进行更改。

邓阁下："法国拥有整个自古以来一直从属于中国的安南帝国后，已得到了不少，而中国版图却缩小了。我们应该从这点开始讨论。"

浦理燮先生认为，法中勘界委员会到现场来是为了履行这一条约，而不是为了讨论或重新立这个条约。他说："我们已一致承认第三款的法中两种约文是一致的。因为我们应关心的仅仅是该款的履行，我主张排除对一切一般性问题的讨论，以第三款为根据提出双方可以彼此研究的具体方案。因此我请求邓阁下及其大清帝国的同事们提出已考虑成熟的方案。"

邓阁下声明说，他只考虑提一些可为双方接受、符合共同利益的方案。

浦理燮先生答道，法国代表团亦非常希望取得一些符合主宰两国政府的目前关系的友情的结果。

邓阁下："我们要提的方案几乎都是为了两国的利益的。可是，如果我们要向你们提交的某个方案只是符合中国的利益，我们还是请你们乐于考虑，以便评价它是否公正，并请把你们的看法通知我们。"

团长先生："法国代表团将永远和大清帝国代表团一样关心在公平的范围内表现出通融。"

邓阁下："法国拥有整个安南，如果我们现在确定谅山为中国边界，谅山以南的肥沃地区全留给法国拥有，谅山以北的地区贫困，土地贫瘠，我们要求拥有这些地区是完全合理的。"

团长先生答道：条约中没有提到任何类似的问题。而且谅山以北的地区贫穷的说法是大可争议的。相反，其中的某些部分是肥沃的，物产丰富。此外，人们也可以反驳说，中国不十分想要求占有的倒可能是不毛的区域。但是，法国代表团的注意力不能集中在这方面，谅山不是边界上的一个地方，勘界委员会只应考虑边界。

邓阁下："说到谅山，我们恰恰是想指边界，当安南隶属中国时，我们不需要在这个地方确定边界，但今天它属于法国了，我们需要有一条边界。条约规定谅山以北的一个地点和老街以北的一个地点在中安通商地点之列，这表明，按照条约本身而言，谅山以北整个地区应属中国所有。"

浦理燮先生反对这种说法。在谅山以北的说法仅是含糊不清的地理表达法。此外，法国代表团不能跟着大清帝国全权代表们走他们走的路。条约中提到的更改是不大的可能的更改，而不是要缩小东京一部分。条约就是这个意思，法国代表团的任务就是忠实地履行这个条约，而不是通过解释改动这个条约。然而，如果邓阁下及其同事们愿意书面全文提出他们的建议，法国代表团就会认为，出于礼貌，不能拒不看这份建议，也不能拒不进行明确的答复。然而，它同意这样做是带有明确的条件的，即必须明确地讲好，它同意看这类建议以便作答并不含有代表它自己的任何一个事实上或原则上的保证，大清帝国代表团在提出方案的函中要向法国代表证明这一明确的条件。翻译们不能很清楚地翻译浦理燮先生的观点，使大清帝国勘界大臣们不明白其意。浦理燮先生多次重复他刚才说过的话，力图使他的意见得到翻译。在进行了数次没有结果的翻译尝试后，赫政先生要求把说的话写下来给他，使他在晚上能够翻译出来，并将意思解释给帝国的勘界大臣们。为了避免误会，写在活页纸上的法国代表团团长的声明就交给赫政先生备查。

因时间不早了，邓阁下建议散会。狄塞尔先生要求事先提出一个看法。他说，谅山既然只不过是一个地方，就不能依此而确定一条边界。既然大清帝国大臣们提出这个地方，他们就应有一个方案，主要是一套边界体系。因此，他要求请他们在要写的信中陈述这一体系。

邓阁下和他的同事们同意书面提出他们的方案，并问第二次会议定于何时召开。

浦理燮先生声明说，第二次会议何日何时在中国南关隘口（Porte de Chine）召开，由大清帝国代表团决定，法国代表团随时准备听从前者的安排去南关隘口。

邓阁下说，由于关于大清帝国代表团的方案问题要写信和复信，现在他不能确定第二次会议召开的日期，但他将会来信通知。

浦理燮答复说，邓阁下发出的通知就等于开会召集通知，如果没有较大的障碍，法国代表团将毫无异议地遵命而行。

会议于4时30分结束。

本会议纪要整理成文并宣读后，由法国代表团全体成员在上面签字。

1886年1月13日于同登

（该篇收入《中越边界历史资料选编》第774～779页）

（原件第303页）

克雷定少校致浦理燮函（第37号）

谅山，1886年1月12日

团长先生：

谨告收到您1月8日信，明天谅山要塞和同登哨所之间的如下部队将进行换防。

塞尔维尔少校先生明早7时将率23团的一支小队和15名非洲轻骑兵出发去同登。

他将担任同登卫戍司令。

23团的这支小队将与安弗尔维尔上尉连的一个排驻防同登。上述的15名骑兵加入到嘉实上尉的非洲骑兵小队中去。

主要由于供应上的困难，由于有必要在谅山保留一支足以保证要塞安全和担任众多运输队的卫队，我实在不能增加同登哨所的兵力。但是我希望新兵的质量及其指挥官的坚定，将会使您看到是可以向法国代表团提供它有权要求得到的一切保证的。

13日下午2时，安弗尔维尔上尉先生将率领他的连的三个排退到谅山。

（原件第311页）

浦理燮致谅山克雷定函（第83号）

同登，1885年1月13日（疑为1886年——编者注）

中校先生：

谨告您昨日来信收到。您在信中主动把今天部队换防的事通知我。

谢谢您通知我，但同时我要提醒您注意，我并未要求增加同登哨所的兵力，我一直注意让军事指挥官自己考虑为确保代表团应得到的一切保证而需要采取的措施。

（附言不清——译者注）

（原件第314页）

法驻广州领事法兰亭致浦理燮函（第56号）

广州，1886年1月13日

团长先生：

刚接到您的电报。我已立即让人立合同了。秀才已接受了您的条件。因此他只受雇三个月。

我自作主张命他购买与东京接壤的中国三省的地图和一本书，我可以称这本书为广西、广东、云南的指南。这是一种旅行记，它可向你们提供关于代表团负责划定的边界的有用资料。

我这样做就像我自己要使用这位秀才似的，还向他提供我认为可能有用的一切资料。

如果我主动作这一笔开支得到您的同意，我会很高兴。

我还劝告这位秀才自费买一本条约集和刚出版的官方年鉴。

这位秀才马上就上船了，这封信就由他亲自交给您。

（原件第 315 页）

法驻广州领事法兰亭致浦理燮函（第 53 号）

广州，1886 年 1 月 13 日

团长先生：

秀才将于明日离开广州去香港搭乘第一班去海防的船。

兹附上我以您的名义与他签订的合同。

他动身时我给了他 60 元作为提前预付的一个月的薪水，30 元的旅费亦提前给了他。

我指点他去找海防驻扎官，后者将会把他送到与代表团建立联系的地点。

他应买的地图和书我没有给他付钱，但价钱不很高。

他会同时将他的旅费清单及账和金额让您过目。

（原件第 317 页）

附件：

二人由省至香港火船银二元六毫

住栈五天栈租伙食银三元八毫

由香港至海防火船银十六元

住栈二天栈租伙食银一元四毫

小艇、挑夫、杂用由省至海防止共　银三元三毫

统共用银二十七元一毫

（原件第 318 页）

可尔西致同登浦理燮函（第 43 号）

东京部队参谋部·第 75 号　河内，1886 年 1 月 13 日

团长先生：

谨告您1月8日来信已收到。

您愿意把情况告诉我，我表示感谢。

我们应该承认，由于防御工事工程在你们到达边界附近之前已进行了，由于可能在中国境内的部队的集结，从好几个方面看我们处于一定的劣势，虽然代表团的护卫队终于变得很强大了。

您要特别注意两点：

1. 大米的出口：我担心为阻止这些大米出口而采取的军事措施会成为导致新的冲突和新的延误的借口。而且，如果对于中国境内的物产的互惠条件允许出口，我不明白我们怎么保证该条款的执行，以便从中真正得到利益。

2. 对东京领土的侵犯活动。我认为这个问题完全是法国代表团工作范围之内的；不应该让一个这样的先例被确定下来而不指责。

对这两点，我仅能表达我个人的意见；首先这是政府负责回答的事。而且政府对此很可能已有主意，目前我不能发表不同的意见，因为我刚从一份私人电报（别人要我同意公布）中获悉，保尔、贝尔被任命为安南与东京的总驻扎官。

（原件第321页）

法中边界勘界委员会法国代表团整理的第2号会议纪要

1886年1月14日会议

根据大清帝国代表团的意见，按照上次会议结束时谈妥的办法，中国和东京边界法中勘界委员会于今天——1886年1月14日下午1时在中国南关口一个作为邓阁下接待室的帐篷中召开会议。

出席会议人员：

法方：法国代表团团长浦理燮，代表团成员师克勤、狄塞尔、卜义内、倪思

中方：钦差大臣邓承修，钦差帮办王、李，署理广西巡抚李秉衡

邓阁下担心上次会议大家没有很好地领会他的观点，于是问让李翻译扼要地复述他的意见，是否有什么不便。

浦理燮先生说，法国代表团完全明白邓阁下的建议，它曾向他表示愿意让他书面提出这个方案，但只是为了能进行书面答复，阐述为什么不能同意大清帝国代表团想对条约第三款作的解释的理由。

邓阁下认为在写信之前最好能肯定他的意愿已为人理解，而且对于这个问题，他言犹未尽。

浦理燮先生：“我们曾认为也许由于这方面的某个原因，大清帝国代表团才于今天召

集我们的，我们也急于赶往南关来。”

邓阁下坚持要求先回顾上次会议所说的话，以便确信大家已明白了他的意思。

浦理燮先生：“我们认为已十分明白了，但是我们完全愿意再次听听。”

大清帝国代表团的翻译李氏于是打开手上拿着的一本备忘录，简要地宣读委员会第一次会议上所说过的话。他说，在同登举行的那次会议上，邓阁下说委员会的任务是划定东京目前的边界，而非中国的老边界，这些是根据条约的规定，符合共同利益的。相反，法国代表团团长却表示希望更改中国边界。

浦理燮先生发言，指出他从来没有这样说，他是说委员会的任务不是更改边界的大线，而是如有必要，在双方一致认为符合共同利益的情况下，在边界两侧进行一些细小的更改。

李翻译重新复述他所记的概要，他说，邓阁下对谅山以南的东京诸省没有提出任何要求。这些肥沃的省份，法国希望保留有充分理由。中国提出要求的，是位于谅山以北的部分区域。法国从这部分区域不能得到任何好处，因此它可以将其放弃而又无损于它的利益。在条约的其他条款中，大清帝国代表团的方案主要依据这一条：规定中国将被选为通商地点的两个地方之一在谅山以北。

狄塞尔先生发言指出：要对上次会议所说过的话给予一个正确的概念，至少那份已宣读的会议概要应该也提到法国代表团团长的答复和提出的反对意见，以便知道答复和反对意见是如何被理解和译出的。

李翻译接着说他没有接到这样做的命令。

浦理燮先生说，在这样的条件下，既难以衡量这一宣读的作用，又不易理解要求这样做的目的。

邓阁下接着说，目前最重要的是概括第一次会议讨论的观点，他的翻译宣读的记录只能用于确定大家是否对所说过的意见完全一致。

浦理燮先生：“法国代表团不可能承认听这一宣读会使它受到任何约束。法方代表团不能把宣读这些事先没有交换过意见、没有复核和检查过、因此只是单方的记录当成这些记录具有替代真正的会议纪要的必不可少的有效性。因此，我们认为继续这一宣读没有什么用处。和中国代表团一样，法国代表团在 1 月 12 日的会谈上也让人作了记录。在中国代表团看来，难道也一定要宣读这些记录吗？这恰恰是因为中国实行的习惯不能使双方所作的记录完全一致，因而我们虽原则上不同意邓阁下的方案，但出于礼貌，有条件地要求大清帝国代表团书面提出这个方案，对方案予以详述，以便我们能予以作答而已。”

邓阁下反驳说，他之所以无意根据法国勘界大臣的要求书面提出他的方案，是因为他担心后者可能没有完全明白他在第一次会议上所说过的话。

浦理燮先生提醒道，邓阁下在那次会议一开始就提到新的论据以作为其方案的依据，他接着说，在维持已提出的保留意见的同时，法国代表团不拒绝听取这些新论据的陈述，但它特别希望得到关于方案本身的补充的详情，并应以书面转告它。

狄塞尔先生强调准确知道邓阁下想通过哪些界线把谅山与边界连接起来的必要性。

浦理燮先生要求请邓阁下谈谈他同意提供的详情。

邓阁下："如果你们愿意，我们将首先谈谈广西边界。因为已任命另一个中国委员会负责云南边界，我们以后再谈广东边界。"

浦理燮先生坚持指出，目前不应该谈边界线的确定，只应了解中国代表团打算如何确定边界线。

邓阁下拿起一支铅笔，一面说一面在一张白纸上画了几个点。他说："我们在上次会议上把谅山作为边界上的地点指出来。狄塞尔先生要求我们谈我们想与谅山连接的边界线。大清帝国代表团要求将以下几点纳入广西。"他列举了好几个地方的中文名字：Leang Chan、Méon Fung、Cao Ping、Moun 和保乐。但是各地点的叫法，中安各不一样。法国代表团拥有的地图中没有一幅写有中文名字，初一看除了能根据这一说明认出谅山（Leang Chan）、高平（Kao Ping）和艽葑（Kiou Fung）以及名叫七溪的居民中心点以外，无法辨认其他名称。根据邓阁下在他面前的那张纸上画的线，浦理燮、师克勤和狄塞尔（仅他们三人看见了这条线）认为这条线应该经过谅山以南和高平西南方一直北上到云南界。"应该使边界通过这些点，"邓阁下接着说，"它们都在谅山以外，正确构成了广西边界（注：邓阁下也许是想说这些地方构成广西的天然边界）。此外，它们都位于一个土地贫瘠、人口稀少的地区。"

浦理燮先生说，按邓阁下用铅笔画在纸上的这条线，他认为隐约地看到是怎么回事了。但是，为了有个准确的了解，他希望能在地图上指出这些地点。

邓阁下说，中国代表团目前没有可以进行这一说明的地图。

于是浦理燮先生用和先前的同样措辞，重新提出前一个要求：要求中国代表团用公函提出它的方案，并随函附上一幅地图，至少一幅标有邓阁下列举的几个地方的局部的地理草图。

邓阁下在与大清帝国代表团的其他成员商量后说，只要对边界的更改原则本身没有取得一致的意见，他们就不能因这个问题写一封公函；他们将只限于以非正式的形式给我们来一封信，重新列出邓阁下提到的地名；至于一幅地图或一幅草图，只能在新边界的确定达成协议时，他们才会派绘图员来绘制边界地图。

浦理燮先生与同事们商量后答复说，既然法国代表团要求的信函没有正式的性质，不能附上一幅地理草图，那也就失去了实际用处。他进而指出，此外，法国代表团对原则问题的看法是不可动摇的，如果阁下们愿意，他准备将这一看法立即告诉他们。

得到邓阁下的同意，浦理燮先生接着说："请相信，如果问题属于放弃属于我个人的某种东西，我就会十分高兴地向大清帝国代表团表示让它满意，但是令我们十分遗憾的是，大清帝国代表团向我们所要求的不是由我们决定的事，相当有说服力的理由使我们不能与它就一个我们要对其原则加以拒绝的方案的宗旨进行实质性的讨论。

正如阁下们十分清楚的那样，一个条约是一份文书，两国政府根据这份文书，针对它们想要结束的一个特定的局面，不考虑往事，同时根据明确的规定处理现时和未来的局势。因为所有条约都是约束缔结双方的，所以每个缔约国都很注意将自已想列在约文中的东西明确地写进条约里。如果其中的一方要求得到某些区域或要求得到一笔赔款，它就正式提出这个要求，问题就得到讨论；如果大家最终统一了意见，就明确地把让出的区域的面积和范围或确定的赔款数额写进条约里。但是某条规定没有被写进条约里，在条约签字并得到批准后，就不能把它补入条约里。唯有一个新的条约才能解决这个问题。然而，法中勘界委员会并没有受命去缔结一个新的条约，而只有权考虑完全履行去年6月9日条约的第三款。因此是这第三款决定我们所要做的工作。只有我们严格遵照其规定，我们才能为巩固两国的和平和友谊做出贡献。第三款不仅规定了我们要做的工作，而且还指出我们应怎样、按什么秩序进行。实际上，它明确地规定委员会将到现场去勘察目前的边界。察看边界，就是察看它是怎么样的，其现状如何，而不是划一条新界。第三款接着写道：他们在需要的一切地方立界碑，等等。因此，我们应该首先察看，然后再立置界碑，接下来才轮到与立碑的责任有紧密的因果关系、可能有必要而非一定有必要对东京现在的边界进行符合两国共同利益的一些小更改的问题；最后，才考虑如果双方勘界大臣们对这些小更改中的一个或数个不能取得一致的意见，他们要做的工作。所以我们是受条约各款约束的，我们只能通过放弃或交换边界一方或另一方的小块区域的方式来进行小更动。”

邓阁下：“绝对不能进行任何交换，因为第三条只提到东京边界的更改，没有提到中国边界的更改。”

浦理燮先生反驳说，提到一条边界，就是提到另一条边界，因为，既然两条边界是并列的，不能更改一条而不影响另一条的状况。

邓阁下：“您对我们说，你们完全无权做你们想做的事，但你们应该完全服从条约。我的情况也完全一样，不能随心所欲地做出让步。我们也是来执行6月9日条约第三款的，不是来商谈一个新的条约。和您一样，我也希望完全履行第三款。然而我们在该款中看到的‘符合两国共同利益’一语不会适用于你们所理解的那种小更改。中国已将整个安南王国给了法国。”

浦理燮先生：“实际上安南属于安南，中国没有把它给了法国。我们只是在安南行使中国业已承认的单纯保护权，因为它已看出承认这一权利符合两国的利益。”

邓阁下：“你们的保护国制度只有当我们双方一致同意给该国划定一条经过更改的新边界线时，才能有效地一直实行到东京各边境。”

浦理燮先生：“条约中没有这样的意思。我只能提醒大清帝国代表阁下们，当两个大国议约时，一定会把它们希望看到出现在条约中的一切写到条约中去的。如果当时中国要求让与领土且双方同意了，条约中就会明确地指出这一让步包括哪些区域。我们不能让条约具有它不包含的意思。它没有提到新的边界。”

卜义内先生说：自1885年6月9日条约签字之日起，法国的保护国制度就有权存在于全安南；但是，实际上，在还没有划定界限的各个地点，这个制度只有待边界划定之后实行，这也确系如此（注：在场的翻译中好像没有一个能向大清帝国勘界代表们说明并使他们明白这一解释）。因此，必须尽早踏勘边界以便了解我们的行动范围一直到何处，我们可以在哪些地方行使条约赋予我们的保护权。

邓阁下：“以前，安南还在中国庇护之下的时候，我们不需要边界，当然更不需要更改边界。但是，今天有了法国保护国制度，情况就不一样了：更改边界对我们来说是必要的了。”

李阁下：“你们说可以不更改边界，那么为什么要在第三款里明确指出可能进行一些更改呢？”

浦理燮先生：“我们完全承认将可以进行一些更改，但是一些小更改。我们拒绝接受的，是大清帝国的勘界大臣们要求的那种领土的真正的让予问题。”

李巡抚：“我们要求得到的这个地区贫穷，而且与留给你们的那片地区相比就小得多。”

李兴锐阁下：“以前全安南都处在我们的保护之下，现在则在你们的保护之下。我们要求得到这个地区与安南剩下的地区相比就微不足道了。我们不想为同时全部丧失而深以为憾。”

浦理燮先生：“条约是在双方十分了解底细的情况下得到签署和批准的，因此很难理解忠实履行其条款会引起什么遗憾。

“条约原文表明，条约确实是在我刚说的条件下缔结的。实际上在第一款上可以读到：法兰西共和国总统和中国皇帝陛下业已决定缔结一个符合两国共同利益的新条约，为此，他们各自的全权代表承认以下诸条。

“由此可见，这些条款是好的，既未补充进什么，也未删去被双方认为符合两国共同利益所必不可少的那些内容。

“一个条约的诸条款互为证实，互为说明。仔细研究6月9日条约的诸条款后，大家就不得不承认，缔约双方根本就没有想赋予本身已阐述得明白无疑的第三款有大清帝国代表们认为具有的意思。

“从第一款也可以读到：法军将负责毗连大清帝国的安南各省的秩序的恢复和维持工作，任何时候都不能越过分隔东京与中国的边界线。显然，‘分隔’这两个字就是指已存在的边界，如果在以下的各条款中涉及移动这条边界，就会写‘将要分隔……的边界。’

“最后，我不能再过多重复了。第三款没有说一定有必要更改东京目前的边界，只是说可能有必要对这条边界进行符合两国共同利益的一些更改。甚至承认，正如我想李翻译说过的那样，中文约文写有‘将可以’而不是‘可能’，但是差别是很小的，因为‘将可以’或‘可能’这几个字后面均接有‘有必要’三字，两者都只表示一种可能性，而非一种必然性。

“所以，我们不否认有可能发生一些更改，我们提出异议之处，是可能的更改可能超过纯粹的细节更改的范围，达到让出具有一定面积的领土的程度。”

李兴锐阁下：“法国勘界大臣们已表示打算根据公平的原则行动。然而，大清帝国代表团要求的与法国取得的相比，是如此微不足道，因而，把我们所要求的让给我们看来是对的。”

浦理燮先生：“安南政府大概不会同意它的这部分领土是微不足道的。”

邓阁下：“如果是因为你们获得了对安南的保护权才不想使该国的领土变小的话，我们认为我们要求的那部分以后不会使它贫穷。因为这部分区域荒无人烟，土地贫瘠，而且保乐又在海盗的手中。”

（注：保乐没有出现在我们的全部地图中，据赫政先生对我们说的，邓阁下所指的这个地方可能在云南边界附近。）

李巡抚：“放弃对安南的保护，对一个像大清帝国一样地域辽阔的帝国来说无关紧要。不过，如果你们不同意对边界进行符合两国共同利益和公平原则的更改，我们会抱憾签订了和约。”

浦理燮先生：“法国代表团只能坚持由我就这方面的问题所说过的话。中国政府是在非常深知底细的情况下签订这个条约的。这一外交文件的序言指出，双方为保证和平、为了符合共同利益所要求的一切条件，条约均已作了规定。

“正如我已说过的那样，这个条约只涉及现在边界的一些部分更改的证明，这是因为条约第二款说：法国士兵将不能穿过目前分隔……的边界，而不是今后将分隔……的边界。这条边界的存在已达数个世纪了，在中国的地图、法国绘制的地图和安南的地图里可以发现都标了这条边界线。”

邓阁下：“我们不必谈条约的其他条款，只谈第三款吧。”

浦理燮先生：“我们不拒绝对边界进行小更改，但这样就应该先勘察这条边界。现在谈不上领土让步的问题。如果当时双方有意进行极小的让步，也会在条约里表示出来。”

邓阁下：“这样我们就看不出察看边界、立放界碑对两国的利益所在了。”

浦理燮先生：“对于两国，利益完全是均等的。对于任何一方来说，在于通过定界这一件事去准确地了解属于自己的领土，其司法权一直行使到何地，到何处止，这是防止今后出现纠纷、维持友邻关系、因而赋予和平坚实基础的一个最佳办法。只有定界可以使条约第一款的执行成为可能。”

李兴锐阁下：“条约第三款提到更改，因此我们应进行一次更改，然而我们只向你们提出得到一些贫穷、土地贫瘠的地区的要求。既然你们谈到公平，我们就要求你们公平行事。”

浦理燮先生：“我只能坚持我对此的表态。第三款确实提到更改，不过是指部分更改和考虑到可能有必要进行更改的情况，它没有说必须进行一次更改。如果划定了整个边界而未进行一次更改，条约仍然是得到了完全的执行。”

狄塞尔上校想知道列位大清帝国大臣赋予“部分更改”或他们更愿意使用的“小更改”的含义。因此他向他们举出一个纯假设的例子。他说：“假定我们认为两国的利益就是把边界移到龙州以北，我们提出对龙州的要求，那么诸位阁下会认为我们的建议仅是以部分的更改为目的呢？还是看成一种领土让步的要求呢？”

李兴锐阁下：“条约只提到了东京的某些边界，并未提到中国的某些边界。”

王阁下：“假定相邻接的两所住宅最初是由一家人居住，后来两所中的一所让给一户外来人家了，此时不该重新布局，封闭这两所住宅相通的门户，在院内竖起栏栅吗？同样，此时，在我们的海关、哨所和边界之间，我们需要一小片作为分隔的空地。”

邓阁下说，对于中国来说，这事关民族尊严。

浦理燮先生坚持认为，如果这样，条约中肯定会特意写上与这一看法有关的条款。至于诸位阁下想从第三款中找出的论据，仔细地研究该款拟订的顺序，这些论据就显得无力了。两国全权代表是紧接着提到将在需要的地方立放界碑之后，把关于可能进行部分更改的这一条款写进条约中的。这样就说明，他们当时的意图是，划界和部分更改这两种工作是相关的，并且是紧密相连的。

“我们应该，”浦理燮先生接着说，“遵循该条款为我们的工作步骤所定的顺序。”

“因此我向诸位阁下提出建议：我们到现场去勘察目前的这条边界，即为了要察看它根据习惯和历史传统被定在何处。接着我们就将考虑选择界碑立放的地点，界碑使边界线一目了然。在对界碑立放地点进行选择时，如果两国代表团中的一方认为有必要进行符合两国利益的部分更改，我们将力求对这些部分更改达成协议，不然就向上请示。”

“我竭诚希望，大清帝国代表团在经过深思熟虑以后，愿意承认这是与遵守条约精神相一致的唯一可行的办法。”

浦理燮先生最后建议，鉴于时间不早，鉴于南关（Porte de Chine）和同登之间有一段路要走，宣布散会；如果时间允许的话，后天，1 月 16 日，星期六，下午 1 时重新在同登开会。

提议得到采纳，会议于下午 5 时结束。

（该篇收入《中越边界历史资料选编》第 780 ~ 789 页）

（原件第 323 页）

法中边界勘界委员会法国代表团整理的第3号会议纪要

1886年1月17日同登会议

出席人员：

法方：法国代表团团长浦理燮，代表团成员师克勤、狄塞尔、卜义内、倪思

中方：钦差大臣邓承修，帮办大臣王之春，署理广西巡抚李秉衡。

本次会议原定于1月16日星期六举行，因天气不好，应中方勘界大臣们的要求，推迟到今天1月17日星期天举行。会议于下午1时30分开始。

邓阁下告诉法国代表团，李兴锐阁下由于身体欠佳，不能来参加本次会议。

浦理燮先生说，法国代表团十分遗憾地获知李兴锐阁下政躬违和，接着讲了这一番话："法国代表团对于大清帝国的勘界大臣们在最近这两次会议上提出的方案的看法没有改变。我们坚持认为这一方案不能作为法中勘界委员会谈判的基础，超出了委员会的权限。因此我们只能恭候我们的大清帝国同事们根据条约第三款确定的原则去进行定界。"

邓阁下："我们双方都是来这里履行天津条约的。可是条约明确地说将有部分更改，因此我们对你们提出的更改只不过是一种部分的更改。在我们指出的整条新的边界中，谅山实际上是离现界最远的地点。"

狄塞尔先生指出："不是谅山，可能是高平。"

邓阁下："而且，目前的边界形成一条不规则的线，对于中国来说，可能有必要加以调整。我们提出的那条更合理。"

浦理燮先生："我们将非常希望与我们的大清帝国的同事们合作。我们有保留地听取了他们的建议，并通过一些从条约本身找出来的论据力图使他们相信，他们的建议与第三款的说法有矛盾。由此可以看出，我们乐意向他们表示我们的合作精神。我们不能再做更多的事，否则将越出对我们所发的指示。我们奉命到现场去只是为了勘察目前的边界，并在边界上立放界碑，必要时进行一些小的部分更改。最后，如果满足大清帝国代表团的建议，那就违背了6月9日条约第二款的第一节。根据这一节的规定，中国已保证尊重法国与安南现在和将来达成的各条约、协议和协定。可是，在天津条约即去年6月9日条约缔结的那个时候，共和国政府业已在一年多之前、根据法越1884年6月5日缔结的条约第15款的规定，保证今后确保安南国王陛下国家的完整。因此，如果像你们要求的那样，同意将安南的一部分领土让给中国，那么，法国就违背了对安南的诺言，而中国也违背了在天津条约第二款中规定的保证了。"

邓阁下："法国与安南缔结条约时，中国政府并未插手。"

浦理燮先生："在它同意将第二款写进天津条约那天，已表示完全同意这个法越条约。"

师克勤先生解释说，尊重一个条约的意思是指遵守这个条约，不做任何与条约相背离的事。

邓阁下："在这种情况下，即使是进行部分的更改也变得不可能了，因为根据你们提到的这个条约并为了不折不扣地遵守这一条约，安南的任何一小块领土，也不应该触动了。"

浦理燮先生："这看来是把解释的精确性极端化了。在一个国家的边界上进行部分的更改，并不是损害这个国家的完整。磨掉这个茶杯饰有花彩的底边，这个茶杯仍然是完整的，如果弄破了一个缺口，容量变小了，它就不再是完整的了。

"而且两国的共同利益应该是支配我们可能要进行的部分更改的准则，安南没有理由埋怨。"

邓阁下："您说进行任何部分更改都应该符合两国的共同利益，但是我们要求的小更改丝毫没有损害安南，因为这个小更改是针对一个贫穷、人烟稀少的地区，它对中国有利。我们需要在我们的诸关口之外有一小块不属于你们的地带。"

王阁下："如果我们的领土恰好就到南关口止，那么，我们现在就不是在我们的境内了。这道屏障太小了，不足以保护我们。"

浦理燮先生："条约确保两国间的和平和未来的安宁。"

王阁下："法国根据条约已保证更改东京边界，今天拒绝这样做，就是食言了，就会不符合公道了。"

浦理燮先生："法国没有保证让出安南的一部分领土。条约的任何一个条款都没有提到。是条约本身确定了我们应做的，以符合公道，这应是我们要表示的公道。条约规定的任何内容我们都不拒绝。此外，考虑到两国大臣们对部分更改可能意见不统一，条款上还说，在这种情况下，他们可以各自请示自己的政府。但是，在我们看来，你们向我们提出的要求，超过了部分的更改，这是名副其实的一次领土放弃。我们不能在这一点上取得一致的意见，我认为在这一点上讨论得够多了，因此只好向上请示了。"

邓阁下："您对我们说，你们没有充分的权力满足我们提出的要求，我们也一样，没有足够的权力根据其他的原则进行讨论。因为我们向你们提出的要求只不过是部分的更改。您说你们只要求公正地办事，但你们要知道，整个安南国以前是我们宅院的栏栅，它隔离了我们的边界，保卫着我们的各门户。今天，我们只向你们提出得到很小的一排栅栏。"

王阁下："条约中使用'部分更改'一语的意思是你们让给我们一小部分，如果你们留下全部，那就不符合公道的原则了。"

浦理燮先生："我只能重申，哪些公正哪些不公正并非由我们判断，条约确定了其缔约者认为公平的内容。如果条约谈判人当时认为让出一部分东京的领土给中国是公正的，他们就会明确进行规定，就会在条约中提到这部分领土是指哪一部分，它包括哪些地方。

总之，我们的看法是，我们的工作只有唯一的一个办法，即我们曾荣幸地向你们提出的那个办法，它就是根据去年6月9日条约第三款的规定勘察现在的边界，在边界上放置界碑。”

李巡抚和王阁下力图说明，如果边界一词在法文中只有一个含义，用汉语说就不一样了。用后一种语言，表示边界用两个字“边界”，两个字同时使用并不妨碍其中的一个具有特有的作用，“边”相当于“Côté”，意指“边界附近的地区”，“界”相当于“Limite”，意指“边界线本身”。他们依靠既难以捉摸又难以理解的推断法，从这一分析中得出这一结论：条约所指的是东京边界附近要进行一次更改，不可能指现在这条边界，因为这条边界业已确定了，因此不必确定。

浦理燮先生答道，没有什么理由使中约文与法约文有什么不同，或更能说明问题：两种文本都是经两国全权代表签过字的，因此，他们在签字之前应该对两种语言文本进行过核对，证实两种文字的文本完全一致。

此外，法国代表团团长设法举例，再次说明关于定界中的“部分更改”一语习惯所指的是包括什么，什么是与第三款表述的共同利益的概念相符的利益，边界的划定向两个邻国保证共同的利益。

他接着重新提到法国为确保安南王国完整所作的保证和中国尊重这一保证而作的承诺。他对大清帝国的勘界大臣们说：“你们应该承认，当一个人已答应为某人保存某物时，他不能为了第三者的利益而随意支配此物。”

邓阁下：“应该作为我们行动准则的条约的第三款没有提到这一保证。”

浦理燮先生：“一个条约的所有条款互相联系，后者说明前者，前者也解释后者。因此法国代表团有充分理由根据第二款第一节证明，第三款的意思不可能是大清帝国代表团想强调的那个意思。勘察边界、在需要之处放置界碑（除非在必要时进行部分更改），这一切都是本条规定的，该条款的拟文不会导致任何误会。”

卜义内先生：“而且只有去勘察边界，才能了解这个地区是否像大清帝国大臣们猜想的、并曾几次肯定的一样贫穷，因此重要的是从对地形的勘察开始。”

邓阁下又回到浦理燮先生前面说过的话：不能为第三者的利益支配已保证为某人保存的某物。他说：“也不能答应把同一东西给两个人。可是，你们已答应把谅山以北的这一部分给我们。”

浦理燮先生：“但这是一种毫无根据的说法，你们不能向我们指出条约中有任何类似的说法。”

邓阁下：“我们在条约中看到‘更改’一词，因此不是我们捏造这一条款，我们有权利用它。你们对该词的意思理解为将要进行一次小更改，我们的理解是应该进行一次更改。你们觉得我们提出要求的那个区域广阔，而我们则认为它与安南王国相比就实在微不足道了。我们的建议是符合条约的。”

赫政先生在说明邓阁下的观点时，用下述语言加以概括："总而言之，争执是这样：邓阁下认为第三款中'更改'的中文意思比部分更改具有更大的适用范围，他认为提出他向你们指出的边界要求是坚持履行条约的。"

浦理燮先生："可惜的是，我们不能接受这一说明。"

邓阁下："您曾说过，如果只取决于你们，你们会高兴地把我们需要的让给我们，但你们没有充分的权力。我们也一样，我们抱歉不能让步，但是我们认为第三款条文允许的更改远比你们理解的大。"

浦理燮先生："恳求邓阁下不要更改我使用的措辞以从中得出我讲过的话中所没有的意思。我记得出于礼貌曾说过，我会非常高兴地向我们的大清帝国的同事们证明我们的诚意，如果问题仅在于把属于我个人所有的某物交给他们，这根本不意味着我会高兴地让出你们所需要的东西，如果这取决于我。"

邓阁下："我相信，如果你们愿意，你们可以满足我们的要求。"

浦理燮先生："邓阁下完全弄错了这一点：不论我们对无法取悦大清帝国代表团感到如何歉疚，我们也绝对不能这样做。"

邓阁下则表示对不能彼此统一意见感到遗憾。

浦理燮先生："条约已规定了在类似的情况下应做的，让两国政府共同决定各自的勘界大臣不能达成一致意见的更改问题。这样一切可以阻碍委员会工作进行的任何争执就事先避免了。

"因此，我以法国代表团的名义提议：（1）遵守条约，把造成我们分歧的问题交给我们各自的政府去裁决；（2）虽然这个问题的解决这样推迟并暂时不提了，但还是要照样开始我们的工作，根据第三款为我们的作业定出的顺序，勘察现在的边界、研究适合放置界碑的地点和可能有必要进行微小的更改。我们希望我们提出履行条约原意的建议能被正确地确定下来。"

李巡抚问，如果两国代表团的任务只是到现场去勘察边界、立放界碑，集中开会还有什么必要。

浦理燮先生："我认为集中开会的必要性在于：研究应怎样进行我们的工作，首先我们将在哪一侧着手作业，何时、如何开始我们的初步作业。"

李巡抚和王阁下："我们可以请示我们各自的政府，但是在去勘察边界和立界碑之前，首先应该就我们对边界的理解取得一致意见，我们不能在知道边界在何处之前去勘察边界。"

浦理燮先生："只要没有做出另外的决定，边界是在它原来一直所在的地方；对此不能有怀疑。"

师克勤先生要求发言，他这样表述："邓阁下很乐意地提出了一个方案，法国代表团已给予仔细地研究，我们双方对这个方案交换了各自的理由。开了三次会，我们也没有取得任何实际的解决办法。法国代表团团长首先请求大清帝国列位代表阁下书面说明他们的方案，但是大清帝国代表团不愿意写下来。（法）团长先生就提出了一个反提案，即根据条约规定的顺序去完成我们的任务，就是说先去勘察边界，然后立界碑，接着如有必要考虑部分更改。这一反提案也没有得到阁下们的同意。为了摆脱这一局面，浦理燮先生提议请示我们各自的政府，只有它们有权更改条约。

“如果大清帝国勘界大臣们承认有必要把这个问题交给两国政府去裁决，为了避免浪费时间，浦理燮向他们提议，在双方请求的新的指示下达之前，到现场去勘察目前的东京和中国边界。”

邓阁下：“我们是来勘察更改过的边界，因此首先有必要更改它，然后去勘察它，既然我们意见分歧，在等待我们各自的政府做出决定期间，还必须做更多的事。”

浦理燮先生：“我们的建议是由于这一担心而决定做出的：如果像我猜想的那样，两国政府只能坚持条约明确清楚的条款，那么，这一观望由于季节将过只能导致令人遗憾的时间的浪费。”

邓阁下认为中国政府对条约的理解不会与大清帝国代表团的理解有别。

浦理燮先生请邓阁下无论如何要承认，法国代表团已提议根据第三条款提出的顺序执行该条款。

邓阁下确认这一点，但他接着指出，不能去勘察边界，因为对边界一词的含义尚未取得一致的意见。

卜义内先生强调说，委员会正如其所构成的一样，主要是一个技术委员会，也许正因为如此我们才乐于让广西巡抚阁下和我们在一起，因为他的协助对于方便我们研究边界两侧中的一侧是有益的。然而，一个技术性的委员会只应负责进行验证、测绘平面图，在这种情况勘察边界，而不是进行一些领土的让步。

邓阁下说，他会很高兴地与法国代表团的成员一起去边境，但是这只有在更改问题解决之后才有可能。

浦理燮先生先问邓阁下，为了更明确些，他是否同意书面确定对双方有必要向上请示的这个问题的见解。邓阁下答复说，他准备这样做，但是目前他不能给予一个明确的答复，要就这个问题与缺席的李兴锐阁下共同商议。

浦理燮先生提出异议说，不过法国代表团不能甘冒被指责迟迟不请示的危险。

邓阁下认为，两国代表团经过已经开过的三次会议，对于使双方产生分歧的各个问题已十分清楚了，不必再书面承认这些问题了。

浦理燮先生据此得出结论：只有立即请示各自的政府。

这一结论为双方所接受，委员会休会至两国代表团团长以后一致同意通知的日子。会议于下午4时结束。

本会议纪要整理成文并宣读后，由法国代表团全体成员在上面签字。

1886 年 1 月 18 日于（东京）同登。

（该篇收入《中越边界历史资料选编》第 789～797 页）

（原件第 339 页）

浦理燮致河内瓦尔内函（第 97 号）

同登，1886 年 1 月 26 日

将军先生：

我在本月 18 日的信和电报中荣幸地向您指明了中国人对于广西边界沿线提出领土要求的范围。

我本月 22 日和 23 日的电报也向您汇报了：①在我给法来西纳先生和戈可当先生的信中提到法国代表团对于这些领土要求的看法；②大清帝国的勘界大臣们打算对广东边界提出的要求。

现马上通知您，昨日到达同登的内阁总理的一封信使我们更坚信迄今为止我们所遵循的行动准则。根据我们的愿望和建议，法来西纳先生要求根据字面和内容履行条约。他和我认为，如果大清帝国的勘界大臣们坚持他们的诸项要求，我们的工作有可能推迟。

但是，根据戈可当先生同时电告我的内容看，由于中国代表团可能被要求遵守条约，我乐于希望我们将会重新有效地继续我们的谈判。

委员会的第四轮会议将于后天下午 1 时在南关举行。这次会议很可能将使我们看到是否可以达成一项协议，在这种情况下，也将使我们看到所采取的定界办法究竟是什么。

大清帝国勘界大臣们很可能放弃他们最初提出的要求，而向我们提议去研究各个问题并根据我们掌握的地图解决这些问题，

考虑到这一种可能性，请允许我从现在起征求您对于广东边界和广西边界要防守的理论上的防线的意见和看法。从这个问题的本质看，它直接关系到东京军事指挥部。将军，没有谁能比您更好地驾轻就熟地研究它了。

不过我认为应该补充一句，我们认为，定界工作应该在谅山东面的纬线和高平河入中国处之间的场所实地进行。我们的看法是，从军事上、商业上、政治上和行政上看，这是至关重要的部分。

谅山的东南方，淇江和广州河中方谷坡之间的分界线可以作为直到先安河流出的那个山口的基线。过了这个山口，就是在先安与白龙尾之间注入东京湾诸河流的分水岭。

七溪北面和西北面，目前的边界可以维持不变。如果我向占据着高平城的那名安南官员索要的材料，能及时到达我们之手的话，我们也许可以更准确地确定这条边界。

此外，我十分重视即将收到的资料。本月 20 日信函的宗旨是，请军事指挥部敦促河

内的民政事务处赶快把我索要的这些材料送来。

将军先生，我将注意定期让您了解勘界委员会的工作情况。

万一谅山以北的勘界工作有应该很快结束的迹象，就必须考虑在这一有利工作的季节里，是否可能进行白龙附近的沿海的划分或云南方向的划分。

一得到可以使我对这种可能性形成看法的一些新的资料，我就马上转告您。

（原件第 377 页）

法中边界勘界委员会
法国代表团整理的第 4 号会议纪要

1886 年 1 月 27 日会议，下午 1 时 30 分在中国南关口（Porte de Chine de Nan-Kouan）举行。

出席会议人员：

法方：法国代表团团长浦理燮，代表团成员师克勤、狄塞尔、倪思

中方：钦差大臣邓承修，帮办大臣王之春、李兴锐，署理广西巡抚李秉衡

法国代表团团长对卜义内先生突然有事不能分身来参加会议表示歉意。邓阁下请法国代表团团长先生发言，后者声明对于他在前几次会议上的声明，既没有任何补充，也没有任何更改。根据他接到的巴黎下达的指示和某使团从天津发来的信函，浦理燮先生认为，两国代表团之间曾经突然出现而双方又同意向各自政府请示的纠纷今天已消除了，这样，法中委员会可以根据与去年 6 月 9 日条约的明确条文相符的条件进行它的工作。他希望邓阁下方面也许奉到的指示也能根据这些同样的原则达成一项协议。

邓阁下高兴地认为两国政府已达成协议。他奉到的指示命他根据条约原则进行更改后，确定边界。因此，他请求法国代表团提出一项方案，阐述它打算如何履行条约的第三款。

浦理燮先生：“我们的意图一直没有改变，打算根据条约行事，并请求你们也这样做。因此，如果你们愿意，我们先一起去勘察边界，就是说先确认哪些是现在的边界。然后我们在合适的地方放置界碑，以使边界线一目了然。在选择这些界碑的立放地点时，如有必要，我们将进行符合两国共同利益的部分更改。据我们所知，一些没有影响的报纸登载的某些文章，也许使中国产生了这样的猜测：法国政府可能打算放弃占领全东京，因此它可能接受对边界的现状进行明显的更改。但我奉命奉告您，这样的猜测毫无根据，法国政府并没有放弃完全根据字面和内容不折不扣地履行天津条约的目标。”

邓阁下：“我们很想知道法国代表团提出的我们工作步骤要遵循的方案，我们也想了解它是否认为有必要到边界去进行实地勘察。”

浦理燮先生："我们可以从我们所在的这个地点开始。我们从这里沿着边界往前走更远些，在重要的地方立放界碑，比如说在有'关''隘'、道路的地方。如果双方对于条约中提到的小更改的某一个不能取得一致的意见，就应指出分歧包括哪些，推迟解决，同时留给两国政府裁决，但不停止工作。这些就是法国代表团认为合适的工作办法，除非大清帝国代表团有更好的主意。"

邓阁下："与其到实地去勘察每一个地点，还不如选择一条天然界线，如山脉和河流，这样也就不需要立放界碑了，这不是更简单吗？比如说从今天起，我们可以确定南关附近的边界。"

浦理燮先生："有必要预先知道大清帝国代表团想如何行事的大致方案。它的意见是不是这样：只需根据地图去确定将放置界碑的各点，而事先不去察看这些地点，也不去踏勘这些点？"

邓阁下："我们应该从某个已确定的地点出发，下一步是否立即立下一个界碑，还是等我们对某个范围的一条线取得一致意见后再立界碑？我想，最好先据图确定。"

浦理燮先生："也许我们可以首先根据地图了解应做的工作和勘界作业要走的平面图上的各总线，但是条约上言明，我们要立放界碑。因此，我认为，也许有必要在开始时至少先立几个界碑作为我们工作的出发点。"

邓阁下问将在何处立放界碑。

浦理燮先生说："习惯上在被确认是边界线的沿线每隔一段距离立置一个界碑。如果认为合适，在界碑相背的两面分别刻上两国的名字，表明国界。"

李巡抚和王阁下："刚才您说到一些报纸上刊登的一些涉及东京的文章，我们应请您相信，我们根本就不理会这些文章，同样，我们相信你们也不会重视这些刊登在中国报纸上的文章。我们只关心执行我们政府向我们下达的指示。"

邓阁下："我们接到大学士李（鸿章）的一封电报。他告诉我们，他与戈可当先生意见一致。虽然法国代表团和中国代表团无法统一意见，而李大学士却希望两国政府保持一致意见，于是李请戈可当先生致电法国代表团团长先生，要他让给我们几片大的区域，他本人则电告中国代表团做出大的让步。既然两国仍想成为朋友，所以我们十分希望两国大臣们能统一意见。"

浦理燮先生："外交部长先生从巴黎给我发来电报，要我们遵循条约的规定，而且这也是戈可当先生给我下达的指示。"

李巡抚："李中堂与戈可当先生商量后，劝告中方代表团减少一点要求。我们原要求一个宽广的区域，以后我们向你们要求的区域会小一些。"

浦理燮先生："即使戈可当先生本着和解通融的精神可能说过（我觉得不可能、难以接受，因为他从未向我谈起）我们也许可能进行某种领土让步时，我们，我的法国同事们及我本人，仍然受到共和国政府命令的约束，它明确要求我们坚持遵守条约的规定。”

邓阁下：“中国代表团一直都坚持遵守条约，从来无意违背条约。条约中有更改一词，这种更改可大可小，但是必须有更改。中方代表团虽然满怀诚意，但不能放弃这一要求。”

浦理燮先生：“法国代表团从没有想过指责大清帝国代表团想违背条约，我们一直认为我们之间只不过是一种误会。但是，戈可当先生电告我，大概再也谈不上放弃领土的问题。我相信，目前最好是不考虑我们前三次会议提到的问题，而只研究符合目前形势需要的一种作业方式。如果你们愿意，我让狄塞尔先生代表法国代表团发言，根据此意提出一个新的方案。”

邓阁下：“我并不认为偏了题，因为我是根据条约讲话的。”

狄塞尔先生：“法国代表团一直认为诸位阁下是愿意履行条约的。我们之间存在一个纯粹是解释上的差异，这个差异主要在于应该如何理解‘部分更改’这几个字。尽管我们向各自的政府请求了指示，但理解的差异依旧存在，因为我们各自接到的指示似乎互相矛盾。如果两个代表团各指派一名成员一起负责研究边界的勘察和更改问题，那么可能比两国代表团继续开会讨论这个问题更易于彼此统一意见。两国代表团看着各种地图可以准确地了解我们各自对边界线的意图。”

邓阁下说，和法国代表团团长先生不受戈可当先生给他的电报中所说的约束一样，他认为自己也不受李大学士给他所出的主意的约束。但是，既然中国勘界大臣们同意减少他们的要求，法国代表团也应该进行某些让步。

浦理燮先生：“我们只能遵照我们政府的命令，我们虽然和大清帝国勘界大臣阁下们一样，都本着最诚挚友好的精神办事，但我们只能遵守条约约文。”

邓阁下：“但是我们也愿履行条约。我们在条约中发现更改一词。因此，不论大改还是小改，应该进行更改。根据条约，边界应该经过谅山北面。这表明这一更改应该是大范围地进行，而不是指小面积的更改。”

浦理燮先生：“我们以前不能统一意见的问题是一个原则性的问题，应我们请求而下达的指示的构想应是为了我们能达成一致的意见。我接到的指示是明确的，不允许我再讨论同一问题。”

王阁下：“更改是绝对必要的。”

狄塞尔先生：“如果你们愿意，我要求重提我曾荣幸地向你们提出的、还没有获得答复的方案。我曾向大清帝国代表团提议，现再次向该代表团提议，指派它的其中一名成员与法国代表团指定的一名成员一起根据我们拥有的地图和平面图，研究现在边界的各主要的界线，以便探索一条切实可行的解决途径，这也许是一次单纯的初步研究，丝毫不约束两国代表团。”

李兴锐阁下发表一长篇讲话，李翻译所译出的仅是以下的一段言词：“狄塞尔先生的看法十分正确，我们同意他的观点。与其先去立放界碑，不如最好先看着地图彼此商量好。法国外交部长指示严格履行条约，这样做也非常明智，但是条约有‘更改’一词，因此必须进行一次更改。”

师克勤先生：“我们从未认为不必进行更改，但是我们不能以部分更改为由同意一次真正的领土出让。”

狄塞尔先生：“我们可以根据条约内容进行一些更改，对此我们从来没有拒绝。”

李阁下重新对“更改”一词的意思提出论据。

邓阁下：“和法国代表团团长先生一样，我也接到指示，要我遵守条约。我提出一个更改要求时并不想违背这些指示。”

浦理燮先生：“对这一点我们已用过各种讨论办法，而且超过了范围。我认为最好商量狄塞尔先生的方案，以便知道大清帝国代表团是否赞同这一建议。”

李巡抚提出反对意见，他说只有边界一小部分的地图。

浦理燮先生：“我想大清帝国代表团也许有大清帝国的大幅地图。”

邓阁下说目前只有一幅小地图。

狄塞尔先生：“根据我们拥有的各种全图，我们总可以确定大致线路，对重要的地点达成协议。而且不应该拒不承认这一点。没有地图，我们将一事无成。即使是立置界碑，我们也必须根据地图确定界碑立置的地方。”

大清帝国的勘界大臣们共同商议后，李翻译说狄塞先生的建议获得接受，接着又改口，声称搞错了。李巡抚说大清帝国代表团在答复之前还需要磋商，它将以书面形式作复。

李翻译与邓阁下低声交谈几句后，后者问，若大清帝国代表团同意狄塞尔先生的建议，则法国代表团是否不反对接受赫政先生代替其中一名大清帝国勘界大臣之职，奉命与法国代表团商议。

邓阁下接着说：“因为这只是一项具有非正式性质的研究，这项研究就是因为有会讲法语的赫政先生参加而会变得容易些。”

浦理燮先生在征求其同事们的意见后回答说，既然邓阁下完全从非正式性的立场出发提出了这一请求，法国代表团并未感到有任何不便，对于有利于达成谅解的办法，它总是乐意接受，因而同意大清帝国代表团指派赫政先生与法国勘界大臣中的一位进行商议。

因此双方商定，如果大清帝国勘界大臣们经过更充分的商议后同意狄塞尔先生的方案，赫政先生就作为大清帝国代表团代表于明天到同登去与专门指定的法国勘界大臣一道进行拟议中的研究。

会议于3时30分结束。

（该篇收入《中越边界历史资料选编》第797～802页）

（原件第381页）

狄塞尔致浦理燮函（第57号）

同登，1886年1月28日

团长先生：

我谨向您汇报，赫政先生为了与我一道寻求定界中相互谅解的立场，今天下午两点来到同登。赫政先生一开始就向我声明，大清帝国勘界大臣们愿意接受（想先研究）淇江这条线，其次是起自该河源头到现在这条边界东端点的一条直线，最后是起自高平河流往中国的入境之处朝云南界方向到保乐的一条直线。他说，淇江形成一条天然线，此外它流入中国。我请赫政先生注意，边界只有一小段通过一条天然线来表示；此外，这或许是一条无法确定的虚构线；如果大清帝国的勘界大臣们原则上要求得到流入中国的河流的流域，我们相应地也要对流入东京的红河与明江两河的明江流域提出主权要求，这样将会把云南的大部分给我们；不过，我们无权研究这些问题。我们的任务是明确规定了的：察看边界、在边界立放界碑；在进行这些作业的同时，若有必要，则彼此就某些部分的更改达成谅解。我们准备进行这项工作。

赫政先生提醒我说，这些特命的钦差大臣，如果他们不成功地完成他们肩负的任务以使总理衙门感到满意，就会面临着巨大的危险；勘察边界需要很长的时间，困难重重。我对他说，需要勘察的边界已构成了一条天然的界线。其实从白龙开始，它就把白龙和先安之间的东京湾沿海的各小流域分隔开：从淇江源头起，它就沿着该河与广州河河谷坡之间的分水岭一直到七溪附近；因此，如果大清帝国的代表们要求，我们不会拒绝一起研究通过地图定界一事，但特别注意把谅山和七溪这部分留作例外处理，不管怎么样，对这部分地区必须进行现场定界。我进而指出，法国代表团抱着十分通融的态度，乐意赞同符合条约内容的部分更改；但它实在不能去讨论会导致条约中未规定的放弃领土的一切定界。

赫政先生最后说，在他看来，大清帝国的勘界大臣们大概不会改变他们的要求。我接过话头向他声明说，法国代表团不能、也不会越出约文。如果中国人要求朝白龙方向或在高平北面进行一次更改，我个人就准备本着坚持条约内容、切望达成一项协议的原则去研究这个更改。但是除了这些部分，我并不认为中国能有效地坚持必然会导致我们的工作中止的一些要求。

赫政先生离开时对我说，他会告诉我，根据大清帝国勘界大臣的安排，是否有必要进行一次新的会晤。

（原件第393页）

浦理燮致谅山克雷定中校函（第98号）

同登，1886年1月29日

中校先生：

谨告，您本月27日给我的两封来信均已收到。

您向我提到的电报线的连接问题非我分内所管。因此我只能向您提供些材料。

中国的电报线目前从距中国南关口25千米到30千米的凭祥县一直通到北京、天津，经过龙州和广州。

乍一看，我和您一样，认为这件事可能对于东京军事指挥部来说，当连接海防、香港和上海的海底电报中断时，拥有一条它可使用的陆上的电报线进行通讯不是无关紧要的。多亏李鸿章大学士好意的提议，我目前与共和国驻华公使、驻华各领事的联系就是使用陆路电报线的。

但是电报线的连接只能根据一项事先达成的电报协议进行。因此，这就需要总理衙门和戈可当先生进行专门的谈判。我想，后者只能在揣测到中国政府的态度、并向外交部（由它负责判断是否有必要采取正式的措施）请示后才开始对此进行谈判。

在这样的条件下，我想，只有东京军事指挥部有权研究连接电报线可能提供什么样的利益，并主动交换意见，以便据此与共和国驻北京公使馆一道向陆军部和外交部提出一项建议。

（原件第396页）

狄塞尔致浦理燮（第58号）

同登，1886年1月31日

团长先生：

赫政先生昨日（30日）到同登来和我讨论有关定界的问题，特此汇报。

他首先声明，大清帝国的勘界大臣们仍然要求收回淇江源头到该河流往中国入境点的水道。我就这样答复他：这一要求永远会引起非条约规定的领土出让，研究这一要求已超出了我们权限。我接着说，如果我们可以接受，我们接受了，我们就不能再从谅山到七溪去了，因为现有的唯一的一条路将因此而被划入中国领土。赫政先生承认这一看法的正确性，他好像在得知七溪（中国人叫高丰）位于淇江左岸时吃了一惊。

他说他认为我们用下列方式确定同登和七溪之间的边界也许可以统一意见：

同登河一直到该村的河道；然后谅山至七溪公路一直到东林，在这里，公路从大道进入河的左岸经过；从东林起，即淇江河道本身。大路仍完全留在东京，只要它通往河的右岸，就作为边界。

我答复说，我们也许可以研究这个建议，条件是大清帝国的勘界大臣们同意将中国的边界一直移到河东（Hadong），以便把淇江和高平河的汇合处留给东京。赫政先生只强调他无权使只是他提出的一个建议成为定论，故没有坚持。他离开时对我说他还要到同登来拜访我。

（原件第 398 页）

狄塞尔致浦理燮

同登，1886 年 2 月 2 日

团长先生：

谨告，赫政先生昨天到同登把大清帝国勘界大臣们的最后建议转告了我。我当时认为应该按照他的口述把这些建议写下来，现我一字不差地将这些建议复述如下：

“邓要求淇江源头到七溪（高丰）这条线；从七溪起，一条直到云南界的直线，包括高丰、Moma、高平、Tiesch Chang 和保乐，它们仍将留在中国。邓对于南段没有做出决定，因为，如果对前面这些取得一致意见，就可以谈论这一部分了。

“李巡抚和王阁下与邓的意见一致。他俩补充说，往南和海的方向，边界应到先安。”

我先是提醒赫政先生注意，这些建议与最早向我们提出的相同，只是关于谅山堡垒的除外，接着我问他，这些建议是否的确不再变更了。赫政先生回答说的确如此。我反驳说，在这种条件下，我认为继续我们的谈判是无用的了。

赫政先生在离开之前要求我把我们与大清帝国勘界大臣们的下一次会晤一直推迟到 2 月 6 日，理由是他给北京发去了几封有一定重要性的非正式电报。

想到这一期限并不阻碍我们的计划，于是我答应他，我要尽一切努力让您决定同意他的要求。

（原件第 401 页）

中国社会科学院创新工程学术出版资助项目

国家社科基金重大特别委托项目

西南边疆历史与现状综合研究项目·档案文献系列

中国社会科学院创新工程学术出版资助项目

国家社科基金重大特别委托项目
西南边疆历史与现状综合研究项目 · 档案文献系列

法国档案中的清末中法（中越边界）划界史料选编

（中　卷）

张宁　孙小迎　李燕宁／编

社会科学文献出版社
SOCIAL SCIENCES ACADEMIC PRESS (CHINA)

第六十六卷

邓承修与广西巡抚李秉衡致法界务委员会主任浦理燮复照

贵大臣来函已悉，特此奉告。大札中表示亟盼我们向贵方寄一书面议案，俾贵大臣呈交贵国政府审核。

自海宁至同登以西沿旧界走向的广西边界不过乃崇山峻岭、人烟稀少的不毛之地，因此，法国同意旧界向东京前移15里当亦不妨。

同登以西，即该城与艽葑（Kieouphong）之间有一大道贯穿其间，此乃贵军士卒去高平省的必经之路。而艽葑又系东京重镇，故狄塞尔上校对据有该城的价值极为重视。我两人亲自研究过这一划界问题，并切望此事并不损及贵国利益于分毫。根据上述原则，我们提议，自同登以西起至艽葑的现有边界仅做些微更动，只限于数里之差别，以使该条大道及艽葑城仍旧归东京版图。界址更动地区乃一山峦起伏之地，拥据该地对贵国价值无多，故我们现要求你们从我们现有之边界上朝东京方向后退30里。此亦为贵国政府可接受而并无妨碍的一项要求。

海宁与保乐近郊各村所占地界不大，因此，我们建议经协商后，能将以上各村悉数转让中国。

法国对安南国政之干预乃不久前之新事，定居在广西边境上之百姓对此尚未习惯，若过早发生接触，则纠纷情事恐难避免。沿边境一带均为山区，法国放弃该地谅也不致有碍。再者，法国难道不觉得划定疆界、与边民永远维持睦邻关系之裨益吗？更兼贵国政府早已预见到东京的现存疆界必须稍作更改才能定夺。恶劣季节临近，若勘界工程仍难以迅速竣工，则难道尚须延宕至秋后吗？我等在此期待贵大臣对此表态。

以上各节均为答复贵大臣之内容，故特来函相告，此亦为我等之职责。望贵大臣详察。

（原件第3~5页）

浦理燮致邓钦差函

同登，1886 年 3 月 1 日发

阁下：

昨日惠书收悉，特此奉告。从来函中得知，曾一度中断的浙江省兰溪县境内的电讯线路业已在本日修复，因而我与阁下的函电经一段时间的耽搁后终于可重新拍发。

承蒙来函将此事相告，不胜感激，特此奉函致意。

（原件第 7 页）

浦理燮致邓钦差函

1886 年 3 月 4 日发

阁下：

本日大札奉悉，函中提及，根据阁下 3 月 1 日公文，您拟于明日下午 2 时派王大人来同登与狄塞尔上校晤谈。

王大人明日可按时往访狄塞尔上校，上校将高兴地接待他，但必须以如下条件为前提：这次会晤中所谈内容绝不具任何官方性质，而纯属半官方非正式的晤谈。

（原件第 8 页）

邓钦差 3 月 4 日非正式函

本月 26 日，我曾正式致函阁下，但由于季节日趋恶劣，而有关勘界工程事宜，我迄今尚未接得阁下复函，表示阁下拟如何解决，为此，我拟派王道台至同登与狄塞尔上校晤谈，不知尊意以为方便否，请来函告知。

（原件第 9 页）

邓承修与李秉衡致法界务委员会主任函

1886 年 3 月 5 日发

我等因病无法与阁下会晤——此乃一大憾事——近将派王大人赴同登与狄塞尔上校

晤谈。

王大人返程后即向我等禀报，说狄塞尔上校在其答复中这样表示：“既然列位钦差身体违和，仍可来公函说明将工程延至秋后，如此，法方界务委员会主任亦拟立即发电至巴黎，请求本国政府就此事发来命令。若法国政府同意将工程推迟，则双方勘界委员间应有公函往来以表明工程暂停进行。”而今，季节日趋恶劣，我们亦均罹病，因而难以继续督察勘界工程，故特发来公函知照贵大臣，勘界工程应延至秋后继续进行。务请详细查阅本函后即向贵国政府请示为盼。

（原件第 10 页）

浦理燮致邓承修函

同登，1886 年 3 月 6 日发

阁下：

昨晚阁下与广西巡抚李大人共同致我之照会已悉，特此奉告。

然而我发现，此照会无论在字面与条款上都与我们根据王大人与狄塞尔上校当天下午在同登非正式会晤的内容而理所当然地推测到的那种信函不相符合，这不能不使我们感到遗憾。

阁下曾在前日（4 日）的一封非正式函件中向我表示，愿派王大人去同登与狄塞尔上校晤谈，我曾有幸复函相告，这次新的会晤不带任何官方性质，而完全属于非正式商谈。然而，我却发现，您昨晚那份照会的宗旨竟然是想通过王大人对狄塞尔先生的拜谒来倒打一耙，硬说狄塞尔先生所持的是不现实的态度，这不能不使我感到惊讶，更何况，据海士先生说，狄塞尔先生对王大人所进行的明确无误的答复是经贵方李翻译正确地翻译给王大人听的，这就使我对上述现象的出现更加感到困惑不解了。

不管怎样，我仍然深信，您与我一样，持实事求是态度，因此，我必须将发生的事情如实加以澄清。

王大人最初要求双方界务委员会经商定后延期勘界。在此之前，他早已奉到明令，用以对付这类要求，根据这些命令，狄塞尔先生答称，法方界务委员会不想在这一问题上谋求一致意见，此系两国政府间商定之事，而自从我方递交了暂停勘界的声明以后，我们双方的意见早已大相径庭。

王大人遂想了解如果帝国界务委员会用书面形式正式提出延期勘界的要求，法方界务委员会是否愿意向法国政府转达并表示附议。对于这一点，狄塞尔先生又答称不敢从命，不过他又说，帝国界务委员会可以将其请求非正式呈递总理衙门。若这一请求正式递交法方界务委员会，则该委员会只能将其转达本国政府。

王大人旋即进一步说，帝国界务委员会当于次日向我递交一份正式照会，要求推迟勘界。

然而，阁下昨晚发来的公函并未具体提议要求将勘界工程推迟，因此，我当然无法把一份未作明确表示的议案转达本国政府。从阁下来函的那种含糊其辞的口吻中可以看出，要求推迟勘界似乎是昨日法中两国代表会晤后所达成的一致意见，而提议者乃法国代表团。然而，狄塞尔先生多次郑重声明，法国勘界代表团不能也不愿意做出任何有可能使人认为它赞同延期勘界的事来。法方勘界代表团将唯本国政府的命令是从，并随时准备完成其受委的一切任务。

（原件第 11 ~ 12 页）

狄塞尔致浦理燮函

同登，1886 年 3 月 6 日发

主任先生：

昨日下午 2 时，王大人来同登，我与海士先生接待了他。据他说，邓与李巡抚均已罹病。又说，李兴锐早已因病撤离，而且季节恶劣，不宜匆忙决断，因而以缓办为宜。

我问他是否想提议缓办，他答称确想缓办。我当即说，自从我方递交暂停勘界的声明以后，我们双方始终存在分歧，只有两国政府才能根据条约原则，解决存在于贵我双方间的纠纷，然而，其他有关问题也可能接踵而至，因此，缓办的提议只应由两国政府单独研究解决。若中方界务委员会认为，必须将这一议案呈递，则可以交总理衙门审批，若总理衙门视为必要，则可将此议案转达法国政府定夺。若情况相反，帝国界务委员会正式向法方代表团提交这一议案，则浦理燮先生只能将其转达法国政府。

王大人说，在这一问题上，最好使双方界务委员会达成一致意见，我答道，此事我们无法过问。接着他又提出，法方代表团应赞同这一缓办议案，并将其转达本国政府。我答曰，法方代表团没有此种权力，故无法表述任何意见。

王大人又说，由于健康欠佳，他的同事们亟盼尽早撤离，因此必须立即找到解决方案。我答称，他们在提出缓办要求时，可将各种可以成立的理由一一写明，例如：身体违和、季节恶劣等，而且还可说明，他们切望立即答复。王又问，究需多久可以决定。我答曰，若法国政府觉得应与总理衙门直接商讨，则我连谈判的大致进程都无法估计；若我国政府仅限于向我们发出一些指示，则数天后，帝国界务委员会当会得知详情。但不论在何种情形下，应该把已寄发的要求缓办的公函内容录下。王大人遂说，若缓办要求被拒绝，则勘界工程也无法进一步恢复，因为他的同僚通过辞官或其他办法无论如何要从驻地撤走，因此，还必须重新指派接替人员。然而，他盼望能得到承诺，即缓办请求一旦正式提出，法方界务委员会主任决不拒绝将其转达至本国政府。我不想做出承诺，我遂表示可以将问题立即转呈于您。片刻以后，海士先生报告道，您已答复过，您不能对正式提出的建议拒不转呈。王大人又问起，是否还有渠道可以证实□（此处有一字不清——译者注），我答称，我认为双方可以互致照会。

临走时，王大人说，帝国界务委员会的缓办议案将于次日（即今日）寄出。

（原件第 13～14 页）

邓承修与李秉衡致浦理燮先生公函

1886 年 3 月 7 日发

近日奉到上谕，命我们与贵大臣一起前往认定和勘测旧界。

有鉴于我等身患重病，实难与贵大臣共同前往作业，故已于本日向北京电达一奏折，禀明我们的严重病情并请求准假。

我等现正等待本国政府之命以了解下一步做法，一俟奉到命令，当正式向贵大臣发出照会相告。

（原件第 15 页）

邓承修与李秉衡 3 月 9 日非正式函件

本月初二（3 月 7 日）曾正式去函照会贵大臣，谓我等已奉到上谕，须前往勘认旧界。

今日，我再次非正式去函，请贵大臣确定（与王大人）会晤日期并就我们之事务做出一决议。

虽然我等身体尚未康复，但考虑到季节日趋恶劣，故认定旧界一事不能延宕过久。

现接得复照，谓因尚未收到戈可当大人来电（即我函中提到的该电），故无法确认会晤日期各等因。

而我专等贵大臣（就此事的）复照，一俟贵大臣来照答复，王大人将立即与贵大臣及法方各位勘界委员和衷协商，确定旧界的认定办法。

（原件第 16 页）

浦理燮致法内阁总理函

同登，1886 年 3 月 8 日发

内阁总理先生：

2 月 18 日在南关举行非正式会谈（此次会谈内容，我曾在第 30 号函中有幸向您禀报过）以后，我有理由认为，帝国钦差在明确放弃最初要求的同时，必将采纳关于海宁、同登与保乐的界址更改方案，而且从此将按这一方案行事，不再背弃该方案原则。我甚至感到庆幸，因为我们终于取得了一项成果，使中国对东京领土的要求从 14000 平方千米缩减到 150 至 180 平方千米，这是我们最初商谈时所不敢期望的。他们那种随机应变、不厌其烦地进行周旋的手法以及运用自如的活动手段都说明他们比土著人具有明显的优势。他们无时无刻不在设法寻找空隙，凡是我们尚未全面站稳脚跟的地方，他们就毫不犹豫地攫取家长式统治权并在那里耀武扬威，同时声称，只有等正式勘界后才有真正的边界。如果放任不管，这岂非开门揖盗，听任这批中国行省官吏肆意蚕食领土吗？若我们想把占领区扩大到迄今仍不属于我们活动范围的地点（如高平以及该城以北的那个省份），则遇有适当时日，只要对我们邻国的意图有利，就可能突然出现纠纷，沿边界一带也可能发生冲突，而上述现象的发展结果，难道不会引起这些纠纷和冲突的加剧吗？最后难道不会使他们得以随意招兵买马并给海盗贼众以机会进入中国地界觅得可靠的庇护所吗？

此外，签订一项协议难道不足以彻底解决与贯彻实施 6 月 9 日条约密切相关的一大问题吗？由于在边界两侧进行界址更改以获得交换条件并根据我奉到的原则性指示进而向本部提供贸易谈判的有效武器这两件事现已不可能进行，那么，如今考虑和研究关于海宁、同登、保乐三地的议案以利商务贸易难道不算亡羊补牢吗？占据这些地点难道就足以弥补上述损害吗？而保住这些地段，其价值难道比以下一系列做法即：安定东京被征伐后的民心，解决一个关键问题使其他问题迎刃而解，让中国在商务贸易方面做出让步，以及在我们与天朝和帝国各方面官吏的关系中注入和解精神等更为重大吗？

内阁总理先生，以上所述就是我的想法，当您 2 月 19 日来电命我采纳关于海宁、同登与保乐的议案并要求我一旦这一议案正式提出就立即向您请示时，我再也无法克制而不得不向您陈述这些想法了。

我在电文中无法评述中国人只限于海宁、同登与保乐三地的要求所具有的潜在价值。我只觉得把我在这方面的看法呈报于您不无裨益。海宁位于海滨，紧靠现有边界。通过资料查询和各种消息来源，我们才得以获悉，海宁城与白龙尾之间的那块地面并不辽阔，人烟又相当稀少，没有任何重大特色，因而不甚重要。

至于保乐，在帝国钦差向我们提起之前，我们对它一无所知，甚至还不知道竟有这一地点存在。据中国地图判断，这大概是广西云南边境上的一大村镇，离边境两千米。

从种种迹象看来，中国移民在那里治辖，该县或该府的百姓与其说是在安南官吏（若有安南官吏存在）治下，倒不如说受中国官员所辖。

最后，同登离南关隘 2.5 千米，在谅山至室溪的官道旁，紧靠公路沿线的一座村庄。南关军营的炮台，居高临下地控制着村庄与官道。那条官道只能在和平时期使用，迟早总要改道。一宣战，必须立即停用，这样，同登就会立即撤空，同登这一阵地必将成为战略空白点。再者，同登这一村镇仅有 30 来座砖房和 50 来座茅屋：居民人数绝对不会超过 400 人。然而，该地作为四郊农产品交易市场和食品供应中心仍具有一定的价值。许多安南农民与汉人每隔 5 天到此一次，安南人把各类副食品——肉类、小家畜、家畜、鲜蓖麻油等物携带入市，中国人则来此销售鸦片、劣质枪弹、女红针凿用品及各种玩具摆设，还有五金用品及其他土产或外洋商品。再者，同登又是八角茴香油的产地。如果只从中方议案所要求的领土面积和这些地域的范围与现有边界的最大距离（2.5 千米）着眼，那么，必要时可把上述界址的更改列入 6 月 9 日条约第三款所规定的界址更改范围内。

我正是基于上述不同观点并将其利害得失进行了比较后，才在 2 月 17 日函电中向您禀告，法方代表团把中方议案视为可以进行研究的基础，但是我仍然有信心能够进一步修改这一基础方案，并设法让帝国钦差用另一种界址更改办法取代对同登的更改，这种界址更改将在不改变中方提案基本性质的基础上，使同登这一地点归入东京，因为法方界务委员会对保存同登的重视并不亚于戈可当先生与瓦尔内（Warnet）将军。

我还打算由官方途径再次提出要求他们让出高平河与淇江之间那一小块三角地带，从两河流入中国地界的出发点直至两河汇流点止。

占据这块三角地带，亦即占据该两河汇流点对我们将大有好处，我们可以因此经由室溪至高平及谅山至高平的水路进行补给。

即使这块地界不能让给我们，至少我们也可争取到在两条河流上充分的自由航行权，自由航行范围可直达两河汇流点。然而帝国钦差出尔反尔，突然变卦，并立即修改了我据以作了盘算的议案，这是我始料不及的。

在 2 月 22 日与狄塞尔上校及海士的一次非正式会晤中，王大人与李兴锐大人提出将海宁至云南边境的边界作全面更动（参见随函附上的狄塞尔上校报告抄件，即附件 A）。狄塞尔上校当即向他们指出，范围直达海宁、同登与保乐的界址更改早已超越了法方界务委员会的职权范围，因此，即使这一更改方案通过官方途径提出，我们也只有将其呈交本国政府审议，更何况这一新的要求在他看来根本不值得认真加以研究。

然而两位钦差仍然坚持其原来的要求。

邓的策略是在尚无把握能使其各项要求不遭拒绝以前尽量不通过官方途径提出任何议案，有鉴于此，王与李兴锐千方百计想知道法方界务委员会对海宁、同登与保乐的议案以及他们适才提出的将国界前移的方案有何意向，国界前移的范围包括：自海宁至同登以西10里（约5千米），同登与室溪之间至少前移10里（若因该两地间的公路划入东京而少算了这一数字的话），室溪本身所辖地界亦须如此，最后室溪与云南边境之间前移30里。

狄塞尔先生答称，他无法预料法方界务委员会的意图，而且该委员会也只能研究正式提出的议案，此外，他还说，帝国钦差的建议一日多变，花样翻新，这不能不令他感到惊讶。

此时，李翻译在一旁单独对上校说，钦差们的建议之所以出现变化是出于广州总督与广西巡抚的压力，如果邓与王能自己做主，他们所持的原则精神就可能大不相同。不管怎样，王与李两位大人还正言厉色地宣称，界址前移10里与30里就是他们议案的要点，少此，协议势将成为泡影。

因为他们坚持要知道这一议案能否接受，上校只得告以法方界务委员会只有根据帝国界务委员会的官方照会才能对此议案进行答复。

就在此时，我于2月25日接到戈可当先生的一份电报，内称李鸿章中堂大人提出了一个论据，照其说法，人们有理由认为，狄塞尔先生早已答应把同登转让给中国。

然而上校从未作过这种承诺，他吃惊地注意到，他们明明了解他没有资格做出承诺，也无法影响法方界务委员会在任何一点上做出承诺，而且我的几份电文中已明确无误地规定了立场，但在天津，人们仍坚持这样认为，这不能不使他感到痛苦。

王李两大人在2月22日的非官方会晤中又一次转变态度只能使我相信帝国钦差确有那种打算。他们也许把他们最后提出的那个议案作为一种手段，一方面诱使我们正式由官方途径提议，把他们从前提出的方案作为谈判的基础；另一方面又为自己找出理由，以便在如果我们试图针对他们的议案提出任何修正方案时加以拒绝，声称他们早已表示和解与让步，并说，正是如此，他们才不再坚持更进一步的要求。

他们在这方面的错误在于不知道我们除了听他们的建议而自己不提任何议案外，别无他权。另外，我们也知道，他们亟盼尽早离开南关（其实李兴锐因病早已在2月26日离开南关）。我们感到担心的是，因为我们在正式受理他们称为定论性请求以前拒不向他们透露我们的意向，他们可能突然一走了事，预先并不通知，因而使我们无法明确提出：我们之间突然发生的意见分歧只能归咎于他们的苛求以及他们的那种“虽然奉到上谕，但勘界委实无法进行”的说法。

考虑到这些因素，我遂提议2月26日在南关正式会晤，邓立即表示同意。这一会晤如期举行，法方界务委员会按惯例起草了一份会议纪要（附件B），现随函附寄于后，请参阅。会晤一开始，狄塞尔先生即以谨慎的措辞，当着这次非正式晤谈的与会者之面说道，当他获悉有人硬把他从未说过也无权说的话栽到他头上时感到何其痛心。他还提请大家注意，他从未作过任何许诺，他也只能做到听取帝国界务委员会的提议，请他们把含糊其辞的议案（他们的议案总是如此）明确化，并让他们指定一个范围作为切实可行的审议基础。

邓一方面佯称那件事无关紧要，但看得出来他仍然对上校向王所说的那番话的分量表示怀疑，而王的做法也值得注意，他默不作声，对邓那种狡诈诡谲的论调并不应和，但同时又拒不承认上校的那番话言之有理。然而赫政先生在被直接问到时却不得不承认实际情况确如狄塞尔所说。

于是我当机立断，请他们不必再进行解释，但邓仍征询我对他们所提建议的意见。我答道，由于每次会晤都有不同的建议提出，故我觉得无所适从，究竟何种意见需要着重研究，因此，我请他正式提出一种明确无误的主张以便我能够进行答复。

他内心的激动遂形之于色，就这样，他竟然老调重弹，把原来的囊括先安、淇江、室溪以及高平的那种界址更改的要求又搬出来，这使我感到愕然。

我当即递交了一份声明，中止法中界务委员会的工程，您以前曾寄我一个文本，其主要内容在此项声明中均有阐述，现随信附上该声明的全文抄件（附件 G），请查阅。

我们与帝国同僚亲切话别后遂分道扬镳，但是，最后出现的这种全面分歧看来并不影响我们之间的私人关系。

（原件第 17～26 页）

浦理燮致法内阁总理函

同登，1886 年 3 月 8 日发

内阁总理先生：

2 月 27 日，亦即我递交中止勘界声明的第二天，邓与广西巡抚李秉衡交我一份正式照会，现将中文原文及法文译文一并附寄于后，请阅（附件 A 与 a'）。按理，这应该是对我的那份声明的答复，我原来也是这么认为的。然而帝国钦差们小心翼翼地对递交声明一事避而不谈。他们在这点上缄默不言应该引起我们的注意。这似乎表明，他们对迫使我们向他们递交了这一文件并不感到庆幸，当然对这份声明让他们承担的责任也不会高兴。

邓与李两位大人在上述信函中首先提到了法中两国勘界委员间所举行的多次非正式会晤。然而，这次他们不再提狄塞尔上校转让同登的承诺，而只是说，狄塞尔先生大概仅表示过，大家可以对此事加以考虑。虽然这种引述还不能说与原话相符，然而已不会引起所谓领土转让承诺的那种严重后果了。窃以为，这些变化证明，帝国钦差对自己所充当的角色和别人硬要他们充当的角色并不高兴。于是便不顾事实真相如何，千方百计在与法方界务委员会的有限的交往中寻找机会或口实，不惜歪曲我们的发言，使之有利于他们的要求，进而设法从困境中脱身。他们的这套计划数天后在关于暂缓勘界问题中（关于此问题，我将在本报告结尾向您陈述）就暴露得更加充分了。

在宣告狄塞尔事件业已了结之后，邓与广西巡抚即要求我告诉他们我对于王与李兴锐在与上校会晤中先后非正式提出的两项建议有何看法（这两项建议是：一、以海宁、同登及保乐为目标；二、除上述三地外，还要求整个两广边界沿线区域内让出 15 至 30 里的地界，划归中国所有），我在次日的答复（随信附上该答复的抄件，即附件 B）中，重又提及有关狄塞尔的事，并说我对两个同时提出的议案无法表态。我又补充道，如果邓大人以书面形式向我发来正式照会，提出明确无误且可成定论的单项议案，那么我一定根据我方声明的那段结束语，将该议案提交本国政府审议。

3 月 1 日晚，我收到了一份正式复照（中文原文及法译本一并随函附上，见附件 C 和 C'），这份亦由邓李两人共同签署的复照已按照我的要求，只提出一份明确的单项议案。在将其转达戈可当先生的同时，我已于 3 月 2 日把照会电呈您审批，电文内容如下：（同登 1886 年 3 月 2 日）顷间，邓发来正式书面议案，以答复关于中止勘界工程声明的结束语中所提出的要求，议案全文如下：

将下列地界让给中国：一，白龙尾与海宁之间的地段，再加上海宁周围各村（原文如此）；二，自海宁至同登以西整个边界走向中的 15 里（约 7.5 千米）；三，同登与室溪间若干里（即同登—室溪公路归东京版图的那部分地段）以及室溪本身；四，自室溪至保乐（云南边境附近）整个边界走向地段中，共计 30 里（约 14 千米）；五，保乐周围各村（原文如此，现摘于此，可博一笑）。

对整个边境进行全面的界址更改的概念早已在 2 月 22 日最后一次与狄塞尔非正式会晤中，经王提出以取代上次提出的那份议案（关于上次那份议案，我曾于 2 月 17 日向您发电请示），狄塞尔先生回复道，在他看来，像此类提议简直不值得认真研究。

我有理由相信，邓是迫于广西巡抚的压力才坚持这一点的，但我认为之所以正式提出这一议案，也无非是为了得到一个讨价还价的筹码。我并不把它看得很重，只不过遵照您在那本声明中为我们规定的行动准则而将此议案转呈于您而已。内阁总理先生，您当会注意到，帝国钦差在提出自己的议案以后，就声称恶劣季节临近，瘴疠之气日趋逼人，明确表示希望亟早达成一项协议。他们确实把寻求解决方案的担子推给了我们，而且强调说两国界务委员会就此事达成协议是大有裨益的。

我无须收到此信即相信帝国界务委员会实际上亟盼我们能与他们意见一致，都承认暂缓进行界务委员会各项工程的必要性。帝国钦差们大概觉得，这是唯一的良策，可以使他们较为有利地摆脱他们自觉地或因上命难违而陷入的那种僵局，但又不牵连自己。他们对此已急不可耐，因而在 3 月 4 日，即在向我提交那份议案（我在 3 月 2 日的电文中已谈及此点）后两天，没有等到收到答复，邓大人即在一份非官方来照（见附件 D 与 d）中通知我，他希望于次日下午 2 时派王大人去同登与狄塞尔进行新的一轮会晤。

出于礼貌，我答复说（见附件 E），我同意这样做，条件是，在这次会晤中所谈的一切当然不应该带任何官方性质，而只严格限于非官方交谈。另外，在此期间，亦即3 月3日，我还收到了您该月 1 日发来的电报。

次日，王大人在赫政先生和李翻译的陪同下前来同登，狄塞尔上校先生与助手海士先生一起接待了他，并以我们对中国同僚应尽的礼仪接待他们。

内阁总理先生，现将狄塞尔上校先生在这次会晤以后寄我的一份报告随信转呈于您(见附件 F)，请审阅。

大概是觉得他们在 3 月 1 日信函中所提的建议必将被法国政府拒绝，而且由于种种我并未多加注意的原因，他们不愿或不能重新提出某项比较缓和的议案，加之上谕难违，法国界务委员会态度又是如此，帝国钦差觉得处境为难，在别无其他脱身之计的情况下便作了最后一次尝试，企图在他们千方百计谋得成功的缓办问题上达成协议。

王大人以两种不同形式坚持请求我们同意这一缓办建议，而且在得知法方界务委员会答应只要这一建议经官方途径提出即可加以转达时，终于转忧为喜，凡此种种，不能不说是他们处境为难的明证。

然而，王大人及其同僚都不应该认为，法国政府在与总理衙门会商前，对这一问题可以轻易表态，但是，看来他们又不敢直接致函总理衙门禀报，同时又执拗地要为自己寻求一条站得住脚的理由，可以至少暂时摆脱所受的压力并在不致受到切责的前提下离开这里，于是只知道一种办法，即法国政府可能表示的对缓办一节的首肯大概会有助于他们达到目的。

然而如果他们一旦知道这种首肯即使能为他们的行为提供某种开脱，其作用也极其有限（因为我们拒不附和他们的缓办请求），从而发现，他们显然成了这一请求的唯一发起人，那么，他们当然要竭力设法在这一问题上至少蒙骗一下本国政府，他们也认为，通过这种幼稚的圈套就能达到其目的，因而很可能就会照此办理。

因此，邓与李秉衡在王返回南关隘的当晚致我的公函（其抄件及译文随信附上，参见附件 G 与 g）中，竭力用一种模棱两可的措辞掩盖其真实想法，从公函的措辞看，似乎他们并未明确提出缓办的建议，反而使人感觉到这一问题是狄塞尔先生首先提出的，然而，与此同时，狄塞尔寄我一份报告（该报告我已在上文提及），从报告中可以明显看出，这一建议完全是由王大人一人提起的。既苛求于人而又诡计多端的计谋均出自邓一人之手。我在次日即复照于他（见附件 H），一方面委婉地向他指出他的办法欠妥，同时又告诉他，我不能转交一份实际并不存在的建议，因为帝国界务委员会既竭力避免提出，而法方代表团也不想这样做，即使在必要时也不想表示附议。

帝国钦差们大概也明白，要使我们按照他们的愿望办事并不像他们原先设想的那么容易，于是，我在次日即收到一份照会（现将其原文及译文一并附上，参见附件 I 与 i），并按顺序立即将其转交我方公使团，请他们通过中国电报局知照于您。

对于中国勘界委员们今后所打的主意，我也只能作些猜测。勘界委员之一的李兴锐已在龙州病倒，邓的病势大概也不轻，至于广西巡抚李秉衡，他大约想仿效两广总督，一举一动均以他为榜样。而听李翻译说，总督大概已辞去原先委派他的勘界事务总办一职，上谕可能已委邓钦差担任。另外，王大人也直言不讳地承认，他的中国同僚在南关隘逗留时日已不会很久。

我倾向于认为，不论对他们会造成何种后果，他们将会在短期内撤走。他们白费了许多心机来逃避他们受命的任务中所规定的种种职责，并想寻求办法，尽量不牵连自己而又能把这一任务缓至秋后。如果北京朝廷并不免去他们的这一使命，则他们如今除了在下述两种办法中选择一条外，已别无其他抉择：遵照那条关于勘测边界的上谕办事或者未得准许即擅行撤离。在这两种办法中，我倾向于认为，他们绝不会做出第一种抉择。

（该篇收入《中越边界历史资料选编》第707~711页）

（原件第27~34页）

浦理燮致法内阁总理函

同登，1886年3月8日发

内阁总理先生：

虽然我在2月20日第30号（即从现在算起倒数第2号）报告中（盖有政治处印戳），我曾因需要而谈及在广西边境选定某些地点作为商埠一事。然而，鉴于您在2月26日致我一电，根据该电内容，我认为我无法对这一问题不再重提，故特起草本报告（盖有贸易与领事事务管理处印戳）评述此事。

自从与帝国钦差开始官方交往以来，我就打算利用一切时机以便执行我奉到的通令中有关通商地点的那部分内容。

在去年12月12日的一份来电中，戈可当先生早已提醒我，必须设法将通商地点查明，若有可能应与中国同僚会商后立即加以认定。然而，一开始，在执行6月9日条约第三款的问题上，法中两国代表团之间出现了分歧，帝国钦差的要求变化多端（最后还提出将边界移至与广西接壤的东京各省），我们对如何能有效地开发利用边界两侧地区始终心中无数，手头掌握的地图又不足，加之无法取得值得信赖的资料，凡此种种，都使我不能有效地处理好这一问题。

然而，今年2月11日，考虑到我们的勘界工程可能暂时中断，戈可当先生再次提醒我，在双方分开以前，确定开放通商的地点至关重要。

2月17日，我答复戈可当道，我奉到的指示并未命我与帝国钦差磋商以选定通商地点，而只命我与他商议并从对商务贸易的利弊看，考虑应采纳哪条边界线为宜。

我又告知戈可当，只有踏勘了整个地区以后我才能完成这一任务。由于中国边境实际上一直对我们实行关闭，法国界务委员会只能根据它觉得绝对不敷需要，而且完全有理由怀疑其准确性的一些文献来进行推测，进而判断出取舍的依据。然而万一戈可当先生所掌握的一些信息比我们的资料更不全面，那么我认为我应该向他指明，广西边境上有 3 个地点，根据我们地图所表明的位置，似乎将比任何其他地方更符合我们所探求的通商条件。那三处地点就是龙州、下栋（Hadong）与思陵州。龙州当然是三处中最理想之地。该城与淇江和高平河直接相通，另一边与通往广州的河流相接并与大海相连。然而，由于龙州并不在边境上，而且中国人往往看到有利可图即脱离条约的字面和内容而随心所欲地加以解释，而一旦他们认为自己可以从中渔利时，则又会一味紧扣条约的字面了。因此我认为他们决不同意开放像龙州这样的大城市作为自由贸易的通商口岸，因而必然要声称，此城市离边界线太远，故不能选为商埠。若得不到龙州，则任何其他地点都比不上下栋了，该城位于淇江与高平河的汇流点，介于龙州与边境之间，离边境亦不远。下栋经龙州与广州河及大海相通，同时又可经淇江与室溪和谅山、经高平河与高平分别相接。

谅山与高平两省经由下栋而与龙州县的贸易往来早已相当频繁。最后，若能考虑到今后的发展而辟建一条公路，将太原、高平与室溪直接相通，则广州河与三角洲地区之间可有最近的路径相通。

思陵州在东部，离谅山不远。一方面它地处边界附近，紧靠一条与广州河相通的河道，另一方面也可以通过一条优质公路将其与谅山相接，这两个有利条件我们早已有所注意。然而，根据我近来所收集的资料看，此城地位并不重要，不具备任何通商条件。流经该城的河道不能通航，周围的地区也贫困异常，百姓对外人并不欢迎。在这种条件下，思陵州似乎可以不加考虑。上述情况均由我在 2 月 17 日与 19 日两天发电转告戈可当先生。

在最后一份电报中，我觉得有必要强调这一情况：上述关于商埠方面的信息，只要不是根据实地考察收集所得，那么，很可能造成错误的判断。因此，我曾向戈可当先生提出，向帝国政府要求为两名法国委员提供踏勘中方边境的便利条件大有必要。

2 月 18 日，我借王大人与狄塞尔上校之间即将举行非正式会晤之机，委托上校将谈话主题引向上述各商埠，设法摸清帝国钦差在这方面奉有何种指示。如狄塞尔在 2 月 19 日报告（该报告抄件已作为我昨日发出的盖有政治处印戳之第 31 号公函的附件）中指出的那样，王无意中透露，原来邓及其同僚对此事漠不关心，这时狄塞尔才明白底细。

在这种情况下，您 26 日来电中命我设法与帝国钦差达成谅解一事已成泡影，此事我在 3 月 1 日的电报中已向您汇报。

总之，只有等到对中方边境进行踏勘完毕后——广西官员对踏勘中国边境是抱反对态度的——甚至只有等到他们不再竭力阻挠、且一俟我们能够投入这项工作后他们再也不会使之前功尽弃时，法国界务委员会配合进行对商埠的选定才能略见成效，过去是如此，今后仍然如此。

北京很可能向它的高级官员发出上谕，但我们仍可相信这些官员在他们认为合适的时候，敢于拒不严格执行谕旨，如果谕旨中实际上没有具体要求或者没有密令让他们严格照办。发最近一道上谕时大概就已发生了这种情况，这道上谕原来是根据戈可当先生的再三要求而命令帝国钦差在近期与我们一起前往踏勘现有边界，然后再提及商讨界址更改事宜的。

（原件第 35 ~ 40 页）

浦理燮致邓承修函

同登，1886 年 3 月 8 日发

阁下：

我荣幸地收到了您昨日发来的照会，特此奉告。

我立即给予此照会以应有的答复。

获悉您政躬违和，我深以为憾，特去函慰问，并借此机会表达我崇高的敬意。

（原件第 41 页）

附件 B

浦理燮致办理广西勘界事宜邓承修钦差照会

同登，1886 年 3 月 9 日发

阁下：

本日非正式来函已悉，特此奉告。李中堂阁下通知您，戈可当已发我一电，但我至今尚未收到戈可当的电文。若从现在起至明日为止我仍接不到这一电文，务请协助向我驻北京公使发一电报，将戈可当电被耽搁一事告之。

在我直接收到戈可当先生意见以前，我无法就您所说的会晤一事擅作决定，对此，您当不难理解。

（原件第 42 页）

浦理燮致狄塞尔上校函

1886年3月9日发

上校先生：

内装我致内阁总理兼外交部长先生公文的一只手提箱已于今日在一队轻装兵护送下从同登运出。

由于内装重要信函，务请您考虑自海防开往西贡的邮轮的起航日期，从而确保其在邮轮出发前及时抵达您所辖防区的边境。该箱中尚无发往法国的信函，今后若有此等情形，我当通知您箱子何时寄出以便采取同样的防范措施。

（原件第43页）

附件 a'

邓承修致浦理燮非正式信函

1886年3月9日发

本月初二（3月7日）我曾致您正式照会，告知我因病不能与贵方一同前往勘测旧界。

目下我病体尚未痊愈，而季节却日趋恶劣，因此必须迅速设法以求我们的勘界工程及早了结。

近接北洋大臣李中堂来电，知戈可当先生已电请您重开谈判。

我拟派王大人前往同登，以便与阁下及法方界务委员会共同商讨此事。关于解决方案，务请将你们拟与王大人会晤并就此事进行商讨以达成协议的日期相告为盼，俾（关于结束工程的）谈判得以重开。

光绪十二年二月初四

（原件第44页）

浦理燮致邓承修函

同登，1886年3月10日发

阁下：

本月9日来函悉，特此奉告。函中提及您奉到上谕，命您勘测边界，同时您还在来信中表达了派王大人前来与我们商讨有关勘界方法事宜的意向。

我们欣喜地得悉，阁下意欲对法方界务委员会经常提出的那个建议给予满意的答复，这一建议是指按照业已公布成文的顺序严格执行 1885 年 6 月 9 日条约第三款的各项规定。我相信，今后我们的勘界工程即将以贵我双方都会满意的面貌出现，因为帝国界务委员会与我们所抱的愿望一样，也希望对现有边界立即进行勘测，而放弃了迄今为止一直坚持的那些议案，因为那些议案所造成的后果是：法中双方界务委员会始终无法切实有效地开展工作。

因此，虽然我尚未收到您本月 9 日信中提到的戈可当来电，我仍然立即照会于您，只要您决定派王大人来同登与狄塞尔上校会商，则上校准备随时与他会晤。然而，为避免发生任何误解，我认为双方代表即将举行的这种晤谈以不带任何官方性质为宜，而且在会晤中除探讨现有边界的勘测部分外，不应涉及任何其他问题。

因此，我荣幸地通知阁下，我将视王大人的驾临为您对上述各点表示完全赞同的明证。

（原件第 45～46 页）

狄塞尔致浦理燮函

同登，1886 年 3 月 12 日发

主任先生：

王大人由赫政先生陪同于今晚前来同登，我与海士先生接待了他。王大人说，帝国界务委员会已请求本国政府发一上谕，给王以全权，让其与我们一起勘测现有边界。王还询问法国界务委员会对此是否会进行阻挠。我们答称，这种人事更迭问题与我们无关。我们只需要确信能找到一个有充分权力代表本国政府与我们会商，并且无须请示其他官员即可进行工作的人，最后我们还说，在这方面，我们将遵照本国政府发来的指示行事。接着王说，从这种解决方案考虑，他认为我们可以私下非正式地商谈执行的细节，并提出先到峙马关，然后沿海滨对现行边界进行勘测。我们当即向他指出，将南关隘作为作业起点并不会遇到任何阻力，我们可在那里会合，然后出发作业。而我们认为选择峙马作为作业起点并不妥当，因为没有任何理由可以成立。王接着透露，邓不会因人事任免上谕的下达而被剥夺权力，并说如果他本人在南关，他可以单独在该地开始作业。

对于他本人所玩的这种手腕，我们无须介入其中。这种手腕与选择勘测作业起点的性质完全相似，使我们完全看穿了帝国钦差的用心以及他们打算提出的界址更改方案。我们声明，如果帝国界务委员会的用意就在于此，我们只能将其转呈我们的同事共同商讨决定。我们又问王，他准备具体怎么做。他答称可以先尽大家之所能，沿边界线勘测，然后回南关隘商讨界址更改事，接着可以考虑将此事缓至 10 月或 11 月再办。我们建议他考虑，边界勘测可与界碑竖立工作同步进行。他答称，这一问题干系太大，他必须回去请示其同僚。然而，我们竭力提请他注意，在没有界石的情况下，漫无边际地进行勘测是不准确的。我们还必须踏勘整个边境两次，因为，今后若两国政府对细节性更改方案表示首肯，则只要在已确定的地点移动少量界石即可。

王在与我们告别时反复说明，戈可当先生与李鸿章之间已达成协议，即目前先行勘测一两段边界，接着将勘界事宜延至秋后再办。

从这次会晤中我们可以得出这样的结论：帝国钦差愿意遵旨办事，对边界进行勘测，他们也为此而各自进行了分工，接着他们想把我们引到峙马和海滨，亦即他们不想提出更改界址之处，同时，他们担心同步设置界石将带有无法更改的定局性质。这样，万一法国不同意他们提出的更改方案，就形成难以挽回之局。另外，他们企图每进行一段边界勘察以后，即研究如何更改界址。

（原件第 47 页）

浦理燮致河内东京驻军司令瓦尔内（Warnet）函

同登，1886 年 3 月 13 日发

将军先生：

本月 10 日奉上一电，谅已收悉。今特去函将下述情况相告以作为上份电报的补充：王大人昨日与狄塞尔上校举行了非正式会晤，从此次晤谈中可得出如下论断：①帝国钦差最终还是遵旨办事，前往勘测边界；②他们已上奏本国政府，请求另领一旨，授王一人以进行边界勘测的全权；③他们希望在峙马关开始作业，逐渐向海滨转移，只要天气允许，他们就这样进行下去；④他们准备等现场勘测完毕和两国政府就可能进行的界址更改事通过决议后再行设置界石。

他们还肯定地说，戈可当先生和李鸿章早已达成协议，双方同意在这一季节仅勘测一两段边界，其余部分可延至秋后。

我把以上所谓的协议相告仅是为了提请注意，因为迄今我仍未收到任何直接通报。

帝国钦差的意图已昭然若揭，我们可以下这样的断语：他们正设法实行分工，各司其职，并拟逐段进行勘测，然后再研究界址更改；为界址更改计，他们惧怕设置界石，即使是临时界石也对之畏惧三分。

我们将设法说服他们向北勘测，即前往高平河流向中国的入境点，并由此出发作为我们勘界工程的起点，然后再南下至南关隘。我们之所以赞成此方案，首先是因为我们早已占领了这一地区，而且从我们掌握的地图中熟悉了这一带的大部分地区，其次是因为这样做可以减少军方对我们行动采取安保措施的难度。此外，我昨日接得戈可当一份电报，他再次强调迅速选定一处通商地点的重要意义，因为这有利于谈判的成功。

这一地点应该选在中国，从我们的地图中尚未找到龙州或下栋（Hadong）（下栋位于淇江与高平河汇流处）那样具备各种优越条件的任何其他地点。

近期或今后我们若能在高平河上航运，则也许能满足戈可当所提出的要求。

不管怎样，考虑到我们当前至关重要的问题是进行勘探并促使帝国钦差迅速进入有效的勘界工期，因此，即使我们相反的努力最终一无所获，我们仍准备接受峙马作为会合地点，并向海滨进展。

我认为必须立即将这一情况呈报于您，根据这一情况，我们或许能在短期内沿高平河前进，或许只能前往峙马并由此向海滨勘测。

我认为，无论按上述何种假设条件去办，您必须采取措施来增加兵力，部署他们的调动和准备他们的给养，并根据您认为合适的进程来布置兵力。

我曾与狄塞尔上校深谈了一次，他对我的看法表示同意，认为必须立即将新情况通报于您。

因为我们一直声明我们随时准备出发，王才知道一俟他所等待的上谕由我国政府转告我们后，我们对动身一事决不会提出半点困难。

他同意，在勘测期间，我们可以根据路面情况或是从中国地界走，或是从安南地界走。这样，王可以在我们保护下行进相当长时间，我认为，我必须特别提请您注意这一情况。

（原件第 49～51 页）

邓与李两大人致浦理爕照会

1886 年 3 月 13 日发

今奉上谕，命我等与阁下一起立即前往勘定旧界，特此奉告。

贵我双方将为此事而正式会晤，会晤日期务请阁下确定后通告，俾双方能就勘界方法进行协商。一俟日期选定后，请答复为感。

（原件第 52 页）

浦理爕致法国外交部长函

同登，1886 年 3 月 14 日发

部长先生：

我在 3 月 8 日致您的第 32 号报告的结尾中曾向您禀报说，帝国钦差已直接向北京朝廷告假，我还说，若告假不允，他们面临的只有两种抉择：或是遵旨办事，前往勘界；

或是擅自撤离。而我当时倾向于相信，在两种抉择前，他们大概不准备选择后者（第32号报告中写为“前者”，此处可能有误——译者注）。

使我感到大喜过望的是，事情的发展证实我对这一点判断错误。

3月9日，亦即他们通知我，他们已告假后两天，帝国钦差与广西巡抚李秉衡向我递交了一份非正式照会，现将其汉文本及法译本一并附上（附件A与a’），请一阅。

该照会对北京朝廷关于他们告假一事的答复避而不谈，但从中隐约可以看出，他们告假一事已被拒绝。但帝国钦差对这一惨败于心不甘，不肯认输，故拿出李鸿章电文作为与我们恢复正式往来的口实，电文中李鸿章通知他们，戈可当先生拟要求法国界务委员会恢复因递交了暂停声明而中断了的谈判。他们想以此来诿过于人，认定我们应该把由我们中断了的工程恢复起来。然而，实际情况恰恰相反，那份有关恢复谈判的正式命令最近正是发给帝国界务委员会的，而对于他们玩弄的这套伎俩，我觉得不值一提。

再者，由于他们在这封照会中只是含糊其辞地提了一下会晤的必要性，而对王的活动没有指定任何确切的目标，这使我感到没有必要立即决定正式恢复工程，因此，我在当天亦以非正式照会形式（随函附上该照会抄件，见附件B）答复他们道，只要他们提到的那份戈可当电报没有发到我手中，我就无法做出任何决定。

当天晚上，邓与李再次发来一份非正式照会（现将照会原文及译文附寄于后，请参阅附件C’及c’），内称勘界工程再也不能延误下去，王亦随时准备与我们就勘界方法事宜进行会商。

帝国钦差在照会开首就提到，他们曾在7日为此事致正式照会于我，照会中谈到已奉旨前往勘界等情，这种手法实在极为拙劣，说来也颇为别致，但他们仍乐于应用此道，因为他们企图使那些不了解他们前几次公函的来龙去脉的人相信，勘界工程进展迟缓完全应归咎于法国界务委员会，而他们竟然敢于援引的那份7日的照会恰恰就是他们托病对未能执行上谕表示歉意、同时又通知我他们已正式向朝廷告假的照会。为此，我立即在次日上午致他们一份复照（其抄件随函附呈于后，参见附件Ⅱ），把邓与李秉衡两人讳莫如深的事实真相加以澄清，同时，我又即刻对他们提出的关于王大人与狄塞尔及海士先生之间举行非正式晤谈的请求表示同意，因为我认为，他们既然来信说，这种会晤的目的在于研究进行勘界的方法，那么就完全有必要恢复以此为基础的谈判。

为消除在这一问题上的任何怀疑，只要用戈可当本月3日在（我方）递交了中止勘界的声明以后发我的一份电报即可。该电的内容如下：

“（天津1886年3月3日电）邓企图牺牲我们来取得成功的阴谋已被揭露无遗，现特去电谨表祝贺。李鸿章将再次建议他前往现场勘界，如果他们主动向您提出这种意向，您当会觉得以接受为宜，但您亦决不会放弃现有的有利地位。

我有理由相信，邓在朝廷前已陷入一种困境，但我们万万不能帮其解脱。贸易谈判能否取得成功，部分取决于您在处事中是否采取坚定不移的立场。我已将狄塞尔上校的辟谣声明告诉李鸿章。”

然而，从这最后一份电报的日期看，我认为，根据邓的历次来函可以判断，今后戈可当先生与李鸿章之间可能达成某种新的协议，于是，我利用中国电报局可以随意使用的方便条件向我国驻中国公使发去了如下电文：

“（同登 1886 年 3 月 10 日电）邓致我一非正式照会，内称，李鸿章已电告他，您被迫向我发电，嘱我恢复谈判。然我根本未接得您的此类电报，故已将此情转告邓。他在照会中又表示，拟派王至同登共商恢复谈判的日期。我复照说，只要收不到他据以为自己辩解的您的那份电报，我就不能准备谈判事宜。但他并不甘心，又来劝说道，考虑到季节条件，勘界一事再也不能延宕下去，而且说，一俟我能向王定下日期，王当立刻前来与我们商定勘界办法。若是我们拒不同意他们要求的会晤，那无疑是中了圈套，我将致函于邓，说明由于此事关系到我们一直提起的勘界议案，故我们准备接待王，条件是这次会晤纯属非官方性质，因而以前的其他提议均应暂付阙如，而只商讨立即投入勘界作业的办法，任何别的问题一律不议。”

同时，我又向瓦尔内（Warnet）将军发去一电，把详情通知他，并让他有时间做好各种准备。电报全文如下：

“（同登 1886 年 3 月 10 日）邓昨日致我一函，主动提出要派王来同登与我们共同商讨有效地勘定边界的具体办法。这样看来，显然是北京政府已严令他们勘界。若邓确实出于真心，我准备向他建议，我们双方立即先去高平河，然后返回，朝同登、谅山、海宁等地勘界。这样，我们可以有充分时间应付当前和今后的各种急需。但我认为，正是因为他们知道我们并未占领高平和边界的北北东部分，因而也就坚持要求从这里开始勘界。万一我们不能让他们放弃这一议案而接受我们的议案，您又无法做到无论如何要使这一议案转向有利于我们方面，那么，我们在他们面前的处境将相当困难，他们也就立即乘虚而入，加以利用。

您在短时间内做了大量工作，而成绩又如此卓著，因此，我对您的才华绝对信赖，故恳请您对这一情况予以重视，这也是我此时此刻必然要做的事。”

瓦尔内（Warnet）将军次日即答复道，他认为他可以派人把我们护送至高平河，但向海滨返程时，在谅山附近可能会出现麻烦，因为这一带系穷乡僻壤的山区。

帝国界务委员会所要求的非官方会晤于 3 月 12 日举行，参加者的一方为王大人及其助手赫政先生和李翻译，另一方系狄塞尔先生及其助手海士。

在晤谈结束后，狄塞尔先生寄我一报告，现随函附奉于后（附件 E），请一阅。您阅后当会对王大人所带来的议案有确切的了解，同时也会理解我们从中必然要得出的结论。

这一报告相当明确清楚，其见解也颇有道理，读后我们觉得对今后所应采取的行动方针已无须再游移不决，这一方针是：要是能做得到，应该针对中国钦差所提出的行进路线而提出另一条路线，此路线应符合以下 4 个条件：①适应季节的变化；②必须把军方在行进难度大、与红河三角洲相距极远的地区保障部队给养和供应的难处考虑在内；③必须使我们能如愿勘探边界上独一无二的那个部分，在那里似乎有某种机会勘定一个中意的商埠；④从与广西官方今后长期相处考虑，我们拟对广西至东京的主要入侵地点进行一番考察，而这一路线应与这种考察所具有的意义相一致（上述入侵地点系指自南关隘至室溪，再由室溪直至高平河与淇江汇流点的各隘口或呈梯队式配置的各哨所）。

我已将向您汇报的上述情况立即通过中国电报局电告戈可当先生。

当天（3 月 12 日）晚上，我即收到了我驻中国公使的如下电文：

“（天津 1886 年 3 月 12 日电）您 3 月 5 日、6 日、7 日与 10 日各电均悉。邓所提及的电报系我 3 月 3 日发您之电。我认为，若他们确系郑重其事地向您提出建议，则似应予以接受。这样，也许能如我们之所愿，立刻选定通商地点。据李鸿章说，朝廷准备让广西巡抚接替患病的邓。”

从这一来电中我确信，邓与李巡抚在 3 月 9 日的那份非正式照会中，以李鸿章的意见来为自己的恢复谈判的要求作后盾，而李鸿章的意见是在他们扣住不提 6 天后才公开的。他们这样做的目的无非是想掩饰其最近告假未得批准的败局。

至于戈可当先生再次强调及早选定一个通商地点之事，我于次日（3 月 13 日）用下列电文答复了他，回电中我对当时有争议的各种问题都谈到了：

“（同登 1886 年 3 月 13 日电）来电收悉。中国人对我们说，您与李鸿章之间就勘定部分边界地段后随即缓办一事已达成协议。我们猜想那与您 3 日来电内容并非一回事。至于通商地点，我早已向您说明，在未对中国边界进行勘察以前，我们无法选定任何商埠。若您能像芝罘（Tchéfou）协议所开的先例那样，为一两名法国勘界委员争得从南关至龙州，再从龙州经水路至室溪的通行方便权，则问题也许能得到进展。因为从地图上看，无论在边界上还是在边境附近，除龙州以外，只有下栋（Hadong）尚算合适，然而我们还不了解下栋的确切位置。王所提出的行进路线（我昨日已将此路线向您电告）无法使我们选定一个可以通商的地点，那一带看来不存在可供选择的地点。如果从高平河流往中国的入境点开始勘测，然后迅速转向室溪、同登与海滨，则情况就完全不同。然而，有鉴于恶劣季节逼近，我们认为不能再沉溺于路线的选择上，就此事的谈判不能旷日持久地拖延下去，而且如果我们修改路线的努力不能迅速见效，那么即使是王的路线，我们也应该接受。再者，除非您能设法让人就这方面发出几道命令，否则我并不认为我们最终能够让他们接受从高平河开始的那条路线。此外，我们预料，中国人决不同意一边勘界一边设置界石，他们将边界分成若干段，每勘定一段边界后，他们就想讨论界址更改问题，他们必将强行使我们接受从对他们方便出发，并且根据他们更改界址需要而拟定的那条行进路线。我们将竭尽全力说服他们在勘界的同时设置界石，并让他们接受那条以高平河入境点为起点的路线。但我们的努力一旦落空，我们就只能接受他们的观点，基本加以认可。至于界址更改问题，我们将要求等勘界工程完全竣工后再加以讨论。

我请您在上述诸方面对我们鼎力相助，而且无论如何必须将您对上述诸点的意见立即相告以避免预料中的纠纷随时发生，则因随时向您报告而误事。

最后，工程缓办已势在必行，而且将立即停工，我希望从现在起能够视情况发展便宜行事。在缓办期间，两国政府可强行决定勘界工程恢复后所须遵循的程序和行进路线，以避免到那时又节外生枝，在细节问题上发生新的纠葛。不这样做，则与中国钦差打交道时将一事无成：我们认为接受他们最近提出的那项议案，在现在和将来所能看到的唯一可取之处，实际上是使预备性勘界的原则占上风。”

（原件第 53 ~61 页）

浦理燮致法内阁总理函

同登，1886 年 3 月 15 日发

内阁总理先生：

您来电相告，我已被擢升为二等全权公使，特去函致谢。对于您给我的无微不至的关怀，我再次表示深切的感谢。

我将尽职尽责，努力完成您所委任务，庶不辜负您对我的厚爱。

（原件第 63 页）

法中界务委员会法方界务委员会所录之会议纪要（第 7 号）

会议时间及地点：1886 年 3 月 15 日下午 2 时于同登

出席者：

（法方）浦理燮（法方界务委员会主任），狄塞尔、卜义内、倪思（三人为委员），海士（助理勘界委员）

（中方）邓承修（帝国钦差），王之春、李兴锐（副钦差），李秉衡（广西巡抚）

邓请浦理燮先发言，浦理燮回顾道，帝国钦差在上星期六曾正式照会于他，说最近奉到谕旨，令其立即前往勘界，并说他们切盼与法方界务委员会就勘界路线与方法问题达成协议。浦理燮又说，在答复这一照会时，他立即提议，他们要求举行的会商可于第二天（即本月 14 日）在同登举行。然而 14 日的天气情况使帝国界务委员会提出延期至次日举行，对此种要求，法方界务委员会当然只能表示同意。浦理燮又补充道，鉴于帝国界务委员会已准备随时前往勘定疆界，他完全相信，两国界务委员会能本着相互信赖和共同配合的精神来寻求最迅速而又最有效的途径进行勘界作业：由于恶劣季节逼近，双方代表团都明确表示了希望尽快达成协议以加速行前准备的意向。王李两大人答称，帝国界务委员会亦抱有相同的愿望，即不拖延受委任务的完成，然而他们又说，在一周以内无法准备就绪，原因是从广西内地招收苦力的难度极大。

浦理燮说："我们都希望及早动身，这对我们双方都有利。然而法国界务委员会只能从对帝国界务委员会最为方便的方面着想，因此，主动权掌握在他们手里。然而，我请列位大人现在就确定一个日期，当然是越近越好，以便让法国界务委员会采取相应的措施。"

大家就此事交换了多次意见，最后决定最迟于本月（3 月）23 日出发前往勘定边界。

接着，浦理燮先生又谈及界务委员会应走哪条路线的问题，他请邓大人提出对此事的看法。邓大人说："王大人早已向狄塞尔上校阐述了我们的计划，那就是从峙马关开始勘察，然后再由此折向海滨。"

浦理燮先生："狄塞尔上校实际上早已向我报告了他与王大人最近的一次会见以及阁下拟从边界东南侧开始勘测的打算。我虽然准备采纳这一路线，但仍相信有必要探讨一下是否还有另一条更为方便的路径可走，考虑到我们即将面临的那个季节所造成的条件，我们应该这样做。

初一看来，最好的办法似乎早应该是以我们所在的地点为作业起点，同时以该点为中心，在西北与东南方向的某一地段前往勘界，因为我们已驻扎在南关与同登。此外，有鉴于下列因素，即由于季节提前，我们首先要考虑的是如何寻求最便利的办法，因此，我们认为最好是从南关出发，然后一关一关地向前勘测现有边界，直至高平河流向中国的入境点，再从那里回南关，并由南关继续向峙马关与海滨方向进发。如果你们觉得此法可行，我们可以从南关出发，然后兵分两路，你们可经由龙州，我们可经室溪，直达高平河流向中国的入境点，双方在那里会合，并从那里开始我们的整套勘界工程，勘界时须一关一关地进行直至南关，再由此继续向峙马关和海滨方面勘测。这项计划的好处是我们只需走较平坦的熟路，由于季节提前，这样走可使我们尽快地、高质量地完成我们的作业任务。我们如果能在今年季节提前的情况下勘测好一大段边界，那当然是值得称道的，因而可以使我们得到各自政府的嘉奖。"

王大人说，他宁愿朝海滨勘界，起点可以是峙马关，也可以是南关隘。

浦理燮说："刚才我们在提出自己的行进路线时已向列位大臣说明了选择这一路线的缘由，我们提出此条路线并非是想用一条与你们那条不同的路线来唱对台戏，因此，我请求你们容我们把你们认为你们的计划比我刚才向你们陈述的计划更站得住脚的理由进一步加以领会。无论到何地，法国界务委员会都随时准备前往。因此，你们最后决定了的路线，我们也愿意采纳。然而，我认为有必要提请你们注意，你们现在所主张的那条路线可以说是荆棘丛生、困难重重的路线。如果我们一旦着手进行此事，我们就得硬着头皮干到底：这样，我们将置身于一个几乎是荒无人烟、难以通行并且差不多是一贫如洗、缺乏资源的地区。若在一年的其他季节里，对这一段边界进行勘测的条件也许能比眼下有利一些。我们所关心的不止于此，我们所注意的也是双方的共同利益并从有利于勘界作业本身出发，敦请你们采纳我们的提案。除以上所述而外，从哪一段开始勘界对我们都无关紧要，因为整个边界迟早都要踏勘一遍的。”邓大人说：“我的打算是把工程分两段进行，因此我提议今年先由东段开始，把西段延至秋后。从现在起到那时，万一我因病而无法坚持到底，完成使命，则王李两位大人将接替我把这项工作继续进行下去，届时你们将得到通知。”

浦理燮说：“这种假设我希望暂时不加考虑，我祝愿贵大臣贵体永远康泰。即使情况相反，那么，就是从东离南关、同登，西离室溪、龙州均相距较近，人力物力来之方便考虑，也以选择那条能使我们随时可以到达上述各地的路线为宜。”

狄塞尔先生认为，在整个边境中，峙马关以远的部分最难进入，因此，帝国界务委员会与法国界务委员会在采纳浦理燮先生提出的路线方案上利害关系应该是一致的，这一从镇南关（Porte de Chine）开始直达高平河流往中国的入境点止的路线在当前看来既切实可行，又相当合理，因为季节业已提前，而且对要踏勘的那一带地域大家早已相当熟悉。

王大人与李巡抚说：“采用这种勘界办法，我们需要来回奔走多次。”

狄塞尔说：“如果在极不利的条件下勘测东边地区而最后万一不得不中道而止，则我们就只能延至明年，今年我们将无所事事；而如果我们从西部开始进行，则至少我们有把握可以把作业进行下去。”

邓大人说：“镇南关（Nan-Kouan）与高平河流往中国的入境点之间相距大约为多少里？”

浦理燮与狄塞尔：“约160里（80千米）。”

邓大人：“自这里至峙马关相距多少？”

浦理燮：“约140里（70千米）。”

邓大人：“要是我们从南关隘（Nan-Kouan）出发后能直达室溪河，那么到了那里，我们难道就不能推迟一下吗？”

浦理燮：“我认为必须回到这里后才能继续前往，直达峙马隘，若有可能，还可以走得更远。”

李巡抚：“我们最早提出从峙马隘开始，而后你们又建议我们从南关隘开始。我们同意以南关隘为起点，但我们请你们朝峙马进发，并在该关停驻。”

浦理燮：“我们不能只限于完成这点任务，而且我们也不能预先答应到某一地点后即行停止，将工程缓办；出发后，只要条件允许而我们又并非一定要中途停顿，则我们就得向前推进：要是我们无须同时勘测南关隘与高平河流向中国的入境点之间的那部分边境，那么，一到峙马，就必须继续行进直至海滨。”

邓说，他至此已完全明白，并说要是向峙马进发，则应尽可能继续前行，直达海滨。

浦理燮说：“如果不久以后出现了不可克服的困难而使我们不得不中道而止并且返回

此间，这将是蹉跎光阴。从贵我双方利益考虑，我认为不应该去进行一项即使不算无法完成，至少也是难以圆满完成的任务，因为季节恶劣。我们势必受到各自政府的申饬，对于我们安排失当、恰恰选择最困难地段作起点的做法，两国政府完全有理由加以切责。”

李兴锐大人说：“要是你们坚持要朝西北方向行进，则我们请求你们在到达终点即保乐以前，不要中途停顿。”

浦理燮：“我们的基本方针是想做点事，不论采用何种方式均可。我们愿意采纳你们提出的任何方案。然而我请你们注意，我已把采纳我们所提计划的最站得住脚的理由一一向你们陈述，这样，若采纳了其他方案而发生一切意外，我们也就没有任何责任。如果采纳我们的这一方案，我们可以在切实可行的条件下作业，行程约为 300 里。在 300 里以外或以内，我们将遇到种种艰难险阻。”

李兴锐：“按照中国习惯，任何工作不能从中间开始。因此，我觉得必须从我们所在之地出发，对边界的一侧或另一侧全面踏勘一遍。”

浦理燮：“我要提出的论点都提完了，我现在只能重复一遍：我们准备接受各位大人所希望采纳的任何方案，条件是必须认定这一事实：我们提出的方案已为中国界务委员会所拒绝。”

中国钦差们经过长时间商讨后，由王大人向法方界务委员会询问，法方是否愿意在勘界的同时进行界址更改。

浦理燮答：“关于界址更改问题，到时我们自然会商谈的。目下我们的议题是如何就双方要走的路线达成协议。”

邓大人：“我们提出两种走法，请从中任选其一：从南关隘出发，然后一是向东直达海滨；二是向西直达保乐。”

浦理燮：“我的观点恰恰相反，我对两者都并不赞同，因为我觉得我们提出的路线要比上述两种走法都有利得多，因此我只能请你们自己决定该采取哪种走法，责任当由你们承担，不论任何路线我均准备同意，但若我们在实际作业一开始即发生延误，我方不负任何责任。”

中国钦差们经过长时间商讨后，终于由邓大人出面宣布，接受浦理燮先生所提方案，即从南关隘为起点，开始勘界，并一关一关地向前推进，直达高平河流往中国的入境点，返程时从那里出发至南关，然后继续向峙马进发，若季节与条件允许，则可向海滨勘测。

浦理燮先生要求大家正式认可这条路线已成定论，不得更改。

中国钦差们表示，他们接受这一路线。

李兴锐大人又问道，法国界务委员会是否想在勘界的同时进行界址更改。

浦理燮：“在讨论界址更改以前，还有另一项作业，它当然与勘界作业密切相关，而且我们双方必须就这一作业取得一致意见：这项作业即是竖立界石。法国界务委员会认为，为了使踏勘边界的过程具有理想的实用价值，随着地形勘测的逐步进行，当然完全有必要在我们认为必需的地方设置界石；另外，应该通过界约来规定和确认：今后凡经过两国政府批准后进行界址更改时，这些界石中凡有必要移动的应予移动。”

邓大人：“最好先行勘界，直达高平河流向中国的入境点，然后双方商议在这段边界上需进行的界址更改，接着，当我们转而向南关返回时，即可在新界上设置界石。”

狄塞尔先生：“这样做恐不方便，照此办理，我们将重复作业一次，这是时间上的极大浪费。难道不能在勘测的同时立即设置界石，这岂不更为简便？在这些界石上可标以号码，必要时，则可把必须移动的界石加以移动，这样做岂不简便可行？”

邓大人：“既然这样，我们情愿只勘测而不设置界石。”

浦理燮：“我们不想出任何难题，因此，我们强制自己在这一问题上一定按你们的意图办，但我必须提请你们注意，按你们的方法办，我们势必要付出双倍的工作量。那份界约中载明了我们的正式承诺，即目前设置的界石必要时可以移动，搬往两国政府所同意的具体的界址更改协议所规定的地方，有了这份界约，则你们衔命维护的利益不会受到损害，你们也无须承担多少责任，也不必冒什么风险。”

李兴锐大人：“我们希望先不设置界石。”

狄塞尔先生：“如果这样，这些界石将在何时由何人并如何来设置呢？”

王大人：“只要双方就界址更改问题取得一致意见后，即可在勘定地点设置界石，届时，我们将专门派出官员办理此事。”

浦理燮声明，根据条约第三款之精神，勘界委员们在确定了界石位置后，应亲自参加设置界石的工程，并起草正式的勘界纪要文本。“因此，”他说，“我觉得要做到符合该条约有关规定而无须再去已经勘察过的地点多走一趟的唯一切实可行的办法，是从现在起即行设置界石。”

中国钦差们坚持不愿从现在起就设置界石，于是决定在即将进行的勘界期间暂不安置界石。

经短暂休会后，终于一致决定，法方的一名勘界委员卜义内于明日（3 月 16 日）前往南关与王大人及李兴锐举行非正式接触，商谈勘界工程的各项具体规划，因为这项作业尚需要预先妥为安排。最后，会议于下午 5 时正式结束。

（该篇收入《中越边界历史资料选编》第 511 ~ 518 页）

（原件第 64 ~ 73 页）

浦理燮致法国驻中国公使戈可当函

同登，1886 年 3 月 16 日发

公使先生：

1 月中前后，我不得不停止向您寄送直至当时为止一直寄您的那类委托每次邮班寄往外交部报告的抄件（这些报告都盖有政治司印戳）。我是迫于以下的实际困难而不得已为之的：公文寄发、誊抄、登录、分类、电报编码与译码、界约的注释、业务费用的记账等大量工作都落在我唯一的助手德朗达（Delanda）先生身上，其工作之繁重已大大超过了对一个最勤勉的秘书所能要求的最大限度，因此，即使日夜操劳也忙不过来。

再者，我认为，由于李兴锐阁下大力协助，为我提供了使用中国电讯系统的方便，使我可以尽可能正确无误地把局势向您电告，故已无必要再向您寄发报告。

然而，我仍将坚持至少向您寄去法国界务委员会在与帝国钦差们商讨后整理的记录以及狄塞尔先生的报告（他在报告中，每次都汇报与赫政先生或王大人及李兴锐阁下晤谈后具体内容）。

但这一切的成功完全是由于瓦尔内（Warnet）将军的一片热忱，在他同意下，他的汉语随从译员调到了我处以接替在我们离开河内时可尔西将军增派给我们的那位译员，此人极端无能，我已将他辞退。

这位新来的译员——巴杜埃尔（Baduel）先生系我国驻广州领事馆主事的内侄，他是澳门人，不仅能操一口流利的中国方言，而且法语的口头与文字表达能力也相当流畅，因此，在反复看了他写的东西后，我觉得只要他并不太忙，还可把他当做誊抄员使用。

由于有了意想不到的得力助手，德朗达先生经过一番卓有成效的努力后，终于能够设法摆脱困境并可以誊抄或请人誊抄我希望转寄于您的各类文件。他甚至还可以把我寄给外交部的报告附在这些抄件上寄您，这使我大喜过望。因为我觉得这些信件在目前虽对您并无多大实际价值，然而我又认为，尽管勘界作业也许为时较久（按目前的进度很可能要多年），但这些文件连同那些报告一起存放在您的公使团档案中，可在需要时备查。

公使先生，以上所述是我今日觉得有必要向您写一如此冗长信件的原因，而如果我省悟到您把阅读这些味同嚼蜡的书信视为一种负担，那么我将觉得如此长篇大论实在是不能宽宥的。但我并不指望，您只看一些文件摘要就能迅速了解内情，这也算是作为自我开脱的理由吧。

然而，我仍准备有意识地在这套公函中补寄两份我将委托下一航班寄往外交部的新报告（第 33 与 34 号）副本。我希望今后能做到不让该办的事堆积如山，以致贻误时机。

（原件第 74 ~ 75 页）

狄塞尔致浦理燮函

同登，1886 年 3 月 16 日发

主任先生：

今日下午2时，我与海士先生奉您之命在镇南关（Chen-Nan-Kouan）与王之春、李兴锐两大人进行了一次非正式会晤，以和这两位中国委员共商勘界工作的具体细节。现将这次会晤的经过向您呈报如下：

在请中国钦差谈谈他们对此事的看法但他们拒不同意先发言后，我就向他们陈述了法国界务委员会认为有利于积极推进工作并使勘界工作具备的准确性所必不可少的如下手段：

法国界务委员会参阅了3月15日会议上的双方协议后认为必须一关一关地逐步向前推进，同时准确勘测各关之间的边境，然后，有针对性地起草一份界约，并附以一份踏勘地域测量图，以认定沿途的边界走向。帝国钦差在对这种做法表示完全赞同以前又提出了下列问题："在我们即将前去的路途上，你们将会发现在峙马与高平河流往中国的入境点之间有一批哨所，这是在安南政府同意下我们在很久以前设置的，但至多也只限于在两三个关隘上有这类哨所，它们位于我们本国边境线前方，而且在这些哨所周围还聚居着中国百姓，对此，你们是否持有异议？"

我回答中国钦差道，我无权与他们探讨此类问题，但不管怎样，只有到现场，法国界务委员会才能判断上述这些障碍是否值得重视。

王之春与李兴锐觉得这种说法言之有理，我又再次询问他们是否接受我们所提之勘界方法。接着，我终于获得了他们对此事的同意。

两位钦差又补充道，他们没有带绘图员随来，故须参照清朝所绘之疆域图，对我国测绘人员的测量结果核实后方能表态是否同意这一测绘图。

王与李又问我，我们是否认为全体勘界委员都应对这一地区踏勘一遍，并说他们掌握着一条连接不同关隘的公路，但在公路与边界间的路径不仅数量少，而且也极其难走，因此，他们对这些困难考虑较多。

我答称，我们也希望使他们尽量免受无谓的辛苦，为此，不妨采用一简便之法即提前数天派几名勘测人员前往测绘地形，双方各派一名委员陪同测绘人员并指挥他们作业。这样，法中两国委员们每到一处关隘会聚时，就能得到一个技术文件并据以拟定界约。

两位钦差对此并未提出异议，于是我顺理成章地提议请他们同意我的看法并按上述条件准予我方测绘人员通过他们的国境，因为他们境内的道路比我们境内的易走。

他们表示同意，条件是享受这种通行方便的人数严格限制在勘界作业所需的人数范围内。

接着，双方达成一致协议，即以连接广西各关隘的那条中国公路为工作基地，并在现场勘测从两边通往边界的小道，以此来确定疆界。

我们向第一个关隘镇南关以西的剥堪隘（Pa-Keou-Ai）的出发日期已在昨日的正式会议上确定，大约在3月22日，因此，这次会议上已决定，由帝国界务委员会发一正式照会，指定双方下次会聚的日期。会期很可能安排在本月21日，地点在南关隘，在那里进行初步的勘测认定；另外，在这次会议以前两三天，负责指挥测绘官员进行工作的两名委员即可按照上述条件往赴剥堪隘。

王和李重又提到，我们在昨日会议以后向他们提出的请求，即希望尽量克服季节和路况不佳所造成的困难，他们代表帝国界务委员会表示，他们并不想在一般的浓雾天气下却步不前，然而也希望我们理解他们的善意而不要在滂沱大雨时也要求他们步履艰难地行进。

我答称我们无意向我们的中国同僚作不合情理的苛求，他们既然表示了诚意，我们也一定相信，双方本着积极推进勘界工作的愿望，我们一定会在勘界委员的私人具体问题上达成一致意见，因为我们双方都愿意为达到预期的目的而尽最大努力，克服个人的困难。

我们这次会晤就在这种相互做出承诺的良好气氛中结束。

（原件第 77～80 页）

浦理燮致克雷定函

1886 年 3 月 16 日发

上校先生：

昨日法中界务委员会在同登举行了一次正式会议，会上决定我们于 3 月 23 日自南关隘出发前往勘界，然后再从南关继续向北勘测直至高平河流向中国的入境点。一俟法中界务委员会全体委员抵达该地后，将再南下至南关隘，并由此向峙马进发。我之所以立即将这情况相告是为便于您做好与这次勘测相应的布置，以确保法国勘界代表团在它勘测的区域内的安全和行动自由。由于须一关一关地前进，所以只要情况允许，我们就得沿边境勘测。若无直路，我们也许只能经同登至室溪的公路前行，哪怕要绕弯路才能抵达各关隘或边境线上其他重要城镇也在所不惜。隶属于勘界代表团的各测绘官员只能测绘同蓝（Dong-Lam）与峙马之间的关隘。因此，尽快将更靠北方（即同蓝与高平河流向中国的入境点之间）的各关隘测绘图掌握在我们手中已刻不容缓。假如我们于本月 27 日到达同蓝，那么勘界工程亦就在这一日期结束并移交给法方代表团。我已将这一紧急情况电告总司令将军先生，问他是否有可能将此问题转呈于您，以便您能以您认为最恰当的方式加以研究解决。根据路面状况来看，可以预料，帝国钦差很可能被迫进入我们的地界勘察，同样我们也不得不稍稍越过边界，经中国地界进行踏勘。我提请您注意这种可能发生的情况，是因为我觉得您在布置保安部队兵力时也可把这一点作为考虑因素列入。另据测绘官员报告，从室溪公路通往各关隘的小道骑兵不能通行。您一定认为，有必要确保这支兵种的护卫力量，而这支力量在大部分时间内将被迫改朝谅山至室溪移动。

我们希望把一部分非绝对必需的行李留在同登。因此，我认为大约只需150名苦力，就能满足我们需要，其中包括测绘官员、文书及翻译所需之苦力。

我准备明日就此事再向您提供更为详尽的情况。

（原件第81页）

吞等（Tu-Doan）乡乡长、馗夏（Khuat-Xa）乡乡长及同官（Dong-Quan）乡副乡长所提供的情况

1886年3月16日

吞等乡：据该乡乡长说，那里已没有华人。他们在安南历（阴历）12月20日至28日曾来这里，人数甚众（2000人），并抢走了一批猪、鸡、大米、上百头水牛与黄牛，因此，目前该乡的牛仅剩30头左右。

馗夏乡：原在该乡安筷（Yen Khoai）村的中国人于3月12至13日离开该乡，返回边界线上的扣渠（Cua-Eté），并抢走了鸡、鸭、猪等物，但水牛及黄牛均未抢。在该乡已没有中国人。

同官乡：自安南历正月初一以后该乡中国人已撤完，在放火焚烧了那卒（Na-Zhuong）岭炮台周围他们自己建造的棚屋后即撤走一空。

那卒岭共有7座炮台，其壁垒尚完好无损，这些炮楼大概都建在山上。

那卒岭仅有一家商店和一个集市点，先安百姓携带食盐和鱼鲜前来这里卖给中国人，他们从先安来此需走三天半路程，而今再也见不到他们来了。

乡长名叫侬季文（Nong-Tu-Ven），家住桑园（Sang Vien）村，其职务系由知府任命的，但因他年事已高，故安立（Yen-Lat）县已指名Vhoang-Thri-Loi暂行代理，但此人亦不愿任职，故在3个月以前已由华清蓝（Hua-Thang-Lam）所接替，但华不司其职已有五六天之久了，当时他前去找到安立县官告了假。

（原件第83页）

浦理燮致克雷定函

同登，1886年3月17日发

上校先生：

兹将下列军人的姓名相告：欧内斯脱·勒克朗施（Ernest Leclanche）；莱昂·科尔斯雷（Léon Corseret）；弗朗索瓦·夏卢（François Chalou）；让·梅克（Jean Maique）——

第三朱阿夫团。上述4人均属第二十三步兵团，现拟将其调入某一朱阿夫团。那个名叫勒克朗施的军人以倪思医生的副官身份随侍其左右。科尔斯雷与夏卢则分别担任德朗达与海士先生的副官。最后，那个名叫梅克的军人则在法国界务委员会中充当膳食总管。

由德拉普尔特中尉先生统率的第二十三团所属之连（该连从属于朱阿夫团，因此，让他们接受我向您提出的行进方案似无多少不便之处，但必须自德拉普尔特连开拔之日起将其给养关系转入另一军团）当于今日离开同登，请您准予他们工作时继续保持现有的军籍，不仅上述副官如此，而且目前在辎重队的军人以及狄塞尔上校的副官儒尔·博内埃尔（Jules Bonnière）、卜义内上尉的副官安托内·德凯（Antoine Dequer）以及我的副官都应如此（后两名系属第一朱阿夫团）。

（原件第84页）

浦理燮致克雷定函

同登，1886年3月17日发

上校先生：

您本月来函收悉，由于您所关注的问题——其目的是准备就绪，以便进行勘界——情况紧急，故我认为有必要立即予以答复。

在昨日信中，我已尽我所能，向您阐述考虑法国界务委员会处境时的各项因素。今后看来难以再为您找到新的因素。

我并不打算向军事当局指明需调拨给护卫队的兵力应为若干，这些兵力应如何部署。除了我在这方面并不内行外，对同登四周不宽的范围内的情况，我也不甚熟悉。我现在能提请您注意的是，必须刻不容缓地向我们提供一切便于我们勘界作业的手段，并且使我们在行进途中免受凌辱，这不仅是为了法国界务委员会个人的安全或便利着想，而且是为了避免因我们方面可能出现的惊慌失措、工作耽误或其他困难所造成的结果。

中国勘界委员是在迫不得已和无可奈何的情况下才与我们一起沿边界行进的，因此，他们利用一点微小的口实——如发生突然事故而惊慌、我们方面可能出现的耽误或困难，或是对某些情况考虑欠周等，都可以使他们据以中途突然停顿并撤走，而又委过于我们。

我觉得向您强调这一危险乃我义不容辞之责，因为您在决定投入多少兵力时当会觉得此乃理应考虑的因素。A-Kam-Tsin在室溪四周的出现使我必须从这方面考虑。然而，我不愿擅越职权，故只把界务委员会的方案呈请军方考虑，而且也没有忘记这一规定：采取何种措施和怎样才能协助本方案得以实施纯属军方的研究范围。

目下尚不能告诉您确切的路线。我设想我们将穿关夺隘地向前推进（我在前一信函中已向您转禀），若有沿边界平行伸展的道路，则沿着这类道路前进，否则，将逐一绕弯道而行。行进的速度将取决于天气的好坏、地形的难度、每个驻屯点的作业时间、帝国界务委员会的起居习惯以及地形测绘是否能迅速完成。

在这种情况下，我倾向于认为，护送法国界务委员会的部队若遇与同登至室溪的公路沿线各哨所靠得很近的地点，则可与这些地点不发生任何关系。我认为，这支护卫队的队长不仅应在这类哨所中觅得补给基地，而且还可在他们的驻防地获得一个小小的物资供应点，以便在必要时可以借用，在我看来这是理所应当的。根据这一设想，护卫队可一分为二：大部分兵力应作为保卫队前进，各测绘官员则在他们的保护下工作；另一部分则留驻在界务委员会驻扎点作为卫队。给养可由护卫队自行解决，亦可从补给基地哨所筹集而得。

我认为，这一办法不仅能保持我们内部的统一，而且还有相当的灵活性，以备应付现场出现的各种复杂情况以及目前尚难预料的种种要求，因为我们现在只能根据一些难以把握的因素来考虑问题的预防措施。

顷接总司令将军来电称，他已通知您，命您与我会商，共同研究在高平河上设置一固定哨所，在室溪河上设一临时哨所，以保护我们作业的安全进行等事宜。这项指示与我不揣冒昧向您叙述的上述浅见相吻合，当然我的这些浅见是否可行还视条件而定；另外，这一指示与您今日来函中提到的方案并无多少出入，所不同者只是护卫队本身所具有的独立性更大，护卫队的兵力数量亦更为增长。我们将要踏勘的地带看来不适宜骑兵行动，您大概与我同样认为，只要 15 名左右的骑兵足以应付，此外，最好派步兵来接替难以继续行进的非洲轻装兵分遣队的剩余部分。

（原件第 85 ~ 86 页）

浦理燮致法内阁总理函

同登，1886 年 3 月 18 日发

内阁总理先生：

13 日上午，我正拟致函邓大人，询问他何时狄塞尔与海士先生可以前往南关与王大人继续他们前一天在同登举行的谈判，并请他把狄塞尔与海士前去南关的确切时刻相告，就在此时，我接得帝国界务委员会方面发来的一份正式照会，现将该照会原文抄件及法文译本一并附寄于后（见附件 I 与 i'），请查阅。这一照会使局势重又发生改变。

事情已不是什么王代替邓的问题，恰恰相反，邓与李巡抚联名的照会中说，他们已在当天接到命他们立即前往勘定老界的上谕。同时，他还请我确定一会商日期以便正式研究勘界的路径与方式问题。

我立即答复并建议我们可以在当天在同登会商。

亦是在当天，我向您电禀道，我对说服帝国钦差采纳那条从各方面看都相当合理的路线并不存有多少希望，同时我又说，除非另有通知，否则，不管怎样，我都准备采纳中国人提出的行进路线，无论它是什么样的路线均拟采纳，以便真正制定出预备性原则。

次日上午，天有薄雾，过不多久，即接得邓的来函，说是无法前来同登并致歉意，虽然这是在他的倡议下我们才商定在同登相会，但他仍未来此照会。

部长先生，我之所以不揣冒昧将上述小事相告是为了对付我们今后在季节提前的施工期内所可能出现的延误现象，当然这种延误也并非没有理由可辩。正是基于这一原因，我在答复中（现将该答复附呈于后，见附件Ⅱ）极其有礼貌地向中国委员们表示，当此谈判的关键时刻，他们竟然利用这一微不足道的口实来加以拖延，这不能不使我感到惊讶。另外，我也有理由相信，他们已十分明白，以前曾有过教训，故今后行事时大概会顾及一些羞耻之心并对自己的随心所欲的行为有所收敛。

次日（3 月 13 日），计划中的会谈终于举行。今附上该会谈纪要（附件Ⅲ），请查阅。我曾于当日用电报向您简略地汇报了两国界务委员会经过激烈争辩后所达成的协议。

我最后终于说服他们采纳的路线符合我们以前希望达到的各种条件。我们可以根据这条路线，沿着从通商贸易和战略地位两方面看最为有利的那段边界前进，这段边界也是辎重车与物资车辆最容易驶入的地区，同时，离我们在恶劣季节的撤离点也最近。若能在勘界的同时解决界碑设置问题，使我在此事上如愿以偿，那当更为欣慰，我亟盼能达到目的。然而，在此事上我遇到了极大的阻力。即使我在此事上能侥幸成功，中国勘界委员们也一定要提出，必须同时讨论界址更改问题，务使条约 B 款所责成界务委员会完成的三项任务中，任何一项都不能孤立地进行。这也是他们的盘算，从王大人与狄塞尔先生及海士先生最近举行非官方会晤时所作的声明中即可以看出他们在这方面的意图已昭然若揭。帝国界务委员会亟盼勘界工程分段进行，希望从无关紧要的地段开始，并在返回后探讨界址更改事宜，至于现在的帝国界务委员会所孜孜以求、亟盼以更改界址为由真正得到边界沿线部分地域转让的那段疆界，则准备留给其他界务委员在秋后勘定，而邓及其同僚亦望朝廷准其所请，由他人接替。

在对王大人提出的路线踏勘完毕后，帝国界务委员会势将要求立即商议解决界址更改问题，而南关至室溪一线，他们更盼迅速解决。不管怎样，要求他们同意在峙马至室溪段一边勘界，一边竖立界碑，而又不同时商讨界址更改问题，那无疑是一种空想，故不必存此指望。

而全体帝国勘界委员生恐与法国界务委员会一起立界后将构成一种承诺，削弱 6 月 9 日条约中可以对细节进行更改的规定。为了打消他们的这种顾虑，我公开说明，在关于安放、设置界石和对界石进行编号的纪要中已有明文规定，凡是经两国政府本着两国共同利益进行商讨批定后须更改界址的地带，其界石今后可以移动，但我的这一说明并无作用。这一前景未能使中国勘界委员们放下心来，于是，我意识到，为了避免为他们制造新的障碍提供口实，我只有同意勘界时暂不设置界石，核心是要制定预备性勘界原则。除了获得这一早已规定的优势以外，我还能获得在最有价值的那段疆界上最确切的边界走向，同时还可以向戈可当先生提供选择某一商埠所需要的确切情况。

随信附上关于此事而在 3 月 16 日发的下列电报：

“昨日在商谈中我们已设法让中国委员们同意：我们定于 3 月 23 日开始从高平河流入中国的入境点与南关隘东南第四隘之间的那段疆界开始勘界。但是，他们拒不同意在勘界的同时设置界石，即使我们作了承诺，即凡是涉及界址更改的界石，今后可以移动，他们亦不答应。

当天，我还把发生的事情告知瓦尔内将军与戈可当先生，而且还提请他们注意广西巡抚那种惯有的乖张态度，这种态度在那天的会议上已达到令人不堪忍受的地步。毫无疑问，就是因为这位李巡抚，我们才受种种令人难以接受的议案所阻，而长期无法继续勘测，也是因为他，我们才不能早一点说服中国勘界委员把自己的行动严格限制在纯技术的职责范围内而不制造种种障碍，这些障碍实质上无异于把 6 月 9 日条约重新辩论一遍。正如我以前曾经指出过的那样，我们现在必须时时提防来自他的不良用心。他生恐在目下会给我们提供一种明显的证据。我则希望为戈可当先生提供一些力所能及的帮助，以利于他的贸易谈判，于是以补充勘界物资为由，通过非正式渠道，向这位巡抚暗示，法国一位勘界委员需要一张护照以便在一位翻译陪同下前往龙州，再从龙州经淇江返回东京。这样，我当时指派倪思医生前去执行的下列任务可以得到完成：一，考察自淇江流入中国境内的入境点至龙州一段的水流；二，勘测淇江与高平河的汇流点；三，研究该两条河流上下游在靠近东京边境处商业活动的开展状况；四，考察龙州城的地位及在广州河上的内河航行条件。根据别人在这一谨慎步骤制定后向我所做的报告，其他中国勘界委员本来打算发给我们所要求之护照，但李巡抚却断然拒绝，其理由是条约上只规定，勘界工程结束后才能开放边界。

李巡抚即是以此为幌子毫无顾忌地表现了这番失礼之举，而且其恶毒用心已昭然若揭。发给一名法国人的护照，照例没有任何理由可以在一开始就加以留难，要是同一位法国人，不是经东京进入广西境内，而是由广州河进入该省，则护照就可能发给。我清楚地记得，总理衙门曾于 1882 年欣然同意发给一个名叫嘉利的法国人以护照，准其经老街由东京前往云南。李绝不是受条约束缚不能发给护照，而是完全出于他个人的主观随意性。”

另外，我在本月 15 日又接到我国驻中国公使的下述电报：

“（天津 3 月 14 日电）朝廷已驳回中国委员们的告假奏本，并已对他们严词切责。而且要他们前往勘界以制定基本原则，还正式宣告，界址更改只有等全面勘界完工后方能考虑。在与李鸿章谈及此事时，我只对他说，最好应把下栋（Hadong）与思陵州之间的那部分地域勘定。当然，竖立界碑也极有价值，然而，首要问题是在地图上划出一条确切的边界走向线。”

我高兴地看到，我对形势的看法与戈可当先生的估计竟然不谋而合。即使没有此电，您在同天（3 月 15 日）发出，我于 19 日接到的那份电报也同样会使我对这种见解上的一致感到兴奋。

在 15 日的非正式会议后，双方约定，次日，两位法国勘界委员将前去与两位中国委员商定具体细节，在动身以前，将这些问题商妥将大有裨益。

卜义内与海士先生确实在南关与王大人及李兴锐大人进行了会晤，有关该次会晤的报告随函附寄于后，参见附件 IV。

我方这两位委员所取得的成效卓著。在我们的会议纪要上设法附以我方自己的测绘员所绘之测量移印图，这一收获可谓大矣！然而由于我方委员与王及李兴锐之间的会晤尚属非官方性质，所以我还在思忖，帝国界务委员会的其余成员是否对他们两位代表所做出的承诺表示首肯，因此，也只有等事情发展的结果证明果真如此才使我信服。因为我发现我的中国同僚信口开河、食言自肥的事例太多了。因此，只有等商定的方案变成既成事实后，我才能相信，我们与他们之间已就某一问题确实达成了协议。

（原件第 87 ~ 94 页）

浦理燮致克雷定函

同登，1886 年 3 月 18 日发

上校先生：

邓向我提议，本月 22 日（星期一）由隘关（Airo）开始勘界，直达峙马，然后再从峙马回到南关以便继续向北勘界。我认为，军方需要在绝对安定的环境下按原计划换防，故接受了邓的建议。今特去信，以及时把此事相告，丝毫不敢耽误。

（原件第 95 页）

浦理燮致谅山高级司令官克雷定函

同登，1886 年 3 月 18 日发

上校先生：

您本月 17 日第 308 号来函已悉，特此奉告。

我未能遵嘱与您就总司令将军在您转来的电文中要求在其指定的地点建立哨所一事进行会商，此乃一大憾事，我深以为歉：我对那一地区既无确切的概念，对当地情况也一无所知。可惜的是，这块地域的面积在我们的测绘官员所能测绘的地区中，可能是极其狭窄的，今后一旦需要，我当不揣冒昧，对之做出估计。

然而，我重复一遍，在目前我并不掌握任何充分的资料。

但是，对于地形测绘问题我是始终关心的，这一点您大概并非不知道。在最近三个月中，测绘官员们虽然担负了这一地区的测量任务，但未能如我所愿，积极地把工作向前推进，这使我深感遗憾。如果目前不考虑及时弥补上述现象所带来的后果，则界务委员会的工作进程势将受到影响。至于护卫队的组成及其进军部署，我在最近的数封去信中已说明，我觉得此乃我无权表态的事。

军方是唯一第一对护卫队职责和职能进行规定的机构，也只有它才能对可能发生的一切事件承担责任。

我在最近两份去函中已将我可能向您提供的关于界务委员会的目前处境以及它的打算告诉了您，俾您作为估计情况的基本依据，今后，我还将继续向您提供凡是我认为可能对您有用的一切信息。（以下“又及”一段因字迹过于潦草，难以辨认，故从略——译者注）

（原件第 96 ~ 97 页）

浦理燮致邓承修函

同登，1886 年 3 月 18 日发

阁下：

本日来函收悉，特此奉告。来函中建议，自本月 20 日起，从南关隘开始勘界，次日（21 日）向东继续勘测直达安天隘（Ai-Tiem-Aï）或称峙马（Kima）隘，然后再由此返回南关，在那里停歇一日，即继续向西勘测，直至水口（Chouei Kéou）隘。

您今日向我提的这一建议在许多方面与我们 15 日正式谈判中所商定的方案毫不相同。因为我们早已一致同意勘界工程应自南关隘（Nan-Kouan）开始，然后继续向西前行至高平河流入中国的入境点止，再由此折向南关（Nan-Kouan）。到达南关后，我们再向东勘界，直达峙马（Kima），若有可能，还可以继续前行。最后，我们的行期应定在 3 月 23 日。

上周一在正式会议上所定的协议不应通过来往两封并非纯属官方性质的信件就加以修改。因此，我提议，在双方勘界委员聚集于南关共同在那里勘界时才正式对上次做出的安排进行修改。只有以此为条件，我才接受您本日信中所述的提案。然而，我仍然有必要提请您注意，当时商定的是向西勘界，也并不直达水口隘，而是抵达高平河流向中国的入境点。因此，我们至少应勘达这一地点。正如您来函中所说，在我们自安天隘（峙马）返回南关后，当然仍只能在那里休整一天，然后再从那里出发，继续勘界直达我们商议好的上述地点。

我们星期六（本月 20 日）应于何时抵达南关，务祈见告为盼。

（原件第 99～100 页）

浦理燮致克雷定上校函

1886 年 3 月 19 日发

上校先生：

我在本月 18 日奉上一函，把我们已同意邓的请求一事相告，即：在南关与峙马之间的地域开始勘界。我之所以同意这一建议是为了使军方有较长的时间采取措施，并能让其顺利度过部队的换班时期，不致招来过多的麻烦，因为这一交接班时间适值法中界务委员会正式开始作业。

我希望这种方案能为您提供方便。明日（本月 20 日），法方界务委员会将前往南关，护卫队仍按惯例为 100 人，均系非洲轻装兵，委员们将留在同登过夜。

22 日将从同登前往由隘关。从那天起，我将尽可能采取以下路线：

23 日由官县（Quan Huyen）营地赴板栗（Ban-Roï）

24 日由板栗至由隘（Ai－Loa），扎营于谷隆（Cau-Rien）

25 日由谷隆至坤隆

26 日由坤隆至那卒隘，扎营于那标（Na-Pia）

27 日由那标至海安（Hai An）

28 日由海安至谅山

29 日由谅山至同仆

30 日由同仆至峙马［扎营于牧山（Mauson）］

31 日由牧山至同仆

4 月 1 日由同仆至同登

您当会注意到，在上述路线中，已考虑到不可能向牧山高原以东进展，而这种情况使我们的踏勘行程延长了四五天。那卒隘与峙马隘之间的直线距离看来不会超过 10 千米。因此，必须核实一下是否确实存在妨碍穿过牧山的重重障碍。若有可能，务请把您对此事的看法见告为感。根据您收集到并转告于我的情报，我们的路线也会有所变化。根据以上情况，我设想，由于中国勘界委员参加，大概不会出现什么障碍，这一点请您务必注意。但对这一问题我仍须持必要的审慎态度。从上述情形看，您当会意识到采取一切必要的部署是完全应该的。我打算把那名传递信息的脚力带在身边，随界务委员会一起行进，他曾经伴同测绘官员们工作。然而，若蒙您能派出数名熟悉边界情况的官吏或一批能向我们提供正确情况的向导，则不胜感激。Vavau－Ly 或他的几个儿子大概能完成此项使命。然而，我也只不过把我们的需要向您提醒一下，我相信，您一定会尽力而为，满足我们的需求。

此次随界务委员会行进的人员和牲口计有：

4 名委员

一名秘书

两名测绘官员

一名安南译员

一名安南文书

一名中国文书

一名中国译员（ + Baduel 先生）

9 名副官

9 名安南男仆或厨师

13 匹小种马

（以下因字迹过草，故仅译其摘要——译者注）

我深信，您所采取的部署一定是从有效地协助我们作业并使我们的行进得以在最佳条件下进行这几方面考虑的。……

（原件第 104 ~ 105 页）

浦理燮致谅山驻军司令克雷定函

同登，1886 年 3 月 19 日发

上校先生：

我本月（3 月）17 日关于请求为我们的副官提供给养的信中本来还涉及您所需之情报，但由于抄写疏忽，致使最后一句抄漏，故未能如愿。

不管怎样，我得悉后立即将上次信中抄漏的那些情况在去函相告如下：

界务委员会的随行副官的姓名如下：

埃尔内斯特 · 勒克朗施，倪思医生随从

莱昂 · 科尔斯雷，德朗达先生随从

法朗索瓦 · 夏洛，海士先生随从

让 · 马尔尼，界务委员会膳食总管

上述 4 人原属第二十三步兵团德 · 拉波尔特（de Laporte）先生统带之连所辖，现已调至第三朱阿夫团。

其余副官为：

让·马雷耶（Jean Mareiller），系第二十辎重队所属，现为狄塞尔上校随从

儒尔·博尼埃尔（Jules Bonnières），系第一朱阿夫团所属，现为卜义内上尉随从

安托尼·杜克洛瓦（Antoine Duquerroy），系第一朱阿夫团所属，现为界务委员会主任随从

（原件第106页）

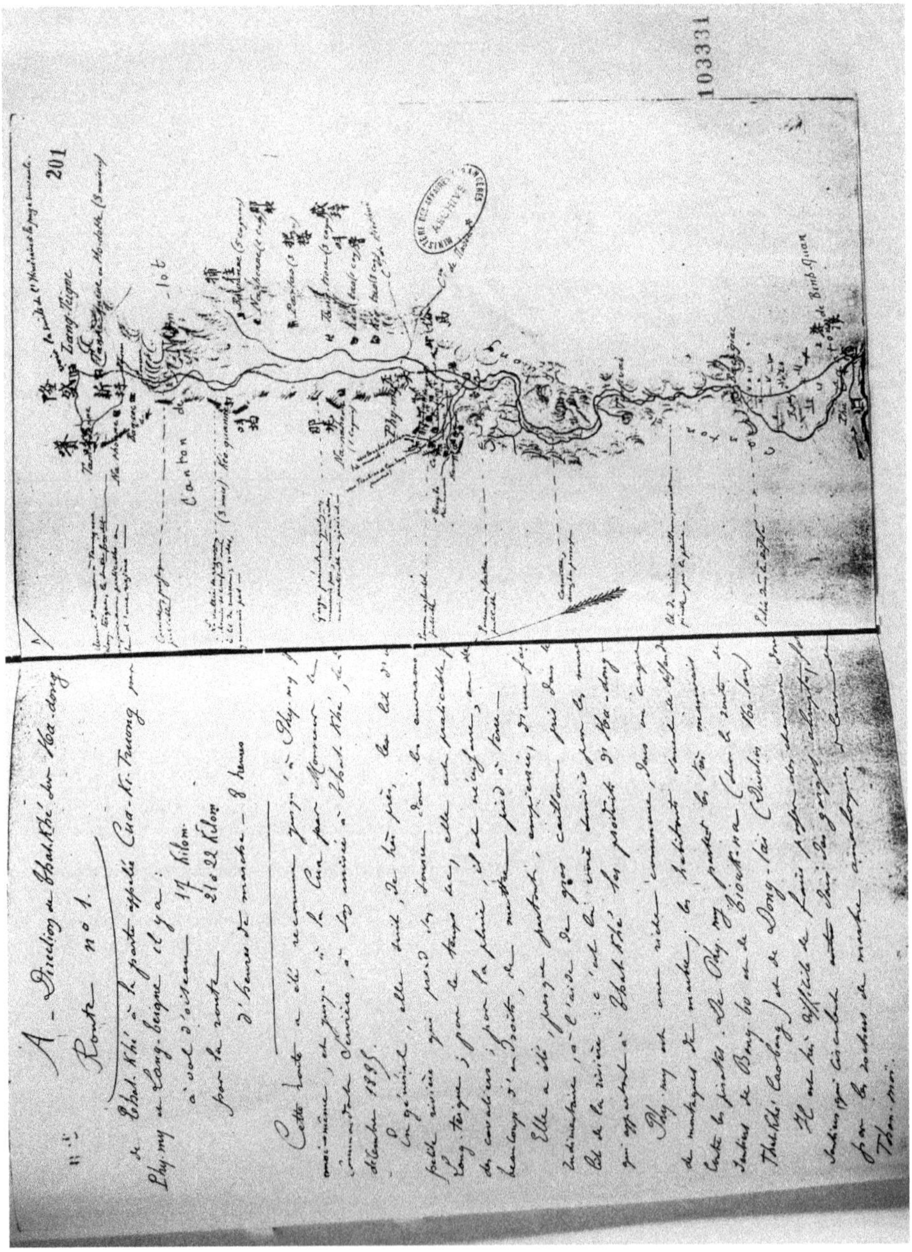

A – Direction de Thất Khê sur Ha-dong

Route n° 1.

de Thất Khê à la porte appelée Cua-Ki-Truong par Phy-my et Lang-beigne il y a :

à vol d'oiseau — 17 kilom.

par la route — 21 à 22 kilom.

d'heures de marche — 8 heures

Cette route a été reconnue jusqu'à Phy-my moi-même, et jusqu'à la Cua par Monsieur le commandant Servière, à son arrivée à Thất Khê, le décembre 1895.

En général, elle suit, de très près, le lit d'une petite rivière qui prend sa source dans les environs Long-teigne ; par le temps sec, elle est praticable des cavaliers ; par la pluie, il est nécessaire, en beaucoup d'endroits, de mettre pied à terre.

Elle a été, presque partout, empierrée, d'une façon rudimentaire, à l'aide de gros cailloux pris dans le lit de la rivière : c'est la voie suivie par les marchands qui apportent à Thất Khê les produits de Ha-dong.

Phy-my est une riche commune, dans un cirque de montagnes de marbre ; les habitants savent se défendre contre les pirates. De Phy-my partent les très mauvais sentiers de Bang-bo et de Tiouk-na (dans la route de Thất Khê Caobang) et de Dong-lai (Direction Ha-lan).

Il est très difficile de faire passer des chevaux dans sentiers qui circulent entre deux des gorges abruptes, par les rochers de marbre analogues, Than-moï.

201

Lang-Teigne

Canton

Phy-my

de Binh-Quan

103331

图 3

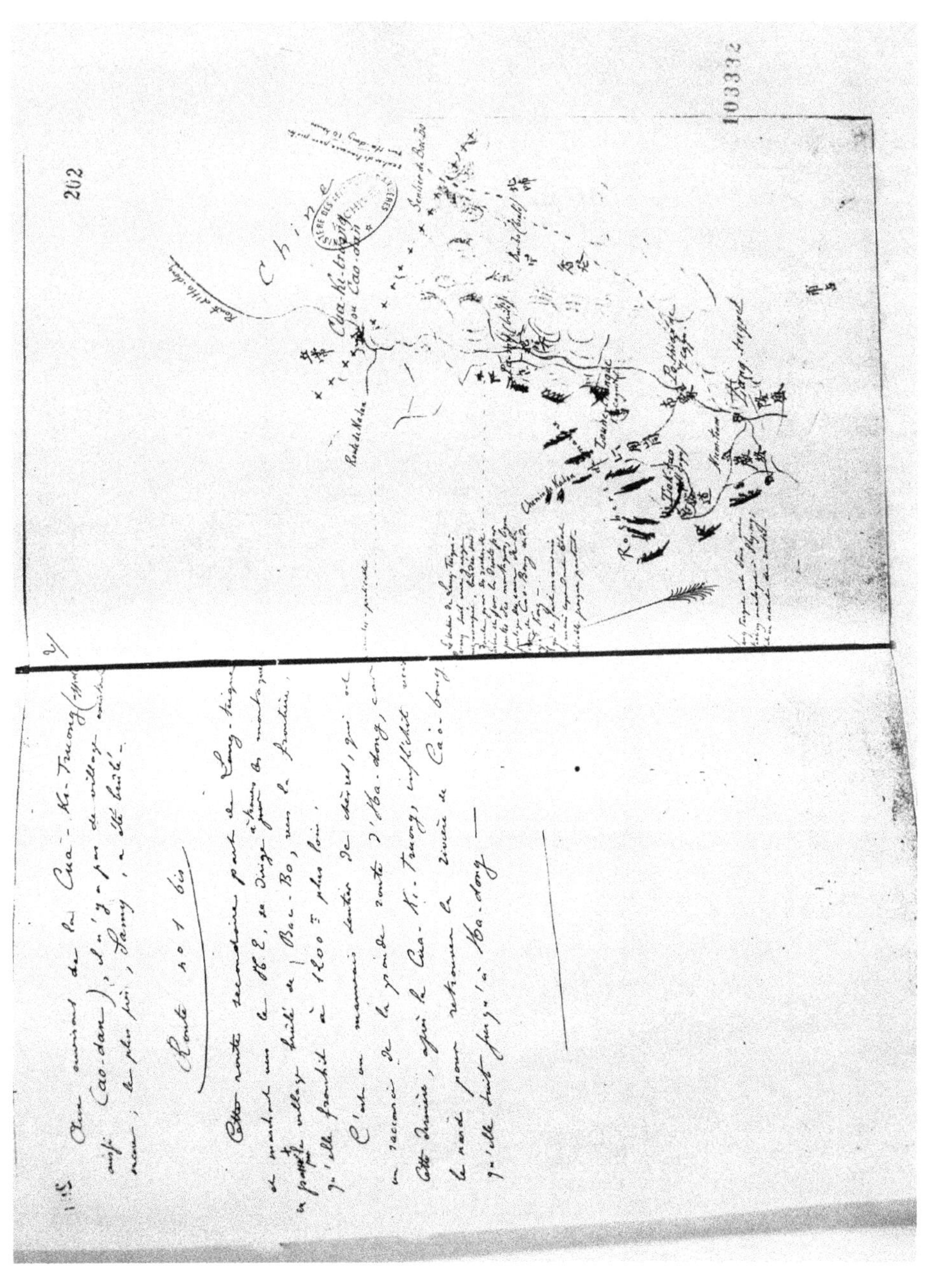

图 4

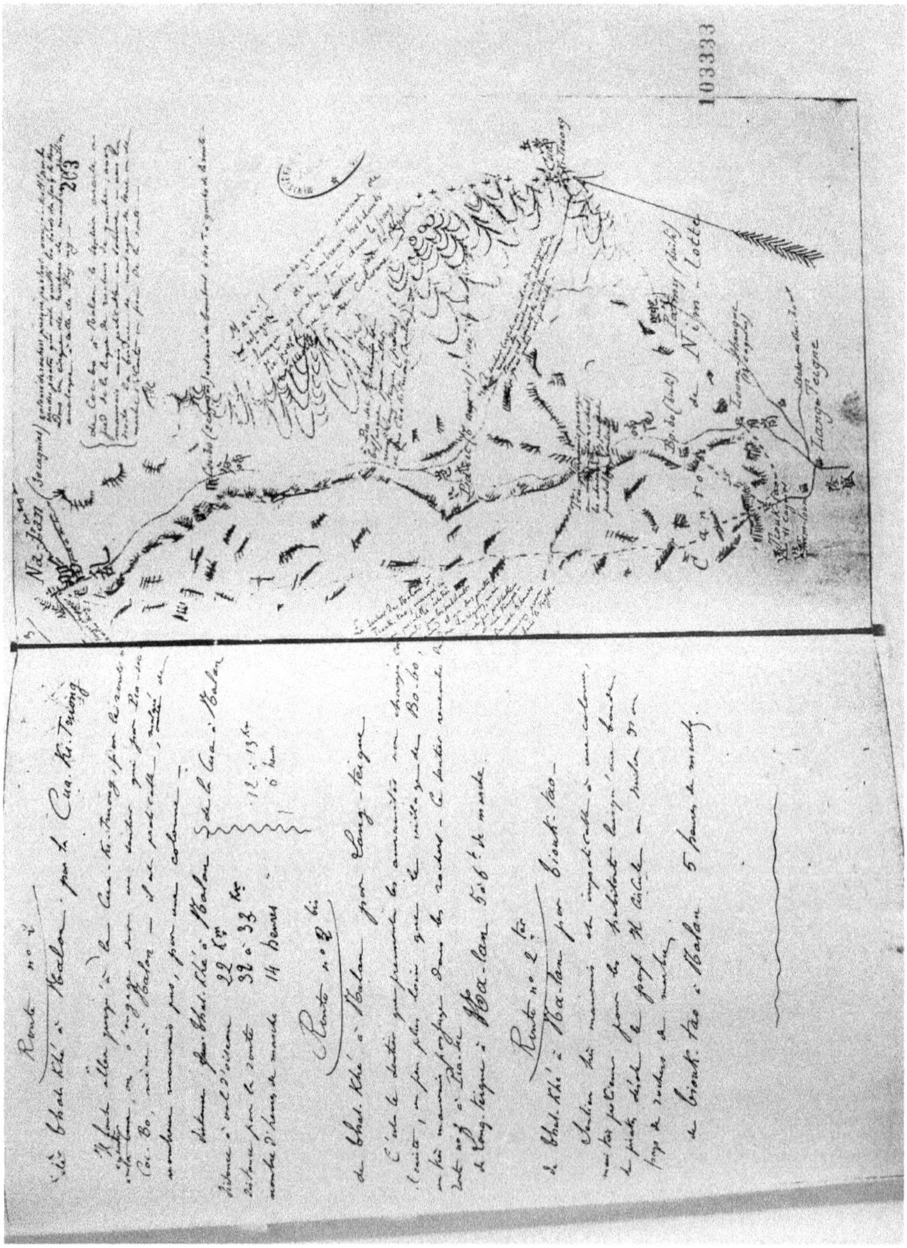

图 5

图 6

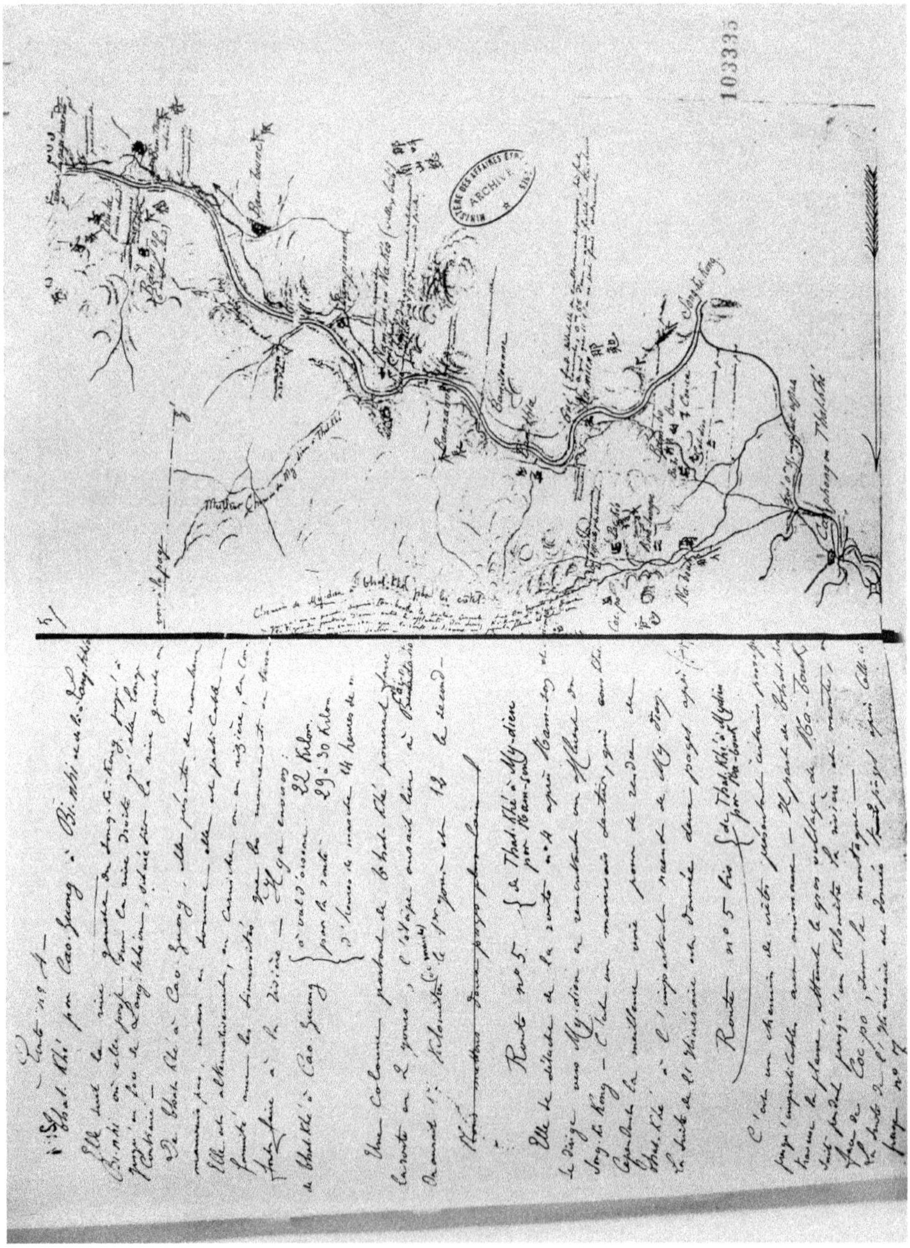

图 7

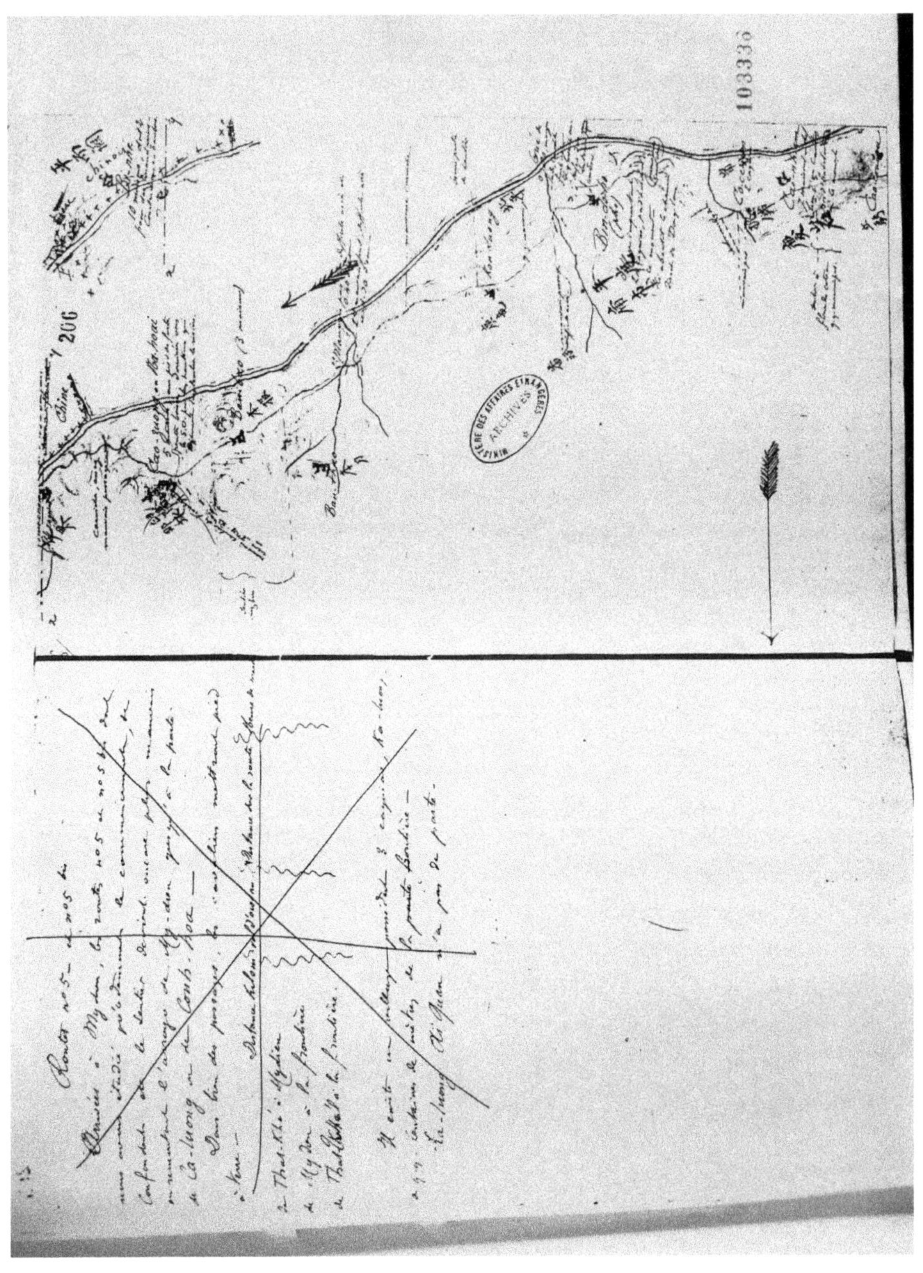

图 8

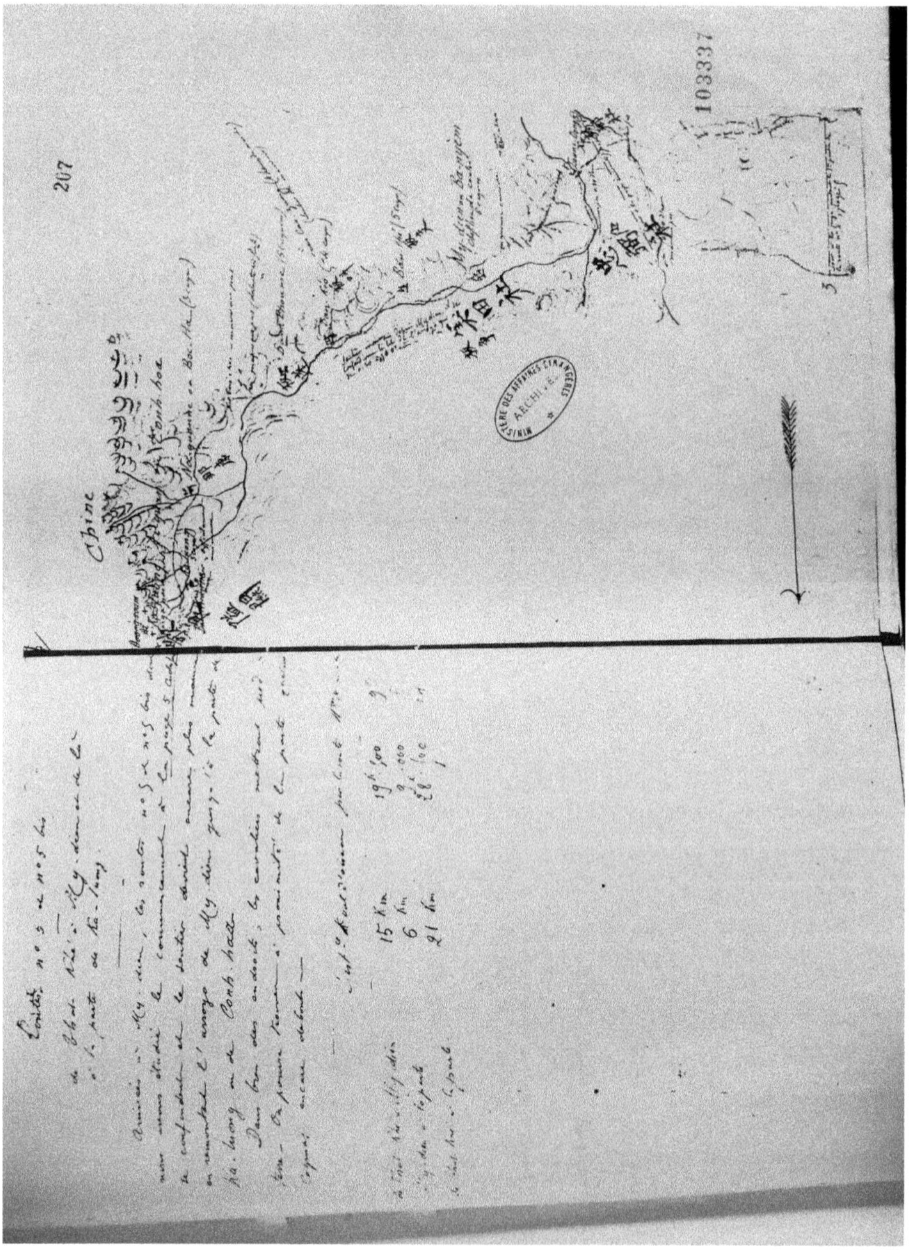

图 9

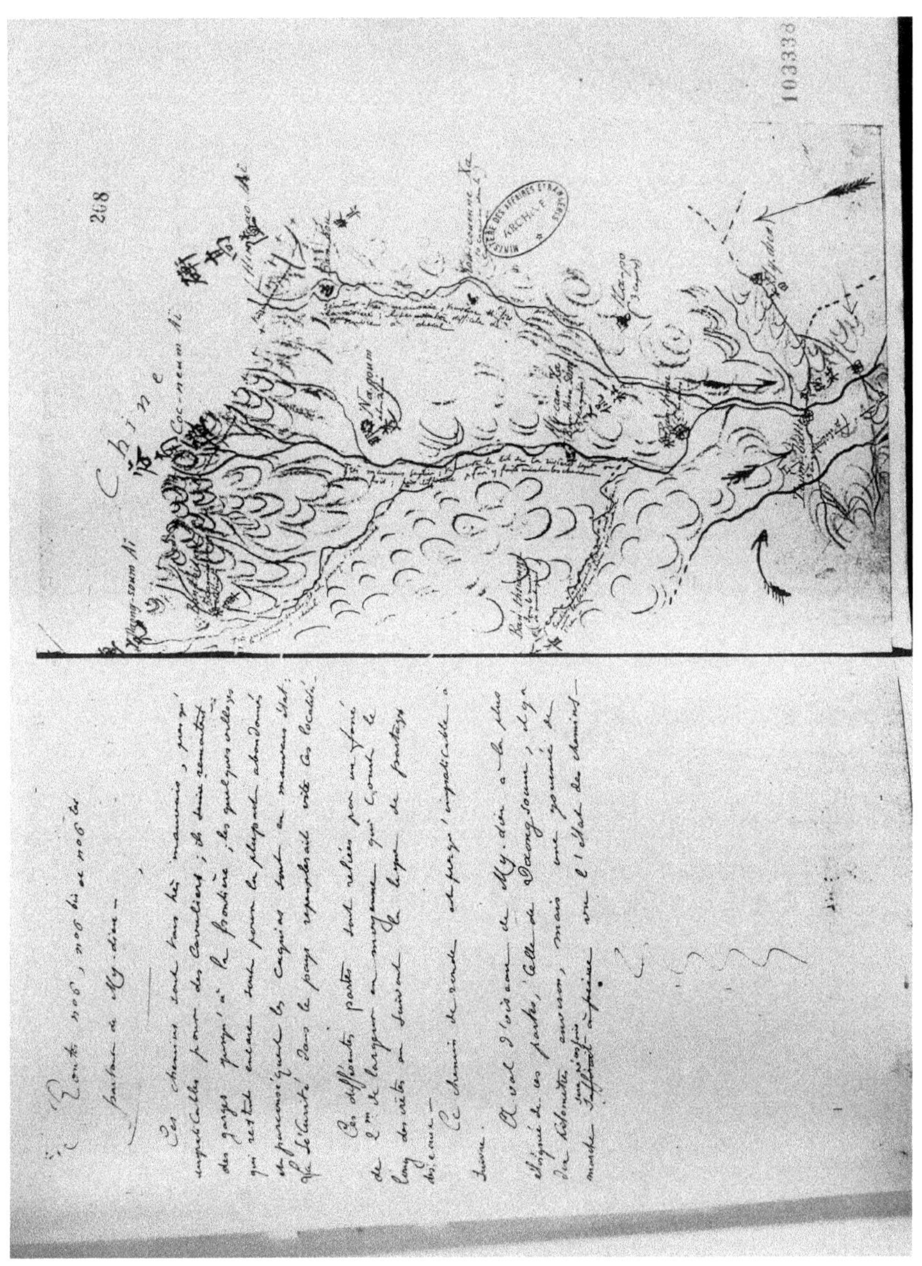

图 10

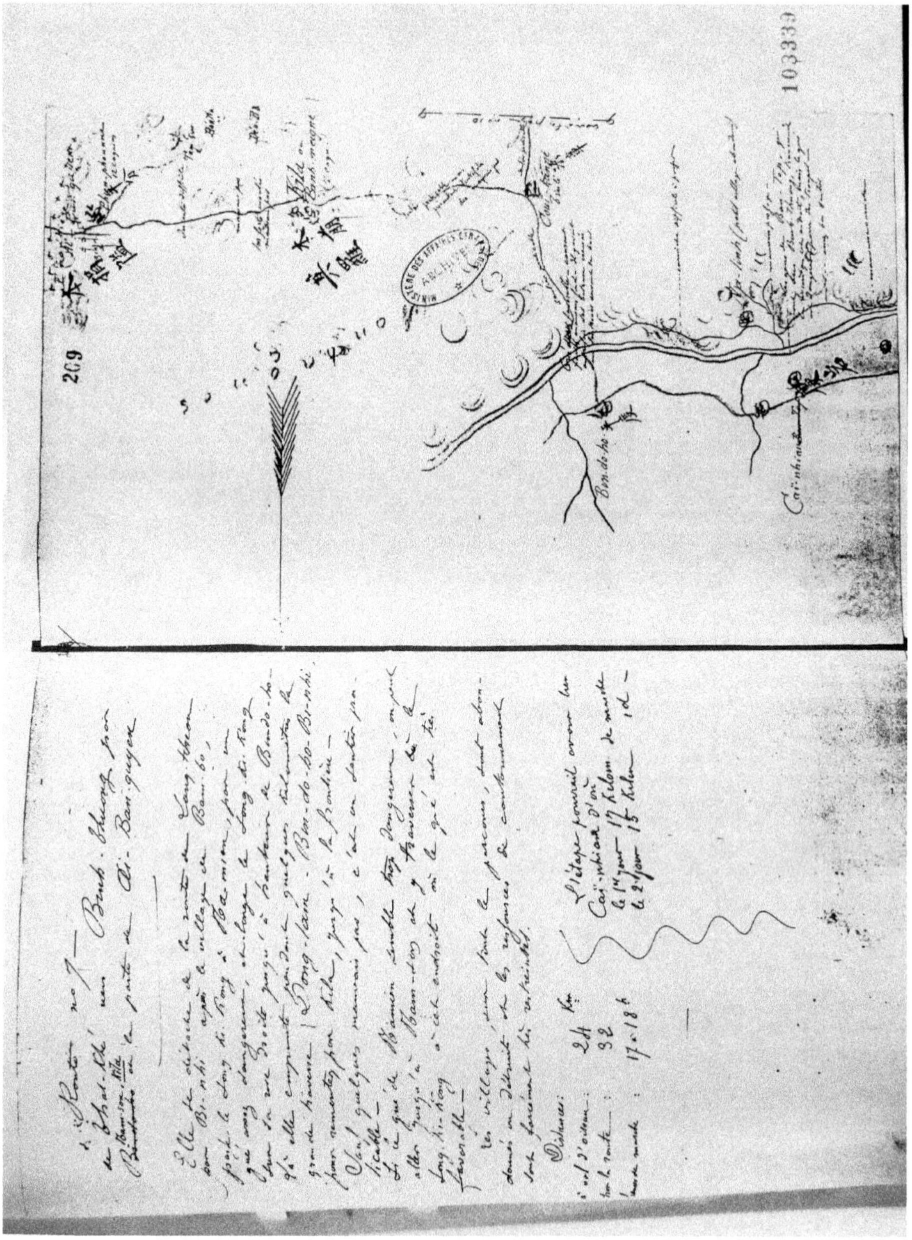

图 11

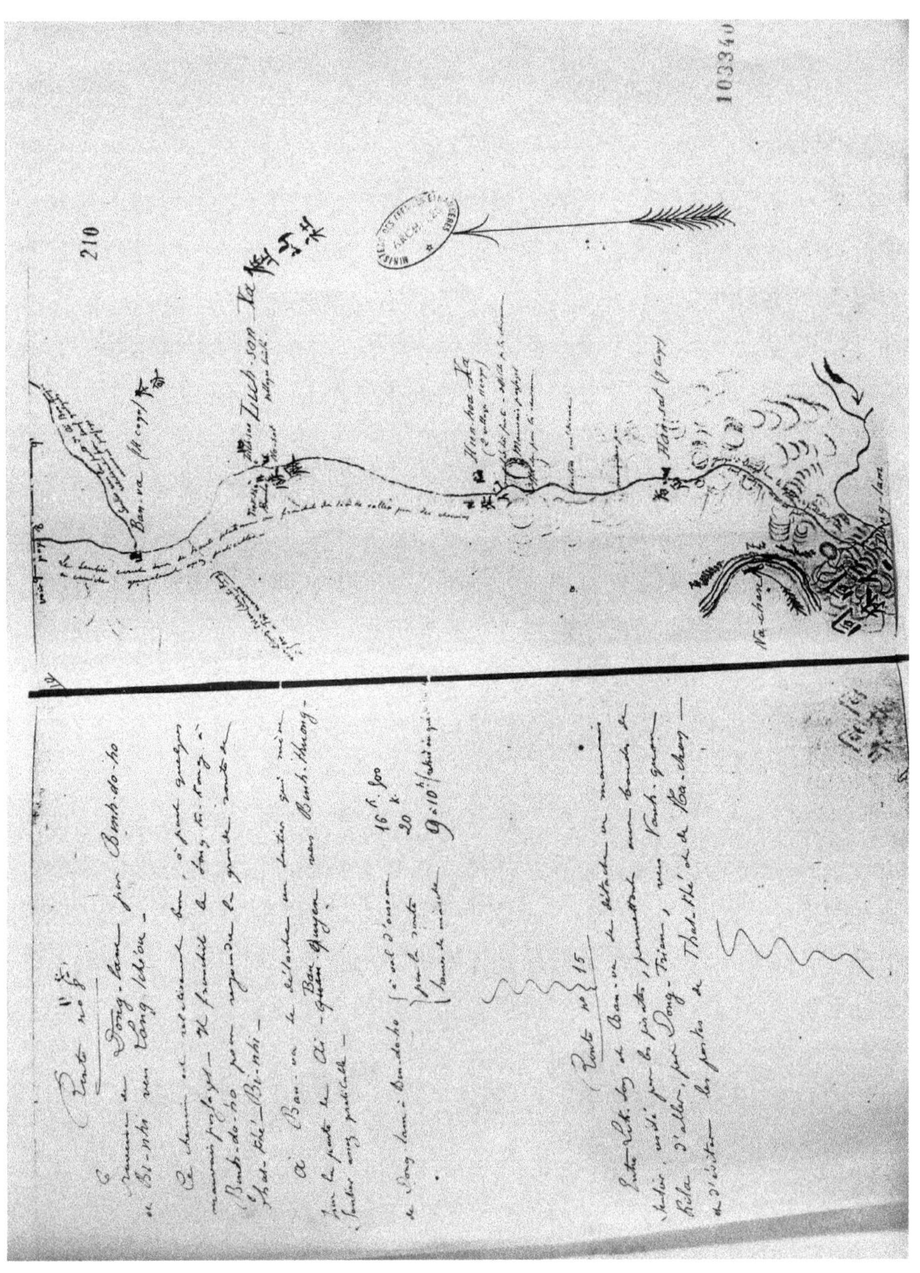

图 12

东京驻军代理司令瓦尔内（Warnet）准将致同登界务主任浦理燮函

河内，1886 年 4 月 2 日发

主任先生：

3 月 26 日来函悉。请相信，我很理解您所遭遇的困难以及您的中国同僚种种行为所给您造成的如履薄冰的精神状态。当然，对于中国人的所作所为，我是亟盼尽我之所能加以防止以免对您不利。

然而，您也知道，我无权干预界务委员会的作业，而我的作用也只是在力所能及的范围内给予您道义上的支持以及各种帮助。尽管我的人力物力有限，且由于八个营和十个炮兵连突然全部遣返回国而使我面临重重困难，我仍然竭尽全力，设法做到了这一点。

您简直难以想象要在老街城郊换防该有多大的艰难。要是上述部队稍晚些时候回国，我们即可占领高平、河江（Hagyau）及整个边境。然而，我奉到命令后只有执行并继续在老街近郊布置军务，这一军务，我认为是至关重要的。我已向您派去了我手下可以调遣的测绘人员，但是，您也当能体察到，我的真正称职的测绘人员并非没有限额。

我觉得再无必要就（中方）插旗一事致函戈可当先生，因为您已将此事告知了他，更何况这事纯属界务委员会作业范畴，我觉得，插手部长严禁我过问的外交事务是不应该的。

然而，我今日仍把从一批匪首身上截获的一宗信件寄给了他，这些信件证实，中国军方与这些首领始终保持着良好关系。我想，他阅后将按照他认为适当的办法行事。我饶有兴致地阅读了狄塞尔上校的报告；您对于这位优秀军官的评价并未出乎我的意料，而当我根据部长的意愿派狄塞尔至您处参加界务委员会工作时，我觉得我给了您一名多么难得的助手。我甘心放弃一个难能可贵的伙伴睿智忠诚的协作是需要我把公益心凌驾于私人利益之上的。

我衷心祝愿您和他的共同努力卓有成效，无论中国全权公使提出什么冠冕堂皇的要求，你们最终一定会完成自己受委的任务。

（原件第 211 页）

狄塞尔等勘界小组成员致浦理燮函

同登，1886 年 4 月 3 日

团长先生：

您业已知道，勘界工作已于3月20日在南关隘前开始。大家一致同意以南关至同登公路上、离南关100米处的一座桥为边境点，然而，当天无法勘定其他边境位置，因而顺延至次日上午继续进行。

于是，3月21日上午8时，我们又继续前往南关，王、李两位阁下引导我们经其本国境内之道到南关东面的第二座炮台。他们的护送人员为一批被李翻译称为“老百姓”的中国人，其中有凭祥的世袭官。

帝国钦差们问那批被视为当地百姓的人，何处是边界。

得到的回答是，在我们的测绘官绘的地图上标高351的丘契山峰顶是一个边境点。此峰位于咘口局关（Bo-Cuc-Guan）村东北，几乎处于该村与南关隘的正中。

安南驿夫长住在边界附近，这次也陪同我们勘界，他亦证实了这种说法。于是，帝国钦差与我们一致认定，该山峰即为目前的边界点。

接着，中国人声称，耸立在南关隘与上述山峰之间的山脉属中国所有。这支山脉一直绵延至同登河，并俯瞰该河以及由隘（Airo）至同登的那条路。有鉴于此，这支山脉有相当重要的战略地位。而那位安南驿夫长却宣称，这支山脉系在安南境内。我们补充道，根据同登乡乡长所说，我们当时所在的炮台系中国人在安南境内修建的，因此，边界线应在该炮台之北以远经过。

帝国钦差坚持其同胞的说法，并且还说，帝国代表团离开后，那名军官还须致函北京朝廷，说明中国的版图寸土未失。

我们答称，我们只能与帝国钦差打交道，而中国百姓的说法并不比与之针锋相对的安南人的说法具有更高的价值。界务委员们应理智冷静地考虑各种情况，特别是在枝节问题上更应本着和解通融的精神加以处理，此乃他们义不容辞之职。

王阁下笑着承认，上述那支山脉不值45元（原文如此），要是这支山脉系他所有，他会心甘情愿地无偿奉送。要是这支山脉在军事上无足轻重，要是我们并不觉得有必要在一开始就表明我们的态度，即我们随时准备保卫我们认为属于我们权利范畴的一切东西，那么，我们也愿意出让。然而，我们还是建议，把从南关隘起，几乎绵延不断地直伸至丘契山山峰（在界约的附图上标高为351）的一条细小的最深谷底线认定为边界线。

帝国钦差们答称，他们无法接受这一界线，因为他们的“老百姓”已有断言在先。

李翻译说，安南驿夫长自己也承认，中国人的论断是正确无误的。

然而，不仅李翻译的这一声明被证明毫无根据，而且，此后，经我们核实，发现凭祥的那位官员曾经威胁过那驿夫长，如他坚持自己的说法，则将差人把他及其家人关押入狱。

李翻译也声称，既然大家只限于进行边界的勘测，那么帝国钦差也无法同意我们提出的把一块中国领土划出版图以外的议案。

这种看法与前一天由帝国钦差及李翻译提出的那种观点大相径庭，因为他们曾一致要求不在南关隘原地勘测边界，而在距离南关前方一百米的一座小桥处勘界。

由于大家即将分手，而又没有能相互取得谅解，也没有采纳任何办法以继续有效地开展工作，我们遂提议，一致确认下列各点：南关隘与351高峰系边界点；帝国钦差所认定的边界线以及我们所认定的边界线均应在界约的附图上标出；最后交由两国政府拍板定案。这一提案获得了同意，于是双方约定，22日上午10时会聚于同登，然后前往由隘以勘测自351高峰至由隘一段的边界。

次日（3月22日），法中两国代表离开同登前往由隘。道路沿同登河直伸至该河源头那丕（Na-Phi）附近处。河谷极狭窄，可供辨认边境线的标志极少。然而，两国代表团终于再次认出标高为351的丘契山峰及那丕山口，此山口大概是东京通往中国的道口。我方还注意到，修筑在南关以西的悬岩上的中国各炮台在相当长的距离中，俯瞰着河谷及公路，并可对之炮击。前一天，我们在尚未踏勘全境的情况下认为南关隘与“劈刀口”（Col du “Coup de Sabre”）之间的一些高地在军事上具有重要地位，但从这一形势看，我们原来以为这些高地所具有的战略优势已丧失殆尽。

在那丕村以东，道路翻越一座将同登河与大溪（le Suoï Daï）分开的山口。由这一山口起，我们即离开淇江流域而进入纯属中国的那座山坡。这一山谷相当狭窄，四周是山，山顶呈圆形，与孚日山脉的圆形山峰相似。这排山峰向北又与凌驾于它们之上的那竜（Na Long）山相遇，同时俯瞰这排山峰的还有一座山脊。那竜山巅筑有一座中国兵营，而那座山脊自那竜山向西下伸直达由隘。那竜山是位置更偏西的又一座山峰，其上筑有一座现已废弃的中国炮台；该山与由隘均被认定为边界走向线的定界点。

除了我们不得不走的那条道路外，任何其他路径都不沿边境走向，当然就更不存在通往中国境内的横路了。

最后，该地区的自然环境也使人不敢步行向真正的边界线进发。在这种情况下，两国代表团认为，唯一切实可行的办法是测定几个相距不远的地点，然后指明这些地点之间边界的大致走向。

这一方案被认定为起草界约的基础。

在抵达由隘以后，两国代表团进行了会商以确认勘界的结果。一直有当地官员和百姓陪同和帝国钦差就南关隘与标高351的丘契山峰之间的边界走向线再次提出异议。他们声称，根据新的资料可以断定，这座山峰完全属于中国，因此，如果他们同意以该山峰为边界，将受到国内百姓的一致声讨。他们还毫无顾忌地说，正确的边界线应该伸至同登河。我们的陪同人员仅有安南下龙县知县，他对当地情况一无所知；然而，我们坚持前一天的勘界结果。因此，我们声明，在这一片边境区域，除离南关隘一百米远处的那座桥和标高为351的丘契山峰以外，我们不接受任何其他地点为边界点。在这两处之间，我们不同意修改业已勘定的界线，然而，我们同意中方代表保留在界约中声明双方存在分歧点的权利。

至此，两国代表团遂分手告别，并相约在23日至芝农（Chi-Nung）议定界约。

3月23日，两国代表团自芝农至板栗（Ban-Roï），与前一天一样进行作业，即驻扎在道路的地势较高部位以便观测边界线上的几个地点。双方就这样勘定了称为“板票隘”（Pan Piao Aï）的山口，山口间有一条小径横贯其中，一直通往宁明州（Ning-Ning-Tchéou）；此外，还勘认了该山口西面及东面的两座山峰。从东面那座山峰起，我方测绘官维尔聂与波安两先生，因时间不够，而且没有可通之道，故无法测绘我们所经之道路与边境间的那块地域。他们只能根据他们自己向百姓收集到的情况以及某些已认定的地点所测报的距离绘定一条边界走向线。因此，在我们手头所据有的那份略图上，已标定的边境线与本来可以测绘的地面之间，留下了大片空白。

另一方面，我们在途中遇到的为数相当有限的安南人（在我们将到时，村庄已悉数被撤空）一致断定，边界经过离谷底最近的那座山脊，该山脊以南系东京地界，其北则为中国地界。这些论据已被帝国钦差们牢记在心，它们可使我们测绘官原先画在地图上的那条边界线向后移1千米宽、7至8千米长的面积，故有利于中国，我们感到，这将引起纠纷，而且在当地百姓反复声明面前，我们将无言以对。迄今两国界务委员会一直按照我方测绘人员所提供的文献资料工作，因此，我们认为现在该由我们来催促帝国界务委员们提供他们的地图或文献了。

我们甫抵板栗，海士先生带上一份界约草案和附图，开始与赫政先生及李翻译接触，以便共同拟写一份界约。下午5时，双方代表开始会晤，并一直商谈至晚8时。王与李百般刁难，他们认为用南关隘前的那座桥来表示国界，与中国通行的地理书的说法完全相悖。这些书中都提到应以溪水为界而不是桥。我们费尽唇舌仍是徒然，最后当然严词拒绝并让李兴锐明白，一条溪水乃一条线，而我们只应测定一个边界点。

中国代表团一直坚持以自己的地理书为依据，拒不同意使用安南地名来为自己勘定的地点定名，但又不提供任何汉名来取代这些安南地名。最后，在并无任何其他标志的情况下，我们只能用字母来表示业已勘定的地点。但我们觉得此事关系不大，因为界约的附图还须经我们双方签署，这样，它将形成永远不能否定的正式文献，并承认我们的工作的精确性，中方界务委员对这一精确性大概也无法表示怀疑。

中方界务委员提出，虽然他们对我们所划的大致走向线尚未直接勘测其全线，但对这一走向线还表示接受；然而他们又提出，这条走向线有可能横贯中国的地产或将中国人某些宗族的坟茔划入安南边境附近，而祖坟是人人都坚持要保留在自己国土上的。于是，他们要求达成一项协议，即边界线决不能横贯某一地产，无论中国或安南地产均不例外，因此，此界线凡遇地产即应绕开，并能把位于附近的中国人坟茔亦划入中国境内。我们最初觉得这种绕行无关紧要，但仔细一想，就觉得我们无法掌握由此带来的一切后果，我们遂决定，不应把中国同僚所要求的条款写入界约中。王与李遂声明，到叫魁（Chéou-Kouei）再提此事。

我们于晚8时分手，在经历了争执和分歧之后，我们都尽可能建立起这样的信心，即双方对第一份界约业已达成协议。

3月24日，我们离开板栗，该村位于万福河（le Suoï-Van-Phu）畔，万福河与大溪一样，均源于中国的一谷坡。这一河谷的谷地相当广阔，而且布满青翠的稻田。最后几道山坡上，坐落着几个构筑典雅的村庄，从环绕于村庄四周的绿树成荫的高坡上，即能远眺这些村落。

这一天我们走的道路比我们前几天沿河所走的路稍差。在北方天际，布有一排绵延不断的山峰，山峰后便是一条主干山脉，自板菊山（Ban-Cuc-Son）至天山门（Tian-Meng-Son），接着自那干隘（Naï-Kaï-On）继续朝东延伸直至隘牢关（Porte d'Ailoa）。我们不时可以通过一个面南的山口望见那岩石遍布的牧山（Mau Son）高原，其方向与我们的走向平行，到了那支（Na Chi），就形成一道不可逾越的天堑。挡住了我们的去路。从路上，两国代表团什么都不能辨定。未逃的百姓向我们提供了与前一天同样不利的消息：他们说，边界线应沿突出在河谷之上的第一排高地走向。

经过疲惫不堪的行军后，我们抵达隘牢。该关位于地势极高的山口旁，即使是本地产的小种马，要想进入此山口亦相当危险。

帝国钦差企图推翻在南关隘近郊的勘测结果，我们拒不同意他们的这种想法，并认为必须坚持我们以前的决议以迅速达成协议，签署第一份界约。我们甚至决定，在对已踏勘的地面的定界结果不达成一致意见和对协定不交换签署因而不能成为正式约文的情况下，我们不准备继续向前行进。最后，好不容易达成这一协议，即第二天，对完全按照在板栗（Ban roi）决议的结果而拟写的那份自南关至由隘段的界约进行签署。

这场对以往勘界结果的争辩也有其益处，即可以转移王与李对直接关系到我们在由隘至隘牢段进程问题的注意力。勘测这段边界的方案所依据的材料含糊不清，我们双方都缺乏精确可靠的文献，只有居民的说法才算是无可争辩的论据。

时候不早，加之中国界务委员已十分疲惫，故我们就趁机迅速让他们在未及考虑事情底细的情况下，达成一项有利于我们的协议。在重新研究由隘至隘牢段的地界时，我们指出以下各点均已勘定：板票隘（Pan-Piao-Aï）山口及其东西两山峰、板栗附近及以北的山峰、板仆山（Ban-Buc-Son）之顶峰、天门山顶峰、那干隘山脊、北卡山（Bac-Cap-Son）顶峰以及隘牢关。说实在的，这后三个山峰的实际位置比安南人所指的那条边界线靠后得多。然而，王与李并未持任何异议，于是由隘至隘牢段界线即由上述各处勘定，而且立即达成了协议。

3月25日，自早晨起，即开始下雨，虽然天气不佳，双方界务委员仍会聚于库莲（Cau-Rien）。在首份南关至由隘段界约下端签署的具体手续耗时3小时。所附略图亦由王与李签署并盖上他们两人的印章。

于是，双方约定，由于天雨，我们不再继续赶路，定于26日直抵谷南（Connan）。

我们恳切要求帝国钦差出示他们的地图与文献。

3 月 26 日，两国代表团会聚于谷南，再次研究了由隘至隘牢段的边界走向。对 3 月 24 日协议维持原议。

帝国钦差出示的界图，其比例尺特别小。他们预先就说明，这些地图并不精确，实际上，这些都是不完整的地图，因而毫无用处。

隘牢四周的边界线易于勘测。然而，在谷南附近，边界线即朝北走向，这一点，我们是知道的。由于我方测绘官未能测出地形，我们觉得，他们的这种不完整的工作成果只能给我们提供不可靠的依据。因此，绝对不能草率从事，会无意中被我们的中国同僚所利用以达到他们的目的。我们相信，他们决不想欺骗我们。他们处于被动地位，把主动权留给我们。然而，他们也亟盼等待时机以利用我们所面临的种种困难，其中主要的难关是无法使工作得出较高的精度。

当然，我们要是指望他们能从中出力，则不仅将一事无成，而且连越过由隘都不可能。有鉴于这些原因，我们认为在彻底完成现场的勘界工作以前，以不再继续向前踏勘为宜。有一条道路从谷南附近伸出通往中国。我们遂向王与李提议，请我方测绘官员在中方测绘官员的协助下对这条道路进行测绘，而我们在得到测绘结果前，则在原地驻留一天。这一提议得到了采纳。

3 月 27 日，测绘官和中国绘图员出发向边界进发。两国界务委员会则继续赶路直至位于那支岭脚下的那票（Na Pia），并正式议定了由隘至隘牢段的界约与附图。此事办成后，中国界务委员即越过边界，但在这以前，即与我们相约，由我们于次日（28 日）前去找他们签署那份界约。

3 月 28 日，我们于上午 7 时上路，攀登那支山口是异常艰难的，朝那座中国谷坡的方向下山更是万分危险。经过 3 小时的行进，我们到达王与李投宿的那通，签署了会谈记录及从由隘到隘牢的草图。时候不早，回程路途的遥远和艰难阻止我们返回那票（Na-Pia）。

3 月 29 日，地形测量专家和护卫队抵达那通（Na-Thong），由于暴雨滂沱，他们只能与中国士兵混杂在一起，住在村庄中躲雨，但没有发生任何事故。百姓与其说是心怀敌意，倒不如说是对我们满怀好奇。下午 1 时，天气转晴，我们又出发向峙马行进。道路沿一条相当宽阔的河谷伸展，河谷的源头就在峙马隘。在由隘关与隘牢关之间行进时，在右侧，我们可以望见南面的牧山（Mau Son）；在隘牢与那支段，我们曾沿着牧山行进，而今，它再度出现在我们面前，其山坡相当陡峭，而且山上林木茂密，层峦叠嶂。在目前状况下，对于我们这支队伍来说，此山确实成了不可逾越的障碍，只有熟悉山间小道的孟人（les Mangs）与土人（les Thos）才能走此山路。这些小道时而盘纡于悬崖峭壁之上，时而从树林中穿过或者隐没在遍布山坡、长得高壮的草丛中，因而很难发现。

下午 3 时，我们穿过峙马隘，看到了全副武装的中国驻军。军旗飘扬在驻地，接着，我们又抵达离峙马隘约 1 千米的派站（Phai Sam），那是一座安南村落，我们即在此过夜。

我们途经中国地界过程中未发生任何事件。王与李对我们关怀备至。3 月 30 日，两位帝国钦差也到达峙马。广西巡抚李秉衡已先期抵达那里。

由于天气不佳，我们不得不留在派站，然而倪思医生与海士先生却带了一份关于隘牢至峙马段的界约草案抵达峙马隘，并把它交给了帝国钦差。

3 月 31 日，赫政先生与李翻译亦前往派站隘，界约遂最后定案。我们 3 月 27 日的地形勘测终于取得了成果，边界线转而朝北走向，直达魁卡（Kouei-Kha）哨所，这是所有中国地图上均注明系在中国境内的哨卡。中国钦差大为惊讶，但对于他们自己的绘图员所提证据都无言以对，因为这些绘图员实际上曾与我方测绘官员一起前往勘测地形。

我们于下午 3 时前往峙马隘交换签字。尽管上午的协议似乎已成定论，但最后我们仍不得不在界约上添上一条关于峙马炮台的条款。这一势态迫使我们临时对结语进行修改：我们觉得有必要将这一情况提出，它可以解释 3 月 31 日界约的格式何以拟写得并不合乎规范的原因。只要知道帝国钦差对与他们达成的协议随时可以轻易推翻的做法，就不难明白我们宁愿接受上述的界约格式也不想全文改写这份界约的原因了。在后一种情况下，我们的中国同僚恐怕就会利用时机，要求进行其他实质性的修改了；实际恰恰相反，王、李兴锐以及广西巡抚均毫不留难地在界约上签了字，其内容按目前那样保留了下来。我们相约在 4 月 4、5 日在南关会合后即分手告别。

王与李最初打算经东京回南关，后又改变主意，决定先回中国境内，然后再与李巡抚告别。狄塞尔上校问李巡抚能否发给他一个护照，使倪思医生可以从室溪去龙州。狄塞尔上校还声明，若护照可以发给，则他随时准备正式提交一份申请。李巡抚只答道，龙州的一切人力物力均可供我们调用，他为此还将发出几道命令，但这份护照不能发给。狄塞尔上校是遵照法方代表团团长先生所表示的愿望向广西巡抚提出这一问题的。

值得指出的是：

一，中方界务委员不同意在界约上署上在历次勘测中均在场的委员名字及其官衔。他们说，这没有必要，因为两国界务委员反正都应在上面署名，即使不在场勘测者亦不例外。我们希望避免过分地拘泥于形式，因而不再对界约进行严格的更改，其主要目的就是尽早获得一份真正具有一切效力的官方文献。

二，我们所走过的一切山谷均属于龙州河的中方山坡。要是我们按地图划界，采纳淇江与广州河其他支流之间的那条分水岭为界，则我们必将丧失全部谷地，而边界线亦将一直伸入牧山（Maü-Son）之中。

三，我们沿途遇到的百姓，大多臣服于中国人，而不听命于安南官员。居住在山腰和山顶上的孟人是游牧民族，他们在林中垦荒种稻，实际上并不承认任何一方的统治。

四，谅山至南关以及谅山至峙马的公路，从军事上看，是进入中国的主干道。两条公路之间有牧山高原相隔。但自那支山口至南关，界务委员会所走的路径穿越一条与边界线平行，而又有可能成为极佳交通线的峡谷。中国人似乎早已懂得这一点，因为南关的炮台可以轰击同登河；那竜的防营与由隘的炮台俯视着大溪河谷及隘牢山谷的出口。

五，在目前状况下，峙马炮台已无足轻重，失去其任何意义。由这一通道可以绕过龙州，同样，经由隘牢与那支——那里并未筑任何工事——可以绕过隘牢与南关。

六，派来供法国代表团调遣的安南官员，除布政使韦文里（Vivan Li）外，均无一人为该委员会帮过忙，韦文里已来峙马。因此，法国界务委员会只得按照不完整的地图，在没有任何其他资料的情况下，向沿线几乎都难以靠近的那条边界进行工作。

七，勘界过程中踏勘过的山谷与边界之间有山脉相隔，山上密布高高的草丛，而且可通行的小道寥寥无几，即使有，路面也极差。根据居民提供的情况，这些山脉不属任何人所有。稻田全系某人的地产，而树木则属栽种者所有。然而，山地既非公产，又非私产，即属无主地界。这种情况足以说明何以百姓对这一山区兴趣不大，而在目前状况下，它也确无多大价值的原因。

团长先生，我们认为，把我们勘界作业的全面情况比较详细地作一报告，便于您一方面能判断所发生的困难，另一方面也能了解我们采用的、据以克服困难的方法，这是完全必要的。

（该篇收入《中越边界历史资料选编》第719～729页）

（原件第213～214页）

克雷定上校（原文为中校——译者注）致同登法中界务委员会法方主任浦理燮函

谅山，1886年4月3日发

今晨您致我一电已悉，敬复如下：东京第三土著步兵团中尉雅各布（Jacob）先生，定于明日（4月4日）从谅山出发赴同登，以便描印波安与韦尔纳西中尉先生的测绘结果，届时，您当会令人将这些测绘结果转交给他。

雅各布先生是我可以从连队排定的值勤岗位上抽调下来的唯一军官，当然，由于他被调走，值勤中一定会遇到诸多不便。为此，我不得不将他离开谅山的时间压缩为8天，即自4月4日至11日（含11日）。我希望这段时间足够他完成受委任务。我亦希望他的伙伴波安先生与韦尔纳先生能向他提供他工作所需，而身边又没有的纸、钢笔、铅笔等一切文具用品。

（原件第225页）

浦理燮致外交部长函

同登，1886 年 4 月 4 日

部长先生：

今随函附上界务委员会在 1885 年第四季度经我之手，金额达 1671.22 法郎的业务费支出正式凭证的清单一式两份，请查收。

部长先生，您可以注意到，由于基本货币并非统一，故会计凭证时而按法郎，时而按当地流通货币——墨西哥皮阿斯特计算。至于本清单第八项主要关于购买草料以喂界务委员各人坐骑的费用，我不得不用法郎作为偿还手段来结算所购货物的金额。

我曾受命与军需处联系，由他们送交我一切给养。因此，当军需处有时给养短缺时，我就只得委托德朗达（Delenda）先生直接向当地人购买同类物资，我认为，其费用亦应基本上按法郎结算。

因为经费支出一览表上开支的总数不能用外币表示，而只能用法郎。

至于用皮阿斯特兑换法郎的问题，由于我无法领得一纸外汇行情凭证，也无银行家或商人可求，在这种情况下，我遂于去年 11 月 28 日作了一项规定，东京驻军总司令将军即据此把皮阿斯特对法郎的汇率自 1885 年 12 月 1 日起定为 1∶4.30。我无法替自己找到前两个月汇率规定的证据，然而，我认为有必要用谅山助理军需官热南（Génin）中尉先生就此事寄我的信来弥补证据之不足，从信中可知，自 1885 年 10 月 1 日起，皮阿斯特对法郎的比价是 1∶4.40，而自 12 月初起，这一比价才有所变化。

在一览表上方所录之电报系我当时唯一支付了费用的一份电报，况且这还可以说是偶然因素促成的。这份电报是 1885 年 10 月 27 日从西贡发出的，内容与巴利埃（Poller de la Barrière）先生有关，而且，部长先生，这份电报是对您向我发来的要求把您命我进行的调查之结果立即向您报告的命令所发的复电。

上午组成的调查委员会立即在船上开会，会议自下午 2 时开起直至 5 时，一俟我拟就电报稿后，我即委托秘书德朗达先生前往拍发。他于晚 6 时许入城，但因总督府各机关均已下班关门，无法请他们签发。他知道，他已不能到船上找我请示该如何办理，并考虑到我们的船只已在夜间驶离，于是自行支付电报费拍发了这份电报，当时，他是这样考虑的：支出和征收（电报费）均系国家公费负担，两相可以抵消。

除了这份电报以及从这里经中国电报局发往广州的少量电报外（这些还只列入 1886 年第一季度我的开支单中），其余电文，或是按上级规定交由法国电讯部门拍发，或是承蒙李鸿章中堂发令，对发至天津与北京之电，允许我们通过中国电报局免费拍发。

部长先生，对于预支款项问题，您让我根据费用支出自行酌情办理，因为我的任务性质决定了我无法判断应留多少预备金，即使在这种情况下，我仍然竭力使自己的开支压缩到最低限度，甚至达到了让我的同事们指责我过分抠门的地步。凡此种种，我均遵您的嘱咐办事。

因此，我亟盼您能对我在非常条件下只是办了申报手续即决定了的几笔开支表示首肯，并能对随函附奉的清单上所列的预支款金额悉数签发，并拨至我的法定代理人弗拉里·埃拉尔（Flary Hérard）处。我唯一的秘书及我均因事务过忙，未能迅速及时地把清单造好寄发，敬希见谅。

（原件第 226 ~ 228 页）

浦里燮致法内阁总理函（第 37 号）

同登，1886 年 4 月 5 日

内阁总理先生：

我昨日曾奉上一电，全文如下：

“我们将出发赴南关至高平河一段边界，只有到 4 月末我们才能结束这段边界的勘测工作。届时，缓办将势在必行，除非有来自您处的不同命令，否则，我拟向中国人提议，确定自 10 月 15 日起至 11 月 1 日止恢复勘界，此时，我们将在海宁相会，并由此北上直至云南省。我近期内将没有电报系统可用，因此，现特去电请对这一缓办日期照准为盼。最后，我们驻留在此为时较久，条件艰苦，特别是本月份疲惫异常，工作时更感力不胜任。为使我们有充沛的精力来恢复下一轮工作，我们觉得获准前往中国或日本地界的温带区以避过这一恶劣季节是完全必要的。在那里，我们仍可以与东京取得联系，亦可随时聆听您的命令。我们一致请求您授予我们这一行动权。”

至于缓办一事，不仅有必要指出，季节提前使我们不得不这样做，否则，在 5 月 1 日以后，公路和河流就再也不能使我们返回河内，也不能保证我们的给养；而且，如果我们把勘界工作推进到高平河进入中国之点以远，则军方将毫无可能确保我们的安全，也不能在我军从未涉足过的地区派兵护送我们。

至于勘界工作的恢复，若把日期定在 11 月 1 日以前看来是没有意义的，因为从 10 月头几天起，军事布置就需一段时间，以便我们在步骤方法上作好充分准备，并让测绘官们能在我们来到以前开始他们的作业，否则我们将一事无成。

我们认为，海宁是我们相约会聚的最佳地点，无论对于中国人还是对于我们，要抵达这一城市并不困难。我们之所以选择该城是因为我们无须再担心因交通问题而误事，而如果我们继续选择南关作为会合地，则两国代表团中的任何一方都可能因广州河航行困难或因河内与谅山之间交通受阻而不能如期到会。

在海宁至白龙尾一段边界勘测完毕以后，我们即能经先安与那阳北上直至峙马与谅山，然后返回室溪与水口关，并于本月末在水口关停歇，然后再由此沿广西省下一段边界北上直至云南省边境。

当我们即将进行的高平河方向的勘测一结束，我准备再向您汇报这些地方的情况。届时，我还将根据已取得的经验向您呈上一份报告，把我们为迅速将勘界工作顺利完成而需要在11月份拥有的人力物力说明，报告中还将把以下因素考虑入内：行程较长，一路上，特别是在小道上行进困难，若无向导带路极难走完全程；除这些因素外，还应考虑帝国钦差的种种行装辎重之累以及路途的舟车劳顿和军方必须派出一批特遣队以确保我们的安全和补给供应。如此等等，事前均应有周密的筹划与布置。

除了缓办界务和确定复工日期两大问题外，我在同一函电中还提请您注意在恶劣季节我们可以撤离河内的充分必要的理由：

河内届时无须我们留在那里，因我们在该市已无事可做，如果继续留在河内，我们将再度面临严重的居住困难，而且像我们目前那样精疲力竭的状态，势将难以承受潮闷高温的恶劣气候的煎熬。

我患风湿性关节炎已有10年之久，而我们住所有害于身体的潮湿环境又使这一疾病加剧。除此以外，1月中，倪思医生又发现我身患早期肝病，而这位医生并不是那种善于逢迎的人。我之所以未请假回法国休养，是因为病情尚未属于急性，症状也时隐时现，断断续续，故我并不想多加注意，同时承蒙您对我的厚爱，我有一种荣誉感，因此，我将不遗余力地工作以不辜负您的这番美意。正是基于这一观点，我原拟请假休养并附上倪思医生的诊断证明（我只是在2月初向巴黎发了一份简单的电文，以便在确有必要时转达给您），以后又并未真的休假。

您当会承认，不管怎样，在这种健康状况下工作，往往是艰苦卓绝的。其实，我们中任何人都是靠高昂的士气来支撑体力，才不致使承蒙您看重而委托我们的任务半途而废。

我们说，我们在同登旷日持久的滞留，我们在那里过冬时艰苦的生活条件，各种生活资料的匮乏，潮湿闷热气候的影响，在恶劣天气下连续不停地迁移所造成的疲劳，这一切，在一定程度上都危害了我方界务委员会全体人员的健康，这一说法无丝毫夸张之处。除此以外，本月内我们沿边界踏勘时，等待我们的无疑仍将是辛苦和疲乏。

我们中身体最强壮的人均得过病，包括倪思医生在内，他虽然说我们的首要任务是保重身体，但仍然发了多次高烧。

狄塞尔上校眼下正患严重的支气管炎，这是他在洗马（Chima）隘感染的，连最近刚到的海士先生也得了此病，我们当中，包括卜义内先生、德朗达先生、我们的翻译及其他临时工作人员都无一幸免。

因此，如果我们想在11月份有充沛精力继续赶路勘测，则停工休整并找寻一有益于健康的气候条件已势在必行，特别是经过第一阶段工作后更将刻不容缓。

在这种情况下，部长先生，从完成今后的艰巨任务着想，我们希望，您也许觉得有必要给我们以照顾，让我们在炎热季节撤离河内。

因此，我特去函请求，准许我们至少能到中国或日本境内的某地避过这一恶劣季节，这一地点离东京不远，俾代表团始终能与之保持联系并随时聆听您的命令。我觉得，上海，当然最好是横滨似能遂我们所愿。到了那里，我们完全可以与共和国驻中国公使以及东京总公使保持联系，在适宜的条件下休养生息的同时，我们还可继续注意从完成我们的任务而言值得我们关注的远东所发生的各种事态。

（原件第 229 ~ 232 页）

浦理燮致法外交部长函（第 36 号）

同登，1886 年 4 月 5 日

部长先生：

随函附上两国代表团最近完成并签署的南关隘至隘前隘（峙马）段东京、中国边界的 3 份界约和 5 份附图。

随这批文献一并附上的还有派出的界务委员会返回同登的第二天寄我的一份颇有意义的报告。从这份报告中可以看到，在一个帝国界务委员们没有比法方代表团掌握更精确资料的地区取得一定的勘界成果而必须采用的方法；在这一地区，百姓们即使未逃走，也只能提供一些非常含糊，而且往往是慑于中国各省官府的压力而在他们授意下说出的数据，无论从关隘内外，都几乎始终难以进入真正的边界线，因为中国人把守着这些关隘的道口，因此，只有经过险峻的小道，远远地沿着边界轮廓线前进。

除了这些障碍和阻力外，还有中国界务委员各种奢望和苛求，这是一般人所羞于启齿的。他们随心所欲的行事，难以捉摸的狡诈手段和出尔反尔的做法以及他们对勘界和测绘技术的极端无知而必然造成的对他人和对自己的满腹狐疑，凡此种种，都使我们感到异常棘手，难以对付。

我认为，狄塞尔、卜义内、倪思与海士诸先生在这种条件下所完成的业绩值得大加称颂。使我特别感到难能可贵的是，（他们）最后设法使帝国钦差同意在界约所附的一式两份的界图上签了字，因为这样做的必然结果是决定性地基本解决了定界问题，不论今后在设置界石及在条约第三款涉及的可能进行的界址更改过程中发生何种情形，均属如此。最后，我还认为，在上述条件下，极难希望别人能得出我方派出的界务委员所取得的那种令人满意的成果。他们在踏勘过的整段边界上，以极高的精度，测定了边界各要点，各点的间距平均为 2 至 3 千米。

虽然狄塞尔中校先生谦逊地称，他只是与同事们协力同心，分担了他们一些劳苦，然而，我却高兴地听到卜义内、倪思与海士诸先生主动地满怀敬意地谈到这位勇将实际上是如何以贯彻始终的热忱、明察秋毫的目光、坚忍不拔的毅力和巧妙灵活的策略来指挥工作的。至于卜义内与倪思医生是如何时刻不忘卓有成效地与这位勇将配合，以自己的专业知识、工作热忱和献身精神来协助其工作，就无需我赘述了。还有海士先生，与狄塞尔、卜义内等先生配合默契，有力地促成了成果的取得，而且他的谦恭态度也使我惊叹不已。他的中国官方书面语言功底的扎实，思维的敏捷，办事之勤奋与迅速以及事无巨细都认真热情地办好，而且任劳任怨，细心周到，凡此种种，都使他成为一名得力的助手。我很高兴借此机会，部长先生，向您禀报我自己对海士先生的全面看法，他到此与我们相处将近两月，但我对他各方面的工作只有表示赞赏。

最后，根据我的全体同僚恳切要求，我认为有必要特别提请您对从海军陆战队调来的第一批东京土著步兵团的波安（Bohin）中尉以及第二十三步兵团的韦尔内中尉给予特别的关照，他们两人都是随界务委员会工作的测绘官员。

这些官员预先取得的工作成果曾经是我方界务委员所拥有的唯一可靠的资料：可以这样说，这一资料曾作为勘界的主要依据。波安与韦尔内两位先生始终不辞辛劳，奔波于现场。用作界约依据的界图就是他们的杰作，为绘制两份相同的描印件附在界约上分别送交双方界务委员会，这两名官员在劳苦的跋涉以后，又必须毫不懈怠地连续工作，不仅白天分秒必争，而且往往熬到深夜，以便准备好作为划界主要资料的界图。他们始终不懈地表现了高昂的工作热忱和恪尽职守的精神，我觉得有必要提请您把他们视为功勋卓著的公务员。

在本月内我们将继续进行的作业中，我毫不怀疑他们将获得新的封号，当勘界工作更进一步向前推进时，我肯定还会有机会请您把已给予界务委员会并使之感激不尽的那种亲切关怀也能转给他们一份，使之和我们共享。

又及：当原件在水口关由邓钦差盖印并经我签字而完整后，我准备在随函附呈的界图及界约的复件经法方代表团确认无误后，再寄一份新的描抄件至外交部。

（原件第 233 ~ 237 页）

王之春与李兴锐致浦理燮、狄塞尔等照会

1886 年 4 月 5 日

我们已于昨日抵达南关（Nan-Kouan），特去照相告。由于季节日趋恶劣，气温也与日俱增，而且在我们向东勘界途中，发现大批苦力与士兵病倒，故我们就南关（Nan-Kouan）东段边界勘测一事立即达成协议至关重要。

为此，我们向你们提议，请于明日前往南关（Nan-Kouan）勘测镇南关（Porte de

Chine）东侧边界。

须知照会者

光绪十二年三月二十日

（原件第 237 页）

东京第一土著步兵团莫西翁上校致第一旅司令将军函

老街，1886 年 4 月 5 日发

我的将军：

我荣幸地向您汇报有关老街局势的部分情况以及我军进驻后的结果。

老街拥有长宽约为 200 米 ×130 米的棱角堡，外城由高 5 米的极厚的土墙筑成。

在城内，有一座精美的庙宇，还有适量的砖石砌成的房屋，其中有些房子尚保存完好，但亦有部分只剩下几堵断垣残壁，这些是刘永福自老街撤退时焚毁的。棱角堡呈倾斜状，直伸至红河岸边，它占据了红河与南西（Nam-Tay）河合成的三角地带，但只能构筑一座营房。从防御的角度看，城墙的高度足可防止攀登棱角堡的可能，但仅此而已，目前该堡四周被围，受到居高临下的威胁，而且处于南西河右岸中国军队占领的炮台的炮口之下。

整个防营的营房均已被占领，这样可以构成相当完整的一个营房（但首先必须做好清扫工作以便把积存已久的垃圾清除），许多胸墙有待修理，还必须在墙上开窗以通风等。

数名中国商人还住在两幢房屋中，直至他们在城外修建的屋子竣工后才能搬出。总之，我们今天能得到保存基本完好的房屋都亏他们的努力。他们设置了路障，阻止了匪徒的入侵，没有他们，全城就会被破坏殆尽。

位于南西河左岸与棱角堡之间的美丽的老街村已被毁灭得荡然无存。只需从一片废墟瓦砾中即可看出，这一村镇原来并不小。

无论在棱角堡内外，我们均能向下游各哨所提供砖块。

我明日将派人察看在红河右岸，离老街上游半日路程的一座村庄，那里正在制造石灰。

我已临时向一位中国商人购置了一批，但拟设法在今后建造一座石灰窑，不仅用于自给，同时还可满足下游哨所的需要。

我还与周文申（Chu Van Thanh）——南西河右岸驻军统领有书信往来，然而，这纯属礼尚往来，别无其他意义。

我曾向岑（Sam）通报了我已抵达的消息（他也请我这样做），他经常来函问我，勘界委员会是否即将到来。我答称，一俟我得悉有关此事的消息，将立即向他通报。

看来，中方界务委员会拟前来老街，该界务委员会将包括两名法国官员，然而，我的将军，我与您谈及此事，纯属把传闻和事实向您通报，并未觉得其中有其他意义。

我亟盼两国能协商一致，以使红河左岸的边界线通过南西河界线以外的其他界线来确定。否则，老街只具有一定的商业地位，但无法防守。

据中国人说，我们在右岸的边界是在下游极远处，即有一天半的路程。我将尽早派出一支侦察队。传说中讲，就在这条边界线上，在中国地界，所有的植物均朝中国方向倾斜，而在东京地界的植物，则朝东京倾斜。

这一传说我已听了多遍，我之所以向您谈及这种所谓的奇怪现象，无非是因为中国人与安南人都笃信此说。

在商业贸易方面，中国人准备乘坐满载鸦片、茶叶、中药等物资的帆船沿红河而下，其中一艘载有铅与锡。它们将装载着食盐驶回。

我对中国人的行动并不担心。昨晚，为支持安南人，我又回到他们当中，我尽力鼓励和敦促他们重建家园并力保他们的安全。他们有少量开始重返家园，然而，近几年来，他们被吓得心惊胆战，以致不会相信社会秩序会彻底安定。棘手的是如何说服首批安南人返家。倘能如此，其余人也就会接踵而至。

在左岸，离老街三四千米处还有一座美丽的村庄——甫梅（Pho Moï）有待重建。我还答应村民们给他们派去数名士兵保护他们。我只准备派一艘霍基克斯武装帆船到那里留驻一段时间。

我接待了多座村庄村民的来访。

今天上午，一支侦察队出发顺南西河左岸北上，直达山安（Son-Yen）村，离出发地约一天行程。山安的居民是老族部落的土著人，他们的特点是全身素白色衣装。这条公路是通往陀龙（Tu Long）铜矿的道路之一。这些铜矿蕴藏量极为丰富。中国人占据此矿已有 3 年，然而由于当地居民不愿为他们干活，故最后他们只好将其放弃。我打算继续开发，开采的金属可经由河江（Ha Giang）方向运出。

一个重要问题是修建从老街通往保河（Bao-Ha）的公路，目前共有公路二条：

第一条（在左岸），我曾率我的纵队沿该路走过，直到 35 千米处，即到位于红河畔的富禄（Phu-Lu）止。路况一直颇佳。此路自保河至老街，全程约 94 千米。从富禄起至老街止，即远离红河而朝右伸展，并几乎一直沿着多条热带小河前伸。即使在目前季节，路上仍水深齐膝，我与一位来客及其骡子结伴而过，未发生任何事故。但我承认，我不想再走第二遭了。

沿路未遇或很少遇到村庄，这条公路只用于探明通往中国或东部左安（Luc-An）的各小道。

第二条（右岸，自保河至富禄，全程 75 千米），布里康（Bricand）纵队曾沿此路走过，在一段 20 千米的路程中，它一直与一条崎岖的小道交错而过，并且穿过重重的悬崖峭壁，因而变得更加艰险。经过 20 千米行程后，路面开始变好。

最初我曾这样设想，后一条可用作土质主干道，可在那里架起电报线。但自保河起，第一段 20 千米路程需要大规模翻修。我认为已找到良策，具体做法如下：

自保河至富禄的 35 千米地段，左岸路质较佳，在这段路程中可构筑主干道以及电报线：

在富禄，用渡船设一哨卡。

从富禄起，沿右岸，经一现存小道而过（我已派一支侦察队察看这一小道），换言之，第二段公路系沿右岸自富禄至老街。

富禄是唯一可以设一哨卡之地，若经红河水路，它位于保河与老街间的正中，一号公路的支路是由此出发深入本区内地，沿河右岸来老街也须经过这里，这是一座真正的交通枢纽。

我请人绘制了一份地图，它将使我的上述说明更加具体清楚。

不久以后，我将向您寄呈一宗有关我的纵队和我的辎重车自保河至老街经水路的进军报告。同时，另附后一个哨所（老街）的平面图一份。

我把第四东京土著步兵团的一支小分队（马雷夏尔连）派回保河。若您认为合适，该连将向林（Lam）村哨所提供人力，该哨所将包含 70 名东京土著步兵，从保河抽调来的二十来名外籍军团士兵。

若能派出一支东京土著步兵连沿红河上游而上，抵达林村哨所（这是富禄所需要的），我想，我就能够保证全境的安全，并能进行各种侦察。

我接收了 200 名民防队员，并派出其中 100 名至马雷夏尔（Maréchal）上尉先生处以支持我们的盟友知州，知州在陆清（Lum Thin）已拥有三十来名东京土著步兵作为战败后的备用队伍。

您通知我，过段时间将寄来 50 支步枪，这样，贤寨（Hien Trai）的中国人就守不住阵地了。

这样，我们就可以对保河至沱江（黑河）沿岸的金矿——偃安（Yu-Ans）的这一段地界作勘探性旅行了。

我还接到通知，您原先告诉我的 2000 法郎款项已到。

莫西翁

又及：我曾派人询问岑，我国国民能否根据条约前往曼耗（Mang-Hao）等地平安经商并得到中国官方的保护，如同在我方境内的中国人获得的那种保护，他答称，他无法保证他们的安全，他没有充分的权力允许法国人沿河北上。

总之，我们发现，他力求避而不答这一问题。据他说，这要等界务委员会商议后才能完满解决。

（原件第 238 ~ 243 页）

浦理燮致克雷定函

1886 年 4 月 5 日发

我荣幸地来函相告，法中界务委员会定于明日（4 月 6 日）朝西北方向作业。界务委员会极有可能须在 6 日白天对南关四郊勘测完毕后，在 7 日上午才能出发。

法方界务委员会全体撤离同登时，将与两名补充入内的测绘官员、界务委员会秘书德朗达（Delenda）先生、翻译巴杜埃尔（Baduel）先生、我们的中国文书安（Yen）翻译、8 名传令兵以及 15 匹马一起出发。

我估计需要大约 150 名苦力才能将界务委员会的营具、行装和食品运走。

关于护卫队问题，其组成及其员额等事，应由您处理，我只能对军方认为应该采取的措施表示信赖。

随信附上的预定路线只能作为我们作业时参考的基本依据，可以随时变化。因为勘界作业还取决于帝国界务委员的行动。此外，这一工程又与下列因素密切相关：沿途双方共同面临着困难，我们的部分行程必须在中国地界完成，我们还需在边界两侧的某些地点停驻以便起草界约以及中国人极为计较的气候变化等。

上校先生，我必须向您指出，我们认为极有可能发生的种种情况，都需要军方认真而又高度警觉地去逐一处理，这种态度也将受到我们的欢迎，我们对之将倍加珍视。我目前只能向您大致介绍一下我们所追求的目标并请您给予我们大力协助。

（原件第 244 ~ 247 页）

浦理燮致中方代表团照会

同登，1886 年 4 月 5 日

诸位大臣：

来照已于本日收悉，特此通知。

我高兴地获悉，你们已回南关。我与诸位一样都认为，由于恶劣季节将近，贵我双方就南关一段边界勘测事达成协议已属刻不容缓，因此，我荣幸地通知诸位，卜义内、倪思、海士诸先生及我等四人将于明日上午 8 时与列位一起前往勘测南关隘前的边界线。

这一时刻于列位是否相宜，希来照见告。

（原件第 248 页）

浦理燮致法国驻中国北京公使戈可当函

同登，1886 年 4 月 7 日发

公使先生：

我荣幸地随信向您转寄我昨日寄给部里的第 35 号与第 36 号两份新报告抄件，请查阅。

然而，我原计划在发送此函时，将第 36 号公函中提及的勘界纪要的附图的移印件随函附上，但因故未能寄出，深以为憾。

我们唯有两名测绘官员，现已劳累过度，他们费了极大的努力才向我交送了寄往部内的描印件，并随邮班寄出。

由于我们明日将离开同登前往勘测南关隘西段边界，只有等我们回到河内以后，我才能将这些界图以及以后描出的各图寄上。

（原件第 249 页）

浦理燮致谅山高级司令官克雷定上校先生函

同登，1886 年 4 月 7 日发

上校先生：

我在白天曾向您发一电报，但其内容因狄塞尔上校刚于今晚 7 时半在同登收到了一份资料而需要修改（资料随函附寄于后），因此，特将普里韦中尉先生 4 月 6 日从室溪发出的一封信寄您，以作为该份电报的补充。但请阅毕退还为盼。

由于界务委员会明日上午 8 时半将动身前往镇南关（Porte de Chine）与咟嘈隘（Pakhéou-Aï），故我专程派一名脚力于今晚 8 时半从同登出发，星夜兼程将普里韦中尉先生的信函送达您处。

若蒙您能于今晚或明日凌晨将您对我本日电报的答复电告于我，则不胜感激。若您早已发出复电，而司令部在看完普里韦先生的报告后又有新的主张，则请再来电相告为感。

（原件第 250 页）

克雷定致浦理燮电

谅山，1886年4月8日9时45分发

两支辎重车队外加95名苦力于今晨先后出发前往同登。苦力中有三名工头。我在谅山的苦力一个未留。对于中国界务委员们不同意在室溪四周进行勘测，我只能深表遗憾，其实，这是目前条件下唯一可靠的方法。

（原件第251页）

克雷定致浦理燮电

谅山，1886年4月8日12时20分发

您今晚的来函以及普里韦先生的信均悉。我认为，既然界务委员会可以顺利地前往平而（Bin Nhi）等待马荣（Maillon）上尉从室溪捎来的定论性消息，则从10日起让这位上尉每天知道您次日的行踪日益显得必要，故务请您差一专用脚力知照马荣上尉。既然您将抵达平而（Bin Nhi），则从9日起，他将率60名欧洲兵和60名东京兵在那里等您，并将为您带来最新消息，您可根据由他提供的情况做出决定。务请将勘界委员会的结论性意见相告为感。

（原件第252页）

克雷定致同登浦理燮函

谅山，1886年4月8日午夜12时30分发

主任先生：

本月7日晚7时来电以及同日在上述电报发出以后的来函均已收悉（信函是在晚10时许收到的）。

现将我刚才向您发出的电报复述一遍，以资证实，电文如下：“您今晚的来函以及普里韦先生的信均悉。我认为，既然界务委员会可以顺利地前往平而（Bi Nhi）等待马荣上尉从室溪捎来的定论性消息，则从10日起让这位上尉每天知道您次日的行踪日益显得必要，故务请您差一专用脚力知照马荣上尉。既然您将抵达平而（Bin Nhi），则从9日起，他将率60名欧洲兵和60名东京兵在那里等您，并将为您带来最新消息，您可根据

由他提供的情况做出决定。务请将界务委员会的结论性意见相告为感。”

若是普里韦先生关于4月5日作战时所遭遇的人数以及他们的武器数的估计准确无误，那么在丕美（Phi-my）一带确实有一支不可小觑的可怕力量在活动着。

因此，不论界务委员会做出何种最后决定，我定于明日派乌达依（Houdaille）上尉率40来名士兵于中午前后从Na Chan出发，前往增援室溪驻军，并使它能以足够的兵力进行一次突围。

我在电报中曾说，若絮西荣（Sucillon）上尉接得您4月9日白天向他发出的关于您定于11日下午到达平而的通知，则他当于10日上午出发，率60名非洲营士兵，60名东京土著步兵亦于11日与您在平而会合，从敌人的性质来看，这一兵力对于你们护卫队来说，不啻是一支有生力量。

但是，对后勤供应的困难不能轻视。今日上午8时半，尽管我们在短期内尽了一切力量以向您提供必需的苦力，你们离开同登时只能携带6天的食物。另一方面，还须预料到，来自室溪的分遣队无法向您带去大量食物，因为该哨卡四郊社会秩序愈是动荡（在目前，由于我们给人以打了败仗的感觉，故这一带肯定在发生动乱），就愈难在那里找到苦力，居民们一直急于要返回自己的村庄以便在那里固守。

因此，不管帝国界务委员怎样千方百计拖延时间，也不论他们怎样设法为你们的行进速度设置障碍，我认为，坚持4月6日商定的行军速度条件是绝对必需的，这一条件就是在4月11日抵达平而。

在这种情况下，您的护卫队在11日下午仍存有可供12、13两日消耗的食物，因而其数量足够供给前往室溪或Na Chan的需要，至于两地中究竟去何方，应根据界务委员会在听取了絮西荣上尉关于当前形势的报告后通过的决议而定。

我有意没有把絮西荣上尉可能运来的食物考虑入内，因为据我看来，在该地区安全无保障的条件下，这一食物来源因知府不在当地，无法凭借其影响来协助招募苦力而变得极不可靠，因而若对它存有指望未免失之轻率。另外，据普里韦先生自己提供的消息，室溪至平而的公路极长（13小时步行里程），而且路况也极差。自室溪至平而的部队要自行运送往返所需的食物将极端困难。

总之，由于后勤供应的困难，只有坚持原定的速度条件，也只有在这种条件下，直达平而关（Bi Nhi）的勘界任务才可能完成。

抵达平而以后，法方界务委员应通过一项决议。

主任先生，承您见爱，问我关于军方在看了普里韦报告后的新估计，我个人的看法是明白无疑的，为继续进行勘界作业，并将其推进至水口隘，您必须自平而抵达室溪，并在将成为您的补给中心的这个哨卡四周巡回勘测。我甚至认为，在让法方界务委员会及其所需的大批苦力走上任何一条由室溪通向边界的小道以前，必须为室溪驻军留出充分时间以给予普里韦中尉所遭遇的匪众以有力的打击和严厉的教训，若这些匪徒仍在附近的话。

随信附还您转我的普里韦先生的信函及略图。

（原文第 254 ~ 255 页）

法内阁总理兼外长致浦理燮函

巴黎，1886 年 4 月 9 日发

先生：

我国前任驻顺化公使黎那（Rheinart）先生近日寄我一份与中国接壤的安南边境各省纳税人名册统计表。虽然我有理由相信您已掌握了这类资料，然而，我仍然认为有必要随此函向您寄发由黎那先生转来的这份统计表。

（原件第 256 页）

法国驻顺化公使黎那先生致法国驻中国公使巴德诺先生函

顺化，1884 年 7 月 24 日

为答复您的来电，我立刻向您寄上我们所能收集到的关于在安南与中国接壤的边境地区的一切情况与资料。这些资料包括原属第二摄政大臣的地图（我已命人描印成副本）以及纳税人名册摘录。

地图上对各地的相对位置标得并不准确，既无方向，也无比例尺，从这批地图中，无法确定任何方向和距离。

这批地图完全凭记忆画出，绘制者信手画来，涂满一张纸便是，如果开始时他画的比例过大，无法把全部地点标到纸上，他就慢慢缩小比例，并无半点度量概念，甚至可以说心中无数，正如我所说，他在信笔涂鸦，把纸涂满即成。同样，他画北南线时，要是画得过长，位置不够时，他可以满不在乎地在线的右侧画上一直角，以致一条南北线开始时指南北向，以后又指西东或东西向。

河流的标记画得同样糟糕，甚至有过之而无不及，因为这些标志不仅没有指明流向，而且也不说明相互间的大小比例，因此，往往无从区分一条江河的流向跟踪到底［偶尔也采用了特定的颜色，使人可从头到尾辨认出该条河流，如用红色标红河，黑色标黑河（沱江），但这是极个别情况］。

不给河流定名的画法使这张漏洞百出的地图更加令人费解。一条江或一条河可以有10个、20个甚至50个不同的名字，于是从此地流出的是一条河，流往彼地的又是另一条河；在此为甲江，及至彼地为乙江，如此等等，不一而足。至于地形标志就更不必提了，其所用的画法是那么幼稚和拙劣，因而不能给人以任何明确的概念。这些地图只能标出村庄以及几座哨所间的相对位置，然而毕竟不能说它们一无可取之处。

凡是他亲自编制的纳税人名册上的每座村庄，均可在其记事本第一页上寻得该村的村界。我已命人把自海滨（东京湾）起至清化省（老挝边界）止所有与中国接壤的村庄范围悉数抄录在案。但可以看到，这里记载的内容仍然含糊不清。如我们发现某村以南与某村相接，东邻某村，西接某村，北面依山，但没有任何文字能使我们了解，在这些“山”中，安南地界到何处为止，中国地界从何处开始。

我们可以轻而易举地找到全部边境村的名字，并按它们的次序排列以连成一条安南边境地带，但这条边境地带最终是朝中国走向，其边缘有一无明确边界的空间，其宽度也变化多端。若安南村落与中国村落相距极近，则这一空间就相当狭窄。在这种情况下，边界线的划定就比较容易。然而这一空间在相当广阔的范围中往往是一片渺无人烟的地区，因而在那里划线充作边界就极端困难。

再者，我们了解，在这种情况下，在某些地段，我们也可能丧失一些领土，或者对邻国领土略有蚕食，这些都无关紧要。但在交通干线经过的缺口空间，必须注意，切不可丢失对我们相当有用的战略要地，而且要力求保持有利于安全保障的地位并做到在各路口隘道进行巡逻。

安南政府除了我向您寄发了抄件的一些资料外，没有掌握任何有关与中国接壤的其他边界数据，它不知道它的确切的国界究竟在何处，也从未考虑要去弄个清楚。它还认为，这种勘界方法并非切实可行并且觉得意义不大。它所关心的是不要因此而失去一批纳税人，并且要把归它征收的一切财税都征收过来，而各村的纳税人名册可满足这一需要。在一个无人居住的地区，即使勘得确切数据，在它看来仍毫无意义。这种确切的数据主要是在司法方面有较大意义。但他们对人的利益，以及如何设法去尊重他们应受尊重的权利却几乎不闻不问。

上述一切现象也适用于中国和中国人。在中国地界，对何处是边界线，或者更确切地说，何为边陲地区的界限大家也一无所知。在安南人心目中，这一界线也没有定论。资料数据也含混不清和不全。某一村落向安南人纳税，就属安南地界；邻村向中国纳税，遂成中国地界，从来没有人想到要划分界限。而且边民们似乎都有特殊的面貌，形成了一种在安南与中国之间拉锯式的逐步同化现象（指肤色融合为一，分辨不清），他们兼有两种民族的特性，随着居住地与边界线相距远近的不同，两种民族在性格上所占的优势也有所不同，离哪国边界越近，则边民的性格越趋于该民族。

在这种情况下的勘界工作相当费事，它需要反复商讨，互让互谅，但我们清楚地知道，我们决不能丧失过多的土地，因为我们须重返这块地面，因此，必须为安南保留这条现有的边境村庄线，其纳税人名册节录我已寄往您处。我们可以让出某座村庄的任何一部分，但绝不能丢失全区。

负责勘界的委员会将可在边境村庄中获得相当全面、比政府掌握的要精确得多的数据资料。界务委员会为了做好勘界工作，在某一村庄作业时应该请该村绅士陪同，他们可以向委员们介绍情况或习俗、村中的传统，并可说明村界的位置所在；在某村作业时，应在委员会所在的村庄与下一村庄相接的边境点上，约此村的绅士们会面。在勘测完一座村庄而撤离时，就能与等在那里的下一村绅士见面，这样，虽然备尝艰辛和劳苦，最终当能完成勘界作业。

然而，也可能出现这样的情况，即界务委员会将由中国委员陪同，他们应用与我们相同的办法来检查并认定业已勘测的各个地点。

在此还不能谈及勘界作业的具体技术细节，但是可以说，应该尽力而为，使边界线以河流等某些标志清楚的标杆为记。然而，可惜的是，这条界线从多个流域穿过，它几乎都是人为划定的，至多只能牺牲一点土地，或是侵占一点中国地界，使它由甲地或乙地沿着穿过这一界线的几条河流延伸。

我来不及把那些安南地图译出，因为地图本身存在着一种缺陷，那就是，地图上标出的村名地名等字样，汉文与安南文的名称不一，因此，有了译文而没有原文地名，则译文在中国将毫无用处。故勘界委员会在进行作业时，应该备有一份我寄给你们的资料汇编抄件。

迄今我尚未收到有关谅山事件任何方面的信息可供转达。也许河内有人认为我没有必要了解此事。

正如我在电文中所说，我原以为可以将上述情况通过邮轮寄达，但该班邮船提前了两天开航，而我却并不知晓。因此，我只得经陆路寄送到东京，这样，就使邮件耽搁许久，我深表遗憾，但这是无法避免之事。

我对这些资料曾大致翻阅了一下，觉得杂乱不堪，使人不知所云。尽管我叮嘱再三，他们仍然没有把边境村与邻村毗连的界线指明，因而在到达现场以前，无法知道它们相互间的先后次序究竟怎样，这不能不说是一大失策。我无法来弥补这一缺憾，因为有成堆的记事本需要退回原处。到了现场，这一切将会解决，情况亦会自明。我认为，纳税人名册比地图还陈旧，自从建起新的村落以后，村名都已更改，因而名册上的村名与实情不符。但一到现场，地方官员将会对这些极不完整的原始资料进行补充，这样，足以使我们不受蒙骗。

（原件第 257 ~261 页）

与中国毗邻的安南边境各省的府、县、州及村以及各村稻田面积一览表

村　名	稻田面积(亩)	与中国接壤情况	备　注
宣光省			
安隆(An-Long)	630	北接中国马山(le Mont Ma)	属安平府(An-binh)与底定(Dê-Dinh)县治
□民(X－Minh)	450	北接中国群山	
茅提(Maû-Dê)	200	北接中国群山	
百的(Ba-Dich)	50	北接中国群山	
都龙(Tu-Long)	440	北接一热带小河	属安平府与渭川(Vi-Xuya)县治
□立(X-Lac)	450	北接平牟(Binh-Moû)与北南山	属保乐县治
平夷(Binh-Di)	260	北接一河流	属永绥(Vinh-Tug)县治
秀义(Tu-Nghia)	70	北接一河流	
	2550		
谅山省			
安圈(An-Khuyen)	60	东接中国群山	
邦朗(Bang-Lang)	50	东接中国群山	
高娄(Cao-Lǎu)	40	北接一小湖	属长定(Tzuong Ding)府治
律黎(Luat-Lê)	70	北接群山	
巨庆(Cu-khanh)	40	东与北均与群山相接	
锦化(Cǎm-Hué)	50	北接群山	
同登	10	北接群山	
义祝(Nghia-Chúc)	70	西接群山	
保林(Baô-Làm)	50	北接群山	属文渊(Van-Huyên)州治
清锦(Thanh-Cam)	10	东接群山	
仙会(Tiên-Hoi)	10	东接群山	
横泸(Hoanh-Lù)	15	东与北均接群山	
庆门(Khành-Môn)	10	东接群山	属 Thoác-□(有一字不清——译者注)
乐区(Lac-Khũ)	20	东接群山	
义田(Nghia-Dien)	20	东接群山	属室溪州治
群阳(Cun-Duong)	20	东接群山	
	545	(一亩约等于1/2公顷)	
高平省(前17座村庄因村名未印全,故从略——译者注)			
沱巴(Dǎ-Ba)	20	北接群山	属上良(Thúong-Lang)县治
隆娄(Lũng-Lau)	40	北接群山	
孟山(Mong-Son)	580	东接群山	属下良县治
广碑(Quang-Bi)	140	东接群山	
安和(An-Hóa)	330	东与北均接群山	
早二(Tzao-Nhi)	290	东与北均接群山	
灵定(Ling-Dinh)	360	东接群山	属上良县治

续表

村　名	稻田面积(亩)	与中国接壤情况	备　注
福黎(Phuc-Lè)	110	东接群山	属下良县治
杜山(Dō-Son)	430	东接群山	
华龙(Hoa-Long)	330	东接群山	
扎领(Zza-Lanh)	460	北接群山	属石林(Thach-Lam)县治
那浪(Na-Lang)	20	接苗人一堡垒	
	6400	(包括前17个村——编者注)	
(前17个村分属于Hoã-an府,Thach-Làm县治,Tyong-Kháuh府,Quâng húyen县,Quâng húyen州和Thúóng-Lang县——编者注)			
兴化省			
化关(Huê quàn)	60	北邻一河流	属水尾(Thuy-Vi)州治
静浪(Tzinh-Lang)	100	西接一热带小河	
香山(Hûong-Son)	110	北与一江河相接	
山安(Son-Yen)	140	西南接一河流	
丰收(Phong-Thau)	110	西接一沙丘	属安西府与昭晋(Chieu-Tan)州治
	520		

广安省（影印不全，故从略——译者注）
（12个村共计940亩，分属Soń-Dinh府，Tién An州，Hai-Ninh府和Vau-Nin州——编者注）

（该篇收入《中越边界历史资料选编》第177～180页）

（原件第262～264页）

同登警备司令杜蒲列克斯中尉致法中界务委员会法方主任浦理燮函

同登，1886年4月10日上午9时30分发

主任先生：

我奉克雷定上校之命，荣幸地向您致函，把最近发生在室溪的一系列事件相告。克雷定上校顷间来电向我发令，命我向您说，他这样做的目的是为了争取时间。

室溪警备司令今晨寄来一信，告知我们，由施卢勃（Schlub）中尉先生所率的一支侦察队（由80名东京土著步兵和10名非洲营士兵组成）遭到一支数量上占优势且武器精良的中国海盗所截而被迫返回，普里韦中尉立即率50名士兵前往掩护侦察队撤退，现已安全撤出。

一位非洲营的中士和一名士兵负了伤。絮西荣上尉还说，室溪没有危险，但目前须采取防御措施以免遭袭击。在此种条件下，他无法离开自己的岗位而前来为界务委员会效力。

两名脚力各收了半块安南银圆（皮阿斯特）。

（原件第266页）

克雷定中校致枯枝口（Passe de Keo-Cheo）法中界务委员会法方主任浦理燮函

谅山，1886年4月10日上午9时30分发

主任先生：

我荣幸地随此函向您附寄室溪警备司令絮西荣上尉4月9日正午发出，我刚刚收到的一封信的抄件，全文如下：

“施卢勃先生的侦察队（80名东京土著步兵和10名欧洲兵）（因遇敌）已被迫撤回。我派普里韦先生率50名士兵出击，我们必须制止海盗们出来滋扰，但他们人数甚众。在这种情况下，我不能再前往平而。对于界务委员会来说，我不到场只是稍感不便而已。此间，我们可用于自卫的手段并不太多。

“一位非洲营的士官和一名士兵负了伤。

“我想，界务委员会可以安然无恙地来到室溪，我已命人通知戈万（Gauvain）先生，让他押送一列辎重车于明日从同登出发，并同时派人送此信给同登警备司令，以求统一行动。”

今日上午8时，收到了来自同登警备司令用电报发的一份上述信函摘要，我即请杜勃拉拉（Dublara）先生派两名可靠脚力经板昭（Ban Thao）和那荷（Na-Ngoa）去枯枝口您处。

我今日寄至同登的快信，将由另两名脚力捎带给您，我希望他们能在今晚或夜间与您会面。

我认为，在当前情况下，法方界务委员会越过枯枝口是欠妥的，因此，我觉得最好是退往同登。

薛威埃司令将率其所辖之营的百名士兵前往室溪。他今晚将在同登过夜，明日也许在Suoi-Cou歇宿，定于12日抵达室溪。

室溪知府当于昨日与您相会，当务之急是您应立即准许他，甚至催促他前往室溪，直接去也可，或归顺于薛威埃司令部下后一同前往也可。

（原件267页）

营长薛威埃致平而法方界务主任先生函

同登，1886年4月11日上午4时发

主任先生：

今将我收到的克雷定上校的下述函电向您转达如下：

“敌人 9 日晨追击施卢勃中尉并朝室溪开火。絮西荣中尉的出击及乌达伊（Houdaille）上尉的到达终于使突袭者不得不撤退。战斗相当激烈，一位中士和两名非洲营士兵负伤。另有 6 名东京土著步兵也同时负伤。乌达伊上尉尚未接到我的相反命令（即在 10 日向平而进发之令），请派一专差在明日黎明时抵达平而，把这一命令递送给他和界务主任：请通知界务主任向同登撤退，并要求乌达伊退回室溪。”

（原件第 268 页）

法内阁总理致浦理燮函

巴黎，1886 年 4 月 12 日发

先生：

我认为应该向您指出今晨收到的今年 2 月 16 与 20 日两天第 29 号与第 30 号政治函件信封的损坏状况。

尽管邮局按规定在途中缝了线并加盖邮戳，但信封损坏严重，因此，无须开封就能读到信的内容。

为确保您的通信秘密，您的信件应该放入有粗布衬里的信封中交寄，若无此类信封，可用一块布包好后寄出。

（原件 269 页）

富尼埃（Fournier）中尉先生关于在红河右岸、老街上游所作的侦察报告

（1886 年 4 月 9、10、11 与 12 各行军日）

4 月 9 日

6 时离开老街，一路沿河而行，在离谷勒（Coc-Le ）八九百米远处开始出现一排华人建筑群，它稍向西倾斜，并矗立在河岸边直达谷勒，河岸相当陡峭。

我们可以欣赏对岸的中国村庄的美景。它由三个建筑群组成，确实是一个住房密集的村落。

在进入树林以前，景色一览无余，大小炮台及哨所共有 13 座。

我们经过这里时，出现了一阵骚动。在绕了一个小弯以后，公路又呈西北向延伸。以后，方向大致不变。在这一带有几片雌竹林，这是人迹罕至之处。在许多地段，道路

极其平坦，在旱季，也许可以进行车辆行驶，有几段路面铺有石板。

右侧山坡，亦即在公路与红河之间的树林早已砍光，这片山坡，虽未栽种庄稼，但仍是一片碧绿，在被砍伐的部分山坡左侧，美丽的树木已荡然无存。

在离出发地约 9 千米远处，道路与一条 20 米宽的热带小河相交，河水清澈，河底坚实，目前水深达 70 厘米。

不论是这条河还是其他河流，我们遇到的类似情况亦不少，特别是在走进日山（Nhat-Son）村时更是如此。

我们来到此村，似乎引起了一片嘈杂声，我们发现了一批带枪的士兵；很难得到什么情况。这里不再讲安南语，或者说大家都不想讲这种语言。既无镇长，也无乡长。全村人看来都是清一色的中国人。人们敲着鼓，在我们附近有人开了三枪，这样，秩序才稍有安定，于是侦察勘查也得以向前推进。

就在该村，道路突然绕了个急弯，但只有短暂的刹那间。

现在出现的是一片广阔的平原。又听到响了一枪，但这次枪声较远。农民们带了他们的水牛和两匹灰马外逃。

这片平原是村庄致富的因素，村中住房不到 40 幢，但都是宽敞舒适的。这里家畜成群，平原上布满稻田，在我们前面村边，又出现了一个住宅群，但另有一座茅屋孤零零地独处一侧。

总之，这是个环境优美的地方，但居民如何，还有待于继续观察。

虽然，与优美的环境相比，这条路有点相形见绌，但在这一带仍不失为一条优质公路。

经过 4 个半小时的行进，即向右拐，数分钟后即到了板块（Ban-Qua）。

这将是一天行程的宿营地，村口有一条小河，大家歇宿在头两幢房屋内。

当地官员已不知去向，但农民们几乎都没有走，他们略存戒心，但比前一村村民好客一些。村中几位绅士前来迎候。

我们要求他们与老街维持友好关系。这里不如前一村富裕，也可能是大家把东西都藏起来了。

在中尉对村庄进行侦察时，遇到了一名中国官军士兵，身穿蓝色镶红边的号衣，衣服前后均缀有红色。他急急地溜走了。我们询问了农民，答称他是前来看望一位伙伴，找一些鸡米之类的食物。顺着这名士兵走过的路走去，20 分钟便到了红河边。

这里与老街一样，形成了一个环形地带，在对面小山丘上，有三个小炮台镇守着过往通道，这大概是板梧（Ban-Ngo）哨所，据村民们说，共有 2000 名中国人镇守：也许只有 200 人。

曼耗离此还有 5 天的路程。

中国人经常来此岸捕鱼，但听说他们是付钱的。

沿河右岸有一条公路通往曼耗。这里未发现铜矿。金属制品系从河内贩来的。

4月10日

6时离开板块（Ban-Quà）。分遣队所走的路与前一天的路径和那条小路均相通：方向都是西北向。这一带作物丰茂。我们经过板万（Ban-Vien）村口时，村民们看着这支纵队走过，但没有停下手中的活计。这是好的迹象。

9时许，抵达东关（Dong-Quañ），不久，即到北迪（Bac-Xắc），这是一条宽阔热带河右岸边重要的贸易集镇。村镇极为肮脏，人们把什么都藏匿了起来：水牛、儿童、妇女。村民们没有想到我们还要向前行进，因为我们刚离开最后几座房屋，就出现了30头用荆棘盖得不全的水牛，但农民们曾一口咬定他们没有水牛。

侦察活动直抵红河边，我们绕一平坦的小道而行，只用35分钟即抵达河边。而向导却说要走两小时。

在道路通向河岸的地方，有两座茅屋和一户人家，这表明，这里是人们常来常往之处。

在下游800米处有一批房屋群落，这就是中国的北迪村。

这段河流交通大概相当繁忙，过往船只颇多。在我们停歇期间（两小时），就有两艘舢板迅速顺流而下，另有两艘漂亮的帆船逆水而上，两艘帆船均紧靠我们停憩的河岸行驶。

后一艘有特殊标记，桅杆顶像三角起重架的立柱那样浑然一体，并饰有一簇彩色的公鸡毛。

从北迪出发，分遣队复又朝西北方向进发。以后，便抵达会馆（Hoï-Quán）河，那里有他们坚固设防的掩蔽壕。各壕均已被废弃。这一地点景色秀丽，好像被称为先沟（Tieng-Queu）。

涉水过河相当艰难，河宽至少有40米，因为有两条支河，水流湍急，几乎使人站立不稳。人们刚刚从这里撤走。由此可抵达偏西方向的板富或称谅谷（Lang-Cōc），这是一座肮脏不堪的村庄，我们还须前往谷努（Coc-Nü），由此及彼需步行一个半小时。该村虽无村长，但对我们热情相待。村民有华人，但更多的是身强力壮的苗人，肩上是块块饱满的方肌。人们很快对我们亲近起来，他们对我们小巧精致的白色钱币很感兴趣。村庄相当大，也很富庶，看来没有遭到任何劫难。这里离谅马（Lang-Mat）有3小时路程，红河就在不远处。至于安南边界的尽头在何方，“还很远，还得走两三天路程”。

4月11日

这是倒霉的一夜，狂风大作，暴雨如注，上午已不能抵达谅马。更不必想从前一天的地点重渡会馆河。我们沿河绕群山而行，最后抵达了板富。由此赶路，必须深入茂密的荆棘丛，一路都是名副其实的安南小道，虽然我们手中握有短刀，但穿过棘丛后，身上不免要留下道道被刺的血痕。虽然山坡很陡峭，但大家依然继续前进。侦察排清晨6时半动身，约10时半抵达一个山口，其方向是自西南至西北走向，海拔当然很高，由此俯瞰胜景，一侧是中国广阔的高原，另一侧则是安南巍峨的群山，真是美不胜收。这块可以一览全景的地方也许能有助于总测绘方位标的选定。

在这些山坡和附近的斜坡上，树木已不复存在，只有在一些起伏地段还剩有一些树木，它们是作为保留林以抗御洪涝而未被砍伐的。土地到处均可耕种，实际上，已有许多地段种上了庄稼。我们完全有理由认为，苗人的精耕细作所付出的劳动不亚于法国人在栽培优质庄稼时所下的工夫。石块都汇集成堆，没有莠草等有害植物存在。我们所在地的附近，种有玉米、烟草，还有一个菠萝园。

在爬向山口的一个圆形小丘时，我们发现红河朝东南方向20度走向，在山下，虽然这条热带河水流湍急，但我们将肯定能渡过河去，不会遇到什么困难。此河离此的直线距离约为6千米。

下坡时，途经舍Ca-Nhia Xa，共有两个建筑群和一些附属建筑。由于预先得到通知，村民们没有逃跑。他们为我们送茶。在这里还可看出，这些人是多么灵巧，他们缺水，使用200米长的轻便引水管把水引来。这是一条木制引水渠，下面用小梁定距离托起。

在这一带，采用机器碾米早已成为司空见惯的事实：以水作为动力，人只要在一旁控制和使用水力即可。所用的机械是一个长长的木制件，它可绕一水平轴转动。在机后，有一研杵敲击着米舀。在梁的上端，离水平轴前方不远处有一大小不等的石块，木制件的前端呈匙形，水即流入其中，当水注满腔中后，就继续流动，整个重量即将这套装置带动，该装置绕轴旋转，匙形腔中的水突然流空，石块又使那套装置抬起，研杵就进行敲击。

当问到农民们：他们的这些设备和各种零件是从哪里获得的，答称是从曼耗买来的。

继续向前走，路直通南马（Nam-Mat），这是同一类型的居民点，人数更多，留在那里的村民们迎接我们时毫无惧色，另有一些人，虽然我们表示了友好姿态，但一看到我们便撒腿逃进山里。

由此出发，必须经过一条热带河，侦察队长粗略计算一下，涉水距离不少于148步，这就是说，河宽近75米，水深过膝10厘米。道路顺急流而延伸，经过宋多（Tong-Dac），又立即与前方道路相接。

在附近这一带，中尉在考察了地势后认为值得注意的是，这里的土地有丰富的矿藏，某些露出地面的岩石（其中有一块至少露出60厘米）似乎确系铁矿石。实际上，磁针已不指向磁北，一小块岩石足可使磁针失控并可以使它旋转360°，在大约两千米的行程中，每走一步就能从地上采集到同类性质的标本，唯大小不等而已。该地离北迪一个半小时路程。继续前行，便发现片状地形，有含滑石，甚至可能是铜的迹象。

到达北迪时，就发现那里发生了一场大变化，中国人似乎想迁居外地，一路上我们遇到不少人脖子上挂着一串铜钱，头上顶着全部家当向江边走去，准备由此到达非法属的河岸。其实，他们的搬走并非坏事，这样，苗人便可占据这块平原。最初，还有几名顽固不化分子，晚上，他们聚集在同一座房屋中，并在一片缭绕的鸦片烟雾中过夜。

4 月 12 日

12 日 7 时出发，经板万村附近，中尉一直走进村里，虽然他未带护从，但农民见到他来时便把水牛丢在稻田里，飞快地逃跑了。路上，他遇到两名中国官军士兵，他们笑着离去。我们在日山（Nhat-Son）停歇。接待的秩序比两天前要好。经我们询问，村民们回忆道，中国人在离村不远处曾经营过一座石灰窑。这座窑目前还在，用荆棘盖了起来，但已破损不堪，要到达那里，必须自行开辟一条道路：原来这是一孔井窑，深约 4 米，在下端有一检查孔。最有意义的是看到了采石场，离那里约 800 米，也是长满了高高的野草：从采集到的石块看来，它们完全适用于预定的用途。

在返回老街时，又遇到一名中国士兵。

总之，这次勘察全程达 30 至 32 千米，道路可以说极佳，总的方向始终是西北，苗人对我们亲切相迎，中国人则存有戒心，全区相当富裕，而且未经蹂躏，与左岸的来往频繁，红河始终离得不远。

安南边界离谅马仍有两天的步行路程，考察这一地点大概还有一定意义。可以用两天半的时间到达那里，而且毫无辛苦。

帆船时而必须傍左岸行驶，时而又须傍右岸行驶，这就必然要做到航行畅通，并能对之实行监管。

谅马这一地点就在河旁，或离河不远处。

经过对地形的研究以后，我放弃了深入勘察的念头。

这里的居民住房已不再用稻草或野草盖顶，而是用一种与竹叶相似，但较竹叶更阔更长的树叶覆盖。这种屋顶看来是不漏水的。另附地形测绘图一份。

（原件第 270 页）

法中中国与东京勘界委员会勘界纪要

1886 年 4 月 13 日

法中界务委员会于今日（公元 1886 年 4 月 13 日）议决并签署了一项纪要及其所附测绘图，确认了南关至平而段边界的勘测结果。在此之后，界务委员会又发现，有必要确认，由于季节提前，大雨滂沱，路面恶劣，水流湍急，加之护卫队与苦力中疾病流行，故不论界务委员会有何种良好的愿望，也绝不可能按原定计划将勘界工程一直推进至水口关。

因此，双方界务委员会一致同意必须暂时分手，把勘界作业延至恶劣季节结束以后再办。为此，双方达成一致协议：一，自 10 月 15 日至 11 月 1 日法中界务委员会将再次会聚以恢复勘界作业；二，届时，海宁城可选为会合地点；三，在 10 月的头几天，两国界务委员会均应考虑通过帝国政府和法兰西共和国政府驻北京公使进行联系，以便相互较确切地通知在本年 10 月 15 日至 11 月 1 日期间，大约在何日（星期几）双方可以前往海宁相会。

两国界务主任和委员，除李秉衡大人因要事而缺席外，均分别在一式两份的本纪要上签署以资证明。本纪要由双方界务委员会各执一份。

公元 1886 年 4 月 13 日

（光绪十二年三月初十）于平而

（原件 279～280 页）

中国与东京勘界委员会第四号纪要

法中界务委员会 1886 年 4 月 7 日确认，从位于南关隘前 100 米处、南关至同登公路上的一座桥开始，边界线再向北伸至图上标有 A 字的炮台，再由此炮台沿矗立在同登至图上标有 B 字地的公路旁的悬崖峭壁顶部向前延伸。B 字地位于那条小道离开同登至南关公路而与悬崖峭壁相交之处。然后，边界线沿同一道路直达龙门（Long-Nien）村村门，由此门起，又顺着龙门村四周悬崖的最高点延伸，直达 C 字地。由 C 点又向西走向直达几打（Kida）隘。

在 4 月 8 日这天，界务委员会勘定，边界线由几打隘朝西北，经过 D 字峰直达咘沙（Bochaï）岭与红门隘（Hong-Men-Aï），由咘沙岭再折向北，经过群山之巅直达 E 字地。从 E 字地又沿群峰之巅直达两座中国炮台 F 与 G，自 G 字炮台又折向西北，直达一废弃的中国炮台 H，最后到达山子心村外栅（Porte de San Chi），接着又折向北直至岜口隘（Pakéou Aï），以 I 表示，属中国所有。

在 4 月 9 日、10 日、11 日，界务委员会又先后勘定，边界线继续朝北直达杨村（Yang Tsouen）栅，接着又朝西北走向，途经板宙隘［Porte de Ban-Cuyen（Pan-Tsiuan）］，直达 J 字地，从 J 字地又朝东北走向至一废弃的炮台 K，由此朝淇江方向而下，途经 L 炮台，再由此抵达淇江的 M 地；由该地起，边界线又沿江而伸，直达标有 N 字的拐角处。

本界约一式两份，各用法中两种文字写成，两国代表团各执一份，每份均附以一张界图。本界约经两国界务委员签署以资证明。

1886 年 4 月 13 日

（光绪十二年三月初十日）订于平而

（该篇收入《中越边界历史资料选编》第 834～835 页）

（原件第 281～282 页）

浦理燮致克雷定函

平而，1886 年 4 月 13 日

上校先生：

我们打算于明晨离开平而，沿途将经过中国地界板绢（Ban-Kuyen），随行者有一支部队和一批苦力，并拟赴 Ph□□（原文不清——译者注）过夜。我们拟于 15 日晨由此出发前往同登，若有可能，则将在晚间到达。

我有正当的理由希望，能在 17 日离开同登，以便及早返抵河内。若蒙您为此做出部署，当不胜感激。由于我们有部分行李留在同登，因此，需要 210 ~ 220 名苦力以运送界务委员会的行李物品。

（原件 283 页）

克雷定中校致同登浦理燮函

谅山，1886 年 4 月 14 日发

您在 4 月 13 日从平而发出的来函中见告，有正当的理由使您希望在 4 月 17 日离开同登，以便尽早返回河内。您要求我为此而采取必要的部署。

我荣幸地相告，您自己的苦力可供您 17 日把界务委员会的行李运往谅山，若有必要，也可把非洲轻装兵的行李运往谅山。4 月 18 日，一列载有 400 名左右苦力的车队将自谅山出发前往神木（Than Moï），而且几乎是空车行驶，该车将把你们的行李运到最后一地，一俟我确信您的计划不会再发生变化，则在这最后一地，将会准备好其余运输手段。

（原件 284 页）

克雷定致浦理燮函

谅山，1886 年 4 月 14 日发

主任先生：

随信附上东京驻军总司令、准将先生致目前派往您处效力的普里韦中尉先生的一封嘉奖信，请转交当事人为盼。

（原件第 285 页）

克雷定致浦理燮函

谅山，1886年4月15日发

主任先生：

昨夜，驻同登警备司令来电相告，说您不仅一直存有4月17日与界务委员会一起离开同登的想法，而且您还想在同日至Cut过夜，当然，若绝对不可能，也只有作罢。

我荣幸地通知您，我已尽力而为，立即发出相应的命令以满足您的要求。

您从平而带去的苦力仍可供您差遣，直至4月17日为止。他们将把你们及非洲轻装兵的行李运往谅山，这些士兵今日一定能奉到随你们一起撤往林（Lam）村的命令。

用于装运您处行李至神木的苦力将在谅山等待你们的到达，一俟接得需装运的货物，他们将立即动身。他们必须能够在上午9时以前动身，这样，到达Cut的时间也不致太晚，这是至关重要的。由于渡过淇江费时较长（除了船舶以外，几乎不存在其他渡河工具），您大概只能在上午9时离开同登。

主任先生，您希望于17日至Cut过夜，在18日到神木歇宿的打算是否有变？务祈在今日来电相告，以便我立即做好必要的安排，使您在19日在神木觅得大批苦力，他们将随你们一起直达林村。

（原件286页）

浦理燮致法内阁总理函

同登，1886年4月16日

内阁总理先生：

昨晚我们由平而抵达同登，所走之路均系山间小径，一路上每走一步都有摔断四肢的可能，这使我们筋疲力尽。今天下午由此出发前往法国的那位信使的情况当亦不亚于我们。

因此，我才敢存有希望，即您能原谅我把这次的信函只局限于将今日上午致您的电报复述一遍，全文如下：

（1886年4月16日）巴黎外交界：尽管我们达成了书面协议，中国界务委员自本月6日起，即要求勘界工程不能再越过平而——淇江（而不是高平河）流往中国的入境点，其原因是海盗日益猖獗。经我拒绝后，他们又声明，过了平而以后，他们既不能与我们一起经过东京地界，也不能让我们与他们一起经过中国国境。从室溪传来的种种不祥消息促使我下决心撤离南关Nan-Kouan，同时又说明，我们当在平而作进一步的考虑。然而，在撤离的第三天，谅山高级司令官差一信使通知我，室溪要塞受到袭击，需要增援，而且全区已不安全，他劝我折回，因为他已无法确保界务委员会的安全。然而，我们却更希望把界务作业推进到平而，以挽回我们在中国人面前的处境。当时大雨如注，但这也给我们提供了遵照他们以往提出的要求，把界务延至10月底的理由，我们同意缓办的决定是在对全长为120千米的边界线勘定并绘制了界图后做出的。我们最近刚回到同登，一路平安无事。明日，我们将出发前往河内。到达河内后，我一定及时通过法国邮船公司的最近一班邮船把勘察中国的南关（Porte de Chine de Nan-Kouan）至平而一段的边界线后所拟之界约以及所附界图一并呈寄于您。界约与界图均经中国界务委员和我们签署后认定。我还将附呈一份详尽的报告。

（原件287～288页）

浦理燮致室溪警备司令函

同登，1886年4月16日发

警备司令先生：

我必须把一封嘉奖信寄您，并请您把它转交普里韦中尉先生。

同时，亦请您转告普里韦先生，界务委员会明日出发赴河内，若上级军事领导机关觉得并无必要把他留在身边以执行其他任务，则他可前来河内界务委员会与我们重聚。

（原件第289页）

法国政府秘书致浦理燮函

巴黎，1886年4月16日

我一直在等待着我那可怜的朋友师克勤（Scherzer）抵达巴黎，以便询问他随函附上的两份说明对贵界务委员会是否有用和是否值得交寄。我因缺乏这方面的资料，故擅作决定，把两份说明寄给了你们。顺致崇高的敬意。

（原件290页）

浦理燮致克雷定上校函

1886年4月16日发

上校先生：

本月（4月）16日来信收悉，我立即复信，并不敢稍有耽搁。狄塞尔上校和我都为不能接受以您个人和第二非洲营全体军官的名义向我们发出的明日在谅山小住的盛情邀请而深感歉意。我们的旅程很长，因此，我们不打算再在谅山逗留，以便在上午尽早赶完路程。我们拟与数名非洲轻装兵和4名携带全体人员午餐的苦力一同前行。

我们的辎重车队及大部分护卫队员随后而行，并将与我们在Cut相会。

我再次向您表示我和狄塞尔上校的感激之情，并请将这番情意转告第二非洲营全体军官为感。

（原件第291页）

克雷定致浦理燮函

谅山，1886年4月16日发

主任先生：

第二非洲营的这些先生们（他们邀我与他们共桌进餐）与我一起，向您和狄塞尔上校发出邀请，敬请在你们的辎重车渡河和你们的行装更换挑夫之际，能与我们共进午餐。

我们对不能邀其他界务委员来此进餐而深以为歉，因为我们的餐席不够。然而，他们至少有一间住房可供休息，一张桌子和数张椅子可供憩息。

若蒙您能把来此便餐的确切时间相告，则不胜感激。

（原件第292页）

第六十七卷

法中勘界委员会法国代表团团长狄隆致统帅东京部队及舰队的将军函

老街，1886 年 7 月 6 日

将军先生：

5 月 20 日和 26 日，法中勘界委员会的法国代表团成员离开河内奔赴老街时，承蒙您把溯红河而上所需的交通工具交他们使用。因此，我认为应该将这些工具突然发生的情况告诉您。“勒・弗拉尔”号和“居维利埃”号炮艇已把代表团一直运载到 Than Quan 以南约 30 千米处。第一艘 5 月 20 日出发，第二艘 26 日出发。由于河情已便于“居维利埃”号航行，所以两艘炮艇重新出发，同一航线航行。可是在 6 月 3 日，经过一处急流时，上尉十分仔细的探测都漏过的一个暗礁尖撞裂了“居维利埃”号的船体。这艘炮艇只好停下来。“勒・弗拉尔”号船长认为小心为上，不要再往前航行。因此，我们只好乘帆船继续赶路。

帆船队的组成情况如下：

①一艘作战帆船（由炮兵部队造），5 月 20 日就在代表团团长的掌握之下。这艘帆船现已在老街。我想把它留在这，以便划界工作需要时，沿河而上。

②一艘作战帆船（三角洲常见的那种型号），5 月 26 日已交我个人使用。这艘船太大了，难以在红河上游航行，因此使整个舰队的航行速度减慢。为了提早开始我们在老街的工作，我于 6 月 11 日决定和代表团的全体成员转到第一艘战船上去，留下第二艘继续单独行驶。它 17 日离开保河（Bao-Ha）。20 日，统帅第一旅的将军由保河（Bao-Ha）卫戍司令转来一道命令，命该船沿路返回到劳河（Ngoi Lao）。这道命令马上被执行。留在这艘船上的人员和物资不属于它，于是被放到 Lao Viai，现刚到达。

③ 三艘商用帆船，两艘是云南型，一艘是三角洲常见的那种类型。这三艘 5 月 20 日出发的帆船已抵达老街，前两艘于 6 月 21 日抵达，第三艘 25 日抵达。它们一到，就被交给指挥红河上游地区的上校先生掌握。

④ 两艘大舢板，供红河上游邮政部门之用。经过尼（Lam）村哨所附近的 Thack Hai 滩时，其中的一艘损坏严重，不经修理就不能继续航行。我认为要按照您的指示，将它

交给尼村哨所的指挥官。他可以让人修复它，然后有效地使用它。第二艘舢板于 6 月 21 日到达老街，然后马上交给这个地区的指挥官上校先生使用。从红河上游的航行看，两艘云南型的商用帆船适于在上游航行。舢板几乎都跟着这些帆船。炮兵部队建造的那艘战用帆船尽管航行不很快，但还是理想的。三角洲型的商用帆船在保河（Bao-Ha）与老街之间比其余的船只晚了四天。

第二艘战用帆船勉勉强强地到了老街，经过各险滩时，都有可能发生意外。

最后，请允许我，将军先生，对于代表团在所到之处受到的欢迎向您表示最衷心的感谢。代表团一出发，各个部门都热情地为代表团的旅行提供方便。沿途，特别是在代表团停留的 Than Quan 和保河，各哨所指挥官都能满足我们的要求。最后，我抵达这里时，莫西翁上校先生对我谦恭的接待，令我非常感动。代表团的一切所需都已准备好了，全体成员受到最令人满意的安顿。在我奉命确定和让人承认东京在这一边境的领土权之时，他与我之间建立的诚挚和牢固的关系对我来说，比任何时候都珍贵。

将军先生，我理应向您表示衷心感谢。

（原件第 8～11 页）

法外长致在老街的东京勘界委员会代理主任狄隆函

巴黎，1886 年 7 月 16 日

先生：

我荣幸地通知您，您 5 月 18 日及 31 日的关于您要在中国边境完成的使命的来信已收到。我十分满意地获知，您与狄塞尔上校之间建立了十分融洽的关系。从他的个性看，我毫不怀疑您将得到他最有礼貌的安排和最完美的协作。此外，对于他担任委员会代理主任时给我寄来的报告，对于他迄今为止给予我们的帮助，我通过本次邮船，向他表示感谢。我没有忘记，已向他所属的部指出他的影响。

至于保罗・贝尔先生与您之间的通信，我只能同意我们的总驻扎官向您提出的建议。您准时将边界活动的进展情况向他通报，我认为只有好处，没有坏处。至于您的头衔和权限问题，尽管保罗・贝尔先生的各函中没有特别提及，当然在新的指示下达之前应该继续保持代理的性质，因为浦理燮先生还是正式的委员会主任，就像您自己一样，仍然还挂着顺化高级驻扎官的正式职务。

先生，请接受我的敬意。

法来西纳

（原件第 21～22 页）

法驻安南、东京总驻扎官致外交部电（第17号）

河内，1887年7月18日

我7月9日电报是用外交部F40密码，我用这种密码与浦理燮先生联系过。你们现用哪种电码？我现在使用维亚尔先生交给狄塞尔上校的那本电码，第一页标有第48号。现重复9日电报。法来西纳代您发出如下电文：“根据浦理燮的说明，在勘界会谈纪要中提及在老街或Thalvey西北60千米长的一段距离有互相航行自由是有利的，以红河为界。”至于我，我补充：“据我所知，可能将向你们提出作为向法商开放的城市的曼耗，环境恶劣，去的人很少。请断然拒绝，坚决要求得到蒙自县，该县在东北30千米处，云南各高地的所有批发商都到这里来。你们将会遇到无数怀有恶意的人，只有坚强不屈才能让他们屈服。甚至有返回河内的可能。显然这乃个人的看法，无教益。”

（原件第23页）

电报汇编摘要*

老街，1886年7月24日

（外交部，巴黎）中方委员似乎已承认，一直到米河（Ngoi Mit）河（又名龙膊河）为止，在老街上游60千米长的距离，红河的中线为两国的边界线，右岸归安南，左岸归中国。也许，从此很快就应该就在红河这一共同部分航行订立一项协议。

中方代表申明对此无权，我们认为自己的情况也一样。由于这个问题从贸易方面看具有紧迫性，我立即向您阐述前面所言，使您能够，如果您认为合适的话，敦促向法中代表授予特别权。

老街，1886年7月24日

（外交部，巴黎）由于意外的情况，我在拟好我关于航行自由的电文后才得知您关于同一问题的电报。中方代表似乎不会对这一自由提出反对意见，因为他们好像承认以红河中线作为我们之间的共同边界线。但关于这一点，他们也许不愿同意原则而不同时参与实施细节。您的上述电报授权我们也处理这些细节吗？请向我们下达及敦促向他们下达您认为有用的指示。

巴黎，1886年8月1日

（致勘界委员会主任）我有些担心，怕向北京提出授予中方委员缔结通航协议的权限的要求会引起令人遗憾的耽搁。委员会的目的只不过是勘察和确定边界，而这样即使不是使其性质改变，至少是扩大了其性质。迄今为止，我们对严格规定委员会的职责范围感到满意。请遵先例。

巴黎，1886 年 8 月 8 日

（致勘界委员会主任）……

关于中方委员对离开边界的那一段红河的航行自由提出的反对意见，我已发电报给您了。这个问题与您的任务无关。请向周申明，您无权接受他对航行自由问题的保留意见。两国政府也许以后会讨论这个问题。至于你们，你们的任务只限于勘测通过红河中线的边界。

（原件第 24～25 页）

＊以上电报是在法外长和法勘界委员会主任狄隆之间进行的——译者注

法国驻香港领事致法国勘界委员会主任狄隆函

维多利亚，1886 年 7 月 25 日

主任先生：

您本月 9 日从老街寄给我的信业已收到，特此立即奉告。

我已将您关于将外交邮袋交给可能到香港的法国代表团的要求记在心上了。主任先生，请您放心，如果发生这种情况，我一定尽快派人将这些外交邮袋送到老街去。

主任先生，我认为我再次通过您的好意斡旋向法国代表团提出我 5 月 17 日给狄塞尔上校的信中包含的帮助建议是没有必要的，您经过香港时我亲口向您提出的帮助建议也没有必要再提。您知道，在任何情况下，您都会得到（法驻）香港领事馆的全力帮助。不过请允许我在这里补充一句，当您愿意为我提供机会，我将会特别乐于在各方面为您效劳。

您的来信向我表达了令人难忘的问候，在此向您表示感谢，并请您，主任先生，接受我的敬意。

丁·里戈罗

（原件第 26～27 页）

法驻安南与东京总驻扎官致勘界委员会主任函（第271号）

河内，1886年8月4日

主任先生：

因为您向我提出要求，所以我谨将与中国缔结的通商条约的约文寄给您。

为了让您知道保护国政府对这一条约提出的反对意见，同时附上如下文件的抄件：

1、2、3份6月4日、7月1日和15日给内阁总理的关于这个条约的汇报；7月31日关于这个条约的说明。

这些文件是财政稽核洛朗先生与戈可当先生进行了一次谈话并去了一次上海之后交给我的。正如您将看到的那样，我在批评中主要强调禁止东京与中国间进行鸦片和盐的贸易的那些条款。

（原件第27页）

法驻安南与东京总驻扎官关于通商条约的说明

河内，1886年7月31日

1. 关于法国计划在中国境内建工厂的这一条款是引起争论最激烈的条款之一。我们特别受托讨论这个问题的全权代表们强调指出，1868年的条约同意外国人在各开放港口经商办工业，比如在上海，实际上就有一些工厂。李鸿章反驳说，工业一词不能被理解为手工工场，其意仅指行业或职业；如果在通商港口确实建有工厂，那也没有获得任何的同意；这些工厂的地位完全是临时性的。总之，在这个问题上没有获得让步。

说实话，在法国，人们似乎看重这一条款，这说明对中国的税收制度还非常不了解。

实际上，由于存在厘金税，在中国制造的产品要输往距生产地很近的周围地区，要缴纳的税高于来自外国的同类商品的税。根据各条约的规定，外国的商品只需缴纳进口税和过境税，即总共为其价值的7.5%，而内地一个接一个的海关最后轻易就征收25%～50%。

因此，运输费应该补偿差额。在东京境内、边境附近或在云南、广西开放地流通的商品的运费，看来一样。

2. 关于由法国人开采云南的矿藏问题，中国人仍然激烈反对。李（鸿章）允许欧洲工程师进入这些企业，但想把这些企业留给中国资本家，如同工业企业一样。

根据我所能得到的情报，云南的铜矿和锡矿可能仍然没有被开采，因为缺乏资金和领导。总督（指李鸿章——译者注）可能在他的奏折中已提到这些事。

几乎没有开采活动的原因之一，主要在于运输困难。

进贡给北京朝廷的铜可能经过四川和扬子江，到达目的地时已付了巨额的费用。已得到断言，由于这种情况，中国政府可能要放弃轧制铜币，因为其名义价值低于成本。

3. 在禁止盐的贸易问题上，为了使中国满意，戈可当先生提议规定：这种产品只能卖给官员或省的专卖局。但遭到了断然拒绝。

4. 在最初的谈判中，七溪（又译室溪——译者注）附近地区抢劫行径的再次出现，使勘界委员会的工作一度中断。根据从海盗头目处搜到的一些信，已证实中国人向他们提供武器。瓦尔内将军转交给戈可当先生的这些信件被交给了总理衙门，并要求做出解释。公使先生出发时还没有得到任何答复。他认为，有必要继续这项工作，要求克洛次吕纳先生迅速解决这个问题。我们的领事很不积极，只是很勉强地写信。总驻扎官先生以后要经常发电报鼓励他。

5. 中国政府的电报线已经一直通到了南关（Porte de Chine）。由于另一侧的我们的（电报）网通到谅山和同登，我想把我们的电报网与中国的电报网连接起来并不难。

中方的全权代表们对这一计划很可能会表示赞成，比如对北京朝廷发给其云南的官员的电报予以免费，特别是对经东京的过境货物规定很低的税率，以确保从中国寄往欧洲的邮件走海路而得到实惠。很可能与清政府缔结一项电报协议。负责电报管理的道台在这方面会极力赞成，比如他可能会乐意与雷斯特吕贝（Restelhucber）先生商谈。

6. 按戈可当先生的看法，尽管李鸿章表现出善意，但是不必过于期望他经常给予支持，特别是不必过于指望他有真心实意。比如，在与朝鲜的谈判中，尽管他答应了满足我们的一切需要，但是他派驻朝鲜衙门的官员们的行动完全不利于我们。

签字：夏尔·洛朗

（原件第38～40页）

法驻安南与东京总驻扎官致老街法勘界委员会主任函（第361号）

河内，1886年8月19日

主任先生：

我直接接到您和部里的通知，说您和中国政府已保证你们很快将到广西边境进行两国的划界工作。因此，您要求军事部门向你们提供所需的卫队。

我实话对您说，对于你们那么快离开云南边境，我感到遗憾。您主持的委员会的任务在这一侧远比往两广方向重要得多。云南是我们的商人希望进行大量贸易活动的一个地区，有一条相当方便的道路通到那里。那里的自然资源很丰富，而且那里的中国当局没有别处的中国当局那样敌视欧洲人。因此，我希望勘界委员会能在这一侧完成它的任务，划出边界，确定出开放通商的地方。我曾在 7 月 18 日的一份电报（此电随函附上）中给您送去了有关我们可以要求向我们开放通商的那个城市的详细材料。我自认为，至少在一个地方，1885 年 6 月条约第 5 条款很快将不再是一纸空文。现在你们动身的时间迫近，使我担心你们的任务未能完成，担心在云南和广西确定通商点之事被耽搁，担心我们的商人在看到长期以来关闭着的这些中国港口向他们开放之前，还要经受一次新的拖延。

除了这个十分严肃的反对意见之外，还存在向你们提供卫队的具体困难。我把您的要求转告了雅蒙将军。他对我说，他将在各条道路可通行后，提供一支护卫队；但是他不知要到什么时候；因为通往广西边境的各条道路只不过是些干涸的湍急小河河床，要在 9 月末这些湍急小河才涨水到最高的程度。按照这种说法，道路要到 10 月底才畅通。鉴于上述的事实和考虑，您不认为有必要仿效中国人，任命第二个法国代表团在广西进行工作，而你们自己则在云南完成任务吗？这样可能有更大的利益。

不论如何，我要按这个意思发电报给巴黎，告知我已征询过您的意见，但还未获答复，可能您要反对我的观点，强调一些因素，对此我不得而知，唯有您来加以判断。

主任先生，请接受我崇高的敬意。

总驻扎官　保罗·贝尔

（原件第 45～46 页）

法勘界委员会主任狄隆致法驻安南与东京总驻扎官保罗·贝尔函

老街，1886 年 8 月 20 日

总驻扎官先生：

我昨日给您发了一封电报，明码电文随函附上。电报可能今早已由卡吕（Carru）先生发出。卡吕先生刚把电报线拉到老街，几乎一直拉到红河的右岸。我刚从他那获知，由于一个尚未清楚的原因，他不能与保河联系。因此我马上派出一名特使去找您。

在我能向您寄去一份关于刚发生的令人痛苦的事件的详细报告之前，我趁这位特使出发给您寄去如下信件的抄件：（1）我给老街卫戍司令的一封信；（2）我给达吕（Daru）司令先生的一封信；（3）我收到的达吕司令先生的一封信，他走后不久收到的；（4）他外出旅行期间我给他寄去而他未能收到的两封信；（5）事件后我给老街卫戍司令先生的第二封信及他的复信。

进攻发生在中国田封（Tien Phong）村的对面。我们听说这个村只是在阴历四月后才有一些黑旗军部队居住。目前我正注意采取必要的措施，以便向周钦差证明没有任何危险能阻挠法国代表团，它根本不必考虑危险是否来自中国人，因为中国人根据条约有义务驱散在他们境内形成要到我们境内制造混乱的匪帮。其实，法国代表团主张全团要再去龙膊（Long-po），同时邀请这位钦差大臣与它会合。他派人问我们，他是否要通告他的代表叶（Yé）阁下到龙膊（Ngoï mit）恭候我们或是返回。我认为，不宜让他从我们的答复中猜想到，来自安南人的危险能阻碍我们任务的完成。

我们当然要在军事部门仍然认为可以在完全安全的条件下进行时才出发。

签名：狄隆

（原件第 49～50 页）

老街卫戍司令致驻巴华（Ba Hoa）校官函

勘界委员会认为必须尽快再继续前往龙膊。它问我能否向它提供一支人数充足的卫队。我认为，为此必须从老街抽完所有强健之士，但还不能肯定就足够了，那时要塞就可能只剩下一些不能值勤的人员了。至于我这一方面，我认为必须尽快地恢复我们在百姓面前的地位。据最新消息说，老百姓正到处骚动反对我们。您也许将认为事情极为严重，可以通知最高军事部门，让我尽早转达指示。

我认为，如果我必须将要塞的部队全部撤走，可能必须立即派援兵来。

（原件第 51 页）

勘界委员会翻译致委员会主任函（机密）

老街，1886 年 8 月 22 日

主任先生：

根据您的要求，现将我昨日荣幸地对您说过的事书面写给您。

我接待了中方地形测量员石（Shih）氏的来访。他因听说我受了伤，来向我表示同情。

下面是他对我说的话的梗概：他之所以走在法国人前面，是因为他的小船比法国人的小船走得更快，他的小船的船主想趁着顺风，而不愿为了等其余的船只时时停下来等候。

17日傍晚，过了田封（Tien Phong）之后，他就沿着安南一侧航行，到田封上游200米处就停下来了，仍靠安南一岸。

有15名头包白、红和黑色头帕的男人朝他的小船开炮。他出来对他们说，他是批发商，没有与欧洲人进行任何交易。于是攻击者中的几个人不想为难他，让他通过；其他的人不愿意，就把他带走了。

在这次短暂的会谈中，他十分清楚地说明了自己的意思，也完全明白他的对话者说的意思。“双方彼此都谈了中国人”。看到他们要再次朝他开火，他就逃往中国一侧，但是他的小船撞上了一块岩石，损坏严重。一到了中国一侧的岸边，他马上登陆，敌人连续朝他的小船开枪。这样他沿着一条好走的路往龙膊方向走。他的小船艰难地沿着他所在的一侧前移。

夜幕降临后，他复登上他的小船。翌日，他就在船上等法国人。黎明时分，他听到被攻打的地方传来爆炸声。他马上肯定法国人受到攻击了。两个小时后，一艘溯水上行的中国帆船从他旁边驶过，他问刚发生的事。对方回答他说，他们遇到顺河而下的四艘船，其中一艘被烧着了，上面有12名全副武装的匪徒。于是他写信给在龙膊等他的叶（Yé）阁下，然后转上他头天遇到下行的另一艘帆船。但是他把该船留在他受损的船旁，以备不时之需。

他再顺河下行时，看见了那艘被焚的帆船的残骸，残存部分已停在岸边，旁边有12名武装海盗，一排欧洲人的帽子共6顶，挂在竹子上。在他返回途中，他听说这些海盗砍下了6名法国人的脑袋，并将这些脑袋拿给他们在山里的头目。

他最后说，他再也不和法国人返回龙膊去了，钦差大臣确已决定不再和他们一起外出，决定等他们自己到了龙膊后才去那。

勘界委员会翻译　V. A. 沙列斯

（原件第52～53页）

法勘界委员会成员海士致委员会主任狄隆函

河内，1886年9月13日

主任先生：

按照您9月4日和8日的指示（我是在9日接到第一道指示，10日接到第二道指示的），我立即去找您要求我找的有关材料。

承蒙总驻扎官办公室的关照，我马上与高级驻扎官办公室、师部参谋部和安南当局取得联系。

高级驻扎官办公室未能向我提供任何地图或可以查阅的文献。宣光省的纳税人名册已提出索要，但还未收到。高级驻扎官先生要代理经略阁下再向山西总督索要。总驻扎官办公室主任在我的一再恳求之下，已打电报给山西驻扎官先生请他出面，把这些材料快些交来。此外，古安先生还负责派人将位于云南边界的安南村庄尽可能一个不漏地记录下来，编制成一个特别的报表。这份报表制好后，将直接寄到老街去给您。最后，Ba Ha Kim——我听人说他拥有这些纳税人名册的复本——已保证在几天内让人从他在山西的家里取来。

我和波安先生到了参谋部。第一天，他们没有给我们什么材料，只是那些我在 11 日电报中索要的材料。从转到那里给我们的所有安南方面的地图中，我们觉得只有唯一的一幅有几个新的标志。我们就是在这幅地图上在东京境内发现了下胜（Ha Thang）、上胜（Thuong Thang）、Ba Tieû 和中白（Trung Bach）等村。我们在什么地方都见不到标有交趾（Giao Chi）和半卡（Hang Kha）。我们认为，根据不同的地图，将边境区域的所有安南的村庄记录下来造一个很全面的表格，按我们认为最准确的顺序将它们归类，这样做是有益的。老实说，这一表格的价值仅仅在于也许能向您提供几个基准点。

现在参谋部正在根据资料制作一幅边界全图：仅印了两张，包括七溪、高平、太原地区。其余的要一个月后方能印出来。到时将给您寄去。由我们的前哨军官们进行的地形勘察或其他勘察工作在明江河谷、永绥上游几千米处停下来了，因此距河阳至少还有 4 天的路程。未经勘察过的地点均是根据一些安南地图录下的。永绥卫戍司令根据他得到的密探所提供的情报，告诉我们一条河阳经保禄（Bao-Lac）（又名保乐——译者注）到老街的路线。对于红河上游和黑水河（黑河）地区，他拥有的所有情报都是从老街和保河（Bao Ha）送到参谋部来的。我们认为没有必要转给您。

夏努安将军先生在作为武官逗留在法国在北京的公使馆期间，得到了一套完整的中国分省地图，并寄给了统帅东京部队的将军先生。这些地图是新绘制的。地图中的云南边界显然是沿着我们自己标的那个方向，特别是沿着北赌咒河（Tou Tchéou Ho Septentrional）。在红河与黑水河之间的这个地区，该图只是再现了附于帝国云南地理志上的土司地图的说明，而中国代表团的那幅大地图也只不过是其复本而已。广东和广西边境被绘得十分详细，以后将方便委员会的工作，我发现关于广西已划部分划得准确。我表示希望复制复本，待勘界委员会从老街返回时，交给勘界委员会。

最后我们找代理经略帮忙。他开始向我们申明，对于我们向他列举了名字的村子，他没有任何可向我们提供的情报，而且这样被理解的划界只能到现场上去才能进行。他最后说，他至多能向我们提供边境县、府的名册，对以前特别引起中国和安南注意的一些地方作注，如保禄地区、赌咒河（Tou Tchéou Ho）、昭晋和莱州。至于兴化省和宣光省的纳税人名册，他还未能完全使其恢复原样。大多数“州官”对于要求他们提供材料这件事不热心或拒绝做。经略主动给我看一本关于兴化省的著作、一本前黎时期的安南帝国历史地理地图册，最后是一本很新的东京地理书。这些书籍都是手抄的，但经略也不同意放弃不要。他只同意我让人把地图册送给您。而在这些书籍中，这本地图是最不值得查阅的，因为里面使用的行政区划和那时的正式名称几乎全都消失了。而且在这些书籍中，找不到一幅边界或边界描述具有准确性质的，但是所有这些书籍都把赌咒河边境、丰收［中国人曾称其为猛L□（有一字不清——编者注，现地图名为封土——译者）］和莱州当作是安南的。为了证明这些资料，兹附上从这些不同的著作——我打算要求这些著作的一份副本——翻译过来的几条注释（附件2）。

昨天，波安先生返回时，终于在参谋部的办公室发现了黑水河地区的安南大地图一幅。正如您从内附的一张用透明纸描下来的图（附件3）中将会信服的那样，这幅地区比我们离开老街时委员会拥有的所有地图全面得多。据此，我给您发去了这天的电报的。正如我上面所说的那样，我们另外还得知一条河阳通到老街的路线。这条路线我也告诉您了。根据这条路线，南天（Nam Thien）山、蒙山（Mon Son）、巴蕉（Ba Tieû）山和老军山都是安南的，而且这得到许多地图的证实，特别是随函所附用透明纸描绘的这幅地图（附件4）的证实。

这些就是我们迄今为止所能搜集到的情报了。我们希望凭借宣光省纳税人名册，凭借应我请求经略办公室目前正在制作的边境地图，最后凭借一切山西省当局和兴化省当局立即提供的书籍，将能够不断地补充这些情报。如果发生了这种情况，我将马上向您通报。

（该段收入《中越边界历史资料选编》第980～983页）

波安先生在我们进行的研究中给予了很大的帮助，我从他的身上发现了聪明的善意，他到勘界委员会几个月来一直就是这样，这我就不必多说了。

几天前，我向总驻扎官先生表示我对离开委员会感到遗憾，强烈希望我能尽早重返委员会。他对我说，他不想对委员会所有成员行使任何权力，不过他认为，由于他很关心我们的每一个人，所以他有权阻止我做出他认为“荒唐”的事。此后，总驻扎官先生总是给我做出同样的答复。主任先生，除非您愿意撤销这种禁令，不然我就不能离开河内。不然，我完全可以获许下到涂山（Do-Son）去，总驻扎官先生曾热情请我们，我和波安先生，到他让人按他的意愿在涂山海边建的度夏别墅去玩几天。

若您给我自主权，我会很感激，但我对未有新指示之前要被拘禁在河内仍然感到十分悔恨。

海士

（原件第59～63页）

海士致勘界委员会主任狄隆函

河内，1886 年 9 月 17 日

主任先生：

谨向您证实我 14 、16 、17 日 3 份电报。

亦随函附上：

1. 经略阁下就要求他提供有关资料一事于 9 月 13 日给高级驻扎官的复信的抄件（附汉文与译文）。这封注明 13 日的信昨天（16 日）才转到我的手上。我已在电报中将有关丰收（现地图上标为封土——译者注）和莱州的声明告诉您了。

2. 芳度（Phuong Do）里长当着永绥卫戍司令的面画了一幅草图。该幅草图将明江放在河阳的上游，标出了新边界。云南总督在这个地点就像在丰收那样，擅自行动，企图把新边界由此划在东京。我只是昨天早上才看到这幅草图。它帮助我弄懂了您 9 月 13 日的电报。

3. 兴化巡抚的说明抄件（附中文及译文），我由此发了今天的这份电报。

4. 《兴化经略》（兴化省历史概要）摘录的一系列注释。这是一本手抄书，是经略转给我的。

5. 关于明江和黑水河地区边境问题的一段摘录（未译）。这段摘录引起了我的注意，但为时过晚，故我未能给您寄去一份完整的译文。我认为这段摘录十分重要。经略那封表示同意把怀莱社、丰收和平卢让给中国的信，显然是参考了这一段。我在这一段摘录中附上了黎朝时兴化、宣光两省的地图的描图。

6. 译成法文的兴化省纳税人名册。我可能寄给您这些汉文文献。至少您在那一类注释里将看到所有与直接涉及的地点有关的汉字。

7. 夏努安将军先生的那幅中国地图的一份用透明纸描的图。汉字是用广州方言音标注的。我不久就把一幅中文的描图寄给您。

总驻扎官办公室副主任夏耶先生在将您 9 月 13 日关于 Tou Ki 河与清水河合流处的电报转给我的同时，还在信中告诉我，如果我愿意，他可以发电报到顺化——保罗 · 贝尔先生目前正在那里——要求提供委员会需要的材料。尽管不怎么相信可能来自顺化的安南政府的材料会准确，但我还是对夏耶先生说，确实不应该忽视任何原始材料。应他的要求，我将电报草稿交给了他，草稿内附。我在电报中尽力考虑到您的所有要求。这份电报昨日已发出。我给您写这封信时，夏耶先生派人来请我准备一封该电报的说明信。我以后再把抄件寄给您。

海士

（原件第 64 ~ 66 页）

附件 1

东京代理经略致高级驻扎官函

第 1301 号　同庆元年八月二十九日

高级驻扎官先生：

谨通知您，我今天下午接到宣光省巡抚的来信。这位官员在信中告诉我，他接到命令查阅哪些是府、县或州，登记在册的人数，土地的数量，每村每年要缴纳的税额。

按照上述要求提供的材料，我要向您列举一部分，名称如下：

永绥县、渭州县；栋巴（?）村、秀清村、秀和（Tu Hua）村、百的（Bach Dit）村、安定（An Dinh）村、应官（Ung Quan）村、安郎村、友荣（Huu Vinh）村和东光村。长安（Tuong An）府位于中国边境。由于中国的叛乱分子，这些村庄的居民都逃跑了，以至不能派人去进行这项研究工作。

（原件第 66 页）

附件 2

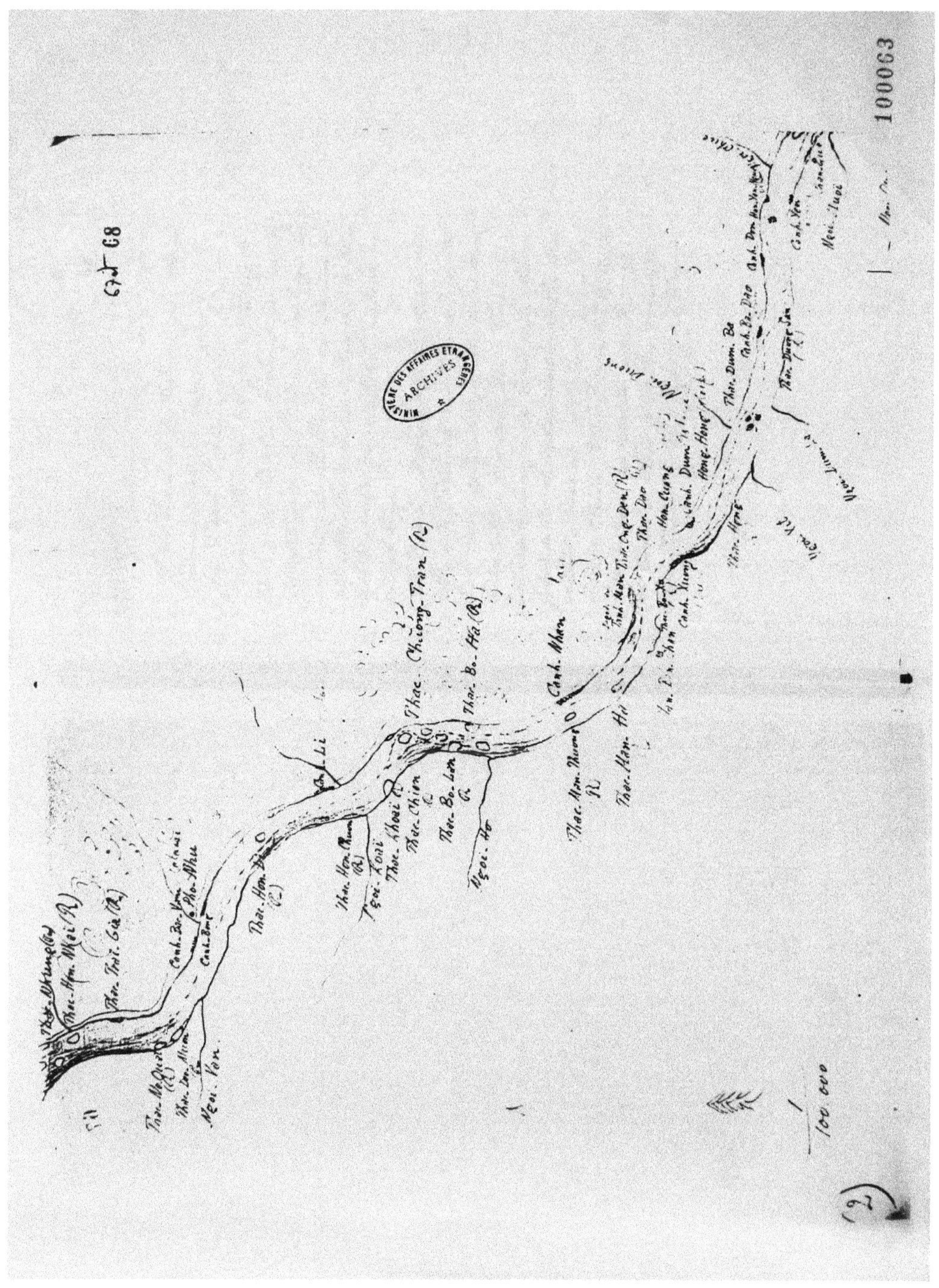

图 13

原件第 69 ~ 88 页为附件 3 ~ 6 号，有汉文与法文对照，有草图、汉字注，另有两篇字迹不清，未译——译者注

帮办永绥县务段成

呈为承开事前承饬照依县辖地图描画呈纳卑经照从旧图本明画自芳度奋武平夷三社人民系属本国永绥县分其北保是船渡过江津二边均有庸人居住亦系永绥县地分于三月日据见芳度社里长阮文缙呈称正月期所有清国数十人前抵伊社地清水河处言谓伊承岑宫保差往刻八石山二处一处刻叙云南土分一处刻叙开化清水河以此为清国地分等语且伊处系属本国永绥县分非属清界兹承饬问据定详开呈纳兹承开　同庆元年八月二十五日

（原件第 70 ~ 71 页）

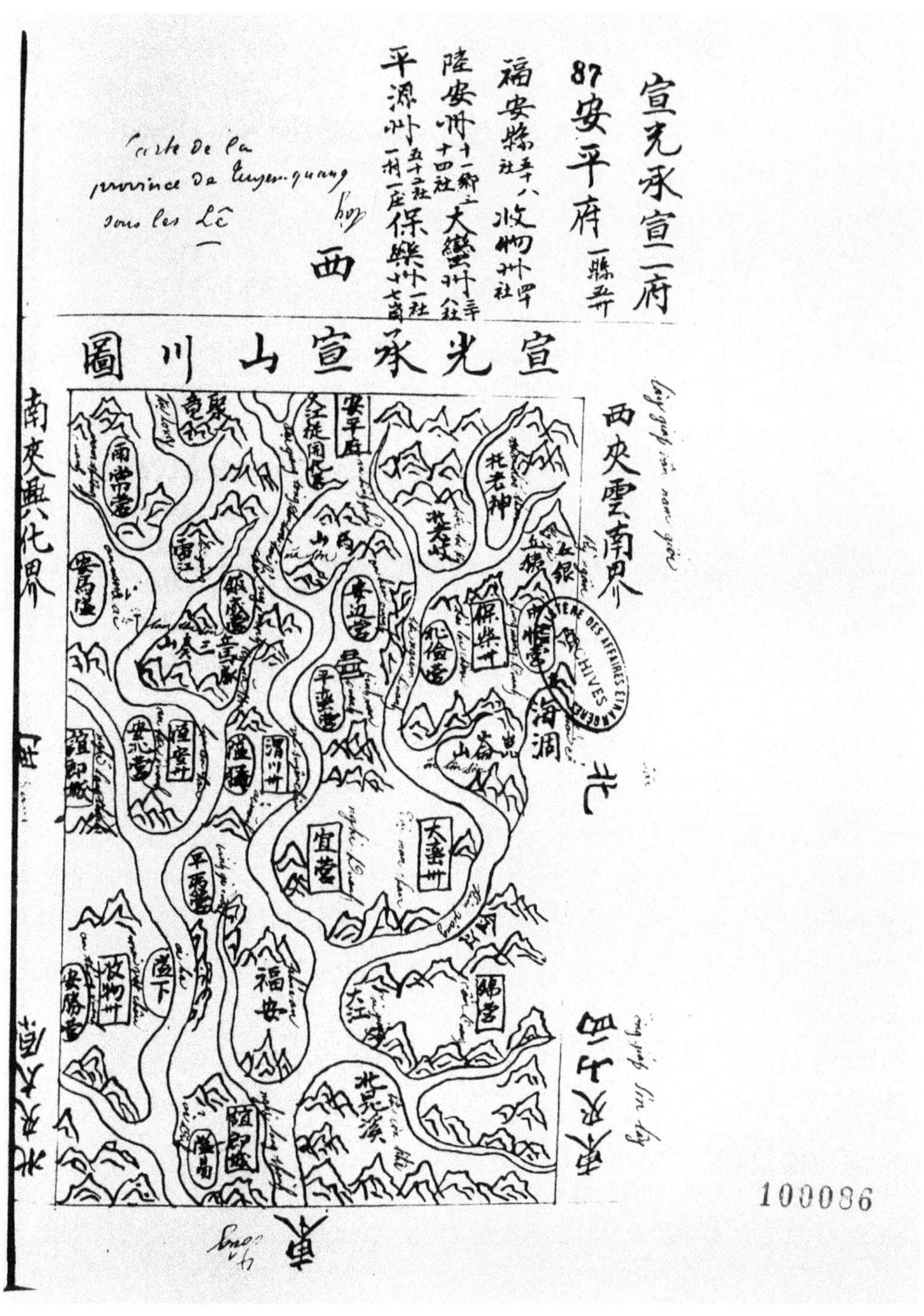
宣光承宣一府
87 安平府 一縣二州
福安縣五十八社 收物州三十社
陸安州十一鄉三十四社 大蠻州二十三社
平源州五十二社一村一庄 保樂州十七社
西
Carte de la province de Tuyen-quang sous les Lê
宣光承宣山川圖
西夾雲南界
北
東夾太原
南夾興化界
東
100086

图 14

附件 7

奠边府

奠边府以前属于南掌（老挝）国，叫芒青。安南人于景兴（Can Hung）年间把它占为己有，组成了宁边州。

该州包括 4 总，即：风清、锦色、仙峰、贤僚。

明命十九年，各总被改为社。

以前这个州属于嘉兴（Gia-hung）府管辖。但在绍治元年，在南掌国（老挝）芒人煽动的暴乱之后，这个州被升为另一个府，除了管辖上述的 4 个社外，还管辖着另外 9 个社，即：芭蔓、平敦、农颉、伯包、猛加、奏居、来森、招来、平坦。

绍治元年，组成两个总，共分为 13 个社。

1. 风清（Phong Thanh）总，包括 7 个社，即农颉、伯包、来森、招来、平坦、奏居和风清。

2. 仙峰总，包括 6 个社，即仙峰、平敦、芭蔓、猛加、贤僚和锦巴。

* * —— —— * *

黄公书（Hoang Cong Thu）叛乱——（清化——译者注）省平定——安南失去 7 个州。

景兴（Can-hung）年间，在青州（Thanh Chau）爆发了黄公书起义。

黄公书集中他的同盟者之后，相继占领了山萝州、越（Viet）州和更靠北的其他州。所有这些州脱离安南的统治达 20 多年之久。在□□（原文有空格——译者注）初年，叛乱分子从经过梅州的那条路下到镇宁（Tran Ninh），力图夺取清化。但是他们被击溃，逃往青州。

叛匪黄公书死后，其子接替他。但其子性格不果断，很快逃到云南总督身边。

安南皇家军司令让人摧毁了叛乱分子建筑的工事（在青州），饶恕所有参加叛乱的人。然后，他要求老百姓重操旧业，给他们赠送水牛，给头人们分地。另外，在他的一份奏疏中，他陈述了一些州的悲惨的状况。这些州由于居民逃散，人口已减少了许多。他上奏说，所有的州都习惯于生活在一种特殊的社会体制之下，必须改变这种制度。

有一个委员会受命研究这些州的组织问题，并拟定了有十四个条款的一个条例，下面是最重要的几条：

所有县长，不论本人就是叛乱分子，还是曾与叛乱分子结盟，全部予以赦免，重任旧职。

减免各州本年度的捐税以及以前积欠的税额。

所有逃亡者可以返回家园。

所有安南行政人员将配有一支卫队，以便对各州进行监督。

该条例明确禁止莱州、伦州、昭晋和琼崖四州向中国缴纳捐税。

禁止各州州长争夺土地，互相打仗。他们之间引起的一切争议都应提交安南当局裁决。

各州州长以后只有得到顺化朝廷的同意才可世袭。

各州州长今后再不可在请示安南最高当局之前，宣判死刑。

他们今后要使用安南历法，以后每年将安南历法送给他们。

(以上是来自顺化的口译员所拥有的那本安南地理书中关于兴化省的沿革志的摘录)

* * —— —— * *

附件 8

兴化省行政史

兴化省以前叫文郎国。

文郎国秦属象郡，汉属交趾，隋唐为上州，李辰为沱江路。

Trân Thuân tôn Quang Thai 十六年，它被命名为兴化的招兴 Thiêu Huong（县）。

陈（Trân）灭亡后，它落入明朝的统治下。

明朝永乐年间，它被进行了如下的划分：

1. 嘉兴（Gia Hung）府，包括 3 个县，即笼县、蒙县、四忙县。

2. 归化府，包括 4 个县，即安立县、文盘县、文振县、水尾县。

黎朝太祖顺天年间，它被分成①嘉兴巡司；②归化巡司。

圣尊光顺七年，整个东京被划分成 13 个道（Dao）时，兴化县也在这一组织之列。它被组成一个道，两个巡司（嘉兴和归化）变成了两个府。

第二章

光顺九年，绘制了一幅安南帝国行政区全图。安南帝国这个时期拥有 52 个府，178 个县和 50 个州。

兴化省有 3 府 4 县 17 州属于这一列举数中。

这 3 个府是：嘉兴府、归化府、西安府。

嘉兴府包括一个县，即清源县；5 个州，即符华州、木州、顺州、越州、枚州（mai chau，也译梅州）。

归化府包括 3 个县，即镇安县、安立县、文振县；2 个州，即文盘州、水尾州。

西安府包括 10 个州，即嵩陵、醴泉、黄岩、绥阜（或绥宁）、合肥、昭晋、琼崖、莱州、谦州、伦州。

黎朝期间，顺州境被划成 3 个州，即山罗、遵教和枚山。

景兴（Can Hung）年间，经过持续数年的战争后，安南人夺取了当时叫芒青的区域，将该地建成一个新的州，即宁边州。

同时，木州被划成两个区域，分别成为州，即陀北州和马南州。

这六个新的州（山罗、遵教、枚山、宁边、陀北和马南）被归入嘉兴（Gia-hung）府。

第三章

黎朝景兴（Can Hung）年间，叛乱的黄公书占领了 10 个州区域（即西安府辖地，我们刚刚已看到，它有 10 个州）。战争一直持续到景兴（Can Hung）二十八年和二十九年，就是说持续 20 多年。

黄公书死后，其子黄公弟（Huang Cong Tich）逃到镇宁境（清化西），从那到了中国。云南总督将他置于他的保护之下。云南总督则将以下 7 州并入中国，作为条件：嵩陵、醴泉、黄岩、绥阜、合肥、谦州和莱州。

这 7 个州毫无异议地向边境的中国官员缴税。

景兴（Can Hung）三十五年，安南官员段阮俶被派去中国晋谒皇帝，奏明 7 州问题，请他把这些领土归还给安南。中国皇帝拒绝满足这一要求。

最后，更为倒霉的是，马南州（位于马江南面）也落入哀牢国（老挝）头人之手。

因此，这个时期安南失去了8 个州，它以前拥有的 23 个州中，这时仅剩下15 个了。

但是，必须注意，莱州并没有完全停止向安南王缴税。还有些书说安南剩下的不是 15 个州，而是 16 个州。

第四章

明命十二年，兴化省接受了一次新的区划，被划分为 3 府 5 县 16 州。

3 个府是嘉兴、归化、安西。

嘉兴府包括 2 县：三农、青川；10 州：山罗、遵教、枚山、顺州、安州、枚州、符华州、陀北州、木州、宁边州。

归化府包括 3 县：文振、安立、镇安；2 州：文盘州、水尾州。

安西府包括 4 州：昭晋、琼崖、伦州和莱州。

明命十五年，青川县被分为两个县，即清山和清水两县。

绍治元年，宁边州由于受南掌（或哀劳）国芒人部落的骚扰，到当时为止隶属于嘉兴府的遵教和宁边两州以及隶属于安西的莱州被合并，组成一个新的府，即奠边府。

因此，采取了这一措施之后，兴化省就有 4 府 6 县 16 州。

这一区划后来没有进行多少改动。该省一直有4个府。至于它的县，嗣德五年，清水县被并入清山县。嗣德四年，伦州被并入遵教州，安州被并入木州。最后，陀北州被并入枚州。

因此，兴化省目前的行政区划实际上是如下几个：

4府：嘉兴、归化、安西、奠边府。

5县：三农、清山、文振、安立、镇安。

13州：山罗、遵教、枚山、顺州、枚州、符华（或符安州）、木州、宁边州、文盘州、水尾州、昭晋、琼崖、莱州。

注——而且这一区划符合《兴化省府、县、乡、社名录》中的区划。我刚得到名录的复本，并将寄给您。但两方面的划法在这点上是一致的：莱州一直属于安南所有，因为最近，绍治和明命时期，它仍然是新的行政安排的对象。

（以上各段收入《中越边界历史资料选编》第171～177页）

（原件第114～122页）

海士致勘界委员会主任电

9月14日（原文未标注年份——编者注）

9月13日上午8时收到您的电报。传送的差错曾使这份电报难以理解。您所说的“东京合流处，即曼崗（Man Toung）合流处”是否是指Tou Ki即南藤（Nan Teng）合流处？我们在明江未找到清水河。请让我们确认关于老军山、巴蕉（Ba Tieû）山和南天门山是安南的有关资料。请将您的各份电报抄件寄给我。我让人发电报到顺化，以便获得另外的情况。

海士

（原件第122页）

海士致勘界委员会主任电

1886年9月16日

清水河在河阳上游一整个白昼路程处注入明江。4月份，云南总督派出的一些正规军士兵在清水河的右岸放置了一些带有文字的界碑。这些界碑最靠前的一个位于距河阳仅半日路程之处。即使就将清水河的合流处当成边界，我们也就会把芳度社、伯包、奋武社、平夷社和其他更靠北和西的地方留给中国了。这些材料来自芳度里长。

经略经过研究后声明说，昭晋的丰收（今名为封土——译者注）和平卢、莱州的怀莱不属于安南已有 150 年了，属于中国的建水县。昭晋和莱州的剩下地区仍然是安南的。经略也说他不能确切地指出边境各地点，建议就地向乡绅和老百姓请教。我认为，您最好等着看昨日送出的报告。

海士

（原件第 123～124 页）

海士致法勘界委员会主任电

9 月 17 日

与经略的看法正相反，兴化巡抚在一份我刚收到的说明中认为刚河（Ngoï Cuong）是昭晋目前的边界，并把丰收社、丰收寨划给安南。根据同一份说明，怀莱社可能也还是安南的。莱州北面可能有一条金子河与中国隔开，西面则有一条叫 Ngoï Ha 的小河相隔。金子河以同样的名字被标在倪思医生掌握的那幅中方委员的大地图上。宁边州可能不与云南接壤。根据土地税人名册看，在老挝边境附近的安南诸村是农托（Nong Thac）和芭蔓两个社的。宣光的纳税人名册还没有送到。报告连同各地图、注释和译文今早送出。我向夏努安将军索要中国大地图的描图。

海士

（原件第 124 页）

勘界委员会主任致海士电

9 月 13 日上午 8 时

中国人要求应该将明江作为东京合流处即曼峝（Man Toung）合流处一直到清水附近的边界，该线中间的一小段例外。能否用电报将我们认为急需的关于上面的情况相告，但不影响其他已索要的情况。

（原件第 125 页）

海士致总驻扎官电报草稿

该电报已由夏耶先生于9月15日发出

尽快在顺化编制安南所有与中国云南边界毗邻的村庄的详册。按照所定的顺序，如从老街起到保禄和广西省，用电报将上述地名表册连续发出。此外，把重大的村子按乡、县或州依次分组。

重点标明以下地方的详细资料：关于都龙地区的。自1728年以来作为明江右侧边界的赌咒河流经这个地区。也要指明牛羊河、芭蕉山和南天门山，哪条是这些地方标出的确切边界？哪些是在这些地方找到的安南村庄？

然后对马江、奠边府、黑水河和红河老街上游之间的地区进行同样的工作。接着弄清莱州和丰收有争议的领土问题。

把所有这些材料汇集之后，也许在顺化绘制一幅边境地区全图似乎不无裨益。尽可能同时标上所有村寨现在的名字。必要时，也许还须用注释写上旧名称，以便研究，避免可能的混淆。

对于所有源自中国的河流以及那些整段未划入地图上标出的省或段内的河流，安南人常常忘了提及其名称、源头和河口。然而这些标记是有用的，有时甚至是必不可少的。

海士

（该篇收入《中越边界历史资料选编》第155页）

（原件第126页）

宁边州

宁边州东接遵教州，西南接南掌国，南接安南清化省的呈固县，北连莱州。

莱州

莱州东接琼崖州和伦州，西接中国的纳娄土司（该土司隶属于临安府的建水县）和九龙江，南接宁边州和隶属于哀牢或南掌国的Y-hien寨，北接广朗州的金子河和安南的昭晋州。

昭晋

昭晋东接文盘州，西接中国的广朗州，南接莱州和山罗州，北接水尾州。

水尾州

水尾州东接隶属于宣光省陆安州的奠关社，西接昭晋和文盘州，北接河口军哨、西南（Si-Nan）村和逢春镇。这三个地方都属于开化府。

（该篇收入《中越边界历史资料选编》第155～156页）

（原件第127页）

下面是当地人给上世纪末中国占领的七个州取的名字。

1. 广朗州，土名为芒罗。

2. 绥阜，土名为芒齐。

3. 黄岩，土名为芒镬（Mong Xuet）。

4. 嵩陵（Tong Lang），土名为扶滂。

5. 谦州（Kiem Chaû），土名为芒星。

6. 醴泉，土名为芒禀。

7. 合肥州，土名为呈眉。

我们不知道这些州是何年转由中国统治的。

广朗和嵩陵形成两个不同的州，但是由于它们毗连，编年史中提及的一直是广朗，很少提到嵩陵，人们就将这两个州看成是同个单一州。

（摘自《兴化纪略》）

（原件第129页）

昭晋以前向中国的建水县缴税。

据报，中国总督（似指云贵总督——译者注）曾占据了安南边境的全部州，甚至强迫改成另外的名称。这样水尾州变成了孟甘，昭晋成了孟校，莱州成了孟赖（Mèng Lai），文盘州成了孟雄。因此不仅仅是7个州向中国缴税，而是边境的所有州。……

我们知道，景兴十五年安南官员叚阮俶未能与中方代表解决黄公质（Huang Cong Thu）叛乱后安南丧失的7个州的问题。

景兴三十六年，木州被分划成3个州，即木州、陀北州和马南州。

在征服了芒青（属老挝）之后，设立了宁边州。若将这4个州加上12个州，即枚州、枚山、山罗、遵教、伦州、昭晋、水尾、琼崖、文盘、富安、安州、顺州，即为16个州了。

从这个时期以后，莱州就回归安南了。但另一方面，马南州就被从16州地区分出来组成呈固县（清化省），因此16这个数字并未变化。

（摘自《兴化纪略》）

（原件第130页）

《安南地理志》是这样叙述的：嵩陵、醴泉、黄岩、绥阜、合肥、谦州和莱州7个州转入中国的统治之下。

另一本书说，安南景兴王统治的中期，安南丧失了东郎、醴泉、黄岩、绥阜、合肥、谦州和莱州7个州。

同一本书还说，东郎、醴泉、黄岩、绥阜、合肥和谦州6个州已归中国，目前属于云南省。

因此，就这样时而讲7个州，时而讲6个州。在这方面不一致。

嘉隆（Gia-Long）十三年，兴化省巡抚陈侯令造该省的纳税名册，其中包括莱州。以下就是关于莱州的一章："莱州省有两个峒（山区县），石碑峒和怀莱峒。在册人数为37名，有14亩地要缴土地税。"这一章还说："莱州位于边境最边远的地方，距中国很远。在上述朝代统治下，在长期的战乱之后，该州宣布归顺中国，并向中国云南省的建水县缴税。黎朝灭亡后，该地既向安南缴税，也向中国缴税……"

"嵩陵、醴泉、黄岩、绥阜、合肥、谦州，6个州成了中国的，不再向兴化省缴税。自那以后，它们就不再出现在纳税名册上……景兴年间，黄公质叛乱之后，虽然有7个州被中国人占领了，但莱州并未完全停止向安南缴税。因此人们谈到安南丧失的州时，有时说是6个，有时说是7个……嘉隆初年，安南与中国达成协议，派人立置界碑。现在，两国的界线在莱州的怀莱社，而莱州则不再向中国缴税。"

（摘自《兴化纪略》）

（原件第131页）

昭晋州

该州包括12个峒，即阳达、向离、午覆、明良、丰收、青葵、鸿良、平卢、难源、金龙、肆文、肆袜（Môu）。

这12个峒中，3个——肆文、肆袜和金龙——很久以来就被其居民抛弃了。属于前两个（肆文和肆袜）的田地由难源村民耕种，并缴属于前者份额的税；金龙的田地被青葵村的村民占用，并缴税。

明命十九年，这些峒被改成社。另一方面，鸿良峒改了名，取名为良善社；向离、午覆、明良和难源四峒变成四村；最后设立了廊南、亲属两个寨。

这样，整个州就被分成两个乡。

1. 阳达乡，该乡由阳达社本身和向离、午覆、明良三个村组成。

2. 丰收乡，该乡包括丰收、青葵、良善和平卢4个社以及廊南、亲属两寨，难源一村。

总之，昭晋州现在由二乡、五社、二寨、四村组成。

（以上篇收入《中越边界历史资料选编》第156~158页）

（原件第133页）

经略为安南王国西北部边界事致高级驻扎官函（译文）

高级驻扎官先生：

在我荣幸地与你进行的一次会晤中，你表示希望知道安南与中国自曼广（Mang Quang）一直到沱江（黑水河）、自该河一直到明功（Minh Cuong）、自明功一直到保乐、自龙膊（Long Phô）一直到安南西部界线尽头的西北部边界。

此外，你还问我，叫 Nong Thu 的地方属于何国。

安南与中国的西北部边界在前黎朝时就确定过。在宣光，边界靠着中国的开化府。

中国的雍正六年（约1724），也是安南的保泰（Bao Thai）统治时期。应云南总督的建议，中国派出一名叫 Khanh Dick Loc 的高官，安南派出两名官员阮辉润（Nguyen Huy Nhuan）和阮公泰（Nguyen Cong Thai）确定两国边界，竖立纪念碑，将安南的赌咒河作为边界线。该河以西，分别为嵩陵、醴泉、黄岩、绥阜、合肥、谦州和莱州以前属兴化省的7个州，西面为车里国，北面为属于云南省（中国）的临安和开化两府。（这一段译得别扭，现我重新调整如下：赌咒河被当成边界线。这条河以西，安南一方的边境地点是嵩陵等7个州，属于兴化省，西面还有车里国，最后在北面中国一侧，是开化府和临安府——海士）。

黎朝永祐（Vinh Hûu）年间，一个名叫黄公质的叛乱分子夺取了我刚提到的6个州。他死后，其子 Tóan 归顺云南总督，因此这6个州就变成了中国的属地。仅有莱州仍属安南所有。

自黎朝一直到西山动乱，安南为了重新要回上述这6个州所采用的一切措施，均告失败。

当今朝廷为此未作任何努力，因此6个州属于中国，安南只剩下4个州。莱州、昭晋、琼崖、伦州和归化府（老街）都属于兴化省。

这就是形成两国边界的州和地方。现在，要准确知道表明其边境的确切地点，只要问问各州的绅士和头人们。他们世世代代都向安南缴纳土地税，因此，他们十分清楚分隔两国的地点或界限。

至于那天你还问到我的叫作 Nong Thu 的地方，经核对，我发现昭晋州有 Nong Thu 峒（村）和平卢峒，莱州有怀莱峒。这些峒以前属于安南，但自中国乾隆统治［差不多相当于安南的永惠（Vinh Huu）年间］以后，就是说约150年以来，它们就属于中国了，隶属于建水县。因此，它们不再出现在安南王国的纳税名册里。

代理经略

同庆元年八月十六日

（1886年9月13日）

兹附上毗邻两国边界的各州的清单：

1. 莱州。东接琼崖州和伦州，西接云南省（临安府建水县、纳娄司和九龙江），南连宁边州、老挝王国及 Y-hien 寨，北连广郎州、金子河地区（中国）和昭晋州（安南）。

2. 昭晋州。东接文盘州，西接水尾州，南接莱州和山罗，北接广郎州（中国）。

3. 水尾州。东接宣光省陆安州的呈开村（Trinh Khai），西接昭晋州，南接文盘州，北连开化府文山县蓬春里、西南府、河口（Ha Khao）哨所。

（该篇收入《中越边界历史资料选编》第158～160页）

（原件第134页）

莱州

该州包括两峒，即怀莱、石碑。石碑峒也叫丰裕，属镇安县。明命十九年，两个峒被改成社。

绍治四年，设怀莱乡，包括一乡一社。

以前莱州隶属安西府，绍治元年后，被划归奠边府。

莱州以前叫芒礼。

怀来社即古之芒礼，今莱州地，最广漠，不知亦之莱否俟考（附于文后的汉文——译者注）。

（该篇收入《中越边界历史资料选编》第160页）

（原件第136页）

兴化巡抚的注释（译文）

1886年9月12日

在水尾州即归化府，有4个社与中国接壤。

1. 山腰社：该村以为界，西与中国境相隔，南也隔河与中国相望。

2. 同贯社：该村北面与中国隔着红河。

3. 呈祥社：该村北面和西面与中国境有河相隔。

4. 乐山社：该村与中国被红河隔开。

在昭晋，有一社一寨与中国接壤。

1. 丰收（Phong Tho）社：北面与中国隔着 Ngoï Cuong。

2. 丰收（Phong Tho）寨：西面与中国也隔着 Ngoï Cuong。

在莱州，只有一个社与中国毗邻，即怀莱社，与中国境也有一条叫Ngoï Ha 的河流隔开。

宁边州即奠边府。根据该省的旧地图，以前有一些村庄毗连中国边境。但根据地簿（土地税纳税名册），仅有农颉和芳蔓两个边境村毗邻南掌（老挝）国，其中未提到有任何村与中国境相接。此外，由于目前通往该州的所有道路都不安全，所以不能核实到底哪些是边境村。

（原件第 137 页）

兴化巡抚提供如下村庄的名字

1886 年 9 月 12 日

1. 水尾州在归化府境内，有 4 个村庄在中国边境附近：

山腰村的南面和西面是中国界，采用一条不深的河作为边界。

同贯村的北面是洮江（即红河——译者注），人们把该河当做中国的边界。

呈祥村的西面和北面有一条不深的河，该河被用作边界。

乐山村北面以洮江为界。

2. 昭晋州有两个村庄在中国边界附近：丰收村和丰收寨西的 Ngoï Huống 小河被当做中国的边界。

3. 莱州只有一个村子在中国边界附近。怀莱社西面的 Ngoï ha 河被当做中国的边界。

4. 宁边州在奠边府境内，有两个村子在中国边界附近，即农颉、芳蔓。按照地图，这两个村恰好位于中国边界上。

因为并非处处都很太平，所以不能到现场去验明真相。

（以上各篇收入《中越边界历史资料选编》第 160 ~ 161 页）

（原件第 138 页）

海士致老街勘界委员会主任函

主任先生：

谨附函给您转去：

1. 一批摘自《兴化经略》（兴化省历史概要）的说明，这些说明是关于丰收、莱州和奠边府（附原文及译文）领土的叙述。

2. 1728 年立放在赌咒河北岸、作为两国边界标志的界碑上刻的汉字。我附上刻在安南人抱着同一目的立在南岸都龙附近的东京境内的那块界碑上的汉字（附译文）。亦附上我 9 月 21 日在电报中业已告诉您的汉字碑文的译文。

3. 兴化省水尾、昭晋、莱州和奠边府 4 个边境州的纳税人名册的一份汉文摘录。兴化巡抚的这份说明是最近我寄去给您的同一官员的那份说明的详细阐述。

4. 一份无书名、无作者名的安南人手稿的汉字摘录。该摘录专门涉及旧西安（Tai Yen）府的历史。昭晋、莱州和宁边州这 3 个州以前就是划入这个府。

5. 我应总驻扎官办公室副主任的要求所作的解释的抄件。我以注解的方式补充了他要求顺化朝廷对东京和中国的共同边境进行研究的那份电报。

6. 我 9 月 17 日以后发给您的各份电报的抄件。

海士

又及：由于各份电报的复本尚未准备妥，又不想过于耽误信使出发，我下次再寄去给您。我在附件后加上皮次（Putz）先生画的草图，皮次先生 9 月 21 日提供了参谋部掌握的关于保乐地区的所有材料。

海士

1886 年 10 月 1 日于凃山

（总驻扎官的别墅）

（原件第 145 ~ 146 页）

附件 1

1. 被派到各要塞担任卫队的士兵：丰收要塞 50 人，保胜（老街）要塞 30 多人，保 Nghia 要塞 10 多人，文布（Van Bo）要塞 30 多人。

2. 安西（An-Tay）府的昭晋州包含两个乡，11 个社、峒或寨。登记在册的人数为 521 人。稻田面积 497 亩有余。一年的捐税分摊如下：①现金税 744 锭有余；②实物税 116 斛（稻谷的量器）。

3. 奠边府的宁边州包含 2 乡 13 社。登记在册的人数为 440 人。稻田面积 103 亩等。一年的捐税分摊如下：①现金税 543 锭，等等；②实物税 26 斛。明乡人（华人与安南人混血后代）约 29 人，他们每人每年要交一两银的税。只有两个华人，每人每年交 2 两银。

4. 莱州包含一乡一社。登记在册的人数为 60 人。稻田面积 106 亩，等等。一年的捐税分摊如下：①现金税 92 锭，等等；②实物税 27 斛。

5. 在水尾州境内的乐山社的乐山上，有一个金矿，开金矿者每年要交 2 两金。

6. 在莱州境内的怀莱社，有一个铜矿，莱山铜矿，开采者每年的税额定为 300 斤铜（即 3 担铜）。

7. 沱江（黑水河）离开九龙江（安南语为 Kao-Long），流经莱州、伦州、琼崖州、顺州、山罗州、枚州、陀北等境，继续南下（注：自兴化省首府一直到莱州，沿该河上行时，会遇到无数的急流险滩）。现在，黑水河从兴化城前面流过，进入山西省。从保河县起，它与宣光省的泸江（明江）汇合，以后就成了洱河（Nhi Ha），也叫富良江。

8. 马江发源于宁边州的仙峰乡近老挝处，流经顺州、枚山州、木州、枚州等境，进入清化省，变成该省首府的马江。

9. 昭晋有三座叫友和、友宫和丰宫（Huu Ha、Huu Cuong、Phong Cuong）的山（注：两条小溪 Sa Tang 溪、Sa Ho 溪和金子河发源于这三座山。金子河河水颜色日变三次）。

10. 在莱州有 Phu-Bai-Son 山和 Hu'u-Son 山及 Bac Na Giang 河和 Bac-Tan-k□（有一字不清——编者注）河。

11. 见内附汉文（未见——译者注）。

12. 绍治年间，水尾州重建保胜堡，近中国的河口军哨。在同一个州，还有个保义（Bao Nghia）要塞，靠近宣光省界。

13. 昭晋有丰收要塞，靠近中国。

14. 奠边府有两个城：呈礼（Trinh Lê）和巴文。

巴文城以前组成名叫芒青的国家。在巴文社，临江（Lâm-Giang）河和 Jung-Khé、香芽鲜（Huong Yat Huyen）两条小溪从城堡墙外流过。

（原件第 146 页）

附件 2

1728 年立于赌咒河北岸和南岸的界碑上刻的碑文

安南人在南岸刻的碑文内容如下：

安南宣光省水尾州的边界定在赌咒河。

签名：安南代表兵部侍郎（副手）
阮辉润和阮公泰

雍正六年九月十八日奉谕旨立下此碑

中国代表在北岸刻的碑文内容如下：
（见9月21日电报）。

（原件第148页）

附件3

内附的注释摘自兴化省纳税人名册。该注释包含的材料，我在9月17日的汇报和同一天的电报中业已大部分转告了，所以我没有再行译出。不过要注意在关于宁边州那篇最后一栏的下面这个说法："从兴化到宁边州首府，需要一个月。"

附件4

西安府或安西府简介

该府以前叫宁园（Ninh Vien）州。

陈朝灭亡后（约1414年），名叫 Dieû Cùt Ban 的土著官员把该地奉送给了中国的明朝表示敬意。

黎朝的第一位君主太祖年间（1428～1434），该地被安南争回，太祖将其由原来的宁园易名为福礼（Phuc Lê）。

同一个朝代的洪德年间（1461～1498），其名改为现在的这个名称（西安或安西），共辖10个州。

永祐（1735～1740）和景兴（1740～1786）年间，叛匪黄公质夺取了叫芒善（Mang Thien）峒的地方。数年之后，黄公质死，其子公全（Cong Toan）将芒善峒让给了中国的云南省，因此这个区域中的嵩陵、黄崖、合肥、醴泉、绥阜和谦州6个州就转处于中国清朝的统治之下。清朝将它们变成六芒（Mâng）或六猛（Muong）地区。

景兴三十五年（1775），安南王派遣使臣端阮识（Doau Nguyen-Thuc）到中国向皇帝进贡，同时请中国皇帝详察并解决安南丧失的边境地域问题。皇帝不屑一顾，未理睬这一要求。

后来，西山叛乱（1777～1802）的叛乱分子占据了北合（Bac-Hop）[1] 地区时，上表中国皇帝，以便使皇帝愿意下令对兴化省边境中国一侧进行一次调查。这一奏章被两广总督截住了。[2]

本朝的嘉隆元年（1802），莱州知州 Dieû Chanh Ngoc 和文盘州知州 Dieû Quac Oai 报告说隶属于他们自己州的各芒（Mâng）各峒（Dông）的居民，以及嵩陵、黄崖、绥阜、合肥等州的居民分散在中国，要求兴化省巡抚颁布一项决定，将这些居民召回安南。巡抚马上同意了这一要求。于是，隶属于莱州的猛或芒齐、猛富（Phu）、猛芳（Phuong），隶属于莱州的猛村，隶属于黄崖州的猛音（Am），隶属于绥阜的平占（Binh-Chiem）峒的居民，以及其他峒的头人蜂拥返回安南。但是，云南总督在一份公函中知照说，猛莱（又名莱州）、猛罗、猛定、猛或猛梭（亦名丰收）、猛稟和猛弄（Long）共 6 个猛属于中国的建水府，一个多世纪以来就这样出现在帝国的地图里，对此从未引起争议，现在兴化巡抚力图将它们从中国分裂出去划归安南，这种行为令他震惊。这位中国总督同时命令边境的所有官员维持和平，不要制造任何动乱（改变与中国的关系）。

嘉隆五年（1806），东京总督将云南总督的这份公函转给国王后，奉到一道上谕，对兴化边境问题进行一次细致的调查，研究六猛问题的全部先例，一并呈报，由国王定夺。

东京总督阮文祥询问了昭晋知州 Dieû Quac Ngoc、莱州知州 Dieû Chanh Ngoc、伦州知州 Dieû Chanh Kim、琼崖州知州 Dieû Chanh Kieu。这四位官员发表如下声明作为复奏：

“嵩陵、醴泉、黄崖、合肥、绥阜和谦州这 6 个州毗连云南，在一个我们现在不知道的时期就转入中国的统治之下了。现在，（中国人称之为）猛梭（Meng-So）的地方就是安南人叫做芒收（Mang-Tho）的同一个地方，位于昭晋州。中国人的猛赖（Muong-Lai）就是安南话的芒莱（Mang-Lai），在莱州。这两个芒（芒收和芒莱）由于位于边境的最远处，所以与中国建水县的百姓关系非常密切。此外，边境的中国官员以暴力强迫昭晋的丰梭（Phong-Tho）和平卢两峒、莱州的怀莱峒每年各纳税 220 两银。中国人将这两芒（芒收和芒莱）列入他们的纳税人名册中，以致目前安南版图中的莱州和昭晋两州的领土已所剩无几了。”

于是，阮文祥根据山脉的地势和河道，派人绘制地图，与下面这份报告一起上呈送国王。

“兴化省整个遥远的边陲地带与中国的临安府和开化府接壤。

“叛乱分子 Mac Kin Koan（约于 16 世纪中叶）把牛羊、蝴蝶、普园三峒让给了中国，但在黎朝永治（1675～1705）初年，这些地方又归还给了安南。

“后来一个叫做韦福廉（Vi Phuoc Liêm）的土人首领被收买，再次把这三个峒献给了

① 北合乃北宁省千福府的旧称。另外这里可能指人们一般称为北圻的整个东京——原注

② 安南王要与北京朝廷联系，总是要通过两广总督的——原注

中国。

“黎朝的历代国王数次要求中国进行一次调查，但边境的中国官员使这些尝试全告失败。

“保泰（1705～1729）年间，云南总督受（北京朝廷）之命（与安南国王的代表们）共同竖立界牌，将安南的赌咒河当做两国边界。从这条河起，朝西，嵩陵、醴泉、黄崖、绥阜、合肥、谦州和莱州这7个州现全属兴化省。

“永祐（1735～1740）年间，叛乱分子黄公质夺取了这些地方，在他控制这些地方的30年间，黎朝各国王没有为夺回这些地方做任何努力。这七州的百姓渐渐转到中国一侧去了。中方官员们利用这些心情，下令他们改变他们的服饰，立放（新的）界碑并征税。黎朝灭亡后，西山篡权者们统治时期（1777～1800），安南为收回这些地方做了尝试，但毫无收效。这样，组成西安府的10个州中，有6个长期处于中国的统治之下。

“目前，尽管昭晋和莱州两个州的确属于兴化省，但是中国人仍然非法收留属于这两个州的各芒和峒的老百姓，将他们组成中国的猛和寨。中国边境的官员们觊觎这些繁华地带，想享有其产品。云南总督只信他们的话，将（安南人提供的）所有正式文件当成是不清楚、无价值的材料而不予相信。

“（阮文祥）要求再致函（中国）以便仔细研究两个州（莱州和昭晋）的边境问题，要求各派代表，以便双方共同就各方的观点明确达成一致意见，这样就可再次研究6个州的问题。也许（云南）总督担心安南朝廷挑起边境争端，今后不能不认真考虑安南的领土要求，这样，莱州和昭晋两州的百姓将可以免向中国缴税。”

嘉隆王刚征服他的各圻时，无暇占领如此遥远的一块边境区，没有解决这个问题。这就是安南最终丧失嵩陵、黄崖、合肥、绥阜、醴泉和谦州这6个州，只剩下［西安（Tay-An）府10个州中的］昭晋、伦州、莱州和琼崖4个州的原因。

（原件第150页）

附件5

情况报告

因为是根据地图划界，所以中国代表团自然要马上提出种种要求，这些要求也许是它本来要等待机会，随着勘察工作的进行，就在现场提出的。

下面是这些要求的概述。

1. 黑水河地区

红河右岸的边界由一条小河构成，安南人称之为“Ngoi Mit”，中国人称之为“龙膊河”。

该河的合流点在老街上游约50千米处。法国代表团就是去勘察这个地点时才于8月19日受到如此不幸的进攻的。对这个地点早已达成过一项协议。

当双方要求从这个地点一直到黑水河划定边界时，对龙膊河这个合流点本身所达成的协议就失效了。根据法国代表团的看法，边界显然应该沿着往南的方向，而清朝代表团的地图中的边界则取东南方向。内附的草图将使人更明白这一意义分歧之所在。

在两国代表团各自提出的两条线之间有：①隶属于安南昭晋州的丰收乡；②莱州辖区。这正是两个存在争议的区域。

我离开老街之前并未怎么提到莱州。中国代表团似乎认为，我们方面对这个地方不会提出任何异议，这个区域肯定是为中国所得。而且莱州的知州是云南总督最积极的追随者之一，因此是我们最惹是生非的对手之一。目前，他控制着奠边府的遵教州、山罗州等地，他已成功地煽动这些地方反对我们，这是得到中国官军或非官军的帮助的。这些军队在边境往来十分自由。

昭晋州知州则完全不同。责任心，也许更多的是因为个人之间的纠纷使他与我们的事业密切相连。长期以来，他一直与他的邻居莱州知州对抗，这样他已被云南总督怀疑，后者急忙又恢复提出对昭晋一部分——丰收乡——的领土要求，他现在肯定这些要求是合法的。法国代表团到老街之前的两个月，云南总督实际上已通过盖有他官印的布告，将安南的丰收乡并入中国的云南省了。

现在丰收和莱州为一些中国兵占据着。因此，我们正面对着一个既成的事实。关于这一点，人们不禁会问，如果明年秋季保护国动手占领丰收和莱州，将南靠清化省、北靠云南省与我们的两个最可怕的敌人尊室说和岑毓英总督串通一气的各首领从这两个地区赶走时，云南总督将采取什么态度？

法国代表团也许会使中方委员们承认我们对东京这一部分的权利，从而成功地排除冲突的一切可能性。任务将是艰巨的，因为中国人会自诩为“有福之人”，另一方面可能用从这些地区的历史书中获得证据来反驳我们。

在中国的诸幅云南地图上——附于该省的地理志里，非为形势而制的地图——丰收和莱州分别以猛梭（Mêng So）和猛赖（Meng Lai）的名字出现在中国境内，这是毫无疑义的。附于这些地图后的历史简介甚至确定这些地方成为中国领土的日期，丰收的归顺可能始于中国现在这个清朝的第一位统治者顺治帝年间（约17世纪中叶）。这一行动起因于一位土著头人，越语名叫Dieû Kim Xoat，汉语名刁金率[①]，其权力传给其后代达七代之多。中国收的税额为每年50两银子。莱州可能在很久以后，雍正皇帝（1723～1736）统治时期才归顺。那时它的首领是一个安南名叫Dieû Xing Ki，汉名为刁正奇的人，他将他的封号传给其子和其孙。

① 刁氏出现在将丰收并入中国的总督布告上——原注

相反，安南的行政部门的主管官员们和史学家们只是非常含糊地提及，未提到这两地归顺的日期，可能是孤立的和私下的行动，云南当局急忙将这两次归顺写入该省的编年志和地理志中。安南人毫不犹豫地将他们的领土受到中国无数次的侵犯按年代记录下来，所以安南人的沉默就更能说明问题。

因此，他们详细地谈到黎永祐王（1735～1740）统治时期黄公质的大暴动。这次暴动使安南丧失了它最边远的6个州，即嵩陵、黄崖、绥阜、合肥、醴泉和谦州。30年之后，黄公质之子被景兴王的军队打败（约在1765年），将六州献给了云南总督。从这个时候起，这6个州就一直为中国所有。一些安南作者甚至还在上述的6个州中补上莱州。这一说法——而且已被其他的作者反驳——完全被这次所谓让予之后的统治者，特别是明命（1820～1841）和绍治（1841～1847）统治时期对莱州实施的一系列行政措施否认了。此外我要指出，云南地理志的中国作者把莱州归顺时间列为雍正四年（1727），而我们已经发现，黄公质之子把这些州让给中国是在1765年。因此，正如一些安南作者提出的那样，黄公质之子在1765年将一个区域让给了中国，而中国作者则认为这个区域是自1727年起就归顺中国的。因而两者就有矛盾了。那位最明确地谈到莱州被让给云南总督、云南总督把它变成现在的猛赖的安南作者，也把这次事件定于云南地理志说的日期之后。

所以中方委员根据云南地理志的权威性用以反驳我们的证据，即莱州1727年的归顺凭书似乎不很可靠，因为安南的作者们现在正就1765年由黄公质之子出让给中国的是否为这同一个莱州展开细节性争论。似乎没有再进行过第二次出让。不管怎么样，研究过这一问题的史学家们看法不一致。而且，顺化朝廷均不承认这两次违背其意愿的可能发生的归顺。明命和绍治时期，顺化朝廷已将莱州列入那时进行的兴化省的行政机构的改组行列，现在莱州还列入纳税人名册中。我据此得出结论：莱州从历史上看都正式属于安南。

从莱州与其他州和与安南当局通常的联系中得出的另外的论据，也许有助于这个结论。勘界委员会可能拥有我们的朋友昭晋州知州提供的关于这一点的材料。

我们刚谈到的关于莱州的看法可以适用于丰收乡。

安南人好像不曾知道1640年归因于刁金率首领的那份归顺凭书。昭晋不在——即使在像莱州一样有争议问题的状态中——黄公质暴动后变成中国的几个州之列。[①] 根据他们的其中一位作者的说法，只是在黎末约1800年西山暴动发生时，可能丰收转让给了中国，易名为猛梭，还有就是平卢村。这都是迫于中国边境官员的压力，顺化朝廷对此一直都表示反对。

代理经略阁下在他9月13日给高级驻扎官先生的信中，也十分明确地指出："昭晋

① 相反，安南人明确指出，昭晋是没有被叛乱波及的州之一——原注

一直为安南所有。”但是，代理经略也许是参考了上面提到的那位作者说的那一段，又说：“丰收和平卢两地以前属昭晋，自乾隆皇帝统治起，就属中国了，即已有150年了，它已不再出现在纳税人名册里。”① 经略提出的这个时间与中国云南地理志的作者谈到同一事件时提出的时间有矛盾。因为后者把丰收归顺中国的时间前移到顺治帝统治时期的1640年，就是说比乾隆朝早了100多年。

另外，与经略的说法相反，丰收和平卢一直都列在兴化省的纳税名册中。我在老街时得到的这些纳税名册的样本，山西驻扎官先生刚转来给我的样本以及黎那先生以前从顺化转给我的同一文件的节录，都提到了丰收和平卢，当成是昭晋州两个行政区划乡中的一个，丰收和平卢150年来几乎都列在纳税名册中，它们现在的社这个组织——取代了旧有的峒（山区的区划单位）——始于明命十九年（1839）。

最后——而且最后这个证据仍然起决定性的作用——中方委员们根据丰收以前归顺这件事，自己承认，由于特殊情况，丰收停止了向中国缴税，回归安南。

总而言之，我认为莱州和丰收确是安南地区，中国代表团把它们当做已属于中国的领土而提出主权要求是错误的。在这点上，讨论不会取得结果。立足于6月9日条约中规定对现在的边界进行“小改动”的第3款，也许可以取得妥协。这就不是我在这里进行研究的范围了。

2. 明江地区

云南总督走在勘界委员会工作之前，随心所欲地划定两国边界。不仅仅在黑水河地区，他在明江地区也采用了同一手法。

在这一侧，主要的争议似乎在于确定明江离开中国领土进入安南境的那一点。正是这一点引起了总督的注意。他也许想免除两国代表团进行长时间勘测的辛劳，因此，从4月份起派出一些官军士兵到这个方向，在明江右岸，清水河（安南语为 Than Thuy）这条小河合流处下游立置了一些界碑。这个合流点与河阳相距一整个白昼的步行路程，即20或25千米。

但是总督的士兵们弄错了。边界并不在他们发现的那个地方，而是在河阳上游很远处。它由明江的另一条支流组成。这个支流中文叫赌咒河，越语叫 Do Chu Ho。这一事实的证据是不容置疑的，所以中国代表团很乐意地承认了。但它虽承认，约1728年在进行一次相反的调查后，赌咒河被指定作为以后的边界，仍然声称有两条赌咒河，法国代表团想坚持两条中的那条，并非真正的那条。这一怪诞的说法是站不住脚的。1728年的两块划界纪念碑是立在赌咒河的南北两岸，这两块纪念碑出现在所有的地图中，甚至出现在中国代表团的那幅地图中，位于安南都龙乡北面，就是说在唯一真正的赌咒河，即法国代表团所指的那条流过的地方。此外，德微理亚先生为勘界委员会译了多方面摘录的

① 我在电报中已告诉了你，经略已承认他的错误，我在这里保留经略说法被驳倒的整段——原注

中国《大清一统志》也证明了我们论断。中方委员会说的那条赌咒河位于更往南111 里处，即约 50 千米处。① 因此可能应该承认 1728 年的委员会搞错了，它是盲目地立了界碑。应该说，1728 年的勘界委员会并没有犯这个错误。在那个时期，边境的安南官员和已经占据了牛羊、蝴蝶和普园三个县的中国开化府的诸头目之间，常常发生边境冲突。联合委员会是为制止这类冲突才被派到边境去的。因此，该委员会不可能错得那么严重。② 不管怎样，中方委员们仍然坚决主张，真假赌咒河之间的整个区域应该归还中国。他们说，中国因为安南那时一直是中国属国，所以对这一侵略行为不予过问；可是在今天，它的邻居关系已具有另外的性质，中国就应该收回它的旧边境。

中国代表团的这一态度也许是云南总督授意的。后者曾想使谈判停止，几个月之前就擅自指定那块地域，继而即企图要清朝委员们通过外交途径对这块地域提出主权要求。

另外，这里的情况和丰收及莱州的一样，而人们会问，云南总督曾以中国的名义占领了这个有争议的区域，但他将在多大的程度上使他想继续实施的这个措施的后果服从于勘界委员会以后的决议呢?

在结束这一简要报告时，我不禁注意到，在所有发生争议的地方，③ 都报告说有大量的匪徒，并出现对我们危险的形势。在这种情况下，难道不能看出这种间接的招供吗?这种招供就是云南总督在明江和在丰收及莱州一样，并不依据他提出要求的理由，此外，他还匆匆将这些地方置于海盗的不正当的保护之下。再者，他千方百计地先于委员会工作之前行动之举在必要时不是可以证明以上论断的正确性吗？我将不会只注意这种举动本身不合适的现象。

从前面所说的这些可以看出，要在顺化的档案馆进行的研究主要应该有助于证明：

1. 莱州从未脱离过安南，昭晋州的丰收乡也一样。

2. 在明江，边界的确是由从马白关脚下流过的小赌咒河组成；因此，这条河南面的都龙乡是安南的；1728 年确定的这条边界，后来中国从未提出过异议；安南方面根本未构成侵犯行为，这条边界使它丧失了牛羊、蝴蝶和普园三个乡约 40 里；因此不存在归还问题。

3. 也必须明确确定保乐老州，即今日德定县（De Dinh）和永田县的边境点

海士

---

① 根据中方委员会的一份节录（云南地理志的节录），马白关——我们说的赌咒河可能经过这里——一直到中国人说的从黄树皮前流过的大赌咒河，可能有111 里（约 50 千米）。此外我们知道，河阳到清水河合流处有一整个白昼的步行路程，即 25 千米。要知道河阳与马白关之间的距离，还需要知道清水河合流点与大赌咒河合流点的距离。我想我们一定会得知全程距离：50 + 25 + X = 100 千米——原注

② 我写这篇东西时，还不知道中国人的界碑上所刻的碑文内容。确有 2 个赌咒河，但是在达成谅解并得到中国皇帝特别恩准之后，小赌咒河才被指定为边界——原注

③ 莱州、丰收、明江和保乐——原注

河内，1886 年 9 月 17 日

（该段收入《中越边界历史资料选编》第 161～171 页）

（原件第 152 页）

海士致法勘界委员会主任函

海防，1886 年 10 月 27 日

主任先生：

10 月 14 日，我在广安接到您的电报。考虑到邓（承修）钦差大臣很快就要抵达广东边境，您在电报中派我前去迎接他，并负责把他留住在原地，尽可能不进行谈判。

前一天，我还接到总驻扎官先生的一份电报，通知我军舰出发往同一个目的地的事。

14 日当晚我就离开广安赴海防。我利用翌日的上午进行我的旅行准备，购买我在海宁停留所需的用品。我下午才到海军司令先生住处打听军舰出发的时间。萨尔·巴尼埃尔先生告诉我，舰只已经开走了，是在总驻扎官给我的那封电报说明的日期的前一天起航的。海军部队没有其他工具送我到目的地，我就去找商人帮忙。我只是在中国人管星（Quan Sing）那找到便利。他根据合同，每月两次走广安、鸿基、先安和芒街（海宁）这条线。进行这一定期航行的小艇已开走数日了。不过管星自己提出让我交 150 皮阿斯特，将另一只小艇交我使用。我认为不应同意这一建议。我认为在这样破费的条件下，至少没有征得您的意见，没有绝对必要提前我的动身日期。然而最后这个办法去也误过了。进入海宁海只能在涨大潮时才能航行，每月两次，每次仅三到四天。我与管星谈判时，这个周期即将结束，一天都不能浪费。因此，我只好等要进行当月第二次定期航行的小艇了。正如我在昨日（24 日）在电报中告诉您的那样，这次出发定在这个月 27 日。

另外，我及时用电报把我虽不愿意、但只好在海防留至月底的意外情况通知了总驻扎官先生。“除非他认为应该用一只特别小艇把我送到目的地。”这封电报 8 天后才到河内，也许是由于 Bambous 哨所的电报雇员被杀后发生了业务中断的原因。

如果我星期六（16 日）坐上舰队的一艘舰只，我就自己出发了。波安先生到河内去完成我们的准备工作，更换一部分地形测量设备（留在老街由艾龙保管），向总驻扎官办公室和参谋部索要他们在我请求下答应向我提供的材料。兹附上我们掌握的材料的一览表。

尽管我们出发的时间一直拖到 27 日，但我还是让波安先生单独去河内。我抱着可能有意外的机会得以出发的希望，留在海防。我在海防得到您的电报。您在电报中要求我推迟出发，利用这段时间搜集有关边界的材料，向海军司令打听划界的实际办法，了解这个地区的状况，把经常确保海宁与海防的联系的必要性以及现在就派一支人数充足的军队到海宁的必要性告诉总驻扎官先生。

我即时通过总驻扎官办公室把您的指示转告在河内的波安先生。波安先生马上知悉，并告诉我，他将把他所能得到的所有材料都带走。

至于海防与海宁之间交通联系的经常化，主任先生，您已知道，现在半月有通航一次。这不够。另外您也知道，进入（海宁）河每月只有两次可能，每次时间都很短。然而必须经常保持我们与海上和海防的自由联系。根据这一目的，我认为保护国政府必须在勘界委员会停留在海宁的整个时期里，让委员会支配一艘邮船。比如说“纳戈纳号”(Nagotna)，它可以停在河口外。信件可以随时由一艘舢板或帆船送去给它。有人向我肯定说，“纳戈纳号”从海宁航行到海防可能要15个小时。另外，勘界委员会也可以利用那艘最近交给海宁行政哨官使用的独桅帆船。这只帆船配有火力设备，航速很快，48个小时可以从广安航行到海宁。“纳戈纳号”和这艘独桅帆船加上半月一次的小艇的航行，也许就足以满足各种需要了。此外，因为中方委员会似乎准备带上众多的部队和炮艇来赴约，不用保护国的舰队，甚至中国海分舰队游弋于东京湾河桧、海宁、北海，躲避在下龙湾的大舰只来显耀是不合适的。此外有必要有一艘炮艇访问该群岛。至于武装占领海宁，我原认为，总驻扎官先生——您的电报就是通过他转到我手上的——可以直接就这个问题与军事部门商量。据波安先生24日的一封电报说，军事部门目前尚未接到一部分委员会成员已赴海宁的通知。雅蒙将军好像准备采取一切必要的措施，以确保委员会的安全，并巩固其地位。接到这封电报，我就发电报给总驻扎官办公室主任，请他将我出发去海宁之事正式通知军事部门。翌日一早我就得到通知，说已转告军事部门了。我很清楚，一些特别指示将向河桧哨所卫戍司令下达，不影响以后将采取的其他措施。目前海宁哨所由德过先生指挥下的40名新乡勇占据。德过先生是广安副驻扎官办公室主任秘书，被派到这里来。这位官员的所有报告把形势描述得非常严峻，说芒街的华人的态度明显是敌视的。他好像很难坚持下去了。在这种情况下，一切勘察活动即使不是不可能，起码也变得危险了。一小队欧洲人的部队的存在也许可以使我们走遍边界，它可能对我们存在给予的支持就不用说了。如果可能的话，我将就此与河桧哨所司令商量。

不管怎么样，今天（星期三，27日）我要和波安先生一起出发。明晚我们将到海宁。我们乘坐的小艇中途相继要在先安、河桧和芒街（海宁）停靠。我希望在先安和河桧两处卫戍司令处找到有用的资料、地图、路线图以及有用的说明书。我一到海宁，就将致力于收集尽可能多的关于我们将来的住地、与中方代表团的联系办法、中方委员会人员组成、中方委员会打算住下的地方、海宁的生活条件、帆船和舢板所需的燃料、在那里所能得到的招募役夫的财源等的情报。

这只小艇要在海宁停留一两天，我将把这份汇报交给它，随后将尽快提供更全面的情报。然后我提议研究海宁和白龙尾之间的这一部分边境。您根据内附的草图将会判断出，该处边境形成一种飞地。

德过先生的所有报告都提到中国人在这一段地区强迫安南百姓改成中国人的发式，强迫他们在以要求他们让给中国为目的的请愿书上画押的行径。（中方）委员们建立在这一侧的所有百姓均为华人的基础之上的要求还不仅仅限于此，他们可能会要求把这样一条线作为边界线。这条线可能把格保（Kébao）岛北航道、先安、河桧和海宁，就是说整个先安河流域一直到淇江源头留给中国。边界最宽约为104千米。如果我们让中国人定居在通往先安的大路两旁，那么谅山边境西、北、东三面同时受威胁，显然就守不住。我们在谅山、同登、七溪以及可能绕过高平的划线也可能一样。

海士

（原件第171～175页）

海士给法代表团团长狄隆的信

海宁，1886年10月31日

团长先生：

谨禀报，我本月27日乘“让·吕洛”（Jean Luro）号商用小艇离开海防，昨日（30日）上午9时抵达海宁。

我在这里没有找到海宁行政哨所长官、主任秘书德过先生。这位官员自本月21日起就被交给比加尔司令使用。该司令目前正带“涅弗尔”（Nievre）号、“纳戈纳”（Nagotna）号和另一艘舰在白龙尾附近巡航。德过先生25日返回这里，3个小时后又走了，并带走了他最优秀的乡勇中的30名。他说他要用他们增强比加尔司令登陆连的力量，司令可能发现中国人正在白龙尾定居。此后没有接到白龙尾的任何消息。不过驻扎官办公室秘书肯定地对我说，德过先生已从昨天派去的一只舢板得知我抵达了，可能今天或至迟明天就回来了。

附上海宁和芒街的一幅草图。

我认为我们在这里看到的形势不错。未见有任何所说的动乱的迹象。安南人也好，华人也好，都很欢迎我们。我和副官到的当天，艺街帮长就与副手来造访。我请他在城内找一间适合我和波安先生居住的屋子。因为我们不能住在安南要塞内，里面什么都缺。另外我认为住在芒街的华人中间没有任何危险，勘界委员会——我将为它预订朝河的有阳台的好房子——将无其他的办法。今早，帮长来向我介绍主要的显贵。10点，我和波安先生去拜访他。我们在城门受到一些华人的欢迎，他们分开好奇的人群，给我们引路。在帮长家饮过茶后，我们去看供我们用的房子。我们认为房子相当不错，但要进行一些修理和装修，可能要8至10天。事情很快解决。华人尊重我们，而他们一般对外国人是不怎么尊重的。

芒街的对面，小河的另一侧，是中国的东兴防御工事，由一名参将（上校）领导，这名参将姓周。今早我写了一函给他，请他将一函转给邓（承修）阁下。以后我将把这份函的抄件寄给您。在这份函中，我只不过是告诉他，我受您派遣来迎接他，现已到海宁。我想，尽快公开到达可能有利。另外，我请邓钦差接信后给我复信。这里的人不知道中国代表团现在何处，是否就在附近。我接到中国东兴城民政官有欢迎辞的名片。

海军司令先生派来与海宁联系、打听比加尔司令和他的舰队的消息的“狂风号”（Bourrasque）炮舰未能开进河，仍停在外海。舰长科安提（Coantic）先生派出一名军士乘坐他的小艇来。因德过先生不在，我看了给他的这封“急”信。正如我曾荣幸地对您说过的，这是一封问情况的信。我复信告诉科安提先生说，德过先生很快就回来，他可以从他那里得到想要的一切情报。关于我和波安先生，我补充了几句，以便万一“狂风号”不再等就返回海防时，您也将得到我们的消息，小艇带去的消息就会稍晚才能送到您那里。

我将很快补充这些必不可少并不完全的情况。我不得不简略述之，因为小艇过一个小时就要起航。

（原件第176～178页）

奉命到海宁的法国代表团成员海士
致邓（承修）钦差函

海宁，1886年10月31日

阁下：

我根据顺化高级驻扎官、现任勘界委员会法方代表团团长狄隆先生的指示，于本月27日离开海防赴海宁，今早，10月30日抵达。海军陆战队派到勘界委员会任绘图官的中尉波安先生随同我抵达。

法国代表团团长因故还在云南边境，不久就要和代表团的其他成员返回海宁城。海宁城4月份被选为两国委员10月15日至11月1日会晤的地点，以便双方继续开展业已开始的工作。他派我先于他到约定的会面地点来迎接阁下，向阁下及帝国代表团的全体成员表示欢迎，同时向阁下保证，他诚恳地希望尽快与贵钦差大臣联系。

我对被委派来执行这一使命感到高兴。这一使命使我有幸第一个在阁下抵达东京和广东边境时迎接阁下。

如蒙接到此信给予复信，将不胜感激。因我尚不知阁下现在的住所，因此转托中国东兴哨所的游击以最快的方式将本函转送给您。

祝阁下，贵体大安，并致崇高的敬意！

（原件第 178 页）

海士致河内法国代表团团长狄隆函

海宁，1886 年 11 月 1 日

团长先生：

我和波安先生乘坐的小艇每半个月一次航行于海防、广安、鸿基、先安、河桧和海宁之间。

我在先安见到了哨所指挥波蒂埃中尉先生。这位官员十分大方地把一幅大的情报地图交我使用，这是真的。该图有很多有趣的细节。这幅图是根据先安知府提供的情报，由他看着让人绘制的。我一到达海宁，就让人用透明描图纸把这幅图描下来，原件送还波蒂埃先生。先安府和广西边境接壤。谅山省的安北（Yen-Bac）县在这个边境东京一侧接着先安府往前延伸。先安到边境，可能有 60 多千米，其中 42 千米已为我们的部队走过。先安府境发现的中国匪帮全部来自广西一个名叫三峒的地区。可以说，这些匪帮是在谅山与先安之间进出的。

由于水小，所以我们未能进入河桧河，我们 10 月 29 日下午曾来到该河前。我在泊船处给哨所指挥德·马·马翁（de Mac Mahon）中尉先生写了一封信，与他联系，通知他我们已到海宁，并请他将他可能得到的关于边界的材料送给我，因为他比他的先安同事离边界近一些。此外，在等一支法国小分队来海宁驻防之前，是河桧哨所负责供应我们面包和肉。这两个地点有水路和陆路连接。如果愿意，乘舢板用三四个小时就可以从一个地方到达另一个地方了，风和潮水有利时，需 6 个小时或 8 个小时，相反，一名信使走 5 个或 6 个小时就够了。我把这封信托小艇的买办送给德·马马翁先生。这个买办回来对我说，这个军官不在河桧，到海宁方向侦察去了。我今天又给德·马马翁先生写信，请他告诉我，他对于在海宁、河桧和先安之间设立驿站或舢板服务的最佳方式的意见；同时写信给波蒂埃先生，以便这项业务可以开展时，能延长到鸿基，因为那里已设立了一个光学电报站。

这个交通通讯问题——而且您也要我给予注意——我一到海宁的那天就想着了。先安、河桧和海宁三个地方都在内地河畔。这些河流只有在涨大潮时小艇才能进去，就是说每月两次，每次时间不过 6 天。我得到更明确、更完整的情报后，将再专门谈这个问题。在这之前，我今早甚至租用了一舢板，它将每隔两天在内河航行于海宁和河桧之间，为我们提供供应食品的服务工作。过了海宁近白龙尾，我已与格朗皮埃尔（Grandpierre）神甫取得联系。他的教区竹山，位于海宁与白龙尾的半途中。我以您的名义请他谈谈他对该地区的感受。我不怀疑他很快会给予委员会有效的帮助，不过不能影响他在华人中的身份以及他负责的各种利益。

我亦写信给比加尔司令先生，他一直和海宁行政官德过先生在白龙尾。我问他，他是否觉得将他认为有利于委员会工作的情报送到海宁给我有些不便。

海宁知府表现出为我们服务的最佳诚意，他主动提出，如果需要，他将在他的府的整个边境地区陪同我。应我请求，他目前正在绘制东京一侧和中国一侧的地图，我请他绘得尽可能详细。您知道，海宁府与广东省的钦州县接壤。另外，我派一些密探到白龙尾方向，也往峙马和谅山方向。我希望他们将给我们带回一些值得注意的情报。我们在这里将找到委员会将需要的向导和役夫。海宁东、西面的平原村庄密布，人丁兴旺，居民得到好报酬、好对待，带他们到哪都行。

海士

（原件第 181～182 页）

海士致法国代表团团长函

海宁，1886 年 11 月 2 日

团长先生：

我还没有大清帝国代表团的任何消息。中国东兴（芒街对面）哨所指挥周天义（Tcheou Tien Y）刚给我寄来他的名片，以复我寄去的信。我给邓阁下的信（抄件内附）将送达目的地。

波安先生今天就已开始海宁附近的测绘工作。

下面是海宁城和芒街城本身的一些有关资料。

和所有具有一定价值的安南城市一样，从行政方面看，海宁由一堵设防的内墙（以前知府和其他地方官员住在里面）和城市本身组成。海宁城堡是一个边长各为 130 米的方形，每侧有些砖砌的城门和小楼堡。除了旧府衙及其附属建筑物之外，里面再无其他住宅。现里面全被哨所指挥德过先生、他的秘书、一名欧洲警察和 60 名民勇占据着。这所房子完全不够用的，而且还破烂不堪，如果不进行大修，今冬就无法住。城堡延伸部分通到一座约 30 米高的、树木茂密的小山，山顶上目前正构筑一个小碉堡，城堡延伸部与小山由一条地道沟通。在小碉堡上可以控制周围的乡村和海宁与白龙尾之间的大海形成的小海湾。晴空万里时，可以清楚地看到白龙尾的黑色轮廓。南边往海方面，是一个非常美丽、非常富饶的平原，房屋密布，白天看到平原上到处是在田里平静地耕作的农夫。往北，中国一侧，是陡然而起的高地，就在界河两岸是层层迭起的荆棘丛生的小丘，紧接而来的是实实在在的山，群山完全挡住了天边，自白龙尾往东潮和乐平州（Lac Binh Chaû）延伸，平行于海滨一连串的岩石岛屿。

安南的海宁城坐落在河的左岸，它虽仅有一条街，却宽阔，街面按中国样式铺着石板，但是街道两旁是简陋的茅舍，居民不多。此外，华人与安南人差不多一样多，店铺和店主很少。

海宁河同一岸的华人城芒街呈现出完全不同的外貌。该城位于海宁河与发源于竹山的小河 Khiê 河的汇合处。两个城之间，有一个露天圩场，但在芒街城门前。芒街对着平原一面，有一条注满水的宽阔壕沟环绕。壕沟的后面，构筑有一个土筑的坚固的防御工事。防御工事的前面，是一层很厚的栅栏，外层是竹子。有瞭望哨口，有几处筑有雉堞的墙。芒街的北面和西面，有大河和小河保护，高筑于河道上的有平台的砖房俯瞰着这两条河。城的两端，大街的每一端各有一个门，进芒街就通过这两个门。有几条小街横贯大街。就是这条大街与五六条小街构成了这一中国城的全貌。从海宁来时，一过这道门就进入大街了。城门每天晚上 9 时都由一名守门人关上。这条街道平行于河流，长约 600 米，路面用石块铺成，两旁是好砖房，砖房有挡雨披檐。街旁还有路边货摊。货摊占到街道上，往往使街道变得很窄。这条大街从早到晚都十分热闹，街上所见都是店铺。然而，除了几家与海防和北海有联系的大店铺外，似乎芒街只进行零售小买卖，这种小买卖在一个富裕而无出口市场的地区中的所有华人中心都可见到。芒街向整个周围地区供应广州商品和进口的欧洲小商品。自己制造农具。大街随地势先高后低起伏，每隔约 150 米为一道小一些的门所隔。小门将街道分成四段。街的尽头是第二道大门，从中国的东兴城来芒街就通过这道门。这道门的后面，城市还通过一条路面高低不平、两旁都是外观寒碜房屋的街道往前延伸 60 米。这条街——芒街的郊区——朝 Khiê 河下伸。Khiê 河在这个地方注入芒街河。该小河从东北方向流来，在这个地方形成边界，而海宁河也作为西北向的边界。低潮时，这条小河只是条细流，行人过时还看得见自己的脚。大潮时，水就淹没了宽 100～150 米的卵石河床，水的冲刷使河床已扩到芒街城脚下。

小河的另一侧沿着陡峭的河岸而建起的是中国的东兴小城。该城有一道筑有雉堞的白墙环绕，我们还只能看到向着芒街的这一侧，这一侧有一个门。可以看到城墙内有几座房屋，其顶为砖，掩映在树丛和竹林中。这个城市，似乎比芒街小得多，现由一名官员沈筠分州管辖。该官乃九品官，隶属于钦州行政官员管。钦州距芒街两天路程。东兴和钦州隶属廉州府。廉州府和另外三个府高州府、雷州府和琼州府（海南岛）组成高、廉分巡道。这四个府在官场上叫四下府，即下面的四个府，也许是由于它们的地理位置使它们成为帝国最南的四个府。目前是王之春道台管治高廉道。他是负责两广划界的钦差大臣之一。我认为，勘界委员会应该对这一巧合感到高兴，因为王道台是他的同事中在广西表现得最通融的。

团长先生，请接受我崇高的敬意。

海士

又及：我刚获悉，广西宗座代牧主教富于道大人在距这里两三天的边境地上思。我已派一名信使去找他，以便得到一些消息。

（原件第 183 ~ 184 页）

法驻广州领事白藻泰致狄隆函

广州，1886 年 11 月 2 日

团长先生：

根据您在您 7 月 2 日的信中向我提出的要求，我专心收集尽可能多的有关与东京广安省接壤的钦州府这部分的材料。为此，我请求居住在广东这一部分的法国传教士帮忙，我对数幅中方地图进行了研究，在《省年志汇编》中进行寻找。这些由 120 卷组成的书籍属于总督府的档案。费了很大的劲，交了 40 美元（$），我才得到从粮道衙门偷出来的一本。谨随函寄上与钦州府边境地区特别相关的几段抄件。遗憾的是不能将这几段的译文寄给您，因为我时间太紧，此时就我一人在此，很忙。另外，不管怎么说，中文本对您也是必要的。现随函把廉州府的一幅不很准确的地图寄给您，该图包括那块安南飞地。团长先生，若这些材料能对您有一定的参考价值，能在您的艰巨任务中助您一臂之力，我会感到高兴的。

省巡抚衙门已派了福州船政局的两名工程师和 10 名小官吏到钦州，负责与高廉道台王之春就绘制一幅与东京交界的地区的地图进行商量。有人认为张之洞总督想让官军占领广安省的那部分飞地，并将它并入广东。罗浮汛、思勒汛、防城等已得到增援，最近几天一些新军被派到这些边防要塞都是事实。

另一方面，我听说邓阁下到这里已一个月了，他只有在正式得知您出发赴海宁时才愿意上路。他似乎即将出发赴北海，通过廉州府和钦州到东兴街。他将由赫政先生陪同。

我 9 月 15 日接到您同月 13 日的电报。您在电报中通知我，文人章氏（Trang）的合同已履行。谨随函寄上三份收据复本，证明为您付了 150 美元（$）给这位文人的家属。这笔钱已由汇丰银行汇还给我了。

团长先生，我一定将向您提供我认为能使您感兴趣的所有情报，我将完全听候您的吩咐。您需要我在广州这里做什么，我一定效劳。

（原件第 185 ~ 187 页）

海士致狄隆函

海宁，1886 年 11 月 3 日

团长先生：

我趁一个意外的机会，匆匆把补充情报寄给您。

邓阁下还没有复我的信。我从格朗皮埃尔神甫那里获悉，这位钦差大臣现在在距离这里两天路程处的钦州。广州有一条电报线通到钦州。中方已为邓、他的同事和三名欧洲人（一名英国人、一名德国人和一名美国人）在芒街对面的中国东兴城里订定了房屋。王之春道台——其中的一位委员不久前由一名欧洲人陪同来到了东兴。这里一切宁静。从明天起，我将住到芒街城里，在那里我会太平无事的。关于这一点，我明天将派一名专差把关于形势的详细报告送去给您。德·马马翁先生亲自给我们送来了他绘制的河桧和芒街以北边境的测绘图。

我今天在等副驻扎官德过先生。他带领他的民团协助了由“涅弗尔号”司令比加尔指挥的对竹山和白龙尾之间的叛乱村长山的进攻。

海宁和广安之间的联系业务正在安排，目前通讯业务已通到先安。

（原件第 188 页）

法外长致狄隆函（第 2 号文）

巴黎，1886 年 11 月 5 日

先生，我饶有兴趣地看了您一直到 9 月 14 日的一连串汇报。您注意让我了解你们的工作，对此我向您表示感谢。尽管你们要与各种各样的困难做斗争，但你们坚持工作，我称赞你们的忠诚精神。虽然我还不能完全评价划界活动的结果，但是我相信，这些活动只是在条件允许下才被推进得这样远的。我现在正等待你们在老街的工作结束的消息，因为您 10 月 20 日的电报告诉我就要结束了，不过您同月 29 日的另一封电报却没有向我证实。我乐于认为，恢复活动时，卜义内上尉的到达将减轻法国代表团成员的工作负担。他们在工作中刚刚受到极度疲劳的折磨。

法来西讷

（原件第 189 页）

海士致狄隆函

海宁，1886 年 11 月 7 日，星期日

团长先生：

为防止中国人企图占领海宁以东的安南领土，从海防派来、由海军中校比加尔指挥的各舰，除了“狂风”号仍留在海宁河口外，均已返回海防。

您也许在河内已获悉，这些舰只既未发现报告说的 3000 名中国人的一点影子，也未见到所说的中国人想在白龙尾构筑营地的任何迹象。

由于没有遇到中国军队，出征部队根据形势，转去攻打一个距边界很近、在安南飞地里的村庄（长山）。这个村庄，村民全是华人，几天前曾向海宁行政哨所主任秘书德过先生开枪射击。有情报说村民道义上甚至物质上得到中国边境当局的支持。有人可能还在村里见到一名身着军服的官军士兵。比加尔司令就这一事件向中国钦州城的行政官员提出抗议。他并未就此罢休。他行使其权力，向这个村开火。没有部队登陆。经过两天的炮击之后，我们的舰队撤走。村民们没有反击，但他们直到最后一刻都留在村里，三艘舰只离开时，他们呐喊摇旗。

我不知道这个教训是否能达到目的，或相反，由于一些肯定很充分的理由，这次教训因未能进行到底，是否不会有与我们所期待的相反的结果。直到我给您写信的这个时候，没有任何事使我们相信某种动乱已随着中国人愚蠢的虚荣心可以自夸的这种胜利之后发生。在海宁也好，在芒街也好，在周围地区也好，似乎谁都不知道安南飞地里发生了什么事。这片地区仍然是我们来以后的样子，一片宁静。

比加尔司令离开这个海域返回海防时曾通知过我说，他已指示“鲁汀”号舰长与我联系，并说必要时“鲁汀”号可能还要待 8 天。另外，“鲁汀”号要等钦州知府对给予他的抗议书的答复。这份答复信 11 月 4 日才送到这里。这位中国官员仅仅否认长山曾有过一名中国士兵，并希望我们也要采取一些措施，不要搞乱两国存在的良好关系。我马上派人将这封复信送给“鲁汀”号舰长。另外，我依据比加尔司令写给我的信，担心对长山的不完全行动后三艘舰只同时离开会引起该地区人的误解，我认为应该向他说明，也许有必要让他们的舰只在白龙尾附近再待上几天，不过我让他自己判断要做的决定。杜瓦尔舰长原计划翌日与“狂风”号舰长到芒街来。我们交谈后一致认为，因为形势一直很好，“鲁汀”号最好去海防，而且它需要到那里去补充燃料，如果有必要，可以把勘界委员会成员从海防带来。“狂风”号舰长还要留下几天。我认为这办法符合各种需要。

前一天，得到（王之春）阁下就要来到的通知，我就写信给河桧哨所的指挥德·马马翁先生，请他在他接到的指示允许的情况下，派一支有 15 人的法国小分队到海宁来。

因为这里只有一些未经考验的民勇，有些民勇甚至还是华人，一个两个都是好不容易招募到的，就是说在很不理想的条件下招来的。我认为，从各方面看，在中方委员们到我们边境时，最好不用当地民勇，而用法国兵去迎接他们。这批人约20名，由一名中士和一名下士指挥，于昨天晚上到达。在知府主动提议下，在确信这一措施没有挫伤老百姓的感情后，又因为没有其他马上可以利用的住房，我就让他们住到一个无香火的庙的附属建筑物里。我认为，必须避免把我们的士兵安置到芒街城里去，这样他们会在人群中失踪，此外随时与百姓接触可能会带来种种麻烦。

我希望，昨天到达的这支小分队的存在，您带领一支人数更多的卫队即将到达的通知，将足以抵消长山村民可能——同意一些华人密使的看法——施加的有害的影响。长山居民所受的惩罚只能增强敌对情绪。我之所以有点固执地又提到长山这个问题，是因为我的意见很明确，就是在我们能够通过一次全面的惩罚最后解决这个问题之前，最好推迟解决。团长先生，也许您将和我一样承认，既然我们自己把这个问题弄大了，我们就不能听之任之，我们只有大体上完成比加尔司令已开了头的事。海宁府在竹山与白龙尾之间的安南飞地的代表是该府的帮办，他住在良知（Luong Tri）村。在这个安南村的旁边，有一个几乎是华人城，据说和芒街规模相当，当地叫江坪。据知府对我所作的肯定说法，这位帮办还没有派人送来有关长山事件后人们的思想状况的任何情报。海宁三天前派出的两名密使还没有回来。我将从他们口中得到一些消息。但从现在看，我认为动乱仍将是局部性的。

我认为，海宁与白龙尾之间的这个地区之所以现在不会、以前也从来没有成为严重动乱的场所，其中一个原因就是：①该地区乃一个弹丸之地；②因此，人很少，太容易进入，所以人们不能对一旦发生公开动乱时等待他们的命运抱有幻想。不论他们受到中国的任何挑唆，甚至得到它的何种支持，中国为了保面子，仍然不会考虑在这样一个四面向我各纵队和军舰开放的弹丸之地进行它在其他更远、更鲜为人知的边境所能进行的不受任何惩罚的非正义的持久战。如果有必要的话，今冬消灭那些打着爱国主义旗号、可能在海宁和白龙尾之间集结的匪帮一事，其主动权完全操在我们手里。由于一个另外的原因，这个地方仍将太平无事。大批在这一部分边境定居下来的华人，一般都群集起来，构成了两三个大市场，如芒街和江坪。无论从土地、房屋、商品还是从顾客以及他们之间已形成的贸易关系方面看，他们今天在这些地方都拥有巨大的利益。不要将我要称之为市民和商人的这些华人与其他散居在村落里的渔夫和农夫华人相提并论。后者在村子里没有任何大的利益让他们依恋。目前正在活动中的海盗就是来源于后者。芒街人和江坪人也许有时与他们做买卖，但十分戒备。比如，芒街城四周有壕沟和防御工事保护，使得一支海盗部队完全无法攻占。

但无论前者或后者，他们所一致同意的，就是尽可能不做被法国保护的人。前者，像长山的人，敢于表明他们的感情，后者则更慎重，不露感情。至于海宁边境或者甚至先安到白龙（Pak Lung）的边境，勘界委员会很可能将要与居住在当地的中国人的一种请愿活动做斗争。清朝委员们将会利用这种请愿活动，要求法国代表团让出整个境域。因为，清朝代表团不能把这个地区当成是自己的而提出主权要求，只能根据规定进行一些改动的条约第三款，请求对边界进行符合两国利益的改动。因为中国人的利益在这种情况下恰好与我们的相反；因为从多方面看 ，这一改动会最严重地损害我们的利益，所以我认为答案是明确无误的。不管怎么样，按照您的指示，我过去没有说，以后也不会说任何使勘界委员会偏左或偏右的话。如果王委员谈到这个话题，我将只限于坚持并说明海宁以西直至白龙尾并含白龙尾的整个地区，毫无疑问是安南的。在芒街的华人面前，我的举止是非常端正的。昨晚知府（为了支开翻译，他通过书面向我提供了这一情报）秘密告诉我，芒街的华人实际上希望该城变成中国的，也许会按这个意思向清朝的委员会诉说，于是我明确禁止帮长和所有的绅士直接或间接地参加各种请愿活动，更不准他们在这种文件上签字画押。我对他们说，他们不要希望他们的阴谋始终无人知晓，相反，如果他们轻举妄动，参与此种活动，则中方委员们为了从中得到证据必定会出卖他们，此外，我允许他们个别地去迎接高级官员。他们为了炫耀忠诚来向我要求给予的这一许可，并不令我为难。而拒不同意就令我难堪：他们仍会越过边境的。应该善于容许不能阻止的事。以后这里有监视的办法时，可以采取另外的措施，如果这些措施被承认是必要的话。

至于这个地区人数也很多的纯安南人或与华人婚生的混血儿，海宁府知府认为他们不会来个 180 度的转变。正如我曾对您说过的那样，出面代表他在华人密使们活动最频繁的那个地区，即安南飞地办事的是他的帮办。帮办的权力似乎安南人并非不承认，虽然仅他的存在就是对分裂倾向的一种抗议。

以上是关于海宁以东的部分。

西面，往谅山方向，自海宁府一直到先安府界的整个边境地区一直都很平静。德·马马翁先生曾走遍了这个地区，我们这里有该地区的路线图。他甚至在 7 个月中都没有机会开一枪。匪徒们在更远处，在先安边境。这至少是到今天为止的形势。

我 3 天前在这里见到了格朗皮埃尔神甫。他一定要知道您是否赞成他留在竹山，而不像他打算的那样到广州去。我对他说您认为这样最好，我认为自己做得对。格朗皮埃尔神甫抱有良好的愿望。根据他判断发生在他周围的小事的方式，也许过于倾向将小事化大。我认为这是一种过分的悲观，会有损于他提供的情报的准确性。我认为应该提请您注意有一天他的谈话给我留下的印象。我的看法自然要更改。

海宁行政哨官、主任秘书德过先生 4 日回到这里。我想可以这么说：他在场是很有益的，因为这突出了这个地区与东京其他地区的联系。趁着“鲁汀”号出发去海防，他也出发去同一个目的地。正如我曾对他说过的那样，关于这一方面，我不承担任何一种责任，我觉得我既不应同意他出发，也不拒绝他走，而且他很快就返回。

总之，我认为形势是这样：

中国人至少已看中了整个海宁府，因为：①这个区域居住着大量的华人，他们在这个区域里建立了两三个重要的中心；②他们认为应该担心北海作为通往广西、云南的贸易市场，如果我们一直控制着一直到白龙尾并含白龙尾的这个地区的话。英国人正为了打开广州河（即西江——译者注）畔的梧州（经由北海和广州）而努力，他们支持中国人的要求。

该地区的居民，无论是华人还是安南人，被中国人让人散布的谣言震惊了还是被吓坏了，心里在嘀咕，以后法国占上风呢还是中国占上风呢？由于没有把握，绝大多数，就是说最谨慎或最富裕者，都非常欢迎两国的委员们。其他的人，即在几次纠纷中不会失去什么，却能捞到各种好处的人，更准备从现在起就表示反对我们。

（原件第 190 ~ 194 页）

谅山省和高平省的行政区划

您来信要我给您寄一份谅山省和高平省的府、县、乡和村的名册。现按您来信的要求，将名册寄上，请您过目。

谅山省共有 7 个府、县、州，45 个乡，297 个村、社、点。

长庆府管辖温州。该州有 5 个乡 49 个社、铺馆。禄平州、脱朗州和安博县都隶属这个府。

1. 温州

梅坡（Mai Pha）总（10 个社、铺）

梅坡社、文农（Văn Nung）社、江汉社、广居社、江清社、瓜筳社、南门铺、乐业社、广仁社、半陇社。

山庄总（6 个社、寨）

山庄社、协和社、友邻社、儒林社、葡山社、两家庄。

平莫总（10 个社、市铺）

平莫社、安排社、嘉禄社、佑禄社、芝陵社、同怀社、安宁社、皇市、富屯社、常强社。

长桂总（14 个社、铺市）

长桂社、广朗社、归厚社、梅洒社、金关社、常乐社、长阁社、张沛社、垄门社、清水社、挽岩社、屯市、坤文社、广朗市。

云视总（9 个社、铺、馆）

云视社、泊宽社、乍里社、南水社、云威社、富藏馆、弓把社、厚德社、美水社。

2. 禄平州：7 总，39 社、铺、庄、寨

怀永总（7 社、庄）

怀永社、邀市铺、北邀社、平庆社、月邀社、黄林社、春丽社。

女贞总（社、庄）

女贞社、鹿羊社、正漤社、广资社、芳水社、无垄庄。

高娄总（7 社、铺、庄）

高娄社、好理社、率丽社、禄安社、海鹰社、巴山（越文）铺、西庄。

云梦总（8 社、寨）

云梦社、板禄寨、心原社、如曲社、春情社、酿宝寨、心松社、春满社。

秀断总（三社）

秀断社、三隆社、静嘉社。

屈舍总（4 社、堡）

屈舍社、斯英社、安快社、智马社。

3. 脱朗州：4 总，22 社、铺、寨

秀知总、坤吏社、驱驴社、永寨社、黄桐社、谷镇寨、南碍铺、和居寨、石坡社。

有收总（5 社、铺）

有收社、同文社、茶岩社、重山社、奏丧社。

安和总（4 社）

安和社、麒骡社、落窟社、庆门社。

冲关总（4 社）

冲关社、博德社、历山社、偷撞社。

4. 安博县：4 总，14 社

东关总（6 社、铺）

东关社、官频社、利博社、床圆社、那阳铺、春阳社。

太平总（5 社）

太平社、临卡社、石岩社、谋惹社、达信社。

丽园总（4 社）

丽园社、有产社、永康社、延乐社。

安州总（3 社）

安州社、安部社、福胜社。

长定府兼管七溪县（旧译室溪——译者注）（8 总 44 社），统辖文渊州、文关县。

5. 七溪县

庆岩总（5 社）

庆岩社、抚劳社、同律社、从阳社、北平社。

美田总（5社）
美田社、具庆社、中弼社、林朗社、美祝社。
乐阳总（4社）
乐阳社、菲美社、黄烈社、蒙舍社。
南山总（7社）
南山社、关曲社、文沛社、美水社、武郎社、同嘉社、眉山社。
慈山总（4社）
慈山社、绢阿社、永田社、朱喝社。
俨栗总（5社）
俨栗社、农屯社、安圈社、永莱社、谬咄社。
东派总（6社）
东派社、罗年社、嘉仆社、平居社、平林社、良材社。
平关总（7社铺）
平关社、让彬社、嘉会社、平乔社、仇封社、罗山社、考彬社。
6. 文渊州：8总，45社、铺
永惹总（8社铺）
永惹社、中甲社、同进社、朱绢社、文夹社、安浃社、下龙社、同进铺。
渊漠总（4社）
渊漠社、酒会社、天丰社、保林社。
理仁总（5社）
理仁社、均荣社、探春社、兴胜社、石湾社。
横路总（4社）
横路社、清林社、清蜜社、水湾社。
光旅总（7社）
光旅社、益友社、河广社、广漠社、平登社、越安社、春光社。
者岩总（5社铺）
者岩社、凭福社、直心社、收六社、德形社。
化仁总（6社）
化仁社、春逐社、归厚社、归和社、阳蒙社、和软社。
安雄总（6社）
安雄社、保嘉社、牛寡社、春媛社、安路社、北园社。
7. 文关县：9总44社、铺
富舍总（5社）
富舍社、山僧社、春宠社、丘梦社、庆溪社。

珠栗总（9 社）

珠栗社、枝关社、契林社、庐舍社、富闰社、恬希社、烦谬社、永莱社、友肢社。

美栗总（5 舍）

美栗社、云蒙社、北浪社、符衣社、芙美社。

熏风总（5 社）

熏风社、谬农社、知礼社、友良社、富嘉社。

资川总（4 社）

资川社、良能社、陆奇社、那怀社。

平嘉总（3 社）

平嘉社、静朔社、平溪社。

甘水总（5 社）

甘水社、定保社、顺茹社、奉贡社、松真社。

会欢总（3 社）

会欢社、加勉社、贝罗社。

威猛总（5 社、铺）

威猛社、阳村社、文定社、从令社、文木铺。

高平省

2 府，6 县，31 总，297 社、村、寨、垌、铺、市。

和安府兼理石林县，管辖石安县和原平县。

1. 石林县：7 总，67 社、村、铺、寨、邑

河覃总（5 社、坊）

河覃社、春安社、武水社、那吕坊、衢山社。

仰伴总（10 社）

仰伴社、荻强、博娇社、石峒社、桧溪社、和宁社、安宁社、邻止社、石门社、福曾社。

符同总（8 社）

符同社、玉铺社、扶桑社、澄河社、桃岸社、化木社、春桃社、春浓社。

净巢总（6 社）

青巢社、灵隍社、带来社、博社社、宜布社、安乐社。

河广总（6 社）

河广社、广注社、溟湾社、素江社、春驻社、河柬社。

长安总（11 社、村）

稔熟社、景定社、安龙社、期安社、遣得社、上村、下村、中村、内村、外村、宠村。

茶岭总（11 社、村）

茶岭社、茶山社、晴朗社、场边社、石莱社、米山社、希宠社、河川、安来社、兑坤社、光村。

别纳（9 寨、铺、邑）

即正铺、四正邑、净巢铺、茶岭铺、螺寨、安来铺、锦嘉铺、安平铺、东南锡矿。

2. 石安县：7 总，67 社、村、寨、铺

岭山总（7 社、村、铺）

岭山社、鼓舞社、嘉恭社、甘美村、云竹社、美山社、牧马铺。

象安总（12 社）

象安社、春泊社、胜琦社、像勤社、春岭社、新寨社、仙洞社、平安社、博绿社、函安社、民乐社、河皇社。

玉坡总（10 社）

玉坡社、松高社、博山社、饿男社、福应社、玉雉社、朋宠社、下芝社、义至社、富庶社。

上坡总（5 社）

上坡社、下坡社、布北社、春河社、美宠社。

江吴总（7 社）

江吴社、俗美社、永山社、桃宁社、安阳社、岗伴社、那客社。

福和总（5 社）

福和社、春光社、仙交社、笔丰社、禽川社。

出姓总（8 社）

出姓社、博溪社、高门社、内占社、邻春社、醒沱社、八音社、清川社。

别纳（12 铺、寨）

良马铺、泉欣寨、香盘铺、宠浕寨、北恭寨、吁堪寨、泉来寨、福和铺、广供邦、平漏铺、北北寨、那呈寨。

3. 原平县：5 总，47 社、寨、铺

天马总（6 社）

天马社、横摸社、灵梅社、灵光社、三弄社、务农社。

嘉朋总（5 社）

嘉朋社、仲坤社、朝雾社、番溶社、平朗社。

锦里总（6 社）

锦里社、春光社、芒洞社、凉茶社、继门社、卜芳社。

上关总（3 社）

上安社、谷且社、平争社。

通农总（8 社）

通农社、多能社、良能社、兰岗社、安阳社、良医社、勤农社、桐山社。

别纳（19 寨、峒）

泉恍寨、中止铺、思经峒、泉聚峒、泉进峒、泉金峒、泉邻峒、泉怀峒、泉毛峒、泉平峒、泉甘峒、泉暗峒、泉灰峒、泉恍峒、泉瞒峒、泉石峒、泉到峒、泉吊峒、门笃峒。

重庆府（3 县）

4. 上良县：4 总，41 社、村、寨、铺

陵安总（13 社、村）

陵安社、玉昆社、胞溪社、玉律社、丰腩社、安熙社、孝礼社、梅岭社、宠溇、宠之村、平奢社、宠钟社、椰波社。

倚贡总（7 社）

倚贡社、兑坤社、古方社、美溪社、景山社、吞阳社、赐美社。

丰州总（7 社、村）

丰州社、宏礼社、鲸娄社、宠定社、旁沱社、同溪社、宠来社。

鹅坞总（9 社）

鹅坞社、上贡社、芃山外社、芃山内社、鹅山社、关渚社、重崖社、荐稔社、坞港社。

别纳（4 寨、铺）

宠北社、古州社、窃汤铺、兑昆铺。

5. 广渊县：5 总，47 社、铺、村、市、店

乐交总（8 社）

乐交社、木鹄社、四岭社、数双社、双星社、盘装社、驼岗社、椰槐社。

力农总（5 社）

力农社、下南社、上南社、多孙社、阳南社。

隔灵总（9 社）

隔灵社、山农社、拂谜社、鼓乐社、博望社、永来社、嘉岁社、盘□（有一字不清——译者注）社、微望社。

武陵总（10 社）

武陵社、保羊社、古农社、石坪社、多偶社、如陵社、平陵社、丰盛社、芋田社、驼尾社。

仰同总（9 社）

仰同社、鲸管社、铜管社、敢孝社、瞒驼社、屯慧社、屯河社、玉管社、果脱社。

别纳（4 寨、铺、店）

琶光社、聪慧社、纳梅社、宠巍社。

6. 下良县：3 总，29 社、村、寨、铺、市

灵禽总（10 社、村）

灵禽社、福平社、壤美社、永寿社、廉水社、阳安社、明交社、福礼社、光坡社、文区杏坛村。

鸢郎总（7 社）

鸢郎社、会溪社、波浪社、玉山社、安化社、灵郎鳗社、都朦社。

丰登总（5 社、村）

丰登社、落巢社、召儿社、同鸾社、宠多社。

别纳（6 寨、市）

宠保寨、离蟀寨、拈速寨、金禁铺、宠苑寨、捡龙市。

1886 年 12 月 17 日

（该篇收入《中越边界历史资料选编》第 181～190 页）

（原件第 240～247 页）

北市村

北市村建在小界河的右岸，更确切地说是建在这条小界河与另一条从西面流来的小河汇合处的南面。它由一些散落在河谷的房屋、一组建在一个小山岗上的住房和一个佛寺组成。

河谷平均有 300 至 350 米宽，土质非常肥沃，被充分用于耕种。其南面被一排坡度平缓的山岗所堵。

散落的房屋用柴泥而建，表面覆以草席。这些房子可用作部队营房。

环绕在山岗上的那些住房中，有三四幢建筑物较讲究（泥砖为墙，瓦片盖顶）。这几幢房子占位很好，掩隐在竹林和其他小灌木丛中，极易被布置为临时的居室。

寺庙距那个小山岗很近。它包括有三间房的一个主体及两间厢房。是砖砌而成的瓦房，背靠堵住河谷的最后几道山坡，距小河约 250 米。

必要时，这座庙可作为开会的地点。

再往西，有一些建得很好的商店，去南西（Nam-Si）的半道上有一个很好的村子。

在北市可以看到两条小河汇合处形成的半岛上和小界河左岸上的众多建筑物。这些建筑物尚未被侦察过，但是好像全部布置均极为舒适。

总之，勘界委员会在北市将会找到供全体人员安顿的住房以及停留一段时间所需的物资。纵队经过时，居民们就已逃离他们的村庄，不过从一切迹象看，可以猜想他们离村不远，法军一走，他们又会马上返回其家园。

上尉帕尔德

1886 年 12 月 27 日

（原件第 259 页）

关于重开两广边界勘界事务的会谈纪要

关于重开两广边界划界界务的步骤，拥有必要时据图定界权力的法中两国代表团一致同意以下几点。

第一，两广尚未定界的部分的划定将通过地图对照来进行。

第二，对于将可以取得一致意见的诸地，两国代表团将订立简约和绘制地图，就像是实地划界似的。

第三，对于按上述办法无法达成协议的各地，两国代表团将亲自到现场去划定边界线。如果因在边境遇有种种障碍而暂时不能到现场去划定那些无法通过地图对照的办法达成协议的地方的边界，两国代表团团长就请示各自的政府，由两国政府就以后重开界务的时间和方式进行协商。

本纪要法文、中文复本各一份，每个代表团各执一份。

至于条约中提到的细小更改问题，等两广边界划界完成后再议。

1887 年 1 月 6 日于芒街

签名：狄隆、狄塞尔、卜义内、倪思

签名：邓承修、王之春、李兴锐

（原件第 290 页）

李翻译与狄塞尔和卜义内的会晤

芒街，1887 年 1 月 8 日

（中方的非正式建议）

李先生非正式地提议：

1. 依据会谈纪要来确认边界，如我们已划出来的边界线那样，不过从那座坟墓起的一段例外；沿着山脊一直下到白龙尾端；山脊线的东侧归中国，西侧则归安南。

2. 将边界线移至同登村与南关（Porte de Nan-Guan）之间的中点；请示两国政府，将同登让给中国。

3. 通过更改边界，将保乐区域让予中国。

4. 在对这些点达成一项非正式协议后、在对边界进行有效勘察前，将订立一项协议，证明法国代表团接受上述的更改。

5. 中国人对边界其余的部分将不提出任何其他的异议。

双方可以就地划定整条边界线。需要广西巡抚参加。必要时可以马上测绘边界。

（原件第 294 页）

李翻译与狄塞尔和卜义内的会晤

芒街，1887 年 1 月 9 日

（中方新的非正式建议）

若法国代表团非正式地声明接受中方 1 月 8 日的建议，就可以立即勘测这条边界，中方代表团不要求其他的界址更改。

据图全面划界的工作一结束，就立即召开正式会议，订立简约。

召开正式会议之前，可以互致照会，申明简约一经签字，立即着手订立有关李先生、狄塞尔中校和卜义内少校之间提到的界址更改的另一份简约。

对于中方界务大臣们要求进行更改的部分，可以制定一份简约，证明两国代表团未能取得一致的意见，指明各自真正承认的界线，就像在南关的做法一样。

然后，对于其他部分可以继续通过地图比较的办法来进行确认，这项工作结束后，就可以重新研究两条界线将被移至的部分。

这样中方代表团可以在法国代表团同意通过界址更改的办法将边界移至中方划的线路后，承认将法方划的线路作为边界线。若李先生 1 月 8 日的提议没有被接受，上述办法就无效。

（原件第 294 页）

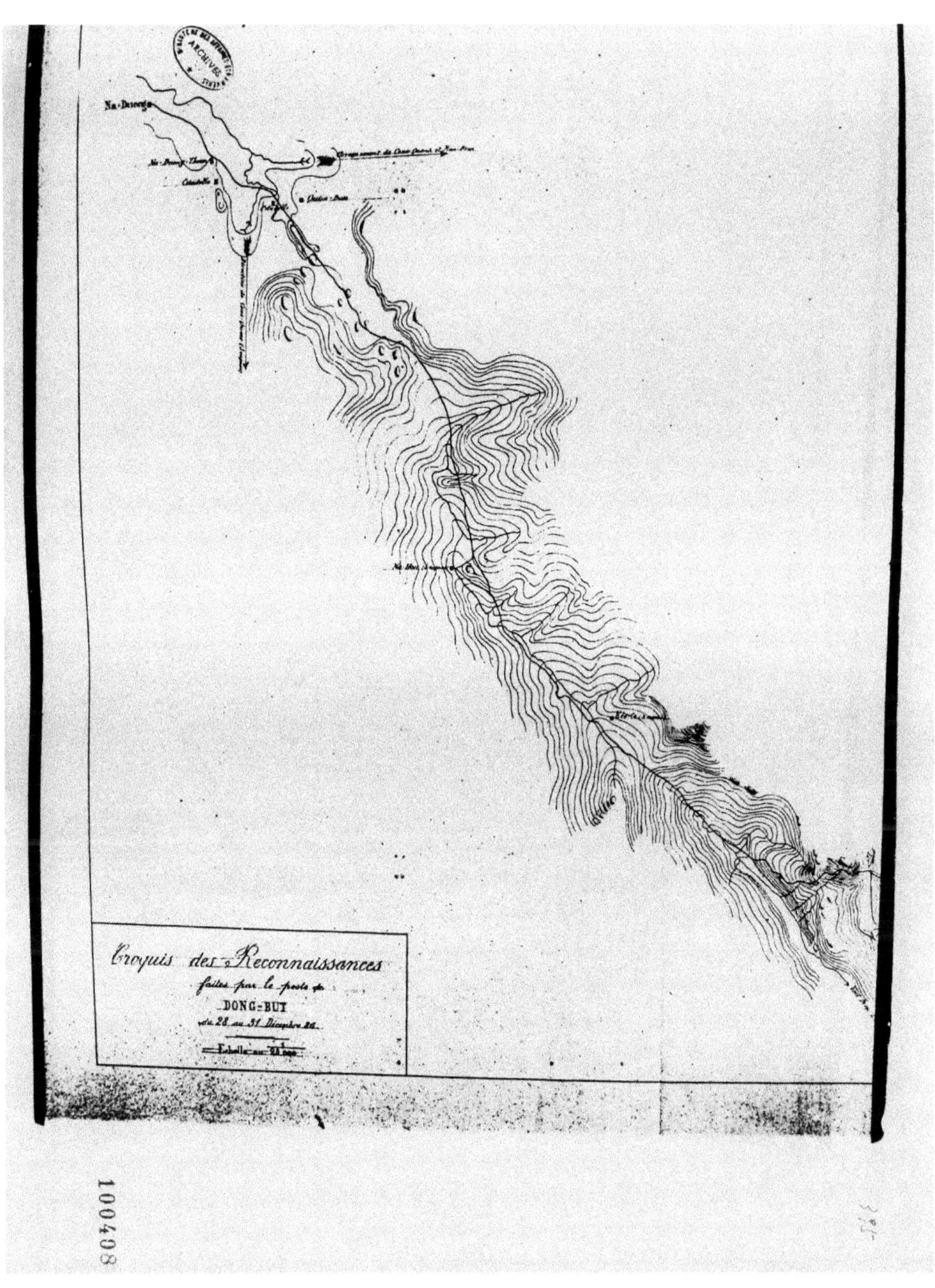
Croquis des Reconnaissances
faites par le poste de
DONG-BUT
du 28 au 31 Décembre 86

图 15

图 16

第七十卷

法中勘界委员会法国代表团　1-1

浦理燮致法兰西共和国驻安南东京总驻扎官琨玻函

河内，1886年5月8日

总驻扎官先生：

在有幸与您进行交谈时，曾听您说由于事务繁忙，您还不能够确切了解东京法中勘界委员会法国代表团工作完成情况。当时我认为遵令写一份特别报告，汇报我们的全部行动、会谈和工作情况，以便于您评价我们的努力和努力的结果，这并非不无好处。

此外，我当时认为在这一点上应该禀报您，我曾有机会在这一地区——我刚刚在该地区中部度过了4个月的时间——做的观察报告以及我在该地收集到的情报使我产生的想法和对我亲眼所见的事实或事件的研究，就作为简单的情况汇报吧。

很抱歉，因为时间太匆忙，写这份报告时未能充分注意文笔，使内容更简明扼要。尽管报告缺点不少，如果本报告有幸得到您过目并做出评价，我就感到心满意足了。

（原件第23页）

法中勘界委员会法国代表团　1-1（附件1）

法中东京勘界委员会法国代表团活动总报告

1885年8月14日的决定任命的东京边界勘界委员会的法国代表团成员，于当年11月9日奉命抵达河内。中国政府约于同期任命了它的代表团成员。它组织了两个专门、独立的代表团，一个团负责两广边界，一个团负责云南边界，而非单一的一个团负责整条法中边界。因此，如果法国代表团成员不一分为二，就只能相继与中国的每一个代表团分别会面，这样中国的其中一个代表团不可避免地注定会暂时处于无所事事的状态。

安南与东京总司令、总驻扎官可尔西将军根本不支持勘界工作。他决意不把对东京的占领扩大至三角洲以外之地，甚至认为以他拥有的兵力不能把法国代表团一直护送到边界，不能保证代表团在边界的绝对安全，所以他毫不迟疑地肯定，想划界是虚无缥缈的幻想，这一工作是无法进行的。一得悉法国代表团即将抵达河内，他就想到要把他隐隐感到的种种不可能性通知法国政府，提出将广东省的海边城市北海定为法中代表团的会面地点。

但是，就在10月28日巴黎复电通知他，法来西讷先生和中国驻巴黎代办刚好把北海选为法中委员会碰头地点取得一致意见时，可尔西将军却接到法国驻广州领事、法国代表团成员师克勤先生的通知，中方大臣们13日离开广州，径直前往龙州和曼耗。

总司令在我抵达的当天就把这两个自相矛盾的通知转给我，可是要我去北海。我只能提请他注意，按我接到的指示，我应该直接与我的中国同行联系，以便我们共同商讨与他们一道工作的安排问题；面对着两个通知所指的位置不一，我认为他应马上向我们提供帮助，使我们能前往距曼耗或龙州最近的一个地点，或老街或谅山，这是最合适的办法了。他回答说对此无法加以考虑。我正色对他说，我在做出任何决定之前，必须等待补充指示，我也就这样做了。

而且，我认为，很可能并不是仅因事先没有通气，负责两广勘界的中方大臣才在我们到达之前想到转移到像龙州一样远离沿海地带的内地的一个地方，到龙州只能通过广州及广州河，需要走五六十天；这一办法可能包藏了这样的阴谋：可以说是使我们不能在约定的期限与他们会合，而不同时请求优先给予为此经过我刚提他们自己所取的这条道路的权利。

同时我感觉到，由于法国说的话受到6月9日条约的约束，所以这关系到它的名誉和它的目标，即不允许中国人通过不能否认的一些事实看出我们在东京的军事力量的薄弱，我们不能提前并一致同意在规定的时间履行条约的一个条款。对军事的软弱和履行条约无能的不言自明、令人感到耻辱的供认，我认为这是中国人以后要试图从中在某一方面加以利用的一个证据。

法来西讷先生要我直接与我驻华公使联系。至于委员会所取的路线安排问题，戈可当先生转告的总理衙门的答复，使我更坚信我所表述的意见。

我马上试图亲自去了解或多或少有点根据的反对意见。这些意见也许不是合情合理，但表面上看还说得过去。可尔西将军就是这样反对我。我想经过东京领土前去龙州，即通过谅山那条最直的道路。

我从各个方面收集到的情报都毫无例外地表明，走往谅山没有不可克服的困难，这一活动的主要障碍在于总司令对保护地政府的最终安排的看法。

我自己一认为这些估计正确无疑，就马上果断地建议法来西讷先生向军事指挥部施加压力，要指挥部必要时必须命人送我们到谅山和边界去。

外交部长对我的主动性表示赞扬，让有关部门指示可尔西将军立即为法国代表团前去谅山做好准备。

我们出发的日期定在 12 月 10 日。日期定下来后，我就有约一天的多余时间来预先考虑我们到达淇江的事了。我趁此机会直接与中方大员进行联系。我通过两种不同途径通知他们，我们奉命去龙州与他们会合，将于 12 月 20 日前后到达谅山，同月 20 日至 25 日到达南关隘（Porte de Chine）。

有理由相信，中国代表们也在设法知道我们的行动，因为我们 12 月初获悉，帝国军队的一名都司到了我们屯梅（Than-Moï）前哨，声明他奉命在那里迎候我们。

12 月 10 日，法方代表在河内登上两艘归他们使用的炮艇。12 日，他们抵达尼村(Lam)。我在这里接到戈可当先生的一封电报，电文如下：

“接总理衙门通知，邓（承修）打算一获悉你们抵达的日期，就马上过隘口去迎接你们。我业已将你们计划到谅山的日期通知了总理衙门。”

我们随即离开尼村前往船头（Chü），并于当晚抵达。在该地我收到我上面刚提到的同一位中国都司的一封信。他在信中告诉我，他奉命离开屯梅，不能再等我们了。否则将受到最严厉的惩罚。但几日后我就得知这一事件意味着什么。正如稍后我们看到的，该事件的原因同时使我对于在尼村收到戈可当先生的电报一事的理解有所启发。

14 日，我们的护卫队准备就绪。卫队不足 500 人，由非洲第二营的塞尔维尔少校指挥。这位高级军官根据可尔西将军在河内向狄塞尔中校下达的指示，一抵谅山就要对通往七溪的那条路进行侦察。

12 月 18 日，全队人马顺利进入谅山。

19 日，塞尔维尔少校前往同登和南关隘。当天，我获悉从屯梅回去的那名中国都司在驱驴。驱驴乃一大圩，位于谅山对面，淇江右岸。

他马上来找我，对我说，统领广西一部分帝国军队的苏（元春——译者注）将军①委派他来了解一下，我们什么时候想与邓钦差阁下联系。我仅回告，我们已去函联系了，正等答复。两天后他又来通知我，钦差大臣们即将从龙州出发前往边界。接着，由于我提醒他注意，我没有任何文件证明他以什么身份和我联系，他笨拙地出示苏将军的一份命令，内含有邓的一封信的抄件。该信向我证明他的任务的目的是要把我们留在谅山四五天时间，照邓的说法，“以便让钦差大臣有时间首先出南关隘”。我马上明白过来，向我们指定龙州作为会面地点，使我们不能迅速去与他们会合，是中方大臣们的最主要意图。不过该意图由于我们开往谅山而告落空。他们一获悉我们从河内出发的消息，就要北京通知我们，他们将一直过隘口来迎接我们，他们只是想打着礼貌的幌子，掩盖着这样一种已定的意图：尽可能使我们远离边界，远离中国领土。

---

① 苏元春当时任广西提督和广西边防督办。

然而，当我们已故的同事师克勤先生把他前一天陪同塞尔维尔少校深入同登、南关隘（Porte de Chine de Nan-Kouan）进行侦察时的所见所闻和发现告诉我时，我觉得他们的打算就更清楚了。南关隘马上有人恭候钦差大臣们，中方的下级官员在同登精心地进行了各项准备工作，以便在同登安顿这些大臣和让中国官兵、帝国各文武权威人士包括苏将军占领该村及其附近地区。

这些措施的后果是不容怀疑的，我们的中国同行不仅希望避免让我们一直深入到中国龙州，而且想先于我们到达同登这个比较重要之地，并想驻扎下来控制该地，以便以后能要求将这一地点让给中国。

我们迅抵该地才能挫败这种阴谋。12月21日，我们离开谅山，当晚抵达同登。确切地说，我们到了一座有几百名中国官兵占据着的中国人的城市。这里有一名粮道奉旨行职。那座主要的大庙经中国人装饰一番，贴有一副汉文题词，作为委员会开会之所。所有可以居住的房子都预留或保留给委员们、苏将军和帝国高级官员当寝室。

不过是我们占据了该村。安南乡长立即被叫来，要求清除外国人张贴的布告或通知。这件事并不是不重要。近一年来，同登和该地区所有其他居民点一样，处于中国人的绝对控制之下。安南官员只服从中国官员或南关隘派来的军官，后者就像是在被征服区一样粗暴地差遣他们。但是，由于我们抵达并占据此地，自谅山撤退后对我们已失去指望并完全信赖中国人的优势的安南人，会窥见一个完全不同的未来。而且中方大臣只能放弃他们曾指望得到的利益。

翌日，22日，一名法国军官被派往南关隘，奉命声明，我们已在同登做好迎接钦差大臣的准备，已打算与他们共同分享该地资源；此外，我们的同事在此乃我们的客人，为了使他们的逗留期尽可能舒适如意，理应不惜一切。

两天后，塞尔维尔少校根据可尔西将军的指示，率领百来人马前去七溪，未遇抵抗就达该处。长期以来主宰着七溪富饶平原的华匪匪首何甘新（Ha Kan Sinh），已在我们的士兵抵达前撤到山区去了。

钦差大臣们相继抵达南关。王和李兴锐先于邓和李秉衡抵达，后者乃广西巡抚。在我们的首轮非正式会谈中，我们的同行显得十分优柔寡断，甚至拒绝来同登会谈，理由是我们无法确保他们的安全。他们申辩说我们附近有人数高达两三千的匪帮。最后，他们装着对法国当局占领谅山和七溪之间的地区并维持下去表示怀疑。

不管这些担心是真还是假，必须证实我们的力量和捍卫我们的威望。为此，必须留在七溪。占领该地就可以保证我们在谅山和淇江流往中国的入境点这部分边境地区的安全。这乃一块必须不惜一切代价原封不动地维持到我们的第一批勘界活动开始时的土地，若勘界活动要很快进行的话。控制了谅山和七溪，我们就可以驳倒钦差大臣们的有关谎言。

当在七溪待命的塞尔维尔少校接到总司令的命令，要他放弃该地，撤到谅山时的形势就是这样。这一措施是出于军事需要吗？我不能妄加评论。自我们抵达后，我们已经看到，我们周围地区一片升平。以北黎至Cut的谅江右岸一带石山区为巢穴的Caï Kinh匪帮已全被约翰尼桑利旅的军队击败。在七溪附近地区没有发现任何匪群。因此，无论怎么样似乎都不必要急于将我们的人马撤到谅山去。

仅就定界看，我认为放弃七溪预示着危险。我们的前进所产生的可喜的作用一下子就被毁掉了。曾热情欢迎我们的士兵并给予帮助的老百姓会完全失去对我们的信任，而这是一去不复得的，因为严厉的报复行动在等待着他们。钦差大臣们可能会由于我们明显的无能而摆弄我们，我们在他们面前会无可奈何，几乎要任凭他们摆布。代表团与一支由20名非洲轻骑兵和50名东京土著步兵组成的卫队（近四分之一的人因病不能行走）被留在同登的前沿，因此代表团在同登就不再有什么安全可言了。而且，屈指可数的同登守兵接到死命令，即使海盗出现在离哨所500米处也不可发一枪，只有在哨所本身受到攻击时才动用武器。因此这一形势就变得更加岌岌可危了。这一切原因促使我决心要求法来西讷先生同意进行一次迅速有力的行动，以永据七溪。而且我为此分别于12月31日和1月1日给可尔西将军发了一封电报，去了一份函。

我的行动获得成功，撤退的命令收回了，驻军被留在七溪。

这一行动是十分重要的，因为它使定界工作成为可能，剥夺了我们的中国同行千方百计要强迫我们接受他们的观点和要求而可能利用的主要手段。如果要经过的地区事先未经军队占据，钦差大臣可能永远不会同意勘察边界。此外，我们自己感到，仅有一支人数不多的卫队就往前走，这即使不是使委员们遭到突然袭击，起码也是让他们遭到侮辱。稍后我就将有机会补充说明，从另一方面看，占领七溪曾帮了不少忙，而且还能起作用。

1886年1月5日，我们正在与邓及其同僚非正式商讨委员会工作的进行方式时，法来西讷先生突然来了一份电报，指示我，如果中方大臣当时拒绝实地划定边界，我们也许可以按地图来进行划界；甚至要求我抓住有利时机，让外交部认为足以保护我们利益的这一措施得到采纳。这就是对我接到的指示的一个十分宝贵的补充。而且，总的指示要我替政府准备最多的资料，这些资料会有助于有关通商条约的谈判取得成功（例如妥协的方法），或者在其他与我们利益有关的任何方面能提供可以对总理衙门的决定和措施施加压力。

这样我们要走的途径已十分清楚地展现出来了，我们可以着手进行正式会谈了。正式会谈果然于1月7日举行。邓陈述了帝国代表团的观点。他说："以前没有必要考虑边界问题，因为安南从属于中国，两国间无必要设一道边界线。实际上东京有许多地方为帝国军队所据。天朝愿与法国和睦相处，永结友谊。既然条约已将整个安南让给法国，因此中国要从安南一侧得到几处领土特权是必要的。条约第三款规定的一些更改就是出于这一目的。另外，安南原乃一个安分守己的邻居，而今日必须重视法国，它乃一大国。”

我不难证明邓阁下对事实的说明是十分荒谬的。条约规定：先勘察，接着划界，最后对出于两国共同利益的考虑可能有必要对现在的东京边界进行的部分更改取得一致的意见。而钦差大臣们却拒绝严格遵守条约规定，出于他们的利益坚持要求马上进行一些更改。他们要求把先安到淇江，接着沿着此河，包括那阳（Na Zuong）和谅山，最后走向云南和广西分界线的一条连线作为边界线，将七溪和高平省让给中国。

这些要求暴露了帝国代表团的主要目的，即使以最确凿的证据去反驳要求也会碰壁。其实，帝国代表团要企求的，一直是建立一种独置于其势力之下的中立区，这是避免被视为神圣的中国领土与保护国接壤的唯一办法。最后，邓一直到最后一刻都还是一位最坚决的继续斗争的主张者，他渴望以其个人的机智来纠正条约中反对法国的一派认为有缺陷的地方。他希望能够带着累累的硕果回到北京，在公众舆论面前提高自己的声望，以便压倒他的所有对手，特别是李鸿章本人。

我们不能让他牵着鼻子走。随后接二连三举行的正式会谈的唯一结果就是更多地谴责我们的否决。每次我们想把帝国代表团引回到条约这个问题上，但他们都坚决回避这个问题。我关于去勘察边界的所有提议均被他们否决。中断会谈乃迫在眉睫的事了。在我决定这样做之前，同时也为了更好地表明我的通融意愿，我同意委派狄塞尔上校与赫政先生进行些完全是非正式的会晤，寻求一个共同点。这些会晤无果而终。赫政先生隐约透露：（1）钦差大臣们受广西巡抚左右。此人对我们的恶意几乎是赤裸裸的，不大隐瞒；（2）他们首先把驱驴，其次至少把同登和高平看作并入中国后应该是条约规定的谅山以北的通商点。

两国代表团之间不能达成谅解，各自把矛盾呈报各自的政府。法来西讷先生指示我，如果钦差大臣们仍坚持他们的不合理要求，就中断与他们的谈判，并将一份抗议书交给他们。抗议书的主要内容他已通告了我。此外，他要求戈可当先生就近向总理衙门提出强烈抗议。我们在北京公使说的话发挥了作用。一道上谕饬令中国代表只能履约行事。

2 月过半。我指望上谕能免除将来再次出现纠葛，并对我们可以工作的时期已指日可待感到高兴。不幸的是，邓及其同僚还尚未准备做出让步。

在这风云突变之期，我们控制的谅山至七溪的整个防线，依旧太平无事。然军事当局原先下达的死命令依旧生效。我各哨所一直被迫按兵不动，我地形测量官不能到同登附近 6 千米以外活动。这一限制遏制了他们的热情，使他们不能向代表团提供它所希望的主要帮助。

下面的事件说明了这种过分谨慎已到了何种地步，即想避免哪怕是微不足道的部分失败的可能而令人遗憾地反对我们扩大合乎道德的行动和提高法国在该地区的威望。

波安先生和韦尔内先生在他们第一阶段进行的一次地形勘察时，曾往北走，到达靠近板就（Ban-Thao）的一个村子附近时，看见一些安南妇女朝他们跑来，以乞求的神情跪在他们的足下。会讲当地话的波安先生从她们口中得知，她们是在 Tin Dao（北宁省）附近被海盗劫来的，海盗要把她们送到中国去卖掉。海盗就暂住在邻近的那个村子里，在法国这支小分队靠近时就躲到山里去了。村子里还有被掳来的其他妇女儿童。这些可怜的妇女要我们的军官带上她们保护起来，把她们带走，以便随后把她们送回故乡。从附近得到的情报证实了这些话不假。被掳的妇女儿童被释放带到同登，然后被送回家乡。波安先生和韦尔内先生的所为当然是十分得体的。这两名法国军官在这样的场合如果不这样做，人们倒会难以理解。尽管如此，他们这一人道主义的行动虽然没有受到明确的指责，至少也几乎被否定了。理由是他们多管闲事，带着这些可怜人，会遭到海盗的报复。

虽然这一事件表明中方大臣们说我们的领土上有匪帮并非完全信口开河，但是此事同时还证明，这些匪帮人数既不很多，也不可怕，因为他们中的一股看到我们两名地形测量官带着一队仅有 10 名安南土著步兵的卫队到来时就逃走了。这一件事同时还说明，这些海盗惯于将其赃物、在东京掳掠的妇女儿童转移到两广去自由自在地卖掉。只有在边界西侧建立起有效的警戒措施，才有可能结束这种状况。由于这种状况，与中国毗连的安南各省的人口已开始大幅度地减少。但是，说服中国政府，要它的省当局帮助制止这种违背国际法的行径，这难于上青天。我们应该依靠我们自己的治安方式，才能达到这一目标，那时对边界进行了全面的勘察后，我们将可以准确地知道往来于两广和东京的海盗进入的主要入口的全部隘口，并将可以在这些地方设立一些或由安南土著步兵、或由一些当地民勇守卫的设防小哨卡。

我们与钦差大臣们进行联系后不多日发生的一件事还证明，中国当局只要愿意，完全可以阻止这种海盗交易。

我们要在南关隘（Porte de Chine）举行第一次会谈的当天，指挥南关隘（Nan-Kouan）中国哨卡的陈都司派人将 20 多名在北宁附近被海盗劫持的安南妇女儿童带到同登，交给该地的法国指挥官。这些妇女儿童是在这些海盗刚过界到龙州一侧时，被中国当局夺回的。

不久，又几次接到报告，东林附近发现有数股海盗自东京内地窜往中国。最后，被派到高平省的一名密探从东林回来，证实这批海盗大部分乃中国人，他们利用该省，定期南下三角洲，也许是应其他匪首之召到那里去，也许是他们单独到那里去活动。

窃以为，我们在谅山、同登和七溪的军队被置于完全不能行动的地步，可能大大地有助于促进海盗的卷土重来。但是，尽管刚任代理指挥的瓦尔内（Warnet）将军肯定不会支持这种过于小心的按兵不动的办法，但这却是可尔西将军原来给整个防线下达的死命令所产生的印象，想主动要求改动这些指示的愿望好像在我们周围被完全遏制住了。

我对这样过分的无动于衷感到十分难过，于是终于决定提醒瓦尔内将军注意，与我的使命的利益有直接关系的这一状况的各个方面，并请求他允许当地指挥官支持波安和韦尔内测绘峙马隘（Porte de Chima）直至东林以远的地形，允许当地指挥官采取必要措施，即保证他们在该范围内的安全，又要保证他们在该范围内的行动自由。

这一要求得到了我预料的结果：将军不想遵从这些命令，决定让第三位地形测量官普理维中尉听我调用，一有可能就在东林和七溪之间进行测量工作。几乎就在同时，谅山高级指挥官派出几支小部队在东林和同登之间进行巡逻。

同登附近地区有一些安南农民来报，那里有一个海盗巢穴。于是，派了百来人马前去驱赶这些海盗。我们的地形测量官亲眼看见了随后发生的战斗。海盗逃到一个山洞躲藏，据洞防守。在该地区比比皆是的石山区里，实在是无山不洞。一名少尉尼戈特先生，想用梯子爬到山洞去，结果被迎面打来的一颗子弹打翻了，子弹击中了他的大腿。不过他还是看清了洞内一切。他看到洞中有大量的各种各样的食物，这表明这个山洞是海盗隐藏赃物的仓库，然后这些赃物被运到中国。几名海盗被几次准确的齐射打死打伤后，其余的从一个秘密出口逃之夭夭了。他们后来进到这个山洞时，发现其中有海盗扔下的一些文件。

如果我得到的情报不假的话，那么这些被送到河内并已译出来的文件可以证明，不仅三角洲和边境的所有海盗匪首之间有密切的联系，而且一些中国官员与这些匪帮也有密切的联系。

（该段收入《中越边界历史资料选编》第735～746页）

总之，同样这些文件证明：

（1）一名姓梁的中国军官在法国代表团抵达前，是驻同登的指挥官。也许就是这名军官被派到屯梅，而（法）代表团是在驱驴遇到他。

（2）安南各乡乡长在受到海盗的威胁时，就向中国官员求救，而中国官员有时则提供保护。

（3）安南各乡乡长奉命为苏将军（苏元春——译者注）收集粮食，收集的粮食若在规定的日子未送到，同登的这位指挥官就以监禁和鞭打来威胁这些乡长。

（4）一名中国官兵的军官领着一队人马，从事反对我们的活动。

（5）有几处的安南当局与各匪帮的匪首一起从事反对法国人的活动。

这样我们下面的想法所基于的理由已确信无疑了。我们曾认为，法国在谅山、同登和七溪设立哨所之前，广西省当局不顾天津条约，一直在安南的一部分边境耀武扬威，对黎民百姓、各乡乡长、知县和知府加以威胁。这一事实的确是能说明问题的。它为我们提供了这样的证明：如果中国人知道我们自己要在这个地方长驻下去，将不会心甘情愿地放弃他们对这一地区的要求，不会心甘情愿地在边界的另一侧安分守己。事实上他们控制该地区已有很长的历史了，现在他们在该地区遇到的百姓仍然十分顺从，因此尽管有十分明确的规定，一旦他们可以随心所欲地进入该地区，就不会轻易放弃重返该地的企图。因此，让我们的边界得到尊重的唯一办法，就是我们自己占领那些同时也是最具争议的最远地。甚至连在这些极远地部署强大的守军也无必要，只要有一些小分队，我们的权力就会明显地显示出来了。中国人要侵扰这些地区也得考虑再三。因此，自我们占据同登后，中国显要人士及中国官兵已不再在我们的领土上抛头露面了。相反，万一军事指挥部撤走边境最远地区的军队，就像可尔西将军1月初差点就要做的那样，同时下令或到谅山，或到屯梅集中，那就会几乎肯定无疑地导致这样的后果：中国人先是谨小慎微，接着就肆无忌惮地重返故地，并逐渐控制这些地区。

我在此大胆地补充一点，在法国代表团勘界工程成功并让帝国钦差完全充分地承认法兰西保护国政府对东京边界的主权完整性以后，如果我们的部队撤走，则仍然会产生同样恶劣的后果。

我就是基于这些考虑，才这样强烈地坚持要在1月初占领谅山、同登和七溪的；我2月3日将放弃谅山、同登和七溪一线在代表团离开后可能产生的不利因素提请法来西讷先生注意，也是基于同样的考虑。

我以上所陈述的这种种事件结束后，我们的地形测量官立获更大的行动自由。

他们趁此机会积极地进行他们的工作，但已为时太晚了，不能挽回损失的时间，所以他们绘制的地图，南关西北只能绘到 Tuong Ruong 关。自此以远的这部分边界，在我们最终于抵达时，对我们尚乃陌生之地。

无论如何，他们收集到的情报和我们在现场得到的情报都告诉我们，过了边界的中国境内，有一个宽度为30至40千米的贫穷山区，该地人烟稀少，只有山谷谷底种有庄稼，养活生活于该地的居民都很勉强。

我们亦知，军事哨卡一个接一个，中国人在该地维持着众多的守兵。

最后，我们没有一天没有看到，一大队一大队的驮畜队将同登那片肥沃的河谷出产的大米和其他产品源源不断地运往南关兵营。这样，在中国人不让任何东西流入东京，在安南人于自己的土地上遭逮捕，有时遭棒打，被随意从一个哨所押到一个哨所，一直被押到南关那边去时，我们反而敞开所有的门户，让我们的邻居自由自在地独占我们的所有产品。

我提出这一意见的目的，并非批评长期以来存在的一种状况，这种状况也许有必要仍然让其维持原样。我只是想强调这一状况，说明沿界的守军和广西居民需要东京的资源；说明这一经济上的需要也许是诱使钦差大臣们要求得到淇江河谷的原因之一；说明东京政府如果愿意，也许以后可以通过一些旨在贸易自由的措施，对广西政府施加影响；最后是想表明，如果形势需要，我们也有权利扭转今日已奠定的往中国去的货流，以利于我们自己的军需供应。

幸而勘界委员会要求前往谅山，曾想过做些有益的事：通过一些确凿的事实发现可以由此引起的军事上和经济上的后果。我就是站在这一角度才将上述意见呈报总司令的。下面我要指出，有效地勘察边界，从另一个角度看，将是十分有利可图的。

按同一思路，由于下面这一件事实得到证明使我产生的想法，我还得考虑应做之事。

1月初起，有关维持还是终止我们对东京占领的军事会谈的传闻一直深入到该国的每个角落。因此，安南人普遍认为，法国人将要撤出整个东京或者东京部分地区，这种想法使他们远离我们，或至少使他们处于对未来忧虑不安的谨慎状态。通过一种合理的结论看，在其他条件下别人从他们无数人中得到的协助，不仅（法）代表团没有得到，而且几乎各地的军事当局本身也没有得到。在这种情况下，放弃边境最远地区的哨所，可能会给我们的势力带来无法挽回的损失，同时我们将永远失去黎民百姓的信任，他们必定会投靠中国人。

因为中国钦差大臣十分清楚我们军事谈判中与他们有关的问题和东京人的精神状态，所以他们马上就明白，定界问题的提早解决将来会束缚他们的手脚；他们也许最好等待事变；我们自愿的撤退肯定会恢复法国代表团抵达谅山、同登时的形势；最后一点，他们坚持要求得到的那个区域，迫于形势将重新处于他们的控制之下。也许这还是促使我们的中国同行将我们的会谈拖下去的原因之一。

在这种条件下，万一这些会谈中断导致法国代表团离开，那么我们离开后调回军队越有利于中国大开贪欲，我认为撤军危险，不仅是从可能恢复勘界工作方面考虑，而且也是从法国在东京的全部利益考虑。

我不能不承认，我无权负责捍卫这些利益，我也不好对代理总司令说，我认为必须在谅山、七溪防线设立军事组织，以封锁通往三角洲的主要通道；我亦无权说为了监视中国的散兵游勇、逃兵和歹徒（他们几乎总是海盗集团壮大力量的源泉），或也许为了挫败广西省当局的行径，可能有必要在这一防线上建立有效的治安办法。但是，我还是有充分自由提请军事指挥官注意这一个必要性，即以行动来表明我们占领该地区的明确意图，并以此打消安南人中有代表性的错误看法，同时奉告钦差大臣们，如果他们指望我们在勘界工作流产后离开会留给他们有利机会，那他们就打错主意了。

这就是下面我这份致瓦尔内将军和外交部的电报建议要达到的目标。

“法国将放弃东京的论调很快就传到这里，而且显然已令人确信不疑了。可以就边界问题向我们提供情况的当地百姓及当局的好意为此被抑制了，他们担心，万一中国人重新控制该地区，就像我们来到之前那样，他们就会受到牵连。中方大臣们因此会更为肆无忌惮地提出要求，我就是以此为由向你们指出这一事实的。

“在我们的工作即将中止后，如果我们的部队放弃七溪和同登，一有风吹草动我们将会失去这个地区的民心，划界工作将十分难以恢复。不永久占据这一带，就等于将这一带拱手让给中国人，三角洲的安全可能依然受到威胁。”

这一份电报导致：（1）建设电报设施，直通到同登；（2）派出防务代表团前去谅山、同登和七溪进行部署，并立即开始工作。

这就是近2月中旬与邓及其同僚恢复谈判时的形势。钦差大臣们不顾饬令他们履行条约的上谕，声明他们不同意走遍整个边境地区。邓毫不犹豫地说，他不想遭受路途遥远、炎热、风雨和海盗带来的危险，而宁愿被判死罪。我要他同意一种更切合实际和他所负的使命的意见的一切努力，均付诸东流。邓找到的唯一办法就是提出据图定界。由于法来西讷先生对此问题来电予以明确的指示（1月5日），所以我认为不能一开始就拒绝据图定界的主张。但是由于我对这一办法存在的某些弊端一直感到担心，所以我要求帝国代表团采取主动，提出一个正式的建议。这太苛求于中国的外交人员了，他们的态度依然总是非常令人难以捉摸。邓向我提出第二次推迟会谈的办法，建议双方指派代表共同去仔细研究，可以什么样的办法来作为委员会工作的最终基点。这样，中断会谈似乎越来越不可避免了。

为了最后表示和解意愿，我就同意了这一建议。狄塞尔上校和海士先生与王阁下和李兴锐阁下会晤。王、李提出如下方案作为最后的同意办法：海宁和该市以东直至白龙尾的区域，以及保乐（位于广西、云南交界附近的村庄）将继续归中国，峙马隘直至淇江进入中国之处的现在边界线将前移1500米，并绕一急弯将同登并入，过了该村，边界线靠近自谅山至七溪道路不能超过500米。

与以前的要求相比，这些要求已具有一种节制的性质。狄塞尔答复说，他将把这些要求呈报法国代表团，代表团也许会对此进行仔细研究。

这一建议首先给我的同僚及我本人留下了比较满意的印象。我们一致认为，万一这样的一个建议在正式会议上被明确地提出来，待可呈报法来西讷先生的时候，我们就可以根据指示，在无重大牺牲的情况下向共和国驻华公使提供在通商条约中寻找可以作为划界基本原则的等同让步的理由，如果法国政府认为可以同意这些让步的话。

不管怎么样，我们觉得放弃同登是令人痛心的。这个可能拥有400人的村庄作为附近地区的农产品集市和供应中心，还是具有一定的重要性的。许多安南和中国农夫每隔五日都运些东西到这里来卖，有来卖各种食物的，有来卖鸦片的，有来卖劣质子弹、服饰用品、小摆设、五金制品和其他劣质的地方或西洋产品的。另外，同登还是制茴香油的一个小中心。最后一点，自谅山通往七溪的路经过该村。最后这个因素甚至可能是特别重要的，如果这条道路战时能为我所用的话。不过这条路被南关的诸炮台所控制，相距2500米。军事上的需要将迟早迫使寻找（很可能在淇江左岸）另外一条更为隐蔽的沟通谅山和七溪的交通线。因为，一旦发生冲突，同登和通过它的这条路就可能被立即放弃，其位置从战略上讲是守不住的。

但是，即使适当时寻找一种可以将同登保留在东京的办法，我们认为还是要谨慎从事，不要带有成见地否决只涉及海宁、同登、保乐以及峙马和七溪之间几百平方千米土地的更改主张。因为这一更改可能是最后的办法，通过这一办法，就有与中方大臣们达成一项协议的一点可能。有必要考虑由断然拒绝研究所导致的后果。

然而，由于没有确切地了解或巴黎或北京的政治形势，为此由于只有一些不全面的材料可供判断，所以我认为，这些后果，首先是戈可当先生进行的谈判大受阻碍，接下来是勘界和天津条约的履行被无限地拖延下去，与北京政府的关系变得更为微妙，为一直准备以定界前无真正界线为由侵占我们边境各地的中国一些省当局敞开大门；中国一些省当局总是处心积虑地制造借口说，只有等勘界后才真正有边界；这些当局伪装敌对行动甚至公开进行敌对行动，当我们有一天想一直推进到高平时，精心制造各种麻烦，某日某时沿界会发生利于我们邻居意图的冲突，最后是海盗集团得到招兵买马的自由和可靠的庇护所。

保留海宁和保乐，甚至必要时保留我们为它付出了特殊代价的同登，可以完全补偿由这些弊端所造成的损失吗？这三个地方比安定法国人对东京问题的看法、比所有其他许多问题依其而定的一个问题的最终解决、比在我们与中国政府的关系中注入一种和平思想更有价值吗？

我们认为，提出问题就意味着解决问题。不管戈可当先生和瓦尔内将军如何强烈地反对这个解决办法，不管我驻华公使有效的行动取得的成功以及事件的结果如何使我们最后做得更出色，我今天依然认为我们仍然有正当的理由提醒外交部注意这样一种办法：它几乎完全减少了中国人最初提出的过分要求。也许出于同样的考虑，法来西讷先生从电报上得知上述建议的可能性时，要求我们接受这一建议，该建议一旦正式提出，就马上向他请示。

在王和李兴锐与狄塞尔和海士先生会晤期间，戈可当先生要我们注意各通商地的名称，同时询问我一些可以指导他进行选择的材料。我向他陈述了我对此不能满足他要求的原因，因为我还没有走完整条边界线。一个是思陵州，另一个是位于高平河与淇江汇合处的那个地方下栋（Hadong），似乎比其他地点更为适合。但是这个估计是基于很不可靠的资料。我们拥有的地图不全，根本不值得相信，我们费尽心机搜集到的情报却又不详细，或是自相矛盾。不过为了在可能的范围内助戈可当先生一臂之力，我建议他派一两名法国代表到龙州去，如果他能替他们争取到护照的话。

我同时要狄塞尔上校先生制造一个机会，促使王和李兴锐与他商讨通商点的问题。后者的说法十分明确。他们声称没有必要关心通商地点的问题。

我将这一些情况转告了戈可当先生，同时再次向他指出争取到去龙州的护照的必要性。遗憾的是，这一建议没有得到任何答复。后来我间接得知，通商条约还是签订了。不过至今我还不知开放通商的地点问题是如何解决的。

正如前述，钦差大臣们受两广总督左右，听凭广西巡抚的唆使，因为后者更直接与总督联系，离总督也更近。他们之中的一些人（王和李兴锐）准备奉旨行事，上谕要求他们履行条约，其他人尚未放弃他们原来的幻想。从一些与某位中方大臣在他们内部之间意见不合的阶段突然离去相吻合的私人情报上，我们得知他们意见有分歧。

李巡抚最终占了上风。在最后一次非正式会晤中，我们奉告王和李兴锐，有必要用另一个针对整个边境范围的方案来替代他们有限的更正方案。从大海直至七溪（谅山至七溪道保留）一线前移 15 里（约 7.5 千米），自七溪北起直至云南界纵深 30 里（约 15 千米），这是以后可为中方代表团接受的唯一基点。

与这突变同时发生的另一件事，同时给我们提供了了解中国外交人士的手法正直与否的机会。戈可当先生得悉狄塞尔上校先生答应出让同登，于是将此通知了巴黎。这一说法是不正确的，而事实在天津和在法来西纳先生方面马上被否认了。这在正式的会议上遭到抗议。邓只是声称事情无足轻重，而列席参加了所有会谈的赫政先生则声明狄塞尔先生从未有过这样的许诺，只是说他将把海宁、同登和保乐有关的建议上报法国代表团，后者将予以研究。

而这也不是我们与中方大臣们联系期间发生的唯一的同类事件。因此，我在此提起这件事，仅仅是为了说明与这样的对手谈判是多么困难、多么危险。一切办法对他们都有利，他们拒绝接受除中国外世界各国普遍实行的惯例，拒绝拟订保存着与他们进行会谈的记录的会谈纪要，保留滥用谎言的权利。

王和李明确提出前移 10 和 30 里的要求，使得任何协议都无法达成。所以在随后举行的全会上，我才得以根据法来西讷先生的建议提出抗议。

在这次会议上，邓不再坚持 10 里和 30 里，而要求得到先安、谅山、七溪和高平。我首先提出口头抗议，指出我们的一切勘界建议都是符合条约精神和其内容的，然而都全遭否决；我们的和解意愿已到极限了；邓一直在违背条约，拒不执行上谕，因此有必要终止我们的会谈，将我们的分歧通知两国政府，分歧的责任应完全由帝国代表团承担。接着我马上交给邓一份由此而引起的书面声明，最后要求邓将他的口头建议用书面形式交给我，以便我将此提交我的政府。

他用公函重复了王和李兴锐的最后的提议（自边界一端至另一端前移 15 里和 30 里），并补充提出了包括白龙和海宁之间的全部领土和海宁与保乐附近一些数目不详的村寨的要求，以此作为对我的回答。

因为觉得这个要求令人可笑，所以我就将此函的内容通知了法来西讷先生。承蒙外交部长的俯允，同意我的行动，并要求我们在同登再等数日，了解钦差大臣们的所作所为，万一他们离开南关，要求我们只有在查实他们的确一去不返后，我们自己才能离开。

几天后，邓要求我允许王到同登再次与狄塞尔上校进行非正式的会谈。在这次会晤中，王说全体钦差大臣都患了病，他们在南关继续待下去会有危险，他最后说（会谈）得立即延期。狄塞尔上校回答他，法国代表团不会同意这个要求，如果钦差大臣们出于健康原因必须离开，这是他们与总理衙门商量的事；如果他们向法国代表团提交正式提案，后者也只能先请示其政府。

于是邓为他及其同僚提出请假。但得到的答复却是一道新的上谕，上谕再次饬令他们去实地勘察边界，然后再考虑更正问题。

如果从其坚定的言辞看，这道上谕应该说很具强制性和恫吓性。这位可怜的钦差大臣见了这样的上谕，3月10日马上给我来信，要求我马上恢复我们的会谈，并声称已做好了与我们同行的准备。

按当年的时间考虑，我们的有效活动时间显然不会很长。因此，气候恶劣的季节来临之前，我们能够支配的时间可能只足于勘察峙马隘（南关东南、谅山之东）直至高平河的边界。在该山区，这个季节的到来比三角洲要早。但是，我们一再坚持至少要对我们视为边境最重要部分的这片地形进行勘察。而且我们还考虑对选择为通商地点的地方进行调查。我们自信在峙马与高平河之间进行这些调查有获得一些结果的希望。

相反，邓及其同僚表达了只在南关、峙马和大海之间进行勘察的打算。对于瓦尔内将军来说，在这一路线上保证我们的安全和供给，可是一个不小的困难。幸好我们最后使我们决定的路线得以接受，但这却是费了很大努力的。这样通过公函形式商妥并决定：(1) 我们的活动起码要到包括峙马隘和高平河上的水口关在内的这部分边界进行；(2) 决定委员会先从南关出发去峙马隘；(3) 决定王和李兴锐为一方，几名法国代表为另一方，去实地勘察；(4) 决定广西巡抚单独去峙马隘等候要沿界而行的代表们，他将在峙马签署业经王和李同意并画押的所有会谈纪要和草图，不须再讨论；(5) 决定法方主任和邓在水口关会面，签署同样的文件，并拟出延期会谈的纪要。

6月9日条约第3款规定勘察边界和在必要处置放界碑，还规定为了两国共同的利益可以进行一些部分改动。同时进行勘察和划界看来是很自然的。邓和其同僚特别关心更动，认为界碑的安放将成为边界更动不可克服的一个障碍，因而强烈反对立放界碑。我向他们指出他们办法的不足，即迫使委员会在大海到老挝之间的土地上走两次，但这样说完全徒然，他们仍然不退让，我只好让步，而且我得到戈可当先生的支持，他认为主要的问题是勘察。

因此，实地活动于3月20日在南关隘开始。各报告、会议纪要和草图（这些文件抄件我要寄给总驻扎官先生）将详细地说明所采用的办法、要克服的困难以及取得的成果。

目前，自峙马隘至淇江进入中国之处之间，中国与东京的界线已最终确定。工作的办法是两个代表团所熟悉的。因此有理由相信，界务活动将可以有效地进行到下一个阶段。

我无须研究促使天津条约的谈判者考虑和规定划界的所有理由。不管人们对划界的这一条文的看法如何，有一个必须承认的事实，即由于这一条文更改过多，故6月11（原文如此。疑为“9”之误——编者注）日条约第3款对划界条文作了规定，也许这一条文被想象和被承认是可以加快条约签订的一个办法，所以会成为一个造成严重障碍的条文，因为几乎可以肯定，谈判双方不是以同样的方式去理解它。

法国政府认为，第3款的条文不可能包含以一条新的边界去代替历史边界的内容。重要的仅是后者，必须确定的也仅是后者。至于出于两国的共同利益可能有必要进行的细小的更改，应该只包括沿界的小面积土地的交换。

而中国人则认为，勘界之所以要进行的真正理由在第3款的第三部分；它规定了某些更改，而其余的是微不足道的内容。在他们看来，这条历史边界线是众所周知的，《大清一统志》对这条边界线有详尽的描述。边界两侧的居民十分清楚安南的领土与天朝领土交界的确切地点。两国在这个问题上从未发生过任何争议。这正是钦差大臣们拒绝实地勘察的理由之一。

他们说："对一条人所共知的边界何必进行勘察呢？我们并无意发现这条边界，它远古以来就已存在。要确定的也不是这条边界，而是从条约规定的更正中产生的那条。因此，我们先更改，然后再去实地勘察新的边界，而旧的那条与这无关。"

由于戈可当先生的帮助，法国代表团又经过不懈的努力，才促使钦差大臣们将自己打算修订条约的任务放弃，而要根据条约的字面意思和我们共同履行主要条文中的那项，即中国将对东京某一部分的所谓拥有权让予法国。对6月9日条约进行3个月之久的抵制之后（我们感觉到对手们已精疲力竭了），帝国代表团被迫履约。

对峙马和平而之间的边界勘察，是在我们不懈地劝告帝国代表团要走的道路上迈出的决定性的一步。这条历史边界线，即帝国代表团声称与这无关的边界，该团不仅同意讨论，而且同意进行勘察，和中国与东京的公共边界线一视同仁。同时，帝国代表团还自己为我们保护东京领土完整的权利将来不受争议扫清障碍，并亲手毁掉了北京原来可以基于有关更动内容的条款之上的一切希望。

面对着这样的结果，没有必要为我们达到这一目的所付出的时间而过于惋惜。的确，单就定界本身而言，今年只能在边界的一小段进行。不过根据已有的先例，我们可以认为，由于一切有关原则问题的讨论最后被取消，所以两广的定界工作在下一阶段能否完成，将不取决于两国代表团。

总之，我认为尽快解决这个问题是有利的。无论从哪一方面看，我们与中国的关系尽快确立起来是关键所在。中国政府应该被限定在它受约束的对另一国政府的义务范围内，这是最关键的。不进行长时间的激烈对抗，它就不再打算在安南和东京向我们让步。只有在它面对着明确、无条件地履行义务时，它才会将这一放弃视作无可挽回的。使定界这样一个十分重要的问题长期悬而不决是危险的。有了一条经划定的边界线，中国今后就要正式遵守这条界线，不论有无法军监视。因为中国人擅于用十分模棱两可的妙法来逃避他们所害怕的这种困境。但是，一旦他们无可奈何地接受并承认了既成事实，就会尊重这一事实。他们与俄国人的数百年的交往和他们被迫与西欧诸国建立的关系，比人们普遍认为的更明确地证明了这一点。

尽管如此，根据法国代表团提出的方式严格进行的定界，是否能受到北京朝廷的乐意接受，这还不能肯定。我们从中可以一目了然地看到，北京朝廷原来想用来反对我们的武器现在已反过去对着它自己了。对于我们来说，这可能是要在界务开始时的同样条件下加速界务完成的又一个原因。有前车之鉴，中国政府不会拒绝让界务按原定方案进行下去。因此我认为，我们对界务不应提出任何会令总理衙门有可能要削弱所要完成的工作的意义的改动。

不管怎么样，我认为，根据得到的经验可以充分肯定，定界对于东京的安定和和平是必不可少的事。这项工作是我指出其重要性的朝北去的首要原因。这一工作引起了对谅山、七溪一线的占领，接着必将是对高平的占领。三角洲的匪帮，一旦主管机关有此意图，就将失去他们与中国的联系，他们所需的武器、弹药和人员都来自中国。到那时为止在边境相当大一片区域还存在着的中国人的巨大势力，事实上已受遏制，已被我们的势力抵销，我们的势力将逐渐占优势。中国人的渗透活动并不总是把天朝最优秀的人送到东京来，我们将会按最符合我们利益的条件对这一活动进行监督、维持和引导。

由安南人和壮人混杂在一起的百姓们看到并知道法国代表团到那里是为了划出中国范围的疆界时，觉得更加不受约束了。在我们的保护下，他们不仅更想耕种，因为他们希望收获，而且不再害怕看着他们的邻居中国人就在对面，不再害怕把自己看成是与到当时为止迫使他们处于一种低等甚至奴役状态的那些人平起平坐的了。

最后，由于每个国家的领土已经合理地确定，冲突的可能性变小了，6月9日条约规定的由每个政府负责的边界监督将成为可能了。

浦理燮

1886年5月6日于河内

（该段收入《中越边界历史资料选编》第746~758页）

（原件第24页）

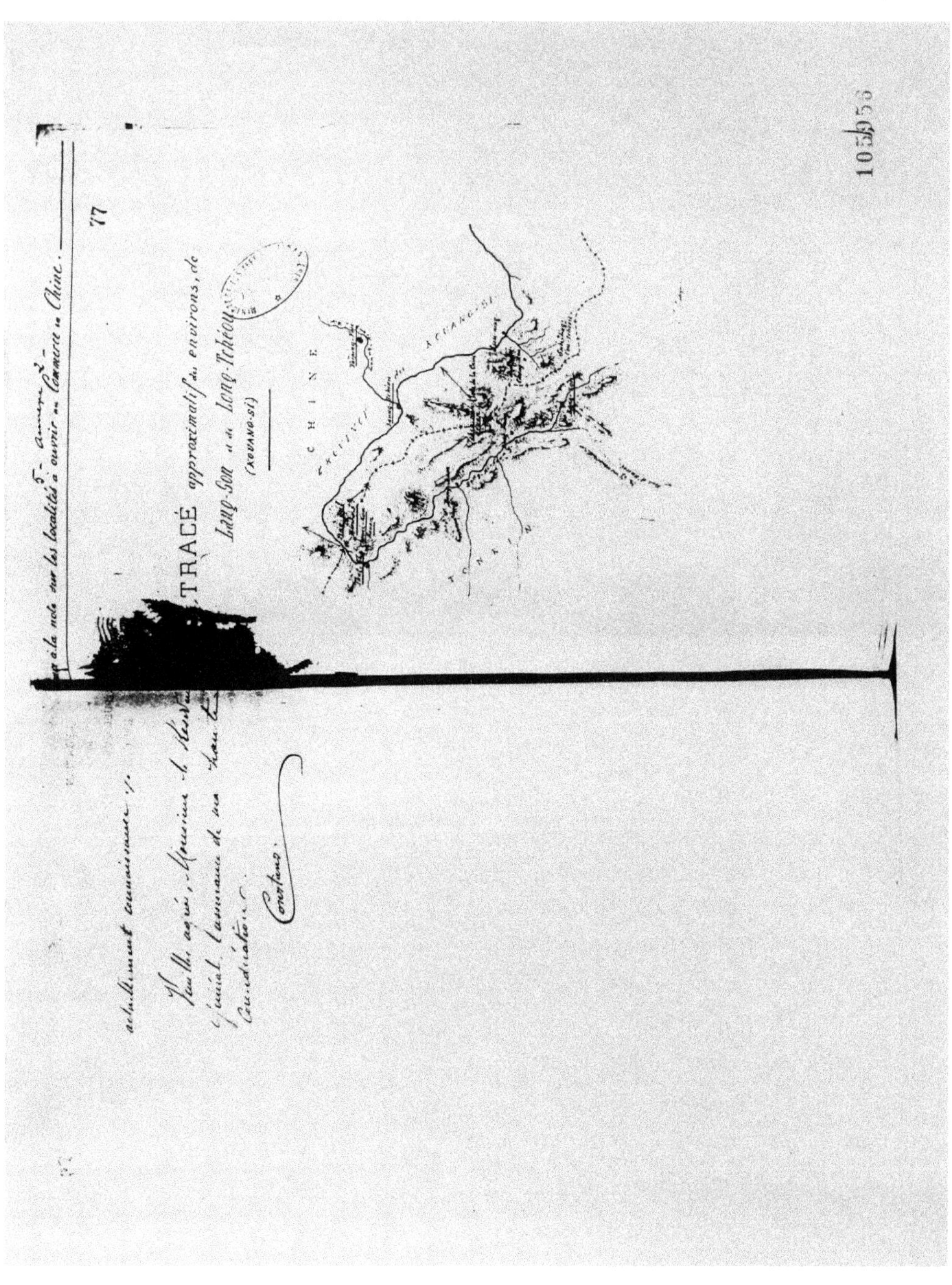
77
TRACÉ approximatif des environs, de
Lang-Son et de Long-Tchéou
(KOUANG-SI)
CHINE
TONKIN

图 17

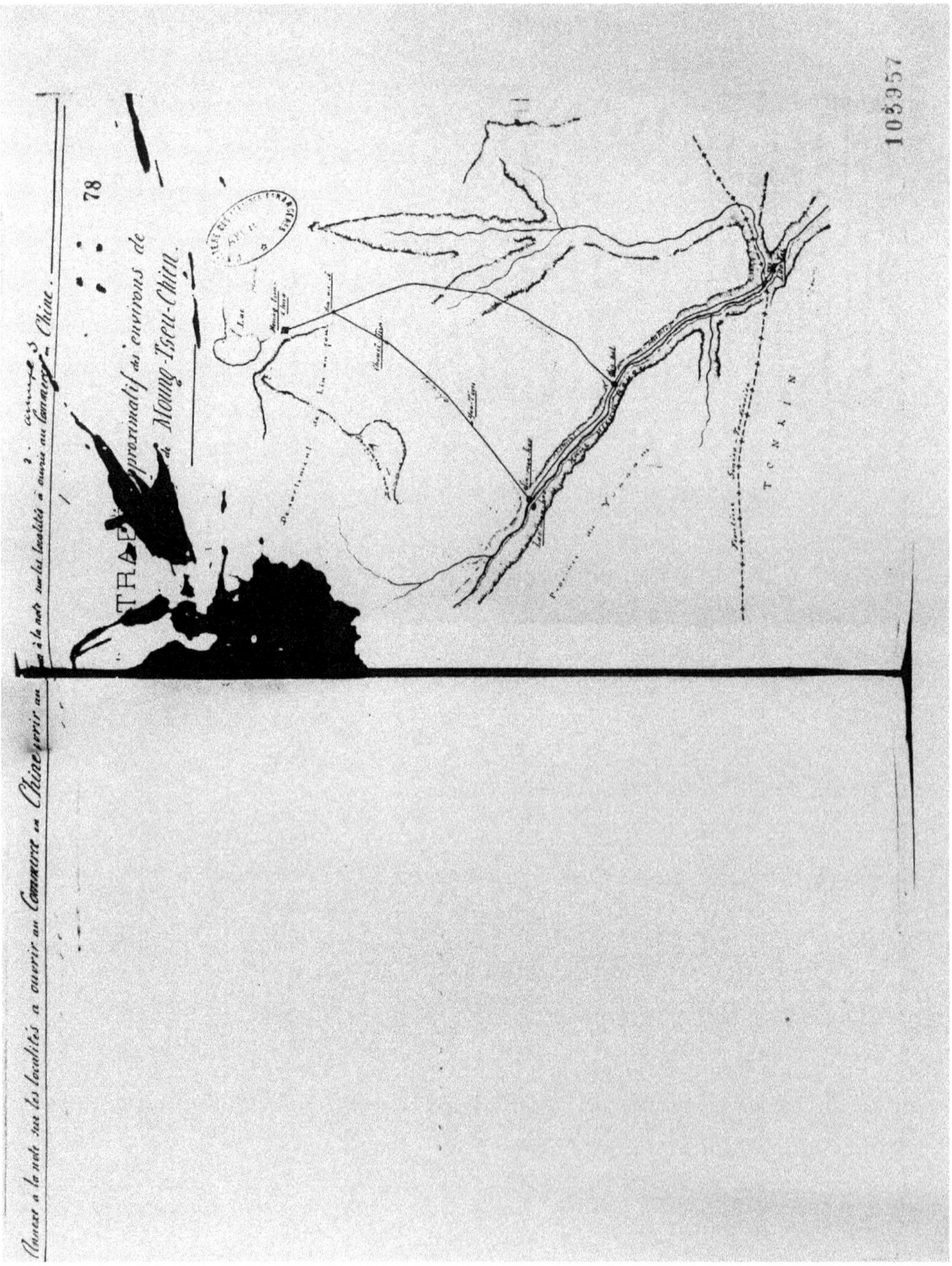

图 18

关于第一段勘界的会谈纪要（附界图）

1886年9月3日，负责中国与东京边界的法中勘界委员会业已确认，龙膊河与红河汇合处及中国新店村和东京的狗头寨（猛糠所辖）附近的边境地区之间的两国边界线划分如下：

龙膊河合流处和老街（保胜）的南西河合流处之间（含两个合流处）的红河段，红河的中线即中国和东京的边界线。

在同一段，红河左岸属中国，其右岸则归东京。

在同一段，靠近左岸的所有岛屿属中国所有，靠近右岸者属东京所有。最后，以后形成的各岛屿将归属所距最近的河岸。

自南西河与红河合流处起直到南西河与坝结［Pa-Tchié（Bac-Chi）］河的合流处，南西河的中线即中国与东京的边界线。

这两个合流处之间，南西河的北岸属中国所有，南岸属东京所有。

在南西河与坝结河合流处的上游，整段南西河归中国所有。

自南西河与坝结河的合流处直至下游东京的谷方村和中国的哥峰村附近，坝结河的中线为两国边界线。在这一段，坝结河的东岸属东京所有，西岸属中国所有。

在下游的谷方村和哥峰村附近，边界线离开坝结河中线，经过东京的谷方村和中国的哥峰村之间的该河的右岸，往东北走，一直到中国新店村和猛糠治下的东京的狗头寨附近。如图所示，边界线将中国的老凹厂、崖那、芹菜塘、水碓房、独木桥、黑山坡、靛塘和新店诸村，与东京的那正、谷甘、陇怀、溪朝、南寨、浛至、龙角坪、荣车、荣侄、狗头寨诸村分开。

位于界图所示的最后这段界线以西的全部区域属于中国，同一界线以东的全部区域属于东京。

本纪要所提到的河界、陆界或该界附近的所有名称均标在界图上。刚提到的这条边界线中国一侧内、界图上未标名称的所有村庄、山岳和河流均属云南；同一界线对面一侧，界图上未标注的所有村庄、山岳和河流属东京。

本纪要业经双方委员签字。此项文件，中法文字各两份，双方分执各一份，并附经确认无误界图各一份，特此为证。

（该篇收入《中越边界历史资料选编》第942～943页）

（原件第90页）

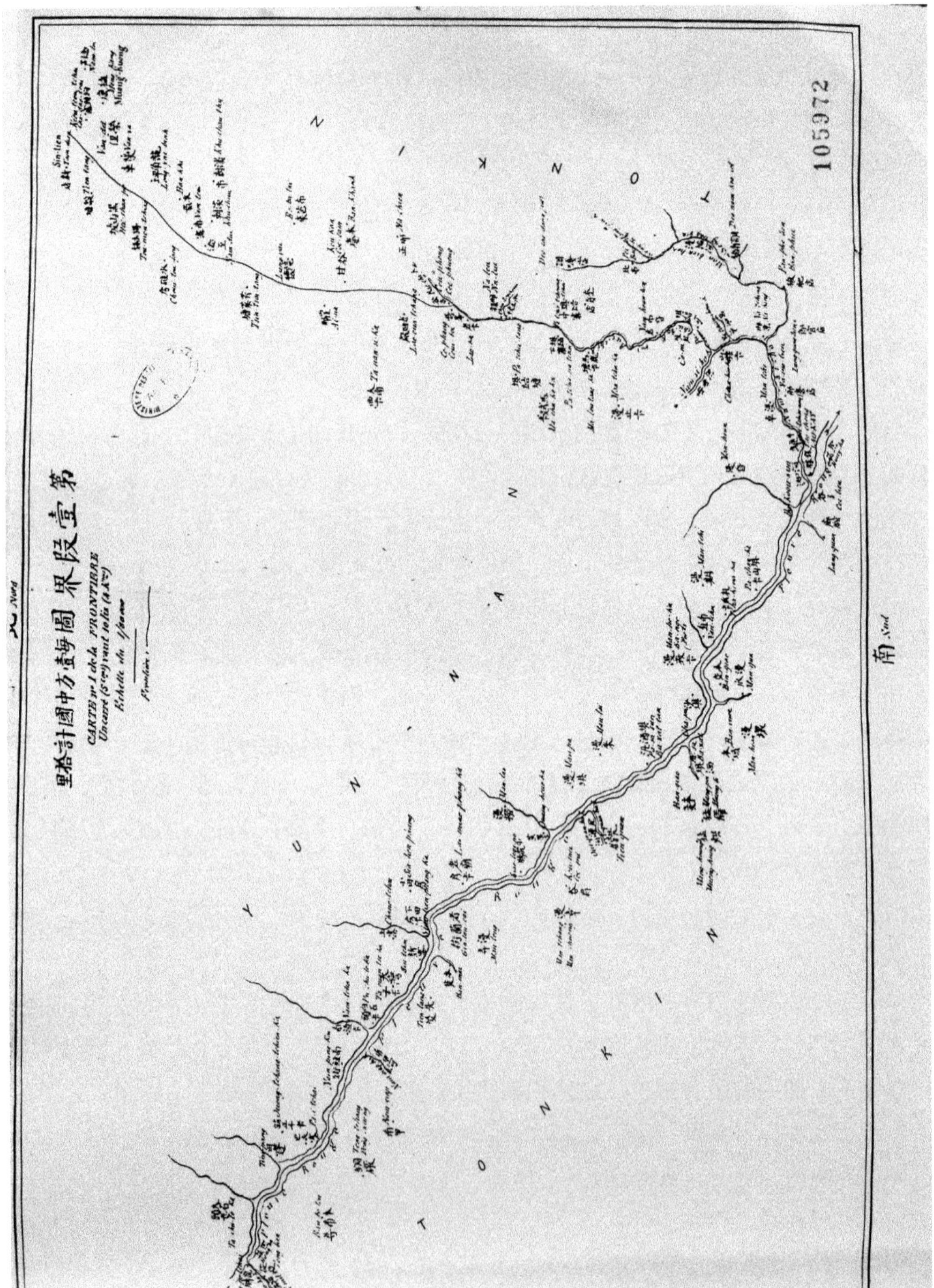

图 19

第二段勘界会谈纪要

1886 年 10 月 6 日，法中勘界委员会业已确认，自云南的新店和东京的狗头寨之间的分界点起，边界线由陆地往东延伸至小赌咒河，沿该河中线往东北延伸，直至地图上标注的中国的天生桥。该河中线以北的版图属于云南，同一界线以南的版图属于东京。

从天生桥（云南）起，边界线继续沿着小赌咒河中线往东北延伸，如图所示，直至碑亭卡（云南），并在这一段将中国的新窑卡、多罗卡、法支卡、大小卡、冷卡和碑亭卡诸地，与东京的聚仁社和马鞍山两地分开。

从该河中线的碑亭卡（云南）起，边界线往东延伸一小段距离，沿另一条小河而上。在这条小河汇合处的上游，小赌咒河全属云南。随后，边界线离开这条小河上南岸，由陆路往东直到东京的高栈桥。边界线在此进入漫冲河。

自这一点起，以西的漫冲河全属云南，以东的河中线直到云南的漫冲和东京的漫冲为边界线。正如地图所示，这一段边界线将如下的中国之地：新卡、木兔低卡（Mou-tou-Ti-Ka）、菊花山、免达（Tou-Ta）和漫冲，与如下的东京之地分开：上董亮、聚和社、高栈桥和漫冲。

自漫冲（云南）和漫冲（东京）离河上北岸的那点起，如图所示的边界线往西北伸展一小段距离，然后拐往东北，直至云南的天生桥（又名上滕桥）和东京的孟牙寨。

这一段边界线将中国的南亮河、牛羊坪卡、牛羊河和天生桥或上滕桥等地，与东京的南亮寨、小麻栗坡和孟牙寨等地分开。

天生桥上游，盘龙河或曰清河，全属云南。

自天生（上滕）桥（云南）和东京的孟牙寨直到东京赶掌寨对面的云南的北营盘卡，大河（清河）的中线，如地图所示，乃边界线。边界线将中国的中卡、南迷、下滕桥、南丁卡、湾子寨、三保寨、老崖寨和白营盘卡等地，与东京的阿基和赶掌寨分开。

自东京赶掌寨与云南的北营盘卡之间河中点起，边界线离开大河（清河）上北岸（如图所示），往东延伸，直到牛羊河与大河（清河）汇合处上游不远处的牛羊河上所标之点。地图上边界线就划到这一点。

这段边界线将中国的南腊寨、林家寨、滴达坡、南欧卡、苏麻地、马茅、达秧坡（该山脊为边界线）、马鹿塘、田冲、石盘水（边界线穿过此处）、芭蕉岭寨、芭蕉岭卡、茅草坪、荒田、瑶人寨卡及至边界线在牛羊河停止之处（该处以上的牛羊河全属云南）等地，与东京的扒子寨、平夷社、南歪寨、上胜社、新店、吊竹青、达秧坡（此山脊为边界线）、石盘水（边界线穿过此处）、巴蕉岭、湖广寨、下胜社和大杆岭及至边界线在牛羊河中断之处等地分开。

上述的所有业经明确的确认。自牛羊河与大河（清河）汇合处（从西而来的边界线中断之处）附近的牛羊河上所标之地起直至北保和船头，中国钦差大臣们认为大河（清河）的中线即为边界线。他们亦认为，这条在南洞卡附近流出来的小河以东的流水洞和老隘坎两地即构成边界线（各地之一半属云南，一半属东京），边界线穿过这两个地方之后往北直至绿水河以远的高马白附近。

法方委员的观点大相径庭，认为在这一段，边界线是往清河以北延伸。

因此，双方一致决定，目前不划界，而待将来定界，可以或由两国边界当局、或由为此特别任命的官员实地进行时再划定，因为边界线只有在双方实地研究后才可进行划定。

但是，位于绿水河以东、云南的三文冲和东京的高马白之间的一个地点已被确认为分界点，边界线过该点继续延伸。

本纪要提及的边界线上或边界线附近的所有名称业已标在地图上。位于刚提到的这条边界线中国一侧内的、界图上未标名字的所有村庄、山岳、河流均属云南；位于同一边界线对面、界图上未标注名称的所有村庄、山岳、河流均属东京。

本纪要业经双方委员签字。此项文件，法中文字各两份，双方分执各一份，并附经确认无误界图各一份，特此为证。

界图在原件第544页——译者注

1886年10月（光绪十二年九月）签于老街

（该篇收入《中越边界历史资料选编》第943～945页）

（原件第94页）

（原件第104页）

第三段勘界会谈纪要

1886年9月25日，法中勘界委员会业已确认，在东京的高马白和绿水河东岸的中国三文冲之间，边界线朝北稍偏东延伸，至东京的茅草坡村和中国的棒甲村的附近。在这一段，边界线将中国中寨、温家箐、偏那和棒甲等村，与东京的慢生、富灵社、空江、那竜、大冲和茅草坡等村分开。

自茅草坡（东京）和棒甲（中国）一直到东京的统勒和中国的马江村附近，如图所示，边界线往东稍偏北延伸。在这一段，边界线将中国的达尾、那郎卡、那敦卡、丁郎、竜歪、奎布、崖腊、那呼卡、大卡、扣满、魁因卡、竜恩卡、竜腊卡、扣览卡、洒扫卡、普竜卡、茅山卡、统罢、统仰、统拜、普弄、小卡寨、小卡、猴子卡、穿洞卡、毛裨卡、马生卡和马江等诸村，与东京的那令、崖脚、白石崖、八大山、普劳、普地寨、谷庄、江苗、江丽、小普、普竜、统林、统罗、汤莫、普高、同文社、普那、安郎、大陇、普棒、安岭堡、百的社、毋丹、茶平、统勒等村分开。

自统勒（东京）和马江（中国）两村起，如界图所示，边界线往东北延伸直至东京的竜古寨和中国的烂泥沟之间的普梅河汇合。在这一段，边界线将中国的马江卡、朋尚大山之一半（另一半属东京，山脊为界线）、马苏、马蚌、竜戛卡、普梅河、卡子寨、木欧卡和烂泥沟等地，与东京的底定县、马弄、马拉、明尚大山之一半（另一半属中国，山脊为界线）和竜古寨等地分开。

在竜古寨和界图所示的边界线上游的普梅河全属中国。

本纪要提到的边界线上或边界附近的所有名称均标注在地图里。刚提到的这条边界线内中国一侧、界图上未标注名称的所有村庄、山岳、河流均属云南；位于同一边界线对面一侧、界图上未标注名称的所有村庄、山岳、河流均属东京。

本纪要业经双方委员签字。此项文件，法中文字各两份，双方分执各一份，并附经确认无误的界图各一份。特此为证。

未见界图——译者注

1886 年 10 月（光绪十二年九月）签于老街

（该篇收入《中越边界历史资料选编》第 945～946 页）

（原件第 106 页）

第四段勘界会谈纪要

1886 年 10 月 10 日，法中勘界委员会业已确认，自云南的烂泥沟和东京的竜古寨之间的中点起，直至云南的凉水井和东京的蔑邦之间的中点止，普梅河的中线为边界线。这段边界线，如界图所示，将中国的木杠、木桑、马邦山、马邦寨、蔑那寨、蔑那卡、谭家坝、蔑弄、凉水井卡和凉水井等地，与东京的蔑希、蔑邦等地分开。

自凉水井（云南）和蔑□（东京）之间河界尽处，边界线离河上东岸，往东直到云南的田蓬街，再往南至云南的沙人寨外转向□北，直至云南的猴子洞，最后往东南至龙兰街（东京）对面的瑶人寨（云南）。这段边界，如界图所示，将中国的石牙口卡、竜哈寨、苗塘子、龙潭、竜哈卡、哈坑寨、哈坑卡、平寨、龙薄、田平街、沙人寨、桥头寨、黄家湾、小湾、瑶人湾、流水坪、猴子洞、乾河、达论、田尾、小龙兰、坡门寨、中河卡、麻篓卡、小卡、小卡寨、白藤山和瑶人寨等地，与东京的上渡、上蓬、新街、中蓬、格荡、麻栏、格浪、下蓬和龙兰街等地分开。

中国代表团声明，云南瑶人寨和东京龙兰街均接广西的达省（Ta－Cheng）界，龙兰街及普梅河的下渡（Ha－Tou）以南，已不存在云南现在的边界，应由中国广西代表团与法国代表团一道勘定从这点起的边界线。

法国代表团声明，云南与广西的界线在者赖河以东。

中国勘界大臣答复，他们认为者赖河非由云南流入东京，而由云南流入广西，再经广西流入东京，与云南和东京的边界无关。

本纪要提及的边界线上或边界线附近的所有地名均在界图上注明。刚提及的这条边界线中国一侧内的、界图上未注明名称的所有村庄、山岳、河流均属云南；同一边界线对面一侧、界图上未注明名称的所有村庄、山岳、河流均属东京。

本纪要业经双方代表签字。此项文件，法中文字各两份，双方分执各一份，并附经确认无误的界图各一份。特此为证。

1886年10月（光绪十二年九月）签于老街

（该篇收入《中越边界历史资料选编》第946～947页）

（原件第98页）

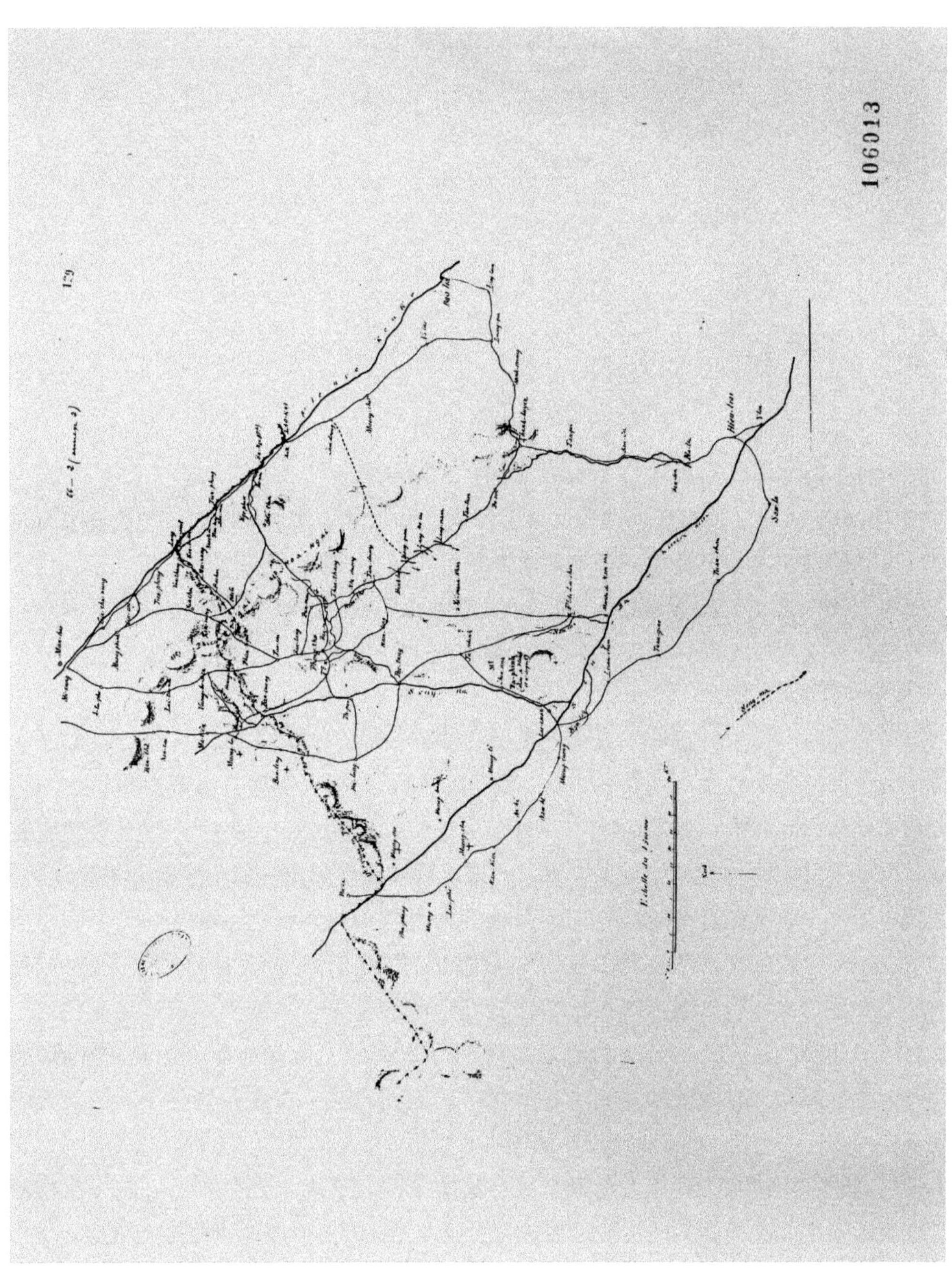

图 20

（原件第 129 页）

法中边界勘界委员会　10－7（附件3）

法国代表团会谈纪要

1886年12月28日会晤

出席：

法方：狄塞尔中校、卜义内少校——法方代表团成员

中方：王之春、李兴锐——中方代表团成员

赫政先生及翻译李周天（Li Tchéou Tien）列席会谈。

12月26日，王之春和李兴锐两位大臣致函狄塞尔中校和卜义内少校，告知要来拜访法方代表团的这两名委员及主任和其他法方委员。12月28日下午2时，王、李两位大臣在芒街的“天”庙得到狄塞尔和卜义内两位先生的会见。狄隆先生致信其两位同仁，说明他不能会见这两位大臣的原因。其信内容如下：

“亲爱的中校和少校：

因为他们信中没有对我们新近去世的同仁表示同情的言辞，所以我只让你们二人去接待中方代表团的两位成员的来访。由于我与他们尚无个人交往，因而我也只好不见他们，以观察他们的态度。我不能有一点急于与他们联系的表示。不过为了公务，我正等待着对我关于目的地的意见的正式答复。我自邓钦差大臣的第一封信中得知有答复。”

赫政先生和中方译员李周天先于中方钦差大臣们几分钟到达，站在庙门口问法方代表，王、李两位阁下能否拜会法方主任。狄塞尔先生和卜义内先生给予了否定的答复。指出狄隆先生对未接到邓阁下对特地前去迎接他的海士先生之死表示哀悼感到惊讶。他们讲到法国代表团在云南得知叶大臣去世时的行为和马上为此给周大臣发去唁函之事。李翻译力图解释邓大臣沉默的原因，答复说中国无此习惯，在这种情况下人们仅限于口头表示哀悼。

正在这时，两位中国钦差大臣面带笑容匆匆来到。狄塞尔先生和卜义内先生彬彬有礼但冷淡的态度马上使他们的态度严肃起来，这是两个代表团相互地位决定的。

寒暄之后，王和李兴锐听了李翻译的几声低语，就表示对海士先生之死感到悲痛，说他们是来拜会（法）主任、向他转达帝国代表团的问候的，并问他们今天能否拜会狄隆先生。于是法方代表向王和李宣读并让人翻译上面提到的那封信。

这两位大臣再次对海士先生之死表示悲痛，说邓将亲自来表达他的心情。赫政先生加了一句：“或者让他写信，或者让委员们协商一下。”

法方代表说，他们将把这一表示通知狄隆主任。

（中方）大臣接着问，他们是否可以去拜会倪思先生，并解释说他们原先根本未想过去拜会他，因为以为他已回法国去了。

他们得到的答复是倪思先生今日身体欠佳。

习惯的寒暄之后，会晤即告结束。

（原件第 203 页）

法中边界勘界委员会 10－7（附件 4）

法方代表团一方的会谈纪要

1886 年 12 月 29 日会晤

出席者：

法国：代表团主任狄隆

狄塞尔中校
卜义内少校
倪思医生 } 法国代表团成员

中方：中国代表团主任邓承修，赫政先生和李周天（Li Tchéou Tien）作陪

1886 年 12 月 29 日上午，中方代表团主任邓承修，通过中方代表团顾问赫政先生，将他的访问一事通知法方代表团主任和诸委员。下午 2 时，邓在芒街“天”庙得到法方代表团主任狄隆及该团成员狄塞尔先生、卜义内先生、倪思先生的会见。

邓一到就说，对于海士先生的死，他来向法方代表团表示哀悼。

随后举行了亲切的会谈。邓在会谈中表示希望尽快结束勘界工作。他还说他是在法国代表团到达芒街的同一天抵达东兴的。

（原件第 205 页）

海士在河内等候勘界委员会主任时所写的报告抄件

海防，1886 年 10 月 27 日

主任先生：

10 月 14 日，我在广安接到电报，说邓钦差大臣马上就要到达广东边界，您委派我前

去迎接他，把他留在现场，尽可能不谈判。

前一天我接到总驻扎官先生的一份电报，他通知我说将有战舰开往同一目的地。

14 日当晚我就离开广安前往海防。翌日我用了一个上午进行旅行准备，购买逗留海宁所需的生活必需品。下午我方才得以去海军司令处打听战舰出发的时间。萨尔·德巴尼埃尔告诉我，战舰已在我接到总驻扎官电报所指的日期的前一天就出发了。政府海军已无任何办法将我送到目的地。我去找商业部门帮忙，只是在中国的 Guan Sing 那才找到便利。它按合同规定，每月两次在广安、鸿基、先安和芒街（海宁）一线航行。定期航行的那只小艇三日前就起航了。不过 Guan Sing 自己提出让我交 150 皮阿斯特租用另一条小艇。我觉得这一建议不能接受。我觉得条件太高了，至少尚未征求您的意见，我完全没有必要急于出发。不过我失去了这最后一次机会。进入海宁河只有在涨大潮时才行。大潮每月只有两次，每次仅三四天。我与 Guan Sing 谈判时，这个大潮期即将过去。浪费一天也不行了。因此，我只好等待该艇当月的第二次定期航行了。正如我昨日即 24 日电报告知您的，这次开航的时间定于这个月 27 日。此外，我急急忙忙打电报告诉总驻扎官先生，这一意外情况迫使我要在海防待到月底。“除非他认为应该派一艘特别小艇载我到目的地去”。也许由于报务人员在竹子哨所遭杀害造成业务中断，这份电报迟至 8 天之后才到河内。

如果我能在星期六（16 日）搭乘小舰队的一艘舰只，就可以自己单独先去。波安先生北上河内完成我们的准备工作，更换一部分测绘仪（原放在老街艾隆先生处），向总驻扎官先生和参谋部索要应我要求答应给我的一些文件。现随函寄上我们手头上拥有的文件。

虽然我出发的时间一直被推迟到 27 日，但我已让波安先生独自北上河内，我则抱着可能遇上一个意外的出发时机的希望，留在海防。我是在海防接到您的电报的，您要我推迟动身，利用这个时间收集有关边界的资料，向海军司令打听勘界的实际办法，调查该地区的状况，向总驻扎官谈谈经常保证海宁与海防的交通，以及从现在起派一支人数充足的军队到海宁去的必要性。

我马上通过总驻扎官办公室将您的指示通知在河内的波安先生。波安先生即时接到通知，并告诉我说他将把他所能得到的全部资料带走。

关于海防和海宁之间的交通的定期运行，主任先生已看到，目前只是半月一次，这是不够的。另外您也知道，每月只有两次可以进入海宁河，每次时间很短。因此有必要随时保持我们与大海和海防的联系。根据这一目的，我认为保护国政府在勘界委员会停留海宁时，把一只邮船交给委员会使用是有必要的，比如那戈那号，该船可以停泊在河外。信件可以用一只舢板和帆船送到这只船上。我得到肯定的说法，说那戈那号从海宁到海防一个来回要花 13 个小时。此外，委员会可以使用目前由海宁行政哨官支配的独桅帆船。这只配备武装的独桅帆船航速很快，48 小时之内就可以在广安和海宁间打个来回。那戈那号和独桅帆船加上半月一班的小艇的往返，也许足以满足一切需要了。另，由于中方委员会似乎准备在参加约定的晚会时炫耀武力和炮艇，所以保护国政府的小舰队、甚至中国海的分舰队派出几艘军舰到东京湾的河桧、海宁、北海游弋，以亚琅湾为基地，是有必要的。此外，派一艘炮艇去访问群岛将是必要的，至于武力占领海宁，我认为总驻扎官先生（您最后一封电报就是他转给我的）可以直接就此与军事部门商量。根据波安先生24日发来的一封电报，他目前尚未正式得到委员会的一部分委员出发去海宁的通知。雅蒙将军似乎准备采取一切必要的措施以保证委员会成员的安全，巩固他们的地位。接到这封电报后，我马上发电报给办公室主任先生，请他正式将我出发去海宁之事通知军事部门。翌日一早，我就获悉通知已下达。昨日我就知道将要向河桧哨所卫戍司令下达特别指示，特别指示将不影响稍后要采取的其他措施。海宁哨所目前由40名尚未经考验的民勇占据，由暂调到该地的广安副驻扎官官衔主事德过先生指挥。该官员的报告将形势描述得极为严峻，因为芒街的中国居民的敌对态度明显，好像很难维持原状。在这种条件下，一切勘察工作即使不是说不可以，起码变得有危险。一支欧洲人组成的小分队的存在，也许可以使我们走遍边界，另外还可以给我们的存在赋予斗志。若有可能，在这一点上我将与河桧哨所指挥官合作。

不论如何，我今日（27日，星期三）与波安先生一起出发。明晚将抵海宁。我们搭乘的这艘小艇中途相继要在先安、河桧和芒街（海宁）停留。我希望在先安和河桧的卫戍司令处找到有用的文件、地图、路线图和其他资料。我一到海宁就要全力去收集尽可能多的有关我们将来驻足之地的情报，与中国一岸的交通工具，中方代表团的组成情况，它建议驻足之地的位置，海宁的生活条件，马匹、帆船或舢板所需的供应情况，在那找到征用苦力的办法等。因为小艇要在海宁逗留一两天，所以，我将把本报告交该艇带回，随后尽可能快地寄上尽可能全的情报。接着我提议调查海宁和白龙尾（含这两地）之间的这段边界。从内附的这份草图上，您可以发现，这段边境形成了一种飞地。

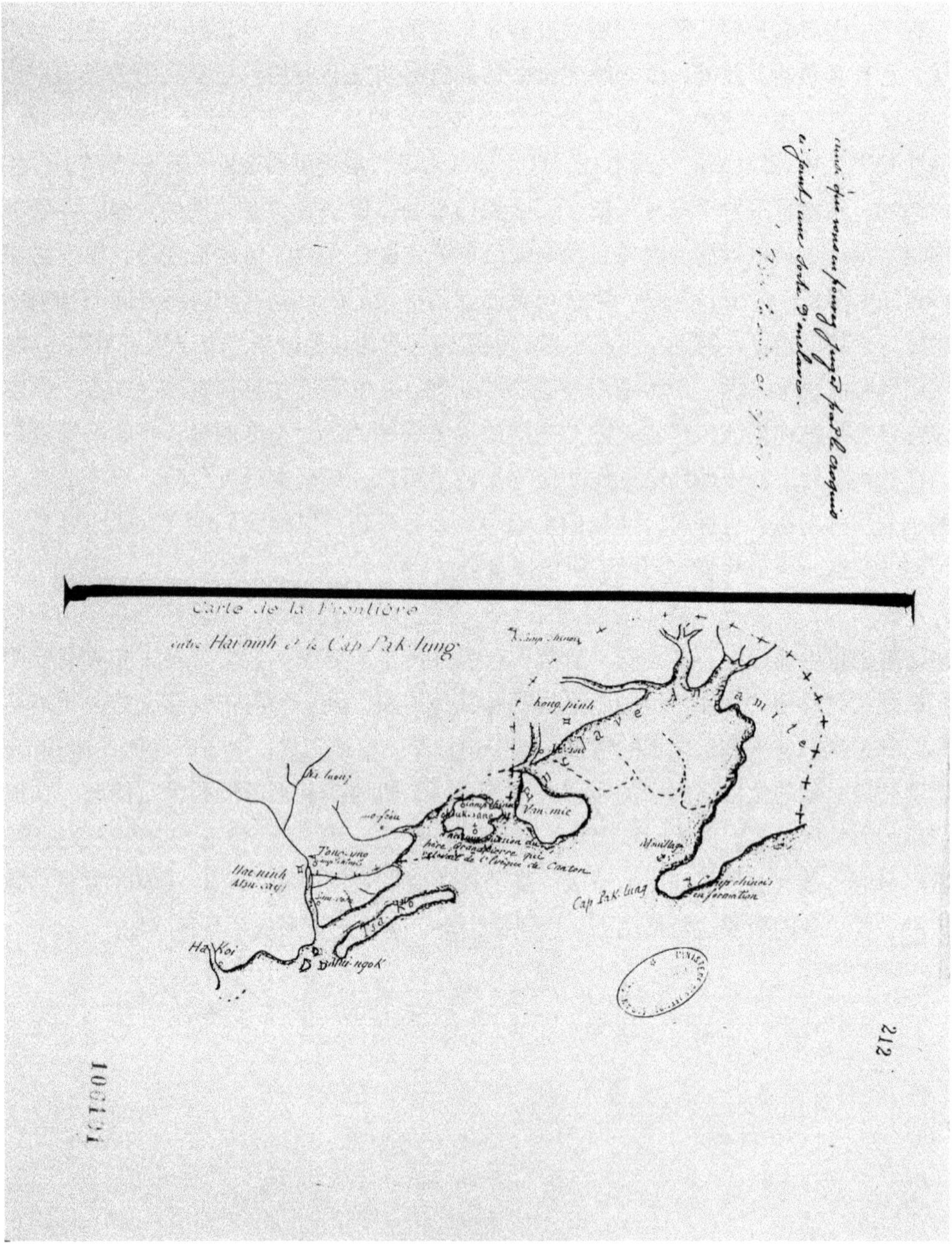

图 21

德过先生的诸报告指出了中国人的种种行径。在这一整个地段距里，他们强迫安南百姓像中国人一样把头发剃光，强迫安南百姓在要求将他们让与中国的请愿书上签字。(中方）勘界大臣们的意图还不限于这一点，他们可能以这一海岸的所有居民均为中国人为依据，考虑要求将这样的一条边界线为边界线，这条边界线可能将格保岛(Ke Bao）北航道、河桧和海宁即先安河直至淇江源头整个流域划给中国。这条线距边界最远处约104千米。如果我们让中国人在先安公路上部署下来，谅山边界西面、北面和东面就会同时受到威胁，可能无法守住。对于我们，谅山、同登、七溪、高平这一线的情况也一样，也可能被改变。

（原件第206~214页）

海宁，1886年10月31日

主任先生：

谨禀告，我本月27日乘让吕罗号商艇离开海防后，昨日（30日）上午9时抵海宁。

我在这没看到海宁行政哨所主事官德过中尉。这位官员本月21日起就归巴雅号舰长调用了。巴雅号与涅弗尔号、那戈那号及另外一艘军舰正在白龙尾附近巡航。德过先生25日返回这里，3时带着30名最优秀的民勇又出发了。他说他要以这30名民勇去增援巴雅号舰长率领的海军陆战连，因为该连可能会遇到在白龙尾扎营的中国人。此后，这里没有白龙尾的任何消息。不过，驻扎官办公室的秘书肯定地对我说，昨天派出的一艘舢板前去通知我抵达的消息，德过先生将于今明或稍迟一点返回。

兹随函附上一份海宁、芒街草图（图22)。

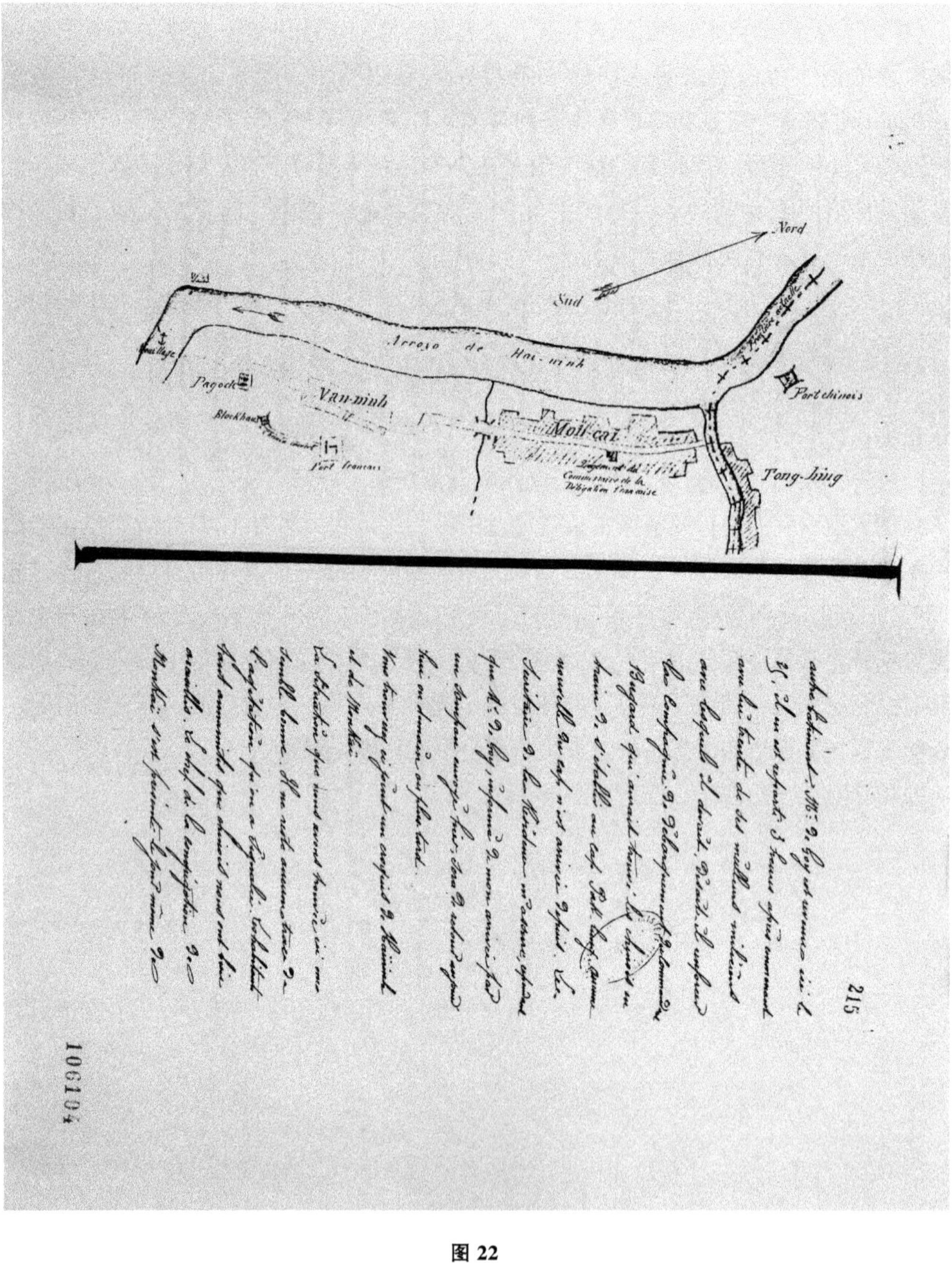

图 22

我觉得我们在这里看到的一切都好。没有一点报告所说的骚动迹象。安南居民也好，中国居民也好，都热烈地欢迎我们。芒街中国帮会会长和副会长在我们抵达当天就前来拜访。我请会长在芒街城内找一间适合我和波安先生安顿的房子。因为我们不能住在安南的要塞里，那里什么都缺。此外，我认为在芒街的中国人中居住没有任何危险，勘界委员会——我将为委员会准备露台朝河的房子——将无其他办法可行。今早，帮会会长前来向我介绍主要的显贵们。10 点，我与波安先生前去他家。在城门，我们受到一些中国人的欢迎，他们给我们引路，分开好奇的围观人群。在会长家喝过茶后，我们去看供我们用的那间房子。我们觉得进行一些适当的修理，8 到 10 天就可以用了，这间房子是可以接受的。这件事很快就商妥了。中国人对我们是尊重的，而他们对于外国人一般是不尊重的。

与芒街相对的小河的另一侧是东兴中国要塞。该要塞由一位姓周的参将（上校）指挥。今早我给他写了一封信，请他将一封信（以后我再将该信抄件寄给你）转交给邓阁下。我在信中仅通知他，说我受您之托前去迎接他，我业已抵达海宁。我想尽快正式公开自己的到达可能是有利的。此外，我请这位中方钦差大臣收到信后答复我。这里的人不知道中方代表团现在何处，是否就在附近。我收到了中国东兴城那位文官的致意信。

海军司令派出与海宁联系、打探巴雅号舰长及其舰只消息的狂风号炮艇未能开进海宁河，停泊在海上。官狄舰长派出一只小艇和一名水手。德过先生不在期间，我看了一封给他的“急”信。正如我告诉您的那样，这是为获取情报的需要。我回告官狄先生，德过先生马上就返回，通过德过先生，他可以得到一切希望得到的消息。有关波安先生和我的事，我补充了几句，以便狂风号不必再等就返回海防时，您可以在小艇回去之前就知道我们的消息。

我很快要将这些十分不全面、我不得不过分删节的情报补全，因为小艇过一个小时就要开航了。

（原件第 214 ~ 217 页）

海宁，1886 年 11 月 1 日

主任先生：

波安先生和我搭乘的小艇半月一次来往于海防、广安、鸿基、先安、河桧和海宁。

我在先安遇见了该处哨所指挥官波提埃中尉。这位军官十分慷慨地给我使用一幅大的情报用地图。他确实卓有成效地让先安知府当着他的面，按他的指点绘下了许多有用的细小部分。我一抵海宁，就让人用透明纸将该图描下来，原图奉还波提埃先生。先安府与广西界相连，并沿广西界接谅山省的安北（Yen - Bac）县，在东京一侧延伸。从先安到边界可能有 60 多千米的距离。我们的特遣队走了其中的 42 千米。先安府有人报告说，发现的数股中国匪帮全来自广西一个叫三洞（San - Thong），安南人叫 Tam Dong 的地区。

可以说这些匪股是从谅山与先安之间溜入的。由于缺水，我们不能进到河桧河里去。

10月29日下午，我们到了该河河口。我在停泊处写信给该哨所指挥官麦马韩中尉先生，要求与他进行联系，并将我们在海宁的消息通知他，请他把他在边界可能得到的所有情报寄给我。他比他先安的同僚更靠近边界，而且是河桧哨所在等待一支法国特遣队来驻防海宁期间，负责供应我们面包和肉类。两地水陆可通。如果风向和潮水合适，乘舢板从一处到另一处需三四个小时，不然则需6至8个小时。有车五六个小时就够了。小艇的买办——我曾把给麦马韩先生的信托他转交——告诉我说，这位军官不在河桧，到海宁方向侦察去了。今天我又致信麦马韩先生，请他告诉我，他对在海宁、河桧和先安之间建立有轨机车线路或舢板运输业务的最佳方式看法如何。同时还致信波提埃中尉先生，以便可能时这一业务可以扩大到鸿基。鸿基有一个光学电报站。

自我到海宁的那天起，就时刻想着交通问题，此外您也要我加以注意。先安、河桧和海宁三处均位于内陆河畔，只有在大潮期间小艇才可以进入这些河去，即每月两次大潮，每次时间不过6天。在我更准确更全面地了解情况后，我还要专门再谈这个问题。我今天上午就暂时租用一艘舢板。该船将通过内河每两天一次定期航行于海宁与河桧之间，替我们运送必需品。海宁以外，白龙尾方向，我已与格朗皮埃尔神甫进行了联系，他的教区竹山在海宁与白龙尾的中间。我以您的名义向他请教，他在该地的经验，我相信他很快会向勘界委员会提供有效的帮助，同时又不使他在中国人间的处境和他担负的各种利益受到影响。

我还给比加尔舰长先生写信。他一直与海宁行政官员德过先生在白龙尾。我问他将他认为对勘界委员会肩负的工作有利的情报寄到海宁给我有什么困难。

海宁知府已表示十分愿意帮助我们。他主动提出必要时陪同我们到他的整个府界去。应我请求，他目前正在绘制一张东京一侧和中国一侧的地图。我请他尽可能绘得详细些。您知道，海宁府与广东省的钦州接壤。此外，我派出一些密探到白龙尾方向去，也派出一些密探前去峙马和谅山。我希望他们能给我带回一些有用的情报。我们在这里将找到勘界委员会需要的向导和苦力。海宁平原的东面和西面村庄密集，人口众多，若待遇好，居民将任由您带他到天涯海角。

海宁，1886年11月2日

主任先生：

我还没有帝国代表团的任何信息。东兴（芒街对面）中国哨所指挥官周天意（Tchou Tien Y）刚给我来了一封短信，回复我的信。我给邓阁下的信（随函附上抄件）因而将会抵达目的地。

波安先生今日就开始测绘海宁附近。

下面是关于海宁城和芒街城的一些情况。

和所有具有一定价值的安南城市一样，从行政方面看，海宁由一堵设防的内墙（以前知府和其他地方官员住在里面）和城市本身组成。海宁城堡是一个边长各为130米的方形，每侧有些砖砌的城门和小楼堡。除了旧府衙及其附属建筑物之外，里面再无其他住宅。现里面全被哨所指挥德过先生、他的秘书、一名欧洲警察和60名民勇占据着。这所房子完全不够用的，而且还破烂不堪，如果不进行大修，今冬就无法住。城堡延伸部分通到一座约30米高的、树木茂密的小山，山顶上目前正构筑一个小碉堡，城堡延伸部与小山由一条地道沟通。在小碉堡上可以控制周围的乡村和海宁与白龙尾之间的大海形成的小海湾。晴空万里时，可以清楚地看到白龙尾的黑色轮廓。南边往海方面，是一个非常美丽、非常富饶的平原，房屋密布，白天看到平原上到处是在田里平静地耕作的农夫。往北，中国一侧，是陡然而起的高地，就在界河两岸是层层迭起的荆棘丛生的小丘，紧接而来的是实实在在的山，群山完全挡住了天边，自白龙尾往东潮和乐平州（Lac Binh Chaû）延伸，平行于海滨一连串的岩石岛屿。

安南的海宁城坐落在河的左岸，它虽仅有一条街，却宽阔，街面按中国样式铺着石板，但是街道两旁是简陋的茅舍，居民不多。此外，华人与安南人差不多一样多，店铺和店主很少。

海宁河同一岸的华人城芒街呈现出完全不同的外貌。该城位于海宁河与发源于竹山的小河Khiê河的汇合处。两个城之间，有一个露天圩场，但在芒街城门前。芒街对着平原一面，有一条注满水的宽阔壕沟环绕。壕沟的后面，构筑有一个土筑的坚固的防御工事。防御工事的前面，是一层很厚的栅栏，外层是竹子。有瞭望哨口，有几处筑有雉堞的墙。芒街的北面和西面，有大河和小河保护，高筑于河道上的有平台的砖房俯瞰着这两条河。城的两端，大街的每一端各有一个门，进芒街就通过这两个门。有几条小街横贯大街。就是这条大街与五六条小街构成了这一中国城的全貌。从海宁来时，一过这道门就进入大街了。城门每天晚上9时都由一名守门人关上。这条街道平行于河流，长约600米，路面用石块铺成，两旁是好砖房，砖房有挡雨披檐。街旁还有路边货摊。货摊占到街道上，往往使街道变得很窄。这条大街从早到晚都十分热闹，街上所见都是店铺。然而，除了几家与海防和北海有联系的大店铺外，似乎芒街只进行零售小买卖，这种小买卖在一个富裕而无出口市场的地区中的所有华人中心都可见到。芒街向整个周围地区供应广州商品和进口的欧洲小商品。自己制造农具。大街随地势先高后低起伏，每隔约150米为一道小一些的门所隔。小门将街道分成四段。街的尽头是第二道大门，从中国的东兴城来芒街就通过这道门。这道门的后面，城市还通过一条路面高低不平、两旁都是外观寒碜房屋的街道往前延伸60米。这条街——芒街的郊区——朝Khiê河下伸。Khiê河在这个地方注入芒街河。该小河从东北方向流来，在这个地方形成边界，而海宁河也作为西北向的边界。低潮时，这条小河只是条细流，行人过时还看得见自己的脚。大潮时，水就淹没了宽100～150米的卵石河床，水的冲刷使河床已扩到芒街城脚下。

小河的另一侧沿着陡峭的河岸而建起的是中国的东兴小城。该城有一道筑有雉堞的白墙环绕，我们还只能看到向着芒街的这一侧，这一侧有一个门。可以看到城墙内有几座房屋，其顶为砖，掩映在树丛和竹林中。这个城市，似乎比芒街小得多，现由一名官员沈筠分州管辖。该官乃九品官，隶属于钦州行政官员管。钦州距芒街两天路程。东兴和钦州隶属廉州府。廉州府和另外三个府高州府、雷州府和琼州府（海南岛）组成高、廉分巡道。这四个府在官场上叫四下府，即下面的四个府，也许是由于它们的地理位置使它们成为帝国最南的四个府。目前是王之春道台管治高廉道。他是负责两广划界的钦差大臣之一。我认为，勘界委员会应该对这一巧合感到高兴，因为王道台是他的同事中在广西表现得最通融的。我得悉广西宗座代牧主教富于道大人现在在距这有二三日路程的位于边境地区的上思。我派出一名信使去找他要情报。

（原件第 220 页）

法国代表团成员、奉命抵海宁的海士先生致中国邓钦差阁下书

海宁，1886 年 10 月 31 日

阁下：

按照顺化高级驻扎官、现为勘界委员会法方代表团主任的狄隆先生的指示，我本月 27 日离开海防赴海宁，10 月 30 日上午抵达。随行的有临时抽调到委员会任绘图官的海军陆战队中尉波安先生。法方代表团主任还在云南边界，但很快就将与代表团其他成员返回海宁城。该城已于 4 月份被选为两国勘界委员会为继续业已开始的工作、10 月 15 日至 11 月 1 日应再次会晤的地点。他委托我先于他来约定的会晤地点，迎接阁下，向阁下及所有帝国代表团成员表示欢迎，同时向阁下转达他要尽快与尊贵的钦差大臣联系的真诚愿望。

我对自己被派来执行这一使命，使我有幸作为第一人在阁下抵达东京和广东边界时迎接阁下，感到十分高兴。

若蒙阁下回告收到本函，本人将不胜感谢。因为尚不知道阁下目前的行辕设在何处，我只好请中国东兴哨官以最快方式将本函送达阁下手上。

原注：法国勘界委员会代表团成员海士向东兴哨官周参将致意，并请他将这份致负责东京与两广边界勘界的中国钦差大臣邓承修阁下的函尽快送达目的地。

（原件第 224 ~ 226 页）

海宁，1886 年 11 月 3 日

主任先生：

趁一意外时机匆匆给您寄上补充材料。

邓阁下尚未回复我的信。我从格朗皮埃尔神甫处得知，这位清朝大臣还在距此地有两日路程的钦州。广州有一条电报线通到这里。芒街对面的中国东兴城已有一些住宅预留给邓、其同僚和三位欧洲人（一名英国人、一名德国人和一名美国人）。其中的一位大臣王之春道台几天前已抵东兴，随同的有一名欧洲人。这里太平无事。明天我就到芒街城里去住，在城里我会十分安全。我将通过明天的快邮给您寄去有关形势的详细报告。德·马马翁先生已给我们带来他测绘的河桧和芒街以北的边界图。

今天我等待副驻扎官德过先生。他与他的民勇协助了一次由涅夫尔号的比加尔舰长指挥的对位于竹山和白龙尾之间的反叛的长山村（Trang Son）的进攻。

海宁与广安之间的联系业务正在组织中。至先安的业务已经运行。

（原件第 226 ~ 227 页）

海宁，1886 年 11 月 7 日

主任先生：

为了防止中国人企图占领海宁以东的安南领土，海防派来的舰只在海军中校比加尔的率领下返回海防，只有狂风号舰留在海宁河入口处停泊。

您在河内可能会获知，这些舰只根本没看到所说的 3000 中国人，也没有发现所说的他们意欲在白龙尾建造兵营的任何迹象。

由于未发现有中国士兵，所以出征队迫于形势转而进攻安南飞地上距边界极近的一个村庄（安南语叫 Trang Son，汉语叫长山），这个全是中国人居住的村庄几天前枪击了前去的海宁行政哨官、主事德过先生。有一些情报指出，村民不仅得到中国边境当局道义上的支持，而且还得到物质上的支持。甚至有人在那看到身着军装的中国官军士兵。比加尔舰长由于这一事件向中国钦州城行政官提出抗议。他并不就此善罢甘休，利用他的权力，向该村开火，但并未登陆，我们的舰只进行了两天的轰击之后就撤走了。村民们未予还击，但他们一直待在村子里。三艘军舰离开时，他们才跑出来摇旗欢呼。我不知道这次教训是否已足够，或相反，这次教训由于一些重要的理由不能进行到底，将不会有预料的效果。直至我给您写信时，还没有任何事实使我们相信，中国人愚蠢的虚荣心可能使其自吹自擂的那种胜利之后发生了什么骚乱。无论在海宁，还是在芒街，或是在附近地区，人们似乎都不知道安南飞地里发生了什么事。该地区依然处于我们抵达后所具有的绝对安静的状态。

离开附近地区返回海防时，比加尔舰长告诉我，他已命令鲁汀号舰长与我联系，并补充说，必要时鲁汀号还可以留下 8 天。另外，该舰还要等钦州知府对致他的抗议书的答复。复信于 11 月 4 日送到这里。这位中国官员只是否认长山未曾有过一个中国士兵，并表示希望我们也要采取措施，不要破坏两国间存在的友好关系。我马上派人将此信送

给鲁汀号舰长。另外，根据比加尔舰长给我的函令，同时担心长山未果的战斗后三艘军舰同时离开会在该地区造成误解，我觉得应该向鲁汀号舰长说明，他的舰只在白龙尾附近再多留几日可能会有些好处，同时让他考虑要做的决定。杜瓦尔舰长翌日欣然与狂风号舰长到芒街来。我们进行会谈后一致同意，由于局势一直很平静，鲁汀号最好返回海防去，而且军需供应也需要它回到海防去。若有必要，它可以将勘界委员会成员带来。狂风号舰长仍要待几天。我觉得这一办法可适应不时之需。

在得知王之春阁下很快就要到达的前一天，我就致信河桧哨官德·马马翁，请他派一支由15人组成的法国小分队到海宁来，如果与他所受的指示不相悖的话。因为这里只有几名粗鲁的民勇，有几名甚至还是中国人，都是随便招募来的，即在比较差的条件下招募来的。我想无论如何，在中国钦差大臣们来到之时，最好带着若干法国士兵和一些土著民勇在我们边境迎接他们。由一名中士和下士率领的共20人昨晚抵达。在确保这一措施不会挫伤居民的感情后，根据知府主动提出的建议，并由于一时尚无其他可利用的房子，我就将他们安顿在无人供奉的一座庙的附属建筑物里。我认为应该避免把我们的士兵安顿在芒街城里，他们会在人群中失踪，更不用说时时与老百姓接触可能引起的种种不便了。

我希望这支昨日抵达的小分队的存在和您将带领一支人数更多的卫队很快抵达的消息，将足以抵消长山村民之前可能制造的影响，这与一些中国密探的看法一致。长山村民受到的惩罚只能再增加敌对程度。我之所以这样再三提出这个问题，是因为我的看法十分明确：在我们可以采取依次十分有效的惩罚解决这个问题时，也许最好推迟解决。主任先生，您也许和我一样承认，既然我们自己把问题扩大了，我们就不能让事情处于常态，我们已注定要绝对地完成比加尔舰长开始的事。竹山和白龙尾之间的安南飞地有常驻龙治（Luong Tri）村的海宁知府的帮办代表知府。这个安南村庄附近，据说已建成一个几乎与芒街一样大的中国城，当地称为江坪。知府实话对我说，长山事件后，这个帮办还没有给他送来关于居民状况的情报。海宁三天前派去的两名密探尚未返回。我将从他们那里得到一些情报，但现在我似乎同意，动乱仍将是很局部性的。

我认为，海宁与白龙尾之间的这片地区不可能、也从来未能成为严重动乱舞台的原因之一，就是①该地区面积太狭小，同时②因此人烟稀少，最后是易受影响，人们对公开叛乱时等待他们的命运不能抱有幻想。

不论他们受到中国的煽动如何，不论他们得到中国的什么援助，中国为了保全面子，不能不考虑避免让在更鲜为人知的边境地区对我们发动的不受制裁的不正义之战，在这样四面都向我们的军队和舰只敞开的一小块地盘上持续下去。万一在海宁和白龙尾之间有打着爱国主义旗号组织起来的武装集团，只要愿意，今冬消灭他们将取决于我们。还由于另外一个原因，该地区将太平无事。定居在这部分边境地区的相当多的中国人通常群居在两三个像芒街和江坪这样规模的城镇。今天，他们在这些城镇中的任何一个都有巨大的财富，不论是土地、房屋、商品也好，还是从主顾一方看他所建立的贸易关系也好。不要将这些组成我要称之为城市和商业要素的中国人与其他从事农业、渔业，分散在没有任何重大利益可以拴住他们的乡村里的中国人混同。海盗的常备人员只来自后者。芒街和江坪的人有时可能与他们做买卖，会十分小心谨慎。例如芒街城有护城河和工事围着，一队海盗根本难以通过。

但他们对此却彼此协调一致，即可能时不要成为被法国保护的人。至于前者，像长山那些人，不怕表露他们的情绪，其余更谨慎者不露声色。关于海宁边界或甚至先安至白龙尾之间的边界，勘界委员会很可能要与定居在该地区的中国人的一种请愿活动做斗争。中方勘界大臣为了向勘界委员会要求让予这整个领土，将支持这些活动。其实中国代表团不能将这个地区作为自己的要求收回。因为根据条约有关更改问题的第三款规定，它只能根据两国共同利益要求更改边界。由于在这种情况下，中国人的利益正好有悖于我们的利益，由于从各方面看这一更改可能给我们造成最严重的损害，因此我觉得答复已明确了。不管怎么样，我遵照您的指示，我什么也没说，将不说任何从哪一方面看劝告勘界委员会的话。如果王之春大臣谈到这块土地，我也只会坚持并说明，海宁以西直至包括白龙尾在内的全部地区属于安南，这无可争议。对于芒街的中国人，我的态度是明确的。昨晚知府秘密告诉我（避开译员，以信向我传递这一情报），芒街的居民实际上可能希望该城成为中国人的，可能按这意思对中方勘界大臣们说。我已明确禁止帮会会长与所有显贵直接或间接地参与各种请愿活动，尤其不准在所有这类文件上签名。我对他们说，他们不要希望他们的阴谋不会暴露。如果他们冒冒失失地投靠中方大臣，中方勘界大臣们为了证据，反而会出卖他们。此外，我已准许他们个别去迎接所有的高官。这是他们为了表示忠诚来向我提出的要求。同意这一要求对我来说易如反掌。他们可能肯定已跑遍了边境地区。应该懂得宽容我们无法阻止的事情。只要这里没有监督的办法，就可以采取另外的措施，如果这些措施被公认是必要的话。

关于纯安南人或安南人与中国人结合生下的混血儿，后者在该地区人数也很多，海宁知府认为人民不易来个大转变。正如我已说过的那样，他的帮办在中国密探最经常去的部分，即那块安南飞地，代表他。帮办的权力似乎并非不为安南百姓承认，尽管仅他的存在就是一种对分裂企图的抗议。

以上就是海宁以东部分的情况。

西面往谅山方向，整个地区一直十分平静，尤其是海宁府边境直至先安府边界。跑遍了这片地区（我们这有该地区的线路图）的德·马马翁先生已有七个月没有机会放枪了。匪帮在先安边境地区。这至少可以说是迄今为止的形势。

三天前我在这里看到格朗皮埃尔神甫，他一再要求知道他留在竹山而不到他想去的乡里去是否合乎我们的心意。我认为要好好地利用他，就说您看到他会很高兴。格朗皮埃尔神甫受到最好意愿的激励。也许他判断他周围正在发生的微不足道的事太有倾向性，已扩大了范围。从这点上看，一个悲观主义者（我认为太夸张了），可能有害于他提供的情报的准确性。

我觉得应该向您指出他有一天的谈话给我留下的印象。我的看法自然容易改正。

海宁行政哨官、主事德过先生4日刚回到这里。我认为可以说他今夏在这里是很有必要的。在这个意义上说，他在这里本身就已强调了这一地区与东京其他地区的关系。他利用鲁汀号出发去海防的机会，随舰同去了。正如我对他说过的那样，在这一点我不负任何责任。我觉得我既不应同意他离开，也不应拒绝他离开，况且他很快就回来。

总之，我认为形势是这样：中国人至少看中了整个海宁府，①因为这个地区居住着大量的中国人，他们建立了两三个大镇；②因为他们担心北海会被当作针对广西和云南的商品销售地，如果我们控制着直到包括白龙尾在内的地区。致力于使位于广州河上的梧州（通过北海和广州可抵）开放的英国人支持他们的要求。

该地区的中国人和安南人被中国散布的谣言震惊了，都在思索着，法国与中国，谁占上风。在犹豫之中，几乎所有的人，就是说最谨慎的人也好，最富有的人也好，对两国委员都表示热烈的欢迎。剩下的人，就是那些在某次纠纷中什么也未丧失，大捞一把的人，更准备从现在起就表示反对我们。

（原件第227～234页）

芒街，1886年11月13日

主任先生：

兹随函附上河桧卫队长德·马马翁先生刚给我寄来的一封信的摘要。

看了该信摘要后，您就可以看出中国人会继续向他们定居东京的同胞进行自去年以来就开始了的宣传活动。

由于这一部分边境地区易进，难于供养匪帮而又自己不受连累，所以他们就采取另一个办法。为了比用另外的方式显得更正当些，这个办法就不能更露骨。当居民在遭受到被剥夺或被粗暴地放逐到国外去的威胁而求助于他们仅有的唯一武器即抗议时，当然没有任何东西比他们的心愿更值得尊重的了。但是，在这里我没有发现任何相似之处，完全相反的是，我看到进入东京成为安南人的客人的中国人想使他们已享有、甚至泛用了的特殊地位变得不利于接收他们的国家。这根本不是为了把一部分领土让给中国而找出的一个证据。中国官员秘密组织的请愿活动，我认为提供了又一个拒绝任何让步的理由。此外，直到法国人进驻东京为止，据我们所知，没有一个中国人不埋怨被与他们自愿离开的祖国分开。根据条约，这些中国人作为生活在保护国政令之下的外国人，他们的权利和所有其他外国人的权利都是一视同仁地受到保护的。另外，没有什么决定性的理由使他们得以根据他们居住在边界附近地区这一事实，有要求将他们经过之地划给中国的权利，他们居住在三角洲的同胞又当别论。对于我们来说，这会不会是一个有危险的先例呢？万一目前的边界要改动，中国劳动者缓慢的涌入可能就不会在新的边界前停止。在另一侧的附近地区，就会有另一些中国人聚居中心在形成，不久，他们可能就会要求恢复中国国籍。这个推理也许很容易被驳倒，这一点我得首先承认，但我认为它含有某种真理，因为它很自然地出现在脑际，有鉴于此，我才大胆说明。

（原件第234～236页）

芒街，1886年11月15日

主任先生：

兹随函寄上我抵芒街后给您发去的不同电报的抄件。继11月7日的报告后的另一份报告将于明日寄出。

电 报

第1号　海宁，1886年11月3日

海宁行政哨所只有几名尚粗鲁无知的民勇，其中几名甚至以前还是中国海盗。我请河桧哨官派一支由15名法国人组成的小分队给我，不要让据说已抵达的中国勘界大臣们瞧不起。我想最好通知军事部门。这里及附近还算宁静。

第2号　海宁，1886年11月3日

在两名欧洲人的陪同下，中国勘界大臣们也许已抵距海宁两日路程的钦州了。其中一名大臣王（之春）道台刚寄了一张名片给我，他两日后将抵这里。

第3号　海宁，1886年11月5日

鲁汀号返回海防。王道台明日抵此。一切正常。狂风号还要逗留几天。

第4号　海宁，1886年11月8日

芒街，11月8日，前晚抵东兴的王道台问我，您何时才能抵此，他要将此期通知邓。我想邓可能还在广州。我回告说您很快就到，邓现在可以出发了。

第5号　海宁，1886年11月10日

通知本地十分平静后，我昨早派波安中尉带了一支小卫队前去测绘芒街与竹山之间的边界图。波安先生圆满完成了任务，今晚返回。王道台担心小分队会无知犯界，一得知这一行动就函告我，请我立即召回小分队。我自然早有防备。在昨晚进行的一次十分真诚的会晤中，我极力要王放心。他向我谈到村庄（长山）被炸事件。我请他看看比加

尔舰长抗议书的解释。钦差大臣邓刚抵北海不一会儿，现正出发赴钦州。根据各种来源得到的情报，竹山和白龙尾之间的那块飞地很平静。波安先生过五六日就要去测绘一直到白龙尾东面的贴浪江的这片边境地区。

（原件第 236～237 页）

芒街，1886 年 11 月 17 日

主任先生：

下面向您报告自我 11 月 7 日报告后的局势。

中方代表团成员王之春道台 11 月 6 日（星期一）抵达边境上的东兴街。

我们交换地图后的第二天一早，他就致函我，请求原谅他不能到芒街来；同时问我，您何时才能抵达芒街。我答复说，我不能确定您抵达的日期，但我认为这个日期很近，邓可以离开广州了，如果他还在广州的话。

第三天，即 11 月 9 日，确知本地完全宁静后，我派波安先生去测绘芒街和竹山这块中国飞地及其之间的这部分边境地图。小分队早上 7 时离开芒街，8 时，我接到王的一封公函（兹附上译文）。该函明显地表露出王因看到小分队赴长山而感到担忧。我通过内附的这封信告诉他，这只是一次地形测量活动，与他自己以前在广西边界看到的一样，轻而易举地使这位钦差大臣放下心来。至于长山事件，我认为不该与他讨论这个问题。我只请他看看几天前比加尔舰长致钦州知府的抗议书中的解释。我没有坚持抗议书里的解释，我利用这一事件与王取得联系。当晚我们进行了会晤。会晤是在十分真诚的气氛中进行的。我原先坚信道台是担心长山再次遭到轰炸，而不是对边界的无意侵犯，这一想法已打消。

长山确在安南领土上，但边界与该村相距半个小时的路程。这个居民全是中国人的村庄似乎比所有其他中国人的聚居中心更积极地投入到了有人为使该地让给中国而试图挑起的舆论运动中。王不是冒冒失失地挑起冲突的人。他为了中国得到该地区的企图而积极运用他在边界附近地区的影响，我想将不是通过需要我们进行武装镇压的一些阴谋活动来表现出来。一切将仅限于一场声势浩大的宣传，限于一些收买行贿的企图，限于对他负责的广东边境居民进行恫吓活动。我的看法是，我们将无须与被他收买的匪帮作战。我还倾向于认为，在长山事件之前发生的一些小事件中，他的官员的行动已超出他的指示范围，过分地殷勤了。王过于沉着过于聪明了，不会设法禁止我们进入边境地区，并秘密地煽动该地区居民揭竿而起反对我们，只能对获知他们使我们的舰艇在这一地点进行示威成为必要既感到震惊，又感到十分不快。

由于邻近边界，可以影响两国勘界大员的关系发展的这些重大措施他还未采用。不过这些措施可以破坏他向一些由于公开敌视我们而被我们惩罚、可能只得到他很不明确支持的居民的宣传效果。事实上，我要强调这一点，该地区的地理形势是这样的：道台

本人激烈反对我们，他不可能不暴露原形，他有效地支持叛乱就不可能不暴露，不可能不致使他本人及其政府受到牵连。最后一点，根据前述引出的最后一个理由，如果中国人愚蠢的阴谋活动所获得的结果像在长山一样，可以说使我们被迫采取镇压措施的话，那么，这些阴谋就会迫使我们为此少表现准备和解，进而有悖于中国大臣们的观点。这就是我根据自己抵达这里以来在这里所能看到的一切所得出的印象。这也是为了证明这个双重印象，我与王的历次谈话对我产生的影响。主任先生，我请您注意我从王的信中摘要出来的下面这句话："现在，正当两国勘界大臣要去实地对余下要定的边界进行勘察时，采用军事措施以迫使不安分守己的居民就范，有什么用呢?"这是一个准备向我们封锁边界、并在边界挑起一场抗议活动的人说的话吗?

最后，我还可以根据格朗皮埃尔神甫和江坪帮办转给我的情报。两位一致认为，虽然发生了长山事件，我们的军舰离开了，但安南飞地的形势还是平静的。

就在这次会晤中，王再次问我，我是否能告诉他您何时将抵海宁。由于没有新的关于委员会的消息，不过知道云南界务已告结束，我像第一次那样答复说，您抵海宁是几天或几小时之事。此外我还告诉他，既然他在钦州有电报可以使用，他可以比我更快通过我们的广州领事知道您的行动。当时我获知邓抵达北海不久，将出发赴位于北海与芒街半途中的钦州。负责广西段的帝国代表团自去冬以来没有任何人员变动。现在与那时一样，代表团包括主任邓承修钦差大臣、帮办王之春道台和李兴锐道台。上谕除了为此特别委派这三名大员外，还规定两广总督参与，就像它以前规定广西巡抚、云南即云贵总督参与一样。但这里和老街一样，总督的参与可能仍将是秘密进行的。这三位大臣并非像我开始电告您的那样由两名欧洲人陪同，而是只有一位欧洲人陪同，这就是赫政先生。他去年的同僚霍普先生今年未来，但也并未被人替换。同他们一起前来的还有参加过广西段界务工作的翻译李周天（Li Cheou Tien）以及五名绘图员。

（原件第 238 ~ 241 页）

芒街，1886 年 11 月 17 日

主任先生：

正如我在本月 10 日有幸电告您的那样，波安先生已测绘了芒街和竹山之间东面的那部分边境图。

为了继续他的测绘工作，现在他必须绕过竹山岛这个将白龙尾地区和东京剩下地区分开的中国飞地。

毫无疑问，竹山尽管位置奇特，但实际上并不属于中国。从我们必须同时要对渔船和海盗进行的沿海监视这一方面看，这样的位置对我们实在是十分不利。也许应该希望中国将这个地方让给我们，但我得马上指出，这只是一种愿望，我觉得要变成事实尚令

人怀疑。由于还没有达成更好的协议，帝国委员们至少要坚决保住竹山，要从拥有这一地点中得到所有好处。这些好处对于我们则全是麻烦事。帝国代表团也许想在竹山前面有一片中国水域，这样它的海关船或战船就可以自由进入这些水域了。我们知道这样的局面会带来数不清的困难。为了减轻有害的作用，我们将采取预防措施，比如在白龙尾建立一个组织十分严密的海关，并在所有这些水域里巡视，如果这些措施能达到我们希望的结果的话。这些措施将因此使我们卷入一连串与中国当局的小冲突以及抗议之中。因此，如果事情没有什么发展，有必要达成一个临时协定，其条款要想为我们所接受，就应该向我们做出这样的保证，中国占有竹山不能图到任何利益。我认为，这一占有不能将竹山湾给予中国，就是说即使在东京海湾的中国水域，竹山湾应该是安南的，中国疆界就到海边为止。诸小岛，比如位于海湾口的小狮岛（Lionceau）等小岛，是安南的。另外，从波安先生进行的地形勘察看，芒街与竹山之间的边界线是沿着一条小河河床（更准确地说是一条连接两地的运河）伸展，并在竹山下游入海，接着绕过竹山海岸，最后延伸到另一条分隔竹山半岛和白龙的安南地区的小河河床。竹山海岸的整个周围地区，即海水退潮后露出的海岸让给中国，我觉得可能就够了。但不可不承认中国人反过来会做出同样的推论。如果我们设法夺取或摧毁竹山，他们会对白龙尾及其附近地区打同样的主意。中方勘界委员会必然会向我们谈及这块安南飞地及白龙，将拒绝理会这一点：所谓飞地，只有一个中国飞地，即将安南领土分隔为二、迫使我们从一边到另一边去必须出海才行的竹山飞地。应我的请求，在我们不恰当地称为白龙的安南飞地任指挥官的这位帮办级安南官员，到海宁来看我。这位官员乃当地人，他的家族自古以来历任安南官职。他是这些世袭首领中的一员，正如中国人在他们的本土上承认这一点一样。我知道他曾被人企图收买过去。我不知道他怎么会接受？在法国人和中国人面前，他可能左右为难。至今我还没有埋怨他，我甚至可以说他内心是希望他的辖地仍属安南的，尽管他在中国人面前持另外一种说法。

芒街以西，自海宁河与上面提到的那条小河的汇合处起，海宁河上段即边界线。从构成边界线之处直至广东、广西界的这段河，只能乘轻舟快艇上溯，最简单的办法，就是在东京境内沿河而行，而且有一条陆路通到那隆村（中国）对面，这站路程要走一天，自该处到中国的博琅（Poh－Lin，安南语：Pac Lan），这第二站路程约 4 法古里（约 16 千米——译者注）。两站中的第一站（直到那隆），路程是山路，相当难走；相反，第二站路在平地，很好走。过了博琅 2 古里，有人们叫作十万大山山脉的一个分支到这里消失，它构成了广东和广西的边界线。这一界线以远，我目前尚无材料。但正如我有幸函告您的那样，我已给广西宗座代牧主教富于道大人派去一名信使。富于道大人的主要住所在这个方向的第一个中国县治上思。富于道大人将可以给我们提供有用的情报，他管辖的一个教区距广西博琅（Pak－Lin）仅 6 小时路程。

（该段收入《中越边界历史资料选编》第 665～667 页）

又及：芒街留给我们的房子已打扫干净。房子很宽敞、清洁，二楼有一个漂亮的平台，伸出河面。因我尚不知您的心意，所以未作任何改动。您到后，只要两三天就可以让您搬进去住。在我和波安先生住的房子旁的另外一座小一些的房间也已打扫干净。我认为这已足够了。在驻扎官衙里没有会讲广东话的好翻译。由于找不到别人，我们现在用的这位原来在中国人开的饭馆里干了几个月的侍者，只会讲几句法语。另外，他太孩子气了，就是说一点把握也没有。您最好也带一名安南译员来，这里可一个也没有，驻扎官德过先生能讲一口流利的安南话。如有必要，可以使用这名小广东，不过他可完全不合格。

从芒街走到中方勘界大臣们居住的中国东兴，只要过一条小河就行了，过河时脚几乎都湿不到。总之，有一匹马就行了。

（原件第 241～244 页）

狄隆致总驻扎官电　23－12

复您 5 日电

包括江坪和白龙尾的这块飞地虽明显属于安南，但中国却提出了领土要求。安南的司法权一直在该地区得到执行，我们向来就有，现在仍然有占领权和管辖权。放弃这一权利，可能就意味着对中国的一个不合法的要求进行让步，意味着承认会有严重后果的一个要求。维持现状直至两国政府通过首先得到中国代表团接受的决定，我们认为这是唯一公平的解决办法。

我今早由邮局给您寄去保护国民政当局在飞地张贴的、我尚不知晓其存在的两份声明的正文。我对其内容及其形式都不想负任何责任。

我方军队已三次自白龙尾到江坪，但未遇见任何官员，也未见到任何中国人的哨所。该地荒无人烟。如果目前飞地或白龙尾有中国人，也许是广东边界当局行使的一次阴谋后新去的。

（原件第 258 页）

1887 年 1 月 9 日狄隆函附件 13－10（附件 1）

法勘界委员会主任狄隆致法驻北京公使先生电报抄件

芒街，1887 年 1 月 9 日

法驻北京公使－第 1 号——由于中国钦差大臣不切实际和不诚实的要求，我们可能只好去实地勘察广东边界，而且趁我们的物质力量暂时集中，得马上行动。我们逃避这一必然性的唯一可能就是以这为理由。然而，有可靠的消息说中国在组织大量经过战火锻炼的武装集团来反对我们。我已将此事通知了总驻扎官先生，以便保护国政府采取军事措施。同时我向您陈述这样的看法：也许必须让中国政府要省当局对它负责，如果省当局不按条约要求对它们的边界进行监督的话。上述的武装团伙经过我们的领土也许就足以证明省当局的责任了。

此外，我们所知道的中方大臣们的策略、他们的两面手法和他们的内心想法，促使我提醒您提防他们不准确的材料。他们迟早要设法使我们下达与我们的行动准则相反的指示，或挑起反对我们的不信任情绪。

请您通过通到芒街的中国电报局将我写给您的信转给我。这是在戈可当先生与李鸿章先生达成谅解后为浦理燮先生做的。在目前情况下，我不愿自己提要求。

（原件第 260 页）

14－11（附件 1）

法勘界委员会主任狄隆先生 1887 年 1 月 19 日致外交部长电抄件

关于江坪和白龙，我们为了说服中方委员已竭尽全力，但即使通过妥协也未能让他们承认我们的权利。他们的策略在于在飞地中维持一种危机四伏的局面，这样可以伺机反对我们，迫使我们做出重大的牺牲。他们打算以此迫使我们做出让步，迫使我们这样做，就如他们从 11 月事件证明了的思想中受到启发一样。这至少是我坚信不疑的。

既然说去现场，这些大臣们必找借口不去，而表面上会装作做好出发准备的样子。此外，他们表示，因为边境实地还没有任何自然的或人为划的边界线，所以去实地之行将毫无作用；他们还表示，他们将单独前往，只与我们进行会面。他们提出飞地归属的先决问题，并不顾我们的军事占领和目前占有这一事实而解决这个问题，将一切都复杂化了。他们让人预感到中国人声势浩大的示威运动和匪帮的攻击，他们事先把责任推卸掉。不过我认为，除非您不同意，如果我们与他们根据可接受的方式安排行动的细节，必须出发。不管怎么样，以飞地上可动用的部队，可以这样做，不是没有危险，但却并不冒失。

如有可能，请敦促向中方大臣下达正式的指示，以便由于我们的妥协而对他们来说得到方便的飞地勘界立即结束。我们已做过了这样的妥协。

请尽可能直接或间接地对中国政府进行活动，确保我们实地勘界成功。

法国代表团在继续其特别工作的同时，通过它的全面研究，终于发现了海士先生的遗体。他的遗体是在离这很近的中国境内被发现的，身首已分离。有一份死亡、医疗证明和埋葬证，验明正身。这一切均由主任负责办理。我将为临时埋葬尽责，但是，鉴于凶杀情况、亡者当时执行的使命的重要性、他尽心尽力的精神，难道将这令人伤感的遗体送给他的家属以便在法国得到体面的恭迎不好吗？将刚在中国境内发现的遗体通知中国政府，并以此要求予以解释难道不是很好吗？我只能通过电报请您对这些给予高度的重视。

（原件第 262 ~ 264 页）

21 – 13（附件 2）

法勘界委员会主任狄隆致两广勘界钦差大臣邓函的抄件

芒街，1887 年 2 月 7 日

阁下：

现据您的愿望马上回告，收到您赏脸今日给我的来信。

您暗示法兰西共和国驻华公使很快就发来的电报尚未见到。以后您会明白我等这份电报以便回答您的问题是很自然的，这份电报似乎应该与您的问题有关。

不过从现在起，我会毫不犹豫地对您说，我们军队的撤退问题非我权限内之事。

迄今为止，我不知道江坪的居民交给您的请愿书，因为，按我的记忆，您还从未向我提起过这件事。但我不等贵方的任何通知，就已经对可能成为他人罪行牺牲品的无辜者的不幸表示同情。我已表达了要使该地区平定变易的愿望。

只是您将民众之不幸的道义上的责任归咎于我们的军事占领以及可能采取的措施。自此我认为应该提请您注意，在这个问题上您是本末倒置了。提到的局势是 11 月事件导致的结果，责任完全在广东边境当局。边境当局根本未按条约规定在其辖境上进行监视，以阻止匪徒自中国进入东京，其以前搞的阴谋就不说了。

如果您的想法实际上只是指江坪居民的命运问题，那么，为何您的措施具有替他们谴责我们的性质呢？如果您如此一心一意要巩固两国间的友好关系，您为什么要这样做呢？

帮助您谈到的这些不幸者的最佳办法，可能就是加快勘界工程。这是我还能向您提出的唯一办法，既然您说您没有发现任何办法，您要我帮助您。

然而，勘界工作近两个月来，尽管我们尽力而为，又没有我们可以承认有效的理由，却受阻碍。现在就与它利益无关的问题进行讨论，特别是在我们为了我们最近的会谈纪要得以签字白白地等了近10天后还这样做，这不是在促使勘界工作加快进行。

最后，请相信，为了江坪居民的利益，我们不需要任何建议，只要我们公正合理地将江坪看成是安南的，看成是自此具有保护国照顾的自然地位就行了。

我可能会很快接到命令，但除非接到我政府相反内容的命令，我现在仍然认为维持我们的军事和非军事占领这一现状，是由于我们1月28日就有争议地区达成的临时协议所致。

最后我认为应该提请您记住这一点，以防误会产生。

（原件第271～273页）

25－16

狄隆致法驻安南和东京总驻扎官悲幽先生函

芒街，1887年2月11日

总驻扎官先生：

谨随函附上钦差大臣邓与我刚交换的一份官文的抄件，作为情况汇报。

邓昨日还与我谈到他在7日信中谈及的问题，这次是口头说说而已：即飞地中原中国居民的不幸问题。当时他尽说好话。我回答说，我的代表团有一个特殊的目的，即勘察和确定边界，我认为另外这件事属东京地方当局权限内之事。于是他请我将此事通知您。我已同意，但对此并未作另外的保证。

今天我没有时间细谈，不过如果您想知道的话，我不愿迟迟才将我的决定告诉您。

我的决定归纳如下：①扩大我们的军事占领，而非缩小；②悄悄地收回原来的声明；③考虑某些好方法，给所提到的那些居民返回提供方便。

关于最后这一点，困难（我已对这位钦差大臣说了）是尚未划界。怎么能让一些不承认我们的权利、否认我们的法令合法的人回到飞地去呢？这一切都是一个外国政府煽动所致，这个政府同时有离奇的想法，想让我们撤出我们的军队。

这种困难一旦排除，还将有另一个由该地暂时贫穷导致的困难。饥民将越来越多。我们不能招募他们以应治安之需和增加我们军队的力量吗？我想要对在我们领土上恢复秩序不热心的一些中国人这样为我们效力越是危险，暂时利用那些处于完全不同地位的人的帮助就可能越有利。我尚无时间深入研究这一想法。

（原件第280页）

25 –16（附件 3）

法国代表团团长狄隆 1887 年 2 月 9 日致中国钦差大臣邓承修函

阁下：

参照您 2 月 7 日函，现谨奉告，驻安南和东京总驻扎官收到法兰西共和国驻华公使的一封电报后，昨日给我发来一电，如我没搞错的话，这也许就是您向我提到的恭思当先生应该给我发来的电报了。

此外我还一直没有直接接到北京来的任何函电。

总驻扎官先生的这封电报部分与您本月 7 日信中提到的、当时我尚未得知的声明有关。

我马上就这个问题答复总驻扎官先生。

关于我们双方，我很遗憾您没有尽早对我提到这一声明。

（原件第 287 页）

18 –18（附件 1）

法勘界委员会主任狄隆 1887 年 2 月 13 日致法驻华公使函

我们提出白龙尾本身不包括在关于现状的协议适用的区域内，因此仅就白龙尾而言存在着意见分歧，一直到两国政府就所有权和现状问题做出决定为止。这是我们最后的和解了。

从我们领土上逃走的中国人在东兴钦差大臣们的住处进行示威游行。从某些方面看，这些行动是严肃的，也是为了对我们施加压力和向总理衙门提供佐证而组织的。

（原件第 299 页）

22 –20

东京和安南师师长为尼将军致安南和东京总驻扎官先生函

河内，1887 年 2 月 13 日

总驻扎官先生：

现奉告，业已收到您 1887 年 2 月 11 日关于中国官军进入白龙飞地时我军应持的行动准则的信。

接信后我马上向指挥第二旅的将军下达与您信中所含的指示相符的命令，现随函附上命令复件。

您在该信中想要我告诉您，如果中国官军在白龙飞地进攻我军，或不顾我方警告拒绝撤出这块飞地，是否我认为在布里索纵队或其他纵队中不能找到足够的援兵来应付我们在白龙飞地可能面临的形势需要，以便您能够向交趾支那总督要求增援。如果这种可能性发生，也没有必要隐瞒，它似乎并非难以置信，这乃与中国的战争，这场战争的条件比 1883 年、1884 年、1885 年时更为困难，因为我们将要与人数更为众多、更能征战、装备精良、也许纪律更强的军队作战。

因此，我们应该从现在起就要预见到这一形势以及这一形势蕴藏着的一切必然发生的事。

占领师将可以一面等待必需的援军，一面坚持抵抗。需要的援兵很多，交趾支那无法提供，必须向祖国求援。

如果由于白龙事件而爆发了战争，将不会在飞地里坚持下去，因为飞地地形不适于战斗的展开。由于沙洲远伸海里，难于靠近。战争也许会在这里发生，但可能会在其他地方继续下去。

中国军队根据交通线的种类以及先例，也许想通过官道和红河流域进入东京，因此我们应该将我们的军队调到这两侧集结。

因此，除了意外的事件，我不打算派出新的兵力到芒街区域，因为以后可能会难以将这些军队撤出。

如果战争爆发，我甚至会被迫撤走目前驻扎在该地区的军队，派到可能的战争区去。

总驻扎官先生，我不能不让您知道，在这种情况下，目前对安南和东京的占领的条件必将大大改变。必须撤掉在选为军队集结基地（位于官道上的谅山、红河与明江河畔的甸关和宣光）以远的全部哨卡；可能还要撤销许多在三角洲和安南的不利于这些地区平定的哨卡。一句话，必须符合我去岁 12 月 23 日第 419 号信中告诉您的动员方案的原则。

考虑到这些事，我要命令后勤部门造一批牛车，以便在官道上搞运输。我也许不日要主动向您提出经费要求。

只要有可能不影响已取得的结果，我就要解散在清化行动的军队。

我认为再向交趾支那求援是无用的，但也许可请您求该殖民地总督必要时为您准备并让您调动一切可以动用的欧洲人组成的军队，以助我们应付初期的困难。

我认为也应该提请您注意海军的装备情况，虽然这个问题非我所管。极便于运输的茂隆号和狂风号型炮艇的数量，由于其容量大，1886 年就已大为下降了。也许有必要考虑一下采取的措施，以便迅速重新装备其中的数艘。

至于可能要求法国派出的援兵，现在还难以估计其数目，这自然要取决于想达到的目标。提出要求也许为时尚早。而且我认为如果战争爆发，这个问题不会在东京得到解决。我们只有对广东或北京造成威胁时才能战胜中国的抵抗。如果法国同意通过其行动尽最大的努力来好好收场——这可能是最明智的决定，总之是最省钱的决定——那么我们在这里将只能打一场防御战，这样的战争需要的援兵相对来说很少，至少我们可以不用过于明显地改变我们占领的位置。实际上，不应该考虑通过东京往广州进军，因为相距甚远。我们可能很快就会缺少交通工具了。我们越深入一个敌对地区，困难就只能越大，至少我们深入时遇到的阻军很多。战斗行动中可能会出现几乎无法克服的困难。应该通过谅山和同登进行牵制攻击，直接威胁广州。

我认为应该向您呈报这些一般的因素，虽然这些因素还不能根据任何具体要求做出判断，以便我们仔细研究是否宜于将这个问题通知政府，以便政府在战争可能发生时可能要做的决定。

（原件第 301 页）

22－20（附件 1）

为尼将军致海防指挥第二旅的将军电（510 号）

1887 年 2 月 12 日

万分火急——补充并更改我 459 号电报。

总驻扎官通知我，说根据外交部长指示，必须反对中国官军驻扎飞地，他们可能依然不动武进入飞地。但向我军下达进攻命令之前，驻京公使首先应该促使中国政府出面干预。因此，如果中国官军进入飞地，我会马上接到报告，并尽可能指出他们占领的位置和他们的人数。如果外交途径尝试失败，就勒令中国官军撤出飞地区域，使他们不能推说不知和误会。根据最近尝试失败的教训，我军应集中对敌。

上面的行动将需要坚持，如果中国人仅限于进入飞地。飞地还没出现暴动。但我军要毫不犹豫地以武力击退中国人的进攻或其暴力行动，这可能仍然是应该的。

因此请下令。

（原件第 305 页）

东京和安南占领师参谋部二处第 678 号

17 – 19

为尼将军致安南和东京总驻扎官函

河内，1887 年 2 月 15 日

总驻扎官先生：

根据您给我的函令，同时为了满足勘界委员会主任先生提出的要求，现谨奉告，我已下令在白龙尾设立一个临时哨所。

这个拥有 100 支枪的哨所将有一些临时防御工事和停泊在白龙水域的一些炮艇大炮的保护。

这将完全符合我们要达到的目标，目标就是占地，以便于两国委员会讨论。

但这不能满足最终占领飞地所必需的条件。此外，我们海军财力有限，不能让一艘炮艇一直停泊在白龙。

正如我有幸在我 1 月 15 日信中所说的那样，我的意图是对飞地的占领仅限于白龙尾。在长山的军队是暂时留在那，勘界委员会的工作进展一允许，就撤离。

但是白龙尾的哨所应该设在永久性的坚固的设防工事里。可以让一支人数相当有限的守军长期抵抗甚至大军的进攻。该哨所将作为我的前任曾打算在此设立的海关哨卡的据点。

建造这一工事需要的费用，我一有可能就将费用概算表送给您过目。如您同意这一建筑工程的方案，那么我们现在起就可以进行必要的研究，确定其最后的位置。将专为此任命一名海军军官、一名陆军军官、一名民政官员组成一个委员会。

请告诉我，您是否同意这一提案，如肯定的话，请将您任命的官员名单告诉我。

（原件第 306 页）

东京和安南占领师参谋部二处第 679 号

20 – 21

占领师指挥为尼将军致河内安南和东京总驻扎官函

河内，1887 年 2 月 15 日

总驻扎官先生：

谨随函附上芒西埃将军给我寄来的有关芒街附近地区和白龙飞地附近地区发生的情况的一批资料的复件。

其中的一些资料是勘界委员会主任交给芒西埃将军的。前者本该直接转给您的。其他的资料包括了该地区军事当局收集到的全部资料。

芒西埃将军同时还告诉我，他收到杜森尼上校2月7日的一封信。这位校官在信中告诉他，无数中国非官军集结在分茅岭的消息已获证实，东兴（芒街对面的中国官军营地）的驻军在2月6日至7日之间的夜间得到大批援兵。

这些最新消息似乎指出了入侵的计划或是占领飞地的打算。

不论情况如何，我希望我有幸告诉过您的目前采取的措施，可以应付一切可能发生的事。

（原件第308页）

20－21（附件2）

法驻广州领馆　广州，1887年1月15日

海军上将：

总督刚下令，以便保卫西江的战用帆船队获得军需补充供应。这些小炮艇每天在江中进行开炮和队形变换的训练。张之洞阁下今日视察了这个战船队，同时观看了水雷试验。

由蒸汽小艇直拖到梧州府的这些战用帆船中的数只此时正经浔州开往广西的南宁府。这些帆船后面跟着载有约150名兵丁的大船，每只船都有武器辎重。这些部队将从南宁开往四顶头州（Seu-Tin-Téou-Tchéou）。

好像他们是从该处将一些兵丁、武器和弹药运进东土（Tong Tu）（?）（广西）山以北地区。另一方面，如果我得到的情报准确无误的话，被我们从安南飞地和芒街赶走的中国官军或散兵游勇已撤到东京领土上的分茅岭的西坡。他们还得到冯将军和道台根据总督密令提供的种种供应。

因此，我勘界委员会应该十分谨慎地朝这个方向前进。

实际上，张之洞阁下要将一次不守信义的事端归咎于海盗和逃兵，可能从来就易如反掌。

两广总督是一个死敌，一意要在安南、东京、边境和广州给我们制造种种麻烦。这个有权有势的人物几乎到处都有一些与法国在印度支那的文化影响抵抗的密探，好像连在柬埔寨也有。有人还肯定地对我说，这位总督在河内和海防保护国政府的一些高官身边也安插有间谍。

一个消息很灵通的人对我说，芒街的那起凶杀事件是去年10月份张之洞、刘永福和

邓承修在广州会商决定的。总督对法国发生的和所做的一切了如指掌，也许会因此想在通过对东京拨款时对众议院的决定施以影响。

* * * * * *

几周来，广州的中文报刊报道，刘永福即将返回广州，很可能是为了分散我们对前黑旗军首领行踪的注意力。我得到的私下提供的消息，使我可以肯定刘永福尚未抵达，目前广州并不需要他，办理云南边界勘界事务的大臣周阁下可能昨日已抵广州了。总督想与他商谈。

白藻泰

* * * * * *

据驻扎官的秘书向卫队司令中校先生提供的情报，刘永福可能与其部下在距东兴有一小时路程的一个村里屯扎。据我得到的消息，刘永福可能率领一支拥有9000人、大部分由不满分子和强盗组成的武装部队在那沙（Na-Sa）。

只有中国官员冯督台领500人到了东兴。

这就是近两日中国旗帜消失的原因。这些部队在一位军官的带领下去迎接这位冯官员去了。

波安

（原件第310页）

20-21（附件3）

信

1886年12月5日

外叶左和洪总荣（Waï Yek Tso，Jong Tsong Yong）我二人给陈大人寄上此书，因我等获知您在广州深孚众望，并从王宫保、李道台和Vong Fou Man处得知，您刚刚又获褒奖。

实际上，来自远方的一些士兵在您的统领下占据了（海宁）城堡，消灭了原占据该处的强盗。

为此您的荣誉再增。现在不要将这些士兵打发走，保持在您的指挥下，这可能是紧迫的。因为近日来，邓使者来了一封信，通知说Man Chen很快就来贵部发饷，安排对城堡的占领。似乎决定已下，这一使命可能将委之于您，但广州的指示尚未下达。因此您最好不要让贵军化整为零。

Man Chen、Tchong Yao 和 Poun Kwon 接到函令，要他们照管兵士。

（原件第 312 页）

20－21（附件 7）

拉安（Lap Yen）密探报告的消息

芒街，1887 年 2 月 2 日

两天前听边境的华人说，有一支五六千人的中国军队已抵 Fou Long 口，可能本月十一日或十二日（2 月 3 日或 4 日）要来攻打法国人。

从 Fou Long 到芒街，一个行人要走两天，一个挑担者要走 4 日。

两日来，居住在芒街及碉堡附近的安南人已逃往茶吉（Tra Co）

* * * * * *

赫政先生的中国侍者好像说过，今晚（2 月 2 日）可能有 2000 名中国人抵东兴，准备攻打芒街，再过几日可能另有 2000 名前来增援。

江坪情况亦同。

* * * * * *

边境的中国人传言，有一支五六千人的中国军队开到了东兴东北方向有两日路程的地方，可能于本月十一、十二日兵分两路进攻芒街和江坪的法国人。

芒街，1887 年 2 月 2 日

2 月 2 日，一名安南妇女自东兴返回她的村子（万宁附近的春烂）。据她说，中国人担心法国人发动进攻。东兴的中国居民将自己的贵重物品运走坚壁起来了。

法国人建造的防御工事令中国人忐忑不安。这名妇女看见东兴来了一名中国高官，她不知其名。

该城的居民说，中方勘界委员会主任三四天前可能与李大臣和另一位人士到了钦州，但不知他们究竟在哪儿停留。

东兴有人说中国皇帝已禁止中国士兵与法国人开战。

队长派出去的两名密探尚未回来，他们担心这两人被中国人抓住。

（原件第 317 页）

东京和安南占领师·参谋部二处第 694 号

26－22

东京和安南师指挥为尼将军致河内安南和东京总驻扎官函

河内，1887 年 2 月 17 日

总驻扎官先生：

谨呈上：

①关于边界一侧那竜及那梭（Na-So）军队组成情况的说明。

②指挥中国边军的将领和办理边境事务的文官致勘界委员会主任和法军指挥官的一封信的复件。

③中国官员在信中提到的海宁主事签字的两份声明的复本。

根据得到的情报，狄隆先生认为局势十分严重，飞地受攻迫在眉睫。杜森尼中校亦认为，攻击一旦发生，必将十分凶猛。即使中国官军不参加，我们也将要迎战刘永福部，在分茅岭估计有兵五六千人，飞地被赶走的居民将加入该部，提供 8000 至 10000 人参战。

在研究送到的全部情报时可以得出这样的结论，如果发生进攻，可能只会在中方勘界大臣离开后。目前飞地的归属问题可能已解决，我们起码不能再公开向中国官军寻衅。因此我们一方面面对的将是刘永福部和分茅岭的部队，另一方面将是飞地的居民，他们即使未得到中国政府的武装，起码与中国当局串通一气。我们目前的力量可以使我们应付这种可能性。

一旦勘界结束，我认为一方面应提请中国政府注意在其境内组成的这些人数众多的集团，同时我们要结束一种并非两国达成的条约所创造的和平局面的状态。

（原件第 321－322 页）

26－22（附件 1）

在那竜（Na-Luong）的拉内（Lap-Nay）信使送回的消息

2 月 2 日出发，3 日抵拉法（La Fao），他在这听说中国官员已批准北河（Bac Ha）招募敢死队，已有约 600 人左右。

中国官员给这些敢死队员的月薪是 4 块银圆，另供食物。还要提供军火，并建议他们尽情使用火药，要多少给多少。

当这支武装参战时，就必须首先捣毁 Tyunh Ninh，杀死男人，掠走妇孺、耕牛等。物品将分给敢死队员。

但这只能在中国勘界委员会离开后，他们才会准备攻打芒街。副兆（Fou Tchao）即代表钦州府的东兴文官已悬赏100吊钱，给所有从法兵营中带回诸如帽盔、鞋子等物的敢死队员。

该信使2月4日到了 Oh Tchao，他在那获知，绅士都被召集起来，讨论芒街中国人之事。但他对于这些会议的目的不太了解。

2月5日，在那竜还有人对他说，绅士们被召集起来。他在一个丘顶上看见一面黑旗，黑旗旁有人走来走去。有人对他说，那竜一座庙里有一百来号士卒，庙前插有12面大旗，一些为黄旗，一些为花边红旗。旗心书有大号中国方块字：那竜总。

6日，他从 Nao Fu 返回，抵 La Fao 和东兴半途中的 Chaw，遇到8人一组、6人一组的运炮队，共有6组。有百多名士卒押送这些运炮人。

他还在返 La Fao 途中，在距东兴约5里处的 Na Tchiou 看到一个正在建造中的堡垒。他们到处在招募民勇。好像北河 Bak-Ha 在形成一些黑旗军。

芒街，2月7日晚

（原件第323页）

在那梭的 Tong Fouck 信使送回的消息

3日傍晚出发去南湾（Nan Wan）。他在那梭听闻，指挥东兴军的中国官员李氏（他祖籍那梭，在江坪拥有些店铺）购买大米分发给长山、望江的居民，他欲将他们组队，想攻打江坪的法国兵营，若攻打受挫，则去捣毁 San San 村和 Mé Cheun 村，这两村村民似被认为与该死的法国人携手合作，因为他们到飞地来住。

那天他在那梭只见百来名士卒，躲藏在简陋不堪的木棚里，其中约80名待在一座庙里，庙前插着54面齿边三角大红旗。每天士卒们都有行动，他不知道他们去何处。

他听几个人说，文官们（委员们）说只要他们到东兴，就不准攻打法国人，但是他们一走，黑旗军首领和冯将军就会马上率队南下。

2月5日，他看见那梭来了几名士兵，听人说他们是口口部队的，说这名大官刚抵钦州，他因在东京与法国人长期作战而享有盛名。

他还听说中国官员向非官方各部分发军火，派这些部队与法国人打仗。

然而，□□和那梭方向的诸村的绅士在集会。

还听人说，Vong Fou Man 去飞地一侧的某处设立了一个兵营，他们不愿法国人到该处屯扎。

芒街，1887 年 2 月 8 日

（原件第 324 页）

26 – 22（附件 2）

致大将军 Pong 和办理民务官员 Tai 二位法国大帝国官员函

高州、廉州、雷拉州府边境地区防卫将军冯氏、廉州辖下钦州知州李氏，谨上此书。

我办理该地事务官员可以肯定，属我辖的江坪、望竹、云平等境有居民约上万。但自贵军不久前占据该地并张贴告示后，该地居民就流亡他乡。这是十分不幸的事。由于不能从事其平常的活计，他们几乎无法获得生活资料。这些居民必有善良者，也可能有不值得称道者，但现却全要受罪。

根据我们最近得到、准备告知你们的关于局势的情况，我等有充分的理由认为，这一事态可能会导致争执，这对我们双方为官者肯定是不愉快的事。面临着这样的局势，人们只能是忧心忡忡。为此我等才致书你们。

有关边界的协议尚未达成，我们不能让兵卒占据一块有争议之地，也不能在那张贴告示。

因此只要居民愿意，就必须让他们自由返回，另外必须等候法中两国勘界委员会讨论这一问题。

双方如此行事，我们都会更安宁。因此，请你们使你们的行动与本函提及的事项相一致。

光绪十三年正月十八日（1887 年 2 月 10 日）

（原件第 325 页）

26－22（附件3）

法兰西共和国

广安，1887年1月2日

因中国帮助进犯芒街的海盗，为此法兰西共和国驻安南和东京总驻扎官先生做出决定，将采取严厉措施反对他们。

所有犯罪分子不许返回。所有逃跑并不想帮助海盗者可以返回家园。海宁并先安行政哨官甚至可以将其部分财产归还原主。

但为了确保这些人忠于法国人，他们必须向法国民政当局缴付一笔款，款额将根据其财产而定。

他们必须在15天之内到（朱定 Chau-Dinh）驻扎官衙门报道。若超过此限，就太迟了，驻扎官衙门将没收其财产，并将其财产送给忠诚者。15天不返回此地者将被驱逐或施以死刑。

行为规矩的中国人缴付给驻扎官衙门的保证金一年后将归还。

德过

（原件第326页）

26－22（附件4）

法兰西共和国

芒街，1886年12月17日

决定

鉴于中国人在最近发生的、致使一名使节被害的暴乱中的所作所为，再鉴于中国人从未遵从保护国政府关于捐税、护照、居留税等的法令和条例，驻扎官办公室主事、海宁行政哨官兹决定：

第一条：将所有居住在东京的白龙尾和先安之间的中国人或中国臣民驱逐出境，没收其财产。

第二条：将所有不立即服从本决定者宣布为叛乱分子，并立即把他们送交军事当局。

第三条：今后欲定居在上述境内的中国人必须遵从 Vieu Sin 条约的规定，即拥有护照、证明身份、缴清保护国政府规定的所有税费。

第四条：返回此境而不遵从以上规定者，将被驱逐或施以死刑。

德过

（原件第 327 页）

27－23

狄隆致河内法驻安南和东京总驻扎官悲幽先生函

芒街，1887 年 2 月 17 日

总驻扎官先生：

谨随函附上如下两份情报：①邓钦差与我刚交换的一份公函复本；②我今日发给巴黎外长先生的两封电报的复本。

顺致敬意

（原件第 328 页）

27－23（附件 1）

钦差大臣邓 1887 年 2 月 14 日致法国代表团团长函

复：

您 1887 年 2 月 7 日寄来的公函业已收到，内容已悉。

江坪在中国境内。《大清一统志》中有据可查。中国居民前来向中国官员提出请求，诉说不满。所有这些事实或曰证据都不容置疑。

我之所以向您谈及这些失去家产的良民的痛苦，是为了恢复太平，表明我的善意。

至于芒街强盗去年制造的骚乱，却是在安南境内发生的，调查结果表明其肇事者不是中国人。

您从旨在临时军事占领该地区拟就的协议中找出的理由，这份协议的思想是您的思想，因此我不能签字。

既然您同情中国居民，既然您不想损害两国间的良好关系，那么我恳求您首先考虑停止军事占领江坪、收回告示的办法，令良民放心，我为此已数次去公函提起。我想您要对不幸者宽宏大量就取决于您自己。

此乃本回函的目的。

（原件第 329 页）

27－23（附件 2）

法代表团团长狄隆致中国钦差大臣邓函

阁下：

您在 2 月 7 日的复函中重复了您同一天向我提出的要求。这样您给我提供了提醒的机会，我已口头上向您声明过，对于所说的措施，即撤军和解决逃离安南境内的中国人的问题，非我分内的事。

我要进一步说明，我也无权解决与勘界无关的一切问题。这正是我未向您提及我抵达这里之前发生的一连串事件的原因所在。

我之所以向您提到来自中国的一些集团参加了 11 月的谋杀一事，那只是您迫使我不得不说。当时您把黎民百姓的不幸的责任归咎于我方的军事占领。由于您今日的看法似乎不同，故我也不坚持以上的观点了。

按照这种看法，关于“芒街强盗”，我只能提请您注意，中国当局的行政和司法管辖范围根本不到东京境。关于我境内发生的事，你们也许得不到准确的消息。其实可以肯定，您暗示的那些强盗并非全是该城人。

现在我来谈谈贵函有关我们共同的勘界事宜的部分。

您说江坪在中国境，并提出两个理由，还称不容置疑。

您这一说法为我 2 月 7 日的证明推翻。因此，意见分歧要求将问题上报我们各自的政府。其实只能依地图来定其位。我们要将双方有争议的边界、有待确定的边界线标在地图上。这就是我很久以来请求您的事。

您陈述这些理由的方式是根本不要我们讨论这些问题。这样的方式怎么能与中国代表团曾一直承认我们资格的作用协调一致呢。我曾向你们出示过大量的材料，这些材料也使我们得以宣布江坪是安南的。

至于您提出的两个证据，一个在《大清一统志》里，另一个在中国居民最近向中国官员进行的活动中找出，法国代表团从中却看不出有任何令人信服的证据，不必进行任何论战。请允许我向您提出一个问题：根据贵方对一份中国地图的解释，是否就足以进行定界了？在这种情况下，勘界委员会的作用就使人无法理解了。同时请允许我提醒您注意你们的同一本一统志中附的这段文字，以及论及的居民当时所处的特殊环境。根据他们向所在地区的当局诉苦就足以改变其出生地的国籍了吗？

至于您拒绝在我们1月28日的协议上签字，我只好备之于案，但对以下意见予以保留。

①那天您好像准备要签字，还表示要签字。彼此都正式同意，交换了两种文本。“再无更动！”您说。“再无更动！”我们答复。

②这份在正式会议上、在众多见证人面前达成的口头协议，本身继续有效。由我们两国政府去裁决现在是否因您拒绝签字就足以成为废除这一协议的理由。

③您一做了保证，我就将此告诉了那些以为我是获准同意您对于我方文武占领这一问题的看法的人。

从前述中得出怎样的结论呢？您为确定目前我军存在的局势出了一份力。

对以上问题补充说明一下。如果我向您提出这一建议，您同意按实际条件实地勘察边界，如果您当时没有声明这一行动是完全无用的，那么也许根本就没有必要确定现状，这样我们就可以告诉我们各自的政府，在向政府呈报情况前，我们为了达成谅解用尽一切办法。但是既然别无其他良策，那么，直至两国政府做出决定，不让一种可能导致冲突的局势继续，确定现状即为职责所在。

双方代表是基于这一基础才取得一致意见的。这些意见在讨论法中双方的提案时已得到证明。从讨论中产生了文字，我们在可能的范围内都彼此考虑了我们各自的愿望。今天说提及的思想是我个人的思想，这确切吗？因此，您也许可以一直承认这是对的，因为这一思想的本质应是以通过维持事态的现状、不损害任何一方来防止一切争执为目的。这一思想也表明了我是十分希望确保良好关系的。但不论这一思想的起因如何，您可是赞同了这一思想的。说您是被迫接受，能让人相信吗？协议已成。说您有制定协议权，而您自称无签字批准权，这令人费解。

最后，您好像认为我方的占领权依我之意只基于协议上。需要时还请允许我纠正这一错误。一切不过是了解安南的存在是否由于勘界而停止了，贵方的一道声明是否就足以改变该国的一块土地的国籍。这样一种事态可能有损于法方代表团的讨论权，有悖于条约精神。东京版图，和我们知道的一样，就像它近代已形成的样子，在我们看来直到出现了相反的证明之前它应该保留的样子，我们在其境内防御强盗的正当权利仍然是充分的。我们认为，即使在勘界之前，江坪、芒街都有强盗。

接到您的反驳后，我大为吃惊。近日只谈到白龙尾。您说您由于将其列入有争议区内而受到责备。考虑到这一事实，我们已向您表示我们1月28日协议不涉及白龙尾，不涉及我们对白龙尾的领土要求，但只考虑确定现状。没有任何事可以让我们揣测到您关于江坪不属管辖的声明的意图。您不会为江坪被占再挑争端的。为了完成我的使命，我只有一个目的，就是找到真正的边界线，如果您和我一样希望维持良好关系，您的目的自然也是同样的。

至于您向我提到的那些中国人，我亦荣幸地奉告，我已于12月10日将您的口头要求转告了安南和东京总驻扎官先生。这样表明了我的善意后，我想最好将问题交给主管部门去解决。

狄隆

（原件第331页）

27－23（附件3）

狄隆致巴黎法外长电

巴黎，外交部，第10号：邓再次辩驳，拒绝在我们1月28日（见第9号和第5号）的协议上签字，借口是他无权缔约，说这是我一厢情愿。我回告说，他当时是正式说这番话的，因此我根据他与我们达成的协议的意思说，由我们各自的政府去裁决，看他迟迟拒绝签字是否足以开脱他的责任，此外这一协议根本没有构成维持我们文武占领的唯一凭证。邓给我的信中只谈到江坪，即飞地的一部分，白龙尾在外。至于白龙尾，他向我提到他由于将此地列入协议而遭到总理衙门的责备时，我还是答复他，说我们同意从此将其排除在协议之外，当然以不损害我们对它的所有权和占领权为原则。这些权利的存在与维持无论如何也不取决于他同意与否。这是通融的。当时他企图让我接受不公正的要求，承认中国对白龙尾的占领权，放弃我们对白龙尾的要求，要我们坚持该地所属不明，这自然是徒劳的。他最后一封信是我方拒绝在和解的方式上超越合适范围的结果。

（该篇收入《中越边界历史资料选编》第669页）

（原件第335页）

27－23（附件4）

狄隆致巴黎法外长电

巴黎，外交部，第11号：邓奉总理衙门指令，不想再期待两国政府达成协议，但要求我们立即放弃对白龙尾及他断然宣布为中国领土的飞地的要求。从他新持的态度看，他是在找借口中止我们的工作，也许甚至终止我们的工作，给我们制造一种充满政治冲突和危机四伏或受匪徒进攻的危险局面。2月8日，他给我们转来一份上谕。上谕说未勘之地不可存兵，不可告示。后来，一位他常利用的中间人私下对我说，一名外籍高官从北京发来电报说：“对白龙尾，中国可能宁战不让。”为了把其他事先置一旁，他恳求我们撤兵，收回保护国政府的告示，为11月事件后逃走或被驱走的中国人做好事。他暗示说拒绝以上所言可能会有严重的后果。

我们则表示，任何精神上的压力都不能阻止我们维持自己的权利。我们声明无权讨论与勘界无关的问题，只是拒绝不公正的指责或错误的解释，最终的目的只是记下中国人的过错。在意见未统一期间，我们只要求继续我们的其他工作，如果他们不反对的话。

同时，我们认为扩大或延长我们的占领而非终止或缩小，可能是有利的。总驻扎官办公室在这一点上已尽其所能了。但是我们现在的困难部分仍然是起因于我们根本还未较充分地考虑占领白龙尾。他们越看到我们强大，就越不敢有言必行。

不过事态的发展还难以预料，因为争执的关键也许在心怀敌意的中国人的成见中。

（该篇收入《中越边界历史资料选编》第566～567页）

（原件第336页）

19－24（附件1）

芒西埃将军致河内师部电

海防，1887年2月19日

第19号：杜森尼中校2月15日告诉我，中方委员会昨日给法方委员会主任送去其最后的决定。他们不同意中国拥有长山、江坪、白龙尾会受争议，并要求立即撤出飞地的法军。

（原件第339页）

狄隆2月22日致巴黎外长电

复与第10号和第11号相互错过的第6号电。我们已派卜义内司令赴河内陈述占领白龙尾的必要性。现今我们在白龙尾有一哨所。悲幽先生要求狄塞尔中校去，他的离开从另一方面看非常令人遗憾，然趁此机会，通过一位无所不知、我们非常信任的人的斡旋，我们与他就某种妥协可能的必要手段拟定了协议。因未详谈这一协议的依据，我们想从我们的物质利益看，重要的是要十分注意维持我们的尊严。一切精神的失败可能会有长期的恶果。半个月来，与表象相反，我们可能已说服了放弃江坪，因为争执实际上在白龙尾。我们无权去寻求可接受的妥协，但我们却有责任维持我们的权利，让两国政府考虑随后的协商。这就是我们对邓说的一切。我们的想法是事先承认这一权利可能太迟。在任何情况下，这都是做出好好妥协的必备基础。我常通过电报向恭思当先生提供情报，我将把我的大部分电函内容通知悲幽先生。我要将我们与中国人会谈的全部记录寄给他。

（原件第 342 页）

29－25

狄隆致法驻安南和东京总驻扎官悲幽函

芒街，1887 年 2 月 24 日

总驻扎官先生：

兹随函寄上我与指挥普里莫杰号的海军上校维隆交换的函件复本，作为情报提供。

（原件第 343 页）

29－25（附件 1）

狄隆致白龙普里莫杰号巡洋舰指挥维隆函

芒街，1887 年 2 月 24 日

上校先生：

即复，您本月 22 日函收悉，谢谢。

我亦要将此信转给总驻扎官先生，并将内容告知杜森尼中校。

我觉得我们采取的主动性是很有利的，将会十分有利于勘界委员会，如果您愿意请提到的那些中国人提供有助于确认我们关于白龙尾属安南这一事实的证据的证明的话。在这一点上您可能做的一切在目前的情况下将十分有用。这就是说，中国人回到有争议区的问题非我们所管，尽管这一问题的顺利解决对我专门负责的勘界事务可以有很好的影响。

（原件第 344 页）

29－25（附件2）

海军上校维隆致狄隆函

白龙，1887年2月22日

先生：

本月18日，星期五，位于白龙半岛东南部、普里莫杰号泊处附近的白龙、北社和望社诸村的村长或绅士来到舰上，要求我们不要使他们惶惶不安，甚至要求我们在海盗到半岛时保护他们。

以前在炮轰时，这些人由于害怕避开我们，不与我们来往。

因为未进行任何针对他们的示威，他们的财产得到尊重，他们略为安心，才到舰上来。

我已答应他们，帮打听中国官军或非官军武装返回白龙半岛的消息，而在我给可能要停留在白龙的战舰诸位指挥的信中，劝告他们要好好对待这些人，我向可能要在半岛逗留或往来的军事要人指出，要把这些人视为不值得对他们采取严厉措施的人。昨天在白龙开始设立的一个哨所，其作用必会争取到该地为数不多的居民和贫穷的村子，如果主任先生您能向他们提供安全和优待保证的话。附上送来的这三个村庄的原名册——这些人都需要从事耕作，我肯定上述这些人迫于形势会返回。

（原件第345页）

30－26

狄隆致法驻安南和东京总驻扎官悲幽先生函

芒街，1887年2月24日

总驻扎官先生：

谨将我刚发给法驻华公使的一份电报复件作为情报随函转发给您。

（原件第346页）

30－26（附件1）

狄隆致北京法驻华公使电（第8号）

芒街，1887年2月24日

公使先生：

兹通过悲幽先生给您寄上我们与中国人几次会谈的纪要复件及与他们互函的函件复件。我深信，这些文件将向您证明我们从来没有束手束脚，在可能的范围内一直是通融的。我们认为，若我们寸步不让，中国人就只限于在公开意见分歧的抗议和无实际效果的要求之范围内坚持，而我们在精神上的任何让步将来可能会使局势变得严重起来，目前则不会导致局势相当的缓和。至于各种武装力量可能随时发动的攻击，若不发生意外，我们可以对付得了。对于他们舰队的行动，这根本不是凭他们，而是凭他们想从与我们论及的有关白龙尾归属和其他有争议地点有关的问题得出的结论而定。事实上，我们的会谈暂告中断，现在要在东兴重开谈判将是不慎重的。他们在东兴已向我提供了抗议的证据，抗议的作用有一天可能会超出中方勘界大臣们的目标。他们容许抗议活动。但是在我们境内继续的共同工作则不会受到任何阻挠。目前卜义内司令与中方代表团的成员在我方境内正在非正式地筹备这项工作。这样我们继续据图对西向进行勘界，一面等待别处悬而未决的困难的排除。邓（承修）也许想前往广西。在另外的情况下，我们的部队可能正求之不得，但换地方可能需要我们减员，目前分散我们的力量是不利的。我们的事情在北京进行得如何了？比中国人对您所说的了解得更确切，我也许可以更好地向您提供应该提供的情况。

（原件第347页）

54－27

法外长致法驻安南和东京总驻扎官悲幽先生函（第302号）

巴黎，1887年2月25日

先生：

李于聂将军在通过海军部长转给我的一份报告中，把他在白龙尾水域停留期间所能收集到的，关于海宁不幸事件及该地总形势的情报向他的部里进行了汇报。

我认为，为了不时之需，应该随函给您寄去我觉得对您有点用处的该报告的摘要。

（原件第348页）

54－27（附件1）

远东分舰队总司令、海军准将李于聂致海军殖民部长的报告

亚琅湾，1886年12月28日

我在12月18日的信中曾匆匆忙忙地将我抵亚琅湾之事向您禀报过。翌日早上，我前往白龙尾，在那遇见了“拉克罗什特里号”和“蝮蛇号”。20日早上，我引这艘炮舰前往芒街河对面的拉雷吉尔（la Réquier）泊地。我在那遇见了“涅夫尔号”、两艘炮舰和各种装载法军、越军的牵引帆艇。芒西埃将军乘“棍棒号”刚离开此地前往海防。但比加尔司令和准备率队登陆去扫荡芒街西面受海盗蹂躏地区的杜森尼中校向我介绍了情况。

芒街一切平静（海宁是东京辖区的行政名称）。头天上午，普塞司令的部队从陆路开到河桧，与从水路抵达的杜森尼部的几支先头部队会师。被弃已空无一人的芒街城（1万至1.2万名中国人）以及位于南面河（其上游段为界河，见附图）（未见有图——编者注）左岸的安南的万宁村被轻易地重新占领。

城堡和对我们不幸的士兵而言或为景致或为陷阱的小山岗与万宁东南部相接。

中国官军占据着一个遍插军旗的兵营、两个小山岗、一些并峙着两个相似的哨所的前沿。我们的前哨监视着这两个哨所里的中国人的一举一动，我们双方仅隔着一条百米宽的河流。中国的一部分勘界大臣住在河流汇合处旁的那个小城里。中国士兵在远处忘不了做一些挖苦我军的举动，假装进行斩首之刑，等等。

对所发生的事只有进行推测，因为谁也不会留在那儿让人询问。不过有人说（过于自信而付出生命代价的）海士的头颅被插在中国境内城里的一根矛头上，一名法国轻骑兵的头颅则被置于海士先生的狗的头上。这也许表明，中国军事部门与攻击特遣队的那伙人串通一气，我们还不知道这伙人的组成情况。

这些攻击行动全在晚间进行。芒街、河桧遭到了数日攻击，后者每每不免。数日之后，特遣队和受攻击时得以返回城堡哨所的驻扎官因弹尽粮绝，才决定撤到河桧去，就是在这次行动中发生了屠杀事件。

芒街和河桧，尤其是后者，蒸汽小艇每个朔望月只有三天里有数个小时可开进去。

河桧小城内是麦马朝中尉的哨所。该城遭火烧，这位军官由于弹药充足，遂率部转移到附近的一个山上固守。赶来支援的普塞部的轻步兵接着开往芒街，以重占该城。我上面已说过了，这次攻击伊始，全城居民，中国人和安南人，大多数都逃之夭夭了。

芒街之所以不被火烧，也许表明了这是中国人想要求得到该城的一个打算。城里居民全转移了。

我对中国人乃是同谋的指责尚无根据。这个问题的关键在于必须追查并想尽一切办

法确认这一犯罪事实。我对此正全力以赴。

19 日早上，博蒙司令离开亚琅湾前去白龙之前来到舰上，将局势大致地向我作了介绍。我发电报给代理总驻扎官先生说，狄隆先生与勘界委员们必须尽快赶到芒街来，我们在此地的军队将达到1500 至 1600 人，给他提供十分有效的保护。

“杜雷纳号”“拉克罗什特里号”和“蝮蛇号”几支舰只的登陆部队乘“蝮蛇号”返回白龙尾后的第二天（星期一），240 名武装人员就在白龙尾进行军事巡逻。附近的几个小村子已空无一人。不过我通过几名中国人的帮助——我是用安南语与他们说话的——使居民们安下心来。第二天，“杜雷纳号”返回亚琅湾，以便沟通海防与总驻扎官之间的联系，并在那补充燃料。

应我请求，给我派来两名水手和两名翻译供我遣用。他们是乘坐作为趸船和煤库的“那戈那号”来的。

“普里莫杰号”返回

“普里莫杰号”于 25 日晚与我会合，27 日一早又开赴白龙尾去与“拉克罗什特里号”会合，给后者留下一名译员，并了解在北海得到的情报。

监视北海港

“拉克罗什特里号”和“蝮蛇号”曾于 12 月 15、16 日二访北海港。该港地处东京湾入口，需对其进行监视，对其资源及居民习俗进行研究。“普里莫杰号”也要在那停靠，并争取在那收集到一切于我有用的情报。这是一个要经常涉足的地点。我有充分的理由认为，在勘界委员会谈判初期，“普里莫杰号”的存在起到的精神影响与“拉克罗什特里号”在白龙尾西湾起到的精神影响一样有利。我们因此肯定会拥有隶属东京的一块土地。中国可能会对我们的拥有权提出异议，这是很有可能的。

其实白龙尾是天朝境内的一块飞地。我们只能从芒街经海至白龙尾，因为中国拥有一小块飞地，即临海的竹山飞地。这块土地上的大多数居民乃中国人，和与我境接壤的地区情况一样。

听说中国十分重视占有白龙尾，可能受唆使而使其海关里的英国官员保护白龙尾。北海通往广西边界的大路甚至也可能通过我们的飞地，因为山脉在此处的隘口是最低的。因此，我们可以毁掉红河这条水路，将来修建一条涨潮时巨型军舰也可进入的通抵白龙尾海湾的铁路，将我们徒劳无益地致力于把通过东京的商品吸引到云南去的可能性来引诱中国人。

我们进行的军事巡逻证明了我们的权利，驻扎在该地的杜森尼中校纵队将使我们可以通过建立一两个由我军和土著兵共同守卫，并不时得到一两艘军舰支援的哨所而最终占领此地。

“杜雷纳号”返回亚琅湾

当“杜雷纳号”经海返回亚琅湾时，勘界委员们随代理总驻扎官先生和韦尼将军正赴芒街。我以为会与委员们相遇，可能是我晚了几个小时，未遇见他们。狄隆先生写信告诉我说，他和韦安、韦尼在白龙尾见到了“拉克罗什特里号”和“蝮蛇号”。

29 日晚，代理总驻扎官先生和韦尼将军经过亚琅时和我谈到局势问题。我把我统领的军舰将向他们提供的最充分的帮助，以及我已采取的措施通知了他们。他们则将他们的计划告诉了我。但是任驻扎官的海军上尉迭勒桑先生在芒街的调查刚开始进行，所以他们只能向我提供有关埋伏事件的材料，不外乎我自己在拉雷吉尔泊地获得的材料。韦安先生一抵河内就要向我提供最详细的情况，把我方驻北京公使的活动情况告诉了我。

军火走私

现在沿海的海盗行径已近消失。军舰往来巡逻，搜查帆船。不过除了结队而行的渔船，其中大多数帆船都持有海防颁发的在该港停泊的合法证件。在这个季节，军火走私活动甚少。运往安南的军火应该是从岘港上岸，很可能是通过经常开抵该海湾的德国汽船。安南几乎没有精良的武器，火药尤少。至于东京的海盗和叛乱者，他们拥有许多快射武器，这些武器主要是从中国的边境地区运来的，或是我们遗弃或丢失的，但是监视必须永不松懈。

内附的“普里莫杰号”舰长先生的一份报告将使您了解该巡洋舰去年 12 月的上半月经过岘港、归仁时这两地的形势。

在安南的行动

平顺和顺化行动大获成功。可以料想，我们在抚略（Phu Loc）统领下的下交趾义军的支援下，要再次在富安和平定进行的行动，已是胜利在望了。

我们逐步推进到岘港，还计划自岘港朝广南首府出兵。安南的心脏，即顺化与东京间的这片地区，到那时将被隔离并受到严厉的惩罚。为此，中国一侧的边境地区必须平静。如果对柬埔寨不合时宜的占领还没有缚住其手脚的话，下交趾的支援也许是决定性的。西贡可以给我们提供五六千名经过训练的土著兵，他们也许有助于迅速地平定安南。

要对泥岛、宁平和南定两省的南部地区进行一次小小的行动。也许有必要朝谅山方向采取行动。但是部队兵力有限，只好将人员分成数支，分别开往各地。杜森尼中校部占领白龙 Pak Lung 后要开赴这些地方。

当我们雇用的土著行政官员更信任我们、开始效忠我们时，对我们的最终占领迷惑不解或抱怀疑态度之人将渐渐归顺。那时，对那些要抵抗、不识好歹的人必须毫不容情了。我很少听到谈论那位“丛林之王”。然而被我们保护的国王最近所到之处，他住过的房子马上被人烧毁。

12 月 31 日

我见到广安省巡抚，他与负责调查的海军上尉兼驻扎官迭勒桑先生从芒街返回。我趁他来造访时鼓励他，并对他说我从北京回来，北京希望和平，边界上的骚乱很快要平息，应该说服各位接受保护国制度，让他们利用在各地的威望，使迷途者重走正道，其他的人将受到严厉惩罚。

这些话重复再三，产生了效果。不幸的是，迭勒桑先生进行的调查给人的最初印象似乎是驻扎官海士先生干了一件大蠢事：在他抵达前，他的谨小慎微的主任秘书与芒街的中国居民关系密切，甚至得到厚待，他们迎接他，对他关心备至，甚至盛情宴请。海士先生精通汉语，居住在芒街城中，警惕性不够。他想向居民们表明他们未来的命运，就让人张贴所有中国人都敏感的诸如捐税等问题的告示。自此，富有的居民开始离开芒街。至少在遇袭的两天前，有些中国人通知这些富户，说他们根本不必担心，攻击的目标是驻扎官及其周围亲近的人。海士先生起初还表现得信心十足，后来还是派了三名密使前往河桧求援。此时，这个哨所与芒街哨所正同时遭到攻击。

据迭勒桑先生（我正等他的报告摘要）说，中国军队为了使人相信他们不能救援我们的分遣队，晚间也在他们的工事里鸣枪放炮，好像他们也遭到攻击似的。海士先生的脑袋可能确实被暴置于芒街对岸的那个中国村庄的村口。一名轻步兵的头颅也许被送到该村，置于一个狗头上，因此肯定存在着同谋关系。但是我需要更多的材料才能作出判断，才能向您及我方驻京公使提出一些建议。我正等待着杜森尼中校的一份说明书、狄隆先生给我的复信以及代理总驻扎官韦安先生要向我提供的文件。

“猎人号”将出现在广州

我有充足的理由相信，我统领的诸舰的经过将对东京产生一个良好的印象，对广州也将起到很好的精神作用。“猎人号”1 月 2 日自日本南下，月底将出现在广州。

“普里莫杰号”将到亚琅湾更换兵员及舰长。我想，我将不再需要该舰留在这里。根据勘界委员会的界务进展，此舰可以北上香港。我认为有必要的话，它可以开到广州河的黄埔前亮相，然后开往日本，到横滨停泊。

又及：代理总驻扎官要求提供一艘舰只送他去岘港，他要从岘港去顺化。我派给他“杜雷纳号”，这也许将使我得以去顺化并在那搜集有用的情报，我要用安南语向年轻的国王进鼓励之言，竭力让枢密院相信，北京中国政界的意向是与法国和平共处，友好共处。

（原件第 349 页）

54－27（附件2）

“普里莫杰号”舰长海上报告摘要

安南海岸

我于12月8日上午10点在岘港停泊。“狮子号”炮舰亦在该港停泊。近来这里未发生任何重大事件。战役毫无把握，所有离群索居的人都不见了。我军遇到的武装团伙只有些抬枪和长矛。我诸炮舰阻止任何军火走私活动渗入该地，长期严格检查停靠在岘港、归仁这仅有的两个开放通商的港口以外的其他港口的商船。部里指示各舰在行使搜查权时要适度，要通过外交途径提出抗议。

法国驻香港领事馆代理人说，有两艘德国船，其中一艘叫“玛丽号”，将装运军火到东京北部，他对此坚信不疑，但不能把这公开写下来。

在岘港，一位殖民地的前特派员鲁佐先生与香港来的一位名叫古松的中国富翁合作过，公司的店号叫鲁佐公司，他们有一艘小汽艇和四艘游艇，涨潮时他们就用这些交通工具往顺化运送补给。他们派人在观察岛角筑了一道堤，将在这设一煤仓。

1885年的海关收入为30万法郎，1886年12月1日已达50万法郎。蔗糖乃主要的出口产品。

1月10日在这一海岸将有一次行动，有望在一段时间内恢复内地的平静。交趾支那总督将派我们的义兵首领抚略率千人出征。艾莫尼埃先生，这位康拉涅（Camragne）附近地区的驻扎官、前任上尉，十分英勇，将统领另一支部队。

新任国王的巡察已令所有安南人愤愤不平。我们的义兵曾在那见到他得到一份习以为常的厚礼的令人难堪的场面：我们的敌人明目张胆地烧掉他住过的所有房屋，似乎这些房子被玷污了。

……10月10日，我在归仁外停泊。我与“慧星号”进行了联系。该舰舰长、海军上尉马尔泰尔（Martel）向我证实了刚过去的台风造成的灾害。驻扎官勒努尔先生想在南面30里的泳寺港设立一个海关。

（原件第357页）

31－28（附件1）

狄隆致巴黎外长电（第15号）

1887年2月27日

我希望从悲幽先生那得到有关您电文所提及的白龙尾现状的补充情况。自21日下午2时起，我们已往白龙尾东南角的固定哨所运兵，正在扎营。这并不包括我诸舰只的存在，登陆的海军和经过的前队人马。

恭思当先生问我勘界之事进行得怎么样了，我是否希望迅速结束。为此我给他发了一封电报，电文如下：

“西面，芒街和海先（又名峙马）这个去年勘界工作的终点之间，相距约 150 千米。如果我们可以在此决定的话，我们在很短的时间内就极有可能就其中的 120 千米达成协议。剩下的 30 千米地段，遇到的困难多些。东面，直到竹山（9 千米），我们双方的意见一致。飞地问题仍然悬而未决。”

（原件第 359 页）

32－29

狄隆致河内法驻安南和东京总驻扎官函

芒街，1887 年 2 月 28 日

总驻扎官先生：

谨附上今日与芒街中国边界民政与军政要员王、李阁下的交换函复件，以供作情报之用。

（原件第 360 页）

32－29（附件 1）

芒街中国边界民政和军政要员王、李阁下致法勘界委员会主任狄隆函

1887 年 2 月 28 日

中国钦州县与东京交界的地区是一片树林茂密、起伏极大、进入很难，平时颇难保卫的丘陵山区。边境居民最近已分散到各地。在这片多少可以说紧靠边界的附近地区，有两三万居民。如果他们丧失了春耕的可能性，就无望活下去，这样必生乱无疑。由此将导致无论对钦州县还是对东京来说都是巨大的灾难。

由于最近强盗在 Szé Lack 地区活动频繁，尽管进行了大量的拘捕，最后施以严刑，但习俗还是不能不顾。强盗是否与被遣士兵结成一伙制造动乱，确实令人担心不已。动乱一生就会带来灾难性后果。这种情况迫使我们不得不运兵到 Szé Lack 地区，部署在固

定哨所，以便牵制被遣士兵，保护百姓。

因此，我们应该给您寄上此书，目的是让您知道我们运兵到 Szé Lack 地区驻扎的理由。

致军官彭（Peng）、副驻扎官帕克（Pak）、领事诸先生。

光绪十三年二月六日（1887 年 2 月 28 日）

（原件第 361 页）

32 - 29（附件 2）

东京勘界委员会主任狄隆致芒街中国民政和军政要员王、李函

芒街，1887 年 2 月 28 日

阁下：

刚刚收到二位今日一同写给我的信。您二人在信中向我解释了运兵到 Sze Lac（Sze-Lo）地区驻扎的原因。

最后这一说法太泛了点。但为了防止目前服从于我领制度的地区的地界变化不定，我对任何事都不会掉以轻心，同时我还要就此求教与我有联系的专门的权威人士，即中方代表团成员。我只需提醒此事，以便将来有必要时易于确定责任。

从你们来信的内容看出，你们想避免贵方所辖，即中国境内之地发生动乱的危险。

就这个问题讲，我只会为能采取一项有助于维持贵境秩序的措施而感到高兴。主管部门在我方距 Szé Lack 不远处采取了类似的措施。你们还将会高兴地看到，这一措施符合同样的目标。双方的配合对于维持共同的安宁，只会产生最佳的效果。我希望双方的配合将有助于保证 1885 年条约第一条的执行。请放心，我们一定会履行防备我县境附近可能试图窜入贵境的强盗的责任。但据我所知，目前根本没有强盗，我各分队数次搜索全境，未遇到强人。这里是不可能再有强人露面的，要有就是从贵方一侧来的。

关于这点，你们说他们正在形成，没有贵方目前的努力，也许就该担心被遣散的士兵加入他们的队伍了。请允许我现在提醒你们注意贵方在这点上也承担着的这一任务的重要性。其实贵方有责任阻止威胁侵入我方的匪帮。

如果发生了匪帮入侵的事件，被遣散的士兵也加入了，那情势就更为严重了。按这种猜想，谁也无法理解这些部队为何提前解散，因而，也无法理解给强盗提供军火来反对我们有何好处。这样，我也许至少可以把你们谈及的对于东京来说可能的巨大灾难，

归因于贵方对我们缺乏远见。

而且我来芒街只是为了一项特殊的工作。因此，我不更深入地去理解贵函的实质。至于其他事，我将来只需把我所知道的导致目前形势的真正原因，向我的政府汇报就是了。

（原件第 362 页）

33－30

狄隆致河内法驻安南和东京总驻扎官悲幽函

芒街，1887 年 3 月 1 日

总驻扎官先生：

谨附上我今日发巴黎的第 16 号电文复件，以供作情报之用。

（原件第 364 页）

33－30（附件 1）

狄隆致巴黎外长电

1887 年 3 月 1 日

中国人一再反驳。当巴黎、河内、北京通知我们认可现状之时，他们坚持要求我军撤离江坪。此外，他们昨日还给我来信，借口说是为了防止对他们军队在与我境毗邻地区的行动产生误会，同时提出了实际上主要是需要我方采取相反措施的一些事实。实际上，他们谈到边界两侧生乱的一大危险问题，同时透露有二至三万名（过于夸张了）被驱者，在强盗和被遣散或逃亡的士兵的支援下，准备反攻回来。我们在承认有遭受攻击的极大可能性的同时——杜森尼中校可以应付——现在仍可看出，中国当局的这些行动只不过是一些旨在恫吓我们、令总理衙门满足并迫使其反对我们的简单小伎俩而已。为了可以确定责任，我答应了必做的事，也将此通知了恭思当先生。

（原件第 365 页）

34－31（附件1）

狄隆致巴黎外长电（第17号）

1887年3月4日

第7号电已收到。

2月19日，邓发电报要求说，对于有争议地点的地界，由总理衙门和恭思当先生在北京划定。他劝我效仿他。对于这个要求，我未置可否。当时一方面是担心他想逃避责任，陷害我们；另一方面是担心，由于我们无大利可图，我的反对会推迟事情的最终解决。从后一方面看，一切问题都处于同一水平上。而从前一方面看，中方代表团的离开将是所谓的匪帮攻击我们的前兆，这越来越成为可能。能否使中方勘界大臣们留在这不走，一直等到勘界（将在北京继续）结束，或至少等到新的命令下达呢？在这种情况下，准备离去的邓的请求也许会产生好的效果。他的请求可以促使总理衙门保证中方代表团离开后的边界安宁。在同样的情况下，延长我们在这的时间不是也很合适吗？我们全体人员都不在乎个人的得失。

我还提议在工作将告结束时，派比加尔舰长去北京。我们认为，对于恭思当先生来说，身边有一个我们的人补充材料是很有利的。

（原件第367页）

35－32（附件1）

狄隆致法驻北京公使电

1887年3月7日

6日来函收到。

星期三的会晤与卜义内司令、赫政先生及他们的译员的会晤一样，唯一不同的是我不是与邓会晤，而是与中方代表团成员王氏会晤。他闭口不谈江坪、白龙尾的现状，而是有理有据地提到要求马上勘界的命令。我们以牙还牙。接着双方继续讨论准备工作问题。准备工作依然在顺利地进行着，也许将有助于很快达成协议。

关于江坪问题，从我的询问和您的答复来看，我们之间有许多共同点。我将只力求让这块土地在地图上明确地标出来，所有的权利问题置之一旁，以符合我们谈判的实际需要，或可能的需要。也许最好还是等我争取在剩下的协议上签名再说。

关于他们要求更改的书面要求（见我第17号电），对于他们提出的补偿，我已进行了与您相同的推断。他们突然发表声明，这次要求的这块土地是一个独立地区。为了让您了解此事，也为了向您提供他们自相矛盾的证据，我正等待这一声明的正式化。从现在起，情报可以是有用的了。

双方代表团自邓最近这次来函及我的答复后，不再谈论白龙尾，但是两名中国官员（一文一武）刚就此给杜森尼中校和副驻扎官去了一封信。他们抗议2月21日（即在收到巴黎来的一份命令中止我军一切行动的电报之前）设立的一个哨所。他们还声明——从时机上说这是错误的——受雇的一些中国人或士兵被杀害（见我第3、第5号函）。为什么在我各分队经过之后，在对维持现状（其实际条件2月21日之前已利于我方）达成协议之后，还连续发表这些带有偏见的声明呢？

根据我近日得到的情报，我们即将看到要突然发生的一次秘密准备的行动。这一消息不会令您感到意外，我们丝毫不感到担忧。但如果总理衙门不予处理，那么总督最后将很快使纠纷产生，而我们是要努力避免纠纷的。

（原件第370页）

36－33（附件1）

狄隆致巴黎外长电（第19号）

1887年3月11日

新得到的情报向我证明了在这里与中国开始讨论的问题的重要性以及白龙尾和江坪的重要性。有关妥协问题，我已与悲幽先生通了信，但不知我们的观点是否相同。总之我对他说，我认为必须坚持不让；关于白龙尾，也许只要提出维持有关中国船只常年通行的旧规定——这些旧规定是安南面积向东延伸到龙门对面，因而过了白龙尾的时代定下的——不损害该地的安南国籍，就足以使一切一致了。

邓不想在我们一直顺利进行的工作结束之前签署任何协议。

（原件第373页）

37－34（附件1）

狄隆致巴黎外长电

芒街，1887年3月14日

恐怕我在第19号电里未能充分说明问题。我认为所提到的旧规定是建立在夸大领海海域的基础之上的。这一原则对我们来说，可能充满危险的后果。我并非泛泛地提出要维持海域，而主要是针对白龙尾。白龙尾在这个规定中仅被视为中国海船半年一次的集结的方位标而已。当时这只是一种交易活动，但是邓已把江坪和白龙尾问题搞得如此糟，我想以后只需满足我说过的总理衙门的自尊心就行了。

昨日（13日）收到您12号电。卜义内司令即将出发。

（原件第375页）

33

狄隆致河内法驻安南和东京全权公使、总驻扎官悲幽函

芒街，1887年3月14日

总驻扎官先生：

兹随函附上有人从东兴兵营秘密给我送来的一份重要文件的意译文，作为情报向您提供。中文抄好后亦将给您寄去。

33（附件1）

自边界安南境逃亡之居民致中国钦差大臣的请愿书及邓的答复

（1887年3月8日秘密送到）

江坪、长山、沥尾：致邓大臣、王道台、冯提督、李县令请愿书

赵金荣（Tchao Kin Yong）、陈忠怪（Tchen Tchong Quouai）及江坪、长山其他绅士上呈本请愿书。我等前来向诸位大人提一个似难以解决的问题，望诸位大人能使我们摆脱困境，为我们提供一个更有利的环境。鉴于此，我等前来请求诸位大人开恩，使我们

可以感到满意。江坪地区是养育我们之地，可以说我们离不开这块土地。我们永远也不会甘心离开这片数百年来我们的祖先就在其上生息繁衍的土地。曾有一两名安南人到这来定居，但是可以说他们被看成是这片土地的外来人。

最近法国人已完全吞并了安南，目前开始染指中国边境地区，烧毁我们古老的家园，给我们的人民造成巨大的损失。面临腥风血雨，我们只好逃走。我们约有上万人，更多的人已被迫离开此地。谁能忍受更大的不幸呢？确实永远不会有类似的情况了。

几天前，法国驻扎官泰玉帕命人在江坪、白龙尾及该地区张贴告示，说已决定该地区属安南管辖，所有想回到该地区的中国人必须迅速去找中国官员索要证明书，拥有该证件就可进入该地区，但是超过期限数日，即使拥有官方颁发的证件，也不能获许返回。逾期返回被抓住者，将格杀勿论。

获知这种情势，我们男女老少都不禁泪水横流。我们渴望返回，但我们将会在靠近法国人的地方被当场抓去。如果我们现在不必担心被抓走，但将来还可能会被抓走。现在我们逃回中国，地无一垄，我们不能对等待着我们的饥饿和寒冷抱什么幻想。

在法国人派兵到这片地区之前，权力机关看出他们的用意，预料到这些逃亡者将成为其利用的力量时，就应该派兵扼守边界，这样边民就会得到很大的好处了。可惜！我们未曾得知，本乡的 Ak Ka 人，这些十恶不赦的坏蛋，甚至曾经要求感受中国官员们的宽宏大量。我们是诚实的人，我们今后不能像无名的花草一样被抛弃。春耕季节已至，时不待人，春活再拖几日就太迟了，若我们不能进行春种，就无望生存了。

东兴五乡绅士致邓大臣、王道台、李道台、冯提督、钦州李知县的请愿书

我胡漫浦（Ho Man Pu）和东兴五乡绅士前来向诸位大人呈递本请愿书。

因法国人占据了边境一些地区，边民被迫逃往他乡。因此我等前来请求诸位大人拯救我们。我们世世代代居住生活在这些地区，从事农业。习惯上我们一直认为江坪、长山、白龙尾、芒街、河桧、潭河、先安直到分茅岭脊这片地区组成五个乡。

安南乃中国一属国，两国不分彼此。所以，安南在此处任命官员，同时安南书生到钦州应考。不久前，法国人自安南过来，占据了芒街、河桧等地。匪帮及法国人的存在导致动乱发生，迫使我等在面临大难，一望不存时离开了我们的家园。

现下法国人占据了江坪、长山、白龙尾等处，我们仅剩下东兴五乡之地了。江坪男女老少，人数逾万，已无栖身之地。谁听说了这一亘古未有的灾难时都不会不为之悲痛。

中国大员们此时前来勘界，自然是代表皇上来解决这一问题的。我等迫于无奈，只好前来向诸位大人陈诉我们的怨恨。我们只有这一条路可走了，所以我们一直徒步到大人们的营帐来，请求允许我们跪拜在大人们面前，恳求大人们让我们得回芒街、河桧等整个地区，留归中国，使我们能返回定居。千万不要放弃这个地区。江坪、白龙

尾等地不能不被承认是中国的领土。此乃一个关键的问题，所以我们才向你们呈递本请愿书。

面对这样一种不幸，我们才共同商议并决定我们这个地区的绅士及黎民百姓来面见我们寄予信任的诸位大人。若大人们自己的看法与法国人的并无二致，那我们就只有失望了。因我等十分不幸，所以才被迫来向大人们申诉，以期大人们乐意向我们提供哪怕最起码的生活之需。我们将永远铭记这一恩泽，大人们将是我等的再生父母。

邓大臣的答复

您等在请愿书中谴责法驻扎官泰玉帕张贴了一份告示。告示说江坪隶属安南国。你们还谴责他虐待居民，迫使老弱病残者十分失望地离开家园。你们来找我们，要我们帮助你们返回这个地区。看到这一幕幕悲惨的事，我不禁泪流满面。关于这个问题，去岁至今，我们已会谈十余次了，进行了无数次争辩。

本月六日（2月29日）上午10时许，我甚至还给朝廷上书，禀报了这一切，并求指示。我身为钦差大臣，对你们深表同情，对自己不能说通洋人深感内疚。若我有办法能做某些事，定会不惜一切为你们效劳。我刚令地方当局赶快给法国当局致书。我会把你们呈送给我的请愿书的内容，马上电告朝廷。因此请你们保持镇静，等朝廷给我的指示，勿生乱，这就是我要奉告你们的。

正月八日（1月31日）

（原件第378页）

38－35（附件1）

狄隆致法外长电（第21号）

1887年3月16日

我们与中方代表刚签订了一份简短的会谈纪要。本纪要确认除了未谈到的江坪和白龙尾以外，对于广东、广西整个边界意见一致。该纪要正文附有界图一份。根据这样达成的协议，要拟好所有的会谈纪要和绘制好界图，尚需数日。

这一协议针对尚未勘定的部分边界，即一条400多千米的新的边界线。本协议是以法国代表团的草图为基础制定的，另40千米则以被我们接受的中国代表团的草图为基础。关于后一方面，我们已打算进行一个细小的更正。不这样今后就不能定界。

（原件第381页）

15 – 36（附件 1）

狄隆致法驻华公使电

芒街，1887 年 3 月 17 日

此乃我致巴黎电：“……”（电文见 21 号电）

通过我今后给您提供的情报您就会知道，我不能像我所尝试过的那样，既保留一部分问题，又在有利的条件下匆匆解决其余的问题，就像我原先认为最终应该的那样。

我在我的第 11 号和第 12 号电里提到的区域，通过勘定的部分已划入安南境内。根据我们掌握的材料，这个区域长 20 古里（约 80 千米——译者注）、宽 30 古里（约 120 千米——译者注），人称之为米仓，这就是保乐地区。中国人一心想得到它，必将要求您让予。承认我们在这一处的边界这一事实的本身，已成为我在别处已同意的细小更正的前提。也许总理衙门可能会电示邓赶快确认昨日取得的结果，电示他承认界图上的江坪、白龙界，因为我已够通融的了。为了使您能够随后解决权利问题或在北京达成友好的谅解，对提出的区域范围不存疑问，我已在本界图上向他们指示过江坪和白龙的界线。

（原件第 383 页）

58 – 37

狄隆致河内全权公使、法驻安南和东京总驻扎官悲幽函

芒街，1887 年 3 月 18 日

总驻扎官先生：

我派“特拉利号”带封急信到海防给要赴北京的卜义内司令。趁此机会，顺便给您转去我要通过下班邮船寄给外长的一封信的抄件，作为材料提供。

在等我已开了头，但由于其他事情被迫中断的各种报告写好后，我亦附内给您寄去如下文件，作为情报提供：①杜森尼中校写给我的谈及江坪军事位置重要的一封信的抄件（附件 4）；②有人从东兴给我送来的一份告示的中文抄件（附件 5）。这份告示是中国的一个边界当局很早以前命人在东兴张贴的，该当局为了原飞地居民的利益给我们写了好几封信。

又及：由于 3 月 25 日的一次失误，我的信仍留在“特拉利号”上。该舰也仍留在 Mui Guoc。得知这种情况，我又令人将信取回。由于该舰还被派往海防，我顺便把这封原定给您的信再次寄出。

（原件第 384 页）

58－37（附件1）

狄隆1887年3月18日函附件第1号（a）

狄隆致外长函

芒街，1887年3月18日

外长先生：

我昨日给您发去一封电报（第21号），现要赶紧再补充一些详情。

下面先是我刚给法兰西共和国驻华公使先生发去的另一封电报的抄件（附件1）。该电中已有关于我们与中国勘界大臣最近一次会谈的结果的补充材料。

两国代表团推选出来的代表，一方是卜义内司令，一方是李翻译和赫政先生，他们进行了数次会谈后，以我们的草图为蓝本，几乎已达成了一项非正式的协议。它是关于自云南直至飞地（飞地不包括在内）的整个边界的勘定问题，未涉及与广东接壤的一个区域，这个区域位于海宁西北数千米之处，靠着广西。

在接受讨论余下问题之前，邓阁下坚决主张讨论所提到的这个区域，而我相反，竭力要首先使上述的协议得到批准，将争论留到最后。我的双重目标是确定最重要地点的位置，给恭思当先生提供讨论另一个问题的基础。关于后一个问题，先前的会谈没有留给我促使中国人放弃其要求的任何希望。

每次谈到面前各草图标明的这个地区时，中方代表团就一再要求收回。我们同样也未停止过强调我们对该地区的权利。

对于讨论的问题，由于双方都不愿让步，所以我们的工作还要推迟下去。会议一结束，卜义内司令就要乘船赴北京。他在场有利于要求结束谈判。他十分积极地参加了谈判。邓阁下最后全靠这样的时机才获得讨论的先行权。

于是我态度坚决起来，再加上手中的证据，坚持认为该地是安南的。为此我出示了东京代理经略交给总驻扎官办公室、后者给我们转来的一封信。

李翻译见我态度如此，代表中方代表发言，同时向我方提出两个相关的提议：①在下述规定的范围内减少中国要求收回的土地的面积；②根据法国代表团的草图，马上就其余的问题得出结论。

我们既不同意中国对这部分地区拥有权利，也不能同意以我们同意其要求为其履行对我们应尽责任的交换条件，这就是我的答复。

中方代表一起商量后，李翻译改变了讨论的议题。他说："我们不要再谈权利了，而要以互惠出发。如果你们严格地要求得到在广东应归于你们的权利，我们也只有在勘定广西边界时效仿你们了。我们刚才的提议是抱着另外一个愿望的。我们同意你们的草图已是高姿态了，必须这样才有可能完成我们的任务，因为我们不赴现场，我们有特殊的困难，你们是不知道的。我们只有在一个问题获得满意的解决后，才会在另一个问题上考虑贵方情况，去排除这些困难。如果我们不立即得出结论，那么远在数日路程之外，我们熟悉其态度的广西巡抚就要亲自干预其省界的勘定了。他是相当细致的，勘界事务将不得不往后推了。”

没有必要花更多的时间详谈，因为本会议纪要可作为补充。

也没有必要说我们不是暗示这一推论的作用，但至少事情非我所料，以另一种形式出现，使我们可以表现得更灵活些，如果我们认为这个推论符合其总体利益的话。

然而，我们肯定要再显示一下武力，使中国人承认我们对该地的权利。为了见效，这一措施要超过我们在别处采取的措施的范围。实际上，我们在飞地迅速采取主动，已令广东边境当局张皇失措，来不及随心所欲地制造使我们被动的局面。我各路分队发现，我们的敌人已撤出飞地，当随后规定维持原状成为必要时，我们的军事占领就已成为事实了。一些中国人，他们的匪帮，他们的军队，可能比我们先到这里。定期派往这个方向去的密探给我带回一些与我们指出的中方官员的行为完全相符的消息。这些官员已下令开始在白龙与峒中之间修建一条大路，还没有任何证据确认安南所有权的存在，也没有任何迹象显示保护国政府在发挥作用时，他们已在这些地方行使其权力了。在这种情况下，怎么做必做的事而又不致冒着冲突的危险呢！

不考虑此刻护送我方绘图官去实地所需的人数不少的护卫队，以及目前给他们提供补给存在的困难因素，这一措施可能会有实际作用。我对权利问题没有任何怀疑，没有中方代表参与的任何调查结果必定会被他们否决。此外，为了与他们踏遍飞地，我们目前与他们达成协议的尝试未果，这足以向我预告我为了诱使他们与我一起走可能还要进行的尝试的命运。

中国人竭力要求收回这个地区，也许有某些利益因素或自尊心方面的因素，但我们失去了这些因素，并仍在失去。对于这个地区，我们只掌握极少的材料，我们打听来的消息不能使这一地区以一种有利的面目呈现在我们的面前。此外，这是一个多山的山区，人烟十分稀少，安南人罕至，成了海盗的天堂。其战略上及商业上的地位，使我觉得至少我们不足以再进行一次像在江坪和白龙已进行过的战斗。

根据要求的条件，我们就丧失了紧接博琅的地区，但我们保留了峒中，因此我们一直在准备修一条通到广西的路。位于先安河畔的峒中是一个比博琅更大或更重要的圩，从这里通往广西的几条大路是最好走的。博琅河流急水浅，只有舢板可行。

未曾有过的不合逻辑向我们表明这里是好商量的，因为一开始我们就有条件地放弃了这片自白龙尾（不含白龙尾）到龙门湾的区域，后来我们在关于确定白龙半岛东部的现状上进行了妥协。当时我们以一条自 Combeau 沿着山脊到岛端的假想线把整个半岛一分为二。在我们迎击他们仍在进行的抵抗使我们遭到威胁之前，我们在别处也向中国人进行这样的让步。

与此有关的精神利益不限于飞地，因为两国代表团彼此根本还没有表态，他们之间的冲突还完全没有公开化，已经进行的部队调动或已进行的炮台构筑，还根本不能阻碍问题的顺利解决。

中方勘界大臣们给我们设置的障碍，由于其性质，不会由于我们求助于恭思当先生就近干预总理衙门而马上消除。总理衙门不会明示他们，以使我们接受产生困难的责任，只会不得已给这里下达一些不充分的指示。这些都是该死的延误的原因，在延误期间，可能已突然发生了新的冲突。

中国人在接受我们绘制的广西界图时，放弃了他们长期以来用以反对我们的种种要求。因此，恭思当先生还有许多个妥协原则，如果这些原则应针对领土交换的话。不论中国人对提到的地区有多大的兴趣，在他们看来，这个地区根本比不上广西某些地区重要，比如保乐。他们很明确地对我说过，对于更正问题，他们还有其他明显的要求。他们自己不言明地确认，在广西立即承认我们对至今仍有争议地区拥有的权利使我们占了便宜。

问题仅在于评价有关我们更正的权利的存在与范围的事实。然而，我们在云南已行使了这一权利，未遭异议。若对比广西段此前存在争议的区域的面积及其重要性，那么提到的这个地区的这两个方面就只不过是小事了。如果对比维持的那条边界线的长度，那么被移动的那条边界线的长度也是微不足道的了。

反复下达的指示要我们应该尽快结束我们还负有责任的地段的勘定。

在接到马上勘界的建议的同时，我们还接到通融的建议。这是我离开老街时接到的，我们抵达河内时，我又接到这一建议。这个建议是笼统的，可以说这是一个例外，但仅指白龙尾而言，换言之仅指飞地而言。

不过我当时感到为难，接受了我的同事们的建议。如得到他们的同意，我将汇报随后的情况。卜义内司令马上对两件事表了态：关于在现有条件下结束界务的益处，关于在我们的特别处境下对所接到命令的执行情况。倪思大夫只是担心要追求的主要目标(迅速结束勘界）达不到而犹豫不决。当中国代表团表示准备立即在界图和会谈纪要上签字时，他的疑虑才打消。一大堆应接受的建议我都用过了，因为我失去了狄塞尔中校昔日十分有效的协作，若我拒绝，我接到来自各方的意见表明原来不可避免的困难已令人十分困惑，若由于目前对其两位成员采取的措施，法国代表团被迫要简化到最简单的形式时，那么我就在与日俱增的困难堆中挣扎。

公使先生，从这以后，由于中国人提到这个问题时用了新的措辞，由于他们降低了要求，由于不能通过说服的办法求得期望的结果，由于要求得到的地区微不足道，由于对我们界务工作能否迅速结束的关注，我及我的同事们一致认为，我应遵命而非得陇望蜀。所以我放弃了一部分中国人要求得到的地区，换来了这样的好处，即在接下来的勘界中采用我们的界图。我把这件事视为条约规定的部分更正方面的一个整体观点。我同意将做出这一决定的责任进行充分的评估。

我们很快要在会谈纪要（有两个复本，抄件内附）和参照的地图（四份）上签字。

旁边是第二份草图，一是经过更改的区域；二是最先被要求收回的区域。两部分在图中由一条 AB 线段分开。

要拟好各份会谈纪要，绘制地图定本，只剩下具体的工作要做了。这项工作本身得花好几天的时间，因为会谈持续了六个小时。

公使先生，剩下的事就是我马上向您作这些说明了。

（原件第 385 页）

附件 5 为中文，见原件第 393 页——译者注

58 - 37（附件 4）

狄隆 1887 年 3 月 18 日函附件第 1 号（b）

法中勘界诸大臣 1887 年 3 月 16 日在芒街经过对各界图进行对照后，对自广东省的长山（中国领土）起，经过广西省全界直至云南的中国与东京的边界线意见一致。

为此，双方绘制界图一份，以说明此一致的意见。将据此界图拟定诸会谈纪要，确定最后的各份界图。

狄隆

卜义内

倪思

（原件第 396 页）

58 - 37（附件 2）

狄隆 1887 年 3 月 18 日函附件第 2 号

杜森尼致狄隆函

芒街，1887 年 3 月 11 日

主任先生：

承蒙向我问起我对江坪、长山军事上的重要性的看法。

江坪、长山扼制着：①一条重要的商路，Song Na Tho；②一条战略要道，即自 Szé

Lac 经长山到 Sam Pak 的这条路。中国人在战争中曾数次利用了这条道路，该道路绕过十万大山。

我认为维持原状是有利的。

（原件第 397 页）

41 – 38

狄隆致海宁法国副驻扎官弗拉丹·德贝拉布尔函（第 3 号）*

芒街，1887 年 3 月 20 日

副驻扎官先生：

既然您 20 日的信提到对总驻扎官先生寄给您的正文进行了改动，那么我在此事中就不能承担任何责任，即使仅将您的信送给中国当局的责任也不能承担。因此，谨将此信奉还，让您就此按您认为合适的方式去做。

此外，我不能明白的是，您怎么会认为芒街城不包括在芒街地区参照的地点内呢？收到上述此信的人也许与我不一样，对此信有不同的理解。当我的“坚决要求”可能只起到避免这一误会的作用时，我认为这一要求就会有好的效果。

我还有很多另外的事要做，不能总是进行书面答复，您以后有什么像提到的这件事一样重要的问题要告诉我时，请到我这里来吧，而且到时我会有空闲时间接待您的。

（原件第 400 页）

* 副驻扎官德贝拉布尔编的号——译者注

41 – 38（附件 1）

弗拉丹·德贝拉布尔致狄隆函（第 6 号）

海宁，1887 年 3 月 20 日

主任先生：

鉴于您在昨晚写给我的两封信中提出的批评，我已决定暂时保留芒街地区居民的返回问题。此外，您将看到，我早就有意避免谈论该城本身的居民。我对全权公使兼总驻扎官先生寄给我的正文进行改动之事，我已电告了他。请您尽快把内附这封按您的意思改动过的信，派人送给中国当局。

（原件第 401 页）

41－38（附件 2）

狄隆致法驻海宁副驻扎官德贝拉布尔先生函（第 2 号）*

芒街，1887 年 3 月 19 日

副驻扎官先生：

我从悲幽先生指令的抄件上得知，您要“按他的指示回复中国人的第二封信”。他不要求您用他接到通过您问及我的意见以前使用的措辞复函。

因此，我认为您可以只提江坪，芒街以后再说。如果您确想参照我 3 月 9 日的信，那您就会发现，中国当局不会就前芒街居民向您提任何问题。以后，与他们谈到这些居民，就不是回答他们向您提出的问题，而是讨论一个新的问题。我认为，这一区别与形势的需要也好，与事实也好，都是完全一致的。因为，必须对江坪采取已说过的措施，对芒街则有必要拖延。

我事先得到肯定的消息说，现在要返回这里的人都将是奸细和心怀恶意的人。现已夜深，10 点钟了，不能再劳动我的脑子了。

我之所以现在就立即告诉您，是因为悲幽先生的指示中有关我的那段（内容）激发我的。我不是致力于抬高我的看法，而是致力于提供我认为有用的一切情报，我认为没有违背他的指示。

不过领会您接到的指示并服从指示是您的事了。如果您认为悲幽先生是要坚持把关于前芒街居民的问题的答复立即送出去，那您就服从他的指示好了，绝没有错。在这样的情况下，我就转交您的这封信，而这一解释的责任就由您来承担了。

（原件第 402 页）

＊副驻扎官德贝拉布尔编的号——译者注

41 –38（附件3）

狄隆致法驻海宁副驻扎官函（第1号）*

芒街，1887年3月19日

副驻扎官先生：

您要我转交给中国当局的这封信，对于勘界委员会来说，本身就有一个立竿见影的后果。我们的房东有权回他们的家，就有权把我们从他们的房子中赶出去。

根据总驻扎官办公室的命令，我们原来是被安置在芒街城的。现在我要问您，您是否打算应我肩负的公务的新需要，即安置委员会，选择我们的会议可以继续进行的地点。

而且我也不明白，您怎么一面函告中国当局，说芒街地区居民可以返回，如果他们不想招致财产损失，甚至应该马上回来，一面又写信对我说："最后，他的指示十分空泛，将不会妨碍我参考您的意见，根据不同的情况，分别进行不同的处理。"是总驻扎官先生最近给您去电之前，就已收到我3月9日给您的复信，还是您在目前情况下主动将此信送给中国当局的呢？若属后一种情况，我就不能承担转交此信的责任了。

（原件第404页）

*副驻扎官德贝拉布尔编的号——译者注

41 –38（附件4）

德贝拉布尔致狄隆函（第5号）*

海宁，1887年3月19日

主任先生：

刚收到您的来信，现即刻答复您在信中提出的两个问题。

就在今天，我已要求全权公使、总驻扎官先生推迟允许芒街居民返回，直到法国代表团离开后，杜森尼部可以离开此地时。

另外，正如我在今早写的第4号信中告诉您的那样，悲幽先生在我昨晚收到的那封来电中，对您向我提出的批评进行了反驳，并命令我按他的指示再写一信。至于您指出的关于我上述一信的那段，只不过是我从全权公使、总驻扎官先生的同一封电报上摘出来的。我认为最好还是随函附上该电报的复本。

*原文末尾几行不清，未译出——译者注

（原文第405页）

＊副驻扎官德贝拉布尔编的号——译者注

41－38（附件5）

德贝拉布尔致狄隆函（第4号）[*]

海宁，1887年3月19日

主任先生：

正如我告诉您的那样，我没有忘记把全权公使、总驻扎官先生关于该地区中国居民返回问题的指示使您产生的想法告诉他。

我昨晚收到悲幽先生的一封来电，他提醒我注意，他3月4日的指示明确保留我们的自主权和治安权，根本没有满足中国人的要求。而且他还禁止我与中国人就我们打算采取的治安措施进行讨论。他还说，新的抗议可能会被视为收回第一个抗议，应该让我知道公函的复函特点。最后，他的指示十分空泛，将不会妨碍我参考您的意见，根据不同的情况，分别进行不同的处理。悲幽先生最后告诉我，他已把他的决定通知了北京和巴黎，要求我立即执行他的决定。

（原件第406页）

＊副驻扎官德贝拉布尔编的号——译者注

41－38（附件6）

法驻海宁副驻扎官致河内法驻安南和东京全权公使、总驻扎官函

海宁，1887年3月20日

公使先生：

请原谅我给您转去内附的这些原件。由于时间紧迫，邮船马上要开航，所以我只想马上把法中勘界委员会法国代表团团长刚刚提出的奇怪的争议向您报告。

您知道，狄隆先生曾对您关于飞地和芒街地区的中国居民的返回的方案，提出了许多异议。您当时认为不必去考虑这些异议，后来您命我执行您的第一道命令。因此，我昨日按您3月4日的电令拟写了一封信，并已给狄隆先生送去了。这不是为了征求他的意见，他的意见后来对我已无作用，而是为了请他按惯例负责将此信转交给中国当局。法国代表团团长昨晚给我来了一封信。他在信中公开向我表示，他对他的意见未被采纳

感到不满。我在第 5 号信中对此作了答复。我认为语气与狄隆那封信使用的语气大不一样。我还认为，我这封信说得很清楚，不必再进行解释了。

然而，团长认为自己未获满足，在一封我将其编为“第 2 号”的信中，再次提出这个问题。他要求我在复中国当局的信中不要提及芒街，只谈有关飞地居民的问题。

虽然您有明确的指示，但为了希望避免故意挑起的不和，我只好做了让步，并写信（第 6 号信）告诉狄隆先生，鉴于他再三提出批评，我就保留芒街问题不谈，同时向您请示，最后补充说，您给我的那封信从未提到“芒街城”，而是提到“地区”。

对于我的这一让步，狄隆先生来信（我将其编为第 3 号）作答。他的这封信清楚不过地表明他决意与我断绝联系，他甚至拒绝把我的信转交给中国当局，而只有他能够转交信件，所以我根本就无法执行您的指示。

既然情况这样，公使先生，我只好恳求您给我下达新的尽可能明确的指示，并将复本寄给法方代表团团长，请他给我执行您的指示提供方便。

十分遗憾（现在坦率地对您说已无妨了），我从来未得到勘界委员会的帮助和支持，而我是有权期待的。其实，狄隆先生是不愿意看到中国当局与我建立联系，这已非秘密可言了。我从未从他那得到过一份情报，他给我提意见的目的，或至少其结果，是阻挠我完成任务而已。

我在这里肯定会获得成功。我已以一份完美的协议为基础，确定了民政权力机关和军事部门权力机关的联系。我希望，内附的所有文件将使您清楚，我在与另一个主管部门——我从未怀疑它对我采取的强硬态度——刚发生的冲突中没有任何责任。

（原件第 407 页）

40 -40

狄隆致悲幽函

芒街，1887 年 4 月 1 日

总驻扎官先生：

参照我今日之电，谨随函附上我刚与广东巡抚交换的电报的复本，作为情报提供给您。

又及：借此机会寄上我上月 23 日给法驻华公使的电报的复件。

40－40（附件1）

广东省巡抚吴大澂（Ou-Ta-Tchang）致狄隆电

4月1日

我们分别是在3月14日，此后我一直在惦记着您。听说勘界事务即将结束。我何日方能再见到您呢？我出任广东巡抚已一月有余，事务缠身，我肯定您也未把我忘了吧。

狄隆复电

获悉您的消息，万分高兴，我还一直保持着我们交往时最美好的回忆，希望您从满洲长途跋涉返回后仍身体健康，但愿我有机会再见到您。

广东巡抚吴大澂致狄隆的第二封电报

4月1日

我在我的档案堆中发现，九头山①和亚婆湾②位于归顺中国的沿海地区，这片地区延伸到钦州县西南，这是海盗的巢穴。同治九年两广总督曾派兵到该地区搜剿。安南王当时曾致书两广总督说："敝小国未有一个具此名的山。吾饬工部数大臣及其他官员（根据您的意见）乘战船到广安省的白藤江③恭待（中国船）。"可见，九头山和亚婆湾昔时亦不属安南，两广总督的档案里有此据，广东边境属我的行政辖区，即使仅一小岛，我亦不能放弃，请您与中国钦差大臣（邓承修）商量，将此两地给予中国，这很重要。

（该篇收入《中越边界历史资料选编》，第1142页）

狄隆的回电

一、九头岛确位于经过我方权利已得到承认的那片安南领土顶端的经线以西，既承认我对这片陆地拥有的权利，那么现在承认我对该群岛的权利就更为容易了。

二、同治九年，安南王函告两广总督，说他未有任何一个叫九头山的群岛，但却根本不能由此证明他想否认对九头岛拥有的权利。实际上，这些群岛在安南语中并不叫九头山，而叫扢山东（Show－Shan－Tong）和扢山西（Show－Shan－Si）。这一不同就引起

---

① 安南语：Show-Shan-Si，扢山西——狄隆注

② 安南语：Ma Lao Shan（？）——狄隆注

③ 安南语：Bac－Tung－Giang，白藤江——狄隆注

了混淆，可能这就是当时悬而未决的争执的主要原因。

三、安南国王代表、东京经略最近已书面确认㧅山西和㧅山东属安南所有。他未提以前安南王是否真的否认对这两个岛拥有权利这件事。

四、这两个岛屿属安南的尧封县，而该县比海宁府位置更靠西。其居民一直向该县缴税，这是按法定手续证明的事实。

五、安南所有的地图及书籍都肯定这两个岛屿的安南国籍。

六、自与安南缔结了1874年条约以来，法国舰队就在安南海岸行使沿海治安权。这也促使法舰队对九头岛行使这一权利，甚至还早于1884年条约，何况去年初，这支舰队还要求享有这一专属权。

七、去年初，中国舰队曾经来耀武扬威，几乎到了属安南的河桧社，而我们对该地拥有的权利刚刚得到承认。不能根据当时中国这个舰队也到九头岛宣示过权利，就证明九头岛和河桧属于中国。

因此，我不能听便尊意把九头岛给予中国，对此表示遗憾。请您与中国钦差大臣（邓承修——译者注）商量，以使安南对该群岛拥有的权利最终获得承认。

（原件第416页）

40－40（附件2）

狄隆致法驻华公使电

芒街，1887年3月23日

17日给您去过电，卜义内司令携带一份长篇报告及一些佐证于16日出发了。

中国的地理志确认安南疆界直到龙门，白龙尾包括在其中是不言而喻的。直到最近20年来，情况的确如此，此后，白龙和龙门之间的这片地区曾被中国的海盗占据，该地区仅因此而不是安南的。我们自白龙尾（含白龙尾）起拥有的权利是任何人也不能动摇的。

现场上的中国的真正边界线以前是，现在仍然是以一排哨卡作为标志，而飞地和白龙尾则位于哨卡线之外。

白龙尾是飞地这个社的一块属地，既然已证实该社是安南的，那么白龙尾也是安南的了。

下面主要谈谈白龙尾。

①正面的证据——顺化朝廷委派的一个安南家族以前收受白龙尾不多的居民的捐税。该家族的最后一个传人在11月的事件中，被中国刀劈成几段。11月和今年1月曾在波安

先生和杜森尼部进行测绘时充任向导、在现场被抓住的几名中国人或安南人提供的证词与芒街收集到的情报一致。公众证词、安南官方地图、经略的书面证明、最近数年我海军执行的治安事实以及法国海军部的地图。

②反面证据——中国人推论的严重缺点。在他们反驳我们的权威地理志中，白龙多山半岛被说成是一个岛屿，地图上的文字甚至未提到白龙，这样的权威志书原则上不能接受。他们给我们看过的专用地图，大错百出，南部边界线竟未标在此图里。他们根据北京海上条例（1811 年）得出十分错误的推论，而这些推论对我们来说，布满着危险。

③推测——中国人在这里像对白龙尾一样对江坪（白龙所在社的中国名）断然提出要求收回后，在北京又已承认了我们对江坪的权利。中国钦差大臣们言行不一，自相矛盾。中国人依靠精神的激情和种种阴谋诡计来对付我们。

我认为，白龙尾并非仅指一端，而是指整个白龙半岛。

通过电报难以把一切都说得一清二楚。

（该篇收入《中越边界历史资料选编》第 680 ~ 681 页）

（原件第 419 页）

34

狄隆致悲幽函

芒街，1887 年 4 月 11 日

总驻扎官先生：

参照我本月 10 日电，现谨随函转去我有幸给弗拉丹·德贝拉布尔先生寄去的一封信的抄件。

因我们对飞地拥有的权利是不可否认的，所以我相信中国政府最后必会承认我们的这一权利，如果我们决心要维持这一权利的话。相反，由于许多其他的不利因素，它将继续否认我们的这一权利。然而，我们不能明显地减少我们在这一带的现有力量，除非这个消息已即刻电达北京。在公使馆与总理衙门要就飞地问题举行会谈时，这可能会更令我们遗憾。

（原件第 421 页）

狄隆 1887 年 4 月 11 日函附件

34（附件 1）

狄隆致海宁副驻扎官兼行政官函

芒街，1887 年 4 月 10 日

副驻扎官先生：

即刻奉告，您 4 月 10 日来信已收到，并奉告您赏脸征求我的意见。

若仅仅涉及法国代表团，我认为马上大量裁减芒街和长山的守军并不受任何阻碍。我们的任务即告结束。就个人而言，我们不担心，并非常不希望使保护国部门已是非常艰巨的任务再复杂和加重。

若仍事关法中两国政府间有关飞地存在的悬而未决的问题，那么我认为这另当别论。这个问题留到北京去解决，我根本不必按这个问题的利益可能的要求率先提出建议。既已问起，我认为应该明确地这样回答：根据这种观点，现在起就裁减上述的守军是令人遗憾的。不过就是说，不要狭义地去理解芒街和长山的名称，而恰恰相反，宁可听到谈论我军在中国边境附近地区现有力量的维持。

我认为，维持我现在力量，直至中国人在条件有利时返回，也是必要的。

（原件第 422 页）

42 - 41

狄隆致法驻安南与东京总驻扎官悲幽先生函

芒街，1887 年 4 月 20 日

谨附上今日致外长关于九头岛的信之复件以供作情报之用。如蒙将此件转交我驻华公使先生，将不胜感激。我无法与他建立新的□□。

狄隆

（原件第 426 页）

42－41（附件1）

狄隆致外长的报告

芒街，1887年4月□日

外长先生：

我在3月29日的电报中已有幸向您汇报，那片陆地的边界一划定，我马上就与中方钦差大臣（邓承修——译者注）开始了岛屿勘定问题的讨论。我还说，岛屿的勘定之所以被拖延到这个时候，是我们故意造成的，这时似乎已顺利了。

我们这样做的理由，是我们肯定，让对方承认我们对九头岛的权利所遇到的困难将与我们在飞地上遇到的困难一样。所以我们认为应该提出，九头岛与其邻近的大陆具有主次关系。

为什么这么肯定呢？因为广东边境当局知道九头岛对东京具有重要的战略地位，所以去年就像对江坪和白龙一样，对该群岛进行了侵吞的尝试。1886年，乘龙门军事部门的帆船到飞地来怂恿侵吞、替中国采用恐吓办法的中方官员们明确宣布，他们要求得到从海湾一直到广烂（Guang Lan），即直到亚琅湾入口的一切岛屿。也就在那时，作为中方代表团成员之一的王道台在九头岛人口最稠密的地点设立了一个行政机关。该地在安南地图上的名称是Siang Houa Li，在别国地图上的名字是Sha Pack Van（白沙湾）。它叫九头山。这些细节并非毫无用处，因为在我们关注的、最近尚少涉足的地区，同一地点的不同名称经常造成混乱。中国人的侵略打算就是想从名称的混乱里浑水摸鱼。香华里（Siang Houa Li）的居民还不全是中国人，数月前，两广总督还派舰队到这个地方来，先是几艘打着试航名义的帆船，后来是几艘炮艇。这些炮艇在该处靠岸时，遇到我方舰只，当它们在该处行使权力时，北京马上接到法国政府一份抗议。这件事我从未正式接到通知，只是隐隐约约听说的。我们可能需要的关于该群岛的文件已由安南和东京分舰队司令交给海士去了。我们这位不幸的同仁离去匆匆，当时根本不可能誊抄复本，给他的原件也在11月事件中不知去向了。

从中国对九头岛的战略地位的重视这一事实看出，在最近的东京战争中，中国军队数次在此登陆，尽管有我军舰在巡航。登陆的士兵在那等待有利时机，通过Cac Ba或Hong Hai前往三角洲。中国与我们发生冲突时，中国就试图控制这个群岛，为自己准备一个方便必要的位置，以应对后来的意外情况。从海南或北海开往海防的船，必要时，可在九头岛找到一个方便的避风处。

远古以来，海盗从其事业考虑，也看好九头岛的战略地位，并使该群岛成为他们的一个主要巢穴。在这里，他们就处在所有自中国开往安南的船只的必经航道上了，他们还可以轻而易举地向东京湾四面辐射开去。

根据法国代表团掌握的材料，除了这些促使中国人想占有该群岛、在我们看来又具有保留价值的因素外，还有其他因素迫使法国代表团必须维护安南对该群岛的权利。我们占据着的东京湾沿岸的所有地点中，能用于有效监视中国边境到海防附近海域的地点很少。在芒街、河桧、先安、Hong Hay、广安，看不到海上发生的事，与海上联系困难。对于亚琅港也一样，那里是迷宫集中的地方，战时碰到狡猾的敌人时，这些迷宫对我们将是极危险的。在这方面，唯一给我们提供极大好处的哨所是西南的涂山半岛、东北的白龙半岛和居中的九头群岛。而九头岛上的天气条件是很好的，海风不受阻挡，时时可吹拂这些群岛。东京的一些老侨民对我们竟没有在这个群岛上设立一个疗养院感到奇怪。这里的土地肥得可榨出油来，饥荒时节，芒街地区的一些居民就到这个群岛寻找果腹之物，岛上甘薯遍地，肯定可以不劳而获。土质适于种植蔬菜、苎麻、靛蓝等。煤矿的开采也许在不久的将来会使 Hong Hai 的拓殖获得大发展。Hong Hai 本身资源贫乏，不能自给。那时给养将会从九头岛运来，与九头岛的联系可通过帆船和小船，再方便不过了。我听说一些远见卓识、讲实际的英国人对这个地区有所体验，很久以来就力图得到该群岛。直到最近，被雇来打鱼的数百艘帆船，每年群集在该群岛，出售鱼或交换鱼。我们几位海军司令写过一些似乎与这些情况不一致的报告，不过他们是在不利的情况下试图深入了解该群岛在卫生、农业和商业方面有什么好处的。他们不仅在实地停留的时间极短，而且也没有深入内地勘察，带去的翻译又极不称职。他们面对的是不愿接近洋人的土著人，这些人是受海盗蹂躏才跑到这里来的。

如果我们对白龙尾的权利得到了承认的话，那我们要使对九头岛的权利得到承认就不会遇到那么多的困难了。中国人在要求得到九头岛的同时，还企望进一步证明他们对白龙尾的要求是合理的，因为它距中国最近。他们还抱着这样的希望：万一他们提出的其他要求不能满足，能得到补偿。占有九头岛，他们就等于驻扎在我们的家园里了。因为两广总督怀有侵略的企图，所以他们必定会念念不忘地在紧靠亚琅湾的附近地区建立大规模的殖民点。实际上对于中国人来说，白龙尾的问题目前也是九头岛的问题。在起码让人承认我们对这些岛屿对面的那部分陆地拥有权利之前，如何解决这个问题?

因为陆地的勘界已结束，所以时机一度有利，我也趁机与邓阁下泛泛地确定了这样的原则：对附近沿海地带已获承认的岛屿的国籍的确定，是工作完成的必然结果。紧接着我在地图上签字之后，招待中国代表团进晚餐之前，简单说出的这句话大受欢迎。邓阁下首先表示完全赞同，根本没有提出异议。但在第三天，我们一讨论到细节时，自然而然地说出了九头岛的名字，中国代表团马上表示对此有保留，此后论战不休，直至今日。

在这样的情况下，中国人依然固执，这清楚地说明，如果我们不同意对北市（Paxi）至峒中一段进行更改，那么现在还不能进行广东、广西界的勘定。显然，如果我提前谈到岛屿问题，结果不会两样。我们在陆地上的工作一旦有了保证，就用不着担心中国代表团故意拖延了。

外长先生，我遗憾地禀告，自我抵达芒街一直到今日进行勘界期间，中方代表团受两广总督的操纵，想方设法决意尽可能多地否认我们的领土权。它担心回到正确合理上，所以更加追求这一目标。对于在一些我们的权利竟不可思议地受到怀疑的地方数次遇到的巨大困难的性质，我们就不能再进行具体的汇报了。

4 月9 日，我有幸向您转告了新任广东巡抚因九头岛问题直接给我来的两封电报及我的两封回电的复本。现谨随函寄上我就此问题不得不与邓阁下往来信件的复本，作为情报补充。

部长先生，您将会在这些新的资料中发现我刚才提到的（中国代表团）“决意”的证据，为反驳我所引用的论据只是要掩盖这一真意。

不愿立据而只在口头上表示把九头岛给我们，要求对会谈纪要的文字进行一些更改，而更改后又拒不在改过的纪要上签字，天下实在没有比这更荒唐的了！（邓）钦差实际上只不过是想把属于我们的九头岛卖给我们罢了。因此，在做出决定前，他才坚持要知道他是否有可能争取到进行更改。

他写信向我谈到这些更改问题，一接其信，我马上给他寄去关于岛屿勘定的会谈纪要，作为答复。我们双方经过长时间的讨价还价后，对这个纪要是取得了一致意见的。他后来写来的每一封信，都没有否认我这样提醒他的事，他对以上问题的沉默，就说明了他的承认。因为给他的是一个正式准确的文本，所以我在事先察觉他心怀恶意的情况下，就对他说了，尽管他拒绝签字，但我仍将把岛屿的勘定看成是临时进行的。实际上这就是已到手的果实了。

通信时的形势可说明我复信的态度。这件事在邓钦差的通信中一再提起时，已在口头上进行了讨论。开始他只谈一些更正的事，就好像我们之间从来没有谈起过岛屿勘定的事似的。部长先生，您也许会对他在讨论时不明确表态感到震惊，但知道他那经不住反驳的言论后，也就不会吃惊了。

我自己则正当地利用邓钦差为达到其更改目的抱有的热情，以在可能时促成岛屿问题的最终解决。在这方面，正如我说过的那样，形势已发生了变化，中方代表团仅关心事情的迅速解决。边境公共安全的需要，要求中方勘界大臣们延长在东兴的停留时间。在证实中方代表团在岛屿勘定方面所做的一切后，延长谈判就再也没有什么不利的了。

我给恭思当发的各种电报的复本以及我收到的复电的复本，亦与提到的通信的复本一起附上。与在其他情况下一样，这次法兰西共和国驻华公使给了我们最好的支持，这样，在仍然得到中方代表团支持的反对我们的这场持久的斗争中，我们就有取得全面胜利的希望。

我 4 月 16 日复信后，邓阁下仍未回复。他可能感到处境艰难。从他先前的行为看，我自认为有权进行这样的补充说明：他很可能会耍花招，有意地把责任推给总理衙门。

由于抄件疏漏，我与邓阁下关于飞地问题的最近一次通信被放在本信的附件里了。我原打算稍后专门写信说明。目前，我只需这样说就够了：为了便于目前在北京讨论的措施的执行，我已先请中方代表团与我确定有争议的地区。邓阁下后来只想通过交换我们双方的地图来进行这项工作，最后商定：他在得到我们的地图后，把他的给我送来。在这个问题上，他依旧言行不一。

以后我要把关于更正的问题向您禀报。不过我认为应该提防邓阁下说我们自己并没有提出任何特别的保证，而搞一些我们已习以为常的阴谋诡计。中国代表团在其提出的非正式要求中，不适当地以去年我们其中的一位也许对他们说过的所谓诺言为根据。其错误的论据和在这点上没有依据的论调，证明他们实在厚颜无耻，不可思议。

最后，关于岛屿问题，概括地说，我认为从现在起，尽管中方勘界大臣们拒绝签字，但我们对九头岛的权利有可能得到承认。

狄隆

又及：我已发电报通知总驻扎官先生，我与中国在讨论九头岛的问题，该群岛以后有希望升起法国旗帜。他想马上派“狮子号”到九头岛去。内附浮尔舰长后来给我写来的报告，作为补充情报。

（原件第 427 页）

狄隆函附件 42－41（附件 2）

邓承修与狄隆就九头岛问题的通信

邓钦差函

东兴，1887 年 4 月 9 日

光绪十一年四月（1885 年 6 月）缔结的天津条约第三条规定，两国官员将到现场勘察中国与东京的边界，目前的东京边界要进行更正，等等。

去年二月初七（1886 年 3 月 21 日）浦理燮的一封公函中有这样的话：“至于更正问题，在对两广边界进行全部的勘察后显然有必要予以讨论。此乃条约规定的一个问题。对此没有任何疑问。”

现已在两广边界上对中国与东京的边界进行勘察，诸地图及会谈纪要业已获签字。事情已告结束。

最后要知道的是，我们何时开会讨论条约提及的更改问题。我等候您的答复，极盼马上得到您的答复。专此。

（原件第 435 页）

狄隆给邓钦差的复函

芒街，1887 年 4 月 11 日

阁下：

复活节刚过，我马上就回复您前日下午给我的来信。

下面是岛屿勘定会谈纪要的原文，双方代表对此口头上已达成协议："两国勘界委员业已确认：

巴黎子午线东经 105°43′经过茶古（Tra-Co）岛东端，该经线以西的东京湾上的所有岛屿属于安南。"

中方代表团要求把此经线以东的所有岛屿划给中国。法国代表团声明，由于江坪和其他地方尚未勘定，这一问题应由法兰西共和国公使与总理衙门在北京解决。关于这一点，已与中方代表团取得一致意见。

芒街，1886 年 4 月 8 日

这段文字并非我在 3 月 31 日信中首先向您提出的那段，但考虑到您在拟写时对我表示过的愿望，我最后接受了这一段，若蒙您书面向我肯定您是同意这一段的，我同样非常感谢。您方便时我将马上去拜访您，与您讨论一些界址更改的事。

另外，您一定会注意到，我在这一点上是通融的。因为，如果我严格坚持我的前任 1886 年 3 月 21 日的信和 1887 年 1 月 6 日我们关于重开勘界的会谈纪要的最后一条，那么我就得等到两广勘界真正结束时才接受对更改进行谈判。其实浦理燮先生在上述日期曾写信告诉您："至于更改问题，只能在对两广边界进行全部的勘察后才能讨论。"上述纪要的那一条是这样写的："至于条约提及的细节性更改，要等到两广边界勘定结束时才讨论。"

如果您愿意，我准备在此耐心等待有争议的边界问题在北京得到解决。亦即等待两广边界勘定后再商讨界址更改事宜。除非我的政府有相反的命令，否则，我认为这是我应奉行的准则。

（该篇收入《中越边界历史资料选编》第 1138 ~ 1139 页）

（原件第 436 页）

邓复狄隆函

东兴，1887 年 4 月 12 日

阁下：

三月十九日（4 月 12 日）的公函收悉。

根据条约，中国与东京边界的勘察一经开始，除了更正问题外，再无可讨论的问题了。若阁下不能迅速解决，我也不敢怀有此望，因为担心在一些重要的问题上处理不当。

至于您在公函中提到的关于岛屿问题的会谈纪要（我已复函对您说过，我保证遵守）和确定开会讨论更改问题的日期这一段，一方面我难于签署岛屿勘察协议，另一方面不宜推迟解决边界问题。到现在，由于阁下通融，我应该在我的行动中亦抱同样的态度。请您明日下午两点光临东兴（与我方）商议。等候您对此的答复。专此。

（原件第 437 页）

狄隆致邓函

芒街，4 月 12 日

阁下：

贵函昨晚送到我处时，我外出未归。今早马上复您的信。

据我所知，条约未包含有关于我们可以讨论的任何限制性问题的内容，总之未包含有任何排除我们间进行岛屿勘定的内容。关于后者，您也没有首先向我提出一个原则性的反对意见，相反，您一开始就要求我提供证明我们对某些地方拥有权利的证据，正是这些才促使我向您提供证据的。在要求勘定岛屿的同时，我想完全按条约精神行动。

您担心过速则事败是十分有道理的，但在某种程度上说，我还根本没有想过要突然取消对岛屿的勘定。所以我声明准备好在此耐心恭候到您认为必要的时候。我坚持我方的权利，但我根本不想扩大这些权利。根本不是由于我持着与这相反的态度而产生了困难。

我相信，当您考虑到这些问题时，签字就不会遇到困难了，您原来口头上已同意签字了。在我们之间发生了事后，我无法从另一方面理解您邀我今日去东兴这件事。不过我将乐意在约定的时候去拜访您。万一我误解了您的意思，就请马上通知我，则我不在今天赴约，等我们先通过信件彼此更好地了解后再说。

（原件第 438 页）

邓钦差致狄隆函

东兴，1887 年 4 月 13 日

复函。

根据天津条约，只能勘察中国与东京的边界。关于这一点，其精神是很明确的。在边界勘定以及会谈纪要和地图经过签字后，根据这一条约，余下的就是讨论界址更正问题，阁下应该十分清楚。

至于岛屿问题，我首先想到的是要通融，迅速解决这个问题，以加强（两国的）友好关系。为此我将这一问题（与另一个）并行考虑，提议同时解决这个问题与更正问题。

现在阁下欲绕过更正问题，只想先开会讨论岛屿问题，这完全无视了我的通融态度。

我是负责勘界的，我从未想过要给勘界设置障碍，制造麻烦。

若阁下坚持己见，把岛屿勘定列为首要问题，那么事情就会遇到困难，阁下也就是其（困难）制造者了。我认为阁下应本着与我所采取的相同的态度，不愿承担此种名声（从中作梗）。

我仍希望阁下考虑便于友好谅解的办法，这是我的愿望，这是我应马上给您的答复。

（该篇收入《中越边界历史资料选编》第 1139～1140 页）

（原件第 439 页）

狄隆复邓函

芒街，1887 年 4 月 13 日

阁下：

今日来信收到，即刻复信，当然首先只能简单些。

对此我不能含糊，因为这涉及我们讨论了数日之久的一个问题。对于要掌握的准则，我无任何怀疑。此外，您从我迅速复信这件事中将会明白，我是想消除我们之间的误解，进而扫除不利于排除目前困难的障碍。

关于我们商议的目的，您一再赋予天津条约以狭义，这样就在我们之间造成了性质特别的意见分歧。它变成了政治上的分歧，甚至偏离了我们技术权限的范围，因此我只能将这件事向我的政府汇报，请求就我们关心的问题去真正理解天津条约。您也许也认为应该这样做。因此在这一点上，我们双方只好等两国主管机构达成谅解了。

您坚持贵方有权谈更改问题，这可能使人认为我否认贵方的这一权力。因此我认为应该提请贵方注意，我不仅没有这样做，还最大限度地秉持通融精神，在我可以等待有争议土地问题根据我们4月8日会谈纪要得到解决时，同意在勘界结束前召开所提出的会谈。这表明，实际上通融来自我方。

然而，问题必须逐一解决。但是，若非您想根据我对第二个问题的处理来确定您对第一个问题的处理，为何将岛屿勘定问题与更正问题联系在一起呢？但这样就不是把两个问题放在一起讨论，而是颠倒次序了。遗憾的是，我在这点上看不到贵方通融的表示。

在最后一轮会谈中，在您为了在这轮会谈中能够解决两个问题，当然指相继解决，而未在勘定岛屿的会谈纪要上签字之前，我给您看了所有的地图。由于您深信这些地图，所以我已考虑了您的更正要求。这一事实充分说明您自己完全不顾我的通融态度。

我的这种态度完全可以通过其他事实，包括可以通过北市至峒中的勘界这件事得到证明。因此我认为不该停留在你们想推给我的责任问题的讨论上。我不得不再说一句，我不在乎我的名声，我的名声，既然您把它牵连进去了，我认为根本不取决于您个人的评判。

最后，看到我坚决要求在我答复您关于更正问题的要求前结束勘界——岛屿的勘界——的合理性，我在江坪和白龙问题的最终解决之前同意开会讨论更正问题的友好态度得不到理解，我感到非常难过。

（原件第440页）

邓承修致狄隆函

东兴，1887年4月14日

复函。

阁下三月廿日（4月13日）来信已收悉。

我希望迅速通融地解决岛屿的勘界问题。我们之间可以解决这个问题。

现在我从您来的公函中知道您已请示了贵国政府，故我唯有马上先发出一份详细电报，请求圣上降旨，以免又久拖下去。专此。

（原件第441页）

邓承修致狄隆函

东兴，1887年4月14日

复函。

阁下三月初七（3月31日）的两份公函及内附的两份地图已收到。我亦深知其中一切。

江坪与白龙尾［龙治（Luong-Tri）和白龙半岛］的确是中国的。中国仍将一如既往地维持与这片领土有关的一切事务。

在贵方地图上标注的村名中，有些与我方地图上标注的名称不同。

现北京正在开会。我们彼此不必再讨论这个问题。

为此我匆匆给您复信，请记下。专此。

（原件第 442 页）

狄隆致邓承修的复信

芒街，1887 年 4 月 15 日

阁下：

谨告，阁下 4 月 14 日对我 3 月 31 日两封信的复函已收到。我的两封信谈到法方代表团一开始就以不同的方式提出主权要求的那些领土。

关于龙治和白龙半岛，我们双方早已商定，您一收到我的地图，就把您的地图给我寄来。然而您仅对我说我方的村名与贵方的不一样。我期望您能高兴地如约把地图送来。到时一切就有望真相大白了。若您在更早之前就指出您今日第一次谈及的这些不一致现象，尽管这份地图 1 月初就给您看了，那么也许早就清楚了。我们只能自己来证明这些不一致现象，因为你们给我们看过的唯一的这份地图是中国的正式地图，白龙半岛被作为一个岛标在该图里。地图既无任何细节，因而也无任何村名。

您说：“中国仍将一如既往地维持与这片领土有关的一切事务。”阁下，如何理解这一句措辞如此空洞的话呢？万一我完全不管需要我答复的某件事，那么我就只持保留的态度。所以我保持沉默的唯一动机可能就是不想点破阁下掩盖着的内心想法。

您所言极是，我们之间不必再就江坪和白龙尾问题开展讨论。不过，如果您迫使我支持您自己提出的新一轮会谈，那么我就不再持这样的态度了。

（原件第 442 页）

狄隆致邓承修函

芒街，1887 年 4 月 16 日

阁下：

您 4 月 13 日对我 12 日函的复函业已收到，特此奉告，两函都谈及岛屿的勘界问题。

阁下对我说：“我们之间本可以解决这一问题。”我也是这么想的，我们在这个问题上的一致看法表明，争执的本身并不在于一个原则的问题上。若您不一再要求在岛屿勘定之前解决更正问题，这一争执可能已顺利得到解决了。如果（天津）条约束缚了阁下，使您不好表态，阁下怎么能一开始就在口头上表态呢？同样，为什么只要我对您的更改要求预先表明看法，就可以使您有借口签字呢？

要是您的签字起作用，那么阁下，您其他的行动亦然。您从来没有把中国的任何一部分领土让给安南。您所做的一切，必要时本身就可能足以确定通过茶古岛端点的南北线以西的东京湾的岛屿了。勘界要解决什么问题呢？当然是实际地点。有关地点的真相与其他因素无关。因此，在等待悬而未决的争端得到解决之前，我会毫不犹豫地认为，岛屿的勘定是根据我们共同确定的会谈纪要临时进行的。

由于我不能同意的一个原因，您认为应该将这些问题推迟解决。关于这一点，您我步调截然相反。您根本未考虑我的通融之意。只要谈到岛屿问题，您就对我迅速了结此事的愿望满不在乎。在更改方面的问题上，我也就不顾个人受什么打击了。但在所发生的事后，我有权并自认有责任持更慎重的态度。不过，我觉得您的要求总的说不在具体的更改问题上。目前，我打算征求法兰西共和国驻华公使的意见，然后再对阁下要求中可能包含的内容进行答复，而且要在您正式向我提出时方作答。

（该篇收入《中越边界历史资料选编》第 1140～1141 页）

（原件第 443 页）

狄隆与法驻华公使恭思当就九头岛问题的来往电报

狄隆致恭思当电

芒街，1887 年 4 月 9 日

我极需您的大力支持以制服邓的对抗。邓一再想在签署他与我已在口头上取得一致意见的岛屿勘界会谈纪要之前，知道我对他提出的更改要求的意见。完全有必要不理睬他的要求，在这份会谈纪要签字后才去讨论更改问题。务请让总理衙门电令他首先在他已在口头上表示同意的会谈纪要上签字。这样就足以使我们得到他们与我进行过激烈争执的九头岛，这些岛屿对我们来说十分重要。这也可以使我在更改方面的问题上得到绝对必需的自由，以解释我对所提出的要求打算给予的答复。从种种因素考虑，您的及时过问似乎是很有必要的。

（该篇收入《中越边界历史资料选编》第 1143～1144 页）

（原件第 444 页）

狄隆致恭思当电

4 月 12 日

我 9 日第 17 号电未获答复。

邓一再坚持先开会讨论更改问题，然后再签署他在口头上表示同意的岛屿勘定会谈纪要，否则拒绝签字。之后，他发电报以求降旨。我有充分的理由相信，其目的不外请求批准他拒绝签字。也许他还想请求批准他马上动身离开，同时将我们必须了结的岛屿问题，甚至更改问题束之高阁。对于后者，我目前的态度是我有责任事先不进行任何承诺，使他担心会一无所获。挫败他的阴谋不仅事关重大，而且刻不容缓。

邓认为，条约只涉及陆界的勘定，他提出这一问题的关键也许在于此，其目的是更好地欺骗世人，以逃避其道义上的责任，因为他必须签字承认他的口头承诺。然而，不仅条约原文并不排除岛屿的勘定，而且对岛屿进行勘定也符合条约精神，而且在上述情况发生后，邓的论点是不能接受的。他最初与我争执九头岛，继而唆使新任广东巡抚给我来电，亦与我争夺九头岛。由此导致了一场旷日持久的争论，这场争论后草拟了会谈纪要，并口头通过。此后怎么能容许邓提出一个原则性的问题呢?

至于他的离去，从各种重要的因素看，最好由北京下令，使他的离开与否取决于我是否离开。

(该篇收入《中越边界历史资料选编》第 1144 ~ 1145 页)

(原件第 444 页)

恭思当致狄隆电

北京，1887 年 4 月 13 日

总理衙门未收到邓钦差的任何函件。总理衙门在听我说起后才知他拒不签字，总理衙门现在犹豫不决，我担心它要在接到它可能要求他进行的说明后，才会下令他在这份会谈纪要上签字。也许您可对邓说，他提出的更改要求并非细节性更改，因此您不能在未明我的看法之前表态。

总理衙门也许也会被迫向我问起这件事，我将要求签署会谈纪要，以公开我的意见。这个意见也许只能是您给我提出的意见。

(原件第 445 页)

狄隆致恭思当电

1887 年 4 月 15 日

复电收到，可能与我第 18 号电相互错过了。

我马上听从您的建议。我和您一样，希望所采用的办法将会有好的效果。

总之，所提出的边界更改要求涉及 1700 多平方千米的面积，不过这些要求还只是非正式地提出来。

邓可能要以边界更改一事要在北京讨论为借口，设法离开这里。也许有必要防止他的这一尝试，并坚持主张边界更改问题依条约应先由两国勘界委员讨论，纵使我认为应该征求您的意见。若有可能，务请对此通融。

就个人来讲，我也希望尽快离开，但是我认为让中方代表团留在这里是重要的。

（原件第 446 页）

恭思当致狄隆电

1887 年 4 月 16 日

我 13 日已复您第 18 号电。

与您想的相反，邓没有请求您对我所言之事下令，至少迄今为止还没有。

总理衙门前日发电报给他，要他解释使你们产生分歧的争执，但尚未获答复。

请您电告我，您是否把您第 17 号电谈及的那几份文件原本的抄件寄给我。我知道总理衙门正等待着邓的同样文件。是否已寄出？何时寄出？

已商妥，只要您还在边界，邓就不能离开。

（原件第 446 页）

狄隆致恭思当电

1887 年 4 月 18 日

9 日我派波安先生携带有关文件的原本去河内，请总驻扎官先生命人将这些文件转抄，并立即将抄件寄给您。这是最好的办法。我这里人手不够，而且患病在身。这些文件注明了中国人非正式提出的边界更正问题。同一天，我还直接给您寄去了另外一些文件。

最近又盛传他们即将发动进攻，尤其是在中国代表团离开时发动进攻的谣言更多。飞地事件一旦解决，我认为最好发表合适的声明，公布结果。

我离开之前可能要提出引渡 Bac Ka（他留在离我们很近的中国境内），要求归还我们 11 月份被夺走的武器和其他物品，这些都存放边界的另一侧；我还必须让世人注意游勇准备过境。有必要马上与您讨论细节吗？

我函告邓，关于边界更改事，我要征求您的意见，同时还对他说，我认为岛屿的勘定是根据会谈纪要的条件临时进行的（我已向您提起过这些条件）。根据该会谈纪要规定，经过茶古岛端点南北线以西的东京湾上的岛屿划归安南。现线以东的问题留待飞地问题最后解决后，而且应在北京商讨。

（该段收入《中越边界历史资料选编》第 1145 ~ 1146 页）

（原件第 447 页）

43 - 42

法驻海宁副领事致法全权公使和驻安南、东京总驻扎官函（第 15 号）

海宁，1887 年 4 月 28 日

全权公使先生：

刚发生的一件事证明勘界委员会主任不仅没有把他的一切活动告诉我，而这是十分需要的，而且连两国代表团认为应对我的辖区领土进行改动的事也没有通知我，这太令人遗憾了。

杜森尼中校告诉我，据先安哨所司令的报告，中国人在黄富文（Hoan Phû Van）武将的率领下，准备在俭缘（Kiem Duyen）边缘构筑一个炮台。他们可能对这个地区的主权提出要求，他们认为在最近有关勘界的谈判中，已把这个地区让给他们了。这个地区毗连先安州和海宁府，直到目前都一直是安南领土的一部分。海宁官府仍把它视为自己的辖区。然而从杜森尼中校先生令人给我绘制的该地区的地图看，好像中国人的要求是有依据的。图中的旧界已改过，俭缘区的大部分和 Ban Chang 区的一部分位于中国境内。我要求狄隆先生提供准确的情报，但尚未得到答复。

不管怎样，如果就这一更改是否合适征求我的意见，因为我多少还熟悉这个地区，那我就会永远强调某些理由，以便可能时不同意这一改动。先安上游流域，确切地说正是那块让出的地域，十分富饶。此外，那里作为边界的高山有不少隘口，是我方与中方来往的必经通道。因此，不让这个地区落入中国之手，有一定的重要战略因素。

最后，我要提醒您注意，本函前面提到的这位中国官员黄富文就是我曾对您提到的同一个人。(中国) 钦州知州不久前已下令将其逮捕，装作有点像是取悦我们的样子。但他接着又马上下令将其释放。不过黄富文与巴卡（Ba Kha）是11月事件的主谋。我从许多有证人签字的证词中找到的证据，每天得到的消息证明这些证据不假，增援巴卡的游勇的官军就是他指挥派去的。当我的使命将要完全结束时，我定将把我从返回的居民口中收集到的有关这个问题的所有证据向您报告。总之，我将向您提供证据，或更确切地说是不可否认的证据：①11月，大群散兵游勇大部分来自中国境内；②其中有官军；③主要首领中有一些中国军官。

又及：本信正要发出时，收到狄隆先生的复函。俭缘地区只有一部分给了中国。我让发电报询问先安哨所司令，中国人构筑的炮台是否在该地区已属于他们的那部分领土上。

（原件第448页）

37

狄隆致法驻安南、东京总驻扎官函

芒街，1887年5月8日

总驻扎官先生：

昨日收到您本月6日来电。来电问我，我认为巴斯瓦尔号什么时候才不必再留在白龙尾。该舰舰长请求您允许他返回驻中国海分舰队，您似乎想答应他。

在完全赞同这一想法的同时，我觉得目前的情况完全不利于集结我们在白龙尾的力量。

中国人刚刚向我们提出抗议，其言辞使我们不管怎样不得不去避免最近某种动乱的可能性。这一声明，我完全有理由认为是站不住脚的，先是写给海宁副驻扎官，接着是给我。目前，您也许已听说了这件事的有关情况，因为副驻扎官先生肯定已把他与钦州知州的通信转给您了。我请武荣（Vouillout）先生把我与中国钦差大臣的通信转抄给您。

请原谅我未直接给您寄去抄件。因为勘界委员会人手太少，我无法转抄。同时，请您把一切转告恭思当先生，不胜感谢。

目前不宜减少我们在白龙尾兵力的另一个原因是，飞地问题目前正在北京讨论。我想，这里兵力减少，可能会在北京造成不利的影响。

一旦我认为情况不妙时，就会马上通知您。

（原件第450页）

46 – 43

狄隆致法驻安南和东京总驻扎官函

芒街，1887 年 5 月 15 日

总驻扎官先生：

兹随函附上一份中国文件的译文，作为情报。据把此件交给我的这位人士讲，该件可能是钦州县的一位职员秘密提供的。

顺便奉告，一收到您本月 12 日电报，我马上就把该件暗示的材料直接转给北京了。

（原件第 452 页）

46 – 43（附件 1）

抗议书

芒街、江坪、沥尾、二囊、白龙尾、春栏、夏巫、石夹、山脚、东岸、西岸、大角山、荔枝山、河桧、潭河、万妥等地有 20000 多户人家，80000 多居民。这整个地区，田园、房屋、祖坟全为法国人所占，以致我们不能再在我们的田里耕种，不能在菜园里种菜，不能在我们的房子中居住，也不能在祖坟前祭祀。我们老少只有死路一条，因为我们失去了逃避死亡的一切希望。由于饥荒，我们中有些人偷偷回家去取食物，但却被法国人杀害，被杀者约达二三百人。死者竟至暴尸旷野，幸存者则无衣无食。我们（的心情）就像喝过烈性毒药似的，牙齿颤碰，肚肠翻绞。

我们已将怨苦向当局申诉，请求当局允许我们对法国人的残酷不仁进行报复。他们以武力占领了我们的家园。但钦差大臣（即邓承修——译者注）答复我等说，其任务只不过是负责勘界，没有任何允许开战的权力。我们之间的商谈徒劳无功，我们无任何办法结束我们的悲惨境况。因为我们的商议毫无结果，不能依靠武力，甚至无处申冤，只好召集各村绅耆，汇总大家的意见，制一份表，分十点概括受到的损失。我等恳请上司将这份表呈送给朝廷。朝廷会以其所拥有的力量拯救我们。同时，我们要公开我们不幸的经历，让它传遍神州大地，让世人知道公道在何处，我们深受其害的这个问题的祸根又在何方。

下面是我们要申诉的十点主要的不满。

（1）芒街近海，帆船可进入。江坪则是内航最重要的一个点。如果法国人占据了这两个点，约 200 里长的海岸就将完全丧失现在所拥有的联系。这样，近两万名居民将再也无法生存。这是我们要遭受的第一个损失。

（2）芒街、江坪地区，约有耕地两万亩，为中国人所有。他们拥有地契，这些地契可以证明他们合法地占有这些耕地。现在，这块两百年来日益繁荣的地区，仅仅由于勘界这一借口就被非法占领了，二十几代人的坟茔突然无主，致使我们先祖的在天之灵为之哭泣，我们活着的人徒自伤悲。这是第二个损失。

（3）海岸辟为盐场的地方约有20里，靠内部分十分有利于边界居民，外部则十分有利于安南人。现在如果法国人在这些地方住下来，只有天主教徒会从渔业和这些盐场中得到好处。他们将会独吞这些利益，不会向朝廷上交一分一毫。这是第三个损失。

（4）芒街地处山区，靠近大海。在这建一个大圩场，设立一个海关，刻不容缓。如果法国人在这个地方住下来，就像在香港和澳门一样，他们就会用他们的船只运来各种欧洲商品，因为他们有大货栈，并招来奸商，把货运到中国各地倾销。这样他们就能轻而易举地获得高、廉、雷三府的一切产品。那时不仅国库无收入，而且商业被破坏。这三府民众将无法谋生。这是第四个损失。

（5）法国人在芒街、江坪扎寨安营，夺取农夫财产转给天主教徒，给教徒提供军火，使他们能野蛮不仁地反对中国。中国民勇无处可藏，因而只能逃往山林，伺机攻击法国人。若这种进攻打响，老实的村民还要承受这种事态带来的麻烦。这是第五个损失。

（6）在法越交战期，以及自那时到现在，芒街和江坪都属中国人所有。中国人在这两地安心经商，对战事不闻不问。由此可见，这两地确乃中国之土地。现在，法国人占领了安南全境，并侵犯了中国领土，可见其胃口似乎从未得到过满足，他们将给该地区的未来造成无数的灾难。这是第六个损失。

（7）欧洲人所占领的广东省的香港和澳门两地是临海的荒地，没有地主。住在这两地的欧洲人没有触动居民的财产。然而，法国人现在借口划界，占据了边界上的一些中国地区，在位置最佳处驻足，给老实的农民造成了巨大的损失。他们蛮横无理地占据农民的田庄祖茔，因而，他们成了大清帝国和受他们蹂躏的民众的罪人。这是其中一个十恶不赦的罪行。此为第七个损失。

（8）奸诈狡猾的法国人从发动对越战争至今，已被刘永福打败过一次，在这附近又被冯宫保提督打败过。他们两位在钦州都拥有田产，都痛恨法国人。法国人酝酿敌对计划，秘而不宣，占领了芒街和江坪，并部署了强大的驻军。因其深知这两地乃战略要地，在这两地既可以阻止民勇进攻，也利于他们之后进入中国。如果他们有朝一日执行后一个计划，如果他们进入中国来报复，我们刚任命的这两地的官员就要担当巨大的风险，中国人将被世人所耻笑。这是第八个损失。

（9）法国人在海战上占有优势。如果勘界委员会在陆地上让给他们某个地点，可能还不至于有严重的后果。但若勘界委员会让给他们某个沿海的战略要地，后果就完全不一样了。这可能给我们的安全带来严重后果，因为钦州地域十分广阔。要是它遭到来自海上和陆地的进攻，我们就不能再赶去援救。所以，如果高、廉、雷三府同时遭到内外夹攻，就无法自卫。正所谓“星星之火，遂成燎原”“牵一发而动全身”。这是第九个损失。

（10）欧洲人建的教堂被毁了，还得赔偿其损失。欧洲人被杀了，如果不愿看到他们借口履约，以武力要求其权利，就得赔款。现在法国人无故驱赶杀害中国臣民，强占他们的财产，难道条约中就没有一个条文规定要惩办他们对大清帝国犯下的罪行，和让他们赔偿臣民所受的损失吗？这是第十个损失。

本抗议书由胸怀国家利益的钦州秀才及其他臣民起草。

（原件第 453 页）

51 -44

狄隆致法驻安南和东京总驻扎官函

芒街，1887 年 5 月 16 日

总驻扎官先生：

由于勘界委员会人手太少，有一段时间我未能按我所望，把委员会的正常工作进展情况以及委员会负责的其他杂事全面地告诉您。为了部分地弥补这种遗憾，我让人把恭思当先生与我最近的来往电报抄出，随函附上。从这些报告中，您可了解到形势的大致情况。

（原件第 457 页）

51 -44（附件 1）

恭思当与狄隆的来往电报

恭思当电

北京，1887 年 3 月 14 日

总理衙门给我转来邓的电报。从电报上看，2 月 18 日有一些法国船只运载了不少要到白龙尾居住的安南人到该地安置，并将中国居民和一个哨所的士兵赶跑了，还杀死了四个居民。此外，邓还说从江坪来的400人在Hien Cha山构筑了一个堡垒。我根据总驻扎官的一封来信，否认了邓的这封电报中的肯定说法。请告，邓的说法是否有依据。

至于堡垒，因为我猜想我们要构筑一些防御工事，我对此极为高兴，所以我对总理衙门说，这些工事规模不大，广州总督的敌对态度迫使我们不得不采取一切预防措施。虽有邓的电报，总理衙门还是有些不放心，所以保持着一种高姿态。我希望界务迅速结束。请你们尽一切可能加快步伐。请告，中方代表团是否有些拖延此事。

（原件第458页）

狄隆电（第14号）

芒街，1887年3月16日

复您14日电。被运到白龙尾的安南人只不过是我军所雇的苦力而已。此外秩序混乱，没有看见一个士兵，一个中国人的哨所。未杀人。故邓的消息是不准确的。他的消息也许仅仅证明，在我们为维持现状——这样我们可能会因而得到好处——于1月28日达成谅解之后，（两广）总督是想让人相信这一现状是利于他的。因此，他派出一位军官及一队士兵，他们只不过在远处监视我们，自己隐蔽起来，不让我们看见。这一切只不过是广东当局要诱使总理衙门误入歧途的一个阴谋诡计而已，您也是知道的。如果总理衙门不偏不倚——您的一封封电报使我产生这样的希望——那么即使有人在这里给我们找碴，也会一切顺利。

我不知道邓所说的来自江坪的400人是想指什么。总之这一切情报都是错误的。

我也不知道他提及的Hien Cha山上的堡垒又是想指什么。在杜森尼中校致副驻扎官的信中——这封信我在第12号电中向您提过——说到中方官员给该地取了另一个名字，叫Sac Pous Heng。我认为他们就是想把事情搞乱。您暗示的防御工事只在白龙存在。

我们的会议刚刚开始。明日再去电。

（原件第459页）

狄隆电（第15号）

芒街，1887年3月17日

下面是我致巴黎的电文："我们刚与中方代表团在一份简短的会谈纪要上签了字，对整个广东、广西界取得一致意见，但不包括江坪和白龙，因为会谈未谈及。文后附有地图。还须数天时间来起草和绘制以本协议为基础的会谈纪要和地图。

这一协议针对尚未勘定的那部分边界，即一条长达400多千米的新边界。该协议以法国代表团的草图为基础，但其中约40千米长的一段，我们接受中方代表团的草图。关于最后这一段，我们已打算进行一个细节性更改，不然从此以后就无法进行勘界了。”

从我以后提供的情况您就会明白，我不能既保留一部分问题，就像我曾试图做的那样，又在条件有利时迅速解决余下的问题，像我曾认为最终应该做的那样。

我在我的第11和第12号电中提及的区域，经过勘定的那部分，已划给安南了。根据我手头的资料，这片区域长20古里（约80千米——译者注），宽30古里（约120千米——译者注），人称“稻谷之仓”。这就是保乐区域。中国人一心想占有该地区，必将请求我们让给他们。我们在这一地点的边界得到承认这一事实，就是我同意在别处进行边界细节更改的理由。

也许可望总理衙门电令邓：我既已表示通融和解，赶紧结束对昨日结果的调查，赶快承认我给他们看的地图上标的江坪和白龙界线，以便你们随后在北京解决权利问题或达成友好谅解，而又不怀疑这片区域的面积。

（原件第460页）

恭思当电

北京，1887年3月

第15号电收到。衷心祝贺。

（原件第461页）

恭思当电

北京，1887年3月

我仍在等电报。您的沉默令我不安。请告诉我所发生的事，若有可能，发电报告诉我，我们对白龙尾的所有权是以什么理由为依据的。卜义内先生出发否？

（原件第461页）

狄隆电（第 17 号）

芒街，1887 年 3 月 29 日

您来电祝贺，委员们十分高兴。下面是我给巴黎发去的电文："我们刚签署了最终文件、地图和会谈纪要。

邓向我表示，在勘界已结束的部分，他要向我提出一些更改要求。对于他的建议，我只能听听而已，并转告你们。

今天我们第一次提出了岛屿问题。在这之前，我们一直有意避开这个问题。我们正取得进展。"

（原件第 462 页）

狄隆电（第 21 号）

芒街，1887 年

海宁副驻扎官来信告诉我，一位名叫黄富文（Hoang Phû Van）的中国军官准备在俭缘区构筑一个炮台。他还说，安南当局认为该地区仍在其管辖之下，而中国人则提出了其主权要求，因为刚让给了他们。请参看我 15 号电。该电提到我们已打算对我们接受中方代表团草图的那段边界进行更改的事。

其实最近的勘界只不过是将上述地区的一部分划给中国。

目前为了避免混乱、防止误会，最好要求广东省当局推迟进驻给他们的新区域，待定界后再进驻。中方代表和我们对此没有进行过讨论，但是我们也没有做过什么事可让他们背道而驰，使其认为法国代表团与他们取得的结果是最后的结果，因为该结果尚未得到（法）外交部长的批准。我与邓的关系及他总的态度，使我根本不敢抱着与他达成一项协议的希望。请您在可能的时候，与总理衙门达成这项协议。邓在 4 月 2 日的一封信中（给您的该信抄件正在途中），自己承认我们在有关地段的勘界中表现了通融精神。这一情报也许有助于您在北京进行的谈判。

杜森尼中校要不断到那附近去。

他今天亦来信告诉我，26 日至 27 日之间的晚上，一队 40 人左右的中国官军在飞地长山附近发动了一次突然袭击，随后撤回中国兵营去了。

（原件第 466 页）

恭思当电

北京，1887 年 5 月 9 日

已通过武荣先生转给总驻扎官。

（原件第 467 页）

狄隆电（第 22 号）

芒街，1887 年 5 月 10 日

已通过武荣先生转给总驻扎官。

（原件第 467 页）

恭思当电

北京，1887 年 5 月 10 日

我收到我广州领事的如下电报：“您能否让狄隆先生令格朗皮埃尔先生立即到海防去听令。”

请您将电令通知他本人。还请告诉格朗皮埃尔先生，他给我们的巨大帮助，政府不会忘记，请他接受我的敬意。

（原件第 467 页）

狄隆电（第 23 号）

芒街，1887 年 5 月 10 日

我已马上敦促此人出发，他也马上照办了，尽管不无遗憾，但还是满足了您的期望。我极高兴地将您的赞语转告了他，他当之无愧。他对此很感动。

返回飞地的居民在仍有助于证明我们权利的一些文件上签了名。我刚从秘密渠道得到另一些文件的抄件，也会有助于证明中方官员根本不认为他们的要求是合理的，他们强调了白龙尾和整个飞地的重要性。仍切望你们的谈判取得成功。

（原件第 468 页）

50－45

狄隆致法驻安南和东京总驻扎官函

芒街，1887年6月2日

总驻扎官先生：

为了补充我5月30日函，兹随函寄上我刚写给杜森尼信的抄件。在信中，我按照您关于东京与中国边界北市与峒中段勘界的要求，向他提供了情况。

这封信的内容在我前一封复信中已说明过，您看后也许就会清楚我们已打算以更改的名义让给他们的那片区域的范围了。因为该地的地图根本不能确定细节，所以我在转告要求提供的情况时，只能限于提供大致的材料，但这样至少会使新边界更不明确，而且新界与旧界相距很近。既然这些新的说明已有用，所以，总驻扎官先生，我在此停留期的延长使我得以向您陈述这些情况，对此我感到高兴。

尽管谈到的这个区域以前确是安南的，但这个区域只不过是块飞地，虽然我们对它行使我们的权利，但中国认为是它的，要求收回。这些是您已知道的事实。

中国人以其惯有的固执，一面强调他们对该地区的要求，同时又更加重视对江坪、白龙尾、沿海岛屿的占有。可能您从我5月15日给您寄去的那份密件中已知道了。密件中有这样一段话："法国人在海战上占有优势。如果勘界委员会在陆地上让给他们某个地点，可能还不至于有严重后果。但若勘界委员会让给他们某个沿海的战略要地，后果就完全不一样了。这可能给我们的安全带来严重的后果。"此外，中国人觊觎飞地的证据数不胜数。我将在最后的报告中予以概述。

然而，尽管我们努力，还是不可避免进行某种必要的更改，因为这取决于一些特别重要的因素。我说"某种"，那是因为对我们手头的文件资料进行的研究及我们搜集到的无数情报使我们十分清楚，新旧边界之间的地带不具有什么军事战略方面的重要性。至于我刚提及的特别重要的因素，是指我们军队留在获得的地方耗费太大，这还迫使我们在遭到精神上的失败和冒着与中国交战的危险之间进行抉择时，需要重新部署兵力。我前信已谈，我认为现在就没有必要再深入谈这方面的情况了。

总之，这一更改最终可能不是决定性的。我已主动建议北京方面，适当时对此还要有所保留或进行一些变动。我之所以据此发电报，那是因为，万一形势变得有利时，可以取消我们原则上当然不愿意采取的措施。虽然这些措施实际上没有什么不利，但它最初对于避免重大纠纷，使勘界可以完成是必需的。

（原件第468页）

50－45（附件1）

狄隆致杜森尼函

芒街，1887年6月1日

亲爱的中校：

驻安南和东京总驻扎官先生在5月25日的一封信中，要我转告您："位于先安河上游流域的Battang、俭缘（Kien-Duyen）、Dong Van Noi等地，勘界后是否已让给了中国?"

我已马上给他回了信，该信抄件内附。对您将看到的该信提供的大致情况，我现在稍作补充。

边界被更改的那块地区并不在先安河上游流域，而在先安对面的一个地区，中间有崇山峻岭相隔，东面以博琅河为界。

顺便说明一下我曾向您透露过的想法：补充我以前对您函电的答复。

横模是俭缘地区的一个乡，在我5月26日的电报中对您提到过的那份草图中，该乡被标在先安河流域、峒中西南十多千米处的一个数条路的交叉口上。中国勘界委员们以前乃至现在仍然十分想得到该地。因此更有必要实地证实我们保住该地的意义。

1886年9月18日，曾与海士先生有过联系的一位广西的传教士写下了这段话："博琅附近，人们正在准备迎接中方勘界委员。建了一条宽阔的大道，直通中国当地土语中称为峒中的一个圩，我不知道其越语名字。据说这个圩位于一条流往先安的河流附近。"这一情报中的地名曾是研究的起点，并使我们对该地同意中国人的意见，正如根据第一号地图得出的结果。根据我们的密探们的汇报绘制的和在我的笔记中找到的各种供参考用的草图，把该地标在北岩隘（Pac Ngam Ai）南面，Chai－Ngam－Aï西面。

至于作为毗连我境的中国地名而写在我们的第一号会谈纪要中的地名，我从您5月23日电报中了解到，安南当局并不知道这些地名。我认为，这有助于证明您曾经到过的俭缘区的领土一寸也没有让出。

签名：狄隆

又及：我们的第1号界图确定新界的基准点在峒中旧址（或称圩）北面3里处。从一个乡的区域找，很容易找到，这是常有的事，此外即在横模乡的区域里找。如果我没有弄错的话，这就是安南人为什么也用峒中这个汉名来表示横模的原因。

也有可能是当地人根据他们的资料，认为Battang区是先安河上游流域的一部分。但是这个认识可能来自这一看法：在他们眼里，先安河和博琅河只是同一条河。

在许多安南地图上可以发现这一点。事实上，这两条河的源头相距很近。根据无数土著人向我们叙述的情况看，这两条河源自同一座山，但却是从相对的山坡上流出。

（该篇收入《中越边界历史资料选编》第684～686页）

（原件第471页）

50－45（附件2）

八庄总

一、北岩社

田地：50.1亩；人头税：23份；现金税（用铜钱支付）：28贯7钱7盾；实物税（大米）：12斛33碗5合5勺。

二、古弘社

田地：18.4亩；人头税：13份；现金税（铜钱）：13贯1钱46盾；实物税（大米）：4斛28碗6合。

（仅此社为更正部分——原注）

三、弘蒙社

田地：38亩4分；人头税：19份；现金税（铜钱）：25贯1钱47盾；实物税（大米）：9斛33碗7合6勺。

四、上赖社

田地：25.3亩；人头税：14份；现金税（铜钱）：17贯6钱18盾；实物税（大米）：6斛19碗8勺。

五、绥来社

田地：32.6亩；人头税：20份；现金税（铜钱）：26贯5盾；实物税（大米）：8斛14碗1勺。

六、嵥山社

田地：26.8亩；人头税：16份；现金税（铜钱）：15贯7钱57盾；实物税（大米）：6斛34碗6勺。

七、雾溪社

可耕地：2.3亩；人头税：15份；现金税（铜钱）：15贯6钱。

八、蒙山社

人头税：14份。

（原注：1亩：48.944016公亩；1斛：76.225升；1贯为一串，1元为5～7贯。）

（该篇收入《中越边界历史资料选编》第686～687页）

（原件第474页）

44－46

狄隆致总驻扎官先生函

芒街，1887年6月3日

总驻扎官先生：

最近我得到一封中国人的信，该信写于11月事件之前。该信是在飞地一间被遗弃的房子里找到的，是东兴的一位中国秀才写给该地的一位安南绅士的。虽然信中提及的人我都不认识，但这封信使我看到了合乎要求的可靠证据。勘界前，如果仅以该信证实中国当局的阴谋事实，显然是不充分，但可作为我们所得到的这方面众多证据的补充。

这封信提及一个计谋，即出于与我们进行谈判的需要，更改某些地契。这从上下文可以理解到。该信的大意是，白龙尾（含该地）和先安（含该地）之间的这块安南地区的居民应该更改他们的地契，让人相信与之有关的不动产属于中国，违者惩罚。根据新的说法，江坪（Luong□）乡属于钦州县的思勒（Sze Lac）区，而不属海宁府万宁县的茶（Trac□）。居住在白龙半岛的一些人被作为榜样受到鼓励，他们由于赞同这一计谋而领到了一两银子的奖赏。由于白龙原来一直属于龙治（Luong Tri）乡，所以对该乡进行侵占的企图必然要扩大到其属下之地。

这封信也提及在白龙湾四周部署兵力的问题。总驻扎官先生，您不会忘记，我们在白龙尾部署临时哨所时，中国人曾凭空硬说我们杀死了他们的数名士兵。为在表面上执行这个计划，一个刚被任命数日的所谓驻白龙的军官据此写了一份报告。如果当时我们不赶紧占据飞地和白龙尾，中国人可能就会在这条道上比我们抢先一步了，不用多久，我们就会发现中国已进行文武的占领了。如果我们不与中国官军或中国官员进行商议，我们就无法提出我们的权利要求了。因此，多亏保护国迅速采取措施及其支持，我们才能在面临来自民勇海盗的进攻危险时，坚持我们的事业。当然这个危险并不大。

这就是当时我军尚未占据，而中国却已虎视眈眈的毗连两广的地区的形势。我们应该，或者马上占据这些地区——这在当时是不可能的——或马上进行划界。

不利于我们工作的形势愈明显，我想，与其面面俱到，不如只求大概，这似乎更恰当。

（原件第475页）

狄隆1887年6月3日信的附件

44-46（附件1）

东兴秀才陈谦光致佐先生（飞地居民）

函（译文）（约写于1886年9月）

您的两封来信我几乎是同时收到。兹回告，黄雇员为使房地契改头换面已抵达。您要把您让人改动了内容的所有房地契给他送去，让他带回钦州盖上官印。上月20日，其他各村已将他们以新的方式写好的房地契交给他，他把这些契据全都带到钦州府，盖了官印的有近200份。同月28日（1886年9月至10月），他返回那梭，把经确定的新契据还给主人，后者很高兴。白龙尾的居民自己把房地契全都送到钦州府。一位名叫李妙的人和其他人在返回时各自领到一两的赏银。芒街的大部分居民也把他们的房地契送到钦州府，只有你们地区由于多疑，不敢这样做，不敢马上让人更改你们的买卖契约。中国政府的代表们对你们十分不满。借助这一计谋以使房地契得以加盖官府大印，是两广总督及广东巡抚的命令。督抚委派钦州知州和两位官员成氏、奉氏来办理此事。所以此事十分重要，非同一般。如果您等还犹豫不决，有拂此意，可能会受到惩罚。

邓钦差已定于本月中前来勘界。总督和巡抚刚发电报给钦州知州，令他先行到东兴为勘界委员准备房子。30日，知州下到那梭[①]。1日，抵东兴。3日，又返那梭、钦州。

现在那梭和东兴两地正在开始为勘界委员们建房。建房费由知州负担，但他把具体的建房事务交由乡府负责。我是奉知州和代表们的命令给您写这封信的，目的是要您马上将你们地区的所有房地契收集起来，并于5、6日派人送到钦州，或派人送给我，由我将其与我收到的一并送到钦州府去盖印。如果他们拖拖拉拉，可能会受到惩罚。现在代表尹氏和陶氏已自防城[②]前往茶山[③]和山脚[④]等地察看地形，以进行军事部署。他们也去了黄竹[⑤]、白龙、万尾[⑥]。他们与军方已就派兵派战船到这些地方去取得一致意见。他们已通知竹山哨所严密地监视，禁止强盗经过。在将与洋人进行勘界期间，江坪地区必定重归中国。就是为了这一目的才采取了这一切预防措施。一直到分茅岭[⑦]的这片地区也必将重归中国。在这件事上，您等都要给予合作，使政府在与洋人面对面地谈判时，能够提出有利于领土要求的证据。

最后，给您转去苏汝成写给您的信。他想在官府中捐一个官职，因为这是一件有利可图的事。过几天他就要动身去广州。他为了实现其计划，只好预付所需银两的一半。如果他不能马上得到这笔钱，至少也得交付10两银子的保证金。今天他还在那梭。我建议您到那梭去找他商议，或就这个问题写封信给他。这就是我有幸要转告您的事。

陈谦光

（原件第 478 页）

①思勒北，几乎在边界上——原注
②位于一条流经白龙尾后的河旁——原注
③白龙半岛北面，距边界不远——原注
④白龙半岛西北侧——原注
⑤白龙湾北面——原注
⑥飞地前的一个沿海岛屿——原注
⑦中国人习惯的说法，亦即直到先安

45 – 47

狄隆致法驻安南和东京总驻扎官函

芒街，1887 年 6 月 4 日

总驻扎官先生：

谨随函寄去我刚收到不久的一封密信的译文，作为情报提供。我认为其可靠性是不必怀疑的。

冯提督汇报他所采取的措施，这亦是邓钦差对广州所下达的指示。其措施即在我们占领飞地后，借口保卫与飞地毗连的中国区域即钦州府边界，所进行的一次军事行动。该信透露出来的重要情报：（1）中国官员之间根本不认为白龙半岛是属于中国的，也根本不认为飞地是属于中国的；（2）面对我们军事占领的事实，广东省当局一直只考虑可能采取的针对我们的预防措施，以望恐吓住我们；（3）我们占领白龙尾有诸多好处，其中一个就是与我们邻居交战时，有效地牵制着他们。

（1）如果中方官员认为飞地和白龙尾属于中国的一部分，他们即使不完全责怪我们越过他们边界的意图，那么他们之间也会对我们已这样做而抱怨了。

（2）因为海南岛的一次叛乱与在广东边界勘界遭到拒绝同时发生，所以必然要速派杜森尼部到飞地去，以防止江坪和白龙尾被中国人抢先占领。因为可以肯定，两广总督根本不等北京指示，就已试图通过由他的主动行动而导致的后果，诱使中国政府反对我们，有关这方面的大量事实暴露出其计划的秘密目的。因为他未能抢在我们之前，所以尽管他有军事上和财政上的困难，至少强迫自己付出最大的牺牲，发援兵到我们的附近地区来骚扰我们。应付我方进攻危险的必要性，显然是与邓钦差串通一气后找的一个借口，以达到此目的。至于要把我们从所占领的地方赶走，除了这项任务有实际困难外，他也不能执行，除非要公开挑起国际冲突。关于这个问题，不进攻者就获利。增派上述援兵这件事实证明，虽然表面上一片太平，但对于我们来说，不应该过快地放弃我们在我们这一段边界的行动办法。从海南来的2000人，加上地方民团和钦州府的部队，在民勇们看来，已是一支做好应急准备的预备军。如果我们提前减少我们的兵力，这种情况就必然发生了。黑旗军前首领刘永福正在钦州等待有利时机。

（3）两广总督想派兵到边界对抗我们，但在我们占领白龙尾后，他只有龙门可作为登陆点了。但只要看一眼航海图就可发现，进入这个地方十分困难。那里浅滩、岩石遍布，而且水流湍急。军舰只能行进到龙门，再往前，比如到飞地的北面，只能乘帆船，且只到 Tchong Lan。由于我们的占领，我们切断了最便于中国人运输的两条大路。第一条路，从 Tchong Lan 起，经过防城（中国境内）进入东京，其间经过白龙半岛北部、江坪和长山，然后在 Tchong Pak 拐回中国，经罗浮到东兴。第二条路，也从 Tchong Lan 起，还是经过防城，通到中国的那梭，接着一分为二，一条经过大山通过罗浮到东兴，另一条分支是从那梭到江坪进入飞地的河流。在江坪，一般是继续乘小船，经过竹山（在中国境内）前面，沿着界河直到东兴。所有新的情报和这封信证明，中国人在与我们交战时，必然会阻止我们占领飞地和白龙尾。大家十分清楚，在最近的战争中，我们的战舰只是在白龙尾前巡航，以阻挠敌人选道。占有了白龙、九头岛、北海（Pakhoï）和海口（Ho－□）这两个开放港口的附近地区，我们就可以毫不费劲地监视敌国舰只在东京湾的一举一动，同时迫使其把登陆点移往远离我们之处。这里不宜更深入地谈这方面的问题。这已超出该件强调要求注意的问题，即现在中国人剩下的唯一的道路是一条十分难走，经过人烟十分稀少地区，从钦州经那梭和群山到东兴的路。

（原件第481页）

59－48

法驻华公使恭思当致法外长

上海，1887年6月16日

为执行1885年6月9日条约第三条，勘定中国与东京边界，由×××任命的委员们，已完成其工作，×××先生们业已决定将旨在最终勘定上述边界的以下条文写入本文件。

（1）由法中双方委员们制定并签字画押的各次会谈纪要以及所附得到批准和有待批准的地图。

（2）双方勘界委员未能取得一致意见的诸地和1885年6月9日条约第三条第二段要求的界址更改按如下办法解决：广东界，已商定芒街以东和东北方，勘界委员会勘定的边界线以外的所有争议地点，归中国所有。巴黎子午线以东，东经105°43′，即经过茶古岛东端的经线以东的所有岛屿亦归中国。九头岛以及这条经线以西的其他岛屿属于安南所有。

（云南界，确切传达文字可能十分困难，不过与第二段和第五段界图对照就可清楚地理解其大概了。）

在第二段，边界非两国代表团建议，画在地图上的那条，因为双方对这条略有分歧。猛康至高马白之间的边界线从猛康起，自西向东，自然经过穿过都龙南6千米处的经线。自与该经线的交点起，边界向南3千米，在南丹南面约2千米，接着自西向东沿一直线直到清水河，又沿此河深泓线直到北保，自此由南向北，直到高马白。

第五段：该段定界交双方边境当局商定以后，最后边界线这样确定下来了：自龙膊河汇流点起，边界大体上朝偏西南方向，在大树脚东15千米，赛江河与绵水湾交合处经过赛江河。自大树脚起，边界顺藤条江而下，直到此河与金子河的交合处，然后顺金子河的深泓线直到其源头，接着亦很自然地到黑水河的猛蚌渡，黑水河朝西的深泓线为边界线。此渡起向西约1600平方千米的区域以前未定界，因而其中的封土（Phong－Tho）和莱州就这样为我们所获。中国地方当局和由法兰西共和国驻安南和东京总驻扎官任命的官员将根据上述路线和勘界委员会绘制并签署的地图进行划界。

本文件后附三份地图，每份两张，全经双方签字盖章。在这些地图中，新边界线用红线画出，而云南段地图，则用法文字母和汉字标注。

×××等立（本件与函将与条约一道签署）

（该篇收入《中越边界历史资料选编》第547～548、第1133页）

（原件第488页）

59－48（附件1）

界务工作结束会谈纪要

法兰西共和国总统，中国皇帝为履行1885年6月9日条约第三条，勘定中国与东京边界所任命的委员们已完成勘界工作，为此，法兰西共和国全权大臣、政府特派员、前内政部长兼司祭、众议员欧内斯特·恭思当先生为一方，总理衙门大臣、二等郡王庆亲王殿下，总理衙门大臣、工部左侍郎孙毓文为另一方，各代表自己的政府，决定将旨在最终勘定上述边界的以下条文写入本文件。

（1）各次会谈纪要及由法中双方委员们确认并签字画押的各次会谈纪要所附得到批准和有待批准的地图。

（2）双方勘界委员未能取得一致意见的诸地和1885年6月9日条约第三条第二段要求的界址更改按如下办法解决。

广东界：已商定芒街以东和东北方，勘界委员会勘定的边界线以外的所有争议地点，归中国所有；巴黎子午线以东，东经105°43′，即经过茶古或曰万注岛东端的南北线，亦即边界，以东的所有岛屿亦归中国所有；九头岛和这条经线以西的其他岛屿归安南所有。

根据1886年4月25日条约第17条规定，有罪或被控有罪或被控有不法行为，逃到这些岛屿躲避的所有中国人，将由法国当局追查、逮捕和引渡。

云南界：商定边界线将按如下的线路。

自位于小赌咒河左岸的狗头寨起，即第二段界图上的M点，边界自西笔直往东50里（20千米）。界线以北的聚义社、聚美社、义肥社等地归中国，界线以南的有朋社归安南。接着界线直到附图上的P和Q两点，分别在这两处经过黑河或曰赌咒河右侧第二个支流的两个分支。

自Q点起，边界折往东南约15里（6千米），直到R点。R点以北的南丹区域归中国。接着边界自R点起拐向东北，沿着地图上的RS线直到S点。南灯河、漫美、猛峒上村、猛峒山、猛峒中村、猛峒下村仍属安南。

自S点（猛峒下村）起，清水河直到与明江的汇合处T，以河中线为界。

自T点起直到船头附近的X点，以明江的中线为界。

自X点起，边界北上到Y点，其间经过白石崖、老隘坎，此两地一分为二，中越各占一半。

此线以东的地区归安南，以西归中国。

自Y点起，边界沿着明江左侧一条在北保和偏保卡之间注入明江的小支流右岸往北到高马白。边界在此与第三段界相接。

自龙膊寨（第四段）起，云南与安南相接界沿龙膊河往上游到该河与清水河的汇合处，地图上的A处。自A点起，边界自东北大致走向西南，直到地图上的B点，这是赛江河与绵水湾汇合处。在这一段边界，清水河归中国。

自C点起，边界沿着藤条江南下，直到金子河入藤条江处D点止。

边界接着顺着金子河中线约30里，并继续往西南方向直到E点，在E点遇一条在猛蚌渡以东注入黑河（或称黑江）的小河。

这条小河的中线E点到F点，即边界线。

自E点再往西，黑河的中线即边界线。

中国地方政府和法兰西共和国驻安南和东京总驻扎官任命的官员，将负责根据勘界委员会绘制并签字画押的地图以及上述路线进行定界。

本文件后附三份（每份两张）经双方签字画押的地图。在这些地图中，新的边界用红线画出，云南段各界图则用法文字母和汉字标注。

立定于北京　1887 年 6 月 26 日

签字：恭思当
庆亲王
孙

（该篇收入《中越边界历史资料选编》第 548～550、第 1134 页）

（原件第 491 页）

47－49（附件 1）

恭思当致狄隆电

东兴，6 月 19 日上午 10 点 55 分

狄隆：

本月 24 日左右我们将签订确定边界和解决争议地点问题的会谈纪要。该文件一经签字，即刻电告您，我相信今后再也没有什么事把你们困在芒街了。

恭思当

（原件第 496 页）

狄隆致恭思当电

芒街，1887 年 6 月 19 日

邓今日来信通知我，他要动身去钦州接受另外的指示。他暗示了其更改边界线的要求。在此之前，他的这些要求还纯粹是非正式提出的，现已正式提出来了。这些要求已在我通过悲幽先生给您寄去的那些地图中进行了说明。其中的一个要求针对我们已更改

过的边界的一个附近地区。位于东兴南面、仍归我们的横模就在这个地区。杜森尼部返回后，我得知这个地方极为重要。现在详谈这些要求还合适否？

根据您最近那封电报提出的总的措辞，我们极希望得知您据理力争，维护了我们对飞地以及至少对白龙半岛地区拥有的不容争议的权利的消息。请不要忘记，万尾和Michan两岛属飞地的一部分。

我刚接到您可能在我们离开之日来的第一封复电。

（原件第496页）

狄隆致恭思当电

芒街，1887年6月20日

除非意见相左，我们计划星期日早上离开芒街。

（原件第497页）

47－49（附件2）

邓承修致狄隆函

光绪十三年闰四月二十六日（1887年6月17日）

光绪十三年闰四月二十二日（1887年6月13日），我跪接通过电报给我转来的圣旨。圣旨中有这一段话："勘界事务即告结束。随时将签订条约。邓承修等人（钦差大臣）获许暂返钦州待命。钦此。"根据圣旨，我打算本月二十九日（6月20日）返回钦州。

至于我与您谈到的界址更改问题，三月份（4月）我已给您寄去了我让人绘的一些草图，让你们研究。同时我将此事向总理衙门进行了汇报。因身体确实欠佳，我不能前去看您，向您道别，对此深表遗憾。我相信我们很快会再见面。专此。

（原件第497页）

狄隆复函

既然您马上就要动身，我立刻复您今日来信。

恭思当先生已向我通报了您的这一行动。遗憾的是，您贵体欠佳，还得动身。这使我无法向您道别。同时我对前日未能见到 Tching Jouei 阁下感到惋惜。法国代表团全体成员衷心祝愿因延长在这里逗留而受病魔折磨的中方代表团成员及雇员早日康复。

至于您所说的边界更改要求，这是您第一次正式向我提出。按您自己的愿望，在这之前我只将您的这些要求视为非正式提出的。既然您在信中提出来了，我认为应该提醒您注意，我并未接受其中的任何一个要求，只不过这样答复您：当您最后向我提出这些要求时，我不会无动于衷。我对此并无任何另外的许诺。

（原件第 498 页）

狄隆致邓承修函

芒街，1887 年 6 月 19 日

1885 年 6 月 9 日法中条约第三条有这样一段话："双方政府指定的官员应赴实地勘定中国与东京的边界。将在需要处立界碑，以明边界之所在。"

我们得到各自政府的同意，通过对照地图的办法，未到实地去对东京和两广边界进行勘界，因而我们还不能根据条约来这样立碑。我以为，以后最好双方请示各自的政府，让双方政府对以后这些界碑立放的时间及方式问题进行协商。

这就是我向您提的建议。盼复。

（原件第 498 页）

邓承修复狄隆函

东兴，1887 年 6 月 20 日

光绪十三年闰四月二十八日（1887 年 6 月 19 日），我接到阁下的这份公函：

(狄隆同日函全文——原注)

当然，立放界碑工作应在边界确定之后进行，也应由两国边境当局立放。因此，关于其时间和形式问题，根据您的建议，我们应该请示各自的政府。专此。

（原件第 499 页）

狄隆：请注意，最后这两封信与 1886 年狄隆先生离开老街时与周钦差的通信相似。

48－51

东京和安南占领师师长为尼将军致法驻安南、东京总驻扎官先生函

河内，1887年7月30日

总驻扎官先生：

勘界委员会界务总结会谈纪要载有：“自小赌咒河左岸的狗头寨起……边界自西往东20千米，界线以北的聚义社、聚美社、义肥社等地归中国……”

这已从勘界委员会绘制的附于该会谈纪要后的地图的说明中得到证实。

根据这份地图，有朋社也在新界北面，因而归中国。

这些说法都是错误的，有朋社（参谋部那份1∶200000的地图标为“安平”）实际上在后来表示保护国边界的中方边界以南很远。

对于此事，毋庸置疑。因为米比埃司令1886年3月和桑沙利中尉1887年3月绘制的侦察图，几乎都把安平标在北关附近。

另外我不明白，勘界委员会这份地图上的“有朋社”和我参谋部这张1∶200000地图上的“安平社”是不是同一个地方。

桑沙利中尉向我提供的有关这个问题的情报告诉我，对这个问题可以给予肯定的回答。到安平去时，这名军官业已认定了勘界委员会的地图上标在有朋社附近的其中一个村庄（义肥社）。

此外，在安南这个地区的地图上，找不到任何其他同名的地方。

勘界委员会的这一错误可能出自一张安南这个地区的地图，这份地图把有朋社标在与都龙同一纬度的西面。但是中方勘界委员们可能利用了这一标注，然这与上述军官绘制的地图和其他当地的地图资料（尤其是内附的第3号地图）不符。

仔细看过内附的这份1∶500000的地图，总驻扎官先生，您就会明白，如果我向您指出的这个错误不马上得到更正，那么新的界线就得被迫朝南弯曲，从而造成极大的遗憾。

我认为您必须提醒法国驻北京公使和外长注意这个重要的问题。

勘界委员会的会谈纪要中指明了这段边界的起点Deo-Cao-Trai、走向和长度，无疑当着我们邻居的诚意，承认我们对安平及附近村庄的权利是合法的了。因为这些地方的确在这确定的边界南面。但我们知道，中国人不会对这种光明正大的行为大加赞扬。此外，上述的会谈纪要已十分明确地指出，安平区域仍归中国所有。

这个问题具有一个十分紧迫的特点：安平实际上是一个至关重要的战略地点，因为它是无数条交通线的汇合点。既然要放弃都龙，那么在即将到来的秋季，我们的部队必须驻扎在安平，以控制求江（Song Con）山谷口，封锁明江上游和齐江（Cong Chaï）之

间的这片地区。

（该篇收入《中越边界历史资料选编》第950～951页）

（原件第500页）

49－50（附件1）

恭思当致法外长电

上海，1887年6月15日

谨寄上总理衙门与我拟定的协议草案的正文，一般的谈话记录略。

第一条

1886年4月25日在天津签订的条约，在互换批准书后，各条文必须立即得到忠实的执行，而本协议要更改的条文当然不在此限。

第二条

关于执行1886年4月25条约第一条的办法，两国政府商定，广西龙州城和云南的蒙自城向法、越开放通商；老街至蒙自水道上的曼耗亦如龙州、蒙自，开放通商，法国政府有权派驻蒙自城领事馆官员一名。

第三条

为尽快发展中国与东京之间的贸易，1886年4月25日条约第六、第七条规定的进出口税暂时更改如下：开放城市输入中国的外国商品，要缴纳一般的海关税，但减免十分之三；中国出口到东京的商品缴纳一般的海关出口税，减免十分之四。

第四条

中国土产，根据1886年4月25日条约第十一条第一段规定，已缴纳进口税，要通过东京运往安南的某个港口时，如果不是运往中国，而是其他国家，则在离开该港口时按法越关税率缴纳出口税。

第五条

中国政府允许当地鸦片由陆界出口到东京，每担鸦片，即一百斤，应缴纳出口税20两银子。法国人及受法国保护的人只在龙州、蒙自、曼耗购买鸦片。当地商人购买这种货物须付的厘金费，每担不超过20两银子。

中国商人由东运鸦片来时，要将货物与证明已付讫厘金的凭单一并交给购方，购方在交出口税时，则将凭单交海关验明。

业已商定，这批鸦片由陆界、开放港口再进入中国时，不能被视为重新进口的中国土产。

第六条

法越船只，除了战船及用来运载部队、武器和弹药的船只外，可以通过连接谅山和龙州、龙州和高平的两条河（淇江和高平河）往返于谅山和高平。

这些船只每次单向航行，每船要缴纳银五分，船内商货则免税。

运往中国去的商货可通行本条第一段提到的两条河流及陆路，尤其是谅山至龙州的官道。但中国政府在边界设立海关后，经由陆路的商货须在龙州缴纳税金后方可出售。

第七条

双方商定，以后中国与其南部和西南诸国为解决政治的商务关系所订立的条约、协议给予最惠国的任何特权及豁免权、一切商业利益，法国不必事先谈判，而能享受同样的权利。

第八条

既然双方一致同意以上确定的诸条，两国全权代表即在本协议的两份法文及所附的两份汉译文后签字盖印。

第九条

本附加协议诸条规定，与 1886 年 4 月 25 日条约的正文有同等效力，自互换本附加协议和该条约批准书之日起生效。

第十条

本附加协议由中国皇帝陛下批准，一俟法兰西共和国总统批准，即在北京互换批准书。中国派驻领事问题，由一份公函解决，其主要条件如下。

①根据 1886 年 4 月 25 日条约第二条规定，中国政府可以任命派驻河内和海防的领事。经与法国政府协商，也可以在东京的其他大城市派驻领事。我们业已商定：中国政府适当推迟对领事的任命，直至两国政府认为时机成熟，可以设立领事馆时，中国政府才可任命这些领事。

②已商定，中国派驻河内、海防领事，法国亦可派驻云南省及广西省领事。

③派驻龙州、蒙自的领事和派驻曼耗的领事享有条约赋予他们的所有权利。但 1886 年 4 月 25 日条约只赋予领事在混合法庭仲裁华人、法人和安南人之间纠纷的权利。对居住在已让给法国人和受法国保护的区域内的中国人的总的管理权，自然只属中国当局所有，不归领事，因为我们不打算再建立像在上海一样的租界。

我们同意这三条与写在附加协议里的条款，具有同等的效力。

这封盖有总理衙门官印的公函将于附加协议签字时交给我。

（该篇收入《中越边界历史资料选编》第 951～954 页）

（原件第 504 页）

49－50（附件2）

恭思当致法外长电

上海，1887年6月2日

狄隆先生5月23日来函告诉我，他认为放弃飞地乃一桩憾事。我认为应将其看法告诉您。这里我要补充一句，我并不同意其看法，卜义内司令和我们的武官认为其看法没有根据。请允许我提醒您注意，狄隆先生不能肯定确立我们对飞地的所谓权利；我们不管中国人愿不愿意就在飞地驻军，有可能立即导致严重的冲突。因为中断谈判对我们肯定是有害无益的。边境当局对总理衙门有影响。对于1886年条约第六条和第七条规定的税率，我只争得一个象征性的减数：十分之三和十分之四，而非五分之一和三分之一。关于鸦片税，悲幽先生可能同意只为普通税的半数。如果不出意外，我将说服总理衙门同意这个数字。

（原件第510页）

49－50（附件3）

恭思当致外长电

上海，1887年6月18日

刚获知两广总督被召回这件大事。为了使我今天再也不怀疑的这一结果的取得，我小心翼翼。条约只能在23日或24日签订，制作地图是导致这一推迟的原因。我觉得曾（纪泽）侯爵的影响在日益扩大。他态度极为和蔼，对此我只有高兴。

（原件第503页）

38（附件1）

第十二区司令塞尔维尔中校致北宁第二旅指挥官将军先生函

谅山，1888年4月6日

将军：

我荣幸地给您寄上我派到龙州去的两名密探提供的情报。

安南人黄文弟（Hoang Van Di）的证词有些价值。这名安南人长期住在谅山，多次充当法国当局，特别是波里也将军的密探。

中国人嵇毛（Gi Maou）受雇于为十二区部队提供肉类的名叫阿三的人。

阿三因对我们的占领表示过一些同情，根本不怕中国人，故受牵连。

此外，他被告知，他的同胞进入东京时要砍他的头，或他回去就砍他的头。

两份证词一致认为中国人根本无意攻打我们。

相反，他们可能询问了一些同登居民，目前谅山构筑的防御工事是不是对他们构成威胁。

同登地方长官甚至已通知该地区哨所司令，附近的农民十分担心，认为我们会攻打中国人。

产生这个谣言，是因为突然在谅山构筑防御工事。

（原件第 512 页）

38（附件 2）

情报概述

1. 安南人黄文弟的证词

南关附近有兵力 3600 人，分布在 12 个哨所、炮垒里。炮垒总共有 28 门以炮闩装弹的大炮。广西的中国兵配有用枪闩装弹的小步枪。这些枪像我们的卡宾枪（我见到的配备有毛瑟枪和鼻烟枪）。他们的兵营设在平地，只有一些小队在山上的炮垒里。炮垒用灰砂建成，旁有壕沟。中国无意攻打我们。广西军队由左将军统领，他的行辕设在位于官道上的凭祥，距龙州有两日路程。Guang 司令指挥南关军，受住在 Nam Cong 的马（Mâ）上校指挥。左将军生日时（3 月底），宴请了其手下的所有军官。他害怕北京来的军官检查其兵员，为此从该地区的苦力中征召了一些士兵。

2. 阿三提供的密探嵇毛的证词

龙州附近未发生任何骚乱。左将军刚刚庆贺其生日，趁此宴请了他手下的所有军官。龙州附近没有什么打仗的谣言流传。廉城有 8 个炮垒，30 门大炮。马上校住在 Lang Gien Ap，有 2 个炮垒，20 门大炮。南关诸哨分由 Guang、黄司令指挥。其中 3 个哨所，各有 2 门炮，共 6 门。关口对面的 2 个炮垒亦各有 6 门大炮。瀌江（高平河）和平而关（七溪河）诸哨所平静。

兵力：Lang Thang，1000 人。

Lang Gian，1000 人。

南　关，2500 人。

总　共：4500 人。

（原件第 513 页）

57 – 55

倪思致狄隆函

主任先生：

狄塞尔中校走后，您委托卜义内少校继续与赫政先生和李先生进行非正式的会谈，以便根据地形来考虑边界的走向。会谈中双方已达成协议，两国代表才得以于 3 月 16 日签署了一份临时会谈纪要和 4 份附图。口头上对这一点有所保留，还可以对位于边界附近的村、哨、隘、山等的名称和方位进行更正。

当时必须立刻确定边界的走向。当时的情况不允许同时确定具体事项。

卜义内少校在您委派我负责继续这项事务的当天已经离开，现将工作概括如下：

您知道，今年要勘定的边界以前曾分为四段。

第一段包括白龙尾和江坪飞地（保留部分），自海上到峙马隘（隘店隘）。去年曾从峙马隘往东南方向进行过勘察。

第二段，自淇江的平而关到高平河。

第三段，自高平河到上桥隘。

第四段，自上桥隘到云南界。

您亦知道，勘定这段边界所依据的那些资料的价值各不相同，与在整段边界所见不一样。一般来说，我们依据：

（1）勘界委员会所属的地形测量官实地测绘的地图。

（2）东京占领军地形测量官绘制的地图。

（3）占领军参谋部的那份地图（无相关资料）。

（4）法国代表团派出的密探收集到的情报。

（5）从安南地方当局得到的资料。

（6）安南地图。

（7）《大清一统志》。

（8）安南各边境省的纳税人名册。

（9）转给浦理燮的德微理亚先生和微席叶先生的著作。

最后四种在勘界全过程中起到了不同程度的作用。此外，另外五种在对以下几个地点的勘界中也起了作用。

在白龙尾：波安中尉绘的地图。

在第一段：波安中尉和艾隆中尉绘制的地图；参谋部的地图（据侦察队提供的情况绘制）；派到实地去的密探提供的情报；从安南边境当局得到的情报。

在第二段：（参谋部）普里维中尉绘制的地图。

在第三段：参谋部地图（无相关资料）。

在第四段：参谋部（根据情报绘制的）地图；云南段的勘界地图。

中安名称所采用的拼写，与去年峙马至平而关一段所用的相同。当时这一段的勘定是在实地进行的，并有越文资料。对同一个省，好像是预先采取一个固定的方案。而且汉字附有拼音。这样，不论采取什么写法，很容易找到各不同地点的名字。以法文字母代替安南语语音，不用国语。

与去年一样，两国代表团认为最好只将会谈纪要里提到的地名标在地图上，因为这些地名都是双方一致同意的，有最多的资料进行说明。3 月 16 日的会谈纪要的所有附图上标注的许多地名，由于其地理位置不明确，可能会使人产生混淆，或者远离边界，没有多少用处。

由庚贵隘（第三图）和 D、E 点形成的边界的凹角的走向，是在卜义内少校离开之前，在 3 月 16 日举行的正式会议上由两国代表团分别进行说明后通过的。

最初，这条线路本是自东往西的。可是当时只有根据安南茶岭堡和茶岭村与边界的距离来确立这条界。因为该村的地理位置已在参谋部的那份情报地图里确定下来了，当时商定，这个距离将不改变，对线路进行更改不可让出安南的任何领土和村庄。因此，已知的各堡各村距东西走向的第一条界线的距离要转写在距形成凹角的新边界相等的距离处。对此双方完全同意，但对茶岭堡及茶岭村的名称意见不统一，不能写在地图上。如果需要关于除茶岭堡和茶岭村以外的其他证据，即非我们掌握的那些，那么中国代表团以边界更正为由对这些地点提出的主权要求，就完全可以确定这些地方了。

有几个地点，比如 Hinh Kao 隘，其旁写有汉字和汉语拼音及越语拼音（Kanc Moune Ai），去年勘定广西界时，有好几个地方就采取了这种办法。比如峙马隘，汉语叫隘店隘；平而关叫（Binh – Gnhi）（Pi-Guan），等等。

看来把两个名称都标在地图上是有用的。

我把我们地图上标的安南的村、中国的隘和汛的数目附于本说明内。

至于讨论所涉及的主要地点，只有等中国代表团在最终协议签署之后提出界线更改要求时才算出来。

经海军军官和海军工程师准确测绘的岛屿，从技术上看根本不必费心，因为对于九头岛的意见不一。我们认为，最审慎的办法是把有关这方面的讨论放在对陆地勘界最终达成协议之后。

我坚信，我们划出的界线是令人满意的。按我们拥有的资料、时间和方法，划出的边界已足够准确。既然是根据地图划界，则不能对以后的划界需要提供更多的保证。

（该篇收入《中越边界历史资料选编》第 731～733、第 544～547 页）

（原件第 517 页）

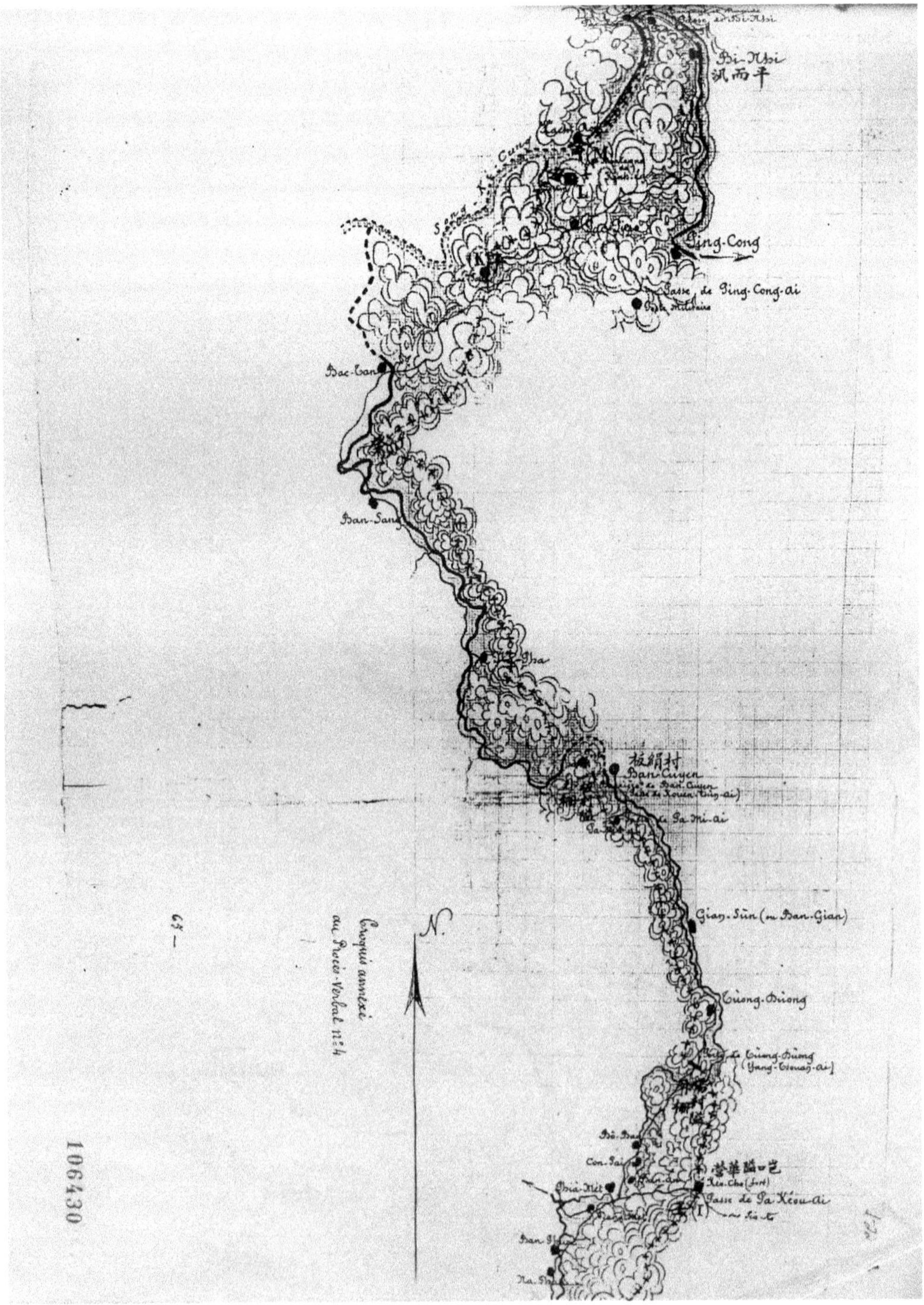

图 23

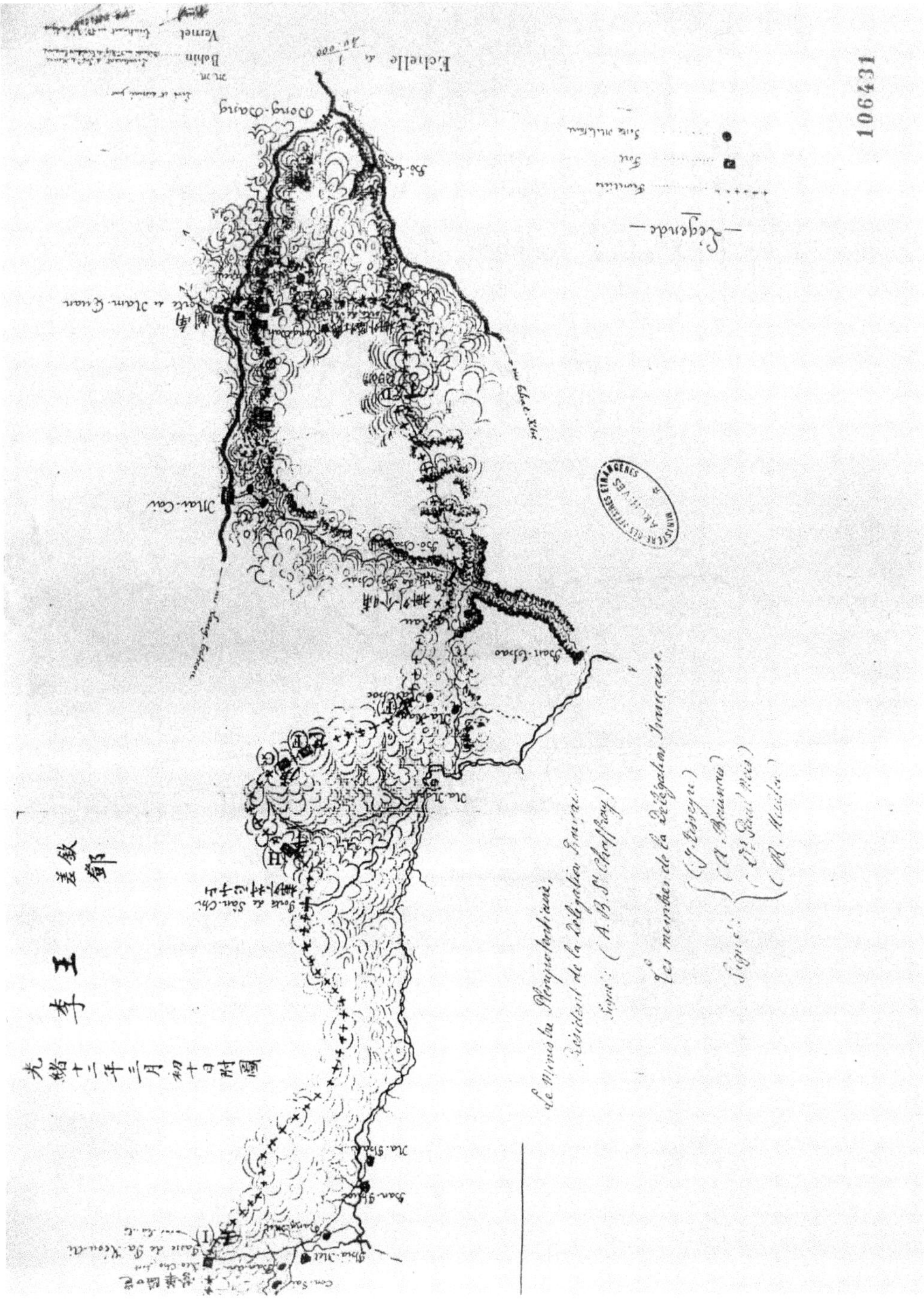

图 24

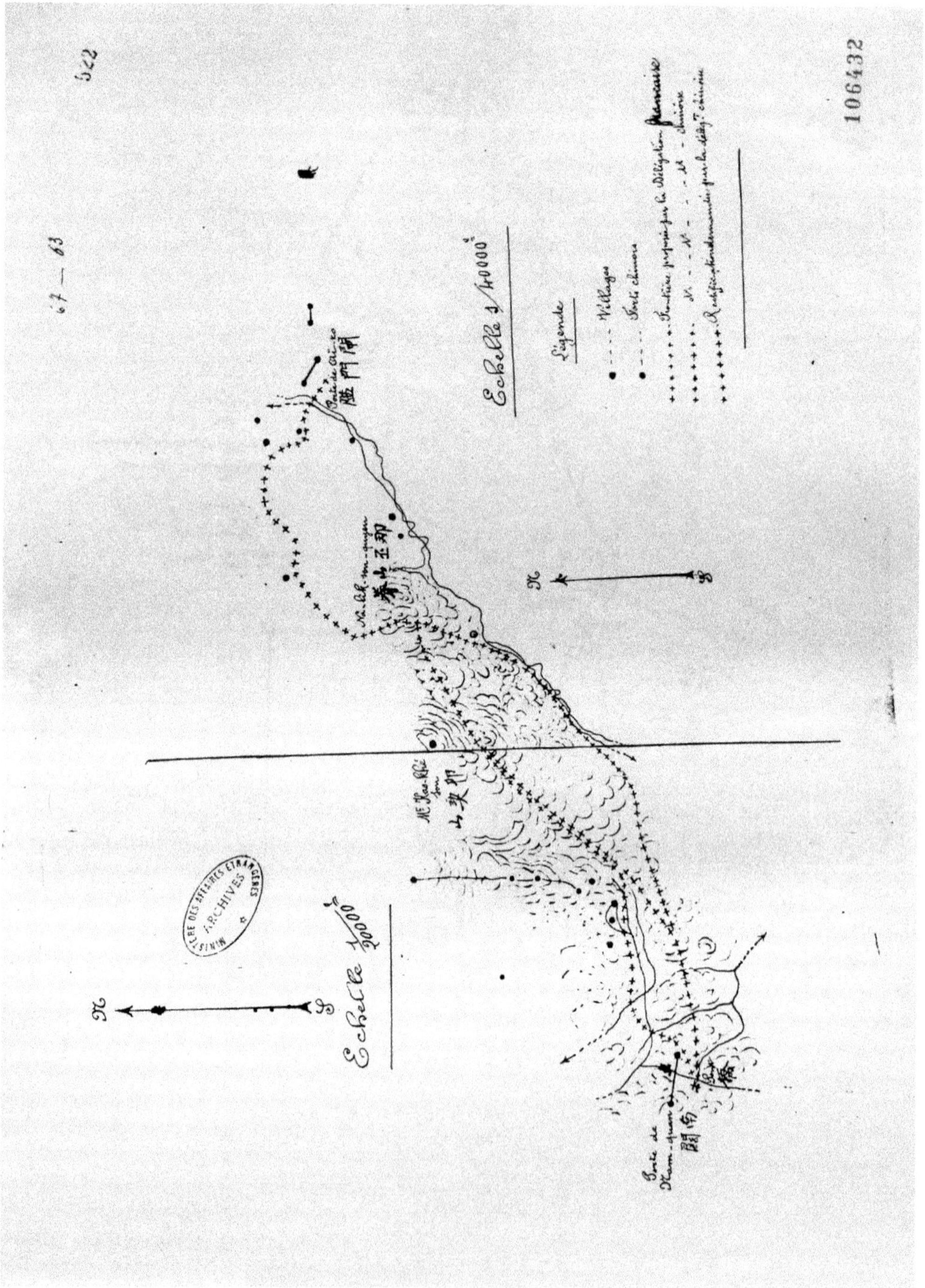

图 25

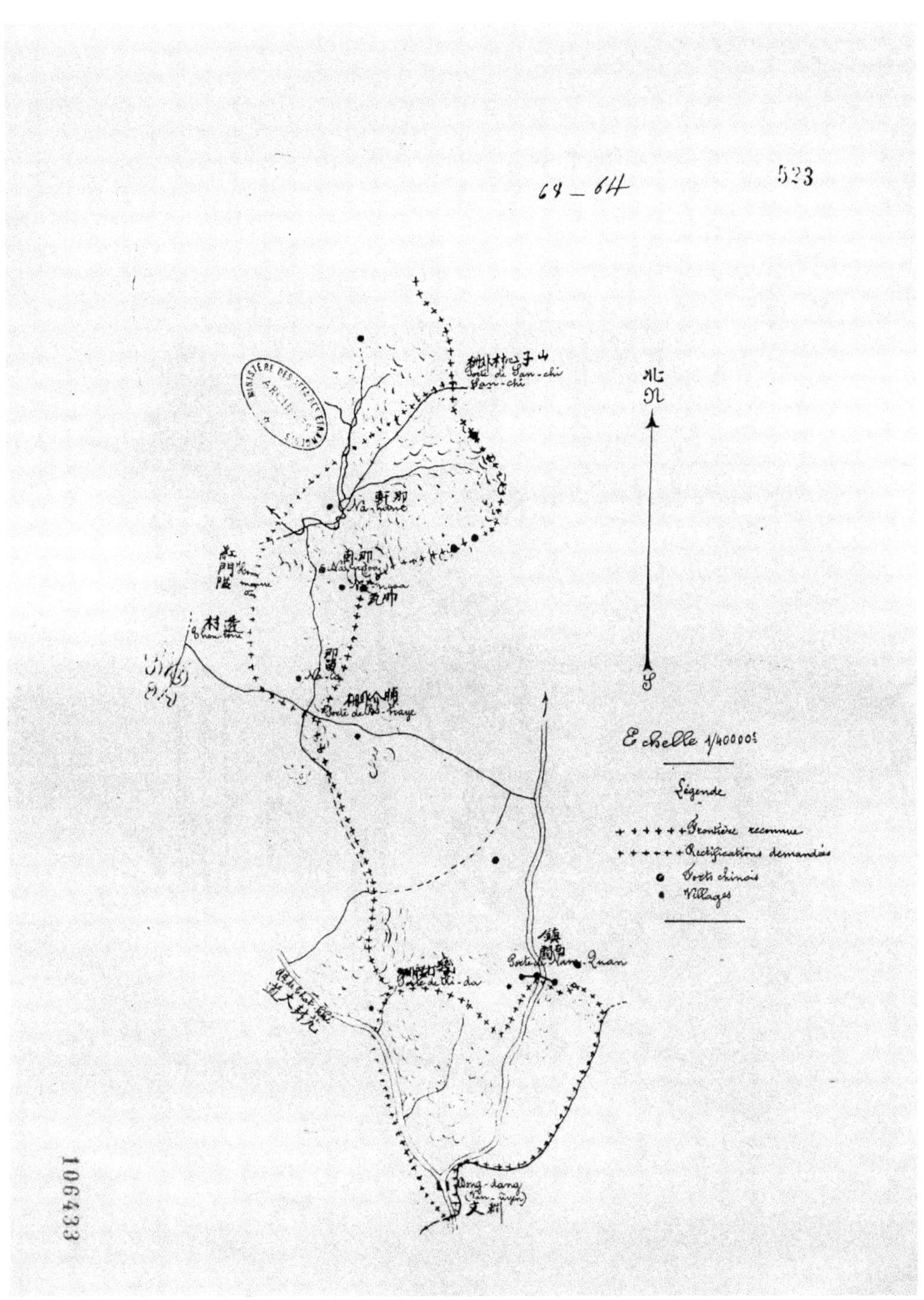
523
64_64
北
N
S
Échelle 1/40000e
Légende
+ + + + + + Frontière reconnue
+ + + + + + Rectifications demandées
Forts chinois
Villages
Dong-dang

图 26

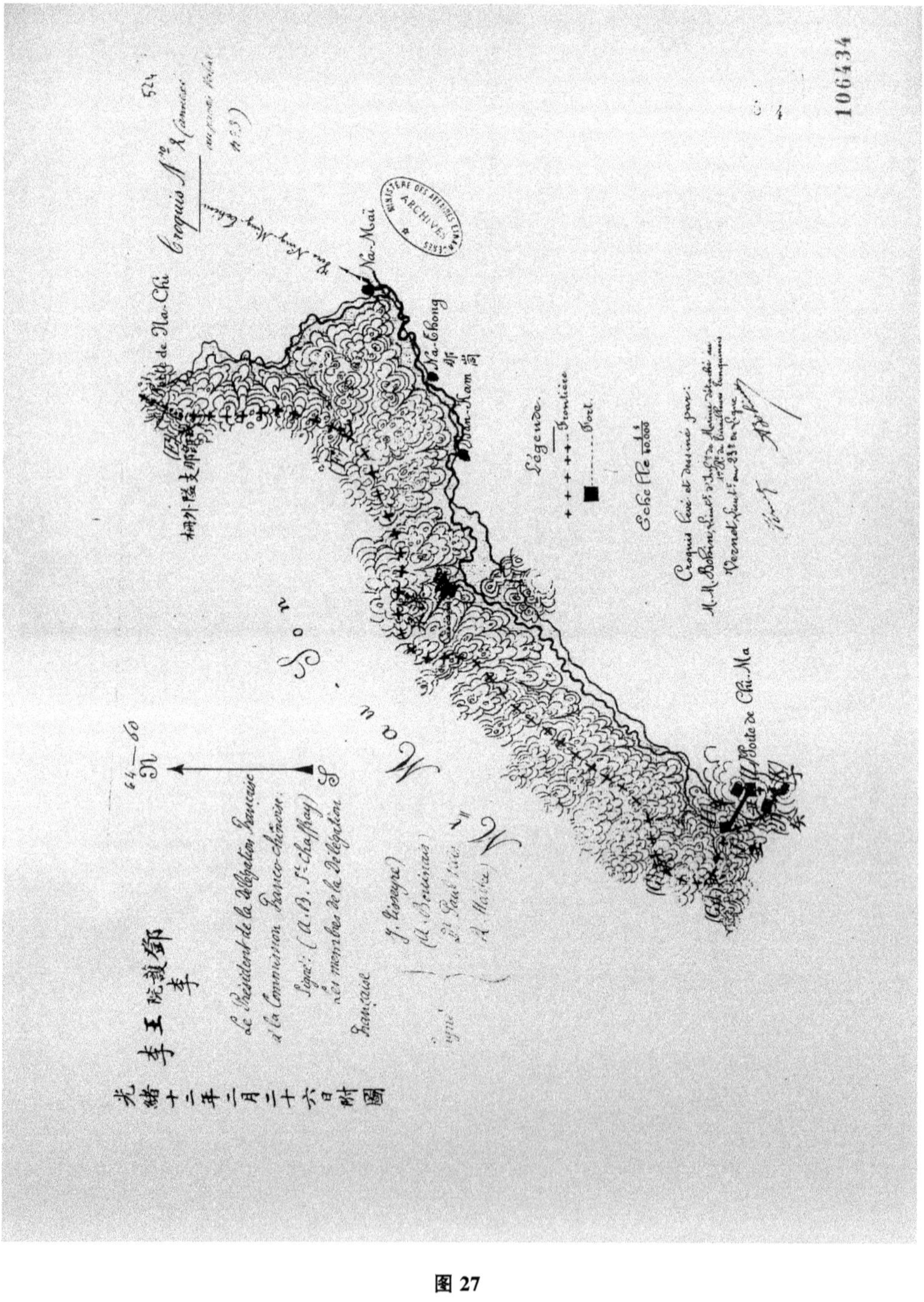

图 27

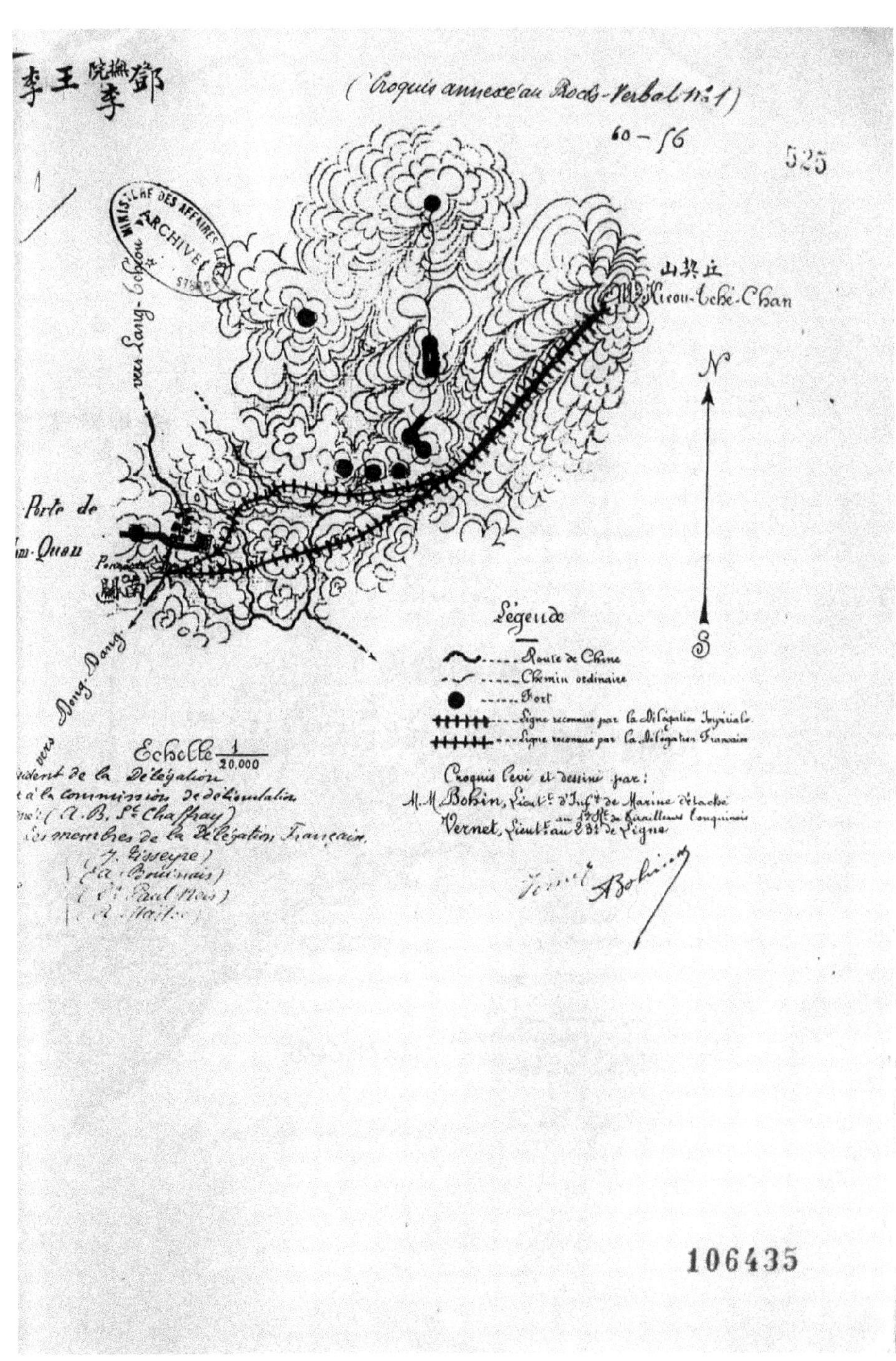
李 王 鄧
院撫 李
(Croquis annexe au Procès-Verbal N° 1)
60 – 56
525
山坼立
Mt Kiou-tché-Chan
N
S
vers Lang-Son
Porte de
Nam-Quan
vers Dong-Dang
Légende
Route de Chine
Chemin ordinaire
Fort
Ligne reconnue par la Délégation Impériale
Ligne reconnue par la Délégation Française
Croquis levé et dessiné par :
M. M. Bohin, Lieutt d'Infie de Marine détaché au 1er Rt de Tirailleurs tonquinois
Vernet, Lieutt au 23e de Ligne
Vernet
Bohin
Echelle 1/20,000
A. B. Ste Chaffray
J. Tisseyre
106435

图 28

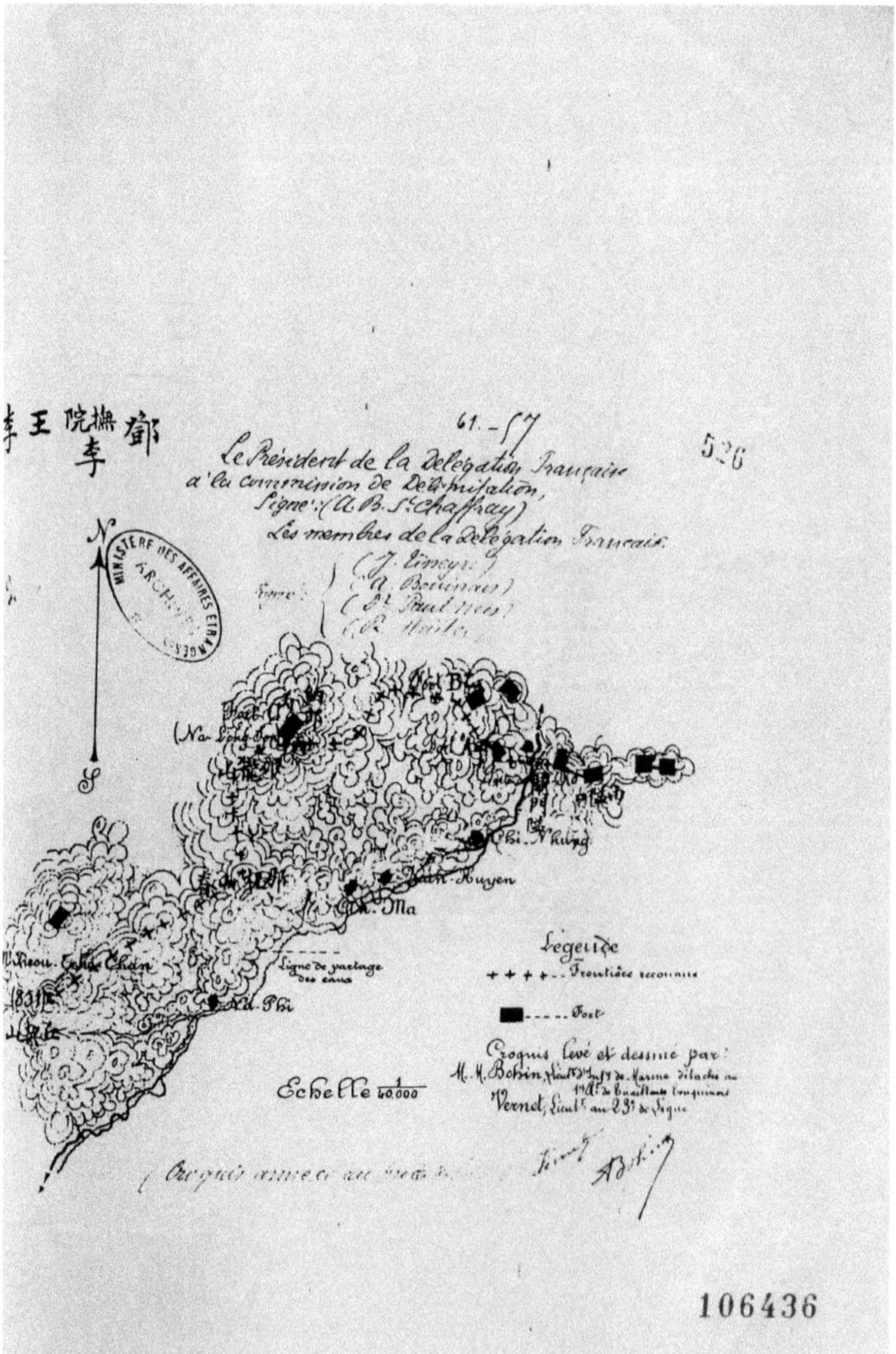

61.-57

526

Le Président de la délégation Française
à la commission de Délimitation
Signé: (A. B. St Chaffray)
Les membres de la délégation Française

Ligne de partage des eaux

Légende

Frontière reconnue

Fort

Echelle 1/40,000

106436

图 29

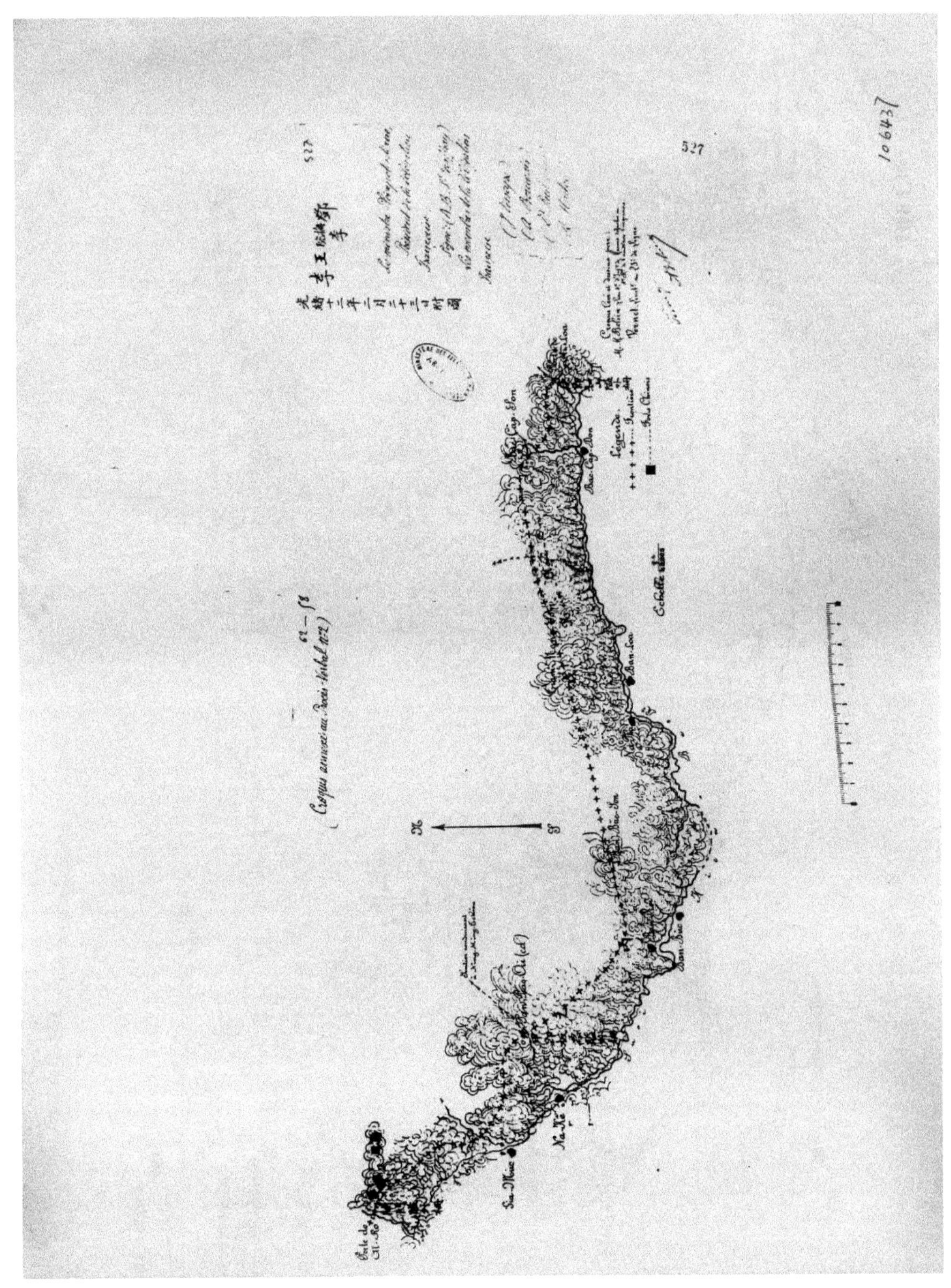

图 30

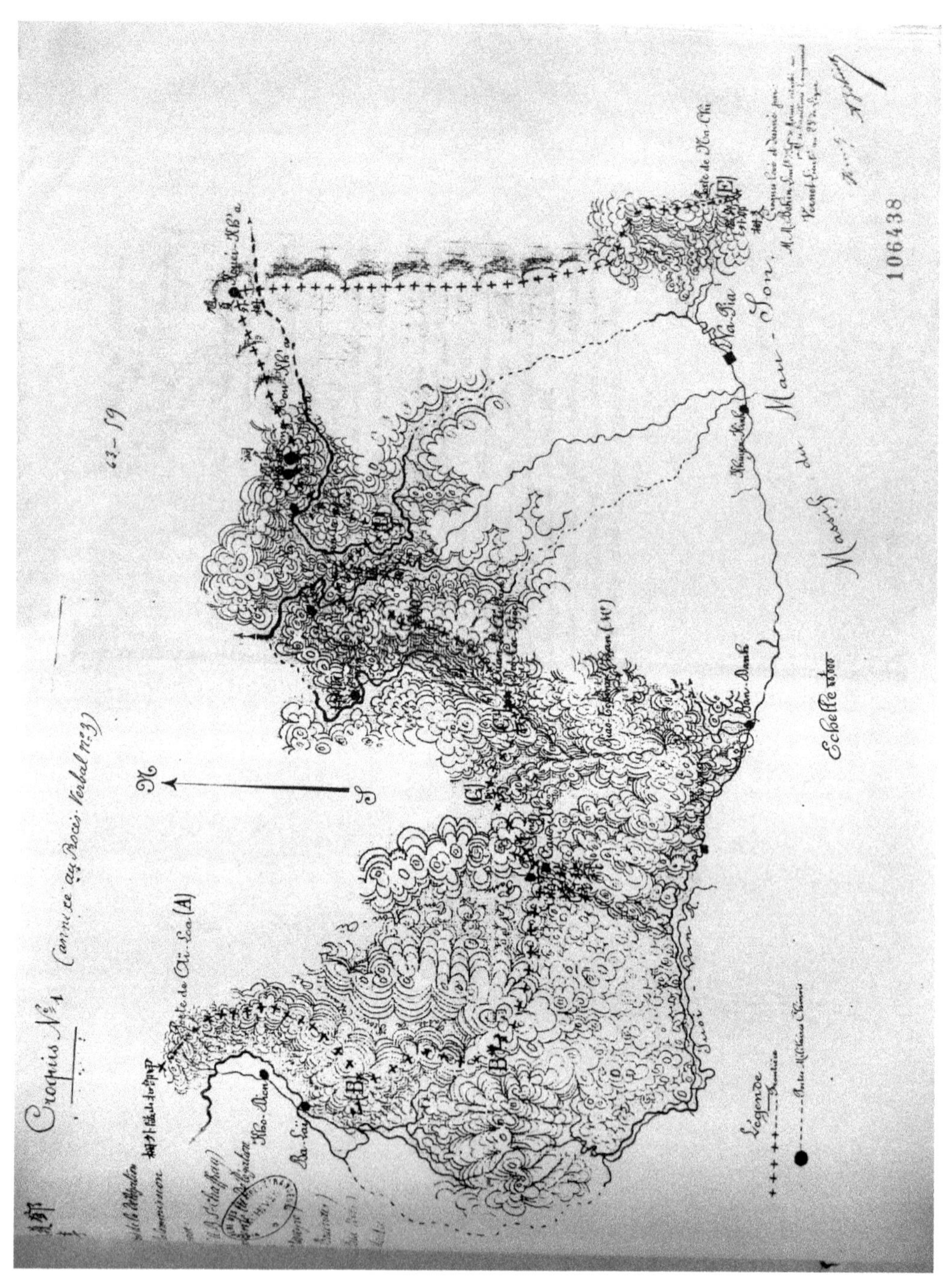

图 31

（原件第 520～528 页）

勘界委员会有关广西、广东界的会谈纪要

10（附件5）

第一号

勘界委员会业已确认，自中国竹山起，边界沿自竹山流到芒街、东兴的这条东西向小河，河中线为界。界线将中国的罗浮、东兴等地与安南的 Mau - Tsay 和芒街等地分开。

自芒街、东兴到北市（Pac - Si）、嘉隆，边界自东往北再往西北稍曲，顺着连通这两地的河流中心线，界河一侧是中国的那芝、嘉隆等，一侧是安南的托岭、南里、北市等。

自北市、嘉隆起，边界沿着嘉隆河床中线。该河是北市河西侧的一支流。边界延伸30里（每里合561米）后，径直到峒中村旧址北面三里处，即第一图的A点。岭怀、披劳、板兴（Pan - Tung）和板兴□□靠边界的一座名叫分茅岭的山等处归中国，那阳、峒中等处则归安南。

自A点起，边界往北到岗隘、派迁山，这里与安南平寮村的直线距离约30里。板吞卡、那光卡等处军事哨卡归中国，那阳、呈祥等军事哨卡归安南。

自北岗隘、派迁山一直到板邦隘口，边界大致往西、西北方向，经过对淰隘（Doï - Nam - Aï）、丘歌隘、葵麻隘等隘口和埇岜山、叫号山、枯华山。九特卡、叫荒隘、弄叮卡等军事哨卡归中国；同心、坤仲、坚木、板梏等地归安南。

自板邦隘口至峙马隘，边界走向大体上是西北向，经过那马隘、那河隘。那马卡、派衣卡、磌溪卡（Pieu - Khe - Kha）等军事哨卡归中国；板竜、林歌、橘溪社、板阳、板欲、板派、派站等地归安南。

两国勘界委员会在本纪要上签字作证。本纪要法、中文本各两份，各代表团执两种文本各一份，并各附经确认与纪要相符的界图一份。

1887年3月29日（光绪十三年三月五日）

签于芒街

（该篇收入《中越边界历史资料选编》第539~540、第1132~1133页）

（原件第531页）

10（附件6）

第二号

勘界委员会业已确认，淇江上，即第二图A处的平而关与高平河流入中国的入口处的那烂村东北之间，边界自平而关到咟咘隘，走向是往北、西北。军事哨所咟咘卡等地归中国。自咟咘隘口到第二图的C点，边界自东往西。歌良归安南。自第二图上的C点起，边界复自东往西北，中国的扣帽卡等地在界北，安南的板枯村等地在界南。自敢门隘起，边界稍往南拐，接着往北、西北方向直到第二号界图的B点，经过谷南隘口。本探等各地归安南，枯城卡军事哨卡归中国。

自B点到安南那女村附近的峺花隘口，边界自东往西，如图所示，接着北上，东面的允怀卡、Duong Ca卡、荷亮卡等军事哨卡归中国，西面的Da La Tong、淰盈和布□（Pa－□）等处归安南。

自峺花隘口，边界稍偏西到中国的陇魔卡和安南的北咘村之间，接着往南北向，直到安南那烂村东北，第二号界图之A处，经过安南那烂村附近的邱常隘口和那乱隘口。

两国勘界委员在本纪要上签字作证。本纪要法、中文本各两份，各代表团执两种文本各一份，并各附经确认与纪要相符的界图一份。

1887年3月29日（光绪十三年三月五日）

签于芒街

（该篇收入《中越边界历史资料选编》第540～541页）

（原件第533页）

10（附件7）

第三号

勘界委员会业已确认：

1. 自第二图的A点起，该处位于高平河，即濾江入中国之处，与博望江与濾江汇合处的中方军事哨所水口关相距8里，边界往东北。倖村哨所等地归中国，那通村、弄文寨和弗迷社……等地归安南。

2. 在最后这个村附近以博望江为边界。边界线经过这条小河的深泓线到斗奥隘口，稍向北弯曲。军事哨卡叫钦卡、斗奥隘口……等处归中国；弄凌村、贲河堡等处归安南。

3. 自斗奥卡起，边界离开博望江河床，往东北直到第三图上的 A 点，即坦荡江。合石隘口、平俸隘、痛村隘、闭村隘、淰多隘、陇茈隘和在边界上的下俱隘口等……归中国；杏坛社、玉林社、挥儿社诸村归安南。

4. 自第三图的 A 点至第三图的 B 点，即安南的陇茈寨附近处，以坦荡江的深泓线为界。

5. 自第三图的 B 点到第三图的 C 点，即安南的泡溪村附近处，边界线为弧形，凹面向东（中文约文为“凸面向东”——译者注）。咘透卡归中国。界线经过枯架隘口，军事哨所枯架卡和峺汉卡等……归中国；B、C 之间的坦荡江、弄茈寨、陇楼社和范溪社等诸村归安南。

6. 自第三图的 C 点起，即坦荡河进入安南境之处，边界向西北到庚贵隘口。打凌隘、壬庄卡、打罗卡、龙帮隘等……归中国；陇知村、灵贴村、陇札村等地和岜米村等地归安南。

7. 自庚贵隘口起至第三图 D 处，边界直朝西南，然后复折，直朝北到 E 点。

8. 自第三图的 E 点到第三图的 F 点，即上桥隘口，边界先往西、西北，后往北、西北稍弯曲，其凸面向安南。四邦隘口、那岭卡和岜赖卡军事哨所……等归中国；博边社、弄村和六渠村归安南。

两国勘界委员在本纪要上签字作证。本纪要法、中文本各两份，双方代表团执两种文本各一份，并各附经确认与纪要相符的界图一份。

1887 年 3 月 29 日（光绪十三年三月五日）

签于芒街

（该篇收入《中越边界历史资料选编》第 541 ~542 页）

（原件第 535 页）

10（附件 8）

第四号

勘界委员会业已确认：

自第三图的 F 点，即上桥隘口起，到边界上的陇村隘口，即第四图的 A 点，边界朝西、西北方向。军事哨所凌望卡和荣劳隘等归中国。边界经过边界上的浪旷隘口，最后到陇村隘口，即第四图的 A 点。淰生村地、中安总和春农社归安南。

自边界上的隘口陇村隘，即第四图的 A 点，到平孟隘口，边界形成弧形，其凸面朝安南。其弧顶与一条来自中国的河相切。该河在平孟隘隘道之东，军事哨卡弄逢卡归中国。如图所示，边界经过平孟隘口，朔红圩村和安陇社归安南。

自平孟隘口到枯枝隘，即第四图的 B 点，边界往西，波利卡、魁来卡等军事哨卡归中国，安阳社、通农社等村则归安南。

自枯枝隘口，即第四图的 B 点，直到边界隘口布山隘，即 G 点，边界朝西北偏北，峒隆隘口和军事哨卡波脚卡归中国，安广村、巴根村等……归安南。

自布山隘，即第四图的 G 点，到巴须隘，即第四图的 D 点，边界朝北向，Thuong - Lang - Khá 归中国，Cau - Aï 和 Tun - Koang - Xa 等归安南。

自巴须隘口，即第四图的 D 点，到第四图的 E 点，即广西、云南、安南之交界处，边界先打一急弯，然后向西，上下盖隘口和剥堪隘口归中国。边界经过边界线上的供隘口，百怀大隘口和百怀大隘口以西的军事哨所那坡卡归中国，而安郎社、魔邦寨和东光社等村……归安南。

E 点位于中国的（茶村）、各达村和安南的龙兰街村之间。

两国勘界委员在本纪要上签字作证。本纪要法、中文本各两份，各代表团执两种文本各一份，并各附经确认与纪要相符的界图一份。

1887 年 3 月 29 日（光绪十三年三月五日）

签于芒街

（该篇收入《中越边界历史资料选编》第 542 ~ 543 页）

（原件第 537 页）

10（附件 9）

会谈纪要

勘界委员会一致同意：

根据两国勘界委员会去年就峙马隘和平而关之间的那段边界达成的前协议规定，如果竹山至云南界有属于中国人个人的田地房舍位于迄今已定的这段边界线以外，这些田地房舍自然仍归这些中国人所有。同样，位于中国境内的安南人的房地产将照此处理。

两国勘界委员在本纪要上签字作证。本纪要法、中文本各两份，各代表团执法、中文本各一份。

1887 年 3 月 29 日（光绪十三年三月五日）

签于芒街

（该篇收入《中越边界历史资料选编》第 543 页）

（原件第 539 页）

恭思当致狄隆电

（无日期）有线电报：东兴—狄隆

邓钦差要去钦州。总理衙门通知我此事后，已批准其要求。为了避免由于他的离开而产生误会，我谨此通知您。勘界委员会的工作已获口头上的同意，即将举行签字仪式。因此我未能就邓钦差的要求提出什么意见。他无再必要留在边界。

狄隆复恭思当电

您未注明日期的电报已收到。我们在这里的停留的延长已付出了一条人命，如果有必要的话，我们准备继续延长。现在邓要离开，我们要留下，还是最好也离开？请尽快把您的意见告诉我们。

（原件第 543 页）

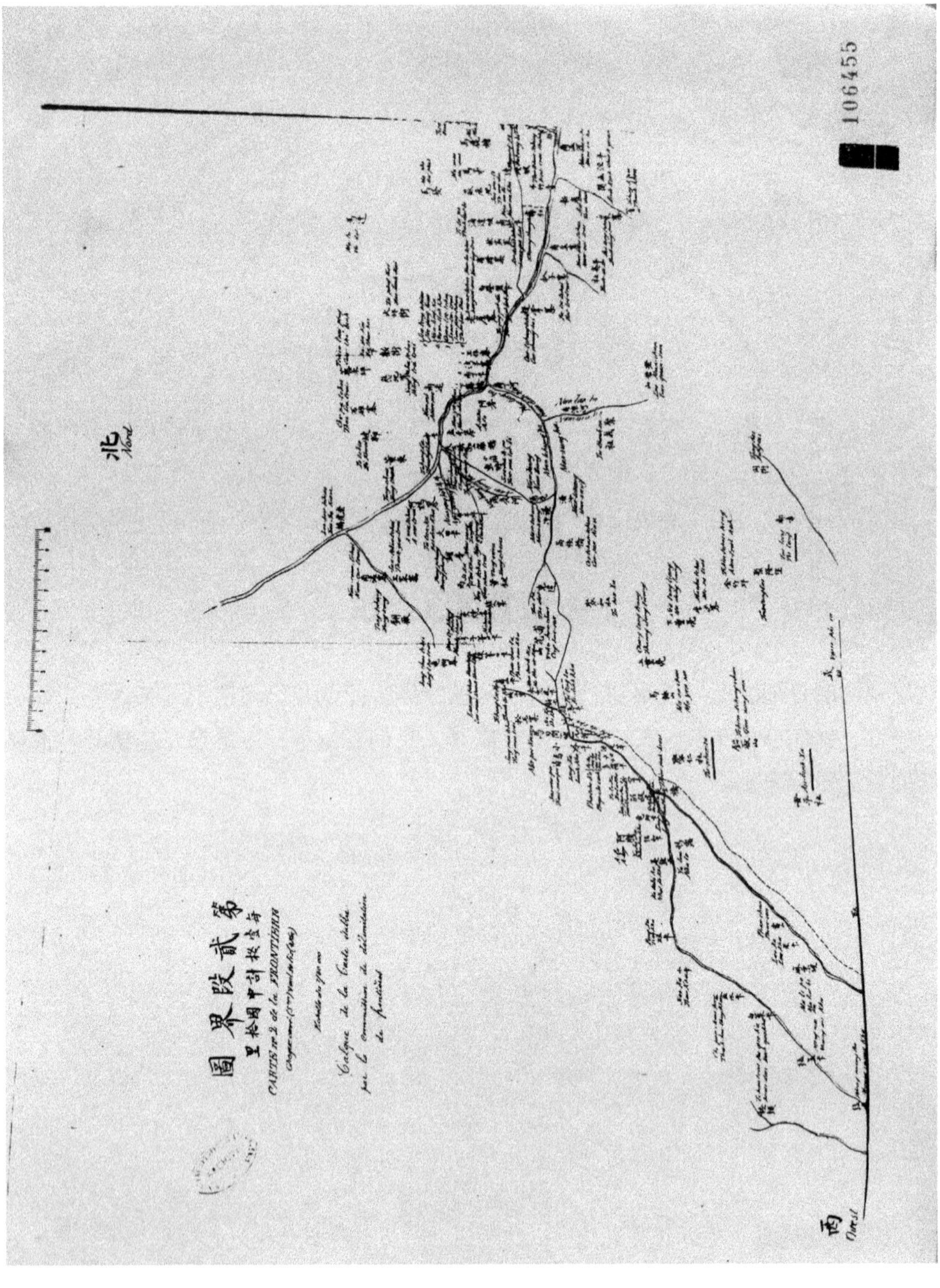

图 32

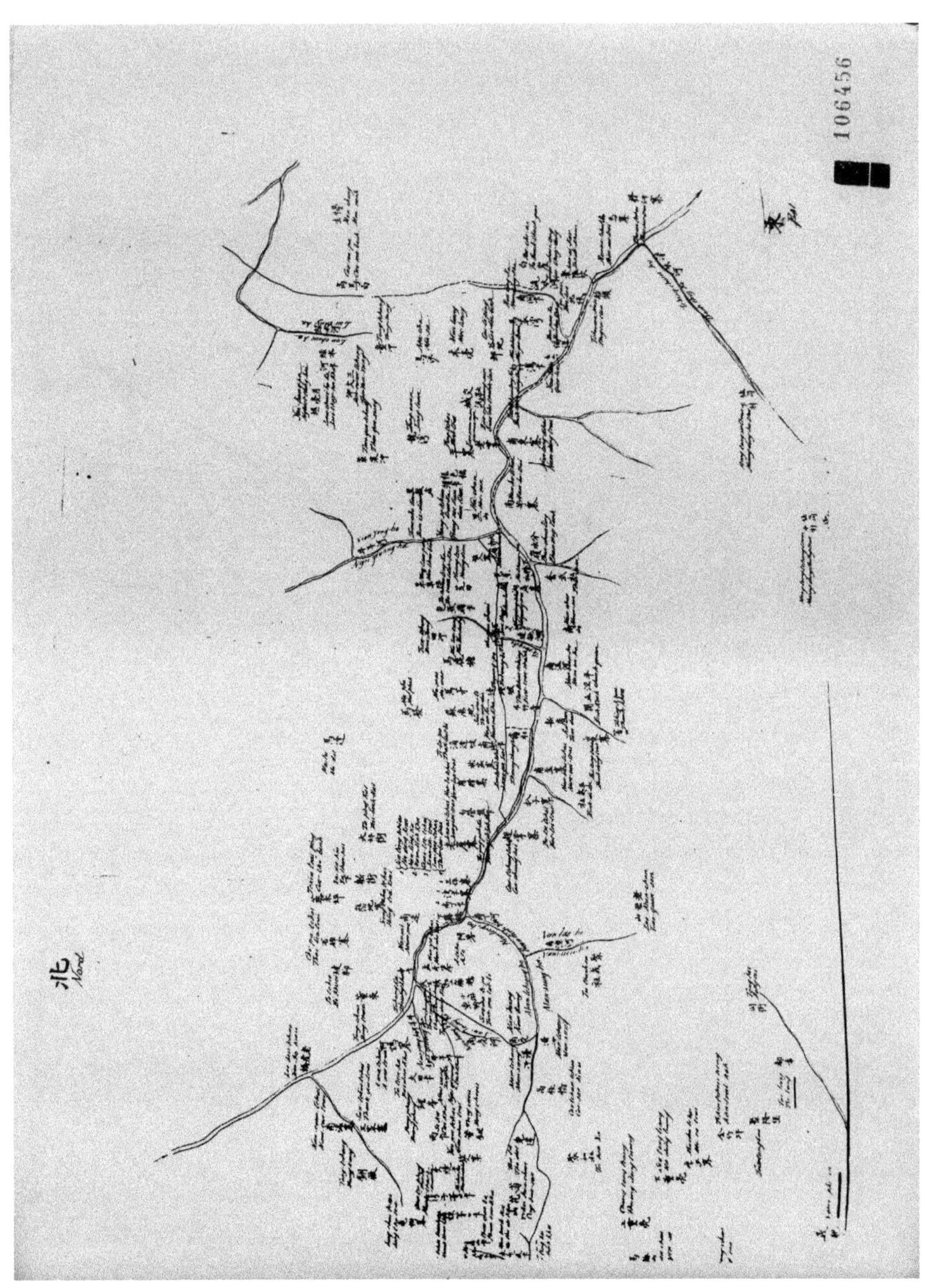

图 33

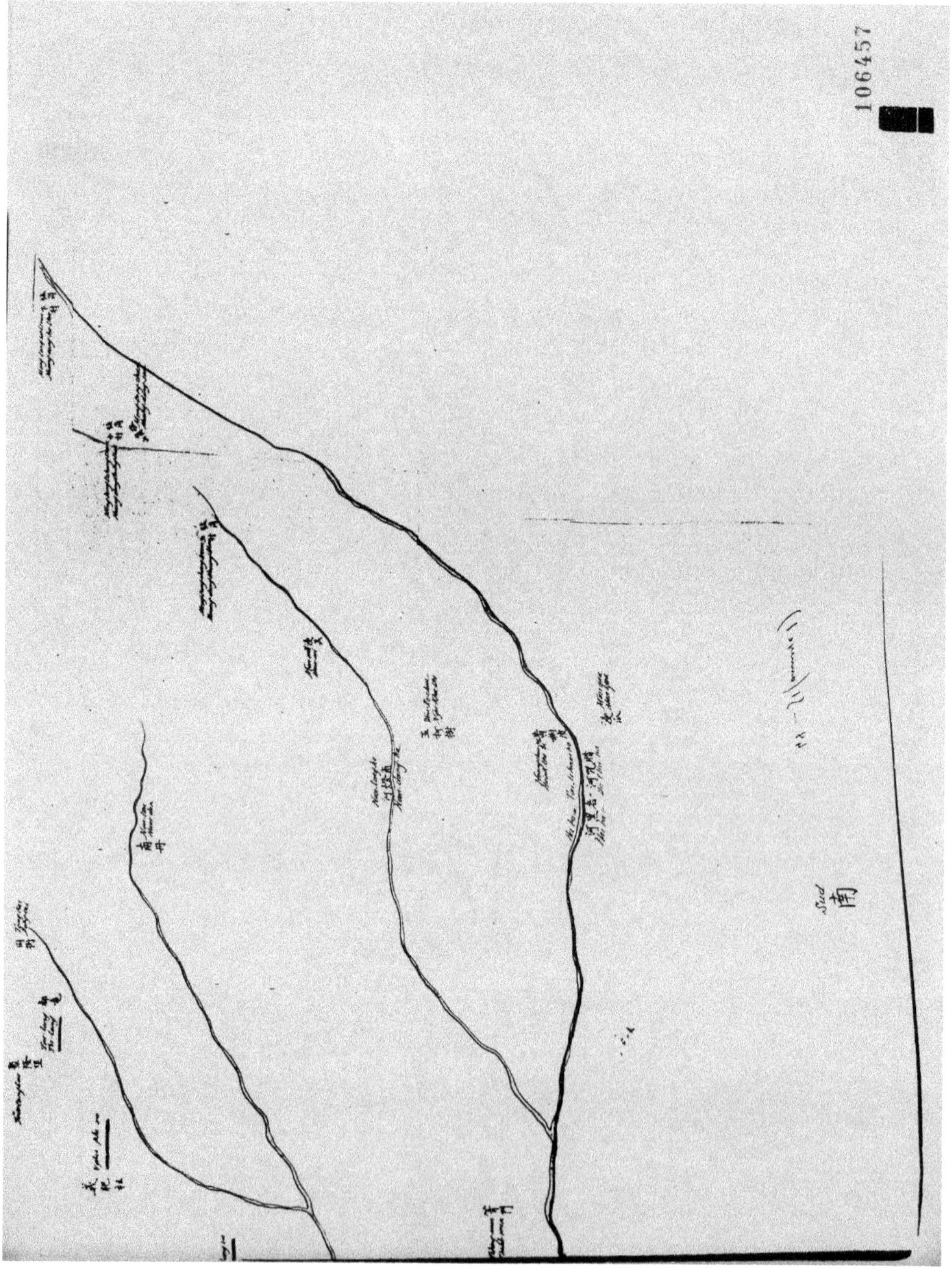

图 34

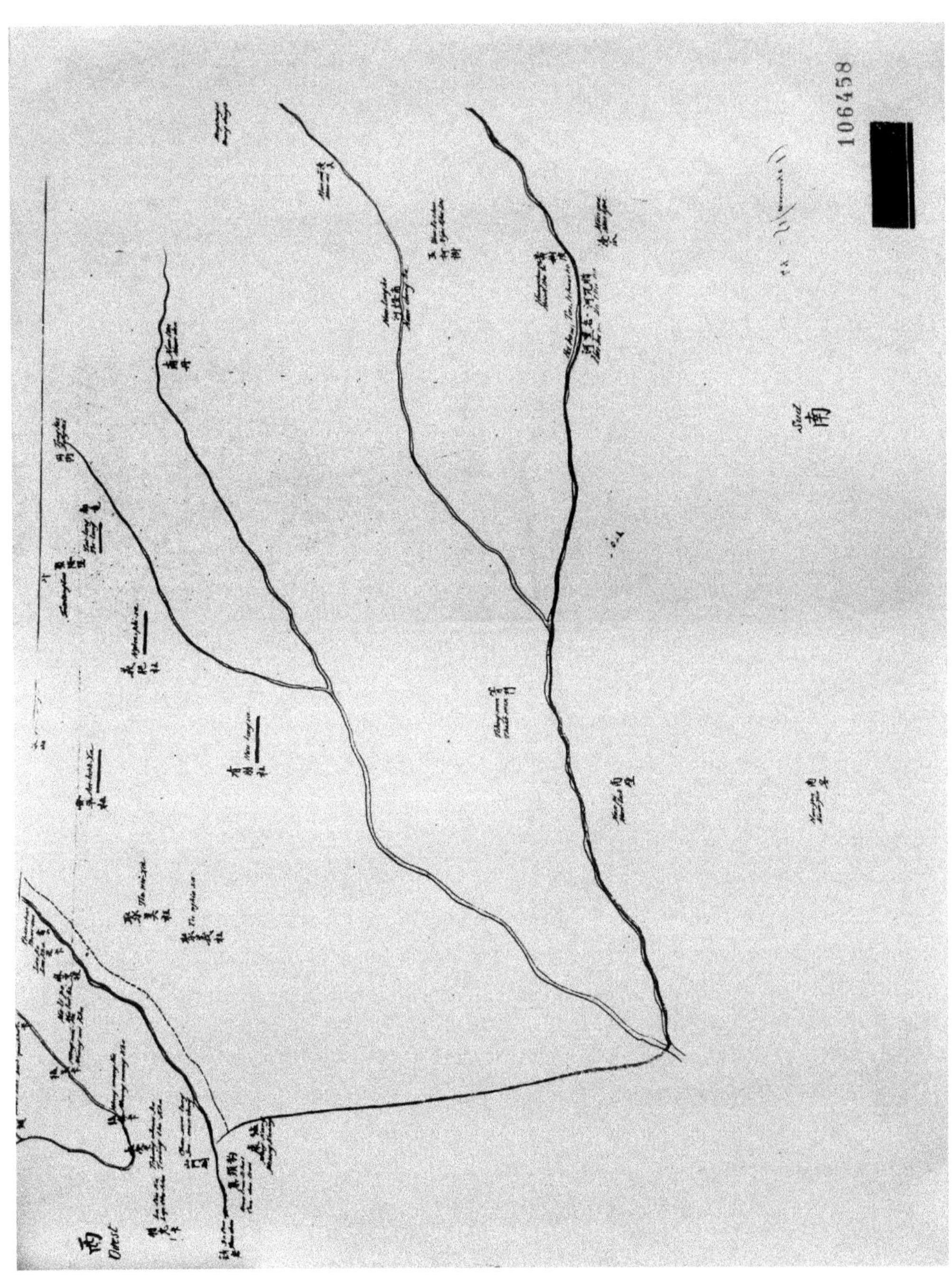

图 35

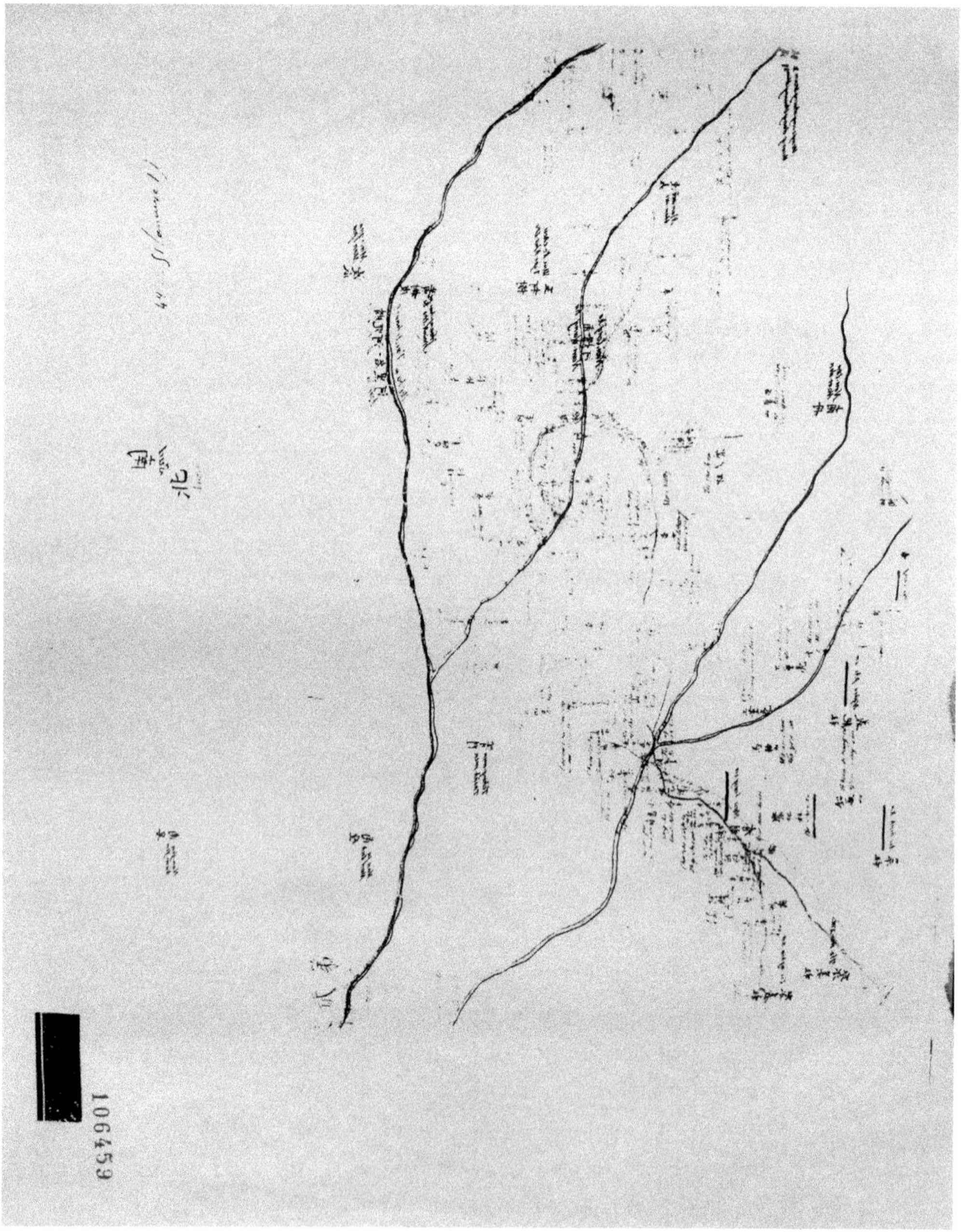

图 36

第七十六卷

外长致狄隆函（机密）

巴黎，1887年10月24日

事由：勘界问题

先生，您的工作完成后我准许您离开东京时，您寄给我的一切文件我都如数收到了。这些文件是勘界委员会的档案材料。

在对您的这一行动表示感谢的同时，我认为是时候请您根据您个人的情报，补全您在电函中和口头上已经向我提供的关于中国政府希望看到尽快对你们已出色完成的预备工作给予实际确认的情况。东京和中国各段边界的划定，现在实际上大体结束了，但大部分还只是根据地图来划定的。这些边界还有许多地方并没有出现在勘界委员会采用的那份草图上；它们被有意留起来，以便更易于取得一个解决问题的办法，也许是为了以后讨论。另一方面，勘界大臣们手中拥有的这个地区的那些地图——可惜仅是一些中方的地图——其不准确是众所周知的，或是根据我们远征部队的军官们提供的一些常常是互相矛盾、只是大体估计的情报绘制的带有偏见、十分粗糙的简单的路线图。

在这种条件下，正如你们和你们的中国同事一致表示的观点那样，当然最好能到现场去进行准确的勘界，就可以避免将来保护国政府和中国政府之间发生任何误会，使两个邻国可以维持和平关系，而我们新近与北京朝廷缔结的各条约就具有恢复和巩固这种关系的目的。您倾向于认为中国政府会打算使我们的通商条约的履行依赖于划界的进行。我打算等到适当的时候再征求我国驻北京公使的意见，看他是否认为这会使我们有可能丧失我们刚通过对中国进行的让步而获得的利益。其中最大的让步就是放弃白龙尾，并无限期推迟签署所说的这个条约。

目前我要坚持和您一起明确我们已经能够预料划界可以进行的条件。我想，首先您需要从您在执行任务期间如约给我寄来的情报和那些使我得以清楚地预见为取得最后结果剩下要做的资料中得出一个全面的结论。

我认为，如果从您将向我阐述的理由中得出目前勘界极有可能取得成功，我和您一样，认为尽早进行将会极为有利。如果情况相反，我就要对一个可能因障碍重重而超出人们预料地拖延下去，并成为中国和法国新的纠纷源头的行动所产生的严重弊端进行反复权衡，而目前我们应该注意采取一个有助于恢复两国友好关系和相互信任的妥协办法。

然而，直到今天，根据您所说的情况，中国根本不急于为勘界提供方便。它自己要求进行勘界，但您认为它已准备趁此机会向我们挑起各种纠纷。您承认这些纠纷不仅将来自中国中央政府，还来自省政府。当要通过一种具体活动停止省当局与有关的居民一致利用的要求时，省当局的作用是很大的。此外，纠纷还将来自我们还几乎完全不可能拥有可以同时翻译汉语、越语和两国边境使用的土语的可靠翻译人员这一点。因为我们不仅完全不了解高平以远的西北方面整个地区，也完全不了解谅山与海之间的整个地区，所以这些翻译的协助就更有必要了。

因此，我应该猜想到，由于在部分区域甚至尚未开始进行地形测绘活动以及我刚提到的政治方面的纠纷而变得复杂起来的划界，将持续很长时间，即使不像已确定了的俄国和中国的黑龙江界划界持续那么长，至少也要花好几年时间。

因此我想，在进行这样一种工作之前，期望我们与中国建立良好的合作关系是否不够谨慎；为了达到这一目的，要采取一切必要的婉转方式，同时占领委员会承认属于东京的各重要地点，轮到我们对它采取这些拖延办法——这是它惯于使用的——是否有利。

我提出这个问题，还不想表态。应由您根据您自己的判断向我说明您的判断所依据的理由。您比任何人都更能从各个方面来看这个问题，并根据各个方面得出结论。我必将十分重视您以后向我提出的意见。因此我恳求您对此反复考虑，因为您的一个错误带来的后果和我们过于急躁带来的后果都可能是严重的。如果您认为最好立即进行勘界，在您向我阐述使您下决心的理由后，请您让我知道进行这项工作的合适条件以及要采取的办法：或从活动领导本身方面考虑，或从最有能力搞好这项工作的人员方面考虑。

（原件第 16 页）

给外长的报告

法国勘界委员会主任狄隆先生被要求书面提出有关东京边境（其定界仅依照地图进行过）勘界的意见，他已给外交部写了一份报告，可能几天前已交给部长了。从熟悉这个问题的各方人士，特别是佩尔蒂埃中校和卜义内少校提供的情况看，旱季将结束，如果现在就决定，我们也只有两个半月的时间进行划界了。负责这项工作的人员上船的最近期限不能推迟到 12 月 4 日以后。在这种条件下，也许最好请部长指示对这个问题——其紧迫性似乎是不容置疑的——的决定。

批复：部长主张勘界。能否与海军部商量分担经费。

外交部保护领地办公室
巴黎，1887年11月16日

（原件第24页）

印度支那总督致巴黎海军部密电

第7号　西贡，1887年11月29日

勘界委员的任命书，我觉得宣布得过早了，若中国政府不改变看法，只是在批准条约和新的领事就职之后再进行或可能再进行勘界。中国政府向我声明不想再任命级别高的大臣，以节约开支，像上一个委员会一样。它的想法和我的一样，龙州领事、一名绘图官和两名中国省的文官将奉命进行两广的勘界，对于云南蒙自领事可能也一样。我认为这个计划可能不会有什么改变，因为这个计划避免了花费最大的费用，而在任何情况下印度支那都不能承受这样大的花销。

（原件第27页）

外交部长请海军部长转发给北京、河内的电文

1887年11月29日

狄隆先生主张今冬开始进行勘界，从以下两个地区同时开始作业：（1）谅山和芒街之间的地区；（2）红河与黑水河之间的地区。在选派过两天就要上船赴任的这两个委员会成员之前，我希望通过电报知道你们的意见。

（以下仅给河内）

如果你们不反对的话，要在东京执行为尼将军计划的各特遣队必将尽可能地安排他们的行动，以便为这两个委员会成员的工作提供方便。

（原件第30页）

李梅致外长电

上海，1887年11月27日晚9时46分

外交部27日7时收到

从我这方面看，我觉得根据您指出的办法和时间进行勘界没有什么不便。但是我们

还未就这个问题与中国政府进行过商议，因此还要将您的指示通知它。

（原件第 31 页）

海军殖民地部副部长致外长函

巴黎，1887 年 11 月 29 日

部长先生：

您在本月 25 日函中，要我注意今冬就同时在谅山和芒街之间以及红河和黑水河之间进行东京边界勘界的必要性。但是您主张在就此进行决定之前，有必要征求我们在西贡的总督的意见。

我谨通知您，为了满足您的要求，我本月 28 日已将您给我寄来的电文电告恭思当先生了。正如您要求的那样，我一接到他的答复就立即转告您。

为了答复您在上述 11 月 25 日的那份函中表示的忧虑，我谨告诉您，我的部门并没有忽视由于东京部队的换防产生的各方面的问题。我将和海军部门的人员同心协力，在合适的时候采取必要的措施进行这一行动。我想很快就可以把确定的最后安排告诉您。

又：我刚接到恭思当先生的复电，抄件随函附上。正如您将看到的那样，我们的总督主张将提出的勘界推迟到批准与中国的通商条约之后进行，这样可以让法国派驻云南和广东的各领事——这份外交文件有此规定——负责定界工作。

（原件第 32 页）

致恭思当先生的电报方案

1887 年 12 月 10 日

根据李梅先生提供的新情况，中国政府并未对我们按我 28 日电报向您指出的时间和办法进行勘界表示反对。

另外，外长先生可能认为我们驻蒙自和龙州的领事与中国当局负责勘界有不便的地方，因为刚开始时，领事们的处境也是很困难的。这一办法不仅会导致拖延，而且也许会引起纠纷。趁我们各特遣队的行动和大清帝国政府目前的友好态度去现场完成勘界工作，似乎更实际些。至于勘界的费用，我亟盼您的答复。

（原件第 36 页）

海军殖民地部部长致外长函

巴黎，1887 年 12 月 25 日

部长先生，亲爱的同事：

承蒙您在 12 月 24 日来函中告诉我收到恭思当先生关于东京北部边界的最新电报，并再次强调必须尽快完成这项工作。

正如我在 12 月 21 日信中荣幸地向您指出的那样，我完全赞同您对这个问题的看法。因此我准备不顾总督的反对意见，通过电报向他下达相应的指示。如果您愿意把您对将肩负这一使命人员的选择的看法告诉我，我们就可以马上共同商议，以便定界工作得以进行到底，不再出现延误。

根据您的要求，我同意通过印度支那的预算来承担勘界的费用。此外，我不需要向您强调使我希望这一负担尽可能减少的所有理由了。

（原件第 43 页）

印度支那总督致海军部长密电

第 19 号　西贡，1887 年 12 月 29 日

昨日从柬埔寨回来后，接到第 14 号电。老街和保禄（Bao Ta）特遣队的目标是莱州和苏腊（Soula），高平的特遣队则是去保乐。这几支特遣队中的任何一支都不能保护这两个勘界委员会。保卫队伍应包括老街的 300 人和保禄的 200 人。我将按照您的命令，根据我请教过的所有熟悉情况的人的意见提供这些特遣队。目前的划界活动会引起严重的纠纷，我再次敬请您注意这方面的危险。我只为提醒起见，才提起我们不能承受的开支和这一作业活动将给一项已经很复杂的工作带来的难题。

（原件第 50 页）

海军殖民地部部长致外长函

巴黎，1887 年 12 月 31 日

部长先生，亲爱的同事：

根据您在 12 月 24 日函中向我表示的愿望，本月 24 日我给印度支那总督发去一份电

报，现将电文转告您如下：

“第15号。我国驻北京公使要求得到您寄给狄隆先生的定界图。如有必要，请赶快将这幅地图寄给他，并用电报通知我。”

恭思当先生刚于12月29日电复我，内容如下：“我已将所有的官方文件留在北京公使馆了，15号电提到的地图可能也放在那了。”

（原件第51页）

海军殖民地部部长致外长函

巴黎，1888年1月5日

部长先生：

为了补充我去年12月29日函，谨向您转去印度支那总督发来的有关东京勘界的一份新的电报，内容如下：

“西贡，1月3日，第26号——贝干将军今早抵达，与从东京回来的为尼将军在这里会面。我与他俩会谈后，向您证实我12月28日（原文如此，疑为笔误——编者注）第19号电。我们三人皆认为今年开始您向我谈及的勘界工作会有极大的危险。”

（原件第56页）

海军殖民地部副部长致外长函

巴黎，1888年1月11日

部长先生：

您在1月2日的信中，乐意地告诉德·马意先生说，在看了恭思当先生最近的那份关于勘界的电报后认为，这项工作今冬不能有效地进行，最好等到8月份再派负责定界的大臣们到东京去。您接着说，您只能将这一推迟的责任留给印度支那总督和海军殖民地部承担。

首先请允许我提醒您注意，海军殖民地部的责任无论如何不能与这件事有关。在将东京公共事业交由殖民政府部门管理时，已经明确规定，勘界问题因主要是政治问题，所以由外交部长处理（11月14日致巴尔贝函）。

海军殖民地部根据与巴尔贝先生和艾蒂安先生就这个问题商量的办法，立即将您要求发给恭思当先生的电报全部转发了。马意先生出任海军殖民地部部长职务时，他就告诉过您，尽管总督发表了不赞成的意见，他还是准备赞成您的建议，以执行这项他认为必要而紧迫的行动。

至于您要求得到的关于各特遣队要在红河与黑水河之间进行的，并要比暹罗远征队抢先到达奠边府的一切活动情况，最好我也能把为尼将军最近给陆军部长的报告抄件转给您。这份材料是由总驻扎官以贵部的名义转来的。我想您在将它寄给殖民地政府部门之前已知道其内容了。

从这份报告中的这些情报可以看出，悲幽先生和为尼将军为冬季的军事行动商讨的计划得到了完全的执行，而且这些也是陆军部长去年 11 月 30 日给指挥占领师的将军的电令的意思。这些电令已被 12 月 8 日给恭思当先生的一份电报所证实。我要补充一句，正如您在 11 月 29 日信中指出的那样，为了保证陆军部队的换防已采取的措施，没有减少东京目前的兵力。

我谨向您进行这些说明，以证明殖民地政府在贵部将公务交给它后，在领导东京事务中是一丝不苟地遵循与您一道确定的行动准则的。

为了回到勘界问题上，我只能赞同您在 1 月 2 日的信中表示的意见：将现场进行的活动推迟到秋季是合适的。在将该决定通知总督时，我将特别提醒他注意：从现在起，有必要采取一切必要的措施，以便我们的勘界委员们能够在季节一允许时开始工作。按这种看法，也许有必要让委员会中的一名领导尽快出发，以便和总督、东京民政和军事部门以及我们驻北京的代表团就勘界活动的所有执行细节进行会商。对于中国政府，这一使命的效果将是充分证明我们完全准备利用它所表示的友好态度，以便在近期最终解决勘界问题。尽管决定推迟勘界的具体实施，但这个问题仍然在公开谈判中。

如果您赞同这种观点，您也许会认为卜义内少校由于曾是 1886 年和 1887 年勘界委员会成员，有经验，必然会被指派去完成这些棘手的谈判。

我认为这名校官的薪水和有关他的使命的经费可以由印度支那的预算负担。

若蒙您告知您是否同意这一方案，我将不胜感激。并请您将本函所附的为尼将军的报告抄件寄还给我。

（原件第 57 页）

外长致海军部克朗兹将军函

巴黎，1888 年 1 月 18 日

将军，亲爱的同事：

您在本月 11 日的信中告诉我，您和我一样，承认将有关东京边界的勘界活动推迟到秋季是适当的。同时您认为最好从现在起筹备我们两个委员会的工作，并为此让卜义内少校于近期出发，与总督、东京军事部门和我国驻北京的代表就勘界活动的一切实施细节进行会商。

不谈印度支那总督应付的划界活动推迟进行的责任问题了。我现在马上告诉您，和您一样，我认为卜义内少校接受贵部的使命是有利的。我只能让您负责确定这名军官的动身日期。我仅请您提醒他，他要将他在执行任务期间应寄给您的各报告的副本直接寄给我部和我国的驻北京公使。

……（以下几行字迹不清——译者注）

（原件第 60 页）

保护国管理科、勘界委员会政治处关于东京边界定界和勘界的报告

本报告（抄件附上）已于去年 11 月 8 日提交给预算委员会，向它说明了负责东京边界定界的委员会工作的进展和成果。

从中可以看出，勘界作业是 1885 年年底开始进行的，部分在现场、部分根据地图进行的定界工作于 1887 年 6 月份结束。

唯一引起严重争议的白龙尾飞地问题，只好与我们和中国最终解决贸易关系的问题一起处理，为此我国驻北京公使与中国政府进行了专门的谈判。1886 年与中国缔结的通商条约的附加条款保证我们得到的利益，可以补偿我们以前认为可以对白龙尾付出的牺牲，就这样边界问题一时就与通商问题联系在一起了。

现在我们唯有进行已定的边界的立界工作。

在海军殖民地部和外交部达成一项协议之后，双方承认，这一活动在秋季到来之前不能再有效地进行。此外，这一推迟将使我们可以从现在到秋季到来之前研究最能保证我们现场的工作取得成功的实施办法。

至于中国政府，它已对与我们建立邻居关系表现出最好的态度，并准备任命钦差大臣，与我们的大臣们共同从事立界工程。

巴黎，1888 年 2 月

（原件第 63 页）

送给预算委员会的报告

1886～1887 年东京边界的定界工作

按照 1885 年 6 月 9 日与中国缔结的条约的第三条，一个由法中两国政府指派的官员组成的委员会进行了东京边界的定界工作。由浦理燮先生任主任的法国勘界委员会于 1885 年年底抵达河内。

我们的代表肩负的任务的第一部分就是与各委员们在镇南关（Porte de Chine）附近会合，划定广西边界。然而，在这个时期，我们不久前才勉力重新占领了谅山和不直接在我各哨所的控制之下、被海盗和叛匪蹂躏的整个地区。

河内到谅山的路程似乎难以前进，所以当时的总驻扎官兼占领军总司令可尔西将军对于是否派精干护送队护送委员会上路赴谅山犹豫不决。浦理燮先生不顾这些担心，于 1886 年初顺利地到达同登，并在同登与中方代表团团长邓氏取得联系。

中国人提出的一些异议，由于我们驻北京公使戈可当先生采取坚决的态度而得到有利于我们的解决。此后，勘界委员会于 1886 年 4 月 17 日在有关 120 千米范围内的广西定界的地图和会议纪要上签了字。广东边界的定界工作于 11 月初在海宁重新开始。

法国勘界委员会 4 月 24 日返回河内后，准备沿红河北上进行云南的定界工作，但是这时浦理燮先生因病被迫返回法国。顺化高级驻扎官狄隆先生接任委员会主任。

我们的勘界委员们于 1886 年 5 月底离开河内，6 月 21 日抵达老街，但到 7 月底才与中方委员取得联系。大家知道，老街城 4 月初才第一次为我军所占领，因此这个地区远不能提供委员会开展工作必需的安全保证。8 月 19 日，当委员会溯红河北上至构成安南与云南分界处的部分时，在前面的护卫队受到攻击，只好后退。这件事一方面使我们对中国人存有戒心，同时又使我们考虑到现场勘界的各种困难，从而使我们下决心接受依图定界。10 月 19 日，关于红河到广西段的边界的会议纪要获两国大臣们的签字。只有几个地方仍被留待以后解决，因为对封土（Phong - To）的黄山坡（明江右岸）和莱州(红河与黑水河之间）的领土未能完全达成协议。而且法国委员会最好立即结束在这个地区的活动，以便 11 月初到海宁进行已确定的会合。海士先生比委员会先期抵达这个地方，负责在广东边界与邓进行联系。但是该地区的混乱状况使委员会 11 月 15 日才能上路，抵达河内后，获悉海士 11 月 27 日在海宁遇袭并被杀害。中国人急忙推卸在这次可悲的事件中的一切责任。但是，为了确保委员会今后活动的安全，我们仍然认为有必要派重兵去海宁。

一进入 1887 年 1 月，中国人未进行研究前就表明他们对白龙尾飞地的要求，无数的众徒扬言要攻打这个有争议的地区。在当时的驻北京公使恭思当先生向中国政府提出强烈抗议时，我们的军队奉命占领飞地并筑工事以自卫。当时维持现状有利于我们，所以我们同意接受现状，在2月份开始关于飞地的谈判。3月29日，委员会签署关于广东、广西一段400多千米范围的边界定界的地图和会议纪要，对白龙尾明确提出了保留。其次，东京湾上的岛屿问题，主要是仍然在法国手中的九头群岛问题在我们满意的情况下获得解决，双方勘界大臣认为复核完毕后，就分开了。在这时，恭思当先生在北京开始进行的关于白龙尾飞地的谈判正常进行。这个谈判原准备和最终解决与中国的通商关系问题的磋商一并进行。去年6月26日，关于白龙飞地问题的谈判达成了一项协议。在协议中，我们一方面同意将白龙尾飞地和黄山坡（明江）区域（不包括黄山坡本身）让给中国；另一方面，我们保留了丰土和莱州有争议的区域，更不必说保乐地区了。中国对这个地区已不再重新提出它的要求了。此外，与中国的通商条约的附加条款的缔结，确保我们得到了一些重大的利益。广西的龙州城和云南的蒙自城向我们开放通商，接纳我们的领事。

边界问题迅速获得解决产生的有益效果，似乎明显表现出来了。河内最近寄来的所有报告指出的好几件事，说明中国边境当局的措施有利于两国间的友邻关系的建立。

（原件第65页）

海军殖民地部副部长致外交部长函

巴黎，1888年10月22日

部长先生：

承蒙您数次提醒我注意中国和东京边界的定界问题，您还要求我采取必要的措施以保证派出一名负责进行勘界的特使到印度支那去。

我在今年初已就此请教了恭思当先生，他完全否认这项工作是合适的，并告诉部里，目前保护国的财政状况不可能承担一笔如此大的开销。

我当时认为也应该请里硕（Richaud）先生告诉我他是否同意这一点。在本月10日的一份电报中，我们的总督回答我说，他完全同意其前任的看法；他和贝干将军一致认为，这项工作没有紧迫性，目前不必担心边界会发生任何严重纠纷。他接着说，目前在与中国接壤的各省任驻扎官的各文武官员，都有可能从现在起研究大致路线已由勘界委员会划定的边界；如果勘界活动以后被认为有必要，他们将可以免费进行这项活动，因此他认为为此指派一名特使就更没有必要。

在这种情况下，我认为勘界活动应进行推迟。和我一样，您一定会认为目前没有必要任命一位特使。

（原件第76页）

海军殖民地部副部长致外交部长函

巴黎，1889 年 4 月 12 日

部长先生：

我的前任就中越边界划界是否适当一事数次征求过印度支那总督先生的意见。总督一直回答说，他和总司令一直认为这项工作既不紧迫，也不必要，因为两国不存在任何纠纷。但在最近，中国人数次侵入东京领土，里硕在最新寄来的一份函中告诉我，贝干（Bégin）将军改变了其最初的看法，认为有必要尽快进行有效的定界。

同时他向我指出，统领边界附近中国正规军哨所的军官们不怀好意；一些中国士兵占据着都龙山那部分由 1887 年 6 月 26 日的北京条约一项和解性条款划归东京的领土。此外，在水道完全属于我们的红河上游可能设立了一些哨所。众所周知，位于我们边界内的黄树腓（Hoang Si Phi）可能是一支人数众多的盗匪的巢穴，当地的苗人（Muong）十分害怕。最后，与这些盗匪串通一气的云南军队目前正在黄树腓与北光之间的中途上的南农（Nam Nung）构筑一个防御工事，其守军将同时威胁南农哨所和安平哨所。

在这样的情况下，印度支那总督终于同意了总司令的看法，他向我提议让东京民政和军事部门进行勘界活动，因为这些部门已经十分熟悉这个地区。我只能同意这一方案，因为它将使保护国政府免去派遣一个特别委员会所需的巨额开支，派出这样的委员会也许会使预算不堪重负。

因此，我请里硕先生采取一些措施，使勘界工作能在他与总司令商量后指派的文武官员的领导下，在合适的季节一到来就开始进行。

但是另一方面，当委员会的活动开始时，我们驻龙州和蒙自的领事已任职好几个月了，我认为也有必要要求他们也参加这项工作。

如果您同意这一看法，务请您要求这些官员与总督先生联系为感，后者可对此向他们进行一切必要的说明。

我要补充一句，这一办法可能非常符合中国政府 1887 年 11 月在关于组建勘界委员会时表达的观点。

此外，重新进行这个时期已开始的谈判，向我们的驻北京公使下达您认为必要的指示，是您职责范围内的事。我希望中国政府最近表示的和解态度［您在邦·当提（Bons d' Anty）先生就职时特别向我指出过这一点］，将使我们可以很快就解决这个重要的问题达成谅解。

请您告诉我您对我刚提请您注意的不同问题的意见，让我知道李梅先生进行的谈判的结果。

（原件第 79 页）

海军殖民地部副部长致外交部长函

巴黎，1889 年 7 月 13 日

部长先生：

印度支那总督刚刚通过电报把他建立的进行东京边界勘界活动的委员会的人员组成情况告诉我。比杰先生挑选的成员是：

希尼阿·德·拉巴斯蒂德先生，工兵营长，任主任；米什兰先生，参谋部上尉；德拉郎德·卡郎先生，土著事务处主管官员；马埃先生，副驻扎官；巴拉尔先生，中尉。

委员会的工作可以在一进入 10 月份就开始进行。

我谨请您将这一安排告诉法国驻北京公使先生，并把中国政府为保证这一工作的安全将采取的措施告诉我。

亦请您立即将您打算为此给我们驻龙州和蒙自的领事的指示通知他们，正如您在 6 月 12 日信中通知我的一样。

（原件第 92 页）

海军殖民地部副部长致外交部长函

巴黎，1889 年 9 月 6 日

部长先生：

谨随函转去一份比肖将军给印度支那总督关于中越边界勘界的报告的抄件以及比杰先生转给我的信的抄件。

由于比肖将军认为这些活动将遇到的一些困难，鉴于我们的驻北京公使李梅先生就此发表的意见，我认为应该请总督先生告诉我他对这个问题的个人看法，请他告诉我他是否同意贝干（Bégin）和里硕先生以前表示的看法，并于 8 月 29 日给他发了一份电报。

比杰先生刚刚回答我，在关于将于 11 月 1 日开始的勘界活动问题上，他与比肖将军意见一致。

（原件第 95 页）

附件 1

印度支那总督比杰给殖民地部副部长的报告

西贡，1889 年 7 月 22 日

副部长先生，谨向您汇报，按照您 4 月的电令，我已组建了一个将负责中越边界勘界的委员会。

这个委员会的组成人员如下：

印度支那部队总参谋部的拉巴斯蒂德少校，任主任；印度支那部队总参谋部上尉米什兰，成员；土著事务处主管官员德拉郎德·卡郎先生，成员；步兵中尉巴拉尔先生，成员。

法国驻龙州领事先生——我在河内时已就勘界这个问题给他写了信，将您向我提供的情况转告了他——来电通知我，由于天气太热，委员会的活动只能在 11 月 1 日开始，而不是在原先确定的日期 10 月 1 日开始。

我也与驻蒙自领事进行了联系。

我希望马上接到我国驻北京公使寄来的与北京朝廷就中国代表的任命问题重开谈判的通知。

谨随函转去比肖将军给我寄来的关于边界定界的报告抄件。总司令先生陈述的关于委员会的活动方式应如何安排的看法，我认为理由十分充分，我只能特别建议您予以高度注意。

我亦给李梅先生寄去一份这个报告的抄件，这样将可以引导他准备要给中国代表的指示。

（原件第 96 页）

殖民地部副部长致外交部长函

巴黎，1890 年 2 月 7 日

部长先生：

谨随函转去印度支那总督刚寄给我的关于联邦三国情况的半月报告的抄件。

我特别请您注意这份报告关于中越边界勘界委员会活动的那部分。正如您看到这段会明白的那样，我们的委员们不应对驻扎在广东边界的中国兵营的指挥官冯将军表示满意。他向大清帝国的大臣李主任施加了很大的影响，并趁机阻挠工作的快速、正常进行。

比杰先生在将这位将军采取的态度通知我国驻北京公使李梅先生的同时，坚决主张他说服总理衙门把这位将军调走。这位将军很明显地敌视我们，加上他在整个广东边界享有的很高威信，这些严重阻碍了这个地区相邻居民的各种联系的发展。

我们的总督也提到暹罗人又几次入侵安南的甘蒙地区。这些事已被马上通知了法国驻曼谷的总领事先生，帕维先生肯定一到东京就得知这些事了。

另：下面是比杰先生给我来的电报的电文，我马上转告您："帕维已到，使团在最佳的情况下组成。"

（原件第 128 页）

印度支那总督比杰致殖民地部副部长函

河内，1889 年 12 月 19 日

副部长先生：

我刚在东京一些省份进行巡视，相继访问了南定、宁平、格索、广安和海防，所到之处都受到住在上述这些地方的侨民和这些地区的居民最热情、最令人难忘的欢迎。我也参观了鸿基煤矿和格保（Kébao）煤矿。不管当地居民的热情带给我的印象如何之好，但我回来后却对我在我们的煤矿的参观最满意。

鸿基煤矿工地很大，似乎处在有能力、有方法的管理之下。人们做了很多事。由于各工地与设施中心相距很远，所以要克服的困难很多。然而，勘察和研究时期将告结束，当开采开始时，而这不会拖延，开采将是在肯定很有利的条件下大范围地进行。

在格保，企业的管理更节制些，矿场都在设施中心附近，所以在对煤田进行全面勘测和研究的同时，可以开始对矿脉进行开采。河流运输公司已在烧这种煤，因为这里的煤最近在"雪崩号"炮艇试用时效果十分好。已开始钻探两年的矿井设备齐全，可以到达最深的矿层。现在已达 22 米，在一名经验非常丰富的钻探师的指挥下，运行十分好。既不必担心运输问题——自然通过河流运输，又不必担心矿道支架问题——附近就有树林，可以事先解决。总之，因为企业一开始成立，就开始产煤了，所以经济效益似乎非常好。

谨随函附上两份报告，汇报"雪崩号"使用格保煤矿的煤的实验和"彗星号"使用岘港煤的实验。这些是很有结论性的实验。

各河流运输公司已从使用格保煤中得到很大的利益，每吨仅 8 皮阿斯特。目前我正在研究能否让政府的所有船只使用这里的煤，我想会成功的。另一方面，海运公司的那艘艇曾打算利用它到西贡那天和返回那天之间停泊在海防的空闲时间，从岘港运煤到香港去，这个主意很妙。如果这一尝试获得成功，一切都使人产生这样的希望，那么运输业将很快出现。

维赞先生建在鸿基的水泥厂生产高质量的水泥。目前只有一个烧炉，石灰石和黏土——承包者在附近很容易以很低的价格得到——需要在炉中烧 8 天，生产的水泥具有波尔罗（Portlaud）水泥的一切优点，但可比后者节约 50% 的成本。

在炉前炉后粉碎材料的机器用一个机车带动，好像运转状态不错。这是一个要鼓励的企业。

过了格保一直到□□（芒街入口），海岸被一排森林覆盖的岛屿巧妙地保护着，这些岛屿可以让更小的船只在风平浪静时于其间航行。我的注意力在九头群岛上，附近地区有组织的海盗就像从事一项真正的商业活动般，从东京抢来的物品可能就存放在这些岛屿上，然后被安全地运到中国销售。海关有必要在群岛间设立一个哨所，让哨所同时监视海岸所有装货地点。

这些海盗受到驻扎官们这样有次序、无情的追捕，与外部的联系被切断后，最后就会对逐日变得更危险、使他们更无收益的一项职业感到厌倦了。

此外，东京总的形势日益好转。除了一些不严重的偷盗事件之外，只发生了两起值得指出的事件：宁平省的商登（Thuong Dang）事件，广安国民卫队打败中国海盗。

1. 商登事件——这件事本身没有任何重要性，但是有必要报告其详情，以说明这件事所引起的过度不安。

12 月 10 日，巡抚告知宁平省副驻扎官，海盗在底河左岸通德（Thong – D□）县的商登集结。

几个绅士和秀才召集了 30 多名从河内、山西、宁平几省来的人，扣留了商登的知县。

副驻扎官派出一支由 40 名国民卫队士兵组成的小分队，由两名卫队长率领。卫队长没有派出侦察兵就开进，在进村时，走在前面的一位卫队长被打死，第二位卫队长受重伤。这时海盗出来了，与卫队交战。该村的一些居民赤手空拳地加入了叛匪的队伍。随后，受伤的卫队长没有意识到进攻者人数不多，认为应该率领他的分队撤往宁平。

这件事在宁平小城产生了强烈的震动。传言商登有五六百名海盗全副武装，构筑有工事。

副领事相信这些传闻，发电报给南定和河内，要求军事部门帮助。南定驻扎官派出了 65 名士兵，宁平要塞司令派出了 70 名士兵。

该村已空无一人。只能看到所谓海盗构筑的防御工事的一点点痕迹。他们几乎在战斗后马上就逃走了，甚至没有掩埋他们死在现场的两个人。被俘的知县逃走了。

进行调查后，整个事情经过归纳如下：由于有几名绅士的内应，一小撮勉强可称得上带有武器的海盗到了商登；两名卫队长令人不可思议的轻率使他们得以逃跑，并打死了我们的一名欧洲军士。

这显然是一个令人遗憾的结果，但是它无论如何不足以解释给居民造成恐慌的原因。

很遗憾，副驻扎官未经核实就接受了一名旨在为其失败开脱责任的卫队长夸大的情报。宁平副驻扎官的告急电报，因部队的不当调遣，只对居民产生了一种坏的作用，相反我们不得不力求安抚他们。

宁平和南定的居民性格都很好，但由于他们热爱和平，所以村民们一听到一点点战争谣言，就容易动摇不定。而最荒唐的传闻总是最能产生影响的，特别是当我们的言行举动好像证实这些传闻时。

商登的绅士们以及居住在该村的前官员和知县（他在这次事件中的角色是相当模糊的）已被起诉。

2. 广安：打败中国匪帮——以前我曾荣幸地告诉您，被陆南副驻扎官追捕的中国海盗企图逃到海阳和广安去。为了阻止他们进入平原，采取了一些重大的措施。

这些措施不是没有用处。12 月 9 日，果然在广安西北面的群山中发现了好几大队的中国人，该省国民卫队的一支分队前去迎击他们。经过历时 4 个小时的战斗之后，海盗溃逃，只带走其约 45 名伤员和 12 名死者，在现场扔下 35 具尸体和一些武器弹药、全部粮食、抢来的赃物（20 头水牛）等，而我们只有一人受了一点轻伤。此外，他们还扔下抢来的 20 多名当地的成年男女和儿童。

这是迄今为止中国海盗遭受的最完全的失败。

和在三角洲诸省一样，在山区没有发现任何值得注意的海盗行动。

在安南，已开始进行的对在清化发现的中国海盗的行动继续进行，由拉卡尔中校指挥。他代替在攻打万莱时受了轻伤而被迫返回省府的勒弗尔中校指挥这支部队。

万莱在第二次攻打时被攻克，我们没有遭受损失。原占据该处的中国匪帮溃逃到山里，我军试图追击，但未获成功。而且他们很可能不能再重建队伍。因为他们失去了原来似乎拥有的、保证他们有凝聚力的财源。指挥安南旅的多米聂上校已到清化指挥战斗，战斗将很有可能限于对那个地区为时不短的占领，直到安南的国民卫队的兵力增加到可以在马江进行战斗，就像最近在陆南进行的战斗一样。

在河静（Ha Tinh），几股匪帮占据了上游地区。Ha Trai 方向，一支由一名中士、一名海军陆战队的士兵和几名安南轻步兵组成的武装运输队遭到突然袭击，货物被抢走。中士和那名士兵被打死，土著兵侥幸逃走。这件事也许非常令人遗憾，因为我们付出了两名欧洲人的生命，但没有任何政治影响。荣市的驻扎官和义静总督采取了一些措施，使这些偷鸡摸狗、拦路抢劫的匪帮被围歼。

在甘蒙地区，暹罗人违反 1889 年 3 月 27 日的协议，侵入位于我境内的各村庄。我将此事通知了我国驻曼谷的总领事，请他要外长提醒甘蒙的 Kalnong 遵守协议。安南没有任何其他可指出的事件了。

瓦尔省前议员莫雷尔先生向顺化高级驻扎官提出租借封锁岘港湾、构成该海湾深水港的半岛。要求出租的条件会产生一个真正的独立小国，作为岘港法租界的领土甚至政府部门，这有利于莫雷尔先生和他代表的财团。因此，我认为不能满足莫雷尔先生的要求，如果他不改变措辞。下次邮船出发时，我会给您寄上关于这个问题的详细报告。

在柬埔寨，没有什么可指出的新事件。高级驻扎官要去金边城让人开始进行土方作业。国王允许我们使用金边城的土地。

在前一份报告里，我曾告诉您，中越勘界委员会的作业活动可能在11月1日开始。

中方委员会李主任和法方委员会希尼阿·德·拉巴斯蒂德少校之间一开始建立的关系就是十分真诚的。在第一次会议上就一致认为有必要让法中双方的绘图员可以随意地在越方或中方的领土上进行工作。而且这一协议也符合总理衙门给李主任下达的指示。

然而，几天后，这位高官的态度就变了。他不公开反对绘图员在中国进行工作，但是设法使他们什么也做不成。他声称根据他拥有的地图（相当不准确）确定边界线就行了。

这个没有任何反对性质的态度的改变，是由于统领广东边界八营中国军队的冯子材将军对李主任施加影响之故。

冯将军以“谅山战胜者”而名扬中国。其实他是在我们撤出谅山后才进驻的。他在整个广东边境拥有绝对的权威，是我们不共戴天的敌人。李主任一开始对法国勘界委员会表示的好意令他不悦。他滥用他的权威，采取威胁的办法，要李主任决意改变最初达成的一致意见，这给地形测绘工作的正常进行设置了一个障碍。目前芒街地区的法国领土的地形测绘工作已告结束，但之后要做的工作在中国领土上。

我把冯将军扮演的角色通知了我国驻北京公使，要求免除这名官员的指挥权和奉其父命令行事的两个儿子的指挥权，他们和其父态度一样。

李梅先生告诉我，总理衙门已向李主任下达指示，让我们的测绘员安全地在深入边界纵深两里的中国境内工作。

至于冯将军，由于仅指示他不要超越其权限，我认为应该要求我国驻北京公使，让他请求把冯将军撤换。

因为值得担心的是在法中委员会离开后，他会对今后与我国军官们进行联系的人采取报复措施。他的意图是切断东兴与芒街之间的船舶和桥梁，并阻止广东的中国人与海宁的安南人之间的一切联系，违者处死。

芒街与东兴间的中越电报网迟迟未能接通，肯定也是因为他。两个电报局的距离极短，朝夕之间就可以接通，而同登和龙州、老街和蒙自之间电报线的连接很快就将成为事实，因此提出反对意见就显得更没有理由了，因为广西的中国当局刚通过我们驻蒙自的领事问保护国能否让给他们150千米的线路。我立即下达指示，以便这一让步得以执行，这两条线路的开通也许可以在短期内实现。一俟我可以使冯将军及其公子被调离，芒街的情况显然马上也一样。新任两广总督其实对我们似乎是很友好的，肯定将通过他的权力协助从未中断过的委员会的工作迅速和全面地进行。因为芒街至海边的安南领土的地形测绘工作已告结束，委员会于本月 15 日离开芒街前往北海。北海也成为他们的作业中心。

（原件第 130 页）

外交部长致殖民地部副部长函

巴黎，1890 年 2 月 20 日

副部长先生，亲爱的同事：

承蒙您在 1 月 28 日转来印度支那总督给负责为法国进行东京边界勘界的委员会的主任最后指示的正文。

谢谢您给我转来这份文件。我满意地看到，比杰先生进行了形式上的改动，对此我在 1889 年 10 月 10 日的一封信中曾请您提醒他注意。

同时我谨告诉您，高平区域恢复文官制的一项决定的复本亦收到。

（原件第 139 页）

给外交部长的副本

印度支那总督比杰致殖民地部副部长函

河内，1890 年 1 月

副部长先生：

您在去年 10 月 5 日的信中告诉我外交部长先生给您的一份关于由法国驻蒙自领事组建一个针对广西边界的监视部门的通知内容，向我谈到值得关心的与和东京接壤的中国各省当局建立关系的问题。我荣幸地禀告您，接到您的这封信后，我就请驻蒙自的领事先生告诉我，足以使他组建的部门开展正常工作需要多少经费。

1889 年的开支仅仅达到 3000 法郎，预计 1890 年的开支不会超过 1500 法郎。由于准确地了解边界上发生的一切对于我们在东京的行动很重要，所以我决定由保护国政府的预算承担这笔开支。

至于我们应该与邻接东京的中国当局保持的关系，您告诉我，也许有必要重新采纳我的前任以前向您提出的一个建议，该建议倾向于收买在广东、广西和云南省任职的一定数量的官员，甚至对两广总督，也应行贿，以取得他的协助。

原则上，这个主意似乎是不错的，因为官员们的唯利是图、贪得无厌是尽人皆知的事。

但是，我认为这个主意执行起来难上加难，因为向高官们走门路而提供的津贴要十分高，再且这些官员的保证很难令人相信。

而且目前在龙州和蒙自设立了领事馆，使我们与广西当局的联系更频繁了，但广东边境由于有我们不共戴天的敌人冯将军——我在上次信中已向您提起过此人，使一切联系都不可能。但是，我们的官员和军官们发现，中国官员们在他们中的好几位去拜访时给予了最好的接待；他们好几次为镇压海盗提供了协助。

此外，我认为，我们边界的安宁主要有赖于两广总督对我们的态度。他手下的官员们肯定只根据他的指示来调整行动方式。新任总督李瀚章是北直隶总督之兄，似乎亦怀有最好的愿望。

我去东京时曾打算去拜访他，但我经过香港时，他尚未赴任。

这个计划没有放弃，我将尽可能地重新实施这个计划。我希望与总督直接讨论这个棘手的边界问题并能达成协议，协议将完全彻底地向我们赔礼道歉，不必使用我的前任提议的办法，但需要时总还可以借助提议的这些办法。

（原件第 142 页）

法驻华公使李梅给外交部长的信

北京，1890 年 2 月 26 日

部长先生：

阁下不会忘记，迄今为止我没有向阁下提供任何有关正在进行中越边界勘界的法中委员们的活动的情况。我沉默的理由很简单，即自从两国委员们在芒街会合后，如果不是因两国勘界委员之间发生的一些我认为不算很严重的纠纷，印度支那总督为此要求我干预总理衙门，我完全不知道所发生的一切情况。中方委员挑起的第一个纠纷是反对法方委员到中国境内至多不过 500 米的区域去测绘严格确定边界线位置所必要的详细地图，因为要取方位标。

这个反对意见使委员会的活动中断了。但我一得知此事，马上就轻易地说服总理衙门的成员，制止了这一反对方案。他们明白所进行的地形测绘工作的重要性及其要求，并命令中方委员会，只要我方委员会认为有必要，就让我们进行这项工作。

比杰先生看了法国委员会主任给他的报告后，也要求我对大清帝国政府施加压力，以求将在广东边境地区任指挥的冯子材将军调走。众所周知，他的态度是敌视我们的。

据拉巴斯蒂德先生说，他还对中方委员会成员施加了不利于勘界活动顺利进行的影响。阁下知道，冯子材就是把在谅山打败法国军队的功劳归于自己的那位中国将军，他使中国人相信这一点；由于他受到上至政府、下至百姓的欢迎，享有机智勇敢的名声，使他获得了一个很重要的位置。此外，这是一个粗鲁的汉子，既未受过训练，也未受过教育，因此北京的官员才熟悉他，由于这个原因，把他放在大清帝国的边境，而且给他提供照顾，满足他的虚荣心，指定他为百姓眼中能为中国增光的将军。在东京战争期间，由于他的原因，他的部队才以无数的失败换来了一次胜利。

拉巴斯蒂德的多份报告提到冯子材及其四个儿子的敌对行为，他的四个儿子都在他的身边听他的号令；他们与他们支持的匪首们有联系，在他们侵占保护国领土时保护他们；约束（中方）勘界委员会的主任和成员们，他们只好考虑冯氏父子的意见，不敢采取一点主动，怕承担责任。我相信所有这些说法都是有根据的，但是可惜这些说法都是以我方委员会主任收集到的情报为依据，没有得到任何具体的、不可辩驳的证据，所以我不能向总理衙门提出任何证据。在数次会谈中，我还是向中方大臣们提到了这一情况。我向他们暗示这种情况可能使我们在边境的友好关系受到影响的危险，终于使他们心有所动。应我的请求，他们发电报给广州总督询问事实真相，后者回答时否认冯氏有我们认为他有的过错，并把勘界工作进展缓慢的责任推给法方委员会的成员。谨随函附上总理衙门近来就此写给我的两封信的译文（附件 1 、2）。

我相信两广总督在恶意中伤法方委员会的成员，我将尽力向总理衙门表示，他们想掩盖中方委员们的过错，推卸他们以及冯将军的责任；但是我不禁认为，如果仔细想想，从芒街到东兴，两国间 15 古里（约 60 千米——译者注）长的边界为河流构成，泾渭分明，不会引起任何争议，那么，对于 4 个月来委员会的工作仍只在一段十分短的距离进行，人们不能不感到吃惊，就算由于中方委员们的过错工作被推迟了数周。这样人们要问，当勘界活动要在陆地上一些业已被大体上划定并已引起争议的部分进行时，勘界活动将以什么样的缓慢程度进行呢？我完全料到地形测绘工作全落到我方委员的头上，这似乎即使从总理衙门 2 月 22 日的信（附件 2）中所引用的电报的措辞就能相当清楚地看到。此外，我认为附属于中方委员的地图测绘者根本不能胜任他们的技术性工作，不过我不能向阁下隐瞒，我有点感觉到我方委员们对测绘一份很详细、很准确的边界地图的成见也许正导致他们要用比预期还多的时间去取得这一结果，如果考虑到勘界活动很快将因为进入不利的季节而中断；勘界活动像在其第一工作季节受到的操纵一样，实在不会有什么结果。印度支那总督先生在 1 月 14 日的一封信中向我提到广东当局侵犯保护国领土，拉巴斯蒂德少校为此向他写了一份汇报，摘要内附（附件 3）。按照该报告的结论，比杰先生要求我向总理衙门施加压力，我马上执行，并将我们有正当申诉权的事实通知了中方大臣们（见我 25 日给他们的信的抄件，附件 4）。我不认为，正如委员会主任先生以及比杰先生希望的那样，有必要要求（中国）政府给予领土赔偿作为条件，它肯定会拒绝我们。广东当局粗暴地违反了条约，这一违法行为的执行人应受到严厉谴责，但是，阁下将会看到，在两年多之后我们才意外地发觉这件事。这似乎证明，给我们带来的损害并不能很强烈地感觉到。在这种情况下，违背定界条款如此明显，以至于我们即使收回我们的利益，中国人也不能提出任何反对意见。他们对百姓行使治理权已达好几年了，这件事将充分地损害官员们在这些百姓眼中的威信，也可让我们得到道义上的满足。

兹随函附上印度支那总督先生写给我的关于这次事件的信的抄件（附件5）。

（原件第144页）

1890年2月26日李梅信附件1（抄件）

总理衙门给李梅的信

光绪十六年一月二十九日（1890年2月18日）

阁下在几天前对我们衙门进行的一次拜访中，向我们谈到中越边界的勘界事宜和冯将军为了制造障碍和推迟问题解决可能进行了干预的方式。

于是我们发了电报向两广总督了解情况，我们刚接到他的复电：去年十二月（1889年十二月，公历1890年1月），他说收到勘界委员会的代表李受彤和其他人的下面这份电报："法国代表们十一月二十三日（公历1889年12月15日）一直深入到Hwaché，我们几次催促他们来和我们会合。二十一日（12月13日），我们自己到了过了嘉隆10里的涂山（Tau San），并在那里扎营；二十三日，我们到Hwaché去与法国人商议。他们分四批来与我们会合，每次都要求派20人去保护他们。我们将情况通知冯将军，他派出了要求的卫队。"

今年一月的另一封电报（1890年1月至2月）说："目前法国人在Hwaché，我们在涂山，距东兴100多里。这是个荒无人烟的山区，充盈着瘴气，在这个地区测绘地图并非易事，再且法国的地图测绘员刚被换掉。我们数次催促法国人来与我们会合，但是他们仍然迟迟不动。"

勘界活动的延误也是由于法国代表数次错过确定的会晤。

至于阁下对我们说起的冯将军的干预以及他所带来的阻碍，我们认为给阁下报告有误会：冯将军并没有这样做。

因此，我们恳请阁下使用电报催促法方委员们，让他们利用这个有利的季节和春天的好天气，让他们与中方代表们会合，绘制地图，勘定边界。重要的是不要继续使用同样的拖延办法和同样的自由放任的态度。

（原件第 150 页）

1890 年 2 月 26 日李梅信附件 2（抄件）

总理衙门给李梅的信

光绪十六年二月四日（1890 年 2 月 22 日）

我们曾于 2 月 18 日给阁下寄去一信，将两广总督给我们的关于中安边界勘界问题的复电告诉阁下，并请阁下通过电报催促法方委员们与他们的中国同事们一起绘制地图和勘界。

我们刚接到两广总督一份新的电报，向我们转告收到的李知县及其同事用电报发出的消息，电报说：“法方委员们，拉巴斯蒂德先生和其他人每日每次只绘制一里或一里左右的地形图，而有河流作标志的边界，两岸总共有 300 多里长。在这延迟拖拉期间，雨季又快临近了。此外，地图的绘制断断续续地进行。从讨论中所说的可以看到，每次都有相当一部分没有观测。”

“今天，在河的中国一侧，还有 10 多里没有被绘入地图。安南一侧，地图更没有画好。”

“我们以前说过，法国的那名地图测绘员已被换掉，另一名负责继续绘制河界地图。尽管我们一再要求，他还没有来到。”

“另外，我们的法国同事们想通过中国的大路到陆地边境去，他们将要绘制陆境的地图。”

“他们想让人重弄会议纪要以便对其进行改动，他们的主意毫不确定。”

“这类事太多了。”

“冯将军在钦州，相距 400 里。迄今为止，我们没有向他谈到勘界事，因此他没有设置什么障碍。”

“目前，我们催促法国代表首先完成河界的地图，以便能勘界。”

“请您致函法国驻北京公使，让他发电报给法国委员会，催促它迅速继续工作。”

如果法国代表们断断续续地进行地图绘制，就不能迅速处理这个问题，春天将去，疫气将来，这必将造成种种的障碍。因此，我请求阁下电令法方委员们，让他们迅速关心这个问题，不要再引起任何延误。

（惯用格式）

（原件第 151 页）

1890 年 2 月 26 日李梅信附件 3

勘界委员会主任希尼阿·德·拉巴斯蒂德给印度支那总督的报告摘要

北市，1889 年 12 月 20 日

总督先生：

我抵北市（Pak – Si）几天后，我派往南西打听情况的几名密探向我报告说，他们到达这个小村落之前，在嘉隆河的右岸发现有一排垂直于该河的竹子，表示为中国边界。

根据 1887 年 3 月 29 日两国勘界委员会在芒街签署的会谈纪要的规定，从位于嘉隆河合流处对面的北市起，边界应沿此河一直往上游延伸约 30 里，一里合 561 米。

……

因此，我于 12 月 26 日带着法国代表团的几名成员和一小队武装卫兵往南西（Nam – Si）方向去。

正如他们告诉我的一样，我在距北市不远处，看到了一排垂直于界河的显然是种上的竹桩，深入安南境内，竹桩上写有字：大清帝国广东钦州界。很显然，将这些竹桩种在这里，完全是为了影响法方委员会，希望它搞错，就像他们长期以来欺骗老百姓一样。

……

因此我马上让人把距我们走的那条路最近的标志桩全拔掉。我继续走到南西对面尽头处。

……

我通知李受彤，我将向我的政府汇报以下几点：

1. 违背勘界协议，因为大清帝国的官员不遵守两国委员会采纳的边界走向。

2. 违背 1887 年 6 月 26 日北京协议最后条款，因为同样这些官员未与法国当局合作，私自划定一段中越边界。

3. 这些同样的官员侵犯安南领土，他们无视国际法，欺骗这个帝国的黎民百姓，强迫黎民百姓承认他们，并向黎民百姓行使权力。

我通知李主任，在向您汇报这一令人遗憾的事件时，我将请求您通过法国驻北京公使，让总理衙门知道此事。由法国公使考虑有必要提出的赔偿要求，作为违背条约的正当赔偿。

……

最后，我刚荣幸地向您谈到的这一事件可以归纳如下：

1. 中国取一条有别于两国代表一致接受的那条边界的边界，损害了安南，违背了勘界委员会的各项协议。

2. 中国未经与法国当局合作，私自划定一条不准确的边界，违背了 1887 年 6 月 26 日的北京协议。

3. 中国欺骗这个帝国的百姓，强迫其承认他们的官员，无视条约和国际法，统治这些百姓，侵犯安南领土达两年多。

（原件第 153 页）

1890 年 2 月 26 日李梅信附件 4

李梅给总理衙门的信（抄件）

北京，1890 年 2 月 25 日

印度支那总督先生刚给我转寄来中越边界法国勘界委员会主任拉巴斯蒂德少校 1889 年 12 月 30 日写给他的下面这份报告：

“我抵北市几天后，获悉在南西前面，嘉隆河的右岸，有一排垂直于此河流的竹标，作为中国边界的标志。

“根据两国勘界委员们 1887 年 3 月 29 日在芒街签署的会谈纪要的规定，从位于嘉隆河合流处对面的北市起，边界应沿着此河一直延伸到上游约 30 里处。南西小村落在右岸，距合流处 14 里左右，属于安南。

“我想亲自核实我得到的这些报告事实的准确性，于 12 月 26 日带着法国代表团的几名成员和一小队武装卫兵往南西（Nam - Si）方向出发。就像我得到的报告所说的那样，在距南西不远处，有一排明显被种上去的竹桩垂直于界河，深入安南领土内，竹桩上写有：大清帝国边界（广东省钦州县）。

“我自然不准备重视广东的官员背着法国当局，违背 1887 年 6 月 26 日北京协议有关定界的最后条款而划定的一条边界。因此，我让人把距我走的这条路最近的竹桩全部拔掉，并继续前行，直到南西。

“在这个村里，房舍上张贴有盖着中国官印的一些布告，十分明显地证明他们不顾已缔结的各协议，在嘉隆河右岸的各区域行使权力。其中两张告示的日期是光绪十三年九月，盖有钦州知府李受彤的大印。李知县现正在主持广东勘界委员会。第三份布告是南西官员的声明，日期是 1889 年 12 月 4 日。”

这样一名中方官吏企图欺骗东京的百姓，并在勘界各会谈纪要签署之后对他们行使了两年多的权力。他让人在东京境内种桩，以划出他随意确定的一条假想界线。或者至少他让人这样做而放任不管，但对此他又不能否认，因为事情发生在与他任知县的县邻接的区域。这难道不是违背各定界协议、违背 1887 年 6 月 26 日在北京签署的协议、甚至违背国际法吗？

我请求殿下和诸位阁下查明某些省份的官员是以何种方式擅自解释他们接到的政府的指示的，我让诸位注意确定应如何谴责委员会主任李受彤，注意采取一些断然的措施以结束地方官员类似的放肆行为。为了勘界工作能按照条约正常进行，勘界工作必须由两国委员以同样的诚意、同样关心尊重每个国家的权利来进行。

（该篇收入《中越边界历史资料选编》第 698～699 页）

（原件第 155 页）

1890 年 2 月 26 日李梅信附件 5

李梅给印度支那总督的信（抄件）

北京，1890 年 2 月 20 日

总督先生：

勘界委员会主任先生在去年 12 月 20 日给您的报告中向您指出的，中国广东当局被认为有侵犯安南领土行为一事，我正式通知大清帝国政府。我特别强调现任中国勘界委员会主任李受彤在这次违背定界条约中扮演的确实够卑劣的角色，并要求让这名官吏接受他该受到的严厉谴责。我想总理衙门必将明白，共和国政府理所当然地会被天朝的官员们在这种情况下所使用的口是心非的方法触怒：它将不含糊地向我证明它对他们的所作所为感到不满。

然而，总督先生，不瞒您说，我认为要求罢免官吏该富（Caï Phu）和陆其文（Loc Ki Man）可能没有什么用。这些人已放弃了他们的安南国籍，转去为中国政府效劳了。他们在中国的行政等级中的地位很低下，给他们的职位是最低下的，因此我们指责他们起作用的上司，他们在我们要申诉的侵犯领土事件中是被愚弄的。

至于勘界委员会主任指出并认为应该是对损害我们利益的违法行为正当赔偿的边界更改要求，我要向您承认，我觉得不能向总理衙门提出。您不会忘记，对于我们要申诉的类似的这种行为，中国人的看法和我们的不一样。如果总理衙门应我的强烈要求，同意严厉谴责李受彤，它肯定以为已做了很多事来取悦于我们，特别是，由于有必要这样猜测，如果我们重新占有广东当局已吞并的区域而没有其他争议时，我们可能会发现它根本不打算承认，帝国政府对由于省当局的过度热情给我们造成的它将认为是精神的而不是物质的损害，应予赔偿；我们不能要求总理衙门改动边界，不管对不对，这个地区的边界是得到狄隆先生主持的委员会接受的，1887 年的各会谈纪要已确认了。我们成功的机会如此之小，我认为，总之，不提出问题更符合我们的利益。我相信，这也可能是共和国政府外交部长先生的意思，他也许不希望看到勘界活动——似乎进展艰难，要花很长的时间——由于要求而变得复杂起来。提出种种要求只能延长勘界活动，并使勘界活动更艰难。

而且，如果在某些地方，目前的线路构成一条我们希望的边界，正如拉巴斯蒂德先生估计的那样，那么我们显然不能老是为了一个和睦的更改而谈判。我想，如果我们把这个更改作为一个要求提出来，就是从我们这方面承认这些针对我们的违法行为，而大清帝国政府将肯定收回。

（原件第 158 页）

给外交部长的副本

印度支那总督比杰给殖民地部副部长的信

发文号·38　河内，1890 年 1 月 16 日

副部长先生：

正如我在去年 11 月 5 日第 1385 号信中向您报告的一样，法中勘界委员会已在芒街会合，第一次会议于 1889 年 11 月 1 日在芒街举行。我现在向您报告迄今为止在委员会工作期间发生的事，作为对第一封信和我 12 月 19 日的政治报告中包含的情况的补充。

我认为应该重新从问题的开始来谈。

10 月 28 日起，委员会中一名叫张懋德的四品官员来到希尼阿·德·拉巴斯蒂德少校的住所，代表他的主任来问少校，他想要何日接待已住在界河中国一侧东兴的天朝代表的造访。两人马上一致确定，第一次造访定于 10 月 30 日。

在这一天，帝国委员们果然在下午 3 时通过界河。他们受到由外籍兵团的一支小分队和东京土著步兵团的一支小分队组成的一支仪仗队的迎接。委员们的后面是一队仆人、不带武器的正规军和土人，由几名骑马的军官指挥。他们在鼓号声中进入芒街，被接到一所专门租用并装饰一新的房子里。双方代表分别代表各自的政府互致最友好的敬意。在短暂的会晤之后，中国代表们离开，去造访芒街副驻扎官，后者在他们离开时让国民卫队的一支仪仗队护送。

我们的代表团翌日回访了中国委员们，没有发生任何事，但是拉巴斯蒂德先生对此的报告证明我们的委员们对在东兴的短暂停留感受极佳。

在当天于芒街举行的会议上，只确定了总的工作步骤。确定：在勘界活动期间，两国委员及他们的卫队停留在中越边界附近，双方均在各自的领土上。会议结束时，拉巴斯蒂德先生要求用中、法文起草一份会议纪要草案（抄件内附）。李主任响应，给他寄

来一份用中文写的会议纪要，但很不全面，根本没有考虑会议期间说过的话。

在 11 月 10 日的会议上，拉巴斯蒂德上校重新考虑这个问题，坚决要求他的会议纪要得签字，或至少予以讨论。但他只能得到一些支吾搪塞、含糊的答复。大清帝国的官员只想签订一个会议纪要，它将在全部活动结束时拟订。在他们看来，工程的整个期限不会超过两个月。不仅如此，李主任还对我们要采取的地形测绘方面的办法发表了一些全新的看法，他显得很反感让我们的军官到中国境内去。正如您将从会议纪要草案上看到的那样，这正是 11 月 1 日会议上被重新提出来讨论的重要的问题之一。而且我认为应该将关于在 11 月 10 日会议上由于大清帝国委员会的观点突然转变而引起纠纷的报告的有关内容全文告诉您。

“有许多次，”拉巴斯蒂德先生说，“我都尽力把会谈引到各会议的会谈纪要的签订问题上，但都未成功；只是在会议快结束时，我的一再要求才获得成功。大清帝国的委员们也许没有找到脱身之计，终于同意听我说，答复我的问题。”

“我说明必须保留我们商议的记载，我们一致同意的决定在用白纸黑字写下来、经两国代表团代表签字后才具有某种价值。因此，我们不能不确定一份正式报告，我们每次会议的会议纪要，由一方或另一方委员会起草的这份文件随后应提交双方共同批准，确定最后的拟订。”

“对于 11 月 1 日会议的会谈纪要，我声明准备讨论我让制订的方案的措辞。双方委员交换意见后，如有必要，可更改这些措辞。但是我同时指出，我不能接受中方委员会主任 11 月 7 日给我的会议纪要草案作为一次互相讨论的基础。”

“大清帝国代表们没有提出任何异议，承认这后一份文件不能成为一份 11 月 1 日会议的忠实的汇报，同意提到的某些细节根本没有在这次会议上讨论过。”

“但是，他们声称，一切预备性的决议实在没有多大的作用。在他们看来，根本就没有必要像我要求的那样，制订每次会议的会谈纪要。他们认为，全部活动结束时拟定一份就行了，一份概括勘界工作的全部结果。”

“他们最后指出，勘界委员会 1886 年就是这样做的。”

“我手中有证据，所以不费劲地就证明这种说法不对。我再次强调了每次会议之后写出一份会议纪要的必要性，法文和中文写的副本各两个，以便双方代表团能保存经两国代表团全体成员签字的每次会议的正式报告的每种文字的相同副本各一个。”

“因为那天就有关委员会今后的工作问题形成了一些重要的原则性的决议，因为我想让大清帝国的代表们在这些决议上签字，以便今后这些官员在尚未明确地表现出其恶意时，想要变卦即使不是不可能，至少也会更难做到，所以我就更坚持要对 11 月 1 日的会议履行这一手续。”

“天朝的委员们之间用汉语进行了一次很不明确的讨论和交谈之后，李受彤主任终于决定告诉我，他研究了我交给他的 11 月 1 日的会谈纪要的草案；如有必要，他将向我指出他认为应该对他起草的纪要进行改动的地方。”

“此外他向我提出这样的要求：每次双方代表在芒街开会时，会议纪要的起草工作由法方代表负责；当会议在东兴举行时，就让大清帝国委员会确定。”

“我马上接受了这一建议，两国代表团就分开了。”

拉巴斯蒂德先生这样总结：“从现在起我认为，天朝代表团在对我们表现出很正派很有礼貌的同时，为了解决边界问题，肯定会装出一种迫切的样子，但这不是真心实意，而是虚情假意。”

“帝国代表团只看到其使命的最窄的一面，就是在它认为业已完全确定的一条界线上立一些石头而已。”

“它好像惧怕只包含唯一的同样的解释的确切的解决办法。”

“其目的是口头商谈一切预备性的问题，这样不留痕迹，第二天就可以否认所说过的话。”

“我不能同意这样的一种工作方式。”

拉巴斯蒂德少校马上从中方委员这种令人遗憾的态度中看出统领广东边界中国军队的冯子材将军（他的两个公子亦在他的麾下）对这些官员们施加的影响。各种情报使我们的主任更坚信这一观点，他请求我让我国驻华公使出面干涉，以便可能取得调离冯将军及其两个儿子的结果。于是我于 12 月 8 日就此给李梅先生发去一封密电。我国公使同月 12 日的答复在我方地形测绘员提出在中国领土上工作的权利要求方面令人十分满意，但是关于冯将军，答复仍然有点不明确。

李主任在接到其政府新的指示，并来通知拉巴斯蒂德先生，自吹是自己请求下达的指示之后，不能再公开反对在中国境内纵深达两里的范围进行地形测绘。然而他极力阻止我们的代表及工作，时而不让我们的军官支配头天答应的一支护卫队，时而装成自己不在，不答复拉巴斯蒂德先生的信，而后者有证据表明这位官员并没有离开他在东兴的住所。本月在芒街开了数次会，但由于大清帝国代表团明显的偏见，不能取得任何进展。

不过，这一抵制和恶意实际上并没有使具体的勘界活动遭受到一点耽搁。在北京来的命令使我们的军官们能够进行边界另一侧的地形测量工作以前，东京一侧的测绘工作已在全力以赴地深入进行。

12 月 15 日，法方代表团离开芒街前往北市，于 16 日下午顺利到达。但是拉巴斯蒂德先生通知我这一变动的那封信是这样结束的：“最后我获悉，李受彤 12 月 17 日上午接到冯子材将军的一封电报通知，当天下午 1 时就离开东兴去钦州与这位军官会商。”

“李主任返回东兴后，大清帝国代表团才能来与法国代表团会合，即在 12 月底来。”

“这件事表明冯子材将军的权力以及他与其地区的那些非他指挥，但顺从他的高级官员的放肆。”

“我补充道，这名军官这样中断勘界工作，对法国在东京的保护国政府做出了十分严重的有失礼仪的事，我认为我们可以根据这一行为向总理衙门再次有力地提出有关这位危险人物的抗议。”

面对这样一个新的事件，我认为应该再次坚决要求北京朝廷调离冯将军，我就给李梅先生寄去了拉巴斯蒂德先生报告的上述摘要，请他根据冯将军这一恶意行为和中国政府进行新的交涉。

总而言之，副部长先生，这就是迄今为止勘界委员会工作的进展情况。希尼阿·德·拉巴斯蒂德少校，我认为他在任何情况下行事都是谨慎和明智的，在帝国委员们给他制造的种种困难中表现得很灵活机动。

我将通过每次信件告诉您在进行勘界活动期间发生的最小的事件。

（原件第 162 页）

给外交部长的副本

拉巴斯蒂德给印度支那总督的信

发文号·14　北市，1890 年 1 月 8 日

总督先生：

我去年 12 月 28 日交由一名中国士兵送给李（受彤）官员的抗议书可能于 29 日下午送到东兴。

30 日，我从我以前留在芒街为我服务以便向我提供情况的一名中国人那得知，广东勘界委员会主任已从钦州返回；“安澜号”炮舰一直把他送到白龙，他从白龙乘一只划桨小船于 12 月 28 日上午回到东兴。

30 日晚上，我的一名密使从那良给我带来的消息说，在 20 多名正规军的护送下，张翻译几个小时前从东兴到了这个城市。

那良对于位于北市河（其合流处略在该地下游）左侧的一条支流的地区来说，是一个有一定重要性的中心。这是一个很热闹的圩场所在地，每月开集九次，逢二、五、八开集。

31 日上午 10 时起，张翻译就到了北市的营地。

李主任一看过我 28 日的信，就马上急急忙忙地派这名官员到北市来。这名官员 12 月 30 日乘轿马不停蹄地从东兴赶到那良，31 日天刚亮就离开那良赶来找我。

钦州知府好像十分希望为自己开脱违背条约、侵犯安南领土的责任。据他派来的这位官员说，在接到我的相关通知以前，他从不知道偷偷划定一条不准确的边界线这件事；这个地区的所有官员都是无辜的；表示一条错误边界线的竹子肯定是一些无知的居民插

的，他们不知道这种划界的含义及其后果；或者说，他们这样做只是为了防海盗，因为这样海盗今后就不会去中国抢劫了。

至于盖有官方大印的那些文件，很可能是从中国偷来，瞒着广东当局被贴在安南的领土上。

张翻译在为这一他自己称为十分遗憾的事件所进行的前后矛盾、不能自圆其说的解释中，是代表李主任说话的，他使用了一切文字把戏。作为一个受过学院式教育的中国人，都有这种才能。他讲了很多很多，几乎到了变成一个低声下气的人的地步。他有好几次请求我完全不要考虑这些令人遗憾的事件。他说，这些事确实令人遗憾，但是没有什么重要性，和我可能还意识到的类似的事件一样：因为还没有定界，因此，他认为，谁也不熟悉这条边界，谁也不知道在这个地区安南从何开始，中国在哪结束，所以不会有侵犯领土的问题。

迄今为止，这一推理出自大清帝国代表团的一名成员之口是新的事。他肯定大家都知道边界，为了确定边界去勘察地形、去测绘地图毫无用处。今天，他为地形测绘工作是否有用充当辩护人。

不论张翻译的论点能奇怪到什么地步，我都不去深入讨论它，以避免谈话变得激烈起来。随着他不断地阐述这些论点，我只限于向他指出我不能接受他的论点。

但是他走得还更远，要求我收回给李受彤主任的抗议书。

我当然明确地拒绝了。我告诉他，头一天我就把这件事通知了您，并把我在安南境内找到的所有的中方官方文件寄给您了。这似乎令他感到意外，不舒服。

我留张翻译吃午饭。他经过一整天的艰苦路程和在那良的一座庙里度过一个不眠之夜后，显得筋疲力尽了。

在整个交谈中，说的都是李主任刚结束的旅行。我坚持表明我已获知这一几天之久的旅行，但我从未得到过正式的通知。

张懋德毫不迟疑地承认李受彤去过钦州，但是他声称李是突然被叫到该城去解决一些紧急的刑事问题。

一些因在中国境内抢劫了一个装载军饷的车队的海盗最近被捕获。他说，他们威胁要在狱中搞暴动。因此钦州知府只好匆匆离开东兴去防止这一叛乱，下令杀死 50 多名极力顽抗的人。

和委员会的所有成员一样，我根本就不相信以装天真的语气所进行的这些滔滔不绝的解释，张翻译力图说服其对话者时，十分善于采用这种手法。

用餐后，这位官员还单独和我谈，想用同样的论点极力让我相信，不存在侵犯领土的问题，不必将这样一件无关紧要的事放在心上。

我对他说，对这些事，我和他一样感到遗憾，如果中方代表团随我到这个地区来，这些事可能就不会发生，而中国代表团却仍留在东兴；我相信如果李受彤知府真的不知道一段边界的偷偷划定这件事以及在一些安南的村庄张贴有盖着他的官印或他在该地区的代表的官印的文件，他就会立即让人拔掉这些竹桩以及那些会影响名誉的布告了。

因此，大清帝国代表团尽早到嘉隆河的合流处附近来十分必要，或到嘉隆村，或到那良城。北市和东兴的这段距离以及交通方面的困难，使我们不能迅速地进行联系。由此可知，为了解决十分不利于我们工作进展的延误问题，我们的共同目的是迅速地进行工作。此外，我们各自的政府给我们的指示要求我们齐头并进，要求我们保持在邻近的地方。

为此我迫切要求张官员向李主任转达我要看到中国代表团立即到北市附近来的强烈愿望。

最后，我借天朝代表团的这名翻译来访之机，让他看了一封我刚写好要给李受彤主任的公函，两三天之后，他就要让李翻译这封公函。

因为东京领土上的地形测绘工作差不多已告结束，所以我在这份公函中要求广东勘界委员会的主任给我将派到中国去的军官们提供一些卫兵。我最后说，在让法国的地形测绘员转到天朝领土之前，我等着他到嘉隆或那良来。

最基本的谨慎使我这样做。

为了我能不担心我的军官们有生命危险，让他们不带武器地单独在由中国正规军组成的一支护卫队中间进行工作，我必须得到真正的保证，因为中国正规军的意图在一块我只能通过一些密使进行监视的土地上可以有充分的理由被怀疑。密使不能给法国地形测绘员提供任何保护，他们受到危险的威胁时，密使也不能及时通知我。我看最佳的办法就是大清帝国代表团到这个地区的中间住下。

近两个星期来，我确实接到了芒街副驻扎官先生提供的一些情报。这些情报倾向于使我相信，由于中国当局最近遣散了广东边界各哨卡的一大批士兵，所以整个与东京接壤的区域可能充斥着流寇。这些流寇只待有利时机一到就攻击我方在各处的宿营地，在北市河抢劫我方补给运输队，等等。

据德过先生（即法方驻芒街的副驻扎官——译者注）说，张尧（Tchang Yao）这个匪首可能集中心思，将其拥护者集中到他的 Li Fo 巢穴。Li Fo 在北市西面步行约需一天的地方。一支 100 名全副武装的海盗已准备停当，一接到他的通知马上去与他会合。这支武装可能集中在中国的那良城，该城距我住的地点不到半天的路程。

这位官员为了消灭该省仍然控制着乡村的最后的一些强盗，目前也组建了一支纵队带领国民卫队。但我不认为他会攻击张尧。根据各种可能性，他将发现所有的路都畅通无阻，所有的海盗巢穴都空无一人。

尽管我对我得到的特别情报还不完全相信，但这些情报向我描述的情况与芒街副领事的情报向我描述的完全不一样：张尧是被 Than Mai 和蓝山的匪首抛弃的，后者极力让法国权力机关同意他们归顺。所以张尧被迫依靠自己的力量。他的拥护者的确力量太小，不敢攻打我的卫队，然而对于战胜德过先生要率领的那支国民卫队的小分队还是绰绰有余的。

如果张尧的各营地在几天之内未被芒街的副驻扎官先生摧毁，那么我自己在很近的时间内就不得不把它们烧毁，因为我在从北市到北岗隘去的路上将会经过这些营地。

但是，不论我得到的有时互相矛盾的情报的准确度有多高，我也只好重视所有我马上核实的情报。只要我不能肯定法国的地形测绘员要测绘的边界附近的中国区域是最安全的，我就不会派我的军官们到那里去。

正如我上面所说的一样，只有当帝国代表团及其护卫队的官兵到了这个地区时，我才能让他们在边界的另一侧安全地进行工作。因此我尽一切努力让大清帝国的代表团离开东兴，但是时至现在，我还未获成功，不过我相信尚有一线希望。

我 12 月 31 日写给李官员的那封信已由我寄给芒街的副驻扎官先生，请他转寄至东兴。根据我的估计，此信应该已于 1 月 1 日晚上交到中方代表团主任之手了。

但是由于我尚未予以说明的一些情况，这封信 1 月 4 日上午还未送到。就在那一天，李主任给我寄来一封公函，张翻译给我寄来一封私函，这两封信件我是当天下午收到的。

李受彤答复了我关于违背条约、侵犯安南领土的抗议书；按他的说法，我的抗议书令他非常震惊，他不知道我向他指出的那些事实：既然那些事实发生在距他的县府所在地钦州有 7 天路程的地区，他怎么能知道那些事。

而且居民和官员们都不可能知道真正的边界在什么地方，因为只是根据地图定了界，没有实地明确地勘定两国的边界。在这种条件下，由无知的村民插下的写有一些汉字的几节竹子不能构成一种违背条约的行为。至于我在安南境内发现的那些盖有中国官吏官印的文件，肯定是发给想到外国旅行的一些中国人的护照，或是一些身份证，或是一些产权证书，所有这些证件都不能证明天朝的官吏们在安南非法行使了权力。

李主任首先希望与我保持良好的关系，所以恳求我不要就这一事件小题大做，恳求我今后在把我偶然发现的一切不合法的事告知保护国政府以前，先通知他。他认为，在最后全面定界之前，最好不去管边界两侧的边境地区发生的一切事情。

张翻译在他同日的私信中，略有变化地重复广东勘界委员会主任的论点和他 12 月 31 日在北市向我口头发挥的论点。他表示插立在边界的越境的竹桩线只能被视为无知的居民立的一种怪念头，一件不必重视的小事。对于我搜集到的那些布告上的官印，他给予了不同于李主任的一种解释。他只声称这些印章是假的，我不会不知道中国有许多赝造者。最后，所有我指出的事实什么也证明不了，它们是一些爱开玩笑的人的作品，就像所有国家都有的一样。

我只应打听消息，然后证实他的说法是否正确。

然而，我得到的消息明确显示恰恰相反。被询问的所有居民都说是奉统治他们的中国官吏们的命令而插立表示中安边界的竹桩的。

在12月31日的会晤中，张翻译声称当地的居民这样伪造一条边界的目的是防止海盗，这样，他们只能抢劫安南村庄了。

这个理由也许不是没有道理，但是从一名中国官员的口中说出来的这种理由是厚颜无耻的，是有欠考虑的。

唯一存在于该地区的张尧匪帮主力驻扎在嘉隆河源头附近、一块不容置疑地属于安南的土地上的 Li Fo，但是目前中国控制着这个地区，虽然它无权。这个匪首的拥护者就是从这里出发去蹂躏一直到河桧和芒街附近的安南村庄的。他们把他们的掠夺品妇女、儿童和水牛带回这里，然后带到中国去卖掉。这一切都是在边境的中国小官吏们的仁慈的眼皮下发生的，小官吏们不但不制止他们，反而鼓励这些不断的强盗行径。

有人甚至向我保证说，冯向文经常从东兴送一些军火给张尧，后者常常接受冯将军第三子的指示而采取行动，不过我还未能核实这件事。

至于中方文件上的那些印章的真实性，不容有任何怀疑。我现还随函寄去盖有钦州知府大印的居住证给您，这比以前的更明确。

在我给李主任的那封抱怨违背条约的信中，我没有让他知道我收集的那些证据的种类，因此他陷入了谬误，对我说那也许是到国外旅行用的护照或财产证书。

但是，尽管这位官员对此的否认，直到最后这一证据仍然证明所有的居住证都盖有他在钦州的有关部门的印章，两年多来他一直统治着1886～1887年定界时他自己明确表示给予安南的一些村庄。

我认为没有必要强调李受彤就违背条约、中国非法侵略一个邻国等事所进行的解释的虚假。大清帝国代表团团长的正式声明或非正式声明都不能改变我1889年12月30日第13号信的结论，也不能改变我于这一天荣幸地向您呈报的建议。

李主任在他1月4日的信中告诉我，一些中国地形测绘员刚抵达东兴；他想让他们测绘安南边境地区纵深2里之地；要求我提供卫兵。并通知我说，他将采取措施，我一派法国的测绘员到中国境内去工作，他就给他们提供卫队。

他告诉我，北市、嘉隆和海之间的地形测量工作结束前，他想留在东兴。最后，他表示希望法国代表团到东兴去签订1889年11月1日会议的会谈纪要，这份纪要曾引起许多争议，最后我们终于取得一致意见。

最后这个要求是绝对不能接受的，法国代表团不能作为中国代表团玩弄的对象，不能按照大清帝国代表们的兴趣从北往南。

我的答复也简单扼要。

正如我上面说过的那样，由于我目前还不知道的原因，李主任没有收到我12月31日的信，于是我让本月4日把他的信以及张翻译的信送给我的那名信使把一个副本送去给他，1月5日晚上应该送到了。

张翻译的信只不过是李受彤官员用中文正式写给我的那些内容用法语表达的翻版

而已。

因此我告知这名官员（即李受彤——译者注），我不能中断委员会的工作到芒街去；此外，最近这次两国委员会参加的会议已在中国领土上开了，按照我们的礼仪，下次会议应该是在东京举行。最后，正如我正式函告他的那样，在大清帝国代表团到我们附近的嘉隆或那良住下之前，我不以任何借口让我的军官们在中国工作。

我 12 月 31 日那封信未送到这件事为支持我要看到中国代表团靠近北市的愿望提供了又一个理由，同时表明我们双方都有必要可靠地迅速进行联系，以避免我们在工作实施中出现任何延误。

1 月 5 日，我回复中方代表团团长时，仅限于通知他其关于违背条约一事进行解释的信已收到。我未加任何评论地通知他，我将把这些解释转给我的政府，由我的政府去评判。

我提醒他说，根据我们两国政府的指示，两国代表团应该沿着边界一起移动，双方应该一直保持很近的距离。然而，我离开芒街已 20 多天了，他却仍然留在东兴。我出发之前曾通知他说，我们的下次会议在北市举行，我在那等他处理有关法国地形测绘员在中国境内工作、中国地形测绘员在东京境内工作的问题。

我恳求他尽快将他的决定通知我，因为我在嘉隆河合流处附近的东京一侧再也没有什么要做的了。因为我不想浪费我的时间，我已决意再次前往峝中方向，即还要远离他，以便能够继续地形测绘工作，如果他不认为应尽快靠拢我的话。

我正等待李受彤这名官员的答复，但我担心要久等，因为我相信来自芒街的一份情报，他可能 1 月 6 日又乘“安澜号”到钦州去了。

不过我还不能肯定这件事的准确性。但如果证明属实，就十分清楚地证明中国人几乎不急于勘界。

这些活动的开初，他们可能想用几天的时间，不用详图，不让我们发现什么，就在芒街和东兴解决一切，以便使他们的一切掠夺合法化。

既然他们发现，我们要先测绘整个边境区，先仔细研究两国缔结的诸协议，先深入地研究每个国家对每一小块土地的权利，然后才划定边界，所以他们又采用他们惯用的拖延、犹豫、拖拖拉拉的办法。他们以他们惯有的惰性来对抗我们。

我们到了这个地方。他们即将看到法国代表团就在这个地区进行嘉隆河源头到北岗隘的边界勘测时，感到特别为难。

他们料到他们要被迫后退，要把所有他们不顾我们各哨所的哨官一再抗议而非法占领的一切区域归还给安南。

十分明显，他们远未肯定他们所占领的这一侧的边界，所以李主任预料到他迟早都得和中国勘界委员会的成员们到这个地区来，已让人建了些茅舍给大清帝国的代表们住，但这些茅舍不是建在几乎平行于他们采纳的边界线的从北市经上二（Thuong Nhi）到横模的这条大道的附近，而是建在明显靠北的顺着博琅河的这条路上的 Ban Pat 村附近。

这段边界的详图将揭露 1886～1887 年的大清帝国的勘界委员会的诡计。他们为了让我们承认一条不利的界线是可以接受的，只把一些不准确的地图拿给我们的代表们看，一直拒绝到实地去。

不过我对很快把广东勘界委员会引到嘉隆或那良来尚抱希望，但是如果他们在几天之内不来，我不愿听从他们的要求，不愿为等他们而浪费时间，我决心继续走我的路。天朝的代表们最终将会明白：在这种情况和任何一种别的情况下，我都将不允许他们玩弄法国代表团。

春节很快就要到了，也许这又将成为他们把勘界工作推迟数周的理由。不过对此他们还只字未对我说起。

在北市，我与安南一侧的居民也好，与中国一侧的居民也好，关系一直很融洽。

居民们刚看到我们时有点惊讶，但很快就变得很易接近。我们的驻地前面很快就形成了一个集市。后来，上百名商贩（有男有女）从四面八方把各种食品挑到这里来卖。我可以就地买到所需的全部食物，有人给我牵了一些水牛来，但我不能全买下来。那良各学校的学童好几次被带到北市来看法国人。大家对我们都明显表示欢迎。这个地区在我们离开后将受到严重的损失，一定会深深地怀念我们逗留的这段时光，因为我们将使这个地区获得它久已未遇的安全。

来到这个集市上卖货的中国一侧的妇女中，有一些在很年轻时被海盗拐骗走并被卖给中国人的安南妇女。有好几个已要求我允许她们在我们离开北市重返她们的家乡时让她们跟代表团走。

不久前，也是两年前被海盗拐骗走的很年轻的两名安南女孩从那良逃到我们的营地来寻求庇护。她们原已成为住在那良的中国人的所有物了。她们的主人竟有胆量来向我要求把她们还给他。我让人把他打发走，把两个小女孩留下。其中一个是南定省的，显得很聪明，很详细地讲述了她被拐走的情况和她被带到中国卖掉的方式。她讲出了当时在海防从事拐卖儿童买卖的一名中国妇女的姓名和住址。

德斯革雷·迪·卢中尉先生在攻克位于 Bet Na 和 X Li 之间的 Than Poun 村时收留了安南少年，他是以前被拐骗的，也表示希望回到他的村庄去。

我让人给这些安南少年东西吃，把他们留下来，一有机会我就把他们连同我所能打听到的关于他们的情况交给芒街副驻扎官先生，使他们能由这位官员负责送归故里。

又及：当 1 月 8 日晚 9 时一名从东兴来的中国正规军士兵带来张翻译的一封信时，这封信已写好了。

据这位官员说，李主任因身体欠佳，不能给我复信，但他委托他（即张氏）告诉我，中国代表团将在两三天内到北市。

我不知道李受彤是否真的有病，但是他不给我复信的主要原因是他不在东兴，而是在钦州。

我 1 月 5 日的公函于 8 日上午到达目的地，张懋德未失一刻地马上给我寄来一封可能走得很快的信。这位官员的复信是大清帝国代表团团长真正意图的表白，可能他的目的只是让我忍耐点，阻止我在钦州知府返回东兴前离开北市，知县将把他的最后决定告诉我。不管怎么样，这一急切的举动证明中方代表团的成员们担心看到法国代表团在勘定北市河之前远离他们。

（原件第 175 页）

给外交部长的副本

中越边界勘界委员会主任拉巴斯蒂德给印度支那总督的信

发文号·13　北市，1889 年 12 月 30 日

总督先生：

我到达北市几天之后，我派到南西方向去打听消息的几名密使向我报告，他们到达这个小屯之前，发现在嘉隆河的右岸有一排垂直于该河、表示中国边界的竹子。

根据两国勘界委员会 1887 年 3 月 29 日在芒街签订的协议条款，从位于嘉隆河合流处对面的北市开始，边界应该沿着该河道一直到上游约 30 里（1 里合 561 米）。

因此嘉隆河一段长约 17 千米的河段就作为边界；位于右岸，距合流处不到 8 千米的南西小屯就属于安南。

然而，中国人对这部分区域的不能接受、甚至是非法的要求并不完全令我吃惊。我忘不了在 1889 年 4 月，博达尔少校追赶一队在中国寻求一个庇护所的海盗时，发现南西的居民在他的部队靠近时全都逃走。这位军官与他们隔着嘉隆河交谈后得知，这个地区的所有人都相信南西是在中国境内。

不过在这一点上不会有任何怀疑。只有中国官员的不诚意能这样欺骗老百姓。

但是大清帝国当局标定的边界走向不会是可靠的，因为这个走向完全违背最基本的情理，因此，我就一定要自己查实我得到报告的这件事，然后再把这个问题摆在您和广东勘界委员会主任的面前。

因此，我于 12 月 26 日带着法国代表团的几名成员和一支武装小卫队前往南西方向。

正如我所报告的那样，在距北市不远的地方，我看见了一排垂直于界河、显然是插种上去的竹桩，深入安南境内。竹桩上写着：大清帝国广东钦州界。

很显然，这些竹桩插种在那主要是为了影响法国勘界委员会，想欺骗法国勘界委员会，就像很久以来欺骗老百姓一样。

当然，我一点都不打算重视广东的官员们在没有法国方面的合作下划出来的完全是凭空想出的边界。但广东的官员们因此就违反了 1887 年 6 月 26 日北京协约最后几款的规定了。

因此，我马上让人把距我们走的那条路最近的标志桩全拔掉，然后继续走到南西对面的尽头处。

在这个村子里，我看到房舍的墙上贴有一些盖有大清帝国官员官印的布告。这十分明确地证明，他们不顾法国与中国之前缔结的诸协约，把位于嘉隆河右岸的绝大部分区域视为属于他们的。

我让人把这些布告和表示假边界的竹桩带回北市去。第二天一早我就函告李受彤主任，对于中国官员在这种情况下使用不诚实和非法的手段提出强烈的抗议。

我通知他，我将向我的政府汇报以下几点：

（1）大清帝国的官员们不遵守两国勘界委员会所采纳的边界走向，违背了各定界协议；

（2）同是这些官员，在没有法方的合作下私自立放界桩划分中越边界，违背了 1887 年 6 月 26 日的北京协定的最后几个条款；

（3）同是这些官员，无视国际法，欺骗这个帝国（指安南——译者注）的老百姓，强迫老百姓服从他们，并向老百姓行使权力，因此侵犯了安南的领土。我通知李主任，在向您汇报这一令人遗憾的事件时，我将请求您通过法国驻华公使，让总理衙门知道此事。由法国驻华公使考虑是否有必要提出需要得到的赔偿要求，作为违背条约的必要赔偿。

28 日，我接到一名从东兴来的中国正规军士兵给我带来的一封短函时，我的信正要送往东兴。

这是张懋德翻译以中国委员会的名义，在 1890 年就要到来之际向法国委员会致以问候。

这封短函上附有李主任的一份名片，就好像他在东兴似的。

然而我十分清楚，他并不在东兴。

正如我在我 12 月 24 日第 12 号信中荣幸地告诉您的那样，这位被冯将军的电报突然叫回钦州的官员 17 日就乘坐“安澜号”炮舰走了。但是他似乎十分希望隐瞒他不在东兴一事以及他突然旅行的真正目的。他不仅没有通知我这件事，也许他以为以我所在的地方，我不会知道，而且他还力图欺骗芒街副驻扎官先生。德过先生和我一样知道该如何应对此事，他就到东兴去商谈某些行政问题，听到张翻译说钦州知府只是去了那梭时感到很惊讶。

对张翻译在元旦之际向我们表示的祝愿，我代表法方勘界委员会对他表示感谢，在复信中，我也明确地告诉他，这样一个幼稚伎俩骗不了我。我请他向李主任表示我这一愿望：他一从钦州返回就马上到北市对面住下。

我把我给李主任的关于侵犯安南领土和不准确且非法地划分边界的问题的抗议书以及给张翻译的信一并交给他的信使。

我在前面已荣幸地将沿所谓的边界而种的竹竿上写的汉字告诉您了。

我在南西村找到的、现与译文随函附上的盖着官印的证据是：

（1）两张贴在房子大门上的布告，这是人口统计证，也是居住证。

我让人把它们从门上撕下来。

两份布告的日期都是光绪十三年九月，即 1887 年 9 月，上有钦州知府、现任广东省勘界委员会主任李受彤官员的官印。

因此，这名中国官员在安南领土上行使权力已有两年多了，好像嘉隆河右岸的所有村庄都隶属于大清帝国的一个行政区域似的。

如果李知府为辩解侵犯安南权利一事而假装并不知道两国的确切界线，那么要使他承认不怀好意也不难，因为 1887 年 3 月 29 日的定界会议纪要关于这一段的规定是十分明确的。这位高级官员是 1886 ~ 1887 年与狄隆任团长的法国代表团在进行广东定界时唱反调的大清帝国代表团的一员，1887 年 3 月 29 日采纳嘉隆河为边界的会议纪要上有他的签名，因而他个人更清楚嘉隆河构成边界。

（2）我在南西得到的第三份贴证据在小学教室，是负责地方行政的小官吏的公告。

它禁止抢劫，禁止向海盗出售食物和弹药。

在这份布告上签字的姓黄的官员在布告上盖有一个官印，但那是临时的，因为他现在担任的职位的委任状尚未得到两广总督的批准。

这份布告是最近张贴的，12 月 4 日；有必要猜测为了抢着划一条损害我们的假边界而插种在嘉隆河右岸的这些竹桩是在同一天被插下的，因为汉字的墨迹很新，还没有被雨水冲掉。我刚提到的这位姓黄的官员以及名字出现在两张居住证上的、任钦差府八区知县的陆官员是我们危险的敌人，我认为有必要向您介绍他们过去的一些情况。

1886 年，当两国勘界委员会在芒街和东兴开会时，安南人该富（中文名黄立富）是先安州北庄区区长，陆其文（中文名陆其相）则是副区长。该区下辖八个乡。他们身着中国式服装、留着中国人的发式来到大清帝国的代表们面前，请求把他们的地区并入大清帝国，并保证必要时欺骗法国代表团，向它证明嘉隆河确是两国的边界。而真正的中越边界在这个地区一直是博琅河，嘉隆河只不过是博琅河右侧的一条小支流。

因此黄立富和陆其相有效地协助中方代表，要求让予几乎整个安南的北庄区。经过长时间的讨论之后，我们接受了他们的要求，以对这个问题进行解决。安南丧失了这个区八个乡中的六个以及务溪乡和古黄（Co Hoang）乡的一部分，建绿（Kien Duyên）区相当一部分。

作为他们为中国效劳的奖赏，黄和陆获得管理该地区的小官职。

我们今天又找到他们。黄立富是在安南领土上的南西找到的内附这份公告的作者，负责嘉隆地区的行政，系候补知县；陆其相是知县，负责管理由于他的协助而使安南丧失的八个乡。后者住在距法国横模军哨不远的班登（Ban Den），他很可能是一切抢劫行径的煽动者和法国这个军哨附近地区两年多来受到的领土侵犯行径的挑动者。因为今天已肯定，这一侧的中国人还不如北市一侧的中国人更尊重两国勘界委员会划定的边界。

尽管我还未能勘察这整个地区，但是各处给我送来的情报使我越来越坚信我刚发表的观点。我想，下个月我往这个方向推进时，中国人设立的一些军哨将被迫明显地往后撤退。

但是，即使我以一种准确、清楚、确实的方式划定了1887年的勘界委员会接受的假想边界线，在这边失去了自然界线的东京从嘉隆河的合流处一直到广西将只有最糟的边界。

让出几乎整个北庄区和建绿区的一部分是有害的，不是因为这样使我们丧失了人烟稀少的一个区域，而且这个地区好像土地贫瘠，而是因为它被并入大清帝国之后，在广东边界防备中国正规军和海盗的总的防御系统中，就构成了一个进入东京的缺口，这个缺口我们将永远不能完全堵上。

因此，我们十分有必要趁着勘界活动，要求在这一段进行大的边界更改。

我不怀疑，地形测绘将会引发无数的意想不到的事情，我们也许将在东京找到中国的飞地，而大清帝国代表向1887年的法国代表们出示的那些地图，曾使后者认为中国可能有一块东京的飞地，所以要提出更改的要求就更不会缺少理由了。

但既然还不能确定北市和北岗隘之间我们应该讨还的土地面积，以在东京一侧重新确定一条可以接受的边界，您也许会认为有必要利用我们得到的机会，基于大清帝国的官员们违背条约一事提出领土要求的问题。另外一些因素将随后支持这一领土要求，并将证明它是合法的。

最后，我刚刚荣幸地向您谈到的这一事件可以归纳如下：

（1）中国取一条有别于两国代表团一致接受的那条边界的边界线，损害了安南，违背了勘界委员会的各项协议。

（2）中国在没有法国当局的合作下，私自划分一条不准确的边界，违背了1887年6月26日的北京协议。

（3）中国欺骗这个帝国（指安南——译者注）的百姓，强迫他们承认它的官员，无视诸条约和国际法，统治这些百姓，侵犯安南领土达两年多。

我不认为法国在东京的保护国政府能不向北京朝廷提出强烈抗议，而听任其对诸条约三种如此公然的侵犯行为。把广东的官员们在这种情况下使用的不光明正大的办法以及他们的非法行为通知总理衙门时，我将提出以下两点要求作为道歉：

（1）严厉谴责钦州知府李受彤。

（2）立即解除黄立富和陆其相这两名小官吏的职务。

最后，如果您认为合适的话，法国驻华公使可以利用这一有利的时机通知大清帝国政府，法国政府保留要求归还嘉隆河合流处到北岗隘之间的领土的权利，作为广东官员们违背诸条约的赔偿。归还领土的范围，等以后勘界委员会的工作取得充分的进展时，再予以确定。

（原件第 189 页）

给外交部长的副本

中越边界勘界委员会主任希尼阿·德·拉巴斯蒂德给河内印度支那总督的信

发文号·17　北市，1890 年 2 月 1 日

总督先生：

勘界活动刚经过一个困难的时期。

1 月 20 日至 29 日，持续的恶劣天气妨碍了在实地进行任何工作。在这段时间里，我们被大雨困在我们的北市营地里。

30 日起，天气较好，地面的状况使地形测绘员能重新在野外活动，他们马上积极地进行测绘工作。

他们不得不在屋子里度过的 9 天并没有浪费，我让他们尽可能利用这段时间来进行誊清工作，因为这些工作迟早是要做的。不过下雨这段时间还是使勘界活动受到一定的耽误。

春节也正好在这段时间。

节日期间没有发生任何事件。

不论愿不愿意，中方勘界委员会的全体官员们都在他们的 Than Shan 茅舍里庆祝节日。

他们谁也没离开。

指挥护卫部队的 Phong Tcheou Tchu（武将）离开大清帝国的代表们，返回江坪去了。

春节使两国委员会不能开会，因为中国人在这个节日里习惯上不处理任何公事，但这种情况并没有损害工作的进展。

地形测绘工作虽然被坏天气耽误了，但是目前北市附近的测绘工作差不多结束了。

我打算这几天离开这个地区，到分隔嘉隆河和先安河流域的那个山口那边扎营。

如果在我即将进入的那个地区进行最后的勘界会引来比其他各处更大的一些困难，那么预备性的活动——我是指勘察和地形测绘——根据我得到的所有情报看，似乎会比在位于海和嘉隆河合流处之间的这个地区快得多。

我不到像北市河河谷这样一个由一些荆棘丛生的山构成、到处是阻挡视线的障碍、常常窄且深，而且很难通行的山谷，而要到一个地势有点起伏的、有草木、可以举目四望的地区去。

在这些条件下，如果我遇上好天气，我就有理由认为，广东边界最后这段的地图很快就会绘出来，3 月中旬我就可以划广西界了。

关于该省东京方面的边界走向，我看了《东京未来》杂志 1890 年 1 月 29 日的一篇名为《龙州消息》的文章，有两段倾向于证明，1890 年春季进行广西与东京接壤，一直延伸到平而关东南的山区部分的勘界，可能是不合适的，而且是危险的。

我完全不同意这种看法。

首先，我要指出，《东京未来》发表的《龙州消息》显然来源于驻龙州城的法国领事馆，这些消息是广西官员们对于推迟（勘界）工作这个问题所表示的一些要求的忠实反映。

在邦·当提（Bons d'Anty）先生离开龙州去法国的前一天给我来的一封私信中，向我讲了一些关于湖南的向万荣官员取代了蔡道台、中国官员不愿在气温开始变得更热的时期到很难走的地区去旅行的情况，这些情况与这份东京报纸刊登的消息完全一样。

我远未说邦·当蒂先生是《东京未来》中那篇文章的作者，我认为相反。但我坚信，这份报纸的记者这样知情，一定与法国驻龙州领事十分接近。

1889 年 7 月，负责广西的中国勘界委员会主任就通过法国驻龙州领事请求您将原定于 10 月 1 日开始勘界工作的时间推迟到 11 月 1 日。这位官员也许以为法国代表团先到广西界，然后才去广东界，他认为 10 月份天气还太热，太辛苦，他不能离开他的衙门。

身居高位的中国人不愿秋季出远门。广西官员目前的活动说明，他们春季也不愿意出门。曾费了很大劲才离开东兴的广东官员们使我可以看到，他们冬季也不愿意出门旅行。

如果听他们的，任何一个季节也不工作了。

但是我不认为我们可以接受这样的要求，这些要求是龙州当局通过报纸这种间接的方式，通过领事馆一名官员过头的好意转告法国政府的。

正如我在上面所说的一样，我打算 3 月中旬到广西边界去。季节虽然变得越来越不利于工作，但肯定还可以一直工作到 4 月中旬，也许直到 5 月初。

在广东，勘界活动的初期并不易，开始是缺少大地测量仪器和地形测量仪器，然后是任何一项事业初期都存在的不可避免的摸索。其后是中方委员没有诚意，有意或无意地拖拖拉拉，他们对地形测绘工作的阻挠。这多种原因使初期的工作大受耽误。

既然所有的困难好像已被排除，既然以后只有天气恶劣的日子才会使我们的工作步子放慢，既然委员会的全体成员身体十分好，地形测绘军官们训练有素，熟悉他们的工作，他们希望尽可能久地继续他们的工作，直到天气完全不允许进行工作为止，那么广西的官员们拖拖拉拉至少使目前正在进行的这个工作季节浪费了一个月，也许六七个星期，这令人十分遗憾。

如果结束广东边界的勘界后，天气不是太恶劣，在暂停工作前，可能勘测广西边界的北岗隘到板邦隘这一段的边界。

毫无疑问，可以预料，对于这个部分荒芜的山区，中国人不比我们更熟悉。

而且，我们很可能在我们于三四月划定的那段边界要与蔡道台打交道。

因为中国官员们调动职务，甚至是晋升时，好像都不怎么急于到新的岗位去赴任。据邦・当蒂先生给我的信所说，自去年 12 月就被任命为广西署理臬台的蔡道台大概要到 3 月份才去桂林。

这位高级官员对我们的态度很通融，这是大家都知道的，我们完全应该利用这一点与他开始进行关于边界的谈判，以便定下一些有利于我们的先例。对于这些先例，他的继任人作为勘界委员会的一名代理职务者将别无选择，只有服从。

这些就是我认为以下做法是有利的原因，即：广东边界走向勘定后不停止目前的立界工作，而是只要天气允许，就应该继续工作，以便可能的话确定一直到板邦隘的广西和东京的共同边界线。

如果您认为我刚刚荣幸地向您呈报的这些建议是合适的话，就请您正式通知广西当局，说我准备 3 月 20 日在北岗隘与该省的中国勘界委员会联系。

（原件第 200 页）

给外交部长的副本

中越边界勘界委员会主任希尼阿・德・拉巴斯蒂德给河内印度支那总督的信

发文号・16　北市，1890 年 1 月 20 日

总督先生：

1 月 9 日一早，南西和地处更远的各个村庄就谣言四起，我还不能了解这些谣言的确切性质。一种令人难以理解的不安笼罩着老百姓，他们害怕了。

我从一些苦力口中得知，头一天，在这一侧测绘地形的巴拉尔中尉没有料到，他被

张尧匪帮的十来名海盗监视。因为这名军官 9 日还要在同一个地区工作，于是我马上派一名专差通知他提高警惕，避免过于靠近 Po Hen 大路。张尧的主要巢穴就在这条大路附近。

不久我得到报告说，上午约八九点钟，从这名匪首的营地方向传来密集的枪声，山上升起一股浓烟。但是我不能得到其他的情报，在 Po Hen 大路出口附近的各村，许多村民逃入中国。一个密使也不敢过去冒险。

然而，我只能认为人们向我报告的枪声和大火是芒街驻扎官先生到了这些地区附近导致的，他可能攻打并摧毁了张尧的各营地。

这一推测第二天一早就得到了证实。这名官员率领着一支由国民卫队和几名土著拥护者组成的分队来到北市。

经过在可怕的山道上艰难的彻夜行军之后，德过先生其实是偶然遇上匪首张尧的。他刚举行完宗教仪式，在悠闲自在地吸大烟。他身旁只有很少的几名追随者，有人说是 4 个人，有人说是 12 个人。他们正看守着几名男女俘虏。这些俘虏是他们在对安南境内最近的入侵中俘获的。

因此他没能进行丝毫抵抗，就匆匆忙忙地逃到山里去，只向民团和土著拥护者的枪声密集方向回敬了几枪。令人十分遗憾的是，开火太早了，使张尧得以在逃跑时把他几乎所有的钱和证件都带走了。落入芒街副驻扎官先生之手的只是大约 200 皮阿斯特和几封与他人有关的信。这几封信确实使黄立富、陆其相，甚至李受彤知府受到牵连，因为它们表明这些中国官员在张尧袭击我们的行动中与他串通一气。但是我们不能利用这些信来反对他们，因为这些信未盖有任何印章。

这次偶然袭击仅有的受害者是海盗的三名俘虏，两名俘虏趁混乱要逃跑时被我们的子弹击中，第三名俘虏戴着镣铐，也被乱枪打死，这也是非常令人遗憾的。

德过副驻扎官先生放火烧了张尧的巢穴后，于 1 月 10 日来到北市，停留到 12 日。

11 日，在我们的北市营地背靠的山丘上，我们看到在我们对面的中国一侧，大清帝国代表团的队伍以纵队行进，抵达嘉隆。

李主任终于离开东兴了。

当天下午，一个意外的情况使我捕获了几人。

我派去了解陆振（Luc Chan）小屯情况的一支巡逻队给我带来三名中国人，他们被发现正在忙于拆毁一间房子，把材料搬到中国去。陆振在越南境内，我发现那个小屯有些不寻常的活动。

他们三人中有一名少年，外表显得坚强、聪明。他不是别人，是北庄区前副区长的次子。这名副区长现在成了中国官员，取名陆其相。我在 1889 年 12 月 30 日的第 13 号信中曾荣幸地向您谈过他，将其视为我们最坏的敌人之一。

我马上把这三名中国人交给副驻扎官德过先生，他 12 日早上返回芒街时，把他们一起带走。

12 日下午，中国勘界委员会来到北市会谈。委员们只有两名官员，他们是李受彤主任和 Tchenn Ou Soan 官员。副知县 Seng Houng Sün 因主持会考留在防城了，而 Tchou Tao Kaï 则在出发时患了病，未能离开东兴。

但是有大清帝国代表团的两名主要成员在场对我来说就够了。在等了这么久之后，我又抱有这样的希望：终于可以极大大地推进工作的进程了，使工作进展迅速。

当时我没有料到，几天之后，我又感到新的失望。

会晤进行得非常符合规则，持续不过一个小时。

谈话一开始，我就提到立即在中国境内开始地形测绘工作的必要性，以便能立即进行大海与嘉隆河合流处之间这一段边界的最后勘定。

李主任对我说，他来时带的卫队人数很少，他要请求派一些部队来。1 月 16 日就会有由官兵组成的一些支队到 Bet Na 对面和北市对面来供法国测绘军官们调遣，以保证他们在中国境内测绘的安全。

1 月 16 日这一天就被一致同意作为在大清帝国的领土上进行地形测绘工作的开始日期。

随后我表示，希望看到表明我们工作开始的 1889 年 11 月 1 日的会议纪要得到签订。

经过一阵犹豫，Tchenn 官员、张翻译和李主任之间交谈几句后，后者答复说，中国代表团的全体成员已完全准备批准这一份文件，对此再无任何异议，但是也许最好在我们返回东兴和芒街时再签字；另外，他们把纪要草案和他们所有的文件都留在东兴了，他们来嘉隆未带任何东西，因为他们打算在这只停留几天，一旦在中国境内的地形测绘工作得以着手进行，就马上返回东兴过年。

我听到这样的说法时，十分惊讶，感到十分失望。我经过三个星期的种种要求才使其离开东兴，一直到北市和对面来的中国勘界委员会，要再一次离我而去。无数的借口已阻碍了勘界工作如我所希望的那样迅速开展，又要由于大清帝国的代表们没有诚意和他们的惰性而被耽误了。

我立即反驳说，如果中方勘界委员会返回东兴，其主任很可能返回钦州，那么就我来说，我就只有返回河内。两国委员会总是分开是不能接受的。两国委员会受两国政府的任命，不是为了让一个设在钦州，另一个设在河内，而是两个委员会集中在要勘察和确定的边界上。法方委员会的全体成员没有离开过他们的岗位一天。最后我声明，如果大清帝国代表团的团长再次离开，在我面前再无任何人可对话，我就中断所有的工作。

中方官员们仍然坚持，指出他们的职务使他们不能留在距他们的部门所在地那么远的地方。他们不在时，没有一个官员代行其职，他们只能当场处理的一些急事常常使他们的在场成为必要。

这些理由没有怎么触动我，我只能考虑我的特殊使命，要完成这一特殊的使命，我不能离开中国代表团的合作。

因此我坚持我之前对这个问题所说的话。我补充道，在目前情况下，李受彤知府应该与一个邻近大国先解决悬而未决的问题，然后解决钦州府的内部事务。

见他很快要离开嘉隆的希望没有受到欢迎，李主任认为最好转而谈其他事情。于是他改变了谈话内容，说他要派一名专差到东兴去找他的所有文件，以便我们能在 11 月 1 日会议的会谈纪要上签字；他要求下次会议于 1 月 15 日在位于嘉隆河左岸的 Than Shan 村举行，他和广东勘界委员会的官员们就住在这个村子里。

我很乐意地同意了这一提议，帝国代表们就告辞了。

该主任保证 1 月 16 日准备好由军官指挥的官兵卫队四支，每支卫队 15 人。两支卫队将由驻扎在 Bet Na 对面的军营出，另两支由要到北市对面扎营的一支分遣队出。

帝国代表团的卫队只有 50 名士兵，因此必须立即从东兴派来必要的补充部队。

1 月 14 日，果然看见武将冯绍珠（Phoug Tch□ Tchu）从北市前经过。他的军衔相当于上校或准将，平时他统领官兵兵营，现奉命指挥担任中方代表团护卫队的部队，他率领 50 名左右的官兵赶来履职。

15 日，上尉军衔的蔡 Sab Yat 官员乘舢板抵达，东兴观察哨所的约 100 名官兵或从陆路，或从水路随他而至。

同一天，我的全部命令都下达了。为了按原来商定的第二天派四名地形测绘军官到边界的另一侧去，我已采取了一切措施。法国勘界委员会的全体成员已准备好到 Than Shan 去。早在 12 日，大清帝国代表团即确定在那里会面，可是这时张翻译的一封信代表李主任请我将这次会议推迟到以后的某个时间举行。

他提出的借口是，因为没有接待我们的合适场所，所以中方委员们为此让人搭一个茅舍，但还未搭好。

推迟我们对 Than Shan 的访问对我来说无关紧要。但令我更气恼的是，几个小时后，也是从张翻译的一封信中得知，与我们的协议相反，1 月 16 日在北市的对面，为在中国境内进行地形测绘工作将准备的卫队不是两队，而仅仅是一队。同日在 Bet Na 对面，应该有两支卫队的，将一支也没有。他声称，被指定派出卫队的部队尚未到达。

因此我只好向 4 名军官中的 3 名下达相反的命令。1 月 16 日，只有一名测绘员能在中国边境地区开始工作。

1 月 16 日下午，张翻译来信告诉我，17 日上午所有的卫队将准备好。

不过这还不明确。在 Bet Na 对面，在指定的时间来了两队官兵，而在北市对面只有一队。我派米什列上尉到 Bet Na 去监督科尼亚尔中尉和德斯革雷・迪・鲁中尉的开工，而我自己则和巴拉尔中尉及泰特弗尔中尉经过边界到北市对面去，以便在后者首次在中国境内的活动中进行指导。

巴拉尔中尉的卫队全副武装准备出发，但是在白白等了半个小时之后，我也没有看到应该护送泰特弗尔中尉的卫队的影子，于是我决定和这名军官返回北市。

我马上开始写信给李主任，抱怨他们不守时，这时一名气喘吁吁的官军士兵给我送来一封张翻译的信。他请我原谅一队卫队没有到场，把这一过错推卸给一位误解了所接到命令的小军官，并以最明确的方式向我保证，从 18 日起，一切都将按我的愿望和我们的协定进行。

果然，18 日，所有的卫队都按时到来，勘界工作最后似乎正在顺利且迅速地进行中。

21 日是中国年的初一，将不去实地，但第二天将重新进行测绘工作。

中国委员会的官员们不再打算与法国代表团开会。春节将至也许是他们几天以来保持沉默的主要原因，因为他们在节日期间是不谈任何公务的。而且目前最重要的，就是尽快结束北市、嘉隆和海之间的这片边境的测绘工作，以便能在节日后马上对这段进行勘界。

至于两个半月以来等着两国委员会成员签字的 11 月 1 日的会谈纪要，可能再等八天十天也无多大妨碍。

但是，我认为最重要，认为我们活动以后进展的吉兆，就是我几天来从帝国的委员们以及他们的护卫队中所发现的倾向。

大清帝国的代表们是非常想回家欢度节日的，现在已决定留在 Than Shan，在边界上，在旷野，在一些舒适程度远不如他们在广州、钦州的宅院的民家小宅，甚至也不如他们在东兴住得舒服。

在该地区唯一的一种简陋的茅草屋中居住实在不舒服，所以他们已试图让人用木材建一些房子，刚建好时就要离开该地区。他们担心，如果他们再离开法国委员会而去，肯定会再次引起我的抗议，所以他们同意这一牺牲，在他们看来也许是最大的牺牲，即在远离他们家人的地方过初一，特别是远离他们统治的人，因为如果他们在后者中间，后者就会送给他们无数的礼品，而他们不用给对方任何东西或只给一点点，可惜他们将不在那里。

另一方面，显然中方官员们满足了我一再提出的向负责保证在中国边境地区工作的法国地形测绘军官们安全的官兵下达指示的要求。

除了开始两天不守时外，因为当知道中国人的拖拖拉拉、麻木不仁、懒惰等这些积习时，这种情况还可以解释和原谅，现在提供的卫队都可按规定时间到 Bet Na 和北市。而去年 11 月在东兴时，奉命护送法国军官们的中国士兵出了该城后，大多数就离开法国军官们，把他们的武器放在附近的房舍里面，只是在野外一盘散沙般地远远跟着法国军官们。今天，他们集中在他们的军官周围，与地形测绘员们保持一段距离，必要时能保护测绘员，同时又避免妨碍他们工作。除此之外，从小军官们一直到最后一名正规军人，都很尊重法国军官们。

中国官员和士兵们态度的这些可嘉的变化，可能是由于北京下达了明确的命令而引起的，特别是中方委员会及其卫队和冯子材将军父子相距很远，不受影响所致。

尽管护送大清帝国代表团的几乎全部官军都属于完全受钦州的那位大军官指挥的“Soei Tsee”部队，尽管他们中的许多人隶属于他的第三或第五个儿子，但是当他们不能随时随刻通过他们的挑唆在一些没有任何理由憎恨我们的士兵中保持一些（对我们）敌视的感情时，通过这些敌视西欧人的人对其下属施加的有害影响就迅速减弱了。

但是，我相信东兴来的一些信，冯子材在让法国军官到中国边境地区测绘地形问题上吃了败仗，可远没有放下武器，他在这种情况下遭到的失败只是加深了他对我们怀有的仇恨。

据说，我目前有可能受到他最猛烈的攻击。

现在钦州和东兴果然有传闻说，在勘界活动过程中最近突然发生的一些事件之后，两广总督有可能决定年后马上撤掉钦州知府李受彤的中国委员会主任的职务，因为他可能表现得软弱无能，而让廉州府附近的高州府道台接替他任此职。

如果获悉这一消息，冯子材可能就会正式致函总督，请求后者不仅继续让李受彤任广东勘界委员会主任，而且随后让他任广西代表团的团长，代替龙州的蔡道台。后者已被派到桂林去出任代理臬台之职。他同时会坚决要求，以使总督通过总理衙门提出这样的要求：撤掉我的法国勘界委员会主任之职，理由是我性情粗暴，使两国不能达成任何协议。

当然，我是将我得到的消息原原本本地汇报的，但不进行任何保证。但是这些消息正在边界的另一侧传扬。人们认为冯子材将军的愿望是看到李受彤官员指导的广西勘界工作完全夭折。因为他住在同一个城钦州府，可对李氏施加巨大的影响，他才是中国勘界委员会的真正主任。自他料到这个委员会将由另一个省的官员任主任时，他正极力维护他的优越地位，以便能在广西勘界时继续他在广东已开始的反对法国代表团的秘密斗争。

（原件第 207 页）

给外交部长的副本

中越边界勘界委员会主任希尼阿·德·拉巴斯蒂德给河内印度支那总督的信

发文号·19　北市，1890 年 2 月 5 日

总督先生：

1890 年 1 月 29 日，指挥委员会一支卫队的贝布瓦上尉在测绘从大同奠（Dai Tong Dien）到 Po Hen 这条小路的附近地区时，遇到一队人数有 10 多名、配备有快射步枪的海盗，他们朝他开枪，但没有追赶他。

这位军官和陪同他的三名外籍军团的士兵人数太少，不能进行有效的抵抗，还击几枪就后退了。

第二天我得知，我方成员曾与奉命监视我们在嘉隆河河谷活动的张尧匪帮的一支前哨发生过冲突。

这名中国匪首张尧，1 月 9 日被副驻扎官德过先生赶出他在 Po Hen 的巢穴后，几乎马上又回到那里，重建了被烧毁的房子，积极地重组他在新年节日里散去的部队。

这个边境地区存在一些装备好、大胆的海盗，严重地影响了被派到这个地区工作的地形测绘军官们的安全，因此我认为，必须先消灭他们，或至少暂时迫使他们处于无能的地步，然后再说别的。

另外，为了了解这伙匪徒占领的这个地区的特点，我命令一支分队 2 月 1 日去设法攻克这个前哨，以便看看后面的地形，侦察队应仅限于这一突袭，避免遇到优势兵力，在天黑前返回北市。

外籍兵团第一团的贝布瓦上尉指挥这支侦察队。他带领东京土著部队第 4 团的尼科特少尉、3 名法国士官、10 名欧洲人和 20 名东京人。

这支小部队潜入那座山脚下的树林里，神不知鬼不觉地迅速到了通往 Po Hen 的那条小路，但是东京人不能像外籍兵团的士兵一样很快地爬上通往山口的很陡的山坡，在所有的进攻者到达小哨所之前，就被发觉了。海盗们当时正在准备饭菜，装上弹药的枪支就放在身旁，所以得以逃跑，但还是击中了 2 个人。

但是过了撤空的观察哨的侦察队刚前进到山里，就被武装的中国人包围了，后者切断了他们的退路，从四面八方朝他们火。

有一名士官突然病倒，只好用担架抬他，这样小分队的行动就受阻了。不可能从原路返回北市。

在这样困难的情况下，贝布瓦上尉表现灵活，显示出非凡的毅力。尼科特少尉表现出智慧和惯有的勇气，在他巧妙的支持下，上尉果断地走屯梅这条路，经炭万和寨木康（Trai Moc Kang）返回。

自两点一直到四点多钟，海盗们在其首领和号声的激励下穷追他，相距常常不到 50 米，进行一场混战。

在崎岖不平的山路上抬着病倒的法国中士这一义务使侦察队的行进变得特别慢。

只要危险不除，贝布瓦上尉和尼科特少尉就一定带着 5 名外籍兵团士兵，手持步枪断后，掩护撤退，抵住海盗的一切努力。

他们有 4 次埋伏在荆棘中，让敌人走到距他们 10 米或 15 米处，突然近距离朝他们开枪，阻止其追击。

我不能不赞扬这两名军官的沉着。

在其中的一次埋伏中，外籍兵团第一团的下士托马西尼被一名中国人当面打了一枪，连睫毛都被烧掉了。

在下午四五点钟之间，侦察队翻过屯梅山口后，中国土匪渐渐放弃对他们的追击，贝布瓦上尉让其手下稍事休息后，走炭万路和寨木康路，于2月2日凌晨3点回到北市。

他在19个小时内行进了近50千米，其中有3个小时是进行战斗，9个小时是在山间崎岖的、有时几乎无法走的小路上夜行军。

在这段时间里，我没有侦察队的消息。我在下午得知，Po Hen方向传来枪声，持续几个小时之久，但是我未能知道更多情况。这支侦察队的指挥官一开始就被切断了返回北市的路，所以没能向我报告。

到了晚上，因没有看见侦察队回来，我就派出一些密使到各个方向去打探消息，如果遇到侦察队在黑暗中在荆棘遍布的、形成大山脉与河流附近的平原之间的一个中间地带的沼泽环绕的小山的复杂的山沟中迷了路，就为其担任向导。

在晚上12点和早上1点之间，他们回来了，对在这个地区所发生的事，没能找到任何明确的迹象。

我对我这支部队的命运十分担心，于是我亲自率领东京土著步兵第4团的泰特弗尔中尉先生、2名法国士官、10名欧洲人和20名东京人于凌晨1点30分出发。

博达尔少校先生和副驻扎官马埃先生陪同我。

我的打算是，打听情况，拂晓进入Po Hen峡谷，如果我得知贝布瓦上尉需要支援。

早上3时，在不到一个半小时走了9千米多的路程后，我到了位于通往Po Hen的山口脚下的大同奠，正准备在那等到天亮，突然接到我留在北市的米什列上尉的一封信，告诉我他已从贝布瓦上尉约于下午5时从屯梅派出的一名信使口中得知侦察队的消息。

我自此放下心来，也大体知道了头一天的事件。我就让我的部队休息一会儿，然后不慌不忙地取道回北市，早上6时抵达。

侦察队回来已3个多小时了，没有一个受伤的。这一可喜的结果主要归功于贝布瓦上尉不同寻常的毅力以及为了威吓占绝对优势的敌军所采取的灵活措施。

根据我后来得到的、我认为与事实十分接近的一些情报，张尧团伙在这次战事中可能有4人被打死，7名受重伤，受轻伤者数目不详。

总之，这次侦察自一遇到敌人后，意外的情况就使它偏离了其目的，但还是以有利于我们的结果而告终。

这些少数的人马经过了服从于张尧、周围居民全是他的支持者的整个地区，其间经历了战斗，并没有被人数占绝对优势的海盗的连续进攻所伤害。法国战士如此有力、沉着的态度可能已让这名胆大妄为的匪首深思，使他佩服他们的勇猛。

我还不知道，东兴中国官军一个营地的指挥官、冯将军的三公子到Than Shan地区是否由于这一次小小的军事战斗。

有人向芒街副驻扎官报告说他2月3日到钦州去了。情报不准确。我在2月3日亲眼看到此人于下午5时从北市前经过，到 Than San 与中国勘界委员会官员们会合。他骑着马，身后跟着4名骑兵，由一队中国步兵官兵护送。

自我在北市住下后，有人在对面中国一侧的高地上筑土堆，像坟墓的形状，冯三公子经过时视察了这些土堆，我得到肯定的消息说，他让人为他的祖先们准备坟墓。

但是他到 Than San 是抱着什么目的呢？他是否奉命来找李主任或是看他的朋友张尧呢？

我希望在几天后确切知道他是否派了一些官兵来增援海盗，他是否给他们发放了武器弹药，或者他只是给他们出些主意。

其实可以肯定，这支唯一仍然存在于广东边境地区的匪帮，即张尧匪帮，不仅从冯将军及其几个儿子那里得到指示和津贴，而且也从钦州知府、现在的勘界委员会主任李受彤那里得到指示和津贴。

副驻扎官德过先生1月9日缴获的信件之一确定无疑地证明了这一点。这封信来自中国边境地区的一名小官吏，他在法国委员会到达北市的当天，就通知了这名匪首。他补充道，他（张尧）距法国人太近了，他要求张尧到离法国人更远的地方去，最后通知他，如果他不听，就请示钦州知府。

这份证据肯定是可靠的，可惜的是没有任何图章，不能用来反对其作者。

另一方面，巴拉尔中尉先生在中国境内测绘边境地区时，突遇大雨，就到距中国委员会所在的 Than San 小屯数百米的一个大院里去躲雨。多亏他精通安南语，很快就与居民们聊起来，并观看了整个房子。他在里面发现了不少各种型号的武器、长矛、大刀、旗帜和一些不同时期官兵的军服。

对于向他们提出的问题，居民们直率地回答说，他们是非正规军，换句话说，就是些听命于中国官员的海盗。

而且他们很欢迎巴拉尔中尉，后者由于大雨不得不在他们中间度过了大半个下午。

就是这些人必要时去增援张尧的武装匪徒，就是这些人，被中方官员派去抢劫东京的村庄。

到 Than San 已数个星期的钦州知府不能硬说他不知道距他的住宅几步远的这些人群。

他不仅纵容他们，而且支持他们，向他们提供各种津贴。总之，这位官员和冯子材将军在钦州指挥他们入侵东京，指挥他们犯下有害于我们应该保护的人民的强盗行径。

又及：刚获知，冯三公子到 Than San 后，与匪首张尧频频会面，给后者派来了30人的援兵，送来500发子弹，还答应给他提供反对我们所需的所有弹药。

完全知道这些阴谋的勘界委员会主任李受彤不会公然参与这事，但不阻止。

我认为这些情报是可靠的。

（原件第222页）

给外交部长的副本

中越边界勘界委员会主任希尼阿·德·拉巴斯蒂德给河内印度支那总督的报告

发文号·22　北市，1890年2月16日

总督先生：

2月8日第9号来信已收到。

您对我自勘界工作开始以来所遵循的行动准则给予赞扬，对此我十分感动。

您可以肯定我在任何情况下都不背离这个准则，我的一切努力都倾向于证实您对我的信任。

如果说我不易消除最初的困难，那么我现在需要的主要是耐心和经得起考验的坚韧不拔，以克服我将遇到的出现在我面前的困难。

其实我即将进入受到最大争议的区域的中心，中方委员们正千方百计地阻挠我们的活动，以推迟他们被迫后撤并撤出他们无视各协议所占领的所有哨所的时间。

为了反对我们，我们所有的敌人都来到广东勘界委员会周围集结。我们在这发现了冯子材、陆起相、黄立富、黄普勉、著名将军的第三子冯三公子这一整个小集团。

李受彤主任总是软弱，犹豫不决，并没有太多的坏主意，但是不能顶住其周围的全部敌视我们的活动家，总听取他们的意见。因为担心使他们不高兴，所以不能果断地信守他的诺言，也不能果断地遵守其政府的指示。

总之，总是这位冯老头鼓动所有的人反对我们，因为我们更靠近有争议的区域了，所以他就更为竭力了。这正是中国官员们要抵制的中心。

因东京一侧没有路，我得到了李主任的准许经过中国领土，可是我险些被冯三公子手下的士兵击中。

事情似乎安排妥当了，可是中国代表团团长派带着他名片的仆人来口头答复我的一封公函，他对法国委员会做了一件十分有失礼仪的事。

我严厉地指出这一无礼的行为，并以我国政府的名义记下这一行为，因为它的代表的人身受到了冒犯。

如果您认为应该让总理衙门知道的话，这又是一次申诉，对此我们要得到一个新的赔偿。在我们为了取得一次边界的大更改将提出的理由中再加进这一理由，似乎更有利。

自从这次令人遗憾的事件发生两天以来，自从我将他的失礼明确通知李主任以后，这位官员对我礼让有加，但是他使我浪费了四天的好天气，在这四天中我们本可以积极工作。

2月11日这一天，我曾向您说过，我13日要到那来。

刚提到的这件事已使我的出发时间推迟了四天，我将于17日到那来去。

我想这次我将不会遇到任何阻碍了，甚至李主任也不可能决定和我同时到那来去。

再也没有人提起这位官员的大清帝国代表团团长之职由何人取代的事了，我以前认为应该原原本本转告您的那些传闻是不准确的，至少关于此人的传闻是不准确的。

受到时间的催促，我今天就要上路去那来，所以我不能把2月5日以后相继发生的事件的详情告诉您。待我一返回北市，我马上就把这一天以后的诸事写一份报告寄给您。

（原件第229页）

给外交部长的副本

中越边界勘界委员会主任希尼阿·德·拉巴斯蒂德给河内印度支那总督的报告

发文号·24　北市，1890年2月27日

总督先生：

在我2月5日、6日和11日的第19号、第20号、第21号信中，我荣幸地向您汇报了本月1日（法）委员会的一部分卫队与张尧匪帮之间的小接触；撤出 Bet Na 和为了让人占领北市和横模之间的半途、过了嘉隆河源头的那来所采取的一些措施。

本月16日，我在第22号信中简要地向您汇报过我为了继续我的任务需要带法国代表团的卫队进入两国勘界委员会给予大清帝国的区域时，所遇到的困难。

现在重新叙述自2月1日反对 Po Hen 事件之后相继发生的事件。

张尧的巢穴位于嘉隆河右岸，在北市上游约12千米的迷宫般的、被高深的峡谷所切割的群山之间。所有的山峰覆盖着树林和竹林，因而放上几堆鹿砦转眼间就可以使山间少有的小径无法通行。

背倚与中国隔河而望的嘉隆河，该阵地占尽易守难攻的优势。这条小舢板可勉强通过的水道直抵南西，上游巨浪滔滔，中游岩石密布，水势更加汹涌。

沟通 Po Hen 圆谷和中国的那条小路正好经过嘉隆河最险的一段。张尧一伙就是通过这条路把他们在河桧河和先安河流域抢劫到的赃物拿到中国去卖。大家知道有这条路，但从未让人去侦察过，更不用说走过这条路了。它被认为仅仅海盗是可以合理通行的，而海盗认为不能从背后靠近他们。

这个地区位于边界沿线，地势起伏，几乎无法进入，在派法国委员会的地形测绘员们去这个地区之前，我必须扫荡这个地区，或至少要充分地勘察它，以便能在随后的工

作时段里，通过在一些适当选择的地点布置人数相对少的分队的方式，几乎就能确保他们的安全。

在中国新年期间已分散了的张尧一伙很快又集中起来了。2 月 1 日，他们倾巢出动，扑向贝布瓦上尉，后者成功地解救了他的小分队，并使敌人受到了很大的伤亡。

2 月 1 日事件后，重新工作时，他们最初的一个罪行就是去蹂躏河桧（Ha-Koï）途中、Chou Taï San 和潭河之间的地区。

海宁副驻扎官先生派去迎击他们的一支人数甚众的保安特遣队靠近时，强盗们匆匆撤退。但是这支部队要从正面攻击 Po Hen 的全部阵地，力量还是太小了，只能把这伙强盗赶过屯梅山口，未发一枪。海盗返回他们的巢穴，保安队后撤。

这时，我得到从各方面送来的关于 Po Hen 的这伙武装和匪首的一些很确切的情报。

我知道，这名匪首每晚去中国委员会所在的 Than San。他去与冯将军的第三子商谈，后者也许是得到本月 1 日战斗的消息后于 2 月 3 日跑到这里来的。

这伙武装的人数当时是 127 人，其中 73 人配备有快射步枪。

冯三公子没有一天不派人运送军火到张尧的巢穴去，后者收到了数千发子弹。但是我得到肯定的说法：在枪支上，他只能得到少量的快射步枪。

至于人员的支援，他只得到冯三公子匆匆忙忙招来的 30 名新手和黄普勉拉来的 15 人。

2 月 8 日，法国委员会的全部护卫队撤离 Bet Na，聚集在北市，这样我的手上就有足够的力量去攻打张尧的海盗。他们的人数确实不太多，但是却不怕死，并占据着一些易防的、只有他们熟悉的位置。

副驻扎官先生派了 110 名保安队员给我，由一名监察员指挥。

因此我决定马上行动，设法带领 300 人从目前已知道的三条路同时靠近匪穴，将其包围起来。

在北市，谁也不知道我的计划，我只告诉过副驻扎官德过先生，和他商量了保安队协助计划的行动问题。

我以重占头天撤出的 Bet Na 为由，派贝布瓦上尉率 70 人到 Po Hen 相反的方向去，成功地迷惑他人。但是这支部队的指挥官出发时，我指示他日落后马上后撤，沿寨木康、炭万、屯梅方向连夜向 Po Hen 进军。在炭万，他将于晚上 11 时遇到率领着 110 名保安队员的监察员朗贝尔先生。

我自己 10 日凌晨 1 时离开北市，率领 120 人沿嘉隆河右岸而上。

到大同奠附近，我派出尼科特少尉率领 30 人在拂晓时分进攻设在 Po Hen 圆谷山口的小哨所。这名军官奉命投入战斗，把海盗的一切力量引向他的小分队，以便在进行迂回运动的各分队投入战斗时，能拖住海盗们的全部力量。

我自己继续沿嘉隆河上行两千米，直到东京境内道路的尽头。在那里，战斗就开始了。在把我的队伍和他的卫队隐藏到山脚下的树林里后，我带着纵队剩下的人马到河床，又前进了约200米。被云遮住的月亮投下很微弱的光线，昏暗的光线更增加了通过的危险。为了让马能通过两侧岩石相峙的过道，只好把马鞍卸下来。有的地方河水很浅，但布满了大坑，水在成堆的形状各异的可见的和不可见的岩石间哗啦啦地到处横流，在这些明暗的岩石中间行进十分困难。

幸好所有的人和马在光滑的石块上没有摔倒，到了水深及腹的浑水区，许多人摔进一些更深的水坑里，不过他们都平安脱身了。

最后，全部人马都通过了，队伍没有侵犯大清帝国的领土，在张尧巢穴的后方站稳了脚跟。

于是我们沿着树林和竹林间峭壁夹峙的很深的山行走。我们连续经过三个被海盗放弃的营地，经过两个小时未遇一人的艰难行军后，我们到了 Po Hen 圆谷。

尼科特少尉先生未遇到一人阻拦，已占领了这个圆谷。

贝布瓦上尉的分队也到了，他也没有看到一个敌人。由于一些我尚未能确知的情况，这位军官在炭万没有找到朗贝尔监察员及保安部队。但是这一意外情况没有严重后果，因为我们在哪都没有遇到海盗。

我让部队在 Po Hen 休息，这是十分必要的。我晚上回到北市，很顺利，但遗憾的是让委员会的全体护卫部队白跑一趟，劳而无功。

在这一白天里，我只是徒劳地再次放火烧毁芒街副驻扎官上月已烧毁的匪徒已撤空、张尧随后又马上建立起来的所有营地。

我至今仍未能了解这位匪首在2月1日至9日放弃这个他选择的在 Po Hen 的荒野的峡谷中很难进入的巢穴的动机。从他的巢穴出发，可以将他的抢劫活动扩展到先安、河桧（Ha-Koï）和芒街河流域。

也许2月1日的侦察队使他预料到最近会有一次进攻，10名外籍兵团的士兵和20名东京土著步兵抵抗他的全部人马的态势，使他害怕万一与一支人数更多的部队交战会导致失败。

因此他可能认为还是小心为上，一走了之，不等战斗了。他这样做也许只是听从了数星期以来边境中国小官吏们向他提出的建议。

有人甚至肯定地对我说，在他频频跑到 Than San 时，张尧可能接到了李主任本人类似的意见。可能这位官员说，如果他进攻或仅仅想抵抗法国勘界委员会，他可能永远处于劣势；他能够获得的唯一结果可能是推迟大清帝国代表团很希望尽早结束的勘界工作；因此，为了中国的利益和这伙人的利益，他们最好离开，到法国委员会所及的范围以外去。目前，他们只能到远离芒街的先安和河桧（Ha-Koi）附近去抢劫，因为该省的保安队全集中在省府，平时从未到这些地方去保护老百姓。

出于这些不同的考虑，张尧可能于2月8日撤到离 Po Hen 西面不远的蓝山去了。蓝山这个地区与他撤离的那个地区一样难走。

不管情况如何，2 月 10 日搜捕的失败将迫使我在派法国委员会的地形测绘军官们测绘位于边境地带的整个 Po Hen 各峡谷部分时，要百倍小心。

张尧一伙既未被摧毁，也未被击溃，甚至也未被击退。我不能到他们现在落脚的地方去找他们。我应该让我在途中遇到的叛乱分子陷入混乱，但我想，如果我离开边界到远处去作战，我就失职了。对于那些不直接威胁我的叛乱分子，我只有采取谨慎措施来防止奇袭，防止一切可能的攻击。

这就是我今天面对张尧一伙时所处的情况。他们已不在我要跑遍的地方。今后我只能这样做：只要法国地形测绘军官们在他们的行动范围内工作，就必须有足够的兵力在场，使他们不敢攻击我们的绘图军官们。

我一回到 Po Hen 就进行准备，以便开始过了嘉隆河源头的边界的测绘。

我要进入一个完全陌生的地区，我派了一些密使去走遍这个地区，他们给我带回一些值得注意的情报。但是我所能得到的、由一些当地人绘制的、没有任何比例尺、没有方向标志的所有地图，使我要走的各条路的方向以及我要遇到的村庄的位置，只留给我一个非常模糊的印象。

我只拥有两则可靠的材料：

（1）经过分隔东兴河流域和先安河流域的山口的这条路在大同奠通过嘉隆河左岸，因此从大同奠开始，这条路就位于两国勘界委员会让给大清帝国的区域。

（2）位于这个山口脚下、先安河流域里的那来村正好就在北市和横模之间的中点。

因此，我认为那来这个地点对于部署法国委员的一部分护卫部队，以便使地形测绘军官们安全地工作是十分合适的。

但是我不知道那来最终将归属中国还是安南。然而，我倾向于认为这个区域仍将留给我们。

2 月 11 日一早，我就正式写信给中国委员会主任，将我的计划告诉他。由于东京一侧没有沿界的路，我请他允许我和几支由法国人和东京人组成的分队通过最近的各条约让给中国的各区域到那来去。

此外我还通知他，我将带着准备到那来去的部队于 12 日下午前往大同奠，以便在 13 日凌晨通过边界。

当天我接待了张翻译的来访。他代表李主任来告诉我，13 日拂晓，我可以在大同奠通过嘉隆河前往那来，但他一心要知道那来具体在哪儿。我不能告诉他。

可能张翻译刚返回 Than San 就报告说，对此我不会提供任何情报，李主任改变了态度，开始觉得让法国委员会的护卫部队进入中国不利。

我 11 日晚上很晚才接到张翻译的一封来信，问我要去的是否那来，中国人称之为那崖（Na Yaï），还是 Na Duang，中国人叫那阳。

我所说的离嘉隆河发源地不远的那来（或称那崖），中国官员们对该地一无所知；而那阳，虽然在勘界委员会的地图上所标的位置极不精确，但中国官员对这一地点却是知晓的，它离嘉隆河源头较远。

如果我想去的是那阳，李主任要在数天后才能让我通过中国的大路去，理由是他必须预先通知大清帝国的百姓，法军要通过，以避免发生事件和冲突。

我 12 日早上复信说，我的打算就是我所通知的，不是到那阳，而是想到那来或那崖去部署一支法军。在这些条件下，我不认为大清帝国代表团的团长会收回他 13 日早上已答应的让我进入中国境内的允诺。我有一名好向导，他会把我带往我想到达的地点。

12 日下午 2 点，因为没有接到这封信的复信，我就带着派往那来的部队上路了，以便晚上通过大同奠，该处在我要走的大路与边界相交点的对面。

因为不知道北市到那来的确切距离，因为担心第二天要在一些难走的小径行军太长，所以我为自己确定的目标是 2 月 12 日到大同奠休息，第二天少走 9 千米。

北市到大同奠的路沿着嘉隆河右岸，从看见 Than San 的距离经过。这个小屯在河的左岸，中国代表团就在该屯里。

李主任一看到法国纵队，马上派张翻译朝我赶来。他带着几名官兵乘轿过河来，在我把我的人马安置在村庄的房舍时，他到大同奠来找到我。

轿夫为了追赶我刚跑了一阵，这时气喘吁吁。这位官员自己也上气不接下气，显得很激动。

他急忙朝我走来，对我说，既然我不能准确地指明那来位于何处，广东勘界委员会主任认为，在对这个地方进行核实之前，不能让我经过中国领土到那里去。他声称，他没能搜集到任何关于这个村的材料。我反复对他说，我有一位向导对去那里的路很了解。于是张翻译建议我晚上派我的向导和一队中国士兵去探路，并打探这个村的消息，并向我保证说，钦州知府在正规军士兵向他报告他想得到的情报后，就马上让我第二天早上经过边界。

我接受了这一建议。我的向导和张懋德翻译去 Than San，快到下午 6 时，我看到他在左岸带领一队中国官兵朝那来走去。

13 日凌晨，我和我的全部人马准备出发，大同奠对面的中国哨所的指挥官，一名士官，派出一名士兵带着他的名片来找我，向我表示他的敬意，问我打算何时通过边界。

我让他捎个口信，我首先要等我的向导回来，然后要等李受彤主任的一封信。我的向导在头天与一些中国士兵出发去探路了。

刚过了几分钟，就看到中国一侧从 Than San 来了一队中国官军。我派米什列上尉到河边去看发生的事。

于是这位军官看到冯三公子亲自指挥的百来名中国士兵排列在大路穿过河的涉水处的两旁。他们的首领好像很愤怒，亲自频频鞭打他的部下。

接着从 Than San 相继走来了在另一些中国官军护卫下的李受彤官员和 Tchenn Ou

Soan 官员的轿子，他们的轿前是阳伞，最后是张懋德的轿子。

几乎就在同一时刻，那来的大路走来了我派到那来去的向导及陪同他的一些中国官军士兵。

可能当时是 7 时 30 分了，中国全体委员及其护卫队集中站在我们的对面，河的另一侧。

问过晚上到那来的所有人后，张懋德乘轿过河，遇到米什列上尉，后者一直在河边上努力地想弄明白他作为旁观者看到的这些不可理解的来来往往的目的。

张官员十分惊愕，问他我是否打算强行通过边界。这个问题使米什列上尉笑了起来，急忙让这位惊慌失措的翻译放心，并把他一直带到我和全体护卫队所在的营地里。

这时他看到的情景和我向他作的保证结束了大清帝国代表团的其他成员让他分担的惊恐。

淡淡的晨雾消失了，士兵们的个人用品挂在架着的武器上，外籍兵团的士兵们烤着火取暖，东京人不声不响地吃着饭团，挑夫们整理好了他们的担子，马匹未上鞍。

根据这些准备工作，没有什么能让人认为我曾有过一刻想要强行进入天朝的领土。

而且我不需要过多地强调如此可笑的猜测。

张翻译冷静下来后，我与他进行的谈话使我对激怒中方委员会全体成员，引起他们从早上开始采取的特别措施的意见有所了解。

那来的位置不明确，对于这个村庄属于中国还是东京一事无把握搅乱了他们的思想。他们担心，一旦法军在那来驻扎下来，我就会对该村提出主权要求，认为这个村庄应该属于安南，即使该村可能在中国境内。他们想象我的目的是对那来村实行武力占领，就像 1886 和 1887 年保护政府派兵去白龙飞地以支持两国勘界委员会就这个地区进行的悬而未决的谈判一样。

不需要他很明确地对我说，我就全明白了。我极力使他对形势和我的计划有更准确的判断。

我对他说，法军占领那来一丝毫不含有该村属于东京的意思。过了嘉隆河，我们将进入一个完全陌生的地区。对于这个地区，中国委员会的官员们所拥有的情报比法国委员会还少。在判断这条边界的走向之前，必须勘察这个地区，并进行绘图。只有到那时，才可以根据诸条约知道那来是在中国一侧还是在安南一侧。但是，为了绘制地图，必须武装占领该地区。此外，大清帝国政府完全同意法国委员会及其卫队在勘界活动期间通过并在中国领土停留。只要地图没有绘好，尚未根据条约在实地划界，就应该将那来和所有方位尚未确定、只好或让法军或华军暂时占领的地方视为中立的。

张懋德翻译好像明白了我的意思，并转告了李主任。后者在过了一阵后派人请我过河去与他商谈。

我马上与米什列上尉去对岸。

大清帝国的委员们在河对岸的树丛中，周围是全体官军，他们在我们到达前已把枪放在后面的一个微隆起的地方。他们（中方委员）让我们和他们一起坐在从附近的中国军哨借来的凳子上。其他的官员仍站立着，包括冯三公子，我是在那第一次看到他。

我一见面就向李主任重复我几分钟之前向张翻译提出的保证。他先是假装不明白我的解释，坚持要求我明确地向他指出那来的位置。他一定要知道他周围无人知道的这个地方是在中国还是在安南；他说在确切知道我要去哪里之前，不能让我通过天朝的领土。应该通知老百姓，使他们看到一支法军时不至于恐惧，如果那来不近，就需要很多时间。

这些反对意见中有一个明显的缺乏诚意的事实。李主任十分清楚，那来不远，因为我的向导已从那里回来了，他在几名官兵的陪同下，一夜之间走了几个来回，他肯定已将此告诉李主任了。

我又一次耐心地重复我的理由，对他说，他的拖拖拉拉的方式将使我们失去宝贵的时间，在这个季节，连续的好天气是少有的，既然我们现在有数日连续的晴天，就必须利用，否则我们有可能重新遇到前几个星期那种持续大雾的危险，那样的大雾笼罩着山头，不能进行大地测量的观察，而不进行这样的观察，地形测绘工作就不能进行。最后，我颇费了一番口舌才让这位官员明白，只要该地的地图没有绘制，我就完全不能告诉他那来是在中国还是在安南。

在反复的犹豫之后，他最终让步了，请我正式函告他，如果在绘好该地区的地图后，根据诸条约规定的边界走向证明那来属于中国时，法国对那来的占领不构成对该地的拥有。

我一口答应他一回到大同奠就马上给他写下他想得到的正式保证。他对我说，他一接到我的书面保证书，就马上函告我，正式通知我可以和我的卫队进入归属天朝的领土，将法军部署在那来，附带的条件如前所述。

这一通信往来需要的时间不到两个小时，还不到 10 时。因此我抱着午前上路，日落时到那来的希望。

钦州知府表示仍打算派一支中国官军到那来去，与法军共同占领该村，协助地形测绘工作的护卫任务。对于他的要求，我未予任何反对。相反，我认为这个办法更有利于活动的迅速进行，从各方面看都符合您的意见和北京帝国政府的观点。

因此我们告别时，对提出的所有问题，都取得了一致的意见。

我一返回大同奠就按讲好的意思给李主任写信，像我送公函所惯用的办法，我让一名士官带几名士兵去把我的这封信送给他。

中午，因为我没有得到任何回音，我就放弃白天上路，将我的部队重新安置在大同奠营地，准备夜间上路。

整个下午，几队官军在左岸自 Than San 往那来的方向去。中方委员的部分卫队撤离前者去占领后者。

我2月16日第22号信向您简要报告的事件就发生在这里。

我等李主任答应送给我的公函等了几个小时了。我看到来了一位老仆人，拿着他主子李受彤官员的名片。他来通知我说，我翌日早上可以过界。这时我感到大为惊讶。

我不能接受这种有失礼仪的办法，我拒绝接收由一位苦力传的口信。由于我不想在天朝的门口等更长的时间，由于广东委员会主任已准许我过界，我就下令立即返回北市。

纵队往这个方向后撤一刻钟。

当有人发现原以为也许还要在大同奠久留的法军取道返回北市时，大清帝国代表团以及官军在Than San就感到十分不安了。

总是负责最难堪差事的张官员被李主任匆匆忙忙地派来打听发生的情况。

我已料到会有这一着，但我目前不想进行任何口头的解释，所以我和米什列上尉快步前进，以便没有一个委员会的成员和部队在一起。

张翻译匆匆追赶我，没来得及乘轿。他沿着河岸跑着，想从一座由两根竹子搭成的桥过河，但该竹桥摇晃不定，使他不能走到尽头，他只好停在桥中，在法军从他前面经过时，维持着平衡。他没有找到一个可以交谈以了解这一后退运动的人。

我一回到北市，就写信给李主任，抱怨他对我使用的失礼的办法。

我很快接到我上午在大同奠写的那封信的正式复函，该函符合我们早上的口头协议。中方委员会主任准许我按达成的协议进入让给天朝的那些区域，将一些部队部署在那来。他通知我，他已向各地下达了命令，让我的粮队和法国地形测量军官们的卫队可以自由往来。

可惜此信来得太迟了，既不能消除也不能减轻当天对法国政府在印度支那的代表的无礼行为。

第二天，2月14日，我再次给钦州知府去信，一方面声明收到他前一天的公函，一方面问他，他是否准备让我17日进入中国，以便将法国委员会的一部分卫队部署在那来，并在这个地区开始边界测绘。

张翻译代表李主任写了一封非正式的短函，马上给了我一个肯定的答复。他同时表示想来看我，以便当面和我讨论一些敏感的问题。他没有更明确地指出是何种问题。

前几天的经历使我不能仅满足于代表李主任写信的张翻译的签字。我决定与中方委员会只能有正式的、完全合乎礼仪的联系，而且，最基本的礼仪要求人们对于一份正式的请求，应该给予正式的答复。另外，我不想讨论任何问题，尤其不愿口头讨论一些敏感的问题，这样不留痕迹。因此我对张官员说，为了到那来去，我等大清帝国代表团团长正式同意我经过中国领土。我最后说，如果他要口头通知我，翌日他将在北市受到法国委员会的成员之一接待。

他们马上明白了这个教训。

几个小时后，李主任来了一封公函，准许我2月17日凌晨取道中国去那来。

至于张官员，他推说身体欠佳，没有来北市。

15 日，钦州知府给我来了一封自己写的信，这次是私信。他问我，我是否一直想亲自到那来去，如果这样，他也去。

我当天就给了他肯定的答复。

我 16 日下午 3 时出发，要带着一拨去占领那来的部队到大同奠过夜。我把马埃副驻扎官留在北市，以便我不在时讨论有关边界的问题。

途中，我发现大清帝国代表团的官员们住的屋子上不再有旗帜飘扬，我得知他们当天早上就往那来去了。

17 日拂晓，我发现和商定的一样，河边有一支中国官军，他把我和我的卫队及运输队一直带到那来。

这个村与大同奠相距不远，步行只需 4 个小时。整段路几乎都好走。只有一些布满巨石的激流处难走。涨水季节，这些地方可能很难通过，但目前没有什么大的困难。

从东兴河流域进入先安河流域必须翻过的那个山口的高度可能不到 400 米。进入那边的东侧山坡平缓，相反，西侧斜坡几乎是垂直的。

这个地区的外貌从一侧或山口看完全不一样。往北市看，可看到覆盖着森林或荆棘的一些山；往那来看，只看见一些光秃秃或覆盖着长长的野草的山冈。

在山口的西脚一些流入先安河的小激流间，有三组芒人的屋舍，每组相距很近，其中一组的名字就叫那来。

中国官军的一个营地就设在最近的小屯旁边。

再往前，路的附近，一些中国委员会的官员待在简陋的住所，等候法国代表团。当护卫队和运输队继续行军到最后一个小屯附近安置时，我和米什列上尉、巴拉尔中尉下了马。

李主任没有答复我关于他 2 月 13 日失礼的抗议书。后来我没有看到他，我不想让他以为我忘记了他的失礼行为，虽然我一开始对他说的话用词很有分寸，但我还是无情地让他感觉到，我不准备放过他任何性质的失礼行为。

于是钦州知府连连道歉。他声称，他从未想过派一名如此低级的专差来找我，他一接到我 13 日上午在大同奠写给他的公函，就马上给我复信，但是用汉字写一封信要花时间，为了不让我失去耐心，他命他卫队的队长马上口头通知我几小时后我要收到的信的内容。他就这样把错误推卸给他的一位手下，他称已严惩此人。这个解释是说不通的。因为被选派执行使命的是李受彤官员的仆从，只有其主子才能差遣他。

我回答说，不管犯错误的人是谁，但是对法国在东京的保护政府的代表失礼这一事实仍然是存在的。在我和我的政府看来，唯一的责任者只能是大清帝国代表团团长。

于是我改变谈话内容，转谈起在那来的布置和在这一部分边境区的地形测绘工作。

由于我言归正传，李主任变得完全顺从了，他对我向他提出的建议没有提出任何反对意见。

双方谈定，自嘉隆河源头起一直到北岗隘，两国测绘员测绘地形时不必过问它最后应属于中国还是安南；全部护卫部队将混合编队，中国官军和法军及东京兵各占一半；这些卫队在整个边境区自由通行；中方地形测绘员可以和法方地形测绘员联合工作。

最后，我获得了到那天为止一直被拒绝的要求：准许米什列上尉带领一支混合卫队到位于中国境内、距上述边界超过 2 里的一些山顶上设置一些大地测量觇标，而且已讲妥，地形测量员进行的详细的地形测绘距上述边界的距离不超过 2 里。

这次会谈结束后，中方官员们马上返回 Than San。

而我则去追赶法国委员会的护卫部队，以便负责他们的安置工作。

完全不能利用猛人的房舍来宿营，因为他们的房舍太少、太小、太不结实、太不卫生。

第一个晚上，只好把外籍兵团第一团的分队安置在帐篷里，把军官们和东京土著步兵安置在迅速地用带叶树枝搭起来的一些草房里。

我到达不一会儿就接待了 10 多名土人，他们为了来见我，身着节日的服装。

这些贫穷但非常傲慢的山里人对我们很有好感。他们明确对我说，他们从未受中国的约束，他们不想当天朝的子民。而且他们向我保证，他们从未向安南缴过税。他们对我说："我们是此地的主人。"

可惜的是，可能这些在这个边境区可以对我们提供帮助的土人，人数太少了。我数了一下，刚有 50 户左右，分布在很大的范围。而且这个地区贫穷，不能养活稠密的人口。

他们答应为安置部队提供协助，带些竹子、稻草来建些简陋的房子，带些大米、水牛、猪和家禽来供应部队。

我指示出高价购买这些不多的东西，对他们提供的微薄帮助予以重酬。这时我们赢得这些害怕中国统治的边民的好感是很有利的。在某个时候，他们将是我们的临时工作人员，不管勘界活动后，他们地区的命运如何。

我们花一大笔皮阿斯特，将获得拥护者。

2 月 18 日，我在几支东京土著步兵和中国官军混编的支队护送下重返北市。中国官军在我进入东京领土时自然离开了我。

在半途中，我遇见了由一名军官指挥的一队中国官军。李主任听说那来中国兵营的指挥官病了，担心他们在我返回北市时不向我派护卫队，所以派这支小队来迎接我。

20 日，应天朝代表们的要求，商定两国委员会将于 22 日在 Than San 召开会议，确定工作开始的那次会议的会议纪要的最后拟定，采取勘测整个河界所必需的最后措施。

我同时获知，在 Than San，钦州知府和军官冯三公子之间出现了严重的意见分歧。后者为了阻挠勘界活动，自从到 Than San 以来，就未停止给张尧送军火，怂恿这名匪首攻击法国委员会成员。

李主任似乎急于摆脱困境，急于尽早离开他在 Than San 的条件恶劣的茅舍，以返回他更舒适的钦州衙门，他这次坚决命令冯三公子停止他的阴谋，起码暂时停止，以便能结束勘界。他可能明确地告诉他，他是这个府的主子，他能让人服从他。

冯三公子可能屈从于这些明确的声明了。他于19日返回东兴，但他在走之前，可能还给了张尧一些燃烧弹，并劝他夜间使用，焚烧我们的宿营地，可能还答应张尧，他一返回东兴就用船给他送一批军火到那良来。

因此，我对事态的变化感到非常满意。希望成功的中方委员会的官员们开始进行一些让步。李主任对冯三公子行使了权力，后者以后就远离大清帝国的代表们了。

这一应时的有利合作似乎应该使工作能够迅速推进了。

但冯三公子返回东兴时，给他留在委员会卫队里的手下的小军官和士兵一些指示，要他们天天给我们制造一些新的困难。

22日，我在法国委员会成员们的陪同下前往 Than San，途中接到一个从那来送来的邮件，内有米什列上尉的数封信。

正如我在上面说过的那样，我留下这名军官在那来，让他立即进行边境区一直到位于广东和广西交界处的北岗隘的三角测量。

在2月17日的会晤中，我已与大清帝国代表们商量好，一些中国官军将与法国士兵或东京士兵联合组成混合护卫队，护送负责地形勘察的法国军官们。还商妥，在边界方向具体确定之前，米什列上尉将有到位于中国境内，甚至距边界超过2里的山头放置觇标的一切自由。

18日，大雾妨碍了很多进行的观察。19日，这名军官登上一个海拔高度约800米的山顶，19日至20日的夜间经过该山峰，在不同的方面进行了很好的测量。直到这时也没有发生任何事，但在以后的日子里，发生了令人遗憾的事。

21日，为米什列上尉和德斯革雷·迪·鲁中尉勘察群山充当向导的当地人被他们卫队中的两名中国士兵辱骂殴打。一名中国士兵甚至从他的刀鞘里拔出大刀威胁为法国军官效劳的当地人。及时的干预才避免了一场冲突和流血事件。

被派到护卫队的中国士兵根本不尊重（法）军官们，他们没有头领，不能找任何人帮忙指挥他们或让他们听话，他们声称有权决定法国委员会成员应到哪里去，他们不想护送他们去的地方，就禁止法国委员们去。

最后，在21日晚上，米什列上尉向那来的中国兵营提出翌日早上出一队卫队的要求，遭到那名低级军官的拒绝。

在这种情况下，由于几名士官和士兵不怀好意，他不能继续工作。

到 Than San 时，我开始向李主任陈述这些事实，并要求他马上道歉。我应该承认，这名官员还未获知刚在那来发生的事，但却显得十分有礼貌。

他马上答应我向他提出的一切要求：严惩对当地向导和法国军官采取暴力的两名中国官军的士兵，立即从那来的兵营调回这两个人；立即撤换指挥那来中国军队的那名小军官；下达命令，让中国的所有卫队由一些对手下士兵有真正权力的军士指挥，让中国士兵尊重法国军官，他们的军阶应受到尊敬。

会议很短，最后讨论开工会议的会谈纪要拟订的几个细节。双方一致同意，这份文件应在 2 月 29 日在北市举行的下次会议上由两国委员会签订。

这样，困难又一次被排除了。我派一名特使将此通知米什列上尉，以便他能立即重新开始已中断的三角测量活动。

然而，我不认为应该遵守李主任的口头许诺。

几个月的经验，特别是最近的所有事件使我十分清楚中国官员的保证的价值，他们的书面保证我也只能信那么一点点。现在我把口头的保证当成没有一样。

22 日，我一回到北市马上给钦州知府去信，对刚发生的再次阻挠勘界活动的事件再次向他表示我的抱怨，并请他正式书面向我保证，我将马上得到我当面提出的所有道歉。

这位官员乐意执行。翌日早上，他在一份公函中通知我，他已采取我们头天商量好的措施，以结束那来发生的令人遗憾的局面。但是，天朝的委员们刚采取了方便工作的措施，天气就开始与我们作对了。

自 23 日起，浓云就不停地笼罩着山头，使一切观测都不可能进行。持续下雨使得道路很滑，几乎不能走，地形测量员们不能到野外去。

天朝的代表们甚至已放弃于 2 月 25 日到北市来。会议于今天 27 日召开。大家最后一次复核 1889 年 11 月 1 日会议的会谈纪要，将于 3 月 2 日在 Than San 最后签字。

无谓的欺压，自 2 月份以来，大清帝国代表团的官员们也好，其各级下属也好，显然是为了阻碍敌视我们的派别害怕结束的勘界活动所进行的阻挠企图应归咎于谁呢？

我不认为钦州知府应该对此负完全责任。我越和这位官员接触越相信，如果他有完全的行动和决定的自由，我在勘界工作以来所遇到的大部分困难就不会出现了。

李受彤是一个受过教育的优秀文人。我想，他应得他享有的廉正的声誉；如果他的思想缺乏广度，如果他的观点狭隘，那与他国家的面子教育有关，他只能接受这样的教育。他是真正的中国人，但这是一名优秀的中国人，讲道理，会摆脱其民族的某些老偏见，如果他完全自主，只相信他的意识，维持与欧洲人不变的关系的话。

但是他的温柔和软弱的性格使他不能抵制在他周围进行煽动的更强硬人士的有害影响。他被安排在钦州冯子材将军附近，既是他的不幸，也是我们的不幸，他可以说无意中成了这名大军官的俘虏。

老苦力、前偷鸡摸狗之贼冯子材，今天达到荣誉的顶点，被骗取的荣誉光环围绕，是一个老大粗，没有受过教育。其子、亲属、朋友也不比他好。他的拥护者只是从底层百姓中征来的，他的小集团只包括一些准备干各种勾当的强盗。

但是盲目服从他的那些不怕死的人，因为他们没有失去过什么，他们形成了一张宽大的网，冯子材把边境所有的官员，自最大到最小的，投入这张大网中，极小的网眼缠住这些官员，使他们不能摆脱这张网的束缚。

没有任何委托，这名官员亲自或通过他的代理人管理整个边界。勘界委员会在他的控制下。

他的第三子冯三公子到 Than San 来的唯一目的是阻挠我们的工作，同时通过送武器弹药和津贴去支持海盗张尧们的攻击行动，鼓动天朝的代表们仍加强他们的拖拉倾向和拖延倾向，鼓动他们拒绝我们为了迅速成功地完成任务向他们提出的一切正当要求。

此外，冯三公子由于不能亲自直接干预，就通过小官吏们进行阻挠，他们拒绝向负责勘界的法国委员会的成员们提供卫队；或通过一般士兵，他们辱骂、殴打、威胁为法国人效劳的当地的向导。

毫无疑问，冯子材和他的拥护者，我是指他的一伙，是真正、几乎是唯一对我们在广东边界所受到的所有纠缠负有责任的人。

他们从这个舞台消失之日，可以在这个舞台扮演一个角色，这个地区将神奇般地恢复平静。至于那些出身底层的人，他们没有任何精神标准或道德标准，他们在任何地方都将不可能重新得到他们目前在他们的家乡拥有的优越的地位。

总督先生，请原谅我又一次提起冯家的这个问题，我已谈过多次了，您也已经数次告诉过法国驻北京政府的代表了。但是相继发生的事件每天都更加证明，冯氏父子对边境地区事务持续的干预正推迟边境的平定，常常使相邻区域的法中地方当局之间存在的关系变得十分紧张。

大家可能甚至担心，这些人士对我们的敌对态度会不断地变本加厉，他们会制造一些相当严重的纠纷，扰乱两国政府间的和睦关系。

每当一个新的事件来阻挠勘界活动，究其原因，我总是发现一切争执都来源于冯子材或他的人。因此形势自然使我谈起他，我的结论不变。

我们说通大清政府，把这位所谓的谅山战胜者及其在同样的省份担任公职的亲属调离与东京相邻的省份，这是有必要的。

（原件第 232 页）

殖民地部副部长给外长的信

发文号：344　巴黎，1890 年 5 月 24 日

部长先生：

承蒙您本月 17 日给我寄来我国驻龙州领事馆主管人的一封信的抄件，该信通知您，预计法国东京边界勘界委员会 4 月初到广西。

在通知收到这份抄件的同时，我谨给您转去印度支那总督的一封信的抄件。他在此信中从他的角度告诉我，他已要求我们的代表们，等广东边界的地形测绘工作一结束，就马上返回河内。比杰先生认为，在炎热的季节里，不能有利地进行工作，而且在他内附的这封信假定的条件下，继续活动会有很大的弊端。因此，广西边界的勘界工作只能到恢复工作时才能开始，即11月份。

应该希望第二季的工作比第一季的进行得更快，取得比已取得成果更大的成果。正如您通过我给您转去的拉巴斯蒂德少校的诸份报告所能了解的那样，一直到这一天为止，还只测绘了100千米的实地，狭义的勘界尚未开始。如果法国委员得到中方代表们的有力协助，就一定能完成更多的工作了。但是后者在活动开始表现出来的良好意愿很快就被暗中的抵制取代了，因而我们官员们的努力常常付诸东流。重要的是，为了这些类似的困难以后不再出现，我认为应该向您，部长先生，强调这一必要性：说通总理衙门就此给广西大清帝国代表团团长和边境的高级官员们下达明确的命令。

请向我们的驻华公使下达这样的指示。

（原件第259页）

给外交部长的副本

中越边界勘界委员会主任希尼阿·德·拉巴斯蒂德给印度支那总督的报告

发文号：27　北市，1890年3月17日

总督先生：

自从勘界委员会带着一部分卫队到北市以来，一些在东京被海盗拐骗，随后被卖到中国的安南妇女儿童，想回到他们的家乡，摆脱奴隶地位，到我们的营地来寻求庇护。

在这些逃脱者中，一些是十多年前被拐骗的，远在法国在东京设立其保护政权之前，有一些只是数月前甚至数周前被捕获的。

许多都是他们主子的受害者，受到过体罚和虐待。我欢迎这些不幸的人，让人给他们分发大米，我从我支配的秘密经费中拿出一笔钱支付大米的费用。我不仅询问了他们原来所在的省、他们所在的村庄以及他们的姓以遣返他们，而且也询问了他们被拐走的情况、他们在中国所处的地位、他们被强迫干的活以及他们被对待的方式。

不少人很小就被拐走了，所以他们记不起他们的村名，也记不起他们的双亲的名字，只知道他们是安南人，不愿在一个陌生的国家过一种悲惨的生活。他们唯一的希望是生活在他们的同胞们中间。

大多数被卖过数次。各个年龄的安南妇女和安南的少年男子在中国边境是一种商品，他们的价格受总的供求规律的影响。

在这些逃脱者中，我记下了一名18岁的年轻人，他是1888年底在广罗（广安省）被劫持，并被以13皮阿斯特卖给八庄乡的安南村北琅（Bac Lan）的一个中国人。这个乡已被1886年的勘界委员会和1887年6月26日的北京协约让给了大清帝国。

一名40岁的妇女于1887年底海盗攻打边同（Bien Dong）哨所期间，在该哨所附近被劫持，随后被带到那良圩，以450吊钱被卖掉。

另一名妇女也是40岁，去年1月29日在下居附近的马特（Ma Tê）被劫走，以8皮阿斯特被卖给Li Fo的中国人。这个安南村庄也被最近的诸条约让给了中国。

第三名妇女，18岁，1878年在河内山口清治县被掳，先是被卖到海防，价钱她不知道，后来以12升花生油的代价被卖给下居的一名中国人为妻。这名中国人死后，她第三次被其婆家以400吊钱的价钱卖给嘉隆的一名中国人。嘉隆村在北市的对面，新近让给了大清帝国。

一名18岁的少女，磊村人（Lang Rei）（海阳省），作为一名安南妇女来说是够漂亮的了，1887年六七月份被卖给那良的一名中国财主，售价是70皮阿斯特。

一名15岁的少女，自1883年以来已两次被卖，最后她属于那良的一名财主。好几年前她就企图逃走，但在东兴又被抓回，她现在还带有那次受到严惩的伤痕。

另一名16岁的少女，她忘了被劫的年份，和前一位一样，不知道她原来的村庄的名字，也是两次被卖到那良。这是一名孱弱多病的女孩，她将永远受到她吃尽苦头的虐待的影响。

总的说来，这些被中国人买下来的安南人被用来从事最费力的家务活或农田种植活计，低龄的儿童则负责牛群的放牧，他们得到的食物仅能使他们不至于饿死，所得的衣服仅能应付季节的变化。

中国人认为安南人比他们低等，他们可以把安南人当成一种有用的动物来使用。

数千安南人就这样沦为奴隶，因为这就是他们真正的地位。他们是买主的财物，人们在市场上出售他们，这种可耻的买卖是在光天化日之下，在大清帝国当局仁慈的目光下进行的。大清帝国当局不会不知道这些肮脏的事，他们不仅容许，而且还鼓励这些事。

广东省钦州府与东京接壤的西部，据我所知，沿界有一系列干旱的山和肥沃的山谷，人烟稀少；以前定居在北市—东兴河东京一侧的中国人，大多数虽然屈服于天朝地方当局对他们施加的压力，侨居到另一岸，然而，这个地区缺少劳动力来耕种肥沃的平原，这些平原盛产大米、甘蔗和红薯。

广东中部和东部的中国人根本没有来开发这些土地的倾向，虽然这些地区可能会使他们获得大量的收入。他们喜欢在一些饥荒经常流行、各种流行病使无数人死亡、穷人遍地的拥挤的地区，更甚于在这些他们会过得富裕些的卫生的地区。

为了向中国的这个边境地区移民，中国官员们似乎已采取了一些主要的措施。他们就地遣散从该省其他地方征来在与东京相邻的各地驻防的士兵，并把破衣服留给他们作为军服，把政府原来提供给他们的劣质武器也留给他们。

这些被帝国军队遣散时已无任何生活资料的士兵不能重返他们的家乡。不管愿不愿意，他们就留在边境了。很少的一部分从事种植业，一些选择正当的职业，大多数当海盗，带着武器去骚扰东京边远省份，甚至东京中部省份，并扩大其武装。

第二种移民方式由第一种产生，那些已成了海盗的老兵们是最活跃的因素，即进行海盗们在东京劫持那些安南妇女儿童，然后带到中国去卖给边境居民的贸易。

这是使中国的东京人口有条不紊地减少的现象。对于目前，尤其对于以后来说，这都是一大危险。

这样被用暴力劫持、几乎都是被持有武器者从其家里和家乡劫持的妇女儿童，尽管平常受到买下他们的中国人的虐待，但常常缺少勇气和逃跑所需的主动精神。他们的主子令他们感到恐惧，可以把这种恐惧看成是吓呆，他们畏惧主子。他们很容易逃走，但他们留在主子的身边，宁愿被迫从事艰苦的耕作，而不愿尝试几乎定能成功的逃跑的脱身办法。

就这样，他们在这个地区老去，在这个地区结婚，成为贫困中国人的前代，最善良者的一切前途和最大的抱负只不过是当苦力，但许多则当强盗，这样，他们为了自己的利益，就又干起了有损安南利益和法国在东京的保护政府利益的那些昔日拐骗他们父母的人的不道德的职业。

这些被强行带到天朝境内或出生在天朝境内的安南人、明乡人和收养他们的国家的人一样仇视欧洲人，这些仇恨还含有他们祖国的人们可能怀有的所有仇恨，因为他们记得，他们之所以被强行从他们的家中和他们的故土夺走，那是因为他们没有受到法国政府的充分保护。因此，他们为了使我们受到妨碍，将他们的力量与中国人的力量联合在一起，人们发现他们混在一群坏人中。

为了生存并从事海盗行当，各伙土匪需要武器弹药。有了武器弹药，他们就可以到所有不伤人的农夫家中去夺取必不可少的粮食，并通过武力和威吓勒索农夫们通过长期艰苦的辛劳积攒起来的不多的几个皮阿斯特。

他们也需要鸦片，这是在海盗身上看到的唯一的奢侈品，因为这些人的生活充满着冒险、恐慌和危险，除了吸鸦片外，没有任何物质享受。如同在阿尔及利亚的情况一样，许多没有收入、醉心于赌博的阿拉伯人，参军的目的是可以在相隔很久的一次玩牌时有可能得到一笔不多的钱作为他们的津贴。在东京和中国，一些土著人当海盗是为了能搞到鸦片，为了在两次充满危险的外出打劫间，在一种虚幻的状态中度过几个夜晚。行家将这种状态称为令人快活的状态。

但是在东京各乡村，特别是在数年来强盗喜欢光顾的地区再也无钱可偷了，各股土匪如果没有其他东西交给在边界向他们提供武器弹药和鸦片的中国人，他们很快就会山穷水尽。

中国官员们的确尽一切力量帮助生活在东京、靠法国保护的人民所养活的匪徒。这些匪徒从事一些袭击我军的活动，这些活动即使不是很危险，但至少几乎是不断的。

由于他们不能正式干预，也不能派他们的官军到条约已承认了我们的保护权的地区来，所以他们时刻都在对我们进行一场秘密的战争，支持组建土匪武装，帮助他们在中国境内招兵买马，在远处指导他们的行动和侵略，只要可以就提供武器弹药。

不过，天朝所有的军火库，至少向负责广东边界防卫的军队提供军火的那些军火库，好像供应很有限，从那里出来的武器型号很杂，质量十分低劣。此外，不论帝国军队管理混乱的程度如何，中国的军官们不能为了海盗的利益或如他们要求的那样，消灭东京的非正规军，消除无数的枪支。

因此，对于非正规军来说，关于武器弹药，中国的边防军只不过是很次要的供应来源。

但以冯子材将军和他的两个儿子为首的广东军官们与掠夺海宁、海阳、北宁等省的土匪，特别是与目前驻扎在 Po Hen，现在在蓝山（Lam San）的张尧一伙的勾结已日趋明显。

当冯三公子在这里时，这名匪首不断地来往于他的驻地与中国勘界委员会的驻地，张尧参加在 Than San 举行的中方官员的秘密会议，中国正规军兵营派运输队往非正规军兵营运送武器弹药，这些都是他们勾结在一起的不可否认的证据，还有其他的证据可以证实。

1 月 9 日，当副驻扎官德过先生突袭张尧的巢穴时，在这位匪首的住屋中发现了一枚大官印，总司令或是该省巡抚的印章，我则发现了一些盖有该印章的布告。根据它所给予的□看，他属于天朝的官员，他是从中国的权力机关得到委任状，他根据这个委任状去蹂躏东京东南诸省。边境的中国官员们肯定不容许他带着这些证件，如果这些证件是被骗取的话。

目前，负责 Po Hen 和蓝山（Lam San）附近边境区地形测绘的革里若中尉已在中国一侧开始他的工作。因此，他由一支中国官军护卫。随着他日益靠近张尧的营地，护卫他的中国士兵的人数亦逐渐增加，它一被海盗哨卡看见，就马上给它添一面中国旗，其目的显然是让海盗的各前哨在远处就认出在他们前面的这支部队的国籍，避免同盟者间的任何误会。

最后，边境的中国官员肯定会派一些正规军去支援海盗，如果后者企图进行有一定规模的突然袭击。

因此，东兴的一些居民曾向我描述过，188□年 12 月芒街遭到不断的进攻时，所有受伤的中国人都是一些乔装改扮了的中国正规军士兵。

委员会的苦力中，曾有一名干了很久的中国人，他曾在这些战斗中负了伤，当时他是帝国军队的士兵。

那名1月29日被张尧在马特（Ma Tê）劫持，后被Li Fo村的一名中国人买下的妇女向我肯定，劫持她并把她卖掉的那名海盗不是别人，正是Li Fo村附近的那个碉堡卫队的一名中国正规军的士兵。

我认为已确切证明，东京的掠夺行径的责任必须追溯到中国的官员们，是他们组织这些活动，是他们担任最高的指挥。

很久以来，我对此有怀疑，现在日益得到证实。自我见到那些布告以后，我到广东边界4个月以来，我已深信不疑了。

正如我在上面所说的一样，各路土匪从中国政府那只得到少量的军火，不能满足他们的需要。他们在外出抢劫中，只能得到极少的钱，因此他们必须采取其他办法以求得到更多，最常用的办法就是把在东京拐骗来的安南妇女和儿童交给中国的商人们作为交换。

这种人的商品其实是最好的交换物。在中国边境区的所有市场都能找到这种商品。这种无视国际法的交易公开进行。中方官员根本不加阻止。钦州知府李受彤在他最近的其中一份公函中偶然地函告我，他让人把在他的辖区的被拐骗的安南妇女和儿童送到芒街交副驻扎官安置。

也许他让人交还了五六名，但是他不知道他的府境有数千名处于一种近于奴隶地位的安南人，他们在买卖中不断更换主人。

他根本不关心把他们遣返，而且采取措施反对他们逃跑。

其实，在最近发生的一些事件以及一些武装官兵侵略东京领土之后，一条不断的小军哨卡线或一列不断的地方民团分队奉他的命令被布置在整个边界上，供认的理由是禁止官兵通过边界。他们亦奉命不再让把各种食物从中国运到北市市场去的所有的农夫和商人通过边界，亦不让被拐骗贩卖的安南妇女儿童——他们知道法国勘界委员会在附近——通过边界，逃出苦海，到我们的营地来寻求庇护。

这样执行的监督是十分有效的。没有一位商人再从中国进入东京，他们力求饿死我们，他们没有成功。这是真的，因为没有北市这个市场，我们有芒街市场，因为距离远，没有那么方便，但是我们可以从那得到我们所需的。被拐骗的安南人的逃跑事件已完全停止了，不过，从那些已来的人口中得知，其他许多人都打算仿效他们，伺机逃跑。

但禁令对海盗则不存在。当他们带着被劫持的安南妇女儿童从东京往中国去时，总能自由地经过边界。他们从中国往东京时，带着军火和鸦片。

因此，中国当局不会有充分的理由在某一天称它不能禁止匪股和走私者过境。走私者总是成帮成伙地结队而行，因为他们总是走一些众所周知的路，所以更不可能不被人注意。因为如果要制止单独行动的商人的往来或制止安南人潜逃，这些官员就有办法用武力防守最小的小径。安南人白天躲起来，晚上逃跑，不走人多的路。

如果可能的话，这件事实使天朝官员与东京海盗的串通一气，在买卖安南人中的同谋关系更加明显了。

我相信，让边境的中国官员放弃鼓励组织非正规部队去骚扰东京即使是可能的，但也是很困难的。他们与欧洲人从未有过长久的接触，所以对西洋人保持着他们的种族所固有的古老的偏见。他们仍然是中国人；在他们国家，诚实几乎是无法找到的，到处是伪君子。就算他们从北京中央政府领导下的更有教养的人士或所属的边远省份总督处接到停止一切反对法国在东京的保护政府的秘密斗争的指令，他们总认为会做好，总认为竭力动摇我们的统治有利于他们的国家利益。他们仍然从前的中国人一样，将永远设想我们是他们的危险敌人，他们将天真地保持这一信念：他们给我们制造的所有具体困难、他们使用的与我们战斗的小手段最后将使我们失去耐心，使我们放弃占领东京。

此外，领导各县甚至与这个地区接壤的这个府的官员们的头衔不高，不能压制无官位的人士在地方上的巨大影响，这些人士煽动他们损害我们的利益和我们已保证保护的安南的利益。

但是，如果不能说服这些官员放弃组建海盗集团，如果不能迫使他们停止向这些集团下达指令，停止通过偷偷送钱、送军火来秘密帮助他们，我想，即使不能完全地，至少能在很大范围内限制公开进行的以安南人为商品的买卖。

海盗们就是从这种交易中得到他们主要的利润。总之，是这种交易使他们能够活下去，使他们能够维持他们的集团。这种交易完全消失的即时效果就是中国海盗行径在东京的终结。仅有的几股可能企图再控制乡村的海盗很快会被消灭，不能再重建，如果他们最近不决定自行解散，不决定放弃一种只有危险、没有什么利好前景的生活的话。

但是，虽然不指望一下子就取得这样大的效果，但禁止在中国境内贩卖在东京被拐骗的妇女儿童，肯定是对劫掠行径的致命一击，肯定是朝该地区安定的一个重要的迈进。

因此，应该说服大清帝国政府，要在整个大清帝国境内最明确地禁止贩卖安南人，违者严惩。应该得到这样的结果：官员们被认为应对违反他的命令负责。

文明的民族已废除了人口贩卖。

北京朝廷由受过教育、有教养的人组成，他们比省当局看得远，长期以来与欧洲国家的代表有持续的联系，他们力求与欧洲国家的代表们共同推进他们这个大国的进步，他们肯定不会拒绝法国公使向他们提出的这个意义上的一个要求。

为了忘记过去的痛苦，既然安南已被正式置于法国政府保护之下，我想至少我们有权通过外交途径要求要回所有在天朝各省，特别是沿东京边界的各省，在中国官员的眼里可以说被当奴隶一样扣留的安南人。他们不敢逃走，因为受到中方官员们的严密监视，而他们的责任相反，是把安南人交还给他们的祖国和家人。

我相信，这些措施原则上是会得到北京政府同意的，因此很容易查明各省是否忠实地执行这些措施，在贩卖被拐骗的安南人的所有主要市场内组织一个好的情报系统。对于广东边界来说，派一些密探到北海、江坪、钦州、东兴和那良可能特别重要，因为土匪在陆南江流域和三角洲南方诸省获得的大部分赃物都是通过嵛中到 Li Fo 这条路带到这些地方的。

由此人们想象得到，大清帝国勘界委员们在 1886 年谈判期间，为了在这一侧得到一大部分安南领土，以在整个区域拥有一条十分有利于得到中国官员秘密资助的掠夺物销售的路，是如何顽固拼命了；人们想象得到，地方当局为了马上占有这个区域，为了在这个区域分段设立军哨是如何迫不及待了；人们想象得到，同样这些官员开始发现在勘界活动之后，这条路的好几段很有可能在东京境内，他们将再不能自由使用整条路时，他们与法国军哨相对的哨卡线将被互相分割时，是怎样的气恼了。

总之，将来对贩卖在东京被拐骗的安南人的有效禁止，和归还所有被无视国际公法的海盗卖到天朝各省的安南人的必然的即时结果将是：

首先，在很短的期限内，平定中国土匪正在蹂躏的东京各地区。因为，他们再也找不到构成他们主要财源的交换物出售，仅靠天朝官员继续秘密向他们提供的津贴，就不能从事他们的职业。

其次，肯定我们在东京人民眼中的权威，使我们赢得他们的好感，同时向他们表明，法国的保护制度并非空中楼阁，我们坚定地公开保护他们的利益，防止一个邻国的侵犯。这个邻居在很长的时期里利用了他们的软弱，现在由于不能攻击我们，就让一些善良的安南人忍受他对已成为其邻居的西洋人的仇视的重压。

最后，从另一个角度看，废除贩卖安南人的结果，是我们将做了一件有道德、文明的事，法国在远东的威望将得到提高。

总督先生，我向您提出以上这些关于与您赋予我的特殊使命无关的问题的论述，也许将使您不悦。

但是，正是为了完成这个任务，我才被迫严密观察一些到这时为止，还只有一些含糊、很难令人信服的已知条件的事实。

正是在边界，我才完全确信中国官员们与东京的中国海盗同流合污，并深信要禁止贩卖安南人，根除中国海盗的行径。

我认为应该向您报告我的个人看法和我从中得出的结论。我深信，如果您不同意我的判断，如果您认为我提出的建议不好或不合适，您将不责怪我利用我得到的机会去研究和讨论一个我认为从平定东京的角度看很重要的问题。

（原件第 266 ~ 279 页）

给外交部长的副本

中越边界勘界委员会主任希尼阿·德·拉巴斯蒂德给印度支那总督的报告

发文号：28　北市，1890年3月21日

总督先生：

正如我在2月27日的第24号信中荣幸地告诉您的一样，2月份最后一周突然出现的恶劣天气严重地阻碍了勘界活动的进行，大雾和几乎不间断地一直下到3月12日的雨使地形测绘军官们只有很少的间隙到野外去。

不论天气多么不好，米什列上尉还是到各山头上耐心等待，并利用每次短暂的晴天，终于完成了位于广东和广西交界处的北岗隘边境区的三角测量工作。这位军官即将返回北市，两国委员会共同自北市顺界河而下直至大海以勘定这一段边界的时间亦临近了。这一段的地形测绘业已全部结束。

以后这一活动再也不会受阻了，1889年11月1日的会谈纪要最终已由两国委员会的在场委员们于3月2日在Than San签了字。这一天双方关系十分融洽。没有任何迹象能使人预料到双方关系会再次出现紧张，变得坏透了。

但是自2月19日以后就不在Than San的冯将军的第三子3月4日又回到Than San来，并再把防城知县孙鸿勋带来。孙氏是勘界委员会成员，自我们离开芒街、东兴后，就没有再露过面。

一些敌视法国委员会的措施标志着这两名官员的到来。边界附近的所有村子马上传出阵阵的锣声，宣布从今以后严禁向法国人或东京人提供大米或其他食物。

在最初，广东官员们反对我们的这一可笑的禁令，没有发生任何作用。粮食和各种商品继续涌到北市，突然发生的一件事使法国委员会受到更为严密的封锁。

两个多月来，两国委员会的驻地相距几千米，各在嘉隆河的一岸。雨季，这条河到处是急流；旱季，下游部分都很容易涉水而过。中国委员会的卫兵常常穿着军服到东京一侧的各村来，开始我对此未予指责。但是在2月8日，张翻译以李主任的名义函告我，发现在嘉隆河汇合处附近中国一侧的嘉隆小屯有我卫队中的一些东京土著步兵，他请我下令，让我的卫兵未经许可不要再私自越境。

为了了解是否的确有一些土著士兵过河去闲逛或玩耍，或白天或夜间吸大烟，我进行了一次仔细的调查。我未能得到任何肯定的材料。不过我再次重申已下达过的命令，不要远离营地，不要无故过河，为了预防来自中国委员们的一些我确信是毫无根据的抱怨，实施严密的监督措施。

在这些条件下，我再也不能让中国官军的士兵在我们的领土上自由往来。不过，我

想在这点上比李主任表现得更加宽容，我不愿把这个问题变成一次非正式通信的理由，我仅在2月11日与他的会晤中向张翻译指出广东委员会卫队的一些士兵不断地在中国与东京之间来来往往这件事。这位官员只是含糊地对我说，大清帝国军队的纪律远不如我们军队的纪律严格，尽管已向他们下达了命令，但士兵们不时离开，不知道他们跑到哪里去了。最后他向我提出了一大堆错误的理由，但不包括结论。我应该补充一句，在我希望对一些具体问题不提出异议时，我没有更多地坚持，因为毕竟我们在东京一侧从未遇到携带武器的中国士兵，他们中任何一位从未造成混乱。

然而，为了回应钦州知府下达的禁令，我指示，任何一个法国士兵或东京士兵在东京领土上遇到一名中国官军士兵时，要催促他返回边界那边去。

在约一个月的时间里，没有一天缺少机会执行这些指示。

革里若中尉到大同奠之后，3月初向我报告说，中国军官们的所有马匹几乎每天都由一些中国士兵牵到东京来放牧。这些士兵携带短刀，以便砍竹砍树，然后拉回中国去，可能是为了威胁东京一侧的居民，尽管经中国官员们一再坚决劝说，这些居民仍然坚持住在安南领土上，拒绝毁掉他们的房子到边界的另一侧来。

我们称为短刀的这种锋利的工具，是一种长柄的砍柴刀，印度支那的居民家中都使用这种刀，这种刀是中国士兵（他们有不带刺刀的步枪）唯一形式上的武器。他们通常插在腰带上，也愿意在肉搏战中使用，或像割草一样把人头割下来，或为了砍树。

业已明确约定，任何一国的士兵到邻国的领土，即使在执行公务的情况下，都不能带武器，负责运输或在争议区进行地形测绘工作的混合卫队例外。

两国委员会不论是在芒街还是在东兴，不论在北市还是在 Than San 开会时，双方从未违反这个规定，他们从一侧到另一侧都由不带武器的小分队护卫。

中国士兵携带砍刀过境，就违背了到那时为止一直遵守的协议。

不过我得到报告的所有事情都不明确，我不能向大清帝国委员会主任提出控告。我也想亲眼看看到我们领土上来的中国士兵携带的武器，想亲自审问犯人，所以下达了一些命令，让担任我卫队的各分队在东京遇到任何一个携带任何一种武器的中国士兵时，就逮捕他，并带到北市来。

大同奠与北市相隔仅9千米，每天早上都有两名由一名武装欧洲士兵押送的挑夫到北市来，白天为分队取粮。

3月13日上午，当值的那名外籍兵团的士兵刚分发完粮食，在返回大同奠的途中，在东京一侧的南西附近，在中方委员占据的房子对面，正好看到两名身着军装的中国士兵在用砍刀割草。稍远处，还有两名中国士兵也在我们的领土上，还有一名骑马的小军官。最后，在河另一侧的中国境内，有一队士兵，一些带有武器，另一些没带武器，在出神地看，似乎在等那些在他们头领指挥下的已过界的士兵。士兵菲什里——一名沉着坚定的瑞士人——一人面对好几名中国人，不能执行我的命令逮捕他们。因此他只有朝前两位走去，力求让他们明白，他们要回到河那边去。刚说了几个字，中国士兵就发出威胁的叫声，挥舞着他们的砍刀朝这名外籍兵团的士兵走来，另两名中国士兵和那位骑马的军士马上靠拢过来，在后者的一声令下，4 名中国士兵拿起他们放在地上的步枪，威胁距他们只几步远的非什里。这位战士在这一情况下表现出值得称赞的冷静，看到自己无法与 5 名侵略者进行较量，而且在左岸目睹这一幕的所有的中国官兵很有可能会支持他们的人，就缓缓后撤，退往大同奠方向。但是他长时间受到中国士兵和他们首领的嘲笑。他们在返回中国前默默地完成了他们来东京干的事。

几个小时之后，另一名士兵，很可能是 Li Fo 的中国兵营的那名指挥官派出的，带着他的砍刀来到大同奠哨所附近的东京一侧割草砍竹。他几乎立即被逮捕了。

当天下午，我获悉发生了这两件事，马上函告李主任，就一队武装中国士兵侵犯安南领土提出抗议。他们好像是奉上司的命令到安南领土上来的，因为他们有一名军官指挥，以在安南领土上完成一项既定的任务。我特别就他们的敌视态度，威胁一名单独的法国士兵提出抗议。这名法国士兵只不过是劝他们返回中国去，要求他们遵守两个当事国的委员会一致同意的协议而已。

我下令好好对待被俘的这名中国士兵。第二天，14 日，我让人用舢板把他押送到芒街，把他囚禁在驻扎官邸的牢房里。同时，我通过第 37 号密电向您汇报了此事。

当天清晨，张官员代表李主任用法语回复了我前一天的抗议书，他的复信写得十分匆忙，连签名和印章也没有。

他通知我说，那些携带武器越境的士兵和那名军士将受到严惩。我马上答复说，在这种情况下，我不能满足于几句没有签字的话，我需要一份公函，向我提出同样的保证。

这封信去后，我下午就接到复信。李主任表现得很有礼貌。他毫无异议地承认了我所抱怨的事实的真实性以及我的抗议的合法性。

他肯定他已数次下达命令，要他的士兵永远不要越界，这次又重申了这些命令。他正严惩侵犯东京领土的士兵，至于那些对这一违法行为负有责任的士官和军官，他将把他们降职。

他同时告诉我，他已电告广西，广东的勘界活动接近尾声，法国委员会将很快到达两省交界处开始广西的勘界工作。我确实在 3 月 2 日的会议上通知李主任，说我打算利用可能要比冬季更适合的 4 月份和 5 月初来开始广西的工作。

我的要求则得到了完全彻底的满足，当然，因安南领土受到侵犯而应给予它的赔偿问题仍待解决。

于是我立即给钦州知府去信，以便将他的声明备案，并为此向他表示感谢。我在信中力求与这位官员恢复友好的关系，不提他的责任和他的合理的与和解的意见，不提无知粗鲁的下属的不明智的充满仇恨的诡计。

不过，我当时不认为应该把在大同奠抓获的那名中国士兵交还给他。他向我提出交还的要求，这不假，但只是附带提起，并不显得十分坚持。

15 日，我认为事情是这样的。

不过，俘获他们的一个人在中国人中产生了深深的不安，这个消息快得出人意料地传到了在钦州的冯子材将军那里。

这位官员也许认为，我俘获他的一名非法过界的士兵，为武力攻打中国委员会和入侵天朝展开了序幕，于是立即派他的第五子冯相华率 200 名中国正规军奔赴 Than San，增援大清帝国委员会的护卫部队。

东兴到 Than San 的这条路相继顺着北市河的左岸和嘉隆河的左岸延伸，它正好在我们营地的对面经过第一条河，所以我们可以一个人一个人、一条舢板一条舢板地数出全部援兵和全部到达中国官员们住处的补给船。

16 日下午，我看见道台冯相华带着约 150 人经此前往 Than San。17 日，过了 30 人。18 日，过了 20 人左右。不包括人数很少的挑夫，每个中国士兵自己就是苦力，他们平放在肩上的步枪两端挂着东西，枪托在后，步枪当成了扁担。

16 日，我给李主任发送一封不重要的公函，请他让他的士兵在中国境内的一个山头上放置一个觇标。像往常一样，这封信由一名法国士官送。

当这位士官到达 Than San 时，中方委员住的房子周围围满了担任卫队的士兵，有新来的，有原来的，还有许多小军官。法国中士交了信，在他们中间等待收条。根据中国人的习惯，收条只不过是收信人的一张名片。带着李主任名片的一名中国士兵很快出现，十分傲慢地朝法国士官走来，他不是把我的信的收条交给这位士官，而是蔑视地把收条朝士官扔过去，不仅态度傲慢，而且讲了一大堆肯定非常粗鲁的话，其中他清楚地讲了我在 3 月 19 日第 38 号电报中转告您的那句话，士官记下了，回到北市还能重复。

法国中士沉着地后撤，假装对他受到的辱骂显得满不在乎。

但是目睹了这令人遗憾的一幕的众多中国正规军士兵和那组官员们远没有制止侮辱者的这种粗暴的态度，或力求减轻侮辱者说的下流话的影响，相反还以此取乐，以一些不合适的玩笑突出了蛮横无理的言行。对这些玩笑，法国人显然承担了后果，中士走远后还听到对一名法国人进行当众侮辱这一行为在这些对我们不怀好意的人当中激起的狂笑声。

总督先生，如果我在一份密码电报中向您转述了法兰西语言的礼仪不允许写下来的一句话，无视了礼貌，那就请您原谅。

但是，我当时认为应该让您原原本本地知道所发生的这件事，即粗暴的言行，以便使您能够判断冯子材及其几个儿子向他们的士兵反复灌输了反对我们的感情，这种感情，中国士兵们不怕用最下流的方式表现出来。

17 日清晨，我给李主任写了一封简短的、措辞强烈的抗议书，就头天发生的卑劣的事表示强烈的抗议。如何把这份抗议书送去给他，我感到很为难，因为我既不愿再让一位士官，甚至也不愿再让一名法国士兵受到令人如此愤慨的侮辱，正好当时来了一位中国士兵，他带来了一封大清帝国委员会主任的公函。

在以附言的形式声明收到这封我刚接到的、未谈及这件事的公函后，就把我的抗议书交给他。

我首先让钦州知府知道我应控告的这些严重事件，我用汉字把那名中国士兵所使用的下流的、侮辱的词组转述给他。这个用语，我不能在我的公函中用法文写，但是我不能不让他知道。

侮辱是当众进行的，所以我希望也要进行当众谢罪。我认为死刑并不是太严厉了，不这样做不能惩罚这名罪犯。我要求这名罪犯要当着集中起来的两国委员会、法国和中国的军官们和士官们、两国委员会的护卫部队的各分队的面接受极刑。

我最后说，如果第二天，即 3 月 18 日，他不满足我的要求，我就中断工作，停止与他的一切联系，并向我的政府请示。

我的信刚送到 Than San，张翻译就转告我，要求下午见他。

以前的好几次经历确切地告诉我关于这位官员所通知的事情的意义。他说的话总不是广东委员会主任的想法的准确表述。

因为知府李受彤和翻译张懋德之间存在意见上的严重分歧。前者乃南方人，从未离开过远东，后者乃北方人，在欧洲受过教育。

此外，我不能与后者商定任何事情。如果大清帝国委员会主任有意与我一致解决某个有争议的严重问题，他也许就会亲自动身到北市来。

因此我不想亲自见张翻译。不过，由于我不想以绝对的拒绝来恶化我与中方委员会的关系，因为他可能有某个有用的消息要告诉我，所以我答复说，他将受到他的法国委员会的同事克沙维埃·巴德维尔的接见。

他果然在指定的时间来了。

我在他受到接见的房间隔壁的一间房间里听了整个谈话。谈话很短，如我所料，没有多大的用处。

他首先承认我要求赔罪的那些事实的真实性，并为一位法国人受到一名中国士兵的侮辱深表遗憾。但是他力图为这名罪犯辩解，理由是在中国，士兵们是社会最底层阶级的人，在天朝，人们惯于不在意出自下流人的辱骂，因此，我夸大了我的一名士官所受的辱骂的严重性了。他最后说，李主任一接到我的信就下令对有罪的这名士兵实施棍打的处罚了。他说，不能太过分了，极刑对于这样一种小过失过于严厉了。中国士兵对他们的长官惯于来这一手，后者对此不太吹毛求疵。

最后，他声称，即使李主任承认这名罪犯应该处以死刑，但是他也无权决定生死，他只有请示两广总督，这就需要很长时间。

我觉得最后这个说法非常奇怪。我以前一直确信，而且现在仍然确信，钦州知府要处死一个人，不需要许可。我可以说还有证据：我的密使 A Sap 在 Than San 被抓，被带到钦州，几个星期以前就被匆匆地处死了。在这种情况下，他们肯定没有时间请示两广总督。

克沙维埃・巴德维尔先生的角色只是倾听者，然后再把张翻译的话告诉我。不过他以很多的理由进行了反驳，他说从法国的立场上看，我们不能同意前面的观点，在法国军队中，下级辱骂上级是要受到严惩的。如果侮辱一个外国又是友好国家的战士，错误就更严重了。最后，我们并不需要研究中国士兵是从社会的哪个阶级征召来的，我们只看到他们是身着天朝军队军服的人，因此他们的政府对于他们对外国的使者（不论这个使者的级别怎么样）的行为负有责任。

张官员对北市的访问因而没有任何成果，这使我把握不住李主任的意图。我预料这位官员将在回复我要求他道歉的公函时，正式让我知道他的意图。

我没有接到这份公函，只是在 18 日接到钦州知府的一封私函，他请求我宽恕。奇怪的是，张翻译头一天已承认一名士兵犯了罪，而这次，李主任声称那是他的一位仆人，这位仆人对法国中士说话时，正酩酊大醉。

他已给这位仆人一顿棍刑并将其解雇了。由于这名犯人来自社会的底层，他不能采取更严的刑罚了。

他用了两天的时间来编造这个可笑的谎言。

我只是向大清帝国委员会主任声明来信收到。由于他的私信根本没有使我满意，正如我通知的那样，我就停止了与他的一切联系。

我也只是向他声明，我收到他 17 日来的一封很长的公函，不算什么复信。

这份很长、含糊、不明确的信是关于 13 日在东京领土上被大同奠哨所抓获的那名中国士兵的。这位被捕时李主任正式承认是一名士兵的中国人，相隔 4 天，突然变成一名为中国委员会效劳时间很短的苦力，他没有意识到他携带白刃过界的过失可能引发的后果。随后，李主任要求我把这个人交还给他，提出的借口是当我的士兵在中国境内被发现时，他并没有俘虏他们，他只是请求我禁止他们过界。

我在上面已经就这个问题进行了说明。我以前一直怀疑，现在仍然怀疑有法国人或者东京人会在中国的领土上被发现过。特别是后者，他们怕中国人怕得要命，不论怎么样，要到中国领土去他们也是不带武器的。我之所以逮捕这名在大同奠附近被发现的携带武器的中国士兵之后扣留了他，是由于当天南西发生了一些严重的事件。一队在一名骑马的士官指挥下的中国士兵先是用他们的砍刀，接着用他们的步枪威胁一名劝告他们返回的孤身法国士兵。

另一方面，我对扣留这名俘虏并不遗憾，将来交出他就给我准备了对我不无用处的一个妥协的根据。

如果不注意一名中国士兵 13 日在东京被抓获，另一名中国士兵 16 日在 Than San 粗暴地辱骂一名法国士官的情况，就不应该做得过分。17 日，第一名中国士兵被改变成苦力，第二名被改成仆人。然而他俩都身着大清帝国军队的军服，而且他们不可否认的身份先是得到中国当局的正式承认。但是，冯将军的第五子 16 日到了广东委员会的驻地，我相信他以其父的全部权威向李主任施加影响，以便说服钦州知府为了把他的一名士兵从死亡线上救出来，为了使一名士兵获得释放，设法把这两人说成不是士兵。

在这件事中，再次证明了冯子材对该省的所有官员都施加了巨大的影响，因为我相信，如果这位官员的第五子不在 Than San，我就会从李受彤知府那获得道歉，即使不是完全的，至少是充分的道歉。

正如我曾通知中国委员会主任的一样，3 月 20 日，我停止各地的工作。

我前面说过，防城知县和冯将军的第三子于 3 月 4 日到达 Than San，是对法国委员会采取禁止性和不怀好意的措施的信号。月初，这些措施没有大的效果，为了挣得一点钱，中国人无视各村公布的禁令，仍然越过边界给我们送来大米、各种食物和各种商品。

但是 17 日，冯将军的第五子抵达后，封锁马上变得更严密，变得有效了。界河沿岸设立有官军或地方民团的岗哨，以禁止过河。有几位偷偷过来的商人在返回时被抓获，遭到一顿痛打，另一些在过河时被赶上，带回中国领土，投进牢房，商品被没收。有几位比较幸运些的，只损失了几个皮阿斯特，士兵们同意作为赎金。

有人甚至肯定地对我说，有一些中国士兵来到北市河的右岸，即到东京来抓一些朝北市走的商人。但是我不能肯定这些以含糊、不明确的方式报告的事情的准确性。

左岸的居民被禁止作为苦力到法国委员会驻地效力，违者处死。我的一些苦力服从了，离我而去，因为全都是中国人，然而绝大多数留下，但是天朝当局答应抓住其中一人，赏银 10 两，有好几名被抓、被打，被关起来。

在那来附近，在还不能决定归谁的一些区域的横模道附近的所有村子里，中国官员们告诉所有的村民，禁止向法国人出售东西，违者处以极刑，一些中国士兵还监视所有者的房屋，以确信没有违抗这些命令。

形势变得难以容忍，他们明目张胆地力图饿死我们，以迫使我们离开，但是他们不会成功。我早已采取了预防措施，我有储备粮，可以使我藐视饥荒，不怕暂时的封锁。

但是北市市场在此之前一直货源充裕，后来变得十分萧条了，18 日和 19 日，没有一粒粮食过界来。

不过我开始感到担忧，就是在这种精神状态下，我给您发出第 38、39 号两份电报，19 日一早就自北市送往芒街发出。

但是，中方官员曾希望能顷刻使我挨饿，19 日白天从芒街开来的装着粮食的 9 只舢板使他们完全醒悟了。

翌日一早，出现了缓和。

在 19 日至 20 日的夜间，我的一名在中国过夜的苦力，在他的家中被他的邻居们向执勤的中国士兵告发后，被逮捕并送到 Than San，受到中方勘界委员会成员 Thenn Ou Soan 官员的审问。

这位人士提的问题几乎只针对我们拥有的食物。当他获悉法国委员会和它的卫队什么也不缺时，他让人释放了这名苦力，后者马上返回北市，把上述的事告诉了我。

20 日，左岸的一些中国人又出现在北市场。交上 10 分，即可得到许可证，有了许可证，到我们领土来就不用担心了，可以运来他们的商品。我不知道这笔新的税归于哪个银库，但是我发现，官员们——或中国士兵们——不放过任何给自己制造财源的机会。

我得到这些小证据，并随函连译文一并附上。

我亦给您寄上其中防城知县命令张贴在边界附近的中国各村的布告中的一份及译文。

我希望不久将得到同种性质的其他文件，到时给您寄上。

从这个意义上讲，这些文件是有益的，使我们看到中国官员们向人们描述我们的观点。他们力图把我们说成拐骗妇女儿童、偷鸡摸狗的强盗，力图使人相信，落入我们之手的中国人的性命很难保全。在一些正式文件中这样偷梁换柱，实在可恨。

冯将军的第五子率约 200 名士兵抵达 Than San，使广东委员会的护卫部队的人数至少达到 450 人。

在这件事中，存在一些违反协议的行为。两国政府在一些协议中已保证给予各委员会的卫队人数不超过 300 人。这样就失去了平衡，不利于我们。而且，我的卫队从未达到 300 人，开始有 260 人左右，目前，由于退伍、生病，人数减少，不过 220 条枪。

这一人数上的劣势构成了严重的不利。

并非我有时害怕受到中国军队的攻打，中国军队的军官们不会干蠢事，公开向法国开战。不论他们对我们如何仇恨，不论他们如何希望我们离开他们的边境，他们不会盲目到不考虑这样的一次攻击给他们的国家和他们自己将带来的后果。

因此我对这一点是确信无疑的。

不过出于谨慎的考虑，我 20 日把占据大同奠的仅有的些许人马召回北市。这支小分队置身于拥有约 300 人的张尧一伙和中国委员会的卫队之间，我认为它的力量太小了，太暴露了。

但是，就算我对我的安全有怀疑，不过我估计，有我的 220 人，包括其中 70 名外籍兵团的士兵，我可以成功地抵抗 450 名中国人。

另一个因素使我担心。

边境的居民，安南人也好，中国人也好，都没有任何办法判断两支在场的部队相对的优劣。构成、装备、训练等问题，他们完全陌生。他们只是根据人数来判断优劣。对于这些天真的人来说，实力在人数更多的一边，当那些被安置在两国边界附近的居民同时受到两国当局的要求，劝告他们定居在这一侧而不要定居在另一侧，并答应保护他们时，他们不会犹豫。他们到他们认为更强大的一边，到他们认为将给予他们最有效的保护的一边，就是说在他们决定时，是在当地拥有最多军队的一边。

因此，三四天以来，嘉隆河附近的东京各村的居民已大为减少，今天已是既成事实了。自大清帝国委员会达到 Than San 时起，这些村的人口就已开始减少了。

尽管大清帝国当局不断地施加压力和威胁，但听从我的劝告留在东京的几个居民，还是到另一岸去了。当他们看到有一大对人马来与 Than San 的中国部队会合，当他们将这支集结的部队与两支分占相距 25 千米的北市和那来的法国和东京的小分队进行比较后，他们毫不迟疑地离开我们。

使我们的兵力明显等于中国人拥有的兵力，这样是大有好处的。否则我们就很可能失去民望，丧失我们在居民中的威信。

我在我 3 月 19 日的第 38 号电报中请求您尽快把外籍兵团第一团的贝布瓦连的第二分队派给我，使东京土著步兵第 4 团的图尔尼埃连的土著人达到 200 人，就是出于这个目的，亦是为了在可能的范围内弥补冯将军第五子到达该地区后产生的不利于我们的影响。

如果您同意我的要求，我在短期内将拥有约 360 人，这个数字对于抗衡中方委员会的 450 名中国士兵是绰绰有余了。

我不认为这一违反国际协议的炫耀武力的行为是李主任主动要求的。这一责任完全在冯子材将军，显然是他凭借自己的威力参与了与他根本不相干的事，匆匆忙忙指示他的第五子率 200 名中国正规军士兵自钦州到 Than San 来。

也许他曾设想，法国委员会看到这些身着杂色军服的增援部队，看到无数一直伴随着由一位品位高的军官率领的中国正规军的旗帜时，会被吓倒，会降低它的合理要求。

他完全错了。

可惜的是，这种示威不能对法国委员会施加任何影响，但这种行动在居民中造成了很深的印象，我们应该赶快消除。

目前在 Than San 的冯将军的几个儿子，在所有由中国地方当局刚采取的反对我们的敌对措施中，也有很大一部分责任。

就是他们到达后法国委员会才被封锁的，因此他们是这些低级、令人恼火、失策、笨拙的措施的唆使者。而且他们和他们的国家将不会从这些措施中得到任何好处。

他们这样做，只会增加我们要利用来反对他们的抱怨的数目，他们再执迷不悟，那么将来有一天，北京帝国政府对于我们频繁的、而且总是针对冯子材将军及其几个儿子的合理的控告感到厌倦时，尽管它希望支持这个被认为对大清帝国有所贡献的家庭，但将会为了我们的合理要求而牺牲他们。

（原件第 280 ~ 298 页）

给外交部长的副本

中越边界勘界委员会主任希尼阿·德·拉巴斯蒂德给河内印度支那总督的报告

发文号：29　　北市，1890 年 3 月 26 日

总督先生：

我在 3 月 21 日的第 28 号信中，向您汇报了一些非常令人遗憾的事件。这些事件给法国勘界委员会和大清帝国委员会的关系造成了深刻的裂痕。

您认为我在 3 月 19 日的第 38 号电报中向您陈述的令人遗憾的局势很严重，所以您在当月 20 日通过我 22 日才在北市接到的第 5 号电报中，指示我结束现在的工作，返回河内。但是，正如我随后立即通过 3 月 22 日的第 41 号电报告诉您的那样，3 月 18 日和 19 日的严重危机自 21 日起突然缓和下来。仍然还有点微妙的局势现在远没有处于死胡同。我坚信，从现在起的几天内，我会制造一个有利于我与广东委员会主任恢复联系的机会，我在 3 月 21 日信中已向您指出的 3 月 20 日出现的缓和，已经使我能够预料到这一关系日益明显的改善。

在这种新的条件下，一切有别于我在 3 月 19 日的第 38 号电报中向您陈述的那些情况，我已请求您在接到我当时打算马上就给您寄去的一份特别报告之前，推迟最后的决定。

因此，我今天把各种都使我得出同一结论的因素提交给您明判。这个结论就是：提前结束目前这个季节的勘界事关重大，无论以什么理由，今年继续勘界活动，一直到热季再来而完全不能继续进行为止，对我们是很有利的。

自 3 月 20 日以来，局势已变得对我们十分有利了。在这一天，为了让在北市和那来的法国委员会及其护卫队挨饿而采取的禁令业已放宽，边界通道的看守者得到一笔钱，就发放到北市市场来的许可证。

第二天和以后的日子里，交通变得越来越容易了，从中国到东京来开始不用再交许可证了，但是还要交钱，接着取消了岗哨，监视变得越来越无效了，故在这一天，界河与北市相邻的部分有很多地点可以穿过，这些地点只有一个被监视，有人看守，这里要向到东京来的中国商人收一笔税，其他各个过河点可自由通过。可以说，这一侧的形势显然又恢复到过去的样子。在那来，图尔尼埃上尉于 3 月 22 日接待了中国哨所指挥官的来访，后者好像急于知道，法军和东京部队是否有粮食。图尔尼埃上尉先生迎合他的心意，告诉他，粮食很充裕。这位小军官几天前还按照其上司的指示，禁止向法国委员会的卫队出售任何东西，这时告知，他要下达一些命令，以让居民们重到法国人营地的市场。居民们对此再也不理解。

我按如下方式说明自 3 月 20 日以来中国当局对我们态度突然发生的变化，我认为并未搞错。

第一批敌视措施始于冯子材将军的第三子的返回，加剧则始于第五子的到达，禁止过界的所有布告，到各村鸣锣传播和宣布的所有口头命令出自防城知县。

这名官员，目前还是帝国军队的军官，受冯将军的指挥，曾在海南作战。而且他的行政辖区属于这位钦州大军官的统辖区域，由于这两个理由，他不能不盲目服从他。

也许他个人的观点和倾向使他打定主意，以所谓的谅山战胜者为领袖。不论怎么样，在最近的事件中，他似乎是冯子材及其两个儿子仇视我的工具。

我充分相信，钦州知府刚开始不知道防城知县采取的反对我们的可笑的措施，后者不管是主动这样做，还是迫于冯氏的两个儿子的压力，但却是在他的县内，不需要请示他的上司，有行动的全部权力。

在防城知县下达的命令实施前，官员李受彤也许一点也不知道这些阴谋。他一意识到一些如此荒唐的措施可能会产生的后果时，首先急忙缓和这些措施，然后渐渐废除，因为不敢撤销，以免与冯发生争吵，但是他希望避免法国委员新的抗议。

因为我无法想象，一个如此沉着冷静的人相隔三四天就完全改变主意，撤销他自己下达的命令。

不管怎么说，冯氏小集团自其第三子返回 Than San 以后似乎占了上风，但自 3 月 20 日以来，好像已失去对勘界委员会的影响。

根据芒街副驻扎官先生向我提供的情报，东兴正传闻冯将军及其两个儿子受到帝国政府应法国驻华公使要求的严厉谴责，他们为此大为愤怒，被迫暂时远离，被迫更谨慎地参与政治和行政事务，但却利用他们的空闲时间，比任何时候都更积极地与匪首张尧和刘奇联系。他们最近给后两人送去大量的资金、武器、弹药为援助，并力图使自罗格兄弟投降后已到边境区活动的刘奇决心与张尧会合，攻击法国委员会的护卫部队，或我们的一个军哨。

我在这里当然只是有保留地转述这些情报，但是这些情报在一定程度上可以说明冯相荣和冯相华暂时退缩以及李受彤知府的权力变大的原因。

因此，形势日趋好转，不应该忽视利用。

刚赴河内找您以请您允许他返回法国的副驻扎官马埃先生，也许太悲观地向您描述勘界工作进行的条件了，条件的确常常不十分令人满意。

我 3 月 19 日的第 38 号电报已向您证明了他的悲观判断，但幸好那天使形势变得不能容忍的状况持续时间很短。

也许马埃先生对您说了，不断出现的争议和无数阻碍以及耽误我们活动的事件都是大清帝国委员会的官员们挑起的，他们想阻挠勘界工作完成。

我知道这个观点是马埃副驻扎官的观点，但是这完全是他个人的看法，既不能被我同意，也不能被法国委员会的其他任何成员同意。

而且这位官员后来也不是十分清楚两国委员会维持的关系以及工作进展的状况。

马埃先生厌倦我们在野外所过的这种单调无味的生活，因为边界沿线分散的居民点甚至算不上村庄，所以马埃先生自 2 月 20 日起就离开委员会到芒街去住了。

他富有很杰出的才能和易激动的性格，既可马上兴奋起来，也可马上失去信心。

要和天朝的官员打交道，必须小心谨慎地避免这类不起任何作用的冲动。

相反，只有凭借耐心和坚忍不拔才能在与他们的斗争中取得胜利。

就勘界这种特殊情况来说，马埃副驻扎官先生确信，今年这个工作季必然是无结果的，因为我们不能战胜中国人的敌意，笼统地说，包括大清帝国委员会的所有官员和广东省所有的民政机关或军事机关的敌意。

我持完全相反的意见。

广东委员会希望勘界，而我们很快就要勘界。

这个工作季的成果显然将小于我们没有遇到任何阻碍应获得的成果，但仍然将是可观的，如果我们更坚定地抑制住中国人的要求，取得的成果就更大。

在广东的文武官员中，明显地形成了两种倾向，他们以各种理由关心中越边界的走向。

一种是我要称之为政府派的倾向，以钦州知府、大清帝国委员会主任李受彤为首。这一派的人最有教养，推动他们的思想是北京政府思想的不很相符的反映。这一派向北京请求授意，他们执行来自北京的命令。

另一个倾向是带动整个冯将军小集团的倾向。这位军官是该派的首领，代表古老的中国，其狭隘和隐晦的思想，其古老的、可笑的对西洋人的偏见丝毫没有丢弃，这些粗俗、无教养的人士相信，他们的政府一旦进入一条前进的道路，就会误入歧途，他们违背他们接到的北京下达的命令，竭尽全力地把他们的国家固定在保留古老传统的落后状态里。有这些利用恶意和残暴为其事业服务的人，没有什么可做的，除非有机会消灭他们。

由李受彤主持的中国委员会已接到其政府的勘界指示，它将不竭力违背，它会付出巨大的代价。开始，它想利用几个星期迅速地完成勘界，不给法方委员勘察两国界线的时间和理由。在这种条件下，冯氏一伙没有阻拦，他们同意勘界，但要利于天朝。

但是，当法国委员会执意在最后划界前研究边界地区时，这个小集团才投入阻挠的道路，千方百计地让我们失去信心，让我们的事业失败，阻挠我们取得成功。

是的，中国委员会被一些不愿勘界，尽一切可能阻挠勘界的人包围着，因为为了浑水摸鱼，他们需要两国间存在一个国籍不明的区域，在这里，各路土匪可以不受制裁地找到庇护所。但是李主任和帝国的委员们希望划界，因为这是他们接到的命令。正如我在上面说过的，现在好像拥挤在他们周围，力图不断地制造新的纠纷的无正式委任状的人士占据了上风。

如果没有近几个星期持续的阴雨天，如果没有最近发生的、使我们与中方官员们的联系减少的事件，我们现在可能已划完北市到海之间的这一整段了，就是说广东边界的大半段了，我们现在可能会在横模准备与该省的委员会告别，准备在指定的时期与广西委员们进行联系了。

但是，正如我在 3 月 24 日的第 24 号电报中向您报告的那样，直到那天为止，在规定的期限内完成上述计划还没有遇到任何阻碍。我一直想 4 月 10 日在北岗隘开始广西的勘界活动，除非您下达相反的命令。

在我 3 月 19 日的第 38 号电报中，我已向您报告过，由冯子材将军派出，由他的第五子冯相华指挥的 200 名中国援兵已到 Than San，壮大中方委员会的卫队。

同时我请求您增加法国委员会卫队的人数，不是说我的部队在人数上不足以抵抗也许不会发生的进攻，而是为了不让只以士兵人数论优劣的居民以为我们不如邻国的代表强大。

这些理由太长了，不能在一份电报中写下来。我已在 3 月 21 日给您的第 28 号信中进行了详述。

我认为，因为我已指出的理由，有更多的人对我是有利的，但是，我可以以我现在仅有的这些部队毫无危险地继续勘界工作。

总之，在目前的情况下，我们要和冯子材及其追随者们斗争。

我们不能在他的面前退缩，也不能在他的士兵面前退缩，不论他们的人数有多少。

放弃斗争就把他变成了一个胜利者，而这一次他的成绩就会是优秀的了，因为他的阴谋诡计将会达到他为自己确定的目标：让我们放弃勘界工作。

如果我们提前结束本工作季的工作，如果法国委员会在完成任务之前离开边界，我们就把我们几个月以来极力要使这位将军丧失的威信还给他，也还给北京朝廷。因为十分肯定，他会利用他对大清帝国的贡献影响他的政府。尽管违背希望勘界的总理衙门的意图而行动，但冯的行为将不会受到指责，因为他将会在北京朝廷的眼中和广东官员们以及老百姓的眼中，强调他的力量和我们的软弱。

如果我们在取得可见的、使所有边民感觉得到的结果之前结束工程，这就承认了我们的无能，使我们完全丧失仍在犹豫的居民的好感，而中国人正竭力把居民与我们的事业分隔开。居民们将会大量地到中国官员们的一方去，后者将扩大他们在将移民到中国去的居民中的威信。

这样，将来将会有严重的危险。

此外，这样做，就不能预料秋季勘界工程将会在什么条件下，以哪些原则恢复进行。

由于今年将取得成功而洋洋得意的中国人，肯定将会比目前表现得更狂妄自大、更苛求。

我们不能确信在短期内获得冯氏及其两个儿子被调走的结果，也不能确信消灭他们一伙的势力，也许我们又会遇到他们，比任何时候都更强大、更顽固。

我们将出乎本意地让我们的死敌占了便宜。

因此，为了不使人觉得在冯子材的诡计面前让步，也为了不使人觉得在他的士兵的步枪面前让步，我们无论如何应该在今年取得一些相当重要的成果。

这些成果，我们即将获得，我们只需几日的耐心，如果在取得这些成果前，我们还将遇到一些困难，我们将战胜它们，就像我们业已克服了的其他的许多困难一样。

我认为，今年勘完边界的一段或数段，是迫使天朝政府在秋季继续活动的最保险的办法。

相反，如果本工作季没有取得任何结果，北京朝廷就有可能在第二季对活动犹豫，担心第二个工作季和第一个工作季一样毫无所获。

另一方面，为了现在就停止进行中的工作，我绝对不能提出这样的理由，即您在您3月20日的第5号电报中向我指出的理由，就是借口说今年的这个时期即将过去，不能再积极地推进工作。

在大清帝国代表们的面前，我从未放过一个机会去支持完全相反的论点。

我以欧洲人的积极性来对抗中国人的懒散，一直向广东委员会保证，在我们活动期间，我们不会让初期的热天或雨天阻挠，我们将继续工作到中国农历的四月末，这大概相当于我们的5月中旬。

如果您愿意参看一下我2月1日的第17号信，您就会看到我所阐述的同样意见。对于这些意见，您曾表示同意。

您在2月18日的第20号电报中确实告诉过我，您让人正式通知广西中国当局，说我将在3月20日与该省的勘界委员会联系。接着，由于被雨所阻，我只好通过我3月10日的第36号电报请求您把广西的工作开始日推迟到4月10日。您在3月11日的第3号电报中答复我说，您将让法国驻龙州领事将此事通知大清帝国委员会主任。

在这个时期，我接到您3月17日的信，您在信中告诉我说，广西已在准备开始勘界工作。

根据您的指示，我马上写信给法国驻龙州领事先生，向他提供对他有用的一切情况。

最后，我知道广西中国委员会的一个成员到了 Than San，其目的显然是了解我们在广东的工作进展情况，并把我们到达北岗隘的日期通知他的同事们。

在这些条件下，他似乎对开始广西的工作之前停止现季的工作十分恼火。

不仅在老百姓和该省的官员中，而且在北京都会产生的这个印象，如果我们在已表示打算进行初期的活动之后，放弃在今年进行，就会对我们不利。

我为了证明我们有必要尽快开始广西的勘界工作，在我2月1日的第17号信中所提出的那些理由，一点也没有失去它们的价值。

将这一活动的开始日期推迟到以后的一个时期，将使我们遇到一些困难。如果我们在完成广东现季工作之前就停止，那么广东现工作季的成果不大，还将增加工作的困难。

4 月份和 5 月初并不像人们认为的那样，不利于作为勘界工作自然的和必要的基础的地形测绘工作。

天气还不十分热，雾气消失，下起一阵暴雨，暴雨过后，太阳又出来了。

可以在两次雷雨的间隔往来，可以利用每一次暂时晴朗的机会观察地形，进行测绘。而当 1 月、2 月和 3 月，坏天气持续很久，蒙蒙细雨不停地下，浓雾笼罩四野，看不清地形的一点点起伏时，就完全不能到实地去。

从正在进行中的地形测绘方面看，不继续本工作季的工作，以便得到有权期望的一切结果，将是令人遗憾的。

北市与海之间的这整段已完全结束。

北市与北岗隘之间的测绘工作即将完成，但是这一段的测绘工作比其他地方的工作量大得多，因此需要的时间也多得多，尽管这一段的地形比较开阔。

因为在这一整段，法国勘界委员会对中国人的要求进行了让步，将安南的一大部分领土让给了天朝，放弃了两国的自然边界线，把两国的边界往后移，首先是沿着嘉隆河，接着是沿着一条在现场很难准确确定的习惯线。

这条边界线是糟糕的，不可接受的，法国委员们之所以能接受，只是因为他们看到的是一些不准确的地图，老实受欺，而且他们没有到现场去。

因此我才打算要求进行一次大更改。

我汇集了所有必要的材料后，马上就此向您汇报。

目前，我利用最近的一些条约所确定的边界的准确性，对此中国人还不如我知道得多，因此我只是让人在中国一侧测绘上述边界纵深超过两里的区域。

我指导工作，以便绘制几乎整个西部让给天朝的安南领土的地图。

这种做法肯定要花更长的时间，但是将使我们可以更好地了解这片区域，得到真实的面貌，确保我们以一些可靠的、确凿的根据提出的要求，而非盲目地没有任何明确论据地提出要求。

因此我在这一侧进行了相当大量的工作，而且工作进行得很顺利，对我们将十分有用。中国人在这个问题上看得不很清楚，所以允许这样做。必须趁此良机。

如果我们突然停止今年的活动，即将结束的工作就将前功尽弃。

如果这样，也不能起多大作用。如果我们一直到秋季都停止工作，那么即使不可能，至少也很难利用业已取得的工作成果，已开始测绘的军官们将不在该地继续完成测绘工作，将替换他们的人很可能将不能使用他们的原稿，一切将不得不重新开始。

损失的工作的总数将很大，也使人无法预料中国人也许将在几个月后在这点上更有远见，仍然允许测绘他们有权禁止我们进入的一个地区。

如果法国勘界委员会在执行其任务中没有遇到各种曾要经常与之斗争的困难，那么在本工作季它就有可能已到谅山附近地区了。

但是，由于它不能进行工作的一些不完善的条件以及使得它的步伐放慢的那些它不得不要克服的种种障碍，它将只能完成少得多的工作。

然而，如果工作没有被提前停止，它可望取得以下不能等闲视之的成果。

(1) 最后划完广东边界自海上一直到嘉隆河汇合处的这一段的边界。

这是中越的旧界，对此有必要进行有利于我们的微小更改。

(2) 勘察完广东界嘉隆河合流点到广东和广西交界处的北岗隘之间的这一段，绘制好这段边界的一张准确的详细地图。

这不再是中越旧界，这是一条新界线，是法国与天朝最近缔结的各协定接受的、我们认为很不完善的界线。

(3) 最后划完广西界自北岗隘起一段较长的边界。

这里又回到一直分隔中国和安南的传统边界。

在上述的列举中，不提广东界的第二段最后划完边界，而只提对该段边界勘察完毕。

因为，我越研究这一段边界，越觉得这段边界不准确。

因此，自从我准确地了解到两国勘界委员会所选定的新界呈现出的所有的缺陷后，我的意图总是不划这一段的边界，除非您向我下达这方面的明确的正式命令。

我不愿意使用您赋予我的权力，通过正式接受这一边界而同意安南受到的来自天朝方面的掠夺，也不愿对那个时期的大清帝国委员们为了欺骗法国的代表们，为了让法方代表同意一条不能接受的、还以为有利的边界所使用的可耻的手段和险恶用心置之不理。

即使今年没有遇到任何困难，我也能够以理想的高速度进行本工作季的作业，我不会进一步划这一段边界。

对此，我会正如我现在打算的在目前形势下所做的那样进行工作。

因此，当两国的这段边界的勘察结束后，当这段边界的地图绘好后，我打算向天朝的代表们宣布，我不能同意这一段的走向，它丝毫不像勘界时所称的那样。

我将向他们提出进行一次大的更改，他们肯定拒绝同意，由于我们将不会取得一致的意见，那么有争议的这个问题最终将被送到巴黎和北京朝廷面前等候解决。但是到那时，我们将拥有一切材料解决这个问题了，我们再也不像以前那样可恨地让人欺骗了。

尽管这样，我现在还是小心地避免把我的意图透露给天朝的委员们，相反我要让他们以为我既愿意划第一段的边界，也愿意划第二段的边界。

不过，为了能够在尽可能好的条件下实施我的计划，我好不容易地说服中国委员会同意对广东界最初采用的划分办法进行一次更改。

中方官员们希望划作两段，一段是整个水界，自海上一直到嘉隆河的源头；另一段是陆界，自该河的源头一直到广西。对此，我一开始已表示同意。

因为我不愿意沿着嘉隆河划界，因为我认为过了北市唯一可以接受的边界是博琅河，所以我就提出了更改划段办法的要求。由于我不能认定这种更改的真正理由，只能提出一些不值一驳的理由，所以我就更难获得这一更改了。

如果我们今年继续工作，将有可能在夏季把这段边界的更改问题提交到巴黎和北京朝廷，在下一期勘界之前，这个问题将会获得解决，而最终被接受，不管怎样，将会被推迟到 1890 年底，或推迟到 1891 年放到现场确定。

相反，如果我们不完成正在进行中的测绘工作，我们在秋季就不得不从头开始，正如我在前面指出的一样，所处的条件比今天更差，这个问题的最终解决将被推迟一年，而这个问题尽早得到解决，对我们最为有利。

因为东京的中国各股海盗就是通过让给天朝的这部分安南领土上的公路与他们的祖国保持经常联系的。如果我们取得这部分领土的归还，我们不久就将看到在东京东部平定中取得的一次巨大进展。

总之，只考虑我认为必不可少的这段边界的更改，我们就不必过于计较中国人自开工以来一再给我们制造的麻烦，让我们受的气和对我们的无礼言行。数次对领土的侵犯外加所有这些失礼的言行将构成我们有权提出并获得赔偿的控告的全部理由。

我们应提出的在这方面十分合理的抗议将是我们提出领土要求的理由，最后，中国人将在我们的路上制造种种困难以阻止我们继续前进，但这样远没有拦住我们，还将变得有利于我们。

总之，立即停止勘界工作，似乎是很令人惋惜的。

（1）因为边界的形势业已大有改善，中国人对我们表示的敌视态度已突然缓和下来了。

（2）因为大清帝国的代表们，和我们一样，希望进行勘界。

（3）因为从现在起停止本期工程的工作，就好像我们承认被冯氏一伙打败，这样我们就等于允许他们达到他为自己确定的目的。

（4）因为这一放弃，即使是暂时的，将被百姓们视为我们承认了自己的软弱，承认中国官员们强大，我们就将威信扫地。

（5）因为我没找到任何说得过去的理由，把勘界作业结束，我不能提出您向我提出的那个理由，这是由于我先前的所有声明是完全相反的。

（6）因为，为了使天朝在今秋恢复勘界作业，最可靠的办法似乎是从第一期勘界工作起就取得显著的成果。

（7）因为我们已命人通知广西代表团，我们将在一个确定的日子与它联系。如果我们今年不开始勘界，则在该省产生的影响会十分坏，会被用作反对我们的口实。

（8）因为，正如我在以前的一封信中阐明的那样，我们与一个被认为赞成欧洲人思想的委员会在广西开始勘界活动，对我们最为有利。

(9) 因为从地形测绘观点上看，广东界的第二段已进行了，如果我们今年不完成正在进行的测绘工作，那么一切几乎都得从头开始，这样就将浪费大量的工作。

(10) 因为中国人有可能把我们放弃继续今年的工作视为他们的一个胜利，在今秋，他们就不会像现在这样通融，让我们更难进入他们的领土。

(11) 最后一点，因为我们必须首先尽快解决嘉隆河汇合处一直到广西这个争议区的问题，东京整个东部的平定有赖于此，它只能在北京解决，我们必须拥有该地区的一份准确地图，以免再次上当受骗。

总督先生，这些就是我向您说明的要继续进行勘界工作的理由。

如果您认为这些理由有价值，就请您允许我把在进行的作业继续到不适合的季节到来为止。

我深信，这种办法对于我们是最有利的、唯一有利的办法。

我曾荣幸地向您指出的所有事件都是严重的：一支武装部队入侵安南领土、一名法国人受到侮辱、中国卫队人数增加、法国委员会受到封锁。

但是，不要对此采取过激的态度，使上述事例变得有利于我们，似乎是明智的办法。

因为我们的真正利益要求我们迅速并十分准确地勘界，所以更没有必要在这些问题通过外交途径解决以前停止工作。

从现在起，可以只扼要地把我们要恢复的对天朝某些官员的控告通知法国驻华公使，等到我们能够确定我们要求的作为赔偿的边界更改时，而且这个时期距此不太远了，再完整详细地陈述我们的控告。

至于一名士官受到的粗暴的侮辱，对此我未能立即获得一个明确的道歉，我想我可以不失尊严地要求的赔礼道歉显得有点不通人情，可以根据这个原则与李主任恢复关系，并通知他，他向我们的赔礼越轻，法国政府要求北京政府的赔礼就越重。

到目前为止，李主任一直对我向他提出的抗议让步，这次他本来还会让步的，如果目前在他旁边的冯子材的两个儿子的十分强大的势力不抑制他的善意的话。但是我已毫不犹豫地下令暂停目前的工作这一行动，可能使他深思。我想这将足以向他证明，我将不放过任何蛮横无理的言行、任何无礼举动，不会不予以回击，因为这是应受到回击的。

可以肯定，李主任一有机会就会妥协，我们可以在前面所说的条件下立即恢复并完成广东的勘界工作。

至于我，我可以向您保证，我渴望证明您对我的信任，在任何情况下都将保持自开工以来我一直注意的谨慎。

总之，我希望有效地为法国在东京的利益效劳，因此我在与大清帝国代表们相处中的一举一动都将总是非常注意避免引起令人遗憾的纠纷、破坏巴黎政府和北京政府之间和睦的事件。

但是，我将不容忍来自中国官员们的任何无礼言行、对国际协约的任何违背，到现在为止我也没有容忍。我将永远不在他们不合理的要求面前让步，我将一如既往地坚决反对他们违反礼仪和国际法的一切言行，并继续向您汇报。

（原件第 303 ~ 319 页）

给外交部长的副本

中越边界勘界委员会主任希尼阿· 德·拉巴斯蒂德给河内印度支那总督的报告

发文号：33　横模，1890 年 5 月 3 日

总督先生：

我 4 月 19 日离开北市赴横模，翌日抵达。

我在我 2 月 27 日的第 24 号信中曾荣幸地向您提供过关于北市到那来的这条路的一些简单情况，为了纠正当时我犯的一个错误，我不得不重提这个问题。

在我的上述信中，我写道：翻过位于大同奠和那来之间的那个山口，就从北市河流域进入先安河流域。

第一眼看这个地区，曾使我以为是这样，但实际上，由于这个地区的地形十分奇特，那来位于北市河的其中一个源头上，其上游流域形成一个近 3/4 的圆。

那来与横模的距离约为 20 千米。

直达的道路首先沿着最大的山坡的路线翻过三道山，这些山虽不高，但是其陡峭的山坡很难攀登。在这些山之间，流着一些小溪，它们流向北市河。

人们在上义（Thuang Nghi）进入先安河流域，这时就沿着一条穿过一个地形起伏不大不小的地区的好走的路一直到横模，沿途的一个又一个山谷都很美丽，土地肥沃，人丁兴旺。经过一些人口众多的大村：派伦（Phai Luu）、本兴、盘奠、岭洞（Lanh Dong）。本兴附近有中国的一个大军事哨卡，新近被撤职的小官吏陆其相的衙门也在附近。盘奠已为中国委员会及其卫队准备了一些建筑物，岭洞也有一个中国军事哨所。

另一条路比较远一点，但更容易走，在上义前一点、先安河河谷入口处与第一条相连。

我是走后面这条路。这条路离开那来后，先是沿着斜坡到北市河上游的两个支流之间的一个山嘴，然后下到河谷，沿着它的其中一个支流的河床（那蒙村位于其左岸）延伸达数千米，通过一系列很陡的斜坡复进山区。这些陡坡虽也陡，但是比直达的那条路的陡坡更好走，更短。

这些地区的所有居民都是土人。自从天朝占领了他们的地区后，男人们奉命留中国

式的发型，穿中国式的服装，但是妇女们则保留了她们传统的漂亮服饰。

有几户中国人到土人的各村定居下来。他们自以为在任何地方都比土地的所有者优越，因此导致在土人中与中国有关的一切都受到憎恨，他们比中国官吏们和中国士兵们有更大的贡献。

法国委员会就住在横模的一个山丘上，卫生条件十分好，与军哨相距约400米。

今日已被毁掉的博卜土人村以前就在这个山丘上。我让先安州的帮办在这里搭了一些茅舍，虽然很不舒服，但很令人满意了。

我所走的这条路虽然不平行于边界，有时相距还很远，但是还是使我得以观察两国交界附近的地区，了解到两国勘界委员会所确定的那条边界的一些推测的方向。

我说“推测的方向”，因为我手头的这些应该作为我的依据的文献含糊不一，使我面临着数个很不一样的解决方案。

可惜在您让我使用的材料中，唯一能够且应该证明的那份材料没有广东边界的定界会议纪要的法文本抄件。

我只有一份中文抄件和两份译文，一份是一名匿名的翻译所译，另一份是法国驻华公使馆的首席翻译微席叶先生所译；我完全有理由把后一份译文视为最好的。

可是，这些表意文字对于那些害怕准确的人是宝贵的，而对于我们这些追求精确的人来说，则有极大的弊端，任何人都可以任意从中获得他所希望的大致要求。

根据第一份译本，嘉隆河从它与北市河汇合之处起形成一条长达30里的边界线，里面未提到嘉隆河的长度。

但是，按微席叶先生的译文，这条河全长约30里，全作为边界线。这种译法与前一种完全不同，是偶然的还是有意的？但后者与勘界委员会的地图相符。

但是，如果踏勘实地，将实地与地图进行对比，就会发现，刚提到的各种解决方案也是不能接受的。

开始由于除了所说的这幅地图和从中文会议纪要翻译成法文的两份法译本（两份我选中微席叶先生的那份）之外，没有其他材料，我就往北到距嘉隆河合流处约30里处去找该河的源头。

我以为找到了其源头。但是，当地形测绘完，经过更仔细的研究时，我发现我开始当成嘉隆河上游的那条河只不过是一条还不能真正地视为主流延伸的支流。

因此，我只好下令勘察上游我猜想真正是那条河的支流，我把工作引向一个山口，据当地人说，该河的源头可能在那。

按这种假设，嘉隆河不是发源于北方，而可能是发源于东、东南了，河道可能有30多里，甚至40多里，如果它的全段应作为边界线的话，那么两国勘界委员会的那份地图就可能不正确，这一点不令我吃惊，但是，如果微席叶先生的译文是忠实的话，那么勘界协议的一些说明也可能是错误的。

然而，真正的源头还不是那个，那只不过是一条注入主河的小溪，至于主流，它发源于南方更远的地方，其河道长度超过 60 里。

因此，地图和协议似乎都不正确。或者匿名翻译的译文是正确的，这样的话只有地图是不正确的了。

不管怎样，我当然将尽一切努力避免使用最不利于我们的解决方案。不过我还不能确切地知道李主任将选定的方案，以及他对他手头的中文协议将进行的说明。

但是，从他至今为止对我所说的看来，似乎他接受微席叶先生的译文中含有的那个解决方案，没有料到嘉隆河超过 30 里，甚至超过 60 里。因此，这个解决方案是不可接受的，除非假定该河的上游就是从北方流来的那条支流的上游，可实际上并非那样。但这却与两国勘界委员会的那份地图、与微席叶先生的协议译文相符。

这个解决方案对我们可能最有利，因为，如果必须要到南方很远的地方去找嘉隆河的真正源头，根据勘界协议，边界在源头处呈一直线延伸 3 里到峝中旧圩以北，那么这将是最糟的解决方案。

并非所有其他的方案都好，最好的方案也一钱不值。

所有的解决方案给我们一条不是边界的边界，我将拒绝勘界。

我将要求进行一个很大的更改，大得我预先可以肯定大清帝国的代表们将会拒绝，这个问题将被置于总理衙门和法国驻华公使的前面，只有在那里，这个问题才将在一切平庸的成见之外，得到总体上的考虑和合理的判断。

面对原文的含糊及其中的不一致，也鉴于不能实地援用这些原文，委员会应做的不仅仅是勘界，而是要定一条真正的边界，为此它要继续 1886 ~ 1887 年的委员会的全部工作。

我刚指出的困难并不是我们目前唯一面临的那些。

中方委员们让在各协议里和那份定界地图里用一些当地完全陌生的，与居民一直告诉他们的真正的名字完全不同的名称表示一些地理上的起伏。

这些地形上的起伏的位置本身也没有很好地确定，因此什么都将不能阻止大清帝国代表们对最有利于他们的那些地点提出主权要求，理由是两国勘界委员会要指的就是那些。

因此，要发现真相、查明真相既不能通过地图，也不能通过两国勘界委员会的各次协议，必须进行长时间的调查和长时间的研究。

在这些研究中，最艰难、需要更多时间的是对嘉隆河上游流域和该河源头的研究。随着发现该河朝南深入，必须增加在这个方向地形测绘工作的范围，不仅要沿着嘉隆河本身，而且要在该河与横模之间的整个地区进行，因为如果要以其全段作为两个国家的界线，那么相邻的那部分笔直的界线会由于嘉隆河源头朝南下降，而更朝东南弯曲。

嘉隆河的上游部分流过一个荒无人烟、可怕的、几乎不能通行的地区，这个地区遍布森林、万丈深谷切割的高山峻岭。左岸几乎无人居住，右岸则是张尧一伙的势力范围。张尧一伙冬季在法国人十分频繁的搜查之后放弃了他们在 Po Hen 的巢穴，退到上游几千米处的 Van Toc，这个地区更难走，还更难靠近。

因为不能以法国委员会的护卫部队去扫荡这个地区，以便使地形测绘军官们可以勘察该地区并进行地形测绘，我就求救于指挥芒街军区的营长博达尔先生。

这位校官率领着一半由该哨所卫戍部队、另一半由海宁省的民团卫队组成的共 200 条枪的一支部队，很愿意地协助我。4 月 28 日一早，他率部队突然从蓝山山口出现，在 Van Toc 张尧的巢穴袭击了张尧一伙，并击溃了他们，随之对附近地区进行了历时数天的搜索和侦察，以阻止他们重新纠集。在这段时间，革里若中尉带着来自北市和大同奠的一支强大的护卫队，不顾他所遇到的各种具体的困难，尽可能迅速地测绘地形。这些就是使工作量大增，而我未能料到的情况，使我未能在 4 月底结束本工作期可以结束的广东边界的测绘活动。

不过，这些活动即将完成了，如果不再被坏天气所阻，我希望实地的地形测绘工作将在 5 月 10 日结束。随后在室内用几天的时间就足以完成誊清工作了。

但是，我们不应该后悔这些耗时长的工作所带来的辛劳和困苦。当我们可以用一些准确的地图反对中国人以不符合实际的描述为基础所提出的不合理的要求时，当我们可以准确地、很了解情况地确定我们所需的更改时，我们就会认识到这些辛苦的价值了，这一天为期不远了。

到横模时我最关心的一件事，就是去勘察中国广东和广西两省交界处的北岗隘这片山区，以便大体上了解这一侧的边界走向。

尽管勘界委员会的协议清楚明确地说明，位于这些山区的呈祥村属于安南，但是中国人好几年来毫无顾忌地在这个村行使占有权。他们没有要求居民纳税，但命令他们身着中国式的服饰，留着中国人的发式，并向他们肯定说，最近的条约已把他们的领土让给了天朝。这里和其他各处一样，男人们顺从了，把他们的茶褐色的窄袖上衣换成蓝色的宽袖上衣，把发髻改成辫子，但是妇女们保留了她们的服饰，特别是她们奇怪的发式，像一种有黑白条纹的无边软帽。

因为呈祥的居民不像该地区的其他所有居民，他们不是土人，而是 Pan 人，当地的居民，现在已所剩无几了。

当我 4 月 23 日到他们的村子里时，从刚能看到我那么远的地方，他们就朝我走来，邀请我到他们贫寒的丐茹（房舍）里去，尽他们所能对我殷勤接待。

（这些山民表面上看很贫穷，而实际上并非如此，因为他们有漂亮的牛群。）

我与他们进行了长时间的交谈。他们告诉我，自古以来，他们的村子就是属于安南的，但是近两三年来，有人对他们说，他们的村子已被让给了中国，对此他们不大满意。

我向他们保证说，关于这一点，他们被欺骗了。为了让他们完全相信，我让人在村口张贴一份正式文告，让他们知道，呈祥领土一直属于安南。他们对此显得十分满意。最后，我散发了一些零钱给孩子们，以博得当地居民对法国人的好感。

中国人除了无视国际协约占领了呈祥区域，还厚颜无耻（这样的厚颜无耻简直使我莫名其妙）地侵占了横模东北和东部的安南领土。

他们和我们争那些初看甚至是毫无争议的、明显属于安南的一些区域。

不论选定嘉隆河与峝中的直线走向的解决方案怎么样，他们在完全属于安南领土的岭洞设立了一个军哨。

这个哨所将和他们冒失地设在陆兰的那个一样，几天后，不管是否愿意，中国士兵就要撤走。

李主任在陈官员的陪同下，在我离开芒街后的一天，也离开了东兴。他们 17 日至 18 日的晚上在那良过夜，18 日上午到滩散（Than San）。

当时他们好像不考虑继续赶路，到横模附近住下，我是从李主任 18 日给我的公函来判断的。

这位官员在通知我他返回滩散（Than San）后，果然问我，我到横模旅行后，何时再返回北市住下。

我立即答复说，我的离开是最终的离开，我想留在横模，直到本工作期的工作结束。

24 日，钦州知府再次正式函告我，因为嘉隆河地区的中国地形测绘员的工作已经完成，帝国代表团将于 26 日离开滩散（Than San）到横模附近的班奠来住下，它将于 27 日抵达。李受彤向我透露了他抵达的第二天就想来拜访我的打算。

我告诉大清帝国代表团团长，我很高兴能尽快接待他的来访。我把我的信寄往那来，以便他 26 日经过时收到。同时，我在另一封信中请求他允许革里若中尉 4 月 28 日以后带一支强大的武装护卫队通过中国，因为这名军官要到嘉隆河上游流域去，往 Po Hen、Van Toc 和上游指挥该河右岸的地形测绘工作，而东京一侧无路可通。

这位官员一接到我的这两封信，就从那来给我复信说，他将如我之所愿，下达一切必要的命令，以便革里若中尉先生能和他的武装卫队自由通过中国领土。

但是，恶劣天气使中国委员会不能在 27 日从那来到班奠来，它只能在第二天 28 日抵达。

由冯 Tchio Tchu 和蔡 Sap Yat 指挥的 200 名中国官兵跟随着它。

李主任一到就通知我，他将于第二天到横模来拜访我。

他果然和陈代表来了。会晤持续了两个多小时，他们一再向我提出友谊的保证。我们无所不谈，但未谈勘界。

在谈话过程中，我告诉钦州知府，安南的 Dong Van Noi 村的一些村民在有争议区 Coc Ly 有一些稻田，中国人不让他们耕种。我要求他下达命令，以便这些居民能自由地、不受干扰地耕种他们的田。我认为没有必要等到解决 Coc Ly 最后属于中国还是安南这个问题以后才对此事进行裁定。

李主任同意我的观点。他认为阻挠土地的所有者从事耕种是不合理的，他答应我立即采取使我满意的措施。

我想第二天回访大清帝国代表团，但4月30日上午突然下了一场暴雨，我只好推迟回访。

因此，我5月1日才去班奠，我发现中方官员们住得比法国委员们还差。

交谈与前一天的持续时间一样长，亦是无所不谈。

我获知，冯的第五子在东兴过了几天之后，已返回他的常驻地钦州去了。李主任为冯的返回钦州找的理由是健康原因，而我相信，他只是服从上司的命令，命令他离开勘界委员会，他在委员会里没有任何事要做。

目前，两国委员会之间的关系从来没有这样好。我坚信，这种状况将一直维持到本期工作的结束，尽管从现在起我们肯定不能就广东边界的第二段的走向问题取得一致意见。

但是，必须注意到，大清帝国代表团现在远离冯子材，其内部没有这位武将的任何一个儿子。

这些情况肯定不是与两国代表们之间存在的良好关系的恢复和巩固无关。

（原件第331～341页）

给外交部长的副本

中越边界勘界委员会主任希尼阿·德·拉巴斯蒂德给河内印度支那总督的报告

发文号：34　芒街，1890年7月10日

总督先生：

自5月1日至28日，勘界工作在令人满意的条件下进行。

可是，到当时为止，尽管地形测绘军官们和卫队的士兵们十分辛劳，但是一直维持得十分好的卫生状况在委员们及其从属部队所住的各地突然恶化。

许多人得了热病。泰特弗尔、革里若、巴拉尔、加尔尼埃这几位中尉都不同程度地染了病，由于这样，他们的地形测绘工作受到了耽误，幸好持续的时间很短。

在横模，大家同时都感到身体很不舒服，以致在数天里，没有一个欧洲人或土著人身体恢复到可以照料病人。

我自己于5月5日和22日也得了热病，卧床数日。

我失去了我的一位秘书，马罗热中士，我感到很难过。他患了恶性热病，当把他从横模撤往芒街的临时诊所时，16 日死于途中的那来。

在这段时间里，与中国委员会的关系依然十分真诚、有礼貌。

李主任曾表示希望我们频频互访，同时等我们得到绘制得准确的地图，使我们能够研究和讨论广东的第二段边界。

老实说，与一些有学问、头脑敏锐的中国官员进行持续好几个小时的这些谈话，常常是很活泼的。谈话中根本没有提到双方企图从他的对手手中争得的有争议区域这一有点惹人生气的话题。

大家愉快地谈天说地，特别是谈到中国的习俗和法国的习俗，常常把两国的习俗进行对比。

每次在伴有香槟酒的小叙之后，大家像是世界上最要好的朋友一样道别。

5 月 5 日，大清帝国代表团团长通知我他翌日来访。我先是答应了，但是晚上突然发高烧，只好在 6 日一早给他去信说，由于身体欠佳，我不能接待他，请求他把访问推迟到第二天。

7 日，我比前一天更难受，只好请李主任再次推迟他的访问。

他马上答复我说，不管怎么样，他 8 日将来探望我的病情。

这一天他果然来了，巴拉尔中尉接待了他。巴拉尔是结束他的地形测绘工作之后，当天早上返回横模的。

陈官员陪同李主任，他俩都要求看望我，因为我还不能下床，他俩被带到我的卧室，并待了一下。

5 月 12 日，我一恢复健康就到班奠去感谢大清帝国的代表们对我的访问。

15 日，张翻译来看我，对我在他生病时给他送到东兴的小礼物表示衷心的感谢。

这名官员一康复就到班奠来与大清帝国委员会会合，他是 5 月初到班奠的。但是他还在休养，没有干任何公务。

在这期间，我接到芒街副驻扎官先生的一封信，他在信中告诉我，竹山传教士格朗皮埃尔神甫几天前乘船出游，经过茶古岛和小狮岛之间时，受到海盗的袭击，陆兰的中国哨所的官军士兵加入了海盗的袭击行列。

把这一强盗行径通知钦州知府不是我的事，但是，我要从向我提供的情报中记住的是，陆兰小岛一年多来被承认是安南的领土，可还被天朝的士兵占据。

于是我于 17 日写信给大清帝国代表团团长，催促他立即将军队撤出陆兰。

钦州知府答复我说，他之所以到这一天为止还在已划归安南的一些区域继续屯驻一批中国军队，那是出于谨慎的考虑，他担心突然撤军会使居民恐慌。但是，既然我希望那样，他第二天一早就派一名专差向中国官军下达立即撤退的命令。同时他还告知，中国委员会将于第二天来横模处理这件事。

18 日，李主任再次口头向我重复他在前一天的公函中向我提出的保证。他的专使当天早上就走了，天亮前他就接到赶路的命令。

我则向他声明，对于陆兰和紫荆山（Tu Kinh）居民的安全，根本不用担心，法国当局会和中国当局一样警惕并加以注意，我请求他一确定就把撤退的日期通知我。

21 日上午，李主任来了一封信告诉我，他本想下午亲自来与我再谈陆兰中国戍军撤退事宜，可是由于身体不适，他拟派张翻译来找我。

这位官员告诉我，钦州知府还不确切知道陆兰中国军哨被撤空的日期，但是我可以确信最迟在 5 月 26 日，在安南领土一侧就不会再有一个中国士兵了。

张翻译离开横模还不到一个小时，我就接到大清帝国代表团团长的一封信，他正式通知我说，他刚获悉，占据陆兰的那支中国官军早已于 5 月 19 日撤离，并撤回到中国领土的竹山（Tchouk San）。

因此，撤退业已完毕，钦州知府下达的命令已被转到，并得到惊人的迅速执行，这明确地证明，中国人愿意时行动是快的，他们的拖拉总是故意的。

23 日，法国委员会去班奠。

北市和横模之间的地形测绘工作自 16 日起就结束了。测绘的誊清工作接近完成。我开始让人集中各种不同的图纸，以便了解 3 年多来引起这么多争议的那部分直线边界的走向。

因此我能够开始对这条直线的走向进行讨论。在见面时的寒暄和片刻的客套话之后，我就开始谈及这个问题。

首先，我想核实我们手头上关于这个问题的官方材料是否相符，我亦请李主任把我拥有的定界协议的中文本与北京给他寄来的中文本进行比较。

当场进行了比较，结果两种文本完全一致。接着我对我有疑问的地方进行了说明。

嘉隆河全长约 30 里的整条河道是不是构成了边界，还是嘉隆河 30 里长的一段构成了边界？

李主任在仔细地研究了定界协议之后声明，他认为，第一种解释是对的。我让他重复了好几次，我告诉他，这也是我持有的法译本的意思。

于是我出示两国勘界委员会的地图，指出，它的标注符合我们双方一致同意的解决方案，但我接着马上指出，这份地图上表明嘉隆河仅有一条支流，而实际上它的上游有两个分支，一条朝南，一条朝北。根据这份地图和这份定界协议，后面这条应该构成两国的边界线，一直到它的源头。不过有必要注意这一点：顺着这条支流，嘉隆河约有 35 里长；但是顺着朝南的那条，它的长度还更长。两国勘界委员会想选为边界的就是北面的那条。

李主任未作答，并转移话题；我好几次设法让他谈这个问题，但均未成功。

这位官员以卓越的才能巧妙地回避令他难堪的问题。

接着，他放好他的文件，并半真半假地把我的文件拿起来放到我的手中说，这次会议谈得够多的了，该吃些东西了。

这一天，尽管我尽了一切努力，但是我不能从他身上得到任何其他的东西。

在谈话中，钦州知府抱怨太累了。他刚收到4000名参加秀才考试的作文。他不停地改，不停地分等级。他还要干三四天，以后他就可全力投入勘界工作了。

我表示希望两国委员会今后每天集合，以便加速我们作业的完成。但是，尽管我一再要求，我只能得到下次会议于三四天内召开的结果。李主任一直以他必须立即改完那4000份作文以及这项工作使他精神疲劳为理由反对我。

我首先对钦州知府似乎要使我们的任务推迟完成十分生气。不过，如果这个官员接受我的建议，我们可能仍然不能在28日之前集合。

24日一大早就下起了倾盆大雨，先安河的水面迅速上涨，有4天时间我们只能与中方委员会进行通讯联系。信使们过这条河并不是没有危险。

在同一时间，海盗出现在北市，骚扰驻守该哨所的部队。

5月23日，一支运粮队由一名欧洲士兵和4名东京土著兵护送，出发去那来。

这支运粮队刚走了3千米，就遭到埋伏在一条峡谷两旁的20多名中国人的枪击，而12月我正是沿这条峡谷发现竖有一系列标着两条不符合现实、荒诞的边界线的界桩。

苦力们在第三次受到齐射之后，立即溃逃，外籍兵团的那位士兵腿部中了三枪，受重伤。东京土著兵表现得十分冷静沉着，在敌人面前并未示弱，还通过威吓镇住了他们，直到从北市赶赴现场的援兵到达。

虽然没有确凿的证据，我仍然完全有理由相信，这一伏击的执行者不是别人，而是一些中国士兵或嘉隆的一些不穿军服的民团。一顶被子弹打穿、被他们扔在战场上的帽子就是一个很重要的标志。因为这种帽子只在钦州制造，是冯子材驻地的所有士兵戴的那种帽子。

5月24、25、26日，法国委员会的护卫部队开始解散。

由于东京土著步兵部队第四团第八连对我变得无用了，我就把该连集中在横模，以便从这里把该连送到其被派往驻扎的哨所。

另外，我把第一外籍兵团的这支小分队集中到北市，委员会返回芒街时，它要护卫他们。

这些部队的行动是在恶劣的天气下进行的。道路泥泞，所有的河流河水上涨，使得行军很困难、费劲。

26日，那来哨所全部撤空。这个哨所是我为了保护法国委员会的地形测量军官的安全，在一个中国人以理所当然的主人自居的地区设立的。

在开始讨论有争议的要害问题之前，我坚持要撤出我的所有部队，以便不因对这些地区的提前占领而引起中国人的非法行为，他们不等勘界就已侵入了一些我们的权利根本还没有显示的地区。

天朝远没有这样做，让其士兵留在一些有争议的区域，也许希望由此向对此毫不介意的法国委员会施加影响。

我想采取相反的办法，避免表现出试图以军事示威来恫吓大清帝国的委员们。

另外，不等两国勘界委员们已有一些明文规定给予安南、而天朝无视所有的条约想吞并的那些区域的工作结束，我就十分重视行使占领权。

从开始讨论边界的第二段起，就应该向中国人表明，他们不能欺骗我们，我们知道安南的权利，如果我们曾上过他们的当，那么现在也好，将来也好，我们不会再上当受骗了。

为了更好地证明呈祥属于安南，5 月初，我把负责测绘呈祥村到广东、广西交界处的北岗隘这片地形的地形测绘官的护卫队部署在呈祥。

对于那沙村附近的平关高原，我想采取同样的办法。关于这个高原，1888 年 2 月，总理衙门、法国驻北京公使和印度支那总督之间频频交换过信函。

这个高原位于定界协议确定的那条边界线以内一千米处，毫无疑问属于安南。

因此，我决定趁法国委员会护卫部队的那连东京土著步兵逗留横模期间派他们去那里驻扎。5 月 24 日一早，我就派出横模驻军的一支小分队到这个高原去准备一个营地。

他们刚刚开始搭起第一批帐篷，就来了一名中国副目和 12 名中国士兵，代表 Lang Tong 哨所的哨官、中国把总，要求法国军队离开这片土地，理由是它属于天朝。

指导准备工作的军官答复说，他是奉我的命令到那里去的，所以他只有接到我的命令才会后退，如果不知道平关高原最终应该划给哪个国家，这个问题就应该由两国勘界委员会主任进行讨论。

中国人不坚持了。

护卫部队的东京连在高原上过了 4 天。

李主任知道在这个问题上他不对，所以从未就这个问题给我写信，也没有和我更多地谈起。

东京土著步兵四团八连要于 5 月 28 日离开横模。

由于阴雨连绵，河水上涨，道路泥泞，不能涉水过河，该连的行动被迫推迟到 30 日。

28 日下午，先安河水位下降了一点，中方委员会沿途付出了极大的努力，才好不容易地一直来到了横模。

中方官员们默默地久久地仔细观看我拿给他们看的广东边界第二段的总图。

他们十分清楚两国勘界委员会根据一幅与实际不符的地图选定的这条边界的缺陷；他们知道这条边界的走向线在现场将造成的困难；他们发现他们几乎处处都越过了天朝的界线，非法地侵犯了安南领土；他们内心在想，他们怎样才能既不用归还太多的领土，又能摆脱他们对自己尚未被最后承认为其主人的地区的提前占领所处的困境。

我们当着他们的面，确定了 A 点的位置：位于峝中旧圩北 3 里，那条构成边界线的直线（其终点为嘉隆河发源地）的尽头处。

一直到那时为止，中国人声称 A 点在呈祥小河右岸的一个山丘的顶上，标高是 393 米，这样他们就把这条小河的河谷向我们完全封闭起来了，而且他们早就对呈祥村行使了占领权，尽管该村已被明确划给了安南，这样他们只让我们通过沿着前一个小河谷西边的一个小河谷的一些不好走的小径与北岗隘联系了。

定界协议确定的 A 点的真正位置在呈祥小河的河床。因此，根据最近的各协议，我们仍然拥有这个河谷的出口。由于我们也占着它的中部，既然呈祥区域属于我们，我们就截断了广西到海上的通路，而天朝对占有这条通路，似乎非常重视。

中方官员们对 A 点位置的确定没有提出任何反对意见，而这个位置与这一天以前他们认为的位置不同。而且他们除了对刚测绘好的地图的准确性提出异议外，不能提出任何反对意见。

大清帝国的官员们一句话没说，继续看这些地图，突然张翻译用上海方言和李主任说话，建议他不要在这次会议上解决这一段直线边界的走向问题，最后说他认为在决定前，有必要在他们内部再进行一番研究。

钦州知府点头同意，还看了一下这份地图，然后发言，几乎是一字不差地重复张官员对他低声说的那些话。不过他最后说，他希望拿法国军官们的测绘图与中国测绘员们的测绘图进行比较，他迅速用铅笔对最使他感兴趣的部分画了一份略图。

这次会议的讨论就结束了。

正如大家看到的那样，尽管我们面前有一切在短时间内解决这条边界走向问题的必要材料，但是我们只能十分缓慢地去解决；5 月 23 日，几乎沉默的会议持续的时间虽长，但是可以说并没有使谈判取得任何进展。

要解决一个类似的问题，欧洲人只需仔细地看定界协议，同时注意地图上的标志就够了，几分钟后，边界就会划出来了。

而且我很久以来就研究了这个问题，非常熟悉。我有理由相信，大清帝国委员们也已从各方面研究过这个问题；因此我们集中开会时，双方都拥有打算利用的论据，但开始讨论时，中国人却回避了。

这一开始就采取的态度表明中方委员们不急于遵守各条约，使人预感到他们将来要带来的拖拉行动以及他们为了回避不利于他们的条款要制造的困难。

我邀请大清帝国代表团第二天（29 日）来横模吃午饭。但是一个晚上和整个上午，暴雨不停地下，先安河的河水在几个小时之内就上涨到很少达到的高度。中方委员们不能来，他们给我写的一封信也不能送给我，负责把这封信送给我的那些中国士兵试图过河，但未能成行，我打手势告诉他们，他们不必再花更多的时间设法过河了，应该返回。

水流很急，水面很宽，水又很深，他们肯定会被淹死。

6 月 1 日，水面才下降到可以让法国委员会前往班奠。

不过我们过河并不是轻而易举的，马匹踩着大岩石就滑下来，时时掉到深坑里，人站在齐腰深的水中，不得不互相扶靠着，防止被快速的水流冲走。

大清帝国代表们向我们出示了中国的地形测量员们绘制的，自嘉隆河的合流点到北岗隘的这片边境区域的一幅地图。

方位大致上是正确的，各河流的流向差不多也正确，大多数村庄也画得令人满意。我感到很吃惊，中国人未使用仪器测绘地形，竟能进行一种类似的地形平面投影法。不过所有的河流是按中国的方式表示的，每一条都一样宽；发源于被测地域范围的任何一条河都没有被画出尽头的一段。全部的河流都太短了。至于地势起伏，是按最典型的亚洲式方法标注的，根本无法知道该地区的地形。比例尺约为 1∶45000。

总之，这份资料尽管用于划界完全不够，但这是我第一次看到一份有一定价值的中国人的地图。

于是我陈述了我在以前的各次会议上业已详述过的，关于那段直线边界的走向的论据，拿起一把尺子，把嘉隆河北面支流的源头与在峝中旧圩北 3 里处的 A 点用一条线连接起来。

这条线完全符合条约的约文，但却是一条很坏的边界线，它的全程几乎都在不同的高山和一些山坡上伸展。但是它没有从南方经过本兴、披劳、岭怀这些定界协议明确给予中国的地方，而是在这些村庄的北面。我对它们属于天朝这一点没有提出丝毫的异议，但是，我向李主任声明说，它们在安南领土上也形成了同样多的飞地。

钦州知府没有提出任何反对意见，他说他将根据对定界协议的理解标出这段直线边界线。他拿起一把尺子和一支铅笔，不是把嘉隆河的其中一个源头与在峝中旧圩北 3 里处的 A 点连接，而是把该河南支流上的任意一点与峝中村本身连接。

一看到这条使中国得到一大片它没有任何权利的区域的空想的边界线，我马上惊叫起来，我立即提请他注意，刚画的这条直线的两端，都不符合定界协议的要求。

李受彤不慌不忙地向我答道，他是这样理解的，而且礼貌有加地请我把有利于我方走向的理由以及反对他提出的走向的理由书面写给他，并补充说他也要给我一封相同的信。

于是，剩下的时间留到第二天在横模进行。

2 日上午，我给大清帝国代表团团长寄去他要求我写的信。

我首先把定界协议的法文本抄写给他。

接着我提请他注意，他已承认嘉隆河的全段应该作为边界线；在该河的两条支流之间，犹豫是不可能的，勘界委员会只知道其中的一条，即北方的那条，它的方向在 1887 年绘制的那份地图上有相当准确的表示。

因此必须溯这条支流而上，直至它的源头，应该用一条直线把该河的源头与我们已同意其位置的A点连接起来。

我只能这样做了。

条约把岭怀、披劳、本兴等地给予中国，我极力避免对它们提出异议，但是它们在形成边界线的这条直线以南，全都被围在安南的地界里了。

至于可能属于天朝的分茅岭，在这个地区它完全是未知的。

随后转到李主任所画的那条边界线，我提请他注意，它根本与条约不符合。

它不顺着勘界委员会选为边界的嘉隆河北部的那条支流，而顺着南部那条。

它没有一直上溯到该河的源头，而在一个随意选定的任意一点停止，从这点起，边界不成直线到峝中旧圩北3里处的A点，而是到峝中村，然后自南往北直到A点。

这样的一条走向甚至不值得讨论。

我接着说，即使我画的那条边界，亦仅仅勉强能接受，尽管它尽可能接近两国勘界委员会选定的那条，但是在方向上它根本不像后者，如果不是与实际不相符的描述促使法国的代表们犯了错误，他们肯定不会接受。

我最后声明，法国委员会将拒绝划定任何不完全符合条约，又不在可能范围内符合两国勘界委员会的那幅地图的界线。

出乎我的意料，我没有接到李主任答应写给我的信。

但是在那一天，这位官员带着大清帝国代表来到横模，进行了一场含混不清的讨论。中方委员会主任先对我说，我陈述的有利于我方的走向的理由是很正确的，我完全有理，但是，我正确地理解了条约，他也忠实地理解条约，并采取了一个截然相反的解决方案。

为了证明他的走向是对的，钦州知府只是强调他反反复复说明的唯一理由。那就是，既然条约已把本兴、披劳、岭怀让给中国，把峝中和那阳让给了安南，那么直线就应该是把前面3个村子和后面两个村子分开的那条。

我反驳说，他这样引出他的直线，就是不承认条约的各主要条款，因为他根本不关心这条直线所至的顶点，而这些顶点在定界协议中是被清楚明确地确定了的。

李主任也说我的走向不能为中方委员会接受，因为我的走向把中国占领已有数年之久的一些区域让给了安南。他声称，我曾承认这些区域归天朝所有，因为我为了让法国委员会的军官在这些区域进行地形测量时，曾要求中国提供一些护卫部队。

我立即反对说，虽然多年来天朝占领了一些没有明确证实为它所有的一些区域，但这是非法的，它本该等划界后才管治这些地区，提前占领并不构成后来的任何权利，如果执行各条约，可以确认中国侵犯了安南的领土。保护政府竭力避免这样匆忙轻率的行动，它只是在一些明显属于安南的区域行使占领权。它首先考虑是否合法，既没有让它的官员，也没有让它的军队到划界后还不能肯定能否属于自己的地区去轻举妄动。

我为负责在争议区进行地形测绘工作的军官们去要求中国的卫队，是因为我发现这些地区由中国军队防守，我对这片地区了解不够，不能提前表态，所以除非用武力强行进占（这又并非我分内之事），否则我不能未获合法或非法占领这片地区的人的同意就进入。但是，在我的行动上，在我说的话里或在我的书信中，根本不包含承认中国占有一个尚未划界的区域的意思，无论这一区域是多么小。

另一方面，钦州知府看到我代表安南对一些不为安南人居住的区域提出主权要求，似乎感到惊奇。

我答道，居民们也不是中国人，而是土人，而且我不必考虑这些问题，我的任务是划定一条符合定界协议的边界，把属于安南的区域给予它。

作为这次持久谈话的结尾，李主任请求我采取一个与我指出来的那条边界走向不同的走向，它把岭怀、披劳和本兴这 3 个不在安南周围的地点留在中国一侧。

我不能满足他的要求，我从嘉隆河北源头引到 A 点的直线才符合条约的要求，我们必须遵守这个条约。

我们分开前，我请这位官员尽快把他对我要求的走向提出的反对意见以及他为其走向线可能提出的理由，写出来寄给我。

两国委员会休会到翌日，然后在班奠复会。

6 月 2 日的会议开始，从开始不久我就发烧。

我十分想亲自接待大清帝国的代表们，亲自引导讨论。但是我的病情迅速加重，我被迫高度集中思想，使我感到十分疲乏。当大家停止谈问题、吃点心时，我不得不退出以便休息一下，不过当中方官员们告辞时，我又出来，但他们刚走，我又发起高烧，十分厉害。

3 日，我不能去班奠，一早我就写信给李主任，请他把会议推迟到第二天，即 6 月 4 日。

这位官员答复我说，他自己身体也很不舒服，他接到我的信时，正准备写信告诉我，他不能接待法国委员会。

6 月 4 日，钦州知府通过一封私信告诉我，他的病一直未好，待他一恢复健康，能和法国代表们商议时，就马上通知我。

同时，这位官员还就那段直线边界的走向问题给我来了份公函。

他否认嘉隆河的北支流是干流，他认为真正的干流是南支流，北支流只不过是一个分支。

关于这点，他说得对，尽管我坚持相反的意见。我为了证明我的说法而可能引用的唯一论据，就是勘界委员会的那份地图，那份地图是把北支流作为边界标出来的，漏了南支流。

接着他通知我，根据他手中拥有的定界协议的中文本，不仅将岭怀、披劳和本兴给了中国，而且班奠也被让给了中国，中方委员会就住在班奠。

最后这个名字在我手头的中文本中确实没有，但是里面连续两次出现本兴。钦州知府根据汉字兴（Hing）与先（Tien）所谓的相似之处，声称我手头的文本有一个抄写上的错误。

随后提到分茅岭，李受彤肯定上二（Thuong Nhi）村附近有一座叫这个名字的山。接着便是讨论应该自嘉隆河一直到A点的这段直线边界的走向问题，此时，他竟敢声称，对于中国人来说，只有从东到西、从北到南，或是从西到东、从南到北的线才是直线，不是这种方向的线都是斜线，所以，为了像他所理解的那样执行条约，他从崗中引出一条线往东，一直到嘉隆河，另一条线往北，一直到A点。

他说，第一条线到嘉隆河距其合流点约30里的一点，这是符合条约的，然后再直达该河，在相同的一段距离中构成边界。

对于这种欺诈，我的确感到惊愕。

李主任的信以对狄隆先生的赞扬结尾。他说，狄隆先生在定界协议上签字之前，仔细地核实过里面的条款完全正确——当时几乎看不出这一点。因此我们应该以我们的前任们办得如此得当的事为基础，根据唯一与条约相符的走向划出边界。

对于这封自始至终都表现出极端恶意的信，我6月5日进行了答复，再次重述了我已经强调过的大部分理由。

我们应该以嘉隆河的北支流作为边界，因为两国勘界委员会业已采用了它，它们的那份地图可以作证。

我再次提出书面保证，条约给予中国的岭怀、披劳和本兴，我决不提出反对意见。至于班奠，我手头的法文和中文条约都没有提到，但是我准备让法国驻北京公使馆要求进行解释，当然要在证实这个名字的确出现在大清帝国委员会的中文约本里以后。

同时我提请李主任注意，他住的那个小屯就在班奠附近，并不叫这个名字，而是叫Kiun Ling。

在双方委员会的联系中，大家习惯于称之为班奠（Ban Tien），越语叫Ban Dien，因为钦州知府在通知我他的到达时写道，天朝代表们将住在班奠，这不完全正确。

谈到分茅岭，我答复说，叫这个名字的那座山——中国的马将军在公元43年曾在这座山的脚下竖了一个铜柱，以表明安南边界——根本不在我们活动的这个地区。

接着我谈到边界的走向问题，提醒李主任注意，如果他今天承认嘉隆河仅30里长的一段构成边界，那么到这时为止他有一个完全不同的观点，他好几次口头上表示这条河的全程应作为边界，而且这一声明已载入大清帝国代表团的全体成员和他本人已签了名的1889年11月1日的会议纪要里。他为何要改变主意？

而且他认为通到崗中的直线起点的嘉隆河上的那点距合流点30多里，而不像他所称的那样仅仅为30里。

李主任给直线和斜线下的定义，中国人也许理解，但对法国人则没有任何意义。

这位中国官员声称，中国人只把那些自南往北，或自东往西，或相反方向的线叫直线。这种说法是不正确的。两国勘界委员会里的天朝代表们也好，法国的代表们也好，都把一条自东南往西北、自嘉隆河北源头到 A 点的线叫直线。钦州知府李受彤曾是勘界委员会的成员，对这个问题，他那时无疑是同意邓（承修）特使和王（之春）道台这些有真知灼见的人的看法的，后两人那时也是勘界委员会的成员。他为什么对此又改变看法呢？

最后，我坚决认为若 1887 年的法国代表们看到一幅该地区准确的地图，就不会接受定界协议确定的这条边界，而他们看到的那份地图标出的情况与实际相反。我也坚持认为，我所划的那条边界完全符合定界的各协议，而李主任所划的那条则完全不符。

在寄出这份公函的同时，我在一份私函中向钦州知府提出坚决要求，要求两国委员会第二天 6 月 6 日在 Kiun Ling，安南称之为 Quan Lanh 开会。

将来我将把大清帝国代表团住的那个小屯以此命名。

中国委员会主任回复说同意这一会议时，感到需要写信告诉我，他的确是在班奠。在这个地区从未有过叫 Kiun Ling 这个名字的村子。他要在第二天向我证明。

6 日的会议持续很久，没有使悬而未决的问题取得任何进展。

不过，李主任显然在我前一天的信的影响下，避而不谈那条仅为自东往西、自南往北的直线问题。他好像接受这样的观点，即其他方向的直线也可能存在。

他几乎没谈到他所说的走向，只是软弱无力地为他所说的走向辩解。他只对我所说的走向提出批评，即不从给予中国的那些村庄和给予安南的那些村庄之间经过。

总的来说，讨论没有以前的讨论具有那么多的恶意。

然而，对于分茅岭，应该说根本不是指以前马将军竖有一个有名的铜柱的分茅岭，我们离这山还很远，而且和所有的地理学家一样，他和我不知道它的准确位置。这座山是大分茅岭，而在上二附近的那座山，则是小分茅岭。

不能更天真地把中国勘界委员会 1887 年厚颜无耻地欺骗了法国代表团，为了自己的利益，把一个遥远地区的一座大山的名字安到这个地区的一座小山头上的这一事实默认下来。

关于班奠（Ban Tien），李主任给我看了他的定界协议的中文本。这个名字出现在归于中国的那些村名中，但是这份协议本身是否可靠，我却无法核实。

而我不能完全相信我的法文本，因为它不是原本，也不是协议法文原本的副本，只不过是根据一份显然有一个抄写错误的中文本翻译过来的，因为本兴这个名字在那份中文本中连续重复两次。

第二天一早，我就决定发电报请您对这个问题进行说明。

至于中国委员会住的那个小屯的名字，尽管中国官员们开始以种种否认来反对我，但我还是毫无困难地证明，他们不是在班奠（Ban Tien），而是在 Kiun Ling，而这两个小村相距很近。

于是李主任对法国委员会用来写后面这个村子名字的汉字提出了一些批评；他认为，它不叫 Kiun Ling，而叫 Kiun Ing，它的名字可能来自这一件事：20 多年前，在与蹂躏该地区的海盗打仗的中国官军兵营中，曾长期使用过这一名字。

我问钦州知府，天朝在距今如此近的一个时期有何权力派兵到安南帝国的领土去。

张翻译发现李主任不能自圆其说，就发言说，这些事件已有 200 多年了。但是，对于我通过巴德维尔先生再次向他提出的一个问题，李受彤重复说这些事发生不到 20 年。

因此，多年以来，天朝显然对一些属于安南的领土行使了主权，就是对这些地区，它在 1887 年坚决提出了主权要求，法国委员会讨论得不耐烦了，又被一些错误的地图欺骗，最后让给了它。但是，由于定界所根据的地图本身不准确，若严格执行各条约，就会把一大部分区域仍然归还安南。

为了在这些地区维护天朝的地位，为了不被迫撤出，中国官员们发现一切办法都可以用，他们不怕表现出最显著的恶意。

余下的谈判推迟到第二天在横模举行。

我亦邀请大清帝国代表团的全体成员 6 月 8 日来与法国委员会吃午饭。

我们返回横模时，天黑了。我对会议总的情况保持良好的印象。我觉得中国官员们准备让步。

7 日，李主任在早上写信告诉我，他身体欠佳，不能如约来与法国委员会商议，而且他整个白天要看病，以便能第二天接受我的邀请。

我觉得大清帝国代表团团长的身体欠佳是假装的，不是真的。我倾向于认为，由于我对他好几年来命令非法占领的一个宽广的区域提出主权要求，使他面临危险的处境，他要请示两广总督。因此他力图采取拖延手段，力图争取时间直到接到指示，同时时而讲空话，拒绝决定，时而称病，以逃避与法国代表团的一些会谈。

8 日中午，钦州知府已完全好了，和陈官员及张翻译一起来横模吃午饭。

中国的士官们受到法国的士官们法国式的招待。

至于中国的士兵们，我让人在一个临时搭起的棚子里用一顿丰盛的中国饭菜招待他们。和 11 月份在芒街一样，他们料到有法国的酒和塔菲亚酒喝，所以来的人比平时更多。

而且一切都在十分有秩序的情况下进行。双方委员会的成员之间进行的谈话很活泼，随着宴会持续到下午一时。自然没有谈到划界的事。

9 日，两国的代表们在横模开会。

这次会议的气氛与上一次会议的气氛大不相同。

李主任表现得不肯让步。他声明说，他的走向在各方面都符合定界协议，我的则不符合，因为没有把属于中国的那些村庄与属于安南的那些村庄分开。他说，直线的边界是否通到定界协议明确确定的极点，他并不在意，对他来说，这条线要符合的首要条件就是在属于中国的村子和属于安南的村子之间经过。他不想听到谈论安南领土上的飞地。最后，他一面表示要严格按照定界协议，一面又想违反它最主要的条款。

反复谈的总是同样的理由，我亦以已陈述过上百次的理由作答。我们无休止地在同一个圈子里打转。但是李主任这一天是决意要不怀诚意，并以异乎寻常的火气来进行讨论的。我不想采用同样的语气来讨论，担心影响大局，使进行中的谈判激化，我宁愿中止讨论，同时重新折叠起所有的地图，并让人上点心和香槟酒。

法国委员会应于翌日即 10 日到 Kiun Ling 去。但是晚上下了一场大暴雨，河水猛涨，无法过去；下午河水才明显下降，但是在 10 日至 11 日的晚上，又下雨，使河水比前一天涨得更高。因此必须再放弃 11 日到 Kiun Ling 去。

这种情况一直持续到 6 月 19 日。

17 日，在 3 天的辛劳之后，我成功地让人在 1 时架起了一道步行桥，法国委员会正准备去 Kiun Ling，当走到河边时，发现河水猛涨，几个小时前山上下了一场暴雨，使得河水再涨，既突然又不适时。我马上下令收起步行桥，避免被冲走。但是来不及了。几分钟，水就漫到桥上，当着我们的面把桥冲走。桥上的好几名苦力和桥一起被水冲走，一转眼就在旋涡中消失了。幸好他们的水性高超，在陡峭的河岸游出数百米远，安全地站稳了脚跟。

18 日整个白天都被用来弥补前一天受到的损失。

19 日，河水明显下降，终于可以到对岸去了，法国委员们前去 Kiun Ling。

我不想重新开始嘉隆河和 A 点之间的这段直线边界的讨论。在以前的会上已从各个方面对这个问题进行了研究，所有赞成和反对的理由都摆出来了，我不想放弃我完全符合定界协议的那个走向。中国代表们坚持以一些站不住脚的理由来为他们完全是一厢情愿的走向辩护，因此，必须暂时放弃一个看来目前不能达成协议的问题，以后再旧事重提。

会议一开始我就发言，我亦建议讨论从 A 点到北岗隘这段边界走向，这段我们还没有在会上研究过。

通过对比法国人的地图和中国人的地图，发现中国人的那份地图关于 A 点到北岗隘这一段是不完整的，相当不准确：一些河流被遗漏了；标的一些村庄并不存在；另一些村庄则不在它们的确切位置上；但是两份地图的不同之处主要在于村名和山名的文字上，尽管在读音上，这些名称听上去差不多都一样。自勘界工作开始以来，我多次发现写同一个名称所使用的文字的不同。

这样，定界各协议中出现的大多数安南语名称被用不同于当地使用的文字写出来了。因此在这些资料中，就使用了中国人采用的标记法。中国人在读法上篡改了安南语的发音，歪曲名称，利用发音相近的汉字写安南语的名称。

在我刚指出的所获得的中国人的地图的文字和越方官员提供的法国人的地图的文字

之间，可以毫不犹豫地进行选择，只有后者是名副其实的，因为这个地区很久以来就使用这种文字了。

我按照定界协议的正文，在地图上划 A 点一直到北岗隘的边界，呈祥村以及从属该村的区域给安南，这条边界总体上弯曲十分明显，其凸面朝中国。此外，还必须使边界顺着起伏不平的地面形状而曲折伸展，从一座山峰延伸到另一座山峰，或顺着那些主要河流延伸，进而使边界变得相当曲折。

李主任在正式谈到定界协议中所说的直线时，不接受直线，这时假装对我在那段大概尚未划过的地区不采取直线边界感到惊讶。因此他指出，我标出的这条边界线不很直。他接着说，而且这一边界线实际不可能经过我在其上勾画过这条边界的那些山，因为在这些险峻的地形中，没有路可走。

我只反驳说，我是按条约办事，对钦州知府最后这个既天真又毫无意义的理由不予理会。

接着，这位官员突然改变话题，回到嘉隆河到 A 点这段边界上来，又旧话重提，重复述说他多次重复过的观点，真正的走向是把划给中国的村庄留在一侧，划给安南的村庄放在另一侧的那个走向。

我指出，条约没有明确地含有任何类似的条款，有关这一段的那一部分恰好是唯一没有明确规定边界线将一些属于中国的村庄和另一些属于安南的村庄分开的部分。

李主任重新发言。他此时力图用一个我远未料到的论据来证明他任意选定的嘉隆河上的那个点为直线边界的起点是正确的。其实他已承认，这条河的全程应作为边界，我指责他没有按照定界协议要求的那样，顺着该河一直到其源头，而是在他仅为了他事业的需要所确定的那一点从此河中间断开。

对此，钦州知府回答说，这一点完全不是随意取的，而是河流从这一点流入平原。在该河的上游，只有一个又一个的瀑布，所以那不再是河。最后，中国人总是把河流离山注入平原之点作为河流的起点，在他看来，这就是应该对定界协议内容进行的说明，嘉隆河的全程，就是它在平原的全程。

我立即对这些充满恶意的解释表示反对。我补充道，不管怎么样，因为我们是法国人而不是中国人，定界协议是用法文写的，后来才被译成中文，因此不应参照中文的解释，而应参照法文的说明。

我最后再次对李主任说，我的边界走向是完全符合条约的，而他的则完全相反。

在离开 Kiun Ling 之前，我为了使这位官员决定趁着看来转好的天气，6 月 20 日带大清帝国代表团到横模来作了一番努力，结果是徒劳。他的答复总是含糊不清的，他感到不舒服，他预料到要生病，接着第 3 天，6 月 22 日，中国的五月初五，是龙节，是中国人一个很大的节日。总之，他不想确定下次会议的日期。

大清帝国代表团团长在 6 月 19 日的会议上，要求我把法国人的地图上所写的，A 点和北岗隘之间的那些村名和山名的名单列给他。20 日一早，我就派人把名单给他送去，我同时在一份发件通知单上暗示说，中国委员会最好趁着天气晴朗，下午到横模来进行会商。

钦州知府明白我的邀请，但推说身体欠佳，这是前一天想好的，他不来了，只派张翻译来。

这位官员的任务是试探我，让我说话，以便了解我是否准备让步，是否准备全部或部分放弃我所指出的边界的走向，以便使我多少接受中国委员会的那个走向。

但是，当他对我说李主任首先想按照定界协议划分边界时，我坚决打断他并反驳说，天朝代表们不仅远没有遵守诸国际协议，而且还公开违背并回避最重要的那些条款，以便把应该归安南的一些领土归为己有。

我接着说，看来从现在起，既然我们显然不能对这一段的边界取得一致的看法，那么使毫无结果的讨论旷日持久地延长下去，似乎已无必要，因此，两国委员会最好分开，有争议的这个问题就提交给法国驻华公使和总理衙门，由他们最后裁决。

张翻译从这次会晤得到的印象是：不应期望从我这获得许多的让步。

21 日白天天气好，但完全给浪费了。中国的大人小孩都在庆祝龙节，大清帝国代表们不愿停止早上就开始，要到深夜才结束的一顿筵席来讨论公务。每天都要喝上 22 杯黄酒，节日更愿多喝三四倍的陈官员，更不会以任何借口同意放弃几个小时他为了庆祝主宰天朝命运的神的畅饮了。

翌日，22 日，在横模开了一次会。

我并没有对两国委员会达成一协议失去希望。

正如我数次指出的那样，我不想划一条勘界委员会采取的不能接受的边界，对于这样一条边界，我天天都发现新的缺点。但是我追求的目标是充分利用定界协议的规定，按照各国际协议让大清帝国代表团接受一个尽可能有利于我们的走向，万一我们不能获得对这一段边界如此糟糕的定界进行有利于我们的更改，这个走向对于我们来说将是一个权宜之计。

对于包括嘉隆河和 A 点在内的这一段，能说的都说了，我们不同意中方委员会提出的一个与定界协议明显相反的走向。我认为，目前应该把这一问题暂搁一边，待有关邻近部分可以达成协议时再行商议。

我们还没有深入讨论包括 A 点和北岗隘在内的这一段。关于这一段，定界协议的措辞是含糊的，所以我可以对我提出的走向进行一些小改动，我希望通过相互的小让步，我们将不会太困难地对这一段达成协议。

但是，尽管几个月来我知道和中国人打交道，每天都要预料到某个新的意外，但是我远未料到关于这个我认为再明白不过的问题还有意外。

协议用安南文 Trinh Tuong、中文呈祥表示的那个村，在当地用越文叫 Dinh Tuong，中文叫定祥。李主任玩弄这个地理名称的第一个汉字的不同点，声称在A点和北岗隘之间的这个居民点根本不是Trinh Tuong或呈祥，而是另一个叫Dinh Tuong或叫定祥的村庄，它属于中国，各定界协议从未提到过这个村庄。至于已被划给安南的Trinh Tuong或呈祥村，它也许在更西，广西边界的对面。我立即反驳说，Trinh Tuong或呈祥和Dinh Tuong或定祥只是相同的一个村，它其实是叫这两个名字的最后一个，而两国勘界委员会把它冠以第一个名称。对此不能存有怀疑。它既不在步行要走几天的范围内的，其名称或多或少与用汉字写的呈祥和用安南文写的Trinh Tuong相近的村庄的西面，也不在其东面，当我一抵达这个地区，同一个村庄的两种名称引起我的注意时，我就核实了。

实际上，钦州知府知道得和我一样清楚，但是他撒谎不用花钱，毫不费劲地使用最不正当的办法，企图欺骗我们。

关于提到的那个村庄，他不仅坚持他的谎言，而且还声称A点和北岗隘之间的这一段边界的划分不应由广东委员会进行，而应由广西的委员会进行。

这种既新鲜、又出乎意料的地理论点，我觉得是非常别致的。北岗隘在两广交界处，东是广东，西是广西，两国勘界委员会有正当理由把A点和北岗隘之间的这一整段列入这两个省的第一个省的边界。

我只能记下这新的，也与第一号地图和定界协议不符的要求。

给李受彤官员上地理课毕竟不是我的事，把勘界委员会的主任之职授予一些起码知道他们的省从哪里开始，到哪里结束的人是北京政府的事。

于是我概括了自会议开始以来双方所说过的话，明确声明说，李主任采取的办法使一切认真的讨论无法再进行下去。在这种情况下，既然我们不能在关于嘉隆河和北岗隘之间的边界走向取得一致的意见，我们只好让总理衙门和法国驻华公使处理这个有争议的问题。

同时，我让人迅速把展放在桌上的所有地图和在开会时参考的各种材料拿走。

双方商定，各方委员会在各自的一份纪要上陈述它为自己所指出的走向要使用的论据和它对于对方委员会的走向提出的反对意见。两份文件应随后送到北京给法国公使和总理衙门，由它们最后裁决。

我马上主持起草一份纪要，在该纪要上，我以各项论据为佐证一一阐述了法国委员会指出的，完全符合定界协议的边界走向以及大清帝国代表团要求的，与同一个协议完全不符的走向。接着我扼要地摆出中方委员会对我的走向的指责，但我更强调了我坚决拒绝接受中国人的那个走向的理由。我最后申明，定界协议确定的那条边界，甚至我提议的那条，都是不能接受的，法国委员会绘制的该地区的准确地图与中国人的那份地图毫不相同，而定界原是依据中国人的那份，法国委员会由于受到后面这份材料的欺骗，接受了这样一条边界，它认为安南在领土方面占了不少便宜，其实在领土上得到大量好处的是中国，安南受到了损害。如果当时法国代表们面前有一幅该地区的准确地图，就绝不会接受一条如此不合规定的边界了。在这些条件下，既然关于勘界的这个问题应在北京解决，法国勘界委员会借此机会要求法国驻华公使和总理衙门对自嘉隆河合流点一直到北岗隘所定的边界进行更改，在这一段，回到中越天然旧界上，这才是唯一合理、可以接受的边界。

我在这封信中附上我刚刚用几行字概括的纪要的一份抄件。

在我以前荣幸地寄给您的所有报告中，每当我论述广东界第二段的问题时，我强调了两国勘界委员会采用的那个走向的严重的缺点。我的意见总是这样：进行这一段的划界时候到来了，我不能擅自进行这项活动进而承担其责任，我将把我的职责视为受到很严格的约束的，我只有根据您的一道正式命令划这条拙劣的界线。

今天我不仅根据地图，而且还在现场深入研究了嘉隆河合流点一直到北岗隘的这条边界，我认为定界协议指出的那个走向不仅有缺陷，而且对于与广东省接壤的整个安南区域还有真正的危险。

无论如何，这一段中越边界应该获得对定界的一次更改，无论要获得这样的更改，还是要求恢复安南旧界，我们都不缺少证据。

由于没有接到您的任何命令去划第二段边界——不管它是正确还是不正确，我就像我以前向您报告的那样去做。我声明条约规定的走向不能接受，要求对这一段所定的边界进行更改，自北市一直到北岗隘恢复旧界。

但是，在一个这样重要的问题上，我十分注意无论在哪一方面都不把法属印度支那政府卷入进来，我所做、所说、所写，只以勘界委员会的名义，不给该政府制造任何麻烦，让它完完全全有满足我要求的自由，如果它认为我的要求有利，或者不同意我的要求，如果它认为与北京朝廷开始旨在为安南获得一项如此重大的边界更改而进行的谈判的时机尚未成熟。

6 月 25 日，法国委员会前往 Kiun Ling。

我把我的纪要交给李主任，他把中国代表团的纪要交给我，作为交换。会议持续时间很短。我声明说，边界的讨论已结束，自此我们再没有什么要对话的了。

返回横模时，我立即让人把钦州知府交给我的中方文件翻译出来。

这位官员的看法毫无改变，他一直坚持处处与定界协议相反的原来那一个边界走向。他唯一关心的仍然是引出一条直线，就是说，他认为一条自东往西的线，该线把峝中村留在安南一侧，把披劳村、本兴村和岭怀村留在中国一侧，他还把班奠村也补充进去。他甚至肯定他的这条直线的两端正好通到条约指定的两点，他认为，这两端的东点是嘉隆河西南支流开始流入平原的那点，西点是峝中旧圩。而根据定界协议和第一号地图，这条直线应该从嘉隆河西北源头起，到位于峝中旧圩北 3 里处的 A 点。

此外，还是河流只从平原开始的老论点。

总之，中国委员会的纪要重复了它到那时为止提出的所有理论。不过它包含一个新的理由，比所有其他的理由还更不合理。李主任为了证明他在嘉隆河西南支流选定的任意一点是他所选直线的起点，声称河流开始流入平原的这一点，距河流的合流点仅28～29里；这一长度比法国委员会所采用的西北支流36里的长度更符合两国勘界委员会确定的嘉隆河30里的大致长度。

但是钦州知府在这个问题上是相信那份中国人的地图，而且这是他手上所有的唯一一份，它在某些方面是恰当的，但对于嘉隆河两条支流的上游的标志，则是完全错误的。中方测绘员们没有溯这两条支流一直到它们的源头，这些地区路途过于艰险，即使级别很低的中国官员也很难通过。

实际上，大清帝国代表团团长认定的，或假装认定的等于28或29里的距离，超过36里。

法方委员会指出作为边界的，符合定界协议和第一号地图的西北支流总长35里，比中方委员会主任考虑的，不符合国际协议的西南支流全长超过36里的长度还更接近30里这个数。

这就是我在6月27日上午写信告诉这位官员的内容，把他的协议的法译本向他通报，让他能够让人核实他的观点是否被曲解了。

同时，我告诉他，根据我从电报得到的一些材料看，定界协议原本没有提到班奠应归中国。

我接到您就此给我的电报已有数日了，但中方官员没有再提出这个问题，所以我想他们也许放弃了对该村的要求，他们肯定知道他们的要求毫无根据，他们肯定只是为了欺骗我的诚实，利用我对表意文字的无知才强调这些要求的。因此，我当时并不认为应该对此主动进行解释。

当天下午，钦州知府把法国委员会纪要的中文译本寄给我，以便加以核实。

同时，他答复了我上午的信。他对我说，关于班奠，他还没有接到他要两广总督向北京要求的材料。我坚信他没有提出任何要求。

关于他认为是陆路边界起点的嘉隆河南支流上的那点，李受彤官员坚持认为它与合流点相距仅有28或29里；我向他谈到的36里的距离是我测的，此距离直达从山上流下的小溪尽头，这些小溪不能估算在内，因为它们不是在平地上流动。

28日，因为我头天就开始发烧未退，整天躺在床上，不能回复大清帝国代表团团长最后的来信。但29日一早，我就给他写信。

在把法国委员会的纪要的经过核对和补充的中文译本寄给他时，我肯定我以前对他说过的，关于嘉隆河的合流点一直到他选为陆界起点的那一点的长度，这个长度超过36里，而不是像他声称的那样，不到29里。

关于由张翻译所译的法国委员会纪要的中文译本，我要指出，不仅译文常常不准确，而且该官员还漏译了所有可能对中国人不利的段落。因此必须让法国委员会的翻译和秀才几乎全部进行了重译。

李主任一获悉，就告诉我，他想在当天下午派张翻译来找我要些材料。他通过另外一封信把中国委员会纪要的法文译本寄还给我，他只对该译文进行了一两个毫无意义的小改动。

张翻译的表现一如既往，来了，但带着一副痛苦的脸。他对两国委员会的分歧感到遗憾，他认为，我是对的，李主任是错误的，但是后者是不肯让步的，经过 8 个月的工作和谈判之后，还不能统一意见，他感到十分遗憾。因为广东委员会下一年还要工作，对大家来说都是十分辛苦的。难道不应该彼此进行让步，使两国委员会达成一项协议吗？

张翻译用目光询问我。

很显然，李主任也是十分希望马上解决问题的，他也是很不愿意看到把这个问题交给法国公使和总理衙门的。

据张翻译说，钦州知府可能会承认，为了遵循定界协议，从嘉隆河起的边界线不应通到峝中圩，而应通到位于其北面 3 里的 A 点。但是他对他以前主张的走向的唯一更改就是通过一条自南往西北的线把岭怀与 A 点连接起来，而不是通过一条自南往北的线把峝中与这一点连接起来。当张翻译向我谈到大清帝国代表团的这个所谓的让步时，我甚至没有答复他，我中断会谈，并对他说，这个问题只能在北京解决，因为与条约相符的边界，即我所指出的那条边界，甚至都不能为法国勘界委员会接受，因为它与让法国勘界委员会接受的那条差距太大。

我在这位官员离开之前，请他让人用汉字抄一份中方委员会的纪要和一份法国委员会的纪要给我，以便我将这两份用汉字写的抄件和用法文写的两份同样的文件寄给法国驻华公使，我这一边让人抄写这两份同样纪要的法文本，给两份李主任，以便总理衙门也有两种文字的同样文件。

张翻译给我带来一份李受彤主任的公函，我只能在他离开后才让人翻译。该函谈及法国委员会关于 A 点和北岗隘之间这段边界的划界纪要的那一章节。

钦州知府否认曾说过这一段的边界划分是广西委员会的事，而今他肯定说它属于广东。

然而他 6 月 22 日在横模是明确这么说的。他的话由他的一名翻译高声重复，而无须委员会的那名翻译更正译文的意思。他甚至好几次重提这个问题，全体法国委员都听到了，都明白了。

其中没有可以误解之处。李主任事后承认他犯了一个地理上的严重错误，他力图尽他所能摆脱困境，最后要求我删除我的纪要中提到他今天否认的这个声明的那一段。

在同一封信中，他坚持认为呈祥和定祥是两个不同的村庄，后者在我们所在的这个地区，属于中国，呈祥更靠西。中国的两个村庄板洞（Pan Tong）和那光（Na Quang）属于广西。

30 日，在给李受彤官员复信时，我告诉他，我对我的纪要不能进行丝毫的改动，它是包含了两国委员会之间所发生的一切事情的非常准确的报告。

我再次强调呈祥和定祥只不过是定界协议划给安南的同一个村庄；我补充指出，而且我认为那光和板洞是广西的村庄的可能性很小。勘界委员会的中方成员曾把它们划在广东，也许是有正当理由的；我自己手头上有一份关于那光的材料，它使我有一切理由相信那光恰好属于广东。

这封信刚要送走，我就接到李主任的另一封信。他给我寄来两国委员会的纪要的中文抄件，纪要是用商业字体抄在一些破旧的纸片上的。他说他的几个秘书都病了，所以他不能做得更好。

他最后告诉我，他身体欠佳，他一恢复健康就马上动身去东兴。

我立即把他要我寄给他的未定型的抄件寄还给他，并告诉他，我给他寄去的法文抄件是根据给总理衙门的方式，整洁、符合规格，我不同意他给我送来如此不合规则的文件给法国驻北京公使。

我今天对我把所提到的这些抄件退还感到遗憾，我本应保留下来以便交给您看，让您看看中方官员们对我们的失礼和不恭态度，他们每次碰到机会，总喜欢向他们的下属表示对我们的极其蔑视。

大清帝国代表团团长这封信的结尾使我思索。

他一恢复健康（不知他是真病还是假病）就打算动身去东兴。我们还没有签署工作结束的会议纪要，中方委员会还要回访一次法方委员会，它会来访吗？还是中方官员不向我们告辞就离开 Kiun Ling？我担心来自他们一方的一次新的蛮横无理的言行，使我再次被迫严厉地要他们遵守秩序，其主要的后果可能还会推迟我们工作的完成。

翌日，7 月 1 日，张翻译代表仍在病中的主任用法语写的一封信又增加了我对此事的担心。

这位官员告诉我，两国委员会各纪要的中文抄件一完成，就马上给我送来，但是帝国代表团不需要该文件的法文抄件，因为李主任刚派一名专差把它们的原本送去给两广总督。他接着说，他认为没有必要签署结束纪要了。两国委员会只有分别，等待法国驻华公使和总理衙门对有争议的边界走向进行决定了。

中国官员们的这些倾向使我大为恼火，我们第一期的勘界工作行将结束，尽管我们未能就解决最棘手的问题彼此达成一致，但是我对于两国委员会合适地、友好地分别十分重视。

其实，当我们未能达成一致的那些问题最后在北京得到解决时，我们还应再碰头。我们分别前夕的任何严重的冒犯，不仅会使我们与广东委员会恢复联系变得困难，而且会给大清帝国政府留下极坏的印象，将来会给法国委员会与中国其他省的代表团的关系带来一定的不便。

而且我们在广东边界还没有完全结束所有我们要做、我们能够完成的工作。我们还要放置陆兰和紫荆山的界碑。如果我们最终，可以说是悄悄地、互不正式道别地在横模分开，我们就不能进行这项工作。

因此，我决心根本不去哀求帝国代表团的一次访问，让它知道，在它离开 Kiun Ling 之前，两国委员们必须签署活动结束的会谈纪要。

7 月 2 日一早，我根本不考虑张翻译前一天给我的信，因为它没有公函的性质，我正式通知李主任，给他寄去一份只有几行字的很短的会谈结束纪要草案，并告诉他，在我们分别之前，我们只有唯一的一道手续要履行了，就是在这份纪要上签字，如果他同意里面的措辞，我们当天就在横模签署这份文件。

在我的信使返回时，钦州知府将这份纪要送还，要求进行几处修改，通知我下午大清帝国代表团将来访。

会议持续时间很短，但是完全在彬彬有礼的气氛中进行，李主任确实病得不轻，为了到横模来，费了很大的劲。

闭会纪要获得顺利签订。两国委员会彬彬有礼地分别，并约定在东兴碰面，商量陆兰和紫荆山的界碑放置一事。

这一令人高兴的结局使我十分满意。第一工作期的活动在良好的条件下结束，使人产生这样的希望，恢复工作，与广东委员会也好，与广西委员会也好，可能会吉利地开始。

其实与广东代表团将不会再有可能的分歧了，因为双方不能取得一致意见的所有问题将在北京解决。与广西代表团，没有料到有认真的讨论，因为它的几乎整条边界，都很明确地划出来了。

因此，只要不浪费时间地绘制边境地区地图，只要勘测两国的边界，放置界碑就行了。

一切都使人猜想到，在下个工作季期间，勘界活动将会迅速进行，因为我们也许不会遇到任何使第一期工程的进行受到阻碍和严重延误的障碍。

7 月 3 日，仍然生病的李主任让张翻译写信告诉我，他打算下午出发去东兴；但是，我让人询问给我送信的这位中国士兵，我得知他要到 4 日早上才走，和大清帝国代表团的其他所有官员一起。

与此同时，我通过公函通知钦州知府，我把法国委员会出发去芒街的日期定在 7 月 6 日早晨。

两封信相互错过了。

在离开横模前，我与先安州的帮办进行了一次长谈。这位官员是个大老粗，但是人聪明、坚强，忠于我们的事业，对该地区的事了如指掌。这次长谈使我记起张翻译在他 6 月 29 日拜访我时说过的一些话。

帮办使我对这位中国官员大胆提出的一些暗示注意起来，而我开始对这些暗示毫不不在意，甚至不明白。

他对我说，从大清帝国代表团周围的人的谈话看来，勘定第一段边界时把陆兰归还安南可能在广州产生了极坏的影响，两广总督在中国委员会的这次让步后，可能给李主任下达了一些明令，使他今后不再让出中国合法也好、非法也好占领的一寸区域。不过中国委员会也许获准向法属印度支那政府提供现金赔偿，而不愿把它可能被迫承认安南权利的地区归还这个国家。

我有充分理由相信最后这个情况，何况正如我在前面所说的那样，他向我指出了张翻译 6 月 29 日所讲的几句话的关键所在。

这位官员用一些痛苦的言辞和装出他在类似的情况下所惯用的夸张神态对两国委员会在第二段边界的走向上存在的严重分歧表示遗憾之后，用一种几乎神秘的语气对我说，他比其他人更希望调解一切，不被迫把分歧上达法国驻华公使和总理衙门，所以他考虑了很久，他以为已找到了一个办法，使两国代表团达成谅解。但是这完全是他个人的想法，还没有向任何人说过，甚至没有告诉李主任。

他在决心向我陈述他的想法之前采取这样的措施，以致我失去耐心，向他声明，满足法国委员会只有唯一的一个办法，就是忠实严格地执行条约，因此承认它指出的走向。我问他，这是否他要向我提出的建议。听了他否定的答复，我明确地反驳他说，没有必要向我提另一个建议了，这个问题将在北京解决。

张翻译不敢再坚持，但是我今日坚信他是受李主任的委托，以他个人的名义来谈金钱赔偿问题的，以便看我是否准备采取这个办法，以避免失败时牵连大清帝国代表团。

失败已是完全彻底的了，我甚至在知道其性质前就阻止了张翻译主动接近。即使我已知道是怎么回事了，我也会坚决拒绝的。我不会容许他人两次向我谈到这样可耻的交易。

（原件第 341 页）

给外交部长的副本

中越边界勘界委员会主任希尼阿 · 德 · 拉巴斯蒂德给河内印度支那总督的报告

发文号：35　河内，1890 年 7 月 30 日

总督先生：

法国勘界委员会在看到它与大清帝国代表团在广东边界第二段走向上不能取得一致

的意见后，于 7 月 6 日离开横模返回芒街，随后返回海防和河内。

这一旅行没有遇到困难。我们要反方向经过以前经过的各站，要经过那来、北市和禄扶再下来，并在北市把仍驻扎在那里以确保与芒街的交通线的护卫队的欧洲人小分队带走。

为了避开白日的炎热，我决定利用明朗的月夜行军，以减少人的疲劳。一段时间以来，在北市也好，在横模也好，大家已被这些边界地区的不卫生的气候折磨够了。

那来临时哨所自 5 月 26 日已空着了，我下令从北市派一只小分队到这个空着的哨所来迎接法国委员会，委员会应由从横模驻军抽调的一支东京土著步兵卫队一直护送到那里。

搬运行李只需 80 名苦力，但在出发前的两三天，我确信我不可能汇集这么多的苦力。自 7 月 4 日就离开该地区的中国代表团不管当地人愿不愿意，已把附近所有强壮的男人都抓走了，因而留下来的那些人的素质很不令人满意，而且其数量也不足。

自勘界活动之始，我就从未依靠过征用的苦力。因为这类被从家中拉来、被从工作中拉来的苦力总是违心地服务。而且这些征用只是在一些属于我们的区域实施，使百姓对我们不满。我一直避免这种获得苦力的办法。我宁愿付更高一点的价钱，得到一些各地自愿前来者为我服务，而不要被拐来的农业劳动力，因为这是些缺少投机的强盗。这个地区具有两个优势。离开横模时，尽管我由于缺少足够数量的苦力而处于严重的困境中，但是我不愿改变到那时为止我所采取的行动办法，也不愿向当地权力机关要求提供挑夫。后者会向我供给我想要的数量，因为这个地区的居民十分忠诚于我们的事业。但是农田工作正处于大忙季节，相当稀少的居民仅足以从事他们的耕作，因此，这样一种征召不合时宜。

因此，我只得满足于我所能找到的自愿的苦力，有 60 名左右前来。

把行李精简到必不可少的生活必需品，把所有不是非带走不可的东西存放在横模哨所，这个数量在迫不得已时是够的了，因此进行了出发前的最后准备工作。

但是在 6 日凌晨两点正要上路时，只来了 40 人。

我感到十分为难。

我不能推迟我的行期。

必须决心分成两批。我决定我立即与当时还在的委员会的唯一成员巴拉尔中尉上路，把候补成员波达尔少校、革里若中尉以及翻译巴德维尔先生留在横模，约定他们将于第三天和一支有部队护送的要到先安去的运输队一起去这个哨所，然后他们乘河运公司的船只返回芒街。

这些最后一刻突然出现的复杂情况和由此而来的对已采取的旅行措施的更改，使我不能按我所计划的那样，在凌晨两点离开横模。我离开这个哨所时已是 4 点了。

这一长时间的延误、路上的困难以及炎热，使得行军十分艰难，下午 1 点我才到那来。

没有产生任何后果的一次事件给第一天的行军留下了标志。

只要我对嘉隆河到北岗隘的边界走向犹豫不决，我就不得不承认中国人占领的所有区域属于他们，我不能提出相反的证明。

但是，一旦绘了地图，那个地区已完全勘察过了，我就知道大清帝国已非法地占据了我根据条约划的那条界和李主任违反同一条约指出的那条边界之间的一大片区域。

在两国委员会后来召开的一次会议上，我也向大清帝国代表团声明过，直到这个边界问题在北京获得解决以前，我认为安南和中国有同样的权利，甚至在有争议的这个区域比中国拥有更大的权利；因此，我今后将可以带着法国军队和东京土著部队在这个区域通行，不需要他事先允许，和中国人一样自由地带着自己的部队在这个区域通行。

当我要离开横模时，我就没有要中国人的卫队，经过这些有争议的区域。但是为了仍然不失礼，我经过嘉隆河北支流的渡口和同一条河的干流在大同奠的渡口之间的这个地区时，我表示希望得到一些中国士兵的护送。这个地区已被各定界协议划给了中国，对此不能存在怀疑。

但是，李主任为了不在居民的眼前失去面子，本愿派兵护送我，不论我愿不愿意。为此他前往东兴时，留下40名中国正规军的士兵和一位士官在Kiun Ling。当6日拂晓我带着我的小分队到达Kiun Ling时，我发现他们已准备好护送我。一名士兵给我送来李主任的名片，告诉我该分队的任务。

我不停步，让人告诉他，我是在安南，我根本不需要中国的卫队。几名中国士兵已经加入到我的前锋，我让他们回去，回到Kiun Ling去。

这样摆脱了中国士兵，我继续走我的路。

但是半个小时后，我转身时发现这支中国部队跟着我的后卫部队，相距约200米。这支军队的士兵身着新军服，很鲜艳华丽，各色旗飘扬。大清帝国的代表团肯定想对法国委员会尽地主之谊，出这样一支优秀的卫队，但是在目前的情况下，我一点也不愿意。

在第一次休息时，中国人超过了我的分队。上午9时，我在上二（Thuong Nhi）停下吃午饭，他们这时超出一大段距离，我看不见他们了。他们比我早一个多小时到达那来。

我刚到这个小屯，就收到一名中国士兵带来的那名士官的一张名片，他问我，我第二天早上打算什么时候出发去北市，以便一支中国卫队准备好护送我。

我的答复和在Kiun Ling的答复一样：我在安南领土上，我不需要中国的卫队。

凌晨一点半，我离开那来。中国营地里，一片静悄悄。我和前一天来迎接我的第一外籍兵团的小分队前往北市。在同一时间，一直从横模护送我的那些土著步兵返回他们的哨所。中国人没有发觉这两支人马的出发。当天亮后他们想让法军陪同时，他们就会发现法军已走远了，太迟了，不能赶上了，他们会十分失望。

在北市，我发现一些集中起来的舢板。这是我下令集中的，以便空出物资，装载疲劳的人。我向后勤部门要求给八只，但是除了这个数字之外，还来了另外的六只，力图受雇。

开始我认为不用注意，但是在半夜，当出发的时间到时，发现超过半数的苦力已逃走了，于是只好利用这些其他的舢板，它们使我们可以把再也不可能用人背的所有行李通过水路运输。

北市附近的好些居民在白天来找我，向我表示他们看到法军离开感到遗憾，由于这个哨所撤空，他们对他们的家庭、他们的耕牛、他们的收成感到担心。

不幸的是，我只能含糊地回答他们，不能向他们提出将来给予有效保护的可能是虚假的保证。显然，他们将受到海盗的摆布。

当凌晨两点我离开北市时，我还没有走两千米，回头看时，一道强光告诉我，我们刚刚离开的营地已被放火烧了。是几个海盗还是逃跑的那些苦力放的火，我不知道。然后我马不停蹄，继续走路。

在8日至9日我经过禄扶的那个夜晚，我剩下的一部分苦力又走了。到芒街时，我身边只有15名苦力。幸好，与小分队齐头并进的船队随着苦力的减少，帮忙装运行李。

我到达芒街后几个小时，副驻扎官卢梭先生告诉我，中方官员们想当晚出发到他们各自平常的住所去。卢梭先生上午到东兴拜访了钦州知府。

这一提前的离开与我一点关系也没有，因为我们还要一起放置陆林和紫荆山的界碑。因此我马上写信给李主任，通知他我已到达芒街，问他他认为何日何时适合进行这一最后的活动。

我的信下午3点才到他的手上，但是到晚上8点我才接到张翻译的一封复信。他告诉我，中国委员会主任身体欠佳，请我等到第二天，以便确定提到的界碑放置的日期。

7月10日，还是这位官员来信，他代表钦州知府向我提出11日下午4时这个时间。

我马上答应了。在指定的时间，尽管我发着高烧，但我还是和法国委员们到指定的见面地点东兴去。

几天来，有人一直在散布谣言，说陆林的居民在进行一场大的骚动，据说他们在进行防卫准备，他们决意要杀死所有到他们岛去冒险的法国人。

我几乎也不相信这些传闻，我只从中发现中国人在他们的对手的部队的势力之外时所惯说的大话。

不过不可否认，中国官员们尽一切努力煽动陆林的居民反对我们，把法国人描述成进入他们的村庄时将进行烧杀抢掠的强盗。天朝当局劝告他们离开家园，答应他们，如果他们到中国去住，将向他们提供钱粮的补助。

一些人受到这些许诺的诱惑，把一切家当都搬到东兴去了，但是他们没有等来中方官吏们曾答应向他们提供的大米和铜钱，他们靠几乎是被迫住进去的东兴居民养活，后者十分不高兴。

不论如何，我希望在安置界碑时防止出现陆林居民的敌对示威，让一些外籍兵团的士兵和 30 名民团保安员随法国委员会乘舢板沿河而进，而海军陆战队、外籍兵团和东京土著步兵共 75 条枪要去占领岛屿本身。

不过展开的兵力还逊于中国人，因为中方官员们众多的士兵，特别是没有大量的战旗是从不出门的。

两国委员会因此乘船沿东兴河而下，这只大船的后面是装载两国军队的 12 只舢板，而另外的小分队则沿河岸紧随。

确定陆林界碑的位置时没有发生什么事，但是不能到达紫荆山。潮水很快下降，舢板在无水的情况下再也不能前行到小河群这个迷宫中，这个小河群迷宫经过红树林，通到紫荆山。

中国官员们似乎根本不想在这个沿岸的海域乘船继续前行，对我说，反正紫荆山的划界，他们并不是非到不可；此事他们就托付给法国委员会了。

听到这一声明，我告诉李主任，既然我们的工作现在已经结束，我想在两国委员会今年最后分开前，到东兴去对大清帝国代表团进行一次道别访问。我问这位官员，他是否已定下离开东兴的日期。

他回答我说，他要等他的身体完全康复，可以不疲劳地旅行时再走，那是几天后的事了。

法国委员会在这天晚上 8 时 30 分、天黑时才回到芒街。我的烧未退。我一回来就卧床，4 天后，7 月 15 日才下床。

7 月 12 日，即陆林划界后的第二天，张翻译的一封信告诉我，李主任和中国委员会的全体成员当晚离开，至于张翻译，他还要留在东兴，直到 18 日上午。

天朝的代表们在我前一天深信他们要几天后才离开，他们也接受法国委员会对他们进行一次道别访问以后，匆匆离开，可以说是偷偷地离开，逃避应承担的最基本的礼貌义务，我觉得他们的行为很不得体。

7 月 11 日走遍了陆林的各小分队发现该岛已空无一人。居民们听从中国官员们的建议，带着他们的水牛和他们房子里的家具逃走了。

留下来的只是几名太弱而不能离家的老人。一名耕作者对法军的到来感到意外，企图逃跑，但未逃脱，所有的通道都有人把守，但大家并不想打扰他，甚至没有向他说话，他是因害怕才要离开的，因而发现法国人并不屠杀居民，并不放火烧村，并不摧毁他们的庄稼。

我的身体一康复，就和副驻扎官卢梭先生商量与这位官员和安南当局去正式占领陆林和紫荆山。

17 日早上，我们和海宁道台的代表、河桧知州、春烂里长和一支由海军陆战队、外籍兵团和民团卫队共 90 条枪组成的护卫队一起前往。

进入岛时，我们料到会发现该岛已荒无人烟，就像几天前听说法国人到达时一样，其实我们的访问并不是不逢时，因为前一天起经过商讨的消息已迅速地传开了。

我们看到一些耕种者在田里用水牛干活，看到我们走近，看到部队走近既不显出惊慌，也没有停下手上的活计。许多住房重新有人住上了，好几座最富丽堂皇的房子还空着，显然是这个地方的那些海盗头子的房子，他们被他们以前的行径严重连累，不想以后与法国权力机关打交道，所以认为最终搬走是谨慎的，到中国去定居，不想回来了。

陆林岛是该省最美丽的胜地之一：周围是高大的树林，中间由两个覆盖着杉树的小丘组成，这些高地和防止岛上的河流水位变化以及防潮堤之间的整片土地得到耕种，没有一寸土地抛荒。

海宁副驻扎官先生让人叫来在附近田里的几名耕种者，向他们保证，他们只要服从安南的法律，就可以像在中国统治下一样在法国保护政府之下过平安的生活，他们可以像以前一样耕种他们的稻田。

其中一名显得聪明的男人说话了，他说岛上的居民中有一些中国的秀才，他们因害怕法国人，听从天朝官员的劝告，离开陆林到中国去居住了，但是他们很怀念他们的家乡，很想返回居住。

芒街副驻扎官先生对他说，他们不必害怕，可以回来，只要他们遵守安南的法律，就根本不会有麻烦。

我倾向于认为向法国权力机关提出这一要求的这名中国人，自己就是置身其中的一名秀才，尽管他此时在干活，尽管他不比他周围的耕种的苦力们穿得更好，但是他的举止和外貌和其他居民的区别，表明他是一个受到更多教育、地位较高的人。

由于潮水小，我们顺利地到了紫荆山，这是个只有两间房子的小岛，但它是一个迷人的绿色树丛小岛。在覆盖着小岛的茂密树木的树枝中，栖息着一群群的白鹭，居民们尊敬这些鸟，把它们视为神鸟。没有什么像这一片土地这样别致了。

我确定要放置的界碑的位置在这个小岛上，我们再次经过陆林返回芒街。

后来的日子用来放置最后的石头界碑，没有发生什么事。

我十分着急返回河内，但是派东京土著步兵第二团的几个连代替将要在海防解散的第四团的几个连到边境各哨所去的部队调动，使我 7 月 24 日才离开芒街。

其实所有的船只都装运部队，为了把委员会的人员、马匹及其剩下的护卫队的欧洲人小分队装上船，必须要有一整艘大船交我使用。

20 日，在一艘不像其他船只那样拥挤的船上，我还是给我的小分队找到了地方。

因此，委员会成员单独留在芒街。24 日，因为部队的调动业已结束，委员会成员就乘河运公司的“安南号”汽船去海防，从海防去河内。

（原件第 382 ~ 393 页）

给外交部长的副本

钦州知府、四品官员致法国勘界委员会主任拉巴斯蒂德上校函

光绪十六年五月八日（1890年6月24日）

阁下：

划界时必须遵照前已拟就的有关这类边界的界约以及绘就的界图进行，有鉴于此，我仅将我们在多次会谈中谈到的，关于我根据上述界约和界图所划的那条边界线的各项问题向您详述如后。

“根据该条约，边界沿着嘉隆河河中走向，该河系北市河的一条西支流。此河长约30里，过此30里，边界线开始直接通到峒中村旧圩北3里处，即直至第一号界图的A（甲）点。岭怀、披劳、本兴、Pan Tien各村和位于本兴东南，与边界相接之分茅岭以及其他地方均归中国所有，那阳、峒中和其他地方划归安南”。

如果我们遵照这些规定，不加任何改动，一切将会得到解决。但是阁下并非在上述各村所在的地域内划线，而所划之线，又不从这两群村落之间经过，而是将岭怀、披劳、本兴、Pan Tien留在安南境内作为飞地，这是与界约和界图不符的。

考虑到北市河的这条西部支流到坑怀岭山脚止，有28里多长，这一长度最接近约30里这一长度，所以我认为以采用这一条为宜。因此，边界应该从那里开始。相反，北市河这条支流的对面，有3条小溪即双罗、北夹和那寮三溪汇合，一起流往东面，它们都发源于米馆岭的山顶，其长度为35里，这与条约不符。条约规定，边界线应该从这条支流而不是从东北的那三条支流起。

在界图上划的边界线把岭怀、披劳、本兴、Pan Tien划归中国，把那阳和峒中划归安南。该界线从这两群村落中经过，应该在这条线上进行划界，以使岭怀、披劳、本兴、Pan Tien诸地划入中国境内，那阳、峒中划入安南境内。

我们的这种做法将和条约与界图一致，而如果不顾划归中国的岭怀、披劳、本兴、Pan Tien等村和划归安南的那阳和峒中两村位于边界何侧，则勘界与条约及界图均相左。

自北市河的西边这条支流一直到峒中村旧圩划的这条线，根据条约，把被划入中国境内的岭怀、披劳、本兴、Pan Tien各村和被划入安南境内的那阳、峒中和其他地方分开，然后一直延伸到峒中村旧圩北3里处，并由此往北岗隘，这条线与条约相符，而如果从位于峒中北3里处的A（甲）点起，先朝东伸展，然后朝北伸展，最后朝西伸展这样划最后这条线，就不符合条约。

两国勘界委员会为将来将自己的决定永远留存，在芒街签署了一个条约和一份地图，这两份文件随后在北京获得法国公使恭思当先生和总理衙门的批准。因此我们必须以这

个条约和这份地图作为勘界工作的原则。如果我们不按照这份界约和这份界图行事，我们将有违国际协议，而如果我们遵循这份条约，一切事情将得到明断，勘界亦将顺利进行。

(该篇收入《中越边界历史资料选编》第690～692页)

(原件第394～396页)

给外交部长的副本

中越边界勘界委员会主任希尼阿·德·拉巴斯蒂德给河内印度支那总督的报告

发文号：32　横模，1890年4月28日

总督先生：

当我荣幸地把我3月26日的第29号报告寄给您时，我还没有命人将我在5月20日暂停的勘界工作恢复进行。

我还没有与大清帝国代表团恢复自3月18日中断的联系，但是这个月突然发生的各种事件导致恶化的局势迅速好转了，很显然中方官员们对我给他们的教训十分害怕，他们尽力使两国委员会的接近成为可能，使工作得以继续。

既然中方委员会让步了，我自己也准备接受妥协，只要这个妥协是体面的。我决定利用将出现的第一个机会在和解的道路上去迎接它。

我3月26日的第29号报告刚刚给你寄出，寻求的机会突然出现了。

从高平到海防去担任第八军区司令之职的塞尔维尔中校先生途中访问了驻扎在边境附近各哨所的东京土著步兵第四团的各分队。他准备从先安到横模，然后去芒街，如果他能经过中国领土，想视察该团被调任勘界委员会护卫队的那个连。

几个月前下达的一些命令允许向法国当局提出要求的中国官员借道东京领土，如果东京的交通线比在中国的更方便时。因此我相信我替塞尔维尔中校先生向钦州知府提出要求，以便他能通过中国的路从横模到北市去的要求会得到批准。

不过，在与大清帝国代表团团长正式绝交后，我不想亲自首先主动接近他，于是我决定离开北市48小时，以便这个问题由米什列上尉在我不在场时解决，我不参加有关恢复活动的第一轮谈判。

我于28日一大早就坐舢板去芒街，想在那里只停留一个下午，与海宁副驻扎官先生商谈一些事情，第二天一早就返回。

我走后几个小时，米什列上尉写信给李主任，请求他允许塞尔维尔中校先生经过从横模一直到北市的中国领土，在那来停留一夜。

中国官员急于想和法国委员会恢复联系，所以我刚刚采取的一切措施都是多余的，米什列上尉的信与李主任给我的一份公函相互错过了。李主任要求我让一支卫队护卫一名要来东京领土上测绘一部分边境区的中国地形测绘员，不过，为了不使我的部队劳累，他认为这样是无用的，这位官员还说，他更愿意我把法国地形测绘员绘制的所有地图借给他。

这份公函里还附有一封私信。钦州知府在这封私信中问我，两国代表团共同顺北市东河而下去最后勘定第一段边界时，法国委员会需要多少支舢板。张翻译第二天要来北市寻求我的答复。

但是李主任在一条附言中表示他想在第二天亲自来拜访我，如果他当时发着的烧退了的话，如果他在适当的时候烧未退，他就派陈 Ou Soan 官员代表他来。陈氏是帝国代表中级别最高的，而且是当时唯一还在 Than San 的。

米什列上尉几乎是马上就接到他早上那封信的复信，中国委员会主任不仅通知他允许塞尔维尔中校先生经过中国领土，从横模到北市，途经那来，而且还说，只要这位校官进入中国领土，就派一支中国正规军的仪仗卫队给他。

米什列上尉先生对给予的这一许可以及答应派卫队护送塞尔维尔中校过天朝领土表示感谢时，回答说，由于我不在，他不能把法国地形测绘员绘制的地图交给大清帝国代表团使用，但是我一返回北市，他就向我呈报这个问题以及下芒街、东兴所需的舢板问题，而且我第二天也许就返回，但是另一方面，他将向中方的地形测绘员们提供他们在东京一侧工作所需的卫队。他在结束他的这封信时，表示希望李主任第二天派张翻译到北市来，就像他所表示的想法那样。

这位官员 29 日果然来到北市，与米什列上尉就两国委员会之间真正出现的不同意见进行了长时间的交谈。这位军官强调了这些事件的严重性，重复说我在没有获得赔礼前，不会恢复已中断的工作。张翻译仍然夸张他的直率和装出来的善良，总是同意他的对话人。他以痛苦的言辞谈到所有这些令人遗憾的事件，他对这些事件感到遗憾，他宣称帝国代表们十分希望看到两国委员会恢复最初的良好关系，为了达到这个目的，他们准备向我进行我将向他要求的所有让步，如果他们有权，他们甚至会愿意把 3 月 16 日辱骂了我的一个士官，其无礼言行导致我们绝交的那名鲁莽的中国士兵的头颅交给我。李主任经过一两天的思考后，张翻译声称，曾打算将这名罪犯斩首以向我谢罪。他事先将罪犯监禁起来，并对他施以严酷的棍罚，但是这位士兵听说要把他处以极刑，就从 Than San 越狱逃走了，后来得知他被淹死了。

按照中国的法律，逮捕了其父，认为他对其子的罪行负有责任。可怜的老人受到了一顿痛打，被监禁在防城，张翻译对他不幸的命运表示同情。

我还能再提出什么要求呢？中国权力机关为了向我谢罪有没有尽心尽力呢？我会奢望中国权力机关对罪犯的逃跑和自杀负责吗？我会残酷到要求处死代其儿子本人受罚的无辜的老人吗？

不论张翻译撒的谎如何令人难以置信，但是米什列上尉似乎在一定程度上相信了。他表示很怀疑地反驳说，罪犯自杀和其父在远离事件发生的地点防城也许受到的几棒痛打，根本不会令我满意，我是要求对公开受到的侮辱给予公开的赔礼道歉，对此我肯定不会让步。

张翻译再次装出痛苦的样子，说钦州知府如此渴望与我恢复联系，因此如果我要求，他一定会把那名士兵的父亲带来，他会把他交给我，让我随意处置他。

米什列上尉回答说，对这样一位老人判罪不是我的事，但是，如果李主任把他带到 Than San 来，当着两国委员会及其卫队的面，公开对他进行体罚，无论如何，我会满足这一道歉，我将同意恢复工作。

这个解决办法似乎是合张翻译的心意的。他肯定李主任一定会接受。他返回 Than San。

这次会晤过去刚两个小时，我就回到北市，同时来了一封李主任给我的私信。

他自称已准备好让人把那名犯罪的士兵的父亲从防城带到北市来当众惩罚，请我宽恕这位不幸者，其子的不端行为的受害者。

我立即写信给中国委员会主任，说来信收到，通知我已返回，告诉他，我完全准备根据米什列上尉与张翻译已在下午商妥的原则与他恢复联系。

我补充说，请他就此正式给我写信。

与刚刚提到的谈判完全无关的一个事件按时间顺序就插在这里，但对这件事我不能闭口不谈。

29 日到 30 日的半夜，委员会各宿营地附近响起了一阵枪声，苦力住的半倒塌的一间屋子受到了枪击。苦力们惊慌失措，跑来说他们刚刚遭到身穿军装的中国正规军士兵的攻击。我让他们拿起武器，朝那所房子打了几枪，就将进攻者打跑了。走遍了宿营地附近的一支巡逻队再也没有发现进攻者的踪迹，后半夜十分平静。

4 名苦力受了伤，受重伤的一个，我第二天已用小船把他撤退到芒街的野战医院；他目前正在康复中，3 名轻伤者，我让人在北市对其进行治疗，几天后就能继续他们的服务工作了。

第二天，当人们恢复平静时，我发现夜袭所造成的影响并没有最初苦力们过分的想象认为的那样严重。

30 名中国士兵简化为一伙有 12 人的一般小偷，其中确实有一名冯将军第三子麾下的士兵和一名北市对面的嘉隆村的中国民勇，这两人身着军服。

委员会的两名前苦力组织了这次夜袭，其目的是偷我们牛群中的水牛，抢劫身上有点积蓄的苦力。

他们未能走近畜群，因为有人严密地看守着，于是他们不得已选择了苦力们住的那所房子，趁他们惊慌失措，把房子里几乎所有的钱和日常用品都抢走了。

在4月1日与李主任的一次会晤中，我向他提到了这件事，因为那伙强盗是在中国组织的，他们是在中国向那良的民团哨所借的武器，抢劫后也是退回到中国。

4月3日，我就同一个问题正式给钦州知府去信。我把那名中国士兵、那名民兵和委员会的两名前苦力的姓名告诉他，以及两名苦力住处的一些情况告诉他，我请他让人逮捕他们并进行审判。当天，我和法国委员会到 Than San 后，我有机会再次谈起此事，李主任口头上向我保证说，将进行审判，对这些罪犯施以严刑。

我确实得知，中国正规军的一些小分队立即在边界附近的所有中国村庄进行了搜查和寻找，但是他们不能，或确切地说不想发现罪犯，因为他们没有逮捕一个人。

几天以后，委员会的一名前苦力，这次武装攻击的主谋，在中国一侧的河边被他们一伙偷过的苦力认出，这几名苦力过河去，不管他愿不愿意，把他带回北市，立即严密地押送到芒街，交芒街副驻扎官先生处置，后者是唯一有权审理这件事，判决罪犯的人。

现在我回过头来谈有关边界划界的谈判。

我29日傍晚要求李主任来一份公函，他并没有让我久等，3月30日一早我就接到这份公函。

这份函几乎完全重复了头天那封私信的内容，里面又是关于那名辱骂我的一位士官的中国士兵的逃走和自杀的胡言乱语，罪犯的父母亲被逮捕和审判的叙述。钦州知府向我表示愿意让这位老人当众受罚，但他坚决主张在北市，而不在 Than San 进行。

此外他通知我，为了防止类似的事件发生，他已让人在 Than San 建了一个特别接待室，持我的信的士官将在这里受到张翻译本人的接待，而不再是第一个来的中国士兵。

最后，他请我尽快答复他有关去勘定第一段边界所需的舢板的数量。

同时，李主任在一封私信中问我，能否在3月31日，即第二天，接见他和帝国代表团的全体成员。

所有这些信函表明大清帝国代表团的全体成员十分希望结束目前的局面，他们觉得他们错了，知道他们对法国委员会进行一些让步，避免勘界工作无限期地停下去，对他们是有利的。

而我则仅要求他们走这条路，我准备赶快趁他们的一点主动与他们复交，以便继续尽管我尽一切努力积极地进行，但被各种事件耽误了的活动。

我在30日当天上午也立即回复了李主任的这封信，告诉他，我对我们关系的恢复感到十分高兴，但我强调了对一名法国士官受到的公开侮辱给予公开赔礼的绝对必要性。我请他尽快像他提议的那样，将罪犯士兵的父亲从防城带到 Than San 来，使他替子受罚，由钦州知府对他判处适当的惩罚。

我同时告诉他，为了证明我的和解思想，我不等这位亚洲人到达 Than San 后再恢复工作，但是相信他向我道歉的诺言，所以我命令从第二天起，即 3 月 31 日就全面重新开工。

在答复这位官员向我提出的各种要求时，我一方面告诉他，我将把法国地形测绘员们测绘的所有地图交给他使用；另一方面我将很乐意在第二天，即 3 月 31 日，接待他以及中国代表团成员的来访。

正如我向李主任所说的那样，在 3 月 30 日下午，我重新占领大同奠村，指示 3 月 31 日全面恢复工作。

但是已停了几天不下的雨，3 月 31 日又开始下起来，比此前任何一天下得都多，一直到 4 月 3 日，都下暴雨，实际上，地形测量军官 4 月 4 日才能重新到实地去。

3 月 31 日持续一整天的恶劣天气也迫使中国官员们推迟来北市的访问；李主任对不能来请求原谅。坦率地说，在这样一场倾盆大雨下，无法考虑从 Than San 到北市来，道路都如此坑坑洼洼了。访问被推迟到第一个晴天。

第二天，4 月 1 日，雨下得和头天一样大，不过近下午 1 时，我还是出去迎接从那来来的塞尔维尔中校了。

道路十分难走，马匹陷进很滑的泥浆中，不能往前走，只好步行，但十分慢，很艰难。

我无法设想中方官员们敢冒这样可怕的天气来这里。

我与塞尔维尔中校在近下午两点半回到北市时发现李主任的一封信，他通知我，中方代表团 3 点来访，对此我十分吃惊。

他们果然在预定的时间到来。

中方官员们的确十分想与法国委员会恢复关系，因为苦力们要付出极大的努力才能抬他们的轿子，我不知道他们是怎么顺利地通过几处特别艰难的路段。帝国代表们和他们的卫队从 Than San 来北市时，取道嘉隆河的东京一侧，中国一侧的那条路晴天就已很不好走，下雨就更不能走了。

我们最近的会晤是 3 月 2 日的事了，自那以后，相继发生了使我们破裂的事件。

中方官员们对法国委员会的访问，归根到底是一次赔礼的访问，他们急于进行这次访问。

他们的态度十分尴尬，我也极力使他们自然下来，避免一开始就谈论那些使我们的会议召开的真正原因的问题。不过必须要涉及这些问题。

这时李主任向我表示他对所发生的一切表示遗憾，向我重述了那名罪犯士兵逃跑和自杀的谎言，告诉我他业已下令，将士兵的父亲尽快从被囚禁的防城带到 Than San 来。尽管如此，他还是向我提出请求，对这位按中国法律要对其子犯的错误负责的亚洲人当众进行的惩罚在北市进行，不在 Than San 进行。他好像非常坚持要这样做，十分重视不让中国人知道这一惩罚。他显然害怕担任他卫队的部队的舆论，特别是在 Than San 的冯子材第三子谴责他在这点上过于向我让步。

但是我断然拒绝，我对他说，如果我愿意相信罪犯的逃跑和死亡，如果我仅满足于对其父亲进行惩罚的道歉，我就不能在让步的道路上走得更远，侮辱事件是在 Than San 犯下的，惩罚就应在 Than San 进行。

李主任不再坚持。

双方约定，我一得到赔礼道歉，两国委员会就沿界河而下，去放置北市一直到海的界碑。

会议结束后，塞尔维尔中校先生就他获准经过中国领土，让他使用中国正规军的卫队向大清帝国代表团团长表示感谢。

在这一情况下，钦州知府也表现得希望讨这名法国权威人士的喜欢。40 名身着新军服，由 3 名骑马的士官率领的中国正规军士兵扛着他们的所有旗帜，组成了这支从横模一直到大同奠的仪仗队。中国士官们也好，中国士兵们也好，可能都得到严格和明确的叮嘱，因为与他们的习惯相反，他们的军装一直绝对的整齐，在持续两天的旅行中，他们没有什么不当之处可谴责的。

因此，当它们4 月 1 日分别时，两国委员会的关系又变得很好了。

第二天，4 月2 日，大清帝国代表团团长给法国委员会成员送来钦州产的淡棕色的一些小茶壶以及一封非常亲切的信。对这些礼物，我立即表示感谢。这份礼物尽管没有什么价值，但还是证明中方官员们希望巩固刚恢复的关系。

3 日一早，李主任一封新的来信通知我，罪犯的父亲刚到 Than San，问我，法国委员们是否当天去 Than San 观看对他的惩罚。

我作了肯定的回答。

北市到 Than San 的路程来回都很费力，还未停止，而且下得很大的雨使道路几乎不能行走。因此，法国委员们及其护卫队（只有 30 人，这是所有能支配的了）到达中方官员的驻地时，一副狼狈相。中国人的营地已完全被水淹了，这是真的，谁也没有出来关注我们。值得注意的是：在狭窄的田埂上，这些最不好的通道，唯一可以通过的小径新铺上沙子防滑。

寒暄之后，他们就向我介绍一名 50 岁左右的中国人，说他是罪犯的父亲。我指出我认为他作为那位不幸的老人就太年轻了，对那位老人的命运，他们曾试图要我给予同情，然而，我不再作更多的坚持，因为我没有任何办法核实他的身份！

李主任告诉我，除了他在防城已受到棒打之外，他还被另打一百大板，此外监禁一个月。

接着，这名中国人被交给行刑者，被行刑者的几个助手平按在地，这时肉刑当着两国委员会和它们的护卫队的面开始了。

当受刑者被打到50大板时，我请李主任免去剩下的50大板；我让这位中国人过来，他跪在我的面前，我对他说，法国人不是中国人的敌人，两国人民今后应有频繁的交往，因此，法国人只想与中国人有真诚的睦邻关系，他的儿子侮辱一名法国人，因此犯了一个严重的错误，钦州知府在他的高级法院判处他严刑，但是我希望证明法国人对中国人没有任何仇恨，我替他向钦州知府求饶。

那名罪犯的父亲，或至少他们这样向我介绍的这位，再次下拜，然后被带走。

这样，使勘界活动耽误了10天的这件令人遗憾的事件就结束了。

我立即向李主任声明，法国委员会业已得到赔礼道歉，因此准备第二天一早就沿界河而下，去勘定北市一直到海的边界。

双方约定，如果一直如此不好的天气在夜间有点好转，这似乎是很不可能的，4日一大早就出发。

然而，4日凌晨，李主任的一封信通知我，天空变得晴朗一些了，中方委员会决定出发，中方官员们要在早上7时半到北市来接法国代表团。

我们准备在约定的时间上我们的舢板，但是中方委员们8时才到。

他们借口说嘉隆河的行船比他们所预料的要困难得多，但是我后来知道，他们在离开 Than San 之前处决了一位我现在也不知犯了什么过错的士兵。

李主任、陈官员和张翻译，而且也是在 Than San 仅有的三位，坐在一只悬挂天朝彩旗、经过特别布置的舢板上。

应他们的邀请，法国委员们与他们同乘一只船，开始顺流而下。

一支由几艘船组成的小船队尾随着代表们乘坐的舢板，中国人太讲排场，动用了太多的士兵、旗帜和军号，法国委员会的规模就小得多，我只带着少量的欧洲士兵和东京土著士兵，没有一声军乐向沿岸居民通报我的接近。

离开北市后刚一个小时，自清早起身就感到很不舒服的张翻译，病情变得更严重起来，不得不离开两国委员坐上另一只舢板，被直接送往东兴。

勘界活动进行了一整天，没有发生任何其他事件，两国委员轮流下到每一侧，在人们最常走的通道和最显著的各点放置一些临时的桩，这些桩在很短的时间内将被最后的石碑所代替。

晚上7时，我们一行到达东兴，帝国代表们在东兴下船，让他们的船把法国委员会一直送到芒街。

第二天，5日，是死人节（清明节——译者注），中国农历中的一个重要的节日，中方官员们在白天的交谈中数次提到这个节日，尽管他们也说打算4月5日勘定东兴到海一段的界，但是我知道他们在他们那为对他们的祖先表示敬意而大吃大喝将会很高兴，为了迎合他们的心意，我建议他们将勘界活动的剩下部分推迟到4月6日进行，他们对我的建议欣喜若狂，万分感激地接受了。

一个愚蠢的、粗鲁的中国小军官引起的一个令人遗憾的事件，就像以前的事件一样，差点再次搅乱两国委员会刚恢复的良好关系。

几个星期以来在法国的横模哨所附近的那个争议区进行测绘的巴拉尔中尉先生，就像商定的那样，带着一支由法国、东京、中国士兵组成的混合卫队工作。中国士兵由横模附近的 Lang Tong 中国哨所派出，他路过那里时带上他们。

4 日，当这位军官像往常一样带着他的苦力和他的由法国人和东京人组成的分队走近 Lang Tong 时，传来一声枪声——朝天开的枪，我愿这样认为——哨官，那名中国士官用一种不合适的语气声明，他不再派出卫队的士兵，他今后禁止法国军官们测绘这个有争议的区域。

巴拉尔中尉告诉他，李主任为了法国委员会的地形测绘员们能在混合卫队的保护下测绘有争议的地区下达了一些指示，而且以前他一直派出一些士兵，没有提出一点反对，但是白说了。Lang Tong 的这位小军官什么也不想听，巴拉尔中尉先生只好转身返回横模。

我 5 日下午在芒街得知了这一令人恼火的事件，我马上正式地给李主任写信，请求他严惩那名不遵守他命令的士官，指示他去向巴拉尔中尉先生道歉，为了防止类似的事件重演，采取他认为合适的措施。

这位中国官员上午要求我用中文给他写信，因为张翻译病了。我准备用中文给他写信。但是我的中国秀才这天也一早就去祭祖了。他烂醉如泥，不能写一个字。因此我这次只好还用法文写，说实话，我对不得不这样做请求原谅，但我为此很不愉快。因为我会担心李主任认为这一举动是我不怀好意的表示，而这只是我的一个雇员的过错。

不管怎么样，钦州知府在这一情况下，还是非常有礼貌。

我的信使返回时给我带来一封私信，李主任在信中对发生的事表示遗憾，他向我保证他已一再吩咐，要中国的官员们和士兵们对法国军官总要尊敬，他已下令，要 Lang Tong 的那位哨官去向巴拉尔中尉道歉，在他受了一定数量的棍责后，就把他调走。第二天早上，我接到一份公函，重复了同样的保证。

但是，我 5 日到 6 日的夜间接到巴拉尔中尉的一封新的来信告诉我，一切损失都已得到了弥补。

在 4 日当天，指挥 Pan Heng 哨所的中国军官是 Lang Tong 哨所这名军官的上司。前者知道他的部下所干的蠢事和失礼的言行后，急忙亲自赶到横模哨所来道歉，充当上午事件不再发生的保证人，保证遵照帝国代表团团长下达的命令继续向法国地形测绘员提供正规军卫队。

因此我能第二天给这位官员写信，对他那么快向我赔礼道歉表示感谢，并告诉他，由于 Pan Heng 哨所的那位中国指挥官的明智，一切都已解决了。

自这件事之后，没有一处发生任何其他的事件，法国人和中国人不论个人属于什么样的地位，大家的关系一直十分好。

在叙述东兴和海之间的划界情况之前，有必要简略地看一眼界河的下游以及该界河下游为海岸附近各地开辟的出口。

这条河流有不同的名字，上游叫博琅河，中游叫北市河，近河口部分叫东兴河或芒街河，大体的方向是西北往东南。

到了东兴和芒街的对面，它径直往东流，在那里，它再分为两个支流，一条直往南，从芒街城前经过，在玉山（Nui Ngoc）入海。这条支流完全在东京境内航行最方便，低潮时，只有几处微不足道的激流，散布着些并不危峻的悬岩。

第二条支流继续往东，在竹山注入大海。在正常情况下，它不如第一条水深，它的水道岩石遍布，急流众多，航行困难，不过在涨潮时，大航海帆船和汽艇可以沿该支流上下。

这第二条支流本身又一分为二，主流通到竹山，也是唯一可以通行大船的这条；较小的那条绕过陆林和紫荆山，在小狮岛的对面注入大海，但是在低潮时，它几乎到处干涸，涨潮时，也只能让吃水浅的小船航行。

在1886年的事件之前，芒街这座拥有三四千人（中国在安南境内的侨民）的美丽的城市，是边境地区最繁荣，商业最发达的城市。而在它对面的东兴，只不过是一个微不足道的小镇。应该说，芒街居民的品行为人所不齿，几乎所有的人都是十足的窝主，他们拿沿海的海盗带给他们的抢劫所得的赃物与中国做交易，他们的财富全靠贩卖安南妇女儿童的非法交易聚敛而来。

于是船只蜂拥开到芒街，主要是通过玉山的这条纯属东京的支流，它们那时也只能从那里来。

但是，自从海士先生被谋杀后，芒街和东兴的作用就完全颠倒过来了。

所有住在芒街的中国人，都在一定程度上卷入了这次可恨的伏击以及随后的一系列对芒街的法国哨所的进攻中，此外，他们的罪恶交易又受到法国权力机关的约束，于是都到东兴去定居，这样就把他们的店铺和财产转移到了中国。

今天，旧芒街只不过是一堆废墟，那里再也看不到一堵立着的墙，华人城已消失，只剩下安南人居住区，习惯上人们还称这个区为芒街，实际上叫和乐（Hoa Lac）。

但是来往于玉山和芒街这段河的航海帆船，不能这样取道东京的一条河流去东兴靠岸。由于逃到这个城市的中国商人的海上联系被切断，曾考虑从竹山开辟一个新出口，使东兴河的支流在涨潮时能够航行。条约已确定这条支流为中越的界线。

为了达到这个目的，他们把东兴对面、略近分道下游处，阻塞界河的一个天然河滩的卵石搬走。这样，从玉山支流一直流往那里的水绝大部分流进了竹山这条支流。第一条全部在东京境内，芒街的一切贸易以前都通过这第一条支流进行，从此却不能行船了。相反，此后帆船可以通过构成边界的那条支流航行于东兴与海上之间了。

中国人在这种情况下的所作所为无视所有人的权利，他们损害东京而改变了界河的状况，但界河并非专属他们所有，没有保护政府的同意，他们不能在那里进行任何工程。

法国地方政府得知中国人的这些在它眼皮底下发生的活动却视而不见，不加过问，这样就让芒街废墟彻底被毁，它从此丧失了主要的出海口，而它对岸的中国城却从中渔利，迅速扩大，并继续了它在这个地区的霸主地位。

中国人并不满足于这个结果。

芒街还可以通过他们刚刚使其能够通航的构成边界的那条支流与大海联系，不能拒绝与安南经商的船只在这条界河上航行，也不能拒绝装载着商品的船只经由这条界河驶往中国。

因此他们设法使我们也失去这个有一定潜力的出海口。

为此，他们不把那条主要支流的全程作为自东兴一直到竹山的边界，只把一直通往分道的这一段作为边界，从这一点起，他们采用绕过陆林小岛和紫荆山小岛的那条水浅的小支流，这样就切断了芒街能通过相当大吨位的船只与海上联系的最后一条通道，进而把芒街孤立起来了。

通过东兴、竹山这条河（这样其整个下游就在中国境内流动了）进行的贸易活动不容掉以轻心，因为我也亲自数过，到芒街刚建好的碉堡对面的东兴码头同时停泊的航海帆船有 14 艘之多。

这就是我 1889 年 10 月底到达芒街时的形势。两三年来，中国人在这一侧取了一条与条约确定的边界不同的，有损于安南的边界。而且为了再加强对陆林小岛和紫荆山小岛的占有，冯子材将军几个星期以前在这两处各设了一个由官军据守的哨所。

我从未否认过，陆林问题的解决将会提出许多的异议，但是，我一直没有事先向帝国代表们提起这件事，认为最好等可以解决这个问题时再讨论。

因此，4 月 6 日上午 9 时，当两国代表们在东兴开会讨论一直到海岸线的河界的划分时，中方官员们还全然不知我对此的打算。

5 日一整天都卧床不起的米什列上尉先生，坚持要参加勘界活动；但是芒街到东兴的骑马旅行使他疲惫不已，故他不能从东兴再往前行，只好租了一副轿子把他送回芒街。第二天，医生宣布他得了胸膜炎。

那天中国人摆起了比前一天更大的排场，出动了更多的部队、军旗和军号，除了坐在舢板上沿河而行的各支队外，还有另一些支队沿着河两岸走，一有机会，就向中方官员们行礼致敬。

芒街副驻扎官先生主动把他的小艇交给我使用，给了一队从民团中选来的出色的桨手，他们的灵巧恰与中国人的笨拙和中国人缺乏驾驶舢板的经验形成对比。

出发时讲好，下行时，两国委员坐在帝国委员会的那只舢板上，返回时则坐法国的小艇。不过，我通知李主任，要求他立即允许我和法国委员会成员离开他的舢板到我们的小艇去吃午饭，饭后即刻再与他会合。

一直到陆林附近的勘界进行得顺利，但是靠近这个小岛时，李主任坚决要求法国委员们自行去吃午饭。他说，他要在中国境放置两个界碑，但法国委员们不必陪他到河岸去，他想让我们避免空忙一场。

李受彤也许想欺骗自己，希望我事先没有研究我们划的边界，希望我急于只考虑充饥问题，听任他划陆林和紫荆山的边界而不加注意，这条界自然有损于安南。

这一阴谋太幼稚了，我不会上当，我回答说，等划界完全结束后，我们再去用午餐。

我刚张口拒绝，后面紧随着整支船队的两国委员坐的这条舢板，就拐往南，进入小支流。

我立即反对说，我们刚刚离开的是真正的边界，却进入了一条经过安南领土的支流。

钦州知府向我肯定说，我们恰好在界河上，并拿出一幅完全不准确的地图作为证明。在这份地图上，一条表示边界线的红线实际上是划在一个假想的陆林岛和安南之间。

我拿出一份边境区的准确测绘图和勘界委员会的协议原文进行反驳。

我接着说，我们走的这条支流几乎没有水，目前我们可以乘小船通过，因为海涨潮了，但是不论涨潮落潮，它都不适合大船通行，大船总是走主支流，即我们离开的那条，根据协议，那条主支流才构成真正的边界。

因此这一点是必定无疑的。

李主任对我的论据不作答复，只是对我说，既然我们进入这条小支流已相当远，目前最好走到尽头，从主支流再往回走；这样我们就可以看到有争议的小岛屿的整个四周，稍后我们就能更好地解决它们的划界问题了。

在这次争论中，舢板没有停下，并已赶了一程路，最后在名为小狮尾的那个小岛边靠岸，但我在小狮尾岛有一个界碑需立放。

小狮诸小岛，根据1887年6月26日的北京协议，无可争议地属于安南，但是该条约的法文和中文的意思出入很大。

法文本说：

“东经105°43′，即经过茶古岛[①]东端构成边界的南北线，巴黎经线以东的诸岛归中国。”

中文本说：

“经过茶古岛最高点、构成边界的南北线以东的诸岛归中国。”

可是茶古岛最高点位置的经度比东端的经度低好几分，在这样的条件下，小狮群岛就属于中国。

因此，李主任根据他的中文本的意思，认为有关各岛屿属于大清帝国。

---

① 茶古岛，汉名万注。在芒街以南，竹山西南。

在费了不少唇舌作了长时间解释以后，他最后还是同意应以法文本为准。他还说，两种文本存在的分歧不足为怪。因为无法用汉语表达经度、子午线等这些词；因此翻译们当然认为最好将这些词略而不译。

这位官员因而放弃对小狮群岛提出主权要求，但某件事还使他放心不下。

在茫茫大海上，我们怎么把界碑立在经过茶古岛东端的这条北南线上呢？

我不大容易向他说明我们不必划安南和中国的水界，各项国际条约就足以说明问题了。

双方委员从小狮群岛到了竹山，在中国领土上立了一块界碑。然后双方委员乘法国小艇从界河的大支流返东兴。

潮水退得很快，小艇常常费好大劲才经过急流，在岩石中困难地穿行，不过它还是比别的船先到东兴。

经过陆林北端的小支流的起点时，我发现它已完全干涸了。

6 日晚间，我接到李主任的一份请帖，邀请全体法国委员第二天到东兴去吃晚饭；这位官员还要求芒街的法国大夫去探视张翻译，他的病情加重了。

最后，中国代表团要在 7 日到芒街来与法国委员商议。

在这个城市，我再无场地接待中方的官员们，因此，我求助于副驻扎官革罗洛先生，他让我这次及以后开会时无偿地使用驻扎官的餐厅。此外，因为我只带来几名护卫兵，我就让卫戍指挥官和副驻扎官先生乐意主动向我提供的，一半为民团，一半为东京土著步兵的小分队向大清帝国代表团行军礼。

会议不长，陆林问题是会议的中心内容。我重新提出前一天的论点并进行了更详尽的阐述。

根据勘界委员会的协议，竹山和东兴的这段边界沿河自东往西；因此大家指定了那条属于两个地方的直道，沿着所指的方向延伸的大支流，而非那条小支流，因为它拐了一个大弯后才沟通竹山和东兴，先自北往南，后自东南往西北。

此外，我们不能把低潮时干涸的一条支流视为勘界，勘界委员会已明确地说明，这条支流不是边界。

而且我通过一些不容置疑的正式文件严正指出陆林区域和紫荆山区域是安南的，不是中国的。

李主任回答我说，条约的原文证明我是对的，但是他拿出勘界委员会绘制的那幅地图（我十分熟悉此图）给我看。这幅图上的红线表示边界，把陆林、紫荆山划给中国，他奉命按红线划界，他不能自作主张另搞一套。

其次，陆林和紫荆山属于中国的罗浮乡，而勘界委员会的协议也说这个乡属于中国。

再次，提到的所有这些区域只有华人居住，他们的财产在中国登记，他们在中国应试，在中国的政府求取功名。

最后，李受彤一定会用一些同样令人信服的文件反驳我出示的文件。他拿出的文件会十分肯定地证明，陆林和紫荆山自古以来就属于中国。

这些证据是似是而非的，我不难加以驳倒。

钦州知府称他只能根据表示边界的那条划在勘界委员会的那幅地图上的红线划界，似乎有一定道理。

根据 1887 年 6 月 26 日北京协议的最后几个条款，两国勘界委员会应该按照地图，没有提到各协议的原文；但是这些条款必须以各地图准确为前提，而这些地图显然并不准确，特别是在陆林地区，而且李主任也毫无异议地承认了这一点。

如果有争议的那些区域自相当一段时间以来属于中国的罗浮乡，那就错了，那天朝就非法地侵占了安南的领土。

至于我们双方能出示的那些材料，我完全可以拿来进行比较、讨论，确定它们相对的价值。

第二天在东兴，大家继续研究陆林和紫荆山的问题。

会议结束后，中方官员们表示希望对刚到芒街不久的格罗洛副驻扎官先生进行一次正式拜访，他们和他还没有联系过。他们请这位官员原谅他们对他只发出了口头邀请而且邀请也不及时这种失礼之举，并请他下午和法国全体委员同时到东兴赴宴。

接着，他们要求看看因病卧床的米什列上尉，我把他们引到这位军官的卧室，他们在返回东兴前，在这位军官榻前待了片刻。

大清帝国的代表们一返回去，就让他们的轿子、阳伞和由一些士官、一些骑马的军官率领的浩浩荡荡的卫队折回芒街，以便接我们。他们对法国委员会从未表现过如此的关切。这支中国卫队再加上几支海军陆战队、东京土著兵、民团和有芒街副驻扎官先生参加的法国代表团一行人的场面，可以向东京的居民和中国的居民表明，如果以前两国委员会之间发生了一些争执，那么现在则恢复了最完全的和睦，至少表面上是这样。

在整个宴会中，充满着真诚，中国官员们彬彬有礼，这些使人想起我们在最初阶段的融洽关系。此外，饭菜都是中式的，无可指摘。他们记起我们 11 月份津津有味地吃过的菜肴来。他们因此写好了菜单。

在我们受到大清帝国代表们招待的同时，中国的士官和士兵则招待卫队的法国士官和士兵。

我们告辞之前，去探望了张翻译，据芒街的医生说，他的病情有点严重，他得了血尿火旺热病。他被不适当地安置在寺庙的一角，根本不能得到如此的重病所应需要的治疗。

法国委员们很晚才回到芒街，以与出发去东兴时的一样的排场。

4 月 8 日，在东兴召开了新的一轮会议。我给大清帝国委员们看了一份安南春烂乡的纳税人名册。这份正式材料是原本，时间是 1837 年，属于明命皇帝时代，盖有省官员和顺化朝廷的大印。

这份材料不容置疑地证实，上述那个乡与安南帝国的分界线由界河的大支流构成，而非小支流。

陆林和紫荆山因而是安南的领土。诚然，这些名称没有出现在有关的那份纳税人名册里，但是从纳税人名册书写的时代对其进行说明也并不难办。两个小岛屿当时无人居住，也没有名字。稍后，从罗浮来的数名中国人来到两个小岛上住下。当时安南在边境地区的管理不力，即使只有几名中国人，也不能让他们接受统治，这些中国人继续由天朝官员管理，这样就产生了假象，以为陆林和紫荆山是中国罗浮乡的组成部分。

中方官员们看了这份名册后，既未对它的真实性，也未对它的价值提出异议，但却对我说，他们也会给我出示一些足资证明一百多年来有关的小岛屿就属于中国的材料。

他们先给我看一张破旧的纸片，他们说这是苦力统计，但是这份字据盖的印是一个中国小官吏的，什么也不能证明。我向他们表示了我的看法，他们并不坚持。

接着他们把一捆门牌拿到我的面前打开，声称其中许多门牌至少超过 90 年。

在对这些门牌粗略地观察后，我指出，我认为这些门牌作为暴露在无数次恶劣的天气下年深日久的牌子，显得太新了。我补充说，12 月我在越境的南西（Nam - Si）发现钦州知府的一些机构发的类似的一批门牌，并盖有钦州知府的印章，于是我就此向知府提出抗议，他曾说这种材料没有任何价值，因此我无法考虑他今天给我看的这些证据。

钦州知府于是把散乱在桌子上的证据收起来，并转换话题。

他对我说，陆林有居民 90 人，紫荆山有居民 32 人，因此，究竟由中国还是由安南占有这两个岛屿的问题，是无关紧要的，我们一定会就这一问题达成谅解。他向我提议进行一次互让了结，把紫荆山让给安南，留下陆林。

我拒绝了。中国把好的留给自己，把一文不值的让给安南，这不能接受。此外，这样做既不符合把两个地方都给安南的定界协议的内容，也不符合把两个地方留给中国的那份不准确的地图的走向。

因为这幅地图已被两国委员确认是错误的，所以我要求不折不扣地履行条约，目的并非使安南扩大两个小岛屿，增加 122 名居民，而是因为那条低潮时干涸的支流，对安南来说，只构成一条不合适的边界，而主支流则是比前者好得多的一条边界线，而且它也是安南帝国的传统边界线。

对此，陈（Tchen）官员说，既然我们所有的船 4 月 6 日很轻易地走了小支流，小支流的水比大支流的水充足，而我们那天沿大支流上溯时，却很困难，船身随时碰撞河底。

我指出，我们顺小支流而下时，是涨潮时间，而溯大支流而上时，是落潮时间，如果我们那天试图从小支流返回，我们根本就不能通过。

不过，陈官员的论点似乎符合李主任的心意。他表示希望两国委员会再次勘察小支流，核实它的通航性。我赞同他的要求，条件是在落潮时。双方确定了第二天重赴陆林的旅行。我负责在一回到芒街就了解落潮的时间，以便通知中方的官员们，确定会合的时间。

在离开东兴之前，法国委员们到了张翻译的住处，他的身体状况越来越差了。

晚上，我证实4月9日上午8时海水将下降，我就函告李主任，翌日早上7时，法国委员会将到东兴。

大清帝国勘界委员准时赴约。

那天，我注意避免借用驻扎官的小艇，以免使用时遭到损坏。

我知道低潮时的小支流的水况，我也熟悉陆林北端的那个阻塞小支流的巨大的卵石滩。我知道，小支流的整个河床都是一个接一个的卵石滩或泥沙滩，其间是一个个只有几厘米深的水坑。

法国委员们因此就乘坐了大清帝国委员们坐的舢板，装载着身着色彩斑斓号衣的中国士兵，挂满无数彩旗的舢板船队开始顺河而下。

潮水几乎完全退去了，阻塞河床的岩石露出来了；不过，吃水浅的舢板处处可以航行。

靠近陆林时，看到一支中国官军士兵小分队排列在中方一岸，拿着军号，举着旗帜，在等着中方官员行军礼。陆林哨所的驻军也出来了，排列在岛角。但也能注意到，阻塞小支流入口的大卵石滩露出来了，石滩完全干涸。

下行1时，一队有50～60名的中国人在几名士兵的监督下，在卵石滩中好像在拼命干活，这引起了我的注意。

对于我就此向李主任提的一个问题，他答复我说，这也许是些农夫在种田。

但是当我们靠得更近时，我清楚地看到他们正急急忙忙地在卵石滩中开凿一条航道。

我立即对这种不光明正大的行为表示反对，我对中方官员们说，法国委员们为勘察河道的本来面目而来，而不是为了来看一条被中国委员会出于自己的需要而加工布置过的人工河。

李主任很尴尬，保证说他没有下达任何这方面的命令。他接着说，如果他想开凿这条航道，他就会更巧妙地干，不会当着我的面进行。

我说，在一条潮落得可以让人感觉得出来的河里，只要有可能时就可干活，如果农民们头一天接到了命令，他们只好等落潮的时间来进行，而落潮只在今天早上才开始。

我没有再进一步坚持己见，见到中方官吏们一个动作的暗示，所有干活的人都已消失在河岸后面的灌木丛后。我们靠近那个卵石滩，整个石滩都干涸了，在刚开凿的小航道里，水深只有几厘米。不要紧，20多名中国官军士兵拉着纤把两国委员乘坐的舢板，从卵石上拖过去，紧擦着船底，发出不祥的声音。终于过了石滩，到了一个浅水坑，坑不很宽，过了水坑又是一个障碍，比第一个更难通过，就是这样，一眼望不到边。

但是刚到这第一个水坑，中国官员们的那只四处开裂的船就进水了，于是他们急忙唤来另外一些舢板援救委员们。他们并没有多大危险，因为这只舢板停在那里，水还没有漫到坐凳上。

然而法中两国委员们还是坐到几只小船上，原来坐在上面的中国卫队的士兵则全下去了。

我对李主任说，我认为从这次尝试中已可得出结论，没有必要继续下去了，我认为小支流不能行船已明白无疑。他不答复我，下令返回东兴。

但是风光的中国人的卫队不再跟随委员们了，他们被迫从陆路返回，只能更迟才到东兴。

两个小时之前离开这个城市时还大摆排场的中方官员们此时无随从、无军乐、无彩旗地返回来了。

他们自为官以来，肯定从未遇到如此狼狈的惨状。

下午1时，大清帝国委员们来到芒街。

在他们早上的失望以后，我预计会看到他们在陆林问题上进行的让步。

可是完全不是这样，他们几乎是傲慢的。

李主任首先声明，我为了得到陆林所使用的所有论据是完全正确的，我的要求完全合情合理；但是他有两个主要的理由不能表示接受。

首先，陆林的居民全是中国人，其中有些是中国秀才，他们拥有合法取得的财产，不能把他们的土地让给安南，从而使他们丧失其财产。

其次，他不能自作主张划另一条边界，而不划总理衙门寄来的那幅地图上红线表示的边界。但他也不否认这份材料并不准确。

既然我们在陆林问题上不能取得一致的意见，按照我们两国政府下达的指示，最好把这个特别问题放到一边，继续我们的工作，活动结束后，由总理衙门和法国驻北京公使解决。

我把1887年3月29日两国勘界委员会在芒街签订的协议放在李受彤官员的面前，对此他似乎已忘记了，我答复说这份文件既确保中国人，也确保安南人在他们国家边界以外可能拥有的财产。我接着说，当把安南的白龙飞地让给大清帝国时，并没有征求每个居民的个人意见，两国委员们只考虑各自政府的最高利益。而且，陆林和紫荆山的居民将受到法国权力机关很好的对待，不亚于受到中国权力机关的对待。正如我确信的那样，钦州知府对白龙飞地的他的新的子民和对那些一直就是中国籍的人一视同仁，给予同样的照顾和公平对待。

至于那条红线，如果我们认为它划得不正确，我们就完全有权更正它。我们勘界委员会的职责就是纠正勘界委员会的错误。

接着我对讨论内容加以概括，声明我对陆林和紫荆山提出主权要求有三条理由：①这些是安南的领土；②两国勘界委员会签订的各协议已明确地把它们划给安南；③最后，芒街地区不能通过沟通东兴和竹山的界河与海上自由联系，这是不能接受的。

但是，我已完全乐意遵循我们各自政府给我们下达的共同的目标，既然我们在陆林问题上不能彼此达成一致，那么这个问题就暂时搁置，交给总理衙门和法国驻华公使最后裁决。

不过，如果我们不能在这一如此微不足道的问题上取得一致的意见，那么恐怕我们将来对任何其他问题都不能取得一致意见，因为我们需要解决的难题要比这个问题大得多。

我涉及对我从未谈过，中方官员们自己没有料及的问题的探讨，这令他们大为吃惊。

首先，两国勘界委员会的这份协议列出了给予中国和安南的各地，把托岭、南里给了安南。

至于托岭，两国勘界委员会可谓张冠李戴了。看到这两个字用汉文写在北市—东兴这条河上，就以为是个村名，然而现在不存在，以前也不存在任何一个叫这个名字的居民点，这个名字只表示山中的急流。由于有许多急流和许多山，我甚至未能知道这个名字可以准确地用于何处。

但是，对于南里就不一样了，勘界委员会的各协议以及勘界委员会的各地图都把它划于右岸，而实际上这个村子位于左岸，在距河岸600到800米的内陆。

这份协议明确地规定了安南对这个村庄的权利。这样安南将在中国境内拥有一块飞地，法国委员会打算对它提出主权要求。

另一方面，直到这一天为止，我一直怀着诚意地勘探峒田（Dai Dong Dien）和峒中之间的陆界，我领导了朝西的地形测绘工作，因为我知道这一方向是很正确的。我丝毫不考虑两国勘界委员会的那份地图，它错误地把第一个地点到第二个地点的走向标为西北方向。

但是，既然李主任愿意遵循他的地图上所有不正确的地方，我自己亦将严格按照它的错误的标志，他照理不能阻止我。

因此，我要改变峒田和峒中之间的地形测绘工作的方向，不让我的军官们沿着推定的这条边界朝西测绘，我要把他们派往北、西北方向，深入中国境内。

对于一切他可能向我提出的抗议，我将以遵守红线进行反驳。

除此之外，我还告诉他，从峒田开始沿着北、西北这个方向，我将遇到一个他不知其存在的峒中，但却是一个位于广西的峒中。由于某种奇怪的混淆，也许是有意混淆，中国1886年的勘界委员会的地图制作者把这个峒中当作先安州的峒中了。

最后，既然我们不能立即解决陆林问题，我也无必要留在芒街，第二天早上我将离开芒街到横模去。我有必要在横模指导并促进工作的进展。

中方官员们几乎鸦雀无声地，十分吃惊地听着我的一长串解释。

1时开始的会议到5时半后才结束。

大清帝国委员们离开驻扎官邸时，到了米什列上尉的寓处。

与这位军官交谈片刻后，我把李主任一直送到他的轿旁。这时，这位官员问我，我是否能第二天一早不离开芒街，把我的行期一直推迟到13日。他对我说，他更想一起解决陆林问题，而不想向北京请示。他答应我重新研究这个问题，再考虑这件事，最迟在三天后给我一个最后的答复。

我答复说，我至少只能推迟一天出发，不能肯定我将在芒街一直停留到13日；然而我将尽力等待他的答复，但是我请求他尽可能快地给予答复。

芒街的那位大夫继续每天去东兴看张翻译，他的身体状况慢慢地好转了。

至于我这一方面，我几乎每天把这位官员需要，而不能在中国找到的东西送给他：炼乳、维希矿泉水、圣嘉尔米埃矿泉水、柑果、水果、蔬菜、新鲜牛肉、面包，等等。

10日，李主任给一直卧病在床的米什列上尉送来了一些燕窝、两根中国火腿、一大篮鸭蛋和好几盒法国糖。

在就此向钦州知府表示感谢时，我表示想第二天11日去看望一下张翻译。

但是，我11日早上接到帝国代表团团长的一封信。他请我将我对东兴的访问推迟到另一天，因为他自己这一天想在1时来看米什列上尉。

接着几个小时后，他又给我来了一封信，要求两国委员会1时在芒街开会，会议结束时，他打算去看看米什列上尉。

自己通知说1时来的大清帝国代表团两点才到达。

这一推迟以及早上要求在芒街开会（而根据当时惯例，两国委员会理应在东兴开会）的那封信，使人预感到某件不同寻常的事发生了。

果然，会议一开始，李主任宣布，大清帝国代表团已决定在陆林问题上同意法国委员会的意见。

我问他以什么为原则。

他对我说，他完全承认陆林是安南领土，而且两国勘界委员会也把它划给了安南，因此同意法国委员会对这个小岛和紫荆山小岛的主权要求，不过，为了让他替在陆林雇的那位秀才在中国找个工作，为了让不愿留在安南统治下的居民有时间迁回中国，也为了谨慎对待某些敏感之处，他请求我把在这些地方的立界碑工作推迟到我们的作业结束以后。

我愉快地接受了这一要求，我不是不知道陆林的居民中有一批惯犯，如果这些惯犯不谨慎地到边界的另一侧去，肯定很快就会与法国的司法机关发生纠葛。至于最后一个理由，而且是主要的，我也明白：就是使冯子材将军在我们面前退却，使他在朝夕之间撤走他的士兵，大概不大容易。

无论如何，我也向李主任声明，既然在陆林问题上他表示了通融，我对于南里飞地亦完全给予通融。

实际上，我无论如何不愿把这个完全是中国的区域给安南，与其说有利，不如说会造成麻烦。对于这个区域，这个国家只是由于两国勘界委员会的一个错误而得到权利而已。

但是既然出现了机会，表明我们在向中国让步，我就一定要显得对此高度重视，不论怎样虚假。

我的意图是把南里作为未来互让了结的一个交换基础。我也对钦州知府说，在划界条约中我将只提出安南对南里村的权利，我将保留这个飞地，以便有必要在广东边界第二段划界时，拿它与另一个区域交换。如果我们划这段边界时，认为没有必要进行任何交换，那么从现在起，我就保证把南里归还给天朝，不要求任何补偿作为交换。

但是，李主任不接受这一写法。他认为，这样他会受到总理衙门的严厉切责；他希望条约中根本不提南里和托岭，这是勘界委员会的两个错误，因为，他说，进行这两个更正，我们就使在我们之前处理边界问题的委员会受到切责。

我不能接受钦州知府的看法，不能让人猜想法国委员会相当轻率地勘察了现场，以致连这样重大的错误都不能发现。

于是帝国代表团团长要求，在中国境内构成一块安南飞地的南里完全划给天朝。

我拒绝了。由于这次不大重要的讨论很有可能旷日持久地拖下去，我就对李受彤官员说，既然他十分想请我拟订第一段划界的条约草案，对于南里，我将尽力找到同时令两国代表团满意的写法。

至于托岭问题，则很容易解决，我们双方都未能知道这一地点在何处。双方一致决定，将不对这个问题作更多的注意。

这次双方分开时，时间也很晚了，天朝的委员们探视过米什列上尉先生后就回东兴去了。

他们刚离开，我就草拟条约草案，晚上由巴德维尔翻译译成中文。

自张翻译病后，巴德维尔先生工作量很大，除了口头翻译，三四个小时的会议下来很累人，他还负责所有的笔记工作，中国委员会里，没有人能胜任。

这位官员显得完全胜任这项艰巨的工作，对于他在这种情况下付出的劳动，我只有表扬他。大清帝国代表团团长也感谢他，称赞他。

12 日上午，我把条约草案的法文和中文本寄给他，以便他在开会前研究。法国委员们下午两点前往东兴。

双方讨论第一段划界条约的定本。

应大清帝国代表们的请求，对我的草案进行了几处微不足道的更改。

接着，南里问题又提出来了。这次，他们讨论这个问题的态度很不诚实。

他们竟敢肯定中国的边境没有叫这个名字的村庄，我定名为南里而且我认为位于北市—东兴河中国一侧的村庄叫那里，不叫南里。他们肯定说，负责中国境内这一段边界地形测绘的军官搞错了，他不习惯于汉语的语音，别人对他说的是那里，他却误听为南里。

可惜对于中方官员的不正当的论据，不是地形测绘军官隐约听清了这个名字，而是指挥其护卫队的那名中国军官用汉字写给他的。我对此进行了一次长期认真的调查，我亲自询问了一些居民，他们都口说笔写，他们的村庄叫南里。我并非信口开河，我对我的调查有把握。我把这件事告诉了中方委员们。

于是李主任向我提议把这个村的一些居民找来，他们会证明这个村叫那里，不叫南里。

我答道，可能事先受到指点的可怜的农民的证词对我没有任何价值，然而，如果所说的正确，就可能有一些正式文件，比如一些纳税人名册，在这些册子上应该有这个村子真实的、可靠的名字。

李受彤的答复相当晦涩。他说没有关于南里（他继续称之为那里）的任何正式文件，接着他又提到条约关于他很想恢复其真名的这个区域的这一段的写法。

在我们进行了相互的让步之后，我们一致同意一个方案：根据这个方案，法国委员会在指出安南对构成中国境内一块飞地的南里的权利后，把这个地方让给中国，条件是如果在第二段划界期间发现安南境内有一部分或几部分被包围的中国领土，中国委员会保证也让出一块类似的飞地。

这一方案使我无权拿南里与一个未成为飞地的区域进行交换，但实际上，这对我无关紧要。

我之所以延长这一讨论，特别是我之所以把第二段广东边界提出来，是为了隐瞒我关于这段边界的真正意图。

我对于我实际上毫不介意的一个区域似乎十分重视，并把这个区域留于将来的互让了结之用，使人以为我打算划北市一直到北岗隘的边界，而正如我在我 3 月 26 日的第 29 号报告中告诉您的那样，我只想研究这一段，因为我不会划一段如此不正确的边界，除非您向我下达这方面的明确命令。

根据各种可能性，边界第二段的最后走向这个问题因此只能在北京得到解决。总而言之，没有必要过分地关注中央政府可能已将其忽略的面积如此小的一部分区域。

最后，中方官员们要求在条约的中文本中，对于经过茶古岛的南北线，只重提北京条约的中文本，同时完全承认条约的法文本在这一点上与北京条约的法文本相符。此外，他们要求在中文本中不提法文本中指出的界碑的方位，并声明中国人不能理解我们的角度测量。

我不认为应该进行反驳，因为若有疑问，是以法文本为准。

在看望已开始康复的张翻译后，两国委员就分开了。

14 日在芒街开了一个很短的会议。重读了经过头一天修改后的条约；全部问题都意见一致；双方商定，在芒街准备两份法文抄件，在东兴准备两份中文抄件，第二天在东兴签署。

大清帝国代表团在离开芒街之前，去看望了米什列上尉。

15 日，在东兴签订各份条约，没有再进行讨论。

同时签订了法国委员会的地形测量军官们绘制的地图的各原稿，亦由两国代表签字的一些用透明纸描的地图交给了天朝的委员们。

然后我辞别了大清帝国代表团，我要几天后才在东兴与他们会面。在向张翻译告辞后，我就和法国委员们返回芒街。张翻译的身体状况继续好转，一恢复健康就要返回广州。

当晚，我把我出发的日期正式通知李主任。第二天，16 日，一大早我就赴北市，下午顺利到达。

总之，第一段边界的划界取得了圆满的成果。

大清帝国委员们在经过无数次自吹自擂之后，在他们的特别谈话中用各种方式重复同样的观点之后，在他们对为了扩大他们的领土，牺牲安南领土利用划界来驱赶边境的中国各界居民进行道歉之后，把他们要求得到的区域全让出来了，当然其间不无争执。

把陆林归还给安南这件事，在该地区异常快地传开了，产生的效果，对我们的事业十分有利。

在海宁省，中国人是入侵者，是压迫者，安南人恨中国人，但又怕他们，中国人有一点失败，安南人就幸灾乐祸。

另一方面，归还陆林对于军方，广东的中国传统一派（以冯子材及其儿子为代表）是一个失败。

这些武将对于撤离他们新近设了一个军事哨所以证明对这些地点——他们想并给天朝的占有的一个区域，只有感到十分恼怒而已。在冒失地前进后又不得不在我们眼前后退，他们对法国人的仇恨肯定有增无减，但是他们在广东的居民中享有的威信也将受到很大的损害。

而且，他们好像暂时停止他们的一贯的、不明智的、公开的敌对行动。

应法国代表的一再要求，北京政府严厉地切责了他们，要他们保持沉默，这已得到证实。至少表面上他们服从了。

李主任在一次谈话中对我说，将军的第五子冯相华道台 4 月初就从滩散（Than San）回到东兴，因为他得了重病。也许他料想我会让芒街的那位法国大夫去为他治疗，像对张翻译那样，但是我对此装聋作哑，不予理会。

而且，如果我听信某些传言，冯子材太老了，现在不能行使他的指挥权了，不久前，他身边有一位高级武将协助他。

如果是这样，可以希望对我们的事业如此不利的这个家庭，其政治命运已没落，它的这种命运完全归功于其家长的所谓的军事胜利，当人们当作一尊老偶像来顶礼膜拜的这一位一谢世，这个家庭也就崩溃了。

我谨随函附上广东边界第一段划界条约的法文本的一份抄件。

正如您将看到的那样，这个条约并不完整，它缺少东京境内的第2、第3号界碑地点的标志。

工程结束后，它们应该放置在紫荆山和陆林，2号碑在紫荆山，3号碑在陆林。

这份条约到那时才能得到补充。

到那一天，东京一侧的所有临时界碑都将被永久性的石碑取代。

（原件第411～451页）

给外交部长的副本

中越边界勘界委员会主任希尼阿·德·拉巴斯蒂德给西贡印度支那总督的报告

发文号：37　涂山，1890年8月24日

总督先生：

中越边界勘界委员会第一工作季的活动于1889年10月24日开始，1890年7月23日结束。

法国委员会在进行这些工程中所遇到的各种困难，使它不能像开始希望的那样迅速地进行这些工作。

不过这些困难是应该料到的。

因为我们是从其中最棘手的一部分，从东京边界确定得最不准确的其中一段开始的。两国勘界委员会谈判了9个月后才对一个走向取得一致意见，而这个走向是极不清晰的，甚至在实地对这个走向进行研究之前，大家就肯定它不准确，因为它3年来导致了无休止的领土争执，法国地方当局和中国地方当局不能在两个邻国满意的情况下阐明各定界协议。

此外，我们要与之打交道的广东中国当局被公认为最敌视欧洲人的。

1886年和1887年，这个当局在与法国代表团的谈判中不满足于使用可以说是亚洲人的外交传统的拖延和欺诈办法，在凶杀方面亦并未有所收敛，使法国委员会中最杰出的成员之一海士先生落入一次埋伏，他就在这次伏击中被杀害了。

法国勘界委员会不害怕这类的诡计，为了防止这些诡计，他们采取了一切措施。

尽管这样，在正式知道大清帝国代表的姓名之前，我们担心其中有勘界委员会的前

成员王道台（王之春——译者注）。他是海士先生被谋杀的煽动者。我们担心他们中间还有亲自指挥了谋杀的名叫 Wang Pou Mau 的小官员。

但是，这两名官员未被北京政府正式委派，虽然王道台甚至没有出现在边界附近，Wang Pou Mau 小官员却被委派入中国代表团，到处跟着中国代表团，奉命把代表团毫不了解的地区的情况告诉代表团。尽管该代表团的团长是个知府，它的一个成员是边境地区的知县，可是对那一带却一无所知。

我们还要考虑冯子材将军的威望及其几个儿子的威望，他们在广东的威望主要是他们对法国人的无比仇恨。大清帝国委员会主任李受彤恰好是钦州城的知府，而冯子材将军的官邸就在这个城里。钦州知府尽管与这位高级武官的关系很不好，但知府软弱，惧怕这位将军，听凭他的摆布。

冯子材的第三子，广西道台，执掌东兴的军务，天朝代表团在这个小城逗留期间，他要向他们转达其父的仇恨，并加以夸大。往后，他要随着中国委员会到滩散（Than San），尽管他没有任何正式的委任状。其唯一的目的就是要在 Wang Pou Mau 和其他几位他的亲信的帮助下，使中国官员们敌视我们。

因此，自划界工程一开始，我们即使不能料到有一些严重的争执，至少应料到有中国人挑起的无数的小事件和对所有定界协议留下的模糊的或只是不明确的一些没完没了的棘手的讨论。

不过，在两国委员会的前几轮会晤中，中方官员们在表现出十分有礼貌的同时，假装急于迅速圆满地完成工程，假装有通融的倾向，这些现象最初看来似乎是以后的活动的一个吉兆。

但是这些表面上无可指责的态度持续不长。

在口头保证让法国委员会的地形测绘员勘察并测绘中国边境区后——这对于我们有把握划定真正的边界是必不可少的——他们不仅拒绝在保证上签字，还禁止法国军官们进入天朝的领土，想让我们接受一条边界线，不让我们有可能去实地研究这条边界线，因而不让我们有可能去讨论这条边界线。

只有求助于总理衙门，让北京政府出面干预，让中方官员们重新认识形势，让他们允许法国委员们派人勘察中越两侧的边境。

尽管我们最后获胜了，但是大清帝国代表们的食言使工程受到很大的耽误。

东京境内芒街和罗浮附近地区的地形测绘工作结束后，我为免无所事事，只好前往北市。当李主任按照总理衙门的明确命令，允许法国委员会的地形测绘员进入中国边境区时，我又被迫让我的军官们后撤至东兴。

刚抵芒街，我就发现中国人越权侵占了安南领土。他们已占领了陆林和紫荆山两个岛屿，并在前一个小岛设立了一个军哨。

在北市，我很快发现了一个同样的例子。中国地方当局不尊重两国勘界委员会确定的嘉隆河界，划了一条界，将位于河右岸的整个南西（Nam－Si）区域包括在天朝境内。

很明显，边境的小官吏们在这种情况下只不过是按照上司的指示行事，在这条假想边界的另一侧发现的所有布告、门牌实际上都盖有钦州知府李受彤的大官印。被问到的居民们都一致回答说他们的村子属于中国。

这样，多年以来，中国当局无视国际协议，对陆林和紫荆山以及位于嘉隆河右岸和所有位于上游的小村庄、各条约已明确划给安南的一些地区进行了军事占领，并进行治理，侵犯了安南领土。

中方官员们并非不知道。他们想以最快的速度完成划界工作，使我们不能够勘察并研究边界，他们也许以为法国勘界委员会老实可欺，在他们的愚弄下会不知所措，进而同意他们的所有掠夺。

但是，当他们肯定我们为了不上他们的当采取了一切措施时，他们就改变策略，随时给我们制造困难，让我们忍受无数让人恼火的小家子气，明显地力图使我们丧失耐心，其目的显然是使我们放弃对边界的翔实细致的勘察，让我们接受一个他们中意的走向。

他们的如意算盘打错了，他们获得的唯一结果就是使划界活动延长了，使一些讨论延长了数个月，而这对于一些按规定、心怀诚意的人来说，只需要几天时间。

1 月底的春节成了中方官员们再次放慢工程的借口。而那时突然出现了好几周的坏天气又使划界工程延误了很多。

而法国委员会则根本不管什么星期天或什么节日，为了工作，利用天气条件可以外出的每一天，中国人则抓住出现的一切机会，以便什么也不干。

可是他们不停地表示希望尽快结束工作，而他们的行动与他们的说法总是不一致。

2 月中旬，发生了一些争执，两国委员会之间的关系僵化，后来形势变得更紧张了。

法国军队进入两国委员会划给中国的所有区域是争执的信号。

北市下游的边界已完全勘察了，必须往前推进。

我想在那来村部署法国委员会卫队的一支分队，以保证被派到这个地区的地形测绘员的安全。

由于嘉隆河右侧的东京领土上无路可通，我们只好越过这条河的左岸。但是事情并没有丝毫意外之处，两广总督在开工之前曾亲自表示希望两国委员会无论何方均可沿着边界任何一侧走，以便更好地向居民们表示两国政府间存在的和睦关系。

中方官员们远未遵守这一愿望，趁着出现的第一个机会对法军临时部署在一个我当时确凿地认为属于中国的地区设置了重重的障碍。但是，正如我几个星期后了解到的那样，这个地区应该属于安南。

也许中国人对不等划界活动就占领这个区域的合法性有怀疑，当我表示想进入这个区域时，他们向我提出反对意见。

经过两天口笔谈判之后，我竟不无困难地获准经过天朝的领土。在两天的谈判中，我不得不将位于法国人还未勘察的地区的那来的位置告诉了中方官员们。对于这个地方，我只有一些不准确的情报，而中国官员们尽管不当地占领这个地区已有多年，却对它一无所知，这真是咄咄怪事。

但是，当我在谈好的日期和时间准备到嘉隆河的左岸时，我却被帝国代表们禁止经过此河，他们在河岸摆开一支由冯将军第三子指挥的他们护卫部队的强大队伍。

尽管我进行了说明，但是中方官员们声称还不知道那来在哪里。我只好派一名为我效劳的人替他们去当差，带着一支中国侦察队一直到这个村。他们明确答应我不虐待他。但是虽然他最后确实没有受到任何粗暴的对待，却不得不承受来自中国士兵方面的不断的侮辱。他得到这样的警告：法国委员会走后，万一他落入中国人之手，他就会由于替我们服务而被砍掉脑袋。

我的邻人就是这样理解两广总督所叮嘱的通融和融洽。

经过一个被浪费来进行无益的谈判的上午之后，为了过界，我只好等着李主任的一份公函，回复我根据他的要求给这位官员的一封信。但是，我等的信没有来，来了一位中国老仆人，他代表钦州知府给我带来口信，对这口信我什么都不明白，而且我未注意听，因为信使的身份低下。

我不能忍受对这样一种无礼的行为不提出抗议，因此我下令立即返回北市，当晚在北市写信给李主任，对于他方法的欠妥表示强烈的不满。

在好几天之后，进行了新的令人讨厌的谈判之后，我才能最后在 2 月 18 日到达那来。

我马上在那来派几名军官去横模。我想我能够迅速地工作。我拥有足够的地形测绘人员，可以同时在广东边界的第二段也是最后一段的全段进行工作。不幸得很，中国人不怀好意，又使我丧失了宝贵的时间。晴天时候过去了，又下起雨来，有几个星期不能做什么事。

3 月 13 日，在北市和峒田之间发生了一件特别严重的事件。峒田驻有一支法国委员会护卫队的支队。

一个外籍兵团的士兵受到 4 名中国士兵的侮辱，这些士兵还用枪口对着他。这几名中国士兵带着枪和砍刀，在一名骑马的士官的指挥下，正在嘉隆河的右岸，即东京领土上进行定期的值勤。

这是一支在指挥下值勤的武装部队对安南帝国领土的公然侵犯。它在由一条河构成的两国边界十分明确地经确定了的一点过了界。

除此之外，中国士兵是根据他们长官的命令带着武器威胁一名单独的法国士兵的，这位士兵的冷静和谨慎的举止避免了交火，但是这件事恰好发生在帝国委员们及其卫队驻地对面，看得见的地点。几天前李主任还向我提抗议，因为他声称有一些不带武器的东京土著步兵有时晚上到边界附近的中国村庄抽大烟，因此这件事就更严重了。

尽管我进行了一次认真的调查，但是我未能查清这些说法的准确性。然而，经过加倍严密的监督，这些类似的事件，即使可能发生过，肯定没有再发生。

这样，中国人认为一些东京土著士兵夜间单独不带武器地偷偷到中国境内去抽大烟的行为是不好的，却派一些武装小分队大白天到东京来值勤，他们的士兵在我们自己的领土上辱骂和威胁我们的士兵。

我一刻也不耽误，提出了强烈的抗议。当天，另一名带着武器、身着军服的中国士兵来到峒田，被我下令逮捕，送到芒街驻扎官官邸的牢房监禁。

像往常一样，钦州知府把错误推给他的一名部下，并答应惩罚罪犯。我有理由怀疑他会这样做。

但是，中方官员们以禁止中国士兵过界为由，马上下达了最严厉的命令，禁止中国的任何商人再到我的住地来。

边界沿线部署了岗哨封锁线，禁止任何人过界，一直到那时为止由于中国边境居民的供货而货源充足的北市市场，变得突然空虚了。

法国委员会及其在北市和那来的卫队受到了封锁。

试图偷偷到北市来的中国商人，如果被中国官军抓住，就被抢劫、被痛打并被送进牢房。

我的苦力几乎全是左岸的居民，他们干完活后就到中国各村去休息、睡觉。中方官员们悬赏捉拿他们，他们中有多名被捕，受到折磨。他们身上所有的钱被没收。

同时，防城知县——中国勘界委员会的成员，让人到处张贴公告。他在公告中声明禁止天朝的居民与法国人有任何联系，并把后者描述成一些危险的强盗。

中国委员会不满足于这些用仇恨煽动起来的敌视我们的措施，还将卫队人数增加了一倍，并把由冯子材第五子率领的250名中国官军士兵由钦州一直强行军到滩散来。

根据巴黎内阁和北京朝廷达成的协议，大清帝国代表团的部队不应超过300人，这时突然达到了约500人，其目的显然是恫吓我们。

最后，北市和峒田之间的嘉隆河右岸的所有居民答应中国官员们的再三请求，或确切地说屈从于他们的威胁，离开东京一侧到中国去定居。因为他们看到周围是无数的中国士兵，而法国人一方，北市和那来各只有110条枪。

在几天内，这个地区全都空无一人了。居民们拆掉他们的房子，把材料搬到中国一侧去重建家园。

于是中国人自以为可以为所欲为，他们的狂妄已无限度了。

3月16日，冯子材将军第五子率领的援军到达滩散的当晚，我派去的带着给大清帝国代表团团长的一份公函的一名法国士官就在这位官员的驻地，受到一名中国士兵的凌辱，一大群小官吏则放声大笑，他们的嘲笑持续到这位法国士官走出很远，听不到为止。

我立即要求给予显著的赔礼道歉，我希望公开赔礼道歉，因为我确信李受彤从未使对法国人犯有过错的中国人受到一次他答应要进行的惩罚。

等了48小时之后，因为只得到一些含糊的道歉，根本没有得到我应该得到的赔礼道歉，我就通知钦州知府，我停止与他的一切联系，停止各地的工作。

这一局势持续了10天。10天后，中国人发现他们不能使我挨饿，不能让我接受他们的要求，也不能使我在他们得到增援的卫队面前后退，就决定进行一些妥协的尝试，向我表示愿意对我的士官受到的侮辱进行一次小范围的赔礼道歉。

我认为应该接受，以免我们与大清帝国代表们的关系进一步恶化。

最后，是他们而不是我们让步。

我们恢复联系那天的夜间，即3月29日至30日的晚上，一队由中国官军士兵和北市对面各村的中国民团组成的武装，甚至连军服也没有脱，到东京一侧来进攻法国委员会的一些苦力住的半坍塌的一所房子，为我服务的3名中国人和一名安南人分别被枪击伤、被刀砍伤。第二天一早我就知道了几个进攻者的姓名和住址，并请李主任严厉惩罚他们。他答应了，但根本没有实施。

那来和横模方面，也发生了一些令人遗憾的事件。钦州知府没有充分满足我再三提出的要求，以制止犯罪，防止罪行的再度发生。

这样，2月22日一早，米什列上尉和德斯革雷·迪·鲁中尉在那来附近的一座山，有争议的区域工作，当地的一个向导一直把他们带到山头。这名不幸的土著人遭到卫队的中国士兵的凌辱之后，又被其中的一个举刀威胁。两位法国军官及时有力的干预才避免了流血。也许这位山里人因曾热情地为我们服务，为我们指出了这些尚未勘察的地区的所有鲜为人知的小路，如今已付出了生命。

我要求对犯罪的那名士兵进行杀一儆百的惩罚，李主任像往常一样答应了，但只限于把这名罪犯从那来营地叫到滩散营地来。

4月4日，巴拉尔中尉率领几名法国士兵和几名东京土著士兵离开横模，像平常一样，到Ling Toung哨所去要一支中国卫队，以便到有争议地区去工作。到该哨所附近时，那里朝他打来一枪，那个中国士官拒绝向他提供平时调出的卫队。

当天，本兴哨所的那名指挥官确实亲自来到横模，为他的Ling Toung那名部下所犯的错误表示道歉。但是后者所受到的惩罚仅仅是被调离。我从未能知道，朝一支法国军队开枪的那名中国士兵是否受到稍微严厉的惩罚。

6月4日至5日的晚上，一队通过长二和本兴从Li Hao来的中国海盗在近10点时突然袭击了距法国委员会驻地步行要两小时的那咘和附近的几个小村庄。

本兴哨所的中国士兵在夜幕降临时肯定看到海盗们经过，也许有几名中国士兵甚至还加入了海盗的行列。

可以肯定的是，这伙海盗在抢劫后从他们来的路返回，抢走了一些妇女儿童和50头水牛。

那咘的居民惊魂初定后，即招呼附近所有的男人至其处，接着便勇敢地追赶走得很慢、驱赶着他们的俘虏和抢来的牛群的中国人。

正当他们即将在本兴平原追上这些强盗时，早已看到这支强盗队伍，也可以说在监视这支队伍的中国士兵们阻止跑去解救他们的妻子和孩子的土人通过。

中国士兵与海盗的勾结再明显不过了。

第二天，我正式向身为钦州知府的李主任告状，要求他严惩罪犯。

6 月 6 日，这位官员回答我说，他要对这件事进行秘密调查，然后呈报两广总督。

为何要进行一次秘密调查？事情是非常简单的。

我与李主任在这次事件后的各次会议上的谈话中，他对我说，这件事情的解决将是漫长的、很困难的。我十分清楚，他不愿进行任何调查，实际上他没有进行调查。

对于中国下级官员和士兵与海盗携手共同对付东京居民的明显倾向，钦州知府远未加以严厉制止，以防再次发生这种事。不仅如此，他还鼓励他们，并保证不予处罚。他心照不宣地支持对边界附近的安南村庄的抢劫，不仅支持一些土匪武装，也支持一些穿军服的官兵武装袭击我们的拥护者，像 29 日至 30 日的晚上在北市就是这样。

实际上，大清帝国代表团的官员们，首先是李受彤团长，是很满意他们的手下对服务于法国委员会的当地人、对其卫队的士兵和军官、对这个委员会的成员们随意侮辱、无礼、甚至威胁。

李主任本人亦是无礼的始作俑者，他派一名老苦力来向我传口信，作为对一封公函的答复。

但是，他不会仅仅满足于这一次的失礼。

6 月下旬，当肯定两国委员会不能就广东边界的第二段走向取得一致意见时，我请求这位官员把两国勘界委员会制定的关于这方面问题的协议的中文抄件寄一些给我，以便转给法国驻华公使时，他给我寄来一些不干净的破旧纸片，上面写满了潦草的汉字，有意让人看不清，我让他的信使拿回去，并请他给一些更合适的抄件。他答应了，但没有给我送来。

最后，当两国委员会 7 月份在芒街分开时，在放置了陆林和紫荆山的界碑后，大家口头约定，双方将互相进行一次告别访问。中国官员们声明他们还要在东兴待好几天，互访的日期将在以后确定。这一声明宣布的第二天，李主任告诉我，他当天与中国委员会的全体委员要走时，我大为吃惊。

工程完工后，大清帝国代表摆脱对一个邻国的最基本的礼貌义务是这样随便，这十分清楚地表明，他们开始的一切友谊的表示都是装出来的。实际上，他们在容许并鼓励他们的手下对我们的无礼后，他们在朝我们射出支支帕提亚人之箭（喻指临别时的刻薄言行——译者注）时，为亲自做出对我们有失礼仪的事感到高兴，因为这一行动提高了他们在被他们治理者眼中的形象，使边境的中国居民忘记他们把陆林和紫荆山归还给安南时一时的软弱。

这些就是我对负责1889年和1890年广东和东京的边界划界的中国广东委员会提出的主要不满。

我说是主要不满，因为如果我试图叙述中国官员们使我们遭受到的所有小麻烦事，他们在工程进行中挑起的所有愚蠢无知的争执，说来话就太长了，看起来也令人厌烦。

我只能限于那些不能回避的事件，限于那些我们的民族自尊心不能忍气吞声地接受的事件，限于那些损害我们要保持完整的法国的尊严和威信的事件，无论在我们有义务保护的居民眼中还是在我们要求其给予我们尊重和尊敬的居民面前。

我现在用几句话概括上面列举的不满之处。

（1）天朝侵犯了安南领土。天朝军事占领安南的陆林和紫荆山并实施统治已达好几年，至少有3年无视国际协议，统治南西村和位于嘉隆河右岸的众多小村子，不等划界活动，侵占了这条河源头和北岗隘之间的一些地区，而根据定界协议，这些地区显然是属于安南的，还在这些地区部署军哨，安插文官，命令所有的居民穿中国服装，留中国发式，自称为天朝的子民，否则处以死刑。

（2）中方官员食言。他们在允许法国委员会的地形测绘员在中国领土上测绘边境区后，突然又收回成命，在总理衙门的明令下才又准予对该地区进行测绘。

（3）不仅中国士兵，而且主要是中国官员与蹂躏安南边境区的海盗勾结，这已被证实了。中方官员不仅不采取措施以制止这些强盗行径，反而给予鼓励和支持，保证不惩处经过中国的海盗和加入海盗的中国士兵，或者让海盗及加入海盗的中国官军士兵自由经过边界。

（4）粗暴地侮辱和暴力威胁法国代表团的仆人或代表团卫队的军人，一名中国士兵朝法国委员会的一名军官成员开枪。

李主任只对罪犯进行一些象征性的惩罚，向所有的人表明他同意中国人对法国人的粗暴态度和挑衅。

（5）一支武装中国军队侵犯了安南领土。这支军队在一位士官的指挥下，过界来值勤，按照这位士官的命令，对一名在安南领土上从这些中国士兵旁边经过的法国士兵举枪相向，以威胁他的安全。

（6）增加中国委员会护卫队的人数。巴黎内阁和北京朝廷已商定每个委员会的卫兵人数不能超过200人，可中国委员会的卫兵突然达到500人，而法国代表团支配的卫兵从未超过250人。

（7）最后，帝国代表们在不同的场合对法国代表们一再做出失礼的事。

所有这些指控（其中多项指控是严重的，谁也不会放过）是我们要求给予重大赔偿的原因。

不向北京朝廷提出强烈的抗议，等于我们承认软弱，而边界的中国人必将利用这点来反对我们。那时他们的狂妄就再也没有限度了，法国官员和中国官员之间的联系将变得不可能了，对于我们来说，恢复划界工程将会变得非常困难。

如果我们不控告、不要求赔礼道歉、不获得赔礼道歉，承受帝国代表们在刚结束的这个工作季中对我们的历次欺负，他们在下一个工作季就会以蔑视压倒我们。

不过，迄今为止，虽然谨慎和理智告诫我们应尽量忍耐，但我们的容忍不会没有限度，通过我们坚决的态度向中国人表明，我们要受到尊重，每次他们对我们不尊重、不礼貌，他们就要付出代价，这个时候似乎到来了。

李受彤主任和中国勘界委员会的官员们会试图把所有犯的错误的责任推给他们的手下，这是徒劳的。北京朝廷会借口它已下达明确的命令，要各个级别的中方官员礼待法国人，这是在边远省份，它得不到完全的服从，力图以此来进行欺骗，那也是徒劳的。

如果相信这样的谎言，那是十分幼稚的。

其实所有的中国官员，不论其职位高低，都是严格遵守他们接到的北京政府的指示的，北直隶的官员是如此，最边远的省份的官员也是如此。

他们不会不知道，他们被认为犯有一点违抗罪，就会被杀头，或至少被发配到蒙古去。

欺诈和两面派策略自古以来在中国就受到提倡，天朝各级行政官员继续使用这些古老的不道德的民族习惯做法，西欧人，特别是法国人天真正直，常常为此上当受骗。

除了一些正式命令，一些要求遵守国际协议、尊重外国人的公开命令外，还有一些完全相反的、强制性的、明确的秘密指示。中方官员，特别是最小的那些官员必须严格遵守的是后面这些指示。他们要想尽一切办法竭尽全力逃避和违背条约，秘密地煽动中国人最卑劣阶层的仇外情绪。

所有的人，从小人物到大人物，扮演着机灵的、很会做作的角色，在任何不诚实的诡计前不让步，在任何谎言面前不让步。

钦州知府李受彤一再郑重地表明他下达了最严厉的命令，要他的士兵尊重法国人，对为法国人服务的当地人不要粗暴；他表示要结束海盗行径，结束大白天在他的府境内进行的安南妇女儿童交易的诚意；但是当有人告诉他那些仆人侮辱了一些法国人或几名法国人时，当有人向他揭露他的士兵与海盗串通一气时，他没有进行任何惩罚。因此他鼓励了那些凌辱欧洲人的人，因此他支持了强盗行径而非镇压。他声称不能让人服从他时，他在厚颜无耻地撒谎。

他下令想尽办法损害我们，而他的命令也得到了执行。

他是唯一负有责任的人，因为他的信誓旦旦的声明无异于保护了所有对我们从事了应受到指责行为的他的部下。

两广总督表面上态度十分友好，最通融，下达了一些正式指示，要中国代表团及其护卫部队在法国代表团附近行走，在法国代表团附近住下，两国代表团及两国部队可以不分彼此地通过东京的路或中国的路。

然而，中国代表团从不愿住在法国代表团附近，从不愿与法国代表团一起走。我在前面已叙述过，大清帝国代表们阻挠法国委员进入的并非中国领土，而是阻挠法国委员进入有争议的领土。

李主任没有遵守两广总督的命令，受到过谴责没有呢？肯定没有。

因此，他肯定接到密令，要他根本不要考虑引起一定议论的转给法国驻华公使的那些正式的指示。

北京中央政府并非不知道钦州知府在这些不同情况下，在整个勘界工程期间对我们所持的态度。

这位官员常常因他给法国委员会制造的无数困难而自豪，法国驻华公使只好将我荣幸地向您提到的那些不满转给总理衙门。

您已十分希望特别要求他受到惩戒，因为他统治属于安南的一些领土达好几年。这是不可否认的事实，我在一些安南村庄找到一些盖有钦州知府大官印的布告。这位曾参加 1887 年勘界委员会的官员，十分清楚边界在哪，不能把不知道作为借口。

北京政府根本没有指责这一侵犯安南领土的行径，而且默许，并奖赏李受彤。

勘界活动的初期，他还只是署理新设的钦州二等府的知府。

几个月之后，北京政府赏识广东勘界委员会主任对中国事业的杰出贡献，因为他善于让他的手下侮辱法国人，支持安南领土上的强盗行径，所以任命他为该府的正职。

因此，对所有违背条约的行为，对所有对我们犯的错误唯一负有责任的是天朝的最高权力机关。北京朝廷应向我们进行一次明显的赔礼道歉，我们的态度应坚决到使它不能通过什么脱身之计或亚洲人惯用的诡计来逃避。

在进行一次赔礼道歉的原则得到同意后，应该研究什么将是要中国政府让步的性质：要求对李受彤知府、对中国勘界委员会全体成员、对冯子材将军及其儿子，一句话，对表现出最敌视我们的所有中方官员采取一些严厉的措施，是打错了人，因为他们只不过是来自最高当局的指示的执行者。

另外，如果给我们这种赔礼道歉，那也完全是虚假的。它会假装为我们牺牲这些官员，会解除他们的职务，但肯定会提升他们，并派到一些更好的岗位上去，也许会选一些对我们更不友好的人到东京边境来替换他们。

因此，应该把人的问题放在一边，在别处找要求得到的赔偿。

从各方面看都最有利的赔偿，就是对嘉隆河合流处到北岗隘之间的边界进行一次重大的更改。

而且有必要指出，这里实际上只不过是把 1887 年被法国勘界委员会让给中国的一块安南领土归还安南。

天朝的代表们那时如此坚决地要求得到这一侧的领土的一点延伸，以致法国委员会在经过9个月的谈判后，决定让步。

放弃了两国天然的历史边界线，而选定这一段的一条传统的界线后，当时大家认为意见一致了。

安南失去了整个八庄区，丧失了嘉隆河右岸的至少半个柯荒社（Ca Hoang）（包括南西村和中国人后来置于自己统治下的所有附近小村），它还失去了俭缘（Kien Duyen）区的两个社，总共9个半社。

这些领土位于山区，土地贫瘠，人烟稀少。它们的居民不多，仇恨中国人，希望回到安南的统治下。

我将在另一份报告中陈述天朝想通过占有这些地区得到的好处，以及中国这样扩张领土、损害安南对我们的危险。

1887年的法国委员们受到给他们看的那些错误地图的欺骗，这是因为他们没有看到一张符合实际情况的地图才接受这条不准确的边界。

法国勘界委员会之所以拒绝接受这个走向，不仅因为它不能接受，而且因为大清帝国代表们不满足于遵照定界条约的规定，而企求安南方面进行更大的领土让步。

尽管两国勘界委员会进行了长期艰苦的谈判，但未能达成协议。法国委员会认为1887年选定的那条约定的边界不能接受，并根据对方为了让法国代表们接受这条边界而明显地进行欺骗的事实，要求对嘉隆河合流处到北岗隘之间的这一整段定界进行更改。

在这两点之间，只有一条边界是恰当的，就是那条旧界，直到1887年，它将中国帝国和安南帝国分开，它沿着博琅河一直到独木舟可航行的界线，然后通过山脉最高的山脊线到北岗隘。

为了东京的安全，也为了镇压广东附近的强盗行径，我们必须恢复这条1887年的勘界委员会使我们丧失的边界，其丧失的原因可说是无意的，因为它的老实而被大清帝国代表们给它看的不准确的地图欺骗了。

我们的一切努力集中在广东边界的这个更改问题上，以便从天朝得到1887年如此不幸地让出去的八庄和俭缘那9个半社的归还。

为此，法国勘界委员会在1890年6月24日的协议中所引用的要求更改界址的论据本身似乎就相当有力，可以使我们胜利。但是，提出我们对广东中国委员会的无数的指控，将使这些论据更为有力，因为北京政府是唯一对这些指控事实负有责任的，我们应从这些指控的事实中得到赔偿。

若要使这种赔偿有利于我们，而且若要向边境居民证明力量在我们这边，而不在中国一边，则这种赔偿应该使嘉隆河合流处到北岗隘之间回到安南旧界上去。

陆林和紫荆山归还安南这件事，在整个海宁省已经产生了很好的影响。归还八庄区和俭缘区共9个半社将是一个重大的事件，这件事将在更大程度上有助于巩固我们在东京东南的统治，更何况它的第一个成果将是使我们能够迅速消灭还在蹂躏边界地区的中国匪帮，使这个地区得到安全感，如果我们最终把这些领土让给天朝，这个地区就永远得不到安全了。

因此，这就是要从我们对中国的指责中获得的唯一可利用的、有利的、实用的好处：要求嘉隆河合流处与北岗隘之间恢复中越的天然旧界作为赔偿。

（原件第 454 页）

中国社会科学院创新工程学术出版资助项目

国家社科基金重大特别委托项目
西南边疆历史与现状综合研究项目·档案文献系列

中国社会科学院创新工程学术出版资助项目

国家社科基金重大特别委托项目
西南边疆历史与现状综合研究项目 · 档案文献系列

法国档案中的清末中法（中越边界）划界史料选编

（下 卷）

张宁 孙小迎 李燕宁／编

社会科学文献出版社
SOCIAL SCIENCES ACADEMIC PRESS (CHINA)

第七十七卷

目　录

9 月 7 日　法兰亭先生对新的勘界工程的建议
9 月 17 日
9 月 23 日 勘界委员会将由各军事辖区司令主议
12 月 7 日 疆界图

（原件第 2 页）

东京与云南接壤部分之边界线

我曾于去年 3 月[1] 向本协会寄去一份说明，现对此作如下补充：大龙关（Dai Lûng Quan）［汉音为石龙关（Chu-Long-Quan）］隘口，德微理亚先生说[2] 是东京与中国在云南方向上的分界点，此处似在安南境内。因为，从云南的蒙自县（Mong-Tse-Hsin）出发，必先经隆化（Lûn-Hoa）河，然后再经过大龙关隘口进入安南国境。

然而，中国文献则认定，隆化地区乃帝国的边界。宋君荣（Gaubil）神父在其所撰之《东京史》（此书系根据康熙年间中国的实录修撰）中写道，1661 年，安南国王黎圣宗（Lê Thanh-Tông，在宋君荣神父的文献中写为 Ly Cury Kri，黎准祺）的政府要求将他的王国疆界拓展到蒙自县。但北京朝廷的大臣们一致认为，黎氏王国的疆界仍应准持原议，确定在蒙自县的隆化地区。皇帝遂下召命坚持此议，安南国王亦服从了这一旨意[3]。

隆化这一地区似乎曾一度成为颇有争议的地段。1471 年，安南国王黎圣宗（Lê Thanh-Tong）在前往征服上寮时，曾威胁过这一方向上的云南边境，宪宗皇帝旋即向云南总督下旨，命其立即占领这一区域[4]。我在上文说过，该区域属蒙自县所辖，而蒙自县则在开化府境内。

注：［1］详见（原文）第 226 页——原注
［2］《中国安南关系史》第 12 页——原注
［3］宋君荣：《东京史》“参考性书简”1832 年版第 50 页——原注
［4］同书第 49 页——原注

1727 年，在雍正年间，开化府的划界又引起了安南与中国之间的纠纷。北京朝廷声称，安南人非法占领了方圆 40 里（4 古里）的地域，安南国王黎德宗（Lê-Dûc-Tông）因为犯下了这种侵占领土的行径而不得不上表解释和谢罪。但雍正帝考虑到安南王请求的性质十分谦恭，遂认可了他对已侵占的领土老掌（Lao -Tchoua）* 与八百媳妇（le Pa-Pe-Si-Fou）的拥有权[1]。自安南王征讨以后，安南黎氏王国即对上寮或老掌［安南音为

* 此处老掌疑为南掌之误——译者注

“老卡”（Lao-Quà），亦称卡家（Quà-Gia）与南疆（Nam-Chuong）］有种种权利。

黎圣宗对这一地区的首次征讨系在1473年，第二次乃在1479年，是决定性的全境荡平。分成五路的一支大军由多条路径侵入老掌，京城旋即被陷，国王与两名王子被处死，唯第三子幸免于难，逃入毗邻王国八百媳妇。安南国王正拟乘胜继续征讨，欲入侵八百媳妇之时，中国则以进行干预相威胁，安南王乃被迫罢兵。[2]八百媳妇（安南音为Ba't-Ba-Cuo-Phû）位于老掌西部，中国的藩属老挝国——车里（Tche-Ly）之西南，该国相当于今天的景洪（Xieng-Hong）或苗（Meoy）王国之地域，在杜阿拉德（du Halade）神父所绘的云南地图中，其京城在湄公河右岸北纬23°13′左右。张永记（Truong-Vînh-Ky）[3]先生写道：八百媳妇系一个民族不明的野蛮部落群体，其国王有妻子八百（其国名盖由此特点而得），每妻各率一寨（区）。中国地舆图还说，该国拥有一万座村落，每村均有一塔，故这一带亦称塔国。[4]

八百媳妇的国王相当温和，在黎圣宗时代，他向中国称藩。此后，他即臣服于缅甸。

参阅德马里尼（de Marini）神父编绘的暹罗（Siem-Sis）地图或布律藏·拉马蒂尼埃尔（Bruzin La Martinière）字典可知，八百媳妇的京城——八百，大约位于北纬22°，在北京以西，经度相隔18°30′，其范围可划定在市布（Thi-Bo）与泰尼（Thei-Ni）县境内。阿尼约（Annyot）神父在其论述中国人的回忆录中再次将许多有关八百国的记载公之于世。

至于老掌，如上所述，它西与八百媳妇接壤，南部与东部与安南毗邻，北部则与车里交界。

注：［1］德微理亚：同前引书第4页——原注

［2］见张永记《安南史教程》第28～30页及宋君荣同前引书第53页——原注

［3］同前引书第29页——原注

［4］贝德禄（E. C. Barber）：《格维纳（Grovenor）先生使团沿途经历记述》第28页——原注

综观杜阿拉德神父根据中国文献绘制的地图，他所援引的中国商人的详细路径[1]，以及德·马里尼神父的记述内容[2]，我们可知，老掌国当时的版图在印度支那的湄公河流域北部。其国名似乎渊源于泰（Thai）族的一个分支的名字，佬瓦族（les Laova）人又称“岱侬”（Doé），意即“山民”，他们又自称“回勐”（Hoi-Mang）。依勒（Yu Le）上校认为，这些目前居住在该地区西部高原的山民属于由母族——泰族分化而成的一支族型[3]。

我必须补充的是，据比奥（Biot）[4]所考，中国地理中有老掌与薯支（Lao Tse）或佬人之分，前者分布在云南南部，后者在云南西南。在这三个族名中，“老”字一音的写法是不同的。

柯乐洪（Colguhoun）先生于1882年收集的某些资料[5]指出，“老掌”一字始终存在于中国的地理词汇中。云南南部的中国商人现在将几乎与云南大兰（Ta-Lan）城处于同一经度、位于该城以南16天步行路程的一座城镇或墟集取为此名。东京与中国的疆界经过该两地之间的普蕃（Pou-Fan），此乃在大兰城东南6至11天行程处的一座村落。

注：[1]《中国记述》第 105 ~ 108 页——原注

[2]《老挝王国的新关系》（布律藏·拉马蒂尼埃尔所引“老挝”条）——原注

[3] 特拉格来（Daudart de Lagrée）与安邺（Francis Garnier）撰《印度支那探查记》，巴黎阿歇特（Hachette）出版社版，第 392 页——原注

[4]《中华帝国市、县名称字典》第 309 页——原注

[5]《通过华南边疆从广州到曼德勒旅行记事》第 68 页，巴黎版法文译本第 45 页，地理学会会议专刊第九、十期合刊，第 21 页——原注

据杜阿拉德神父所记，老掌虽臣服于缅甸，但这种藩属关系时断时续，若即若离。1847 年，老掌国王终于拒不纳贡并侵扰了缅甸边境，将所谓的宗主国用于堆积弹药的仓库付之一炬。

1867 年，印度支那探查小组途经这一带时，湄公河谷地的上寮各国国王均承认缅甸的宗主权，但在某些地点，人们似乎对这种宗主权已不堪忍受。在西部的市布与泰尼两县的蕃（Phong）族居民尤甚，他们早已与缅甸人展开了激烈的搏斗[3]。在孟岩（Muong-You），国王几乎直言不讳地对德拉格来表示，倘能得到法国保护，他将感到幸运。

因缅甸宫廷的代理人敲诈勒索而积聚在心头的仇恨不久就产生了后果：上寮各国的起义已形成浩大声势，而到 1882 年，当柯乐洪经过思茅（Si-Mao）时即已获悉，它们已经重新获得独立。

对老街的占领将使法国有机会与李仙江（Ly-Sien Kiang，黑河）中游地区的苗族人与土（Tho）族人进行交往，他们对维尔鲁瓦·多日（Villeroi d'Augis）先生表示了热情的欢迎。

一个兼有科学、商务与政治性的考察团经由上述地区后即可抵达南乌（Nam-Kou）河流域，然后再到湄公河流域，并可与上寮各土司（Principautés）结成保护国关系，而在黎朝时，这种关系曾将它们与安南王朝结为一体。

（原件第 3 ~ 10 页）

法国工商业与殖民地部

殖民地次长办公厅

第二科（印度支那）

法工商业与殖民地部殖民地次长致法外交部长函

巴黎，1890 年 8 月 12 日发，8 月 14 日收到

部长先生：

我曾在不久前的信札中有幸向您禀报，中国东京勘界委员会业已完成其首次活

动，其余工程须待合适季节再行开展，亦即在将近 10 月底时恢复进行。然而，由于勘界委员会主任拉巴斯蒂德（Labastide）少校先生已回法国，故法方代表团的组成应进行一定变动。因此，从现在起，必须采取必要措施，以便在适当的时候派人补此空缺。

有鉴于此，特来函相问，您能否从贵部抽调一人来我处担任该主任之职，若蒙见复，不胜感激。

此人应通晓汉语，并且应是您认为有能力堪此重任者，可顺利完成将由他领导的艰巨复杂的谈判任务。

由于这位官员肩负的使命至关重要，且在勘界委员会内部起着决策性作用，因此他应有与中国政府所委任的官吏相应的高级官阶，并具有临机处理、便宜行事的一切威望和权力。在其任职期间，该官员的薪金仍应在外交预算项目中开支。另外，安南与东京保护国政府每月将补助其 1500 法郎的津贴。最后，此官员似应搭乘 9 月 6 日从马赛港起航驶往印度支那的邮轮前来，至迟应乘 9 月 20 日之邮船来此。

我亟盼能及早收到您对本函的答复，以便我进行相应的安排并将此事通知总督先生。

顺致最崇高的敬意

艾蒂安敬启

（Etienne）

（原件第 11 ~ 12 页）

外交部长致殖民地次长艾蒂安先生函

巴黎，1890 年 8 月 27 日发

您 8 月 12 日惠书收悉，现有幸答复如下：您在信中说，原先的这位少校主任拉巴斯蒂德已返回法国，我方代表团主任一职空缺。为此，我将遵嘱愉快地从我部派出一人到您手下，使其补中国东京勘界委员会我方主任之缺。在对问题进行深入细致的研究之后，我认为可以向您提出，拟派一等领事、现任共和国政府驻朝鲜专员法兰亭（Frandin）先生补此空缺。此人曾以目前这种身份从事其职业生涯，嗣后，又在北京任一等秘书之职，我以为，对他的任命也许会受到总理衙门的欢迎。在此种情况下，若您认为应该同意法兰亭先生这一人选，务请允许我设法将要求他赶往东京担任此职一事通知他为感，因为此人目前尚在中国。至于该员的待遇问题，我对您所提的原则性安排并无异议。然而，我认为，在必要时，应该将附加津贴的金额知照他。我觉得此项津贴似应以业务和交际费名义支付为妥。

（原件第 13 ~ 14 页）

法国工商业与殖民地部
殖民地次长办公厅
第一处第二科（印度支那）

法国工商业与殖民地部殖民地次长艾蒂安致法外交部长函

巴黎，1890 年 9 月 5 日发，9 月 6 日收到

部长先生：

惠书收悉。接阅来函，知您准备调一等领事、现任共和国政府驻朝鲜专员法兰亭先生来我厅担任东京勘界委员会主任之职。您认为该员具备圆满完成对其所委使命的一切必要条件，而且总理衙门将对他的任命表示欢迎。既然如此，我对您的选择当完全赞同，同时，务祈将此事电达该员为感，嘱他最迟应在 10 月下半月内抵达河内。

我曾在 8 月 12 日的信中向您禀告，法兰亭先生将按月从保护国政府处领取 1500 法郎的津贴。除这笔补助金外，他还可领取野外作业军官应得的定额口粮，其数额可照其所套的相应军阶计算。最后，凡因公所需之一切运输费用均可报销，同时他亦不必考虑为其运送行李的苦力之伙食开支与力钱。

顺致最崇高的敬意

（原件第 15 页）

法外交部长致法国驻北京公使密电

第 9 号电　巴黎，1890 年 9 月 9 日 6 时 15 分发

请通知法兰亭先生，他已被任命为东京勘界委员会主任。任职期间，他可自本部领取一万法郎的年俸，还可从殖民地得到 1500 法郎的月贴，同时，还能按照其所套的相应军阶领得军官的定额口粮，其因公所需之一切运输费和行李托运开支均可报销。

法兰亭先生应于 10 月下半月内抵达河内。急盼电复。

附：回电（上海，1890 年 9 月 12 日发）：法兰亭先生已接受对他所委之使命并表示感激，他正进行准备，以便在 10 月下半月内抵达河内。他亟盼知晓，由于这一新的决定，他原则上是否仍应属于北京的一等秘书之编制。

李梅（Lemaire）

巴黎，对北京复电：法兰亭应属正式官员。

勤维（Levue）
里博（Ribot）

（原件第 16 ~ 17 页）

法外交部长致殖民地次长艾蒂安函

巴黎，1890 年 10 月 2 日发

亲爱的次长和同事：

遵照您 10 月 5 日来函中所提出的要求，我已电请我国驻中国公使转告法兰亭先生，他已被任命为中国东京勘界委员会法方代表团团长之职。

顷间李梅先生向我禀告，该员已接受所委之使命，并正积极准备，以便在 10 月下半月内抵达河内。虽然由于以前他所履行的职责性质，他曾有机会接触和了解他即将前去完成的这一相当棘手的使命之各种详情，而且能够理解我们在处理与中国的这一方面关系中的决策性观点，但是，您可能仍认为有必要为即将在东京边境开展的这项作业向他们发出有关训令。若以上所述果与您的意图吻合，则我无须多言，我随时准备与您一致商定应向我方代表团新团长所发的有关通知的各款内容。

（原件第 18 ~ 19 页）

盖朗（Gueyrand）致法外交部长电

香港，1890 年 10 月 9 日下午 4 时 50 分发
巴黎，9 日上午 11 时 30 分收到

法兰亭先生嘱我向阁下作如下禀报：“我将应总督之召前往西贡，返回后拟往见两广

总督。我期望11月1日能开始工作。”

盖朗

（原件第20页）

法工商业与殖民地部次长艾蒂安致法外交部长函

第2922号文　巴黎，1890年10月15日发，10月16日收到

部长先生：

您于10月2日来函知照我，法兰亭先生业已接受中国东京勘界委员会主任一职，并正在着手准备，以便在指定日期内到达河内。

同时，您还通知我，愿意和我共同商定您认为有必要向我方代表团团长发出的关于在东京边境即将开展的那项工程的各款指示内容。

由于法兰亭先生仅听命于交趾支那总督一人，故窃以为这些指示亦只能由这位高级官员起草方有实效。刚刚结束的那项工程就是这样开展的。

另外，我想，比杰（Piquet）先生在向我厅转达那份有关文件的同时，亦将向贵部送交此件，去年他就是这样做的。

顺致最崇高的敬意

艾蒂安

（原件第21页）

法外交部长致殖民地次长艾蒂安函

巴黎，1890年10月16日发

亲爱的次长与同事：

我于10月2日致您一函，为对此函进行补充说明，现再去函作如下奉告，不敢稍有延误：据我在东京的代表来电，法兰亭先生拟直接前往西贡，以应那里的印度支那总督之召。回程后，他打算往见两广总督，勘界工程拟于11月1日开始。

（原件第22页）

中安勘界委员会

政治处

第 1 号文

法兰亭致外交部长里博函

香港，1890 年 11 月 1 日发

部长先生：

我荣幸地随函向阁下附奉自我离开北京直至从香港动身前往河内期间我与印度支那总督先生及公使团的一宗通信抄件，请过目。

阁下阅毕即会发现：一、中国政府是何等迫切地希望及早了结中安勘界事宜。二、我驻广州副领事于阿尔（Huart）先生所提供的情况不足为信。

恭祝

钧安

法兰亭敬启

（原件第 23 页）

法国政府驻朝鲜大使馆一等秘书、领事兼专员，中国安南勘界委员会主任法兰亭先生致法国驻中国公使李梅先生函（抄件）

天津，1890 年 9 月 23 日发

公使先生：

李鸿章总督在我抵达天津的第二天即约见了我。我对这次会晤所获得的新成果感到庆幸。这次会见异乎寻常的亲切。

为办事方便起见，总督在我出发前，将把一封致其弟李瀚章的信件交给我，李瀚章乃两广总督，且负责中国疆界的一切勘定事宜。

他竭力撺掇我前去广州，并面交他托我转交的那封信函，因为届时，我即能顺利解决最初出现的有关我的使命的一切细节问题。

他答应我请其兄弟李瀚章向主管人员发出明确训示，以便使中方勘界委员做好一切准备，于 11 月 1 日开始工作，同时还可使两国勘界委员会步调一致，彼此观点不致相差过大。最后，还可使双方勘界委员的相互关系出现一片和解通融和亲切友好的气氛。

同时，他还向我表示，希望我在情况紧急时与其弟直接通过电报联系，并盼望勘界委员会能全力以赴，以期在1890年至1891年立界工程进行期间至少勘定广西边界。

部长先生，由此可以想见，中国何其迫切希望勘界工程能迅速进行。因此，若您认为必要，务祈将以上各事转告比杰先生为感，请他派出足够人员，以迅速完成委托给我的那项棘手而艰巨的使命。

法兰亭（签名）

此抄件与原件一致

勘界委员会主任私人秘书皮埃尔·莫兰（Pierre Morin）

1890年11月3日于香港

（原件第24页）

中安勘界委员会第1号文

法国政府驻朝鲜大使馆一等秘书、领事兼专员，中国安南勘界委员会主任法兰亭先生致印度支那总督比杰函

香港，1890年10月26发

总督先生：

我在抵达香港后的第二天，即前往广州。李瀚章总督于25日上午接见了我。我对自己受到的接待深表满意。

在前往总督衙署以前，我已拟就了一份详细照会，内容包括您向我发来的命令（详见第1号附件）。

总督亦已同意该照会的全部内容，我的照会的正式文本将寄给我的中国同僚，俾其视为不能违抗的训示。

这些细节安排就绪后，我还应了解双方勘界委员会究将在何处会晤。根据李梅先生与我在北京商定的方案，这一地点应在龙州，或在广西与广东之间的边界线上待定的某地。我们还商定，凡广东边界上双方尚未达成一致意见的各地均应暂时维持原状，只能留待此次勘界工程结束时再行定夺。

总督与总理衙门均未同意此种意见，他们希望首先解决仍存在争议的、我的那位可

敬的前任未能与其中国同僚达成协议的诸地点。

我提请李瀚章阁下注意，他们打算违背在北京达成的协定，因为据此协定，凡属有争议的问题均应暂时搁置，留待工程结束时再行商讨。

于是，总督向我表示，（总督）衙署及他本人均对我的见解完全信赖，盼我对那一带重新踏勘一遍，并拟向我提供解决争端所需的一切方便条件。

我感谢总督阁下的政府及他本人对我的信赖，并向他承诺，把上述一切向您汇报并请您示下。由于总督的再三恳请，我无法推辞，只得答应在我经过广东时再研究这一问题。另外，我亦请李瀚章阁下注意，我不能对我的广东同僚的非分要求进行让步，这亦完全符合两国的利益。中国与安南都切望有一条正式的天然疆界，或是以河流，或是以山脉为界，并能使两国相互防止对方入侵。然而，中方主任所划的界线，没有任何上述类似的天然标志，这条界线把河流垂直切断，这不仅没有为两国提供任何方便，反而造成严重的妨碍。

总督向我分辩道，他虽然对具体问题不甚明了，但等我对这一地区考察完毕并将自己的见解提出后，他即可以帮助我解决。

我再次向总督阁下表示，我将尽力而为，详细研究这一问题，但如果我的中方同僚坚持其原来的要求，我就无法保证能够解决。“你们一定能彼此通融，相互谅解的。”他立即答道。

于是，我开始询问广西勘界委员会的情况，并问起即将与我共同勘定这一地区边界的中方委员的姓名。但当我获悉总理衙门尚未发来有关指示后，不禁大为吃惊。

奇怪的是，（法国）公使团和于阿尔先生均未接到这方面的任何通知。这是一种令人费解的现象，似有必要加以澄清，务请总督先生要求法国驻北京使团进行解释为感。

至于于阿尔（Huart）先生在广州对我的接待，我并不感到特别高兴。

布

礼

法兰亭（签字）

又及：随函另附我于 1890 年 10 月 26 日寄给您的电报抄件（2 号文），请阅。

此抄件与原件一致

勘界委员会主任私人秘书皮埃尔·莫兰

1890 年 10 月 27 日于香港

（原件第 25～26 页）

附件 1

两广总督阁下致会办中国与安南勘界事宜之中方委员会委员的训示（译文）

一，双方委员会均应通力合作，决不许分别活动，这样既可节省时间，也可向百姓表示两国见解之完全一致，此乃两便之举。为顾及体面，双方委员会应轮流主议。

二，为保证勘界官员之安全，且鉴于各该官员应完成之工程及其所居地区环境之所需，应派出一支由法中两国士兵组成的常驻卫队，随时执行警卫和各项勤务差事。

三，凡双方委员会所属之法中两国委员之间发生的纠纷情事，则应由联合审判庭进行裁决，该庭成员应由法中两国政府各派之勘界主任议定。

四，无论法国或中国之勘界官员，每人均应有一队兵弁护卫，护卫队应为法兵 10 名，华兵 10 名。在边界最后勘定前，勘界官员当可轮流在待定的边境区域内暂住，该区域可临时认定为两国中任一方所属。

五，两国勘界主任应命人在双方驻地张贴用法中两国文字拟写并钤有双方主任大印之告示。旨在告诫有关人等，两国委员会所经办之勘界工程系经两国政府共同商定之结果，双方代表团中任一方成员若心怀歹意，并有所流露，则其所属之勘界委员会主任应严加制止。

此抄件与原件一致

勘界委员会主任私人秘书皮埃尔·莫兰（签字）
1890 年 10 月 27 日于香港

（原件第 27 页）

附件 2

法兰亭致西贡印度支那总督比杰函（抄件）

香港，1890 年 10 月 26 日发

两广总督已行文中方勘界委员会主任，其所发指示与我收到的指示无异，内容涉及勘界委员会的工作步骤（详见 1890 年 10 月 16 日第 74 号电文）。

（两广）总督坚持要求立即解决横模（Hoang Mo）边界问题。

我已提出异议，然赴广西必须先经广东，故我表示同意在当地研究此事。

我拟与勘界委员会前任主任磋商。

我们将在芒街附近的边界上会商。

广西勘界委员会尚未组成。

此抄件与原件一致

勘界委员会主任私人秘书皮埃尔·莫兰（签字）

1890年10月26日于香港

（原件第28页）

中安勘界委员会第2号文

法国政府驻朝鲜大使馆一等秘书、领事兼专员，中安勘界委员会主任法兰亭先生致印度支那总督比杰先生函（抄件）

香港，1890年10月29日发

总督先生：

您10月26日来电敬悉，从电文中知悉，有大批中国盗匪已侵入东京。您要求我出面交涉，旨在取得两广总督的协助，以便对边境实施更为有效的警戒，并了解摄政大臣尊室说（Thuyet）目前的活动。

我是在从广州回来并在与李瀚章阁下进行第一次会晤后收到上述指示的。我立即致电安博·于阿尔（Imbault Huart）先生，请他向总督交涉，要求于次日再接见我一次，我则于当晚自香港出发。

我于27日上午10时受到总督的再次接见，在照例的一番寒暄过后，我即把您的电文的第一部分内容转达给他，他以肯定的口吻答道，边境的中国官员未向他禀报任何关于海匪贼众过境之事。他还说，根据他所得到的可靠消息，这些海匪正是在东京麇集而成的，而发生这些骚乱的责任大概应由对被臣服的百姓实行苛政的法国军官承担。接着，他向我列举了几位乡镇官员，有的已被枪决，有的则被逮下狱，其原因是未能收齐赋税。而他认为，这样的赋税对于如此贫苦的百姓来说，是无力承担的。我向他表示，我不能认定这些消息确有其事，但我又说，既然他表示希望我将此事向您传达，我当照办。

至于您电文中第二段关于对边境实施警戒一事，李瀚章阁下告诉我，他就此事已多次向广东与广西两省官吏发出明确训令。在我的恳请下，他答应再通过电讯途径重发一次，并愿意采取一切必要措施以制止海盗股匪进入中国境内。

最后，我应向您禀告的是尊室说问题。我问总督，尊室说现在何处。他向我一口咬定，他对他的下落一无所知，无法告诉我尊室说亡命的地点。我向总督提出，据广州领事向我们反映，尊室说已被张之洞阁下拘押在广东省某一城中监护，每月还从总督衙署预算中领取52两纹银的津贴。

在向曾在其前任手下当过差的两位总督衙署官吏问明情况后，总督立即答道："此乃无稽之谈。"

我再次提及，我国驻广州领事于阿尔先生大概已就此事与前任总督磋商过。

他答称我国领事并未到衙署谈及此事。

我听了这些回答后，遂乘机将问题引向深入，并对总督说，数星期前，我们曾将躲在我方境内的叛匪送还中国，从而向中国做出了友好的表示，而今尊室说正在为我们制造严重的麻烦，而且我们有充分的理由相信，他仍在中国边境继续策划阴谋，因此，我们请求中国命令各级官吏追捕此人并交给法国官员处理，或将其押解至帝国北方的任何一省，以此来向我们表示中国方面的良好愿望。

"我也同意这样做，"李阁下回答道，"但手头没有此人的体貌特征，也没有关于他本人及其住处的确切资料，我怎么办得到？"

我答应替他收集有关资料和此人的上百张照片，以便他能连同缉捕令一起发给边境各官吏。

总督先生，还值得一提的是，当我获悉我国驻广州领事所提供的情报并无多少可靠的根据时，我不能不感到痛心和吃惊，因为他当时向公使团断言，在他的要求下，尊室说才被关押到罗定州。若两广总督所言属实，那么，这位领事是严重的失职。而我认为，无论从东京事务还是从勘界委员会考虑，把一位如此缺乏责任感的人留在对我们来说又是如此重要的岗位上，实在太危险了。

布

礼

法兰亭

此抄件与原件一致

勘界委员会主任私人秘书皮埃尔·莫兰（签字）

1890年10月29日于香港

（原件第29~31页）

法兰亭致印度支那总督电（抄件）

香港，1890 年 10 月 28 日发

（两广）总督将再发一电，饬令对边境实施警戒，同时，将采取相应措施制止盗匪窜入中国。

总督说，对尊室说的下落一无所知。他要求提供确切的体貌特征、照片和资料。

他将命人缉拿此犯，或交还我们，或将其押送至华北。

务请将案卷调来我处，俾我能与中国边境官吏联系此事。

我很难理解我国驻广州领事向公使团提供的情况。

法兰亭（签字）

此抄件与原件一致

勘界委员会主任私人秘书皮埃尔·莫兰（签字）
1890 年 10 月 29 日于香港

（原件第 32 页）

中安勘界委员会第 3 号文

法国政府驻朝鲜大使馆一等秘书、领事兼专员，中安勘界委员会主任法兰亭先生致印度支那总督比杰函

香港，1890 年 11 月 1 日发

总督先生：

我荣幸地将本日所发之电向您证实，该电的抄件亦随函附奉，请一并过目。

从该电中您已知悉，（两广）总督表现出一副亟盼取得我们好感的姿态，并已严令对边境实行警戒，以制止在中国麇集的股匪进入我境，或是将那些在东京聚集而成，又试图窜入广东广西的匪众击退。我向于阿尔先生索取装有 1889 年 11 月 9 日文件的尊室说案卷。我国领事最初拒不同意，说此乃与我无关之事，并说他不知道是否应该将上述文件交给我。为使他痛下决心，我明白告诉他，若他不立即向我交出这一案卷，则我将不得不电达巴黎，禀报他的不良居心。于是，我才得以借到这些文件，但于阿尔先生向

我宣称，他已卸去与此事有关的一切责任。

我把这些文件转达李瀚章阁下，他当即以毋庸置疑的明确口吻一口断定，此系伪造的材料，或许是那些企图破坏中法之间敦睦邦交的人蓄意炮制的。

道台以及会见时在座的另外两名委员与总督的说法相同。其中两名高级官吏曾在前任两广总督主政期间在衙署中供职。

接着我又说，我国领事大概曾与（中国）官吏们商讨过这一问题。总督立即正色作答，总督衙门的存档中没有任何有关我国领事就尊室说问题要求解释的记载，并说于阿尔先生从未与总督衙门谈及此事。

回到江门（Shameen），在将案卷原物奉还给于阿尔先生时，我将心中的疑窦告诉了他，并问他是否曾为核实他掌握的材料而与张之洞阁下书面联系过。他答称，慑于原总督的脾气，他未敢为此事写信给他。

我在电文中曾向您禀告过，根据我们掌握的材料，我认为尊室说的下落问题仍是不解之谜，其中必定有诈。尊室说现仍藏身在安南或东京的某地，在那里继续策动叛乱与我们对抗。

无论如何，我总认为我国领事办事失之轻率，导致了严重的失职。因此，我认为，我们若想求得边境的安宁，就需要我国驻两广总督处的代表办事精明练达。而今，总督已向我们表示了他的诚意，当务之急是如何抓住时机加以利用。

布

礼

法兰亭

此抄件与原件一致

勘界委员会主任私人秘书皮埃尔·莫兰

1890 年 11 月 1 日于香港

（原件第 33 ~34 页）

电报（第 1 号）

法兰亭致西贡印度支那总督电

香港，1890 年 11 月 1 日发

有关股匪事，已遵嘱发令。两广总督希望，任何乘监守不严之隙而潜入安南之中国叛匪应予立即枪决。我曾将我国驻广州领事所掌握之案卷转总督一阅，他一口断定，案卷中所装资料，特别是1889年11月9日的一件，均系彻头彻尾的捏造。他还坚决表示，我国领事从未与总督衙门谈过此事。

领事亦承认，自己未敢与前总督书面联系以核实其掌握的材料。由此我更加心生疑窦，觉得其中必有蹊跷。长期以来，我始终相信尊室说仍在印度支那，但我们却一直认为他已亡命中国。为进一步核实，我认为似有必要再派一批密探去罗定州。

我越来越难理解我国驻广州领事所提供的情报。为确保东京的安全和勘界委员会工程的成功，似须调一名经验丰富的人担任此职，即使不懂汉语者亦可。

法兰亭（签字）

此抄件与原件一致

勘界委员会主任私人秘书皮埃尔·莫兰

1890年11月1日于香港

（原件第35页）

安南与东京保护国政府中安勘界委员会

第2号文（政治处）

法国政府驻朝鲜大使馆一等秘书、领事兼专员，中安勘界委员会法方主任法兰亭致巴黎法国外交部长里博（Ribot）函

芒街，1890年12月3日发

部长先生：

随信附寄卷宗一份，内装我因职务上的需要而与之联系的民事与军事当局和我之间相互来往的函件，请过目。

阁下在浏览这些信件时，当会了解我抵达东京后所面临的种种困难，这都是司令将军的参谋部制造的，而我的前任希尼亚克·德·拉巴斯蒂德（Chiniac de Labastide）目前正在该参谋部任副参谋长。

我向总督比杰先生所呈的全面汇报已对这一情况进行了概述。

我必须承认，我对自己遭到的军方对民事人员普遍所持，而对我则尤甚的那种几乎毫不掩饰的敌视态度感到痛苦和吃惊。

我来到芒街地区只有三天，但已欣喜地看到，那里的海盗行径已不复存在，我们与边境官员建立起了友好关系，我还把卢梭（Rousseau）公使先生介绍给了他们。

布

礼

法兰亭

（原件第 36 页）

第 2 号函件附件（1890 年 12 月 3 日）

向外交部长里博先生附寄之各宗信函明细单
（巴黎外交部第二政治司编）

信函名称	数　量
收到电报	1
收到信函：	
营长希尼亚克・德・拉巴斯蒂德的函件（附件 2 份）	1
陆军中尉德乐内（de Launay）先生信函	1
印度支那驻军总司令将军信函	1
营长希尼亚克・德・拉巴斯蒂德函件	2
印度支那驻军总司令将军信函	3
营长希尼亚克・德・拉巴斯蒂德函件	1
印度支那驻军总司令将军信函（附件 1 份）	3
营长拉比耶（Rabier）信件与芒街辖区介绍	1
印度支那驻军总司令信函	1
高级公使先生信函（附件 1 份）	1
营长拉比耶信函	1
发出电报	1
发送函件：	
致中国界务主任先生函	1
致印度支那总督先生函	1
致高级公使先生函（附件 1 份）	2
致法国驻芒街副公使先生函	1
致海军司令函	1
致希尼亚克・德・拉巴斯蒂德营长函	1
致印度支那驻军总司令将军函	3
致印度支那驻军总司令将军函	9
致芒街卫戍司令函	2
合　计	39
致印度支那总督汇报材料的抄件	1

（原件第 37 页）

安南与东京保护国政府

中安勘界委员会

法国政府驻朝鲜大使馆一等秘书、领事兼专员，中安勘界委员会法方主任法兰亭先生致印度支那总督比杰（Piquet）函

芒街，1890 年 12 月 4 日

总督先生：

我前曾致电，扼要地向您禀报了我来海防后所面临的各种困难。现随函附上我就此事与总司令将军来往的信函抄件，请阅。

从中您可以发现，虽然他应负责采取一系列他应采取的必要措施，以利于我的使团的筹建和组成，但这位将军迄今仍纹丝不动，于是我不得不让人把原勘界委员会的档案调来。

然而不幸的是，这些档案不全。本应成为极其珍贵的查考材料的资料登录本亦未见希尼亚克·德·拉巴斯蒂德先生保存下来（详见寄出的第 36 号清单，收文号 17）。至于原委员会的印章，我亦未收到只言片语说明此事。

在与司令将军交谈中，我吃惊地从他口中获悉，派给我调用的军官尽管才华出众，而且经过精心挑选，但并无水文测绘经验。

为此，我决定指名请将军选用原勘界委员会成员，测绘官员巴拉尼（Balagny）先生，或是河内参谋部地形测绘局所属的陆军中尉布隆德拉（Blondelat）先生。

这两位中尉也曾托人前来私下提出，要求调入我的委员会工作。

然而，比肖（Bichot）将军却正式答复我说，上述两人中，第一人因病大概已返回法国；第二人已在他的参谋部供职，故无法调用。

至于原委员会中的一班安南语翻译或汉语翻译，其情况亦是如此。从法籍澳门人（Macaïste）巴杜埃尔（Baduel）先生至安南翻译，都因这样那样的理由而无法调到我处。我只能将就起用了一位已被解职的安南翻译，并对东京高级公使先生博纳尔（Bonnal）好意调拨给我的那班人员表示满意，但这批人对我即将前往踏勘的地域却并不熟悉。我就是在这种条件下离开三角洲的，行前对总司令参谋部向我采取的莫名其妙的敌对态度深表痛心。

抵达芒街后，又遇到了新障碍。我前去拜会了中方界务委员会，他们对我的款待盛情而隆重，我向卫戍司令拉比耶先生正式提出，请他进行安排，给予中方勘界委员会对等的礼遇，但又受到来自河内军事当局的正式命令的留难（详见芒街卷宗第 653 号文）。

那时，我觉得自己处境近乎绝望。司令的指示很晚才向我转达，故您的命令也无法让他们将其更改。

此外，调拨给我的那艘战舰“倔强”号（la Mutine）并未配备鸣礼炮所需之药筒。

幸亏我还能依靠“倔强”号舰长和我的护卫队队长迪德洛（Didelot）上尉，他们的工作热忱和尽责精神确实可嘉，两人用了大半夜的时间亲自制造了礼炮药筒，次日才得以向中方勘界委员会鸣炮致意。

一次很可能酿成最严重外交后果的失礼行为总算避免了。总督先生，您亦完全清楚，中国人对自己认为在外交形式上理应享受的规格和礼仪是看得很重的。

中国人的一次丢脸必将危及我要进行的谈判。

我很难理解总司令参谋部所取的态度。根据可靠消息和数名已加入我的勘界使团，但有人又试图加以劝阻的军官们透露，正是出于对希尼亚克·德·拉巴斯蒂德先生的弟兄义气，他所在的参谋部才试图迫使我在他们的百般刁难下离职而去，或是设法使政府委我主持的谈判归于失败。

希尼亚克·德·拉巴斯蒂德先生彬彬有礼的姿态完全是虚与委蛇、流于形式的表面文章，每当我向他索取一份勘界委员会档案文件时他就面露难色。因此，我往往必须向总司令正式交涉后才能将档案拿到手。在组建我的护卫队、指派测绘官员以及决定这些官员人选等问题上，参谋部表现了一种缺乏热忱的冷漠态度，凡此种种，都使我觉得我了解的情况是确切无误的。

我与希尼亚克·德·拉巴斯蒂德先生只见过两面，自从我发现自己根本无法从他那里了解任何有价值的情况时，我俩的关系就到此终止了。

当我抵达芒街，请求您发令派遣本地区的情报官，在此间已驻扎了一年以上的佩罗（Pérot）先生担任我的情报官员时，却收到了这位高级军官的一份私人电报，这使我大为意外。该电的内容如下：

“佩罗上尉虽曾在横模（Hoan Mo）担任过城防司令，然而，他对该地区一无所知，对边界事务更不甚了了。如同对我提供的一样，他今后对您提供的关于村名及地点方位的情报亦将是完全错误的，幸勿轻信。拉巴斯蒂德（签名）1890年11月2日于河内。”

关于佩罗先生，他的上司拉比耶卫戍司令曾专门向我进行过介绍，说他主动积极，聪明睿智，而且对我们即将前去踏勘的地区非常熟悉。可是，当参谋部风闻我提出的请求时，佩罗先生却被立即召回了海防。

总督先生，您想必与我一样，觉得这一切好不奇怪，而且会认为，希尼亚克·德·拉巴斯蒂德在其中扮演了一个非常奇特的角色。

下文我还须围绕我属下一班人员的情况来向您介绍一番目前的处境。

至今未见有人来接替德乐内先生，对于巴拉尼与布隆德拉两位先生，当局也没有做出任何有关决定。我只分得了三名测绘军官，但连比肖将军自己也承认，这些官员缺乏经验。其中一位名叫皮普鲁（Puyperoux）的先生，虽然心地善良，为人诚恳，但体质极弱。至于护卫队官员，虽然素质优良，但因没有地形测绘军官的军饷补贴，我就很难开口让他们加班。

然而，在以前，希尼亚克·德·拉巴斯蒂德先生手下却有四名测绘官员，而且随侍其左右的护卫队军官与经过挑选的几名测绘官员的待遇相同，可领取一样的补助。

您可以想见，我的处境是何其艰难。对中国与中国人的了解所赋予我的这点优势，在我抵达广西、在人员严重不足的情况下需要克服重重地理障碍时，就会显得意义不大，无足轻重了。

因此，总督先生，我请求您及早解决巴拉尼、布隆德拉问题；此外，我即将需要护卫队军官加班，因而务请增拨一笔饷银，俾他们能领得与加班工作量相应的补贴。

如果能够采取上述各项措施，我以为我们大概可以在三月上半月内抵达谅山。

使我感到欣慰的是我与我的同僚李受彤（Ly-Chéou Tong）所保持的关系。就在我到达的当天，他即把一名安南女海盗移送给了我国公使。

他已发出通告，要保证我们的食物供应，并已同意我的部分卫队经过中国地界。在这部分护卫队出发时，他于凌晨5时，冒着倾盆大雨，当众站在东兴（Tong-Hin）桥头亲自督看一切，使事情得以顺利进行；我则站在桥的另一头照应。

布

礼

此抄件与原件一致

勘界委员会代理秘书皮埃尔·莫兰

1890年12月4日于芒街

（原件第38～41页）

印度支那驻军参谋部

印度支那驻军副总参谋长、营长希尼亚克·德·拉巴斯蒂德致河内中安勘界委员会法方主任函

河内，1890年11月11日发

主任先生：

兹随信附上动用保护国基金所购买的器材设备单据一宗，此亦系我须向您交割的材料。

在一号清单上开列的箱柜，现放在河内，务请在您认为适当的时候，立即命人至参

谋部提取为感，因我手下无一人可以调用，无法将这些箱柜送往您处。

其中第三、第四只箱柜内装有我命人从香港购得的物品，此系在勘界结束时准备送给中方代表团官吏们的礼物，然而，这些官员们对法方勘界委员会采取了极其无礼的举动，以致我在与他们分别时并未赠送他们任何礼品。

务祈在收到上列四个箱柜后能给我开一收据，并将本函附寄的单据之一——1 号清单签署后寄回我处。

2 号清单上所列物品部分存放在胡英（Ho-Anh）。我已于今日致函该哨所所长，请他妥为保管，备您使用。

该单据上一应物品收到后，务请寄我一收据，同时将本函所附的单据之一——2 号清单退回我处为感。

至于印度支那总督先生致我的有关勘界问题的外交文件、地图和指示，并非由他直接寄我，而是通过总司令转交，因此，这些资料亦非归我所有，故我不能单凭您发出的命令就将它们移交给您。

最后，印度支那总督并未寄我边界总图，我是在总参谋部档案中找到的，因此，您须向总司令本人索取该图。

然而，我已将可能对您有用的一应条件集中整理出来，一俟奉到命令，我即可交付于您。

德·拉巴斯蒂德

此抄件与原件一致

勘界委员会代理秘书皮埃尔·莫兰
1890 年 12 月 1 日于芒街

（原件第 42～43 页）

附件

1 号清单

移交给中安勘界委员会法方主任法兰亭先生的器材

箱柜 1 个，内装石雕工具

箱柜 1 个，内装：一、各种办公用具

二、一匣 50 支装雪茄

三、两面中国枪旗

箱柜1个，内装：一、6副银质餐具，装入一首饰匣中

二、一架闹钟

箱柜1个，内装：一、1套银质茶具，包括：茶壶1把、糖罐1个、奶油罐1个、滤勺1把

二、八音匣1个、雪茄烟匣1个

三、法兰绒1匹

四、水晶酒具1套

合计箱柜4个

印度支那驻军副参谋长、营长

1890年11月7日于河内

此抄件与原件一致

勘界委员会代理秘书皮埃尔·莫兰（签字）

1890年12月1日于芒街

（原件第44页）

2号清单

移交给中安勘界委员会法方主任法兰亭先生的器材

第35号箱1个，内装：	平底盘	72只
	汤盆	23只
	甜点心盘	20只
	盐瓶	4个
第36号箱1个，内装：	咖啡杯	21只
	大玻璃杯	19只
	波尔多酒杯	23只
	马德拉葡萄酒杯	21只
	甜烧酒杯	12只
	香槟酒杯	20只
	长颈大腹瓶（内装糖果）	6个
第37号箱1个，内装：	长碟	2只

圆碟	3只
高脚盘	2只
带盖蔬菜盆	2只
色拉盆	1只
汤盆（带盖）	1只
糖罐	（此处数字未印出——编者注）
黄油罐	（此处数字未印出——编者注）
调味汁杯	（此处数字未印出——编者注）
芥末瓶	（此处数字未印出——编者注）
白合金咖啡壶	（此处数字未印出——编者注）
茶托	（此处数字未印出——编者注）

合计：箱柜3个

制表人：印度支那驻军副总参谋长、营长

此抄件与原件一致

勘界委员会代理秘书皮埃尔·莫兰
1890年12月1日于芒街

（原件第45页）

印度支那参谋部第一局
第1427号文

印度支那驻军总司令比肖将军致大使馆一等秘书、中安勘界委员会主任函

河内，1890年11月13日发

主任先生：

勘界委员会委员、副公使马埃（Mahé）先生昨天向我表示，希望能借得一批马鞍。我荣幸地通知您，我随时准备满足他的这一愿望。

为此，务请将申请书寄我，上写马埃先生需要的马鞍数，若有必要，亦请将马缰与笼头数写明为感。

今附上补充军马的批准书一份，这批军马系有偿补充，共5匹安南马，乃总督先生

电令我转让的。

签名 Ch. 德·洛尔姆（Lorme）

此抄件与原件一致

勘界委员会代理秘书皮埃尔·莫兰（签名）
1890 年 12 月 1 日于芒街

（原件第 46 页）

印度支那驻军副参谋长希尼亚克· 德·拉巴斯蒂德营长致河内中安勘界委员会主任先生函

河内，1890 年 11 月 13 日发

主任先生：

本日曾发一信，现寄上用透明纸仿描的边境总图的复制品一份，作为对此信的补充。该图原件存放在参谋部档案中，其比例为 1:200000（近似值）。

该地图疆界范围仅为自大海至峙马关（la Porte de Chi – Ma）一段。

我再无其他地图向您提供，参谋部存档中亦无更多的资料可查。

德·拉巴斯蒂德（签字）

此抄件与原件一致

勘界委员会代理秘书皮埃尔·莫兰
1890 年 12 月 1 日于芒街

（原件第 47 页）

印度支那驻军副参谋长希尼亚克·德·拉巴斯蒂德营长致河内中安勘界委员会主任函

河内，1890 年 11 月 13 日发

主任先生：

兹寄上有关中安勘界问题的各种文献，请查收。这些文件乃印度支那总督先生通过总司令转交我的。

1889 年 9 月 × 日的一份未经签署的清单中所列的 24 份文件，我亦随此函一并附上备阅。

下列各件系我从总督先生那里直接收到的，现随其他文献同时寄上，请一阅。

一、1889 年 12 月 12 日第 146 号函，系关于对发给勘界委员会主任的训令进行修改事。

二、1889 年 12 月 16 日清单 1 份（第□号），系新旧训令对照摘录送文记录。

三、1889 年 12 月 21 日第 148 号函，系关于界碑上拟刻之文字事。

四、1890 年 1 月 14 日第 4 号函，系关于中国违反国际协议和侵犯安南领土事。

以上所列为参谋部所存或我本人掌握的方针性文件。

另附寄防城（Pong Cheng）县布告一份，您从中可以看出，中国边境官吏对我们所抱的情感以及他们用以自我标榜的那种和解精神。

至于边境全图，我已命人迅速用透明纸描绘一复制件，一俟描图完工（即明日）并经我核对，认为正确无误后，当立刻寄给您。

此抄件与原件一致

勘界委员会代理秘书埃尔·莫兰

1890 年 12 月 1 日于芒街

（原件第 48 页）

印度支那驻军参谋部第二处

第 2460 号文

印度支那驻军总司令比肖将军致政府驻朝鲜大使馆一等秘书、领事兼专员，中安勘界委员会主任法兰亭函

河内，1890 年 11 月 13 日发

主任先生：

您 11 月 12 日来函收悉，兹荣幸地答复如下：我已发出应发之令，俾奉调组成勘界委员会护卫队之官兵于 11 月 18 日在海防集合并于 19 日从该城出发前往芒街，估计将于 20 日抵彼地听候阁下调用。

该护卫队拟由迪德洛上尉节制，其组成如下：

一、一个由 100 名外籍军团士兵组成的分队。

二、一个由150名土著步兵（军官包括在内）组成的分队，其中有3名中尉或少尉。

顺致崇高的敬意

此抄件与原件一致

勘界委员会代理秘书皮埃尔·莫兰

1890年12月1日于芒街

（原件第50页）

印度支那驻军参谋部第一处

第1426号文

印度支那驻军总司令比肖将军致政府驻朝鲜大使馆一等秘书、领事兼专员，河内中安勘委员会主任法兰亭函

河内，1890年11月14日发

主任先生：

我有幸对您11月13日来函作如下答复：我已命令炮兵司令上校先生，让他向您交付全套军马补充设备，但此系出借物品，故须您处出具借据。这些设备为五整套马具（马鞍与马缰），供安南小种军马使用。

今日下午，你们即可领得这些马具。

致崇高敬礼

参谋长Ch.德·洛尔姆奉令转发

此抄件与原件一致

勘界委员会代理秘书皮埃尔·莫兰

1890年12月1日于芒街

（原件第51页）

印度支那驻军参谋部第二处

第 2465 号文

印度支那驻军总司令比肖将军致政府驻朝鲜大使馆一等秘书、领事兼专员，河内中安勘界委员会主任法兰亭函

河内，1890 年 11 月 14 日发

主任先生：

我荣幸地通知您，为执行总督先生指示，我已指派现在海防的第四东京土著步兵团中尉德·克雷森（de Cressin）先生前往您处担任测绘官员，以接替已被您派遣至我部下当差的德乐内中尉先生。

此外，我已根据您的要求，下令让 1 名下士和 4 名土著骑兵补入勘界委员会卫队，他们亦将奉命于 11 月 20 日抵达芒街。

参谋长 Ch·德·洛尔姆奉令转发

此抄件与原件一致

勘界委员会代理秘书皮埃尔·莫兰

1890 年 12 月 1 日于芒街

（原件第 52 页）

印度支那驻军参谋部

印度支那驻军副参谋长希尼亚克·德·拉巴斯蒂德致河内勘界委员会主任先生函

河内，1890 年 11 月 14 日发

主任先生：

根据您在本日来信中向司令将军表达的愿望，我荣幸地向您寄上我所掌握的勘界委员会的全部档案。这次寄去的材料包括：

来往函件登录本

（一）第 1 号：总督。

（二）第 2 号：军事当局。

（三）第 3 号：民事当局。

（四）第 4 号：中国当局。

（五）第5号：来往电报。

（六）第6号：收入总额。

我在4月28日致印度支那总督先生的第32号报告系能登记入册的最后一份文件，因自5月初起，我的两名秘书身患重病，接着，其中一名死亡，另一名转往广安。

因此，我向您寄去：

（七）第34、35、36、37、38及39号信函原稿，但第33号信函原稿却未能找到。

（八）关于广东省勘界事务的两份纪要原稿。第一份已签署，第二份仅是说明双方勘界委员会存在的分歧。我无法找到勘界工程始末的记录原稿，但其意义似乎不大；再者，您在法国驻北京公使团期间，对这些资料以及我寄给总督先生的各份报告早已有所掌握。

（九）多种天文计算法及不同的计算范例。

（十）总督先生寄我的其余信函（6件）。

（十一）我收到的中方勘界主任的全部信函。

（十二）5份业务工作报告。

我并未保存在勘界工程期间民事与军事当局寄给我的任何信函，其实这些信件所涉及的内容仅是一些后来早已解决了的细节问题，对今后的界务并无多大意义，我在离开横模前早已将其悉数销毁。

我今日将一应文件寄出后，手头已一无所存。

务请将此信所附之各项文件以及我11月13日两信所附文件的收据寄我为感。

德·拉巴斯蒂德（签名）
勘界委员会代理秘书皮埃尔·莫兰
1890年12月1日于芒街

（原件第53～54页）

印度支那驻军参谋部第一处
第1424 D号文

印度支那驻军总司令比肖将军致使馆一等秘书、中安勘界委员会主任法兰亭先生函

河内，1890年11月14日发

主任先生：

我前曾提醒您早加思想准备，现果真如此：您要求我调至您处参加勘界工程的陈翻译目前无法从事此项工作。

今日上午我已亲自前往了解并证实了这一点。

陈某对自己的情况当然心中有数，因而向我表示，虽然他希望今年仍留在勘界委员会，但感觉心力交瘁，不堪此项工程之劳累。

布

礼

将军比肖（签字）

此抄件与原件一致

勘界委员会代理秘书皮埃尔·莫兰

1890年11月1日于芒街

（原件第55页）

印度支那驻军参谋部第一处

第1429 D号文

印度支那驻军总司令比肖将军致政府驻朝鲜大使馆一等秘书、领事兼专员，中安勘界委员会主任法兰亭先生函

河内，1890年11月14日发（急件）

主任先生：

我荣幸地通知您，我无法满足您提出的，让巴拉尼中尉先生或布隆德拉先生去接替德乐内中尉先生在勘界委员会中之职的请求。

今日上午我知照过您，我已指定第四东京土著步兵团克雷森中尉先生接任这一空缺，我已将这一任命电告总督先生。再者，巴拉尼先生与布隆德拉先生均已在我的参谋部任职，这两名军官中的任何一人，我都不可或缺，均需要他们当差。

最后，我必须补充的是，巴拉尼先生自上次勘界工程以后，身体违和，再也经不起那种劳累，否则恐有不测，因这种工作负担他已无力承受。

布

礼

此抄件与原件一致

勘界委员会代理秘书皮埃尔·莫兰

12月1日于芒街

（原件第56页）

印度支那驻军参谋部

印度支那驻军总司令比肖将军致（河内）法兰西共和国驻朝鲜大使馆一等秘书兼专员，中安勘界委员会主任法兰亭先生函

河内，1890年11月15日发

主任先生：

兹随信附寄我发给勘界委员会护卫队长迪德洛上尉的一宗主要属技术性的指示之副本，以供参考。我向这位军官发出此类指示的宗旨在于令其在执行所负任务和受委特殊使命时不应优柔寡断。

布

礼

此抄件与原件一致

勘界委员会代理秘书皮埃尔·莫兰

1890年12月1日于芒街

（原件第57页）

印度支那驻军参谋部向中安勘界委员会护卫队上尉队长所发的指示

河内，1890年11月14日发

根据总督1890年10月30日政令第六款规定，勘界委员、炮兵上尉迪德洛先生兼任护卫队队长之职。

为此，他须直接与总司令将军取得联系，并随时汇报由他节制的各分队中发生的种种事件。

他应遵照勘界委员会主任向其所发的指示，统一安排护卫队各分队的活动，采取必要措施以确保驻地的安全。

他必须特别进行检查，务使各处之枪支弹药在安全地点妥为存放，无论昼夜都不致被盗。

他应该保障专门调拨给他们的兵士与苦力的给养供应，为此，若驻地相隔不远，他

可与附近哨所指挥或主管部门官员直接联系。

迪德洛上尉先生不应忘记勘界委员会及其护卫队将要踏勘的地区几乎是荒无人烟的赤贫之地，在那里无法得到赖以生存的任何物资。因此，他应设法从内地哨所运来各种食品（包括酒类）以供应其部队和全体苦力。为此，他必须组织好食品车队，并根据自己了解的沿途安全条件的好坏来调配护卫力量。

当部分或全体护卫队需要转移时，迪德洛上尉应命人为部队派去定量的苦力，在多数状况下，甚至还必须增加这一数量，使之为部分欧洲人运送行李，若不采取这一措施，这些欧洲人定将累得疲惫不堪。

在行军时，应始终让东京土著步兵走在队伍前列，因为欧洲人步伐太快，他们难以跟上。

护卫队长应注意在任何情况下都遵守各种规章条例，行进步伐不能过快，并注意按照军队中现行的规定进行按时休整和大休。

迪德洛上尉先生应注意使营房和露营地设施尽可能具备最佳卫生条件，驻地应离水源和森林较近。

除担任护卫队长一职以外，迪德洛上尉先生还应负责对测绘官员进行领导和对测绘工程进行指挥，凡有关勘界委员会主任和全体官员个人的业务，迪德洛先生均应作为中间人加以协调。

他应奉勘界委员会主任之命进行作业，但测绘官员们前往现场时，他应向总司令负责，保证这些官员的安全。他们前往勘测的地区乃小股海盗与匪众盘踞和出没之地，因此，若无充足的兵力护卫，切勿让他们远离勘界委员会本部驻地。

勘界委员会所属之部队，其职能不仅限于在必要时防止侵犯，确保安全，它还应充作礼仪队。为此，迪德洛上尉应遵照勘界委员会法方主任之命，向双方勘界代表团中任何一方表达礼仪。

勘界委员会即将前往居留数月的地区，卫生条件恶劣，此点务必牢记。因此，注意爱惜他们的体力，只是在十分必要时才让他们承担劳苦任务。同时，对他们关怀备至，保证各种必需品供应不断，如此等等，都具有十分重要的意义。

应该恰当地安排值勤，以使任何军人，不论是对测绘官员或车队执行护卫还是守卫营房，每 3 天的值勤时间不致超过 1 天。

若无此类预防措施并坚持执行，则护卫队各分队势必在短期内因积劳成疾和有害的气候致病而大批死亡。

由于目前印度支那驻军员额甚少，总司令将军绝不可能再对勘界委员会护卫队补充兵员，以接替由于某种因素而无法值勤的士兵，因此，切实执行上述各项措施至关重要。

若勘界委员会主任向迪德洛上尉先生发出的命令与本指示相抵触，则该军官有责任向他提醒，但态度必须保持谦恭有礼。若主任置之不理，则该军官必须用电报将情况汇报总司令将军。

此令

印度支那驻军总司令将军比肖（签字）
1890 年 11 月 14 日于河内

副本与原件一致

参谋长德·洛尔姆（签字）

此抄件与原件一致

勘界委员会代理秘书皮埃尔·莫兰
1890 年 12 月 1 日于芒街

（原件第 58～60 页）

印度支那驻军第二旅芒街辖区
第 156 号文

海军陆战兵团第九团营长、芒街辖区司令拉比耶致中安勘界委员会法方主任先生函

芒街，1890 年 11 月 23 日发

主任先生：

您在来函中曾提出，希望我进行必要安排，以使中方勘界委员会得到你们从他们处得到的对等待遇，对此，我荣幸地答复如下：

无论是军事条例或是我所奉到的命令，都未授权我可以擅自听从您的意愿。有鉴于此，我曾致函第八军区司令上校先生，就此事向他请示，现将他回复我的电文抄录如下：

“只有护卫队有执行礼节性任务之责，此外，部颁指示中明令禁止用炮膛装填的火炮施放空炮。”

布

礼

拉比耶（签字）

此抄件与原件一致

勘界委员会代理秘书皮埃尔·莫兰
1890 年 12 月 1 日于芒街

（原件第 61 页）

印度支那驻军参谋部
印度支那驻军总司令比肖将军致芒街勘界委员会主任先生函

河内，1890 年 11 月 27 日发

对 1890 年 11 月 26 日所发电报的证实：11 月 25 日来电中所要求的两份地图已于今日通过邮班寄出。若所需数量更多，请告知为盼。

此抄件与原件一致

Ch. 德·洛尔姆（签字）

此抄件与原件一致

勘界委员会代表秘书皮埃尔·莫兰（签字）
1890 年 12 月 1 日于芒街

（原件第 62 页）

法国驻东京公使馆
第 6988 号文

法兰西共和国驻东京高级公使、荣誉军团军官博纳尔先生致芒街中安勘界委员会主任函

河内，1890 年 11 月 22 日发

主任先生：

我荣幸地向您转达河内公使馆翻译范会方（Pham Huy Phuong）向调至您处任职的翻译陈方莱（Tran Phuong Lai）所寄的索债书一份。

若蒙阁下将陈方莱对这一索债书的回复转达于我，则不胜感激。

博纳尔（签名）谨启

此抄件与原件一致

勘界委员会代理秘书皮埃尔·莫兰
1890 年 12 月 1 日于芒街

（原件第 63 页）

附件

河内公使馆通译致公使先生函

河内，1890 年 11 月 10 日发

公使先生：

卑职向先生禀陈下情：我前曾借给陈方莱一笔钱款，计 10 皮阿斯特，并卖给他一顶鸟羽帽，值 2 元 4 角。他在 4 月份后曾付我 7 元，现仍欠我 5 元 4 角。

恳请先生设法让他将积欠我之债务清偿为感。

恭祝

钧安

范会方（签字）

此抄件与原件一致

勘界委员会代理秘书皮埃尔·莫兰

1890 年 12 月 1 日于芒街

（原件第 64 页）

芒街辖区卫戍司令拉比耶营长先生致中安勘界委员会主任先生函

芒街，1890 年 11 月 29 日发

主任先生：

顷间我收到第八军区上校司令员先生的一份电报，现将此电附后，请阅。

“奉司令员之命，调佩罗上尉（le Capitaine Pérot）至勘界委员会任职，直至广西边界勘定为止。为此，他无须再来海防。”

致

礼

拉比耶（签字）

（原件第 65 页）

自1890年11月7日至1890年12月2日所收到之电文

发电地点及发电人	序号	
西贡总督	5	我已发令，调“雎鸠”号至您处听用。务希与司令将军共同磋商护卫队组成事宜。若您在筹组您的使团方面困难不大，请即电告，以免挂念。驻龙州领事已替道台代为询问您抵达广西的大概日期，务祈将此日期告我为盼。（西贡，1890年11月7日电）
驻芒街高级公使（转发）	6	张知府率翻译及一名中方勘界委员前来看我，并说中方勘界委员会有意在芒街或东兴先行召开预备会议，并请我将法方勘界委员会抵达日期知照他，以便他能即刻电告李主任。李已返回钦州（Kham Chau），而钦州离此有5日之路程。除李主任外，中方各勘界委员均已会聚东兴（Tong Hinh），那里的一切筹备工作均已完毕。他们还在界河上架起一桥，以沟通联系。（芒街，1890年11月7日电）
（西贡）总督	7	您所套的相应军阶为将级，一俟您确定抵达广西日期后，务必致电龙州领事，通常，我当给予您与边界各领事电讯联系权，以便就勘界委员会有关事宜进行商讨。（西贡，1890年11月8日电）
两广总督（广州）	8	阁下来电已悉，知您已安抵海防，甚慰。近日我已去电界务主任李某，命其随时做好准备，一俟阁下抵达后即行会聚，并遵照两国勘界委员会决议中之规定着手各项勘界事宜。顺祝高升 两广总督（1890年11月12日电）
芒街公使	9	20日晨在玉山（Nui Ngoc）有小艇相候。已为勘界委员会在城中订好住所，各该委员是否携带卧具，盼告。（1890年11月13日电）
河内高级公使	10	您自海防与芒街来电悉。致礼。（1890年11月21日发）
西贡总督	11	务请将来电中指定的那位军官姓名写明为盼。（1890年11月25日电）
河内总司令将军	12	11月25日来电中所要求的两份地图已于今日通过邮班寄发，若所需数量更多，请告知为盼。（1890年11月26日电）
法国驻龙州领事	13	广西巡抚现正在全省巡查与察访，道台亦在等候。道台提出勘界会议是否能推迟至12月20日举行，地点在枯枝口（Kiou Tch Kieu），地名参见中文电码0046，3676，0593。请电复。（1890年11月26日电）
西贡总督	14	《勘界委员会筹建法令》第八款规定可以预付一笔资金，您可按正常方式，向所经各哨所的银库提出动用此款的理由，并以上述法令为依据，命收税官调拨必要资金供您使用，以利勘界委员会工程之进行。（西贡，1890年11月27日电）
法国驻龙州领事	15	道台向法兰亭主任亲切问候，并请批准勘界会议推迟至12月20日于峒中（Tong Tchong）（中文电码为1491，0022）举行。抚台今日抵达，但12月9日又将离开。盼电复。（1890年11月28日电）
西贡总督	16	将军已命佩罗上尉护送勘界委员会至广西边境。（1890年11月29日电）
总司令将军	17	拉巴斯蒂德少校手头已不再存有关于去年勘界工程的任何文件，他过去保存的文献对目前的界务亦仅有些微的参考价值。（河内，1890年11月29日电）
总司令将军	18	我已命横模卫戍司令向您转交有关广东边界的报告与资料。（河内，1890年11月30日电）
驻龙州领事	19	道台答称峒中地区形势险恶，而马将军及其护卫队在抚台出巡前不能擅去边境；再者，若抚宪不在而发生意外情事，生恐干系重大，无法担当。他又追述道，在上次勘界活动中，他所委派的一名官员赴边境等待了3个月之久。务请答应他将勘界委员会会议推迟至12月20日在峒中（中文电码为1491，0022）举行。（龙州，1890年11月30日电）

续表

发电地点及发电人	序号	
总督	20	您拥有与中方委员会协议所有勘界问题的决定权。对于您需要进行判断的让步事宜拥有全权。(西贡,1890年12月1日电)
拉巴斯蒂德少校(私人函电)	21	佩罗上尉虽曾在横模担任过城防司令,然而,他对该地区一无所知,对边界事务更不甚了解。如同对我提供的一样,他今后对您提供的关于村名及地点方位的情报亦将是完全错误的。幸勿轻言。(河内,1890年11月29日电)(12月1日登录)

此抄件与原件一致

勘界委员会代理秘书皮埃尔·莫兰

1890年12月1日于芒街

(原件第66~69页)

自1890年11月7日至1890年12月2日(含2日)所发之电文

致西贡总督	12	我已抵达海防。前往芒街时我将把“雎鸠”号留在身边,该舰驶抵中国边境将起有利作用。我定于8日去河内。(海防,1890年11月7日电)
致法国驻芒街公使	13	请命人通知中方界务主任,我将于11月20日抵达芒街。(海防,1890年11月8日电)
致西贡总督	14	来电悉。我将于11月8日溯流而上抵达河内。我亟盼知道我的套级问题将按何种条件处理。政府驻朝鲜专员的职衔应套将军级。我因须处理横模问题,故在抵达芒街前无法确定到达广西的大概日期。(海防,1890年11月8日电)
致两广总督李制军	15	我已抵海防,拟于11月20日抵芒街。(海防,1890年11月8日电)
致芒街公使	16	我估计11月20日抵达芒街。我将通知您到达的大概时刻。务请为勘界委员会5人成员安排住宿为感。另请与卫戍司令商定护卫队一行人员的住宿地。(河内,1890年11月12日电)
致海防海军司令	17	我拟于11月16日抵达海防,并盼在20日上午到达芒街,务请进行相应安排为感。现我尚不知护卫队是否与我们一起搭船前往。(河内,1890年11月12日电)
致海防公使兼市长	18	我定于11月16日率各勘界委员抵海防。(河内,1890年11月12日电)
致西贡总督	19	我已收到德乐内中尉那封有失谦恭的信函,并已将其调至司令将军处任职。我亟盼您能及时派人来接替其职。(河内,1890年11月12日电)
致西贡总督	20	我痛心地发现军事当局对我表现出一种明显的恶意。派至我处的测绘官员缺乏经验。我要求对原勘界委员巴拉尼中尉或我曾向将军建议的半官方测绘局所属之布隆德拉中尉进行任命。此乃势在必行之事。我认为,上述两位之一的任命是我行将完成的那项艰巨棘手的任务取得成功所必不可少的措施。若无意外情况,我打算明日赴海防。(河内,1890年11月14日电)
致法国驻芒街公使	21	我于20日上午与全体勘界委员一起乘“雎鸠”号抵达玉山。(海防,1890年11月17日电)
致法国驻芒街公使	22	请与卫戍司令商议有关对勘界委员会的接待事宜。我已取得将军级军阶。(海防,1890年11月17日电)
致芒街卫戍区司令	23	我定于11月20日上午到达芒街。务请与公使商定有关勘界委员会的接待事宜。(海防,1890年11月17日电)

续表

致法国驻芒街公使	24	请立即告诉我你们是否接收了横模的那座勘界委员会的原餐厅。（海防,1890 年 11 月 17 日电）
致西贡总督	25	我将于明日 18 时赴芒街。因时间仓促,我未能向您寄送关于河内对我的使命制造各种障碍的全面报告,我 20 日抵达芒街后将向您呈送。请将情况报告外交部长为感。（海防,1890 年 11 月 17 日电）
致法国驻海防公使夏瓦西尤,当时在河内(出差途中)	26	我对您的感情表示诚挚的感激。我又对您因迫于种种重要公事而不得不离开海防深以为憾,因为我本需与您磋商有关勘界委员会的各项事宜。（海防,1890 年 11 月 18 日电）
致河内高级公使	27	亲爱的朋友,我对您的友好接待深为感动,并向您表示亲切的谢忱。我今日下午 4 时出发。（海防,1890 年 11 月 18 日电）
致西贡总督	28	我已于今日见到了中方界务主任,我们受到的款待盛情备至。他已奉到与我自香港向您寄发的报告中提到的指示相同的训谕。我尚未谈及有争议的问题,此问题将在第三次会晤中探讨。我希望自现在起,四五天内能促使李阁下向我们提出有关横模问题的合理议案。在最后一刻,卫戍司令竟生变卦,拒不向中方主任表示与我方委员会受到的礼遇相等的礼节。我迫不得已只有催促他执行,但他却以上司发给他的训示为由进行推托。我旋即采取措施,以免在我的要求未能满足的情况下,使中国官吏蒙受这种耻辱,而此等耻辱极有可能导致严重的外交后果。当时我得到了“倔强”号舰长比内尔(Bunel)以及迪德洛上尉的热情支持和协助。我请求对他俩在全安南进行特别嘉奖,这将收到极佳的效果。我可以毫不讳言地向您承认,自来海防后,我一直在绝望地与军事当局抗争,他们连续不断地对我的行动设置种种障碍。若此种情形继续下去,我将被迫请求将我召回,虽然第一次会晤的结果相当可喜。务请将情况汇报外交部长。（芒街,1890 年 11 月 23 日电）
致龙州领事	29	请通知中方广西界务主任前往横模峒中。（参见中文电码 1491,0022）（芒街,1890 年 11 月 24 日电）
致西贡总督	30	我恳请您命人指定佩罗上尉护送我至广西边界。佩罗勘察这一地区已历一年,但该军官至 12 月 25 日服役期满,即将返国,因此必须进行相应安排,把他留在我身边。我再次会见了中方界务主任。我们将在 11 月 30 日前后出发。（芒街,1890 年 11 月 24 日电）
致西贡总督	31	对 99 号电文的回电:佩罗与中方勘界委员会确已建立相当融洽而亲密的关系。（芒街,1890 年 11 月 25 日电）
致河内高级公使	32	请将您答应寄我的地图寄来。我们拟于 30 日前往那来(Na Lai)。与中方勘界委员会相处融洽,一切堪称顺利。（芒街,1890 年 11 月 25 日电）
致河内总司令	33	务请在日内将参谋部所存地图的谅山图寄来为盼。我们定于 30 日去那来。（芒街,1890 年 11 月 25 日电）
致西贡总督	34	务请命芒街收税官预支一笔资金,以作勘界委员会的运输费用及苦力工薪。（芒街,1890 年 11 月 27 日电）
致西贡总督	35	佩罗上尉因已被任命为海防情报官,故不得不在星期日动身。我已郑重其事地坚决要求将他派来我处。您知道,若继续对我的行动设置障碍,必将导致可悲的后果。护卫队的一名少尉和几名士官是被人突然接替的。（芒街,1890 年 11 月 27 日电）
致河内总司令	36	若蒙您能将我的前任所掌握的有关去年勘界事务的记事本寄我,则不胜感激。此记录本并未与其他档案一起寄来。（芒街,1890 年 11 月 28 日电）
致西贡总督	37	我认为,拉巴斯蒂德提出的不划任何安南疆界的要求,即使不能说无法实现,至少也是难以办到的。我是否仍应严格坚持 1887 年勘界委员会的纪要,并在考虑天然疆界线的同时向对方进行适当让步?（芒街,1890 年 11 月 20 日电）

续表

致龙州领事	38	季节过早提前，若推迟两周必将有损勘界委员会工作。然而，若测绘官员自12月10日起能在广西开始工作，且主任阁下亦进行相应安排，则我准备同意主任阁下提出的要求。请回电至芒街，第一个分遣队已于昨日出发赴那来。（芒街，1890年11月29日电）
致河内拉巴斯蒂德少校	39	您今日来电已奉悉。（芒街，1890年11月29日电）
致河内总司令	40	务请让人向横模哨所指挥发令，命他在我于12月11日抵达该哨所时向我交来有关广东界务问题的报告与资料。（芒街，1890年11月29日电）
致龙州领事	41	来电悉。请告主任阁下，我对这一意外情况深表遗憾，我拟于15日亲往峒中。请道台尽一切可能于12月20日前到达。（芒街，1890年12月1日电）
致西贡总督	42	我驻龙州领事来电说，道台答称峒中地区形势险恶，而马将军及其卫队在抚台出巡前不能擅去边境；再者，若抚宪不在而发生意外情事，恐干系重大，无法担当。他又追述道，在上次勘界活动中，他所委派的一名官员赴边境等了3个月之久。今特来电，请准将界务会议推迟至12月20日在横模的峒中举行。我深表遗憾的是，上述种种变故使勘界工程推迟开工。我拟于12月15日赴峒中。请转告北京使团为感。（芒街，1890年12月1日电）
致西贡总督	43	从11月28日起，我已派出绝大部分护卫队和多组车队至北市（Paksi）与那来，以便在那里做好安营准备。因须至20日才能与中国勘界委员会共同开工，故我在芒街逗留至6日上午。（芒街，1890年12月2日电） 此件与原件一致 勘界委员会代理秘书皮埃尔·莫兰 1890年12月1日于芒街
致西贡总督	44	最后一支分遣队昨日经由通往北市之公路开赴中国境内。李主任与我于6日凌晨3时由水路出发。（芒街，1890年12月3日电）
致法国驻龙州领事	45	请转告中方勘界主任，若他能来峒中与双方勘界委员会相见，则不胜感激。我乐意将会晤的日期推至12月15日。请代我向他问候。（芒街，1890年11月27日电）（1890年12月3日登录）

此抄件与原件一致

勘界委员会代理秘书皮埃尔·莫兰

1890年12月3日于芒街

（原件第70～75页）

安南与东京保护国

中安勘界委员会

第1号文

法兰西共和国政府驻朝鲜大使馆一等秘书、领事兼专员，中安勘界委员会法方主任法兰亭致中方勘界主任函

芒街，1890年11月21日发

我荣幸地通知您，根据总统法令，我于9月9日被任命为勘界委员会主任，并已抵

达芒街。我将于明日2时整前来拜会。我的陪同人员为马埃先生、迪德洛先生、波德拉兹（Pothefaz）先生（以上均系本委员会委员）和我的私人秘书皮埃尔·莫兰先生以及各测绘官员。

我们将由40名不带武器的法国士兵和我的全体随员护送前去。

本抄件与原件一致

勘界委员会代理秘书皮埃尔·莫兰
1890年12月1日于芒街

（原件第76页）

安南与东京保护国
中安勘界委员会
第6号文

法兰西共和国政府驻朝鲜大使馆一等秘书、领事兼专员，中安勘界委员会法方主任法兰亭先生致印度支那总督先生函

河内，1890年11月12日发

总督先生：

我于11月7日星期五抵达海防。我立即前往拜访各部门长官。我对公使先生及海军局局长、海军中校先生深表满意。

但是，薛威埃（Servière）中校先生却不同，我已向他表示了自认为应尽的礼节，但他却没有对我回礼。

抵达河内后，我及时向比肖将军提出了意见。

关于护卫队问题，我已与这位将级军官达成了一致意见。

鉴于我即将前往踏勘的地区尚处于骚乱状态，这也是司令本人向我提醒的，因此，我认为必须坚决要求得到一个满额的护卫队供我调遣，亦即100多名外籍军团兵员、150名东京土著步兵。

我将于11月20日前往芒街。

昨天，派来我处任职的中尉测绘军官德乐内先生发生了一次事故。您读了该军官的信函抄件以及我认为应该向总司令将军先生写的信函抄件后，对此问题当有所了解。我已请求比肖将军派人接替该军官，因我觉得他的素质并不能表明他对工作极其

认真负责。

此抄件与原件一致

勘界委员会代理秘书皮埃尔·莫兰
1890年12月1日于芒街

(原件第77页)

安南与东京保护国
中安勘界委员会
第1号文

法兰西共和国政府驻朝鲜大使馆一等秘书兼领事，中安勘界委员会法方主任法兰亭先生致河内高级公使函

芒街，1890年11月30日发

遵照您11月22日第6985号函向我提出的要求，我已把致陈方莱翻译的索债书转达其本人，现将该翻译的答复随信附上。

此抄件与原件一致

勘界委员会代理秘书皮埃尔·莫兰
1890年12月1日于芒街

(原件第79页)

抄件

陈方莱致范会方复函

芒街，1890年11月29日发

范先生：

兹特复函奉告，在我离开河内以前，我无法预支工资向您寄去5皮阿斯特的汇款以偿还欠您的债务。然而，我可向您保证，一俟我支取工资后，我将立即通过邮局向您汇

去一笔5元4角的款项。

您忠实的朋友陈方莱（签字）

此抄件与原件一致

勘界委员会代理秘书皮埃尔·莫兰
1890年12月1日于芒街

（原件第80页）

安南与东京保护国
中安勘界委员会
第2号文

法兰西共和国政府驻朝鲜大使馆一等秘书兼领事，中安勘界委员会法方主任法兰亭先生致驻河内高级公使函

芒街，1890年12月3日发

高级公使先生：

若蒙俯允，准予勘界委员会订阅《东京之友报》与《海防信使报》，并协助请施奈德（Schneider）先生定期寄我《政府公报》第二部分《安南与东京》，则不胜感激。

此抄件与原件一致

勘界委员会代理秘书皮埃尔·莫兰
1890年12月3日于芒街

（原件第81页）

安南与东京保护国
中安勘界委员会
第2号文

法兰西共和国政府驻朝鲜大使馆一等秘书、领事兼专员，中安勘界委员会法方主任法兰亭先生致法国驻芒街副公使先生函

芒街，1890年11月24日发

副公使先生：

为确保由水路将勘界委员会的兵员及行李运至北市（Pac - Si），兹特去函，务请将

船主可以出租给我的舢板数，或在必要时您可设法征调的舢板数尽早告我为盼。

此抄件与原件一致

勘界委员会代理秘书皮埃尔·莫兰
1890年12月1日于芒街

（原件第82页）

安南与东京保护国
中安勘界委员会
第1号文

法兰西共和国驻朝鲜大使馆一等秘书、领事兼专员，中安勘界委员会法方主任法兰亭先生致海防海军司令先生函

芒街，1890年11月30日发

司令先生：

在离开芒街之前，特去信向您表示：勘界委员会委员和我本人对在“雎鸠”号及“倔强”号舰上所受到的接待是何等感动。

再者，我完全理解您向您属下各舰长所发训示的实质，对于您的这番美意，我知道该如何报答。

另外，如蒙您能将我的谢意正式转达拉皮耶（Lapied）与比内尔先生，则不胜感激，他们二人曾给我以真诚的协助。

此外，我还须指出的是，多亏“倔强”号舰长先生，我才得以向中国官吏表示与他们给予我的礼遇对等的礼节，并避免让他们蒙受羞辱。若此等羞辱一旦发生，势必造成严重后果。

因此，我愉快地特别向您提出比内尔先生值得赞扬的工作主动性，而且我还欣喜地觉得，您把“倔强”号调我使用，就是对政府委我完成的使命的极大支持。

本抄件与原件一致

勘界委员会代理秘书皮埃尔·莫兰
12月1日于芒街

（原件第83页）

安南与东京保护国

中安勘界委员会

第 1 号文

法兰西共和国政府驻朝鲜大使馆一等秘书、领事兼专员，中安勘界委员会法方主任法兰亭先生致印度支那驻军副参谋长希尼亚克·德·拉巴斯蒂德函

河内，1890 年 11 月 10 日发

副参谋长先生：

您 11 月 11 日来函获悉，特此告知。另外，我荣幸地通知您，我已命马埃先生于明日上午 8 时半赴参谋部领取 1 号清单上所列的各箱柜，届时，马埃先生将把由我签署的 1 号清单交给您。

此抄件与原件一致

勘界委员会代理秘书皮埃尔·莫兰

12 月 1 日于芒街

（原件第 84 页）

安南与东京保护国

中安勘界委员会

第 2 号文

法兰西共和国政府驻朝鲜大使馆一等秘书、领事兼专员，中安勘界委员会法方主任法兰亭先生致印度支那驻军总司令将军先生函

1890 年 11 月 11 日发

将军先生：

本日拉巴斯蒂德营长先生来函，说他不能直接将界务委员会档案交给我。现特去函

相求，务请下达必要之命令，以便这些档案能及早交至我手。

此抄件与原件一致

勘界委员会代理秘书皮埃尔·莫兰
1890年12月1日于芒街

（原件第85页）

安南与东京保护国
中安勘界委员会
第3号文

法兰西共和国政府驻朝鲜大使馆一等秘书、领事兼专员，中安勘界委员会主任法兰亭致比肖将军先生函

1890年11月12日发

将军先生：

我曾有幸与您会晤多次，为将历次会晤中未曾谈及之事加以补充说明，现去函相告：我已做好一切安排，以便使勘界委员会得以在11月20日到达芒街。

若蒙将军向护送我的卫队各长官发出明确指示，让他们在11月20日按期抵达芒街，则幸甚。

此抄件与原件一致

勘界委员会代理秘书皮埃尔·莫兰
1890年12月1日于芒街

（原件第86页）

安南与东京保护国
中安勘界委员会
第5号文

法兰西共和国政府驻朝鲜大使馆一等秘书、领事兼专员，中安勘界委员会主任法兰亭先生致比肖将军先生函

河内，1890年11月13日发

将军先生：

我昨日已荣幸地向您说明，为使政府委我的任务取得成功，让我全面了解我的前任

卓有成效的工作成绩是绝对必需的。

将军先生，您当与我同样认为，这些工作成绩不仅对我效益良深，而且阅读这些工作档案将使我有充分的思想准备，便于我即将与中国勘界委员开始的谈判。

因此，若蒙您俯允，向希尼亚克·德·拉巴斯蒂德先生发出明确指示，使他将当时收到的、作为勘界委员会文件存档的一切公文函件立刻悉数交到我处，则不胜铭感。

顺致崇高的敬意

此抄件与原件一致

勘界委员会代理秘书皮埃尔·莫兰

1890 年 12 月 1 日于芒街

（原件第 87 页）

安南与东京保护国

中安勘界委员会

第 6 号文

法兰西共和国政府驻朝鲜大使馆一等秘书、领事兼专员，中安勘界委员会法方主任法兰亭先生致比肖将军先生函

河内，1890 年 11 月 13 日发

将军先生：

我有幸复函相告，您第 1421 号，关于批准有偿转让 5 匹安南马的信件业已收悉。您还知照我，同意以出借方式调拨我适量马鞍，对此，我亦表示感谢。另外，我亦荣幸地复函相告，我之前曾表示过，希望有 5 座马鞍与 5 根马缰。

此抄件与原件一致

勘界委员会代理秘书皮埃尔·莫兰

1890 年 12 月 1 日于芒街

（原件第 89 页）

安南与东京保护国

中安勘界委员会　第7号文

法兰西共和国政府驻朝鲜大使馆一等秘书、领事兼专员，中安勘界委员会法方主任法兰亭先生致比肖将军先生函

河内，1890年11月13日发

将军先生：

如蒙在可能范围内赐我5名护卫骑兵，则不胜感激。

我认为，就提高我方威望而言，此举收效必佳。

此抄件与原件一致

勘界委员会代理秘书皮埃尔·莫兰

1890年12月1日于芒街

（原件第90页）

安南与东京保护国

中安勘界委员会

第8号文

法兰西共和国驻朝鲜大使馆一等秘书、领事兼专员，中安勘界委员会法方主任法兰亭先生致比肖将军函

河内，1890年11月14日发

将军先生：

我荣幸地通知您，迪德洛上尉先生和皮普鲁中尉先生以及斯皮克（Spick）少尉先生已自11月12日起正式参加我的委员会工作。

此抄件与原件一致

勘界委员会代理秘书皮埃尔·莫兰

1890年12月1日于芒街

（原件第91页）

安南与东京保护国
中安勘界委员会
第 9 号文

法兰西共和国驻朝鲜大使馆一等秘书、领事兼专员，中安勘界委员会主任法兰亭先生致比肖将军函

河内，1890 年 11 月 14 日发

将军先生：

迪德洛上尉先生至今既未收到测绘工程所必需的一应工具，亦未接得有关他的任务的任何指示。

将军先生，如蒙您向这位负责测绘业务的上尉先生下达命令，俾迪德洛先生能及早开展工作，并尽快完成身负之使命，则不胜感激。

此抄件与原件一致

勘界委员会代理秘书皮埃尔·莫兰
1890 年 12 月 1 日于芒街

（原件第 92 页）

安南与东京保护国
中安勘界委员会
第 10 号文

法兰西共和国驻朝鲜大使馆一等秘书、领事兼专员，中安勘界委员会主任法兰亭先生致比肖将军函

河内，1890 年 11 月 14 日发

将军先生：

我荣幸地通知您，我接到了印度支那总督先生的如下电报："我已请将军在与您相商后将指定取代德乐内中尉的军官人选告知我。"

由于调来我处任职的军官并非人人都具备在我将奉命前往踏勘的地区进行测绘的丰富经验，故务请将军先生从工作利益出发，在得到总督先生首肯后，指派参谋部中尉巴拉尼先生或测绘局属员布隆德拉中尉先生来我处任职，他们的协助对我圆满完成使命是

必不可少的。

此抄件与原件一致

勘界委员会代理秘书皮埃尔·莫兰

1890年12月1日于芒街

（原件第93页）

安南与东京保护国

中安勘界委员会

第11号文

法兰西共和国驻朝鲜大使馆一等秘书、领事兼专员，中安勘界委员会法方主任法兰亭先生致印度支那驻军总司令将军函

海防，1890年11月17日发

将军先生：

随信附寄我的那位可尊敬的前任——希尼亚克·德·拉巴斯蒂德营长先生1890年11月14日寄给我的勘界委员会一应档案的详细收据。

顺致崇高的敬意

法兰亭（签字）

附：营长希尼亚克·德·拉巴斯蒂德向中安勘界委员会法方主任法兰亭先生移交的法方勘界委员会一应档案文件的明细单。

来往函件登录本

第1号：西贡总督。

第2号：军事当局。

第3号：民事当局。

第4号：中国当局。

第5号：来往电报。

第6号：收入总额。

第7号：第34、35、36、37、38及39号信函原稿。

第8号：关于广东省勘界事务的两份纪要原稿。

第9号：多种天文计算法及不同的计算范例。

第 10 号：总督先生致德·拉巴斯蒂德少校先生的其余信函（凡 6 件）。

第 11 号：德·拉巴斯蒂德少校先生收到的中方勘界主任的全部信函。

第 12 号：比例约为 1∶200000 的疆界全图的描印件。

第 13 号：清单下方开列的未注日期的 24 份文件。

第 14 号：1889 年 12 月 12 日第 146 号信函，内容为对法方勘界委员会主任所奉训令的修改。

第 15 号：1889 年 12 月 16 日第 252 号清单，新旧指示对照摘要的发文记录。

第 16 号：1889 年 12 月 21 日第 48 号信函，关于镌刻在界碑上的文字问题。

第 17 号：1890 年 1 月 14 日第 4 号信函，关于中国违反国际公约及侵犯安南领土事。

第 18 号：防城（Pong Cheng）县知县的告示。

此抄件与原件一致

勘界委员会代理秘书皮埃尔·莫兰

1890 年 12 月 1 日于芒街

（原件第 94 ~ 95 页）

安南与东京保护国

中安勘界委员会

第 12 号文

法兰西共和国驻朝鲜大使馆一等秘书、领事兼专员，中安勘界委员会法方主任法兰亭先生致印度支那驻军总司令比肖将军函

芒街，1890 年 12 月 3 日发

将军先生：

我荣幸地通知您，拉比耶少校先生根据您向他所发出的指示而派来我处任职的佩罗上尉已自 11 月 29 日起作为情报官正式参加我的使团工作。

顺致崇高的敬意

此抄件与原件一致

勘界委员会代理秘书皮埃尔·莫兰

1890 年 12 月 1 日于芒街

（原件第 96 页）

安南与东京保护国

中安勘界委员会

第 13 号文

法兰西共和国驻朝鲜大使馆一等秘书、领事兼专员，中安勘界委员会法方主任法兰亭先生致印度支那驻军总司令比肖将军函

芒街，1890 年 12 月 3 日发

将军先生：

我荣幸地通知您，根据勘界委员会筹建法令任命的拉夫尼尔（Lavenir）中尉测绘军官已于 1890 年 11 月 25 日抵达芒街，并于当日到任，参加本使团工作。

顺致崇高的敬意

此抄件与原件一致

勘界委员会代理秘书皮埃尔 · 莫兰

1890 年 12 月 3 日于芒街

（原件第 97 页）

安南与东京保护国

中安勘界委员会

第 1 号文

法兰西共和国驻朝鲜大使馆一等秘书、领事兼专员，中安勘界委员会法方主任法兰亭先生致芒街卫戍区司令函

1890 年 11 月 22 日发

司令先生：

中国北京最高当局与广州官方和共和国政府达成一致协议，双方界务主任将受到对等的礼遇。

今天，我们受到了中方勘界委员会的礼遇，故务请司令先生进行必要安排，给予中国勘界委员会对等的礼节。

司令先生，我不妨据实相告，这样做事关重大，万一因失礼而导致共和国政府委我的任务陷于失败，您将负重大的责任。

顺致崇高的敬意

此抄件与原件一致

勘界委员会代理秘书皮埃尔·莫兰

1890 年 12 月 1 日于芒街

（原件第 98 页）

安南与东京保护国
中安勘界委员会
第 2 号文

法兰西共和国驻朝鲜大使馆一等秘书、领事兼专员，中安勘界委员会法方主任法兰亭先生致芒街卫戍区司令先生函

芒街，1890 年 11 月 29 日发

卫戍区司令先生：

您转达我的关于佩罗上尉先生的电文业已收悉，特此通知，并向您表示感谢。有如此出众的军官在我的使团中任职，我表示欣慰。

请接受我诚挚的敬意

此抄件与原件一致

勘界委员会代理秘书皮埃尔·莫兰

1890 年 12 月 1 日于芒街

（原件第 99 页）

安南与东京保护国

中安勘界委员会

第 4 号文

法兰西共和国驻朝鲜大使馆一等秘书、领事兼专员，中安勘界委员会法方主任法兰亭致印度支那驻军总司令将军先生函

河内，1890 年 11 月 12 日发

将军先生：

我荣幸地将下述情况相告：我曾通知德乐内中尉，务必在昨日（11 月 1 日）晚6 时20 分到达高级公使官邸。

勘界委员马埃先生、波特拉兹医生，我的私人秘书莫兰先生以及我本人均恭候至6 时 25 分，仍不见德乐内先生到来，我只好去了经略（Kinh Luoc）阁下的寓所。

今日上午，我收到了这位军官的来信，现随信附上其抄件，请一阅。

鉴于德乐内先生的说法与事实不符，且信中语气乖戾（此点您亦定能察觉），因此，将军先生，在西贡总督先生决定之前，我只能将该军官调至您处。我已将此事提交总督先生裁定。

此抄件与原件一致

勘界委员会代理秘书皮埃尔·莫兰

1890 年 12 月 1 日于芒街

（原件第 100 ~ 101 页）

附件

德乐内致法兰亭函

河内，1890 年 11 月 12 日发

主任先生：

今特去函将下述情况相告：

昨日（11 月 11 日）我按预定时刻，身穿您指定的服装前去赴您确定的约会。

6 时 20 分，我即来到高级公使馆。至 7 时 5 分，仍不见一人前来，我认为上午之约可能因故已有变更，遂回自己寓所。

为此

布达

P. 德乐内（签字）（第二非洲轻步兵营中尉）

此抄件与原件一致

勘界委员会代理秘书皮埃尔·莫兰
1890 年 12 月 1 日于芒街

（原件第 102 页）

安南与东京保护国
中安勘界委员会
第 3 号文

法兰西共和国驻朝鲜大使馆一等秘书、领事兼专员，中安勘界委员会法方主任法兰亭致巴黎外交部长先生函

北市（Pack-Si），1890 年 12 月 7 日发

部长先生：

我刚抵达北市。此乃去年勘界委员会勘定的中安边界的最远地。在来此之前，我面临着重重困难和障碍需要克服，这都是东京军事当局为我设置的。他们甚至毫不掩饰对我的反感。我接替了希尼亚克·德·拉巴斯蒂德先生——现任比肖将军参谋部副参谋长，他每时每刻都为我制造各种障碍，妨碍我执行任务。原勘界委员会官员中，无一人派来我处，而调来我处的军官，连比肖将军自己也承认，对测绘地形毫无经验。为了得到原勘界委员会档案，我不得不通过官方途径以强硬方式索取，其间遇到的百般刁难和麻烦更毋庸赘述，至今我掌握的档案仍不完整。

凡此种种，都使我痛心不已。似乎东京所需要的，就是一批直接听命于（西贡）总督的各部门上校级长官。

部长先生，您不妨设想一下那个参谋部，尽管有我的前任所定的成例在先，它竟然

可以拒不向中国勘界委员会表示与我们在访问东兴时所得到的礼遇等同的礼节。要是当时没有“倔强”号炮舰舰长以及我的卫队长与我协力，连夜赶制药筒，为中国官员施放礼炮——这也是他们应得的礼遇，那么我们必将与中国发生外交纠纷。阁下谅必知晓，天朝官员们是何等讲求形式和客套，而且对脸面又看得何其重要。阁下对我心情亦当会表示理解。芒街卫戍司令曾奉到正式命令，对中国勘界委员会拒不表示礼仪。我只得煞费苦心，到处张罗以应急需。所幸有海军上尉比内尔（Bunel）和他所掌握的舰上两门从海盗处缴获的小炮，问题才得以顺利解决。而今，我们与中国人保持着良好关系，他们已允许我携带武器和行李经过他们的国境。

我现在深感忧虑的是，我即将依靠一批毫无经验，且对当地情况又一无所知的军官来完成广西边境的勘界工作。

若参谋部继续对我持敌视态度，且有关方面再不派来几名内行的测绘军官，那么，我认为政府最好将我召回，以节省财力和人力。

我经过的地区险恶异常。从原勘界委员会的工作档案中得知，中国境内的路径比我们境内的要容易走，我遂命部分护卫队取道中国公路前往，我自己和中国勘界主任也由此道而行。自芒街至北市，我们穿过了宽仅 20 厘米至 30 厘米的羊肠小道，爬过了几座高山，并穿过了 21 条急流险滩，我的卫队士兵们都是一群忠勇的外籍军团士兵，他们在水深齐腰的河道中涉水过河。天公亦不作美，我们是在浑身湿透的情况下度过了整整一天。

根据我了解的情况，我们走得越远，路也变得越加艰险。尽管如此，我没有丧失勇气，我将竭尽全力，圆满完成我所受托的使命。

中国人已向我表示，希望我察看一番有争议的地段。我认为，在我在现场摸清问题的真相以前，不宜轻率地答应商谈此事。

然而，我有理由认为，希尼亚克·德·拉巴斯蒂德之所以未能与李阁下达成一致意见，是因为他不愿按照狄隆先生担任主任的原勘界委员会纪要中所载的规定办事。

我的目标倾向于在尽可能接近上述纪要的前提下，为我们划定一条天然疆界，俾从战略观点看，我们将因此而具备一条可靠的屏障作为防御手段。

以上意见，若蒙首肯，则幸甚。

恭祝

钧安

法兰亭敬启

（原件第 103 ~ 105 页）

安南与东京保护国
中安勘界委员会
政治处第 4 号文

法兰西共和国驻朝鲜大使馆一等秘书、领事兼专员，中安勘界委员会法方主任法兰亭先生致巴黎外交部长里博先生函

松柏隘（Tsong-Pa-Seng），1891 年 1 月 6 日发

部长先生：

我于 11 月 9 日抵达河内后，立即着手准备和组织一切必要事宜，以使我部委我的任务得以迅速开展。

我的护卫队由 100 名外籍军团士兵和 150 名迅速召集起来的土著步兵组成。然而，我感到更难寻觅的是测绘人员、翻译和文人。

在克服了种种障碍并抵制了参谋部对我进行的各种刁难后，我总算有幸得以在到达东京首府 7 天以后动身上路。

17 日，我抵达海防，18 日率全体测绘人员和文职人员搭乘海军司令罗夫里耶·雅拉贝尔（Rovrier Jalabert）好意调我使用的“雎鸠”号国家级护卫舰出发。(第 1 段)

我的护卫队则乘内河航运公司船舶从安南出发。

在沿南潮门（Cua Nam Trien）水道顺流而下后，我们抵达了下龙湾。这是可以想象的最奇妙的海湾之一。船舶在怪石嶙峋的岩礁之间曲折穿行，我们绕过了咖啡壶（la Cafétière）岛、蟾蜍（le Crapaud）岛、哨兵（la Sentinelle）岛、帽儿（le Chapeau）岛诸岛屿。

在首次航经该地时，我观察了一个巨大的圆谷，周围布满了高 150 米以上的岩礁，那里只有在落潮时经由一个海水腐蚀而成的拱形岩洞才能进入。

这一曲折回旋、扑朔迷离之处从前是海盗的可靠巢穴，他们在那里找到了藏身之地，而我们的小舰艇却对之无可奈何，无法深入进行追捕。

由此出发，我们又游览了鸿基湾。在那里，贝雷·肖富尔（Bairet Chauffour）先生早已建起了欧洲式房屋林立的市镇。从海滨望去，高大的煤堆一一映入眼帘，一望即知那就是主宰这里一切的经济活动。

稍远处就是盖宝（Kebao）湾。由于我们须停泊在这里过夜，我即借此机会参观了堵布益先生的煤矿。虽然这里的设备比鸿基简陋得多，但整个煤田却呈现出一片繁忙景象。我还注意到煤层与地面相平。

20 日拂晓，我们抵达玉山（Nui-Ngoc）。这是外洋海轮前往芒街途中的停泊之地

(第 2 段)。我们在那里设有一个小规模的关卡。

我们在玉山等待那艘内河炮舰“倔强”号，由它搭我们去芒街。(第 3 段)

天气情况不佳，海上波涛汹涌，此舰无法与“雎鸠”号会合于锚地，在经过一番试航失败以后，只得折回芒街河口。

时间紧迫，因为我曾向我的中方同僚李阁下提出在 21 日上午见面，我必须按时践约。我遂恳请“雎鸠”号舰长拉皮耶（Lapied）先生，命人将他的汽艇和几只捕鲸小艇装备妥善。

我就是依靠这种交通工具于 20 日晚抵达芒街，将我的随员留在那里后行。他们后来于 21 日搭“倔强”号与我会合。

自芒街河入口开始，在较长的一段航路中，须穿过一片红树平原，这些树木在涨潮时没入水中。

在经过一番蜿蜒曲折的航线，避免了几次搁浅并经过 5 小时在小艇上的航行后，我抵达公使馆码头，副公使卢梭先生早已率一班欧洲及土著随员在那里迎候。

地方民事当局对我的欢迎异常热烈。我在公使馆下榻，并立即通知中方勘界主任，第二天我将前去拜会。

我的卫队经陆路与我同时到达，他们途中须涉过许多小河，以致半身湿透。

我在当天总算觅得一座住房，但极不舒适，门窗全无，但却是唯一可供我安排的住所。我当即命人加以打扫和整理，以便接待勘界委员会民事人员。

21 日上午，我前去东兴拜访李同僚。

东兴乃位于芒街河右岸的一座小城，与芒街城隔河相望。它从前是附近一带的主要贸易集散地，沿海地区的海盗都赶来这里进行交易，主要是贩卖安南妇女和偷盗得来的水牛及其他物品，然后在此购买武器和弹药。

一名外交部的忠诚官员海士（Haitce）先生就是在东兴城对面被海盗杀害的。

在我来到之前，李阁下即已命人搭起一座竹桥，以将中方河岸与法方河岸相接。(第 8 段、第 10 段)

我方勘界委员会受到的来自这位中国高级官员的接待是亲切热忱的。自桥至总办宅邸，一队中国官兵排成长列持枪致敬（第 9 段），同时，在我们经过时，中国城堡鸣礼炮 11 响表示欢迎。当然更不必提在我们进入中国地界和到达衙门时那一片鞭炮声了。

这第一次拜谒，按中国习俗，完全用于相互介绍和一般性问候与寒暄。接着是设宴招待我们，席上燕窝、鱼翅、海参及其他奇珍异馐罗列一桌，竞相博得我们的青睐。我的全体卫队都应邀享受了这顿盛宴。

在告辞时，李阁下对我说，他准备于 22 日午后 3 时前来回拜。

回到芒街，我知照卫戍司令，中方界务主任将于次日前来法国境内，请他务必妥善安排，以向中国界务委员回敬与我们受到的礼遇相对等的礼节。

然而，当我得知他已奉到正式命令不准这样做时，不禁大吃一惊。

尤其使我对参谋部这一决定感到大惑不解的是，去年，当我的前任希尼亚克·德·拉巴斯蒂德先生担任勘界主任时，却没有出现这些留难，同一位李主任，当时却受到了我方城堡向他表示的应尽礼节。

为了挽回即将恶化的局势，我不得不请求“倔强”号舰长比内尔先生用他舰上现成的装备协助我向中国勘界委员会致以军礼。因为我深知中国人的脾气，若一旦发生任何失礼之举，我的这位同僚必不会宽宥我。比内尔先生以值得大加颂扬的工作热忱和负责精神，与我的卫队长一起，连夜赶制了礼炮药筒。

李阁下对我当时的窘境并未觉察。

我在力所能及的范围内最隆重地接待了他，他对在我国境内受到的招待深表满意，并怀着对我方勘界委会十分好感的愉快心情离开了芒街。

随他而来的 80 名官军也受到了我的外籍军团士兵极其热情的款待，从此以后，双方卫队之间始终保持着融洽和睦与坦率真诚的关系。

在宴席结束时，马埃与波特拉兹两位先生还为两国勘界委员会全体成员摄影留念。(第 4 段)

严格说来，芒街城（第 5 段、第 6 段）不能算作一座城池，那只不过是一座小城堡，一堵城墙与一条村镇式小街并排而成的一隅之地而已。

只是在残存的碎砖瓦砾和灰泥堆中，旧城的痕迹还依稀可辨。

当我们在这里平乱和治安时，大部分居民纷纷迁往东兴（第 7 段）避难。

双方初次会面以后，又举办了两顿外交便餐。

此后，我们之间建立了亲切友好的关系。

我在芒街暂住了数日，我须向当地官吏探听情况，并在那里筹办至北市——我的旅程第一站——去的运货车队。

海士（Haitce）先生遇刺周年纪念会于 11 月 27 日举行以后，我即请副公使卢梭先生致函格朗皮埃尔（Grandpierre），请他务必前来与我相会，因为格朗皮埃尔为法兰西所立的大功曾多次通报至政府。我还向他提出，在我不幸的伙伴墓前举行一次宗教仪式。他愉快地满足了我的这一要求。在芒街的全体民事与军事人员，在我的要求下前往公墓，有的则是在仪式完毕以后才去的。我在墓前致辞，以悼念一位同校的学友，一位曾把自己的责任感与爱国主义情操发展成大无畏英勇气概的法国人。

我与我的同僚李主任经过商议后确定，我们将先行踏勘这一地区，并在抵达横模后再行商讨关于双方有争议的地段问题。因此，我采取了各种措施，以便尽快动身。

11 月 29 日，与中国当局商定后，我指派马埃先生及部分卫队押送武器与行李以及马匹和一批食物取道中国前往北市。12 月 2 日，另一组船队运载大部分行李由水路出发。

我与我的中国同僚则于6日上午最后动身，经陆路前往该地，一路有数名外籍军团士兵和土著步兵护送。至于其余行李，则由水路运送。

由于沿途察看了嘉隆河（Ka-Long-Ho）的正确流向，故我在当晚极迟才抵达北市(第11段)。

我在北市发现了已被主人抛弃的两幢房屋，我的前任曾将其用作住所（第12段)。我挑了一幢作为随员住所，另一幢分给李主任阁下。我早已决定与他结伴而行，以向那些大概曾抱有疑虑观望之态的当地百姓表示法国与中国之间亲密无间的友好关系。

8日那天，我与我的同僚前往滩散（Tai Sann）参观了去年中方勘界委员会驻地（第13段、第14段)，以及设在那里的军事哨所。

在渡河进入中国地界时，我们看到中方河岸上有一座巨型竹轮，这是一种把河水戽入河岸稻田中的水车（第15段)。

从芒街至北市，我们走过了许多羊肠小道，个中情形是在法国所难以设想的。我们涉过了21条急流，水深齐腰，翻过了不少悬崖峭壁。我们的马匹在过分陡峭的山坡上，前蹄僵立，不能动弹，听人拉着后腿滑行。骑兵们的处境也并不一直很妙，而是经常岌岌可危。所幸这一地区的小种马，其蹄如骡，灵巧如猫，驯良和健壮不亚于驴子。

我们于12月10日晨离开北市前往那来，没有听到一声枪响，因而也并未惊扰这一地区。

那来位于有争议的地段，坐落在一条急流的岸边，其水则流向中国（第16段)。这既非一座城镇，亦非一座村落，而是一个中国哨卡，四周有几座破草屋，散布在半山腰上。

李主任希望在此逗留数日，以便运送行李的车船队能赶来与我们会合，并邀我登上马鞍岭（Ma Yen Lang)（第17段)，由此我们可俯瞰嘉隆河两条支流的全程。我们这次徒步游览的另一目的是通过我们的亲自踏勘来威吓四周那些因掳掠成性而远近闻名的土人（第18段、第19段、第20段)。

12月18日，几天来一直浓雾弥漫且阴雨连绵的天气突然放晴，我们遂开始上路，并不时向峡谷接连放上几枪（第21段)。

登山异常艰难，而当我们在山巅相聚时，突然从四周飘来一片乌云将我们围住。

我只得怅惘地返回原地，嘉隆河两条支流的确切流向终于没有看成。

我们在那来的住所条件比北市略逊一筹。我们的房屋是由我的中国同僚督造的，系用竹子盖成，再铺上一层野草。它只能使我们得以略微遮阳，但无法躲避风雨。

苗（Muong）家聚居区的居民既非中国人，亦非安南人。现在他们已雉发蓄辫，并自称为中国人，但并不因此而使用天朝的任何一种方言（第22段)。

在那来，李主任阁下向我提出初步建议，希望能解决有争议的地区。由于尚未对有争议的地段全面踏勘一遍，而且尚未亲眼察看过地形，心中亦无数，故我持极其审慎的态度。

我于 15 日晨离开那来。旅途异常艰辛。淫雨连绵，我们所走的羊肠小道路滑难行，抬滑竿的苦力摔倒后，我身处两座峭壁之间，幸有轿杠相拦，我才幸免滚落崖间。

在此，我应该为中国官军说句公道话，他们见状后立刻赶来相救，帮我摆脱了危难的境地。

我曾为我的同僚李主任阁下在横模附近的峒中准备一间住所，条件与他为我在那来督造的相仿。

但就在此时，我获悉我的广西同僚到此。我在途中曾与他相遇，这次他匆匆赶来和我相见。我把他安置在我们驻地中间一座为勘界委员安排的住所中。由于卫戍司令事前并未向我主动提出要在他为更换哨所住处而督造的多间房屋中挑选一间供勘界委员专用（第 23 段），故我自己及勘界委员会的文职人员均前往横模（第 24 段），借宿在“禀边”（Bam Bien）（即村长）家里（第 25 段）。

我只在那里逗留了两天，这是我命人在李主任阁下住所对面建造一间新草房所必不可少的时间。

17 日，三方勘界委员会在同一地点相会。

在此期间，我曾派测绘官员前往广西边境测量地形。

直至 12 月 27 日，我才在镇南关（Doï-Na-Maï）与他们相会。

29 日，我与广东界务主任签署了一项纪要（随信附呈其抄件，请阁下过目，并见文件清单第 14 号文），我们完全如愿以偿，然尚待北京批准。因为我的同僚李主任所获之权力并不像我国政府授我之权那样大。

在广东的任务结束后，我即与蔡（Chiang）阁下经由安南往赴镇南关（Doï - Na - Maï）——广西之行的第一站，至 27 日抵达那里。

顺致崇高的敬意

又及：随此函附呈阁下的还有关于我就有争议之地进行谈判的一应文件。

法兰亭

（原件第 106 ~ 112 页）

中安勘界委员会发文明细单

1891 年 1 月 6 日第 4 号函附件：寄往外交部长阁下处文件清单

文件名称	数目	备注
自 1890 年 12 月 11 日至 12 月 31 日发送的电文抄件	1	
自 1890 年 12 月 4 日至 12 月 31 日收到的电文抄件	1	
发出的信函		
致西贡总督先生信函抄件：第 9 号	3	附件 2 份
致西贡总督先生信函抄件：第 10 号	5	附件 4 份
致西贡总督先生信函抄件：第 11 号	2	附件 1 份
致西贡总督先生信函抄件：第 12 号	1	
致西贡总督先生信函抄件：第 13 号	1	
致西贡总督先生信函抄件：第 14 号	4	附件 3 份
致西贡总督先生信函抄件：第 15 号	1	
致西贡总督先生信函抄件：第 16 号	2	附件 1 份
致西贡总督先生信函抄件：第 17 号	3	附件 2 份
致总司令将军先生信函抄件：第 12 号	1	
致总司令将军先生信函抄件：第 13 号	1	
致高级公使先生信函抄件：第 3 号	1	
致高级公使先生信函抄件：第 4 号	1	
致驻芒街公使先生信函抄件：第 2 号	1	
致驻芒街公使先生信函抄件：第 3 号	1	
致护卫队长迪德洛上尉先生函：第 1 号	1	
致护卫队长迪德洛上尉先生函：第 2 号	1	
致护卫队长迪德洛上尉先生函：第 3 号	1	
致护卫队长隆福（Ronfaut）中尉先生函抄件：第 4 号	1	
致驻横模卫戍司令函抄件：第 3 号	1	
致驻横模哨所指挥函抄件：第 4 号	1	
致亭立（Dinh-Lap）哨所指挥函抄件：第 5 号	1	
致马尔康托尼（Marcantoni）上尉先生函抄件：第 6 号	1	
致邮电局长先生函抄件：第 2 号	1	
致佩罗上尉先生函抄件：第 6 号	1	
致护卫队代理队长隆福先生函抄件：第 5 号	1	
收到的信函		
横模哨所指挥马尔康托尼上尉先生信函抄件	1	
高级公使博纳尔先生函：第 664 号	1	
驻海防公使先生夏瓦西尤（Chavassieux）来函抄件：第 666 号	1	
安南与东京海军司令罗夫里耶上尉先生来函抄件：第 668 号	1	
横模哨所指挥马尔康托尼上尉来函抄件：第 671 号	1	
拉比耶营长来函抄件：第 672 号	1	

续表

文件名称	数目	备注
佩罗上尉来函抄件:第 675 号	1	
横模哨所指挥马尔康托尼上尉来函抄件:第 677 号	1	
德·塔内(de Thanet)少校来函:第 678 号	1	
迪德洛上尉来函抄件第 680 号	1	
迪德洛上尉来函抄件第 681 号	1	
迪德洛上尉来函抄件第 682 号	1	
隆福中尉来函抄件第 683 号	1	
佩罗上尉报告抄件	1	3 份地图
迪德洛上尉来函抄件第 685 号	1	
总　计	56	

（原件第 113 页）

法方勘界委员会收到电文记录
（1890 年 12 月 4 日 ~ 1890 年 12 月 31 日）

发电人	序号	
“倔强”号(下龙湾)	22	安抵下龙湾,一切正常,谢谢。(下龙湾,1890 年 12 月 4 日电)
法国驻龙州领事	23	抚台今晨出发,他将设法在今日离开龙州,12 月 15 日抵达峒中,届时他将用快信向您报告到达日期。康(Kahn)(龙州,1890 年 12 月 17 日电)
先安(Tien Yen)给养处	24	横模已领得 3000 千克大米的给养,内河船队定于明日起航,载四五吨大米前往。(先安,1890 年 12 月 8 日电)
印度支那总督	25	(第 104 号电)德·帕拉聂(de Planet)少校将补入勘界委员会中担任委员,并负责测绘业务,以接替迪德洛上尉,该员今后仅担任护卫队长之职。帕拉聂少校原系由陆军部长派至保护国政府任职的官员,今后不必再接受军方指示。他定于下周前往芒街。(西贡,1890 年 12 月 10 日电)
主计员(河内)	26	无法寄去预支金,务请指定一家离您最近的预支金存款处,以便我将此款寄至该处,您收到后应向我回寄一应开支单据。(河内,1890 年 12 月 10 日电)
驻河内高级公使	27	得知您的音讯后甚慰。总督拟于明日抵海防。即颂近安。(河内,1890 年 12 月 5 日电)
印度支那总督(海防)	28	德·帕拉聂少校星期一自海防出发前往勘界委员会报到。(海防,1890 年 12 月 18 日电)
芒街卫戍区司令	29	(第 173 号电)据消息说,股匪即将向各哨所发起行动。大量海盗乔装成土著步兵与民团。务请对各哨所入口处、武器与弹药等严加看守。信函即寄。(芒街,1890 年 12 月 19 日电)
谅山卫戍区司令	30	我已将经我修改的第 7 号文件寄往亭立(Dinh Lap),此乃我所存的全部资料。(谅山,1890 年 12 月 20 日电)
印度支那总督(河内)	31	(第 206 号电)德·帕拉聂少校经先安赴横模。该区司令已接通知,护送其至横模。务请设法派巡逻队沿途巡逻,直至另一目的地止。(河内,1890 年 12 月 23 日电)

续表

发电人	序号	
印度支那总督(河内)	32	(第105号电)对50号电文之答复。我同意所提方案。(河内,1890年12月24日电)
印度支那总督(河内)	33	(第106号电)对第49号电文之答复。一笔12000皮阿斯特(Piastres)的款项已寄往芒街公使馆。但估计须在本月27日以后才能汇到。芒街税务官将奉到必要的指示。(河内,1890年12月24日电)
印度支那总督(河内)	34	(第107号电)从将军处得悉,德·帕拉聂少校不谙技术,无法承担测绘业务。为此,我重新决定,仅任命德·帕拉聂先生为勘界委员。测绘业务与卫队指挥均仍由迪德洛上尉负责。务请将此项决定以及我关于该决定之理由转告德·帕拉聂先生为盼。(河内,1890年12月27日电)

此抄件与原件一致

勘界委员会主任私人秘书皮埃尔·莫兰

1890年1月6日于松柏隘

(原件第114~116页)

法方勘界委员会发出电文记录
(1890年12月11日~1890年12月31日)

收电人	序号	
主计员(河内)	46	请寄2000皮阿斯特至横模哨所指挥处暂存,以发放勘界委员会大批军官以及其他人员之工资。同时,至广西的运输费用亦拟从中开支。(北市,1890年12月8日电)(经芒街转发)
印度支那总督(河内)	47	勘界委员会在天气极端恶劣条件下抵达北市,不幸此种天气迄今仍在延续。若天气条件允许,我拟于10日赴那来(Na-Lai)。(北市,1890年12月8日发)(经由芒街转发)
主计员(河内)	48	请寄6000皮阿斯特至先安预支金存款处以供支付苦力工资之用。我们尚需10000皮阿斯特,以支付勘界委员人员11月、12月两月之工资。此款亦请寄往先安存款处。(那来,1890年12月13日电)(经由芒街转发)
印度支那总督(河内)	49	我于15日晚抵达横模。途中与广西勘界主任相遇,我遂将两名中方勘界委员安顿在我们驻地的住所。我已与李主任开始会谈有争议地区问题。一俟书面议案起草后交我,我即向您禀告。(横模,1890年12月16日电)(经由先安转发)
印度支那总督(河内)	50	我目前无钱支付我的全体人员的工资,且我们的旅行速度极快,需要大批苦力,然而我们的储备金已近告罄。我们须赴广西边境,我方测绘官员亦早已在那里测量地界,但我这里却无一银行可以取款,故务请拨12000皮阿斯特至先安作为预支金暂存。我早已请求河内的国库主计员设法解决,但他因规章制度所限,无能为力。我已确定于本月27日离开横模。若蒙您在27日前将款拨出,则不胜感激之至。(横模,1890年12月18日电)

续表

收电人	序号	
印度支那总督(河内)	51	我们与中国勘界委员会踏勘了全部有争议的地段。李提议以北市至横模的公路为中立区。在该公路之北一切地段均属中国,以南之地段属安南。我觉得不应同意此种提议,因为那并非天然疆界。我提出一界线,起自嘉隆河南支流源头,由此开始至山顶直至长二(Truong Ni)山口,即博琅河(de Pac Lam)及先安江(Song Tien Yen)之分水界,最后经曹门(Thao-Mong)至北岗隘(Ba Kong Ai)界,左边之呈祥(Trinh-Truong)村归入我国境内。李承认我所划界线较为公正,并认为此乃唯一的天然疆界。他亦承认,若采纳此线,则可避免去年的纠纷。然而,他又面临一系列谕旨,内容均涉及勘界纪要中规定的条文,这些谕旨是他无权违抗的。他还说,他若同意我的提议,则有可能与签订《里瓦几亚》(Kouldfa)条约的崇厚(Tchong Ho)一样遭杀身之祸。他提议我起草一项纪要,他可在其中大致承认我所划界线系一条确保今后太平之界线,并建议我提请总理衙门与法国公使团决定这一问题。(横模,1890 年 12 月 21 日电)
印度支那总督(河内)(12 月 17 日)	52	测绘广西段的工程自今日始。测绘官员 20 日出发赴北岗隘。勘界委员会直至 27 日前也许仍须留驻横模。此后,即经安南公路开赴镇南关(Doi Nam Aï)。我获悉您已来到,我与全体勘界委员会均高兴地向您问候。(横模,1890 年 12 月 17 日电,同月 21 日登录)
河内高级驻扎官(河内)(12 月 17 日)	53	来电收悉,谢谢。我们已安抵横模,大约在 27 日往赴镇南关(Doï Nam Aï)。务请转告谅山驻扎官寄给我一批有价值之资料,以利于工程进行和勘界委员会工作的顺利开展。(横模,1890 年 12 月 17 日电,同月 21 日登录)
谅山卫戍区司令(谅山)(12 月 17 日)	54	务请将有价值之资料寄往亭立我处,以利于自北岗隘至谅山一段勘界工程和勘界委员会工作的进行。若您手头存有地图,请将复制件寄来。(横模,1890 年 12 月 17 日电,同月 21 日登录)
印度支那总督(河内)	55	警备区司令嘱我警觉的电文悉。李被询问后说,当地秩序安定,毋庸惊忧。(横模,1890 年 12 月 22 日电)
印度支那总督(河内)	56	在名次排列上以及因故发生业务交卸事宜时,马埃先生是否应排在帕拉聂少校之前?帕拉聂将于 12 月 29 日赴镇南关(Doi Nam Aï)(我们亦将在那里与测绘队相会)接替迪德洛上尉之业务,迪德洛目前在北岗隘至镇南关(Doi Nam Aï)途中,届时,他将向帕拉聂交接。(横模,1890 年 12 月 26 日电)
印度支那总督(河内)	57	关于有争议地段的会谈纪要已于 12 月 25 日在图上签字,中国勘界委员会主任最后放弃了自己提出的界线。唯有在上一电文中解释过的我所提出的疆界得以存留。李主任阁下将提请他的政府予以采纳。虽然他认为,两国利益全仗他之努力得以保全,但他因未被授予全权而不能当场表态采纳此线。一俟法国公使与总理衙门会商后对这一界线形成决议,则双方勘界主任将立即得到北京电告,并再次会聚芒街安设界碑。除非另有命令,否则我们应有一名传送外交文件的卫队官员。(横模,1890 年 12 月 26 日电)
印度支那总督(河内)	58	自北岗隘至镇南关(Doi Nam Aï)的测绘工程业已顺利结束。我将出发前往松柏隘(Tsong Pa Tseng),离我现在的驻地约两天步行路程。中国勘界主任已命人在那里搭建起一批草屋。我们将穿过镇南关(Doi Nam Aï)经由中国地界的板栗(Pan La)、九龙(Keou Long)、馗夏(Keou Shia)等地,在馗夏将逗留一日,然后经由朱蒙(Tsue Mong)、剥马(Pau Ma)返回安南,最后至葵麻隘(Porte de Qui Ma)附近的松柏隘逗留两周左右。 今派德·蒙特隆(de Montrond)先生到您处,将会谈纪要及有关信函呈上备阅并把勘界委员会工程期限相告。[镇南关(Doi Nam Aï),1890 年 12 月 29 日电]

续表

收电人	序号	
印度支那总督(河内)	59	值此新年来临之际,特去电恭祝比杰总督和夫人万事如意。勘界委员会主任暨全体委员恭贺。[镇南关(Doï Nam Aï),1890年12月29日电]

此抄件与原件一致

勘界委员会主任私人秘书皮埃尔·莫兰
1891年1月6日于松柏隘

(原件第117~120页)

安南与东京保护国
中安勘界委员会
第9号文

法兰西共和国政府驻朝鲜大使馆一等秘书、领事兼专员,中安勘界委员会法方主任法兰亭致河内印度支那总督函

那来(Na-Laï),1890年12月14日发

总督先生:

随信附呈迪德洛上尉先生与波特拉兹医生寄给我的两份信函的抄件,请一阅。

值得担心的是,我们一旦抵达广西边界后,我们无法定时向我们的属员供应面食品:从波特拉兹先生的报告中您可得知,我已被迫命人禁止食用以前寄至那来我收的那批饼干,有鉴于此,务请转告后勤部门寄给我们一批优质饼干,庶几我们在广西的工程不致被耽误。

此抄件与原件一致

勘界委员会代理秘书皮埃尔·莫兰
1891年1月6日于松柏隘

(原件第121页)

勘界委员会护卫队长迪德洛上尉致勘界委员会主任函（抄件）

芒街，1890 年 12 月 8 日发

主任先生：

我认为有必要将下列情况相告：发给芒街勘界委员会护卫队的饼干质量极其低劣，因此我无法向士兵发放。此事极为严重，因为这样，我们将会经常发生无法向士兵发放面食的情况，从而不得不转而食用大米。

由于护卫队必然要承担异常辛苦的公务，因此，备有新鲜优质饼干乃是至关重要的事。

恭祝

钧安

迪德洛（签字）

此抄件与原件一致

勘界委员会代理秘书皮埃尔·莫兰

1891 年 1 月 6 日于松柏隘

（原件第 122 页）

中安勘界委员会卫生处

第 2 号文

向中安勘界委员会主任所发的报告

事由：关于饼干质量低劣的报告

兹将一情况呈报如下：今晨有人将寄至那来供护卫队士兵食用的饼干当我之面开箱，发现此种饼干已完全变质，若分发给士兵必将危害健康，因此，绝对必须禁止食用并将其销毁。

此致

勘界委员会主任先生

呈报人：勘界委员、护卫队卫生处负责人、一级医生波德拉兹（签字）

1890年12月11日于那来（Na – Laï）

此抄件与原件一致

勘界委员会代理秘书皮埃尔·莫兰
1891年1月6日于松柏隘

（原件第123页）

安南与东京保护国
中安勘界委员会
第10号文

法兰西共和国驻朝鲜大使馆一等秘书、领事兼专员，中安勘界委员会法方主任法兰亭致河内印度支那总督先生函

（抄件，另有4份附件）　横模，1890年12月22日发

总督先生：

勘界委员会护卫队长迪德洛上尉来函相告（该函已随信附上，请阅），他奉到总司令将军的一道命令，与我向他发出的那条命令截然相反，但内容均系关于派来我处调用的护卫队之事。迪德洛上尉的处境显然很为难，我坚持认为这种情况不能再继续下去。

您从我以前的数份信函中可知，我没有在比肖将军参谋部那里得到过任何善意的表示，而这种友善的表示是我预期中完全有权利得到的。

根据薛威埃上校向芒街卫戍区司令所发的命令（随信附上其抄件，请阅）以及我在河内与总司令将军的数次谈话，护卫队应完全听从我的调遣。

令我惊讶的是，参谋部竟然向迪德洛上尉发出私人的秘密指示，要他不经我的转手而单独与之保持联系。

我对托付给我的每个人都负有充分和完全的责任，因此，我坚持要求了解与他们有关的一切事宜，但对纯属军事性问题，我当然不加干预。

总督先生，您当会意识到，若我对派至我手下的民事与军事人员不能行使充分的权力，那么，我就难以圆满完成委托给我的谈判任务和勘界工程。

我认为，使我了解有关我的护卫队的一切事务是完全必要的，而在护卫队长与我之间一旦发生龃龉，那么，总督先生，您应当责无旁贷地出面处理。

另外，司令将军的信函已在我的军事人员中产生了影响，而且，部分护卫队的调动

决定是在未经我同意甚至事前未和我打招呼的情况下片面进行的。

这种局面再也不能继续下去，若您能出面及早加以制止，则不胜感激。

顺致崇高的敬意

此抄件与原件一致

勘界委员会代理秘书皮埃尔·莫兰

1891 年 1 月 6 日于松柏隘

（原件第 124～125 页）

印度支那驻军参谋部

第三处

第 2516 号文

印度支那驻军总司令将军致北市中安勘界委员会护卫队上尉队长函

河内，1890 年 12 月 5 日发，经芒街转

（事由：关于定期汇报问题）（私人秘密函件）

亲爱的上尉：

您 11 月 29 日向我汇报勘界委员会护卫队第一批行动情况的 1 号函件业已收悉。

我完全有理由认为，此函之所以经过了勘界主任的过目和批准，完全是出于一种误会。因为，您离开河内前，我曾向您交发了我 11 月 14 日的一份指示，按照该指示第二段之规定，您应当直接与我联系，且作为勘界委员会护卫队长，您这样做，无须经过任何人同意。因为这种联系，基本属于军事性质，勘界委员会主任无权过问。

兹特去函相告，务请将我的意见牢记在心，今后，您向我发送定期报告时，请遵照执行为盼。

将军比肖（签字）

此抄件与原件一致

勘界委员会代理秘书皮埃尔·莫兰

1890 年 1 月 6 日于松柏隘

（原件第 126 页）

印度支那驻军参谋部

对中安勘界委员会上尉护卫队长的指示

河内，1890 年 11 月 14 日发

（摘录）根据……第二段之规定……为此，他须直接与总司令将军取得联系，并随时汇报由他节制的各分遣队中发生的种种事件。……

此抄件与原件一致

勘界委员会代理秘书皮埃尔·莫兰

1891 年 1 月 6 日于松柏隘

（原件第 127 页）

印度支那驻军芒街辖区第二旅

第 156 号文

芒街辖区司令、海军陆战兵第九团营长拉比耶致芒街中安勘界委员会法方主任函

芒街，1890 年 11 月 23 日发

（事由：关于向中方勘界委员会表示礼仪问题）

主任先生：

您来函相告，要求我进行必要安排，以便向中方勘界委员会回敬与他们向法方勘界委员会表示的礼仪相应的礼节，兹特答复如下：无论是军事条例还是我所奉的命令，均未授权我可以擅自听从您的意愿，有鉴于此，我曾致函第八军区司令上校先生，就此事向他请示，现将他复我的电文抄录如下：

“只有护卫队有执行礼节性任务之责。此外，部颁指示中明令禁止用炮膛装填的火炮施放空炮。”

布

礼

拉比耶（签字）

此抄件与原件一致

勘界委员会代理秘书皮埃尔·莫兰

1891 年 1 月 6 日于松柏隘

（原件第 128 页）

勘界委员会护卫队长迪德洛上尉致勘界委员会主任函（抄件）

那来，1890 年 12 月 12 日发

主任先生：

我荣幸地将下列情况禀告：总司令将军先生在 12 月 8 日第 2916 号来函中提醒我，根据他向我下达的相关护卫队训令第二段内容，我必须每周按时向他直接寄发报告。

另一方面，您又命令我将寄发司令将军的报告呈请您过目并审批。

这样，我奉到的是两种截然相反的命令，因此，我的处境极度为难。

为此，主任先生，恳请您将这一问题提交上级机关处理。

顺致崇高的敬意

迪德洛（签字）

此抄件与原件一致

勘界委员会代理秘书皮埃尔·莫兰

1891 年 1 月 6 日于松柏隘

（原件第 129 页）

安南与东京保护国

中安勘界委员会

第 11 号文

法兰西共和国驻朝鲜大使馆一等秘书、领事兼专员，中安勘界委员会法方主任法兰亭致印度支那总督先生函

横模，1890 年 12 月 23 日发

总督先生：

在我途经西贡时，您曾将西特勒（Sittler）词典一本相赠，现随函附呈经我收录补充入该词典中的词条表一份，请阅。我尽可能把东京公使馆那本编码词典中业已修订过的条目作为查考的依据。此外，我还将附表的副本寄往该公使馆，但词条编号的前两位数

有所更动。

此抄件与原件一致

勘界委员会代理秘书皮埃尔·莫兰

1891 年 1 月 6 日于松柏隘

（原件第 130 页）

8694 热带小河	2324 鸿基	5341 房间
8700 安南	2325 县	5342 塔、庙
9626 竹子	2326 海阳	5343 省
9027 北宁	2327 兴安	5344 海盗
9028 平□(另一音节不明)	2328 兴化	5345 潘郎(Phan-Rang)
0064 某乡乡长	2329 海宁	5346 凤蓝(Phuong Lam)
0065 小艇	2996 广西	5347 波特拉兹医生
0066 高平	2997 广东	5501 归仁
0062 阁巴(Cac Ba)	2998 经略	5502 广义(Quang Ngai)
0823 河堤	3802 芒街	5503 布政使
1900 使法国化	3803 官吏	5504 按察使
2320 海防	4035 南定	5505 广安
2321 河内	4036 宁平	6237 河流
2322 顺化	4037 芽庄	6941 西贡
2323 香港	4221 鸦片	6949 山西
7371 沱瀼(岘港)	3805 莫兰	
7372 清官(Than Quan)	5348 佩罗上尉	

7373 东京	5349 德·普拉内少校
7374 总督	0824 迪德洛上尉
7375 土著步兵	7381 总理衙门
7376 清□	6950 蔡阁下
7377 宣慰司(Tuyen Quan)	3244 李阁下
7378 太原	
7379 巡检(Tuan Khanh)	
7380 清化	
7866 春岱(Xuan Day)	
7880 云南	
1901 法兰亭	
3804 马埃	

此抄件与原件一致

勘界委员会代理秘书皮埃尔·莫兰

1891 年 1 月 6 日于松柏隘

（原件第 131 页）

安南与东京保护国
中安勘界委员会
第 12 号文

法兰西共和国政府驻朝鲜大使馆一等秘书、领事兼专员，中安勘界委员会法方主任法兰亭致河内印度支那总督函

横模，1890 年 12 月 27 日发

总督先生：

关于在勘界委员会作业期间所应领取的交通津贴，我不知自己应享受何种等级的待遇，若蒙相告，则幸甚。

此抄件与原件一致

勘界委员会代理秘书皮埃尔·莫兰
1891 年 1 月 6 日于松柏隘

（原件第 132 页）

安南与东京保护国
中安勘界委员会
第 13 号文

法兰西共和国政府驻朝鲜大使馆一等秘书、领事兼专员，中安勘界委员会法方主任法兰亭致河内印度支那总督函

横模，1890 年 12 月 27 日发

总督先生：

随信附寄勘界委员会两位属员——副公使马埃先生及公使馆职员莫兰先生的个人简历，请查收。

此抄件与原件一致

勘界委员会代理秘书皮埃尔·莫兰
1891 年 1 月 6 日于松柏隘

（原件第 133 页）

安南与东京保护国
中安勘界委员会
第 15 号文

法兰西共和国政府驻朝鲜大使馆一等秘书、领事兼专员，中安勘界委员会法方主任法兰亭致河内印度支那总督先生函

镇南关（Doï-Na-Maï），1890 年 12 月 29 日发

总督先生：

我前曾致电相告，我将派德·蒙特隆（de Montrond）先生去您处向您呈交业已在横模签字的会谈纪要以及该纪要所附的一份报告。

我同时交托他一项任务，即把供我支用的钱款带回，至于是带回全部抑或部分款项，则视我们能否在亭立设立一个银库而定；另外，他随身携带一批证件，足资证明他可以领取此款。

若您无法命人在海防向他支付这笔钱款，则他将奉命前往芒街。但能在海防领款，当然要方便得多，而且可以使我们的进程不致因取款耽搁而受到延误，因为我亟盼利用当前较为晴好的天气开展工作。

我的护卫队中 100 名外籍军团士兵已离开海防，但他们动身时未带被褥和大衣，现在他们仅有压脚被御寒。

军方的这种难以理解的疏忽已使这里许多人病倒，因而我不得不命人将 10 名外籍军团士兵和 8 名土著步兵撤离。此外，这里还有数人发烧，不久，我也将被迫让他们与我隔离。

这种疏忽不能归咎于迪德洛上尉，他早就从芒街将与此有关的注意事项通知了主管部门。

为此，务请派人来接替护卫队那 18 名空缺人员。

由于必须在那蒲（Na Pha）留驻一座 30 人的补给哨所，且在镇南关（Doï-Nam-Aï）也许亦应留下一座哨所，还须在馗夏（Kéou-Shia）留驻一座，这样，我至少需要一个满额护卫队。

若暂无可能立即将已撤离的外籍军团士兵重行集中，则务请派 17 名土著步兵来接替他们，这样，连同已撤走的 8 名土著步兵在内，土著士兵员额共计为 29 人。

至于外籍军团中空缺的中士或下士，我的护卫队上尉队长已恳求我进行补齐。我认为，满足这一要求似亦属合理之举。

德·蒙特隆先生应统领这批士兵，并须及早返回勘界委员会。

布

礼

又及：我们的进程之所以较慢，苦力缺乏亦是原因之一。我已请德·蒙特隆先生设法在先安招募200名苦力，随我们直达谅山。

此抄件与原件一致

勘界委员会代理秘书皮埃尔·莫兰

1891年1月6日于松柏隘

（原件第139～140页）

安南与东京保护国

中安勘界委员会

第16号文

法兰西共和国政府驻朝鲜大使馆一等秘书、领事兼专员，中安勘界委员会法方主任法兰亭致印度支那总督先生函

镇南关（Doï-Nam-Aï），1890年12月30日发

总督先生：

随信附呈我顷间收到的测绘处处长先生来函的抄件一份，请一阅。

若蒙您将普拉内先生所要求的物品寄我，则不胜感激，因为这些物品是确保勘界委员会正常工作所不可或缺的。

布

礼

此抄件与原件一致

勘界委员会代理秘书皮埃尔·莫兰

1891年1月6日于松柏隘

（原件第141页）

第 16 号文附件

中安勘界委员会第 678 号文

测绘处处长普拉内少校致勘界主任函

镇南关（Doï-Nam-Aï）驻地，1890 年 12 月 29 日发

主任先生：

请您务必向司令将军急求，请他寄来一架测斜式罗盘和两至三面法国三色旗。

罗盘是不可或缺的，万一目前所用的那架发生故障，则可以取代。

三色旗可供在测绘员营地插用。

德·普拉内（签字）

此抄件与原件一致

勘界委员会代理秘书皮埃尔·莫兰

1891 年 1 月 6 日于松柏隘

（原件第 142 页）

安南与东京保护国

中安勘界委员会

第 12 号文

法兰西共和国驻朝鲜大使馆一等秘书、领事兼专员，中安勘界委员会法方主任法兰亭致河内印度支那驻军总司令将军函

芒街，1890 年 12 月 3 日发

将军先生：

我荣幸地通知您，拉比耶少校先生奉您之命派来我处任职的佩罗上尉先生已自 11 月 29 日起正式来我处到任，担任情报官。

此抄件与原件一致

勘界委员会代理秘书皮埃尔·莫兰

1891 年 1 月 6 日于松柏隘

（原件第 149 页）

安南与东京保护国
中安勘界委员会
第 13 号文

法兰西共和国驻朝鲜大使馆一等秘书、领事兼专员，中安勘界委员会法方主任法兰亭致印度支那驻军总司令将军函

芒街，1890 年 12 月 3 日发

将军先生：

我荣幸地将下列事项相告：根据勘界委员会筹建条令而任命的测绘官员拉夫尼尔（Lavenir）中尉已于 1890 年 11 月 25 日抵达芒街，并从那时起即来本委员会任职。

此抄件与原件一致

勘界委员会代理秘书皮埃尔·莫兰

1891 年 1 月 6 日于松柏隘

（原件第 150 页）

安南与东京保护国
中安勘界委员会
第 3 号文

法兰西共和国政府驻朝鲜大使馆一等秘书、领事兼专员，中安勘界委员会法方主任法兰亭先生致河内高级公使先生函

横模，1890 年 12 月 26 日发

高级公使先生：

兹随信附寄经我收集补入西特勒词典（该词典系我途经河内时您赠送的）的词条表一份，请阅。

5001　　法兰亭
6904　　马　埃
6905　　莫　兰

8924	迪德洛上尉
8447	波德拉兹先生
8448	佩罗上尉
8449	德·普拉内少校
0481	总理衙门
0050	蔡阁下
6349	李阁下

顺致崇高的敬意

此抄件与原件一致

勘界委员会代理秘书皮埃尔·莫兰
1891年1月6日于松柏隘

（原件第151页）

安南与东京保护国
中安勘界委员会
第4号文

法兰西共和国政府驻朝鲜大使馆一等秘书、领事兼专员，中安勘界委员会法方主任法兰亭先生致河内高级公使先生函

镇南关（Doï-Nam-Aï）1890年12月29日发

高级公使先生：

一位名叫武玉潘（Vo Nuu-Pham）的副奇官（Pho Quan Co），乃经略阁下的属员，亦系经略派至我处供职的官员，至今既未领得军饷，亦无津贴。

我不得不多次以奖金名义发给他必需的生活费用。为此，务请对该官员的职位进行安排，并说明其应定等级，俾他应得之军饷和津贴得以及早发放。另外，我命人每日向武某发三份口粮的大米。

致

礼

此抄件与原件一致

勘界委员会代理秘书皮埃尔·莫兰
1891 年 1 月 6 日于松柏隘

（原件第 152 页）

安南与东京保护国
中安勘界委员会
第 2 号文

法兰西共和国驻朝鲜大使馆一等秘书、领事兼专员，中安勘界委员会法方主任法兰亭先生致法国驻芒街公使先生函

北市，1890 年 12 月 7 日发

公使先生：

我们已抵达北市（Pac-Si），并在恶劣天气允许的条件下驻定下来。然而，在赴那来（Na-Lai）以前，特去函对您为便于我完成所受使命而进行的努力表示衷心的谢意。对于卡斯塔内（Castanet）与当特芒（d'Ante Ment）两位先生，我也不能忘怀。务请代我向他们正式转达我的谢忱。

顺致崇高的敬意

此抄件与原件一致
勘界委员会代理秘书皮埃尔·莫兰
1 月 6 日于松柏隘

（原件第 153 页）

安南与东京保护国

中安勘界委员会

第 3 号文

法兰西共和国驻朝鲜大使馆一等秘书、领事兼专员，中安勘界委员会法方主任法兰亭先生致法国驻芒街副公使先生函

横模，1890 年 12 月 20 日发

亲爱的公使：

我获悉，有人曾用“大南”两字作为安南帝国的名称，为此，若蒙您能及早将镌刻在去年由我尊敬的前任所立的界石上之确切字样见告，则不胜感激。因我需要将这一镌刻的文字写入报告中向总督先生汇报。

此抄件与原件一致

勘界委员会代理秘书皮埃尔·莫兰

1891 年 1 月 6 日于松柏隘

（原件第 154 页）

安南与东京保护国

中安勘界委员会

第 1 号文

法兰西共和国驻朝鲜大使馆一等秘书、领事兼专员，中安勘界委员会法方主任法兰亭致镇南关（Doï-Nam-Aï）勘界委员会护卫队长迪德洛上尉先生函

松柏隘（Song-Pa-Song），1890 年 12 月 31 日发

亲爱的上尉：

今晨您由镇南关发出（内装数份信件）的公函已于下午 2 时收悉，特此复函奉告，并不敢稍有耽搁，免致悬念。

您无法动身，我深以为憾。拉夫尼尔与斯皮克两先生即将在镇南关附近进行为期两天的测量，您为确保护送他们工作的士兵的给养而采取了种种措施，我对此深表赞赏。

您来函相告，谓您因须离开勘界委员会达两星期，故无法同时担任测绘工程的指挥和护卫队队长两种职务。

对于您因身兼两职而面临的困境，我表示理解，然而，在接到总督先生命令之前，我不能擅自改变您在勘界委员会中业已确定的职位。

再者，若依您的举荐而任命贝尔杜拉（Berdoulat）先生为护卫队长，则他就无法像现在一样担任测绘官员为您效劳，而他出色的测绘业务曾得到您的高度评价。

但我已致函总督先生，要求命贝尔杜拉先生在继续担任目前的土著步兵队长一职的同时，兼任与皮普鲁、斯皮克及拉夫尼尔等先生一样的测绘官员。

在此种情况下，我并不觉得命贝尔杜拉先生接替您担任护卫队长之职有何重大意义，因此，我以为仍宜按您出发赴北强隘（Ba-Cuong-Ai）时的情形办理。

在您前往镇南关时，您只要将必要的指示向隆福（Ronfaut）先生交代一番即可，我希望此事能立即办理。

一俟您手下的苦力人数足够后，务请将隆福先生、波特拉兹医生以及您不必再用其来完成补给任务的一班兵丁调回我处。

今向您派去96名苦力，由禀边（Bam-Bien）之子率领至您处。此信附寄的名单中均已说明各该苦力应享受何等工薪待遇，同时，您还可从中了解每个工头应提供的苦力数目。我已从个人资金中支付了这些苦力及工头的工薪，共计66.40皮阿斯特，但大米尚未支付。

阁下相告说，我只可望得到50～60斤的大米，务请尽量多寄为感。

我派去的苦力所走的路线与我们的路线不同，至于护卫队是否需要取我们之道前来与我相会，一问这些苦力便知。

现将我们所走的路线相告：晨8时半自镇南关出发，正午至板栗（Ban-La），下午2时出发，至下午5时抵馗夏。夜宿馗夏。12月31日上午7时出发，至正午抵达松柏隘。

使我略感吃惊的是，外籍军团士兵临行时，除了几只破锅以外，竟不带任何东西，故我不得不向中国人另行商借。

外籍军团中士向我交来一份清单，现随信附上备查，此单上开列了外籍军团和土著步兵可随时得到的一应食品。您可参照此单进行采购，使食物能及时得到供应。

至于勘界委员会本身，我们每两天才能得到一定的面食和酒类，务请在可能范围内即刻为我们寄来我们每天所需之食品。

另请为我们寄来铲和镐各一把。

随信附寄由巴鲁瓦（Ballois）下士绘制的测绘草图一份，遗憾的是此图只画明了自馗夏（中国境）至松柏隘（安南境）的路线。

此抄件与原件一致

勘界委员会代理秘书皮埃尔·莫兰
1891年1月6日于松柏隘

（原件第155页）

安南与东京保护国
中安勘界委员会
第2号文

法兰西共和国驻朝鲜大使馆一等秘书、领事兼专员，中安勘界委员会法方主任法兰亭先生致镇南关迪德洛上尉先生函

松柏隘，1891年1月3日发

亲爱的上尉：

接得此信后，您应进行安排，俾能立即前来与我相会。

您应向您手下之勘界官员发出您认为必要的适当指示，以确保工程的正常进行。

我有许多关于勘界委员会的要事与您相商。

我前已相告，我们不在骑马隘（Ky－Ma－Aï）而在松柏隘，您应到后一地点来与我们会合。

松柏隘位于一座山峰［在您所持的勘界委员会纪要抄件上，此峰名为“洞巴山”（Dong-Ba-Son）］脚下，在1∶200000的谅山地图上，它的位置在镇南关（Doi－Nam－Aï）与骑马隘（Ky-Ma-Aï）之间。

此抄件与原件一致

勘界委员会代理秘书皮埃尔·莫兰
1891年1月6日于松柏隘

（原件第157页）

安南与东京保护国

中安勘界委员会

第 3 号文

法兰西共和国驻朝鲜大使馆一等秘书、领事兼专员，中安勘界委员会法方主任法兰亭致古森（Cao T'ong）勘界委员会护卫队长迪德洛上尉函

松柏隘（Song-Pa-Seng），1891 年 1 月 6 日发

亲爱的上尉：

今日 4 时我收到了您 1 月 4 日在一座小村中写来的信函，您认为这座村庄在中国境内，因而未告诉我村名，但根据您的信使所提供的情况，此村庄大概名为“古森”，与安南内境内的松柏隘相距 7 小时的步行路程。

我在此重申我的命令：您应来这里（松柏隘）与我会合。然而，这不会改变您向比诺（Buneau）先生所发命令的部署，因为，一有可能，我即打算前往归马（Qui-Ma），抵达归马后即拟暂住数日，以便在那里得到来自亭立（Dinh-Lap）的给养。

您 3 日发出的运货车队我已收到，但我又将其退回您处，并附上一便条以解释原因（便条与所标日期地点为“松柏隘，1 月 4 日”），估计您并未收到，现随此信附上该便条的抄件，并附寄我 1 月 3 日致您的那封信函的抄件。

关于您向我提出的勘界委员会今后进程的建议，我拟待与您见面后再行定夺。

蔡（Siang）总办阁下知照我，您曾殴打过一名中国人。我郑重告诫您，今后切不可再采取这种做法，否则会使我们所雇的中国苦力逃跑一空。为此，务请向您属下的军官亦发出有关指示为要。

此抄件与原件一致

勘界委员会代理秘书皮埃尔·莫兰

1891 年 1 月 6 日于松柏隘

（原件第 158 页）

安南与东京保护国

中安勘界委员会

第 4 号文

法兰西共和国驻朝鲜大使馆一等秘书、领事兼专员，中安勘界委员会法方主任法兰亭先生致镇南关（Doï-Nam-Aï）勘界委员会护卫队长隆福中尉函

松柏隘，1891 年 1 月 6 日发

亲爱的上尉：

今日 4 时我已收到您于 1 月 5 日发我的运货车队：前信所提到的货箱均如数运到，无一短少。我随即将 47 名苦力和 3 名工头打发回您处，并希望您能在 10 日晚以前到我处，因为我必须在 11 日上午前往归马隘（Qui-Ma-Ai）。

苦力与工头均已领取了 1 月 7 日一天的大米工薪，至于 5、6、7 日三天的现金工薪，我不能发给，原因很简单：我处已无现金。

此抄件与原件一致

勘界委员会代理秘书皮埃尔·莫兰

1891 年 1 月 6 日于松柏隘

（原件第 159 页）

安南与东京保护国

中安勘界委员会

第 3 号文

法兰西共和国政府驻朝鲜大使馆一等秘书、领事兼专员，中安勘界委员会法方主任法兰亭先生致横模上尉级指挥先生函

横模，1890 年 12 月 21 日发

上尉先生：

外籍军团分遣队队长，现在勘界委员会护卫队任职的隆福中尉先生对我说，他耗用

了一批枪弹，共计170发，其中102发的弹壳尚保存完好。

今特来信相问，您能否向隆福先生提供上述枪弹，由他出具收据并把弹壳交回，这样，这些兵丁可得到额定数量的弹药补充。

此抄件与原件一致

勘界委员会代理秘书皮埃尔·莫兰
1891年1月6日于松柏隘

（原件第160页）

安南与东京保护国
中安勘界委员会
第4号文

法兰西共和国驻朝鲜大使馆一等秘书、领事兼专员，中安勘界委员会法方主任法兰亭先生致横模哨所上尉级指挥函

松柏隘，1890年12月31日发

上尉先生：

我获悉一股海盗或心怀不轨之徒曾对禀边（Bam-Bien）（即村长——译者注）进行威胁，对其意图似不必深究，但我有幸将此事相告，目的是请您在力所能及的范围内对禀边的住所及其家人进行保护，因为禀边对我的帮助不仅难能可贵，而且从中也可看出他对我们事业的一片忠心。

此抄件与原件一致

勘界委员会代理秘书皮埃尔·莫兰
1891年1月6日于松柏隘

（原件第161页）

安南与东京保护国
中安勘界委员会
第 5 号文

法兰西共和国驻朝鲜大使馆一等秘书、领事兼专员，中安勘界委员会法方主任法兰亭先生致亭立（Dinh Lap）哨所上尉级指挥或在该警备区内执勤的任何军官或同仆（Dong-But）哨所卫队长函

松柏隘，1891 年 1 月 3 日发

先生：

法中勘界委员会来到松柏隘已有三日，虽仍在安南境内，但离补给中心甚远。

在 1∶200000 的谅山地图上，松柏隘（Song-Pa-Seng）在镇南关（Doï-Nghiem-Aï）与归马隘（Qui-Ma-Aï）之间，该图上称作洞巴山（Dong-Ba-Son）。

今日我已派一名脚力至禄凭州（Loc-Ping-Chau），此脚力系一名信使，他将把一份信函送交本地安南官员，他们将奉命向我派出给养车队。

若你们认为该车队需要护送，则请派员护送；若必须预付钱款，亦请为勘界委员会先行垫付。

这些垫付款项今后将如数偿还。

此抄件与原件一致

勘界委员会代理秘书皮埃尔·莫兰
1891 年 1 月 6 日于松柏隘

（原件第 162 页）

安南与东京保护国

中安勘界委员会

第 6 号文

法兰西共和国驻朝鲜大使馆一等秘书、领事兼专员，中安勘界委员会法方主任法兰亭致横模马尔康托尼（Marcantoni）上尉函

松柏隘，1891 年 1 月 3 日发

先生：

您 12 月 21 日来函已悉，此复。

我对您向我转达消息深表感谢，我将进行相应安排，待横模禀边（Bam - Bien）的帮助对我并非绝对必要时，他即可返回，尽其职守。

此抄件与原件一致

勘界委员会代理秘书皮埃尔·莫兰

1891 年 1 月 6 日于松柏隘

（原件第 163 页）

安南及东京保护国政府

中安勘界委员会

第 2 号文

（法国）政府驻朝鲜大使馆一等秘书、领事兼专员，中安勘界委员会主任法兰亭致河内邮政局局长先生函

那来（Na - Laï），1890 年 12 月 13 日发

局长先生：

在离开芒街省之前，我谨告知您，每当我来与芒街邮政局局长罗梅贡（Romégon）先生接洽事务时，总能感受到他的热情与忠诚。所以我荣幸地请求您能够向他郑重转达我的谢意。

顺致

崇高的敬意!

法兰亭

此抄件与原件一致

勘界委员会代理秘书皮埃尔·莫兰
1891年1月6日于松柏隘

(原件第164页)

安南及东京保护国政府
中安勘界委员会
第3号文

(法国)政府驻朝鲜大使馆一等秘书、领事兼专员,中安勘界委员会主任法兰亭致镇南关(Doi - Nam - Ai)佩罗(Pérot)上尉先生函

镇南关,1890年12月29日发

亲爱的上尉:

我荣幸地通知您,您昨天即12月28日给我的信已收悉。

作为答复,我通知您,既然您的使命已经完成,我允许您前往横模(Hoan Mo)。

蒙特隆(Montrond)少尉先生将率领一支护卫队于明日——12月30日前往先安(Tien Yen),您可与之结伴而行。

值此机会,我要向您表示我对您的合作是何等满意,我感谢您为我所做的关于争议地区边界线的划定工作。

布

礼!

法兰亭

此抄件与原件一致

勘界委员会代理秘书皮埃尔·莫兰
1891年1月6日于松柏隘

(原件第165页)

安南及东京保护国政府

中安勘界委员会

第 5 号文

（法国）政府驻朝鲜大使馆一等秘书、领事兼专员，中安勘界委员会主任法兰亭致镇南关隆福（Ronfaut）上尉先生函

松柏隘，1891 年 1 月 7 日 13 时发

亲爱的上尉：

您派来的 26 名苦力和两名工头适才携全部物品抵达。这些苦力愿意马上就走。我用大米付给了他们 8 日的粮饷。至于我不能付给他们现金的理由，我已在昨日的信中告诉了您。

我给您带去了 5 只酒桶和 3 只包。

请您在可能的情况下寄给我一点钱，我已囊中空空。

请尽量在 1 月 10 日前与我们相会。

此抄件与原件一致

勘界委员会代理秘书皮埃尔 · 莫兰

1891 年 1 月□日于松柏隘

（原件第 166 页）

印度支那驻军第二旅第一防区

第 148 号文

横模哨所指挥官马尔康托尼（Marcantoni）上尉致芒街公路沿线某地之勘界委员会主任先生函

横模，1890 年 12 月 9 日发

主任先生：

我荣幸地通过那来营地的少尉指挥官先生将 12 月 9 日午后 2 时在横模收到的一份电报转交给您。

先安邮政局的邮差先生通知我说，为了加快您的信件投递，从今天起先安与横模的邮递服务改为每日一次。

同时，我荣幸地通知您，给勘界委员会医官先生的箱子新近通过我防区运到。

马尔康托尼（签名）

此抄件与原件一致

勘界委员会代理秘书皮埃尔·莫兰

1891年1月6日于松柏隘

（原件第167页）

驻东京高级公使官邸

第7278号文

驻东京代理高级公使、荣誉勋位团及国民教育官博纳尔致芒街中安勘界委员会主任法兰亭先生函

河内，1891年12月11日发

主任先生：

在答复您本月即12月3日来信的时候，我荣幸地通知您，我已下达命令，以使所订的《海防信使报》《东京前途报》和《政府公报》（第二部分）能够定期送至法国勘界委员会。

布

礼！

博纳尔（签名）

此抄件与原件一致

勘界委员会代理秘书皮埃尔·莫兰

1891年1月6日于松柏隘

（原件第168页）

安南及东京保护国政府

第 907 号文

海防市市长、法国驻扎官夏瓦西尤（Chavassieux）致芒街勘界委员会主任先生函

海防，1890 年 12 月 6 日发

主任先生：

在此信中，我荣幸地将中国人路永正（Loc Yong Chune）中文名文室中（Wing That Cheong）的照片寄给您。

夏瓦西尤（签名）

此抄件与原件一致

勘界委员会代理秘书皮埃尔·莫兰

1891 年 1 月 6 日于松柏隘

（原件第 169 页）

安南及东京保护国政府

第 130 号文

安南及东京海军司令罗韦拉·雅拉贝尔（Rovivra Jalabers）上尉致驻朝鲜大使馆一等秘书、领事兼专员，中安勘界委员会主任法兰亭先生函

海防，1890 年 12 月 8 日发

主任先生：

您 11 月 20 日的来信已收到，不胜荣幸。您在信中表示，您对在“雎鸠”号及“倔强”号上完成使命的过程中所得到的热情协助感到满意。我已根据您的意愿，向该两舰舰长拉皮耶（Lapied）先生和比内尔（Bunel）先生正式转达了您的谢意。

我很高兴能够通过这些对我的命令心领神会的先生们，为便于您完成共和国政府赋予您的崇高使命尽绵薄之力。

另外，我还荣幸地告诉您，阿杜尔（Adour）为委员会所制的中法两国国旗之费用将由行政机构用中安勘界委员会的专项经费支付。

布

礼

罗韦拉·雅拉贝尔（签字）

此抄件与原件一致

勘界委员会代理秘书皮埃尔·莫兰

1891年1月6日于松柏隘

（原件第170页）

印度支那驻军第二旅第一防区

第162号文

横模哨所指挥马尔康托尼上尉致中安勘界委员会主任先生函

横模，1890年12月21日发

主任先生：

我荣幸地相告，在我看来，您12月21日来信中建议的交换没有任何不便之处，既然根据固定发数而进行的这种交换能使我查实一下我哨所的弹药存量。

同时，我还荣幸地通知您，一只独木舟船队将于12月23日星期二上午从那沙（Na Sha）出发前往先安。这些独木舟均未满载，如果您那里有病员甚至物资，则可以利用它们进行疏散。

马尔康托尼（签名）

此抄件与原件一致

勘界委员会代理秘书皮埃尔·莫兰

1891年1月6日于松柏隘

（原件第171页）

印度支那驻军第二旅芒街辖区

第 177 号文

芒街辖区指挥官拉比埃营长致横模中安勘界委员会主任函

芒街，1890 年月 12 月 19 日发

主任先生：

我荣幸地向您报告，据我所得到的消息，芒街省可能会遭到三股敌人的骚扰，刘奇（Liou Ky）负责 Diac Koy 和先安，宣德（Tien Duc）负责海上，还有一股从东兴（Tong Hin）到竹山（Tchonk Son）一带正在形成的敌人负责芒街及其周围。

刘奇眼下可能在都龙（Toulong）一带。

宣德想必已经调集了百余只舢板，大概有三名欧洲人和他在一起。他与船队可能在鹿儿岛对面的岩石群一侧。

以芒街为目标，可能已在东兴的这股敌人目前有 400 人，半数扮成民团，半数扮成土著步兵，尚不包括其他构成这股敌人的中国匪徒。

这些行动可能已经在进行，但到目前为止，华人头目中尚无人有相当的决定权。有人曾将日期定在 12 月 17 日，其他人则说要等到月黑之夜。

曾与刘奇有过几番会面的尊室说（Tuyet）可能在外乐（Wai Lak）、凯山（Kay Son）一带，他在这些地方纠集了一批支持者。

我在地图上没有找到外乐。密探说从谅山到土漫（Tou Main）需要一天时间，而从土漫去万乐也需要一天。尊室说正是要在万乐和凯山发起一场一触即发的暴动。据密探说，在这场暴动中，土著步兵将倒戈攻击我们。后来，一位曾在芒街接受过土著步兵施舍的中国乞丐向我报告了类似的情况，进一步解释了密探的见解。眼下在东兴有 400 名扮成民团和土著步兵的海盗，所以必须采取最完善的防范措施，以免认敌为友，追悔莫及。海盗们身着民团和土著步兵的服装，可能是想便于进入各哨所。他们在等待着钦州（Ham Tchao）的命令，这命令将由来自安南的曾与冯（Phong）将军商议过的安南代表转达，由此发出暴动的信号。

骚乱可能就要爆发，因为私人的武器、弹药，一应齐备，但委员会的到达推迟了暴动。

尊尧（Ton Niao）想必接到了对委员会放行的命令，于是他将手下以 10 人为一批召回到都龙的各所房子里，他自已则在北强隘（Pak Kay Aï）山脚下。

从陆上来的弹药似乎是用轿子运送的，所以当发现苦力抬着轿子时，必须仔细检查轿内所装究系何物。

昨天曾告诉我在东兴有400名身着民团与土著步兵服装之海盗的中国乞丐今晨又来向我证实，在东兴的不是400名而是上千名装扮过的海盗。难道有500人由大头目梁夏陶（Luong Ha Dao）指挥，而由白夏（Ba Hat）指挥的其余500人只是从属？

海盗们将居住在中国东兴的要塞内。

头目们还在等着陆林（Louk-Lam）方面的支援，据乞丐说，那里的所有居民都是海盗。

我将这位密探再度派往东兴，今晚他大概要从那里向我汇报其他情况。

拉比埃（签字）

此抄件与原件一致

勘界委员会代理秘书皮埃尔·莫兰

1891年1月6日于松柏隘

（原件第172~173页）

东京第四军佩罗上尉致中安勘界委员会主任函

镇南关（Doï-Nam-Aï），1890年12月28日发

主任先生：

在今年11月29日，统帅印度支那三军总司令先生将我派往勘界委员会听令，径来广西。今天，广东省的勘界作业终于完工。

因此，主任先生，我荣幸地请求您发布命令，以结束我的使命，既然我留在这里已不能再对您起什么作用。

顺致

敬意！

佩罗（签名）

此抄件与原件一致

勘界委员会代理秘书皮埃尔·莫兰

1891年1月6日于松柏隘

（原件第174页）

印度支那驻军第二旅第一防区

第 168 号文

横模哨所指挥马尔康托尼上尉先生致镇南关勘界委员会主任先生函

横模，1890 年 12 月 31 日发

主任先生：

我荣幸地相告，据我新近得到的我有充分理由认为可靠的情报，当勘界委员会路过之时尚在富隆（Phu Long）及北强隘（Pa Kai Ai）山里的尊尧（Thu Nhao）匪帮最近越过边界线，这支似乎得到了加强的队伍目前正在向里蒲（Li Pho）集结。

细微的不安征兆开始在洞农山（Dong Non Noi）峡谷出现。在这种情形之下，让禀边村长（Bam Bien）以管理民众的头领出现几乎是势在必行的了。

所以，主任先生，我荣幸地请求您从事业的利益出发，一俟委员会不再需要这位土著官员，则马上将其派回横模。

在该官员回到横模时，使其与先安江（Song Tien Yen）右岸民众保持正式关系是有好处的，主要是同如下村庄：那舍（Na Xa）、那沙（Na Cha）、洞舍（Dong Xa）、郑冲（Trinh Xuong）、韦三（Ve Tam）及 Cop Hao。这些村庄仍然处在中国人的影响之下，不敢与左岸进行贸易往来。

马尔康托尼（签名）

此抄件与原件一致

勘界委员会代理秘书皮埃尔·莫兰

1891 年 1 月 6 日于松柏隘

（原件第 175 页）

中安勘界委员会

地形测量局局长普拉内少校（Planet）致勘界委员会主任先生函

镇南关（Doi - Nam - Aï）营地，1890 年 12 月 29 日发

主任先生：

我荣幸地恳请您，火速请求总督先生送一只罗盘测斜器及两至三面法国国旗来。

罗盘是必不可少的，万一发生意外，便可替代现在使用着的这只。地形测量员营地的旗帜均已破碎。

德·普拉内（签名）

此抄件与原件一致

勘界委员会代理秘书皮埃尔·莫兰

1891年1月6日于松柏隘

（原件第176页）

护卫队队长迪德洛上尉致骑马隘（Ki-Ma-Aï）勘界委员会主任函

镇南关，1890年12月30日发

主任先生：

我给您派去了一名脚力，带去了给您和马埃先生的信件。借此机会，我想让您了解我们的境况。

首先，若缺乏苦力，我们就无法于今天即12月30日出发。

明天我将派出拉夫尼尔（Lavenir）先生、斯皮克（Spicq）先生和其他25人。但由于我仅有数名苦力，他们只能携带两天的食粮。这种状况大大束缚了我们的工作进程。最后，今晨我曾想向您谈一个重要的问题，但出发时的忙乱使我完全忘记了要向您谈起它，这就是：

目前我发现我不可能同时而又完全地履行身兼的数职。我将同地形测量官们一起去荆棘丛林15天，故我不能再管护卫队。

我觉得有必要任命一名上尉来指挥护卫队。这名上尉似乎已完全指定好了。坚持留作地形测量官的贝尔杜拉（Berdoulat）中尉先生目前指挥着150名土著步兵，亦即他的连队的绝大多数。要求这个连的连长指挥护卫队是合乎情理的，他自然会维持对军需给养的全面管理。

布

礼！

迪德洛（签名）

又及：同时，您有必要请求任命贝尔杜拉先生为地形测量官。

此抄件与原件一致

勘界委员会代理秘书皮埃尔·莫兰
1891年1月6日于松柏隘

（原件第177～178页）

勘界委员会护卫队队长迪德洛上尉致主任先生函

镇南关，1891年1月2日发

主任先生：

在答复您去年12月31日来信的时候，我想应该对您另外进行解释，因为肯定有含糊不清的地方。

我从未有过建议您将护卫队的指挥权交给贝尔杜拉先生的意图，只是向您指出这支土著步兵连几乎包括整整一个连。

在这种情况下，我建议您请示总督先生，让指挥这支土著步兵连的连长在指挥该连队——东京土著步兵团第一连——的同时，也拥有护卫队的总指挥权。

这样，我就完全卸去了这一指挥权。说真的，此事对我来说并非易事。而贝尔杜拉先生已经完全摆脱了地形测量的繁忙业务（贝尔杜拉先生本是第一连的中尉）。

我不想进一步强求，您会像我一样清楚把地形测量与护卫队两件事分开的必要性。

布

礼！

迪德洛（签名）

又及：斯皮克（Spicq）、拉夫尼尔（Lavenir）及皮普鲁（Puyperoux）先生昨天上午和几名我所能征集到的苦力一起出发了。然而，遗憾的是我和贝尔杜拉先生不能在1月3日前与他们会合。

我就指望您为了实现我方转移而带到骑马隘（Ke Ma Aï）去的绝大部分苦力了，因为您曾经答应过要把他们全部还给我。

然而，您留下了58名苦力，只派回96人。这些苦力马上要被派到那蒲（Na Pha）去取粮食送给您，因为我很清楚您可能已经断了面包和大米了，而给养是首要的。

我打算为您在骑马隘一直供应到1月10日，然后再派出隆福（Ronfaut）先生。完成对您的供应后，比诺（Buneau）先生将从那蒲去板俸（Ban Phoc）[在亭立（Dinh Lap）以北]，在那里建立一个新的给养中心。

实现这一转移后，隆福先生将派人去亭立为委员会及其专门护卫队运取粮食。

我从昨天开始身体很不舒服，先是神经痛，继而左面颊起了肿块。

皮德拉兹（Pethellaz）大夫发烧相当厉害，隆福先生本人也胃痛。

不过我想所有这些将不会很严重。

部队的卫生状况还是相当令人满意的。

我派去了20名外籍军团士兵，以加强比诺（Buneau）先生的护卫队。我相信这一援助对他前往海盗盘踞的板俸地区是很有必要的。

迪德洛（签名）

此抄件与原件一致

勘界委员会代理秘书皮埃尔·莫兰

1891年1月6日于松柏隘

（原件第178~179页）

地形测量队队长迪德洛（Didelot）上尉致勘界委员会主任先生函

1891年1月4日发

主任先生：

正如我在1890年12月31日的信中向您通报的那样，拉夫尼尔、皮普鲁及斯皮克先生已于1891年1月1日出发去镇南关（Doi - Nam - Ai）和骑马隘（Ki - Ka - Ai）之间的地带。由于缺少苦力，我只得让他们带着最起码的行李和食品上路。我原指望您带到骑马隘（Ki - Ma - Ai）的150名苦力返回，以最终实现我方之转移，但是在您给我派回的96人中，仅有50人于1日晚回到镇南关。

我留下了28人，其余的已派往给养开始短缺的横模。

翌日晨，1月2日，我打算动身，可是苦力们在头天夜里都不见了。尽管寻遍了附近的沟壑，也未能找回他们。因而，2日我被迫留在镇南关，也无法确定我出发的日期。

3日，来了一名工头和28名苦力，我自然当即收留了他们。此外，比诺先生给我派来了一支给养队，我把该队的苦力分成两组，一组派去给您送面包、酒和大米，另一组我打算用于自己的转移。但和上次一样，4日早晨，我发现又不见了26名苦力。尽管如此，我还是决定带上部分行李、少量食物离开镇南关。因为在这种情形之下，我们已不可能很快地进行地形测量工作。尽管如此，我还是希望能使您满意。我与贝尔杜拉先生在护卫队的保护下来到中国境内的一个小村庄。绘下这地方十分重要，因为分界线划分得不好，我们从北强隘（Bac Cuong Ai）到镇南关（Doi Nam Ai）所遇到的山脉较低，引导我们的只剩下分水岭了。

我们碰上了雾和雨，耽搁了两天的时间。我打算6日（至少在这一天中）离开此村庄赶到骑马隘（Ki Ka Ai）。

我认为向您提供如上详情是我的职责，因为我还想强调苦力与给养问题。

首先，我命令隆福中尉先生直至12日在确保您与地形测量队及其护卫队的给养之前，不得离开镇南关（Doï - Na - Maï）。

就算他在征集和看管苦力方面比我走运，也不能指望他在1月10日前与您会合。

比诺先生在自己保障镇南关（Doï Na Maï）的这些给养时，接到了撤离那蒲（Na Pha）的命令。我希望他能于1月11日前往板俸（Ban Phuoc）［位于亭立（Binh Lap）以北］。我嘱咐他从亭立哨所过一下以了解我使团今后任务的情况。

最后，我想有责任坚持我认为是取得我们事业成功的关键点。我不想对您隐瞒什么，我希望您能接受我不带任何个人目的的浅见。请您相信，我是想尽我所能来帮助您。我谨向您指出，为了我这些成功的转移，由于缺少苦力，尤其是他们跟随我们去镇南关那边的勉强劲头，我遇到的都是什么样的艰难困苦。仅这一因素就使我们损失了6天时间。我很担心，随着我们不断向前，困难也会接连不断。

如同我在横模的一个专门说明中向您指出的那样，要使我们得以迅速前进，需要400名以上的常备苦力。

但是您知道，可供我们支配的只有200来人。我想从这一窘境中解脱出来的最好的解决方法就是常聚不散，或者更好的是您对边境地区快速踏勘一遍，以便最迟在1月底抵达谅山。

您会同我一样认识到节省苦力异常重要（我这样说不是从财力而仅仅是从数目考虑）。

这样，供给问题就成为次要的了，因为只剩下一支地形测量队。

我坦率地向您承认，骑马隘（Ki Ma Ai）以远地区的供给问题令我深为担忧。

请原谅我如此直率地向您陈述我的见解，就像以上向您陈述的那样，可我是从我们事业的利益出发才说的。

布

礼！

迪德洛（签名）

此抄件与原件一致

勘界委员会代理秘书皮埃尔·莫兰

1891年1月6日于松柏隘

（原件第180～182页）

外籍军团分遣队护卫队代理队长隆福中尉致骑马隘（Ki Ma Aï）勘界委员会主任先生函

镇南关，1891年1月5日发

主任先生：

我荣幸地相告，我刚刚给地形测量官们运来了他们所必需的可以一直对付到1月12日的全部食粮。

在与您会合之前，我不必再管他们了。一旦我能够在骑马隘囤积够我们大家生活到1月13、14日的食粮，我将立即这样做。

今天我给您发去10只货箱，1只给队长，9只给您。

供给委员会4天的面包，供给外籍军士兵两天的，另有180千克大米。

我请您派回您目前可差遣的全部苦力，以便及早完成给养运输，因为我们急于前去与您相会。

尽管大夫和我身体还有所不适。但是会好的。

如果您需要什么，请告知，我在3、4天内是不会出发的。

隆福（签名）

又及：有一只锅是给戈贝尔（Gaubert）中士的。如果您付钱给苦力的话，我曾答应多给工头们500。已给他们支付了两天的工资，用大米付到6日，用军饷付到4日。

此抄件与原件一致

勘界委员会代理秘书皮埃尔·莫兰
1891年1月6日于松柏隘

（原件第183页）

地形测量队队长迪德洛上尉致勘界委员会主任先生函

板漂（Ban Paï，中国境），1891年1月6日发

主任先生：

我荣幸地相告，您本月6日的来信收到，得知您目前在松柏隘（安南境）。

在该信中，您重申了要我去松柏隘与您会合的命令（此命令已在1月3日的信中发出，而我在镇南关未收到该信）。

我荣幸地告诉您，昨天在古森（Cao Tong）下一个陡坡时，我跌进了一条相当深的小河，腰部撞在一根树干上，受到严重挫伤。由于该点的工作已经结束，我便下令向前推进。今天，我们在一条中国山谷里安顿下来。我想这条山谷通达骑马隘（Ki－Ma－Aï），直至板漂（Ban－Baï）村（明天要进行的勘察将向您肯定这一事实）。

中国指挥官和我们在一起。我坚持要挪动地方是为了避免浪费时间，尽管严重的腰酸背痛给我带来极大不便。

由于摔了一跤，我感到异常疲乏，我不敢从明天起就开始去松柏隘与您会合的行程，虽然我很想与您会面。后天我尽可能去，但我不能向您保证。

您向我提到有个中国人在古森（Cao Tong）挨了打，我了解此事。显然这是件憾事，我曾嘱咐过要避免事端，尤其是在中国领土上。但由于这位中国向导的愚昧使大家失足摔倒，这次事故对我的一名地形测量官来说可能是致命的，因此大家一时火起就将他打了一顿。

我已经给了他一皮阿斯特，且他的伤也并无大碍。

我告诉您，今天即1月6日我们刚刚离开古森村。但由于没有苦力，我只好留下拉夫尼尔先生，他将在明天1月7日和我派出的苦力一起与我们会合。

我们必须划定板漂这地方的边界，鉴于这一地区复杂的山势，这是件相当棘手的事。为避免任何谬误，必须进行相当长时间的勘测。

我不能确切地告诉您我们将在何地安扎新营地。这要取决于我们明天的勘察。但无论怎样，我对1月12日前去骑马隘（Ki－Ma－Aï）是抱有希望的。

最后，既然您已下达了命令，我将尽可能在后天与您会合。但我想应该恭敬地向您

指出，若我能够伴随一名地形测量官当有重大意义。我是委员会成员中唯一的一步一步走过边界的人，我认为借助于经过现场评议的各点，应该能够避免任何划界上的困难。

我是为了本使团的利益才向您坦诚相告的，但是我自然要服从您的命令。

布

礼！

迪德洛（签名）

此抄件与原件一致

勘界委员会代理秘书皮埃尔·莫兰

1891年1月□日于松柏隘

（原件第198～199页）

发给巴黎外交部（政治处）里博（Ribot）先生阁下的函件清单

登记号	邮件名称	件数
	——发出的函件——	
	发出的电报	1
	致总督先生函(19至30号)	12
	致总督先生函(32至33号)	2
	致驻东京高级公使先生函(5至8号)	4
	致印度支那驻军总司令将军先生函	1
	致法国驻龙州(Lang Tcheou)领事先生函(第1、2号)	2
	致护卫队长迪德洛上尉先生函(7至11号、13至16号)	9
	致谅山卫戍司令官先生函	2
	致亭立(Dinh Lap)哨所指挥官先生函	1
	致谅山卫戍司令官先生函	1
	致河内卫戍司令官先生函	1
	致室溪(That Khé)哨所指挥官先生函	2
	致驻谅山公使馆代理主事先生函	1
	致亭立蒙特隆少尉先生函	1
	致亭立(Dinh Lap)比诺(Buneau)少尉先生函	1
	致谅山阿尔戈(Argaud)副军需官先生函	1
	致普拉内(Planet)指挥官先生函(7至8号)	2
	致普拉内指挥官先生函(11至12号)	2
	致普拉内指挥官先生函	1
	致巴歇拉埃(Bachelier)上尉先生函(第10、13、16号)	3
	致希尼亚克·德·拉巴斯蒂德营长先生函	1

续表

登记号	邮件名称	件数
	致法国驻谅山公使先生函(6至8号)	3
	接转下页	54
	致海防阿杜(Adout)副军需官先生函(以下件数未印出——译者注)	
	致河内军马场上尉指挥官先生函	
	致护卫队上尉指挥官布瓦先生函	
	——收到的函件——	
	收到的电报	
	收卡斯塔尼埃(Castanier)上尉先生函(亭立)	
	收阿尔戈(Argaud)副军需官先生函（谅山）	
	收驻谅山公使馆代理主事先生函	
	收贝图瓦(Bethoy)上尉先生函(谅山)	
	收法国驻龙州领事先生函	
	收法国驻谅山公使馆函	
	收迪德洛上尉先生函[浦江(Song Phé)]	
	收驻谅山公使馆代理主事先生函(附件1份)	
	收总督先生函(河内)(附件3份)	
	收迪德洛上尉先生函（浦江）	
	收蒙特隆少尉先生函（先安）	
	收蒙特隆少尉先生函(亭立)	
	收迪德洛上尉先生函(峙马)	
	收阿尔戈副军需官先生函(谅山)	
	收巴歇利埃上尉先生函(河内)	
	收希尼亚克·德·拉巴斯蒂德营长函(河内)	
	收佩罗上尉先生函(海防)	
	收贝图瓦上尉先生函(谅山)	
	收勘界委员会来(Lai)翻译官函	
	收护卫队长布瓦上尉先生函(南关)(Nam Quan)	
	收总督先生函（附件1份）	
	收总督先生函	
	收总督先生函	
	收谅山要塞军官先生们来函	
	收普拉内少校先生函(峙马)	
	收法国驻北宁公使馆函(附件1份)	
	收印度支那驻军戈丹(Godin)总司令函	
	收普拉内少校先生函(峙马)	
	收巴歇利埃上尉先生函(Boï Haï关)	
	收普拉内少校先生函(峙马)	
	收巴歇利埃上尉先生函[布安(Bo An)]	
	收迪德洛上尉先生函[那支(Na Chi)]	
	接转下页	92
	收印度支那总督先生函(附件1份)	1
	收巴歇利埃上尉先生函(布安)	1
	收普拉内少校先生函(南关)	1
	收迪德洛上尉先生函[同仆(Dong But)]	1
	收梅洛(Mélo)上尉先生函(河内)	1
	收普拉内少校先生函(布安)	2

续表

登记号	邮件名称	件数
	收迪德洛上尉先生函(那支)	1
	收巴歇利埃上尉先生函(Ban Cuyen)	1
	收迪德洛上尉先生函[板胄(Pan Tchou)]	1
	收迪德洛上尉先生函(Ai Loa)	1
	收布瓦上尉先生函[波内山(Bi Nhi)]	1
	收普拉内少校先生函(室溪)	1
	收总督先生函(河内)	1
	收巴歇利埃上尉先生函	1
	收高级公使先生函 (河内)	1
	收普拉内少校先生函(Aï Ro)	1
	收巴歇利埃上尉先生函[板漂(Pac Piao)]	1
	收贝图瓦上尉先生函 (谅山)	1
	收马埃(Mahé)副公使先生函(波内山)(附件 1 份)	1
	收印度支那驻军总司令先生函	1
	收洛戈(Logos)上尉先生函(谅山)	1
	收波特拉兹(Pethellaz)大夫先生函(附件 1 份)	1
	收蒙特隆少尉先生函(Ban Bien)	1
	收普拉内少校先生函(南关)	1
	收迪德洛上尉先生函(波内山)	1
	收布瓦上尉先生函(波内山)	1
	收巴歇利埃上尉先生函(Ban Cuyen)	1
	收贝图瓦上尉先生函(谅山)	2
	收费利诺上尉先生函(室溪)	1
	收布瓦上尉先生函(波内山)	1
	收普拉内少校先生函(南关)	1
	收蒙特隆少尉先生函(Ban Bien)	1
	收普拉内少校先生函(南关)	1
	收印度支那总督先生函(附件 1 份)	1
	收迪德洛上尉先生函(波内山)	1
	收图尔尼埃营长先生函(高平)	1
	收迪德洛上尉先生函(Bi Nhi)	1
	收巴歇利埃上尉先生函(附件 1 份) (波内山)	1
	收印度支那总督先生函(附件 3 份)	1
	接转下页	133
	收拉里维埃尔(Larivière)营长先生函(谅山)	
	收迪德洛上尉先生的报告	
	(以上两份件数未印出——译者注)	

1891 年 5 月 10 日于河内

因有部分函件数未印出，故保留表格中三处原文所注的“接转下页”及其后所标件数——编者注

(原件第 200 ~ 201 页)

1891年1月13日至4月14日发出的电文

致河内邮电局局长

第60号文　峙马关（Chi Ma），1891年1月13日电

若蒙下令将委员会所有这些信件从现在起发往谅山，将不胜感激。

致驻河内高级公使

第61号文　峙马关，1891年1月13日电

我已抵峙马（离谅山两日的步行路程），对委员会的工作甚为满意。

致河内印度支那总督

第62号文　峙马关，1891年1月13日电

我已抵峙马（离谅山整整一天的步行路程）。地形测量官们将在20天至25天之内与我们会合。他们进入了该地区最难行进的地段。

我们在广西境内行进时曾穿越交蛙（Kiao Wang）、叫册岑（Kao Tsing Ai）、板宙（Ban Tam）、那荷（Na Ho）、那卒（Na Tang）、那蓬（Na Pong）。我希望到谅山去，如果您也去那里的话。我有一个可以进一步加速工作进程的方案需要与您商谈。务请电告我您到达的大概日期。

致河内印度支那总督

第63号文　峙马关，1891年1月14日电

在上次的电文中，我提到了希望能与您商讨的关于加速委员会工作进程的计划，以下是计划所含之内容：确定4名新的地形测量官，马上着手绘制从镇南关（Porte de Chine）到云南边界的地形图。

我的中国同事也希望这一方案得到采纳。他保证地形测量官的安全，提供所有的协助，指定一些中国测量员和我方测量官一道工作，就像如今已在顺利进行的合作那样。

您只需要额外提供50名土著步兵护卫我们的4名地形测量官。如果此方案被采纳且天气晴好的话，我们就可以在今年4月双方委员会分开之前，完成广西边界的测绘工作。

若您的答复是赞成的，则我将和中国同事一起把新测量队安排到镇南关（Porte de Chine）。如今在两个委员会的所有成员中已形成了完美的默契。

致河内印度支那总督

第 64 号文　峙马关，1891 年 1 月 16 日电

对 109 号文的答复。我现在正设法让他们走最短的路程，主要是因为无钱支付紧急开支。

致河内印度支那总督

第 65 号文　峙马关，1891 年 1 月 17 日电

我见到了中方界务主任，他将加强中国护卫队。测量官将沿中国边界一侧行进。苏将军（Maréchal Sou）所率之中国部队分遣队将为测量队所经之处探明道路。若有必要，我这方面将派出外籍军团护卫队的部分队员相随。镇南关（Porte de Chine）地面的中国境内是绝对安全的。26 日晨，我将与中方界务主任一道出发前往谅山。我们将于 26 日到达，27 日逗留一天，28 日前往南关（Nam Quan）。

如果测量队届时尚未到达，我已与蔡（Siang）主任达成一致意见，让护卫队与中国部队做好迎接他们的准备。我将留在南关，直至前来的测量官们上路。这位抵达那里的中方界务主任将离开南关前往龙州，他说那里有要事待处理。从公务和事业的利益出发，我认为既然您的谅山之行无法实现，那么我可以乘中国人的节日和中方主任不在场的机会，以及我在此没有急事要处理的这段时间，前往河内向您禀报我做过的和打算要做的事，其意义将十分重大。

如果您能批准我这个绝不会超过两星期的短期出差，我将很高兴。

致驻芒街副公使

第 66 号文　峙马关，1891 年 1 月 20 日电

广西委员会主任通知我，中国测量员将从东兴来峙马与其会合。请与李（Ly）相商，保障他们及其随员从我领地通过。

致河内印度支那总督

第 67 号文　峙马关，1891 年 1 月 23 日电

从北强隘到松柏隘的第一段平板测量已经结束，第二段最迟在 2 月 10 日开始。我尽

量从南关隘（Nam Kuan）寄给您第一段平板测量的描图。

边界线的第一部分没有引起任何争议。

致河内印度支那总督

第 68 号文　谅山，1891 年 1 月 26 日电

我与中方勘界委员会一起来到谅山。我在从峙马动身之前见到了蒙特隆先生。

中方主任对警备司令及公使馆主事的热情接待甚为满意。我明晨出发去南关隘。

致河内印度支那总督

第 69 号文　谅山，1891 年 1 月 27 日电

对 2 号电的答复。

我们同意。

致河内印度支那总督

第 70 号文　谅山，1891 年 1 月 27 日电

对 3 号电的答复。迪德洛上尉转交给我巴歇利埃上尉须购买的物品清单：

调色碟、画布、描图纸、绘图笔、帽盔上的有色遮阳板、墨水、三号铅笔、红蓝（彩色）铅笔、角尺、小刀、胶水、毛笔、图钉、速写本、横格纸、方格纸、两只圆规、两支鸭嘴笔、两只测斜罗盘及支架、4 只带梳状底板的罗盘、一架经纬仪（镜式照准仪）及□块等高线缩绘板。

致驻浪张府（Phu Lang Thuong）于纳尔公使

第 71 号文　谅山，1891 年 1 月 27 日电

得知您生病住院。我不能前往谅山探望您，甚感遗憾。希望您能尽快康复，当我下次去河内路过谅山时能看到您健康如初。我明天动身去南关。

致李受彤（Ly Tong Hinh）主任阁下

第 73 号文　谅山，1891 年 1 月 27 日电

（备查）

关于广东边界问题的文字电报。

致河内印度支那总督

第 74 号文　南关隘，1891 年 1 月 29 日电

我于昨天抵南关，已与中方主任商定，测量官们一到立即开展地形测量工作。我明天去谅山，有望五六天后去河内。

致谅山警备司令

第 75 号文　南关隘，1891 年 1 月 29 日电

我明晨出发去谅山。

致谅山公使

第 76 号文　南关隘，1891 年 1 月 29 日电

我明晨出发去谅山。请按约备好护卫队和马匹。一切齐备后，我即出发去河内。

致谅山警备司令

第 77 号文　南关隘，1891 年 1 月 29 日电

亲爱的上尉，我将于明晨 11 时许同马埃先生和迪德洛先生一起到达。此次我受到了公使对我的盛情接待。

祝好

致法国驻谅山公使

第 78 号文　南关，1891 年 1 月 29 日电

我明晨 8 时同马埃和迪德洛先生一道动身，11 时许到达。承尊府对我盛情接待，我表示领受和感谢。

致河内总督

第 79 号文　南关隘，1891 年 1 月 30 日电

我明天 3 时出发，拟 2 月 3 日晚 5 时抵达河内。

致郎甲（Kep）卫戍司令

第 80 号文　谅山，1891 年 1 月 30 日电

我将于 2 月 2 日上午 10 时许抵达郎甲。请备好 10 名换班的苦力，供 25 名土著步兵食用的米饭，30 匹马的草料，3 名外籍士兵的食物。

至浪张府卫戍司令

第 81 号文　谅山，1891 年 1 月 30 日电

我将于 2 月 2 日晚 5 时到达。请备好 10 名换班的苦力，供 25 名土著步兵食用的米饭，30 匹马的草料以及 3 名外籍士兵的食物。另外，请派一名驻军军士在我到达之前去谅山的棱堡，以便为我指引我本人以及护卫队员们的住处。我将于 3 日晨 6 时离开浪张府前往北宁，请备好浪张府的渡船。

致驻北宁公使

第 82 号文　谅山，1891 年 1 月 30 日电

我将于 3 日晨 9 时许到达，同日离开北宁继续往河内的行程。请先期派去一名侍卫长，好为我指引护卫队的住处。

致塔球（Dap Cau）卫戍司令

第 83 号文　谅山，1891 年 1 月 30 日电

我将于 2 月 3 日晨 8 时到达塔球，请准备渡船。

致河内卫戍司令

第 84 号文　谅山，1891 年 1 月 30 日电

我将于 2 月 3 日晚 5 时许到达河内，请准备 25 匹马的渡船，请派驻军军士向我的随行护卫队指引 30 匹马的马厩所在。

致郎甲勘界委员会主任

第 85 号文　南关隘，1891 年 2 月 2 日电

一切正常。

致驻北宁公使

第 86 号文　南关隘，1891 年 2 月 3 日电

一切正常。

致驻河内公使

第 87 号文　南关隘，1891 年 2 月 3 日电

通过 2 月 1 日上午 11 时收到的正式函件，普拉内少校通知您，峙马营房大部分被烧毁，枪支弹药及食品抢出，4 人受轻伤，我们当即送去药品。火灾起自外籍军团士兵的简易住房。

致河内勘界委员会主任

第 88 号文　南关隘，1891 年 2 月 4 日电

比诺中尉给我转来先安所属邮局经理处发的电报，证实您的货箱已于 1 月 4 日到达先安。

致河内勘界委员会主任

第 89 号文　南关隘，1891 年 2 月 4 日电

一切正常。

致河内勘界委员会主任

第 90 号文　南关隘，1891 年 2 月 5 日电

一切正常。

致河内勘界委员会主任

第 91 号文　南关隘，1891 年 2 月 6 日电

一切正常。

致驻谅山公使

第 92 号文　南关隘，1891 年 2 月 6 日电

昨夜大夫失窃，被偷去一把左轮手枪、一杆猎枪、一件军服、一块手表和一些外科手术器械。我让人到同登（Dong Dang）县衙署报了案。请通知知府（Tsuan Phu）下令寻找迪德洛上尉。我今晚 5 时到达。

致驻谅山马埃副公使

第 93 号文　南关隘，1891 年 2 月 7 日电

人们担心在春节期间这个地区的村庄会发生骚动。我们已采取了预防措施。

致驻谅山公使

第 94 号文　南关隘，1891 年 2 月 7 日电

大夫被窃的猎枪、左轮手枪、手表被 Con Keou Tong 村居民冼运统（Huyen Yet Tong）携往中国。他将大夫的一件盘花纽短上衣送给了一名中国官军的士兵，请他放行进入中国境内。该士兵被捕，短上衣现在龙州。我已向该县长解释了这一切，并请他协助查找。若您能就此事向乡长下达命令，我将不胜感激。明晨我将到谅山。

马埃

致谅山迪德洛上尉

第 95 号文　南关隘，1891 年 2 月 8 日电

明晨我将抵达谅山。隆福中尉已采取了相应的措施。

马埃（签名）

致河内勘界委员会主任

第 96 号文　南关隘，1891 年 2 月 8 日电

我于上午 10 时到达南关隘。是中国文绅和土著步兵报告了村落里的骚动。隆福中尉已

采取了相应的措施。我见到了库安少校，他答应提供他所能收集到的一切情报。迪德洛上尉昨日起发烧。波德拉兹大夫和我发烧三天才好。莫兰及测量官们均健康。大夫的左轮手枪、猎枪和手表被盗之事，我已报知公使及地方官，他们正在查找。我明晨去谅山。

致河内勘界委员会主任

第 97 号文　南关隘，1891 年 2 月 11 日电

我昨晚同巴歇利埃上尉以及我今天介绍给库安少校和中国测绘员的测量队新测量官一起来到南关隘。工作明天开始。昨天 4 时，隆福中尉在南关隘与同登之间碰上了一小股有 20 人的全副武装的士兵，他们看见中尉便窜入荆棘丛中。我尚未得到有关情况。患病的迪德洛上尉仍留在谅山。

致河内勘界委员会主任

第 98 号文　南关隘，1891 年 2 月 11 日电

波德拉兹大夫请求您从炮兵部队为他拨发一支左轮手枪，不胜感激。

致驻谅山公使

第 99 号文　南关隘，1891 年 2 月 11 日电

请邀请主任派来担任翻译的华商协会会长之子明日前来南关隘履职。

致河内勘界委员会主任

第 100 号文　南关隘，1891 年 2 月 12 日电

一切正常。

致河内勘界委员会主任

第 101 号文　南关隘，1891 年 2 月 13 日电

一切正常。

致河内勘界委员会主任

第 102 号文　南关隘，1891 年 2 月 12 日电

我从今晚来到南关隘的布瓦上尉那里得知，外籍军团护卫队已减少到只有 60 人，故他明天将派出一支分队，以使外籍军团的员额达到规定的人数。

致驻谅山公使

第 103 号文　南关隘，1891 年 2 月 12 日电

获悉今天离开河内的勘界委员会主任先生将于 16 日晚抵达谅山。

马埃（签名）

致浪张府勘界委员会主任

第 104 号文　南关隘，1891 年 2 月 13 日电

布瓦上尉通知我，被任命为下士的马蒂厄（Mathieu）先生以及两名鼓手、一名号手和 19 名外籍军团士兵将于明天出发。患病的大夫前往谅山，将在那里等候您。

致驻谅山公使

第 105 号文　南关隘，1891 年 2 月 14 日电

对 86 号电的答复。大夫今晨出发，尚不知莫兰和我能否前往。我将随后电告您关于这一问题的决定。

马埃（签名）

致郎甲勘界委员会主任

第 106 号文　南关隘，1891 年 2 月 14 日电

一切正常。

致两广总督李阁下

第 107 号文　河内，1891 年 2 月 8 日电

印度支那总督让我向阁下询问，在东兴（Tong Chung）附近的广东边界中国一侧是否有海盗股匪存在。眼下已有不少谣言传出。请接受总督和我对阁下的崇高敬意。

致屯梅（Than Moï）勘界委员会主任马埃副公使

第 108 号文　同登（Dong Dang），1891 年 2 月 14 日电

电报收到。我将与曾陪同迪德洛上尉去南关隘的军官们一起前往谅山。

致勘界委员会主任马埃副公使

第 109 号文　浪张府，1891 年 2 月 15 日电

当我抵达谅山时，希望您能在那里。有关鼓手的电报收到，我已电告总司令。

致马埃副公使

第 110 号文　屯梅，1891 年 2 月 15 日电

请通知马将军，我将于明日 4 时抵达谅山。祝好！

致南关隘迪德洛上尉

第 111 号文　谅山，1891 年 2 月 15 日电

塔纳指挥官和贝图瓦上尉明日 4 时和我一同前来，并陪我去龙州。

致河内总司令

第 111 号文（乙）　谅山，1891 年 2 月 17 日电

我于昨日抵达谅山，感谢您给我留下鼓手、号手及马蒂厄下士。当然，从现在起，这 4 名外籍军人就接替他们由您指挥。

致印度支那总督

第 111 号文（丙）　谅山，1891 年 2 月 17 日电

我于昨日抵达谅山。在北黎，佩尔蒂埃（Pelletier）少尉向我表示，对我 2 月 6 日电告您的事件负全部责任。他完全庇护了唯其命是从的上士。他告诉我招募苦力的唯一办法就是我曾向您介绍过的办法，这种办法是他无法改变的。至今无人向我赔礼道歉。

（勘误）副公使马埃致勘界委员会主任

第 107 号文（乙）　同登（Dong Dang），1891 年 2 月 12 日电

迪德洛上尉已抵达南关隘。我可否先您一步明日去谅山？

马将军让我探询您来南关隘的日期，请将行期告诉我，以便我和布瓦上尉准备好迎接您的到来，也好通知关副将和马将军。

致河内印度支那总督

第 112 号文　龙州，1891 年 2 月 22 日电

从龙州发来的电报证实护卫队的健康状况令人满意。

致河内总司令

第 113 号文　龙州，1891 年 2 月 22 日电

尽管留下塔纳指挥官对我会有益处，我还是按照您的愿望将他派回谅山。

致印度支那总督

第 114 号文　龙州，1891 年 2 月 27 日电

我们极其荣幸地受到先于我们到达的该省及龙州所有中方官员的接待，并为我们举行了一些盛宴。我们 3 月 1 日出发去波内山（Bi Nhi）。

致河内印度支那总督

第 115 号文　波内山，1891 年 3 月 5 日电

请授权谅山行政机构负责人，替我为蔡阁下送两桶酒和 4 箱面粉来，日后偿还。

致同登（Dong Dang）巴歇利埃上尉

第 116 号文　波内山，1891 年 3 月 6 日电

由于您缺乏中国事务的经验，致使您与官吏们的关系趋于紧张，我很遗憾。蔡阁下向我保证，您周围的正规军已在那里保护您并保障您的工作安全。

此外，您不具备与中国人商讨边界问题的素质。所以，您只管测量地形。我将派委员会成员普拉内少校去您处，同边界中方武官的关系问题将由他负责。

致同登（Dong Dang）普拉内少校

第 117 号文　波内山，1891 年 3 月 6 日电

请您尽量赶到巴歇利埃的测量队那里。您将负责同边界中国武官保持友好关系。毋庸置疑，有您以往积累的经验，您会避免一切棘手的问题。

致谅山卫戍司令

第 118 号文　波内山，1891 年 3 月 6 日电

我曾致电总督，请求批准谅山有关行政部门负责人给我送来两桶酒和 4 箱面粉以馈赠蔡阁下。请您在接到命令之后，能够在尽可能好的条件下保证有关食品的发送。

致西贡总督

第 119 号文　波内山，1891 年 3 月 21 日电

总理衙门与我方代办的联系早在 1890 年 12 月 25 日会谈纪要签署之前就已经开始了。我相信总理衙门在收到会谈纪要和关于此事的一应公文卷宗之后会改变其看法的。

如果说总理衙门对我方的和解态度有所改变，那并非双方勘界委员会的原因。我与我的同僚携手并进，从未产生任何分歧。而且我们已经接近工程的尾声。我想不会有任何困难。我将比诺先生交由总督指挥，因他对我有失谦恭。无须派人接替他。

致河内总督

第 120 号文　波内山，1891 年 3 月 23 日电

勘界委员会（云南和广西）的会谈纪要指出了好几处在 1886 年和 1887 年未曾划定的边界部分：

广西与谅山、高平省接壤部分未划定地域为自波内山至云南边境一段；云南与宣光省边界未划定部分为自高马白（Cao Ma Bach）直至明江上的那丁河（Na Ting Ho）；云南与老街省边界未划定者系从龙膊（Long Po）与红河的汇合处直至云南极南端。

为了在下个月即4月份不至于摸索着继续测绘工作，很有必要请谅山、高平、宣光和老街诸省公使提供各该省边境地区的争议地点和村庄名称的资料。

如果上述公使能在下一阶段作业中来和委员会待些时候，为我们提供各种情况，则幸甚。根据您1890年10月30日的命令，他们已为各军区司令做了类似的事情。

致总督

第121号文　波内山，1891年3月23日电

委员会的工作大约在4月20日左右结束。如果您能批准我搭乘5月份首班邮轮去法国休假，我将不胜感激。我希望带马埃先生同往，他自从去年受命到委员会即中断了行政假期。

致总督

第122号文　波内山，1891年3月31日电

值您法国之行即将开始之际，我与委员会的全体成员向您和比杰（Piquet）夫人致以最美好的祝愿。

中方委员会主任交给我15座界碑，我让人将其放置在广西边界上。

致河内总督

第123号文　波内山，1891年3月31日电

我从室溪府（Phu de That Khé）普遍得悉海盗匪帮试图在该卫戍区发起一次突然袭击。若您愿意又有此必要的话，我可临时将我护卫队的20名外籍士兵、1名少尉和30名土著步兵调至室溪卫戍区司令处供其使用。

致河内总督

第124号文　波内山，1891年4月2日电

马将军问我，我们是否有可能通过室溪、同登和峙马哨所向他提供6000千克大米，他负责偿还我们，在下个阶段作业中向我们提供广西边界所有地形勘测点所需的大米。应当指出的是，中方全部军事据点都是沿边界线分段设立的，我从中发现了一个至关重要的优点，就是护卫队所必需的大米可以节省大笔的运输费，且在室溪和峙马等出产大米的地方，大米廉价可得。若得速复，不胜感激。

致河内总督

第 125 号文　波内山，1891 年 4 月 2 日电

鉴于我从室溪非正式得到的严峻消息，我赶紧将贝图瓦上尉派回其连队。借此机会，我感谢您给我派来的这位令我特别满意的军官，他向我提供的情况给了我极大帮助，使我在广西边界上未遇到任何困难。我希望总司令本月底能在河内，我将与您谈论时局问题。

苏将军曾向我保证，他随时准备帮助我们消灭边界上的海盗。应该让委员会知晓发生在广西各地区的军事行动，以便采取绥靖边界的措施。

此外，总司令先生，您应该注意到，自从勘界委员会经过后，自芒街至波内山未发生过任何意外。

致河内总督

第 126 号文　波内山，1891 年 4 月 13 日电

护卫队队长布瓦上尉先生告诉我，他手头用来支付苦力工薪的钱已所剩无几，不足以保证我们的河内之行。他希望相烦谅山国库预支 1000 皮阿斯特。

请您下达必要的指示，使我们在不久后回程时不致因缺乏资金而受阻。

致河内总督

第 127 号文　波内山，1891 年 4 月 13 日电

请告诉我是否定下一幢包括一些办公室以及我和我的秘书的一套房间的宅第供我使用。我在 4 月 3 日的电报中请求预支的大米是否已能交由马将军支配，敬希见告为感。

致河内施奈德

第 128 号文　波内山，1891 年 4 月 14 日电

请寄给龙州领事馆两卷描画布，将其记在委员会的账上，还望通知我寄出日期。

致河内总督

第 129 号文　波内山，1891 年 4 月 14 日电

两广总督和李阁下通知我，希望我从河内回来后立即去芒街，解决自北市（Pac Si）

至横模的争议领土问题。伴随着法国委员会的中国委员会成员张（Tchang）先生打算月底去河内。我希望能将“雎鸠”号和“倔强”号派到我的手下。烦请您向我国驻北京使团打听一下，他们与总理衙门就争议领土进行谈判的结果如何，这样我便可以在到达芒街之前获取有关情况。

此抄件与原件一致

勘界委员会代理秘书皮埃尔·莫兰

1891 年 4 月 22 日于波内山

（原件第 203 ~215 页）

法兰亭主任致河内印度支那总督先生函

第 19 号文　南关隘，1891 年 1 月 27 日发

总督先生：

作为我 1 月 26 日电报的续电，我荣幸地告诉您我已于昨晚抵达南关隘。我要做的头等大事就是告诉您法中勘界委员会是在什么情况下，是怎样地受到谅山方面欢迎的。

1 月 26 日，以该地区代理卫戍司令贝图瓦上尉先生为首的驻军军官先生们，由谅山公使馆代理主事先生及其官员陪同，跑到离城两千米外的地方去迎接我们。

外籍士兵和土著步兵们列队欢迎，鸣枪致意。布置在大庙里的为中国官吏准备的国民卫队也向他们致以同样的敬意。

当晚，在军官俱乐部为中国官吏安排了尽可能盛大的欢迎晚宴。第二天，27 日上午，中国勘界委员拜访了卫戍司令、主事及巡抚。晚上，巡抚举行了盛大的招待会，邀集了法中委员会全体成员以及在谅山的所有欧洲人。

在卫戍司令、公使馆主事以及巡抚属下大多数军官的陪同下，中国委员们参观了最靠近谅山及驱驴（Kylux）的全部洞窟。昨天早晨他们在离开谅山时，受到了与欢迎一样的欢送。就是在驱驴这座村庄，双方勘界委员向主人告辞，并对自己受到的隆重接待感到心满意足。

我深信，总督先生，对中国官员表现出的友好之举以及给予他们的慷慨大方的各种礼遇已在该地区收到了良好的效果，并将促使中国官员在边界地区平定问题上为我们提供多方面的真诚协助。

明天要出发去龙州并执意在那里过春节的蔡阁下昨晚在南关隘马将军为我们而设的晚宴上还告诉我，已经为您一直期望组成的新的地形测量队采取了所有措施，使他们在继续工作时绝对安全。

但是，总督先生，请允许我怀着崇高的敬意向您指出：在芒街不能鸣礼炮的禁令下，迪德洛上尉和贝图瓦上尉两位先生怎么竟然又做到了命人施放礼炮以尽礼节呢？我猜想是这些先生们善于巧妙地制造混乱。但我又很高兴地告诉您，谅山的民政与军事当局已经明白我们与中国官员交友的意义所在，并且已经成功地赢得了他们的好感。

布

礼！

法兰亭（签字）

此抄件与原件一致

勘界委员会代理秘书皮埃尔·莫兰

1891 年 4 月 22 日于波内山

（原件第 216～218 页）

法兰亭主任致印度支那总督先生函（河内）

第 20 号文　南关隘，1891 年 1 月 30 日发

总督先生：

我荣幸地随函寄上关于我们芒街—横模之行的报告的抄件，原件已呈交外交部。

我们第一段行程路线图将向您提供我所遇到的不只是行程方面还有行李运送方面的困难的一些详细情况。

布

礼！

法兰亭（签名）

此抄件与原件一致

勘界委员会代理秘书皮埃尔·莫兰

1891 年 4 月 22 日于波内山

（原件第 219 页）

法兰亭主任致印度支那总督先生函

第 21 号文　南关隘，1891 年 1 月 30 日发

总督先生：

我荣幸地随函转给您用德乐内（Delaunay）先生名义签发的付款通知单以及迪德洛上尉先生给我的一封来信的复印件。

若能在国家预算中以贝尔杜拉上尉先生的名义签发这笔款项，总督先生，我将不胜快慰。自从我们走后，贝尔杜拉上尉先生在继续担任连长职务的同时，还充当着我们急需的测量官的角色。我希望他能享受到与他的 3 个只从事测量工作的同事同等的待遇。

布

礼！

法兰亭（签字）

此抄件与原件一致

勘界委员会代理秘书皮埃尔·莫兰

1891 年 4 月 22 日于波内山

（原件第 220 页）

法兰亭主任致河内印度支那总督先生函

第 22 号文　河内，1891 年 2 月 5 日发

总督先生：

中法两国的勘界委员会已于 2 月 27 日抵达南关隘。芒街至谅山的勘界工作能如此圆满地结束，这要多亏我的合作者诚挚而又热情的帮助，我没有任何不快之事可遗憾的。

目前双方委员会成员之间保持着一种美好、坦诚的融洽气氛，使我对未来充满信心。

若能对我的部下所付出的努力给予鼓励，我将十分高兴。故我建议您，总督先生，授予波德拉兹大夫先生、迪德洛中尉先生安南龙骑兵军官头衔；授予勘界委员会军官隆福中尉先生、蒙特隆少尉先生以及测量官拉夫尼尔中尉、贝尔杜拉中尉、皮普鲁中尉、斯皮克少尉和委员会代理秘书莫兰先生骑士称号。

我深信我的同伴们会珍惜授予的头衔，因为这对他们是一种令人欣慰的鼓励。

我没有提到马埃先生的名字，因为他已经是龙骑兵军官了，而且在 1891 年 4 月工程

结束的时候我要专门举荐他。

我想补充的是经略的代表，名叫武文间，他也给了我值得称道的帮助，他应当得到专门颁发给土著官员的银质奖章。

布

礼！

法兰亭（签名）

此抄件与原件一致

勘界委员会代理秘书皮埃尔·莫兰

1891年4月22日于波内山

（原件第221~222页）

法兰亭主任致印度支那总督先生函

第23号文　河内，1891年2月6日发

总督先生：

我刚刚收到我的护卫队长布瓦上尉先生写给我的信，我荣幸地随函附上该信的复印件，内容是关于随同我的外籍军团士官们的待遇问题。

如果您能考虑部下对我的请求，我将十分高兴。至少是否能够对从事勘界作业的士官们的徒步之劳进行补贴。

布

礼！

法兰亭（签名）

此抄件与原件一致

勘界委员会代理秘书皮埃尔·莫兰

1891年4月22日于波内山

（原件第223页）

法兰亭主任致河内印度支那总督先生函

第24号文　河内，1891年2月6日发

总督先生：

交代好我离开之后的事宜，并与我的中方委员会同事达成一致意见，对新测量队的工作进展采取了一切必要措施之后，我于1月30日离开南关隘前往河内。

附上我行进的路线图，上面标出了我在路上停留的各站及其距离。我于2月1日晚5时平安到达北黎（Bac Lé）。

那里发生了一件事，我得向您禀报。午夜时分，我听到在我的寓所（Kania）门口有喊叫和争吵的声音。我起身到外面了解发生了什么事。我看到我在香港招募的自从勘界工作伊始就一直跟随我的中国轿夫显出难以描绘的恼怒之状，其中有好几个人头破血流。他们告诉我，北黎哨所的上士带了几名东京土著步兵闯进了他们的住处，并把他们打成这样。原因是他们不肯随他们去。他们还对我说，他们有两个伙伴被带到地方当局，并受到惩罚。我当即派护卫队队长去找上士和北黎的里正。他们一到，我便进行了询问。里正告诉我，上士命他征集一些役夫，因为村子里找不到，他便想抓一些路过之人充当苦力。他并不知道这些中国人是我手下的仆从，故想强迫他们服役，而我的中国役夫执意不从，他便找来了上士，上士和他的土著步兵一起闯进了我的仆从居住的房里。我询问了上士，他当着证人的面承认，为了迫使我的仆从随他而去，他打了他们，并对他们进行了惩罚。

若能给我的仆从们合理的补偿，我将很高兴。关于一切应做之事，我请您——总督先生来裁决。

两天前我已致电北黎，要求准备10个替换的苦力为我搬运行李。

当我从这个哨所出发的时候，我所带来的苦力对我打躬作揖，求我不要强迫他们跟随我。

他们告诉我他们是农民，村落离北黎很远，他们加入我的运送队是为了去河内卖他们的产品。是部队军官逼着他们甩掉了他们的唯一财产——所载之货，硬要抓他们为夫。

我当即命人放了他们，只留下我从屯梅带来的役夫，这些人是征得他们同意的。

总督先生想必会同意，这些做法绝不能使我们把当地民众团结到自己的身边。这些身受如此虐待、利益受到损害的人几乎总是毫不犹豫地加入我们要与之斗争的、数目已经相当可观的海盗队伍中去。

现在请允许我特别向您指出，安南官吏被迫保持特别屈辱的姿态。

当他们远离行政当局的时候，哪怕是小小的下士或班长也可以指挥他们，想让他们做什么就得做什么。这些可怜的人对他们惧怕到如此程度，以至于每每受到询问，他们只好等待别人的提示，然后再进行必要的回答。

若要平定东京地区，这可不是一条可循之路。要想摆脱这种窘境，并取得对我们有益的结果，只有两种方法：或是征服该地，用法国官员彻底取代地方官吏；或是赋予他们威信、权力和部分特权，委派他们消灭海盗。凡在该省发生任何针对欧洲人的暴力行为，则唯他们是问。

在我所到的每个地方，我都发现在安南官员身上有着不祥的消极和冷漠态度。这种卑躬顺从的外表下掩盖着敌对的情绪，如果我们不加以注意，只待时机一到就会表现出来。

在北宁，我曾与该省巡抚交谈过，这次谈话使我更加坚定了我的上述观点。

土著高级官员问我，在中国有没有听到尊室说（Thuyet）骚乱的消息。我向他指出，在这方面他可能知道得比我详尽。因为在安南与在中国一样，官员们基本上都了解本国发生的一切情况。

有关中国人采取的情报手段——甚至在中国以外的其他地方使用的手段，我都向他列举了大量的事例。

他犹豫再三，最后对我说，有一封高级当局的信曾郑重宣称尊室说被软禁在广东省，他和任何其他安南官员都觉得自己已被禁止过问此人的事。

此外，当我向他说起我的同僚蔡阁下曾向我肯定尊室说在清化或老挝时，他没有显出丝毫诧异的样子。

从谅山到河内，沿途部分地区均甚荒凉，一路也很少遇到村庄。以前曾种过庄稼的广袤的平原如今已完全被荆棘所覆盖。

也许有必要将这些村庄及其所属地域的名称制成一览表。可以把定居在中国境内，要求我们保护的土著居民吸引到这些地区，以增加这些地区的人口。

我已于 2 月 3 日下午 3 时顺利抵达河内。

布

礼！

法兰亭（签名）

此抄件与原件一致

勘界委员会代理秘书皮埃尔·莫兰

1891 年 4 月 22 日于波内山

（原件第 224 ~ 228 页）

法兰亭主任致印度支那总督先生函

第25号文　河内，1891年2月6日发

总督先生：

在我到达峙马数日之后，有一位前安南官员前来拜访我。我以前常常听到谅山边界地区的居民谈到此人，他名叫韦文李（Vi-Van-Ly），曾为谅山和高平省的巡抚，现已卸任。我曾被告知，他是个重要人物，因为他对该地的山林居民产生过举足轻重的影响，他一度为保卫这一地区提供过两万人马，以防中国人的进攻。

在边境上设置一条御敌天堑对我们有重大的政治意义，它激励着我打听有关此人的准确情况，以便向您提示此人，使您在可能的情况下将他与我们的事业联系起来。同时也使保护国政府得以利用他对该地区土著居民曾经起过的影响和享有的权威。

我曾征求过卫戍司令、贝图瓦上尉、公使先生以及谅山军界要人的意见，他们均回答说韦文李作为一个封建领主，对浦江（Song Phe）及镇南关之间的众多村落拥有至高无上的权力。而且都希望他能重返谅山，再行巡抚之职。他曾经以一种无可争议的权威和尊严圆满尽职。我曾与于纳尔先生谈及此事，他告诉我，最大的好处就是由于他治理有方而被顺化朝廷封为贵族。保护国也曾想交给他600杆枪。但于纳尔先生却惧怕韦文李那种叱咤风云的权威。

但我不明白为何从那以后，他却命人给了他一批数目如此之大的枪支。

我曾拜访过这位安南的达官贵人。为了将他的影响转移到我们这边，我带去了全部幕僚及护卫队的大部分人马。应该说他极其敬重地迎接了我们。

各村的知名人士都前来迎候，像迎接他们的主子那样迎接我们。

我长时间地询问了韦文李，他极其审慎地向我叙说他乐于再度出山，对重返谅山感到高兴，他一直满怀忠诚为我们的事业服务，他只有一个不共戴天的敌人，一个曾经夺去他的父母和妻子儿女的敌人，这个敌人就是中国。

最后，他希望能让他的几个孩子受到全法国式的教育。而且他的长子已经开始说一点我们的语言了。

通过这些有效的措施，也许我们能找到平定高平省的关键。

韦文李由于他付出的无数辛劳而获得保护国颁给的金质、银质奖章。我向他索取了他所提供帮助的清单，其抄件随函附上。

布

礼！

法兰亭（签名）

此抄件与原件一致

勘界委员会代理秘书皮埃尔·莫兰
1891年4月22日于波内山

（原件第229～231页）

法兰亭主任致印度支那总督先生函

第26号文　河内，1891年2月9日发

总督先生：

您□日的来信已收到，不胜荣幸。您在信中告诉我，由于我每月从保护国外交部领取1500法郎的津贴，所以尽管我是委员会主任，也无权同委员会的成员们一样领取每日16法郎的酬金。

总督先生，请允许我就这一问题解释几句。外交部给我一万法郎的年薪，这是我作为共和国政府驻朝鲜专员而得到的个人待遇的一半，另一半留给了我现在的代理人。故我认为保护国给我的1500法郎月薪乃是我的待遇的另一半以及我在汉城供职而应得的费用之一部分。和我共事的委员会成员除了领取全数职务薪水外，还有酬金。在这种情况下，既然我在朝鲜并未得到足额年俸，我的待遇就和他们的不平等了。

另外，如果我只在工程期间而不是在委员会主任的整个任职期间领取1500法郎的月薪，那我的待遇连身为委员会成员、副公使的马埃先生都不如了。

总督先生，我希望您秉公办事，消除可能存在的误会，并明确告诉我以下几点：在我整个任职期间，是否不间断地领取1500法郎的月薪？在工程中止期间，若我获准前往法国，是否维持这份薪水？

布

礼！

法兰亭（签名）

此抄件与原件一致

勘界委员会代理秘书皮埃尔·莫兰
1891年4月22日于波内山

（原件第231～232页）

法兰亭主任致印度支那总督函

第 27 号文　河内，1891 年 2 月 11 日发

总督先生：

我荣幸地将一份可使我们在 1892 年 4 月结束全部勘界作业的计划呈交给您，请您定夺。

到工程结束，我们还剩 450 至 500 千米的边界线有待划定。基于我们已经完成的工作，我想如果政府能拨给我四个五人测量小组，并在今年 10 月 1 日准备好投入这项工作的话，那么实现这段距离的地形测量是可能的。

每个测量组还需要一支 50 名土著步兵的护卫队，共计需要 200 名土著步兵。我还需要 100 名土著步兵从事后勤工作，另需几名外籍骑兵及 20 名土著护卫骑兵作为委员会的仪仗队。

每个测量组还要有一名文职勘界委员陪同。如果我的计划原则上得到总督先生您以及政府的首肯，我将马上与我的同僚向（Shiang）商量，使其余的委员能够于 10 月在广西和云南边境的交界处会合。

这样我们就能邀请云南勘界委员会主任在该地与我们会合，并能直接督促四个测量组工作。

我之所以今天就将这份报告交给您，是因为云贵总督需要相当长的一段时间来组成云南省勘界委员会。

布

礼！

法兰亭（签名）

又及：我之所以请求让全体仪仗队员都备有坐骑，是因为这支仪仗队将要走过 450 至 500 千米的路程。为此，他们要有快速的交通工具。

此抄件与原件一致

勘界委员会代理秘书皮埃尔·莫兰

1891 年 4 月 22 日于波内山

（原件第 233 ~ 234 页）

法兰亭主任致印度支那总督先生函

第 28 号文　河内，1891 年 2 月 11 日发

总督先生：

勘界委员会的地形测量工作十有八九能在 4 月初结束。届时我应能和我的全部人马及所有器材一起回到河内去。

我的军官们要将全部测量平板集中起来，制出所经地区的总览图。我也要着手准备 10 月份的勘界作业。所以，必须有一处足够宽广的地方，以便设置一些办公室，安排委员会行政人员的住宿。

总督先生，如有可能，请您在出发去西贡之前指定一座房屋专供勘界委员会使用，我将不胜欢欣。另外请您告诉我，我们的马匹能否托养在军马场，直至能重新开始工作的季节为止。

布

礼！

法兰亭（签名）

此抄件与原件一致

勘界委员会代理秘书皮埃尔·莫兰

1891 年 4 月 22 日于波内山

（原件第 235 页）

法兰亭主任致印度支那总督先生函

第 29 号文　平而关（Binh Nhi），1891 年 3 月 7 日发

总督先生：

您 2 月 24 日写给我的关于中国官军正向广东边境移动的第 22 号信以及印度支那驻军总司令的信之抄件已收到，不胜荣幸。

在后一封信中，我发现了大量的谬误。为此，我将逐句理解戈丹（Godin）总司令的信，努力就参谋部似乎对这一问题尚未完全确定之处加以阐明。

总司令谈及在里甫（Li Pho）（广西边界）的集结。里甫位于中国境内广东边界上。总司令还说，军队集结后，芒街地区发生了骚动，这是因为军事辖区及边界各哨所对中

国与我们之间的协议一无所知，因而对勘界委员会的作业亦不甚了解而造成的。

在这里我要指出，关于争议地域至今还没有任何变化，因为北京方面尚未对我与李阁下根据最后的会谈纪要而提出的边界线进行答复。

至于原委员会的工作，参谋部都已了如指掌。因此，各军事辖区和边防哨所不能说不了解情况。

该信还说，事实上我也不知道包括嘉隆河（Ka Long Ho）的两条支流之间的区域已经让给了中国，中国军队已将其占领了。

我在这里还要指出，关于这个问题，参谋部该从我的前任希尼亚克・德・拉巴斯蒂德那里得到足够的情报了，因为中国方面并未占据任何边防新哨所。

这些争议地区4年前即被中国军队占领了，我们已知的军队调动不过是涉及官员更动后的部队换防。

信中还补充道："因而在这些部队与专门负责维护争议地区中立性的横模（Hoan Mo）哨所部队之间可能发生了令人遗憾、并酿成了严重后果的冲突，因为横模部队未曾接到有关新情况的任何通知。"

我对横模的历任卫戍司令没有将4年来所发生的事通知参谋部感到诧异，因为4年来争议地区的中立性似乎一直未受到尊重。

所以，如果说有谁造成了这一极其令人遗憾且后果严重的冲突，那么卫戍司令是难推辞其咎的。

另一方面，我还要指出，当我路过横模时，该哨所的指挥官通过波特拉兹大夫告诉我，中国委员越过了安南边界，他不得不前去迎接。而我为安排中法两国委员会在峒中（Tong Tchong）宿营所选定的地点处在安南境内，这一点横模卫戍司令似乎全然不知。

我从来没有忘记，将来也不会忘记，通过快速的途径将总司令所孜孜以求的是什么向共和国政府报告，以便使通告及时发出。

布

礼！

法兰亭（签名）

此抄件与原件一致

勘界委员会代理秘书皮埃尔・莫兰

1891年4月22日于波内山

（原件第236～238页）

法兰亭主任致印度支那总督先生函（河内）

第 30 号文　平而关，1891 年 3 月 11 日发

总督先生：

根据我的建议，以及由于我 2 月 28 日荣幸地写给您的信，您很乐意地向皮普鲁先生和贝尔杜拉先生颁发了安南龙骑士十字勋章。

两位先生均已获得同样的殊荣。若您愿意将颁给已获得柬埔寨龙骑士荣誉勋章的贝尔杜拉先生的勋章换成安南龙骑士军官勋章，将皮普鲁先生的勋章换成柬埔寨骑士勋章，我将不胜感激。

法兰亭（签名）

此抄件与原件一致

勘界委员会代理秘书皮埃尔·莫兰

1891 年 4 月 22 日于波内山

（原件第 238 页）

法兰亭主任致印度支那总督先生函（西贡）

第 32 号文　波内山，1891 年 4 月 16 日发

总督先生：

您 2 月 28 日写给我的关于将要安放在中安边界的界碑样式的信已收到，深感荣幸。

我曾建议我的同僚蔡（Siang）根据案卷标明的样式将界碑制成铁的。

他向我指出，他认为这种界碑不适用，而且这些界碑必然会被散居在边界上的居民偷走，对他们来说一块铁就意味一定的价值。

此外，他认为在这样长的边界线上不可能设置有效的监视。

我完全同意这种看法。我和同僚的意见是在所有可能的地方设置石碑，在山顶或无法运送石碑的地方可制作混凝土界碑。

我已委派迪德洛上尉先生就这一问题起草一份报告。该报告随函附上，同时把承蒙您的好意转交于我的档案寄还给您。

布

礼！

法兰亭（签名）

此抄件与原件一致

勘界委员会代理秘书皮埃尔·莫兰
1891年4月22日于波内山

（原件第239～240页）

关于中安边境划界问题的报告

在界碑的选定问题上出现了一些困难，原因是通过路况极差的山间小径来运输难度很大。

解决的方法有好几种，但我将遵照委员会主任的命令，只致力于混凝土界碑这一种。

首先，界碑应该有相当大的尺寸，不应妄想将一整块石头界碑搬来搬去。除非能在现场找到一块质量好、大小合适的石料。这种情况是相当罕见的。我认为应该彻底放弃这种解决方法。

至于这种界碑，我建议在河内预制其各部件，剩下的不过是用水泥砂浆将它们凝为一体。

①底座由8块棱柱体构成，每块底边为0.25×0.25（米），高度为0.35（米），重约43千克。

②柱身和基块分为两部分，重43千克。

③柱头重45至50千克。每块界碑合计用11名苦力，即用22名苦力来搬运。

构件部分可以由河内炮兵管理处监制，这样极为方便，然后将其运送到适当的地点即可。

在那里，只需用水泥砂浆把各部分凝成一体，用水泥抹光外表，最后写上碑文。

所以，如果在当地找不到水泥和沙子，还要从别处运来。我手头上尚无必要的资料，使我能计算出安放一座界碑需要多少水泥。而河内炮兵管理处却能很方便地计算出来，只要说出待设的界碑数目即可。

而且，我认为应当指出，须将水泥放在密闭的白铁箱里。这样是有好处的，因为在运输途中或安放现场，都有变质失效的可能。

行政机构大概有（放面粉的）白铁箱可派此用场。

有必要给前去埋设界碑的官员配备一名（建筑部门的）炮兵实习侍卫，他可以从技术角度监督界碑的安放以及水泥砂浆的复杂用法。至少两名由炮兵管理处挑选的安南瓦工。

还应该向总督先生指出，在河内制作界碑构件将会给炮兵管理处带来相当大的一笔花费，所以应由管理处仔细列出预算清单，以便确定拨款。

因为边界测绘尚未结束，所以我无法准确地说出所需界碑的数目。

况且，广东边界尚未最后划定，所以暂时只能管广西边界到波内山一段。

我估计需要120座界碑，其构件可以先运到以下哨所：

同登（Dong Dang），25座；

室溪（That Khé），20座；

同仆（Dong But），40座；

谅山（Lang Son），10座；

横模（Hoan Mo），15座。

届时应向安南官吏下达明确的命令，以方便界碑的运送，因为开展这项工作符合各边界省份的利益。

依我之见，法国保护国当局也应当出面，因为这项工程与它有直接关系。

最后，应当考虑到此项工程会造成一笔巨额运输开支，有必要给负责该工程的军官拨款。

我认为要圆满完成埋设界碑的工作，必须有一名曾测绘过边界的测量官到场。

炮兵上尉迪德洛（签名）
1891年3月31日于波内山

此抄件与原件一致

勘界委员会代理秘书皮埃尔·莫兰
1891年4月30日于波内山

（原件第241~243页）

244

FRONTIERE SINO-ANNAMITE

安南國邊界

Année 1891

N°

Pour copie conforme
Le Secrétaire p.i. de la Comm^on
Ai [illegible] 22 avril 1891

102588

图 37

此复制件与原件一致
勘界委员会代理秘书皮埃尔·莫兰
1891 年 4 月 22 日于波内山
（原件第 244 页）

水泥块凝合界碑

1. 底座

八只底边为 0. 25 ×0. 25 米，高度为 0. 35 米的棱柱块，每只重约 36 千克。

2. 柱身及基础

一只如图构件，重 35 至 38 千克；

一只棱柱体构件，重 35 千克。

3. 柱头

一只柱身上部构件，柱头重 30 千克。

底座正方形断面 50 ×50 米。

柱身长方形断面 0. 35 ×0. 25 米。

界碑埋入地下 0. 6 米，较宽的两面覆以厚 0. 05 米的水泥层，另外两面则覆以厚 0. 08 米的水泥层。

为减轻界碑构件重量，可将其制为空心，只需 0. 12 米的厚度便可保证强度。

炮兵上尉迪德洛（签名）
1891 年 3 月 31 日于波内山

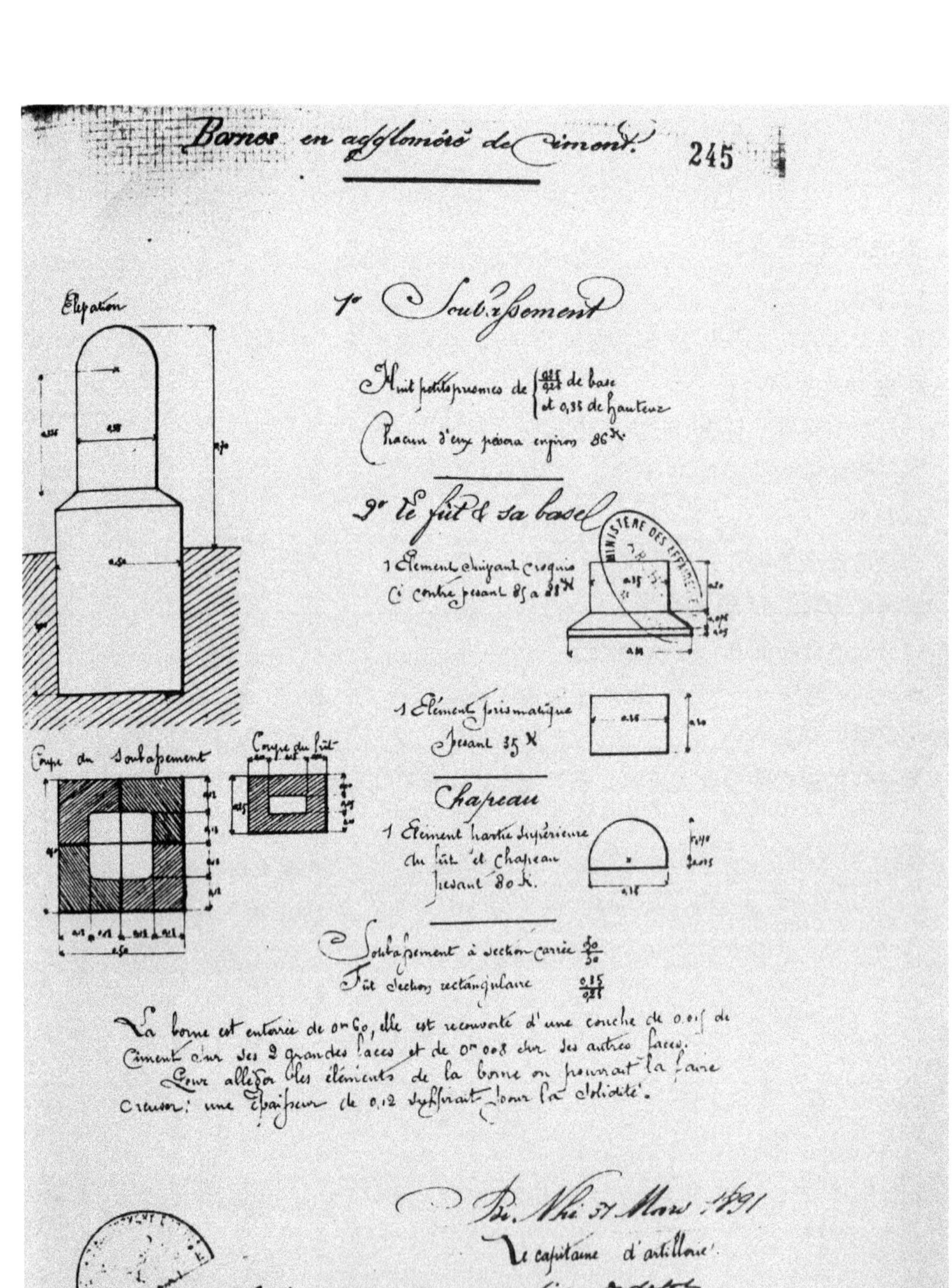
Bornes en aggloméré de ciment. 245

1° Soubassement

Huit petits prismes de 0,25/0,25 de base et 0,35 de hauteur

Chacun d'eux pèsera environ 86 K.

2° Le fût & sa base

1 Élément suivant croquis ci contre pesant 85 à 88 K

1 Élément prismatique pesant 35 K

Chapeau

1 Élément partie supérieure du fût et chapeau pesant 80 K.

Soubassement à section carrée 50/50

Fût section rectangulaire 0,15/0,25

La borne est enterrée de 0m60, elle est recouverte d'une couche de 0.015 de ciment sur ses 2 grandes faces et de 0m008 sur ses autres faces.

Pour alléger les éléments de la borne on pourrait la faire creuser; une épaisseur de 0,12 suffisant pour la solidité.

Bi. Nhi 31 Mars 1891

Le capitaine d'artillerie

Signé [illegible]

Pour copie conforme

le Secrétaire [illegible]

[illegible] 22 avril 1891

[illegible]

102589

图 38

此复制件与原件一致

勘界委员会代理秘书皮埃尔·莫兰
1891年4月22日于波内山

（原件第245页）

致印度支那总督先生函

第33号文　波内山，1891年4月20日

总督先生：

我很荣幸地将迪德洛上尉先生给我的一封来信之抄件呈交给您。

若您愿意授予阿宏（A Hon）翻译二级银质奖章作为对他悉心尽职的回报，我将万分高兴。

布

礼！

此复制件与原件一致

勘界委员会代理秘书皮埃尔·莫兰
1891年4月22日于波内山

（原件第246页）

法兰亭主任致驻东京高级公使先生函（河内）

第5号文　龙州，1891年2月25日发

高级公使先生：

我很荣幸地随函寄上一式两份发票一张，这是从施奈德先生那里为新测量队员购买供给品的发票。

布

礼！

法兰亭（签名）

此抄件与原件一致

勘界委员会代理秘书皮埃尔·莫兰
1891 年 4 月 22 日于波内山

（原件第 247 页）

法兰亭主任致高级公使先生函（河内）

第 6 号文　龙州，1891 年 2 月 25 日发

高级公使先生：

请您将途中的四个等级（附后）转交给审计局，使其能够制定新测量队军官们的津贴汇款通知。

布

礼！

法兰亭（签名）

此抄件与原件一致

勘界委员会代理秘书皮埃尔·莫兰
1891 年 4 月 22 日于波内山

（原件第 248 页）

法兰亭主任致驻东京高级公使先生函（河内）

第 7 号文　波内山，1891 年 3 月 23 日发

高级公使先生：

我很荣幸地随函寄上副专员德·拉杜尔交给我的一张有关出让部分别墅的发票，对此举海军司令先生是表示赞同的。

高级公使先生，我请您下达指示，以便保护国基金局通过主计官先生付清别墅的转让款。

布

礼！

法兰亭（签名）

此抄件与原件一致

勘界委员会代理秘书皮埃尔·莫兰
1891年4月22日于波内山

（原件第249页）

法兰亭主任致驻东京高级公使先生函（河内）

第8号文　平而关，1891年3月23日发

高级公使先生：

我荣幸地在此信中向您转达马埃先生因私事而向您请假的请求。

马埃先生在委员会工作结束后回法国去，这对我来说没有任何不便之处。因为正如他告诉您的那样，我曾想能带他一道度假。

布

礼！

法兰亭（签名）

此抄件与原件一致

勘界委员会代理秘书皮埃尔·莫兰
1891年4月22日于波内山

（原件第250页）

法兰亭先生致印度支那驻军总司令先生函

第14号文　河内，1891年2月11日发

总司令先生：

我受同僚蔡阁下之托，向您转达他所感受到的十分愉快的心情。在他路过安南领土之时，受到谅山省代理卫戍司令贝图瓦上尉先生以及驻军全体官员的盛情接待。

他将不会忘记对中国代表的诚挚欢迎，他已将此番接待上报了北京政府。

总司令先生，我请您向贝图瓦上尉和谅山地区全体军官转达蔡阁下的感激之情，同时还请您向勘界委员会转达法兰西代表的谢意。

法兰亭（签名）

此抄件与原件一致

勘界委员会代理秘书皮埃尔·莫兰
1891 年 4 月 22 日于波内山

（原件第 251 页）

致法国驻龙州领事先生函

第 1 号文　峙马关，1891 年 1 月 17 日发

亲爱的同事：

我荣幸地收到您的 1 号电文，并由衷地感谢您乐于听从我的吩咐。

法兰亭（签名）

此抄件与原件一致

勘界委员会代理秘书皮埃尔·莫兰
1891 年 4 月 22 日于波内山

（原件第 252 页）

法兰亭主任致领事先生函

第 2 号文　龙州，1891 年 3 月 1 日发

领事先生：

我想请您在龙州邮政局局长处说项，以便我在龙州逗留期间与法国领事馆、勘界委员会及其成员的来往电报得到转达。

曾经就这一问题与我商量过的蔡道台先生答应我，愿意照此意见向中国行政机构下达指示。

法兰亭（签名）

此抄件与原件一致

勘界委员会代理秘书皮埃尔·莫兰
1891 年 4 月 22 日于波内山

（原件第 253 页）

法兰亭主任致松柏隘护卫队迪德洛上尉先生函

第 7 号文　峙马关，1891 年 1 月 31 日发

亲爱的上尉：

我们于昨晚来到峙马关，该地离谅山有一日的步行路程。我给您派出 100 名苦力，他们是从 13 日上午起被征用的，但我既未付给他们大米，亦未付给银两。

我已向谅山派出一名送信的脚力，请求寄我 1000 皮阿斯特和粮食。我希望所有这些能和本地区司令同时到达。

您致比诺先生的信已于今天中午发出。

法兰亭（签名）

此抄件与原件一致

勘界委员会代理秘书皮埃尔·莫兰

1891 年 4 月 22 日于波内山

（原件第 254 页）

法兰亭主任致埔河山（Song Phé）护卫长迪德洛上尉先生函

第 8 号文　峙马关，1891 年 1 月 18 日发

亲爱的上尉：

我于今日 2 时接到您派来的由 16 名苦力和两名工头组成的小队。

明天，已经领取 19、20、21 日粮饷的 158 名苦力和 8 名工头将出发去埔河山，好让隆福先生、大夫和您能前来与我会合。

从这里到谅山，一名脚力需 1 天时间，一支有护卫队押送的车队需 1 天半时间。在这种情况下，我认为从谅山获取给养并在这里建立给养站是很有益处的。更为有利的是，在这里我很容易找到苦力。因此请您采取相应措施。

另外，通过 1 月 13 日发往亭立的信，我已经命令比诺先生尽快赶到这里。

布

礼！

法兰亭（签名）

又及：贝图瓦上尉也是刚刚到达。我请您向您的测量员进行一切必要的交代之后，尽快前来与我会合。

您要尽快见到贝图瓦上尉，这一点至关重要，他要告诉您有关测绘方面的情报，我想这些情报能够促进工程的进展。

此抄件与原件一致

勘界委员会代理秘书皮埃尔·莫兰
1891 年 4 月 22 日于波内山

（原件第 255 页）

法兰亭主任致埔河山迪德洛上尉先生函

第 9 号文　峙马关，1891 年 1 月 20 日发

亲爱的上尉：

隆福先生、波特拉兹先生及比诺先生刚刚到达。所以您若能立即前来，我将非常高兴。

务请把我交给您的全部边界地图和测量官先生们制作的测量平板都随身带来。

比诺先生给我带来了 3000 皮阿斯特，所以如果您需要钱用，我可以给您一些。

给养将从峙马关弄来。

法兰亭（签名）

此抄件与原件一致

勘界委员会代理秘书皮埃尔·莫兰
1891 年 4 月 22 日于波内山

（原件第 256 页）

法兰亭主任致埔河山护卫队长迪德洛上尉先生函

第 10 号文　峙马关，1891 年 1 月 21 日发

亲爱的上尉：

普拉内少校先生告诉我，您竟敢让手下人拷打一名男仆。我非常奇怪您竟然相信用这样的方法来惩罚一个已经承认犯了盗窃罪的安南人。

我在1月6日的信中曾请您下达正式命令，不要让任何土著人遭到殴打。我很遗憾地看到您并未理会我的指示。

法兰亭（签名）

此抄件与原件一致

勘界委员会代理秘书皮埃尔·莫兰
1891年4月22日于波内山

（原件第257页）

法兰亭主任致埔河山护卫队长迪德洛上尉先生函

第11号文　峙马关，1891年1月21日发

亲爱的上尉：

我荣幸地相告，根据我的建议，总督先生同意组成一支包括4名测量官的新测量队，该队将沿着从南关隘直至高平的边界线进行测绘作业。所以我觉得有必要于26日离开峙马关。

我已决定让比诺先生23日动身去南关隘，然后，他将在那里收拾必要的装备。

比诺先生在路过谅山时将和该哨所的行政部门代办先生进行磋商，以确保您和留守峙马关分队的给养。

我谨将所有这些活动通知您，但我仍希望您遵照我1月18日信中下达的命令，尽快前来与我会合。

法兰亭（签名）

此抄件与原件一致

勘界委员会代理秘书皮埃尔·莫兰
1891年4月22日于波内山

（原件第258页）

法兰亭主任致南关隘迪德洛上尉先生函

第13号文　平而关，1891年3月8日发

亲爱的上尉：

我荣幸地收到您3月4日的来信。

我请您告诉我，是什么原因使您未能遵照我向您所发出的命令，在前往峙马关之前与新测量队会合。

法兰亭（签名）

此抄件与原件一致

勘界委员会代理秘书皮埃尔·莫兰
1891年4月22日于波内山

（原件第259页）

法兰亭主任致迪德洛上尉先生函（那支）

第14号文　平而关，1891年3月11日发

亲爱的上尉：

我荣幸地收到您2月28日的来信，并荣幸地通知您，关于为皮普鲁先生和贝尔杜拉先生授勋事宜，我已致函总督先生。

按照您向我表达的愿望，我请求总督先生授予皮普鲁先生柬埔寨骑士勋章，授予贝尔杜拉先生龙骑兵军官勋章。

法兰亭（签名）

此抄件与原件一致

勘界委员会代理秘书皮埃尔·莫兰
1891年4月22日于波内山（Bi－Nhi）

（原件第260页）

法兰亭主任致哀牢关（Porte de Ai-Loa）哨所勘界委员会委员迪德洛上尉先生函

第15号文　波内山，1891年3月19日发

亲爱的上尉：

我荣幸地收到您3月11日从那支寄来的信。我相信当您收到这封信时，第一支测量

队已经抵达哀牢。

如果您已经离开禄安——这是完全可能的——去和第二支测量队会合，而后再来波内山的话，那就请您继续您的行程，并到波内山来。

为使工程尽早完成，是否有必要带第二支测量队从南关隘前往哀牢，此事我须与您一起研究。若能尽快进行此事，则届时第二支测量队应该到达波内山。

普拉内少校明日出发去和第一支测量队会合。他只要调和测量官员应与中国边境官吏维持的关系即可。

法兰亭（签名）

此抄件与原件一致

勘界委员会代理秘书皮埃尔·莫兰

1891 年 4 月 22 日于波内山

（原件第 261 页）

致迪德洛上尉先生函

第 16 号文　波内山，1891 年 3 月 21 日发

亲爱的上尉：

我荣幸地请您将明年的勘界工作组织计划呈报给我。

以下是您借以拟订该计划的资料：

一、要按五万分之一的比例测绘从波内山到老街约 550 千米长、左右各 1 千米至 1.5 千米宽的带状图。

二、在开始云南边界的任何测量作业之前，必须完成广西边界 150 千米的测量任务。

三、要成立 4 至 5 支四人测量队，以及一支由某测量官指挥的包括 40 名土著步兵的护卫队。

四、于 1891 年 10 月 1 日开始现场勘测工作。

五、于 1892 年 4、5 月结束。

请您考虑我的上述扼要打算，并告诉我：

一、要几支测量队才能在规定时间内完成计划工作。

二、这 5 支测量队中，是否每队需要一名主管军官，抑或两名军官即可指挥 5 支测量队的工作。

三、委员会先后须在哪些地方安营扎寨，才能在可能的范围内保持与各测量队的联系。

四、要先后在哪些地方设立委员会及测量队的给养中心。

五、每支测量队应该测绘的边界范围。

六、每支测量队在作业中通常需要的苦力大概人数。

七、该给每支测量队哪些不同的器械与工具。

各测量队的行程必须遵循有关勘界问题的会谈纪要。这些文本将作为我请您报来的计划的指南，但您还必须参照参谋部在东京出版的地图。

勘界会谈纪要并不总是精确的。此外，有部分自波内山一直延伸到云南边境的地区，勘界委员会至今尚未对其下任何定论。

此抄件与原件一致

勘界委员会代理秘书皮埃尔·莫兰

1891年4月22日于波内山

（原件第262～263页）

法兰亭主任致谅山贝图瓦上尉先生函

第9号文　峙马关，1891年1月17日发

亲爱的上尉：

您无法应公务之需来峙马关与我会面，我深感遗憾。但我希望这只是暂时的现象。

我知道您很乐意地寄来200皮阿斯特供我使用，我很感谢您。

我荣幸地随函附上您所要的收条。一俟您通知我已经汇出的4万皮阿斯特到达谅山，我会留心偿还您好意预支给我的数目。

您给我派来的由班长及其手下押送的运输队，我让他们明天中午出发，希望他们能顺利抵达谅山。

法兰亭（签名）

此抄件与原件一致

勘界委员会代理秘书皮埃尔·莫兰

1891年4月22日于波内山

（原件第264页）

法兰亭主任致谅山卫戍司令先生函

第 7 号文　峙马关，1891 年 1 月 13 日发

卫戍司令先生：

我荣幸地通知您，我与中方勘界委员会已于昨晚到达峙马关。在 1∶20 万的地图上能找到的峙马关，从谅山走可能要一两天时间。我打算在这里至少逗留 15 到 20 天。

按照总督先生 1890 年 10 月 30 日决定之第四条，我将很高兴看到您和所在地区测量官一道来此与我会合。

我请求驻谅山公使先生利用随同您的护卫队给我带来 1000 皮阿斯特和一些食品。

法兰亭（签名）

此抄件与原件一致

勘界委员会代理秘书皮埃尔·莫兰

1891 年 4 月 22 日于波内山

（原件第 265 页）

法兰亭主任致谅山卫戍司令先生函

第 13 号文　波内山，1891 年 4 月 16 日发

卫戍司令先生：

我荣幸地通知您，勘界委员会即将结束其工作。我打算四五天之后出发去谅山。

我想请您告诉我，能否给我们留下浪张府（Phu Lang Thuong）炮兵车队的部分车辆，使我们能够把行李运送到河内。

法兰亭（签名）

此抄件与原件一致

勘界委员会代理秘书皮埃尔·莫兰

1891 年 4 月 22 日于波内山

（原件第 266 页）

法兰亭主任致亭立（Dinh Lap）哨所上尉指挥官先生函

第 8 号文　峙马关，1891 年 1 月 13 日发

上尉先生：

我于昨晚抵达峙马关。今日随此信同时寄上的，还有写给蒙特隆及比诺先生的两封信函，他们将在数日内路过贵所。

请您把送这封信的两个人留下一个在您的哨所里，以便担任蒙特隆和比诺先生的向导。将另外一人当即派回来，好让我了解我们与亭立相隔的距离。

法兰亭（签名）

此抄件与原件一致

勘界委员会代理秘书皮埃尔·莫兰

1891 年 4 月 22 日于波内山

（原件第 267 页）

法兰亭主任致河内卫戍司令先生函

第 10 号文　河内，1891 年 2 月 11 日发

卫戍司令先生：

我荣幸地相告，我已决定让特兰卡利（Trinqualye）下士和部分土著骑兵携带我的行李动身去谅山，时间是 2 月 12 日晨 7 时。

我本人于 2 月 13 日早晨 6 点出发，由 29 名骑兵护送。

请您准备好渡船，不胜感激。

附上我发给特兰卡利下士的路条之抄件。

法兰亭（签名）

此抄件与原件一致

勘界委员会代理秘书皮埃尔·莫兰

1891 年 4 月 22 日于波内山

（原件第 268 页）

法兰亭主任致室溪哨所费利诺（Félineau）上尉指挥官先生函

第11号文　波内山，1891年4月16日发

亲爱的上尉：

您4月10日的来信准时收到。

我感谢您向我提供的情报。我这方面，我将向您转告在我看来可能与您有关的情况。

法兰亭（签名）

此抄件与原件一致

勘界委员会代理秘书皮埃尔·莫兰
1891年4月22日于波内山

（原件第269页）

法兰亭主任致室溪哨所上尉指挥官先生函

第12号文　波内山，1891年4月16日发

亲爱的上尉：

在我的建议下，总司令已同意我向室溪哨所提供20名外籍士兵和30名土著步兵。对此，您大概已经接到总司令的指示了。

另外，据安南当局向我报告，有一股海盗在板眷（Ban Kien）周围活动（见所附草图）。如果我的消息今天得到证实，我想把这支队伍直接派往板眷，并命他们从那里去室溪。如果我今天得不到任何新消息，我明晨就将他们直接派往室溪。

法兰亭（签名）

此抄件与原件一致

勘界委员会代理秘书皮埃尔·莫兰
1891年4月22日于波内山

（原件第270页）

法兰亭主任致谅山法国公使馆代理主事先生函

第5号文　峙马关，1891年1月17日发

主事先生：

我荣幸地收到您1月14日写给我的第25号来信以及您转给我的国库汇票。然而谅山的主计官先生却无法向我足额兑付汇票。

当我收到您通知我已寄出的关于边境村庄的地图时，将非常高兴。贝图瓦上尉先生告诉我，他眼下还不能到峙马关来。

我完全有理由希望他的峙马关之行只是暂时推迟，我等待他于近期到来。

法兰亭（签名）

此抄件与原件一致

勘界委员会代理秘书皮埃尔·莫兰

1891年4月22日于波内山

（原件第271页）

法兰亭主任致亭立外籍军团第二营德·蒙特隆中尉先生函

第4号文　峙马关，1891年1月13日发

亲爱的中尉：

我于昨天抵达离谅山一两天步行路程的安南村庄峙马。

送这封信的信差将被亭立哨所上尉指挥官留下充当向导，领您前来与我会面。因为我不打算让您在亭立逗留。

如果比诺先生和您同时到达亭立，我希望他能和您同来。此外，我将为此事写信给他。迪德洛上尉也就此事向他在下达了指示。

若您只身前来，请留心绘制一张路线图，俾比诺先生走与您相同的路线前来。

法兰亭（签名）

此抄件与原件一致

勘界委员会代理秘书皮埃尔·莫兰

1891年4月22日于波内山

（原件第272页）

法兰亭主任致亭立供给处比诺中尉先生函

第5号文　峙马关，1891年1月13日发

亲爱的中尉：

我于昨天抵达离谅山一两天步行路程的安南村庄峙马。

送这封信的信差将被亭立哨所上尉指挥官留下充当向导，领您前来与我会面。因为我不打算让您在亭立逗留。

如果蒙特隆先生和您同时到达亭立，我希望他能和您一同来。另外，我将迪德洛上尉的一封信寄给您，里面写了有关此事的指示。

若您只身前来，请留心绘制一张路线图，俾比诺先生走与您相同的路线前来。

法兰亭（签名）

此抄件与原件一致

勘界委员会代理秘书皮埃尔·莫兰

1891年4月22日于波内山

（原件第273页）

法兰亭主任致谅山行政食品处代办阿尔戈助理军需官先生函

第6号文　峙马关，1891年1月17日发

助理军需官先生：

我荣幸地随函将发放食品的定期通知转达您。这些食品是马埃先生为委员会以及随同我的护卫部队的份额而向您请求的。

车队已于本月16日全部到达我处。我很高兴地对您派给我车队的一番热心表示感谢。

法兰亭（签名）

此抄件与原件一致

勘界委员会代理秘书皮埃尔·莫兰

1891年4月22日于波内山

（原件第274页）

法兰亭主任致峙马关委员会委员普拉内少校先生函

第7号文　南关隘，1891年1月30日发

亲爱的少校：

在我离开南关隘去河内之前，考虑到我会离开一段时间，我想有两个星期，因此我留下一些指示，我很高兴将其抄件随函寄给您。

法兰亭（签名）

此抄件与原件一致

勘界委员会代理秘书皮埃尔·莫兰

1891年4月22日于波内山

（原件第275页）

法兰亭主任致布安（Bo An）勘界委员会委员普拉内少校先生函

第8号文　波内山，1891年3月9日发

亲爱的少校：

我荣幸地收到您3月3日的来信，并向您证实7日的电报，附上该电的抄件。

中方界务主任阁下曾告诉我，他已下达明确的命令，不让任何因素阻碍第二测量队的工作。所以我相信您会与中国官吏保持良好的关系，不会有任何麻烦发生。

法兰亭（签名）

此抄件与原件一致

勘界委员会代理秘书皮埃尔·莫兰

1891年4月22日于波内山

（原件第276页）

法兰亭主任致布安（Bo An）勘界委员会委员普拉内少校先生函

第 11 号文　波内山，1891 年 3 月 11 日发

亲爱的少校：

我刚刚收到您 3 月 11 日的来信，得悉您已经与第二测量队会合。

请告诉我巴歇利埃先生在工作中都遇到了哪些困难。一旦这些困难得以解决，我打算让您立即来波内山见我。

法兰亭（签名）

此抄件与原件一致

勘界委员会代理秘书皮埃尔·莫兰

1891 年 4 月 22 日于波内山

（原件第 277 页）

法兰亭主任致板关（Ban Quyẽn）普拉内少校先生函

第 12 号文　波内山，1891 年 3 月 17 日发

亲爱的少校：

我荣幸地收到您 3 月 16 日的来信，我高兴地看到与中国当局的良好关系已经建立起来。

我对巴歇利埃先生领导的测量队的工作进展甚为满意。

请您嘱咐他，让中国测量官每完成一张平板测量图都要签上“不得更改”的字样，就像以前每张平板图都要做的那样。

我估计第二测量队马上就要到达波内山，您在测量官那里已不再是必不可少的了，请您立即前来我处。

法兰亭（签名）

此抄件与原件一致

勘界委员会代理秘书皮埃尔·莫兰

1891 年 4 月 22 日于波内山

（原件第 278 页）

致 Aï Ko 勘界委员会委员普拉内少校先生函

第 18 号文　波内山，1891 年 4 月 4 日发

亲爱的少校：

第二队的测量工作将于 4 月 20 日左右结束，但我不得不等第一队工作结束才好签署会谈纪要以及所附的地图。

据迪德洛上尉先生向我提供的情报，是大雾阻碍了第一队从事野外作业。然而，尽快结束测量工作意义重大。

正如您知道的那样，有必要绘两张边界图，以作为会谈纪要的佐证。这两张图应当包括从峙马关到波内山的边界线。它们将被分别绘在两张描图纸上，第一张从峙马关到南关隘，第二张从南关隘至波内山，然后将两张图粘合成一整幅从峙马关到波内山的地图。

第二部分将由巴歇利埃上尉先生绘成，一式两份。至于第一部分即峙马关到南关隘部分，如果等到工程结束才开始的话，可想而知会耽搁很久。

我曾多次发现，您对本职工作具有非凡的才干。如果您愿意，我请您在测量官先生们结束野外作业的同时，就从峙马关开始动手绘制这两张图。只要留出与南关隘部分相连接的一条窄边即可。您会从委员会的利益出发为我尽这份力的，这一点我毫不怀疑。

我曾请求迪德洛上尉先生转达一则有关第一测量队的说明，但必要时我还将亲自写信给您。

现已商妥，皮普鲁先生马上去谅山接受治疗；贝尔杜拉先生和拉夫尼尔先生在工程结束之后前往波内山以完成绘图；斯皮克先生和护卫队一起在南关隘或同登等候，这支护卫队将作为埋设南关隘至峙马关一线界碑的后备力量。

那些界碑应由中国勘界委员会负责从龙州运来，也许它们已经被运到了南关隘。

至于您，当然要与贝尔杜拉先生和拉夫尼尔先生一起尽快来波内山与我会面。

布

礼！

此抄件与原件一致

勘界委员会代理秘书皮埃尔 · 莫兰

1891 年 4 月 22 日于波内山

（原件第 279 页）

法兰亭主任致布安（Bôu-An）巴歇利埃上尉先生函

第 10 号文　平而关，1891 年 3 月 9 日发

亲爱的上尉：

我荣幸地收到您 2 月 25 日、3 月 1 日、4 日和 8 日的来信，并向您证实本月 7 日的电报，该电的抄件随函附上。

根据我的请求，蔡阁下今天向管理您所在地区的官员发出正式命令，让他帮助您，并给您的工作提供方便。

那些曾经对德·维亚尔（de Vial）先生持不恭敬态度的官军将会受到惩处。

法兰亭（签名）

此抄件与原件一致

勘界委员会代理秘书皮埃尔·莫兰
1891 年 4 月 22 日于波内山

（原件第 281 页）

法兰亭主任致板关第二测量队队长巴歇利埃上尉先生函

第 13 号文　波内山，1891 年 3 月 18 日发

亲爱的上尉：

今晨到此的普拉内少校先生给我带来了有关您工作进展的好消息。我十分高兴地获悉您将在两三日内到达离波内山只有两小时路程的地方。这样您便能够前来与我磋商关于您到达波内山以后，我为您的测量队所进行的下一步工作安排问题。

相信您会在 4 月初来到此地。我意欲届时派您去南关隘迎候迪德洛的测量队。我希望由于您和您的测量官们的积极性，在今年 4 月底前后让勘界委员会的工程告一段落的计划得以实现。

法兰亭（签名）

此抄件与原件一致

勘界委员会代理秘书皮埃尔·莫兰
1891 年 4 月 22 日于波内山

（原件第 282 页）

法兰亭主任致 Tai Piao 第二测量队队长巴歇利埃上尉先生函

第 16 号文　波内山，1891 年 4 月 5 日发

亲爱的上尉：

请您进行安排，和您的全体人员一道于明天来波内山营地。

经与总司令商定，我已安排我的护卫队部分人马去保护地处室溪附近的一些村落，所以我希望您能到我身边来。

法兰亭（签名）

此抄件与原件一致

勘界委员会代理秘书皮埃尔·莫兰
1891 年 4 月 22 日于波内山

（原件第 283 页）

法兰亭主任致河内拉巴斯蒂德营长先生函

第 9 号文　龙州，1891 年 2 月 25 日发

营长先生：

我荣幸地随函将收条寄给您。装有一套餐具和餐巾及一套玻璃器皿的第 35、36、37 号箱子全部收到。

法兰亭（签名）

此抄件与原件一致

勘界委员会代理秘书皮埃尔·莫兰
1891 年 4 月 22 日于波内山

（原件第 284 页）

法兰亭主任致法国驻谅山公使先生函

第 6 号文　峙马关，1891 年 1 月 23 日发

公使先生：

我荣幸地相告，我将于 1 月 26 日离开峙马关前往南关隘。我打算于 26 日晚抵达谅山。25 日的白天和 27 日的夜晚我拟在那里度过。

中方委员会主任蔡阁下将伴我前往，另有一支约 60 人的护卫队。所以我想请您与谅山卫戍司令贝图瓦上尉先生商量好，为中国官吏及其部下做好充分准备。

我想相关安排的全部费用由我承担乃是不言而喻的。

法兰亭（签名）

此抄件与原件一致

勘界委员会代理秘书皮埃尔·莫兰

1891 年 4 月 22 日于波内山

（原件第 285 页）

法兰亭主任致法国驻谅山公使先生函

第 7 号文　波内山，1891 年 4 月 16 发

公使先生：

我荣幸地相告，委员会的工程估计在两三天后结束，届时我将和全体委员出发去河内，并于下星期初抵达谅山。

布

礼！

法兰亭（签名）

此抄件与原件一致

勘界委员会代理秘书皮埃尔·莫兰

1891 年 4 月 22 日于波内山

（原件第 286 页）

法兰亭主任致法国驻谅山公使先生函

第 8 号文　波内山，1891 年 4 月 17 发

公使先生：

4 月 4 日，北马（Bac Mat）村的里正前来通知我，说有一帮中国土匪摸进了他们的村庄，还杀死了好几个土著人。

我立即委派副公使马埃先生以及波德拉兹大夫先生于次日前往北马村，就有关入侵事件进行调查，并根据伤员的伤情需要进行治疗。

我荣幸地随函寄上两位先生呈给我的报告之抄件。

法兰亭（签名）

此抄件与原件一致

勘界委员会代理秘书皮埃尔·莫兰
1891 年 4 月 22 日于波内山

（原件第 287 页）

法兰亭主任致海防阿杜尔助理军需官先生函

第 14 号文　平而关，1891 年 3 月 21 发

先生：

我荣幸地随函转给您两份关于您 3 月 4 日第 23 号清单所列物品的转让证明。

第 3 张发票我已交给公使先生，请他让国库如数付款。

法兰亭（签名）

此抄件与原件一致

勘界委员会代理秘书皮埃尔·莫兰
1891 年 4 月 22 日于波内山

（原件第 288 页）

法兰亭主任致河内军马场主管上尉先生函

第 15 号文　平而关，1891 年 3 月 27 发

先生：

作为对您 2 月 27 日第 73 号来信的答复，我荣幸地通知您，由于种种原因，我不能如我所愿准确地就有关护卫队的炮兵问题向您提供您所期望的情况。

委员会在 1890 年 11 月离开河内时曾有 5 个骑兵随同，其有关号码如下：

排长，62 号，马匹 229 号；

一等兵，74 号，马匹 281 号；

二等兵，178 号，马匹 34 号；

一等兵，75 号，枣红马一匹，马蹄上的编号已模糊不清；

二等兵，113 号，淡红马一匹，因腰部负伤于 2 月 6 日至医务处诊治。

自从我新近的河内之行以来，军马场交给我一人一骑，用来替代 113 号。该马原本是为 5 名新骑兵炮手准备的。

至于车辆，当我到达南关隘后，便让其返回谅山了。这方面该要塞司令将会向您提供您所需要的情况。

法兰亭（签名）

此抄件与原件一致

勘界委员会代理秘书皮埃尔·莫兰
1891 年 4 月 22 日于波内山

（原件第 289 页）

法兰亭主任致布瓦上尉先生函

第 12 号文　南关隘，1891 年 2 月 19 发

上尉先生：

关（Quan）上校已告诉我，防疾村（Ping-Siang）距辎重队须循水路而行的地方只有三四古里（法国古里，一古里约合 4 千米——编者注），所以我已经改变了原计划，具体安排如下：

辎重队将于今天（19 日）夜里路过防疾，明晨 7 点出发去庄山（Tsang Sen）村，那里聚集了要运载我们的帆船。

所有人员和物品将立即上船，但帆船只有在我到达之后才离开庄山。装载完毕后，

除 10 名以外的全部苦力将在中国官军带领下前往龙州。

所有欧洲人和安南人护卫队员将在委员会到达后登船。

您要为我和巡抚保留一只帆船。您还要通知苦力头目们准备好人手，当我们到达龙州时——大约在明晚五点半，他们可前来相接。

法兰亭（签名）

此抄件与原件一致

勘界委员会代理秘书皮埃尔·莫兰
1891 年 4 月 22 日于波内山

（原件第 290 页）

1891 年 1 月 9 日至 1891 年 4 月 17 日所收电文之抄件

（发电人、地点、序号及电文）

印度支那总督（河内）

第 36 号文　河内，1891 年 1 月 9 日

根据军衔资历和服役年限，普拉内少校与马埃先生相比，普拉内先生将优先于后者。

蒙特隆中尉

第 37 号文　河内，1891 年 1 月 14 日

我将于明天即 1 月 15 日率 25 名土著步兵前往海防，与乘“哥伦布”号到达的布瓦上尉及其护卫队会合。苦力的汇票及粮饷已领取，我已写信给您。

印度支那总督（河内）

第 38 号文　河内，1891 年 1 月 16 日

复 109 号文。蒙特隆先生已准备好携资金和护卫队补充兵丁出发，告诉我是否有必要让他路过谅山。

印度支那总督（河内）

第 39 号文　河内，1891 年 1 月 17 日

我必须在 2 月底前去西贡，我一直期望的谅山之行因而落空。我赞同您的意见，在眼下的勘界作业中结束广□的勘界工作。4 名测量官将尽快被派往谅山。谅山方面将提供 50 名土著护卫队员。另外请您向中国当局强调要采取安保措施，以免发生不愉快的意外，该地区一直动荡不安。

印度支那总督（河内）

第 40 号文　河内，1891 年 1 月 23 日

复 1 号文。同意河内之行的计划。我拟于 2 月 20 日离开东京，特此通知。

印度支那总督（河内）

第 41 号文　河内，1891 年 1 月 24 日

复 2 号文。蒙特隆先生将路过先安和亭立与您相会。用于补充您的护卫队的 2□名土著步兵将随布瓦上尉途经浪张府前往谅山，布瓦上尉接替迪德洛指挥护卫队，同时有 4 名测量官到谅山与您会合，以便按您提出的条件进行边界测量。谅山驻军将为他们提供 60 名土著步兵护卫队员。如果我们大家都同意的话，请发电报。

印度支那总督（河内）

第 42 号文　河内，1891 年 1 月 26 日

新测量队由巴歇利埃上尉、贝图亚尔（Bethouart）中尉、布兰（Bounin）少尉以及德・维亚尔组成，他们将于 1 月 30 日出发。巴歇利埃上尉询问迪德洛上尉是否向他提供图纸和办公用品，有多少经费可供他用于采购。

法国驻谅山公使（谅山）

第 43 号文　谅山，1891 年 1 月 29 日

马匹将于后天晚 6 时备好。在您出发前的这段时间里，公使馆宅邸将做好一切准备迎接您的到来。

法国驻芒街公使（芒街）

第 44 号文　芒街，1891 年 1 月 30 日

我不明白您的数字。我是否应该将您的公函全文转交给李知府。

马埃先生（谅山）

第 45 号文　谅山，1891 年 1 月 31 日

主任已于 2 时出发去河内。我与迪德洛上尉将和费拉（Ferra）、克莱蒙·索弗（Clément Sauve）先生一起于明晚 5 时到达，他俩将在同登过夜。护卫队将于明晨 7 时携带箱子出发。请波德拉兹大夫电告我，主任在动身以后是否曾发生意外。

勘界委员会主任

第 46 号文　屯梅，1891 年 2 月 1 日

顺利抵达达屯梅。

勘界委员会主任

第 47 号文　郎甲，1891 年 2 月 2 日

顺利抵达郎甲。

勘界委员会主任

第 48 号文　浪张府，1891 年 2 月 2 日

顺利抵达浪张府。

勘界委员会主任

第 49 号文　北宁，1891 年 2 月 3 日

已到北宁。将于今日 3 时抵达河内。见到了浪张府的测量官，他们今晨已动身去谅山。

勘界委员会主任

第 50 号文　河内，1891 年 2 月 4 日

收到关于峙马关营地的电报。上尉的护卫队将采取步骤，防止新的火灾发生。我已于 3 日 3 时抵达河内。祝好！

法国驻芒街公使

第 51 号文　芒街，1891 年 2 月 4 日

李阁下答复，中国法律禁止把外国人留在我省。如果他们来到这里，我将提请 Kham Than 的巡抚和总督注意他们。这里没有安南前国王，也没有任何安南人。务请不要猜疑，同时请告诉我您在广西边界上立了多少块石碑。

勘界委员会主任

第 52 号文　河内，1891 年 2 月 8 日

不必向我解释护卫测量队的中国指挥官的态度，因为迪德洛先生曾对我说我方测量人员受到他的邀请。请让我知道变化的原因。请转告第一测量队全体测量官，看到第二张平板测量图已经完成，我非常满意。请尽可能立即开始新工程。委员会成员们的身体是否都好？

马埃先生（谅山）

第 53 号文　谅山，1891 年 2 月 10 日

巴歇利埃上尉、4 名军官和我将于今晚到达。

法国驻谅山公使

第 54 号文　谅山，1891 年 2 月 11 日

商会主席之子今日 2 时已出发去南关隘。

勘界委员会主任

第 55 号文　河内，1891 年 2 月 12 日

我将于 2 月 16 日晚抵达谅山。我 13 日到浪张府，14 日到郎甲，15 日到屯梅。炮兵

已交出转膛炮。请在16日将莫兰和大夫派到谅山来。

勘界委员会主任

第56号文　谅山，1891年2月17日

迪德洛上尉和布瓦上尉以及我本人将于晚4时抵达南关隘。请准备好委员会的行李，使我能在19日晨4时出发去龙州。莫兰先生和隆福先生将陪我前往。护卫队包括全部安南骑兵、号手和鼓手，还有10名外籍士兵以及供10天食用的粮食。

普拉内少校（峙马关）

峙马关，1891年2月3日

勘界委员会在峙马关的代表普拉内少校致河内委员会主任。

测量官们今日出发经板坡（Bon Pai）去谅山。留下一名法国中士和一个班的土著步兵。一名中国军官通知我，离他明天要去的山不远处有一帮海盗活动。200名官军据守着这一哨所。因春节临近，所以连苦力也找不到。

马埃副公使（南关隘）

第57号文　1891年2月4日

我们高兴地获悉您已顺利到达河内。顺致敬意。

中国界务主任

龙州，1891年2月4日

中国界务主任致河内法国勘界委员会主任阁下。收到您平安到达的电文。阁下抵谅山后务请再电告我。

驻谅山副公使马埃先生（谅山）

第60号文　谅山，1891年2月7日

一切正常。我与迪德洛已到谅山，期待测量官们今晚到达。

驻谅山副公使马埃先生（谅山）

第 61 号文　谅山，1891 年 2 月 7 日

测量队的中国护卫队队长曾向测量员们宣布他们不能去谅山，但贝尔杜拉、皮普鲁及斯皮克先生经获准刚刚抵达谅山。第二张平板测量图已完成。因过春节和缺乏苦力，工程中断了三四天。

副公使马埃先生（谅山）

第 62 号文　谅山，1891 年 2 月 7 日

2 月 2 日的辎重队将于 16 日返程，故您的箱子将于途中停留在浪张府，您不能请求军需官将其发往谅山吗？

副公使马埃先生（谅山）

第 63 号文　谅山，1891 年 2 月 8 日

昨晚接到来自南关隘的通知，春节期间在周围的村落里有可能发生一场骚乱。我于今晨返回南关隘，留下迪德洛上尉，他将和测量官们一起与我会合。

驻谅山公使

第 64 号文　谅山，1891 年 2 月 14 日

致同登勘界委员会副公使马埃电（第 86 号）。

请电告 16 日将有多少勘界委员前来迎接主任。

副公使马埃先生

第 65 号文　谅山，1891 年 2 月 9 日

我已到谅山。见到了新测量队官员和布瓦上尉。若能找到苦力，他们将于明后天前往南关隘（Nam - Quan）。原测量队官员后天返回峙马关附近的那荷（Na Ha），着手绘制第三块平板测量图。很高兴您向他们表示祝贺。中国军官曾正式邀请他们去龙州，到最后又说没有得到中国主任的批准。我明天和巴歇利埃上尉一道返回南关（Nam - Quan）。如果身体状况允许，迪德洛上尉也将陪我们前往。

普拉内少校（峙马关）

第 66 号文　谅山，1891 年 2 月 7 日

得知您没有带上我 2 月 1 日派往南关隘的护卫队就出发了。关于峙马关营地 31 日火灾的报告，想必马埃已转交给您了。未发生重大事故，物资损失也很小，营地也重建了。在波内（Ba - Nhi）的测量官员打算本月 7 日到达。

马埃副公使（同登）

第 67 号文　同登，1891 年 2 月 7 日

大夫失窃，被偷物品有左轮手枪、猎枪、手表和短上衣。已报知公使和地方当局进行调查。我明日去谅山。

马埃副公使

第 68 号文　同登，1891 年 2 月 8 日

一切正常。

总司令

第 69 号文　河内，1891 年 2 月 15 日

对 2084 号文的答复。根据您的愿望，我允许保留 3 名军人，这正是您本月 14 日电文的内容。

第 11 防区

第 70 号文　谅山，1891 年 2 月 16 日

根据指示，我已为护卫队准备好了食品和住所。您本人的住宿，如果您愿意的话就在本区内下榻，我将不胜荣幸。

驻谅山公使

第 70 号文之一　谅山，1891 年 2 月 15 日

请接受我对您的欢迎和敬意。我将略尽地主之谊，请笑纳。

驻谅山公使

第70号文之二　谅山，1891年2月15日

请电告我您在谅山都听闻接受了哪些正式荣誉，不胜感激。我曾想就这一点与防区司令磋商。他回答我说他将做应该做的事，这使我大惑不解。我坚持在安排招待会问题上要做得无懈可击，而我既未得到通知也未收到文件。

（因主任赴河内，故电文第57～70号未能按顺序排列）。

普拉内少校

第71号文　同登，1891年3月8日

今晨我与关上校商讨了盛情接待问题。我明日动身，穿过中国领土前往板南（Bau Nam），这样路程要近些。我将蒙特隆留在南关，那里一切都好。

印度支那总督

第72号文　河内，1891年3月8日

对7号文之答复。我已发出指示，使您3月7日电文的转让请求得到批准。

印度支那总督

第73号文　河内，1891年3月20日

昨天收到法国驻北京公使1月21日的来信，附转了一份公函，内称，李主任可能已将双方勘界委员会就修改广东边界问题达成一致意见的文件寄往北京，而总理衙门在收到该文件以前即于1月19日通知我国公使，它认为对边界的修订无须进行任何变动，边界线应根据地图以及勘界委员会的纪要划分。林椿（Ristelhueber）先生解释，似须等待总理衙门和公使团接到文本以后再重提这一问题，同时向您指出，这一变故似乎受到了中国政府方面的指点，其用意是对您提出的、李主任赞同的修订案不予认可。

去年李梅（Lemaire）先生曾经描述的总理衙门对您的随和态度如今已发生了如此彻底的变化，我想知道您对此有何看法。

行政处代办

第 73 号文　谅山，1891 年 3 月 27 日

对 609 号文的答复。我今天获悉您尚未收到要求暂借的 2 桶酒和 4 箱面粉。如您还需要的话，请速告知。我将明令隶属室溪的主管人立即发送。

印度支那总督

第 74 号文　河内，1891 年 3 月 30 日

对 22 号文的答复。同意您 3 月 25 日电中的休假请求。我不能批准马埃的离开。

印度支那总督

第 75 号文　河内，1891 年 4 月 3 日

对 13 号文的答复。将军接受您的护卫队的帮助，并就这一意愿致电室溪卫戍司令，还请我向您转达此意愿。

总司令

第 76 号文　河内，1891 年 4 月 5 日

第 2174 号，文对第 46 号电的答复。

我已下达指示，让第 11、第 12 区的司令官向您提供广西边境的局势情况，并就可能关系到委员会的一切军事行动向您进行说明。

施奈德

第 77 号文　河内，1891 年 4 月 16 日

已向驻龙州领事发去了施奈德要求的两卷画布。

高级公使（河内）

第 78 号文　河内，1891 年 4 月 17 日

第二处第 174 号，对总督 14 日电文的复电。若需预付款，可请求公使立即从主计官处签发或付给。指示已下达。

贝图瓦上尉（谅山）

第79号文　谅山，1891年4月17日

25日星期六，您将只有60人作为全部必要的人手。如果需要，他们将在6天之内到河内。顺致敬意。

此抄件与原件一致

勘界委员会代理秘书皮埃尔·莫兰
1891年4月22日于波内山

（原件第292～298页）

亭立哨所
印度支那部队第二旅第一防区
第687号

印度支那海军第十营第一防区第四连上尉指挥官卡斯塔尼埃致中安勘界委员会主任先生函

亭立，1891年1月14日发

主任先生：

我荣幸地收到您1月13日的来信，以及等比诺先生和蒙特隆先生抵达亭立后要转交给他们的两封便函。

我于1月6日收到比诺先生的一封来信，要我告知我哨所能向委员会提供的食品数量、向辎重队提供的护卫力量，以及亭立可能提供的苦力数目等情况。相关情况已当即给他发到那符（Na Pha）。

两名脚力已于今晨8时半抵达，其中一名携带本函于9时再上路返回。另一名由我留下，作为比诺及蒙特隆两位先生的向导。

法兰亭（签名）

此抄件与原件一致

勘界委员会代理秘书皮埃尔·莫兰
1891年4月22日于波内山

（原件第 299 页）

安南及东京行政处

第 688 号文

行政处代办阿尔戈助理军需官致
峙马关勘界委员会委员、副公使马埃先生

谅山，1891 年 1 月 14 日发

先生：

我荣幸地相告，一支装载着您向我要求的食品的辎重队，在卫戍司令提供的一支护卫队的伴随下已于今晚出发。该队运送的物品包括：盛有 328 升葡萄酒的几只木酒桶，装有 5 升塔菲酒的货箱，还有 4 千克糖和 4 千克咖啡。

我随函将您给我的两张临时发票转给您。请您向委员会主任先生要求签发我已列好物品供应的例行通知。这对我仓库的发货是必要的。

我希望全部物品能平安运达您处。

布

礼！

阿尔戈（签名）

此抄件与原件一致

勘界委员会代理秘书皮埃尔·莫兰

1891 年 4 月 22 日于波内山

（原件第 300 页）

法国驻谅山代理公使，公使馆主事致勘界委员会主任先生函

第 25 号文　谅山，1891 年 1 月 14 日发

主任先生：

我荣幸地收到您昨天的来函，并荣幸地向您汇报，财务处无法兑付您委托我办理的汇款通知。主计官先生甚至连哪天才有可供支付 1 月份军饷的款项也不能预料。

我将荣幸地把属于谅山省的所有边境村庄的明细清册连续不断地寄给您。与每个村名对照列出的是该村统一种植的各种作物数。

第12区代理指挥官贝图瓦上尉先生通知我，他准备今天就动身，好明日赶到您那里。

费拉（签名）

此抄件与原件一致

勘界委员会代理秘书皮埃尔·莫兰

1891年4月22日于波内山

（原件第301页）

印度支那部队第二旅

第12区

第23号文

第12区指挥官，第一外籍兵团贝图瓦上尉致峙马关勘界委员会主任先生函

谅山，1891年1月15日发

主任先生：

我荣幸地相告，应您1月13日来信中的邀请，我本期望今晨（1月15日）能出发去峙马关，但峙马关哨所第二测量队对我的关于托付第12区有关事务、让别人来指挥我连队的电报未进行答复。

我的连队缺少两名军官，所以指挥权只能交给一名外籍军官，这种现象是罕见的。

一俟我能够将指挥权交给某人，我立即前往峙马关。

在谅山，各部门都急不可耐地等着1月24日通知的40000皮阿斯特（Piastres）的到来。所以，主任先生，您所要的几千皮阿斯特现在也无法给您。

我在本分遣队的银箱里找出了200皮阿斯特，所以赶紧让辎重队护卫队上士指挥官将其送交给您。

主任先生，请允许我向您表达愿完全执行您所下达的一切命令的急切与愉快的心情。一俟可能，我将立刻去峙马关哨所。

贝图瓦（签名）

此抄件与原件一致

勘界委员会代理秘书皮埃尔·莫兰
1891 年 4 月 22 日于波内山

（原件第 302 页）

法国驻龙州领事馆

龙州，1891 年 1 月 12 日发

主任先生：

我荣幸地相告，我已度假归来，于今天重新在本城的领事馆工作。

主任先生，我急于前来听从您的差遣。请您相信，我将竭尽全力满足您向我询问的全部情况。我将尽力把一切可能使您感兴趣的、可能发生在我的领事馆范围内的事准确地通报给您。

请接受我的敬意和忠诚

邦斯·德·安蒂（签名）

此抄件与原件一致

勘界委员会代理秘书皮埃尔·莫兰
1891 年 4 月 22 日于波内山

（原件第 303 页）

安南及东京保护国第 7 号文

法国驻谅山公使致勘界委员会主任先生函

谅山，1891 年 1 月 5 日发

主任先生：

我荣幸地把可能对您的工作有益的各种文件送交给您。

此外，为了那些您觉得有必要获取的情报以及我有可能提供给您的情报，我绝对听从您的吩咐。

布

礼！

代理公使、主事费拉（签名）

此抄件与原件一致

勘界委员会代理秘书皮埃尔·莫兰

1891 年 4 月 22 日于波内山

（原件第 304 页）

迪德洛上尉致勘界委员会主任先生函

埔河山（或松柏隘），1891 年 1 月 16 日发

主任先生：

我荣幸地收到您 1 月 13 日的来信，获悉您已于 12 月抵达峙马关（距谅山步行一天的路程），简言之，您在旅途上度过了两天。

您通知我第一批有 40 名苦力，第二批是 100 名苦力。第一天到达的 40 名苦力已当即被派往镇南关（Doi - Nam - Ai）替我们运大米（两天前我们就粒米无剩了），那里尚有 4000 千克。您派来的未付工资和大米的 100 名苦力对我说，他们不愿意往镇南关运大米。但我要指出的是，他们同意载货去您那儿。这使我深感为难，因为在镇南关货栈未撤空之前，我还不能离开埔河山。况且那里的食品供应对我的工程向前进展是不可或缺的。

如同我曾考虑的那样，我还不能把隆福先生派给您。我想您会和我一样清楚，首先我们必须补充给养，其次苦力也不是唾手可得的。

关于我们去松柏隘之事，我不能进行任何明确表态。我们受到苦力的牵制。但请您相信我们会争分夺秒的。

很明显，在抵达峙马关之前，我们将设立两个甚至有可能三个中间站。我无法明确相告我们何时与您会合（2 月 10 日左右）。由于您离谅山只有一天路程，所以您很容易直接从该地获取给养。

比诺先生正在去亭立的路上，他将于 17 日即后天到达。然后他将从那里前往板俸为我们获取生活必需品。

其他一切正常。

当然，只要有可能，我马上会将隆福先生和大夫派到您那处。

布

礼！

迪德洛（签名）

此抄件与原件一致

勘界委员会代理秘书皮埃尔·莫兰

1891年4月22日于波内山

（原件第305页）

安南及东京保护国

第28号文

法国驻谅山代理驻扎官费拉致勘界委员会主任

谅山，1891年1月17日

主任先生：

我荣幸地随函将坐落在谅山省中安边界沿线的村庄名册转呈给您。我在1月14日第25号函中曾向您讲过名册的事。我将尽快把我能收集到的所有新的资料和数据通报给您。它们会为您的工作提供方便。

费拉（签名）

此抄件与原件一致

勘界委员会代理秘书皮埃尔·莫兰

1891年4月22日于波内山

（该篇收入《中越边界历史资料选编》第180页）

（原件第307页）

禄平州（Chau de Loc Binh）

村庄名称	稻田面积(亩)
率漓(Suat Le)	100
高类(Cao Lau)	60
友黎(Hun Lè)	(原文缺——译者注)
静嘉(Tinh Gia)	56
三隆(Tam Long)	10
秀莫(Tu Mac)	35
安快(Yen Khoai)	41

脱郎州（Chau de Thoat Lang）

渊吉(Uyen Cat)	61
保林(Bac Lam)	62
仙会(Tien Hoï)	18
奠封(Diên Phong)	20
竹秀(Truc Tù)	81
乐库(Lac Khu)	12
庆门(Khanh Mon)	11

文渊州（Chau de Van-Uyen）

行卢(Hanh Lu)	16
清锦(Thanh Cam)	13
清茉(Thanh Mat)	13

长定府（Phu de Truong-Dinh）

美延(My Dien)	13
美庆(My Khan)	30
吉庆(Cu Khanh)	13
安劝(Yen Khuyên)	30
汪东(Uong Don)	14
九阳(Cun Duong)	12

此抄件与原件一致

勘界委员会代理秘书皮埃尔·莫兰

1891年4月22日于波内山

（该篇收入《中越边界历史资料选编》第180~181页）

（原件第307~309页）

法兰西共和国驻中国公使团

北京，1890年12月6日发

总督先生：

在上个月即11月1日的函中，法方勘界委员会主任法兰亭先生把10月26日、29日和11月1日呈交给您的三份报告之抄件寄给了我。在第一份报告中，我注意到如下段落：

“于是我打听了广西勘界委员会的情况，那些人是我将与之一起去划定这段边界线的中方委员。当我了解到总理衙门尚未对此进行指示时不觉大为吃惊。”

“令人诧异的是公使团以及于阿尔（Huart）先生均未就此事得到通知。这是一个误会，有必要尽快澄清。我想请您，总督先生，就这一问题要求法国驻北京公使馆进行解释。”

然而，该公使团在去年10月28日就接到了总理衙门通报负责广西边界勘界委员们的详细名册。在总署的中国大臣的一封信函中，列举了一长串有关委员的名单。此信的内容李梅先生已在1889年10月29日的一份电报中通知了驻河内高级公使。

我荣幸地随函呈交给您该电的抄件以及总理衙门来信译文的抄件，它同时还让我们了解到既作为广东也作为邻省的中国勘界委员的姓名及身份。事实上完全有理由表示惊异：似乎被当时身为驻北京公使团一等秘书的法兰亭先生所忽视的这项任命，两广总督竟然亦会一无所知。而这份体现了总理衙门上述信函内容的电报却来自李瀚章阁下的前任。

您还将随函收到一份电报的中文抄件及译文，这是帝国政府最近托我呈交的。该电与云贵总督对云南省中国勘界委员会的人员组成进行的变动有关。根据总理衙门向我表达的意愿，我请您将此消息转给法兰亭先生，以使他思想有所准备，随时应对他在不久的将来负责的这段中安边界线工作中可能发生的情况。

顺致崇高的敬意！

P. 林椿（签名）

此抄件与原件一致

勘界委员会代理秘书皮埃尔·莫兰
1891年4月22日于波内山

（原件第310～311页）

法国驻北京公使团1890年12月6日信函之附件2

总理衙门致李梅先生函（译文）

光绪十五年十月五日发（1889年10月28日）

贵大臣曾通知我们，为进行中安边界的勘界工作，法国政府选派了如下人员：

拉巴斯蒂德，营长，主任；

米什列先生，上尉；

吕斯当及马埃先生，副驻扎官；

巴拉尔先生，中尉。

贵大臣还补充道：“委员会成员已上路前往芒街，他们将到那里与中国同行会面。所以，我请阁下告诉我中方委员的名单。”

本署曾电告两广总督立刻将此消息通知我们。现在我们荣幸地向您通报他的电文答复：

被指派去钦州地区边境进行勘界的人员有：主任李受彤，即补用钦州直隶州正堂；补用知州陈武纯；候补同知孙鸿勋与朱陶楷。

此外，还指派了法文译员、测量员和维持地方秩序的官兵。

委员会已于农历九月二十四日（即10月18日）从钦州出发去和负责勘察和划界的法国委员会成员会合。该委员会已接到明确指示以适当的方式谨慎地解决有关问题。

蔡希邠，广西太平府道台，勘界主任；

任玉森，龙州厅正堂；

蒲让卿，宁明州正堂；

张垲，上思州正堂；

黄泳沂，贵城州正堂；

曲福绥，Tchen-Pin-Chini 正堂；

严家骥，补用知州。

我们荣幸地将这些情况通报贵大臣，同时请贵大臣将其电告法国委员会委员，请他们与中国指派的官员齐心协力，以适当的方式有效地处理有关问题。

惯常礼节。

附……地图。

见习译员库朗译

此抄件与原件一致

勘界委员会代理秘书皮埃尔·莫兰

1891年4月22日于波内山

（该篇收入《中越边界历史资料选编》第510～511页）

（原件第312～313页）

法国驻北京公使团1890年12月6日信函之附件X[*]

法国驻中国公使李梅致河内高级驻扎官函

北京，1890年10月29日

以下是总理衙门通知我的中方勘界委员名单：

广东地段：

主任：钦州知府李受彤；

委员：知州陈武纯，孙鸿勋，朱陶楷。

广西地段：

主任：太平府道台蔡希邠；

委员：知州任玉森，蒲让卿，张垲，黄泳沂，曲福绶，严家骥。

请通知总督。

此抄件与原件一致

勘界委员会代理秘书皮埃尔·莫兰

1891年4月22日于波内山

（该篇收入《中越边界历史资料选编》第511页）

＊原文缺，似应为3——译者注

（原件第314页）

法国驻北京公使团1890年12月6日信函之附件4

总理衙门致林椿（Ristelhueber）电（译文）

光绪十六年十月二十三日电（1890年12月4日）

正式照会

本署于光绪十六年十月十六日（即1890年11月27日）接到云贵总督的正式来函，内称：“关于协同法国委员会主任进行中安边境勘界工作的人选问题，我挑选了开化府知府蔡信义，候补知州夏献钰和安平（Ngan－Ping）厅署理知府覃克振，委派他们协商解决有关事宜。”

“上述情况我已电告过您。目前，蔡信义正在履行临安、开化及广南署理道台之职，没有理由为勘界事务而将他撤换。至于夏献钰，他已进京觐见，尚未返回该省。覃克振方面已接到命令，返回到龙林（Long Ling）厅副巡检的岗位。所以，还是另挑人选替换他俩为好。经查，我觉得广南府知府兴禄和宁平厅副知府马世兰条件优异，可以选派。我告诉您这些情况是要通知您我对他们所进行的挑选。”

代办先生，收到了这份电报，我们有义务将其内容告诉您，并请您通知法国勘界委员会主任，以便将来若他需要去云南或者需要定一个会面的时间或地点，他便可以与距他不远的上述官员会面，进行磋商。

此译文与原件一致

首席翻译微席叶（签名）

此抄件与原件一致

勘界委员会代理秘书皮埃尔·莫兰
1891 年 4 月 22 日于波内山

（原件第 315 ~ 316 页）

勘界委员会护卫队队长迪德洛上尉致委员会主任先生函

埔河山，1891 年 1 月 18 日发

主任先生：

我 4 点钟见到了您派给我的村长及 100 名苦力。您可以想象我是何等高兴。明天，1 月 19 日，我便可以把普拉内少校、波特拉兹大夫、隆福先生、护卫队以及军官食堂的货箱派送到峙马关。这样，留在埔河山的只有测量队了。

镇南关（Doi Nam Ai）剩余的生活必需品已于今晨发出，于是该点已撤离一空。

最后，有了这些从镇南关来的苦力，我们便可以转往金昆（Cung Kinh），继续我们的工作。

我希望这些消息能给您带来同样的欢乐。

第一块平板测量图已于今晚完成。明天我们即要进行描图。所以，我不日即可给您带去第一个重要成果。

我接到先安电信局的一则通知，内容如下：

“有包裹和保价邮件寄存在先安局，我通知您这些邮件将于明天由护卫辎重队送往亭立。”

这里一切如常。我和一位军官均好。我们尽可能加紧工作。我仍不能确定何时能与

您会面。我曾打算把测量官员安置在金昆，并着手第二块平板测量图的绘制。

布

礼！

迪德洛（签名）

此抄件与原件一致

勘界委员会代理秘书皮埃尔·莫兰

1891 年 4 月 22 日于波内山

（原件第 317 页）

蒙特隆少尉致勘界委员会主任先生函

先安，1891 年 1 月 21 日发

主任先生：

我荣幸地相告，正如我 14 日从河内发给您的电文所说的那样，我于 15 日率领充当委员会护卫队的 25 名土著步兵离开河内。我还要和这些土著步兵以及被将军任命为护卫队队长的布瓦上尉先生一起于 19 日前往先安。

18 日，布瓦上尉先生接到了要他和土著步兵推迟出发的命令。所以我 19 日携带供委员会用的皮阿斯特只身前往先安。我于 20 日夜里到达先安。

21 日下午 3 时，我随一支由护卫队护送的运输队离开先安前往亭立，将于 23 日到达。

1 月 24 日，我将出发去和委员会会合，委员会眼下似在骑马隘。

主任先生，在从河内发出的函件中，我已荣幸地告诉过您我延长在河内逗留期的种种原因。

由于在芒街领取的钱数和为付苦力 1891 年 1 月、2 月工资的钱数已经超过了拨给委员会的 5000 皮阿斯特专项费用，所以总督先生决定给委员会重新拨款。这一决定带来的种种手续所需要的时间比起初人们想象的要长得多。

由于河内部队兵力不足，用于加强护卫队的人手在克服相当的困难后才得以召集起来。此外，总督先生又希望我能带上补充人员一道去和委员会会合。

主任先生，总督先生对您所取得的外交成果非常满意。

关于委员会使用了数量可观的苦力问题，我已向总督先生进行了长时间的、详尽的、必要的解释。

我已经向迪德洛上尉先生通报了我抵达先安的消息。

我荣幸地请您，主任先生，接受我的敬意。

蒙特隆（签名）

此抄件与原件一致

勘界委员会代理秘书皮埃尔·莫兰
1891年4月22日于波内山

（原件第318~319页）

第二外籍兵团蒙特隆少尉致中安勘界委员会主任先生函

亭立，1891年1月23日发

主任先生：

我荣幸地通知您，按照我1月21日从先安发出的信，我1月23日上午10点半抵达亭立。

我今天（23日）下午3点又动身去峙马关。打算25日晨到达那里。

我在亭立未能找到苦力搬运钱箱和行李箱。因此我只得留下从先安到亭立途中使用的苦力从事上述的搬运工作。

蒙特隆（签名）

此抄件与原件一致

勘界委员会代理秘书皮埃尔·莫兰
1891年4月22日于波内山

（原件第320页）

测绘队队长迪德洛上尉致勘界委员会主任函

峙马关，1891年1月25日发

主任先生：

德乐内中尉既已受任为测绘队队员，故以他的名义开出了一张面额为197.89皮阿斯特的汇票（自11月15日至12月31日的津贴），特此去函奉告。然而，在勘界委员会出发前，这位军官已调回司令将军处当差，因而无权再领取津贴。

另外，已奉命接替德乐内先生的德·克雷森（de Cressin）中尉先生已前往法国，故并未来勘界委员会。

您既已采纳我的提议，指派贝尔杜拉（Berdolllat）中尉先生（东京土著步兵分队队长）接替克雷森先生，则务请您将原来以德乐内先生名义开出的汇票作废，而代之以一张由贝尔杜拉查收的汇票，金额相同。

迪德洛（签名）

（原件第 321 页）

行管处负责人、助理专员阿尔冈（Argand）致南关隘中安勘界委员会主任先生函

谅山，1891 年 1 月 29 日发

主任先生：

您向人表示：希望尽快从芒街寄一批箱子至南关隘，遵照您的愿望，我已电请浪张府（Phu-Lang-Tuong）把这批箱子装在 2 月 2 日（星期一）北上的第一列车队上发运。浪张府今日答称，在从该地转运时，勘界委员马埃先生的箱子仅剩三只。

今特去函相告，以使您及时了解，（箱子）耽搁的原因并不在行管处，因为行管处一俟可能即闻风而动，毫无延误。

（原件第 322 页）

外籍军团第一团上尉巴歇利埃（Bachelier）致政府驻朝鲜大使馆一等秘书、领事兼专员，中安勘界委员会法方主任函

河内，1891 年 1 月 26 日发

主任先生：

印度支那驻军司令将军派我从本团到您手下供职，担任由中尉贝图阿尔（Bethouard）、少尉博南（Bonnin）及维亚尔（Vial）组成的测绘队指挥，将去函禀告。

我们定于1月30日离开河内前往谅山，2月8日抵达该城。

您若有指示，务请发往谅山，以便我抵达该哨卡后即能获悉。

R. 巴歇利埃（签名）敬启

（原件第323页）

印度支那驻军副参谋长拉巴斯蒂德营长致谅山中安勘界委员会主任先生函

河内，1891年1月27日发

主任先生：

1890年11月11日，我向您寄出2号清单一份，此系我留存在横模哨所三只箱子内一应器材的明细单，当时我曾请该哨所司令将这些箱子寄往芒街请您查收。

这些器材包括一套细瓷餐具和与之配套的玻璃器具。

横模哨所司令告诉我，他已将这三只箱子寄给您，虽然我未接得任何回执，但我有理由相信您已悉数收到。

然而，这一回执对我来说不可或缺，我可凭此以向保护国政府行管局交待。因此，若蒙阁下能将我1890年11月□日信中附寄的2号清单的一页副券（上附收据，列有各式物品名称）寄回，则不胜感激。

（原件第324页）

佩罗上尉致勘界委员会主任函

海防，1891年1月24日发（抄件）

主任先生：

数小时后，我将搭“科伦坡”号去法国。在我将离开东京时，我不能不向您表示我的欣喜和感激之情。欣喜的是我曾有幸为您的工程稍尽绵薄，感激的是您向我表示了热忱和关怀。

我与此间某些官员关系紧张，故不得不改变在此坚持到底的初衷而中途退出，但我并不以为憾，因为我曾有机会得以最后在您的领导下当差效劳，而若您满意我的工作，一定会对我褒奖与举荐有加。

我希望勘界委员会的勘测工作能按您的意图顺利迅速地开展下去，并取得卓著成效。

与您合作的诸君与我亦相处融洽，他们都是我的挚友，务请代我问候。

昂古列姆（Angoulème）上尉佩罗（Pérot）敬启

（原件第325页）

第12军区代理司令员贝尔布瓦（Belboy）上尉致中安勘界委员会主任函

谅山，1891年1月31日发

主任先生：

我荣幸地去函相告，本军区司令所属的一切房舍、马厩及其他辅助设施，在您逗留谅山的整个期间，将继续供您使用。

11时，我将前往驱驴（Kylua）迎接阁下。

（原件第326页）

中安勘界委员会译员来（Lai）致勘界委员会主任函

谅山，1891年1月31日发

主任大人，敬禀者：

卑职于1890年10月30日被撤职。因卑职不知有何罪咎，遂要求调查，结果证明我并无多少过失，但为时已晚，总公使先生不能收回成命。然而他却传人把卑职唤入公使馆并暗示我，若我愿去勘界委员会任翻译，他可考虑让我复职。但我必须取得委员会主任先生一纸对卑职工作表示满意的证明。

我答应照办，接着，根据高级公使先生的决定，我于1890年11月15日受任为四级正式译员，并派至您手下当差。

大人位尊势赫，德高望重，为卑职排忧解难当易如反掌。

卑职切望大人赏识，若蒙不弃，我当竭尽全力效劳，庶几不负大人厚望。试想，卑职尚有小儿女三人待养，若不能复职，势将陷于衣食不周的惨境。

若大人以为卑职差强人意，务请助一臂之力为感。卑职之所以指望大人体恤与关怀，乃在于大人功成名遂时，手下一应人员势将论功行赏，卑职当亦不例外。若蒙大人出面干预，为卑职洗刷冤情，摆脱困境，则恩同再造。

中安勘界委员会译员来（签字）

（原件第327~328页）

勘界委员会护卫队队长布里斯（Bris）致勘界委员会主任函

1890年2月2日发

主任先生：

今特去函，恳请您体恤本护卫队欧洲籍士官的为难处境。

这些士官的军饷明显低于土著士官。

于是：一位土著士官军饷为1.90皮阿斯特。

而欧洲籍上士的薪金仅为1.40皮阿斯特。

欧洲籍中士的薪金则低至1.10皮阿斯特。

欧洲籍士官连行军补贴都领不到。

窃以为，这些士官的境遇值得同情，故恳请您运用自己的崇高威望，使他们的境况得到改善。

（原件第329页）

印度支那总督比杰先生致中安勘界委员会主任先生函

河内，1891年2月4日发

主任先生：

您在1890年12月22日来函中提出，让勘界委员会护卫队队长上尉先生与司令将军直接联系以接洽他负责的各项业务问题存在着诸多不便，为此，您要求我进行解决。

我已将您提出的情况转告司令将军。护卫队队长所拟的报告纯属军事范畴，其内容也只涉及他手下兵丁的一般性纪律问题和健康状况，因此，这些报告均应直接送至参谋部，原来的勘界委员会亦按此规定办事，尽管该委员会主任本人亦系现役高级军官，亦不例外。

然而，为在可能的范围内满足您的要求，戈丹（Godin）将军最近已向迪德洛上尉先生发去新的指示（抄件随信附寄于后），指示中除要求继续直接向他寄发技术报告外，还命令上尉今后在报告中凡属调拨给您的护卫队的一般状况，若有您感兴趣的内容，均应向您转交副本。这项指示的抄件亦将由迪德洛上尉转交布瓦（Bois）上尉与巴歇利埃上尉两先生。

（原件第 330 页）

印度支那驻军总司令戈丹将军致谅山勘界委员会护卫队上尉队长函

河内，1891 年 1 月 29 日发

亲爱的上尉：

勘界委员会主任曾向总督提出，委员会护卫队长直接与其上司——总司令将军联系存在诸多不便，总督先生遂将这项意见转请我处理。今特去函，除再度肯定我于去年 12 月 23 日就此事去函（第 2538 号）所说明的内容外，另将下述决议相告：我把勘界委员会主任的意见送呈总督先生研究后决定，我此前所发的关于这种联系的指示仍维持原议，继续生效。

因此，您寄我的报告无须经勘界委员会主任过目，也不必向他交送抄件。

然而，有关这位外交官所承担的使命的一切事宜，他亦须确切掌握。因此，您除一如既往地按去年 11 月 14 日我的指示向我定期呈送报告外，凡是关于您节制的护卫队的各种动向（健康状况、各分队驻地、分遣队受委任务的执行情况等），即这类报告中的主要内容，均应向法兰亭先生转达。

请将本指示转达布瓦与巴歇利埃两位上尉先生，他们将分别受任为两个测量队的卫队长，并须每周向我送呈一次报告。

（原件第 331 ~ 332 页）

印度支那总督比杰先生致中安勘界委员会主任法兰亭先生函

河内，1891 年 2 月 11 日发

先生：

您 1891 年 2 月 6 日来函悉，现复如下：我已把您途经北黎（Bac Lé）时所发生的一系列不愉快事件转达高级军事当局。有关方面现已发出指示，以避免类似的恶性事件重演。

（原件第 333 页）

印度支那总督比杰先生致中安勘界委员会主任先生函

河内，1890 年 2 月 12 日发

主任先生：

您 2 月 9 日来函收悉，现复如下：保护国政府批拨给您的每月 1500 法郎的津贴，在您执行任务的整个期间都将保持不变，即只要您具备勘界委员会主任职衔，即使在您请假回法国向外交部长先生或主管殖民地的次长先生述职期间，仍继续享受该项津贴。

（原件第 334 页）

印度支那总督比杰先生致中安勘界委员会主任先生函

河内，1891 年 2 月 12 日发

主任先生：

2 月 6 日来函收悉，特此告知。信中要求注意您的护卫队欧洲籍士官的境遇（其待遇低于土著士官），但我无法满足您为他们提出的这一请求，深表歉意。

若发给他们津贴，则占领军团的全体士官都应得到，任何人都不能特殊化，享受额外待遇。然而本部的各项指示不容许采取这类措施。

另外，我希望您注意，欧洲籍士官的待遇低仅是一种表象，他们除军饷外，还可领得一份人均 1.20 皮阿斯特的额外补贴。

比杰（签字）

（原件第 335 页）

谅山要塞各军官先生致中安勘界委员会法方主任先生函

谅山，1891 年 1 月 25 日发

谨定于明日（1 月 26 日）晚 6 时在军官俱乐部举行便宴，恭请光临。届时，谅山要塞全体军官和公使馆主事先生及谅山发饷官鲁莱（Roulet）先生均将出席相陪。

此致

法兰亭先生暨法方界务委员会全体委员

贝尔布瓦（签字）率谅山要塞全体军官谨启

（原件第336页）

勘界委员会委员德·普拉内少校致南关隘界务委员会主任先生函

峙马关，1891年2月1日发

主任先生，敬禀者：

昨晚7时，一场大火几乎将驻地营房悉数烧毁。火是从外籍军团驻地的那座棚屋开始烧起的，棚屋在中间广场左侧，与您曾居住过的那座大棚屋呈直角。当时自早晨起，即刮起一阵强劲的北风，于是，火势乘着劲风，飞速蔓延到下风口的各排草房上。自听到救火声后，全体人员（苦力除外）均立即奔去抢救枪支、弹药和器材。被烧的木屋紧挨着我的棚屋，于是，我的房屋也立即烧着（亦即马埃之屋），数分钟后，这部分营房普遍着火。只有营房入口处左右首的两座木屋以及我们伙房旁边的小棚屋完好无损。库房因此也未遭任何损失。各种枪支及弹药均及时抢出。一批属于外籍军团的日用品被烧毁，护卫队长已开列清单备案。我对驻军的表现深表赞赏，特别是外籍军团士兵更应表扬，他们奋不顾身的英勇行为令我钦佩，其中有数人在抢救国家财产和我们的个人物品时受伤，所幸伤势不重，无须多虑。

以下数人，表现尤为突出，特开列如下：

杜弗雷努（Dufrenu）：双手与右足大面积轻度烧伤，系我亲自发现的。

贝尔特朗迪（Beltrandi）：右手被竹子刺伤。

贝斯望（Beswang）中士：左手轻度烧伤。

凯泽尔（Kaizer）：左手烧伤。

罗布里齐尤兹（Robriziuz）：双手烧伤。

苦力们尽其可能，偷盗了一批财物，席卷而去，而且再无踪影。

中国的统领派出其副将率一批官兵从起火开始就赶来相救，他们来到后，被我们派去分头看守仓促堆积在营房门口的箱笼及杂物。

这一晚以及整整一夜，大家的焦灼之情可想而知，在此毋庸赘述。大火烧了一夜，因此必须严密监视，以防风向突变。由于贝尔特朗迪，我的贴身小童以及外籍兵丁等的及时抢救，我个人仅损失了价值有限的几件物品。

土著步兵亦仅损失了一顶筒状军帽及一顶头巾（头巾已被烧毁）。

主任先生，我借此机会想提请您注意，此哨卡药品缺乏。

我不揣冒昧，请求您让医生经谅山给我们寄来如下药品（若医生认为可能），因为此间百病丛生。

奎宁　25 克

吐根　25 盒

阿片酊　50 滴

铋剂　25 克

碳酸溶液　1 公升

凡士林

硫酸钠

绷带

旧布纱团

碳酸消毒棉花

大头针

此间包敷烧伤伤口的物品一无所有，测绘军官们要求再派 15 名土著步兵，他们将于明日赶到。

明日此间将只剩 20 名外籍军团士兵和 6 名土著步兵可拨作护卫队使用（士官包括在内）。我与中国人关系融洽。29 日，我设午宴招待了两位中国统领，蒙特隆先生的中国男佣充当了翻译。

请原谅我字迹潦草，今日天气奇冷，而且我乃信笔写来。

德·普拉内（签字）启

我已致函贝尔布瓦，请他派人立刻设法送一批烧伤包扎用品。此外，下列人员的表现值得提名表彰：

阮文志（Nguyen Van-Chi），二等兵（番号 554）。

三文得（Tam Van-Dac），二等兵（番号 674）。

（原件第 337 ~ 338 页）

法国驻北宁公使致河内勘界委员会主任函

北宁，1891 年 2 月 5 日发

主任先生：

今特去函将下列事件相告，但性质亦不严重。

自接得1月30日来电，悉您将于2月3日到达后，我即着手准备您的护卫队住房和解决苦力的替补问题。

我当时认为无须提前筹划食物问题。

因为北宁有一家由一位会计经营的粮站，因此，我当时并不觉得采办贵护卫队食用所需的一应给养会有什么困难。

然而，为避免误事和发生什么障碍，我在前一天（2月2日）下午2时仍然致函北宁给养站经理，问他次日早晨我是否确能用规定票证换取3名外籍军人和25名土著兵员所需之口粮。

下午4时，我接得给养站经理的答复（随函附呈于后，请阅），把我打发到塔球（Dap-Cau）军需官那里，让他在必要时发出命令。

碰了这个小小钉子以后，我即命人在当地采购您的护卫队的各项生活必需品，以免误事。

我对北宁给养站的答复颇感意外，于是便设法了解内情。经打听后获悉，这位经理对自己该不该发给我们所用的配给粮心中无数，遂前往塔球向他的上司——海军副军需官请教。

副军需官只是当众向他回答了如下一句话："要是公使先生需要什么，叫他向我来要就是了。"

以上所说即使不是军需官先生的原话，至少是他确切的原意。

这就足可解释，我提出要求后两小时，给养站经理何以向我进行上述答复的原因。

军需官先生也许觉得我没有把他本人以及他这个给养处主任的职位放在眼里，而且对我不直接与他联系极为反感。

我却觉得，军需官先生该不会健忘，他所在的塔球离北宁4千米，联系颇不方便；另外，他也应该想到，既然有给养站主任在，我自然认为就近向他提出要求该是可行的。

我不敢说，军需官先生对此真正有什么恶意，然而，初一看来却与此相差无几。事情发展到让人产生这种推想，已够过分了。

尽管此事性质并不严重，然而我认为有必要向您汇报。最后我们也因此而只得就地直接采购您的护卫队所需之食物，但这是不大合乎手续的。

应该进一步说明的是，您离开北宁4小时后，北宁给养站经理即告诉我，塔球军需官已下令，命他提供你们所需要的一切。这大概是军需官先生在前一天又经过反复考虑，或是接到了有关命令后的抉择。

奥弗涅（签字）敬启

（原件第339～340页）

附件

北宁给养站经理致法国驻北宁公使函

北宁，1891 年 2 月 2 日发

公使先生：

我无法向您交付任何配给食物，特此奉告。

您应该致函塔球军需官，询问各类配给食物究需多少份。这样，军需官先生若认为必要，即可据此向我发出有关指令。

（原件第 341 页）

印度支那驻军总司令戈丹致同登中安勘界委员会主任函

河内，1891 年 4 月 6 日发　1891 年 4 月 15 日登录，登录号 770

（对 4 月 5 日所发电文的确认）21749　对 4 月 4 日电报的答复。我已下令，让第十与第十二军区司令员向您说明广西边界的局势，并告诉您与勘界委员会有关的一切军事活动的具体情况。

（原件第 342 页）

派往峙马关的勘界委员会委员、普拉内营长致南关隘勘界委员会主任函

峙马关，1891 年 2 月 19 日发

主任先生：

兹随函附寄疫苗接种证汇总清单一份，请查阅。该清单系我昨天（本月 18 日）收到的。

测绘军官亦已同日抵达，而蒙特隆先生手头现款不多，无法对这些接种证进行报销，我遂派他去谅山筹划资金，他将于明晚抵达那里。

我们与中国军官之间依然保持着相当友好的关系，但为此，我亦破费不少，赠送了许多水彩画，甚至还有餐具（杯、碟等）。

这次失火给我个人留下的印象之坏超出我之意料。除损失了大约 50 皮阿斯特和烧毁了个人的一点财物外，我那条可怜的母狗兰达（Landa）亦被烧伤，伤势之重使我不得不命人将它击毙。

驻地营房已完全修复，伤员（轻度烧伤）已迅速康复。测绘队员们认为，若天气情况允许，他们仍需自峙马关得到15天的给养［包括在那卒（Na Chi）的逗留期］。若您暂不需要我，则我希望最好仍留在峙马关，或是与测绘队员们在一起。至于应选择何地为佳，应视您的要求而定，当然，我仍须恭候您的命令。

又及：外籍军团的健康状况不佳，发烧的人不少，但在中国官军中情况也如此。唯我的身体却日见好转。

（原件第343页）

第一外籍军团上尉、第二测量队队长巴歇利埃致法国政府驻朝鲜大使馆一等秘书、领事兼专员，中安勘界委员会主任法兰亭先生函

晞沙关（Porte de Bochaï），1891年2月25日发

主任先生：

今特去函，请您让人命中国官员爱护我们设置在中国地界的各种测量标记。

23日，一个深插在土中的觇标在正午时分被拔去。中国官吏们硬说这是风刮走的，实际上那天并未刮风，但他们答应派人将觇标重新竖起。

可是，他们不仅毫无行动，而且在24日，我刚刚插好的一个觇标，待我一离开，又被人拔掉。

一只觇标地点的测定以及觇标的设置是大量辛勤劳动的结晶。另外，若无觇标，则工程难以进展，且它们位置的设定也与土壤性质有关。

尽管我竭尽全力，且我属下的军官都有勉力完成任务的良好动机，然而雨雾天气早已耽误了我们的工程。

我们最近刚在一个空前艰苦的地区完成了作业，如果中国人再从中作梗，使工程难上加难，则我们绝无可能按期完成任务。

中国卫队由一名士官统带，看来他毫无实权，然而他身边有两名测绘人员和另外两名官吏。

我对他们说明，某些觇标设在离边境线极远的安南境内，并设法让他们明白，设置在中国境内的觇标并不表示边界线，他们这才似乎恍然大悟。

我们与全体中国人维持着极融洽的关系（指测绘员或其他人），然而这些人显然并未意识到（或者佯装不知）我们正在进行的工作的性质。

为此，现来函将以上事实相告，务请以您崇高的威望使我们大家都一心要圆满完成

的工作得以顺利进行。

我现在通过一位老兵的传译与中国人交谈，您在南关隘派给我的二级翻译没有随我前来，他不告而别，已不知去向，我派人前去寻找，但毫无踪影。然而，看来那位老兵亦基本能胜任，虽然我觉得要使他完全听懂我的意思颇为费力。

巴歇利埃（签字）敬启

（原件第344～345页）

第二测绘队队长巴歇利埃上尉致法兰亭函

唏沙，1891年3月1日

主任先生：

第二测绘队在结束了直达山子关（la Porte de Sam Chi）的现场勘测工程后，将于明日（3月2日）离开唏沙营地前往那范（No-Phan），特此奉告。

我正想在该村附近扎营时，当地里正却来告诉我，他已奉谅山驻扎官之命，为我们督造了一批房舍。

宿营地点经过精心选择，颇便于我们施工，于是我们便在那富（Na Phan）与板福（Ban-Phuoc）附近住下来。

我遵照您的指示行事，并根据界约来测绘地界，然而我认为我有责任将下列事实相禀。

中国人矢口否认界约中所规定的自唏沙关至山子关的那条疆界。在某些地点，他们用一道土墙来定界，而土墙的位置却完全在安南。

由于我只负责测绘，而且没有资格进行疆界谈判，因此，若非3月24日我遇到的一群中国官军想阻止我穿越他们国界，则事情本来与我毫无关系。

25日，官军人数更众，其中还有多名骑兵，他们在所谓自己的国界上插满旗帜，每当我走近边境时，他们就气势汹汹地大喊大叫，我的护卫队中的数名中国士兵甚至也想施加阻力，不让我前进。

一名自称为官员的人走上前来对我说，我的作业区隶属马将军地界，如果我执意要进入界内，则势将受到马将军的严厉制止。

26日晨，我曾一度想给您去电，但最后觉得还是再忍让一步为宜。

驻在我近旁的中国测绘官员和官吏显出非常遗憾的样子。

他们求我不要越过他们已表态同意的那条国境线，说官军阻止我过境是奉马将军之命行事，他们毫无资格违抗他的命令。

他们还说，如果我同意等候数天，他们将致函龙州，届时，纠纷也许将会解决。

我答称，我给他们添了麻烦，对此我表示歉意，然而我必须执行您的指示，因此，27 日晨我仍将动身回到我应该前去工作的地点，继续作业。

我还要说，我的护卫队中的 4 名中国士兵，不仅不支持我，反而想千方百计为难我，因此我要求官吏们下令加以制止。

27 日，（中国）测绘人员及官吏在无可奈何的情况下，率 20 名官军护送我。那天，我并未遇到任何阻碍。

我一直注意完全不向中国人表示我不同意他们关于边界位置的意见，我设法让他们明白我仅负责测绘该地区地形，并请那些所谓的中国测绘官员前往安南，他们爱走多远就走多远，然而他们总这么回答："你别管我们的闲事，你管你的安南，我们管我们的中国。"

28 日，两名在山子附近工作的官员又与一位中国官吏及 12 名卫兵相遇，这位官吏想强迫他们离去。但两位官员不予理会，继续工作。

从以上这些事实中可知，地方官吏似乎并未接到涉及我们的任何命令，而且他们千方百计想刁难我们的工程。

迄今为止，由于我一再克制，总算没有发生任何冲突，然而长此下去，在今后的某个时刻，这一工作终将无法进行下去。

尽管我们遇到了来自各方面的困难（地形崎岖不平，雨雾天气以及中国人的不良居心），但无论如何，我们终于能够在 3 月 2 日到那范（Na Phan）驻下，我当时初到咘沙，根本不奢望能做到这一点。

我能取得这点成绩，应该说和我手下军官的坚强毅力和诚挚意愿分不开。另外，普瓦松少尉尽责尽职，苦干加巧干，圆满解决了与其护卫队及全体军官有关的物资问题，解除了我在这方面的后顾之忧，使我能够始终和测绘人员留在现场，因此，我的这点成绩也有他的功劳。

（原件第 346 ~ 348 页）

第二测绘队队长巴歇利埃上尉致法国政府驻朝鲜大使馆一等秘书、领事兼专员，中安勘界委员会法方主任法兰亭先生函

1891 年 3 月 4 日发

主任先生：

第二测绘队于 3 月 2 日抵达板俸以北、那富附近的板英（Ban-An）。在这里得到了一座相当舒适的住所，这是地方官吏为我准备的，由于事先并未提出任何要求，因此我对

住进这一寓所感到分外高兴。然而我觉得，我们在每处的逗留期只有十来天，因此不应当有如此规模的住所。另外，地方官吏根本不了解我今后需要搬往何地工作，因而很可能产生这样两种情况：或者是准备了住所而我却无法住上，这会使当地人感到懊丧；或者是我不得不在某地驻定下来，而那里又不具备进行测绘工作的充分必要的条件，从而使我浪费宝贵的光阴。

窃以为，最好的办法是让土著官员稍等，待我告诉他们我的动向后再设法督造任何宿舍，以免他们徒劳无功。

从山子外栅至我驻地附近的扣渠岭（Fort de Keochio），中国人划了一条直线，并在数星期前在沿线埋下路标以表示疆界。与界约相符的那条旧疆界已退至后面，沿一排较高的山脊走向。

在这排难以进入的山脊边，我找到了最近被放倒后仍留在现场的旧觇标。

昨日我在边界工作了整整一天，未遇到中国人的任何留难。我始终与中国官吏及他们的卫队友好相处。这里与在喃沙一样，他们也要求我驻在与他们靠近的安南地界，对此，我即刻表示同意。

要是像今天这种恶劣天气不再继续下去，我打算在12日前后离开板英，可能前往那蒲（Na-Pha）附近。

总之，截至目前，我的工作进展顺利，我一定实践我对您的承诺，即工作业绩一定不落后于第一测绘队。

（原件第351～352页）

勘界委员会委员迪德洛上尉致波内勘界委员会主任函

那支（Na Chi），1891年3月4日发

主任先生：

第一测绘队已自那摩（Na-Maï）岭到那支岭驻定，特此奉告。

我们可以在这周围一带勘界作业数天。我们的营房系由禄凭州知州督造，但他并未告诉我们。在现场勘测时我们才发现盖起的小屋。由于天气恶劣，而且势将绵延下去，继续困扰我们，因此我们在发现这排小屋后不禁大喜过望。

要在现场施工实无可能，这确系憾事，但百米远处已失去能见度，故亦无可奈何。

这次发生的延误实出无奈，不以我们的意志为转移，但若浓雾能迅速消散，我想我们总能在4月15日抵达南关隘。

若天公作美，则第三板测量图当在一周内完成。

我以为，在我出差期间，我手下的测绘官员工作极为认真，对此我敢保证，因为我

知道，他们对工作异常热情和主动。

我终于能够开始起步，但还无法甩开膀子大干，这使我苦恼万分。

我抵达峙马关后曾对普拉内少校说，您已下令让他前往南关隘，但他尚未奉到这一命令（3 月 2 日），然而，我还是劝他动身前去，因为我知道您亟盼峙马关营地能及早建好。他接受了我的意见，大概已于 3 月 4 日出发。

我亦致函巴歇利埃上尉，说您要求每隔 4 天向您汇报一次第二测绘队的工作进程，我还建议他把边界上各种突发性事件作为见闻向您报告。

我寄给您第二份界图时曾向您说明，边界上有一处，中国统领曾对之提出争议。以后，我见到了他，他向我提到了这一问题。最后，他还是接受了我的意见，因而再也没有发生龃龉。

我们的土著步兵护卫队的健康状况极佳。

我治下的测绘官员的身体亦称健康，斯皮克（Spicq）先生昨日略有日射病症兆，但并无危险。

我们与中国人仍保持着融洽和睦的关系，不言而喻，这也有利于我们工程的开展。

我在谅山与军需官晤谈过，希望用空车队直接发运我们的补给品。这样做其实并不难，虽然路程稍远（两天），但整个地区秩序安定，运输途中亦无妨碍。

（原件第 353 ~ 354 页）

印度支那总督比杰先生致中安勘界委员会主任函

河内，1891 年 2 月 24 日发

主任先生：

兹将总司令将军来函的抄件奉寄于后，请一阅。该信阐述了在两国勘界委员会达成界址更改协议后，中国官方军队在广东进行的调动。

为便于我随时将同类性质的调动知照将军，在逐项形成决议，向中国归还领土进而允许其官军进驻这些领土后，务请及时把这些决议确切无误地告我为感。

（原件第 355 页）

印度支那部队总司令戈丹将军致印度支那总督函

河内，1891 年 2 月 18 日发

（河内军务处转）

总督先生：

您在 2 月 12 日来函（第 36 号）中谈及在里甫（Li-Pho，广西边境）村发现的军队集结的性质问题，我已及时将信中所述的情况转达第二旅司令官上校先生以及芒街军事辖区司令员先生。

在看到军队集结后，芒街军区普遍表示气愤是情有可原的，因为军事辖区及边防哨所各司令均不知勘界工程竣工后中国与我们之间突然达成的各项协议。

为此，我提请您注意，军事当局正确掌握这类性质的部署极其重要。

我确实不知道嘉隆河两条支流之间的领土已让给中国，也不知道中国业已进占该地。

由此，上述军队与专门负责使有争议地区保持中立的横模哨所驻军之间势将发生一场冲突，因为横模驻军尚未接到有关这一新情况的任何通知，冲突的后果不仅会令人痛心，而且一定会极其严重。

随信附寄横模哨兵所指挥官先生的来函一份，阅后即可完全了解勘界委员会主任先生在这一问题上守口如瓶所造成的种种麻烦。

幸亏这位军官能审时度势，办事谨慎。然而如果他一旦干预，必然表现为使用更为激烈的手段，进而导致与中国官军发生冲突。为防微杜渐，避免任何这类性质的误会重演，务请发出相应的命令，俾军方今后能及时掌握目前尚在边境作业的勘界委员会在边界走向中所可能进行的更动。

（原件第 356～357 页）

第二测绘队队长巴歇利埃上尉致法国政府驻朝鲜大使馆一等秘书、领事兼专员，中安勘界委员会法方主任法兰亭先生函

板英营地，1891 年 3 月 8 日发

主任先生：

兹寄上 2 月 25、28 两日的报告，请过目。这一宗报告的内容均系我们遭遇的中国人制造的各种障碍及困难。3 月 4 日，我曾向您报告，这类纠纷似乎已经消除。

今天，我们又遇到了一起武装反抗。

我不知道法中双方勘界委员会之间是否发生了什么纠纷，也不知道勘界工程是否应该中止，然而，我没有接到您这方面的任何指示，于是，我认为仍须继续工作。然而，我觉得有责任相告：我也许无法再继续干下去，因为今天的事件今后若是重演，我将立刻停工，同时，也一定会向您紧急禀告。因为我既不想以武力对付武力，从而成为法中之间发生纠纷的导火索，也不想让任何法国军官成为中国官军侮辱与威胁的对象。

今天上午11时雨止，为了不错过这一良机，我率手下的军官出发。博南（Bonnin）先生与我沿着一座山脊前进，德·维耶尔（de Vial）在山谷中行进。贝图阿尔则反向而行。我们每人均有一支土著步兵和数名中国官军组成的护卫队。

抵达上同关（Porte de Thuong Dong）（此关由竹子筑成）时，德·维耶尔（de Vial）先生在路上发现了一面插在土中的旗帜（如果我们当时留意这旗帜，把它放在心上，则我们至今也许仍在南关隘，因为我们的宿营地在山脊下，山脊上就有不少这种旗帜）。德·维亚尔先生并不在意，继续工作。由此开始，每隔一段距离，他周围总有一群中国官军在插旗帜，旗帜还飘到了他的地图板上，他遂拔走了一面，但一名官军立刻手持长矛前来威胁，德·维耶尔先生对一名官吏说，他有中国卫兵随侍左右，官吏答称，这与他毫不相干，并命人吹起号角，于是大批武装官军立刻出现在山冈上。德·维耶尔先生不得不停下工作返回，身后响起一片嘲笑声。他当即到附近山坡上向我汇报，我从山上极目远眺，中国官军的各种动向尽收眼底。

明天若天气条件允许，我将亲自朝这一方向作业，我打算率一支人数众多的护卫队前往。这样，我就无法再分兵给我手下的其他军官。我们将聚在一起作业而不再分散工作。当然，工程进度亦将减慢。

若中国人不让我们干下去，我准备回宿营地，以避免冲突，并耐心等候中国官军同意让我继续工作进而摆脱这一窘境。我们的中国卫兵，不仅不支持我们，还千方百计阻拦我们前进。但如果我们不进入中国境内，我们就无法遵您之命在边界两侧一千米范围内测绘界图。

目前我们正面临恶劣天气的干扰，我们将竭尽全力以使我们的工作不致延误，然而，令我们痛心的是，我们的辛劳往往因个别中国官吏心怀敌意，从中作梗而毁于一旦。

为此，我向您求助，亟盼您的崇高威望能立见成效，进而使我们的工作得以继续开展下去。

（原件第358～359页）

勘界委员会普拉内少校致波内勘界委员会主任函

南关隘，1891年3月6日发

主任先生：

我已于今日上午抵达南关，将此禀告。

您读了我最近的一封信后，大概会认为我在同登。我之所以改变行进路线，是因为迪德洛上尉向我报告了不确切的情况，说南关隘已撤空，在我经过谅山时他却告诉我，隆福先生仍在这一哨所，于是我便决定直接前往南关隘。

隆福先生定于明日出发，因为我觉得，您的意图是不让一名作为勘界委员会委员的高级军官以及一名少尉和12名士兵留在与中国人相隔不远的哨所内，以省却许多应尽的礼节，并不必再派人值班站岗，因此，我觉得以留下原在此间的土著步兵驻守为宜。

这样，值勤人员共需30名。

务请将我应逗留在南关的大概期限以及该哨所应完成的使命见告为感。

（原件第360页）

勘界委员会测绘处处长迪德洛上尉致波内勘界委员会主任函

同仆（Dong-But），1891年2月28日发

主任先生：

我们已自龙州返回，特此禀告。谅必您业已知晓，我们于24日上午11时登船出发，至下午6时停泊在河中，因前面有数条急流挡路，无法夜航。

25日晨6时，我们重新出发，10时整，我们抵同松（Tong-Song），下午1时又驶离同松。遵照钧命，我向每名舢板船员以及护卫我们的中国官军发了赏钱。

下午5时，我们抵达凭祥（Pin-Xiang），并在那里的一座庙宇中过夜。

我们在这里遇到了波特拉兹医生，他押着一列运粮车队前往龙州。

26日晨7时离开凭祥，上午11时抵达南关隘。我于2时离开南关隘，下午5时抵谅山。

我原在龙州即已感觉的疼痛至27日又加剧了，这大概是旅途辛苦所致，我再也走不动了。

28日，我的双腿无法迈步，然而我知道，您亟盼我及早与第一测绘队会合，我于3月1日出发，乘的是临时扎成的轿子。

谅山警备司令同意为我配备一个护卫队，直至同仆。我于下午2时到达这一哨所。在此以前，我曾请拉夫尼尔中尉先生给我派一支护卫队前来同仆，以和这些先生们会合，现这支护卫队亦已到达，明晨（3月2日），我拟动身赴洗马与那支。

我在同仆收到了用透明纸描绘的第二板测量图，并已过目。然而，您会看到上面附有拉夫尼尔先生的一张附条，说明我们与中国统领提出的疆界存在微小的差别。

我对照界图，研究了这一问题，您亦将领悟到，拉夫尼尔先生所指的那条界线无疑是正确的，它的依据就是那条分水线（直到当时，划界的方法一直如此）。

以上所述至少为本人个人意见。

一俟我与测绘队会合，我即准确地向您汇报勘界工程的进展和可能得出的结果。

又及：我今日收到皮普鲁先生的一封来信，他提到，他与他的同伴对您设法让他们获得勋章一事深表喜悦。他向我提出，他本人已是安南龙骑兵骑士，而贝尔杜拉先生亦为安南与柬埔寨骑士，因此，我建议是否可考虑授予皮普鲁柬埔寨十字勋章，授予贝尔杜拉安南龙骑兵十字勋章。至于贝尔杜拉，授予他这种勋章完全应当，因为他已获得荣誉勋位骑士勋章。

（原件第 361 ~ 362 页）

补充军马场场长梅洛（Mélo）上尉致中安勘界委员会主任先生函

河内，1891 年 2 月 27 日发

主任先生：

为便于补充军马场记账登录，并避免因数匹军马的体貌特征相似而混淆，务请把您命人退回补充军马场兽医站的那匹军马的名字相告为感，因为勘界委员会至今尚未收到任何证件，证明该马已归还军马场。

为办清手续，要求把情况了解清楚是完全必要的。

另外，勘界委员会已向补充军马场归还四辆木制车辆，这已不是原来送交勘界委员会的那批车辆了。

我们借给勘界委员会运输物资用的车辆系用烙铁烙上第六炮连（乙）的号码，而今，归还的车辆上却无任何记号。此外，这批车辆已破损不堪，务请主任先生来函告知，我能否将其退回，以换取原属炮兵连的那批车辆。若蒙将原物送还，则不胜感激。

梅洛（签字）谨启

（原件第 363 页）

中安勘界委员会委员普拉内少校致波内勘界委员会主任函

峙马关，1891 年 3 月 3 日发

主任先生：

迪德洛上尉今日已抵此间，他转达了您要我与蒙特隆先生一起前往南关隘的命令，特此去函禀告。

他还告诉我，勘界委员会已撤出南关隘，改驻波内。现在我身边只剩下 8 名外籍军团士兵在营地值勤。护卫队其余军人不是住进医院，就是零星地被从我处调走。

在这种情况下，我请求您批准我前往波内，到您身边当差。

后日（3 月 5 日）我拟赴谅山，然后即去同登补给站待命。

（原件第 364 页）

勘界委员会委员普拉内少校致波内勘界委员会主任函

板英，1891 年 3 月 11 日发

主任先生：

我已于昨日下午 3 时许抵达此间，沿途并未遇到任何事故，特此禀告。巴歇利埃上尉立刻向我汇报了情况。

显然，这里的情况完全不同于峙马关。我觉得中国军队的精神面貌亦已改变，这大概与他们的长官有关。

今日，我本拟以带队者的身份（理应如此）陪官员们在现场踏勘一遍，但天气恶劣，这次出行只能改在明天。

明天，我们拟赴剥堪隘（Ban-Coyen）驻定。

发生纠纷最多的亦是这一带。

待我目睹事实真相后，我将立即向您禀报一切详情，但仍当尽力调解与缓和双方的关系。

在我自南关隘出发前，我曾去拜谒了南关副将，他不仅热情接待，而且谆谆告诫勿与统率此间各军的武将直接接触。他说，此人极端粗鲁，毫无教养（有人直言不讳地称他为“土都司”）。但他要我致函这位都司，说明若官军定要在此肆虐，势将激起周围的怨恨。

我向他说明，第一测绘队与中国军队及百姓之间始终维持着和谐的关系。我还向他叙述了几乎完全在中国进行的勘界工程的概况，并说我自己在峙马关中国地界外出打猎与绘图时，并无护卫队侍候亦非常顺利和方便。总之，我竭力想使他明白南关隘与波内之间的友好关系将一如既往地继续维持下去。然后，双方友好地分别。

请相信我，主任先生，我会竭尽全力完成您交给我的任务。

又及：土著步兵护卫队已护送我至此，今晨我已打发他们经同登回南关。

您 3 月 9 日来信已于今日下午 4 时收到。

（原件第 365 ~ 366 页）

勘界委员会测绘处处长迪德洛上尉致勘界委员会主任先生函

那支，1891 年 3 月 11 日发

主任先生：

本月（3 月）4 日，我在信中向您汇报了第一测绘队工程的进展。我一定设法尽量使您经常了解情况，让您能及时掌握这些工程的动态。3 月 4、5、6、7 日 4 天，浓雾弥漫，使我们根本无法在现场进行勘测。幸亏 8、9、10 日 3 天，总算得以进行作业。第三版测量图今日将绘完，明日起拟着手用透明纸描图，描毕即把描绘件寄您。该图包括自那卡（Na-Ka）至那支的全部边境。

第四板描图的起点为枯架（Khoui Kha）。14 日，我们拟前往板照（Pan-Tchio）关（参见勘界委员会所附界图）。枯架与板照之间的那段疆界有几处开始并未明确划定，有几处至少与界约上所附的界图相悖。我曾向中方主任反映此事，最后达成协议，我们双方一起前往现场勘定边界位置究竟应划在哪里。我将尽力而为，以得出一令人满意的解决方案，然后呈您审核。

我们在板照只拟逗留三四天，然后前往哀牢（Aï-Loa）。

此后我打算经由谅山与第二测绘队会合，若您另有命令，自当别论。这是我从龙州出发时做出的决定。

我估计只能与巴歇利埃上尉在一起待几天，然后往赴波内（Bi-Nhi），大约在 3 月 30 日前后即可到达该地。第一测绘队一直在良好条件下工作，除非天气恶化，否则我想我定能在 4 月 15 日到达南关隘。我手下的 4 名测绘军官身体健康，护卫队的健康状况亦佳。听安南地方官吏说，我们所处的地区社会秩序安定，然而实际上，我们四周都有盗匪盘踞。

3 月 6 日深夜至 7 日凌晨，一名窃贼潜入皮普鲁先生的房间，在他床头盗走一只箱子并携至营房门口。幸亏睡在房内的传令兵惊醒后喊叫起来，窃贼才乘别人尚未完全醒来时逃之夭夭。总之，由于传令兵发觉及时，他总算没有把箱子盗走，箱中物品亦无一丢失。

这名窃贼是乘着黑夜作案的，然而他也算是胆大包天，那晚共有 3 名哨兵站岗。由于发生了这起行窃事件，土著步兵护卫队队长贝尔杜拉中尉先生晚上增派了一名岗哨，负责监视营房内部。尽管采取了这些防范措施，8 日（7 日夜至 8 日晨）巡逻士官于凌晨 2 时前来将我们唤醒，说有两支步枪刚被人偷走。于是，我们立刻派人在周围一带执行巡逻，本区的布政使住在离营房约 100 米处，他获悉此事后遂派人在各村搜索了一遍，但并无结果。

贝尔杜拉先生大概会将这件令人不快的事报告他的上尉（护卫队队长布瓦先生）。我觉得这一行窃事件发生得非常蹊跷，我并不觉得某些土著步兵与窃贼串通作案出乎我的意料。因为贝尔杜拉先生采取了一切可能采取的防范措施，而且毫无失误与疏忽之处。

调查的细节与我无关，故在此也不必述及。布瓦先生在收到贝尔杜拉先生的报告后将会向您解释一切。前天，经中方主任引见，宁明（Nin-Ming）州知州前来拜谒，我们接待了他们，这两位先生都相当可亲。

次日，我们回访了他们。我们与中国官员始终保持融洽的关系。

我想，这些先生们一直在仔细研究我们的测量结果，他们对我们工作的信任甚于对他们自己的工作，我认为他们这种做法是正确的。

主任要求我把第三板测量图描印一件，我当然欣然同意。

（原件第 367 ~ 368 页）

第一外籍军团第二测绘队队长巴歇利埃上尉致法国政府驻朝鲜大使馆一等秘书、领事兼专员，中安勘界委员会法方主任法兰亭先生函

剥堪隘（Porte de Bau-Cuyen），1891 年 3 月 12 日发

主任先生：

兹寄回经签字后的第 868、863、865、866、811 等各号付款寄发单一份，请查收。

我于今日上午离开板英（Bou-An），并来到中国剥堪村与安南防陪（Pan-Fan）村之间驻定下来，营房早已由地方官吏预先建成。对于这些营房的搭建，我事先并不知情，只是在作业时才发现。

天气恶化已有两天，若能转晴，我希望于 17 日前后撤离目前的营地，前往北新（Bac-Tan）附近。

您在 3 月 9 日来函中提到蔡（Sian）阁下已发出命令，我认为这些命令已开始执行。

因为，若要到达此间，途中须经过驻满兵丁的三座中国村庄，他们对我途经那里并未表示反对。

这三座村庄的士兵曾经拦阻过德・维亚尔先生，次日，他们对我在中国境内进行勘界作业也表示过反对。

只是由于我邀请了中国官员与勘界人员一同前往现场察看，并经他们与士兵磋商后，兵丁们才让我过境。

我与中国官吏和勘界人员始终保持着良好的关系，他们对我遇到的阻力深表遗憾。我对他们说，如果他们并无充分权力容许我完成我的工作任务，我将暂停一切作业并在原地待命。

我希望今后不再遇到阻力，若再发生刁难等情况，我将立即向普拉内少校汇报，他

在前天已赶来我们处会合。

巴歇利埃（签字）

（原件第 369 ~ 370 页）

测绘处处长迪德洛上尉致波内勘界委员会主任函

板胄（Pan-Tchau），1891 年 3 月 17 日发

主任先生：

兹寄上描印的第三板测绘图一份［自那荷隘（Na-Ha-Aï）至峙马隘（Chi-Ma-Aï）］，请查收。边界线的走向绝不会引起任何争执，中方主任本人亦对描印图上的这一边界线表示接受。

目前，第四板测绘图的工程已全面开展，并将于 3 月底结束。我们定于明日（3 月 18 日）离开板胄前往北卡（Bac-Cap）［哀牢关（Porte d'Aï-Loà）附近］。

我拟与手下的测绘官员一起在这一新的驻营地逗留两天，以核实边界上是否确无争议地段，然后按原来的约定前往第二测绘队营地，再从那里出发赴波内。

我认为应该向您说明，勘界委员会界约中所附的那张 1∶40000 地图，在枯卡与板胄两地附近均有若干地点画错，同样，1∶100000 地图亦不正确，这些文献无助于我们的工程进展，只不过使我们能按图索骥，易于选择我们的驻地而已。13 日、14 日两天又遇浓雾，因而现场勘测无法进行。

我前已禀报，禄凭州知州在那支为我们准备了相当舒适的营房，亦为中国护卫队准备了良好的驻地。

我觉得有必要让人交给他一笔 70 皮阿斯特的款项，以支付施工苦力们的酬金。我们到达之前，他还命乡长在板胄修建了几座简陋的棚屋，我支付了 22 皮阿斯特作为施工费。

我们的给养定期从谅山运来。

这里的卫生条件较好，我已完全康复。我们虽不时出现发烧症状，但并不严重。

安全问题似乎已万无一失，然而还必须严密监视，以防盗匪袭击。

（原件第 371 ~ 372 页）

勘界委员会测绘处处长迪德洛上尉致勘界委员会主任函

哀牢，1891 年 3 月 19 日发

主任先生：

您1891年3月8日来函获悉，现就我直接前往峙马的原因解释如下，以答复您的来函。

在离开南关隘前往龙州之前，我曾向您提出，先去第二测绘队与他们会合（队长为巴歇利埃）。您表示同意，我还为此致函巴歇利埃上尉。

可是我从龙州动身时，又向您提到我的旅行计划，您遂正式命我前去第一测绘队。我还提醒过您，按我们原先在南关隘商定的计划，先去与第二测绘队会合似乎更有利些。但您对我的这一建议给予了否定的答复，使我无法再坚持。

总之，我只有先去峙马，以执行您的命令。

后天（3月21日）我将出发前去第二测绘队，为此，我曾致函巴歇利埃上尉，请他给我派一支护卫队来同登。

我在3月11日信中曾对您说过，我大约在本月底即可抵达波内。

3月28日前后，第四板测绘图将完工，我请拉夫尼尔先生在描印件完成后立即寄往波内。

我已向您说明，第五板图（最后一板）大约在4月15日前后即可绘完。

这一日期是早就定好了的。

若您收到本函后有回函致我，务请将信件寄达第二测绘队所在地，我最迟将于23日或24日到达他们那里。

随信附上迪德洛先生、拉夫尼尔先生、皮普鲁先生、贝尔杜拉先生、斯皮克先生、阿奥尔（Ahore）先生等人的酬金汇票收据，特此说明。

（原件第373~374页）

第七连连长兼勘界委员会护卫队队长布瓦上尉致波内勘界委员会主任先生函

波内，1891年3月20日发

主任先生：

务请让民政部门给护卫队各位军官先生寄来行军津贴。根据1891年1月8日印度支那总督先生来函规定，这项津贴是应该发给的。

这些军官自到勘界委员会以来，未领得分文津贴。

为便于您开列汇款单，特将下列情况相告：

布瓦先生：第一土著步兵团第七连连长兼护卫队队长，1月17日自科伦坡乘船抵此，旋即奉命前来统率这支护卫队。

隆福先生：第二外籍军团预备役中尉，于1890年11月13日离开兴化前来勘界委员会。

德·蒙特隆中尉。

比诺先生：东京第一土著步兵团第七连中尉，1890 年 11 月 20 日自河内出发前来勘界委员会，于 3 月□日离开护卫队。

布瓦（签字）启

（原件第 375 页）

勘界委员会委员普拉内少校致波内勘界委员会主任函

室溪，1891 年 3 月 22 日发

主任先生：

兹委托今日上午的脚力带去自波内至室溪的水陆线路移印图一份，此份移印图是匆忙之中完成的。

从起点开始，我已把经过每个急流的时刻以及村庄的位置一一标出，然而，由于数量过多，我来不及把笔记整理并誊清，因为邮政局局长急等寄出。

航行极端困难，因此舢板苦力在航途中相当费力。

我们于昨日下午 4 时 30 分抵达室溪，一路是在沿河河底慢慢拉纤而来的。

我很怀疑，满载物资的舢板能否如此迅速航行。整个车队早已于 2 时半抵达，据中士讲，公路路况较好。

我们三次渡过淇江，两次是从沙洲上过去的，一次则系涉水过河。在移印图上，我已把渡口与主要急流都一一标明。

我定于明晨 7 时去那占（Na-Cham），后天中午时分当能抵达。

又及：时间不允许我仔细校阅此图。

（原件第 376 页）

印度支那总督比杰致中安勘界委员会主任法兰亭函

河内，1891 年 3 月 27 日发

主任先生：

您 3 月 11 日来函奉悉，特告。信中向我推荐皮普鲁先生与贝尔杜拉先生，请求分别授予他们安南龙骑兵军官和柬埔寨骑士十字勋章的称号，而这两位先生现早已是安南龙骑兵骑士。

今特复函奉告，皮普鲁先生与贝尔杜拉先生将列入下一轮提升计划中，届时将遵嘱授予其新的勋位。此外，他们的名字已圈入最近的擢升名单。

（原件第 377 页）

第一外籍军团上尉、第二测绘队队长巴歇利埃致法国政府驻朝鲜大使馆一等秘书、领事兼专员，中安勘界委员会法方主任函

1891 年 4 月 2 日发

主任先生：

遵照您的指示，我已派出贝图阿尔（Béthouard）中尉先生前往边境立界碑，特此禀告。我还调遣一排由普瓦松（Poisson）少尉率领的士兵作为这名军官的卫队。贝图阿尔先生应在自上同关（Porte de Thuong-Deng）至南关隘地段内立 10 块界碑：这些界碑足以标明自上同关至南关一段的边界。

贝图阿尔先生由两名中方测绘人员或官员陪同，其中一名官衔较高者前来请我在他的界图上亲自标出界碑的立放地点，我立即满足了他的愿望。

由于自此处至南关至少需 3 天的行程，而且立界碑也许需要 5 天时间，我估计贝图阿尔先生约会在 4 月 9 日完成其工作，因此，除非您另有命令要我再向他转达外，我已命他利用在南关隘的逗留时间等候另一支测绘队，并与该队一起做好各板测绘图的拼接工作。

中国人描印的地图与原件的差别只不过是地名并非用法文书写。他们花了 3 天描印此图，然而他们用毛笔竟然能描出与我们的原图一样精细的界图，这使我惊叹万分。中国人请我在他们的界图上签字，像他们在我们的界图上签字一样，我对照原图核实后即在他们的图上签字确认。

主任先生，我请求您就贝图阿尔先生以及护送他的部分卫队的行止发来指示为感。

要是他们必须赶回此间，我认为，他们赶到时我们也快要动身了。因此，我认为最好下令让他们在南关隘或同登等我们，这样可避免人员的旅途劳顿，还可以精简给养供应。

在您认为适当的时刻，我拟亲自前往第二板测绘图所勘定的那部分疆界上立七八块界碑，这些界碑足可明确无误地划定自波内起至贝图阿尔先生所立的第一块界碑止的那段边界。

（原件第 378 ~ 379 页）

东京高级公使波里也（Brière）先生致中安勘界委员会主任先生函

河内，1891 年 3 月 21 日发

主任先生：

驻安南高级公使本月 14 日来电，请我设法把一个箱子寄给您，内装从安南桂皮专卖局采购来的桂皮样品。

主任先生，我已请海防市市长转寄这一箱子。埃克托尔先生还对我说，他已寄出两种野生桂皮的样品，一俟收到，我将立刻寄给您。

（原件第 380 页）

中安勘界委员会普拉内少校致波内中安勘界委员会主任函

安禄营地（Camp de Ai Ro），1891 年 3 月 29 日发

主任先生：

我于今日上午 9 时抵达安禄营地，特去函禀告。由于下雨，道路泥泞，行军进展迟缓。贝尔拉先生给我派出一支护卫队来谅山并对我说，他正更换营地，请我在他更换好营地后再前去与他会合。我是经同登来此的。如果路况良好，安禄到同登仅 3 小时路程。

测绘员拟在安禄逗留一周左右，若天气转好，也只能在现场工作 4 天，目前却未到其时，唯我们与官吏们相处和睦。

我在那占遇见了迪德洛上尉，已将您关于界图移印图的指示转达给他。

（原件第 381 页）

第二测绘队队长巴歇利埃上尉致法国政府驻朝鲜大使馆一等秘书、领事兼专员，中安勘界委员会法方主任法兰亭先生函

防陪（Pac Piao），1891 年 4 月 3 日发

主任先生：

顷间我接到贝图阿尔先生来函一件。贝图阿尔是在昨日（4 月 2 日）离开剥淰

（Bouan）的。

这位军官于4月1日晚抵达剥淰，在向我发函时早已立了三块界碑。

这些界碑是当着中国测绘队长官和当地县官的面立的，故没有引起任何争议。

贝图阿尔先生明日前往响沙（Bochai），朝南关隘方向继续立界碑，并询问我，在界碑埋设完毕后他该怎么办。

主任先生，务请就此事下达指示，俾我向贝图阿尔先生转达。

为测绘处及其护卫队着想，我以为最好能嘱他在界碑埋设完毕后即在南关隘或同登等候我们，也可以先走一步，到谅山等候我们。

（原件第382页）

第一外籍军团第二营第三连上尉比图瓦（Bethoy）致波内中安勘界委员会主任函

谅山，1891年4月5日发

主任先生：

我已在动身的当天晚上7时抵达谅山，特此禀告。

我还知照各位测绘官员，如果他们想在当天从南关隘抵达波内，则必须很早动身，让苦力们在凭祥（Ping-Siang）休息1小时。

所到之处，凡我遇到的中国人在表面上都对我以诚相待。陪送我的官吏对我关怀备至。那名中国兵想把我们的行李押送至谅山，故与我们的传令兵睡在一起，传令兵们奉命对他热情招待，他亦与他们在一处休息。

明日，苦力们将押送从谅山索取的蔬菜与食品，他们向我保证，两日内一定抵达波内，这样，7日晚他们将到您处。您的马匹所需的鞍子，亦由他们一并捎来。我已致电少校，通知他我即将返回，并请他批准，提拔特兰卡利（Trinqualy）下士为中士，以接替本连即将回国的博凯（Boquet）中士。

随信附上少校的回电，他对提拔特兰卡利下士深表赞成。

一式三份的界图绘制工作将在我们到达谅山时完成。

（原件第383～384页）

法国驻东京副公使、勘界委员会委员 G. 马埃致法国驻朝鲜大使馆一等秘书、领事兼专员，中安勘界委员会法方主任法兰亭函

波内，1891 年 4 月 6 日发

主任先生：

遵照您给我发来的指示，我在波特拉兹医生和一支由 40 名士兵组成的护卫队（队长系蒙特隆少尉）的陪同下前往博马（Bac-Mat）村。

我们于 4 月 5 日清晨 6 时从波内出发，10 时半抵达博马村，途中曾两次涉水过河，并搭乘了淇江上的木筏。

博马村只有两座苗家房屋，两者构造相仿，均是用竹子筑成的高出地面两米的竹楼，屋顶盖有稻草。

第一座竹楼共有四居室，第二座只有一居室。楼内共有 15 人居住。两座屋子坐落在一座圆形山的半山腰上，对面是一片开阔地带和一小片树林，而且紧靠淇江右岸。在相距四五米远处，筑有一排竹篱，只要稍用力一推，就能轻而易举地越过此篱。两扇门通往竹篱所围起的一片空地。

我们一到，即对 8 名伤员进行护理，波特拉兹医生负责对他们进行治疗。此外，5 具尸首中有三具已向我们出示（一具已装棺，另一具已埋葬）。

由于我们所余的时间有限，而且考虑到苗人对其死者相当敬重，我们只检查了一下尸首的头部。

办完上述一切后，我乘波特拉兹医生为伤员治疗之时，收集了各种证据，足以对在博马发生的一系事件进行如下综述。

4 月 3 日傍晚时分，9 名自称商人的中国人走进村庄，不管村民同意与否，9 人中有 7 人闯入了两座竹楼的各个房间。

在吃过大米饭，向村民敬完酒以后，中国人即抽起鸦片来。

接着，他们发现大家都已入睡，突然无端抓住接待他们的人，用刀乱砍；只要发现有人试图抵抗或向外逃跑，他们就开枪射击。

数名伤员和 5 名死者就是他们暴行的证据，而且足以解释在场的目击者和邻村居民都吓得胆战心惊的原因。

我费了许多周折才了解到一些有关情况，但我觉得从中找不到任何线索可以追寻这些匪徒的足迹。至于把他们赶走的流动哨兵，他们认为这很像是一次抢劫，虽然为了抢走 3 支苗人的步枪、一名妇女、一个小孩、一匹绸缎和一块安南银圆，无须使用如此残忍的手段。

我们在盘问一位名叫新花（Tan Hua）的妇女时，得知中国人涉水过河，并且带了大量肉类和蔬菜，我猜他们可以在博马村左岸的附近各村买到或抢到这些东西。我立即请庆岩（Khanh-Nham）乡乡长前去打听有关消息。

今日上午，这位官员回来后对我说，他无法打听到什么消息，只不过告诉我，一位名叫定高（Dinh Cao）的伤员今日已经死去。

波特拉兹医生和我给了伤员一些钱，并对他们说，他们可以到我们的营地接受治疗和吃饭。此后，我们便于下午 4 时离开博马，至晚 8 时到达波内。收集到的证词抄件一并寄上，请过目。

（原件第 385 ~ 387 页）

在博马村收集到的证词及有关情况

朱克芒（Chu Que Man），40 岁，琴伦乡博马村里正，在盗贼潜入该村时不在村内，他事后获悉有 5 人被杀，6 人负伤，其余一无所知；

华塘（Hua Duong），24 岁，博马村村民，当时亦不在村内，故与朱克芒一样，并不知情。

第一座竹楼第二室新花，为博马村第一竹楼第二室住户，年龄：16 岁

4 月 3 日傍晚时分，一名中国人走进我家，要求我父亲定高（Dinh-Cao）准其在我们家过夜。我父亲、那名中国人及我 3 人一起吃了饭，中国人给我吃了一块花生糖，又向我劝酒，我没有喝，我父亲却喝了一杯。接着，我父亲和那位中国人抽起了鸦片。突然，中国人操起我家的一把短刀，朝我父亲头上和腹部砍去，我立即惊喊起来，还拿起一块木头打那中国人，他转过身来用手枪朝我开了一枪，现在子弹仍留在我的腿肚内。中国人朝我开这一枪前几秒钟，我还听到了竹楼的另一个房间里有两声步枪响（第四室）。

这名中国人和闯入隔壁房间的另外两名中国人，我都不认识。

那名闯进我家的中国人身穿蓝色上装和布裤，头戴一顶帽子（帽子上有两个汉字依稀可辨，这顶帽子已交给我们），带着一小包蔬菜和大米，腰带上插着一支手枪。

进入隔壁房间的两名中国人身材高大，上身穿一件黑褂子，下着一条蓝裤，手拿雨伞，但我没有看到他们的武器。他们来自淇江左岸，并且涉过了那条通到山脚下的小河，我们村就在半山腰上。

我记不清他们说了什么，不知道他们是什么人。他们都带着一些肉和蔬菜。

注：本证人的父亲定高头部和腹部伤势严重，无法讲话，故不能询问。

新花未提到的那位已被掩埋的女人，据乡长说，大概是她的母亲。

第三室张肇虹（Truyen Trien Hong），37岁，博马村村民

4月3日傍晚，两名中国人来到我家门口，要求在我家过夜，我就让他们进来了。饭后，我们抽起了鸦片。

中国人给了我一块花生糖，我没有吃。我睡着后，一名中国人在我熟睡之时扑到我身上，另一个用刀向我砍来，我夺门而逃，前去通知丰磨（Phũn-Mo）村。两名中国人劫持了我的妻子和儿子，抢走了一块安南银圆和一匹衣料，旋即逃跑。临走前，他们朝我岳母头上砍了一刀。

中国人并无步枪，我始终没有看到他们带枪，而且我也认不出来。他们身穿黑色上衣和蓝色布裤，他们是从河的对岸出发并涉水过河。我没有看到其他中国人，但听到了三声枪响。

注：张的岳母年迈伤重，无法从她口中得知什么。

第四室睢玛（Thu Mai），20岁，博马村村民

4月3日傍晚，9名自称商人的中国人进入我村，要求借宿，而且声称即使我们不答应，他们也要进门。于是他们两人一组，分头住进了各室。吃完饭，他们递来了鸦片烟与我们同抽。之后，来我家的两名中国人用刀砍我的哥哥和父亲（刀长0.3米，宽五指），他们当即死去（一具尸体已安葬，另一具躺在席子上）。接着，他们拿起我父亲和哥哥的枪，向我母亲和我开枪（两位妇女都身中一弹，子弹穿过左腿）。中国人在傍晚时分赶到，二更时分退出，身着蓝色布衣。

龚良（Con-Luong），19岁（证词相同）

梅谢（Me Tas），40岁（证词相同）

第二座竹楼马新湖（Ma Sing Ho），20岁

4月3日傍晚，我从树林回来，看到两个中国人正在我家吃饭。他们给我父亲和我喝酒，我们都有了几分醉意，并抽了鸦片。其中一人带着手枪。我睡着后，他们就在我胳膊上和胁下乱砍，我惊跳起来，并吓得逃出门去。我回家时，父母都被杀死（我们看到了尸体），我妻子受伤7处（波特拉兹医生和我发现其妻有12处伤口）。

来我家的中国人身穿黑色上装和蓝色布裤。他们抢了我一支枪。我不知道他们从哪里来，到哪里去。

注：传讯是通过勘界委员会的一名安南翻译和室溪巡抚的一名账房（Thung Lai）（通苗语）进行的。但在向那位妇女睢玛取证时，庆岩乡乡长接替了那位账房。

G. 马埃

1891年4月16日于波内

（原件第389~391页）

印度支那驻军总司令戈丹将军致谅山勘界委员会主任先生电

河内，1891 年 2 月 16 日发

遵照 2 月 15 日第 2084 号来电所嘱，我已命人按您的要求留下您在本月 14 日来电中提到的三名军人。

德·洛尔姆（签字）

（原件第 392 页）

第 12 军区司令员洛戈（Logos）上尉致波内中安勘界委员会主任先生函

谅山，1891 年 4 月 7 日发

主任先生：

我奉印度支那驻军总司令将军先生之命与您取得联系，并向您提供我可能收集到的有关广西边境发生的种种事态的情报。

第 12 军区司令员目前确未掌握关于边界对面各种事态的消息，也没有收集这些消息的手段。

第 12 军区司令员以前了解到的中国军队年度集训和演习所需要进行的调防是通过法国驻龙州领事获得的。1891 年，只能是调防日期有所变动，然而春节前的一切动向当然仍然照旧，具体活动如下：

命那些按现行管理办法而被暂时清退的士兵归队；

将散驻在沿边境各小哨所的部队集中到各大军事中心；

将演习部队生活所需的粮草和给养集中到龙州及其他适当的地点；

把平时存库的步枪发到各士兵手中；

沿边界进行炮兵和火铳的实弹演习；

每年或每 3 年进行一次行政管理视察；

士兵解散并各自回到哨所。

也可能是由于一些意想不到的情况——我对此并不知情——改变了今年各项活动的进程，进而促使总司令将军先生采取了上述措施。

主任先生，您位高望重，交游甚广，消息灵通，若蒙您在可能的范围内将收集到的能使第 12 军区司令员感兴趣的情况相告，则不胜感激。

我得知苏（Sô）将军意欲将其在龙州的督署转让给广西地方官吏，而自己则调防至澜沧（Lien-Tcheng），这也是通过间接渠道获悉的。

据说，他还想筑起一座新城，城中房屋都由他自己出资兴建，这些房屋将无偿提供给当地人使用，但他们必须听从他的命令，招之即来，挥之即去，分头努力，筑成一座完全听命于苏将军的军事重镇。

这一计划一旦付诸实施，其结果是当局截然分成两类：文官与武将。主任先生，这一变动所具有的意义，您绝不会等闲视之，若您能通过您掌握的各种手段密切加以注视，最后证明这一消息确凿无误，则务请见告为感。

（原件第 393 ~ 394 页）

殖民地卫生处一级医生波特拉兹致中安勘界委员会法方主任法兰亭函

波内，1891 年 4 月 6 日发

遵嘱将关于博马村（庆岩乡）伤员的报告随函附寄于后，请阅。

（原件第 395 页）

博马村伤员伤情报告

4 月 5 日上午 6 时，马埃副公使和我在蒙特隆少尉所率领的 40 名步兵组成的护卫队的护送下，离开波内营地前往博马村。据当地居民说，该村位于淇江右岸约 4 小时路程处。

在两次渡河（一次乘木筏，一次涉水）以后，我们于 10 时半抵达博马。村民在 4 月 3 日曾遭到歹徒的洗劫。

我们一到，马埃先生和我即着手对死伤人数及伤员的伤情进行大致核实。

走进村宅，特别刺目的是地板上留下的斑斑血迹。接着，有人告诉我们，共有 5 人死亡，其中 3 人的尸首仍躺在村宅的地板上，全身被覆着各种殡葬饰物，并准备抬去埋葬。

我们在这些尸首的头部发现了利器留下的严重刀伤。据亲属们说，死者身上还留有火器或白刃造成的累累伤口，但我们未继续深究，否则将使活着的亲人感到不快，他们对死者是非常敬重的。

至于其余两具尸体，一具早已于前一天安葬，另一具则已装棺入殓，他们也是因为伤势过重而死的。我们劝村民及早将死者埋葬，因尸体已腐烂不堪，这样不仅会污染空气，而且将严重危害生者的健康。

博马村共有四五户人家，村民均系苗民，他们多半身材魁梧，外表俊美，这在东京其他各省并不多见。此外，苗民面色白净，一望便知是体魄健壮的民族。

在副公使马埃先生继续调查之际，我则着手为 8 名伤员包扎，他们是我们在各间屋子中找到的，而且至少有 36 小时未经任何治疗。

我之所以说“未经任何治疗”，是因为草药捣碎而成的药膏敷在这些可怜的人们的伤口上后，反而引起创口感染溃烂，从而使包扎更加困难。

我让每个伤员将一粒活血丹冲茶服下（茶是他们的饮料），使他们能更有毅力承受包扎时的疼痛和在伤口上进行必要的手术所带来的痛苦，同时还可使他们消除普遍存在的麻木和晕厥现象。每个人的表情都惊恐万状，不敢动弹。

说实话，他们每个人都默默地忍受了包扎和手术带来的痛苦，而并不叫痛。

以下是伤员名单，其顺序是按我给予治疗的先后排列的。我还从勘界委员会临时医院带去一位姓咸（Ham）的护士，他算是帮了我的大忙。

一，定高，年约 35 岁，身负 5 处刀伤，头上两处，一处离中心线两厘米并与之平行，靠近左面部，截面为完整的直线，长 10 厘米，并影响到直达颅骨的组织。另一处在颅顶，长 5 厘米，在颅骨轴心线处，也伤及直达骨骼的组织（已用碘仿及用氯酸溶液浸泡过的废麻清洗并包扎）。

腹部两处伤口，一处在左侧，伤势不重，仅伤及皮肤（缝了两针并进行消毒包扎）。

另一处在右侧，其长度自脐部直伸至前髓棘与上髓棘，并与该两髓棘等距。这一创口是穿透性的，部分肠子因穿孔而发生疝气。

部分横结肠、整个升结膜及其系膜以及几段小肠都露出肚外，盲肠与阑尾形成了一个极大的壶腹，遮住了腹部的创口。

这些肠段都鼓着气体，以一定的韧度暴露在空气中，挤压时用力稍重即有可能使肠膜破裂，肠膜虽未患疽，但已显出淡红色的恶性症状。

因此，最初我觉得不易将构成疝气的肠曲面积缩减，整个肠团在创口小孔处已构成绞窄性疝，于是我先轻轻挤压，然后逐渐加重，终于将鼓起的肠节中所充满的气体慢慢挤出，经 20 分钟，整个肠结鼓胀部均消除。

腹壁缝合［对上述创口进行消毒包扎，同时对仅伤及皮肤的最后一个创口（右大腿内上侧）亦进行包扎］。

左侧腹部创口亦得到同样的包扎。

有疝气的肠段亦预先用加入少量氯酸溶液的温开水冲洗。

二，新花，16 岁少女，左小腿外侧部位有一处枪伤。

子弹穿孔处离腓骨顶四指宽，在离穿孔处 5 厘米的贯穿线上，发现一粒嵌在组织下的子弹，我开了一个反向切口，终于把一颗形状不规则的子弹取出，这颗子弹的口径与军用左轮手枪相近，并有用刀砍过的痕迹。此外，这颗子弹的一端已变形，这表明它曾遇到某一障碍物发生弹跳后才穿入人体，因为它贯穿整个组织大概已颇为费力，因而在受伤的肢体上未发现任何骨部损伤。

少女在接受手术时毫不呻吟（用消毒敷料包扎）。

三，张肇虹，30 岁男子，被利器砍伤 4 处。

两处在腋窝附近的左胸区，仅伤及皮肤，故并不严重（用消毒敷料包扎）。

第三处伤口在面部，伤势甚重，伤及面部整个组织的横截面，创口边缘已肿胀，因而口子显得很大，故伤者的面目亦特别难看。他似乎有两张重叠的嘴，第二张嘴的大小不亚于第一张，自一侧面颊直伸到另一侧。

四，黄氏芳（Hoang Thi-Phung），老妪，被利器砍伤两处，脖颈部的上面及后面以及左耳部，大概系一次用刀砍出，左耳的耳壳几乎被完全切开，切出了两条缝。

颈部伤口长为 4 厘米，深约两三厘米，缝了两针（两处伤口均用消毒敷料包扎）。

五，马曹（Ma-Tao），49 岁妇女，左大腿中一枪，系皮下贯穿性枪伤，枪弹进出口位于大腿外表面与前表面 1/3 处，并且系横向贯穿，枪弹入口孔位于前方（伤口经清洗并用消毒敷料包扎）。

六，昆良（Con-Luong），19 岁少女，马曹之女，左大腿中一枪，伤口与其母相似，子弹进出口亦在相同部位（包扎方式与其母相同）。

七，马新湖：20 岁男子，两处刀伤：一处在胸廓背部，左胁中部，伤口长约 3 厘米，切口处平滑，伤及皮肤、皮下组织及浅皮层肌肉，该部分肌肉因受伤而略有肿胀。第二处在前臂外侧中部横截面，长 3 厘米，仅伤及表皮及皮下组织。

八，马氏（Thi-Ma），19 岁少妇，马新湖之妻，身负 12 处刀伤。这位女病人伤势严重，发高烧且非常衰弱。她又在喂奶，这就引起了更为严重的并发症。左侧乳房肿大、坚硬，在短期内很可能发生蜂窝状组织炎。以下是她的各处伤口的伤情。序号系按伤口包扎的先后编排的。

（一）左腰部，伤口既宽又深，横向切口，长 12 厘米，伤及皮肤、皮下组织和部分腰部肌肉。这一创口已化脓溃烂。

（二）颈背部两处横切的重叠伤口，相距 3 厘米，其中之一长 8 厘米，极深，已化脓，恶臭难闻，另一条伤势稍轻，仅伤及皮肤。

（三）头部 5 处伤口是我剃去其头发时逐一发现的，头发与血块早已凝结成一个帽状硬块，这 5 处伤口均位于枕骨区和头顶，这些部位已被完全割破，但并不严重，仅伤及头皮。

（四）左臂部外表面，长为 3 厘米的横切口创面，仅伤及皮肤及皮下组织。

（五）左手食指处有一刀伤。

（六）右手两处创伤，一在食指，一在中指。

我没有缝合，初步愈合处无须再行缝合，因为创口已提前化脓，而且外观也难看（清洗后用消毒敷料包扎）。

我们发现这位少妇的衣衫破旧而肮脏，就让邻居给她捎去干净衣衫，并把她安置在尽可能舒适处。

临走前，我们谆谆嘱咐村民们一定要设法把病人送至波内，把他们安置在我们的营地附近，进而使他们得到符合伤情的治疗。

伤员可经水路运送，淇江自该村向下流至波内。

（原件第396~400页）

勘界委员会护卫队长、第二外籍军团蒙特隆少尉致波内中安勘界委员会法方主任函

板拜，1891年4月8日发

主任先生：

我于4月7日下午1时半自波内出发，4月8日上午8时半抵达板拜（Ban Bien）。我经由板吞（Ban Danh）与那当（Na-Thua）而来，沿途道路异常难走，路面质量极差，坡度亦很陡峭；在上述两地之间，有宽阔的河流横贯其间，还有陡坡相隔，地势相当险峻。我穿过的这一地区而今相当安定，迄今为止，我每巡视一座村庄，都受到村民们的热情欢迎。我抵达板拜时，该村绅士以及那邑（Na-Nghien）和板阁（Ban-Coc）两村的头面人物向我提供了以下情况：

大约150名海盗（大部分均配有步枪）已从阁南（Coc-Nam）[①]出发，沿着自阁南经义庆社（Nghia-Kanh-Xa）、板蒙（Ban Mon）与那当，最后通往板拜的公路前进，于1891年4月4日经过板拜、中北社（Trung-Bac-Xa）、那邑、板阁等村，在当天（1891年4月4日）下午6时许抵达板万（Ban Van）并在那里停歇两小时。

这后五座村庄并未遭到重大掳掠，仅有一些米粮和家畜被抢。

村民们说，海盗们到来前，他们就纷纷逃到村外，躲在树林中，因此他们中无一伤亡。

从收集到的情报中可得出一致的结论：海盗们离开板万后即前往室溪。我希望我抵达板万后能得到他们从板万出发后沿途的确切情报，掌握这些确切情报后，我才能按您向我下达的指示办事。

途中，乡长陈启达（Tran-Khai-Das）、副乡长马黄良（Ma Huyen Luong）给我提供了不少情报，我对此深表满意。他们还说，已经向这一带派出密探，帮我核实在村庄中收集到的情报。

①阁南位于边境线上——原注

（原件第401~402页）

勘界委员会普拉内少校致波内勘界委员会主任函

南关隘，1891年4月11日发

主任先生，敬禀者：

中国人今晨沿着与同登公路平行伸展的悬崖峭壁，插上了新的旗帜。我发现后，立即询问那位副将，在两国勘界委员会决定以前，在有争议的边界线上却出现这种事，到底是何用意。

他向我解释道，每年到这一时节，他都这样插上旗帜，目的是向百姓们表示中国士兵已准备就绪，随时可以前去保护他们免受海盗袭击；现在他打算立即派人撤下这些旗帜。按规定，大家都应在此等候双方勘界委员会形成决议后才立界碑，这是早已商妥之事。本省知府已把这番意思告诉那位副将。

我们现在正全力以赴地移印界图，丝毫未敢懈怠。此项工作不久即将完成。

皮普鲁先生昨日已从谅山动身回原地返任。

（原件第403页）

第一测绘队队长、勘界委员会迪德洛上尉致勘界委员会主任法兰亭先生函

平而关（Binh Nhi），1891年4月15日发

主任先生：

在多个场合下，我曾打算请求您把我调回总司令将军处为他效劳，而今既然已经郑重决定，我也只好收回我的请求，因为我觉得我还可以为勘界委员会效力，进而为保护国政府服务。

但最近几天，我发觉您认为我在此已属多余，您多次当我之面明确而郑重地向我们宣布，马埃与波特拉兹两位先生将陪同您前往芒街，也许还会一同前往香港。昨天，您又一次当我之面邀请他们陪您前去拜访蔡阁下。

在这种情况下，作为法国军队军官应有的尊严已不容许我继续留在勘界委员会内，更何况测绘工程业已结束，只有自南关隘至峙马的一段界图的描图工作尚在进行。

因此，务请主任先生将我调回总司令将军处效劳。

（原件第404～405页）

第七连连长兼勘界委员会护卫队长布瓦上尉致法兰亭函

波内，1891 年 4 月 14 日发

主任先生：

截至 4 月 15 日，我处存有的支付苦力工薪的现金总额仅有 504 皮阿斯特，特来函禀告。

我以为，如果我们要延长在此间的逗留期，则此款远远不敷抵达谅山之所需。

（原件第 406 页）

第二测绘队队长巴歇利埃上尉致法国政府驻朝鲜大使馆一等秘书、领事兼专员，中安勘界委员会主任法兰亭先生函

剥堪营地，1891 年 3 月 19 日发

主任先生：

随函附寄应列入第一板界图中的地名清单一份，请查收。

该清单共有三栏，第一栏上我已命人填入汉字，第二栏中所填系我根据别人发音而记下的近似译名，第三栏空白未填，留待您用认为比较确切的拼写法填写这些地名。

一俟您命人填写完毕，务请将该清单及时寄回为感，以便我让人把这些地名填入界图中。

我在新的宿营地安顿妥当后，即前往波内聆听您有关第一板界图描印的各种指示。

我一面在督促他们及早完成第一板的测绘工作，但同时亦在考虑如何尽快投入第二板图的现场测绘工程。

（原件第 407 页）

第一外籍军团贝图瓦上尉致波内中安勘界委员会主任法兰亭函

谅山，1891 年 4 月 9 日发

主任先生：

随函附奉您所需之 1889 ~ 1890 年界图的图样及图例，请查收。

我急需去年绘成的九滔河（le Kieu Tao）四周的测绘原图，亦即1889～1890年勘界委员会所绘的极西北测绘图，它曾作为你们勘界工程的接界点。

若有可能，务请惠寄为盼。

昨晚接得一电，称巴思定、博谢（Banchez）与巴拉尼耶（Balagnier）诸先生即将抵达谅山地区，他们此行的目的是前来此间进行地面测量工程。

另接高平来电，内称富尼埃（Fournier）营长的一名中尉两大腿被枪弹击穿，但该军官的姓名尚未得知。

这是此间所得的最新消息。

（原件第408页）

第一外籍军团上尉，室溪军事辖区征战指挥费利诺（Felineau）上尉致波内中安勘界委员会主任函

室溪，1891年4月10日发

主任先生：

我刚进行完11天的侦察后回来，您本月6日自波内发出的信函已悉。

在室溪无常驻兵力防守的情况下，您及时派出援军供室溪哨所调用，我对这种宝贵的支援深表感谢。

我一路经过室溪、万梅（Van-Mit）、板枚（Ban May）、高灵（Kao-Lin）、安乐（Yen Luc）、安磨（An-Mô）等地，沿途盗匪驻扎的踪迹依然清晰可辨，这些匪徒共有100人至150人之多。

我个人所得的情况以及您转来的有关匪徒们在辨强（Ban Kien）四周活动的情报足可证明匪众们目前正从这一带经过，他们有的来自太原（Thaï-Nguyen），有的来自中国，并将在朱布（Chu-Bo）与同善（Dong-Sa）附近集中，其目的尚不清楚。

自接得您来信后，我再也没有听安南官吏说起过辨强的盗匪的动静，我也不知道您直接派往该地的分遣队最后取得了何种成果。

在得到新的情报之前，我觉得您来信中所附的小型略图已相当完整，故特在此致谢。

（原件第409页）

第七连连长兼勘界委员会护卫队长布瓦上尉致波内勘界委员会主任函

波内，1891年4月9日发

主任先生：

至4月7日止，我手头用于支付苦力工薪的现金仅剩800皮阿斯特整，特来函相告。

我认为，此款不足以支付勘界委员会自今日起至返回河内止这一期间所需的各项开支，因此，务请让人下令，将1000皮阿斯特存入谅山备您支用，一俟需要，我们即可前往谅山支取。

（原件第410页）

勘界委员会委员、帕拉聂少校致勘界委员会主任函

南关，1891年4月10日

主任先生：

（中国）副将对勘定边界线和立界碑等事百般阻挠，特去函禀告。

我们到达后的第二天，中国派出的小分队就开始插上了自己的旗帜，并在山顶上清除了周围的灌木，为瞭望哨兵构筑起了营房，按测绘官员们（根据狄隆的界约）得出的结论，这一山峰位于边界线之前，并可俯瞰同登至由隘（Ai Ro）以及由隘至南关隘（Nam Quan）的公路。在不征询我方测绘官员意见的情况下，中国测绘官员就首先提出，最好的解决办法是对这一地点暂不下定论，留待两国勘界委员会定夺。

至于立界碑一事，比杜阿尔先生曾在现场两次亲自会见那位副将，但这位官吏对设置界碑仍表示反对。第一次是昨天早晨，我方这位测绘官员正在离南关隘（Porte de Chine）100米处作业（此系双方勘界委员会一致同意的作业点）时，那位副将前来找他并提醒他，其作业点靠得太近，请他暂缓作业，容他致函马将军后再定。

今天，正当我们要在陇淰（Long Nien）村附近立界碑时，那位副将又率兵丁打着旗帜赶到现场，反对在那里立界碑。他声称，这中间存在误解，根据已定边界，陇勿村（Long Vai）（东京村庄）已让给中国。因此，这一界碑应立在该村以外（600～800米处）。

他还请比杜阿尔先生就这一问题致函波内（Bi Nhi），最后他还说，边界线先沿悬崖峭壁走向，而后只穿过第二个断口，即自南关隘至陇淰的第二条路线。

我开始意识到，两国勘界委员会将被迫前往南关隘解决那位副将在最近制造的种种

障碍（尽管如此，这位副将仍不失为一位和蔼可亲的人），第一期界图移印工程已接近完工，但绘至由隘至南关隘的那板测量图时，只得暂停，因为那板界图的原件尚未完工。我认为最好在此间将一切处理完毕后再赴波内，所需时间亦不会很长。

勘界官员们已致函迪德洛上尉，迪德洛会把详情向您禀告。

（该篇收入《中越边界历史资料选编》第770～771页）

（原件第411～412页）

中安勘界委员会护卫队、第二外籍军团蒙特隆少尉致平而关（Binh-Nhi）勘界委员会主任先生函

板拜，1891年4月11日发

主任先生：

我已实践4月8日信中的承诺，自板拜前往板万村。有人曾对我说，该村系海盗所熟悉的最后停歇点。

如同在那邑（Na Nghien）、板阁（Ban Coc）两村我所看到的一样，海盗在板万村的骚扰也只限于盗窃米粮和数头家畜而已。

我甚至认为我可以从海盗途经上述这些村庄时所留下的蛛丝马迹中得出这样的结论：向我介绍初步情况的人过分夸大了这些盗匪的人数。

由于我再也无法取得海盗们自板万出发后沿途的确切情报，于是前往那禄（Na-Luc）、那里村（Na-Ly）以西的深山老林地区以及目前几乎无人居住的高原地带（原北块村）侦察。接着，我又察看了那卡（Na Ca）与庯廪（Phieu-Lanh）之间的地区。

这些侦察活动没有能使我再次觅得海盗们的足迹，我遂走上一条人迹罕至而又相当难走的路。这条路以那禄为起点，最初向西南伸展，但随即向南拐去，并从一个山口经过（谷坡上树木繁茂），沟通了平江（Song Pinh）谷地（板万等地）与淇江河谷。

这条路线（在我收到的那幅略图的描印件上未标出）一直通到淇江畔的𪣻产（Bai-San）。

我从后来得到的情报中了解到，这条路海盗们曾经走过：他们大概在□产上游附近渡江，然后撤离这一带而迅速奔向朱布（Chu-Bo）（太原省）。据太原省居民说，上述分析与当地的骚乱状况相符。

总之，这一地区的河流两岸的治安情况良好，义田（Nghia-Dien）、庆岩（Khanh-Nhai）与南山诸乡的绅士们所提供的情况基本一致。

（原件第413～414页）

印度支那总督比杰致中安勘界委员会法方主任法兰亭函

河内，1891年2月27日发

主任先生：

兹将法国驻芒街公使的报告抄件一份随函转寄给您，请一阅。此报告系谈及他治下的省份的整体形势以及法国官员与中国广东省官员之间的关系障碍。

钦州知府多次向您宣称，要与法国代表和睦相处，但上述消息却与这种说法相悖。

我觉得将这些消息转达您并请您把对这一问题的感受相告大概不无裨益。

（原件第416页）

法国驻海宁副公使的报告抄件

法国驻海宁副公使致河内高级公使先生函

芒街，1891年2月18日

高级公使先生：

我最初曾因发出了警报而未将消息来源及这些消息的确切价值转告上级机关而受到切责。而今，您手中已有证据，证明我在之前数份报告中所提出的中国人最近的调防并非无意之举的正确性。此乃他们数月以来蓄谋已久的行为，而且，最初的迹象一出现，我即据实相告。我所提供的消息都有可靠的来源，而且我亦是在了解了它们的确切意义后才转告的。

关于这一点，我想说明一下。有一天，有人对我说，芒街将受到袭击，而且日期已定。我把这一消息转告了卫戍司令，但并未提请其重视。卫戍司令也立即把这一消息电告将军，代理高级公使得到将军的这一消息后，遂要我进行解释。我答称，我当时并无必要把这种连我自己也并不相信的情况层层转达。诸如此类的事件不胜枚举，但我总是尽力从中加以鉴别，去伪存真。因此，我并非不加区分地把我得到的消息一概相告。我要是真的如此办理，那么这些材料装订成册也是相当可观了。

我们与中国政府所维持的表面关系似乎相当融洽，然而尽管两广总督阁下已有承诺，在1月初，由2500~3000人组成的一股土匪，配备着1000支温彻斯特步枪和一批撞铁式火枪到中国境内的里板（Li-Phao）村驻扎，而且还驻屯在里板对面安南境内的庆丰（Kham-Phun）时，其枪支多数系由冯三公子（Phung-Tam-Cung-Tri）（冯镇台的第三子，驻东兴武将）提供。而在这一带驻扎的官军防营并非一种安全保障，而是另一种威胁，至少是我们邻国的一种明显的恶意表示：因为我注意到，每当人们捉到一个可能是由官兵落草为寇的海盗并押解到我这里时，最后总会发现这名海盗是在前一天被逐出军队的官军兵勇。最近我命人处决的那名海盗亦是如此。这种偶然的巧合实在令人恼火，因而不得不提出，以期引起注意。

事实俱在，足以公开点破两广总督信誓旦旦的诺言。但是，应该承认，这位总督的行辕离中安边界太远，故他无法确切了解在那里策划的一系列事件。

我目前驻在东兴附近，这一有利条件使我能与该城的知县保持方便而密切的交往，于是您要求我，每次得到令人不安的消息后，应立即拜访这位官员，要求其进行解释，但态度必须温和而有礼。

下文是一年来我与中国官员们所保持的那种关系的真实写照。我初到芒街时，即发现一种根深蒂固的传统。德·古阿（de Goy）先生曾多次致函东兴官吏，但总是石沉大海，未见回音。我也有过同样的遭遇，有一次我有事致函他，但他轻蔑地不予回复。去年7月份第一个勘界委员会的解散并未使这种情况得到改善。直到去年12月，法兰亭先生到达此间后，此种关系才有所缓和。我曾有机会受到中国官吏们的接待，他们礼仪隆重，态度谦和而有礼，还给了不少承诺。我亦以礼相报，接待了他们。我应邀前往东兴赴宴，他们也来公使馆用餐。席间双方亲切交谈，表示一定要维持两个友好国家之间应有的睦邻邦交和良好关系。勘界委员会撤离后数天，我致函东兴知县，请他设法捉拿一名经常公开光顾本城集市的开小差的练勇。但这位官员让我等了两星期才得到答复，复函中称，他找不到此人。我再次致函，但再也得不到回音。于是，1月底，我写信给李知府，并按惯例差两名练勇送达此信。知县拒不收信，说他不愿代办此事，并说，无论如何，我应支付一笔安南银圆作为车马费。我又致电李知府，他虽然发了通令并收了我的信件，但不回复，这就是所谓中法官员间良好关系的内幕。此亦毫不足怪，因为事情早已成为旧闻，而且曾转告过有关方面。若是我们对1886年以来接连发生的一系列事件进行反思，对我们过去的惨痛经历以及在我们与中国官吏交往中他们那种屡见不鲜的敌对情绪和缺乏诚意的态度进行一番回顾，那么就会发现，我们对他们那一片毫无根据的痴情已给我们造成了多大的危害。由此可以得出结论：我们始终在受他们愚弄，而只要我们不想把他们视为我们的死敌，则我们今后仍难免要继续受到愚弄。

（原件第417~419页）

勘界委员会委员、第一测绘队队长迪德洛上尉致勘界委员会主任先生函

波内，1891年4月16日发

主任先生：

今日上午我看不出，中方勘界主任在赠送给全体法方勘界委员礼物时将我列为分外之人，不在获赠者之列。

在此，我不愿深究对我施加这种羞辱的动机，然而，我认为有必要将此事立即禀告司令将军。鉴于这一事件，我再次请求您将我调回司令将军处效劳。此事我以前早已提出过。

（原件第 420 页）

第 11 军区司令图尔尼埃致室溪或谅山中安勘界委员会主任函

高平，1891 年 4 月 13 日

主任先生：

印度支那部队总司令在第 2393 号函中曾下达命令，但由于我是在特遣队中执行侦察任务时收到该函件的，因此未能及早按函件中的指示行事。现在我遵照这一指示，特复函告知我所掌握的安南高平省与中国广西省接壤的边界现状的各种情况，请过目。

在 12 月 20 日到 3 月 3 日的最近数次侦察活动以前，巴州（Ba-Chau）地区，亦即重庆（Trung Khanh）府的下良与广渊（Quang Uyen）两县被三股匪徒所占。

一、李正杰（Ly-Chin-Tuong）股匪，拥有 40 来支步枪，占据着下良与复和（Phuc-Hoa）之间的地区，这支匪徒自中国得到补给。

二、莫寇苏（Mac-Cuoc-Suh）股匪，有近百支枪，人数众多，盘踞在灵锦（Linh-Cam）乡，并经常前去抢劫丰登（Phong-Dang）乡，但最后却被击败，退至有争议的编龙乡，首领大概已潜入离中国某哨卡不远的地带，哨卡的管带是他的朋友，名叫马家驽（Ma Kia-No），他往往由此潜入我国领土。

三、邓阿霍（Dang-A-Hop），有枪 50 来支，现已不能活动，其弹药经由隘得到补给。

由百宫黄二（Pac-Cong-Hoang-Nhi）统率，州吏（Luc-Khu）所属的中国股匪约有 200 人，而且均配备有武器。在我方特遣队开到后，他们即撤离了自己的巢穴。然而，在这片巉岩耸立的险峻之地仍有可能留有几名他们的兵丁。他们的后勤补给是在中国士兵的护送下经那阑（Na Lam）岭与阁马（Cac-Ma）进行。

氏天育（Thi-Thien-Duc）股匪，有枪 50 支，盘踞在朔江（Soc-Giang）以西、朗商（Lung-Sung）的满布悬崖的山地中，这股匪徒今年没有受到我们干扰。他们的枪支弹药的补给在与布夹（Bogia）相对的平孟隘（Porte de Binh Mang）进行。

朗商高地是其他股匪的必经之地，他们到上述关隘用抢来的妇女与儿童换取枪支弹药与鸦片。

一股土匪目前已驻定在集那（Tap-Na），离边境不远，州吏属下的那股匪徒又前去与之会合，这就使该支股匪的实力达到 300 支枪之多，在我军特遣队侦察以后，他们即向保乐方向偏西北遁去，我还无法确定他们目前所在的确切位置，因为这支匪徒离高平太远了。

与此同时，我认为有必要向您报告一下中国人对我国领土的入侵情况。

在我们抵达之前，编龙（Deo Luong）、灵锦与丰登三乡属于下良县。中国人凭借勘界委员会绘制的地图（这种地图看来绝对错误，而且图上的村庄位置也是随意乱画的），占领了编龙全乡和灵锦乡一村镇，并在那里构筑炮台，其中三座系在 1888 年初筑成，另一座则为 1889 年 5 月建造。

为避免引起争端，在勘界工程结束之前，我们将一直把中国人构筑炮台的地方视为两国接壤的边疆之地。

类似的入侵事件已被边境哨所发现多起。中国人以方便勘界委员会的工作为口实，制备了一批界碑，立在我方境内，从而使当地百姓相信，界碑所立之处就是新定的边界。在 5 个月前，他们还以庄月哨所为目标，在一座山顶上筑起了一座岗哨，并在庄月与完全属于安南境内的数座村庄之间的山口内修了一道栅栏。

我将把边境上发生的你所关心的各种事件随时向您禀告。

（原件第 421 ~423 页）

勘界委员会委员、第一测绘队队长迪德洛上尉致勘界委员会主任函

波内，1891 年 4 月 16 日发

主任先生：

原派来的第一测绘队的翻译阿洪（A Hon），在为我当差中劳绩卓著，因此，在第二期工程中，继续派他来此当差大有必要。

（原件第 424 页）

第二测绘队队长巴歇利埃上尉致法国政府驻朝鲜大使馆一等秘书、领事兼专员法兰亭先生函

波内，1891 年 4 月 18 日发

主任先生：

兹将普瓦松少尉致我的一份申诉函附寄于后，请一阅。普瓦松自 2 月以来一直担任我的护卫队队长，但始终未领得任何应得的津贴。

（原件第 425 页）

第二测绘队护卫队长普瓦松少尉致该测绘队队长巴歇利埃上尉函

波内，1891 年 4 月 18 日发

上尉先生：

我自 2 月 10 日担任第二测绘队队长以来，未收到任何津贴汇款。根据 1891 年 1 月 8 日总特派员先生所发的通知，我完全有权领取这笔津贴，特此禀告。上尉先生，务请将这一申诉转达主管人为感。

（原件第 426 页）

第 12 军区司令、营长拉里维埃致波内勘界委员会主任函

谅山，1891 年 4 月 18 日发

主任先生：

本月 16 日来函已于 18 日上午 9 时到达谅山，现复函如下：谅山已无炮车，无法在谅山与浪张府之间组成车队运输。为便于您将行李运送至河内，我已把您 4 月 16 日来函转达主管谅山转运的那位财会处官员先生，请他与三角洲地区车队承包商拉弗伊（Lafeuilles）与梅纳尔（Ménard）驻地的代表磋商，设法把该商行的大部分车辆供您使用。

注：该单位只把行李运至浪张府，浪张府卫戍司令同意告诉您一条通往河内的最近路线。

（原件第 427 页）

印度支那总督比杰致谅山中安勘界委员会法方主任法兰亭函

河内，1891 年 2 月 28 日发

主任先生：

一俟中安边境最终疆界确定后，即须在边界线上竖立铸铁及石块制成的界碑，现将有关这些界碑成本的明细材料卷宗寄您一阅。务请在寄还这宗材料时将下列情况相告：

在您看来，铸铁界碑是否比石料界碑更便宜些？在哪几段边界线上宜立这类界碑？在哪几段上则宜选用您曾向我谈起的那种用水泥在现场浇铸的界碑？此外，请同时把所需之界碑相告，并说明界碑应送至何地，才能使受委托执行立界碑任务的官员不致耽搁时间。

（原件第 428 页）

驻东京高级公使波里也致印度支那总督函

河内，1891 年 2 月 25 日发

总督先生：

由您转来的法兰亭先生就边界上应立的界碑事致您的信函已悉，现将土木工程局所造的每座铸铁界碑与用石料凿成的界碑的估价表随此信附上，作为对该信的答复。

铸铁界碑可在海防交货，价约 7.50 皮阿斯特，每座重约 40 千克。

石制界碑可交至海防，其价仅为 4.20 皮阿斯特，但重达 170 千克。

考虑到勘界委员会主任在信中提到的交通运输的种种困难，我认为宜采用铸铁类界碑，因为石制界碑重量过大，运输费可能会使整个开支大幅度增加。再者，我们至今尚无把握能将这些石制界碑悉数安放到位。

窃以为，无论您认为应如何决定，均应先询问法兰亭先生，这些浇铸的或石凿的界碑究竟需要多少，决定在界碑上以法中两国文字镌刻的确切碑文应是什么。最后，应询问其准备发往芒街、谅山和其他各地的界碑数究竟为多少，以便委托各地公使以最节省的办法将界碑安放到位。

（原件第 429 页）

土市工程处代理主任普雷沃（Prévôt）致驻东京高级公使函

河内，1891 年 2 月 17 日发

高级公使先生：

您 1891 年 2 月 5 日转来的第二处第 145 号通知已悉。今特复函答复如下：我已遵嘱了解到将要立在中安边界上的石凿界碑及铸铁界碑的成本情况。

一、铸铁界碑：系三刻面铸铁界碑，按左图所示，壁厚为 0.01 米，其上铸出 1 ~ 100 或 100 以上各序号，若一次订购一百块，每块价约 7.50 皮阿斯特，在海防交货。

第一批 25 块自订购之日起两周后交货，6 周后全部订货即可交付完毕，每块界碑重约 40 千克。

二、计索（Késo）产山石界碑

这些界碑，包括露出在地表上的界身成本、镌刻的阴文碑文制作费在内，运到海防后每块价约 4. 20 皮阿斯特。其重量为 170 千克左右。

交货日期：第一批 25 块界碑 30 天内交货；以后每周交 10 块。

我荣幸地提请您注意，虽然石制界碑的价格大大低于铸铁界碑，但我认为，既然中安勘界委员会法方主任发现在狭窄的小道上运送此类重物会增加运输困难，那么，最好采用铸铁界碑，因为它仅重 40 千克，而不像石制界碑那样重达 170 千克。

（原件第 430 页）

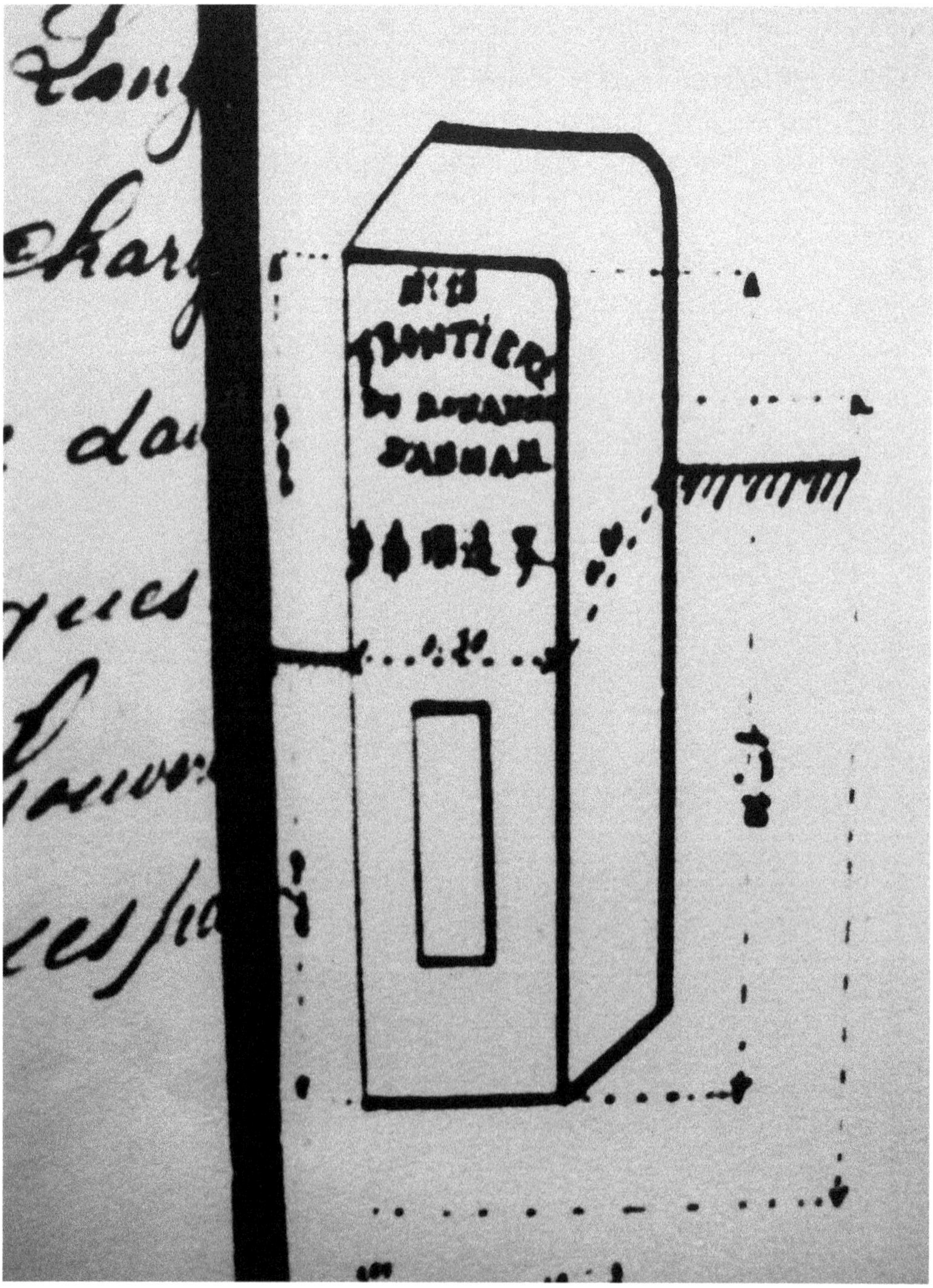

图 39

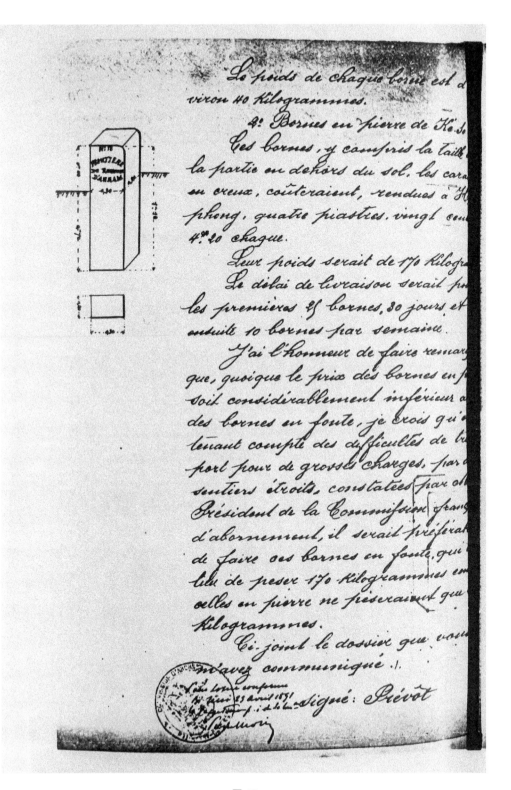

Le poids de chaque borne est d
viron 40 Kilogrammes.

2° Bornes en pierre de Ké-So
Ces bornes, y compris la taill
la partie en dehors du sol, les cara
en creux, coûteraient, rendues à H
phong, quatre piastres, vingt cen
4^{ps}20 chaque.

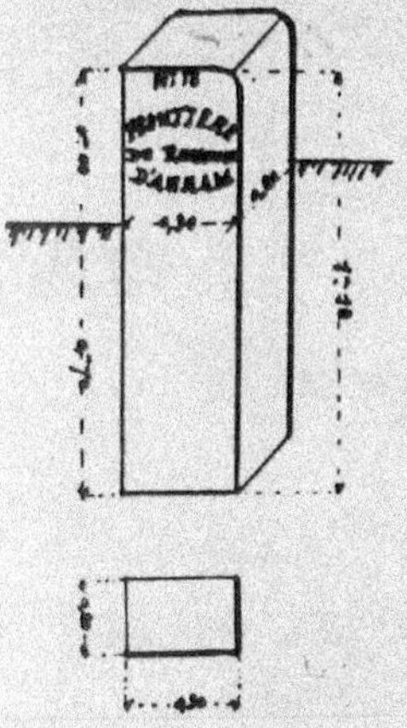

Leur poids serait de 170 Kilogra
Le délai de livraison serait p
les premières 25 bornes, 30 jours et
ensuite 10 bornes par semaine.

J'ai l'honneur de faire remar
que, quoique le prix des bornes en p
soit considérablement inférieur a
des bornes en fonte, je crois qu'
tenant compte des difficultés de t
port pour de grosses charges, par d
sentiers étroits, constatées par M
Président de la Commission franç
d'abornement, il serait préférab
de faire ces bornes en fonte, qui
lieu de peser 170 Kilogrammes com
celles en pierre ne pèseraient que
Kilogrammes.

Ci-joint le dossier que vou
m'avez communiqué ./.

Pour copie conforme
Hanoi 23 avril 1891

Signé: Prévôt

图 40

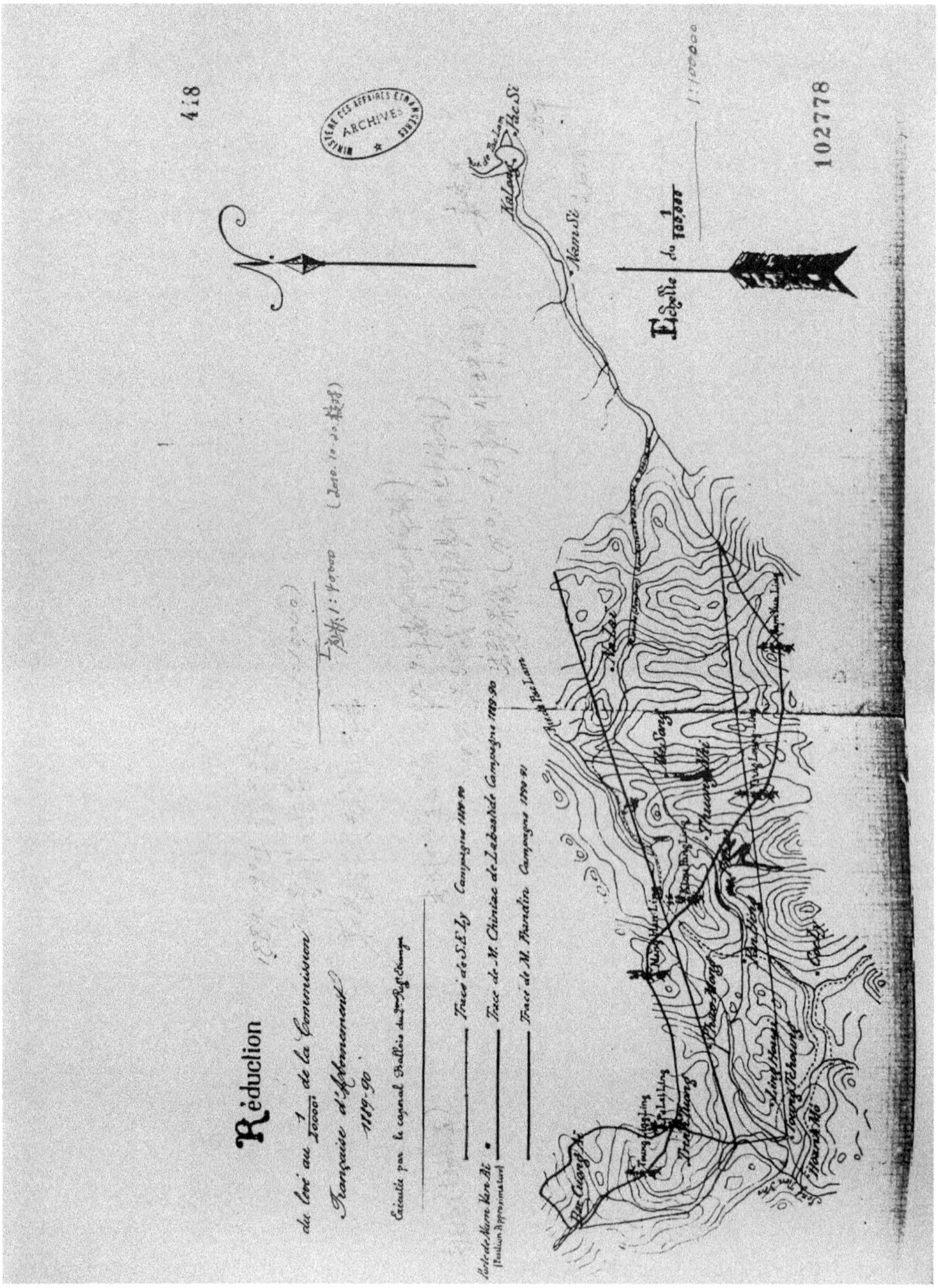

图 41

法兰亭致法外交部长函

波内，1891 年 3 月 19 日发

部长先生：

兹将我的龙州之行向您汇报如下。

法方勘界委员会以及谅山省民政与军事当局曾在谅山热情款待了蔡（Siang）阁下，他为此深受感动，遂邀我及我希望携同前往的随行人员一起去龙州盘桓数日。

为了如约前往龙州，我于 2 月 20 日上午 8 时离开我们在南关的宿营地，随行人员有谅山省巡抚、塔恩（Tane）少校、贝图瓦（Bethoy）上尉、马埃（Mahé）副公使、迪德洛上尉以及莫兰先生。

尽管天不作美，下了一整天的雨，然而，我们经过之处各炮台的中国军队均列队欢迎，炮楼还鸣放多声礼炮致意。

我们沿途所到的第一站是坤壬隘（Kouan Sing-Hgai），此乃马将军行辕所在地，将军设午宴招待，并给予我们极其优隆的款待。

附近各军营的武将会聚一堂，对我们表示欢迎。

一桌丰盛的宴席已备好，等候我们去一饱口福。

我们不得不满怀抱歉之情匆匆向主人告别，因为我们要在天黑以前赶到镇村（Trian Tsen），在此搭乘蔡阁下为我们备下的军用帆船和舢板前往龙州。

这第二站路似乎难度较小，这时雨霁天晴，道路也不像上午我们所走的路那样艰难崎岖。

因为我们自东京出发，必须穿过的那道绵延到凭祥的山脉，这条山脉的几个分支虽继续向远处延伸，但中间出现了一片平川，而且逐渐扩大，田间作物也极为丰富。一路走去，村庄逐渐增多，人烟也显得愈加稠密。

我们就这样经过了数座重要城镇，其中最大者为凭祥。

我们所到之处都对我们盛情接待，百姓们虽然好奇之心不泯，但都是忠厚朴实的善良人，他们挤在我们的路上，村长们在大庙门口迎候我们，各炮台的礼炮声一直把我们送至远方，直到看不见我们为止。

到达镇村后，我们登上了蔡阁下的军用帆船和舢板，次日（2 月 21 日）晨 6 时，我们踏上前往龙州的路。

在淇江两岸，我们看到的大片村落以及一路向我们鸣炮致意的座座炮台，都表明我们的邻国对这条河流何等重视。河水虽然因有许多急流而变得非常凶险，但仍不失为一条进入广西的最方便的捷径。

另一方面，中国方面对法方勘界委员会给予如此隆重的礼遇，亦表明他们将在边境上维持与我们的睦邻关系看得很重。

要是能考虑修筑一条铁路直达那占（Na Cham，法国在淇江可通航的起点上修筑的一个军事哨所），那么，龙州至河内的路程仅需 3 天时间。

龙州在淇江与高平河汇流点上，离广州 30 天路程，是当地最大的贸易中心。

该城人口为 15000，但这一数目今后将有增无减。

我们于 2 时左右抵达那里，蔡阁下已在城外两千米处迎候。法国副领事先生、中国海关代表先生、龙州知府先生和所有的官员们在码头等候我们。

我们舍舟登岸，来到一大批由当地官吏安排的欢迎人群中。

孙（Son）将军亦从自己的行营专程赶来接待法国勘界委员，而当法国勘界委员们在军乐队前导下穿过龙州城内大街前往为他们准备好的殿堂中去时，心头不禁涌起一阵巨大的满足感和爱国主义的自豪感。

中国官军举起迎风招展的大纛，走在我们旁边，他们吹起军号，举枪射击，放起鞭炮，城中的隆隆炮声与之应和着响成一片。

主人当天就开始款待我们，蔡阁下设盛宴招待，并从太平府（Tai-Ping-Fou）唤来一班戏子专为法方勘界委员会在龙州逗留期间演出。

晚宴上觥筹交错，气氛热烈，出席者有法国领事、中国海关委员、孙将军以及该省文武官吏。然而，就在此时发生了一起事件，但性质并不严重。

孙将军席间贪杯，法国葡萄酒与烧酒喝得过多，已经酩酊大醉，晚宴行将结束时，巡抚随从中有几个安南人正在观看中国剧团的演出，他发现后就起来大声把他们斥退，并打碎了桌上的几只碗碟。

我认为有必要向蔡阁下提出，既然在他的衙署中发生了凌辱受我们保护的人之事，应该赔礼道歉。次日，这位将军前来向我们赔罪，再三向我们致歉。

我接受了他的赔罪并表示谅解，而且还设法去挽回他的面子。

我的宽慰终于成功，而今我与他之间关系融洽。

他还答应，若因追捕海盗需要而必须借用边境，他将鼎力相助。

第二天，我们再次受到款待。先是孙将军盛情相邀，请我们赴宴，之后又有其他人招待，直至我们逗留结束，这样的款待未曾中断。

法国领事、龙州知府以及马将军都争相博得我们的欢心。

2 月 28 日，勘界委员会返回波内的前一日，我约请各位中国官吏、各位勘界委员以及中国海关委员至法国领事馆，以答谢主人的这番盛情。

就平定中安边境社会秩序而言，勘界委员会在龙州的逗留产生了极其良好的效果。

如今，居心不良的中国人和海盗们都已发现，他们再也得不到中国官吏的暗中支持，安南人因而又鼓起了信心。

部长先生，尽管谣言四起，传说纷纭，然而您大概已注意到，在自芒街至波内的一段边界上，自法方勘界委员会踏勘这一地区以来，没有出现过任何海盗掳掠案件。

（原件第 449～453 页）

法外交部长致法兰亭函

巴黎，1891 年 2 月 6 日发

直至 11 日止（含 3 日）您的历次来函均已收到。

第一份信函向我汇报了你途经广州期间与两广总督进行的会晤，我高兴地注意到李瀚章的这一愿望，即希望在短期内解决悬而未决的边界问题。至于你在事先未奉到指示的情况下，认为有必要与两广总督就前摄政大臣尊室说问题进行谈判，我已向我国驻北京公使及印度支那总督提出要求，请他们为我进一步提供有关信息，一俟收到这些消息，我拟重新考虑是否需要进行这种谈判。

你 12 月 3 日与 7 日发出的另两份函件专门谈到你在东京履行新职务后的处境。你还特别提到军方对你居心不良，采取了各种办法来刁难你。

对你在执行使命中所可能面临的种种困难，我亦不能否认，然而你应该耐心诚恳地加以解决，而不应纠缠末节，并且小题大做。

我派你前去殖民地政府机构中任职，协助东京边境勘界作业时，曾希望你能在执行任务中领会本部传统的克制与和解精神，而今，我仍然相信你一定会完全理解我的指示精神并遵照执行，最后当会运用你在远东处事中的丰富经验，而取得我所期待的圆满结果。

最后，我认为有必要提醒你，今后应避免在信的上端写上一些不合规定的字样。

你不必亮出驻朝鲜大使馆一等秘书和专员等职衔。诚然，我并不觉得你把外交生涯中的职衔注明以表明你隶属于外交部一事有什么不妥之处，但我必须提醒你，这种身份绝不会使你套上将级军官的军阶。

（原件第 457～458 页）

于阿尔（Huart）致外交部电

香港，1891 年 4 月 21 日 12 时 20 分发

法兰亭先生声称，他在回国以前将途经广州。为此，务请阁下电达指示，以避免令人痛心的事件重演。

[勒孔德（Lecomte）致电于阿尔，询问法兰亭的用意何在]

（原件第 459 页）

法工商部殖民地次长致外交部长函

巴黎，1891 年 5 月□日发

印度支那总督先生顷间来电（电文的部分内容已摘录附后，请一阅）称，中国与东京勘界委员会主任法兰亭先生将搭乘 5 月 23 日由西贡出发的客轮回法国述职。

（原件第 460 页）

附件

印度支那总督致法工商部殖民地次长电文摘录

勘界委员会 1890 ~ 1891 年勘界作业已竣工，工程进展至波内。法兰亭拟搭乘 5 月 23 日的客轮自西贡回国述职……

（原件第 461 页）

法外交部长致河内印度支那总督比杰电

巴黎，1891 年 5 月 14 日

务请转告法兰亭先生，未得本部按规定给予的准假通知，他不得擅离职守。

（原件第 462 页）

法兰亭致巴黎法工商部殖民地次长电

香港，1891 年 5 月 19 日下午 1 时 30 分发

请向外交部长说明，务请其准我立即回国。我须与您会商有关下期勘界作业的重大问题，此事我早已禀告我部。

（原件第 463 页）

盖罗（Gueyraud）致法外交部长电

香港，1891 年 5 月 19 日下午 1 时 35 分发

巴黎，20 日上午 3 时到

我受法兰亭先生所托，向阁下电达如下内容：

“离海防后接得来电。我并未要求请假，而是要求准予与次长会商，以确保下一期勘界作业能取得与目前的勘界工程相同的成果。”

“我还须抗击海盗，抗击中国军队对安南某些地点的入侵，而且边境尚有许多地段有待勘定。我的同僚蔡（Siang）受主战派抨击后不会再来了，戈丹将军也再无法拨给我同等兵力用作护卫队。”

“若我不能与阁下及次长晤谈，则将无法保证下期工程能取得相同成果。我电请准予我回国。暂在香港等候回音。”

（原件第464页）

里博（Ribot）致法驻香港领事电

巴黎，1891年5月20日发

请转告法兰亭，寄我一份正式的请假单，我拟准其假期。

（原件第465页）

外交部长致法工商部殖民地次长艾蒂安（Etienne）函

巴黎，1891年7月 日

次长先生，亲爱的同事：

据我国驻北京代表汇报，他已依印度支那总督之要求，与总理衙门就法兰亭提出的关于在中安边界勘定过程中广东省边境地区某些有争议地段（这些地段的划界问题在1889~1890年的勘界作业后一直悬而未决）的划界提案进行了会晤。

林椿先生负责向我印度支那官员随时报告形势和动向。您可从他的来信中看出，中国政府拒不赞同上述提案，并坚持要求推迟解决问题。据此，我方参赞认为，要在短期内得到解决看来存在着阻力，因而他认为我们最好仅向帝国政府声明：我们可以赞同他的观点，但不能用放弃权利来换取问题的解决。

我对林椿先生的意见无法进行决断，故等待您对这一问题的看法。

（原件第466页）

法兰亭致外交部长里博（Ribot）函

巴黎，1891 年 8 月 7 日发

部长先生：

随函向阁下附呈我致殖民地次长先生信函及附件的抄件各一份，请一阅。我写此信的目的是询问他有无可能向我派出三个或至少两个测绘队，使我能迅速结束勘界工程。阁下在阅读这些函件后当会知悉：

一、如果我们希望在短期内使北京条约得到批准，则给我调来多支测绘队是绝对必要的；

二、东京远征军团司令将军向我宣称，他连一个测绘队都难以向我提供；

据此，必须在法国组建两至三支测绘队。

若蒙阁下赞同我最近向殖民地部所提的请求，能在次长前着重强调其必要性，进而使调拨给我的测绘队不少于两个并能及时批准我筹建，则不胜感激。

这样，我可以搭乘 9 月 20 日驶离马赛的客轮前往东京。

又及：随信附上 1891 年 7 月 22 日致次长信函一件，请阅。

（原件第 468 ~ 469 页）

附件 1

印度支那驻军总司令戈丹将军致河内法兰亭函

河内，1891 年 5 月 13 日发

主任先生：

在 5 月 12 日的来函中，您向我提出了多条关于组织下一期勘界作业的建议。我觉得有必要首先提请您注意，在你们恢复勘界作业时，河内将换上新的总督和新的司令。因此，目前似乎难以预先制定措施，因为在殖民地高级领导的人事更迭后，这些措施很可能要进行修改。

我虽然对您的建议持保留态度，但我仍将与您共同研究您请我过目的那份作业计划，而且研究时的着眼点将与当事人一样，好像自己也将亲自参与这一计划的实施。

另外，我无法如您所愿，向您提供庞大的护卫队。

我预计，在下一期，将全面恢复剿匪，因为土匪势力日益猖獗，在您行将踏勘的地区更是如此。因此，在你们的作业开始前，必须派出一批实力强大的特遣队去高平省，在勘界委员会到来之前，扫清当地的障碍。

然而我可以答应向您提供下列支援：

40 名外籍军团士兵和 10 名土著骑兵。然而我无法向您调去□□名土著步兵。

若您觉得护卫队兵力非增加不可，则必须向印度支那警卫队要求补充员额。

至于护卫队队长一职由谁担任，我看委任贝图瓦上尉亦并无不妥。您从现在起即可就您所要求的外籍军团应具备的素质向他发出有关训令。

最后，我想提醒您（此事我早就口头通知过您），用现有的占领军团的军官是无法建成多支测绘队的。我今年之所以能派出相当庞大的一支军官队伍执行这一任务，是因为解散了他们原来的军团，从而使他们离职待命，随时可以调用。由于军官编制目前又缩减到规定的人数，因而不能再打算从现有员额中派出 4 名以上的测绘官员。要是您认为组建多个测绘队对您的任务取得圆满成功必不可少，那就必须在法国补充所需的一应人员。

（原件第 470 页）

附件 2

法兰亭致殖民地次长艾蒂安函（抄件）

巴黎，1891 年 7 月 22 日发

次长先生：

中安边境最近一次作业的圆满成功促使我向您提出一项建议，旨在进一步加快贵部委我完成的那项工程的进度。

保质保量而又从速完成勘界事宜，其意义至关重要。中国目前对我们的态度非常友好。中国武将们已奉到官方的命令，帮助我们完成任务，我们必须及时以这一友好关系为契机，巩固我们在东京的地位，进而确保这一殖民地有明确的疆界。再说，要发展我方贸易和剿灭海盗，都必须有一个友好的睦邻关系，而这种关系只有通过法中勘界委员会合作勘界才能建立。

勘界委员会在其 1890～1891 年的第一期工程中正确无误地划定了自南西（广东省）至波内（广西省）全长约 300 千米的中安边界。

我们还必须勘定 1200 至 1300 千米的疆界才能到达老街。

尽管随着我们逐渐行进，勘界工作的困难亦将增加，再加上我们须对付海盗的袭击和中国军队对我边境某些地点的进犯，而且在有些边境地区，勘界委员会尚未划定疆界，加上我们离城市越远，补给也越困难，但是我对迅速圆满地取得勘界成果依然充满信心。然而，这在很大程度上还取决于我所拥有的人力和物力。

有了三支测绘队（每队有一名队长和4名测绘官员），我就能在一期勘界作业中勘定450至500千米的边界，整期工程将历时□年半；若用两个测绘队，则可完成300至350千米的勘界任务，历时4年；若配一个测绘队，则一次作业仅能完成150至180千米的勘界任务，历时8年。

工程拖得越久，所需经费总额亦就越大。经验告诉我，为使工程进展顺利，测绘军官应专门从事测绘工作，而不应兼管具体细节如探听情况、安设营帐、招聘及出纳，以及处理与地方官吏的关系。财会人员也应如此，各司其职，而不兼任其他。

因此，我认为勘界委员会的组织编制应安排如下：

主任一名

如果有1、2或3支测绘队，应设相应人数的固定人员（勘界委员为佳，测绘队员应为勘界委员会成员）

一名医生（成员）

一名委员会秘书和一名主任特别秘书

一名委员会财务人员

一名作为委员会成员的卫队长

一名中国文人、一名中文翻译

一名安南文人、一名安南文翻译

40名外籍军团士兵，从军官和士官中懂各种技艺者中选出

30名东京土著步兵

10名土著登山骑兵

每个测绘队的组成如下：

一名勘界委员

一名测绘队长

四名测绘官员

一名中文翻译

一名安南文翻译

50名东京土著步兵，由一名中尉和少尉统率。给养供应由副军需官和边境各省民事公使或军事驻扎官负责，公使和驻扎官们还应利用自己的官邸配备的力量，护送运货军队。50名增补的军人应归勘界主任调遣，以备他亲自押送车队时使用。鉴于远征军团已不可能向我提供一个以上的测绘队（参见附件一，戈丹将军的信件），故必须采取措施，使我所需增补军官的招聘工作不致延误，以备今后有两三个测绘队编制配给我时使用。

我坚持要求至少配给我两支测绘队，在第一期工程中，调拨给我的就是这一数目。

（原件第471～472页）

附件 3

法兰亭致殖民地次长函

巴黎，1891 年 7 月 22 日发

次长先生：

据勘界委员会第四组的勘界纪要知，自大冲（Ta-Tcheng）至云南省边境的中安边界尚未勘定。为勘定东京的这段边界，有必要成立一个勘界委员会并就此事与中国政府晤谈。

本勘界委员会亦可同时受委这一新的任务，如果它被授予有关的一切必要权力的话。

法兰亭（签字）

（原件第 473 页）

法殖民地次长致外交部长函

巴黎，1891 年 9 月 7 日发

部长先生：

您上月（8 月）26 日关于东京下期勘界作业的来函收到时，我早已把法兰亭先生呈我审阅的提案转交印度支那总督，并请他来电把他可能给予的答复告我。

德·拉恩桑（de Lanessan）先生已来电对我 7 月 25 日就此事的询问进行了答复，这一复电我顷间才收到，但我立即随函附上，请阅。

根据 1891 年 4 月 21 日法令规定，总督先生在印度支那无论在政治上还是在财政上都负有全部责任。因此，在采取措施以平定地方秩序和达到收支平衡方面，必须赋予他便宜行事的权力。鉴于拉恩桑先生的提议，我也只有请您把您是否亦表示同意的意向告诉我。

若您表示同意，务请将您认为需要发给印度支那总督的关于新勘界委员会职能方面的指示及早告诉我，以便我委托最近的一班轮船转达印度支那。这些指示至迟必须在本月 20 日委托由马赛出发的那艘客轮寄出。

（原件第 475 页）

外交部政治司致外交部商务司通知

1891 年 9 月 23 日发

印度支那总督先生与殖民地次长经与外交部长商定，由于财政原因，特委托军区司令薛威埃（Sevères）上校继续负责筹办中安边境的勘界事宜。鉴于此，法国驻朝鲜大使馆领事兼专员，前中安勘界委员会主任法兰亭先生应回外交部供职。特此通知。

此致

外交部商务司
外交部政治司
1891 年 9 月 18 日于巴黎

（原件第 480 页）

殖民地次长致外交部长函

巴黎，1891 年 12 月□日发

部长先生：

顷接印度支那总督寄来的最近一期勘界作业中勘定的中安边境界图，现将专门寄给您的该套界图的一应材料数份随函附上，请查收。

借此机会，请您惠寄我一份法兰亭先生任主任时，勘界委员会关于已完成工程的总结报告的抄件。此项报告须在巴黎起草，并抄成一式两份，一份呈外交部，一份则送至殖民地处。这一报告大概已由法兰亭领事呈交您处，若蒙惠赐一抄件，则不胜感激。

（原件第 481 页）

第九十三卷

法国驻华公使施阿兰
给法国内阁总理兼外交部长卡齐米尔·佩里埃的报告（摘要）

北京，1894 年 4 月 25 日

总督获悉我曾按照您的指示在西贡和河内停留过，才再三打听我们这块远东领地的状况。我借此机会将共和国政府在印度支那实现的进步、安南和东京兴旺发达的局面、国家的平定、大公共工程的进展状况、红河上贸易航运的发展、我们在海防和河内的工业的迅猛发展，特别是安南人民热爱并感激确保他们利益，尊重他们的信仰、传统和习惯，通过 1893 年 10 月 3 日条约恢复他们一直到湄公河的边界的法国等情况告诉李鸿章。总督承认，共和国政府确实极大地改善了昔日一贫如洗的这些百姓的命运。他十分冷淡地谈起安南和以前它与中国的关系。谈到暹罗时他表现也如此，装出毫无兴趣的样子，同时十分明确地重申中国政府已经提出的保证，即对于暹罗与法国间要讨论的边界问题，它坚决不插手。

相反，李鸿章表现得十分希望看到中越边界自老街直到湄公河的定界的完成，并说他知道法国和中国通过红河和湄公河发展贸易关系的益处。

从他向我提出的声明看，我想总督对将定界推进到湄公河的必要性已坚信不疑了；也许我们以后要全靠他的威信去促使中国政府形成这一决定。对于我们老挝的属地和英法的调查（以后可能要在上湄公河进行），他确实向我提出了一些证明他对云南边境区域十分重视的问题。不过他对我说，关于上湄公河问题，法国和中国只要尊重所取得的地位，则会很容易取得一致意见。

同样，我认为总督会随时为发展我们通过红河的贸易关系提供便利。他知道现在许多中国人到东京和交趾定居，他把这视为一个好兆头，感到高兴。对此，他说中国当局对他们与东京的法国官员的关系感到非常满意，他们自己也十分关心协助追捕和监视海盗。我没有忘记向李鸿章表示感谢，并请求他利用他的极高威望，使消灭海盗的斗争取得成效。此外，我和他一致认为，发展边界双方的经济关系将是这一斗争取得成功的最有效的办法之一。于是总督问我，为了促进和扩大这些关系，共和国政府会不会同意重新研究他已得到报告的关于人头税的问题，在印度支那的华人被课以此税。我对他说要向阁下请示。也许这次有必要研究中国政府是否可能通过某种其他途径对法国政府的善意做出反应。

（原件第 20 页）

法国驻华公使致外交部长函

北京，1894 年 5 月 9 日

共和国驻蒙自领事 5 月 3 日来电报告诉我，都龙（Tou Long）乡的两个据点新农（Xin Nong）和黄树皮未经战斗就已为我军占领了；猛峒（Meung Thoug）仍暂时在中国正规军的控制之下。格兰（Guerin）先生补充说，曾蹂躏这个地区的海盗逃走了，塞尔维尔（Servière）上校正在赴蒙自的途中。

格兰先生在 3 月 17 日（我 4 月 28 日收到）的一份报告中告诉我，占领都龙乡的那些据点并非一帆风顺；中国代表团团长唐（Tang）道台曾要求就对付该地区的海盗，特别是匪首阮兆宗（Nguyen Trieu Truong）部［该部阻断巴卡（Pa Kha）到巴蒙（Pa Mong）的大路］要采取的措施共同进行商讨。5 月 3 日的电报告诉我，法国各特遣队与中国部队共同行动，并成功地赶跑了海盗。中国的一份报纸《申报》为此特别醒目地提出中国刚刚给予法国的巨大帮助。颂词也许有点夸张了，而且无论如何边界两侧的当局都应分别受到赞扬。对我来说，我只记得这些当局间建立的友好关系的标志和最终将使双方的努力获得成功的兆头。

至于编龙（Deo Luong）乡，邦・当提（Bons d'Anty）先生 5 月 2 日自龙州发电报告诉我，根据印度支那联邦政府和共和国政府所接受的协议，中国的边界走向线已获采纳。邦先生接着说，这一点既已谈妥，边界其他地方以此为依据的界碑亦已设立，因此海与红河左岸之间直到老街的定界，今天可以认为已告结束。

（原件第 24 页）

法国驻华公使施阿兰致外长函

北京，1894 年 6 月 30 日

……

除了领土问题本身外，有必要确定旨在完成根据 1885～1887 年诸条约在红河开始，以便我们从上湄公河进入中国的事业的一份贸易条约的原则。谢（Siéh）大臣在他于 1893 年 8 月 23 日致德维尔（Deville）先生的信中明确地说过："如果法国以后希望建立一条孟平（Mong Pin）到湄公河的交通线，中国不会加以阻挠。"这条线路也许会给我们带来很大的好处，也许会是 Spang（Hé 的山区）和东京之间的真正交通动脉。但是，我们首先应该保证的，除了在湄公河的自由通航（如果可以通航的话）外，就是开放通过湄公河并通到普洱的穿过数府的那条大路，和从缅甸到中国的一些大商道。1893 年 11 月 25 日达弗林勋爵和德维尔先生在巴黎签订的赔偿议定书已确定，在法英属地之间要建立的那个中立区域，签约双方保证在航运、过境和交通工具上不谋求任何单方面的好处。相反，我们在上湄公河和南乌河的法中边界上的贸易和我们的免税过境商品倒应该享有和英国在它的缅甸边界所取得的特权一样的特权。开放通往普洱的这条商道，甚至在普洱设立一个法国领事馆，可能是要写在条约中的两个主要条款。

（原件第 38 页）

法殖民地部部长致外交部长函

巴黎，1894 年 8 月 8 日

部长先生，亲爱的同事：

您在 6 月 21 日的来函中曾对我说，中国驻巴黎代办非正式地通知您，总理衙门接到定居在交趾支那的许多中国批发商的诉状，说 1892 年 7 月 18 日在这个殖民地颁布的新的通商条例带来了困难，因此，总理衙门想把就此进行一次调查，必要时排除一切悬而未决的困难的任务交给西贡的一位著名的批发商张培新（Tchang Pei Sin）先生。

您上述的函中附有一份普通照会的复本。大清帝国政府驻巴黎的代表在这份普通照会中，先重提上面提到的这项任务，然后告诉您，等这个措施一获共和国政府同意，就马上正式通知您。

承蒙您在这个时候提醒我注意所制定的对居住在印度支那的华人征收人头税的问题。大清帝国政府通过它在巴黎的代办数次要求取消这项人头税。您向我指出解决这两件事有好处。

在通知您收到这封来函时，我谨通知您，我部很久以前就已注意到中国政府提出的这个双重问题了，我曾数次要求印度支那各殖民地政府的代表研究迄今为止对居住在我们远东领地的华人实施的贸易、税收和政策的条例进行可能的更改的办法。

关于根据 1892 年 2 月 27 的法令（该法令于 7 月 18 日在交趾支那的官报上颁布）在交趾支那公布的新的华商条例，我已于去年 10 月 26 日致函印度支那总督先生，请求他向我提供所有关于对华人实施这些新规定可能引起争执的合乎要求的材料。

德·拉内桑先生在 1894 年 3 月 8 日的电报中，在向我汇报西贡的中国批发商提出的反对实施 7 月 18 日条例的抗议时，告诉我他已下令暂缓实施这项决定，直至可能把决定中那些最严厉的条款改得宽容些为止，就是说像在东京的做法一样，采用某些可被各帮的头人和中国商人接受的更改。

印度支那总督先生回到法国后，我有机会再次向他谈到这个重要的问题，我没有忘记询问他对 6 月 24 日贵部寄来的最后的函件所提的各点的意见。

谨寄上我收到的德·拉内桑先生关于在交趾的华商新条例和取消居住在印度支那的中国人的人头税的复函的抄件，属于机密件。

在得知这份文件中的说明后，你就可以容易了解到从今以后双重解决中国政府提出的问题有困难。您也许会认为该信的某些段落不能转告天朝政府的代表。

现在似乎应该对居住在我们印度支那殖民地的中国人实施的税收和政策规定进行更改。在等待这些更改能得到既认真又全面的研究期间，我还认为我们应该只限于向中国驻巴黎代办肯定这一点：我们决心在不久的将来，对中国人实施一项符合北京朝廷愿望的法律，同时又保护我们在远东的经济和政治利益。

部长先生，亲爱的同事，请接受我崇高的敬意！

殖民地部长　德尔卡塞

（原件第 45 页）

印度支那总督德·拉内桑致殖民地部长函

巴黎，1894 年 7 月 22 日

部长先生：

外交部长先生在 1894 年 6 月 21 日的信（承蒙您将此信转给了我）中告诉您，“总理衙门接到居住在交趾支那的许多中国人的一份诉状，说 1892 年 7 月 18 日关于外籍亚洲人经商的新规定已引起了争执。为此总理衙门准备委托西贡的一位著名批发商张培新（Tchang Pei Sin）先生负责进行这方面的调查，必要时排除所有悬而未决的争执。”

外交部长先生在他的信中附了中国政府驻巴黎的代表交给他的有关这个问题的一项普通照会的复件。他在这份照会中先重提了上面提及的调查任务，然后说等“这个措施一获共和国政府同意，就马上正式通知外交部长先生”。

我在 1894 年 3 月 8 日的报告中已将此事告诉过你。请您好好参照这份报告。我要补充的是，在我离开西贡之前，我已下达了正式的指示，推迟实施 1892 年 2 月 27 日的规定。我担心我不在时会发生新的事端，会使这个问题更难解决。

在这种条件下，我认为中国政府将某一使命委托给它在交趾的一位侨民是无益的。完全放弃实施实际上未实施的 1892 年 2 月 27 日的规定，也许要比采取中国政府提出的办法强得多。

如果法国迟早要同意北京政府在它的殖民地派驻官员，那也不是间接地派员，而是在签署经过精心研究的协定之后，公开地进行。协定要保护一切利益，加强我们各殖民政府对中国人的权力，而不是削弱，就像中国驻巴黎代表向外交部长先生提出的措施可能造成的那样。

您给我转来的外交部长先生的这封信，谈到另一个对于我们印度支那来说很重要的问题，即外籍亚洲人的人头税问题。

您在去年已经向我提出了这个问题。中国政府提醒我们的外交部长先生不要忘记法国政府 1886 年对它的许诺，并要求取消人头税，满足它的要求。后来，您给我转来法国驻华公使李梅先生的一封信。该信强调了由于取消人头税这件事，印度支那的预算会受到的巨大损失；认为如果决定取消人头税，（法）政府就不能要求中国进行任何领土让步或其他可以补偿我们的预算所遭受的损失的让步；得出了拒绝中国公使馆要求的结论。

至于我这方面，我已认真地研究了这个问题。法国新任驻华公使施阿兰先生 3 月路过西贡时，我和他就这个问题进行了长时间的交谈。

我不同意李梅先生的观点。我觉得有必要再寻找一个取消人头税的办法。中国政府给这项税收赋予了一个令人不快、伤害人的性质，不幸的是我们竟没有能为它免除这项税收，特别在交趾支那，法国免除这项税收，它会感谢法国的。可以肯定，我们付出这个牺牲得到的报答是，可以通过不同的形式获得重大的赔偿，或在中越定界方面，或在消灭东京的海盗方面。

因此，我关心使中国政府满意的办法，但是我要向您承认，我还没有完全找到这些办法。人头税对印度支那有两个好处，一是使它的预算获得重要的来源（交趾支那约 450000 $，柬埔寨 115000 $，安南和东京 70000 $），二是向它提供一个很有效的治安手段。

后一个好处可以被轻易地取代。对此也许只要向中国人征收安南人现在缴纳的个人税，并要求每个到这个殖民地或已居住在这个殖民地的中国人进行个人登记就行了。

此外，这项税收在一定范围内可能会补偿由于取消人头税这个事实可能失去的收入。在交趾支那，根据针对安南人个人税的同样原则制定了针对中国人的个人税，这项税收会带来 200000 多法郎的收益。

也可以要求所有到我们殖民地的中国人出示法国当局发给的护照或旅游证。这些措施已在东京实施。我认为很有必要将这些措施用于交趾支那和柬埔寨。确定护照签证费或旅游证签证费为每本一个或两个皮阿斯特（Piastre），就可以挽回一部分由于取消人头税而造成的损失，从监视中国人方面看，还可以很有效地取代这项税收。中国政府可能根本不反对这些措施，因为这些措施在中国和日本对所有的欧洲人实施，而且很严厉。

我也考虑过对只有中国人从事的职业确定营业税，他们现在完全是自由自在的；确定租金税，和香港一样；确定中国生产的某些可以在印度支那生产的产品税，等等。但是这些问题还没有被彻底弄清，所以还不能马上取消人头税，不然我们就要遭受巨大的预算损失。

因此，我主张您简单地将我赞成取消人头税的意见告诉外交部长先生，并请求他通知中国政府，这些有助于取消人头税的措施在研究中，不久就会有结果。

签字：德·拉内桑

（原件第48页）

第二军区·第1022号

广西边界勘界委员会主任、指挥第二军区的加利埃尼上校致河内印度支那部队总司令函

谅山，1894年6月25日

事由：代法明司令反对广西勘界委员会继续活动

将军：

在广西勘界委员会的活动刚告结束之际，我谨再次提请您注意法明少校先生在该委员会做出的重要贡献。

在我个人由于我的指挥部的要求而在第二（军）区各处耽搁时，这位校官知道在龙州、在边界很得体地代替我领导委员会的活动。正是由于他精明、有分寸、有耐心，特别是由于他能获得对苏（元春）将军和龙州道台的影响，才有可能出色地完成进行得如此糟、有可能最后不能完成的划界工程。看了附在第1021号信内的报告后，您就会知道中国当局随时提出的种种异议。而为了维持我们在边界百姓眼中的未受损害的威信，为了改正立放界碑时所犯的错误，本应已消除这些困难了。如果立放界碑时所犯的错误没有得到纠正，我们可能就不能抵抗各路匪帮的入侵。

法明少校先生是个非常优秀的校级军官，在这样困难的情况下，刚刚还请求他的上

级们援助。将军，您也许将和我一样觉得，他尽可能快地得到他由于3年来在东京做出的特殊贡献而应得到的奖赏，是我们部队所关注的。

签名：加利埃尼

总司令非常支持勘界委员会主任针对法明少校先生所提出的建议。

印度支那部队总指挥迪什曼

河内，1894年6月30日

（原件第54页）

第二军区·第1021号

第二军区指挥、广西边界勘界委员会主任加利埃尼上校致河内印度支那部队总指挥函

龙州，1894年6月25日

将军：

谨随函寄去：

（1）广西边界勘界委员会的工作简报和1893～1894工作季的活动日志。

（2）概括了这个工作季一切活动的会谈纪要以及作为佐证的地图，会谈纪要均有法中委员的签字（2份纪要和18幅地图）。

我在委托委员会副主任法明少校先生负责划界细节的讨论和实地工作时，指示他要努力特别获得一条极为天然的边界，易于监视，易于防止海盗匪帮的入侵。而且我让他有一切自由去和中国人交换必要的小块土地，以达到这一效果，而无须在必要时再过于担心我们在这种交换中是否吃了点亏。

这些建议已得到一丝不苟的遵行。两年来阻碍划界这个重要问题解决的困难被顺利地排除了。我们虽然把编龙乡这个在中国形成一个十分明显的凸角，占有它就会使我们在高平行政辖区的东部得到一个很难防守的50千米的边境区的地方给了中国当局，但中方代表们却在好几个重要的地方向我们进行了让步，所以，实际上我们在划界中得到的多于失去的。不管怎么样，此后，我们在自平而（Bi-Nhi）到云南会有一条很好的边界。这是特别令人满意的成功。

另一方面，多亏勘界委员会成员与龙州的一些主要官员，特别是苏（元春）将军一

直保持着很好的关系，我们才能说服他们认真干预海盗问题，逮捕并处决了一定数量的多少有点重要的匪首（Lam Si、韦兰三等），催促其他的匪首向他们投降（陆阿三、何穗等）。现在还控制着战场的马蛮受到最有力的追捕，他的十多个追随者已落入苏将军之手，并在廉城被斩首。

这些重大的成果几乎完全归功于委员会各成员执着的热忱、有分寸以及他们的智慧，以及他们在4个月里全身心的投入。我还要冒昧地特别请您关注他们。

签名：加利埃尼

总指挥在将这份简报转给总督先生时，荣幸地向他介绍了广西勘界委员会全体成员，特别是其主任、东京第二军区指挥加利埃尼上校为殖民地做出的杰出贡献。

印度支那部队总指挥迪什曼将军

河内，1894年6月30日

（原件第55页）

法国驻北京公使施阿兰致外长阿诺多函

北京，1894年9月18日

阁下的来电已收到。阁下在电报中同意我继续和总理衙门进行关于老街和湄公河之间的中越边界定界的谈判。

根据您在8月4日信（第98号）中的总的指示，为了使谈判的开始更庄重，我借将卡齐米尔·佩里埃内阁总理的信交给总理衙门之机，通知庆亲王和各大臣，我奉命与他们一道开展有关完成定界问题的研究。

阁下对中国驻巴黎代办所持的、King Tchang必然已将内容电告了北京的强硬说法，大大地方便了我的任务。亲王及各大臣已向我表示，他们已准备好开始谈判，并再次向我保证他们的和解意愿和他们要迅速与共和国政府达成谅解的愿望，请我自己确定第一次会议举行的时间。我就在今早写信给亲王和各大臣，向他们提议将我们下次会议的时间定在9月22日，星期六。

庆亲王在泛泛地谈到要定界的边界范围后，向我打听今秋要勘察上湄公河地区的英法专门委员会的工作情况。我4月路过天津时，直隶总督李鸿章已向我提出过同样的问题。我当时认为，为了防止发生任何误会，必须不要让中国政府对德维尔先生和杜弗林勋爵1893年11月25日在巴黎达成的协议有任何怀疑。该协议已确定了两国特派官员要在上湄公河地区完成的任务。因为我有理由担心法国政府的意图和计划被其他人，特别是我的英国同事以一种使这些意图和计划变得捉摸不透的方式向总理衙门或总督表述，所以我就更加倾向于这样想了。奥康纳（O'Conor）先生的惯用手法，他在政治上众所周知的倾向，即其政府指示要求的谨慎，但他个人的态度有时也许会超出其政府的指示。因此，我以黄皮书公布的关于上湄公河事情的材料为依据，向庆亲王阐明了英法间共同进行的从整艮（Xiong Kheng）起的上湄公河各区域的考察，不同于法中两国进行的关于中越边界的谈判。我竭力要让亲王明白，上湄公河的专门委员会之所以只由法英双方官员组成，是因为只涉及两国属地毗连的区域。我补充说，再者专门委员会的工作将要取得的结果，既不能今天考虑到，也不能今天预料到；即使可以考虑对关于上湄公河区域中的几个区域的未来归属做一些假设，但法国政府也好，英国政府也好，都不能有任何保证，尤其不能有任何许诺。

庆亲王及各大臣表现出满意的样子，我要说他们听了这话差不多放心了，似乎共和国政府的意图或在伦敦，或在这里被歪曲得很严重。在会谈中，有一会儿提到了中缅定界条约。正如我在昨日的电报中告诉阁下的那样，庆亲王才向我声明，这个条约（不过文本已于5月底送到了北京）尚未获批准。

承蒙阁下在同意我向他提出的理由的同时，向我指明了将于星期六开始的谈判要走的路。您本月10日的电报向我下达了一项关于未来定界的一个主要和敏感问题的指示，我必将从这一指示中受益。

谈判中的争执、中国政府的反对，其实我认为可能是针对两个猛乌（Muong Hou）（以后最好不说出其名），包括它们在内的南乌河流域，然后是针对黑水河以东的刁文持（Deo Van Tri）的那部分区域。这很可能是两场要进行的战争。我认为德微里亚先生所建议的办法，将十分有助于我们通过湄公河流域和南乌河流域的分界线以及罗索（Lo So）河与湄公河的汇合处来确定边界。至于刁文持的领土，占有的状况，在红河左岸或在Xueng Hong已同意或将同意进行的让步，以及刁文持自己的态度，我希望将有助于我们将它留给安南。

印度支那代理总督本月10日告诉我，帕维（Pavie）先生已抵河内。我只能对北京谈判开始和帕维先生新的勘察任务的开始之巧合感到高兴，就像为一个好兆头而感到高兴一样。这样他的任务和我的任务将互相给予支持。

（原件第62页）

帕维致外交部电

河内，1894年9月19日11时

外交部19日9时30分收到*

关于中国边界问题，总督和我与施阿兰先生的意见一致。我们认为，委托我国驻北京公使从现在起就根据他向我们提出的原则进行准备是有必要的。

（原件第 65 页）

* 两地不在同一个时区——译者注

法国驻北京公使施阿兰致外长阿诺多函

上海，1894 年 10 月 10 日

我根据您的指示提出的，将 Deo Van Tri 的领土、南乌河流域和湄公河一直到它与罗索河汇合处的左岸留在安南的境内，已获总理衙门接受，作为定界的一条总线和现场调整的界线。两国勘界委员会可以首先恢复第五段的工程，然后继续直到湄公河。如果您向印度支那总督和帕维下达同样的指示，总理衙门就准备向蒙自下达相同的指示。寄上地图，它给我们的一个区域比总理衙门已同意作为基础的、6 月 23 日函所附的德微理亚先生的地图划的还大。

（原件第 74 页）

殖民地部长致外长函

巴黎，1894 年 10 月 12 日

部长先生，亲爱的同事：

印度支那代理总督先生最近给我寄来各方面的材料，现随函转寄给您。这些材料与都龙县的划界活动有关。正如您所知，该县的划界活动已由塞尔维尔上校领导的委员会顺利地完成了。

从夏瓦肖先生向我提供的关于这个问题的一些有关资料可以看出，与我们驻蒙自领事在一份您在 5 月 30 日的信中转给我的报告中的说法相反，由塞尔维尔上校指挥的纵队没有像盖兰先生所担心的那样在齐江被海盗所阻。

其实 Xui Man 已于 3 月 16 日被占领了，而黄树皮则于 4 月 1 日，在中国驻军的配合下，被顺利地收复了。而且我们未经一次战斗就得到了海盗撤出的一切关隘。

关于曾引起一些纠纷的占领猛峒（Muong Thong）的问题，也已由中方委员呈报给总理衙门，关于这个问题的所有材料已于 5 月 24 日由印度支那总督先生负责转给我们的驻北京公使。

施阿兰先生答复夏瓦肖先生说，他认为我们对猛峒的权利仍然是完全的，正如 1887 年恭思当条约确定的那样；此外，约文与附图毫无不一致的地方；最后，总理衙门在数封公函中已承认我们对猛峒的无可争辩的占有。

因此，一切使人期望，由于由我们代表进行的谈判，都龙乡的定界问题很快将得到解决，就像我们所希望的那样；把云南边境的这一部分领土给安南，将不会让中国方面在以后提出主权要求。

内附的这些材料于您无用时，请立即退还给我，将不胜感激。

殖民地部长　德尔卡塞

（原件第 75 页）

（仅见两份内附材料，字迹不清，未译——译者注）

殖民地部长致外长函（机密）

巴黎，1894 年 10 月 17 日

部长先生，亲爱的同事：

承蒙您在 10 月 1 日的信中将我们驻北京公使刚刚恢复关于上寮中越边界定界问题的谈判告诉我，您还将施阿兰先生为了目前说服中国政府进行最有利于我们在印度支那的利益的让步，而向您提的建议转告我。

我荣幸地告诉您，我完全同意您在您上述信中向我陈述的观点。对于我们驻北京代表 10 月 10 日通过他的有线电报（承蒙您将电文转告了我）向您报告的可喜结果，我非常满意。

从这份材料看出，新的边界从现在起包括刁文持的领土、南乌河流域和湄公河左岸一直到它与罗索河［亦称南腊河（Nam La）］汇合处一带，符合我们两个部多次表达的愿望，总的来说有利于安南。

根据施阿兰先生传回的最新的说明看，总理衙门已承认我们拥有主权的这部分领土比德微理亚先生的地图包括的面积大；另外，边界的最终走向将以后的工作确定下来了。不过，我和您一样认为，为了保持中国政府在上寮定界这个重要问题上似乎想表现的好感，从现在起，我们任何一点都不应忽视。

根据这种观点，我现在即刻告诉您，我完全同意您对我们目前有必要为了我们关心的领土划界问题，让中国与我们一起缔结一个通商条约的看法，这个条约可以在上湄公河补充完成根据 1885 年和 1887 年的条约已经在红河开始的深入行动。

我部未拥有很全面的判断材料，以从现在起就确定有必要为我们在未来的中越边界上经商和过境而留出特权，但是我已给印度支那代理总督先生发电报，要求他把所有关于这方面的材料寄给我，并将他的建议告诉我。同时，我把我们在北京的代表进行的谈判的结果告诉了他。

我一接到夏瓦肖先生的答复，必然会马上告诉您。

关于安南对景洪（Xieng Hong）地区的权利问题，和您一样，部长先生，亲爱的同事，我认为它应引起我们的重视。目前，我正派人进行查找，以便收集所有可以证明安南对这些区域的要求合法的文件，我将马上将对这个问题有用的文件转给您。

部长先生，亲爱的同事，请接受我的崇高的敬意。

殖民地部长　德尔卡塞

（该篇收入《中越边界历史资料选编》第971～973页）

（原件第80页）

法国驻北京公使施阿兰致外长电

上海，1894年10月20日

中国政府以我们的地图为基础，同意将定界和划界工作合并。工作要尽快开始。双方委员可以集中到龙膊进行黑水河方面的工作，集中到勐腊（Muong-Là）进行芒人地区的工作。总理衙门准备下达相应的命令。关于通商条款问题，中国政府将通过Tcheng Tchang请求共和国政府延期执行，直到边界最终确定。此外，它不拒绝在原则上接受各项条款，若阁下在这方面坚决要求的话。

（原件第83页）

殖民地部长致外长函

巴黎，1894年10月20日

部长先生，亲爱的同事：

您在9月11日给我转来我国驻北京公使7月9日的一封信的抄件。他在信中告诉您，大海和红河左岸一直到老街之间的边界定界活动已经全部结束；都龙乡猛峒三个村的划界问题，多亏塞尔维尔上校和蒙自道台达成的友好协定，也已获解决。

在为这封来信向您表示感谢时，我谨随函将随施阿兰先生的信一起寄来的蒙自领事馆主管人的原信以及施阿兰先生的信退还您，就像您向我提出的要求那样。领事馆主管人的这封信进一步肯定了关于这一部分划界的材料。

部长先生，亲爱的同事，请接受我崇高的敬意。

殖民地部长　德尔卡塞

（原件第 84 页）

刁文持最近派到蒙自去的一位莱州居民提供的情报

西双版纳以前由 13 个勐（Muong）组成，他们服从于一个住在景洪（Xieng Hong）的首领。

芒新的勐已被暹罗吞并，芒海（Muong Hai）的则被缅甸吞并了。

剩下的 11 个勐的首领们被中国任命为把总（Pa Tsong）（低级军官），住在景洪的首领则得到一个高的军事职位，使他享有戴顶戴的权利。

云南上一任总督岑毓英曾试图将西双版纳并入云南。匪首魏名高（Ouei Min Kao）承担占领该地区的任务，可能接受了中国当局下达的这项命令。他受到来自民众的顽强抵抗，很快就被迫后撤，然后逃到中国境内的猛烈（Muong Lé）去了。

目前，整个西双版纳区域没有一个中国士兵和中国官员。当地民勇配备有当地制造的石枪。

芒哈欣（Muong Hahin）在南乌江畔，在芒瓦（Muong Oua）上游一日路程之处，因此不必担心中国的入侵。

芒哈欣似乎是中国人的那份地图上的下猛隘（Chia Muong Aï）。而且中国人的这份地图也将它留在安南境内。

蒙自，1894 年 7 月 19 日

上校、勘界委员会主任　塞尔维尔

（原件第 89 页）

附在中国人的西双版纳地图上的有关资料

这幅中国人的地图中的大多数名称，帕维的地图上都有。为了便于比较这两份地图，帕维地图中的名称用蓝墨水写。

红线乃绘制这份地图的那位中国代表建议的云南边界。

按照这条边界，自黑水河一直到 Nam Nhié，安南与云南接壤。自 Nam Nhié 一直到拉南隘（La Nan Aï），琅勃拉邦与云南接壤。

暹罗从拉南隘伸展到三道（San Tao）。从三道起就是缅甸边界。

这条边界将8个盐矿的所有权给予中国。

由于中国政府垄断盐的销售（中国政府从中获取巨大的收益），所以中国会十分重视兼并这个地区。

西双版纳没有中国正规部队。只有几个当地民团的哨所，主要在勐乌（Muong Hou）、盘坊（Pan Fang）、勐蓬（Muong Poung）和芒海。

芒哈欣这个地名在中国不为人所知。比较帕维地图与中国人的地图，就可以得出结论，芒哈欣就是下勐隘。

因为芒哈欣和下勐隘与两幅地图中都标有的芒瓦和芒香法（Muong Xieng Fat）的相对位置一样。

上述材料是蒙自道台向我提供的，并得到了指挥普洱部队刚几个月的马将军的证实。

蒙自，1894年7月19日

上校、勘界委员会主任　塞尔维尔

（原件第90页）

法国驻老挝总特派员帕维致外长函

莱州，1894年11月30日

在我要离开莱州去执行我肩负的任务，解决我们与中国的边界问题，与英国考察团一起踏勘老挝北方的各区域时，我要告诉阁下我是在什么样的条件下希望能够到达实地和我打算如何遵照部里的指示行动。在以前的信中，我已将考察团的人员组成及其做法向阁下进行了汇报。

因为还没有收到施阿兰先生通知的那份边界略图，所以我就请求德·拉内桑（印度支那总督——译者注）先生在收到该图时，同时将复本分别寄给我和图尔尼埃少校。

根据我对收到的北京来的或（印度支那）总督有关这个问题的电报的理解，我觉得我们首先应该进行划界工作，继而进行定界工作。德·拉内桑先生11月24日的一封电报告诉我，他接到殖民地部的一份通知。通知说图尔尼埃那个组将负责就划界或定界问题与中方委员会晤。

我将立即将这一办法通知图尔尼埃少校，不过我曾向他预示过这个办法了。

尽管很久以来我就指定12月15日作为在勐腊（Muong-Le）会面的日子，但是很可能中方委员还没有到达。这样的话，我与勐腊的中国军事指挥官商量后，将把考察团的一个组留在那，我则继续前往芒新（Muong Sing），因为与英国考察团会面的日子迫近了。在去芒新途中，我将注意不放过任何机会，以便获得有关西双版纳边境的尽可能详细的材料，并仔细测绘我们将经过的地区的地图。

在与英国考察团分开后，我打算返回所经过的这个地区，与中国代表团一道顺利地解决问题。

虽然我们可以加快行进的速度，不过我认为我们与斯科特先生不可能在1月8日或10日之前会合。

我的同事们和我将诚心诚意地根据9月29日第9号盖着北方处（Direction du Nord）章的信所包含的指示，去进行交给我们的工作。

我与英国代表团团长有私人的交情，我十分尊重他的个性，不过他是这样一个人：我们不必担心会由于他的行动而看到发生纠纷。但是，我曾有幸向您提供的材料根本不允许我有这样的看法：（英国）女王的政府虽已提出了保证，但已放弃加强在整艮（Xieng Kheng）国和湄公河左岸某些区域的活动。右岸居民的入侵势头没有停止。他们到Nan和Xieng Sen领土（左岸）来定居，不敢抵制英国人通过Xieng Toung施加的压力。英国人以土著人主动行动为外表，掩盖自己的行动，每天都争得地盘，准备以一些事实来反对我们无实际效果的抗议。

（原件第109页）

法外长致在河内的帕维的密码电报

第20号　巴黎，1894年12月3日

龙脖与湄公河之间的法中划界活动开始否？可以时，请将工程的进展情况告诉我。

赴上湄公河的英方委员打算1月1日到芒新。

G. 阿诺多

（原件第112页）

法外长致在河内的特派员帕维电报

第21号　巴黎，1894年12月7日

负责龙脖与湄公河的划界委员们的选派是否已获印度支那总督同意？

勐腊（Muong-La）到湄公河这一段委托给谁？

G. 阿诺多

（原件第 113 页）

法国派驻芒哈欣特派员加郎热（Garanger）致法国驻老挝总特派员帕维函

第 12 号　芒哈欣，1894 年 11 月 9 日

总特派员先生：

按照我们接到的指示，我与猛烈的中国巡抚和两个猛乌（Muong Hou）的巡抚进行了联系。

我刚收到我给 Muong Hou Nua 和 Muong Hou Teu 的信的复信。我将复信的译文寄给您，同时将景洪（Xieng Hong）一位目前到猛乌去的官员的一封信的译文一并寄去。

我希望不久也能收到猛烈（Muong-Lé）巡抚的一封信，因为我为了可靠地使这位官员对互换信件感兴趣，请求他帮我购买两匹好马，并给我送到芒哈欣来。然而，您知道得比我更清楚，中国的官员，甚至是高级官员，对于商业交易也好，对于实现一点小利的可能性，都不会无动于衷。

如果我冒昧地对这些信补充一点点说明，我要说这三位官员的主导思想是要人想起昔日西双版纳和老挝的这一部分之间存在的兄弟关系。因为暹罗人到来之前，似乎两个国家的侨民还继续向他们的祖国纳税，如同景洪的那位官员现在要求的那样。对于后面这位官员，显然我不会友好地待他，对他没有任何印象了。而且他来猛乌担任的职务的性质，似乎表明他是一个小人物，他对向我们领土上的 Khas Khos 人征税一定会感到高兴。而所征的这笔税将不会充实景洪的金库。

我已下令，如果他企图进行敲诈勒索，就逮捕他，带到芒哈欣来。不过他在信中提到一件十分有趣的事：根据来自中国的命令，在景洪建 12 座房屋。

这似乎不是表明中国打算利用它与英国的协议，准备实际占领西双版纳吗？

我的哨所差不多建好了，我对我的民团感到满意。我认为试用老挝人的保安队的做法可以继续进行，招收一些有经验的人，这样就足以确保老挝的安全了。

总特派员先生，我正焦急地盼望着您的消息。芒哈欣（Muong Ha Hin）通往四面八方的路已畅通，我准备一接到通知就立即到 Muong Nhé 去与您会合。

法兰西共和国派驻老挝的总特派员先生，请接受我崇高的敬意。

（原件第 115 页）

附件1　译文

Moung Hou Teu 的 Tiao Touphok Yakvongsa 复法国驻芒哈欣特派员先生函

来信收到，我全明白了。

芒哈欣和 Muong Hou Teu 以前关系密切。上 Muong Hou Teu 如果有困难或有什么事，就告诉芒哈欣；或，如果下芒有困难，就向上芒求援，这个惯例是古时传下来的。最后，就我这方面而言，我非常感谢您的好意，我们以后将维持两省间的最佳关系。

因此，我祝您身体健康，万事如意，平安无事，将芒哈欣变成一个大市。

译文与原文一致

政府驻芒哈欣特派员加郎热

1894 年 11 月 9 日

（原件第 118 页）

附件2　译文

Tiao Mom Tonphok Phommacsa 谨声明收到法国大特派员加郎热先生的来信

今年新历 1 月 12 日，收到您的来信，我全明白您的信。

我本人为您距此不远感到高兴。您现在在 Hua Pans Zhang Ha 地区（Muong Hou Nu、Muong Hou Teu、Muong Ha Hou、Muong Oua 和 Muong Ngay）。

我们以前将这五个省视为兄弟省，大家设宴招待，一起吃牛肉吃猪肉，在排骨上做记号，然后宣誓。如果上游的一部分区域有危险，下游的地区就去帮助和保护。

您现在到 Lansang Hem Khao（老挝）地区任代办，我也感到很高兴，祝您身体健康，万事如意。

但是有一件事我感到很恼火。Khas Paille 人离开了他们的家园，到老挝、芒拉（Muong La）、芒赛（Muong Sai）和芒南（Muong Nan）去定居。我不能去拜访您。不过我写这封信给您，请您遣返这些 Khas Paille 人。如果您真的愿意让他们回来，猛乌将又变成像以前一样的一个市了。我可从未忘记您的好意。此外，既然我们曾一起吃牛肉猪肉，这可能是合情合理的。

如果您不愿让这些 Khas Paille 人返回，那我请求您原谅我曾考虑过提醒您注意我们的旧辖区。

我在猛乌收到两个给您的箱子，我已将其中的一个寄往景洪去了，我保管着另一个，现在就交给您的使者。

最后，关于我刚才向您谈到的这些 Khas Paille 人的遣返问题，请您在本月中旬告诉我，您是否愿意准许他们回来，或您不愿意让他们走。

1256 年新历 1 月 7 日
译文与原文一致
政府驻芒哈欣特派员加郎热
1894 年 11 月 9 日

（原件第 119 页）

附件 3　景洪　译文

西双版纳国王殿前官员 Phya Luong Kham Seng 向法国大特派员，该国代办先生表示敬意。

他到猛乌来招劳工，以便让他们执行 Pra Tiao Fa Vong* 下达的在景洪（Xieng Hong）为其子建 12 座房子的命令。我们不能拒不执行这位大员的命令。

我很高兴地看到您的大名，作为代办，负责边境事务，因为我们在景洪相识。不知这是否已成为真正的友谊来源？今后，如果您想写信到景洪地区来，就写信给我，而我在刚与西双版纳有纠纷时，就直接写信给您。从今日起，我们应该互相联系。

而且一些 Khas Khos 人逃到或定居在 Pra Tiao Lansang Hom Kao（琅勃拉邦国王）的领土上，我请求您允许我今年去那里收税，这是以前的惯例，因为我们现在把他们视为兄弟。因此，如果您不反对这一惯例，两国间的关系就不会中断。

您能与 Tiao Fa Vong 合作，使两国合一，就帮了个大忙了。如果这个建议得到接受，我们两国就受到幸福的、战无不胜的诸神保护。

代本信译者签
政府驻芒哈欣特派员加郎热
1894 年 11 月 9 日

* Pra Tiao Fa Vong——我在这里不能了解这个人物到底是谁。我曾认为是勐腊的巡抚，但当地人说是指中国皇帝。我想更有可能是指云南总督——原注

（原件第 121 页）

法国驻老挝总特派员帕维致猛烈（Muong Le）中国部队指挥官函

法兰西共和国总特派员帕维先生通知驻猛烈（M. Lé）的中国军队指挥官，我于 12 月 8 日抵达孟聂（Muong Nhié）。我在该处遇到了从芒哈欣来迎接他的加郎热先生。加郎热先生给我看了猛烈的中国指挥官写给我的信。我十分高兴地看了这封信，并向李文（Ly Ouen）指挥官先生表示衷心的感谢。

根据法国政府和总理衙门达成的协议，我被挑选为法方负责我们边界的划分的一员。

我已派了负责红河畔的龙膊和黑水河之间的边界划界的几名法方委员到龙膊去了。

我明日离开孟聂到猛烈去。我要带领法方代表团到猛烈去。法方代表团将与中方代表团划定黑水河到九龙江的边界。

在向您介绍这个将恭候中方代表团的代表团后，我将南下。我有总理衙门的一份护照进行这一旅行。

首先我要十分感谢您为方便我们的旅行将做的一切。

（原件第 125 页）

法国殖民地部长致外交部长函

第 2488 号文　巴黎，1894 年 12 月 10 日

部长先生，亲爱的同事：

承蒙您在 10 月 30 日的信中告诉我，法国驻华公使先生最近提供的情况使您产生这样的希望，也许总理衙门在谈及老街和湄公河之间的这个地区的划界问题时，会原则上同意接受两国间就这一段中越边界达成的一项通商协议。

为此您向我指出，我们从现在起应该能够确定有必要为我们在这些地区的商业和过境取得的利益。

正如我在我 10 月 17 日的信中荣幸地告诉您的那样，一接到贵部第一批有关这个问题的情报，我就没有忘记马上电告印度支那总督先生，要他将印度支那商业对此的要求转告我。

德·拉内桑先生为答复11月23日一份新的召回电报，刚将如下的情况电告我。我立即告诉您：

“总督致殖民地部电

现通过邮船将与中国谈判的通商条约的更改报告寄去。概述如下：

（1）法国放弃对经过东京运到中国的商品征收过境税。

（2）中国同意从中国经东京和海到中国的中国产品不再被视为运到中国的外国货。

（3）安南人和东京人将可以进入广西省、广东省和云南省蒙自以南的部分。

（4）云南的鸦片将可以经过东京，不用缴付目前禁止性的重税。

（5）法国在老街对面的松风（Song Phong）、芒街对面的东兴和云南府派驻领事。

（6）法国人将可以在每个派驻领事的城市居住和拥有财产。

（7）中国在松风设置一位海关官员，负责曼耗目前进行的业务。”

正如您看到的那样，部长先生，亲爱的同事，德·拉内桑先生转来的编号为2号和4号的意见，与您11月17日的信转给我的弥乐石领事的说明中含有的说法一致。

双方的意见都一致倾向于达成这样一个条例，它一方面方便经过东京的某些中国产品的过境，另一方面又方便东京的某些产品自由进入中国，而这些产品迄今为止还是被禁止输入中国的。

关于经过东京的过境税问题，一段时期以来已在进行研究。取消对输入云南和广西的外国商品以及这些省输出的外国商品纳税这个问题，已有了一个决定草案，目前呈送行政法院审批。这个高级法院已原则上同意印度支那总督先生为该目的呈送给我的方案。

至于德·拉内桑先生要求写入未来的通商条约中的条款（第五、第六、第□款），您将和我一样认为，这些条款将是我们希望从中国政府得到的商业让步的必然结果。我们不能过于坚持，致使我们在以上各点上无法如愿以偿。

在德·拉内桑先生的详细报告寄发之前，请您立即将上述的要求通知法国驻华公使先生，将您研究过这些要求后的意见告诉我。

殖民地部长　德尔卡塞

（原件第126页）

法殖民地部长致外长函

第2487号文　巴黎，1894年12月10日

部长先生，亲爱的同事：

承蒙您在11月12日的信中告诉我，在法国驻北京公使进行的谈判后，中国政府已

同意派员进行老街和湄公河之间的区域的划界和定界。

在向我指出在英法代表团到达这个地区的附近时工作尽可能取得进展的必要性时，您还告诉我，共和国驻老挝的总特派员先生发电报告诉您，他已派图尔民埃少校、吕冈（Lugan）和两名军官到龙膊去了，他们要在龙膊与中方委员会晤。

一接到您的信，我立即将信中的情况转告印度支那总督先生，请他将有关新代表团成员的任命及代表团职能、他的前任与帕维先生一致同意进行的安排情况告诉我，也请他将关于这方面最后确定的措施告诉我。

德・拉内桑先生 11 月 26 日给我来了下面这封电报作为答复，现即刻转告您：

“总督致殖民地部

夏瓦肖先生没有告诉我与帕维先生达成您 11 月 23 日电报提及的划界协议。没有任何任命代表团的决定，没有任何给他划界权力的决定。收到您 11 月 23 日的电报时，我也正准备根据您 10 月 17 日的电报精神，任命代表团进行划界。我要打听图尔尼埃少校在哪，使其地位合法。帕维先生不能继续在东京边境这样做。

请您请求外长下令，今后限制他在这个缓冲国的作用。

我自已则向在老挝的所有官员下达这方面的指示。”

部长先生，亲爱的同事，您以后会注意到，在派出提到的代表团时，已出现了职责不分的严重情况。为了我们政府和我们在印度支那政策的合一作用，应该消除这种状况。

其实我认为没有必要提醒您注意：从我们两个部从 1893 年 11 月底以来交换的信件中可知，交给共和国驻老挝总特派员先生的两项任务，已有明文确定，不可能引起任何误解。

今天，帕维先生关于湄公河的使命的第一部分自他到达河内就告结束了。目前他正在进行他肩负的第二项使命，以法英委员会主任的身份，对这个缓冲国的划界提供意见。

这位官员的职责和权限在这方面已严格地确定了。部长先生，亲爱的同事，也许您会和我一样认为，帕维先生除了这项特殊使命外，无权单独直接从事负责中越边界划界的代表团的组成和派遣工作。因为这些活动尤其关系到直接在印度支那总督管辖下的国家。

根据迄今为止一直采取的方式，应该是由这位高级官员组建这个委员会，并赋予该委员会合法的权限，使它能发挥作用。我无法解释为什么做法改变了，刚引来德・拉内桑先生合理的抗议。

因此，我荣幸地请求您，部长先生，亲爱的同事，让共和国总特派员先生对派出由图尔尼埃少校任主任的委员会到龙膊去所采用的措施进行解释，我认为有必要获得解释，同时要他以后不要做超出他职权范围的事。

殖民地部长　德尔卡塞

（原件第 129 页）

法外长致殖民地部长函

巴黎，1894 年 12 月 14 日

部长先生，亲爱的同事：

您本月 10 日答复我 11 月 12 日的信时，将印度支那总督先生向您呈报的关于选派法国代表去与中国当局一道划定龙膊河与湄公河之间的边界的意见告诉了我。德·拉内桑先生说，与他职权管辖下的领土有关的这类任命应该由他自己来进行，而不是由帕维先生。他接着说，他不知道我们驻老挝的总特派员是否与代理总督意见一致才这样做；不论如何，他要使图尔尼埃先生和其他法国代表的地位合法化。

和您一样，我认为帕维先生自己无权选派负责到龙膊去的委员。不过，就像贵部一样，我也不知道他是否在这种情况下这样做，不知道所进行的选择是否并非代理总督与他可能达成的协议的结果。我们的总特派员给我来的唯一的一封信并未含有关于这一点的任何迹象。但是，由于他其他的报告证明他做任何事都注意取得代理总督的同意，因此我猜想，他在这种特别的情况下不会放弃他的一般的行为准则。不过这个问题应该予以澄清，所以我没有盼望您的来信以求得到补充的消息。他的答复我还未收到。一接到他的答复，我一定马上通知您。

请您再次提醒德·拉内桑先生特别注意准备尽快进行我们确定的行动的必要性。您 10 月 17 日的来信告诉我，和我一样，您也意识到我们应该立即利用我们目前再次拿给总理衙门看的条款。我已注意多次提醒大家，我重视这些工作的迅速进行。因此我不无遗憾地看到，德·拉内桑先生 11 月 26 日才答复您 10 月 17 日的电报。他在这封复电中也是说他目前准备任命负责与中国当局合作的代表。

我不会过分强调这样的期限可能带来的严重后果。由于这些延误，我们正毫无理由地浪费宝贵的时间，影响一次重要、艰难的谈判的结果，而正如您知道的，这次谈判开始有很好的兆头。

请您赶快向德·拉内桑先生下达指示，命令他想尽一切办法提前进行计划的行动。应该提醒他注意，划界和定界实际上应安排好，为了尽快完成这项工作，已商定将由两组代表进行这项工作，一组与中方代表在龙膊汇合，另一组则到勐腊（Muong La）。我刚刚注意到，对此要再次指出，我们的代表们应该有经验丰富的翻译陪同，配有医生，这

对他们可能是必要的。如果这位首领又有延误，那就太遗憾了。

我应该能尽快地让我们驻北京的公使把德·拉内先生选的人通知总理衙门。施阿兰先生已通知我，中国政府已经指定江石英（Kiang Che Ying）知府到龙膊，黎肇元（Li Tchao Yuan）知县和营长刀丕文（Tiao Pei Ouen）到猛腊［Muong La 或猛烈（Muong Lié）］。

（原件第 132 页）

法殖民地部长致外长函

巴黎，1894 年 12 月 19 日

部长先生，亲爱的同事：

您在 12 月 9 日的信中向我表示，您想知道共和国驻老挝的总特派员先生和印度支那代理总督先生所确定的、关于上湄公河法英考察团法方代表团的卫队组成的安排。

我马上就要求印度支那总督德·拉内桑先生提供这些情况，现荣幸地转给您下面这份我刚收到的这位高级官员关于这个问题的电报。

总督致殖民地部电

河内，1894 年 12 月 13 日

帕维先生离开河内时，他的卫队由他自己招聘的 38 名卫士组成。他可能已辞退了 21 名有病或士气不佳的卫士。他发电报告诉我，他以刁文持（Déo Van Tri）的支持者补充了他的卫队。帕维先生到莱州后，没有继续赶赴中立区，而是将考察团分成了两组，一组有图尔尼埃，去龙膊进行龙膊到猛烈［（?）* Muong Lié］的划界和定界工作。在与帕维先生和驻北京公使联系后，我已使图尔尼埃一组的地位合法化，并与图尔尼埃先生在北社会晤，我刚从那返回。我将施阿兰寄来的得到总理衙门接受的边界地图和草图交给了图尔尼埃。我决定使图尔尼埃有进行划界和定界的必要权力。他要根据这些已知条件，实地解决北京方面还未考虑到的细节问题，特别是刁文持的领土问题，我认为这个问题还没有被施阿兰最终解决。帕维先生通知我，他领导的那个组去进行猛烈（Muong Lié）和湄公河之间的划界工作。这令人担心帕维先生在与英国人举行的会谈所确定的 1 月份到不了中立区。

关于英国人的卫队，我没有相关的材料。

部长先生，亲爱的同事，请接受我崇高的敬意！

殖民地部长　德尔卡塞

（原件第 136 页）

*原文如此——译者注

法属印度支那公报

第二部分　安南与东京

1894 年 12 月 24 日

根据 1891 年 4 月 21 日的决定，根据殖民地部长 1894 年 10 月 17 日和 11 月 23 日关于中越边界第五段划界和定界的来信，根据法国驻北京公使先生 1894 年 10 月 10 日、22 日和 11 月 6 日关于同一个主题的来信及内附的获得总理衙门同意的地图，根据共和国驻老挝总特派员帕维先生 1894 年 11 月 25 日的来信及他同日给外长先生的信的复件，根据帕维先生 1894 年 10 月 7 日给印度支那代理总督的信，根据代理总督夏瓦肖先生 1894 年 10 月 9 日给总司令将军的信以及将军 12 日的复信，根据总督 1893 年 2 月 13 日的决定，印度支那总督兹决定：

第一条：1894 年 10 月 1 日任命一个由图尔尼埃少校先生任主任、吕冈先生为成员组成的委员会，进行中越边界（第五段）龙膊与猛烈之间的划界与定界活动，并增加桑德来中尉先生作为委员会的地形测量军官。

第二条：图尔尼埃少校先生的月津贴为 1200 法郎，吕冈先生的月津贴为 1000 法郎，地形测量军官的月津贴为 500 法郎。

这些费用以及翻译、卫兵的薪水和委员会的其他开支，将由存放在为解决暹罗事件开的账户中拨给帕维考察团的经费支付。

第三条：印度支那部队总司令将军、总特派员、行政部门的长官和第四军区司令，各自负责执行本决定与其有关的部分。

德・拉内桑

1894 年 12 月 18 日于河内

（原件第 142 页）

法国殖民地部长致外长函

第2558号文　巴黎，1894年12月28日

部长先生，亲爱的同事：

谨通知您，行政法院在它12月6日的会议中，通过了一项决议方案。该决定内容是：运到广西去或来自广西的外国商品，通过海防、浪张府和谅山从东京过境、运往东京或来自东京的外国商品，经由上述各地从广西过境时，以及运到云南去或来自云南的外国商品，从红河过境和运往东京或来自东京的外国商品，经红河而从云南过境时，免去1892年11月29日决定第6条规定的税率为1/5的出口税。

正如您知道的那样，对总税率进行调整这个事，印度支那最高行政部门好几个月来就已提出要求了。对该问题进行深入的研究之后，我不得不承认，取消迄今为止对外国商品征收的过境税，将会有效地促进我们的利益所要求我们尽一切可能发展的东京和与它接壤的几个中国省的贸易联系。

另一方面，我认为，这些措施在于促进我们的过境贸易，但还是构成了对广西和云南的中国商人的真正让步，采取这些措施可以为我们提供一个讨论的论据。在我们驻北京公使为了与中国政府缔结通商条约目前进行的谈判中，这个论据不应忽视。

因此，部长先生，亲爱的同事，请您坦率地告诉我，在这个问题上，您是否同意我的看法。在这种情况下，我就马上准备推迟颁布上述的这项决定，直到我们确切得知总理衙门将给予我们的让步的种类和多寡时为止。

部长先生，亲爱的同事，请接受我崇高的敬意。

殖民地部长　德尔卡塞

（原件第143页）

南乌河流域及其邻近地区

——对一位中方代表给塞尔维尔上校的一幅地图的研究

塞尔维尔上校转给我们的这幅地图，肯定不是根据中国单方面的材料制作的。该图向我们展示的南乌河流域，既从未在所有的中方地图上出现过，也从未在中国人的地图论著中出现过。此外，这幅地图将思茅置于景洪（Xieng-Hong）的西北面，而所有的中方地图都毫无例外地将该城正确地置于其东北面。

该图制作时无经纬度、比例尺，以及我们刚指出的关于思茅方位的错误，像是中国式的，但具有英国式的痕迹。一个中文旁注告诉我们，思茅和景洪（Xieng-Hong）在格

林威治子午线的天文方位，不过也许是故意弄错，将其中一个地方的经度当作另一个地方的经度，这个错误把罗索（Lo So）河偏往西。但更有甚者，在湄公河右岸，中国的边界线被不适当地往上北移，因为在左岸，这条边界线也被不适当地往下南移，以致右岸的缓冲国在湄公河可能比在左岸的缓冲国拥有的距离多出 10 古里（约 40 千米——译者注）。

帕维的地图显然被参考过。我们在塞尔维尔上校转来的这幅中国地图上看到的增加部分，主要在中国边界最远的部分。正如再下面一点将看到的那样，以芒哈欣的名义进行的一个更正表明，这幅地图的制作者们向当地人打听过一些情况，而且我认为这正是这份文件的关键所在。

木戛（Moukha）

这地图将附于恭思当先生的条约后的那幅地图让给我们的木戛又要了过去。就在木戛，黑水河有一个很大的渡船（据我们的测绘者们的说法，不过他们并没有到过那）。一个中文旁注肯定木戛在中国境内，属于他郎专区。我认为，除了我们边界线经由这个地点的通路，我们并不想获得更多的土地。

芒龙（琅）、布卡

琅勃拉邦国王对其提出主权要求的这个名字的区域，位于八盐泉地区以南，布卡（Poukha）河流经这个地区（布卡在北、芒龙在南）。中国的这幅地图将该地区放在南侧，在它建议给天朝的边界之外。这条边界线如果被接受，就会把芒龙和布卡放进缓冲国，就像是从暹罗抽出来似的。

猛宾［Muong Pin，也叫木皮（Mou Pi）］

最后，我们是第一次找到这个名字的区域的位置。这个名字的区域，曾在总理衙门去年通过法国驻北京公使馆和中国驻巴黎公使馆转告我们的建议中被提到过。

猛宾区域将李方（Li Fang）和普方（Pou Fang）分开。下面是中国政府的通知中的一段话：

“中越边界应该一直伸展到猛宾（这将普方给我们，而塞尔维尔的地图则把普方从我们这拿走）。猛宾的西面，是属于云南的景洪［Tché-Li（Xieng Hong）］的芒人地区。从猛宾到湄公河，法中边界线将沿着暹罗边界，往南又折而向西。”

这段文字的最后这句话仍是无意义的，即使我们因为有塞尔维尔地图的中文旁注而同意暹罗边界东起拉汉［La-Han（Muong-La 山口）］隘道处，西至三道（Sam Tao），缅甸可能从三道开始算。

琅勃拉邦的边界，可能西起拉汉隘口，一直延伸到东北的大凉子（Ta Leang Tze）。

就在这个地区，真正意义上的安南边界，可能从大凉子南爷（南聂）河附近一直延伸到黑水河。

罗索河和龙拉（Long La）河

1893 年 7 月，当我要第一次负责黑水河和湄公河之间的这个地区的划界时，我向部里提交了我从根据谕旨在不同时期发行的正式汉文书籍中摘选出的普洱府的全套地图。我指出，为了要求收回南乌河流域，我们从该河既没有被标在这些地图中的任何一幅里，也没有在中文的任何地理或水系著作中被提到这个事实中，找到了一个证据。因为，在这些地图和这些著作中，没有提到有任何一条河自北向南经过东起黑水河西至湄公河的这段云南的南部边界线。

根据这些著作和这些地图，边界线从黑水河起，在湄公河与罗索河汇合处上面不远处[一本非官方的汉字著作估计这段距离为 10 古里（约 40 千米——译者注）] 穿过湄公河。

在通过正式渠道发现中方的地图和著作没有指出罗索河下游（即南面）在湄公河左侧的中国境内有任何支流之后，我想，在要求将罗索河和湄公河的合流点作为我们西南边界的终点时，我们要保证我们的领土拥有最符合中文资料的天然界线。

另一个理由使我把这条界线视为可能引起最少异议的那一条：罗索河及其支流，就像我刚谈到的那些地图表示的那样，在东面将湄公河左岸的诸版纳（猛乌例外）围住，将它们并入中国。最后，确定在罗索河合流处的我方的西南界线，使中方绘图术提供的边界走向北上移十多古里（40 多千米——译者注）。这就使缓冲国边界的形成上有中国的功劳。

当我们想把这条这样确定的边界线投射到帕维的地图上时，我们曾仔细从标在湄公河左岸的所有支流中查找了那条从其位置和功用看最接近中国人对罗索河的描述和画的走向的支流。这条支流是帕维先生称之为南辣河的那条，因此我们就把罗索河和南辣河视为唯一的、同样的河流，并在我们的罗索河草图中就像中方的所有地图和特拉格来考察团绘的那幅地图标的一样标出罗索河。

尽管我们的鉴别很合理，但是我们很有可能出错。我们马上要说，这个错误的后果可能只能使我们得到比我们希望更多的区域。尽管如此，塞尔维尔上校给我们寄来的这幅中方地图却让我们看到，在绘得很不准确的一条罗索河的下面，有另一条湄公河更靠南的支流。这条支流名为龙拉（Long La）河，可能是帕维地图上的南辣河，差不多完全相当于我们根据我去年寄给部里的所有中方地图对罗索河形成的概念。

如果在划界和勘界委员会的活动期间，我们要让人认可罗索河作为边界有些困难，我觉得放弃该河而取龙拉河并没有什么不利，如果龙拉河确是塞尔维尔上校寄来的那幅中文地图中所标的那条。

芒哈欣（Muong Ha Hin 又名 Muong Ngay Neua）

根据蒙自道台和马将军所说，我们称为芒哈欣的这个地方就是下孟岩［Hia-Muong-Aï（Hia-Muong-Ngay）］。我认为这个意见是完全正确的，表明中国人最近除了从他们的和我们的地图了解情况外，还通过另外的渠道打听情况。

在中文里，下孟岩意思是相对于位于香法（Xieng Fat）西北面的上孟岩而言，它在其下面。

芒哈欣这个名字只不过是来自老挝文名称 Muong Ngay Neua 的不正确的写法，意指下 Muong Ngay，含义和汉文下孟岩的意思完全一样。

在我们的文件中和我们的地图里，我们应该以 Muong Ngay Neua 取代芒哈欣（Muong Ha-Hin）。

云南的大部分版纳都无中国军队

关于这一点，塞尔维尔上校说的与特拉格来考察团先提供、后来勒费弗尔·杜大利先生转来的有关资料相符。除了思茅成了中国的一个区，尽管湄公河左岸的版纳被并入普洱府，但却均被交给它们自己的当地首领统治，这些首领具有中国的行政或军事上的头衔。根据勒费弗尔·杜大利先生的说法，似乎当一些中国的高官们试图带着他们的卫兵前进到思茅以南时，老百姓蜂拥而逃。

德微理亚

（该篇收入《中越边界历史资料选编》第 989～993 页）

（原件第 175～178 页）

法国驻龙州领事邦·当提的报告

巴黎，1894 年 12 月

龙州城[①]地处两河[②]之交，在其各支流遍布整个广西的那条大河[③]源头处，从它可以向中国这部分地区与外国的贸易往来提供的便利来看，作用巨大。当东京附近地区与海之间的交通工具得到改进时，其市场显然将肯定大有前途。东京正在建设中的浪张府和谅山之间的铁路[④]建好后，也许将顺着这条进入通道延伸，特别是像在讨论中的那样，如果铁路延伸到谅山以北，直至淇江能够让龙州帆船进入的一个地方的话[⑤]。但迄今为止，由于交通费昂贵，在连接北部地区和三角洲的所有大路上往来不安全，所以还不能在东京与中国西南所有的市场——龙州的位置可以憧憬成为主要的货物集散地——之间建立一条真正的贸易通道。

一

在目前的情况下，这些市场在广州港和北海港找到它们的出路。

第一个港利用西江这条极佳的河道。载重近 30 吨的帆航可沿该河上行，直到龙州。虽然航程长（约 800 千米），但运费却很低，估计每担（约 60 千克）运费平均为 5000 皮阿斯特（1.5 至 2 法郎），即 600 千克运费为 15 至 20 法郎。然而，只有原料或本身价值很低的东西走这条道。有一定价值、体积不大的商品宁愿走起自北海、辐射到广西西部地区的那些路。这种情况是由于内地海关征收的税太高了，所以商人只好想办法逃避厘金[6]的勒索。

北海到龙州的每担运费约为 3 皮阿斯特（9 至 12 法郎），但是运输由人挑，商品运输队走一些弯路，就很容易避开厘金站。运输队从北海出发，这样可以与西江的内河航运业进行竞争，后者处于劣势。由此可知，运到吸引着我们的那些市场去的大部分过境商品不走水路，而走通到北海去的陆路。这些路几乎都在南宁[7]相交。这个城市的重要性每年都在增强，已变成了广西西部地区和邻近云南、贵州的地区的大的商品集散地。

龙州的地位即使不应追求取代这个贸易中心，至少应追求打开通道，充当它的销售市场，向它提供低关税[8]，比在广州和北海更有利可图的运费。为了进一步证实我们在本文开始提出的观点，为了说明今天不能进行竞争达到什么程度，只要指出浪张府到龙州的运费，只要铁路还没有到达龙州的内河船只能进入淇江的一个地方，就可能每担至少高达 5 皮阿斯特就行了[9]。

二

另一方面，在东京建立一条通到龙州的通商道路遇到一个很大的障碍，就是这条路经过的安南各县局势动荡。尽管保护国当局进行了不懈的努力，但是，势力强大的匪帮仍然控制着谅山省和高平省的乡村。海盗行径[10]不仅阻碍了这些省份的人口增长和资源开发，而且直接影响着贸易业。各主要的匪帮占据着商品运输队经过的地点。这样就建立了真正的海关站，需要征重税。这就限制了运输事业的发展，遏制了商业活动的起飞[11]。

似乎根本不应指望迅速结束这种状况。因为在这些地区，一切均有利于诈骗。首先，这个地区的特点是山上树林茂盛，峭壁有洞，给强盗提供了天然的藏身之地。其次是土著人的性格。主要的土地占有者，“土人”是好斗和掠夺成性者[12]。每个山头互相为敌，其组织是地区仇恨的起源，各帮的首领轻易地让地区的仇恨发挥作用。“侬人”主要以掠夺为生，这样就成了坏人的经常的帮凶[13]。“蛮人”几乎是不受约束的，谁也不跟[14]。在这个区域定居或在这个区域游历的中国人被迫与强盗打交道，并成了他们的同谋和代理人[15]。至于安南人——而且人数不多——他们受到我们刚谈到的其他三种族群的歧视和憎恨，经常受到牵累。不论如何，不能像在三角洲一样指望他们的官员的帮助，以确保和解[16]。最后，由于靠近中国，所以有力地帮助各匪帮得以坚持下来。各匪帮的人员是从中国边境区那些大部分居民是歹徒（被流放或逃跑的罪犯、被解职的小官吏、被遣散的士兵等）[17]和各种冒险家的小镇中招募来的。在东京被追捕的强盗就是在这些地方找到庇护所的，他们在那不受司法部门追究，期待着能够重新控制乡村。各匪首在那有客户，这些客户推销赃物，保证粮食、武器弹药的供应；一些钱商必要时向他们提供资金[18]。强盗的家人在那边生活，避遭报复。显然，这种情况至少说明中国当局的态度有点宽容。首先在边境任指挥的（中国）官员们与匪首们——他们以前大多数在法国人到来之前占据着东京的团伙中，在中国官兵或战时隶属于官兵的独立部队中服过役——保持联系，这个事实说明这样给强盗提供了便利。其次，广西边境的所有中国军事哨所相距太远，守军不足[19]，因此许多军官可能害怕与强盗争通道，宁愿与他们串通一气，借他们的同谋关系得到一部分赃物。可以说，在一般情况下，边境上所有的下级军官，当他们由于敌视法国人而不去支持强盗行径时，就与匪首们串通一气，或是出于友情，或是出于利益因素的考虑。高层权威人士的态度，特别是文官的态度是相当令人满意的，但是，由于下级人士采取的预防措施不当，所以各衙门、道台和边防军总司令的作用难以发挥，无助于平定东京毗连广西的地区[20]。而且，完全有理由认为，强盗们多久不侵扰中国领土，中国官员们就有多久不敢断然公开进攻他们。再加一句也不错：中国政府似乎根本不具有必要的手段去以武力减少蹂躏边界的骚乱分子[21]。

还应该说，直到最近一段时间，东京当局还没有采取任何措施去认真地保卫边境。在毗连广西的那部分地区，所有法国人的哨所被设在边界线内，距边界线很远。由此可见，安南境内的边境平均纵深4至5千米的地带完全是不设防的[22]。人少的侦察队极少涉足的这个狭长地带，似乎被完全交给强盗们了。自从第二（军）区的指挥权交给加利尼埃上校以来，曾采取过一些措施，以保护边境区域和确保边境区域的治安。已决定建立保护网，包括互相间相距很近，并得到大哨所支援的碉堡。这些工事应尽可能建在边界上，与中国人的哨所相对。同时，中国人的往来要受到越来越严的检查[23]。另外，已设法夺下强盗们主要的活动基地，同时让中国的鸦片在谅山省和高平省自由通行[24]。如果坚持这个办法，也许渐渐地就可以逐步减少强盗行径的数量，这样排除最后的障碍，这些障碍也许在一些快速、价格便宜的交通线穿过东京将龙州市场与海连接起来时，还可能阻碍商人利用这个城市向他们提供的所有开放市场。

三

由于缺少确凿的材料，很难准确地估计南宁商界在这个地区订购的商品额，很难这样得到关于龙州市场有一天可能需要与东京洽谈的交易额的具体数字。在这方面我们掌握的唯一的底数，是中国北海海关的统计表向我们提供的。根据这些统计表，北海港的贸易活动的年额约为2700万法郎，在这个总额中，进口外国商品额差不多占1800法郎[25]。这个比例肯定夸大了。就算这个总数中的一半代表该港与广东省西南和广西某些可能在任何情况下在北海进货总有好处的地区的交易值，而对于我们感兴趣的那些地区，还剩下一笔1300多万法郎（其中900万为外国货）的交易。看来这些数字并不是太离谱，因为通过不同渠道在龙州的中国海关办公室和法国领事馆得到的材料估计，该地每年平均消费100多万法郎的正宗外国货。然而，猜测南宁的交易额高于龙州10倍似乎并不武断。因此，可以这样估计：通过东京运到龙州市场销售的过境商品，将可能达到已指出的北海港交易总额至少一半的数字。但是这个总数，特别是进口的数字，每年将有规律地增长。因此，与最后这年相符的估计可以说只会是最低的限度，最大的限度自然可以被居民需要的范围、该地区可用于交换的剩余产品的价值描绘出来。关于这一点，还缺少判断的底数。仅知道这个地区应该被列入中华帝国最贫穷、条件最差的地区的行列，而且必须将这个地区视为很难发展的地区。

因为广西省由山区组成。山区里适于种植的土地很少。其居民很稀少[26]（人口600万到800万，面积201600平方千米），至少2/3属于落后族群，既无资源，又没有中国人的积极性，而且也没有与外国人做买卖的需要。几乎无工业。比如，尽管政府一再鼓励养蚕业，但产量仍然十分低下[27]。在一些城市，如梧州、桂平、贵县、钦州、南宁等，可以发现一些工业活动，但是这些制造中心仅以满足当地需要为目的。即使在龙州，也不能举出任何大的工业。而且在广西见不到像在帝国的其他省份见到的那些很大的居民点。首府桂林可能也不过10万人，梧州可能有8万人，南宁可能有5万人，龙州应有2.5万人。

据说该省的矿藏丰富，还没有开发。由于官员们反对开矿，似乎很长一段时间都不可能在这方面显示力量。不过，似乎铁矿和煤矿可以作为例外。鉴于中国的铁锅和铁器很被看重，很畅销，与东京建立方便的联系，也许会促成建几个高炉，就像北海北面、灵山县已有的那些。灵山主要制造煮饭的铁锅，这些铁锅已被大批进口到边境或沿海的安南市场。至于煤，在百色附近和北河（Pakho）两岸（柳州附近）已证实找到了大量的露天煤矿。

但是，该地区真正能提供作为大宗交易物资的唯一产品，是那些目前作为当地人的交换物的东西，即糖、八角、花生油、靛蓝和桂皮。

西江沿岸，自南宁到中越边界到处都种有甘蔗，村村都有简陋的制糖器具。废糖蜜、红糖、白糖、冰糖促进了众多的交易活动，这些产品的大多数流向北海，也有很多出口到东京。根本不可能近似地估计该地区的糖产量，但是可以肯定，制糖业是最重要的地区工业，是当地主要的财源。

八角树[28]只在广西的龙州和百色附近地区才有。龙州的八角特别受推崇，百色的八角油量少，用于制药，被通过西江运到广州，而龙州的八角油则相反，从陆路运往北海。

花生油和靛蓝也是两种食物。生产花生油和靛蓝，就为当地人民提供了主要的经济财源。花生和靛蓝占据着粮食作物之外的每寸土地。花生和靛蓝的种植常常与甘蔗的种植轮流进行。

桂皮在广西南宁以南的几个县才有[29]。这种物品从可能通过东京过境这个角度看，就不如前几种物品重要。因为玉林州（首要县的名字）离北海很近，桂皮将很可能更愿意取道最近的这个港口。

另一种商品虽非该地区产品，但其交易量却在该市场占第一位，那就是云南鸦片[30]。这些鸦片在该地区销售量很大，好像完全满足了该地区抽鸦片烟的人以及东京北部地区的土著人的需要，后者到龙州去购买大量的鸦片。

除了鸦片外，云南的另一些产品现在也通过经过南宁地区（甚至钦州城）的路到北海或通过西江到广州。但是，自从蒙自城向法商开放以来，其中的一部分产品自然走红河水路了。不能因此推断云南的出口商品将增加龙州与谅山之间将被确定的过境商品。

总之，如果渗透的路通到龙州，可以被东京的商人利用，那么交易可以包括以下的商品：

1. 进口

棉纱（英属印度）、棉布（英属印度、美国、德国、日本）、煤油（美国）、火柴（日本、瑞典、奥地利）、小摆设（德国、日本、广州转）。

2. 出口

废糖蜜和糖（香港）、八角油和八角果（香港和波尔多）、蓝靛、桂皮、云南和贵州的鸦片（给在东京消费，经广州过境）。

构成全部进口产品的英国、德国、日本等国的商品不可能被法国的同类商品所代替。因此贸易还全是过境贸易。

四

在龙州市场进行的全部交易中，在边境进行的贸易只占很少一部分。这些贸易——年平均额约为60万法郎（不包括鸦片）——中，从东京进口到中国的商品如下：Cunao[31]，木材[32]、竹子、小豆蔻[33]、毛皮、香蕈、竹笋和竹叶、大米[34]等。下面的商品是从中国出口到东京的：（1）土产。花生油、糖、生铁锅、陶器和瓷器、活动物、茶叶、香菌、纸张、药、铁器和铜器、蓝靛等；（2）外国商品。棉纱、火柴、煤油、炼乳、面粉、胡椒、小摆设、苯胺颜料等。可见，龙州市场向毗连广西的安南地区提供了大多数外国商品，这些外国商品就在这些地区被消费。这一事实充分证明，在目前条件下，浪张府—谅山这条商道不能与经过中国境内通到谅山和高平两省的市场的那些商道竞争，因为商品经北海或南宁运到这些市场时，其价格要低于从东京过境的商品价格[35]。

除了上面列举的从东京经龙州出口到中国的各种商品之外，还应该加上云南和贵州的鸦片。鸦片交易额就比边境上进行的交易总额（进出口合计）还高出两倍。根据在龙州的中国海关署得到的材料，这些材料得到地方当局诸声明证实，其实不能估计每年从这个市场输入东京的鸦片量少于千担（即出口值约为100万法郎）。这种数额巨大的交易还几乎全是非法进行的，这就给投机行动提供了一个强大的活动基地。这种状况产生于保护国当局迄今为止都坚决禁止中国的鸦片进入东京这种措施。这一禁令于1893年中，在一定范围内被撤销了，因为一个包括谅山省和高平省的消费区域那时已成立[⑧]。在1893年的第二个季度，龙州的鸦片市场向同登的法国海关处申报了一批价值差不多为6万法郎的鸦片的发送。

因此，在边境进行的贸易总额可以估计为每年150多万法郎。正如所说的，这只不过是在龙州市场进行的全部贸易中的一小部分。由此可见，这个市场从现在起，其贸易地位相当重要。它的经济地位显然在提高。可以肯定，它越来越有成为广西毗连东京的整个地区大的贸易中心的趋势。特别是在外国商品的扩散方面，完全有理由认为龙州是边境最近的主要仓库。而且，这个城市呈现出一切日益繁荣的迹象。它的居民人数增长幅度很大，商业区由于建了房子、开了新的商店，每天都在扩大。西江水运业（地区内河航运业，与南宁和广州往来）变得越来越活跃。最后，从输入的外国商品方面看，已看到该市场来了品种更多的新商品，进口量也更大。不过，这些增长目前不可避免地被限制在龙州直接控制的这个地区的资源和需要的范围之内。在它的商业活动中，一切超出这个范围的商品，只要该市场以后仍然依靠北海和南宁，就绝对是假冒的。因为广西能直接从这两个市场得到供应，并在这两个市场找到销路的各县，自然不受它的影响。因此，不能过于强调这个事实：只是由于与东京建立了安全、方便、快速、费用低廉的交通线，龙州的商业以后就能真正起飞。因此，这个市场的贸易前景，首先完全取决于东京兴建的、浪张府和谅山之间一直延伸到淇江可以通航的一个地点的铁路的建成和使用。

注释

①龙州位于北纬22°21′、东经106°45′，河的左岸、两条发源于东京的河流汇合处下游一点的位置。城市由将官员们的各衙门、一个市场和几条开有珠宝店、丝绸店和陶瓷店等的几条街圈在内的围墙内部分和一个沿河延伸的大商镇组成。它坐落在一个宽广平原的中部，四周为高山。其居民（约2.5万人）半数是汉人（广东、广西的批发商，广东、广西和湖南的官员），半数是当地人（土人）。此外还有1000人的守军（主要是湖南的汉人）。

从行政方面看，该城仍然是一个土著世袭县（土州）的首府，隶属太平府，但是它形成了一个由一位汉人官员知县统治的特殊区域。因为从1725年起，该城的重要性无疑就使中国人产生了取代这里的土著人的欲望。因为现在世袭的知县被罢黜，被太平知府的一位代表所取代（1891 年 11 月 5 日领事馆给政治司的一份报告含有这个问题的详细说明）。

自龙州向外商开放以来，该城已成为道台（行政辖区的总管、只听命于省总督的特殊官员）的衙门所在地。该道台负责治理广西与东京接壤的整个区域，是边境贸易的总监。

②淇江和邦江（Song Bang Giang）。淇江（汉人称之为谅山河）发源于东京谅山省南部的山上。谅山城坐落在左岸。中越边界在平而横过该河。邦江（汉人称之为牧马河，高平的汉名），发源于云南，流到东京高平的北部。高平城坐落在它的右岸，该河复在水口流回中国。

③可以将在龙州由淇江和邦江合流后形成的这条大河视为西江的主要支流，这样自龙州起它可能还有约 800 千米长的一段距离。该河全段经过广西，流经广东省的南部。它在其左岸接纳了如下几条河：左江（应为右江——译者注），从云南流下来的大河；北河（即红水河——译者注），通过其支流，形成一棵树状，其分支分布在广西的整个北部，一直到贵州；最后是桂林河，它作为商品从广州运到该省东北或从上海南下所取的水道。其右岸的支流，由于近海，所以没有发展前途，但从通商方面看，却作用不小。它们是宁明河和频峒（Ping Tong）河，从北海上行到南宁或龙州的商船队，以及出口到钦州和北海的土产就走这两条河。

④该线全程一百多千米，直到谅山。现在 70 千米长的距离已建好［自 1894 年 7 月起，火车在浪张府和朗那（Lang Nac）之间运行了］。剩下要完成的工程进展很快，被积极地推动着。但是这是该线最难修的一段，虽然承包人已答应 1895 年元月一日将该路交付使用，但是，最后完工很可能需要延期三四个月。然而，由于在最难走的各处已架了桥、铺了铁轨，也许火车 1895 年 1 月起可以来往于浪张府和谅山之间。必须补充一句，目前正在建的这一段是从两端开始的，从谅山起已有 14 千米铺了铁轨，所以 1894 年 4 月甚至就能通过这条普通铁路开一辆机车到该城来了。

⑤淇江有这个特点：龙州和谅山之间的文关县，谅山下游约 15 千米处，有一个天然的水坝，阻碍了船只通过。如果没有这个障碍，龙州的帆船就可以一直上溯到谅山，甚至上溯到该城上游很远的一段距离。几年前，有人似乎曾考虑排除这个障碍，但这个想法现在好像已被放弃，尽管根据研究过这个问题的权威人士的估计，所需的费用几乎微不足道。

目前，龙州的帆船只能上行到这个水坝为止，一般都是停靠在纳占（Na Cham）（Bante 码头）镇附近。该镇距离边界约 20 千米，通过一条很好走的土路与谅山相连（是谅山到七溪和高平的大路）。根据保护国当局绘制的图，该线可以继续延伸到纳占，从纳占走，甚至可以一直延伸到中国边境。

⑥国内的关税名为厘金，被政府交给个人或团体承包，这些个人或团体随后对来往于有厘卡出入口的大路上的商品征税，从中渔利。一些厘卡只在进口处征税，另一些只

在出口处征税。所征的税可能一般按商人和承包者商定、地方当局批准的税率。但是，承包者和他的代理人实际上进行严重的敲诈。厘卡的存在，尤其是在水路上时，本身就足以使这条路上的商人改道。从龙州到广州，西江沿线设的厘卡不少于 17 个。

⑦这个大城市位于西江左岸，在左江合流处下游不远处。自古以来，它就是广西最大的商业中心之一。现在更是与云南贸易的货物集散地。有一个道台常驻南宁。这位官员的管辖区几年前曾一直到中越边境。

⑧1886 年 4 月 25 日在天津签订的通商条约中进行规定。

⑨浪张府到谅山这条路的运费如下：铁路：每千米吨平均 400 皮阿斯特，包括全部费用在内；公路：每千米吨 2. 52 法郎（即 1 皮阿斯特）。因此，今天浪张府到谅山的每吨运费，可以先定 2. 80 皮阿斯特到朗那（70 千米），朗那到谅山（30 千米）则定为 30 皮阿斯特。铁路一建成，到谅山的每吨运费将只增加 4 皮阿斯特。但是还应包括谅山到纳占之间约 40 皮阿斯特和纳占到龙州之间 10 皮阿斯特的运费，总计约 55 皮阿斯特。因此可以说，如果有最好的条件，浪张府与龙州之间的每吨运费将在 55 皮阿斯特左右，即使铁路全部修通。

⑩必须区分以下三种强盗行径：1）真正的强盗行径，由一些具有不同政治的特点的人士领导；2）当地村庄之间的械斗；3）由一小股一小股的持枪强盗进行的抢劫。这三种成分有时混在一起，但一般是截然分开的。

大的抢劫由中国旧军官和一些安南叛官指挥进行。这些匪首与目前逃到中国的尊室说似乎存在着相当活跃的联系。后者被拘禁在中国广东的北部。各股匪帮是一个军事组织，模仿中国的军队建制。主要的支持者们自封中国或安南军衔等级的头衔和军阶，想向政府要求给予一块确定的安南领土。各股强盗依靠一些位于东京内部的强盗窝，分布成梯形，以便既迅速又方便地使他们的给养队或赃物队通行。由于这种抢劫方式给居民带来恐惧，形成了真正的国中之国。各股强盗让官员们、乡长们等承认自己，要求缴税，服劳役，缴粮等。最后，他们对来往的商品和行人征税。一般每股强盗包括：1）头目的卫士（人数因头目的权势和财力大小不等），这是固定的人员；2）为进行一次行动而招募来的一些支持者，他们从中获得自己的一份利益。这些支持者几乎都是当地人，一些局部的怨恨驱使他们加入强盗的队伍；3）一些从事鸦片走私的中国商人。这一结构及我们上面提及的强盗窝的存在，说明了拥有数百人的一队强盗怎么能够突然解散和消失，而又不能找到其踪迹的原因。

⑪强盗征的税一般由一些不怕公开常去谅山和高平省的主要市场的官员征收。缴了税的商队接到通过的口令和在他们的车上标了某种通知的记号。政府的商队也常常要缴这种税。

⑫“土”族又名“泰”族，居住在中国南宁和东京浪张府之间的整片地区。这可能是暹罗人的一个分支。总之，土人说的语言与暹罗人的语言非常相似。

⑬根据中国民族志学者的看法，“侬人”是第一批中国移民与当地人通婚的后代。这些地区被中国征服时，当地人居住在广西的西部。侬人与其他民族的不同之处是颌部非常凸出。

⑭蛮人（中国叫苗子）住在山顶，上面绝对看不到任何土人、侬人或汉人的居民点。

⑮特别是广州人，主要又是钦州人（钦州乃广东的一个港，位于北海与芒街之间，到这个城市的距离差不多相等）。

⑯安南官员对土人没有任何影响，后者将他们视为入侵者，并不断地要求从该族群的大户人家中选择他们官员的权利。不久前，保护国当局满足了这一愿望，正期待着这一措施的最佳作用。

⑰中国的法律写明，最严厉的惩罚是流放到这些军事区域。这极大地促进了最危险的强盗充斥着帝国的边境。另一方面，在一个省犯了罪的罪犯，在另一个省很少被逮捕。边境各省也成了全帝国法外之人的天然庇护所。

⑱在这些钱商和提供资金的人中，自然有一些要人的代理人。像尊室说和法国人到来之前占据着东京的中国非正规部队的前军官等要人。领事馆对好几位代理人十分清楚，并一再地向中国当局揭露他们，但是中国当局表面上装作在追捕他们，实际上继续容许他们活动。

⑲在组成广西边防军的8000人中，过半数的人被部署在南关到龙州的官道上。这样就仅剩下约3000人作为分布在500多千米长的边界上的各哨所的驻军。

⑳1893年11月从抓获的一名强盗身上搜出来的一份很有教益的通知已证明，高级官员明令禁止他们的下属与东京匪帮串通一气，比如苏将军（苏春元——译者注）的态度是最有礼貌的，出乎那时人们的预料。

㉑中国士兵是从匪首们吸取支持者的同样的环境中被招募来的。在一场正规军与强盗的战斗中，中国士兵因此可能会准备与他们的对手妥协。此外，强盗们一般装备更好，比士兵更有经验。强盗们习惯于与欧洲军队作战，因此比士兵有优势。

㉒1年前，南关到水口只有3个前哨：同登，距边界5千米；平道，15千米；复和，10千米。

㉓所有在边界、在谅山省和高平省来往的中国人，应该持有龙州领事馆签发的护照。1890年，这些旅游证件只发了31份，1891年第一季度也仅有122份。随着检查变得更有效，数字上升。1891年最后8个月为2700份，1892年达到2892份，1893年达到4374份。最后，由于新的措施使护照的作用突然变得正规起来，领事馆从1894年1月1日到7月31日向要到边境去的中国人发放了4059本护照。这些有效期为两个月的护照是应中国官员的要求才发放的。中国官员们担保持有护照者的信誉。自今年2月20日起，持护照者的照片要贴在旅行证上。

㉔以前，尽管有1887年6月26日在北京签订的附加条款的规定，但是将中国的鸦

片从边界陆路运到东京仍然是绝对禁止的。由此可见，这种鸦片贸易引发了巨额的走私(每年 100 万法郎)。中国的鸦片在龙州的售价为每盎司 5000 皮阿斯特，而鸦片在东京的售价高出 3 倍。

㉕这些商品包括如下货物，按多少顺序排列：棉纱、棉布、煤油、火柴、小摆设等。这些商品没有一种是产自法国的。

㉖广西人口直到本世纪中可能很多（至少有 1500 万)。在太平天国起义时该省成了斗争的战场时，约 50 年前，它的人口大量减少了。它的一些主要城市仍有遗址，叛乱分子和清军曾相继在这些遗址上激战过。

㉗比如 1891 年，该省巡抚曾试图促进养蚕业的飞跃发展。他当时称养蚕业以前乃广西的财源。免去丝绸商的税。同时，人们力图通过成立一些股份公司，为建新作坊提供方便，等等。省当局采取的所有这方面的措施都得到一道谕旨的批准。

㉘八角树是一种很美的树，高约 4 至 5 米。从其果实中榨出的油很受青睐，在欧洲被用来制药和使用于药房。在香港，这种油每 60 千克的售价为 700 至 800 法郎，香港人先精炼这种油，然后再发货。

㉙英国人称这个地区为“肉桂区”。此外，由于地方当局采取的一些税收措施，近几年来肉桂生意已被破坏了。

㉚这些鸦片不仅来自云南，也来自贵州。广西的鸦片产量很少。罂粟只在南宁附近和西部的几个县有种植。该省的鸦片大仓库是百色，每年分发出 20000 多担的鸦片。在龙州，鸦片的价格按其出产的省和质量好坏而有不同。

云南鸦片：每担 235 至 195 两银子（每 60 千克 1150 法郎到 1000 法郎，整数)。

贵州鸦片：每担 185 到 180 两银子（每 60 千克 925 法郎到 900 法郎)。

龙州出售的中国鸦片的零售价：未加工的，每盎司 4000 皮阿斯特；精制过的，每盎司 4500 皮阿斯特。这些价格有下跌的趋势。

外国鸦片（比如 Patua）在龙州的售价可能为每担 600 皮阿斯特，即 1800 法郎。而那里的年消费量不过 2 至 3 大包（每包 1800 克)。零售价为每盎司 9000 皮阿斯特。

㉛一种菝葜的菌状的根。在七溪和高平两省各地都有野生的这种植物。这种块根被用作布的染料，其色为茶褐色，与黑儿茶产生的染料颜色十分相似，故又名“假黑儿茶”。Cunao 被用木排运到龙州后，再发运到广州，在广州很受青睐。铁路的建成，很可能使这种块根改自东京过境。

㉜出口到龙州的硬木主要来自高平地区。南宁和广州对这些硬木的需求量很大。这种贸易似乎前景光明。运到龙州的木材有来加工的，有经过加工的。原木是以桁梁、支柱、杆、棺木板等形式进入市场的。加工过的木材包括榨糖机（成组石磨)、轮辐等。

㉝质量很差。

㉞所有这些商品产生的交易活动是很微不足道的。

㉟也许可以这样认为，东京造的火柴也许会在龙州找到销路。迄今为止，还没有这回事。价钱太高，东京的火柴根本不能在中国的这一部分地区与从欧洲进口或日本进口的火柴进行竞争，如果不是由于采取一些禁止措施而得到积极的保护，就是在谅山也难以与那些进口火柴竞争。

㊱将近1893年年中时，保护国取消了鸦片种植园的垄断权，决定中国未加工的鸦片的买卖今后可以自由地在谅山省和高平省的全境进行。而且这种鸦片只是在进入东京时纳税，每盎司500皮阿斯特（每担80皮阿斯特，或每千克1.330皮阿斯特）

（原件第179～191页）

法国外交部领事与商务司商务处给政治司的说明

巴黎，1894年11月29日

政治司就有可能有必要利用目前的形势对决定我们与中国的边贸关系的诸协议进行更改一事，征求领事司的意见。后者认为应该指出以下几个方面。这几个方面对本司负担的利益具有特殊的重要性。

（1）1886年4月25日通商条约第9条规定，通过东京边境出口，然后通过海上返运到中国开放港口中之一的中国商品，将被当成外国商品，应该（不影响出境时已缴纳的过境税和出口税）按照海关总税则缴纳一笔新的全额进口税。

这一规定使中国商品回流到通向广州和四川的道路，虽征厘金税，但这些商品经由这些道路还是有利可图的，然而这使东京失去了过境贸易，罗歇先生估计过境贸易额为1800万（法郎）。

最好撤掉这一条，最好将从东京过境到清帝国开放港口、有货主姓名保证和合法保证书的中国商品视为民族商品，同意豁免关税。

（2）有必要进行新的努力，以便说服中国人承认我们国民在毗连东京的矿产地开采矿石的权利。这个权利写在戈可当先生提交给中国的那个条约方案的第20条里，内容如下："第20条：……法国人或法国保护的人可以获得帝国当局的同意，在云南省、广西省和广东省开矿。当然，他们必须遵守帝国政府颁发的关于民族工业问题的条例。"

（3）可能也有必要修改1887年6月26日附加条约第2条的内容。该条规定在曼耗设立一个法国副领事办公处，以便为东京与云南通过蒙自进行贸易提供便利。其实经验已经证明，海关业务是在河口而非在曼耗进行。而且曼耗被视为条件恶劣的地方，不适合欧洲人居住。因此，最好用上述第一个城市河口代替该条款中的那个城市（曼耗）。

最后，戈可当先生商订的这个条约方案的要求之一是在云南府和桂林，云南总督和广西巡抚身旁设立法国领事处，以方便东京和中国的贸易活动。

（4）战后，中国也许要重建其武装，构筑防御工事，甚至决心走上文明的道路，兴建公路，建工厂。

有必要得到明确的保证：我们的民族工业以后不能失去可以向外国订货的客户。写在 1885 年条约第 7 条中有关修建铁路那款没有任何保证，因为该款不能构成一个专门面向法国的特权。

（5）我们的商界似乎对在中国获得更低税率的进出口税不太感兴趣，因为任何减税都会有利于享受最惠国条款的各竞争国。这也是一个知道中国今后是否能在它由于战争和解决战争而承担巨额开支时减税的问题。

然而在 1885 年，交给戈可当的这个条约草案规定，对以下从东京毗连中国的几个省进口的商品，减半征进口税：皮棉、棉纱、胡椒、鱼干、烟草、毛织品和棉织品。我们已部分获得了满足：1887 年 6 月 26 日条约已同意减税 3/10。有必要坚持要求对上述列举的商品或者其他与我们的国家贸易和我们印度支那殖民地的贸易有特别利害关系的商品得到新的让步吗？关于这个问题，有答复前，也许有必要征询一下政府各主管部门的意见，即贸易和工业部以及殖民地部。

而且，确定可以向帝国政府提出让步要求，以便兴建渗透的道路、公路和铁路，使中国的商业中心与东京的城市联系起来，这属于殖民地部应承担的任务。

（原件第 191～196 页）

法殖民地部长致外长函

巴黎，1895 年 1 月 4 日

部长先生，亲爱的同事：

我曾荣幸地通过 12 月 10 日的信，将印度支那总督先生提出的有关共和国驻老挝总驻扎官先生任命一个委员会，并派到龙膊去负责与中方委员一起进行龙膊与猛烈之间的边界划界的意见告知了您。

您在同月 14 日的函中承认这些意见很有道理，并告诉我，您和我的观点一致，认为帕维先生无权直接提名委员会的成员。不过您接着说，由于我们双方不知道在这种条件下所应采取的措施，有必要猜想委员的选择可能是夏瓦肖先生和我们的总特派员之间事先达成协议后才确定的。

部长先生，亲爱的同事，我愿认为，我们对此的观点将很快得到帕维先生应您要求将向您呈报的解释的证实。我将不更多地注意这个事件，由于印度支那总督先生为了使图尔尼埃委员会成员的正式地位合法化采取了措施，所以未产生严重的后果。

您在您上述的这封信的一段话中，先提醒说我们仍然同意有必要十分积极地进行计划中的对湄公河上游的我们的中越边界的划界工作，接着说对得知拉内桑先生11月26日才答复我10月17日的电报表示遗憾。您向我指出，类似的延误能够影响正在进行中的谈判的结局。

请允许我首先提请您注意，部长先生，亲爱的同事，您提到的10月17日的电报是发给夏瓦肖先生的，而非发给德·拉内桑先生，后者十月末那几天才刚到交趾支那；而且这份电报没有包含任何答案，因为它只不过是将我们两个部确定的有关帕维先生卫队组成的措施通知代理总督先生，并提醒夏瓦肖先生我好几次向他提供的建议：尽他所能，采取一切办法，为解决使团上路时可能出现的所有具体问题提供便利。

您在11月12日信中向我提供的关于由帕维先生组建、并派到龙膊去的图尔尼埃分委员会的有关情况，我于同月23日才发电报告诉刚到东京不几天的德·拉内桑先生。这位高级官员同月26日赶紧将我要求他就此进行的解释转告我，我在12月10日的第2487号通知中将这些解释通报给您了。

总督德·拉内桑先生在这一点上倒是尽量及时答复的。我深信他将继续全力帮助共和国驻老挝总特派员先生，排除我们的勘界委员在边境遇到的一切困难。

而且您在您12月11日的信中，以特别令人愉快的语言自己承认，印度支那最高政府部门为了为执行帕维先生有关他的卫队的构成计划提供的便利，真是面面俱到了。在向法英委员会派代表方面，我们两个部之间以前交换的意见没有统一，所以不能将这种事的责任推给印度支那总督先生。

因为总督先生不能干预改变共和国总特派员先生根据您向他下达的指示所形成的决定。地方政府部门的职责应该仅限于将帕维先生选定的人员和器材交他支配。

关于敝部，部长先生，亲爱的同事，我只能请求您回忆一下我以前的去信，这样您就会相信，我想到将来自贵部的、关于湄公河上游的法国代表团的卫队的组成以及负责在中越边界进行划界和定界工作的分委员会的任命的所有指示和建议，都随后转告了印度支那联邦政府。

而且，按照您在您12月21日的信中向我透露的要求，我刚给德·拉内桑先生发了一份电报。我在电报中请他将帕维代表团两组的构成的最详细的有关情况转告我们，请他调整负责龙膊和猛烈这一段工作的委员们的权力，请他将他们的姓名电告我，也电告施阿兰先生，以便后者能迅速通报总理衙门。

我在再次提醒他注意尽快进行工作有好处的同时，又告诉他，已与中国政府商妥，刁文持（Déo Van Tri）的领土应该全部归还我们，北京朝廷已接受了施阿兰先生提出的边界走向。

最后，我请印度支那总督先生把任命的各分委员会的工作进展情况告诉我，同时我再次建议他采取一切他认为有利的措施，以便有助于工作的迅速进行。

我一得到这位高官的答复，我就转告您。

部长先生，亲爱的同事，请接受我崇高的敬意！

殖民地部长　德尔卡塞

（原件第221～224页）

法国驻北京公使施阿兰致外长阿诺多的一封私信的摘录

1895年1月7日

我今早从路透社的电报获知，德·拉内桑先生被召回国。我们在黑水河与湄公河之间的划界工作，我想今后会进行得很顺利，新任总督只须监督领导就行了。我认为，我们的委员们如果得到正确的领导，我们就会立即取得成功。中国自己也急于完成。就如我正式函告您的那样，要保住已获得的成果，只须在恭思当先生1887年签订的条约中补充两个附加条款就行了。一个是关于黑水河与湄公河之间的分界线，另一个是关于向法国和中国商人开放湄公河上游的思茅和通往普洱府的大路。

（原件第225页）

法殖民地部长致外长函

巴黎，1895年1月8日

部长先生，亲爱的同事：

为了补充我1月4日第9号信的内容，我荣幸地将我刚收到的印度支那总督先生给我的下面这份电报的电文转告您。我曾要求他提供有关目前正在龙膊与湄公河之间工作的各勘界委员会的组成情况告诉我，该电就是对我要求的答复。

河内，1894年12月30日

总督致殖民地部电

“正如我12月13日电告您的那样，在龙膊和湄公河之间的那个划界小组的地位已合法化。该组由图尔尼埃少校、吕过、桑德尔中尉、梭尔松翻译组成，今天抵达龙膊，中方委员已到龙膊。我已指示该小组，不要同意分割刁文持（Déo Van Tri）的领土，同时迅速进行划界和定界工作。我将该组抵达龙膊一带通知了施阿兰先生。至于第二组的构成和职责，我11月26日给帕维先生发了电报，要求提供情况。从帕维先生12月5日的一份电报和昨天刚到的10日写的一封信得知，勒费弗尔·布大力、托马森中尉和勒费弗尔大夫于12月10日离开孟聂（Muong Nhie）去芒新；帕维要带着里维埃上尉、索夫中尉、卡亚莱和□□翻译先去猛烈与中方委员联系，然后到芒新去与勒费弗尔·布大力及其同伴汇合。我不能根据这些推断哪些是负责猛烈和湄公河之间划界的成员。因此我不能使该组的地位合法化。我已将这十分不明确的情况发电报告诉施阿兰了。”

“我将施阿兰寄给我的、已为总理衙门接受的划界地图同时分别寄给帕维和图尔尼埃少校。我又发电报给帕维要更详细的情况，我将把详情转告您，也转告北京。”

如果您得到共和国总特派员先生有关我们的两个分委员会目前工作情况的新消息，请转告我部。

（原件第 226 ~ 227 页）

法殖民地部长致外交部长函

巴黎，1895 年 1 月 12 日

部长先生，亲爱的同事：

在 12 月 10 日的第 2488 号信中，我曾荣幸地将印度支那总督先生 11 月 25 日的一份电文向您进行了通报。该电对在通商协议中应从中国得到的主要让步进行了说明，总理衙门在谈到老街和湄公河上游之间的那个地区的领土划界问题时，似乎准备与我们缔结这个商约。

我今天马上将这位高级官员寄给我的一份汇报的抄件转给您。驱使我写上述这封信的愿望在该报告中有明确的表达和说明。

正如您将首先看到的，印度支那最高当局在提到我们在印度支那的商人将会从取消经过东京的外国进出口商品的过境税中获得巨大利益时，认为对于中国，我们将可以利用这些自由措施的实施，努力从中国身上获得一些互惠的利益。

我注意到这一意见。我在我 12 月 28 日的第 2558 号信中提醒您注意这一点，并通知您，如果那是您的意见，我准备在新命令下达之前，保留颁布认可取消提到的过境税的决定的权利。

在恳请您告诉我您是否同意这种看法的同时，如您能将研究印度支那总督先生的不同建议后想到意见告诉我，将不胜感激。

我认为他的建议准确地反映了我们在印度支那的商人和企业家的愿望，同时满足了目前的政治需要，如果合适的话，更改 1885 年 6 月 9 日条约的限制条款以及其后的 1886 年 4 月 25 日条约和 1887 年 6 月 16 日条约。

部长先生，亲爱的同事，请接受我崇高的敬意。

殖民地部长　德尔卡塞

（原件第 234 ~ 235 页）

印度支那总督给殖民地部长的汇报

（第 3663 号）　河内，1894 年 11 月 25 日

您通过 10 月 17 日的有线电报问我，在我看来，应该对 1887 年 6 月 9 日的法中条约和 1886 年 4 月 25 日及 1887 年 6 月 16 日的通商条约进行哪些更改。

我认为，我们应该首先追求的目标，就是排除一些手段给我们的保护领地造成的障碍。那些手段在被采用时，似乎体现出中国为了我们与它的贸易关系所能给予我们的最大利益。我们要同意某些似乎太严厉、能够损害我们利益的条款，就像海军将军若雷斯给上议院的一份报告中说的那样，“我们对邻居不可思议的期待不足为奇，需要赶快给我们与中国的新的贸易关系立即提供一个基地”。

为了不让中国以我们对它经过我们领土的进出口商品征收过境税这一事实为借口而维持禁止性措施，我已经向您建议完全取消 1886 年 4 月 25 日条约第 12 条确定的这些税。我们可以把取消过境税作为中国应该给予我们相应好处的条件向中国进行说明。

作为这一优待的回报，我们可以要求中国①对于从东京过境，从边境的一个海关处到一个安南港口，然后通过该国一个开放港口复进口到中国或相反路线的产自中国的产品（1886 年 4 月 25 日条约第 9 条），不再视为外国产品，不实施它的关务总税。我们要求对复进口的商品只征收很少的税。②允许安南的盐和东京的盐出口到广东省、广西省和云南至少位于蒙自以南的地区。盐可能是与我们邻居交换的一种主要商品，但是其进口是被 1886 年条约明确禁止了的。这一禁令一开始就被视为严重损害我们殖民地的一个原因。实际上，云南与东京间总有大量的盐交易。禁止出口到中国只不过是法国保护制在东京建立之时，尽管中国政府的代表们向我们的批发商们肯定说，他们想得到 1886 年条约给予他们的巨大让步。③取消 1877 年 6 月 16 日条约第 5 条提出的关于通过东京的鸦片过境问题的限制。

我们现在要求免除从东京过境的鸦片：

（1）在龙州、蒙自或曼耗，向法商开放的市场征收的厘金。

（2）每担 20 两银子的出口税。

（3）对鸦片离开中国后再进口到中国这种情况，关务总税所确定的税，见同条款第 3 段。

这些税相当高，等于禁止出口鸦片到东京，甚至等于禁止鸦片从我们的领土过境。

然而，鸦片可能是东京与中国最重要的交换商品之一。几乎是云南和我们之间唯一的交换商品。

云南可收到约 3600 吨的鸦片，价值为 2000 万皮阿斯特，是该地区（东京）真正的

货币。通过中国的河流或红河到该地区的中国产的商品或外国的商品的付款，几乎就是靠这种产品。因此，禁止其进入东京就是取消该地区与云南的一切贸易往来。

直到最近以前，我们都毫无异议地接受 1887 年 6 月 26 日（原文如此——编者注）条约第 5 条规定的禁止中国鸦片出口到东京的条款，而鸦片种植园则从这些条款中获得了及时的好处。

这类种植园的消失，会取消两国间贸易的一个重要组成部分，即在云南建立一个市场（1886 年以前就对鸦片开放了）和使东京失去消费一种比从英属印度进口的同类产品便宜得多的产品的优势，对两国都没有任何好处。

取消附加条约第 5 条确定的税，不仅将给东京的消费者提供巨大的利益，带来大批的过境商品，而且还将使我们的批发商们通过交换商品，购到大批商品，然后再拿到中国的各个开放港口去出售。

（4）在老街对面的河口［Ho-Keou（Son Phong）］和芒街对面的东兴设法国领事馆。而且 1885 年 6 月 9 日的天津条约和 1886 年 4 月 25 日的条约承认我们有权通过设立新的通商机构扩大我们与中国的联系。

由于 1881 年 2 月 12 日的条约，俄国获准在库伦（Ourga）派驻一名领事，由于芝罘条约，英国获准在云南的大理府、四川的重庆建立领事机构。在英国刚在距大理府 12 天路程的 Teng Yueh 派驻了一名领事官员之际，我们获准有一名代表在云南府可能是巧妙的。

在暹罗最近的事件给我们造成的这种新形势下，要扩大我们的势力，除了在云南省的首府派驻一位法国领事，就没有更有效的办法了。

（5）为了使我们的同胞能够容易经商，他们必须获准到我们将驻有领事的各个贸易中心去，他们建立工业设施、利用工业设施的权利必须无可争议地得到承认。

这个权利似乎可从 1886 年 4 月 25 日条约第 3 条得出。该条确定，“根据 1858 年 6 月 27 日条约第 7、10、11、12 条和其他条文规定的条件，法国人可以到中国边境向商人开放的地方居住。”

不过北京政府似乎承认，该条约第 7 条规定在华的法国人将可以“从事工业”，只不过赋予他们作为工匠受雇于中国工厂的权利。

根据附在 1887 年 6 月 26 日条约上的那封函第 3 段的说法，这个权利不能由龙州、蒙自、曼耗租界的法国领事们制定。这一段的说法不能取消 1858 年 6 月 27 日友好条约第 10 条承认的我们的国民在他们可以开商店、设商行、建济贫院的“指定区”居住的权利。

在向您指出伴随保护国获得的我刚列举的不同的好处而产生的利益的同时，部长先生，我特别强调有关盐的贸易和鸦片的贸易的条文。这些条文特别重要，维持关于这些商品的目前的条文，可能就等于放弃与云南的一切联系，使我们得不到一

笔贸易额。根据我最近获得的可靠材料，这笔贸易额从现在起，可以达到 4000 多万皮阿斯特。

（原件第 243～246 页）

法外长致殖民地部长函

1895 年 1 月 15 日

部长先生，亲爱的同事：

承蒙您本月 8 日将印度支那总督先生一份关于目前正在龙膊与湄公河之间工作的不同的勘界委员会的组成情况的电报转给我，对此向您表示感谢。

此外，您向我表示想知道我是否从共和国驻老挝特派员那里得到过关于这件事的情况。正如您知道的，我不久前已就这个问题发电报给帕维，我一从他那得到答复，必定会将情况转告您的。

另外，从法国驻北京公使给我的一份报告中可以看到，在他的坚决要求下，总理衙门再次要中国委员们按规定，准时到龙膊村和猛烈村赴会。因此我们有理由认为，两国的代表们目前应该正在那里进行他们负责的工作。

（原件第 246～247 页）

法驻华公使施阿兰致外长阿诺多函

北京，1895 年 1 月 19 日

共和国驻蒙自领事馆主管人盖兰先生，给我寄来一份关于云南边界自曼耗直到湄公河的中国各前哨的报告，我想应该随函将抄件寄给阁下。

这份报告，盖兰先生也没有忘记寄给印度支那总督先生，其情况全由马将军的一个秘书提供，因此这份报告有两方面是值得注意的，它讲了曼耗（在红河旁）、上黑水河的下游、普洱和思茅之间的完整的路线以及距离的准确估计。此外，它还提供了最靠近我们边界的中国所有军哨人数的一种一览表。

按照这样划出的路线，曼耗与黑水河之间距离是 800 里，即 80 古里；黑水河与猛烈（负责划界的法方和中方委员刚到这里会合）的距离是 190 里，即 19 古里；猛烈到普洱，290 里，即 29 古里；普洱到思茅，120 里，即 12 古里。这样曼耗到思茅的总距离为 140 古里。

曼耗和（帕维地图上的）Kui Long 之间的这个地区隶属临安府，Kui Long 和思茅之间的这个地区隶属普洱府。

临安府地区的军哨共有3个。

位于南那河支流南发（Nam Fa）河旁的Vau Pou Tem有一个营，200人，由一名“管带”或称“参谋”指挥。

在南那河畔的猛喇[①]（Mong-La），驻有一名经挑选的土著土官，名为“土外卫”（Ton Ouai Wei）。

过界（Ko Kai）或（帕维地图上的）Keou Kiai有半营人，100人占据着，由一名“会带”（Houei Taï）或曰上尉指挥。

普洱地区的军哨如下：

阿扎（Hatcha）寨或（帕维地图上的）N Tia，有一个连120人占据着，由一名士官，或曰“哨官”指挥。

在黑水河上游的观测站，有一个连120人，也由一名“哨官”指挥。

猛烈，有一个营200人占据，由“会带”指挥。

普洱，有一个营200人占据。

思茅，有一个营200人占据，由两名“会带”指挥。

临安府地区的部队总司令是马卫基（Ma Ouei Ki）将军，他驻守蒙自。普洱府地区的部队总司令是杨国发（Yang Kouo Fa）将军，他驻普洱。

阁下将会注意到，曼耗与猛烈之间的中国军哨带绕过分隔黑水河和南那河及其支流的那片群山，仍旧在我们边界这边，就像帕维地图上和我们10月8日绘的地图上所绘的一样。这一点可作为中国承认我们现在边界的一个证明，对于我们的勘界委员会的工作来说，这是一个好兆头。

我虽无把握，但大胆地希望，我们在封土乡的领地和领土也好，在刁文持的地盘的领地和领土也好，或在猛宾和猛烈之间的领地和领土也好，同样都有军哨。我认为应该指出以下各处，因为它们特别重要，应该用军事的办法或行政的办法占领：封土、长界、麻栗坡、黑水河和南蚌河（越文叫Nam Boun河）汇合处附近的猛蚌（越文称“Muong Boun”）、黑水河旁的猛得（Te）、南马河畔的普坊（Pou Fang）。通过我们与孟义（Muong Nghe）和芒哈欣当地首领的串通，我们大概可以准备在南乌河上游流域和两个猛乌驻定下来。中国政府同意将猛烈作为委员会的会面处，这一事实本身就等于新承认将南乌河整个流域给予安南和老挝。

（该篇收入《中越边界历史资料选编》第1001～1003页）

（原件第248页）

① 关于这一点，盖兰先生指出，猛喇是“三猛”联盟之一。另两个猛是猛丁和猛弄，根本不是德微理亚先生在他1894年11月的报告中指出的封土——原注

附件

云南边界自曼耗一直到湄公河的中国各前哨

1. 临安府地区

曼耗到张波头（Tchang Po Teou），距离60里（10里约为1古法里）。

张波头到垒大树（Lei Ta Chou）（帕维代表团绘的地图上的Lou Ta Sou），60里。

垒大树到汪普田（Ouang Pou Tien，Van Pou Tien）［汪普田位于南那（Nam-Na）河支流南比（Pé）河畔］，50里，汪普田有“一字”（Ytze）左路辅助营，由一名“管带”指挥（在边境，每营应有600人，但实际上不超过200人）。

汪普田到猛喇，90里，猛喇乃“三猛”之一。另外两猛是猛丁［Meung-Ting（很可能是Muong Teun）］和猛弄。每个猛驻有一个土著士官，叫“土外卫”（Tou Ouai Wei）。

猛喇到交寨坪（Tsiao Tsai Ping），70里。

交寨坪到茨通坝，90里。

茨通坝到过界（Ko Kai）（也许是帕维地图上的Keou Kiai），40里。过界哨所由半个营占据着，该营属于“一字”（Ytze）右路辅助营，由一名“会带”（Houeï-Taï）指挥（“会带”和“管带”一样，是一个哨所的指挥官，但是“管带”一般是参谋衔，而“会带”只不过是个上尉衔）。

过界到把哈寨（Pa-Ha-Tchaï）［在帕维地图上：B Ha，在南那河支流南谜（Nam Mi）河旁］，70里。

把哈寨到瑶人寨，60里。

瑶人寨到会龙（Houei Long，Kui Long）寨，70里。会龙寨隶属元江州。

临安府地区的部队总司令是Ha Oueï Ki将军，他驻在蒙自。

2. 普洱府地区

会龙寨到阿扎寨（帕维代表团地图上的A Tia），60里。阿扎寨有“Pou Ting”左路营的一个连或“哨”[①]占据着，由一名叫“哨官”的土官指挥。

阿扎寨到骑马坝（Kima Pa），20里。

骑马坝到八流江（Pa Lieou Kiang）[②]，80里。在八流江观测站，也有“Pou Ting”左路营的一个连或曰“哨”，由一名“哨官”指挥。

八流江到河坝梁子（Ha Pa Leang Tse），80里。

河坝梁子到麻栗树［Pa Lieou Kiang（Mali Sou）］，80里。

---

① 在边境，一“哨”总共包括120人——原注

② 八流江是（黑河上游）Li-Sien-Kiang的下游段——原注

麻栗树到猛烈界（Meng Lié Kai）（帕维代表团地图上：Muong Lé），30 里。在猛烈界哨所，有半个营，属于“Pou Ting”左路营，由一名“会带”指挥。

猛烈界到三家村（San Kia Tsoun），70 里。

三家村到水澄（Chouei Tcheng），40 里。

水澄到猛斯挠（Meung Sinau），90 里。

猛斯挠到普洱府，90 里。普洱府为“Pou Ting”中路营占据。

普洱府到思茅，120 里。思茅驻有 Pou Ting 右路营，由两名“会带”指挥。

普洱府地区部队的总指挥是杨国发（Yang Kouo Fa）将军，他驻普洱府。

蒙自，1894 年 11 月 13 日

领事馆主管　盖兰

（该篇收入《中越边界历史资料选编》第 1003 ~ 1005 页）

（原件第 252 页）

法国派往老挝的总特派员帕维致外长阿诺多函

莱州，1894 年 11 月 24 日

我谨告诉阁下，应我的请求，（印度支那）总督将第二外籍兵团的指挥官图尔尼埃先生派给代表团，我原来提议让他担任乌篷（Oubon）地区的委员之职。

补充这位校官是由于代表要分成两组的需要，一组与中国，另一组与英国委员会同时工作。可能负责少校要去领导的那个组的勒费弗尔·布大力先生必然属于混合委员会。

由于少校要分担代表团工作的相当一部分，所以我认为应该让阁下特别注意他。

我第一次见到他是在湄公河畔的孔埠（Khong），他当时在那统率分布在巴萨和柬埔寨之间的占领军。但是在到达孔埠之前很久，我就通过我听到的老挝人对他的赞扬，知道了其谨慎、稳重、温和的优点与使他被选到这一重要岗位的军事优点的结合。

当我有机会听到他非常详细地讲述驾驭土著人的方式，阐述曾使佩纳干上校在另一个地区取得辉煌胜利，我曾常常建议遵循的同样的思想时，我就决定把他推荐到乌篷哨所，他在这个哨所附近地方已一年多了。

我路过之前不久，他被改任为当地民政部门长官，他的军职再也提供不了什么利益，将他用于与他的才能有联系的岗位，没有什么可阻拦的。总司令告诉我，德·拉内桑先生特别器重他，代理总督完全支持我的提议。

图尔尼埃少校自 1890 年 7 月起任营长，现是第二次在印度支那停留，以前他在印度支那连续待了 6 年。

这位获得荣誉勋位的军官接到总司令的通知，按照提议，保留他中校军衔的第一级。

关于他在印度支那经历的以下介绍将向阁下说明我们要与之合作的人是多么有经验、多么值得信赖。

1889 年 10 月至 1890 年 6 月，他是与中国定界的委员会成员。

1890 年 11 月至 1892 年 9 月，他先后领导太原军区和高平军区，并负责后一地区的民政部门。

图尔尼埃司令在法国逗留期间，1893 年 7 月 8 日被选任为外籍军团的营长，负责在暹罗的行动。

1893 年 8 月至 1894 年 3 月，他奉命进行孔埠、巴萨和阿速坡等地区的临时组织和管理工作。

我相信阁下对我的选择将会感到满意，承认这实在是当地的利益，将愿意向陆军部通通气，保证图尔尼埃司令的中校军衔写到晋升名单中去。

（原件第 258～260 页）

法殖民地部长致外长函（第 71 号）

巴黎，1895 年 1 月 26 日

部长先生，亲爱的同事：

承蒙您在 1 月 10 日的邮件中给我转来一份报告的抄件。该报告概述了法国驻北京公使先生根据 1894 年 3 月 1 日条约给予英国的让步，刚刚获得总理衙门同意的要求。

这些让步主要与交通道、进入道路、在思茅设立一个法国领事馆、并联我们的电报网与中国的线路有关。

同时，您告诉我，我 12 月 10 日转给您的印度支那总督的电报已收到。该电列举了种种好处，特别是商业和税收方面的好处，他认为应该获得这方面的好处，因为有利于我们的东京保护政府。您就此提醒我说，拉内桑先生的建议没能及时地告诉施阿兰先生，不能让他了解。

此外，您认为，这些建议包含着对决定东京与中国的贸易往来的各条约的修改，与您开始向我们的代表（指驻华公使施阿兰——译者注）下达的指示不太相符。您下达的指示主要针对在我们的印度支那殖民地的西部开放市场。

您最后说，在这样的条件下，您只能让施阿兰先生注意，判断一下他是否能让（中国）目前接受印度支那最高当局全部或部分要求。不过您说，如果他认为将这些要求列入目前正在进行的谈判有悖最紧迫的划界利益，您就准备研究是否不必进行补充谈判。

在对您的主张表示感谢的时候，和您一样，我对德·拉内桑先生返回所要求的期限不允许在适当的时候将12月10日的这份电报中含有的要求告诉我们的驻北京代表，只有遗憾而已。电报中的要求在我1月14日信中所附的报告里有详细的说明。

尽管如此，我还是恳求您通过电报提醒法国公使先生，再次向他指出，获得上述材料要求得到的利益，对我们的印度支那殖民地具有重要的作用。请您尽快将施阿兰先生对您就此提出的建议的答复告诉我。

如果您认为按照他的意见，最好与总理衙门进行新一轮的谈判，我希望我们将会有力地针对中国政府，利用取消从东京经过的过境税（保留到新的命令下达之前），以便获得对我们的印度支那的贸易市场来说巨大的利益回报。

不过，我不应隐瞒您，无论从哪一方面看，我认为最好将根据总督的建议进行的谈判与目前正在进行的谈判紧密地结合起来。12月10日已将总督的建议摘要告诉您了。

（原件第263~264页）

法外长致殖民地部长肖当函

巴黎，1895年1月28日

部长先生，亲爱的同事：

本月15日，我曾荣幸地与您的前任谈到负责龙膊和湄公河之间划界的法中委员的会议情况。

我刚收到的帕维先生的一封来信向我提供了一些关于他的工作计划的介绍，我认为转告您是有益的。

如果中方代表没有准时于12月15日到猛烈（Muong-Lé）赴会，我们的总特派员就打算在该城留下法国代表团的一个组，该组将与他们进行该处与湄公河之间的划界工作。帕维先生意欲继续赶路到芒新（Muong-Sing）去。他要在本月10日在芒街与负责和他一起根据1893年11月25日的议定书绘制边界图的英国委员会面。我们的代表打算在与斯戈特（即英方委员——译者注）先生分开后，回到猛烈地区，以便出色地完成他奉命领导的与中国代表团进行的工作。

（原件第265~266页）

法兰西共和国派驻老挝的总特派员致外长阿诺多函

莱州，1894年11月30日

在我正要离开莱州，去完成我肩负的与中国解决我们的边界问题、与英国使团一道踏勘老挝北部区域的使命时，我向阁下报告我是在什么条件下希望能到达实地，我打算如何按照部里的意图工作。在此之前，我在前数封信中已向阁下汇报了代表团的组成及其行动。

由于尚未收到施阿兰先生通知中说的那幅边界简图，我就请德·拉内桑先生在他收到该图时，分别将复本同时寄给我和图尔尼埃司令。

按我收到的来自北京或总督府的关于这个问题的电报的理解，我认为我们应该首先进行划界工作，随后才是定界工作。德·拉内桑先生在11月24日的一份电报中告诉我，他接到殖民地部的通知，图尔尼埃小组将负责与中方委员接洽，以商谈划界和定界工作。

此外，我曾向图尔尼埃司令预示这一方案，他将马上得到我的通知。

尽管我早就表示12月15日在猛烈（Muong-Le）会面，但是中方委员们很可能还没有到达那里。在这种情况下，我与猛烈的中方军事指挥员商谈后，将把代表团的一个小组留在猛烈，我则继续赶路到芒新去，因为与英方委员会约会的日期临近了。前去的途中，我要注意不放过任何机会，以获得关于西双版纳边境的尽可能详细的材料，注意仔细地把我们要经过的地区图绘出来。

在与英方使团分开后，我拟返回该地区，以便与中方委员会协商，妥善解决问题。

尽管我们尽可能快地赶路，但我认为我们在1月8日或10日之前还无法与斯戈特先生会合。

我的同事们和我将诚心诚意地进行我们肩负的工作，并遵守9月29日第9号、盖着北方司图章的信包含的指示。

我与英方代表团团长有私交，我很尊重他的为人，因此我们不必担心由于他从中作梗而看到产生任何种类的纠纷。不过，我曾有幸向阁下提供的有关情况却根本不允许我这样看：虽已有保证，但女王政府已放弃加强其对整艮（Xieng Kheng）国和湄公河左岸某些地区的行动。右岸居民来到南（Nan）地和香省（Xieng Sen）地区（左岸）来定居，不敢抵抗英国人通过香峒（Xieng Toung）施加的压力。右岸居民的入侵势头未减。英国人以土著人主动的现象来掩饰他们自己的行动，天天争得领土，准备以实际行动来反对我们的无实际效果的抗议。

（原件第267～269页）

法国外交部领事和商务司商务处给政治司的情况说明

巴黎，1895年1月28日

领事和商务司已看过政治司转来的关于在谈到老街和湄公河上游之间的地区划界时，

应该要求中国给予好处的文件，即我们的驻华公使1894年11月13日和25日的两封快信和殖民地部部长本月12日的一封信及随信转来的印度支那总督的一份报告，最后是驻龙州副领事邦·当提先生1894年12月的一份简报。

领事司因而能够对以下各点补全去年11月29日给政治司的说明。

（一）

向法商开放新的地方

根据1886年条约第1条，曼耗城业已开放通商。正如政治司上述说明指出的一样，根据印度支那总督在其报告中表达的观点，也许有必要用老街对面的河口取代这个城市，有必要在河口获得：

①设立一个法国领事馆；

②设立一个中国海关办事处。

1885年条约第5条允许我们要求开放接壤省的其他地方。由于有这一权利，本司以前才指出有必要在云南省府云南府和广西省府桂林设立领事馆。

云南府

关于云南，德·拉内桑先生的报告为说明选择云南府作为领事馆所在地的设想的正确性，强调指出了似乎应向我们的谈判者指出的一些因素。

桂林

相反，他没有一点提到桂林。因此，如果应该坚持主张在云南府，就可以把桂林搁置一旁。不过，我们认为完全放弃开放广西的一个新城市是令人遗憾的。考虑到这种可能性，也许应该将邦斯先生的报告中含有的有关南宁的情况告诉施阿兰先生。

南宁

该地被视为该省最大的商业中心之一，已被视为通过北海（Pakhoï）与云南进行贸易的货物集散地。

东兴

德·拉内桑先生还提出在芒街对面的东兴设立一个领事馆。但是他没有说在这个边境点设一个海关办事处是否有利。

思茅

最后，我们的驻北京公使在他11月27日的快信中报告说，他已向总理衙门提出了可能开放思茅的要求。他在报告中没有陈述理由，但也许是根据部里写给政治司的指示。施阿兰先生也没有说他是否同时提出在这个也位于边境的地点设一个中国海关办事处的要求。

因此，领事和商务司认为，不要放弃思茅，我们的代表已为此与中国当局正式打交道了。此外，还应该向施阿兰先生指出印度支那总督关于在河口、云南府和东兴（Hong-King）设立法国领事馆的要求。当然，在河口的领事馆旁，将设一个中国海关办事处。最后，应该提醒殖民地部注意及时在思茅、河口和东兴这三处的我们的边境领事馆旁，设立中国的海关办事处，及时在南宁设一个领事馆。

（二）

法国人在新的开放地“保留区”的居住问题

德·拉内桑先生认为，必须说服中国，我们的国民及侨民应获准在新开放的城市里的“保留区”开商店、建房子和医院，不过这种同意不能使这些区具有“租界”的性质，像在那些旧条约规定的开放港口存在的租界一样。

法国人经营企业的权利

此外，他强调要明确承认我们的国民开办工厂、经营企业的权利。

领事和商务司认为不应对这些问题表态。按照中国目前的形势，这些问题似乎特别与政治司有关。

（三）

过境税和再输入中国及东京的商品税

11 月 29 日的上述说明中，指出 1886 年条约第 9 条的第 2 款使我们通过东京与中国的过境贸易的发展受到阻碍。我们曾要求，来自中国、从东京过境、通过一个开放通商的港口再输入中国的商品，要被视为中国的商品。对于这一要求，应该加上，对于通过陆境回到中国的中国商品，将同等看待。因此，该条的末段也应进行修改。不过，总督同意，在这两种情况下，对商品可以课以一笔轻的再进口税。只是在不能完全获得免税时，我们的全权代表似乎才应该同意对从东京过境的再输入中国的商品确定一笔税，即使很少。

为了使以上指出的让步容易得到，正如殖民地部长先生建议的那样，我们可以强调指出，我们方面准备取消由东京海关部门对中国商品征收的过境税，但取消过境税应取决于中国的改革。

（四）

盐和鸦片的自由贸易

根据印度支那总督的报告，我们的谈判者的主要努力应该是以向我们保证盐和鸦片的贸易为目的。

关于盐，按德·拉内桑先生的说法，禁止把盐输入中国毗连东京的省份是始于我们1886年的条约（第15条）。以前，这种贸易是自由进行的。因此，我们的条约认可的这一禁令可能对我们的东京殖民地造成巨大的损害，使它丧失了与中国边境地区进行交换的主要商品之一。因此，应该重新研究这个问题，以使产自安南和东京的盐获准自由进入广西省和云南省。

进口中国的鸦片到东京和到整个印度支那，也被我们最近几年与天朝签订的条约阻碍了。1887年向我们进行的让步被视为无效的，因为目前中国对这种产品的出口征收的税是非常高的。然而，我们的印度支那殖民地在中国获得鸦片比在印度获得可能有利。因为这种商品在印度的售价贵得多。自东京取消鸦片园以来，法国政府准备全面促进进口中国的鸦片，这是最重要的一种商品，甚至在与邻近省份的贸易关系中充当货币。

因此，印度支那总督坚决要求取消写在1887年条约第5条中的以下关税：

①在向法商开放的所有市场征收的厘金；

②每担20两银子的出口税；

③根据上述条约第5条第3款，对鸦片离开中国后再进入中国时在普通税率上确定的税额。

如果这些税被取消的话，德·拉内桑先生估计，在我们的殖民地与中国的南方省份之间，马上就会形成一股贸易浪潮。

他估计，由于对盐和鸦片实行自由贸易，可以出现的过境贸易额可达约4000万。

领事与商务司不能否认印度支那最高当局的主管部门对此发表的意见的价值，因此，建议要求我们的代表在大清帝国政府那里坚决支持这些要求。

（五）

至于可能向我们的全权代表提出指示的贸易方面的其他问题，领事司只能参考11月29日说明中第2、4、5号的介绍了。

（原件第270～280页）

法外长致殖民地部长肖当函

1895年2月6日

部长先生，亲爱的同事：

参考我上月28日的专函，现将共和国驻老挝总特派员关于他的代表团中负责莱州和湄公河之间工作的主要一组的组成及其工作步骤的安排向您通报。

该组被指定在猛烈分成两个小组，第一个小组要继续到芒新与英方委员会会合，第二个小组则留下与已在那里等候的中方委员一道工作。

第一小组包括：助理委员勒费弗尔·布大力、帕维先生的秘书卡亚、上尉里维埃、绘图官索夫中尉和托马森中尉、博士勒费弗尔。

马吕歇中尉和乌姆中尉组成第二小组。

最后，加郎热先生应总特派员的要求，到猛义（Muong-Nghé）来与他会面。

至于委员会的护卫队，帕维先生写信告诉我："从莱州出发时，我们的队伍将包括：

1……（见 11 月 30 日帕维致外长函）……属于代表团。"

帕维先生在信末证明，指挥莱州哨所的海军陆战队中尉雅戈先生给了代表团热情的帮助。

（原件第 285 ~ 286 页）

法殖民地部长致外长函（第 168 号）

巴黎，1895 年 2 月 20 日

部长先生，亲爱的同事：

在我荣幸地随函转给您摘要的一份汇报中，德·拉内桑先生向部里汇报了他刚刚结束的老街之行。他特别要我的前任注意：他认为这个地方地处红河旁，距中国的云南边界很近，从政治和经济的角度看，应该给予重视。

部长先生，亲爱的同事，正如您所知，这些地区目前部分与缅甸，部分与香港和广州做买卖，手续费和运输费都很高，因此，这种情况很久以来已使我们设想到这样的可能性：以我们东京的商人取代香港和广州的商人。

德·拉内桑先生抱着支持他们与云南交往的目的，首先表示他主张在老街建一个货栈，东京的商人可以利用较低的仓储费在这个货栈里存放他们的商品。这可以使云南人在他们的门口就能得到我们的产品，不用继续依靠英国人的市场了。

印度支那前总督在强调中国的批发商们在老街进货必将获得的好处后，在列举他认为我们的商品从今以后保证有一个有利可图的市场的好处后，再次指出我们可能有必要让中国政府同意盐自由进入中国边境省份，以便今后带来大量的交易，另一方面让中国同意运往中国的云南鸦片自由从我们的保护国过境。

而且，这些要求包括在商业利益之列，德·拉内桑先生已经要求将这些利益写进我们以后与中国缔结的通商条约里，我们两个部之间最近就这个问题进行了函件交换。

关于这一点，承蒙您在您 2 月 6 日的函中告诉我，您刚刚又发电报给法国驻华公使，要求他尽一切努力使总理衙门接受印度支那最高当局的要求，特别是自由扩大东京与殖民地的贸易关系的要求。

就这一通知向您表示感谢的同时，谨请您再次发电报给我们的驻北京代表，告诉他，德·拉内桑先生第三次向我们指出，对于东京盐的出口和鸦片从我们的领土过境获得一个免税条例十分有利。

施阿兰先生对您的新指示一有答复，请您马上转告我。

部长先生，亲爱的同事，请接受我崇高的敬意。

殖民地部长　肖当

（原件第289~291页）

印度支那总督给殖民地部长的汇报（摘要）

河内，1894年12月22日

部长先生：

……

为了帮助他们（指东京商人，见上文——译者注）与云南人的联系，我主张在老街建一个货栈，东京所有想做买卖的商人可以利用很低的仓储费在货栈里存放商品。这个位于我们边境的货栈，将可以向云南的批发商提供他们需要的所有商品，而且就在他们的门口。

云南的商人必然会看上老街而非香港，因为他们在老街将能免去香港的手续费和在海防和河内为了取出或发送在中国购买的商品目前要保留的官员费。

红河的危险就这样被消除了，如同已提前在香港和海防支付了水上运费和关税。最后，在老街购其商品的云南批发商会发现，他可以先讲价，然后才要，需要才买，这是有利的。

应该指出，在云南，除了两三个例外，所有的批发商都是些从未离开其家乡的人，既不知道香港，也不知道广州，除了老街，没有更多的理由到前两个城市去购买他们的商品。据我得到的有关情报，他们甚至与香港和广州的商行没有任何固定不变的、长久的契约，他们只是在需要时才买，因此可以自由到任何有利可图的地方去采购。在云南，我们的棉布和棉纱也许难以与缅甸和印度的产品竞争，但是，我们的毛织品、我们的双面绒呢、所有五金制品、玻璃器皿、钟表等产品，似乎肯定能有一个很重要的市场。可惜的是，盐目前不能进入云南，因此出现了地下交易，数量相当大。因为中国政府的盐产品卖给老百姓的价钱太高了，所以走私者只好力图到我们一侧，很容易就弄到了。我们的盐产品能自由地被运进云南之日，我们就掌握了一笔最大的利益来源。

在向您指出有必要对法中通商条约进行修改时，我也特别提请您注意，应获准出口盐到广东省、广西省和云南的南部地区。我再次冒昧强调一下这个问题。

目前应该逐渐地将中国的商人吸引到我们在老街建立的货栈上来。我在上面已经陈述的理由，会促使他们更愿到老街来进货，而不愿到香港去进货。但是，在我们在老街购买鸦片方面，我们还有一个对中国批发商来说最佳的办法，即鸦片与锡器是真正的货币。

如果根据政府正在与中国讨论的通商条约，我可以获得让运往中国的云南鸦片从东京自由过境，那么我们就会在鸦片和盐这两种交换产品上，获得一个十分重要的贸易部分。

（原件第 292～294 页）

法殖民地部长致外长函（第 347 号）

巴黎，1895 年 4 月 8 日

部长先生，亲爱的同事：

我荣幸地通知您，我刚收到印度支那总督先生下面这份电报，现马上向您通报。

河内，1895 年 3 月 27 日

“帕维先生已通知我，黑水河到湄公河之间的划界工作按北京条约规定的条件，已于 2 月 20 日结束。

“马吕歇和乌姆二位中尉于 3 月 26 日抵达奠边府，从莱州和黑水河返回东京，带回经中方委员签字的划界图。马吕歇中尉电告，帕维先生一个月后的□日将在琅勃拉邦。”

（原件第 307 页）

帕维致外长电

第 58 号　奠边府，1895 年 4 月 23 日 9 时

外交部 23 日下午 7 时 35 分收到

被寄到北京去的两个委员会的地图上标的边界线将刁文持的领土、猛乌和在南辣（Namla）河流域以外的盐矿区域划给了我们。但是，中方委员在承认这条界线与总理衙门同意的那条相似的同时，声明无权确定界线。也许有必要让勒费弗尔·布大力先生在返回法国时经过北京，他抵巴黎的日期只不过由于他在北京停留而需要推迟，因为他本

来可以经美洲返回。请您下达关于这方面的指示。

（原件第 308 页）

法外长致殖民地部长函

巴黎，1895 年 4 月 27 日

部长先生，亲爱的同事：

承蒙您本月 8 日转来印度支那总督的一份电报。总督在电报中向您汇报，黑水河与湄公河之间的中越边界的划界工作，按照法中两国政府商定的条件刚告结束。

在为您将这些消息转告我向您表示感谢时，我认为应该向您指出，这些情况只不过是部分与我直接从共和国驻老挝总特派员处得到的情况相符。帕维先生实际上告诉我，他奉命解决的问题中的几个问题，特别是刁文持的领土和盐矿区域问题，还未能由中方委员最后解决，将由总理衙门和共和国驻北京公使解决。

（原件第 310 页）

法领事与商务司致政务司的说明

巴黎，1895 年 5 月 2 日

政务司将施阿兰先生为了补充我们 1887 年 6 月 26 日与中国缔结的附加条约、根据部里的指示所制定的条约草案转给领事和商务司。

从大部分的内容看，该草案似乎符合领事司关心的利益。

不过邦巴尔先生认为，最好坚持让总理衙门接受这一条款：规定在云南府保持一个法国领事馆的权利。当然，对于中国人在河内和海防设领事馆，我们也赋予相应的权利。

另一方面，也许有必要注意，对于出口到东京的鸦片，施阿兰先生制订的条约草案只取消了出口税，但未取消厘金税和每担 20 两银子的税。这种免税条例也被扩大到所提的税款，可能是合乎要求的。

最后，领事司司长注意到，他接到的这个条约草案不涉及我们的国民在新开放城市的“保留区”开商店、建房屋和建医院等权利。但在目前情况下，这个问题特别具有政治利益。邦巴尔先生在他 1 月 28 日的说明中指出，他认为解决这个问题，特别是决定德·拉内桑先生为此提出的建议含有的后果是什么，是尼扎尔先生的事。

（原件第 311 ~ 312 页）

法国外交部领事和商务司给政治司的通知

巴黎，1895 年 5 月 21 日

承蒙政治司去年 7 月 16 日的通知。领事司接到通知后，已将我驻北京公使的电报转给殖民地部长先生。我驻北京公使在电报中向部里谈到总理衙门制定的一个关于经常来往于新加坡、马来西亚、法属印度支那和暹罗的中国帆船航行的治安条例。

根据政治司在 1894 年 7 月 16 日的上述通知中所表达的意见，领事司没有忘记提醒肖当先生，如果他的部门觉得同意中国政府关于这个问题的要求没有什么不利，即为确保实施中国政府打算对航行到上述国家的帆船进行的规定给予协作，那么也许有必要趁此机会向中国提出补偿的要求，特别是从整体次序上某些问题的解决角度考虑，像中安边界问题。

殖民地部长对这份通知刚刚进行了答复，告诉部里，我们的驻北京公使就这个问题直接询问了（印度支那）代理总督罗狄埃先生。后者认为，同意中国政府的要求可能非常不利。这位官员实际上认为——殖民地政府同意他的看法——向可能不出示来源地的由中国当局发放航行证的中国帆船封闭我们印度支那殖民地的港口，不仅失策，而且还有损于我们印度支那殖民地的财政收入和贸易发展。肖当先生补充道，在这样的条件下，他认为对于印度支那政府部门来说，没有必要拒绝符合地方规定的船只进入我们的港口，如果我们方面的让步可能得到中国同时给予我们的政治或经济方面的利益作为补偿，我们就有必要满足中国政府的愿望。

此外，印度支那代理总督按此意答复了我们的驻北京公使。

领事司荣幸地将这些有关情况通报政治司。

（原件第 327 页）

清驻巴黎公使庆常递交的照会

1895 年 5 月 21 日

为了向法兰西政府表明我们的诚意，我们准备将猛乌和乌德（Hou Thai）两地让给法国，不提出领土补偿要求。

此外，我们准备就从安南过境的中国商品抽税问题进行妥协。对于所有通过陆路从云南和两广输出和通过安南及同一道路重新运进上述几省的中国商品，我们也许同意减免一半的再进口税。换句话说，对再进口商品减免一半的税，将只对进出以下四个地点的中国商品实施：龙州、蒙自、河口、思茅。

从云南和两广出口和通过安南再输入一个向外商开放的中国港口，从一个向外商开放的中国港口输出和通过安南、中国陆地边境再输入的中国商品，将继续实施仍有效的条约规定的税则。

如果法国政府重视这一妥协并最终通过这一协议，我们将不胜感激。

（原件 330 页）

法国殖民地部长致外长函

巴黎，1895 年 5 月 31 日

部长先生，亲爱的同事：

谨通知您，我驻北京公使馆首席翻译微席叶先生写的关于附于 1887 年 6 月 26 日条约之后的第五段地图中的云南界的走向的两份说明，业已收到。

正如您向我表达的愿望那样，现马上将这两份材料退还给您。我很有兴趣地看了这些材料。

部长先生，亲爱的同事，请接受我崇高的敬意。

附件 1

关于封土（Phong Tho）和南那（藤条江）支流的第一个说明（机密）（划界、云南、第五段）

东京与云南之间的第五段边界图是以称为 Hou-Pe 的地图（对这一地区而言，这份地图亦不过是《云南通志考》中最古老的地图的复制品，只是进行了部分改动）为根据的，但进行了一些更正或补充，主要是：

（1）名为长界的村子，在那些老地图中被标在藤条江（南那河）与跳鱼河汇合处之旁，已被另一个叫大树脚（边界线的 C 点就定在这里）的村代替。

（2）猛梭（Meng-So，又名封土），在旧地图中被标在赛江河之西、此河畔旁，与坝方（Pa-Fang）隔河相望，现已为呈左（Tcheng Zo）寨代替，被移至原来位置东北方，而且相距很远，但仍在安南境内。

（3）左岸的一些支流与黑水河北岸垂直标出。在东面的第一条代表“在猛蚌（Mong-Pang）渡东面注入黑水河的小河”（划界结束会谈纪要语），与帕维地图上的南蚌（Nam Boum）河、塞尔维尔地图上 Nam Pang 河为同一条河。边界线上的 E 和 F 点就在这条河的两端。

然而，从划界图上封土村的移位可以看出：

（1）赛江河，按照旧的中方地图。与封土河［塞尔维尔地图上的南梭（Nam Tho）

河］为同一条河，按照负责根据划界各会议纪要和划界图进行定界工作的委员们应遵循的思想，该河可能与塞尔维尔地图上的南拱（Nam Coun）河为同一河。

（2）划界委员们认为棉水河（划界图上的棉水湾）是南拱河右岸的支流。

至于金子河和猛蚌河（南拱河或南蚌河），尽管它们的水道与南纳（Nam-Na）河左岸的支流的水道长度相比短得多，但仍保持在塞尔维尔地图所标的相应的位置上，由于封土移位，赛江河与南拱河被视为同一条河，故最后这条河实际在金子河与南纳河汇合处南面注入南纳河，这与塞尔维尔地图的说明相符。

（签字）微席叶

（该篇收入《中越边界历史资料选编》第985～986页）

关于封土和南纳河（藤条江）诸支流的第二个说明（机密）

中方地图上的赛江河就是塞尔维尔地图上的南梭河或封土河。因为《云南通志考》中的地图和说明将漫毛、漫们（Man-Men）和猛梭等村置在这条河边，而这几个村在塞尔维尔地图上也位于南梭（Nam-Tho）河畔，在相应的位置上。

通过这一鉴别又发现，中方地图上的跳鱼河与塞尔维尔地图上的南拱河是同一条河。此外，我们从长界村在中方地图上位于赛江河与跳鱼河之间，在塞尔维尔地图上位于南梭河与南拱河之间这一事实中，找到了证明。

至于南纳河本身，中方文献是以藤条江为名对该河及其支流进行详细描述的，两者显然为同一条河，藤条江绝不是黑水河，尽管《云南通志考》错误地把它指为李仙江的下游。

《云南通志考》中有两幅红河与黑水河之间的这个地区的地图：

（1）《临安府土司图》（卷六）。在该图中，封土（汉语叫猛梭）的名字出现在赛江河的右岸，别处看不到。

（2）一幅名为《临安府界图》，绘制得没那么细致。封土这个名字在该图中出现两次：与上一图同样的位置；更往东，靠着安南界，差不多在划界图（第五段）确定的位置。不过划界图现把封土留在东京。

可以猜想到，在这一点上，划界图借鉴了这第二幅图，但只标了一次。

下面提供《云南通志考》一些段落的译文，以证实上面所说的事实。该巨著的编纂者在书中提出了——似乎是第一次——这个错误的理论：黑水河只不过是湄公河（九龙江）的延伸部分。其意指：湄公河，或曰黑水河、藤条江（南纳河），和红河汇合，皆流入东京湾。有一幅地图支持这种说法。应该料到，这个错误产生于两幅地图①不完善的

① 很可能一幅是普洱府图，一幅是临安府图——原注

拼合，使作者把李仙江当成南那河（藤条江）的上游部分，把湄公河视为黑水河的上游部分。此外，在他之前，《水道提纲》的作者齐召南就断言，湄公河出了中国就是富良江。富良江就是红河的东京部分。

《云南通志考》节录

卷六：舆务（Yu Vou），图，2，附于《临安土司图》后的原文（第2页）：

“……此外，在东南方乃稿吾卡（Kao-Wou-Ká）土著少尉（的领地），紧接清水河，构成边界，把我们与安南的交冈①隔开。”

“在西南的蛮耗（即曼耗——译者）、猛勒和小猛赖，在南面一直到拦马渡各地的边界沿线，与安南为邻。”

“赛江河发源于纳更（土）司西南，朝西南流到猛梭（封土）东南，注入藤条江（帕维地图、塞尔维尔地图上的南纳河）。”

“赛江河东是猛扪（Mong-Men）和坝方。”

“赛江河西是箐口、慢毛和鱼坝，此乃未开化之地，无头领。”

“慢车乡东南是猛弄和马龙的寨长之地。至于六篷寨、缉熙寨和谜巴等地，也是群龙无首的未开化之地。宗哈和瓦遮被三个寨长瓜分。”

“赛江河以西，是猛梭（封土）寨长地盘，南近藤条江，距（临安府）府城更远。”

“那郎、慢棉、了列、喇博、阿者等蛮人寨子，在金厂河西，虎街河南，靠近藤条江。对于这些寨长，我们一无所知。”

“藤条江南、黑江（即黑水河——译者注）北，也是各蛮（les Mong）分治的区域。最靠西南的是茨通坝，靠东的是者米、把哈，再往东的是猛丁，再往东是猛蚌（即帕维地图上的 Muong Boum）、猛喇和猛赖。后面三地南面靠近黑江，与老挝毗连……”

同书摘录：卷六，舆务（Yu Von），2，《三江合流图》。该图所附的文字倾向于证明，湄公河或“黑水河”、藤条江（南那河）和红河汇合，一起注入东京湾。

“齐召南在其名为《水道提纲》的书中，仅知澜沧江（湄公河在云南段的名称）流入安南，形成富良江（越文名红河），但他不知道藤条江（南那河）和河底江（红河在中国一段的名称）也一样。现已经过仔细研究，确定了这一事实，并将研究结果绘于图上。”

“九龙江从思茅厅南面开始，往东南流去，从老挝北面和（临安府）蛮地（les Mong）南面流过，形成黑江（黑水河）。然后，继续往东南，从猛赖（或曰莱州）的东南和拦马渡西面流过。藤条江在拦马渡与其汇合，形成了洪水江。”

“李仙江发源于元江州南部，往东南方向流去，接纳北来的腊密河，往东南方，流经蛮区，形成藤条江。然后，继续往东南，接纳北来的跳鱼河（塞尔维尔地图上的南拱

① 山脉——原注

河），方向不变，接纳北来的赛江河（封土河），然后接纳南来的金子河。继续向东南方向，注入洪水江。”

“洪水江在东面进入安南境，被分为：南支流，形成沱江（黑水河在东京的名称），而另一条支流则往东流。这两条支流在临洮府西面汇合，形成洮江……”

签字：微席叶

（该篇收入《中越边界历史资料选编》第986～989页）

（原件第333～340页）

法殖民地部长致外长函（第632号）

巴黎，1895年6月11日

部长先生，亲爱的同事：

为了补充我5月24日、28日和29日的信的内容，谨通知您，印度支那总督先生刚给我发来下面这份电报：

“加郎热准备在芒哈欣（Muong-Hou-Neua）设立一个哨所，桑德尔、加朗热的继任者帕维的代表团抵达后将着手进行。加郎热疲惫，将返回法国。桑德尔将于6月10日离开河内。无任何争执可担心，中国对占有没有争论。人民心情舒畅，任何军队均无必要，在芒哈欣（Muong-Ha-Hin）部署30名民勇完全足以确保该地区安全。我请Dewawongsé亲王通知猛烈当局，帕维已通知过了。我立即指示占领南乌，在芒琅（Muong Luong）和尚无争议的芒布卡（Muong Pou Kha）设哨所。目前应占领这几处。此电拟时得到帕维先生的同意，请转呈外长。”

部长先生，亲爱的同事，请接受我崇高的敬意。

殖民地部长　德尔卡塞

（原件344页）

法外长致法驻伦敦大使的私信

巴黎，1895年6月29日

亲爱的大使：

我们在这里怀着极大的兴趣注视着英国人的危机，您的信件及电报自然引起了我们的高度重视。我感觉到，英国人在一段时间内将有许多事要在国内做，（英国）很快要与德国接近的谣言至少出现过早了。不过，有一点可以肯定，德国自己倒好像准备与英国“调情”，就像不久前与俄国“调情”一样。能达到什么地步呢？我甚至要问，将要把事情引向何处呢？我一无所知。最近的事态肯定已令伦敦和柏林大为不快。基尔的这次大示威已经把光线照到许多在这之前仍然处于阴暗中的地方。我们自己也十分清楚我们的用意。将给您寄去蒙特贝洛的一份电报的抄件。他在电报中汇报了他与皇帝的谈话内容，很令人满意。但是，这一光线仍然会照得许多人眼花缭乱。

因此必须指望有更多的不满，也许必须料到有重大的变化。从这点上看，我看英国内阁的组成有两个黑点，就是任命张伯伦和柯松。他们将也像在野党一样粗暴？这不太可能。但是也许将依旧能给我们造成许多麻烦。这促使我向您谈谈中法条约。您已在今日的法文报上看到，我（按您的建议）尽了最大的努力将这件事简化到不能再简化的地步了。随函附上三份说明，让您准确地知道各条约的内容以及我们必要时为辩解可以有分寸地说的话。但是我承认，我不很喜欢这种防御性的姿势，特别是在一个新的内阁要试探我们的时候。

总之，我们的谈判已进行数年了。中国人只是在去年10月才将诸猛（les Muong）让给我们。没有任何可利用的可靠证据有利于证明缅甸对诸猛的所谓权利。对景洪（Xieng Hong）的领土要求本身是完全靠运气的，以致英国人没有再坚持，并将整个普洱府留给了中国。因此，我们的地位是十分牢固的，是以现已成为既成事实的条约为根据的，是利用了我们占领了一部分猛地这个不容否认的事实，在占领部分猛地的同时，指出我们尊重车里。我认为除了怨恨，我们不会受到认真的反对。

实际上，令英国人不满的是中国的商业让步。他们将采取什么对策呢？

我们被指控利用了英国的危机来缔结条约和公布条约。这也不符合事实。条约的缔结是从前的事了，其公布或确切地说是它的被披露首先是英国的报纸干的，我们只不过是已别无他法才说出来的。

所以，我认为，在所有这些（形式的或实际的）问题上，我们根本不担心。

我们不想拒绝就湄公河上游进行谈判，所以我要让帕维先生乘下班船返回欧洲，就要他在这里进行这个谈判。

实际上，事情正渐次走向最后的结局。如果张伯伦早一点答复我们，这件事可能快要达成协议了。如果他的继任者想跟我们争论，我们对他们的意图将胸有成竹。但实际上，争端是不利的，但根本不能动摇我们保持镇定。

亲爱的大使先生，我对您所做的一切向您表示感谢。我将尽最大的努力帮助您。请将您的看法开诚布公地告诉我。

签名：阿诺多

（原件第 360 ~ 362 页）

法外长致殖民地部长肖当函

1895 年 7 月 11 日

部长先生，亲爱的同事：

去年 12 月 14 日，我曾荣幸地向您的前任谈起过印度支那总督德·拉内桑先生关于调整共和国驻老挝总特派员以前对负责黑水河以西的中越边界划界的委员会的组成的决定。

帕维先生刚给我寄来的一封快信说，上述安排是他与代理总督夏瓦肖商量同意后进行的。我认为应该将该信的一份摘要转给您。

（原件第 364 ~ 365 页）

法殖民地部长致外长函（第 805 号）

（机密）　巴黎，1895 年 7 月 20 日

部长先生，亲爱的同事：

承蒙您在 6 月 27 日的信中提醒我，我在接到您同月 6 日的口头通知后，曾承认有必要同意法国驻北京公使签订两个与大清帝国政府谈判的条约，一个是关于一直到湄公河的中越边界的划界，一个是关于要在这个地区实施的贸易条例。

您借此告诉我，我们的代表根据您第一次的建议，其尝试已获成功，他 6 月 27 日就发电报告诉您，两个条约刚获批准。

部长先生，亲爱的同事，我和您一样，对这一结果感到高兴。可以把这个结果视为非常令人满意的结果，因为原来担心由于英国政府反对，施阿兰先生追求的一箭双雕的解决办法恐会被令人遗憾地推迟通过。

一接到您的上述通知，我和您一样，认为应立即有效地占领已让给我们的各区域的主要地点。下面将我给印度支那总督先生的电报指示的正文转告您：

“请与施阿兰商议，以有效占领并立即组织与中国最近缔结的条约承认我们拥有权利的黑水河以西的地区。授予这些权利一事已引起英国政府的强烈抗议。”

“必须使名为 Hua Pauh Tong Ha 的这个旧联盟恢复活动。该联盟包括两个猛乌、猛瓦（Oua）、猛厓（Ngay）和芒哈欣，包括了南乌河发源地。”

卢梭先生刚给我发来下面这封复电：

“与施阿兰取得一致意见后，已向加郎热的继任者桑德尔上尉下达指示，正式占领猛乌和猛……Muong Prunhen Kratié；他应在乌姆中尉和 12 名由欧洲中士指挥的莱州安南土著步兵陪同下参加已被推迟的仪式。他在加郎热陪同下，应施阿兰要求，为刁文持（Déo Van Tri）及其拥护者们安置 Muang Ha □哨所 30 名 Ouboùe 民勇。桑德尔 6 月 13 日离开河内，经莱州折回哨所，今日抵达。被推迟的仪式在一个月内很可能不会举行。”

“我派人研究旧联盟的重建事宜。另外，命瓦德（Vade）占领猛布卡（Muong Pouk）和猛弄布卡（Muong Luong Pouka）；将在每个地方设立一个有 66 名民勇的哨所，第一个由迪皮指挥，第二个由监察员马罗尔指挥。有 40 名老挝乡勇的哨所也将维持在香空（Xieng Khong）左岸，由香空右岸的代理商勒维尼埃监督，乡勇是 7 月 2 日在琅勃拉邦招募的。占领活动可能将于 8 月 1 日进行；在目前形势下，由于补给有困难，不能派安南人或欧洲人组成的正规军到猛乌或猛弄布卡去。而且东京没有一支可以动用的部队。”

“穆尔梅尔（Moulmère）的情报说英国军队集结在老挝西北边境，已从迪皮详细的信中完全得到证实，等下次邮轮出发时再将该信抄件寄上。英国在芒新（Muong Zin）的驻军 6 月 15 日已达 1000 人，我们在上湄公河的下段的法属部分的兵力为 19 名步兵，300 名猛人乡勇，分布在猛、Kratié、Hi……琅勃拉邦……和新设的哨所。已下令将乡勇人数增加到 600 名，但招募困难颇大，乡勇的素质极低。”

“请将与英国就芒新最后的权利归属问题进行的谈判的现状告诉我，以便确保在湄公河上游和对芒新王的政治行动的领导。”

为了满足卢梭先生在这份电报的最后一段表达的要求，请您将谈判情况告诉我。据您 6 月 29 日的信，谈判应由我们驻伦敦大使与英国政府进行。

至于刚刚与中国政府缔结的通商协议，我非常想尽快知道，除了要在我们新的边境实施的条例外，施阿兰先生是否已成功地说服了总理衙门，写入了印度支那最高当局如此迫切要求的全部或部分的通商利益，而这也构成了最近我们两个部信函来往的内容。

我只有请您一接到北京方面关于这方面说明的信或电报，就马上转告我。

殖民地部长　肖当

（原件第 368 ~ 371 页）

法外长致殖民地部长函

（机密）　巴黎，1895 年 7 月 23 日

部长先生，亲爱的同事：

我们的驻北京公使刚来电告诉我，总理衙门今日对把两个猛乌交给我们显得犹豫。

我马上要求施阿兰先生向中国政府指出，如果不履行它对我们许下的诺言，它要承担巨大的责任；如果还未做，必须立即向可能在现场的权威人士下达指示。我重提印度支那总督为占领这些区域所做的准备。

政治司司长……（以下几行难辨——译者注）

（原件第 373 页）

法殖民地部长致外长函（第 862 号）

巴黎，1895 年 8 月 2 日

部长先生，亲爱的同事：

承蒙您 7 月 12 日给我转来共和国政府驻老挝总特派员的一份报告的复本。他在该报告中向您汇报，红河到湄公河的中越边界的划界活动已告完成。

帕维先生此时建议将这些地区的划界工作交给各驻扎官和最近的哨所的指挥官，他们将在与中国边境当局取得一致意见后，放置标志桩，不要交给一个新的委员会去做，因为任命一个委员会要一大笔开销。而且他们有上尉桑德尔和中尉马吕歇在河内绘制的 1∶50000 的地图为指导。地图上标出了要放置界碑的详细地点。

我荣幸地告诉您，我通过此信要求印度支那总督告诉我，正如我有理由认为的那样，他是否已同意我们总特派员的这个建议。

卢梭先生关于这个问题的答复一到我处，我必然马上转告您。

部长先生，亲爱的同事，请接受我崇高的敬意。

殖民地部长　肖当

（原件第 379 ~ 380 页）

法殖民地部长致外长函（第866号）

巴黎，1895年8月2日

部长先生，亲爱的同事：

承蒙您在7月23日、24日的来信中告诉我，共和国驻北京公使刚发电报告诉您，总理衙门现在对将两个猛乌交给我们显得犹豫不决。两猛属于6月27日在北京获得批准的诸条约刚承认属安南的那些区域。

您告诉我，在这份通知发出后，您立即要求施阿兰先生向中国政府指出，如果不履行它对我们的许诺，它就要承担重大的责任，此外，还必须向它指出，应立即向中国（边境）当局下达指示，把上述地方交给我们。

您最后说，中国驻巴黎代办已获知此事，他已答应根据与我们的意见相符的意思，立即电告他的政府。

我荣幸地告诉您，一接到您7月24日的来信，我就给印度支那总督发去了一份电报，内容见后。

卢梭先生的复电一到，我一定马上转告您。

另，亦请您从电报渠道得知我们驻北京代表的抗议结果后，马上告诉我。

殖民地部长　肖当

（原件第381～382页）

7月□日第□号电附件

法殖民地部长致西贡印度支那总督电

巴黎，1895年7月28日

总理衙门现在对立即交还两个猛乌，显得犹豫不决。施阿兰已向中国政府指出，若推迟履行它对我们许下的诺言，要承担巨大的责任，通知说我们不久前已下达了占领命令。

如有可能，请加强负责占领两个猛乌的部队，勿拖延 Sandré 的行程。

请您注意这个措施，就是重新占领一直都属于我们的领土。因此，它不容许任何庄严的仪式被推迟。

（原件第383页）

法外长致殖民地部长肖当密函

巴黎，1895 年 8 月 8 日

部长先生，亲爱的同事：

我们驻伦敦的大使刚与（英）外务次官进行了一次会谈。首相不在。这次谈话主要是针对两个猛乌的问题。库塞尔（即法驻英大使——译者注）男爵没有对英国官员为阻挠执行我们与中国的划界条约进行活动引起我们的惊讶佯作不知。他提醒说，法国政府根本没有反对大不列颠与中华帝国间缔结的划界条约，尽管禁止让出一些区域这一条构成一种对我国不友好的行为。他最后说，在这样的条件下，我们不能容许以我们没有参与、也没有接到通知的一个文件来反对我们。

桑德森爵士的态度一直是彬彬有礼的。他答复说，女王驻北京的代表已履行了英国要承担的义务，对无视中国政府签过字的关于英国政府的明确规定，向总理衙门提出抗议。但他认为，奥康纳先生在这件事中没有施加个人压力，没有出过主意。而且那是英国与中国之间的一个问题，伦敦内阁仅仅向清政府提出过一些批评。

按照我们代表的见解，最后这些话似乎表明，英国正力图从中国获得对英外交部认为违背了总理衙门许下的诺言的行为的赔偿。

在获悉这些情况后，我请我们驻伦敦的大使再次去找英国首相，坚决要求在自由党内阁倒台之前，对他交给京伯伦（Kimberl□）勋爵的关于英军占领芒新的照会进行答复。

（原件第 385 ~ 387 页）

法国驻华公使施阿兰致外长阿诺多密函

北京，1895 年 9 月 19 日

我在本月 7 日的电报中曾向阁下表示过我对及时注意中国公使馆和英国外交部在伦敦进行的谈判的看法。

我主要是暗示关于领土赔偿或其他赔偿的谈判，英国政府似乎想提出这样的要求，以代替 6 月 20 日条约给予法国的利益。

但事实是，大约自本月初以来，北京的英国公使馆与总理衙门之间的联系突然差不多停止了，至少从表面现象判断是这样；会谈即谈判的地址好像已经移到伦敦去了。英国公使本人也离开了北京，躲到该城附近山中的一个庙里去了。

总理衙门诸大臣对尊敬的陛下的驻北京公使异乎寻常的态度，公开直言不讳地抱怨尼古拉斯·奥康纳（又译为欧格讷——译者注）爵士的态度和举止，抱怨他言语或冒犯帝国最高当局，或冒犯皇帝本人。因而，这一出走就更引起我的注意了。当时我感觉到这些怨言已一直传到伦敦去了，如果中国政府能允许自己采取这一手段的话，这些抱怨就等于一种召回（公使）的要求。

这些抱怨真的提出来了，所以英国政府进行了反应。首先，将它与中国政府进行的会谈或谈判移到伦敦集中进行，其次，建议尼古拉斯·奥康纳爵士同意沙皇的请求，到女王在圣彼得堡的使馆任大使之职。

阁下在本月9日的电报中向我通报拉斯塞尔斯（Lascelles）爵士在圣彼得堡提出赞成要求时，我在翌日的电报中认为不应掩饰这种选择的可能性留给我的印象。我将此事通知了卡锡尼（Cassini）上尉，他甚至认为这个选择是完全可能的。我承认，尼古拉斯·奥康纳爵士的经历，他先是在索菲亚，接着在北京担任的职务，好像既不会使他被选去担任一个大使职务，更不会被派去圣彼得堡任职。就在尼古拉斯爵士的任务的结果在上海的英文报纸上受到最严格的评价时，就在英中关系显得受到最严重的损害时，他的任命已成了既成事实。

毫无疑问，应该从迄今为止在北京进行的会谈移到伦敦，甚至尼古拉斯·奥康纳爵士被任命的事实中看到和找出一个意图和一个征兆。英国政府目前有点抱怨中国：6月20日的条约、俄国借款、四川的英国传教士居住地遭劫、11名英国人在古田被杀、西藏人对锡金边界的划界提出异议。有可能或很可能因为英国外交部的代表在北京既得不到优待，又得不到尊重，所以英国外交部才打算在伦敦自己处理和解决尼古拉斯爵士留下的负债累累的遗产。所有这些悬而未决的事情和这些埋怨造成了这种情况：英国政府也许等待时机再将这些事情和抱怨集成一个唯一和完全的抗议，它会要求立即平息。总之，对于与目前英中关系有关的事，和对于与英国在远东的一般政策有关的事，这里避而不谈，只是令人忧心忡忡，令人心情不安。这就是为什么我请阁下劝告特别要警惕伦敦，这是会谈好像仍在进行的唯一地点。

（原件第400～402页）

法殖民地部长致外长函（第1110号）

巴黎，1895年10月2日

部长先生，亲爱的同事：

7月5日，共和国驻北京公使先生告诉印度支那总督先生，说总理衙门向他告状，我们的军队6月初在中国边境进行了一些暴力行为。

卢梭先生将这件事告诉我的同时，还在最近的来函中向我汇报，说他命其就此进行的调查结果使他得以确认并证实广东边境突然发生了一些事件，引起了清政府的抗议，但被完全歪曲了，无论如何不能归咎于保护国政府。

如果您尚未收到我们代表的复信的复本，我只能将印度支那总督先生8月16日给施阿兰先生的关于提到的那些事件的答复转给您。这位高级官员在信中最后说，必须拒绝接受总理衙门的指控。

请您在把这份文件还给我时告诉我，您接到北京来的关于这件事的材料后，是否应该认为这件事已了结。

部长先生，亲爱的同事，请接受我崇高的敬意。

殖民地部长　肖当

（原件第411~412页）

法驻华公使施阿兰致外长贝特洛函

北京，1895年11月12日

我曾向部里汇报过1895年6月20日的边界协议承认属于安南的猛乌（Mong-Wou）和乌得（Wou-Te）区域是如何于9月6日由我军占领，翌日即7日如何由中方委员交给保护国当局的。

自那以后，我没有得到河内关于今后由我们政府部门管理的领土的其他消息。但是，总理衙门在10月30日意外地向我提到其得到的关于猛乌百姓有些不满的谣传，请我建议印度支那总督在对这些区域实施管理时，要掌握分寸，要仁慈。我回答总理衙门，据我所知，这些谣传没有得到任何证实；相反，根据我们官员的证实，猛乌（Muong Hou）的百姓及头人对处在法国的制度下感到十分满意；至于这个制度本身的特点，中国政府应该知道，它是集宽容、尊重信仰和地方传统、公平于一体的。

不过，在11月1日的一份电报及当天的一封私信中，我还是觉得应该建议印度支那代理总督，要求我们在南乌河流域的官员们要仁慈地治理，改革不要太急。《安南与东京政府公报》10月10日公布了一系列关于上下寮的法令，这证明保护国的一些权力机关行事是多么有分寸，多么尊重地方习惯。尽管如此，我还是请富雷斯（Fourès）先生仍然要务必使我们所有的文武部门在管理上严格地遵循我们对东京和安南这些亚洲人的政治原则。

大学士李鸿章在我昨天对他进行的拜访中，也向我谈到所谓猛乌居民的不满情绪。我要请教印度支那总督，以便知道这些谣言的根据在哪里，并请求保护国当局采取一切可以预防发生新纠纷的措施。

（原件第418~419）

法国外交部长贝特洛先生和殖民地部长吉也斯先生代表法兰西共和国总统费利克斯·富尔先生提出的法律草案附有对1895年6月20日法中两国在北京签订的划界和通商条约的批准书

1895年6月20日在北京签订的划界和通商条约

事　由

先生们：

1886年4月25日和1887年6月26日签订的两个条约，在处理安南和中国的贸易关系的同时，特别注意到两国公共边界以东的部分。

我们在印度支那的殖民地自那时以来所取得的发展，1893年10月3日与暹罗签订的条约给我们带来的或承认我们在湄公河流域享有的巨大利益，以及近些年来其他国家为了给他们的商品开辟通往大清帝国腹地的新通路所尝试的努力，都使共和国政府下决心要完成1886年和1887年的谈判任务，要在一些决定性的基本原则的基础上确定我们与南中国的整个边界关系。

首先，应该勘测两国的分界线，应该正式地确定它，并在该界线上竖设界碑。

其次，应该为我们的商人准备一个往附近地区的通道，确保他们在云南南部得到类似于他们在云南东部、广西和广东边境已获得的保证和便利。

这便是共和国政府于去年冬天与中国政府进行谈判的目标。谈判的结果是6月20日签订了两个呈报给诸位批准的条约。

1. 划界条约

1887年的条约划了红河右岸直到木卡（Mou-Ka）的边界，只是过了这个地点的安南和中国的分界线有待划分。尽管如此，大家认为有必要后退一点，继续龙膊的划界工作，就是说往东约180千米，对黑水河流域进行更详细的勘测，使共和国政府得以有效地为安南的利益要求收回一个被非法夺走的区域。

过了木卡，遇到了些特殊的困难：进入一个几乎未经勘察的地区，缺少地理文献，最后，中国自以为有充分理由把它的权力扩展到我们认为是安南的组成部分、其政治或经济的重要性要求我们保留给安南的一些区域。

由法国官员和中国官员组成的一个联合委员会在现场搜集了准确划定疆界所必需的一切资料，而共和国驻北京的代表则使清政府承认了我们对所有争议地区提出主权要求的合法性。

安南与中国的分界线从黑水河开始，溯南那河（Nam-Map，亦叫南纳河——译者注）而上，往西，顺着分水岭一直到南乌（Nam-Hou）河源头，从这个源头的北面经过，将该源头留给安南。在南乌河与南辣（Nam-La）河流域之间南下，绕过南峨（Nam-Ouo）河和南果（Nam-Go）河流域。最后，急往西拐，向湄公河延伸，抵该河与南辣河汇合处。

按照这个走向，安南的主权在四个对我们在印度支那的驻定有利的区域得以维持：①刁文持（Déo Van Tri）的封地，都城设在莱州（Laï-Chau）；②普方（Pou Fang）县；③猛乌（Muong-Hou）地区，该地区控制着南乌河大水道；④最后是八发塞（Pa Fat Saï）地区，该地区的盐矿能供应周围整个地区。

在刚刚陈述的规定中，共和国政府认为应该增加一个特别条款，更正1887年对明江以西的一个边界地区所达成的协议。

当时拥有的关于这个地区的材料不可靠，实际上妨碍了准确了解几个边境地点的地形情况。按照最近核对的说明所确定的新的走向，确定了安南和中国各自对上述地点拥有的权利。

上述的所有项目就成了条约第一条、第二条和第三条的内容。

第四条安排旨在使边界变得清楚的立放界碑条件。

第五条属于套语。

这样，自东京湾一直到湄公河，印度支那半岛北部的法国领地2137千米长的边界就确定下来了，而1887年的协议划出的边界长880千米。新的条约完成了1257千米长有待标出的边界的划分。此外，新条约使安南往西具有天然界线，保证安南与云南西部直接接壤，最后承认安南对有争议的一些区域拥有主权，因为保住这些区域就可以指望得到发展它的贸易和推进繁荣的最大的利益。

2. 贸易条约

一项贸易条约补充划界工作。

该条约比前一个协议具有更广泛的意义，它不仅仅涉及中越边界的西部，而且对1886年和1887年的法令确定的条例进行了增补或更改。因为近几年的经验已表明这些措施是得当的，也许难以对其实际意义提出异议。

第一条就这样承认共和国政府有权在芒街对面的东兴维持一名领事级官员，以确保广东边境的秩序和治安。

另外，这一条还准备通过法国当局与中国当局为确定应该在边境地区实施的共同治安措施所商定的一个条例。

这些条款已开始执行。东京政府和广州总督府刚刚确定了一个符合我们观点的协议的条款，有可能指望得到镇压抢劫和海盗行径的最佳效果。

第二条写明，河口城取代曼耗城，作为老街至蒙自的水道上一个开放通商的地点，作为隶属法国驻蒙自领事馆的一位官员的驻地。

这一条款是由于这一事实引起的：中国海关的业务在河口进行，不是在曼耗；另一方面，后面这个地方已被确认不卫生，几乎不适合欧洲人居住。

第三条规定思茅城向法越商人开放。另外，同意共和国政府以后在思茅城设立一个领事馆，中国政府以后在思茅维持一个海关代办处。

同一条款规定了要开放通商的水陆交通线，特别是湄公河、罗梭（Lo So）河以及自猛烈和倚邦（J-Pang）通往普洱府的官道。

向法越商人开放思茅，大大有利于我们在印度支那的驻定。

因为该城位于湄公河的上游流域，可以将它视为云南西部的一个门户，以及那些似乎有一天把安南、老挝与华南中部连接起来的交通线的自然枢纽。

第四条更改了1886年和1887年的条约确定的过境条例，以便保障安南的作用和地位，特别是作为与华南进行国际贸易的最快最经济的交通线的红河的作用和地位。

1886年4月25日条约第9条第2款规定，从东京边境出口，然后从海上转运到中国的开放口岸之一的中国商品，将被当成外国商品，必须（不影响在出境时已征收的过境税和出口税）根据海关总税则缴纳一笔新的完全的进口税。

这一要求的结果是中国的商品向广州和四川的大路上回流，因为取这些道有利可图，尽管要缴纳所谓的厘金。这样，东京就丧失了一项估计价值1800万（法郎。原文没有货币名称——译者注）的过境贸易。

我们的谈判人在与印度支那总督取得一致意见后，已使中国政府同意了以下条款：

（1）从我们陆路边境的一处过境到中国的一个河港或海港的中国商品，出口时将缴纳减低4/10的出口税，返运到中国时，缴纳1/2的再进口税。

（2）从边境开放通商的四个城市（即龙州、蒙自、思茅和河口）的一个转口到另一个的商品，出口时将缴纳4/10的税，返回时将免纳进口税。

（3）最后，从中国的一个河港或海港经安南运往上述四个地方之一的商品，出境时要缴全额税，入境时按照减少4/10计算，缴纳再进口半税。

新的优厚条件就这样成文了。此外，这些新条件并不排除旧有的优厚条件，不喜欢证明书方式而喜欢过境方式的出口商将完全有权运用这个方式。

第五条声明，对于中国云南、广西和广东矿山的开发，中国将可以首先求助于法国的实业家和工程师。

由于中国的行政传统不可能保证我们的国民拥有优先权（因为其行政传统源于古老的信仰，所以在矿山开采上就更顽固），因此，这一条款现在赋予他们一个优先名义，我们将不容否认这一名义。

同条的第二款提出在安南修筑的或将要修筑的铁路延伸到中国境内的原则，强调这一条将为我们印度支那殖民地的未来带来好处是多此一举。

第六条在于补充1888年12月1日于芝罘（Tche-Fou）缔结的条约，以便确保思茅、琅勃拉邦和莱州之间的法中电报网的接通。

第七条效法1894年3月1日的中缅协议的第18条，目的是特别指明在云南西部边境给予的通商利益，这是基于东京的商业和地理路线的考虑。这样，这一条尽可能使商业利益避免了全面实施最惠国条款。

第八条和第九条是套语。

先生们，以上这些就是我们荣幸地呈请你们批准的外交协议的主要条款。

目前，这些协议准确而最终地确定了我们印度支那领地的北部界线，承认了安南在必须保留给它的地区的权利，确保我们的商人得到一些新的便利和保证，完善了我们与清朝的陆路、水路和电报联系的体系。

对于将来，这些协议将使我们东京的运输拥有通往华中最短最直接的新道路。最后，这些协议向我们的工业部门展示了开采中国矿山、延长法属印度支那铁路的前景。

先生们，我们希望你们觉得这些结果说明了要求你们批准的理由。

法律草案

法兰西共和国总统决定：

内容随后的这份法律草案将由外交部长和殖民地部长向众议院阐述。他们负责陈述其理由并进行讨论。

独立条款

共和国总统获准对本草案所附的法国与中国于1895年6月20日签订的划界协议和通商协议予以批准，若有必要，则准其施行。

1895年□月□日于巴黎

（该段收入《中越边界历史资料选编》第931～936页）

（原件第423～435页）

法驻华公使施阿兰致外长贝特洛函

北京，1895年12月3日

印度支那总督在10月8日从河内发来的电报中告诉我，根据今年6月20日法中缔结的补充通商协议的第6条，他已下令开始沿着整个南乌河谷建设连接琅勃拉邦、芒哈欣和猛乌 Nen Ha 的电报线路。

卢梭先生补充说，负责这条线路建设的人员已于 9 月 19 日离开河内，并带去了开展全部工程所需的器材；自 1896 年的头几个月起，琅勃拉邦和猛乌地区之间的电报联系完全有可能建立起来。

因此，印度支那总督请我去找总理衙门活动，以便使中国政府立即采取措施，确保思茅与芒哈欣的法中电报网接通，就像 6 月 20 日的协议的第 6 条规定的那样。

11 月 6 日，我致函总理衙门，请它向清政府的电报管理部门下达必要的指示。我认为应该提醒中方大臣们注意，因为中国的电报线已经通到蒙自南面的曼耗，所以新的电报线也许是从曼耗接出。新的线路沿着连接各军哨的那条大路一直到黑水河，然后一直到猛烈，可能继续从猛烈一直通到思茅。我补充说，若要在老挝的芒哈欣和中国的思茅两站之间接通，则我们的电报线可能要往边界延伸，一直延伸到应该尽快确定的一个地点，以便确定两国电报网的确切接通点。最后，我提醒道，或关于建设和维修电报线路，或关于税率的各种处理，在法国与中国 1888 年 12 月 1 日在芝罘缔结的电报协议的第 6 条中就已有规定。

总理衙门告诉我，它已将我这份公函的复本送给了清朝的电报管理部门，以便云南西部与上寮间的电报网能按照 1895 年 6 月 20 日协议第 6 条的规定进行接通。

（原件第 438～439 页）

法殖民地部长致外长函

第 1310 号　　巴黎，1895 年 12 月 4 日

部长先生，亲爱的同事：

印度支那总督在最新的信中向我确认他 9 月 26 日由我的前任转给贵部的电报。这位高级官员在这份信函中向本部汇报说，中国新近让出的南乌河上游地区已于同月 6 日进行占领了，一切顺利。

卢梭先生此时对我说，对占领活动的结果，他并非没有担心。因为在这种情况下，我们不仅要担心中国当局的恶意，而且也要担心车里土司的不满，猛乌地区就属于他。人们会担心，这位土皇帝为了在原地给我们的代表们制造麻烦，会去请求住在湄公河上游地区的英国官员在一定程度上给予直接的支持，而且他可能不会遭到拒绝。为了防备一切可能发生的事情，印度支那总督先生一开始就要求被指派去占领猛乌地区的上尉桑德尔先生、加郎热先生和刁文持（Déo Van Tri）尽快占领有关的区域。这时在北京发生的犹豫使迅速行动的必要性更为迫切，并引发了一道命令，随即向政府驻芒哈欣特派员加朗热先生下达：立即率领他掌握的兵力出发，不必担心中国当局，也不必等候其余的

法方委员。

加郎热先生8月底出发，在途中接到中国官吏安道台（Yen）的一封信，请他加快步伐，并表示欢迎他。安道台比他早几天到达当地。该地区的所有土著权贵同时前来迎接我们的官员。我们的这位官员9月6日到达目的地，翌日在一次与那位中国代表的热情洋溢的会谈中，签订了由共和国政府占领猛乌 Neua 和猛乌 Taï 区域的会谈纪要。

关于这一点，印度支那总督先生提醒我，他当时不可能按照阿诺多（前外长——译者注）先生最后确定的建议。阿诺多先生可能宁愿我们的官员们进驻南乌河发源地时不要正式的仪式，保持只不过是重新占领一个从未脱离我们的地区的特点。

其实，看了施阿兰先生6月和8月相继发给卢梭先生的关于归还有关领土问题的各份电报后，您就可以看到，我们的驻北京代表只是在他8月21日的电报中才违背他以前接到的指示，将贵部有关归还两猛应含有的性质的建议通报印度支那总督。

这些新的措施未能及时通知我们的代表们，因为，正如您所知道的，南乌河谷没有电报通信设施，从莱州或奠边府到该河发源地需要走15至20天。

若将这些理由搁到一边不提，您也许和我一样，部长先生，亲爱的同事，将认为有必要与印度支那总督先生一道，对我们实际占领两个猛乌能进行得如此顺利，同时最终在湄公河上游这个重要地区能行使我们的保护权而感到满意才是。

施阿兰先生给卢梭先生的这些电报内附的抄件于您不再有用时，请退还给我，我将不胜感激。

部长先生，亲爱的同事，请接受我崇高的敬意。

殖民地部长　吉也斯

（原件第440~443页）

法殖民地部长致外长函

第1312号　巴黎，1895年12月4日

部长先生，亲爱的同事：

我荣幸地通知您，印度支那总督先生在刚来的信中，向我汇报了他为了让印度支那地方当局按照帕维先生的建议派员进行红河到湄公河的我们中越新边界上竖设界碑的活动所采取的措施。

卢梭先生已向统帅印度支那部队的将军先生以及在老挝考察的高级驻扎官布罗什先生下达了必要的指示，送去了必要的文件，以便进行竖设界碑的作业：（1）红河与黑水

河之间，由莱州和封土之间的各哨所的指挥官员负责；（2）黑水河与湄公河之间，由上寮的官员负责，主要由帕维代表团前成员，现为政府派驻猛乌 Neua 的特派员桑德尔上校先生负责。

至于在香空和中国的车里之间竖设界碑的工程，总督先生告诉我，他已指示推迟进行，直到香空王国的最后移交问题获得外交上的解决为止。因此，高级驻扎官布罗什先生被要求不要将工作推进到猛龙布卡（Muong Luong Poukha）以外。

借此机会，我只能再次向您表示我以前向您表示过的愿望：想知道与英国政府就香空问题进行的谈判的情况，以便立即把将做出的决定通知地方政府。

最后，法国驻北京公使先生业已获知在印度支那采取的措施。一切都使人产生这样的希望，新边界的竖设界碑工程将可以在 1895 ~ 1896 年的冬季获得圆满完成。但是，要取得这样的结果，我们的代表必须要让总理衙门立即向各省当局下达必要的命令，使边界附近各中方哨所的指挥官参加活动，能够通过划界协议所附的地图的复本正式确认，界碑的位置正好是这个协议确定的位置。

在将这些有关情况向您通报的同时，部长先生，亲爱的同事，请您将您收到的我们驻北京公使提供的关于这方面的情况告诉我。

部长先生，亲爱的同事，请接受我崇高的敬意。

殖民地部长　吉也斯

（原件第 443 ~ 445 页）

法外长致殖民地部长吉也斯函

巴黎，1895 年 12 月 9 日

部长先生，亲爱的同事：

您在本月 4 日将您收到的印度支那总督关于即将进行的红河与湄公河之间的中越边界竖设界碑的说明向我通报时，承蒙您向我指出，法国驻北京公使应该促使总理衙门马上向各省当局下达一些必要的命令。

我谨通知您，我的前任在答复施阿兰先生的建议时，已于 10 月 31 日通过电报告诉他，同意他敦促清政府采取我们在龙膊与黑水河之间的属地竖设界碑时所应采取的措施，但是对于自黑水河到湄公河的那部分边界，他要等以后的指示。因为这一段的一部分正是巴黎内阁与伦敦内阁谈判的主题，阿诺多先生曾认为，开始在这段地区竖设界碑将有麻烦，根据委员会止步的地点确定这个有争议区域的范围也有麻烦。

至于这些谈判本身，现正在伦敦进行。敝部一旦能将情况通报，我必然会马上向您提供您表示过希望得知的情况。

部长先生，亲爱的同事，请接受我崇高的敬意。

（原件第 447 ~ 448 页）

法驻华公使致河内印度支那总督电

北京，1895 年 6 月 24 日

总理衙门已下达归还猛乌地区的命令。负责占领该地区的法国哨兵队应该配备一名翻译，由一名能够进行领土归还仪式的军官指挥。应该拟定并签订一份会谈纪要。必须尽可能采用婉转的方式，保留当地大小官吏中能予以留用的人。将目前居住在猛南（Muong Nan）的 Khas 人遣返到猛乌地区也许是有益的。而且，除非要在猛乌当地等中国当局接到必要的命令，不然应该迅速行动。

（原件第 450 ~ 451 页）

法驻华公使致河内印度支那总督电

北京，1895 年 8 月 2 日

其实中国政府正在通过制造障碍和缓慢的行动来对抗归还猛乌地区。

我根据外交部长的指示，昨天向总理衙门申明，已下达占领的命令，无论有无中国委员们的合作均须被执行。

另外，我在几天后希望将中国明确的、更令人满意的答复向您通报。

（原件第 451 页）

法驻华公使致河内印度支那总督电

北京，1895 年 8 月 16 日

总理衙门书面通知我，负责归还猛乌地区的所有中方代表将于 8 月 29 日至 9 月 8 日间抵达。请告诉我，我们的代表们目前在何处，以及他们已接到的最新指示。

（原件第 452 页）

法驻华公使致河内印度支那总督电

北京，1895 年 8 月 21 日

请根据帕维先生的命令，要求我们的代表们在猛乌地区的归还中避免一切隆重的仪式。他们将可以赋予他们与中方委员们的会议一个首次定界活动的特征。

（原件第 453 页）

上寮代理高级指挥员致总督和在老挝考察的高级驻扎官函

（紧急） 琅勃拉邦，1895 年 9 月 23 日

加郎热先生通知我，他已于 9 月 6 日顺利地占领了猛乌 Neua。加郎热先生在途中接到安（Yen）道台的一封信，请他尽快到达，因为他根据总理衙门下达的命令，等待归还猛乌已几天了。猛乌 Neua 和猛乌 Tai 政府头天有人到保禄（Baclai，又称保乐——译者注）迎接加郎热先生。安道台是中国政府的唯一代表，而且还出示了总理衙门的所有文件和指示。原定参加归还活动的普洱的石大拉爷（Thé-Ta-La-Yié）因病未来。经过几次波折，仪式终于在双方满意的情况下得到解决，气氛热烈。接管的会谈纪要已制定，将于明日签订，即 9 月 7 日正午。中方特使热情地陈述了北京朝廷的最好的意向。Lus 当局申明感到满意。卫队行军秩序井然，令人赞叹不已，产生了良好的印象。

（原件第 454 ~ 455 页）

法殖民地部长致外长函

第 1345 号 巴黎，1895 年 12 月 12 日

部长先生，亲爱的同事：

一接到您 12 月 2 日的函，我就发电报给印度支那代理总督，要求他立即将发生的事件告诉我。根据英国各主要报纸发表的最新消息，南乌上游地区可能是事件发生之地。

兹将富雷先生 5 日发给我的关于这个问题的下面这份电文转报您：

“猛乌形势好，11 月例外。英报界公布的事件属实，我想已获避免。我猜想错误是由重新占领中国人以前撤出的猛烈边界哨所引起的。特使昨夜离开猛乌。”

我以后得到关于这件事的情况，将注意转告您。

部长先生，亲爱的同事，请接受我崇高的敬意。

殖民地部长　吉也斯

（原件第455页）

法外长致殖民地部长函

1895年12月18日

部长先生，亲爱的同事：

承蒙您在本月4日的信中将9月6日对猛乌地区实行占领的条件通知我。对于您向我提供的这些情况，我向您表示感谢。和您一样，我对最终在上寮实行我们的保护制这种结果感到满意。

另外，您还提醒我，印度支那总督先生未能遵照我的前任划定的建议，在南乌河发源地确立我们的威信，这位高级官员只是在8月21日才从我们驻北京公使的一封电报中知道敝部关于这一行动包含的特征的意义。

我认为应该提醒您注意，阿诺多先生7月24日就已向殖民地政府指出，要注意我们进驻猛乌地区不要举行任何正式仪式。

（原件第458页）

法外长致殖民地部长函

1895年12月18日

部长先生，亲爱的同事：

我刚收到的法国驻北京公使的一份电报告诉我，中国政府已下达龙膊与黑水河之间的边界定界所必需的指示，以便工程能在本月末开始。

参照我12月9日函，兹马上将这些情况通知您。

（原件第460页）

Ⅱ

中越边界·法国国家档案馆海外部档案资料

印度支那·新藏第692卷

图 42

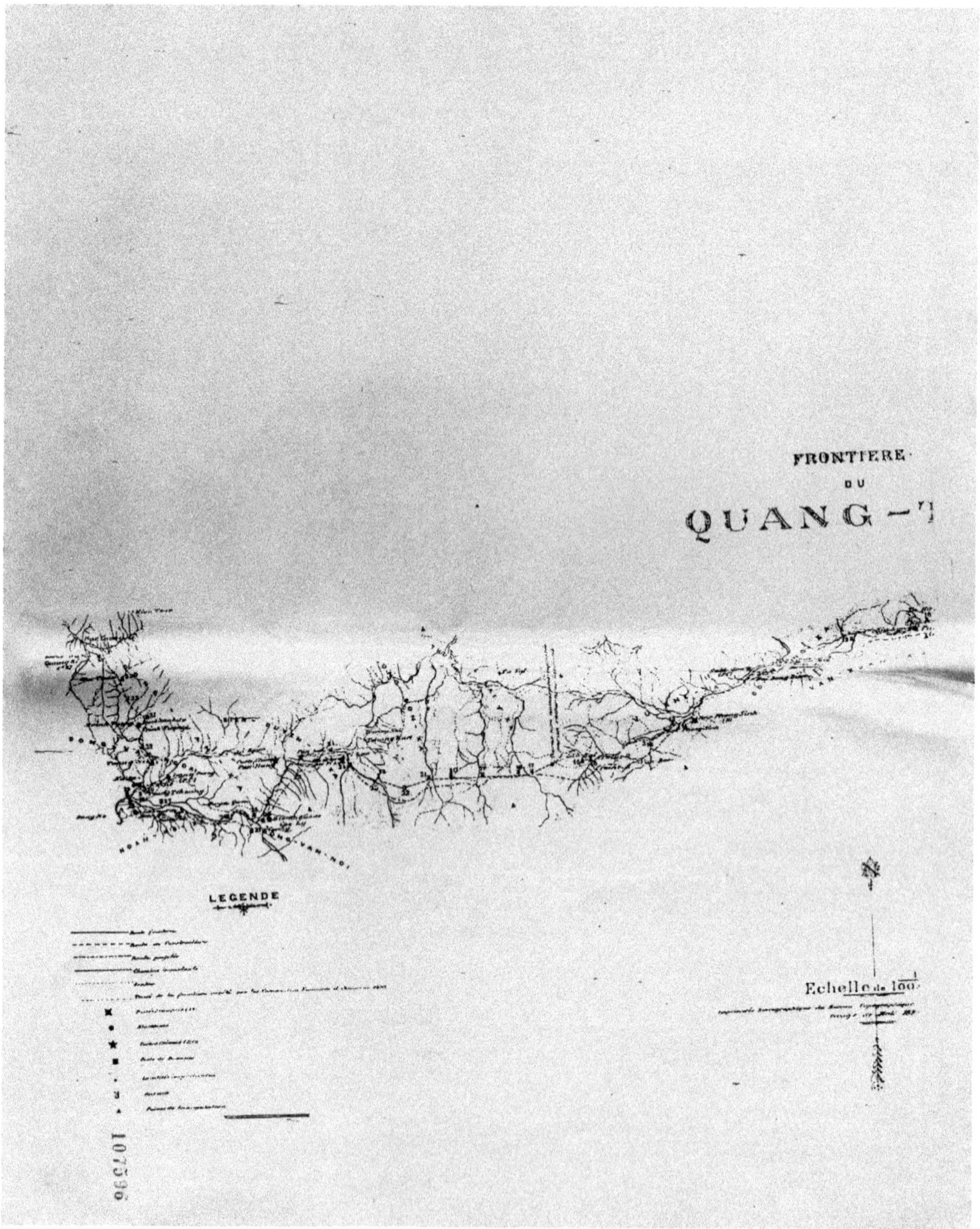

图 43

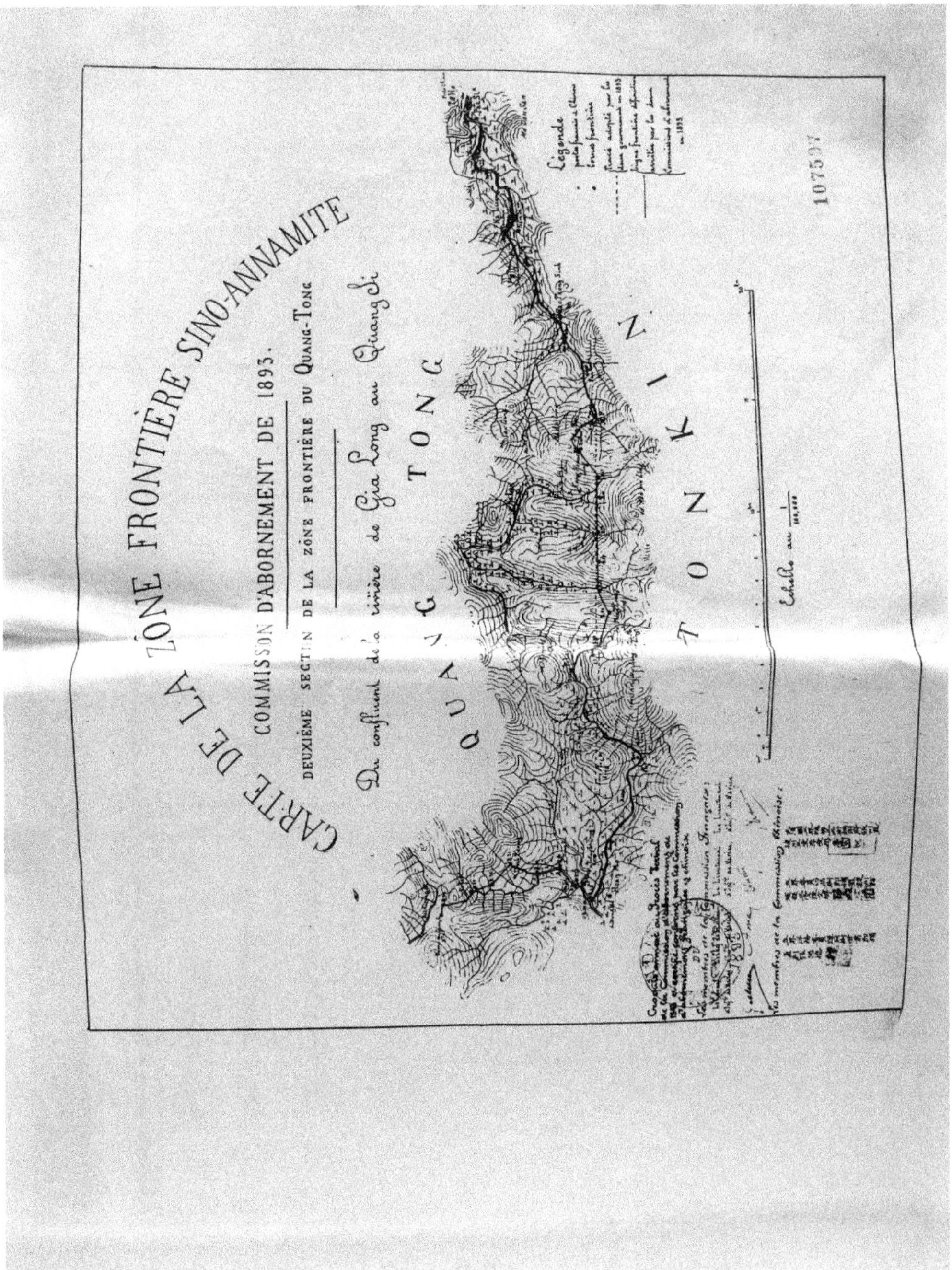

CARTE DE LA ZÔNE FRONTIÈRE SINO-ANNAMITE

COMMISSION D'ABORNEMENT DE 1893.

DEUXIÈME SECTION DE LA ZÔNE FRONTIÈRE DU QUANG-TONG

Du confluent de la rivière de Gia Long au Quang Si

QUANG TONG

TONKIN

Légende

Echelle au

107597

图 44

Carte annexée au Procès-Verbal de la Commission d'abornement de 1893 et certifiée conforme par les Commissions d'abornement française et chinoise

Les membres de la Commission Française

Les membres de la Commission Chinoise

LÉGENDE

Rizieres

Palétuviers

Bois

Chemins importants

Sentiers

Tracé de frontiere conforme aux procès-verbaux et aux cartes de délimitation indiqué par la commission française

Tracé de frontière non conforme aux mêmes documents réclamé par la commission chinoise

Borne annamite et chinoise

Points de la triangulation

Tracé de la frontière déterminée par la commission d'abornement de 1893

ÉCHELLE DE 20.000

107598

图 45

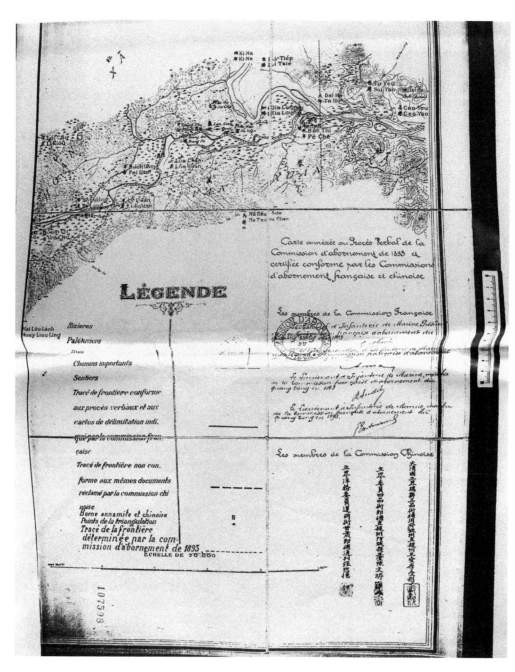

法驻华公使施阿兰给法外长阿诺多的汇报

北京，1894年9月25日

昨日（9月24日）在总理衙门举行了第一次关于老街与湄公河之间，确切地说是龙膊河与湄公河之间的中越边界划界的会谈。今日上午我就通过我的第23号电报将会谈的两个主要结果向阁下报告。

会谈开始时，根据您数次的电报指示，我首先查实到，马将军向丰梭（Phong-Tho）、莱州的一些傣区头人发送的所谓命令不是来自北京。我的照会一送到，（总理衙门的）大臣们就马上发电报给云贵总督。他们对我说，清政府根本没想过兼并安南领土。我还是认为应该请阁下趁帕维先生在河内之际，要求他与刁文持一道完成对莱州与猛宾（Mong-Pin）之间的黑水河两岸的行政与军事占领。在已有领土上实行更有效的占领这一事实，对于我进行的谈判取得可喜的成果，将是一种极其有力的帮助。

这件事一结束，我就与大臣们，确切地说与他们中的对这些问题有所了解的唯一的大臣徐用仪（Sin Yong Yi）研究关于我们边界一直到湄公河止的划界问题。与一些平常对这类研究不甚了了的谈判对象讨论这些问题，困难很大。对他们来说，查阅地图文献是十分费力的事。由于微席叶和罗图高二位先生的通力协助，我为了给这项工作提供方便已尽到了自己的力量。我希望在这第一次会晤中能首先向他们指出1887年的草图在黑水河河段所犯的错误，然后说服他们同意确定湄公河上我们边界与中国边界，或起码是清政府提出主权要求的整洪区域边界相遇的地点。

关于黑水河，我已证实，1887年双方谈判者所使用的湖北版地图册上的那幅地图是唯一犯有这个错误的一幅。它使黑水河按东西方向与湄公河相连，而实际上，不论在所有其他中国出版的地图上还是外国出版的地图上，黑水河是自西北往东南流到它与红河汇合处。我们进行了极其艰苦的论证工作。我不得不拿出其他各幅中国出版的地图，特别是1708年到1718年耶稣会传教士们绘制的帝国图册（即《圣祖仁皇帝御制舆图》——译者注）中的那幅。我引用了德微理亚先生在他的1893年8月的报告中收集的一些文献资料，特别是《水道提纲》的那份中文摘要。此外，我还引用了法中两国勘界委员会的工作成果。尽管如此，大臣们证实了对黑水河的更正只是修改了一个地理上的错误，而对领土并未造成任何重大更改，他们还证实了错标在西面的各个地点，如猛宾和木戛，重新回到西北那条恢复了原位的河流旁，在此之后才屈服于事实。而且徐用仪还保留发电报去询问云贵总督和中方勘界委员会主任的权利，而我为了使所取得的这一结果得到认可，打算照会总理衙门，说明黑水河的真正位置。我要在照会中借用德微理亚先生著作中的材料。

这个错误经过这番纠正之后，我接着认为，为了一开始就确定未来边界的两端，就必须确定这条边界与湄公河连接的地点。于是，大臣们又提出了8月13日和23日致李梅先生和德维尔先生的两封信中的声明。其内容是：我们的边界应该绕过车里（整洪）土司境，自猛宾往南，然后往西到湄公河，不能笔直往西。我在询问大臣们车里为何地时指出，安南和老挝对这个土司同样拥有权利，这个处于半独立状态的土司曾先后或同时从属于南亚不同的国家，不过我没有坚持。此外，我补充指出，我目前还根本不想进行这方面的讨论，只是想知道中国确定的车里的边界和我们边界绕过车里境与湄公河相接的那个地点。大臣们告诉我，这个地点应该在整洪南界，就是说在整洪与整艮（Xieng-Kheng）的边界上。正如德微理亚先生所指出的，中国对整艮不再提出主权要求。我立即将这一说明记下，阁下当不会否认其重要性。他们的这一说明至少也可以标定缅英对湄公河左岸（主权）要求的边界。

我们在龙膊与湄公河之间的边界的大致方向就这样被勾画出轮廓来了。在着手确定中间部分的线路之前，我在向大臣们指出我奉命进行谈判所遵循的宗旨时，认为应该让他们知道，新的这一段边界，和前一段边界，红河段边界一样，应该是一条开放性的边界，应该适应两国睦邻友好关系和通商关系的发展。我坚持这样提出商务协定的原则。按要求，商务协定应为划界任务的补充。

现在剩下要做的，一是在龙膊与黑水河之间确定一条能保持刁文持的领土完整的边界，一是延长猛宾到湄公河这条线，以便在可能时，将整个南乌江流域包括在内。关于龙膊与黑水河左岸之间的边界，为了将它确定成帕维地图上标出的那样，我想不仅要援引（我们）占有的现状，而且要强调赛江河、绵水湾、藤条江、金子河的错误定位，并着重说明补偿我们在红河左岸已进行的让步的必要性。至于将整个南乌江流域并入我们领土的可能性，阁下已将德微理亚先生的建议告诉了我。我将从他的建议中得到启发，提出以罗梭河以东各支流发源的分水线和罗梭河与湄公河汇合处为边界线。

（P. 107615～107623）

法驻曼谷全权公使帕维致法外长阿诺多函

猛烈，1894年12月19日

我很高兴地向阁下报告，我领导下的这组使团经过整整15天的步行之后，于12月16日到达猛烈。

我们在这里受到头衔为少校的军官的热情欢迎。他告诉我们，被指定来进行黑水河到湄公河之间的边界划界的那位中方委员将于18日抵达。

尽管与英国使团的会晤使我没有多少时间，但我考虑到我自己与这位官员就工作的步骤问题进行协商有利无弊，所以我就等他到来。

这位委员在指定的日期到达。进行了两次十分融洽的会谈。第一次在使团的临时住处，第二次在他的住处。我们在所有的问题上都取得了一致的意见，并商定：我明天（20日）

去猛悻（Muong-Sing），他去黑水河至湄公河的边界的时间则推迟三四天，让他能休息一下。

他告诉我，他还没有收到北京寄来的总理衙门已同意的那幅地图。因此，工作将先根据我们通过电报得到的那些资料进行。

中尉马余歇（Mailluchet）先生和中尉温（Oum）先生由中文翻译吉让热（Gigengé）先生陪同留在猛烈。马余歇中尉与他的助手将和中方委员一道去黑水河。他们将以南那（Nam-Nap）河（与黑水河的）汇合处为起点，然后顺河而下，绘制我们的驻北京公使两次来电所勾画出的边界地图，最后到达湄公河与南腊（Nam-La）河汇合处。驻北京公使所绘的边界将刁文持的领土和南乌（Nam Hou）河诸源头划归安南。

这些先生的工作完成后，将下到已商定为我与中方委员会面地点的 Muong Poung。若我到来，他们就在那等待我。

中方委员与我打算在全部工作问题上取得一致意见之后，在后面这个地方分开。

我叮嘱马余歇先生要考虑到这一点：中方委员按照他的政府的意图，想在他的地形图上加上他认为需要的所有地点，可能会走他的门路。

中方委员对使团的成员进行最热情的接待。他的助手是我 1891 年在湄公河右岸、整洪（即车里——译者注）地区见过的那位上尉。我那时与列费佛尔·普大力先生在那个地区旅行。在我们的行军日记中总提到他。我认为，他们有完成其使命所需要的良好愿望，一切都将进行得十分顺利。

我给马余歇先生留下一支由刁文持的 8 名手下组成的护卫队。他的队伍将包括 14 匹马、骡。

关于我们信件的发送，已与中方委员商妥了一些措施，但是必须要预计到有缓慢的时候，尽管肯定将抱有最良好的愿望。

使团的全体人员身体很好。我们在途中丢下了三匹患上蹄皮炎的骡子。

（P. 107640 ~ 107644）

法驻蒙自领事给外长的汇报

蒙自，1895 年 1 月 15 日

负责第五段边界划界的法中两国代表团本月 3 日在龙膊会合。

图尔尼埃司令由于最终接到了德·拉纳桑先生的补充指示以及在北京确定的新边界地图的一个样本，所以在派遣桑德来中尉与 Ko 先生一道去测绘形成红河与南纳（Nam Na）河分水线的山脉的问题上，与江（Tsiang）知府取得了一致的意见。两国委员会的主任及其他成员昨日已去猛腊。绘图官们一与他们会合，就在猛腊举行首轮会谈。

关于南纳到猛流［M. Léo（猛宾，Muong-Pin）］的那段边界，将由两支即将在猛腊组建的地形测绘队（其中一队将由雅各布中尉领导）负责勘察并绘图。正如阁下所知，雅各布先生曾协助过上一届委员会的工作，已经勘察过黑水河上游地区。

我要补充一句，江知府（我从他那得到一个消息）并没有向我隐瞒，他非常高兴有一名精通语言、熟知华人习惯的翻译加入我们的委员会。

圣松（Sainson）先生的帮助的确将是非常可贵的。由于有这位官员在场，两国代表间也许将不会出现什么误会，将不再出现以前发生过的令人遗憾的冒犯对方的事情。

（P. 107703～107705）

法驻华公使施阿兰给外长阿诺多的汇报

北京，1895 年 2 月 21 日

本月 13 日，总理衙门派人给我送来一份照会（译文内附）[①]。它在照会中将它收到的云南巡抚关于法中两国委员会在红河与湄公河间的地区划界和立界的工作的电报内容通知我。我从中读到这条消息：绘图官桑德来先生和一名中方代表 1 月 24 日在一个属于封土（Phong-Tho）叫 Che Eul Leon 的地方受到一伙土匪的袭击，他们的卫队兵力单薄，而且陪同他们的好几名士兵、土著仆人被打死或打伤，只好逃走。总理衙门对此比云南巡抚更肯定地指出攻击者乃安南人。

我要马上向印度支那代理总督先生询问这个事件的情况，以便了解这件事或多或少的严重性，可能时辨别出谁应负有责任。罗狄埃（Rodier）先生在 17 日的来电中向我证实桑德来先生和他的同事们受到攻击，并指出匪徒为华人，还说这些匪徒 25 日经 Pin Ngai 返回老街对面的中国城 Song Phong 方向去了。一位民勇被打死，另一位被打伤。不过，图尔尼埃司令补充说，测绘工作在继续进行。

我认为在掌握更多的情况之前，我们没有必要夸大 Che Eul Leon 攻击的结果。这类事要求我们的委员们在工作时要十分警惕。尽管类似的事件令人遗憾，但是这些可以说是平常的抢劫行径，东京的山区，特别是我们的势力很难达到的边境地区，不幸仍是匪徒横行的舞台。我在此听到的中央政府对划界和立界工作抱有善意的诺言以及云南官员与我们一同开始工作的速度，不允许我们怀疑他们是同谋。而且，这也是图尔尼埃司令的看法，尽管他认为中方卫队没有遭受损失。不过，这件事已遭云南巡抚反驳。

昨天我答复中方大臣们时，我把我收到不久的东京来电的内容向他们进行了通报。该电将使他们知道两国委员在叙述上存在的分歧。我不能只是十分重视这些分歧，因为在这个使我们关注的地区，华人和安南人之间的差别并不总是很容易感觉出来的，到处可以看到一些举止与华人和安南人完全不同的居民。所以，我认为应该告诉总理衙门，

① 略——译者注

关于Che Eul Leon这件事本身以及伴随这件事的条件，在掌握更多的情况之前，我要保留我方政府的判断和行动权。

关于两国委员会的工作本身（我们希望看到这些工作迅速进行下去），我很高兴地看到，其进展几乎没有中断过，云南巡抚已迅速指示中方代表继续工作，同时下令采取保护措施。我希望这些措施对这些工作的完成不会没有好的影响。

又，2月23日：帕维先生去年11月28日在莱州给我写来的一封私信中，说Song Phong（即河口，Ho Keou）的一名叫钟平清的华人到了黑水河流域。他是匪帮的主要代理人和“大财主”，在红河左岸的都龙区已活动了很久。我在今日去访问总理衙门时就认为要把此人的姓名告诉中方大臣们，并向他们说出其住址，以便将他逮捕。只要迅速进行调查就可以证明这些措施是必要的。总理衙门的大臣们已答应马上电告云南进行调查，并做出决定。

（P. 107717～107722）

法国驻老挝总专员帕维给外长阿诺多的汇报

整艮，1895年3月25日

关于红河与黑水河、黑水河与湄公河之间的边界划界代表团的组成情况的汇报。

一

与印度支那代理总督夏瓦肖先生取得一致意见后所拟定的各函电，已将依据我1894年3月份与德·拉纳桑、施阿兰（Gérand）和夏瓦肖三位先生在西贡进行的会谈所通过的原则为基础组成代表团的情况向部里进行了报告。

由于与中方和英方委员约定会面的日期将至，我不能在河内等候德·拉纳桑先生。他返回印度支那时，正如我已向部里报告的那样，似乎认为这个代表团的组成是由我一人独断的，背着联邦政府。他在坝洒（Ba-Xat）的一次会晤中，口头告诉图尔尼埃先生，他要调整代表团的地位，代表团除了划界，还应进行立界。

（印度支那）总督根据那封专谈代表团组成的信，于1894年12月17日决定：任命图尔尼埃、吕刚和桑德来三位先生分别担任龙膊与猛烈之间的勘界委员会主任、成员和绘图官。

这项决定只是在指出勘界委员会的费用将由我领导的总体代表团支付时才提到我领导的代表团。这项决定可以被理解为要解散代表团。我偶尔获悉这项决定时，一想起这样的一种看法若被接受、又由于距离遥远不能请示总督，可能会给我们带来麻烦，我就有点担心。

其实，这等于不承认与夏瓦肖先生达成的协议，使该决定在将猛烈确定为（图尔尼埃）司令行动的终点而不是黑水河这一实际错误得以解决变得困难起来。

关于这几点，图尔尼埃先生的一封来信倒使我放心了。他告诉我，尽管对该决定的拟定有怀疑，但是他还是依旧认为在我的领导之下，并请我确切地告诉他关于他行动的终点。

我与中方委员将在猛烈会面，以及马余歇先生出发去黑水河的事，我都函告了部里。我这封信的复件及时到了他的手里。因此，在这件事上没有出现任何争议。此外，总督1894年12月30日的电报使我对这件事完全放心。另一方面，该电——2月24日才送到，就是说在活动结束之后——请我确切地告诉他（总督）关于在该地区活动的小组的人员组成情况。3月20日才到的部里12月21日发出的一封电报亦有同样的目的。

德·拉纳桑先生显然想将这个小组组成一个由一名主任等组成的委员会，等等……

我和夏瓦肖先生觉得根本没有必要这样组织。每组两名委员，图尔尼埃和吕刚两位先生在第一组，勒费弗尔—普塔里斯先生和我在第二组，统归我管，我们认为这样是符合形势需要的。

我深信，阁下和总督先生以后会认识到，因为我们根本不应像12月17日的决定指出的那样要立界，所以就没有必要提已经做了的事。

总而言之，分成两个小组的代表团目前已完成了划界工作。而立界却是快不得的工作。由于要立碑的边界辽阔，耗时颇久，所以立界应该是一个专门代表团的任务。

（P. 107729～107733）

法外长阿诺多致殖民地部长肖当函

巴黎，1895年7月12日

部长先生，亲爱的同事：

共和国驻老挝总专员（帕维）在作为附件附上的一封信中，向我报告黑水河与湄公河之间进行的划界工作已告结束，并提出将立界工作委托给该地区的各驻扎官或哨官进行。

帕维先生也向印度支那总督提出了这一建议。我认为这个提议十分有利。因此，我提请您注意这一点。您以后觉得该建议包括什么后果，若蒙尽快告知，我将不胜感激。

（P. 107734～107735）

附件

法驻老挝总专员帕维致外长阿诺多函

琅勃拉邦，1895 年 4 月 19 日

我的电报已向阁下报告：图尔尼埃司令已在琅勃拉邦与我会合。

尽管由于河内推迟寄出经总理衙门同意的那幅地图而损失了一部分时间，但他还是在我本来就认为足够的期限内完成了划界活动，并在约定的时间到达与吕刚先生会面的地点。

桑德来上尉已去河内，要在河内与马余歇中尉制定那幅 1∶50000 的地图，复件部分寄部里、（印度支那）总督和我们的驻北京公使。

主任秘书兼翻译圣松先生又去莱州了。他的经济状况一解决，我就会马上向他转达施阿兰先生的命令。

我要特别提醒阁下注意：自红河一直到黑水河以及从黑水河到湄公河，实地进行的划界活动进展很快（两个月），没有出现任何能阻挠问题解决的争议。

与勒费弗尔·普塔里斯、图尔尼埃和吕刚三位先生研究了如此划出的边界在未来的立界问题之后，我决定向阁下和（印度支那）总督建议不要任命一个新的立界委员会，这需要巨额费用，时间又不确定，而是委托各驻扎官或哨官自己与相邻的权力机关商量，放置标志桩。

我肯定，阁下和卢梭先生以后会承认，这个办法不仅是实地上最实用的，而且采用这一办法会结束一切争议。

因为，虽然双方代表团没有对划出的边界进行立碑，但它们还是做了必要的工作，使这项活动今后不再引起任何争议。

有必要放立界碑的各个地点已有明细的确定，我上面提到的那幅制定中的1∶50000的地图将精确地标出这些地点。

一份附后的说明将指出我们相邻官员间的实际分工，这是有必要的。

（P. 107736 ~ 107738）

印度支那·新藏第693卷

法驻华公使致外长函

北京，1893年4月25日

我在本月22日与总理衙门诸成员的一次会晤中，有机会向他们问起与英国进行的关于中缅边界定界的谈判目前进展如何。诸位大臣对我说，谈判正在伦敦进行，没有进展，他们好久没有得到这方面的消息了。我提的这个问题使他们以为我本人知道了一些相关的情况。他们恳求我把我可能知道的情况转告他们。我回告他们说，我隐约听说已在伦敦达成了一项协议，但这很可能是出自欧洲报刊的一个传闻，因为那些报刊必然会是首先得到消息的。大臣们告诉我，他们认为离达成协议还远着呢。当我问他们，他们是否在这里与我的英国同行讨论这个问题，他们予以否认。于是我就故意将谈话引到划界上，以摸清总理衙门的意图，并能向阁下提供阁下1893年2月4日盖有现在的副司长办公室公章的第9号信问我的情况。中方大臣们似乎根本不考虑向我们提出些建议，以完成中越边界定界工作。正如阁下所说的，定界工作到黑水河的Mong Ca就停下来了。他们没有利用我向他们提供的机会表示他们对此的意见。我还问他们是否听到谈起目前在云南工作的划界委员们。他们没有得到消息（而我也一样），但乐于希望本工作季会完成划界工作。此外，他们承认，帕米尔、缅甸、安南等所有这些提到日程上的边界问题已使他们不得安宁；由于缺少可靠的、可供判断的材料，这些问题引起了一些几乎无法解决的争议；每一方都任意“按照估计”坚持自己的要求。他们坦率地说，在远离中国本土的地区，总不易于确定帝国的权利。然而，他们还是向我重新提起中越边境广东和广西段两个有争议的区域。我对他们说，对于广西段这个有争议的区域，等我向印度支那总督先生索要的地图到后再与他们讨论。至于广东段的那个争议区，我则避而不提。因为阁下知道，我的看法是有必要认为清政府是对的。我想这亦是德·拉纳桑先生的看法。

部长先生，我想我们应该尽快与暹罗结束有关下湄公河的事；至于该河上游左岸地区，我相信，除了中国也许以后希望看到我们以中立区的名义放弃的一块狭长地带之外，我们按我们的意愿确立我们的边界线将不会遇到大的困难，特别是如果共和国政府显出对此十分坚决时。为此，我主张谈判安排在巴黎进行，因为中国公使会很容易相信阁下

的意图；而在北京，总理衙门总倾向于想象法国代表出于热情或为了取得外交的胜利而夸大阁下的意图。这是一个错误和没有根据的看法，因为阁下知道公使馆克服了多少困难，付出了多少不懈的努力，才使我们的十分合理的要求得以满足；总理衙门即使得到保证，基本上也总是拒绝接受军机处向它下达的指示。而所有的重要问题在获得最终解决之前，可都是被提交给军机处的。重要问题由两名军机大臣上呈军机处。这两名成员是领班大臣，在朝廷担任要职，但他们几乎不参加我与总理衙门的会晤，只通过必然听取的汇报知道双方的观点，而这类汇报又没让他们了解到这些常常引发激烈争论的会晤的真相。因为，在一切问题上存在的根本分歧——我再说一遍，我们正处于这种情况下——必然常常导致十分激烈的争论，尽管出于伦理没有使争论失礼。

（P. 107793～107796）

法驻华公使李梅致外长德维尔函

北京，1893年5月11日　中安边界绝密

阁下3月18日写给我的密函已收到。对于有待我们与中国划定的云南的那部分边界以南的地区，我在4月25日的信中阐明了我的观点。我想，如果在巴黎讨论这个问题，如果中国公使能相信共和国政府一再坚持应该根据它掌握的准确的地理资料进行划界，那么就容易与中国达成一项协议。我认为，讨论新旧的政治权利是危险的，因为可能中国人在他们的档案中拥有他们很容易用来支持他们要求的一些资料。而且阁下也认为对于比如琅勃拉邦诸王的臣属问题，情况也一样。关于琅勃拉邦诸王的臣属问题，我们有物证，我想说的是帕维先生得到的，现存放在部里的印。授予这个印这件事不会被清政府遗忘。它会在合适的时候向我们表示它记得这件事，难道不是很有可能的吗？我很乐意地相信，在云南边境与保护领地边境之间留出的狭窄中立区（其设立是为了给我们留下一条好的防线）稍微南移，就会使协议更容易达成。

就如我对阁下说的那样，中国政府，至少是总理衙门，现在正被边界划界问题所困扰，如果我们对我们认为必须归我们所有的区域态度十分坚决，对于其他区域则通融，并准备进行一些让步，我们也许会从它那得到一些便宜。不过，也许可以考虑让我们的旗帜尽快在我们从今以后决意不让给中国的各地上飘扬，公开占领之并立即构筑工事。因为对于中国人来说，既成的事实具有重要意义。在广西边境，他们已向我们显示过这种办法。他们近些年在有争议的编竜区就建立了兵营，构筑了堡垒。因此，我同意我们驻伦敦大使关于及时完成划界的意见。我觉得，从现在到以后相当长的时间里，除非形势对它十分有利，不然中国就不会想在边境故意跟我们争吵，它将尊重最后商定的结果。由于这一原因，我倾向于我们在自己最低限度的利益允许下，尽量表现得慷慨大方。保护领地拥有的领土已够宽广了，可以不必扩大了，如果要让其邻居有一些不快的理由的话。不满的原因迫使它自己戒备起来了。如果编竜区像一个楔子伸入中国领土，就像我接到的好几封函所肯定的那样，我倒愿意提议把这个区域最终让给中国。由于缺少详细的地图，我不能证实那些信件所说的是否准确。我 1 月 16 日发电报给印度支那总督，向他索要一些详细地图，尚未收到。中国将通过外交手段与我们全力争夺这个区域，以在老挝方面可能对我们进行的让步作为交换。我认为，德·拉纳桑先生担心留待我们进行的划界会有争议或纠纷并不是没有理由的。中方委员们毫不妥协地坚持他们认为广东、广西边境属于他们政府的地区。德·拉纳桑先生也许是根据中方委员们的坚定态度来判断未来的。他担心我们没有足够的兵力来成功地拒绝中国人在老挝方面可能提出的要求。

我认为，不得不承认我们应该进行让步，这将受到那些不负有任何责任、觉得要不惜任何代价让中国人让步才是的人的指责。德·拉纳桑先生由于考虑到让步，关心研究他的联邦政府的划界并非没有道理。其实不能否认，清朝的主权在近代已扩大到缅甸、暹罗、尼泊尔和大量比老挝距中国边境还远得多的地区；不能否认，清政府的档案馆中有大量关于臣属关系的证据，很容易找出来。而我们——尽管探险家们认为吞并容易且合法——只能用我们使一切服从我们的利益需要和服从我们对安南的保护结果的坚定意志来对抗那些证据。因此，这个问题十分复杂，我认为，如果我们对可能视为我们印度支那殖民地一个也许合乎要求，但并非必不可少的行政区的各小块土地表现出通融的意愿的同时，在谈判中对获得我们必须得到的不十分坚决，这个问题就不能得到迅速的解决。

(P. 107797 ~ 107800)

法驻蒙自领事弥乐石（Rocher）给外长德维尔的汇报

蒙自，1893 年 7 月 3 日

继我 6 月 15 日第 21 号电之后，我现又荣幸地禀报阁下，因印度支那总督催促立界委员会主任一直走到湄公河去，我应塞尔维尔上校之请几次与蒙自道台讨论这个问题，以达成一项协议。

这位官员一面向我肯定他十分愿意尽量满足我们，一面向我声明，他奉命立定他行政管辖之下的广南、开化和临安三府的边界，因此他不能违背总督的命令而走得更远。他补充说，该省没有标在委员会地图上的西南部的边界走向在北京得到我们公使与总理衙门的一致同意并批准，立界是可以进行的。

由于这些明确的声明符合中国人的习惯，所以我认为不该坚持。

另一方面，我知道这位常驻普洱府的南巡道台希望明年被任命为这一段边界的中方

勘界委员会主任。

(P. 107813 ~ 107815)

印度支那代理总督夏瓦肖给殖民地部长的汇报

发文号：1524　河内，1894年6月20日

部长先生：

我荣幸地通知您，您5月5日的第384号函及随函附寄的蒙自领事2月14日给外交部的一份汇报的抄件都已收到了。

您要求我向您提供有关占领广西边境上的都龙区南部的最完整的材料。此事您从卡齐米尔·佩里埃先生的一封信里已知道了。您为此坚决要求直接并立即知道有相当人数的部队万一在印度支那的活动情况。兹随函附上所有目前存放在总督府档案馆中可能与我的前任命令进行的这项活动有关的文件或资料的抄本。我的前任在何种情况下命令进行这项活动，对此我到目前为止还不能获得一切令人满意的说明。

1893年12月29日，云南边界勘界委员会主任塞尔维尔上校报告德·拉纳桑先生说，蒙自道台坚决要求（见1号附件）我军占领箐门、黄树皮和猛峒三地。这三个区域属于都龙老区，1888年被勘界委员会划归东京，然而直到1893年底仍被中国的云南南部边防军占领，同时也被通常服从于黄长雷（Hoang Thang Loi）的中国土匪占领着。在此必须指出，这些土匪以前驻扎在红河右岸，特别是在昭晋州，在佩纳干上校卓有成就的谈判后离开了这个地区。上校就这样把黄长雷驱逐到了一个当时还谈不上占领的争议区，从而扫清了红河通道。

与这些不服的匪帮有联系的中国云南军队与黄长雷未能取得满意的谅解基础，另外又不能把他们赶走，以中国人眼光看，又不能利用都龙南部地区。因此，云南当局认为把一个最后对他们无用而根据尚未执行的一个协议似乎属于我们的地区让给我们，同时又让我们去驱逐已真正控制该地区的土匪，更合适，也更有利。

接到了这封信，也许还接到有同样想法的另外几封信后，德·拉纳桑先生终于采纳了蒙自道台的建议，于是他下令东京部队占领箐门、黄树皮和猛峒。

部长先生，我不能告诉您德·拉纳桑先生下令执行措施的确切日期。在总督府的档案馆里没有发现下达给总司令先生的书面命令或给殖民地各个权力机关的指示。我更不能向您肯定，殖民地部是否像当时那样得到了军队朝我们边境运动以及准备行动的规模的通知，或者没有得到这方面的通知。所有一切使我相信，德·拉纳桑先生和总司令之间仅有一个口头协议，随后马上就执行占领措施。应该让总督签署的一项决定是由参谋处2月11日拟定的，它针对殖民地部副部长先生的一份函，该函未写日期，现在我仍然不知道日期。该决定命令组成一支500人的特遣队去占领上述地点。这份决定既无签名也未发表，而保存在陆军参谋部的草稿中只提到“决定无效，高级驻扎官和经略的口头协议”等字样。

兹随函附上迪歇漫将军给总督的有关这支特遣队组成情况的三封信函的抄件（附件2、3、4）。我不知道这些信件是否得到答复。我们的档案馆没有发现任何总督复信的记录。

1894年3月6日，德·拉纳桑先生自西贡电告（附件5）总司令“赶快占领都龙地区的三个哨卡”。这份电报没有在任何地方记录下来。我今天才从总参谋部的一封信中得知这份电报。

不管怎么说，命令是下达了的，3月初组成了由古特聂格尔司令和什那贡司令指挥的两支占领分队，3月16日占领了箐门，4月1日占领了黄树皮，经协商，顺利地接替了中方官军的守兵，未经战斗就占领了土匪撤空的各个哨卡。云南军队向北往都龙方向后撤了。土匪分成三股，每股400人（附件7）。第一股由黄长雷率领到Vi Xuyên与A Coc Thuong会合；第二股去了老街的Sonphong；第三股渡红河回到昭晋州，他们以前被佩纳干上校从昭晋州赶走。

塞尔维尔上校在4月25日用电报（附件8）告诉我我军占领了箐门和黄树皮，同时通知我，未能像中国当局最初要求的和像德·拉纳桑先生指示的那样占领猛峒（Muong-Tong）。关于1888年勘界委员会划定的真正边界，又出现了一种新的争议。因为法中双方委员通过的协议确认猛峒属东京所有，而也获这些委员同意的那幅附图却将这个区域划给中国。云南当局要求将这个问题呈报给北京总理衙门。根据塞尔维尔上校的意见，又由于河内没有或关于这件事，或关于1888年勘界委员会工作的任何材料，我不得不立即于5月24日写信通知法国驻北京公使先生，同时随函寄去河内找到的与都龙争端有关的所有归档案的材料，以兹证明，尽管材料很不全。

附于本函内的其他信件（附件9、10、11、12、13、14、15）涉及新领土的行政组织。这块新领土组成聚仁（Tc Nhàn）乡，它以一名营长管辖的临时区域的形式归属第三军区。第一幅行政辖区地图是由塞尔维尔上校监督绘制的。另外，部队地形测绘处刚把6月20日到达的最新一批情报载入老街1∶200000的地图里。现将这张临时地图的两份复制件寄给您。只能等勘界委员会的各会谈纪要到达河内之后，才能在这份临时地图上划出新边界。

部长先生，我一得知新的情况，当立即向您报告。也许塞尔维尔上校到达后我才能寄给您有更充足的文献为依据的一卷档案材料。

（P. 107828 ~ 107837）

本文的附件已有译文的，不再译——译者注

附件7

法驻东京高级驻扎官罗迪埃给印度支那总督的报告

发文号：1468　河内，1894年5月23日

总督先生：

上月，我将我接到的有关都龙区（第四军区）以及协商后使中国官兵撤出，塞尔维尔上校先生占领这个以前占领引来争议的地区的情况转报了总司令先生。

这些得到参谋部确认准确的消息，可以这样概括：佩纳干上校先生成功地以和解的方式让一股1200人的中国匪帮撤离红河右岸和这个地区的各州之后，使他们到当时有争议、我们不该提出占领要求的那个区域安营扎寨。此外，据说他保证在我们的哨卡与中国的哨卡之间不对这伙实际上在边界那边的匪帮采取敌对行动，保证不干涉他们与中国当局的纠纷。他们则不越过东京界。自那时起，土匪们认真地履行对我们许下的诺言。但是，尽管有中国官军的存在，他们还是很快控制了都龙区，中国官军不能顶住他们，而且被困在所占据的两三个哨卡里。中国人觉得无望战胜这些对手，也只得考虑把佩纳干上校不打算提出主权要求的这个区域让给我们。于是塞尔维尔上校就按部里的正式命令占据了中国当局交给他的黄树皮哨卡和耿马（Siem Ma）哨所。在执行占领之前，我接到了上述这份摘要通知。从这份通知可以看出，塞尔维尔上校必须率领一大队人马才能行动，以防驻扎在我们哨卡与都龙区之间的那伙土匪以为被我们欺骗了，不让我军通过。这些情报，我重复一遍，使总司令感到震惊。他急忙要求从上游地区的哨卡抽调兵力支援中校。

我从同一来源接到一份新的包含真实准确消息的通知。对于这些消息我不能担保，就像对以前得到的消息也不能担保一样。不过，我认为不管怎么样，这些消息应该被呈报给您。您也许将认为要及时提醒总司令注意。为此，我荣幸地随函附上该通知的抄件。

(P. 107853 ~ 107856)

附件6

塞尔维尔上校致河内总司令电

收文号：88　普陆（Pho-Lu），1894年3月2日（疑为5月2日——译者注）

复2067号函。戈特聂格尔特遣队3月16日将占领箐门，接替中国守军。17日，占领齐江畔的芹新（Can Tan）和猛岩（Mong Yen）两哨卡。18日至30日，占领南马

（Nam Ma），对各哨卡附近地区和太安（Tai Nghan）土匪阵地（安简南面）进行侦察。什那贡特遣队到达前，我还不想对土匪阵地发动攻击。我认为单是正面进攻伤亡太大。4月1日，戈特聂格尔少校沿齐江右岸前去占领黄树皮，接替中国守军。土匪当天撤离太安（Tai Nghan），我从箐门派出的军队下午占领此处。2日，土匪撤离安简，从芹新（Can Tan）和猛岩派出的我军当天将其占领。戈特聂格尔少校率领的各队人马留守各哨卡。少校8日前往普陆（Pho Lu），以第一东京部队的第5、第7连组成一支新的特遣队，以驱赶袭击商船队的土匪。4月18日，黄树皮派出的一支侦察队占领土匪撤离的Ho Tan。侦察队烧毁木棚、摧毁工事后，于翌日返回黄树皮。什那贡特遣队3月底集中在安平（Yen Binh），4月5日到科伦村（Lang Colum）。因交通困难，什那贡少校将部队留在该村，率一支加强卫队于4月14日抵达太安（Tai Nghan），17日抵达黄树皮，今日去河内。关于其占领计划，我了解得不详尽。我请求将聚仁（Tu Nhon）社建成乡，组建一个附属区，区府设在黄树皮，包括聚仁乡在内，直接隶属宣光行政区。我只将土著部队留在都龙，他们可以在当地食宿。欧洲人的食品在一段时间内可暂以戈特聂格尔特遣队留在箐门的粮食来供应。我认为最好的办法就是我在我4月14日的第56号电报中向您提出的，就是补助欧洲人和土著人。通往达关（Dac Quan）的大路现在算是最好的，但到了夏天就不能走了。

（P. 107860 ~ 107861）

附件9

印度支那部队总司令迪歇漫将军致印度支那代理总督函

发文号：2482　河内，1894年5月11日

总督先生：

中国归还的、安南人称之为聚仁（Tu-Nhàn）乡的都龙南面的这个区域有（红河）三角洲的好几个区那么大，它本身分为3个村，每个村有15到20个自然小村落。因此，将这个乡的名字用作这个区的名字是很自然的，那只不过是一些负责根据行政方式划分一个从未去过的地区的安南人的无知造成的。

组成聚仁的左村、中村和右村于是就成了安南的乡。这个名字比将其再细分为自然村而作为安南乡更适合它们。

因此，我荣幸地向您提议，将聚仁乡升格为区，将左村、中村和右村升格为乡。

这个区可称为聚仁区，以区别于聚龙（即都龙——译者注）区，它只是后者的一部分，后者的其余部分已被给了中国。

现任聚仁乡乡长黄文光（Hoăng Văn Quang）可以被任命为该区区长。

此人30岁左右，很活跃，居民十分服从他。而且他似乎是该地能担当此任的唯一土著人选。

黄文光已住在黄树皮。黄树皮乃该地区的中心，主要交通枢纽。

需要补充说明，聚龙区的居民名义上一直归永绥（Vin-Thuy）县管辖。这种情况不难说明：分隔这个地区和Cou江流域的山脉几乎高不可攀，交通十分困难。因此，最好使这个新区享有它以后必然会有的行政自主权，甚至从名义上给予，最好把它建成一个属于将驻在黄树皮的司令管辖的单位，后者直接从属于第3区。

若您同意这些安排，就请您在内附的这项决定上签字，同时请经略阁下给黄文光签发一份区长证书。

（P. 107862 ~ 107864）

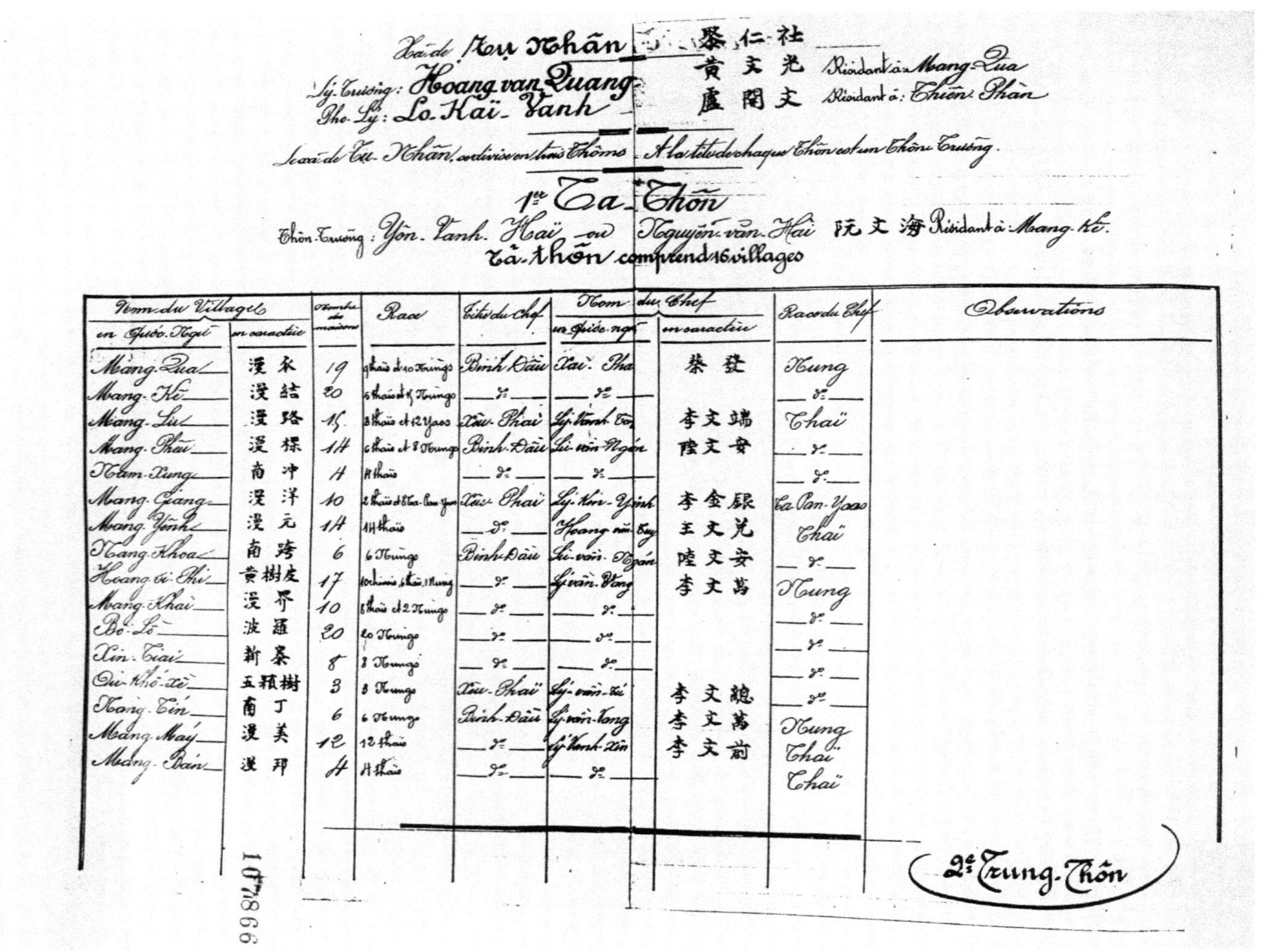

Xa de Tu Nhân 蔡仁社

Ly Truong: Hoang van Quang 黄文光 Résidant à Mang Qua

Pho Ly: Lo Kaï Vanh 盧閣文 Résidant à Thiên Phân

Le xa de Tu Nhân est divisé en trois Thôns. A la tête de chaque Thôn est un Thôn Truong.

1er Ta Thôn

Thôn Truong: Yôn Vanh Haï ou Nguyên van Haï 阮文海 Résidant à Mang Ké.

Ta Thôn comprend 16 villages

Nom du Village en Quôc Ngu	Nom du Village en caractère	Nombre de maisons	Race	Titre du Chef	Nom du Chef en Quôc ngu	Nom du Chef en caractère	Race du Chef	Observations
Mang Qua	漫衣	19	9 thaïs et 10 Nungs	Binh Dâu	Xai Pha	蔡發	Nung	
Mang Ké	漫結	20	5 thaïs et 15 Nungs	d°	d°		d°	
Mang Lu	漫路	15	3 thaïs et 12 Yaos	Xâu Phaï	Ly Vanh To	李文端	Thaï	
Mang Phâi	漫棵	14	6 thaïs et 8 Nungs	Binh Dâu	Lu van Ngán	陸文安	d°	
Nam Xung	南冲	4	4 thaïs	d°	d°		d°	
Mang Giang	漫洋	10	2 thaïs et 8 Ta Pan Yaos	Xâu Phaï	Ly Kin Yinh	李金銀	Ta Pan Yaos	
Mang Yenh	漫元	14	14 thaïs	d°	Hoang van Tuy	王文光	Thaï	
Nang Khoa	南跨	6	6 Nungs	Binh Dâu	Lu van Ngán	陸文安	d°	
Hoang ti Phi	黄樹皮	17	10 chinois, 6 thaïs, 1 Nung	d°	Ly van Vang	李文萬	Nung	
Mang Khai	漫芥	10	8 thaïs et 2 Nungs	d°	d°		d°	
Bo Lo	波羅	20	20 Nungs	d°	d°		d°	
Xin Tiai	新寨	8	8 Nungs	d°	d°		d°	
Qui Kho Xe	五顆樹	3	3 Nungs	Xâu Phaï	Ly van Tu	李文總	d°	
Nang Tin	南丁	6	6 Nungs	Binh Dâu	Ly van Vang	李文萬	Nung	
Mang May	漫美	12	12 thaïs	d°	Ly Vanh Xin	李文前	Thaï	
Mang Bain	漫邦	4	4 thaïs	d°	d°		Thaï	

2^e Trung Thôn

107866

图 46

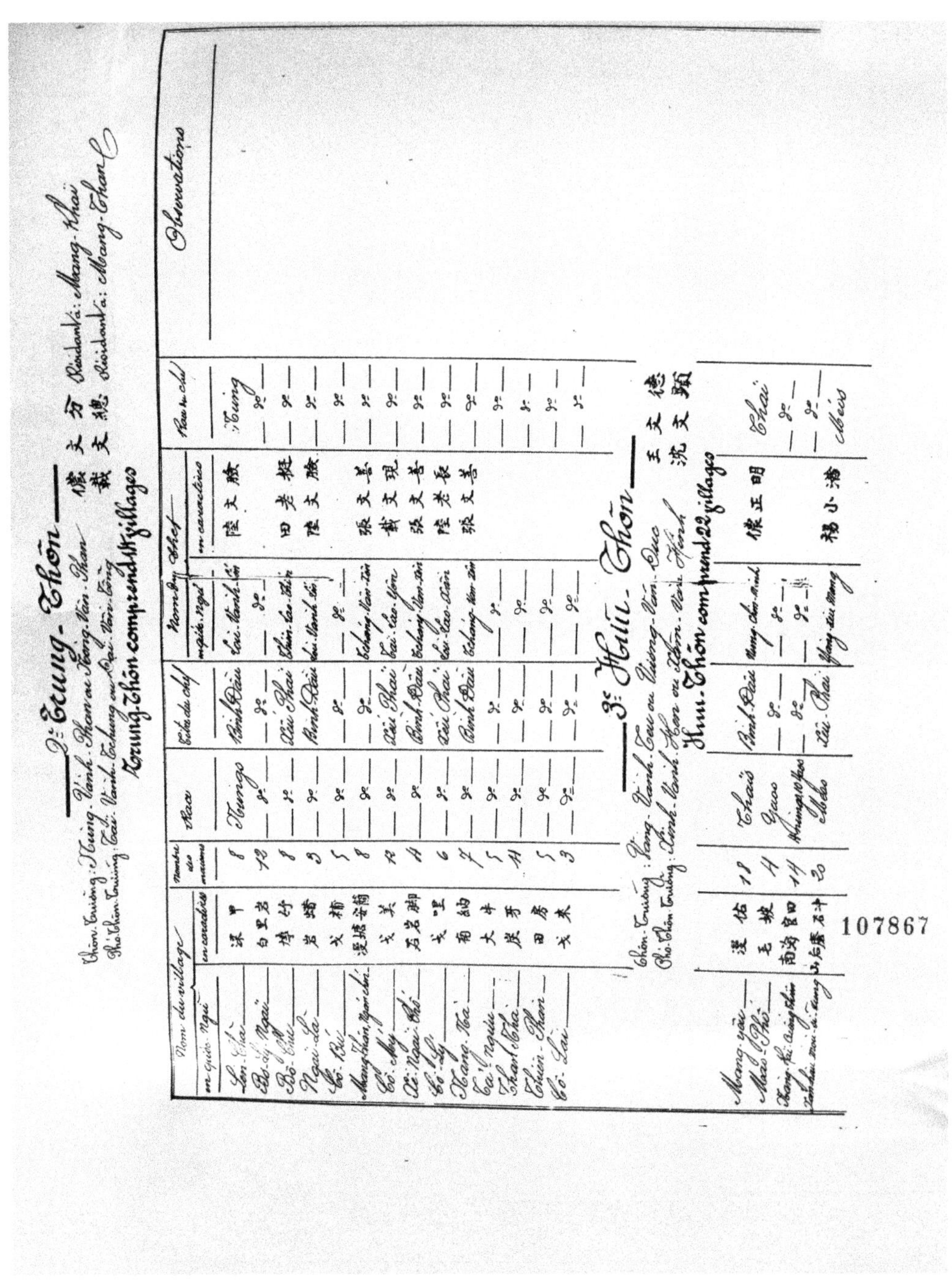
3: Trung-Thôn

Trung-thôn comprend 15 villages

3: Hữu-Thôn

Hữu-Thôn comprend 22 villages

107867

图 47

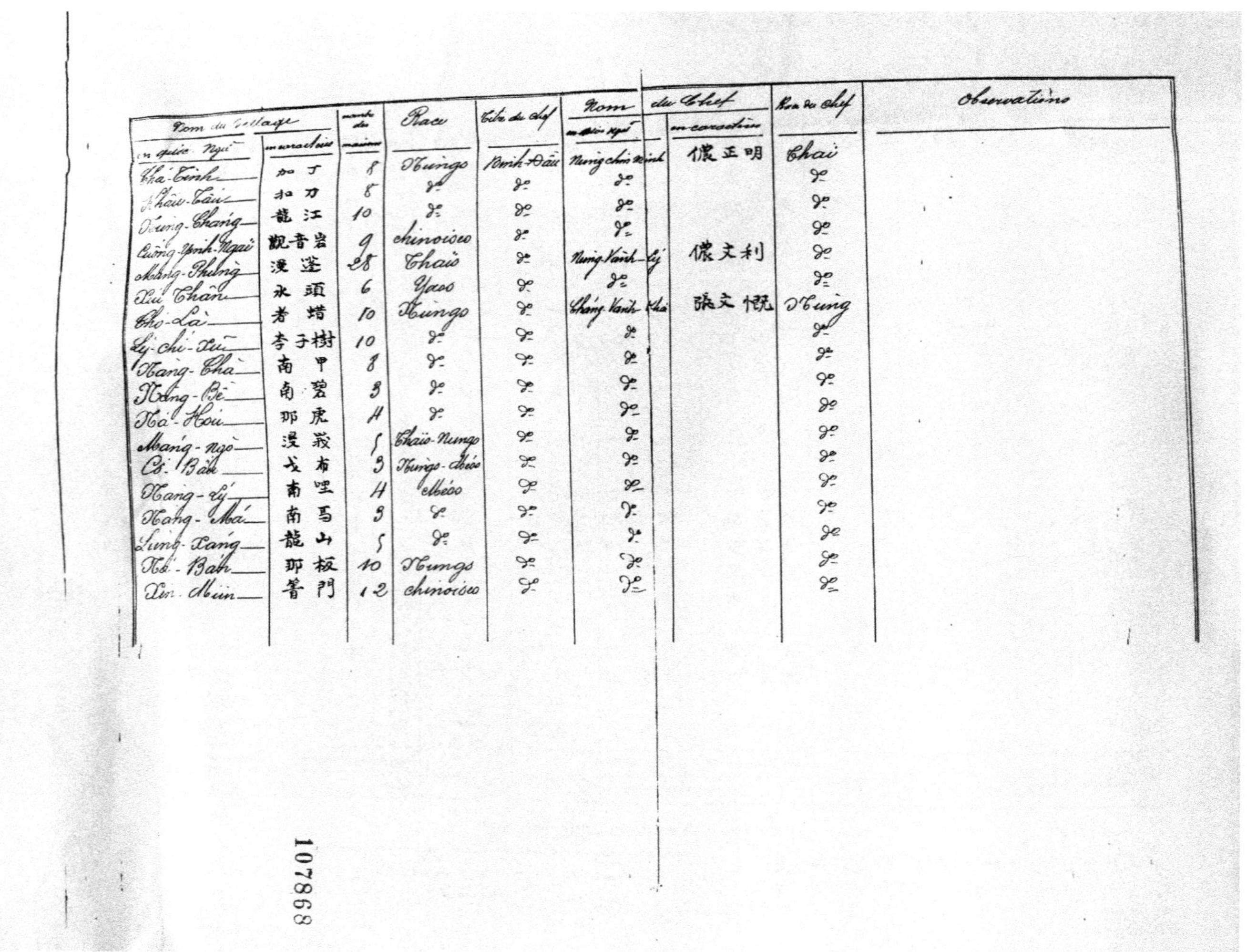

Nom du village en quôc ngu	Nom du village mandarin	Nombre de maisons	Race	Titre du chef	Nom du chef en quôc ngu	Nom du chef en caractères	Race du chef	Observations
Kha-Tinh	加丁	8	Nungs	Bình-Đâu	Nung chin Minh	儂正明	Chaü	
Khau-Tau	扣刀	8	d°	d°	d°		d°	
Lung-Chang	龍江	10	d°	d°	d°		d°	
Cuông-Ynh-Ngai	觀音岩	9	chinoises	d°	d°		d°	
Mang-Phung	漫遂	28	Chaüs	d°	Nung Vanh Ly	儂文利	d°	
Xu Than	水頭	6	Yaos	d°	d°		d°	
Cho-Lai	者蜡	10	Nungs	d°	Chang Vanh Khai	張文慨	Nung	
Ly-chi-Xu	李子樹	10	d°	d°	d°		d°	
Nang-Cha	南甲	8	d°	d°	d°		d°	
Nang-Bé	南碧	3	d°	d°	d°		d°	
Na-Hou	那虎	4	d°	d°	d°		d°	
Mang-ngo	漫峩	5	Chaüs-Nungs	d°	d°		d°	
Cô-Bâu	戈布	3	Nungs-Méos	d°	d°		d°	
Nang-Ly	南哩	4	Méos	d°	d°		d°	
Nang-Ma	南馬	3	d°	d°	d°		d°	
Lung-Xang	龍山	5	d°	d°	d°		d°	
Na-Ban	那板	10	Nungs	d°	d°		d°	
Xin-Muin	箐門	12	chinoises	d°	d°		d°	

107868

图 48

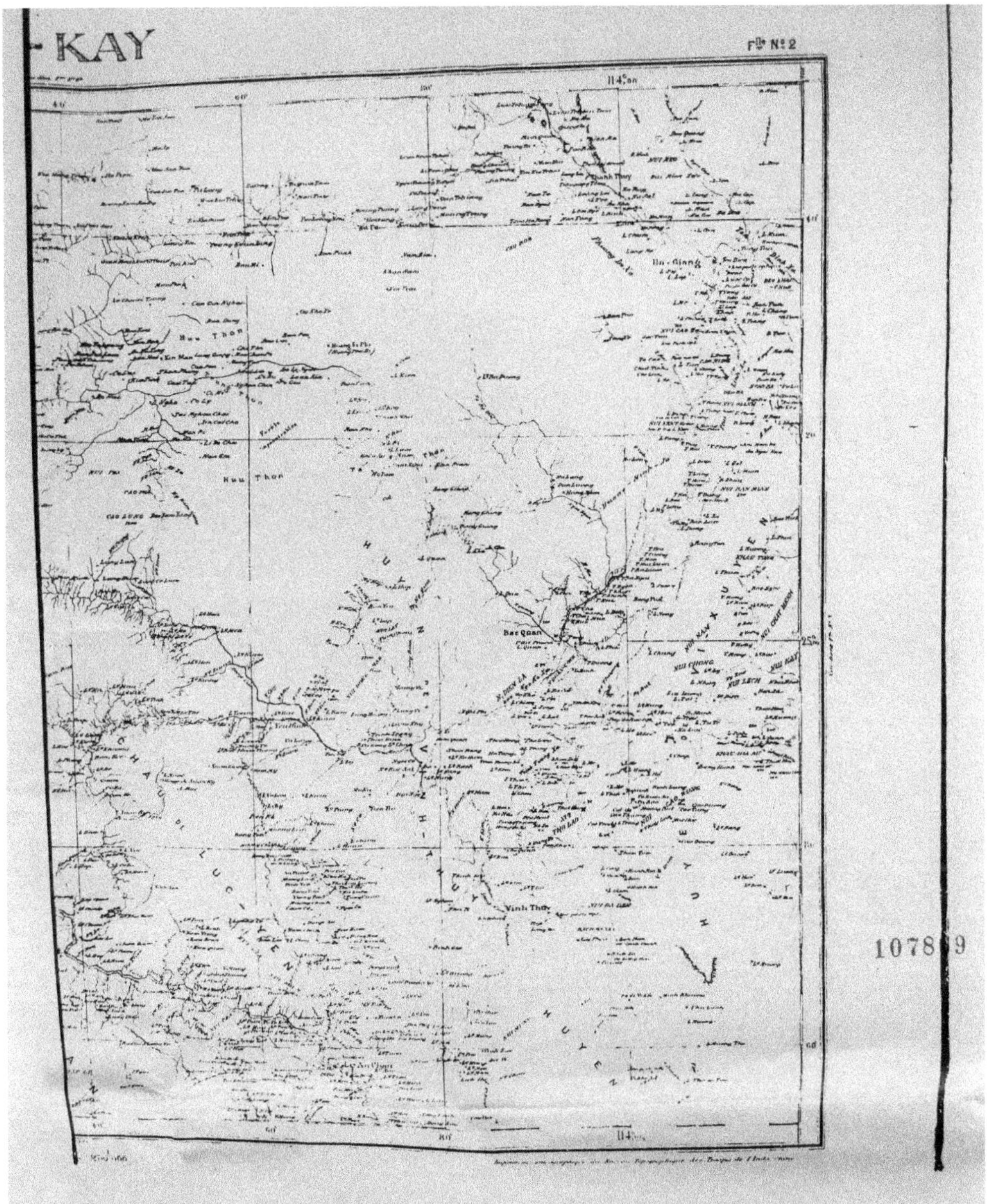

图 49

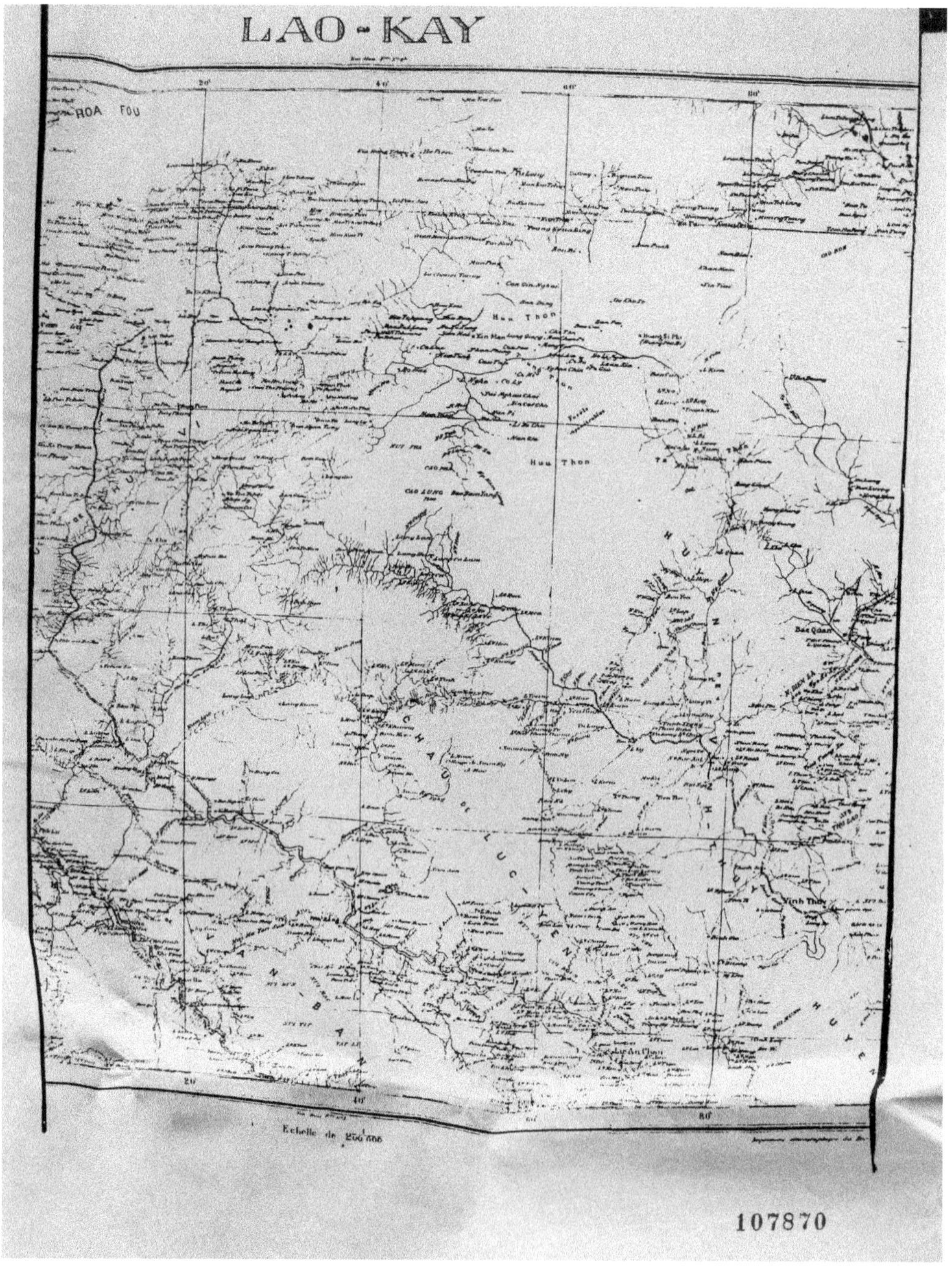

LAO-KAY

HOA FOU

107870

图 50

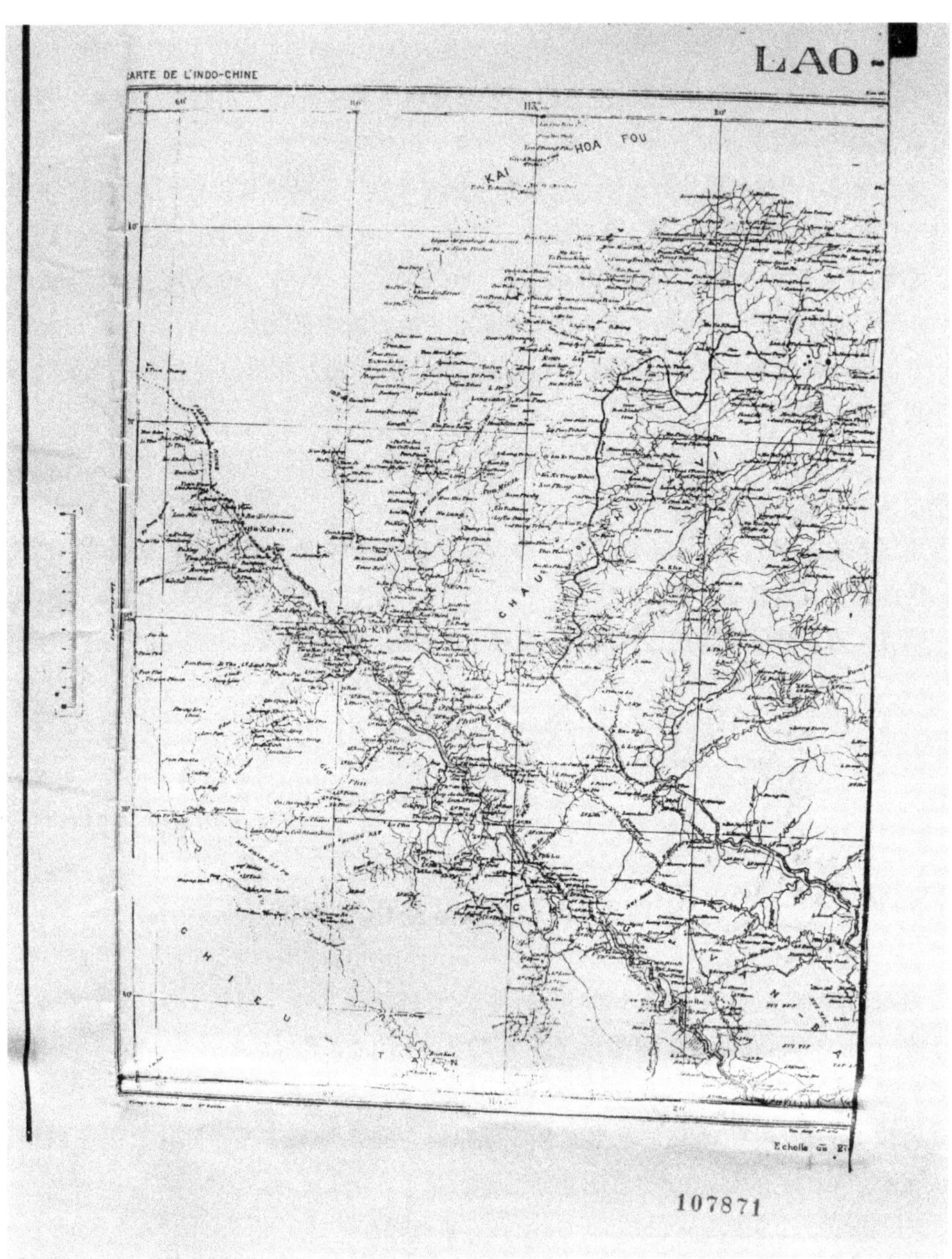
LAO-
CARTE DE L'INDO-CHINE
KAI HOA FOU
LAO-KAY
CHAU
Echelle du
107871

图51

关于都龙区现状的说明

中国人已将都龙区的南部归还我们。这部分与中部按行政方式组成了黄树皮的聚仁社。该社被细分成3个村。

这个地区4月份已被我军占领。我军到中国守军构筑的哨卡接替他们。然而，中国人的哨卡只有一部分被保存下来。我军现在占领着以下地点：齐江北坡的黄树皮（守军190人）和箐门（守军55人），南坡的Tai Ngan Nan（50人）、南马（50人）、安简（50人）。（最后这个地点，一俟这个辖区机构能武装百姓，就会被放弃。）

好像开始商定我们也占领猛峒（Mung-Toung）的，因为恭思当委员会的那份协议将这个村子划归安南。

但是，这份协议的附图将都龙区分成两半，中国、安南差不多各得一半，边界线从猛峒的南面经过。

中国人立即利用了这一矛盾。道台建议塞尔维尔上校把这个问题呈报给总理衙门裁决，因而这个问题必然就悬而未决了。

而且，塞尔维尔上校在这一情况一出现（4月底）时，就马上向总督进行了汇报。

迪歇漫

1894年5月24日

（P. 107873～107874）

印度支那代理总督发布的决定

根据1891年4月21日和1894年2月13日的两项决定，根据1891年8月6日和10日关于建立军区的决定，根据今年5月24日关于成立聚仁区的决定，鉴于中国最近归还的这个区面积大，鉴于它距宣光远，该辖区的司令先生无法进行监督，根据塞尔维尔上校1894年4月19日的汇报，又根据总司令先生和东京高级驻扎官先生的提议，兹决定：

一、成立一个包括聚仁区的临时行政区，首府设在黄树皮。

二、该行政区成为隶属第三军区的一个行政单位，由一名营长领导。

另外，人员包括一名中尉（情报官）、一名士官（下士或士兵秘书）、一名译员和一名秀才。

三、给予该区司令、情报官和秘书的津贴乃1891年10月24日的决定所确定的数额。

四、东京土著步兵第一团的什那贡营长先生被指定为聚仁辖区的司令。

五、总司令和东京高级驻扎官则各自负责执行本决定。

签字：夏瓦肖

1894 年 5 月 24 日于河内

（P. 107875 ~ 107876）

印度支那代理总督发布的决定

根据 1891 年 4 月 21 日和 1894 年 2 月 13 日的两项法令，鉴于必须对归还给安南帝国的聚龙①地区（称为聚仁社）实行行政改组，根据东京经略阁下的意见，并依总司令先生和东京高级驻扎官的提议，兹决定：

一、前聚龙乡的聚仁社脱离永绥（Vinh-Tuy）县，升格为乡，将取名为聚仁乡，乡政府在黄树皮。

二、该区将临时成为一个直接从属宣光省当局和第三军区的特别行政单位。

三、组成聚仁村的左村、右村和中村 3 个小自然村升格为社。

四、任命中村的黄文光为聚仁新乡的乡长。

五、印度支那部队总司令和东京高级驻扎官则各自负责执行本决定。

签字：夏瓦肖

1894 年 5 月 24 日于河内

（P. 107877 ~ 107878）

法驻北京公使给外长的报告

北京，1894 年 5 月 2 日

我曾向阁下禀报过，中国新任驻巴黎公使龚照瑗和直隶总督两人对于结束红河右岸的湄公河之间的划界抱有通融之意。

我亦认为应该深信我与总理衙门的首期会谈，中国政府根据它 1893 年 8 月 13 日和 23 日的声明，会同意继续猛宾到湄公河左岸的划界。尽管我只想泛泛地谈这个问题，但

① 即都龙的音译——译者注

是我却觉得总理衙门会信守它以前的声明。亲王和大臣们只补充说，那是需要花时间的一项工作，应该等云南总督目前进行的调查的结果出来再说。

至于中国决不介入法国和暹罗间的边界问题的决定，李鸿章的说法使我相信这个决定没有改变。也许法英两国政府 8 月份进行的关于建立一个中间区域的可能性的谈判，引起了清政府的注意，也许促使其产生了更明确地指出其对西双版纳地区享有的权利或其对该地区的要求的愿望。也许英国政府也试图给予中国政府这方面的希望，而且前者又不需要付出什么代价。我在天津拜访直隶总督时，他问起过我英国与法国两国政府间进行的关于上湄公河地区的领土会谈的性质。我对他说，阁下为此发表，总督应得到过通知的黄皮书含有他希望得到的这方面的一切消息。我想我知道，另一方面，英国公使欧格讷先生几天前也被总督问起过，前者可能说英法原则上已取得一致意见。

我不知道龚照瑗到达巴黎时，是否将与阁下谈这方面的问题。我更倾向于认为，他将等待共和国政府的建议。此外，云南总督进行的调查可能要延长一段时间，也可能中国政府试图为了自己的利益在西双版纳地区和附近地区制造一些既成事实。对此已有不同的传闻，似乎肯定清政府的这一策略。为此，我已请求法国驻蒙自的领事和（印度支那）总督在河内的中间人密切注视云南边界正在发生的事。我会注意亲自向阁下汇报。万一要委托 Garanger 先生负责的芒哈欣观察哨还未被占领，我只请求阁下指派一名官员立即到那里坐镇。望连接琅勃拉邦与东京的电报线最好也能在帕维先生 10 月份抵达之前接通。

（P. 107885 ~ 107889）

法驻蒙自领事给外长的汇报

蒙自，1894 年 4 月 30 日

我 2 月 28 日和 3 月 17 日给您写的汇报（其印戳相同）已寄给您了。现我又荣幸地向阁下报告，（云南）省政府委托蒙自海关道台的关于边界的任务已告结束，所以这位官员于本月 26 日返回其岗位，并于当天按原来路径方向迂回而行。

唐（Tang）道台第三天对我进行拜访时告诉我，移交箐门、黄树皮两哨卡的工作已顺利完成了；Nguyen Trieu Huang 和 Hoang Man 两股匪徒开始好像决定以武力反对我军占领这两处，当深信我们已决意长期占领，而且中国人也与我们一道行动时，就放弃了抵抗而逃走了。这两股匪徒的绝大多数到河江（Ha-Giang）区域去寻找落脚点，其余的则逃往西方去了。至于第三个哨卡，即猛峒哨卡，暂时还在中国人的控制之下，张将军的部队在那里驻守。

塞尔维尔上校与道台未能就该哨卡该归安南还是该归中国达成谅解。因为组成该地的3个村子（上猛峒、中猛峒和下猛峒）的真正位置与1887年在北京签订的划界工作结束的协议的附图（第二段）所标的不相符。按照那幅地图，这三个村子位于河江到狗头寨的那条红线之下，而实际上在红线上面一点。

道台认为，这个问题应提交到北京，由我们公使馆与总理衙门达成协议后进行解决。

不过，我认为这件事情不必提交到首都，所有一切使我认为，这个争议，而且是自与唐谈判以来出现不多的唯一的争议，在蒙自就将获得使双方满意的解决。塞尔维尔上校虽已离开边界，从红河水路返回，过几天就会到达蒙自了。

委员会副主任普洛特司令向我保证，保护领地当局在敦促上校无论如何尽快结束延伸到红河左岸的这部分云南省边界的立界工作。

我要补充说明，我们委员会的绘图官布尔吉尼翁上尉曾陪同道台到过这段边界，他即将回到我们中间；马将军经过一冬的驱匪之后，今日也回到蒙自。自我们占领箐门和黄树皮之后，马将军在都龙地区已变得无用了，因为蹂躏这个地区的土匪已被肃清。

（P. 107893～107898）

法驻蒙自领事给外长的汇报

蒙自，1894年6月9日

阁下业已知道，法中两国勘界委员会主任关于猛峒三个村——实际上不是在1887年6月26日在北京签订的划界工作结束的协议的附图上表示边界的那条红线的南面，而是在该线北面一点——应该归安南还是归中国的问题，没有取得一致意见。

尽管塞尔维尔上校非常通融，甚至问道台他是否同意均分那个有争议的区域，但未能达成任何谅解。上校的见解与唐氏的意见相左，后者决意要先征得总理衙门的同意。这位官员在我前天参加的一次会谈中正式通知上校，鉴于1887年绘制的地图有很大的偏差，他不敢擅自处理这样一个重大的问题；他认为有必要让总理衙门知道这件事；为此，他刚给（云贵）总督和（云南）巡抚寄去一份汇报，并附上地图以兹证明；汇报将立即被送到首都。他最后说，约在本月底，总理衙门也许会将把其意见用电报通知，那时就可以在蒙自重开谈判了。

塞尔维尔上校对道台说，他同意在那里等候总理衙门的答复，但是如果7月份还没有接到答复，他就得回东京一段时间，因为那里有一些急事需要他去办。

会谈快结束时，应道台的要求，双方粗略地研究了一下第五段的几张地图。在孟梭（丰梭）这个大哨卡的实际位置以及金子河的确切方位上，又出现了争议。

但是，由于对这一部分边界，不仅 1887 年的那幅地图与去年法中两国代表在现场测绘的所有草图存在差异，而且这些军官们各自绘制的草图也存在差异，因此，经过短时间的讨论之后，双方承认有必要重新委派代表在雨季（即今秋）后到实地去。此外，上校还肯定地对我说，（印度支那）总督府已命令他暂时不要占领第五段边界。

（P. 107904 ~ 107907）

法驻华公使给外长的汇报

北京，1894 年 6 月 19 日

印度支那代理总督在 5 月 24 日的一封信中向我通报了划界与立界委员会在红河左岸的工作情况。

根据夏瓦肖先生这天信中所说，广西边境与高平省之间的划界可以认为已经结束，包括编竜区；划界协议最后要于 5 月 29 日在龙州签字。这就是邦・当提先生在 5 月 9 日的一封信中让人预料到的结局，尽管也提到一些细小的争议。

关于云南边境与都龙区，塞尔维尔上校和蒙自道台之间对猛峒村出现了争议。我军占领箐门和黄树皮之后，道台声称猛峒问题并未解决，最好将这个问题提交给总理衙门和共和国驻北京的公使馆解决。道台引用的，塞尔维尔上校没有完全驳倒的论据是，划界协议与附图之间有矛盾。前者将猛峒划给安南，而后者使边界从猛峒南面经过。我查看了附于恭思当草图后的地图。该图将猛峒置于安南境内，而且总理衙门在 1893 年 8 月 29 日、9 月 9 日和 1894 年 2 月 2 日、3 月 4 日给李梅先生的照会中都承认这一点。于是我马上回告夏瓦肖先生，蒙自道台指出的协议与地图间的矛盾不存在，猛峒理所当然地属于安南领土。我打算同时通知总理衙门，请它要求向蒙自道台下达必要的指示，使都龙的划界既不再有争议，也不再受延误。

至于红河右岸，夏瓦肖先生向我通报了将连接琅勃拉邦和东京的电报线路的工作进展情况。自兴化起，第一段今天已通到文安（Van - Yen）北面 23 千米处，与 Van Ba 只相距 94 千米。在 Van Ba 与奠边府之间的第二段，只剩下 25 千米要架设了。最后一段，即奠边府至琅勃拉邦，还有 273 千米。

夏瓦肖先生最后告诉我，已到 Vien Chau 的加朗热（Garanger）先生接到命令，要他立即上路到芒哈欣就职。

（P. 107914 ~ 107917）

印度支那代理总督夏瓦肖给殖民地部长的汇报

发文号：69 河内，1894年8月17日

部长先生：

您继5月5日的第384号函之后于6月30日写来的关于我军占领中国旧哨箐门和黄树皮的第515号函，已经收到。

您要求我立刻将奉塞尔维尔上校之命进行这一行动的特遣队由于匪徒在齐江附近拦住坝卡（Pakha）至箐门（Xin Mang）的大路而受阻的情况告诉您。

我在我6月16日的第123号和6月20日的第1524号两份汇报中已经详细地答复了您的5月5日的来信。我同时还将与这件事有关的材料寄给了您（16份文件，另附两幅地图）。

蒙自领事馆的主管先生向外交部提供的情报，由于他的地位和他获得的情报来源（3月17日的汇报），可能不准确。实际上，塞尔维尔上校率领的特遣队并没有像盖兰先生所认为的那样在齐江受土匪阻拦。箐门已于3月16日被占领，黄树皮则于4月1日被占领。在与被接替的中方守军取得一致意见后，十分顺利地加以占领。此外，我们还未经任何战斗即占领了土匪撤走的所有哨卡。

我已向您报告，这些土匪已四处逃窜。后面的事实完全证实了我向您进行的关于（土匪逃跑）方向的说明以及我对红河对岸的昭晋（Chiêu Thanh）州的土匪来重新占领的担心。

果然，阮 Trieu Truoug 带着400人往齐江逃跑，发现通道有守军后，就想转而往陆安（Luc An）州方向逃遁。不过他们在4月11日成功地从 Pho Rang 的北面渡过齐江。开始在红河左岸山里受阻的各股中国土匪也过了红河，回到他们在右岸山里的旧营地。以前他们曾被佩纳干上校从这些营地赶跑。这样一来，红河的安全以及我们在黑水河的诸哨所就受到威胁。因为我们这些哨所（Van Bu 和莱州）的兵力单薄。

占领猛峒（Müong Tông）的问题悬而未决。中方委员们已将这个问题上呈总理衙门。法驻华公使已接到我寄去的关于这件事的完整材料。施阿兰先生在看过全部资料之后认为，我们对猛峒仍然拥有全部权利，因为1887年签订的恭思当条约已经言明；不像塞尔维尔上校一时所猜测的那样，约文与附图存在什么不相符的问题；最后，总理衙门在其1893年8月29日和9月9日以及1894年2月2日和3月4日的照会中，已承认我们对猛峒的不容置疑的占领权。最后一份材料是云贵总督的报告。该报告1894年2月26日已获皇帝盖有朱印的御批。因此，有必要认为，以后寄到北京核实的都龙区的各立界协议的最后签字，将不会出现任何节外生枝之事。

法国驻华全权公使先生认为塞尔维尔上校提出的和解方案没有任何好处，它只不过

是我方的无偿让步。且根据他 8 月 11 日的电报之意，则必须坚持恭思当的走向线，将这个问题留待以后谈判解决，以后可以在第五段寻求补偿。

（P. 107927 ~ 107931）

法驻华公使给外长的汇报

北京，1894 年 7 月 9 日

自我 6 月 19 日的第 3 号函发出后我所接到的龙州和蒙自的消息，使我可以向阁下报告，东京边界自海到红河左岸老街止的划界和定界已经结束。

仅剩下两点要解决：广西边界的编竜区和云南边界都龙区的猛峒三村。

我在 6 月 21 日报告的附言中已告诉阁下，关于编竜区的划界诸协议已于 6 月 19 日（星期二）在龙州签订。

至于塞尔维尔上校与蒙自道台之间在猛峒三村问题上发生的争议（我在同一封信中已说了），刚获解决。我专为此照会总理衙门，同时提醒它注意 6 月 20 日这一天。我在照会中说，1887 年 6 月 26 日的协议及其附图都将 3 个村置于安南境内。因此，我请求庆亲王及大臣们发电报给云南巡抚，以便蒙自道台接到必要的指示。7 月 4 日，总理衙门的大臣们答复我说，1887 年 6 月 26 日的那幅地图是决定性的（这正是我的看法）；蒙自道台将接到其指示。7 月 1 日一早，共和国驻蒙自领事馆的主管盖兰先生就发电报给我，法中两国勘界委员会已在猛峒三村问题上达成一项友好协议。盖兰先生最后说，经印度支那总督和云南总督批准后，协议的会谈纪要就可以最后确定了。这一解决办法，我今日在总理衙门得到大臣们的证实，他们也接到蒙自来的同样消息。

我现在只等龙州和蒙自两处通知我的各协议和地图的到来，以便认为我们自海到老街的边界的立界的第一个艰难时期完全结束。

（P. 107937 ~ 107940）

F155　第 2 ~ 3 盒

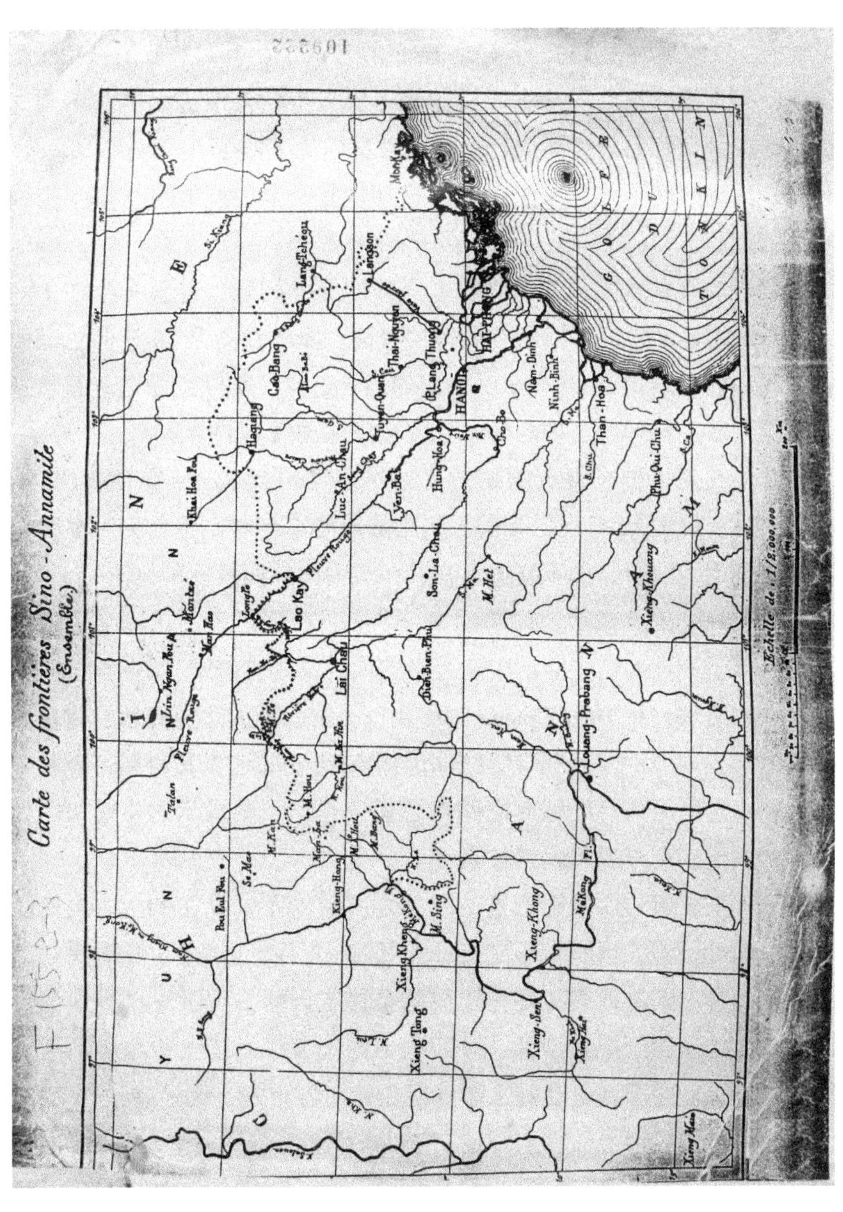

图 52

法国驻华公使致外交部长函

北京，1897 年 1 月 5 日

本月 2 日，我收到阁下 11 月 5 日给我寄来的关于黑水河与湄公河之间的边界划界的信。

我 1896 年 9 月 30 日和 11 月 24 日的信已将共和国公使馆、印度支那联邦政府和总理衙门为了黑水河与湄公河之间的所有划界活动在冬天这个工作季结束而一致同意采取的措施告诉了您。阁下以既有礼貌、又明确的措辞提醒殖民地部长先生注意这些意见：关于 Pa Fa 寨领土，反对再讨论 1895 年 6 月 20 日的各文件，反对更改附在协议后的地图的走向。对此我向阁下表示衷心的感谢。桑德来上尉先生的各报告提出的不同意见已被排除，所以就不存在任何障碍能阻碍或延误两国委员们的工作了。

因此，划界活动即使不能在原先确定的日期恢复，至少能很早恢复，使划界活动能被认为将很快结束。

关于中国代表的所有地图疏忽了的各个界碑的竖立问题，普莱先生在 12 月 22 日从河内来的一份电报明确地告诉了我所有漏掉的界碑，所以我同月 26 日向总理衙门提出并获得同意：边界走向仍照 6 月 20 日协议附图的同一走向，所以立即电示云贵总督，命令中国士兵，对于要放立界碑的各地的标志，要按照法国代表的原图。

至于殖民地部长先生要求得到的赔偿，以作为我们对 Pa Fa 寨领土的让步的交换，我在 1896 年 11 月 3 日和 24 日已告诉阁下，中国政府事先对此是如何答复的。冯子材将军现在云南一个很远的哨所，他不能损害我们，解甲归广西故里的刘永福，为了更安全，已处于苏将军的监视之下。最后，前尊室说（Thuyet）摄政王，在我向总理衙门出具证据证明他在中国海盗最近的这些活动中以及在安南的某些省份发生的动乱中的同谋性后，马上就会应我们的请求被从 Dieu Tcheou 转移到一个离我们的边界更远的省份去。我正在迫切地等待河内把我 11 月 4 日一早就发电报要求寄给我的证据和材料；我相信，如果这些证据和材料起决定作用，已经因此向两广总督下达了一些指示的总理衙门，会立即把这位前摄政王转移走，更牢靠地软禁起来。

这里我就不再谈老街与广西间的这一段的划界活动了，我在 11 月 24 日已告诉过阁下。划界活动好像进行得很顺利。印度支那总督在 12 月 9 日和 26 日请我向总理衙门提出这一要求：法国和中国的代表在遵守边界的整体走向时，可以对符合地形特点要求的小更改彼此商量。总理衙门应我请求，立即向中国代表下达了一些与佩纳干上校得到的指示完全相同的指示。两国委员会的工作从现在起即将完成。我坚信，这个冬天工作季，大海到湄公河的中越边界将最后得到划定。

（原件第 109226 页）

法国驻思茅领事致外交部长函

思茅，1896 年 11 月 11 日

本月 1 日从曼耗来的一名信使给我带来一些信件，桑德来先生在信中告诉我，他所等待的为了恢复划界工作而要与中国人会晤的指示业已接到。因此，他找我帮忙，以便与中国委员们联系：为此他把他代表集体用法语写给这些委员的一封信交给我，请我把这封信交到收信人之手。他在这封信中通知中国人，他可以和他们一道完成黑水河与湄公河之间的立界碑工作；他约定他们 12 月 1 日在边界东南角的 San Yong 会面，以便开始 Botènes 附近的立碑工作。我立即把这封信的原文及中译文正式寄给思茅知府，并请求他把这些文件交给主管人。张涛（Tchang Tau）先生立即函告我，中国政府只任命了一个委员进行黑水河与湄公河之间这个地区的划界；这位选派的官员是 Tao Peirven 武将。最后，桑德来先生的信使在返回时把信交给他，我也从他那里了解了这些情况。

在陶大人接到政府驻猛乌专员的信的第二天，我拜访了他。他刚开始只是对我说，他觉得确定恢复工程的时间太近了。几天之后，他亲自来回访我，向我解释说由于好几个原因，他不能采纳桑德来先生的计划。首先，他声称他还没有他必需的经费；这些经费由云南省用现款寄给他，他估计本月底不会收到。接着，他向我一再说道，关于勘界委员会要活动的那段边界的居民对勘界委员会的态度，不是不值得忧虑。他好像十分担心他们的敌视以暴力行动表现出来。为了避免一切争执，他提议先在芒新（Mong Sing）附近立界碑，而不像法国代表希望的那样，从 Botènes 附近开始，因为这个地方恰恰是动乱的发源地，其作用是令人生畏的。陶大人的意见是从后面往 Botène，可以说是出其不意。在这些条件下，他希望桑德来先生 12 月 12 日到 14 日到 Ivou 来与他会合，直接与他到中国境内的芒新。应陶 Peirven 的要求，我立即写信给政府驻曼耗的委员，把他确定的路线引起的反对意见告诉他，并让他知道中国人提出的建议。在我给桑德来的信中，我补充道，我听从他的吩咐，按照他愿意向我指出的方向在中国官员中活动。

根据热拉尔先生对我说的，边界的两个地方要放置补充界碑。关于这些补充界碑，陶大人给我看了他接到的指示。指示要他严格按照他的公函所附的地图中的标志。因此，他断然拒绝在这幅地图上未标明的一些地点竖立界碑。但是他准备建议，如果桑德来先生认为有用的话，立放的界碑数要增加。就像我通知公使馆的那样，中方官员们数次口头和写信告诉我，在本工作季，陶 Peirven 先生可能是唯一的中国代表。甚至在今天，知府告诉我，云贵总督根据总理衙门的命令，刚刚任命他为负责黑水河到湄公河这个地区的勘界委员会成员，似乎为了中国政府和法国政府一样，有两名委员担任代表。张涛先生同时向我保证，上面权力机关采取的这方面的措施丝毫不会改变情况。因此他决定不去边界，他将完全让陶大人负责领导划界活动，让他有一切行动自由。他已将这一决定通知了总督，为了证明这一决定，同时还指出，他不能离开思茅，因为思茅海关办公所的设立，很快绝对需要他在任视事。

听了这些话，我认为应该告诉公使馆，桑德来先生想带着热拉尔先生一起。这样猛乌这个岗位近三个月就无一个法国官员了，而这正是我希望可以就与边界划界的开工有关的各种问题与政府的这名委员或他的接替人商量之时。

（原件第 109232 页）

法国驻华公使施阿兰致外交部长函

北京，1897 年 4 月 13 日

我在今年 1 月 5 日的信中（第 6 号）已把 1896 年底为了黑水河（Rivière Noire）与湄公河之间，老街与广西之间剩下要进行的最后的划界活动能够在今冬这个工作季全部结束所采取的措施通知了阁下。

为了肯定我本月 11 日（第 28 号）的电报，我今天满意地告诉阁下，在黑水河（Rivière Noire）与湄公河之间的这一段中越边界，去年由于芒新有一支英印驻军和有关坝发（Pa Fa）寨领土问题引起争执而停止的设立界碑活动，自本月 1 日起，已完全结束。

共和国驻思茅领事邦·当提先生通过本月 7 日的一份电报向我转达了这一好消息。邦·当提先生一到思茅就根据我的指示，努力加速这些重要活动的完成。他告诉我，他在易武（J. Wou）亲自参加了会议纪要定本的签字仪式，最后一块界碑于 4 月 1 日立放在坝卡（Pakha），这样，我们自南纳河（又名南马河——译者注）与黑水河汇合处直到南腊（Nam – La）河与湄公河汇合处的边界，按照 1895 年 6 月 20 日协议的附图，根据共和国公使馆与总理衙门达成的协议，已全部划定。

在老街与广西这段，划界立碑工作同样可以认为已结束。印度支那总督杜美（Doumer）先生 3 月 10 日从河内给我寄来法国勘界委员会主任佩纳干上校先生的所有报告和地图。

从这些材料可知，老街与广西界之间的所有界碑都已放置了，中国的奋武（Phan Vu）村（猛峒）与安南藩都（Phon Do）社（即老寨，Lao Tchay）诸村的界线以及中国的麻栗坡（Ma Li Po）社村和安南的大棉（Dai Mien）社村的界线除外。这些村之间之所以还没立放界碑，只是因为中国勘界委员会主任刘副将（协台）虽然对于这些界碑的位置与佩纳干上校意见一致，但在未获得云贵总督必要的同意之前，还不敢放置这些界碑。杜美先生在 3 月 10 日的信中，要求我敦促授予刘副将必要的权力，所以我在这个月把佩纳干上校的一份公函和地图的副本交给总理衙门。我要求给云贵总督发一份电报，以便刘副将具有必要的指示，与佩纳干上校一起进行最后这些界碑的立放工作。当天，总理衙门向云贵总督下达了我要求的电令。我乐于希望最后这些界碑将会很快得到放置。这样自1885年就已开始的艰巨的划界任务将最终完成。这样，正如我今年1月5日的信中所表示的希望那样，今冬最后这个工作季就足够完成今后自大海一直到湄公河的中越边界的划界了。

此外，杜美先生在3月10日的上述那封信中还告诉我，在划界活动中，正如所商定的那样，双方根据联合治安条例，共同确定了应该设立治安对汛处的地点。因此，在云南边界就和在两广边界一样，旨在保证对海盗的镇压、中越边界的平定的治安哨所的设立将很快完成。

（该篇收入《中越边界历史资料选编》第967~968页）

（原件第109246页）

负责黑水河到湄公河的中越边界划界的政府专员桑德来给在琅勃拉邦的上寮高级指挥官的报告

发文号·121　猛乌，1896年5月30日

高级指挥官先生：

我谨在下面向您概述1896年1、2、3月份黑水河到湄公河的中越边界的界碑竖设活动。

（该段收入《中越边界历史资料选编》第1006页）

与中国代表交换或共同起草的正式文件已附在本报告内。中国人的文件的译文是由老挝驻猛乌的专员热拉尔先生翻译的。

1896年1月8日至21日，我在猛乌接到在考察中的高级驻扎官和上寮高级指挥官先生的一封又一封的信，向我转达了总督关于划界的命令，接着是任命我负责黑水河到湄公河划界工程的决定，另一项决定给我增加了热拉尔先生和塞弗尼埃先生，最后是下面这封信：

高级指挥官致猛乌专员

1月2日第1号

“我谨通知您，今天我接到我等待的在老挝视察的高级驻扎官先生关于划界的补充指示。”

“蒙佩拉先生被任命为我在芒赛的代表，因此关于琅勃拉邦王国这部分领土，这位官员将协助您。蒙佩拉先生一重返他的岗位，就将为此做出一项特殊的决定，这项决定以后会寄给您。”

“由于没有其他情报提供，鉴于通信费时，请您把您将到达靠近他要划界的领土的那部分区域的时间通知他，以便他在规定的时间与您会合。正如我函告您的那样，当您到达隶属于塞弗尼埃先生的领土芒琅布卡（Muong Luang Pouka）时，塞弗尼埃先生将取代他。”

因此，我于1月10日写信到勐腊（Muong - Lé）和思茅，请求将奉命划界的中方官员要带着石匠来。根据印度支那总督先生的指示，我提议在勐腊到猛乌这条直道上的边界附近会合。

1月24日，我接到思茅陶先生的复信。他通知我，他和另两位代表1月31日在勐腊等我（见附在本报告后的地图）。

我在确定的日期到达勐腊。我在勐腊见到的中国划界官员代表不是三人，而是四人：李，威远（代表）；石氏，思茅厅（行政官）；谢氏，普洱县（知县）；陶，威远（代表）。

第一次会晤时交换了委托书。尽管云南省仅寄给陶先生第一号文件（副件），但是这几位先生都声称拥有同等的权力。

我把任命我和塞弗尼埃先生以及热拉尔先生决定的一份副本和一份译文交给他们，并加上高级指挥官先生关于蒙佩拉先生的第一号信的一份摘要。

在以后的会议上，在校对我所有的正式地图后，我发现界碑数目有差别，我将情况向高级指挥官先生进行了汇报。但是已经商定，在等待上面的决定时，只能根据中方代表的那幅地图上标出的界碑数放置。此外，普拉罕（Poulakam）和湄公河之间的划界工作要在我接到专门的命令后才开始进行。这些会议的结果已写在中方官员与我交换的第二号和第三号信中了。

关于代表们的工作分工，我们已取得一致意见，不过我们2月5日才分开，以便所有的人都参加第一块界碑的放立（勐腊附近）。这块界碑的形状、体积和碑文是双方一致确定的，作为所有界碑的样式。

在勐腊（Mon La）的所有会晤中，陶讲话，鲁（Lu）当翻译。法译中的笔译工作由这名翻译和猛乌专员署的两位秀才进行。

分工并不是一点没有困难。

因为中方的四位代表都自称拥有同等的权力，所以要求事先将边界分成四段，同时进行立放界碑工作。为了能采纳这一建议，就得要有四位法国代表。

（1）塞弗尼埃先生与此事无关，因为未有新的指示之前，界碑立放作业进行只到普拉罕（Poulakam）为止。

（2）因为负责全部的边界，作为代表，我不能亲自行动，就是说不能参加一段边界的所有界碑凿制和放置工作。因为我也许只能勉勉强强有时间走完连接所有界碑的路线，提前指定界碑的位置或检查已立放的那些界碑。

而热拉尔先生和蒙佩拉先生两人都不在场。

最后商定，石先生只放置猛乃（Mong Noi）唯一的一个界碑（我要在 2 月 25 日返回猛乃），然后在随后的活动中，住在 Shou，并在那里集中中国和代表们的信件。

谢先生将和我一起到 Ban Noï、Muong Panne、Eul Tang，确认五块界碑的安放位置，一俟凿制毕，他与热拉尔先生即把五块界碑安放就位。

李先生要去勐腊，以便热拉尔先生与谢先生的工作一结束，就在勐腊与热拉尔先生就放置距黑水河最近的那些界碑进行共同商议。

最后，陶先生下到尚勇（Sang Yang），他要从那与蒙佩拉先生进行联系。

按照高级指挥官的指示，我 2 月 1 日把必需的地图和材料寄到芒赛（M. Saï）给蒙佩拉先生，并告诉他，陶先生很快要到尚勇（Sang Yang），我 3 月 1 日要到芒彭（M. Bang），大家并未设想到，蒙佩拉先生配备有一名中文翻译，所以陶先生才被选派到这一段边界。

放置好后，我在谢先生的陪同下于 2 月 5 日离开勐腊。7 日，我与热拉尔先生相会。他一到猛乌（Muong Hou），就立即出发，马不停蹄地赶来与我会合，这样我就可以把板乃（Ban Noï）和二塘（Eul Tang）之间选定的放置 5 个界碑的位置告诉他了。

2 月 9 日，我返回猛乌，而热拉尔先生在谢先生的代表的陪同下，正要去勘察大路边的那个界碑的位置。谢本人年高，不能前去。

热拉尔先生第二天，2 月 10 日，返回猛乌。

那时已临近中国人的春节，节日期间，工程停了下来。

热拉尔先生不等已与谢（Sey）先生勘察过的地方的那些界碑凿制好，2 月 19 日又离开猛乌（Mg. Hou），赶往街左（Kai Tso）与李先生会合，后者刚赴该处。

我自己也于 2 月 23 日出发，25 日在猛乃（Muong Noi）与石先生会合。那块界碑第二天就竖立了，它在南乌和 Nam Him 两水的分界线上，在南乌（Nam Hou）河、南辣（Nam La）河和 Nam Him 河三河流域汇集的那座山的北面两千米左右。

因为 Nam Hin 河是湄公河的一条直通支流，所以协议的原文没有一点内容反对猛乌再（Muong Hou Taï）的政治界限保留下来，猛乌再以前拥有上 Nam Him 河河流的一小部分。

据说边界由南乌（Nam Hou）河流域和南辣河流域的分水界构成，当这两个流域不再相连接——这一情况发生在猛乃（Mong Noï）附近——法国领土将限于南乌河流域范围内是不明确的。

这个地方的边界这样确定了，“将西面的板乃（Ban Noï）、倚邦（Tpang）、Thou、六座茶山留给中国，将东面的猛乌（Muong Wou）、乌德（Wou Té）和化邦哈当贺（Hua Pan Ha Tang Hoc）联盟留给安南”。Thou 和六座茶山领土与猛乌再的界限以前在猛乃坡（Mong Noï Pu）小村［地图上标为猛乃（Mong Noï）］的西面。这个村和另两个村猛乃

(Mong Noï)、平青寨（Ping Than Tiaï）构成完全孤立的一群，三个部分相距步行仅需五分钟，从未被分开过，隶属于乌再（Hou Taï）。其中的一个，即西边的那个部分，不过很微不足道，由于那块界碑，已不属我们了。

（该段收入《中越边界历史资料选编》第1006～1007页）

在工程开始之前，我已把这些意见向高级驻扎官先生进行了汇报，我只是作为材料才在这里重提，因为已决定在这一点要根据地图划界。我在Mong Noï从石先生口中得知，陶先生没有蒙佩拉先生的任何消息。我推断只不过是延误了，认为一定会在普拉罕或Kotiakes找到这几位先生。因此我确定了我的路线。我2月28日离开猛乃（Mong Noï），3月1日抵达猛莽（M. Bang），3月4日抵达孟牙（M. Yô，划界地图上标为Mong Ya）。

我在孟牙遇到高级驻扎官，他要去猛乌，他向我进一步肯定了英国承认法国对芒新的权利（春节期间我已经从石先生的一封信中得知了这一点），并告诉我，我根本不要指望蒙佩拉先生去负责Mong Hett。

因此，我急忙赶往Sang Yang，3月7日抵达。陶先生在那已20多天了。料到要在Sang Yang或附近停留至少一个星期，我马上派出一位专差去找塞弗尼埃先生（在猛弄，N. Ta，距Sang Yang只有3天的路程），以便在可能时知道芒新归还法国的可能日期：尚未得到答复。

3月14日，由于普拉罕的两块界碑已放置了，高级指挥官先生给我来了一封信，通知我，我可以单独停止与热拉尔先生进行工作，塞弗尼埃先生是否协助尚成问题，这位官员要陪同高级指挥官去芒新。

我在答复这封信时，把黑水河和普拉罕之间的工作将于3月28日结束通知了高级指挥官。

考虑到一直到湄公河的工程的继续，我派出一名快使去通知热拉尔先生。他将在北界结束工作，我认为他应该在3月27日在猛牙赶上我。

3月16日至21日，我与陶先生放置了Kotiakes的两块界碑，Kas Kos村以前属于B. Tiom（ SS Pan Na），新的边界把它划给了我们。

3月22日，我们抵达猛牙，第二天去板若（ Bang Yo）勘察这一段边界要放置最后一块界碑的地方，当天返回猛牙。

因生了病，我第二天起不了床。26日，界碑凿制好了，我的病情未见好，陶先生一直等到3月30日热拉尔先生到来。后者就这样参与了立放界碑。

但是高级驻扎官先生3月12日至18日在猛乌的逗留迫使热拉尔先生在这段时间停止他的工作，所以他未能在规定的日期结束他的工作，我给他的信，他是在去勐腊

（Mg. Lé）的路上接到的。

直到这时，我还没有接到英国归还芒新的任何正式消息，也没有接到继续到湄公河的工程的任何命令。另一方面，陶先生告诉我，由于英国人目前仍然占领着芒新，李先生很可能只提对 Thou 的要求。大家丝毫不愿再待在西双版纳，可能全部返回思茅。不管怎样，我们因此一起拟定了直到这天为止的会谈纪要。

30日上午，高级指挥官从琅勃拉邦写的两封信到了。这是命令，命令继续划界，直到湄公河，证实任命塞弗尼埃先生的决定。可惜的是，这两封信没有一封指明英国人开始撤出的甚至是大致的时期。工程可以继续进行。我将我刚接到的命令转告陶先生，并请求他到 Thou 时在李先生或其他任何一位代表旁坚决要求后者与塞弗尼埃先生取得联系。塞弗尼埃先生也在同一天的一封信中得知了这一情况。

陶先生声称，对于他个人来说，他不得不北上思茅，因为一些苦力不能在这个地区待得更久。因此，他于3月30日离开我，在途中放置了板若（B. Yo）的那块界碑，在场者是勘察这个地点时和我一起来的 Takiate 翻译。

热拉尔先生在与谢、李先生的工作结束并与他们每人（就5号与6号文件）拟定了一份部分会议纪要作为临时具结之后，于3月31日到达猛牙。他让人把我送到猛乌。4月9日，我们在那接到从 Thou 来的，签着李、石和陶先生之名的一封信，该信通知我们，谢先生返回普洱已有几天了，他们自己要去思茅，然后去云南省（指省会昆明——译者注）。这是本季活动的结束。我马上通知高级指挥官和塞弗尼埃先生。

5月2日，关于全部活动的会谈纪要即第8号文件带着所有人的印章和签字从思茅寄回。

我们5月5日才在猛乌接到补充按中国人的地图而漏了的界碑的命令，已不可能马上执行这一命令，因为所有的活动自3月30日已经停止了。

因此，这份会谈纪要仅仅证明放置了黑水河与普拉罕（Poulakam）之间的中国地图上的16个界碑。

这些界碑是：

1. 木戛（Mouka）到南纳河（N. Nap）源头的界碑。
2. 街左（Kaï Tso）附近的一个界碑。
3. 平掌（Ping Thang）寨附近的一个界碑。

这三个界碑由热拉尔先生和李先生放置。

4. 大路边（Taloupiem）附近的一个界碑。
5. 二塘（Eul Tang）旧村的一个界碑。
6. 二塘至板乃（Ban Noï）大路上的一个界碑。
7. 同一条路上的界碑。

8. 同一条路上的界碑。

9. 同一条路上的界碑。

这6个界碑由热拉尔先生和谢先生放置。

10. 猛乌再（Muong Hou Tai）到猛喇（Mong – La）路上的一个界碑。

11. 猛乌再到 Thou 路上的猛乃（Mong Noi）的一块界碑。

这两块界碑由桑德来先生和石先生放置。

12. 猛建再（Muong Kien Ta）和芒约（Muong Yo）之间的板若的一个界碑。

13. Ban Troin 和芒约之间的 Kotiakes 的一个界碑。

14. 同上处的另一个界碑。

15. 尚勇（Sang Yang）到朗岱（Lang Tay）路上的一个界碑。

16. 尚勇到猛隘（Muong Ay）路上的一个界碑。

这五个界碑由桑德来先生和陶先生放置。

由于我替换蒙佩拉先生，所以我只好亲自监督凿制和放置7个界碑。这样我由于在普拉罕和 Kotiakes 停留，耽误了超过15天的时间，不能在有效期内核实热拉尔先生放置的第一批四个界碑的位置，因工程结束时病倒了，所以我后来不能进行核实。但是，由于看到热拉尔先生与我在边界一起工作了好几天，所以我当时认为应该继续工作，在会谈纪要上签字。

这些碑界是石凿的，是一块长方形的石板，垂直竖起，下部有一个销钉，销钉镶入也是石头的销里，各接头都灌满了灰浆。正面光滑，写有碑文，用透明纸描的图附在本报告后。这项工作是由中国代表们从思茅带来的中国工匠干的，薪水由双方支付。尽管在开工前我早就动手，并且我派人一直到勐烈（Mg Lé）和琅勃拉邦去找，但我未能在南乌河流域找到一个石匠，因此我只好请中国代表们代找。而且我相信这个地区确实缺少工匠，因为居民们不能迅速修复暹罗人或中国人占领期间建的他们那些砖砌的庙。

除了3月底停工之外，法国代表与中国代表之间的关系一直十分融洽。

（该段收入《中越边界历史资料选编》第1008～1009页）

热拉尔先生的热情、积极性、通晓汉语对我是十分宝贵的，可在一定范围内暂补蒙佩拉先生的缺席和塞弗尼埃先生未参加本阶段活动之憾。由于他懂汉语，我才单独派出他。

中国代表们由于可经平行于边界的最直的交通线（思茅到勐腊道；勐烈到 Monka 道）移动，很少在法境内行走。

热拉尔先生和我，对于在中国境内勐腊和 Ban Noï 这整个的中国茶区通行，感到很高兴，我受到热情的接待。茶商们似乎强烈希望看到他们与猛乌人之间建立贸易联系。

西双版纳的傣族首领们以各种不同的方式接待我。

（Muong Panna 西北）香峒（Xieng Tong）的头人好几次请求把他作为受法国保护的人。

勐邦（Muong Bang）和勐俭发（Muong Kien Fa）的头人们拒绝看我带着的石先生写给我的通行信。他们声称只属于景洪（Xieng Hong）王，不属于中国；此外，他们和所有其他的傣族（Lus）头人一样，拒绝接受将他们全部召集到 Thou 的石先生的邀请。他们对我还是很亲切地进行了接待，但要求每个苦力每天给一个卢比（Roupie）。

在 Bo Hé 和 Sang Yang，没有一个当地的权威人士来拜访我，但是我轻易得到了所有我所需要的，大米、苦力……与陶先生截然相反，Sang Yang 的权贵们根本不愿意向他提供大米（赊卖）。

我们一出发去 Kotiakes，同样是这些权贵们，马上就拒绝把从 Muong Sai 和 Muong Luang Nam Ta 寄给我的好几封信送给我，理由是 Bo Hé 阻隔着他们。

这两个地方的权贵们的态度并不令人吃惊，因为他们是景洪王的直接代理人，受他的委托，替他监督 Bo Luong（Sang Yang 附近）和 Bo Hé 的盐矿的开采。

后面这个盐矿最大。我到达这个村子时，正有 400 头水牛负载着 400 担盐离开该村。至少还有同样多的其他驮畜在等装货，靠人挑到老挝的盐量也很大。

Bo Luong 的产盐量似乎为 Bo Hé 盐矿产盐量的 4/7。

这两个中心建立的贸易活动使方圆三四天路程的这整个地区变得富有，因此一直扩大到过了老挝边界。

此外，Sang Yang 是一个重要的交通枢纽。

因此，法国占领最近这个条约划给它的包括这个地区在内拥有八个盐源的整个地区，将是一个十分有利的活动，是上寮繁荣的最积极的因素之一。

（原件第 109268 页）

附件 1

云南总督给划界代表陶先生的信

龙膊河至湄公河的边界的划界问题，已在法国驻北京公使和总理衙门缔结的光绪二十一年闰五月二十六日的协议里解决了。

法国公使先生给总理衙门寄了三份包括红河到黑水河的边界的地图的样本和包括黑水河到湄公河的边界的地图的一个样本，这些地图是得到批准的，因此不必派出另外的代表。请通知每段边界的地方当局。

老挝的总督先生将派出芒洛（Muong Lo）和莱州各一名代表划红河与黑水河之间的界。政府驻猛乌的专员桑德来先生已被指定负责黑水河至涓公河之间的这一段。

法国公使先生要求划界活动立即开始进行。

因此，请您尽快与法国代表们会面，交换你们的委任状，对照你们的地图。

协议已在今年闰五月二十八日签订。

（该篇收入《中越边界历史资料选编》第1009~1010页）

（原件第109296页）

附件2

负责黑水河到涓公河划界的政府驻猛乌专员给勐腊的中国划界代表的信

勐腊，1896年2月1日

诸位先生：

按照诸位的要求，我向诸位证明：

1896年1月31日，以石、谢、陶、李先生为一方，（法国）政府专员桑德来先生为另一方，按照他们各自的政府给他们的权力和命令，在勐腊开会，解决他们对法中最新的协议确定的边界进行划界的方式。

应法国专员的请求，从南纳起，目前工程只进行到普拉罕。各代表就这两个地点之间的分工取得了一致的意见。

签字：桑德来

（原件第109298页）

附件3

陶、石、谢、李给政府驻猛乌专员、法国划界代表桑德来的信

勐腊，光绪二十一年十一月二十九日

我们荣幸地告诉您，11月18日，我们接到云南总督10月13日的一封信。他在信中通知我等，根据法国驻北京公使先生和总理衙门达成的协议，划界工程应立即开始进行。

各界碑将按照我们各自的政府所同意的各地图标出的各点放置。将进行黑水河到涓公河的划界，从南马河（又名南纳河——译者注）开始。

我们已于12月15日到达勐腊（Man La）。

法国专员先生 16 日抵达。我们已于 17 日中午对要进行的工作的分工进行了商议。

根据总理衙门的命令，碑文应该用中法文刻。

法国驻京公使阁下要求目前只放置南马与普拉罕之间的界碑，因为目前法英之间的边界问题尚未解决。我们将在明年 3 月放置其他的界碑。

目前天气有利于工作，诸河水浅，不必担心疾病。

我们按照地图放置共 16 个界碑，从南马河开始，到普拉罕结束。

谨盼复。

（原件第 109300 页）

附件 4

陶、李、石代表给猛乌桑德来和热拉尔先生的信

Muong J. Hou，光绪二十二年二月二十三日

谨随函奉上划界活动的两份会谈纪要，请诸位盖上贵方的印章。

谢先生已返回普洱，所以未能盖上他的印章。

请桑德来先生随后把这些文件寄还给我们，以便我们把其中一份寄给（云贵）总督阁下，另一份寄给总理衙门。

恳请桑德来先生和热拉尔先生把贵处的会谈纪要寄给我们。

我们将于本月 25 日离开 Muong J. Hou 返回思茅。

桑德来贵体安康否？

内附信两封。

签字：陶、李、石

（原件第 109302 页）

附件 5

由热拉尔先生与李先生进行的工程的临时会谈纪要（放置 3 个界碑）

法国代表热拉尔先生和中国代表李先生共同进行他们负责的那段边界的立放界碑工程，放置了以下的界碑：

（1）木卡（Mouka）一个，在南马河（又名南纳河——译者注）源头，席草塘（Sié Tsao Tan）的山脊上。从该河的源头一直到它与黑水河的汇合处，南马河构成边界。

（2）从木卡起，边界朝西南，一直到街左（Kai Tso）村，Hou La 山构成边界。我们在街左（Kai Tso）村旁立放了一个界碑，界碑旁有一块巨石。打叠（Ta Tié）河和大前（Ta Tsien）河流往里方（Li Fang）和普方（Pou Fang）；石枯（Tche Kou）河、河底（Ho Tié）河和连坝河（Lieu Pa Ho）流入南杆河，南杆（Nam - Kang）河流域内的这个地区属于法国。

在中国山坡那边流淌着山牙（Chau Ya）河、夹马（Kia Ma）河、细腻（Si Ni）河、San - Ko - Shan 河、杆河（Kan Ho）和 Tau Ka 河。

（3）从街左起，边界线通过石冠寨（Che Keuan Tsai）山脉继续往西，一直到平掌寨（Ping Tiang Tiai）。我们在平掌寨放置了一块界碑。

在这个地区，Ki Li 河和鹅坡（Ouo Po）河流入南乌江；沙人（Cha Yen）河和罗浮（La Fen）河流到中国。

从平掌寨一直到有一个界碑的大路边（Ta-Lou-Pien），边界线继续往西。以下两河注入南乌河：大清树（Ta Tsing Chou）河和 Lanc Ten Phanc 河；中国一侧的山坡接纳小黑（Siao Hé）江、牛猓（Niu-Lo）河、绿沙（Lou-Cha）河、白沙（Po-Cha）河和普明树（Pou-Ming-Chou）河，这几条河注入罗浮（La-Fou）河。

光绪二十二年正月二十三日
于朝阳寨（Tchao Yang Chai）
法国代表签字：热拉尔
中国代表签字：李

（该篇作为附件 2 收入《中越边界历史资料选编》第 1010 页）

（原件第 109303 页）

附件 6

由热拉尔先生与谢先生进行的工程的临时会谈纪要（放置 6 个界碑）

法国代表热拉尔先生和中国代表谢先生共同进行了他们所负责的那段边界的立放界碑工程，并放置如下界碑：

（1）从平掌寨［（Ping Tiang Tia）界碑］一直到大路边［Ta Lou Pien（这里有一个界碑已放置在两个小山对面的 Ya Kiou 山上）］，以下河流流入南乌河：大清树（Ta Tsing Chou）河，南杆河和 Lanc Ten Phang 河；小黑（Siao Hé）江、牛猓（Niu Lo）河、绿沙（Lou Cha）河、白沙（Po Cha）河和普明树（Pou Ming Chou）河注入罗浮（La Fou）河，罗浮河又流入中国的猛烈（Mang Lé）江。

李先生奉命放置大路边（Ta Lou Pien）的界碑，但是由于这个界碑位于普洱府境，所以这一工作就交给了我。

（2）从大路边（Ta Lou Pien）起，边界线沿着分水界往西，接着往西南直至二塘（Eul Tan）。二塘的界碑立放在八仙波（Po Lieu Po）山顶。

邦卖（Pau Mai）河、罗定（Lao Ting）河和惠邦（Houei Pan）河流入南乌河：

在中国一侧，藤江（Tong Kiang）流入猛途（Ma Lieu）河，猛糠（Mong Kan）河流入猛野（Mong Sié）江。

（3）从二塘起，边界线往西南直至蚕豆田（Shan Tso Tien）。这处的界碑已立放在青头坡（Chin Teo Po）山顶。

会瓦（Houei Wa）河流入南乌河流域；南批（Nam Pi）河和普劳（Pau Lao）江是流入中国的补远（Pou Yen）江的支流。

（4）从蚕豆田（Shan Teo Tien）一直到歇马（Chié Ma）寨，在红头坡（Hong Tou Po）山顶立放了一个界碑。

（5）边界线朝南一直到大清树（Ta Tsing Chou），在大清树也立放了一个界碑。南里（Nam Li）河流入南乌河，猛板田（Muong Panne Tien）河和 Pon La 河流入平流（Pou Lieu）江（中国）。

（6）从歇马寨（Chié Ma Tsang）起，边界线沿着分水界一直到马叭大地（Ma Pia Ta Ti），接着从马草坡（Ma Tsao Po）山顶到勐腊。

Pa Ja 河、会瓦（Ho Voo）河和南湾河（Nam－Ouan－Ho）流入南乌河流域；Pou La 河流入坝连（Pa Lien）江，白沙（Po Cha）河与马草（Ma Tsao ）河流入中国。

光绪二十二年二月二十一日

于猛烈（Mong Li）

法方代表　中方代表

签字：热拉尔　签字：谢

（该篇作为附件3收入《中越边界历史资料选编》第1011页）

（原件第109305页）

附件 7

划界活动会谈纪要

陶，威远，武将、参将；李，威远，云南省代表；谢，普洱知府；石，思茅厅，四人致法国政府划界代表桑德来和热拉尔。

根据两国签订的协议，我们共同进行了以下界碑的立放：

1. 木卡（Mouka）一个，在他郎（Talan）区南马河源头附近。

2. 街左（Kai Tso）一个，在一块巨石旁。

3. 平掌寨（Ping Tiang Tiai）一个。

4. 通往大路边（Ta Lou Pien）的大路旁一个。

5. 二塘山顶一个。

6. Ta - Lien - Yoo 一个。

7. 蚕豆田（Chan Teo Tien）一个。

8. 歇马寨（Chie Ma Tiang）一个。

9. 马叭大地（Ma Pia Ta Ti）一个。

10. 大清树［Ta Tsing Chou（Man La）］一个。

11. 猛乃（Muong Noi）一个，在两座山丘之间。

12. 杨先龙［Yang Sen Luong，班若（Ban Yo）］一个。

13. Ko Tia Kao 一个。

14. Ko Tia Kao 一个。

15. 普拉罕［Pou-La-Kam，（南峨河），（ Nam Ngo 源头）］一个。

16. 同上（坝卡梁子，Pa Ka Liang Tse）

剩下要立置的界碑：猛漫（Muong Man）、猛远（Muong Youne）、芒新和香 Tsng（湄公），共四个。

目前芒新还没有归还法国，所以我们决定停止立碑工作，明春继续。

由于雨、热季临近，会害病，从思茅到芒拉（Muong - La）旅行要 20 天以上，制石碑必需的石头既难找也难运。

请通知贵国政府，我们将于六个月后继续活动，并将确定会面的日期。

光绪二十二年三月六日于思茅

注：上述译文的这份第 7 号中文文件与背面的第 8 号中文文件相同。

（该篇作为附件 4 收入《中越边界历史资料选编》第 1012 ~ 1013 页）

（原件第 109308 页）

附件8

1896年1月、2月、3月中越边界勘界委员会活动的会谈纪要

兹有我等数人——政府驻猛乌专员，红河至湄公河，主要是黑水河至湄公河一段的中越边界勘界委员会主任桑德来，老挝代理人热拉尔为一方；陶丕文（Tao Pi Ouen）、石太生（Chi Tai Sen）、黎肇元和谢生顺（Sié Ssen Chouen）等中国政府代表为另一方，根据法中政府批准的各条约以及这些条约所附的各地图和草图，于1896年1月30日至3月30日立放了划定边界的界碑。

1. 由热拉尔先生和谢大人立放：

第一号界碑，在木卡（Mouka）（南马河源头处）。

第二号界碑，在街左（Kai Tso）。

第三号界碑，在平掌寨（Ping Tiang Tsai）。

2. 由热拉尔先生与谢大人立放：

第四号界碑，在大路边（Ta Lou Pien）。

第五号界碑，在二塘。

第六号界碑，在分水界山脉。

第七号界碑，在分水界山脉。

第八号界碑，在分水界山脉。

第九号界碑，在 Muong Pan Tien。

3. 由桑德来先生与石大人立放：

第十号界碑，在漫拉（Man La）。

第十一号界碑，在芒碍（Muong Ngay）。

4. 由桑德来先生和陶大人立放：

第十二号界碑，在班约（Ban Yo）。

第十三号界碑，在 Ko Tia Kéo。

第十四号界碑，在 Ko Tia Kéo。

第十五号界碑，在普拉罕（Poulakham），南峨河（Nam Ngo）源头。

第十六号界碑，在普拉罕，南峨河源头。

共立放了16个石凿界碑，每个界碑上刻有法、中文字，说明这些界碑分隔两国领土。

在南马河源头与普拉罕之间，只立放了标在中国代表各地图上的界碑。

考虑到这个季节大大提前了，中国几位代表已决定停止活动，把 Pou Ktsas 和芒新的边界界碑的立放留到好季节到来时。

我们分别之前，签署了本会谈纪要。

芒约，1896年3月30日

参加划界的法国代表

签字：桑德来　热拉尔

参加立界的中国代表签字于背面（印章）

（该篇作为附件5收入《中越边界历史资料选编》第1013～1014页）

（原件第109310页）

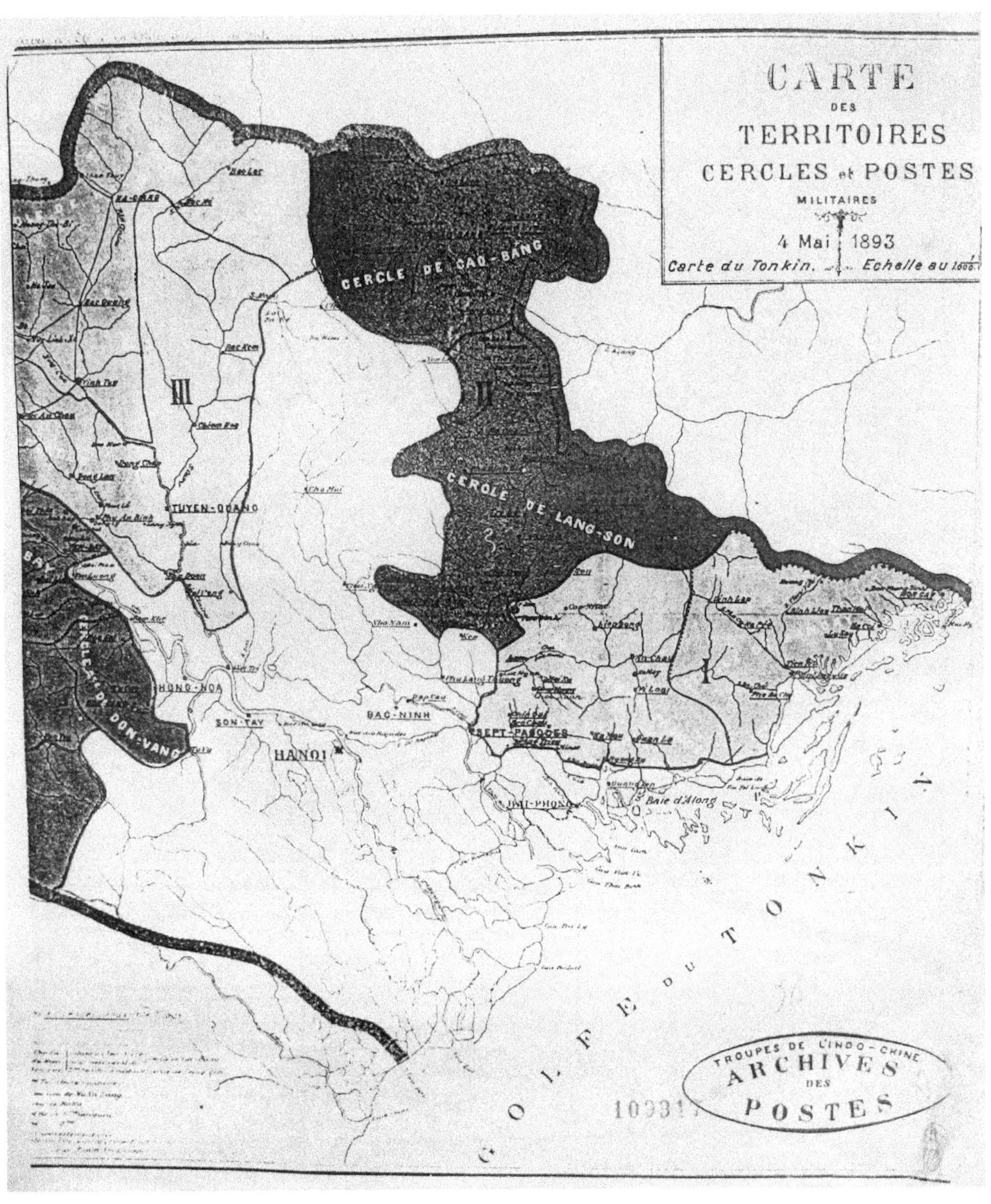
CARTE
DES
TERRITOIRES
CERCLES et POSTES
MILITAIRES
4 Mai 1893
Carte du Tonkin.
Echelle au
CERCLE DE CAO-BANG
CERCLE DE LANG-SON
III
II
I
TUYEN-QUANG
HUNG-HOA
SON-TAY
HANOI
BAC-NINH
SEPT-PAGODES
HAI-PHONG
Baie d'Along
GOLFE du TONKIN
TROUPES DE L'INDO-CHINE
ARCHIVES
DES
POSTES

图 53

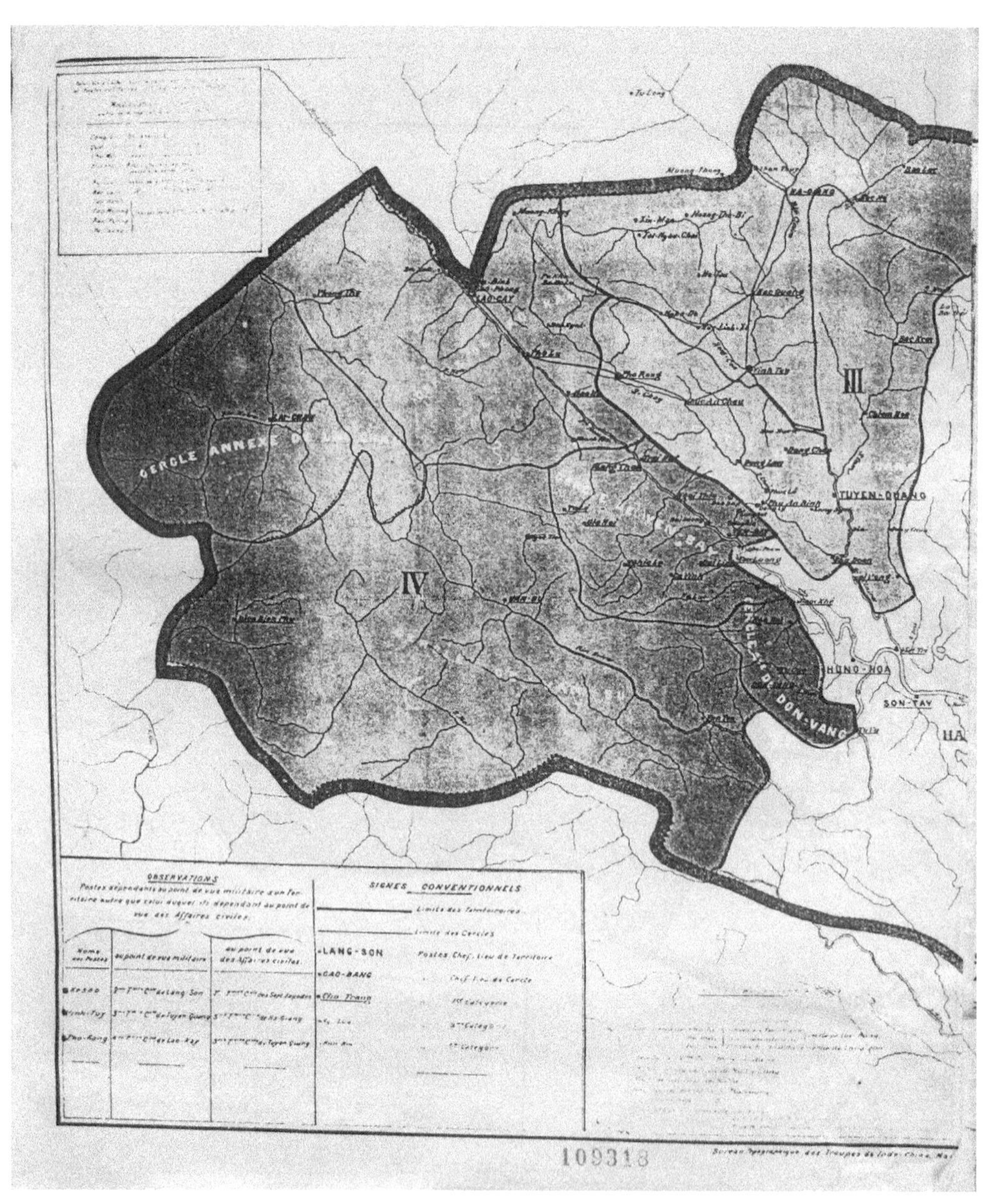
III
IV
CERCLE ANNEXE
LAO-CAY
TUYEN-QUANG
HUNG-HOA
SON-TAY
DON-VANG
OBSERVATIONS
SIGNES CONVENTIONNELS
LANG-SON
CAO-BANG
109318

图 54

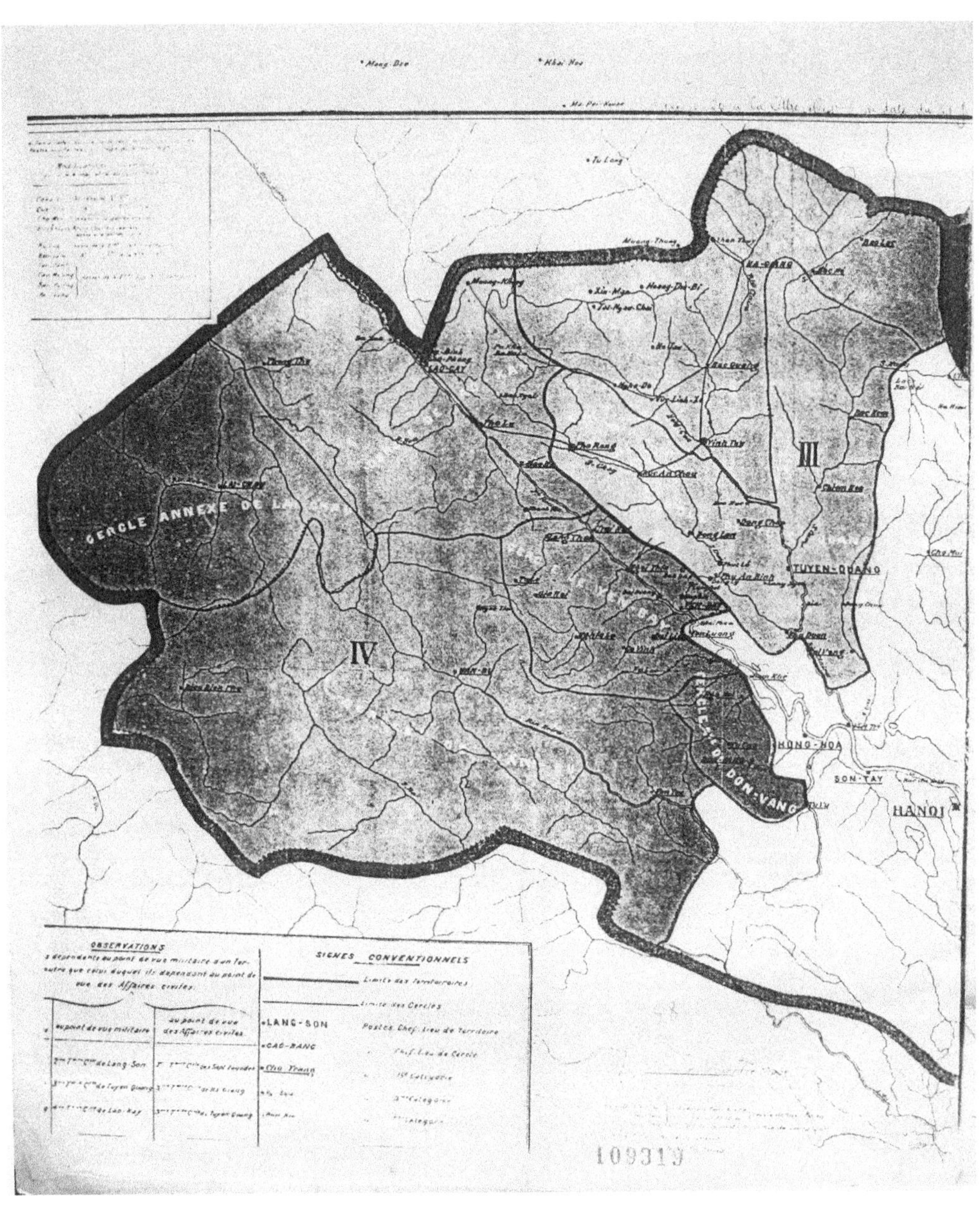
CERCLE ANNEXE DE LA
IV
III
TUYEN-QUANG
HUNG-HOA
SON-TAY
HANOI
DON-VANG
OBSERVATIONS
SIGNES CONVENTIONNELS
LANG-SON
CAO-BANG
109319

图 55

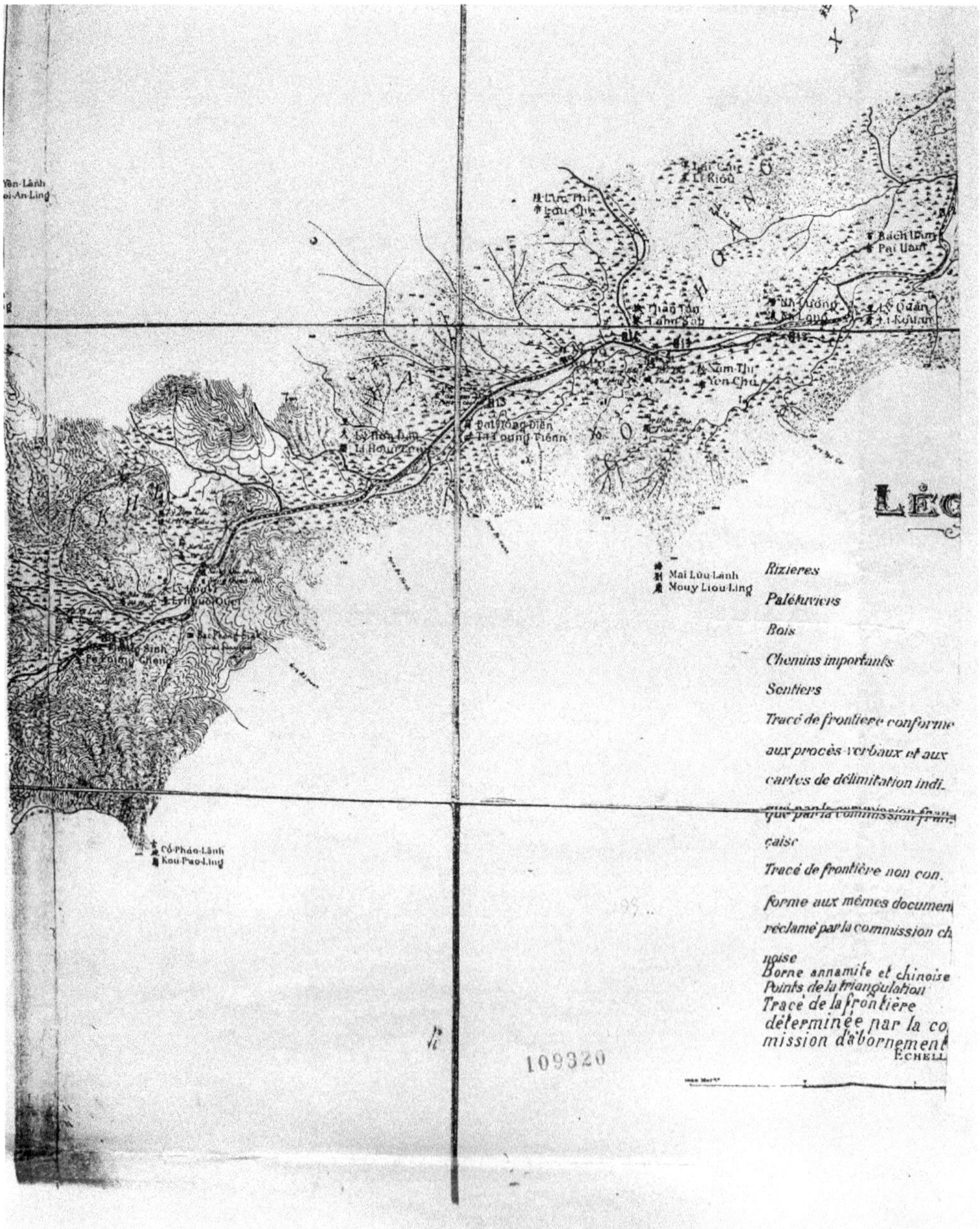

Mai Lòu-Lành
Mouy Liou-Ling

Rizieres
Palétuviers
Bois
Chemins importants
Sentiers
Tracé de frontière conforme aux procès-verbaux et aux cartes de délimitation indi- qué par la commission fran- çaise
Tracé de frontière non con- forme aux mêmes documen réclamé par la commission ch noise
Borne annamite et chinoise
Points de la triangulation
Tracé de la frontière déterminée par la co mission d'abornement

Cổ-Pháo-Lành
Kou-Pao-Ling

109320

图 56

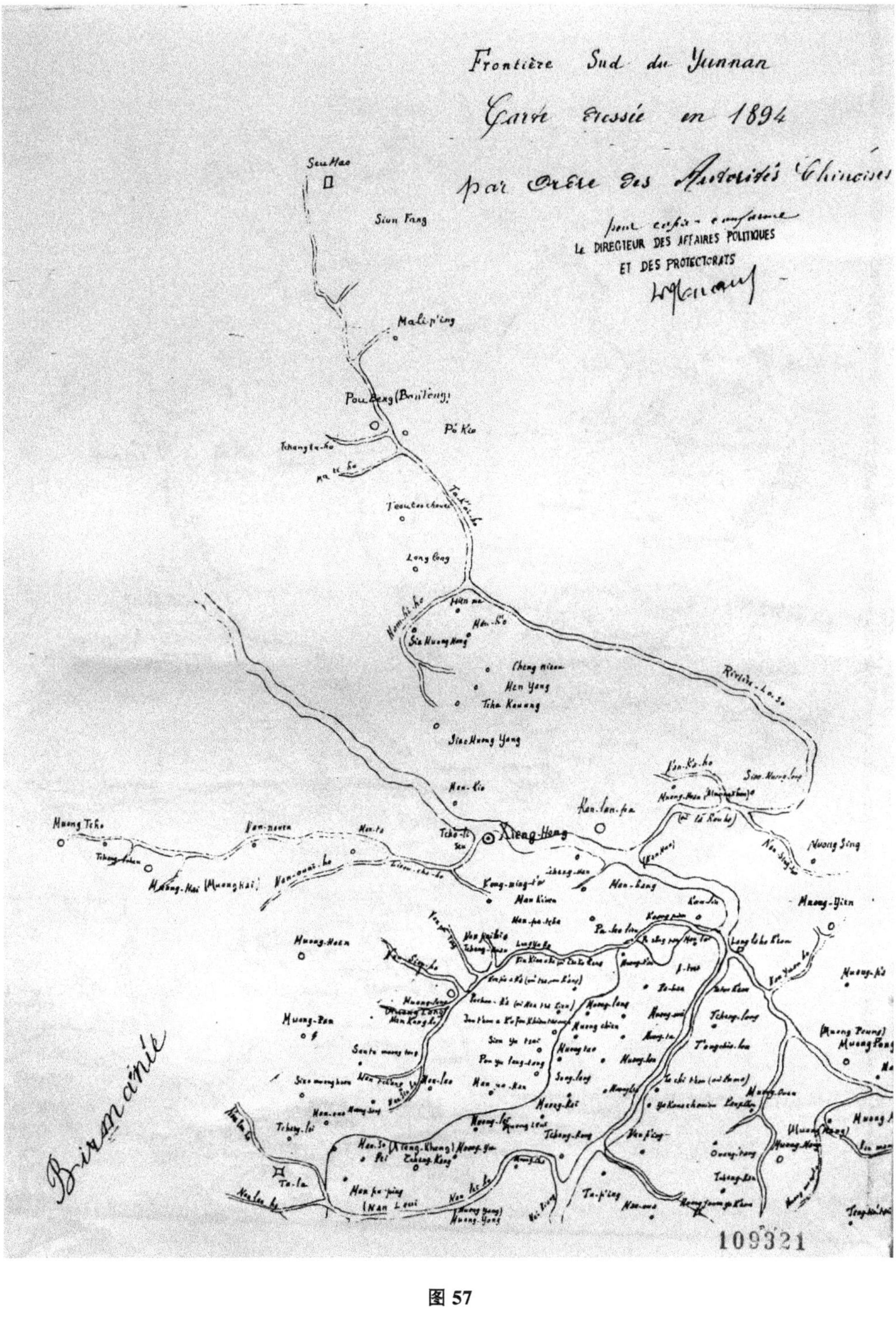

Frontière Sud du Yunnan

Carte dressée en 1894

par ordre des Autorités Chinoises

pour copie conforme

LE DIRECTEUR DES AFFAIRES POLITIQUES

ET DES PROTECTORATS

Seu Mao

Siun Fang

Mali-p'ing

Pou-Eeng (Bouteng)

Pó Kio

Long Pang

Rivière Lo-so

Xieng Heng

Muong Sing

Muong Yien

Birmanie

109321

图 57

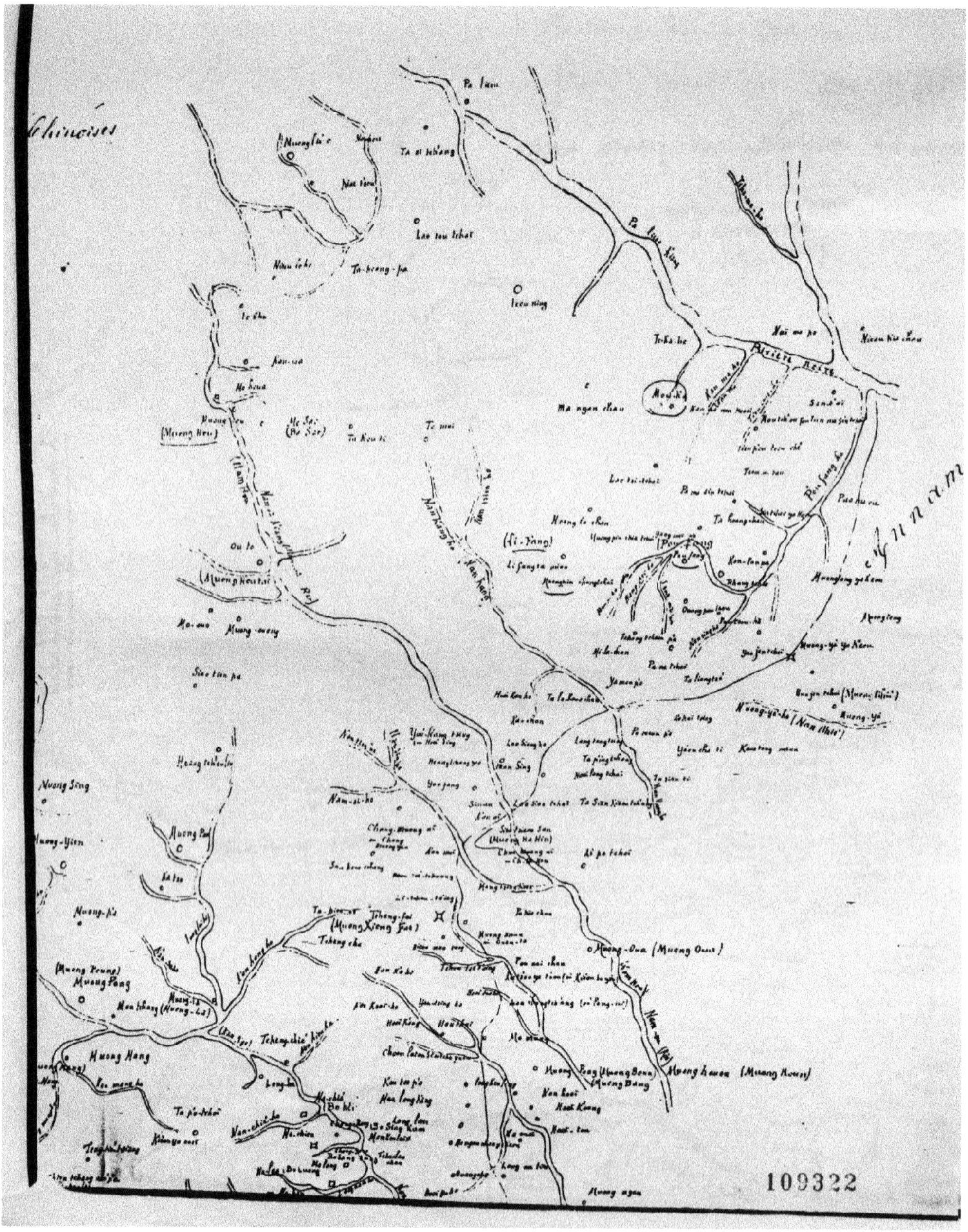

109322

图 58

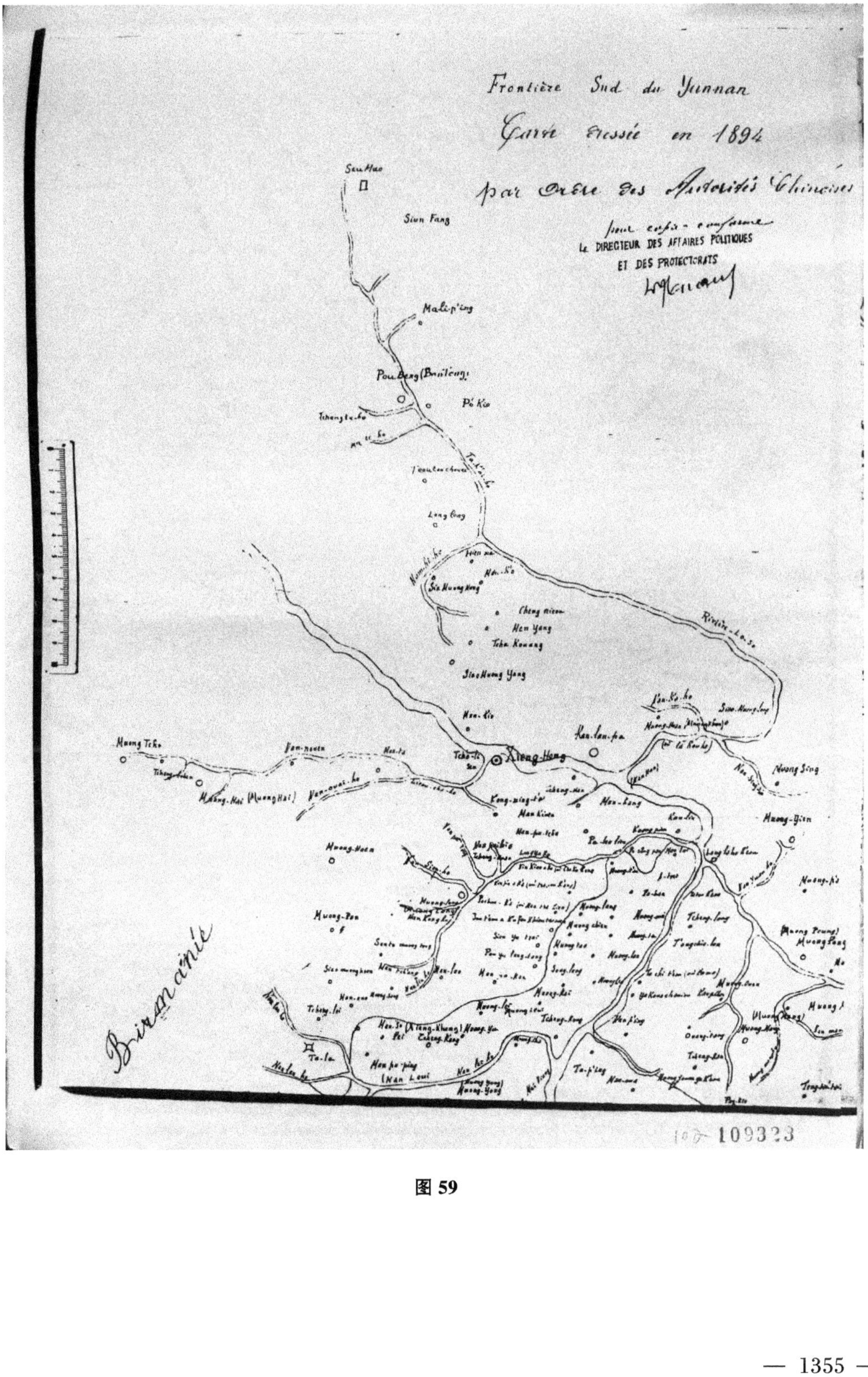

Frontière Sud du Yunnan

Carte dressée en 1894

par ordre des Autorités Chinoises

pour copie conforme

LE DIRECTEUR DES AFFAIRES POLITIQUES

ET DES PROTECTORATS

Seu Mao

Siun Fang

Mali-p'ing

Pou Eeng (Bouteng)

Pó Kio

Kan-lan-pa

Muong Tcho

Muong-Hai (Muong Hai)

Kieng-Hong

Muong Sing

Muong-Hoen

Muong-Pon

Ta-la

Birmanie

109323

图 59

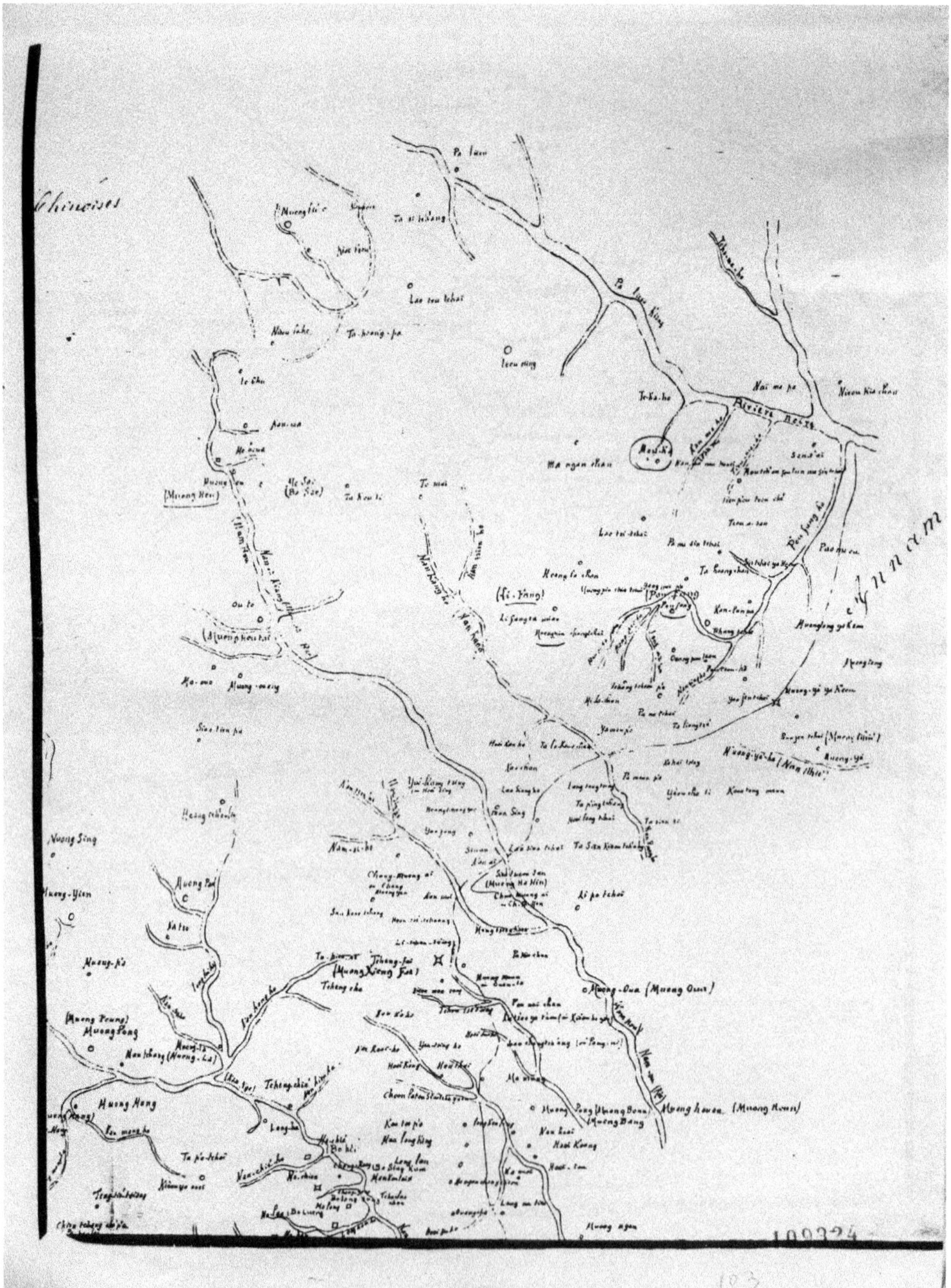

图 60

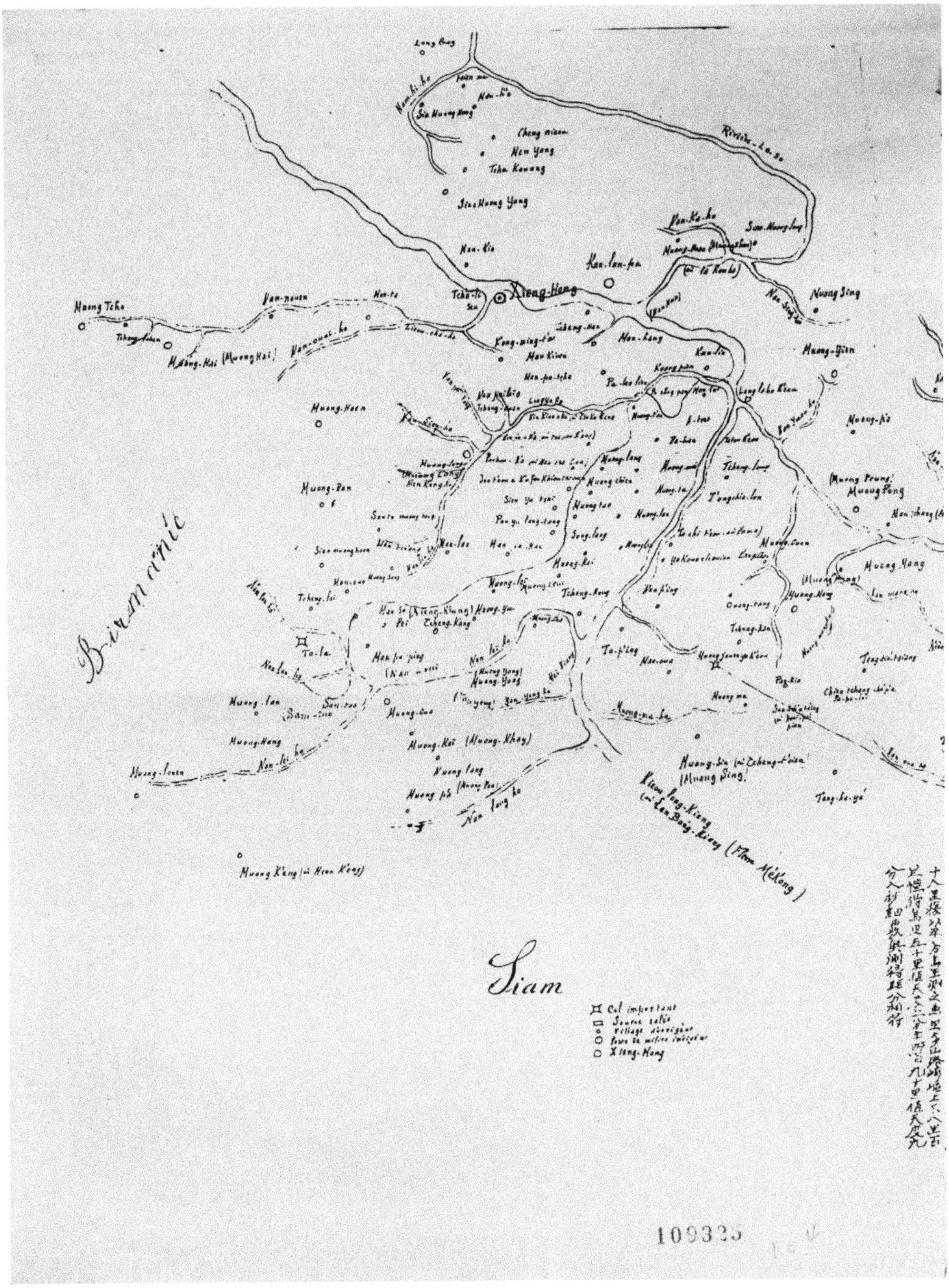

Birmanie

Xieng-Hong

Kiang-Hong

Muong-Hoen

Muong-Pan

Muong-Yiien

Muong-Tcho

Muong-Hang

Kiou-long-Kiang (ou Lan-Tsang-Kiang) (Fleuve Mékong)

Siam

Col important
Source salée
Village aborigène
Xieng-Hong

109323

图 61

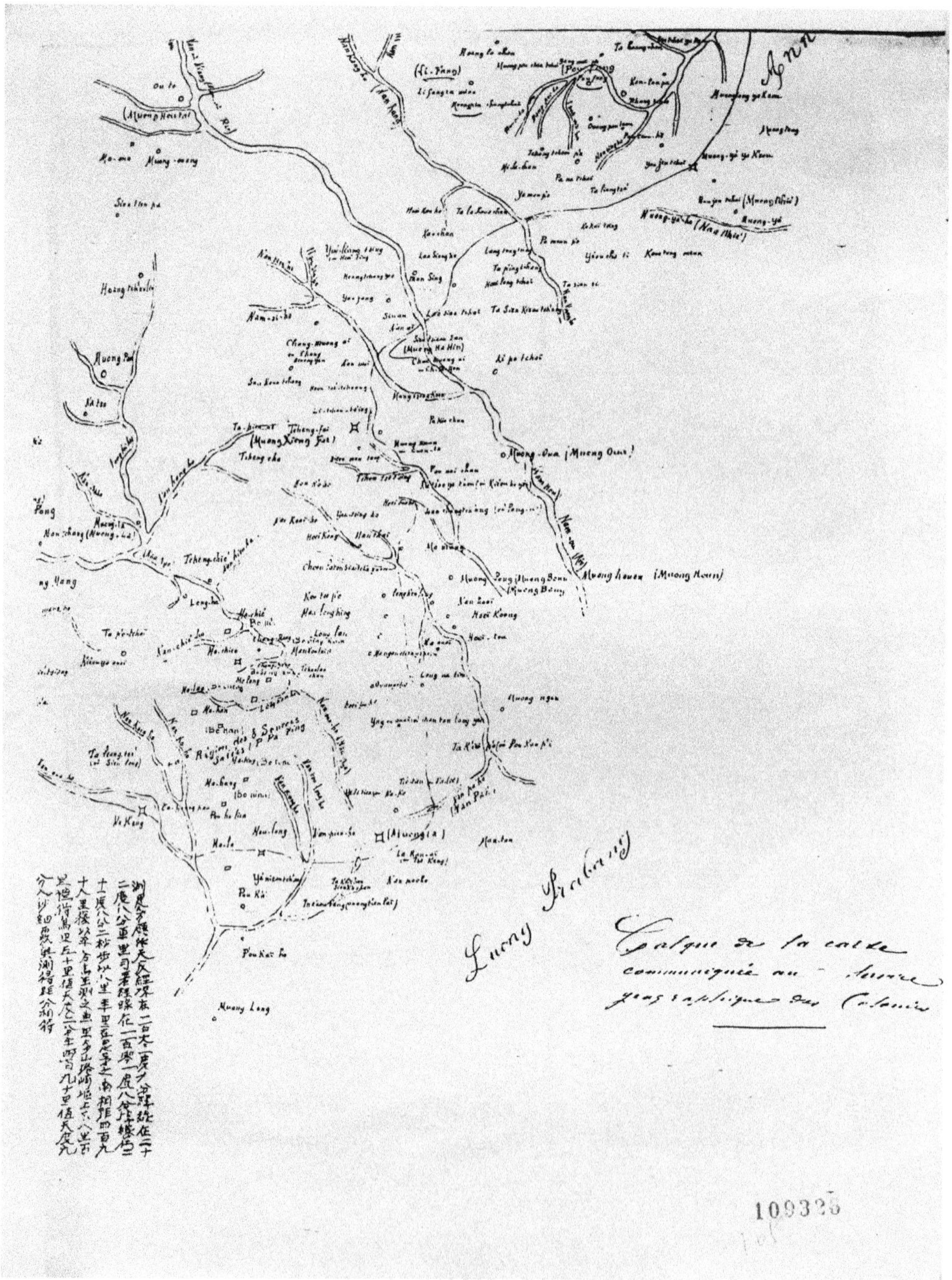

Luang Prabang

Calque de la carte communiquée au Service géographique des Colonies

图 62

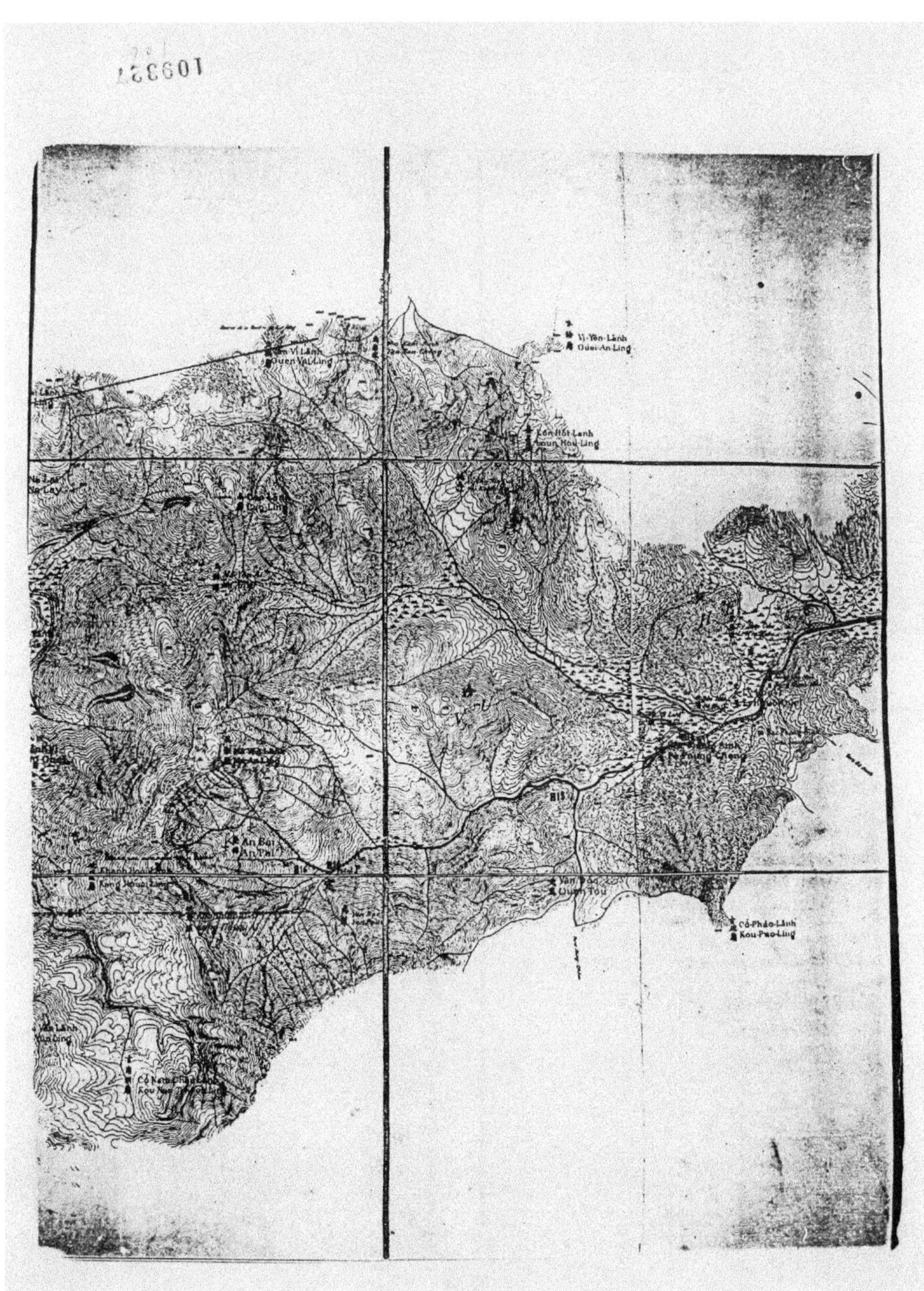

图 63

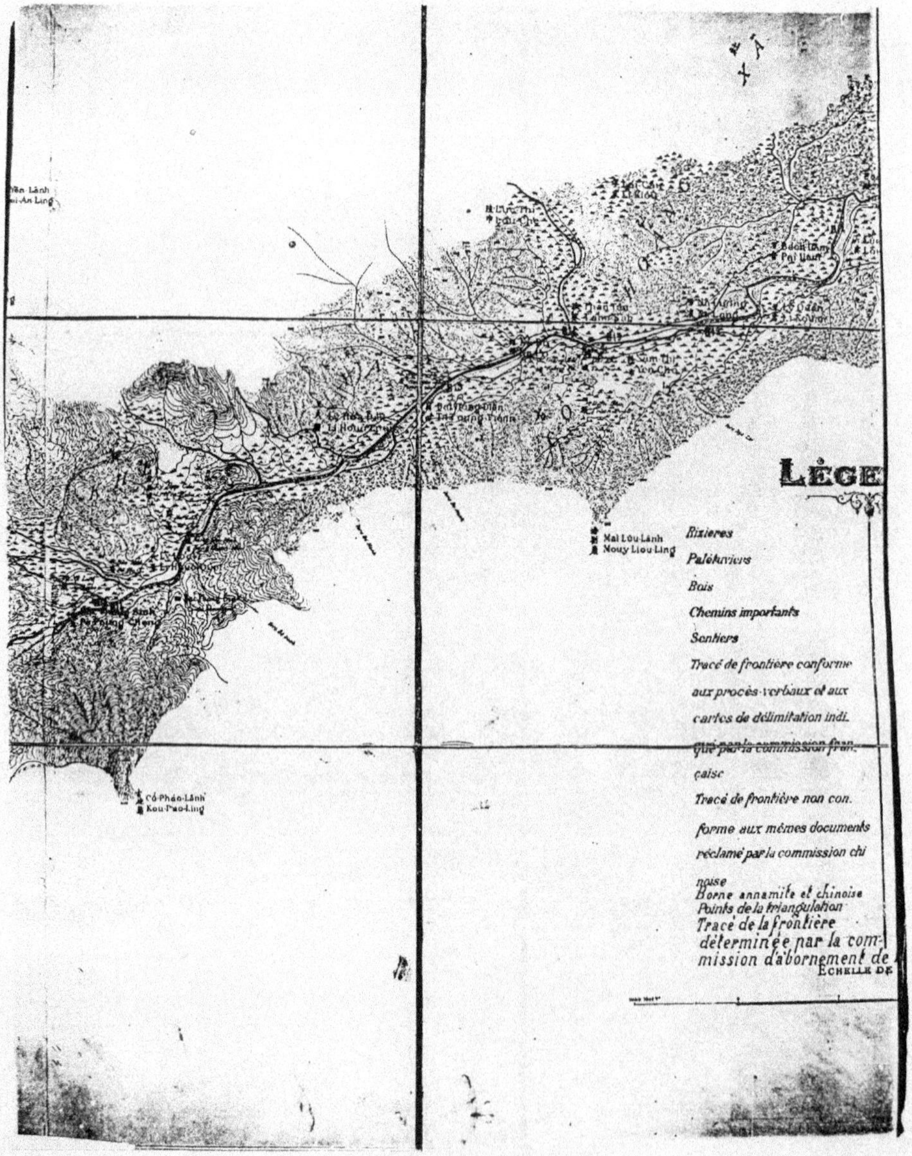

Mai Lòu Lãnh
Nouy Liou Ling
Cổ-Pháo-Lãnh
Kou-Pao-Ling

LÈGE

Rizieres
Palétuviers
Bois
Chemins importants
Sentiers
Tracé de frontière conforme aux procès-verbaux et aux cartes de délimitation indiqué par la commission française
Tracé de frontière non conforme aux mêmes documents réclamé par la commission chinoise
Borne annamite et chinoise
Points de la triangulation
Tracé de la frontière déterminée par la commission d'abornement de
ÉCHELLE DE

图 64

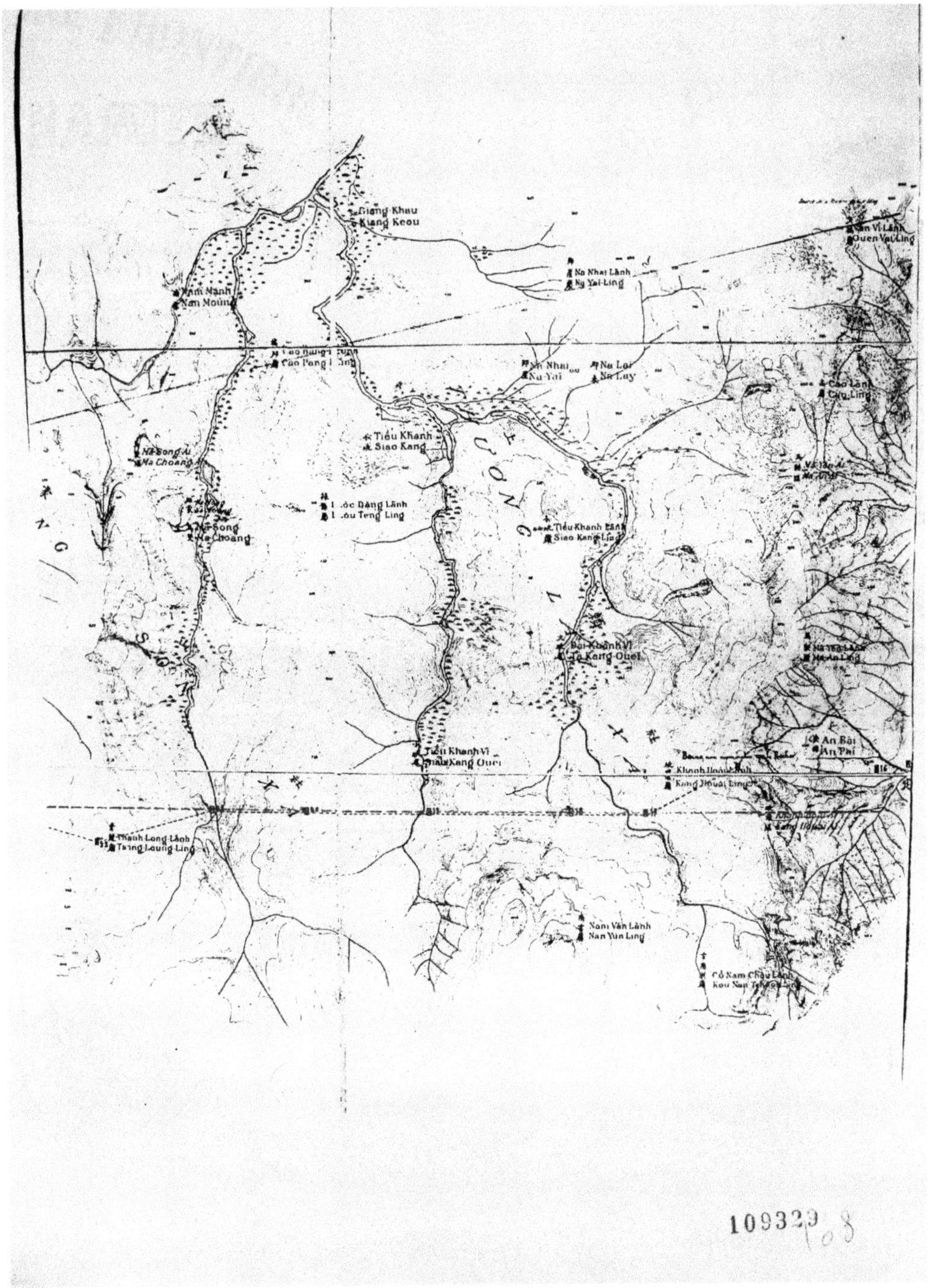

Giang Khau
Kiang Keou
Na Nhai Lành
Na Yai Ling
Nam Manh
Nan Moung
Cao Pong Ling
Na Nhai
Na Yai
Na Lai
Na Lay
Cao Lành
Cao Ling
Tiểu Khanh
Siao Kang
Na Song Ai
Na Choang
Lộc Đàng Lành
Lou Teng Ling
Na Song
Na Choang
Tiểu Khanh Lành
Siao Kang Ling
Đại Khanh Vi
Ta Kang Ouei
An Bài
An Pai
Tiểu Khanh Vi
Siao Kang Ouei
Khanh Hoai Lành
Kang Houai Ling
Thanh Long Lành
Tsing Loung Ling
Nam Vân Lành
Nan Yun Ling
Cồ Nam Châu Lành
Kou Nan Tcheou Ling

109329

图 65

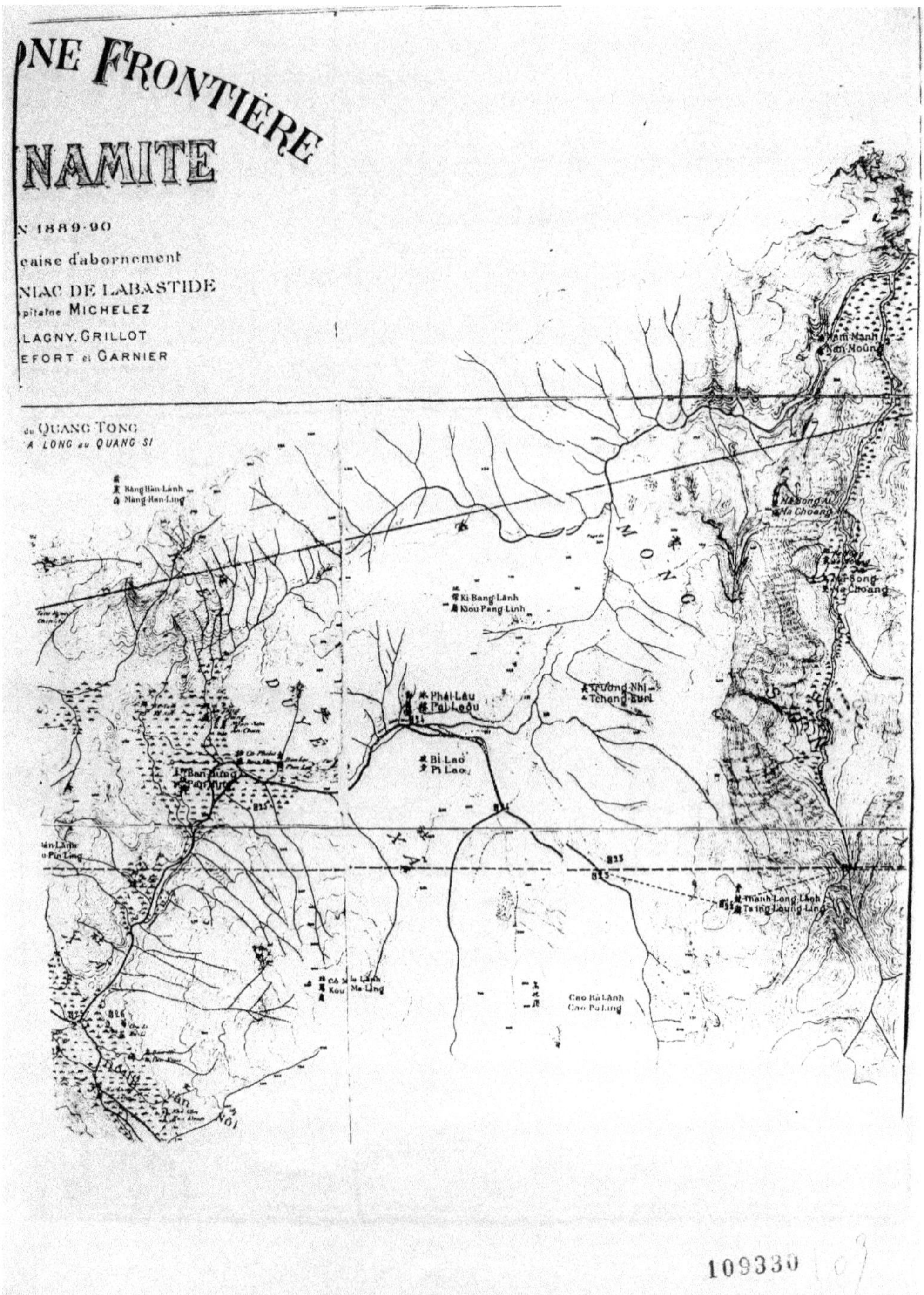

ONE FRONTIÈRE
NAMITE
N 1889-90
çaise d'abornement
NIAC DE LABASTIDE
pitaine MICHELEZ
LAGNY. GRILLOT
EFORT et CARNIER
du QUANG TONG
A LONG au QUANG SI
Ki Bang Lành
Kiou Pang Linh
Phái Láu
Pai Leóu
Bi Lao
Pi Lao
Trương Nhi
Tcheng Eul
Thanh Long Lành
Tsing Loung Ling
Cao Bá Lành
Cao Pa Ling
109330

图 66

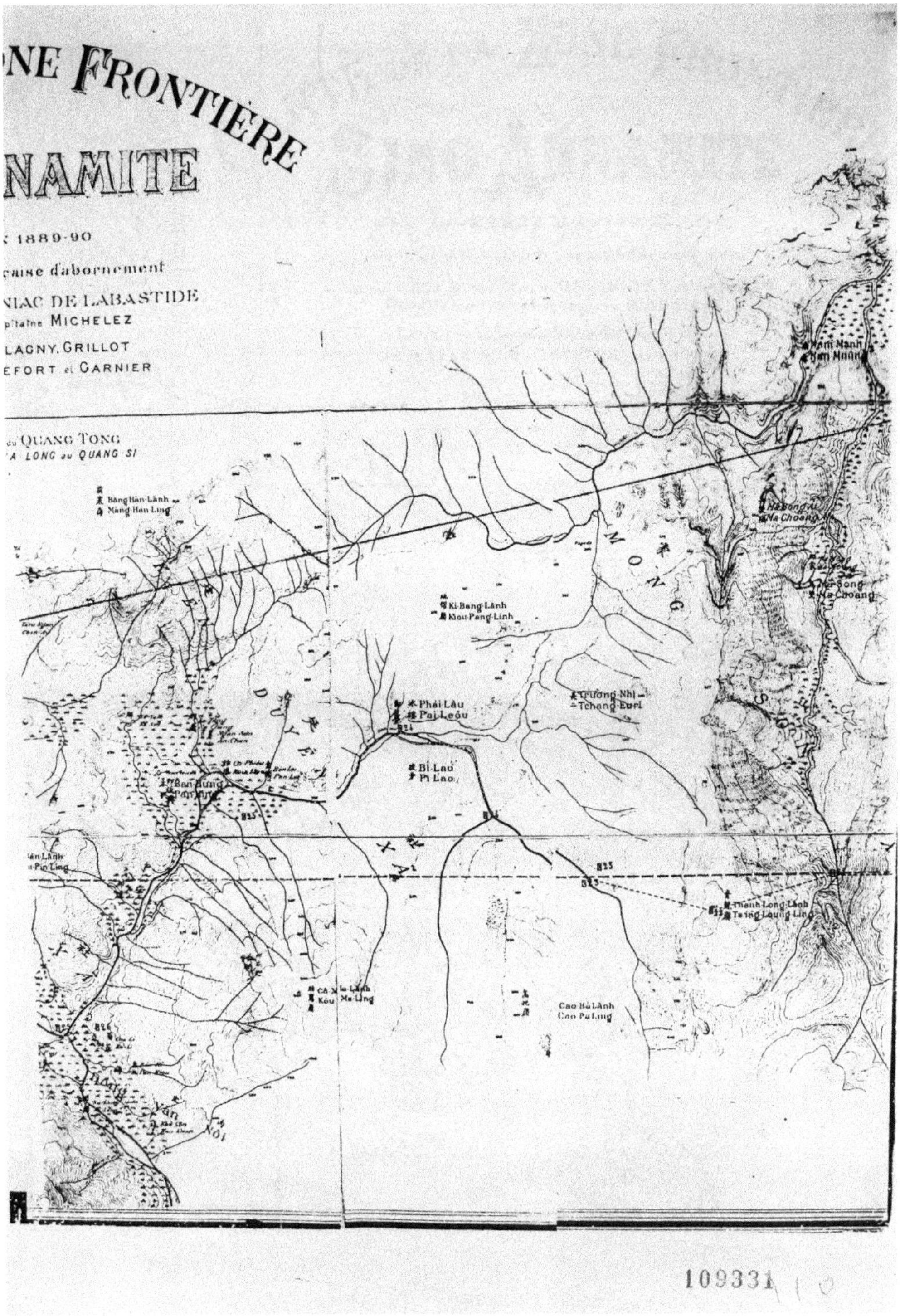

NE FRONTIÈRE
NAMITE
1889-90
çaise d'abornement
NIAC DE LABASTIDE
pitaine MICHELEZ
LAGNY, GRILLOT
EFORT et CARNIER
du QUANG TONG
A LONG au QUANG SI
Bàng Hàn Lành
Mang Han Ling
Ki Bang Lành
Kiou Pang Linh
Phái Lâu
Pai Leôu
Bi Lao
Pi Lao
Tchang Eurl
Thanh Long Lành
Tsing Loung Ling
Cao Bả Lành
Cao Pa Ling
Ma Ling
109331

图 67

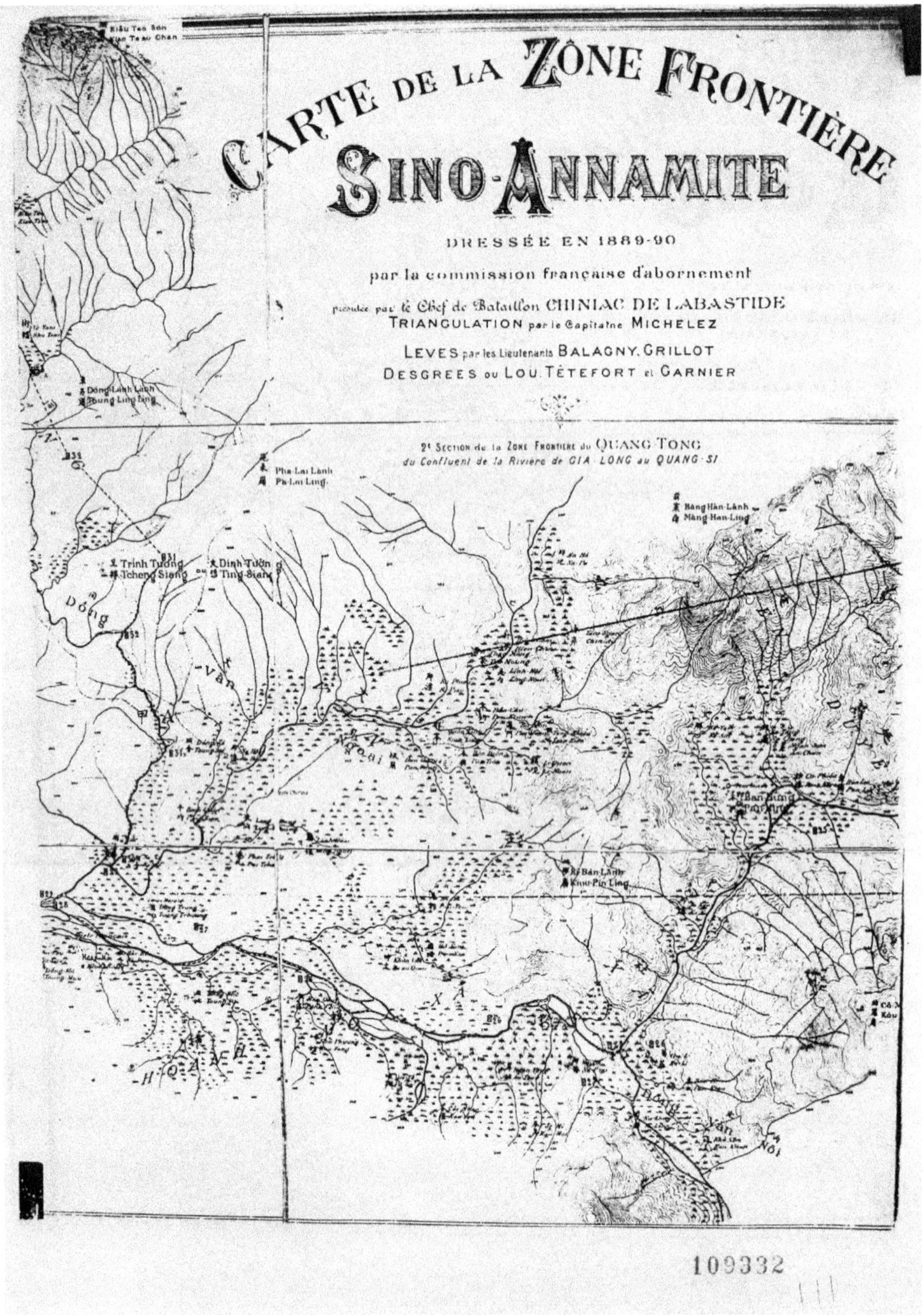

CARTE DE LA ZÔNE FRONTIÈRE
SINO-ANNAMITE

DRESSÉE EN 1889-90

par la commission française d'abornement

présidée par le Chef de Bataillon CHINIAC DE LABASTIDE

TRIANGULATION par le Capitaine MICHELEZ

LEVES par les Lieutenants BALAGNY, GRILLOT

DESGREES du LOU, TÊTEFORT et CARNIER

2e SECTION de la ZONE FRONTIÈRE du QUANG TONG

du Confluent de la Rivière de GIA-LONG au QUANG-SI

Kiêu Tao Sôn
Kiao Tsau Chan
Dông Lành Lành
Toung Ling Ling
Pha-Lai Lành
Pa-Lai Ling
Bàng Hân Lành
Màng Han Ling
Trình Tuông
Tcheng Siang
Dình Tuôn
Ting Siang
Dông
Vân
Ngoai
Ri Bân Lành
Khu Pin Ling
Xa
H Q A N H
Dong
Van
Nôi

109332

图 68

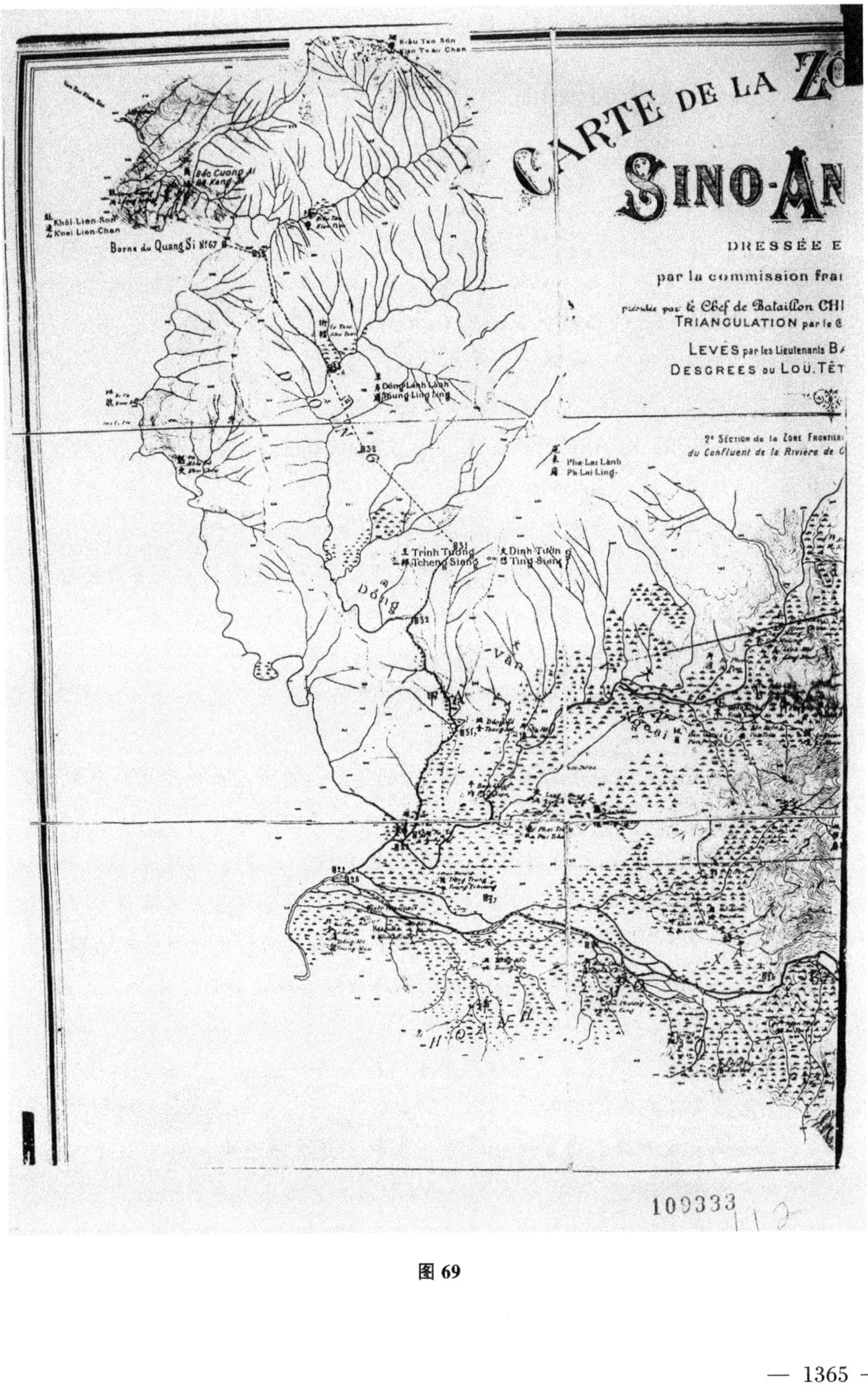

CARTE DE LA ZO
SINO-AN
DRESSÉE E
par la commission fra
dirigée par le Chef de Bataillon CH
TRIANGULATION par le C
LEVÉS par les Lieutenants B
DESGREES du LOU. TÊT
2e SECTION de la ZONE FRONTIÈRE
du Confluent de la Rivière de C

Khôi-Lien-Son
Koei-Lien-Chan
Borne du Quang Si N°67
Đồng Lanh Lanh
Tong Ling Ling
Pha Lai Lành
Pi Lai Ling
Trinh Tường
Tcheng Siang
Dinh Tườn
Ting Siang

109333

图 69

1894 年 7 月 21 日给殖民地部长第 1705 号信件的 1 号附件

中安边界勘界委员会主任塞尔维尔上校关于第二段边界的报告

蒙自，1893 年 6 月 14 日

沿革

第二段边界包括分隔都龙（安南人称聚龙——译者注）、封都（Phuong Do）（宣光省永绥县）和中国开化府的那部分土地。

很久以前，中华帝国就企图扩大它在这一侧的领土了。

根据现在被中国占领的区域的安南权威人士提供的材料，边界线以前到孟土（Mong Tu）、牛羊河（Ngnu Duong Ha）和碟白隘（Diep Bach Ai）。这三个地方应在第二段边界地图的北面，我还未能确知它们的准确位置。

德微理亚先生在他关于中安边界的著名论著中，列举了以下材料：

“1719 年到 1729 年安南王黎维裪统治期间，中安的一些专员到宣光省确定边界。”

“他们在赌咒河边立了两个刻有文字的石碑，记载了他们工作的结果。”

这些石碑只是最近才由中国当局移走。

这个时期确定的边界是法中两国在天津签订的和平友好贸易条约（1885 年 6 月 9 日）缔结时仍被接受的这条。

勘界委员会中国代表们要求的走向，即内附的这幅地图中用黄色虚线标的那条走向，几乎就是真正的边界了。

同一委员会的法国代表们取得了几处细小的更改，用黄色实线条标出的自新店（Sin-Tien）一直到明江与牛羊（Ngnu Duong）河汇合处的走向最后为法中委员会接受，正如从 1886 年 10 月 6 日制定，同年 10 月 19 日在老街签订的协议明显看到的那样。

同样，这份协议证明对于黄色实线终点与高马白附近地区的边界走向未能取得一致意见；要划这段边界线，需要等到能现场定界。

都龙地区实际上自 1885 年以来就被黑旗军的两个头目 Dang Ngo Sam 和 Ca Binh Yen 占领了，那时委员会不能到那里去。

勘界委员会的案卷那时已寄到北京去了。岑毓英总督很可能同时向总理衙门上书。他坚决要求把都龙留给云南，他在给北京的一些报告中声称已占领了此地。

当法兰西共和国派驻中国的特使恭思当先生与中国讨论第二段边界的定界问题时，中国当局要求采纳用绿色实线标的这个走向。

恭思当先生并未坚持一定要从黄色实线终点处重提这个问题，认为应该放弃他的前任们所取得的成果，于1887年6月26日在定界工程结束的—份协议上签了字，他在协议中接受了地图上用红色实线所标的边界线。

他十分清楚这不是天津条约第三款确定的所谓现在的边界，故他正式称之为新的边界。

中国人不仅立即占领了被恭思当先生放弃的那部分区域（包括安南的八个乡），而且占领了红线与绿线之间的那部分区域。

一位姓谭（Dam）的官员被任命为被这样侵占的这个区域的指挥官，这个区域的名称都被改了：中国人把这个区域称为 Qui Nhan Ly。

谭氏在第一份张贴在猛峒（Mants Dong，位于红线的下面，在地图上被明确地标为安南的地方）的布告中，十分巧妙地告诉居民，他们不能无偿地出劳力，并确定了一位劳力或一匹驮马的价钱。

谭在1888年10月份张贴在黄树皮（地图上被标为安南的另一个地点）的第二份布告中告诉老百姓，他们原来的当地首领不变。

在这些不同的布告中，都说这个区域刚刚被并入中国。显然，这个区域以前根本不属于中国。

谭乃一位武将，去年冬天，是一位姓覃（Tsing）的文官大人领导 Qui Nhan Ly。

这位官员曾负责陪同法国地形测绘军官，所以知道红线标的这个走向，但是他想扩大他的领域，就让戈迭尔中尉先生走自 M 到 R 的线路，这条线路将边界移到红线南面很远处。

当时的事情就进行到这一步。

对各边界走向的简要研究

Qui Nhan Ly 几乎全部由位于都龙村东面不远的一座高山的一些山梁分支构成。

这些山梁分支形成一个波浪形的大高原，这个高原垂直地延伸到沿着它的边缘流的诸河。由此可见，这些河流构成最合理的天然边界。

因为这是些几乎没有一处可以通过的大裂谷。

勘界委员会选定的走向先是几乎沿着赌咒河全程，接着沿着明江，因而是最好的。

后来中国当局要求的走向差不多完全根据齐江，也是十分合理的天然走向线。不过我们以后不能接受，因为这个走向可能会在我们的边界上造成一个十分危险的缺口，会把安南的一大片领土交给中国。

恭思当先生所接受的折中方案将是边界上经常发生争执的一个根源。因为红线实际上是在都龙高地的顶端伸展，既不考虑地势的起伏，甚至也不考虑各社的界限。如此不明确，以致中国人自己在这一段也不能指出他们认为的边界在哪里。

戈迭尔中校先生的这一整段线路未循红线走向，然而他所循的走向却要明确得多，因为它是以地势的起伏为根据，只是在 R 点以东才变得不明确，就是说在它与恭思当先生取的走向合在一起时才变得不明确，但是，它增大了同意给中国的让步。

我想，在这一侧将有可能取得对边界的更改。

恭思当先生签了字的那份协议的原文实际上很含糊，如果加以进一步的研究的话。

一些社被明确指定是中国的，同样这些社的一些小屯又被指定是安南的。

聚仁（Tu Nhan）社被划给中国，而南安、南冲（Xung）、黄树皮、漫美这些隶属于聚仁社的小屯被划给了安南，其他一些社的情况也一样。

红线测绘图也许将把完全是中国的一些领土给我们，我们将可以用这些领土交换被中国占领的安南领土的全部或部分。

（该段收入《中越边界历史资料选编》第962～965页）

老百姓的态度

我们对一些我们以后可以重新从中国要回来的领土的占领，将会因为地方当局和老百姓强烈希望仍归安南而更加容易。

1月26日，河江军区司令先生写了一封信（编号95），抄件内附。该信似乎证明中国人自己也认为一些虽然在红线以北的社也不属于他们，这些社的老百姓自认为安南人。

在他今年2月17日的第101号信中，河江军区的这位司令写道：

“因此，清水河左岸的整个有争议的区域，由于无论如何想继续做东京人的老百姓的有力抵制，摆脱了海盗的蹂躏。”

“谨随函寄上封都区区长给我的奋武的里长和老百姓的四封信的抄件。这个区域在1887年前属于这个区长管辖，而且今天老百姓在任何情况下还找他。”

上述的四封信（摘录在下面）是向法国权力机关求救，同时指出开化知府根本不关心这些部分区域的老百姓。

“你们就像我等的父母，我们恳求你们请在河江的法国先生们派一个排的部队到宣头（Thuyên Dâu），派一个排的部队到Mouh Dong。”（奋武和Binh Di当局给封都区长的信）

“现在Hoang Thanh Loi知道我们的村子属于安南，这就是他以前为何带兵到都龙和黄树皮的原因。”（奋武绅士给法国当局的信）

“因此我们给你们写这封信，恳请你们告诉法国人，带他们去驱逐海盗，让百姓平安。”（奋武百姓给封都区长的信）

河江军区司令还在3月1日写了第137号信，3月11日写了275号信。

“我认为应该告诉您，在让出或更确切地说有争议的封都这个区域的事件中，这些村庄的老百姓一直在要求我们支持，反对海盗，说中国以他们是东京人为借口，拒绝援助他们。奋武区长亲自到清水来找我派到那去监视构成边界的那条河右岸的军官，这位官员向这位军官陈述了我们和中国给他造成的处境。”

“我已向争议区里的权力机关请教过，我知道他们对边界的意见。”

“谨随函附上该区域的一个官员，一个非常忠于我们的官员直接写给我的一封信。这封信是有点受到都龙的区长授意的。这位区长是个很坚强、很典型的东京人。但是，由于他与中国的关系，他可能将不会像给我写信的这位那样尽力，我将在北保（Bac - Bao）告诉您。”

“我不知道您接到的指示，但是您可以根据这封信知道我们可以利用这个总之是属于我们、百姓需要我们的区域。”

“我已决定在我给您的这封信中不提这位官员的姓名，因为担心他会落入中国人之手。”

下面是上面提到的这封信的摘要。

“我恳求您采取某种措施，以便边界线如果不一直到猛秀（Mong Tu）、牛羊河、迭北隘（Diep Bach Ai），那么它应该一直到马白关和赌咒河，包括八个村；因为这些村原属东京，今天这些地方的村长们愿意跟你们。”

当戈迭尔中尉先生经过都龙和封都进行测绘时，老百姓向这位军官表达了同样的意见。

不过，应该注意到，这些地区的居民之所以不愿留在中国，那是因为他们知道大清帝国当局使他们免受海盗蹂躏所提供的保护如何。而且，出于一种很自然的想法，他们不想以他们几乎宁静的状态换取由于中国军队撤退后，我们不马上占据中国军队的哨所导致的状况。

一些密使曾报告，居民们要向目前管理他们的中国当局递交一份请愿书，要求两国马上达成协议，中国岗哨要在东京部队或法军接替后才离开该地区。

这份请愿书（摘要如下）已由中国当局转交给法国勘界委员会主任。

“聚仁和奋武村的绅士们说，自光绪十四年（1888年）以后，边界的官员们用都龙、秀清、秀美、秀义、秀华、秀闲（Nhan）、平以和奋武八个村组成 Qui Nhan Ly（Qui Nhan 里），并将它并入开化府的平安（An - Binh）县。”

“几年前，海盗抢劫了秀闲各小屯，去年冬天，抢劫了奋武诸小屯。”

“中国士兵与海盗打了一仗后，整个里（Ly）都平静下来了，建立了一些哨所，阻止海盗再来。”

“居民们没想到红线这条走向把秀闲和奋武放在中国边界以外。他们担心中国人撤走后，海盗复来。”

“边界以外的地区是崇山峻岭，森林覆盖，完全适合海盗藏身，它距三角洲很远，通往三角洲的通道被海盗切断。”

“他们担心法国人没有很多士兵保护他们。他们认为，如果法国人知道海盗的恶毒，就不会让居民们受苦受难，就会保护他们，消灭海盗。”

开化知府和都龙部队司令的意见。

“密使们说，海盗大批集结在边界附近，他们等待法军交战，在该地区立足。”

“在 Qui Nhan Ly 边界，有些高山和森林，这些场所有利于海盗，要监视这条很长的边界，必须要有许多士兵。”

“除了设在红线以北的那些哨所外，中国士兵在秀闲、奋武、黄树皮、漫美等处，还有十多个哨所。”

“在以后放立了边界界碑时，这两个村将有许多通道。海盗人数众多，强大；将需要很多部队来监视该地区。”

“对此可能很有必要与法国勘界委员会主任商量。”

中国代表团团长、道台的意见。

“数年来，中国政府已承担了对 Qui Nhan Ly 八个村的保护，它经常在这些地方打海盗，特别是在去年打败了马贵安（Mach Que An）匪帮。”

“士兵们在这些地方已疲惫不堪了。消耗了大量的粮食、武器和弹药。”

“中国政府并不惋惜这样的开支，因为这笔开支是用于保护居民、消灭海盗的。”

“今天，红线这条走向将秀闲和奋武留在中国边界以外，可是安南一侧的边境还不平静，这个地区远离三角洲，靠近海盗。海盗很久以来就垂涎这个地区了，如果监视一放松，他们就会在这个地区立足。”

“界碑以后放置后，如果法国政府不派大队士兵去保卫这个地区，如果中国人的岗哨撤走，海盗就会复来。这个地区的居民将受其害。这对于两国政府来说将是一件不幸的事，两国政府都应该关心边境居民的安宁。”

“我要求中国诸岗哨临时维持不动。当东京以后全平定下来时，当各条路以后畅通无阻时，那时法国政府就可以派出大批部队，中国岗哨就撤到边界以内。”

“我请求您好好研究这件事。”

占领该地区的可能性

似乎可以占领该地区以充分保护居民，同时尽可能利用该地区。

下面的说明显然并不是绝对的，这个区域还鲜为人知。

要满足所有要求，似乎在黄树皮设立一个军事哨所、两个海关关卡就行了。一个关卡在靠近猛康处，另一个在猛峝。

黄树皮哨所东可以连接河江哨所和清水哨所，西南可以连接北河哨所。设在以前海盗占据的同一个地点，它就可以与已设立的诸哨所一起确保明江与红河之间的整片东京地区的平定了。

今天河江处于西面的黄清雷（Hoang Thanh Loi）匪帮、东面的何国祥（Ha Quoc

Tuong）匪帮的包围之中，可能只应从唯一的一侧进行迎击，方可更容易地实现平定。

另一方面，似乎有必要设立海关关卡。

因为令我们关注的这个地区出产棺木，就像云南南方整个地区一样，叫都龙木。

都龙山区由干旱裸露的山组成，几乎到处见不到树木和竹子。

其实输入中国的木材尽管叫都龙木，但并不产自都龙。在猛峝以南的一个真正的森林里有这些木材。

现在不知道一些木材芳香（很可能是枞树）的森林是在哪一次地壳的激变之后被全部掩埋在一层沙石下面的。这次激变发生的时间可能不久，因为木材还保存完好。

人们每天从沿着猛峝大路运往马白关、再从马白关运往各个方向的大量木材中抽取一些。

中国人在马白关设立了一个海关关卡，派出蒙自的一名官员，去年征的税额有5000两银子（约7700皮阿斯特）。

根据蒙自海关职员提供的情报，真正的收入可能约为20000两银子（30000皮阿斯特），15000两银子可能被马白关海关的职员侵吞了，他们都是中国人。

进行严格监督，保护国政府就能确保得到一笔巨额收入。在猛峝设立一个关卡，就可以对所有运往马白关的木材进行征税；第二个关卡设在猛康，可以对所有沿齐江而下、在更靠西侧进入中国的木材征税。

要占据这些哨卡，显然要十分谨慎。边界线一明确划定，就必须与中国达成协议，让保护国政府的部队代替中国士兵进入他们的哨卡。

（原件第109338页）

河江辖区司令拉尔吉营长给谅山第二军区司令的信

发文号·75　河江，1893年1月26日

少校：

在向您转去侦察报告之际，我谨提醒您注意下面这个问题。

1887年6月26日的条约以一条起自明江右岸、沿着该河的一条支流清水河伸展的线划定中国的边界。由此可知，实际上属于永水（Vinh Thuy）县、受河江行政辖区管辖的封都被这条新边界劈为两半了，一部分在东京，一部分在中国。而且，这条河流左岸两个相距很近的村庄有些稻田在右岸，被列入我们的纳税名册，向辖区纳税。这是可以理解的，因为它们在我们境内有耕地。但是，这些村庄和奋武以及平以一样，一直倚仗安南的威信，更不用说那些以前属于封都的更小、更靠北的村庄了。

1月19日早晨，封都区长告诉我，从黄树腓来的150名海盗威胁着奋武村，他向我

求援，并以中国开化知府给奋武和平以（Binh－Di）两村村长写信说他们村属于安南而不属于中国为依据。

我只能告诉他，这个村是中国的，我不能满足他的要求，我所能做的一切，就是派出一支侦察队到界河右岸去。

21日，海盗果然攻打了奋武村，但被村民击退。侦察队21日返回。

23日，这股得到200条枪增援的海盗，共350条枪，返回攻打奋武村。该村把妇女儿童藏好后，进行了顽强的自卫。

海盗已烧毁了60间房屋，杀死了8个村民，以一半人马继续发动进攻，另一半则在村子的前面构筑一个工事，以回击村民的抵抗。后者也有一个工事，并且在进攻者的火力之下继续加固他们的工事。

23日，我又派出一支侦察队到清水哨卡去，让我们一侧的各村放心。侦察队一到哨卡，队长就接到奋武的求援信。当然答复是边界问题。

该村村长在7条枪的护卫下，今天（25日）亲自到清水哨卡找到队长，再次请他援助。队长提醒他注意，这个村属于中国。他听到队长否定的答复后，大约向队长说了下面这番话：

“自与黄树腓的海盗开始交战起，我就向开化知府求救。该知府有1000条枪。这位官员只对我说，奋武属于东京。而你又对我说，你们不能去，我可实在不知道这是怎么回事。”

这就是中国让海盗占领的一部分领土的局势。海盗一在奋武立足，就控制着清水河左岸各村，控制着通往开化的大路（距我们的边哨两个小时的路程）。因此，这段边界将会受到一支人数众多、武器精良的海盗的经常威胁。

（原件第109345页）

1894年7月21日给殖民地部长第1705号函的第19号附件

关于都龙区问题的报告

一直到去秋为止，对红河与明江之间的边境区的占领仅限于占领这两条河上的哨卡。1886年，我们到了老街，1887年，到了河江。但是这两个地方之间包括齐江和昆河上游地区的这片区域，处在海盗的控制之下，或者至少是处于他们的势力范围之下。1890年以前进行的几次侦察，对在红河左岸或明江右岸进行两三次进军提供了一些地区地形资料，而且相当全面。但是，我们从未进入其中部，比如都龙区一个叫黄树皮（Hoang－Thu－Bi，安南音Hoang Si Phi）的村庄。

一 问题的由来

1893 年秋，我们的哨卡线已往北前移了一大步。到那时为止，以老街、铺朗（Pho Rang）、陵安州、永水（Vinh - Thuy）、北光、河江和清水为标志，形成一个明显的 V 字形，通过猛康、巴卡、义由（Nghe Do）、安平社恢复成直线，远距离地保护了齐江左岸的地区，占据了昆河的中部。这样我们就处在黄树皮的附近了。海盗头子黄清雷（Hoang Thanh Loi）、阮朝中（Nguyen Trieu Truong）长期以来将他们的主要巢穴和他们的机构设在黄树皮。

在这段时间里，云南边界勘界委员会正在中国确定两国的边界。在这里陈述根据与中国政府达成的外交协议应选用哪条走向，就太费篇幅了。1893 年 6 月 14 日塞尔维尔中校先生从蒙自寄给总督先生的第 88 号报告，提供了这方面的全部情况（第 1 号件）。

不论这个边界走向如何，不论它把整个都龙区还是南部划给我们，仍然可以肯定的是，中国人曾被迫占领了南部地区的好几个村，主要是先门、黄树皮和猛岗；实际上他们那时与海盗有争执。后者被迫前移到红河右岸和齐江中部，所以大量集结在该地区，既在中国领土上进行掠夺，也在东京领土上进行掠夺。开化府的一些文武官员在距马白关不远处被绑架，交了赎金才被释放。中国官军与海盗进行了数次交战，但海盗总是占有优势；商人们既埋怨蒙自道台本人，也埋怨云贵总督。这两人只好增加他们军队的人数，花费了很大的一笔资金，就像上述的第 88 号报告（居民的态度、道台的意见）所指出的那样。

要知道中国当局与海盗之间的关系的确切性质是很难的。海盗中的大多数来自两广，他们的头领曾是刘永福的手下；许多军官的出身不外乎此；因此，中国一些权威人士与各匪首之间存在一些先天的一致关系。匪首们从未受到严查，也许只有当他们的掠夺损害了一些中国人时才会被追查。

中国官员怕海盗；后者讲话盛气凌人，不会被轻易吓倒。当局为了其领土有安宁的日子，驱走他们，而损害我们，让他们自由地获得所有的补给，让他们出售他们的赃物。有些村庄成了海盗的名副其实的仓库，像距老街两千米处的栋平（Tong Binh）。那里每家每户耕种一小块地，而家长则在荆棘丛林中做绿林好汉。他们从未受打扰。中国官员们并非总能完全有权做他们想做的事，但他们却从未认认真真地去努力做他们能做的事。

因此，年底，黄清雷各匪股就聚集在中国人让给我们的都龙区的南部。海盗在这里骚扰到马白关和开化去的运输队，使棺木的贸易和盐的贸易变得困难起来，而这两种贸易是官员们的一大笔收入。双方进行了数次战斗，官兵与海盗互有胜负。甚至好像可以肯定，山平（Son - Phong）各哨卡的指挥官林大贵（Ling Ta Que）有两营的兵。最后，达成了一种协议，中国人不再去打扰海盗，但是保留他们的驻军，他们不敢从驻地撤走。

其实很久以来，他们就找勘界委员会主任，或找蒙自领事，坚决要求我们的军队去接替他们，说他们占据这个区域是为了不让该区域落入海盗之手。塞尔维尔中校返回委员会时，这些要求再次被提出来（见他12月29日的电报，第2号件）。我马上把这个问题转告总督先生（12月30日第2253号信，第3号件），同时问塞尔维尔中校，进行这一活动需要多少兵力（第4号件）。他1月14日回复我（第5号件），中国人有500兵力在黄树皮，必须让相等的人数去替换他们。于是我向总督先生提出了一些有力的建议。对这件事，我与总督先生进行了数次口头交谈。我要求他成立两个东京土著步兵连，以便进行这项工作（1月20日第2051号信，第6号件）。在承认这一占领非常有益的同时，我认为，不从其他地区撤走大批军队，不让我们最后的土著预备队进行协助，我们就不能集中起必要的军队。

这封信仍无回音。就在此时，塞尔维尔中校到安徘（Yen Bai）来了，因为委员会的工作由于春节暂停了。2月1日（第7号件），他告诉我，云南总督要求知道我们的决定。我2日给他复函（第8号件），同时我口头请求德·拉纳桑先生把他的决定告诉我。他向我声明，他不能同时通过建立新的单位来增加兵力，并表示他可能会同意增加几连土著兵。我把情况告诉了塞尔维尔中校（第9号件），并通知他，第三区可以让他动用少量的人，大部分将要从第四区抽调。我请他提出他的建议。不久就接到他的建议，我通过2月7日的第2105号信（第10号件），把他的建议和我的意见向总督呈报了。

塞尔维尔中校先生可能原本是希望顿万（Don Vang）行政区交给民政机关。从而占据该区的那连东京土著步兵就可以动用，从第四区驻军中抽出一部分兵力，就有可能组成一支约500人的部队去占领先门（Xin - Man）等地了。我的意见与高级驻扎官先生的意见一样，即改变顿万区的现状是不谨慎的，那里刚恢复平静，不能改变其行政机构，该机构已开始经受了考验。而且，该区的老百姓不是安南人，把他们置于兴化总督的统治之下，可能会有麻烦。

但是，为了拥有必要的枪支，我建议总督先生提前从东京第一区征召新兵，在老兵进行计划中的占领时，他们可以守卫红河的诸哨卡。德·拉纳桑先生有一阵子甚至同意最终增援几连土著步兵，增加到300人而非250人的想法。但他现在又不同意了，还是预算的原因。大家仅限于我所提出的，我在2月9日的第2116号信（第11号件）中所要求的提前征召。因为在第三、第四区不能获得必需的土著步兵，不管愿不愿意，我只好在山西要了土著预备队中仅有的两个连中的一个。

二 占领都龙区

由于总督先生已决定提前从东京第一区征召新兵，已向塞尔维尔中校、还向安徘（Yen Bai）下达了把派去占领先门的部队集结在普卢（Pho Lu）的命令，这支部队将经过巴卡（Pa Kha）去先门。因此，东京第一团的第八连和外籍兵团的两个排于2月11日离开安徘前往普卢。东京第一团、指挥老街行政区的戈特聂格尔营长负责这次行动，到普卢，留下东京第一团第三连的一支小分队增援从安徘来的分遣队。塞尔维尔中校同时前往蒙自。

规定的各部运动马上进行起来了，戈特聂格尔部于2月24日在巴卡集中。地方当局和老百姓提供的情况相符，从这些情况中可以知道，约有七八百名装备精良的海盗占领着泰安寨（Tai Ngan Chai）、银珍（Ngan Chin）和河艚（Ha Tau）的一些筑有堑壕的阵地，并准备决心死守这些阵地。仅拥有300名土著步兵和30名外籍兵团士兵的戈特聂格尔少校担心即便不被打败，至少不会成功，而这样的后果是令人不快的，这并不无道理。他向塞尔维尔中校反映了这一情况。后者当时正在去蒙自的途中，2月26日到了老街。

戈特聂格尔少校认为，要有效地向海盗进攻，他必须得到一支200人的援兵，其中100人是欧洲人，以及一门炮。但是我在3月8日才得知这些情况。

可是3月6日一早，我就接到总督先生从西贡发来的下面这封电报：

“法国驻北京公使发电报告诉我，法国驻华公使同意我们立即占领都龙（Tu Lang）区的三个哨卡。请加速这一占领行动，请赶快发电报告诉我，这一行动何时进行。”

3月7日，我问指挥安徘行政区的普雷泰中校先生，派去占领先门的部队是否上路。我从收到的一份复电（第12号件）得知，正如我在上面所说的那样，戈特聂格尔少校对于是否着手进行这一行动，还犹豫不决。于是我找在蒙自的塞尔维尔中校帮忙，要求他告诉我更多情况（第13号件），并于当天通知了总督先生（第14号件）。

3月13日，我接到塞尔维尔中校的一份电报。他告诉我说，占据着先门的那位中国将军力图与戈特聂格尔少校会晤，因此他指示少校加快行军步伐。这一天，普雷泰中校给我转来了第135号电报（第15号件）包含的情报。我当天就答复他，并同意戈特聂格尔少校要求的援兵上路。援兵（56名外籍兵团的士兵、36名土著步兵、一门炮）要于3月19日在普卢集中。

但是，要想打退海盗而不受太大的损失，必须发动猛烈的进攻。我决定派出由东京第一团的什那贡少校率领的第二支特遣队，主要负责占领黄树皮，并在安平（Yen－Binh）社集结。这支特遣队要包括驻扎在山西的那支土著步兵连和第三区出的一小队土著步兵、外籍兵团的一个连。由于一些部队要走的路程很远，这支特遣队在将近3月底才能做好投入战斗的准备。

在什那贡特遣队组建时，我接到高级驻扎官办公室的一份通知（抄件内附）（第16号件），是作为资料寄给我的。它包括的说明的出处没有标出来，不过这些说明好像出自某个消息很灵通的人之口。将这些材料与戈特聂格尔少校提供的情况进行比较，就会担心海盗们力图进行更有力的抵抗。我要求塞尔维尔中校进行说明（第17号件）。

不久，我于3月20日接到安徘来的一份通知。该通知告诉我，戈特聂格尔部已轻而易举地占领了先门，并北上绕过泰安寨。先门的中国各指挥官热烈地欢迎我们的部队。我3月28日才接到塞尔维尔中校的答复（第18号件）。他说海盗一直还在他们的阵地里，据老百姓说，他们的阵地筑有很坚固的防御工事。这位校官认为，从所提供的驻军看，戈特聂格尔部没有足够的兵力进行决定性的行动，要求派出两连土著步兵。他补充说，海盗如果被迫让步，可能打算往风土（Phong－Tho）和黑水河逃窜。

在盛夏到来之前扫清道路很有好处，因为酷热将会使部队不能在这个多山的地区行动；另一方面，无论如何必须阻止海盗通过红河右岸进入黑水河。实际上我们费了很大劲才把他们从那赶走，他们在那找到了很多财源。

因此，我决心使用留在河内的最后一连土著步兵，因而今天没有一支可动用的土著部队。为了得到塞尔维尔中校要求得到的第二连，必须临时利用宣光连，该连不在时由海军陆战队的一个连接替。海军陆战连也是从河内的预备队中抽出来的，当时河内亦只有两个连。3 月 29 日，我命令东京第一团的第五连和第七连上路赴普卢。万一海盗放弃保卫他们在都龙区的各个阵地而企图越过红河，而且他们也尝试了，这两个连能够发挥作用。出于同样的目的，我找海军司令帮忙，以便使“茂隆号”和“雅干号”炮舰到红河来，监视普卢地区的各个渡口。因此也下达了一些命令，但是因为水量不足，还不能让炮舰溯河而上到指定的地区。

也许由于缺粮，海盗果然未经交战就撤出了他们占领并且构筑了大量防御工事的阵地。同时（3 月 6 日），我从塞尔维尔中校发来的一份电报获知，各股海盗只占据着河艚（Ha Tau）了；从普雷泰中校处得知，阮朝中带着 400 人向齐江靠拢，但是他发现所有的渡口都有兵把守，就想退往 Luc 安山；然而他在铺朗（Phe Rang）以北渡过了此河；一部分海盗，约 200 人，在往东撤时在河江被发现，他们渡过了明江。指挥第三区的托马塞上校认为他们是去太原地区（4 月 9 日）的。

在阮朝中收拢其在红河与齐江之间的人马往奠光而去之时，东京第一团的第五连抵达北河（Bac Ha），第七连亦将抵达 Traï Hut（4 月 9 日）。

11 日一早，第五连就与海盗交战，在奠光对海盗发动突然袭击，迫使他们返回齐江，打死打伤并俘虏 6 人。

塞尔维尔中校复把戈特聂格尔派往西去追击撤退的海盗（就像我在 4 月 17 日的第 2401 号信中所说的那样），并指出帮助数年来备受折磨的都龙区的居民的必要性。

从此海盗被困在红河左岸的群山中，不能往南越过保河—普卢线。19 日，太万（Thai Van）以北的芒范（Muong Pham）发生了一次小规模的战斗。戈特聂格尔少校已抵普卢。

三　现在的形势

塞尔维尔中校提供的最新情况是 4 月 19 日在黄树皮写的。海盗已撤离他们在河艚的巢穴，那里的工事已被全部夷为平地；都龙地区的海盗已全部荡平；塞尔维尔中校把安徘来的欧洲人再派往红河去，对他们的供给可能是太难保证了。

什那贡少校驻扎在黄树皮。塞尔维尔中校认为他在这一侧驻扎没有必要，就返回普卢。海盗由于不能从老街的下游到红河的右岸来，很可能要北上窜回中国。为了阻止海盗从风土（Phong Tho）进入黑水河上游，已采取了措施，通往封土的路有重兵把守。

现在不能预料各股海盗为了生存将如何活动。因为他们将被迫在夏季安顿下来。像去年那样，以后必须穷追不舍，不让他们有喘息之机，这将给我们的人造成极度的疲劳。红河上游的安全需要付出这一代价。

关于占领都龙区这件事，是轻易就办成了，就像投入足够兵力时一般发生的情况一样。但是我们再无一点土著部队的预备队了，不可能通过我军的一次重新集结来重新组建一支预备队。这一形势充满危险，使我们受到一次意外事件的摆布。

最后，占领中国人要交还给我们的这部分都龙区尚无法圆满完成。蒙自道台要求把归还猛峝的问题提交给法国驻北京公使和总理衙门处理，而且缺少这个问题的材料。

迪歇漫

（原件第 109364 页）

1893 年中越边界北市、嘉隆至北岗隘勘界委员会 1893 年 12 月 15 日（光绪十九年十一月八日）会议纪要第三号

参加会议人员：

法方成员：阿马尔（荣誉勋位获得者、指挥芒街行政区的营长）、奥迭（情报官、海军陆战队中尉）、特雷斯图尔聂（海军陆战队中尉）。

中方成员：李受彤（中国勘界委员会主任、三品衔补用府钦州知府）、陈文埒（四品衔即补直隶州防城县知县）、张懋德（立界洋务委员运同衔甘肃即补通判）。

中方委员会主任先生被提升为三品官的事已正式通知了法方委员会，后者向他表示热烈的祝贺。

法中两国委员会业已一致决定，坑怀岭与流经披劳、本兴和那熄（安南名 Na-Kep，中文名 Na-Ku）的那条河流之间的山区的界碑立放工程将在今天的会议和本纪要上商定。

这条河流是先安河的主要支流。该河随后流经横模和平辽。

两国委员会在前一段时间里已经一起对将放立界碑的地方进行了实地勘察。两国委员会因此确定这段边界的界碑立放活动如下：

（1）从坑怀岭起，边界走向将是一条从坑怀岭的那块未标号的界碑起、经希尼阿·德·拉巴斯蒂德地图上的用小绿点标的虚线的直线，距这条虚线与大坑尾河的交点 150 米处。

（2）接着边界沿着这条虚线一直到与马双河的交叉点止。

（3）从该交叉点起，边界线作直线到青龙岭顶（标高 843 米），接着继续作另一条直线通到绿虚线与披劳河的交点。

这个走向一确定，阿马尔营长就代表法国委员会指出，这样确定的边界线将青龙岭以北一部分理所当然应该属于安南的区域留给了中国。但是，这一让步是由于要执行11月13日的第一号会谈纪要提出的原则，以便使这个走向有一条更合乎情理的线：青龙岭在这个高地上，一个很显眼的山顶提供了一个很容易确定的方位标。

（4）两国委员会成员为了执行11月13日第一号会谈纪要确定的关于在山区立放公共界碑的条款，在坑怀岭和披劳河之间的这一段边界亲自立置了如下的界碑。

第17号公共界碑：

在大坑尾河东面，距该河与绿色虚线交叉点150米处的小圆丘上。

第18号公共界碑：

在大坑尾河西面、与绿虚线相切处的小圆丘上。

第19号公共界碑：

在绿虚线与小坑尾河交叉点东面的小圆丘上。

第20号公共界碑：

在分隔小坑尾河上游与马双河上游、位于用绿虚线确定的走向上的那个山顶上。

磁方位角定位：坑怀岭　　101°

小坑尾山顶　145°

三角测量点，俯视标高517米的那来（Na Lay）。

第21号公共界碑：

在绿虚线与马双河的交叉点上，在这条河与一条西侧支流的合流点北面200米处。

第22号公共界碑：

在青龙岭山顶，标高843米，在绿虚线南直线距离300米处。

两国委员会随后又附带商定，各次会议的各会谈纪要以及工程结束时将要制定的划界总纪要，将使用法文与中文两种文字，每种文字两份；但是，按外交文件采用的惯例，依旧约定，有争议时，仅以法文本为凭证。

1893年12月15日

（光绪十九年十一月八日）于那来

法方成员签名

中方成员签名

（该篇收入《中越边界历史资料选编》第643～645页）

（原件第109395页）

Tu Vong
Moung Toung
Nam Bin
Toung Kona Ling
Ban Punh
Khan Nam
Man Pinh
Ban Hi
Xin Giai
Con Gin Nghai
Po Lo
Hu Co Xu
Xan Han
Ban Pong
Mo Xi Xung
Nan Hai
Xin Man
Cho Tho
Mao Chao Po
Mang Yen
Ban Pai
Bau Cai
Hoang Thu Bi
Co Lai
Then Phong
Kia Tinh
Ngai La
Co Pu
Nghan Chin
Loan Kia
Ban Cua
Lang Kien
Lang Ba Duong
Co Mi
Co Ly
Lang Na
Lang Luac
Long Ngho
Tai Nghau Chai
Xin Cai Cho
Na No
Xa Co Ti
Nan Pi
Na Hu
Ban Khe
Lang Li
Nam Yang
Li Ze Chu
Nan Gia
forets impenetrables
Lang Ri
Lang Luoc
Bau Pian
Nam Xum
Ban Gia
Na Lang
Van Luong
Hang Nam
Deo Nam Yang
Lg Quan
Bang Giang
Lang Co Lum
Lang Hop
Ban Ven
Lang Lap
Lung Vi
Lung The
YEN-BINH

LEGENDE

------ Frontière de Chine 中国边界
.... Partie du Canton de Tu-Long restant à l'Annam 都龙区~~部分~~留南的属部分
-------- Limite de Commune (Xa) (社)区界线

Note.— Les Villages dont les noms sont soulignés sont les Résidences des maires

注：名字下划线的村庄为区长官邸的在地

CARTE ADMINISTRATIVE
par renseignements
de la partie du Canton de Tu-Long restant à l'Annam

Echelle : $\frac{1}{200.000}$

都龙区留南的属部分行政区图
（根据资料绘制）

109372

图 70

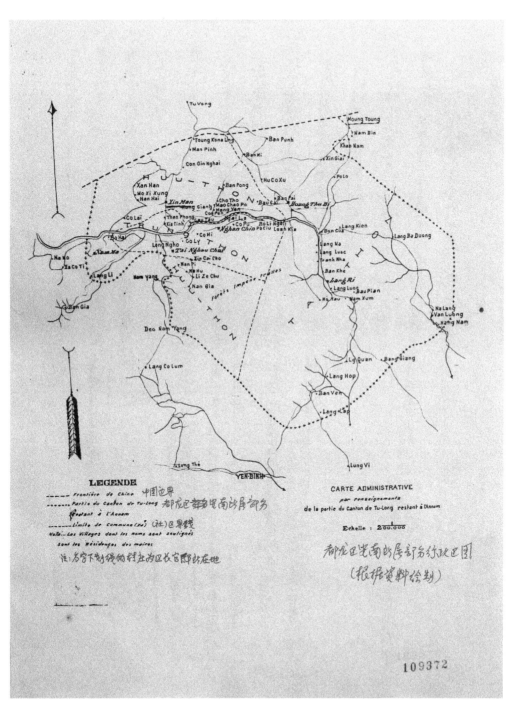

中國越南第貳段廣東邊界由北市嘉隆起至北岡隘止

查照西一千八百八十七年六月二十六號即中國光緒十三年五月初六日北京條約兩國派立界委員

兩國立界委員查明第貳段邊界照北京條約又查明蔗街西一千八百八十七年三月二十九號即中國光緒十三年三月初五日分界圖約

西一千八百九十三年兩國議定會立第貳段邊界所有以前西一千八百八十九年一千八百九十年又西一千八百九十年一千八百九十一年會議未定邊界現兩國立界委員奉有權宜商定意見相同中國所定界線不可更改照立廣東第貳段邊界分明開列於後

一由北市嘉隆河中為界照約叁拾里（北河係嘉隆向西支河）直至北風生之下北河分為兩支離北風生（五百嗘哩）一支河向西北一支河向西南兩國商定以西南支河為界直上至嗯定字止又分兩溝由嗯定字起界線以向西北之水溝為界北溝水朝北流在安排村之東南安排村係歸越南

由安排村水溝直上至坑懷嶺頂為界（此嶺高九百五拾五嗘哩）

兩國立界委員商定凡有河有溝之處以河中溝中為界凡有兩國行船聽其便易以水深行船處為界如不能行船之處仍以河水溝水最深處或以水寬濶之處為界倘遇水大水涸將所定界線變移或河中溝中將來

图 71

T0760I

新成有沙洲則仍以水深處為界其沙洲在中國界者歸中國在越南界者歸越南

兩國河邊溝邊所立界石或立於人常經過之處或立於村舍之處或立於緊要之處或立於汊河汊溝之處至於荒野無人之處沿途擇地豎立界石不必相對兩相斜離為界如界線在山頂者兩國公立界石一面寫

大清國欽州界一面寫越南界

兩國所立界石號數查照西一千八百八十九年即中國光緒十五年西一千八百九十年即中國光緒十六年所立至第拾號界石現接自拾壹號起立界石

一由坑懷嶺頂界線稍偏東南至大坑尾溝又由大坑尾溝向西過小坑尾溝直過馬雙嶺由馬雙嶺稍偏西南至青龍嶺頂此嶺高合四十三啄嗹又由青龍嶺頂界線至披勞河此為陸界披勞河之右披勞本興即板興那燃等村歸中國披勞河之左菊萡村歸越南

一自披勞河至洞鏌河下至洞鏌村之北河中為界所有蒲楠坤文崗中等村歸中國所有那蒲營坪本岑洞北洞鏌等村歸越南

兩國界線又由崗中即洞鏌水尾折回那沙河過那沙村之東洞含村之西為界那沙村歸越南洞含村歸中國又由那沙溝上之東北汊溝上至呈祥之東北相離五百啄嗹之處起界線此界線過一山頂高六百七十五啄嗹又過一山頂高八百一十五啄嗹

图 72

又過一山頂高七百三十六啄嚏以上等山在呈祥村之西北直至北岡隘為界呈祥村歸越南術曾村即惟膽矯曹歸中國又

由七百四十六啄嚏之山頂界線到一山頂高六百六十二啄嚏之山下在廣西所立六十七號界石為界

兩國立界委員將以上界線議定會同勘明豎立廣東第貳段界石

中國第拾壹號界石立在嘉隆支河左邊

第拾貳號界石立對六真近北含地方

第拾叁號界石立在嘉隆支河之上灘散東邊

第拾肆號界石立在稔市法營東邊在灘散溝西

第拾伍號界石立在嘉隆支河之上兩汊溝邊一向西北一向西南北立石在那流河右邊

第拾陸號界石立在嘉隆支河之上安排村汊溝之下山坡上

兩國於坑懷嶺頂巨石公立界石一面寫

大清國欽州界一面寫越南界

兩國公立第拾柒號界石在大坑尾河東邊之山坡上離坑懷嶺東南一千啄嚏

兩國公立第拾捌號界石在大坑尾河西邊之山坡上

图 73

109402

兩國公立第拾玖號界石在小坑尾河東邊之山坡上

兩國公立第貳拾號界石在山頂上北山一面向小坑河尾一面向馬雙河

兩國公立第貳拾壹號界石在馬雙河汊溝北汊溝向西

兩國公立第貳拾貳號界石在青龍嶺頂 北嶺高八百四十三喙噠

第貳拾叁號界石立在青龍嶺下拔勞河之右邊

第貳拾肆號界石立在拔勞之西南北石離拔勞一百八十喙噠

第貳拾伍號界石立在那勞洞謨河三汊溝邊

第貳拾陸號界石立在洞謨河之右邊小山坡上高二百九十喙噠 離越南營吽村之西四百喙噠

第貳拾柒號界石立在越南洞枇村之北相離洞枇七百二十喙噠 近洞中

第貳拾捌號界石立在洞謨那沙河口在洞謨河之東

第貳拾玖號界石立在那沙村之東南相離那沙三百八十喙噠

第叁拾號界石立在中國那舍村之西相離那舍一百喙噠

第叁拾壹號界石立在中國洞舍村之西相離洞舍一百二十喙噠

图 74

第叁拾貳號界石立在三汊溝左邊以左邊小溝為界此小溝離界石六十喀嗟在呈祥村之東南

第叁拾叁號界石立在術暫即帷胆村三汊溝之左邊此溝直下通那沙河

越南第拾壹號界石立在嘉隆支河右邊

第拾貳號界石立對那浪

第拾叁號界石立在中國三左柴營處之東南在大崗田平地之北

第拾肆號界石立在嘉隆支河之上相對有兩汊溝一向西南一向西北名那沠溝

第拾伍號界石立在嘉隆支河之上支篙汊溝之西

第拾陸號界石立在嘉隆支河之上汊溝山坡上在安排村之東南

兩國公立第拾柒號界石在大坑尾河東之山坡上離坑慓嶺東南喀嗟一千

兩國公立第拾捌號界石立在大坑尾河西邊之山坡上

兩國公立第拾玖號界石立在小坑尾河東邊之山坡上

兩國公立第貳拾號界石立在山頂上此山一面向小坑河尾一面向馬雙河

兩國公立第貳拾壹號界石立在馬雙河北邊此河有一汊溝向西

图 75

107603

兩國公立第貳拾貳號界石立在青龍嶺頂 北嶺八百里三喀哩

第貳拾叁號界石立在青龍嶺下之西北拔勞河邊

第貳拾肆號界石立在拔勞河左邊三汊溝之山坡上北山坡在拔勞溝之左

第貳拾伍號界石立在拔勞河邊中國姑瀿村之南

第貳拾陸號界石立在蔺㴱村之北相離左邊汊河三百六十喀哩

第貳拾柒號界石立在那蒲村之東南相離那蒲二百四十喀哩

第貳拾捌號界石立在本岺村之東北相離本岺三百六十喀哩

第貳拾玖號界石立在洞謨那沙河北邊之山坡上

第叁拾號界石立在那沙村之東南相離那沙六十喀哩

兩國公立第叁拾壹號界石在呈祥村之東離呈祥六百六十喀哩

兩國公立第叁拾貳號界石在呈祥村西北之山上北山高六百七十五喀哩 離呈祥一千一百六十喀哩

兩國公立第叁拾叁號界石在兩山之中一山高七百里六喀哩 一山高七百五十喀哩 離北岡隘山㘅之南三百四十喀哩

大清光緒拾玖年十一月二十二日

图 76

西歷壹仟捌百玖拾叁年十二月二十九號在横模議立華文兩本法文兩本地圖兩張兩國各存華文一本

法文一本地圖一張又各存小地圖壹張將來如有爭議以法文為憑

大清國立界總辦三品銜補用府欽州直隸州正堂李受彤

立界委員四品銜即補直隸州防城縣正堂陳文琦

立界洋務委員運同銜甘肅即補通判張懋德 押

Le Colonel d'Infanterie de marine, Président de la Commission française d'abornement en 1893

Galliéni

COMMISSION D'ABORNEMENT DE LA FRONTIÈRE DU QUANG-TONG 1893

Le Chef de Bataillon d'Infanterie de Marine, membre de la Commission française d'abornement d'Hoan mo en 1893

Le Lieutenant d'Infanterie de marine, membre de la Commission française d'abornement d'Hoan mo en 1893

Le Lieutenant d'Infanterie de marine, membre de la Commission française d'abornement d'Hoan mo en 1893

图 77

1893 年中越边界北市、嘉隆至北岗隘段勘界委员会 1893 年 12 月 6 日（光绪十九年十月二十九日）会议会谈纪要第二号

参加会议人员：

法方成员：荣誉勋位获得者、指挥芒街行政区的营长阿马尔；情报官、海军陆战队中尉奥迭；海军陆战队中尉特雷斯图尔聂。

中方成员：中国勘界委员会主任、四品衔补用府钦州知府李受彤；四品衔即补直隶州防城县知县陈文埒；立界洋务委员运同衔甘肃即补通判张懋德。

法方委员会主任加利埃尼上校先生未参加会议，但已委托阿马尔营长先生在商议中全权代他做出营长先生认为合适的一切决定。

法中两国委员会一致决定，双方到今天为止进行的工程导致的界碑立放问题，将在今天的会议和本纪要中确定。

双方实际上已一起到北市、嘉隆直至嘉隆河上游的这片地区勘察了要立放界碑的位置；另一方面，两国委员还在场让人从北市、嘉隆起测量 1887 年 3 月 29 日的第一号定界协议提到的嘉隆河 30 里的距离。

因此，双方得到了一切材料以认可他们到今天为止所进行的定界工程，确定这一段中安边界的界碑立放作业。

这将是本纪要的目的。

因此形成了如下决议，并获两国委员会完全同意。

（1）根据 1887 年 3 月 29 日（光绪十三年三月五日）第一号定界协议，边界走向将是这样：

自北市、嘉隆起，边界沿着嘉隆河中线。嘉隆河乃北市河西边的一条支流。

在名为北风生的法国哨卡的上游，这个村下游一点，该河分成两个支流，一个来自西北，一个来自西南。

根据 1893 年 11 月 13 日两国委员会通过的第一号协议提出的原则，边界沿着西南那条支流，到 O 点。这一点恰好是从北市、嘉隆起 30 里处。

两国委员一致决定，从 O 这点起，边界线仍沿着嘉隆河一直到 P 点，河流在这又分成两个支流。

从这两条支流的汇合点起，边界沿着西北那条支流。该支流从安徘村的北面和东南面流过。

安徘村属于安南。

边界沿着叫安徘的小溪一直到标高为 955 米的坑怀岭。

两国委员会承认，这条走向并不使边界线通到应作为委员会工作基础的绿虚线。

但是，另一方面，两国委员会选定的这个走向使两国有一条由一条小溪（名为安徘）和坑怀岭很明显的山峰上的山脊构成的天然线作为边界。坑怀岭将作为山区边界走向的基点。

这是中方委员会按照 11 月 13 日（第一号纪要）会议提出的原则进行的一个让步。

而且应该指出，安徘这个区域只有十来户人家，属蛮（Man）族人，贫苦；在以后确定横模旧城区的边界时，这个区域的让出将通过法方委员会进行的让步而得到充分的补偿。

这一部分边界的第一段边界走向就到这里为止。

（2）边界线按照 1887 年 3 月 29 日定界第一号协议的条款，沿着嘉隆河深泓线延伸。

此外，为了确保两个邻国的内河船舶在嘉隆河上的自由航行，就像在划界工程后可能被选定为边界的其他河流一样，两国委员会一致同意，将一直把这些河流的航道，即最深处取为边界线。

万一这条河流不能通航，边界线将由最深或最宽或水最多处构成。

如果由于水位升降，被两国委员会选为边界的通航航道移动了，如果形成了新的沙洲或小岛，边界线自然移到这样出现的新航道，新形成的沙洲或小岛将属于其所在一侧的国家。

（3）在这些河道上，特别是嘉隆河沿线，界碑将被立放在河两岸走的人最多的通道，或在重要村庄的对面，或在各支流的汇合处；在这些河流的其他部分，界碑将每隔很长一段距离交替安放在两侧。

将对界碑进行编号，编号续接 1889～1890 年勘界委员会安放的 10 个界碑的编号。

（4）按照上述第三段确定的规则，两国委员已亲自在北市、嘉隆和坑怀岭高为 955 米的山峰之间的这段边界安放了如下界碑：

安南境内

第十一号界碑：

在嘉隆河合流处。

磁方位角定位：北市哨卡（东北角）………317°

觇标 α……………………51°

第十二号界碑：

那浪对面。

磁方位角定位：南西碉堡（东北角）………286°

觇标 δ……………………328°

第十三号界碑：

在三左中国哨卡东南、崮田农庄之北。

磁方位角定位：觇标 η…………………93°

觇标 λ…………………29°

第十四号界碑：

在嘉隆河西南那条支流与西北那条名为那来河的支流的汇合处对面。

第十五号界碑：

在嘉隆河与文笃小溪汇合点西侧的那座圆形山顶上。

第十六号界碑：

在安徘东南、俯视着嘉隆河各小支流汇合处的那座圆形山顶上。

磁方位角定位：坑怀岭顶（标高955米）…………95°

北风生哨卡…………………290°

中国境内

第十一号界碑：

在嘉隆河的合流处。

磁方位角定位：北市哨卡（东北角）…………11°

觇标 α………………………51°

第十二号界碑：

在六真（安南音：Luc Chan，汉语音：Lou－Chan）对面。

磁方位角定位：觇标 β………………84°

觇标 γ……………22°

第十三号界碑：

在稔市（安南音：Nam－Thi，汉语音：Yen－Chi）法国哨卡的东北。

磁方位角定位：南西（Nam－Si）碉堡（东北角）…………307°

觇标 δ………………………55°

第十四号界碑：

嘉隆河和滩散（安南音：Than－Tan，汉语音：Tann－San）东面那条河的汇合处。

磁方位角定位：南西碉堡（西北角）…………31°

觇标 θ………………………343°

第十五号界碑：

在嘉隆河西北与西南两条支流汇合处名为那来河的右岸上。

第十六号界碑：

在俯视着嘉隆河与安徘小溪汇合处的那座圆形小山顶上。

磁方位角定位：坑怀岭顶（标高955米）…………277°

北风生哨卡……………………292°

未编号界碑

以坑怀岭山顶上一块很明显的岩石为标志，上面刻着两国共有的碑文。

本纪要1893年12月6日（光绪十九年十月二十九日）写毕于滩散。法中文各两份。

法方委员会成员签字　中方委员会成员签字

（该篇收入《中越边界历史资料选编》第645～649页）

（原件第109404页）

中安边界划界·广东边界第二段（北市、嘉隆至北岗隘）划界协约

由有关政府任命的勘界委员会，为执行1887年6月26日（光绪十三年五月初六日）在北京签订的条约，在亲自对这一整段边界进行勘察后，根据上述北京条约约文和1887年3月29日（光绪十三年三月初五日）在芒街签订的定界协约的约文，以及两国政府为这部分边界的划界（1889～1890和1890～1891年的勘界委员会对这一段的划界未能彼此达成一致）于1893年达成的协议，运用各自政府所赋予的权力，已一致承认、确认并决定，广东边界第二段最后的、不能改变的走向确定如下：

（1）自北市、嘉隆起，边界线沿着嘉隆河中线延伸。嘉隆河是北市河西边的一条支流。

该河在北风生下游500米处，分成两个支流，一条支流来自西北，另一条来自西南。

按照两国刚达成的协议，边界线由西南那条支流构成，一直到该支流再次一分为二的P点止。

从P点起，边界线沿着流经安徘村北面和东南面的那条西北支流。

这个安徘村属于安南。

取名安徘的这条小溪一直到名为坑怀岭的标高为955米的山头，构成边界。

根据两国委员会同意的规定，双方将永远以江或河的深泓线作为边界。

此外，为了在任何情况下都能确保两个邻国的内河船舶在所有的河流上自由航行，两国委员会已同意，将总是通航的航道选为边界。

万一这条河流不能通航，边界将由最深或最宽或水最多处构成。

如果由于水位升降，被选为边界线的航道万一改了道，如果形成了新的沙洲或小岛，边界自然移到根据上述的特定条件造成的新的航道，新形成的沙洲或小岛将属于他们所在的一侧的国家。

在这些河道上，界碑将被安放在两岸行人走得最多的通道，或在大村的对面，或在

支流汇合点；在这些河流的其他部分，界碑将隔很远的一段距离交替安放在两岸。

在边界走向循山脊延伸的各段边界上，将只安放一个公共界碑，界碑两面有双方国家所采用的碑文。

将对各界碑进行编号，号码续接1889~1890年勘界委员会最后放立的10个界碑的号码。

（2）从坑怀岭起，边界将大致成东西方向延伸。

边界先是略偏东南延伸到大坑尾河，接着往西，横穿过小坑尾河、马双河。

边界从后面这个地点起，稍偏西南到标高为843米的青龙岭山头，接着恢复到上面所说的东西大致方向，抵披劳河。

边界由披劳河构成，将右岸以及披劳、本兴、那熄（安南名Na-Kep，中国名Na-Ku）等村留给中国，将在左岸的菊莅村留给安南。

（3）接着洞谟河（即先安河）河中构成边界，一直到洞谟村北。

蒲楠、坤文、峝中等村将属中国；那蒲、营叫、本岑、洞批和洞谟等村将属安南。

接着边界将由那沙河构成。该河是先安河右岸的一条支流，从那沙村的东面和洞舍村的西面流过。

那沙将属于安南，洞舍则属于中国。

随后，边界将顺着这同一条支流河道一直到该河与发源于呈祥500米处的那条小溪的交点；自交点起，边界将沿着这条小溪一直到其源头；从那里起，边界将成一条直线一直到北岗隘，经过位于呈祥西北的、高度分别为675米、815米和746米的山峰。

呈祥村属于安南，术暂和矫曹两村属于中国。

从746米的山峰起，边界将成直线延伸到高度为662米的山口。广西界的第67号界碑就在这个山口。

两国委员会（委员）按照上述第一节确定的措施，亲自在第二段边界进行了界碑的安放。

安南境内

第十一号界碑：

在嘉隆河的汇合处。

磁方位角定位：北市哨卡（东北角）……317°

觇标α…………………51°

第十二号界碑：

在那浪对面。

磁方位角定位：南西碉堡（东北角）……286°

觇标δ…………………328°

第十三号界碑：

在三左中国哨卡的东南、峝田农庄之北。

磁方位角定位：觇标 θ…………………93°

觇标 λ…………………29°

第十四号界碑：

在嘉隆河西南那条支流与西北那条名为那来河的支流的汇合处的对面。

第十五号界碑：

在嘉隆河与文笃小溪汇合处西边的那座圆形山顶上。

第十六号界碑：

在安徘东南方那座俯视着嘉隆河各条小支流汇合处的圆形山顶上。

磁方位角定位：坑怀岭山头…………………95°

北风生哨卡…………………290°

未标号界碑：

用坑怀岭山顶上一块很显眼的岩石代替，上面刻着两国共有的碑文。

第十七号公共界碑：

在位于大坑尾河东面、坑怀岭东南方 1 千米处的那座圆形山顶上。

磁方位角定位：三角测量点南云岭，标高 1157 米……328°

坑怀岭顶………………………………119°

第十八号公共界碑：

在大坑尾河西面的那座圆形山顶上。

磁方位角定位：三角测量点小坑岭，标高 517 米………187°

坑怀岭顶………………………………105°

第十九号公共界碑：

在小坑尾河东面的圆形山顶上。

磁方位角定位：南云岭顶……………………47°

坑怀岭顶……………………99°

第二十号公共界碑：

在分隔小坑尾河上游与马双河上游的那座山的山顶上。

磁方位角定位：坑怀岭顶…………………101°

小坑岭顶…………………145°

第二十一号公共界碑：

在马双河与西侧的一条支流的合流处的北面。

第二十二号公共界碑：

在标高 843 的青龙岭顶。

磁方位角定位：禄邓岭顶…………………149°

长二岭顶…………………204°

第二十三号界碑：

在披劳河与伸往青龙岭西北的一条直线确定的边界线的交点上。

磁方位角定位：三角测量点姑骂岭标高 960 米……18°

坵帮岭顶…………………………286°

第二十四号界碑：

在披劳河与左岸的一条小支流的汇合处。

磁方位角定位：长二岭顶…………………………166°

青龙岭顶…………………………85°

第二十五号界碑：

在披劳河合流处、中国姑漂村南面。

磁方位角定位：姑骂岭顶………………………314°

高吧（Cao Ba）岭顶…………9°

第二十六号界碑：

在菊莅村北面，距先安河与左岸一条支流的汇合处 360 米。

磁方位角定位：坵彬岭顶（安南音：Ki Ban Lanh，汉语音：Kiou Pin Ling），标高 551 米…………206°

姑骂岭顶…………………………101°

第二十七号界碑：

在那蒲村东南方 240 米处。

磁方位角定位：姑骂岭顶…………………………106°

坵彬岭顶…………………………180°

第二十八号界碑：

在本岑村东北方 360 米处。

磁方位角定位：坵彬岭顶…………………………107°

编号 327 处（横模哨所东北）……226°

第二十九号界碑：

在洞谟河与那沙河汇合处北面的圆形山顶上。

磁方位角定位：编号 327 号处………………85°

横模哨卡（西侧）…………28°

第三十号界碑：

在那沙村东南 60 米处。

磁方位角定位：编号 327 号处…………65°

横模哨卡（西侧）………343°

第三十一号公共界碑：

在呈祥东660米处。

磁方位角定位：横模哨卡（西侧）……………347°

东另岭顶，标高763米………210°

第三十二号公共界碑：

在呈祥村北偏西北方1160米处。

磁方位角定位：东另岭顶……………………176°

葩来岭顶，标高895米…………73°

第三十三号公共界碑：

在标高为746米与标高为750米的两山之间的山口，北岗隘山谷南方340米处。

中国境内

第十一号界碑：

在嘉隆河合流处。

磁方位角定位：北市哨卡（东北角）………11°

觇标α……………………51°

第十二号界碑：

在六真对面。

磁方位角定位：觇标β……………………84°

觇标γ……………………22°

第十三号界碑：

在稔市法国哨卡的东北方。

磁方位角定位：南西碉堡（东北角）…………307°

觇标δ………………………55°

第十四号界碑：

在嘉隆河与滩散东边的那条河的汇合处。

磁方位角定位：南西碉堡（西北角）………31°

觇标θ……………………343°

第十五号界碑：

在嘉隆河西北和西南两条支流汇合处那条名为那来河的支流的右岸上。

第十六号界碑：

在俯视着嘉隆河与安徘小溪汇合处的那座圆形山顶上。

磁方位角定位：坑怀岭…………………………277°

北风生哨卡（西北角）………………292°

第二十三号界碑：

在边界与披劳河交叉点的右岸。

磁方位角定位：青龙岭顶……………………………74°

高吧（Cao Ba）岭顶………………342°

第二十四号界碑：

在披劳西南 180 米处。

磁方位角定位：高吧（Cao Ba）岭顶…………………………23°

三角测量点，姑骂岭顶，标高 960 米……339°

第二十五号界碑：

在披劳河与洞谟河的汇合处。

磁方位角定位；姑骂岭顶………………99°

坵帮岭（安南音：Ki Ban Lanh ，汉语音：Kiou Pin Ling）顶……

…………191°

第二十六号界碑：

在安南村庄营叫西面 400 米处。

磁方位角定位：姑骂岭顶……………92°

编号 327 处……………249°

第二十七号界碑：

在安南村庄洞批（编号 305）北面 720 米处。

磁方位角定位：编号 327 处……………………109°

横模哨卡（东南侧）………291°

第二十八号界碑：

在洞谟河与那沙河汇合处东面。

磁方位角定位：横模哨卡（西侧）……22°

编号 327 处…………87°

第二十九号界碑：

在那沙村南偏东南 380 米处。

磁方位角定位：横模哨卡（西侧）……344°

编号 327 处…………73°

第三十号界碑：

在中国村庄那舍西面 100 米处。

磁方位角定位：编号 327 处………………64°

横模哨卡（西侧）…………337°

第三十一号界碑：

在中国村庄洞舍西面 120 米处。

磁方位角定位：编号327处……………22°

横模哨卡（西侧）………336°

第三十二号界碑：

在合流处、距呈祥东南那条作为边界的小溪60米处。

磁方位角定位：编号327处………………………22°

从界碑到呈样村东南方的距离……………660米

第三十三号界碑：

在来自术暂村的小溪与那沙河汇合处。

磁方位角定位：东另岭顶…………………………60°

从界碑到术暂东南方的距离………………400米

1893年12月29日（光绪十九年十一月十九日）订立于横模。

法文、中文副本各两份，法、中勘界委员会各执每种文本一份以及附于其后的经验证符合的草图一份、地图一幅。

双方商定，将来如有争议，只以本约法文本为凭。

法国委员会成员：加利埃尼、阿尔马、奥迭、特雷斯图尔聂

中国委员会成员：大清国立界总办三品衔补用府钦州直隶州正堂李受彤、立界委员四品衔即补直隶州防城县正堂陈文塀，立界洋务委员运同衔甘肃即补通判张懋德

（该篇收入《中越边界历史资料选编》第649～659页）

（原件第109411页）

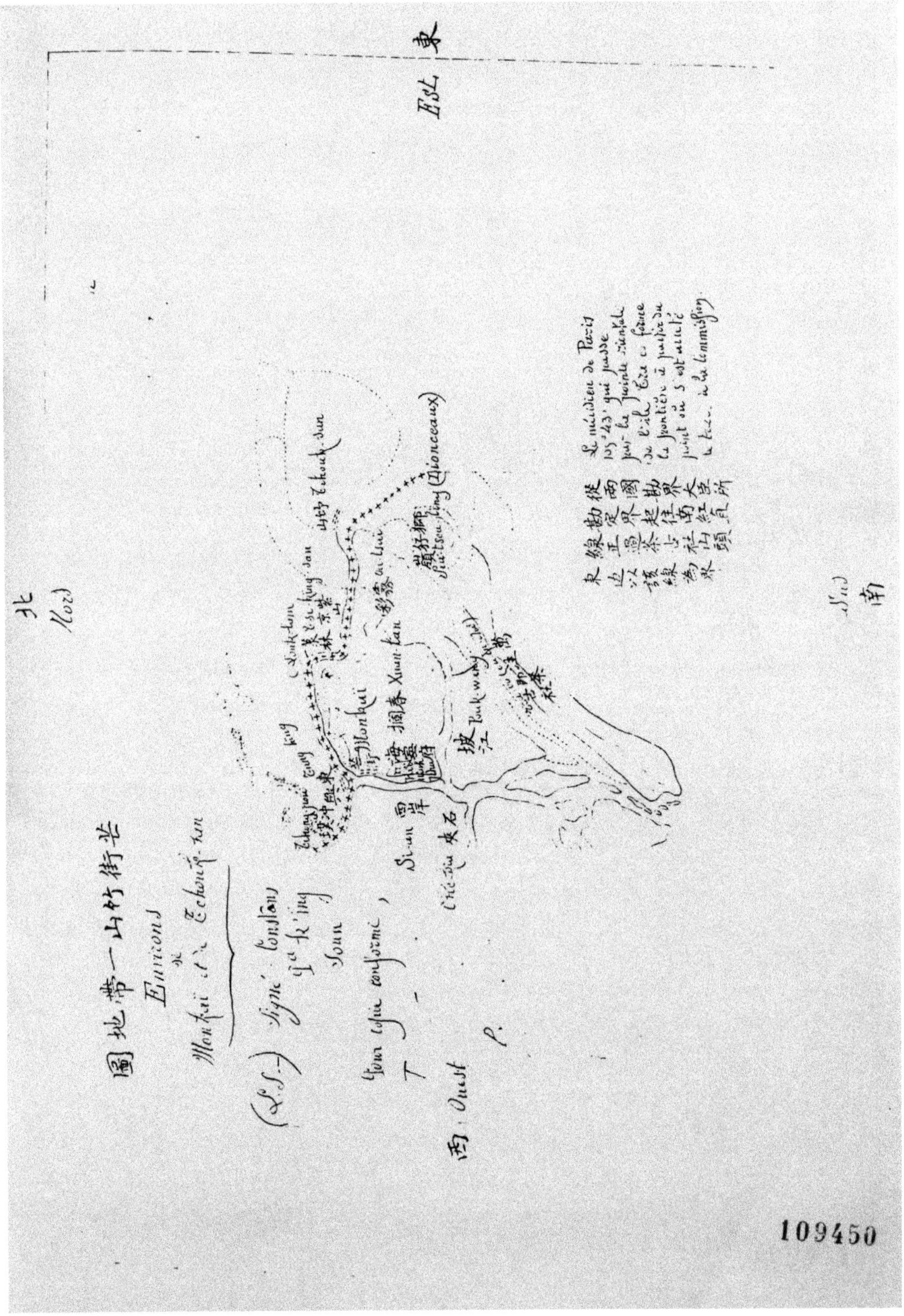

图 78

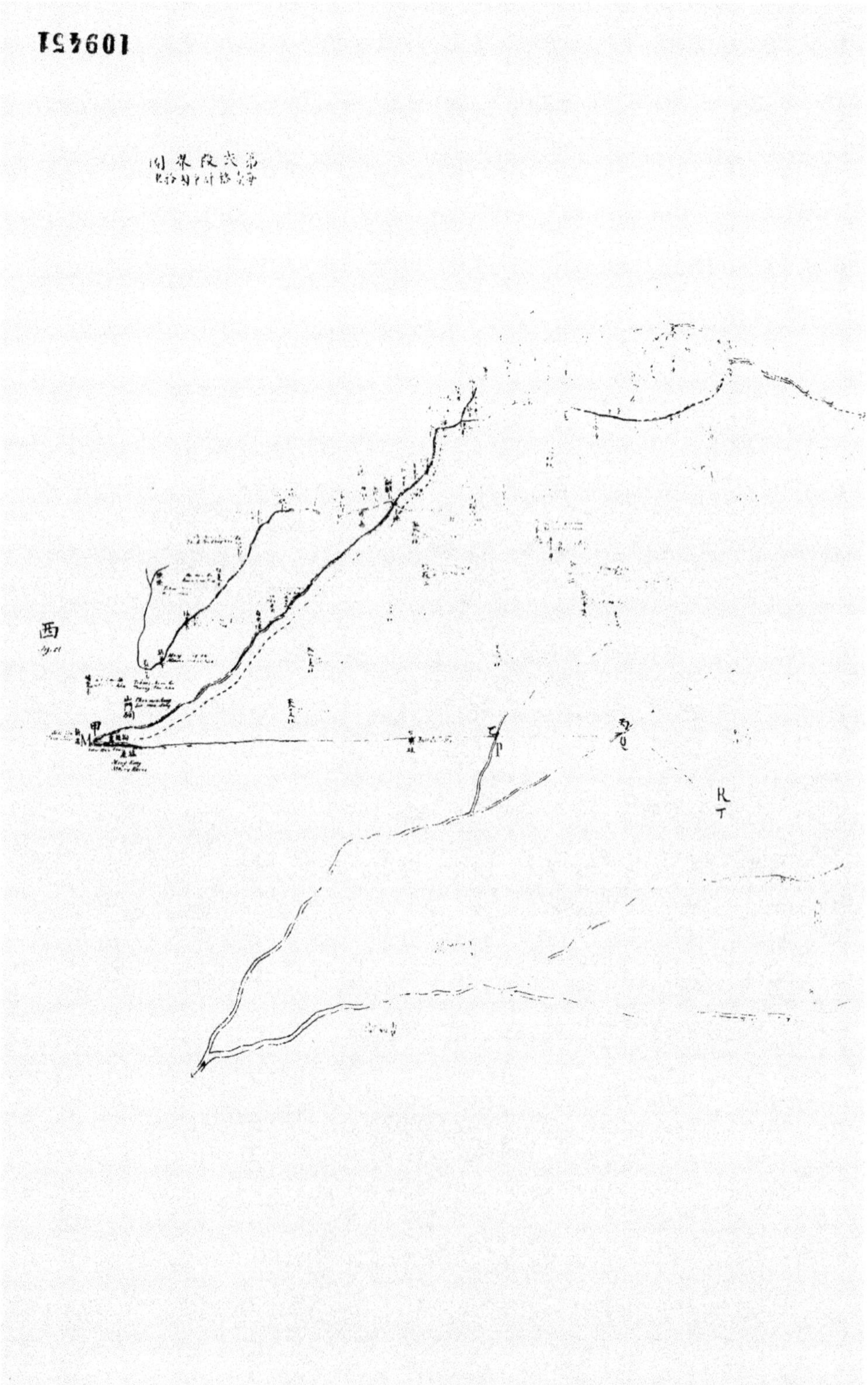

图 79

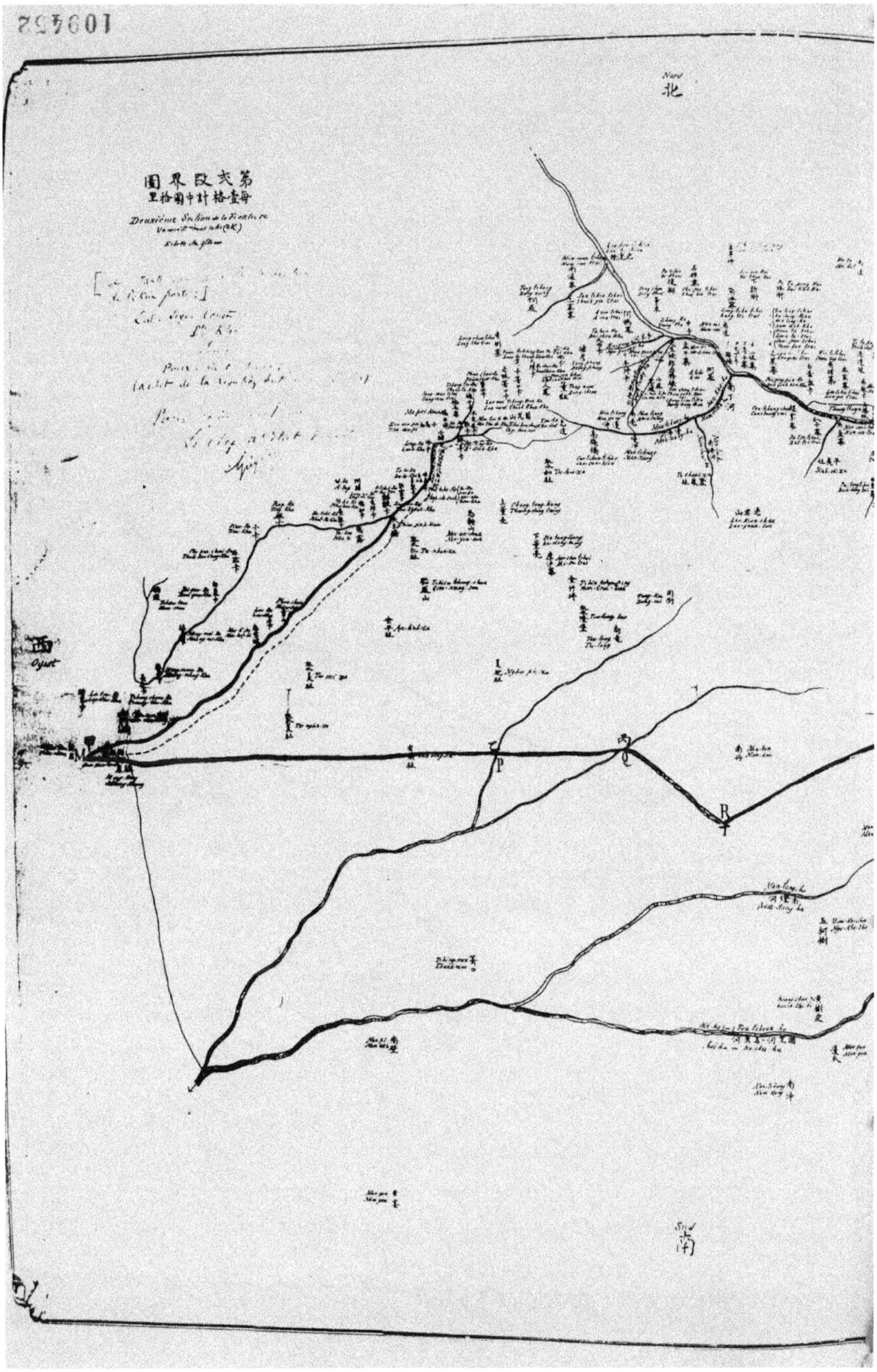

109452

北
Nord

第弍段界圖
每壹格計中國拾里

Deuxième Section de la Frontière

西
Ouest

P
Q
R

南
Sud

图 80

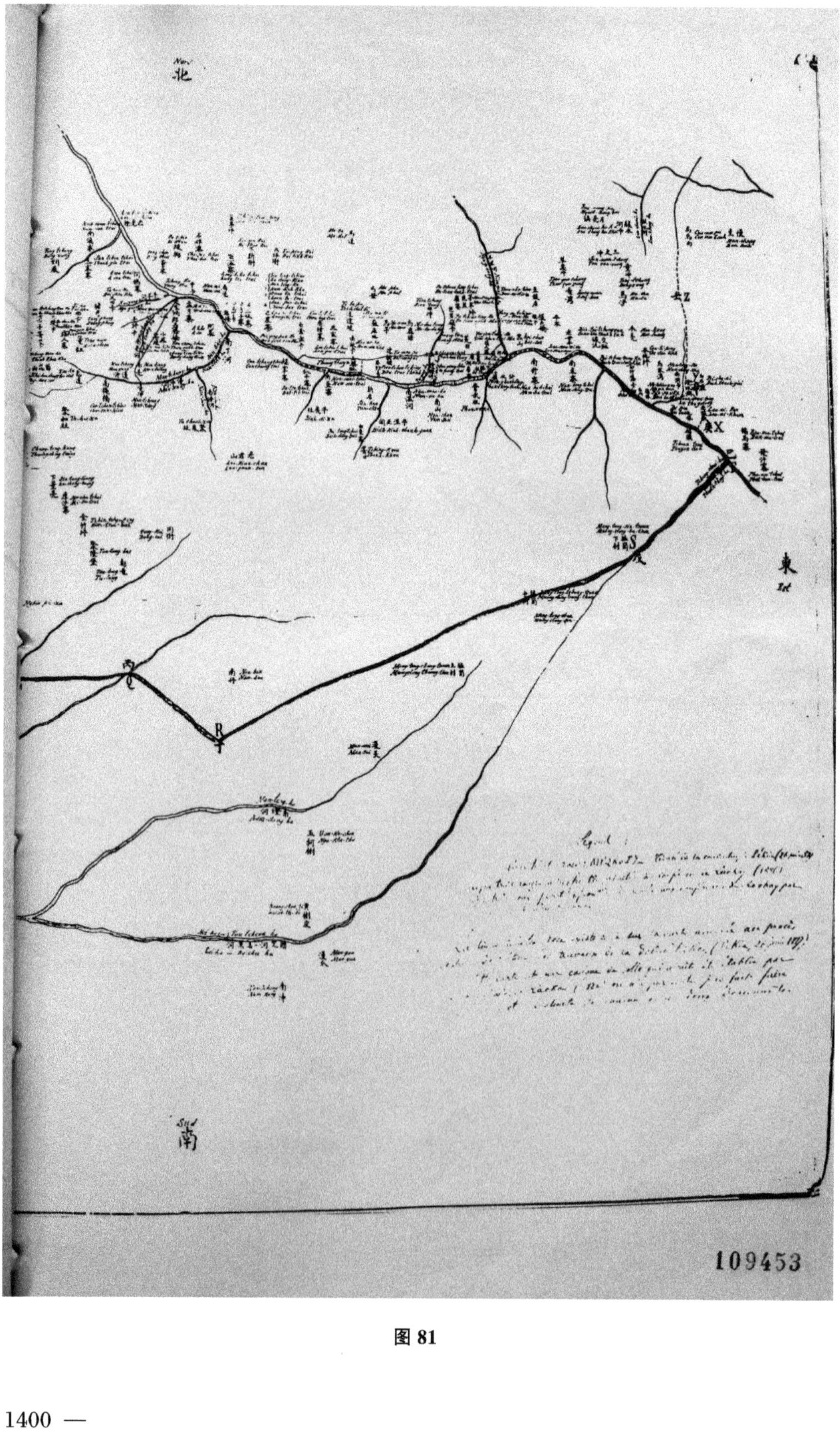

109453

图 81

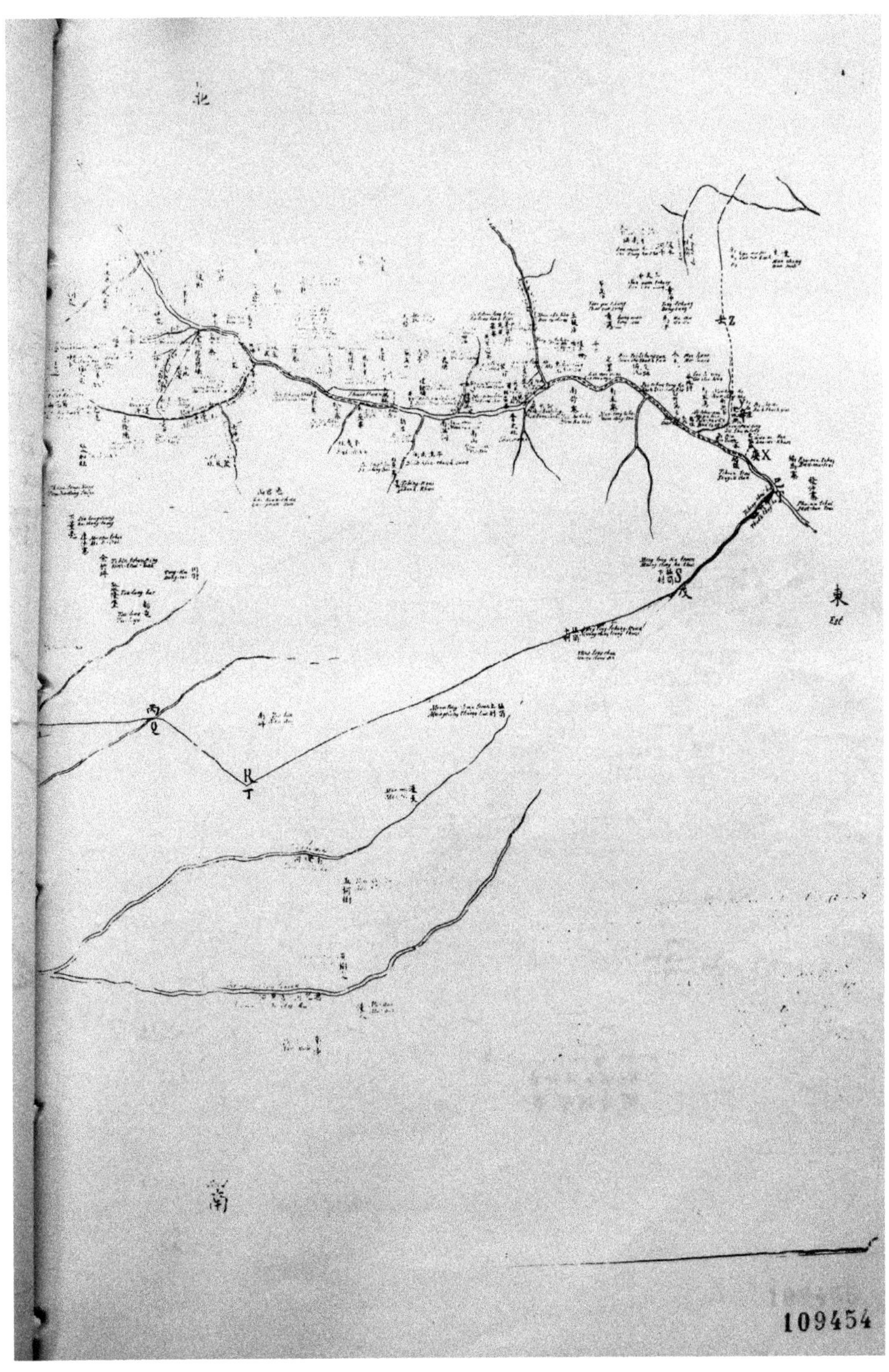

图 82

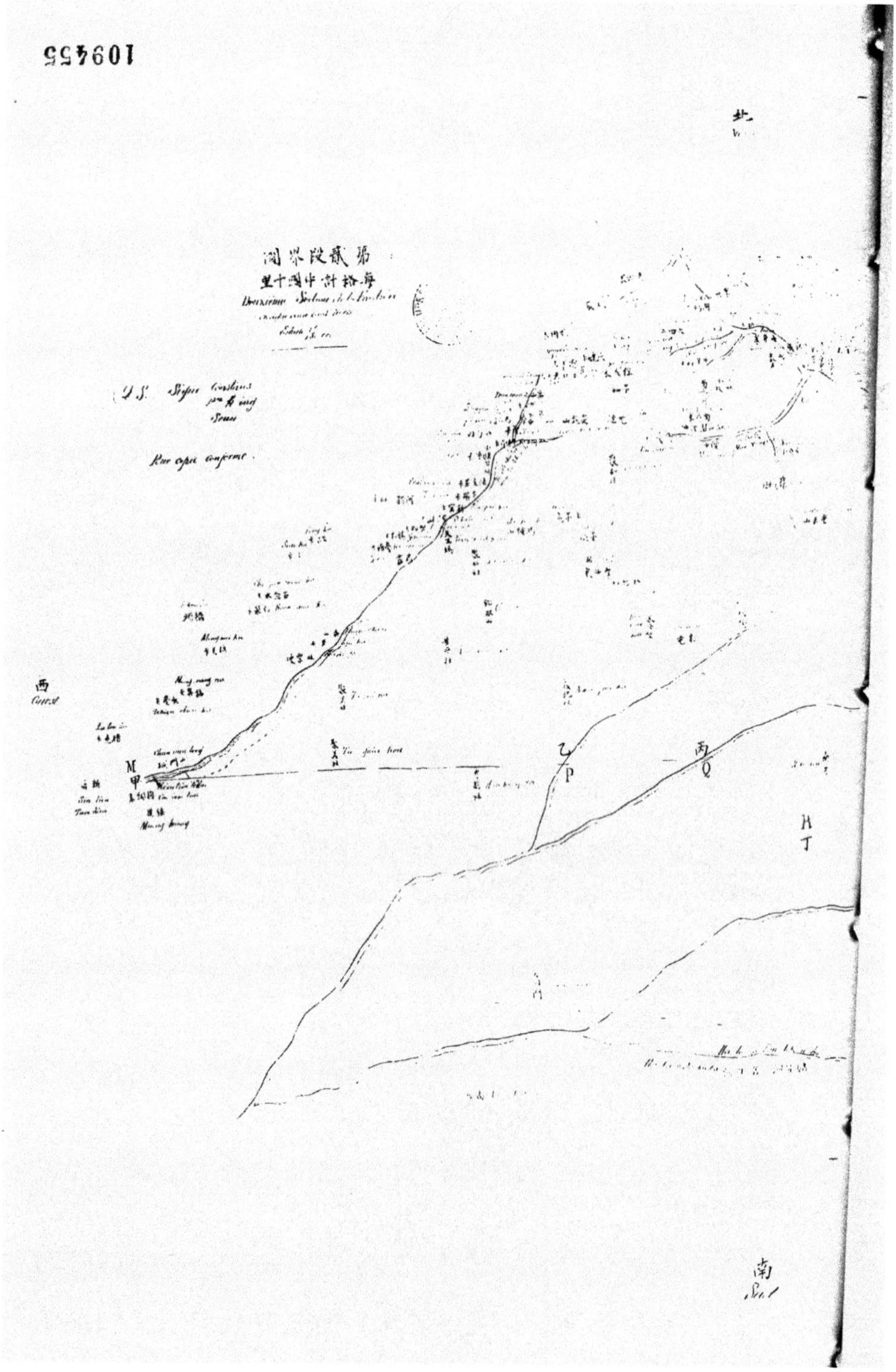

109455

北

第貳段界圖

每格計中國十里

Deuxième Section de la frontière

Pour copie conforme.

西

Ouest

M 甲

乙 P

丙 Q

H 丁

南

Sud

图 83

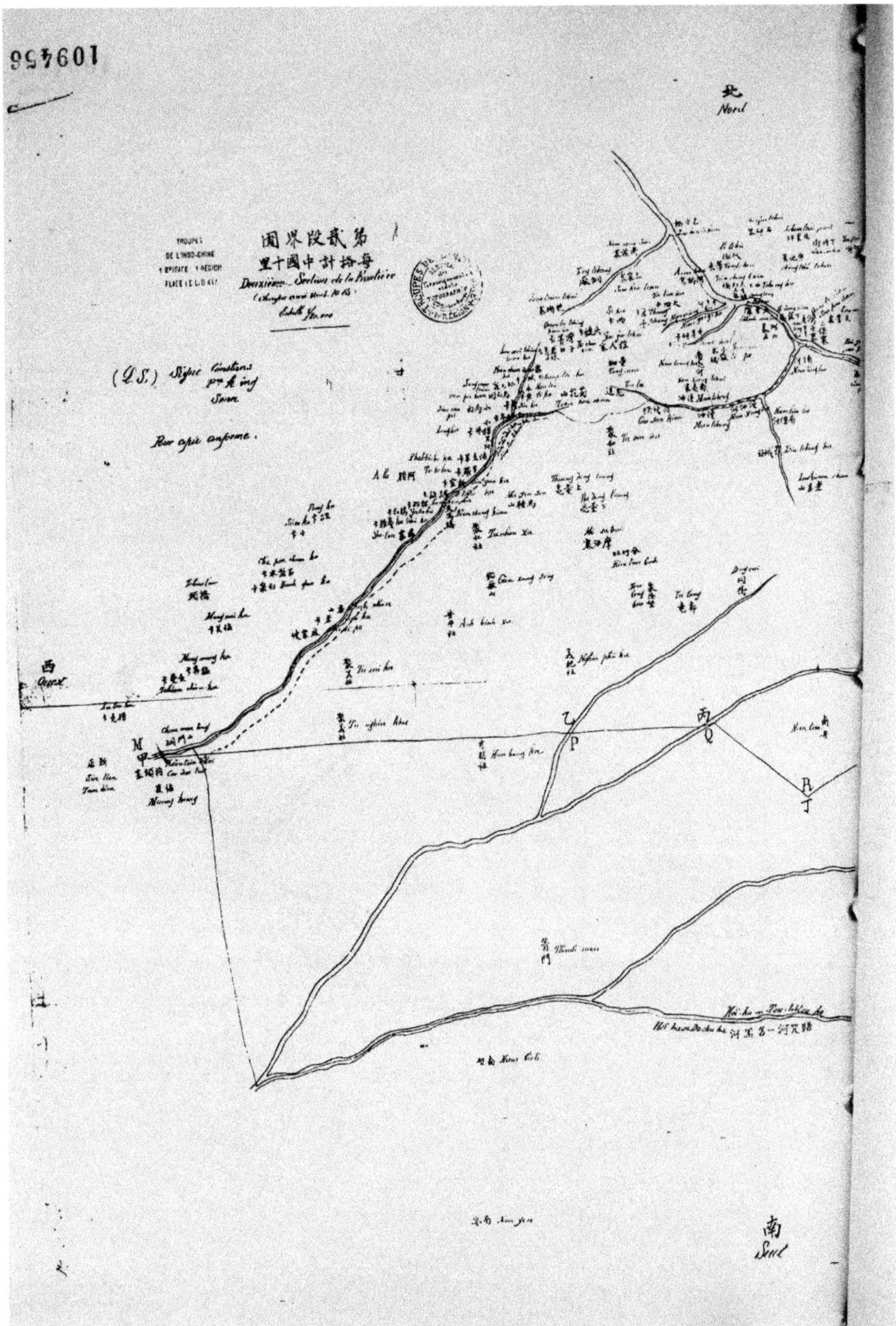

图 84

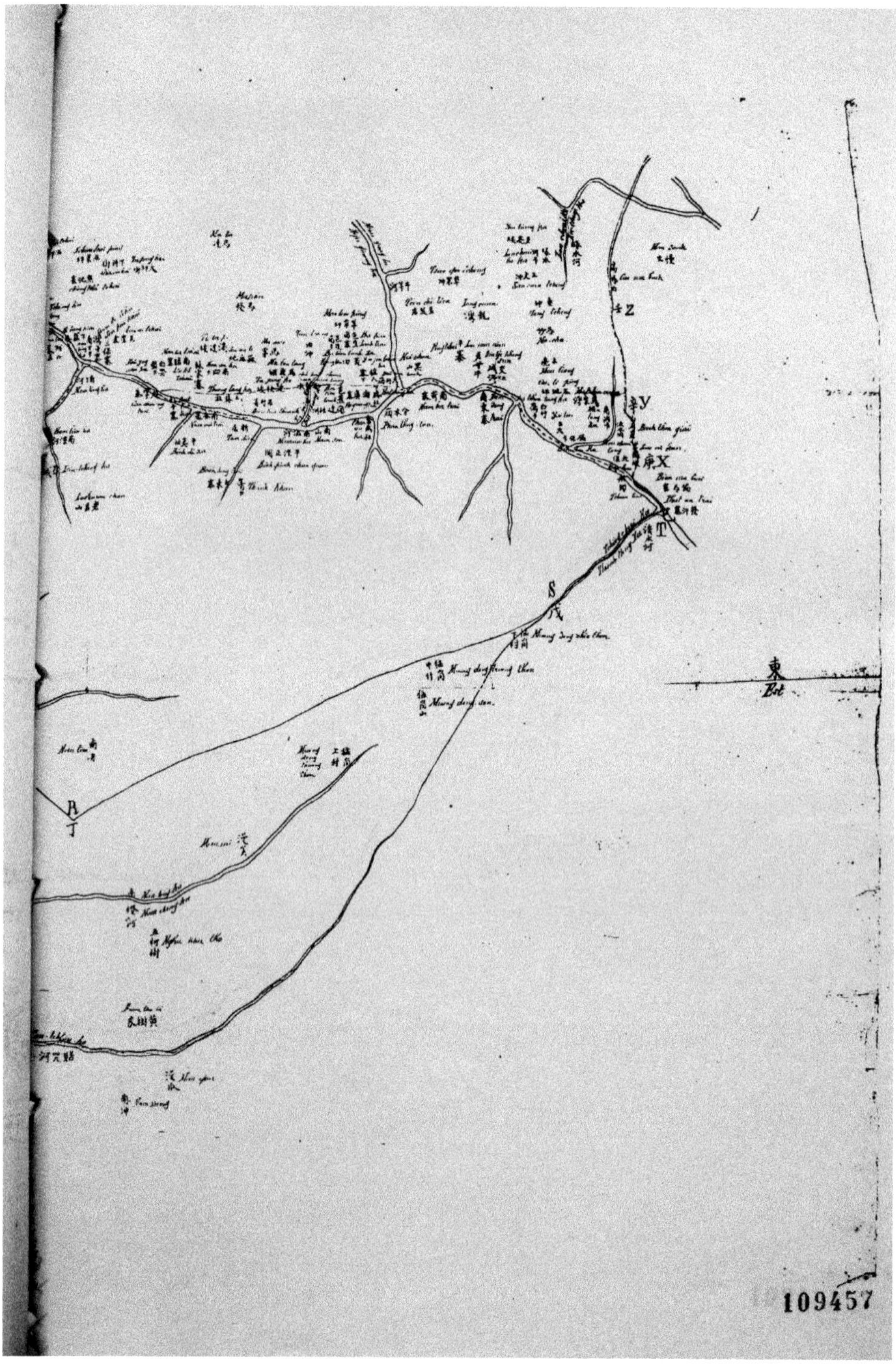

图 85

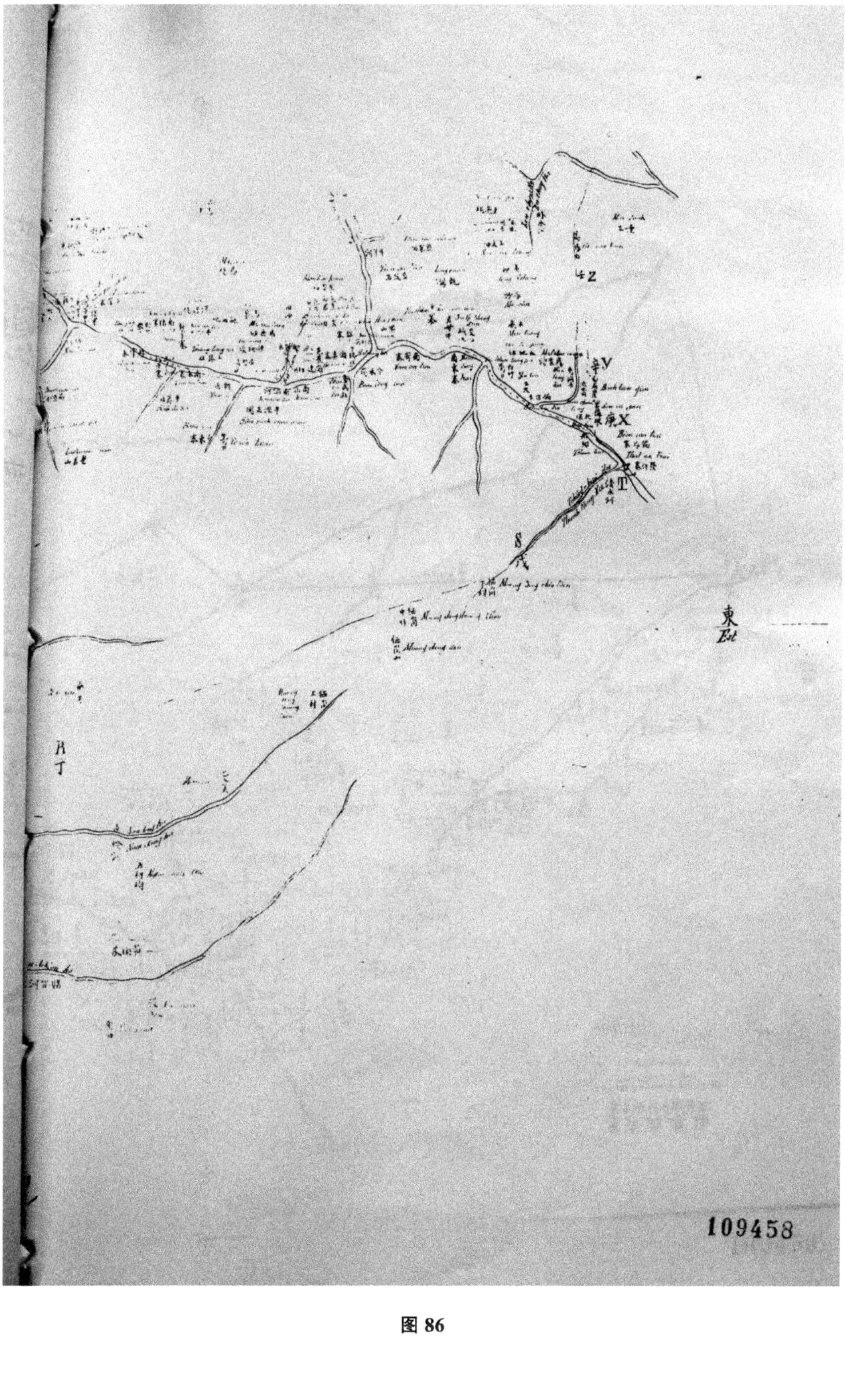

图 86

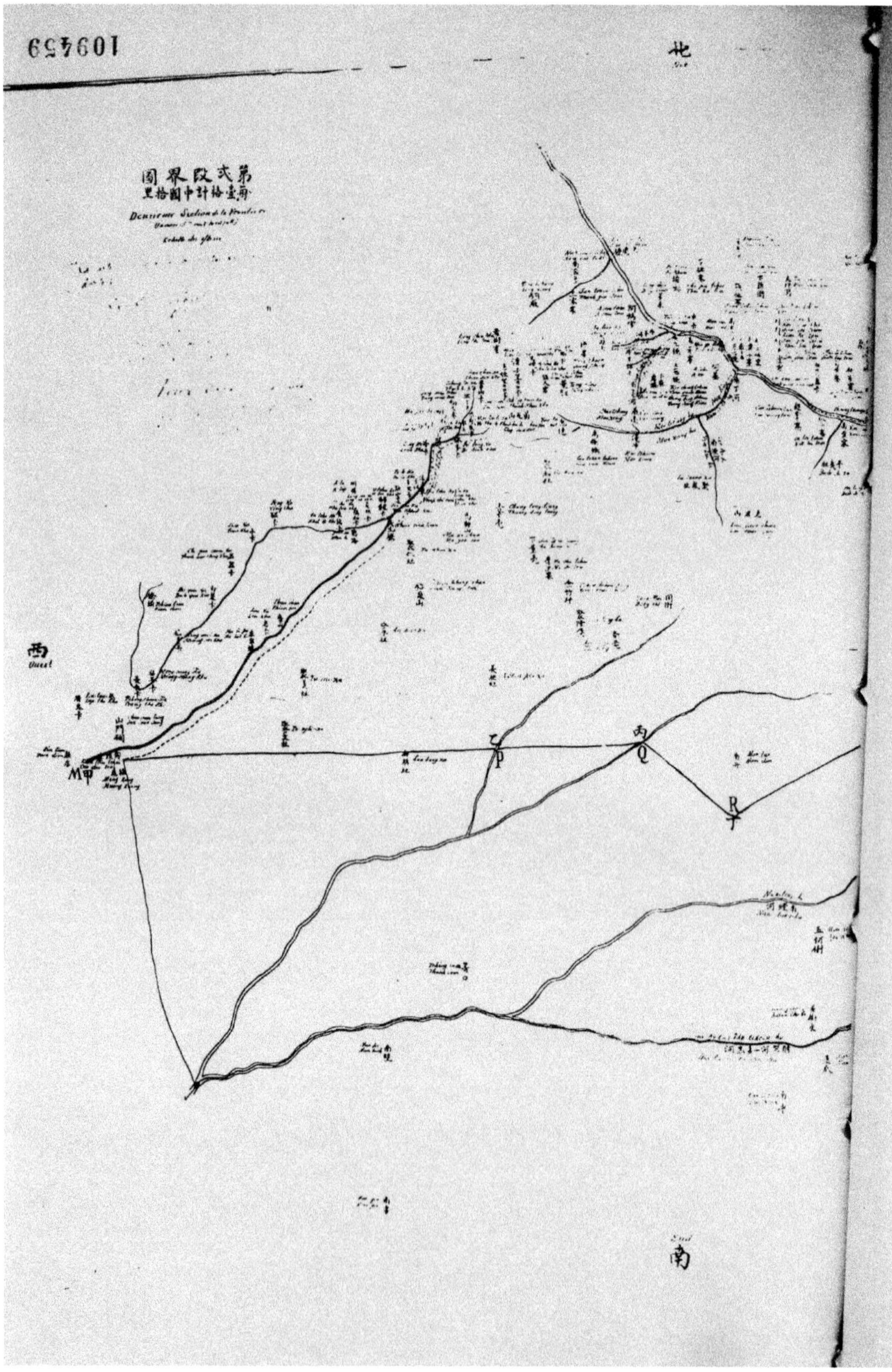

109459

北

第弍段界圖
每壹格計中國拾里

西

乙 P

丙 Q

丁 R

M 甲

南

图 87

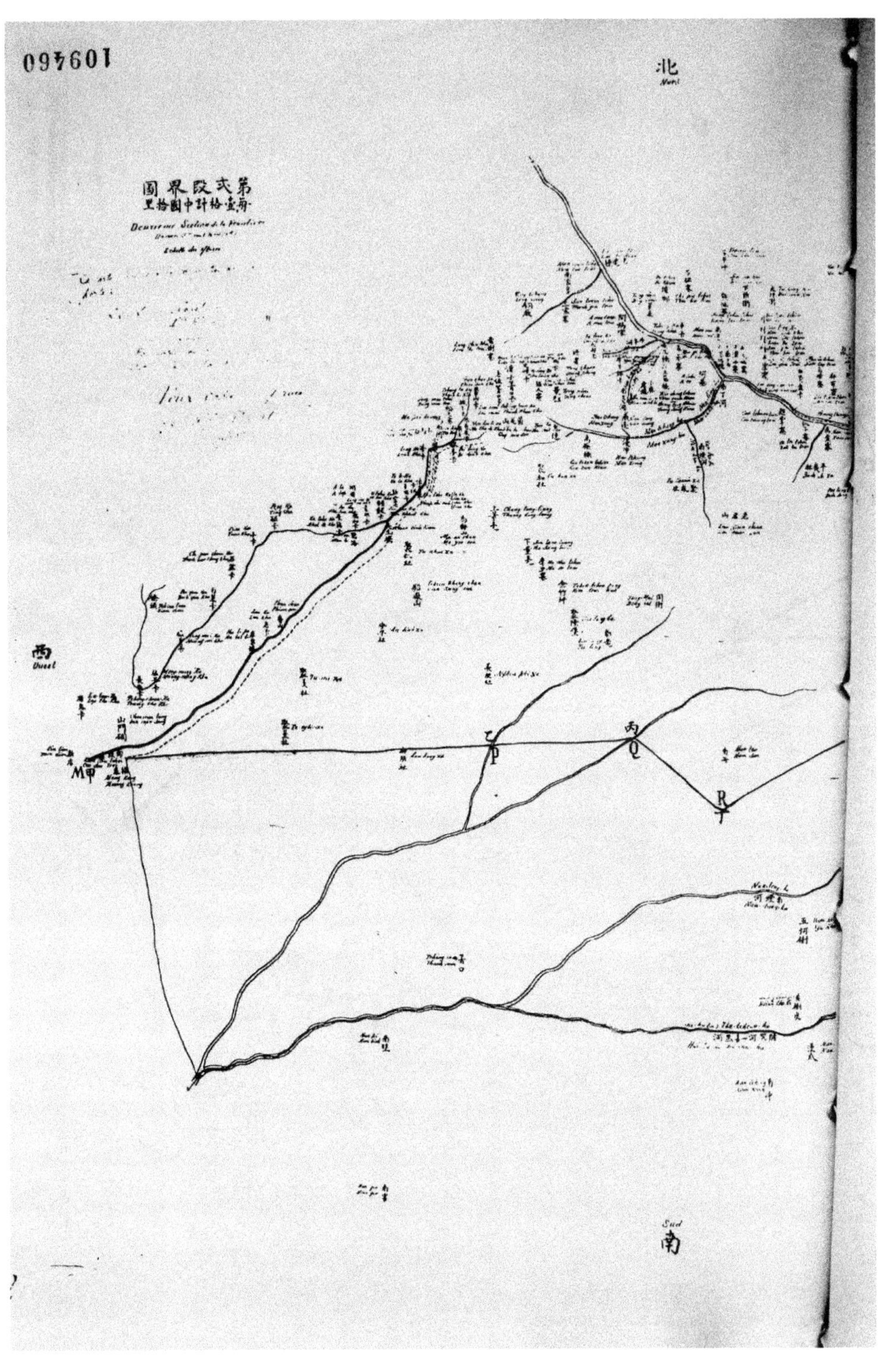

图 88

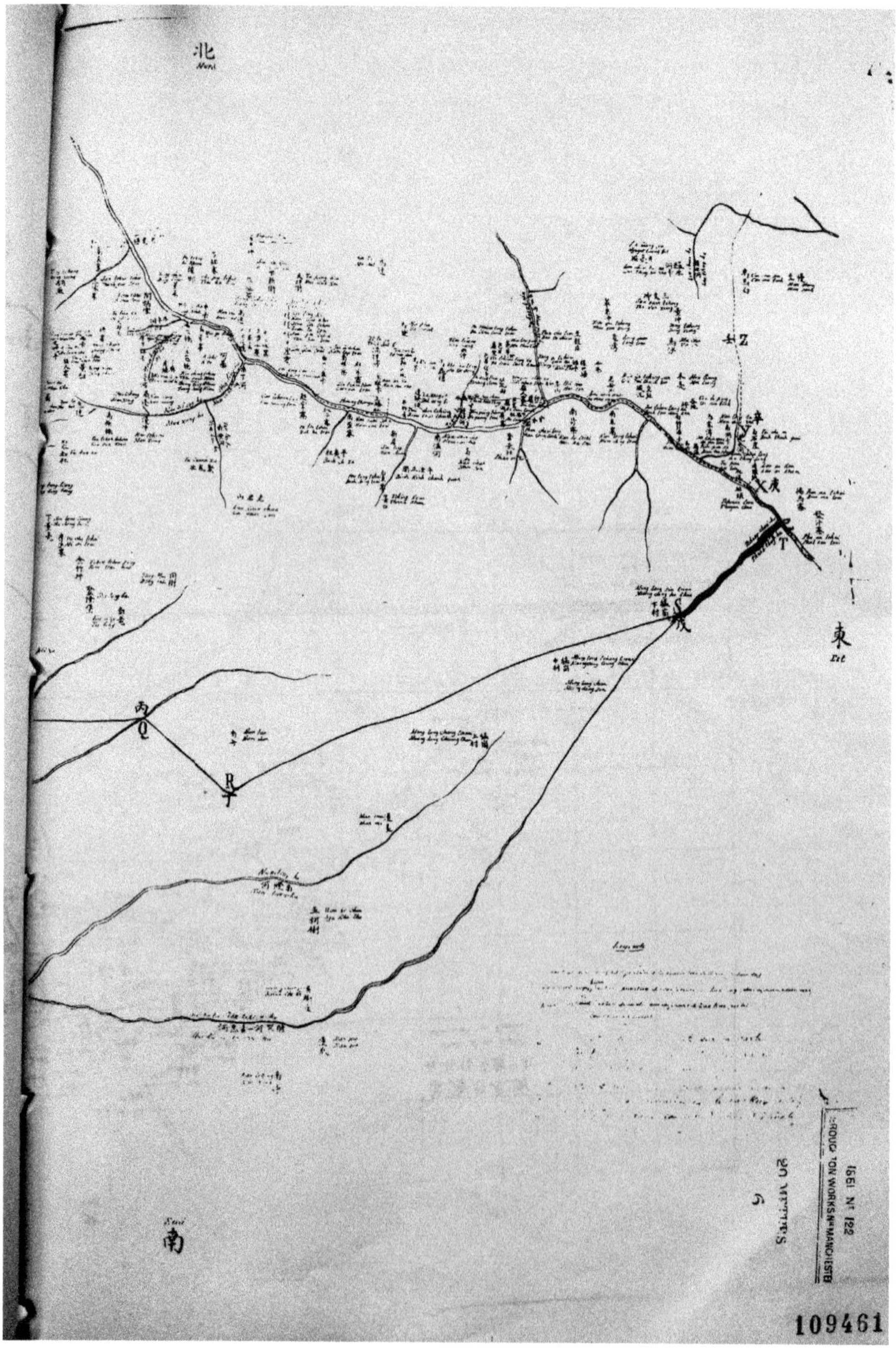

图 89

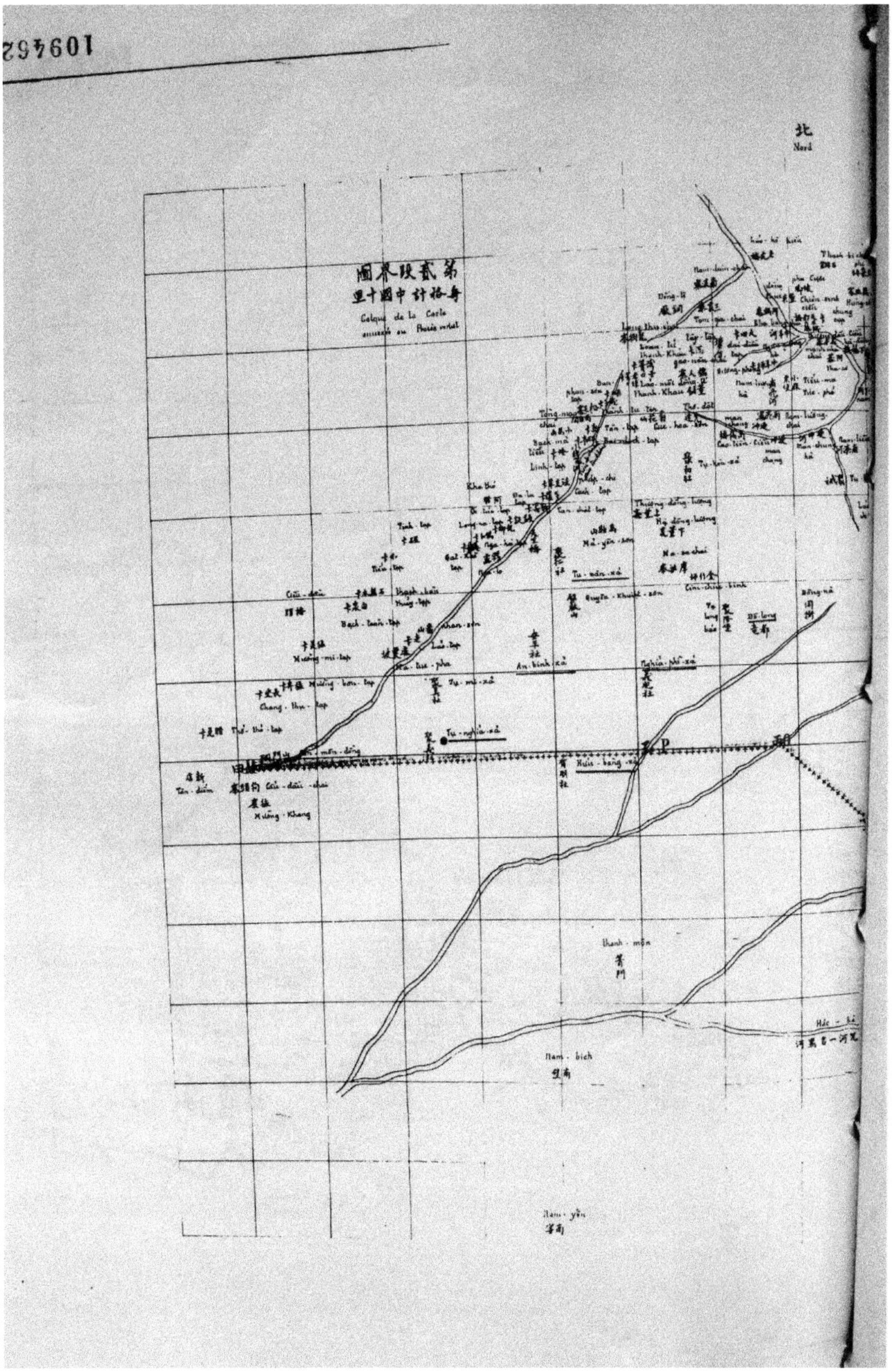

第貳段界圖
每格計中四十里
Calque de la Carte

北
Nord

图 90

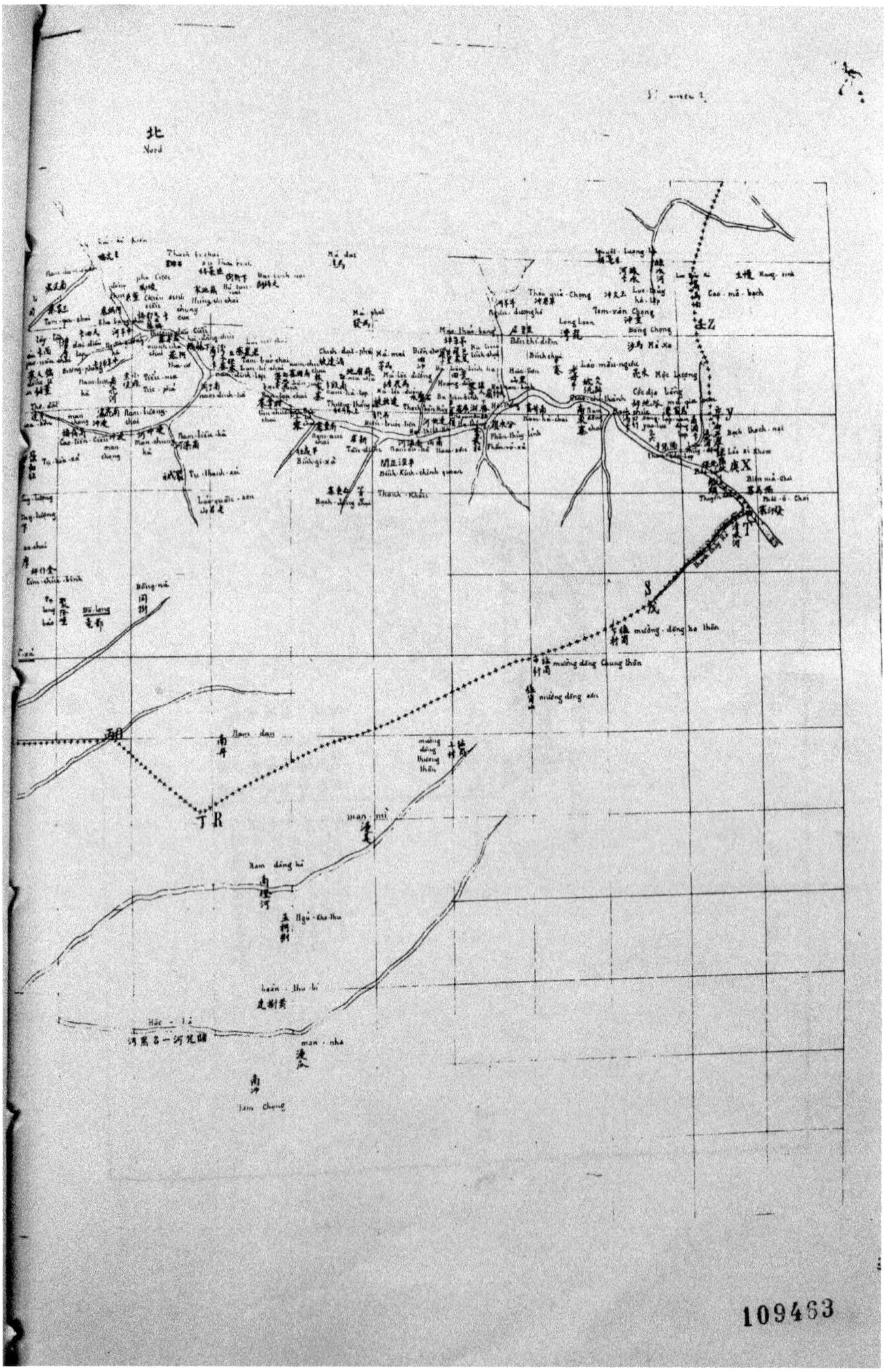

北
Nord

109463

图 91

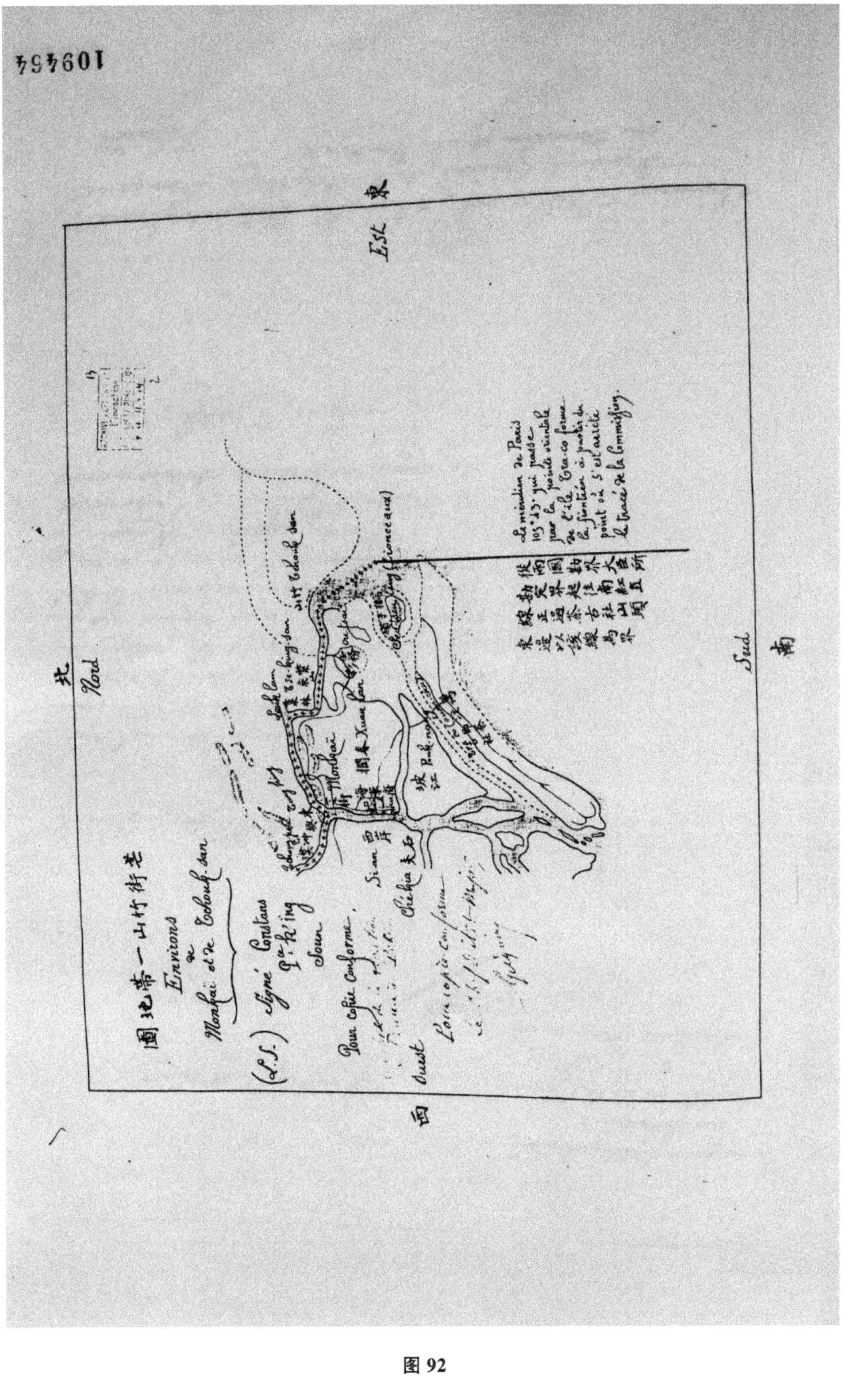

图92

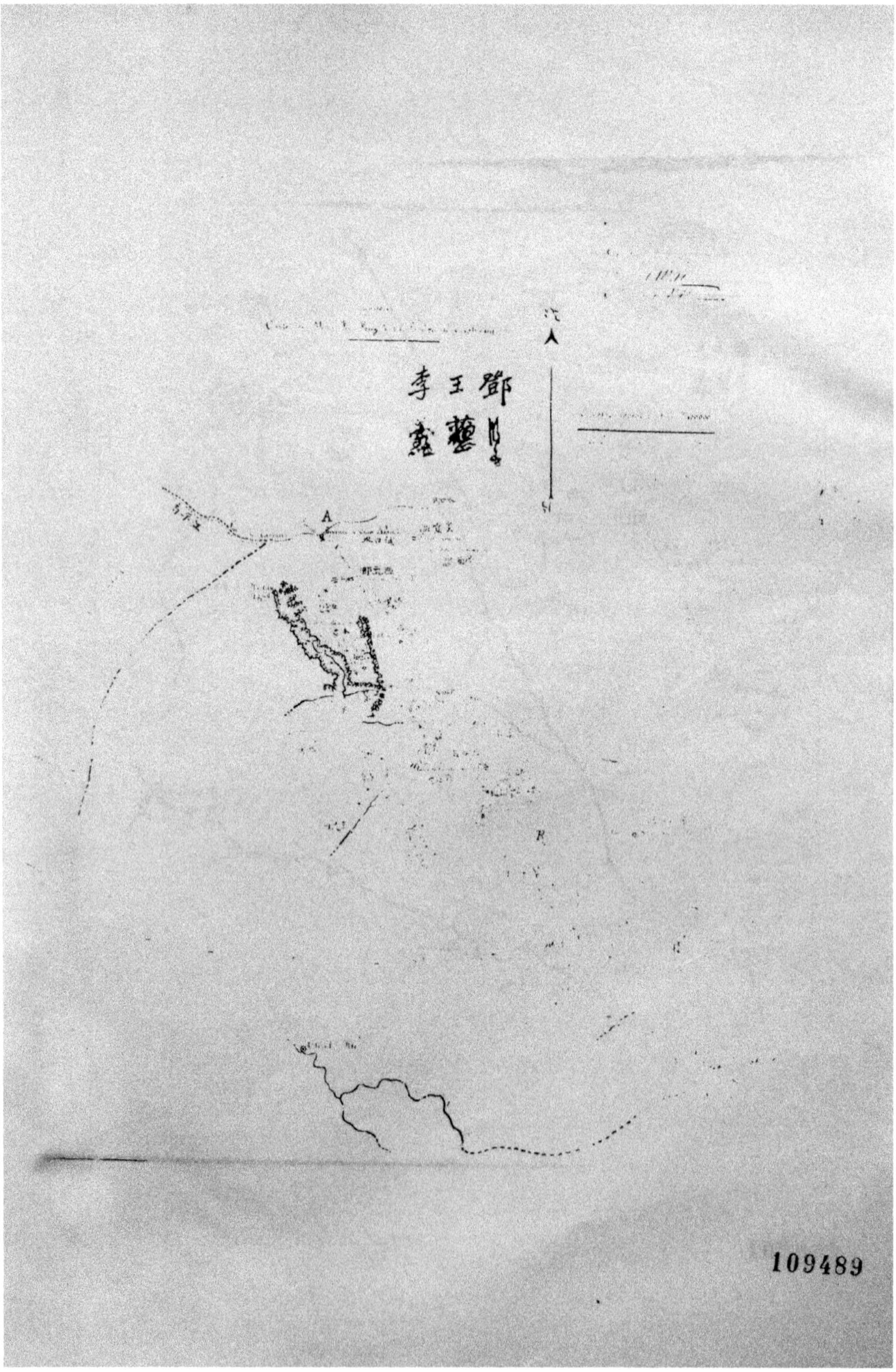

109489

图 93

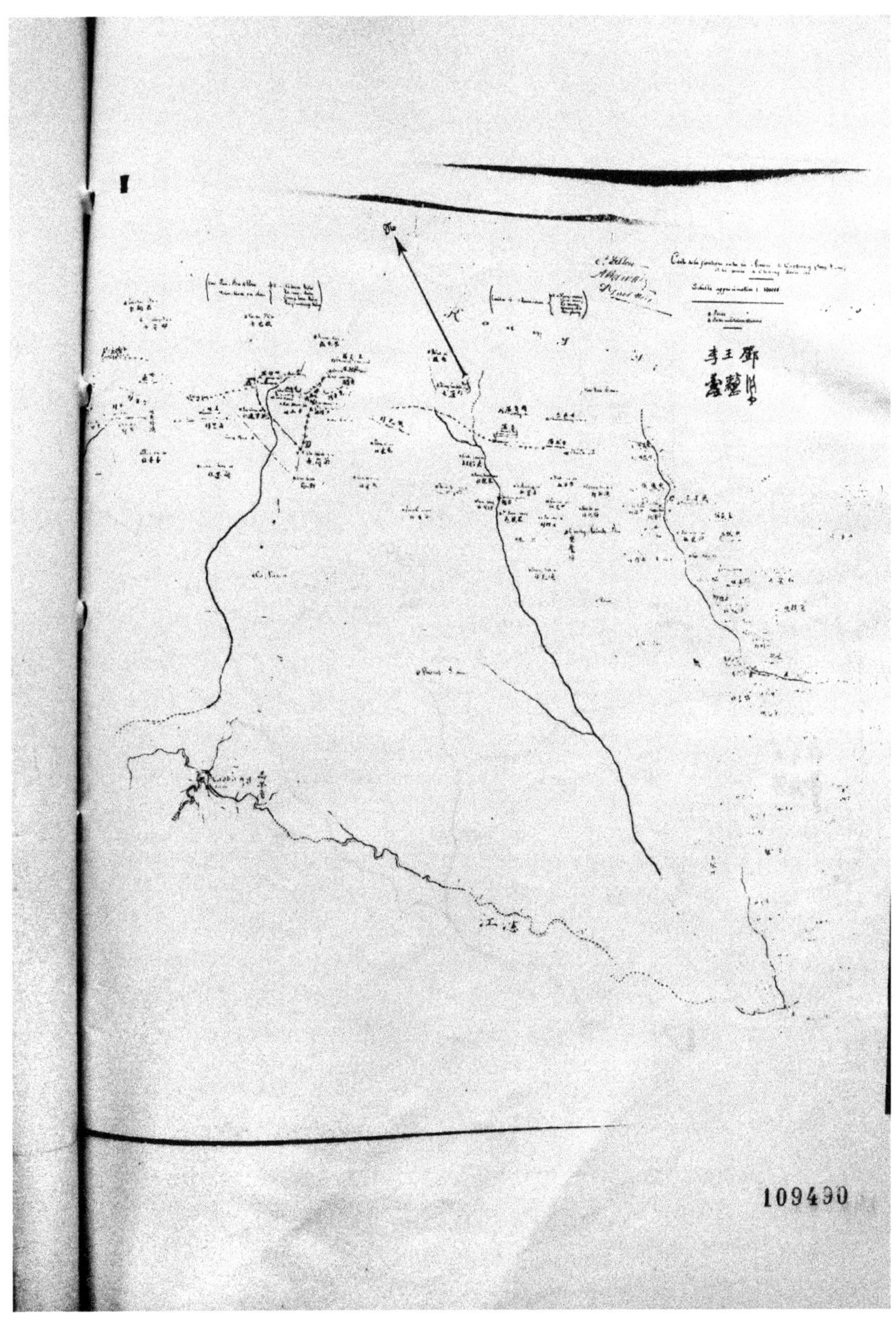

图 94

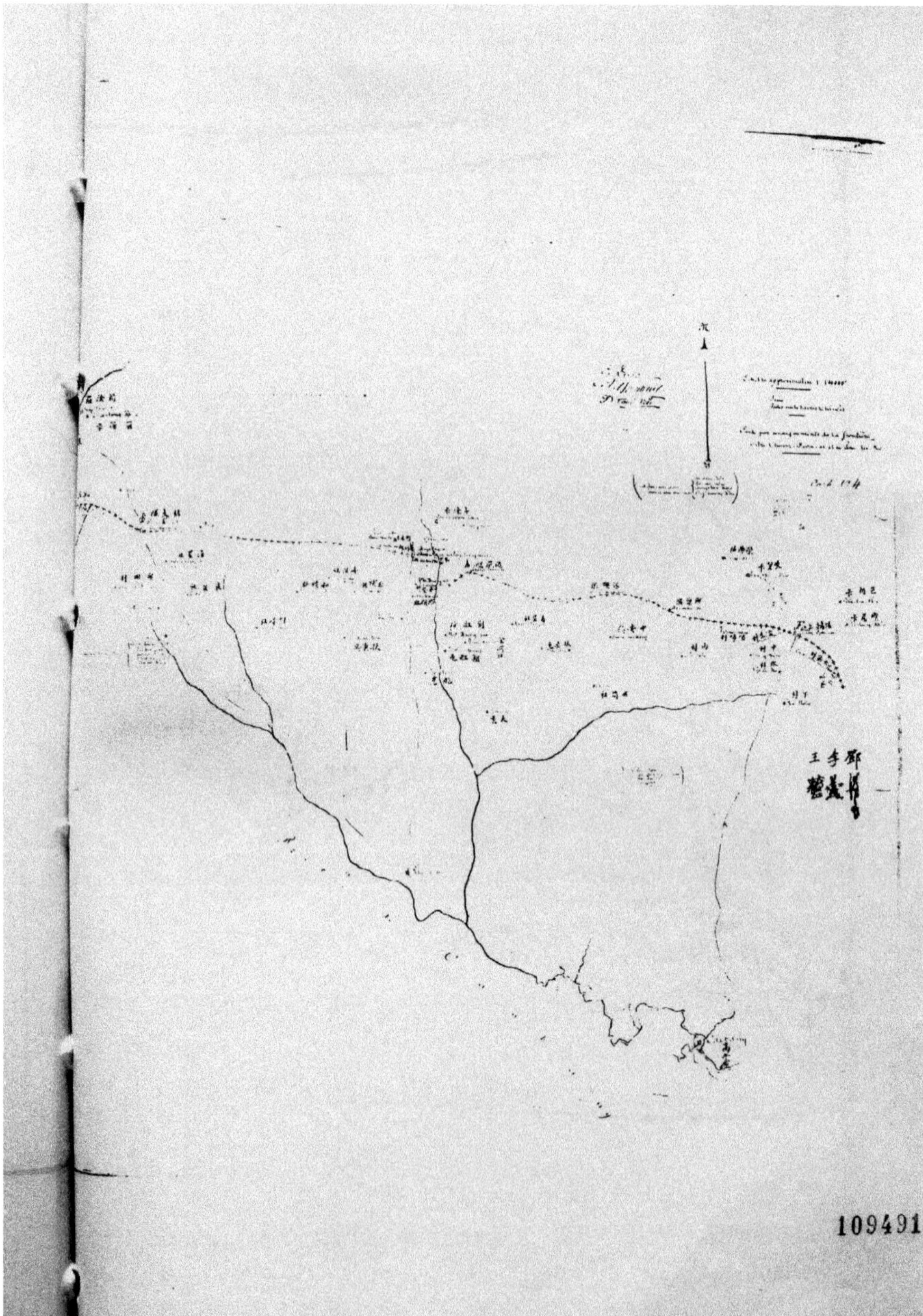

109491

图 95

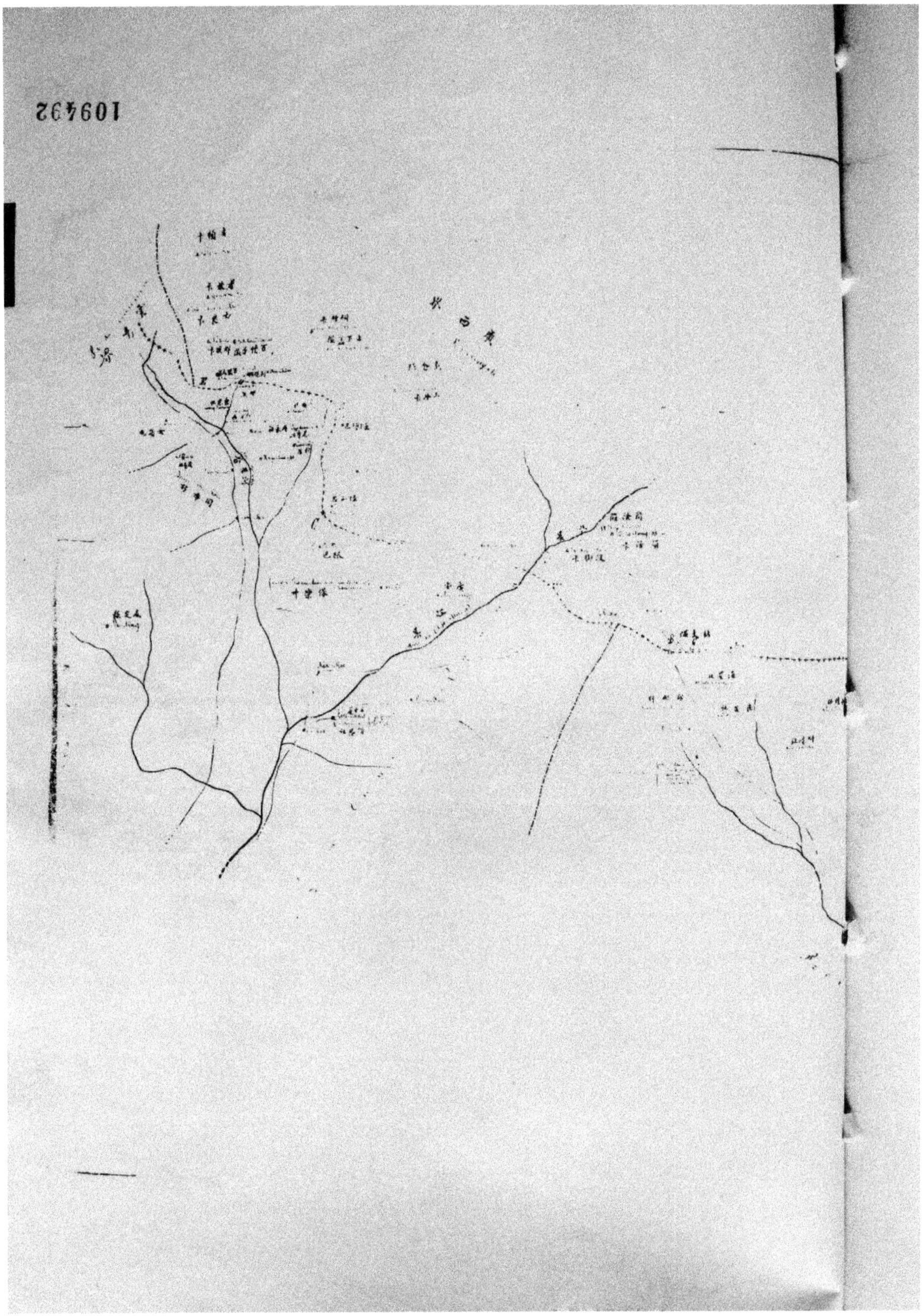

图 96

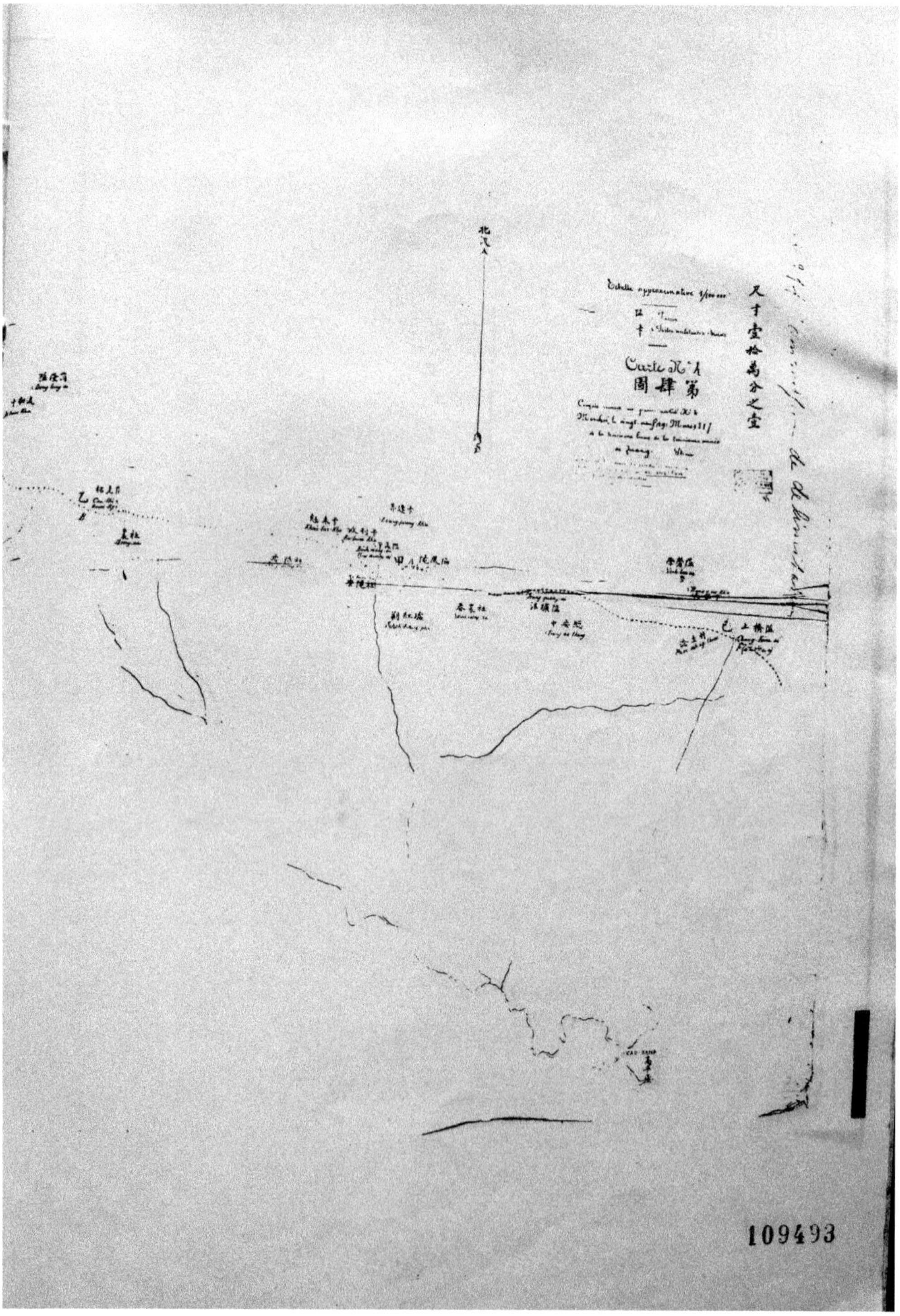

尺寸壹拾萬分之壹

Echelle approximative 1/100 000

Carte N° 4

第肆圖

109493

图 97

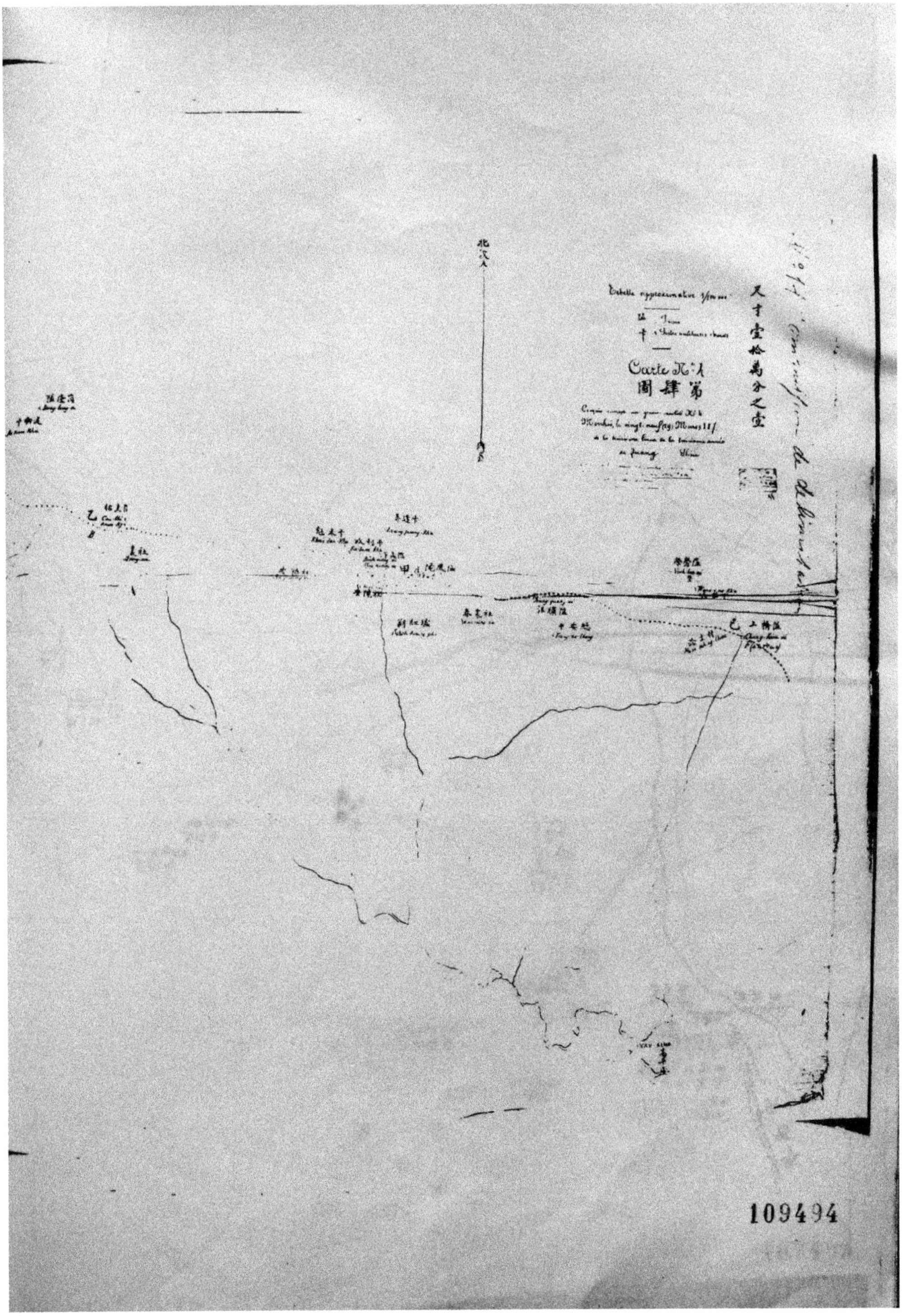

109494

图 98

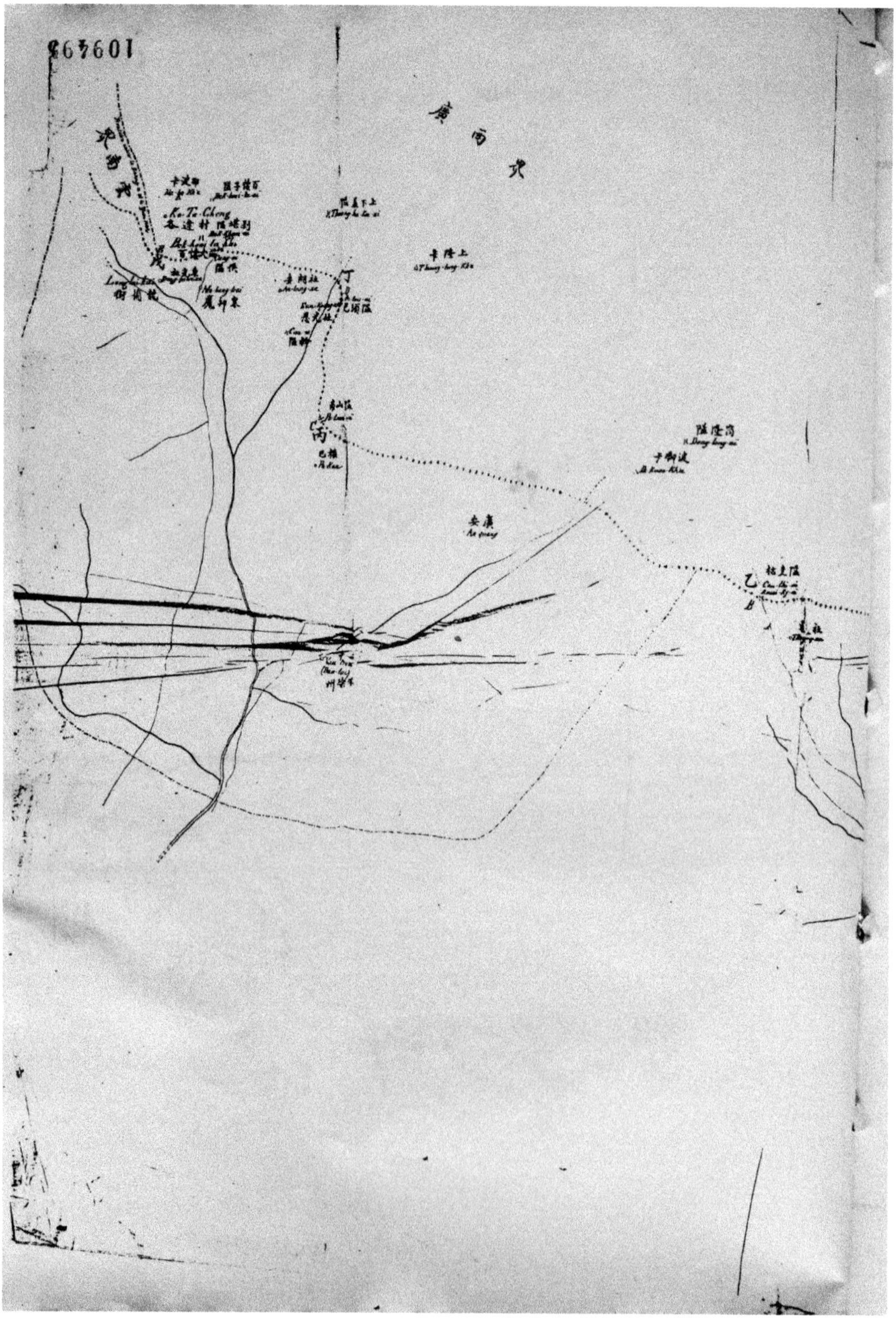

图 99

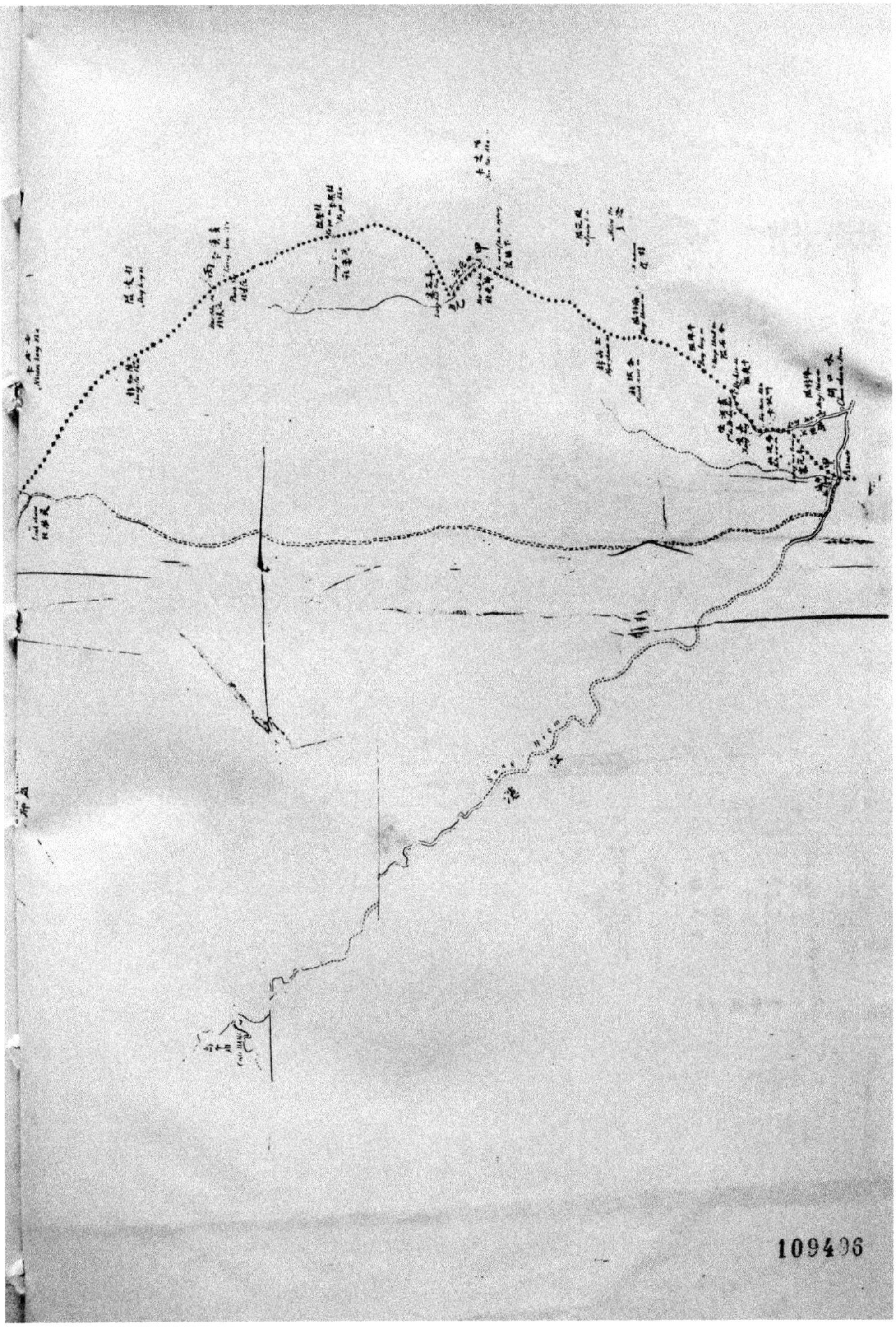

109496

图 100

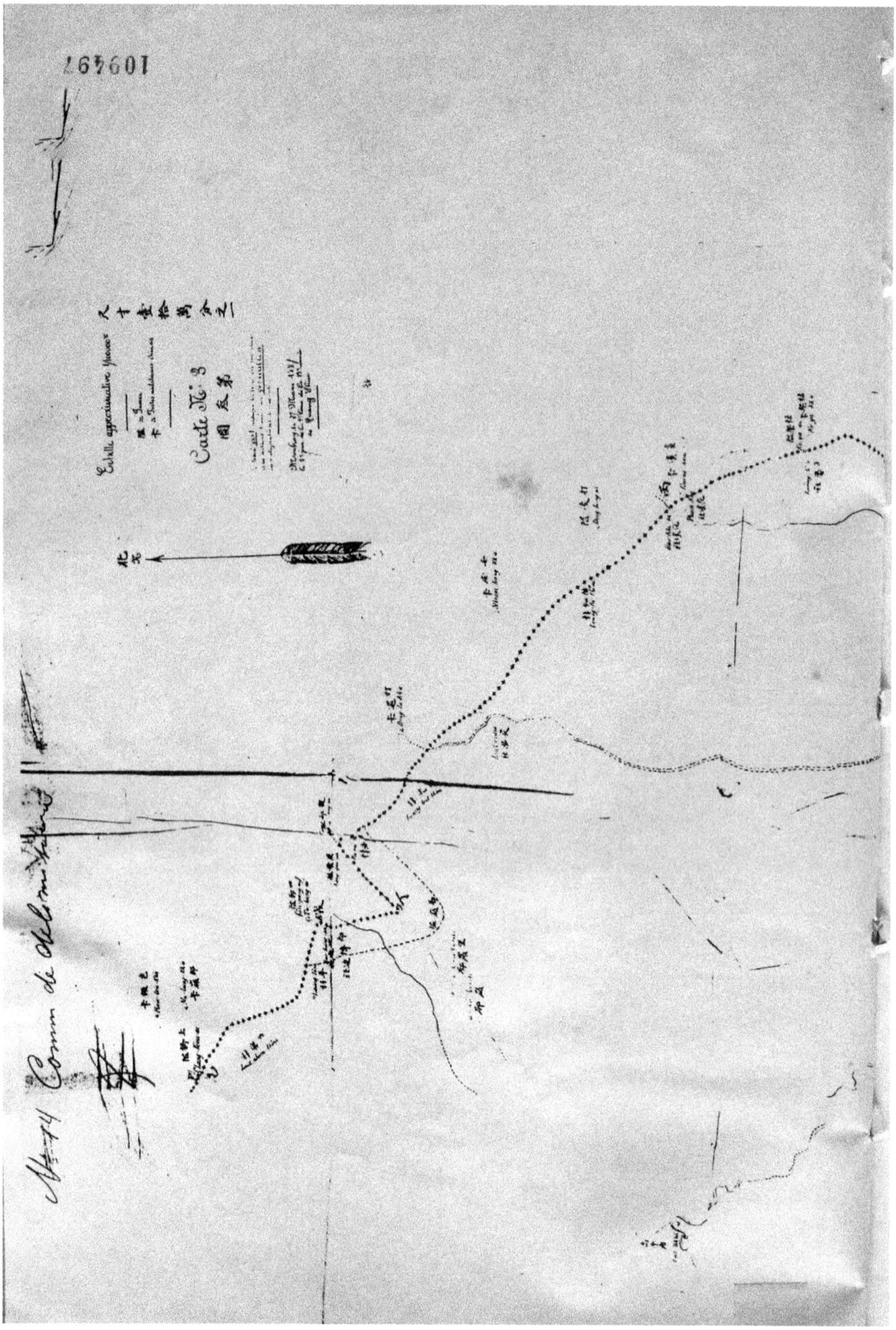

图 101

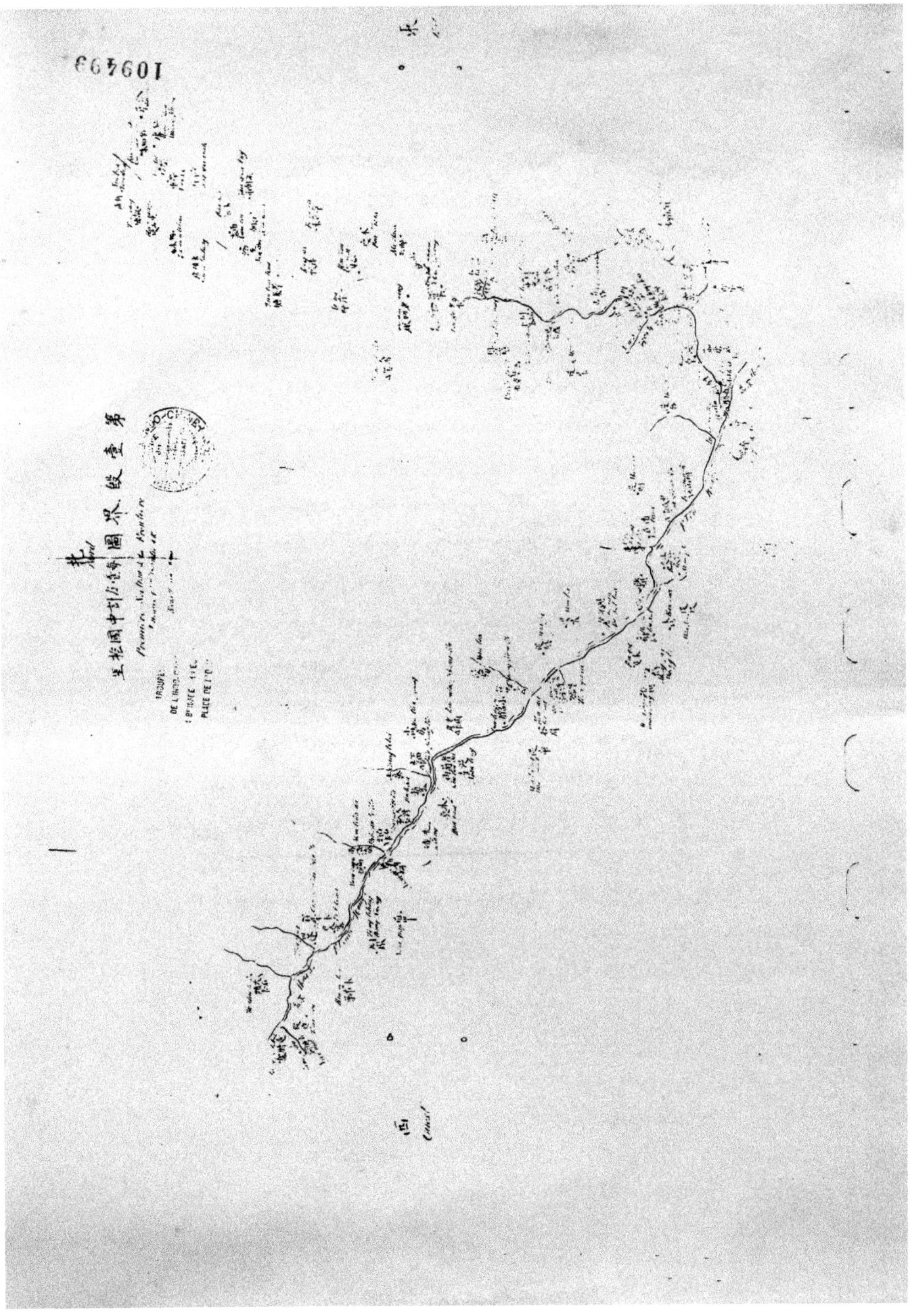

图 102

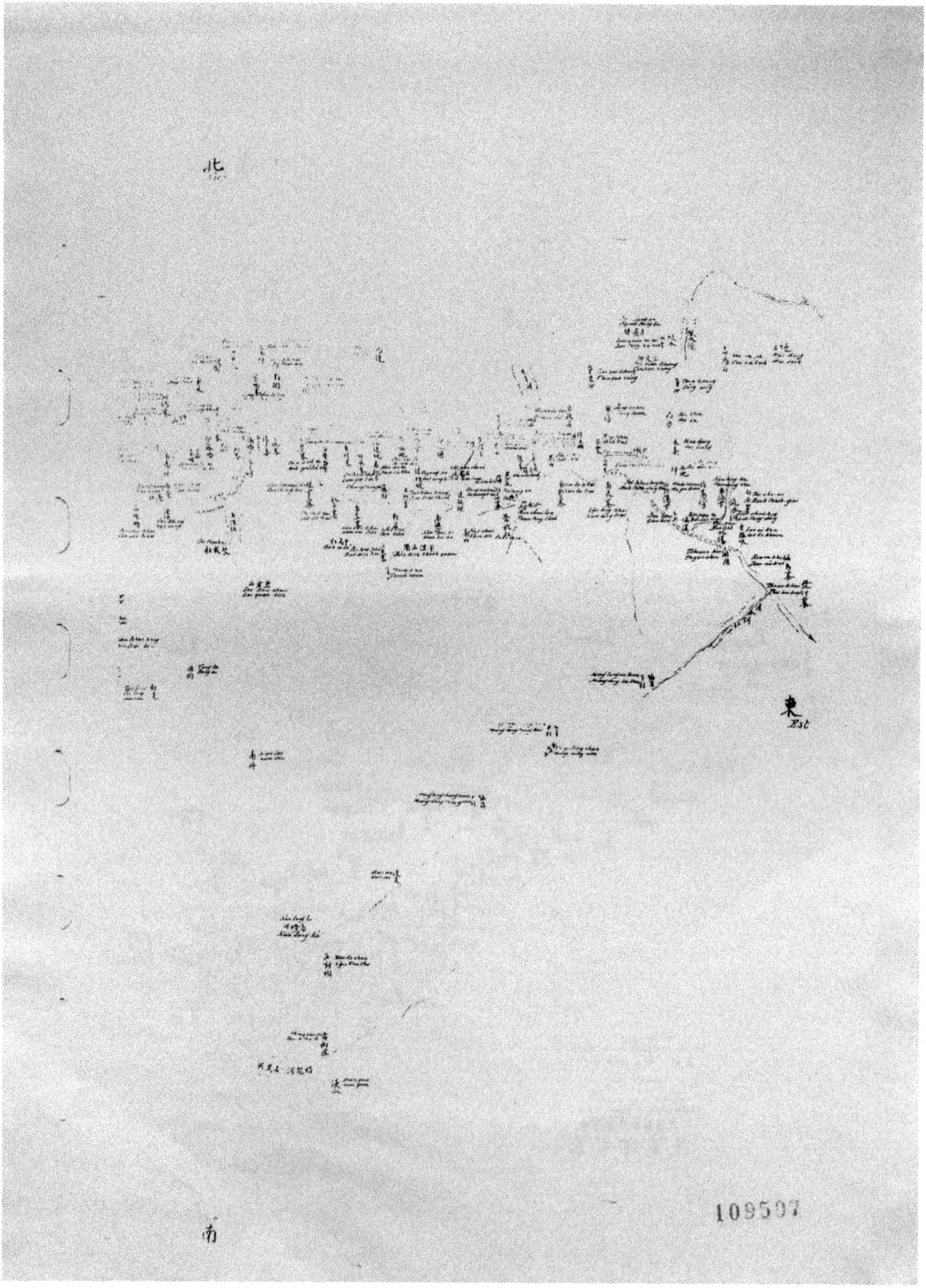

北

東
Est

109597

南

图 103

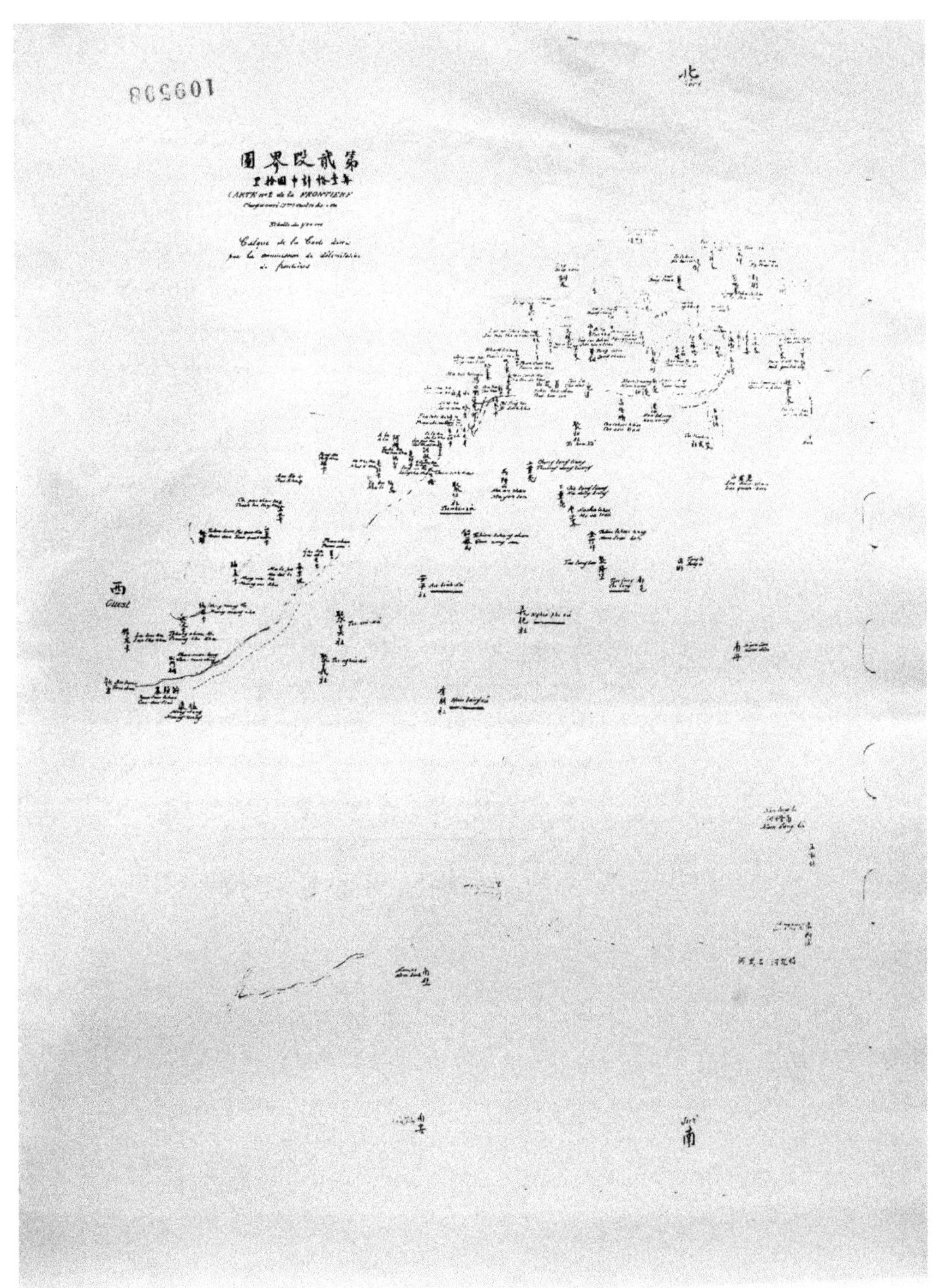

图 104

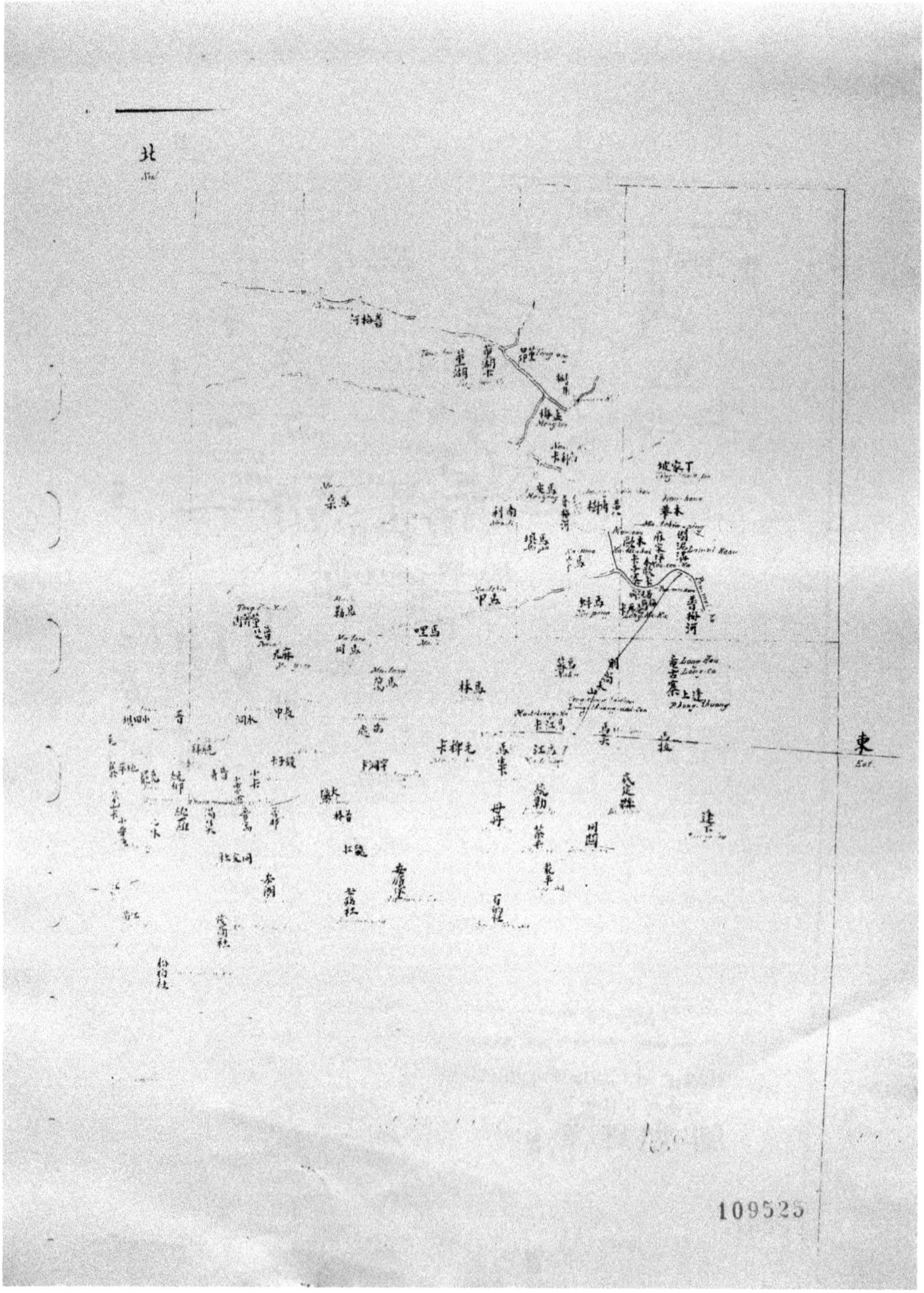

图 105

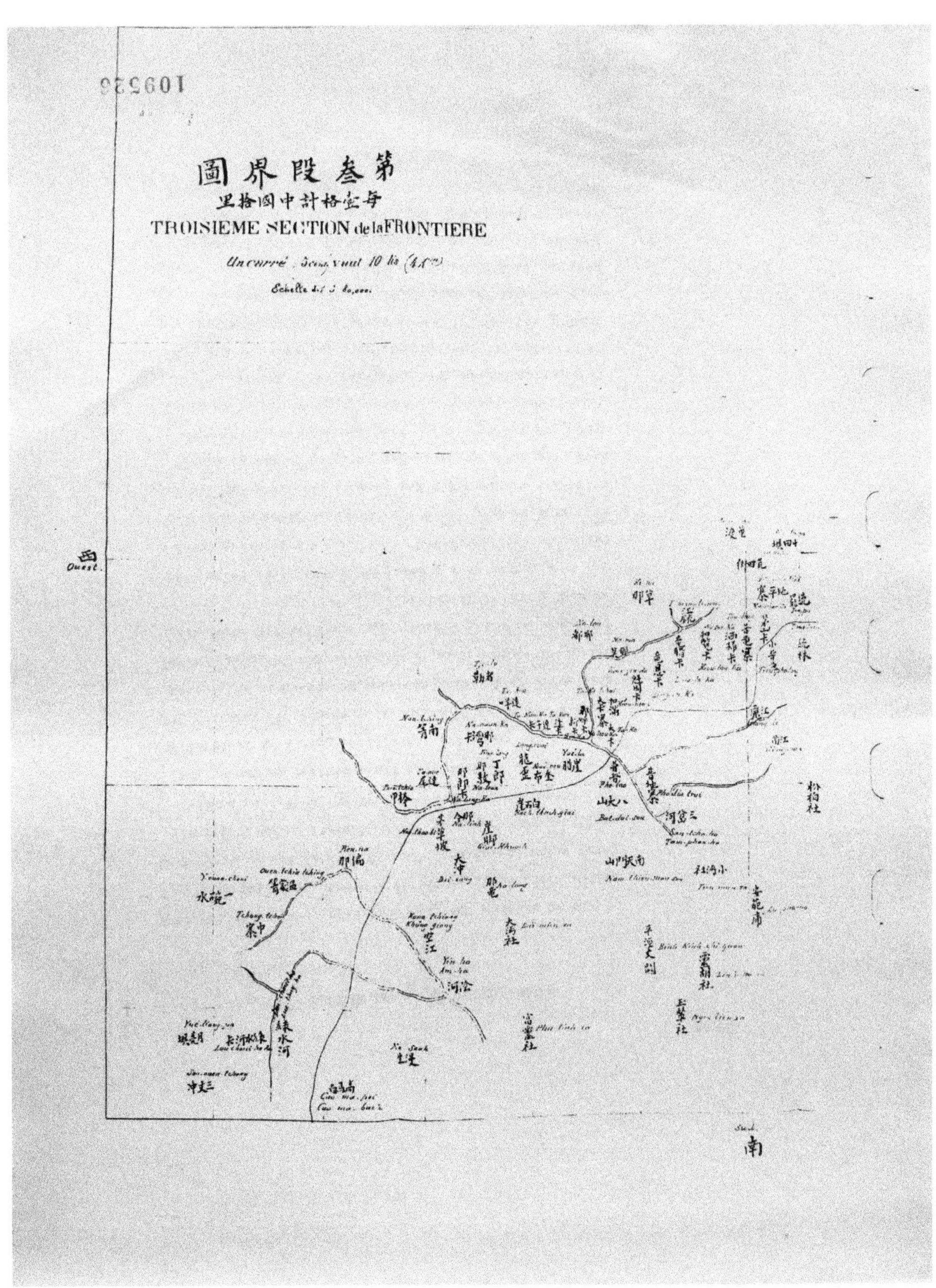

图 106

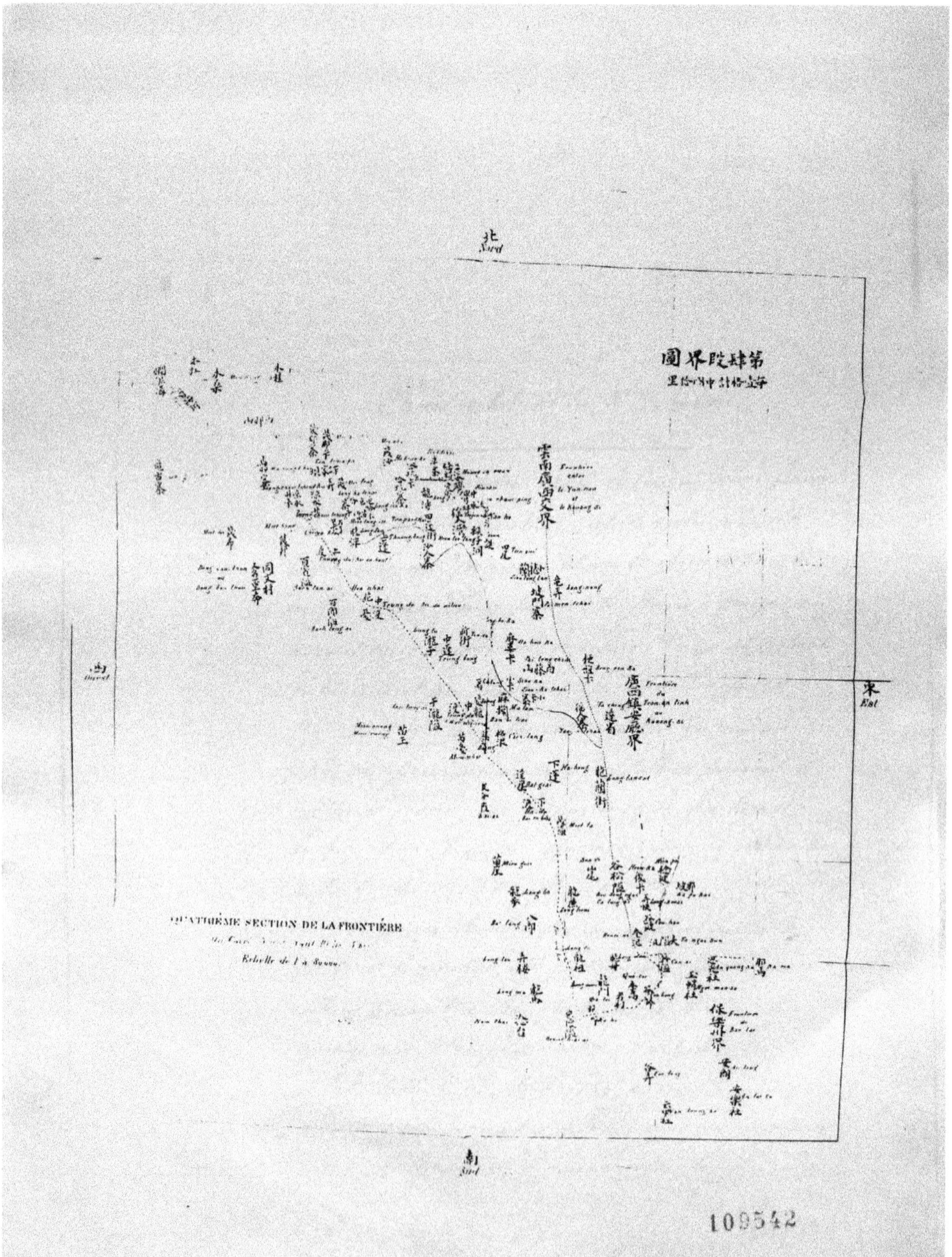

北
Nord

第肆段界圖

西
Ouest

東
Est

QUATRIÈME SECTION DE LA FRONTIÈRE

南
Sud

109542

图 107

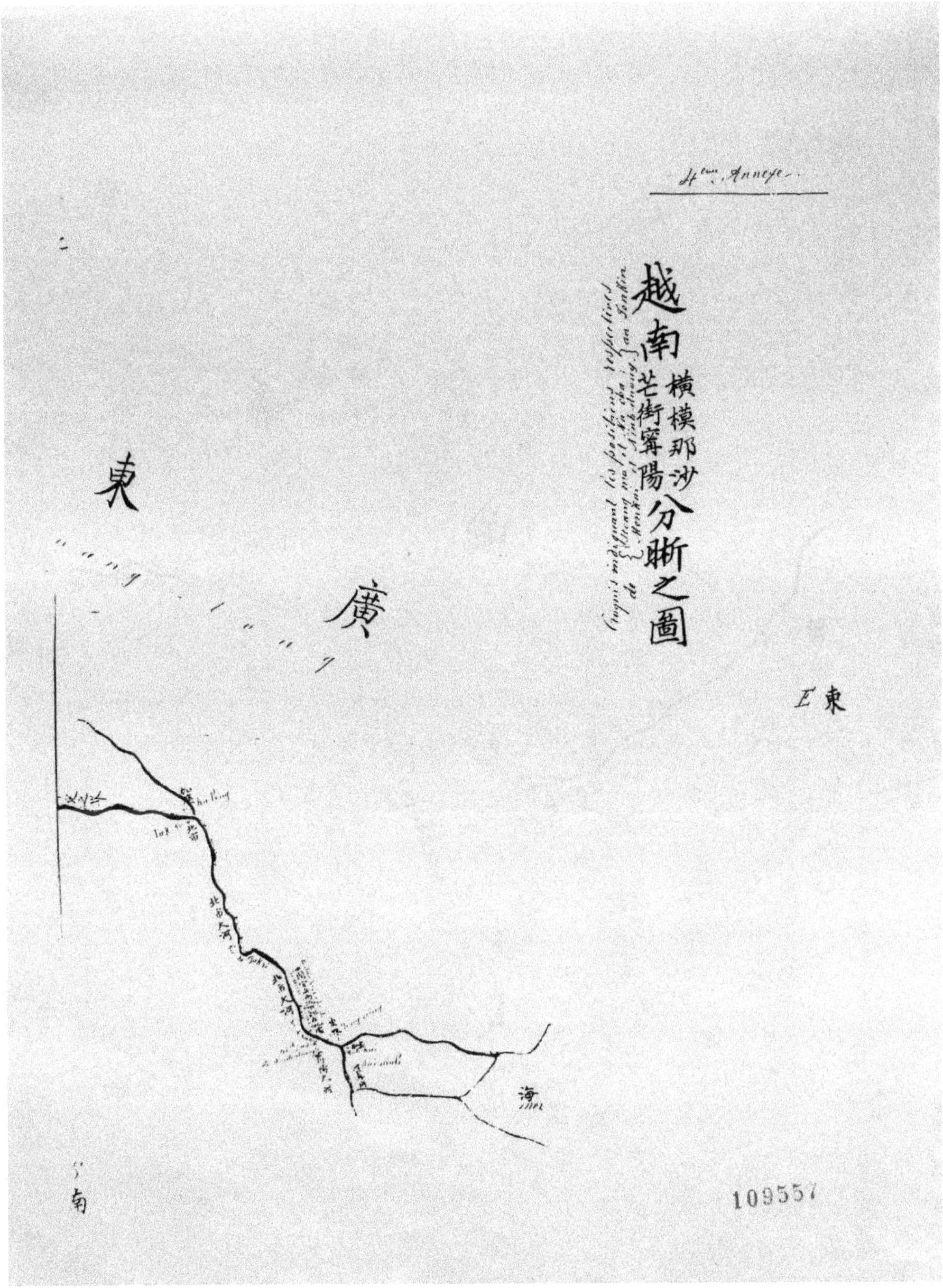

图 108

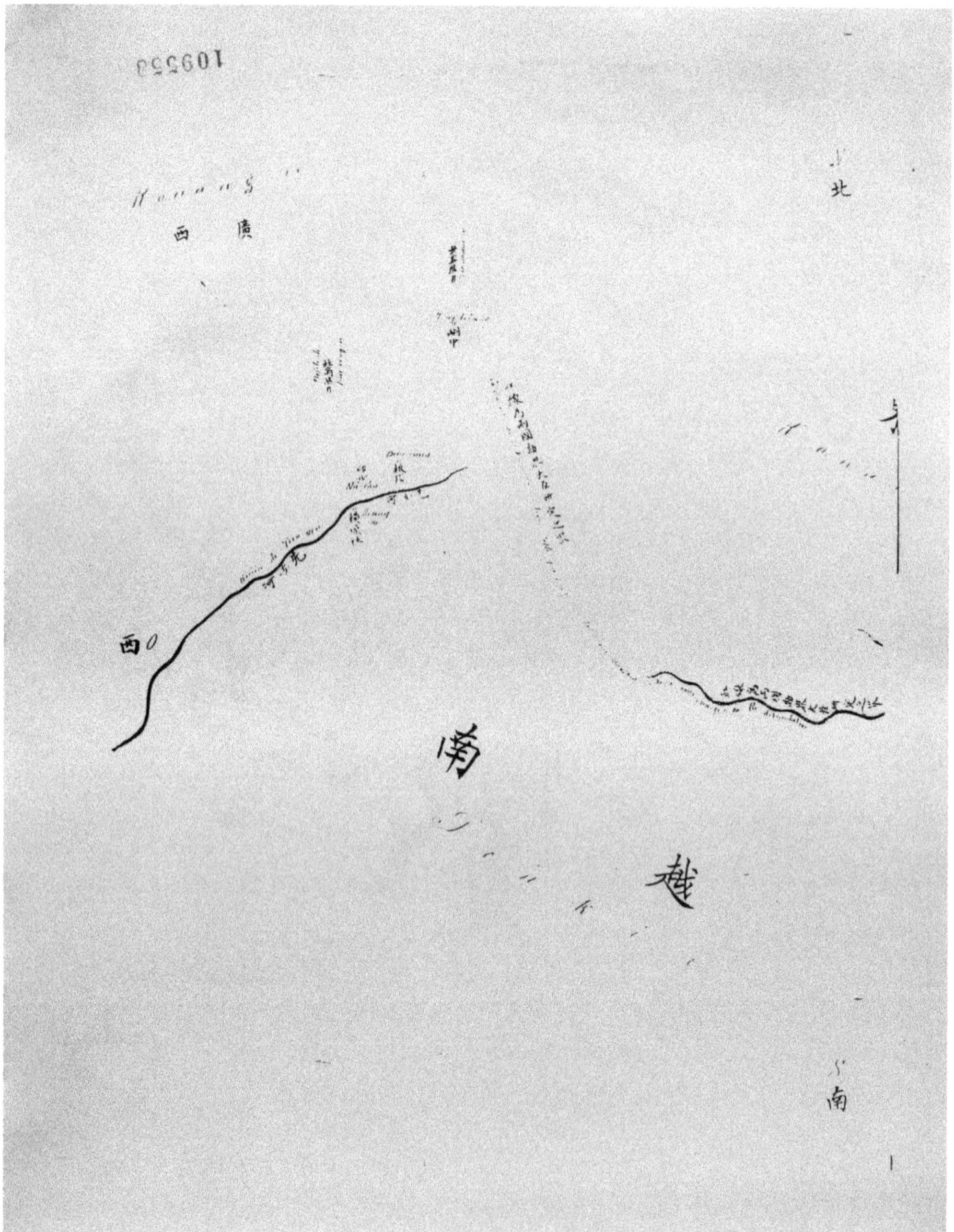

图 109

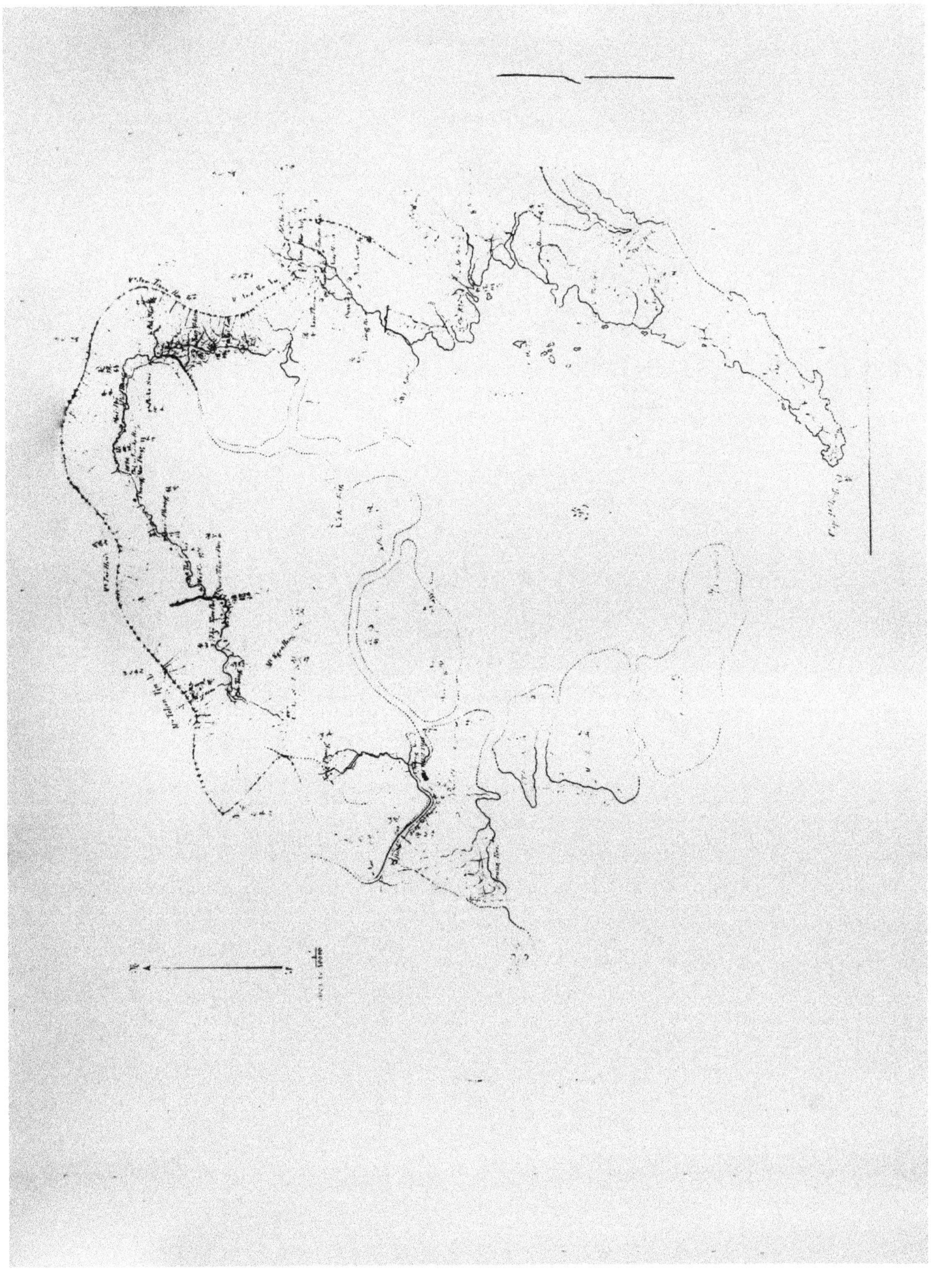

图 110

109560

图 111

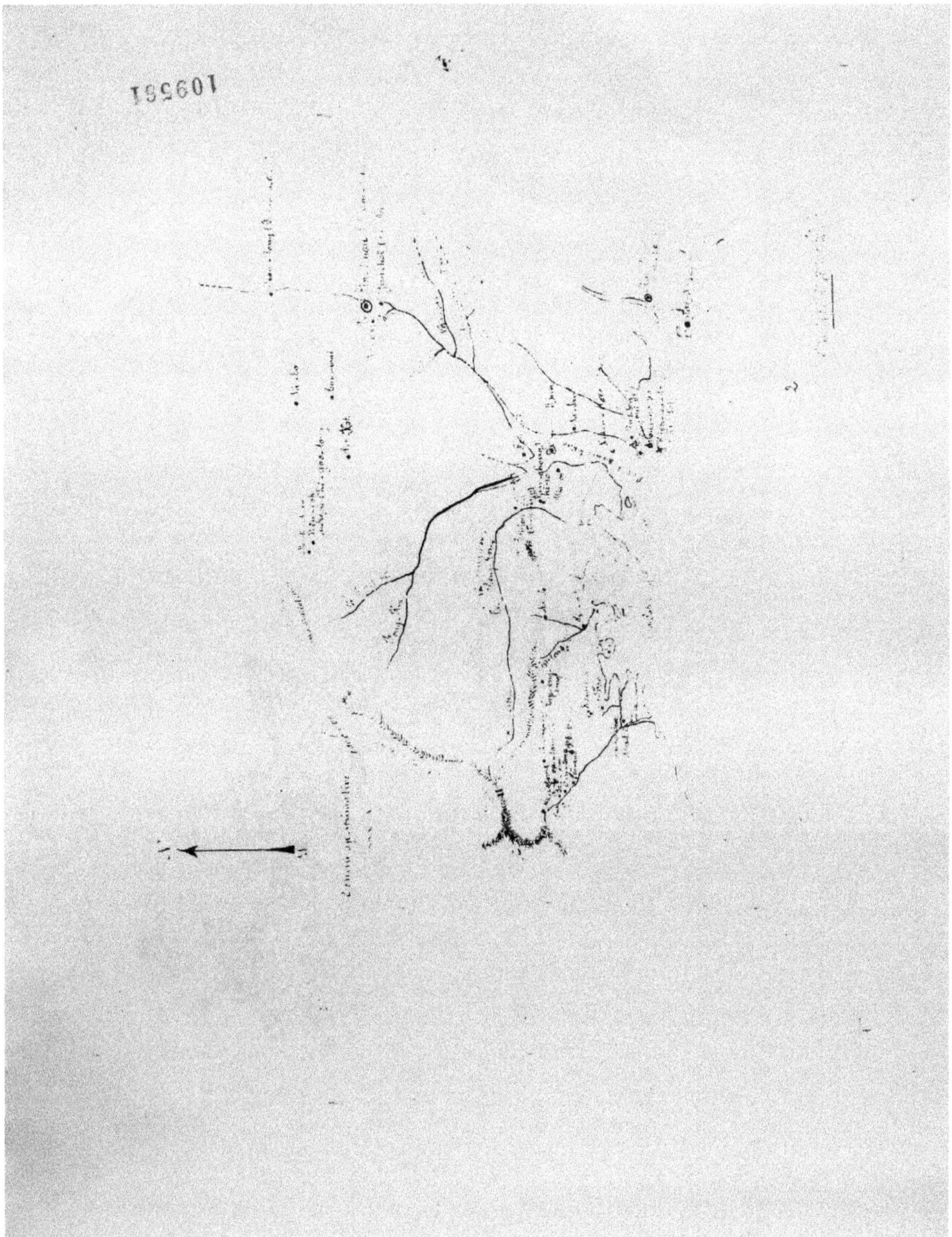

图 112

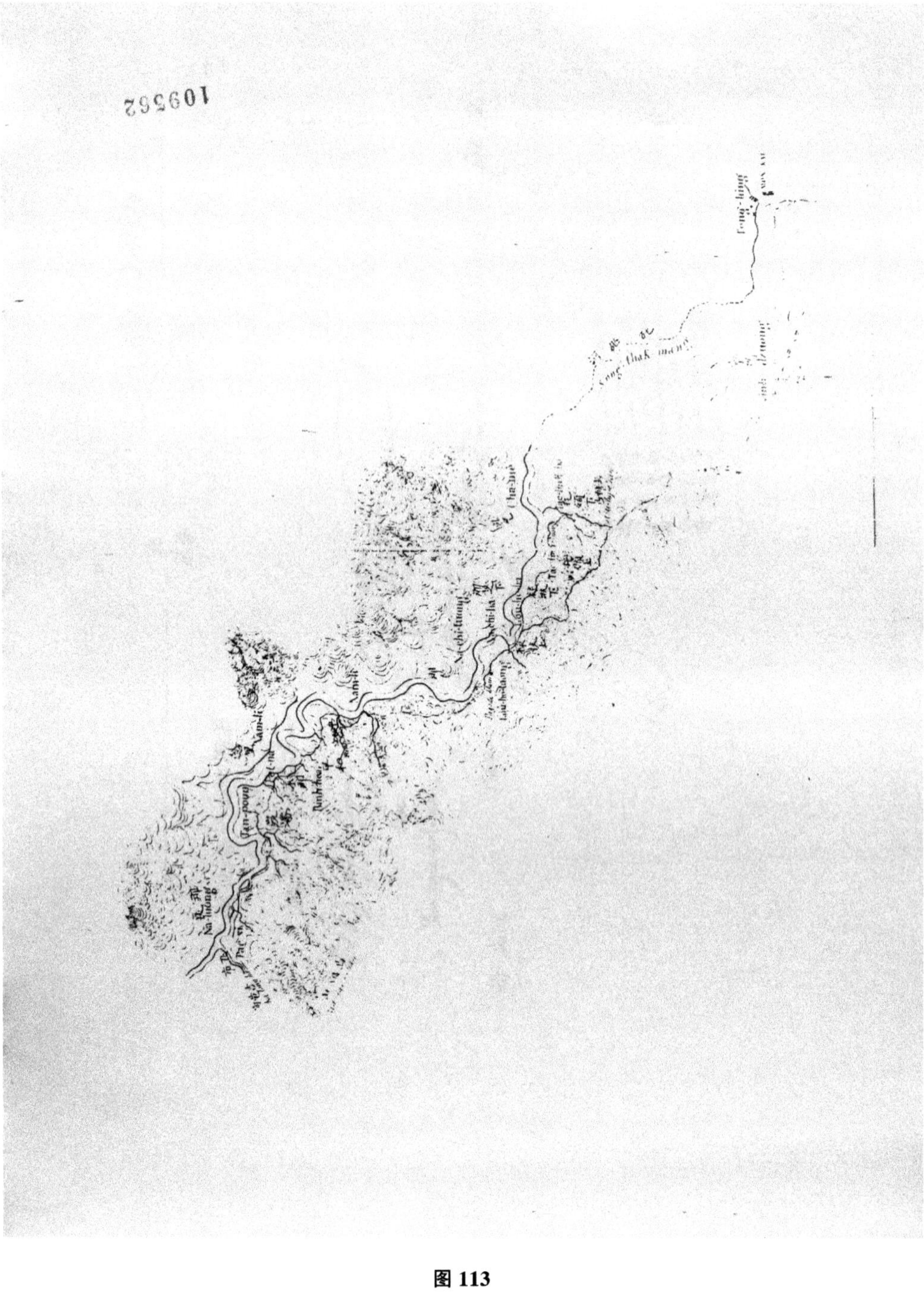

图 113

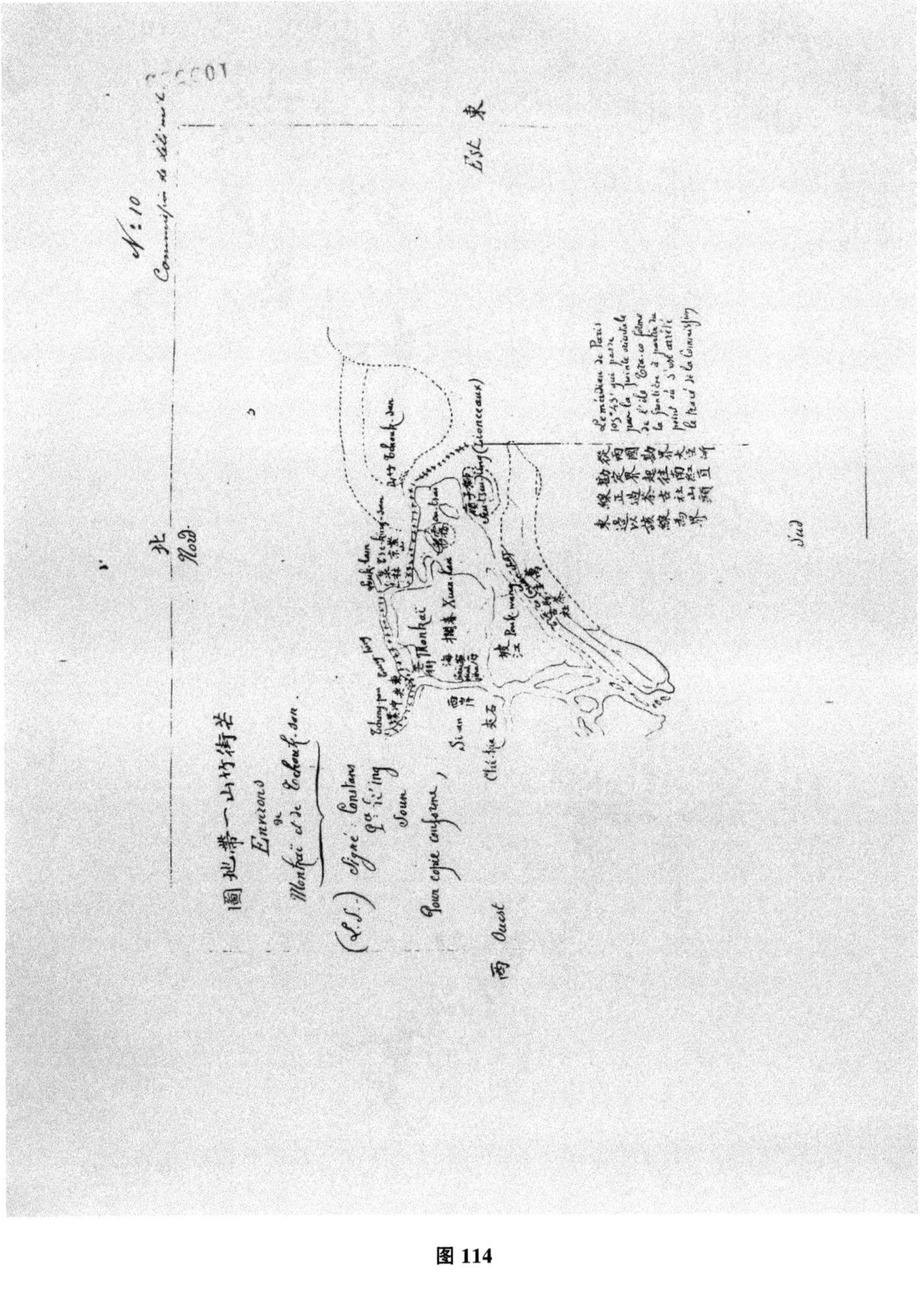

图 114

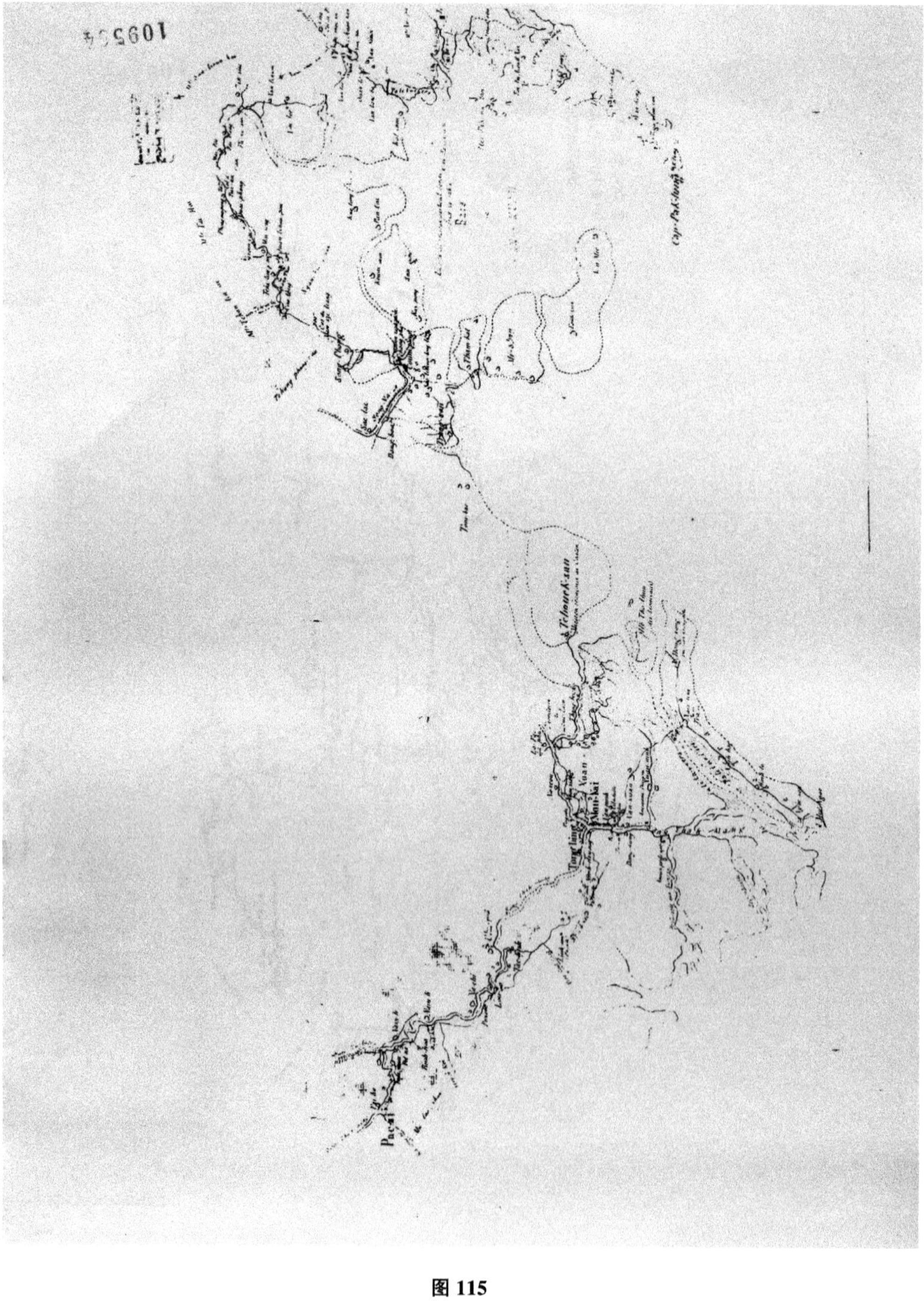

图 115

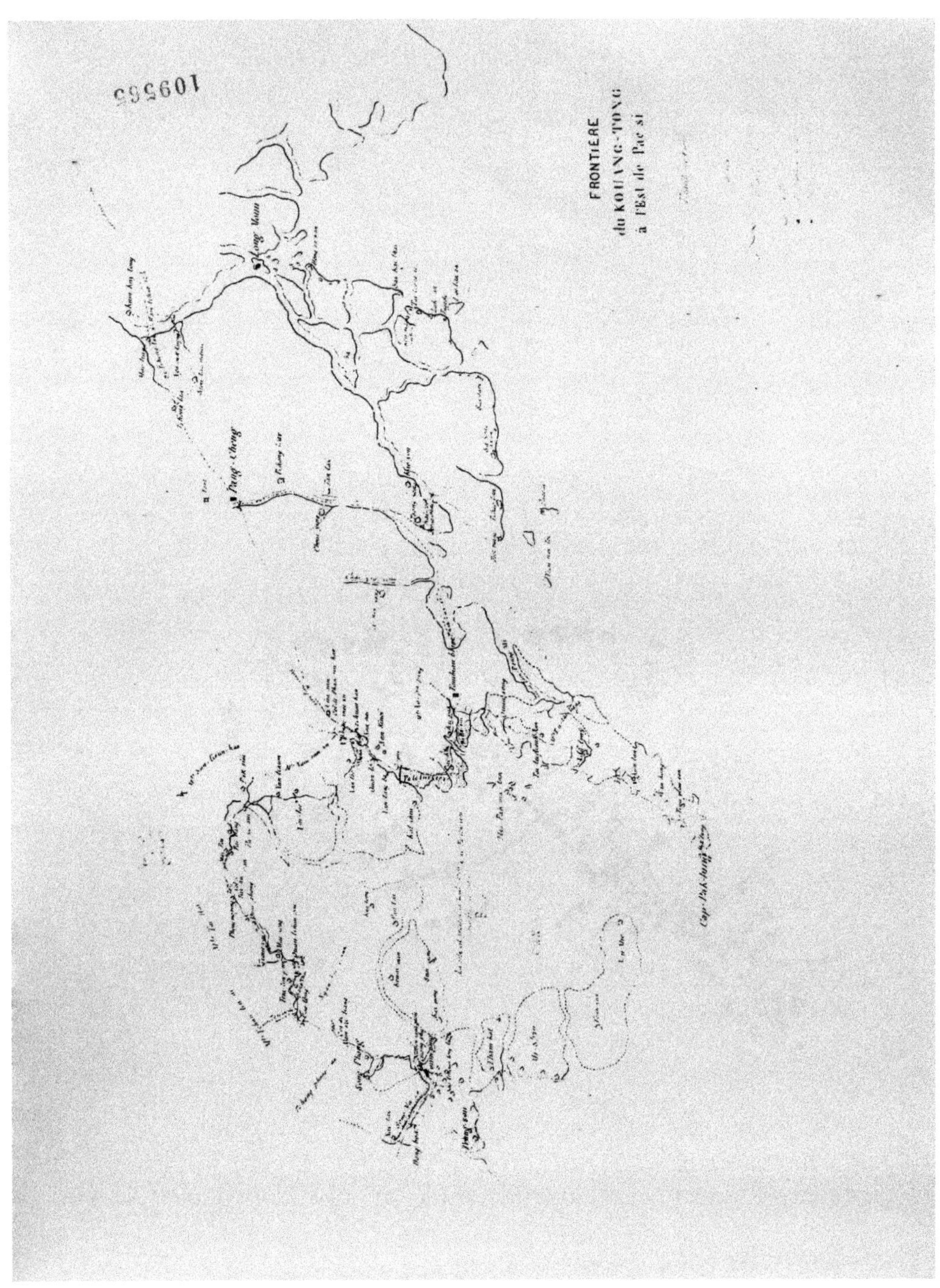

图 116

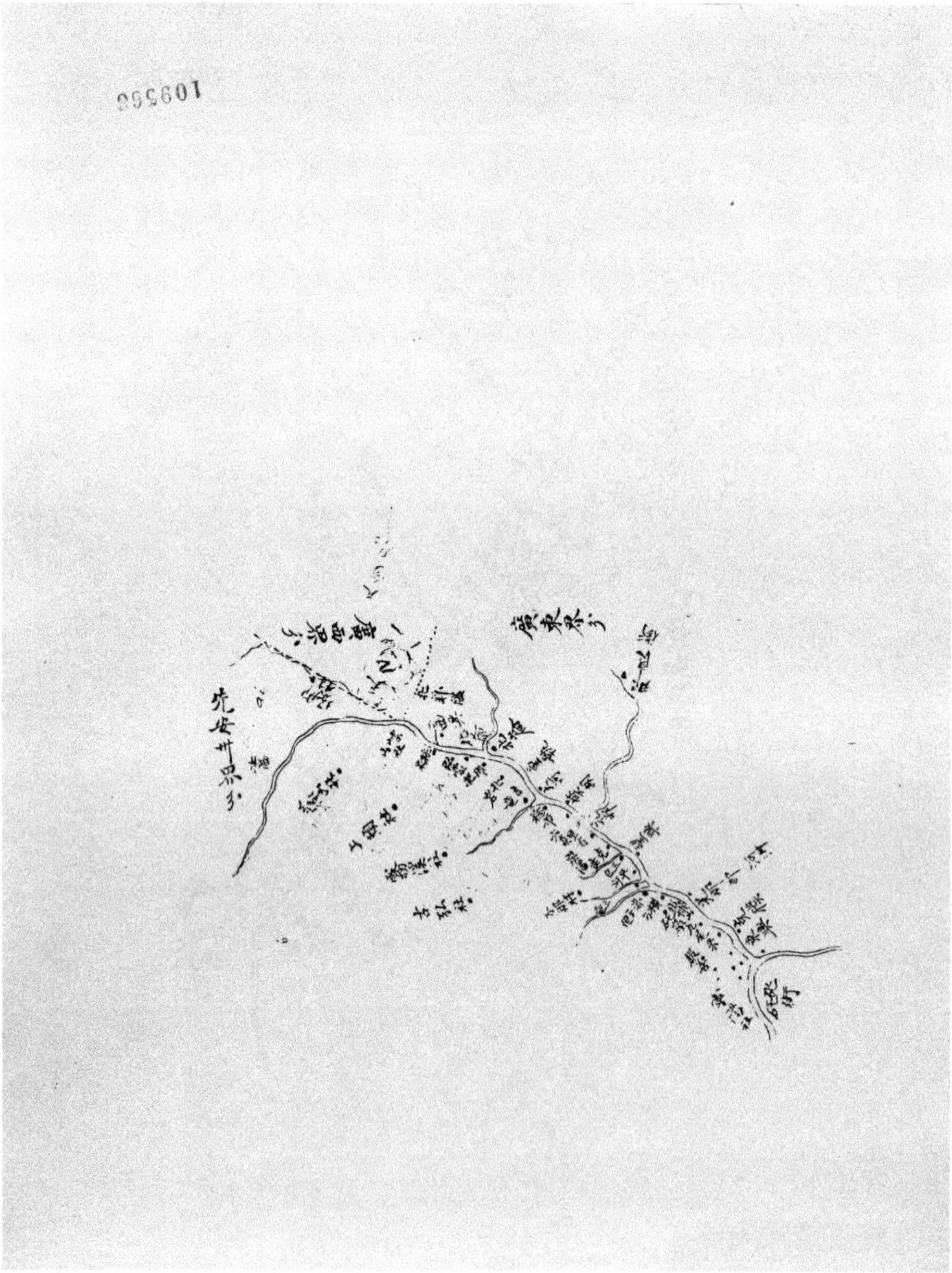

图 117

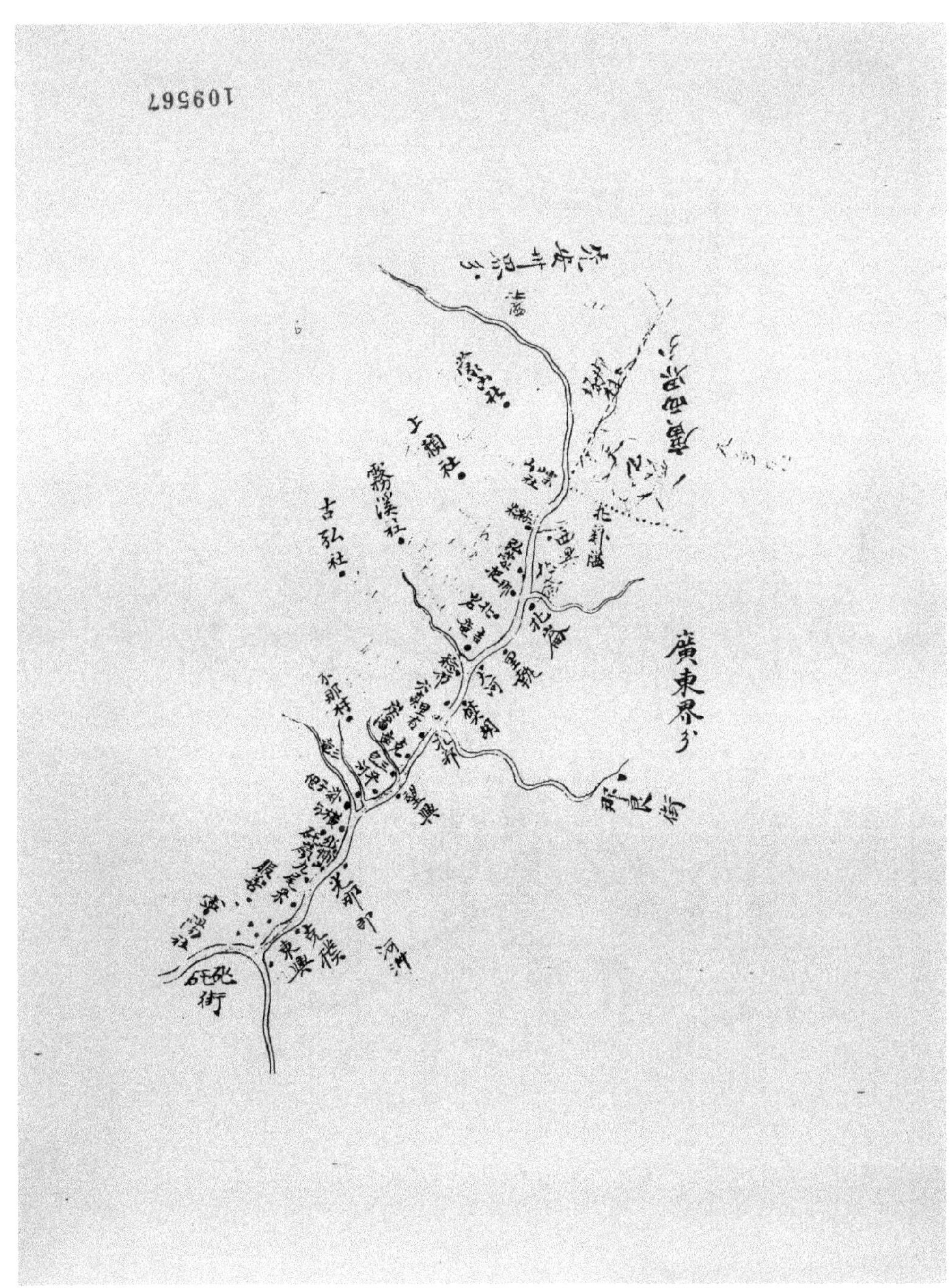

图 118

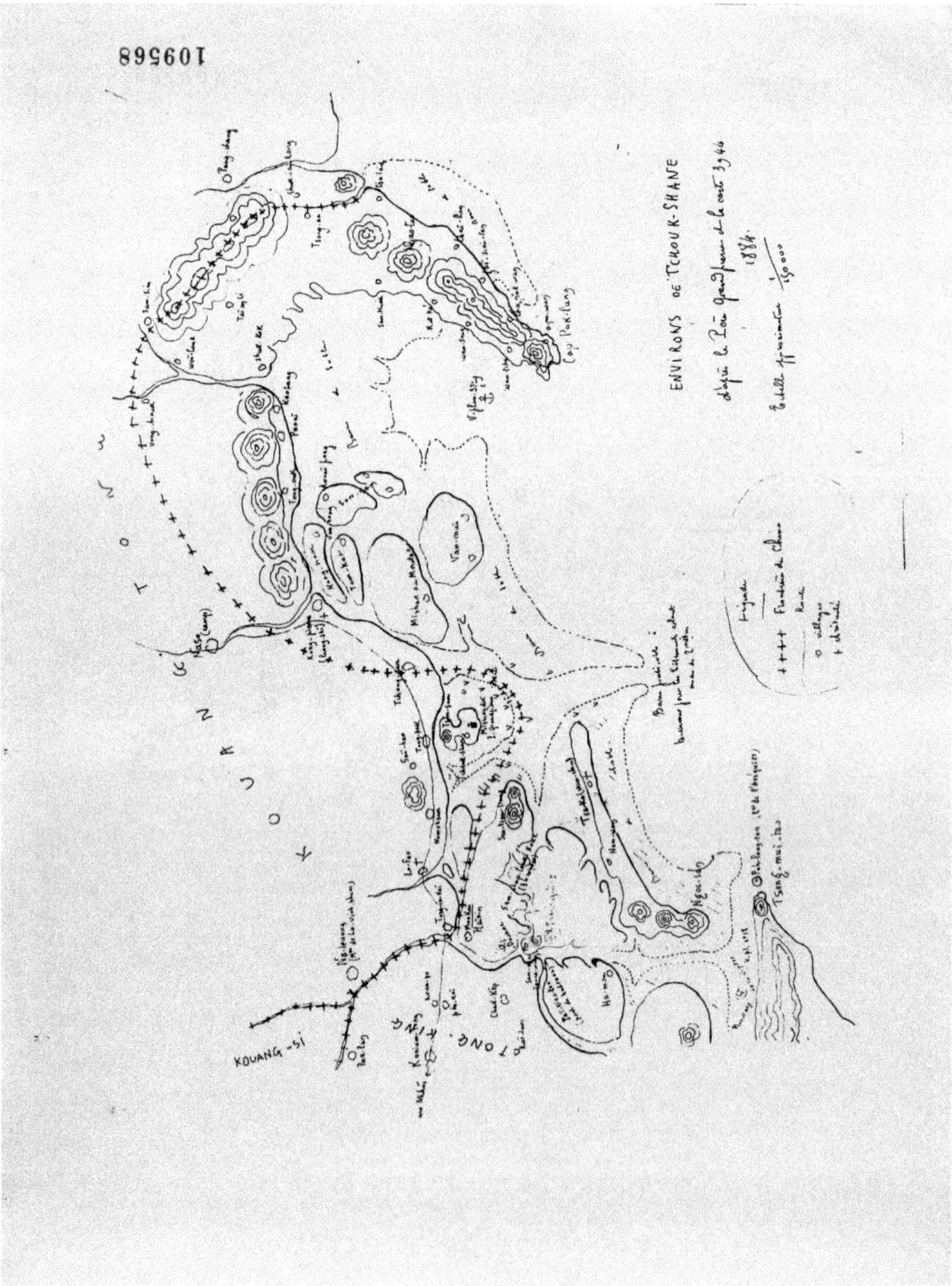

图 119

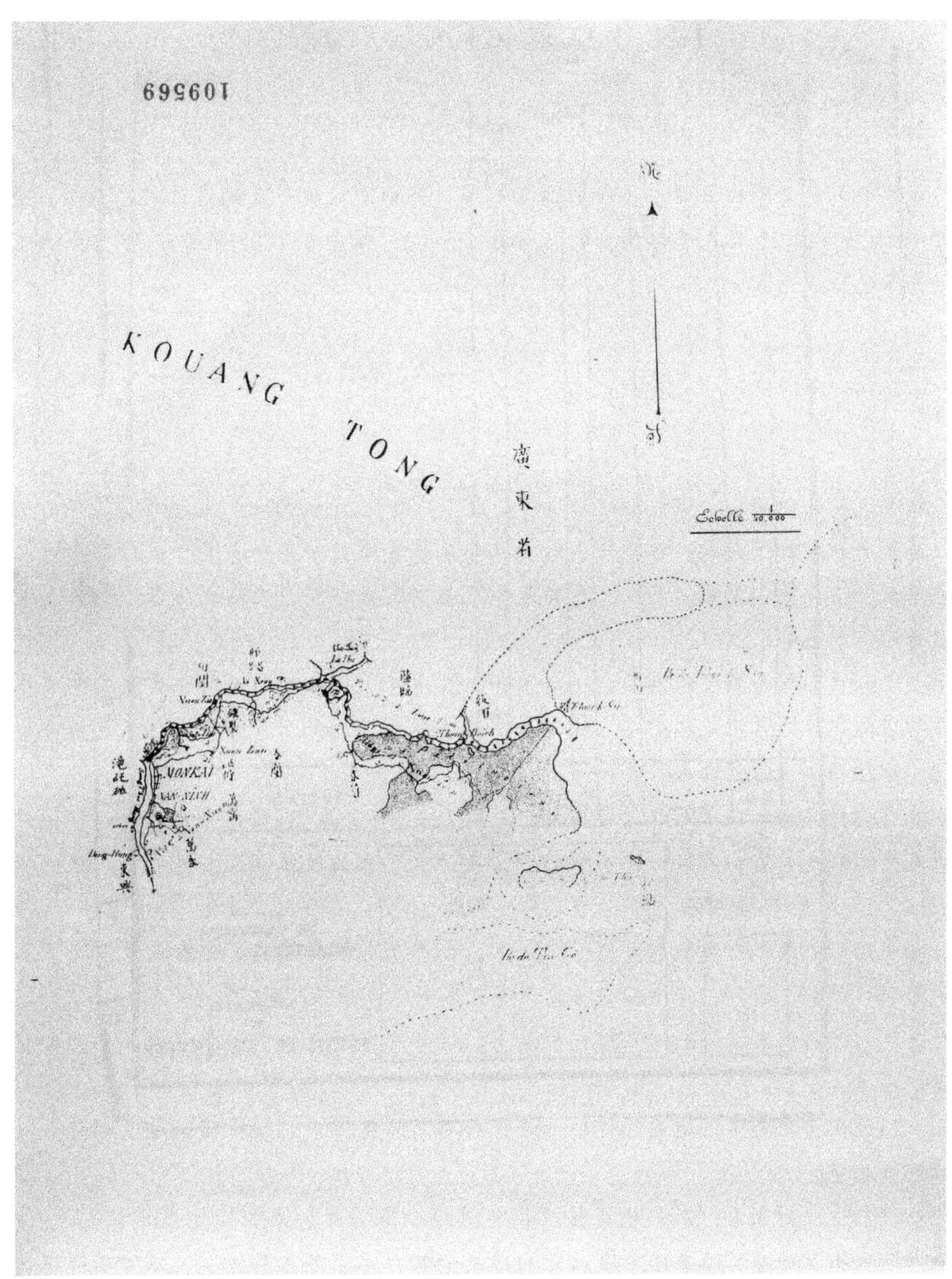

图 120

1888年参议院特别会议第63号文件
1888年11月16日会议笔录附件

报告

本报告以负责审核法律委员会的名义起草，并由众议院一致通过。内容系对：（1）法中1886年4月25日在天津签署的贸易协议；（2）法中于1887年6月26日在北京签署的附加协议表示首肯。

参议员若雷斯海军司令（签名）

先生们：

由参议院任命的负责审核上述两项协议内容的委员会①全体一致通过了这两项外交条约。委员会此举基于两点：希望与中国建立越来越紧密的联系和有责任以厚意欢迎凡属那些有助于发展我们贸易活动——尤其是今后与法国紧密联系的远东地区我们的保护国发展通商活动之举。

关于和中国贸易关系的沿革，在由国会议员迪罗·德·沃尔贡特先生呈交给众议院的报告中陈述得非常清楚和完整，故不必在此重复，我们只需提醒大家注意签署今日呈交你们审核的协议时的情况。

在我们对安南和东京采取行动不久，由于1884年5月11日签署天津预备性协议而接近尾声的法中冲突，因为一件不幸的事情又产生了新的紧张局面，并达到了最尖锐的时刻。

福州船厂被毁，中国舰队大部分被击沉，台湾南部被我军占领，澎湖列岛又落入我手；旅顺口受敌，同时，停泊在公海上由享有盛誉的提督指挥的30艘战舰——法国不会由于其阵亡而感到太遗憾——只待一声令下，就会立即封锁由中国北部海岸到其大米抵达港的通道。

中国的当务之急是迅速进行处理，此意料不到的灾难仍能使中国通过最近的一次胜利处理好此事。

从我们这方面来看，正如孤拔将军在其封锁台湾海岸和港口的通告里描述的一样，公众对此次报复行动所带来的不可避免的开支和牺牲越来越感到担心，双方不得不达成谅解，并由此于1885年6月9日签署了一项法中和平友好贸易条约。这是一项真正的和平友好条约，因为法国并不想要求中国牺牲其领土的任何一部分，并将刚刚显示出其重

① 该委员会成员名单——原注（略——编者注）

要性的优越的航海中心站澎湖列岛归还了中国。

1886年1月27日开始生效的1885年6月9日条约在第6条款中规定了一条新的外交条例，明确了在东京和中国云南、广西及广东三省之间进行陆上贸易的各项条件。1886年4月25日在天津签署，同年6月26日提交众议院办公室的该专约，曾在对该条约的审核委员会中引起非常激烈的异议；异议得到外交部长、内阁总理先生的认可。

当时已不可能修改条约的该条文，因为重要的是尽早地批准该条约，为了保证已取得的成果，外交部长、内阁总理先生要求委员会对批准该条约一事做出决定，并保证和中国政府就达成修改协议开始新的谈判。

几番谈判之后，一项附加协议于1887年7月26日在北京签署。今天提呈你们并已由众议院投票通过的正是这两项协议的总汇。

正如1885年6月9日条约第6条款已规定要缔结一项适用于东京与中国进行贸易的附加协议一样，在第3条款中，已提出有必要通过一项共同协定来确定中国—安南边界的分界线，并在所有需要的地方用界碑更好地明确这条边界。

根据规定，1885年8月成立了中法委员会，尽管困难重重，该委员会通过实地对审工作，终于确定了从峙马（Chi-Ma）山口到通到龙州的那条河流之间的边境分界线，也就是说，确定了与谅山毗邻的和横贯我们进入广西的主要通道的所有边界部分。

这项工作完成后，委员会即前往上东京，以便确定老街附近的云南边界。在那里，当局的恶意及该地区的不安全因素使委员会的工作寸步难行，委员会成员们仅能据地图确定边界①。

最后要确定的是广东边界，但在这个地区，代表们遇上了民众的暴动。这群不折不扣的强盗，在海宁杀害了我们的一名代表海士先生。委员会不得不又一次取消了实地对审工作，仅据地图来确定边界；中方对其提出主权要求的白龙（Packlung）飞地问题暂时搁置。

委员会就在那时结束了工作。

并不如人们所一度希望的那样，被中断的工作可以重新进行，请允许我们在此对其感到遗憾。去年，我们外交部要求海军部调卜义内海军步兵营长来做这项工作，因为他在委员会的两年中参加过大部分的活动。得到回答是：第一，缺乏足够的资金来重新进行这项工作；第二，贝干将军声称，目前没有足够的兵员组成为保护委员会安全地进行工作而必不可少的特遣队。

也许我们需要厉行节约，但是今天付出必要的代价以避免今后可能产生的争执，从而避免由此必然造成的节外生枝的种种纠纷，难道不是为将来节约了大笔支出吗？

① 为进行这项工作，云南边界被划分为5段并标明在本报告所附的地图上——原注

不管怎么说，今年最有利的季节已经过去，请允许我们在此表示明年能安排继续进行中断的划界工作的愿望。

我方和中方在划界过程中存在严重的分歧。我方的意见自然是要恢复东京历史上的边界，而中方对我们拥有云南边界上的某些领土表示异议，而且还对白龙飞地提出了主权要求。

另外，我们愿意为我们真诚的友谊向中国做出新的保证，通过1887年6月26在北京签署的一项协议，我们将重要的白龙飞地的所有权让给了中国，并同意放弃云南边界上有争议的一半领地。

应该说，这些让步在同一天换取了我们对其非常重视的附加协议的签署。

你们的委员会之所以认为，应该回忆一下我们的一系列谈判情况，特别是那些与我们东京边境划界有关的谈判，那就是它认为有必要强调划界工作是在双方共同合作进行下，在彼此同样坦诚的前提下已开展的划界工作把我们与中国联系到何种程度。而且，如果我们将此事与中国在海防和河内派驻领事人员联系起来的话，我们难道就不能清楚地看到，旧秩序对中国来说已不复存在，法国对安南的保护在他们眼里已不可逆转地建立起来了吗？

参议院将为双方的互相信任和使将来的真诚关系得到保证的共同愿望感到欣慰，双方的这种想法在冲突结束后的历次谈判中已显而易见。这些冲突与其说是两国蓄谋已久的结果，倒不如说是意想不到的情况所致。中国知道，今天没有任何国家比法国更不渴望征服；通过我们对她所做出的让步，她知道我们的友谊是多么可信。

我们坚定地期望中国会投桃报李。

在结束此段简介之时，我们应该为新任命了驻蒙自和龙州的领事表示高兴。通过他们，我们将首次进入云南和广西。政府的这项英明的选择使我们相信，法国代表将通过他们的重要使命为我们和邻国们的和解带来希望，为打开我们的产品在这些广阔而人口众多的地区的销路，探索到最适合我们的途径。

最后，将委员会几位成员有关贸易条例的几种意见呈报参议院。

（该段收入《中越边界历史资料选编》第500～504页）

国会议员Clamageran先生提示，如果对来自中国、从陆路边界进入东京的产品实行通常价格的话，岂不是太苛刻？而且还会损害我们保护国的利益？

这里确实存在一个极其棘手而异常复杂的问题；殖民地部副国务秘书与Clamageran先生持同样的看法。另外，他还提出，应该组织一个委员会，专门考察一下，是否不需要降低通常价格，特别是那些法国无同类产品的商品的价格。

委员会第二位成员，尊敬的Issac先生提醒我们注意，在法国保护国建立之前，中国

和东京之间就已存在食盐的自由贸易。然而，他指出，自1886年和1887年两项协议签署之后，食盐被列入禁止从东京出口到中国的商品名录中。他补充说，这对我们的保护国是一种极大的损害。他提出，委员会能否至少表示一下这个愿望，以便今后磋商时能够修改协议中这个苛刻的部分。

外交部被我们这个利害相关的问题所吸引，并给我们以下的答复：

“所有由中国缔结的条约均禁止将食盐输入这个国家。该禁令在北京政府签署的海上贸易条约的第3附加条例里，以及法中于1881年签署的两个帝国（中国、安南）陆界贸易协议的第15附加条款里都已正式取消。”

“法国政府努力使该禁令不被写进有关中国和东京贸易关系的条约里。这比写上去好，东京长期以来就向云南出口食盐。”

“据所掌握的情况来看，尤其是在1879年，由这条路输入的食盐价值是12万法郎，尽管盘踞在两国边境上的黑旗军对该产品课以重税。”

“中方代表认为，如果说东京食盐进入云南确有其事的话，也只是因为边界防守不严而走私进来的。对我们引以为由的事实，只能用中国官员没有在这个长期混乱的地区任取，但并没有承认走私为合法贸易来解释。他补充说，在中国食盐属专卖品，国库从中获得相当大的收入，不损害其税收条例，国家是不会放弃给南方各省及帝国其他地方造福的食盐专卖权的。”

“谈判期间，我全权代表多次提出再次讨论这个问题。但直至谈判结束，中方仍坚持自己的看法。当时，协议第15条款承认中国可在东京边界上实行其食盐条例，该条例是中国和沙俄针对共同边界的规定，并为和中国就开放港口而签约的各国所接受。”

这些说明与已提交众议院委员会的说明一样，丝毫没有降低我们对中国所做出的重大让步的意义；同意该条约，完全是出于我们对邻国的好意和为我们和中国新的贸易关系提供一个基础的迫切需要；但是，我们仍然希望将来能提出某个折中的解决办法，以补偿该条款对我们利益的损害。

Issac先生提醒委员会，要注意中国有关织物的某些价格规定。该规定有照顾英国贸易而损害法国贸易之嫌。事实上，从对英国某些商品的特殊指示，或从中国海关人员所采取的测定方法中已可看出。

外交部负责商务和商事谈判的部门已注意到了尊敬的卢瓦尔参议员Audiffred先生提出的问题，并将其答复通知了我们，主要内容如下：对1858年6月27日协议中我们对通常价格这一术语的用法提出的批评是有理由的，这是由于格斯男爵在与中国全权代表协商时，既无技术代表也无法国批发商在场协助，他只能限于翻译盟国英国为他们的贸易所规定的条例而造成的。在法文公开条例中出现别国的单位和名称显然是不正常的；但是在与所有未采用米制国家缔结的条约中都存在这种现象；而且，这也有利于向法国生产者注明惯用的和便于转换为法国单位的尺寸，例如布匹的长和宽就应该符合中国顾客的偏好。另外，众所周知，中国海关之所以坚持要将同一类产品归属于通常价格，而不管产品来自何方，主要是考虑到要根据产品的宽度或长度超过或小于规定尺寸来决定增加或减少税额。事实上，法国在中国销售数字相对低的原因不在于通常价格（税率），而在于我们的产品对中国人的钱包来说太昂贵了。在中国，一个铜板就是一个工人工资的一大部分，而它只值三分之一生丁。最后要提出的一点是，尽管出口协议中的税率会和进口税率一样受到同样的批评，我们的出口还是要不断扩大的。

综上所述，我们看到这种批评无助于提高我们对中国的出口总额，而为达到这个目的，我们的工业家应该在保证正常生产的同时，努力使我们价廉的产品打开销路。

总之，先生们，在对已由中国批准的两项协议进行了深思熟虑的审核之后，委员会认为，这两项协议体现了目前可获得的最大的和互惠的贸易利益，因此，委员会提议你们一致通过以下的法案：

唯一的条款：

法兰西共和国总统授权批准并（如有必要的话）执行如下协议：1. 法中 1886 年 4 月 25 日于天津签署的贸易协议；2. 法中 1887 年 6 月 26 日于北京签署的贸易补充协议。

法案准许之附件：

第 1 号 1886 年 4 月 25 日天津《贸易条款》

第 2 号 1887 年 6 月 26 日北京《补充条约》

1885 年 6 月 9 日天津《和平友好贸易条约》

1884 年 5 月 11 日天津《预备性条约》

1885 年 2 月 26 日北京《赫政先生代 Ferry 先生致康贝尔先生电报》（译文见下篇电报——编者注）

1885 年 4 月 4 日巴黎《议定书》《议定书注释》

（以上签订的条约或续约的译文，可参见《中法旧约汇集》。——译者注）

（原件第 109613～109625 页）

赫政先生致康贝尔先生并转茹费理的电报

北京，1885 年 2 月 26 日

皇帝已批准以下 4 条议案：

1. 中国同意承认 1884 年 5 月签署的天津条约，而法国同意除了该条约规定的条款以外，不再提出其他任何要求；

2. 两国同意，在发出命令和接到命令之时，立即停止各处的战衅，法国同意立刻解除对台湾的封锁；

3. 法国同意派公使到北方，即天津或北京，以便达成详细的条约，同时，两国将确定撤军的具体日期；

4. 为了利于达成预备性条文，将由中国皇家海关总督察派遣的专员和秘书，中国二品文官和荣誉勋位官员康贝尔先生作为中国特派员与法国委任的官员一起签署该协定书。

（原件第 109647 页）

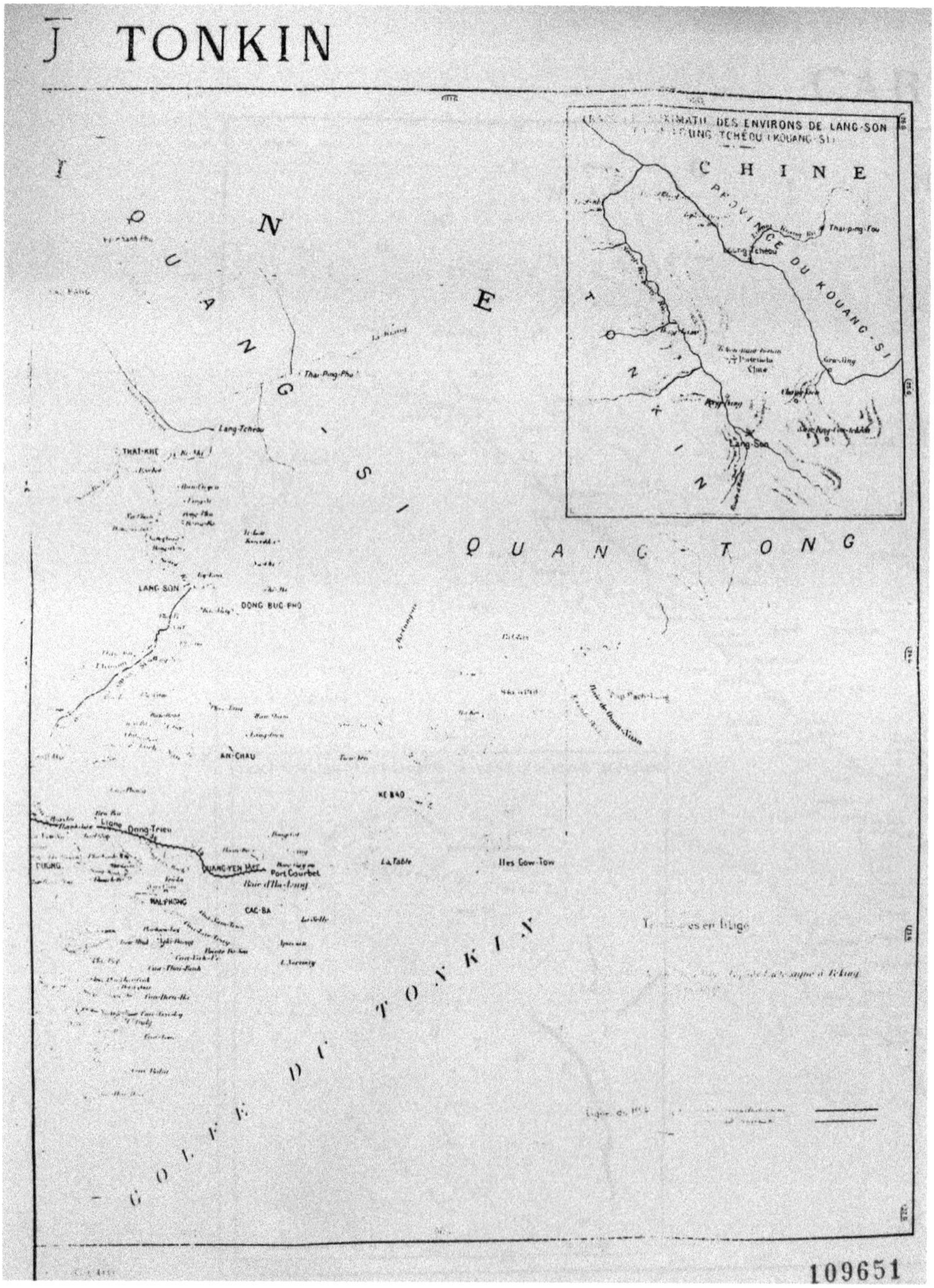

图 121

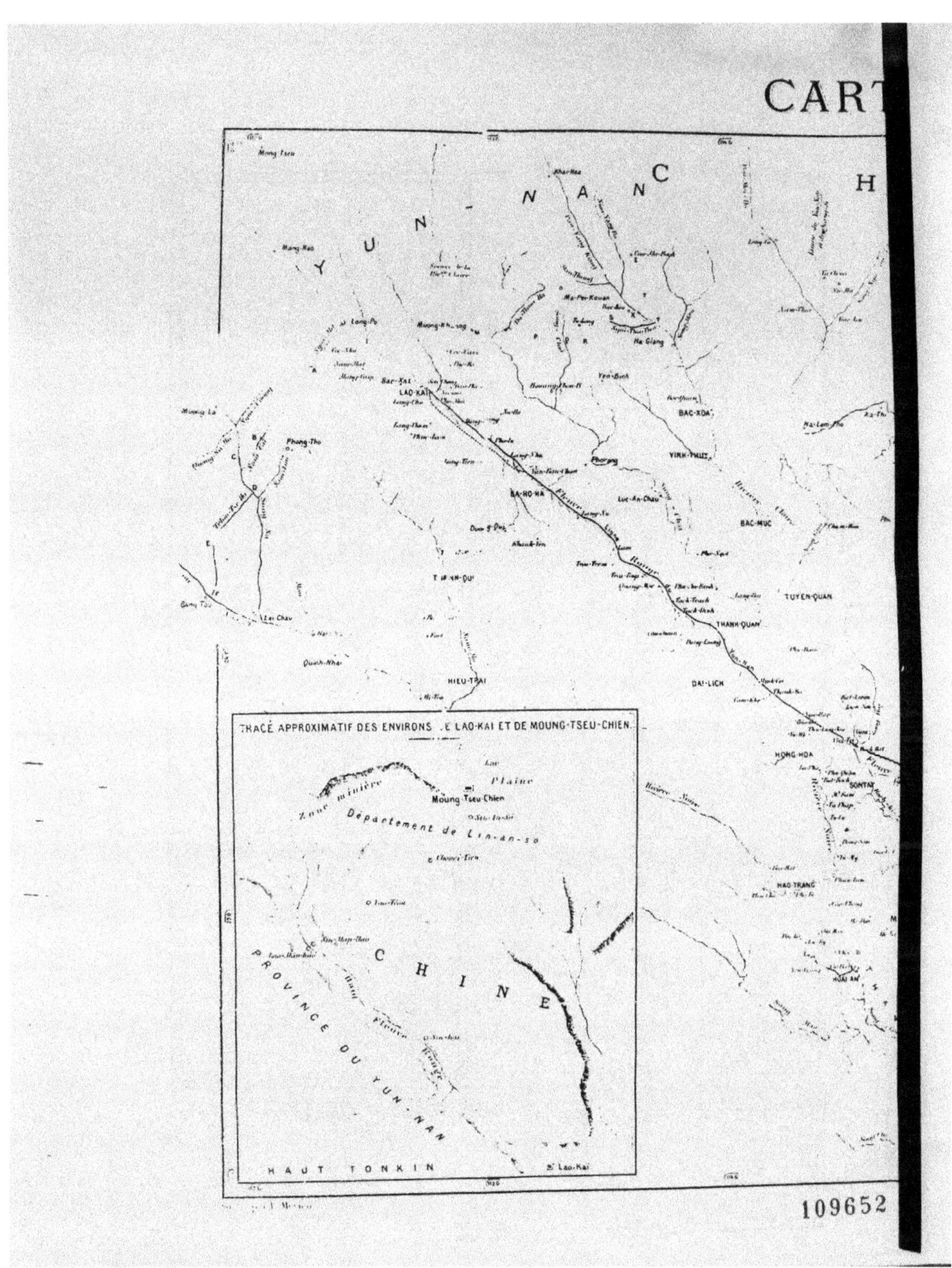
CART
YUN-NANC
H
Ha Giang
LAO-KAI
Phong-Tho
BAC-XOA
VINH-THUY
BA-HO-HA
BAC-MUC
TUYEN-QUAN
THANH-QUAN
DAI-LICH
HIEU-TRAI
HONG-HOA
SONTAY
HAO-TRANG
TRACÉ APPROXIMATIF DES ENVIRONS DE LAO-KAI ET DE MOUNG-TSEU-CHIEN
Plaine
Moung-Tseu-Chien
Zone minière
Département de Lin-an-so
CHINE
PROVINCE DU YUN-NAN
HAUT TONKIN
Lao-Kai
109652

图 122

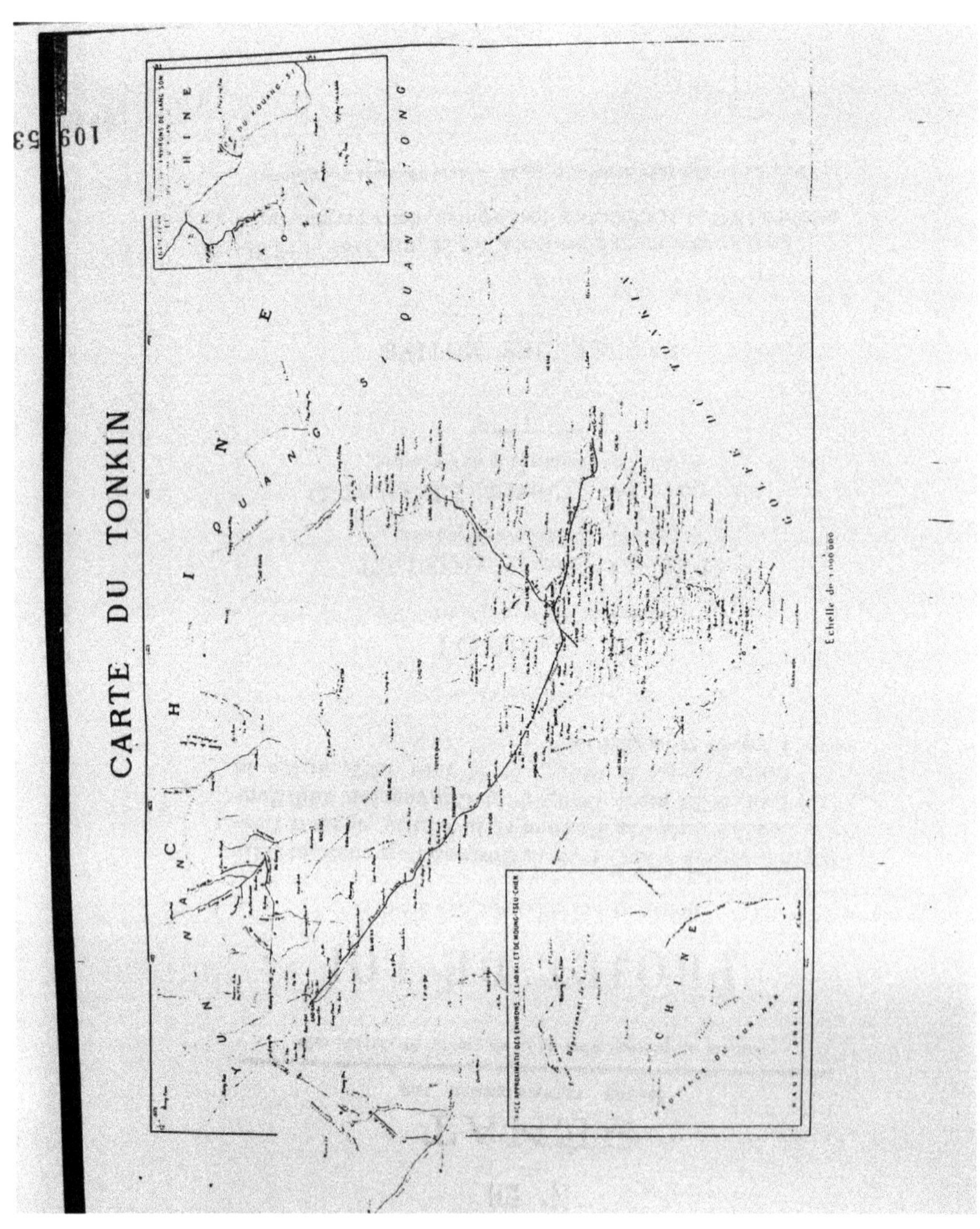

图 123

众议院1888年会议第2792号文件

（第4届议会任期）

1888年6月16日会议笔录附件

审核委员会*关于：1. 呈报经批准的关于法中1886年4月25日于天津签署的贸易条约的法案；2. 法中1887年6月26日于北京签署的补充条约的报告。

众议员：迪·德·沃尔贡特

先生们：

政府于1886年6月26日将呈报批准的法中1886年4月25日于天津签署的贸易条约法案提交至众议院办公室。

该法案审核委员会希望在提议你们通过该法案之前，征求一下外交部长先生的意见。

他认为应对1886年4月25日条约中的某些条款稍加更改，我们应该提请大家注意，这个条约是在最困难的情况下商妥的，当时，对双方来说，商业利益已服从于高层次的政治利益了。

已不可能修改条约的条文。再说，无限期地拖延批准条约亦不适当。但是，委员会要求在10年限期（这一限期是为有可能进行条约修改而确定的）届满前，某些条文可与中国政府协商后加以修改。

委员会特别提出了对下列条文的修改：对已确定的东京对中国的进、出口及中国对东京的进、出口税率的修改；有关从东京边境进行食盐和鸦片贸易的条文。另外，很显然，该条约与1885年6月9日条约中第5条的正式条文相反，没有明确指出那些与东京接壤的中国省份领土上即将向法国开放贸易的地方。因此，人们有理由担心，此条约的目标——建立两国间的贸易关系——未能确立。

内阁总理、外交部长先生曾经表示，希望在1886年底以前确定各通商地点；希望能按照委员会的意愿，在政府已决定举行的新一轮谈判之后，天津条约能得到补充和改进；但是，鉴于已取得的结果，现在就应该批准提交议会的条例；委员会于1886年7月13日决定批准该条例，并以其名义提交了第一份报告。

根据外交部长转达给委员会的一份意见，由于拟议中的谈判马上就要恢复，该报告的付印和分发应该往后推迟些日子。

---

* 该委员会成员名单——原注（略——编者注）

委托我们尊敬的同事恭思当先生参加的这些谈判终于有了结果，即于1887年7月26日在北京签署了补充条约，并于今日已将该条约与1886年4月25日签署的条约一并呈报你们批准。

在远东发生的一系列事件结束之后，这两项文件应该宣告法中缔结的一系列条约的中止。

使两国结束武装冲突的1885年6月9日条约，仅是最终地解决了两国的政治关系。

有待进行的事是确定能够在两国共同边境上，在两国交界处的公民、臣民或侨民中建立起睦邻关系和在和平环境下进行贸易往来的条件。

为此，6月9日条约已规定了两个补充条约的订立，一个是关于适用于东京与中国贸易的专门条例，另一个是关于勘定中国—安南边界。

广东、广西和云南地方政府利用长期困扰东京的动乱和战争，征得或没有征得安南国王同意，即进军并驻扎在东京领土上。其保护政府刚刚在安南和东京境内建立并得到承认的法国，首要任务是结束这种状况，并恢复东京历史上的边界。

鉴于此目的，1885年6月9日条约第3条款提出：

"条款3——在6个月期限内，自本条约签订起，由缔约最高当局任命的委员们将前往现场勘察中国和东京的边界。他们将在必要的地方安置界碑以便明确分界线。如果委员会未能就界碑放置地点或出于两国的共同利益而对东京目前的边界进行细节性修改部分取得一致意见，他们将就此向各自的政府请示。"

根据这些条款，东京法中边境勘界委员会于1885年8月组成。法国政府任命了以下几位代表：布尔西尔·浦理燮（Bourcier de Saint-Chaffray）先生为团长、师克勤（Scherzer）先生、狄塞尔（Tisseyre）上校先生、卜义内（Bouinais）少校先生及倪思（Neïs）医生，还有助理代表海士（Haïtce）先生。

中国政府成立了两个专门的和独立的代表团。

一个由周（Tcheou）钦差率领，11月份赴云南边境。

另一个由钦差邓承修（Teng-Tcheng-Sieou）领导，在广西巡抚李秉衡（Li-Ping-Heng）的协助下，负责两广边境的勘界作业。

后一个代表团到谅山省的同登与法方委员会会合。正式会谈于1886年1月12日开始。

尽管6月9日条约的第3条款对委员会的任务进行了极其明确的规定，双方代表团仍未能顺利地达成一致意见。

中国的委员会固执地专注于执行关于"对东京边界可能进行的修改"条款，企图在东京和中国之间建立一条新边界线。

法方代表团认为，委员会只负责执行而并非修改1885年6月9日条约，希望历史的和目前的边界得到承认，并由此进行勘定。

为了制止中国委员们的阻挠，有必要求助于北京政府的干预，后者曾先后两次向邓委员转达了圣旨，饬令他“对边界进行勘察”。

由于中国政府的合作态度，划界工作得以开展。

实地勘察于1886年3月20日开始。由于有利季节早已接近结束，勘察工作变得非常困难。

双方委员会于4月13日分开，决定在有利季节（1886年10月15日到11月1日）到来时在海宁集中，继续进行该项工作。

根据拟定和签署的会议纪要，为了确定勘察结果，两国边界分界线由洗马关到淇江（Song-Ki-Kong）流入中国处，绵延120千米左右。

如果人们仅看到勘察和确定的边界范围，所取得的成就并不大。但是，应该考虑到在这个没有任何正规军的地区，我们第一阶段的勘察工作所遇到的重重困难和危险。法国代表团完成的任务不仅是几千米的边界勘察。

谅山、室溪（That-Ké）和同登已被占领，并在这几个地方组织了防守，大批海盗已被赶出国境线外，北方的整个地区已被平定，并终于置于法国当局的保护之下。

这项工作尽管遇到了重重障碍，但它的继续和完成使所有的参与者都感到无比荣耀：采取各项军事措施、保证该项工作顺利进行的瓦纳将军，法国代表团全体成员及帮助他们的地形测量官员们。该项使命的完成只能归功于上述全体人员表现出的才能、忠诚和爱国主义精神。

继续进行划界工程所遵循的原则和规定，由于在广西边境进行一系列作业而得以最后确定下来，此后，委员会就准备按照原计划前往云南进行边境的划界。顺化最高驻扎官狄隆先生应召代替生病返法的浦理燮先生，任法国代表团团长。

1886年6月21日，法国代表们和官员抵达老街。7月23日，委员会举行第一次会议。

委员会在云南的工作比在广西更困难和艰巨。这一地区并不像在广西一样，边界在相当辽阔的范围内也已确定。在广西，众多的山口、隘路和隧道形成了一条连绵不断、显而易见的正式界线。

在委员会到达前不久，云南总督擅自认为，在该省与东京之间可以确定一条分界线，因而超越了天津条约指定的法中勘界委员会的职权。

他让人在Shans地方的澜沧（Laï-Chan）和丰梭（Phong-Thô）放置了界石，并在丰梭张贴声明，宣称这块领土属于云南。

在明江一侧，他派正规军驻扎在Ho-Yan，以便在安南境内的Tan-Thuy河处安置界石，上面刻有“云南境界始于此”字样。

另外，帝国钦差们——周和邓——似乎并不很愿意忠实地执行天津条约。

在老街周围，整个地方上的人都被鼓动起来和外国人对抗。武装的匪徒自由流窜，好像他们是得到云南当局的准许和支持的一样。

在此情形下，法方委员们的使命充满了困难和危险。

从8月19日起，发生的一起小事件使勘察和划界工作不可能在现场进行，被困在老街的委员会只好借助地图来划界了。

云南边界划分为五段：

第一段：从龙膊河（Long-Pô）和红河汇合处延伸至老街东北面的Muong-Kong。

第二段：从Muong-Kuong到位于明江东北面的村庄高马白（Cao-Ma-Bac）。

第三段：从高马白到Fou-Mei-Ho。

第四段：从Fou-Mei-Ho到广西。

第五段：在龙膊河汇合处和老挝之间的整个红河西部地区。

第一、第三和第四段边界的划分未遇上太多的困难。但是，由于如前所述的云南总督的侵占行为和中国委员们自始至终所表示的要求，关于第二、第五段的边界未能达成谅解。

这些结果记录在1886年10月19日签署的最新会议纪要中，而有争议地区的最后解决和根据1885年6月9日条约第三款任命新的勘界委员等事则交由两国政府处理。

有待勘察的边境部分是：从海上起将东京和广东广西两省分隔开直到广西第一次划界中断地点洗马（Chi－Ma）山口的边界。

在云南兴风作浪旨在阻碍划界工作的骚扰活动想必在南方重又发生，如果说没有取得巨大的成功，至少也造成了最坏的结果。

在这一地区，长期以来聚集着一伙匪徒，而正规的政权和保安部队的建立，打乱了他们赖以为生的两个行当：海上劫掠和妇婴贩卖。他们在海宁起事并杀害了我方代表团成员海士先生。必须对该地区，尤其是中国委员们首先提出要求的白龙（Paklung）飞地进行军事占领。

1887年1月6日，委员会举行第一次会议，决定："尚未划界的两广边境部分的勘察和确定，将通过对照地图来进行。"

从洗马山口到大海延绵400多千米的整个边界就依此办法确定了。仅剩下关于岛屿和名为"白龙飞地"的那片领土的争议未解决。委员会认为有必要就此向各自的政府请示。

委员会完成了勘察划界工作。

在北京期间，我全权公使与中国政府之间就修改1886年4月25日贸易条约一事进行了多次谈判。因勘界委员会未能达成一致意见而提交两国政府的各项问题的解决，自然要和我国与中国的贸易关系问题的最终解决联系在一起。这样，边界问题也就和贸易问题联系起来了。

1887年6月26日，在北京缔结了一项条约，根据其条款，白龙尾飞地和地处明江流

域或红河右岸的一部分有争议的领土划归中国。

同一天亦签署了贸易协议书。

政府认为，对中国在领土方面所进行的让步，可通过1886年4月25日条约的贸易补充协议带给我们的利益得到补偿。但不管怎么说，当务之急是必须在东京和中国毗邻省之间建立一条明确而无争议的边界。

这一措施不仅有利于两国之间的贸易关系，且有着更大的意义。

(该段收入《中越边界历史资料选编》第495~500页)

其主要条文之一进一步肯定了1885年6月9日条约。它意味着中国政府正式承认了由此造成的新事态。

它使今日相邻的两国担负起天津条约赋予它们的责任，也就因此保证了国家的和平。

同样，它亦要求做出某种牺牲。

我们记得1885年6月9日天津条约已规定了一条特殊条例，它适用于在东京和中国之间通过陆界进行的贸易。允许进行贸易的条件已由第5、第6、第7、第8和第10条款所确定，内容如下：

第5条款——允许法国批发商、法国侨民和中国批发商通过中国和东京的陆界进行进出口贸易。但是，贸易应在几个指定地点进行，这些地点的选择和数量将与贸易方向及两国之间的税率数值联系起来考虑确定。在这点上应该考虑到中国现行的规定。

不管怎样，中国边境上的两个地点必定是要选择的，其中一个在老街上面，另一个则是在谅山那边。法国商人可以在此定居，并享有对外开放贸易港口所有的条件和特权。中国皇帝陛下的政府将在那里设置海关，而共和国亦可在那里设领事，其特权及职权将与开放港口的同级机构相等。

中国皇帝陛下则可和法国政府达成协议，任命驻东京主要城市的各位领事。

第6条款——附加入该条约的一条特殊规定将详细说明在东京和中国云南、广西和广东三省之间通过陆界进行贸易的各项条件。该规定将在该条约签订后三个月内，由签约双方最高当局任命的委员们制定。

在东京与云南和广西省之间进行的进出口贸易商品，其税率将低于对外国贸易规定的现行税率。然而，降低后的税率并不适用于东京和广东之间通过陆界进行贸易的商品，也对通过诸条约的签订而开放的各港口的贸易无效。

武器、器械、给养及一切军需品则按缔约国各自颁布的国内法律和规定收税。

鸦片的进出口按上述贸易规定中所列出的特殊规定办理。

中国和安南之间的海上贸易将同样有一套特殊规定，现暂时按目前条例办理。

第7条款——为了在更为有利的条件下发展该条约旨在法中之间重建的贸易和睦邻

关系，共和国政府将在东京修筑公路，并鼓励在那里修筑铁路。

同时，中国方面将决定修筑铁路，同意将请求法国工业部门的帮助，共和国政府将为其提供一切方便，以使中国获得其所需要的人员。而中国政府同时认为该条款不可能被视为一项有利于法国的专属特权。

第8条款——自本条约批准交换之日起，至10年届满之后，可对本条约中的贸易条款及缔结的规定进行修改。但是，在期满之前6个月之内，如果缔约双方的最高当局无一方提出进行修改的愿望，则条约中的贸易条款继续有效，开始新的10年期限，并以此类推……

第10条款——法中过去签订的一切条约、协议及公约继续有效，不因本条约而有所更改……

与中国达成的新贸易协议不是目的，而是以此为基础制定东京与帝国南方省份之间进行陆界贸易的税率规则。

至于法国的海上贸易，则继续遵从过去的条约为外国人在华经商所订的章程及继续有效的、以所有国籍的外国人一律平等为基础的旧条例。

对于法国来说，与中国的贸易关系据下列文件处理：

（1）于黄埔缔结的1844年10月24日条约，对五个开放港口的进出口商品的税率进行了规定。五个港口是：广州、福州、厦门、宁波和上海。

（2）于天津签订的1858年6月27日条约及1860年10月25日续订的补充和平协议，条约包括固定税的税率和适用于上述五港口和随后宣布向法国开放贸易的另外六港口的10条款定。这六个港口是：广东的琼州和潮州，台湾岛的台湾府和淡水，山东的登州和江南省的南京。

在此章程下，法国和中国的贸易关系，与法国和所有其他远东国家的贸易关系一样，没有得到其本来可以期待的扩展。对我们来说，向欧洲海上和工业强国开放这些广阔市场的希望尚未完全实现。

在列强取得与中国贸易的权利的同时，也改变了国际贸易发展的条件，这是两个值得考虑的事实。另一方面，贸易自由的原则得以宣扬并被写进了所有的条约中。在旧的贸易体系中，以产品的相互保护为基础，工业国家代之以自由贸易。

另外，美国南北战争以及由此而采取的海关措施给欧洲和美国的经济关系带来了新的麻烦。

由于这两个事件的结果，我们和中国签订的贸易条约具有了重大的影响。对所有处于贸易自由新规则下的国家来说，其被迫在自己的市场上抵御外来竞争的民族工业，为在这场斗争中立于不败之地，就应该让自己的产品在国外市场上重新占有一席之地。一项贸易扩张政策——即殖民扩张——是1860年完成的经济改革的强化结果。

法国逃避不了这一命运，为此，她与英国签订了 1860 年 1 月 23 日条约。此后不久，她陆续与所有邻国签订了类似的协约。

此外，由于和美国的特殊贸易，法国深受美国南北战争的保护（贸易）制的严密性之苦，因此，法国就应该考虑在能为其贸易和工业活动提供新的广阔市场的远东市场上寻求并得到补偿。

遗憾的是，没有这样做。

法国与远东的特殊贸易至今也仅有 17500 万至 20000 万法郎。在该数字里，出口额仅占 1/8——2000 万到 2400 万左右，其中的 1400 万是出口到我们的交趾支那殖民地和保护国。与外国的贸易仅有 1000 万的出口额。

以下是海关部门开具的 1885 和 1886 年最近两年的数字表格：

法国与远东的特殊贸易

单位：百万法郎

输出与输入国	进口	出口	总计
1885 年			
荷属印度	49.0	2.6	51.6
菲律宾	2.0	0.4	2.4
暹罗	2.6	0.0	2.6
中国	62.8	3.9	66.7
日本	29.3	3.1	32.4
交趾支那 安南—东京	2.8	14.7	17.5
	148.5	24.7	173.2
1886 年			
荷属印度	28.0	2.4	30.4
菲律宾	1.6	0.9	2.5
暹罗	0.8	0.0	0.8
中国	118.7	4.3	123.0
日本	36.7	5.0	41.7
交趾支那	1.5	4.0	5.5
安南—东京	0.0	5.0	5.0
	187.3	21.6	208.0

为了准确地估计该项贸易活动的重要性及其发展的条件，应该参照一下过去年份的有关数字。也就是说，那些得益于新近签订的条约而开始建立起法国和远东贸易关系的年代，据海关的统计，1864～1865 年进行的贸易数字如下：

法国与远东的特殊贸易

单位：百万法郎

输出与输入国	进口	出口	总计
1864 年			
荷属印度	7.0	0.9	7.9
菲律宾	1.2	0.0	1.2
中国	8.2	5.4	13.6
日本	0.2	0.1	0.3
暹罗 交趾支那	0.1	2.9	3
	16.7	9.3	26.0
1865 年			
荷属印度	2.0	0.9	2.9
菲律宾	0.6	0.1	0.7
中国	22.2	1.6	23.8
日本	8.0	0.5	8.5
暹罗 交趾支那	0.1	4.1	4.2
	32.9	7.2	40.1

从两个表格中数字的对比，可以得出以下结论：法国的不利方面在于进、出口之间存在巨大的差距。然而，其商业交易从总数来看有明显的增加。

这种增长在很大程度上得益于法国与交趾支那及保护国的直接贸易。

指出这些成就并非无益。然而，如果人们将其与其他强国，尤其是英国在同时期所取得的贸易额相比，就显得微乎其微了。

对此，尤其是涉及和中国的贸易，我们最好查询一下近年来中国海关行政部门公布的官方统计数字。

中国 1884 年的对外贸易额是：进口 513692660 法郎，出口 474064880 法郎，总计近 10 亿法郎。

其中，法国只占其进口额中的 400 万法郎和出口额中的 8700 万法郎。

英国及其殖民地则占其进口额中的 464368885 法郎和出口额中的 270092400 法郎，总计 734401285 法郎，即占中国贸易总额的近 3/4。

的确，印度的鸦片和棉花在这个贸易活动中占有重要的地位。然而，除去欧洲贸易中的国外运输部分，并除去表中印度、香港、新加坡和其他英国殖民地的进出口数额，根据大不列颠 1884 年的对外贸易表可以看出，中国和英国直接进行的进出口贸易总额仍达 363625000 法郎。

和法国的 9100 万法郎贸易额相比较，英国贸易占有优势，这正是有必要进行说明和调整的地方。

人们极易接受此种观点，甚至法国有时也如此认为：这种事态是由于英国工业在国外市场，在它与法国工业竞争的各个场所占压倒性优势的结果。

我们更应该接受这种观点，这是我们的对手所乐意的，而且事实也证实并非完全如此。

在 1860 年 1 月 23 日条约开始贸易改革之时，对两国之间的贸易和工业能力所进行的对比不会停止。而且，今日更甚，英国的竞争更令人生畏，更会成为我们工业的灾难。

另外，法国海关和英国海关部门公布的数字说明，自由竞争的规则无论在国内市场或国外市场都没有法国不利。

以上就是 1860 年完成经济改革前后的两段时间里，在同样的年份中，法英两国对外贸易的情况。

从 1854 年到 1859 年，英国的贸易总额从 670.6 万法郎增至 837.2 万法郎：增加了 166.6 万法郎。在此情况下，其进口增长了 17.80%，出口则为 34%。

同一时期——1854 年到 1859 年，法国的贸易总额在 1854 年为 349.7 万法郎，1859 年达 490.4 万法郎，增长了 140.7 万法郎。从上可看出，进口增长了 30.50%；出口则为 56.50%。

1860 年条约签订后的 6 年中，英国贸易总额在 1860 年为 937.6 万法郎，1865 年为 1224.8 万法郎，增加了 287.2 万法郎，进口增长 29%，出口则为 22%。

法国的贸易总额 1860 年为 534.1 万法郎，1865 年为 761.4 万法郎，增加了 227.3 万法郎，进口增长了 32.66%，出口则增长了 30%。

由此可见，法国 1860~1865 年的外贸增长值大于 1854~1859 年的增长值。1860 年的贸易改革并未给民族工业带来损害。而且还应该看到，这一增长是在自由竞争规则之下，在至少是与英国贸易增长幅度一样的范围内产生的。从这点看，人们就不可能肯定英国工业的所谓优势了。

与英国贸易相比，法国工业和贸易在一些特定市场，如中国和远东市场之所以处于劣势，还有一些其他原因。如果我们研究一下至今法国在世界这一地区的贸易情况，要找出这些原因并不困难。在事情已使法国和远东人民的经济、政治关系发生了如此深刻变化的今天，这一研究于我们并非无益。

法国与中国第一次建立起固定的贸易关系是从英国 1841 年和 1858 年的对华战争，即鸦片战争开始的。

在此之前，法国在远东丝毫没有表现为一个经济大国，而是一个天主教强国而已。仅以传教士著称。

由德·拉格勒内先生于 1844 年 9 月 24 日在黄埔签订的第一个法中条约，主要目标也只是保障法国传教士在整个中华帝国的安全及举行天主教礼拜之自由。

与其说是法国政府的意愿，倒不如说是中国的主动性促成了1842年8月29日英国条约中有关贸易的条款。

战争的结局使中国遭受了英国的统治，出让香港和一部分领土，向英国开放五个贸易港口。在与这个主宰印度，正在亚洲大陆扩大战果的同时又向其边境推进的强国的直接接触中，中国觉得受到了威胁。因此，它相信只有要求所有的欧洲强国平等分享它们中之一个所享有的利益，才能有效地抵制英国危险的影响，认为这样能使它们互相遏制。

这一政策是为了在中国建立起一种欧洲的平衡，而这从来就是总理衙门对付欧洲列强的政策。路易·菲力浦国王政府可借助这一政策，轻而易举地签订一项贸易条约，而此项条约也只是作为保护其他利益的手段。

我们不应忽视天主教传教士在远东传教过程中所起到的传播文明的作用。在这方面，法国可以特别地为我们的传教士所起的历史作用而自豪。第一批传教士们使法国的名字在世界这一地区广为人知并受到尊敬。也是由于他们，我们对这些国家的认识，尤其是对中国，它的历史、艺术、贸易及工业的认识才最为准确和详尽。

但是官方对于宗教宣传在像中国这样一个国家里的作用的政策不能不成为引发冲突的根源，除非这些根源不存在。

同样，当1858年第二次鸦片战争爆发时，法国也卷入其中，尽管它还没有很大的贸易利益需要保卫，它既无鸦片也无棉花要强制性地卖给中国。其每年进口的茶叶不超过300000千克，而英、美、俄则分别为2500万千克、800万千克和400万千克。

它的损失仅表现在中国违反了黄埔条约，也就是说，对基督教徒的迫害和屠杀。

就为这些原因，法国加入了英国发动的第二次鸦片战争。但是，好像应该对这场遭欧洲公众舆论谴责的战争的理由和目的进行准确的解释，国王在他于1861年2月4日在立法会议上做的报告中注意提到了这一点：

“为了替我们在远东的荣誉雪耻，我们的旗帜会合了胜利飘扬在中国城墙上的大不列颠旗帜。十字架，基督教文明的象征，又重新悬挂在中国首都那些关闭了一个多世纪的我们宗教的教堂里。”

中国的战争对法国而言，仅是一场宗教战争而已。对英国来说则是一场贸易战争。由于参战的原因不同，两个欧洲强国所采取的政策也难免产生不同的结果。一个是通过贸易方式获得不容置疑的霸权，另一个则是在北京对居住在中国的天主教徒们进行保护。

这些促使法国站在英国一边，对中国进行军事干预的原因，也使法国在西班牙的协助下对安南帝国进行了一次探险远征。

后面提到的这场冲突只是在缔结了一项条约，以保证像在中国一样，在安南对基督教徒进行保护之后，才得以结束的。它促成了占领下交趾支那，不久，合并了Vinh-Long、Chaudoc和Hatien三省。至此，安南帝国处于法国的保护之下。

从这天起，法国在中国海上的地位将发生变化。它成了一个殖民强国，其影响将在保卫物质利益方面发挥作用。因此，在它与远东国家之间将建立起更连贯、更重要的贸易关系。

在论及宗主国的工业和贸易的发展时，人们常就殖民地的益处发生争论。

人们因此提醒到，贸易本身，其主要意义就是一种和平美好的建设。没有必要为创建和发展它而去占领领土，并因此诉诸武力和征服。贸易只要在放弃所有的领土扩张或政治统治的想法的情况下就可进行。

这样，事实上应该对开放国家之间的贸易关系进行调查，以达到同一文明水平。当然，贸易还需要另一些保证和更为安全的条件。为此，仅能在那些其风俗习惯能提供此种条件的国家建立贸易。

正因为如此，在欧洲以外的许多国家建立贸易中心时，首先应该建筑一座堡垒，在其保护下，商品得以完全安全地存放和交换。人们也因此开始建立起一个商行，并很快拥有一个殖民地。

至于远东方面，确切地说，贸易的优势总是属于在那里建立了有一定影响、有欧洲人居住的殖民地的强国的。

作为各宗主国分支机构的殖民地，不仅是作为其最有保障的主要销售市场而存在，更重要的是，它负有扩展宗主国的影响和文明的使命。

从经济方面看，殖民地对受地域和人口数量限制的宗主国工业发展的贡献，不仅在于它为其产品提供了一个享有特权的市场，还在于它成了一个货物集散地，宗主国的商品在法律和本国制度的保护下，在绝对安全的条件下，得以最顺利地售往邻国。殖民地促进了双方的贸易关系，而如果缺少它，则贸易关系将是非常困难或不可能的。

同样，在印度洋和中国海，对欧洲的沿海国家而言，贸易霸权也总是直接与殖民强权联系在一起。

不论是葡萄牙，或西班牙半岛的两个王国，或荷兰，或英国，它们得以相继在世界的这块土地上顺利地进行贸易垄断，无不得益于它们所占领土地的数量、扩展和影响。

虽然英国带去了它的贸易和工业，但以上各宗主国都未能使任何一个民族达到繁荣强大的水平，这是因为，它们中没有谁能够感化这个日益扩大的巨大的殖民帝国。

在这持续了两个多世纪，体现了英国远东政策的强大的扩张活动中，我们看到，殖民化和贸易扩张是平行和同时发展的。

长期以来，印度沿海城市，尤其是孟加拉湾的两大港口——马德拉斯和加尔各答，已足以保证英国将优势一直扩展到中国海和日本海。但是，随着这些国家和其他列强之间的关系的建立和发展，英国为了保持其霸权而逐渐在附属领土上为自己的贸易提供基地和保护。

正是如此，以孟加拉湾东海岸为起点，缅甸的仰光和毛淡棉港口，接下来是威利斯和马六甲，之后是新加坡，最后是香港，这些显示出英国的贸易进程正在推向中国和远东的市场。

今天，通过新加坡和香港，它已成为大海的主人，成为通往这块大陆内部市场的陆路的主人，而它的强大已足以保证能在更广阔的和更坚实的基础上建立起真正的垄断。

新加坡和香港仍是两个巨大的货物集散地，在那里，汇集了远东所有的海上贸易活动。所有的贸易场所都求助于它。因此，不必对下面这个事实感到惊讶：仅就中国而言，在一笔十亿法郎左右的贸易活动中，英国及其殖民地就占了其中的734401285法郎。

法国贸易至今尚未能享有由一个如此强大的殖民机构带来的优惠和保护。它在远东的贸易不值一提。

我们已提到，法国的贸易额在1884年和1885年是17500万法郎左右。在1886年提高到21000万，总贸易额达到297851973法郎。

而且，应该考虑到通过欧洲港口进行的那些贸易。由海关部门公布的与法国有贸易关系的各国负责的统计数字不能包括那些从法国港口直接发出的商品。至于某些地方的贸易，尤其是远东——在那里我们尚未恢复海上商业的地位——我们出口的大部分至今仍要通过欧洲其他国家的港口来进行，这些国家正在寻求降低水上运费，以享有向他们提供铁路贸易的优惠。

事实上，法国在远东的贸易额远比官方文件统计的数量大。

根据来源国和目的国的特别统计可知，在这一地区，和法国有贸易关系的主要国家是荷兰及西班牙的属地、暹罗、中国和日本，另外就是交趾支那、柬埔寨、安南及东京。在海关统计表上没有我们于1885年1月15日和1886年6月4日分别与之签约的缅甸和朝鲜的数字。

也许部署一下如何在这些国家之间重新开始进行每年20000万法郎的贸易和在什么条件下进行这些贸易对我们是有益的。

法国和荷兰及荷属印度殖民地的贸易关系正是由于1840年7月25日、1865年7月7日及1884年4月19日三个条约而得以逐渐调整的。

1840年的条约保证签约双方的公民、臣民、船只和产品在他们的殖民地里享有最惠国待遇。

1865年7月7日的贸易和航海条约规定，凡悬挂法国和荷兰国旗的船只，由法国或荷兰发出或制造的商品一律享受平等互惠待遇。

法国产品对荷属印度的适用贸易权正是1865年7月3日法案所规定的。

1884年4月19日于海牙签订的，现仍有效的条约第9款再次规定了同样的条文。

法国和荷属印度殖民地之间的贸易活动在1872年仅有690万法郎，到1877年达到4240万法郎。此后贸易额在2600万～5000万之间起伏。

1885年贸易额为5050万法郎，1886年为3394.2614万法郎。

法国的进口已大大超过我们的出口。1885年为4200多万，1886年为2834.8370万法郎。除了诸如生锡、铜矿、含油种子和果品及外来树脂——这些物品每年总额达500万~700万——以外，法国从荷属印度的进口构成几乎是清一色的糖和咖啡，也就是说，我们可以从自己的殖民地以更优惠的条件得到这些殖民地物品。

从该来源国进口的商品中还应包括烟叶，这项商品在海关统计表上是作为直接从荷兰进口的商品登记的，而事实上来源于爪哇和苏门答腊。按惯例，烟草专卖局在阿姆斯特丹市场上提供这类产品，而我们完全可以或在法国，或在阿尔及利亚，或在我们自己的殖民地里得到这类产品。

几年来，我们的出口总额都在400万~700万之间波动，其中特别贸易部分占近300万。这项贸易主要由酒类、布类，尤其是毛料构成。

这些仅是经由法国港口出口的数字。一部分法国商品经荷兰并由荷兰船只运输出口到爪哇和苏门答腊。按1865年法规，这些由荷兰港口发出，并以其国名义进口的商品，应被视为本国产品，因此享受半税。

至今我们的出口仍走这一航线，这是因为，对发货商来说，可以享受荷兰的低水上运费。事实上，法国和荷兰殖民地之间的航海活动几乎没有进行过。只有在1884年，一艘悬挂法国国旗的海运邮轮停泊在爪哇主要的港口巴达维亚，而在进入该港口的789艘船中，仅有两艘法国帆船。

如果考虑到从荷属殖民地进口到法国的食糖数量——1885年是100000吨，1886年是52000吨——那么，我们可以再次看到，从国外进口到法国的蔗糖都是由外国船只运输的。我们的海运商品没有享受此类运费。

法国与东印度西班牙殖民地的贸易额远不及与荷属殖民地的贸易额。

在过去的5年里，贸易总额最大的年份是1882年，达990万法郎。同年特别贸易额仅有290万法郎。

1884年，法国从菲律宾进口达240万法郎。几乎是清一色的咖啡和某类纺织原料。

法国出口的特别贸易额为90万法郎，包括毛料、棉料、皮制品、酒类、纸张、雕刻品及书籍。1885年，只有401800法郎，而1886年增至919998法郎。

如此不令人满意的结果是西班牙殖民地制定的规则所造成的。

直至签订了1882年2月6日条约，法国和西班牙之间缔结的所有贸易公约仍未在两国殖民地得到执行。1878年，对1877年12月8日的条约进行了补充声明，目的是扩大该条约在阿尔及利亚的适用范围。然而，该特权独归西班牙，没有互惠性。在巴黎签订了1882年2月6日新条约之后——该条约有效期至1892年2月1日，两国才互相保证在海外殖民地给予贸易、工业和航海方面的最惠国待遇。

法国和日本的贸易关系确定于1858年10月9日，而其各条款又在1864年6月20日于巴黎签订的公约中得到了完善和扩展。

对日本和对其他国家一样给予平等条件的做法，是以西方列强和中国签订的条约为根据的。对航海、贸易、旅居权和司法权等都引用了相似的条款。

日本的 7 个港口向外国开放贸易，且按他们的习惯，海关税则包括这么一条：进口商品的税率为 6% 或 5% 。

根据日本的请求，有必要立即对 1854 年以来日本和列强签订的条约所规定的规则中的缔约部分进行互惠的修改。

为了说明此项请求，日本政府特别指出了需要修改处：司法部门对欧洲的特权——治外法权的滥用；由于限制外国人在本国领土上自由往来，阻碍了贸易的发展；最后，有必要修改海关税则，而在对国家贸易和工业，对港口维修和海滨照明方面所采取的法律保护措施尤其不令人满意。

这些问题已提交给 1886 年 5 月在东京召开的协商会议，并在会上通告了 17 个与日本签约的国家。会后开始了会谈，为达成对现行的条约进行必要的法律修改，会谈还在继续进行。

日本是继中国之后，法国在远东最重要的贸易市场。1884 年，日本的对外贸易达 61837456 日元，折合 319081272 法郎。

在此数额中，法国的进出口合计占 37541596 法郎，在与日本有贸易关系的国家中，位于英、美、中之后，居第 4 位。

日本进口的法国货多为毛织品、钟表、首饰、酒类，年进口额达 800 万法郎。

出口贸易有 3000 万 ~ 3500 万，丝绸及碎丝料占了很大部分，一般都占总额的 8/10。在此项出口活动中，法国贸易最终摆脱了英国的支配。民族工业今日可直接从远东获得它必需的原料了。由于法国的创造精神和不懈努力，欧洲的丝绸市场易地，里昂代替伦敦成为货物集散地和交易市场。这种变化是中国、日本和法国之间丝绸贸易不断发展的美好结果。仅中国广东一个省，每年平均出口 1300000 千克生丝。在此数额中，里昂、圣艾蒂安和圣夏蒙就接受了其中的 750000 ~ 800000 千克，即总数的一大半。可以相信，法国和意大利最近对两国间贸易秩序的修改将有利于此项贸易的扩展，因此，日本和中国的市场对我们来说将更为重要。

暹罗王国与欧洲国家的直接贸易是在本世纪下半期才开始的。法国与暹罗于 1856 年 8 月 15 日签订了一项贸易条约。然而两国建立的关系更具政治性而非贸易性。

1856 年的条约赋予了法国人在暹罗王国居住的权利，可自由往来，法国商品的进口税同样可用现金或实物缴纳 3% ；免除法国轮船的吨税。

尽管条款如此慷慨，法国和暹罗之间几乎没有什么贸易关系。

1885 年，法国进口仅 5504 法郎，1886 年达 15396 法郎。

暹罗出口法国的大米，1885 年为 2553965 法郎，1886 年为 781334 法郎。

关于中国，我们已论述过双方的贸易成果。

除了以上的外国市场，加上交趾支那和保护国，我们就可以对法国在远东的贸易总形势进行评价了。

诚然，情况不太顺利。还未能满足国内的工业活动和实力。但是，面对与外国竞争取得的这些结果，是否应该既不要太乐观，亦不要认为法国贸易疲弱——后者更为重要。

一个提供 300000000 法郎贸易额的市场不乏其重要性。在这场需要支持的旨在征服和维护该市场的斗争中，国家贸易曾长期处在不利条件下，这已引起足够的重视。

我们缺乏资源和保护，而这些外国对手却能在富裕繁荣的殖民地、设备齐全的港口和设在消费中心的货物集散地得到。

长期以来，通过今天对贸易来说必不可少的情报部门得知，这些不利因素仍未得到缓解。

我们的领事机构经常是批发商和商会提出最强烈诉讼的目标。所有这些转化到我们的国际关系上，在经济上产生的影响比政治上更深；但是我们的领事规章却没有改变。至少人们指责领事没有在适当的时候接受符合贸易新需要的修改建议。

“人们指责我们的领事馆几乎只在政治方面履行其职责，为迎合外交代表的忧虑而牺牲贸易利益，不知道参与世界事务，经常对此不了解，甚至将其当作不值得他们注意的事情。”

以上是尊敬的同行 M. G. 奥诺托先生 1884 年在领事机构研讨会上做报告时，对人们向该机构提出的责备的重述。他还声明此中有夸张的部分。

也许在此条件下只能接受这些意见。当然，应该看到，领事馆对贸易的协作长期以来是没有或是不令人满意的。在外交部的主动协助下，组成了行政委员会，任务是准备对领事规章进行改革。遗憾的是，委员会的工作未能进行法律备案，他们的决定仍未被批准。

指责和要求高涨，很少针对个人，认为领事机构职责不明确、不称职，尤其是领事机构在各个贸易地区的分布不合理。

根据统计，1887 年法国在远东的外交机构是这样分布的：

1. 英国领地

新加坡、曼德勒、仰光、香港有 4 名领事

阿恰布（缅甸：实兑）1 名领事人员

2. 东印度西班牙领地

马尼拉（菲律宾）1 名领事

3. 荷属领地

巴达维亚 1 名领事

三宝垄、泗水、苏门答腊、日惹有 4 名领事人员

4. 暹罗和琅勃拉邦

曼谷 1 名领事

琅勃拉邦 1 名副领事

5. 日本

东京 1 名全权代表

横滨 1 名领事

神户、长崎 2 名副领事

6. 中国

北京 1 名领事

上海 1 名总领事

广州、天津 2 名领事

福州、Ankéou 2 名副领事

厦门、宁波 2 名领事人员

根据 1886 年 4 月 25 日公约和与朝鲜签订的贸易条约，上述表格里应加上广西省和云南省的两名领事，分别设在龙州和蒙自（Mont-Zeu），还有在朝鲜的领事。

纵观该表格，可以看出，我们设在远东的领事馆是不够的。可以认为，我们能够增加领事人员而又不追加外交部的预算。我们能否像英、德那样，在大多数领事区里设立由居住在国外的法国商人担任的名誉领事而非任命的领事。

这是全体商会的意愿，政府应加以考虑。

关于领事的贸易职责——一般来说都被行政和政治职责所抵销了——的要求已引起重视。关于这一点，问题不在于改革，而在于保证执行规章和法令。政府的通报应该保证这一点。事实上，每月在领事通报和政府商业导报上发表的文章已向外交部长先生提出，在今天，领事馆之间的密切合作能给贸易带来讯息和非常有利的贸易关系。

我们引用上述通报中的一份报告来说明法国在远东贸易的不利原因之一。

该报告的作者是驻日本领事拉朗德先生，他指出，大部分贸易活动是通过委托在这些国家的英国或德国机构的通信联系而在法国进行的。他补充道："情况并不顺利，更确切地说，法国在远东贸易进展的衰退，应该归咎于一种令人遗憾的观点——我们不必在此过多地重复了——这一观点使我们将自己的利益委托给了我们的竞争对手，甚至敌人；使我们将足以常给我们的对外贸易带来活力的好处让给了外国。"

"在国外，获得我们出售的产品的英、德或其他国家的商人，已或多或少地在其祖国和侨民之间建立起了与日俱增的关系。"

"他们所使用的语言比我们的语言更使侨居国的人们熟悉：如果有一天，在他们的侨居国里出现与我们提供给他们的类似或相同的商品时，这些国家因此而逐渐取消给我们的优惠甚至平等条件的话，人们会对此感到惊讶吗？我们不是多次看到了我们的产品起到了促进模仿和竞争的作用？我们过于经常地提供了打败我们自己的武器。"

"今天奥地利和德国制造出了巴黎高级化妆品，不正是我们承受的惨痛结果吗？还是此结果，或迟或早将威胁我们的平纹薄花呢和许多产品的市场。"

“如果说资金没有民族性，那么不管人们怎么说，贸易则不是一回事了，它越来越趋向于民族性。任何政府都给其国民以优惠和援助。如果没有定居国外的可靠的法国商人，我们就不可能期望，特别是在新的国家里，拥有、获得或保持在商品交易中我们应享有的那一份……”

在指出过去阻碍法国贸易在远东飞跃发展的原因的同时，我们似乎也可以确定，法国的远东贸易今天所处的境况与我们的竞争者比较具有多大的差距。

仅从政治方面而言，在东京、安南和柬埔寨发生的事件及由此而产生的契约，曾经并仍将长期受到不同的评价。而从经济方面看，任何人都无法忽视其重要性。它们最终将法国的影响扩展到了世界上这块最广阔的、尚未开发的贸易地区里。

对殖民地或销售市场的渴望，使欧洲列强贪婪的目光已主要转向当今世界最大的市场，非洲和亚洲东方。

由于文明、工业和贸易的落后，非洲大陆只能充当未来的市场。而远东则相反，其富庶繁荣的省份、众多的人口、文明程度、企业家和商人可给欧洲贸易提供一个直接的、合适的市场。

由于远东与欧洲之间的距离，该市场至今仍仅有利于那些能够通过中间站接近它的国家，如英国。

正是在这些条件下，该市场今天向法国开放了。交趾支那的殖民化，柬埔寨和安南处于法国的保护之下，这些都保证了法国能通过湄公河谷、沿海港口等最保险的途径进入东方印度支那。

另一方面，通过在东京的殖民机构，可以像竞争者们一样，接近中国国内贸易的中心。

该广阔市场的北面和西北方易被沙俄获得：伊犁条约将中国新疆的一部分划给了这个强国，北面以黑龙江和松花江为界。西南面是英国的范围，已扩展到尼泊尔，沿西藏公路，正在通过伊洛瓦底河谷和缅甸的北部向前延伸。

已呈交给你们的1886年4月25日和1887年6月26日条约的目的在于，通过Song-Ki-Kong、明江、红河和黑河的线路，使其向法国开放，使法国的贸易得以进入该地区。中国南方省份列表如下：

省　份	面积(平方千米)	人口
广　东	234000	19000000
广　西	201000	7300000
云　南	317000	5600000
贵　州	173000	5300000
四　川	480000	35000000
总　计	1405000	72200000

在这些省份中，贵州最贫穷，四川最富裕。四川的两大贸易城市叙州府和重庆府都坐落在扬子江畔，前者人口3000000人，后者1500000人。法国传教士于埃在这些富庶而人口众多的城市旅行之后，看到其贸易活动量极大，他说中国“从北到南，从东到西，就像一个永恒的市场，一个终年进行交易，从不间断的集市”。

1876年9月13日英国和中国于烟台签订的条约，使英国有权在重庆府派驻一名领事人员。法国在该地区亦有同样的利益需要得到体现。在法国的要求下，根据1844年以来签订的条约中的条款，法国将被允许享有和英国一样的权利，并在各个方面享有最惠国的待遇。

云南在1850年有1500万人口，那里的贸易和工业是兴旺的。但是，持续近20年的穆斯林暴动（1855～1873年）和国内战争之后发生的霍乱，使该省的工业、贸易凋零，人口锐减。

广西和云南一样，经历了太平天国的暴动。在此之前，帝国的这个南方省份的贸易均通过广州河来进行，曾经使该省繁荣兴旺，而以后已转向借助扬子江线路。从此，其贸易损失惨重。然而，以其天赐的资源，以其居民从事工业和贸易能力，只要有一个稳定、安全、和平的环境，只需持续几年的时间，云南、广西这些省份就能恢复从前的繁荣。它们已与东京恢复了重要的贸易关系。

至于广东，就其与外国的关系而言就应给予重视，尽管它是东京的近邻，但仍像从前一样，东京从属于广州和北海。

总之，在考虑目前与广西和贵州进行贸易的可能性的同时，可将云南和四川的广阔而富庶的市场作为将来最大的市场。因此，主要的问题就是弄清楚那条路线是欧洲贸易可以安全进入该地区的捷径。

现在正研究的6条主要路线都是由印度支那和中国的大港口出发而进入云南府和叙州府——该两省的首府——其中3条从中国，2条从缅甸，一条从东京。

下表标出了从以上6条路出发要抵达目的地的天数：

通往云南府的路线

中国：

①从上海乘轮船溯扬子江而上到宜昌，乘船到叙州府，然后从陆路走，需要105天。

②从广州，经西江或广州河直达百色，然后改由陆路走，需要90天。

③从北海，经南宁和百色，需要65天。

缅甸：

①从毛淡棉，经由萨尔温江和Szu-mao，需要60天。

②从仰光，经伊洛瓦底江直抵八莫（Bhamo），需要52天。

东京：从河内，经由红河、老街、曼耗和蒙自，需要30天。

从云南府到叙州府的路线都需要用30天穿越云南省抵达四川，除了从上海经由扬子江的路线以外。

从大海到云南府，再抵叙州府的最短捷的贸易之路，是经由东京溯红河直上的法国之路。

谅山方面，从 Song-Ki-Kong 和高平（Cao-Bang）河进入广西和贵州，也比取道广州和北海要快。

这样，掌握了自己的行动，摆脱了对别国的依靠，拥有自己的港口、货物集散地、市场和进入该地区的路线，法国贸易可通过同样的手段与外国竞争者抗衡了。同时，由于有了返航货载，我们的航海商人不再将大部分从欧洲到远东的运输托付给外国海运了。在它刚参与的航海活动中，我们的国旗获得了一个比它现已拥有的更重要的市场。

我们的国民对未来充满了信心，为保证这些成果，他们在交趾支那和东京居住并勇敢地工作着。

曾有人说，法国在远东建立殖民地，只将官吏和外国人移民到那里去，是出于理智而不是出于法律。但是，哪一种殖民制度逃脱得了这种批评和责难呢？难道其他欧洲列强在印度洋和中国海上设立的政治、经济和行政等殖民机构又和法国的殖民机构有所不同吗？

且不说荷兰和西班牙的领地，那里类似的例子俯拾即是，要提醒一下印度的情况吗？它的 240411434 名居民中，只有 64000 名欧洲人，其中包括官吏和外国人。在香港，有 7990 名欧洲人或美洲人，有 160402 名亚洲人。最后，马六甲海峡殖民地各种国籍的欧洲人不到 4000 人，而土著居民则高达 422362 人。

在这种情况下，印度、香港和新加坡并没少为英国扩展其在远东的贸易和影响起到应有的作用。

我们的印度支那殖民地就是在这种情况下发展的。它们为我们的航海提供了基地和必不可少的给养。它们使我们的贸易和工业得以进入至今似乎仍然为外国贸易所独占的市场。它们对法国在远东的利益、影响和威望都并非无益。

占领交趾支那后，1867 年其预算为 5296000 法郎，航海贸易额 78020250 法郎，进出该地的欧洲船只为 691 艘。

1886 年的预算收入提高至 25621602 法郎，贸易额为 220149645 法郎，航海为 4312 艘船，吨位测量 1231965 吨。1888 年的财政流通额，交趾支那的地方预算收入为 30215943 法郎。

在此约 20 年时间内，殖民地的发展是史无前例的，宗主国获得了大笔收入，尤其对解决西班牙的赔款，在柬埔寨设立保护国机构之费用，对安南南部省份进行绥靖，对东京的远征和今天在一个大范围内——或许在更大的范围内——为印度支那总预算的开支提供了条件。

有必要补充一点，在 1866 年，法属交趾支那的人口为 502116 人，列表如下：

安南人	482953
中国人	17754
欧洲人	585
其　他	824
总　计	502116

至 1868 年，由于合并了 Vinh-Long、Chaudoc 和 Haftien 三个省，人口总数上升至 1156101 人。

1886 年，交趾支那有 1792933 人，其中 1728525 人是安南民族。

这样，在法国占领和实施行政管理的 20 年间，该国的财政收入从 500 万法郎提高到 3000 万法郎，贸易额从 7800 万增至 22000 万法郎，土著人口也并未停止增长。从交趾支那这种显著的繁荣中，我们可得出这样的结论：法国的占领并非造成对该国资源的过度开发和对国家和被征服民族的压迫，而只是给他们带来了文明。该结论驳斥了对法国殖民体制提出的一切指责非难。

在东京，我们亦可举出同样的例子。根据海关行政部门呈交政府的报告，以下列出自 1880 年以来在东京进行的贸易活动一览表。

东京的对外贸易

年份	进口(法郎)	出口(法郎)	总计(法郎)
1880	5467000	7507000	12974000
1881	6300000	4500000	10800000
1882	4000000	6600000	10600000
1883	4169000	5307000	9476000
1884	9225000	4573000	13798000
1885(1)	21679000	7860000	29539000
1886	28808000	9112000	37920000

（1）从 1885 年起，海关统计表内包括安南三个港口：Fai-Foo、岘港（Touranne）和归仁（Qui-Nhon）的贸易量。

1887 年，已获数字表明，前三个季度的进口额达 26891473 法郎，出口额为 6705665 法郎，总计 33597138 法郎；可以肯定，总额会超过 4000 万法郎。

在这些贸易中，宗主国在贸易方面还不尽如人意。1887 年前 3 个季度的贸易额是 7269452 法郎，其中从法国出口到东京的额度为 5569468 法郎。

如果人们考虑到该国的骚乱和对安南及中国的敌视给我们造成的时间上的损失，如果人们看到至今在东京建立的政治体制仍在被每年不断地讨论，行政和经济体制被不断地修改，甚至殖民地的命运似乎是偶然地取决于某次议会辩论，那么，就不会对法国的贸易额仅占东京总贸易的 20% 感到惊讶了。事实上，这并非法国商人在该国的居住人数太少，亦非他们的贸易量减少，我们应该吃惊地发现：是因为缺乏开创精神、毅力和耐心，他们不敢将宗主国进行的大量牺牲视为无益的尝试，不敢对东京的未来有绝望的打算，不敢在此进行冒险投资，或者不敢在随时要撤离的威胁下，在该地区建立工业和贸易机构。

今天，不代表国家贸易的贸易点是没有什么重要性可言的。根据一份发表在政府公报上有关贸易方面的表格，1887 年，法国有 146 名商人居住在河内、海防、南定、北宁、谅山、高平（Cao-Bang）、山西（Sontay）、海宁、广源直至各 Muongs 省。

在河内和海防已成立了商会。

为了理顺与土著居民的关系，普及法文教育，创办了在驻扎官管理下的一所翻译学校，13 所法—安南学校、60 所小学和众多的教会学校。

新的贸易道路已被寻找和开发，尤其是从明江向云南走和从黑河朝琅勃拉邦方向往 Shans 和老挝的道路。

为解决在红河三角洲进行贸易的需要，一个设施完善的水运服务处成立了。为了完善和充实该水运网络并组成进入广西、云南和老挝的更安全的线路，已在研究修建三条大铁路。

总之，在和中国签署的贸易条约尚未生效之前，可以认为，由于老街已存在的贸易往来，海防最终恢复了通过红河与云南进行的大宗日常贸易。

尽管政治局势不稳定和得不到保证，我们年轻的殖民地似乎想证实一下它的活力和爱国主义，积极地组织斗争——为贸易和工业的和平斗争，而我们必然希望这场斗争的结局对它无任何实惠，对它的祖国亦无荣誉可言。

该创造精神得不到些微鼓励，没有阻碍就已不错了。

试问这不是政府最近采取的对印度支那领地海关规则的有关措施的结果吗？如果海关税则不损害东京殖民地的贸易发展和进步，只为了宗主国的需要和利益的话，会发生这样的事吗？

从 1883 年起，不管是安南的还是东京的海关进款，均由保护国当局掌握，其他财政收入亦同。1884 年收入为 798350 法郎；1885 年为 2090339 法郎；1886 年为 2904000 法郎。1887 年实施新的税则后将有所增加。

另一方面，国家的贸易有权在法国的殖民地和保护地区，在它所取得的保护权范围内和在欧洲大陆上进行。

这些理由都可以证明我们在印度支那领地上设立海关服务机构的必要性。但是应该考虑到我们的殖民地在制定海关税则时所处的各不相同的条件。

对于交趾支那、安南和东京来说，如果一种税收制度给居民和我们的商人带来无益的牺牲，在宗主国内强迫接受不同的海关商品税，并因此给我们和远东所有的其他国家的关系造成困难，则它将不仅损害保护国的利益，还特别损害宗主国的利益。

事实上，不管我们今天获得的这些市场多么重要，相对于通过交趾支那、安南和东京的海路和陆界唾手可得的国外市场来说，它们都不能保证我们的贸易和工业的未来。

（原件第 109675 ~ 109722 页）

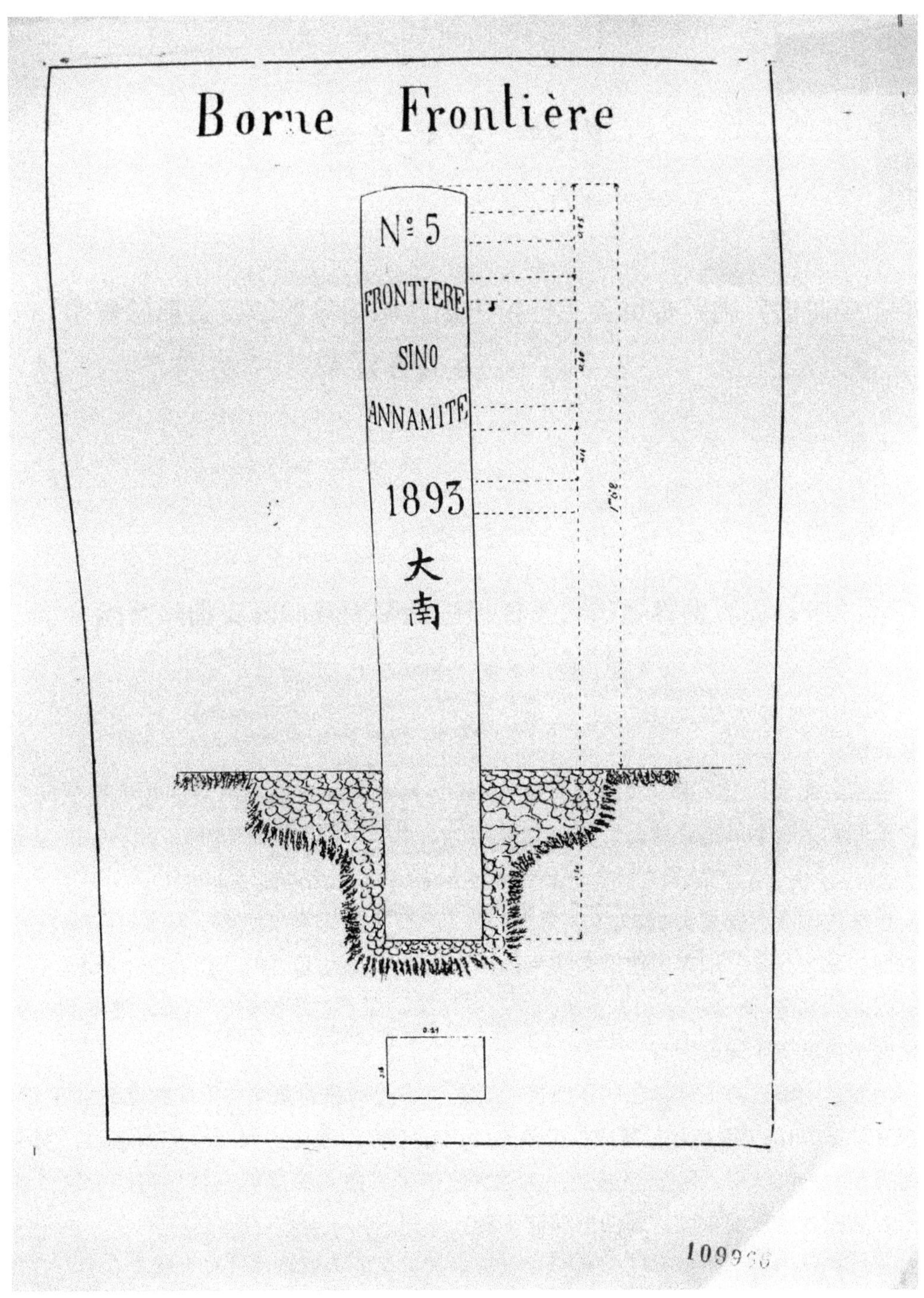

图 124

F155　第 4 ~ 6 盒

中越边界勘界委员会主任拉巴斯蒂德司令致印度支那总督函

北市，1889 年 12 月 24 日

中越边界定界：第 12 号

内容：关于定界活动

(原文较长，但字迹不清，未译——译者注)

中越边界勘界委员会主任拉巴斯蒂德致印度支那总督函

发文号：13　北市，1889 年 12 月 30 日

总督先生：

我到达北市几天之后，我派到稔市（Nam - Si）方面去打探消息的几名密使向我报告，他们到达这个小屯之前，发现在嘉隆河的右岸有一排垂直于该河、表示中国边界的竹子。

根据两国勘界委员会 1887 年 3 月 29 日在芒街签订的会谈纪要，从位于嘉隆河合流处对面的北市开始，边界应该沿着该河道一直到上游，约 30 里（1 里合 561 米）。

因此，嘉隆河一段长约 17 千米的河段就作为边界；位于右岸，距合流处不到 8 千米的南西小屯就属于安南所有。

然而，中国人对这一领土的不能接受、甚至不能辩解的要求并不使我感到非常意外。我没有忘记，1889 年 4 月，博达尔少校先生追赶一伙正逃往中国躲避的海盗时，发现稔市村民在他的部队靠近时全部逃走；这位军官与他们隔着嘉隆河交谈后得知，这个地区的所有居民对稔市在中国的版图上深信不疑。

不过在这一点上不会有任何怀疑：只有中国官员的不诚意能这样欺骗老百姓。

但是大清帝国当局标定的边界走向不可靠，因为这个走向完全违背最基本的情理，因此，我就一定要自己查实我得到报告的这件事，然后再把这个问题摆在您的面前和广东勘界委员会主任的面前。

因此，我于 12 月 26 日带着法国代表团的几名成员和一支武装小卫队前往稔市方向。

正如所报告的那样，在距北市不远的地方，我看见了一排垂直于界河、显然是插栽上去的竹桩，深入安南境内。竹桩上写着：大清广东钦州界。

很显然，这些竹桩插栽在那里主要是为了影响法国勘界委员会，想欺骗法国勘界委员会，就像很久以来欺骗老百姓一样。

当然，我一点都不打算重视广东的官员们在没有法国当局的合作下划出来的完全是凭空想出的边界。广东的官员们因此已违反了 1887 年 6 月 26 日北京协定的最后几项规定了。

因此，我马上让人把距我们走的那条路最近的标志桩全拔掉，然后继续走到稔市对面的尽头处。

在这个村子里，我看到房舍的墙上贴有一些盖有大清帝国官员官印的布告。这十分明确地证明，他们不顾法国与中国以前缔结的诸协约，把位于嘉隆河右岸的绝大部分区域视为属于他们的。

我让人把这些布告和表示假边界的竹桩带回北市去。第二天一早，我就函告李受彤主任，对于中国官员在这种情况下使用不正当的手段和不光明正大的行为提出强烈的抗议。

我通知他，我将向我的政府汇报以下几点：

（1）大清帝国的官员们不遵守两国勘界委员会所采纳的边界走向，违背了各定界协议。

（2）这些官员在没有法国当局的合作下私自在一段中越边界立放界桩，违背了 1887 年 6 月 26 日的北京协定的最后几项条款。

（3）这些同样的官员无视国际法，欺骗这个帝国（指安南——译者注）的老百姓，强迫老百姓服从他们，并向百姓们行使权利，因此侵犯了安南的领土。

我通知李主任，在向您汇报这一件令人遗憾的事件时，我将请求您通过法国驻华公使，让总理衙门知道此事。由法国驻华公使考虑有必要提出的赔偿要求，作为对违背条约的必要赔偿。

28 日，我的信刚要发往东兴，我就收到了从这个城市来的一位中国官兵给我送来的一封信。

这是翻译张懋德（Tchang Maou Te）的信，他以中方委员会的名义向法方委员会祝贺 1890 年新年愉快。

这封信内附有李大臣的一张名片，好像他在东兴似的。不过我很清楚，他并不在东兴。

正如我本月（12 月）24 日的第 12 号信告诉您的那样，这位官员被冯（子材）将军的一封电报突然叫到钦州，已于 17 日乘安兰号（An Lan）炮艇出发了。但是，好像他很想隐瞒他不在东兴这件事以及他这次突然的出行的真正目的。他不仅没有通知我（也许他认为以我所处的距离，我不会知道），而且还试图欺骗芒街的副驻扎官，但他的离去是不可能瞒过这位驻扎官的。对此和我一样清楚地知道该怎样应对的德过先生在此之前已到东兴去商谈某些行政问题，听到张翻译告诉他钦州知州仅仅是去稔市时，感到十分惊讶。

在我以法方委员会的名义复函张翻译，对他值此元旦将至之际向我们表示的慰问表示感谢时，我亦明确地告诉他，我不会被这种幼稚的诡计欺骗，我请他告诉李主任，我希望一俟他从钦州返回就看到他来到北市的对面。

我将我致这位官员的信交给张翻译的这位信使，同时还将我关于侵犯安南领土和不准确并违法地划定边界事致他的抗议书一并交给这位信使。

前面我已将沿着那条所谓的边界所插的竹桩上写的汉字告诉了您。

我在稔市村找到并随函连译文一并寄上的这些盖有官印的文件是：

（1）两张贴在屋门口的布告，它既是人口统计表，也是居留证。

我让人将这两张布告从门上取下来。两份布告上的日期都是光绪十三年九月，即1887年9月，上有钦州知州，今日的广东省勘界委员会主任李受彤的官印。

因此，这位中国官员在安南领土显示权力已有两年多了，似乎嘉隆河右岸的全部村庄都完全属于天朝的一个行政区管辖一样。

若李知州为侵犯安南帝国权利一事进行辩解，假装不知道两国的确切界限，那么要他承认他的欺骗是不难的，因为1887年3月29日的勘界会谈纪要对这一段的划分有明确的记录。何况这位高级官员十分清楚，嘉隆河即边界线，1886年和1887年他使在划分广东段边界时，与狄隆任主任的法方委员会背道而驰的帝国代表团遭人议论，选定嘉隆河作为边界线的1887年3月29日的会谈纪要有他的签字。

（2）我在稔市看到的第三份中国人的文件是贴在校舍上的，是负责地方行政的一位小官员颁布的告示。

告示说禁止敲诈勒索、向强盗出售粮食和弹药。

这份告示的签字人黄官员在告示上盖有一个官印，但却是临时性的，因为他被任命为所任职务的任命书还没有得到两广总督的批准。

这份文件是最近贴的，即12月4日，完全有理由猜想，意在通过牺牲我们的利益来划定一条假边界线而在嘉隆河右岸插下的竹桩是在同日插下的。上面写的几个汉字的墨汁还是很新鲜的，还没有被雨水冲掉。

我刚刚提到的这位黄官员，以及头衔为钦州府8个县的知县，其名出现在两份居留证上的陆官员都是我们的危险敌人。我认为有必要向您提供有关他们过去的一些情况。

1886年，当两国勘界委员会在芒街和东兴开会时，安南人该富（中文名黄立富）是先安州八庄乡乡长，陆其文（中文名陆其相）则是副乡长。该乡下辖8个村。他们身着

中国式服装，留着中国人发式来到大清帝国的代表们面前，请求把他们的地区并入大清帝国，并保证必要时欺骗法国代表团，向它证明嘉隆河确是两国的边界，而真正的中安边界在这个地区一直是博琅河，嘉隆河只不过是博琅河右侧的一条小支流。

因此，黄立富和陆其相有效地协助了中方代表要求得到几乎安南的整个八庄乡。经过长时间的商谈之后，我们接受了他们的要求，以对这个问题进行解决。安南丧失了这个区八个村中的六个，以及务溪（Vu Khe）和古黄（Co Hoang）村的一部分，建延（Kien Duyen）乡的相当一部分。

作为他们为中国效劳的奖赏，黄和陆成为管理该地区的小官。

我们今天又找到他们。黄立富已得到候补知县的职位，负责嘉隆的行政管理，是内附的这份在安南领土稔市发现的公告的炮制人；陆其相是知县，负责管理因他协助使安南丧失的八个乡。

后者常住在距法国横模军哨不远的班登（Banden），他很可能是一切抢劫行径的煽动者和法国这个军哨附近地区两年多来受到的领土侵犯行动的挑动者。因为今天已肯定，这一侧的中国人还不如北市这一侧的中国人更尊重双方勘界委员会划定的边界。

尽管我还未能勘察这整个地区，但是各处给我送来的情报使我越来越坚信我刚发表的观点，我想，下个月我往这个方向推进时，中国人设立的一些军哨将被迫明显地向后撤退。

但是，即使我以一种准确、清楚、明确的方式划定了 1887 年的勘界委员会接受的假想边界线，在这一侧失去了自然界线的东京从嘉隆河的合流处一直到广西也只有最糟的边界。

让出几乎整个八庄乡和建延乡的一部分是有害的，不是因为这样使我们丧失了人烟稀少的一个区域，而且这个区域好像土地贫瘠，而是因为它被并入大清帝国之后，在广东边界防备中国正规军和海盗的总的防御系统中，就构成了一个进入东京的缺口，这个缺口我们将永远不能完全堵上。

因此，我们十分有必要趁着划界活动，要求在这一段进行一个大的边界更改。

我不怀疑，地形测绘将会引发无数意想不到的事情，我们也许将会在东京找到一块中国的飞地，而大清帝国代表向 1887 年的法国代表们出示的那些地图曾使后者认为中国可能有一块东京的飞地，所以要提出更改的要求就更不会缺少理由了。

但既然还不能确定北市和北岗隘之间我们应该讨还的地区的面积，以在东京一侧重新确定一条可以接受的边界，您也许会认为有必要利用我们得到的机会，基于大清帝国的官员们违背条约一事提出领土要求的问题。一些其他因素将随后支持这一领土要求，并将证明它是合法的。

最后，我刚刚荣幸地向您谈到的这一事件可以归纳为下：

（1）中国取一条有别于两国代表团一致接受的那条边界的边界线，损害了安南，违背了勘界委员会的各项协议。

（2）中国在没有法国当局的合作下，私自划定一条不准确的边界，违背了1887年6月26日的北京协议。

（3）中国欺骗这个帝国（指安南——译者注）的百姓，强迫他们承认它的官员，无视诸条约和国际法，统治这些百姓，侵犯安南领土达两年多。

我不认为法国在东京的保护政府能不向总理衙门提出强烈抗议，而听任对诸条约三次如此公然的侵犯行为。把广东的官员们在这种情况下使用的不光明正大的办法以及他们的非法行为通知总理衙门时，我将提议要求以下两点作为道歉：

（1）严厉切责钦州知府李受彤。

（2）立即解除黄立富和陆其相这两名小官吏的职务。

最后，如果您认为合适的话，法国驻华公使可以利用这一有利的时机通知大清帝国政府，法国政府要求归还嘉隆河合流处和北岗隘之间的领土的权利，作为广东官员们违背诸条约的赔偿。归还领土范围等以后勘界委员会的工作取得充分的进展时，再进行确定。

（该篇收入《中越边界历史资料选编》第692～697页）

（原件自编号第110001～110021页）

补用分府拨授钦州东兴嘉隆汛总司黄出示严禁奸歹匪类事告示

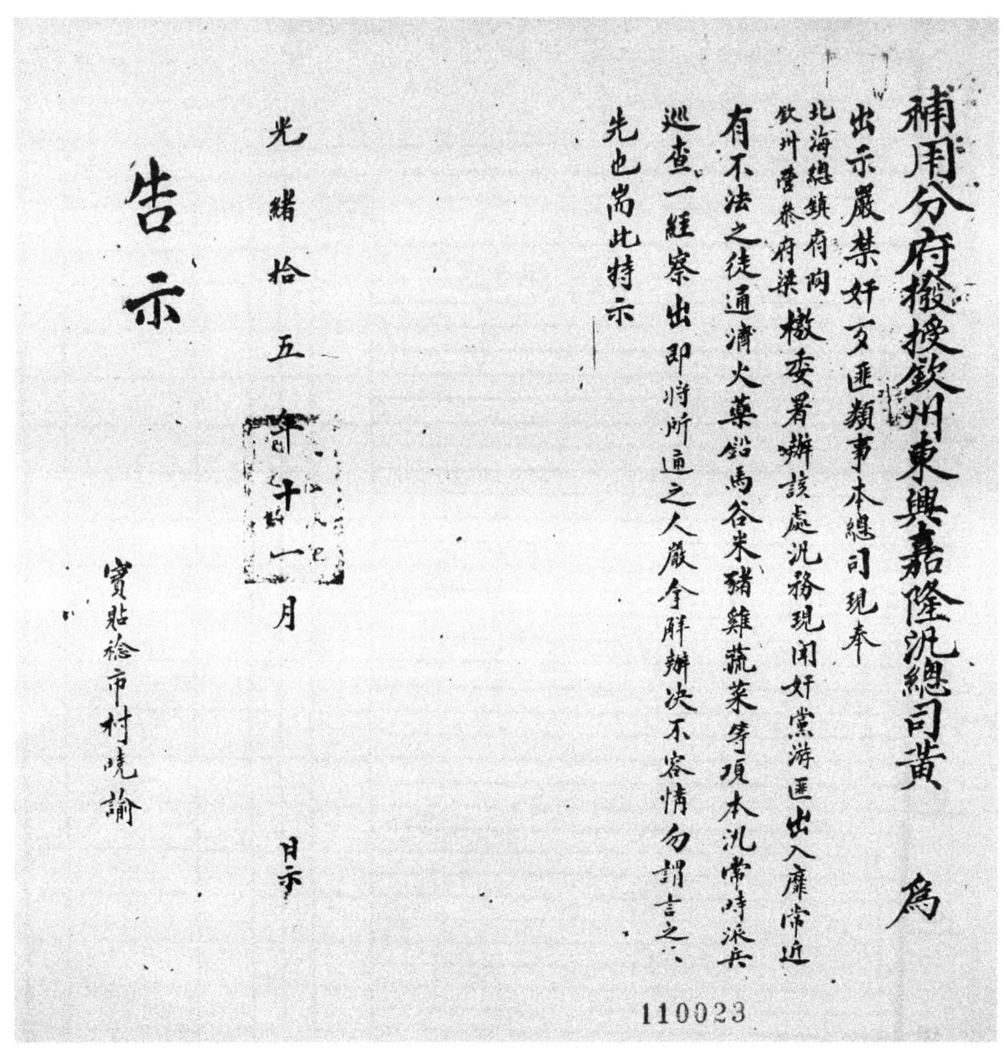
補用分府撥授欽州東興嘉隆汛總司黃　為
出示嚴禁奸歹匪類事本總司現奉
北海總鎮府陶
欽州營恭府梁　檄委署辦該處汛務現聞奸黨游匪出入靡常近
有不法之徒通濟火藥鉛馬谷米豬雞蔬菜等項本汛常時派兵
巡查一經察出即將所通之人嚴拿解辦決不容情勿謂言之不
先也尚此特示
光緒拾五年十一月　日示
實貼稔市村曉諭
告示
110023

图 125

立界图约

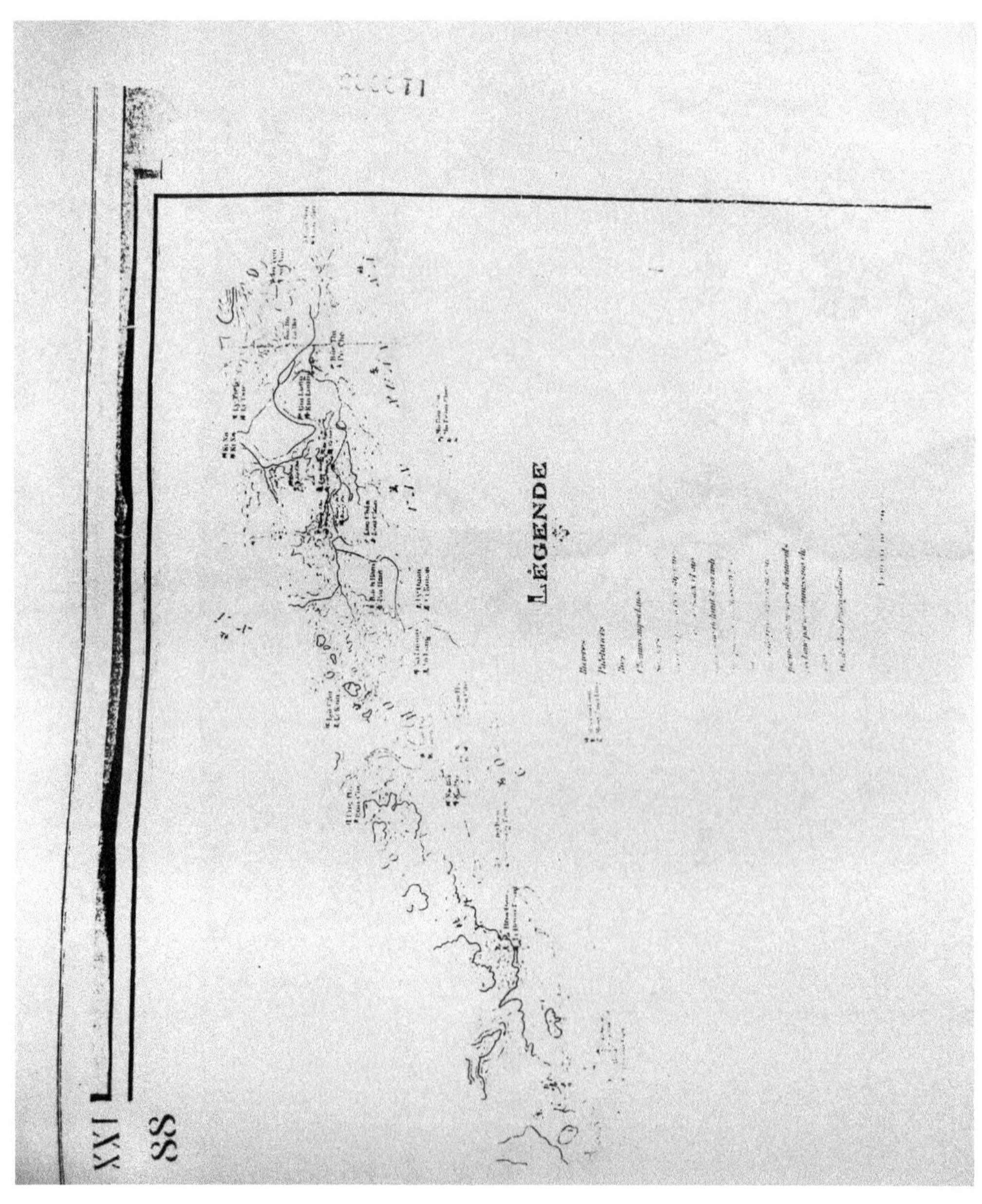

图 126

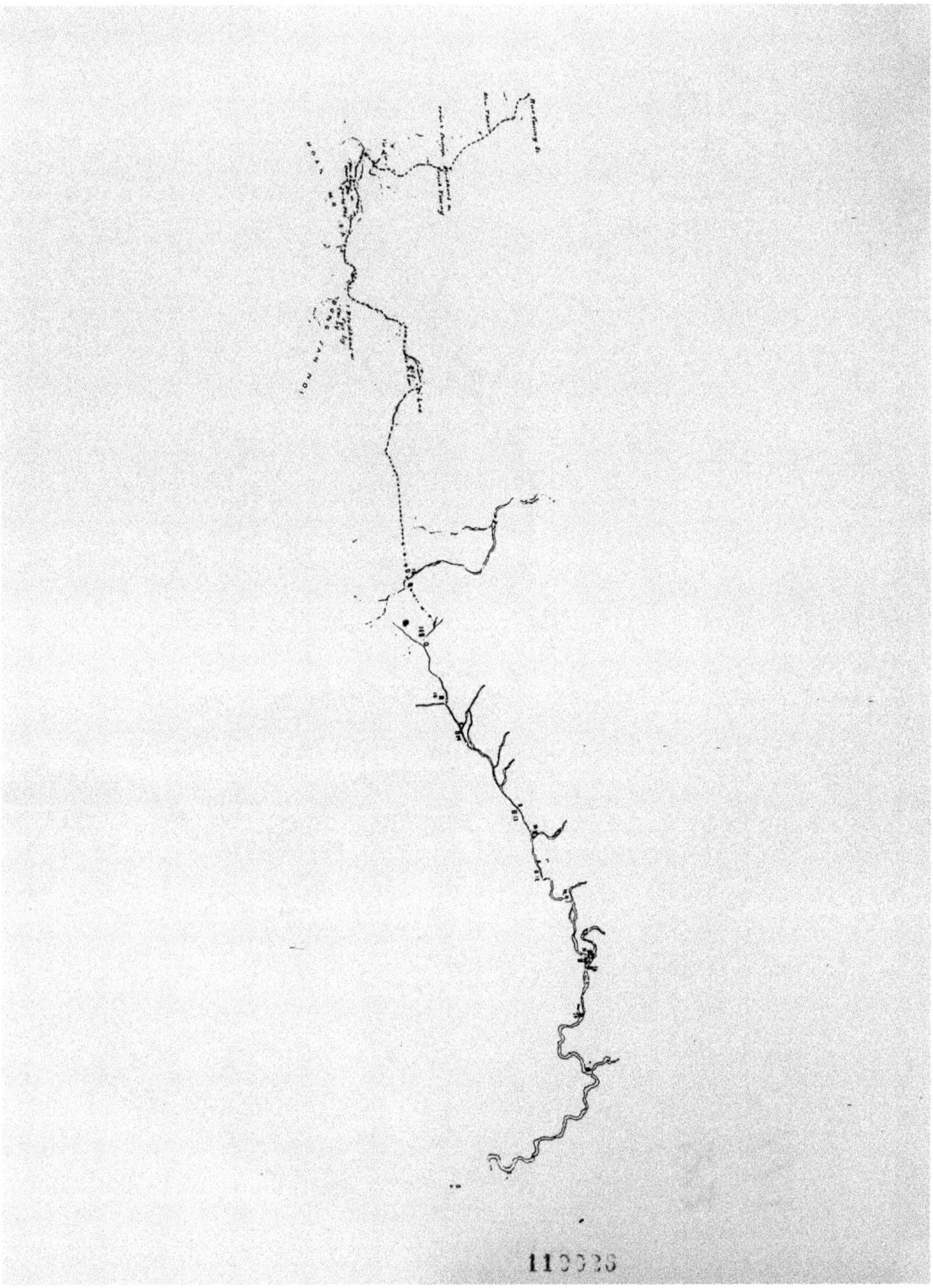

图 127

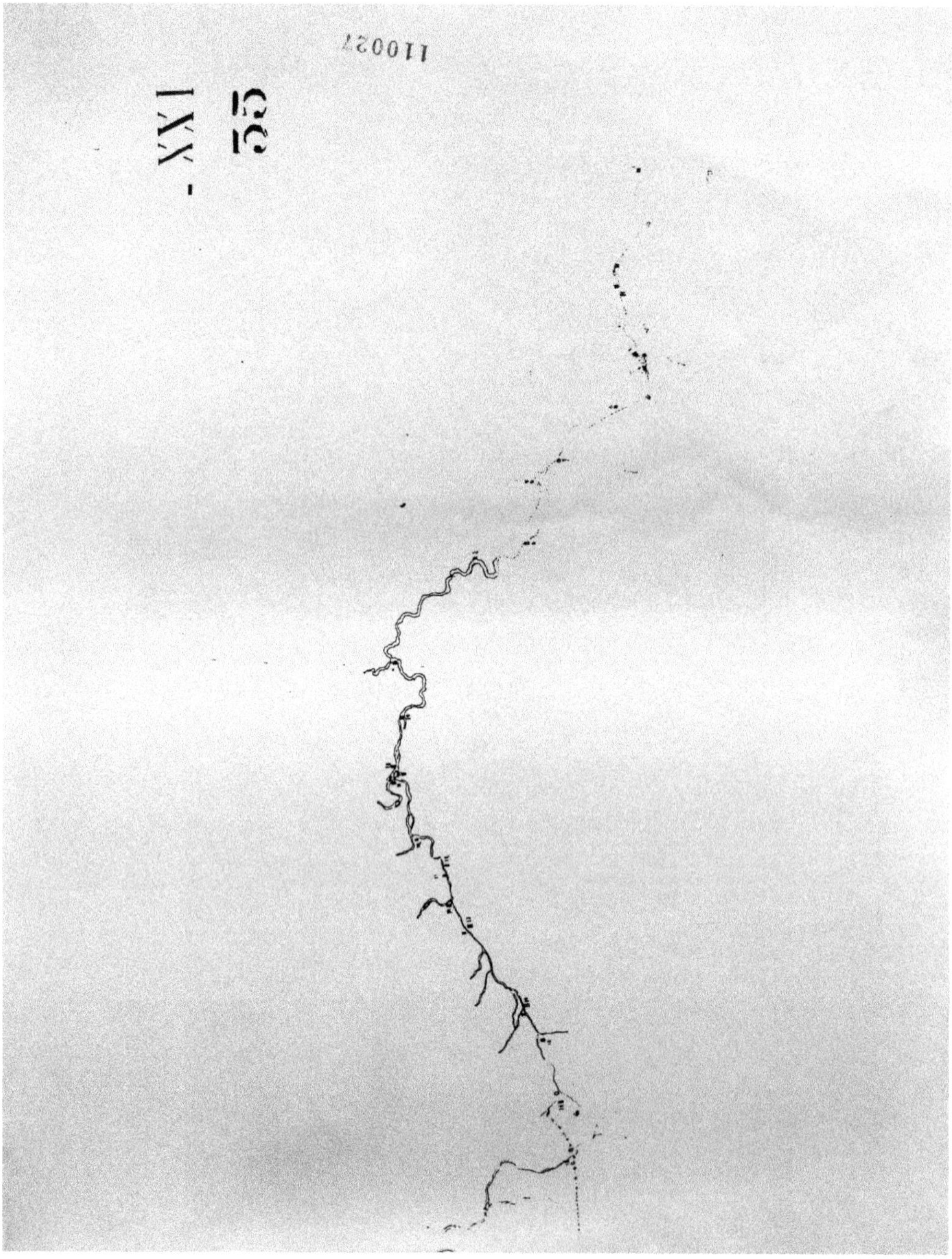

图 128

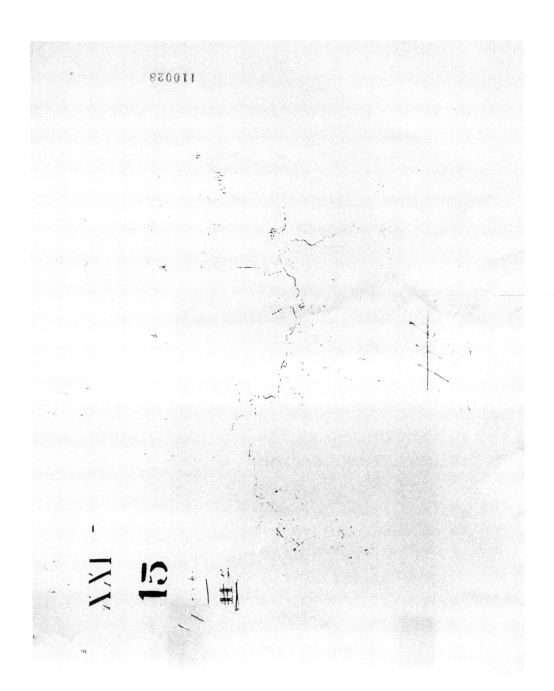

图 129

关于中越边界定界的报告

因山路崎岖异常，运输困难，所以选择界碑问题出现了些困难。

有几种解决办法被提了出来，根据委员会主任先生的指示，我将只负责混凝土类型的界碑。界碑的体积应该相当大，不必考虑搬运仅由一块大石制成的整块石碑，除非在原地可以找到一块质地合适的石头。这种情况很难遇到，我认为应该完全放弃这种办法。

对于这种界碑，我建议在河内准备一些烧结砖的材料，这样剩下的只是用水泥沙浆来结合了。

（1）界碑底座由8块底边为0.25米×0.25米、高0.35米、每块重约43千克的棱柱型石块组成。

（2）碑柱身及其底部由两部分组成，重约43千克。

（3）碑柱头重45到50千克，每个界碑共有11块，搬运需要22名苦力。

每部分最好在河内由炮兵部队负责制作，只需将各部分送到合适的地点即可。

在立碑地，剩下的就是将各部分用水泥沙浆凝合，外面用水泥粉刷，最后刻上碑文。

因此，若原地找不到水泥和沙子，还必须运去。

我这里没有必要的资料可以让我确定立每块界碑所需的水泥量，但河内的炮兵部队可以很容易计算出来，只须提供要立的碑数就行了。

我认为应该指出，有必要将水泥装在密封的白铁箱里，因为在运输途中和在现场，水泥很有可能受损耗。

政府可能有（装面粉的）白铁箱，可以利用这些箱子。

可能有必要由炮兵部队指挥部给将指挥立碑的军队增配一名实习卫士（从技术上看，建筑处在监督立碑和使用水泥砂浆时非常讲究），至少选定两名安南泥水匠。

需要向总督先生指出，在河内制造碑件，对于炮兵部队指挥部可能将是一笔相当大的开支，因此，应由指挥部造一份预算表，以便确定费用。

对广东边界的测绘尚未最后结束，因此只需要负责直至平而关的广西边界。

我估计可能需要120个界碑，这些碑件可能应先运到如下哨所，即同登，25个；七溪，20个；东拨（Dong But），40个；谅山，10个；横模，15个。

为了方便界碑的运输，应向安南当局下达一系列明确的命令，这是为立界碑要做的工作。

我认为，法国保护国的威望也应在这项与它直接相关的活动中得到体现。

最后，应考虑到这项工作将需要大笔的运费，对于负责这项工作的军官来说，一笔费用是必不可少的。

我认为，有一名测绘过边界的军官在场对于立碑工作的顺利进行是必不可少的。

炮兵上尉　狄德罗

1891年3月31日于平而关

（该篇收入《中越边界历史资料选编》第505~507页）

（原件自编号第110114页）

致印度支那总督函

平而关（Bi Nhi），1891年4月15日

总督先生：

你2月28日关于中越边界立碑问题的来信已收到。

我曾向我的同僚向（万荣）提议用档案里指定的铁铸型碑。他向我表示，他认为这种碑不实用，必然会被边界附近的居民所盗，对于他们来说，一块铁代表了一定的价值。另一方面，他认为不可能在那么长的边界建立有效的监督。我完全同意这种看法。

我的同僚和我同意，只要可能全立石碑，就让人造一种用混凝土凝合的界碑，立在不能将石碑运上去的山头。

我已委托狄德罗上尉就此向我作一报告（内附）。我同时寄上你所要的档案。

总督先生，请接受我最崇高的敬意！

（原件自编号第110118页）

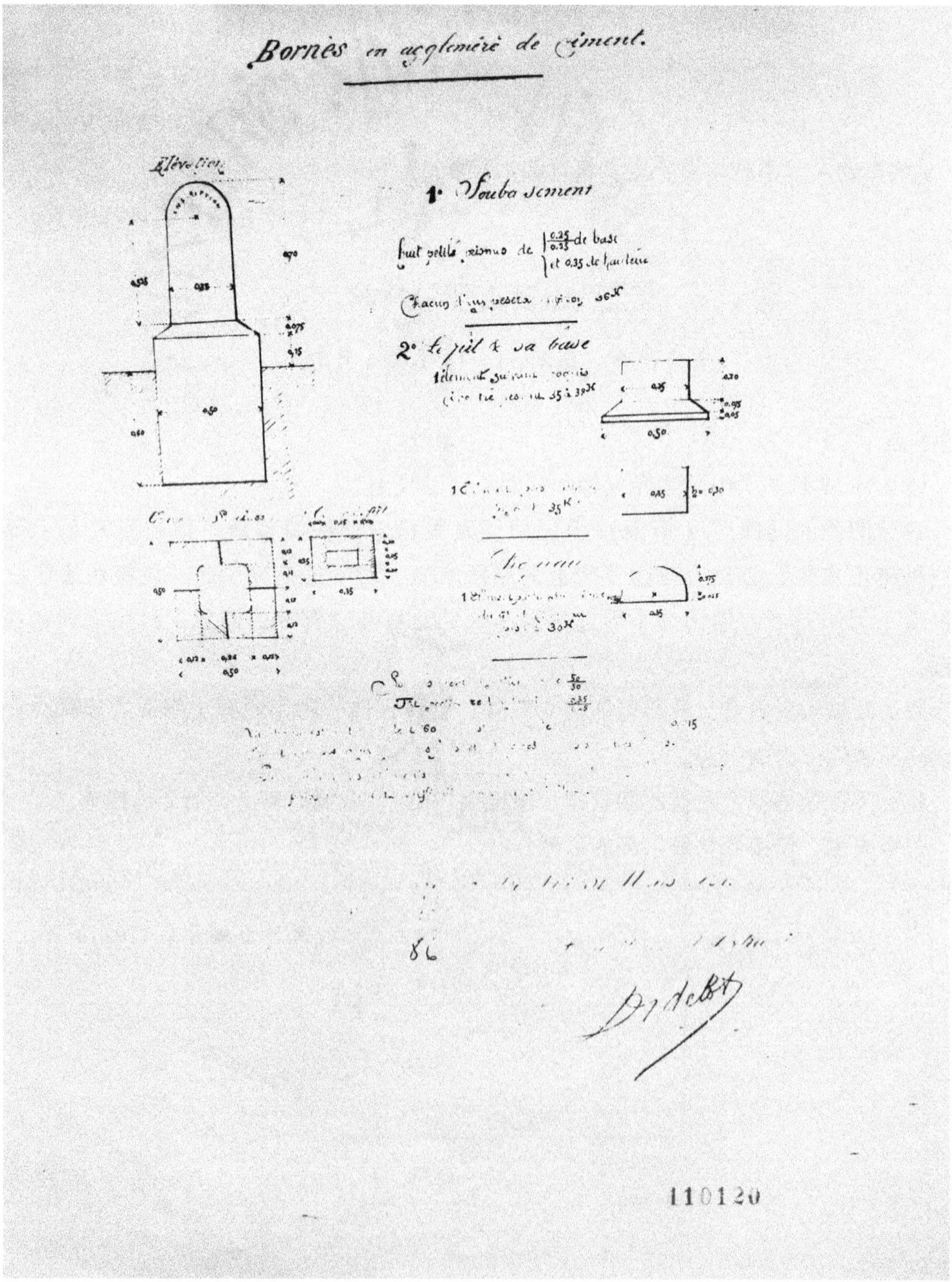

Bornes en aggloméré de ciment.

Élévation

1° Soubassement

2° Le fût & sa base

86

110120

图 130

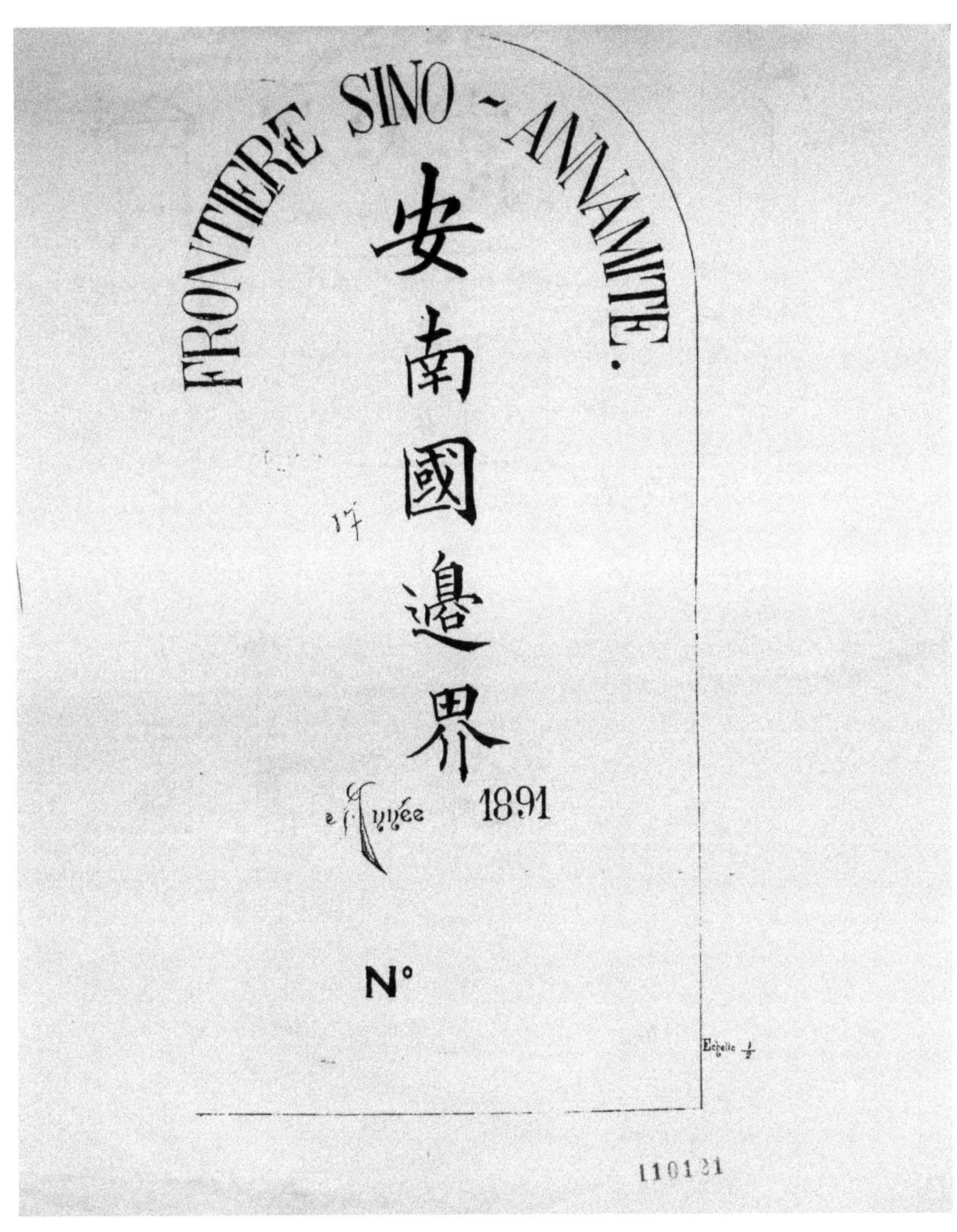
FRONTIERE SINO - ANNAMITE.
安南國邊界
17
Année 1891
N°
Echelle
110121

图 131

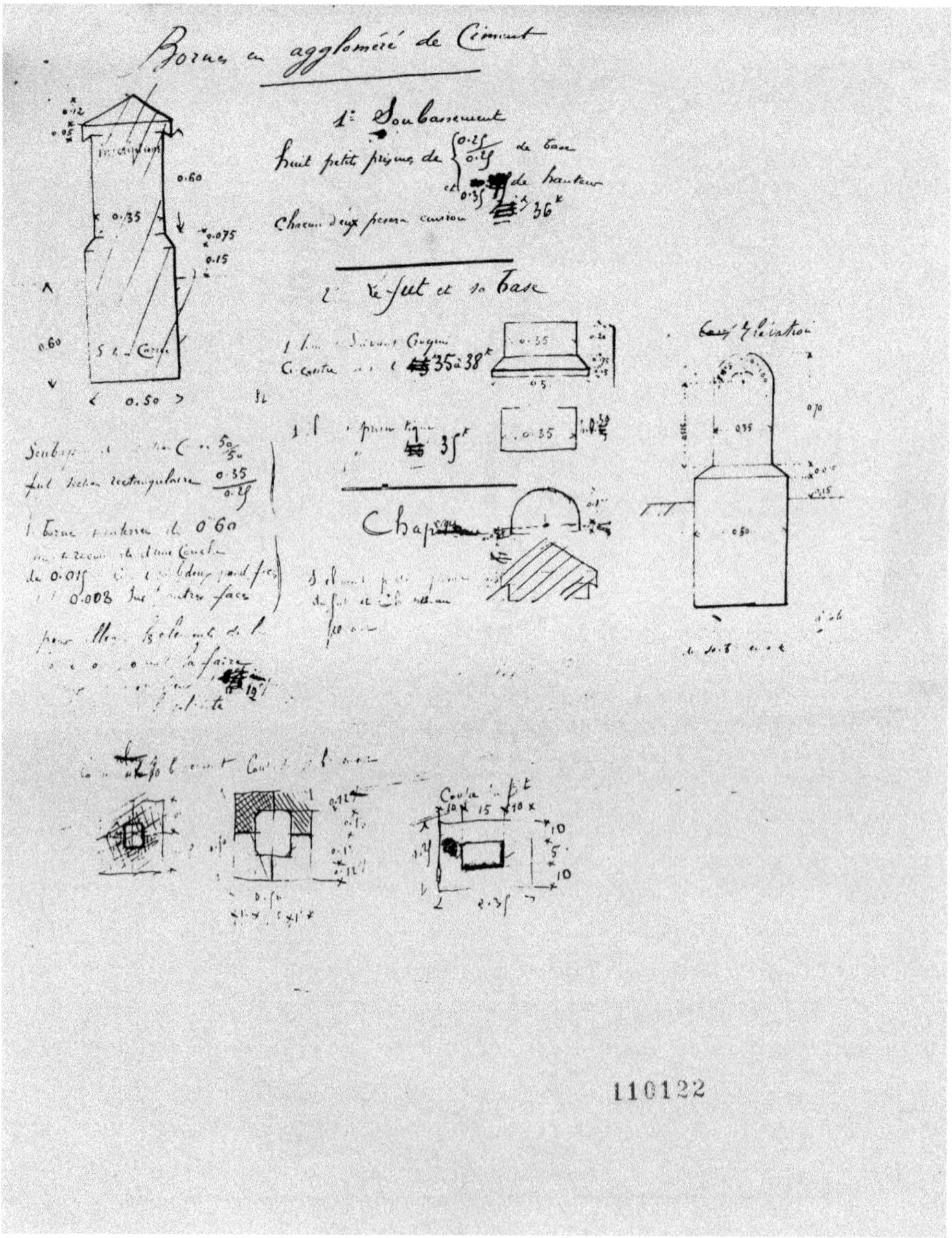

Bornes en aggloméré de Ciment

1° Soubassement

Huit petits prismes de 0.25/0.25 de base et 0.35 de hauteur

Chacun d'eux pesera environ 36k

2° Le fut et sa base

0.35

0.50

0.60

Chap

110122

图 132

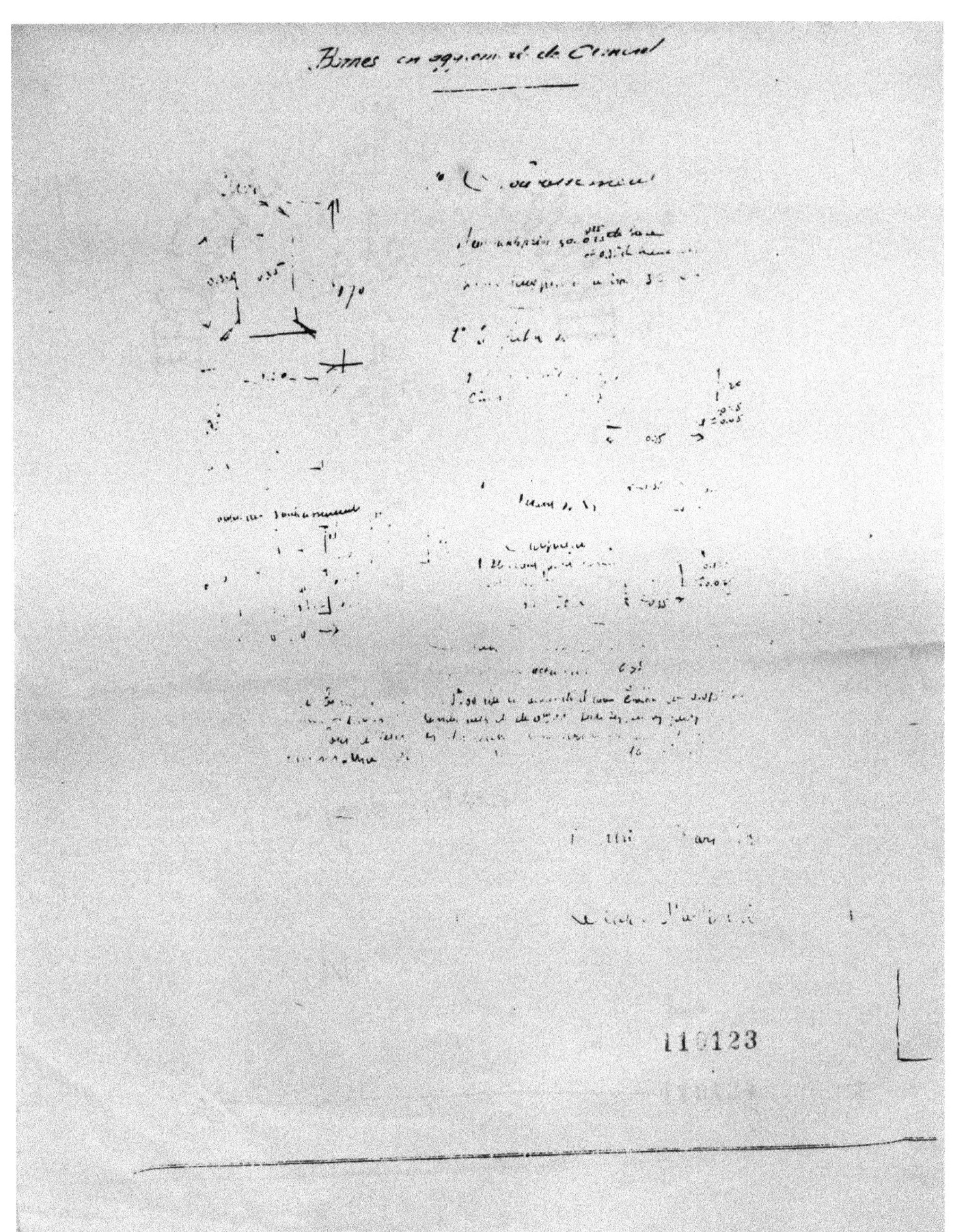

图 133

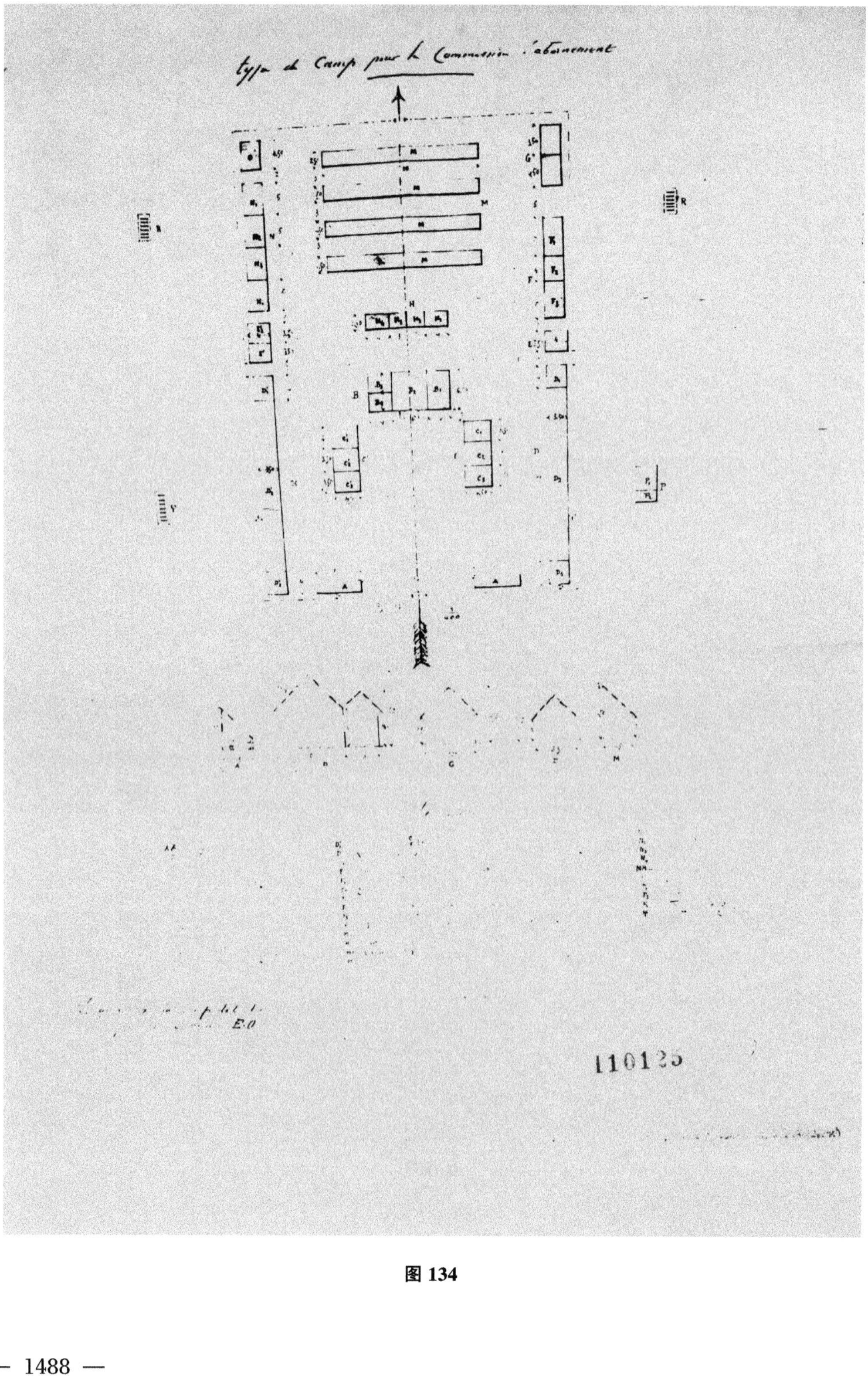

图 134

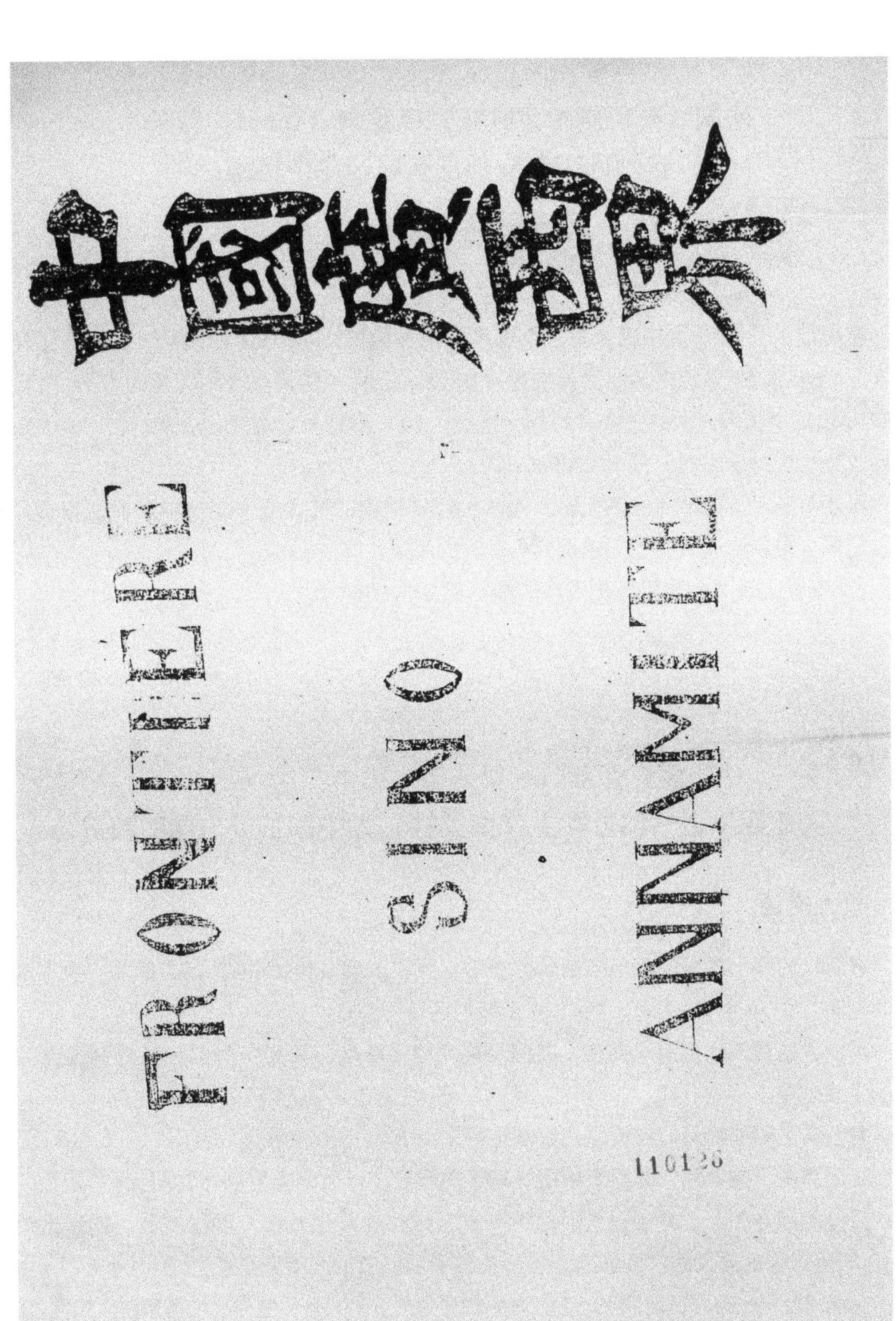

图 135

安南东京保护国·高平副军事驻扎官复1888年5月17日第2178号函
第59号

法国驻高平副军事驻扎官乌德利（Oudri）营长致河内印度支那部队总司令少将函

高平，1888年7月4日

将军：

遵照您5月17日关于保乐省三个边境村被占的第2178号函的指示，同时为了补充我6月29日第55号函提供的关于编竜（Deo Luong）乡的情况介绍，特此寄上（1）自1885年起被中国人占据的三个村的领土情况。（2）根据保乐军区司令多马雷（Demaret）上尉收集的资料绘制的一张1:200000草图。

虽还不能保证该草图准确无误，但我希望其提供的情况能使刚被中国人占据不几年的，而属于东京的这个领土问题得到更顺利的解决。

（该篇收入《中越边界历史资料选编》第853～854页）

（原件第110140页）

印度支那部队·第二旅·第十二区（乙）关于保乐省一部分领土（南关社）为中国官兵占据的情况

领土描述

有争议的领土乃是位于一条高耸的石山山脉和玉溪（Ngo Khé）河之间的一块东南—西北走向、长50至60千米、宽约20千米的区域。

可以说这是一个宽大的高台，高出玉溪河约400米，靠河一侧的许多处乃是无法攀越的悬崖峭壁。

有一条名叫那咘河的河流经这块高地的东南方。

玉溪河是一条大河，发源于中国，过了边界要步行数日方可到达其源头。

沿该河河谷北上，就会到达距边界有8天路程的开化城堡，再往前走，就到达距边界有25天路程的更大的广南城堡，其所在的省就以它的名字命名。

玉溪河经开化隘（目前似乎尚无守军）流过边界，进入一个峡谷，在博琅注入染河。

实际上，玉溪河比染河大得多也长得多。我认为，我们完全可以把染河视为玉溪河的一条支流。

玉溪河的西面，耸立着一片巨大的石山群，其间有几个山谷土地肥沃，种有庄稼。

最高峰约高1200米。

总体看来，石山群由昔日曾为良田沃土的一层一层的大平台所组成。

以陆文阳（Lu Van Duong）为首的海盗现在这片群山峻岭之中，山民珍惜自由自在的生活，同意缴付较重的捐税。

三个村庄

有争议的区域包括三个大村：下冯、天冯、上冯（下、中、上村）。每个村约由33户人组成，总共100户，估计有450人，每户4或5人。

道路

一条起自更颜的小路经过那咘河，通上高台，穿过高台，并经过三个村庄。

从上冯出发，可往歌秀（Kha Tu）隘；现为40名中国官兵占据。另外还有两条小路，一条经同文通到陇敢，另一条通到该和（Khaï Hoa）。

从天冯出发，可以步行前往靠近边界的北都（Ben Du）圩。

从保乐出发，还可以不必经过下冯而直达天冯。顺着通往更颜的小路走，在距该村还有一个小时的路程时，离开此道进入向东北方向延伸的山谷，很快就到达那咘河。过了此河后，就会见到一条小路，此路通往那咘隘。

中国人的占领

目前天冯有30名中国官兵，上冯有50名。

1885年，匪帮在保乐境内烧杀抢掠，这三个村庄的村民面临这些匪徒即将涌入抢劫的危险，他们虽为安南黎民，还是要求中国官员提供援助和保护。

于是这片领土被占。由于其地位显得甚佳，中国人就在这驻扎下来了。

自我们抵达保乐后，村民们不再担心海盗的蹂躏，要求他们的顽固的保护人离开，要求回到安南的统治下。

但是中国官兵还不愿离开该地区，我想他们不愿离开有如下几个原因：

（1）这是边界前沿的一个相当好的阵地；

（2）他们可以向当地居民征收重税；

（3）我还认为他们是以陇敢高原有陆文阳海盗为借口使自己的存在合法化。

上冯确实驻有50名中国官兵，上冯有一条小路通往陇敢，而天冯则只有30名中国官兵。天冯受到的威胁要小得多，目前下冯没有中国官兵驻扎。

内附一张有争议区域的草图，此图准确地标明了界线，汇集了所有要解决这一棘手问题所需的判断材料。

距离（对欧洲人而言）

更颜至下冯——一日路程
下冯至天冯——一日路程
天冯至上冯——一日路程
上冯至歌秀——半日路程
上冯至同文——一日路程
同文至陇敢——一日路程
上冯至该和——一日路程
天冯至北都——一日路程
下冯至那咘——一日路程

乌德利（签名）
副本经核无误
参谋长

（该篇收入《中越边界历史资料选编》第 959 ~ 961 页）

（原件第 110141 ~ 110144 页）

安南东京保护国 · 高平副军事驻扎官复 5 月 17 日第 2178 号函
第 55 号
事由：编竜乡情况介绍的补充材料

法国驻高平副军事驻扎官乌德利营长致河内印度支那部队总司令少将函

高平，1888 年 6 月 29 日

将军：

遵照您 5 月 20 日关于高平省下郎县的一部分及三个边境村被中国人所占的第 2178 号函的指示，现谨随函寄上：

（1）关于编竜乡的情况介绍；

（2）根据一张安南地图绘制的 1∶50000 的草图。

中国人构筑了 5 个防御工事，里面的守军人数尚不知晓。我想很快就会得到更好地了解这部分地区所必需的一切材料。

编竜乡有 7 村 1 圩。每个乡村含数个小村。居民约有 522 个，大多数要求归于我们的有效保护下。

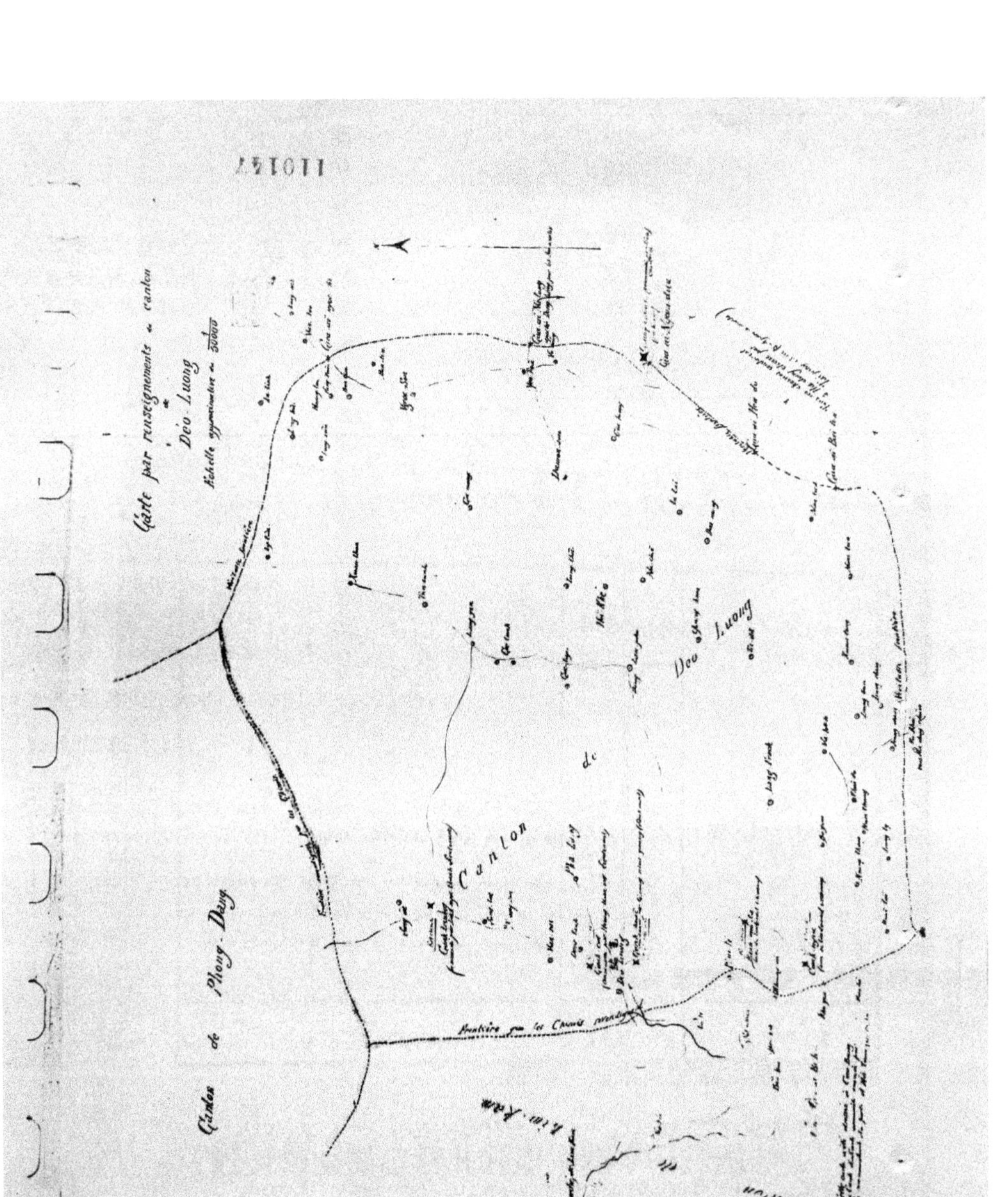
110147
Carte par renseignements du canton de Déo-Luong
Echelle approximative de 1/50000
Canton de Phong-Dang
Canton de Deo Luong
Frontière pour les Chinois

图 136

有关编竜乡的情况

村名	户数	居民数	备注
编竜	13	70	并非各户都聚居在一个村子里，而是分布在数个小村子里，合为一个乡
Pha Lang	9	80	
Do Mang Son	17	150	
Yen Hoa	8	90	
Ngoc Son	7	50	
Linh Lang Troch	11	70	
Hoi Ke	2	12	
Dong Son	2	12	
合　计	67	522	

编竜乡十分富有，牛马成群。这些累受中国人和海盗骚扰之苦的村民要求处于我们的有效保护下。

本区指挥官营长　乌德利

1888 年 6 月 29 日于高平

副本经核无误

参谋长

（该篇收入《中越边界历史资料选编》第 852～853 页）

（原件第 110145～110148 页）

安南东京保护国·高平副军事驻扎官

第 99 号

事由：关于被中国官兵占据的东京领土问题

法国驻高平副军事驻扎官乌德利营长致河内印度支那部队总司令函

高平，5 月 10 日

将军：

我在四月份的总报告里向您汇报了下朗县的编竜乡被中国官兵所占一事。

从所得的比第一次更准确的新材料及我从保乐得到的材料看，我觉得有必要提请您注意中国人的侵略行为，他们在属于东京的一些区域上建立了中国官兵的哨所。

编竜乡全为中国人所占，并设了三个哨所：

（1）朋竜设防哨所，有 200 名中国官兵，为首的一名军官叫刘安媒。

（2）朋备哨所，有100名中国人，为首的乃一名士官。

（3）布农哨所，有90名中国人，为首的乃一名士官。

安南人抱怨中国官兵的掠夺行径。现在中国官兵已表明了要在该地区驻扎下去的欲望。

中国官兵拥有毛瑟枪和1857年英国造的步枪。在十二区（乙）辖地的另一个地方，目前有3个村庄为中国官兵所占，这三个村庄是下冯（马春）、天冯（消春）、上冯（倘春）。

三年前，这三个村的居民为了免遭匪害，希望得到有效的保护，就向Kha哨所的Han Dien Dò上尉求助。

因为我们现在占据着保乐，这些村民就想摆脱掉靠该地区供养的中国官兵。

这些中国官兵拥有□□型步枪。

简而言之，中国人似乎决意在十二区（乙）辖地上的两个哨所驻扎下去，并占据所有不属于中国的村庄。

平时常驻龙州附近的Tho将军目前可能正在广西边界沿线巡视，仔细视察所有的哨卡。这位中国将军可能想每隔一段距离立一些小柱子作为界标。

在目前的情况下，我已下达明确的指令，避免与中国官兵部队发生不必要的冲突。

我觉得，Tho将军会阻碍我们利益的实现。Op和Toni这两个海盗头子会随时为他卖命。

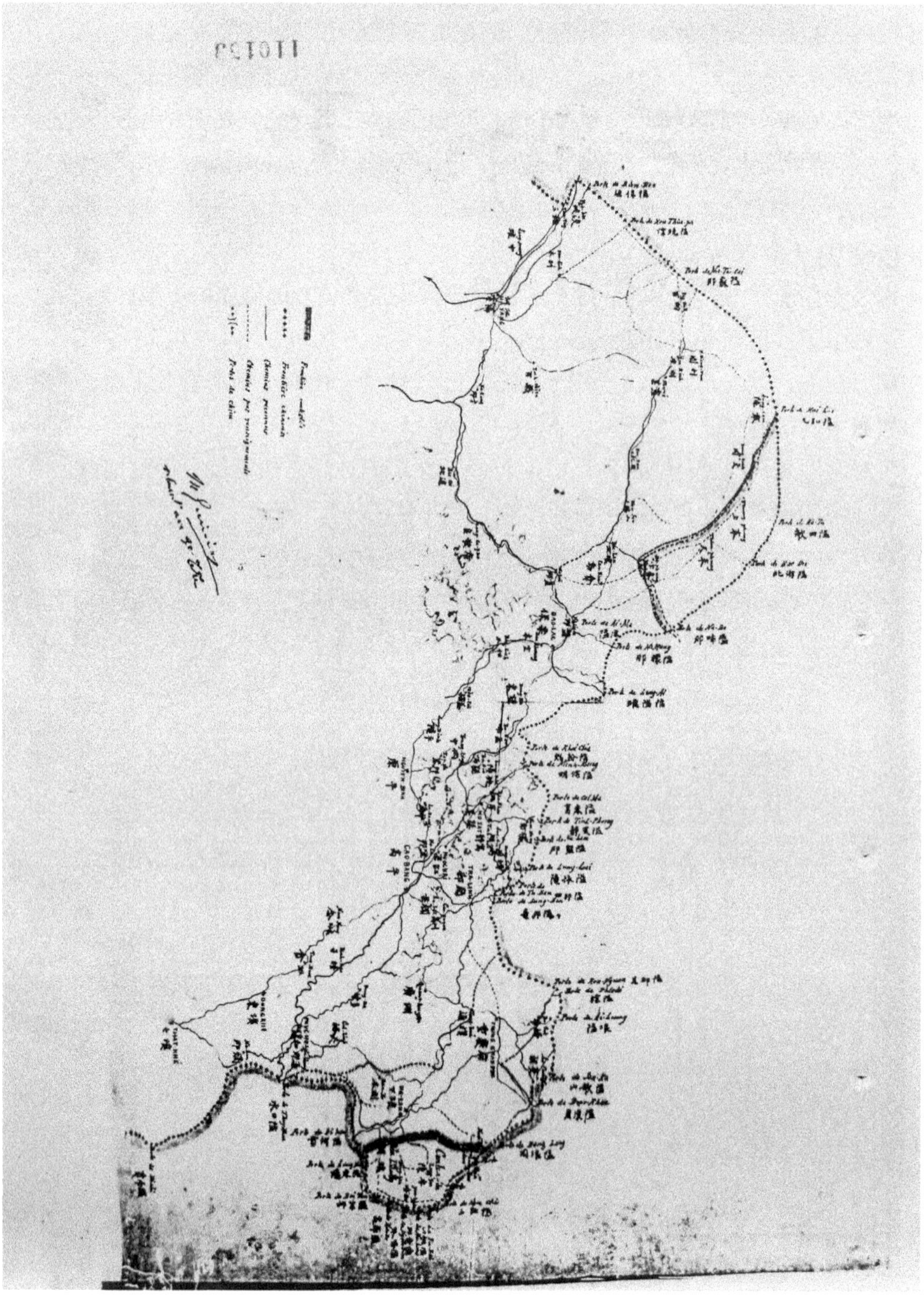

图 137

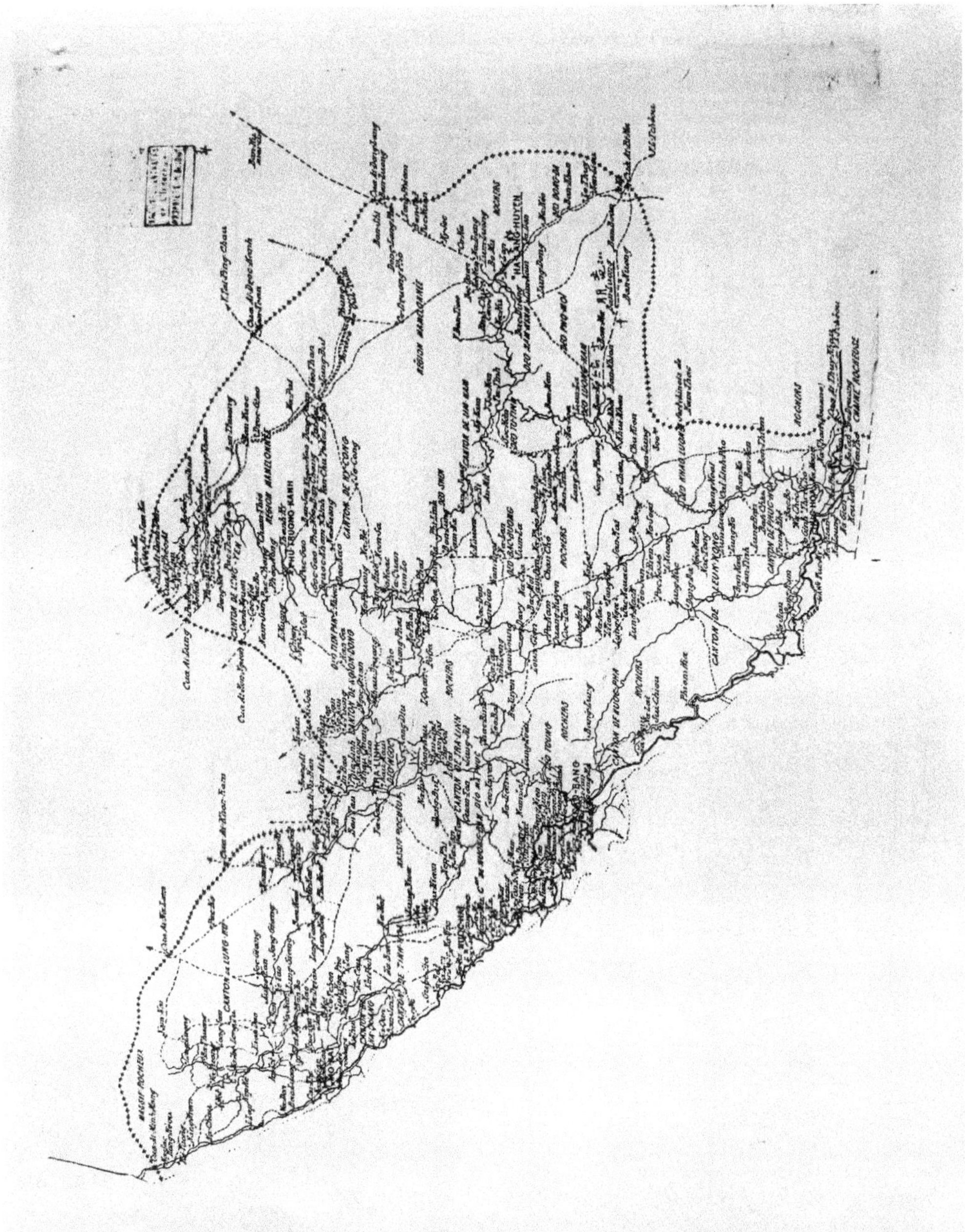

110154

图 138

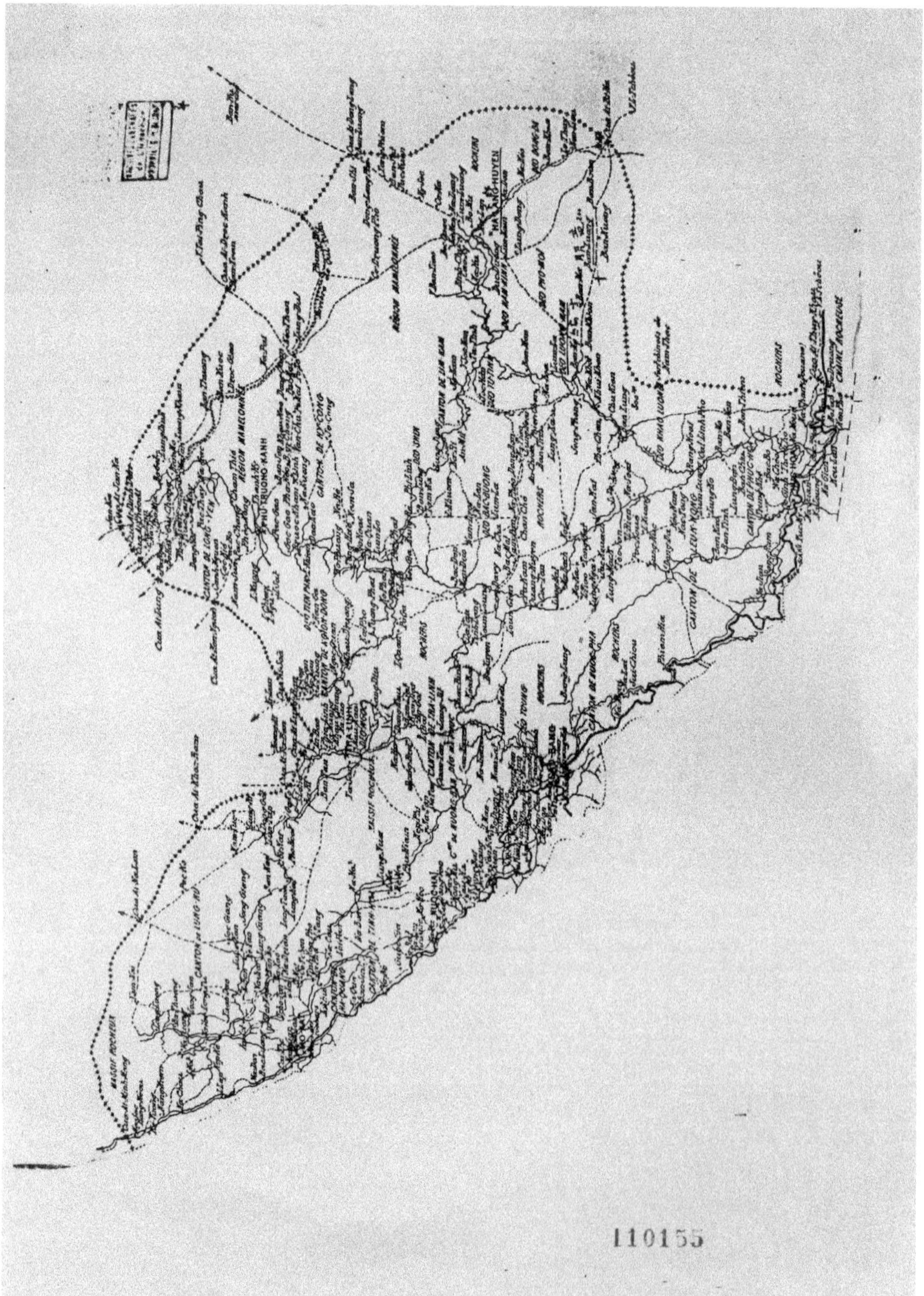

图 139

（原件第 110149～110150 页）

师参谋部首席翻译 Badnel Xavier 致河内印度支那部队参谋长函

河内，1888年7月20日

上校：

法国驻高平副军事驻扎官乌德利营长先生5月10日寄来的第99号报告中所提到的所有地名，不仅在参谋部档案室所藏的所有安南地图上找不到，而且在参谋部地形测量处送给我的所有地图上也找不到。

在这些资料上，我只看到这几个地名：下郎县、编竜、朋竜。

在内附的这张略图上，这几个地名下有用笔加的着重线。

我认为，这些用方块字标注的地名乃一些不识汉语的安南人所为。

（原件第110156页）

印度支那部队·参谋部·第二处

第268号

印度支那部队总司令贝干致西贡印度支那总督函

河内，1888年10月2日

总督先生：

我在托总驻扎官先生带给您的我的1月13日和3月8日的第2867号（该函缺——原注）和2972号两信中，提到中国官兵在安南境内的盘邦（Ban-Bang，在我方横模军事哨所东北3500米处）设立了一个哨所，未征得法国当局同意就在附近地方开始划界这两件事。法国驻北京公使经您转告获悉此事后，通过5月29日和6月3日两函（承蒙您7月10日转给我）给您寄去了总理衙门就此事进行解释的复照。

总理衙门在复照中声称，自定界以后，并未再进行过任何勘界活动；此外，它肯定板姒（Pan-Sse）村（与我们所说的盘邦正好相符）新设的中国军事哨所确实是在中国境内，因为该哨所在边界以北7里处，距法国的横模军事哨所和峒中军事哨所13里。

我首先注意到上述答复所确定的峒中的位置。这的确是我们与两广边界走向的一个十分重要的标志，可以由内附的勘界委员会1887年3月29日在芒街签署的会谈纪要的摘录中（注A）看出。不过，当时法方代表团成员由于其主任狄隆在1887年3月18日致外交部部长的一封信中所提出的那些原因，不可能亲临实地勘测方位。他们当时拥有的唯一资料是安南人的一些地图，对于他们来说，这些地图的缺陷似乎是他们测定峒中这样一个不为人熟悉的地点的障碍。总之，峒中的方位至今仍然不明确。

不过总理衙门认为峒中可能就是横模的看法，我还是首次得悉。我与我的前任认为，把两张地图进行对照，第一个地方在第二个地方东北方约 12 千米处。根据我参谋部所存的一张被认为是按上述第一号会谈纪要所附的地图描制的图，我们果然看到，峒中位于北岗隘东北 8 千米处。此外，根据 1887 年 5 月被派到横模的一个侦察队绘制的一张线路图，横模位于北岗隘正南 4 千米处。最后，同年 5 月 30 日狄隆先生致总督先生的信（附上此信抄件，见 B 注）当时好像已肯定了这种看法。由于这些原因，在我参谋部于 1887 年 11 月收到的那张 1∶200000 的东京地图上，峒中的推测位置就标在横模东北 12 千米处。

我以前就认为对这个问题应该重新进行研究。我刚从前任芒街高级指挥官杜森尼上校留下的军事文件里，发现了令人尊敬的狄隆先生的一些指示，这些指示我还是第一次得知，使我改变了自己以前的看法。在一份没有狄隆先生签名，未注日期，题为"关于在芒街收集到的各种材料的说明"的报告中（杜森尼留下的卷文 01）中，的确记载着如下几点：

（1）与金安（Kin Yen）比，峒中小，就像芒街比万宁（Wanning）小，江坪（Kong Ping）比良智（Luong Tchi）小一样。就是说，中国的这个圩与安南这个社最重要的地点相邻。

（2）峒中在安南先安州，而金安乡则是最边之地，是通过 Chac Anam 小隘与广西进行贸易之地，是通过经博琅（Paklan）的路与广东进行贸易之地。

为了便于理解这两段话的意思，我认为应该提请您注意这一点，即横模是金安乡两个社中的一个。

而且，我们抵达我们设立军事哨所的这个地区时，狄隆先生在 1887 年 6 月 1 日致杜森尼上校的一封信的附言（杜森尼档案 64 号件）中似乎特别不容置疑地证实了这一点：峒中与横模这两种叫法都行得通。

该信附言内容如下：

"为测定新的边界线而绘制的第一号地图上标的方位柱位于旧村或曰峒中圩北面 3 里处。这个圩很可能被迁至邻社，这是常有的事，由这里迁至横模社地。如果我没弄错，这就是为什么安南人也可以用峒中这个汉名代称横模的原因吧。"

认为会谈纪要所提到的旧的垌中圩从前可能设在横模东北数千米远处的猜测是很可以接受的。横模哨所指挥官在 1 月份获得的一份尚未核实的材料，确实提到在该哨所北东北约 3 千米处有另一个也叫峒中的地方（1888 年 1 月 23 日波聂报告）。但中方谈判代表争得在会谈纪要上作如下规定：边界线"将岭怀、披劳、本共村等地区和一座位于本共村东南边界上的名叫分茅岭的山划归中国"，这样我们就无法对位于横模以北 3 里多处的区域提出领土要求了。不过，在内附的维阿尔中尉于 1 月绘制的横模周围地形图上，我们发现我们哨所的贴邻是：

那怀：在盘邦西面 500 米处。在哨所的另一名军官 Juge 少尉于 1887 年 12 月 26 日绘制的一张草图上又被写成与会谈纪要一致的岭怀。

Phai Lun：位于盘邦东面 56 米处。据维阿尔中尉称，居民称之为 Phé Lao，与会谈纪要的披劳相符。

Phan Mao Linh 庙建在两座山的脚下，其中一座山很可能是史书中所说的 Phan Mao Linh（会谈纪要中的分茅岭）。相反，在同一张地图上，会谈纪要确定让给东京的那阳和呈祥两地都位于标注着“一座安南旧要塞废墟”——可以认为这是旧峒中的确切遗址——这点以北 3 里处的 A 点连接北岗隘的这条线的南侧。

总之，我认为上述的第 1 号会谈纪要无助于我们反对峒中在横模社地界的解释。

总理衙门还声称，自定界以来，并没有在广东边界再进行任何划界。“定界”一词在这里似乎是指 1887 年 6 月 26 日定界工作结束的会谈纪要签署前举行的谈判。据我所知，在谈判的这个时期以及紧接谈判结束后的时期，中国当局得以进行的划界活动，并没有得到法国当局的同意。我认为，如果承认其有效，我们就会丧失这份会谈纪要的条款规定的权利。条款规定：“中国地方当局和法兰西共和国驻东京、安南的总驻扎官指派的官员将按委员会绘制的地图，负责进行划界。”

由于横模地区情况特殊，所以我在 1 月 13 日的 2867 号函中所提到的开始划界一事后来被驻扎在盘邦的中国官员否认了。我在 2 月 7 日第 2908 号函中已将被否认一事通知了总驻扎官先生。

总督先生，以上就是总理衙门的答复使我想到要提的意见，并请明断。

注 A：原文不清，未译——译者注

注 B：原文不清，未译——译者注

（该篇收入《中越边界历史资料选编》第 687 ~ 690 页）

（原件第 110157 ~ 110168 页）

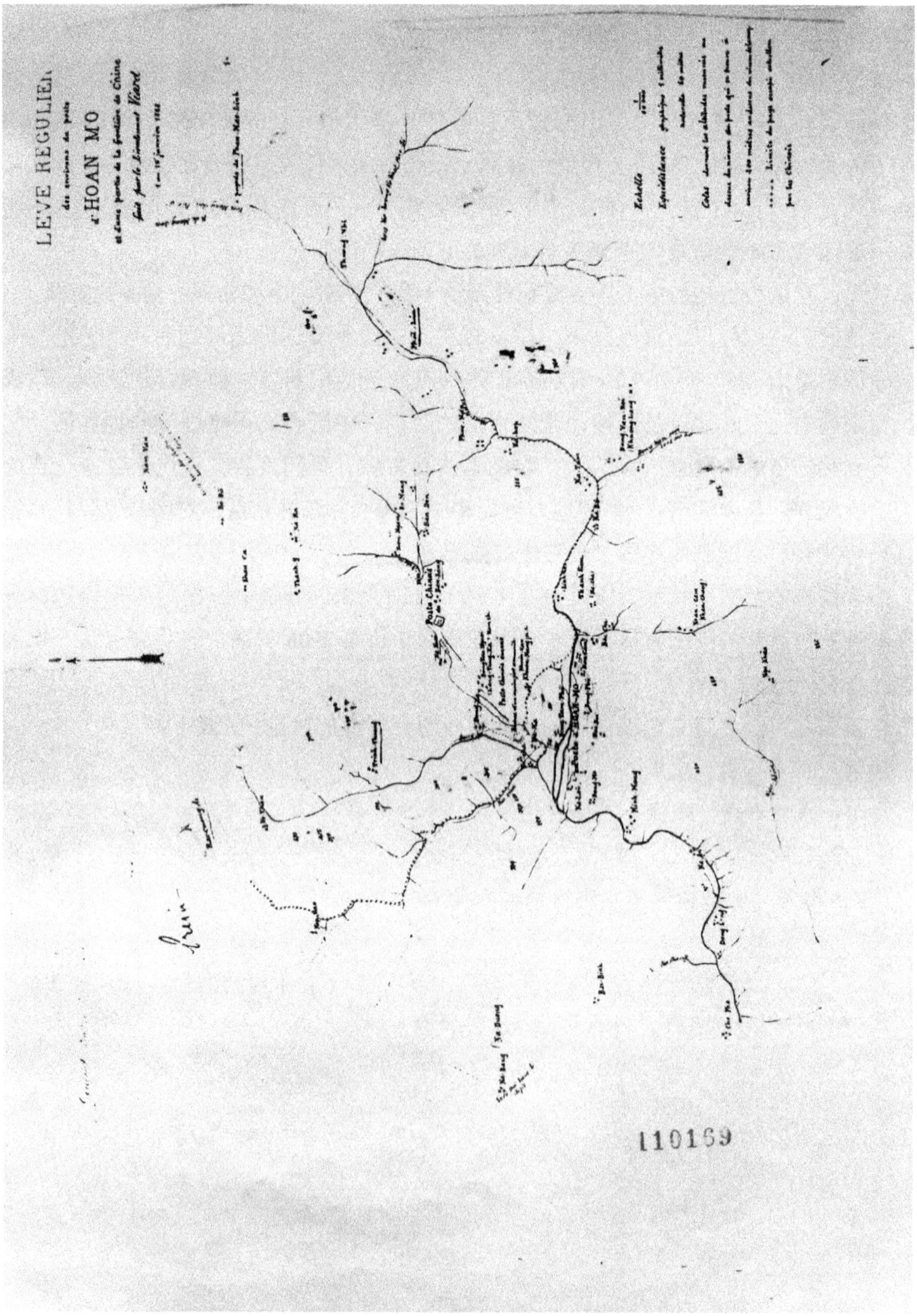

图 140

110171

图 141

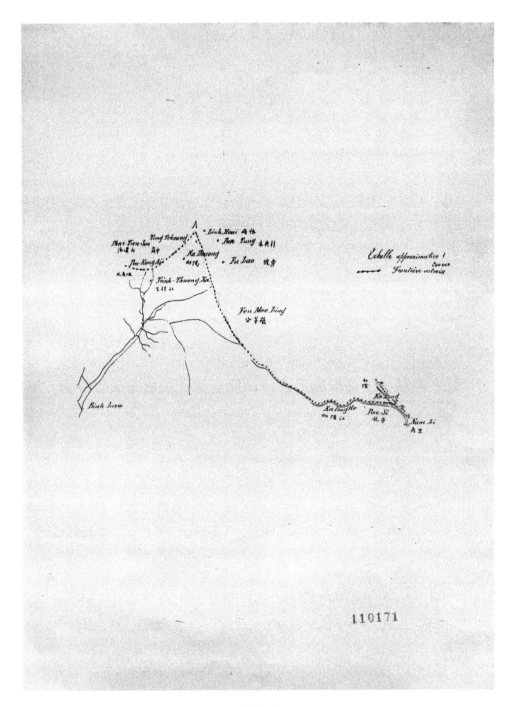

法兰西驻华公使李梅致西贡印度支那代总督里硕（Richaud）函

北京，1888 年 6 月 5 日

总督先生：

因东京军事当局指出盘邦有中国官兵驻扎一事，为此我要求总理衙门进行解释。总理衙门就此给我送来一份新照会，现随函附上该照会的副本（中文与法文），以补充我 5 月 29 日函的内容。

广州总督（即两广总督——译者注）接到北京电令，进行了调查。根据调查结果，并没有中国官兵在盘邦驻扎，在此地并未进行任何划界活动。

目前我只能记下中国政府的声明。我希望，您对这些声明进行核实后，能向我指出其准确程度如何。

我将把这些材料转交给法国驻东京总驻扎官先生。

总督先生，请接受我崇高的敬意。

（原件第 110174 ~ 110175 页）

法兰西驻华公使李梅致西贡印度支那代总督里硕先生函

北京，1888 年 5 月 29 日

总督先生：

恭思当先生在 4 月 7 日的一封信中，给我寄来了我国东京军事当局关于安南境内位于横模东北的盘邦驻有中国官兵以及事先未经法国当局同意就开始进行划界的不同材料。

我就此照会总理衙门，我认为必须这样做。现随函附上照会的抄件及总理衙门的第一份复照。总理衙门通知我，为了弄清所说的盘邦的驻军是否确实为中国官兵，广西巡抚将前往调查。它将把调查结果告知我。

似乎可以从定界时绘制的地图上的某些地方有某些军队，从中国人和安南人对边界同一地方的不同叫法上，解释帝国政府的这种犹豫。从这方面讲，熟悉您信中提到的当地的汉字名称，对我是有利的。由于一些鲜为人知的叫法缺少汉字，的确会引起误会。因此，在我致总理衙门的照会中，只好用汉字（盘邦）来代替 Ban Bang，可能与当地的用字有别，但 Ban Bang 这一名称在东京的任何地图上都找不到。

我将本函的抄件寄给 Berger 先生，他将可以更迅速地向我提供有关这个问题的材料。

（原件第 110181 ~ 110183 页）

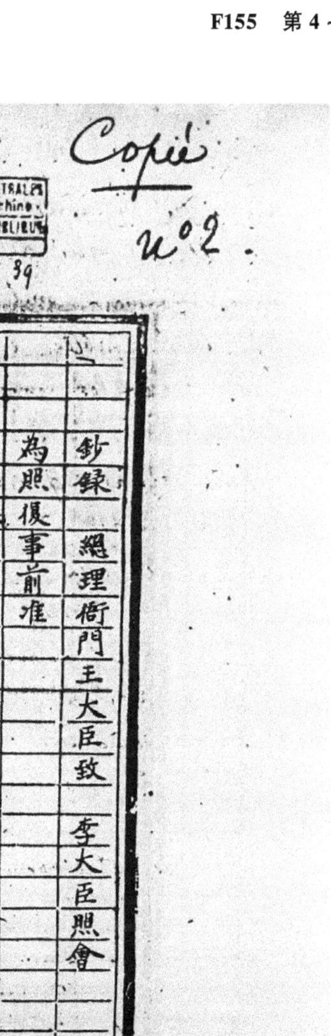

ARCHIVES CENTRALES de l'Indochine PROPRIETE PUBLIQUE

Copie n°2

39

鈔錄總理衙門王大臣致李大臣照會
為照復事前准
照稱越南北圻橫模社北有村名盤邦現仍有中國官兵駐紥請電致廣
東廣西兩省轉飭盤邦一帶地方官軍速即撤回中國境內等因前來當
由本衙門電知兩廣總督並廣西巡撫飭查去後嗣接廣西巡撫電復業
由本衙門據電先行函達
貴大臣查照在案茲又據粵督電稱轉據欽州防營復稱中越立界在冷
峒社山以小溝水分中為界建延社板奴村在界內東北方橫模社峒中
在界外西南方盤邦即板邦又在峒中西南百餘里華軍在板奴村舊壘
離界約七里距峒中法營十三里且自定界後並未新立界標添移防營
所云華兵駐紥盤邦安設界標並無其事等語查粵督查復各節甚為明

110179

图 142

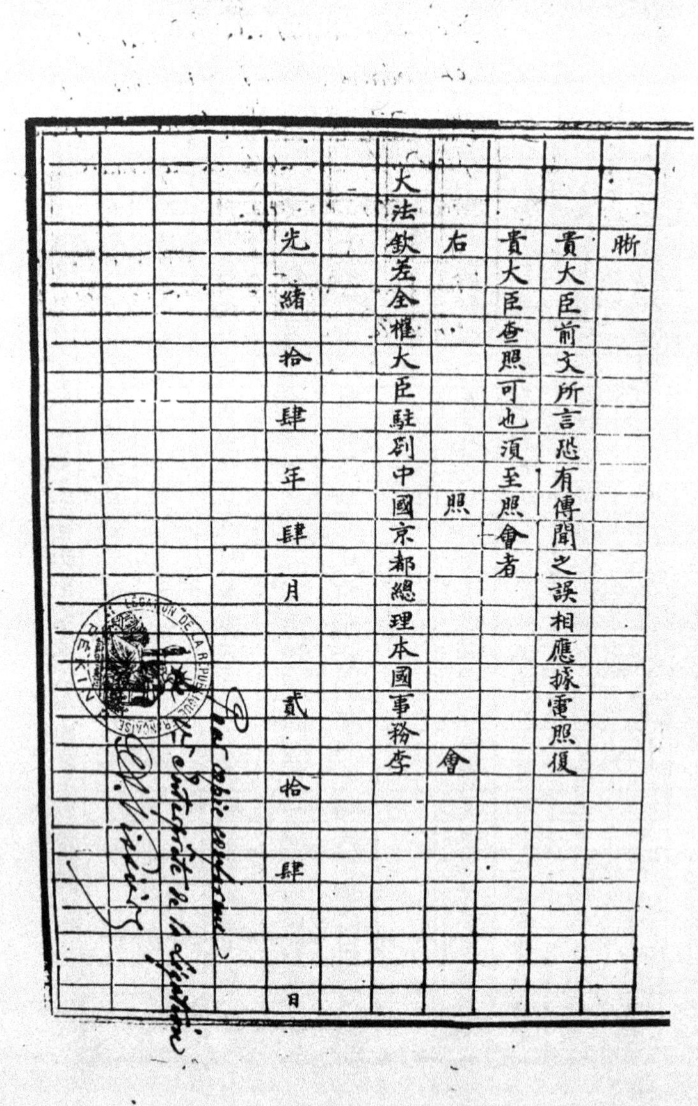

晰

貴大臣前文所言恐有傳聞之誤相應據電照復

貴大臣查照可也須至照會者

右　照　會

大法欽差全權大臣駐劄中國京都總理本國事務李

光緒拾肆年肆月貳拾肆日

Pour copie conforme
L'interprète de la Légation
(signature)

110180

图 143

ARCHIVES CENTRALES de l'Indochine PROPRIÉTÉ PUBLIQUE

42

Copie.

光緒十四年三月二十日
西曆一千八百八十八年四月三十日

大法欽差全權大臣駐劄中國京都總理本國事務李　為
照會事現准本國
駐越南真臘等國總理大臣文開越南北圻之横模社地方以北有村越名譯曰盤邦者現仍有中國官兵駐劄雖未與法國官員商妥而在該處揷標椿猶期居民以為中國界内等因前來查此事應請
貴王大臣察覈兩國勘界大臣鄧狄於光緒十三年二月二十二日會同商定畫押節畧圖說則中國邊界業已劃明由北市至北岩隘復由北岩隘至北岡隘界綫拖北隣近越南尚中一尖角乃北岩隘也盤邦在其南頗遠界綫以南各地方均歸越南可知仍望

110187

图 144

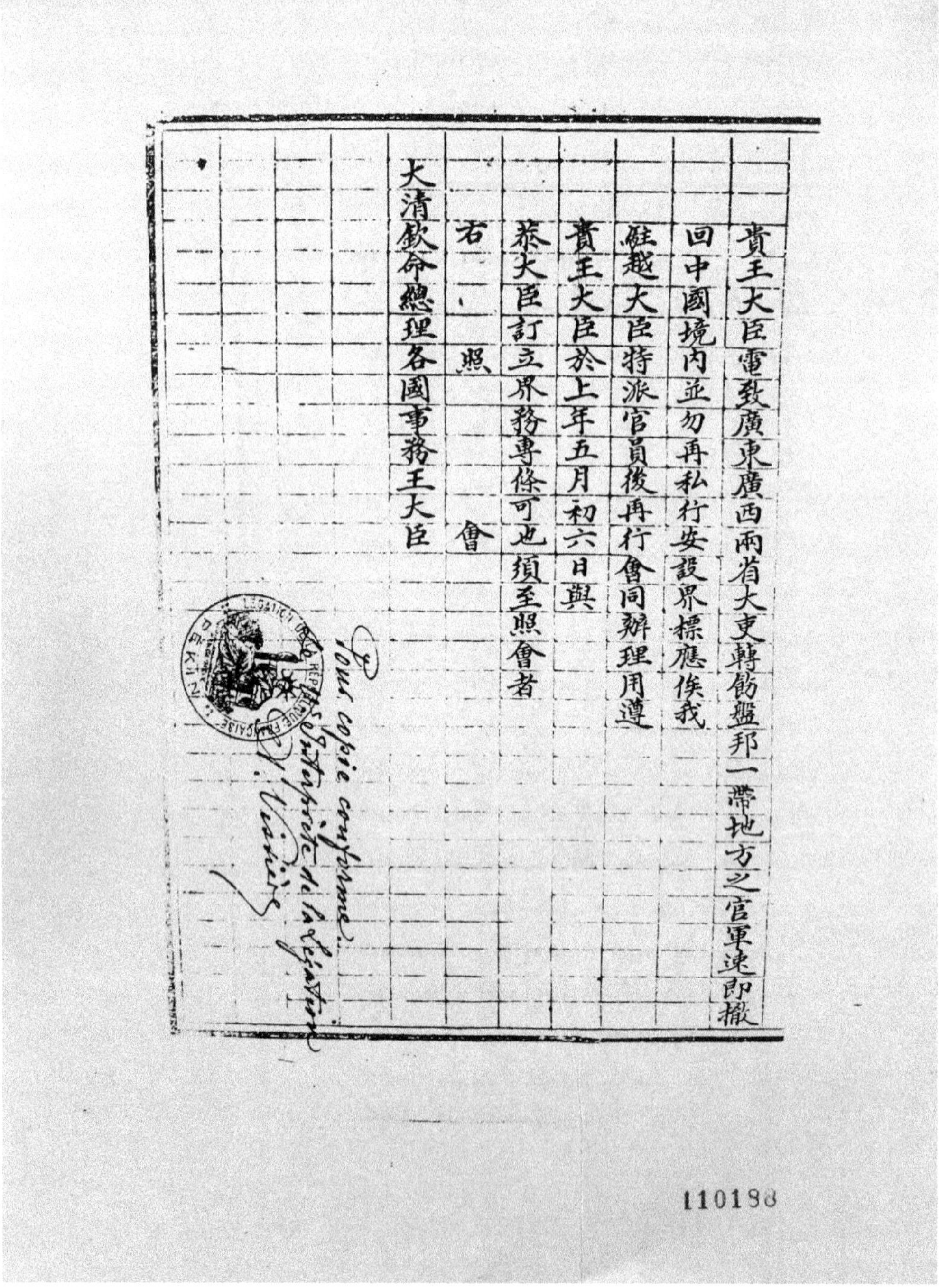

貴王大臣電致廣東廣西兩省大吏轉飭盤邦一帶地方之官軍速即撤回中國境内並勿再私行安設界標應俟我
駐越大臣特派官員後再行會同辦理用遵
貴王大臣於上年五月初六日與
恭大臣訂立界務專條可也須至照會者
右　照　會
大清欽命總理各國事務王大臣

Pour copie conforme
L'Interprète de la Légation
G. Vissière

110188

图 145

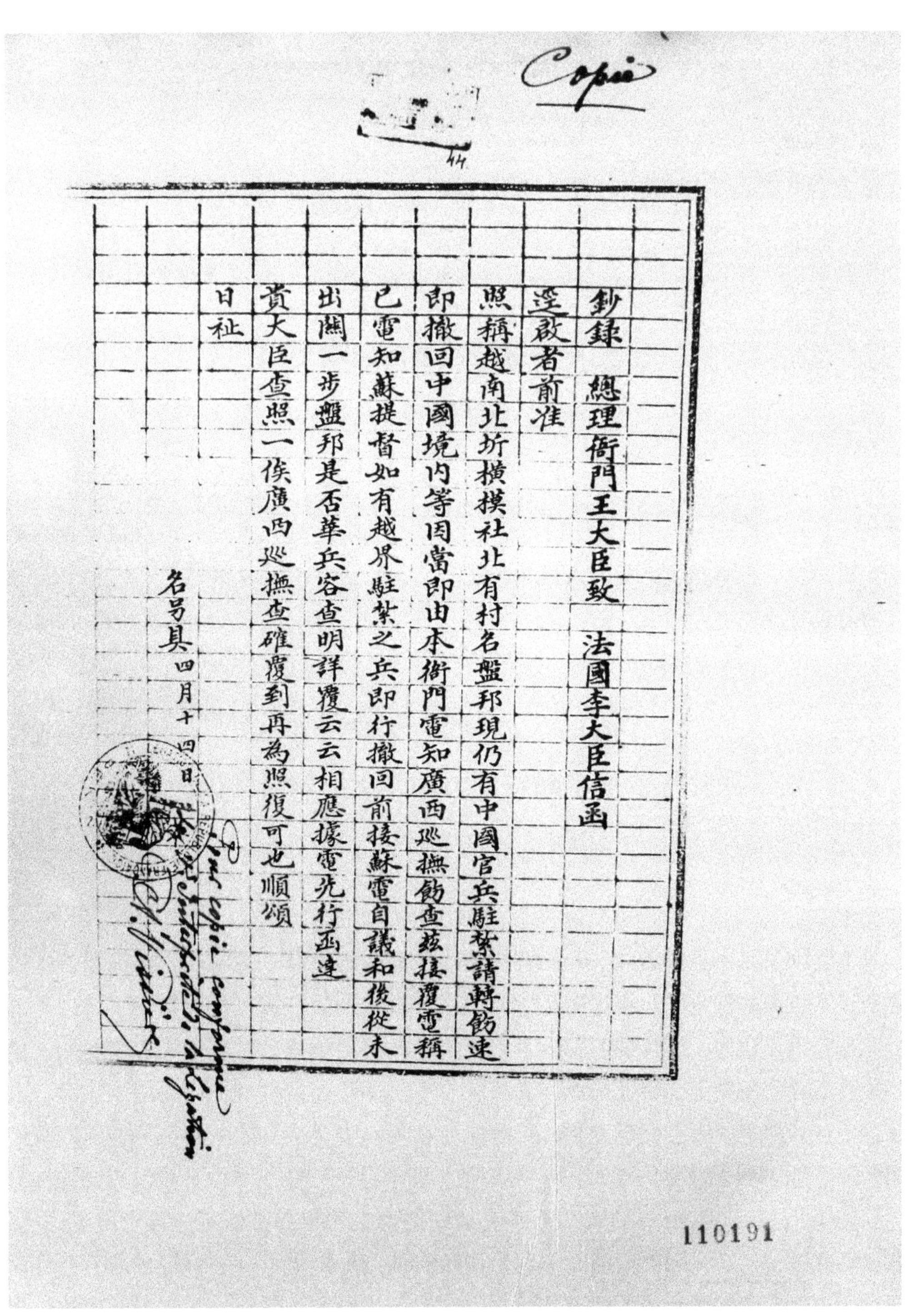

Copie

44

鈔錄 總理衙門王大臣致 法國李大臣信函

逕啟者前准

照稱越南北圻横摸社北有村名盤邦現仍有中國官兵駐紮請轉飭速

即撤回中國境內等因當即由本衙門電知廣西巡撫飭查兹接覆電稱

已電知蘇提督如有越界駐紮之兵即行撤回前接蘇電自議和後從未

出關一步盤邦是否華兵咨查明詳覆云云相應據電先行函達

貴大臣查照一俟廣西巡撫查確覆到再為照復可也順頌

日祉 名另具 四月十四日

Pour copie conforme
L'Interprète de la Légation
A. Vissière

110191

图 146

海军部致西贡印度支那总督电

巴黎，1888 年 10 月 8 日

第 45 号电

征求贝干意见后，请即刻电告，重开中国—东京边界划界是否可能和有必要。……

（原件第 110192 页）

印度支那总督致河内总司令电

西贡，1988 年 10 月 9 日

第 46 号电（复件）

386 号——部长令我在征求您的意见后，即刻电告他重开中国—东京边界划界是否可能和有必要。务必指明必需的人员和开支。

请急电复我。

（原件第 110193 页）

法兰西驻华公使李梅致西贡印度支那总督里硕先生函

北京，1888 年 11 月 5 日

总督先生：

当卜义内司令先生奉命携带我们公使馆为了与中国政府一道解决定界尚存在的困难所需的技术方面的资料到北京来时，曾带来了一批地图。从这些地图看，中越边界的走向虽然是正确无误的，但其细节部分并未忠实地按照两国代表签署的文件来复制。由于获悉被公认为安南领土，特别是保乐和横模有中国军队而向总理衙门提出抗议时，已指出了这一点。中方的大臣们手中拿着经两国（勘界）委员会签字的地图原件，而我们只能出示那些地名不全，而且连 A、B、C 等便于理解会谈纪要的方位标也没有的地图。因此，为防 1887 年 6 月 20 日签署的界务会谈纪要规定的定界工作可能再次出现的争执，共和国驻北京公使馆——很可能受命与帝国政府谈判勘界事务——可能必须具备经联合委员会两主任签字的两套地图的忠实复件。东京与广西的边界线、东京与云南的边界线在这些地图里已完全确定下来了。总督先生，请命人按我听说不久前还在 Nismes 将军手上的原图复制下来，并尽快派人将复制件给我送来。不过不必复制包括广西边界的平而

关至峙马隘段的那六张草图，公使馆档案室已有；也不必复制芒街和竹山附近地区的平面图；云南边界第二和第五段（高马白至狗头寨、龙膊至老挝）的地图要在北京进行校正，也不必复制。

最好是我们这里也有陆军地理处出版的东京最新地图。保护国政府给我们送来的最新的版本其实是 1886 年 9 月印行的。请派人把这些地图给我们送来，这对我们是很有好处的。

（原件第 110196 ~ 110198 页）

安南东京总驻扎官办公室

第 46 号

法兰西共和国驻安南东京总驻扎官致河内印度支那总督先生函

顺化，1889 年 2 月 6 日

总督先生：

中方勘界委员会拟写的会谈纪要的原件及双方代表绘制并签署的地图原件，总驻扎官处并未留存，特此禀报，作为我 1888 年 2 月 4 日第 4 号电报的补充说明。因此我无法满足法国驻北京公使的要求。

关于勘界委员会工作的档案，只包括总驻扎官与委员会特命全权公使主任 1886 年至 1887 年的往来信件，以及这位大员向外交部报告委员会的活动情况及导致勘界工作推迟的事件而致外交部的信件的复件。

根据李梅先生自己提供的情况，我估计他要求得到可靠副本的那些原件可能保存在河内参谋部的档案处，因为 Nismes 将军曾占有过这些原件，而且没有任何材料证明他曾交由总驻扎官存放。

（原件第 110205 ~ 110206 页）

印度支那部队参谋部 · 第二处 · 第 2270 号

事由：横模突发事件

印度支那部队总司令贝干（Bégin）将军致河内印度支那总督函

河内，1889 年 2 月 22 日

总督先生：

我在 1 月 20 日第 287 号信中曾向您报告，横模的法国哨所指挥官在的的确确属于东京的一个区域进行的一次勘察中，被 Phuc Hein Tong 哨所的中方指挥官蛮横地勒令立刻撤离他进入的所有村庄。按这位军官所言，这些村庄可能在中国境内。

法军指挥官若不服从这些命令，就有可能遭到中国官兵的袭击。

现谨随函寄上 Phuc Hein Tong 哨所的这位中国军官当时所写的三封信的原件及译文。

这些信充溢着威胁的语气和蔑视法国的言辞。我觉得似乎不可听之任之，必须通过外交途径向北京政府提出抗议，提请北京政府注意 Phuc Hein Tong 哨所的这位中国指挥官在这种情况下的无礼举动。

此外，这位中国人的要求是根本不合法的，我们不能接受。牵屯（Hieu - Tanh）村是 1 月 23 日由法军占领的，位于我们邻邦要求得到的那咘村东南约 3 千米处。那咘村确实可以说在中国境内，但勘界委员会已毫无异议地将其划归东京了。

因此，牵屯村属于我们所有是毫无疑问的。

但 Phuc Hein Tong 的中国人认为，天朝的疆界还延伸到 Coc Ly 以南很远的地方。

他们追求的目标似乎在于将横模和 Ha Koï 两地分开，妨碍我们阻止众多海盗的出没。海盗由于得到中国各哨所心照不宣的庇护，越过边界进入这些边境附近的地区，目前威胁着 Ha Koï。

刚刚发生的一些事件表明，在这个地方进行最后的划界的必要性日益增大。

1 月下旬，Phuc Hein Tong 哨所的这位中国指挥官在 Dong Dan Noï 下令逮捕 Coc Ly 村长，因为他拥护法国人是众所周知的。横模乡乡长得知这一消息，瞒着法国指挥官，在 Coc Ly 下令逮捕一名忠于中国人的某某。

在法国军官的干预下，中国人同意释放关押在 Chuong Nghi 已达 6 天的俘虏。横模乡乡长也将他的俘虏释放。

1 月 25 日的那沙事件发生后，Dong Van Ngoai 村，又名 Lang Tong，发生了一起骚乱。Lang Tong 位于盘邦山谷，处于有争议的地区，因此我一直小心翼翼地提防我们的敌人。

2 月 3 日，该村的村民前来请求横模卫戍司令允许他们在再次受到海盗或中国官兵的威胁时，经过东京一侧无争议的地区。

您在 2 月 2 日的第 41 号信中告诉我，您想极力主张公使要求组成勘界委员会，以期解决中安边界有关的一切争执。

这个问题最好获得迅速的解决，因为横模对面的形势日趋紧张。

文中提到的三封信在原件 110223 ~ 110228 页——译者注

（原件第 110215 ~ 110220 页）

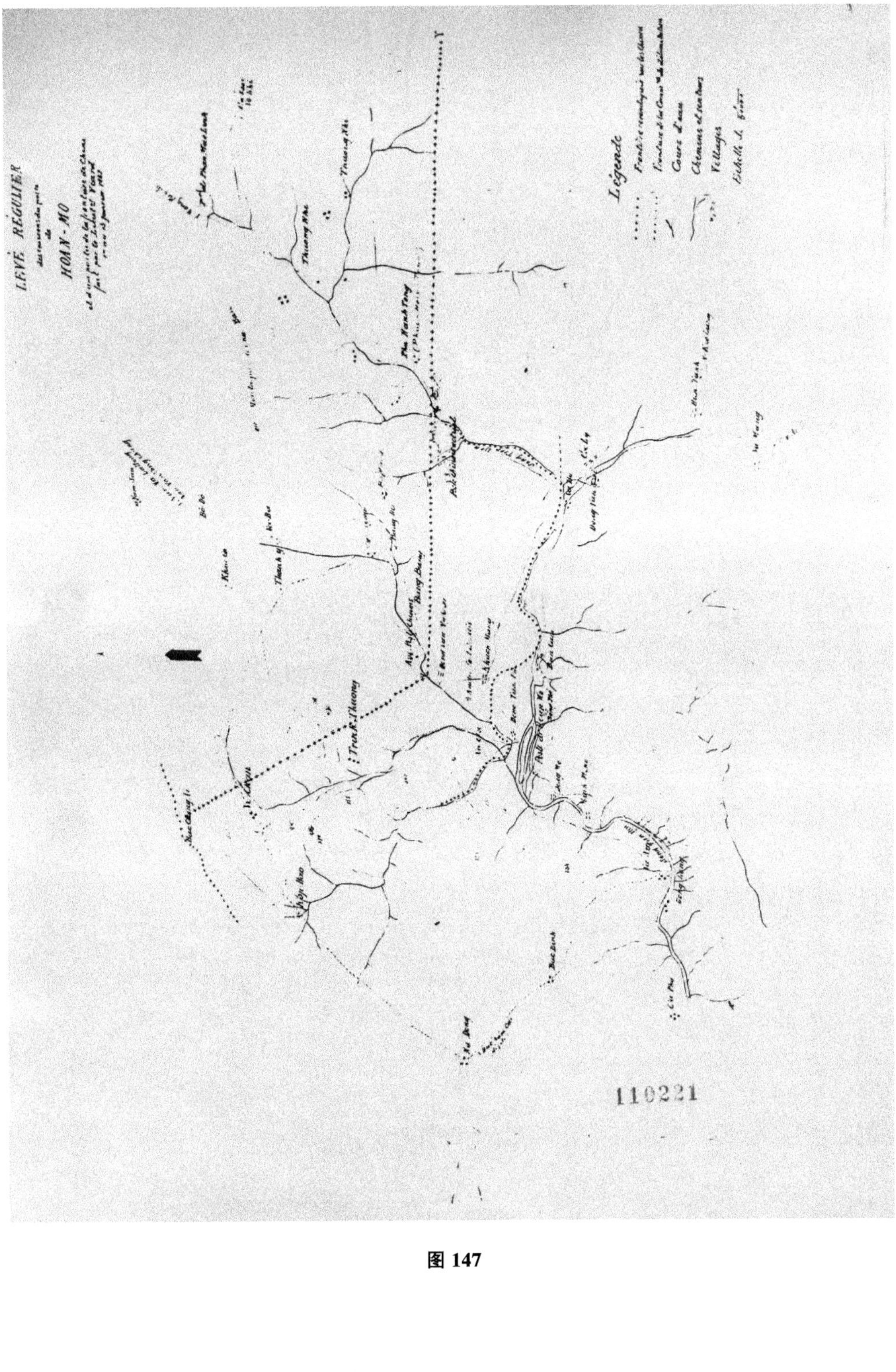

图 147

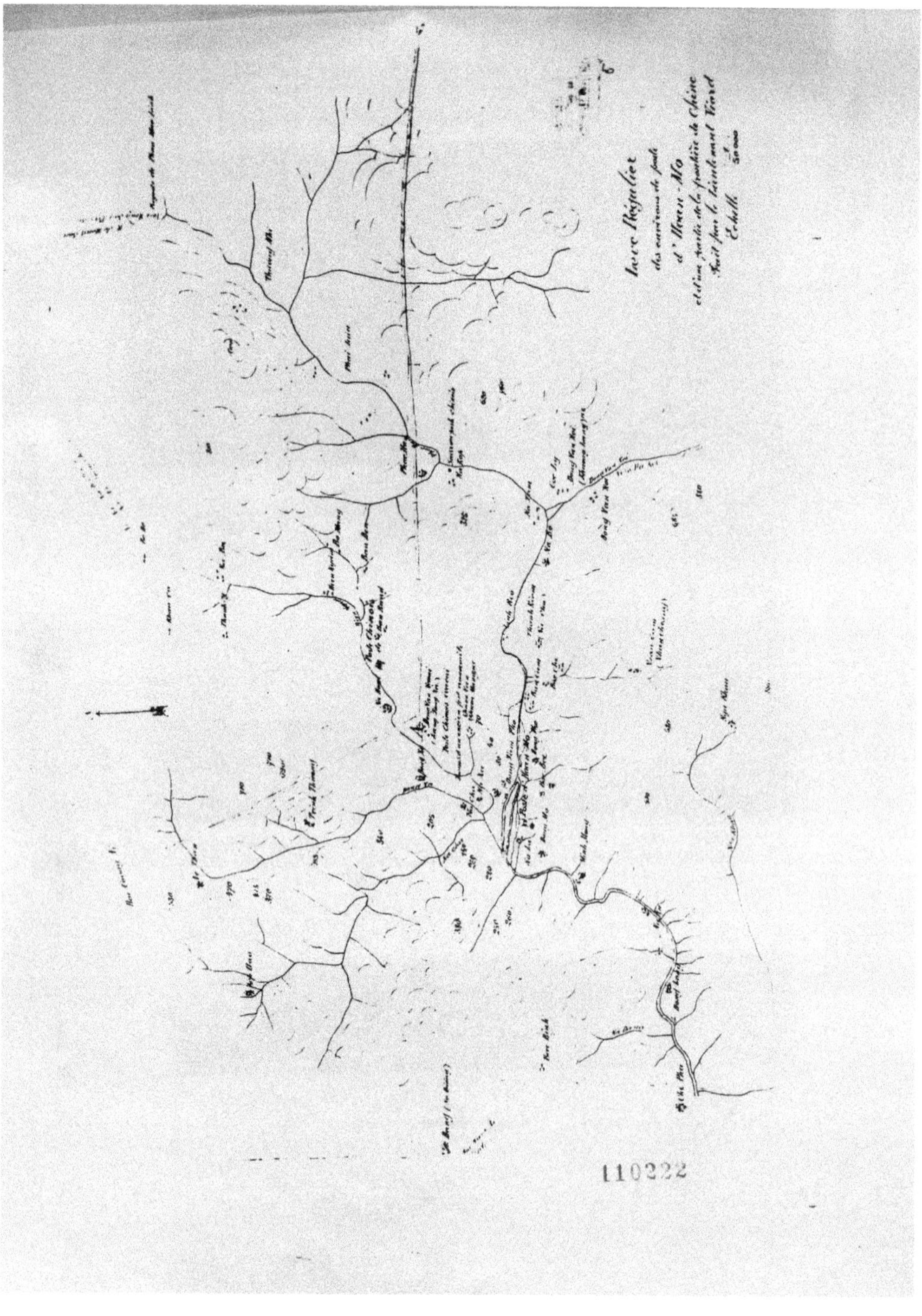

图 148

李梅致庆亲王及总理衙门诸大臣函

北京，1889 年 2 月 25 日

殿下并诸位阁下：

殿下及诸位阁下 2 月 17 日复我 1 月 30 日函的公函业已收悉。我在 1 月 30 日的信中告知诸位，以前占据距芒街 4 千米远处的宁阳（Ninh Duong）大庙的一伙海盗的一部分已被法军赶走，撤离该地，越过北市河，重返中国境内。他们是从中国境内过来的。中国境内的中国官兵不仅不予驱赶，反而给予隆重欢迎。

殿下及诸位阁下通知我，向两广总督阁下指出这一事实及我为此提出的抗议后，两广总督电告说："北市乃加隆对面的一个地方，距东兴和芒街均过百里。那里既无志愿军营地，也无属于中国官军的士兵营地。法国人也未到达此地。东兴的防匪监视甚是严密，海匪何能过河进入中国？若指 12 月 1 日突发之事，何不早些告知?"

我要提请殿下及诸位阁下注意，总理衙门所收的电文并没有答复我指出的事件。其实我并没有谈到北市这个地区，而是距芒街 4 千米的宁阳大庙。我对诸位说过，溃逃的海盗越北市河，逃到中国境内躲避，中国哨所官兵给予友好的欢迎。这些哨所分布在河的北岸，宁阳附近，北市以南。我方军官在东京一侧看到了这些哨所，并提供了准确的详情：一个哨所有 30 人，15 支枪；另一个有 12 人，6 支枪。

因此，关于这件事，我只能恳求殿下及诸位阁下打听新情况，这次要明确指令，使两广总督不致茫然。

我还要提醒殿下及诸位阁下注意，我之所以在 1 月 30 日才向诸位谈及此事，是因为我知道得晚。这是可以理解的：事件发生在 12 月 1 日，而常驻西贡的印度支那总督由于西贡与东京北境相距甚远，12 月 19 日才收到总司令转送的详细报告。另外，总督先生接到这些材料后马上寄给我，我至少也要一个多月才能收到。事实上，殿下及诸位阁下并不否认，从西贡寄发一封信到北京，冬季需要这么长时间。

至于 1 月 25 日发生的那沙圩被法国军队摧毁一事，这是性质完全不同的一个问题。接到你们 1 月 25 日函时，我尚不知此事，于是我即刻发电报询问印度支那总督，冯（子材）将军向广州总督提供的，后者随即转告总理衙门的情况的根据何在。我刚收到如下的复信：

"那沙村及那沙圩根本不在中国境内，而是在东京境内。位于先安河右岸，横模法国哨所的对面。那沙是一伙曾攻打横模哨所的法国驻军的大股海盗的巢穴。法军从未进入中国领土。"

由此可见，法军前去摧毁那沙村及那沙圩根本就不存在侵犯中国领土的问题；相反，若两广总督所言属实，中国边防军第一连得知在那沙发生的事件后前往救援，那倒是该连侵犯东京领土了。幸好该连在法军返回横模之后才抵达，不然会发生一场后果严重的冲突。

现谨附上一幅横模地区地图的草图。诸位将会看到，这一地区与那沙村远离边界，正好在东京的疆土上。两广总督自己在一份电报里承认这一事实。他在电报中说："横模社和峒中在中国境外西南方，盘邦还在峒中西南100多里外。"殿下及诸位阁下去年6月3日的公函使我得知该电内容。而且，横模和那沙这两个相邻之地与广东边界的距离，比盘邦距广东的距离更远。因此，中国边防军一连竟想到进入距边界这样远的地方，实在令人惊讶，这不是没有理由的。

印度支那总督说，法军从未进入中国领土，因为他们接到命令，不敢冒昧。我方的所有军官都备有地图，每次出行，都忘不了查看地图，以防冒险走离奉命维持秩序的国土。因此，极望中国边防军官也能备有勘界委员会绘制的地图的副本。通过两广总督阁下的报告，殿下及诸位阁下既确信不确切的情报会导致中方与我方军队的冲突，那么也一定会采取必要的措施，防止导致冲突发生的不合法行为再次发生。对此我深信不疑。

（原件第110229~110236页）

中安划界

第3号

事由：勘界委员会活动情况

中安边界勘界委员会主任拉巴斯蒂德致河内印度支那总督函

芒街，1889年11月1日

总督先生：

正如我在10月30日的电报中向您报告的那样，负责广东、东京边界定界的中方委员已于此日抵芒街，对法方委员进行首次正式拜访。

该委员会的两名成员，五品官孙鸿勋和朱陶楷尚未抵达东兴，因此，到芒街来的只有三名四品官员。

在到芒街来的官员里，有两名是属于第一级的，他们是陈武纯、李受彤。官阶最高的是陈武纯。在任何情况下，他都支配其同僚，但主持委员会的是李受彤。

行什么样的军礼是一个敏感的问题。中方委员比正式确定的日期提前两天来了。我没料到这么匆忙。我承认，我是有点措手不及了。

我十分清楚，一个四品官员在法国的领土上既无权享受行军礼，也不具有享受鸣礼炮的资格。不过李受彤的职务不同一般，作为勘界委员会的主任，似乎有资格享受军礼。

另外，10月28日在芒街与勘界委员会成员兼翻译张懋德这位官员会谈后，我对其同僚的彬彬有礼的态度已无疑心，我坚信他们会礼尚往来的。

在这样的情况下，同时为了使第一次接待搞得尽量隆重，我决定派一支人数众多的武装仪仗队一直到芒街河渡口处去迎接帝国代表，但我不能自作主张解决鸣礼炮与否这个问题。为此，我立即于10月□日通过第□号电报向您请示。

在东兴，炮声自早至晚响个不停，礼炮响是表示有要人抵达，有要事发生。10月26日，中方勘界委员会主任受到了鸣礼炮六响的欢迎。此前几天听到的礼炮声可能是欢迎其他参加勘界的官员抵达东兴。

东京与中国最终划定边界的时期应该是一个新时代的开始。那时两国人民将可以恢复芒街河两岸中断了数年之久的联系。他们翘首等待这一重大问题能达成一项协议，以便沿河两岸的人民能自由往来通商。在这些地区，人们把划界视为结束过去数载动乱的原因、秩序与繁荣全面恢复之所在。

因此，不仅向中国官员致以优礼以取得他们的支持似乎是十分有益的，而且向居民们证明法国当局与中国当局恢复在边界的联系是真诚无伪的，标志着安全之神重新回到他们身边，使他们产生深刻持久的印象，打消他们的疑虑，也是十分有益的。

要达到这一双重的目的，使两国委员的第一次会面尽量增添光彩并不过分。

由于法国的规章条例规定的官员等级及其含义完全不同于中国赋予天朝官员的，所以我不能公开向中方委员会主任询问以他的地位应鸣的礼炮数，而且我认为他的答复也没有任何用处。

而且他和我一样，都不能确定给他这个勘界委员会主任致以什么样的特别礼才合适。

此外，根据1883年10月23日法令第350条的规定去请示外交部长已来不及了，在这种特殊的情况下，您可以自作主张。

总督先生，这就是我接到您10月29日第40号电报后，当天马上给您去电（第3号）恳请予以最后指示的原因所在。

您通过10月30日发来的第41号电报，同意我的请求，允许我鸣礼九响欢迎中方委员。

但是不幸得很，由于种种原因，在中方委员访问之后，我才接到您的指示，为时已晚。

这批官员本来应该4点钟才到芒街的，实际上3点就到了。幸好我为了接待他们早已进行了必要的准备。

由外籍兵团第一团的一个小队和东京土著步兵团第四团的一个小队组成的仪仗队，在天朝代表一行人员通过上午用船搭成的桥过完河上岸时，遇到他们。这条河流经东兴，构成了东京与中国的分界线。

他们一行在嘹亮的号声和震耳的鼓声中被接到芒街，小炮垒在他们踏入东京境内时就鸣炮九响表示欢迎。

中方的三名委员是由一些随从陪同，乘轿子来的。这些随从是官兵和不带武器的团勇，由几名骑马的军官指挥。

全队人马没有什么引人注目之处，然而从穿戴最好的士兵中挑选出来的士兵的军容还是很不像样。

我在该村一间临时租用、装饰一番的房子里会见了陈武纯、李受彤和张懋德三位官员，法方委员会的全体成员围绕就座。

我招待他们享用冷饮时，向他们表示欢迎，并表示希望协议能顺利达成，希望在我们要共同完成的工作期间，双方和睦相处。

我接着说，在东京的法国保护国政府非常希望看到双方边境地方当局能建立持久的友好关系，以便步调一致地采取必要措施，消除抢劫和掠夺现象，在这些仍遭海盗行径蹂躏的地区维持安全。

我最后说，我们的和平使命不应该仅仅是最后在实地勘察、划定两国的边界，而且我们也应该让我们要经过的所有地区的民众知道，两国政府追求的同一目标即和平，两国政府今后将和睦相处，不再为占有某些地方而争执，仍疑虑不定而逃到山里的百姓应该重新回到他们昔日耕种的山谷，重建他们的家园。

中方委员会主任向我保证，他的政府唯一的希望就是恢复边界地区的繁荣与平静。

会见持续了约 20 分钟。

这些官员离开受法方委员接待的房子，在一支人数众多的便衣卫队的护送下前往驻扎官官邸，受到德过先生的接见。

这次拜访结束后，便衣卫队把他们接到武装卫队恭候他们的地点，由武装卫队护送他们，一直护送到河边。迎送仪式并无二致。

东兴数不清的百姓受到好奇心的驱使，尾随着一班文武官员过河，一直到芒街来，又随着勘界委员一起返回中国。

翌日，即 10 月 31 日，下午 3 时，法方委员前往东兴回访帝国代表。

我们骑着马，由不携带武器的外籍兵团士兵和东京土著士兵组成的小分队护送。

东兴建在界河的岸上。欢迎会在距河岸约 13 米远的那座庙宇里举行。

法国旗帜与中国旗帜并排竖立在村口。中国官兵部队分两列自桥一直排到庙宇，队列外插着各色彩旗。我们踏入中国领土时，受到鸣炮九响、号声齐鸣的欢迎。

因为孙鸿勋、朱陶楷已于 30 日晚上抵达，所以这时中方委员会的官员已全部到齐。

这次会晤与前一天的一样，洋溢着和睦的气氛，持续了近两个小时。帝国代表们招待我们吃了一顿极为丰盛的饭菜后，才让我们动身告辞。

我后来听说，官员们为了准备这次每份菜包含着一份礼意的盛宴，花了巨款请去一位芒街的安南厨师，派他到芒街城采购法商的几乎所有食物。

会谈中，我重新强调了勘界一开始，两国委员就应协调一致。因为在头天的会晤后接到了您10月30日的第41号电报，所以我将广州总督（即两广总督——译者注）向法国驻华公使表示的，已得到您赞同的愿望通告了帝国代表。我的愿望就是看到两国委员及其卫队时而行进在中国境内，时而行进在安南境内，或者在边界两侧并行，让百姓亲眼看到两国政府的和睦一致。

中方委员会主任马上表示同意这种愿望。

在分别前，双方商定，关于边界的第一次会议将于11月1日在芒街举行。

法方代表团离开东兴时，对方致以军礼。我们在号声中走过连接两岸的用船只搭成的桥。

经过中国军队中时，我发现官兵的军服一点都不华丽，破旧得很。士兵头戴的军帽杂乱不一。虽然身为军人，但他们却喋喋不休，衣冠不整。至于我眼见的武器，都是些毛瑟枪和温切斯特枪，均欠保养。

东兴百姓倾巢出动涌到河岸，而对岸也挤满了芒街的当地百姓、欧洲侨民和在该地驻扎的官兵们。在正式访问期间，两岸百姓通过浮桥到彼岸去。中国人混进法国人中，好奇但却恭敬地打量着他们，似乎急于与他们交往。

总之，两国勘界委员的第一次正式互访给法方代表们留下了深刻的印象。

中方官员好像已放下固有的架子，举止得体，甚至还彬彬有礼。他们竭力按西洋习惯招待我们。对他们的善意，我们应表示感谢。

积极工作的希望似乎在激励着他们。他们也许在这方面接到了明确的指示。

不过，通过以后的会谈、共同研究、勘察边界和他们对我们建议的接受与否等，我们就可以知道他们对我们的真实意图如何了。

此外，我还力图知道双方委员的正式互访在中国产生的效果如何。下面是我的密使发来的报告：

中国人可能赞赏法军齐整的军容，连普通的农夫也承认，我军远远强于他们的军队。

芒街百姓和东兴百姓一样，可能对于事情的发展结果十分高兴。尤其是东兴百姓，他们十分渴望边界开放，能与安南人及法国人自由往来通商。定界完成后，他们就应该享有这个权利了。

天朝的代表对他们在芒街受到的接待和受到的礼遇也许非常满意。

但就有一个人不满意，这个人就是冯（子材）将军之子，统领东兴驻军的武官冯相荣。

这位人士上承父意，是我们最顽固的敌人之一。

10月30日，天朝代表团来芒街时，可能是他任卫队的指挥。

31 日，法方委员到东兴时，主司致军礼的军队也可能由他指挥。

访问活动结束后，他可能到（中方）勘界委员会官员的行辕，严厉指责他们对法方代表礼貌备至的欢迎。然后在提到竖立在村口，在中国彩旗旁的法国旗时，他可能动怒了，为此与帝国的三名主要委员发生了激烈的争吵。

这三名委员可能说他们是秉承政府命令行事，他们主要是希望博得法方委员的好感，而且还要奉旨遵循这一行动准则。

稍后我将向您介绍冯（子材）将军及其公子。他们坐镇广东边境地区，对于平定边界地区将是一个巨大的障碍。

（原件第 110246 ~ 110263 页）

中安划界

第 4 号

事由：划界活动

中安边界勘界委员会主任拉巴斯蒂德致河内印度支那总督函

芒街，1889 年 11 月 11 日

总督先生：

我在 11 月 1 日的一份电报中业已向您禀报，关于勘界的第一次会谈于 11 月 1 日在芒街举行。

散会前，双方委员决定 11 月 6 日在芒街再次会面。我希望地形测量工作在这一天能取得相当的进展，以便向天朝的代表提供一份大功即将告成的芒街至海这一段边界测量图的原本。

不幸的是，连日下雨，地形测量官员根本无法到实地去。此外，我拥有的器材太少了，不能让三个以上的军官同时进行工作，而且我还不得不给其中一位一把被淘汰的测斜仪。

在这样的条件下，直到我收到数次通过您向部里要求的器材时，工作的进展速度仍将不如我愿。

11 月 5 日，云开雾散，万里晴空。地形测量人员的工作量本可加倍，但中方委员又邀请我们下午两点到东兴赴宴。就勘界工作来说，这一天就完全被浪费了。

帝国代表招待我们吃了一顿中国饭菜，这顿饭菜显示了中华艺术和远东美食术的一切精华之所在。帝国代表的诚意自我们交往以来未减半分。

我们依次津津有味地品尝了 18 道菜，喝了带红色的米酒，还有幸喝到了波尔多葡萄酒和香槟酒。

盛宴结束前，上了一批法国菜，不论属于何国国籍的宾客都无一例外地品尝着法国菜。筵席结束后，宾主道别。法方代表于夜幕降临时才回到芒街。

在两国委员开宴的同时，中方的士官和士兵把卫队的欧洲士官和士兵带到预先备好的餐桌旁，招待他们吃中国餐。后者看到中国饭菜不禁垂涎三尺。

我本人对法军所受到的招待颇为满意，不过东京土著步兵受到的招待就差远了，使招待会蒙上了一道令人伤心的阴影。

欧洲士兵和中国士兵欢聚在举行会谈的那座庙宇旁边的一间大厅里吃饭，喝着法国酒的时候，东京人，其中有土著下士和中士，被置之街头，无人过问，无人招待吃喝，甚至无人瞧上他们一眼。

我深深地感受到这一有预谋的，对大多数诚心诚意为我们的事业服务的人的侮辱。

然而，我想我的不满情绪不可流露。我打算等待时机，抓住将出现的第一次机会来补偿我卫队里的东京人受到的他们昔日主子中国人的蔑视。

我希望他们通过所受的蔑视，将会清清楚楚地认识到，他们对天朝的百姓和官员没有任何可指望的，相反，他们应该立即归顺法国保护国政府。该政府对其辖下的欧亚士兵一视同仁。

离开东兴时，11月5日，我们与帝国委员一致同意将原定于11月6日召开的会议延期到11月10日举行，因为近河口处小岛遍布，地形测量工作的进展还允许对东兴至海之间的这段边界进行最后的判断。

这里发生了一起旋生旋灭的未造成严重后果的小事件。

早已商定，法国地形测量人员进入中国境内时，要得到一小队官兵的保护。

7日，我去函通知中方委员会主任，翌日即8日早上6点半，将有3名负责地形测绘的军官通过东兴桥，为此我要求在指定的时间能有一些卫队到达该桥头。

7日上午，翻译张懋德以其主任的名义来信通知我，迎接地形测绘军官的工作已准备就绪。

8日早上6点半，Cogniard中尉、Balagny中尉和Desyrées du Lois中尉抵达东兴，却未见一支护卫队。在这座中国城里，一切都在酣睡中。

近7点半，他们才终于找到了中方委员会翻译的住处。翻译看见他们，似乎大为惊讶，承认没有一支护卫队接到命令，借口说晚上下了雨，以为天气不好，地形测绘人员不会来，并说马上去安排护卫队。

全体官员来去匆匆，进行没完没了的磋商，每个人好像都在把下令之事推给另一位。以至到了8点，因为还毫无进展，护卫队似乎一时半会儿还准备不了，地形测量军官就把经过报告我，并向我请示。

我不能允许中国人让法国军官在一座中国城市的街头这样等候。于是我命令他们立即返回芒街。

我马上以很温和的语气函告中方委员会主任，提请他注意，由于在约定的时间卫队不到，地形测绘工作只好中断，由此造成的定界工作推迟的一切责任由他承担。

那天雨仍下个不停，但并没有被完全浪费掉。我请他们利用这个雨天誊清前些日子测绘的地图，并将各图连接起来。

我的信发往东兴刚几个小时，我就看见翻译张懋德来到芒街。他给我带来了中方委员会主任的一封信，该信就上午发生的事件进行了十分复杂的解释。

按这位官员的解释，中方士兵之所以在适当的时候群龙无首，是因为我在头一天即7日的信中没有通知他我希望他们做好准备的时间，他说他是在11月8日上午8时才得悉地形测量官员到东兴已有一个半小时了。他进而又说，他将我7日的去函奉还，以便让我核实：我在信中未指明时间。

所以并非他们上午所找的借口，是由于头晚的恶劣天气妨碍了安排护卫队。

翻译张懋德把主任李受彤的信交给我时，给我的解释又与李受彤的说法大相径庭。

他毫不讳言地承认，他收到的我7日的信已明确无误地提到了我要求派卫队的时间。我分别在两处提到并确定是6点半。但他借口说之所以在适当的时候没有采取措施，是因为主任李受彤没有让他从容仔细地看我的信，就突然从他手中要了回去。

在这些矛盾百出、含糊不清的解释中，我觉得实在没有哪一条解释可以让人接受。我对这些解释充耳不闻，没有作答。但翌日，11月9日一早，我又提出了派护卫队的要求。

这次，中方委员基本上守时了。10日上午，约定的时间刚过了几分钟，几队官兵就离开东兴，在中国境内护送法方委员会的三名地形测绘官员。

自我提出要求后，中国军队就定期提供护送队。

我之所以详尽不略地叙述一件表面上看可能无关紧要的事件，是因为从中得出一个教训，我所看到的无数小事和我听到的大量谣言都可证实这一点。

中方委员们看到我们的地形测绘人员将蓝天之下的帝国十八省、曾经鼎盛繁荣的王国的一个小角落真实地再现在他们的测绘平板上时，伤心不已。

我一开始向他们提出这一特权要求时，他们还没有胆量拒绝。没有这一特权，法方委员会就不可能满意地完成肩负的使命。而我也向他们提出派天朝地形测量人员到东京境内来的权利，这个权利完全是虚假的。因为我十分清楚，中方代表团中的这位顶着地形测量员头衔的小雇员，连最基本的测量工作也完全不能胜任。

从此，中国官员的态度、言辞和行动表明他们强烈希望我们不要以一种明确的方式绘制边境地区图。

首先，东兴的军事指挥官、冯子材将军之子冯相荣好像已几次近乎蛮横无理地强烈谴责他们允许法国地形测量人员在中国领土上进行测绘。

在我刚提及的护卫队事件中，不能把全部的责任归咎于我们的死敌冯相荣，他有权

秉承上级民政主管机关的命令，但他实际上只是根据个人的意愿来执行命令。

至于给我们的地形测量军官提供护卫队，他肯定是十分勉强地同意的。

也许冯相荣或勘界委员会成员由于第一天没有准备好护卫队，所以就希望我们看见他们不紧不慢地行动时，将不再坚持要求测绘流经东兴和 Tchouk San 的这条河的中方一侧。第一次退让包含着今后放弃在中国一侧边界地区进行测绘的所有要求。

在 11 月 10 日的会议上，李受彤主任在重新谈到地形测量工作问题时暗示，之所以让法方军官越过中国边界工作，就是为了更好地表明他因之受到鼓舞的和解意愿。但他认为，今后就没有必要派他的地形测绘人员到东京领土上去。他进而又说，绘制一张新的地图又有什么用，他拥有一张 1886 年勘界委员会的地图就足够了，在这张地图上，边界线用红线条表示，他就奉命沿着这条红线走。

这个诡计太不高明，太露骨了，不会让人上当受骗。李主任显然期待我这样回答他：如果他不派他的地形测量人员到东京，那么我就也不派我的地形测量人员到中国去进行测量。然而，我只是再次向他保证，只要他愿意派他的人到我们境内，他们都会受到友好的接待。

另外，帝国的委员们好像渴望赶快着手工作。在他们看来，地形测绘图毫无用处，而且只能带来不便，耽误工作。

实际上，他们要达到的目的是加快定界工作，不让我们从容地研究边界。他们想含糊不明、不想明确，再像以前一样，让定界后开放的门户遗留下无数的争议，或者为了他们的利益而出其不意地提出解决所有仍然是非难分，只有对每个国家的权利进行深入的研究、给出一张十分准确的争议地区的地图后，才能获得解决的那些问题。

他们自以为能驾驭双方委员会的商议的方式清楚地表明，他们害怕形成了固定不变的决议会受到牵连（原文有残缺——译者注）。

（原件第 110267 ~ 110281 页）

中安划界

第 5 号

事由：关于定界活动

中安边界勘界委员会主任拉巴斯蒂德致河内印度支那总督函

芒街，1889 年 11 月 27 日

总督先生：

我在 11 月 11 日的一封信中曾向您汇报了 11 月 10 日召开的会议情况。这次会议后，两国委员会相继于 11 月 18 日在芒街、19 日在东兴、21 日在芒街、最后 25 日在东兴开会。

我认为不必将 11 月 18 日、19 日、21 日和 25 日的会议每次分别向您汇报，是因为这几次会议在解决悬而未决的问题上几乎未取得任何进展。

这几次会谈实际上都耗费在漫无边际的话题中。中方委员会主任显然在竭力掩饰他们的真正目的。这位官员的真实意图是诱使我考虑到今后的活动，对边界的最后走向许下某种不成熟的诺言。

我对此完全持保留的态度，总是断然拒绝深谈所有未经充分研究的问题。我愿永远有条不紊地行事，只要从前的事情尚未得到完全合理的解决，决不去研究另一件事。

既然中国人的边界观念不明确，既然他们为了使定界工作只对他们国家有利而加速划界活动，以使法方委员没有时间好好勘察地形的愿望愈益明显，那么，我认为开始时必须加倍小心，以免上当。这是工于诡计，对边境地区的了解程度远远高于我们的一些人准备良久，巧妙设下的陷阱。

面对要使讨论偏离应循的正常途径的这种决定，要主持讨论是十分困难的，甚至是不可能的。这样的会谈提出的论据常常与所讨论的问题无关，而是总是老生常谈、反反复复，谁也不占便宜。会议自始至终毫无进展。

不过我还是要复述 11 月 10 日以来所发生的事情。

正如我在 11 月 11 日的第 4 号信中向您汇报的那样，在 10 日的会议上就已商定，两国委员将于 15 日乘帆船顺东兴河而下，沿途察看一直到海为止的一段边界，最后划定两国的这第一段边界线。

（该段收入《中越边界历史资料选编》第 1149 页）

帝国代表团主任也保证，他将在这一天之前将他对 11 月 11 日会议的会谈纪要的方案的意见告诉我。我曾转告过他，在这个纪要签字以前，将不进行任何边界勘察活动。

因为我打算依据文件中关于构成边界线的这条河流的条文，要求得到由东兴河造就的 Luc Lam 这个弹丸小岛。因为这个小岛若属中国，芒街通过该河与海上的联系将会被切断，而东兴就占便宜，所以我对事先履行这一手续就更为重视了。

（该段收入《中越边界历史资料选编》第 1147 页）

11 月 12 日，我设宴招待中国代表团的全体成员和芒街的主要官员。半法国半中国式的宴会中午开始，持续到傍晚才告结束。宴会自始至终充满诚意。天朝的代表们在副驻扎官马埃先生应中方官员请求给两国委员照相后返回时，对受到的招待似乎非常满意。

因为想以法国士兵和士官几天前在东兴吃到的饭菜回请中国军队，我提前让人在芒街的圩场摆上餐桌。副驻扎官下午乐意听我调遣，进行了安排。行政部门提供了面包、葡萄酒和塔菲亚酒，丰富的菜肴是在芒街安南人开的最好的酒家订购的：大米、猪肉、鸭肉、各种鱼、米酒、水果、雪茄酒。

中国官兵可能事先得到了这一盛宴的消息，因为他们这天来了一百多人，而平常护送官员的人数仅在40名左右。

幸好芒街的Watel也提前得知客人人数要增加，做了充分的准备，急忙派人到行政部门去找额外的葡萄酒和塔菲亚酒。几箱未开启的雪茄烟派上了用场。中国军官、士官和士兵吃饱喝足后才起身离开，餐桌上还有残羹剩菜，几名法国士官和士兵在宴席上尽了主人之谊。

晚上，翻译张懋德以中方委员会主任的名义给我致信，就上午受到的接待向我表示感谢，并通知我，李受彤将离开东兴两天。张送了八个中国灯笼给我，作为礼物。

他同时转告我，广东委员会主任（即李受彤——译者注）希望法国地形测量人员在结束了东兴至海之间的地形测绘后，就不要再到中国境内去进行地形测绘了。理由是百姓看见外国人在他们的领土上绘制地图，会不高兴；所以在这样的条件下，中方委员会的官员就不能保证地形测量人员的生命安全。

这个借口显然是站不住脚的，因为法国地形测量人员在中国境内测绘期间，他们的出现只使当地百姓感到好奇，有时好奇发展到冒失，但从未引起有敌意的示威活动。

他们在两三名不带武器而只带器械的法国士兵的陪同下，在稠密的人群中自由往来。至于中国的官兵护卫队，他们给予地形测量人员的保护既无效，甚至也不尽道义。中国士兵一离开东兴就撇下地形测量人员，遇到第一个村落就放下枪支，或者拿着枪到沼泽地和稻田中去打猎。

我再重复一遍，老百姓的态度一点都不是敌视法国地形测量人员的，相反，后者在他们中间安全无事。

因此，不应该从老百姓的不满之中寻找使中方委员会主任改变其决定的原因。他一开始就决定允许法国地形测量人员在中国境内测绘边境地区。

11月14日下午，因为未收到有关11月1日会议纪要的任何消息，我就致函中方委员会主任，既然该会议纪要未经签字，翌日就不能按我们商妥的那样，去勘察东兴至海之间的边界。

我同时将我已做出的决定告诉他，即在我们对该文件的条文未取得一致的意见并签字之前，不到实地进行任何测量活动。

同日，我又函告官员李受彤，谈及地形测量工作问题。我说，如果他认为中国军队派出的护卫队不能胜任保护被派到中国去进行工作的法国地形测量人员，那么我提议增添几名也携带武器的欧洲士兵或东京士兵到中国官兵里去，这样地形测量人员就不必担心一些心怀不满的人或一些不良分子可能的袭击了。

接着我指出，我认为这一组合从各方面看都符合广州总督（即两广总督——译者注）所表达的愿望；看到两国士兵这样并肩行走，老百姓对两国政府的和谐也就不怀疑了。

最后，我通过该信正式通告了我曾数次亲口重复过的话：我已接到我国政府的明确指示，在中国和东京两侧对边界进行全面认真的勘察。因此，我方地形测量军官未测绘出边界两侧准确详细的地图前，我不能就定界事务做出任何决定。

在这段时间里，这几名军官不声不响地结束了他们在中国境内东兴至海之间进行的测绘工作。

(该段收入《中越边界历史资料选编》第 1148 ~ 1149 页)

他们中的一位，中尉 Balagny 先生经过该市时亲眼看见了李受彤主任。他自称外出，其实并没有离开他的住所。他是不想给我答复才假装外出的。

15 日，这位官员来信通知我，他已返回——对此我心中有数——问我们何日一道去勘察边界。

我即刻复信说，11 月 1 日会议的会议纪要一经两国委员会签字，我头日关于定界工作的函得到正式答复，就马上约定一个会晤的日子。

翌日，16 日，我接到中方委员会主任的一份公函，他含糊其辞地拒绝我为法国军官在中国境内进行地形测绘而成立混合护卫队的建议。他表达了希望迅速进行工作的善意，并认为，既然边界线在他的地图上已用红线十分准确地划定了，最好就按此红线去勘察边界，不必再去绘制一张详图了。

(该段收入《中越边界历史资料选编》第 1147 页)

17 日，李受彤要求于 18 日在芒街举行一次会议，我马上同意。

会议开了很长时间，讨论十分混乱。一开始我就把议题引向 11 月 1 日会议的会议纪要的签字问题上。

李主任再次回告我，他未接到任何指示要他在定界会谈纪要上签字。

不过最终我说服了他，他不能不在我们第一次会议上他所立下的协议上签字，他不会不在一份公文上了解到，按照我们两国政府的指示，我们的工作在 11 月 1 日这一天就应该开始进行了。

于是他问我 11 月 1 日的会议纪要应包括的内容。他对此十分清楚，因为他两个星期之前就已得到这次会谈纪要的法中文本各一本。不过我还是马上向他重复了纪要的内容，并对各点都进行了他要求的解释。

然而，当我们谈到进行地形测量时，他还想证明这项工作无用，说他的地图上的边界线已用红线划好了，完全无缺，只能按此红线，这是他政府的指示；还说他觉得以后没有必要派他的地形测量人员到安南领土上去，所以他不明白我为什么还想让我的地形测量人员到中国境内去进行测量。

我答复他说，关于这方面，我接到的指示是毫不含糊的，我奉命在中国一侧和东京一侧勘察边界，在比例尺很小的一张地图上划的那条红线只是一个十分不明确的标记，如果事先不绘制出一幅边境地区详图，就无法进行实地划界；大家就会经常不知道边界线到底在哪，差不多要四处寻找；最后一点，经双方委员会核实过的全部地图都应该附在边界会谈的纪要里，不然纪要就可能不完整，令人费解，也唯有这些地图才能让我们双方政府确切地了解我们的工作情况。

（该段收入《中越边界历史资料选编》第1148、1150页）

会议快结束时，李受彤似乎进行了让步。见我坚持11月1日的会议纪要不签字，就不到实地进行任何定界活动，他答应研究会议纪要方案，如果我们同意拟定的方案，他就与中方委员会的全体成员在纪要上签字。

在谈到地形测量工作时，他要求我就关于边界线不明确及未绘制一张大比例尺的边界图前无法进行实地划界等问题，正式函告他。地图上标有的红线，是他拥有的唯一证据。

翌日，19日，我接到该官员李受彤的一封信，他对11月1日会谈纪要的方案的主要段落发表了意见。他告诉我，如果我同意他的意见，他和他的同僚就准备签字。但是他仍然否定地形测量的必要性。除了主要的这一点外，我基本上同意他对其他所有原则性问题的意见。

因为法方委员会几个小时后要到东兴去，所以我就没有时间给他复信了。

这天的会议开始后，我就将我的意见口头告诉了他。我进而指出，我们这次会议的确切目的，就是要对他在信中提到的各点取得一致的意见。

李主任马上转移话题，滔滔不绝地谈起一件又一件与我们感兴趣的内容不着边际的事来。后来，地形测量工作问题又被提到桌面上来，双方重复头一天的种种反对和赞成边境地区测绘的论点。

最后，开始研究11月1日会议的纪要方案，对比中法两种文本。帝国代表觉得这样研究可能耗时太长，要求不在该会上进行。双方一致同意将剩下的议题留到第三天即11月21日讨论。

我利用20日白天给中方委员会主任写了封长信。我满足他就有关会议纪要方案的各段要我进行解释的要求。我还强调（这次语气比前几次更重），如果我不能派人在中国境内及东京境内测绘边境地区，我就不可能就有关边界问题做出任何决定。

李受彤在他19日的信中还想把我引入并非泛泛而论的一个话题：他想要我对边界的某几段走向发表意见。我拒绝谈论这些我尚未完全了解，而且与我们目前讨论的内容无关的问题。

在结束我的这封21日一早就发往东兴的复函前，我告诉这位官员，如果他不让我遵循您给我的关于勘界问题的明确指示，我可能只能向您请示了，而且虽然我也强烈希望迅速开展工作，也只好停下来等候您认为适当时下达的新的指示了。

11月21日在芒街举行的会议时间很短，不值一提。

帝国代表还来不及全面研究我早上给他们寄去的信。

谈话内容包罗万象，但涉及界务问题的仅三言两语而已。

第二天，即22日，翻译张懋德替李主任函告我说，除了地形测量一点外，他们基本同意各点。23日，他前来找我单独谈，要我放弃派员到中国境内测绘边境地区图。我回复他说，我准备向天朝委员会进行一切符合您的指示的让步，但在这点上我不能让步；我要求测绘边界两侧的地区，但并没有出于保护国政府的利益而要求专属权，我也同意帝国代表派他们自己的地形测量人员到东京边境地区绘制地图，中方委员会主任之所以认为不该利用这一形式，是他自认对边界问题了如指掌，因为他对东京领土早有了解，从这点看，我在这方面的了解远不如他，因为我对中国境内或所谓中国境内的地区毫无了解可言，但我只相信自己的眼睛，我不能不向我的政府呈上一幅精心绘制的地图，而且我可能要亲自到实地去核实这份地图。归根到底，我的使命是研究现场，找到真正的边界线。我不会允许别人不让我或我的地形测量人员勘察边境地区，阻碍我根据绘制的可靠地图核实边界线，就强迫我同意一条边界线，我不会允许别人为我负责的调查设置障碍，并告诉我："这就是你们要定的界线了，勿再前行了。"

25日，法方委员前往东兴。我想，我们双方将最终同意争论已达三个多星期的会议纪要的方案，这不无理由。

除了在中国境内进行地形测绘这个问题外，其他所有的问题其实都毫无困难地达成了谅解。

我重新提出所有已经使用过的论据，并出示了1885年两国勘界委员会绘制的一些地图。这些地图证明，法国地形测量人员当时曾深入中国，其距离远比我要求沿边界测绘进入的距离远。我指出，即使在构成两国边界线的一条河的两岸，我也不会仅满足于东京一岸的平面图，这不仅是因为该河造就了无数的小岛，需要确定这些小岛应归属何方，而主要是因为必须证实注入所提河流的所有水道是否支流而非主河本身。

（该段收入《中越边界历史资料选编》第1149页）

但是李主任仍然拒绝接受。我告诉他，既然他让我无法执行我的使命，我只得请示我的政府，这可能导致划界工作推迟进行。

这位官员冷笑着对我说，如果我有权解决一切问题，就像我声称的那样，他不理解为何我要在这个问题上请示我的政府。

对这个令人扫兴的玩笑，我只好冷冷地答复说，我可不是开玩笑。

接着又恢复对在中国境内进行地形测量工作的讨论。

不一会儿，考虑到改变李受彤主任的决定已无可能，于是我宣布散会。法国委员返回芒街。

由于今后到中国境内的边境地区进行测绘，特别是到东兴河上游的北市河左岸进行测绘遭到拒绝，我面临新的抉择，为此谨请您下达新的指示。

您已十分明确地指示我，在进行最后测绘和定界之前，要对边界两侧进行全面勘察。

而勘察一个地区，就是绘制该地区的地图，不然经过该地区的人的头脑中就只会留下一点模糊的印象罢了，而其他的人对此则无法想象。要明白一份定界会议纪要，必须附上一份准确无误的地图，不然这份文件就像一盏忘了点着的灯笼。为了使定界不致给将来留下种种争执的后患，必须事先绘制一幅大比例的地形图，一幅可以准确地指出界碑位置的地图。

这些就是您给我的指示，这个办法是唯一合理的办法，若违背了这个办法，所划定的边界线就不是准确的，是模糊不清的。

邻接天朝的边境地区的局势令人十分不安，如果未测定边界两侧就划定一条边界线，那么这种局面将根本无法好转。再者，若对边界两侧的地区不了若指掌就定界，则应该作为定界活动不可分割的一部分的这一活动将最终认可中国的诈取行径。我们的代表1886 年就被中国欺骗了。现在中国正千方百计地诱使我们犯错误，阻挠我们勘察它不管有无依据就划归自己的区域。

李受彤主任并没有接到其政府的任何指示，禁止他准许法国地形测量人员在中国一侧的边境地区进行工作。

在 11 月 1 日的会议上，他就果断地承认了我的这一要求是天经地义的。而且几名法国军官在得到他的许可后，由中国士兵组成的护卫队护送，于 11 月 10 日至 14 日测绘了东兴和 Tchouk San 之间的地形。

这位官员之所以几天后就改变了他上次的决定，那是因为他受到了一位局外权威人士的压迫。这个权威人士虽然职位不如他高，但却使他闻之心惊胆战。

我想说的是冯子材将军。

我在 11 月 11 日的信中已略微向您谈了这位官员及其几个儿子在广东所享有的威望。

虽然除了由他指挥的军队外，他不该插手该省文官的行政活动和政治活动，可后者却都宁可听他的，而不听广州总督的。

因为总督天高皇帝远，他们不怎么惧怕他，而冯子材是近在眼前的，况且他善于让人敬畏。

另外，他在任何场合对法国人都表示仇恨，这是尽人皆知的，在各阶层的中国人眼里，在官员的眼里也好，在农夫和士兵的眼里也好，他仍保持着荣光，所谓的谅山大捷使他额首生辉。

儿子们继承了其父反西洋人的衣钵。其中一个叫冯相荣，东京人则多称之为冯三公子，他统领东兴驻军，在该地由他发号施令，钦州府的所有文官他都不屑一顾。

就是他在10月31日指责中方委员会主任接待法国代表团时过于隆重。正如我在11月11日的第4号信中告诉您的那样，关于在中国境内进行测绘的问题，也是他首先埋怨主任李氏。

由于这一手未奏效，他搬出他的老子来干预。

李受彤是个受到上下敬重的官员，享有廉正无私的声誉。钦州知府的官邸与冯子材将军的官邸近在咫尺。他与后者的关系几乎到了水火不容的地步。他在极为勉强地尊敬这位军官的同时，还得忍让其后代。就是由于后者的有害影响，李受彤才突然改变主意。他原来允许法国地形测量军官到中国境内进行测量工作，后来就禁止他们进入天朝领土。

这样的决定肯定有悖于李主任的政府向他下达的指示精神。我知道这些指示只字未提这个问题。广州总督希望看到法中军队不加区别地在任何一国的境内行进的愿望，清楚地表明当前的趋势是要和解，另外还含有两国地形测量人员有权测绘两国领土的意思。

不幸的是，李受彤主任的和解意愿被冯子材将军的影响给遏制住了。他不敢逃避其影响。我甚至可以说，他好像一切要听冯将军的。我得到十分可靠的消息说，几天来，李受彤由于事先没有通过最快的渠道与所谓的谅山得胜者商量，所以未做出任何决定。

是后者口授命令，禁止法国军官在中国的领土上进行地形测量，而所谓百姓的不满这个借口在这点上是毫无理由的。

中国传播的敌视法方勘界委员会的流言也应归咎于冯将军，或其儿子，或其追随者们。

迄今为止，在大多数场合里我还是十分注意的。对于任何界线我都没有做出任何决定，不愿意依次进行一小段一小段边界的定界，而愿意大范围地进行，因为这样有利于部分的更正。所以，我现在有什么要求和意图，他们无法知道。

然而，现在正流传着古怪异常的谣言。到处都在传说我企图率领我的护卫队入侵白龙（Pak Lung）这块飞地。这个传闻说得如此有根有据，以致近十一二天来，该地区新招募了一支有百号人的连队，广州总督阁下派了一艘炮舰An Tan号到白龙角水域停泊。

我不仅从未想过要求得到这块飞地——我觉得在这个问题上我是服从您的观点

的——而且我的任何行动既不能解释，甚至也不能导致一个如此荒谬绝伦的传闻的出笼。

我从未提到要在这块飞地上进行地形测绘，也从未派出小股部队开往这个方向。恰恰相反，自11月20日以来，我在芒街的卫队只剩下一半了，其余的一半驻扎在上游约12千米处的Loc Phu。因此，地形测量军官目前是在芒街与北市之间，飞地对面进行测绘工作。

但是我们的敌人做出决定时是不顾什么事实真相的，他们主要谋求的是煽动百姓反对我们，恫吓他们怀疑对我们不闻不问或不偏不倚的那些人。

因此，冯子材10月25日可能电告李主任，若他向法方委员会出卖一寸土地，他就与他的几位儿子和他的朋友率军和我们争夺所有权。

由于法国地形测量军官被禁止进入天朝境内，我在未接到您向我下达我要求的新指示之前，只好审慎地与中方委员会联系。

不过，定界活动事实上将不会因为这一事件而遭受任何耽误。既然我不能派人到中国境内测绘，我就尽可能积极地推动东京一侧地形测量工作的进行。

正如我在前面指出的那样，我的半数卫兵为了保证地形测量人员的安全，自11月20日起就到Loc Phu去了。一名军官在北市和Loc Phu之间进行测绘，另外两名在Loc Phu和芒街之间进行测绘。这一段的地图马上就要绘好了。最后，东兴和芒街直至大海的边境地区图也已完全绘制完毕并已誊清。

在目前的情况下，我不能走得更快了，因为我尚未得到在法国时就已提出要求得到的器械，我现在拥有的器具已越来越不符合要求了。

军官们的灵巧及热情在可能的范围内弥补了设备的缺陷。

同时，我负责派人制造标明国界的石碑。

在我到芒街之前，广东边界的定界工作尚无任何准备。

11月1日，我发电报到河内，要求最高驻扎官给我派一队石匠来。同月9日，有3名石匠来到芒街听我调用。

但他们只有些安南的劣质工具，一凿石头就断了。

我派人从海防给他们送来一些更好的工具，一个星期来，他们能出力干活。

简而言之，定界工作的情况是这样的：

迄今为止，我没有违背您的指示，而且中方委员会主任曾允许我派法国地形测量人员对中国境内的边境地区进行测绘。

但是，现在，李受彤在局外人的影响下进行了退让，同时又没有接到其政府关于该问题的指示，就禁止法国军官测绘邻接东京的天朝地区。

他想阻止我勘察有关地区，寻找真正的边界线。

他想强迫我接受一条由他选定的边界线，而且我将无权越过这条边界线，无权对这条边界线进行研究，无权讨论这条边界线。

我声明，在这样的条件下，不能进行任何尚存矛盾的定界。

如果法方委员会不能派人到中国境内测绘边境地区，以确保它所定的边界线正是它应该定的那条，那么就退出，让中方委员会单独行动，听其自便。

事实上，帝国的代表们似乎时刻都在想窃取决定权，使我们处于纯粹是旁观者的地步。

但是，我认为我们不能接受这种办事方法。

因此，我要求在达成一项外交协议后，（中国政府）应向广东委员会主任（李受彤）下达正式的明确指示，以便他能让我按照您给我的指示，勘察并派人用大比例尺测绘由海至广西的中国一侧，纵深为 2 里的边境地区。

我再重复一遍，这一条件乃进行严肃的划界必不可少的。

不论您认为对此应如何决定，请您指示我，我在目前情况下对天朝的代表们应奉行什么样的行为准则。

（原件第 110282～110317 页）

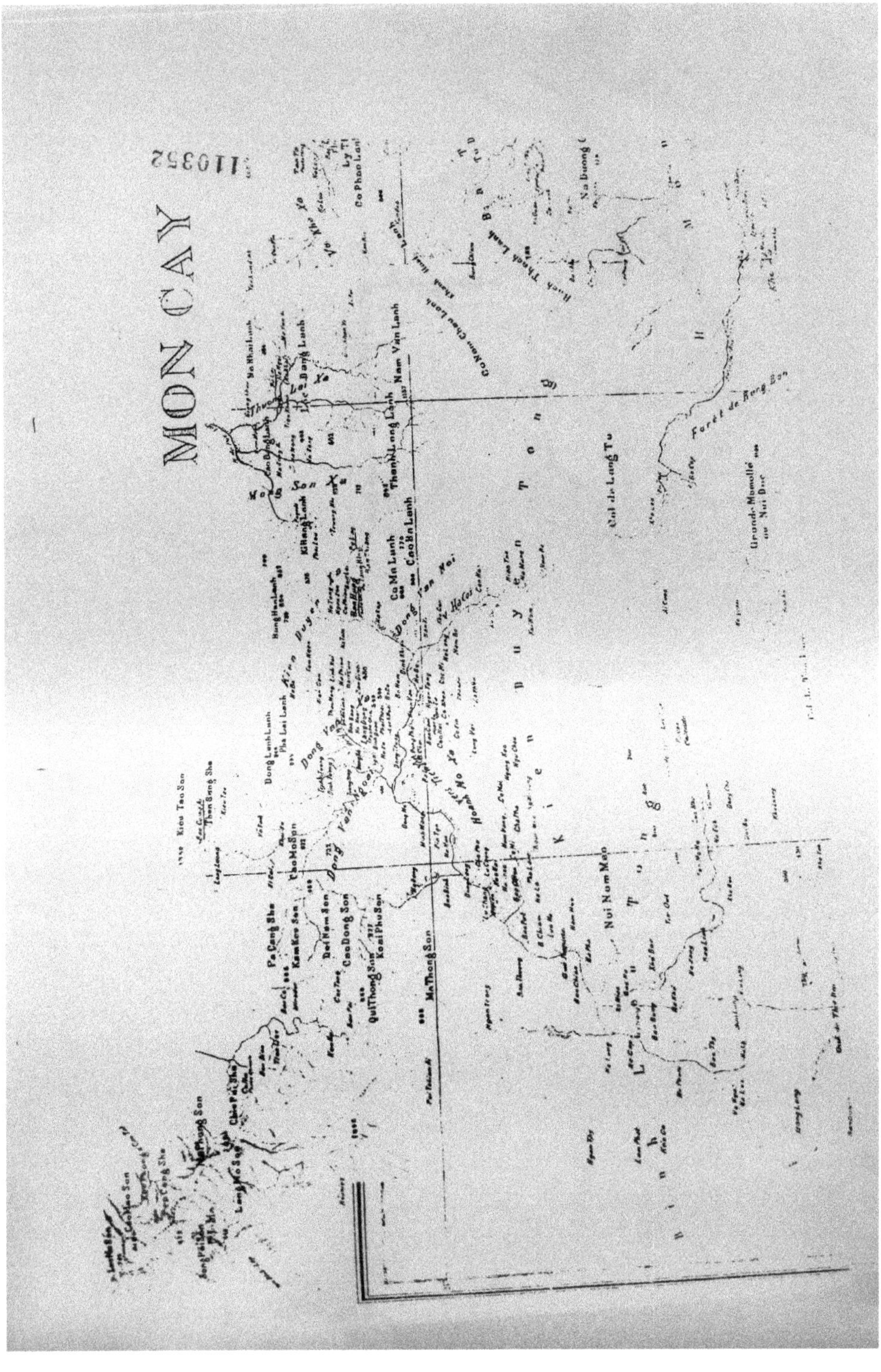

图 149

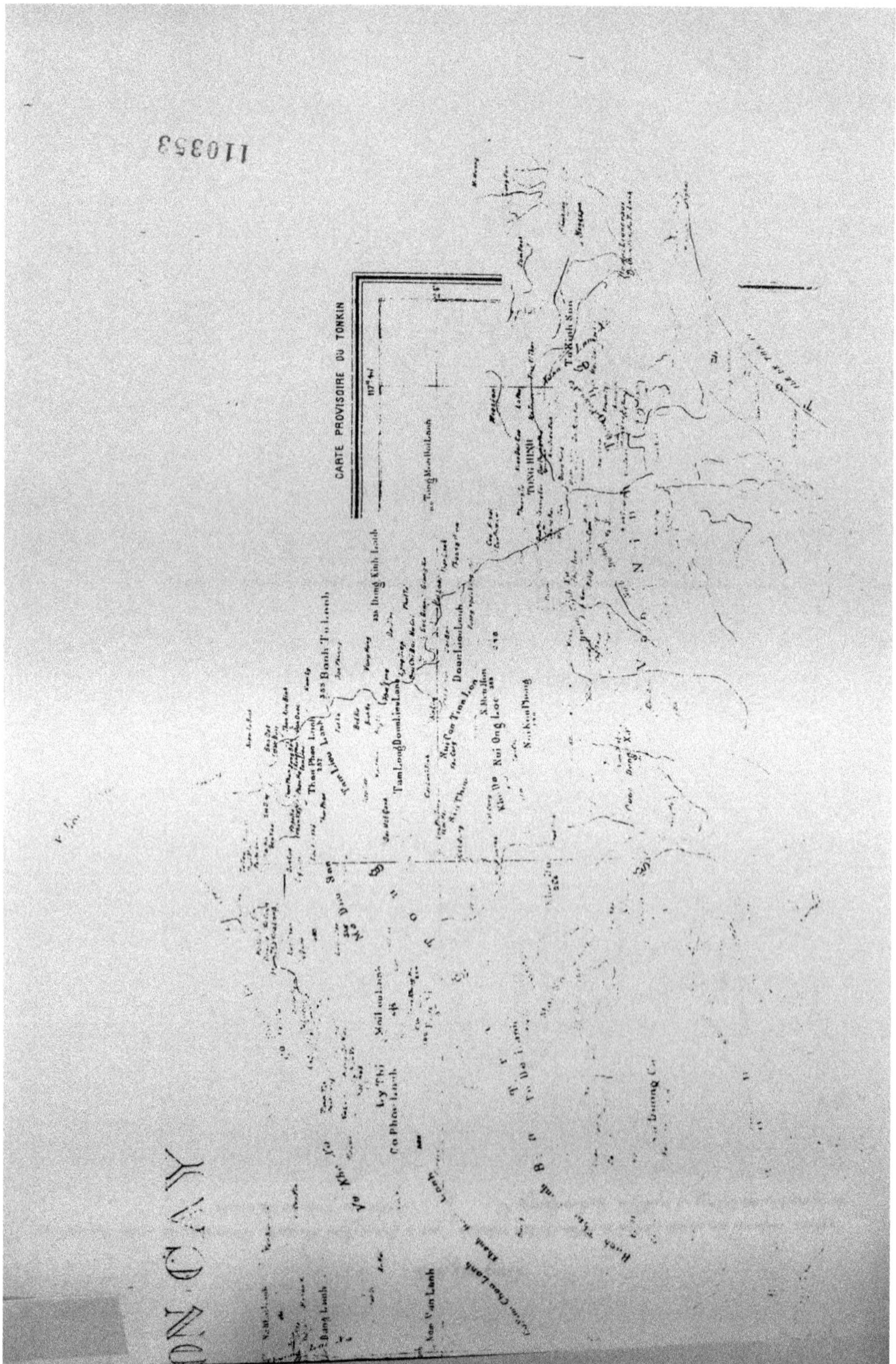

图 150

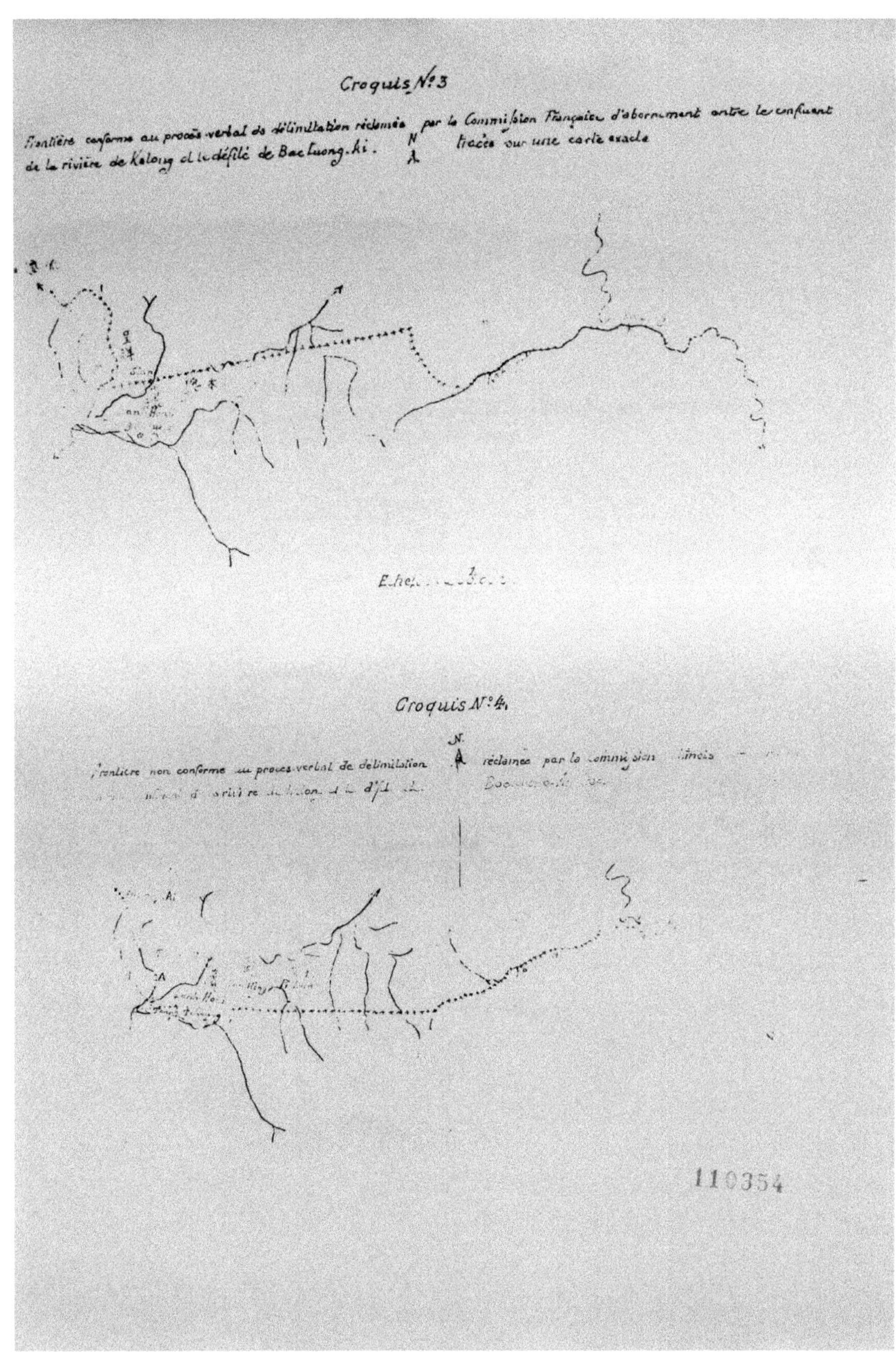

Croquis N°3
Frontière conforme au procès-verbal de délimitation réclamée par la Commission Française d'abornement entre le confluent
de la rivière de Kalong et le défilé de Bac Luong-ki. N
tracée sur une carte exacte
Croquis N°4
N.
Frontière non conforme au procès-verbal de délimitation
110354

图 151

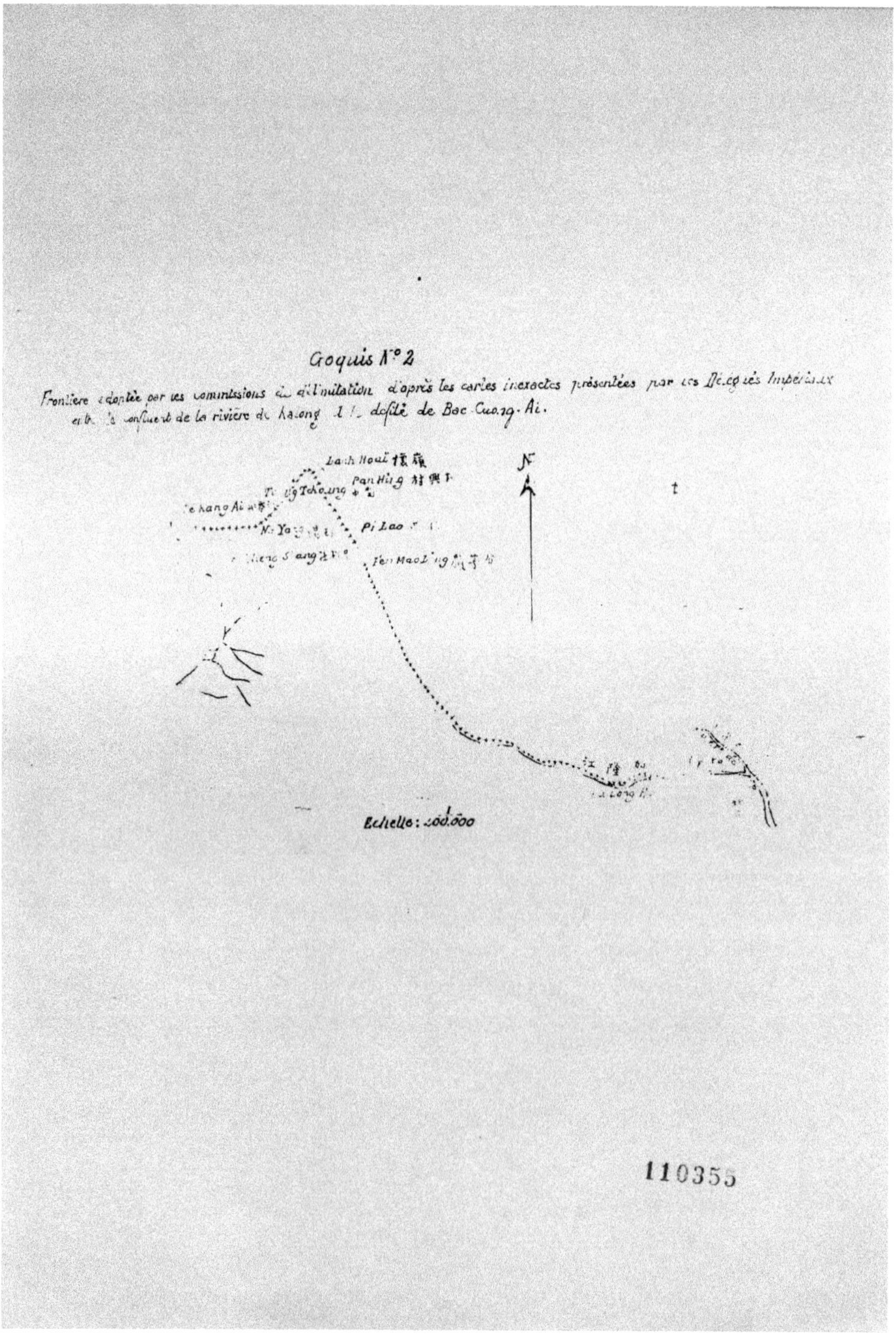

Croquis N° 2

Frontière adoptée par les commissions de délimitation d'après les cartes inexactes présentées par les Délégués Impériaux entre le confluent de la rivière de Ka-long et le défilé de Bac-Cuong-Ai.

Lach Houi

Pan Hiug

Pi Lao

Fen Mao Ling

Echelle : 1/200.000

110355

图 152

法驻龙州领事致印度支那总督比杰函

龙州，1889年7月16日

总督先生：

您本月初的来函已收悉。您在函中告诉我，您根据殖民地部副部长先生的指示，已指定了负责中安勘界工作的委员会的成员。

总督先生，我认为我可以根据殖民地部副部长先生函中与我相关的部分与您直接进行联系，并请求下达和提供有关进行勘界应采取的措施方面的指示和情报。正是在这样的条件下，我才冒昧地在这天给您发了我的这封电报，将该城的道台、广西中方勘界委员会首席大臣的某些愿望告诉您。

正如我在我的这封电报中荣幸地向您陈述的那样，这位官员首先请我为他找一些能够在似乎已凿好的界碑上刻上法文字母的工人，这里现在正在按总理衙门的指示刻汉字碑文。这些石碑为3法尺高，埋入地后尚高出地面1.5法尺（约57厘米）。关于这一点，道台向我指出，体积再大一些的石头可能运不到边界上应安设界碑的各个地点去，因为没有大路和该地区群山耸立的特点，困难很大。因此，他请求我们接收他已让人准备好的材料。最后，他以今年这里十分特别的气温作为理由，向我表示希望他要参加的广西段的立碑工作到11月上旬再开始进行。

皮埃尔·邦当提

（原件自编号第110383页）

外交部政治司保护国办公室斯皮勒致殖民地部副部长函

巴黎，1889年7月24日

副部长先生，亲爱的同事：

您本月13日寄来的有关东京边界勘界委员会的函已收悉。按您的愿望，我将您指定的将参加这个委员会工作的代表名单通知了我驻北京公使。我同时要求李梅先生与中国政府取得一致意见，以便帝国委员能尽早与我方委员联系，立即开始划界工作。

此外，我还向我国驻蒙自和龙州领事下达指令，我在上月12日函末已将指令大意告诉您了。我相信，这两位官员一定会尽力在我所指定的范围内促进委员会的工作在最短的时间内完成。而且，我将可能从这些官员和我驻北京代表处得到的与划界有关的问题通知您。

请您给我们的印度支那总督提出必要的建议，以便为了终止东京官民和中国官民在边界上发生的纠纷而从事的这一活动，不会在中国和保护国政府之间产生任何纠纷。您和我一样，知道我们的官员在指导委员会的工作中，在两国代表要参加的讨论中，在负责对局部的调查和对当地居民的询问中，最后在界碑的放置和划界问题完满解决上带来的好处。我只能请您提请总督注意他指定的代表既对他们的使命的重要性深信不疑，又对使命的棘手深信不疑这一点为共和国政府所带来的巨大利益。

不言而喻，我国驻北京公使如实地获知了我请您向比杰先生提出的建议后，将以他的经验来帮助我们的总督，将会全力使中国政府保持其在划界问题上对我们表示的友好态度。但是法方委员会成员不可再次忘记：他们的成功大部分将取决于他们掌握的分寸和他们表现出的能力。

（原件自编号第 110390 页）

印度支那部队总司令比肖将军（Bichot）致西贡印度支那总督先生函

第 2684 号　河内，1889 年 7 月 26 日

总督先生：

高级驻扎官先生将您发给他的下面这份电文告诉了我：

“收到法国驻龙州领事如下电报：广西省中方委员会主任请求赶紧派出已在界碑上刻过法文字母的工人。他同时还请我要求这里的立界工作在 11 月 1 日而非 10 月 1 日开始，因为气温异常。界碑已制好，可能高出地面 1.5 中国尺。”

从这封电报中可以看出，中安边界的划界问题取决于巴黎和北京政府即将取得成功的谈判，因为广西的中方委员会已组成，这个省的界碑已制好。

不管日期定在哪一天，您根据我的建议指定的军官们都将准备停当，但要让他们能够完成赋予他们的使命，他们需要拥有我在 1889 年 3 月 27 日和 7 月 11 日的第 2403 号和 2660 号信中向您要的工具。

此外，他们还必须拥有下面这些文件，您能在合适时给我寄来，我将不胜感激：

（1）1885 年和 1886 年勘界委员会的全部会谈纪要。

（2）1886 年 6 月 26 日的北京条约。

（3）1885 年 6 月 9 日的天津条约。

（4）法中通商条约。

我没有这些文件，只有其不完全的摘录或不准确的抄件，内容常常难以理解。

划界活动将要花很长时间，而且是棘手的，将有一张边界详细测绘图需要仔细确认，在整个范围内不仅要沿着边界到东京地区，也要进入中国地区。

将有必要对双方委员会所采用过的总的走向进行很多的小改动，有必要对原来的委

员会常常含糊不清、自相矛盾的会议纪要进行解释。最后，关于有争议地区的问题也要进行解决。关于这个问题，我曾在4月4日的第2428号函中替委员会成员向您请示，没有接到指示，他们便不可能开始他们的工作。

中国海盗在多段边界上进行敲诈勒索活动，安全完全不能保证，因此需要有一支强有力的护卫队，保护委员会和负责测绘地形图的地形测绘官员。

为了在有利的条件下使安全得到保证，最好在一些法安小分队在边界内保卫法方代表的同时，有一支人数一样的中国官军在边界的另一侧跟随着天朝的委员们。

若能将关于我以前数函提出的问题的决定转告我，将不胜感激。

（原件自编号第110394页）

法国驻蒙自领事致印度支那总督比杰函

第3号　蒙自，1889年7月28日

总督先生：

您本月5日自河内发来的关于组织中安勘界委员会的第9号函已收悉。

不久前我已与中国当局商谈过这个重要的问题。这些先生已准备停当，只等知道划界工作开始的日期，以及我国驻北京公使与总理衙门一道确定要遵循的程序和方式，就正式进行联系了。在这个问题上，我尚未接到外交部的任何指示，但到时候，我一定非常高兴地最真诚地协助委员会。

关于文人问题，我将可以得到必要的人数。如蒙您提前告诉我中方委员会的组成如何，以便我能因此而采取措施，将不胜感激。

（原件自编号第110399页）

给中安边界勘界委员会主任的指示

根据1889年7月5日决定任命的勘界委员会，负责毗邻中国的东京各省的边界的具体划分，这项工作要与一个由北京朝廷指定的天朝官员组成的委员会一道完成。

根据已达成的一致协议，各方都已授予代表它的委员会就地解决所有可能发生的纠纷所必需的权力，不必再向巴黎和北京政府请示。

你将会在1885年和1886年时的勘界委员会的全部会谈纪要中找到一些宝贵的资料，但也仅仅是一些资料而已，因为这些纪要在许多段中越边界的走向上留下了许多疑问。

除了紧靠双方委员会到过的地方的地区外，划界是在没有正规的地形测量资料的情况下，根据天朝代表带来的一些我们后来常常能证实不准确的地图泛泛而定的。因此，在我们认为根据1887年6月26日的北京协定我们已得到重大的领土让步的某个地区，反而常常存在一些巨大的凹形。

勘界委员会的会谈纪要中模棱两可的措辞引起了无休止的争吵，如果要明确地划定两国的界线的话，很可能还将发生新的争吵。

因此，必须明确地确定法方委员会将要遵循的行动准则。

1886年时的双方委员会和1887年6月26日北京条约所指定的边界线，从防卫观点看，弊端是很多的。中国委员利用他们对我们从未深入的地区的了解，从而能够轻易地让我们的代表们接受一些走向，但假如我们的代表们当时拥有有价值的地形测绘资料，就永远不会同意了，结果是连接我们各边界哨所的所有直接的路几乎总有一段在中国境内。

我们位于第一界线上的多个地方就这样被天朝的委员们巧妙地分隔孤立了。受到进攻时，这些地方就不能够相互支援了。

这是一个很大的危险，因为防卫坚固的一个不容置疑的主要条件是有一条平行于边界线、所有的哨所之间的联系能方便快捷的总是畅通无阻的道路。

在多条进入中国领土，因而我们不能使用的路中，可以举出芒街到横模的路、慕萨（Mo Xat）到保来（Bao Lai）的路、封土到莱州的路。委员会的一切努力应该倾向于使边界的这些部分得到更正，若边界线得到充分的说明，那么边界线最后定的走向必须是双方委员会所同意的才行。在其他不会对我们具有什么战略意义的地点进行某些让步，将会确保我们在争论中获胜，对此我深信不疑。

我们应该追求的目的根本不是扩大我们的领土，而是要好好地划分我们领土的界线。因此，在将要举行的一切讨论中，你们应该致力于让中方代表清楚地知道，我们不希望通过损害他们来扩大我们的领土，我们首先是希望有一条合理的边界线，其走向能避免今后的一切纠纷出现，这对两国均是有利的。

对于在划界中将引起最多纠纷的1886年的各划界会谈纪要的各条款和1887年6月26日北京协议的各条款中，应该把确定呈直线的各段边界线放在首位。

采用这样的走向曾是一种不成功的且考虑欠周的办法。它产生的第一个结果是加速国际协议的达成，结束可能会无休止地进行下去的谈判，但在实行中，会引起一些可能无法解决的问题。

实际上我们欧洲人设想一条呈直线的，既不依地形起伏而弯曲，也不按照行政区划的国界线不是没有困难的，但是在横模以北也好，在高岛寨（Cao Dao Trai）以东也好，我们在众多的场合证明亚洲人一点也不了解。

按这种想法，若你们严格按照以前的勘界委员会会谈纪要的条款和北京协议的条款，你们将会遇到一些不可接受的异常现象。比如说，当委员会被要求给一条50里长的直线路（自高岛寨西、从这个地点起，朝东的方向已在一张不准确、方位有误的中国地图上标出）定向时，没有任何证据表明这条直线将不把北京协议已明确留给东京的一些区域让给中国，或发生相反的情况，东京将没有得到一些根据勘界会谈纪要和 1887 年 6 月 26 日协议应该留给天朝的稍宽或稍窄的一些地区。“直线”这个词因此不可能得到严格的说明。将来每当你们发现该词被用来确定我们边界稍宽或稍窄的一段时，你们在坚持总的方向不变时，应该让两国国界服从地形需要的偏向得到接受，以使两国国界线有曲直，每当你们觉得情况有利，尤其为了不瓜分乡，至少避免将村或私有田产分开时应这样做。

我再说一遍，既然每个国家已授予它的代表就地解决一切可能发生的纠纷的必要权力，那么北京政府的代表们就不可能以不完全的指示为掩护来有意识地放慢速度，进而阻挠委员会工作的正常进行，使委员会的工作旷日持久地拖延下去。但是必须预防任何一方都不愿放弃自己的要求而造成无法达成谅解这种情况的发生。因此，你们应该将在你们分开前可能通过互相让步而得到解决的一切有争议的问题的解决办法放到该期工程的最后。

勘界工程将是长久而艰巨的，将有一张边界详细测绘图需要全面仔细确认，不仅要在东京区进行确认，在中国区也要进行确认。

（该段收入《中越边界历史资料选编》第 507 ~509 页）

以下工具将交你们使用：

两个用来进行天文观测的经纬仪；

三块带脚架和长盒磁针的古里埃牌测量平板；

三把尺子；3 个无液气压计；3 个弗丹牌气压计；两块半时计表。

许多有中国海盗进行抢劫的地方缺乏安全，因此需要一支强有力的护卫队来保护委员会和地形测绘的官员。根据印度支那部队总司令先生的建议，我已确定这支护卫队由半连欧洲人和一连东京人组成。

这支小分队和委员会应从边界沿线的军事哨所获得补给，将只需要人数不多的苦力。我将苦力人数定为 200 人，你们也许最好每到一个地区就换一批。

我已要求要有一支人数相当的中国正规军组成的护卫队跟随天朝委员会。此外，委员会将要增加 1 名中国译员、1 名安南译员、1 名中国文人、1 名安南文人。

最后，委员会将要到边界去，在 11 月 1 日将能开展工作，这已与北京政府商定。我已通知北京政府，会晤地点将在芒街。

工作的期限无法预料，这将主要取决于中方委员们带来的诚意。但我寄希望于委员会成员尽快进行工作的积极性和忠诚精神，以便使应在凉爽季节结束的第一期工程取得尽可能大的成果。

在结束本指示时，我不可能在工作的指导中，在两国代表要进行的一切讨论中，在负责进行局部调查和对当地居民的询问中，最后在界碑的放置上向委员会成员提出过多的建议，只希望他们为划界问题的圆满解决兢兢业业、一丝不苟。

其实重要的问题在于，为了杜绝东京官民和中国官民在边界上发生的纠纷而从事的这一活动，不能在中国和保护国之间引起纠纷。

委员会的成员永远不要忘记，他们事业的成功将大部分取决于他们掌握的分寸和他们所表现出的能力。

印度支那总督　比杰

1889 年 10 月 16 日于河内

（该段收入《中越边界历史资料选编》第 509 ~ 510 页）

（原件自编号第 110405 页）

法国驻北京公使李梅致印度支那总督函

北京，1889 年 9 月 9 日

总督先生：

您 8 月 5 日和 10 日写给我的信均已收悉。您在第一封信中，将比肖将军 4 月 4 日写给您的关于中安划界的报告抄送给我，您的第二封信将您给进行这项工作已组成的委员会的主任下达的指示通知了我。

接到这两封信后，我就要求会见总理衙门的成员，在会见中，我将我方已采取的措施通知了中国的大臣们，并将您向委员会主任下达的部分指示告诉了他们，这不会有什么害处。此外，我在后来我致庆亲王及其同僚的一封公函中重新提到我的通知和由于您的指示而自然引起的建议。我一得到庆亲王的答复便即刻通知您，但目前我可以对您说，我的口头通知已得到完全的接受。中方大臣们似乎完全同意您对所有关于赋予中方委员扩大权力的看法，对有关以一种可以更正勘界委员会的工作由于缺少准确的资料和地形测绘资料，或由于在某些段的划定中使用了直线法所留下的缺陷的方式来进行划界的必要性的看法。

（原件自编号第 110418 页）

印度支那部队总司令比肖将军致西贡印度支那总督函

河内，1889年9月11日

总督先生：

您决定中安边界勘界法方委员会要有1名越文译员、1名安南文人、1名中文译员、1名中国文人。

我很容易在我拥有的当地人中找到一名好的安南译员和好的安南文人。

我打算把我参谋部的克沙维埃·巴德维尔先生推荐给委员会担任中文译员。

但是我没有一个拥有充分的知识保证和忠诚于我们事业的中国文人。驻东京高级驻扎官处也没有。

因此我不得不向您求援，请您在合适时将一名经考验忠诚、能用汉字拟写划界会谈纪要和所有关于边界问题通信的中国文人送到东京交勘界委员会主任使用。

趁此机会，请您从现在起就做出解决给予刚提到的人员的酬金问题的决定。

至于安南文译员和文人，我建议确定每日津贴为5法郎，从三角洲甚至交趾的当地人在冬季的一场战役中在山上步行所受的劳累考虑，我觉得这笔钱不是太高。

至于克沙维埃·巴德维尔，请您每日给他定10法郎的津贴，这位受托人曾经参加过1885年和1886年时的勘界委员会，当时他每日的津贴为10法郎，所以我今天建议也给他这个数。

至于给将从西贡派来的中国文人的薪水和津贴，应该在他离开交趾前就定下来。请指示，以便我通知委员会主任。

（原件自编号第110421页）

印度支那部队总司令比肖将军致印度支那总督函

河内，1889年9月11日

总督先生：

应我请求，您已决定，被指定参加中安边界勘界委员会的军官每日的津贴，高级军官定为现行价的16法郎，下级军官为12法郎。

原则上，这些津贴排除了真正的薪金以外的所有补贴，就是说对于享受这些津贴的军官来说，这些津贴导致了食物的取消，在应给予补助的地区行军的补助的取消，最后还导致饲料补贴的取消。

但是在特别情况下，由于在长时间的活动中，勘界委员会成员在获得补给上将遇到越来越大的困难时，我认为例外地不执行所定的总标准也是合理的。

对于军官们来说，以酬金代替实物和上述的补贴将是一种无法忍受的措施，这对他们没有构成一种利益，没有为他们支付由于他们的工作而特别引起的费用。

1888 年 10 月 13 日，里丹总专员按此想法对负责地形测绘任务的军官作出了一个宽厚的决定。

按现行价值，对这类工作每日给予 10 法郎的津贴，也是排除了除薪金以外的所有补贴，但按照贝干将军就此向他提出过的意见，里丹总专员于是决定：鉴于派到东京远处执行地形测绘任务的军官所处的特殊情况，每日给予的 10 法郎的特别津贴应被看作是专门用于支付他们工作所需的补充支出和旅行所需的补充支出，因此，现在他们有权享有食物、领到在有补助地区行军的行军费和饲料费。

我认为给要参加中越勘界委员会的军官提高这个标准是合理的。

为此，我谨请你决定：这些军官除了得到规定的酬金外，还将领到食物、在有补助地区行军的行军费和饲料费。

（原件自编号第 110425 页）

文件 8

东京高级驻扎官、法国荣誉勋位获得者
帕罗先生致西贡印度支那总督函

河内，1889 年 3 月 8 日

总督先生：

我谨随这封保价信寄上三份包括关于勘界委员会所有文件的案卷。因信使今夜要出发，所以没有时间让人抄写这些文件，因此我不能执行 1 月 25 日部长信中的指示：留下东京边界文件的抄件，寄上原件。

总督先生，请接受我崇高的敬意！

（原件自编号第 110483 号）

文件9

印度支那部队参谋部·第二区·第2334号

印度支那部队总司令贝干将军致西贡印度支那总督函

河内，1889年3月9日

总督先生：

您3月6日第16号来电向我索要关于法中边界勘界的会议记录和有关地图的复件，一式两份。

我在2月6日21□3号信中已奉告，我所拥有的法中边界勘界委员会所需的专门正式文件，只不过是些勘界委员会的会议纪要的复件、摘要或1887年6月26日北京协议的复件及当时用透明纸描的地图及复件。为接上我2325号电报及回复你上述的电报，我谨寄上我所拥有的关于法中边界勘界的正式文件的抄件——原件是总驻扎官分几次寄给我的——的详细单子。

这些文件如下：

（1）芒街委员会：关于芒街至峙马隘的广东、广西边界和平而关至云南边界的勘界的五份会谈纪要的未经签字、未经核对的抄件。

四张附于一号会谈纪要后的芒街至峙马隘边界的未经签字的地图，其中一张是用透明纸描的；三张附于二、三、四号会谈纪要后的有法方委员的签名和中方委员会汉字名字的地图。

这些地图没有证明可靠的任何印章。

（2）谅山委员会：我参谋部的档案里没有来自该委员会的正式文件。一张自峙马隘至高平河4千米的边界地图。该图由地形测量办公室和部队地理处根据浦理燮先生领导的委员会中的测绘员普星维的测绘而绘制和发表，但没有任何正式文件证实它。

（3）老街委员会：我没有该委员会的任何会谈纪要，只有一张未经签字、未经核对的高岛寨（Cao Dao Trai）和明江之间的地区图，标示了法中两国代表团对边界的要求。

（4）1887年6月26日北京协议：我有勘界工作结束时的会谈纪要的一份抄件，由于漏了一句话，又未经核对，所以这份抄件还不完整。所附的三张地图，是经恭思当先生、庆亲王和苏大臣签字的那些地图的副本，绘在缎子上，盖有证明无误的法国驻北京公使馆的印章。

我没有任何中文的会谈纪要。

充当法国政府和总理衙门之间有关所有这些边界问题的讨论的调解人，商定了1887

年6月26日协定的法国驻北京公使馆没有一整套涉及划界的所有文件，对此我感到吃惊。

我在我6月11日的第2358号电报和1888年7月24日的第2272号信中，曾提请您注意让我的参谋部的档案馆拥有关于这个问题的所有正式文件（现在缺少一部分）的必要性。趁此机会，我再次向你提出得到这些文件的要求。如果河内或北京的档案馆没有，外交部的档案馆至少应该有。

颂接您3月8日电报。

根据您的希望，我让人将上述的所有文件抄下，我将尽快将抄件给你寄去。

（原件自编号第110485页）

印度支那部队第二旅参谋部709号

第二旅旅长波民逮波德将军致河内负责处理事务的将军函

北宁，1889年3月10日

将军：

根据您2月6日第2205号函的指示，我谨将第12区司令为勘界而部署的准备工作函告您。

从这一准备工作中可以看到，与南关相连的那部分边界，在内附的这张1∶100000的谅山和七溪地区图上绘得不准确。根据同登前乡长黄梅祯（Hoang Mai Trinh）所说，边界走向不是从南关直接朝西，可能是朝南，直到同登方向一千米，然后从这点急拐北上祈列（Ky Lech）关，这样郎研（Lang Ngien）村可能就属于中国了。

根据倪思医生的说法，司令巴半先生认为“边界可能应该沿着距南关隘（Porte de Chine）约150米处流过的那条小河走”。我猜想这还是指南关（Porte de Nam Guan），这张1∶100000的地图上，南关东面和西面确实标有河流，而几打（Ki Da）关和祈列关附近则没有河流。然这条小河流经同登，从这张地图上看，我不明白这条河怎么能作为边界线，而同登领土又无争议，因为哨所在该河的左岸。巴半司令在3月3日第127号的电报中还补充道，按倪思医生的说法，委员会可能只在由隘（Ai－Ro）讨论了南关西南的领土问题。如果这样，这部分的边界可能还有不明之处。

为澄清这一问题，巴半司令要求得到勘界委员会关于这一部分边界的工作资料。

至于隘乐（Ai Loa）关和那支关之间的这部分边界，可能地形测绘官员们已测绘了，勘界委员们曾沿着从隘乐通往班绍（Ban Xau）以南，然后通到那支关的小路从隘乐去那支。这条路有时远离边界线，恐怕勘界委员会未能十分准确地指出边界。

在这个问题上，巴半司令只有边界图上标注的资料。

在包括那支和峙马隘在内的这段边界里，似乎根本不必担心会有争议。根据禄平州（谅山以东）提供的一份材料看，中国人可能占据一座位于岜站（Phaï - Sam）村东南面、峙马隘南东南约 600 米的属于安南的山丘。但从后来 Dong But 东北面的 Ban Khoai 村村长和岜站村的副里正提供的情报就知道，禄平州提供的情报是错误的。

总之，巴半司令认为第 12 区内的这部分边界只是在南关、同登和祈列组成的三角区里有重大的可疑地方，他要求调阅勘界委员会的文件。本旅档案处没有这些文件，故我写信向您索要。

（该篇收入《中越边界历史资料选编》第 844 ~ 846 页）

（原件自编号第 110491 页）

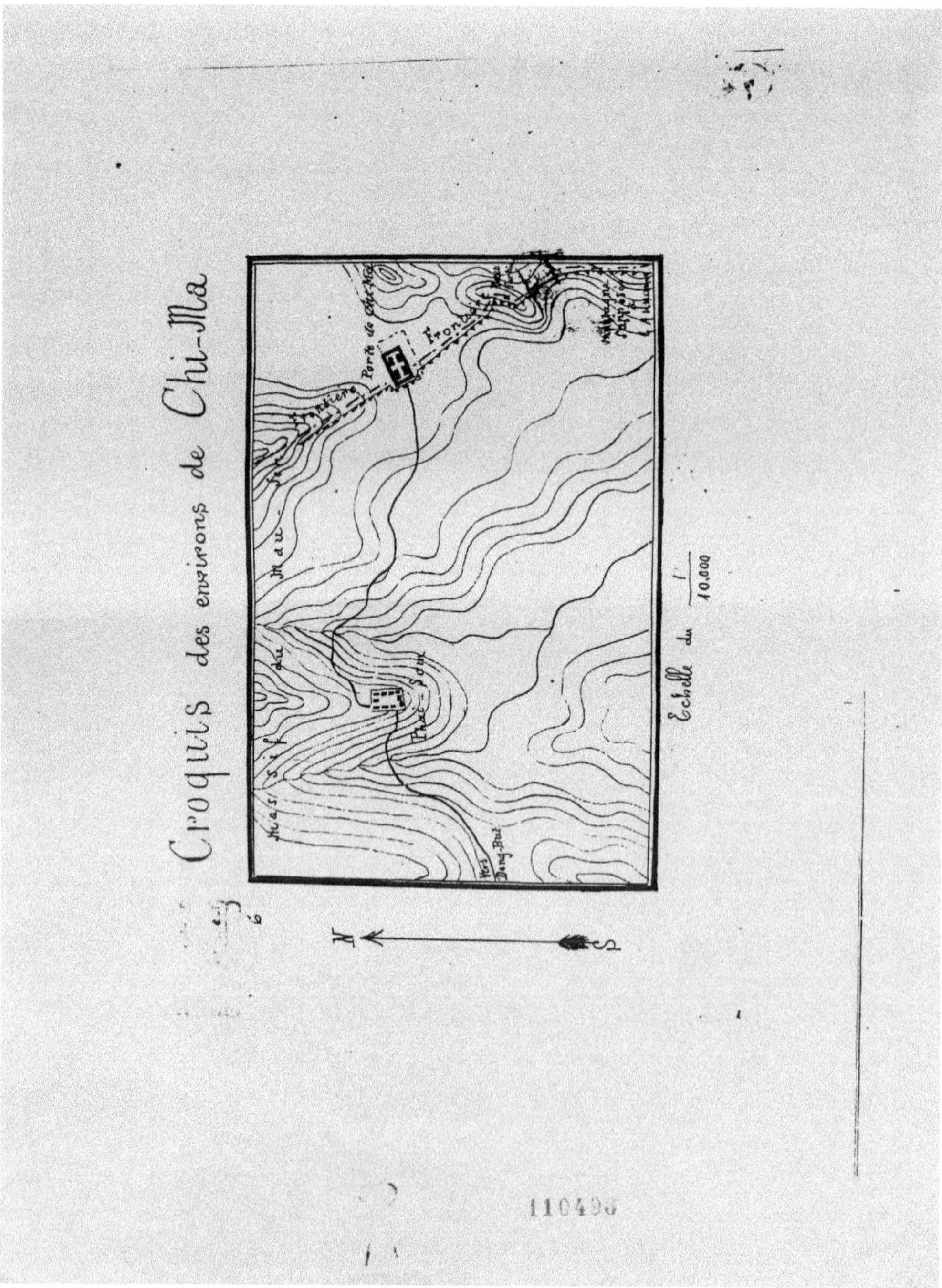

Croquis des environs de Chi-Ma

Echelle du 1/10,000

110496

图 153

印度支那部队第二旅 第12区七溪辖区 第111号

负责处理七溪辖区事务的雷加上尉致统领12区的营长函

七溪，1889年3月10日

(原文不清，未能译出——译者注)

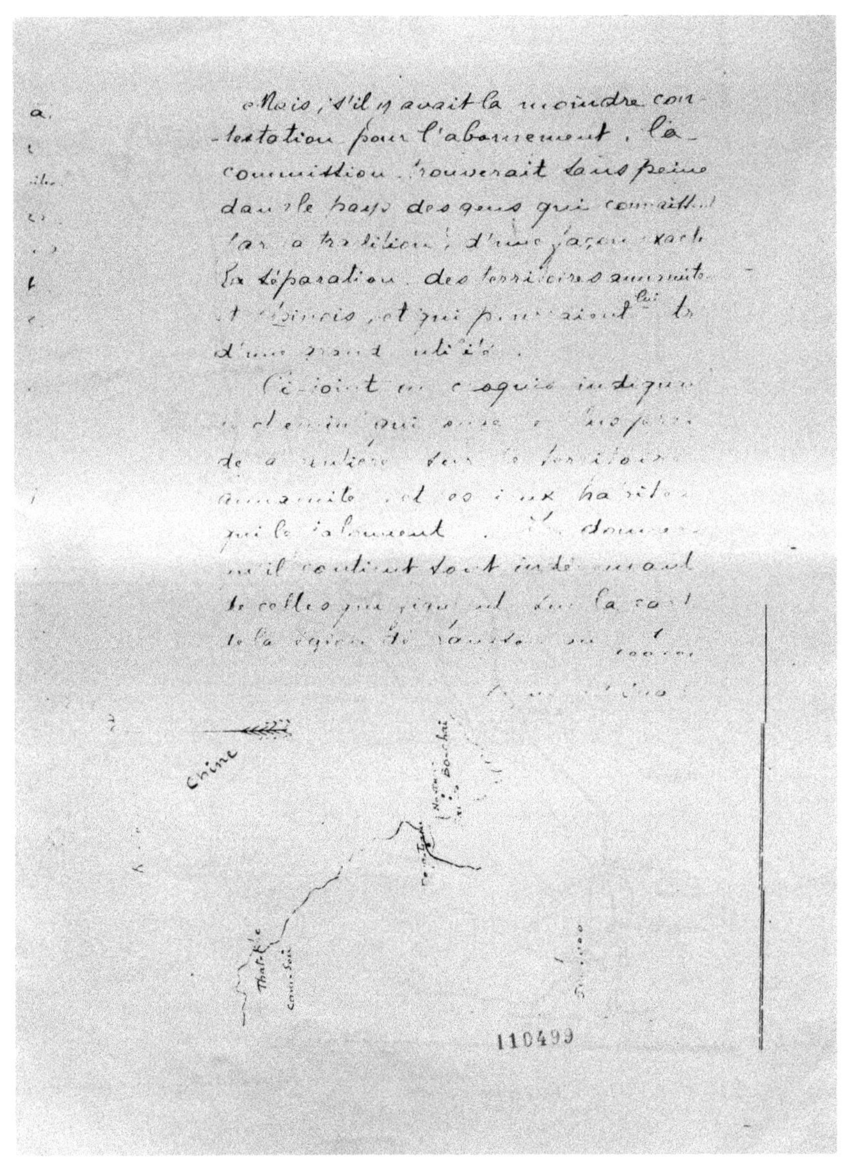

Mais, s'il y avait la moindre con-
testation pour l'abornement, la
commission trouverait sans peine
dans le pays des gens qui connaît[illegible]
par la tradition, d'une façon exacte
la séparation des territoires annamites
et chinois, et qui pourraient lui [illegible]
d'une grande utilité.
Ci-joint un croquis indiquant
[illegible]
de la rivière sur le territoire
annamite [illegible] aux habitants
qui le [illegible]
[illegible]
[illegible]
[illegible]

图154

(原件自编号第110500页)

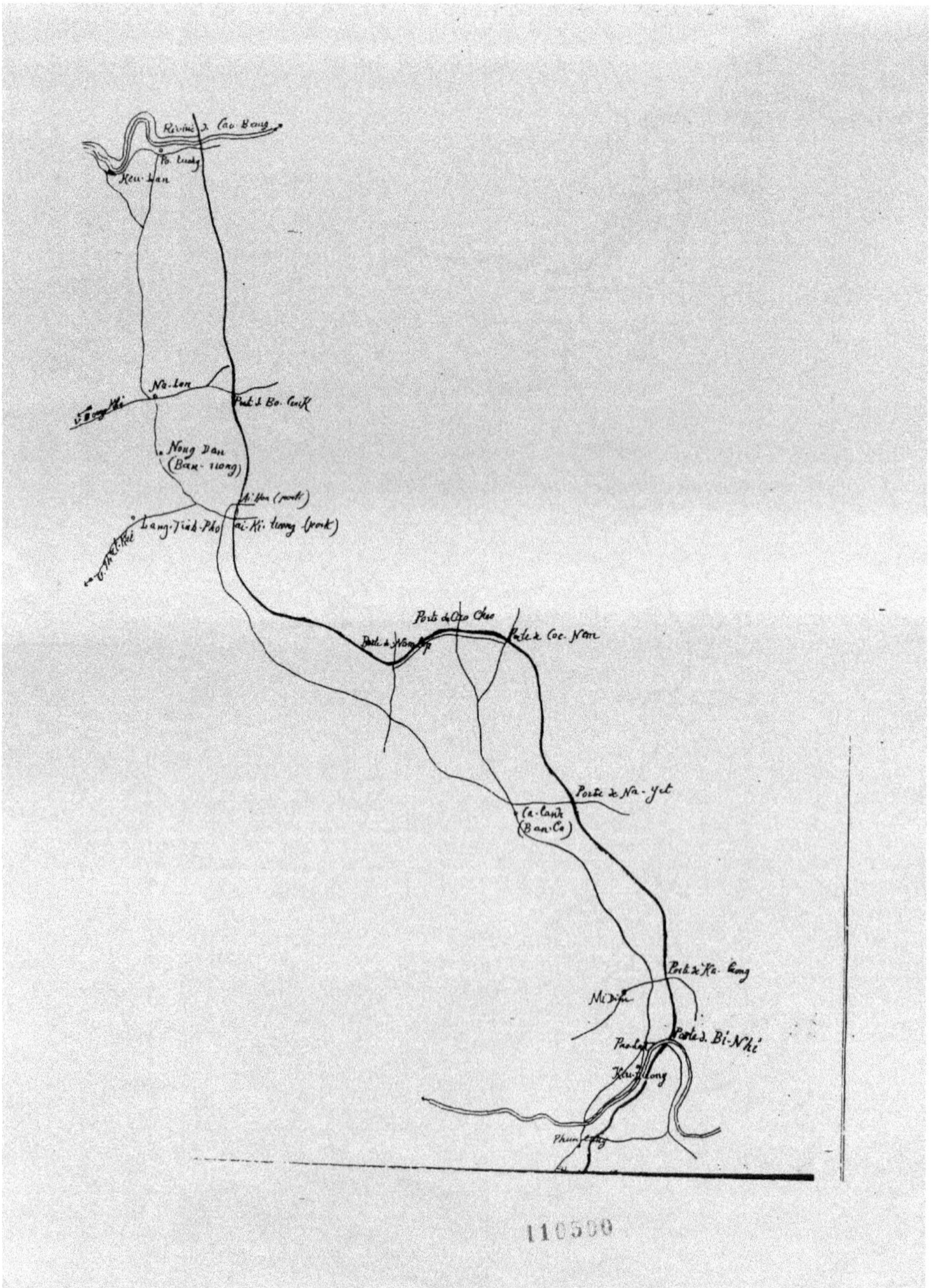

图 155

$\frac{1}{100000}$

Croquis du chemin
qui longe la frontière
(par renseignements)

Données indépendantes de celles qui
figurent sur la carte au $\frac{1}{100000}$
de mai 1886

8

图 156

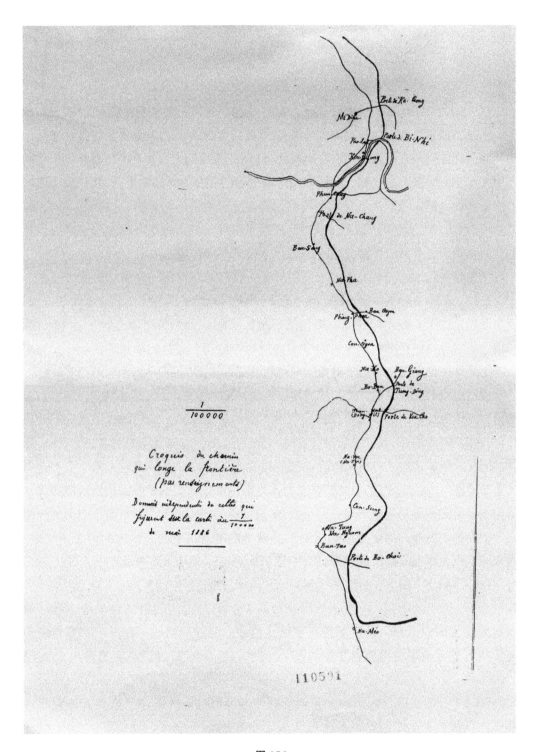

法驻华公使李梅致印度支那总督函

北京，1889 年 3 月 11 日

总督先生：

您在去年 12 月 30 日的信中提请我注意驻扎在靠近芒街的边界地区的中国正规部队的举动，以及每当东京的盗贼受到我士兵追击逃到中国领土时能得到中国正规部队的援助两件事。您给我转来的米欧中尉在沿着北市河进行勘测后于 12 月 1 日写给贝干将军的报告中关于这方面事实的记载，我已通知了总理衙门。在内附的我 1 月 30 日致中国政府函的这份抄件（第 1 号）中，您将会看到，我在抗议帝国部队的阴谋诡计的同时，还要求（中国政府）严令其军队避免与东京反叛集团串通一气，对于向逃跑的盗贼提供避难所的这两个哨所的军官给予警戒性的惩罚。

广州总督接到询问的电报后，未多加解释，仅仅给总理衙门转来一份统帅东兴、钦州、北海地区的冯子材将军派人送到他手上不一会儿的对法军的抗议书（附件 2 号），冯指责法军越过边境，摧毁那沙墟。接到这份抗议书后，我才向您发出我 2 月 18 日的电报，请您将这位中国将军的指责可能有什么根据告诉我。而且我猜想那沙墟——这个名字在芒街事件中出现过——可能就是指与芒街为邻的中国的那少村。

您通过电报向我提供的详情，使我得以恢复事实的本来面目（附件 3 号），再次要求向沿着边界线驻扎的中国军队的指挥官下达明确的命令，禁止他们越过边界——他们的军队可能在我们的小分队走后越界扑向那沙，很可能得到中国当局的准许。

然而，我可能还难以对横模附近地区的边界走向进行肯定的表态，因为我们这里拥有的全部地图（我尚未收到我在去年 11 月 5 日信中向你索要的勘界委员会绘制的那些地图的副本）给边界标的走向与附在你 1 月 27 日信中的那张贝干将军似确认无误的地图的标向大相径庭。另外，我在思忖着峒中和横模可能不是用于同一地方的两个不同名字，法国人的地图上标出的板崩或板邦这个中国哨所可能不是与板姒村同指一个地方。广州总督向我们声明，中国人在板姒村构筑有一些防御工事。

总理衙门尚未对我 2 月 25 日的函进行答复，不过一切迹象使我相信，总理衙门已发电报或发函给广州，以了解我向它提及的地点的地形情况。考虑到它即将给予的答复，我可能必须尽快得到我 3 月 5 日电请您寄给我的资料，现将该电电文重写如下：

“1 月 27 日的来函及内附的一张新绘制的横模附近地区图均已收到。该图和中国人的一样，好像标出了勘界委员会确认属于东京的一个地区。请您尽快将我 11 月 5 日和 10 日信中索要的会谈纪要（法文和中文）和地图，或者起码是涉及从竹山到峙马这段边界的会谈纪要和地图给我寄来，若尚未寄出的话。峒中是否被确认与横模相同呢?”

（原件自编号第 110502 页）

（后有 5 篇文章，字迹不清，未译——译者注）

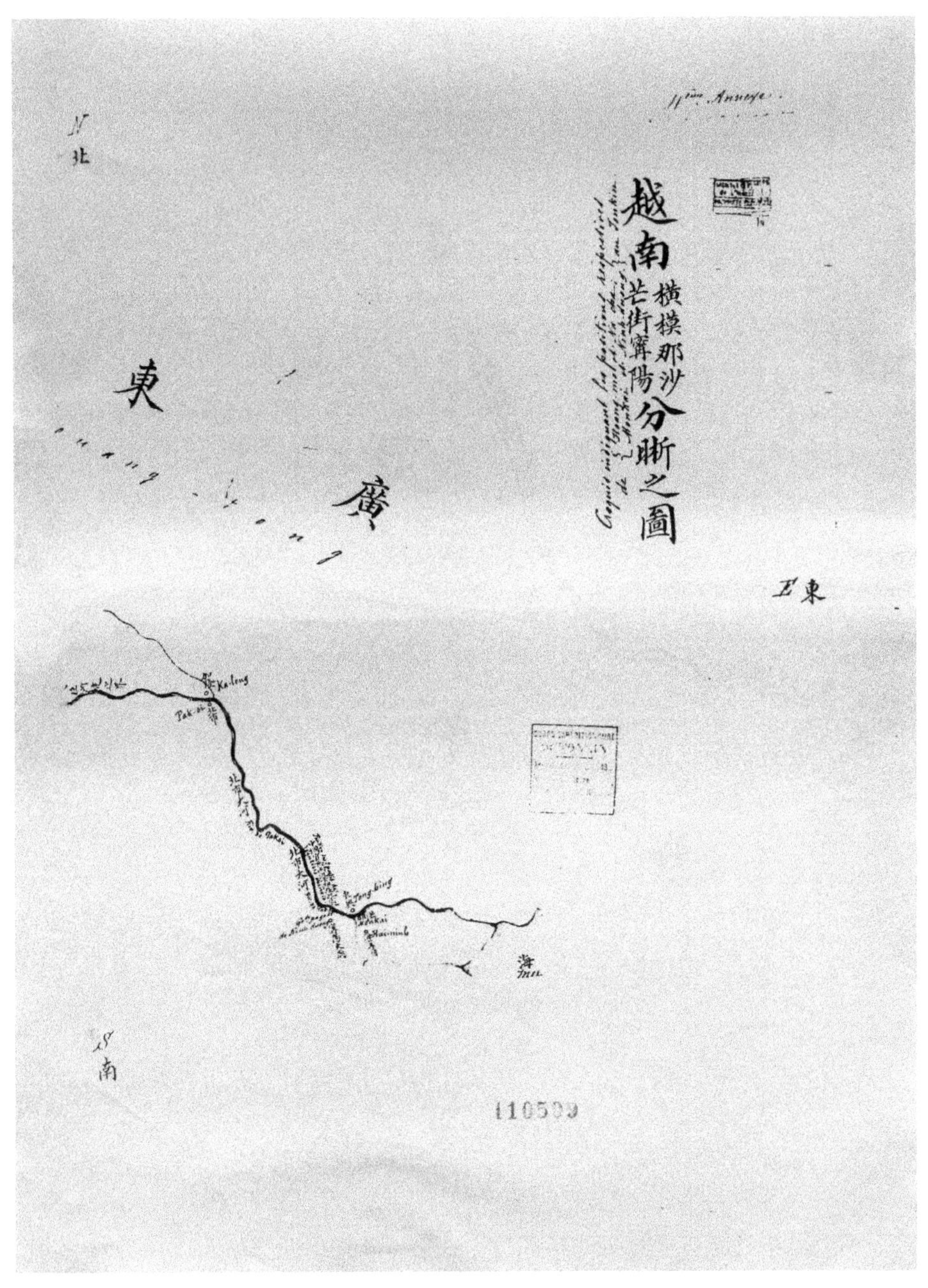

图 157

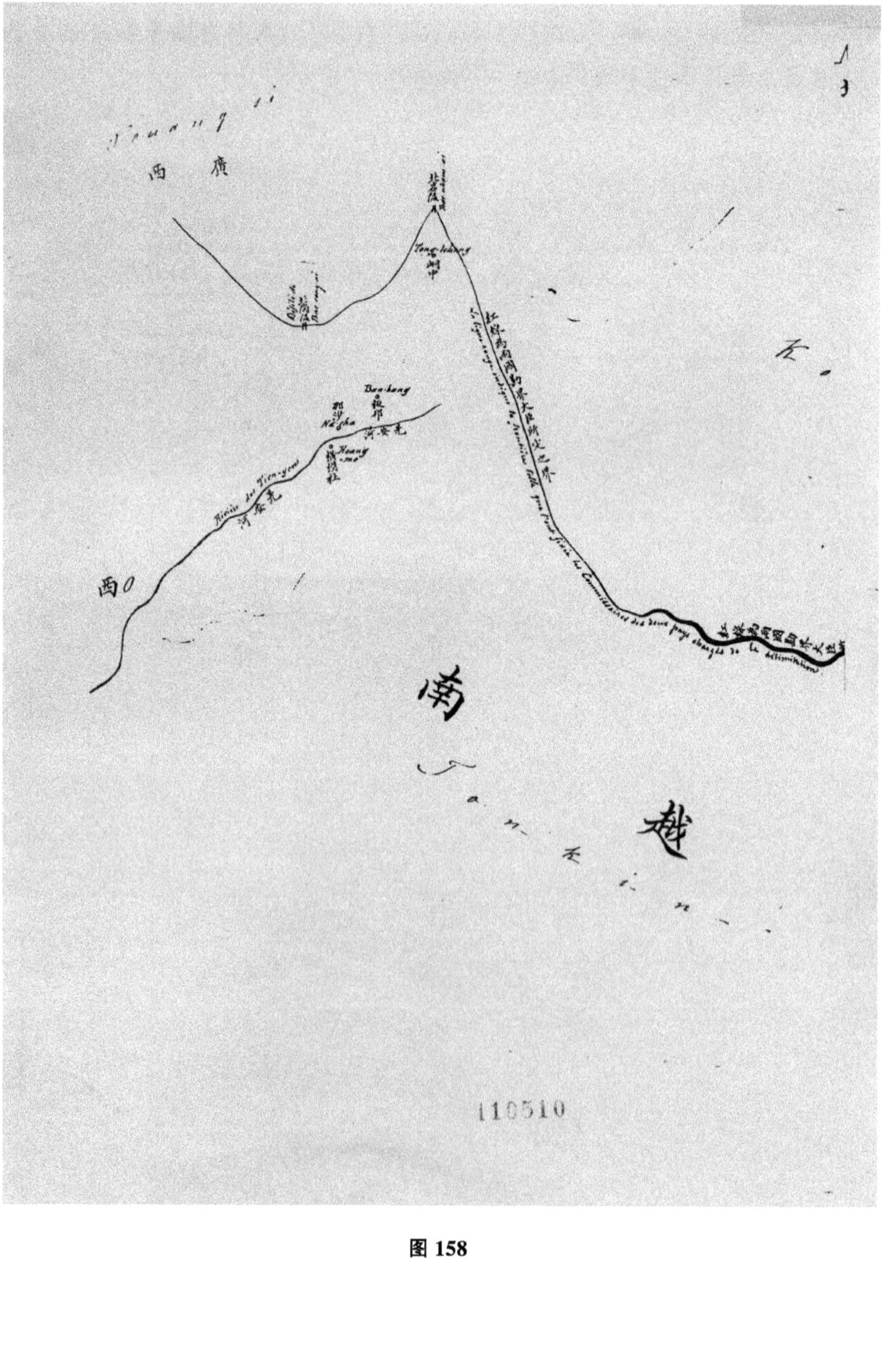

110510

图 158

法国驻北京公使致法国外长

北京，1889年5月30日

现谨随函寄上法国驻龙州领事布鲁先生于4月6日寄给我的一封信的一段摘录的抄件，提请阁下注意。

布鲁先生提供的关于龙州地区的情报，证实了达马德上尉在他勘察返回后向我呈送的简短报告中所说的情报，这我已在本月15日的信中向阁下提到过。

他似乎同意中国在与我们边界相邻的一大片土地上拥有权利，若这个权利在这片土地上得到当地部落原则上的承认，我认为这倒是很可能的，但未经证实，还没有实际上的代理人。这片地区的治安工作做得还很不够，中国对毗连东京的地区的军事占领不是真正的占领，而只是名义上的占领，目前这种占领状况不会给我们造成很大的麻烦，相反，我们不能依靠这样的占领来监视盗贼，来阻止他们获得补给、聚集成伙和在东京避免较频繁的入侵。对于这样的危险，我们要自己应付。正如我在5月15日信中说的，匪盗在边界受到的对待必定会使他们气馁。实际上形势已有了显著的改善，我相信东京发行的各报纸和不久前得到的情报。

若有人问中国为什么那样松散地占领着边界，我会容易地回答，而这也是真的，那就是中国相信我们的正直，它知道我们十分认真地遵守我们的签字人在上面签过字的所有条约。因此，它觉得没有必要在边界留下军队，维持军队会加重其负担，而在我们的近邻区有军队可能会经常导致事件的发生，导致至少它目前尚不愿看到的争执的发生。

为了在人们可能希望中国政府在盗贼形成的地区和各条大道——大路的安全对于我们今日希望建立的贸易往来的发展是必不可少的条件——执行更有效的治安而促使中国政府改变现状对我们有利吗？

在按这样的意图行动前，先知道我们从现状中能得到什么好处不是更谨慎些吗？与爱找麻烦的狡猾的中国政府保持更亲密的接触，不会有什么在我们希望它提供的服务中——假定它在准确履行条约规定它要履行的义务时也想我们能为它服务——不能补偿的不利的方面吗？我认为形势值得仔细观察。我请印度支那总督将他的看法告诉我，请阁下将您认为我们应遵守的行动准则告诉我。

（原件自编号110539页）

法国驻龙州领事布鲁先生致李梅先生报告摘要抄件

龙州，1889年4月6日

我们抵达的当天，知县和商业代表以他们个人和道台的名义首先来迎接我们。3月

28 日我曾去拜会过这位高级官员，他十分殷勤地接待了我。他对我说，李鸿章在给他的信中谈到我，我认为可以从我受到的极为友好的接待中知道这封信的语气。

3 月 30 日，道台访问我，后来我与他和县令进行了好几次会晤，我对这些会晤印象极佳。我其实不无惊奇地注意到，在整个法中冲突期间就已在这里任职的这些官员，对于我们决定一起开始执行临时协定一事似乎仍然表示赞同。可惜的是，这个地区的局势仍然还很不太平。当地居民由土人组成，这些土人不易对付，自己管理自己，讲一种特别的方言，他们与来自海南、浙江、江西的中国人进行不懈的斗争。另一侧的官员只有一点点军权，我深信一些被遣散的士兵在龙州各口岸干着强盗的行径。最近一些去北海的商人在该地附近被强盗抓去，好几人被杀，被抢去的鸦片和货币价值数千皮阿斯特。在通往东京的各道路上加强有效的治安显然是有必要的。但是我们不应不承认，在这一点上，地方当局的任务将是很艰巨的。

总之，迄今为止，我只应对我与之交往的这些官员的态度感到满意，这才是我受命的任务得以成功的一个重要因素，而且贸易往来的建立将主要取决于道路的安全和交通的便利。我得到的消息，正如我上面所说的，说明平定活动没有任何进展，向我侨民开放的道路似乎不能通行。过几天我将到边界去亲自了解该地区的状况，并就此向您呈上一份报告。

（原件自编号第 110544 页）

法国驻蒙自领事致外交部长

蒙自，1889 年 5 月 18 日

我谨禀告阁下，我已于 1889 年 4 月 30 日抵达蒙自。

在河内，海军司令曾使我产生这样的希望，一艘国有船只可以将我一直送到安沛（Yen - Bay），这样可能使行程减少 12 天的时间。但是这艘没有任务的炮舰的舰长却拒绝让我将行李带上炮舰，甚至拒绝拖曳装行李的小船，我只好搭乘来往于河内和维希（Vichy）的邮船，我们的帆船在我们前面 45 千米。

红河河水虽然水位极低，但除了我们那些吃水为 0.7 米的帆船有三次触底外，一直到老街，航行都没有任何困难。整个航行情况正常。由一些被冲的卵石形成的河滩很易通过，不像在长江有岩石阻道。我深信，在罗纳河经商，航速为 10 到 12 节的那种小吨位的长形汽艇用在红河，一年有 10 个月可以直到老街。我们航行于山西与兴化之间时，这个地区正有骚动，不安全。安南部队正在四处搜索。从兴化直到老街，沿途有军事据点，相隔 18 千米到 25 千米，所以十分安全。曾被战争赶跑的当地人又回归故里，这个长期动荡不安的地区将渐渐恢复到正常状态。

老街官员等了我很长时间了……我很高兴地看到他们各尽其责，我到处得到关心和友情。

我一到就想到省城去向总督表示感谢，并将只能由他出面解决的一些事告诉他：（1）电报的连接；（2）在老街中国一侧任命一位拥有与我驻扎官讨论所有经常可能发生的问题的权力的官员；（3）对于我们这个殖民地很重要的盐，他可以不必请示总理衙门就让他的官员在我们的领土上购买。行程略长了一点，来回走了18日，部里没有确定我所要求的旅费，我就将我的想法通知了我国驻北京公使李梅先生，他在内附的这份电报中对我进行了答复。

最后，我认为谈几句我们的边界哨所与中国官员的关系是有用的。在谈到贸易、政治和经济问题时再谈这一点。

在老街，统帅第一区的驻扎官与中国当局之间的关系即使说不紧张，至少可以说是不热情的。维莫司令兼法国的驻扎官，他是一个聪明活跃的人，十分清楚形势所需，想看到矛盾得以调和，但他身边没有一个人为他的任务提供方便。这种对于两国关系来说很令人遗憾的情势笼罩着我们的整个边界，若在芒街、谅山等处我们遇到侵犯和动乱，那么有两个理由使我们将其归咎于缺乏联系和我们的经济制度。

一般来说，我们的驻扎官都不熟悉我们邻居的风俗习惯，没有一个人会说汉语，他们身边没有一个人能口译或笔译汉语。

从经济上看，实行我们的普通税率的不实用的办法和鸦片种植场的敲诈勒索，是使我们的买卖转到中国境内的两个因素，维持着边界的武装走私。

从我们的殖民地的利益着想，同时为了给中国与东京的贸易往来提供方便，我们的殖民政府最好愿意去了解，面对如此宽广的边界，以及与中国人一样活跃聪明的居民，为了平息动乱，杜绝武装走私活动，两国在运输方便（货少利大，法国也没有类似的情况）的情况下，税率必须没什么差别，这样，要收取更多佣金的走私交易自然就会消失。到那时，该地区将在它所需要的和平与安宁中恢复元气，我们边界的保卫也将更为容易了。

（原件自编号第110547页）

法国驻华公使李梅致印度支那总督

北京，1889年5月22日

总督先生：

我谨随函附上（1）我最近收到的本馆武官达马德上尉的一份简短报告的摘要，他刚在毗邻东京的中国境内地区进行一次考察返回；（2）我驻龙州领事邦·当提（Bons d'Anty）先生给我的一封信的摘要。

从达马德上尉提供的很确切很有趣的，经证实无误的情况可以清楚地看到，在毗连我们边界的那个达马德上尉说有 200 到 300 千米宽的地区，可以说没有中国政府的权力，没有属于中国行政机构的官员作为代表，而只有几个军事哨所深入仅有的贸易通道通抵的边界上的几个地点。总之，这些哨所在那几乎就像在国外一样。

在这种情况下，看到那些在中国干尽坏事后来到不受法律约束的地区逃避惩罚的半移民半盗贼的中国人轻易地组成团伙，继续其先人们自古以来在东京——直到我们的占领使这些强盗的侵犯有危险时，东京一直轻易地受到这些强盗的蹂躏——的抢劫勾当，人们也不会感到特别。

总督先生，您将从邦先生信的摘录中看到，即使在龙州，官员们也没能阻止被遣散的士兵行凶。达马德上尉向我证实说，中国海盗完全控制了芒街地区，没有一个正直的中国人敢到这个地区冒险。

由于勘界委员会的工作是在东京一侧进行，所以中国得以向我们隐瞒这个地区的状况。我们原以为中国在这个地区享有真正有效的权力，其实它在那里的权力在平时几乎让人感觉不出来。在中国与我们发生冲突期间，它得以将其军队一直派到东京的心脏来与我们作战这一事实，可能并不证明相反的事实，因为与居住在这些地区的安南居民结合在一起的土著部落没能或不愿反抗他们。

因此，总督先生，看来我们应该首先依靠我们自己的力量与到我们领土上来的匪帮作战，我们给予他们的迎击可能已使他们收敛，我们保持高度的警惕必将使他们比从前更为气馁。

对我们忽略的一种事态的披露，迫使我目前持谨慎的态度。促使帝国政府更有效地去占领毗连我们的边界，形成我们边界地区间的几乎完全独立的一个区域，而这个地区在我们的划界条约中的确划归了中国，但我们的势力久而久之可以深入，这是我们所关注的吗？保护国的安全会不会由于中国政府在与我们边界毗连的地区行使其权力而有所改善呢？中国在阻止强盗形成上可能给予我们的帮助，就算它有这样的意愿，能否抵消由于其权力在我们旁边行使可能经常导致的无数的弊端呢？最后，要求向我们开放的商道保持绝对的安全，目前还不够吗？总督先生，我对知道您对这些我急于呈报给共和国政府的问题的看法会高兴的。

总督先生，顺致敬意！

（原件自编号第 110551 页）

法驻北京公使 1889 年 5 月 22 日信件的第一附件
法驻华公使馆武官达马德上尉致李梅的报告摘录

天津，1889 年 5 月 12 日

……公使先生，由于没有时间，我还不能将我的旅行日记和我的意见呈报给您。这是一项需要长期努力的工作，我在撰写上要花的时间可能与我用于旅行的时间一样多。我将花主要精力从事这项工作。但是，我可以用几句话概述最突出的问题，因而我首先着重提出以下几点：

（1）在东京边界中方一侧周围有一个纵深达两三百千米的地区，居住着土著部落，在某些地点有相当一部分安南人。目前，从统治方面看，中国人在这些地区的权力微弱，但他们的商人和农民准备占领并同化这些地区，在各圩设店，在稻田和平原购买土地。在这样潜移默化的压力下，当地人被赶到土地贫瘠的地方去，不少拥有土地的当地人成了其新主人的雇农。东京也必然会遇到这样的入侵，久而久之，可能会在不动干戈的情况下成为帝国的一个省份。

（2）商人和游人在毗连东京的整个地区来往没有任何危险。沿着商路走的车队比在这些路上为数不多的装备不好的士兵更为有效地确保治安。在中国，治安工作在一定程度上都搞得不错，边界当局程度不一地得到乡村保安人员很好的协助，所以歹徒们总在东京和中国之间监督不严的地区寻找避难所。这就是中国的歹徒到东京去的原因所在。

（3）从贸易方向和军事方面看，开化府远比 Mong-Tze-Sieu（蒙自县）重要。

（4）百色重要，东京寻求与这个地方建立联系有利可图。

……

（原件自编号第110560页）

外交部政治司保护国办公室斯皮勒致外交部副部长

巴黎，1889年6月12日

副部长先生及亲爱的同事：

您想要我将我驻龙州和蒙自领事交由印度支那总督领导，您可能认为未来勘界委员会中有他们参加会十分有利。

如果我证实所说的这两名官员协助勘界委员会的工作可能具有加速划界的重大问题的解决，防止我们首先应该力求在这一活动中避免的与中国当局的冲突的作用的话，我将一定准备完全满足您的愿望。遗憾的是，在这一点上，我们的看法存在分歧，我在想我国领事参与进去不知会不会带来得不偿失的危险。此外，在向您陈述我对这个问题的看法时，在知道您对这封信的意见前，我不进行任何明确的决定。

我们驻蒙自和龙州的官员的职责主要在于在他们领事区的中国官民与我们东京殖民地之间建立良好的关系。他们的主要任务应该是在他们的驻地渐渐获得当地人的信任和好感，以便达到影响他们贸易习惯并促使他们增加产品的目的。若我们希望他们得到这样的结果，那么我们首要关心的就应该是在赋予他们一项虽说是暂时，但性质基本上不同于我部交给他们的任务，主要是商业性的任务时，不要使他们受到牵连，而勘界委员会的工作首先必须是政治方面的。

立界碑总是一件错综复杂的工作，双方边界上的居民不付出牺牲，不因此而遭到即使不是抵抗，也是不满和抗议，这项工作就不能进行。这种情况在所有的国家都无一例外，更何况我们在这些地区是在没有准确的地图的条件下进行确定边界，又常常是断断续续地进行，因而无论同意不同意，也许甚至不为一部分相关的居民所知。

因此，我们可能会看到要替东京索回目前被中国人占据的一些领土的法国委员会的代表会招致他们不断的、甚至要当面使其丧失土地的居民的必然的敌视。如果法方代表们没有一支相当大的武装力量来提前打乱地方的抵抗活动，确保遵守委员会的决定，这一剥夺土地的行动就可能实现不了。也许他们不可能总避免使用严厉的措施吧。

这就是我们的外交代表奉命建立蒙自、龙州与东京联系的作用吗？我不那样认为。相反，我认为我们的领事们到那时的任务将大为不同，将在于尽可能平息他们领事区的骚动，因为一个委员的活动有可能引起骚动，但他不应该被怀疑属于委员会的成员。也许他们为了给我们的同胞在他们的岗位附近进行划界间接地提供方便，会不惜一切，对此我将必定会向他们下达指令，但我同时打算建议他们仅限于非官方，主要是秘密的帮助，这是考虑到划界的事业，让他们能保持他们为了委员会的工作和委员会成员的利益应该利用的中国省级高官的绝对信任和好感。

（原件自编号第 110564 页）

印度支那总督比杰致法驻蒙自领事函

河内，1889 年 7 月 4 日

领事先生：

殖民部副部长先生在 5 月份的一份函中向我下达指令，着手组成一个负责安中勘界工作的委员会。

兹将函中与您有关的片断抄录如下寄给您：“……我请求外长将龙州、蒙自领事交你领导，我觉得必须让他们加入委员会。这些官员应与您直接联系，您要向这些官员提供他们需要的情报。”

我已决定这个委员会的工作可以在 10 月 1 日开始进行，现谨将我为组成该委员会选择的文武官员名单转告您：

主任是印度支那部队总参谋长拉巴斯蒂德司令。

成员：印度支那部队参谋长米什列上尉，当地事务主管官德拉郎·德加罗，法国副驻扎官马埃，步兵中尉巴拉尔。

得到一两名中国文人的协助将是必要的。

每个地区的指挥官和地形测绘官将以顾问身份作为委员会成员的助手，帮助他们工作。

最后，将有一支卫队护卫委员会，卫队在区与区之间换岗。

（该篇收入《中越边界历史资料选编》第 504 ~ 505 页）

（原件自编号第 110579 页）

印度支那总督比杰关于成立勘界委员会的决定

鉴于 1889 年 5 月殖民地部副部长先生关于中越勘界函，兹决定：

第一项：为进行越中整个边界勘界活动而由总司令指定的军官以及文职官员组成的委员会由以下人员组成：

主任是印度支那部队总参谋长希尼亚·德·拉巴斯蒂德司令；成员是印度支那部队参谋长米什列上尉、当地事务二级主管官德拉郎·德加罗、驻安南东京两地一级副驻扎官马埃、地形测绘官巴拉尔中尉。

委员会到每一个地区，将吸收当地的指挥官和地形测绘官参加委员会，但只提供咨询。

第二项：委员会成员每天将得到 16 法郎的津贴作为酬金。

第三项：向委员会主任提供一笔 1.2 万法郎的经费，作为提供情报的报酬和交际费用的秘密开支。

这笔款项将根据需要分别从拥有款项的最近据点预付的经费中提取，但必须按期造表登记。

第四项：由半连欧洲兵和一连东京土著步兵组成的护送队将负责委员会的安全。

第五项：将有一批不超过 200 名的苦力听候委员会支配，以承担所有的运输事务。

第六项：1889 年根据上述规定所产生的支出将列入“意外支出”第 12 章第 9 条第 9 款项目内。

第七项：印度支那部队总司令和东京高级驻扎官分别负责执行本决定与已有关的部分。

比杰

1889 年 7 月 5 日于河内

（原件自编号第 110583 页）

F155　第11～12盒

法国驻华公使致印度支那总督函

北京，1894年6月19日

总督先生：

谢谢您5月24日给我来信。您在信中让我知道了划界、勘界委员会在红河左岸的工作情况。

关于广西边界和编竜区，我希望各勘界会谈纪要能于5月25日在龙州获得最后的签订，就如您让我预料的那样。

至于云南边界和都龙区，我津津有味地看了承蒙您给我寄来的档案材料，特别是迪歇漫将军的说明以及塞尔维尔上校4月25日发给印度支那总督关于猛峒（Muong Tong）问题的电报。

正如我今天在电报中告诉您的那样，查阅存放在我的办公室的官方文件后，关于猛峒，我没有发现划界会谈纪要与其附图有任何矛盾之处。附于1887年恭思当草图（兹随函附上描图一份）后的地图以及会谈纪要都十分明确地把猛峒，或更准确地说把以此为名的四个村的居民点置于安南境内。对于这一点，总理衙门从未提出过任何异议。中方大臣们于1893年8月29日、9月9日和1894年2月2日、3月4日给我的前任的四份照会，明确承认猛峒属法国所有。漫美河谷也一样。塞尔维尔上校还建议用猛峒换取漫美河谷，恭思当草图所附的地图也把漫美河谷置于安南境内。我按这个意思函告了总理衙门，要求它下令给蒙自道台。另外，根据我搜集到的情报，与您6月3日转给我的塞尔维尔上校的电报所言相反，我觉得这位道台不可能被调离。因此，我有理由相信，这个误会一旦消除，关于都龙区的勘界会谈纪要的最后签署今后就不会遇到任何阻挠了。

关于红河右岸，得知沟通琅勃拉邦和东京的电报线路的工程取得进展，我感到高兴。这个电报网络的完工将使我们能够更有效地监视整个云南边境和湄公河上游地区发生的活动。关于这一点，您6月9日根据塞尔维尔上校的一份电报转告了中国想兼并老挝13勐的消息，我想应把这个消息报告给阿诺多先生。如果这个消息得到证实，那就是一个重要的征兆。13勐地区以及它们所属的整洪（即车里——译者注）掸国，正如您知道的那样，属于帕维使团今秋要重新勘察的预定的区域。

关于这方面，我不知道共和国政府将通过的最后决议。不过，根据关于整洪的现存的地理材料，根据英中新近签订的中缅划界条约的一些条款所透露出的信息，我认为我们必须从现在起在整洪国，起码要在南乌江诸源附近的 13 勐部分占领一个区域，以巩固我们在红河右岸与湄公河之间的边界。根据我与帕维先生 3 月份在西贡的所有谈话看，我相信这也是帕维先生的想法。总而言之，若蒙您将您以后接到的来自蒙自、芒哈欣、琅勃拉邦的所有关于这方面的消息通知我，我将十分感谢。

又及：请将本函关于 13 勐和整洪的这部分转告帕维先生，我不知他目前的住址。亦请您将塞尔维尔上校 6 月 9 日从蒙自发给您的电报的复件附上。

6 月 21 日：今早收自龙州的一份电报告诉我：6 月 19 日，编竜区划界协议在该域签署。

签名：施阿兰

（P. 100696～100700）

法国驻华公使施阿兰致印度支那总督函

第 25 号　北京，1894 年 10 月 9 日

总督先生：

首先我要感谢您 9 月 6 日给我寄来关于广西边界立界的档案，谨通知您这一文件已收到。这份档案以及您费心于 7 月 20 日寄来的广东边界立界的那份档案将存放在本公使馆档案室。这套十分完整的资料将有助于我们的工作，对我们很宝贵。您给我们办公室这些资料，我十分感谢。

共和国驻北海的副领事将他寄给印度支那总督关于芒街伏击事件的各函的复件转寄给了我。从他最近的一份汇报中可以看出，如果杀害了夏耶先生后又劫持走了其妻女的那伙土匪目前躲藏在东京境内的里火寨的话，他们必定是在边境另一侧的那良组建的。正如我在 9 月 10 日的信（第 21 号）中告诉您的，总理衙门拒绝在这件事中承担任何责任，同时声称，从冯（子材）将军和钦州知府两人的电报看，谋杀和绑架的制造者乃安南土匪，在东京境内作乱。不过，中方大臣们答应帮助我缉拿罪犯，下令更严密地对边境进行监视。根据戈蒂埃先生提供的消息看，似乎广东当局的确采取了几项措施，东兴的守军增加到 200 人。请您将委托您的政府进行的调查的结果告诉我为盼。需要时我伺机再与清政府交涉。

同样，一接到您 9 月 11 日电报，并根据来自巴黎的正式命令，我没有忘记把关于云

南省的马将军向红河与黑水河之间的丰梭和莱州这个安南区域中的一些泰区头人下达书面命令的情况通知总理衙门，以期引起他们的注意。我在9月21日的一份照会中，提请中方大臣们应十分重视这一点，并请他们切莫进行任何随意改变两国各自领土位置的尝试，即使旨在确定我们一直到湄公河的边界的定界谈判将要开始时也不要这样做。9月24日一早，总理衙门就否认有任何兼并和干涉的意图，并于前日（10月7日）给我转来他们于3日收到的云贵总督关于这个问题的电报。据这份电报可知，中国政府目前正在编纂《大清会典》，为了得到用于"土著区"或曰"土司"一章的材料，已向代理指挥临安、源江镇标的马将军去函，同时通知了原先隶属于建水（属临安府）县的所有头人，其中有丰梭、莱州和猛蚌的头人。总督还说，尽管道光年间（1821～1851）这三位头人依附安南，但建水的历任知县一直要求他们向建水缴纳银税（我猜未得到）。此外，根据因我敦促而下达的指示，这位总督没有反对承认应该等到定界结束。因此他命令"所有的文武官员，只要定界尚未完成，就暂停向丰梭（Phong－Tho）、莱州和猛蚌（Mong－Pang）的头人送发有关任何问题的公函，以避免争议"。我打算根据1887年6月26日的恭思当草图，反驳这份复函中的几点。恭思当草图明确地将丰梭和莱州定在安南领土上，尽管塞尔维尔上校在与蒙自道台的谈判中看到中国政府对丰梭坚持主权的要求。但是，一句话，我们得到了满足。既然总理衙门与公使馆不久前才就老街与湄公河之间的划界问题重开谈判，那么这些区域的归属在这次谈判中将可能且应该得到最终的解决。

您从我9月25日给帕维先生的电报中已看到，与中国政府进行的这次谈判已于9月24日开始了。我高兴地认为，尽管中法之间的继续敌视造成了困难，但是我们的工作任务会继续进行，并会取得好结果。帕维先生现在东京，考察团将把他送到湄公河上游去。我希望，帕维先生在东京这个事实本身将对以后的谈判产生令人满意的影响。我已觉得，由于刁文持的协助，更有效地保证我们对黑水河两岸的占领状况的时机可能特别有利。此外，最好对南乌江流域和两个猛乌重新进行一次勘察。最后，负责第五段立界的委员会可以再承担其工作，以便改正A点与猛宾之间的边界，这个时期也许为期不远了。接着可以任命一个或另外数个委员会，按照将在北京获得通过的边界总平面图，在现场确定湄公河与罗梭河汇合处的猛宾与湄公河左岸之间的边界。

（该篇收入《中越边界历史资料选编》第910～912页）

（P. 100703～100712）

法国驻华公使施阿兰致印度支那代理总督夏瓦肖函

发文号：26　北京，1894年10月10日

总督先生：

自 9 月 24 日起在北京进行的谈判结束后，总理衙门昨日已同意共和国政府在指示中要求我向它提出的界线的总线作为我们中安边界的界线，内附草图上的红线即此线。

这条线还不能视为最后的边界，最后的边界线只能实地确定。至少这条确定划界方案的线将用于指导各专门委员会的工作，它改正了 1887 年 6 月 26 日的恭思当草图在黑水河河流上犯的错误，使我们的殖民地与湄公河左岸连在一起，并将刁文持的地盘、南乌江流域、湄公河左岸一直到该河与罗梭河汇合处的地区置于我们的领土上。

它起自恭思当草图上的第五段的 A 点，即起自龙膊河，按东西方向延伸，一直到南那河（塞尔维尔地图）。它沿着金子河（塞尔维尔上校地图中标的位置）北上，并在木戛与猛宾之间与黑水河相接。从猛宾起，该线按东北至西南方向延伸，绕过西双版纳区域，沿着分隔罗梭河谷与南乌江的分水岭延伸，通过罗梭河到达湄公河左岸两条河交汇处。

划界和定界的技术工作，很可能首先应从恭思当草图上的第五段，塞尔维尔上校今年年初中断之处重新开始。随后，双方原来的委员会可以继续进行划界，一直划到湄公河。而外长和殖民地部长将很快向您下达这方面的指示。

（该篇收入《中越边界历史资料选编》第 969 ~ 970 页）

（P. 100713 ~ 100715）

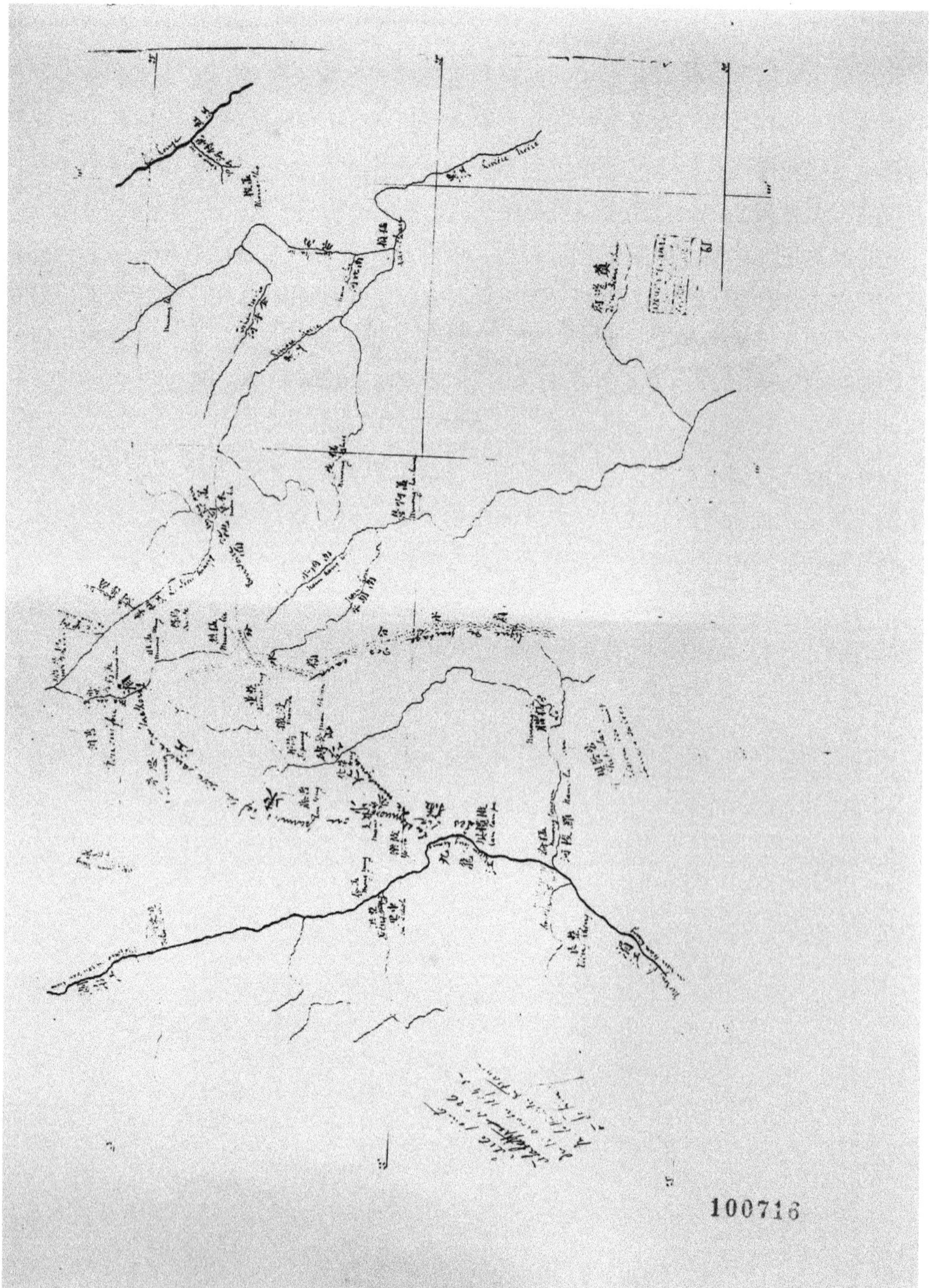

100716

图 159

外交部长致殖民地部副部长函

巴黎，1893年6月1日

事由：印度支那事务云南定界机密

副部长先生，亲爱的同事：

承蒙您本月16日转来印度支那总督的一份电报。他在电报中告诉您，根据塞尔维尔先生提供的消息，中安勘界委员会的中方代表团准备承认法国在毗连普洱府的整个地区的权利。德·拉纳桑（即印度支那总督——译者注）先生补充说，在这种情况下，他下令继续老街与湄公河之间的定界的准备工作，还说为了避免纠纷，绘图员将一直待在中国境内。这位高级官员同时表示，希望知道这些措施是否会得到我部的赞同。

正如您所指出的那样，有关的那些区域似乎是我们打算与中国进行的谈判要涉及的区域。因此，对于德·拉纳桑先生采取的措施，我唯有表示同意。

面对中国当局的这种表示，我终于考虑到这样一个问题，即在与清政府按我先前向您指出的那些条件进行一次正规的谈判之前，让我们的委员们准备实地解决问题是否有利。再说这一行事方式与我在3月18日和4月20日给您的信中提及的帕维先生的建议相符。

我关心的是能确信您的看法与我的看法一致。

同时，我认为应该给您看看从我部拥有的资料中摘出来的，与勘界委员会要奉命将其工作开展到的那个区域有关的，特别是关于普洱府行政区域的各种材料。

1891年的头几个月，马西和马塞先生从琅勃拉邦出发，取道湄公河左岸到景洪（Kieng - Hong）与帕维先生会合。从他俩途中搜集到的情报看出，西双版纳这一地区的两个主要产茶中心倚邦（Muong Y Pang）和易武（Muong Y Hou），尽管不像被划入普洱府境内，但却与该府紧密相连。这两位旅行者了解到，中国官员的活动往南扩展，一直到班东（Ban Don）。在帕维考察团绘制的新近出版的地图上，班东位于南腊（Nam La）河上游，东经99度偏东，北纬约21度4分处。此外，中国官员的势力似乎凭借构成南乌江流域与它的上游左侧的一条支流南杆河流域分水线的那个山脉而不减分毫。

此外，我们的同胞把琅勃拉邦与整艮（Xieng Kheng）国最北的接触点标在稍下点会遇到的，湄公河与南乌江之间，北纬21度1分，东经99度的高地，帕维先生的地图将这个高地标为坝发砦。整董国的北界很可能经过南腊江河谷的南山脊与湄公河相接。根据英国拉明顿勋爵1891年在这个地区旅行后写下的游记，这条界线还包含了猛莽境。

然而，我转送您这些材料时只能略带保留，对其可靠性不敢有十分把握。不过，如果中国——有必要进行这样的预测——对易武板纳和倚邦板纳提出主权要求的话，通过这些材料还可以看出，我们设法使湄公河与班东之间的中安边界尽可能往北移的做法不无裨益，这样在可能时，我们可将该点以南的猛腊和 Muong Poun 这两个区域以及南 Him 河流域下游部分和 Muong Pong 区域留给我们自己。

另一方面，我部业已注意到占有南乌江上游流域的两个地区对我们的重要性。在帕维先生的地图上，这两个地区的名字分别是猛乌［Muong – Hou（Mena）］或北猛乌和猛乌（泰）或南猛乌，约分别位于 22 度 2 分和 22 度 1 分，可能都隶属西双版纳。

这样，我们以后可能最终会提议让自班东往北朝普洱方向的中安边界走向与南乌河谷西侧的分水岭重合。

在这样的条件下，可能会出现是否应在这个地区占据一个地点，例如芒哈欣，从而在这个地区为我们打开一条通道的问题。我们可以在该地点为我们的勘界委员的活动进行准备，或支持他们的活动。

马塞先生 1891 年在芒哈欣曾见到过一个暹罗人的哨卡。但是从我上月 20 日的那封信后所附的地图看，暹罗人占据的到芒哈欣北纬 22 度的地区似乎在此后向南退了一度，现在可能止于索瑙（Sop Nao）、芒外（Muong Ngoi）、芒赛（Muong Sai）。

不管怎么说，芒哈欣区域属于琅勃拉邦。您也许和我一样认为，由于我们在这个公国进行干涉可能会引发种种问题，在做出任何决定之前，必须征求我国驻曼谷公使的意见。我打算在这方面征求帕维先生的意见。若蒙您将您的意见告诉我，我将不胜感激。

J. 德维尔

（P. 100831 ~ 100834）

殖民地部副部长致印度支那总督函

巴黎，1893 年 6 月 12 日　第 528 号

事由：老街与湄公河之间中安划界

总督先生：

您在 5 月 10 日的电报中，将您与塞尔维尔上校就云南地区关于中安边界划界进行的谈话内容向我进行了汇报，并告诉我，中方委员会准备承认您对毗连普洱府一直到湄公河的所有区域的权利。您还说，在这样的情况下，您下令继续进行老街与湄公河之间的划界准备工作。

我一接到您的这封电报，立即将电报内容通知了外长先生，并询问他对这个问题的看法。兹随函附上德维尔先生给我的复函的抄件。

正如您将了解到的那样，外长先生在对您所采取的措施表示赞同之后认为，鉴于中

国云南当局表达了良好的意愿，最好委托您的委员们做好就地解决问题的准备，然后再与清政府进行殖民地部与我部在最近的通信中提到的关于印度支那事务的谈判（我已将通信的抄件寄给您了）。我同意这种意见，而且您为了将中安划界活动一直推进到湄公河所采取的措施也与这种意见相符。我唯有建议您详细地将工作的进展情况以及可能发生的枝节小事向我汇报。

此外，我提请您注意德维尔先生信中关于中国可能对西双版纳的某些区域提出主权要求的情况汇报，中国目前几乎可以独自对这些地区施加影响。另一方面，该信还提到我们在这种情况下有必要遵循的行动准则，对此亦请加以注意。在明确答复外长先生来信中的这部分内容之前，我需要知道您对这个问题的看法，同时需要得到我目前完全没有的关于这些地区的官方材料。

请您尽快将这些材料给我寄来，并附上您读了内附的这份文件后想到的意见。

德尔卡塞

（P. 100835 ~ 100837）

法国驻泰国公使给外长的报告

1893 年 8 月 9 日

黑水河流域与湄公河之间的这个地区的东京与中国的定界引发了一些问题，关于这些问题，帕维代表团的成员们在现场就形成了一个看法。

1887 年 6 月 26 日在北京拟定的勘界工作结束的会议纪要对这个地区是这样表述的：

“自 B 点起，边界线的走向是东西向，一直到 C 点，与大树脚相接。该线以南之地属安南所有，该线以北之地属中国所有。”

“自 C 点起，边界线顺着藤条江中线复南下，一直到该河与金子河汇合处，即 D 点。”

“边界线随后顺着金子河中线延伸约 30 里，继续按东西方向延伸，直抵 E 点，与那条于猛蚌渡东注入黑水河的小河相遇。该小河的中线即为自 E 点至 F 点的界线。”

“自 F 点起，黑水河的中线作为西去的界线。”

这个协议签订时，法国尚未接受莱州傣人的重要头人刁文持的归顺。由于法中协议的签订，他的十分广阔的辖区现在就横跨新边界了。

安南统治时期，刁文持这位既是中国的统带，又是安南官员的人的领地跨云南和东京倒无关紧要。老实说，以前难道是如此吗？难道不是新的界线在这片区域的地形为人知晓之前，在我们知道应该赢得刁文持的友谊的重要性之前，才将这片区域一分为二了吗？

部里现在对这位头人的声望已心中有数了。自他归顺以来，他维持着东京整个西北地区的和平，他的精神权威所及范围甚广，既遍及云南，也扩展到掸人地区、琅勃拉邦，甚至曼谷；他在整个黑水河拥有的几乎是一人独揽的实际权力现在扩大到四条不同的边界线之间的一个广阔的区域。仅有的几条从东京通往琅勃拉邦和掸人地区（即英国对之还不肯善罢甘休的地区）的通道，在这个区域相交。

然而，对于了解刁文持的人来说，再没有比罗歇先生在他 1893 年 5 月 26 日从蒙自发出的信中引用的刁的说法更准确的了，他对负责划界的中方官员说："作为中国人，还是作为被法国保护的人，对我都无关紧要，但我无论如何不想领导一片被分割的领土。"

完全有理由相信，刁文持以后会言行一致。如果我们现在不能设法满足他，以后他就会转而向中国献出他的武器和领土。我们没有任何实际的办法能阻止他。

然而，如果不考虑刁文持的背叛可能在今日已归顺的黑水河地区给我们带来的严重困难，就不能不考虑在占有琅勃拉邦国，在我们可能必须很快在上湄公地区与英国解决边界的问题上，我们可能遇到的更严重的困难。

实际上，刁文持现在控制着从东京通往南乌的仅有的几条路（请参阅附寄之地图）。如果他使莱州到普方的大路摆脱我们的控制，我们就再也没有进入西双版纳地区的任何通道了。

另外，如果他封锁莱州到奠边府的大路，那么就是向我们封锁进入琅勃拉邦的那条路。

因此，我们可以想象到竭力满足刁文持的重要性了。

他不会放弃 Nam Ba 与黑水河之间属于他的领地，因为那里有他家族的坟茔，他的后代、他的亲属，所有世代亲等，都在那里嫁娶，他大部分的农田也都集中在那里。

如果有必要与中国进行新一轮的谈判，以求获得同意对这附近地区的边界进行更改，我们也许在承认这个帝国对西双版纳（车里地区）拥有专属权利上更应通融，因为南乌江上游地区有另外一个我们无权忽视的区域，它在猛烈的中国哨所与 Ahïne 的老挝哨所之间，南乌江源头的猛乌（Mena）和猛乌（泰）就在这个区域里，在莱州即东京与茶区 Hang，即茶区之间来往的商人常走的那条大路也经过这个地区。另一方面，南乌江流域是沟通中国、琅勃拉邦城和湄公河流域整个下游部分（计划中的缓冲国内的湄公河流域除外）的唯一通道。而南乌江流域的大部分在琅勃拉邦国，因此将处于我们的势力范围内。我们今后又要对湄公河流域的整个下游部分施加影响，未来的铁路也将只能从这个区域经过。

猛乌区域可以被视为南乌江流域的要冲，它占据着一个易于进入的高原，很多道路在这里交叉，同时在不同的地点与进入云南的各条大路连接。一条是由设在自猛烈（Muong - Lè）到曼耗之间的东京边界上的中国哨卡连接而成的军事通道；一条是中国的所谓府道，普洱府、他郎州、临安府等的大路；最后（这尤其值得我们注意）是缅甸到

中国的四条商道。这四条商道经过湄公河到该河左岸，进入西双版纳有争议的区域。

然而，猛乌是这十二版纳中的一个，中国人按可能不同的说明，时而将它看成普洱府不可分割的一部分，时而仅将它看成一个属国，从这一点看，就隶属于他们云南省。总之，它包含在将有必要与中国进行谈判的那个地区里面。

（该篇收入《中越边界历史资料选编》第 996 ~ 999 页）

（P. 100839 ~ 100849）

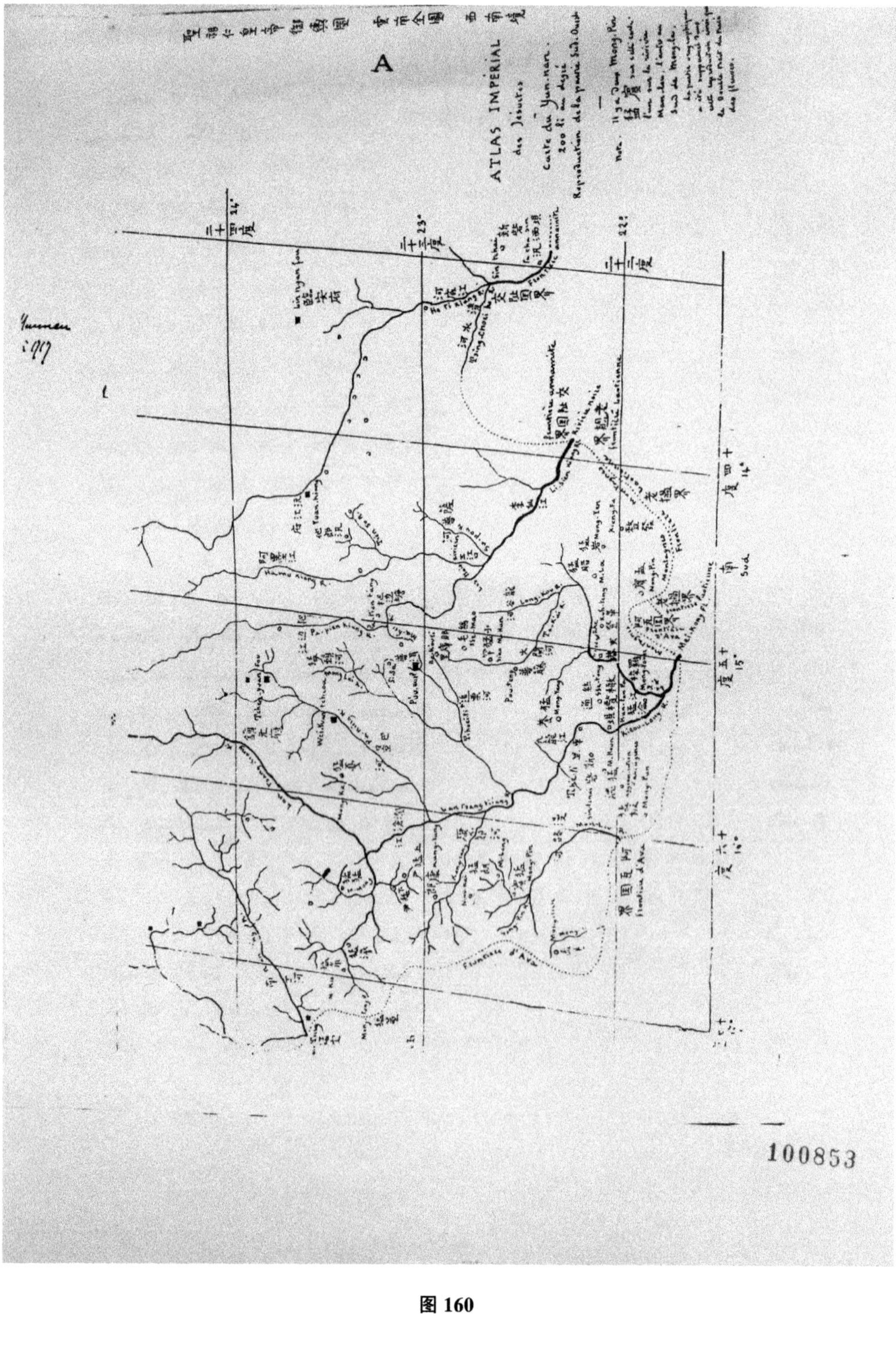

图 160

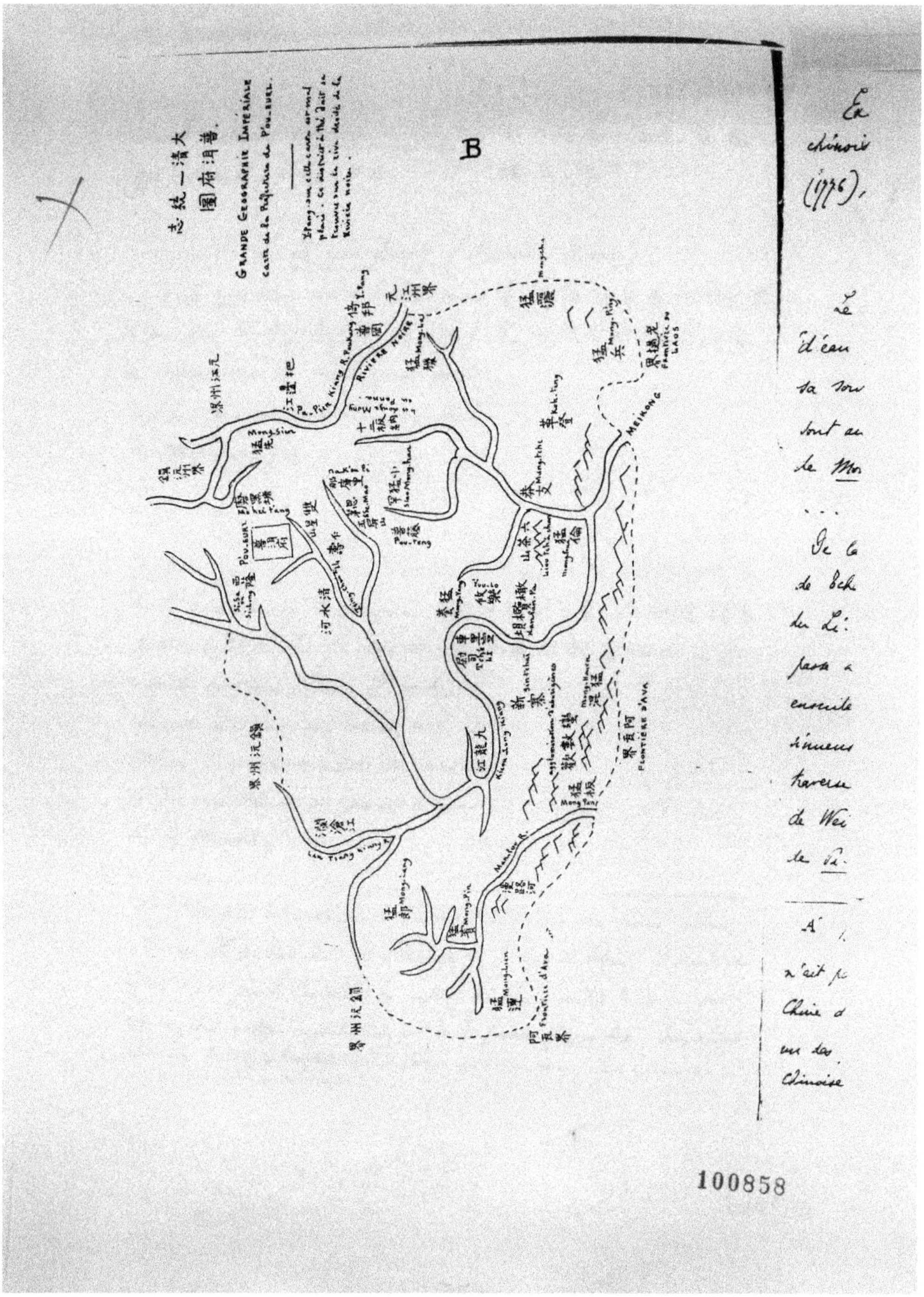

100858

图 161

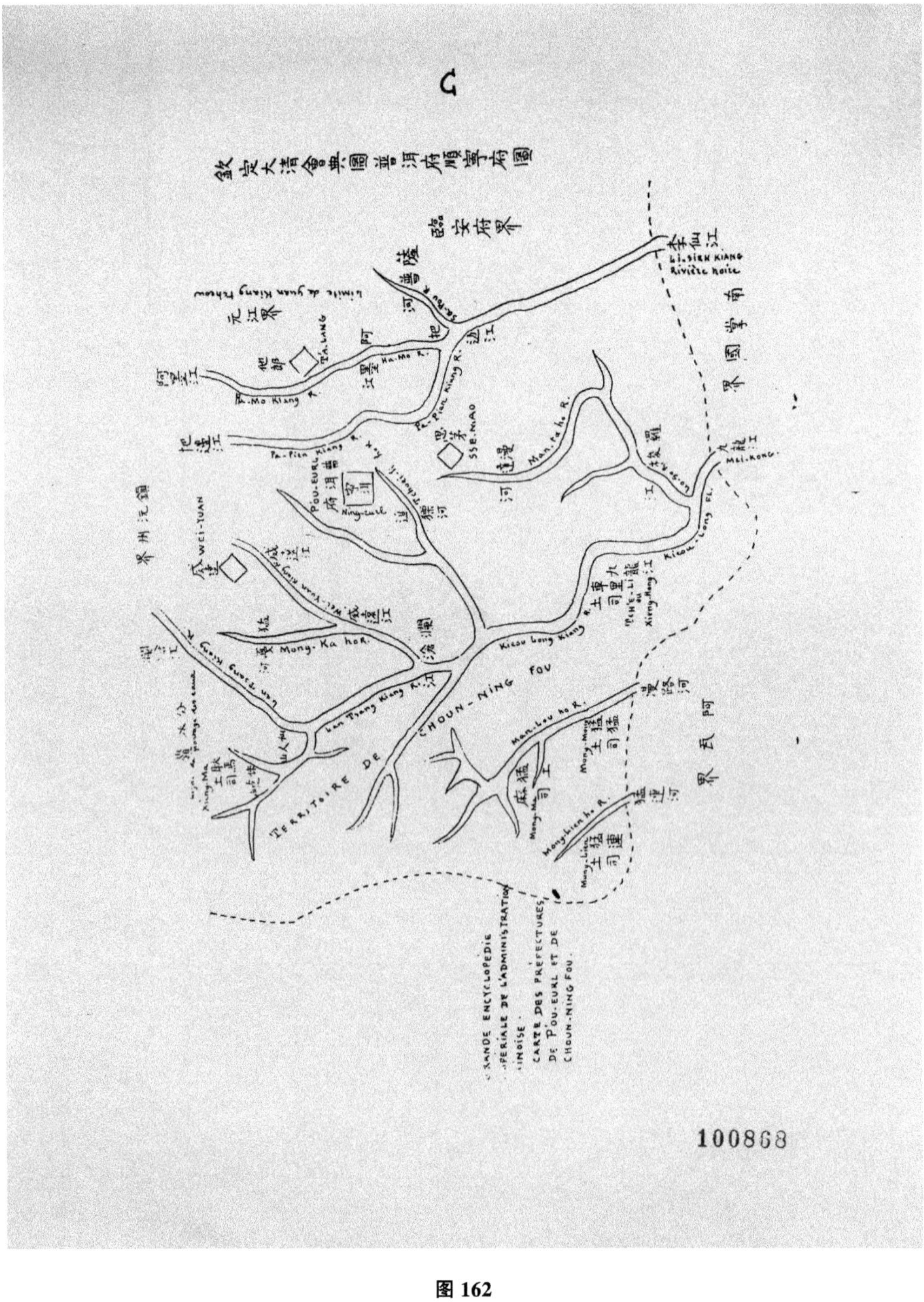

100868

图 162

Les douze Mong ou Panna.

Extrait de la grande Géographie Impériale Ta Tsing i t'ong tche.

Livre 377. f: 5.

車里軍民宣慰司在府城南七百四十五里。古產里地。明史車里為倭泥、貂黨、蒲剌、黑角諸蠻雜居。不通中國。元大德中置撒里路軍民總管府。明改車里宣慰司。本朝雍正七年改土歸流。分車里司所轄內江六版納。思茅。普籐。整董。猛烏。六大茶山。橄欖壩。置普洱府。其餘江外六版納仍隸車里。而改屬於普洱府。

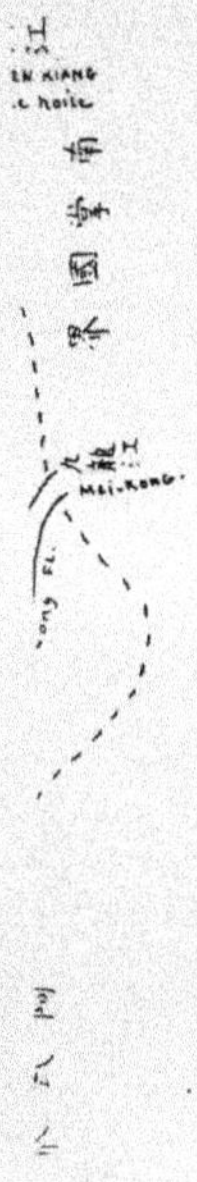

100869

图 163

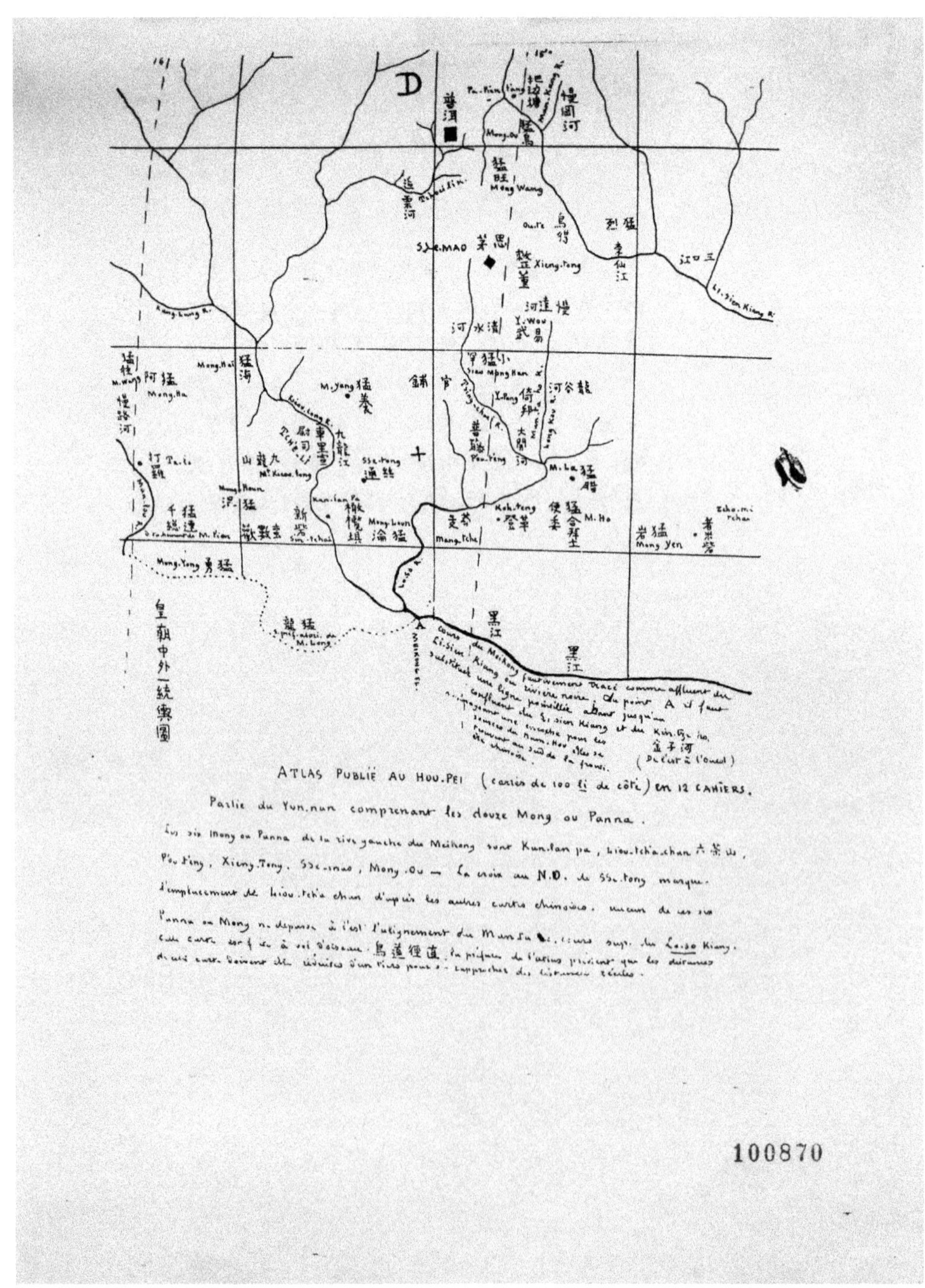

图 164

德微理亚致外长函

巴黎，1893 年 9 月 8 日

您 8 月 19 日来函业已收到，您在这封信中问起我对一个涉及中国西南地区的问题的看法，这个问题目前已被提交至保护领地管理副司研究。

为了研究所提到的各个地点，我不得不仔细地研究了 1887 年恭思当先生签订的条约和该约之后所附的第五段边境图，以弄清条约的各项条文。

我发现，1887 年的这份文件的第二部分，除了已引起的一些歧义外，还会产生其他种种误解，从而使我们的代表与中国的代表以后无法达成任何协议。总而言之，中国政府出示给恭思当先生让他签字的那幅地图是 1863 年出版的，或更准确地说是 1863 年重新出版的一本中国地图册中的那幅地图的放大本（附件 1）。在这幅地图上，湄公河是笔直地由西往东流到黑水河，以致在这本图册和我们 1887 年条约的这幅图上，可以看到有一条大河在沿云南南部边界而流，但实际上这条大河并不存在。然而，我们条约的 E 点和 F 点正好就靠在这条虚构的河与它的虚构的其中一条支流上。

从龙膊河与清水河汇合处的 A 点起，边界线的红色线条延伸到绵水湾与赛江河汇合处的 B 点。后一条河是李仙江（黑水河）的一条支流。

从 B 点起，边界呈东西走向到达 G 点，与藤条江相遇。这条江就是李仙江或者说黑水河。藤条江只不过是李仙江或曰黑水河上游的其中一个名字。

从 G 点起，边界线实际上是沿着李仙江或曰黑水河的中心线一直到它与金子河汇合处（D）。

从黑水河（李仙江）上的 D 点起，边界线接着金子河中心线延伸 30 里，继续按东西方向延伸，直至 E 点，与一条于 F 点注入另一条虚构河流的小溪（虚构）相遇。那条虚构的河流被标为黑水河，我们的界线恰恰在 D 点离开此河。

考虑到向中国政府进一步指出更准确的地理知识也许对我们有利，考虑到复制我们的各幅地图不能满足这项工作的需要，谨附上纯汉文的地图和文字（附件 2），我觉得这些地图和文字能向北京朝廷指明，1887 年条约的附图和作为该图蓝本的 1862 年的那本中国地图册与中国朝廷扶持出版的那些最客观的著作中的材料有明显的出入。可惜我们的公使馆和蒙自的领事馆都没有这些著作。

（该篇收入《中越边界历史资料选编》第 999 ~ 1000 页）

（P. 100872 ~ 100877）

关于安南、云南边界走向的汇报

安南与云南的边界正如领事狄隆先生任勘界委员会主任时划分的那样，包括五段，即：第一段，红河老街至龙膊河和陆界老街到猛康；第二段，黑水河流域猛康至高马白；第三段，高马白至竜古；第四段，竜古至云南与广西交界处；第五段，红河右岸自龙膊河直至莱州的猛蚌渡的那部分边界。

这五段可能是由根据印度支那总督1892年11月29日的决定组建的委员会划分的。

尽管中国提出了种种要求，勘界委员会还是确定了第一段、第三段和第四段边界，同时又完整地保留了安南的历史边界线。

但是，关于都龙地区和丰梭地区，即第二段和第五段，未能取得一致的意见。于是，这个问题就通过1887年6月26日的附加条约即“恭思当条约”正式得以解决。该条约给了中国大量的领土优惠。

勘界委员会没有遇到重大的困难就与中国代表团在第一、第三和第四段的边界走向上取得了一致的意见。

对于第二段、第五段有争议的区域，情况却截然不同。

1887年6月26日的上述条约的签字人只限于在一幅中国地图上（而该图错误百出），划出一条多角形的边界线，该边界线大致将这些区域分为相等的两部分。

在确定边界线时，他们根本没有考虑到地势的起伏，也未考虑到行政单位。

这个多角形的角顶被标在不存在或当地人不知道的两条河的汇合处。

红线代表边界，边界线随后应折回安南。而在该红线以南的那个村庄实际上位于红线之北，现在中国对它提出了主权要求。

法方测绘员在实地测绘期间，尽管遇到了无数的困难，但最后还是尽可能准确地恢复了1887年6月26日条约所确定的边界走向的原貌。

中国代表团团长、蒙自道台看了这些工作的成果，这位高级官员为此数次进行了指责。

法方委员会主任引证他接到的和中国代表团团长接到的指示，指示中授予双方委员会主任全权，就地解决划界作业中可能出现的所有争议，不必请示各自的政府，法方主任因而提议以和解的方式解决悬而未决的争议。

此外，他还数次坚持立即进行双方委员会对其走向已意见一致的边界的立碑工作，到更有利的时期再讨论有争议的几个地点。

但是，蒙自道台以附加条约中的中国地图有很多不准确的地方为理由，声明不能承担在条件如此不完善的情况下进行立界碑的责任，并将这个问题正式提交总理衙门处理。

现将导致谈判中断的争议一一禀陈于后：

第二段——为两国代表团接受的边界，在其多角形的M、P、Q、R部分中，与勘界会议纪要内容相符（见第一号地图）。

从 R 角一直到 T 角，该纪要是这样描述边界线的：

“从 R 点起，边界线沿着地图上 R、S 线的方向重新往东北方向上行至 S 点，南灯河以及漫美和猛峒上村、猛峒山、猛峒中村、猛峒下村等地全归安南。”

“从 S 点（猛峒下村）起，清水河到它与明江汇合处 T 点这一段的河流深泓线为被采纳的边界线。”

中国代表团提出的线路根本未考虑这后两条，把漫美和猛峒两地给予中国。然而，法方军官在这个地区绘制的所有地形图已证实，漫美和猛峒两村在中国的那幅地图上没有被标在它们的真正位置上。实际上，它们不在 R、S 线之南，而在其北。

第一号地图是在汇集了法国军官绘制的全部地形图后制成的。

多角形 M、P、Q、R、S 与中国代表团目前提出主权要求的边界相符。

这条边界的全线中还有一部分尚未经测绘，这个空白处是由于那名绘图官无意中被陪同他的那位中方代表带到这条边界以南造成的。

中国代表团团长已指责了他的这位使者的行为，并应法国代表团团长的请求，下令测绘 M、P、Q 线以北的一块狭长地带。这就等于承认边界将经过他下令进行测绘的那个区域。

中国代表团团长于 1893 年年底前后被控有罪。新任团长没有其前任的通融意愿，认为边界线应从更靠南的地方经过。因此，这条边界在 1893 年测绘的那个地带之外。

约在 1893 年底，中国政府要求将箐门、黄树皮、猛峒等三卡交给法军。这是默认了安南对猛峒的权利。

箐门和黄树皮现由东京土著步兵的几支小分队占据着。

由于蒙自道台的坚持，猛峒一直推迟到这一部分边界的立碑工作结束才被交出来。

第五段——用于这一段划界的中方地图错误百出，以致必须完全重新进行这一段的勘界。

法国勘界代表团与中国代表团一致同意以龙膊河到与清水河汇合处这一段为边界线，这个合流点用字母 A 标注。

从这一点起，勘界会议纪要所定的边界如下：

“自 A 点起，边界沿着东北至西南的大致方向一直到地图上的 B 点，这是赛江河接纳绵水湾之处。”

后面这两条河不存在，在这个地区也就找不到与该纪要的描述一致的两条河，因而 B 点的位置仍然不明确。

从 B 点起，边界以东西方向延伸，一直到 C 点与大树脚下的藤条江相遇。

从 C 点起，它沿着藤条江中线复南下，直到该河与金子河汇合的 D 点。之后，边界沿金子河中线走。

因此，该纪要的签字人承认 C 点在大树脚的下游，D 点在 C 点的下游。

相反，从那幅准确的地形测绘图可以清楚地看出，藤条江与金子河汇合处即 D 点是在大树脚上游 20 千米处。

中国代表团给藤条江在大树脚下游的一条名叫淰比（Nam-Pi）河的支流取名为金子河，以这种方式解决这个问题。

从在现场进行的一次细致调查看出，淰比河从未用过中国代表团给它起的这个名字。金子河沿着安南的旧界流入中国。

第二号地图是根据军官们 1893 年测绘的各幅地形图绘制的。

和第一号地图的情况一样，一段边界经过一块未被测绘的区域。其中的过错是中方当局造成的。

每当法国代表团团长提出一次抗议，蒙自道台就保证要明确指示他的各个代表陪同法方绘图员到他们想踏勘的所有地点去。然而，中方代表们仍然采取欺骗的手段。到了 1893 年底，还未能完成第五段地图的制定。

此外，法国代表团团长当时接到印度支那总督先生的通知，这一带边界的立碑推迟到以后一个时期。

安南的不容争议的权利以及根据民众的精神状态和他们的政治组织作出的考虑，使我们有责任要求以我们目前占领着的边界作为第五段边界。

要克服中国的抵制，加速解决有争议的那个问题，我们认为也许有必要把漫美和猛峒两地让给它作为补偿，采用法方军官们绘制的地形图上标的线作为红河以东的边界线。

红河以西的那块边境区由丰梭区和莱州组成，这两个行政单位的居民已声明坚持保留自己的国籍，永远不同意当中国人。

刁文持这位莱州的土著头人不愿使自己的领地四分五裂，决心求援所有的匪帮，以武力来保卫自己的领地。

丰梭（Phong Tho）的土著头人多次表示效忠于法国，也发表了同样的政治声明。

如果不维护安南在红河右岸的领土完整，就有可能使土匪重返这个繁荣、多年来享受着宁静安泰的地区，一些居民就会遭受中国的报复，因为他们反对中国的一切占有企图，首先公开支持法国的事业。

红河左岸的居民的意愿则不同。

漫美和猛峒两地由中国统治已很久了，居民们甘心当中国人。如果我们让中国占有这两处，我们就不需要担心在这个新边境制造动乱了。

为使所提出的这个解决办法有所依据，有必要引述若雷斯海军上将 1888 年 11 月 16 日在参议院开会时给参议院所作的报告的如下摘录。该报告同时要求批准①1886 年 4 月 25 日的天津条约；②1887 年 6 月 26 日在北京签署的附加条约。

“我们愿意再次给予中国一种表示我们真诚友谊的保证。根据 1887 年 6 月 26 日在北京签订的条约，我们向它出让白龙飞地这块重要的领土，我们同意把云南边境那些有争议的区域的一半让给它。”

按若雷斯海军上将报告中的附图描制的第四号地图十分清楚地表明，法国签订 1887 年 6 月 26 日条约时，打算只让出一半有争议的区域。

而根据勘界委员会的绘图官们的测绘图制的第三号地图表明，中国代表团提出的边界要把红河左岸争议区域的 2/3 强给予中国。

勘界委员会主任塞尔维尔

1894 年 6 月 19 日于蒙自

（该篇收入《中越边界历史资料选编》第 905 ~ 910 页）

（P. 100909 ~ 100927）

图书在版编目(CIP)数据

法国档案中的清末中法（中越边界）划界史料选编：全三卷／张宁，孙小迎，李燕宁编. --北京：社会科学文献出版社，2016.8

（西南边疆历史与现状综合研究项目. 档案文献系列）

ISBN 978-7-5097-8096-1

Ⅰ. ①法… Ⅱ. ①张… ②孙… ③李… Ⅲ. ①中越关系-边界问题-划界-史料-清后期②中法关系-国际关系史-史料-清后期 Ⅳ. ①D829.333②D829.565

中国版本图书馆 CIP 数据核字（2015）第 225611 号

西南边疆历史与现状综合研究项目·档案文献系列

法国档案中的清末中法（中越边界）划界史料选编（全三卷）

编　　者／张　宁　孙小迎　李燕宁

出 版 人／谢寿光
项目统筹／宋月华　李建廷
责任编辑／宋淑洁　马续辉

出　　版／社会科学文献出版社·人文分社（010）59367215
地址：北京市北三环中路甲 29 号院华龙大厦　邮编：100029
网址：www.ssap.com.cn
发　　行／市场营销中心（010）59367081　59367018
印　　装／北京京华虎彩印刷有限公司

规　　格／开 本：787mm × 1092mm　1/16
印 张：103.75　字 数：2190 千字
版　　次／2016 年 8 月第 1 版　2016 年 8 月第 1 次印刷
书　　号／ISBN 978-7-5097-8096-1
定　　价／980.00 元（全三卷）

本书如有印装质量问题，请与读者服务中心（010-59367028）联系

版权所有 翻印必究